NomosGesetze

Landesrecht Thüringen

Textsammlung

Herausgegeben von
Prof. Dr. Michael Brenner,
Friedrich-Schiller-Universität Jena
Dr. Udo Schneider,
Präsident des Verwaltungsgerichts Meiningen

24. Auflage
Stand: 1. Februar 2022

Nomos

Die Deutsche Nationalbibliothek verzeichnet diese Publikation in der Deutschen Nationalbibliografie; detaillierte bibliografische Daten sind im Internet über http://dnb.d-nb.de abrufbar.

ISBN 978-3-8487-7313-8

24. Auflage 2022

Vorwort

In der nunmehr bereits in der 24. Auflage erscheinenden Textsammlung des Landesrechts des Freistaats Thüringen spiegelt sich nicht nur eindrucksvoll die intensive Arbeit des Thüringer Gesetz- und Verordnungsgebers wider; sie ist zugleich Ausdruck der rechtlichen und durchaus lebendigen Eigenständigkeit des Landes und damit ein Dokument der föderativen Vielfalt im Bundesstaat. Auch wenn die fortschreitende Europäisierung zu einer ständig zunehmenden Einengung rechtlicher Gestaltungsspielräume der Bundesländer führt, so ist die Sammlung doch ein Beweis dafür, dass die dem Freistaat verbliebenen Gestaltungsspielräume intensiv – und durchaus mit Thüringer „Duftmarken" versehen – genutzt werden.

Die Textsammlung hat sich als Arbeitsmittel für Ausbildung, Verwaltung, Rechtsberatung und Justiz über mehr als zwei Jahrzehnte hinweg bewährt. Sie enthält sämtliche für die juristische Ausbildung im Bereich des Landesstaats- und Landesverwaltungsrechts bedeutsamen Gesetzes- und Verordnungstexte. Neben den Studenten der Rechtswissenschaft und den Rechtsreferendaren wendet sich die Textsammlung zugleich an die mit dem Thüringer Landesrecht befassten Rechtswissenschaftler sowie an Praktiker, insbesondere an Rechtsanwälte, Richter und in der Verwaltung tätige Juristen, deren Bedürfnisse bei der Zusammenstellung der Vorschriften ebenfalls umfassend berücksichtigt wurden.

Um den Erfolg der Textsammlung auch in Zukunft sicherzustellen, wurden in der neuen Auflage zahlreiche Gesetzes- und Verordnungsänderungen seit September 2020 berücksichtigt. Besonders hervorzuheben sind die Änderungen des Thüringer Wahlgesetzes, der Thüringer Kommunalordnung, des Thüringer Waldgesetzes, der Thüringer Bauordnung und des Thüringer Schulgesetzes.

Die Sammlung bleibt sich ihrer seit ihrem erstmaligen Erscheinen maßgebenden Leitlinie treu, alle für die alltägliche Beschäftigung mit dem Öffentlichen Recht bedeutsamen Normen des Thüringer Landesrechts in einem umfassenden und zugleich kompakten, zudem preisgünstigen Band bereitzustellen und insbesondere auf den Abdruck solcher Bestimmungen zu verzichten, denen eine eher marginale Bedeutung zukommt. Der langjährige und anhaltende Erfolg der Gesetzessammlung gibt dieser Konzeption Recht – und wird dies hoffentlich auch weiterhin tun.

Die abgedruckten Gesetze und Rechtsverordnungen befinden sich auf dem Stand vom 1. Februar 2022.

Für Vorschläge zur Ergänzung der Gesetzes- und Verordnungstexte sind Herausgeber und Verlag auch in Zukunft dankbar.

Jena/Meiningen, im Februar 2022

Michael Brenner
Udo Schneider

Inhalt

I.	**Staat und Verfassung**		
10	Verfassung	Verfassung	9
10a	Verordnung zur Bestimmung von Zuständigkeiten im Geschäftsbereich des Innenministeriums	ZustVO Innenministerium	29
11	Verfassungsgerichtshofgesetz	ThürVerfGHG	33
12	Gesetz über das Verfahren bei Bürgerantrag, Volksbegehren und Volksentscheid	ThürBVVG	46
13	Landeswahlgesetz	ThürLWG	54
14	Verkündungsgesetz	VerkündungsG	73
15	Staatshaftungsgesetz	ThürStHG	75
16	Feier- und Gedenktagsgesetz	ThürFGtG	77
17	Untersuchungsausschußgesetz	UAG	81
18	Gesetz über das Verfahren bei Einwohnerantrag, Bürgerbegehren und Bürgerentscheid	ThürEBBG	91
II.	**Verwaltung**		
20	Verwaltungsverfahrensgesetz	ThürVwVfG	101
21	Verwaltungszustellungs- und Vollstreckungsgesetz	ThürVwZVG	135
22	Verwaltungskostengesetz	ThürVwKostG	154
23	Beamtengesetz	ThürBG	163
24	Datenschutzgesetz	ThürDSG	200
25	Transparenzgesetz	ThürTG	232
26	Zuständigkeitsermächtigungsverordnung Gewerbe	ThürZustErmGeVO	244
III.	**Kommunalrecht**		
30	Kommunalordnung	ThürKO	248
30a	Bekanntmachungsverordnung	ThürBekVO	304
31	Gesetz über die kommunale Gemeinschaftsarbeit	ThürKGG	307
32	Kommunalwahlgesetz	ThürKWG	323
33	Kommunalabgabengesetz	ThürKAG	340
IV.	**Öffentliche Sicherheit und Ordnung**		
40	Polizeiorganisationsgesetz	ThürPOG	354
40a	Verordnung über die örtlichen Zuständigkeiten der Polizeibehörden	ThürZPolzVO	358
41	Polizeiaufgabengesetz	PAG	361
42	Ordnungsbehördengesetz	OBG	392
43	Verordnung über die Ermittlungspersonen der Staatsanwaltschaft	ThürErmStA	407
44	Brand- und Katastrophenschutzgesetz	ThürBKG	411
V.	**Umwelt- und Naturschutz**		
50	Ausführungsgesetz zum Kreislaufwirtschaftsgesetz	ThürAGKrWG	432
51	Wassergesetz	ThürWG	442
52	Naturschutzgesetz	ThürNatG	485
53	Waldgesetz	ThürWaldG	508
54	Umweltinformationsgesetz	ThürUIG	537

VI. Planungs- und Bauwesen

60	Bauordnung	ThürBO	543
61	Bauvorlagenverordnung	ThürBauVorlVO	590
62	Enteignungsgesetz	ThürEG	597
63	Landesplanungsgesetz	ThürLPlG	615

VII. Rechtspflege und Juristenausbildung

70	Gerichtsorganisationsgesetz	ThürGerOrgG	624
71	Richter- und Staatsanwältegesetz	ThürRiStAG	627
72	Schiedsstellengesetz	ThürSchStG	654
73	Gesetz zur Ausführung der Verwaltungsgerichtsordnung	ThürAGVwGO	664
74	Verordnung über den elektronischen Rechtsverkehr bei den Gerichten und Staatsanwaltschaften	ThürERVVO Justiz	668
75	Juristenausbildungsgesetz	ThürJAG	671
75a	Juristenausbildungs- und -prüfungsordnung	ThürJAPO	674

VIII. Bildung, Kultur und Medien

80	Schulgesetz	ThürSchulG	696
81	Hochschulgesetz	ThürHG	735
82	Pressegesetz	TPG	811
83	Landesmediengesetz	ThürLMG	815
84	Denkmalschutzgesetz	ThürDSchG	840

IX. Wirtschaft

90	Gaststättengesetz	ThürGastG	850
91	Ladenöffnungsgesetz	ThürLadÖffG	854

X. Verkehrswesen

100	Straßengesetz	ThürStrG	858
	Register		879

Verfassung des Freistaats Thüringen

Vom 25. Oktober 1993 (GVBl. S. 625)
(100-1)
zuletzt geändert durch Art. 1 Viertes ÄndG vom 11. Oktober 2004 (GVBl. S. 745)

Nichtamtliche Inhaltsübersicht

Erster Teil
Grundrechte, Staatsziele und Ordnung des Gemeinschaftslebens

Erster Abschnitt
Menschenwürde, Gleichheit und Freiheit

Artikel 1 Schutz der Menschenwürde
Artikel 2 Gleichheit
Artikel 3 Recht auf Leben; Freiheit der Person; Persönlichkeit
Artikel 4 Freiheit der Person
Artikel 5 Freizügigkeit
Artikel 6 Persönlichkeitsrecht; Datenschutz
Artikel 7 Brief-, Post-, Fernmelde- und Kommunikationsgeheimnis
Artikel 8 Unverletzlichkeit der Wohnung
Artikel 9 Recht auf politische Mitgestaltung
Artikel 10 Versammlungsfreiheit
Artikel 11 Meinungs- und Medienfreiheit
Artikel 12 Rundfunkversorgung
Artikel 13 Vereinigungsfreiheit
Artikel 14 Petitionsrecht
Artikel 15 Recht auf Wohnung
Artikel 16 Obdachrecht

Zweiter Abschnitt
Ehe und Familie

Artikel 17 Ehe und Familie
Artikel 18 Sorgerecht
Artikel 19 Entwicklung von Kindern und Jugendlichen

Dritter Abschnitt
Bildung und Kultur

Artikel 20 Recht auf Bildung
Artikel 21 Elternrecht
Artikel 22 Erziehung und Bildung
Artikel 23 Schulwesen
Artikel 24 Schulen
Artikel 25 Religions- und Ethikunterricht
Artikel 26 Schulen in freier Trägerschaft
Artikel 27 Kunst- und Wissenschaftsfreiheit
Artikel 28 Hochschulen
Artikel 29 Erwachsenenbildung
Artikel 30 Kultur; Kunst und Brauchtum

Vierter Abschnitt
Natur und Umwelt

Artikel 31 Schutz der natürlichen Lebensgrundlagen
Artikel 32 Tiere
Artikel 33 Recht auf Umweltdaten

Fünfter Abschnitt
Eigentum, Wirtschaft und Arbeit

Artikel 34 Eigentum und Erbrecht
Artikel 35 Berufsfreiheit
Artikel 36 Recht auf Arbeit
Artikel 37 Koalitionsfreiheit und Streikrecht
Artikel 38 Soziale und ökologische Marktwirtschaft

Sechster Abschnitt
Religion und Weltanschauung

Artikel 39 Gewissens-, Glaubens- und Bekenntnisfreiheit
Artikel 40 Recht der Religionsgesellschaften
Artikel 41 Karitative Einrichtungen

Siebter Abschnitt
Gemeinsame Bestimmungen für alle Grundrechte und Staatsziele

Artikel 42 Geltung und Beschränkung der Grundrechte; Rechtsweggarantie
Artikel 43 Verwirklichung der Staatsziele

Zweiter Teil
Der Freistaat Thüringen

Erster Abschnitt
Grundlagen

Artikel 44 Bundesland; Strukturprinzipien; Symbole; Hauptstadt
Artikel 45 Unmittelbare und mittelbare Demokratie
Artikel 46 Wahlen
Artikel 47 Gewaltenteilung

Zweiter Abschnitt
Der Landtag

Artikel 48 Der Landtag
Artikel 49 Wahl
Artikel 50 Wahlperiode; Neuwahl
Artikel 51 Mandatsbewerbung und -übernahme
Artikel 52 Beginn und Ende des Mandats
Artikel 53 Freies Mandat der Abgeordneten
Artikel 54 Entschädigung
Artikel 55 Indemnität; Immunität
Artikel 56 Zeugnisverweigerungsrecht
Artikel 57 Präsidium

Artikel 58 Fraktionen
Artikel 59 Opposition
Artikel 60 Öffentlichkeit
Artikel 61 Beschlußfassung
Artikel 62 Ausschüsse
Artikel 63 Enquetekommissionen
Artikel 64 Untersuchungsausschüsse
Artikel 65 Petitionsausschuß
Artikel 66 Anwesenheitspflicht und Zutrittsrecht
Artikel 67 Anfragen; Unterrichtung
Artikel 68 Bürgerantrag
Artikel 69 Datenschutzbeauftragter

Dritter Abschnitt
Die Landesregierung

Artikel 70 Landesregierung
Artikel 71 Eid
Artikel 72 Amtsverhältnis
Artikel 73 Konstruktives Mißtrauensvotum
Artikel 74 Vertrauensfrage
Artikel 75 Beendigung der Amtszeit
Artikel 76 Zuständigkeit des Ministerpräsidenten und der Landesregierung
Artikel 77 Vertretung nach außen; Staatsverträge
Artikel 78 Weitere Zuständigkeiten des Ministerpräsidenten

Vierter Abschnitt
Der Verfassungsgerichtshof

Artikel 79 Rechtsstellung; Zusammensetzung; Unvereinbarkeiten
Artikel 80 Zuständigkeit

Fünfter Abschnitt
Die Gesetzgebung

Artikel 81 Zuständigkeiten
Artikel 82 Volksbegehren; Volksentscheid
Artikel 83 Verfassungsänderung
Artikel 84 Rechtsverordnungen
Artikel 85 Verkündung; Inkrafttreten

Sechster Abschnitt
Die Rechtspflege

Artikel 86 Gerichtsvorbehalt; Unabhängigkeit; Laienrichter
Artikel 87 Sondergerichte; Ausnahmegerichte; gesetzlicher Richter
Artikel 88 Justizgrundrechte
Artikel 89 Rechtsstellung und Anklagen der Richter

Siebter Abschnitt
Die Verwaltung

Artikel 90 Verwaltungsorganisation
Artikel 91 Kommunale Selbstverwaltung
Artikel 92 Gebietsänderungen
Artikel 93 Kommunale Finanzausstattung; Steuern
Artikel 94 Aufsicht
Artikel 95 Gemeindevertretung
Artikel 96 Pflichten und Eignung der Verwaltungsangehörigen
Artikel 97 Verfassungsschutz

Achter Abschnitt
Das Finanzwesen

Artikel 98 Haushaltsplan
Artikel 99 Aufstellung des Haushaltsplans
Artikel 100 Übergangsermächtigung
Artikel 101 Haushaltsüberschreitungen
Artikel 102 Rechnungslegung und Rechnungsprüfung
Artikel 103 Landesrechnungshof

Dritter Teil
Übergangs- und Schlußbestimmungen

Artikel 104 Bürger
Artikel 105 Gültigkeit früherer Wahlen
Artikel 105a Entschädigung der Abgeordneten
Artikel 106 Inkrafttreten

Der Thüringer Landtag hat mit der nach Artikel 106 Abs. 1 dieser Verfassung vorgesehenen Mehrheit das folgende Gesetz beschlossen:

Präambel

In dem Bewußtsein des kulturellen Reichtums und der Schönheit des Landes, seiner wechselvollen Geschichte, der leidvollen Erfahrungen mit überstandenen Diktaturen und des Erfolges der friedlichen Veränderungen im Herbst 1989,
in dem Willen, Freiheit und Würde des einzelnen zu achten, das Gemeinschaftsleben in sozialer Gerechtigkeit zu ordnen, Natur und Umwelt zu bewahren und zu schützen, der Verantwortung für zukünftige Generationen gerecht zu werden, inneren wie äußeren Frieden zu fördern, die demokratisch verfaßte Rechtsordnung zu erhalten und Trennendes in Europa und der Welt zu überwinden,
gibt sich das Volk des Freistaates Thüringen in freier Selbstbestimmung und auch in Verantwortung vor Gott diese Verfassung.

Erster Teil

Grundrechte, Staatsziele und Ordnung des Gemeinschaftslebens

Erster Abschnitt

Menschenwürde, Gleichheit und Freiheit

Artikel 1 [Schutz der Menschenwürde]

(1) [1]Die Würde des Menschen ist unantastbar. [2]Sie auch im Sterben zu achten und zu schützen, ist Verpflichtung aller staatlichen Gewalt.

(2) Thüringen bekennt sich zu den unverletzlichen und unveräußerlichen Menschenrechten als Grundlage jeder staatlichen Gemeinschaft, zum Frieden und zur Gerechtigkeit.

Artikel 2 [Gleichheit]

(1) Alle Menschen sind vor dem Gesetz gleich.

(2) [1]Frauen und Männer sind gleichberechtigt. [2]Das Land, seine Gebietskörperschaften und andere Träger der öffentlichen Verwaltung sind verpflichtet, die tatsächliche Gleichstellung von Frauen und Männern in allen Bereichen des öffentlichen Lebens durch geeignete Maßnahmen zu fördern und zu sichern.

(3) Niemand darf wegen seiner Herkunft, seiner Abstammung, seiner ethnischen Zugehörigkeit, seiner sozialen Stellung, seiner Sprache, seiner politischen, weltanschaulichen oder religiösen Überzeugung, seines Geschlechts oder seiner sexuellen Orientierung bevorzugt oder benachteiligt werden.

(4) [1]Menschen mit Behinderung stehen unter dem besonderen Schutz des Freistaats. [2]Das Land und seine Gebietskörperschaften fördern ihre gleichwertige Teilnahme am Leben in der Gemeinschaft.

Artikel 3 [Recht auf Leben; Freiheit der Person; Persönlichkeit]

(1) [1]Jeder hat das Recht auf Leben und körperliche Unversehrtheit. [2]Die Freiheit der Person ist unverletzlich. [3]In diese Rechte darf nur auf Grund eines Gesetzes eingegriffen werden.

(2) Jeder hat das Recht auf die freie Entfaltung seiner Persönlichkeit, soweit er nicht die Rechte anderer verletzt oder nicht gegen die verfassungsmäßige Ordnung verstößt.

Artikel 4 [Freiheit der Person]

(1) Die Freiheit der Person kann nur auf Grund eines förmlichen Gesetzes und nur unter Beachtung der darin vorgeschriebenen Formen eingeschränkt werden.

(2) Festgehaltene Personen dürfen weder seelisch noch körperlich mißhandelt werden.

(3) [1]Über die Zulässigkeit und Fortdauer einer Freiheitsentziehung hat nur der Richter zu entscheiden. [2]Bei jeder nicht auf richterlicher Anordnung beruhenden Freiheitsentziehung ist unverzüglich, spätestens jedoch innerhalb von 24 Stunden, eine richterliche Entscheidung herbeizuführen. [3]Das Nähere regelt das Gesetz.

(4) [1]Jeder wegen des Verdachts einer strafbaren Handlung vorläufig Festgenommene ist spätestens am Tag nach der Festnahme dem Richter vorzuführen, der ihm die Gründe der Festnahme mitzuteilen, ihn zu vernehmen und ihm Gelegenheit zu Einwendungen zu geben hat. [2]Der Richter hat unverzüglich entweder einen mit Gründen versehenen schriftlichen Haftbefehl zu erlassen oder die Freilassung anzuordnen.

(5) Von jeder richterlichen Entscheidung über die Anordnung oder Fortdauer einer Freiheitsentziehung ist unverzüglich ein Angehöriger des Festgehaltenen oder eine Person seines Vertrauens zu benachrichtigen.

Artikel 5 [Freizügigkeit]

(1) Jeder Bürger genießt Freizügigkeit.

(2) Dieses Recht darf nur auf Grund eines Gesetzes und nur für die Fälle eingeschränkt werden, in denen eine ausreichende Lebensgrundlage nicht vorhanden ist und der Allgemeinheit daraus besondere Lasten entstehen würden oder in denen es zur Abwehr einer drohenden Gefahr für den Bestand oder die freiheitliche demokratische Grundordnung des Bundes oder eines Landes, zur Bekämpfung von Seuchengefahr, Naturkatastrophen oder besonders schweren Unglücksfällen, zum Schutz der Jugend vor Verwahrlosung oder um strafbaren Handlungen vorzubeugen, erforderlich ist.

Artikel 6 [Persönlichkeitsrecht; Datenschutz]

(1) Jeder hat das Recht auf Achtung und Schutz seiner Persönlichkeit und seines privaten Lebensbereiches.

(2) [1]Jeder hat Anspruch auf Schutz seiner personenbezogenen Daten. [2]Er ist berechtigt, über die Preisgabe und Verwendung solcher Daten selbst zu bestimmen.

(3) [1]Diese Rechte dürfen nur auf Grund eines Gesetzes eingeschränkt werden. [2]Den Belangen historischer Forschung und geschichtlicher Aufarbeitung ist angemessen Rechnung zu tragen.

(4) Jeder hat nach Maßgabe der Gesetze ein Recht auf Auskunft darüber, welche Informationen über ihn in Akten und Dateien gespeichert sind und auf Einsicht in ihn betreffende Akten und Dateien.

Artikel 7 [Brief-, Post-, Fernmelde- und Kommunikationsgeheimnis]

(1) Das Briefgeheimnis, das Post- und Fernmeldegeheimnis sowie das Kommunikationsgeheimnis sind unverletzlich.

(2) [1]Beschränkungen dürfen nur auf Grund eines Gesetzes angeordnet werden. [2]Sie sind grundsätzlich dem Betroffenen nach Abschluß der Maßnahme mitzuteilen. [3]Ihm steht der Rechtsweg offen.

Artikel 8 [Unverletzlichkeit der Wohnung]

(1) Die Wohnung ist unverletzlich.

(2) Durchsuchungen dürfen nur durch den Richter, bei Gefahr im Verzuge auch durch die in den Gesetzen vorgesehenen anderen Organe angeordnet und nur in der dort vorgeschriebenen Form durchgeführt werden.

(3) Eingriffe und Beschränkungen dürfen im übrigen nur zur Abwehr einer gemeinen Gefahr oder einer Lebensgefahr für einzelne Personen, auf Grund eines Gesetzes auch zur Verhütung dringender Gefahren für die öffentliche Sicherheit und Ordnung, insbesondere zur Behebung der Raumnot, zur Bekämpfung von Seuchengefahr oder zum Schutz gefährdeter Kinder und Jugendlicher vorgenommen werden.

Artikel 9 [Recht auf politische Mitgestaltung]

[1]Jeder hat das Recht auf Mitgestaltung des politischen Lebens im Freistaat. [2]Dieses Recht wird im Rahmen dieser Verfassung in Ausübung politischer Freiheitsrechte, insbesondere durch eine Mitwirkung in Parteien und Bürgerbewegungen wahrgenommen.

Artikel 10 [Versammlungsfreiheit]

(1) Jeder Bürger hat das Recht, sich mit anderen ohne Anmeldung oder Erlaubnis friedlich und unbewaffnet zu versammeln.

(2) Für Versammlungen unter freiem Himmel kann dieses Recht auf Grund eines Gesetzes eingeschränkt werden.

Artikel 11 [Meinungs- und Medienfreiheit]

(1) Jeder hat das Recht, seine Meinung frei zu äußern und zu verbreiten sowie sich aus allgemein zugänglichen Quellen ungehindert zu unterrichten.

(2) [1]Die Freiheit der Presse, des Rundfunks, des Fernsehens, des Films und der anderen Medien wird gewährleistet. [2]Zensur ist nicht zulässig.

(3) Diese Rechte finden ihre Schranken in den Vorschriften der allgemeinen Gesetze, den gesetzlichen Bestimmungen zum Schutz der Kinder und Jugendlichen und in dem Recht der persönlichen Ehre.

Artikel 12 [Rundfunkversorgung]

(1) Das Land gewährleistet die Grundversorgung durch öffentlich-rechtlichen Rundfunk und sorgt für die Ausgewogenheit der Verbreitungsmöglichkeiten zwischen privaten und öffentlich-rechtlichen Veranstaltern.

(2) In den Aufsichtsgremien der öffentlich-rechtlichen Rundfunkanstalten und in den vergleichbaren Aufsichtsgremien über den privaten Rundfunk sind die politischen, weltanschaulichen und gesellschaftlichen Gruppen nach Maßgabe der Gesetze zu beteiligen.

Artikel 13 [Vereinigungsfreiheit]

(1) Jeder Bürger hat das Recht, Vereinigungen zu bilden.

(2) Vereinigungen, deren Zweck oder deren Tätigkeit den Strafgesetzen zuwiderlaufen oder die sich gegen die verfassungsmäßige Ordnung oder den Gedanken der Völkerverständigung richten, sind verboten.

Artikel 14 [Petitionsrecht]

[1]Jeder hat das Recht, sich einzeln oder in Gemeinschaft mit anderen schriftlich oder mündlich mit Bitten oder Beschwerden an die zuständigen Stellen und an die Volksvertretung zu wenden. [2]Es besteht Anspruch auf begründeten Bescheid in angemessener Frist.

Artikel 15 [Recht auf Wohnung]

[1]Es ist ständige Aufgabe des Freistaats, darauf hinzuwirken, daß in ausreichendem Maße angemessener Wohnraum zur Verfügung steht. [2]Zur Verwirklichung dieses Staatsziels fördern das Land und seine Gebietskörperschaften die Erhaltung, den Bau und die Bereitstellung von Wohnraum im sozialen, genossenschaftlichen und privaten Bereich.

Artikel 16 [Obdachrecht]

Das Land und seine Gebietskörperschaften sichern allen im Notfall ein Obdach.

Zweiter Abschnitt
Ehe und Familie

Artikel 17 [Ehe und Familie]

(1) Ehe und Familie stehen unter dem besonderen Schutz der staatlichen Ordnung.

(2) Wer in häuslicher Gemeinschaft Kinder erzieht oder für andere sorgt, verdient Förderung und Entlastung.

(3) Jede Mutter hat Anspruch auf den Schutz und die Fürsorge der Gemeinschaft.

Artikel 18 [Sorgerecht]

(1) Eltern und andere Sorgeberechtigte haben das Recht und die Pflicht zur Erziehung ihrer Kinder.

(2) Kinder dürfen von den Sorgeberechtigten gegen deren Willen nur auf Grund eines Gesetzes getrennt werden, wenn das Wohl des Kindes gefährdet ist und der Gefahr nicht auf andere Weise begegnet werden kann.

(3) Die elterliche Sorge darf nur auf gesetzlicher Grundlage durch ein Gericht eingeschränkt oder entzogen werden.

Artikel 19 [Entwicklung von Kindern und Jugendlichen]

(1) [1]Kinder und Jugendliche haben das Recht auf eine gesunde geistige, körperliche und psychische Entwicklung. [2]Sie sind vor körperlicher und seelischer Vernachlässigung, Mißhandlung, Mißbrauch und Gewalt zu schützen.

(2) Nichtehelichen und ehelichen Kindern und Jugendlichen sind durch die Gesetzgebung die gleichen Bedingungen für ihre Entwicklung und ihre Stellung in der Gemeinschaft zu schaffen und zu sichern.

(3) Das Land und seine Gebietskörperschaften fördern Kindertageseinrichtungen, unabhängig von ihrer Trägerschaft.

(4) Das Land und seine Gebietskörperschaften fördern den vorbeugenden Gesundheitsschutz für Kinder und Jugendliche.

Dritter Abschnitt
Bildung und Kultur

Artikel 20 [Recht auf Bildung]

[1]Jeder Mensch hat das Recht auf Bildung. [2]Der freie und gleiche Zugang zu den öffentlichen Bildungseinrichtungen wird nach Maßgabe der Gesetze gewährleistet. [3]Begabte, Behinderte und sozial Benachteiligte sind besonders zu fördern.

Artikel 21 [Elternrecht]

[1]Das natürliche Recht und die Pflicht der Eltern, Erziehung und Bildung ihrer Kinder zu bestimmen, bilden die Grundlage des Erziehungs- und Schulwesens. [2]Sie sind insbesondere bei dem Zugang zu den verschiedenen Schularten zu achten.

Artikel 22 [Erziehung und Bildung]

(1) Erziehung und Bildung haben die Aufgabe, selbständiges Denken und Handeln, Achtung vor der Würde des Menschen und Toleranz gegenüber der Überzeugung anderer, Anerkennung der Demokratie und Freiheit, den Willen zu sozialer Gerechtigkeit, die Friedfertigkeit im Zusammenleben der Kulturen und Völker und die Verantwortung für die natürlichen Lebensgrundlagen des Menschen und die Umwelt zu fördern.

(2) Der Geschichtsunterricht muß auf eine unverfälschte Darstellung der Vergangenheit gerichtet sein.

(3) Die Lehrer haben auf die religiösen und weltanschaulichen Empfindungen aller Schüler Rücksicht zu nehmen.

Artikel 23 [Schulwesen]

(1) Es besteht allgemeine Schulpflicht.

(2) Das gesamte Schulwesen steht unter der Aufsicht des Landes.

(3) Eltern, andere Sorgeberechtigte, Lehrer und Schüler wirken bei der Gestaltung des Schulwesens sowie des Lebens und der Arbeit in der Schule mit.

Artikel 24 [Schulen]

(1) Das Land gewährleistet ein ausreichendes und vielfältiges öffentliches Erziehungs- und Schulwesen, das neben dem gegliederten Schulsystem auch andere Schularten ermöglicht.

(2) In den öffentlichen Schulen werden die Schülerinnen und Schüler gemeinsam und ungeachtet des Bekenntnisses und der Weltanschauung unterrichtet.

(3) [1]Der Unterricht an öffentlichen Schulen ist unentgeltlich. [2]Die Finanzierung von Lern- und Lehrmitteln regelt das Gesetz.

Artikel 25 [Religions- und Ethikunterricht]

(1) Religions- und Ethikunterricht sind in den öffentlichen Schulen ordentliche Lehrfächer.

(2) [1]Die Eltern und anderen Sorgeberechtigten haben das Recht, über die Teilnahme des Kindes am Religions- oder Ethikunterricht zu entscheiden. [2]Mit Vollendung des 14. Lebensjahres obliegt diese Entscheidung den Jugendlichen in eigener Verantwortung.

(3) Kein Lehrer darf gegen seinen Willen verpflichtet werden, Religionsunterricht zu erteilen.

Artikel 26 [Schulen in freier Trägerschaft]

(1) Das Recht zur Errichtung von Schulen in freier Trägerschaft wird gewährleistet.

(2) [1]Schulen in freier Trägerschaft als Ersatz für öffentliche Schulen bedürfen der Genehmigung des Landes. [2]Genehmigte Ersatzschulen haben Anspruch auf öffentliche Zuschüsse. [3]Das Nähere regelt das Gesetz.

Artikel 27 [Kunst- und Wissenschaftsfreiheit]

(1) [1]Kunst ist frei. [2]Wissenschaft, Forschung und Lehre sind frei.

(2) Die Freiheit der Lehre entbindet nicht von der Treue zur Verfassung.

Artikel 28 [Hochschulen]

(1) [1]Die Hochschulen genießen den Schutz des Landes und stehen unter seiner Aufsicht. [2]Sie haben das Recht auf Selbstverwaltung, an der alle Mitglieder zu beteiligen sind.

(2) Hochschulen in freier Trägerschaft sind zulässig.

(3) [1]Die Kirchen und andere Religionsgesellschaften haben das Recht, eigene Hochschulen und andere theologische Bildungsanstalten zu unterhalten. [2]Das Mitspracherecht der Kirchen bei der Besetzung der Lehrstühle theologischer Fakultäten wird durch Vereinbarung geregelt.

(4) Das Nähere regelt das Gesetz.

Artikel 29 [Erwachsenenbildung]

[1]Das Land und seine Gebietskörperschaften fördern die Erwachsenenbildung. [2]Als Träger von Einrichtungen der Erwachsenenbildung sind auch freie Träger zugelassen.

Artikel 30 [Kultur; Kunst und Brauchtum]

(1) Kultur, Kunst, Brauchtum genießen Schutz und Förderung durch das Land und seine Gebietskörperschaften.

(2) [1]Die Denkmale der Kultur, Kunst, Geschichte und die Naturdenkmale stehen unter dem Schutz des Landes und seiner Gebietskörperschaften. [2]Die Pflege der Denkmale obliegt in erster Linie ihren Ei-

gentümern. [3]Sie sind der Öffentlichkeit im Rahmen der Gesetze unter Beachtung der Rechte anderer zugänglich zu machen.

(3) Der Sport genießt Schutz und Förderung durch das Land und seine Gebietskörperschaften.

Vierter Abschnitt
Natur und Umwelt

Artikel 31 [Schutz der natürlichen Lebensgrundlagen]

(1) Der Schutz der natürlichen Lebensgrundlagen des Menschen ist Aufgabe des Freistaats und seiner Bewohner.

(2) [1]Der Naturhaushalt und seine Funktionstüchtigkeit sind zu schützen. [2]Die heimischen Tier- und Pflanzenarten sowie besonders wertvolle Landschaften und Flächen sind zu erhalten und unter Schutz zu stellen. [3]Das Land und seine Gebietskörperschaften wirken darauf hin, daß von Menschen verursachte Umweltschäden im Rahmen des Möglichen beseitigt oder ausgeglichen werden.

(3) [1]Mit Naturgütern und Energie ist sparsam umzugehen. [2]Das Land und seine Gebietskörperschaften fördern eine umweltgerechte Energieversorgung.

Artikel 32 [Tiere]

[1]Tiere werden als Lebewesen und Mitgeschöpfe geachtet. [2]Sie werden vor nicht artgemäßer Haltung und vermeidbarem Leiden geschützt.

Artikel 33 [Recht auf Umweltdaten]

Jeder hat das Recht auf Auskunft über die Daten, welche die natürliche Umwelt in seinem Lebensraum betreffen und die durch den Freistaat erhoben worden sind, soweit gesetzliche Regelungen oder Rechte Dritter nicht entgegenstehen.

Fünfter Abschnitt
Eigentum, Wirtschaft und Arbeit

Artikel 34 [Eigentum und Erbrecht]

(1) [1]Das Eigentum und das Erbrecht werden gewährleistet. [2]Inhalt und Schranken werden durch die Gesetze bestimmt.

(2) [1]Eigentum verpflichtet. [2]Sein Gebrauch soll zugleich dem Wohle der Allgemeinheit dienen.

(3) [1]Eine Enteignung ist nur zum Wohle der Allgemeinheit zulässig. [2]Sie darf nur auf Grund eines Gesetzes erfolgen, das Art und Ausmaß der Entschädigung regelt. [3]Die Entschädigung ist unter gerechter Abwägung der Interessen der Allgemeinheit und der Beteiligten zu bestimmen. [4]Wegen der Höhe der Entschädigung steht im Streitfalle der Rechtsweg offen.

Artikel 35 [Berufsfreiheit]

(1) [1]Jeder Bürger hat das Recht, Beruf, Arbeitsplatz und Ausbildungsstätte frei zu wählen. [2]Die Berufswahl, die Berufsausübung sowie die Berufsausbildung können auf Grund eines Gesetzes geregelt werden.

(2) Niemand darf zu einer bestimmten Arbeit gezwungen werden, außer im Rahmen einer herkömmlichen allgemeinen, für alle gleichen öffentlichen Dienstleistungspflicht.

Artikel 36 [Recht auf Arbeit]

[1]Es ist ständige Aufgabe des Freistaats, jedem die Möglichkeit zu schaffen, seinen Lebensunterhalt durch frei gewählte und dauerhafte Arbeit zu verdienen. [2]Zur Verwirklichung dieses Staatsziels ergreifen das Land und seine Gebietskörperschaften insbesondere Maßnahmen der Wirtschafts- und Arbeitsförderung, der beruflichen Weiterbildung und der Umschulung.

Artikel 37 [Koalitionsfreiheit und Streikrecht]

(1) [1]Das Recht, zur Wahrung und Förderung der Arbeits- und Wirtschaftsbedingungen Vereinigungen zu bilden, ist für jeden und für alle Berufe gewährleistet. [2]Abreden, die dieses Recht einschränken oder zu behindern suchen, sind nichtig, hierauf gerichtete Maßnahmen sind rechtswidrig.

(2) Das Recht, Arbeitskämpfe zu führen, insbesondere das Streikrecht, ist gewährleistet.

(3) Die Beschäftigten und ihre Verbände haben nach Maßgabe der Gesetze das Recht auf Mitbestimmung in Angelegenheiten ihrer Betriebe, Unternehmen oder Dienststellen.

Artikel 38 [Soziale und ökologische Marktwirtschaft]
Die Ordnung des Wirtschaftslebens hat den Grundsätzen einer sozialen und der Ökologie verpflichteten Marktwirtschaft zu entsprechen.

Sechster Abschnitt

Religion und Weltanschauung

Artikel 39 [Gewissens-, Glaubens- und Bekenntnisfreiheit]
(1) Die Freiheit des Glaubens, des Gewissens und die Freiheit des religiösen und weltanschaulichen Bekenntnisses sind unverletzlich.
(2) [1]Jeder hat das Recht, seine Religion oder Weltanschauung ungestört, allein oder mit anderen, privat oder öffentlich auszuüben. [2]Die Ausübung einer Religion oder Weltanschauung darf die Würde anderer nicht verletzen.

Artikel 40 [Recht der Religionsgesellschaften]
Für das Verhältnis des Freistaats zu den Religionsgesellschaften und Weltanschauungsgemeinschaften gilt Artikel 140 des Grundgesetzes für die Bundesrepublik Deutschland vom 23. Mai 1949[1)]; er ist Bestandteil dieser Verfassung.

---

1) **Amtl. Anm.:** Artikel 140 Grundgesetz
Recht der Religionsgesellschaften
Die Bestimmungen der Artikel 136, 137, 138, 139 und 141 der deutschen Verfassung vom 11. August 1919
Artikel 136 Weimarer Reichsverfassung (WRV)
Die bürgerlichen und staatsbürgerlichen Rechte und Pflichten werden durch die Ausübung der Religionsfreiheit weder bedingt noch beschränkt.
Der Genuß bürgerlicher und staatsbürgerlicher Rechte sowie die Zulassung zu öffentlichen Ämtern sind unabhängig von dem religiösen Bekenntnis.
[1]Niemand ist verpflichtet, seine religiöse Überzeugung zu offenbaren. [2]Die Behörden haben nur soweit das Recht, nach der Zugehörigkeit zu einer Religionsgesellschaft zu fragen, als davon Rechte und Pflichten abhängen oder eine gesetzlich angeordnete statistische Erhebung dies erfordert.
Niemand darf zu einer kirchlichen Handlung oder Feierlichkeit oder zur Teilnahme an religiösen Übungen oder zur Benutzung einer religiösen Eidesform gezwungen werden.
Artikel 137 WRV
Es besteht keine Staatskirche.
[1]Die Freiheit der Vereinigung zu Religionsgesellschaften wird gewährleistet. [2]Der Zusammenschluß von Religionsgesellschaften innerhalb des Reichsgebiets unterliegt keinen Beschränkungen.
[1]Jede Religionsgesellschaft ordnet und verwaltet ihre Angelegenheiten selbständig innerhalb der Schranken des für alle geltenden Gesetzes. [2]Sie verleiht ihre Ämter ohne Mitwirkung des Staates oder der bürgerlichen Gemeinde.
Religionsgesellschaften erwerben die Rechtsfähigkeit nach den allgemeinen Vorschriften des bürgerlichen Rechtes.
[1]Die Religionsgesellschaften bleiben Körperschaften des öffentlichen Rechtes, soweit sie solche bisher waren. [2]Anderen Religionsgesellschaften sind auf ihren Antrag gleiche Rechte zu gewähren, wenn sie durch ihre Verfassung und die Zahl ihrer Mitglieder die Gewähr der Dauer bieten. [3]Schließen sich mehrere derartige öffentlich-rechtliche Religionsgesellschaften zu einem Verbande zusammen, so ist auch dieser Verband eine öffentlich-rechtliche Körperschaft.
Die Religionsgesellschaften, welche Körperschaften des öffentlichen Rechtes sind, sind berechtigt, aufgrund der bürgerlichen Steuerlisten nach Maßgabe der landesrechtlichen Bestimmungen Steuern zu erheben.
Den Religionsgesellschaften werden die Vereinigungen gleichgestellt, die sich die gemeinschaftliche Pflege einer Weltanschauung zur Aufgabe machen.
Soweit die Durchführung dieser Bestimmungen eine weitere Regelung erfordert, liegt diese der Landesgesetzgebung ob.
Artikel 138 WRV
[1]Die auf Gesetz, Vertrag oder besonderen Rechtstiteln beruhenden Staatsleistungen an die Religionsgemeinschaften werden durch die Landesgesetzgebung abgelöst. [2]Die Grundsätze hierfür stellt das Reich auf.
Das Eigentum und andere Rechte der Religionsgesellschaften und religiösen Vereine an ihren für Kultus-, Unterrichts- und Wohltätigkeitszwecke bestimmten Anstalten, Stiftungen und sonstigen Vermögen werden gewährleistet.
Artikel 139 WRV
Der Sonntag und die staatlich anerkannten Feiertage bleiben als Tage der Arbeitsruhe und der seelischen Erhebung gesetzlich geschützt.
Artikel 141 WRV
Soweit das Bedürfnis nach Gottesdienst und Seelsorge im Heer, in Krankenhäusern, Strafanstalten oder sonstigen öffentlichen Anstalten besteht, sind die Religionsgesellschaften zur Vornahme religiöser Handlungen zuzulassen, wobei jeder Zwang fernzuhalten ist.
sind Bestandteil dieses Grundgesetzes.

Artikel 41 [Karitative Einrichtungen]

[1]Die von den Kirchen, anderen Religionsgesellschaften und Weltanschauungsgemeinschaften unterhaltenen sozialen und karitativen Einrichtungen werden als gemeinnützig anerkannt und gefördert. [2]Dies gilt auch für die Einrichtungen der Verbände der freien Wohlfahrtspflege.

Siebter Abschnitt

Gemeinsame Bestimmungen für alle Grundrechte und Staatsziele

Artikel 42 [Geltung und Beschränkung der Grundrechte; Rechtsweggarantie]

(1) Die in dieser Verfassung niedergelegten Grundrechte binden Gesetzgebung, vollziehende Gewalt und Rechtsprechung als unmittelbar geltendes Recht.

(2) Die Grundrechte gelten auch für inländische juristische Personen, soweit sie ihrem Wesen nach auf diese anwendbar sind.

(3) [1]Soweit nach dieser Verfassung ein Grundrecht auf Grund eines Gesetzes eingeschränkt werden kann, muß das Gesetz allgemein und nicht nur für den Einzelfall gelten. [2]Außerdem muß das Gesetz das Grundrecht unter Angabe des Artikels nennen.

(4) [1]Das Gesetz muß den Grundsatz der Verhältnismäßigkeit wahren. [2]In keinem Fall darf ein Grundrecht in seinem Wesensgehalt angetastet werden.

(5) [1]Wird jemand durch die öffentliche Gewalt in seinen Rechten verletzt, so steht ihm der Rechtsweg offen. [2]Soweit eine andere Zuständigkeit nicht begründet ist, ist der ordentliche Rechtsweg gegeben.

Artikel 43 [Verwirklichung der Staatsziele]

Der Freistaat hat die Pflicht, nach seinen Kräften und im Rahmen seiner Zuständigkeiten die Verwirklichung der in dieser Verfassung niedergelegten Staatsziele anzustreben und sein Handeln danach auszurichten.

Zweiter Teil

Der Freistaat Thüringen

Erster Abschnitt

Grundlagen

Artikel 44 [Bundesland; Strukturprinzipien; Symbole; Hauptstadt]

(1) [1]Der Freistaat Thüringen ist ein Land der Bundesrepublik Deutschland. [2]Er ist ein demokratischer, sozialer und dem Schutz der natürlichen Lebensgrundlagen des Menschen verpflichteter Rechtsstaat.

(2) [1]Die Landesfarben sind weiß-rot. [2]Das Wappen des Landes bildet ein aufrecht stehender, achtfach rot-silber gestreifter, goldgekrönter und goldbewehrter Löwe auf blauem Grund, umgeben von acht silbernen Sternen.

(3) Die Hauptstadt des Landes ist Erfurt.

Artikel 45 [Unmittelbare und mittelbare Demokratie]

[1]Alle Staatsgewalt geht vom Volk aus. [2]Es verwirklicht seinen Willen durch Wahlen, Volksbegehren und Volksentscheid. [3]Es handelt mittelbar durch die verfassungsgemäß bestellten Organe der Gesetzgebung, der vollziehenden Gewalt und der Rechtsprechung.

Artikel 46 [Wahlen]

(1) Wahlen nach Artikel 49 Abs. 1 und Abstimmungen nach Artikel 82 Abs. 6 dieser Verfassung sind allgemein, unmittelbar, frei, gleich und geheim.

(2) Wahl- und stimmberechtigt sowie wählbar ist jeder Bürger, der das 18. Lebensjahr vollendet und seinen Wohnsitz im Freistaat hat.

(3) Das Nähere regelt das Gesetz.

Artikel 47 [Gewaltenteilung]

(1) Die Gesetzgebung steht dem Landtag und dem Volk zu.

(2) Die vollziehende Gewalt liegt bei der Landesregierung und den Verwaltungsorganen.

(3) Die rechtsprechende Gewalt wird durch unabhängige Gerichte ausgeübt.

(4) Die Gesetzgebung ist an die verfassungsmäßige Ordnung, die vollziehende Gewalt und die Rechtsprechung sind an Gesetz und Recht gebunden.

Zweiter Abschnitt

Der Landtag

Artikel 48 [Der Landtag]

(1) Der Landtag ist das vom Volk gewählte oberste Organ der demokratischen Willensbildung.

(2) Der Landtag übt gesetzgebende Gewalt aus, wählt den Ministerpräsidenten, überwacht die Ausübung der vollziehenden Gewalt, behandelt die in die Zuständigkeit des Landes gehörenden öffentlichen Angelegenheiten und erfüllt die anderen ihm nach dieser Verfassung zustehenden Aufgaben.

Artikel 49 [Wahl]

(1) Der Landtag wird nach den Grundsätzen einer mit der Personenwahl verbundenen Verhältniswahl gewählt.

(2) Für die Zuteilung von Landtagssitzen ist ein Mindestanteil von fünf vom Hundert der im Land für alle Wahlvorschlagslisten abgegebenen gültigen Stimmen erforderlich.

(3) [1]Der Landtag prüft die Gültigkeit der Wahl. [2]Er entscheidet, ob ein Mitglied seinen Sitz im Landtag verloren hat.

(4) Das Nähere regelt das Gesetz.

Artikel 50 [Wahlperiode; Neuwahl]

(1) [1]Der Landtag wird auf fünf Jahre gewählt. [2]Die Neuwahl findet frühestens 57, spätestens 61 Monate nach Beginn der Wahlperiode statt. [3]Die Neuwahl für die fünfte Wahlperiode findet im Zeitraum vom 1. Juli 2009 bis 30. September 2009 statt.

(2) [1]Die Neuwahl wird vorzeitig durchgeführt,

1. wenn der Landtag seine Auflösung mit der Mehrheit von zwei Dritteln seiner Mitglieder auf Antrag von einem Drittel seiner Mitglieder beschließt,
2. wenn nach einem erfolglosen Vertrauensantrag des Ministerpräsidenten der Landtag nicht innerhalb von drei Wochen nach der Beschlußfassung über den Vertrauensantrag einen neuen Ministerpräsidenten gewählt hat.

[2]Über den Antrag nach Nummer 1 darf frühestens am elften und muß spätestens am 30. Tag nach Antragstellung offen abgestimmt werden. [3]Die vorzeitige Neuwahl muß innerhalb 70 Tagen stattfinden.

(3) [1]Die Wahlperiode endet mit dem Zusammentritt eines neuen Landtags. [2]Dies muß spätestens am 30. Tag nach der Wahl erfolgen.

Artikel 51 [Mandatsbewerbung und -übernahme]

(1) Wer sich um einen Sitz im Landtag bewirbt, hat Anspruch auf den zur Vorbereitung seiner Wahl erforderlichen Urlaub.

(2) Niemand darf gehindert werden, ein Mandat zu übernehmen oder auszuüben; eine Kündigung oder Entlassung aus diesem Grund ist unzulässig.

Artikel 52 [Beginn und Ende des Mandats]

(1) Wer zum Abgeordneten gewählt ist, erwirbt die Rechtsstellung eines Abgeordneten mit der Annahme der Wahl.

(2) [1]Ein Abgeordneter kann jederzeit auf sein Mandat verzichten. [2]Der Verzicht ist vom Abgeordneten persönlich dem Präsidenten des Landtags gegenüber schriftlich zu erklären. [3]Die Erklärung ist unwiderruflich.

(3) Verliert ein Abgeordneter die Wählbarkeit, so erlischt sein Mandat.

Artikel 53 [Freies Mandat der Abgeordneten]

(1) [1]Die Abgeordneten sind die Vertreter aller Bürger des Landes. [2]Sie sind an Aufträge und Weisungen nicht gebunden und nur ihrem Gewissen verantwortlich.

(2) Jeder Abgeordnete hat das Recht, im Landtag das Wort zu ergreifen, Anfragen und Anträge zu stellen sowie an Wahlen und Abstimmungen teilzunehmen.

(3) Jeder Abgeordnete hat die Pflicht, die Verfassung zu achten und seine Kraft für das Wohl des Landes und aller seiner Bürger einzusetzen.

Artikel 54 [Entschädigung]

(1) [1]Die Abgeordneten haben Anspruch auf eine angemessene, ihre Unabhängigkeit sichernde Entschädigung. [2]Auf den Anspruch kann nicht verzichtet werden.

(2) Die Höhe der Entschädigung verändert sich jährlich auf der Grundlage der jeweils letzten Festlegung nach Maßgabe der allgemeinen Einkommens-, die der Aufwandsentschädigung nach der allgemeinen Preisentwicklung im Freistaat.

(3) Für die wirksame Mandatsausübung sind die erforderlichen Mittel bereitzustellen.

(4) Das Nähere regelt das Gesetz.

Artikel 55 [Indemnität; Immunität]

(1) [1]Abgeordnete dürfen zu keiner Zeit wegen ihrer Abstimmung oder wegen einer Äußerung, die sie im Landtag, in einem seiner Ausschüsse oder sonst in Ausübung ihres Mandats getan haben, gerichtlich oder dienstlich verfolgt oder sonst außerhalb des Landtags zur Verantwortung gezogen werden. [2]Dies gilt nicht für verleumderische Beleidigungen.

(2) [1]Abgeordnete dürfen wegen einer mit Strafe bedrohten Handlung nur mit Zustimmung des Landtags zur Verantwortung gezogen oder verhaftet werden, es sei denn, daß sie bei der Begehung der Tat oder im Laufe des folgenden Tages festgenommen werden. [2]Die Zustimmung ist auch für jede andere Beschränkung der persönlichen Freiheit von Abgeordneten erforderlich.

(3) Jedes Strafverfahren gegen Abgeordnete und jede Haft oder sonstige Beschränkung ihrer persönlichen Freiheit sind auf Verlangen des Landtags für die Dauer der Wahlperiode auszusetzen.

(4) Die Entscheidungen nach den Absätzen 2 und 3 können einem Ausschuß übertragen werden.

Artikel 56 [Zeugnisverweigerungsrecht]

(1) Die Abgeordneten sind berechtigt, über Personen, die ihnen in ihrer Eigenschaft als Abgeordnete oder denen sie in dieser Eigenschaft Tatsachen anvertraut haben, sowie über diese Tatsachen selbst das Zeugnis zu verweigern.

(2) [1]Personen, deren Mitarbeit Abgeordnete in Ausübung ihres Mandats in Anspruch nehmen, können das Zeugnis über die Wahrnehmungen verweigern, die sie anläßlich dieser Mitarbeit gemacht haben. [2]Über die Ausübung des Rechts entscheiden grundsätzlich die Abgeordneten.

(3) Soweit dieses Zeugnisverweigerungsrecht reicht, dürfen Schriftstücke, andere Datenträger und Dateien weder beschlagnahmt noch genutzt werden.

Artikel 57 [Präsidium]

(1) Der Landtag wählt aus seiner Mitte den Präsidenten, die Vizepräsidenten und die Schriftführer.

(2) [1]Der Präsident kann den Landtag jederzeit einberufen. [2]Er ist hierzu verpflichtet, wenn ein Fünftel der Mitglieder oder eine Fraktion oder die Landesregierung es verlangen. [3]Er leitet die Sitzungen des Landtags nach Maßgabe der Geschäftsordnung.

(3) [1]Der Präsident führt die Geschäfte des Landtags. [2]Er übt das Hausrecht, die Ordnungs- und die Polizeigewalt im Landtagsgebäude aus. [3]Eine Durchsuchung oder Beschlagnahme darf in den Räumen des Landtags nur mit Zustimmung des Präsidenten vorgenommen werden.

(4) [1]Der Präsident vertritt das Land in Angelegenheiten des Landtags, leitet dessen Verwaltung und die wirtschaftlichen Angelegenheiten nach Maßgabe des Haushaltsgesetzes. [2]Er stellt die Bediensteten der Landtagsverwaltung ein, entläßt sie und führt über sie die Aufsicht.

(5) Der Landtag gibt sich eine Geschäftsordnung.

Artikel 58 [Fraktionen]

[1]Abgeordnete der gleichen Partei oder Liste haben das Recht, sich zu einer Fraktion zusammenzuschließen. [2]Die Anzahl der Fraktionsmitglieder muß mindestens dem Stimmenanteil entsprechen, der nach Artikel 49 Abs. 2 für die Zuteilung von Landtagssitzen erforderlich ist.

Artikel 59 [Opposition]

(1) Parlamentarische Opposition ist ein grundlegender Bestandteil der parlamentarischen Demokratie.

(2) Oppositionsfraktionen haben das Recht auf Chancengleichheit sowie Anspruch auf eine zur Erfüllung ihrer besonderen Aufgaben erforderliche Ausstattung.

Artikel 60 [Öffentlichkeit]

(1) Der Landtag verhandelt öffentlich.

(2) [1]Auf Antrag von zehn Abgeordneten, einer Fraktion oder der Landesregierung kann die Öffentlichkeit mit der Mehrheit von zwei Dritteln der abgegebenen Stimmen ausgeschlossen werden. [2]Über den Antrag wird in nichtöffentlicher Sitzung entschieden.

(3) Wahrheitsgetreue Berichte über die öffentlichen Sitzungen des Landtags und seiner Ausschüsse bleiben von jeder Verantwortlichkeit frei.

Artikel 61 [Beschlußfassung]

(1) [1]Der Landtag ist beschlußfähig, wenn mehr als die Hälfte seiner Mitglieder anwesend ist. [2]Er gilt solange als beschlußfähig, bis vom Präsidenten das Gegenteil festgestellt wird.

(2) [1]Der Landtag beschließt mit der Mehrheit der abgegebenen Stimmen, soweit diese Verfassung nichts anderes vorsieht. [2]Für die vom Landtag vorzunehmenden Wahlen kann durch Gesetz oder durch die Geschäftsordnung anderes bestimmt werden.

Artikel 62 [Ausschüsse]

(1) [1]Zur Vorbereitung seiner Verhandlungen und Beschlüsse setzt der Landtag Ausschüsse ein. [2]In der Zusammensetzung der Ausschüsse haben sich die Mehrheitsverhältnisse im Landtag widerzuspiegeln.

(2) Die Sitzungen der Ausschüsse sind in der Regel nicht öffentlich.

Artikel 63 [Enquetekommissionen]

[1]Der Landtag kann Enquetekommissionen einsetzen. [2]Ihnen können auch Mitglieder angehören, die nicht Abgeordnete sind.

Artikel 64 [Untersuchungsausschüsse]

(1) [1]Der Landtag hat das Recht und auf Antrag von einem Fünftel seiner Mitglieder die Pflicht, Untersuchungsausschüsse einzusetzen. [2]Über die Verfassungswidrigkeit des Untersuchungsauftrages entscheidet der Verfassungsgerichtshof auf Antrag von einem Fünftel der Mitglieder des Landtags.

(2) Im Untersuchungsausschuß sind die Fraktionen mit mindestens je einem Mitglied vertreten.

(3) [1]Die Untersuchungsausschüsse erheben in öffentlicher Sitzung die Beweise, die ein Fünftel ihrer Mitglieder für erforderlich halten. [2]Dabei gelten die Vorschriften der Strafprozeßordnung und des Gerichtsverfassungsgesetzes sinngemäß, soweit gesetzlich nichts anderes bestimmt ist. [3]Die Öffentlichkeit kann bei der Beweiserhebung mit einer Mehrheit von zwei Dritteln der Ausschußmitglieder ausgeschlossen werden. [4]Über den Ausschluß der Öffentlichkeit wird in nichtöffentlicher Sitzung entschieden. [5]Die Beratungen sind nicht öffentlich.

(4) [1]Gerichte und Verwaltungsbehörden sind zur Rechts- und Amtshilfe verpflichtet. [2]Die Landesregierung und die Behörden des Landes sowie die Körperschaften, Anstalten und Stiftungen des öffentlichen Rechts, die der Aufsicht des Landes unterstehen, sind verpflichtet, die von den Untersuchungsausschüssen angeforderten Akten vorzulegen und Auskünfte zu geben, Zutritt zu den von ihnen verwalteten öffentlichen Einrichtungen zu gewähren sowie die erforderlichen Aussagegenehmigungen zu erteilen. [3]Artikel 67 Abs. 3 gilt entsprechend, soweit das Bekanntwerden geheimhaltungsbedürftiger Tatsachen in der Öffentlichkeit nicht durch geeignete Vorkehrungen verhindert wird oder der unantastbare Bereich privater Lebensgestaltung betroffen ist.

(5) Das Briefgeheimnis, das Post- und Fernmeldegeheimnis sowie das Kommunikationsgeheimnis bleiben unberührt.

(6) [1]Der Untersuchungsbericht ist der richterlichen Erörterung entzogen. [2]In der Würdigung und Beurteilung des der Untersuchung zugrundeliegenden Sachverhalts sind die Gerichte frei.

(7) Das Nähere regelt das Gesetz.

Artikel 65 [Petitionsausschuß]

(1) [1]Der Landtag bestellt einen Petitionsausschuß, dem die Entscheidung über die an den Landtag gerichteten Eingaben obliegt. [2]Der Landtag kann die Entscheidung des Petitionsausschusses aufheben.

(2) Artikel 64 Abs. 4 Satz 1 und 2 sowie Artikel 67 Abs. 3 gelten entsprechend.

(3) Das Nähere regelt das Gesetz.

Artikel 66 [Anwesenheitspflicht und Zutrittsrecht]

(1) Der Landtag und seine Ausschüsse können die Anwesenheit jedes Mitglieds der Landesregierung verlangen.

(2) [1]Die Mitglieder der Landesregierung und ihre Beauftragten haben zu allen Sitzungen des Landtags und seiner Ausschüsse Zutritt. [2]Den Mitgliedern der Landesregierung oder deren Stellvertretern ist im

Landtag und seinen Ausschüssen auf Wunsch das Wort zu erteilen. [3]Regierungsmitglieder und ihre Beauftragten können durch Mehrheitsbeschluß für nichtöffentliche Sitzungen der Untersuchungsausschüsse, die nicht der Beweisaufnahme dienen, ausgeschlossen werden.

Artikel 67 [Anfragen; Unterrichtung]

(1) Parlamentarische Anfragen hat die Landesregierung unverzüglich zu beantworten.

(2) Jedes Mitglied eines Landtagsausschusses kann verlangen, daß die Landesregierung dem Ausschuß zum Gegenstand seiner Beratung Auskünfte erteilt.

(3) [1]Die Landesregierung kann die Beantwortung von Anfragen und die Erteilung von Auskünften ablehnen, wenn

1. dem Bekanntwerden des Inhalts gesetzliche Vorschriften, Staatsgeheimnisse oder schutzwürdige Interessen einzelner, insbesondere des Datenschutzes, entgegenstehen oder
2. die Funktionsfähigkeit und die Eigenverantwortung der Landesregierung nicht nur geringfügig beeinträchtigt werden.

[2]Die Ablehnung ist den Frage- oder Antragstellenden auf deren Verlangen zu begründen.

(4) Die Landesregierung unterrichtet den Landtag rechtzeitig insbesondere über Gesetzentwürfe der Landesregierung, Angelegenheiten der Landesplanung und -entwicklung, geplante Abschlüsse von Staatsverträgen und Verwaltungsabkommen, Bundesratsangelegenheiten und Angelegenheiten der Europäischen Gemeinschaft, soweit diese für das Land von grundsätzlicher Bedeutung sind.

Artikel 68 [Bürgerantrag]

(1) [1]Die nach Artikel 46 Abs. 2 wahl- und stimmberechtigten Bürger haben das Recht, dem Landtag im Rahmen seiner Zuständigkeit bestimmte Gegenstände der politischen Willensbildung zu unterbreiten (Bürgerantrag). [2]Als Bürgerantrag können auch Gesetzentwürfe eingebracht werden.

(2) Bürgeranträge zum Landeshaushalt, zu Dienst- und Versorgungsbezügen, Abgaben und Personalentscheidungen sind unzulässig.

(3) Der Bürgerantrag muss landesweit von mindestens 50 000 Stimmberechtigten unterzeichnet sein.

(4) [1]Die Unterzeichner des Bürgerantrags können Vertreter bestellen. [2]Diese haben ein Recht auf Anhörung in einem Ausschuß.

(5) Das Nähere regelt das Gesetz.

Artikel 69 [Datenschutzbeauftragter]

Zur Wahrung des Rechts auf Schutz der personenbezogenen Daten und zur Unterstützung bei der Ausübung der parlamentarischen Kontrolle wird beim Landtag ein Datenschutzbeauftragter berufen.

Dritter Abschnitt

Die Landesregierung

Artikel 70 [Landesregierung]

(1) Die Landesregierung ist das oberste Organ der vollziehenden Gewalt.

(2) Sie besteht aus dem Ministerpräsidenten und den Ministern.

(3) [1]Der Ministerpräsident wird vom Landtag mit der Mehrheit seiner Mitglieder ohne Aussprache in geheimer Abstimmung gewählt. [2]Erhält im ersten Wahlgang niemand diese Mehrheit, so findet ein neuer Wahlgang statt. [3]Kommt die Wahl auch im zweiten Wahlgang nicht zustande, so ist gewählt, wer in einem weiteren Wahlgang die meisten Stimmen erhält.

(4) [1]Der Ministerpräsident ernennt und entläßt die Minister. [2]Er bestimmt einen Minister zu seinem Stellvertreter.

Artikel 71 [Eid]

(1) Der Ministerpräsident und die Minister leisten bei der Amtsübernahme vor dem Landtag folgenden Eid: „Ich schwöre, daß ich meine Kraft dem Wohle des Volkes widmen, Verfassung und Gesetze wahren, meine Pflichten gewissenhaft erfüllen und Gerechtigkeit gegen jedermann üben werde."

(2) Der Eid kann mit einer religiösen Beteuerung geleistet werden.

Artikel 72 [Amtsverhältnis]

(1) Die Mitglieder der Landesregierung stehen in einem besonderen öffentlich-rechtlichen Amtsverhältnis zum Land.

(2) Die Mitglieder der Landesregierung dürfen kein anderes besoldetes Amt, kein Gewerbe und keinen Beruf ausüben; sie dürfen ohne Zustimmung des Landtags weder der Leitung noch dem Aufsichtsgremium eines auf Erwerb gerichteten Unternehmens angehören.

Artikel 73 [Konstruktives Mißtrauensvotum]

[1]Der Landtag kann dem Ministerpräsidenten das Mißtrauen nur dadurch aussprechen, daß er mit der Mehrheit seiner Mitglieder einen Nachfolger wählt. [2]Den Antrag kann ein Fünftel der Abgeordneten oder eine Fraktion einbringen. [3]Zwischen dem Antrag und der Wahl müssen mindestens drei, dürfen jedoch höchstens zehn Tage liegen. [4]Die Wahl erfolgt in geheimer Abstimmung.

Artikel 74 [Vertrauensfrage]

[1]Über den Antrag des Ministerpräsidenten, ihm das Vertrauen auszusprechen, darf frühestens am dritten Tag nach Schluß der Aussprache und muß spätestens am zehnten Tag, nachdem er eingebracht ist, abgestimmt werden. [2]Der Antrag ist abgelehnt, wenn er nicht die Zustimmung der Mehrheit der Mitglieder des Landtags findet.

Artikel 75 [Beendigung der Amtszeit]

(1) Die Landesregierung und jedes ihrer Mitglieder können jederzeit ihren Rücktritt erklären.

(2) [1]Das Amt der Mitglieder der Landesregierung endet mit dem Zusammentritt eines neuen Landtags, dem Rücktritt der Landesregierung oder nachdem der Landtag einen Vertrauensantrag des Ministerpräsidenten abgelehnt hat. [2]Das Amt eines Ministers endet auch mit dem Rücktritt oder jeder anderen Erledigung des Amtes des Ministerpräsidenten.

(3) Der Ministerpräsident und auf sein Ersuchen die Minister sind verpflichtet, die Geschäfte bis zum Amtsantritt ihrer Nachfolger fortzuführen.

Artikel 76 [Zuständigkeit des Ministerpräsidenten und der Landesregierung]

(1) [1]Der Ministerpräsident bestimmt die Richtlinien der Regierungspolitik und trägt dafür gegenüber dem Landtag die Verantwortung. [2]Innerhalb dieser Richtlinien leiten und verantworten die Minister ihren Geschäftsbereich selbständig.

(2) [1]Die Landesregierung beschließt insbesondere über die Abgrenzung der Geschäftsbereiche, die Einbringung von Gesetzentwürfen, den Abschluß von Staatsverträgen und die Stimmabgabe im Bundesrat. [2]Sie entscheidet bei Meinungsverschiedenheiten zwischen den Ministern.

(3) [1]Der Ministerpräsident führt den Vorsitz in der Landesregierung und leitet deren Geschäfte. [2]Die Landesregierung gibt sich eine Geschäftsordnung.

Artikel 77 [Vertretung nach außen; Staatsverträge]

(1) [1]Der Ministerpräsident vertritt das Land nach außen. [2]Er kann diese Befugnis übertragen.

(2) Staatsverträge bedürfen der Zustimmung des Landtags.

Artikel 78 [Weitere Zuständigkeiten des Ministerpräsidenten]

(1) Der Ministerpräsident ernennt und entläßt die Beamten und die Richter des Landes, soweit gesetzlich nichts anderes bestimmt ist.

(2) Er übt das Begnadigungsrecht aus.

(3) Er kann die Befugnisse nach den Absätzen 1 und 2 übertragen.

(4) Eine Amnestie bedarf eines Gesetzes.

Vierter Abschnitt

Der Verfassungsgerichtshof

Artikel 79 [Rechtsstellung; Zusammensetzung; Unvereinbarkeiten]

(1) Der Verfassungsgerichtshof ist ein allen anderen Verfassungsorganen gegenüber selbständiges und unabhängiges Gericht des Landes.

(2) [1]Er besteht aus dem Präsidenten und acht weiteren Mitgliedern. [2]Der Präsident und zwei weitere Mitglieder müssen Berufsrichter sein. [3]Drei weitere Mitglieder des Verfassungsgerichtshofs müssen die Befähigung zum Richteramt haben.

(3) [1]Die Mitglieder des Verfassungsgerichtshofs dürfen weder dem Landtag oder der Landesregierung noch entsprechenden Organen des Bundes oder eines anderen Landes angehören. [2]Sie dürfen, außer als Richter oder Hochschullehrer, beruflich weder im Dienst des Landes noch einer Körperschaft,

Anstalt oder Stiftung des öffentlichen Rechts unter Aufsicht des Landes stehen. [3]Sie werden durch den Landtag mit der Mehrheit von zwei Dritteln seiner Mitglieder auf Zeit gewählt.

Artikel 80 [Zuständigkeit]

(1) Der Verfassungsgerichtshof entscheidet

1. über Verfassungsbeschwerden, die von jedermann mit der Behauptung erhoben werden können, durch die öffentliche Gewalt in seinen Grundrechten, grundrechtsgleichen Rechten oder staatsbürgerlichen Rechten verletzt zu sein,
2. über Verfassungsbeschwerden von Gemeinden und Gemeindeverbänden wegen der Verletzung des Rechts auf Selbstverwaltung nach Artikel 91 Abs. 1 und 2,
3. über die Auslegung dieser Verfassung aus Anlaß von Streitigkeiten über den Umfang der Rechte und Pflichten eines obersten Landesorgans oder anderer Beteiligter, die durch diese Verfassung oder in der Geschäftsordnung des Landtags oder der Landesregierung mit eigener Zuständigkeit ausgestattet sind, auf deren Antrag,
4. bei Meinungsverschiedenheiten oder Zweifeln über die förmliche oder sachliche Vereinbarkeit von Landesrecht mit dieser Verfassung auf Antrag eines Fünftels der Mitglieder des Landtags, einer Landtagsfraktion oder der Landesregierung,
5. über die Vereinbarkeit eines Landesgesetzes mit dieser Verfassung auf Antrag eines Gerichts, wenn es ein Landesgesetz, auf dessen Gültigkeit es bei der Entscheidung ankommt, für unvereinbar mit dieser Verfassung hält,
6. über die Zulässigkeit von Volksbegehren nach Artikel 82 Abs. 3 Satz 2,
7. über die Verfassungswidrigkeit des Untersuchungsauftrages nach Artikel 64 Abs. 1 Satz 2,
8. über die Anfechtung der Prüfung der Gültigkeit der Landtagswahl nach Artikel 49 Abs. 3.

(2) Dem Verfassungsgerichtshof können durch Gesetz weitere Angelegenheiten zur Entscheidung zugewiesen werden.

(3) Durch Gesetz kann für Verfassungsbeschwerden die vorherige Erschöpfung des Rechtsweges zur Voraussetzung gemacht, ein besonderes Annahmeverfahren eingeführt und vorgesehen werden, daß unzulässige oder offensichtlich unbegründete Beschwerden durch einen vom Gericht zu bestellenden Ausschuß zurückgewiesen werden können.

(4) Das Gesetz bestimmt, in welchen Fällen die Entscheidungen des Verfassungsgerichtshofs Gesetzeskraft haben.

(5) Das Nähere regelt das Gesetz.

Fünfter Abschnitt

Die Gesetzgebung

Artikel 81 [Zuständigkeiten]

(1) Gesetzesvorlagen können aus der Mitte des Landtags, durch die Landesregierung oder durch Volksbegehren eingebracht werden.

(2) Gesetze werden vom Landtag oder vom Volk durch Volksentscheid beschlossen.

Artikel 82 [Volksbegehren; Volksentscheid]

(1) Die nach Artikel 46 Abs. 2 wahl- und stimmberechtigten Bürger können ausgearbeitete Gesetzentwürfe im Wege des Volksbegehrens in den Landtag einbringen.

(2) Volksbegehren zum Landeshaushalt, zu Dienst- und Versorgungsbezügen, Abgaben und Personalentscheidungen sind unzulässig.

(3) [1]Der Antrag auf Zulassung des Volksbegehrens muss von mindestens 5 000 Stimmberechtigten unterzeichnet sein. [2]Halten die Landesregierung oder ein Drittel der Mitglieder des Landtags die Voraussetzungen für die Zulassung des Volksbegehrens für nicht gegeben oder das Volksbegehren für mit höherrangigem Recht nicht vereinbar, haben sie den Verfassungsgerichtshof anzurufen.

(4) [1]Die Antragsteller des Volksbegehrens können Vertreter bestellen. [2]Diese haben ein Recht auf Anhörung in einem Ausschuss.

(5) [1]Mit der Vorlage des Antrags auf Zulassung des Volksbegehrens entscheiden die Antragsteller darüber, ob die Sammlung durch Eintragung in amtlich ausgelegte Unterschriftsbögen oder in freier Sammlung erfolgen soll. [2]Ein Volksbegehren ist zustande gekommen, wenn ihm durch Eintragung in die amtlich ausgelegten Unterschriftsbögen acht vom Hundert der Stimmberechtigten innerhalb von

zwei Monaten zugestimmt haben oder in freier Sammlung mindestens zehn vom Hundert der Stimmberechtigten innerhalb von vier Monaten zugestimmt haben.

(6) [1]Die freie Sammlung der Unterschriften für ein Volksbegehren kann durch Gesetz für bestimmte Orte ausgeschlossen werden. [2]Die Unterschrift zur Unterstützung eines Volksbegehrens kann vom Unterzeichner ohne Angabe von Gründen bis zum Ablauf der Sammlungsfrist widerrufen werden.

(7) [1]Der Landtag hat ein Volksbegehren innerhalb von sechs Monaten nach der Feststellung seines Zustandekommens abschließend zu behandeln. [2]Entspricht der Landtag einem Volksbegehren nicht, findet über den Gesetzentwurf, der Gegenstand des Volksbegehrens war, ein Volksentscheid statt; in diesem Fall kann der Landtag dem Volk zusätzlich auch einen eigenen Gesetzentwurf zur Entscheidung vorlegen. [3]Über die Annahme des Gesetzes entscheidet die Mehrheit der abgegebenen Stimmen; es ist im Wege des Volksentscheids jedoch nur beschlossen, wenn mehr als ein Viertel der Stimmberechtigten zustimmt.

(8) Das Nähere regelt das Gesetz.

Artikel 83 [Verfassungsänderung]

(1) Diese Verfassung kann nur durch ein Gesetz geändert werden, das ihren Wortlaut ausdrücklich ändert oder ergänzt.

(2) [1]Der Landtag kann ein solches Gesetz nur mit einer Mehrheit von zwei Dritteln seiner Mitglieder beschließen. [2]Zu einer Verfassungsänderung durch Volksentscheid bedarf es der Zustimmung der Mehrheit der Abstimmenden; diese Mehrheit muss mindestens 40 vom Hundert der Stimmberechtigten betragen.

(3) Eine Änderung dieser Verfassung, durch welche die in den Artikeln 1, 44 Abs. 1, Artikeln 45 und 47 Abs. 4 niedergelegten Grundsätze berührt werden, ist unzulässig.

Artikel 84 [Rechtsverordnungen]

(1) [1]Die Ermächtigung zum Erlaß einer Rechtsverordnung kann nur durch Gesetz erteilt werden. [2]Es muß Inhalt, Zweck und Ausmaß der erteilten Ermächtigung bestimmen. [3]In der Verordnung ist die Rechtsgrundlage anzugeben.

(2) Ist durch Gesetz vorgesehen, daß die Ermächtigung zum Erlaß einer Rechtsverordnung weiter übertragen werden kann, so bedaf es zu ihrer Übertragung einer Rechtsverordnung.

Artikel 85 [Verkündung; Inkrafttreten]

(1) [1]Der Präsident des Landtags fertigt die verfassungsmäßig zustandegekommenen Gesetze aus und verkündet sie innerhalb eines Monats im Gesetz- und Verordnungsblatt. [2]Rechtsverordnungen werden vorbehaltlich anderweitiger gesetzlicher Regelung im Gesetz- und Verordnungsblatt verkündet.

(2) Gesetze und Rechtsverordnungen treten, wenn nichts anderes bestimmt ist, mit dem 14. Tag nach Ablauf des Tages in Kraft, an dem sie verkündet worden sind.

Sechster Abschnitt

Die Rechtspflege

Artikel 86 [Gerichtsvorbehalt; Unabhängigkeit; Laienrichter]

(1) Die Rechtsprechung wird im Namen des Volkes durch den Verfassungsgerichtshof und die Gerichte ausgeübt.

(2) Die Richter sind unabhängig und nur dem Gesetz unterworfen.

(3) An der Rechtsprechung wirken Frauen und Männer aus dem Volk mit.

Artikel 87 [Sondergerichte; Ausnahmegerichte; gesetzlicher Richter]

(1) Gerichte für besondere Sachgebiete können nur durch Gesetz errichtet werden.

(2) Ausnahmegerichte sind unzulässig.

(3) Niemand darf seinem gesetzlichen Richter entzogen werden.

Artikel 88 [Justizgrundrechte]

(1) [1]Vor Gericht hat jedermann Anspruch auf rechtliches Gehör. [2]Das Recht auf Verteidigung darf nicht beschränkt werden. [3]Jeder kann sich eines rechtlichen Beistandes bedienen.

(2) Eine Tat kann nur bestraft werden, wenn die Strafbarkeit gesetzlich bestimmt war, bevor die Tat begangen wurde.

(3) Niemand darf wegen derselben Tat aufgrund der allgemeinen Strafgesetze mehrmals bestraft werden.

Artikel 89 [Rechtsstellung und Anklagen der Richter]

(1) Die Rechtsstellung der Richter wird durch ein besonderes Gesetz geregelt.

(2) [1]Über die vorläufige Anstellung der Richter entscheidet der Justizminister, über deren Berufung auf Lebenszeit entscheidet er mit Zustimmung des Richterwahlausschusses. [2]Zwei Drittel der Mitglieder des Richterwahlausschusses werden vom Landtag mit Zweidrittelmehrheit gewählt. [3]Jede Landtagsfraktion muß mit mindestens einer Person vertreten sein.

(3) [1]Verstößt ein Richter im Amt oder außerhalb des Amtes gegen die Grundsätze des Grundgesetzes oder dieser Verfassung, so kann auf Antrag der Mehrheit der Mitglieder des Landtags das Bundesverfassungsgericht mit Zweidrittelmehrheit anordnen, daß der Richter in ein anderes Amt oder in den Ruhestand zu versetzen ist. [2]Im Falle eines vorsätzlichen Verstoßes kann auf Entlassung erkannt werden.

(4) Das Nähere regelt das Gesetz.

Siebter Abschnitt

Die Verwaltung

Artikel 90 [Verwaltungsorganisation]

[1]Die Verwaltung des Landes wird durch die Landesregierung und die ihr unterstellten Behörden ausgeübt. [2]Aufbau, räumliche Gliederung und Zuständigkeiten werden auf Grund eines Gesetzes geregelt. [3]Die Errichtung der staatlichen Behörden im einzelnen obliegt der Landesregierung. [4]Sie kann einzelne Minister hierzu ermächtigen.

Artikel 91 [Kommunale Selbstverwaltung]

(1) Die Gemeinden haben das Recht, in eigener Verantwortung alle Angelegenheiten der örtlichen Gemeinschaft im Rahmen der Gesetze zu regeln.

(2) [1]Weitere Träger der Selbstverwaltung sind die Gemeindeverbände. [2]Das Land gewährleistet ihnen das Recht, ihre Angelegenheiten im Rahmen der Gesetze unter eigener Verantwortung zu regeln.

(3) Den Gemeinden und Gemeindeverbänden können auf Grund eines Gesetzes staatliche Aufgaben zur Erfüllung nach Weisung übertragen werden.

(4) Bevor auf Grund eines Gesetzes allgemeine Fragen geregelt werden, die die Gemeinden und Gemeindeverbände betreffen, erhalten diese oder ihre Zusammenschlüsse grundsätzlich Gelegenheit zur Stellungnahme.

Artikel 92 [Gebietsänderungen]

(1) Das Gebiet von Gemeinden und Landkreisen kann aus Gründen des öffentlichen Wohls geändert werden.

(2) [1]Das Gemeindegebiet kann durch Vereinbarung der beteiligten Gemeinden mit staatlicher Genehmigung oder auf Grund eines Gesetzes geändert werden. [2]Die Auflösung von Gemeinden bedarf eines Gesetzes. [3]Vor einer Gebietsänderung oder einer Auflösung müssen die Bevölkerung und die Gebietskörperschaften der unmittelbar betroffenen Gebiete gehört werden.

(3) [1]Das Gebiet von Landkreisen kann auf Grund eines Gesetzes geändert werden. [2]Die Auflösung von Landkreisen bedarf eines Gesetzes. [3]Die betroffenen Gebietskörperschaften sind zu hören.

Artikel 93 [Kommunale Finanzausstattung; Steuern]

(1) [1]Das Land sorgt dafür, daß die kommunalen Träger der Selbstverwaltung ihre Aufgaben erfüllen können. [2]Führt die Übertragung staatlicher Aufgaben nach Artikel 91 Abs. 3 zu einer Mehrbelastung der Gemeinden und Gemeindeverbände, so ist ein angemessener finanzieller Ausgleich zu schaffen.

(2) Die Gemeinden und Landkreise haben das Recht, eigene Steuern und andere Abgaben nach Maßgabe der Gesetze zu erheben.

(3) Die Gemeinden und Gemeindeverbände werden unter Berücksichtigung der Aufgaben des Landes im Rahmen des Gemeindefinanzausgleichs an dessen Steuereinnahmen beteiligt.

Artikel 94 [Aufsicht]

[1]Die Gemeinden und Gemeindeverbände unterstehen der Aufsicht des Landes. [2]In Selbstverwaltungsangelegenheiten ist die Aufsicht auf die Gewährleistung der Gesetzmäßigkeit beschränkt.

Artikel 95 [Gemeindevertretung]

[1]In den Gemeinden und Gemeindeverbänden muß das Volk eine Vertretung haben, die aus allgemeinen, unmittelbaren, freien, gleichen und geheimen Wahlen hervorgegangen ist. [2]An die Stelle einer gewählten Vertretung kann nach Maßgabe des Gesetzes eine Gemeindeversammlung treten. [3]In Gemeindeverbänden, die nicht Gebietskörperschaften sind, kann das Volk auch eine mittelbar gewählte Vertretung haben.

Artikel 96 [Pflichten und Eignung der Verwaltungsangehörigen]

(1) Die Beamten und sonstigen Verwaltungsangehörigen haben ihr Amt und ihre Aufgaben unparteiisch und nur nach sachlichen Gesichtspunkten wahrzunehmen.

(2) Die Eignung zur Einstellung und zur Weiterbeschäftigung im öffentlichen Dienst fehlt grundsätzlich jeder Person, die mit dem früheren Ministerium für Staatssicherheit/Amt für Nationale Sicherheit zusammengearbeitet hat oder für dieses tätig war.

Artikel 97 [Verfassungsschutz]

[1]Zum Schutz der verfassungsmäßigen Ordnung ist eine Landesbehörde einzurichten. [2]Polizeiliche Befugnisse und Weisungen stehen dieser Behörde nicht zu. [3]Ihre Tätigkeit wird durch eine parlamentarische Kontrollkommission überwacht.

Achter Abschnitt
Das Finanzwesen

Artikel 98 [Haushaltsplan]

(1) [1]Alle Einnahmen und Ausgaben sowie Verpflichtungsermächtigungen des Landes sind in den Haushaltsplan einzustellen. [2]Bei Landesbetrieben und bei Sondervermögen brauchen nur die Zuführungen und die Ablieferungen eingestellt zu werden. [3]Der Haushaltsplan ist in Einnahmen und Ausgaben auszugleichen.

(2) [1]Die Aufnahme von Krediten sowie die Übernahme von Bürgschaften, Garantien oder sonstigen Gewährleistungen, die zu Ausgaben in künftigen Haushalten führen können, bedürfen einer der Höhe nach bestimmten oder bestimmbaren Ermächtigung durch Gesetz. [2]Die Einnahmen aus Krediten dürfen die Summe der im Haushaltsplan veranschlagten Ausgaben für Investitionen nicht überschreiten. [3]Ausnahmen sind nur zulässig zur Überwindung einer schwerwiegenden Störung der Wirtschafts- und Beschäftigungsentwicklung des Freistaats unter Berücksichtigung des gesamtwirtschaftlichen Gleichgewichts sowie zur Abwehr einer Störung dieses Gleichgewichts. [4]Das Nähere regelt das Gesetz.

(3) Die Summe der im Haushaltsplan veranschlagten Personalausgaben darf grundsätzlich höchstens 40 vom Hundert der Summe der Gesamtausgaben des Haushalts betragen.

Artikel 99 [Aufstellung des Haushaltsplans]

(1) [1]Der Haushaltsplan wird vor Beginn der Rechnungsperiode für ein oder mehrere Rechnungsjahre, nach Jahren getrennt, durch das Haushaltsgesetz festgestellt. [2]Für Teile des Haushaltsplans kann vorgesehen werden, daß sie, nach Rechnungsjahren getrennt, für unterschiedliche Zeiträume gelten.

(2) [1]In das Haushaltsgesetz dürfen nur Vorschriften aufgenommen werden, die sich auf die Einnahmen und Ausgaben des Landes und auf den Zeitraum beziehen, für den das Haushaltsgesetz beschlossen wird. [2]Das Haushaltsgesetz kann vorschreiben, daß die Vorschriften erst mit der Verkündung des nächsten Haushaltsgesetzes oder bei Ermächtigung nach Artikel 98 Abs. 2 Satz 1 zu einem späteren Zeitpunkt außer Kraft treten.

(3) [1]Der Entwurf des Haushaltsgesetzes mit Haushaltsplan sowie Entwürfe zu deren Änderung werden von der Landesregierung eingebracht. [2]Der Landtag darf Mehrausgaben oder Mindereinnahmen gegenüber dem Entwurf der Landesregierung oder dem festgestellten Haushaltsplan nur beschließen, wenn Deckung gewährleistet ist.

Artikel 100 [Übergangsermächtigung]

(1) Kann der Haushaltsplan nicht vor Beginn eines Rechnungsjahres durch Gesetz festgestellt werden, so ist die Landesregierung bis zum Inkrafttreten des Gesetzes ermächtigt, alle Ausgaben zu leisten oder Verpflichtungen einzugehen, die nötig sind, um

1. gesetzlich bestehende Einrichtungen zu erhalten und gesetzlich beschlossene Maßnahmen durchzuführen,
2. die rechtlich begründeten Verpflichtungen des Landes zu erfüllen sowie
3. Bauten, Beschaffungen und sonstige Leistungen fortzusetzen oder Beihilfen für diese Zwecke weiter zu gewähren, sofern durch den Haushaltsplan eines Vorjahres bereits Beträge bewilligt worden sind.

(2) Soweit der Geldbedarf aus Steuern, Abgaben und sonstigen Einnahmen nicht gedeckt werden kann, um die nach Absatz 1 zulässigen Ausgaben zu decken, darf die Landesregierung die zur Aufrechterhaltung der Wirtschaftsführung erforderlichen Mittel bis zur Höhe eines Viertels der Endsumme der im Haushaltsplan des Vorjahres veranschlagten Einnahmen im Wege des Kredits beschaffen.

Artikel 101 [Haushaltsüberschreitungen]

(1) [1]Überplanmäßige und außerplanmäßige Ausgaben bedürfen der vorherigen Zustimmung des Finanzministers. [2]Sie darf nur im Falle eines unvorhergesehenen und unabweisbaren Bedürfnisses erteilt werden.

(2) Über derartige Zustimmungen ist dem Landtag für jedes Vierteljahr nachträglich zu berichten.

Artikel 102 [Rechnungslegung und Rechnungsprüfung]

(1) [1]Die Landesregierung hat durch den Finanzminister dem Landtag über alle Einnahmen und Ausgaben sowie die Inanspruchnahme der Verpflichtungsermächtigungen jährlich Rechnung zu legen. [2]Sie hat die Haushaltsrechnung mit einer Übersicht über das Vermögen und die Schulden des Landes im nächsten Rechnungsjahr dem Landtag vorzulegen.

(2) Der Landesrechnungshof berichtet dem Landtag und der Landesregierung unmittelbar zur Haushaltsrechnung.

(3) Der Landtag beschließt über die Entlastung der Landesregierung aufgrund der Haushaltsrechnung und der Berichte des Landesrechnungshofes.

Artikel 103 [Landesrechnungshof]

(1) [1]Der Landesrechnungshof ist eine selbständige, nur dem Gesetz unterworfene oberste Landesbehörde. [2]Seine Mitglieder besitzen richterliche Unabhängigkeit.

(2) [1]Der Landesrechnungshof besteht aus dem Präsidenten, einem oder mehreren Vizepräsidenten und weiteren Mitgliedern. [2]Präsidenten und Vizepräsidenten werden vom Landtag mit der Mehrheit von zwei Dritteln seiner Mitglieder gewählt. [3]Die weiteren Mitglieder werden auf Vorschlag des Präsidenten des Landesrechnungshofs mit Zustimmung des Landtags vom Ministerpräsidenten ernannt.

(3) [1]Der Landesrechnungshof überwacht die gesamte Haushalts- und Wirtschaftsführung des Landes. [2]Er überprüft auch die bestimmungsmäßige und wirtschaftliche Verwaltung und Verwendung von Landesvermögen und Landesmitteln durch Stellen außerhalb der Landesverwaltung. [3]Der Landesrechnungshof übermittelt jährlich das Ergebnis seiner Prüfung gleichzeitig dem Landtag und der Landesregierung.

(4) Das Nähere über Stellung, Aufgaben, Prüfungskompetenzen und Arbeitsweise des Landesrechnungshofs regelt ein Gesetz; insbesondere kann dem Landesrechnungshof auch die Überwachung der Haushalts- und Wirtschaftsführung der kommunalen Gebietskörperschaften übertragen werden.

Dritter Teil

Übergangs- und Schlußbestimmungen

Artikel 104 [Bürger]

Bürger im Sinne dieser Verfassung ist, wer die deutsche Staatsangehörigkeit besitzt oder als Flüchtling oder Vertriebener deutscher Volkszugehörigkeit oder als dessen Ehegatte oder Abkömmling in dem Gebiet der Bundesrepublik Deutschland Aufnahme gefunden hat.

Artikel 105 [Gültigkeit früherer Wahlen]

[1]Die während der Geltung der Vorläufigen Landessatzung für das Land Thüringen vom 7. November 1990 (GBl. S. 1), zuletzt geändert durch Gesetz vom 15. Dezember 1992 (GVBl. S. 575), durchgeführten Wahlen bleiben wirksam. [2]In dieser Zeit gesetztes Recht tritt, soweit es im Widerspruch zu dieser Verfassung steht, spätestens am 31. Dezember 1997 außer Kraft.

Artikel 105a [Entschädigung der Abgeordneten]

[1]Abweichend von Artikel 54 Abs. 2 Halbsatz 1 verändert sich die Höhe der Entschädigung der Abgeordneten bis zum 31. Oktober 2006 nicht. [2]Bei der nächsten Veränderung wird die 2003 wirksam gewordene Festlegung der Entschädigungshöhe und die allgemeine Einkommensentwicklung im Freistaat im letzten dieser Veränderung vorausgehenden Jahr zugrunde gelegt.

Artikel 106 [Inkrafttreten]

(1) [1]Diese Verfassung wird mit der Mehrheit von zwei Dritteln der Mitglieder des Landtags beschlossen und durch Volksentscheid bestätigt. [2]Sie ist nach ihrer Annahme durch den Landtag vom Präsidenten des Landtags auszufertigen und im Gesetz- und Verordnungsblatt zu verkünden.

(2) Diese Verfassung tritt am Tag nach der Verkündung[1)] vorläufig in Kraft.

(3) [1]Am Tag der ersten Landtagswahl nach der Verkündung dieser Verfassung ist ein Volksentscheid über diese Verfassung durchzuführen. [2]Stimmt ihr dabei die Mehrheit der Abstimmenden zu, ist sie endgültig in Kraft getreten. [3]Dies ist vom Präsidenten des Landtags im Gesetz- und Verordnungsblatt bekanntzumachen.

(4) Wird diese Verfassung durch den Volksentscheid abgelehnt, tritt die Vorläufige Landessatzung für das Land Thüringen vom 7. November 1990 (GBl. S. 1), zuletzt geändert durch Gesetz vom 15. Dezember 1992 (GVBl. S. 575), erneut in Kraft.

1) Verkündet am 29.10.1993.

Thüringer Verordnung zur Bestimmung von Zuständigkeiten im Geschäftsbereich des Innenministeriums

Vom 15. April 2008 (GVBl. S. 102)
(2000-6)

zuletzt geändert durch Art. 2 VO zur Bereinigung und Anpassung von Thüringer Verordnungen an die VO (EU) 2016/679 sowie zur Umsetzung der RL (EU) 2016/680 vom 14. August 2018 (GVBl. S. 376)

Inhaltsübersicht

§ 1 Allgemeines
§ 2 Ausländerrecht
§ 3 *[aufgehoben]*
§ 4 Bürgerliches Gesetzbuch, Vereine
§ 5 *[aufgehoben]*
§ 6 Namensrecht
§ 7 Öffentliches Vereinswesen
§ 8 Ordnungswidrigkeiten
§ 9 Passwesen
§ 10 *[aufgehoben]*
§ 11 Schutz personenbezogener Daten
§ 12 Staatsangehörigkeitswesen
§ 13 *[aufgehoben]*
§ 14 *[aufgehoben]*
§ 15 Versammlungswesen
§ 16 Mehrbelastungsausgleich
§ 17 Inkrafttreten, Außerkrafttreten

Aufgrund des § 7 Abs. 1 Satz 1 und Abs. 2 Satz 1 des Verkündungsgesetzes vom 30. Januar 1991 (GBl. S. 2),
des § 3 Abs. 1a Satz 1 und 2 Halbsatz 1 und des § 88 Abs. 1a Satz 1 und 2 Halbsatz 1 der Thüringer Kommunalordnung in der Fassung vom 28. Januar 2003, zuletzt geändert durch Artikel 5 des Gesetzes vom 23. Dezember 2005 (GVBl. S. 446),
des § 71 Abs. 1 Satz 2 des Aufenthaltsgesetzes (AufenthG) in der Fassung vom 25. Februar 2008 (BGBl. I S. 162), zuletzt geändert durch Artikel 2 Abs. 3 des Gesetzes vom 13. März 2008 (BGBl. I S. 313),
des § 5 Abs. 1 Satz 1 des Auswandererschutzgesetzes vom 26. März 1975 (BGBl. I S. 774), zuletzt geändert durch Artikel 83 der Verordnung vom 31. Oktober 2006 (BGBl. I S. 2407),
des § 3 Abs. 2, des § 4 Abs. 1 Satz 2 und des § 5 Abs. 1 des Vereinsgesetzes vom 5. August 1964 (BGBl. I S. 593), zuletzt geändert durch Artikel 6 des Gesetzes vom 21. Dezember 2007 (BGBl. I S. 3198),
des § 38 Abs. 6 des Bundesdatenschutzgesetzes (BDSG) in der Fassung vom 14. Januar 2003 (BGBl. I S. 66), zuletzt geändert durch Artikel 1 des Gesetzes vom 22. August 2006 (BGBl. I S. 1970),
des § 13a Satz 1 des Gesetzes über die Änderung von Familiennamen und Vornamen vom 5. Januar 1938 (RGBl. I S. 9), zuletzt geändert durch Artikel 2 Abs. 2 des Gesetzes vom 19. Februar 2007 (BGBl. I S. 122),
des Artikels 1 § 2 Abs. 3 Satz 1 der Ersten Verordnung zur Durchführung des Gesetzes über die Änderung von Familiennamen und Vornamen vom 7. Januar 1938 (RGBl. I S. 12), zuletzt geändert durch Artikel 15 des Gesetzes vom 3. Dezember 2001 (BGBl. I S. 3306),
des § 36 Abs. 2 Satz 1 des Gesetzes über Ordnungswidrigkeiten (OWiG) in der Fassung vom 19. Februar 1987 (BGBl. I S. 602), zuletzt geändert durch Artikel 2 des Gesetzes vom 7. August 2007 (BGBl. I S. 1786),
des § 19 Abs. 1 Satz 1 des Passgesetzes vom 19. April 1986 (BGBl. I S. 537), zuletzt geändert durch Artikel 11 des Gesetzes vom 26. Februar 2008 (BGBl. I S. 215),
des § 70a Abs. 1 Nr. 1 und 2 des Personenstandsgesetzes vom 3. November 1937 (RGBl. I S. 1146), zuletzt geändert durch Artikel 2 des Gesetzes vom 13. März 2008 (BGBl. I S. 313),
des Artikels 2 des Gesetzes zu dem Übereinkommen vom 28. Januar 1981 zum Schutz des Menschen bei der automatischen Verarbeitung personenbezogener Daten vom 13. März 1985 (BGBl. II S. 538),
des § 3 Abs. 1 des Stiftungsgesetzes in der im Gesetz- und Verordnungsblatt für den Freistaat Thüringen veröffentlichten bereinigten Fassung vom 2. Oktober 1998 (GVBl. S. 361), geändert durch Artikel 5 des Gesetzes vom 25. November 2004 (GVBl. S. 853),

des § 17 Abs. 2 und des § 23 Abs. 1 Satz 3 des Unterhaltssicherungsgesetzes (USG) in der Fassung vom 20. Februar 2002 (BGBl. I S. 972), zuletzt geändert durch Artikel 6 des Gesetzes vom 22. April 2005 (BGBl. I S. 1106), verordnet die Landesregierung und aufgrund des § 2 Satz 2 des Thüringer Gesetzes zur Ausführung des Bürgerlichen Gesetzbuchs vom 3. Dezember 2002 (GVBl. S. 424), geändert durch Artikel 11 des Gesetzes vom 25. November 2004 (GVBl. S. 853), verordnet das Innenministerium:

§ 1 Allgemeines

(1) Das Landesverwaltungsamt ist die zentrale Landesmittelbehörde im Geschäftsbereich des für innere Angelegenheiten zuständigen Ministeriums mit Sitz in Weimar.

(2) [1]Ist für Aufgaben aus dem Geschäftsbereich des für innere Angelegenheiten zuständigen Ministeriums keine Zuständigkeit begründet oder ist die Zuständigkeit der höheren Verwaltungsbehörde oder einer entsprechenden Behörde bestimmt und fehlt eine nähere Regelung, so ist das Landesverwaltungsamt zuständig. [2]Ist ohne nähere Bestimmung die Zuständigkeit der unteren Verwaltungsbehörde festgelegt, so sind die Landkreise und kreisfreien Städte im übertragenen Wirkungskreis zuständig.

§ 2 Ausländerrecht

(1) Ausländerbehörden nach § 71 Abs. 1 Satz 1 AufenthG sind die Landkreise und kreisfreien Städte jeweils im übertragenen Wirkungskreis sowie das Landesverwaltungsamt.

(2) Sachlich zuständig sind die Landkreise und kreisfreien Städte, soweit nichts anderes bestimmt ist.

(3) Das Landesverwaltungsamt ist nach § 71 Abs. 1 Satz 2 AufenthG für die organisatorische Vorbereitung der Zurückschiebung oder Abschiebung von Ausländern mit Ausnahme der Beschaffung von Heimreisedokumenten zuständig.

§ 3 *[aufgehoben]*

§ 4 Bürgerliches Gesetzbuch, Vereine

Für die Entziehung der Rechtsfähigkeit nach § 43 des Bürgerlichen Gesetzbuchs ist das Landesverwaltungsamt zuständig.

§ 5 *[aufgehoben]*

§ 6 Namensrecht

(1) Zuständige Behörden zur Änderung des Familiennamens und des Vornamens nach § 6 Satz 1 und § 11 des Gesetzes über die Änderung von Familiennamen und Vornamen, zur verbindlichen Feststellung von Familiennamen nach den §§ 8 und 9 des Gesetzes über die Änderung von Familiennamen und Vornamen sowie zur Veröffentlichung und Bekanntmachung nach Artikel 1 § 2 Abs. 1 und 2 der Ersten Verordnung zur Durchführung des Gesetzes über die Änderung von Familiennamen und Vornamen sind die Landkreise und kreisfreien Städte im übertragenen Wirkungskreis.

(2) Zuständige Behörden zur Entgegennahme von Anträgen auf Änderung eines Familiennamens oder Vornamens sind nach § 5 Abs. 1 Satz 1 in Verbindung mit § 11 des Gesetzes über die Änderung von Familiennamen und Vornamen die Gemeinden im übertragenen Wirkungskreis.

§ 7 Öffentliches Vereinswesen

(1) Oberste Landesbehörde nach § 3 Abs. 2 und § 4 Abs. 1 Satz 2 des Vereinsgesetzes ist das für öffentliches Vereinswesen zuständige Ministerium.

(2) Vollzugsbehörden nach § 5 Abs. 1 des Vereinsgesetzes sind die Landkreise und kreisfreien Städte im übertragenen Wirkungskreis, soweit sich die Organisation und Tätigkeit des Vereins auf das jeweilige Landkreis- oder Stadtgebiet beschränkt, im Übrigen das Landesverwaltungsamt.

(3) Zuständige Behörden nach den §§ 19 bis 22 der Verordnung zur Durchführung des Vereinsgesetzes vom 28. Juli 1966 (BGBl. I S. 457) in der jeweils geltenden Fassung sind die Landkreise und kreisfreien Städte im übertragenen Wirkungskreis.

§ 8 Ordnungswidrigkeiten

(1) Zuständige Verwaltungsbehörde für die Verfolgung und Ahndung von Ordnungswidrigkeiten ist, soweit nichts anderes bestimmt ist, diejenige Behörde, der der Vollzug derjenigen Rechtsvorschriften obliegt, gegen die sich der Verstoß richtet.

(2) Die Landkreise und kreisfreien Städte im übertragenen Wirkungskreis sind zuständig für die Verfolgung und Ahndung von Ordnungswidrigkeiten nach den §§ 111, 113, 116 bis 122, 124 bis 128 und 130 OWiG.

§ 9 Passwesen

Passbehörden nach § 19 Abs. 1 Satz 1 des Passgesetzes sind die Gemeinden im übertragenen Wirkungskreis.

§ 10 *[aufgehoben]*

§ 11 Schutz personenbezogener Daten

Zuständige Stelle nach Artikel 2 des Gesetzes zu dem Übereinkommen vom 28. Januar 1981 zum Schutz des Menschen bei der automatischen Verarbeitung personenbezogener Daten ist für den Bereich des Landes das für Angelegenheiten des Datenschutzes zuständige Ministerium.

§ 12 Staatsangehörigkeitswesen

(1) Für den Vollzug staatsangehörigkeitsrechtlicher Vorschriften sind die Landkreise und kreisfreien Städte im übertragenen Wirkungskreis zuständig, soweit in Absatz 2 nichts anderes bestimmt ist.

(2) Das Landesverwaltungsamt ist zuständig

1. für die Einbürgerung in den Fällen des § 8 des Staatsangehörigkeitsgesetzes (StAG) vom 22. Juli 1913 (RGBl. S. 583) in der jeweils geltenden Fassung mit Ausnahme der Fälle, in denen die Bezugsperson nach den §§ 9 oder 10 Abs. 2 StAG einzubürgern ist,
2. für die Einbürgerung in den Fällen der §§ 13 und 14 StAG, sofern das Verfahren im Rahmen des § 17 Abs. 3 des Gesetzes zur Regelung von Fragen der Staatsangehörigkeit vom 22. Februar 1955 (BGBl. I S. 65) in der jeweils geltenden Fassung fortgeführt wird, oder § 9 Abs. 1 des Gesetzes zur Regelung von Fragen der Staatsangehörigkeit soweit bundesgesetzlich keine abweichende Zuständigkeit festgelegt ist,
3. für die Genehmigungen zur Beibehaltung der deutschen Staatsangehörigkeit nach § 25 Abs. 2 und § 29 Abs. 3 StAG, soweit bundesgesetzlich keine andere Zuständigkeit festgelegt ist.

(3) [1]Die Landkreise und kreisfreien Städte sind für die Entgegennahme der Einbürgerungsanträge im übertragenen Wirkungskreis zuständig, unabhängig davon, auf welcher Rechtsgrundlage die Einbürgerung erfolgt. [2]In den Fällen des Absatzes 2 ist die Einbürgerungsbehörde des Landkreises oder der kreisfreien Stadt für die Entgegennahme, Vervollständigung und Weiterleitung der Einbürgerungsanträge an das Landesverwaltungsamt zuständig.

§ 13 *[aufgehoben]*

§ 14 *[aufgehoben]*

§ 15 Versammlungswesen

(1) Für die Durchführung des Versammlungsgesetzes in der Fassung vom 15. November 1978 (BGBl. I.S. 1789) in der jeweils geltenden Fassung sind die Landkreise und kreisfreien Städte im übertragenen Wirkungskreis zuständig.

(2) In Fällen, in denen die erkennbare unmittelbare Gefährdung der öffentlichen Sicherheit oder Ordnung im Sinne des § 15 Abs. 1 des Versammlungsgesetzes über das Gebiet der nach Absatz 1 zuständigen Behörden hinausgeht, kann das Landesverwaltungsamt anstelle der nach Absatz 1 zuständigen Behörden die erforderlichen Maßnahmen treffen.

(3) In unaufschiebbaren Fällen sind für Entscheidungen nach den §§ 5, 15 und 17a des Versammlungsgesetzes die im Vollzugsdienst tätigen Dienstkräfte der Polizei zuständig.

(4) Polizei im Sinne des § 9 Abs. 2, § 13 Abs. 1, § 18 Abs. 3 und § 19 Abs. 4 des Versammlungsgesetzes sind die im Vollzugsdienst tätigen Dienstkräfte der Polizei.

§ 16 Mehrbelastungsausgleich

(1) Die den Landkreisen und kreisfreien Städten durch die Wahrnehmung der ihnen in den übertragenen Wirkungskreis übertragenen Aufgaben entstehenden angemessenen Kosten werden ihnen für die Jahre 2008 und 2009 vom Land auf der Grundlage des Thüringer Haushaltsgesetzes 2008/2009 vom 20. Dezember 2007 (GVBl. S. 281) in vollem Umfang erstattet.

(2) Ab dem Jahr 2010 erfolgt die Erstattung der mit der Aufgabenübertragung nach den §§ 6, 7 und 12 verbundenen angemessenen Kosten an die Landkreise und kreisfreien Städte über die Auf-

tragskostenpauschale nach § 26 des Thüringer Finanzausgleichsgesetzes vom 20. Dezember 2007 (GVBl. S. 259) in der jeweils geltenden Fassung.

§ 17 Inkrafttreten, Außerkrafttreten

(1) Diese Verordnung tritt am 1. Mai 2008 in Kraft.

(2) Gleichzeitig mit dem Inkrafttreten nach Absatz 1 tritt die Zweite Thüringer Verordnung zur Bestimmung von Zuständigkeiten im Geschäftsbereich des Thüringer Innenministeriums vom 12. Februar 1992 (GVBl. S. 66), zuletzt geändert durch § 4 der Verordnung vom 24. Juli 2007 (GVBl. S. 96), außer Kraft.

Gesetz über den Thüringer Verfassungsgerichtshof (Thüringer Verfassungsgerichtshofsgesetz – ThürVerfGHG)

Vom 28. Juni 1994 (GVBl. S. 781)
(1104-1)
zuletzt geändert durch Art. 1 Zweites ÄndG vom 8. August 2014 (GVBl. S. 469)

Der Landtag hat das folgende Gesetz beschlossen:

Inhaltsübersicht

Erster Teil
Verfassung und Zuständigkeit

§ 1 Stellung und Sitz des Gerichts
§ 2 Zusammensetzung
§ 3 Wahl des Präsidenten und der weiteren Mitglieder des Verfassungsgerichtshofs
§ 4 Voraussetzungen der Wählbarkeit
§ 5 Ernennung und Amtseid
§ 6 Verlust des Amts
§ 7 Vorsitz
§ 8 Mitwirkung der Vertreter
§ 9 Entschädigung
§ 10 Geschäftsstelle, Geschäftsordnung
§ 11 Zuständigkeit

Zweiter Teil
Verfahrensvorschriften

Erster Abschnitt
Allgemeine Verfahrensvorschriften

§ 12 Verfahrensgrundsätze
§ 13 Ausschluß vom Richteramt
§ 14 Ablehnung wegen Besorgnis der Befangenheit
§ 15 Rechts- und Amtshilfe, Akteneinsicht
§ 16 Beauftragte von Personengruppen
§ 17 Bevollmächtigte
§ 18 Einleitung des Verfahrens
§ 19 Verwerfung von Anträgen
§ 20 Mündliche Verhandlung, Form der Entscheidung
§ 21 Beweiserhebung
§ 22 Vernehmung von Zeugen und Sachverständigen
§ 23 Beweistermin
§ 24 Entscheidung und Verkündung
§ 25 Wirkung der Entscheidung
§ 26 Einstweilige Anordnung
§ 27 Aussetzung des Verfahrens
§ 28 Kosten
§ 29 Auslagenerstattung
§ 30 Vollstreckung

Zweiter Abschnitt
Besondere Verfahrensvorschriften

Erstes Kapitel
Verfahren in den Fällen des § 11 Nr. 1 und 2 (Verfassungsbeschwerden)

§ 31 Voraussetzungen der Verfassungsbeschwerde
§ 32 Begründung der Verfassungsbeschwerde
§ 33 Fristen
§ 34 Erledigung unzulässiger oder offensichtlich unbegründeter Verfassungsbeschwerden
§ 35 Prozeßkostenhilfe
§ 36 Anhörung
§ 37 Entscheidung

Zweites Kapitel
Verfahren in den Fällen des § 11 Nr. 3 (Organstreitigkeiten)

§ 38 Antragsteller und Antragsgegner
§ 39 Zulässigkeit des Antrags
§ 40 Beitritt zum Verfahren
§ 41 Entscheidung

Drittes Kapitel
Verfahren in den Fällen des § 11 Nr. 4 (Abstrakte Normenkontrolle)

§ 42 Zulässigkeit des Antrags
§ 43 Beteiligung des Landtags und der Landesregierung
§ 44 Entscheidung

Viertes Kapitel
Verfahren in den Fällen des § 11 Nr. 5 (Konkrete Normenkontrolle)

§ 45 Vorlage
§ 46 Verfahren
§ 47 Entscheidung

Fünftes Kapitel
Verfahren in den Fällen des § 11 Nr. 8 (Wahlprüfung)

§ 48 Beschwerderecht

Sechstes Kapitel
Verfahren in den Fällen des § 11 Nr. 6 (Volksbegehren)
§ 49 Verfahrensvorschriften

Siebtes Kapitel
Entscheidungen in Untersuchungsverfahren des Landtags
§ 50 Entscheidung über die Verfassungswidrigkeit eines Untersuchungsauftrags (§ 11 Nr. 7)
§ 51 Verweigerung von Aktenvorlage und Aussagegenehmigungen
§ 52 Gerichtliche Entscheidungen in Untersuchungsverfahren

Achtes Kapitel
Verzögerungsbeschwerde
§ 52a Verzögerungsbeschwerde

Dritter Teil
Schlußvorschriften
§ 53 *[nicht wiedergegebene Änderungsvorschrift]*
§ 54 Übergangsbestimmung
§ 55 Inkrafttreten

Erster Teil
Verfassung und Zuständigkeit

§ 1 Stellung und Sitz des Gerichts
(1) Der Verfassungsgerichtshof ist ein allen anderen Verfassungsorganen gegenüber selbständiges und unabhängiges Gericht des Landes.
(2) Der Verfassungsgerichtshof hat seinen Sitz in Weimar.

§ 2 Zusammensetzung
(1) [1]Der Verfassungsgerichtshof besteht aus dem Präsidenten und acht weiteren Mitgliedern. [2]Der Präsident und zwei weitere Mitglieder werden aus dem Kreis der Berufsrichter gewählt. [3]Drei weitere Mitglieder des Verfassungsgerichtshofs müssen die Befähigung zum Richteramt haben. [4]Die Amtsbezeichnungen der Mitglieder des Verfassungsgerichtshofs gelten jeweils in weiblicher und männlicher Form.
(2) [1]Für jedes Mitglied des Verfassungsgerichtshofs wird ein eigener Stellvertreter gewählt. [2]Die Vorschriften über die Mitglieder gelten auch für deren Stellvertreter.

§ 3 Wahl des Präsidenten und der weiteren Mitglieder des Verfassungsgerichtshofs
(1) [1]Der Präsident und die weiteren Mitglieder des Verfassungsgerichtshofs werden vom Landtag einzeln und in geheimer Wahl ohne Aussprache auf die Dauer von sieben Jahren gewählt. [2]Gewählt ist, wer die Stimmen von zwei Dritteln der gesetzlichen Mitgliederzahl des Landtags auf sich vereinigt.
(2) [1]Eine einmalige Wiederwahl ist zulässig. [2]Die Wahl eines weiteren Mitglieds des Verfassungsgerichtshofs zum Präsidenten ist keine Wiederwahl in diesem Sinne.
(3) [1]Die Amtszeit der Mitglieder des Verfassungsgerichtshofs beträgt höchstens 14 Jahre. [2]Nach Ablauf ihrer Amtszeit führen die Mitglieder des Verfassungsgerichtshofs bis zur Ernennung des Nachfolgers die Amtsgeschäfte fort. [3]Die Wahl des Nachfolgers soll bei Ablauf der Amtszeit und bei Erreichen der Altersgrenze frühestens drei Monate und spätestens einen Monat vor Ablauf der Amtszeit oder dem Erreichen der Altersgrenze des bisherigen Amtsinhabers erfolgen.
(4) [1]Scheidet ein Mitglied des Verfassungsgerichtshofs vor Ablauf der Amtszeit aus, so wählt der Landtag ein neues Mitglied für eine volle Amtszeit. [2]Absatz 1 gilt entsprechend. [3]Die Nachwahl soll innerhalb eines Monats erfolgen.
(5) [1]Die Wiederwahl eines stellvertretenden Mitglieds ist zulässig. [2]Ein stellvertretendes Mitglied kann unabhängig von der Anzahl seiner Amtszeiten zum Mitglied des Verfassungsgerichtshofs gewählt werden.

§ 4 Voraussetzungen der Wählbarkeit
(1) Mitglied des Verfassungsgerichtshofs kann nur sein, wer das 35., aber noch nicht das 68. Lebensjahr vollendet hat und zum Thüringer Landtag wählbar ist.
(2) [1]Die Mitglieder des Verfassungsgerichtshofs dürfen weder dem Landtag oder der Landesregierung noch entsprechenden Organen des Bundes oder eines anderen Landes angehören. [2]Sie dürfen, außer als Richter oder Hochschullehrer, beruflich weder im Dienst des Landes noch einer Körperschaft, Anstalt oder Stiftung des öffentlichen Rechts unter Aufsicht des Landes stehen.

§ 5 Ernennung und Amtseid

(1) [1]Die Mitglieder des Verfassungsgerichtshofs erhalten eine vom Präsidenten des Landtags unterzeichnete Urkunde über Art und Dauer ihres Amts. [2]Sie leisten, bevor sie ihr Amt antreten, vor dem Landtag den folgenden Eid:
„Ich schwöre, daß ich das mir übertragene Amt nach bestem Wissen und Können verwalten, Verfassung und Gesetze befolgen und verteidigen, meine Pflichten gewissenhaft erfüllen und Gerechtigkeit gegen jedermann üben werde!"

(2) Der Eid kann mit einer religiösen Beteuerungsformel geleistet werden.

§ 6 Verlust des Amts

(1) [1]Die Mitglieder des Verfassungsgerichtshofs scheiden aus ihrem Amt aus, wenn sie die Voraussetzungen der Wählbarkeit (§ 4) verlieren oder ihre Amtszeit abgelaufen ist. [2]Das Erreichen der im jeweiligen Hauptamt geltenden gesetzlichen Altersgrenze durch ein berufsrichterliches Mitglied führt nicht zum Ausscheiden aus dem Amt als Mitglied des Verfassungsgerichtshofs.

(2) [1]Die Mitglieder des Verfassungsgerichtshofs können jederzeit ihre Entlassung beantragen. [2]Die Entlassung hat der Präsident des Landtags unverzüglich auszusprechen.

(3) Der Verfassungsgerichtshof kann auf Antrag des Präsidenten des Landtags ein Mitglied aus seinem Amt abberufen, wenn es

1. dauernd dienstunfähig ist,
2. sich innerhalb oder außerhalb seiner richterlichen Tätigkeit einer so groben Pflichtverletzung schuldig gemacht hat, daß sein Verbleiben im Amt ausgeschlossen erscheint oder
3. wissentlich als hauptamtlicher oder inoffizieller Mitarbeiter mit dem Ministerium für Staatssicherheit, dem Amt für Nationale Sicherheit oder Beauftragten dieser Einrichtungen zusammengearbeitet hat.

(4) [1]Der Verfassungsgerichtshof entscheidet über die Abberufung aus dem Amt durch Beschluß. [2]Der Beschluß bedarf der Zustimmung von sechs Mitgliedern des Verfassungsgerichtshofs. [3]Im übrigen gelten die allgemeinen Verfahrensvorschriften.

(5) [1]Nach Einleitung des Verfahrens gemäß Absatz 3 kann der Verfassungsgerichtshof das Mitglied vorläufig seines Amtes entheben. [2]Das gleiche gilt, wenn gegen das Mitglied des Verfassungsgerichtshofs wegen einer Straftat das Hauptverfahren eröffnet worden ist. [3]Absatz 4 Satz 3 gilt entsprechend.

(6) Die Mitglieder des Verfassungsgerichtshofs unterliegen in dieser Eigenschaft nicht den disziplinarrechtlichen Vorschriften für Richter.

§ 7 Vorsitz

[1]Der Präsident führt den Vorsitz und die allgemeine Verwaltung des Verfassungsgerichtshofs. [2]Im Falle seiner Verhinderung nimmt das nach § 20 des Deutschen Richtergesetzes dienstälteste ständige berufsrichterliche Mitglied des Verfassungsgerichtshofs die Befugnisse des Präsidenten wahr. [3]Im übrigen gilt für die Vertretung § 8.

§ 8 Mitwirkung der Vertreter

(1) [1]Ist ein ordentliches Mitglied des Verfassungsgerichtshofs verhindert, sein Amt auszuüben, so tritt der für dieses Mitglied gewählte Vertreter an seine Stelle. [2]Ist auch dieser verhindert, so wird er durch ein anderes stellvertretendes Mitglied des Verfassungsgerichtshofs in der Reihenfolge des Lebensalters vertreten. [3]Dabei sind für die Vertretung der aus dem Kreis der Berufsrichter gewählten Mitglieder zunächst die aus diesem Kreis gewählten Vertreter, für die Vertretung der sonstigen Mitglieder mit Befähigung zum Richteramt zunächst nichtberufsrichterliche Vertreter mit gleicher Befähigung, hilfsweise aus dem Kreis der Berufsrichter gewählte und für die Vertretung der weiteren Mitglieder zunächst Vertreter ohne Befähigung zum Richteramt, hilfsweise Vertreter mit dieser Befähigung heranzuziehen, die nicht aus dem Kreis der Berufsrichter gewählt sind. [4]Als Verhinderung gilt auch das Ausscheiden eines ordentlichen Mitglieds aus dem Amt vor dem Ablauf der Amtszeit.

(2) Soweit nichts anderes bestimmt ist, entscheidet die einfache Mehrheit der an der Entscheidung mitwirkenden Mitglieder des Verfassungsgerichtshofs.

(3) Hat ein stellvertretendes Mitglied nach Absatz 1 an der ersten Beratung einer Sache mitgewirkt, vertritt es das ordentliche Mitglied in dieser Sache bis zum Abschluss des Verfahrens, auch wenn das ordentliche Mitglied nicht mehr verhindert ist.

§ 9 Entschädigung

(1) [1]Die Mitglieder des Verfassungsgerichtshofs sind ehrenamtlich tätig. [2]Sie erhalten für jeden Tag, an dem sie an einer Sitzung oder Beratung teilnehmen, eine Aufwandsentschädigung von einem Zwanzigstel des monatlichen Grundgehalts der Besoldungsgruppe B 9. [3]Der Präsident oder sein Vertreter erhalten einen Zuschlag von zehn vom Hundert des sich nach Satz 2 ergebenden Betrags.

(2) Die Mitglieder des Verfassungsgerichtshofs erhalten Reisekostenvergütung entsprechend den für einen Beamten der Besoldungsgruppe B 9 geltenden Bestimmungen.

(3) Wird ein Mitglied des Verfassungsgerichtshofs durch einen Unfall verletzt, den es anlässlich der Wahrnehmung von Rechten oder der Erfüllung von Pflichten nach diesem Gesetz erleidet, so wird ihm Unfallfürsorge in entsprechender Anwendung des § 25 Abs. 2 Nr. 2 bis 4, des § 26, der §§ 28 bis 31 sowie der §§ 38 bis 40 des Thüringer Beamtenversorgungsgesetzes gewährt.

§ 10 Geschäftsstelle, Geschäftsordnung

(1) Der Verfassungsgerichtshof kann sich zur Erledigung seiner Geschäfte der Geschäftseinrichtungen des Thüringer Oberverwaltungsgerichts bedienen.

(2) [1]Der Verfassungsgerichtshof gibt sich eine Geschäftsordnung. [2]Sie ist im Gesetz- und Verordnungsblatt für den Freistaat Thüringen zu veröffentlichen.

§ 11 Zuständigkeit

Der Verfassungsgerichtshof entscheidet

1. über Verfassungsbeschwerden, die von jedermann mit der Behauptung erhoben werden können, durch die öffentliche Gewalt in seinen Grundrechten, grundrechtsgleichen Rechten oder staatsbürgerlichen Rechten verletzt zu sein (Artikel 80 Abs. 1 Nr. 1 der Verfassung),
2. über Verfassungsbeschwerden von Gemeinden und Gemeindeverbänden wegen der Verletzung des Rechts auf Selbstverwaltung nach Artikel 91 Abs. 1 und 2 der Verfassung (Artikel 80 Abs. 1 Nr. 2 der Verfassung),
3. über die Auslegung der Verfassung aus Anlaß von Streitigkeiten über den Umfang der Rechte und Pflichten eines obersten Verfassungsorgans oder anderer Beteiligter, die durch die Verfassung oder in der Geschäftsordnung des Landtags oder der Landesregierung mit eigener Zuständigkeit ausgestattet sind, auf deren Antrag (Artikel 80 Abs. 1 Nr. 3 der Verfassung),
4. bei Meinungsverschiedenheiten oder Zweifeln über die förmliche oder sachliche Vereinbarkeit von Landesrecht mit der Verfassung auf Antrag eines Fünftels der Mitglieder des Landtags, einer Landtagsfraktion oder der Landesregierung (Artikel 80 Abs. 1 Nr. 4 der Verfassung),
5. über die Vereinbarkeit eines Landesgesetzes mit der Verfassung auf Antrag eines Gerichts, wenn es ein Landesgesetz, auf dessen Gültigkeit es bei der Entscheidung ankommt, für unvereinbar mit der Verfassung hält (Artikel 80 Abs. 1 Nr. 5 der Verfassung),
6. über die Zulässigkeit eines Volksbegehrens nach Artikel 82 Abs. 3 Satz 2 der Verfassung (Artikel 80 Abs. 1 Nr. 6 der Verfassung),
7. über die Verfassungswidrigkeit eines Untersuchungsauftrages nach Artikel 64 Abs. 1 Satz 2 der Verfassung (Artikel 80 Abs. 1 Nr. 7 der Verfassung),
8. über die Anfechtung der Prüfung der Gültigkeit der Landtagswahl nach Artikel 49 Abs. 3 der Verfassung (Artikel 80 Abs. 1 Nr. 8 der Verfassung),
9. in den übrigen durch die Verfassung oder durch Gesetz ihm zugewiesenen Fällen (Artikel 80 Abs. 2 der Verfassung).

Zweiter Teil

Verfahrensvorschriften

Erster Abschnitt

Allgemeine Verfahrensvorschriften

§ 12 Verfahrensgrundsätze

[1]Soweit dieses Gesetz nichts anderes bestimmt, regelt der Verfassungsgerichtshof sein Verfahren nach freiem Ermessen in Anlehnung an die allgemeinen Regeln deutschen Verfahrensrechts, insbesondere der Strafprozeßordnung, der Verwaltungsgerichtsordnung und der Zivilprozeßordnung. [2]Hinsichtlich

der Öffentlichkeit, der Sitzungspolizei, der Gerichtssprache, der Beratung und der Abstimmung sind die Vorschriften der Titel 14 bis 16 des Gerichtsverfassungsgesetzes entsprechend anzuwenden.

§ 13 Ausschluß vom Richteramt

(1) Ein Mitglied des Verfassungsgerichtshofs ist von der Ausübung seines Richteramts ausgeschlossen, wenn es

1. an der Sache beteiligt oder mit einem Beteiligten verheiratet ist oder war, in gerader Linie verwandt oder verschwägert oder in der Seitenlinie bis zum dritten Grade verwandt oder bis zum zweiten Grade verschwägert ist oder
2. in derselben Sache bereits von Amts oder Berufs wegen tätig gewesen ist.

(2) Beteiligt ist nicht, wer aufgrund seines Familienstandes, seines Berufes, seiner Abstammung, seiner Zugehörigkeit zu einer politischen Partei oder aus einem ähnlichen allgemeinen Gesichtspunkt am Ausgang des Verfahrens interessiert ist.

(3) Als Tätigkeit im Sinne des Absatzes 1 Nr. 2 gilt nicht die Äußerung einer wissenschaftlichen Meinung zu einer Rechtsfrage, die für das Verfahren bedeutsam sein kann.

§ 14 Ablehnung wegen Besorgnis der Befangenheit

(1) Ein Mitglied des Verfassungsgerichtshofs kann von den Beteiligten wegen Besorgnis der Befangenheit abgelehnt werden; die Ablehnung kann jedoch nicht allein auf die in § 13 Abs. 2 und 3 aufgeführten Tatbestände gestützt werden.

(2) [1]Die Ablehnung ist zu begründen. [2]Der Abgelehnte hat sich dazu zu äußern. [3]Ein Beteiligter kann ein Mitglied des Verfassungsgerichtshofs wegen Besorgnis der Befangenheit nicht mehr ablehnen, wenn er sich, ohne den ihm bekannten Ablehnungsgrund geltend zu machen, in eine Verhandlung eingelassen hat.

(3) [1]Über ein Ablehnungsgesuch entscheidet der Verfassungsgerichtshof ohne mündliche Verhandlung. [2]Das abgelehnte Mitglied darf hierbei nur mitwirken, wenn

1. die Ablehnung verspätet ist,
2. ein Grund zur Ablehnung oder ein Mittel zur Glaubhaftmachung nicht angegeben wird oder
3. durch die Ablehnung offensichtlich das Verfahren nur verschleppt oder nur verfahrensfremde Zwecke verfolgt werden sollen.

(4) Erklärt sich ein Richter, der nicht abgelehnt ist, selbst für befangen, so gilt Absatz 3 Satz 1 entsprechend.

§ 15 Rechts- und Amtshilfe, Akteneinsicht

(1) [1]Alle Gerichte und Verwaltungsbehörden leisten dem Verfassungsgerichtshof Rechts- und Amtshilfe. [2]Sie legen ihm Akten und Urkunden über ihre oberste Dienstbehörde vor.

(2) Die Beteiligten haben das Recht der Akteneinsicht.

§ 16 Beauftragte von Personengruppen

Wenn das Verfahren von einer Personengruppe oder gegen eine Personengruppe beantragt wird, kann der Verfassungsgerichtshof anordnen, daß sie ihre Rechte, insbesondere das Recht auf Anwesenheit im Termin, durch einen oder mehrere Beauftragte wahrnehmen läßt.

§ 17 Bevollmächtigte

(1) Die Beteiligten können sich in jeder Lage des Verfahrens durch einen Rechtsanwalt oder einen Rechtslehrer an einer staatlichen oder staatlich anerkannten Hochschule eines Mitgliedstaats der Europäischen Union, eines anderen Vertragsstaats des Abkommens über den Europäischen Wirtschaftsraum oder der Schweiz als Bevollmächtigten vertreten lassen.

(2) Der Landtag oder Teile von diesem, die durch die Verfassung oder in der Geschäftsordnung des Landtags mit eigener Zuständigkeit ausgestattet sind, können sich auch durch ihre Mitglieder vertreten lassen.

(3) Das Land, seine Verfassungsorgane sowie die der Aufsicht des Landes unterstehenden juristischen Personen des öffentlichen Rechts können sich außerdem durch ihre Beschäftigten vertreten lassen.

(4) Die Vollmacht ist schriftlich zu erteilen; sie muß sich ausdrücklich auf das Verfahren beziehen.

(5) Ist ein Bevollmächtigter bestellt, sind alle Mitteilungen des Gerichts an diesen zu richten.

§ 18 Einleitung des Verfahrens

(1) [1]Anträge, die das Verfahren einleiten, sind schriftlich beim Verfassungsgerichtshof einzureichen. [2]Sie sind zu begründen; die erforderlichen Beweismittel sind anzugeben.

(2) Der Präsident stellt den Antrag dem Antragsgegner und den übrigen Beteiligten unverzüglich mit der Aufforderung zu, sich binnen einer zu bestimmenden Frist zu äußern.

(3) Der Präsident kann jedem Beteiligten aufgeben, binnen einer zu bestimmenden Frist die erforderliche Zahl von Abschriften seiner Schriftsätze für das Gericht und die übrigen Beteiligten nachzureichen.

§ 19 Verwerfung von Anträgen

[1]Der Verfassungsgerichtshof kann durch einstimmigen Beschluß, der ohne mündliche Verhandlung ergehen kann, unzulässige Anträge verwerfen und offensichtlich unbegründete Anträge zurückweisen. [2]Der Beschluß bedarf keiner weiteren Begründung, wenn der Antragsteller vorher auf die Bedenken gegen die Zulässigkeit oder Begründetheit seines Antrags hingewiesen worden ist.

§ 20 Mündliche Verhandlung, Form der Entscheidung

(1) Der Verfassungsgerichtshof entscheidet, soweit nichts anderes bestimmt ist, aufgrund mündlicher Verhandlung, es sei denn, daß alle Beteiligten ausdrücklich auf sie verzichten.

(2) Die Entscheidung aufgrund mündlicher Verhandlung ergeht als Urteil, die Entscheidung ohne mündliche Verhandlung als Beschluß.

(3) Teil- und Zwischenentscheidungen sind zulässig.

(4) Die Entscheidungen des Verfassungsgerichtshofs ergehen im Namen des Volkes.

§ 21 Beweiserhebung

(1) [1]Der Verfassungsgerichtshof erhebt den zur Erforschung der Wahrheit erforderlichen Beweis. [2]Er kann damit außerhalb der mündlichen Verhandlung ein Mitglied des Gerichts beauftragen oder mit Begrenzung auf bestimmte Tatsachen und Personen ein anderes Gericht darum ersuchen.

(2) Aufgrund eines Beschlusses mit einer Mehrheit von zwei Dritteln der Stimmen des Gerichts kann die Beziehung einzelner Urkunden unterbleiben, wenn ihre Verwendung mit der Sicherheit des Bundes oder eines Landes unvereinbar ist.

§ 22 Vernehmung von Zeugen und Sachverständigen

(1) Für die Vernehmung von Zeugen und Sachverständigen gelten die Vorschriften der Zivilprozeßordnung entsprechend.

(2) [1]Soweit ein Zeuge oder Sachverständiger nur mit Genehmigung einer vorgesetzten Stelle vernommen werden darf, kann diese Genehmigung nur verweigert werden, wenn es das Wohl des Bundes oder eines Landes erfordert. [2]Der Zeuge oder Sachverständige kann sich nicht auf seine Schweigepflicht berufen, wenn der Verfassungsgerichtshof mit einer Mehrheit von zwei Dritteln der Stimmen die Verweigerung der Aussagegenehmigung für unbegründet erklärt.

§ 23 Beweistermin

[1]Die Beteiligten werden von allen Beweisterminen benachrichtigt und können der Beweisaufnahme beiwohnen. [2]Sie können an Zeugen und Sachverständige Fragen richten. [3]Wird eine Frage beanstandet, so entscheidet das Gericht.

§ 24 Entscheidung und Verkündung

(1) [1]Der Verfassungsgerichtshof entscheidet in geheimer Beratung nach seiner freien, aus dem Inhalt der Verhandlung und dem Ergebnis der Beweisaufnahme geschöpften Überzeugung. [2]Die Entscheidung ist schriftlich abzufassen, zu begründen und von den Richtern, die bei ihr mitgewirkt haben, zu unterzeichnen. [3]Sie ist sodann, wenn eine mündliche Verhandlung stattgefunden hat, in einem in der Verhandlung bekanntgegebenen oder nach Abschluß der Beratung festgelegten Termin, der den Beteiligten unverzüglich mitzuteilen ist, unter Mitteilung der wesentlichen Entscheidungsgründe öffentlich zu verkünden. [4]Zwischen dem Abschluß der mündlichen Verhandlung und der Verkündung der Entscheidung sollen nicht mehr als drei Monate liegen. [5]Der Termin kann durch Beschluß des Verfassungsgerichtshofs verlegt werden. [6]Für die Urteilsverkündung ist die Anwesenheit von drei Mitgliedern des Verfassungsgerichtshofs, die an der Entscheidung mitgewirkt haben, ausreichend.

(2) [1]Jedes Mitglied des Verfassungsgerichtshofs kann seine in der Beratung vertretene abweichende Meinung zu der Entscheidung oder zu deren Begründung in einem Sondervotum niederlegen; das

Sondervotum ist der Entscheidung anzuschließen. [2]Das Stimmenverhältnis kann in der Entscheidung mitgeteilt werden.

(3) Alle Entscheidungen sind den Beteiligten bekanntzugeben.

§ 25 Wirkung der Entscheidung

(1) Die Entscheidungen des Verfassungsgerichtshofs binden die Verfassungsorgane des Landes sowie alle Thüringer Gerichte und Behörden.

(2) [1]Die Entscheidungsformel hat Gesetzeskraft, soweit der Verfassungsgerichtshof in den Fällen des § 11 Nr. 1, 2, 4 und 5 eine Rechtsvorschrift für mit der Verfassung unvereinbar oder nichtig erklärt. [2]Insoweit ist die Entscheidungsformel durch den Präsidenten des Landtags im Gesetz- und Verordnungsblatt für den Freistaat Thüringen zu veröffentlichen.

§ 26 Einstweilige Anordnung

(1) Der Verfassungsgerichtshof kann im Streitfall einen Zustand durch einstweilige Anordnung vorläufig regeln, wenn dies zur Abwehr schwerer Nachteile, zur Verhinderung drohender Gewalt oder aus einem anderen wichtigen Grund zum gemeinen Wohl dringend geboten ist.

(2) [1]Die einstweilige Anordnung kann ohne mündliche Verhandlung ergehen. [2]Bei besonderer Dringlichkeit kann der Verfassungsgerichtshof davon absehen, den am Verfahren zur Hauptsache Beteiligten, zum Beitritt Berechtigten oder Äußerungsberechtigten Gelegenheit zur Stellungnahme zu geben.

(3) [1]Wird die einstweilige Anordnung durch Beschluß erlassen oder abgelehnt, so kann Widerspruch erhoben werden. [2]Das gilt nicht für den Beschwerdeführer im Verfahren der Verfassungsbeschwerde. [3]Über den Widerspruch entscheidet der Verfassungsgerichtshof nach mündlicher Verhandlung. [4]Diese muß binnen zwei Monaten nach dem Eingang der Begründung des Widerspruchs stattfinden.

(4) [1]Der Widerspruch gegen die einstweilige Anordnung hat keine aufschiebende Wirkung. [2]Der Verfassungsgerichtshof kann die Vollziehung der einstweiligen Anordnung aussetzen.

(5) [1]Der Verfassungsgerichtshof kann die Entscheidung über die einstweilige Anordnung oder über den Widerspruch ohne Begründung bekanntgeben. [2]In diesem Fall ist die Begründung den Beteiligten gesondert zu übermitteln.

(6) [1]Die einstweilige Anordnung tritt nach sechs Monaten außer Kraft. [2]Sie kann mit einer Mehrheit von zwei Dritteln der Stimmen wiederholt werden.

(7) [1]Ist der Verfassungsgerichtshof nicht beschlussfähig, so kann die einstweilige Anordnung bei besonderer Dringlichkeit durch den Präsidenten des Verfassungsgerichtshofs, durch ein Mitglied, das Berufsrichter ist oder die Befähigung zum Richteramt hat, und durch ein weiteres Mitglied des Verfassungsgerichtshofs einstimmig gefasst werden. [2]Sie tritt nach einem Monat außer Kraft. [3]Wird sie durch den Verfassungsgerichtshof bestätigt, so tritt sie sechs Monate nach ihrem Erlass außer Kraft. [4]Absatz 6 Satz 2 gilt entsprechend.

§ 27 Aussetzung des Verfahrens

(1) Der Verfassungsgerichtshof kann sein Verfahren bis zur Erledigung eines bei einem anderen Gericht anhängigen Verfahren aussetzen, wenn für seine Entscheidung die Feststellungen oder die Entscheidung dieses anderen Gerichts von Bedeutung sein können.

(2) Der Verfassungsgerichtshof kann seiner Entscheidung die tatsächlichen Feststellungen eines rechtskräftigen Urteils zugrunde legen, das in einem Verfahren ergangen ist, in dem die Wahrheit von Amts wegen zu erforschen ist.

§ 28 Kosten

(1) Das Verfahren vor dem Verfassungsgerichtshof ist kostenfrei.

(2) [1]Ist eine Verfassungsbeschwerde, eine Beschwerde nach § 48 oder die Beschwerde eines anderen Beteiligten nach § 52 unzulässig oder offensichtlich unbegründet, so kann der Verfassungsgerichtshof dem Beschwerdeführer eine Gerichtsgebühr bis zu 550 Euro auferlegen. [2]Die Entscheidung über die Gerichtsgebühr und über ihre Höhe ist unter Berücksichtigung aller Umstände, insbesondere des Gewichts der geltend gemachten Gründe, der Bedeutung des Verfahrens für den Beschwerdeführer und seiner Vermögens- und Einkommensverhältnisse, zu treffen. [3]Der Verfassungsgerichtshof kann dem Antragsteller nach Maßgabe der Sätze 1 und 2 eine Gerichtsgebühr auferlegen, wenn er einen Antrag auf Erlaß einer einstweiligen Anordnung zurückweist.

(3) Von der Auferlegung einer Gerichtsgebühr ist abzusehen, wenn sie unbillig wäre.

(4) Der Verfassungsgerichtshof kann eine erhöhte Gerichtsgebühr bis zu 2.600 Euro auferlegen, wenn die Einlegung der Verfassungsbeschwerde, der Beschwerde nach § 48 oder der Beschwerde des anderen Beteiligten nach § 52 einen Mißbrauch darstellt oder wenn ein Antrag auf Erlaß einer einstweiligen Anordnung (§ 26) mißbräuchlich gestellt ist.

(5) Für die Einziehung der Gerichtsgebühren gelten § 117 der Landeshaushaltsordnung sowie § 30a Abs. 1 und 2 des Einführungsgesetzes zum Gerichtsverfassungsgesetz entsprechend.

(6) [1]Der Präsident kann dem Beschwerdeführer aufgeben, binnen eines Monats einen Vorschuß auf die Gerichtsgebühr nach Absatz 2 Satz 1 zu zahlen. [2]Der Präsident hebt die Anordnung auf oder ändert sie ab, wenn der Beschwerdeführer nachweist, daß er den Vorschuß nach seinen persönlichen und wirtschaftlichen Verhältnissen nicht, nur zum Teil oder nur in Raten aufbringen kann. [3]Die Anordnungen des Präsidenten sind unanfechtbar.

(7) Hat der Beschwerdeführer den ihm aufgegebenen Vorschuß nicht oder nicht rechtzeitig gezahlt, kann der nach § 34 gebildete Ausschuß durch einstimmigen Beschluß die Beschwerde zurückweisen.

§ 29 Auslagenerstattung

(1) [1]Erweist sich eine Verfassungsbeschwerde oder die Beschwerde eines anderen Beteiligten nach § 52 als begründet, so sind dem Beschwerdeführer die notwendigen Auslagen ganz oder teilweise zu erstatten. [2]In den übrigen Fällen kann der Verfassungsgerichtshof volle oder teilweise Erstattung der Auslagen anordnen.

(2) Der Verfassungsgerichtshof kann in Ausnahmefällen die volle oder teilweise Erstattung der Auslagen der Äußerungsberechtigten nach § 36 Abs. 3 und § 46 Abs. 2 anordnen.

§ 30 Vollstreckung

Die Vollstreckung der Entscheidung des Verfassungsgerichtshofs obliegt der Landesregierung, soweit nicht der Verfassungsgerichtshof in seiner Entscheidung etwas anderes bestimmt.

Zweiter Abschnitt

Besondere Verfahrensvorschriften

Erstes Kapitel

Verfahren in den Fällen des § 11 Nr. 1 und 2 (Verfassungsbeschwerden)

§ 31 Voraussetzungen der Verfassungsbeschwerde

(1) Jeder kann mit der Behauptung, durch die öffentliche Gewalt des Landes in einem seiner in der Verfassung enthaltenen Grundrechte, grundrechtsgleichen Rechte oder staatsbürgerlichen Rechte verletzt zu sein, die Verfassungsbeschwerde zum Verfassungsgerichtshof erheben.

(2) Gemeinden und Gemeindeverbände können die Verfassungsbeschwerde mit der Behauptung erheben, in ihrem Recht auf Selbstverwaltung nach Artikel 91 Abs. 1 und 2 der Verfassung verletzt zu sein.

(3) [1]Ist gegen die behauptete Verletzung der Rechtsweg zulässig, so kann die Verfassungsbeschwerde erst nach Erschöpfung des Rechtswegs erhoben werden. [2]Der Verfassungsgerichtshof kann jedoch über eine vor Erschöpfung des Rechtswegs eingelegte Verfassungsbeschwerde sofort entscheiden, wenn sie von allgemeiner Bedeutung ist oder wenn dem Beschwerdeführer ein schwerer und unabwendbarer Nachteil entstünde, falls er zunächst auf den Rechtsweg verwiesen würde.

§ 32 Begründung der Verfassungsbeschwerde

In der Begründung der Verfassungsbeschwerde sind das Recht, das verletzt sein soll, und die Handlung oder Unterlassung des Organs oder der Behörde, durch die der Beschwerdeführer sich verletzt fühlt, zu bezeichnen.

§ 33 Fristen

(1) [1]Die Verfassungsbeschwerde ist binnen eines Monats zu erheben und zu begründen. [2]Die Frist beginnt mit der Zustellung oder formlosen Mitteilung der in vollständiger Form abgefaßten Entscheidung, wenn diese nach den maßgebenden verfahrensrechtlichen Vorschriften von Amts wegen vorzunehmen ist. [3]In anderen Fällen beginnt die Frist mit der Verkündung der Entscheidung oder, wenn diese nicht zu verkünden ist, mit ihrer sonstigen Bekanntgabe an den Beschwerdeführer; wird dabei dem Beschwerdeführer eine Abschrift der Entscheidung in vollständiger Form nicht erteilt, so wird

die Frist des Satzes 1 dadurch unterbrochen, daß der Beschwerdeführer schriftlich oder zu Protokoll der Geschäftsstelle die Erteilung einer in vollständiger Form abgefaßten Entscheidung beantragt. [4]Die Unterbrechung dauert fort, bis die Entscheidung in vollständiger Form dem Beschwerdeführer von dem Gericht erteilt oder von Amts wegen oder von einem an dem Verfahren Beteiligten zugestellt wird.

(2) [1]War ein Beschwerdeführer ohne Verschulden verhindert, diese Frist einzuhalten, ist ihm auf Antrag Wiedereinsetzung in den vorigen Stand zu gewähren. [2]Der Antrag ist binnen zwei Wochen nach Wegfall des Hindernisses zu stellen. [3]Die Tatsachen zur Begründung des Antrags sind bei der Antragstellung oder im Verfahren über den Antrag glaubhaft zu machen. [4]Innerhalb der Antragsfrist ist die versäumte Rechtshandlung nachzuholen; ist dies geschehen, kann die Wiedereinsetzung auch ohne Antrag gewährt werden. [5]Nach einem Jahr seit dem Ende der versäumten Frist ist der Antrag unzulässig. [6]Das Verschulden des Bevollmächtigten steht dem Verschulden eines Beschwerdeführers gleich.

(3) Richtet sich die Verfassungsbeschwerde gegen ein Gesetz oder gegen einen sonstigen Hoheitsakt, gegen den ein Rechtsweg nicht offensteht, so kann die Verfassungsbeschwerde nur binnen eines Jahres seit dem Inkrafttreten des Gesetzes oder dem Erlaß des Hoheitsaktes erhoben werden.

§ 34 Erledigung unzulässiger oder offensichtlich unbegründeter Verfassungsbeschwerden

(1) Verfassungsbeschwerden können durch einstimmigen Beschluß eines von dem Verfassungsgerichtshof für die Dauer eines Geschäftsjahres bestellten Ausschusses zurückgewiesen werden, wenn sie unzulässig oder offensichtlich unbegründet sind.

(2) [1]Der Ausschuß besteht aus dem Präsidenten des Verfassungsgerichtshofs, einem Mitglied, das Berufsrichter sein oder die Befähigung zum Richteramt haben muß, und einem weiteren Mitglied des Verfassungsgerichtshofs. [2]Die Bestellung mehrerer Ausschüsse ist zulässig; in diesem Fall bestimmt der Verfassungsgerichtshof vor Beginn des Geschäftsjahres deren Zahl, die ihnen neben dem Präsidenten angehörenden Mitglieder des Verfassungsgerichtshofs sowie die Verteilung der Verfassungsbeschwerden auf die Ausschüsse.

(3) Der Ausschuß kann ohne mündliche Verhandlung und ohne eine Anhörung nach § 36 Abs. 1 bis 4 entscheiden.

§ 35 Prozeßkostenhilfe

Dem Beschwerdeführer kann nach Maßgabe der Vorschriften der Zivilprozeßordnung Prozeßkostenhife bewilligt werden.

§ 36 Anhörung

(1) Der Verfassungsgerichtshof gibt dem Verfassungsorgan des Landes Thüringen, dessen Handlung oder Unterlassung in der Verfassungsbeschwerde beanstandet wird, Gelegenheit, sich binnen einer zu bestimmenden Frist zu äußern.

(2) Richtet sich die Verfassungsbeschwerde gegen die Handlung oder Unterlassung eines Ministers oder einer Behörde des Landes, so ist dem zuständigen Minister, bei Behörden sonstiger Rechtsträger auch den Rechtsträgern, Gelegenheit zur Äußerung zu geben.

(3) Richtet sich die Verfassungsbeschwerde gegen eine gerichtliche Entscheidung, so ist auch dem durch die Entscheidung Begünstigten Gelegenheit zur Äußerung zu geben.

(4) Richtet sich die Verfassungsbeschwerde unmittelbar oder mittelbar gegen ein Gesetz, so ist § 43 entsprechend anzuwenden.

(5) Die nach den Absätzen 1, 2 und 4 anzuhörenden Verfassungsorgane können dem Verfahren beitreten, die Landesregierung auch dann, wenn eine Handlung oder Unterlassung einer Behörde beanstandet wird.

§ 37 Entscheidung

(1) Der Verfassungsgerichtshof kann ohne mündliche Verhandlung entscheiden, wenn er sie zur Aufklärung des Sachverhalts oder zur Erörterung des Sach- und Streitstoffes nicht für erforderlich hält.

(2) [1]Wird der Verfassungsbeschwerde stattgegeben, so ist in der Entscheidung festzustellen, welche Bestimmung der Verfassung und durch welche Handlung oder Unterlassung sie verletzt wurde. [2]Der Verfassungsgerichtshof kann zugleich aussprechen, daß auch jede Wiederholung der beanstandeten Maßnahme die Verfassung verletzt.

(3) Wird der Verfassungsbeschwerde gegen eine Entscheidung stattgegeben, so hebt der Verfassungsgerichtshof die Entscheidung auf, in den Fällen des § 31 Abs. 3 Satz 1 verweist er die Sache an ein zuständiges Gericht zurück.
(4) [1]Wird der Verfassungsbeschwerde gegen ein Gesetz stattgegeben, so erklärt der Verfassungsgerichtshof das Gesetz für nichtig oder mit der Verfassung unvereinbar. [2]Das gleiche gilt, wenn der Verfassungsbeschwerde gemäß Absatz 3 stattgegeben wird, weil die aufgehobene Entscheidung auf einem verfassungswidrigen Gesetz beruht.

Zweites Kapitel

Verfahren in den Fällen des § 11 Nr. 3 (Organstreitigkeiten)

§ 38 Antragsteller und Antragsgegner

Antragsteller und Antragsgegner können nur die in § 11 Nr. 3 genannten Beteiligten sein.

§ 39 Zulässigkeit des Antrags

(1) Der Antrag ist nur zulässig, wenn der Antragsteller geltend macht, daß er oder das Organ, dem er angehört, durch eine Maßnahme oder Unterlassung des Antragsgegners in seinen ihm durch die Verfassung übertragenen Rechten verletzt oder unmittelbar gefährdet ist.
(2) Im Antrag ist die Bestimmung der Verfassung zu bezeichnen, gegen die durch die beanstandete Maßnahme oder Unterlassung des Antragsgegners verstoßen wird.
(3) [1]Der Antrag muß binnen sechs Monaten, nachdem die beanstandete Maßnahme oder Unterlassung dem Antragsteller bekanntgeworden ist, gestellt werden. [2]Der Antrag gegen einen Beschluss des Landtags nach § 8 des Thüringer Gesetzes zur Überprüfung von Abgeordneten muss binnen zwei Monaten, nachdem der Beschluss dem Abgeordneten bekannt gegeben worden ist, gestellt werden.

§ 40 Beitritt zum Verfahren

(1) Dem Antragsteller und dem Antragsgegner können in jeder Lage des Verfahrens andere in § 11 Nr. 3 genannte Antragsberechtigte beitreten, wenn die Entscheidung auch für die Abgrenzung ihrer Zuständigkeit von Bedeutung ist.
(2) Der Verfassungsgerichtshof gibt von der Einleitung des Verfahrens dem Landtag und der Landesregierung Kenntnis.

§ 41 Entscheidung

[1]Der Verfassungsgerichtshof stellt in seiner Entscheidung fest, ob die beanstandete Maßnahme oder Unterlassung des Antragsgegners gegen eine Bestimmung der Verfassung verstößt. [2]Die Bestimmung ist zu bezeichnen. [3]Der Verfassungsgerichtshof kann in der Entscheidungsformel zugleich eine für die Auslegung der Bestimmungen der Verfassung erhebliche Rechtsfrage entscheiden, von der die Feststellung gemäß Satz 1 abhängt.

Drittes Kapitel

Verfahren in den Fällen des § 11 Nr. 4 (Abstrakte Normenkontrolle)

§ 42 Zulässigkeit des Antrags

Der Antrag der Landesregierung, einer Landtagsfraktion oder eines Fünftels der Mitglieder des Landtags ist nur zulässig, wenn einer der Antragsberechtigten Landesrecht

1. wegen seiner förmlichen oder sachlichen Unvereinbarkeit mit der Verfassung für nichtig hält oder
2. für gültig hält, nachdem ein Gericht, eine Verwaltungsbehörde oder ein Organ des Landes das Recht als unvereinbar mit der Verfassung nicht angewendet hat.

§ 43 Beteiligung des Landtags und der Landesregierung

Der Verfassungsgerichtshof hat dem Landtag und der Landesregierung, sofern sie den Antrag nicht selbst gestellt haben, Gelegenheit zur Äußerung binnen einer zu bestimmenden Frist zu geben.

§ 44 Entscheidung

[1]Kommt der Verfassungsgerichtshof zu der Überzeugung, daß Landesrecht der Verfassung widerspricht, so erklärt er die Rechtsvorschrift für nichtig oder mit der Verfassung unvereinbar. [2]Enthält das

Gesetz oder die Verordnung weitere Bestimmungen, die aus denselben Gründen der Verfassung widersprechen, so kann die Entscheidung auf diese Bestimmungen erstreckt werden.

Viertes Kapitel
Verfahren in den Fällen des § 11 Nr. 5 (Konkrete Normenkontrolle)

§ 45 Vorlage

(1) Hält ein Gericht ein Landesgesetz, auf dessen Gültigkeit es bei der Entscheidung ankommt, mit der Verfassung für unvereinbar, so hat es das Verfahren auszusetzen und die Entscheidung des Verfassungsgerichtshofs einzuholen.

(2) [1]Das Gericht muß angeben, inwiefern von der Gültigkeit des Landesgesetzes seine Entscheidung abhängig ist und mit welcher Verfassungsnorm es unvereinbar sein soll. [2]Die Akten sind beizufügen.

(3) Der Antrag des Gerichts ist unabhängig von einer Rüge der Nichtigkeit der Rechtsvorschrift durch einen Prozeßbeteiligten.

§ 46 Verfahren

(1) [1]Der Verfassungsgerichtshof hat dem Landtag und der Landesregierung Gelegenheit zur Äußerung binnen einer zu bestimmenden Frist zu geben. [2]Sie können dem Verfahren jederzeit beitreten.

(2) Der Verfassungsgerichtshof gibt auch den Beteiligten des Verfahrens vor dem Gericht, das den Antrag gestellt hat, Gelegenheit zur Äußerung; er lädt sie zur mündlichen Verhandlung und erteilt den anwesenden Prozeßbevollmächtigten das Wort.

(3) [1]Der Verfassungsgerichtshof kann oberste Landesgerichte um die Mitteilung ersuchen, wie und aufgrund welcher Erwägungen sie die Verfassung in der streitigen Frage bisher ausgelegt haben, ob und wie sie die in ihrer Gültigkeit streitigen Rechtsvorschriften in ihrer Rechtsprechung angewandt haben und welche damit zusammenhängenden Rechtsfragen zur Entscheidung anstehen. [2]Er kann sie ferner ersuchen, ihre Erwägungen zu einer für die Entscheidung erheblichen Rechtsfrage darzulegen. [3]Der Verfassungsgerichtshof gibt den Äußerungsberechtigten Kenntnis von der Stellungnahme.

§ 47 Entscheidung

(1) Der Verfassungsgerichtshof entscheidet nur über die Rechtsfrage.

(2) § 44 gilt entsprechend.

Fünftes Kapitel
Verfahren in den Fällen des § 11 Nr. 8 (Wahlprüfung)

§ 48 Beschwerderecht

(1) Die Beschwerde gegen den Beschluß des Landtags über die Gültigkeit einer Wahl oder den Verlust der Mitgliedschaft im Landtag kann der Abgeordnete, dessen Mitgliedschaft bestritten ist, ein Wahlberechtigter, dessen Einspruch vom Landtag verworfen worden ist, wenn ihm mindestens einhundert Wahlberechtigte beitreten, eine Fraktion oder eine Minderheit des Landtags, die wenigstens ein Zehntel der gesetzlichen Mitgliederzahl umfaßt, binnen einer Frist von zwei Monaten seit der Beschlußfassung des Landtags beim Verfassungsgerichtshof erheben; die Beschwerde ist innerhalb dieser Frist zu begründen.

(2) Die Wahlberechtigten, die einem Wahlberechtigten als Beschwerdeführer beitreten, müssen diese Erklärung persönlich und handschriftlich unterzeichnen; neben der Unterschrift sind Familienname, Vorname, Tag der Geburt und Anschrift (Hauptwohnung) des Unterzeichners anzugeben.

(3) Der Verfassungsgerichtshof kann von einer mündlichen Verhandlung absehen, wenn von ihr keine weitere Förderung des Verfahrens zu erwarten ist.

Sechstes Kapitel
Verfahren in den Fällen des § 11 Nr. 6 (Volksbegehren)

§ 49 Verfahrensvorschriften
Das Verfahren vor dem Verfassungsgerichtshof in den Fällen des § 11 Nr. 6 richtet sich nach den allgemeinen Verfahrensvorschriften dieses Gesetzes sowie dem gemäß Artikel 82 Abs. 8 der Verfassung erlassenen Gesetz.

Siebtes Kapitel
Entscheidungen in Untersuchungsverfahren des Landtags

§ 50 Entscheidung über die Verfassungswidrigkeit eines Untersuchungsauftrags (§ 11 Nr. 7)
(1) Auf Antrag eines Fünftels der Mitglieder des Landtags entscheidet der Verfassungsgerichtshof über die verfassungsrechtliche Zulässigkeit einer Untersuchung, wenn
1. der Landtag eine Untersuchung beschlossen hat, die die Antragsteller für unzulässig halten oder
2. der Landtag einen Minderheitsantrag im Sinne des § 2 Abs. 2 des Untersuchungsausschußgesetzes als verfassungsrechtlich unzulässig abgelehnt hat.

(2) Der Antrag ist innerhalb von drei Monaten seit der Beschlußfassung des Landtags beim Verfassungsgerichtshof einzureichen und zu begründen.
(3) [1]Beteiligte des Verfahrens sind die Antragsteller und der Landtag. [2]Der Landesregierung ist Gelegenheit zur Stellungnahme binnen einer vom Verfassungsgerichtshof zu bestimmenden Frist zu geben.

§ 51 Verweigerung von Aktenvorlage und Aussagegenehmigungen
(1) In dem Antrag eines Untersuchungsausschusses des Landtags, der sich gegen die Verweigerung der Aktenvorlage oder Aussagegenehmigung durch die Landesregierung richtet (§ 14 Abs. 4 des Untersuchungsausschußgesetzes), ist die Erforderlichkeit der Aktenvorlage oder Aussagegenehmigung für die Erfüllung des Untersuchungsauftrags zu begründen und darzulegen, aus welchen Gründen der Untersuchungsausschuß die Voraussetzungen der Verweigerung nicht für gegeben hält.
(2) Beteiligte des Verfahrens sind der Untersuchungsausschuß, die Landesregierung, jeder Betroffene, soweit er in der Wahrnehmung seiner Rechte berührt ist, und in den Fällen des § 14 Abs. 3 Satz 1 Nr. 3 des Untersuchungsausschußgesetzes jede sonstige natürliche und juristische Person, die in ihren Grundrechten betroffen ist.
(3) Der Verfassungsgerichtshof stellt fest, ob die Verweigerung von Aktenvorlage und Aussagegenehmigung begründet ist.
(4) [1]Vor Erlaß der Entscheidung sind die Beteiligten zu hören. [2]Jeder Beteiligte kann verlangen, daß die mündliche Verhandlung, soweit nicht auf sie verzichtet wird (§ 20 Abs. 1), unter Ausschluß der Öffentlichkeit erfolgt.
(5) Der Antrag nach Absatz 1 kann bis zur Verkündung der Entscheidung oder, wenn die Entscheidung nicht zu verkünden ist, bis zu dem Zeitpunkt, in dem die Entscheidung zum Zwecke der Zustellung an die Beteiligten abgesandt wird, zurückgenommen werden.

§ 52 Gerichtliche Entscheidungen in Untersuchungsverfahren
(1) [1]Gegen gerichtliche Entscheidungen in Untersuchungsverfahren im Sinne von § 30 Abs. 2 des Untersuchungsausschußgesetzes kann der Untersuchungsausschuß, nach Abschluß des Untersuchungsverfahrens der Präsident des Landtags, mit der Behauptung, die Entscheidung sei mit der Verfassung nicht vereinbar, Beschwerde zum Verfassungsgerichtshof erheben; das gleiche gilt für andere Beteiligte des gerichtlichen Verfahrens, die sich in ihren verfassungsmäßigen Rechten beeinträchtigt glauben. [2]In der Begründung der Beschwerde ist die Bestimmung der Verfassung zu bezeichnen, aus der Bedenken gegen die gerichtliche Entscheidung hergeleitet werden.
(2) Die Beschwerde ist binnen einer Frist von vier Wochen nach der Verkündung der Entscheidung schriftlich beim Verfassungsgerichtshof einzureichen; ist die Entscheidung nicht zu verkünden, beginnt die Frist mit der Zustellung oder sonstigen Bekanntgabe der Entscheidung.
(3) [1]Ist gegen die Entscheidung der Rechtsweg zulässig, so kann die Beschwerde erst nach Erschöpfung des Rechtsweges erhoben werden. [2]Der Verfassungsgerichtshof kann jedoch über eine vor Erschöp-

fung des Rechtsweges eingereichte Beschwerde entscheiden, wenn sie von allgemeiner Bedeutung ist oder wenn dem Beschwerdeführer ein schwerer oder unabwendbarer Nachteil entstünde, falls er zunächst auf den Rechtsweg verwiesen würde.

(4) [1]Wird der Beschwerde stattgegeben, so hebt der Verfassungsgerichtshof die angefochtene Entscheidung auf und verweist die Sache an das Gericht zurück. [2]In der Beschwerdeentscheidung ist festzustellen, welche Bestimmung der Verfassung verletzt ist.

(5) Der Verfassungsgerichtshof entscheidet ohne mündliche Verhandlung, es sei denn, daß er sie zur Aufklärung des Sachverhalts oder zur Erörterung des Sach- und Streitstoffes für erforderlich hält oder der Beschwerdeführer sie ausdrücklich beantragt.

(6) [1]Vor Erlaß der Entscheidung gibt der Verfassungsgerichtshof den Beteiligten des gerichtlichen Verfahrens Gelegenheit zur Äußerung. [2]Er kann sie zur mündlichen Verhandlung laden.

(7) Die Beschwerde kann zurückgenommen werden; § 51 Abs. 5 gilt entsprechend.

Achtes Kapitel
Verzögerungsbeschwerde

§ 52a Verzögerungsbeschwerde

(1) Die §§ 97a bis 97d des Bundesverfassungsgerichtsgesetzes sind entsprechend mit der Maßgabe anzuwenden, dass über die Verzögerungsbeschwerde der Verfassungsgerichtshof entscheidet.

(2) Absatz 1 gilt auch für Verfahren, die vor dem Inkrafttreten des Zweiten Gesetzes zur Änderung des Thüringer Verfassungsgerichtshofsgesetzes bereits anhängig waren, sowie für abgeschlossene Verfahren, deren Dauer am Tage des Inkrafttretens des Zweiten Gesetzes zur Änderung des Thüringer Verfassungsgerichtshofsgesetzes Gegenstand einer Beschwerde beim Europäischen Gerichtshof für Menschenrechte ist oder noch werden kann.

(3) [1]Für abgeschlossene Verfahren nach Absatz 2 gilt § 97b Abs. 1 Satz 2 bis 5 des Bundesverfassungsgerichtsgesetzes nicht. [2]§ 97b Abs. 2 des Bundesverfassungsgerichtsgesetzes gilt mit der Maßgabe, dass die Verzögerungsbeschwerde sofort erhoben werden kann und spätestens drei Monate nach dem Inkrafttreten des Zweiten Gesetzes zur Änderung des Thüringer Verfassungsgerichtshofsgesetzes erhoben werden muss.

Dritter Teil
Schlußvorschriften

§ 53 *[nicht wiedergegebene Änderungsvorschrift]*

§ 54 Übergangsbestimmung

Die Mitglieder des Verfassungsgerichtshofs, die bis zum Inkrafttreten des Zweiten Gesetzes zur Änderung des Thüringer Verfassungsgerichtshofsgesetzes Mitglied des Verfassungsgerichtshofs waren, können auch dann einmalig wiedergewählt werden, wenn sie vor Inkrafttreten des Zweiten Gesetzes zur Änderung des Thüringer Verfassungsgerichtshofsgesetzes bereits wiedergewählt wurden.

§ 55 Inkrafttreten

Dieses Gesetz tritt am Tage nach der Verkündung[1)] in Kraft.

1) Verkündet am 5.7.1994.

Thüringer Gesetz über das Verfahren bei Bürgerantrag, Volksbegehren und Volksentscheid (ThürBVVG)

In der Fassung der Bekanntmachung vom 23. Februar 2004[1)] (GVBl. S. 237)
(111-4)

zuletzt geändert durch Art. 2 Thüringer Datenschutz-Anpassungs- und -Umsetzungsgesetz EU vom 6. Juni 2018 (GVBl. S. 229)

Inhaltsübersicht

Erster Abschnitt
Allgemeine Bestimmungen

§ 1 Anwendungsbereich
§ 2 Stimmrecht
§ 3 Vertrauensperson und stellvertretende Vertrauensperson, Öffentlichkeit der Ausschuss-Sitzung
§ 4 Beratungspflicht
§ 5 Datenschutz
§ 6 Gestaltung, Einreichung und Prüfung der Unterschriftsbögen

Zweiter Abschnitt
Bürgerantrag

§ 7 Gegenstand, Voraussetzungen und Verfahren des Bürgerantrags
§ 8 Behandlung im Landtag

Dritter Abschnitt
Volksbegehren

§ 9 Gegenstand des Volksbegehrens
§ 10 Antrag auf Zulassung des Volksbegehrens
§ 11 Entscheidung über den Zulassungsantrag
§ 12 Rechtsbehelfe
§ 13 Bekanntmachung des Volksbegehrens und der Sammlungsfrist
§ 14 Unterstützung des Volksbegehrens bei Unterschriftensammlung durch Eintragung in amtlich ausgelegte Unterschriftsbögen
§ 15 Eintragungsverfahren bei Unterschriftensammlung durch Eintragung in amtlich ausgelegte Unterschriftsbögen
§ 16 Unterstützung des Volksbegehrens bei freier Sammlung
§ 17 Zustandekommen des Volksbegehrens
§ 18 Behandlung im Landtag

Vierter Abschnitt
Volksentscheid

§ 19 Voraussetzungen und Gegenstand des Volksentscheids
§ 20 Bekanntmachung des Volksentscheids
§ 21 Stimmrecht
§ 22 Anwendung des Landeswahlrechts
§ 23 Stimmzettel und Stimmabgabe
§ 24 Ermittlung und Feststellung des Abstimmungsergebnisses
§ 25 Ergebnis des Volksentscheids
§ 26 Ausfertigung und Verkündung der Gesetze
§ 27 Rechtsbehelfe

Fünfter Abschnitt
Volksentscheid über die Verfassung

§ 28 Verfassungsänderung durch Volksentscheid

Sechster Abschnitt
Schlussbestimmungen

§ 29 Kostenerstattung
§ 30 Rechtsverordnungsermächtigung
§ 31 Fristen und Termine
§ 32 Gleichstellungsbestimmung
§ 33 (In-Kraft-Treten)

Erster Abschnitt
Allgemeine Bestimmungen

§ 1 Anwendungsbereich

(1) [1]Die Bürger haben das Recht, in Angelegenheiten, die in der Gesetzgebungsbefugnis des Landes liegen, durch Bürgeranträge, Volksbegehren und Volksentscheide an der Gesetzgebung teilzunehmen. [2]Als Bürgerantrag können dem Landtag im Rahmen seiner Zuständigkeit auch bestimmte Gegenstände der politischen Willensbildung unterbreitet werden.

(2) Bürgeranträge, Volksbegehren und Volksentscheide zum Landeshaushalt, zu Dienst- und Versorgungsbezügen, Abgaben und Personalentscheidungen sind unzulässig.

1) Neubekanntmachung der ThürBVVG v. 19.7.1994 (GVBl. S. 918) in der ab 31.12.2003 geltenden Fassung.

§ 2 Stimmrecht

(1) Stimmberechtigt ist jeder Bürger, der am Tag der Unterzeichnung des Bürgerantrags, Antrags auf Zulassung eines Volksbegehrens, Volksbegehrens oder am Tag des Volksentscheids das Wahlrecht nach den §§ 13 und 14 des Thüringer Landeswahlgesetzes (ThürLWG) besitzt.

(2) Jeder Stimmberechtigte darf bei demselben Bürgerantrag, Antrag auf Zulassung eines Volksbegehrens, Volksbegehren oder Volksentscheid sein Stimmrecht nur einmal ausüben.

(3) Die Zahl der Stimmberechtigten richtet sich nach der jeweils letzten amtlichen Veröffentlichung des Landesamtes für Statistik vor Einleitung des Bürgerantrags, Volksbegehrens oder Volksentscheids.

§ 3 Vertrauensperson und stellvertretende Vertrauensperson, Öffentlichkeit der Ausschuss-Sitzung

(1) [1]In dem Bürgerantrag oder in dem Antrag auf Zulassung eines Volksbegehrens sind als Vertreter der Antragsteller eine Vertrauensperson und eine stellvertretende Vertrauensperson zu benennen. [2]Fehlt die Benennung, fordert der Präsident des Landtags die Antragsteller auf, dies innerhalb von zehn Tagen nachzuholen. [3]Ist die Benennung innerhalb dieser Frist nicht erfolgt, bestimmt der Präsident des Oberlandesgerichts die Vertauensperson und die stellvertretende Vertrauensperson aus der Liste der Unterzeichner des Bürgerantrags oder des Antrags auf Zulassung des Volksbegehrens.

(2) Die Vertrauensperson und in deren Vertretung die stellvertretende Vertrauensperson sind berechtigt, verbindliche Erklärungen in den Verfahren zum Bürgerantrag, auf Zulassung des Volksbegehrens, zum Volksbegehren sowie zum Volksentscheid abzugeben, und berechtigt und verpflichtet, solche Erklärungen entgegenzunehmen.

(3) [1]Die Vertrauensperson hat bei der Beratung eines Bürgerantrags oder eines Volksbegehrens Anwesenheits- und Rederecht in den Ausschuss-Sitzungen des Landtags, in denen der Bürgerantrag oder das Volksbegehren beraten wird. [2]Alle Beratungen von Bürgeranträgen und Volksbegehren in den Sitzungen des Landtags und in seinen Ausschüssen sind öffentlich, mit Ausnahme der Teile der Ausschuss-Sitzungen, in denen Beschlüsse zur Sache gefasst werden.

§ 4 Beratungspflicht

Der Präsident des Landtags hat die Vertrauensperson über die formellen Voraussetzungen eines geplanten Bürgerantrags oder Volksbegehrens zu beraten, wenn diese es schriftlich beantragt.

§ 5 Datenschutz

(1) [1]Personenbezogene Daten, die auf der Grundlage dieses Gesetzes erhoben werden, dürfen nur für die Durchführung des jeweiligen Bürgerantrags, Antrags auf Zulassung eines Volksbegehrens, Volksbegehrens oder Volksentscheids verarbeitet werden. [2]Werden sie für das Verfahren nicht mehr benötigt, sind sie unverzüglich zu vernichten.

(2) Wer entgegen Absatz 1 personenbezogene Daten verarbeitet, wird mit Freiheitsstrafe bis zu einem Jahr oder mit Geldstrafe bestraft.

§ 6 Gestaltung, Einreichung und Prüfung der Unterschriftsbögen

(1) [1]Jede Unterschriftsleistung für einen Bürgerantrag, einen Antrag auf Zulassung des Volksbegehrens und für ein Volksbegehren erfolgt auf gesonderten Unterschriftsbögen. [2]Bei einem Bürgerantrag muss der Inhalt des Antrags, bei einem Antrag auf Zulassung des Volksbegehrens oder einem Volksbegehren müssen der Text und die Begründung des begehrten Gesetzes auf den Unterschriftsbögen vollständig abgedruckt sein. [3]Jeder Unterschriftsbogen hat die Namen und Anschriften der Vertrauensperson und der stellvertretenden Vertrauensperson sowie den Hinweis zu enthalten, dass die erhobenen personenbezogenen Daten nur zur Durchführung des jeweiligen Bürgerantrags, Antrags auf Zulassung eines Volksbegehrens, Volksbegehrens oder Volksentscheids verarbeitet werden dürfen und unverzüglich vernichtet werden, wenn sie für das Verfahren nicht mehr benötigt werden. [4]Auf das Widerrufsrecht nach § 16 Abs. 3 ist hinzuweisen.

(2) Die Unterschriftsleistung für den Bürgerantrag, den Antrag auf Zulassung des Volksbegehrens sowie das Volksbegehren muss innerhalb der jeweiligen gesetzlich festgelegten Sammlungsfrist erfolgen.

(3) [1]Die Unterschriftsleistung muss persönlich und handschriftlich erfolgen. [2]Auf dem Unterschriftsbogen sind Vor- und Familienname, Geburtsdatum, aktuelle Wohnanschrift, bei mehreren Wohnungen die Anschrift der Hauptwohnung des Unterzeichners, sowie das Datum der Unterschrift handschriftlich und deutlich lesbar einzutragen. [3]Soweit die Stimmberechtigung auf ein Wahlrecht im Sinne von § 13

Satz 3 ThürLWG oder den gewöhnlichen Aufenthalt des Unterschriftsleistenden gestützt wird, ist dies gesondert anzugeben und glaubhaft zu machen. 4Nach der Unterschriftsleistung dürfen keine handschriftlichen Eintragungen mehr vorgenommen werden. 5§ 34 Abs. 2 ThürLWG gilt entsprechend.

(4) 1Ungültig sind Unterschriften auf Unterschriftsbögen, die den Erfordernissen der Absätze 2 und 3 nicht entsprechen oder von Unterzeichnern, deren Stimmrecht nicht oder zu Unrecht bestätigt worden ist. 2Ungültig sind auch unleserliche oder unvollständige Eintragungen nach Absatz 3. 3Dies gilt ebenso für Eintragungen, die einen Zusatz oder Vorbehalt enthalten.

(5) 1Die Unterschriftsbögen sind nach Ablauf der jeweiligen Sammlungsfrist durch die Vertrauensperson oder bei Unterschriftsleistung in amtlich ausgelegten Unterschriftsbögen durch die Gemeinden unverzüglich bei der zuständigen Meldebehörde einzureichen. 2Die Meldebehörde bestätigt das Stimmrecht der Unterzeichner unverzüglich und unentgeltlich. 3Im Falle mehrfacher Unterzeichnung wird das Stimmrecht nur einmal bestätigt.

(6) Auf Antrag der Vertrauensperson können statt des Verfahrens nach Absatz 5 die Unterschriftsbögen nach Landkreisen, kreisfreien Städten und Meldebehörden geordnet dem für Bürgerantrag, Volksbegehren und Volksentscheid zuständigen Ministerium zur Weiterleitung an die Meldebehörden übergeben werden.

(7) 1Die Meldebehörden stellen die Gesamtzahl der gültigen und ungültigen Stimmen für jede Gemeinde fest. 2Das festgestellte Ergebnis ist mit den Unterschriftsbögen und der Bestätigung der Stimmberechtigung unverzüglich dem Landtag zuzuleiten. 3Die Vertrauensperson kann vom Präsidenten des Landtags Auskunft über das von den einzelnen Meldebehörden festgestellte Ergebnis verlangen.

(8) Die Beschaffung und Bereitstellung der Unterschriftsbögen für den Bürgerantrag, den Antrag auf Zulassung des Volksbegehrens und das Volksbegehren obliegt den Antragstellern.

Zweiter Abschnitt
Bürgerantrag

§ 7 Gegenstand, Voraussetzungen und Verfahren des Bürgerantrags

(1) 1Bürgeranträge können darauf gerichtet sein, dem Landtag bestimmte Gegenstände der politischen Willensbildung oder Gesetzentwürfe zu unterbreiten. 2Ist die Einbringung eines Gesetzentwurfs Gegenstand des Bürgerantrags, so ist der Gesetzentwurf in vollständig ausgearbeiteter Form und mit einer Begründung versehen einzureichen.

(2) 1Der Bürgerantrag ist schriftlich an den Präsidenten des Landtags zu richten. 2Er muss landesweit von mindestens 50 000 Stimmberechtigten auf Unterschriftsbögen unterzeichnet sein.

(3) 1Die Unterschriftsleistung muss innerhalb von sechs Monaten nach Beginn der Sammlungsfrist erfolgt sein. 2Der Beginn der Sammlungsfrist ist dem Präsidenten des Landtags anzuzeigen.

(4) 1Der Präsident des Landtags entscheidet innerhalb von sechs Wochen nach Eingang der Unterschriftsbögen mit den von den Meldebehörden ermittelten Ergebnissen über die Zulässigkeit des Bürgerantrags. 2Er ist dabei an die Beurteilung der Gültigkeit der Eintragungen durch die Meldebehörden nicht gebunden. 3Er holt unverzüglich die Stellungnahme der Landesregierung zur Zulässigkeit des Bürgerantrags ein; diese ist binnen eines Monats abzugeben.

(5) Die Zulässigkeit des Bürgerantrags ist festzustellen, wenn

1. er die Voraussetzungen der §§ 1, 6 und 7 Abs. 1 bis 3 erfüllt und
2. der Landtag nicht innerhalb des letzten Jahres vor Eingang des Bürgerantrags mit einem Bürgerantrag, Volksbegehren oder Volksentscheid des sachlich gleichen Inhalts befasst war.

(6) 1Die Entscheidung des Präsidenten des Landtags über die Zulässigkeit des Bürgerantrags ist der Vertrauensperson zuzustellen. 2§ 8 Abs. 2 des Thüringer Verwaltungszustellungs- und Vollstreckungsgesetzes findet keine Anwendung. 3Eine ablehnende Entscheidung ist zu begründen.

(7) 1Gegen den ablehnenden Bescheid des Präsidenten des Landtags kann die Vertrauensperson binnen eines Monats nach Zustellung des Bescheids den Verfassungsgerichtshof anrufen. 2Der Antrag ist gegen den Präsidenten des Landtags zu richten. 3Der Verfassungsgerichtshof gibt der Landesregierung Gelegenheit, sich zu äußern. 4Die Landesregierung kann dem Verfahren beitreten.

§ 8 Behandlung im Landtag

[1]Der Landtag behandelt den Bürgerantrag nach den Bestimmungen seiner Geschäftsordnung. [2]Zulässige Bürgeranträge sind innerhalb von vier Monaten nach der Entscheidung des Präsidenten des Landtags über die Zulassung oder der Entscheidung des Verfassungsgerichtshofs abschließend zu behandeln.

Dritter Abschnitt

Volksbegehren

§ 9 Gegenstand des Volksbegehrens

(1) Durch Volksbegehren können Gesetzentwürfe in den Landtag eingebracht werden.

(2) Ein Volksbegehren kann auf Erlass, Aufhebung oder Änderung eines Gesetzes gerichtet sein.

§ 10 Antrag auf Zulassung des Volksbegehrens

(1) [1]Der Antrag auf Zulassung eines Volksbegehrens bedarf der Unterstützung durch die Unterzeichnung von landesweit mindestens 5 000 Stimmberechtigten auf Unterschriftsbögen. [2]Die Unterschriftsleistung muss innerhalb von sechs Wochen nach Beginn der Sammlungsfrist erfolgt sein. [3]Der Beginn der Sammlungsfrist ist dem Präsidenten des Landtags anzuzeigen.

(2) [1]Der Antrag ist schriftlich an den Präsidenten des Landtags zu richten. [2]Er muss die Entscheidung der Antragsteller darüber enthalten, ob die Sammlung durch Eintragung in amtlich ausgelegte Unterschriftsbögen oder in freier Sammlung erfolgen soll.

§ 11 Entscheidung über den Zulassungsantrag

(1) Der Präsident des Landtags entscheidet innerhalb von sechs Wochen nach Eingang über die Zulässigkeit des Antrags auf Zulassung des Volksbegehrens.

(2) Die Zulässigkeit des Antrags auf Zulassung des Volksbegehrens ist festzustellen, wenn

1. er die Voraussetzungen der §§ 6, 9 und 10 erfüllt und
2. der Landtag nicht innerhalb der letzten zwei Jahre vor Eingang des Antrags auf Zulassung des Volksbegehrens mit einem Volksbegehren des sachlich gleichen Inhalts befasst war.

(3) [1]Die Entscheidung des Präsidenten des Landtags über die Zulässigkeit des Antrags auf Zulassung des Volksbegehrens ist der Vertrauensperson sowie der Landesregierung zuzustellen und den Abgeordneten bekannt zu geben. [2]§ 8 Abs. 2 des Thüringer Verwaltungszustellungs- und Vollstreckungsgesetzes findet keine Anwendung. [3]Eine ablehnende Entscheidung ist zu begründen.

§ 12 Rechtsbehelfe

(1) [1]Hält der Präsident des Landtags den Antrag auf Zulassung eines Volksbegehrens für unzulässig, kann die Vertrauensperson gegen die ablehnende Entscheidung binnen eines Monats nach Zustellung der Entscheidung den Verfassungsgerichtshof anzurufen. [2]Der Antrag ist gegen den Präsidenten des Landtags zu richten. [3]Der Verfassungsgerichtshof gibt der Landesregierung Gelegenheit, sich zu äußern. [4]Die Landesregierung kann dem Verfahren beitreten.

(2) Halten die Landesregierung oder ein Drittel der Mitglieder des Landtags die Voraussetzungen für die Zulassung des Volksbegehrens für nicht gegeben oder das Volksbegehren für mit höherrangigem Recht nicht vereinbar, haben sie binnen eines Monats nach der Zustellung oder Bekanntgabe der Entscheidung des Präsidenten des Landtags den Verfassungsgerichtshof anzurufen.

§ 13 Bekanntmachung des Volksbegehrens und der Sammlungsfrist

(1) Der Präsident des Landtags macht den zulässigen Antrag des Volksbegehrens mit dem zugrunde liegenden Gesetzentwurf und der Begründung unverzüglich nach Ablauf der Frist nach § 12 Abs. 2 im Gesetz- und Verordnungsblatt für den Freistaat Thüringen bekannt und setzt Beginn und Ende der Sammlungsfrist fest.

(2) [1]Die Sammlungsfrist beträgt bei Sammlung durch Eintragung in amtlich ausgelegte Unterschriftsbögen zwei Monate und bei freier Sammlung vier Monate. [2]Sie beginnt frühestens acht, spätestens 16 Wochen nach der Bekanntmachung.

(3) Für den Fall der Anrufung des Verfassungsgerichtshofs nach § 12 Abs. 2 erfolgt die Bekanntmachung binnen vier Wochen nach der Verkündung einer dem Zulassungsantrag stattgebenden Entscheidung des Verfassungsgerichtshofs.

§ 14 Unterstützung des Volksbegehrens bei Unterschriftensammlung durch Eintragung in amtlich ausgelegte Unterschriftsbögen

(1) Die Stimmenabgabe zugunsten des Volksbegehrens erfolgt bei Sammlung durch Eintragung in amtlich ausgelegte Unterschriftsbögen im Wege der Eintragung in die bei den Gemeinden ausgelegten Unterschriftsbögen.

(2) Die Identität des Unterzeichners ist zu überprüfen; dies geschieht in der Regel durch Kontrolle des vorgelegten Personalausweises.

(3) Das Eintragungsrecht kann nur in der Gemeinde ausgeübt werden, in der der Stimmberechtigte seine Wohnung, bei mehreren Wohnungen seine Hauptwohnung oder Nebenwohnung im Sinne von § 13 Satz 3 ThürLWG, oder seinen gewöhnlichen Aufenthalt hat.

§ 15 Eintragungsverfahren bei Unterschriftensammlung durch Eintragung in amtlich ausgelegte Unterschriftsbögen

(1) Die Vertrauensperson des Volksbegehrens trägt dafür Sorge, dass den kreisfreien Städten und, für die kreisangehörigen Gemeinden, den Landkreisen die erforderliche Anzahl vorschriftsmäßiger Unterschriftsbögen gegen Empfangsnachweis spätestens sieben Werktage vor Beginn der Sammlungsfrist zugeleitet wird.

(2) [1]Die Gemeinden sind verpflichtet, die Unterschriftsbögen für die Dauer der Sammlungsfrist zur Eintragung bereitzuhalten. [2]Die Eintragungsräume und -stunden sind so zu bestimmen, dass jeder Stimmberechtigte ausreichend Gelegenheit hat, sich an dem Volksbegehren zu beteiligen.

(3) Die Vertrauensperson kann während der Sammlungsfrist vom Präsidenten des Landtags unverzügliche Auskunft über die Anzahl der bis zur Mitte der Sammlungsfrist bei den Gemeinden geleisteten Unterschriften verlangen.

§ 16 Unterstützung des Volksbegehrens bei freier Sammlung

(1) Die Stimmenabgabe zugunsten des Volksbegehrens erfolgt bei freier Sammlung durch die Eintragung in Unterschriftsbögen.

(2) [1]Die freie Sammlung der Unterschriften für ein Volksbegehren darf nicht in Behörden und Gerichten stattfinden. [2]Gleiches gilt für Betriebe des Beherbergungs- und Gaststättengewerbes, es sei denn, dort wird eine Veranstaltung zum Volksbegehren durchgeführt. [3]In Arztpraxen sowie Kanzleien von Rechtsanwälten, Steuerberatern und Notaren darf keine Sammlung von Unterschriften erfolgen.

(3) Die Unterschrift zur Unterstützung eines Volksbegehrens kann vom Unterzeichner ohne Angabe von Gründen bis zum Ablauf der Sammlungsfrist bei der für seinen Wohnsitz zuständigen Meldebehörde widerrufen werden.

§ 17 Zustandekommen des Volksbegehrens

(1) Ein Volksbegehren ist zustande gekommen, wenn ihm durch Eintragung in die amtlich ausgelegten Unterschriftsbögen acht vom Hundert der Stimmberechtigten innerhalb von zwei Monaten zugestimmt haben oder in freier Sammlung mindestens zehn vom Hundert der Stimmberechtigten innerhalb von vier Monaten zugestimmt haben.

(2) [1]Die Feststellung über das Zustandekommen des Volksbegehrens trifft der Präsident des Landtags innerhalb von sechs Wochen nach Eingang der Unterschriftsbögen mit den von den Meldebehörden ermittelten Ergebnissen. [2]Er ist dabei an die Beurteilung der Gültigkeit der Eintragungen durch die Meldebehörden nicht gebunden.

(3) Die Feststellung nach Absatz 2 ist der Vertrauensperson durch schriftlichen Bescheid zuzustellen und der Landesregierung durch den Präsidenten des Landtags mitzuteilen.

(4) Gegen den Bescheid des Präsidenten des Landtags, dass das Volksbegehren nicht zustande gekommen ist, kann die Vertrauensperson binnen eines Monats den Verfassungsgerichtshof anrufen.

§ 18 Behandlung im Landtag

Der Landtag hat das Volksbegehren innerhalb von sechs Monaten nach der Feststellung des Zustandekommens abschließend zu behandeln.

Vierter Abschnitt
Volksentscheid

§ 19 Voraussetzungen und Gegenstand des Volksentscheids

(1) Nimmt der Landtag innerhalb der Frist des § 18 den im Wege des Volksbegehrens unterbreiteten Gesetzentwurf nicht an, so hat die Landesregierung innerhalb von weiteren sechs Monaten einen Volksentscheid herbeizuführen; in diesem Fall kann der Landtag dem Volk zusätzlich einen eigenen Gesetzentwurf zur Entscheidung vorlegen.

(2) [1]Nimmt der Landtag den begehrten Gesetzentwurf in veränderter Form an, die jedoch dem Grundanliegen des Volksbegehrens entspricht, so kann er auf entsprechenden Antrag der Vertrauensperson die Erledigung des Volksbegehrens feststellen. [2]Die Einleitung eines Volksentscheids unterbleibt.

§ 20 Bekanntmachung des Volksentscheids

(1) [1]Die Landesregierung legt den Tag der Abstimmung im Benehmen mit der Vertrauensperson fest. [2]§ 18 Abs. 1 und 3 ThürLWG findet entsprechende Anwendung.

(2) [1]Die Landesregierung macht den Tag der Abstimmung und den Gegenstand des Volksentscheids im Gesetz- und Verordnungsblatt für den Freistaat Thüringen bekannt. [2]Die Bekanntmachung hat zu enthalten:

1. den Tag der Abstimmung,
2. den Text des Gesetzentwurfs und der Begründung,
3. für den Fall, dass der Landtag von der Möglichkeit Gebrauch macht, dem Volk einen eigenen Gesetzentwurf zur Entscheidung vorzulegen, den Text dieses Gesetzentwurfs und der Begründung sowie
4. den Inhalt des Stimmzettels.

(3) Der Präsident des Landtags hat allen Haushalten spätestens zwei Wochen vor dem Volksentscheid eine Abstimmungsbroschüre zu übermitteln, die alle begründeten Gesetzentwürfe enthält.

§ 21 Stimmrecht

Zur Stimmabgabe ist nur zugelassen, wer

1. in ein Stimmberechtigungsverzeichnis eingetragen ist oder
2. einen Stimmschein hat.

§ 22 Anwendung des Landeswahlrechts

(1) Die Bestimmungen des Thüringer Landeswahlgesetzes und der Thüringer Landeswahlordnung über

1. die Gliederung des Wahlgebiets (§ 2 Abs. 1 bis 3 ThürLWG),
2. die Benachrichtigung der Wähler, die Öffentlichkeit der Wahlhandlung, die Wahlräume und -zellen sowie die Wahlurnen, die Unzulässigkeit der Wahlbeeinflussung, die Wahrung des Wahlgeheimnisses, die Ausübung des Wahlrechts, die Stimmabgabe und die Briefwahl sowie die Feststellung des Wahlergebnisses (§ 15 und §§ 32 bis 42 ThürLWG),
3. die Tätigkeit der Wahlorgane und die Ehrenämter (§§ 7 bis 12 ThürLWG),
4. die Wählerverzeichnisse und die Wahlscheine (§ 19 ThürLWG),
5. die Anfechtung von Entscheidungen und Maßnahmen im Wahlverfahren (§§ 50 bis 65 ThürLWG),
6. die Nachwahlen und Wiederholungswahlen (§§ 43 und 44 ThürLWG),
7. die Wahlkosten und Wahlstatistik (§§ 66 und 67 ThürLWG)

sind entsprechend anzuwenden, soweit sich aus diesem Gesetz nichts anderes ergibt.

(2) [1]Die Vorbereitung und Durchführung des Volksentscheids ist Aufgabe der Abstimmungsorgane. [2]Abstimmungsorgane sind die Wahlorgane nach § 7 ThürLWG.

§ 23 Stimmzettel und Stimmabgabe

(1) Die Stimmzettel werden amtlich hergestellt.

(2) Die in dem Volksentscheid vorzulegende Frage ist so zu stellen, dass sie mit „Ja“ oder „Nein“ beantwortet werden kann.

(3) [1]Stehen mehrere Gesetzentwürfe zur Abstimmung, so sind sie auf einem Stimmzettel in Spalten nebeneinander aufzuführen. [2]Die Reihenfolge der Spalten richtet sich nach dem Zeitpunkt der Einbringung der Gesetzentwürfe zur Beratung in den Landtag.

(4) Der Stimmberechtigte kennzeichnet durch ein Kreuz oder auf andere Weise auf dem Stimmzettel, ob er die vorgelegte Frage mit „Ja“ oder „Nein“ beantworten will.

(5) [1]Hinsichtlich der Ungültigkeit von Stimmen ist § 39 ThürLWG entsprechend anzuwenden. [2]Eine Stimme ist auch ungültig, wenn die vorgelegte Frage bei mehreren Gesetzentwürfen mit „Ja“ beantwortet wird.

§ 24 Ermittlung und Feststellung des Abstimmungsergebnisses

(1) Nach Beendigung der Abstimmungshandlung stellen Wahlvorstand und Briefwahlvorstand das Abstimmungsergebnis für den Wahlbezirk nach der Zahl der Stimmberechtigten, der abgegebenen gültigen und ungültigen Stimmen sowie für jeden Gesetzentwurf getrennt die Zahl der gültigen Ja-Stimmen und Nein-Stimmen fest.

(2) [1]Aufgrund der Ergebnisse in den Wahlbezirken stellt der Wahlkreisausschuss das Abstimmungsergebnis im Wahlkreis fest. [2]Der Wahlkreisausschuss ist berechtigt, die Entscheidung der Wahlvorstände und Briefwahlvorstände über die rechnerischen Feststellungen und die Gültigkeit oder Ungültigkeit der Stimmen zu berichtigen.

(3) [1]Der Landeswahlausschuss stellt aufgrund der Abstimmungsergebnisse in den Wahlkreisen das Abstimmungsergebnis im Wahlgebiet fest. [2]Er ist berechtigt, rechnerische Berichtigungen an den Feststellungen der Wahl- und Briefwahlvorstände sowie der Wahlkreisausschüsse vorzunehmen. [3]Der Landeswahlleiter teilt das vom Landeswahlausschuss festgestellte Ergebnis dem Landtag und der Landesregierung mit und macht es im Gesetz- und Verordnungsblatt für den Freistaat Thüringen bekannt.

§ 25 Ergebnis des Volksentscheids

(1) [1]Ein Gesetzentwurf ist durch Volksentscheid angenommen, wenn die Mehrheit derjenigen, die ihre Stimme abgegeben haben, zugestimmt haben. [2]Dies gilt jedoch nur, wenn mehr als ein Viertel der Stimmberechtigten zugestimmt haben.

(2) [1]Sind bei einer gleichzeitigen Abstimmung für mehrere Gesetzentwürfe, die den gleichen Gegenstand betreffen, jeweils die Voraussetzungen des Absatzes 1 erfüllt, so ist derjenige Gesetzentwurf durch Volksentscheid angenommen, der die meisten Ja-Stimmen erhalten hat. [2]Ist die Zahl der gültigen Ja-Stimmen für mehrere Gesetzentwürfe gleich, so ist derjenige angenommen, der nach Abzug der auf ihn entfallenden Nein-Stimmen die größte Zahl der Ja-Stimmen auf sich vereinigt.

§ 26 Ausfertigung und Verkündung der Gesetze

Ist ein Gesetz durch Volksentscheid angenommen worden, so ist in der Eingangsformel darauf hinzuweisen.

§ 27 Rechtsbehelfe

(1) Das Abstimmungsergebnis kann durch Einspruch angefochten werden.

(2) Der Einspruch ist innerhalb von sechs Wochen nach Veröffentlichung des Abstimmungsergebnisses beim Präsidenten des Landtags einzulegen.

(3) Der Einspruch ist zurückzuweisen, wenn trotz des Vorliegens von Anfechtungsgründen eine Neufeststellung des Abstimmungsergebnisses zu keinem anderen Entscheid über den Gesetzentwurf führen würde.

(4) Gegen die Entscheidung des Landtags kann binnen eines Monats der Verfassungsgerichtshof angerufen werden.

Fünfter Abschnitt Volksentscheid über die Verfassung

§ 28 Verfassungsänderung durch Volksentscheid

Zu einer Verfassungsänderung durch Volksentscheid bedarf es der Zustimmung der Mehrheit der Abstimmenden; diese Mehrheit muss mindestens 40 vom Hundert der Stimmberechtigten betragen.

Sechster Abschnitt
Schlussbestimmungen

§ 29 Kostenerstattung
(1) [1]Die Kosten der Herstellung der Unterschriftsbögen für Bürgeranträge oder Volksbegehren und deren Übermittlung an die kreisfreien Städte und Landkreise tragen die Antragsteller. [2]Im Übrigen trägt das Land die den Gemeinden entstandenen notwendigen Kosten für die Durchführung von Bürgeranträgen, Volksbegehren oder Volksentscheiden. [3]Laufende personelle und sachliche Kosten sowie Kosten für die Benutzung von Räumen und Einrichtungen der Gemeinden werden nicht berücksichtigt.
(2) [1]Den Antragstellern werden die notwendigen und nachgewiesenen Kosten für die Organisation eines zu Stande gekommenen Volksbegehrens erstattet. [2]Für jeden Stimmberechtigten, der ein Volksbegehren durch seine Unterschrift rechtswirksam unterstützt hat, erhalten die Antragsteller 0,15 Euro. [3]Dabei werden nur so viele Unterschriften berücksichtigt, wie für das Zustandekommen des Volksbegehrens erforderlich waren. [4]Die Kostenerstattung ist innerhalb von sechs Monaten nach der Feststellung nach § 17 Abs. 2 durch die Vertrauensperson beim Präsidenten des Landtags schriftlich zu beantragen.
(3) [1]Den Antragstellern werden die notwendigen und nachgewiesenen Kosten eines angemessenen Abstimmungskampfes bei Volksentscheiden erstattet. [2]Für jeden Stimmberechtigten, der bei einem erfolgreichen Volksentscheid für den Gesetzentwurf der Antragsteller in gültiger Weise mit „Ja" gestimmt hat, erhalten die Antragsteller 0,075 Euro. [3]Dabei werden nur so viele Ja-Stimmen berücksichtigt, wie für den Erfolg des Volksentscheids erforderlich waren. [4]Die Kostenerstattung ist innerhalb von sechs Monaten nach der Bekanntmachung nach § 24 Abs. 3 Satz 3 durch die Vertrauensperson beim Präsidenten des Landtags schriftlich zu beantragen.

§ 30 Rechtsverordnungsermächtigung
[1]Die Landesregierung erlässt durch Rechtsverordnung die zur Ausführung dieses Gesetzes erforderlichen Bestimmungen über das Eintragungsverfahren und die Kostenerstattung bei Bürgeranträgen und Volksbegehren. [2]Insbesondere sollen durch Rechtsverordnung geregelt werden:
1. die Einzelheiten zur Gestaltung der Unterschriftsbögen nach § 6 Abs. 1 und zum Verfahren nach § 6 Abs. 2 bis 7,
2. das Zulassungsverfahren nach § 10,
3. die Pflichten der Gemeinden bei der Unterschriftensammlung durch Eintragung in amtlich ausgelegte Unterschriftsbögen nach § 14 Abs. 2 und § 15 Abs. 2,
4. die Aufgaben der Gemeinden zur Ermöglichung der Auskunftserteilung über die Anzahl der bis zur Mitte der Sammlungsfrist geleisteten Unterschriften nach § 15 Abs. 3,
5. die Erstattung der Kosten an die Gemeinden nach § 29 Abs. 1 Satz 2.

§ 31 Fristen und Termine
[1]Die in diesem Gesetz vorgesehenen Fristen und Termine verändern sich nicht dadurch, dass der letzte Tag der Frist oder ein Termin auf einen Sonnabend, einen Sonntag oder gesetzlichen Feiertag fällt. [2]Eine Wiedereinsetzung in den vorherigen Stand ist ausgeschlossen.

§ 32 Gleichstellungsbestimmung
Status- und Funktionsbezeichnungen in diesem Gesetz gelten jeweils in männlicher und weiblicher Form.

§ 33 (In-Kraft-Treten)

Thüringer Wahlgesetz für den Landtag (Thüringer Landeswahlgesetz – ThürLWG –)

In der Fassung der Bekanntmachung vom 30. Juli 2012[1] (GVBl. S. 309)
(BS Thür 111-3)
zuletzt geändert durch Art. 2 Thüringer WahlrechtsharmonisierungsG vom 2. Juli 2021 (GVBl. S. 299)

Inhaltsübersicht

Erster Abschnitt
Wahlsystem

§ 1 Zusammensetzung des Landtags und Wahlrechtsgrundsätze
§ 2 Gliederung des Wahlgebiets
§ 3 Stimmen
§ 4 Wahl in den Wahlkreisen
§ 5 Wahl nach Landeslisten
§ 6 Verteilung der Sitze nach Landeslisten

Zweiter Abschnitt
Wahlorgane

§ 7 Wahlorgane
§ 8 Wahlleiter und Wahlausschüsse
§ 9 Wahlvorsteher, Wahlvorstände, Briefwahlvorsteher und Briefwahlvorstände
§ 10 Verbot mehrfacher Berufung
§ 11 Verfahren in den Wahlausschüssen und Wahlvorständen
§ 12 Ehrenämter

Dritter Abschnitt
Wahlrecht und Wählbarkeit

§ 13 Wahlrecht
§ 14 Ausschluss vom Wahlrecht
§ 15 Ausübung des Wahlrechts
§ 16 Wählbarkeit
§ 17 Ausschluss von der Wählbarkeit

Vierter Abschnitt
Vorbereitung der Wahl

§ 18 Festsetzung des Wahltags, Dauer der Wahlhandlung
§ 19 Wählerverzeichnis und Wahlschein
§ 20 Wahlvorschlagsrecht, Beteiligungsanzeige
§ 21 Einreichung der Wahlvorschläge
§ 22 Inhalt und Form der Wahlkreisvorschläge
§ 23 Aufstellung von Parteibewerbern
§ 24 Vertrauensperson
§ 25 Zurücknahme von Wahlkreisvorschlägen
§ 26 Änderung von Wahlkreisvorschlägen
§ 27 Beseitigung von Mängeln
§ 28 Zulassung der Wahlkreisvorschläge
§ 29 Landeslisten
§ 30 Zulassung der Landeslisten
§ 31 Stimmzettel

Fünfter Abschnitt
Wahlhandlung

§ 32 Öffentlichkeit der Wahlhandlung
§ 33 Unzulässige Wahlbeeinflussung
§ 34 Wahrung des Wahlgeheimnisses
§ 35 Stimmabgabe mit Stimmzetteln
§ 36 Briefwahl

Sechster Abschnitt
Feststellung des Wahlergebnisses

§ 37 Feststellung des Wahlergebnisses im Wahlbezirk
§ 38 Feststellung des Briefwahlergebnisses
§ 39 Ungültige Stimmen, Zurückweisung von Wahlbriefen, Auslegungsregeln
§ 40 Entscheidung des Wahlvorstandes
§ 41 Feststellung des Wahlergebnisses im Wahlkreis
§ 42 Feststellung des Ergebnisses der Wahl nach Landeslisten

Siebenter Abschnitt
Besondere Bestimmungen für Nachwahlen und Wiederholungswahlen

§ 43 Nachwahl
§ 44 Wiederholungswahl

Achter Abschnitt
Erwerb und Verlust der Mitgliedschaft im Landtag

§ 45 Erwerb der Mitgliedschaft im Landtag
§ 46 Verlust der Mitgliedschaft im Landtag
§ 47 Entscheidung über den Verlust der Mitgliedschaft
§ 48 Berufung von Listennachfolgern
§ 49 Ersatzwahl

Neunter Abschnitt
Anfechtung und Wahlprüfung

§ 50 Anfechtung
§ 51 Zuständigkeit im Wahlprüfungsverfahren
§ 52 Einspruchseinlegung, -frist
§ 53 Einspruchsberechtigte
§ 54 Anfechtungsgründe
§ 55 Wahlprüfungsausschuss
§ 56 Vorprüfung des Einspruchs
§ 57 Ladung zur mündlichen Verhandlung, Beteiligte

1) Neubekanntmachung des ThürLWG v. 18.2.1999 (GVBl. S. 145) in der ab 28.3.2012 geltenden Fassung.

§ 58 Mündliche Verhandlung
§ 59 Anwendung von Bestimmungen der Zivilprozeßordnung
§ 60 Beratung im Wahlprüfungsausschuss
§ 61 Vorlage des Antrags beim Landtag
§ 62 Beschluss des Landtags
§ 63 Entscheidung
§ 64 Rechtsmittel
§ 65 Kosten

Zehnter Abschnitt
Wahlkosten und Wahlstatistik
§ 66 Wahlkosten
§ 67 Wahlstatistik, Information der Öffentlichkeit

Elfter Abschnitt
Staatliche Mittel für Träger von Wahlvorschlägen
§ 68 Auszahlung staatlicher Mittel für Parteien
§ 69 Staatliche Mittel für Einzelbewerber

Zwölfter Abschnitt
Übergangs- und Schlussbestimmungen
§ 70 Ordnungswidrigkeiten
§ 71 Durchführung des Gesetzes
§ 72 Fristen, Termine und Form
§ 73 Übergangsbestimmungen
§ 74 (Inkrafttreten)
[Anlage]

Erster Abschnitt
Wahlsystem

§ 1 Zusammensetzung des Landtags und Wahlrechtsgrundsätze

(1) Der Landtag besteht, vorbehaltlich der sich aus diesem Gesetz ergebenden Abweichungen, aus 88 Abgeordneten, die in allgemeiner, unmittelbarer, freier, gleicher und geheimer Wahl gewählt werden.

(2) 44 Abgeordnete werden in den Wahlkreisen und 44 Abgeordnete aus Landeslisten gewählt.

(3) Der Landtag wird auf fünf Jahre gewählt (Artikel 50 Abs. 1 Satz 1 der Verfassung des Freistaats Thüringen).

§ 2 Gliederung des Wahlgebiets

(1) [1]Das Gebiet des Landes (Wahlgebiet) wird in Wahlkreise eingeteilt; dabei sollen Gemeindegrenzen nach Möglichkeit eingehalten werden. [2]Die Wahlkreiseinteilung ergibt sich aus der Anlage zu diesem Gesetz.

(2) [1]Wird eine Gemeinde oder ein Gemeindeteil in eine Gemeinde eingegliedert, die einem anderen Wahlkreis angehört, so fällt sie diesem Wahlkreis zu. [2]Wird eine neue Gemeinde oder eine Verwaltungsgemeinschaft aus Gemeinden verschiedener Wahlkreise gebildet, fällt sie dem Wahlkreis zu, dem der größere Teil der Einwohner bisher angehört hat. [3]Dies gilt jedoch nicht, wenn hierdurch die Einwohnerzahl eines der Wahlkreise von der durchschnittlichen Bevölkerungszahl der Wahlkreise um mehr als 25 vom Hundert abweicht; in diesem Fall fällt sie dem Wahlkreis zu, dem der nächstgrößere Teil der Einwohner bisher angehört hat. [4]Die Feststellungen trifft der Landeswahlleiter. [5]Gebietsänderungen, welche ab dem 39. Monat nach Beginn der Wahlperiode wirksam werden, wirken sich erst auf die Wahl in der darauf folgenden Wahlperiode aus.

(3) Der Wahlkreis wird für die Stimmabgabe in Wahlbezirke eingeteilt; Absatz 1 Satz 1 Halbsatz 2 gilt entsprechend.

(4) [1]Die Landesregierung legt dem Landtag spätestens 27 Monate nach Beginn der Wahlperiode des Landtags einen schriftlichen Bericht über die Veränderung der Bevölkerungszahlen in den Wahlkreisen vor. [2]Der Bericht hat Vorschläge zur Änderung der Wahlkreiseinteilung zu enthalten, soweit dies durch die Veränderung der Bevölkerungszahlen geboten ist. [3]Weicht die Bevölkerungszahl eines Wahlkreises von der durchschnittlichen Bevölkerungszahl der Wahlkreise um mehr als 25 vom Hundert ab, so ist eine Neueinteilung vorzunehmen.

(5) Bei der Ermittlung der Einwohner- und Bevölkerungszahlen bleiben Ausländer (§ 2 Abs. 1 des Aufenthaltsgesetzes) unberücksichtigt.

§ 3 Stimmen

Jeder Wähler hat zwei Stimmen, eine Wahlkreisstimme für die Wahl eines Wahlkreisabgeordneten und eine Landesstimme für die Wahl einer Landesliste.

§ 4 Wahl in den Wahlkreisen

[1]In den Wahlkreisen ist der Bewerber gewählt, der die meisten gültigen Stimmen erhalten hat. [2]Bei Stimmengleichheit entscheidet das vom Kreiswahlleiter zu ziehende Los.

§ 5 Wahl nach Landeslisten

(1) Bei Verteilung der Sitze auf die Landeslisten werden nur Parteien berücksichtigt, die mindestens fünf vom Hundert der im Wahlgebiet abgegebenen gültigen Landesstimmen erhalten haben (Artikel 49 Abs. 2 der Verfassung des Freistaats Thüringen).

(2) [1]Für die Verteilung der nach Landeslisten zu besetzenden Sitze werden die für jede Landesliste abgegebenen gültigen Landesstimmen zusammengezählt. [2]Nicht berücksichtigt werden dabei die Landesstimmen derjenigen Wähler, die ihre Wahlkreisstimme für einen im Wahlkreis erfolgreichen Bewerber abgegeben haben, wenn der Bewerber nach § 22 Abs. 3 oder von einer Partei, für die keine Landesliste zugelassen ist, vorgeschlagen ist. [3]Von der Gesamtzahl der nach § 1 Abs. 1 zu wählenden Abgeordneten wird die Anzahl der erfolgreichen Wahlkreisbewerber abgezogen, die in Satz 2 genannt oder von einer nach Absatz 1 nicht zu berücksichtigenden Partei vorgeschlagen sind.

(3) [1]Die nach Absatz 2 Satz 3 verbleibenden Sitze werden auf die Landeslisten auf der Grundlage der nach Absatz 2 Satz 1 und 2 zu berücksichtigenden Landesstimmen verteilt. [2]Dabei wird die Gesamtzahl der verbleibenden Sitze mit der Zahl der Landesstimmen vervielfacht, die eine Landesliste erhalten hat und durch die Gesamtzahl der Landesstimmen aller zu berücksichtigenden Landeslisten geteilt. [3]Jede Landesliste erhält zunächst so viele Sitze, wie ganze Zahlen auf sie entfallen. [4]Die restlichen zu vergebenden Sitze sind den Landeslisten in der Reihenfolge der höchsten Zahlenbruchteile, die sich bei der Berechnung nach Satz 2 ergeben, zuzuteilen. [5]Bei gleichen Zahlenbruchteilen (bei Gleichheit von drei Dezimalstellen nach dem Komma) entscheidet das vom Landeswahlleiter zu ziehende Los.

(4) [1]Erhält bei der Verteilung der Sitze nach Absatz 3 eine Landesliste, auf die mehr als die Hälfte der Gesamtzahl der Landesstimmen aller zu berücksichtigenden Landeslisten entfallen ist, nicht mehr als die Hälfte der nach § 1 Abs. 1 zu vergebenden Sitze, wird ihr von den nach Zahlenbruchteilen zu vergebenden Sitzen, abweichend von Absatz 3 Satz 4 und 5, zunächst ein weiterer Sitz zugeteilt. [2]Danach zu vergebende Sitze werden nach Absatz 3 Satz 4 und 5 zugeteilt.

(5) [1]Von der für jede Landesliste ermittelten Abgeordnetenzahl wird die Zahl der von der Partei in den Wahlkreisen des Landes errungenen Sitze abgerechnet. [2]Die restlichen Sitze werden aus der Landesliste in der nach § 6 festgelegten Reihenfolge besetzt. [3]Wahlkreisbewerber, die gewählt sind, bleiben auf der Landesliste unberücksichtigt. [4]Entfallen auf eine Landesliste mehr Sitze als Bewerber benannt sind, so bleiben diese Sitze unbesetzt.

(6) [1]In den Wahlkreisen errungene Sitze verbleiben einer Partei auch dann, wenn sie die nach den Absätzen 3 und 4 ermittelte Zahl von Sitzen übersteigen. [2]In einem solchen Fall erhöht sich die Gesamtzahl der Sitze (§ 1 Abs. 1) so lange, bis das nach den Absätzen 3 und 4 errechnete Verhältnis wieder erreicht ist.

§ 6 Verteilung der Sitze nach Landeslisten

Innerhalb der Landesliste werden die nach § 5 festgestellten Sitze an die Bewerber in der dort festgelegten Reihenfolge besetzt.

Zweiter Abschnitt
Wahlorgane

§ 7 Wahlorgane

(1) Wahlorgane sind

1. der Landeswahlleiter und der Landeswahlausschuss für das Wahlgebiet,
2. ein Kreiswahlleiter und ein Wahlkreisausschuss für jeden Wahlkreis,
3. ein Wahlvorsteher und ein Wahlvorstand für jeden Wahlbezirk und
4. mindestens ein Wahlvorsteher und ein Wahlvorstand für jeden Wahlkreis zur Feststellung des Briefwahlergebnisses (Briefwahlvorstand).

(2) Der Landeswahlleiter kann bestimmen, dass für mehrere benachbarte Wahlkreise ein gemeinsamer Kreiswahlleiter bestellt und ein gemeinsamer Wahlkreisausschuss gebildet werden.

(3) [1]Der Kreiswahlleiter kann anordnen, dass Briefwahlvorstände statt für den Wahlkreis für einzelne oder mehrere Gemeinden einzusetzen sind. [2]Er bestimmt die Anzahl der Briefwahlvorstände und, bei mehreren Gemeinden, die mit der Briefwahldurchführung betraute Gemeinde.

§ 8 Wahlleiter und Wahlausschüsse

(1) Der Landeswahlleiter und sein Stellvertreter werden von der Landesregierung, die Kreiswahlleiter und ihre Stellvertreter vom für das Landtagswahlrecht zuständigen Ministerium berufen.

(2) [1]Der Landeswahlausschuss besteht aus dem Landeswahlleiter als Vorsitzendem oder im Falle seiner Verhinderung seinem Stellvertreter als Vorsitzendem und acht von ihm zu berufenen Wahlberechtigten. [2]Zwei Beisitzer müssen die Befähigung zum Richteramt haben. [3]Bei der Berufung der Wahl der übrigen Beisitzer sollen die im Wahlgebiet vertretenen Parteien und sonstigen organisierten Wählergruppen angemessen berücksichtigt werden.

(3) [1]Die übrigen Wahlausschüsse bestehen aus dem Wahlleiter und im Falle seiner Verhinderung seinem Stellvertreter als Vorsitzendem und sechs von ihm berufenen Wahlberechtigten als Beisitzern. [2]Bei der Berufung der Beisitzer sollen die im Wahlgebiet vertretenen Parteien und sonstigen organisierten Wählergruppen angemessen berücksichtigt werden.

(4) Der Landeswahlleiter und sein Stellvertreter erhalten, sofern sich aus beamtenrechtlichen Vorschriften kein entsprechender Anspruch ergibt, eine angemessene Aufwandsentschädigung sowie Reisekostenvergütung.

§ 9 Wahlvorsteher, Wahlvorstände, Briefwahlvorsteher und Briefwahlvorstände

(1) [1]Die Wahlvorsteher und ihre Stellvertreter werden vom Bürgermeister berufen. [2]Die Briefwahlvorsteher und ihre Stellvertreter werden vom Bürgermeister, bei mehreren Gemeinden vom Bürgermeister der mit der Durchführung der Briefwahl betrauten Gemeinde berufen.

(2) [1]Die Wahlvorstände und die Briefwahlvorstände bestehen aus dem Wahlvorsteher oder dem Briefwahlvorsteher als Vorsitzendem, seinem Stellvertreter und weiteren drei bis sieben von der Gemeinde berufenen Wahlberechtigten als Beisitzern. [2]Bei der Berufung der Beisitzer sollen die in der Gemeinde vertretenen Parteien und sonstigen Wählergruppen angemessen berücksichtigt werden.

(3) [1]Die Gemeinden sind befugt, personenbezogene Daten von Wahlberechtigten zum Zweck ihrer Berufung zu Mitgliedern von Wahlvorständen zu verarbeiten. [2]Zu diesem Zweck dürfen personenbezogene Daten von Wahlberechtigten, die zur Tätigkeit in Wahlvorständen geeignet sind, auch für künftige Wahlen verarbeitet werden, sofern der Betroffene der Verarbeitung nicht widersprochen hat. [3]Der Betroffene ist über das Widerspruchsrecht zu unterrichten. [4]Im Einzelnen dürfen folgende Daten verarbeitet werden: Name, Vorname, Geburtsdatum, Anschrift, Telefonnummer, Zahl der Berufungen zu einem Mitglied der Wahlvorstände und die dabei ausgeübte Funktion.

§ 10 Verbot mehrfacher Berufung

[1]Niemand darf Mitglied mehrerer Wahlorgane sein. [2]Wahlbewerber, Vertrauenspersonen für Wahlvorschläge und stellvertretende Vertrauenspersonen dürfen nicht zu Mitgliedern eines Wahlorgans bestellt werden.

§ 11 Verfahren in den Wahlausschüssen und Wahlvorständen

[1]Die Wahlausschüsse und Wahlvorstände verhandeln und entscheiden in öffentlicher Sitzung. [2]Beschlüsse werden mit Stimmenmehrheit gefasst. [3]Bei Stimmengleichheit entscheidet die Stimme des Vorsitzenden.

§ 12 Ehrenämter

(1) [1]Die Beisitzer der Wahlausschüsse und die Mitglieder der Wahlvorstände üben ihre Tätigkeit ehrenamtlich aus. [2]Zur Übernahme des Ehrenamts ist jeder Wahlberechtigte verpflichtet. [3]Die allgemeinen Bestimmungen des kommunalen Verfassungsrechts finden sinngemäß Anwendung.

(2) Zu einer ehrenamtlichen Tätigkeit nach Absatz 1 dürfen nicht berufen werden

1. Wahlbewerber,
2. Wahlberechtigte, die für Wahlkreisvorschläge oder Landeslisten als Vertrauenspersonen oder deren Stellvertreter benannt sind.

(3) Die Behörden und sonstige staatliche Stellen und Einrichtungen des Landes Thüringen sind berechtigt und auf Anforderung verpflichtet, den für die Durchführung der Wahlen zuständigen Stellen Angehörige ihrer Verwaltung vorzuschlagen.

Dritter Abschnitt

Wahlrecht und Wählbarkeit

§ 13 Wahlrecht

[1]Wahlberechtigt sind alle Deutschen im Sinne des Artikels 116 Abs. 1 des Grundgesetzes, die am Wahltag

1. das 18. Lebensjahr vollendet haben,
2. seit mindestens drei Monaten im Wahlgebiet ihren Wohnsitz haben oder sich dort gewöhnlich aufhalten,
3. nicht nach § 14 vom Wahlrecht ausgeschlossen sind.

[2]Bei Inhabern von mehreren Wohnungen im Sinne des Melderechts wird der Ort der Hauptwohnung als Wohnsitz vermutet. [3]Personen nach Satz 2, deren Hauptwohnung nach § 22 Abs. 1 des Bundesmeldegesetzes nicht innerhalb Thüringens liegt, sind auf Antrag wahlberechtigt, wenn sie am Ort der Nebenwohnung in Thüringen seit mindestens drei Monaten ihren Lebensmittelpunkt haben und dies glaubhaft machen. [4]Der Antrag ist spätestens am 50. Tag vor der Wahl bei der Gemeinde am Ort der Nebenwohnung zu stellen (Ausschlussfrist). [5]Die Entscheidung trifft der Kreiswahlleiter spätestens am 35. Tag vor der Wahl. [6]Er gibt die Entscheidung dem Antragsteller unverzüglich bekannt. [7]Gegen die Entscheidung kann der Antragsteller binnen einer Woche nach Bekanntgabe Beschwerde einlegen, über welche der Landeswahlleiter spätestens am 21. Tag vor der Wahl entscheidet. [8]Bei der Fristberechnung ist der Tag der Wohnungs- oder Aufenthaltsnahme in die Frist einzubeziehen.

§ 14 Ausschluss vom Wahlrecht

Nicht wahlberechtigt ist, wer infolge Richterspruchs das Wahlrecht nicht besitzt.

§ 15 Ausübung des Wahlrechts

(1) Wählen kann nur, wer in ein Wählerverzeichnis eingetragen ist oder einen Wahlschein hat.

(2) Wer in ein Wählerverzeichnis eingetragen ist, kann nur in dem Wahlbezirk wählen, in dessen Wählerverzeichnis er geführt wird.

(3) Wer einen Wahlschein hat, kann sein Wahlrecht in dem Wahlkreis, in dem der Wahlschein ausgestellt ist,

1. durch Stimmabgabe in einem beliebigen Wahlbezirk dieses Wahlkreises oder
2. durch Briefwahl

ausüben.

(4) Jeder Wahlberechtigte kann sein Wahlrecht nur einmal und nur persönlich ausüben.

§ 16 Wählbarkeit

[1]Wählbar sind alle Deutschen im Sinne des Artikels 116 Abs. 1 des Grundgesetzes, die am Wahltag

1. das 18. Lebensjahr vollendet haben,
2. seit mindestens einem Jahr im Wahlgebiet ihren Wohnsitz oder Lebensmittelpunkt (§ 13 Satz 2 oder 3) oder dauernden Aufenthalt haben,
3. nicht nach § 17 von der Wählbarkeit ausgeschlossen sind.

[2]Für die Entscheidung über die Wählbarkeit von Personen, deren Hauptwohnung außerhalb Thüringens liegt, gilt § 13 Satz 3 und 4 entsprechend mit der Maßgabe, dass der Antrag spätestens am 95. Tag vor der Wahl bei der Gemeinde am Ort der Nebenwohnung zu stellen ist (Ausschlussfrist). [3]Über den Antrag entscheidet der Landeswahlleiter spätestens am 86. Tag vor der Wahl. [4]Er gibt die Entscheidung dem Antragsteller unverzüglich bekannt. [5]Gegen die Entscheidung kann der Antragsteller binnen einer Woche nach Bekanntgabe Beschwerde einlegen, über welche der Landeswahlausschuss spätestens am 72. Tag vor der Wahl entscheidet.

§ 17 Ausschluss von der Wählbarkeit

Nicht wählbar ist, wer

1. nach § 14 vom Wahlrecht ausgeschlossen ist,
2. infolge Richterspruchs die Wählbarkeit oder die Fähigkeit zur Bekleidung öffentlicher Ämter nicht besitzt.

Vierter Abschnitt
Vorbereitung der Wahl

§ 18 Festsetzung des Wahltags, Dauer der Wahlhandlung

(1) [1]Die Landesregierung bestimmt den Wahltag. [2]Wahltag muss ein Sonntag oder gesetzlicher Feiertag sein.

(2) [1]Der Wahltag darf frühestens 57, spätestens 61 Monate nach Beginn der Wahlperiode liegen. [2]Die Wahl des Landtags für die fünfte Wahlperiode findet im Zeitraum vom 1. Juli 2009 bis 30. September 2009 statt.

(3) [1]Die Wahlzeit dauert von 8 bis 18 Uhr. [2]Trifft eine Landtagswahl mit einer anderen Wahl zusammen, deren Wahlhandlung über 18 Uhr hinaus dauert, so endet die Wahlhandlung der Landtagswahl mit der für die andere Wahl bestimmten Uhrzeit.

§ 19 Wählerverzeichnis und Wahlschein

(1) [1]Die Gemeinden führen für jeden Wahlbezirk ein Wählerverzeichnis. [2]In das Wählerverzeichnis werden alle Personen eingetragen, bei denen am 42. Tage vor der Wahl (Stichtag) feststeht, dass sie wahlberechtigt und nicht vom Wahlrecht ausgeschlossen sind. [3]Das Wählerverzeichnis ist an den Werktagen vom 20. bis 16. Tag vor der Wahl öffentlich auszulegen. [4]Vom Beginn der Auslegungsfrist ab können Personen nur auf rechtzeitigen Einspruch in das Wählerverzeichnis aufgenommen oder darin gestrichen werden, es sei denn, dass es sich um offenbare Unrichtigkeiten handelt, die der Bürgermeister bis zum Tage vor der Wahl 12 Uhr von Amts wegen berichtigen kann.

(2) [1]Wer das Wählerverzeichnis für unvollständig oder unrichtig hält, kann innerhalb der Auslegungsfrist beim Bürgermeister Einspruch einlegen. [2]Richtet sich der Einspruch gegen die Eintragung eines anderen, so ist dieser vor der Entscheidung zu hören. [3]Der Bürgermeister hat die Entscheidung unverzüglich zu fällen und dem Antragsteller und dem Betroffenen zuzustellen. [4]Gegen die Entscheidung des Bürgermeisters kann binnen drei Tagen nach Zustellung Beschwerde eingelegt werden, über die der Kreiswahlleiter entscheidet. [5]Die Einspruchs- oder Beschwerdeentscheidung ist für die Berechtigung zur Teilnahme an der Wahl endgültig. [6]Sie schließt die Erhebung eines Einspruchs im Wahlprüfungsverfahren (§§ 51 bis 65) nicht aus.

(3) Ein Wahlberechtigter, der im Wählerverzeichnis eingetragen ist, oder der aus einem von ihm nicht zu vertretenden Grund in das Wählerverzeichnis nicht aufgenommen worden ist, erhält auf Antrag einen Wahlschein.

§ 20 Wahlvorschlagsrecht, Beteiligungsanzeige

(1) Wahlvorschläge können von Parteien und nach Maßgabe des § 22 von Wahlberechtigten eingereicht werden.

(2) [1]Parteien, die im Deutschen Bundestag oder in einem Landtag seit deren letzter Wahl nicht auf Grund eigener Wahlvorschläge ununterbrochen vertreten waren, können als solche einen Wahlvorschlag nur einreichen, wenn sie spätestens am 90. Tag vor der Wahl bis 18 Uhr dem Landeswahlleiter ihre Beteiligung an der Wahl schriftlich angezeigt haben und der Landeswahlausschuss die Parteieigenschaft festgestellt hat. [2]Die Anzeige muss enthalten:

1. den Namen und die Kurzbezeichnung, unter denen die Partei sich an der Wahl beteiligen wird und
2. die eigenhändigen Unterschriften von mindestens drei Mitgliedern des Landesvorstands, darunter die des Vorsitzenden oder seines Stellvertreters,oder, wenn ein Landesverband nicht besteht, von den Vorständen des nächstniedrigeren Gebietsverbandes (§ 7 Abs. 2 des Parteiengesetzes), in deren Bereich der Wahlkreis liegt.

[3]Die schriftliche Satzung und das schriftliche Programm der Parteien sowie ein Nachweis über die satzungsgemäße Bestellung des Vorstands sind der Anzeige beizufügen.

(3) [1]Der Landeswahlleiter hat die Anzeige nach Absatz 2 unverzüglich nach Eingang zu prüfen. [2]Stellt er Mängel fest, so benachrichtigt er umgehend den Vorstand und fordert ihn auf, behebbare Mängel rechtzeitig zu beseitigen. [3]Nach Ablauf der Anzeigefrist können nur noch Mängel bei den Anzeigen behoben werden, die gültig sind. [4]Eine gültige Anzeige liegt nicht vor, wenn

1. die Form oder Frist des Absatzes 2 nicht gewahrt ist,
2. die Parteibezeichnung fehlt,

3. die nach Absatz 2 erforderlichen Unterschriften und die der Anzeige beizufügenden Anlagen fehlen, es sei denn, diese Anlagen können infolge von Umständen, die die Partei nicht zu vertreten hat, nicht rechtzeitig vorgelegt werden,
4. die Vorstandsmitglieder mangelhaft bezeichnet sind, so dass ihre Person nicht feststeht.

[5]Nach der Entscheidung über die Zulassung (§ 28 Abs. 1) ist jede Mängelbeseitigung ausgeschlossen. [6]Gegen Entscheidungen des Landeswahlleiters im Mängelbeseitigungsverfahren kann der Vorstand den Landeswahlausschuss anrufen.

(4) Der Landeswahlausschuss stellt spätestens am 72. Tag vor der Wahl für alle Wahlorgane verbindlich fest,
1. welche Parteien im Deutschen Bundestag oder in einem Landtag seit deren letzter Wahl auf Grund eigener Wahlvorschläge ununterbrochen vertreten waren,
2. welche Vereinigungen, die nach Absatz 2 ihre Beteiligung angezeigt haben, für die Wahl als Partei anzuerkennen sind.

(5) Eine Partei kann im Wahlgebiet nur eine Landesliste und in jedem Wahlkreis nur einen Wahlkreisvorschlag einreichen.

§ 21 Einreichung der Wahlvorschläge

Wahlkreisvorschläge sind dem Kreiswahlleiter, Landeslisten dem Landeswahlleiter spätestens am 66. Tag vor der Wahl bis 18 Uhr schriftlich einzureichen.

§ 22 Inhalt und Form der Wahlkreisvorschläge

(1) [1]Der Wahlkreisvorschlag darf nur den Namen eines Bewerbers enthalten. [2]Jeder Bewerber kann nur in einem Wahlkreis und hier nur in einem Wahlkreisvorschlag genannt werden. [3]Als Bewerber kann nur vorgeschlagen werden, wer seine Zustimmung hierzu schriftlich erteilt hat; die Zustimmung ist unwiderruflich.

(2) [1]Wahlkreisvorschläge von Parteien müssen von dem Vorstand des Landesverbands oder, wenn Landesverbände nicht bestehen, von den Vorständen der nächstniedrigeren Gebietsverbände (§ 7 Abs. 2 des Parteiengesetzes), in deren Bereich der Wahlkreis liegt, eigenhändig unterzeichnet sein. [2]Wahlkreisvorschläge der in § 20 Abs. 2 Satz 1 genannten Parteien müssen außerdem von mindestens 250 Wahlberechtigten des Wahlkreises eigenhändig unterzeichnet sein; die Wahlberechtigung muss im Zeitpunkt der Unterzeichnung gegeben sein und ist bei Einreichung des Wahlkreisvorschlags nachzuweisen.

(3) [1]Andere Wahlkreisvorschläge müssen von mindestens 250 Wahlberechtigten des Wahlkreises eigenhändig unterzeichnet sein. [2]Absatz 2 Satz 2 Halbsatz 2 gilt entsprechend.

(4) Wahlkreisvorschläge von Parteien müssen den Namen der einreichenden Partei und sofern sie eine Kurzbezeichnung verwendet, auch diese, andere Wahlkreisvorschläge ein Kennwort enthalten.

§ 23 Aufstellung von Parteibewerbern

(1) [1]Als Bewerber einer Partei kann in einem Wahlkreisvorschlag nur benannt werden, wer nicht Mitglied einer anderen Partei ist und in einer Mitgliederversammlung zur Wahl eines Wahlkreisbewerbers oder in einer besonderen oder allgemeinen Vertreterversammlung hierzu gewählt worden ist. [2]Mitgliederversammlung zur Wahl eines Wahlkreisbewerbers ist eine Versammlung der im Zeitpunkt ihres Zusammentritts im Wahlkreis wahlberechtigten Mitglieder der Partei. [3]Besondere Vertreterversammlung ist eine Versammlung der von einer derartigen Mitgliederversammlung aus ihrer Mitte gewählten Vertreter. [4]Allgemeine Vertreterversammlung ist eine nach der Satzung der Partei (§ 6 des Parteiengesetzes) allgemein für bevorstehende Wahlen von einer derartigen Mitgliederversammlung aus ihrer Mitte bestimmten Versammlung.

(2) In Landkreisen und kreisfreien Städten, die mehrere Wahlkreise umfassen, können die Bewerber für diejenigen Wahlkreise, deren Gebiet die Grenze des Landkreises oder der kreisfreien Stadt nicht durchschneidet, in einer gemeinsamen Mitglieder- oder Vertreterversammlung gewählt werden.

(3) [1]Die Bewerber und die Vertreter werden in geheimer Abstimmung mit Stimmzetteln gewählt. [2]Die Wahlen dürfen frühestens 39 Monate, für die Vertreterversammlungen frühestens 30 Monate nach Beginn der Wahlperiode stattfinden.

(4) [1]Das Ergebnis der Bewerberwahl ist endgültig, es sei denn, dass eine in der Parteisatzung hierfür vorgesehene Stelle hiergegen Einspruch erhebt. [2]Auf einen solchen Einspruch ist die Abstimmung zu wiederholen; ihr Ergebnis ist endgültig.

(5) Das Nähere über die Wahl der Vertreter für die Vertreterversammlung, über die Einberufung und Beschlussfähigkeit der Mitglieder- oder Vertreterversammlung sowie über das Verfahren für die Wahl des Bewerbers regeln die Parteien durch ihre Satzung.

(6) [1]Eine Ausfertigung der Niederschrift über die Wahl des Bewerbers mit Angaben über Ort und Zeit der Versammlung, Form der Einladung, Zahl der erschienenen Mitglieder und Ergebnis der Abstimmung ist mit dem Wahlkreisvorschlag einzureichen. [2]Hierbei haben der Leiter der Versammlung und zwei von dieser bestimmte Teilnehmer gegenüber dem Kreiswahlleiter an Eides statt zu versichern, dass die Wahl der Bewerber in geheimer Abstimmung erfolgt ist; der Kreiswahlleiter gilt als Behörde im Sinne des § 156 des Strafgesetzbuches.

§ 24 Vertrauensperson

(1) [1]In jedem Wahlkreisvorschlag sollen eine Vertrauensperson und eine stellvertretende Vertrauensperson bezeichnet werden. [2]Fehlt diese Bezeichnung, so gilt die Person, die als erste unterzeichnet hat, als Vertrauensperson und diejenige, die als zweite unterzeichnet hat, als stellvertretende Vertrauensperson.

(2) Soweit in diesem Gesetz nichts anderes bestimmt ist, sind nur die Vertrauensperson und die stellvertretende Vertrauensperson, jede für sich, berechtigt, verbindliche Erklärungen zum Wahlkreisvorschlag abzugeben und entgegenzunehmen.

(3) Die Vertrauensperson und die stellvertretende Vertrauensperson können durch schriftliche Erklärung der Mehrheit der Unterzeichner des Wahlkreisvorschlags an den Kreiswahlleiter abberufen und durch andere ersetzt werden.

§ 25 Zurücknahme von Wahlkreisvorschlägen

[1]Ein Wahlkreisvorschlag kann durch gemeinsame schriftliche Erklärung der Vertrauensperson und der stellvertretenden Vertrauensperson zurückgenommen werden, solange nicht über seine Zulassung entschieden ist. [2]Ein von mindestens 250 Wahlberechtigten unterzeichneter Wahlkreisvorschlag kann auch von der Mehrheit der Unterzeichner durch eine von ihnen persönlich und handschriftlich vollzogene Erklärung zurückgenommen werden.

§ 26 Änderung von Wahlkreisvorschlägen

[1]Ein Wahlkreisvorschlag kann nach Ablauf der Einreichungsfrist nur durch gemeinsame schriftliche Erklärung der Vertrauensperson und der stellvertretenden Vertrauensperson und nur dann geändert werden, wenn der Bewerber stirbt oder die Wählbarkeit verliert. [2]Das Verfahren nach § 23 braucht nicht eingehalten zu werden, der Unterschriften nach § 22 Abs. 2 und 3 bedarf es nicht. [3]Nach der Entscheidung über die Zulassung eines Wahlkreisvorschlags (§ 28 Abs. 1 Satz 1) ist jede Änderung ausgeschlossen.

§ 27 Beseitigung von Mängeln

(1) [1]Der Kreiswahlleiter hat die Wahlkreisvorschläge unverzüglich nach Eingang zu prüfen. [2]Stellt er Mängel fest, so benachrichtigt er sofort die Vertrauensperson und fordert sie auf, behebbare Mängel rechtzeitig zu beseitigen.

(2) [1]Nach Ablauf der Einreichungsfrist können nur noch Mängel an sich gültiger Wahlvorschläge behoben werden. [2]Ein gültiger Wahlvorschlag liegt nicht vor, wenn

1. die Form oder Frist des § 21 nicht gewahrt ist,
2. die nach § 22 Abs. 2 und 3 erforderlichen gültigen Unterschriften mit dem Nachweis der Wahlberechtigung der Unterzeichner fehlen, es sei denn, der Nachweis kann infolge von Umständen, die der Wahlvorschlagsberechtigte nicht zu vertreten hat, nicht rechtzeitig erbracht werden,
3. bei dem Wahlkreisvorschlag einer Partei die Bezeichnung fehlt oder die Nachweise des § 23 nicht erbracht sind,
4. der Bewerber mangelhaft bezeichnet ist, so dass seine Person nicht feststeht oder
5. die Zustimmungserklärung des Bewerbers fehlt.

(3) Nach der Entscheidung über die Zulassung eines Wahlkreisvorschlags (§ 28 Abs. 1 Satz 1) ist jede Mängelbeseitigung ausgeschlossen.

(4) Gegen Entscheidungen des Kreiswahlleiters im Mängelbeseitigungsverfahren kann die Vertrauensperson den Wahlkreisausschuss anrufen.

§ 28 Zulassung der Wahlkreisvorschläge

(1) [1]Der Wahlkreisausschuss entscheidet am 58. Tag vor der Wahl über die Zulassung der Wahlkreisvorschläge. [2]Er hat die Wahlkreisvorschläge zurückzuweisen, wenn sie

1. verspätet eingereicht sind oder
2. den Anforderungen nicht entsprechen, die durch dieses Gesetz und die Landeswahlordnung aufgestellt sind.

[3]Die Entscheidung ist in der Sitzung des Wahlkreisausschusses bekannt zu geben.

(2) [1]Weist der Wahlkreisausschuss einen Wahlkreisvorschlag zurück, so kann binnen drei Tagen nach Bekanntgabe der Entscheidung Beschwerde an den Landeswahlausschuss eingelegt werden. [2]Beschwerdeberechtigt sind die Vertrauensperson des Wahlkreisvorschlags, der Landeswahlleiter und der Kreiswahlleiter. [3]Der Landeswahlleiter und der Kreiswahlleiter können auch gegen eine Entscheidung, durch die ein Wahlkreisvorschlag zugelassen wird, Beschwerde einlegen. [4]In der Beschwerdeverhandlung sind die erschienenen Beteiligten zu hören. [5]Die Entscheidung über die Beschwerde muss spätestens am 52. Tag vor der Wahl getroffen werden.

(3) Der Kreiswahlleiter macht die zugelassenen Wahlkreisvorschläge spätestens am 48. Tag vor der Wahl öffentlich bekannt.

§ 29 Landeslisten

(1) [1]Landeslisten können nur von Parteien eingereicht werden. [2]Sie müssen von dem Vorstand des Landesverbands oder, wenn Landesverbände nicht bestehen, von den Vorständen der nächstniedrigeren Gebietsverbände, die im Wahlgebiet liegen, bei den in § 20 Abs. 2 genannten Parteien außerdem von 1 000 Wahlberechtigten eigenhändig unterzeichnet sein. [3]Die Wahlberechtigung der Unterzeichner eines Wahlvorschlags einer der in § 20 Abs. 2 genannten Parteien muss im Zeitpunkt der Unterzeichnung gegeben sein und ist bei Einreichung der Landesliste nachzuweisen.

(2) Landeslisten müssen den Namen der einreichenden Partei und, sofern sie eine Kurzbezeichnung verwendet, auch diese enthalten.

(3) Die Namen der Bewerber müssen in erkennbarer Reihenfolge aufgeführt sein.

(4) [1]Ein Bewerber kann nur in einer Landesliste vorgeschlagen werden. [2]Benannt werden kann nur, wer seine Zustimmung dazu schriftlich erklärt hat; diese ist unwiderruflich.

(5) § 23 Abs. 1, 3, 5 und 6 sowie die §§ 24 bis 27 gelten entsprechend mit der Maßgabe, dass die Versicherung an Eides statt nach § 23 Abs. 6 Satz 2 sich auch darauf zu erstrecken hat, dass die Festlegung der Reihenfolge der Bewerber in der Landesliste in geheimer Abstimmung erfolgt ist.

§ 30 Zulassung der Landeslisten

(1) [1]Der Landeswahlausschuss entscheidet am 58. Tag vor der Wahl über die Zulassung der Landeslisten. [2]Er hat Landeslisten zurückzuweisen, wenn sie

1. verspätet eingereicht sind oder
2. den Anforderungen nicht entsprechen, die durch dieses Gesetz und die Landeswahlordnung aufgestellt sind.

[3]Sind die Anforderungen nur hinsichtlich einzelner Bewerber nicht erfüllt, so werden ihre Namen aus der Landesliste gestrichen. [4]Die Entscheidung ist in der Sitzung des Landeswahlausschusses bekannt zu geben.

(2) Der Landeswahlleiter macht die zugelassenen Landeslisten spätestens am 48. Tag vor der Wahl öffentlich bekannt.

§ 31 Stimmzettel

(1) Die Stimmzettel und die zugehörigen Umschläge für die Briefwahl (§ 36 Abs. 1) werden amtlich hergestellt.

(2) Der Stimmzettel enthält

1. für die Wahl in den Wahlkreisen die Namen der Bewerber der zugelassenen Wahlkreisvorschläge, bei Wahlkreisvorschlägen von Parteien außerdem die Namen der Parteien und, sofern sie eine Kurzbezeichnung verwenden, auch diese, bei anderen Wahlkreisvorschlägen außerdem das Kennwort,
2. für die Wahl nach Landeslisten die Namen der Parteien und, sofern sie eine Kurzbezeichnung verwenden, auch diese sowie die Namen der ersten fünf Bewerber der zugelassenen Landeslisten.

(3) [1]Die Reihenfolge der Landeslisten von Parteien richtet sich nach der Zahl der Landesstimmen, die sie bei der letzten Landtagswahl im Freistaat erreicht haben. [2]Die übrigen Landeslisten schließen sich in alphabetischer Reihenfolge der Namen der Parteien an. [3]Die Reihenfolge der Wahlkreisvorschläge richtet sich nach der Reihenfolge der entsprechenden Landeslisten. [4]Sonstige Wahlkreisvorschläge schließen sich in alphabetischer Reihenfolge der Namen der Parteien oder der Kennwörter an.

Fünfter Abschnitt
Wahlhandlung

§ 32 Öffentlichkeit der Wahlhandlung

[1]Die Wahlhandlung ist öffentlich. [2]Der Wahlvorstand kann Personen, die die Ordnung stören, aus dem Wahlraum verweisen.

§ 33 Unzulässige Wahlbeeinflussung

(1) Während der Wahlzeit sind in und an dem Gebäude, in dem sich das Wahllokal befindet sowie im Umkreis von etwa 100 Metern von den unmittelbaren Zugängen jede Beeinflussung der Wähler durch Wort, Ton, Schrift oder Bild sowie jede Unterschriftensammlung verboten.

(2) Die Veröffentlichung von Ergebnissen von Wählerbefragungen nach der Stimmabgabe über den Inhalt der Wahlentscheidung ist vor Ablauf der Wahlzeit unzulässig.

§ 34 Wahrung des Wahlgeheimnisses

(1) [1]Es sind Vorkehrungen dafür zu treffen, dass der Wähler den Stimmzettel unbeobachtet kennzeichnen und falten kann. [2]Für die Aufnahme der Stimmzettel sind Wahlurnen zu verwenden, die die Wahrung des Wahlgeheimnisses sicherstellen.

(2) Ein Wähler, der des Lesens unkundig oder wegen einer körperlichen Beeinträchtigung gehindert ist, den Stimmzettel zu kennzeichnen, zu falten, dem Wahlvorsteher zu übergeben oder selbst in die Wahlurne zu legen, kann sich der Hilfe einer anderen Person bedienen.

§ 35 Stimmabgabe mit Stimmzetteln

(1) Gewählt wird mit amtlichen Stimmzetteln.

(2) [1]Der Wähler gibt

1. seine Wahlkreisstimme in der Weise ab, dass er durch ein auf den Stimmzettel gesetztes Kreuz oder auf andere Weise eindeutig kenntlich macht, welchen Bewerber er wählt,
2. seine Landesstimme in der Weise ab, dass er durch ein auf den Stimmzettel gesetztes Kreuz oder auf andere Weise eindeutig kenntlich macht, welche Landesliste er wählt.

[2]Dann faltet er den Stimmzettel in der Weise, dass seine Stimmabgabe nicht erkennbar ist, und legt ihn in die Wahlurne.

§ 36 Briefwahl

(1) Bei der Briefwahl hat der Wähler dem Kreiswahlleiter des Wahlkreises, in dem der Wahlschein ausgestellt worden ist, im verschlossenen Wahlbriefumschlag

1. seinen Wahlschein
2. in einem besonderen verschlossenen Stimmzettelumschlag seinen Stimmzettel so rechtzeitig zu übersenden, dass der Wahlbrief spätestens am Wahltag bis 18 Uhr eingeht. § 34 Abs. 2 gilt entsprechend.

(2) [1]Auf dem Wahlschein hat der Wähler oder die Person seines Vertrauens gegenüber dem Kreiswahlleiter an Eides statt zu versichern, dass der Stimmzettel persönlich oder gemäß dem erklärten Willen des Wählers gekennzeichnet worden ist. [2]Der Kreiswahlleiter ist zur Abnahme einer solchen Versicherung an Eides statt zuständig; er gilt als Behörde im Sinne des § 156 des Strafgesetzbuches.

Sechster Abschnitt
Feststellung des Wahlergebnisses

§ 37 Feststellung des Wahlergebnisses im Wahlbezirk

Nach Beendigung der Wahlhandlung stellt der Wahlvorstand in öffentlicher Sitzung fest, wie viel Stimmen im Wahlbezirk auf die einzelnen Wahlkreisvorschläge und Landeslisten abgegeben worden sind.

§ 38 Feststellung des Briefwahlergebnisses

Der für die Briefwahl eingesetzte Wahlvorstand stellt fest, wie viele durch Briefwahl abgegebene Stimmen auf die einzelnen Wahlkreisvorschläge und Landeslisten entfallen.

§ 39 Ungültige Stimmen, Zurückweisung von Wahlbriefen, Auslegungsregeln

(1) [1]Ungültig sind Stimmen, wenn der Stimmzettel

1. nicht amtlich hergestellt ist,
2. keine Kennzeichnung enthält,
3. für einen anderen Wahlkreis gültig ist,
4. den Willen des Wählers nicht zweifelsfrei erkennen lässt,
5. einen Zusatz oder Vorbehalt enthält.

[2]In den Fällen des Satzes 1 Nr. 1 und 2 sind beide Stimmen ungültig; im Fall des Satzes 1 Nr. 3 ist nur die Wahlkreisstimme ungültig. [3]Bei der Briefwahl sind außerdem beide Stimmen ungültig, wenn der Stimmzettel nicht in einem amtlichen Stimmzettelumschlag oder in einem Stimmzettelumschlag abgegeben worden ist, der offensichtlich in einer das Wahlgeheimnis gefährdenden Weise von den übrigen abweicht oder einen deutlich fühlbaren Gegenstand enthält, jedoch eine Zurückweisung nach Absatz 4 Satz 1 Nr. 7 oder 8 nicht erfolgt ist. [4]Enthält der Stimmzettel nur eine Stimmabgabe, so ist die nicht abgegebene Stimme ungültig.

(2) Enthält bei der Briefwahl der Stimmzettelumschlag mehrere Stimmzettel, gelten diese als ein Stimmzettel, wenn sie gleich lauten oder nur einer von ihnen gekennzeichnet ist; sonst zählen sie als ein Stimmzettel mit zwei ungültigen Stimmen.

(3) Wird bei der Briefwahl ein Stimmzettelumschlag leer abgegeben, so gelten beide Stimmen als ungültig.

(4) [1]Bei der Briefwahl sind Wahlbriefe zurückzuweisen, wenn

1. der Wahlbrief nicht rechtzeitig eingegangen ist,
2. dem Wahlbriefumschlag kein oder kein gültiger Wahlschein beiliegt,
3. dem Wahlbriefumschlag kein Stimmzettelumschlag beigefügt ist,
4. weder der Wahlbriefumschlag noch der Stimmzettelumschlag verschlossen ist,
5. der Wahlbriefumschlag mehrere Stimmzettelumschläge, aber nicht eine gleiche Anzahl gültiger und mit der vorgeschriebenen Versicherung an Eides statt versehener Wahlscheine enthält,
6. der Wähler oder die Person seines Vertrauens die vorgeschriebene Versicherung an Eides statt zur Briefwahl auf dem Wahlschein nicht unterschrieben hat,
7. kein amtlicher Stimmzettelumschlag benutzt worden ist,
8. ein Stimmzettelumschlag benutzt worden ist, der offensichtlich in einer das Wahlgeheimnis gefährdenden Weise von den übrigen abweicht oder einen deutlich fühlbaren Gegenstand enthält.

[2]Die Einsender zurückgewiesener Wahlbriefe werden nicht als Wähler gezählt; ihre Stimmen gelten als nicht abgegeben.

(5) Die Stimmen eines Wählers, der an der Briefwahl teilgenommen hat, werden nicht dadurch ungültig, dass er vor dem oder am Wahltag stirbt oder sein Wahlrecht verliert.

§ 40 Entscheidung des Wahlvorstandes

[1]Der Wahlvorstand entscheidet über die Gültigkeit der abgegebenen Stimmen und über alle Fragen, die sich bei der Wahlhandlung und bei der Ermittlung des Wahlergebnisses stellen. [2]Der Wahlkreisausschuss hat das Recht der Nachprüfung.

§ 41 Feststellung des Wahlergebnisses im Wahlkreis

(1) Der Wahlkreisausschuss stellt fest, wie viel Stimmen im Wahlkreis für die einzelnen Wahlkreisvorschläge und Landeslisten abgegeben worden sind und welcher Bewerber als Wahlkreisabgeordneter gewählt ist.

(2) Der Kreiswahlleiter benachrichtigt den gewählten Wahlkreisabgeordneten und fordert ihn auf, binnen einer Woche schriftlich zu erklären, ob er die Wahl annimmt.

§ 42 Feststellung des Ergebnisses der Wahl nach Landeslisten

(1) [1]Der Landeswahlausschuss stellt fest, wie viel Stimmen im Wahlgebiet für die einzelnen Landeslisten abgegeben worden sind. [2]Danach stellt er fest, wie viel Sitze auf die einzelnen Landeslisten entfallen und welche Bewerber gewählt sind.

(2) Der Landeswahlleiter benachrichtigt die Gewählten und fordert sie auf, binnen einer Woche schriftlich zu erklären, ob sie die Wahl annehmen.

Siebenter Abschnitt

Besondere Bestimmungen für Nachwahlen und Wiederholungswahlen

§ 43 Nachwahl

(1) Eine Nachwahl findet statt,

1. wenn in einem Wahlkreis oder in einem Wahlbezirk die Wahl nicht durchgeführt worden ist,
2. wenn ein Wahlkreisbewerber nach der Zulassung des Wahlkreisvorschlages, aber noch vor der Wahl stirbt oder seine Wählbarkeit verliert.

(2) [1]Die Nachwahl soll spätestens sechs Wochen nach dem Tag der Hauptwahl stattfinden. [2]Im Fall des Absatzes 1 Nr. 2 kann sie am Tag der Hauptwahl stattfinden. [3]Den Tag der Nachwahl bestimmt der Landeswahlleiter.

(3) [1]Die Nachwahl findet auf denselben Grundlagen und nach denselben Bestimmungen wie die Hauptwahl statt, soweit nicht eine Ergänzung der Wahlvorschläge erforderlich ist. [2]Der Landeswahlleiter kann im Einzelfall Regelungen zur Anpassung an besondere Verhältnisse treffen.

(4) Im Fall einer Nachwahl ist das vorläufige Ergebnis der Hauptwahl unmittelbar im Anschluss an die Wahlhandlung der Hauptwahl auf der Grundlage der erfolgten Stimmabgaben zu ermitteln, festzustellen und bekannt zu geben.

§ 44 Wiederholungswahl

(1) Wird im Wahlprüfungsverfahren eine Wahl ganz oder teilweise für ungültig erklärt, so ist sie nach Maßgabe der Entscheidung zu wiederholen.

(2) Die Wiederholungswahl findet nach denselben Bestimmungen, denselben Wahlvorschlägen und, wenn seit der Hauptwahl noch nicht sechs Monate verflossen sind, auf Grund derselben Wählerverzeichnisse wie die Hauptwahl statt, soweit nicht die Entscheidung im Wahlprüfungsverfahren hinsichtlich der Wahlvorschläge und Wählerverzeichnisse Abweichungen vorschreibt.

(3) [1]Die Wiederholungswahl muss spätestens 60 Tage nach Rechtskraft der Entscheidung stattfinden, durch die die Wahl für ungültig erklärt worden ist. [2]Ist die Wahl nur teilweise für ungültig erklärt worden, so unterbleibt die Wiederholungswahl, wenn feststeht, dass innerhalb von sechs Monaten ein neuer Landtag gewählt wird. [3]Den Tag der Wiederholungswahl bestimmt der Landeswahlleiter, im Falle einer Wiederholungswahl für das ganze Landesgebiet die Landesregierung.

(4) [1]Auf Grund der Wiederholungswahl wird das Wahlergebnis nach den Vorschriften des Sechsten Abschnitts neu festgestellt. [2]§ 41 Abs. 2 und § 42 Abs. 2 gelten entsprechend.

Achter Abschnitt

Erwerb und Verlust der Mitgliedschaft im Landtag

§ 45 Erwerb der Mitgliedschaft im Landtag

[1]Ein gewählter Bewerber erwirbt die Mitgliedschaft im Landtag mit dem fristgerechten Eingang der auf die Benachrichtigung nach § 41 Abs. 2 oder § 42 Abs. 2 erfolgenden schriftlichen Annahmeerklärung beim zuständigen Wahlleiter, jedoch nicht vor Ablauf der Wahlperiode des letzten Landtags und im Falle des § 44 Abs. 4 nicht vor Ausscheiden des nach dem ursprünglichen Wahlergebnis gewählten Abgeordneten. [2]Gibt der Gewählte bis zum Ablauf der gesetzlichen Frist keine schriftliche Erklärung ab, so gilt die Wahl zu diesem Zeitpunkt als angenommen. [3]Eine Erklärung unter Vorbehalt gilt als Ablehnung. [4]Annahme- und Ablehnungserklärung sind unwiderruflich.

§ 46 Verlust der Mitgliedschaft im Landtag

(1) [1]Ein Abgeordneter verliert die Mitgliedschaft im Landtag bei

1. Ungültigkeit des Erwerbs der Mitgliedschaft,
2. Neufeststellung des Wahlergebnisses,
3. Wegfall einer Voraussetzung seiner jederzeitigen Wählbarkeit,
4. Feststellung der Verfassungswidrigkeit der Partei oder der Teilorganisation einer Partei, der er angehört, durch das Bundesverfassungsgericht nach Artikel 21 Abs. 2 Satz 2 des Grundgesetzes,
5. Verzicht.

[2]Verlustgründe nach anderen gesetzlichen Vorschriften bleiben unberührt.

(2) Bei Ungültigkeit seiner Wahl im Wahlkreis bleibt der Abgeordnete Mitglied des Landtags, wenn er zugleich auf einer Landesliste gewählt war, aber nach § 5 Abs. 5 Satz 3 unberücksichtigt geblieben ist.

(3) [1]Der Verzicht ist nur wirksam, wenn er zur Niederschrift des Präsidenten des Landtags oder eines deutschen Notars, der seinen Sitz im Wahlgebiet hat, erklärt wird. [2]Die notarielle Verzichtserklärung hat der Abgeordnete dem Präsidenten des Landtags zu übermitteln. [3]Der Verzicht ist unwiderruflich.

(4) [1]Wird eine Partei oder deren Teilorganisation durch das Bundesverfassungsgericht nach Artikel 21 Abs. 2 Satz 2 des Grundgesetzes für verfassungswidrig erklärt, verlieren die Abgeordneten ihre Mitgliedschaft im Landtag und die Listennachfolger ihre Anwartschaft, sofern sie dieser Partei oder Teilorganisation in der Zeit zwischen der Antragstellung (§ 43 des Gesetzes über das Bundesverfassungsgericht) und der Verkündung der Entscheidung (§ 46 des Gesetzes über das Bundesverfassungsgericht) angehört haben. [2]Soweit Abgeordnete, die nach Satz 1 ihre Mitgliedschaft verloren haben, in Wahlkreisen gewählt waren, wird die Wahl eines Wahlkreisabgeordneten in diesen Wahlkreisen bei entsprechender Anwendung des § 44 Abs. 2 bis 4 wiederholt; hierbei dürfen die Abgeordneten, die nach Satz 1 ihre Mitgliedschaft verloren haben, nicht als Bewerber auftreten. [3]Soweit Abgeordnete, die nach Satz 1 ihre Mitgliedschaft verloren haben, nach einer Landesliste der für verfassungswidrig erklärten Partei oder deren Teilorganisation gewählt waren, bleiben die Sitze unbesetzt. [4]Im Übrigen gilt § 48 Abs. 1.

§ 47 Entscheidung über den Verlust der Mitgliedschaft

(1) Über den Verlust der Mitgliedschaft nach § 46 Abs. 1 wird entschieden

1. in den Fällen der Nummern 1 bis 4 im Wahlprüfungsverfahren,
2. im Falle der Nummer 5 durch den Präsidenten des Landtags.

(2) Wird über den Verlust der Mitgliedschaft im Wahlprüfungsverfahren entschieden, so scheidet der Abgeordnete mit der Rechtskraft der Entscheidung aus dem Landtag aus.

(3) [1]Entscheidet der Präsident des Landtags über den Verlust der Mitgliedschaft, so scheidet der Abgeordnete mit der Entscheidung aus dem Landtag aus. [2]Die Entscheidung ist unverzüglich von Amts wegen zu treffen. [3]Innerhalb von zwei Wochen nach Zustellung der Entscheidung kann der Betroffene die Entscheidung des Landtags über den Verlust der Mitgliedschaft im Wahlprüfungsverfahren beantragen. [4]Die Zustellung erfolgt nach den Bestimmungen des Thüringer Verwaltungszustellungs- und Vollstreckungsgesetzes vom 7. August 1991 (GVBl. S. 285 - 314 -) in der jeweils geltenden Fassung.

§ 48 Berufung von Listennachfolgern

(1) [1]Wenn ein gewählter Bewerber stirbt oder die Annahme der Wahl ablehnt oder wenn ein Abgeordneter stirbt oder sonst nachträglich aus dem Landtag ausscheidet, so wird der Sitz aus der Landesliste derjenigen Partei besetzt, für die der Ausgeschiedene bei der Wahl aufgetreten ist. [2]Bei der Nachfolge bleiben diejenigen Listenbewerber unberücksichtigt, die seit dem Zeitpunkt der Aufstellung der Landesliste aus dieser Partei ausgeschieden sind.

(2) Die Nachfolge richtet sich nach der Reihenfolge der Bewerber auf der Landesliste.

(3) [1]Ist die Liste erschöpft, so bleibt der Sitz unbesetzt. [2]Die Feststellung, wer als Listennachfolger eintritt, trifft der Landeswahlleiter. [3]§ 42 Abs. 2 und § 45 gelten entsprechend.

§ 49 Ersatzwahl

(1) Ist die nach § 48 Abs. 1 ausgeschiedene Person als Wahlkreisabgeordneter einer Wählergruppe oder einer Partei gewählt, für die keine Landesliste zugelassen worden war, so findet eine Ersatzwahl im Wahlkreis statt.

(2) [1]Die Ersatzwahl muss spätestens 60 Tage nach dem Zeitpunkt des Ausscheidens stattfinden. [2]Sie unterbleibt, wenn feststeht, dass innerhalb von sechs Monaten ein neuer Landtag gewählt wird.

(3) [1]Die Ersatzwahl wird nach denselben Bestimmungen wie die Hauptwahl durchgeführt. [2]Den Tag der Ersatzwahl bestimmt der Landeswahlleiter. [3]§ 41 Abs. 2 und § 45 gelten entsprechend.

Neunter Abschnitt
Anfechtung und Wahlprüfung

§ 50 Anfechtung
Entscheidungen und Maßnahmen, die sich unmittelbar auf das Wahlverfahren beziehen, können nur mit den Rechtsbehelfen, die in diesem Gesetz und in den auf Grund dieses Gesetzes erlassenen Rechtsverordnungen vorgesehen sind, sowie im Wahlprüfungsverfahren angefochten werden.

§ 51 Zuständigkeit im Wahlprüfungsverfahren
Der Landtag entscheidet auf Einspruch
1. über die Gültigkeit der Wahlen,
2. über die nachträgliche Berufung von Listennachfolgern (§ 48 Abs. 1) und
3. ob ein Abgeordneter nach der Wahl die Mitgliedschaft im Landtag verloren hat (§ 47).

§ 52 Einspruchseinlegung, -frist
(1) [1]Der Einspruch nach § 51 Nr. 1 und 2 ist innerhalb von sechs Wochen nach Bekanntgabe des Wahlergebnisses oder der nachträglichen Berufung einzulegen. [2]Werden dem Präsidenten des Landtags nach Ablauf dieser Frist in amtlicher Eigenschaft Umstände bekannt, die einen Wahlmangel begründen, kann er innerhalb eines Monats nach Bekanntwerden dieser Umstände Einspruch einlegen.
(2) [1]Der Einspruch nach § 51 Nr. 3 ist nicht fristgebunden. [2]Die in § 47 Abs. 3 Satz 3 geregelte Frist bleibt unberührt.
(3) Der Einspruch ist schriftlich beim Landtag einzureichen und zu begründen; bei gemeinschaftlichen Einsprüchen soll ein Bevollmächtigter benannt werden.
(4) Der Landtag kann das Verfahren einstellen, wenn der Einspruch zurückgenommen wird.

§ 53 Einspruchsberechtigte
Der Einspruch kann von jedem Wahlberechtigten, jeder Gruppe von Wahlberechtigten, jeder an der Wahl beteiligten Partei und in amtlicher Eigenschaft vom Landeswahlleiter und vom Präsidenten des Landtags eingelegt werden.

§ 54 Anfechtungsgründe
Der Einspruch kann insbesondere darauf gestützt werden, dass
1. das Wahlergebnis rechnerisch unrichtig festgestellt worden ist,
2. gültige Stimmen für ungültig oder ungültige Stimmen für gültig erklärt worden sind und dadurch die Verteilung der Sitze beeinflusst worden ist,
3. Bestimmungen des Grundgesetzes, der Verfassung des Freistaats Thüringen, dieses Gesetzes oder der auf Grund dieses Gesetzes erlassenen Rechtsverordnungen bei der Vorbereitung oder Durchführung der Wahl oder bei der Ermittlung des Wahlergebnisses in einer Weise verletzt worden sind, die die Verteilung der Sitze beeinflusst,
4. Einschüchterung der Wähler oder der Bewerber durch Gewalt oder durch Androhung eines empfindlichen Übels, Missbrauch ausgestellter Wahlscheine oder andere Ungesetzlichkeiten aufgetreten sind und dadurch die Verteilung der Sitze beeinflusst worden ist,
5. der Verzicht eines Abgeordneten (§ 46 Abs. 1 Nr. 5) durch den Präsidenten des Landtags zu Unrecht festgestellt worden ist (§ 47 Abs. 1 Nr. 2),
6. im Falle einer nachträglichen Berufung (§ 48 Abs. 1) der Listennachfolger nicht wählbar war oder andere wesentliche Mängel bei der Berufung vorliegen oder
7. Umstände aufgetreten sind, die den Verlust der Mitgliedschaft im Landtag nach § 46 Abs. 1 zur Folge haben.

§ 55 Wahlprüfungsausschuss
(1) Die Entscheidung des Landtags wird durch den Wahlprüfungsausschuss vorbereitet.
(2) [1]Der Wahlprüfungsausschuss besteht aus sieben ordentlichen Mitgliedern und je einem ständigen beratenden Mitglied der Fraktionen, die nicht durch ein ordentliches Mitglied vertreten sind. [2]Zur Abwesenheitsvertretung der ordentlichen Mitglieder werden Stellvertreter gewählt. [3]Die Wahl der Mitglieder und Stellvertreter erfolgt vom Landtag für die Dauer der Wahlperiode.
(3) [1]Der Wahlprüfungsausschuss wählt mit Stimmenmehrheit aus seiner Mitte den Vorsitzenden und dessen Stellvertreter. [2]Bei Stimmengleichheit entscheidet die Stimme des ältesten Mitgliedes.
(4) Der Vorsitzende bestimmt für jeden Einspruch einen Berichterstatter.

(5) [1]Der Wahlprüfungsausschuss ist beschlussfähig, wenn mindestens die Hälfte der Mitglieder anwesend ist. [2]Er beschließt mit Stimmenmehrheit. [3]Bei Stimmengleichheit ist der Antrag abgelehnt.

(6) Abgeordnete, die in einem Wahlprüfungsverfahren die Rechtsstellung von Beteiligten haben, sind von jeder Mitwirkung im Wahlprüfungsausschuss ausgeschlossen.

§ 56 Vorprüfung des Einspruchs

(1) Der Wahlprüfungsausschuss tritt in eine Vorprüfung ein, insbesondere darüber, ob der Einspruch form- und fristgerecht eingelegt ist und klärt den Sachverhalt so weit auf, dass über den Einspruch möglichst nach einem einzigen Verhandlungstermin Beschluss gefasst werden kann.

(2) Im Rahmen der Vorprüfung ist der Wahlprüfungsausschuss berechtigt, Auskünfte jeder Art einzuholen und nach Absatz 3 Satz 2 und 3 Zeugen und Sachverständige vernehmen und vereidigen zu lassen.

(3) [1]Gerichte und Verwaltungsbehörden haben dem Wahlprüfungsausschuss Rechts- und Amtshilfe zu leisten. [2]Bei Vernehmung von Zeugen und Sachverständigen sind die Beteiligten (§ 57 Abs. 2 und 3) eine Woche vorher zu benachrichtigen. [3]Sie sind berechtigt, Fragen stellen zu lassen und den Vernommenen Vorhalte zu machen.

§ 57 Ladung zur mündlichen Verhandlung, Beteiligte

(1) [1]Vor der Beschlussfassung ist Termin zur mündlichen Verhandlung anzuberaumen, wenn nicht alle Beteiligten nach den Absätzen 2 und 3 auf einen solchen Termin verzichtet haben. [2]Von einer mündlichen Verhandlung kann der Wahlprüfungsausschuss absehen, wenn

1. der Einspruch nicht fristgerecht eingelegt worden ist,
2. der Einspruch den Bestimmungen des § 52 Abs. 3 nicht entspricht und dem Mangel innerhalb einer vom Vorsitzenden zu setzenden Frist nicht abgeholfen worden ist oder
3. der Einspruch offensichtlich unbegründet ist.

(2) [1]Zu den Verhandlungsterminen sind mindestens eine Woche vorher derjenige, der den Einspruch eingelegt hat, und der Abgeordnete, dessen Wahl angefochten ist, als Beteiligte zu laden. [2]Wenn mehrere Personen gemeinschaftlich Einspruch eingelegt haben, genügt die Ladung eines Bevollmächtigten (§ 52 Abs. 3) oder eines der Einspruchsführer.

(3) Als weitere Beteiligte sind in der Frist nach Absatz 2 Satz 1 zu benachrichtigen:

1. der Präsident des Landtags,
2. das für das Landtagswahlrecht zuständige Ministerium,
3. der Landeswahlleiter und
4. die Fraktion des Landtags, der der Abgeordnete angehört, dessen Wahl angefochten ist.

(4) [1]Alle Beteiligten haben das Recht, Einsicht in die Akten des Wahlprüfungsausschusses zu nehmen. [2]Sie können vorbereitende Schriftsätze einreichen und in der mündlichen Verhandlung Anträge stellen.

§ 58 Mündliche Verhandlung

(1) Die mündliche Verhandlung ist öffentlich.

(2) [1]Zu Beginn der mündlichen Verhandlung trägt der Berichterstatter den Sachverhalt vor und berichtet über das Ergebnis der Vorprüfung. [2]Auf Verlangen ist zunächst dem Einspruchsführer oder dem Bevollmächtigten nach § 52 Abs. 3, sodann dem Abgeordneten, dessen Wahl angefochten ist, und den weiteren Beteiligten in der in § 57 Abs. 3 angegebenen Reihenfolge das Wort zu erteilen.

(3) [1]Geladene Zeugen und Sachverständige sind zu hören und, falls erforderlich, zu vereidigen. [2]Die Beteiligten können den Zeugen und Sachverständigen durch den Vorsitzenden Fragen vorlegen lassen. [3]Nach Abschluss einer etwaigen Beweisaufnahme ist den Beteiligten Gelegenheit zur Stellungnahme zu geben. [4]Das Schlusswort gebührt dem Einspruchsführer.

(4) [1]An der mündlichen Verhandlung sollen sämtliche Mitglieder oder ihre Stellvertreter teilnehmen. [2]§ 55 Abs. 5 bleibt unberührt.

(5) Über die Verhandlung ist eine Niederschrift aufzunehmen, die den wesentlichen Inhalt der Aussagen der Zeugen und Sachverständigen enthalten muss.

§ 59 Anwendung von Bestimmungen der Zivilprozeßordnung

Für die Befugnisse des Vorsitzenden in der mündlichen Verhandlung, die Rechte und Pflichten der Zeugen und Sachverständigen sowie für Zustellungen, Ladungen, Termine und Fristen gelten sinngemäß die jeweiligen Bestimmungen der Zivilprozeßordnung.

§ 60 Beratung im Wahlprüfungsausschuss

(1) [1]Der Wahlprüfungsausschuss berät geheim über das Ergebnis der Verhandlung. [2]An der Beratung können nur diejenigen Mitglieder oder Stellvertreter des Wahlprüfungsausschusses teilnehmen, die der mündlichen Verhandlung beigewohnt haben.

(2) [1]Auf Grund des Ergebnisses der Beratung stellt der Wahlprüfungsausschuss einen schriftlichen Antrag an den Landtag. [2]Der Antrag muss einen Entscheidungsvorschlag enthalten.

(3) Bei der Schlussabstimmung über den Antrag des Wahlprüfungsausschusses gilt Stimmenthaltung als Ablehnung.

§ 61 Vorlage des Antrags beim Landtag

(1) Der Antrag ist unverzüglich an den Landtag zu leiten und spätestens drei Tage vor der Beratung im Landtag an sämtliche Abgeordnete zu verteilen.

(2) Bei der Beratung kann der Antrag durch mündliche Ausführungen des Berichterstatters ergänzt werden.

§ 62 Beschluss des Landtags

(1) [1]Der Landtag beschließt über den Antrag des Wahlprüfungsausschusses mit einfacher Mehrheit. [2]Soweit er dem Entscheidungsvorschlag nicht zustimmt, gilt der Antrag als an den Wahlprüfungsausschuss zurückverwiesen. [3]Dabei kann der Landtag dem Ausschuss die Nachprüfung bestimmter tatsächlicher oder rechtlicher Umstände aufgeben.

(2) [1]Nach erneuter mündlicher Verhandlung hat der Wahlprüfungsausschuss dem Landtag einen neuen Antrag vorzulegen. [2]Die §§ 57 bis 61 gelten entsprechend. [3]Dieser Antrag kann nur durch Annahme eines anderen Antrags, der den Regelungen des § 60 Abs. 2 entspricht, abgelehnt werden.

(3) Die Entscheidung des Landtags nach § 63 ist den Beteiligten (§ 57 Abs. 2 und 3) mit einer Rechtsmittelbelehrung zuzustellen.

§ 63 Entscheidung

Der Beschluss des Landtags lautet auf Zurückweisung des Einspruchs oder

1. im Falle des § 54 Nr. 1 auf rechnerische Richtigstellung und Anordnung der Neufeststellung des Wahlergebnisses,
2. im Falle des § 54 Nr. 2 auf Erklärung der Gültigkeit oder Ungültigkeit einer bestimmten Anzahl von Stimmen und Anordnung der Neufeststellung des Wahlergebnisses,
3. im Falle des § 54 Nr. 3 oder 4 auf Ungültigkeit der Wahl im betreffenden Wahlgebiet,
4. im Falle des § 54 Nr. 5 auf Aufhebung der Entscheidung des Präsidenten des Landtags,
5. im Falle des § 54 Nr. 6 auf Feststellung, dass die Berufung unwirksam ist,
6. im Falle des § 54 Nr. 7 auf Feststellung, dass der Abgeordnete seine Mitgliedschaft verloren hat.

§ 64 Rechtsmittel

Die Entscheidungen des Landtags können beim Verfassungsgerichtshof angefochten werden.

§ 65 Kosten

[1]Im Wahlprüfungsverfahren werden Kosten nicht erhoben. [2]Die Beteiligten haben keinen Anspruch auf Erstattung von Auslagen. [3]Über Ausnahmen entscheidet der Wahlprüfungsausschuss.

Zehnter Abschnitt

Wahlkosten und Wahlstatistik

§ 66 Wahlkosten

(1) [1]Die Kosten der Landtagswahl trägt der Freistaat Thüringen. [2]Er erstattet den Gemeinden und Gemeindeverbänden die durch die Vorbereitung und Durchführung der Wahl entstandenen notwendigen Kosten durch einen festen, nach Gemeindegrößen abgestuften Betrag je Wahlberechtigtem.

(2) [1]Der Betrag wird vom für das Landtagswahlrecht zuständigen Ministerium im Einvernehmen mit dem für die Angelegenheiten des Haushalts zuständigen Ministerium festgesetzt. [2]Bei der Festsetzung werden laufende persönliche und sachliche Kosten und Kosten für die Benutzung von Räumen und Einrichtungen der Gemeinden und Gemeindeverbände nicht berücksichtigt.

§ 67 Wahlstatistik, Information der Öffentlichkeit

(1) [1]Die Ergebnisse der Landtagswahl sind zusammenzustellen und statistisch zu bearbeiten. [2]Die Kreiswahlleiter übermitteln dem Landeswahlleiter unverzüglich nach einem von diesem vorgegebenen Verfahren die festgestellten Wahlergebnisse.

(2) [1]Der Landeswahlleiter kann bestimmen, dass in den von ihm zu benennenden Wahlbezirken auch Statistiken über Geschlechts- und Altersgliederung der Wahlberechtigten und Wähler unter Berücksichtigung der Stimmabgabe für die einzelnen Wahlvorschläge aufzustellen sind. [2]Die Trennung der Wahl nach Altersgruppen und Geschlechtern ist nur zulässig, wenn die Stimmabgabe der einzelnen Wähler dadurch nicht erkennbar wird.

(3) Der Landeswahlleiter informiert die Öffentlichkeit im Internet unter www.wahlen.thueringen.de über die Wahlen.

Elfter Abschnitt

Staatliche Mittel für Träger von Wahlvorschlägen

§ 68 Auszahlung staatlicher Mittel für Parteien

(1) Die staatlichen Mittel nach dem Parteiengesetz für die bei Landtagswahlen erzielten Stimmen werden vom Präsidenten des Landtags an die Landesverbände der Parteien ausgezahlt.

(2) Die erforderlichen Mittel sind im Haushalt des Freistaats Thüringen Einzelplan 01 „Thüringer Landtag" auszubringen.

(3) Der Landesrechnungshof prüft, ob der Präsident des Landtags als mittelverwaltende Stelle die staatlichen Mittel entsprechend der verbindlichen Festsetzung durch den Präsidenten des Deutschen Bundestags (§§ 19, 21 Abs. 1 Bundeswahlgesetz) ausgezahlt hat.

§ 69 Staatliche Mittel für Einzelbewerber

(1) Bewerber eines nach Maßgabe der §§ 20 und 22 von Wahlberechtigten eingereichten Wahlvorschlages, die mindestens zehn vom Hundert der in einem Wahlkreis abgegebenen gültigen Wahlkreisstimmen erreicht haben, erhalten je gültige Stimme einen Euro.

(2) [1]Die Festsetzung und die Auszahlung der staatlichen Mittel sind von dem Bewerber innerhalb von zwei Monaten nach dem Zusammentritt des Landtags beim Präsidenten des Landtags schriftlich zu beantragen; danach eingehende Anträge bleiben unberücksichtigt. [2]Der Betrag wird vom Präsidenten des Landtags festgesetzt und ausgezahlt.

(3) [1]Bewerber, die bei der jeweils vorausgegangenen Wahl zum Landtag Wahlergebnisse erreicht haben, die die Voraussetzungen nach Absatz 1 erfüllen, erhalten auf Antrag nach Zulassung ihres Wahlkreisvorschlages für die nächste Wahl eine Abschlagszahlung in Höhe von 35 vom Hundert des aufgrund der letzten Wahl an sie ausgezahlten Erstattungsbetrages. [2]Der Antrag ist schriftlich beim Präsidenten des Landtags einzureichen. [3]Der Betrag wird vom Präsidenten des Landtags festgesetzt und ausgezahlt. [4]Abschlagszahlungen sind nach der Wahl zurückzuzahlen, soweit sie den Erstattungsbetrag übersteigen oder wenn ein Erstattungsanspruch nicht entstanden ist.

(4) Der Landesrechnungshof prüft, ob der Präsident des Landtags als mittelverwaltende Stelle die staatlichen Mittel entsprechend der Absätze 1 bis 3 festgesetzt und ausgezahlt hat.

(5) § 68 Abs. 2 gilt entsprechend.

Zwölfter Abschnitt

Übergangs- und Schlussbestimmungen

§ 70 Ordnungswidrigkeiten

(1) Ordnungswidrig handelt, wer

1. entgegen § 12 ein Ehrenamt ohne gewichtigen Grund ablehnt oder sich ohne gewichtigen Grund den Pflichten eines solchen Amtes entzieht oder
2. entgegen § 33 Abs. 1 Wähler beeinflusst oder
3. entgegen § 33 Abs. 2 ein Ergebnis einer Wählerbefragung veröffentlicht.

(2) Die Ordnungswidrigkeiten nach Absatz 1 Nr. 1 und 2 können mit einer Geldbuße bis zu fünfhundert Euro, die Ordnungswidrigkeit nach Absatz 1 Nr. 3 kann mit einer Geldbuße bis zu fünfzigtausend Euro geahndet werden.

(3) Verwaltungsbehörde im Sinne des § 36 Abs. 1 Nr. 1 des Gesetzes über Ordnungswidrigkeiten ist
1. bei Ordnungswidrigkeiten nach Absatz 1 Nr. 1
   a) der Kreiswahlleiter, wenn ein Wahlberechtigter das Amt eines Wahlvorstehers, stellvertretenden Wahlvorstehers oder eines Beisitzers im Wahlvorstand oder im Wahlkreisausschuss entgegen § 12 ablehnt oder sich ohne gewichtigen Grund den Pflichten eines solchen Amtes entzieht,
   b) der Landeswahlleiter, wenn ein Wahlberechtigter das Amt eines Beisitzers im Landeswahlausschuss entgegen § 12 ablehnt oder sich ohne gewichtigen Grund den Pflichten eines solchen Amtes entzieht,
2. bei Ordnungswidrigkeiten nach Absatz 1 Nr. 2 der Kreiswahlleiter,
3. bei Ordnungswidrigkeiten nach Absatz 1 Nr. 3 der Landeswahlleiter.

§ 71 Durchführung des Gesetzes

(1) Die Landesregierung wird ermächtigt, durch Rechtsverordnung (Landeswahlordnung) Regelungen zur Durchführung dieses Gesetzes, insbesondere über
1. die Bestellung der Wahlleiter und Wahlvorsteher, die Bildung der Wahlausschüsse und Wahlvorstände sowie über die Tätigkeit, Beschlussfähigkeit und das Verfahren der Wahlorgane,
2. die Bildung der Wahlbezirke und ihre Bekanntmachung,
3. Ablehnungsgründe und Auslagenersatz von Ehrenämtern, Auslagenersatz des Landeswahlleiters, der Kreiswahlleiter und deren Stellvertreter, Aufwandsentschädigung und Reisekostenvergütung des Landeswahlleiters und seines Stellvertreters,
4. die Voraussetzungen für die Aufnahme in die Wählerverzeichnisse, deren Führung, Auslegung, Berichtigung und Abschluss, über den Einspruch und die Beschwerde gegen das Wählerverzeichnis sowie über die Benachrichtigung der Wahlberechtigten,
5. die Voraussetzungen für die Erteilung von Wahlscheinen, deren Ausstellung, den Einspruch und die Beschwerde gegen die Ablehnung der Erteilung von Wahlscheinen,
6. den Nachweis der Wahlrechtsvoraussetzungen,
7. den Nachweis des Lebensmittelpunkts in Thüringen nach § 13 Satz 3 und § 16 Nr. 2,
8. das Verfahren nach § 20 Abs. 2 bis 4,
9. Einreichung, Inhalt und Form der Wahlvorschläge sowie der dazugehörigen Unterlagen, ihre Prüfung, ihre Zulassung, die Beseitigung von Mängeln, die Beschwerde gegen diesbezügliche Entscheidungen des Wahlkreisausschusses und des Landeswahlausschusses sowie die Bekanntgabe der Wahlvorschläge,
10. Form und Inhalt des Stimmzettels,
11. Bereitstellung, Einrichtung und Bekanntmachung der Wahlräume sowie Wahlschutzvorrichtungen und Wahlzellen,
12. die Stimmabgabe, auch soweit besondere Verhältnisse besondere Regelungen erfordern,
13. die Briefwahl,
14. die Wahl in Krankenhäusern, Pflegeheimen und Anstalten,
15. die Feststellung der Wahlergebnisse, ihre Weitermeldung und Bekanntgabe sowie die Benachrichtigung der Gewählten,
16. die Durchführung von Nachwahlen, Wiederholungswahlen und Ersatzwahlen sowie die Berufung von Listennachfolgern,

zu treffen.

(2) Das für das Landtagswahlrecht zuständige Ministerium erlässt die zur Durchführung des Gesetzes erforderlichen Verwaltungsvorschriften.

(3) Das für das Landtagswahlrecht zuständige Ministerium wird ermächtigt, in der Anlage zum Thüringer Landeswahlgesetz die Abgrenzung von Wahlkreisen aufgrund kommunaler Gebiets- oder Namensänderungen neu zu beschreiben und im Gesetz- und Verordnungsblatt für den Freistaat Thüringen bekannt zu machen.

§ 72 Fristen, Termine und Form

(1) [1]Die in diesem Gesetz und in den auf Grund dieses Gesetzes erlassenen Rechtsverordnungen vorgesehenen Fristen und Termine verändern sich nicht dadurch, dass der letzte Tag der Frist oder ein

Termin auf einen Sonnabend, einen Sonntag oder einen gesetzlichen Feiertag fällt. [2]Eine Wiedereinsetzung in den vorigen Stand ist ausgeschlossen.

(2) Soweit in diesem Gesetz oder in den aufgrund dieses Gesetzes erlassenen Rechtsverordnungen nichts anderes bestimmt ist, müssen vorgeschriebene Erklärungen persönlich und handschriftlich unterzeichnet sein und bei der zuständigen Stelle im Original vorliegen.

(3) Das für das Landtagswahlrecht zuständige Ministerium wird ermächtigt, für den Fall einer vorzeitigen Beendigung der Wahlperiode des Landtags die in diesem Gesetz und in den auf Grund dieses Gesetzes erlassenen Rechtsverordnungen vorgesehenen Fristen und Termine durch Rechtsverordnung abzukürzen.

§ 73 Übergangsbestimmungen

(1) [1]Den Wahlkreisvorschlägen und den Landeslisten für die Wahlen zum dritten Landtag ist eine schriftliche Erklärung jedes Bewerbers beizufügen, ob er wissentlich als hauptamtlicher oder inoffizieller Mitarbeiter mit dem Ministerium für Staatssicherheit, dem Amt für Nationale Sicherheit oder Beauftragten dieser Einrichtungen zusammengearbeitet hat. [2]Dies gilt nicht für nach dem 31. Dezember 1969 geborene Bewerber. [3]Bei der Erklärung ist die Zusammenarbeit mit dem Ministerium für Staatssicherheit nicht anzugeben, wenn diese vor dem 1. Januar 1970 beendet war; dies gilt nicht, wenn im Zusammenhang mit der Zusammenarbeit ein Verbrechen begangen oder gegen Grundsätze der Menschlichkeit oder Rechtsstaatlichkeit verstoßen wurde.

(2) Das Fehlen oder die vermutete Unrichtigkeit von Erklärungen nach Absatz 1 ist kein Zurückweisungsgrund nach § 28 Abs. 1 Satz 2 Nr. 2 oder § 30 Abs. 1 Satz 2 Nr. 2.

(3) [1]Die Erklärungen nach Absatz 1 werden mit den zugelassenen Wahlkreisvorschlägen und Landeslisten nach § 28 Abs. 3 und § 30 Abs. 2 öffentlich bekannt gemacht. [2]Auf das Fehlen von Erklärungen oder die Weigerung eines Bewerbers, die Erklärung abzugeben, ist hierbei hinzuweisen.

(4) Das Nähere zu der Einreichung, dem Inhalt und der Form der Erklärungen nach Absatz 1 ist in der Rechtsverordnung nach § 71 Abs. 1 Nr. 9 zu regeln.

§ 74 (Inkrafttreten)

Anlage (zu § 2 Abs. 1)
(hier nicht abgedruckt)

Gesetz über die Verkündung von Rechtsverordnungen und Organisationsanordnungen (Verkündungsgesetz)

Vom 30. Januar 1991 (GVBl. S. 2)
(114-1)

Der Thüringer Landtag hat das folgende Gesetz beschlossen:

§ 1 [Landesregierung und Minister]
Rechtsverordnungen der Landesregierung und der Minister werden im Gesetz- und Verordnungsblatt für das Land Thüringen verkündet.

§ 2 [Landesbehörden und Landräte]
(1) Rechtsverordnungen von Landesbehörden, die einem Minister nachgeordnet sind, werden im Staatsanzeiger für Thüringen verkündet.
(2) Vorbehaltlich anderweitiger gesetzlicher Regelungen werden Rechtsverordnungen des Landrats als untere staatliche Verwaltungsbehörde wie Satzungen des jeweiligen Landkreises verkündet.

§ 3 [Kommunale Gebietskörperschaften]
Rechtsverordnungen der kommunalen Gebietskörperschaften werden in der für die Bekanntmachung von Satzungen der jeweiligen Gebietskörperschaft festgelegten Form verkündet.

§ 4 [Sonstige juristische Personen des öffentlichen Rechts]
(1) Satzungen von Körperschaften, selbständigen Anstalten und Stiftungen des öffentlichen Rechts, die der Aufsicht des Landes unterstehen, werden, soweit gesetzlich nichts anderes bestimmt ist, im Staatsanzeiger für Thüringen öffentlich bekannt gemacht.
(2) Rechtsverordnungen der in Absatz 1 genannten Stellen werden in der für die Bekanntmachung von Satzungen festgelegten Form verkündet.
(3) § 3 bleibt unberührt.

§ 5 [Zeitpunkt des Inkrafttretens]
(1) Rechtsverordnungen sollen den Zeitpunkt ihres Inkrafttretens bestimmen.
(2) Enthält eine Rechtsverordnung keine Bestimmung über das Inkrafttreten, so tritt sie, soweit gesetzlich nichts anderes bestimmt ist, mit dem 14. Tage nach Ablauf des Tages in Kraft, an dem sie verkündet worden ist.

§ 6 [Zeichnerische Darstellungen]
(1) Enthalten Rechtsverordnungen Pläne, Karten oder andere zeichnerische Darstellungen, so kann, soweit gesetzlich nichts anderes bestimmt ist, die Verkündung dieser Teile dadurch ersetzt werden, daß sie zur kostenlosen Einsicht durch jedermann während der Sprechzeiten niedergelegt werden.
(2) Die Niederlegung erfolgt, soweit gesetzlich nichts anderes bestimmt ist, bei der Stelle, die die Rechtsverordnung erläßt, und bei den Verwaltungen der Landkreise und kreisfreien Städte, auf deren Gebiet sich der Geltungsbereich der Rechtsverordnung erstreckt.
(3) In den Rechtsverordnungen ist der wesentliche Inhalt der zeichnerischen Darstellung zu umschreiben und auf die Möglichkeit der Einsichtnahme bei den verwahrenden Stellen hinzuweisen.

§ 7 [Zuständige Landesbehörden]
(1) [1]Die Landesregierung bestimmt vorbehaltlich anderweitiger gesetzlicher Regelungen die zur Ausführung von Rechtsvorschriften zuständigen Landesbehörden. [2]Sie kann diese Befugnis im Einzelfall oder für eine bestimmte Gruppe gleichgelagerter Fälle auf den fachlich zuständigen Minister übertragen.
(2) [1]Bestimmungen über die Zuständigkeit von Landesbehörden sowie Bestimmungen über die Übertragung nach Absatz 1 Satz 2 werden als Rechtsverordnung erlassen. [2]Zuständigkeitsbestimmungen, die nicht aufgrund des Absatzes 1 oder einer anderweitigen gesetzlichen Regelung getroffen werden, können auch als Verwaltungsvorschrift ergehen.

§ 8 [Benutzung öffentlicher Einrichtungen]

[1]Vorschriften über die Benutzung von öffentlichen Anstalten und anderen öffentlichen Einrichtungen werden, soweit gesetzlich nichts anderes bestimmt ist, durch Aushang in der Anstalt für die Dauer von zwei Wochen veröffentlicht. [2]Anschließend sind sie zur kostenlosen Einsicht durch jedermann während der Sprechzeiten niederzulegen.

§ 9 [Andere Arten der Veröffentlichung]

[1]Kann das für die Verkündung oder öffentliche Bekanntmachung bestimmte Blatt wegen eines Naturereignisses oder wegen anderer besonderer Umstände nicht rechtzeitig erscheinen, so genügt jede andere Art der Veröffentlichung. [2]Die vorgeschriebene Verkündung oder öffentliche Bekanntmachung ist unverzüglich nach Beseitigung des Hindernisses nachzuholen.

§ 10 [Verkündung früherer Gesetze]

(1) Die Verkündung oder öffentliche Bekanntmachung nach Maßgabe dieses Gesetzes genügt auch dann, wenn frühere Gesetze oder Verordnungen eine andere Art der Verkündung oder öffentlichen Bekanntmachung vorsehen.

(2) Rechtsvorschriften, die zwischen dem 3. Oktober 1990 und dem Inkrafttreten dieses Gesetzes im Verordnungsblatt für das Land Thüringen verkündet worden sind, gelten auch als wirksam nach diesem Gesetz verkündet.

§ 11 [Inkrafttreten]

Dieses Gesetz tritt am Tage nach der Verkündung[1)] in Kraft.

---

1) Verkündet am 31.1.1991.

Gesetz zur Regelung der Staatshaftung in der Deutschen Demokratischen Republik (Staatshaftungsgesetz)

In der Fassung der Bekanntmachung vom 2. Oktober 1998 (GVBl. S. 336)
(13-2)

Erster Abschnitt
Voraussetzungen und Umfang der Haftung

§ 1 Voraussetzungen der Haftung
(1) Für Schäden, die einer natürlichen oder einer juristischen Person hinsichtlich ihres Vermögens oder ihrer Rechte durch Mitarbeiter oder Beauftragte staatlicher oder kommunaler Organe in Ausübung staatlicher Tätigkeit rechtswidrig zugefügt werden, haftet das jeweilige staatliche oder kommunale Organ.
(2) Ein Schadensersatzanspruch des Geschädigten gegen den Mitarbeiter oder Beauftragten des staatlichen Organs oder der staatlichen Einrichtung ist ausgeschlossen.
(3) Die Schadensersatzpflicht staatlicher Organe und staatlicher Einrichtungen als Teilnehmer am Zivilrechtsverkehr bestimmt sich nach den Vorschriften des Zivilrechts.
(4) Für den Ersatz von Schäden, die einer natürlichen oder einer juristischen Person hinsichtlich ihres Vermögens oder ihrer Rechte durch eine gerichtliche Entscheidung rechtswidrig zugefügt werden, gelten die dafür bestehenden Gesetze oder anderen Rechtsvorschriften.

§ 2 Pflicht zur Abwendung des Schadens
[1]Natürliche und juristische Personen haben alle ihnen möglichen und zumutbaren Maßnahmen zu ergreifen, um einen Schaden zu verhindern oder zu mindern. [2]Verletzen sie diese Pflicht schuldhaft, so wird die Haftung des staatlichen oder kommunalen Organs entsprechend eingeschränkt oder ausgeschlossen.

§ 3 Art und Umfang des Schadensersatzes
(1) [1]Der Schadensersatz ist in Geld zu leisten. [2]Das ersatzpflichtige staatliche Organ oder die staatliche Einrichtung kann den Schaden auch durch Wiederherstellung des Zustandes, der vor dem Schadensfall bestanden hat, ausgleichen.
(2) Der Umfang des Schadensersatzes bestimmt sich nach den zivilrechtlichen Vorschriften, soweit in Gesetzen oder anderen Rechtsvorschriften nichts anderes bestimmt ist.
(3) Ein Schadensersatzanspruch besteht insoweit nicht, als ein Ersatz des Schadens auf andere Weise erlangt werden kann.

§ 4 Verjährung
(1) Der Schadensersatzanspruch verjährt innerhalb eines Jahres.
(2) Die Verjährungsfrist beginnt mit dem Tage, an dem der Geschädigte von dem Schaden und davon Kenntnis hat, daß der Schaden von einem Mitarbeiter oder Beauftragten eines staatlichen Organs oder einer staatlichen Einrichtung verursacht wurde.
(3) Für den Lauf, die Hemmung und Unterbrechung der Verjährung gelten im übrigen die allgemeinen Vorschriften des Zivilrechts.

Zweiter Abschnitt
Verfahrensbestimmungen

§§ 5, 6 (aufgehoben)

§ 6a Zulässigkeit des Gerichtsweges
[1]Für Streitigkeiten nach diesem Gesetz ist der Rechtsweg zu den ordentlichen Gerichten gegeben. [2]Ohne Rücksicht auf den Wert des Streitgegenstandes ist das Landgericht zuständig, in dessen Bezirk das Organ seinen Sitz hat, aus dessen Verhalten der Anspruch hergeleitet wird.

§ 7 (aufgehoben)

§ 8 Leistung des Schadensersatzes
Der Schadensersatz ist aus den Haushaltsmitteln oder den finanziellen Fonds des staatlichen Organs oder der staatlichen Einrichtung zu leisten, deren Mitarbeiter oder Beauftragte den Schaden rechtswidrig verursacht haben.

Dritter Abschnitt
Schlußbestimmungen

§ 9 (aufgehoben)

§ 10 Geltungsbereich
Ein Schadensersatzanspruch steht auch Angehörigen eines ausländischen Staates zu, die im Geltungsbereich dieses Gesetzes keinen Wohnsitz oder ständigen Aufenthalt haben.

§ 11 Übergangsbestimmung
[1]Antrags- und Beschwerdeverfahren, die beim Inkrafttreten des Ersten Thüringer Gesetzes zur Änderung des Staatshaftungsgesetzes noch nicht abgeschlossen sind, werden nach den Bestimmungen dieses Gesetzes in der bis zum Inkrafttreten des Ersten Thüringer Gesetzes zur Änderung des Staatshaftungsgesetzes geltenden Fassung weitergeführt. [2]Sofern der Antragsteller oder Beschwerdeführer innerhalb von drei Monaten nach Inkrafttreten des Ersten Thüringer Gesetzes zur Änderung des Staatshaftungsgesetzes gegenüber dem Antrags- oder Beschwerdegegner schriftlich auf die Fortführung des Antrags- oder Beschwerdeverfahrens verzichtet, kann er unmittelbar Klage erheben.

§ 12 (Inkrafttreten)

Thüringer Feier- und Gedenktagsgesetz (ThürFGtG)

Vom 21. Dezember 1994 (GVBl. S. 1221)
(113-2)
zuletzt geändert durch Art. 1 Drittes ÄndG vom 19. März 2019 (GVBl. S. 22)

Nichtamtliche Inhaltsübersicht

§ 1 Allgemeines
§ 2 Gesetzliche Feiertage
§ 2a Gedenktage
§ 3 Religiöse Feiertage
§ 4 Allgemeine Arbeitsverbote, Ausnahmen
§ 5 Schutz der Gottesdienste
§ 6 Erhöhter Schutz an stillen Tagen
§ 7 Ausnahmen
§ 8 Ordnungswidrigkeiten
§ 9 Grundrechtseinschränkungen
§ 10 Übergangsbestimmungen, Mehrbelastungsausgleich
§ 11 Schlußbestimmungen

Der Landtag hat das folgende Gesetz beschlossen:

§ 1 Allgemeines

(1) Die Sonntage, die gesetzlichen Feiertage nach Bundes- oder Landesrecht, die aufgrund von § 2 Abs. 3 bestimmten Tage und die religiösen Feiertage sind nach Maßgabe dieses Gesetzes geschützt.
(2) Der Schutz gilt von Mitternacht bis Mitternacht, sofern in den nachstehenden Bestimmungen nichts anderes festgelegt ist.
(3) Die Feiertage nach § 2 Abs. 1 und die durch Rechtsverordnung bestimmten Feiertage nach § 2 Abs. 2 und 3 Nr. 1 sind Festtage oder gesetzliche, staatlich anerkannte oder allgemeine Feiertage im Sinne bundes- oder landesrechtlicher Vorschriften.

§ 2 Gesetzliche Feiertage

(1) Gesetzliche Feiertage sind:
der Neujahrstag,
der Karfreitag,
der Ostermontag,
der 1. Mai,
der Tag Christi Himmelfahrt,
der Pfingstmontag,
der 20. September als Weltkindertag,
der 3. Oktober als Tag der Deutschen Einheit,
der Reformationstag,
der erste Weihnachtsfeiertag,
der zweite Weihnachtsfeiertag.
(2) Das für das Feiertagsrecht zuständige Ministerium wird ermächtigt, durch Rechtsverordnung für Gemeinden mit überwiegend katholischer Wohnbevölkerung den Fronleichnamstag als gesetzlichen Feiertag festzulegen.
(3) Das für das Feiertagsrecht zuständige Ministerium wird ermächtigt, aus besonderem Anlaß, insbesondere soweit Staatstrauer oder eine Staatsfeier es gebieten, durch Rechtsverordnung
1. Werktage zu einmaligen Feiertagen zu erklären und festzulegen, welche Schutzbestimmungen dieses Gesetzes Anwendung finden, oder
2. Schutzbestimmungen dieses Gesetzes im Einzelfall auf Werktage zu erstrecken.

§ 2a Gedenktage

(1) Der 8. Mai ist Gedenktag anlässlich der Befreiung vom Nationalsozialismus und der Beendigung des 2. Weltkrieges in Europa.
(2) Der 17. Juni ist Gedenktag für die Opfer des SED-Unrechts.

§ 3 Religiöse Feiertage

(1) Religiöse Feiertage im Sinne dieses Gesetzes sind

1. – der Dreikönigstag (Epiphanias),
   – der Gründonnerstag,
   – Mariä Himmelfahrt,
   – Allerheiligen,
   – der Buß- und Bettag;
2. der Fronleichnamstag in den Gemeinden, in denen er nicht gesetzlicher Feiertag ist.

(2) Das für das Feiertagsrecht zuständige Ministerium wird ermächtigt, im Einvernehmen mit dem für die Religions- und Weltanschauungsgemeinschaft zuständigen Ministerium durch Rechtsverordnung weitere religiöse Feiertage für Thüringen oder bestimmte Gebiete des Landes festzulegen und zu bestimmen, welche Regelungen des Absatzes 3 Anwendung finden sollen, soweit hierfür aufgrund der Bedeutung einer Religionsgemeinschaft nach Tradition oder Mitgliederzahl ein öffentliches Bedürfnis besteht.

(3) Vorbehaltlich der Regelung in Absatz 4 ist an religiösen Feiertagen mit Ausnahme des Gründonnerstags

1. Schülern auf Antrag Freistellung vom Unterricht zu gewähren,
2. Personen, die in einem Beschäftigungs- oder Ausbildungsverhältnis stehen, auf Antrag unbezahlte Freistellung zu gewähren, wenn keine zwingenden betrieblichen Erfordernisse entgegenstehen,

soweit und solange dies für die Teilnahme an einem Gottesdienst ihrer Religionsgemeinschaft jeweils erforderlich ist.

(4) Am Buß- und Bettag ist die Freistellung nach Absatz 3 für den gesamten Tag zu gewähren.

§ 4 Allgemeine Arbeitsverbote, Ausnahmen

(1) Die Sonntage und die gesetzlichen Feiertage sind Tage allgemeiner Arbeitsruhe.

(2) An den Sonntagen und an den gesetzlichen Feiertagen sind alle öffentlich bemerkbarenTätigkeiten verboten, die geeignet sind, die äußere Ruhe zu beeinträchtigen oder die dem Wesen des Sonn- oder Feiertags widersprechen.

(3) [1]Von dem Verbot nach Absatz 2 sind ausgenommen

1. Tätigkeiten, die nach Bundes- oder Landesrecht besonders zugelassen sind,
2. Tätigkeiten der Unternehmen, die Post- und Fernmeldedienstleistungen für die Öffentlichkeit anbieten, der Versorgungsbetriebe und -einrichtungen, der Eisenbahnen und sonstiger der Personenbeförderung dienenden Unternehmen,
3. Tätigkeiten der Hilfseinrichtungen des Verkehrs mit der Maßgabe, daß Instandsetzungsarbeiten an Kraftfahrzeugen nur zulässig sind, soweit sie für die Weiterfahrt erforderlich sind,
4. unaufschiebbare Tätigkeiten, die zur Befriedigung häuslicher oder landwirtschaftlicher Bedürfnisse, zur Abwendung eines Schadens an Gesundheit oder Eigentum, im Interesse öffentlicher Einrichtungen oder zur Verhütung oder Beseitigung eines Unfalls oder eines Notstands erforderlich sind,
5. die im Fremdenverkehr und zur Erholung im Rahmen der Freizeitgestaltung üblichen Dienstleistungen persönlicher Art,
6. die Öffentlichkeit nicht störende, nichtgewerbsmäßige Tätigkeiten in Haus und Garten.

[2]Bei den erlaubten Tätigkeiten ist auf das Wesen des Tags Rücksicht zu nehmen. [3]Unnötige Störungen, insbesondere durch Lärmentwicklung, sind zu vermeiden.

§ 5 Schutz der Gottesdienste

An den Sonntagen, an den gesetzlichen Feiertagen, mit Ausnahme des 1. Mai und des Tags der Deutschen Einheit, und an den religiösen Feiertagen sind in der Nähe von religiösen Zwecken dienenden Gebäuden und Örtlichkeiten alle Handlungen verboten, die geeignet sind, den Gottesdienst zu stören.

§ 6 Erhöhter Schutz an stillen Tagen

(1) Am Karfreitag ganztägig, am vorletzten Sonntag vor dem ersten Advent als Volkstrauertag und am Totensonntag (Ewigkeitssonntag) jeweils ab 3.00 Uhr sind unbeschadet der §§ 4 und 5 verboten:

1. musikalische und sonstige unterhaltende Darbietungen jeder Art in Gaststätten und in Nebenräumen mit Schankbetrieb,
2. öffentliche sportliche Veranstaltungen,

3. alle sonstigen öffentlichen Veranstaltungen, wenn sie nicht der Würdigung des Tags oder der Kunst, Wissenschaft oder Volksbildung dienen und auf den Charakter des Tags Rücksicht nehmen.

(2) Der Allerheiligentag ist nach Maßgabe des Absatzes 1 Nr. 1 bis 3 ab 3.00 Uhr in den Gemeinden geschützt, in denen der Fronleichnamstag als gesetzlicher Feiertag bestimmt ist.

(3) Am Tag vor dem ersten Weihnachtsfeiertag (Heiliger Abend) gelten die Verbote des Absatzes 1 Nr. 2 und 3 ab 15.00 Uhr.

§ 7 Ausnahmen

(1) [1]Aus wichtigen Gründen können von den Verboten des § 4 Abs. 2 und der §§ 5 und 6 Ausnahmen zugelassen werden. [2]Eine Störung der Gottesdienste darf durch die zugelassenen Ausnahmen nicht eintreten.

(2) Ausnahmen können auch für den Betrieb von Waschanlagen für Personenkraftwagen zugelassen werden, sofern eine Störung der Feiertagsruhe der Bevölkerung ausgeschlossen werden kann.

(3) Zuständig für die Zulassung von Ausnahmen sind

1. die Landkreise im übertragenen Wirkungskreis für alle Ausnahmen innerhalb ihres Gebietes, soweit deren Zulassung über das Gebiet einer kreisangehörigen Gemeinde hinausgeht,
2. in allen übrigen Fällen die kreisfreien Städte und kreisangehörigen Gemeinden jeweils im übertragenen Wirkungskreis.

§ 8 Ordnungswidrigkeiten

(1) Ordnungswidrig handelt, wer vorsätzlich oder fahrlässig

1. öffentlich bemerkbare Tätigkeiten entgegen § 4 Abs. 2 vornimmt,
2. Handlungen vornimmt, die entgegen § 5 den Gottesdienst zu stören geeignet sind,
3. an den stillen Tagen
   a) entgegen § 6 Abs. 1 Nr. 1 musikalische und sonstige unterhaltende Darbietungen jeder Art in Gaststätten und in Nebenräumen mit Schankbetrieb veranstaltet,
   b) entgegen § 6 Abs. 1 Nr. 2 öffentliche sportliche Veranstaltungen durchführt,
   c) entgegen § 6 Abs. 1 Nr. 3 andere als die dort zugelassenen öffentlichen Veranstaltungen durchführt,
4. am Tag vor dem ersten Weihnachtsfeiertag (Heiliger Abend)
   a) entgegen § 6 Abs. 1 Nr. 2 und Abs. 3 öffentliche sportliche Veranstaltungen durchführt,
   b) entgegen § 6 Abs. 1 Nr. 3 und Abs. 3 andere als die dort zugelassenen öffentlichen Veranstaltungen durchführt.

(2) Ordnungswidrig handelt auch, wer vorsätzlich oder fahrlässig einer aufgrund des § 2 Abs. 3 erlassenen Rechtsverordnung zuwiderhandelt, sofern darin für einen bestimmten Tatbestand auf diese Bußgeldbestimmung verwiesen wird.

(3) Die Ordnungswidrigkeit kann mit einer Geldbuße bis zu fünftausend Euro geahndet werden.

(4) Zuständige Behörde im Sinne des § 36 Abs. 1 Nr. 1 des Gesetzes über Ordnungswidrigkeiten sind die Landkreise und kreisfreien Städte jeweils im übertragenen Wirkungskreis.

§ 9 Grundrechtseinschränkungen

Das Grundrecht der Versammlungsfreiheit (Artikel 8 des Grundgesetzes; Artikel 10 der Verfassung des Freistaats Thüringen) wird nach Maßgabe des § 2 Abs. 3, des § 4 Abs. 2 sowie der §§ 5 und 6 eingeschränkt.

§ 10 Übergangsbestimmungen, Mehrbelastungsausgleich

(1) Bis zum Erlaß einer Rechtsverordnung nach § 2 Abs. 2 gilt der Fronleichnamstag in denjenigen Teilen Thüringens, in denen er im Jahre 1994 als gesetzlicher Feiertag begangen wurde, als solcher fort.

(2) Bis zum Erlaß einer Rechtsverordnung nach § 3 Abs. 2 gilt die in § 3 Abs. 1 Buchst. c in Verbindung mit § 3 Abs. 2 der Ersten Durchführungsbestimmung zur Verordnung über die Einführung gesetzlicher Feiertage vom 7. Juni 1990 (GBl. I Nr. 31 S. 281) getroffene Regelung fort.

(3) Die nach § 7 Abs. 3 in der nach dem Inkrafttreten des Artikels 1 des Thüringer Haushaltsbegleitgesetzes 2008/2009 geltenden Fassung den Landkreisen und kreisfreien Städten entstehenden angemessenen Kosten für die in den übertragenen Wirkungskreis übertragenen Aufgaben werden diesen für die Jahre 2008 und 2009 vom Land erstattet.

(4) Ab dem Jahr 2010 erfolgt die Erstattung der mit der Aufgabenübertragung nach § 7 Abs. 3 in der nach dem Inkrafttreten des Artikels 1 des Thüringer Haushaltsbegleitgesetzes 2008/2009 geltenden Fassung verbundenen angemessenen Kosten an die Landkreise und kreisfreien Städte über die Auftragskostenpauschale nach § 26 des Thüringer Finanzausgleichsgesetzes.

§ 11 Schlußbestimmungen

(1) Dieses Gesetz tritt am 1. Januar 1995 in Kraft.

(2) *[hier nicht wiedergegeben]*

Landesgesetz über die Einsetzung und das Verfahren von Untersuchungsausschüssen (Untersuchungsausschußgesetz – UAG –)

Vom 7. Februar 1991 (GVBl. S. 36)
(1101-2)
zuletzt geändert durch Art. 2 Thüringer Euro-UmstellungsG vom 24. Oktober 2001 (GVBl. S. 265)

Nichtamtliche Inhaltsübersicht

§ 1	Aufgabe und Zulässigkeit
§ 2	Einsetzung
§ 3	Gegenstand der Untersuchung
§ 3a	Gerichtliche Entscheidung über die Zulässigkeit einer Untersuchung
§ 4	Zusammensetzung
§ 5	Vorsitzender und stellvertretender Vorsitzender
§ 6	Ausschußmitglieder
§ 7	Ausscheiden von Ausschußmitgliedern, Ruhen der Mitgliedschaft
§ 8	Beschlußfähigkeit
§ 9	Unterausschüsse
§ 10	Sitzungen
§ 11	Ordnungsgewalt, Sitzungspolizei
§ 12	Sitzungsprotokoll
§ 13	Beweiserhebung
§ 14	Aktenvorlage und Aussagegenehmigungen
§ 15	Rechtsstellung von Betroffenen
§ 16	Zeugen
§ 17	Sachverständige
§ 18	Belehrung
§ 19	Vernehmung
§ 20	Vereidigung
§ 21	Vernehmung im Wege der Rechtshilfe
§ 22	Verlesung von Protokollen und Schriftstücken
§ 23	Sonstige Erhebungen
§ 24	Akteneinsicht, Aktenauskunft
§ 25	Unterrichtung der Öffentlichkeit
§ 26	Verschwiegenheitspflicht
§ 27	Aussetzung des Verfahrens, Auflösung des Untersuchungsausschusses
§ 28	Bericht
§ 29	Kosten und Auslagen
§ 30	Gerichtliches Verfahren
§ 31	Ergänzende Vorschriften
§ 32	
§ 33	Inkrafttreten

Der Thüringer Landtag hat das folgende Gesetz beschlossen:

§ 1 Aufgabe und Zulässigkeit

(1) Ein Untersuchungsausschuß des Landtags (Artikel 64 der Verfassung des Freistaats Thüringen) hat die Aufgabe, Sachverhalte, deren Aufklärung im öffentlichen Interesse liegt, zu untersuchen und dem Landtag darüber Bericht zu erstatten.

(2) Ein Untersuchungsverfahren ist nur zulässig im Rahmen der verfassungsmäßigen Zuständigkeiten des Landtags.

§ 2 Einsetzung

(1) Ein Untersuchungsausschuß wird auf Antrag durch Beschluß des Landtags eingesetzt.

(2) Der Landtag hat auf einen verfassungsrechtlich zulässigen Antrag von einem Fünftel seiner Mitglieder (Minderheitsantrag) die Pflicht, einen Untersuchungsausschuß einzusetzen.

(3) Bei Zweifeln über die Zulässigkeit einer Untersuchung kann der Landtag den Einsetzungsantrag zur gutachtlichen Äußerung an den Justizausschuß überweisen; dieser hat die Äußerung unverzüglich abzugeben.

§ 3 Gegenstand der Untersuchung

(1) Der Gegenstand der Untersuchung muß in dem Antrag und in dem Einsetzungsbeschluß hinreichend bestimmt sein.

(2) Der in einem Minderheitsantrag (§ 2 Abs. 2) bezeichnete Untersuchungsgegenstand darf gegen den Willen der Antragsteller nur geändert werden, wenn der Kern des Untersuchungsgegenstandes gewahrt bleibt und aufgrund der Änderung eine wesentliche Verzögerung des Untersuchungsverfahrens nicht zu befürchten ist.

(3) Der Untersuchungsausschuß ist an den ihm erteilten Auftrag gebunden.

(4) Neue Sachverhalte dürfen nur aufgrund eines Beschlusses des Landtags einbezogen werden; Absatz 2 bleibt unberührt.

§ 3a Gerichtliche Entscheidung über die Zulässigkeit einer Untersuchung

Auf Antrag eines Fünftels der Mitglieder des Landtags entscheidet der Verfassungsgerichtshof nach Maßgabe über den Thüringer Verfassungsgerichtshof über die Zulässigkeit einer Untersuchung.

§ 4 Zusammensetzung

(1) Ein Untersuchungsausschuß besteht in der Regel aus zehn Mitgliedern des Landtags.

(2) [1]In dem Untersuchungsausschuß muß jede Fraktion vertreten sein. [2]Die Sitze werden auf die Fraktionen unter Berücksichtigung ihres Stärkeverhältnisses verteilt; dabei muß gewährleistet sein, daß die Mehrheitsverhältnisse im Untersuchungsausschuß den Mehrheitsverhältnissen im Landtag entsprechen.

§ 5 Vorsitzender und stellvertretender Vorsitzender

(1) Der Landtag wählt den Vorsitzenden des Untersuchungsausschusses und dessen Stellvertreter aus seiner Mitte.

(2) Der Vorsitzende und der Stellvertreter müssen verschiedenen Fraktionen angehören, unter denen sich eine Regierungsfraktion und eine Oppositionsfraktion befinden soll.

(3) [1]Der Landtag kann den Vorsitzenden und dessen Stellvertreter abwählen; § 7 Abs. 1 bis 5 bleibt unberührt. [2]Der Antrag auf Abwahl kann nur von mindestens einem Fünftel der Mitglieder des Landtags gestellt werden. [3]Der Beschluß bedarf der Zustimmung von zwei Dritteln der Mitglieder des Landtags. [4]Zwischen Antragstellung und Beschlußfassung müssen mindestens zwei Wochen liegen. [5]Im Falle der Abwahl bleibt das Recht einer Fraktion, den Vorsitzenden oder stellvertretenden Vorsitzenden zu stellen, unberührt.

§ 6 Ausschußmitglieder

(1) Die Ausschußmitglieder werden, soweit sie nicht vom Landtag gewählt werden (§ 5), von den Fraktionen benannt.

(2) [1]Jede Fraktion benennt bis zu zwei ständige Ersatzmitglieder. [2]Diese vertreten die Ausschußmitglieder in der von der Fraktion bestimmten Reihenfolge.

(3) [1]Die Ersatzmitglieder sollen an den Sitzungen des Untersuchungsausschusses als Zuhörer teilnehmen. [2]Ein Rede-, Beratungs- und Stimmrecht haben sie nur, wenn sie ein abwesendes Ausschußmitglied vertreten.

§ 7 Ausscheiden von Ausschußmitgliedern, Ruhen der Mitgliedschaft

(1) Ein Mitglied des Landtags, das an den zu untersuchenden Vorgängen beteiligt ist oder war, darf dem Untersuchungsausschuß nicht angehören; liegt diese Voraussetzung bei einem Ausschußmitglied vor und wird dies erst nach der Einsetzung des Ausschusses bekannt, so hat das Mitglied aus dem Untersuchungsausschuß auszuscheiden.

(2) [1]Bestehen innerhalb des Untersuchungsausschusses Meinungsverschiedenheiten, ob die Voraussetzung des Absatzes 1 vorliegt, entscheidet auf Antrag eines Ausschußmitglieds der Untersuchungsausschuß. [2]Die Entscheidung des Untersuchungsausschusses, daß ein Mitglied auszuscheiden hat, bedarf der Mehrheit von zwei Dritteln seiner Mitglieder; bei dieser Entscheidung wird das Mitglied, über dessen Beteiligung Streit besteht, gemäß § 6 Abs. 2 vertreten.

(3) Ein Ausschußmitglied scheidet ferner aus, wenn es der Fraktion, auf deren Vorschlag es gewählt oder von der es benannt wurde, nicht mehr angehört.

(4) [1]Ist ein Ausschußmitglied ausgeschieden, ist nach den §§ 5 und 6 ein neues Ausschußmitglied zu wählen oder zu benennen. [2]Die Verteilung der Ausschußsitze auf die Fraktionen bleibt unberührt.

(5) [1]Hat der Untersuchungsausschuß die Vernehmung eines Ausschußmitglieds als Zeuge beschlossen, so ruht dessen Mitgliedschaft bis zum Abschluß der Vernehmung; die Vernehmung ist unverzüglich durchzuführen. [2]Für die Dauer des Ruhens benennt die Fraktion, auf deren Vorschlag das Mitglied gewählt oder von der es benannt wurde, ein anderes Mitglied. [3]Über einen Antrag auf Vernehmung eines Ausschußmitglieds als Zeuge ist unverzüglich zu entscheiden.

(6) Die Absätze 1 bis 5 gelten für Ersatzmitglieder entsprechend.

§ 8 Beschlußfähigkeit

(1) Der Untersuchungsausschuß ist beschlußfähig, wenn die Mehrheit der Ausschußmitglieder anwesend ist.

(2) 1Ist der Untersuchungsausschuß nicht beschlußfähig, so unterbricht der Vorsitzende die Sitzung auf bestimmte Zeit. 2Ist nach dieser Zeit die Beschlußfähigkeit nicht eingetreten, so hat der Vorsitzende unverzüglich eine neue Sitzung anzuberaumen. 3In dieser Sitzung ist der Untersuchungsausschuß beschlußfähig, auch wenn nicht die Mehrheit der Ausschußmitglieder anwesend ist; darauf ist in der Einladung hinzuweisen.

§ 9 Unterausschüsse

(1) Der Untersuchungsausschuß kann jederzeit durch einstimmigen Beschluß eine vorbereitende Untersuchung durch einen Unterausschuß beschließen (Vorbereitender Unterausschuß) oder einen Unterausschuß mit der Erhebung einzelner Beweise beauftragen (Unterausschuß zur Beweisaufnahme).

(2) 1Der Vorbereitende Unterausschuß sammelt und gliedert den Untersuchungsstoff und beschafft das erforderliche Beweismaterial, insbesondere die einschlägigen Akten und Unterlagen. 2Er kann Personen informatorisch hören. 3Seine Sitzungen sind nicht öffentlich. 4Die Sitzungen und informatorischen Anhörungen sind zu protokollieren; § 12 gilt entsprechend.

(3) Für den Unterausschuß zur Beweisaufnahme gelten die Vorschriften über die Durchführung der Beweisaufnahme durch den Untersuchungsausschuß entsprechend.

(4) 1Jede Fraktion hat Anspruch auf einen Sitz im Unterausschuß; den Vorsitz führt der Vorsitzende des Untersuchungsausschusses. 2Die Mitglieder des Unterausschusses werden von den Vertretern der Fraktionen im Untersuchungsausschuß aus dem Kreis der Ausschußmitglieder benannt.

§ 10 Sitzungen

(1) Der Vorsitzende beruft den Untersuchungsausschuß unter Angabe der Tagesordnung ein, bereitet dessen Sitzungen vor und leitet sie; er ist dabei an Beschlüsse des Untersuchungsausschusses gebunden.

(2) 1Die Beratungen des Untersuchungsausschusses sind nicht öffentlich. 2Soweit öffentliche oder private Geheimhaltungsgründe dies gebieten, beschließt der Untersuchungsausschuß die Vertraulichkeit der Sitzung.

(3) 1Die Beweisaufnahme erfolgt in öffentlicher Sitzung. 2Ton- und Fernseh-Rundfunkaufnahmen sowie Ton- und Filmaufnahmen zum Zwecke der öffentlichen Vorführung oder Veröffentlichung ihres Inhalts sind unzulässig.

(4) 1Die Beweisaufnahme ist in nichtöffentlicher oder vertraulicher Sitzung durchzuführen, soweit öffentliche oder private Geheimhaltungsgründe dies gebieten. 2Dabei hat der Untersuchungsausschuß zwischen dem Interesse an öffentlicher Aufklärung und den Geheimhaltungsgründen abzuwägen. 3Der Untersuchungsausschuß entscheidet mit der Mehrheit von zwei Dritteln seiner Mitglieder in nichtöffentlicher Sitzung; Absatz 2 Satz 2 bleibt unberührt.

(5) 1Der Untersuchungsausschuß kann einzelne Personen von der Beweisaufnahme ausschließen, wenn zu befürchten ist, ein Zeuge werde bei seiner Vernehmung in Gegenwart dieser Personen nicht die Wahrheit sagen. 2Absatz 4 Satz 3 gilt entsprechend.

(6) 1Die Mitglieder der Landesregierung und ihre Beauftragten haben auch zu den nicht öffentlichen und vertraulichen Sitzungen Zutritt; dies gilt auch für einen namentlich benannten Mitarbeiter, für den Verhinderungsfall einen namentlich benannten ständigen Stellvertreter je Fraktion, die im Untersuchungsausschuss vertreten ist. 2Sie können durch Mehrheitsbeschluß für nichtöffentliche Sitzungen, die nicht der Beweiserhebung dienen, ausgeschlossen werden. 3Beauftragte der Landesregierung für das Untersuchungsverfahren sind dem Untersuchungsausschuß rechtzeitig zu benennen.

(7) Die Behandlung von Verschlußsachen richtet sich nach der Geheimschutzordnung des Landtags.

§ 11 Ordnungsgewalt, Sitzungspolizei

(1) Die Aufrechterhaltung der Ordnung in der Sitzung obliegt dem Vorsitzenden.

(2) Zeugen, Sachverständige, Betroffene, Beistände, Zuhörer und sonstige Sitzungsteilnehmer, die den Anordnungen des Vorsitzenden zur Aufrechterhaltung der Ordnung nicht Folge leisten, können auf Beschluß des Untersuchungsausschusses aus dem Saal entfernt werden.

(3) 1Der Untersuchungsausschuß kann außerdem gegen Personen, die sich in der Sitzung einer Ungebühr schuldig gemacht haben, unbeschadet einer strafgerichtlichen Verfolgung, ein Ordnungsgeld bis

zu 1 000 Euro verhängen. [2]Gegen den Beschluß kann binnen einer Frist von einer Woche nach seiner Bekanntmachung (§ 35 StPO) die Entscheidung des Landgerichts Erfurt beantragt werden. [3]Der Antrag hat aufschiebende Wirkung; im übrigen gilt § 161a Abs. 3 Satz 3 und 4 StPO entsprechend; § 30 Abs. 2 bleibt unberührt.

(4) Das Ordnungsgeld wird auf Veranlassung des Vorsitzenden, nach Abschluß des Untersuchungsverfahrens auf Veranlassung des Präsidenten des Landtags, durch die Gerichtskasse des Amtsgerichts Erfurt nach den Vorschriften der Justizbeitreibungsordnung beigetrieben.

§ 12 Sitzungsprotokoll

(1) [1]Das Protokoll über die Sitzungen des Untersuchungsausschusses enthält

1. den Ort und den Tag der Sitzung,
2. die Namen der anwesenden Mitglieder und Ersatzmitglieder sowie der sonstigen Sitzungsteilnehmer,
3. die Angabe, ob öffentlich, nichtöffentlich oder vertraulich verhandelt worden ist,
4. den wesentlichen Gang der Verhandlung.

[2]Zur Erstellung der Protokolle ist die Verwendung eines Tonaufnahmegeräts zulässig. [3]Beweisaufnahmen sind wörtlich zu protokollieren.

(2) Die Protokolle über öffentliche und nichtöffentliche Sitzungen werden an die Ausschußmitglieder, die Ersatzmitglieder und die Vorsitzenden der Fraktionen des Landtags verteilt sowie der Landesregierung zugeleitet.

(3) Über vertrauliche Sitzungen wird das Sitzungsprotokoll in einem Exemplar zur Verwahrung durch die Landtagsverwaltung und in einem weiteren Exemplar für die Landesregierung hergestellt.

(4) Die Einsicht in die Sitzungsprotokolle richtet sich nach § 24.

§ 13 Beweiserhebung

(1) [1]Der Untersuchungsausschuß erhebt die durch den Untersuchungsauftrag gebotenen Beweise aufgrund von Beweisbeschlüssen. [2]In den Beweisbeschlüssen müssen die Tatsachen, über die Beweis erhoben werden soll, und die Beweismittel bezeichnet werden.

(2) [1]Die Beweisbeschlüsse ergehen auf Antrag von Ausschußmitgliedern oder der Landesregierung. [2]Beweise sind zu erheben, wenn sie ein Fünftel der Ausschußmitglieder für erforderlich halten. [3]Ein Beweisantrag ist abzulehnen, wenn die Erhebung des Beweises unzulässig ist. [4]Im übrigen dürfen Beweisanträge von Ausschußmitgliedern nur abgelehnt werden,

1. wenn eine Beweiserhebung wegen Offenkundigkeit überflüssig ist,
2. wenn die Aufklärung der Tatsache, die bewiesen werden soll, vom Untersuchungsauftrag nicht gedeckt oder die Tatsache schon erwiesen ist,
3. wenn das Beweismittel völlig ungeeignet oder wenn es unerreichbar ist,
4. wenn eine erhebliche Behauptung, die zur Entlastung eines Betroffenen bewiesen werden soll, so behandelt werden kann, als wäre die behauptete Tatsache wahr,
5. wenn keine tatsächlichen Anhaltspunkte für die Beweisbehauptung vorliegen.

[5]Bei Beweisanträgen von Ausschußmitgliedern auf Vernehmung von Sachverständigen, Anhörung eines weiteren Sachverständigen oder Einnahme des Augenscheins ist eine Ablehnung auch in entsprechender Anwendung des § 244 Abs. 4 und 5 StPO zulässig.

(3) [1]Wird der Beweisantrag eines Ausschußmitglieds nach Absatz 2 abgelehnt, kann ein Fünftel der Ausschußmitglieder innerhalb einer Woche nach der ablehnenden Beschlußfassung eine Kommission anrufen, die aus den beiden dienstältesten Vorsitzenden Richtern der Strafsenate bei dem Thüringer Oberlandesgericht und dem dienstältesten Vorsitzenden Richter des Thüringer Oberverwaltungsgerichts besteht; den Vorsitz führt der dienstälteste Vorsitzende Richter. [2]Ist ein Vorsitzender Richter verhindert oder zur Mitwirkung in der Kommission nicht bereit, ist der jeweils nächste dienstälteste Vorsitzende Richter berufen. [3]Die Kommission äußert sich gutachtlich, ob die Ablehnungsgründe des Absatzes 2 vorliegen; stellt sie fest, daß dies nicht der Fall ist, hat der Untersuchungsausschuß erneut über den Beweisantrag zu entscheiden. [4]Die Stellungnahme der Kommission ist unverzüglich abzugeben.

§ 14 Aktenvorlage und Aussagegenehmigungen

(1) Die Landesregierung und die Behörden des Landes sowie die Körperschaften, Anstalten und Stiftungen des öffentlichen Rechts, die der Aufsicht des Landes unterstehen, sind verpflichtet, die von

dem Untersuchungsausschuß angeforderten Akten vorzulegen und Auskünfte zu geben, Zutritt zu den von ihnen verwalteten öffentlichen Einrichtungen zu gewähren sowie die erforderlichen Aussagegenehmigungen zu erteilen.

(2) Ersuchen nach Absatz 1 sind an die zuständige oberste Dienstbehörde oder oberste Aufsichtsbehörde, Ersuchen an Gerichte um Aktenvorlage sind an das jeweilige Gericht zu richten.

(3) [1]Die Verpflichtung nach Absatz 1 besteht nicht, wenn durch deren Erfüllung

1. interne Beratungen und Entscheidungen offenbart würden, die zum unausforschbaren Kernbereich der exekutiven Eigenverantwortung gehören,
2. dem Wohle des Landes, des Bundes oder eines anderen deutschen Landes Nachteile bereitet würden,
3. in Grundrechte eingegriffen würde.

[2]Die Berufung auf Gründe des Satzes 1 Nr. 2 ist ausgeschlossen, wenn für den Untersuchungsausschuß die erforderlichen Vorkehrungen gegen das Bekanntwerden geheimhaltungsbedürftiger Tatsachen getroffen sind; das gleiche gilt für die Gründe des Satzes 1 Nr. 3, soweit der unantastbare Bereich privater Lebensgestaltung nicht betroffen und der Grundsatz der Verhältnismäßigkeit beachtet ist.

(4) [1]Die Landesregierung legt dem Untersuchungsausschuß die Gründe für die Verweigerung in nichtöffentlicher, gegebenenfalls vertraulicher, Sitzung dar. [2]Hält der Untersuchungsausschuß die Voraussetzungen der Verweigerung nicht für gegeben, kann er mit der Mehrheit seiner Mitglieder beschließen, den Verfassungsgerichtshof anzurufen. [3]Der Verfassungsgerichtshof entscheidet nach Maßgabe des Gesetzes über den Thüringer Verfassungsgerichtshof darüber, ob die Verweigerung begründet ist; erklärt er die Verweigerung für unbegründet, darf sie nicht aufrechterhalten werden.

§ 15 Rechtsstellung von Betroffenen

(1) [1]Betroffene sind natürliche und juristische Personen, gegen die sich nach dem Sinn des Untersuchungsauftrags die Untersuchung richtet. [2]Der Untersuchungsausschuß stellt auf Antrag eines Mitglieds oder der Landesregierung (mit der Mehrheit von zwei Dritteln seiner Mitglieder) fest, wer Betroffener ist; antragsberechtigt sind auch natürliche und juristische Personen, die geltend machen, daß bei ihnen die Voraussetzungen des Satzes 1 vorliegen.

(2) [1]Betroffene dürfen als Zeugen vernommen werden. [2]Sie haben das Recht, das Zeugnis zu verweigern; dies gilt nicht

1. für Mitglieder der Landesregierung oder andere Amtsträger, soweit sich die Untersuchung auf ihre Amtsführung bezieht,
2. für Angehörige des öffentlichen Dienstes, soweit von ihnen Auskunft über dienstliche Vorgänge einschließlich ihrer eigenen Amtsführung verlangt wird.

[3]Satz 2 zweiter Halbsatz ist auf ehemalige Mitglieder der Landesregierung, ehemalige Amtsträger und ehemalige Angehörige des öffentlichen Dienstes entsprechend anzuwenden. [4]Im übrigen stehen den Betroffenen dieselben Zeugnis- und Auskunftsverweigerungsrechte wie einem Zeugen zu.

(3) [1]Betroffene können, soweit dies zur Wahrnehmung ihrer Rechte erforderlich ist, auch an der nichtöffentlichen oder vertraulichen Beweisaufnahme teilnehmen sowie Fragen an die Zeugen und Sachverständigen stellen. [2]Der Untersuchungsausschuß kann Betroffene nach § 10 Abs. 5 von der Beweisaufnahme ausschließen; von nichtöffentlichen und vertraulichen Beweisaufnahmen können Betroffene außerdem ausgeschlossen werden, soweit Gründe der Geheimhaltung dies gebieten. [3]Nach der Wiederzulassung zur Beweisaufnahme sind die Betroffenen über die in ihrer Abwesenheit erfolgte Beweisaufnahme und ergangene Beschlüsse des Untersuchungsausschusses zu unterrichten, es sei denn, daß der Unterrichtung Geheimhaltungsgründe entgegenstehen.

(4) [1]Der Untersuchungsausschuß kann Betroffenen gestatten, sich zur Wahrnehmung ihrer Rechte eines Rechtsbeistandes zu bedienen. [2]Absatz 3 gilt entsprechend.

(5) [1]Auf Verlangen ist dem Betroffenen zu gestatten, vor Beendigung der Beweisaufnahme zu ihn belastenden Tatbeständen Stellung zu nehmen. [2]Die Stellungnahme kann auch schriftlich erfolgen; § 22 gilt entsprechend.

§ 16 Zeugen

(1) [1]Zeugen sind verpflichtet, der Ladung des Untersuchungsausschusses Folge zu leisten. [2]Sie sind in der Ladung auf die gesetzlichen Folgen des Ausbleibens hinzuweisen. [3]Die Vorschriften der §§ 49 und 50 StPO gelten entsprechend.

(2) [1]Einem ordnungsgemäß geladenen Zeugen, der nicht erscheint, werden die durch das Ausbleiben verursachten Kosten auferlegt. [2]Zugleich wird gegen ihn ein Ordnungsgeld festgesetzt und für den Fall, daß dieses nicht beigetrieben werden kann, die Festsetzung von Ordnungshaft bei dem Amtsgericht Erfurt beantragt. [3]Der Untersuchungsausschuß kann auch beschließen, daß der Zeuge zwangsweise vorgeführt wird. [4]§ 51 StPO und Artikel 6 bis 9 des Einführungsgesetzes zum Strafgesetzbuch gelten entsprechend.

(3) [1]Ein Zeuge hat das Recht, das Zeugnis nach den §§ 52, 53 und 53a StPO zu verweigern; § 52 Abs. 1 StPO gilt mit der Maßgabe, daß der Betroffene (§ 15) an die Stelle des Beschuldigten tritt. [2]Er kann ferner die Auskunft auf solche Fragen verweigern, deren Beantwortung ihn der Gefahr aussetzen würde, daß er wegen einer Straftat oder Ordnungswidrigkeit verfolgt oder eine Abgeordneten-, Minister- oder Richteranklage gegen ihn erhoben wird; das gleiche gilt, wenn die Beantwortung der Frage einem seiner in § 52 Abs. 1 StPO bezeichneten Angehörigen einer solchen Gefahr aussetzen oder diesem sonstige schwerwiegende Nachteile bringen würde. [3]Für die Glaubhaftmachung des Verweigerungsgrundes gilt § 56 StPO entsprechend.

(4) [1]Wird das Zeugnis ohne gesetzlichen Grund verweigert, so werden dem Zeugen die durch die Weigerung verursachten Kosten auferlegt. [2]Zugleich wird gegen ihn ein Ordnungsgeld festgesetzt und für den Fall, daß dieses nicht beigetrieben werden kann, die Festsetzung von Ordnungshaft bei dem Amtsgericht Erfurt beantragt. [3]Der Untersuchungsausschuß kann auch bei dem Amtsgericht Erfurt beantragen, daß zur Erzwingung des Zeugnisses Haft angeordnet wird. [4]§ 70 StPO und Artikel 6 bis 9 des Einführungsgesetzes zum Strafgesetzbuch gelten entsprechend.

(5) [1]Gegen die Festsetzung des Ordnungsgeldes und die Anordnung der Vorführung durch den Untersuchungsausschuß kann die Entscheidung des Amtsgerichts Erfurt beantragt werden. [2]Der Antrag hat aufschiebende Wirkung; im übrigen gilt § 161a Abs. 3 Satz 3 und 4 StPO entsprechend; § 30 Abs. 2 bleibt unberührt.

(6) Die Vollstreckung des Ordnungsgeldes, der Ordnungshaft, der Vorführungsanordnung und der Beugehaft erfolgt nach den für den Strafprozeß geltenden Vorschriften.

§ 17 Sachverständige

(1) [1]Sachverständige sind nach Maßgabe des § 75 StPO verpflichtet, der Ladung des Untersuchungsausschusses Folge zu leisten und das Gutachten zu erstatten. [2]Sie sind in der Ladung auf die gesetzlichen Folgen des Ausbleibens und der Nichterstattung des Gutachtens hinzuweisen.

(2) [1]Dieselben Gründe, die einen Zeugen berechtigen, das Zeugnis oder die Auskunft zu verweigern, berechtigen einen Sachverständigen zur Verweigerung des Gutachtens. [2]§ 76 StPO gilt entsprechend.

(3) [1]Im Falle des Nichterscheinens oder der Weigerung eines zur Erstattung des Gutachtens verpflichteten Sachverständigen wird diesem auferlegt, die dadurch verursachten Kosten zu ersetzen. [2]Zugleich wird gegen ihn ein Ordnungsgeld festgesetzt. [3]§ 77 StPO sowie § 16 Abs. 5 und 6 gelten entsprechend.

§ 18 Belehrung

(1) [1]Zeugen und Sachverständige sind vor ihrer Vernehmung zur Wahrheit zu ermahnen und darauf hinzuweisen, daß der Untersuchungsausschuß nach Maßgabe dieses Gesetzes zu ihrer Vereidigung berechtigt ist. [2]Hierbei sind sie über die Bedeutung des Eides und die strafrechtlichen Folgen einer unrichtigen oder unvollständigen Aussage zu belehren.

(2) Zeugen sind über ihre Rechte zur Verweigerung des Zeugnisses und der Auskunft (§§ 15 und 16), Sachverständige über ihr Recht zur Verweigerung des Gutachtens (§ 17) zu belehren.

§ 19 Vernehmung

(1) [1]Zeugen sollen einzeln und in Abwesenheit der später zu hörenden Zeugen vernommen werden. [2]Eine Gegenüberstellung ist zulässig, wenn es für die Wahrheitsfindung geboten erscheint. [3]Der Untersuchungsausschuß kann weitere Personen verpflichten, den Sitzungssaal zu verlassen, wenn deren Vernehmung vorgesehen, aber noch nicht beschlossen ist.

(2) [1]Zeugen und Sachverständige werden zunächst durch den Vorsitzenden vernommen. [2]Anschließend können die übrigen Ausschußmitglieder und die Landesregierung sowie nach Maßgabe des § 15 Abs. 3 und 4 der Betroffene und dessen Rechtsbeistand Fragen stellen; der Vorsitzende kann ungeeignete oder nicht zur Sache gehörende Fragen zurückweisen.

(3) Bei Zweifeln über die Zulässigkeit von Fragen des Vorsitzenden oder über die Rechtmäßigkeit der Zurückweisung von Fragen entscheidet auf Antrag eines Ausschußmitglieds der Untersuchungsaus-

schuß in nichtöffentlicher Sitzung; soweit dies zur Wahrnehmung der Rechte des Betroffenen erforderlich ist, kann auch der Betroffene oder sein Rechtsbeistand den Antrag stellen.

§ 20 Vereidigung

(1) [1]Der Untersuchungsausschuß entscheidet, ob ein Zeuge oder Sachverständiger zu vereidigen ist. [2]Dies gilt auch bei Vernehmungen durch den ersuchten Richter.

(2) Zeugen und Sachverständige sollen nur vereidigt werden, wenn der Untersuchungsausschuß dies wegen der besonderen Bedeutung der Aussage oder zur Herbeiführung einer wahrheitsgemäßen Aussage für geboten erachtet.

(3) [1]Die Vereidigung ist auf die Aussage über genau zu bezeichnende Tatsachen zu beschränken. [2]Vor der Vereidigung ist dem Zeugen oder Sachverständigen der entsprechende Teil seiner früheren Aussage vorzulesen und ihm Gelegenheit zu geben, sich noch einmal dazu zu äußern. [3]Die §§ 66c bis 67 und § 79 Abs. 2 und 3 StPO finden Anwendung. [4]§ 63 StPO gilt mit der Maßgabe, daß der Betroffene (§ 15) an die Stelle des Beschuldigten tritt.

(4) Von der Vereidigung ist abzusehen,

1. wenn der Verdacht besteht, der Zeuge könne an einer strafbaren Handlung beteiligt sein, deren Aufklärung nach dem Sinn des Untersuchungsauftrages zum Gegenstand der Untersuchung gehört,
2. wenn der Verdacht besteht, der Zeuge könne sich eines Verhaltens schuldig gemacht haben, das die Erhebung einer Abgeordneten-, Minister- oder Richteranklage rechtfertigen könnte,
3. in den Fällen des § 60 Nr. 1 StPO,
4. bei Betroffenen (§ 15).

(5) Bei Verweigerung der Eidesleistung findet § 16 Abs. 4 und 6 entsprechende Anwendung.

§ 21 Vernehmung im Wege der Rechtshilfe

(1) Der Untersuchungsausschuß kann beschließen, Zeugen oder Sachverständige im Wege der Rechtshilfe vernehmen zu lassen.

(2) [1]Dem Ersuchen sind der Untersuchungsauftrag und der Beweisbeschluß beizufügen. [2]Die an den Zeugen oder Sachverständigen zu stellenden Fragen sind, soweit erforderlich, näher zu bezeichnen und zu erläutern. [3]Darüber hinaus ist anzugeben, ob der Zeuge oder Sachverständige vereidigt werden soll.

(3) Das Ersuchen ist an das Amtsgericht zu richten, in dessen Bereich die Untersuchungshandlung vorgenommen werden soll.

§ 22 Verlesung von Protokollen und Schriftstücken

(1) Die Protokolle über Untersuchungshandlungen ersuchter Gerichte sowie Schriftstücke, die als Beweismittel dienen, werden in öffentlicher Sitzung verlesen; § 10 Abs. 4 und 7 gilt entsprechend.

(2) [1]Von der Verlesung kann Abstand genommen werden, wenn die Protokolle oder Schriftstücke den Ausschußmitgliedern und Ersatzmitgliedern sowie der Landesregierung zugeleitet und dem Betroffenen zugänglich gemacht worden sind und die Mehrheit der anwesenden Ausschußmitglieder auf die Verlesung verzichtet. [2]Der wesentliche Inhalt der Protokolle und Schriftstücke ist jedoch in öffentlicher Sitzung bekanntzugeben; Absatz 1 zweiter Halbsatz bleibt unberührt.

§ 23 Sonstige Erhebungen

[1]Der Untersuchungsausschuß kann zur Erhebung der notwendigen Beweise bei dem Amtsgericht Erfurt die Anordnung weiterer Maßnahmen, insbesondere der Beschlagnahme und Durchsuchung, beantragen; die Vorschriften des 7. und 8. Abschnitts des Ersten Buches der Strafprozeßordnung finden entsprechende Anwendung. [2]Bei Gefahr im Verzuge ist ein Ersuchen an die zuständige Staatsanwaltschaft zu richten. [3]Das Briefgeheimnis, das Post- und Fernmeldegeheimnis sowie das Kommunikationsgeheimnis bleiben unberührt.

§ 24 Akteneinsicht, Aktenauskunft

(1) [1]Die Mitglieder und Ersatzmitglieder des Untersuchungsausschusses, die nach § 10 Abs. 6 benannten Mitarbeiter der Fraktionen sowie die Beauftragten der Landesregierung für das Untersuchungsverfahren können jederzeit Einsicht in die Akten des Untersuchungsausschusses nehmen; ihnen können für Zwecke des Untersuchungsverfahrens nach Maßgabe der Beschlüsse des Untersuchungsausschusses und der Bestimmungen über die Geheimhaltung Ablichtungen aus den Akten überlassen

werden. [2]Für die Mitarbeiter der Fraktionen gilt Satz 1 Halbsatz 2 nur, soweit die Akten nicht für vertraulich erklärt worden sind.

(2) Zeugen und Sachverständige erhalten auf Verlangen Einsicht in die Niederschrift ihrer eigenen Ausführungen.

(3) [1]Abgeordnete, die dem Untersuchungsausschuß nicht angehören, können in die Protokolle über öffentliche Sitzungen Einsicht nehmen. [2]Im übrigen kann ihnen, soweit dies aus Gründen der parlamentarischen Arbeit erforderlich ist, Akteneinsicht gewährt werden; die Entscheidung hierüber trifft der Untersuchungsausschuß, nach Abschluß des Untersuchungsverfahrens der Präsident des Landtags. [3]Die Sätze 1 und 2 gelten für eigens von den Fraktionen hierzu benannte Mitarbeiter entsprechend.

(4) [1]Betroffene (§ 15) können die Protokolle über öffentliche Sitzungen einsehen. [2]Im übrigen kann der Untersuchungsausschuß dem Rechtsbeistand des Betroffenen Akteneinsicht gewähren, soweit dies zur Wahrnehmung der Rechte des Betroffenen erforderlich ist und dadurch der Untersuchungszweck nicht gefährdet erscheint. [3]Die Akteneinsicht ist zu versagen, soweit überwiegende schutzwürdige Interessen der Allgemeinheit oder anderer Personen entgegenstehen.

(5) [1]Einem Rechtsanwalt kann für eine natürliche oder juristische Person Akteneinsicht gewährt oder Auskunft aus den Akten erteilt werden, soweit er hierfür ein berechtigtes Interesse glaubhaft macht und dadurch der Untersuchungszweck nicht gefährdet erscheint. [2]Die Entscheidung trifft der Untersuchungsausschuß, nach Abschluß des Untersuchungsverfahrens der Präsident des Landtags. [3]Absatz 4 Satz 3 gilt für die Akteneinsicht und die Erteilung der Auskunft entsprechend.

(6) [1]Gerichte, Staatsanwaltschaften und andere Justizbehörden erhalten die zu Zwecken der Rechtspflege erforderliche Akteneinsicht. [2]Im übrigen werden Behörden und anderen öffentlichen Stellen die zur Erfüllung ihrer Aufgaben erforderlichen Auskünfte aus den Akten erteilt, soweit überwiegende Interessen der Allgemeinheit oder einzelner Personen nicht entgegenstehen und der Untersuchungszweck nicht gefährdet erscheint; zu diesem Zweck kann auch Akteneinsicht gewährt werden. [3]Akteneinsicht und Auskunftserteilung unterbleiben, soweit der Untersuchungsausschuß, nach Abschluß des Untersuchungsverfahrens der Präsident des Landtags, erklärt, daß das Bekanntwerden des Inhalts der Akten dem Wohle des Bundes oder eines deutschen Landes Nachteile bereiten würde.

(7) [1]In den Fällen der Absätze 4 bis 6 wird bei beigezogenen Akten, die nicht Aktenbestandteil sind, Einsicht nur gewährt und Auskunft nur erteilt, soweit der Antragsteller die Zustimmung derjenigen Stelle nachweist, um deren Akte es sich handelt. [2]Soweit Akten oder Aktenteile anderer Stellen Bestandteile der Akten des Untersuchungsausschusses geworden sind, ist zu prüfen, ob die Akteneinsicht oder Auskunftserteilung nach den für diese Stellen geltenden Vorschriften zulässig wäre; die Akteneinsicht und die Auskunftserteilung können in diesen Fällen auch von der Zustimmung dieser Stellen abhängig gemacht werden.

(8) Soweit die Bestimmungen der Geheimschutzordnung des Landtags der Akteneinsicht oder Auskunftserteilung entgegenstehen, bleiben diese unberührt.

(9) [1]Die Akteneinsicht wird in der Regel in den Räumen des Landtags gewährt; sie kann mit Auflagen verbunden werden. [2]Im übrigen gilt für Akteneinsicht und Auskunftserteilung § 26 Abs. 4.

§ 25 Unterrichtung der Öffentlichkeit

(1) [1]Mitteilungen an die Öffentlichkeit über nichtöffentliche und vertrauliche Sitzungen sind nur auf Beschluß des Untersuchungsausschusses zulässig. [2]Dabei kann der Ausschuß Einschränkungen und Auflagen beschließen. [3]Die Vorsitzenden der Fraktionen dürfen unterrichtet werden; soweit dies aus Gründen der parlamentarischen Arbeit erforderlich ist, dürfen Abgeordnete, die dem Untersuchungsausschuß nicht angehören, und im Einvernehmen mit dem Präsidenten des Landtags von den Fraktionen benannte Mitarbeiter unterrichtet werden.

(2) Vor Abschluß der Beratung über die Abfassung des schriftlichen Berichts (§ 28 Abs. 1) sollen sich Mitglieder und Ersatzmitglieder einer öffentlichen Beweiswürdigung enthalten.

(3) Bei Pressekonferenzen und Pressemitteilungen des Untersuchungsausschusses ist allen Ausschußmitgliedern Gelegenheit zu geben, sich zu beteiligen.

§ 26 Verschwiegenheitspflicht

(1) [1]Die Mitglieder und ständigen Ersatzmitglieder des Untersuchungsausschusses sowie die von den Fraktionen nach § 10 Abs. 6 benannten Mitarbeiter sind auch nach dessen Auflösung verpflichtet, über die ihnen im Rahmen des Untersuchungsverfahrens bekannt gewordenen geheimhaltungsbedürftigen

Tatsachen Verschwiegenheit zu bewahren. [2]Ohne Genehmigung des Präsidenten des Landtags dürfen sie hierüber weder vor Gericht noch außergerichtlich aussagen.

(2) [1]Fremde Geheimnisse, namentlich zum persönlichen Lebensbereich gehörende Geheimnisse, Betriebs- oder Geschäftsgeheimnisse, dürfen nur mit Ermächtigung der dazu befugten Person offenbart werden. [2]Die Offenbarung ist nicht zulässig, wenn die Offenlegung des Geheimnisses gesetzlich verboten ist.

(3) Für Abgeordnete, die dem Untersuchungsausschuß nicht angehören, gelten die Absätze 1 und 2 entsprechend, soweit ihnen Akteneinsicht gewährt worden ist oder sie sonst über das Untersuchungsverfahren unterrichtet worden sind.

(4) Soweit Personen, die nicht aufgrund einer Amts- oder Dienstpflicht zur Verschwiegenheit verpflichtet sind, durch Gewährung von Akteneinsicht oder durch Auskunft aus den Akten oder in sonstiger Weise geheimhaltungsbedürftige Tatsachen bekanntwerden, sind sie von dem Präsidenten des Landtags oder dessen Beauftragten unter Hinweis auf die Strafbarkeit der Verletzung der Geheimhaltungspflicht förmlich zur Geheimhaltung zu verpflichten.

§ 27 Aussetzung des Verfahrens, Auflösung des Untersuchungsausschusses

(1) [1]Das Untersuchungsverfahren kann ausgesetzt werden, wenn eine alsbaldige Aufklärung auf andere Weise zu erwarten ist oder die Gefahr besteht, daß gerichtliche Verfahren oder Ermittlungsverfahren beeinträchtigt werden. [2]Über die Aussetzung entscheidet auf Empfehlung des Untersuchungsausschusses der Landtag; ist der Untersuchungsausschuß aufgrund eines Minderheitsantrags (§ 2 Abs. 2) eingesetzt worden, bedarf die Aussetzung der Zustimmung dieser Minderheit. [3]Ein ausgesetztes Verfahren kann jederzeit durch Beschluß des Landtags wiederaufgenommen werden; auf Verlangen der Minderheit ist es wiederaufzunehmen.

(2) Der Landtag kann einen Untersuchungsausschuß vor Abschluß der Untersuchungen auflösen; Absatz 1 Satz 2 zweiter Halbsatz gilt entsprechend.

§ 28 Bericht

(1) [1]Nach Abschluß der Untersuchung erstattet der Untersuchungsausschuß dem Landtag einen schriftlichen Bericht über den Verlauf des Verfahrens, die ermittelten Tatsachen und das Ergebnis der Untersuchung. [2]Das Ergebnis der Untersuchung ist zu begründen. [3]Der Bericht kann Empfehlungen enthalten.

(2) [1]Bericht und Empfehlungen dürfen keine geheimhaltungsbedürftigen Tatsachen enthalten, es sei denn, daß sie ohne Bezug auf solche Tatsachen nicht verständlich wären. [2]In einem solchen Fall sind die geheimhaltungsbedürftigen Tatsachen gesondert darzustellen; diese Darstellung ist vertraulich.

(3) [1]Die Erstellung des Berichtsentwurfs obliegt dem Vorsitzenden. [2]Über die endgültige Abfassung des Berichts entscheidet der Untersuchungsausschuß mit der Mehrheit der anwesenden Mitglieder.

(4) [1]Jedes Mitglied des Untersuchungsausschusses hat das Recht, seine abweichende Meinung in einer eigenen schriftlichen Stellungnahme darzulegen; diese Stellungnahme ist dem Bericht des Untersuchungsausschusses anzuschließen. [2]Absatz 2 gilt entsprechend. [3]Soweit ein Mitglied als Zeuge vernommen worden ist, hat es sich einer Würdigung des mit seiner Aussage zusammenhängenden Beweisergebnisses zu enthalten.

(5) [1]Der Landtag kann während der Untersuchung jederzeit vom Untersuchungsausschuß einen Bericht über den Stand des Verfahrens verlangen. [2]Absätze 1 bis 4 gelten entsprechend.

(6) [1]Die Berichte sind der richterlichen Erörterung entzogen. [2]In der Würdigung und Beurteilung des der Untersuchung zugrundeliegenden Sachverhalts sind die Gerichte frei.

§ 29 Kosten und Auslagen

(1) Die Kosten des Untersuchungsverfahrens trägt das Land.

(2) [1]Zeugen und Sachverständige werden nach dem Gesetz über die Entschädigung von Zeugen und Sachverständigen entschädigt. [2]Die Entschädigung wird durch die Verwaltung des Landtags festgesetzt. [3]Der Zeuge oder Sachverständige kann bei dem Amtsgericht Erfurt die gerichtliche Festsetzung der Entschädigung beantragen. [4]§ 16 des Gesetzes über die Entschädigung von Zeugen und Sachverständigen[1)] in der Fassung vom 1. Oktober 1969 (BGBl. I S. 1756), zuletzt geändert durch Artikel 6 des Gesetzes vom 24. Juni 1994 (BGBl. I S. 1325), in der jeweils geltenden Fassung ist entsprechend anzuwenden.

---

1) Siehe nunmehr Justizvergütungs- und -entschädigungsG v. 5.5.2004 (BGBl. I S. 718).

(3) [1]Dem Betroffenen können die durch die Wahrnehmung der ihm nach diesem Gesetz zustehenden Rechte entstandenen notwendigen Auslagen ganz oder teilweise erstattet werden; § 464a Abs. 2 StPO gilt entsprechend. [2]Hierüber entscheidet der Untersuchungsausschuß nach pflichtgemäßem Ermessen, nach Abschluß des Untersuchungsverfahrens der Präsident des Landtags. [3]Gegen den Beschluß kann binnen einer Frist von einer Woche seit seiner Bekanntmachung (§ 35 StPO) die Entscheidung des Amtsgerichts Erfurt beantragt werden. [4]§ 161a Abs. 3 Satz 3 und 4 und § 464 Abs. 3 Satz 2 der StPO gelten entsprechend. [5]§ 30 Abs. 2 bleibt unberührt.
(4) [1]Die Höhe der erstattungsfähigen Auslagen wird von der Verwaltung des Landtags festgesetzt; die Entschädigung nach Absatz 2 ist anzurechnen. [2]Absatz 2 Satz 3 gilt entsprechend.

§ 30 Gerichtliches Verfahren

(1) [1]Soweit gegen gerichtliche Entscheidungen nach Maßgabe der Strafprozeßordnung die Beschwerde gegeben ist, kann auch der Untersuchungsausschuß, nach Abschluß des Untersuchungsverfahrens der Präsident des Landtags, Beschwerde erheben. [2]Die Vorschriften der Strafprozeßordnung über die Beschwerde sind mit der Maßgabe anzuwenden, daß an die Stelle der Staatsanwaltschaft der Untersuchungsausschuß, nach Abschluß des Untersuchungsverfahrens der Präsident des Landtags, tritt.
(2) Gegen Entscheidungen der ordentlichen Gerichte im Untersuchungsverfahren können die Beteiligten des gerichtlichen Verfahrens nach Maßgabe des Thüringer Verfassungsgerichtshofsgesetzes Beschwerde zum Verfassungsgerichtshof erheben.

§ 31 Ergänzende Vorschriften

Soweit dieses Gesetz keine besonderen Vorschriften enthält, sind das Gerichtsverfassungsgesetz und die Strafprozeßordnung ergänzend sinngemäß anzuwenden.

§ 32 ***[aufgehoben]***

§ 33 Inkrafttreten

Dieses Gesetz tritt am Tage der Verkündung[1)] in Kraft.

1) Verkündet am 13.2.1991.

Thüringer Gesetz über das Verfahren bei Einwohnerantrag, Bürgerbegehren und Bürgerentscheid (ThürEBBG)[1)]

Vom 7. Oktober 2016 (GVBl. S. 506)
(111-4-2)
zuletzt geändert durch Art. 23 Thüringer Datenschutz-Anpassungs- und -UmsetzungsG EU vom 6. Juni 2018 (GVBl. S. 229)

Inhaltsübersicht

Erster Abschnitt
Allgemeine Bestimmungen
§ 1 Anwendungsbereich
§ 2 Stimmrecht
§ 3 Vertrauensperson, Öffentlichkeit der Sitzung des Gemeinderats und Chancengleichheit
§ 4 Beratungspflicht
§ 5 Datenschutz
§ 6 Gestaltung, Einreichung und Prüfung der Unterschriftslisten

Zweiter Abschnitt
Einwohnerantrag
§ 7 Gegenstand, Voraussetzungen und Verfahren des Einwohnerantrags
§ 8 Behandlung im Gemeinderat
§ 9 Einwohneranträge in Ortsteilen und Ortschaften
§ 10 Einwohneranträge in Landkreisen

Dritter Abschnitt
Bürgerbegehren
§ 11 Gegenstand des Bürgerbegehrens
§ 12 Antrag auf Zulassung des Bürgerbegehrens und Entscheidung
§ 13 Bekanntmachung des Bürgerbegehrens und der Sammlungsfrist
§ 14 Unterstützung und Zustandekommen des Bürgerbegehrens
§ 15 Sperrwirkung und Behandlung im Gemeinderat
§ 16 Bürgerbegehren in Ortsteilen und Ortschaften
§ 17 Bürgerbegehren in Landkreisen

Vierter Abschnitt
Bürgerentscheid
§ 18 Gegenstand und Voraussetzungen des Bürgerentscheids
§ 19 Termin und Bekanntmachung des Bürgerentscheids sowie Information
§ 20 Abstimmung
§ 21 Anwendung des Kommunalwahlrechts und des Landeswahlrechts
§ 22 Ermittlung und Feststellung des Abstimmungsergebnisses
§ 23 Ergebnis und Wirkungen des Bürgerentscheids
§ 24 Bekanntmachung des Abstimmungsergebnisses
§ 25 Bürgerentscheid in Ortsteilen und Ortschaften
§ 26 Bürgerentscheid in Landkreisen

Fünfter Abschnitt
Kosten und Schlussbestimmungen
§ 27 Kosten
§ 28 Gebührenbefreiung
§ 29 Fristen und Termine
§ 30 Elektronische Kommunikation
§ 31 Gleichstellungsbestimmung

Erster Abschnitt
Allgemeine Bestimmungen

§ 1 Anwendungsbereich

(1) In Angelegenheiten des eigenen Wirkungskreises der Gemeinde haben die Bürger das Recht, Bürgerbegehren und Bürgerentscheide sowie Einwohner das Recht, Einwohneranträge zu stellen.

(2) Unzulässig sind Einwohneranträge, die
1. Aufgaben, die kraft Gesetzes dem Bürgermeister obliegen, zum Inhalt haben oder
2. ein gesetzwidriges Ziel verfolgen.

1) Verkündet als Art. 1 G v. 7.10.2016 (GVBl. S. 506, ber. .S 691); Inkrafttreten gem. Art. 3 § 2 dieses G am 8.11.2016.

(3) [1]Unzulässig sind Bürgerbegehren und Bürgerentscheide, die
1. ein gesetzwidriges Ziel verfolgen oder
2. Aufgaben, die kraft Gesetzes dem Bürgermeister obliegen,
3. den Erlass oder die Änderung der Geschäftsordnung des Gemeinderats,
4. die Beschlussfassung über die Haushaltssatzung im Ganzen sowie über Nachtragshaushaltssatzungen,
5. die Beschlussfassung über den Finanzplan,
6. die Feststellung der Jahresrechnung und der Jahresabschlüsse der Eigenbetriebe sowie die Beschlussfassung über die Entlastung,
7. die Festsetzung von Abgaben und privatrechtlichen Entgelten der Gemeinde oder solcher Unternehmen, an denen die Gemeinde beteiligt ist,

zum Inhalt haben. [2]Satz 1 Nr. 7 gilt nicht, wenn Inhalt der Bürgerbegehren und Bürgerentscheide die Höhe von Abgaben oder privatrechtlichen Entgelten ist, soweit dabei das Kostendeckungsprinzip beachtet wird.

(4) Zulässig sind Einwohneranträge, Bürgerbegehren und Bürgerentscheide, mit denen die Vertreter der Gemeinde in Zweckverbänden zu einem Handeln oder Unterlassen in der Verbandsversammlung aufgefordert werden.

§ 2 Stimmrecht

(1) Stimmberechtigt ist jeder Bürger, der am Tag der Unterzeichnung des Einwohnerantrags, Bürgerbegehrens oder am Tag des Bürgerentscheids das Wahlrecht nach den §§ 1 und 2 des Thüringer Kommunalwahlgesetzes (ThürKWG) besitzt.

(2) Stimmberechtigt bei Einwohneranträgen sind außerdem Einwohner, die am Tage der Unterzeichnung des Antrags seit mindestens drei Monaten in der Gemeinde ihren Aufenthalt und das 14. Lebensjahr vollendet haben.

(3) Jeder Stimmberechtigte darf bei demselben Einwohnerantrag, Bürgerbegehren oder Bürgerentscheid sein Stimmrecht nur einmal ausüben.

(4) Die Zahl der Stimmberechtigten richtet sich nach der vor der letzten Gemeindewahl amtlich ermittelten Zahl der Bürger, bei Einwohneranträgen nach der Zahl der Einwohner.

§ 3 Vertrauensperson, Öffentlichkeit der Sitzung des Gemeinderats und Chancengleichheit

(1) In dem Einwohnerantrag und in dem Antrag auf Zulassung eines Bürgerbegehrens sind als Vertreter der Antragsteller eine Vertrauensperson und eine stellvertretende Vertrauensperson sowie ihre Wohnanschriften zu benennen.

(2) Die Vertrauensperson und in deren Vertretung die stellvertretende Vertrauensperson sind berechtigt, verbindliche Erklärungen in den Verfahren zum Einwohnerantrag, Bürgerbegehren und Bürgerentscheid abzugeben und berechtigt und verpflichtet, solche Erklärungen entgegenzunehmen.

(3) [1]Die Vertrauensperson und in deren Vertretung die stellvertretende Vertrauensperson haben ein Anwesenheits- und Rederecht in den Sitzungen des Gemeinderates und dessen Ausschüssen, in denen der Einwohnerantrag oder das Bürgerbegehren beraten wird. [2]Alle Beratungen von Einwohneranträgen und Bürgerbegehren in den Sitzungen des Gemeinderates und der Ausschüsse sind öffentlich.

(4) [1]Die im Gemeinderat und von den Antragstellern vertretenen Auffassungen zum Gegenstand des Bürgerbegehrens dürfen in Veröffentlichungen und Veranstaltungen der Gemeinde nur in gleichem Umfang dargestellt werden. [2]Zur Information der Bürger vor einem Bürgerentscheid werden von der Gemeinde den Beteiligten die gleichen Möglichkeiten wie bei Gemeinderatswahlen eröffnet.

§ 4 Beratungspflicht

Die Rechtsaufsichtsbehörde der Landkreise und kreisfreien Städte berät als zentrale Stelle die nach § 2 Abs. 2 stimmberechtigten Einwohner der Gemeinden, Landkreise und kreisfreien Städte kostenfrei über die formalen Voraussetzungen eines geplanten Einwohnerantrags und die nach § 2 Abs. 1 stimmberechtigten Bürger der Gemeinden, Landkreise und kreisfreien Städte kostenfrei über die formalen Voraussetzungen eines geplanten Bürgerbegehrens, wenn dies schriftlich beantragt wird.

§ 5 Datenschutz

(1) [1]Personenbezogene Daten, die auf der Grundlage dieses Gesetzes erhoben werden, dürfen nur für die Durchführung des jeweiligen Einwohnerantrags, Bürgerbegehrens oder Bürgerentscheids verarbeitet werden. [2]Werden sie für das Verfahren nicht mehr benötigt, sind sie unverzüglich zu vernichten.

(2) Wer entgegen Absatz 1 personenbezogene Daten verarbeitet, wird mit Freiheitsstrafe bis zu einem Jahr oder mit Geldstrafe bestraft.

§ 6 Gestaltung, Einreichung und Prüfung der Unterschriftslisten

(1) 1Jede Unterschriftsleistung für einen Einwohnerantrag und für ein Bürgerbegehren erfolgt auf Unterschriftslisten. 2Bei einem Einwohnerantrag müssen der Inhalt des Antrags, bei einem Bürgerbegehren der Wortlaut und die Begründung des begehrten Anliegens auf der Unterschriftsliste vollständig enthalten sein. 3Ein Bürgerbegehren muss so formuliert sein, dass es bei einer Abstimmung mit „Ja" oder „Nein" beantwortet werden kann. 4Bei einem finanzwirksamen Bürgerbegehren soll ein Vorschlag für die Deckung der Kosten der verlangten Maßnahmen enthalten sein. 5Bei einem Bürgerbegehren über die Höhe von Abgaben oder privatrechtlichen Entgelten der Gemeinde (§ 1 Abs. 3 Satz 1 Nr. 7 und Abs. 3 Satz 2) muss das Bürgerbegehren einen Vorschlag für die Deckung der Kosten der verlangten Maßnahmen enthalten.

(2) 1Jede Unterschriftsliste hat die Namen und Anschriften der Vertrauensperson und der stellvertretenden Vertrauensperson sowie den Hinweis zu enthalten, dass die erhobenen personenbezogenen Daten nur zur Durchführung des jeweiligen Einwohnerantrags oder Bürgerbegehrens verarbeitet werden dürfen und unverzüglich vernichtet werden, wenn sie für das Verfahren nicht mehr benötigt werden. 2Sofern eine unterschriftswillige Person den Einwohnerantrag oder das Bürgerbegehren aus datenschutzrechtlichen Gründen nicht auf der Unterschriftsliste unterstützen möchte, ist ihr eine gesonderte Unterschriftsliste auszuhändigen, auf der nur sie ihre personenbezogenen Daten und ihre Unterschrift einträgt.

(3) Die Unterschriftsleistung für das Bürgerbegehren muss innerhalb der gesetzlich festgelegten Sammlungsfrist erfolgen.

(4) 1Die Unterschriftsleistung muss persönlich und handschriftlich erfolgen. 2Auf der Unterschriftsliste sind Vor- und Familienname, Geburtsdatum, bei mehreren Wohnungen die Anschrift der Hauptwohnung des Unterzeichners sowie das Datum der Unterschrift handschriftlich und deutlich lesbar einzutragen. 3Nach der Unterschriftsleistung dürfen von Dritten keine handschriftlichen Eintragungen mehr vorgenommen werden.

(5) 1Die Unterschriftslisten sind mit der erforderlichen Anzahl der Unterschriften durch die Vertrauensperson beim Bürgermeister einzureichen. 2Die Gemeinde bestätigt das Stimmrecht der Unterzeichner unverzüglich und unentgeltlich. 3Im Falle mehrfacher Unterzeichnung wird das Stimmrecht nur einmal bestätigt. 4Die Eintragung ist auch gültig, wenn trotz einer nach Absatz 4 Satz 2 fehlenden Angabe die Identität des Unterschriftsleistenden eindeutig feststellbar ist. 5Der Bürgermeister stellt die Gesamtzahl der gültigen und ungültigen Stimmen in der Gemeinde fest. 6Der Bürgermeister informiert die Vertrauensperson unverzüglich über das festgestellte Ergebnis.

(6) Die Beschaffung und Bereitstellung der Unterschriftslisten für den Einwohnerantrag und das Bürgerbegehren obliegt den Antragstellern.

Zweiter Abschnitt

Einwohnerantrag

§ 7 Gegenstand, Voraussetzungen und Verfahren des Einwohnerantrags

(1) Die Einwohner können beantragen, dass der Gemeinderat über eine gemeindliche Angelegenheit, für deren Entscheidung er zuständig ist, berät und entscheidet (Einwohnerantrag).

(2) 1Der Einwohnerantrag ist schriftlich an die Gemeinde zu richten. 2Die Zulässigkeit des Einwohnerantrags setzt voraus, dass er von mindestens einem vom Hundert der nach § 2 Abs. 2 stimmberechtigten Einwohner, höchstens aber von 300 der stimmberechtigten Einwohner der Gemeinde unterzeichnet sein muss.

(3) 1Über die Zulässigkeit des Einwohnerantrags entscheidet der Gemeinderat. 2Die Zulässigkeit des Einwohnerantrags ist festzustellen, wenn er die Voraussetzungen der §§ 1, 6 und 7 Abs. 1 und 2 erfüllt.

(4) 1Die Entscheidung des Gemeinderats ist der Vertrauensperson des Einwohnerantrags zuzustellen. 2Gegen die Entscheidung des Gemeinderats kann die Vertrauensperson binnen eines Monats Klage beim zuständigen Verwaltungsgericht erheben. 3Das Vorverfahren nach § 68 Abs. 1 der Verwaltungsgerichtsordnung (VwGO) findet nicht statt.

§ 8 Behandlung im Gemeinderat

Ist der Einwohnerantrag zulässig, so hat der Gemeinderat innerhalb von zwei Monaten nach Eingang über die beantragte Angelegenheit zu beraten und zu entscheiden.

§ 9 Einwohneranträge in Ortsteilen und Ortschaften

(1) In Gemeinden, in denen Ortsteilräte, und in Landgemeinden, in denen Ortschaftsräte gewählt worden sind, kann ein Einwohnerantrag auch an den Ortsteilrat oder den Ortschaftsrat gerichtet werden, wenn es sich um eine Angelegenheit des Ortsteils oder eine Angelegenheit der Ortschaft handelt (Einwohnerantrag in Ortsteilen und Ortschaften).

(2) Die §§ 7 und 8 gelten mit der Maßgabe, dass

1. antrags- und unterzeichnungsberechtigt ist, wer in dem Ortsteil oder der Ortschaft wohnt,
2. die Berechnung der erforderlichen Unterschriften sich nach der Zahl der in dem Ortsteil oder in der Ortschaft wohnenden Einwohner richtet.

§ 10 Einwohneranträge in Landkreisen

(1) Einwohner eines Landkreises können beantragen, dass der Kreistag über Kreisangelegenheiten, für deren Entscheidung er zuständig ist, berät und entscheidet (Einwohnerantrag in Landkreisen).

(2) [1]Der Einwohnerantrag in Landkreisen ist schriftlich an den Landkreis zu richten. [2]Die Zulässigkeit des Einwohnerantrags in Landkreisen setzt voraus, dass er von mindestens einem vom Hundert der nach § 2 Abs. 2 stimmberechtigten Einwohner, höchstens aber von 1.000 der stimmberechtigten Einwohner des Landkreises unterzeichnet sein muss.

(3) Die §§ 7 und 8 gelten mit der Maßgabe, dass

1. antrags- und unterzeichnungsberechtigt ist, wer in dem Landkreis wohnt,
2. die Berechnung der erforderlichen Unterschriften sich nach der Zahl der in dem Landkreis wohnenden Einwohner richtet.

Dritter Abschnitt
Bürgerbegehren

§ 11 Gegenstand des Bürgerbegehrens

(1) Die Bürger können über eine Angelegenheit des eigenen Wirkungskreises der Gemeinde einen Bürgerentscheid beantragen (Bürgerbegehren).

(2) Das Verfahren zur Abwahl des Bürgermeisters nach § 28 Abs. 6 Thüringer Kommunalordnung (ThürKO) kann auch durch ein Bürgerbegehren eingeleitet werden.

§ 12 Antrag auf Zulassung des Bürgerbegehrens und Entscheidung

(1) Die Zulassung eines Bürgerbegehrens ist schriftlich bei der Gemeindeverwaltung zu beantragen.

(2) Richtet sich das Bürgerbegehren gegen einen Beschluss des Gemeinderats oder eines Ausschusses des Gemeinderats, muss der Antrag innerhalb von vier Wochen nach der Bekanntmachung des Beschlusses nach § 40 Abs. 2 ThürKO eingereicht werden.

(3) [1]Die Gemeindeverwaltung entscheidet innerhalb von vier Wochen über die Zulässigkeit des Antrags. [2]In Gemeinden ohne eigene Verwaltung entscheidet die Verwaltungsgemeinschaft über die Zulässigkeit des Antrags.

(4) Die Zulässigkeit des Antrags ist festzustellen, wenn

1. er die Voraussetzungen der §§ 1, 6, 11 und 12 Abs. 1 erfüllt und
2. der Gemeinderat nicht innerhalb des letzten Jahres vor Eingang des Bürgerbegehrens mit einem zulässigen Bürgerbegehren oder Bürgerentscheid des sachlich gleichen Inhalts befasst war.

(5) [1]Die Entscheidung der Gemeindeverwaltung ist der Vertrauensperson des Bürgerbegehrens zuzustellen. [2]Gegen die Entscheidung der Gemeindeverwaltung kann die Vertrauensperson Klage bei dem zuständigen Verwaltungsgericht erheben. [3]Das Vorverfahren nach § 68 Abs. 1 VwGO findet nicht statt.

§ 13 Bekanntmachung des Bürgerbegehrens und der Sammlungsfrist

(1) Die Gemeindeverwaltung macht den zulässigen Antrag des Bürgerbegehrens mit dem vollständigen Wortlaut rechtzeitig vor Beginn der Sammlungsfrist ortsüblich bekannt und setzt den Beginn der Sammlungsfrist im Einvernehmen mit der Vertrauensperson fest.

(2) [1]Die Sammlungsfrist beträgt vier Monate. [2]Sie beginnt spätestens acht Wochen nach der Bekanntmachung.

§ 14 Unterstützung und Zustandekommen des Bürgerbegehrens

(1) Die Unterschriftsleistung zugunsten des Bürgerbegehrens erfolgt innerhalb von vier Monaten durch Eintragung in Unterschriftslisten.

(2) Ein Bürgerbegehren ist zu Stande gekommen, wenn mindestens sieben vom Hundert der stimmberechtigten Bürger, höchstens aber 7.000 der stimmberechtigten Bürger, unterschrieben haben.

(3) [1]Ein Bürgerbegehren zur Abwahl des Bürgermeisters (§ 11 Abs. 2) ist zustande gekommen, wenn mindestens 35 vom Hundert der stimmberechtigten Bürger unterschrieben haben. [2]Ein Bürgerbegehren und ein nachfolgender Bürgerentscheid zur Abwahl des Bürgermeisters richten sich im Übrigen nach den Vorschriften dieses Gesetzes. [3]Für den Bürgerentscheid zur Abwahl des Bürgermeisters gilt das in § 28 Abs. 6 ThürKO festgeschriebene Quorum von 30 vom Hundert.

(4) [1]Nach Bestätigung der Stimmberechtigung legt der Bürgermeister dem Gemeinderat das Bürgerbegehren unverzüglich zur Entscheidung über das Zustandekommen des Bürgerbegehrens vor. [2]Der Gemeinderat entscheidet hierüber innerhalb von zwei Monaten nach Eingang der Unterschriftslisten mit dem vom Bürgermeister ermittelten Ergebnis. [3]Der Gemeinderat ist dabei an die Beurteilung der Gültigkeit der Eintragungen nicht gebunden.

(5) Die Entscheidung des Gemeinderats nach Absatz 4 ist der Vertrauensperson unverzüglich zuzustellen.

(6) [1]Gegen die Entscheidung des Gemeinderats, dass das Bürgerbegehren nicht zu Stande gekommen ist, kann die Vertrauensperson binnen eines Monats vor dem zuständigen Verwaltungsgericht Klage erheben. [2]Das Vorverfahren nach § 68 Abs. 1 VwGO findet nicht statt.

§ 15 Sperrwirkung und Behandlung im Gemeinderat

(1) [1]Ist das Zustandekommen des Bürgerbegehrens festgestellt, so darf bis zur Durchführung des Bürgerentscheids eine dem Begehren entgegenstehende Entscheidung durch die Gemeindeorgane nicht mehr getroffen oder mit dem Vollzug einer derartigen Entscheidung nicht mehr begonnen werden, es sei denn, zu diesem Zeitpunkt haben rechtliche Verpflichtungen der Gemeinde hierzu bestanden. [2]§ 30 Satz 1 ThürKO gilt entsprechend.

(2) Der Gemeinderat hat das Bürgerbegehren innerhalb von drei Monaten nach der Feststellung des Zustandekommens abschließend zu behandeln.

§ 16 Bürgerbegehren in Ortsteilen und Ortschaften

(1) In Gemeinden, in denen Ortsteilräte, und in Landgemeinden, in denen Ortschaftsräte gewählt worden sind, können die Bürger über eine Angelegenheit des Ortsteils oder eine Angelegenheit der Ortschaft einen Bürgerentscheid beantragen (Bürgerbegehren in Ortsteilen und Ortschaften).

(2) Die §§ 11 bis 15 gelten mit der Maßgabe, dass

1. antrags- und unterzeichnungsberechtigt ist, wer in dem Ortsteil oder der Ortschaft wohnt,
2. die Berechnung der erforderlichen Unterschriften sich nach der Zahl der in dem Ortsteil oder der Ortschaft wohnenden Bürger richtet.

§ 17 Bürgerbegehren in Landkreisen

(1) Die Bürger eines Landkreises können über eine Angelegenheit, für die der Landkreis zuständig ist, einen Bürgerentscheid beantragen (Bürgerbegehren in Landkreisen).

(2) Die §§ 11 bis 15 gelten mit der Maßgabe, dass

1. antrags- und unterzeichnungsberechtigt ist, wer in dem Landkreis wohnt,
2. die Berechnung der erforderlichen Unterschriften sich nach der Zahl der in dem Landkreis wohnenden Bürger richtet.

(3) Ein Bürgerbegehren in Landkreisen ist zu Stande gekommen, wenn mindestens sieben vom Hundert der stimmberechtigten Bürger, höchstens aber 10.000 der stimmberechtigten Bürger, innerhalb von vier Monaten unterschrieben haben.

Vierter Abschnitt

Bürgerentscheid

§ 18 Gegenstand und Voraussetzungen des Bürgerentscheids

(1) Beim Bürgerentscheid wird das zu Stande gekommene Bürgerbegehren den Bürgern zur Entscheidung in geheimer Abstimmung vorgelegt.

(2) [1]Der Bürgerentscheid ist innerhalb von drei Monaten nach der abschließenden Behandlung des Bürgerbegehrens durch den Gemeinderat durchzuführen. [2]Der Gemeinderat kann die Frist im Einvernehmen mit der Vertrauensperson verlängern.

(3) Der Gemeinderat kann den Bürgern im Rahmen des Bürgerentscheids zusätzlich zum Vorschlag aus der Bürgerschaft zum gleichen thematischen Gegenstand einen Alternativvorschlag mit zur Abstimmung stellen.

(4) [1]Der Bürgerentscheid entfällt, wenn der Gemeinderat die mit dem Bürgerbegehren verlangten Maßnahmen beschließt. [2]Der Entscheid entfällt auch, wenn der Gemeinderat das Begehren in einer veränderten Form annimmt, die jedoch dem Grundanliegen des Bürgerbegehrens entspricht, und der Gemeinderat auf Antrag der Vertrauensperson die Erledigung des Bürgerbegehrens feststellt. [3]Für einen Beschluss nach Satz 1 und 2 gilt § 23 Abs. 3 entsprechend.

(5) [1]Der Gemeinderat kann mit einer Mehrheit von zwei Dritteln seiner Mitglieder beschließen (Ratsbegehren), dass eine für Bürgerbegehren zulässige und in der Zuständigkeit des Gemeinderates liegende Angelegenheit des eigenen gemeindlichen Wirkungskreises den Bürgern zum Bürgerentscheid (Ratsreferendum) vorgelegt wird. [2]Ein solches Ratsbegehren findet nicht statt, wenn die in § 1 Abs. 3 genannten Gründe vorliegen. [3]Zu den gemeindlichen Angelegenheiten gehören auch solche, deren Erledigung auf einen Zweckverband übertragen worden sind. [4]Die Bürger können im Weg eines Bürgerbegehrens, bei dem das Antragsverfahren nach § 12 entfällt, einen eigenen Vorschlag zum gleichen thematischen Gegenstand (Alternativvorschlag) mit zur Abstimmung stellen. [5]Ein Alternativvorschlag ist zustande gekommen, wenn ihn mindestens dreieinhalb vom Hundert der stimmberechtigten Bürger, höchstens aber 3.500 der stimmberechtigten Bürger unterschrieben haben. [6]Die Sammlungsfrist beträgt zwei Monate. [7]Die Sammlung muss innerhalb von vier Wochen nach Bekanntmachung des Beschlusses des Gemeinderats für ein Ratsreferendum beginnen. [8]Der Beginn der Sammlungsfrist ist der Gemeindeverwaltung anzuzeigen. [9]§ 14 Abs. 4 und 5 gelten entsprechend. [10]Der Tag der Abstimmung für das Ratsreferendum kann erst nach der Entscheidung über das Zustandekommen des angezeigten Bürgerbegehrens festgelegt werden.

(6) Das Ratsreferendum ist frühestens einen Monat, spätestens sechs Monate nach dem jeweiligen Gemeinderatsbeschluss durchzuführen.

(7) [1]Finden an einem Tag mehrere Bürgerentscheide zum gleichen Thema statt oder steht auch ein Alternativvorschlag zur Abstimmung, hat der Gemeinderat eine Stichfrage für den Fall zu beschließen, dass die gleichzeitig zur Abstimmung gestellten Fragen in einer miteinander nicht zu vereinbarenden Weise beantwortet werden (Stichentscheid). [2]Es gilt dann diejenige Entscheidung, für die sich im Stichentscheid die Mehrheit der abgegebenen gültigen Stimmen ausspricht. [3]Bei Stimmengleichheit im Stichentscheid gilt der Bürgerentscheid, dessen Frage mit der höchsten Stimmenzahl mehrheitlich beantwortet worden ist.

§ 19 Termin und Bekanntmachung des Bürgerentscheids sowie Information

(1) [1]Den Tag der Abstimmung legt die Rechtsaufsichtsbehörde im Benehmen mit der Gemeinde und der Vertrauensperson fest. [2]Der Abstimmungstermin muss ein feiertagsfreier Sonntag sein und soll mit einem Wahltermin zusammengelegt werden, wenn ein Wahltermin in zeitlicher Nähe liegt. [3]Als zeitliche Nähe gilt ein Zeitraum von längstens drei Monaten vor einem Wahltermin.

(2) [1]Der Inhalt des Bürgerentscheids und weitere Informationen zu seiner Durchführung sind von der Gemeinde unverzüglich ortsüblich bekannt zu machen. [2]Die Bekanntmachung ist auch am Tag des Bürgerentscheids vor Beginn der Abstimmung am oder im Eingang des Abstimmungsraums anzubringen.

(3) [1]Die Bekanntmachung hat zu enthalten:

1. den Tag der Abstimmung,
2. den vollständigen Wortlaut des Bürgerbegehrens,
3. den vollständigen Wortlaut des Alternativvorschlages für den Fall, dass der Gemeinderat von seinem Recht zu einem solchen Vorschlag Gebrauch macht,
4. den Inhalt des Stimmzettels.

[2]Außerdem wird in der Bekanntmachung auf Folgendes verwiesen:

a) dass bei der Gemeinde bis zum 16. Tag vor der Abstimmung Beschwerden wegen unterbliebener oder unrichtiger Eintragungen in das Bürgerverzeichnis erhoben werden können,

b) in welcher Zeit und unter welchen Voraussetzungen Abstimmungsscheine beantragt werden können,
c) ab wann eine Briefabstimmung möglich ist und was dabei zu beachten ist,
d) wie der Stimmzettel zu kennzeichnen ist,
e) dass das Stimmrecht nur einmal und persönlich ausgeübt werden kann,
f) dass sich strafbar macht, wer unbefugt abstimmt oder sonst ein unrichtiges Ergebnis eines Bürgerentscheids herbeiführt oder das Ergebnis verfälscht oder eine solche Tat versucht.

(4) [1]Neben der Bekanntmachung nach Absatz 3 hat die Gemeinde spätestens 22 Tage vor dem Tag der Abstimmung jedem stimmberechtigten Bürger Informationsmaterial über den Bürgerentscheid zukommen zu lassen. [2]Das Informationsmaterial beinhaltet neben den in Absatz 3 genannten Angaben auch jeweils eine Stellungnahme der Antragsteller zum eigenen Vorschlag und gegebenenfalls zum Alternativvorschlag des Gemeinderats sowie eine Stellungnahme des Gemeinderats zum zur Entscheidung stehenden Bürgerbegehren und gegebenenfalls zu seinem Alternativvorschlag, soweit dies von den betreffenden Stellungnahmeberechtigten jeweils gewünscht wird. [3]§ 3 Abs. 4 ist zu beachten.

§ 20 Abstimmung

(1) [1]Die Gemeinde stellt für jeden Stimmbezirk ein Verzeichnis der Stimmberechtigten (Bürgerverzeichnis) auf, das in der Zeit vom 20. bis 16. Tag vor der Abstimmung öffentlich ausgelegt wird. [2]Spätestens am 22. Tag vor der Abstimmung benachrichtigt die Gemeinde durch schriftliche Mitteilung jede im Bürgerverzeichnis eingetragene Person über die Eintragung. [3]Die Benachrichtigung ist mit einem Antragsvordruck zur Erteilung eines Abstimmungsscheins zu verbinden. [4]Im Übrigen gilt § 12 Thüringer Kommunalwahlordnung (ThürKWO) entsprechend.

(2) Die im Wege des Bürgerentscheids gestellte und auf das Bürgerbegehren und gegebenenfalls den Alternativvorschlag bezogene jeweilige Abstimmungsfrage ist vom Antragsteller so zu formulieren, dass sie eindeutig mit „Ja“ oder „Nein“ beantwortet werden kann.

(3) [1]Die Stimmzettel werden amtlich hergestellt. [2]Die Vorbereitung und Durchführung des Bürgerentscheids ist Aufgabe der Abstimmungsorgane. [3]Der Bürgermeister oder ein von ihm benannter Vertreter leitet Vorbereitung und Durchführung des Bürgerentscheids. [4]Das Abstimmungsergebnis des Bürgerentscheids wird vom Abstimmungsausschuss festgestellt.

(4) [1]Die Stimmberechtigten kennzeichnen durch ein Kreuz oder auf andere Weise auf dem Stimmzettel, ob sie die vorgelegte Frage mit „Ja“ oder „Nein“ beantworten wollen. [2]Bei verbundenen Bürgerentscheiden hat jeder Stimmberechtigte für jeden Entscheid eine Stimme. [3]Finden mehrere Bürgerentscheide an einem Tag statt (verbundene Bürgerentscheide), werden gesonderte Stimmzettel verwendet. [4]Eine Stimme ist außer in den in § 21 Nr. 5 genannten Fällen auch ungültig, wenn die Abstimmungsfrage bei einem Bürgerentscheid, bei dem auch ein Alternativvorschlag des Gemeinderats zur Abstimmung steht, in beiden Fällen mit einem „Ja“ beantwortet wird.

§ 21 Anwendung des Kommunalwahlrechts und des Landeswahlrechts

Die Bestimmungen des Thüringer Landeswahlgesetzes (ThürLWG) und der Thüringer Landeswahlordnung (ThürLWO) sowie des Thüringer Kommunalwahlgesetzes und der Thüringer Kommunalwahlordnung finden wie folgt entsprechende Anwendung, soweit sich aus diesem Gesetz nichts anderes ergibt:

1. hinsichtlich der Stimmbezirke und der Abstimmungsvorstände § 5 ThürKWG,
2. für die Ausübung des Stimmrechts § 3 ThürKWG,
3. für das Bürgerverzeichnis §§ 7 bis 11 ThürKWO,
4. für die Erteilung von Abstimmungsscheinen, eingeschlossen Briefabstimmungsunterlagen, §§ 13 bis 16 ThürKWO,
5. hinsichtlich der Ungültigkeit von Stimmen §§ 39 und 40 ThürLWG,
6. hinsichtlich der Stimmabgabe § 33 ThürKWO, soweit in § 20 dieses Gesetzes nichts Abweichendes geregelt ist,
7. für die Ausstattung des Abstimmungsvorstandes, die Eröffnung, den Verlauf und das Ende der Abstimmung §§ 30 bis 32 und § 35 ThürKWO, soweit dieses Gesetz nichts anderes bestimmt,
8. für die Durchführung der Briefabstimmung § 36 ThürKWO,
9. für die Feststellung des Abstimmungsergebnisses §§ 38 bis 40, 42 bis 48 und 50 ThürKWO, soweit nichts anderes bestimmt ist und

10. hinsichtlich des Umgangs mit und der Ausstattung für hilfebedürftige Abstimmende § 53 Thüringer Landeswahlordnung (ThürLWO).

§ 22 Ermittlung und Feststellung des Abstimmungsergebnisses

(1) Nach Beendigung der Abstimmungshandlung stellen der Abstimmungsvorstand und der Briefabstimmungsvorstand das Abstimmungsergebnis für den Stimmbezirk in getrennter Auszählung fest:
1. die Zahl der Stimmberechtigten,
2. die Zahl der abgegebenen gültigen und ungültigen Stimmen,
3. die Zahl der Ja- und Nein-Stimmen,
4. das Stimmenergebnis der Stichfrage.

(2) [1]Der Abstimmungsausschuss stellt für die Gemeinde das endgültige Abstimmungsergebnis fest. [2]Er ist unabhängig und an Weisungen nicht gebunden. [3]Mitglieder des Abstimmungsausschusses sind der Abstimmungsleiter nach § 20 Abs. 3 als vorsitzendes Mitglied und jeweils ein Beisitzer der im Gemeinderat vertretenen Parteien und Wählergruppen. [4]Die Parteien und Wählergruppen entsenden ihren Beisitzer durch Benennung; für jeden Beisitzer ist ein Stellvertreter zu benennen.

(3) [1]Der Abstimmungsausschuss ist ohne Rücksicht auf die Zahl der erschienenen Beisitzer beschlussfähig. [2]Er verhandelt, berät und entscheidet in öffentlicher Sitzung. [3]Ort und Zeit sind zuvor rechtzeitig ortsüblich bekannt zu machen. [4]Beschlüsse werden mit Stimmenmehrheit gefasst. [5]Bei Stimmengleichheit entscheidet die Stimme des Vorsitzenden.

§ 23 Ergebnis und Wirkungen des Bürgerentscheids

(1) [1]Ein Antrag ist angenommen, wenn er die Mehrheit der gültigen Stimmen auf sich vereinigt, sofern diese Mehrheit in Gemeinden mit bis zu
10.000 Bürgern 20 vom Hundert,
50.000 Bürgern 15 vom Hundert und
über 50.000 Bürger zehn vom Hundert
der Stimmberechtigten beträgt. [2]Bei Stimmengleichheit von Ja- und Nein-Stimmen gilt der Antrag als abgelehnt. [3]Bei einem Bürgerentscheid, bei dem auch ein Alternativvorschlag zur Abstimmung steht, ist der jeweilige Antrag angenommen, wenn er die Mehrheit der Stimmen auf sich vereinigt und wenn diese Mehrheit mindestens dem nach Satz 1 anzuwendenden Quorum entspricht. [4]Stehen an einem Abstimmungstermin mehrere Bürgerentscheide zur Abstimmung, bei denen die Stichfrage nach § 18 Abs. 7 zur Anwendung kommt, sind für die Erreichung des nach § 23 Abs. 1 notwendigen Quorums die jeweiligen Ja-Stimmen für die gemeinsam zur Abstimmung stehenden und mit der Stichfrage verbundenen Bürgerentscheide zusammenzuzählen.

(2) Der Bürgerentscheid hat die Wirkung eines Gemeinderatsbeschlusses.

(3) [1]Zum gleichen Sachverhalt darf bis zum Ablauf von zwei Jahren nach einem erfolgreichen Bürgerentscheid kein inhaltlich abweichender Gemeinderatsbeschluss gefasst sowie kein neues Bürgerbegehren und kein neuer Bürgerentscheid durchgeführt werden (Bindungswirkung). [2]Trifft der Gemeinderat nach Ablauf der Frist nach Satz 1 eine abweichende Entscheidung zum Ergebnis des Bürgerentscheids, ist gegen die Entscheidung des Gemeinderats jederzeit ein Bürgerbegehren zulässig. [3]Ein solches Bürgerbegehren ist abweichend von § 14 Abs. 2 zustande gekommen, wenn dreieinhalb vom Hundert der stimmberechtigten Bürger, höchstens aber 3.500 der stimmberechtigten Bürger, unterschrieben haben. [4]Alle Rechtsbehelfe und Rechtsmittel gegen Gemeinderatsbeschlüsse innerhalb der Zwei-Jahres-Frist des Satzes 1 bleiben unberührt. [5]Ein Bürgerbegehren nach den Sätzen 3 und 4 ist auch zulässig, wenn der Gemeinderat mit seiner Entscheidung gegen die Bindungswirkung nach Satz 1 verstößt. [6]Die Sätze 1 bis 5 gelten nicht, wenn seit dem Bürgerentscheid eine wesentliche Änderung der Sach- oder Rechtslage eingetreten ist.

§ 24 Bekanntmachung des Abstimmungsergebnisses

(1) Das Abstimmungsergebnis des Bürgerentscheids ist ortsüblich bekannt zu machen.

(2) Ist eine Satzung im Wege des Bürgerentscheids beschlossen worden, so ist bei der Bekanntmachung der Satzung auf diese Tatsache hinzuweisen.

§ 25 Bürgerentscheid in Ortsteilen und Ortschaften

(1) Die Vorschriften dieses Gesetzes gelten für Bürgerentscheide in Ortsteilen einer Gemeinde und in Ortschaften von Landgemeinden entsprechend, soweit die nachfolgenden Vorschriften nichts anderes bestimmen.

(2) Für die Erfüllung der Quoren ist beim Bürgerentscheid

1. in einem Ortsteil die Anzahl der in dem jeweiligen Ortsteil wohnenden Bürger,
2. in einer Ortschaft die Anzahl der in der jeweiligen Ortschaft wohnenden Bürger

zu Grunde zu legen.

(3) Stimmberechtigt bei Abstimmungen in dem Ortsteil sowie in der Ortschaft sind alle Bürger, die dort ihren Aufenthalt haben und nach § 2 für den Bürgerentscheid stimmberechtigt sind.

(4) [1]Der Abstimmungsausschuss für Ortsteile und Ortschaften wird aus Mitgliedern des Ortsteilrates oder des Ortschaftsrates gebildet. [2]Bürgerentscheide in Ortsteilen und Ortschaften werden von den Abstimmungsorganen der Gemeinde nach den für die gemeindliche Ebene geltenden Vorschriften durchgeführt.

(5) Der erfolgreiche Bürgerentscheid in einem Ortsteil oder einer Ortschaft hat die Wirkung eines Beschlusses des Ortsteilrates oder Ortschaftsrates.

(6) [1]Das Ergebnis von Bürgerentscheiden in Ortsteilen und Ortschaften wird im örtlichen Mitteilungsblatt der Ortsteilverwaltung oder Ortschaftsverwaltung bekannt gemacht. [2]Verfügt die Ortsteilverwaltung oder Ortschaftsverwaltung nicht über ein eigenes Mitteilungsblatt, wird das Ergebnis im Mitteilungsblatt der Gemeinde veröffentlicht.

(7) Bei Bürgerentscheiden in einem Ortsteil oder einer Ortschaft kann die Verteilung des Informationsmaterials nach § 19 Abs. 4 auf den vom Bürgerentscheid betroffenen Ortsteil oder die vom Bürgerentscheid betroffene Ortschaft beschränkt werden und wird durch die Verwaltung der Gemeinde erfüllt, es sei denn, die Ortsteilverwaltung oder Ortschaftsverwaltung macht die Ausführung in eigener Verantwortung geltend.

§ 26 Bürgerentscheid in Landkreisen

(1) Die Vorschriften dieses Gesetzes gelten für Bürgerentscheide in Landkreisen entsprechend, soweit die nachfolgenden Vorschriften nichts anderes bestimmen.

(2) Ein Antrag ist auf Landkreisebene angenommen, wenn er unabhängig von der Einwohnerzahl des Landkreises die Mehrheit der Stimmen auf sich vereinigt, wenn diese Mehrheit mindestens zehn vom Hundert der Stimmberechtigten beträgt.

(3) Die Zahl der Stimmberechtigten im Landkreis entspricht der Gesamtzahl der Bürger des Landkreises, die nach § 2 das Stimmrecht in den Mitgliedsgemeinden haben.

(4) [1]Der Bürgerentscheid auf Landkreisebene wird vom Landrat und einem von ihm benannten Stellvertreter geleitet und durchgeführt. [2]Der Abstimmungsausschuss besteht auf Landkreisebene aus dem Landrat und den entsprechend § 22 Abs. 2 entsandten Mitgliedern des Kreistages.

(5) Der erfolgreiche Bürgerentscheid im Landkreis hat die Wirkung eines Beschlusses des Kreistages.

(6) Der Bürgerentscheid und das Ergebnis eines Bürgerentscheids in einem Landkreis sind ortsüblich, sowohl vom Landkreis als auch von den Mitgliedsgemeinden, bekannt zu machen.

(7) Der Landkreis kann Mitgliedsgemeinden mit der Verteilung von Informationsmaterial nach § 19 Abs. 4 beauftragen.

Fünfter Abschnitt

Kosten und Schlussbestimmungen

§ 27 Kosten

(1) [1]Die Kosten für die Beschaffung und Bereitstellung der Unterschriftslisten für einen Einwohnerantrag und ein Bürgerbegehren und deren Übermittlung an die Gemeinde oder den Landkreis tragen die Antragsteller. [2]Im Übrigen tragen die Gemeinden und Landkreise die notwendigen Kosten für die Durchführung eines Einwohnerantrags, Bürgerbegehrens und Bürgerentscheids.

(2) [1]Den Antragstellern werden die notwendigen und nachgewiesenen Kosten für die Organisation eines zu Stande gekommenen Bürgerbegehrens in Gemeinden oder deren Ortsteilen mit jeweils mehr als 10.000 Einwohnern und in Landkreisen erstattet. [2]Für jeden Stimmberechtigten, der ein zu Stande gekommenes Bürgerbegehren durch seine Unterschrift rechtswirksam unterstützt hat, erhält der An-

tragsteller 0,10 Euro. [3]Dabei werden nur so viele Unterschriften berücksichtigt, wie für das Zustandekommen des Bürgerbegehrens erforderlich waren. [4]Die Kostenerstattung ist innerhalb von sechs Monaten nach der Entscheidung des Gemeinderats oder des Kreistags über das Zustandekommen des Bürgerbegehrens durch die Vertrauensperson bei der betreffenden Gemeinde oder dem Landkreis schriftlich zu beantragen.

(3) [1]Dem Antragsteller werden die notwendigen und nachgewiesenen Kosten eines angemessenen Abstimmungskampfes bei Bürgerentscheiden in Gemeinden oder deren Ortsteilen mit jeweils mehr als 10.000 Einwohnern und in Landkreisen erstattet. [2]Für jeden Stimmberechtigten, der bei einem erfolgreichen Bürgerentscheid für das Anliegen des Antragstellers in gültiger Weise mit „Ja" gestimmt hat, erhält der Antragsteller 0,05 Euro. [3]Dabei werden nur so viele Ja-Stimmen berücksichtigt, wie für den Erfolg des Bürgerentscheids erforderlich waren. [4]Die Kostenerstattung ist innerhalb von sechs Monaten nach der Bekanntmachung des Abstimmungsergebnisses des Bürgerentscheids gemäß § 24 Abs. 1 durch die Vertrauensperson bei der Gemeinde oder dem Landkreis schriftlich zu beantragen.

(4) Die bei Bekanntmachungen nach § 26 Abs. 6 den Gemeinden entstehenden Kosten werden diesen vom jeweiligen für den Bürgerentscheid zuständigen Landkreis erstattet.

(5) Beauftragt ein Landkreis Mitgliedsgebietskörperschaften mit der Herstellung oder Verteilung von Informationsmaterial nach § 19 in Verbindung mit § 26 Abs. 7, so hat er diesen die entstandenen Kosten zu ersetzen.

§ 28 Gebührenbefreiung

Für Verfahren des Einwohnerantrags, Bürgerbegehrens und Bürgerentscheids sowie für die Inanspruchnahme von Rechtsbehelfen hierzu werden keine Gebühren erhoben.

§ 29 Fristen und Termine

[1]Die in den Bestimmungen über Einwohnerantrag, Bürgerbegehren und Bürgerentscheid vorgesehenen Fristen und Termine verändern sich nicht dadurch, dass der letzte Tag der Frist oder ein Termin auf einen Sonnabend, Sonntag oder gesetzlichen Feiertag fällt. [2]Eine Wiedereinsetzung in den vorigen Stand ist ausgeschlossen.

§ 30 Elektronische Kommunikation

§ 3a des Thüringer Verwaltungsverfahrensgesetzes (ThürVwVfG) über die Möglichkeiten der Übermittlung elektronischer Dokumente und die Zulässigkeit, die angeforderte Schriftform durch die elektronische Form zu ersetzen, findet im Rahmen der Verfahren von Einwohnerantrag, Bürgerbegehren und Bürgerentscheid keine Anwendung.

§ 31 Gleichstellungsbestimmung

Status und Funktionsbezeichnungen in diesem Gesetz gelten jeweils in männlicher und weiblicher Form.

Thüringer Verwaltungsverfahrensgesetz (ThürVwVfG)

In der Fassung der Bekanntmachung vom 1. Dezember 2014[1)] (GVBl. S. 685) (2010-1)

zuletzt geändert durch Art. 3 Elektronische Verwaltungsförderung-ÄndG vom 10. Mai 2018 (GVBl. S. 212)

Inhaltsverzeichnis

Teil I
Anwendungsbereich, örtliche Zuständigkeit, elektronische Kommunikation, Amtshilfe, europäische Verwaltungszusammenarbeit

Abschnitt 1
Anwendungsbereich, örtliche Zuständigkeit, elektronische Kommunikation

§ 1 Anwendungsbereich
§ 2 Ausnahmen vom Anwendungsbereich
§ 3 Örtliche Zuständigkeit
§ 3a Elektronische Kommunikation

Abschnitt 2
Amtshilfe

§ 4 Amtshilfepflicht
§ 5 Voraussetzungen und Grenzen der Amtshilfe
§ 6 Auswahl der Behörde
§ 7 Durchführung der Amtshilfe
§ 8 Kosten der Amtshilfe

Abschnitt 3
Europäische Verwaltungszusammenarbeit

§ 8a Grundsätze der Hilfeleistung
§ 8b Form und Behandlung der Ersuchen
§ 8c Kosten der Hilfeleistung
§ 8d Mitteilungen von Amts wegen
§ 8e Anwendbarkeit

Teil II
Allgemeine Vorschriften über das Verwaltungsverfahren

Abschnitt 1
Verfahrensgrundsätze

§ 9 Begriff des Verwaltungsverfahrens
§ 10 Nichtförmlichkeit des Verwaltungsverfahrens
§ 11 Beteiligungsfähigkeit
§ 12 Handlungsfähigkeit
§ 13 Beteiligte
§ 14 Bevollmächtigte und Beistände
§ 15 Bestellung eines Empfangsbevollmächtigten
§ 16 Bestellung eines Vertreters von Amts wegen
§ 17 Vertreter bei gleichförmigen Eingaben
§ 18 Vertreter für Beteiligte bei gleichem Interesse
§ 19 Gemeinsame Vorschriften für Vertreter bei gleichförmigen Eingaben und bei gleichem Interesse
§ 20 Ausgeschlossene Personen
§ 21 Besorgnis der Befangenheit
§ 22 Beginn des Verfahrens
§ 23 Amtssprache
§ 24 Untersuchungsgrundsatz
§ 25 Beratung, Auskunft, frühe Öffentlichkeitsbeteiligung
§ 26 Beweismittel
§ 27 Versicherung an Eides Statt
§ 27a Öffentliche Bekanntmachung im Internet
§ 28 Anhörung Beteiligter
§ 29 Akteneinsicht durch Beteiligte
§ 30 Geheimhaltung

Abschnitt 2
Fristen, Termine, Wiedereinsetzung

§ 31 Fristen und Termine
§ 32 Wiedereinsetzung in den vorigen Stand

Abschnitt 3
Amtliche Beglaubigung

§ 33 Beglaubigung von Dokumenten
§ 34 Beglaubigung von Unterschriften

Teil III
Verwaltungsakt

Abschnitt 1
Zustandekommen des Verwaltungsaktes

§ 35 Begriff des Verwaltungsaktes
§ 36 Nebenbestimmungen zum Verwaltungsakt
§ 37 Bestimmtheit und Form des Verwaltungsaktes; Rechtsbehelfsbelehrung
§ 38 Zusicherung
§ 39 Begründung des Verwaltungsaktes
§ 40 Ermessen
§ 41 Bekanntgabe des Verwaltungsaktes
§ 42 Offenbare Unrichtigkeiten im Verwaltungsakt
§ 42a Genehmigungsfiktion

1) Neubekanntmachung des ThürVwVfG v. 18.8.2009 (GVBl. S. 699) in der ab 1.7.2014 geltenden Fassung.

Abschnitt 2
Bestandskraft des Verwaltungsaktes
§ 43 Wirksamkeit des Verwaltungsaktes
§ 44 Nichtigkeit des Verwaltungsaktes
§ 45 Heilung von Verfahrens- und Formfehlern
§ 46 Folgen von Verfahrens- und Formfehlern
§ 47 Umdeutung eines fehlerhaften Verwaltungsaktes
§ 48 Rücknahme eines rechtswidrigen Verwaltungsaktes
§ 49 Widerruf eines rechtmäßigen Verwaltungsaktes
§ 49a Erstattung, Verzinsung
§ 50 Rücknahme und Widerruf im Rechtsbehelfsverfahren
§ 51 Wiederaufgreifen des Verfahrens
§ 52 Rückgabe von Urkunden und Sachen

Abschnitt 3
Verjährungsrechtliche Wirkungen des Verwaltungsaktes
§ 53 Hemmung der Verjährung durch Verwaltungsakt

Teil IV
Öffentlich-rechtlicher Vertrag
§ 54 Zulässigkeit des öffentlich-rechtlichen Vertrages
§ 55 Vergleichsvertrag
§ 56 Austauschvertrag
§ 57 Schriftform
§ 58 Zustimmung von Dritten und Behörden
§ 59 Nichtigkeit des öffentlich-rechtlichen Vertrages
§ 60 Anpassung und Kündigung in besonderen Fällen
§ 61 Unterwerfung unter die sofortige Vollstreckung
§ 62 Ergänzende Anwendung von Vorschriften

Teil V
Besondere Verfahrensarten

Abschnitt 1
Förmliches Verwaltungsverfahren
§ 63 Anwendung der Vorschriften über das förmliche Verwaltungsverfahren
§ 64 Form des Antrages
§ 65 Mitwirkung von Zeugen und Sachverständigen
§ 66 Verpflichtung zur Anhörung von Beteiligten
§ 67 Erfordernis der mündlichen Verhandlung
§ 68 Verlauf der mündlichen Verhandlung
§ 69 Entscheidung
§ 70 Anfechtung der Entscheidung
§ 71 Besondere Vorschriften für das förmliche Verfahren vor Ausschüssen

Abschnitt 1a
Verfahren über eine einheitliche Stelle
§ 71a Anwendbarkeit
§ 71b Verfahren
§ 71c Informationspflichten
§ 71d Gegenseitige Unterstützung
§ 71e Elektronisches Verfahren

Abschnitt 2
Planfeststellungsverfahren
§ 72 Anwendung der Vorschriften über das Planfeststellungsverfahren
§ 73 Anhörungsverfahren
§ 74 Planfeststellungsbeschluss, Plangenehmigung
§ 75 Rechtswirkungen der Planfeststellung
§ 76 Planänderungen vor Fertigstellung des Vorhabens
§ 77 Aufhebung des Planfeststellungsbeschlusses
§ 78 Zusammentreffen mehrerer Vorhaben

Teil VI
Rechtsbehelfsverfahren
§ 79 Rechtsbehelfe gegen Verwaltungsakte
§ 80 Erstattung von Kosten im Vorverfahren

Teil VII
Ehrenamtliche Tätigkeit, Ausschüsse

Abschnitt 1
Ehrenamtliche Tätigkeit
§ 81 Anwendung der Vorschriften über die ehrenamtliche Tätigkeit
§ 82 Pflicht zu ehrenamtlicher Tätigkeit
§ 83 Ausübung ehrenamtlicher Tätigkeit
§ 84 Verschwiegenheitspflicht
§ 85 Entschädigung
§ 86 Abberufung
§ 87 Ordnungswidrigkeiten

Abschnitt 2
Ausschüsse
§ 88 Anwendung der Vorschriften über Ausschüsse
§ 89 Ordnung in den Sitzungen
§ 90 Beschlussfähigkeit
§ 91 Beschlussfassung
§ 92 Wahlen durch Ausschüsse
§ 93 Niederschrift

Teil VIII
Schlussvorschriften
§ 94 Sonderregelung für Verteidigungsangelegenheiten
§ 95 Länderübergreifende Verfahren
§ 96 Überleitung von Verfahren
§ 96a Übergangsbestimmung
§ 97 Gleichstellungsbestimmung
§ 98 (Inkrafttreten)

Teil I

Anwendungsbereich, örtliche Zuständigkeit, elektronische Kommunikation, Amtshilfe, europäische Verwaltungszusammenarbeit

Abschnitt 1

Anwendungsbereich, örtliche Zuständigkeit, elektronische Kommunikation

§ 1 Anwendungsbereich

(1) [1]Dieses Gesetz gilt für die öffentlich-rechtliche Verwaltungstätigkeit der Behörden

1. des Landes,
2. der Gemeinden und Gemeindeverbände,
3. der sonstigen der Aufsicht des Landes unterstehenden Körperschaften, Anstalten und Stiftungen des öffentlichen Rechts,

soweit nicht Rechtsvorschriften des Landes inhaltsgleiche oder entgegenstehende Bestimmungen enthalten. [2]Verfahrensregelungen in Rechtsvorschriften des Bundes bleiben unberührt.

(2) Behörde im Sinne dieses Gesetzes ist jede Stelle, die Aufgaben der öffentlichen Verwaltung wahrnimmt.

§ 2 Ausnahmen vom Anwendungsbereich

(1) Dieses Gesetz gilt nicht für die Tätigkeit der Kirchen, der Religions- und Weltanschauungsgemeinschaften sowie ihrer Verbände und Einrichtungen und für die Tätigkeit des Thüringer Rundfunks.

(2) Dieses Gesetz gilt ferner nicht für

1. Verwaltungsverfahren, in denen Bestimmungen der Abgabenordnung anzuwenden sind; soweit in diesen Verfahren ein Vorverfahren nach den §§ 68 bis 73 der Verwaltungsgerichtsordnung stattfindet, ist § 80 anzuwenden,
2. die Strafverfolgung, die Verfolgung und Ahndung von Ordnungswidrigkeiten, die Rechtshilfe für das Ausland in Straf- und Zivilsachen und, unbeschadet des § 80 Abs. 4, für Maßnahmen des Richterdienstrechts,
3. Verfahren nach dem Sozialgesetzbuch,
4. das Recht des Lastenausgleichs,
5. das Recht der Wiedergutmachung,
6. die Berufung von Hochschullehrern,
7. Verfahren im Zusammenhang mit Ehrungen und der Ausübung des Begnadigungsrechtes.

(3) [1]Für die Tätigkeit

1. der Gerichtsverwaltungen und der Behörden der Justizverwaltung einschließlich der ihrer Aufsicht unterliegenden Körperschaften des öffentlichen Rechts gilt dieses Gesetz nur, soweit die Tätigkeit der Nachprüfung im Verfahren vor den Gerichten der Verwaltungsgerichtsbarkeit unterliegt;
2. der Behörden bei Leistungs-, Eignungs- und ähnlichen Prüfungen von Personen gelten nur die §§ 3a bis 13, 20 bis 27, 29 bis 38, 40 bis 52, 79, 80 und 95;
3. der Schulen gelten nur die §§ 3a bis 13, 20 bis 52, 79, 80 und 95; § 20 Abs. 1 Nr. 2 findet keine Anwendung auf Schulleiter und Lehrer, wenn ein von ihnen unterrichteter Schüler Beteiligter ist.

[2]Die §§ 28 und 39 gelten nur, soweit die Entscheidung nicht auf einer Leistungs- oder Eignungsbeurteilung beruht.

§ 3 Örtliche Zuständigkeit

(1) Örtlich zuständig ist

1. in Angelegenheiten, die sich auf unbewegliches Vermögen oder ein ortsgebundenes Recht oder Rechtsverhältnis beziehen, die Behörde, in deren Zuständigkeitsgebiet das Vermögen oder der Ort liegt;
2. in Angelegenheiten, die sich auf den Betrieb eines Unternehmens oder einer seiner Betriebsstätten, auf die Ausübung eines Berufes oder auf eine andere dauernde Tätigkeit beziehen, die Behörde, in deren Zuständigkeitsgebiet das Unternehmen oder die Betriebsstätte betrieben oder der Beruf oder die Tätigkeit ausgeübt wird oder werden soll;
3. in anderen Angelegenheiten, die
   a) eine natürliche Person betreffen, die Behörde, in deren Zuständigkeitsgebiet die natürliche Person ihren gewöhnlichen Aufenthalt hat oder zuletzt hatte,

b) eine juristische Person oder eine Vereinigung betreffen, die Behörde, in deren Zuständigkeitsgebiet die juristische Person oder die Vereinigung ihren Sitz hat oder zuletzt hatte;
4. in Angelegenheiten, bei denen sich die Zuständigkeit nicht aus den Nummern 1 bis 3 ergibt, die Behörde, in deren Zuständigkeitsgebiet der Anlass für die Amtshandlung hervortritt.

(2) [1]Sind nach Absatz 1 mehrere Behörden zuständig, so entscheidet die Behörde, die zuerst mit der Sache befasst worden ist, es sei denn, die gemeinsame fachlich zuständige Aufsichtsbehörde bestimmt, dass eine andere örtlich zuständige Behörde zu entscheiden hat. [2]Sie kann in den Fällen, in denen eine gleiche Angelegenheit sich auf mehrere Betriebsstätten eines Betriebes oder Unternehmens bezieht, eine der nach Absatz 1 Nr. 2 zuständigen Behörden als gemeinsame zuständige Behörde bestimmen, wenn dies unter Wahrung der Interessen der Beteiligten zur einheitlichen Entscheidung geboten ist. [3]Diese Aufsichtsbehörde entscheidet ferner über die örtliche Zuständigkeit, wenn sich mehrere Behörden für zuständig oder für unzuständig halten oder wenn die Zuständigkeit aus anderen Gründen zweifelhaft ist. [4]Fehlt eine gemeinsame Aufsichtsbehörde, so treffen die fachlich zuständigen Aufsichtsbehörden die Entscheidung gemeinsam.

(3) Ändern sich im Laufe des Verwaltungsverfahrens die die Zuständigkeit begründenden Umstände, so kann die bisher zuständige Behörde das Verwaltungsverfahren fortführen, wenn dies unter Wahrung der Interessen der Beteiligten der einfachen und zweckmäßigen Durchführung des Verfahrens dient und die nunmehr zuständige Behörde zustimmt.

(4) [1]Bei Gefahr im Verzug ist für unaufschiebbare Maßnahmen jede Behörde örtlich zuständig, in deren Zuständigkeitsgebiet der Anlass für die Amtshandlung hervortritt. [2]Die nach Absatz 1 Nr. 1 bis 3 örtlich zuständige Behörde ist unverzüglich zu unterrichten.

§ 3a Elektronische Kommunikation

(1) Die Übermittlung elektronischer Dokumente ist zulässig, soweit der Empfänger hierfür einen Zugang eröffnet.

(2) [1]Eine durch Rechtsvorschrift angeordnete Schriftform kann, soweit nicht durch Rechtsvorschrift etwas anderes bestimmt ist, durch die elektronische Form ersetzt werden. [2]Der elektronischen Form genügt ein elektronisches Dokument, das mit einer qualifizierten elektronischen Signatur nach dem Signaturgesetz (SigG) vom 16. Mai 2001 (BGBl. I S. 876) in der jeweils geltenden Fassung versehen ist. [3]Die Signierung mit einem Pseudonym, das die Identifizierung der Person des Signaturschlüsselinhabers nicht unmittelbar durch die Behörde ermöglicht, ist nicht zulässig. [4]Die Schriftform kann auch ersetzt werden

1. durch unmittelbare Abgabe der Erklärung in einem elektronischen Formular, das von der Behörde in einem Eingabegerät oder über öffentlich zugängliche Netze zur Verfügung gestellt wird,
2. bei Anträgen und Anzeigen durch Versendung eines elektronischen Dokuments an die Behörde mit der Versandart nach § 5 Abs. 5 des De-Mail-Gesetzes vom 28. April 2011 (BGBl. I S. 666) in der jeweils geltenden Fassung,
3. bei elektronischen Verwaltungsakten oder sonstigen elektronischen Dokumenten der Behörden durch Versendung einer De-Mail-Nachricht nach § 5 Abs. 5 des De-Mail-Gesetzes, bei der die Bestätigung des akkreditierten Diensteanbieters die erlassende Behörde als Nutzer des De-Mail-Kontos erkennen lässt, oder
4. durch sonstige sichere Verfahren, die durch Rechtsverordnung der Bundesregierung mit Zustimmung des Bundesrates festgelegt werden, welche den Datenübermittler (Absender der Daten) authentifizieren und die Integrität des elektronisch übermittelten Datensatzes sowie die Barrierefreiheit gewährleisten; der IT-Planungsrat gibt Empfehlungen zu geeigneten Verfahren ab.

[5]In den Fällen des Satzes 4 Nr. 1 muss bei einer Eingabe über öffentlich zugängliche Netze ein sicherer Identitätsnachweis nach § 18 des Personalausweisgesetzes vom 18. Juni 2009 (BGBl. I S. 1346) in der jeweils geltenden Fassung oder nach § 78 Abs. 5 des Aufenthaltsgesetzes in der Fassung vom 25. Februar 2008 (BGBl. I S. 162) in der jeweils geltenden Fassung erfolgen.

(3) [1]Ist ein der Behörde übermitteltes Dokument für sie zur Bearbeitung nicht geeignet, teilt sie dies dem Absender unter Angabe der für sie geltenden technischen Rahmenbedingungen unverzüglich mit. [2]Macht ein Empfänger geltend, er könne das von der Behörde übermittelte elektronische Dokument nicht bearbeiten, hat sie es ihm erneut in einem geeigneten elektronischen Format oder als Schriftstück zu übermitteln.

Abschnitt 2
Amtshilfe

§ 4 Amtshilfepflicht
(1) Jede Behörde leistet anderen Behörden auf Ersuchen ergänzende Hilfe (Amtshilfe).
(2) Amtshilfe liegt nicht vor, wenn
1. Behörden einander innerhalb eines bestehenden Weisungsverhältnisses Hilfe leisten;
2. die Hilfeleistung in Handlungen besteht, die der ersuchten Behörde als eigene Aufgabe obliegen.

§ 5 Voraussetzungen und Grenzen der Amtshilfe
(1) Eine Behörde kann um Amtshilfe insbesondere dann ersuchen, wenn sie
1. aus rechtlichen Gründen die Amtshandlung nicht selbst vornehmen kann;
2. aus tatsächlichen Gründen, besonders weil die zur Vornahme der Amtshandlung erforderlichen Dienstkräfte oder Einrichtungen fehlen, die Amtshandlung nicht selbst vornehmen kann;
3. zur Durchführung ihrer Aufgaben auf die Kenntnis von Tatsachen angewiesen ist, die ihr unbekannt sind und die sie selbst nicht ermitteln kann;
4. zur Durchführung ihrer Aufgaben Urkunden oder sonstige Beweismittel benötigt, die sich im Besitz der ersuchten Behörde befinden;
5. die Amtshandlung nur mit wesentlich größerem Aufwand vornehmen könnte als die ersuchte Behörde.

(2) [1]Die ersuchte Behörde darf Hilfe nicht leisten, wenn
1. sie hierzu aus rechtlichen Gründen nicht in der Lage ist;
2. durch die Hilfeleistung dem Wohl des Bundes oder eines Landes erhebliche Nachteile bereitet würden.

[2]Die ersuchte Behörde ist insbesondere zur Vorlage von Urkunden oder Akten sowie zur Erteilung von Auskünften nicht verpflichtet, wenn die Vorgänge nach einem Gesetz oder ihrem Wesen nach geheim gehalten werden müssen.
(3) Die ersuchte Behörde braucht Hilfe nicht zu leisten, wenn
1. eine andere Behörde die Hilfe wesentlich einfacher oder mit wesentlich geringerem Aufwand leisten kann;
2. sie die Hilfe nur mit unverhältnismäßig großem Aufwand leisten könnte;
3. sie unter Berücksichtigung der Aufgaben der ersuchenden Behörde durch die Hilfeleistung die Erfüllung ihrer eigenen Aufgaben ernstlich gefährden würde.

(4) Die ersuchte Behörde darf die Hilfe nicht deshalb verweigern, weil sie das Ersuchen aus anderen als den in Absatz 3 genannten Gründen oder weil sie die mit der Amtshilfe zu verwirklichende Maßnahme für unzweckmäßig hält.
(5) [1]Hält die ersuchte Behörde sich zur Hilfe nicht für verpflichtet, so teilt sie der ersuchenden Behörde ihre Auffassung mit. [2]Besteht diese auf der Amtshilfe, so entscheidet über die Verpflichtung zur Amtshilfe die gemeinsame fachlich zuständige Aufsichtsbehörde oder, sofern eine solche nicht besteht, die für die ersuchte Behörde fachlich zuständige Aufsichtsbehörde.

§ 6 Auswahl der Behörde
Kommen für die Amtshilfe mehrere Behörden in Betracht, so soll nach Möglichkeit eine Behörde der untersten Verwaltungsstufe des Verwaltungszweiges ersucht werden, dem die ersuchende Behörde angehört.

§ 7 Durchführung der Amtshilfe
(1) Die Zulässigkeit der Maßnahme, die durch die Amtshilfe verwirklicht werden soll, richtet sich nach dem für die ersuchende Behörde, die Durchführung der Amtshilfe nach dem für die ersuchte Behörde geltenden Recht.
(2) [1]Die ersuchende Behörde trägt gegenüber der ersuchten Behörde die Verantwortung für die Rechtmäßigkeit der zu treffenden Maßnahme. [2]Die ersuchte Behörde ist für die Durchführung der Amtshilfe verantwortlich.

§ 8 Kosten der Amtshilfe
(1) [1]Die ersuchende Behörde hat der ersuchten Behörde für die Amtshilfe keine Verwaltungsgebühr zu entrichten. [2]Auslagen hat sie der ersuchten Behörde auf Anforderung zu erstatten, wenn sie im

Einzelfall 25 Euro übersteigen. [3]Leisten Behörden desselben Rechtsträgers einander Amtshilfe, so werden die Auslagen nicht erstattet.

(2) Nimmt die ersuchte Behörde zur Durchführung der Amtshilfe eine kostenpflichtige Amtshandlung vor, so stehen ihr die von einem Dritten hierfür geschuldeten Kosten (Verwaltungsgebühren, Benutzungsgebühren und Auslagen) zu.

Abschnitt 3

EuropäischeVerwaltungszusammenarbeit

§ 8a Grundsätze der Hilfeleistung

(1) Jede Behörde leistet Behörden anderer Mitgliedstaaten der Europäischen Union auf Ersuchen Hilfe, soweit dies nach Maßgabe von Rechtsakten der Europäischen Gemeinschaft geboten ist.

(2) [1]Behörden anderer Mitgliedstaaten der Europäischen Union können um Hilfe ersucht werden, soweit dies nach Maßgabe von Rechtsakten der Europäischen Gemeinschaft zugelassen ist. [2]Um Hilfe ist zu ersuchen, soweit dies nach Maßgabe von Rechtsakten der Europäischen Gemeinschaft geboten ist.

(3) Die §§ 5, 7 und 8 Abs. 2 sind entsprechend anzuwenden, soweit Rechtsakte der Europäischen Gemeinschaft nicht entgegenstehen.

§ 8b Form und Behandlung der Ersuchen

(1) [1]Ersuchen sind in deutscher Sprache an Behörden anderer Mitgliedstaaten der Europäischen Union zu richten; soweit erforderlich, ist eine Übersetzung beizufügen. [2]Die Ersuchen sind gemäß den gemeinschaftsrechtlichen Vorgaben und unter Angabe des maßgeblichen Rechtsakts zu begründen.

(2) [1]Ersuchen von Behörden anderer Mitgliedstaaten der Europäischen Union dürfen nur erledigt werden, wenn sich ihr Inhalt in deutscher Sprache aus den Akten ergibt. [2]Soweit erforderlich, soll bei Ersuchen in einer anderen Sprache von der ersuchenden Behörde eine Übersetzung verlangt werden.

(3) Ersuchen von Behörden anderer Mitgliedstaaten der Europäischen Union können abgelehnt werden, wenn sie nicht ordnungsgemäß und unter Angabe des maßgeblichen Rechtsakts begründet sind und die erforderliche Begründung nach Aufforderung nicht nachgereicht wird.

(4) [1]Einrichtungen und Hilfsmittel der Kommission zur Behandlung von Ersuchen sollen genutzt werden. [2]Informationen sollen elektronisch übermittelt werden.

§ 8c Kosten der Hilfeleistung

Ersuchende Behörden anderer Mitgliedstaaten der Europäischen Union haben Verwaltungsgebühren oder Auslagen nur zu erstatten, soweit dies nach Maßgabe von Rechtsakten der Europäischen Gemeinschaft verlangt werden kann.

§ 8d Mitteilungen von Amts wegen

(1) [1]Die zuständige Behörde teilt den Behörden anderer Mitgliedstaaten der Europäischen Union und der Kommission Angaben über Sachverhalte und Personen mit, soweit dies nach Maßgabe von Rechtsakten der Europäischen Gemeinschaft geboten ist. [2]Dabei sollen die hierzu eingerichteten Informationsnetze genutzt werden.

(2) Übermittelt eine Behörde Angaben nach Absatz 1an die Behörde eines anderen Mitgliedstaats der Europäischen Union, unterrichtet sie den Betroffenen über die Tatsache der Übermittlung, soweit Rechtsakte der Europäischen Gemeinschaft dies vorsehen; dabei ist auf die Art der Angaben sowie auf die Zweckbestimmung und die Rechtsgrundlage der Übermittlung hinzuweisen.

§ 8e Anwendbarkeit

[1]Die Regelungen dieses Abschnitts sind mit Inkrafttreten des jeweiligen Rechtsakts der Europäischen Gemeinschaft, wenn dieser unmittelbare Wirkung entfaltet, im Übrigen mit Ablauf der jeweiligen Umsetzungsfrist anzuwenden. [2]Sie gelten auch im Verhältnis zu den anderen Vertragsstaaten des Abkommens über den Europäischen Wirtschaftsraum, soweit Rechtsakte der Europäischen Gemeinschaft auch auf diese Staaten anzuwenden sind.

Teil II

Allgemeine Vorschriften über das Verwaltungsverfahren

Abschnitt 1

Verfahrensgrundsätze

§ 9 Begriff des Verwaltungsverfahrens

Das Verwaltungsverfahren im Sinne dieses Gesetzes ist die nach außen wirkende Tätigkeit der Behörden, die auf die Prüfung der Voraussetzungen, die Vorbereitung und den Erlass eines Verwaltungsaktes oder auf den Abschluss eines öffentlich-rechtlichen Vertrages gerichtet ist; es schließt den Erlass des Verwaltungsaktes oder den Abschluss des öffentlich-rechtlichen Vertrages ein.

§ 10 Nichtförmlichkeit des Verwaltungsverfahrens

[1]Das Verwaltungsverfahren ist an bestimmte Formen nicht gebunden, soweit keine besonderen Rechtsvorschriften für die Form des Verfahrens bestehen. [2]Es ist einfach, zweckmäßig und zügig durchzuführen.

§ 11 Beteiligungsfähigkeit

Fähig, am Verfahren beteiligt zu sein, sind

1. natürliche und juristische Personen,
2. Vereinigungen, soweit ihnen ein Recht zustehen kann,
3. Behörden.

§ 12 Handlungsfähigkeit

(1) Fähig zur Vornahme von Verfahrenshandlungen sind

1. natürliche Personen, die nach bürgerlichem Recht geschäftsfähig sind,
2. natürliche Personen, die nach bürgerlichem Recht in der Geschäftsfähigkeit beschränkt sind, soweit sie für den Gegenstand des Verfahrens durch Vorschriften des bürgerlichen Rechts als geschäftsfähig oder durch Vorschriften des öffentlichen Rechts als handlungsfähig anerkannt sind,
3. juristische Personen und Vereinigungen (§ 11 Nr. 2) durch ihre gesetzlichen Vertreter oder durch besonders Beauftragte,
4. Behörden durch ihre Leiter, deren Vertreter oder Beauftragte.

(2) Betrifft ein Einwilligungsvorbehalt nach § 1903 des Bürgerlichen Gesetzbuchs den Gegenstand des Verfahrens, so ist ein geschäftsfähiger Betreuter nur insoweit zur Vornahme von Verfahrenshandlungen fähig, als er nach den Vorschriften des bürgerlichen Rechts ohne Einwilligung des Betreuers handeln kann oder durch Vorschriften des öffentlichen Rechts als handlungsfähig anerkannt ist.

(3) Die §§ 53 und 55 der Zivilprozessordnung gelten entsprechend.

§ 13 Beteiligte

(1) Beteiligte sind

1. Antragsteller und Antragsgegner,
2. diejenigen, an die die Behörde den Verwaltungsakt richten will oder gerichtet hat,
3. diejenigen, mit denen die Behörde einen öffentlich-rechtlichen Vertrag schließen will oder geschlossen hat,
4. diejenigen, die nach Absatz 2 von der Behörde zu dem Verfahren hinzugezogen worden sind.

(2) [1]Die Behörde kann von Amts wegen oder auf Antrag diejenigen, deren rechtliche Interessen durch den Ausgang des Verfahrens berührt werden können, als Beteiligte hinzuziehen. [2]Hat der Ausgang des Verfahrens rechtsgestaltende Wirkung für einen Dritten, so ist dieser auf Antrag als Beteiligter zu dem Verfahren hinzuzuziehen; soweit er der Behörde bekannt ist, hat diese ihn von der Einleitung des Verfahrens zu benachrichtigen.

(3) Wer anzuhören ist, ohne dass die Voraussetzungen des Absatzes 1 vorliegen, wird dadurch nicht Beteiligter.

§ 14 Bevollmächtigte und Beistände

(1) [1]Ein Beteiligter kann sich durch einen Bevollmächtigten vertreten lassen. [2]Die Vollmacht ermächtigt zu allen das Verwaltungsverfahren betreffenden Verfahrenshandlungen, sofern sich aus ihrem Inhalt nicht etwas anderes ergibt. [3]Der Bevollmächtigte hat auf Verlangen seine Vollmacht schriftlich nachzuweisen. [4]Ein Widerruf der Vollmacht wird der Behörde gegenüber wirksam, wenn er ihr zugeht.

(2) Die Vollmacht wird weder durch den Tod des Vollmachtgebers noch durch eine Veränderung in seiner Handlungsfähigkeit oder seiner gesetzlichen Vertretung aufgehoben; der Bevollmächtigte hat jedoch, wenn er für den Rechtsnachfolger im Verwaltungsverfahren auftritt, dessen Vollmacht auf Verlangen schriftlich beizubringen.

(3) [1]Ist für das Verfahren ein Bevollmächtigter bestellt, so soll sich die Behörde an ihn wenden. [2]Sie kann sich an den Beteiligten selbst wenden, soweit er zur Mitwirkung verpflichtet ist. [3]Wendet sich die Behörde an den Beteiligten, so soll der Bevollmächtigte verständigt werden. [4]Vorschriften über die Zustellung an Bevollmächtigte bleiben unberührt.

(4) [1]Ein Beteiligter kann zu Verhandlungen und Besprechungen mit einem Beistand erscheinen. [2]Das von dem Beistand Vorgetragene gilt als von dem Beteiligten vorgebracht, soweit dieser nicht unverzüglich widerspricht.

(5) Bevollmächtigte und Beistände sind zurückzuweisen, wenn sie entgegen § 3 des Rechtsdienstleistungsgesetzes vom 12. Dezember 2007 (BGBl. I S. 2840) in der jeweils geltenden Fassung Rechtsdienstleistungen erbringen.

(6) [1]Bevollmächtigte und Beistände können vom Vortrag zurückgewiesen werden, wenn sie hierzu ungeeignet sind; vom mündlichen Vortrag können sie nur zurückgewiesen werden, wenn sie zum sachgemäßen Vortrag nicht fähig sind. [2]Nicht zurückgewiesen werden können Personen, die nach § 67 Abs. 2 Satz 1 und 2 Nr. 3 bis 7 der Verwaltungsgerichtsordnung zur Vertretung im verwaltungsgerichtlichen Verfahren befugt sind.

(7) [1]Die Zurückweisung nach den Absätzen 5 und 6 ist auch dem Beteiligten, dessen Bevollmächtigter oder Beistand zurückgewiesen wird, mitzuteilen. [2]Verfahrenshandlungen des zurückgewiesenen Bevollmächtigten oder Beistands, die dieser nach der Zurückweisung vornimmt, sind unwirksam.

§ 15 Bestellung eines Empfangsbevollmächtigten

[1]Ein Beteiligter ohne Wohnsitz oder gewöhnlichen Aufenthalt, Sitz oder Geschäftsleitung im Inland hat der Behörde auf Verlangen innerhalb einer angemessenen Frist einen Empfangsbevollmächtigten im Inland zu benennen. [2]Unterlässt er dies, so gilt ein an ihn gerichtetes Schriftstück am siebenten Tag nach der Aufgabe zur Post und ein elektronisch übermitteltes Dokument am dritten Tag nach der Absendung als zugegangen. [3]Dies gilt nicht, wenn feststeht, dass das Dokument den Empfänger nicht oder zu einem späteren Zeitpunkt erreicht hat. [4]Auf die Rechtsfolgen der Unterlassung ist der Beteiligte hinzuweisen.

§ 16 Bestellung eines Vertreters von Amts wegen

(1) Ist ein Vertreter nicht vorhanden, so hat das Betreuungsgericht auf Ersuchen der Behörde einen geeigneten Vertreter zu bestellen

1. für einen Beteiligten, dessen Person unbekannt ist;
2. für einen abwesenden Beteiligten, dessen Aufenthalt unbekannt ist oder der an der Besorgung seiner Angelegenheiten verhindert ist;
3. für einen Beteiligten ohne Aufenthalt im Inland, wenn er der Aufforderung der Behörde, einen Vertreter zu bestellen, innerhalb der ihm gesetzten Frist nicht nachgekommen ist;
4. für einen Beteiligten, der infolge einer psychischen Krankheit oder körperlichen, geistigen oder seelischen Behinderung nicht in der Lage ist, in dem Verwaltungsverfahren selbst tätig zu werden;
5. bei herrenlosen Sachen, auf die sich das Verfahren bezieht, zur Wahrung der sich in Bezug auf die Sache ergebenden Rechte und Pflichten.

(2) Für die Bestellung des Vertreters ist in den Fällen des Absatzes 1 Nr. 4 das Betreuungsgericht zuständig, in dessen Bezirk der Beteiligte seinen gewöhnlichen Aufenthalt hat; im Übrigen ist das Vormundschaftsgericht zuständig, in dessen Bezirk die ersuchende Behörde ihren Sitz hat.

(3) [1]Der Vertreter hat gegen den Rechtsträger der Behörde, die um seine Bestellung ersucht hat, Anspruch auf eine angemessene Vergütung und auf die Erstattung seiner baren Auslagen. [2]Die Behörde kann von dem Vertretenen Ersatz ihrer Aufwendungen verlangen. [3]Sie bestimmt die Vergütung und stellt die Auslagen und Aufwendungen fest.

(4) Im Übrigen gelten für die Bestellung und das Amt des Vertreters in den Fällen des Absatzes 1 Nr. 4 die Vorschriften über die Betreuung, in den übrigen Fällen die Vorschriften über die Pflegschaft entsprechend.

§ 17 Vertreter bei gleichförmigen Eingaben

(1) [1]Bei Anträgen und Eingaben, die in einem Verwaltungsverfahren von mehr als 50 Personen auf Unterschriftslisten unterzeichnet oder in Form vervielfältigter gleich lautender Texte eingereicht worden sind (gleichförmige Eingaben), gilt für das Verfahren derjenige Unterzeichner als Vertreter der übrigen Unterzeichner, der darin mit seinem Namen, seinem Beruf und seiner Anschrift als Vertreter bezeichnet ist, soweit er nicht von ihnen als Bevollmächtigter bestellt worden ist. [2]Vertreter kann nur eine natürliche Person sein.

(2) [1]Die Behörde kann gleichförmige Eingaben, die die Angaben nach Absatz 1 Satz 1 nicht deutlich sichtbar auf jeder mit einer Unterschrift versehenen Seite enthalten oder dem Erfordernis des Absatzes 1 Satz 2 nicht entsprechen, unberücksichtigt lassen. [2]Will die Behörde so verfahren, so hat sie dies durch ortsübliche Bekanntmachung mitzuteilen. [3]Die Behörde kann ferner gleichförmige Eingaben insoweit unberücksichtigt lassen, als Unterzeichner ihren Namen oder ihre Anschrift nicht oder unleserlich angegeben haben.

(3) [1]Die Vertretungsmacht erlischt, sobald der Vertreter oder der Vertretene dies der Behörde schriftlich erklärt; der Vertreter kann eine solche Erklärung nur hinsichtlich aller Vertretenen abgeben. [2]Gibt der Vertretene eine solche Erklärung ab, so soll er der Behörde zugleich mitteilen, ob er seine Eingabe aufrechterhält und ob er einen Bevollmächtigten bestellt hat.

(4) [1]Endet die Vertretungsmacht des Vertreters, so kann die Behörde die nicht mehr Vertretenen auffordern, innerhalb einer angemessenen Frist einen gemeinsamen Vertreter zu bestellen. [2]Sind mehr als 50 Personen aufzufordern, so kann die Behörde die Aufforderung ortsüblich bekannt machen. [3]Wird der Aufforderung nicht fristgemäß entsprochen, so kann die Behörde von Amts wegen einen gemeinsamen Vertreter bestellen.

§ 18 Vertreter für Beteiligte bei gleichem Interesse

(1) [1]Sind an einem Verwaltungsverfahren mehr als 50 Personen im gleichen Interesse beteiligt, ohne vertreten zu sein, so kann die Behörde sie auffordern, innerhalb einer angemessenen Frist einen gemeinsamen Vertreter zu bestellen, wenn sonst die ordnungsgemäße Durchführung des Verwaltungsverfahrens beeinträchtigt wäre. [2]Kommen sie der Aufforderung nicht fristgemäß nach, so kann die Behörde von Amts wegen einen gemeinsamen Vertreter bestellen. [3]Vertreter kann nur eine natürliche Person sein.

(2) [1]Die Vertretungsmacht erlischt, sobald der Vertreter oder der Vertretene dies der Behörde schriftlich erklärt; der Vertreter kann eine solche Erklärung nur hinsichtlich aller Vertretenen abgeben. [2]Gibt der Vertretene eine solche Erklärung ab, so soll er der Behörde zugleich mitteilen, ob er seine Eingabe aufrechterhält und ob er einen Bevollmächtigten bestellt hat.

§ 19 Gemeinsame Vorschriften für Vertreter bei gleichförmigen Eingaben und bei gleichem Interesse

(1) [1]Der Vertreter hat die Interessen der Vertretenen sorgfältig wahrzunehmen. [2]Er kann alle das Verwaltungsverfahren betreffenden Verfahrenshandlungen vornehmen. [3]An Weisungen ist er nicht gebunden.

(2) § 14 Abs. 5 bis 7 gilt entsprechend.

(3) [1]Der von der Behörde bestellte Vertreter hat gegen deren Rechtsträger Anspruch auf angemessene Vergütung und auf Erstattung seiner baren Auslagen. [2]Die Behörde kann von den Vertretenen zu gleichen Anteilen Ersatz ihrer Aufwendungen verlangen. [3]Sie bestimmt die Vergütung und stellt die Auslagen und Aufwendungen fest.

§ 20 Ausgeschlossene Personen

(1) [1]In einem Verwaltungsverfahren darf für eine Behörde nicht tätig werden,

1. wer selbst Beteiligter ist;
2. wer Angehöriger eines Beteiligten ist;
3. wer einen Beteiligten kraft Gesetzes oder Vollmacht allgemein oder in diesem Verwaltungsverfahren vertritt;
4. wer Angehöriger einer Person ist, die einen Beteiligten in diesem Verfahren vertritt;
5. wer bei einem Beteiligten gegen Entgelt beschäftigt ist oder bei ihm als Mitglied des Vorstandes, des Aufsichtsrates oder eines gleichartigen Organs tätig ist; dies gilt nicht für den, dessen Anstellungskörperschaft Beteiligte ist;

6. wer außerhalb seiner amtlichen Eigenschaften in der Angelegenheit ein Gutachten abgegeben hat oder sonst tätig geworden ist.

[2]Dem Beteiligten steht gleich, wer durch die Tätigkeit oder durch die Entscheidung einen unmittelbaren Vorteil oder Nachteil erlangen kann. [3]Dies gilt nicht, wenn der Vor- oder Nachteil nur darauf beruht, dass jemand einer Berufs- oder Bevölkerungsgruppe angehört, deren gemeinsame Interessen durch die Angelegenheit berührt werden.

(2) Absatz 1 gilt nicht für Wahlen zu einer ehrenamtlichen Tätigkeit und für die Abberufung von ehrenamtlich Tätigen.

(3) Wer nach Absatz 1 ausgeschlossen ist, darf bei Gefahr im Verzug unaufschiebbare Maßnahmen treffen.

(4) [1]Hält sich ein Mitglied eines Ausschusses (§ 88) für ausgeschlossen oder bestehen Zweifel, ob die Voraussetzungen des Absatzes 1 gegeben sind, ist dies dem Vorsitzenden des Ausschusses mitzuteilen. [2]Der Ausschuss entscheidet über den Ausschluss. [3]Der Betroffene darf an dieser Entscheidung nicht mitwirken. [4]Das ausgeschlossene Mitglied darf bei der weiteren Beratung und Beschlussfassung nicht zugegen sein.

(5) [1]Angehörige im Sinne des Absatzes 1 Nr. 2 und 4 sind:

1. der Verlobte,
2. der Ehegatte,
3. der Lebenspartner,
4. Verwandte und Verschwägerte gerader Linie,
5. Geschwister,
6. Kinder der Geschwister,
7. Ehegatten der Geschwister und Geschwister der Ehegatten,
8. Lebenspartner der Geschwister und Geschwister der Lebenspartner,
9. Geschwister der Eltern,
10. Personen, die durch ein auf längere Dauer angelegtes Pflegeverhältnis mit häuslicher Gemeinschaft wie Eltern und Kind miteinander verbunden sind (Pflegeeltern und Pflegekinder).

[2]Angehörige sind die in Satz 1 aufgeführten Personen auch dann, wenn

1. in den Fällen der Nummern 2, 4 und 7 die die Beziehung begründende Ehe nicht mehr besteht;
2. in den Fällen der Nummern 3, 4 und 8 die die Beziehung begründende Lebenspartnerschaft nicht mehr besteht,
3. in den Fällen der Nummer 4 bis 7 sowie 9 und 10 die Verwandtschaft oder Schwägerschaft durch Annahme als Kind erloschen ist;
4. im Falle der Nummer 10 die häusliche Gemeinschaft nicht mehr besteht, sofern die Personen weiterhin wie Eltern und Kind miteinander verbunden sind.

§ 21 Besorgnis der Befangenheit

(1) [1]Liegt ein Grund vor, der geeignet ist, Misstrauen gegen eine unparteiische Amtsausübung zu rechtfertigen, oder wird von einem Beteiligten das Vorliegen eines solchen Grundes behauptet, so hat, wer in einem Verwaltungsverfahren für eine Behörde tätig werden soll, den Leiter der Behörde oder den von diesem Beauftragten zu unterrichten und sich auf dessen Anordnung der Mitwirkung zu enthalten. [2]Betrifft die Besorgnis der Befangenheit den Leiter der Behörde, so trifft diese Anordnung die Aufsichtsbehörde, sofern sich der Behördenleiter nicht selbst einer Mitwirkung enthält.

(2) Für Mitglieder eines Ausschusses (§ 88) gilt § 20 Abs. 4 entsprechend.

§ 22 Beginn des Verfahrens

[1]Die Behörde entscheidet nach pflichtgemäßem Ermessen, ob und wann sie ein Verwaltungsverfahren durchführt. [2]Dies gilt nicht, wenn die Behörde aufgrund von Rechtsvorschriften

1. von Amts wegen oder auf Antrag tätig werden muss;
2. nur auf Antrag tätig werden darf und ein Antrag nicht vorliegt.

§ 23 Amtssprache

(1) Die Amtssprache ist deutsch.

(2) [1]Werden bei einer Behörde in einer fremden Sprache Anträge gestellt oder Eingaben, Belege, Urkunden oder sonstige Dokumente vorgelegt, soll die Behörde unverzüglich die Vorlage einer Übersetzung verlangen. [2]In begründeten Fällen kann die Vorlage einer beglaubigten oder von einem öf-

fentlich bestellten oder beeidigten Dolmetscher oder Übersetzer angefertigten Übersetzung verlangt werden. [3]Wird die verlangte Übersetzung nicht unverzüglich vorgelegt, so kann die Behörde auf Kosten des Beteiligten selbst eine Übersetzung beschaffen. [4]Hat die Behörde Dolmetscher oder Übersetzer herangezogen, erhalten diese in entsprechender Anwendung des Justizvergütungs- und -entschädigungsgesetzes vom 5. Mai 2004 (BGBl. I S. 718 – 776 –) in der jeweils geltenden Fassung eine Vergütung.

(3) Soll durch eine Anzeige, einen Antrag oder die Abgabe einer Willenserklärung eine Frist in Lauf gesetzt werden, innerhalb deren die Behörde in einer bestimmten Weise tätig werden muss, und gehen diese in einer fremden Sprache ein, so beginnt der Lauf der Frist erst mit dem Zeitpunkt, in dem der Behörde eine Übersetzung vorliegt.

(4) [1]Soll durch eine Anzeige, einen Antrag oder eine Willenserklärung, die in fremder Sprache eingehen, zugunsten eines Beteiligten eine Frist gegenüber der Behörde gewahrt, ein öffentlich-rechtlicher Anspruch geltend gemacht oder eine Leistung begehrt werden, so gelten die Anzeige, der Antrag oder die Willenserklärung als zum Zeitpunkt des Eingangs bei der Behörde abgegeben, wenn auf Verlangen der Behörde innerhalb einer von dieser zu setzenden angemessenen Frist eine Übersetzung vorgelegt wird. [2]Andernfalls ist der Zeitpunkt des Eingangs der Übersetzung maßgebend, soweit sich nicht aus zwischenstaatlichen Vereinbarungen etwas anderes ergibt. [3]Auf diese Rechtsfolge ist bei der Fristsetzung hinzuweisen.

§ 24 Untersuchungsgrundsatz

(1) [1]Die Behörde ermittelt den Sachverhalt von Amts wegen. [2]Sie bestimmt Art und Umfang der Ermittlungen; an das Vorbringen und an die Beweisanträge der Beteiligten ist sie nicht gebunden.

(2) Die Behörde hat alle für den Einzelfall bedeutsamen, auch die für die Beteiligten günstigen Umstände zu berücksichtigen.

(3) Die Behörde darf die Entgegennahme von Erklärungen oder Anträgen, die in ihren Zuständigkeitsbereich fallen, nicht deshalb verweigern, weil sie die Erklärung oder den Antrag in der Sache für unzulässig oder unbegründet hält.

§ 25 Beratung, Auskunft, frühe Öffentlichkeitsbeteiligung

(1) [1]Die Behörde soll die Abgabe von Erklärungen, die Stellung von Anträgen oder die Berichtigung von Erklärungen oder Anträgen anregen, wenn diese offensichtlich nur versehentlich oder aus Unkenntnis unterblieben oder unrichtig abgegeben oder gestellt worden sind. [2]Sie erteilt, soweit erforderlich, Auskunft über die den Beteiligten im Verwaltungsverfahren zustehenden Rechte und die ihnen obliegenden Pflichten.

(2) [1]Die Behörde erörtert, soweit erforderlich, bereits vor Stellung eines Antrags mit dem zukünftigen Antragsteller, welche Nachweise und Unterlagen von ihm zu erbringen sind und in welcher Weise das Verfahren beschleunigt werden kann. [2]Soweit es der Verfahrensbeschleunigung dient, soll sie dem Antragsteller nach Eingang des Antrags unverzüglich Auskunft über die voraussichtliche Verfahrensdauer und die Vollständigkeit der Unterlagen geben.

(3) [1]Die Behörde wirkt darauf hin, dass der Träger bei der Planung von Vorhaben, die nicht nur unwesentliche Auswirkungen auf die Belange einer größeren Zahl von Dritten haben können, die betroffene Öffentlichkeit frühzeitig über die Ziele des Vorhabens, die Mittel, es zu verwirklichen, und die voraussichtlichen Auswirkungen des Vorhabens unterrichtet (frühe Öffentlichkeitsbeteiligung). [2]Die frühe Öffentlichkeitsbeteiligung soll möglichst bereits vor Stellung eines Antrags stattfinden. [3]Der betroffenen Öffentlichkeit soll Gelegenheit zur Äußerung und zur Erörterung gegeben werden. [4]Das Ergebnis der vor Antragstellung durchgeführten frühen Öffentlichkeitsbeteiligung soll der betroffenen Öffentlichkeit und der Behörde spätestens mit der Antragstellung, im Übrigen unverzüglich mitgeteilt werden. [5]Satz 1 gilt nicht, soweit die betroffene Öffentlichkeit bereits nach anderen Rechtsvorschriften vor der Antragstellung zu beteiligen ist. [6]Beteiligungsrechte nach anderen Rechtsvorschriften bleiben unberührt.

§ 26 Beweismittel

(1) [1]Die Behörde bedient sich der Beweismittel, die sie nach pflichtgemäßem Ermessen zur Ermittlung des Sachverhalts für erforderlich hält. [2]Sie kann insbesondere

1. Auskünfte jeder Art einholen,
2. Beteiligte anhören, Zeugen und Sachverständige vernehmen oder die schriftliche oder elektronische Äußerung von Beteiligten, Sachverständigen und Zeugen einholen,
3. Urkunden und Akten beiziehen,
4. den Augenschein einnehmen.

(2) [1]Die Beteiligten sollen bei der Ermittlung des Sachverhalts mitwirken. [2]Sie sollen insbesondere ihnen bekannte Tatsachen und Beweismittel angeben. [3]Eine weiter gehende Pflicht, bei der Ermittlung des Sachverhalts mitzuwirken, insbesondere eine Pflicht zum persönlichen Erscheinen oder zur Aussage, besteht nur, soweit sie durch Rechtsvorschriften besonders vorgesehen ist.

(3) [1]Für Zeugen und Sachverständige besteht eine Pflicht zur Aussage oder zur Erstattung von Gutachten, wenn sie durch Rechtsvorschrift vorgesehen ist. [2]Falls die Behörde Zeugen und Sachverständige herangezogen hat, erhalten sie auf Antrag in entsprechender Anwendung des Justizvergütungs- und -entschädigungsgesetzes eine Entschädigung oder Vergütung.

§ 27 Versicherung an Eides Statt

(1) [1]Die Behörde darf bei der Ermittlung des Sachverhalts eine Versicherung an Eides Statt nur verlangen und abnehmen, wenn die Abnahme der Versicherung über den betreffenden Gegenstand und in dem betreffenden Verfahren durch Gesetz oder Rechtsverordnung vorgesehen und die Behörde durch Rechtsvorschrift für zuständig erklärt worden ist. [2]Eine Versicherung an Eides Statt soll nur gefordert werden, wenn andere Mittel zur Erforschung der Wahrheit nicht vorhanden sind, zu keinem Ergebnis geführt haben oder einen unverhältnismäßigen Aufwand erfordern. [3]Von eidesunfähigen Personen im Sinne des § 393 der Zivilprozessordnung darf eine eidesstattliche Versicherung nicht verlangt werden.

(2) [1]Wird die Versicherung an Eides Statt von einer Behörde zur Niederschrift aufgenommen, so sind zur Aufnahme nur der Behördenleiter, sein allgemeiner Vertreter sowie Angehörige des öffentlichen Dienstes befugt, welche die Befähigung zum Richteramt haben oder die Voraussetzungen des § 110 Satz 1 des Deutschen Richtergesetzes erfüllen. [2]Andere Angehörige des öffentlichen Dienstes kann der Behördenleiter oder sein allgemeiner Vertreter hierzu allgemein oder im Einzelfall schriftlich ermächtigen.

(3) [1]Die Versicherung besteht darin, dass der Versichernde die Richtigkeit seiner Erklärung über den betreffenden Gegenstand bestätigt und erklärt: „Ich versichere an Eides Statt, dass ich nach bestem Wissen die reine Wahrheit gesagt und nichts verschwiegen habe.“ [2]Bevollmächtigte und Beistände sind berechtigt, an der Aufnahme der Versicherung an Eides Statt teilzunehmen.

(4) [1]Vor der Aufnahme der Versicherung an Eides Statt ist der Versichernde über die Bedeutung der eidesstattlichen Versicherung und die strafrechtlichen Folgen einer unrichtigen oder unvollständigen eidesstattlichen Versicherung zu belehren. [2]Die Belehrung ist in der Niederschrift zu vermerken.

(5) [1]Die Niederschrift hat ferner die Namen der anwesenden Personen sowie den Ort und den Tag der Niederschrift zu enthalten. [2]Die Niederschrift ist demjenigen, der die eidesstattliche Versicherung abgibt, zur Genehmigung vorzulesen oder auf Verlangen zur Durchsicht vorzulegen. [3]Die erteilte Genehmigung ist zu vermerken und von dem Versichernden zu unterschreiben. [4]Die Niederschrift ist sodann von demjenigen, der die Versicherung an Eides Statt aufgenommen hat, sowie von dem Schriftführer zu unterschreiben.

§ 27a Öffentliche Bekanntmachung im Internet

(1) [1]Ist durch Rechtsvorschrift eine öffentliche oder ortsübliche Bekanntmachung angeordnet, soll die Behörde deren Inhalt zusätzlich im Internet veröffentlichen. [2]Dies wird dadurch bewirkt, dass der Inhalt der Bekanntmachung auf einer Internetseite der Behörde oder ihres Verwaltungsträgers zugänglich gemacht wird. [3]Bezieht sich die Bekanntmachung auf zur Einsicht auszulegende Unterlagen, sollen auch diese über das Internet zugänglich gemacht werden. [4]Soweit durch Rechtsvorschrift nichts anderes geregelt ist, ist der Inhalt der zur Einsicht ausgelegten Unterlagen maßgeblich.

(2) In der öffentlichen oder ortsüblichen Bekanntmachung ist die Internetseite anzugeben.

§ 28 Anhörung Beteiligter

(1) Bevor ein Verwaltungsakt erlassen wird, der in Rechte eines Beteiligten eingreift, ist diesem Gelegenheit zu geben, sich zu den für die Entscheidung erheblichen Tatsachen zu äußern.

(2) Von der Anhörung kann abgesehen werden, wenn sie nach den Umständen des Einzelfalles nicht geboten ist, insbesondere wenn
1. eine sofortige Entscheidung wegen Gefahr im Verzug oder im öffentlichen Interesse notwendig erscheint;
2. durch die Anhörung die Einhaltung einer für die Entscheidung maßgeblichen Frist in Frage gestellt würde;
3. von den tatsächlichen Angaben eines Beteiligten, die dieser in einem Antrag oder einer Erklärung gemacht hat, nicht zu seinen Ungunsten abgewichen werden soll;
4. die Behörde eine Allgemeinverfügung oder gleichartige Verwaltungsakte in größerer Zahl oder Verwaltungsakte mit Hilfe automatischer Einrichtungen erlassen will;
5. Maßnahmen in der Verwaltungsvollstreckung getroffen werden sollen.

(3) Eine Anhörung unterbleibt, wenn ihr ein zwingendes öffentliches Interesse entgegensteht.

§ 29 Akteneinsicht durch Beteiligte

(1) [1]Die Behörde hat den Beteiligten Einsicht in die das Verfahren betreffenden Akten zu gestatten, soweit deren Kenntnis zur Geltendmachung oder Verteidigung ihrer rechtlichen Interessen erforderlich ist. [2]Satz 1 gilt bis zum Abschluss des Verwaltungsverfahrens nicht für Entwürfe zu Entscheidungen sowie die Arbeiten zu ihrer unmittelbaren Vorbereitung. [3]Soweit nach den §§ 17 und 18 eine Vertretung stattfindet, haben nur die Vertreter Anspruch auf Akteneinsicht.

(2) Die Behörde ist zur Gestattung der Akteneinsicht nicht verpflichtet, soweit durch sie die ordnungsgemäße Erfüllung der Aufgaben der Behörde beeinträchtigt, das Bekanntwerden des Inhalts der Akten dem Wohle des Bundes oder eines Landes Nachteile bereiten würde oder soweit die Vorgänge nach einem Gesetz oder ihrem Wesen nach, namentlich wegen der berechtigten Interessen der Beteiligten oder dritter Personen, geheim gehalten werden müssen.

(3) [1]Die Akteneinsicht erfolgt bei der Behörde, die die Akten führt. [2]Im Einzelfall kann die Einsicht auch bei einer anderen Behörde oder bei einer diplomatischen oder berufskonsularischen Vertretung der Bundesrepublik Deutschland im Ausland erfolgen; weitere Ausnahmen kann die Behörde, die die Akten führt, gestatten.

§ 30 Geheimhaltung

Die Beteiligten haben Anspruch darauf, dass ihre Geheimnisse, insbesondere die zum persönlichen Lebensbereich gehörenden Geheimnisse sowie die Betriebs- und Geschäftsgeheimnisse, von der Behörde nicht unbefugt offenbart werden.

Abschnitt 2

Fristen, Termine, Wiedereinsetzung

§ 31 Fristen und Termine

(1) Für die Berechnung von Fristen und für die Bestimmung von Terminen gelten die §§ 187 bis 193 des Bürgerlichen Gesetzbuches entsprechend, soweit nicht durch die Absätze 2 bis 5 etwas anderes bestimmt ist.

(2) Der Lauf einer Frist, die von einer Behörde gesetzt wird, beginnt mit dem Tag, der auf die Bekanntgabe der Frist folgt, außer wenn dem Betroffenen etwas anderes mitgeteilt wird.

(3) [1]Fällt das Ende einer Frist auf einen Sonntag, einen gesetzlichen Feiertag oder einen Sonnabend, so endet die Frist mit dem Ablauf des nächstfolgenden Werktags. [2]Dies gilt nicht, wenn dem Betroffenen unter Hinweis auf diese Vorschrift ein bestimmter Tag als Ende der Frist mitgeteilt worden ist.

(4) Hat eine Behörde Leistungen nur für einen bestimmten Zeitraum zu erbringen, so endet dieser Zeitraum auch dann mit dem Ablauf seines letzten Tages, wenn dieser auf einen Sonntag, einen gesetzlichen Feiertag oder einen Sonnabend fällt.

(5) Der von einer Behörde gesetzte Termin ist auch dann einzuhalten, wenn er auf einen Sonntag, gesetzlichen Feiertag oder Sonnabend fällt.

(6) Ist eine Frist nach Stunden bestimmt, so werden Sonntage, gesetzliche Feiertage oder Sonnabende mitgerechnet.

(7) [1]Fristen, die von einer Behörde gesetzt sind, können verlängert werden. [2]Sind solche Fristen bereits abgelaufen, so können sie rückwirkend verlängert werden, insbesondere wenn es unbillig wäre, die

durch den Fristablauf eingetretenen Rechtsfolgen bestehen zu lassen. [3]Die Behörde kann die Verlängerung der Frist nach § 36 mit einer Nebenbestimmung verbinden.

§ 32 Wiedereinsetzung in den vorigen Stand

(1) [1]War jemand ohne Verschulden verhindert, eine gesetzliche Frist einzuhalten, so ist ihm auf Antrag Wiedereinsetzung in den vorigen Stand zu gewähren. [2]Das Verschulden eines Vertreters ist dem Vertretenen zuzurechnen.

(2) [1]Der Antrag ist innerhalb von zwei Wochen nach Wegfall des Hindernisses zu stellen. [2]Die Tatsachen zur Begründung des Antrages sind bei der Antragstellung oder im Verfahren über den Antrag glaubhaft zu machen. [3]Innerhalb der Antragsfrist ist die versäumte Handlung nachzuholen. [4]Ist dies geschehen, so kann Wiedereinsetzung auch ohne Antrag gewährt werden.

(3) Nach einem Jahr seit dem Ende der versäumten Frist kann die Wiedereinsetzung nicht mehr beantragt oder die versäumte Handlung nicht mehr nachgeholt werden, außer wenn dies vor Ablauf der Jahresfrist infolge höherer Gewalt unmöglich war.

(4) Über den Antrag auf Wiedereinsetzung entscheidet die Behörde, die über die versäumte Handlung zu befinden hat.

(5) Die Wiedereinsetzung ist unzulässig, wenn sich aus einer Rechtsvorschrift ergibt, dass sie ausgeschlossen ist.

Abschnitt 3

Amtliche Beglaubigung

§ 33 Beglaubigung von Dokumenten

(1) [1]Jede Behörde ist befugt, Abschriften von Urkunden, die sie selbst ausgestellt hat, zu beglaubigen. [2]Darüber hinaus sind die von der Landesregierung durch Rechtsverordnung bestimmten Behörden befugt, Abschriften zu beglaubigen, wenn die Urschrift von einer Behörde ausgestellt ist oder die Abschrift zur Vorlage bei einer Behörde benötigt wird, sofern nicht durch Rechtsvorschrift die Erteilung beglaubigter Abschriften aus amtlichen Registern und Archiven anderen Behörden ausschließlich vorbehalten ist.

(2) Abschriften dürfen nicht beglaubigt werden, wenn Umstände zu der Annahme berechtigen, dass der ursprüngliche Inhalt des Schriftstückes, dessen Abschrift beglaubigt werden soll, geändert worden ist, insbesondere wenn dieses Schriftstück Lücken, Durchstreichungen, Einschaltungen, Änderungen, unleserliche Wörter, Zahlen oder Zeichen, Spuren der Beseitigung von Wörtern, Zahlen und Zeichen enthält oder wenn der Zusammenhang eines aus mehreren Blättern bestehenden Schriftstückes aufgehoben ist.

(3) [1]Eine Abschrift wird beglaubigt durch einen Beglaubigungsvermerk, der unter die Abschrift zu setzen ist. [2]Der Vermerk muss enthalten

1. die genaue Bezeichnung des Schriftstückes, dessen Abschrift beglaubigt wird,
2. die Feststellung, dass die beglaubigte Abschrift mit dem vorgelegten Schriftstück übereinstimmt,
3. den Hinweis, dass die beglaubigte Abschrift nur zur Vorlage bei der angegebenen Behörde erteilt wird, wenn die Urschrift nicht von einer Behörde ausgestellt worden ist,
4. den Ort und den Tag der Beglaubigung, die Unterschrift des für die Beglaubigung zuständigen Bediensteten und das Dienstsiegel.

(4) Die Absätze 1 bis 3 gelten entsprechend für die Beglaubigung von

1. Ablichtungen, Lichtdrucken und ähnlichen in technischen Verfahren hergestellten Vervielfältigungen,
2. auf fototechnischem Wege von Schriftstücken hergestellten Negativen, die bei einer Behörde aufbewahrt werden,
3. Ausdrucken elektronischer Dokumente,
4. elektronischen Dokumenten,
   a) die zur Ablichtung eines Schriftstücks hergestellt wurden oder
   b) die ein anderes technisches Format als das mit einer qualifizierten elektronischen Signatur verbundene Ausgangsdokument erhalten haben.

(5) [1]Der Beglaubigungsvermerk muss zusätzlich zu den Angaben nach Absatz 3 Satz 2 bei der Beglaubigung

1. des Ausdrucks eines elektronischen Dokuments, das mit einer qualifizierten elektronischen Signatur verbunden ist, die Feststellungen enthalten,
   a) wen die Signaturprüfung als Signatur-Inhaber ausweist,
   b) welchen Zeitpunkt die Signaturprüfung für die Anbringung der Signatur ausweist und
   c) welche Zertifikate mit welchen Daten dieser Signatur zugrunde lagen;
2. eines elektronischen Dokuments den Namen des für die Beglaubigung zuständigen Bediensteten und die Bezeichnung der Behörde, die die Beglaubigung vornimmt, enthalten; die Unterschrift des für die Beglaubigung zuständigen Bediensteten und das Dienstsiegel nach Absatz 3 Satz 2 Nr. 4 werden durch eine dauerhaft überprüfbare qualifizierte elektronische Signatur ersetzt.

[2]Wird ein elektronisches Dokument, das ein anderes technisches Format als das mit einer qualifizierten elektronischen Signatur verbundene Ausgangsdokument erhalten hat, nach Satz 1 Nr. 2 beglaubigt, muss der Beglaubigungsvermerk zusätzlich die Feststellungen nach Satz 1 Nr. 1 für das Ausgangsdokument enthalten.

(6) Die nach Absatz 4 hergestellten Dokumente stehen, sofern sie beglaubigt sind, beglaubigten Abschriften gleich.

(7) Jede Behörde soll von Urkunden, die sie selbst ausgestellt hat, soweit ein berechtigtes Interesse glaubhaft gemacht wurde und durch das Verlangen kein unverhältnismäßiger Aufwand entsteht, ein elektronisches Dokument nach Absatz 4 Nr. 4 Buchstabe a oder eine elektronische Abschrift fertigen und beglaubigen.

§ 34 Beglaubigung von Unterschriften

(1) [1]Die von der Landesregierung durch Rechtsverordnung bestimmten Behörden sind befugt, Unterschriften zu beglaubigen, wenn das unterzeichnete Schriftstück zur Vorlage bei einer Behörde oder bei einer sonstigen Stelle, der aufgrund einer Rechtsvorschrift das unterzeichnete Schriftstück vorzulegen ist, benötigt wird. [2]Dies gilt nicht für

1. Unterschriften ohne zugehörigen Text,
2. Unterschriften, die der öffentlichen Beglaubigung (§ 129 des Bürgerlichen Gesetzbuches) bedürfen.

(2) Eine Unterschrift soll nur beglaubigt werden, wenn sie in Gegenwart des beglaubigenden Bediensteten vollzogen oder anerkannt wird.

(3) [1]Der Beglaubigungsvermerk ist unmittelbar bei der Unterschrift, die beglaubigt werden soll, anzubringen. [2]Er muss enthalten

1. die Bestätigung, dass die Unterschrift echt ist,
2. die genaue Bezeichnung desjenigen, dessen Unterschrift beglaubigt wird, sowie die Angabe, ob sich der für die Beglaubigung zuständige Bedienstete Gewissheit über diese Person verschafft hat und ob die Unterschrift in seiner Gegenwart vollzogen oder anerkannt worden ist,
3. den Hinweis, dass die Beglaubigung nur zur Vorlage bei der angegebenen Behörde oder Stelle bestimmt ist,
4. den Ort und den Tag der Beglaubigung, die Unterschrift des für die Beglaubigung zuständigen Bediensteten und das Dienstsiegel.

(4) Die Absätze 1 bis 3 gelten für die Beglaubigung von Handzeichen entsprechend.

Teil III
Verwaltungsakt

Abschnitt 1
Zustandekommen des Verwaltungsaktes

§ 35 Begriff des Verwaltungsaktes

[1]Verwaltungsakt ist jede Verfügung, Entscheidung oder andere hoheitliche Maßnahme, die eine Behörde zur Regelung eines Einzelfalles auf dem Gebiet des öffentlichen Rechts trifft und die auf unmittelbare Rechtswirkung nach außen gerichtet ist. [2]Allgemeinverfügung ist ein Verwaltungsakt, der

sich an einen nach allgemeinen Merkmalen bestimmten oder bestimmbaren Personenkreis richtet oder die öffentlich-rechtliche Eigenschaft einer Sache oder ihre Benutzung durch die Allgemeinheit betrifft.

§ 36 Nebenbestimmungen zum Verwaltungsakt

(1) Ein Verwaltungsakt, auf den ein Anspruch besteht, darf mit einer Nebenbestimmung nur versehen werden, wenn sie durch Rechtsvorschrift zugelassen ist oder wenn sie sicherstellen soll, dass die gesetzlichen Voraussetzungen des Verwaltungsaktes erfüllt werden.

(2) Unbeschadet des Absatzes 1 darf ein Verwaltungsakt nach pflichtgemäßem Ermessen erlassen werden mit

1. einer Bestimmung, nach der eine Vergünstigung oder Belastung zu einem bestimmten Zeitpunkt beginnt, endet oder für einen bestimmten Zeitraum gilt (Befristung);
2. einer Bestimmung, nach der der Eintritt oder der Wegfall einer Vergünstigung oder einer Belastung von dem ungewissen Eintritt eines zukünftigen Ereignisses abhängt (Bedingung);
3. einem Vorbehalt des Widerrufs oder verbunden werden mit
4. einer Bestimmung, durch die dem Begünstigten ein Tun, Dulden oder Unterlassen vorgeschrieben wird (Auflage);
5. einem Vorbehalt der nachträglichen Aufnahme, Änderung oder Ergänzung einer Auflage.

(3) Eine Nebenbestimmung darf dem Zweck des Verwaltungsaktes nicht zuwiderlaufen.

§ 37 Bestimmtheit und Form des Verwaltungsaktes; Rechtsbehelfsbelehrung

(1) Ein Verwaltungsakt muss inhaltlich hinreichend bestimmt sein.

(2) [1]Ein Verwaltungsakt kann schriftlich, elektronisch, mündlich oder in anderer Weise erlassen werden. [2]Ein mündlicher Verwaltungsakt ist schriftlich oder elektronisch zu bestätigen, wenn hieran ein berechtigtes Interesse besteht und der Betroffene dies unverzüglich verlangt. [3]Ein elektronischer Verwaltungsakt ist unter denselben Voraussetzungen schriftlich zu bestätigen; § 3a Abs. 2 findet insoweit keine Anwendung.

(3) [1]Ein schriftlicher oder elektronischer Verwaltungsakt muss die erlassende Behörde erkennen lassen und die Unterschrift oder die Namenswiedergabe des Behördenleiters, seines Vertreters oder seines Beauftragten enthalten. [2]Wird für einen Verwaltungsakt, für den durch Rechtsvorschrift die Schriftform angeordnet ist, die elektronische Form verwendet, muss auch das der Signatur zugrunde liegende qualifizierte Zertifikat (§ 2 Nr. 7 SigG) oder ein zugehöriges qualifiziertes Attributzertifikat (§ 5 Abs. 2 Satz 1 SigG) die erlassende Behörde erkennen lassen. [3]Im Falle des § 3a Abs. 2 Satz 4 Nr. 3 muss die Bestätigung nach § 5 Abs. 5 des De-Mail-Gesetzes die erlassende Behörde als Nutzer des De-Mail-Kontos erkennen lassen.

(4) Für einen Verwaltungsakt kann für die nach § 3a Abs. 2 erforderliche Signatur durch Rechtsvorschrift die dauerhafte Überprüfbarkeit vorgeschrieben werden.

(5) [1]Bei einem schriftlichen Verwaltungsakt, der mit Hilfe automatischer Einrichtungen erlassen wird, können abweichend von Absatz 3 Unterschrift und Namenswiedergabe fehlen. [2]Zur Inhaltsangabe können Schlüsselzeichen verwendet werden, wenn derjenige, für den der Verwaltungsakt bestimmt ist oder der von ihm betroffen wird, aufgrund der dazu gegebenen Erläuterungen den Inhalt des Verwaltungsaktes eindeutig erkennen kann.

(6) [1]Einem schriftlichen oder elektronischen Verwaltungsakt, der der Anfechtung unterliegt, ist eine Erklärung beizufügen, durch die der Beteiligte über den Rechtsbehelf, der gegen den Verwaltungsakt gegeben ist, über die Behörde oder das Gericht, bei denen der Rechtsbehelf einzulegen ist, den Sitz und über die einzuhaltende Frist belehrt wird (Rechtsbehelfsbelehrung). [2]Die Rechtsbehelfsbelehrung ist auch der schriftlichen oder elektronischen Bestätigung eines Verwaltungsaktes und der Bescheinigung nach § 42a Abs. 3 beizufügen.

§ 38 Zusicherung

(1) [1]Eine von der zuständigen Behörde erteilte Zusage, einen bestimmten Verwaltungsakt später zu erlassen oder zu unterlassen (Zusicherung), bedarf zu ihrer Wirksamkeit der schriftlichen Form. [2]Ist vor dem Erlass des zugesicherten Verwaltungsaktes die Anhörung Beteiligter oder die Mitwirkung einer anderen Behörde oder eines Ausschusses aufgrund einer Rechtsvorschrift erforderlich, so darf die Zusicherung erst nach Anhörung der Beteiligten oder nach Mitwirkung dieser Behörde oder des Ausschusses gegeben werden.

(2) Auf die Unwirksamkeit der Zusicherung finden, unbeschadet des Absatzes 1 Satz 1, § 44, auf die Heilung von Mängeln bei der Anhörung Beteiligter und der Mitwirkung anderer Behörden oder Ausschüsse § 45 Abs. 1 Nr. 3 bis 5 sowie Abs. 2, auf die Rücknahme § 48, auf den Widerruf, unbeschadet des Absatzes 3, § 49 entsprechende Anwendung.

(3) Ändert sich nach Abgabe der Zusicherung die Sach- oder Rechtslage derart, dass die Behörde bei Kenntnis der nachträglich eingetretenen Änderung die Zusicherung nicht gegeben hätte oder aus rechtlichen Gründen nicht hätte geben dürfen, ist die Behörde an die Zusicherung nicht mehr gebunden.

§ 39 Begründung des Verwaltungsaktes

(1) [1]Ein schriftlicher oder elektronischer sowie ein schriftlich oder elektronisch bestätigter Verwaltungsakt ist mit einer Begründung zu versehen. [2]In der Begründung sind die wesentlichen tatsächlichen und rechtlichen Gründe mitzuteilen, die die Behörde zu ihrer Entscheidung bewogen haben. [3]Die Begründung von Ermessensentscheidungen soll auch die Gesichtspunkte erkennen lassen, von denen die Behörde bei der Ausübung ihres Ermessens ausgegangen ist.

(2) Einer Begründung bedarf es nicht,

1. soweit die Behörde einem Antrag entspricht oder einer Erklärung folgt und der Verwaltungsakt nicht in Rechte eines anderen eingreift;
2. soweit demjenigen, für den der Verwaltungsakt bestimmt ist oder der von ihm betroffen wird, die Auffassung der Behörde über die Sach- und Rechtslage bereits bekannt oder auch ohne Begründung für ihn ohne weiteres erkennbar ist;
3. wenn die Behörde gleichartige Verwaltungsakte in größerer Zahl oder Verwaltungsakte mit Hilfe automatischer Einrichtungen erlässt und die Begründung nach den Umständen des Einzelfalles nicht geboten ist;
4. wenn sich dies aus einer Rechtsvorschrift ergibt;
5. wenn eine Allgemeinverfügung öffentlich bekannt gegeben wird.

§ 40 Ermessen

Ist die Behörde ermächtigt, nach ihrem Ermessen zu handeln, hat sie ihr Ermessen entsprechend dem Zweck der Ermächtigung auszuüben und die gesetzlichen Grenzen des Ermessens einzuhalten.

§ 41 Bekanntgabe des Verwaltungsaktes

(1) [1]Ein Verwaltungsakt ist demjenigen Beteiligten bekannt zu geben, für den er bestimmt ist oder der von ihm betroffen wird. [2]Ist ein Bevollmächtigter bestellt, so kann die Bekanntgabe ihm gegenüber vorgenommen werden.

(2) [1]Ein schriftlicher Verwaltungsakt, der im Inland durch die Post übermittelt wird, gilt am dritten Tag nach der Aufgabe zur Post als bekannt gegeben. [2]Ein Verwaltungsakt, der im Inland oder in das Ausland elektronisch übermittelt wird, gilt am dritten Tag nach der Absendung als bekannt gegeben. [3]Dies gilt nicht, wenn der Verwaltungsakt nicht oder zu einem späteren Zeitpunkt zugegangen ist; im Zweifel hat die Behörde den Zugang des Verwaltungsakts und den Zeitpunkt des Zugangs nachzuweisen.

(2a) [1]Mit Einwilligung des Beteiligten kann ein elektronischer Verwaltungsakt dadurch bekannt gegeben werden, dass er vom Beteiligten oder von seinem Bevollmächtigten über öffentlich zugängliche Netze abgerufen wird. [2]Die Behörde hat zu gewährleisten, dass der Abruf nur nach Authentifizierung der berechtigten Person möglich ist und der elektronische Verwaltungsakt von ihr gespeichert werden kann. [3]Der Verwaltungsakt gilt am Tag nach dem Abruf als bekannt gegeben. [4]Wird der Verwaltungsakt nicht innerhalb von zehn Tagen nach Absendung einer Benachrichtigung über die Bereitstellung abgerufen, wird diese beendet. [5]In diesem Fall ist die Bekanntgabe nicht bewirkt; die Möglichkeit einer erneuten Bereitstellung zum Abruf oder der Bekanntgabe auf andere Weise bleibt unberührt.

(3) [1]Ein Verwaltungsakt darf öffentlich bekannt gegeben werden, wenn dies durch Rechtsvorschrift zugelassen ist. [2]Eine Allgemeinverfügung darf auch dann öffentlich bekannt gegeben werden, wenn eine Bekanntgabe an die Beteiligten untunlich ist.

(4) [1]Die öffentliche Bekanntgabe eines schriftlichen oder elektronischen Verwaltungsaktes wird dadurch bewirkt, dass sein verfügender Teil ortsüblich bekannt gemacht wird. [2]In der ortsüblichen Bekanntmachung ist anzugeben, wo der Verwaltungsakt und seine Begründung eingesehen werden können. [3]Der Verwaltungsakt gilt zwei Wochen nach der ortsüblichen Bekanntmachung als bekannt ge-

geben. [4]In einer Allgemeinverfügung kann ein hiervon abweichender Tag, jedoch frühestens der auf die Bekanntmachung folgende Tag, bestimmt werden.

(5) Vorschriften über die Bekanntgabe eines Verwaltungsaktes mittels Zustellung bleiben unberührt.

§ 42 Offenbare Unrichtigkeiten im Verwaltungsakt

[1]Die Behörde kann Schreibfehler, Rechenfehler und ähnliche offenbare Unrichtigkeiten in einem Verwaltungsakt jederzeit berichtigen. [2]Bei berechtigtem Interesse des Beteiligten ist zu berichtigen. [3]Die Behörde ist berechtigt, die Vorlage des Dokuments zu verlangen, das berichtigt werden soll.

§ 42a Genehmigungsfiktion

(1) [1]Eine beantragte Genehmigung gilt nach Ablauf einer für die Entscheidung festgelegten Frist als erteilt (Genehmigungsfiktion), wenn dies durch Rechtsvorschrift angeordnet und der Antrag hinreichend bestimmt ist. [2]Die Bestimmungen über die Bestandskraft von Verwaltungsakten und über das Rechtsbehelfsverfahren gelten entsprechend.

(2) [1]Die Frist nach Absatz 1 Satz 1 beträgt drei Monate, soweit durch Rechtsvorschrift nichts Abweichendes bestimmt ist. [2]Die Frist beginnt mit Eingang der vollständigen Unterlagen. [3]Sie kann einmal angemessen verlängert werden, wenn dies durch die Schwierigkeit der Angelegenheit gerechtfertigt ist. [4]Die Fristverlängerung ist zu begründen und rechtzeitig mitzuteilen.

(3) Auf Verlangen ist demjenigen, dem der Verwaltungsakt nach § 41 Abs. 1 hätte bekannt gegeben werden müssen, der Eintritt der Genehmigungsfiktion schriftlich zu bescheinigen.

Abschnitt 2

Bestandskraft des Verwaltungsaktes

§ 43 Wirksamkeit des Verwaltungsaktes

(1) [1]Ein Verwaltungsakt wird gegenüber demjenigen, für den er bestimmt ist oder der von ihm betroffen wird, in dem Zeitpunkt wirksam, in dem er ihm bekannt gegeben wird. [2]Der Verwaltungsakt wird mit dem Inhalt wirksam, mit dem er bekannt gegeben wird.

(2) Ein Verwaltungsakt bleibt wirksam, solange und soweit er nicht zurückgenommen, widerrufen, anderweitig aufgehoben oder durch Zeitablauf oder auf andere Weise erledigt ist.

(3) Ein nichtiger Verwaltungsakt ist unwirksam.

§ 44 Nichtigkeit des Verwaltungsaktes

(1) Ein Verwaltungsakt ist nichtig, soweit er an einem besonders schwerwiegenden Fehler leidet und dies bei verständiger Würdigung aller in Betracht kommenden Umstände offensichtlich ist.

(2) Ohne Rücksicht auf das Vorliegen der Voraussetzungen des Absatzes 1 ist ein Verwaltungsakt nichtig,

1. der schriftlich oder elektronisch erlassen worden ist, die erlassende Behörde aber nicht erkennen lässt;
2. der nach einer Rechtsvorschrift nur durch die Aushändigung einer Urkunde erlassen werden kann, aber dieser Form nicht genügt;
3. den eine Behörde außerhalb ihrer durch § 3 Abs. 1 Nr. 1 begründeten Zuständigkeit erlassen hat, ohne dazu ermächtigt zu sein;
4. den aus tatsächlichen Gründen niemand ausführen kann;
5. der die Begehung einer rechtswidrigen Tat verlangt, die einen Straf- oder Bußgeldtatbestand verwirklicht;
6. der gegen die guten Sitten verstößt.

(3) Ein Verwaltungsakt ist nicht schon deshalb nichtig, weil

1. Vorschriften über die örtliche Zuständigkeit nicht eingehalten worden sind, außer wenn ein Fall des Absatzes 2 Nr. 3 vorliegt;
2. eine nach § 20 Abs. 1 Satz 1 Nr. 2 bis 6 ausgeschlossene Person mitgewirkt hat;
3. ein durch Rechtsvorschrift zur Mitwirkung berufener Ausschuss den für den Erlass des Verwaltungsaktes vorgeschriebenen Beschluss nicht gefasst hat oder nicht beschlussfähig war;
4. die nach einer Rechtsvorschrift erforderliche Mitwirkung einer anderen Behörde unterblieben ist.

(4) Betrifft die Nichtigkeit nur einen Teil des Verwaltungsaktes, so ist er im Ganzen nichtig, wenn der nichtige Teil so wesentlich ist, dass die Behörde den Verwaltungsakt ohne den nichtigen Teil nicht erlassen hätte.

(5) Die Behörde kann die Nichtigkeit jederzeit von Amts wegen feststellen; auf Antrag ist sie festzustellen, wenn der Antragsteller hieran ein berechtigtes Interesse hat.

§ 45 Heilung von Verfahrens- und Formfehlern

(1) Eine Verletzung von Verfahrens- oder Formvorschriften, die nicht den Verwaltungsakt nach § 44 nichtig macht, ist unbeachtlich, wenn

1. der für den Erlass des Verwaltungsaktes erforderliche Antrag nachträglich gestellt wird;
2. die erforderliche Begründung nachträglich gegeben wird;
3. die erforderliche Anhörung eines Beteiligten nachgeholt wird;
4. der Beschluss eines Ausschusses, dessen Mitwirkung für den Erlass des Verwaltungsaktes erforderlich ist, nachträglich gefasst wird;
5. die erforderliche Mitwirkung einer anderen Behörde nachgeholt wird.

(2) Handlungen nach Absatz 1 können bis zum Abschluss der letzten Tatsacheninstanz eines verwaltungsgerichtlichen Verfahrens nachgeholt werden.

(3) [1]Fehlt einem Verwaltungsakt die erforderliche Begründung oder ist die erforderliche Anhörung eines Beteiligten vor Erlass des Verwaltungsaktes unterblieben und ist dadurch die rechtzeitige Anfechtung des Verwaltungsaktes versäumt worden, so gilt die Versäumung der Rechtsbehelfsfrist als nicht verschuldet. [2]Das für die Wiedereinsetzungsfrist nach § 32 Abs. 2 maßgebende Ereignis tritt im Zeitpunkt der Nachholung der unterlassenen Verfahrenshandlung ein.

§ 46 Folgen von Verfahrens- und Formfehlern

Die Aufhebung eines Verwaltungsaktes, der nicht nach § 44 nichtig ist, kann nicht allein deshalb beansprucht werden, weil er unter Verletzung von Vorschriften über das Verfahren, die Form oder die örtliche Zuständigkeit zustande gekommen ist, wenn offensichtlich ist, dass die Verletzung die Entscheidung in der Sache nicht beeinflusst hat.

§ 47 Umdeutung eines fehlerhaften Verwaltungsaktes

(1) Ein fehlerhafter Verwaltungsakt kann in einen anderen Verwaltungsakt umgedeutet werden, wenn er auf das gleiche Ziel gerichtet ist, von der erlassenden Behörde in der geschehenen Verfahrensweise und Form rechtmäßig hätte erlassen werden können und wenn die Voraussetzungen für dessen Erlass erfüllt sind.

(2) [1]Absatz 1 gilt nicht, wenn der Verwaltungsakt, in den der fehlerhafte Verwaltungsakt umzudeuten wäre, der erkennbaren Absicht der erlassenden Behörde widerspräche oder seine Rechtsfolgen für den Betroffenen ungünstiger wären als die des fehlerhaften Verwaltungsaktes. [2]Eine Umdeutung ist ferner unzulässig, wenn der fehlerhafte Verwaltungsakt nicht zurückgenommen werden dürfte.

(3) Eine Entscheidung, die nur als gesetzlich gebundene Entscheidung ergehen kann, kann nicht in eine Ermessensentscheidung umgedeutet werden.

(4) § 28 ist entsprechend anzuwenden.

§ 48 Rücknahme eines rechtswidrigen Verwaltungsaktes

(1) [1]Ein rechtswidriger Verwaltungsakt kann, auch nachdem er unanfechtbar geworden ist, ganz oder teilweise mit Wirkung für die Zukunft oder für die Vergangenheit zurückgenommen werden. [2]Ein Verwaltungsakt, der ein Recht oder einen rechtlich erheblichen Vorteil begründet oder bestätigt hat (begünstigender Verwaltungsakt), darf nur unter den Einschränkungen der Absätze 2 bis 4 zurückgenommen werden.

(2) [1]Ein rechtswidriger Verwaltungsakt, der eine einmalige oder laufende Geldleistung oder teilbare Sachleistung gewährt oder hierfür Voraussetzung ist, darf nicht zurückgenommen werden, soweit der Begünstigte auf den Bestand des Verwaltungsaktes vertraut hat und sein Vertrauen unter Abwägung mit dem öffentlichen Interesse an einer Rücknahme schutzwürdig ist. [2]Das Vertrauen ist in der Regel schutzwürdig, wenn der Begünstigte gewährte Leistungen verbraucht oder eine Vermögensdisposition getroffen hat, die er nicht mehr oder nur unter unzumutbaren Nachteilen rückgängig machen kann. [3]Auf Vertrauen kann sich der Begünstigte nicht berufen, wenn er

1. den Verwaltungsakt durch arglistige Täuschung, Drohung oder Bestechung erwirkt hat;
2. den Verwaltungsakt durch Angaben erwirkt hat, die in wesentlicher Beziehung unrichtig oder unvollständig waren;
3. die Rechtswidrigkeit des Verwaltungsaktes kannte oder infolge grober Fahrlässigkeit nicht kannte.

[4]In den Fällen des Satzes 3 wird der Verwaltungsakt in der Regel mit Wirkung für die Vergangenheit zurückgenommen.

(3) [1]Wird ein rechtswidriger Verwaltungsakt, der nicht unter Absatz 2 fällt, zurückgenommen, so hat die Behörde dem Betroffenen auf Antrag den Vermögensnachteil auszugleichen, den dieser dadurch erleidet, dass er auf den Bestand des Verwaltungsaktes vertraut hat, soweit sein Vertrauen unter Abwägung mit dem öffentlichen Interesse schutzwürdig ist. [2]Absatz 2 Satz 3 ist anzuwenden. [3]Der Vermögensnachteil ist jedoch nicht über den Betrag des Interesses hinaus zu ersetzen, das der Betroffene an dem Bestand des Verwaltungsaktes hat. [4]Der auszugleichende Vermögensnachteil wird durch die Behörde festgesetzt. [5]Der Anspruch kann nur innerhalb eines Jahres geltend gemacht werden; die Frist beginnt, sobald die Behörde den Betroffenen auf sie hingewiesen hat.

(4) [1]Erhält die Behörde von Tatsachen Kenntnis, welche die Rücknahme eines rechtswidrigen Verwaltungsaktes rechtfertigen, so ist die Rücknahme nur innerhalb eines Jahres seit dem Zeitpunkt der Kenntnisnahme zulässig. [2]Dies gilt nicht im Falle des Absatzes 2 Satz 3 Nr. 1.

(5) Über die Rücknahme entscheidet nach Unanfechtbarkeit des Verwaltungsaktes die nach § 3 zuständige Behörde; dies gilt auch dann, wenn der zurückzunehmende Verwaltungsakt von einer anderen Behörde erlassen worden ist.

§ 49 Widerruf eines rechtmäßigen Verwaltungsaktes

(1) Ein rechtmäßiger nicht begünstigender Verwaltungsakt kann, auch nachdem er unanfechtbar geworden ist, ganz oder teilweise mit Wirkung für die Zukunft widerrufen werden, außer wenn ein Verwaltungsakt gleichen Inhalts erneut erlassen werden müsste oder aus anderen Gründen ein Widerruf unzulässig ist.

(2) [1]Ein rechtmäßiger begünstigender Verwaltungsakt darf, auch nachdem er unanfechtbar geworden ist, ganz oder teilweise mit Wirkung für die Zukunft nur widerrufen werden,
1. wenn der Widerruf durch Rechtsvorschrift zugelassen oder im Verwaltungsakt vorbehalten ist;
2. wenn mit dem Verwaltungsakt eine Auflage verbunden ist und der Begünstigte diese nicht oder nicht innerhalb einer ihm gesetzten Frist erfüllt hat;
3. wenn die Behörde aufgrund nachträglich eingetretener Tatsachen berechtigt wäre, den Verwaltungsakt nicht zu erlassen, und wenn ohne den Widerruf das öffentliche Interesse gefährdet würde;
4. wenn die Behörde aufgrund einer geänderten Rechtsvorschrift berechtigt wäre, den Verwaltungsakt nicht zu erlassen, soweit der Begünstigte von der Vergünstigung noch keinen Gebrauch gemacht oder aufgrund des Verwaltungsaktes noch keine Leistungen empfangen hat, und wenn ohne den Widerruf das öffentliche Interesse gefährdet würde;
5. um schwere Nachteile für das Gemeinwohl zu verhüten oder zu beseitigen.

[2]§ 48 Abs. 4 gilt entsprechend.

(3) [1]Ein rechtmäßiger Verwaltungsakt, der eine einmalige oder laufende Geldleistung oder teilbare Sachleistung zur Erfüllung eines bestimmten Zwecks gewährt oder hierfür Voraussetzung ist, kann, auch nachdem er unanfechtbar geworden ist, ganz oder teilweise auch mit Wirkung für die Vergangenheit widerrufen werden,
1. wenn die Leistung nicht, nicht alsbald nach der Erbringung oder nicht mehr für den in dem Verwaltungsakt bestimmten Zweck verwendet wird;
2. wenn mit dem Verwaltungsakt eine Auflage verbunden ist und der Begünstigte diese nicht oder nicht innerhalb einer ihm gesetzten Frist erfüllt hat.

[2]§ 48 Abs. 4 gilt entsprechend.

(4) Der widerrufene Verwaltungsakt wird mit dem Wirksamwerden des Widerrufs unwirksam, wenn die Behörde keinen anderen Zeitpunkt bestimmt.

(5) Über den Widerruf entscheidet nach Unanfechtbarkeit des Verwaltungsaktes die nach § 3 zuständige Behörde; dies gilt auch dann, wenn der zu widerrufende Verwaltungsakt von einer anderen Behörde erlassen worden ist.

(6) [1]Wird ein begünstigender Verwaltungsakt in den Fällen des Absatzes 2 Nr. 3 bis 5 widerrufen, so hat die Behörde den Betroffenen auf Antrag für den Vermögensnachteil zu entschädigen, den dieser dadurch erleidet, dass er auf den Bestand des Verwaltungsaktes vertraut hat, soweit sein Vertrauen schutzwürdig ist. [2]§ 48 Abs. 3 Satz 3 bis 5 gilt entsprechend. [3]Für Streitigkeiten über die Entschädigung ist der ordentliche Rechtsweg gegeben.

§ 49a Erstattung, Verzinsung

(1) [1]Soweit ein Verwaltungsakt mit Wirkung für die Vergangenheit zurückgenommen oder widerrufen worden oder infolge Eintritts einer auflösenden Bedingung unwirksam geworden ist, sind bereits erbrachte Leistungen zu erstatten. [2]Die zu erstattende Leistung ist durch schriftlichen Verwaltungsakt festzusetzen.

(2) [1]Für den Umfang der Erstattung mit Ausnahme der Verzinsung gelten die Vorschriften des Bürgerlichen Gesetzbuchs über die Herausgabe einer ungerechtfertigten Bereicherung entsprechend. [2]Auf den Wegfall der Bereicherung kann sich der Begünstigte nicht berufen, soweit er die Umstände kannte oder infolge grober Fahrlässigkeit nicht kannte, die zur Rücknahme, zum Widerruf oder zur Unwirksamkeit des Verwaltungsakts geführt haben.

(3) [1]Der zu erstattende Betrag ist vom Eintritt der Unwirksamkeit des Verwaltungsakts an mit sechs vom Hundert jährlich zu verzinsen. [2]Von der Geltendmachung des Zinsanspruchs kann insbesondere dann abgesehen werden, wenn der Begünstigte die Umstände, die zur Rücknahme, zum Widerruf oder zur Unwirksamkeit des Verwaltungsakts geführt haben, nicht zu vertreten hat und den zu erstattenden Betrag innerhalb der von der Behörde gesetzten Frist leistet.

(4) [1]Wird eine Leistung nicht alsbald nach der Auszahlung für den bestimmten Zweck verwendet, so können für die Zeit bis zur zweckentsprechenden Verwendung Zinsen nach Absatz 3 Satz 1 verlangt werden. [2]Entsprechendes gilt, soweit eine Leistung in Anspruch genommen wird, obwohl andere Mittel anteilig oder vorrangig einzusetzen sind. [3]§ 49 Abs. 3 Satz 1 Nr. 1 bleibt unberührt.

§ 50 Rücknahme und Widerruf im Rechtsbehelfsverfahren

§ 48 Abs. 1 Satz 2 und Abs. 2 bis 4 sowie § 49 Abs. 2 bis 4 und 6 gelten nicht, wenn ein begünstigender Verwaltungsakt, der von einem Dritten angefochten worden ist, während des Vorverfahrens oder während des verwaltungsgerichtlichen Verfahrens aufgehoben wird, soweit dadurch dem Widerspruch oder der Klage abgeholfen wird.

§ 51 Wiederaufgreifen des Verfahrens

(1) Die Behörde hat auf Antrag des Betroffenen über die Aufhebung oder Änderung eines unanfechtbaren Verwaltungsaktes zu entscheiden, wenn

1. sich die dem Verwaltungsakt zugrunde liegende Sach- oder Rechtslage nachträglich zugunsten des Betroffenen geändert hat;
2. neue Beweismittel vorliegen, die eine dem Betroffenen günstigere Entscheidung herbeigeführt haben würden;
3. Wiederaufnahmegründe entsprechend § 580 der Zivilprozessordnung gegeben sind.

(2) Der Antrag ist nur zulässig, wenn der Betroffene ohne grobes Verschulden außerstande war, den Grund für das Wiederaufgreifen in dem früheren Verfahren, insbesondere durch Rechtsbehelf, geltend zu machen.

(3) [1]Der Antrag muss binnen drei Monaten gestellt werden. [2]Die Frist beginnt mit dem Tage, an dem der Betroffene von dem Grund für das Wiederaufgreifen Kenntnis erhalten hat.

(4) Über den Antrag entscheidet die nach § 3 zuständige Behörde; dies gilt auch dann, wenn der Verwaltungsakt, dessen Aufhebung oder Änderung begehrt wird, von einer anderen Behörde erlassen worden ist.

(5) Die Vorschriften des § 48 Abs. 1 Satz 1 und des § 49 Abs. 1 bleiben unberührt.

§ 52 Rückgabe von Urkunden und Sachen

[1]Ist ein Verwaltungsakt unanfechtbar widerrufen oder zurückgenommen oder ist seine Wirksamkeit aus einem anderen Grund nicht oder nicht mehr gegeben, so kann die Behörde die aufgrund dieses Verwaltungsaktes erteilten Urkunden oder Sachen, die zum Nachweis der Rechte aus dem Verwaltungsakt oder zu deren Ausübung bestimmt sind, zurückfordern. [2]Der Inhaber und, sofern er nicht der Besitzer ist, auch der Besitzer dieser Urkunden oder Sachen sind zu ihrer Herausgabe verpflichtet. [3]Der Inhaber oder der Besitzer kann jedoch verlangen, dass ihm die Urkunden oder Sachen wieder

ausgehändigt werden, nachdem sie von der Behörde als ungültig gekennzeichnet sind; dies gilt nicht bei Sachen, bei denen eine solche Kennzeichnung nicht oder nicht mit der erforderlichen Offensichtlichkeit oder Dauerhaftigkeit möglich ist.

Abschnitt 3

Verjährungsrechtliche Wirkungen des Verwaltungsaktes

§ 53 Hemmung der Verjährung durch Verwaltungsakt

(1) [1]Ein Verwaltungsakt, der zur Feststellung oder Durchsetzung des Anspruchs eines öffentlich-rechtlichen Rechtsträgers erlassen wird, hemmt die Verjährung dieses Anspruchs. [2]Die Hemmung endet mit dem Eintritt der Unanfechtbarkeit des Verwaltungsakts oder sechs Monate nach seiner anderweitigen Erledigung.

(2) [1]Ist ein Verwaltungsakt im Sinne des Absatzes 1 unanfechtbar geworden, beträgt die Verjährungsfrist 30 Jahre. [2]Soweit der Verwaltungsakt einen Anspruch auf künftig fällig werdende regelmäßig wiederkehrende Leistungen zum Inhalt hat, bleibt es bei der für diesen Anspruch geltenden Verjährungsfrist.

Teil IV

Öffentlich-rechtlicher Vertrag

§ 54 Zulässigkeit des öffentlich-rechtlichen Vertrages

[1]Ein Rechtsverhältnis auf dem Gebiet des öffentlichen Rechts kann durch Vertrag begründet, geändert oder aufgehoben werden (öffentlich-rechtlicher Vertrag), soweit Rechtsvorschriften nicht entgegenstehen. [2]Insbesondere kann die Behörde, anstatt einen Verwaltungsakt zu erlassen, einen öffentlich-rechtlichen Vertrag mit demjenigen schließen, an den sie sonst den Verwaltungsakt richten würde.

§ 55 Vergleichsvertrag

Ein öffentlich-rechtlicher Vertrag im Sinne des § 54 Satz 2, durch den eine bei verständiger Würdigung des Sachverhalts oder der Rechtslage bestehende Ungewissheit durch gegenseitiges Nachgeben beseitigt wird (Vergleich), kann geschlossen werden, wenn die Behörde den Abschluss des Vergleichs zur Beseitigung der Ungewissheit nach pflichtgemäßem Ermessen für zweckmäßig hält.

§ 56 Austauschvertrag

(1) [1]Ein öffentlich-rechtlicher Vertrag im Sinne des § 54 Satz 2, in dem sich der Vertragspartner der Behörde zu einer Gegenleistung verpflichtet, kann geschlossen werden, wenn die Gegenleistung für einen bestimmten Zweck im Vertrag vereinbart wird und der Behörde zur Erfüllung ihrer öffentlichen Aufgaben dient. [2]Die Gegenleistung muss den gesamten Umständen nach angemessen sein und im sachlichen Zusammenhang mit der vertraglichen Leistung der Behörde stehen.

(2) Besteht auf die Leistung der Behörde ein Anspruch, so kann nur eine solche Gegenleistung vereinbart werden, die bei Erlass eines Verwaltungsaktes Inhalt einer Nebenbestimmung nach § 36 sein könnte.

§ 57 Schriftform

Ein öffentlich-rechtlicher Vertrag ist schriftlich zu schließen, soweit nicht durch Rechtsvorschrift eine andere Form vorgeschrieben ist.

§ 58 Zustimmung von Dritten und Behörden

(1) Ein öffentlich-rechtlicher Vertrag, der in Rechte eines Dritten eingreift, wird erst wirksam, wenn der Dritte schriftlich zustimmt.

(2) Wird anstatt eines Verwaltungsaktes, bei dessen Erlass nach einer Rechtsvorschrift die Genehmigung, die Zustimmung oder das Einvernehmen einer anderen Behörde erforderlich ist, ein Vertrag geschlossen, so wird dieser erst wirksam, nachdem die andere Behörde in der vorgeschriebenen Form mitgewirkt hat.

§ 59 Nichtigkeit des öffentlich-rechtlichen Vertrages

(1) Ein öffentlich-rechtlicher Vertrag ist nichtig, wenn sich die Nichtigkeit aus der entsprechenden Anwendung von Vorschriften des Bürgerlichen Gesetzbuches ergibt.

(2) Ein Vertrag im Sinne des § 54 Satz 2 ist ferner nichtig, wenn
1. ein Verwaltungsakt mit entsprechendem Inhalt nichtig wäre;
2. ein Verwaltungsakt mit entsprechendem Inhalt nicht nur wegen eines Verfahrens- oder Formfehlers im Sinne des § 46 rechtswidrig wäre und dies den Vertragschließenden bekannt war;
3. die Voraussetzungen zum Abschluss eines Vergleichsvertrages nicht vorlagen und ein Verwaltungsakt mit entsprechendem Inhalt nicht nur wegen eines Verfahrens- oder Formfehlers im Sinne des § 46 rechtswidrig wäre;
4. sich die Behörde eine nach § 56 unzulässige Gegenleistung versprechen lässt.

(3) Betrifft die Nichtigkeit nur einen Teil des Vertrages, so ist er im Ganzen nichtig, wenn nicht anzunehmen ist, dass er auch ohne den nichtigen Teil geschlossen worden wäre.

§ 60 Anpassung und Kündigung in besonderen Fällen

(1) [1]Haben die Verhältnisse, die für die Festsetzung des Vertragsinhalts maßgebend gewesen sind, sich seit Abschluss des Vertrages so wesentlich geändert, dass einer Vertragspartei das Festhalten an der ursprünglichen vertraglichen Regelung nicht zuzumuten ist, so kann diese Vertragspartei eine Anpassung des Vertragsinhalts an die geänderten Verhältnisse verlangen oder, sofern eine Anpassung nicht möglich oder einer Vertragspartei nicht zuzumuten ist, den Vertrag kündigen. [2]Die Behörde kann den Vertrag auch kündigen, um schwere Nachteile für das Gemeinwohl zu verhüten oder zu beseitigen.

(2) [1]Die Kündigung bedarf der Schriftform, soweit nicht durch Rechtsvorschrift eine andere Form vorgeschrieben ist. [2]Sie soll begründet werden.

§ 61 Unterwerfung unter die sofortige Vollstreckung

(1) [1]Jeder Vertragschließende kann sich der sofortigen Vollstreckung aus einem öffentlich-rechtlichen Vertrag im Sinne des § 54 Satz 2 unterwerfen. [2]Die Behörde muss hierbei von dem Behördenleiter, seinem allgemeinen Vertreter oder einem Angehörigen des öffentlichen Dienstes, der die Befähigung zum Richteramt hat oder die Voraussetzungen des § 110 Satz 1 des Deutschen Richtergesetzes erfüllt, vertreten werden.

(2) [1]Auf öffentlich-rechtliche Verträge im Sinne des Absatzes 1 Satz 1 ist das Thüringer Verwaltungszustellungs- und Vollstreckungsgesetz entsprechend anzuwenden. [2]Will eine natürliche oder juristische Person des Privatrechts oder eine nichtrechtsfähige Vereinigung die Vollstreckung wegen einer Geldforderung betreiben, so ist § 170 Abs. 1 bis 3 der Verwaltungsgerichtsordnung entsprechend anzuwenden. [3]Richtet sich die Vollstreckung wegen der Erzwingung einer Handlung, Duldung oder Unterlassung gegen eine Behörde, so ist § 172 der Verwaltungsgerichtsordnung entsprechend anzuwenden.

§ 62 Ergänzende Anwendung von Vorschriften

[1]Soweit sich aus den §§ 54 bis 61 nichts Abweichendes ergibt, gelten die übrigen Vorschriften dieses Gesetzes. [2]Ergänzend gelten die Vorschriften des Bürgerlichen Gesetzbuches entsprechend.

Teil V
Besondere Verfahrensarten

Abschnitt 1
Förmliches Verwaltungsverfahren

§ 63 Anwendung der Vorschriften über das förmliche Verwaltungsverfahren

(1) Das förmliche Verwaltungsverfahren nach diesem Gesetz findet statt, wenn es durch Rechtsvorschrift angeordnet ist.

(2) Für das förmliche Verwaltungsverfahren gelten die §§ 64 bis 71 und, soweit sich aus ihnen nichts Abweichendes ergibt, die übrigen Vorschriften dieses Gesetzes.

(3) [1]Die Mitteilung nach § 17 Abs. 2 Satz 2 und die Aufforderung nach § 17 Abs. 4 Satz 2 sind im förmlichen Verwaltungsverfahren öffentlich bekannt zu machen. [2]Die öffentliche Bekanntmachung wird dadurch bewirkt, dass die Behörde die Mitteilung oder die Aufforderung in ihrem amtlichen Veröffentlichungsblatt und außerdem in örtlichen Tageszeitungen, die in dem Bereich verbreitet sind, in dem sich die Entscheidung voraussichtlich auswirken wird, bekannt macht.

§ 64 Form des Antrages
Setzt das förmliche Verwaltungsverfahren einen Antrag voraus, so ist er schriftlich oder zur Niederschrift bei der Behörde zu stellen.

§ 65 Mitwirkung von Zeugen und Sachverständigen
(1) [1]Im förmlichen Verwaltungsverfahren sind Zeugen zur Aussage und Sachverständige zur Erstattung von Gutachten verpflichtet. [2]Die Vorschriften der Zivilprozessordnung über die Pflicht, als Zeuge auszusagen oder als Sachverständiger ein Gutachten zu erstatten, über die Ablehnung von Sachverständigen sowie über die Vernehmung von Angehörigen des öffentlichen Dienstes als Zeugen oder Sachverständige gelten entsprechend.
(2) [1]Verweigern Zeugen oder Sachverständige ohne Vorliegen eines der in den §§ 376, 383 bis 385 und 408 der Zivilprozessordnung bezeichneten Gründe die Aussage oder die Erstattung des Gutachtens, so kann die Behörde das für den Wohnsitz oder den Aufenthaltsort des Zeugen oder des Sachverständigen zuständige Verwaltungsgericht um die Vernehmung ersuchen. [2]Befindet sich der Wohnsitz oder der Aufenthaltsort des Zeugen oder des Sachverständigen nicht am Sitz eines Verwaltungsgerichts oder einer besonders errichteten Kammer, so kann auch das zuständige Amtsgericht um die Vernehmung ersucht werden. [3]In dem Ersuchen hat die Behörde den Gegenstand der Vernehmung darzulegen sowie die Namen und die Anschriften der Beteiligten anzugeben. [4]Das Gericht hat die Beteiligten von den Beweisterminen zu benachrichtigen.
(3) Hält die Behörde mit Rücksicht auf die Bedeutung der Aussage eines Zeugen oder des Gutachtens eines Sachverständigen oder zur Herbeiführung einer wahrheitsgemäßen Aussage die Beeidigung für geboten, so kann sie das nach Absatz 2 zuständige Gericht um die eidliche Vernehmung ersuchen.
(4) Das Gericht entscheidet über die Rechtmäßigkeit einer Verweigerung des Zeugnisses, des Gutachtens oder der Eidesleistung.
(5) Ein Ersuchen nach den Absätzen 2 oder 3 an das Gericht darf nur von dem Behördenleiter, seinem allgemeinen Vertreter oder einem Angehörigen des öffentlichen Dienstes gestellt werden, der die Befähigung zum Richteramt hat oder die Voraussetzungen des § 110 Satz 1 des Deutschen Richtergesetzes erfüllt.
(6) § 180 der Verwaltungsgerichtsordnung findet entsprechende Anwendung.

§ 66 Verpflichtung zur Anhörung von Beteiligten
(1) Im förmlichen Verwaltungsverfahren ist den Beteiligten Gelegenheit zu geben, sich vor der Entscheidung zu äußern.
(2) Den Beteiligten ist Gelegenheit zu geben, der Vernehmung von Zeugen und Sachverständigen und der Einnahme des Augenscheins beizuwohnen und hierbei sachdienliche Fragen zu stellen; ein schriftlich oder elektronisch vorliegendes Gutachten soll ihnen zugänglich gemacht werden.

§ 67 Erfordernis der mündlichen Verhandlung
(1) [1]Die Behörde entscheidet nach mündlicher Verhandlung. [2]Hierzu sind die Beteiligten mit angemessener Frist schriftlich zu laden. [3]Bei der Ladung ist darauf hinzuweisen, dass bei Ausbleiben eines Beteiligten auch ohne ihn verhandelt und entschieden werden kann. [4]Sind mehr als 50 Ladungen vorzunehmen, so können sie durch öffentliche Bekanntmachung ersetzt werden. [5]Die öffentliche Bekanntmachung wird dadurch bewirkt, dass der Verhandlungstermin mindestens zwei Wochen vorher im amtlichen Veröffentlichungsblatt der Behörde und außerdem in örtlichen Tageszeitungen, die in dem Bereich verbreitet sind, in dem sich die Entscheidung voraussichtlich auswirken wird, mit dem Hinweis nach Satz 3 bekannt gemacht wird. [6]Maßgebend für die Frist nach Satz 5 ist die Bekanntgabe im amtlichen Veröffentlichungsblatt.
(2) Die Behörde kann ohne mündliche Verhandlung entscheiden, wenn
1. einem Antrag im Einvernehmen mit allen Beteiligten in vollem Umfang entsprochen wird;
2. kein Beteiligter innerhalb einer hierfür gesetzten Frist Einwendungen gegen die vorgesehene Maßnahme erhoben hat;
3. die Behörde den Beteiligten mitgeteilt hat, dass sie beabsichtige, ohne mündliche Verhandlung zu entscheiden, und kein Beteiligter innerhalb einer hierfür gesetzten Frist Einwendungen dagegen erhoben hat;
4. alle Beteiligten auf sie verzichtet haben;
5. wegen Gefahr im Verzug eine sofortige Entscheidung notwendig ist.

(3) Die Behörde soll das Verfahren so fördern, dass es möglichst in einem Verhandlungstermin erledigt werden kann.

§ 68 Verlauf der mündlichen Verhandlung

(1) [1]Die mündliche Verhandlung ist nicht öffentlich. [2]An ihr können Vertreter der Aufsichtsbehörden und Personen, die bei der Behörde zur Ausbildung beschäftigt sind, teilnehmen. [3]Anderen Personen kann der Verhandlungsleiter die Anwesenheit gestatten, wenn kein Beteiligter widerspricht.

(2) [1]Der Verhandlungsleiter hat die Sache mit den Beteiligten zu erörtern. [2]Er hat darauf hinzuwirken, dass unklare Anträge erläutert, sachdienliche Anträge gestellt, ungenügende Angaben ergänzt sowie alle für die Feststellung des Sachverhalts wesentlichen Erklärungen abgegeben werden.

(3) [1]Der Verhandlungsleiter ist für die Ordnung verantwortlich. [2]Er kann Personen, die seine Anordnungen nicht befolgen, entfernen lassen. [3]Die Verhandlung kann ohne diese Personen fortgesetzt werden.

(4) [1]Über die mündliche Verhandlung ist eine Niederschrift zu fertigen. [2]Die Niederschrift muss Angaben enthalten über

1. den Ort und den Tag der Verhandlung,
2. die Namen des Verhandlungsleiters, der erschienenen Beteiligten, Zeugen und Sachverständigen,
3. den behandelten Verfahrensgegenstand und die gestellten Anträge,
4. den wesentlichen Inhalt der Aussagen der Zeugen und Sachverständigen,
5. das Ergebnis eines Augenscheines.

[3]Die Niederschrift ist von dem Verhandlungsleiter und, soweit ein Schriftführer hinzugezogen worden ist, auch von diesem zu unterzeichnen. [4]Der Aufnahme in die Verhandlungsniederschrift steht die Aufnahme in eine Schrift gleich, die ihr als Anlage beigefügt und als solche bezeichnet ist; auf die Anlage ist in der Verhandlungsniederschrift hinzuweisen.

§ 69 Entscheidung

(1) Die Behörde entscheidet unter Würdigung des Gesamtergebnisses des Verfahrens.

(2) [1]Verwaltungsakte, die das förmliche Verfahren abschließen, sind schriftlich zu erlassen, schriftlich zu begründen und den Beteiligten zuzustellen; in den Fällen des § 39 Abs. 2 Nr. 1 und 3 bedarf es einer Begründung nicht. [2]Ein elektronischer Verwaltungsakt nach Satz 1 ist mit einer dauerhaft überprüfbaren qualifizierten elektronischen Signatur zu versehen. [3]Sind mehr als 50 Zustellungen vorzunehmen, so können sie durch öffentliche Bekanntmachung ersetzt werden. [4]Die öffentliche Bekanntmachung wird dadurch erwirkt, dass der verfügende Teil des Verwaltungsaktes und die Rechtsbehelfsbelehrung im amtlichen Veröffentlichungsblatt der Behörde und außerdem in örtlichen Tageszeitungen bekannt gemacht werden, die in dem Bereich verbreitet sind, in dem sich die Entscheidung voraussichtlich auswirken wird. [5]Der Verwaltungsakt gilt mit dem Tage als zugestellt, an dem seit dem Tage der Bekanntmachung in dem amtlichen Veröffentlichungsblatt zwei Wochen verstrichen sind; hierauf ist in der Bekanntmachung hinzuweisen. [6]Nach der öffentlichen Bekanntmachung kann der Verwaltungsakt bis zum Ablauf der Rechtsbehelfsfrist von den Beteiligten schriftlich oder elektronisch angefordert werden; hierauf ist in der Bekanntmachung gleichfalls hinzuweisen.

(3) [1]Wird das förmliche Verwaltungsverfahren auf andere Weise abgeschlossen, so sind die Beteiligten hiervon zu benachrichtigen. [2]Sind mehr als 50 Benachrichtigungen vorzunehmen, so können sie durch öffentliche Bekanntmachung ersetzt werden; Absatz 2 Satz 4 gilt entsprechend.

§ 70 Anfechtung der Entscheidung

Vor Erhebung einer verwaltungsgerichtlichen Klage, die einen im förmlichen Verwaltungsverfahren erlassenen Verwaltungsakt zum Gegenstand hat, bedarf es keiner Nachprüfung in einem Vorverfahren.

§ 71 Besondere Vorschriften für das förmliche Verfahren vor Ausschüssen

(1) [1]Findet das förmliche Verwaltungsverfahren vor einem Ausschuss (§ 88) statt, so hat jedes Mitglied das Recht, sachdienliche Fragen zu stellen. [2]Wird eine Frage von einem Beteiligten beanstandet, so entscheidet der Ausschuss über ihre Zulässigkeit.

(2) [1]Bei der Beratung und Abstimmung dürfen nur Ausschussmitglieder zugegen sein, die an der mündlichen Verhandlung teilgenommen haben. [2]Ferner dürfen Personen zugegen sein, die bei der Behörde, bei der der Ausschuss gebildet ist, zur Ausbildung beschäftigt sind, soweit der Vorsitzende ihre Anwesenheit gestattet. [3]Die Abstimmungsergebnisse sind festzuhalten.

(3) [1]Jeder Beteiligte kann ein Mitglied des Ausschusses ablehnen, das in diesem Verwaltungsverfahren nicht tätig werden darf (§ 20) oder bei dem die Besorgnis der Befangenheit besteht (§ 21). [2]Eine Ablehnung vor der mündlichen Verhandlung ist schriftlich oder zur Niederschrift zu erklären. [3]Die Erklärung ist unzulässig, wenn sich der Beteiligte, ohne den ihm bekannten Ablehnungsgrund geltend zu machen, in die mündliche Verhandlung eingelassen hat. [4]Für die Entscheidung über die Ablehnung gilt § 20 Abs. 4 Satz 2 und 4.

Abschnitt 1a

Verfahren über eine einheitliche Stelle

§ 71a Anwendbarkeit

(1) Ist durch Rechtsvorschrift angeordnet, dass ein Verwaltungsverfahren über eine einheitliche Stelle abgewickelt werden kann, so gelten die Bestimmungen dieses Abschnitts und, soweit sich aus ihnen nichts Abweichendes ergibt, die übrigen Bestimmungen dieses Gesetzes.

(2) Der zuständigen Behörde obliegen die Pflichten aus § 71b Abs. 3, 4 und 6, § 71c Abs. 2 und § 71e auch dann, wenn sich der Antragsteller oder Anzeigepflichtige unmittelbar an die zuständige Behörde wendet.

§ 71b Verfahren

(1) Die einheitliche Stelle nimmt Anzeigen, Anträge, Willenserklärungen und Dokumente entgegen und leitet sie unverzüglich an die zuständigen Behörden weiter.

(2) [1]Anzeigen, Anträge, Willenserklärungen und Dokumente gelten am dritten Tag nach Eingang bei der einheitlichen Stelle als bei der zuständigen Behörde eingegangen. [2]Fristen werden mit Eingang bei der einheitlichen Stelle gewahrt.

(3) [1]Soll durch die Anzeige, den Antrag oder die Abgabe einer Willenserklärung eine Frist in Lauf gesetzt werden, innerhalb derer die zuständige Behörde tätig werden muss, stellt die zuständige Behörde eine Empfangsbestätigung aus. [2]In der Empfangsbestätigung ist das Datum des Eingangs bei der einheitlichen Stelle mitzuteilen und auf die Frist, die Voraussetzungen für den Beginn des Fristlaufs und auf eine an den Fristablauf geknüpfte Rechtsfolge sowie auf die verfügbaren Rechtsbehelfe hinzuweisen.

(4) [1]Ist die Anzeige oder der Antrag unvollständig, teilt die zuständige Behörde unverzüglich mit, welche Unterlagen nachzureichen sind. [2]Die Mitteilung enthält den Hinweis, dass der Lauf der Frist nach Absatz 3 erst mit Eingang der vollständigen Unterlagen beginnt. [3]Das Datum des Eingangs der nachgereichten Unterlagen bei der einheitlichen Stelle ist mitzuteilen.

(5) [1]Soweit die einheitliche Stelle zur Verfahrensabwicklung in Anspruch genommen wird, sollen Mitteilungen der zuständigen Behörde an den Antragsteller oder Anzeigepflichtigen über sie weitergegeben werden. [2]Verwaltungsakte werden auf Verlangen desjenigen, an den sich der Verwaltungsakt richtet, von der zuständigen Behörde unmittelbar bekannt gegeben.

(6) [1]Ein schriftlicher Verwaltungsakt, der durch die Post in das Ausland übermittelt wird, gilt einen Monat nach Aufgabe zur Post als bekannt gegeben. [2]§ 41 Abs. 2 Satz 3 gilt entsprechend. [3]Von dem Antragsteller oder Anzeigepflichtigen kann nicht verlangt werden, einen Empfangsbevollmächtigten nach § 15 zu bestellen.

§ 71c Informationspflichten

(1) [1]Die einheitliche Stelle erteilt auf Anfrage unverzüglich Auskunft über die maßgeblichen Vorschriften, die zuständigen Behörden, den Zugang zu den öffentlichen Registern und Datenbanken, die zustehenden Verfahrensrechte und Einrichtungen, die den Antragsteller oder Anzeigepflichtigen bei der Aufnahme oder Ausübung seiner Tätigkeit unterstützen. [2]Sie teilt unverzüglich mit, wenn eine Anfrage zu unbestimmt ist.

(2) [1]Die zuständigen Behörden erteilen auf Anfrage unverzüglich Auskunft über die maßgeblichen Vorschriften und deren gewöhnliche Auslegung. [2]Nach § 25 erforderliche Anregungen und Auskünfte werden unverzüglich gegeben.

§ 71d Gegenseitige Unterstützung

[1]Die einheitliche Stelle und die zuständigen Behörden wirken gemeinsam auf eine ordnungsgemäße und zügige Verfahrensabwicklung hin; die Pflicht zur Unterstützung besteht auch gegenüber einheit-

lichen Stellen oder sonstigen Behörden des Bundes oder anderer Länder. [2]Die zuständigen Behörden stellen der einheitlichen Stelle insbesondere die erforderlichen Informationen zum Verfahrensstand zur Verfügung.

§ 71e Elektronisches Verfahren

[1]Das Verfahren nach den §§ 71a bis 71d wird auf Verlangen in elektronischer Form abgewickelt. [2]§ 3a Abs. 2 Satz 2 bis 5 und Abs. 3 bleibt unberührt.

Abschnitt 2

Planfeststellungsverfahren

§ 72 Anwendung der Vorschriften über das Planfeststellungsverfahren

(1) Ist ein Planfeststellungsverfahren durch Rechtsvorschrift angeordnet, so gelten hierfür die §§ 73 bis 78 und, soweit sich aus ihnen nichts Abweichendes ergibt, die übrigen Vorschriften dieses Gesetzes; die §§ 51 und 71a bis 71e sind nicht anzuwenden, § 29 ist mit der Maßgabe anzuwenden, dass Akteneinsicht nach pflichtgemäßem Ermessen zu gewähren ist.

(2) [1]Die Mitteilung nach § 17 Abs. 2 Satz 2 und die Aufforderung nach § 17 Abs. 4 Satz 2 sind im Planfeststellungsverfahren öffentlich bekannt zu machen. [2]Die öffentliche Bekanntmachung wird dadurch bewirkt, dass die Behörde die Mitteilung oder die Aufforderung in ihrem amtlichen Veröffentlichungsblatt und außerdem in örtlichen Tageszeitungen, die in dem Bereich verbreitet sind, in dem sich das Vorhaben voraussichtlich auswirken wird, bekannt macht.

§ 73 Anhörungsverfahren

(1) [1]Der Träger des Vorhabens hat den Plan der Anhörungsbehörde zur Durchführung des Anhörungsverfahrens einzureichen. [2]Der Plan besteht aus den Zeichnungen und Erläuterungen, die das Vorhaben, seinen Anlass und die von dem Vorhaben betroffenen Grundstücke und Anlagen erkennen lassen.

(2) Innerhalb eines Monats nach Zugang des vollständigen Plans fordert die Anhörungsbehörde die Behörden, deren Aufgabenbereich durch das Vorhaben berührt wird, zur Stellungnahme auf und veranlasst, dass der Plan in den Gemeinden, in denen sich das Vorhaben voraussichtlich auswirken wird, ausgelegt wird.

(3) [1]Die Gemeinden nach Absatz 2 haben den Plan innerhalb von drei Wochen nach Zugang für die Dauer eines Monats zur Einsicht auszulegen. [2]Auf eine Auslegung kann verzichtet werden, wenn der Kreis der Betroffenen und die Vereinigungen nach Absatz 4 Satz 5 bekannt sind und ihnen innerhalb angemessener Frist Gelegenheit gegeben wird, den Plan einzusehen.

(3a) [1]Die Behörden nach Absatz 2 haben ihre Stellungnahme innerhalb einer von der Anhörungsbehörde zu setzenden Frist abzugeben, die drei Monate nicht überschreiten darf. [2]Stellungnahmen, die nach Ablauf der Frist nach Satz 1 eingehen, sind zu berücksichtigen, wenn der Planfeststellungsbehörde die vorgebrachten Belange bekannt sind oder hätten bekannt sein müssen oder für die Rechtmäßigkeit der Entscheidung von Bedeutung sind; im Übrigen können sie berücksichtigt werden.

(4) [1]Jeder, dessen Belange durch das Vorhaben berührt werden, kann innerhalb von zwei Wochen nach Ablauf der Auslegungsfrist schriftlich oder zur Niederschrift bei der Anhörungsbehörde oder bei der Gemeinde Einwendungen gegen den Plan erheben. [2]Im Falle des Absatzes 3 Satz 2 bestimmt die Anhörungsbehörde die Einwendungsfrist. [3]Mit Ablauf der Einwendungsfrist sind alle Einwendungen ausgeschlossen, die nicht auf besonderen privatrechtlichen Titeln beruhen. [4]Hierauf ist in der Bekanntmachung der Auslegung oder bei der Bekanntgabe der Einwendungsfrist hinzuweisen. [5]Vereinigungen, die aufgrund einer Anerkennung nach anderen Rechtsvorschriften befugt sind, Rechtsbehelfe nach der Verwaltungsgerichtsordnung gegen die Entscheidung nach § 74 einzulegen, können innerhalb der Frist nach Satz 1 Stellungnahmen zu dem Plan abgeben. [6]Die Sätze 2 bis 4 gelten entsprechend.

(5) [1]Die Gemeinden, in denen der Plan auszulegen ist, haben die Auslegung vorher ortsüblich bekannt zu machen. [2]In der Bekanntmachung ist darauf hinzuweisen,

1. wo und in welchem Zeitraum der Plan zur Einsicht ausgelegt ist;
2. dass etwaige Einwendungen oder Stellungnahmen von Vereinigungen nach Absatz 4 Satz 5 bei den in der Bekanntmachung zu bezeichnenden Stellen innerhalb der Einwendungsfrist vorzubringen sind;

3. dass bei Ausbleiben eines Beteiligten in dem Erörterungstermin auch ohne ihn verhandelt werden kann;
4. dass
   a) die Personen, die Einwendungen erhoben haben, oder die Vereinigungen, die Stellungnahmen abgegeben haben, von dem Erörterungstermin durch öffentliche Bekanntmachung benachrichtigt werden können,
   b) die Zustellung der Entscheidung über die Einwendungen durch öffentliche Bekanntmachung ersetzt werden kann,

   wenn mehr als 50 Benachrichtigungen oder Zustellungen vorzunehmen sind.

[3]Nicht ortsansässige Betroffene, deren Person und Aufenthalt bekannt sind oder sich innerhalb angemessener Frist ermitteln lassen, sollen auf Veranlassung der Anhörungsbehörde von der Auslegung mit dem Hinweis nach Satz 2 benachrichtigt werden.

(6) [1]Nach Ablauf der Einwendungsfrist hat die Anhörungsbehörde die rechtzeitig gegen den Plan erhobenen Einwendungen, die rechtzeitig abgegebenen Stellungnahmen von Vereinigungen nach Absatz 4 Satz 5 sowie die Stellungnahmen der Behörden zu dem Plan mit dem Träger des Vorhabens, den Behörden, den Betroffenen sowie denjenigen, die Einwendungen erhoben oder Stellungnahmen abgegeben haben, zu erörtern. [2]Der Erörterungstermin ist mindestens eine Woche vorher ortsüblich bekannt zu machen. [3]Die Behörden, der Träger des Vorhabens und diejenigen, die Einwendungen erhoben oder Stellungnahmen abgegeben haben, sind von dem Erörterungstermin zu benachrichtigen. [4]Sind außer der Benachrichtigung der Behörden und des Trägers des Vorhabens mehr als 50 Benachrichtigungen vorzunehmen, so können diese Benachrichtigungen durch öffentliche Bekanntmachung ersetzt werden. [5]Die öffentliche Bekanntmachung wird dadurch bewirkt, dass abweichend von Satz 2 der Erörterungstermin im amtlichen Veröffentlichungsblatt der Anhörungsbehörde und außerdem in örtlichen Tageszeitungen bekannt gemacht wird, die in dem Bereich verbreitet sind, in dem sich das Vorhaben voraussichtlich auswirken wird; maßgebend für die Frist nach Satz 2 ist die Bekanntgabe im amtlichen Veröffentlichungsblatt. [6]Im Übrigen gelten für die Erörterung die Vorschriften über die mündliche Verhandlung im förmlichen Verwaltungsverfahren (§ 67 Abs. 1 Satz 3, Abs. 2 Nr. 1 und 4 und Abs. 3, § 68) entsprechend. [7]Die Anhörungsbehörde schließt die Erörterung innerhalb von drei Monaten nach Ablauf der Einwendungsfrist ab.

(7) Abweichend von den Vorschriften des Absatzes 6 Satz 2 bis 5 kann der Erörterungstermin bereits in der Bekanntmachung nach Absatz 5 Satz 2 bestimmt werden.

(8) [1]Soll ein ausgelegter Plan geändert werden und werden dadurch der Aufgabenbereich einer Behörde oder einer Vereinigung nach Absatz 4 Satz 5 oder Belange Dritter erstmals oder stärker als bisher berührt, so ist diesen die Änderung mitzuteilen und ihnen Gelegenheit zu Stellungnahmen und Einwendungen innerhalb von zwei Wochen zu geben; Absatz 4 Satz 3 bis 6 gilt entsprechend. [2]Wird sich die Änderung voraussichtlich auf das Gebiet einer anderen Gemeinde auswirken, so ist der geänderte Plan in dieser Gemeinde auszulegen; die Absätze 2 bis 6 gelten entsprechend.

(9) Die Anhörungsbehörde gibt zum Ergebnis des Anhörungsverfahrens eine Stellungnahme ab und leitet diese der Planfeststellungsbehörde innerhalb eines Monats nach Abschluss der Erörterung mit dem Plan, den Stellungnahmen der Behörden und der Vereinigungen nach Absatz 4 Satz 5 sowie den nicht erledigten Einwendungen zu.

§ 74 Planfeststellungsbeschluss, Plangenehmigung

(1) [1]Die Planfeststellungsbehörde stellt den Plan fest (Planfeststellungsbeschluss). [2]Die Vorschriften über die Entscheidung und die Anfechtung der Entscheidung im förmlichen Verwaltungsverfahren (§§ 69 und 70) sind anzuwenden.

(2) [1]Im Planfeststellungsbeschluss entscheidet die Planfeststellungsbehörde über die Einwendungen, über die bei der Erörterung vor der Anhörungsbehörde keine Einigung erzielt worden ist. [2]Sie hat dem Träger des Vorhabens Vorkehrungen oder die Errichtung und Unterhaltung von Anlagen aufzuerlegen, die zum Wohl der Allgemeinheit oder zur Vermeidung nachteiliger Wirkungen auf Rechte anderer erforderlich sind. [3]Sind solche Vorkehrungen oder Anlagen untunlich oder mit dem Vorhaben unvereinbar, so hat der Betroffene Anspruch auf angemessene Entschädigung in Geld.

(3) Soweit eine abschließende Entscheidung noch nicht möglich ist, ist diese im Planfeststellungsbeschluss vorzubehalten; dem Träger des Vorhabens ist dabei aufzugeben, noch fehlende oder von der Planfeststellungsbehörde bestimmte Unterlagen rechtzeitig vorzulegen.

(4) [1]Der Planfeststellungsbeschluss ist dem Träger des Vorhabens, denjenigen, über deren Einwendungen entschieden worden ist, und den Vereinigungen, über deren Stellungnahmen entschieden worden ist, zuzustellen. [2]Eine Ausfertigung des Beschlusses ist mit einer Rechtsbehelfsbelehrung und einer Ausfertigung des festgestellten Plans in den Gemeinden zwei Wochen zur Einsicht auszulegen; der Ort und die Zeit der Auslegung sind ortsüblich bekannt zu machen. [3]Mit dem Ende der Auslegungsfrist gilt der Beschluss gegenüber den übrigen Betroffenen als zugestellt; darauf ist in der Bekanntmachung hinzuweisen.

(5) [1]Sind außer an den Träger des Vorhabens mehr als 50 Zustellungen nach Absatz 4 vorzunehmen, so können diese Zustellungen durch öffentliche Bekanntmachung ersetzt werden. [2]Die öffentliche Bekanntmachung wird dadurch bewirkt, dass der verfügende Teil des Planfeststellungsbeschlusses, die Rechtsbehelfsbelehrung und ein Hinweis auf die Auslegung nach Absatz 4 Satz 2 im amtlichen Veröffentlichungsblatt der zuständigen Behörde und außerdem in örtlichen Tageszeitungen bekannt gemacht werden, die in dem Bereich verbreitet sind, in dem sich das Vorhaben voraussichtlich auswirken wird; auf Auflagen ist hinzuweisen. [3]Mit dem Ende der Auslegungsfrist gilt der Beschluss den Betroffenen und denjenigen gegenüber, die Einwendungen erhoben haben, als zugestellt; hierauf ist in der Bekanntmachung hinzuweisen. [4]Nach der öffentlichen Bekanntmachung kann der Planfeststellungsbeschluss bis zum Ablauf der Rechtsbehelfsfrist von den Betroffenen und von denjenigen, die Einwendungen erhoben haben, schriftlich angefordert werden; hierauf ist in der Bekanntmachung gleichfalls hinzuweisen.

(6) [1]An Stelle eines Planfeststellungsbeschlusses kann eine Plangenehmigung erteilt werden, wenn

1. Rechte anderer nicht oder nur unwesentlich beeinträchtigt werden oder die Betroffenen sich mit der Inanspruchnahme ihres Eigentums oder eines anderen Rechts schriftlich einverstanden erklärt haben,
2. mit den Trägern öffentlicher Belange, deren Aufgabenbereich berührt wird, das Benehmen hergestellt worden ist und
3. nicht andere Rechtsvorschriften eine Öffentlichkeitsbeteiligung vorschreiben, die den Anforderungen des § 73 Abs. 3 Satz 1 und Abs. 4 bis 7 entsprechen muss.

[2]Die Plangenehmigung hat die Rechtswirkungen der Planfeststellung; auf ihre Erteilung sind die Vorschriften über das Planfeststellungsverfahren nicht anzuwenden; davon ausgenommen sind Absatz 4 Satz 1 und Absatz 5, die entsprechend anzuwenden sind. [3]Vor Erhebung einer verwaltungsgerichtlichen Klage bedarf es keiner Nachprüfung in einem Vorverfahren. [4]§ 75 Abs. 4 gilt entsprechend.

(7) [1]Planfeststellung und Plangenehmigung entfallen in Fällen von unwesentlicher Bedeutung. [2]Diese liegen vor, wenn

1. andere öffentliche Belange nicht berührt sind oder die erforderlichen behördlichen Entscheidungen vorliegen und sie dem Plan nicht entgegenstehen,
2. Rechte anderer nicht beeinflusst werden oder mit den vom Plan Betroffenen entsprechende Vereinbarungen getroffen worden sind und
3. nicht andere Rechtsvorschriften eine Öffentlichkeitsbeteiligung vorschreiben, die den Anforderungen des § 73 Abs. 3 Satz 1 und Abs. 4 bis 7 entsprechen muss.

§ 75 Rechtswirkungen der Planfeststellung

(1) [1]Durch die Planfeststellung wird die Zulässigkeit des Vorhabens einschließlich der notwendigen Folgemaßnahmen an anderen Anlagen im Hinblick auf alle von ihm berührten öffentlichen Belange festgestellt; neben der Planfeststellung sind andere behördliche Entscheidungen, insbesondere öffentlich-rechtliche Genehmigungen, Verleihungen, Erlaubnisse, Bewilligungen, Zustimmungen und Planfeststellungen nicht erforderlich. [2]Durch die Planfeststellung werden alle öffentlich-rechtlichen Beziehungen zwischen dem Träger des Vorhabens und den durch den Plan Betroffenen rechtsgestaltend geregelt.

(1a) [1]Mängel bei der Abwägung der von dem Vorhaben berührten öffentlichen und privaten Belange sind nur erheblich, wenn sie offensichtlich und auf das Abwägungsergebnis von Einfluss gewesen sind. [2]Erhebliche Mängel bei der Abwägung oder eine Verletzung von Verfahrens- oder Formvorschriften führen nur dann zur Aufhebung des Planfeststellungsbeschlusses oder der Plangenehmigung, wenn sie nicht durch Planergänzung oder durch ein ergänzendes Verfahren behoben werden können; die §§ 45 und 46 bleiben unberührt.

(2) [1]Ist der Planfeststellungsbeschluss unanfechtbar geworden, so sind Ansprüche auf Unterlassung des Vorhabens, auf Beseitigung oder Änderung der Anlagen oder auf Unterlassung ihrer Benutzung ausgeschlossen. [2]Treten nicht voraussehbare Wirkungen des Vorhabens oder der dem festgestellten Plan entsprechenden Anlagen auf das Recht eines anderen erst nach Unanfechtbarkeit des Planes auf, so kann der Betroffene Vorkehrungen oder die Errichtung und Unterhaltung von Anlagen verlangen, welche die nachteiligen Wirkungen ausschließen. [3]Sie sind dem Träger des Vorhabens durch Beschluss der Planfeststellungsbehörde aufzuerlegen. [4]Sind solche Vorkehrungen oder Anlagen untunlich oder mit dem Vorhaben unvereinbar, so richtet sich der Anspruch auf angemessene Entschädigung in Geld. [5]Werden Vorkehrungen oder Anlagen im Sinne des Satzes 2 notwendig, weil nach Abschluss des Planfeststellungsverfahrens auf einem benachbarten Grundstück Veränderungen eingetreten sind, so hat die hierdurch entstehenden Kosten der Eigentümer des benachbarten Grundstücks zu tragen, es sei denn, dass die Veränderungen durch natürliche Ereignisse oder höhere Gewalt verursacht worden sind; Satz 4 ist nicht anzuwenden.

(3) [1]Anträge, mit denen Ansprüche auf Herstellung von Einrichtungen oder auf angemessene Entschädigung nach Absatz 2 Satz 2 und 4 geltend gemacht werden, sind schriftlich an die Planfeststellungsbehörde zu richten. [2]Sie sind nur innerhalb von drei Jahren nach dem Zeitpunkt zulässig, zu dem der Betroffene von den nachteiligen Wirkungen des dem unanfechtbar festgestellten Plan entsprechenden Vorhabens oder der Anlage Kenntnis erhalten hat; sie sind ausgeschlossen, wenn nach Herstellung des dem Plan entsprechenden Zustandes 30 Jahre verstrichen sind.

(4) [1]Wird mit der Durchführung des Planes nicht innerhalb von fünf Jahren nach Eintritt der Unanfechtbarkeit begonnen, so tritt er außer Kraft. [2]Als Beginn der Durchführung des Plans gilt jede erstmals nach außen erkennbare Tätigkeit von mehr als nur geringfügiger Bedeutung zur planmäßigen Verwirklichung des Vorhabens; eine spätere Unterbrechung der Verwirklichung des Vorhabens berührt den Beginn der Durchführung nicht.

§ 76 Planänderungen vor Fertigstellung des Vorhabens

(1) Soll vor Fertigstellung des Vorhabens der festgestellte Plan geändert werden, bedarf es eines neuen Planfeststellungsverfahrens.

(2) Bei Planänderungen von unwesentlicher Bedeutung kann die Planfeststellungsbehörde von einem neuen Planfeststellungsverfahren absehen, wenn die Belange anderer nicht berührt werden oder wenn die Betroffenen der Änderung zugestimmt haben.

(3) Führt die Planfeststellungsbehörde in den Fällen des Absatzes 2 oder in anderen Fällen einer Planänderung von unwesentlicher Bedeutung ein Planfeststellungsverfahren durch, so bedarf es keines Anhörungsverfahrens und keiner öffentlichen Bekanntgabe des Planfeststellungsbeschlusses.

§ 77 Aufhebung des Planfeststellungsbeschlusses

[1]Wird ein Vorhaben, mit dessen Durchführung begonnen worden ist, endgültig aufgehoben, so hat die Planfeststellungsbehörde den Planfeststellungsbeschluss aufzuheben. [2]In dem Aufhebungsbeschluss sind dem Träger des Vorhabens die Wiederherstellung des früheren Zustandes oder geeignete andere Maßnahmen aufzuerlegen, soweit dies zum Wohl der Allgemeinheit oder zur Vermeidung nachteiliger Wirkungen auf Rechte anderer erforderlich ist. [3]Werden solche Maßnahmen notwendig, weil nach Abschluss des Planfeststellungsverfahrens auf einem benachbarten Grundstück Veränderungen eingetreten sind, so kann der Träger des Vorhabens durch Beschluss der Planfeststellungsbehörde zu geeigneten Vorkehrungen verpflichtet werden; die hierdurch entstehenden Kosten hat jedoch der Eigentümer des benachbarten Grundstücks zu tragen, es sei denn, dass die Veränderungen durch natürliche Ereignisse oder höhere Gewalt verursacht worden sind.

§ 78 Zusammentreffen mehrerer Vorhaben

(1) Treffen mehrere selbständige Vorhaben, für deren Durchführung Planfeststellungsverfahren vorgeschrieben sind, derart zusammen, dass für diese Vorhaben oder für Teile von ihnen nur eine einheitliche Entscheidung möglich ist, so findet für diese Vorhaben oder für deren Teile nur ein Planfeststellungsverfahren statt.

(2) [1]Zuständigkeiten und Verfahren richten sich nach den Rechtsvorschriften über das Planfeststellungsverfahren, das für diejenige Anlage vorgeschrieben ist, die einen größeren Kreis öffentlich-rechtlicher Beziehungen berührt. [2]Bestehen Zweifel, welche Rechtsvorschrift anzuwenden ist, so entscheidet, falls nach den in Betracht kommenden Rechtsvorschriften mehrere Landesbehörden in den Ge-

schäftsbereichen mehrerer oberster Landesbehörden zuständig sind, die Landesregierung, sonst die zuständige oberste Landesbehörde. [3]Bestehen Zweifel, welche Rechtsvorschrift anzuwenden ist, und sind nach den in Betracht kommenden Rechtsvorschriften eine Bundesbehörde und eine Landesbehörde zuständig, so führen, falls sich die obersten Bundes- und Landesbehörden nicht einigen, die Bundesregierung und die Landesregierung das Einvernehmen darüber herbei, welche Rechtsvorschrift anzuwenden ist.

Teil VI
Rechtsbehelfsverfahren

§ 79 Rechtsbehelfe gegen Verwaltungsakte

Für förmliche Rechtsbehelfe gegen Verwaltungsakte gelten die Verwaltungsgerichtsordnung und die zu ihrer Ausführung ergangenen Rechtsvorschriften, soweit nicht durch Gesetz etwas anderes bestimmt ist; im Übrigen gelten die Vorschriften dieses Gesetzes.

§ 80 Erstattung von Kosten im Vorverfahren

(1) [1]Soweit der Widerspruch erfolgreich ist, hat der Rechtsträger, dessen Behörde den angefochtenen Verwaltungsakt erlassen hat, demjenigen, der Widerspruch erhoben hat, die zur zweckentsprechenden Rechtsverfolgung oder Rechtsverteidigung notwendigen Aufwendungen zu erstatten. [2]Dies gilt auch, wenn der Widerspruch nur deshalb keinen Erfolg hat, weil die Verletzung einer Verfahrens- oder Formschrift nach § 45 unbeachtlich ist. [3]Soweit der Widerspruch erfolglos geblieben ist, hat derjenige, der den Widerspruch eingelegt hat, die zur zweckentsprechenden Rechtsverfolgung oder Rechtsverteidigung notwendigen Aufwendungen der Behörde, die den angefochtenen Verwaltungsakt erlassen hat, zu erstatten; dies gilt nicht, wenn der Widerspruch gegen einen Verwaltungsakt eingelegt wird, der im Rahmen

1. eines bestehenden oder früheren öffentlich-rechtlichen Dienst- oder Amtsverhältnisses oder
2. einer bestehenden oder früheren gesetzlichen Dienstpflicht oder einer Tätigkeit, die an Stelle der gesetzlichen Dienstpflicht geleistet werden kann,

erlassen wurde. [4]Ist der Widerspruch zum Teil erfolgreich, so gilt § 155 Abs. 1 der Verwaltungsgerichtsordnung entsprechend. [5]Aufwendungen, die durch das Verschulden eines Erstattungsberechtigten entstanden sind, hat dieser selbst zu tragen; das Verschulden eines Vertreters ist dem Vertretenen zuzurechnen. [6]Erledigt sich der Widerspruch auf andere Weise, so wird über die Kosten nach billigem Ermessen entschieden; der bisherige Sachstand ist zu berücksichtigen.

(2) Die Gebühren und Auslagen eines Rechtsanwalts oder eines sonstigen Bevollmächtigten im Vorverfahren sind erstattungsfähig, wenn die Zuziehung eines Bevollmächtigten notwendig war.

(3) [1]Die Behörde, die die Kostenentscheidung getroffen hat, setzt auf Antrag den Betrag der zu erstattenden Aufwendungen fest; hat ein Ausschuss oder Beirat (§ 73 Abs. 2 der Verwaltungsgerichtsordnung) die Kostenentscheidung getroffen, so obliegt die Kostenfestsetzung der Behörde, bei der der Ausschuss oder Beirat gebildet ist. [2]Die Kostenentscheidung bestimmt auch, ob die Zuziehung eines Rechtsanwalts oder eines sonstigen Bevollmächtigten notwendig war.

(4) Die Absätze 1 bis 3 gelten auch für die Vorverfahren bei Maßnahmen des Richterdienstrechts.

Teil VII
Ehrenamtliche Tätigkeit, Ausschüsse

Abschnitt 1
Ehrenamtliche Tätigkeit

§ 81 Anwendung der Vorschriften über die ehrenamtliche Tätigkeit

Für die ehrenamtliche Tätigkeit im Verwaltungsverfahren gelten die §§ 82 bis 87, soweit Rechtsvorschriften nichts Abweichendes bestimmen.

§ 82 Pflicht zu ehrenamtlicher Tätigkeit

Eine Pflicht zur Übernahme ehrenamtlicher Tätigkeit besteht nur, wenn sie durch Rechtsvorschrift vorgesehen ist.

§ 83 Ausübung ehrenamtlicher Tätigkeit

(1) Der ehrenamtlich Tätige hat seine Tätigkeit gewissenhaft und unparteiisch auszuüben.

(2) [1]Bei Übernahme seiner Aufgaben ist er zur gewissenhaften und unparteiischen Tätigkeit und zur Verschwiegenheit besonders zu verpflichten. [2]Die Verpflichtung ist aktenkundig zu machen.

§ 84 Verschwiegenheitspflicht

(1) [1]Der ehrenamtlich Tätige hat, auch nach Beendigung seiner ehrenamtlichen Tätigkeit, über die ihm dabei bekannt gewordenen Angelegenheiten Verschwiegenheit zu wahren. [2]Dies gilt nicht für Mitteilungen im dienstlichen Verkehr oder über Tatsachen, die offenkundig sind oder ihrer Bedeutung nach keiner Geheimhaltung bedürfen.

(2) Der ehrenamtlich Tätige darf ohne Genehmigung über Angelegenheiten, über die er Verschwiegenheit zu wahren hat, weder vor Gericht noch außergerichtlich aussagen oder Erklärungen abgeben.

(3) Die Genehmigung, als Zeuge auszusagen, darf nur versagt werden, wenn die Aussage dem Wohle des Bundes oder eines Landes Nachteile bereiten oder die Erfüllung öffentlicher Aufgaben ernstlich gefährden oder erheblich erschweren würde.

(4) [1]Ist der ehrenamtlich Tätige Beteiligter in einem gerichtlichen Verfahren oder soll sein Vorbringen der Wahrnehmung seiner berechtigten Interessen dienen, so darf die Genehmigung auch dann, wenn die Voraussetzungen des Absatzes 3 erfüllt sind, nur versagt werden, wenn ein zwingendes öffentliches Interesse dies erfordert. [2]Wird sie versagt, so ist dem ehrenamtlich Tätigen der Schutz zu gewähren, den die öffentlichen Interessen zulassen.

(5) Die Genehmigung nach den Absätzen 2 bis 4 erteilt die fachlich zuständige Aufsichtsbehörde der Stelle, die den ehrenamtlich Tätigen berufen hat.

§ 85 Entschädigung

Der ehrenamtlich Tätige hat Anspruch auf Ersatz seiner notwendigen Auslagen und seines Verdienstausfalles.

§ 86 Abberufung

[1]Personen, die zu ehrenamtlicher Tätigkeit herangezogen worden sind, können von der Stelle, die sie berufen hat, abberufen werden, wenn ein wichtiger Grund vorliegt. [2]Ein wichtiger Grund liegt insbesondere vor, wenn der ehrenamtlich Tätige

1. seine Pflicht gröblich verletzt oder sich als unwürdig erwiesen hat,
2. seine Tätigkeit nicht mehr ordnungsgemäß ausüben kann.

§ 87 Ordnungswidrigkeiten

(1) Ordnungswidrig handelt, wer

1. eine ehrenamtliche Tätigkeit nicht übernimmt, obwohl er zur Übernahme verpflichtet ist,
2. eine ehrenamtliche Tätigkeit, zu deren Übernahme er verpflichtet war, ohne anerkennenswerten Grund niederlegt.

(2) Die Ordnungswidrigkeit kann mit einer Geldbuße geahndet werden.

Abschnitt 2
Ausschüsse

§ 88 Anwendung der Vorschriften über Ausschüsse

Für Ausschüsse, Beiräte und andere kollegiale Einrichtungen (Ausschüsse) gelten, wenn sie in einem Verwaltungsverfahren tätig werden, die §§ 89 bis 93, soweit Rechtsvorschriften nichts Abweichendes bestimmen.

§ 89 Ordnung in den Sitzungen

Der Vorsitzende eröffnet, leitet und schließt die Sitzungen; er ist für die Ordnung verantwortlich.

§ 90 Beschlussfähigkeit

(1) [1]Ausschüsse sind beschlussfähig, wenn alle Mitglieder geladen und mehr als die Hälfte, mindestens aber drei der stimmberechtigten Mitglieder anwesend sind. [2]Beschlüsse können auch im schriftlichen Verfahren gefasst werden, wenn kein Mitglied widerspricht.

(2) Ist eine Angelegenheit wegen Beschlussunfähigkeit zurückgestellt worden und wird der Ausschuss zur Behandlung desselben Gegenstandes erneut geladen, so ist er ohne Rücksicht auf die Zahl der Erschienenen beschlussfähig, wenn darauf in dieser Ladung hingewiesen worden ist.

§ 91 Beschlussfassung

[1]Beschlüsse werden mit Stimmenmehrheit gefasst. [2]Bei Stimmengleichheit entscheidet die Stimme des Vorsitzenden, wenn er stimmberechtigt ist; sonst gilt Stimmengleichheit als Ablehnung.

§ 92 Wahlen durch Ausschüsse

(1) [1]Gewählt wird, wenn kein Mitglied des Ausschusses widerspricht, durch Zuruf oder Zeichen, sonst durch Stimmzettel. [2]Auf Verlangen eines Mitgliedes ist geheim zu wählen.

(2) [1]Gewählt ist, wer von den abgegebenen Stimmen die meisten erhalten hat. [2]Bei Stimmengleichheit entscheidet das vom Leiter der Wahl zu ziehende Los.

(3) [1]Sind mehrere gleichartige Wahlstellen zu besetzen, so ist nach dem Höchstzahlverfahren d'Hondt zu wählen, außer wenn einstimmig etwas anderes beschlossen worden ist. [2]Über die Zuteilung der letzten Wahlstelle entscheidet bei gleicher Höchstzahl das vom Leiter der Wahl zu ziehende Los.

§ 93 Niederschrift

[1]Über die Sitzung ist eine Niederschrift zu fertigen. [2]Die Niederschrift muss Angaben über

1. den Ort und den Tag der Sitzung,
2. die Namen des Vorsitzenden und der anwesenden Ausschussmitglieder,
3. den behandelten Gegenstand und die gestellten Anträge,
4. die gefassten Beschlüsse,
5. das Ergebnis von Wahlen

enthalten. [3]Die Niederschrift ist von dem Vorsitzenden und, soweit ein Schriftführer hinzugezogen worden ist, auch von diesem zu unterzeichnen.

Teil VIII
Schlussvorschriften

§ 94 Sonderregelung für Verteidigungsangelegenheiten

[1]Nach Feststellung des Verteidigungsfalles oder des Spannungsfalles kann in Verteidigungsangelegenheiten von der Anhörung Beteiligter (§ 28 Abs. 1), von der schriftlichen Bestätigung (§ 37 Abs. 2 Satz 2) und von der schriftlichen Begründung eines Verwaltungsaktes (§ 39 Abs. 1) abgesehen werden; in diesen Fällen gilt ein Verwaltungsakt abweichend von § 41 Abs. 4 Satz 3 mit dem auf die Bekanntmachung folgenden Tag als bekannt gegeben. [2]Dasselbe gilt für die sonstigen gemäß Artikel 80a des Grundgesetzes anzuwendenden Rechtsvorschriften.

§ 95 Länderübergreifende Verfahren

[1]Ist nach § 3 Abs. 2 Satz 4 eine gemeinsame zuständige Behörde bestimmt und erstreckt sich das Verwaltungsverfahren auf das Gebiet eines anderen Bundeslandes, so ist insoweit das Verfahrensrecht dieses Landes anzuwenden. [2]Die fachlich zuständigen Aufsichtsbehörden können durch Vereinbarungen eine abweichende Regelung treffen.

§ 96 Überleitung von Verfahren

(1) Bereits begonnene Verfahren sind nach den Vorschriften dieses Gesetzes zu Ende zu führen.

(2) Die Zulässigkeit eines Rechtsbehelfs gegen die vor Inkrafttreten dieses Gesetzes ergangenen Entscheidungen richtet sich nach den bisher geltenden Vorschriften.

(3) Fristen, deren Lauf vor Inkrafttreten dieses Gesetzes begonnen hat, werden nach den bisher geltenden Rechtsvorschriften berechnet.

(4) Für die Erstattung von Kosten im Vorverfahren gelten die Vorschriften dieses Gesetzes, wenn das Vorverfahren vor Inkrafttreten dieses Gesetzes noch nicht abgeschlossen worden ist.

§ 96a Übergangsbestimmung

(1) [1]§ 2 Abs. 2 Nr. 1 Halbsatz 2 findet auf Vorverfahren Anwendung, in denen der Widerspruch nach dem 2. Dezember 2004 eingelegt wurde. [2]Entscheidend ist der Zeitpunkt des Eingangs des Widerspruchs bei der Behörde.

(2) [1]§ 53 in der vom 3. Dezember 2004 an geltenden Fassung findet auf die an diesem Tag bestehenden und noch nicht verjährten Ansprüche Anwendung. [2]Eine vor Ablauf des 3. Dezember 2004 eingetretene und zu diesem Zeitpunkt noch nicht beendete Unterbrechung der Verjährung gilt mit Ablauf des Tages vor dem 3. Dezember 2004 als beendet; die neue Verjährung ist mit Beginn des 3. Dezember 2004 gehemmt. [3]Ist ein Verwaltungsakt, der zur Unterbrechung der Verjährung geführt hat, vor Ablauf des 3. Dezember 2004 aufgehoben worden und wird innerhalb von sechs Monaten nach der Aufhebung ein entsprechender zweiter Verwaltungsakt erlassen, so gilt die Verjährung des Anspruchs mit Erlass des ersten Verwaltungsakts als gehemmt.

§ 97 Gleichstellungsbestimmung

Status- und Funktionsbezeichnungen in diesem Gesetz gelten jeweils in männlicher und weiblicher Form.

§ 98 (Inkrafttreten)

Thüringer Verwaltungszustellungs- und Vollstreckungsgesetz (ThürVwZVG)

In der Fassung der Bekanntmachung vom 5. Februar 2009[1)] (GVBl. S. 24)
(2010-2)

zuletzt geändert durch Art. 5 Thüringer G zur Ausführung des BundesmeldeG und zur Anpassung von Landesvorschriften vom 23. September 2015 (GVBl. S. 131)

Inhaltsübersicht

Erster Teil
Zustellungsverfahren

Erster Abschnitt
Geltungsbereich und Erfordernis der Zustellung

§ 1 Geltungsbereich und Erfordernis der Zustellung

Zweiter Abschnitt
Arten der Zustellung

§ 2 Begriff der Zustellung, Zustellungsarten
§ 3 Zustellung durch die Post mit Zustellungsurkunde
§ 4 Zustellung durch die Post mittels Einschreiben
§ 5 Zustellung durch die Behörde
§ 5a Zustellung elektronischer Dokumente
§ 5b Zustellung elektronischer Dokumente über De-Mail-Dienste
§ 6 Zustellung durch die Behörde mittels Vorlegens der Urschrift

Dritter Abschnitt
Gemeinsame Bestimmungen für alle Zustellungsarten

§ 7 Zustellung an gesetzliche Vertreter
§ 8 Zustellung an Bevollmächtigte
§ 8a Zustellung an Angehörige
§ 9 Heilung von Zustellungsmängeln

Vierter Abschnitt
Besondere Bestimmungen für die Zustellung durch die Behörde

§ 10 *[aufgehoben]*
§ 11 *[aufgehoben]*
§ 12 Zustellung zur Nachtzeit sowie an Sonn- und Feiertagen
§ 13 *[aufgehoben]*

Fünfter Abschnitt
Sonderarten der Zustellung

§ 14 Zustellung im Ausland
§ 15 Öffentliche Zustellung
§ 16 Zustellung an Beamte, Richter und Versorgungsberechtigte
§ 17 *[aufgehoben]*

Zweiter Teil
Vollstreckungsverfahren

Erster Abschnitt
Gemeinsame Bestimmungen

§ 18 Geltungsbereich
§ 19 Allgemeine Voraussetzung der Vollstreckung
§ 20 Vollstreckungsschuldner
§ 21 Vollstreckungsbehörde
§ 22 Vollstreckungshilfe
§ 23 Vollziehungsbeamte
§ 24 Befugnisse des Vollziehungsbeamten
§ 25 Widerstand gegen Vollstreckungsmaßnahmen
§ 26 Zuziehung von Zeugen
§ 27 Vollstreckung zur Nachtzeit und an Sonn- und Feiertagen
§ 28 Niederschrift
§ 29 Einstellung der Vollstreckung und Aufhebung von Vollstreckungsmaßnahmen
§ 30 Wegfall der aufschiebenden Wirkung
§ 31 Rechtsweg
§ 32 Verweisungen

Zweiter Abschnitt
Vollstreckung von Verwaltungsakten, mit denen eine öffentlich-rechtliche Geldleistung gefordert wird

§ 33 Besondere Voraussetzungen der Vollstreckung
§ 34 Mahnung, Ausnahmeregelungen
§ 35 Vollstreckung von Geldforderungen des Staates
§ 36 Vollstreckung von Geldforderungen der Gemeinden und Gemeindeverbände
§ 37 Vollstreckung von Geldforderungen anderer juristischer Personen des öffentlichen Rechts
§ 37a Vollstreckung zugunsten von Religions- oder Weltanschauungsgemeinschaften
§ 37b Besondere Befugnisse der Gemeinden und Landkreise
§ 38 Vollstreckungsverfahren
§ 38a Versteigerung im Internet
§ 38b Gütliche und zügige Erledigung
§ 39 Beitreibung durch Gerichtsvollzieher

1) Neubekanntmachung des ThürVwZVG idF der Bek v. 27.9.1994 (GVBl. S. 1053) in der ab 31.12.2008 geltenden Fassung.

§ 40 Beitreibung gegen juristische Personen des öffentlichen Rechts
§ 41 Vermögensauskunft

Dritter Abschnitt
Vollstreckung von Geldforderungen des bürgerlichen Rechts
§ 42 Beitreibung wegen Geldforderungen des bürgerlichen Rechts

Vierter Abschnitt
Vollstreckung von Verwaltungsakten, mit denen eine Handlung, Duldung oder Unterlassung gefordert wird
§ 43 Vollstreckungsbehörden
§ 44 Zulässigkeit des Verwaltungszwangs, Zwangsmittel
§ 45 Verhältnismäßigkeit
§ 46 Androhung der Zwangsmittel
§ 47 Anwendung der Zwangsmittel
§ 48 Zwangsgeld
§ 49 Ersatzzwangshaft
§ 50 Ersatzvornahme
§ 50a Fiktion der Abgabe einer Erklärung
§ 51 Unmittelbarer Zwang
§ 52 Wegnahme
§ 53 Zwangsräumung
§ 54 Zwangsmittel in unaufschiebbaren Fällen

Fünfter Abschnitt
Einschränkung von Grundrechten
§ 55 Einschränkung von Grundrechten

Sechster Abschnitt
Kosten
§ 56 Kosten

Dritter Teil
Übergangs- und Schlussbestimmungen
§ 57 Anhängige Verfahren
§ 58 Gleichstellungsbestimmung
§ 59 (Inkrafttreten)

Erster Teil
Zustellungsverfahren

Erster Abschnitt
Geltungsbereich und Erfordernis der Zustellung

§ 1 Geltungsbereich und Erfordernis der Zustellung

(1) Die Behörden des Landes und die Körperschaften, Anstalten und Stiftungen des öffentlichen Rechts, die unmittelbar oder mittelbar seiner Aufsicht unterstehen (Behörden), stellen nach den Bestimmungen dieses Teils zu.

(2) Im Widerspruchsverfahren wird nach den Bestimmungen des Verwaltungszustellungsgesetzes vom 12. August 2005 (BGBl. I S. 2354) in der jeweils geltenden Fassung zugestellt.

(3) [1]Gerichte können bei der Erledigung von Verwaltungsangelegenheiten auch nach den Bestimmungen zustellen, nach denen sie im Rahmen ihrer rechtsprechenden Tätigkeit zu verfahren haben. [2]Das gilt entsprechend für Staatsanwaltschaften.

(4) Die Landesfinanzbehörden stellen nach den Bestimmungen des Verwaltungszustellungsgesetzes zu.

(5) Die Bestimmungen dieses Teils gelten nicht für Zustellungen nach der Justizbeitreibungsordnung und der Hinterlegungsordnung.

(6) Zugestellt wird, wenn es durch Rechtsvorschrift oder behördliche Anordnung bestimmt ist.

Zweiter Abschnitt
Arten der Zustellung

§ 2 Begriff der Zustellung, Zustellungsarten

(1) [1]Die Zustellung ist die Bekanntgabe eines Schriftstücks oder eines elektronischen Dokuments in der in diesem Gesetz bestimmten Form. [2]Zugestellt wird:

1. im Fall des § 3 durch einen nach § 33 Abs. 1 des Postgesetzes vom 22. Dezember 1997 (BGBl. I S. 3294) in der jeweils geltenden Fassung beliehenen Unternehmer,
2. im Fall des § 4 durch einen Erbringer von Postdienstleistungen nach § 4 Nr. 1 des Postgesetzes, nachfolgend jeweils als Post bezeichnet,
3. im Fall des § 5b durch einen nach § 17 des De-Mail-Gesetzes vom 28. April 2011 (BGBl. I S. 666) in der jeweils geltenden Fassung akkreditierten Dienstanbieter oder
4. durch die Behörde (§§ 5, 5a und 6).

[3]Daneben gelten die in den §§ 14 bis 17 geregelten Sonderarten der Zustellung.

(2) [1]Die Behörde hat die Wahl zwischen den einzelnen Zustellungsarten. [2]§ 5a Abs. 1 Satz 1 Halbsatz 2 bleibt unberührt.

§ 3 Zustellung durch die Post mit Zustellungsurkunde

(1) [1]Soll durch die Post mit Zustellungsurkunde zugestellt werden, so übergibt die Behörde der Post den Zustellungsauftrag, das zuzustellende Schriftstück in einem verschlossenen Umschlag und einen vorbereiteten Vordruck einer Zustellungsurkunde. [2]Die Sendung ist mit der Anschrift des Empfängers, der Bezeichnung der absendenden Dienststelle und einer Geschäftsnummer zu versehen.

(2) [1]Für das Zustellen durch die Post gelten die §§ 177 bis 182 der Zivilprozessordnung entsprechend; an die Stelle der Geschäftsstelle tritt die auftraggebende Behörde. [2]Im Fall des § 181 Abs. 1 der Zivilprozessordnung ist das zuzustellende Schriftstück bei der Gemeinde des Zustellungsorts, bei einer von der Post dafür bestimmten Stelle an diesem Ort oder bei der Behörde, die den Zustellungsauftrag erteilt hat, niederzulegen. [3]Für die Zustellungsurkunde, den Zustellungsauftrag, den verschlossenen Umschlag nach Absatz 1 Satz 1 und die schriftliche Mitteilung nach § 181 Abs. 1 Satz 3 der Zivilprozessordnung sind die Vordrucke nach der Zustellungsvordruckverordnung vom 12. Februar 2002 (BGBl. I S. 671, 1019) in der jeweils geltenden Fassung zu verwenden.

§ 4 Zustellung durch die Post mittels Einschreiben

(1) Ein Schriftstück kann durch die Post durch Übergabe-Einschreiben oder durch Einschreiben mit Rückschein zugestellt werden.

(2) [1]Zum Nachweis der Zustellung genügt der Rückschein. [2]Im Übrigen gilt das Schriftstück am dritten Tag nach der Aufgabe zur Post als zugestellt, es sei denn, dass es nicht oder zu einem späteren Zeitpunkt zugegangen ist. [3]Im Zweifel hat die Behörde den Zugang und dessen Zeitpunkt nachzuweisen. [4]Der Tag der Aufgabe zur Post ist in den Akten zu vermerken; des Namenszeichens des damit beauftragten Bediensteten bedarf es nicht. [5]Anstelle des Vermerks kann der Einlieferungsbeleg der Post verbunden mit der genauen Bezeichnung des zuzustellenden Schriftstücks (Betreff, Datum, Aktenzeichen) zu den Akten genommen werden.

§ 5 Zustellung durch die Behörde

(1) [1]Bei der Zustellung durch die Behörde händigt der zustellende Bedienstete das Schriftstück in einem verschlossenen Umschlag dem Empfänger aus. [2]Der Empfänger, die zustellende Behörde und das Geschäftszeichen sind auf der Sendung anzugeben. [3]Sofern kein Grund zu der Annahme besteht, dass schutzwürdige Interessen des Empfängers entgegenstehen, kann das Schriftstück durch den fachlich zuständigen Bediensteten auch offen ausgehändigt werden. [4]Der Empfänger hat eine mit dem Datum der Aushändigung versehene Empfangsbestätigung zu unterschreiben. [5]Der Bedienstete vermerkt das Datum der Zustellung auf dem Umschlag des auszuhändigenden Schriftstücks oder bei offener Aushändigung auf dem Schriftstück selbst.

(2) [1]Im Fall des Absatzes 1 finden die §§ 177 bis 181 der Zivilprozessordnung Anwendung. [2]Zum Nachweis der Zustellung ist in den Akten zu vermerken:

1. im Fall der Ersatzzustellung in der Wohnung, in Geschäftsräumen und Einrichtungen nach § 178 der Zivilprozessordnung der Grund, der diese Art der Zustellung rechtfertigt,
2. im Fall der Zustellung bei verweigerter Annahme nach § 179 der Zivilprozessordnung, wer die Annahme verweigert hat und dass das Schriftstück am Ort der Zustellung zurückgelassen oder an den Absender zurückgesandt wurde sowie der Zeitpunkt und der Ort der verweigerten Annahme,
3. in den Fällen der §§ 180 und 181 der Zivilprozessordnung der Grund der Ersatzzustellung sowie wann und wo das Schriftstück in einen Briefkasten eingelegt oder sonst niedergelegt und in welcher Weise die Niederlegung schriftlich mitgeteilt wurde.

[3]Im Fall des § 181 der Zivilprozessordnung ist das zuzustellende Schriftstück bei der Gemeinde des Zustellungsorts oder bei der Behörde, die die Zustellung durchgeführt hat, niederzulegen. [4]Die besondere Bestimmung des § 12 ist zu beachten.

(3) An Behörden, Körperschaften, Anstalten und Stiftungen des öffentlichen Rechts, Rechtsanwälte, Patentanwälte, Notare, Wirtschaftsprüfer, Steuerberater, Steuerbevollmächtigte, vereidigte Buchprüfer, Buchprüfungsgesellschaften, Steuerberatungsgesellschaften und Wirtschaftsprüfungsgesellschaften kann das Schriftstück auch auf andere Weise übermittelt werden; als Nachweis der Zustellung genügt dann die mit Datum und Unterschrift versehene Empfangsbestätigung, die an die Behörde zurückzusenden ist.

§ 5a Zustellung elektronischer Dokumente

(1) [1]Ein elektronisches Dokument kann im Übrigen unbeschadet des § 5 Abs. 3 elektronisch zugestellt werden, soweit der Empfänger hierfür einen Zugang eröffnet; es ist elektronisch zuzustellen, wenn aufgrund einer Rechtsvorschrift ein Verfahren auf Verlangen des Empfängers in elektronischer Form abgewickelt wird. [2]Für die Übermittlung ist das Dokument mit einer qualifizierten elektronischen Signatur nach dem Signaturgesetz zu versehen und gegen unbefugte Kenntnisnahme Dritter zu schützen.

(2) [1]Bei der elektronischen Zustellung ist die Übermittlung mit dem Hinweis „Zustellung gegen Empfangsbekenntnis“ einzuleiten. [2]Die Übermittlung muss die absendende Behörde, den Namen und die Anschrift des Zustellungsadressaten sowie den Namen des Bediensteten erkennen lassen, der das Dokument zur Übermittlung aufgegeben hat.

(3) [1]Der Nachweis der Zustellung erfolgt durch Empfangsbekenntnis, das schriftlich, durch Telekopie oder als elektronisches Dokument erteilt werden kann. [2]Der Empfänger unterschreibt das mit dem Datum des Erhalts versehene Empfangsbekenntnis oder versieht es mit einer qualifizierten elektronischen Signatur nach dem Signaturgesetz und sendet es an die Behörde zurück. [3]Ein elektronisches Dokument gilt in den Fällen des Absatzes 1 Satz 1 Halbsatz 2 am dritten Tag nach der Absendung an den vom Empfänger hierfür eröffneten Zugang als zugestellt, wenn der Behörde nicht spätestens an diesem Tag ein Empfangsbekenntnis nach Satz 1 zugeht. [4]Satz 3 gilt nicht, wenn der Empfänger nachweist, dass das Dokument nicht oder zu einem späteren Zeitpunkt zugegangen ist. [5]Der Empfänger ist in den Fällen des Absatzes 1 Satz 1 Halbsatz 2 vor der Übermittlung über die Rechtsfolgen nach Satz 3 zu belehren. [6]Zum Nachweis der Zustellung ist von der absendenden Behörde in den Akten zu vermerken, zu welchem Zeitpunkt und an welchen Zugang das Dokument gesendet wurde. [7]Der Empfänger ist über den Eintritt der Zustellungsfiktion nach Satz 3 zu benachrichtigen.

§ 5b Zustellung elektronischer Dokumente über De-Mail-Dienste

(1) [1]Die Zustellung elektronischer Dokumente kann unbeschadet des § 5 Abs. 3 und des § 5a Abs. 1 Satz 1 durch Übermittlung der nach § 17 des De-Mail-Gesetzes akkreditierten Diensteanbieter gegen Abholbestätigung nach § 5 Abs. 9 des De-Mail-Gesetzes an das De-Mail-Postfach des Empfängers erfolgen. [2]Für die Zustellung nach Satz 1 sind § 5 Abs. 3 und § 5a Abs. 2 mit der Maßgabe anzuwenden, dass an die Stelle des Empfangsbekenntnisses die Abholbestätigung tritt.

(2) [1]Der nach § 17 des De-Mail-Gesetzes akkreditierte Diensteanbieter hat eine Versandbestätigung nach § 5 Abs. 7 des De-Mail-Gesetzes und eine Abholbestätigung nach § 5 Abs. 9 des De-Mail-Gesetzes zu erzeugen. [2]Er hat diese Bestätigungen unverzüglich der absendenden Behörde zu übermitteln.

(3) [1]Zum Nachweis der Zustellung genügt die Abholbestätigung nach § 5 Abs. 9 des De-Mail-Gesetzes. [2]Für diese gelten § 371 Abs. 1 Satz 2 und § 371a Abs. 2 der Zivilprozessordnung.

(4) [1]Ein elektronisches Dokument gilt in den Fällen des § 5a Abs. 1 Satz 1 Halbsatz 2 am dritten Tag nach der Absendung an das De-Mail-Postfach des Empfängers als zugestellt, wenn er dieses Postfach als Zugang eröffnet hat und der Behörde nicht spätestens an diesem Tag eine elektronische Abholbestätigung nach § 5 Abs. 9 des De-Mail-Gesetzes zugeht. [2]Satz 1 gilt nicht, wenn der Empfänger nachweist, dass das Dokument nicht oder zu einem späteren Zeitpunkt zugegangen ist. [3]Der Empfänger ist in den Fällen des § 5a Abs. 1 Satz 1 Halbsatz 2 vor der Übermittlung über die Rechtsfolgen nach den Sätzen 1 und 2 zu belehren. [4]Als Nachweis der Zustellung nach Satz 1 dient die Versandbestätigung nach § 5 Abs. 7 des De-Mail-Gesetzes oder ein Vermerk der absendenden Behörde in den Akten, zu welchem Zeitpunkt und an welches De-Mail-Postfach das Dokument gesendet wurde. [5]Der Empfänger ist über den Eintritt der Zustellungsfiktion nach Satz 1 elektronisch zu benachrichtigen.

§ 6 Zustellung durch die Behörde mittels Vorlegens der Urschrift

[1]An Behörden, Körperschaften, Anstalten und Stiftungen des öffentlichen Rechts kann durch Vorlegen der Urschrift zugestellt werden. [2]Hierbei ist zu vermerken, dass das Schriftstück zum Zwecke der Zustellung vorgelegt wird. [3]Der Empfänger hat auf der Urschrift den Tag des Eingangs zu vermerken.

Dritter Abschnitt
Gemeinsame Bestimmungen für alle Zustellungsarten

§ 7 Zustellung an gesetzliche Vertreter
(1) [1]Bei Geschäftsunfähigen oder beschränkt Geschäftsfähigen ist an ihre gesetzlichen Vertreter zuzustellen. [2]Gleiches gilt für Personen, für die ein Betreuer bestellt ist, soweit dies der Aufgabenkreis des Betreuers umfasst.
(2) Bei Behörden wird an den Behördenleiter, bei juristischen Personen, nicht rechtsfähigen Personenvereinigungen und Zweckvermögen an ihre gesetzlichen Vertreter zugestellt.
(3) Sind mehrere gesetzliche Vertreter oder Behördenleiter vorhanden, so genügt die Zustellung an einen von ihnen.
(4) Der zustellende Bedienstete braucht nicht zu prüfen, ob die Anschrift den Bestimmungen der Absätze 1 bis 3 entspricht.

§ 8 Zustellung an Bevollmächtigte
(1) [1]Zustellungen können an den allgemein oder für bestimmte Angelegenheiten bestellten Bevollmächtigten gerichtet werden. [2]Sie sind an ihn zu richten, wenn er schriftliche Vollmacht vorgelegt hat. [3]Ist ein Bevollmächtigter für mehrere Beteiligte bestellt, so genügt die Zustellung eines Dokuments an ihn für alle Beteiligte.
(2) Einem Zustellungsbevollmächtigten mehrerer Beteiligter sollen so viele Ausfertigungen oder Abschriften zugestellt werden, als Beteiligte vorhanden sind.

§ 8a Zustellung an Angehörige
[1]Betrifft ein zusammengefasster Bescheid Ehegatten oder Lebenspartner oder Ehegatten oder Lebenspartner mit Kindern oder Alleinstehende mit Kindern, so reicht es für die Zustellung an alle Beteiligten aus, wenn ihnen ein Exemplar unter ihrer gemeinsamen Anschrift zugestellt wird. [2]Der Bescheid ist den Beteiligten einzeln zuzustellen, soweit sie dies beantragt haben.

§ 9 Heilung von Zustellungsmängeln
Lässt sich eine formgerechte Zustellung des Dokuments nicht nachweisen oder ist es unter Verletzung zwingender Zustellungsvorschriften zugegangen, so gilt es als in dem Zeitpunkt zugestellt, in dem es dem Empfangsberechtigten tatsächlich zugegangen ist, im Fall des § 5a in dem Zeitpunkt, in dem der Empfänger das Empfangsbekenntnis zurückgesendet hat.

Vierter Abschnitt
Besondere Bestimmungen für die Zustellung durch die Behörde

§ 10 *[aufgehoben]*

§ 11 *[aufgehoben]*

§ 12 Zustellung zur Nachtzeit sowie an Sonn- und Feiertagen
(1) Zur Nachtzeit, an Sonntagen und gesetzlichen Feiertagen darf nur mit schriftlicher oder elektronischer Erlaubnis des Behördenvorstandes oder seines Stellvertreters, bei Landratsämtern auch eines Staatsbeamten mit der Befähigung für den höheren Verwaltungsdienst oder für das Richteramt, zugestellt werden.
(2) Die Nachtzeit umfasst die Stunden von einundzwanzig bis sechs Uhr.
(3) Die Erlaubnis ist bei der Zustellung vorzuzeigen.
(4) Eine Zustellung, bei der diese Bestimmungen nicht beachtet sind, ist gültig, wenn die Annahme nicht verweigert worden ist.

§ 13 *[aufgehoben]*

Fünfter Abschnitt

Sonderarten der Zustellung

§ 14 Zustellung im Ausland

(1) Eine Zustellung im Ausland erfolgt

1. durch Einschreiben mit Rückschein, soweit die Zustellung von Dokumenten unmittelbar durch die Post völkerrechtlich zulässig ist,
2. auf Ersuchen der Behörde durch die Behörden des fremden Staats oder durch die diplomatische oder die konsularische Vertretung der Bundesrepublik Deutschland oder
3. auf Ersuchen der Behörde durch das Auswärtige Amt an eine Person, die das Recht der Immunität genießt und zu einer Vertretung der Bundesrepublik Deutschland im Ausland gehört, sowie an Familienangehörige einer solchen Person, wenn diese das Recht der Immunität genießen, oder
4. durch Übermittlung elektronischer Dokumente, soweit dies völkerrechtlich zulässig ist.

(2) [1]Zum Nachweis der Zustellung nach Absatz 1 Nr. 1 genügt der Rückschein. [2]Die Zustellung nach Absatz 1 Nr. 2 und 3 wird durch das Zeugnis der ersuchten Behörde nachgewiesen. [3]Der Nachweis der Zustellung nach Absatz 1 Nr. 4 richtet sich nach § 5a Abs. 3 Satz 1 bis 4 und 6 sowie nach § 5b Abs. 3 und 4 Satz 1, 2 und 4.

(3) [1]Die Behörde kann bei der Zustellung nach Absatz 1 Nr. 2 und 3 anordnen, dass der Empfänger innerhalb einer angemessenen Frist einen Zustellungsbevollmächtigten benennt, der im Inland wohnt oder dort einen Geschäftsraum hat. [2]Wird kein Zustellungsbevollmächtigter benannt, so können spätere Zustellungen bis zur nachträglichen Benennung dadurch bewirkt werden, dass das Dokument unter der Anschrift des Empfängers zur Post gegeben wird. [3]Das Dokument gilt zwei Wochen nach Aufgabe zur Post als zugestellt. [4]Die Behörde kann eine längere Frist bestimmen. [5]In der Anordnung nach Satz 1 ist auf diese Rechtsfolgen hinzuweisen. [6]Zum Nachweis der Zustellung ist in den Akten zu vermerken, zu welcher Zeit und unter welcher Anschrift das Dokument zur Post gegeben wurde. [7]Ist durch Rechtsvorschrift angeordnet, dass ein Verwaltungsverfahren über eine einheitliche Stelle nach den Bestimmungen des Thüringer Verwaltungsverfahrensgesetzes (ThürVwVfG) abgewickelt werden kann, finden die Sätze 1 bis 6 keine Anwendung.

§ 15 Öffentliche Zustellung

(1) Durch öffentliche Bekanntmachung kann zugestellt werden,

1. wenn der Aufenthaltsort des Empfängers unbekannt und eine Zustellung an einen Vertreter oder Zustellungsbevollmächtigten nicht möglich ist,
2. wenn der Inhaber der Wohnung, in der zugestellt werden müsste, der inländischen Gerichtsbarkeit nicht unterworfen und die Zustellung in der Wohnung deshalb unausführbar ist,
3. wenn bei juristischen Personen, die zur Anmeldung einer inländischen Geschäftsstelle zum Handelsregister verpflichtet sind, eine Zustellung weder unter der eingetragenen Anschrift noch unter einer im Handelsregister eingetragenen Anschrift einer für Zustellungen empfangsberechtigten Person oder einer ohne Ermittlungen bekannten anderen inländischen Anschrift möglich ist,
4. wenn die Zustellung im Fall des § 14 nicht möglich ist oder keinen Erfolg verspricht.

(2) [1]Die öffentliche Zustellung erfolgt durch Bekanntmachung einer Benachrichtigung an der Stelle, die durch die Behörde hierfür allgemein bestimmt ist, oder durch Veröffentlichung einer Benachrichtigung im Bundesanzeiger oder im elektronischen Bundesanzeiger. [2]Die Benachrichtigung muss

1. die Behörde, für die zugestellt wird,
2. den Namen und die letzte bekannte Anschrift des Zustellungsadressaten,
3. das Datum und das Aktenzeichen des Dokuments sowie
4. die Stelle, wo das Dokument eingesehen werden kann,

erkennen lassen und

5. den Hinweis enthalten, dass ein Dokument öffentlich zugestellt wird und Fristen in Gang gesetzt werden können, nach deren Ablauf Rechtsverluste drohen können; bei der Zustellung einer Ladung muss die Benachrichtigung den Hinweis enthalten, dass das Dokument eine Ladung zu einem Termin enthält, dessen Versäumung Rechtsnachteile zur Folge haben kann.

(3) [1]Das Schriftstück, das eine Ladung enthält, gilt als an dem Tag zugestellt, an dem seit dem Tage des Aushängens ein Monat verstrichen ist. [2]Enthält das Schriftstück keine Ladung, so ist es an dem

Tag als zugestellt anzusehen, an dem seit dem Tag des Aushängens zwei Wochen verstrichen sind. [3]In den Akten ist zu vermerken, wann und wie die Benachrichtigung bekannt gemacht wurde.

§ 16 Zustellung an Beamte, Richter und Versorgungsberechtigte

(1) [1]Verfügungen und Entscheidungen, deren Zustellung an einen Beamten oder Versorgungsberechtigten nach den Bestimmungen des Beamtenrechts erforderlich ist, können dem Beamten oder Versorgungsberechtigten auch in der Weise zugestellt werden, dass sie ihm mündlich oder durch Gewährung von Einsicht bekanntgegeben werden; hierüber ist eine Niederschrift anzufertigen. [2]Der Beamte oder Versorgungsberechtigte erhält von ihr auf Antrag eine Abschrift; er ist auf dieses Antragsrecht hinzuweisen.

(2) [1]Eine Entscheidung über die Beendigung des Beamtenverhältnisses eines Beamten, der sich außerhalb des Geltungsbereichs des Grundgesetzes aufhält, kann auch dadurch zugestellt werden, dass ihr wesentlicher Inhalt dem Beamten durch Telegramm oder in anderer Form dienstlich mitgeteilt wird. [2]Die Zustellung soll in der sonst vorgeschriebenen Form nachgeholt werden, sobald es die Umstände gestatten.

(3) Das Gleiche gilt für Zustellungen an Richter, Richter im Ruhestand und versorgungsberechtigte Hinterbliebene von Richtern.

§ 17 ***[aufgehoben]***

Zweiter Teil
Vollstreckungsverfahren

Erster Abschnitt
Gemeinsame Bestimmungen

§ 18 Geltungsbereich

(1) Die Bestimmungen dieses Teils gelten für die Vollstreckung von Verwaltungsakten der Behörden des Landes, der Gemeinden, der Gemeindeverbände, der Landkreise und der sonstigen der Aufsicht des Landes unterstehenden Körperschaften, Anstalten und Stiftungen des öffentlichen Rechts, mit denen eine Geldleistung, eine sonstige Handlung oder eine Duldung oder Unterlassung gefordert wird.

(2) [1]Die Bestimmungen dieses Teils gelten auch, soweit Bundesrecht oder eine völkerrechtliche Vereinbarung eine Vollstreckung im Verwaltungswege nach landesrechtlichen Vorschriften vorsieht. [2]Sie gelten ferner, soweit Bundesrecht die Länder ermächtigt zu bestimmen, dass die landesrechtlichen Vorschriften über die Verwaltungsvollstreckung anzuwenden sind.

(3) [1]Die Bestimmungen des Polizeiaufgabengesetzes vom 4. Juni 1992 (GVBl. S. 199) in der jeweils geltenden Fassung zur Durchsetzung polizeilicher Verwaltungsakte mit Zwangsmitteln bleiben unberührt. [2]Verwaltungsakte der Polizei, mit denen eine Geldleistung gefordert wird, werden nach den Bestimmungen dieses Teils vollstreckt.

(4) Die Bestimmungen dieses Teils gelten nicht, soweit in ihnen oder in anderen Vorschriften des Landesrechts bestimmt ist, dass für die Vollstreckung bundesrechtliche Vorschriften anzuwenden sind.

§ 19 Allgemeine Voraussetzung der Vollstreckung

Verwaltungsakte können vollstreckt werden,

1. wenn sie nicht mehr mit einem förmlichen Rechtsbehelf angefochten werden können,
2. wenn ihre sofortige Vollziehung angeordnet ist oder
3. wenn der förmliche Rechtsbehelf keine aufschiebende Wirkung hat.

§ 20 Vollstreckungsschuldner

(1) Vollstreckungsschuldner ist derjenige, gegen den sich ein Vollstreckungsverfahren richtet.

(2) Als Vollstreckungsschuldner kann in Anspruch genommen werden,

1. wer eine Leistung im Sinne des § 18 Abs. 1 schuldet oder
2. wer für eine Leistung, die ein anderer aufgrund des § 18 Abs. 1 schuldet, persönlich haftet.

(3) Wer zur Duldung der Zwangsvollstreckung verpflichtet ist, steht dem Vollstreckungsschuldner gleich, soweit seine Duldungspflicht reicht.

(4) [1]Wird der Vollstreckungsschuldner als Rechtsnachfolger eines anderen in Anspruch genommen, so kann die Vollstreckung erst eingeleitet oder fortgesetzt werden, wenn die Vollstreckungsvoraus-

setzungen nach den Bestimmungen dieses Gesetzes auch für seine Person vorliegen. [2]Die Vollstreckung, die zur Zeit des Todes des Vollstreckungsschuldners gegen diesen bereits begonnen hatte, kann auch ohne Vollstreckungsvoraussetzungen nach Satz 1 in den Nachlass fortgesetzt werden. [3]§ 779 Abs. 2 der Zivilprozessordnung ist entsprechend anzuwenden.

§ 21 Vollstreckungsbehörde

Vollstreckungsbehörde ist die Behörde, die für die Vollstreckung eines Verwaltungsakts zuständig ist.

§ 22 Vollstreckungshilfe

(1) [1]Die Vollstreckungsbehörden leisten Behörden, die nicht selbst Vollstreckungsbehörde sind, Vollstreckungshilfe. [2]Inländischen Behörden ist auf deren Ersuchen Vollstreckungshilfe zu leisten, wenn die Voraussetzungen für die Gewährung von Amtshilfe erfüllt sind. [3]Deutsche Behörden mit Sitz außerhalb Thüringens sind zum Ersatz der Vollstreckungskosten verpflichtet, die beim Vollstreckungsschuldner nicht beigetrieben werden können, sofern für sie eine von § 8 des Thüringer Verwaltungsverfahrensgesetzes abweichende und für die Behörden im Sinne des § 1 Abs. 1 nachteilige Kostenregelung gilt und die Kosten im Einzelfall 25 Euro übersteigen. [4]In Vereinbarungen mit Verwaltungsträgern anderer Länder kann hiervon abgewichen werden. [5]Ausländischen Behörden darf Vollstreckungshilfe nur geleistet werden, wenn dies in einer völkerrechtlichen Vereinbarung oder in einem Rechtsakt der Europäischen Gemeinschaft vorgesehen ist.

(2) [1]Das Vollstreckungsersuchen bedarf der Schriftform. [2]Die ersuchende Behörde hat in dem Vollstreckungsersuchen zu bestätigen, dass die Voraussetzungen für die Vollstreckung vorliegen. [3]Bei einem Vollstreckungsersuchen, das mit Hilfe automatischer Einrichtungen erstellt ist, können Abdruck des Dienstsiegels und Unterschrift fehlen. [4]Das für das Verwaltungsvollstreckungsverfahren zuständige Ministerium kann im Einvernehmen mit dem für Finanzen zuständigen Ministerium durch Rechtsverordnung eine Kleinbetragsgrenze für die Ausführung von Vollstreckungsersuchen bestimmen. [5]Im Übrigen sind die Vorschriften über die Amtshilfe anzuwenden.

(3) Das für das Verwaltungsvollstreckungsverfahren zuständige Ministerium kann im Einvernehmen mit dem für Finanzen zuständigen Ministerium durch Rechtsverordnung bestimmen, welche Behörden um Vollstreckungshilfe nach Absatz 1 Satz 1 und 2 zu ersuchen sind.

§ 23 Vollziehungsbeamte

(1) [1]Der mit der Vollstreckung beauftragte Bedienstete der Vollstreckungsbehörde (Vollziehungsbeamter) wird dem Vollstreckungsschuldner und Dritten gegenüber durch schriftlichen Auftrag der Vollstreckungsbehörde zur Vollstreckung ermächtigt. [2]Er gilt als bevollmächtigt, Zahlungen oder sonstige Leistungen für die Vollstreckungsbehörde in Empfang zu nehmen. [3]Auf Verlangen hat der Vollziehungsbeamte den Vollstreckungsauftrag vorzuzeigen. [4]§ 3a Abs. 2 ThürVwVfG findet keine Anwendung.

(2) Der Vollstreckungsauftrag muss mindestens enthalten:

1. die Bezeichnung und den Abdruck des Dienstsiegels der Vollstreckungsbehörde, die Unterschrift des den Vollstreckungsauftrag erteilenden Bediensteten und den Namen des mit der Vollstreckung beauftragten Bediensteten; bei einem Vollstreckungsauftrag, der mit Hilfe automatischer Einrichtungen erstellt ist, können Abdruck des Dienstsiegels und Unterschrift fehlen,
2. die Bezeichnung des zu vollstreckenden Verwaltungsakts unter Angabe der erlassenden Behörde, des Datums und des Aktenzeichens,
3. die Bestätigung, dass der Verwaltungsakt nach § 19 vollstreckbar ist, und
4. die Bezeichnung der Person, gegen die sich die Vollstreckung richten soll.

(3) [1]Der Vollziehungsbeamte untersteht den Weisungen der Vollstreckungsbehörde. [2]Er soll bei Ausübung seiner Tätigkeit einen Dienstausweis mit sich führen und ihn auf Verlangen vorzeigen.

§ 24 Befugnisse des Vollziehungsbeamten

(1) [1]Der Vollziehungsbeamte ist befugt, das Besitztum des Vollstreckungsschuldners zu betreten und zu durchsuchen, soweit der Zweck der Vollstreckung dies erfordert. [2]Er darf hierbei auch verschlossene Räume und Behältnisse erforderlichenfalls gewaltsam öffnen oder öffnen lassen.

(2) [1]Wohnungen, Geschäfts- und Betriebsräume kann er ohne Einwilligung des Vollstreckungsschuldners nur auf richterliche Anordnung durchsuchen. [2]Die Anordnung trifft das Amtsgericht, in dessen Bezirk die Durchsuchung vorgenommen werden soll. [3]Eine Durchsuchung ist ohne richterliche An-

ordnung zulässig, wenn die dadurch eintretende Verzögerung den Zweck der Vollstreckung gefährden würde.

(3) Soweit der Zweck der Vollstreckung es erfordert, haben im Beisein des Vollziehungsbeamten auch die von ihm hinzugezogenen Zeugen, Polizeibeamte sowie Personen, die sich durch einen schriftlichen Auftrag der Vollstreckungsbehörde ausweisen können, das Zutrittsrecht nach den Absätzen 1 und 2.

§ 25 Widerstand gegen Vollstreckungsmaßnahmen

(1) Der Vollziehungsbeamte ist bei Widerstand gegen eine Vollstreckungshandlung befugt, unmittelbaren Zwang (§ 51 Abs. 2) anzuwenden.

(2) Der Vollziehungsbeamte kann die Polizei um Unterstützung ersuchen, soweit dies zum Schutz des Vollziehungsbeamten, hinzugezogener Zeugen oder sonstiger Personen im Sinne des § 24 Abs. 3 mit Rücksicht auf den zu erwartenden Widerstand erforderlich ist.

§ 26 Zuziehung von Zeugen

Wird der Vollstreckung Widerstand entgegengesetzt oder ist in den Räumen des Vollstreckungsschuldners weder dieser noch eine zu seinem Haushalt oder Geschäftsbetrieb gehörende erwachsene Person anwesend, so hat der Vollziehungsbeamte zwei Erwachsene oder einen Polizeibeamten als Zeugen hinzuzuziehen.

§ 27 Vollstreckung zur Nachtzeit und an Sonn- und Feiertagen

(1) [1]Zur Nachtzeit sowie an Sonntagen und gesetzlichen Feiertagen darf der Vollziehungsbeamte nur mit schriftlicher Erlaubnis der Vollstreckungsbehörde vollstrecken. [2]Die Erlaubnis darf nur erteilt werden, soweit der Zweck der Vollstreckung dies erfordert. [3]Sie ist auf Verlangen vorzuzeigen.

(2) Die Nachtzeit umfasst den in § 12 Abs. 2 genannten Zeitraum.

§ 28 Niederschrift

(1) Der Vollziehungsbeamte hat über jede Vollstreckungshandlung, die nicht schriftlich vorgenommen wird, eine Niederschrift aufzunehmen.

(2) Die Niederschrift muss enthalten:

1. die Bezeichnung der Vollstreckungsbehörde und des Gegenstands der Vollstreckungshandlung,
2. Ort und Zeit der Aufnahme,
3. eine kurze Darstellung der wesentlichen Vorgänge,
4. die Namen der Personen, mit denen verhandelt worden ist,
5. die Namen der Zeugen,
6. die Unterschriften der Personen zu Nummer 4 und den Vermerk, dass die Unterzeichnung nach Vorlesung oder Vorlegung zur Durchsicht und nach Genehmigung erfolgt ist,
7. die Unterschrift des Vollziehungsbeamten.

(3) Konnte einem der Erfordernisse in Absatz 2 Nr. 6 nicht genügt werden, so ist der Grund hierfür anzugeben.

(4) Erfolgt die Vollstreckung in Abwesenheit des Vollstreckungsschuldners, so hat ihm die Vollstreckungsbehörde eine Abschrift der Niederschrift zuzustellen.

§ 29 Einstellung der Vollstreckung und Aufhebung von Vollstreckungsmaßnahmen

(1) Die Vollstreckung ist einzustellen oder zu beschränken, sobald

1. die Voraussetzungen des § 19 weggefallen sind,
2. der Verwaltungsakt, der vollstreckt wird,
   a) sich erledigt hat oder
   b) aufgehoben worden ist oder
3. die Verpflichtung, wegen der vollstreckt wird, nach Erlass des Verwaltungsakts
   a) erloschen oder
   b) gestundet worden

ist.

(2) [1]Bereits getroffene Vollstreckungsmaßnahmen sind in den Fällen des Absatzes 1 Nr. 2 und 3 Buchst. a aufzuheben. [2]Ist der Verwaltungsakt nach Absatz 1 Nr. 2 Buchst. b durch eine gerichtliche Entscheidung oder einen Widerspruchsbescheid aufgehoben worden, so sind bereits getroffene Vollstreckungsmaßnahmen erst aufzuheben, wenn die Entscheidung oder der Widerspruchsbescheid un-

anfechtbar geworden ist. 3Im Übrigen bleiben die Vollstreckungsmaßnahmen bestehen, soweit nicht ihre Aufhebung ausdrücklich angeordnet worden ist.
(3) Vollstreckungsmaßnahmen sind ferner aufzuheben, wenn sie gegen zwingende Bestimmungen dieses Gesetzes über die Zulässigkeit oder die Art und Weise der Vollstreckung verstoßen.

§ 30 Wegfall der aufschiebenden Wirkung

1Rechtsbehelfe, die sich gegen Maßnahmen in der Verwaltungsvollstreckung richten, haben keine aufschiebende Wirkung. 2§ 80 Abs. 4 bis 7 der Verwaltungsgerichtsordnung gilt entsprechend.

§ 31 Rechtsweg

(1) 1Einwendungen gegen den zu vollstreckenden Verwaltungsakt sind außerhalb des Vollstreckungsverfahrens mit den hierfür zugelassenen Rechtsbehelfen zu verfolgen. 2Sie sind nur zulässig, soweit die Gründe, auf denen sie beruhen, nach Erlass des Verwaltungsakts entstanden sind und durch Anfechtung nicht mehr geltend gemacht werden konnten.
(2) 1Für Streitigkeiten aus dem Vollstreckungsverhältnis wegen Vollstreckungsmaßnahmen, die durch Verwaltungsbehörden (Vollstreckungsbehörden) getroffen worden sind, ist der Verwaltungsrechtsweg gegeben. 2Vollstreckungsmaßnahmen des Vollziehungsbeamten gelten als solche der Vollstreckungsbehörde.
(3) Für Streitigkeiten aus dem Vollstreckungsverhältnis wegen Vollstreckungsmaßnahmen, die durch ordentliche Gerichte oder Gerichtsvollzieher getroffen worden sind, ist der Rechtsweg zu den ordentlichen Gerichten gegeben.
(4) Für Streitigkeiten aus dem Vollstreckungsverhältnis wegen Vollstreckungsmaßnahmen, die durch Finanzämter getroffen worden sind, ist der Rechtsweg zu den Finanzgerichten gegeben.

§ 32 Verweisungen

(1) Soweit in diesem Gesetz auf Bestimmungen des Bürgerlichen Gesetzbuchs, der Zivilprozessordnung oder der Abgabenordnung verwiesen wird, sind diese in ihrer jeweils geltenden Fassung entsprechend anzuwenden.
(2) Für die Berechnung der in diesem Gesetz vorgeschriebenen Fristen und Termine sind die §§ 187 bis 193 des Bürgerlichen Gesetzbuchs entsprechend anzuwenden.
(3) Soweit in diesem Gesetz auf Bestimmungen der Zivilprozessordnung verwiesen wird, sind diese mit der Maßgabe anzuwenden, dass die Vollstreckungsbehörde an die Stelle des Vollstreckungsgerichts und die Vollstreckungsvoraussetzungen dieses Gesetzes an die Stelle eines nach der Zivilprozessordnung erforderlichen oder genügenden vollstreckbaren Titels treten, wenn nicht ausdrücklich etwas anderes bestimmt ist.

Zweiter Abschnitt
Vollstreckung von Verwaltungsakten, mit denen eine öffentlich-rechtliche Geldleistung gefordert wird

§ 33 Besondere Voraussetzungen der Vollstreckung

(1) 1Verwaltungsakte, mit denen eine öffentlich-rechtliche Geldleistung gefordert wird (Leistungsbescheide), werden durch Beitreibung vollstreckt. 2Verwaltungsakte, die zur Duldung der Vollstreckung wegen einer öffentlich-rechtlichen Geldleistung verpflichten, stehen Leistungsbescheiden gleich.
(2) Ein Verwaltungsakt nach Absatz 1 kann vollstreckt werden, wenn
1. er dem Vollstreckungsschuldner bekannt gegeben ist,
2. die beizutreibende Forderung fällig ist und
3. der Vollstreckungsschuldner vor der Beitreibung durch verschlossenes Schreiben, in elektronischer Form oder durch Postnachnahmeauftrag ergebnislos aufgefordert worden ist, innerhalb einer bestimmten Frist von mindestens einer Woche seit Bekanntgabe zu leisten (Mahnung). Bei regelmäßig wiederkehrenden öffentlich-rechtlichen Geldleistungen kann die Mahnung durch ortsübliche öffentliche Bekanntmachung erfolgen.

§ 34 Mahnung, Ausnahmeregelungen

(1) Einer Mahnung nach § 33 Abs. 2 Nr. 3 bedarf es nicht, wenn
1. die sofortige Vollstreckung im überwiegenden öffentlichen Interesse liegt,
2. die Mahnung den Vollstreckungserfolg gefährden würde oder
3. Zwangsgeld und Kosten der Ersatzvornahme beigetrieben werden sollen.

(2) Einer Mahnung bedarf es im Fall der Beitreibung von Zuschlägen, Zinsen, Kosten der Vollstreckung und anderen Nebenforderungen nicht, wenn die Vollstreckung der Hauptforderung eingeleitet ist.

(3) [1]Nebenforderungen nach Absatz 2 können, auch wenn sie noch nicht durch Verwaltungsakt festgesetzt sind, zusammen mit der Hauptforderung beigetrieben werden, wenn in dem Verwaltungsakt über die Festsetzung der Hauptforderung oder bei deren Anmahnung dem Grunde nach darauf hingewiesen wurde. [2]Einer besonderen Mahnung bedarf es nicht, jedoch sind Nebenforderungen, die bereits dem Betrag nach feststehen, in die für die Hauptforderung bestimmte Mahnung aufzunehmen. [3]Die Vollstreckung der in Satz 1 genannten Forderungen ist auch dann ohne gesonderte Festsetzung zulässig, wenn die Hauptforderung nach der Mahnung und vor der Einleitung der Vollstreckung beglichen wurde.

§ 35 Vollstreckung von Geldforderungen des Staates

(1) [1]Verwaltungsakte, mit denen eine Geldleistung an das Land gefordert wird, werden durch die Finanzämter vollstreckt, soweit gesetzlich oder durch Rechtsverordnung nichts anderes bestimmt ist. [2]Auf das Vollstreckungsverfahren der Finanzämter und die Kosten der Vollstreckung finden die Bestimmungen der Abgabenordnung und die zu ihrer Durchführung erlassenen Rechtsvorschriften entsprechende Anwendung. [3]Satz 1 gilt für öffentlich-rechtliche Geldforderungen des Entschädigungsfonds im Sinne des § 10 des Entschädigungsgesetzes entsprechend.

(2) Verwaltungsakte des Landratsamts als untere staatliche Verwaltungsbehörde, mit denen eine Geldleistung gefordert wird, werden durch die Kasse des Landkreises nach den Bestimmungen dieses Gesetzes vollstreckt, wenn die Geldleistung von der Kasse des Landkreises anzunehmen ist.

§ 36 Vollstreckung von Geldforderungen der Gemeinden und Gemeindeverbände

(1) [1]Verwaltungsakte der Gemeinden, Landkreise, Verwaltungsgemeinschaften oder Zweckverbände, mit denen eine Geldleistung gefordert wird, werden durch deren Kassen nach den Bestimmungen dieses Gesetzes vollstreckt. [2]Sofern eine Gemeinde einer Verwaltungsgemeinschaft angehört, werden ihre Verwaltungsakte durch die Kasse der Verwaltungsgemeinschaft vollstreckt. [3]Die Sätze 1 und 2 gelten für öffentlich-rechtliche Geldforderungen des Ausgleichsfonds im Sinne des § 350b des Lastenausgleichsgesetzes entsprechend.

(2) [1]Die Aufgabe der Vollstreckung kann nach Maßgabe des Thüringer Gesetzes über die kommunale Gemeinschaftsarbeit auf einen Zweckverband übertragen werden. [2]Die Übertragung der Vollstreckung kann dabei auf bestimmte Vollstreckungsarten beschränkt werden.

(3) [1]Für die Gemeinden ohne eigene Vollziehungsbeamte oder Vollstreckungsstellen, die keiner Verwaltungsgemeinschaft angehören, vollstreckt die Kasse des Landkreises, dem die Gemeinde angehört. [2]Für Verwaltungsgemeinschaften ohne eigene Vollziehungsbeamte oder Vollstreckungsstellen vollstreckt die Kasse des Landkreises, in dem die Verwaltungsgemeinschaft ihren Sitz hat. [3]Für die Beitreibung von Forderungen von Zweckverbänden ohne eigene Vollziehungsbeamte oder Vollstreckungsstellen ist die Kasse des Landkreises oder der kreisfreien Stadt zuständig, in dem oder in der der Vollstreckungsschuldner seine Wohnung, bei mehreren Wohnungen seine Hauptwohnung, oder seinen Sitz hat. [4]Hat der Vollstreckungsschuldner seine Wohnung, bei mehreren Wohnungen seine Hauptwohnung, oder seinen Sitz nicht im Gebiet des Zweckverbands oder hat er keine Wohnung, so ist für die Zuständigkeit der Vollstreckungsbehörde der Sitz des Zweckverbands maßgebend. [5]Im Thüringer Staatsanzeiger ist bekannt zu machen, welche Kasse für welche Gemeinden, Verwaltungsgemeinschaften oder Zweckverbände vollstreckt. [6]Entsprechendes gilt, wenn die Vollstreckungsübertragung endet.

(4) [1]Die Kasse des Landkreises oder der kreisfreien Stadt erhebt im Fall der Vollstreckung nach Absatz 3 für jedes Vollstreckungsverlangen einen Betrag zum Ausgleich des aufgrund seiner Wahrnehmung entstandenen und nicht gedeckten Vollstreckungsaufwands. [2]Das für das Verwaltungsvollstreckungsverfahren zuständige Ministerium kann im Einvernehmen mit dem fachlich zuständigen Ministerium

durch Rechtsverordnung den Ausgleichsbetrag entsprechend dem durchschnittlichen tatsächlichen Aufwand pauschaliert festsetzen. [3]Uneinbringliche Vollstreckungskosten (Gebühren und Auslagen) sind zu ersetzen. [4]Der Kostenanspruch geht in Höhe des erstatteten Betrags auf die erstattende Körperschaft über. [5]Werden Aufträge eines oder mehrerer Auftraggeber durch dieselbe Amtshandlung erledigt, werden die Kosten nach Satz 3 nur einmal erhoben. [6]Wertgebühren werden nach dem zusammengerechneten Wert erhoben und nach dem Verhältnis der Gebühren, die bei gesonderter Ausführung entstanden wären, verteilt. [7]Sonstige Kosten werden nach der Zahl der Auftraggeber verteilt.

§ 37 Vollstreckung von Geldforderungen anderer juristischer Personen des öffentlichen Rechts

(1) [1]Verwaltungsakte, mit denen eine öffentlich-rechtliche Geldleistung an andere unter der Aufsicht des Landes stehende Körperschaften, Anstalten und Stiftungen des öffentlichen Rechts gefordert wird, werden durch diejenigen Behörden vollstreckt, denen diese Aufgabe gesetzlich zugewiesen ist. [2]Entsprechendes gilt für die Vollstreckung zugunsten von Personen, soweit diesen durch Beleihung Hoheitsrechte übertragen sind. [3]Fehlt es an einer gesetzlichen Zuweisung, kann das für das Verwaltungsvollstreckungsverfahren zuständige Ministerium im Einvernehmen mit dem fachlich zuständigen Ministerium durch Rechtsverordnung die Kassen der Gemeinden und weitere Behörden als Vollstreckungsbehörden bestimmen sowie den Kostenbeitrag festlegen, der für die Inanspruchnahme der Vollstreckungsbehörde zu leisten ist. [4]Außer in den in den Sätzen 1, 2 oder 3 genannten Fällen ist eine Verwaltungsvollstreckung unzulässig. § 36 Abs. 4 Satz 3 bis 7 gilt entsprechend.

(2) Auf das Vollstreckungsverfahren der Behörden nach Absatz 1 finden die Bestimmungen dieses Gesetzes Anwendung, soweit nicht durch die Finanzämter vollstreckt wird.

§ 37a Vollstreckung zugunsten von Religions- oder Weltanschauungsgemeinschaften

(1) [1]Die Religions- oder Weltanschauungsgemeinschaften, die Körperschaften des öffentlichen Rechts sind, sind berechtigt sich zur Vollstreckung ihrer öffentlich-rechtlichen Friedhofs- und Bestattungsgebühren der Kasse der Gemeinde zu bedienen, in deren Gebiet der Zahlungspflichtige seine Hauptwohnung nach § 21 Abs. 2 des Bundesmeldegesetzes in der jeweils geltenden Fassung hat. [2]Wenn die Hauptwohnung des Zahlungspflichtigen außerhalb des Landes liegt, können sich die Religions- und Weltanschauungsgemeinschaften zur Vollstreckung nach Satz 1 der Kasse der Gemeinde bedienen, in deren Gebiet der Friedhof liegt. [3]Die Vollstreckung erfolgt auf Antrag der Religions- oder Weltanschauungsgemeinschaft. [4]Im Fall des § 36 Abs. 3 Satz 1 ist der Antrag an die Kasse des Landkreises zu richten.

(2) [1]§ 36 Abs. 4 findet entsprechende Anwendung.

§ 37b Besondere Befugnisse der Gemeinden und Landkreise

Gemeinden und Landkreise dürfen ihnen bekannte, aufgrund des § 15 Abs. 1 Nr. 1 Buchst. c des Thüringer Kommunalabgabengesetzes nach § 30 der Abgabenordnung geschützte Daten, die sie bei der Vollstreckung kommunaler Abgaben verwenden dürfen, auch bei der Vollstreckung wegen anderer öffentlich-rechtlicher Geldforderungen sowie Geldforderungen des bürgerlichen Rechts nutzen, soweit sie nach diesem Gesetz vollstreckt werden.

§ 38 Vollstreckungsverfahren

(1) Auf das Vollstreckungsverfahren der Vollstreckungsbehörden nach § 35 Abs. 2 sowie den §§ 36 und 37 sind die nachfolgenden Bestimmungen der Abgabenordnung entsprechend anzuwenden, soweit in diesem Gesetz nicht Abweichendes bestimmt ist:

1. § 251 Abs. 2 Satz 2 und Abs. 3, die §§ 252, 258, 260, 262 bis 267 und 324 bis 327 als allgemeine Bestimmungen für die Beitreibung,
2. die §§ 281 bis 283, § 285 Abs. 1 und die §§ 286, 292 bis 308 für die Beitreibung durch Vollstreckung in das bewegliche Vermögen (Pfändung),
3. die §§ 309 bis 314, § 315 Abs. 1, 2 Satz 1 und Abs. 4 sowie die §§ 316 bis 321 für die Vollstreckung in Forderungen und andere Vermögensrechte; entsprechend anzuwenden ist weiter
   a) § 315 Abs. 2 Satz 2 und 3 und Abs. 3 mit der Maßgabe, dass die Zuständigkeit für die Abnahme der eidesstattlichen Versicherung dem Gerichtsvollzieher bei dem zuständigen Amtsgericht übertragen wird;
   b) § 315 Abs. 2 Satz 5 mit der Maßgabe, dass an die Stelle der §§ 328 bis 335 der Abgabenordnung die §§ 43 bis 54 dieses Gesetzes treten;

c) § 315 Abs. 3 Satz 2 mit der Maßgabe, dass nur § 315 Abs. 2 Satz 3 mit der in Buchstabe a genannten Maßgabe entsprechend gilt,

4. § 77 Abs. 2 sowie die §§ 322 und 323 für die Vollstreckung in das unbewegliche Vermögen.

(2) [1]Die Vollstreckungsbehörde kann die Pfändungs- und Einziehungsverfügung auch dann selbst erlassen und durch die Post zustellen lassen, wenn der Vollstreckungsschuldner oder der Drittschuldner seinen Wohnsitz, Sitz oder gewöhnlichen Aufenthaltsort außerhalb des Geltungsbereichs dieses Gesetzes, jedoch im Inland hat, sofern das dort geltende Landesrecht dies zulässt. [2]Die Vollstreckungsbehörde kann auch eine Vollstreckungsbehörde des Bezirks, in dem die Maßnahme durchgeführt werden soll, um die Zustellung der Pfändungs- und Einziehungsverfügung ersuchen.

(3) Vollstreckungsbehörden im Inland, die diesem Gesetz nicht unterliegen, können gegen Vollstreckungsschuldner und Drittschuldner, die ihren Wohnsitz, Sitz oder gewöhnlichen Aufenthalt im Geltungsbereich dieses Gesetzes haben, selbst Pfändungs- und Einziehungsverfügungen erlassen und durch die Post zustellen lassen.

§ 38a Versteigerung im Internet

(1) [1]Die Versteigerung kann auch mit Hilfe elektronischer Informations- und Kommunikationssysteme auf schriftliche Anordnung der Vollstreckungsbehörde durch eine allgemein zugängliche Versteigerung im Internet erfolgen. [2]Auf die Versteigerung im Internet finden die Bestimmungen der Abgabenordnung mit der Maßgabe Anwendung, dass die allgemein zugängliche Versteigerung im Internet nach § 296 Abs. 1 Satz 2 Nr. 2 der Abgabenordnung über jede Plattform zulässig ist, sofern über diese eine öffentlich-rechtliche Verwertung erfolgt, und der Eingang des Erlöses auf dem Konto der Vollstreckungsbehörde als Zahlung des Vollstreckungsschuldners im Sinne des § 299 Abs. 2 der Abgabenordnung gilt.

(2) Das für das Verwaltungsvollstreckungsverfahren zuständige Ministerium wird ermächtigt, durch Rechtsverordnung das für die Versteigerung im Internet nach Absatz 1 zu beachtende besondere Verfahren und die Versteigerungsplattform zu bestimmen.

§ 38b Gütliche und zügige Erledigung

[1]Der Vollziehungsbeamte soll in jeder Lage des Vollstreckungsverfahrens auf eine gütliche und zügige Erledigung hinwirken. [2]Findet er pfändbare Gegenstände nicht vor, versichert aber der Zahlungspflichtige glaubhaft, die Schuld kurzfristig in Teilbeträgen zu tilgen, so zieht der Vollziehungsbeamte Teilbeträge ein. [3]Die Tilgung soll in der Regel innerhalb von zwölf Monaten erfolgt sein. [4]§ 234 Abs. 1 Satz 1 und Abs. 2 der Abgabenordnung in der jeweils geltenden Fassung gilt entsprechend.

§ 39 Beitreibung durch Gerichtsvollzieher

(1) [1]Abweichend von der Regelung des § 36 können die Gemeinden die Gerichtsvollzieher um Beitreibung durch Vollstreckung in bewegliche Sachen ersuchen, wenn weder der Gemeinde noch dem Landkreis, dem die Gemeinde angehört, ein Vollziehungsbeamter zur Verfügung steht. [2]Dies gilt entsprechend auch für Vollstreckungsbehörden im Inland, die diesem Gesetz nicht unterliegen.

(2) [1]Der Gerichtsvollzieher führt die Beitreibung nach den Bestimmungen des Achten Buches der Zivilprozessordnung und dem Gesetz über Kosten der Gerichtsvollzieher sowie sonstigen für ihn geltenden Kostenbestimmungen mit der Maßgabe durch, dass an die Stelle der vollstreckbaren Ausfertigung des Schuldtitels das schriftliche Vollstreckungsersuchen der Vollstreckungsbehörde tritt. [2]Einer Zustellung und Aushändigung des Vollstreckungsersuchens bedarf es nicht. [3]Im Übrigen gilt für das Vollstreckungsersuchen § 22 Abs. 2 entsprechend.

(3) Wird die Beitreibung aufgrund einer völkerrechtlichen Vereinbarung durchgeführt, bestimmt sich nach dieser Vereinbarung, durch welche Unterlagen das Vorliegen der Vollstreckungsvoraussetzungen nachgewiesen wird.

§ 40 Beitreibung gegen juristische Personen des öffentlichen Rechts

(1) Die Beitreibung gegen die unter Landesaufsicht stehenden juristischen Personen des öffentlichen Rechts und Behörden ist statthaft, soweit diese hierdurch nicht an der Erfüllung ihrer öffentlichen Aufgaben gehindert werden.

(2) [1]Die Beitreibung bedarf, soweit nicht dingliche Rechte verfolgt werden, einer schriftlichen Zulassungsverfügung durch

1. die Landesregierung, wenn sie sich gegen eine oberste Landesbehörde richtet,
2. die zuständige oberste Landesbehörde, wenn sie sich gegen eine andere Behörde des Landes richtet,
3. die obere Aufsichtsbehörde, wenn sie sich gegen eine der Aufsicht des Landes unterstehende Körperschaft, Anstalt oder Stiftung des öffentlichen Rechts richtet.

[2]Die Absätze 1 und 2 Nr. 3 gelten nicht für öffentlich-rechtliche Versicherungsunternehmen, die am Wettbewerb teilnehmen, und für öffentlich-rechtliche Bank- und Kreditinstitute einschließlich der Sparkassen.

(3) In der Zulassungsverfügung sind der Zeitpunkt, ab welchem beigetrieben wird, und die Vermögensgegenstände, in die vollstreckt werden kann, zu bestimmen.

§ 41 Vermögensauskunft

(1) [1]Nach Erteilung eines Auftrags nach § 802a Abs. 2 Satz 1 Nr. 2 der Zivilprozessordnung durch die Vollstreckungsbehörde hat der Vollstreckungsschuldner dem Gerichtsvollzieher eine Vermögensauskunft zu erteilen. [2]Für den Inhalt der Vermögensauskunft gilt § 802c der Zivilprozessordnung entsprechend. [3]Handelt es sich bei dem Vollstreckungsschuldner um eine juristische Person oder um eine Personenvereinigung, so hat er anstatt seines Geburtsnamens, -datums und -ortes seine Firma, die Nummer des Registerblatts im Handelsregister und seinen Sitz anzugeben.

(2) Aufgrund eines Antrags nach § 807 Abs. 1 der Zivilprozessordnung durch die Vollstreckungsbehörde kann der Gerichtsvollzieher die Vermögensauskunft sofort abnehmen, wenn
1. der Vollstreckungsschuldner die Durchsuchung (§ 24) verweigert hat, oder
2. ein Pfändungsversuch ergeben hat, dass eine Pfändung voraussichtlich nicht zu einer vollständigen Befriedigung des Vollstreckungsgläubigers führen wird.

(3) Für das Verfahren nach den Absätzen 1 und 2 sind die §§ 802c bis 802l, 807 sowie 882b bis 882e der Zivilprozessordnung entsprechend anzuwenden.

(4) [1]Lehnt der Gerichtsvollzieher den Vollstreckungsauftrag der Vollstreckungsbehörde ab, ist dagegen die Erinnerung nach der Zivilprozessordnung gegeben. [2]Gegen die Ablehnung des Haftbefehls ist die sofortige Beschwerde nach der Zivilprozessordnung gegeben.

Dritter Abschnitt

Vollstreckung von Geldforderungen des bürgerlichen Rechts

§ 42 Beitreibung wegen Geldforderungen des bürgerlichen Rechts

(1) [1]Das für das Verwaltungsvollstreckungsverfahren zuständige Ministerium kann im Einvernehmen mit dem zuständigen Fachminister durch Rechtsverordnung die Beitreibung wegen Geldforderungen des bürgerlichen Rechts des Landes, der kommunalen Gebietskörperschaften und der sonstigen juristischen Personen des öffentlichen Rechts, die der Aufsicht des Landes unterstehen, nach diesem Gesetz für zulässig erklären. [2]Die Forderungen müssen entstanden sein aus
1. der Inanspruchnahme öffentlicher Einrichtungen,
2. der Nutzung öffentlichen Vermögens oder dem Erwerb von Früchten des öffentlichen Vermögens oder
3. der Aufwendung öffentlicher Mittel für öffentlich geförderte, insbesondere soziale Zwecke.

[3]Die Sätze 1 und 2 gelten nicht für öffentlich-rechtliche Versicherungsunternehmen, die am Wettbewerb teilnehmen, und für öffentlich-rechtliche Bank- und Kreditinstitute einschließlich der Sparkassen.

(2) [1]Die Beitreibung ist nur zulässig, wenn die Forderungen gesetzlich feststehen oder in Verträgen nach Grund und Höhe vereinbart oder auf Erstattung verauslagter Beträge gerichtet sind. [2]Die Beitreibung richtet sich nach den Bestimmungen des Zweiten Abschnitts. [3]Die Zahlungsaufforderung tritt dabei an die Stelle des Verwaltungsakts. [4]§ 34 findet keine Anwendung.

(3) [1]Die Beitreibung ist einzustellen, sobald der Vollstreckungsschuldner bei der Vollstreckungsbehörde schriftlich oder zu Protokoll Einwendungen gegen die Forderung geltend macht. [2]Der Vollstreckungsschuldner ist über dieses Recht zu belehren. [3]Bereits getroffene Vollstreckungsmaßnahmen sind unverzüglich aufzuheben, wenn

1. der Gläubiger nicht binnen eines Monats nach Geltendmachung der Einwendungen wegen seiner Ansprüche vor den ordentlichen Gerichten Klage erhoben oder den Erlass eines Mahnbescheids beantragt hat oder
2. der Gläubiger mit der Klage rechtskräftig abgewiesen worden ist.

[4]Ist die Beitreibung eingestellt worden, so kann die Vollstreckung nur nach Maßgabe der Zivilprozessordnung fortgesetzt werden.

Vierter Abschnitt

Vollstreckung von Verwaltungsakten, mit denen eine Handlung, Duldung oder Unterlassung gefordert wird

§ 43 Vollstreckungsbehörden

(1) Verwaltungsakte, mit denen eine Handlung, Duldung oder Unterlassung gefordert wird, werden von der Behörde vollstreckt, die den Verwaltungsakt erlassen hat; sie vollstreckt auch Widerspruchsbescheide der nächsthöheren Behörde.

(2) Das für das Verwaltungsvollstreckungsverfahren zuständige Ministerium kann im Einvernehmen mit dem zuständigen Fachministerium durch Rechtsverordnung allgemein oder für den Einzelfall abweichende Regelungen über die Zuständigkeit nach Absatz 1 treffen.

§ 44 Zulässigkeit des Verwaltungszwangs, Zwangsmittel

(1) Verwaltungsakte nach § 43 können unter den Voraussetzungen des § 19 nach den Bestimmungen dieses Abschnitts mit Zwangsmitteln vollstreckt werden.

(2) Zwangsmittel sind:
1. das Zwangsgeld (§ 48),
2. die Ersatzvornahme (§ 50),
3. die Fiktion der Abgabe einer Erklärung (§ 50 a) und
4. der unmittelbare Zwang (§ 51).

(3) Gegen Behörden und juristische Personen des öffentlichen Rechts ist Verwaltungszwang nur zulässig, soweit er durch Gesetz oder aufgrund eines Gesetzes besonders zugelassen ist.

§ 45 Verhältnismäßigkeit

(1) Die Auswahl und die Anwendung der Zwangsmittel müssen in einem angemessenen Verhältnis zu ihrem Zweck stehen.

(2) Kommen mehrere Zwangsmittel in Betracht, so hat die Vollstreckungsbehörde dasjenige Zwangsmittel anzuwenden, das den Vollstreckungsschuldner und die Allgemeinheit nicht mehr als unvermeidbar beeinträchtigt.

§ 46 Androhung der Zwangsmittel

(1) [1]Zwangsmittel sind vor ihrer Anwendung von der Vollstreckungsbehörde schriftlich anzudrohen, soweit nicht dieses Gesetz etwas anderes bestimmt. [2]Dem Vollstreckungsschuldner ist in der Androhung zur Erfüllung der Verpflichtung eine angemessene Frist zu bestimmen. [3]Eine Frist braucht nicht bestimmt zu werden, wenn eine Duldung oder Unterlassung erzwungen werden soll.

(2) [1]Die Androhung kann mit dem Verwaltungsakt verbunden werden, durch den die Handlung, Duldung oder Unterlassung aufgegeben wird. [2]Sie soll mit ihm verbunden werden, wenn die sofortige Vollziehung angeordnet ist oder wenn den Rechtsbehelfen keine aufschiebende Wirkung zukommt.

(3) [1]Die Androhung muss sich auf bestimmte Zwangsmittel beziehen und für jede einzelne Verpflichtung getrennt ergehen. [2]Unzulässig ist die gleichzeitige Androhung mehrerer Zwangsmittel oder die Androhung, mit der sich die Vollstreckungsbehörde die Wahl zwischen mehreren Zwangsmitteln vorbehält. [3]Die Androhung eines neuen Zwangsmittels ist erst dann zulässig, wenn das zunächst angedrohte Zwangsmittel erfolglos geblieben ist.

(4) Das Zwangsgeld ist in bestimmter Höhe anzudrohen.

(5) [1]Soll die Handlung im Wege der Ersatzvornahme ausgeführt werden, so ist in der Androhung der Kostenbetrag vorläufig zu veranschlagen. [2]In der Androhung kann bestimmt werden, dass dieser Betrag bereits vor der Durchführung der Ersatzvornahme fällig wird. [3]Das Recht auf Nachforderung bleibt unberührt, wenn die Ersatzvornahme einen höheren Kostenaufwand verursacht hat.

(6) [1]Die Androhung ist zuzustellen. [2]Das gilt auch dann, wenn sie mit dem zugrunde liegenden Verwaltungsakt verbunden ist und für ihn keine Zustellung vorgeschrieben ist.

(7) [1]Gegen die Androhung des Zwangsmittels sind die Rechtsbehelfe gegeben, die gegen den Verwaltungsakt zulässig sind, dessen Durchsetzung erzwungen werden soll. [2]Ist die Androhung mit dem zugrundeliegenden Verwaltungsakt verbunden, so erstreckt sich der Rechtsbehelf auch auf ihn, soweit er nicht bereits Gegenstand eines Rechtsbehelfs- oder gerichtlichen Verfahrens ist oder der Rechtsbehelf ausdrücklich auf die Androhung des Zwangsmittels beschränkt wird. [3]Ist die Androhung nicht mit dem zugrundeliegenden Verwaltungsakt verbunden und ist dieser unanfechtbar geworden, so kann die Androhung nur insoweit angefochten werden, als eine Rechtsverletzung durch die Androhung selbst behauptet wird. [4]Wird ein Zwangsmittel unter den Voraussetzungen des § 54 ohne vorausgehende Androhung angewendet, so sind die Rechtsbehelfe zulässig, die gegen Verwaltungsakte allgemein gegeben sind.

§ 47 Anwendung der Zwangsmittel

(1) [1]Wird die Verpflichtung nicht innerhalb der in der Androhung bestimmten Frist erfüllt, so kann die Vollstreckungsbehörde das angedrohte Zwangsmittel anwenden. [2]Zwangsmittel dürfen so lange und so oft angewendet werden, bis die Verpflichtung erfüllt ist.

(2) Zwangsmittel können auch neben der Verhängung einer Strafe oder Geldbuße angewendet werden.

(3) Zwangsmittel dürfen nicht angewendet werden, wenn die Leistung, die erzwungen werden soll, für den Vollstreckungsschuldner unmöglich ist.

(4) [1]Die Vollstreckungsmaßnahmen sind einzustellen, sobald der Zweck der Zwangsvollstreckung erfüllt ist. [2]Die Forderung von Gebühren und Auslagen bleibt unberührt.

(5) [1]Soweit bei der Anwendung der Zwangsmittel nach den §§ 50 bis 53 die Heranziehung von Polizeibeamten erforderlich ist, hat die örtlich zuständige Polizeidienststelle auf Ersuchen der Vollstreckungsbehörde Hilfe zu leisten. [2]Dabei kann die Polizei die nach dem Polizeiaufgabengesetz vorgesehenen Hilfsmittel der körperlichen Gewalt anwenden und die dort zugelassenen Waffen gebrauchen.

§ 48 Zwangsgeld

(1) Wird die Verpflichtung zu einer Handlung, Duldung oder Unterlassung nicht oder nicht vollständig erfüllt, so kann die Vollstreckungsbehörde den Vollstreckungsschuldner zu der geforderten Handlung, Duldung oder Unterlassung durch Festsetzung eines Zwangsgelds anhalten.

(2) [1]Das Zwangsgeld beträgt mindestens zehn und höchstens zweihundertfünfzigtausend Euro. [2]Bei der Bemessung des Zwangsgeldes ist das wirtschaftliche Interesse des Vollstreckungsschuldners an der Nichtbefolgung des Verwaltungsaktes zu berücksichtigen.

(3) [1]Das Zwangsgeld wird nach den Bestimmungen des Zweiten Abschnitts beigetrieben. [2]Wird eine Verpflichtung nach Absatz 1 bis zum Ablauf der Frist des § 46 Abs. 1 Satz 2 nicht oder nicht vollständig erfüllt, so ist das Zwangsgeld festzusetzen. [3]Die Zwangsgeldforderung wird mit der Festsetzung fällig (§ 33 Abs. 2 Nr. 2).

§ 49 Ersatzzwangshaft

(1) Ist das Zwangsgeld uneinbringlich, so kann das Verwaltungsgericht auf schriftlichen Antrag der Vollstreckungsbehörde nach Anhörung des Vollstreckungsschuldners die Ersatzzwangshaft anordnen, wenn bei Androhung des Zwangsgeldes auf die Zulässigkeit der Ersatzzwangshaft hingewiesen worden ist.

(2) Die Ersatzzwangshaft beträgt mindestens einen Tag, höchstens zwei Wochen.

(3) [1]Die Ersatzzwangshaft ist auf Antrag der Vollstreckungsbehörde von der Justizverwaltung zu vollstrecken. [2]§ 802g Abs. 2, § 802h und § 802j Abs. 1 und 2 der Zivilprozessordnung gelten entsprechend.

§ 50 Ersatzvornahme

(1) Wird die Verpflichtung zu einer Handlung, die auch ein anderer als der Vollstreckungsschuldner vornehmen kann (vertretbare Handlung), nicht oder nicht vollständig erfüllt, so kann die Vollstreckungsbehörde auf Kosten des Vollstreckungsschuldners die Handlung selbst vornehmen oder vornehmen lassen.

(2) Die Vollstreckungsbehörde kann vom Vollstreckungsschuldner die Vorauszahlung der voraussichtlichen Kosten der Ersatzvornahme verlangen, soweit sie diesen Betrag in der Androhung veranschlagt hat (§ 46 Abs. 5).

(3) [1]Die Kosten der Ersatzvornahme oder die voraussichtlich entstehenden Kosten der Ersatzvornahme werden von der Vollstreckungsbehörde durch Leistungsbescheid festgesetzt und können nach den Bestimmungen des Zweiten Abschnitts beigetrieben werden, wenn nicht der Vollstreckungsschuldner innerhalb von zwei Wochen nach Zustellung des Leistungsbescheids zahlt. [2]Die Beitreibung der voraussichtlichen Kosten unterbleibt, sobald der Vollstreckungsschuldner die gebotene Handlung ausführt.

(4) [1]Zahlt der Vollstreckungsschuldner die Kosten der Ersatzvornahme oder die vorläufig veranschlagten Kosten nicht bis zum Ablauf der Frist nach Absatz 3 Satz 1, so hat er auf den Kostenbetrag von diesem Zeitpunkt an Zinsen in Höhe von sechs vom Hundert für das Jahr zu entrichten. [2]Von der Erhebung geringfügiger Zinsbeträge kann abgesehen werden.

(5) Rechtsbehelfe, die sich gegen Leistungsbescheide nach Absatz 3 Satz 1 richten, haben keine aufschiebende Wirkung.

§ 50a Fiktion der Abgabe einer Erklärung

(1) [1]Ist jemand durch einen Verwaltungsakt verpflichtet, eine bestimmte Erklärung abzugeben, so gilt die Erklärung als abgegeben, sobald der Verwaltungsakt unanfechtbar geworden ist. [2]Voraussetzung ist, dass

1. der Inhalt der Erklärung in dem Verwaltungsakt festgelegt worden ist,
2. der Vollstreckungsschuldner in dem Verwaltungsakt auf die Bestimmung des Satzes 1 hingewiesen worden ist und
3. er im Zeitpunkt des Eintritts der Unanfechtbarkeit des Verwaltungsaktes die Erklärung rechtswirksam abgeben kann.

(2) [1]Die Behörde, die den Verwaltungsakt erlassen hat, teilt den Beteiligten mit, in welchem Zeitpunkt der Verwaltungsakt unanfechtbar geworden ist. [2]Sie ist berechtigt, die zur Wirksamkeit der Erklärung notwendigen Genehmigungen und Zustimmungen einzuholen und Anträge auf Eintragung in öffentliche Bücher und Register zu stellen. [3]Bedarf die Behörde dazu einer Urkunde, die dem Betroffenen auf Antrag von einer anderen Behörde oder einem Notar zu erteilen ist, so kann sie die Erteilung anstelle des Betroffenen verlangen.

§ 51 Unmittelbarer Zwang

(1) Die Vollstreckungsbehörde kann unmittelbaren Zwang anwenden, wenn andere Zwangsmittel nicht in Betracht kommen oder keinen Erfolg versprechen oder unzweckmäßig sind.

(2) [1]Für die Anwendung unmittelbaren Zwangs gelten die §§ 58 bis 67 des Polizeiaufgabengesetzes entsprechend. [2]Der Waffengebrauch ist jedoch für Vollziehungsbeamte dieses Gesetzes nicht zulässig.

(3) [1]Die Vollstreckungsbehörde kann unmittelbaren Zwang auch dann anwenden, wenn gegen die Ersatzvornahme Widerstand geleistet wird. [2]Unmittelbarer Zwang zur Abgabe einer Willenserklärung ist unzulässig.

§ 52 Wegnahme

(1) Hat der Vollstreckungsschuldner eine bewegliche Sache herauszugeben oder vorzulegen, so kann der Vollziehungsbeamte sie ihm wegnehmen.

(2) [1]Wird die Sache beim Vollstreckungsschuldner nicht vorgefunden, so hat er nach Erteilung des Vollstreckungsauftrags zu Protokoll an Eides Statt zu versichern, dass er nicht wisse, wo sich die Sache befinde. [2]Der Gerichtsvollzieher kann die Formel der eidesstattlichen Versicherung der Sachlage anpassen.

(3) [1]Dem Auftrag der Vollstreckungsbehörde ist eine beglaubigte Abschrift des zu vollstreckenden Verwaltungsakts sowie eine Niederschrift über den erfolglosen Wegnahmeversuch beizufügen. [2]Für das Verfahren vor dem Amtsgericht gelten die §§ 802e bis 802j der Zivilprozessordnung entsprechend.

§ 53 Zwangsräumung

(1) [1]Hat der Vollstreckungsschuldner eine unbewegliche Sache, einen Raum oder ein Schiff herauszugeben, zu überlassen oder zu räumen, so können er und die Personen, die zu seinem Haushalt oder Geschäftsbetrieb gehören, aus dem Besitz gesetzt werden. [2]Der Zeitpunkt der Zwangsräumung soll dem Vollstreckungsschuldner angemessene Zeit vorher mitgeteilt werden.

(2) Die Zwangsräumung eines vom Vollstreckungsschuldner bewohnten Raumes ist auf seinen Antrag einzustellen oder rückgängig zu machen, wenn und soweit sie unter voller Würdigung des öffentlichen

Interesses an der Vollstreckung wegen ganz besonderer Umstände des Einzelfalls eine unzumutbare Härte für den Vollstreckungsschuldner bedeutet.

(3) Bewegliche Sachen, die nicht Gegenstand der Vollstreckung sind, werden dem Vollstreckungsschuldner oder, wenn dieser nicht anwesend ist, seinem Vertreter oder einer zu seinem Haushalt oder Geschäftsbereich gehörenden erwachsenen Person übergeben oder zur Verfügung gestellt.

(4) [1]Ist weder der Vollstreckungsschuldner noch eine der in Absatz 3 bezeichneten Personen anwesend, so hat die Vollstreckungsbehörde die Sachen zu verwahren oder anderweitig in Verwahrung zu geben. [2]Der Vollstreckungsschuldner ist schriftlich aufzufordern, die Sachen binnen einer bestimmten Frist abzuholen. [3]Kommt er dieser Aufforderung nicht nach, so kann die Vollstreckungsbehörde die Sachen in entsprechender Anwendung der §§ 296 bis 300 der Abgabenordnung verwerten und den Erlös bei dem für den Sitz der Vollstreckungsbehörde örtlich zuständigen Amtsgericht hinterlegen.

§ 54 Zwangsmittel in unaufschiebbaren Fällen

[1]Die Zwangsmittel nach den §§ 50 bis 53 können innerhalb der Zuständigkeit der handelnden Behörde ohne vorausgehenden Verwaltungsakt und in Abweichung von § 19 Nr. 1, § 20 Abs. 4, § 23 Abs. 2 und 3, § 24 Abs. 3 sowie den §§ 26, 27, 46 und 53 Abs. 1 Satz 2 angewendet werden, wenn es zur Verhütung oder Unterbindung einer mit Strafe bedrohten Handlung oder zur Abwehr einer unmittelbar drohenden oder gegenwärtigen Gefahr notwendig ist. [2]§ 9 des Polizeiaufgabengesetzes und § 12 des Ordnungsbehördengesetzes bleiben unberührt.

Fünfter Abschnitt
Einschränkung von Grundrechten

§ 55 Einschränkung von Grundrechten

Aufgrund des Zweiten Teils dieses Gesetzes werden eingeschränkt

1. das Recht auf körperliche Unversehrtheit (Artikel 2 Abs. 2 Satz 1 des Grundgesetzes, Artikel 3 Abs. 1 der Verfassung des Freistaats Thüringen),
2. das Recht auf Freiheit der Person (Artikel 2 Abs. 2 Satz 2 des Grundgesetzes, Artikel 3 Abs. 1 Satz 2 der Verfassung des Freistaats Thüringen),
3. das Recht der Unverletzlichkeit der Wohnung (Artikel 13 des Grundgesetzes, Artikel 8 der Verfassung des Freistaats Thüringen).

Sechster Abschnitt
Kosten

§ 56 Kosten

[1]Für Mahnungen nach § 33 Abs. 2 Nr. 3 sowie für Amtshandlungen im Vollstreckungsverfahren werden Vollstreckungskosten (Gebühren und Auslagen) erhoben. [2]Das für das Verwaltungsvollstreckungsverfahren zuständige Ministerium regelt im Einvernehmen mit dem für Finanzen zuständigen Ministerium das Nähere in einer Rechtsverordnung.

Dritter Teil
Übergangs- und Schlussbestimmungen

§ 57 Anhängige Verfahren

(1) [1]Vollstreckungsverfahren, die vor dem Inkrafttreten des Gesetzes zur Änderung des Thüringer Verwaltungszustellungs- und Vollstreckungsgesetzes und weiterer verwaltungsrechtlicher Vorschriften bereits eingeleitet sind, werden nach den bislang für sie geltenden Bestimmungen durchgeführt. [2]Näheres kann das für das Verwaltungsvollstreckungsverfahren zuständige Ministerium durch Rechtsverordnung regeln.

(2) Die Zulässigkeit eines Rechtsbehelfs gegen die vor dem Inkrafttreten des Gesetzes zur Änderung des Thüringer Verwaltungszustellungs- und Vollstreckungsgesetzes und weiterer verwaltungsrechtlicher Vorschriften ergangenen Maßnahmen richtet sich nach den bislang für sie geltenden Bestimmungen.

(3) Fristen, deren Lauf vor dem Inkrafttreten des Gesetzes zur Änderung des Thüringer Verwaltungszustellungs- und Vollstreckungsgesetzes und weiterer verwaltungsrechtlicher Vorschriften begonnen hat, richten sich nach den bislang für sie geltenden Bestimmungen.

(4) Erstattungsansprüche, die vor dem Inkrafttreten des Gesetzes zur Änderung des Thüringer Verwaltungszustellungs- und Vollstreckungsgesetzes und weiterer verwaltungsrechtlicher Vorschriften anhängig geworden sind, richten sich nach den bislang für sie geltenden Bestimmungen.

§ 58 Gleichstellungsbestimmung

Status- und Funktionsbezeichnungen in diesem Gesetz gelten jeweils in männlicher und weiblicher Form.

§ 59 (Inkrafttreten)

Thüringer Verwaltungskostengesetz (ThürVwKostG)

Vom 23. September 2005 (GVBl. S. 325)
(2013-1)
zuletzt geändert durch Art. 56 Thüringer VerwaltungsreformG 2018 vom 18. Dezember 2018 (GVBl. S. 731)

Nichtamtliche Inhaltsübersicht

§ 1 Verwaltungskostenpflichtige öffentliche Leistungen
§ 2 Sachliche Verwaltungskostenfreiheit
§ 3 Persönliche Gebührenfreiheit
§ 4 Gebühren in besonderen Fällen
§ 5 Verwaltungskostengläubiger
§ 6 Verwaltungskostenschuldner
§ 7 Entstehen der Verwaltungskostenschuld
§ 8 Gebühren nach festen Sätzen
§ 9 Rahmengebühren
§ 10 Pauschgebühren
§ 11 Auslagen
§ 12 Verwaltungskostenentscheidung
§ 13 Fälligkeit
§ 14 Säumniszuschlag
§ 15 Kostenvorschuss, Sicherheitsleistung, Zurückbehaltungsrecht
§ 16 Billigkeitsregelungen
§ 17 Verjährung
§ 18 Erstattung
§ 19 Anfechtung der Verwaltungskostenentscheidung
§ 20 Rechtsakte der Europäischen Gemeinschaften oder der Europäischen Union
§ 21 Ermächtigung
§ 22 Übergangsbestimmungen
§ 23 Gleichstellungsbestimmung
§ 24 In-Kraft-Treten, Außer-Kraft-Treten

Der Landtag hat das folgende Gesetz beschlossen:

§ 1 Verwaltungskostenpflichtige öffentliche Leistungen

(1) Für individuell zurechenbare öffentliche Leistungen erheben

1. Behörden des Landes,
2. Behörden der Gemeinden, der Gemeindeverbände und der sonstigen juristischen Personen des öffentlichen Rechts, soweit sie Aufgaben im übertragenen Wirkungskreis wahrnehmen, und
3. Personen des Privatrechts, denen hoheitliche Befugnisse durch oder aufgrund eines Gesetzes übertragen wurden (Beliehene), soweit sie als Behörde tätig werden und der Aufsicht des Landes unterstehen,

Verwaltungskosten (Gebühren und Auslagen) nach Maßgabe dieses Gesetzes und der Verwaltungskostenordnungen nach § 21.

(2) Verwaltungskostenpflicht besteht auch, wenn

1. ein auf Vornahme einer öffentlichen Leistung gerichteter Antrag oder
2. ein Widerspruch

zurückgenommen wird oder sich auf andere Weise erledigt.

(3) [1]Die Erhebung von Verwaltungskosten nach anderen Rechtsvorschriften bleibt unberührt. [2]Soweit für solche Verwaltungskosten nichts anderes bestimmt ist, gelten die Bestimmungen dieses Gesetzes entsprechend. [3]Das Gesetz gilt nicht für den Bereich der Justizverwaltung.

(4) [1]Unterliegt die öffentliche Leistung der Umsatzsteuer, ist diese zu erheben. [2]Für die Erhebung der Umsatzsteuer gelten die Bestimmungen über die Auslagenerhebung entsprechend, sofern das Umsatzsteuergesetz in der Fassung vom 21. Februar 2005 (BGBl. I S. 386) in der jeweils geltenden Fassung nichts anderes bestimmt.

(5) Behörde im Sinne dieses Gesetzes ist jede Stelle, die Aufgaben der öffentlichen Verwaltung wahrnimmt.

(6) Öffentliche Leistungen sind

1. Amtshandlungen; eine Amtshandlung ist jede mit Außenwirkung in Ausübung hoheitlicher Befugnisse vorgenommene Handlung; sie liegt auch dann vor, wenn ein Einverständnis der Behörde, insbesondere eine Genehmigung, Erlaubnis oder Zustimmung, nach Ablauf einer bestimmten Frist aufgrund einer Rechtsvorschrift als erteilt gilt,

2. das Zulassen der Inanspruchnahme von Einrichtungen des Landes,
3. Überwachungsmaßnahmen, Prüfungen und Untersuchungen sowie
4. sonstige Leistungen, die im Rahmen einer öffentlich-rechtlichen Verwaltungstätigkeit erbracht werden.

(7) Individuell zurechenbar sind insbesondere öffentliche Leistungen, die
1. beantragt, sonst willentlich in Anspruch genommen oder zugunsten des Leistungsempfängers erbracht werden oder
2. durch einen Tatbestand ausgelöst werden, an den ein Gesetz die Befugnis zum Tätigwerden der Behörde knüpft und die in einem spezifischen Bezug zum Tun, Dulden oder Unterlassen einer Person oder zu dem von einer Person zu vertretenden Zustand einer Sache stehen; bei Überwachungshandlungen, Prüfungen und Untersuchungen gilt dies nur, wenn die öffentliche Leistung nicht ausschließlich auf eine allgemeine behördliche Informationsgewinnung gerichtet ist.

§ 2 Sachliche Verwaltungskostenfreiheit

(1) [1]Verwaltungskostenfrei sind
1. Maßnahmen der Rechts- und Fachaufsicht; dies gilt nicht, wenn sie durch vorsätzliche oder grob fahrlässige Rechtsverstöße veranlasst sind,
2. a) Überwachungsmaßnahmen aufgrund eines Verdachts oder einer Beschwerde oder
   b) Stichprobenkontrollen, bei denen der zu Überwachende ausschließlich nach dem Zufallsprinzip ausgewählt wird,

   wenn kein Verstoß gegen eine Rechtsvorschrift festgestellt wird,
3. einfache mündliche oder schriftliche Auskünfte; dies gilt nicht für Auskünfte aus Registern und Dateien,
4. die Erteilung von Bescheiden über öffentlich-rechtliche Geldforderungen,
5. Entscheidungen über die Stundung, den Erlass, die Niederschlagung oder die Erstattung öffentlich-rechtlicher Geldforderungen,
6. Entscheidungen über die Festsetzung von Entschädigungen aus öffentlichen Mitteln für den Entschädigungsbegünstigten,
7. Entscheidungen über die Festsetzung der in einem Vorverfahren nach § 68 der Verwaltungsgerichtsordnung (VwGO) zur zweckentsprechenden Rechtsverfolgung oder -verteidigung notwendigen Aufwendungen,
8. Entscheidungen über Anträge auf Geldleistungen, wie Fördermittel, einschließlich der Verwendungsnachweisprüfung, Unterstützungen, Beihilfen, Zuwendungen, Stipendien oder andere Geldleistungen,
9. Entscheidungen über die Erteilung von Bescheinigungen zur Bewilligung von Prozesskosten- oder Beratungshilfe,
10. öffentliche Leistungen in Gnadensachen,
11. öffentliche Leistungen im Rahmen eines bestehenden oder früheren öffentlich-rechtlichen Dienst- oder Amtsverhältnisses einschließlich eines Widerspruchsverfahrens,
12. Entscheidungen über Gegenvorstellungen und Aufsichtsbeschwerden,
13. öffentliche Leistungen in Angelegenheiten des Wahlrechts, des Volksbegehrens, des Volksentscheids und des Bürgerantrags,
14. Entscheidungen über die Anordnung der sofortigen Vollziehung nach den §§ 80 und 80a VwGO sowie
15. öffentliche Leistungen, die von der Polizei zur Erfüllung ihrer Aufgaben nach § 2 des Polizeiaufgabengesetzes vom 4. Juni 1992 (GVBl. S. 199) in der jeweils geltenden Fassung erbracht werden; dies gilt nicht
    a) für öffentliche Leistungen, die beantragt oder sonst veranlasst sind und nicht im überwiegend öffentlichen Interesse stehen,
    b) für Einsätze der Polizei aufgrund des Alarms einer Überfall- und Einbruchmeldeanlage; derartige Einsätze bleiben aber kostenfrei, wenn der Betreiber nachweist, dass kein Falschalarm vorlag, oder
    c) wenn durch eine Rechtsvorschrift etwas anderes bestimmt ist.

[2]In den Verwaltungskostenordnungen nach § 21 Abs. 1 können weitere öffentliche Leistungen bestimmt werden, für die Verwaltungskosten nicht oder nur zum Teil erhoben werden. [3]Andere gesetzliche Regelungen, nach denen öffentliche Leistungen verwaltungskostenfrei sind, bleiben unberührt.

(2) Die Verwaltungskostenfreiheit gilt nicht für

1. den Widerruf oder die Rücknahme einer Amtshandlung, sofern der Verwaltungskostenschuldner dies zu vertreten hat und
2. das Widerspruchsverfahren, soweit in Absatz 1 oder in anderen Rechtsvorschriften nichts anderes bestimmt ist oder soweit sich nicht der Widerspruch auf ändere Weise erledigt.

§ 3 Persönliche Gebührenfreiheit

(1) Von der Zahlung der Gebühren sind befreit:

1. das Land,
2. die Bundesrepublik Deutschland und die anderen Länder; dies gilt nur, wenn die Summe der Verwaltungskosten für eine Angelegenheit den Betrag von 500 Euro nicht übersteigt,
3. die kommunalen Körperschaften im Geltungsbereich dieses Gesetzes; dies gilt nicht in den Fällen des § 2 Abs. 1 Satz 1 Nr. 1 Halbsatz 2, und
4. Kirchen sowie andere Religions- und Weltanschauungsgemeinschaften im Geltungsbereich dieses Gesetzes, die die Rechtsstellung einer Körperschaft des öffentlichen Rechts haben.

(2) Die persönliche Gebührenfreiheit gilt nicht, wenn

1. die Gebühr Dritten auferlegt oder auf Dritte umgelegt werden kann,
2. die öffentliche Leistung einen Betrieb nach § 26 Abs. 1 der Thüringer Landeshaushaltsordnung in der Fassung vom 19. September 2000 (GVBl. S. 282) in der jeweils geltenden Fassung oder vergleichbare Betriebe des Bundes oder der anderen Länder betrifft oder
3. die öffentliche Leistung einen kommunalen Eigenbetrieb nach § 76 der Thüringer Kommunalordnung in der Fassung vom 28. Januar 2003 (GVBl. S. 41) in der jeweils geltenden Fassung betrifft, es sei denn, dass der Eigenbetrieb Leistungen erbringt, zu deren Bereitstellung die kommunalen Körperschaften gesetzlich verpflichtet sind.

(3) [1]Die persönliche Gebührenfreiheit gilt ebenfalls nicht, wenn die öffentliche Leistung von Personen nach § 1 Abs. 1 Nr. 3 erbracht wird. [2]Wird die gleiche öffentliche Leistung auch von Behörden nach § 1 Abs. 1 Nr. 1 oder 2 erbracht, gilt die persönliche Gebührenfreiheit auch nicht für die öffentliche Leistung dieser Behörden.

(4) Die Befreiungen nach Absatz 1 Nr. 2 und 3 gelten nicht für öffentliche Leistungen der oberen Kataster- und Vermessungsbehörde, der Gutachterausschüsse für Grundstückswerte und der Enteignungsbehörde nach § 17 des Thüringer Enteignungsgesetzes vom 23. März 1994 (GVBl. S. 329) in der jeweils geltenden Fassung.

(5) Die Absätze 1 und 2 finden keine Anwendung auf Gebühren

1. für von der Bauaufsichtsbehörde selbst vorgenommene Prüfungen, die auf besondere Sachverständige übertragen werden können, sofern auch die Entgelte für deren Leistungen geregelt sind, und
2. für die Entscheidung über
   a) die Freistellung von Wohnungen nach § 7 Abs. 1 des Wohnungsbindungsgesetzes (WoBindG) in der Fassung vom 13. September 2001 (BGBl. I S. 2404) in der jeweils geltenden Fassung in Verbindung mit § 30 Abs. 1 des Wohnraumförderungsgesetzes (WoFG) vom 13. September 2001 (BGBl. I S. 2376) in der jeweils geltenden Fassung und
   b) die Genehmigungen der Zweckentfremdung und der baulichen Veränderung nach § 7 Abs. 3 WoBindG in Verbindung mit § 27 Abs. 7 WoFG.

(6) Unberührt bleiben Befreiungen und Ermäßigungen, die auf besonderen gesetzlichen Vorschriften beruhen.

§ 4 Gebühren in besonderen Fällen

(1) In den Fällen des § 21 Abs. 1 Satz 2 sind die Gebühren nach Maßgabe der Absätze 2 bis 6 zu bemessen, soweit in einer Verwaltungskostenordnung nichts anderes bestimmt ist.

(2) [1]Wird ein Antrag aus anderen Gründen als wegen Unzuständigkeit ganz oder teilweise abgelehnt, ist eine Gebühr bis zu der Höhe zu erheben, die für die öffentliche Leistung vorgesehen ist, mindestens

jedoch 20 Euro. [2]Wird der Antrag wegen Unzuständigkeit der Behörde abgelehnt, ist keine Gebühr zu erheben.

(3) [1]Für die Entscheidung über einen Widerspruch ist, soweit der Widerspruch erfolglos geblieben ist, eine Gebühr bis zu der für den angefochtenen Bescheid festgesetzten Höhe zu erheben. [2]War für die angefochtene Amtshandlung keine Gebühr festgesetzt, war die Amtshandlung gebührenfrei oder ist der Widerspruch von einem Dritten eingelegt worden, ist eine Gebühr bis zu 3 000 Euro zu erheben. [3]In den Fällen der Sätze 1 und 2 beträgt die Gebühr mindestens 30 Euro. [4]Bei einem allein gegen eine Verwaltungskostenentscheidung gerichteten Widerspruch beträgt die Gebühr bis zu 25 vom Hundert des Betrags, dessen Festsetzung mit dem Widerspruch erfolglos angefochten worden ist, mindestens jedoch 20 Euro.

(4) [1]Hat die Behörde eine Amtshandlung aus Gründen, die der Verwaltungskostenschuldner zu vertreten hat, zurückgenommen oder widerrufen, ist eine Gebühr bis zu der Höhe zu erheben, die für die zurückgenommene oder widerrufene Amtshandlung im Zeitpunkt der Rücknahme oder des Widerrufs vorgesehen ist. [2]Ist für eine solche Amtshandlung eine Gebühr nicht vorgesehen oder wäre sie gebührenfrei, ist eine Gebühr bis zu 2 000 Euro zu erheben. [3]In den Fällen der Sätze 1 und 2 beträgt die Gebühr mindestens 20 Euro. [4]Hatte der Verwaltungskostenschuldner die Rücknahme oder den Widerruf nicht zu vertreten, werden keine Gebühren erhoben.

(5) [1]Wird ein Antrag zurückgenommen oder erledigt er sich auf andere Weise, bevor die öffentliche Leistung vollständig erbracht worden ist, sind bis zu 75 vom Hundert der für die öffentliche Leistung vorgesehenen Gebühr zu erheben. [2]Erfolgt die Gebührenberechnung nach dem Zeitaufwand, wird der bis zur Zurücknahme oder Erledigung des Antrags entstandene Zeitaufwand zugrunde gelegt. [3]In den Fällen der Sätze 1 und 2 beträgt die Gebühr mindestens 20 Euro. [4]Hatte die Behörde mit der sachlichen Bearbeitung noch nicht begonnen oder ist die beantragte öffentliche Leistung gebührenfrei, ist keine Gebühr zu erheben.

(6) [1]Wird ein Widerspruch zurückgenommen oder erledigt er sich auf andere Weise, beträgt die Gebühr bis zu 75 vom Hundert des Betrags nach Absatz 3 Satz 1. [2]Erfolgt die Gebührenberechnung nach dem Zeitaufwand, wird der bis zur Zurücknahme oder Erledigung des Widerspruchs entstandene Zeitaufwand zugrunde gelegt. [3]In den Fällen der Sätze 1 und 2 beträgt die Gebühr mindestens 20 Euro. [4]Richtete sich der Widerspruch allein gegen eine Kostenentscheidung, ist eine Gebühr von 20 Euro zu erheben. [5]Hatte die Behörde mit der sachlichen Bearbeitung noch nicht begonnen, ist keine Gebühr zu erheben.

(7) Ist eine öffentliche Leistung, für die Verwaltungskosten nicht zu erheben wären, missbräuchlich veranlasst worden, so wird eine Gebühr bis zu 1 000 Euro erhoben, mindestens jedoch 20 Euro.

(8) Gebühren, die bei richtiger Behandlung der Sache durch die Behörde nicht entstanden wären, sind nicht zu erheben.

§ 5 Verwaltungskostengläubiger

[1]Verwaltungskostengläubiger ist der Rechtsträger, dessen Behörde eine verwaltungskostenpflichtige öffentliche Leistung vornimmt. [2]Wird die öffentliche Leistung von einer sonstigen Person im Sinne des § 1 Abs. 1 Nr. 3 erbracht, ist Verwaltungskostengläubiger diese Person.

§ 6 Verwaltungskostenschuldner

(1) Zur Zahlung der Verwaltungskosten ist verpflichtet,

1. wem die öffentliche Leistung individuell zuzurechnen ist,
2. wer die Verwaltungskosten durch eine vor der zuständigen Behörde abgegebene oder ihr mitgeteilte Erklärung übernommen hat oder
3. wer für die Verwaltungskostenschuld eines anderen kraft Gesetzes haftet.

(2) [1]Verwaltungskostenschuldner ist auch, wer als gesetzlicher Vertreter, Vermögensverwalter oder Verfügungsberechtigter im Sinne der §§ 34 und 35 der Abgabenordnung infolge vorsätzlicher oder grob fahrlässiger Verletzung der ihm auferlegten Pflichten veranlasst hat, dass Verwaltungskosten nicht, nicht rechtzeitig oder nur teilweise erhoben werden können. [2]Dies umfasst auch die infolge der Pflichtverletzung zu zahlenden Säumniszuschläge.

(3) Mehrere Verwaltungskostenschuldner haften als Gesamtschuldner.

(4) Auslagen, die durch unbegründete Einwendungen oder durch schuldhaftes Verhalten entstanden sind, hat derjenige zu tragen, der sie verursacht hat.

§ 7 Entstehen der Verwaltungskostenschuld

(1) [1]Die Gebührenschuld entsteht, soweit ein Antrag notwendig ist, mit dessen Eingang bei der zuständigen Behörde, im Übrigen mit der vollständigen Erbringung der öffentlichen Leistung. [2]In den Fällen des § 1 Abs. 6 Nr. 2 entsteht die Gebührenschuld, soweit eine Benutzungserlaubnis notwendig ist, mit deren Erteilung, im Übrigen mit dem Beginn der Benutzung. [3]Bei Pauschgebühren entsteht die Gebührenschuld mit der Genehmigung des Antrags nach § 10.

(2) Die Auslagenschuld entsteht mit der Aufwendung des zu erhebenden Betrags; in den Fällen des § 11 Abs. 4 mit der vollständigen Erbringung der öffentlichen Leistung.

§ 8 Gebühren nach festen Sätzen

(1) Gebühren nach festen Sätzen sind Festgebühren, Wertgebühren und Zeitgebühren.

(2) Festgebühren sind die mit einem bestimmten unveränderlichen Betrag vorgesehenen Gebühren.

(3) [1]Wertgebühren sind nach dem Wert des Gegenstands, auf den sich die öffentliche Leistung bezieht, zu bemessen. [2]Bei der Festsetzung einer Wertgebühr ist der Wert zum Zeitpunkt der Beendigung der öffentlichen Leistung zugrunde zu legen.

(4) Zeitgebühren sind nach dem für die öffentliche Leistung erforderlichen Zeitaufwand zu bemessen.

§ 9 Rahmengebühren

[1]Rahmengebühren werden durch einen Mindest- und Höchstsatz bestimmt. [2]Bei der Festsetzung von Rahmengebühren im Einzelfall gilt § 21 Abs. 4 sinngemäß.

§ 10 Pauschgebühren

[1]Die Gebühr für regelmäßig wiederkehrende öffentliche Leistungen kann auf Antrag für einen im Voraus bestimmten Zeitraum, jedoch nicht für länger als ein Jahr, durch einen Pauschbetrag abgegolten werden; bei der Bemessung des Pauschbetrags ist der geringere Umfang der Verwaltungsarbeit zu berücksichtigen. [2]Die Pauschgebühr ist im Voraus festzusetzen.

§ 11 Auslagen

(1) [1]Folgende Aufwendungen, die im Zusammenhang mit einer öffentlichen Leistung und in den Fällen des § 1 Abs. 2 entstehen, werden als Auslagen gesondert erhoben:

1. Entschädigungen für Zeugen, Sachverständige, Dolmetscher oder Übersetzer; stehen diese in einem öffentlich-rechtlichen Dienst- oder Amtsverhältnis, ist das Justizvergütungs- und -entschädigungsgesetz vom 5. Mai 2004 (BGBl. I S. 718, 776) in der jeweils geltenden Fassung entsprechend anzuwenden,
2. Entgelte für Post- und Telekommunikationsleistungen, soweit sie das bei der jeweiligen öffentlichen Leistung übliche Maß übersteigen,
3. Aufwendungen für öffentliche Bekanntmachungen und Zustellungen durch die Behörde,
4. Vergütungen und andere Aufwendungen für die Ausführung von Dienstgeschäften außerhalb der Dienststelle,
5. Beträge, die Behörden, Einrichtungen, natürlichen oder juristischen Personen zustehen sowie
6. Aufwendungen für Ausfertigungen, Abschriften und Kopien, soweit sie auf besonderen Antrag hergestellt oder aus vom Verwaltungskostenschuldner zu vertretenden Gründen notwendig wurden.

[2]In einer Verwaltungskostenordnung nach § 21 kann bestimmt werden, dass entstandene Auslagen mit der Gebühr abgegolten sind.

(2) [1]Die Auslagen sind in der tatsächlich entstandenen Höhe zu erheben. [2]Pauschalierte Auslagen können in einer Verwaltungskostenordnung nach § 21 bestimmt werden.

(3) Wird in anderen Rechtsvorschriften die Erhebung von Auslagen ohne Angabe ihrer Art bestimmt, gelten die Absätze 1 und 2 entsprechend.

(4) Auslagen nach Absatz 1 Nr. 5 werden auch dann erhoben, wenn die verwaltungskostenerhebende Behörde aus Gründen der Gegenseitigkeit, der Verwaltungsvereinfachung oder aus ähnlichen Gründen an die andere Behörde, Einrichtung, natürliche oder juristische Person keine Zahlungen leistet.

(5) Auslagen sind außer in den Fällen des § 2 Abs. 1 auch dann zu erheben, wenn die öffentliche Leistung gebührenfrei ist.

(6) [1]Auslagen, die bei richtiger Sachbehandlung nicht entstanden wären, sind nicht zu erheben. [2]Das Gleiche gilt für Auslagen, die durch die Verlegung eines Termins oder durch die Vertagung einer Verhandlung entstanden sind, soweit dies nicht dem Auslagenschuldner zuzurechnen ist.

§ 12 Verwaltungskostenentscheidung

(1) [1]Die Verwaltungskosten werden von Amts wegen festgesetzt. [2]Die Entscheidung über die Verwaltungskosten soll, soweit möglich, zusammen mit der Sachentscheidung ergehen. [3]Aus der Verwaltungskostenentscheidung müssen mindestens hervorgehen:

1. die verwaltungskostenerhebende Behörde,
2. der Verwaltungskostenschuldner,
3. die verwaltungskostenpflichtige öffentliche Leistung,
4. die als Gebühren und Auslagen zu zahlenden Beträge sowie
5. wo, wann und wie die Gebühren und die Auslagen zu zahlen sind.

(2) [1]Die Verwaltungskostenentscheidung kann mündlich ergehen; sie ist auf Antrag schriftlich zu bestätigen. [2]Soweit sie schriftlich ergeht oder schriftlich bestätigt wird, ist auch die Rechtsgrundlage für die Erhebung der Verwaltungskosten sowie deren Berechnung anzugeben.

(3) [1]Die Verwaltungskostenentscheidung kann vorläufig ergehen, wenn der für die Ermittlung der Gebühr maßgebende Wert des Gegenstands der öffentlichen Leistung ungewiss ist. [2]Sie ist zu ändern oder für endgültig zu erklären, sobald die Ungewissheit beseitigt ist.

(4) [1]Vor der endgültigen Festsetzung der Gebühr kann die Summe der erstattungsfähigen Auslagen im Sinne des § 11 festgesetzt werden. [2]Gebühren und Auslagen sind dann jeweils nach Maßgabe des Absatzes 1 getrennt festzusetzen.

§ 13 Fälligkeit

Verwaltungskosten werden mit der Bekanntgabe der Verwaltungskostenentscheidung an den Verwaltungskostenschuldner fällig, wenn nicht die Behörde einen späteren Zeitpunkt bestimmt.

§ 14 Säumniszuschlag

(1) [1]Werden Gebühren oder Auslagen nicht bis zum Ablauf des Fälligkeitstages entrichtet, so ist für jeden angefangenen Monat der Säumnis ein Säumniszuschlag von eins vom Hundert des abgerundeten rückständigen Betrags zu erheben, wenn dieser 50 Euro übersteigt. [2]Ein Säumniszuschlag wird bei einer Säumnis bis zu drei Tagen nicht erhoben.

(2) Absatz 1 gilt nicht für Säumniszuschläge, die nicht rechtzeitig entrichtet werden.

(3) Für die Berechnung des Säumniszuschlags wird der rückständige Betrag auf den nächsten durch 50 Euro teilbaren Betrag abgerundet.

(4) Als Tag, an dem eine Zahlung entrichtet worden ist, gilt

1. bei Übergabe oder Übersendung von Zahlungsmitteln an die für den Kostenträger zuständige Kasse der Tag des Eingangs oder
2. bei Überweisung oder Einzahlung auf ein Konto der für den Verwaltungskostengläubiger zuständigen Kasse und bei Einzahlung mit Zahlkarte oder Postanweisung der Tag, an dem der Betrag der Kasse gutgeschrieben wird.

(5) [1]In den Fällen der Gesamtschuld entstehen Säumniszuschläge gegenüber jedem säumigen Gesamtschuldner. [2]Insgesamt ist jedoch kein höherer Säumniszuschlag zu entrichten als entstanden wäre, wenn die Säumnis nur bei einem Gesamtschuldner eingetreten wäre.

§ 15 Kostenvorschuss, Sicherheitsleistung, Zurückbehaltungsrecht

(1) [1]Die Behörde kann bei öffentlichen Leistungen, die auf Antrag vorgenommen werden, die Zahlung eines Kostenvorschusses und/oder die Leistung einer Sicherheit bis zur Höhe der voraussichtlich entstehenden Verwaltungskosten verlangen. [2]Unbeschadet des Satzes 1 kann die Behörde eine öffentliche Leistung, die auf Antrag vorgenommen wird, davon abhängig machen, dass der Antragsteller keine Verwaltungskostenrückstände für öffentliche Leistungen des gleichen Sachgebiets hat. [3]Satz 2 gilt nicht für das Widerspruchsverfahren.

(2) [1]Dem Antragsteller ist eine angemessene Frist zur Zahlung des Vorschusses, zur Leistung der Sicherheit oder zur Begleichung des Rückstands zu setzen. [2]Die Behörde kann den Antrag als zurückgenommen behandeln, wenn die Frist nicht eingehalten wird und der Antragsteller bei der Anforderung des Vorschusses, der Sicherheitsleistung oder des Rückstands hierauf hingewiesen worden ist. [3]Satz 2 gilt nicht für das Widerspruchsverfahren.

(3) Ausfertigungen, Abschriften sowie zurückzugebende Urkunden, die aus Anlass der öffentlichen Leistung eingereicht worden sind, können bis zur Bezahlung der angeforderten Verwaltungskosten zurückbehalten werden.

§ 16 Billigkeitsregelungen

(1) Die festsetzende Behörde kann die Verwaltungskosten ermäßigen oder von der Erhebung absehen, wenn dies mit Rücksicht auf die wirtschaftlichen Verhältnisse des Verwaltungskostenschuldners oder sonst aus Billigkeitsgründen geboten erscheint.

(2) Die zuständigen Ministerien können im Einvernehmen mit dem für Finanzen zuständigen Ministerium anordnen, dass für bestimmte Arten von öffentlichen Leistungen von der Erhebung der Verwaltungskosten ganz oder zum Teil abzusehen ist, wenn die Erhebung der Gebühr unbillig erscheint oder dem öffentlichen Interesse widerspricht.

(3) [1]Für die Stundung, die Niederschlagung und den Erlass von Forderungen des Landes auf Zahlung von Gebühren, Auslagen und sonstigen Nebenleistungen gelten die Bestimmungen der Thüringer Landeshaushaltsordnung. [2]In den Fällen, in denen ein anderer Rechtsträger als das Land Verwaltungskostengläubiger ist, gelten die für ihn verbindlichen entsprechenden Vorschriften.

§ 17 Verjährung

(1) [1]Der Anspruch auf Zahlung von Verwaltungskosten verjährt nach drei Jahren. [2]Die Verjährung beginnt mit Ablauf des Kalenderjahrs, in dem der Anspruch fällig geworden ist. [3]Mit Ablauf dieser Frist, spätestens mit Ablauf des vierten Jahrs nach der Entstehung, erlischt der Anspruch. [4]Ist die öffentliche Leistung mit Ablauf des vierten Jahrs nach der Entstehung der Verwaltungskostenschuld nicht beendet, erlischt der Anspruch mit Ablauf eines Jahrs nach vollständiger Erbringung der öffentlichen Leistung.

(2) Die Verjährung wird unterbrochen durch

1. schriftliche Zahlungsaufforderung,
2. Zahlungsaufschub,
3. Stundung,
4. Aussetzen der Vollziehung,
5. Sicherheitsleistung,
6. eine Vollstreckungsmaßnahme,
7. Vollstreckungsaufschub,
8. Anmeldung im Insolvenzverfahren,
9. Ermittlungen des Verwaltungskostengläubigers über Wohnsitz oder Aufenthalt des Zahlungspflichtigen,
10. die Aufnahme in einen Insolvenzplan,
11. einen gerichtlichen Schuldenbereinigungsplan und
12. Einbeziehung in ein Verfahren, das die Restschuldbefreiung für den Schuldner zum Ziel hat.

(3) Mit Ablauf des Kalenderjahrs, in dem die Unterbrechung endet, beginnt eine neue Verjährung.

(4) Die Verjährung wird nur in Höhe des Betrags unterbrochen, auf den sich die Unterbrechungshandlung bezieht.

(5) Wird eine Verwaltungskostenentscheidung angefochten, so erlöschen Ansprüche aus ihr nicht vor Ablauf von sechs Monaten, nachdem die Verwaltungskostenentscheidung unanfechtbar geworden ist oder das Verfahren sich auf andere Weise erledigt hat.

§ 18 Erstattung

(1) Überbezahlte oder zu Unrecht erhobene Verwaltungskosten sind unverzüglich zu erstatten, zu Unrecht erhobene Verwaltungskosten jedoch nur, soweit eine Verwaltungskostenentscheidung noch nicht unanfechtbar geworden ist; nach diesem Zeitpunkt können zu Unrecht erhobene Verwaltungskosten nur aus Billigkeitsgründen erstattet werden.

(2) Der Erstattungsanspruch erlischt durch Verjährung, wenn er nicht bis zum Ablauf des dritten Kalenderjahrs geltend gemacht wird, das auf die Entstehung des Anspruchs folgt; die Verjährung beginnt jedoch nicht vor der Unanfechtbarkeit der Verwaltungskostenentscheidung.

§ 19 Anfechtung der Verwaltungskostenentscheidung

Wird eine Verwaltungskostenentscheidung selbständig angefochten, so ist das Rechtsbehelfsverfahren verwaltungskostenrechtlich als selbständiges Verfahren zu behandeln.

§ 20 Rechtsakte der Europäischen Gemeinschaften oder der Europäischen Union

[1]Werden öffentliche Leistungen erbracht, für die Gebührenvorschriften in Rechtsakten der Europäischen Gemeinschaften oder der Europäischen Union maßgebend sind, sind die Gebühren nach Maßgabe dieser Vorschriften zu bemessen. [2]Die Gebühren können abweichend bemessen werden, soweit die Gebührenvorschriften der Rechtsakte dies zulassen.

§ 21 Ermächtigung

(1) [1]Die Landesregierung kann durch Rechtsverordnung (Verwaltungskostenordnung) Gebühren für öffentliche Leistungen festsetzen und die Erstattung von Auslagen regeln. [2]Die in einer Verwaltungskostenordnung vorgesehenen Verwaltungskostentatbestände gelten nach Maßgabe des § 4 Abs. 1 bis 6 auch im Fall

1. der Ablehnung eines Antrags,
2. der Zurückweisung eines Widerspruchs,
3. der Rücknahme oder des Widerrufs einer Amtshandlung,
4. der Zurücknahme oder der Erledigung eines Antrags und
5. der Zurücknahme oder der Erledigung eines Widerspruchs,

soweit die Verwaltungskostenordnung nichts anderes bestimmt.

(2) Die Gebühren sind nach festen Sätzen (Festgebühren, Wertgebühren, Zeitgebühren) oder Rahmensätzen (Rahmengebühren) zu bestimmen.

(3) [1]Zur Abgeltung mehrfacher gleichartiger öffentlicher Leistungen für denselben Gebührenschuldner können Pauschgebühren vorgesehen werden. [2]Bei der Bemessung der Pauschgebührensätze ist der geringere Umfang des Verwaltungsaufwands zu berücksichtigen.

(4) [1]Die Gebührensätze sind so zu bemessen, dass zwischen der den Verwaltungsaufwand berücksichtigenden Höhe der Gebühr einerseits und der Bedeutung, dem wirtschaftlichen Wert oder dem sonstigen Nutzen der öffentlichen Leistung andererseits ein angemessenes Verhältnis besteht. [2]Die Gebühr darf den Verwaltungsaufwand nur dann unterschreiten (Kostenunterschreitungsverbot), wenn dies aus Gründen des öffentlichen Interesses oder der Billigkeit erforderlich ist oder wenn die öffentliche Leistung für den Empfänger der öffentlichen Leistung belastend wirkt. [3]Ist gesetzlich oder in Rechtsakten der Europäischen Gemeinschaften oder der Europäischen Union vorgesehen, dass Gebühren nur zur Deckung des Verwaltungsaufwands erhoben werden, sind die Gebührensätze so zu bemessen, dass das geschätzte Gebührenaufkommen den auf die öffentlichen Leistungen entfallenden durchschnittlichen Verwaltungsaufwand für den betreffenden Verwaltungszweig nicht übersteigt. [4]Verwaltungsaufwand im Sinne der Sätze 1 bis 3 sind der Personal- und Sachaufwand sowie kalkulatorische Abschreibungen und Zinsen. [5]Zum Personalaufwand zählen insbesondere die tatsächlich gezahlten Bezüge oder Entgelte und Personalnebenkosten. [6]Dabei sind Steigerungen der Bezüge oder Entgelte zu berücksichtigen. [7]Der Sachaufwand umfasst die Kosten eines Arbeitsplatzes einschließlich der damit verbundenen Nebenkosten. [8]Die Landesregierung kann durch Rechtsverordnung weitere Vorgaben zur Bemessung der Verwaltungsgebühren nach den §§ 8 und 9 sowie zu den in Satz 9 genannten Pflichten der gebührenerhebenden Behörden erlassen. [9]Die gebührenerhebenden Behörden haben die aus der Sicht der jeweils fachlich zuständigen obersten Landesbehörden zur Bemessung der Gebührensätze erforderlichen Angaben nach deren zeitlichen Vorgaben zu erheben und diesen mitzuteilen.

(5) Spätestens drei Jahre nach der letzten Überprüfung der Verwaltungskostensätze sind diese erneut zu überprüfen und bei Bedarf anzupassen.

§ 22 Übergangsbestimmungen

Wird eine Verwaltungskostenordnung erlassen oder geändert, gelten für öffentliche Leistungen, die vor dem In-Kraft-Treten der Rechtsverordnung beantragt waren, aber noch nicht beendet sind, die bisherigen Vorschriften, wenn sie für den Verwaltungskostenpflichtigen günstiger sind.

§ 23 Gleichstellungsbestimmung

Status- und Funktionsbezeichnungen in diesem Gesetz gelten jeweils in männlicher und weiblicher Form.

§ 24 In-Kraft-Treten, Außer-Kraft-Treten

(1) Dieses Gesetz tritt am ersten Tag des siebten auf die Verkündung[1] folgenden Kalendermonats in Kraft.

(2) Gleichzeitig mit dem In-Kraft-Treten tritt das Thüringer Verwaltungskostengesetz vom 7. August 1991 (GVBl. S. 285 –321–), zuletzt geändert durch Artikel 3 des Gesetzes vom 22. März 2005 (GVBl. S. 115), außer Kraft.

1) Verkündet am 29.9.2005.

Thüringer Beamtengesetz (ThürBG)[1)]

Vom 12. August 2014 (GVBl. S. 472)
(2030-2)

zuletzt geändert durch Art. 5 Thüringer ÄndG zur Einführung eines Altersgeldes sowie zur Änd. versorgungs-, besoldungs- und anderer dienstrechtlicher Vorschriften vom 4. Oktober 2021 (GVBl. S. 508)

Inhaltsübersicht

Erster Teil
Einleitende Bestimmungen und Begriffsbestimmungen

§ 1 Geltungsbereich
§ 2 Verleihung der Dienstherrnfähigkeit durch Satzung (§ 2 BeamtStG)
§ 3 Oberste Dienstbehörde, Dienstvorgesetzter, Vorgesetzter
§ 4 Leistungen des Dienstherrn

Zweiter Teil
Das Beamtenverhältnis

Erster Abschnitt
Begründung eines Beamtenverhältnisses

§ 5 Zuständigkeit für die Ernennung, Wirksamwerden, Folgen (§ 8 BeamtStG)
§ 6 Verfahren bei Feststellung der Nichtigkeit der Ernennung, Verbot der Führung der Dienstgeschäfte (§ 11 BeamtStG)
§ 7 Verfahren bei Rücknahme der Ernennung (§ 12 BeamtStG)
§ 8 Rechtswirkungen von Nichtigkeit und Rücknahme der Ernennung

Zweiter Abschnitt
Abordnung, Versetzung, Behörden- und Körperschaftsumbildung innerhalb des Geltungsbereichs dieses Gesetzes

§ 9 Grundsatz
§ 10 Abordnung
§ 11 Versetzung
§ 12 Verfahrensbestimmungen
§ 13 Verwaltungsrechtsweg
§ 13a Auflösung oder Umbildung von Behörden
§ 14 Umbildung einer Körperschaft
§ 15 Rechtsfolgen der Umbildung
§ 16 Rechtsstellung der Beamten
§ 17 Genehmigungsvorbehalt für Ernennungen
§ 18 Rechtsstellung der Versorgungsempfänger

Dritter Abschnitt
Beendigung des Beamtenverhältnisses

Erster Unterabschnitt
Entlassung

§ 19 Zuständigkeit, Form und Wirksamwerden der Entlassung (§§ 22, 23 BeamtStG)
§ 20 Besondere Verfahrensvorschriften bei Entlassung auf eigenen Antrag (§ 23 BeamtStG)
§ 21 Rechtsfolgen der Entlassung

Zweiter Unterabschnitt
Verlust der Beamtenrechte

§ 22 Rechtsfolgen des Verlustes der Beamtenrechte (§ 24 Abs. 1 BeamtStG)
§ 23 Wirkung des Wiederaufnahmeverfahrens (§ 24 Abs. 2 BeamtStG)
§ 24 Gnadenerweis

Dritter Unterabschnitt
Ruhestand, einstweiliger Ruhestand, Versetzung in den Ruhestand wegen Dienstunfähigkeit

§ 25 Ruhestand wegen Erreichens der Altersgrenze, Hinausschieben des Eintritts in den Ruhestand (§ 25 BeamtStG)
§ 26 Versetzung in den Ruhestand auf Antrag
§ 27 Einstweiliger Ruhestand (§ 30 BeamtStG)
§ 28 Einstweiliger Ruhestand bei Umbildung oder Auflösung von Behörden (§ 31 BeamtStG)
§ 29 Einstweiliger Ruhestand bei Umbildung von Körperschaften (§ 18 Abs. 2 BeamtStG)
§ 30 Beginn des einstweiligen Ruhestands
§ 31 Verfahren bei Dienstunfähigkeit und begrenzter Dienstfähigkeit (§§ 26, 27 BeamtStG)
§ 32 Wiederherstellung der Dienstfähigkeit (§ 29 BeamtStG)
§ 33 Ärztliche Untersuchung, Anwendung des Gendiagnostikgesetzes
§ 34 Zuständigkeit für die Ruhestandsversetzung, Beginn des Ruhestands (§§ 28, 32 BeamtStG)

Vierter Abschnitt
Rechtliche Stellung im Beamtenverhältnis

Erster Unterabschnitt
Allgemeine Pflichten und Rechte

§ 35 Verschwiegenheitspflicht, Aussagegenehmigung, Auskünfte an die Presse (§ 37 BeamtStG)
§ 36 Diensteid, Gelöbnis (§ 38 BeamtStG)

1) Verkündet als Art. 1 G v. 12.8.2014 (GVBl. S. 472); Inkrafttreten gem. Art. 23 dieses G am 1.1.2015.

§ 37 Verbot der Führung der Dienstgeschäfte (§ 39 BeamtStG)
§ 38 Verbot der Annahme von Belohnungen, Geschenken und sonstigen Vorteilen (§ 42 BeamtStG)
§ 39 Befreiung von Amtshandlungen
§ 40 Wahl des Wohnorts, Bestimmung des Aufenthaltsorts
§ 41 Bestimmungen über die Dienstkleidung
§ 42 Amtsbezeichnung
§ 43 Dienstjubiläum
§ 44 Dienstzeugnis
§ 45 Dienstvergehen von Ruhestandsbeamten (§ 47 Abs. 2 BeamtStG)
§ 46 Schadensersatzpflicht, Rückgriff (§ 48 BeamtStG)
§ 47 Übergang eines Schadensersatzanspruchs gegen Dritte
§ 48 Übermittlungen bei Strafverfahren (§ 49 BeamtStG)

Zweiter Unterabschnitt
Nebentätigkeiten und Tätigkeiten nach Beendigung des Beamtenverhältnisses
§ 49 Nebentätigkeit (§ 40 BeamtStG)
§ 50 Pflicht zur Übernahme einer Nebentätigkeit (§ 40 BeamtStG)
§ 51 Genehmigungspflichtige Nebentätigkeiten (§ 40 BeamtStG)
§ 52 Nicht genehmigungspflichtige Nebentätigkeiten (§ 40 BeamtStG)
§ 53 Ausübung von Nebentätigkeiten (§ 40 BeamtStG)
§ 54 Verfahren (§ 40 BeamtStG)
§ 55 Rückgriff bei Haftungsschäden von Beamten
§ 56 Beendigung der mit dem Hauptamt verbundenen Nebentätigkeiten
§ 57 Rechtsverordnung über Nebentätigkeit
§ 58 Tätigkeit nach Beendigung des Beamtenverhältnisses (§ 41 BeamtStG)

Dritter Unterabschnitt
Arbeitszeit, Fernbleiben vom Dienst, Teilzeit und Urlaub
§ 59 Regelmäßige Arbeitszeit, Bereitschaftsdienst, Mehrarbeit
§ 60 Fernbleiben vom Dienst, Krankheit
§ 61 Teilzeitbeschäftigung
§ 62 Teilzeitbeschäftigung aus familiären Gründen
§ 63 Sabbatjahr, Freistellung vor dem Ruhestand
§ 64 Familienpflegezeit
§ 65 Widerruf und Änderung der Bewilligung von Teilzeitbeschäftigung bei langfristiger ungleichmäßiger Verteilung der Arbeitszeit
§ 66 Erholungsurlaub (§ 44 BeamtStG)
§ 67 Urlaub ohne Dienstbezüge
§ 68 Urlaub aus familiären Gründen
§ 69 Wahlvorbereitungsurlaub
§ 70 Höchstdauer von unterhälftiger Teilzeitbeschäftigung und Urlaub
§ 71 Hinweispflicht auf die Folgen von Teilzeitarbeit und langfristigem Urlaub, Benachteiligungsverbot

Vierter Unterabschnitt
Fürsorge und Schutz
§ 72 Beihilfe
§ 73 Besoldung, Versorgung, Reise- und Umzugskosten, Fürsorgeleistungen in besonderen Fällen
§ 74 Ersatz von Sachschäden und Schadensersatz bei Gewaltakten Dritter
§ 74a Erfüllungsübernahme bei Schmerzensgeldansprüchen
§ 75 Mutterschutz und Elternzeit
§ 76 Arbeitsschutz
§ 77 Jugendarbeitsschutz
§ 78 Abtretung, Verpfändung, Aufrechnung, Zurückbehaltung

Fünfter Unterabschnitt
Personalaktendaten (§ 50 BeamtStG)
§ 79 Erhebung und Verarbeitung von personenbezogenen Daten
§ 80 Zugang zu Personalakten
§ 81 Gliederung und Gestaltung von Personalakten
§ 82 Personalaktendaten über Beihilfen
§ 83 Anhörung
§ 84 Auskunft an die betroffenen Beamten
§ 85 Übermittlung von Personalaktendaten und Auskünfte an Dritte
§ 86 Entfernung von Personalaktendaten
§ 87 Aussonderung von Personalakten, Löschung von Personalaktendaten

Dritter Teil
Landespersonalausschuss
§ 88 Landespersonalausschuss
§ 89 Zusammensetzung, Geschäftsstelle
§ 90 Aufgaben
§ 91 Dienstaufsicht und Rechtsstellung
§ 92 Geschäftsordnung
§ 93 Sitzungen und Beschlüsse
§ 94 Beweiserhebung, Amtshilfe

Vierter Teil
Verfahren bei Erlass allgemeiner beamtenrechtlicher Regelungen
§ 95 Beteiligung der Spitzenorganisationen der Gewerkschaften und Berufsverbände (§ 53 BeamtStG)
§ 96 Beteiligung der kommunalen Spitzenverbände

Fünfter Teil
Besondere Beamtengruppen

Erster Abschnitt
Allgemeines

§ 97 Grundsatz

Zweiter Abschnitt
Beamte beim Landtag, Beamte des Rechnungshofs

§ 98 Beamte beim Landtag
§ 99 Beamte des Rechnungshofs

Dritter Abschnitt
Polizeivollzugsbeamte, Beamte des feuerwehrtechnischen Dienstes, Beamte des Justizvollzugsdienstes

§ 100 Polizeivollzugsbeamte
§ 101 Arbeitszeit
§ 102 Gemeinschaftsunterkunft, Gemeinschaftsverpflegung
§ 103 Heilfürsorge
§ 104 Dienstkleidung
§ 105 Polizeidienstunfähigkeit (§ 26 BeamtStG)
§ 106 Eintritt in den Ruhestand
§ 107 Beamte des feuerwehrtechnischen Dienstes
§ 108 Beamte des Justizvollzugsdienstes

Vierter Abschnitt
Beamte auf Zeit, kommunale Wahlbeamte, wissenschaftliches und künstlerisches Personal an Hochschulen, Lehrer an staatlichen Schulen

§ 109 Beamte auf Zeit (§ 6 BeamtStG)
§ 110 Kommunale Wahlbeamte
§ 111 Wissenschaftliches und künstlerisches Personal an Hochschulen
§ 112 Lehrer an staatlichen Schulen

Fünfter Abschnitt
Ehrenbeamte

§ 113 Ehrenbeamte (§ 5 BeamtStG)

Sechster Teil
Beschwerden, Rechtsschutz, Zustellung (§ 54 BeamtStG)

§ 114 Anträge, Beschwerden und Eingaben
§ 115 Vertretung des Dienstherrn
§ 116 Zustellung

Siebenter Teil
Übertragung von Zuständigkeiten, Verwaltungsvorschriften

§ 117 Übertragung von Zuständigkeiten
§ 118 Verwaltungsvorschriften

Achter Teil
Übergangs- und Schlussbestimmungen

§ 119 Übergangsbestimmungen
§ 120 Gleichstellungsbestimmung

Erster Teil
Einleitende Bestimmungen und Begriffsbestimmungen

§ 1 Geltungsbereich

(1) Dieses Gesetz gilt für die Beamten des Landes, der Gemeinden, der Landkreise und der anderen Gemeindeverbände sowie der sonstigen der Aufsicht des Landes unterstehenden Körperschaften, Anstalten und Stiftungen des öffentlichen Rechts, soweit im Einzelnen nichts anderes bestimmt ist.
(2) Dieses Gesetz gilt nicht für die Beamten der öffentlich-rechtlichen Religionsgesellschaften und ihrer Verbände.

§ 2 Verleihung der Dienstherrnfähigkeit durch Satzung (§ 2 BeamtStG)

Wird sonstigen der Aufsicht des Landes unterstehenden Körperschaften, Anstalten und Stiftungen des öffentlichen Rechts die Dienstherrnfähigkeit nach § 2 Nr. 2 des Beamtenstatusgesetzes (BeamtStG) vom 17. Juni 2008 (BGBl. I S. 1010) in der jeweils geltenden Fassung durch eine Satzung zuerkannt, bedarf die Satzung der Genehmigung der Landesregierung.

§ 3 Oberste Dienstbehörde, Dienstvorgesetzter, Vorgesetzter

(1) Oberste Dienstbehörde ist
1. für die Beamten des Landes die oberste Landesbehörde des Geschäftsbereichs, in dem sie ein Amt bekleiden,
2. für die Beamten der der Aufsicht des Landes unterstehenden Körperschaften, Anstalten und Stiftungen des öffentlichen Rechts das nach Gesetz, Rechtsverordnung oder Satzung zuständige Organ.

(2) [1]Dienstvorgesetzter ist, wer für beamtenrechtliche Entscheidungen über die persönlichen Angelegenheiten der ihm nachgeordneten Beamten zuständig ist. [2]Vorgesetzter ist, wer Beamten für ihre dienstliche Tätigkeit Anordnungen erteilen kann. [3]Wer Dienstvorgesetzter und Vorgesetzter ist, be-

stimmt sich nach dem Aufbau der öffentlichen Verwaltung. [4]Ist ein Dienstvorgesetzter nicht vorhanden, so nimmt die zuständige oberste Dienstbehörde die Befugnisse des Dienstvorgesetzten wahr.
(3) Entscheidungen und Maßnahmen nach diesem Gesetz und dem Beamtenstatusgesetz trifft, wenn nichts anderes bestimmt ist, der Dienstvorgesetzte und nach Beendigung des Dienstverhältnisses der letzte Dienstvorgesetzte.

§ 4 Leistungen des Dienstherrn

[1]Leistungen des Dienstherrn sind Besoldung, Versorgung und sonstige Leistungen. [2]Sonstige Leistungen sind Kostenerstattungen und Fürsorgeleistungen, soweit sie nicht zur Besoldung oder Versorgung gehören.

Zweiter Teil
Das Beamtenverhältnis

Erster Abschnitt
Begründung eines Beamtenverhältnisses

§ 5 Zuständigkeit für die Ernennung, Wirksamwerden, Folgen (§ 8 BeamtStG)

(1) [1]Der Ministerpräsident ernennt die Beamten des Landes, soweit gesetzlich nichts anderes bestimmt ist. [2]Er kann dieses Recht auf andere Stellen übertragen. [3]Er kann die Ministerien ermächtigen, die Befugnis, Beamte zu ernennen, auf ihnen unmittelbar nachgeordnete Behörden zu übertragen.
(2) Die Beamten der Gemeinden, der Landkreise und der anderen Gemeindeverbände werden von deren oberster Dienstbehörde (§ 3 Abs. 1 Nr. 2) ernannt, soweit durch Gesetz nichts anderes bestimmt ist.
(3) Die Beamten der sonstigen der Aufsicht des Landes unterstehenden Körperschaften, Anstalten und Stiftungen des öffentlichen Rechts werden von der nach Gesetz, Rechtsverordnung oder Satzung hierfür zuständigen Stelle ernannt.
(4) Einer Ernennung bedarf es neben den Fällen des § 8 Abs. 1 Nr. 1 bis 3 BeamtStG auch zur Verleihung eines anderen Amtes mit anderer Amtsbezeichnung beim Wechsel der Laufbahngruppe (§ 8 Abs. 1 Nr. 4 BeamtStG).
(5) Die Ernennung wird mit dem Tag der Aushändigung der Ernennungsurkunde wirksam, wenn nicht in der Urkunde ausdrücklich ein späterer Tag bestimmt ist.
(6) Mit der Ernennung erlischt ein privatrechtliches Arbeitsverhältnis zum Dienstherrn.

§ 6 Verfahren bei Feststellung der Nichtigkeit der Ernennung, Verbot der Führung der Dienstgeschäfte (§ 11 BeamtStG)

(1) [1]Die Nichtigkeit der Ernennung wird von der obersten Dienstbehörde festgestellt. [2]Die Feststellung der Nichtigkeit ist den Beamten, im Fall ihres Todes den versorgungsberechtigten Hinterbliebenen, zuzustellen.
(2) [1]Bei Nichtigkeit einer Ernennung nach § 8 Abs. 1 Nr. 1 BeamtStG ist den Ernannten die weitere Führung der Dienstgeschäfte zu verbieten; in den Fällen des § 8 Abs. 1 Nr. 2 bis 4 BeamtStG in Verbindung mit § 5 Abs. 4 kann sie in dem erforderlichen Umfang verboten werden. [2]Das Verbot ist erst dann auszusprechen, wenn es die zuständige Stelle oder Behörde abgelehnt hat, die Ernennung zu bestätigen (§ 11 Abs. 2 Nr. 1 und 2 BeamtStG) oder nachträglich eine Ausnahme zuzulassen (§ 11 Abs. 2 Nr. 3 BeamtStG).

§ 7 Verfahren bei Rücknahme der Ernennung (§ 12 BeamtStG)

(1) Die Rücknahme einer Ernennung wird von der obersten Dienstbehörde vorgenommen; sie ist den Beamten, im Fall ihres Todes den versorgungsberechtigten Hinterbliebenen, zuzustellen.
(2) Die Rücknahme muss in den Fällen des § 12 Abs. 1 Nr. 1 bis 3 BeamtStG innerhalb einer Frist von sechs Monaten, in den Fällen des § 12 Abs. 1 Nr. 4 BeamtStG innerhalb einer Frist von einem Jahr erfolgen, nachdem die oberste Dienstbehörde von der Ernennung und dem Grund der Rücknahme Kenntnis erlangt hat.
(3) § 6 Abs. 2 Satz 1 gilt entsprechend.

§ 8 Rechtswirkungen von Nichtigkeit und Rücknahme der Ernennung
[1]Ist eine Ernennung nichtig oder ist sie zurückgenommen worden, so sind die bis zu dem Verbot (§ 6 Abs. 2) oder bis zur Zustellung der Erklärung der Rücknahme (§ 7 Abs. 1) vorgenommenen Amtshandlungen der Ernannten in gleicher Weise gültig, als wenn die Ernennung wirksam gewesen wäre. [2]Die Leistungen des Dienstherrn können belassen werden.

Zweiter Abschnitt
Abordnung, Versetzung, Behörden- und Körperschaftsumbildung innerhalb des Geltungsbereichs dieses Gesetzes

§ 9 Grundsatz
Die Bestimmungen dieses Abschnitts gelten für Abordnungen und Versetzungen zwischen den und innerhalb der in § 1 genannten Dienstherrn sowie für Körperschaftsumbildungen innerhalb des Geltungsbereichs dieses Gesetzes.

§ 10 Abordnung
(1) [1]Eine Abordnung ist die bei einem dienstlichen Bedürfnis erfolgende, vorübergehende Übertragung einer dem Amt der Beamten entsprechenden Tätigkeit bei einer anderen Dienststelle desselben oder eines anderen Dienstherrn unter Beibehaltung der Zugehörigkeit zur bisherigen Dienststelle. [2]Sie kann ganz oder teilweise erfolgen.
(2) [1]Aus dienstlichen Gründen können Beamte vorübergehend ganz oder teilweise auch zu einer nicht ihrem Amt entsprechenden Tätigkeit abgeordnet werden, wenn ihnen die Wahrnehmung der neuen Tätigkeit aufgrund ihrer Vorbildung oder Berufsausbildung zuzumuten ist. [2]Dabei ist auch die Abordnung zu einer Tätigkeit, die nicht einem Amt mit demselben Endgrundgehalt entspricht, zulässig.
(3) [1]Die Abordnung bedarf der Zustimmung der Beamten, wenn sie
1. im Fall des Absatzes 2 länger als zwei Jahre dauert oder
2. zu einem anderen Dienstherrn erfolgt.

[2]Abweichend von Satz 1 ist die Abordnung zu einem anderen Dienstherrn ohne Zustimmung der Beamten zulässig, wenn die neue Tätigkeit einem Amt mit demselben Endgrundgehalt der bisherigen Laufbahn oder einer anderen Laufbahn entspricht und nicht länger als fünf Jahre dauert.
(4) [1]Werden Beamte zu einem anderen Dienstherrn abgeordnet, finden, soweit zwischen den Dienstherrn nichts anderes vereinbart ist, die für den Bereich des aufnehmenden Dienstherrn geltenden Vorschriften über die Pflichten und Rechte der Beamten mit Ausnahme der Regelungen über den Diensteid, die Amtsbezeichnung, die Zahlung von Bezügen, die Krankenfürsorgeleistungen, die Versorgung und die Dienstjubiläen Anwendung. [2]Zur Zahlung der den Beamten zustehenden Leistungen ist auch der Dienstherr verpflichtet, zu dem sie abgeordnet sind.

§ 11 Versetzung
(1) Eine Versetzung ist die auf Dauer angelegte Übertragung eines anderen Amtes bei einer anderen Dienststelle bei demselben oder einem anderen Dienstherrn.
(2) Beamte können auf ihren Antrag oder aus dienstlichen Gründen in ein anderes Amt einer Laufbahn, für die sie die Befähigung besitzen, versetzt werden.
(3) [1]Die Versetzung bedarf der Zustimmung der Beamten. [2]Abweichend von Satz 1 können Beamte aus dienstlichen Gründen auch ohne ihre Zustimmung in ein Amt mit mindestens demselben Endgrundgehalt der bisherigen Laufbahn oder einer anderen Laufbahn, auch im Bereich eines anderen Dienstherrn, versetzt werden, wenn ihnen die Tätigkeit aufgrund der Vorbildung oder Berufsausbildung zuzumuten ist. [3]Stellenzulagen gelten hierbei nicht als Bestandteile des Endgrundgehalts.
(4) [1]Bei der Auflösung oder einer wesentlichen Änderung des Aufbaus oder der Aufgaben einer Behörde oder der Verschmelzung von Behörden können Beamte, deren Aufgabengebiet davon berührt wird, auch ohne ihre Zustimmung in ein anderes Amt derselben oder einer anderen Laufbahn mit geringerem Endgrundgehalt im Bereich desselben Dienstherrn versetzt werden, wenn eine ihrem bisherigen Amt entsprechende Verwendung nicht möglich ist. [2]Das Endgrundgehalt muss mindestens dem des Amtes entsprechen, das die Beamten vor dem bisherigen Amt innehatten; Absatz 3 Satz 3 ist anzuwenden.
(5) Besitzen Beamte nicht die Befähigung für die andere Laufbahn, haben sie an Maßnahmen für den Erwerb der neuen Befähigung teilzunehmen.

(6) Werden Beamte in ein Amt mit demselben Endgrundgehalt eines anderen Dienstherrn versetzt, wird das Beamtenverhältnis mit dem neuen Dienstherrn fortgesetzt.

§ 12 Verfahrensbestimmungen

(1) [1]Die Abordnung oder die Versetzung ordnet die abgebende Stelle an, bei einer Abordnung oder Versetzung zu einer anderen obersten Dienstbehörde oder einem anderen Dienstherrn im Einvernehmen mit der aufnehmenden Stelle. [2]Das Einvernehmen ist schriftlich zu erklären. [3]In der Verfügung ist auszudrücken, dass das Einvernehmen vorliegt. [4]Abgebende oder aufnehmende Stelle ist die für die Ernennung zuständige Behörde. [5]Die oberste Dienstbehörde kann die Befugnis zur Abordnung oder Versetzung auf Behörden übertragen, die nicht für die Ernennung zuständig sind.

(2) Soweit die Zustimmung der Beamten zu einer Abordnung, Versetzung oder Zuweisung erforderlich ist, bedarf sie der Schriftform.

(3) Absatz 1 Satz 2 und 3 und Absatz 2 gelten bei einer Abordnung in den Bereich eines Dienstherrn eines anderen Landes oder in den Bereich des Bundes nach den §§ 14 und 15 BeamtStG entsprechend.

§ 13 Verwaltungsrechtsweg

Widerspruch und Anfechtungsklage gegen die Abordnung oder Versetzung haben keine aufschiebende Wirkung.

§ 13a Auflösung oder Umbildung von Behörden

Wird eine Behörde oder eine Organisationseinheit einer Behörde einer anderen Behörde angeschlossen oder gehen deren Aufgaben auf eine andere Behörde über, so werden im Zeitpunkt des Wirksamwerdens der Organisationsänderung die davon betroffenen Beamten, sofern sie nicht nach § 11 Abs. 4 versetzt oder nach § 28 in den einstweiligen Ruhestand versetzt werden, bei der aufnehmenden Behörde in ihrem bisherigen Amt übernommen; laufbahnrechtliche Bestimmungen bleiben unberührt.

§ 14 Umbildung einer Körperschaft

(1) Beamte einer juristischen Person des öffentlichen Rechts mit Dienstherrnfähigkeit (Körperschaft), die vollständig in eine andere Körperschaft eingegliedert wird, treten mit der Umbildung kraft Gesetzes in den Dienst der aufnehmenden Körperschaft über.

(2) [1]Beamte einer Körperschaft, die vollständig in mehrere andere Körperschaften eingegliedert wird, sind anteilig in den Dienst der aufnehmenden Körperschaften zu übernehmen. [2]Die beteiligten Körperschaften haben innerhalb einer Frist von sechs Monaten nach der Umbildung im Einvernehmen miteinander zu bestimmen, von welchen Körperschaften die einzelnen Beamten zu übernehmen sind. [3]Solange Beamte nicht übernommen sind, haften alle aufnehmenden Körperschaften für die ihnen zustehenden Bezüge als Gesamtschuldner.

(3) [1]Beamte einer Körperschaft, die teilweise in eine oder mehrere Körperschaften eingegliedert wird, sind zu einem verhältnismäßigen Teil, bei mehreren Körperschaften anteilig, in den Dienst der aufnehmenden Körperschaften zu übernehmen. [2]Absatz 2 Satz 2 ist entsprechend anzuwenden.

(4) Die Absätze 1 bis 3 gelten entsprechend, wenn eine Körperschaft mit einer oder mehreren anderen Körperschaften zu einer neuen Körperschaft zusammengeschlossen wird, wenn ein oder mehrere Teile verschiedener Körperschaften zu einem oder mehreren neuen Teilen einer Körperschaft zusammengeschlossen werden, wenn aus einer Körperschaft oder aus Teilen einer Körperschaft eine oder mehrere neue Körperschaften gebildet werden oder wenn Aufgaben einer Körperschaft vollständig oder teilweise auf eine oder mehrere andere Körperschaften übergehen.

§ 15 Rechtsfolgen der Umbildung

(1) [1]Treten Beamte aufgrund des § 14 Abs. 1 kraft Gesetzes in den Dienst einer anderen Körperschaft über oder werden sie aufgrund des § 14 Abs. 2 oder 3 von einer anderen Körperschaft übernommen, wird das Beamtenverhältnis mit dem neuen Dienstherrn fortgesetzt. [2]Auf die beamtenrechtliche Stellung finden die im Bereich des neuen Dienstherrn geltenden Vorschriften Anwendung.

(2) Im Fall des § 14 Abs. 1 ist den Beamten die Fortsetzung des Beamtenverhältnisses von der aufnehmenden oder der neuen Körperschaft schriftlich zu bestätigen.

(3) [1]In den Fällen des § 14 Abs. 2 und 3 wird die Übernahme von der Körperschaft verfügt, in deren Dienst die Beamten treten sollen. [2]Die Verfügung wird mit der Zustellung an die Beamten wirksam. [3]Die Beamten sind verpflichtet, der Übernahmeverfügung Folge zu leisten. [4]Kommen Beamte der Verpflichtung nicht nach, sind sie zu entlassen.

(4) Die Absätze 1 bis 3 gelten in den Fällen des § 14 Abs. 4 entsprechend.

§ 16 Rechtsstellung der Beamten

[1]Beamten, die nach § 14 in den Dienst einer anderen Körperschaft kraft Gesetzes übertreten oder übernommen werden, soll ein gleich zu bewertendes Amt übertragen werden, das ihrem bisherigen Amt nach Bedeutung und Inhalt ohne Rücksicht auf Dienststellung und Dienstalter entspricht. [2]Wenn eine dem bisherigen Amt entsprechende Verwendung nicht möglich ist, kann ihnen auch ein anderes Amt mit geringerem Endgrundgehalt übertragen werden. [3]Das Endgrundgehalt muss mindestens dem des Amtes entsprechen, das die Beamten vor dem bisherigen Amt innehatten. [4]In diesem Fall dürfen sie neben der neuen Amtsbezeichnung die des früheren Amtes mit dem Zusatz "außer Dienst" ("a.D.") führen.

§ 17 Genehmigungsvorbehalt für Ernennungen

[1]Ist innerhalb absehbarer Zeit mit einer Umbildung im Sinne des § 14 zu rechnen, so können die obersten Aufsichtsbehörden der beteiligten Körperschaften anordnen, dass nur mit ihrer Genehmigung Beamte, deren Aufgabengebiet von der Umbildung voraussichtlich berührt wird, ernannt werden dürfen. [2]Die Anordnung darf höchstens für die Dauer eines Jahres ergehen. [3]Sie ist den beteiligten Körperschaften zuzustellen. [4]Die Genehmigung soll nur versagt werden, wenn durch derartige Ernennungen die Durchführung der nach den §§ 14 bis 16 erforderlichen Maßnahmen wesentlich erschwert würde.

§ 18 Rechtsstellung der Versorgungsempfänger

(1) § 14 Abs. 1 und 2 und § 15 gelten entsprechend für die im Zeitpunkt der Umbildung bei der abgebenden Körperschaft vorhandenen Versorgungsempfänger.

(2) In den Fällen des § 14 Abs. 3 bleiben die Ansprüche der im Zeitpunkt der Umbildung vorhandenen Versorgungsempfänger gegenüber der abgebenden Körperschaft bestehen.

(3) Die Absätze 1 und 2 gelten entsprechend in den Fällen des § 14 Abs. 4.

Dritter Abschnitt

Beendigung des Beamtenverhältnisses

Erster Unterabschnitt

Entlassung

§ 19 Zuständigkeit, Form und Wirksamwerden der Entlassung (§§ 22, 23 BeamtStG)

(1) [1]Die oberste Dienstbehörde entscheidet darüber, ob in den Fällen des § 22 Abs. 1, 2 oder 3 BeamtStG die Voraussetzungen für eine Entlassung kraft Gesetzes vorliegen und stellt den Tag der Beendigung des Beamtenverhältnisses fest. [2]Für die Beamten der Gemeinden, der Landkreise und der anderen Gemeindeverbände und der sonstigen der Aufsicht des Landes unterstehenden Körperschaften, Anstalten und Stiftungen des öffentlichen Rechts tritt im Fall des § 22 Abs. 1 Nr. 1 BeamtStG an die Stelle der obersten Dienstbehörde die Aufsichtsbehörde.

(2) [1]Die Anordnung der Fortdauer des Beamtenverhältnisses nach § 22 Abs. 2 Satz 1 BeamtStG erfolgt im Einvernehmen mit dem für das Beamtenrecht zuständigen Ministerium. [2]§ 22 Abs. 2 BeamtStG ist nicht anzuwenden, wenn Beamte zum Mitglied der Bundesregierung oder der Regierung eines anderen Landes ernannt werden; für diesen Fall gilt § 14 des Thüringer Ministergesetzes in der Fassung vom 14. April 1998 (GVBl. S. 104) in der jeweils geltenden Fassung entsprechend.

(3) [1]Die Entlassung durch Verwaltungsakt wird von der Stelle verfügt, die nach § 5 für die Ernennung der Beamten zuständig wäre, soweit gesetzlich nichts anderes bestimmt ist. [2]Die Entlassungsverfügung ist den Beamten unter Angabe des Grundes und des Zeitpunktes der Entlassung zuzustellen.

(4) Die Entlassung wird

1. im Fall des § 23 Abs. 1 Satz 1 Nr. 1 BeamtStG mit der Zustellung der Entlassungsverfügung,
2. in den Fällen des § 23 Abs. 1 Satz 1 Nr. 2 bis 4 sowie Abs. 3 und 4 Satz 1 BeamtStG mit dem in der Entlassungsverfügung bestimmten Zeitpunkt,
3. im Übrigen mit dem Ende des Monats, der auf den Monat folgt, in dem die Entlassungsverfügung den Beamten zugestellt worden ist,

wirksam.

(5) [1]Bei der Entlassung nach § 23 Abs. 1 Satz 1 Nr. 3, Abs. 3 und 4 sowie § 30 Abs. 2 BeamtStG sind folgende Fristen einzuhalten:

bei einer Beschäftigungszeit

bis zu drei Monaten	zwei Wochen zum Monatsschluss,
von mehr als drei Monaten	sechs Wochen zum Schluss eines Kalendervierteljahres.

[2]Als Beschäftigungszeit gilt die Zeit ununterbrochener Tätigkeit im Bereich desselben Dienstherrn.

(6) [1]Im Fall des § 23 Abs. 3 Satz 1 Nr. 1 BeamtStG können Beamte auf Widerruf oder Beamte auf Probe ohne Einhaltung einer Frist entlassen werden. [2]Vor der Entlassung ist der Sachverhalt aufzuklären; die §§ 15 bis 35 des Thüringer Disziplinargesetzes (ThürDG) vom 21. Juni 2002 (GVBl. S. 257) in der jeweils geltenden Fassung gelten entsprechend.

§ 20 Besondere Verfahrensvorschriften bei Entlassung auf eigenen Antrag (§ 23 BeamtStG)

(1) [1]Beamte können jederzeit gegenüber ihrem Dienstvorgesetzten ihre Entlassung verlangen. [2]Die Erklärung kann, solange den Beamten die Entlassungsverfügung noch nicht zugegangen ist, innerhalb von zwei Wochen nach Zugang bei dem Dienstvorgesetzten schriftlich zurückgenommen werden, mit Zustimmung der nach § 19 Abs. 3 Satz 1 für die Entlassung zuständigen Stelle auch nach Ablauf dieser Frist.

(2) [1]Die Entlassung ist für den beantragten Zeitpunkt auszusprechen. [2]Sie kann über den beantragten Zeitpunkt hinausgeschoben werden, bis die Beamten ihre Dienstgeschäfte ordnungsgemäß erledigt haben, längstens jedoch drei Monate. [3]Bei Lehrkräften an öffentlichen Schulen kann die Entlassung bis zum Ende des laufenden Schulhalbjahres hinausgeschoben werden.

§ 21 Rechtsfolgen der Entlassung

(1) Nach der Entlassung haben frühere Beamte keinen Anspruch auf Leistungen des Dienstherrn, soweit gesetzlich nichts anderes bestimmt ist.

(2) [1]Entlassenen Beamten kann die oberste Dienstbehörde die Erlaubnis erteilen, die bisherige Amtsbezeichnung mit dem Zusatz "außer Dienst" ("a.D.") sowie die im Zusammenhang mit dem Amt verliehenen Titel zu führen. [2]Die Erlaubnis kann widerrufen werden, wenn frühere Beamte sich ihrer als nicht würdig erweisen.

Zweiter Unterabschnitt
Verlust der Beamtenrechte

§ 22 Rechtsfolgen des Verlustes der Beamtenrechte (§ 24 Abs. 1 BeamtStG)

[1]Endet das Beamtenverhältnis nach § 24 Abs. 1 BeamtStG, so haben frühere Beamte keinen Anspruch auf Leistungen des Dienstherrn, soweit gesetzlich nichts anderes bestimmt ist. [2]Sie dürfen die Amtsbezeichnung und die im Zusammenhang mit dem Amt verliehenen Titel nicht führen.

§ 23 Wirkung des Wiederaufnahmeverfahrens (§ 24 Abs. 2 BeamtStG)

(1) [1]Gilt nach § 24 Abs. 2 BeamtStG das Beamtenverhältnis als nicht unterbrochen, haben Beamte, sofern sie die Altersgrenze noch nicht erreicht haben und noch dienstfähig sind, Anspruch auf Übertragung eines Amtes derselben oder einer mindestens gleichwertigen Laufbahn wie ihr bisheriges Amt und mit mindestens demselben Endgrundgehalt. [2]Bis zur Übertragung des neuen Amtes erhalten sie, auch für die zurückliegende Zeit, die Besoldung, die ihnen aus ihrem bisherigen Amt zugestanden hätte. [3]Die Sätze 1 und 2 gelten für Beamte auf Zeit und auf Widerruf entsprechend; für Beamte auf Zeit jedoch nur insoweit, als ihre Amtszeit noch nicht abgelaufen ist. [4]Ist das frühere Amt von Beamten auf Zeit inzwischen neu besetzt, so haben sie für die restliche Dauer der Amtszeit Anspruch auf Übertragung eines Amtes im Beamtenverhältnis auf Zeit mit demselben Endgrundgehalt; steht ein solches Amt nicht zur Verfügung, stehen ihnen nur die in Satz 2 geregelten Ansprüche zu.

(2) Ist aufgrund des im Wiederaufnahmeverfahren festgestellten Sachverhalts oder aufgrund eines rechtskräftigen Strafurteils, das nach der früheren Entscheidung ergangen ist, ein Disziplinarverfahren mit dem Ziel der Entfernung des Beamten aus dem Beamtenverhältnis eingeleitet worden, so verlieren Beamte die ihnen nach Absatz 1 zustehenden Ansprüche, wenn auf Entfernung aus dem Beamtenverhältnis erkannt wird; bis zur rechtskräftigen Entscheidung können die Ansprüche nicht geltend gemacht werden.

(3) Absatz 2 gilt entsprechend, wenn Beamte auf Probe oder Beamte auf Widerruf wegen eines Verhaltens der in § 23 Abs. 3 Satz 1 Nr. 1 BeamtStG bezeichneten Art entlassen werden.

(4) Die Beamten müssen sich auf die ihnen nach Absatz 1 zustehende Besoldung ein anderes Arbeitseinkommen oder einen Unterhaltsbeitrag anrechnen lassen; sie sind zur Auskunft hierüber verpflichtet.

§ 24 Gnadenerweis

(1) [1]Dem Ministerpräsidenten steht hinsichtlich des Verlustes der Beamtenrechte (§ 24 BeamtStG) das Gnadenrecht zu. [2]Er kann diese Befugnis auf andere Stellen übertragen.

(2) Wird im Gnadenweg der Verlust der Beamtenrechte in vollem Umfang beseitigt, so gelten von diesem Zeitpunkt an § 24 Abs. 2 BeamtStG sowie § 23 entsprechend.

Dritter Unterabschnitt

Ruhestand, einstweiliger Ruhestand, Versetzung in den Ruhestand wegen Dienstunfähigkeit

§ 25 Ruhestand wegen Erreichens der Altersgrenze, Hinausschieben des Eintritts in den Ruhestand (§ 25 BeamtStG)

(1) Beamte auf Lebenszeit treten mit Ablauf des Monats in den Ruhestand, in dem sie die für sie jeweils geltende Altersgrenze erreicht haben.

(2) [1]Die Altersgrenze wird in der Regel mit Vollendung des 67. Lebensjahres erreicht. [2]Für einzelne Beamtengruppen kann gesetzlich eine andere Altersgrenze bestimmt werden.

(3) Beamte auf Lebenszeit, die nach dem 31. Dezember 1946, aber vor dem 1. Januar 1964 geboren sind, treten mit Ablauf des Monats in den Ruhestand, in dem sie die nachfolgend festgelegte Altersgrenze erreicht haben:

Beamte des Geburtsjahrgangs	Altersgrenze
1947	65 Jahre und 1 Monat
1948	65 Jahre und 2 Monate
1949	65 Jahre und 3 Monate
1950	65 Jahre und 4 Monate
1951	65 Jahre und 5 Monate
1952	65 Jahre und 6 Monate
1953	65 Jahre und 7 Monate
1954	65 Jahre und 8 Monate
1955	65 Jahre und 9 Monate
1956	65 Jahre und 10 Monate
1957	65 Jahre und 11 Monate
1958	66 Jahre
1959	66 Jahre und 2 Monate
1960	66 Jahre und 4 Monate
1961	66 Jahre und 6 Monate
1962	66 Jahre und 8 Monate
1963	66 Jahre und 10 Monate

(4) Abweichend von Absatz 1 treten Lehrer an staatlichen Schulen mit Ablauf des letzten Monats des Schulhalbjahres in den Ruhestand, in dem sie die in Absatz 2 Satz 1 oder Absatz 3 festgelegte Altersgrenze erreichen.

(5) [1]Beamte auf Lebenszeit, die sich am 1. Januar 2012

1. in einem Sabbatjahr nach § 2 Abs. 2 Satz 1 der Thüringer Verordnung über die Arbeitszeit der Beamten (ThürAzVO) vom 10. Juni 2005 (GVBl. S. 279), zuletzt geändert durch Artikel 9 des Gesetzes vom 22. Juni 2011 (GVBl. S. 99),
2. in einer Beurlaubung nach § 73 Abs. 4 Satz 1 Nr. 2 ThürBG in der bis zum 31. Dezember 2011 geltenden Fassung, die sich bis zum Eintritt in den Ruhestand erstreckt,

3. in einer Beurlaubung nach § 74 Abs. 1 Nr. 2 ThürBG in der bis zum 31. Dezember 2011 geltenden Fassung oder
4. in einer Altersteilzeit nach § 75 ThürBG in der bis zum 31. Dezember 2011 geltenden Fassung

befunden haben, treten mit Ablauf des Monats in den Ruhestand, in dem sie das 65. Lebensjahr vollenden. [2]Soweit bei Lehrern an staatlichen Schulen ein von Satz 1 abweichender Zeitpunkt festgelegt wurde, treten diese zu dem ursprünglich bewilligten Zeitpunkt in den Ruhestand.

(6) [1]Wenn dringende dienstliche Belange im Einzelfall die Fortführung der Dienstgeschäfte durch einen bestimmten Beamten erfordern, kann mit dessen Zustimmung der Eintritt in den Ruhestand über die gesetzlich festgesetzte Altersgrenze hinaus bis zu der in Absatz 2 Satz 1 oder einer nach Absatz 2 Satz 2 in Verbindung mit § 106 Abs. 1, § 107 Abs. 2 Satz 2 oder § 108 festgesetzten Altersgrenze hinausgeschoben werden. [2]Über diese Altersgrenzen hinaus ist ein Hinausschieben für eine bestimmte Frist, die jeweils ein Jahr nicht übersteigen darf, höchstens jedoch um insgesamt drei Jahre, zulässig. [3]Die Entscheidung trifft die oberste Dienstbehörde. [4]Der Beamte kann unter Einhaltung einer Frist von drei Monaten jederzeit verlangen, in den Ruhestand versetzt zu werden.

(7) [1]Wenn dienstliche Interessen nicht entgegenstehen, kann der Eintritt in den Ruhestand auf Antrag über die gesetzlich festgesetzte Altersgrenze hinaus bis zu der in Absatz 2 Satz 1 oder einer nach Absatz 2 Satz 2 in Verbindung mit § 106 Abs. 1, § 107 Abs. 2 Satz 2 oder § 108 festgesetzten Altersgrenze hinausgeschoben werden. [2]Über diese Altersgrenzen hinaus ist ein Hinausschieben für eine bestimmte Frist, die jeweils ein Jahr nicht übersteigen darf, höchstens jedoch um drei Jahre, zulässig. [3]Der Antrag soll jeweils spätestens sechs Monate vor Erreichen der gesetzlich festgelegten oder der durch das Hinausschieben erreichten Altersgrenze gestellt werden. [4]Die Entscheidung trifft die Behörde, die für die Ruhestandsversetzung zuständig ist.

(8) Wer die gesetzliche Altersgrenze erreicht hat, darf nicht zum Beamten ernannt werden.

(9) In den einstweiligen Ruhestand versetzte Beamte gelten mit Erreichen der gesetzlichen Altersgrenze als dauernd in den Ruhestand versetzt.

§ 26 Versetzung in den Ruhestand auf Antrag

(1) Beamte auf Lebenszeit können auf ihren Antrag frühestens mit Ablauf des Monats in den Ruhestand versetzt werden, in dem sie das 62. Lebensjahr vollendet haben.

(2) Beamte auf Lebenszeit, die schwerbehindert im Sinne des § 2 Abs. 2 des Neunten Buches Sozialgesetzbuch und nach dem 31. Dezember 1951 aber vor dem 1. Januar 1964 geboren sind, können auf ihren Antrag frühestens mit Ablauf des Monats in den Ruhestand versetzt werden, in dem sie die nachfolgend festgesetzte Altersgrenze erreicht haben:

Beamte des Geburtsjahrgangs/-monats 1952	Altersgrenze
Januar	60 Jahre und 1 Monat
Februar	60 Jahre und 2 Monate
März	60 Jahre und 3 Monate
April	60 Jahre und 4 Monate
Mai	60 Jahre und 5 Monate
Juni bis Dezember	60 Jahre und 6 Monate
1953	60 Jahre und 7 Monate
1954	60 Jahre und 8 Monate
1955	60 Jahre und 9 Monate
1956	60 Jahre und 10 Monate
1957	60 Jahre und 11 Monate
1958	61 Jahre
1959	61 Jahre und 2 Monate
1960	61 Jahre und 4 Monate
1961	61 Jahre und 6 Monate
1962	61 Jahre und 8 Monate
1963	61 Jahre und 10 Monate

(3) Beamte auf Lebenszeit, denen die Versetzung in den Ruhestand nach § 44 ThürBG in der bis zum 31. Dezember 2011 geltenden Fassung bewilligt wurde und die sich am 1. Januar 2012

1. in einem Sabbatjahr nach § 2 Abs. 2 Satz 1 der Thüringer Verordnung über die Arbeitszeit der Beamten (ThürAzVO) vom 10. Juni 2005 (GVBl. S. 279), zuletzt geändert durch Artikel 9 des Gesetzes vom 22. Juni 2011 (GVBl. S. 99),
2. in einer Beurlaubung nach § 73 Abs. 4 Satz 1 Nr. 2 ThürBG in der bis zum 31. Dezember 2011 geltenden Fassung, die sich bis zum Eintritt in den Ruhestand erstreckt,
3. in einer Beurlaubung nach § 74 Abs. 1 Nr. 2 ThürBG in der bis zum 31. Dezember 2011 geltenden Fassung oder
4. in einer Altersteilzeit nach § 75 ThürBG in der bis zum 31. Dezember 2011 geltenden Fassung

befunden haben, treten zu dem ursprünglich bewilligten Zeitpunkt in den Ruhestand.

(4) Beamten auf Lebenszeit, denen die Versetzung in den Ruhestand nach § 44 ThürBG in der am 31. Dezember 2011 geltenden Fassung bereits bewilligt wurde, ist auf Antrag der Zeitpunkt der Versetzung in den Ruhestand um den Zeitraum hinauszuschieben, um den sich die Altersgrenze für den Eintritt in den Ruhestand nach Absatz 2 oder nach § 25 Abs. 2 oder 3 verändert hat.

§ 27 Einstweiliger Ruhestand (§ 30 BeamtStG)

(1) Der Ministerpräsident kann mit Zustimmung der Landesregierung jederzeit ohne Angabe von Gründen in den einstweiligen Ruhestand versetzen:

1. Staatssekretäre,
2. den Präsidenten des Landesverwaltungsamtes,
3. den Präsidenten des Amtes für Verfassungsschutz,
4. den Präsidenten der Landespolizeidirektion,
5. die Beauftragte für die Gleichstellung von Frau und Mann beim Ministerium für Soziales, Familie und Gesundheit,
6. den Ausländerbeauftragten beim Ministerium für Soziales, Familie und Gesundheit und
7. den Regierungssprecher,

soweit sie Beamte auf Lebenszeit sind.

(2) Gesetzliche Vorschriften, nach denen andere Beamte in den einstweiligen Ruhestand versetzt werden können, bleiben unberührt.

§ 28 Einstweiliger Ruhestand bei Umbildung oder Auflösung von Behörden (§ 31 BeamtStG)

(1) [1]Die Versetzung in den einstweiligen Ruhestand nach § 31 Abs. 1 BeamtStG ist nur zulässig, soweit aus Anlass der Auflösung oder Umbildung Planstellen eingespart werden und die Beamten das 52. Lebensjahr vollendet haben. [2]Freie Planstellen im Bereich desselben Dienstherrn sind den in den einstweiligen Ruhestand versetzten Beamten vorzubehalten, die für diese Stellen geeignet sind.

(2) Von einer erneuten Berufung in ein Beamtenverhältnis nach § 31 Abs. 2 Satz 1 BeamtStG kann mit Zustimmung der Beamten abgesehen werden, wenn sie weniger als fünf Jahre vor Erreichen der gesetzlichen Altersgrenze wirksam würde.

§ 29 Einstweiliger Ruhestand bei Umbildung von Körperschaften (§ 18 Abs. 2 BeamtStG)

(1) [1]Bei der Umbildung einer Körperschaft (§ 14) kann die aufnehmende oder neue Körperschaft, wenn die Zahl der bei ihr nach der Umbildung vorhandenen Beamten den tatsächlichen Bedarf übersteigt, innerhalb einer Frist von sechs Monaten Beamte auf Lebenszeit oder auf Zeit, deren Aufgabengebiet von der Umbildung berührt wurde, in den einstweiligen Ruhestand versetzen. [2]Die Frist des Satzes 1 beginnt im Fall des § 14 Abs. 1 mit dem Übertritt, in den Fällen des § 14 Abs. 2 und 3 mit der Bestimmung derjenigen Beamten, zu deren Übernahme die Körperschaft verpflichtet ist; Entsprechendes gilt in den Fällen des § 14 Abs. 4. [3]§ 28 Abs. 1 Satz 2 gilt entsprechend. [4]Bei Beamten auf Zeit, die nach Satz 1 in den einstweiligen Ruhestand versetzt worden sind, endet der einstweilige Ruhestand mit Ablauf der Amtszeit. [5]Sie gelten ab dem Zeitpunkt als dauernd in den Ruhestand versetzt, ab dem sie bei Verbleiben im Amt mit Ablauf der Amtszeit in den Ruhestand getreten wären.

(2) In den Fällen einer landesübergreifenden Körperschaftsumbildung beträgt die Frist für die Versetzung in den einstweiligen Ruhestand nach § 18 Abs. 2 Satz 1 BeamtStG sechs Monate; Absatz 1 Satz 2 gilt entsprechend.

§ 30 Beginn des einstweiligen Ruhestands

(1) [1]Der einstweilige Ruhestand beginnt mit dem Zeitpunkt, in dem den Beamten die Versetzung in den Ruhestand bekannt gegeben wird. [2]Ein späterer Zeitpunkt kann festgesetzt werden; in diesem Fall beginnt der einstweilige Ruhestand spätestens mit dem Ende der drei Monate, die auf den Monat der Bekanntgabe folgen. [3]Die Verfügung kann bis zum Beginn des einstweiligen Ruhestands zurückgenommen werden.

(2) Widerspruch und Anfechtungsklage gegen die Versetzung in den einstweiligen Ruhestand haben keine aufschiebende Wirkung.

§ 31 Verfahren bei Dienstunfähigkeit und begrenzter Dienstfähigkeit (§§ 26, 27 BeamtStG)

(1) [1]Bestehen Zweifel über die Dienstfähigkeit der Beamten, so sind sie verpflichtet, sich nach Weisung der Behörde ärztlich untersuchen und, falls ein Amtsarzt dies für erforderlich hält, auch beobachten zu lassen. [2]Kommen Beamte trotz wiederholter schriftlicher Weisung ohne hinreichenden Grund der Verpflichtung nach Satz 1 nicht nach, kann so verfahren werden, als ob Dienstunfähigkeit vorläge. [3]Zweifel im Sinne des Satzes 1 sind unter anderem anzunehmen, wenn Beamte auf Lebenszeit schriftlich beantragen, sie wegen Dienstunfähigkeit in den Ruhestand zu versetzen.

(2) Die Frist nach § 26 Abs. 1 Satz 2 BeamtStG beträgt sechs Monate.

(3) [1]Hält der Dienstvorgesetzte aufgrund eines ärztlichen Gutachtens Beamte für dienstunfähig und ist eine anderweitige Verwendung nicht möglich oder liegen die Voraussetzungen für die begrenzte Dienstfähigkeit nicht vor, teilt er den Beamten mit, dass die Versetzung in den Ruhestand beabsichtigt ist. [2]Dabei sind die Gründe für die Versetzung in den Ruhestand anzugeben.

(4) [1]Die Beamten können innerhalb eines Monats gegen die Mitteilung nach Absatz 3 Einwendungen erheben. [2]Danach entscheidet die nach § 34 zuständige Stelle über die Versetzung in den Ruhestand. [3]Sie ist an die Erklärung des unmittelbaren Dienstvorgesetzten nicht gebunden; sie kann auch andere Beweise erheben.

(5) [1]Werden Rechtsbehelfe gegen die Verfügung über die Versetzung in den Ruhestand eingelegt, so werden mit Beginn des auf die Zustellung der Verfügung folgenden Monats die Dienstbezüge einbehalten, die das Ruhegehalt übersteigen. [2]Wird die Versetzung in den Ruhestand unanfechtbar aufgehoben, sind die einbehaltenen Dienstbezüge nachzuzahlen.

(6) [1]Die Absätze 1 und 2 gelten in Fällen der begrenzten Dienstfähigkeit entsprechend. [2]Die Absätze 3 und 4 gelten mit der Maßgabe entsprechend, dass der Dienstvorgesetzte und die zuständige Stelle über die Herabsetzung der Arbeitszeit entscheiden. [3]Absatz 5 gilt mit der Maßgabe entsprechend, dass die Dienstbezüge einbehalten werden, die die im Fall der begrenzten Dienstfähigkeit zustehenden Bezüge übersteigen.

§ 32 Wiederherstellung der Dienstfähigkeit (§ 29 BeamtStG)

[1]Der Dienstherr ist verpflichtet, in regelmäßigen Abständen zu prüfen, ob die Voraussetzungen für eine erneute Berufung in das Beamtenverhältnis vorliegen, es sei denn, nach den Umständen des Einzelfalls kommt eine erneute Berufung nicht in Betracht. [2]Die Frist, innerhalb derer Ruhestandsbeamte bei wiederhergestellter Dienstfähigkeit die erneute Berufung in das Beamtenverhältnis verlangen können (§ 29 Abs. 1 Satz 1 BeamtStG), beträgt fünf Jahre.

§ 33 Ärztliche Untersuchung, Anwendung des Gendiagnostikgesetzes

(1) [1]Angeordnete ärztliche Untersuchungen werden von den nach § 3 Abs. 1 Nr. 2 des Thüringer Verwaltungsverfahrensgesetzes (ThürVwVfG) in der Fassung vom 18. August 2009 (GVBl. S. 699) in der jeweils geltenden Fassung zuständigen Amtsärzten, beamteten Ärzten oder sonstigen von der zuständigen Stelle bestimmten Ärzten durchgeführt. [2]Aus besonderen dienstlichen oder persönlichen Gründen kann abweichend von Satz 1 ein anderer Amtsarzt oder beamteter Arzt mit der Untersuchung beauftragt werden. [3]Das für das Beamtenrecht zuständige Ministerium kann abweichend von Satz 1 im Benehmen mit den obersten Landesbehörden durch Rechtsverordnung die Zuständigkeit für die ärztliche Untersuchung der Dienstfähigkeit der Landesbeamten näher bestimmen.

(2) [1]Zu Beginn der Untersuchung oder der Beobachtung sind die Beamten auf deren Zweck und die Übermittlungsbefugnis an die Behörde hinzuweisen. [2]Die Kosten einer vom Dienstherrn angeordneten amtsärztlichen Untersuchung dürfen den Beamten nicht auferlegt werden.

(3) Wird in den Fällen der §§ 26 bis 29 BeamtStG oder der §§ 31 und 32 eine ärztliche Untersuchung durchgeführt, teilt der Arzt der zuständigen Behörde die tragenden Feststellungen und Gründe des

Ergebnisses der ärztlichen Untersuchungen, soweit deren Kenntnis für die Behörde unter Beachtung des Grundsatzes der Verhältnismäßigkeit für die von ihr zu treffende Entscheidung erforderlich ist, die in Frage kommenden Maßnahmen zur Wiederherstellung der Dienstfähigkeit und die Möglichkeit der anderweitigen Verwendung mit.

(4) [1]Die Mitteilung des Arztes über die Untersuchungsergebnisse ist in einem gesonderten, verschlossenen und versiegelten Umschlag zu übersenden; sie ist verschlossen zur Personalakte der Beamten zu nehmen. [2]Die an die Behörde übermittelten Daten dürfen nur für die nach den §§ 26 bis 29 BeamtStG oder den §§ 31 und 32 zu treffende Entscheidung verarbeitet oder genutzt werden.

(5) Der Arzt übermittelt den Beamten oder, soweit dem ärztliche Gründe entgegenstehen, deren Bevollmächtigten eine Kopie der aufgrund dieser Bestimmung an die Behörde erteilten Auskünfte.

(6) Die §§ 19 bis 22 des Gendiagnostikgesetzes (GenDG) vom 31. Juli 2009 (BGBl. I S. 2529, 3672) in der jeweils geltenden Fassung und die aufgrund des § 20 Abs. 3 GenDG erlassene Rechtsverordnung sind anzuwenden.

§ 34 Zuständigkeit für die Ruhestandsversetzung, Beginn des Ruhestands (§§ 28, 32 BeamtStG)

(1) Der Eintritt oder die Versetzung in den Ruhestand setzt, soweit gesetzlich nichts anderes bestimmt ist, eine Wartezeit von fünf Jahren voraus.

(2) [1]Die Versetzung in den Ruhestand wird, soweit gesetzlich nichts anderes bestimmt ist, von der Stelle verfügt, die nach § 5 für die Ernennung der Beamten zuständig wäre; in den Fällen des § 26 Abs. 1 BeamtStG erfolgt die Versetzung in den Ruhestand im Einvernehmen mit der obersten Dienstbehörde. [2]Die Verfügung ist den Beamten zuzustellen; sie kann bis zum Beginn des Ruhestands zurückgenommen werden.

(3) Die Entscheidung nach § 28 Abs. 2 BeamtStG trifft die oberste Dienstbehörde, bei Beamten des Landes im Einvernehmen mit dem für das Beamtenrecht zuständigen Ministerium.

(4) Der Ruhestand beginnt, abgesehen von den Fällen des § 30 Abs. 4 BeamtStG sowie der §§ 25, 26 und 30, mit Ablauf des Monats, in dem den Beamten die Versetzung in den Ruhestand mitgeteilt worden ist, bei Beamten auf Zeit spätestens mit Ablauf der Amtszeit.

Vierter Abschnitt
Rechtliche Stellung im Beamtenverhältnis

Erster Unterabschnitt
Allgemeine Pflichten und Rechte

§ 35 Verschwiegenheitspflicht, Aussagegenehmigung, Auskünfte an die Presse (§ 37 BeamtStG)

(1) Die Genehmigung nach § 37 Abs. 3 BeamtStG erteilt der Dienstvorgesetzte oder, wenn das Beamtenverhältnis beendet ist, der letzte Dienstvorgesetzte.

(2) Über die Versagung der Aussagegenehmigung oder der Genehmigung, ein Gutachten zu erstatten (§ 37 Abs. 4 BeamtStG), entscheidet die oberste Dienstbehörde; für die Beamten der Gemeinden, der Landkreise und der anderen Gemeindeverbände und der sonstigen unter der Aufsicht des Landes stehenden Körperschaften, Anstalten und Stiftungen des öffentlichen Rechts tritt an die Stelle der obersten Dienstbehörde die oberste Aufsichtsbehörde.

(3) [1]Sind Aufzeichnungen (§ 37 Abs. 6 BeamtStG) auf Bild-, Ton- oder Datenträgern gespeichert, die körperlich nicht herausgegeben werden können oder bei denen eine Herausgabe nicht zumutbar ist, so sind diese Aufzeichnungen auf Verlangen dem Dienstherrn zu übermitteln und zu löschen. [2]Beamte haben auf Verlangen über die nach Satz 1 zu löschenden Aufzeichnungen Auskunft zu geben. [3]Zuständig für die Entscheidung über die Herausgabe von Unterlagen nach § 37 Abs. 6 BeamtStG ist der Dienstvorgesetzte oder der letzte Dienstvorgesetzte.

(4) Auskünfte an die Medien erteilt die Leitung der Behörde oder der von ihr Beauftragte.

§ 36 Diensteid, Gelöbnis (§ 38 BeamtStG)

(1) Beamte haben folgenden Diensteid zu leisten: "Ich schwöre, das Grundgesetz für die Bundesrepublik Deutschland und die Verfassung des Freistaats Thüringen sowie alle in der Bundesrepublik geltenden Gesetze zu wahren und meine Amtspflichten gewissenhaft und unparteiisch zu erfüllen, so wahr mir Gott helfe."

(2) Der Eid kann auch ohne die Worte "so wahr mir Gott helfe" geleistet werden.

(3) Gestattet ein Gesetz den Mitgliedern einer Religionsgemeinschaft, an Stelle der Worte "Ich schwöre" andere Beteuerungsformeln zu gebrauchen, so können Beamte, die Mitglied einer solchen Religionsgemeinschaft sind, diese Beteuerungsformel sprechen.
(4) In den Fällen des § 38 Abs. 3 BeamtStG kann von einer Eidesleistung abgesehen werden; Beamte haben, sofern gesetzlich nichts anderes bestimmt ist, zu geloben, dass sie ihre Amtspflichten gewissenhaft erfüllen werden.

§ 37 Verbot der Führung der Dienstgeschäfte (§ 39 BeamtStG)

(1) Das Verbot zur Führung der Dienstgeschäfte nach § 39 BeamtStG ist von der obersten Dienstbehörde oder der von ihr bestimmten Behörde, bei Gefahr im Verzug auch von jedem Dienstvorgesetzten, auszusprechen.
(2) Wird Beamten die Führung ihrer Dienstgeschäfte verboten, so können ihnen auch das Tragen der Dienstkleidung und Ausrüstung, der Aufenthalt in den Diensträumen oder in den dienstlichen Unterkünften und die Führung der dienstlichen Ausweise und Abzeichen untersagt werden.

§ 38 Verbot der Annahme von Belohnungen, Geschenken und sonstigen Vorteilen (§ 42 BeamtStG)

[1]Ausnahmen von dem Verbot der Annahme von Belohnungen, Geschenken oder sonstigen Vorteilen nach § 42 Abs. 1 Satz 2 BeamtStG bedürfen der Zustimmung der obersten oder der letzten obersten Dienstbehörde. [2]Sie kann die Befugnis zur Zustimmung auf andere Behörden übertragen.

§ 39 Befreiung von Amtshandlungen

(1) Beamte sind von Amtshandlungen zu befreien, die sich gegen sie selbst oder gegen Angehörige richten würden, zu deren Gunsten ihnen wegen familienrechtlicher Beziehungen im Strafverfahren das Zeugnisverweigerungsrecht zusteht.
(2) Gesetzliche Vorschriften, nach denen Beamte von einzelnen Amtshandlungen ausgeschlossen sind, bleiben unberührt.

§ 40 Wahl des Wohnorts, Bestimmung des Aufenthaltsorts

(1) Beamte haben ihre Wohnung so zu nehmen, dass die ordnungsmäßige Wahrnehmung der Dienstgeschäfte nicht beeinträchtigt wird.
(2) Wenn zwingende dienstliche Verhältnisse es erfordern, kann der Dienstvorgesetzte Beamte anweisen, ihre Wohnung innerhalb einer bestimmten Entfernung von ihrer Dienststelle zu nehmen oder eine Dienstwohnung zu beziehen.
(3) Wenn besondere dienstliche Verhältnisse es dringend erfordern, können Beamte angewiesen werden, sich während der dienstfreien Zeit in erreichbarer Nähe ihres Dienstorts aufzuhalten.

§ 41 Bestimmungen über die Dienstkleidung

[1]Soweit gesetzlich nichts anderes bestimmt ist, erlässt die Landesregierung die Bestimmungen über die Dienstkleidung, die bei der Ausübung des Amtes für bestimmte Beamtengruppen erforderlich ist. [2]Sie kann die Ausübung dieser Befugnis auf andere Stellen übertragen.

§ 42 Amtsbezeichnung

(1) Der Ministerpräsident setzt die Amtsbezeichnungen der Beamten fest, soweit gesetzlich nichts anderes bestimmt oder die Ausübung dieser Befugnis nicht anderen Stellen übertragen ist.
(2) [1]Beamte führen im Dienst die Amtsbezeichnung des ihnen übertragenen Amtes. [2]Sie dürfen sie auch außerhalb des Dienstes führen. [3]Nach dem Wechsel in ein anderes Amt dürfen sie die bisherige Amtsbezeichnung nicht mehr führen. [4]Ist das neue Amt mit einem niedrigeren Endgrundgehalt verbunden, darf neben der neuen Amtsbezeichnung die des früheren Amtes mit dem Zusatz "außer Dienst" oder "a.D." geführt werden.
(3) [1]Ruhestandsbeamte dürfen die ihnen bei der Versetzung in den Ruhestand zustehende Amtsbezeichnung mit dem Zusatz "außer Dienst" oder "a.D." und die im Zusammenhang mit dem Amt verliehenen Titel weiterführen. [2]Ändert sich die Bezeichnung des früheren Amtes, darf die geänderte Amtsbezeichnung geführt werden.
(4) Dienst- oder Amtsbezeichnungen einer Laufbahn dürfen für eine andere Laufbahn nur mit Zustimmung des für das Beamtenrecht zuständigen Ministeriums verwendet werden.

§ 43 Dienstjubiläum

[1]Den Beamten kann bei Dienstjubiläen eine Jubiläumszuwendung gewährt werden. [2]Das Nähere dazu regelt die Landesregierung durch Rechtsverordnung.

§ 44 Dienstzeugnis

[1]Beamten wird auf Antrag ein Dienstzeugnis über Art und Dauer der von ihnen wahrgenommenen Ämter erteilt, wenn sie daran ein berechtigtes Interesse haben oder das Beamtenverhältnis beendet ist. [2]Das Dienstzeugnis muss auf Verlangen auch über die ausgeübten Tätigkeiten und die erbrachten Leistungen Auskunft geben.

§ 45 Dienstvergehen von Ruhestandsbeamten (§ 47 Abs. 2 BeamtStG)

Bei Ruhestandsbeamten oder früheren Beamten mit Versorgungsbezügen gilt es über § 47 Abs. 2 BeamtStG hinaus als Dienstvergehen, wenn sie

1. entgegen § 29 Abs. 2 oder 3 BeamtStG oder entgegen § 30 Abs. 3 in Verbindung mit § 29 Abs. 2 BeamtStG einer erneuten Berufung in das Beamtenverhältnis schuldhaft nicht nachkommen oder
2. ihre Verpflichtung nach § 29 Abs. 4 oder 5 Satz 1 BeamtStG verletzen.

§ 46 Schadensersatzpflicht, Rückgriff (§ 48 BeamtStG)

(1) [1]Ansprüche des Dienstherrn gegen Beamte nach § 48 BeamtStG verjähren nach § 195 und § 199 Abs. 1 bis 3 des Bürgerlichen Gesetzbuchs, soweit sich nicht aus Satz 2 etwas anderes ergibt. [2]Hat der Dienstherr Dritten Schadensersatz geleistet, gilt als Zeitpunkt, zu dem der Dienstherr Kenntnis im Sinne der Verjährungsbestimmungen des Bürgerlichen Gesetzbuchs erlangt, der Zeitpunkt, zu dem der Ersatzanspruch gegenüber Dritten vom Dienstherrn anerkannt oder dem Dienstherrn gegenüber rechtskräftig festgestellt wird.

(2) Leisten die Beamten dem Dienstherrn Ersatz und hat dieser einen Ersatzanspruch gegen einen Dritten, so geht der Ersatzanspruch auf die Beamten über.

§ 47 Übergang eines Schadensersatzanspruchs gegen Dritte

[1]Werden Beamte oder Versorgungsberechtigte oder ihre Angehörigen körperlich verletzt oder getötet, so geht ein gesetzlicher Schadensersatzanspruch, der diesen Personen infolge der Körperverletzung oder der Tötung gegen Dritte zusteht, insoweit auf den Dienstherrn über, als dieser während einer auf der Körperverletzung beruhenden Aufhebung der Dienstfähigkeit oder infolge der Körperverletzung oder der Tötung zur Gewährung von Leistungen verpflichtet ist. [2]Ist eine Versorgungskasse zur Gewährung der Versorgung verpflichtet, geht der Anspruch auf sie über. [3]Der Übergang des Anspruchs kann nicht zum Nachteil der Verletzten oder der Hinterbliebenen geltend gemacht werden.

§ 48 Übermittlungen bei Strafverfahren (§ 49 BeamtStG)

Übermittlungen bei Strafverfahren nach § 49 BeamtStG sind an den jeweils zuständigen Dienstvorgesetzten oder seinen Vertreter im Amt zu richten und als "Vertrauliche Personalsache" zu kennzeichnen.

Zweiter Unterabschnitt

Nebentätigkeiten und Tätigkeiten nach Beendigung des Beamtenverhältnisses

§ 49 Nebentätigkeit (§ 40 BeamtStG)

(1) [1]Nebentätigkeit ist die Wahrnehmung eines Nebenamtes oder eine Nebenbeschäftigung. [2]Nebenamt ist ein nicht zu einem Hauptamt gehörender Kreis von Aufgaben, der aufgrund eines öffentlich-rechtlichen Dienst- oder Amtsverhältnisses wahrgenommen wird. [3]Nebenbeschäftigung ist jede sonstige, nicht zu einem Hauptamt gehörende Tätigkeit innerhalb oder außerhalb des öffentlichen Dienstes.

(2) [1]Als Nebentätigkeit gilt nicht die Wahrnehmung öffentlicher Ehrenämter sowie einer unentgeltlichen Vormundschaft, Betreuung oder Pflegschaft eines Angehörigen. [2]Die Übernahme eines öffentlichen Ehrenamtes ist vorher schriftlich anzuzeigen.

§ 50 Pflicht zur Übernahme einer Nebentätigkeit (§ 40 BeamtStG)

[1]Beamte sind verpflichtet, auf schriftliches Verlangen ihres Dienstvorgesetzten

1. eine Nebentätigkeit im öffentlichen Dienst,
2. eine Nebentätigkeit im Vorstand, Aufsichtsrat, Verwaltungsrat oder in einem sonstigen Organ einer Gesellschaft, Genossenschaft oder eines in einer anderen Rechtsform betriebenen Unternehmens oder in einer Stiftung, wenn dies im öffentlichen Interesse liegt,

zu übernehmen und fortzuführen, sofern diese Tätigkeit ihrer Vorbildung oder Berufsausbildung entspricht und sie nicht über Gebühr in Anspruch nimmt. [2]Die Übernahme und die Wahrnehmung der mit der Nebentätigkeit verbundenen Aufgaben dürfen nicht zu Benachteiligungen im Sinne des § 71 Abs. 2 führen.

§ 51 Genehmigungspflichtige Nebentätigkeiten (§ 40 BeamtStG)

(1) Die Beamten bedürfen zur Übernahme jeder Nebentätigkeit, mit Ausnahme der in § 52 abschließend aufgeführten, der vorherigen Genehmigung, soweit sie nicht nach § 50 zu ihrer Wahrnehmung verpflichtet sind.

(2) [1]Die Genehmigung ist zu versagen, wenn zu erwarten ist, dass durch die Nebentätigkeit dienstliche Interessen beeinträchtigt werden. [2]Ein solcher Versagungsgrund liegt insbesondere vor, wenn die Nebentätigkeit

1. nach Art und Umfang die Arbeitskraft der Beamten so stark in Anspruch nimmt, dass die ordnungsgemäße Erfüllung ihrer dienstlichen Pflichten behindert werden kann,
2. die Beamten in einen Widerstreit mit ihren dienstlichen Pflichten bringen kann,
3. in einer Angelegenheit ausgeübt wird, in der die Behörde, der die Beamten angehören, tätig wird oder tätig werden kann,
4. die Unparteilichkeit oder Unbefangenheit der Beamten beeinflussen kann,
5. zu einer wesentlichen Einschränkung der künftigen dienstlichen Verwendbarkeit der Beamten führen kann,
6. dem Ansehen der öffentlichen Verwaltung abträglich sein kann.

[3]Ein solcher Versagungsgrund liegt in der Regel auch vor, wenn sich die Nebentätigkeit wegen gewerbsmäßiger Dienst- oder Arbeitsleistung oder sonst nach Art, Umfang, Dauer oder Häufigkeit als Ausübung eines Zweitberufs darstellt. [4]Die Voraussetzung des Satzes 2 Nr. 1 gilt in der Regel als erfüllt, wenn die zeitliche Beanspruchung durch eine oder mehrere Nebentätigkeiten in der Woche acht Stunden überschreitet; dies gilt auch bei der Bewilligung von Teilzeitbeschäftigung. [5]In den Fällen der begrenzten Dienstfähigkeit nach § 27 BeamtStG ist bei der Anwendung des Satzes 4 der Umfang der verminderten Arbeitszeit entsprechend zu berücksichtigen. [6]Die Genehmigung ist auf längstens fünf Jahre zu befristen; sie kann mit Auflagen und Bedingungen versehen werden. [7]Betrifft die Genehmigung die Mitwirkung an einem Verfahren der Streitbeilegung, beginnt die Frist nach Satz 5 erst mit der Aufnahme des Verfahrens der Streitbeilegung; die Beamten haben die Aufnahme des Verfahrens entsprechend § 54 anzuzeigen. [8]Ergibt sich eine Beeinträchtigung dienstlicher Interessen nach Erteilung der Genehmigung, so ist diese zu widerrufen.

(3) [1]Die Genehmigung erteilt die oberste Dienstbehörde. [2]Sie kann die Befugnis auf nachgeordnete Behörden übertragen.

§ 52 Nicht genehmigungspflichtige Nebentätigkeiten (§ 40 BeamtStG)

Nicht genehmigungspflichtig ist

1. eine unentgeltliche Nebentätigkeit mit Ausnahme
   a) der Übernahme eines Nebenamtes, einer in § 49 Abs. 2 Satz 1 Halbsatz 2 nicht genannten Vormundschaft, Betreuung oder Pflegschaft oder Testamentsvollstreckung,
   b) der Übernahme einer gewerblichen Tätigkeit, der Ausübung eines freien Berufes oder der Mitarbeit bei einer dieser Tätigkeiten,
   c) des Eintritts in ein Organ eines Unternehmens, mit Ausnahme einer Genossenschaft, sowie der Übernahme einer Treuhänderschaft,
2. die Verwaltung eigenen oder der Nutznießung des Beamten unterliegenden Vermögens,
3. eine schriftstellerische, wissenschaftliche, künstlerische oder Vortragstätigkeit der Beamten,
4. die mit Lehr- oder Forschungsaufgaben zusammenhängende selbstständige Gutachtertätigkeit von Lehrern an öffentlichen Hochschulen und von Beamten an wissenschaftlichen Instituten und Anstalten,
5. die Tätigkeit zur Wahrung von Berufsinteressen in Gewerkschaften oder Berufsverbänden oder in Selbsthilfeeinrichtungen der Beamten.

§ 53 Ausübung von Nebentätigkeiten (§ 40 BeamtStG)

(1) [1]Nebentätigkeiten dürfen nur außerhalb der Arbeitszeit ausgeübt werden, es sei denn, dass sie auf Verlangen, Vorschlag oder Veranlassung des Dienstvorgesetzten übernommen wurden oder ein dienst-

liches Interesse an der Übernahme der Nebentätigkeit durch die Beamten anerkannt worden ist. [2]Ausnahmen dürfen nur zugelassen werden, wenn dienstliche Gründe nicht entgegenstehen und die versäumte Arbeitszeit vor- oder nachgeleistet wird.

(2) [1]Bei der Ausübung von Nebentätigkeiten dürfen Einrichtungen, Personal oder Material des Dienstherrn nur bei Vorliegen eines öffentlichen oder wissenschaftlichen Interesses mit Genehmigung und gegen Entrichtung eines angemessenen Entgelts in Anspruch genommen werden. [2]Das Entgelt ist nach den dem Dienstherrn entstehenden Kosten zu bemessen und muss den besonderen Vorteil berücksichtigen, der den Beamten durch die Inanspruchnahme entsteht. [3]Bei unentgeltlich ausgeübter Nebentätigkeit kann auf ein Entgelt verzichtet werden.

§ 54 Verfahren (§ 40 BeamtStG)

(1) [1]Anträge auf Erteilung einer Genehmigung (§ 51 Abs. 1) oder auf Zulassung einer Ausnahme (§ 53 Abs. 1 Satz 2) und Entscheidungen über die Anträge sowie das Verlangen auf Übernahme einer Nebentätigkeit bedürfen der Schriftform. [2]Die Beamten haben dabei die für die Entscheidung der Dienstbehörde erforderlichen Nachweise, insbesondere über Art und Umfang der Nebentätigkeit sowie die Entgelte und geldwerten Vorteile hieraus, zu führen; die Beamten haben jede Änderung unverzüglich schriftlich anzuzeigen. [3]Das dienstliche Interesse (§ 53 Abs. 1 Satz 2) ist aktenkundig zu machen.

(2) [1]Eine nicht genehmigungspflichtige Nebentätigkeit, die nicht unter § 52 Nr. 2 fällt, haben die Beamten, wenn hierfür ein Entgelt oder ein geldwerter Vorteil im Wert von mindestens zehn Euro geleistet wird, in jedem Einzelfall vor ihrer Aufnahme ihrer Dienstbehörde unter Angabe der voraussichtlichen Höhe der Entgelte und geldwerten Vorteile hieraus schriftlich anzuzeigen; die Beamten haben jede Änderung unverzüglich schriftlich mitzuteilen. [2]Die Dienstbehörde kann aus begründetem Anlass verlangen, dass die Beamten über eine von ihnen ausgeübte nicht genehmigungspflichtige Nebentätigkeit, insbesondere über deren Art und Umfang, schriftlich Auskunft erteilen; die Auskunftspflicht kann auf die Entgelte und geldwerten Vorteile erstreckt werden. [3]Eine nicht genehmigungspflichtige Nebentätigkeit ist ganz oder teilweise zu versagen, wenn die Beamten bei ihrer Ausübung dienstliche Pflichten verletzen.

§ 55 Rückgriff bei Haftungsschäden von Beamten

[1]Beamte, die aus einer auf Verlangen, Vorschlag oder Veranlassung ihres Dienstvorgesetzten übernommenen Tätigkeit im Vorstand, Aufsichtsrat, Verwaltungsrat oder in einem sonstigen Organ einer Gesellschaft, Genossenschaft oder eines in einer anderen Rechtsform betriebenen Unternehmens haftbar gemacht werden, haben gegen den Dienstherrn Anspruch auf Ersatz des ihnen entstandenen Schadens. [2]Ist der Schaden vorsätzlich oder grob fahrlässig herbeigeführt, so ist der Dienstherr nur dann ersatzpflichtig, wenn die Beamten auf Verlangen eines Vorgesetzten gehandelt haben.

§ 56 Beendigung der mit dem Hauptamt verbundenen Nebentätigkeiten

Endet das Beamtenverhältnis, so enden, wenn im Einzelfall nichts anderes bestimmt wird, auch die Nebenämter und Nebenbeschäftigungen, die den Beamten im Zusammenhang mit ihrem Hauptamt übertragen sind oder die sie auf Verlangen, Vorschlag oder Veranlassung ihres Dienstvorgesetzten übernommen haben.

§ 57 Rechtsverordnung über Nebentätigkeit

[1]Die zur Ausführung der §§ 50 bis 56 notwendigen Bestimmungen über die Nebentätigkeiten der Beamten erlässt die Landesregierung durch Rechtsverordnung. [2]In ihr kann bestimmt werden,

1. welche Tätigkeiten als öffentlicher Dienst im Sinne dieser Bestimmungen anzusehen sind oder ihm gleichstehen,
2. welche Ämter öffentliche Ehrenämter im Sinne des § 49 Abs. 2 sind,
3. ob und inwieweit Beamte für eine im öffentlichen Dienst ausgeübte oder auf Verlangen, Vorschlag oder Veranlassung ihres Dienstvorgesetzten übernommene Nebentätigkeit eine Vergütung erhalten oder eine erhaltene Vergütung abzuführen haben,
4. unter welchen Voraussetzungen Beamte zur Ausübung von Nebentätigkeiten Einrichtungen, Personal oder Material des Dienstherrn in Anspruch nehmen dürfen sowie ob und in welcher Höhe hierfür ein Entgelt an den Dienstherrn zu entrichten ist,

5. dass Beamte verpflichtet werden können, nach Ablauf eines jeden Kalenderjahres ihrem Dienstvorgesetzten die ihnen zugeflossenen Entgelte und geldwerten Vorteile aus Nebentätigkeiten anzugeben.

§ 58 Tätigkeit nach Beendigung des Beamtenverhältnisses (§ 41 BeamtStG)

(1) [1]Der Zeitraum, auf den sich die Pflicht der Anzeige einer Erwerbstätigkeit oder sonstigen Beschäftigung außerhalb des öffentlichen Dienstes im Sinne des § 41 Satz 1 BeamtStG bezieht, umfasst die letzten fünf Jahre vor Beendigung des Beamtenverhältnisses. [2]Die Tätigkeit nach § 41 Satz 1 BeamtStG ist der letzten obersten Dienstbehörde anzuzeigen. [3]Die Anzeigepflicht endet nach

1. drei Jahren, wenn die Beamten mit dem Erreichen der in § 25 genannten gesetzlichen Altersgrenze oder zu einem späteren Zeitpunkt in den Ruhestand getreten sind,
2. fünf Jahren, spätestens jedoch drei Jahre nach dem Erreichen der gesetzlichen Altersgrenze, wenn das Beamtenverhältnis zu einem früheren Zeitpunkt beendet worden ist.

(2) [1]Eine Untersagung nach § 41 Satz 2 BeamtStG wird durch die letzte oberste Dienstbehörde ausgesprochen. [2]Sie endet mit Ablauf des Zeitraums, für den eine Anzeigepflicht nach Absatz 1 besteht, spätestens mit Ablauf des in § 41 Satz 3 BeamtStG genannten Zeitpunkts. [3]Die oberste Dienstbehörde kann ihre Befugnis nach Satz 1 auf nachgeordnete Behörden übertragen.

Dritter Unterabschnitt

Arbeitszeit, Fernbleiben vom Dienst, Teilzeit und Urlaub

§ 59 Regelmäßige Arbeitszeit, Bereitschaftsdienst, Mehrarbeit

(1) Die regelmäßige Arbeitszeit beträgt im Jahresdurchschnitt 40 Stunden in der Woche.

(2) [1]Die nähere Ausgestaltung der regelmäßigen Arbeitszeit, insbesondere Festlegungen zur täglichen Arbeitszeit, zu Möglichkeiten der flexiblen Ausgestaltung, zur Verteilung und zu Bezugszeiträumen einschließlich der Pausen und Ruhezeiten, zu dienstfreien Zeiten sowie zur Anrechnung von Reisezeiten und Zeiten der Rufbereitschaft, regelt

1. für die Landesbeamten die Landesregierung durch Rechtsverordnung,
2. für die Beamten der Gemeinden, der Landkreise und der sonstigen der Aufsicht des Landes unterstehenden Körperschaften, Anstalten und Stiftungen des öffentlichen Rechts die oberste Dienstbehörde

unter Beachtung der Bestimmungen der Richtlinie 2003/88/EG des Europäischen Parlaments und des Rates vom 4. November 2003 über bestimmte Aspekte der Arbeitszeitgestaltung (ABl. L 299 vom 18.11.2003 S. 9) in der jeweils geltenden Fassung. [2]Die Verordnung nach Satz 1 kann auch Regelungen zur Telearbeit, einschließlich mobiler Telearbeit, Langzeitkonten und deren zeitlichem und finanziellem Ausgleich beinhalten. [3]Regelungen in der in Satz 1 Nr. 1 genannten Rechtsverordnung über Arbeitszeitverkürzung durch freie Tage gelten auch für die Beamten der Gemeinden, der Landkreise und der anderen Gemeindeverbände sowie der sonstigen der Aufsicht des Landes unterstehenden Körperschaften, Anstalten und Stiftungen des öffentlichen Rechts. [4]Die nähere Ausgestaltung der regelmäßigen Arbeitszeit nach Satz 1 beinhaltet für beamtete Lehrer insbesondere auch Regelungen zum zeitlichen Maß der Unterrichtsverpflichtungen und der sonstigen Tätigkeiten.

(3) [1]Soweit der Dienst Bereitschaftszeiten einschließt, kann die regelmäßige Arbeitszeit entsprechend den dienstlichen Bedürfnissen auf durchschnittlich bis zu 48 Stunden in der Woche verlängert werden. [2]Unter Beachtung der allgemeinen Grundsätze der Sicherheit und des Gesundheitsschutzes kann unter den Voraussetzungen des Satzes 1 die regelmäßige Arbeitszeit im Durchschnitt auf bis zu 56 Stunden in der Woche verlängert werden, wenn die Beamten schriftlich eingewilligt haben. [3]Die Beamten können die Einwilligung jederzeit mit einer Frist von zwei Monaten widerrufen; auf die Widerrufsmöglichkeit ist vor der Erklärung der Einwilligung schriftlich hinzuweisen. [4]Für die Ablehnung oder den Widerruf der Einwilligung gilt das Benachteiligungsverbot des § 71 Abs. 2 entsprechend. [5]Beamte mit einer nach Satz 2 verlängerten Arbeitszeit sind in Listen zu erfassen, die stets aktuell vorzuhalten sind. [6]Den für den Arbeitsschutz zuständigen Behörden und Stellen, die eine Überschreitung der wöchentlichen Höchstarbeitszeit unterbinden oder einschränken können, sind die Listen zur Verfügung zu stellen sowie auf deren Ersuchen darüber Auskunft zu geben, welche Beamten in eine nach Satz 2 verlängerte Arbeitszeit eingewilligt haben.

(4) [1]Beamte sind verpflichtet, ohne Vergütung über die regelmäßige wöchentliche Arbeitszeit hinaus Dienst zu tun, wenn zwingende dienstliche Verhältnisse dies erfordern und sich die Mehrarbeit auf Ausnahmefälle beschränkt. [2]Werden sie durch eine dienstlich angeordnete oder genehmigte Mehrarbeit mehr als fünf Stunden im Monat über die regelmäßige Arbeitszeit hinaus beansprucht, ist ihnen innerhalb eines Jahres für die über die regelmäßige Arbeitszeit hinaus geleistete Mehrarbeit entsprechende Dienstbefreiung zu gewähren. [3]Im Fall einer Teilzeitbeschäftigung berechnet sich der Schwellenwert nach Satz 2 entsprechend dem Umfang der individuell festgesetzten regelmäßigen Arbeitszeit. [4]Ist eine Dienstbefreiung aus zwingenden dienstlichen Gründen nicht möglich, können an ihrer Stelle Beamte in Besoldungsgruppen mit aufsteigenden Gehältern für einen Zeitraum bis zu 480 Stunden im Jahr eine Mehrarbeitsvergütung erhalten.

§ 60 Fernbleiben vom Dienst, Krankheit

(1) Beamte dürfen dem Dienst nicht ohne Genehmigung fernbleiben.

(2) [1]Kann aus tatsächlichen oder rechtlichen Gründen kein Dienst geleistet werden, ist das Fernbleiben vom Dienst unverzüglich anzuzeigen. [2]Dienstunfähigkeit infolge von Krankheit ist auf Verlangen nachzuweisen. [3]Der Dienstvorgesetzte kann die Untersuchung durch einen Amtsarzt (§ 33 Abs. 1) anordnen. [4]Die Landesregierung regelt ergänzend die Einzelheiten zum Fernbleiben vom Dienst durch Rechtsverordnung.

(3) Verlieren Beamte wegen unentschuldigten Fernbleibens vom Dienst nach dem Thüringer Besoldungsgesetz (ThürBesG) vom 24. Juni 2008 (GVBl. S. 134) in der jeweils geltenden Fassung ihren Anspruch auf Bezüge, so wird dadurch eine disziplinarrechtliche Verfolgung nicht ausgeschlossen.

§ 61 Teilzeitbeschäftigung

(1) Beamten mit Dienstbezügen kann auf Antrag Teilzeitbeschäftigung bis zur Hälfte der regelmäßigen Arbeitszeit und bis zur jeweils beantragten Dauer bewilligt werden, soweit dienstliche Gründe nicht entgegenstehen.

(2) [1]Dem Antrag nach Absatz 1 darf nur entsprochen werden, wenn die Beamten sich verpflichten, während des Bewilligungszeitraums außerhalb des Beamtenverhältnisses berufliche Verpflichtungen nur in dem Umfang einzugehen, in dem auch den vollzeitbeschäftigten Beamten die Ausübung von Nebentätigkeiten gestattet ist. [2]Ausnahmen hiervon sind nur zulässig, soweit dies mit dem Beamtenverhältnis vereinbar ist. [3]Wird die Verpflichtung nach Satz 1 schuldhaft verletzt, soll die Bewilligung widerrufen werden.

(3) [1]Die Dauer der Teilzeitbeschäftigung kann auch nachträglich beschränkt oder der Umfang der zu leistenden Arbeitszeit erhöht werden, soweit zwingende dienstliche Gründe dies erfordern. [2]Eine Änderung des Umfangs der Teilzeitbeschäftigung oder der Übergang zur Vollzeitbeschäftigung soll zugelassen werden, wenn den Beamten die Teilzeitbeschäftigung im bisherigen Umfang nicht mehr zugemutet werden kann und dienstliche Gründe nicht entgegenstehen.

§ 62 Teilzeitbeschäftigung aus familiären Gründen

(1) Beamten mit Dienstbezügen, die

1. ein Kind unter 18 Jahren oder
2. einen nach ärztlichem Gutachten pflegebedürftigen Angehörigen

tatsächlich betreuen oder pflegen, ist, auch wenn sie Vorgesetzten- oder Leitungsaufgaben wahrnehmen, auf Antrag eine Teilzeitbeschäftigung, auch mit weniger als der Hälfte der regelmäßigen Arbeitszeit, zu bewilligen, wenn zwingende dienstliche Gründe nicht entgegenstehen.

(2) [1]Absatz 1 gilt entsprechend, wenn Beamte mit Dienstbezügen einen nahen Angehörigen im Sinne des § 7 Abs. 3 des Pflegezeitgesetzes (PflegeZG) vom 28. Mai 2008 (BGBl. I S. 874) in der jeweils geltenden Fassung begleiten, der an einer Erkrankung leidet,

1. die progredient verläuft und bereits ein weit fortgeschrittenes Stadium erreicht hat,
2. bei der eine Heilung ausgeschlossen und eine palliativmedizinische Behandlung notwendig ist und
3. die lediglich eine begrenzte Lebenserwartung von Wochen oder wenigen Monaten erwarten lässt.

[2]Die Teilzeitbeschäftigung nach Satz 1 darf die Dauer von drei Monaten nicht überschreiten.

(3) [1]Für den Umfang der Nebentätigkeiten gilt § 61 Abs. 2 entsprechend. [2]Es dürfen nur solche Nebentätigkeiten ausgeübt werden, die dem Zweck der Teilzeitbeschäftigung nicht zuwiderlaufen.

(4) Dauer und Umfang der Teilzeitbeschäftigung können unter den Voraussetzungen des § 61 Abs. 3 verändert werden.

§ 63 Sabbatjahr, Freistellung vor dem Ruhestand

(1) Sofern dienstliche Gründe nicht entgegenstehen, können Teilzeitbeschäftigungen nach § 61 Abs. 1 und § 62 Abs. 1 in der Weise bewilligt werden, dass der Teil, um den die regelmäßige Arbeitszeit ermäßigt ist, zu einer vollständigen Freistellung zusammengefasst wird (Sabbatjahr).

(2) [1]Der Gesamtzeitraum der nach Absatz 1 bewilligten Teilzeitbeschäftigung soll zehn Jahre nicht überschreiten. [2]Der Zeitraum der vollständigen Freistellung beträgt höchstens zwei Jahre.

(3) [1]Bei einer Teilzeitbeschäftigung nach Absatz 1, die sich auf die Zeit bis zum Eintritt in den Ruhestand erstreckt, soll der Gesamtzeitraum zwölf Jahre nicht überschreiten. [2]Der Zeitraum der vollständigen Freistellung kann bis zu sechs Jahre betragen.

(4) [1]Die Freistellung kann nur zusammenhängend und nur am Ende des Bewilligungszeitraums der Teilzeitbeschäftigung gewährt werden. [2]Abweichend von Satz 1 kann die Inanspruchnahme des Freistellungszeitraums nach Absatz 2 bis vor den Eintritt in den Ruhestand hinausgeschoben werden. [3]Mehrere Freistellungszeiträume können zusammengefasst werden.

§ 64 Familienpflegezeit

(1) [1]Beamten mit Dienstbezügen kann auf Antrag für die Dauer von insgesamt längstens 48 Monaten Teilzeitbeschäftigung als Familienpflegezeit

1. zur Pflege eines pflegebedürftigen nahen Angehörigen im Sinne des § 7 Abs. 3 PflegeZG in häuslicher Umgebung oder
2. zur Betreuung eines minderjährigen pflegebedürftigen nahen Angehörigen in häuslicher oder außerhäuslicher Umgebung

bewilligt werden, es sei denn, dass dringende dienstliche Gründe entgegenstehen. [2]Die Pflegebedürftigkeit ist durch Vorlage einer Bescheinigung der Pflegekasse oder des Medizinischen Dienstes der Krankenversicherung oder durch Vorlage einer entsprechenden Bescheinigung einer privaten Pflegeversicherung nachzuweisen. [3]Die Inanspruchnahme einer Familienpflegezeit nach Satz 1 Nr. 1 ist jederzeit im Wechsel mit einer Familienpflegezeit nach Satz 1 Nr. 2 zulässig.

(2) [1]Die Bewilligung erfolgt mit der Maßgabe, dass

1. in einer Pflegephase von längstens 24 Monaten Dienst mit einer regelmäßigen wöchentlichen Arbeitszeit von mindestens 15 Stunden geleistet wird und
2. in einer Nachpflegephase, die genauso lange dauert wie die Pflegephase, Dienst mit einer Arbeitszeit geleistet wird, die mindestens der regelmäßigen wöchentlichen Arbeitszeit entspricht, die vor der Pflegephase geleistet worden ist.

[2]Liegen die Voraussetzungen des Absatzes 1 für die Bewilligung der Familienpflegezeit nicht mehr vor, so ist die Bewilligung mit Ablauf des zweiten Monats, der auf den Wegfall der Voraussetzungen folgt, zu widerrufen. [3]Die Beamten sind verpflichtet, jede Änderung der Tatsachen mitzuteilen, die für die Bewilligung maßgeblich sind. [4]Ist den Beamten die Teilzeitbeschäftigung im bisherigen Umfang nicht mehr zumutbar, ist die Bewilligung zu widerrufen, wenn dringende dienstliche Gründe dem nicht entgegenstehen. [5]Für den Widerruf gilt § 65 Abs. 1 entsprechend.

(3) [1]Ist die Pflegephase der Familienpflegezeit für weniger als 24 Monate bewilligt worden, kann sie nachträglich bis zur Dauer von 24 Monaten verlängert werden, wenn die Voraussetzungen des Absatzes 1 und die Maßgaben des Absatzes 2 vorliegen. [2]Falls die Nachpflegephase der Familienpflegezeit mit einer regelmäßigen wöchentlichen Arbeitszeit bewilligt worden ist, die höher ist als die Arbeitszeit vor Inanspruchnahme der Familienpflegezeit, so kann die Arbeitszeit nachträglich verringert werden, wenn die Beamten darlegen, dass die Pflegebedürftigkeit des nahen Angehörigen dies erfordert. [3]Die Arbeitszeit in der Nachpflegephase muss jedoch mindestens dem nach Absatz 2 Satz 1 Nr. 1 festgelegten Umfang entsprechen. [4]Eine Familienpflegezeit nach Maßgabe des Absatzes 2 kann auch von mehreren Beamten, die die Voraussetzungen des Absatzes 1 erfüllen, anteilig oder parallel wahrgenommen werden. [5]Eine neue Familienpflegezeit kann erst im Anschluss an die Nachpflegephase bewilligt werden.

(4) [1]Eine Familienpflegezeit kann auf Antrag auch für
1. eine höchstens sechsmonatige Pflegezeit nach § 3 Abs. 1 oder 5 PflegeZG oder
2. die Zeit einer höchstens dreimonatigen Begleitung eines nahen Angehörigen nach § 3 Abs. 6 PflegeZG

bewilligt werden. [2]Die Bewilligung erfolgt abweichend von Absatz 2 Satz 1 mit der Maßgabe, dass die Beamten
1. während der Dauer
   a) der Pflegezeit oder
   b) der Begleitung

   nach Satz 1 vollständig oder anteilig vom Dienst freizustellen sind und
2. im Anschluss hieran für einen jeweils entsprechenden Zeitraum wieder Dienst mit einer Arbeitszeit leisten, die mindestens der regelmäßigen wöchentlichen Arbeitszeit entspricht, die vor der Pflegezeit oder der Zeit der Begleitung geleistet worden ist.

(5) Die Pflegezeit nach Absatz 4 Satz 1 Nr. 1, die Zeit der Begleitung nach Absatz 4 Satz 1 Nr. 2 und die Pflegephase der Familienpflegezeit nach Absatz 2 Satz 1 Nr. 1 dürfen zusammen je pflegebedürftigem nahen Angehörigen eine Höchstdauer von 24 Monaten nicht überschreiten.

§ 65 Widerruf und Änderung der Bewilligung von Teilzeitbeschäftigung bei langfristiger ungleichmäßiger Verteilung der Arbeitszeit

(1) [1]Treten während des Bewilligungszeitraums einer Teilzeitbeschäftigung Umstände ein, die einen Arbeitszeitausgleich aus einer langfristigen ungleichmäßigen Verteilung der Arbeitszeit unmöglich machen, ist ein Widerruf abweichend von § 49 ThürVwVfG nach Maßgabe der Absätze 2 und 3 auch mit Wirkung für die Vergangenheit zulässig. [2]Der Widerruf darf nur mit Wirkung für den gesamten Bewilligungszeitraum und nur in dem Umfang erfolgen, der der tatsächlichen Arbeitszeit entspricht.

(2) Die Bewilligung ist zu widerrufen bei
1. Beendigung des Beamtenverhältnisses,
2. Dienstherrnwechsel oder
3. Gewährung von Urlaub nach § 67 Abs. 1 Satz 1 Nr. 2.

(3) [1]Die Bewilligung kann
1. aus zwingenden dienstlichen Gründen oder
2. auf Antrag des Beamten

widerrufen werden. [2]Ein Widerruf nach Satz 1 Nr. 2 ist nur möglich, wenn dienstliche Gründe nicht entgegenstehen.

(4) [1]Wird während der Teilzeitbeschäftigung Urlaub nach einer anderen Bestimmung als § 67 Abs. 1 Satz 1 Nr. 2 bewilligt oder leisten Beamte in der Ansparphase nicht in dem für sie festgelegten Umfang Dienst, verlängert sich der Bewilligungszeitraum der Teilzeitbeschäftigung entsprechend. [2]Satz 1 gilt nicht für Zeiten von Urlaub unter Fortzahlung der Dienstbezüge, von Erkrankungen, die die Dauer von insgesamt sechs Wochen im Kalenderjahr nicht überschreiten, sowie Zeiten von gesundheitlichen Rehabilitationen. [3]Eine Verlängerung des Bewilligungszeitraums ist ausgeschlossen, wenn sich die Teilzeitbeschäftigung bis zum Eintritt in den Ruhestand erstreckt.

§ 66 Erholungsurlaub (§ 44 BeamtStG)

[1]Die Landesregierung regelt durch Rechtsverordnung Einzelheiten der Gewährung von Erholungsurlaub, insbesondere die Dauer des Erholungsurlaubs und dessen Abwicklung sowie Fragen der Abgeltung von nicht in Anspruch genommenem Erholungsurlaub, die Gewährung von Zusatzurlaub, die Voraussetzungen für die Urlaubsgewährung und das Verfahren. [2]Lehrer an öffentlichen Schulen haben den Erholungsurlaub grundsätzlich während der Schulferien zu nehmen.

§ 67 Urlaub ohne Dienstbezüge

(1) [1]Beamten mit Dienstbezügen kann auf Antrag
1. bei im öffentlichen oder dienstlichen Interesse liegenden oder wichtigen persönlichen Gründen bis zur Dauer von insgesamt einem Jahr oder
2. für einen Zeitraum, der frühestens zehn Jahre vor dem Erreichen der jeweiligen gesetzlichen Altersgrenze beginnt und sich auf die Zeit bis zum Beginn des Ruhestands erstrecken muss,

Urlaub ohne Dienstbezüge bewilligt werden, wenn dienstliche Gründe nicht entgegenstehen. [2]Beurlaubungen nach Satz 1 Nr. 1, die über die Dauer von einem Jahr hinausgehen, können nur bei Vorliegen wichtiger dienstlicher Interessen oder öffentlicher Belange oder besonders wichtiger persönlicher Gründe bewilligt werden.

(2) [1]Dem Antrag nach Absatz 1 darf nur entsprochen werden, wenn die Beamten sich verpflichten, während des Bewilligungszeitraums berufliche Verpflichtungen nur in dem Umfang einzugehen, in dem auch den vollzeitbeschäftigten Beamten die Ausübung von Nebentätigkeiten gestattet ist. [2]Ausnahmen hiervon sind nur zulässig, soweit sie dem Zweck der Bewilligung des Urlaubs nicht zuwiderlaufen. [3]Wird die Verpflichtung nach Satz 1 schuldhaft verletzt, soll die Bewilligung widerrufen werden.

(3) Die Bewilligung des Urlaubs kann auf Antrag widerrufen werden, wenn den Beamten die Fortsetzung des Urlaubs nicht zugemutet werden kann und dienstliche Gründe nicht entgegenstehen.

(4) Ein Urlaub ohne Dienstbezüge von längstens einem Monat lässt den Anspruch auf Beihilfe oder Heilfürsorge unberührt.

(5) [1]Die Landesregierung regelt ergänzend die Einzelheiten zur Bewilligung von Urlaub ohne Dienstbezüge, insbesondere die Voraussetzungen, die Dauer und das Verfahren in einer Rechtsverordnung. [2]Ferner regelt sie in dieser Rechtsverordnung die Bewilligung von Urlaub aus anderen Anlässen. [3]Sie bestimmt, ob und inwieweit die Besoldung während eines Urlaubs nach den Sätzen 1 und 2 zu belassen ist.

§ 68 Urlaub aus familiären Gründen

(1) [1]Beamten mit Dienstbezügen, die

1. ein Kind unter 18 Jahren oder
2. einen nach ärztlichem Gutachten pflegebedürftigen Angehörigen

tatsächlich betreuen oder pflegen, ist auf Antrag Urlaub ohne Dienstbezüge zu bewilligen, wenn zwingende dienstliche Gründe nicht entgegenstehen. [2]Der Antrag auf Verlängerung einer Beurlaubung soll spätestens sechs Monate vor Ablauf der genehmigten Beurlaubung gestellt werden.

(2) Für Nebentätigkeiten gilt § 62 Abs. 3 entsprechend.

(3) [1]Die Bewilligung soll widerrufen werden, wenn die Voraussetzungen für die Bewilligung der Beurlaubung nach Absatz 1 weggefallen sind. [2]Die zuständige Dienstbehörde kann auf Antrag eine Rückkehr aus dem Urlaub zulassen, wenn den Beamten die Fortsetzung des Urlaubs nicht zugemutet werden kann und dienstliche Gründe nicht entgegenstehen.

(4) [1]Während der Zeit der Beurlaubung ohne Dienstbezüge nach Absatz 1 besteht ein Anspruch auf Leistungen der Krankheitsfürsorge in entsprechender Anwendung der Beihilferegelungen für Beamte mit Dienstbezügen. [2]Dies gilt nicht, wenn die Beamten berücksichtigungsfähige Angehörige eines Beihilfeberechtigten werden oder Anspruch auf Familienversicherung nach § 10 des Fünften Buches Sozialgesetzbuch haben.

§ 69 Wahlvorbereitungsurlaub

Stimmen Beamte ihrer Aufstellung als Bewerber für die Wahl zum Europäischen Parlament, zum Deutschen Bundestag oder zu einer gesetzgebenden Körperschaft eines Landes zu, ist ihnen auf Antrag innerhalb der letzten zwei Monate vor dem Wahltag der zur Vorbereitung ihrer Wahl erforderliche Urlaub unter Wegfall der Besoldung zu gewähren.

§ 70 Höchstdauer von unterhälftiger Teilzeitbeschäftigung und Urlaub

(1) [1]Eine Teilzeitbeschäftigung mit weniger als der Hälfte der regelmäßigen Arbeitszeit nach § 62 Abs. 1 und Urlaub aus familiären Gründen nach § 68 Abs. 1 dürfen auch zusammen die Dauer von 15 Jahren nicht überschreiten. [2]Unberücksichtigt bleibt eine unterhälftige Teilzeitbeschäftigung während einer Elternzeit. [3]Beurlaubungen nach § 67 Abs. 1 Satz 1 Nr. 1 dürfen über einen Zeitraum von 15 Jahren hinaus nur bei überwiegenden dienstlichen Interessen im Einvernehmen mit der für das Beamtenrecht zuständigen obersten Landesbehörde bewilligt werden.

(2) [1]Bei Beamten im Schul- und Hochschuldienst kann der Bewilligungszeitraum bis zum Ende des laufenden Schulhalbjahrs oder Semesters ausgedehnt werden. [2]Dies gilt auch bei Wegfall der tatsächlichen Voraussetzungen einer Teilzeitbeschäftigung oder Beurlaubung nach § 62 Abs. 1 und § 68 Abs. 1.

§ 71 Hinweispflicht auf die Folgen von Teilzeitarbeit und langfristigem Urlaub, Benachteiligungsverbot

(1) Wird eine Teilzeitbeschäftigung oder eine langfristige Beurlaubung beantragt, sind die Beamten allgemein auf die Folgen reduzierter Arbeitszeit oder langfristiger Beurlaubungen hinzuweisen, insbesondere auf die Folgen für Ansprüche aufgrund beamtenrechtlicher Regelungen.

(2) [1]Eine Teilzeitbeschäftigung darf das berufliche Fortkommen nicht beeinträchtigen. [2]Eine unterschiedliche Behandlung von Beamten mit ermäßigter Arbeitszeit gegenüber Beamten mit regelmäßiger Arbeitszeit ist nur zulässig, wenn zwingende sachliche Gründe vorliegen. [3]Die Sätze 1 und 2 gelten für Schwangerschaft, Mutterschutz, Elternzeit, Telearbeit und familienbedingte Beurlaubung entsprechend.

Vierter Unterabschnitt

Fürsorge und Schutz

§ 72 Beihilfe

(1) [1]Beihilfe wird als Ergänzung der aus den laufenden Bezügen zu bestreitenden Eigenvorsorge gewährt. [2]Beihilfeberechtigt sind

1. Beamte und entpflichtete Hochschullehrer,
2. Versorgungsempfänger sowie frühere Beamte, die wegen Dienstunfähigkeit oder Erreichens der Altersgrenze entlassen worden oder wegen Ablaufs der Dienstzeit ausgeschieden sind und
3. Witwen und Witwer oder hinterbliebene eingetragene Lebenspartner sowie die Waisen der unter den Nummern 1 und 2 genannten Personen,

wenn und solange ihnen laufende Besoldung oder Versorgungsbezüge gezahlt werden. [3]Die Beihilfeberechtigung besteht auch, wenn Bezüge wegen Anwendung von Ruhens- oder Anrechnungsvorschriften nicht gezahlt werden.

(2) [1]Berücksichtigungsfähigen Angehörigen der beihilfeberechtigten Personen wird auch Beihilfe gewährt. [2]Berücksichtigungsfähige Angehörige sind

1. der Ehegatte oder eingetragene Lebenspartner, wenn der Gesamtbetrag seiner Einkünfte (§ 2 Abs. 3 in Verbindung mit § 5a des Einkommensteuergesetzes) im zweiten Kalenderjahr vor der Stellung des Beihilfeantrags 18.000 Euro nicht übersteigt und
2. die Kinder, die im Familienzuschlag nach dem Thüringer Besoldungsgesetz berücksichtigungsfähig sind.

(3) [1]Beihilfe wird grundsätzlich nur zu notwendigen, nachgewiesenen und der Höhe nach angemessenen Aufwendungen

1. in Krankheitsfällen,
2. in Pflegefällen,
3. für die Behandlung von Behinderungen,
4. für die Früherkennung von Krankheiten und für Schutzimpfungen,
5. in Geburtsfällen, für künstliche Befruchtung, für Maßnahmen der Empfängnisregelung und -verhütung sowie in Ausnahmefällen bei Sterilisation und Schwangerschaftsabbruch sowie
6. bei Organspenden

gewährt. [2]Die Aufwendungen für den Besuch schulischer oder vorschulischer Einrichtungen und für berufsfördernde Maßnahmen sind nicht beihilfefähig.

(4) [1]Beihilfe kann als Vomhundertsatz der beihilfefähigen Aufwendungen (Bemessungssatz), als Pauschale oder im Wege der Beteiligung an den Kosten personenbezogener Leistungen von Leistungserbringern gewährt werden. [2]Der Bemessungssatz beträgt grundsätzlich

1. 50 vom Hundert für den Beihilfeberechtigten nach Absatz 1 Satz 2 Nr. 1,
2. 70 vom Hundert für den Beihilfeberechtigten nach Absatz 1 Satz 2 Nr. 2 und 3,
3. 70 vom Hundert für den Ehegatten oder eingetragenen Lebenspartner und
4. 80 vom Hundert für ein Kind sowie eine Waise, die als solche beihilfeberechtigt ist.

[3]Sind zwei oder mehr Kinder berücksichtigungsfähig, beträgt der Bemessungssatz für den Beihilfeberechtigten nach Absatz 1 Satz 2 Nr. 1 70 vom Hundert; bei mehreren Beihilfeberechtigten beträgt der Bemessungssatz nur bei einem, von ihnen zu bestimmenden Berechtigten, 70 vom Hundert. [4]Für Beihilfeberechtigte, die freiwillige Mitglieder der gesetzlichen Krankenversicherung sind, erhöht sich

der Bemessungssatz auf 100 vom Hundert der Aufwendungen, die nach Abzug der zustehenden Leistungen der gesetzlichen Krankenversicherung von den beihilfefähigen Aufwendungen verbleiben. [5]Dies gilt nicht für Aufwendungen, für die die gesetzliche Krankenversicherung keine Leistungen erbringt. [6]Minderungen durch beihilferechtliche Eigenbehalte sind zu berücksichtigen. [7]Die oberste Dienstbehörde, im Bereich des Landes das für das Beihilferecht zuständige Ministerium, kann in besonders begründeten Ausnahmefällen, die nur bei Anlegung des strengsten Maßstabs anzunehmen sind, die Bemessungssätze erhöhen und Beihilfe unter anderen als den in diesem Gesetz und in der auf der Grundlage des Absatzes 7 erlassenen Rechtsverordnung geregelten Voraussetzungen gewähren.

(5) [1]Beihilfe darf zusammen mit den von dritter Seite aus demselben Anlass gewährten Leistungen die dem Grunde nach beihilfefähigen Leistungen nicht übersteigen. [2]Die Beihilfe hat die Leistungen, auf die ein Rechtsanspruch besteht, zu berücksichtigen. [3]Nicht beihilfefähig sind Aufwendungen von Beihilfeberechtigten, denen Leistungen nach § 103 zustehen.

(6) [1]Auf Antrag der beihilfeberechtigten Person wird anstelle der Beihilfe zu den Aufwendungen nach Absatz 3 Satz 1 Nr. 1 und 3 bis 6, die nach Absatz 4 zu bemessen ist, eine pauschale Beihilfe gewährt, wenn die beihilfeberechtigte Person freiwillig in der gesetzlichen Krankenversicherung oder mindestens in entsprechendem Umfang in einer privaten Krankenversicherung versichert ist und den Verzicht auf Beihilfe zu den Aufwendungen nach Absatz 3 Satz 1 Nr. 1 und 3 bis 6 erklärt. [2]Die pauschale Beihilfe bemisst sich nach der Hälfte des nachgewiesenen Krankenversicherungsbeitrags, bei privater Krankenversicherung höchstens nach dem hälftigen Beitrag einer Krankenversicherung im Basistarif. [3]Bei einer privaten Krankheitskostenvollversicherung ist der Nachweis zu erbringen, dass das Versicherungsunternehmen die Versicherung, die Grundlage des Versicherungsvertrags ist, nach den Voraussetzungen des § 257 Abs. 2a Satz 1 SGB V betreibt. [4]Die pauschale Beihilfe wird monatlich zusammen mit den Bezügen gewährt. [5]Bei der Bemessung der pauschalen Beihilfe werden die Beiträge für die Krankheitskostenvollversicherung für die nach Absatz 2 Satz 2 berücksichtigungsfähigen Angehörigen entsprechend Satz 2 berücksichtigt. [6]Der Antrag auf die Gewährung der pauschalen Beihilfe und der Verzicht auf Beihilfe zu den Aufwendungen nach Absatz 3 Satz 1 Nr. 1 und 3 bis 6 sind unwiderruflich und bedürfen der Schriftform nach § 126 des Bürgerlichen Gesetzbuchs. [7]Bei einem Wechsel aus der Mitgliedschaft in der gesetzlichen Krankenversicherung in ein Versicherungsverhältnis in der privaten Krankenversicherung oder umgekehrt oder bei Änderung des Krankenversicherungsumfangs wird die pauschale Beihilfe höchstens in der vor der Änderung gewährten Höhe gewährt. [8]Beiträge eines Arbeitgebers oder eines Sozialleistungsträgers zur Krankenversicherung oder ein Anspruch auf Zuschuss zum Beitrag zur Krankenversicherung aufgrund von Rechtsvorschriften oder eines Beschäftigungsverhältnisses sind auf die pauschale Beihilfe nach Satz 1 in Verbindung mit Satz 2 anzurechnen. [9]Die oberste Dienstbehörde, im Bereich des Landes das für das Beihilferecht zuständige Ministerium, regelt durch Verwaltungsvorschrift das Verfahren zur Antragstellung, Festsetzung und Zahlung der pauschalen Beihilfe.

(7) [1]Das für das Beihilferecht zuständige Ministerium regelt im Einvernehmen mit dem für das Beamtenrecht zuständigen Ministerium durch Rechtsverordnung das Nähere zu den beihilfeberechtigten Personen und den berücksichtigungsfähigen Angehörigen sowie zu Inhalt und Umfang der Beihilfen mit Ausnahme der pauschalen Beihilfe nach Absatz 6. [2]In der Rechtsverordnung nach Satz 1 können insbesondere Bestimmungen getroffen werden über

1. Höchstgrenzen,
2. den Ausschluss der Beihilfefähigkeit von Aufwendungen für Untersuchungen, Behandlungen, Arznei-, Heil- und Hilfsmittel, deren diagnostischer oder therapeutischer Nutzen nicht nach dem allgemein anerkannten Stand der medizinischen Erkenntnisse nachgewiesen ist,
3. den Ausschluss der Beihilfefähigkeit von Aufwendungen für Arznei-, Heil- und Hilfsmittel, die zur Behandlung geringfügiger Erkrankungen bestimmt sind und deren Kosten geringfügig oder der allgemeinen Lebenshaltung zuzurechnen sind,
4. die Beschränkung der Beihilfefähigkeit von Aufwendungen für Untersuchungen und Behandlungen, Arznei-, Heil- und Hilfsmittel, Geräte zur Selbstbehandlung und Körperersatzstücke, Krankenhausleistungen, häusliche Krankenpflege, Familien- und Haushaltshilfen, Fahrt- und Unterkunftskosten, Anschlussheil- und Suchtbehandlungen sowie für Rehabilitationsmaßnahmen auf bestimmte Personengruppen, Umstände oder Indikationen,
5. Eigenbehalte und -beteiligungen,

6. Belastungsgrenzen und
7. die Beihilfefähigkeit von Aufwendungen für Präventionsmaßnahmen zur Verhinderung und Verminderung von Krankheitsrisiken.

[3]Die Bestimmungen nach Satz 2 können sich an die Bestimmungen des Fünften Buches Sozialgesetzbuch anlehnen. [4]Die Rechtsverordnung nach Satz 1 bedarf der Zustimmung der für das Beihilfe- und Beamtenrecht zuständigen Ausschüsse des Landtags.

(8) [1]Die Gemeinden, Verwaltungsgemeinschaften, Zweckverbände und Landkreise sowie sonstigen der Aufsicht des Landes unterstehenden Körperschaften, Anstalten und Stiftungen des öffentlichen Rechts können sich zur Erfüllung ihrer Verpflichtungen aus Absatz 1 der Dienstleistungen geeigneter Unternehmen bedienen und hierzu die erforderlichen Daten nach Maßgabe des Artikels 28 der Verordnung (EU) 2016/679 des Europäischen Parlaments und des Rates vom 27. April 2016 zum Schutz natürlicher Personen bei der Verarbeitung personenbezogener Daten, zum freien Datenverkehr und zur Aufhebung der Richtlinie 95/46/EG (Datenschutz-Grundverordnung) (ABl. 119 vom 4.5.2016, S. 1; L 314 vom 22.11.2016, S. 72; L 127 vom 23.05.2018, S. 2) übermitteln. [2]Die mit der Beihilfebearbeitung beauftragte Stelle darf die Daten, die ihr im Rahmen der Beihilfebearbeitung bekannt werden, nur für diesen Zweck verarbeiten.

§ 73 Besoldung, Versorgung, Reise- und Umzugskosten, Fürsorgeleistungen in besonderen Fällen

(1) [1]Besoldung und Versorgung werden durch Gesetz geregelt. [2]Gleiches gilt für die Reise- und Umzugskostenvergütung.

(2) Das für das Besoldungsrecht zuständige Ministerium erlässt die für die Gewährung von Vorschüssen in besonderen Fällen erforderlichen Verwaltungsvorschriften.

§ 74 Ersatz von Sachschäden und Schadensersatz bei Gewaltakten Dritter

(1) [1]Sind durch plötzliche äußere Einwirkung in Ausübung oder infolge des Dienstes Kleidungsstücke oder sonstige Gegenstände, die die Beamten üblicherweise oder aus dienstlichem Grund mit sich geführt haben, beschädigt oder zerstört worden oder abhanden gekommen, ohne dass gleichzeitig ein Dienstunfall im Sinne des § 26 Abs. 1 des Thüringer Beamtenversorgungsgesetzes (ThürBeamtVG) vom 22. Juni 2011 (GVBl. S. 99) in der jeweils geltenden Fassung vorliegt, so kann der Dienstherr hierfür Ersatz leisten. [2]§ 26 Abs. 1 Satz 2 und Abs. 2 Satz 1 ThürBeamtVG gilt entsprechend.

(2) [1]Ersatz kann auch geleistet werden, wenn ein während einer Dienstreise abgestelltes, aus erheblichen dienstlichen Gründen benutztes privates Kraftfahrzeug durch plötzliche äußere Einwirkung beschädigt oder zerstört wurde oder abhanden gekommen ist und sich der Grund zum Verlassen des Kraftfahrzeugs aus der Ausübung des Dienstes ergeben hat. [2]Satz 1 gilt entsprechend, wenn ein privates Kraftfahrzeug für den Weg nach und von der Dienststelle benutzt wurde und dessen Benutzung wegen der Durchführung einer Dienstreise mit diesem Kraftfahrzeug am selben Tag erforderlich gewesen ist.

(3) Sind durch Gewaltakte Dritter, die im Hinblick auf das pflichtgemäße dienstliche Verhalten von Beamten oder wegen ihrer Eigenschaft als Beamte begangen worden sind, Gegenstände beschädigt oder zerstört worden, die den Beamten oder mit ihnen in häuslicher Gemeinschaft lebenden Personen gehören oder sind den Beamten dadurch sonstige, nicht unerhebliche Vermögensschäden zugefügt worden, so kann hierfür Ersatz geleistet werden.

(4) [1]Ersatz wird nur geleistet, soweit Ersatzansprüche gegen Dritte nicht bestehen oder nicht verwirklicht werden können. [2]Ersatz wird nicht geleistet, wenn Beamte selbst den Schaden vorsätzlich oder grob fahrlässig herbeigeführt haben. [3]Anträge auf Gewährung von Sachschadensersatz sind von den Ersatzberechtigten innerhalb einer Ausschlussfrist von sechs Monaten nach Eintritt des Schadensereignisses schriftlich beim Dienstvorgesetzten oder bei der für die Festsetzung der Ersatzleistung zuständigen Stelle zu stellen.

(5) [1]Hat der Dienstherr Leistungen gewährt, so gehen insoweit Ansprüche gegen Dritte auf den Dienstherrn über. [2]Übergegangene Ansprüche dürfen nicht zum Nachteil des Geschädigten geltend gemacht werden.

(6) Die zur Durchführung erforderliche Verwaltungsvorschrift erlässt das für das Beamtenversorgungsrecht zuständige Ministerium.

§ 74a Erfüllungsübernahme bei Schmerzensgeldansprüchen

(1) [1]Haben Beamte wegen eines tätlichen rechtswidrigen Angriffs, den sie in Ausübung des Dienstes oder außerhalb des Dienstes wegen der Eigenschaft als Beamte erleiden, einen rechtskräftig festgestellten Anspruch auf Schmerzensgeld gegen einen Dritten, kann der Dienstherr auf Antrag die Erfüllung dieses Anspruchs bis zur Höhe des festgestellten Schmerzensgeldbetrags übernehmen, soweit die Vollstreckung erfolglos geblieben ist. [2]Der rechtskräftigen Feststellung steht ein Vergleich nach § 794 Abs. 1 Nr. 1 der Zivilprozessordnung gleich, sobald er unwiderruflich ist. [3]Die Zahlung des Dienstherrn darf den Betrag, der mit Rücksicht auf die erlittenen immateriellen Schäden angemessen ist, nicht übersteigen.

(2) Der Dienstherr soll die Übernahme der Erfüllung verweigern, wenn aufgrund desselben Sachverhalts eine einmalige Unfallentschädigung nach § 36 ThürBeamtVG oder ein Unfallausgleich nach § 31 ThürBeamtVG gezahlt wird.

(3) [1]Die Übernahme der Erfüllung ist innerhalb einer Ausschlussfrist von zwei Jahren nach Rechtskraft des Urteils schriftlich unter Nachweis des Vollstreckungsversuchs zu beantragen. [2]Die Entscheidung trifft die oberste Dienstbehörde; sie kann die Befugnis übertragen. [3]Hat der Dienstherr Leistungen gewährt, gehen insoweit Ansprüche gegen Dritte auf den Dienstherrn über. [4]Übergegangene Ansprüche dürfen nicht zum Nachteil des Geschädigten geltend gemacht werden.

§ 75 Mutterschutz und Elternzeit

Die Landesregierung regelt durch Rechtsverordnung die der Eigenart des öffentlichen Dienstes entsprechende Anwendung

1. der Bestimmungen des Mutterschutzgesetzes auf Beamtinnen,
2. der Bestimmungen des Bundeselterngeld- und Elternzeitgesetzes über die Elternzeit auf Beamte, dabei kann die Gewährung von beihilfegleichen Leistungen und die Erstattung von Beiträgen zur Krankenversicherung festgelegt werden.

§ 76 Arbeitsschutz

(1) Die im Bereich des Arbeitsschutzes aufgrund der §§ 18 und 19 des Arbeitsschutzgesetzes vom 7. August 1996 (BGBl. I S. 1246) in der jeweils geltenden Fassung erlassenen Verordnungen der Bundesregierung gelten für Beamte entsprechend, soweit nicht die Landesregierung durch Rechtsverordnung Abweichendes regelt.

(2) [1]Die Landesregierung kann durch Rechtsverordnung für bestimmte Tätigkeiten, insbesondere bei der Polizei, der Feuerwehr oder den Zivil- und Katastrophenschutzdiensten, regeln, dass Vorschriften des Arbeitsschutzes ganz oder zum Teil nicht anzuwenden sind, soweit öffentliche Belange dies zwingend, insbesondere zur Aufrechterhaltung oder Wiederherstellung der öffentlichen Sicherheit, erfordern. [2]In der Rechtsverordnung ist gleichzeitig festzulegen, wie die Sicherheit und der Gesundheitsschutz bei der Arbeit unter Berücksichtigung der Ziele des Arbeitsschutzgesetzes auf andere Weise gewährleistet werden.

§ 77 Jugendarbeitsschutz

(1) Das Jugendarbeitsschutzgesetz vom 12. April 1976 (BGBl. I S. 965) in der jeweils geltenden Fassung gilt für jugendliche Beamte entsprechend.

(2) Soweit die Eigenart des Polizeivollzugsdienstes und die Belange der inneren Sicherheit es erfordern, kann die Landesregierung durch Rechtsverordnung Ausnahmen von den Bestimmungen des Jugendarbeitsschutzgesetzes für jugendliche Polizeivollzugsbeamte zulassen.

§ 78 Abtretung, Verpfändung, Aufrechnung, Zurückbehaltung

Bei Leistungen aus dem Beamtenverhältnis, die weder Besoldung noch Versorgung sind, gelten für die Verzinsung, die Abtretung, die Verpfändung, das Aufrechnungs- und Zurückbehaltungsrecht sowie die Belassung und die Rückforderung § 3 Abs. 6 und die §§ 11 und 13 ThürBesG entsprechend.

Fünfter Unterabschnitt

Personalaktendaten (§ 50 BeamtStG)

§ 79 Verarbeitung von personenbezogenen Daten

(1) [1]Der Dienstherr darf personenbezogene Daten über Bewerber, Beamte und ehemalige Beamte nur verarbeiten, soweit dies zur Begründung, Durchführung, Beendigung oder Abwicklung des Dienst-

verhältnisses oder zur Durchführung organisatorischer, personeller und sozialer Maßnahmen, insbesondere auch zu Zwecken der Personalverwaltung und Personalwirtschaft, erforderlich ist oder eine Rechtsvorschrift dies erlaubt. 2Fragebogen, mit denen Personalaktendaten erhoben werden, bedürfen der Genehmigung durch die oberste Dienstbehörde.

(2) 1Personalaktendaten dürfen in Dateien nur für Zwecke der Personalverwaltung oder der Personalwirtschaft verarbeitet werden. 2Darüber hinaus ist eine Verarbeitung zu anderen Zwecken in Übereinstimmung mit Artikel 6 Abs. 4 oder Artikel 88 Abs. 1 der Verordnung (EU) 2016/679 zulässig. 3Ein automatisierter Datenabruf durch andere Behörden ist unzulässig, soweit durch besondere Rechtsvorschrift nichts anderes bestimmt ist.

(3) Beamtenrechtliche Entscheidungen dürfen nicht ausschließlich auf eine automatisierte Verarbeitung personenbezogener Daten gestützt werden, die der Bewertung einzelner Persönlichkeitsmerkmale dienen.

(4) 1Bei erstmaliger im Wege des automatisierten Verfahrens erfolgter Speicherung ist den Beamten die Art der zu ihrer Person nach Absatz 1 gespeicherten Daten mitzuteilen, bei wesentlichen Änderungen sind sie zu benachrichtigen. 2Ferner sind die Verarbeitungs- und Nutzungsformen automatisierter Personalverwaltungsverfahren zu dokumentieren und einschließlich des jeweiligen Verwendungszwecks sowie der regelmäßigen Empfänger und des Inhalts automatisierter Datenübermittlung allgemein bekannt zu geben.

(5) Von den Unterlagen über medizinische oder psychologische Untersuchungen und Tests dürfen im Rahmen der Personalverwaltung nur die Ergebnisse im Wege des automatisierten Verfahrens verarbeitet oder genutzt werden, soweit sie die Eignung betreffen und ihre Verarbeitung oder Nutzung dem Schutz des Beamten dient.

§ 80 Zugang zu Personalakten

(1) Zugang zu Personalakten dürfen nur Beschäftigte haben, die im Rahmen der Personalverwaltung mit der Bearbeitung von Personalangelegenheiten beauftragt sind, und nur, soweit dies zu Zwecken der Personalverwaltung oder der Personalwirtschaft erforderlich ist.

(2) Auftragsdatenverarbeitung ist im Rahmen der Artikel 28 und 29 der Verordnung (EU) 2016/679 zulässig.

(3) 1Dem Datenschutzbeauftragten nach § 13 des Thüringer Datenschutzgesetzes (ThürDSG) ist auf Verlangen mit Einwilligung der betroffenen Beamten Zugang zu den Personalakten zu gewähren. 2Zugang haben ferner die mit Angelegenheiten der Innenrevision beauftragten Beschäftigten, soweit sie die zur Durchführung ihrer Aufgaben erforderlichen Erkenntnisse nur auf diesem Weg und nicht durch Auskunft aus der Personalakte gewinnen können. 3Jede Einsichtnahme nach Satz 2 ist aktenkundig zu machen, die dabei zur Kenntnis gelangten personenbezogenen Personalaktendaten dürfen nicht für andere Zwecke genutzt werden.

§ 81 Gliederung und Gestaltung von Personalakten

(1) 1Andere als Personalaktendaten dürfen nicht in die Personalakte aufgenommen werden. 2Keine Personalaktendaten im Sinne des § 50 BeamtStG sind Daten, die besonderen, von der Person und dem Dienstverhältnis sachlich zu trennenden Zwecken dienen, insbesondere Vorgänge, die von Behörden im Rahmen der Aufsicht oder zur Rechnungsprüfung angelegt werden, Prüfungs-, Sicherheits- und Kindergeldakten sowie Daten über ärztliche und psychologische Untersuchungen und Tests mit Ausnahme ihrer Ergebnisse. 3Kindergeldakten können mit Besoldungs- und Versorgungsakten verbunden geführt werden, wenn diese von der übrigen Personalakte getrennt sind und von einer von der Personalverwaltung getrennten Organisationseinheit verarbeitet werden.

(2) 1Die Personalakten können nach sachlichen Gesichtspunkten in Grundakte und Teilakten gegliedert und in Teilen oder vollständig im Wege des automatisierten Verfahrens geführt werden. 2Teilakten können bei der für den betreffenden Aufgabenbereich zuständigen Behörde geführt werden. 3Nebenakten mit Unterlagen, die sich auch in der Grundakte oder in Teilakten befinden, dürfen nur geführt werden, wenn die personalverwaltende Behörde nicht zugleich Beschäftigungsbehörde ist oder wenn mehrere personalverwaltende Behörden für die Beamten zuständig sind. 4In die Grundakte ist ein vollständiges Verzeichnis aller Teil- und Nebenakten aufzunehmen. 5Werden die Personalakten nicht vollständig in Schriftform oder nicht vollständig im Wege des automatisierten Verfahrens geführt, legt

die personalverwaltende Stelle jeweils schriftlich fest, welche Teile in welcher Form geführt werden und nimmt dies in das Verzeichnis nach Satz 4 auf.

(3) Personalaktendaten, die für die Prüfung der persönlichen Eignung im Sinne des § 7 Abs. 1 Nr. 2 BeamtStG und des § 8 Abs. 3 des Thüringer Laufbahngesetzes (ThürLaufbG) bestimmt waren, sind in einer gegen unbefugten Zugriff besonders gesicherten Teilakte zu führen.

§ 82 Personalaktendaten über Beihilfen

(1) [1]Personalaktendaten über Beihilfen sind stets als Teilakte zu führen und von den übrigen Personalaktendaten getrennt aufzubewahren. [2]Sie sollen in einer von der übrigen Personalverwaltung getrennten Organisationseinheit bearbeitet und genutzt werden; Zugang sollen nur Beschäftigte dieser Organisationseinheit haben. [3]Personalaktendaten über Beihilfen dürfen für andere als für Beihilfezwecke nur verwendet oder weitergegeben werden, wenn Beihilfeberechtigte und die bei der Beihilfegewährung berücksichtigten Angehörigen im Einzelfall einwilligen, die Einleitung oder Durchführung eines im Zusammenhang mit einem Beihilfeantrag stehenden behördlichen oder gerichtlichen Verfahrens dies erfordert oder soweit es zur Abwehr erheblicher Nachteile für das Gemeinwohl, einer sonst unmittelbar drohenden Gefahr für die öffentliche Sicherheit oder einer schwerwiegenden Beeinträchtigung der Rechte einer anderen Person erforderlich ist.

(2) Abweichend von Absatz 1 dürfen Beihilfeunterlagen in dem für die Durchführung des Gesetzes über Rabatte für Arzneimittel vom 22. Dezember 2010 (BGBl. I S. 2262 -2275-) in der jeweils geltenden Fassung erforderlichen Umfang gespeichert und zum Zwecke der Prüfung nach § 3 des Gesetzes über Rabatte für Arzneimittel an den Treuhänder übermittelt werden.

(3) Die Absätze 1 und 2 gelten entsprechend für Unterlagen über Heilfürsorge und Heilverfahren.

§ 83 Anhörung

[1]Ist beabsichtigt, Beschwerden, Behauptungen und Bewertungen, die für die Beamten ungünstig sind oder ihnen nachteilig werden können, in die Personalakte aufzunehmen, so sind die betroffenen Beamten darüber zu informieren. [2]Ihnen ist Gelegenheit zur Stellungnahme zu geben, soweit die Anhörung nicht bereits nach anderen Rechtsvorschriften erfolgt. [3]Ihre Äußerungen sind zur Personalakte zu nehmen.

§ 84 Auskunft an die betroffenen Beamten

(1) [1]Der Anspruch der Beamten auf Auskunft aus ihren vollständigen Personalakten oder aus anderen Akten, die personenbezogene Daten enthalten, kann auch in Form der Einsichtnahme gewährt werden. [2]Die personalaktenführende Stelle bestimmt, wo Einsichtnahme gewährt wird. [3]Soweit dienstliche Gründe nicht entgegenstehen, können Auszüge, Abschriften, Ablichtungen oder Ausdrucke gefertigt werden. [4]Beamten ist auf Verlangen ein Ausdruck der zu ihrer Person automatisiert gespeicherten Personalaktendaten zu überlassen.

(2) [1]Bevollmächtigten von Beamten ist Auskunft zu gewähren, soweit dienstliche Gründe nicht entgegenstehen. [2]Dies gilt auch für Hinterbliebene und deren Bevollmächtigte, wenn ein berechtigtes Interesse glaubhaft gemacht wird.

(3) [1]Beamte haben ein Recht auf Einsicht auch in andere Akten, die personenbezogene Daten über sie enthalten und für ihr Dienstverhältnis verarbeitet werden, soweit gesetzlich nichts anderes bestimmt ist; dies gilt nicht für Sicherheitsakten. [2]Die Einsichtnahme ist unzulässig, wenn die Daten der Betroffenen mit Daten Dritter oder geheimhaltungsbedürftigen nicht personenbezogenen Daten derart verbunden sind, dass ihre Trennung nicht oder nur mit unverhältnismäßig großem Aufwand möglich ist. [3]In diesem Fall ist den Beamten Auskunft zu erteilen.

§ 85 Übermittlung von Personalaktendaten und Auskünfte an Dritte

(1) [1]Ohne Einwilligung der Beamten ist es zulässig, Personalaktendaten für Zwecke der Personalverwaltung oder Personalwirtschaft der obersten Dienstbehörde, dem Landespersonalausschuss oder einer im Rahmen der Dienstaufsicht weisungsbefugten Behörde zu übermitteln. [2]Das Gleiche gilt für Behörden desselben Geschäftsbereichs, wenn die Übermittlung zur Vorbereitung oder Durchführung einer Personalentscheidung notwendig ist, sowie für Behörden eines anderen Geschäftsbereichs desselben oder eines anderen Dienstherrn, soweit diese an einer Personalentscheidung mitzuwirken haben. [3]Personenbezogene Daten dürfen aus der Besoldungs- und Versorgungsakte auch ohne Einwilligung der Betroffenen an die für die Festsetzung und Berechnung der Beihilfe zuständige Stelle weitergegeben und von dieser verarbeitet werden, wenn es zur Erledigung ihrer Aufgaben erforderlich ist.

[4]Ärzten und Psychologen, die im Auftrag der personalverwaltenden Behörde ein medizinisches Gutachten erstellen, dürfen Personalaktendaten ebenfalls ohne Einwilligung der Beamten übermittelt werden. [5]Für Auskünfte aus der Personalakte gelten die Sätze 1 bis 4 entsprechend. [6]Soweit eine Auskunft ausreicht, ist von einer Übermittlung abzusehen.

(2) [1]Die personalverwaltende Behörde kann mit Zustimmung der obersten Dienstbehörde Aufgaben, die ihr gegenüber den Beamten obliegen, auf eine andere Stelle übertragen. [2]Dieser Stelle dürfen die zur Erfüllung der nach Satz 1 übertragenen Aufgaben erforderlichen Personalaktendaten übermittelt werden.

(3) [1]Auskünfte über Personalaktendaten an Dritte dürfen nur mit Einwilligung der Beamten erteilt werden, es sei denn, dass die Abwehr einer erheblichen Beeinträchtigung des Gemeinwohls oder der Schutz berechtigter, höherrangiger Interessen des Dritten die Auskunftserteilung zwingend erfordert. [2]Inhalt und Empfänger der Auskunft sind den Beamten schriftlich mitzuteilen. [3]§ 13b des Thüringer Berufsqualifikationsfeststellungsgesetzes vom 16. April 2014 (GVBl. S. 139) in der jeweils geltenden Fassung bleibt unberührt.

(4) Ohne Einwilligung der Beamten ist es zulässig, den zuständigen Behörden Auskünfte über Personalaktendaten zu erteilen, soweit es zur Entscheidung über die Verleihung von staatlichen Orden oder Ehrenzeichen oder von sonstigen staatlichen Ehrungen erforderlich ist.

(5) Übermittlung und Auskunft sind auf den jeweils erforderlichen Umfang zu beschränken.

§ 86 Entfernung von Personalaktendaten

(1) [1]Personalaktendaten über Beschwerden, Behauptungen und Bewertungen, auf die § 78 Abs. 2 und 3 Satz 1 ThürDG keine Anwendung findet, sind

1. falls sie sich als unbegründet oder falsch erwiesen haben, mit Zustimmung der Beamten unverzüglich aus der Personalakte zu entfernen und zu vernichten,
2. falls sie für die Beamten ungünstig sind oder ihnen nachteilig werden können, auf Antrag nach zwei Jahren zu entfernen und zu vernichten; dies gilt nicht für dienstliche Beurteilungen.

[2]Die Frist nach Satz 1 Nr. 2 wird durch erneute Sachverhalte im Sinne dieser Bestimmung oder durch die Einleitung eines Straf- oder Disziplinarverfahrens unterbrochen. [3]Stellt sich der erneute Vorwurf als unbegründet oder falsch heraus, gilt die Frist als nicht unterbrochen.

(2) [1]Mitteilungen in Strafsachen, soweit sie nicht Bestandteil einer Disziplinarakte sind, sowie Auskünfte aus dem Bundeszentralregister sind mit Zustimmung des Beamten nach zwei Jahren zu entfernen und zu vernichten. [2]Absatz 1 Satz 2 und 3 gilt entsprechend.

§ 87 Aussonderung von Personalakten, Löschung von Personalaktendaten

(1) [1]Personalakten sind nach ihrem Abschluss von der personalaktenführenden Behörde fünf Jahre aufzubewahren. [2]Personalakten sind abgeschlossen,

1. wenn die Beamten ohne Versorgungsansprüche aus dem öffentlichen Dienst ausgeschieden sind, mit Ablauf des Jahres, in dem sie die gesetzliche Altersgrenze erreichen, in den Fällen des § 24 BeamtStG und des § 8 ThürDG jedoch erst, wenn mögliche Versorgungsempfänger nicht mehr vorhanden sind,
2. wenn die Beamten ohne versorgungsberechtigte Hinterbliebene verstorben sind, mit Ablauf des Todesjahres,
3. wenn nach den verstorbenen Beamten versorgungsberechtigte Hinterbliebene vorhanden sind, mit Ablauf des Jahres, in dem die letzte Versorgungsverpflichtung entfallen ist.

(2) [1]Unterlagen über Beihilfen, Heilfürsorge, Heilverfahren, Unterstützungen, Erkrankungen, Umzugs- und Reisekosten sind fünf Jahre, Unterlagen über Erholungsurlaub sind drei Jahre nach Ablauf des Jahres, in dem die Bearbeitung des einzelnen Vorgangs abgeschlossen wurde, aufzubewahren. [2]Unterlagen, aus denen die Art einer Erkrankung ersichtlich ist, sind unverzüglich zurückzugeben oder zu vernichten, wenn sie für den Zweck, zu dem sie vorgelegt worden sind, nicht mehr benötigt werden. [3]Als Zweck, zu dem die Unterlagen vorgelegt worden sind, gelten auch Verfahren, mit denen Rabatte oder Erstattungen nach § 82 Abs. 2 geltend gemacht werden. [4]Näheres regelt die Thüringer Beihilfeverordnung.

(3) Versorgungsakten sind zehn Jahre nach Ablauf des Jahres, in dem die letzte Versorgungszahlung geleistet worden ist, aufzubewahren; besteht die Möglichkeit eines Wiederauflebens des Anspruchs, sind die Akten dreißig Jahre aufzubewahren.

(4) Die Personalakten werden nach Ablauf der Aufbewahrungsfrist vernichtet, sofern sie nicht vom Staatsarchiv übernommen werden.

(5) [1]Für im Wege des automatisierten Verfahrens gespeicherte Personalaktendaten gelten die Absätze 1 bis 4, soweit sie nicht in Grund- und Teilakten bereits vorhanden sind. [2]Im Übrigen sind die für Zwecke der Personalverwaltung oder Personalwirtschaft verarbeiteten personenbezogenen Daten, unbeschadet anderweitiger Vorschriften, zu löschen, wenn sie nicht mehr benötigt werden.

(6) Elektronisch gespeicherte Beihilfebelege sind nach Unanfechtbarkeit des Beihilfebescheids oder nach dem Zeitpunkt, zu dem die Belege für Prüfungen einer Rabattgewährung nach § 3 des Gesetzes über Rabatte für Arzneimittel nicht mehr benötigt werden, zu sperren und spätestens nach zwölf Monaten zu löschen.

(7) Nach § 81 Abs. 2 Satz 3 in Nebenakten enthaltene Personalaktendaten sind innerhalb eines Jahres nach Wegfall des Grundes für die Führung der Nebenakte zu vernichten oder zu löschen.

Dritter Teil
Landespersonalausschuss

§ 88 Landespersonalausschuss

Zur einheitlichen Durchführung der beamtenrechtlichen Vorschriften wird ein Landespersonalausschuss errichtet, der seine Tätigkeit innerhalb der gesetzlichen Schranken unabhängig und in eigener Verantwortung ausübt.

§ 89 Zusammensetzung, Geschäftsstelle

(1) [1]Der Landespersonalausschuss besteht aus neun ordentlichen und neun stellvertretenden Mitgliedern. [2]Diese sollen Beamte der in § 1 Abs. 1 bezeichneten Dienstherrn sein.

(2) [1]Ständiges ordentliches Mitglied ist der Staatssekretär des für das Beamtenrecht zuständigen Ministeriums als Vorsitzender. [2]Er wird im Verhinderungsfalle durch den Leiter der für das allgemeine Dienstrecht zuständigen Abteilung dieses Ministeriums vertreten.

(3) [1]Die Landesregierung beruft die übrigen ordentlichen und stellvertretenden Mitglieder auf die Dauer von vier Jahren. [2]Je vier ordentliche und je vier stellvertretende Mitglieder sind aus den obersten Landesbehörden zu berufen. [3]Von den übrigen vier ordentlichen Mitgliedern und ihren Stellvertretern sind je zwei ordentliche und je zwei stellvertretende Mitglieder auf Vorschlag der kommunalen Spitzenverbände sowie der Spitzenorganisationen der Gewerkschaften und Berufsverbände zu berufen.

(4) Zur Durchführung seiner Aufgaben wird der Landespersonalausschuss durch eine in dem für das Beamtenrecht zuständigen Ministerium einzurichtende Geschäftsstelle unterstützt.

§ 90 Aufgaben

(1) Der Landespersonalausschuss hat außer den ihm in diesem Gesetz und im Thüringer Laufbahngesetz eingeräumten Befugnissen folgende Aufgaben:

1. Vorschläge zur Beseitigung von Mängeln in der Handhabung der beamtenrechtlichen Vorschriften zu machen und der Landesregierung Vorschläge zur Neufassung beamtenrechtlicher Vorschriften zu unterbreiten,
2. Vorschläge zur Durchsetzung der Chancengleichheit von Frauen und Männern sowie zur besseren Vereinbarkeit von Familie und Beruf im Bereich des Beamtenrechts zu unterbreiten,
3. zu Beschwerden von Beamten und zurückgewiesenen Bewerbern in Angelegenheiten von grundsätzlicher Bedeutung Stellung zu nehmen.

(2) Die Landesregierung kann dem Landespersonalausschuss durch Rechtsverordnung weitere Aufgaben übertragen.

(3) Über die Durchführung der Aufgaben hat der Landespersonalausschuss die Landesregierung regelmäßig, mindestens jedoch alle zwei Jahre, zu unterrichten.

§ 91 Dienstaufsicht und Rechtsstellung

(1) Die Dienstaufsicht über die Mitglieder des Landespersonalausschusses führt der Ministerpräsident unter Berücksichtigung der Absätze 2 und 3 aus.

(2) [1]Die Mitglieder des Landespersonalausschusses sind unabhängig und nur dem Gesetz unterworfen. [2]Sie dürfen wegen ihrer Tätigkeit weder dienstlich gemaßregelt noch benachteiligt werden.

(3) [1]Sie scheiden aus ihrem Amt als Mitglieder des Landespersonalausschusses aus
1. durch Zeitablauf,
2. durch Ausscheiden aus dem Hauptamt oder aus der Behörde, die für ihre Mitgliedschaft maßgeblich sind,
3. durch Beendigung des Beamtenverhältnisses oder
4. unter den gleichen Voraussetzungen, unter denen das Amt des Beamtenbeisitzers einer Kammer für Disziplinarsachen nach § 47 Abs. 5 Satz 1 Nr. 1 und 2 ThürDG erlischt; § 39 BeamtStG findet keine Anwendung.

[2]Auf Antrag können sie aus ihrem Amt als Mitglieder des Landespersonalausschusses ausscheiden.

§ 92 Geschäftsordnung

Der Landespersonalausschuss gibt sich eine Geschäftsordnung.

§ 93 Sitzungen und Beschlüsse

(1) [1]Die Sitzungen des Landespersonalausschusses sind nicht öffentlich. [2]Der Landespersonalausschuss kann Beauftragten beteiligter Verwaltungen, Beschwerdeführern und anderen Personen die Anwesenheit bei der Verhandlung gestatten.

(2) [1]Der Vorsitzende des Landespersonalausschusses oder sein Vertreter leitet die Sitzungen. [2]Sind beide verhindert, so tritt an ihre Stelle das dienstälteste Mitglied.

(3) Die von den beteiligten Verwaltungen beauftragten Personen sind auf Verlangen zu hören, ebenso die Beschwerdeführer in den Fällen des § 90 Abs. 1 Nr. 3.

(4) [1]Beschlüsse werden mit Stimmenmehrheit gefasst; zur Beschlussfähigkeit ist die Anwesenheit von mindestens fünf Mitgliedern erforderlich. [2]Bei Stimmengleichheit entscheidet die Stimme des Vorsitzenden.

(5) [1]Beschlüsse des Landespersonalausschusses sind, soweit sie allgemeine Bedeutung haben, unter Berücksichtigung datenschutzrechtlicher Bestimmungen im Staatsanzeiger bekannt zu machen. [2]Art und Umfang regelt die Geschäftsordnung.

(6) Soweit dem Landespersonalausschuss eine Entscheidungsbefugnis eingeräumt ist, binden seine Beschlüsse die beteiligten Verwaltungen.

§ 94 Beweiserhebung, Amtshilfe

(1) Der Landespersonalausschuss kann zur Durchführung seiner Aufgaben in entsprechender Anwendung der für die Verwaltungsgerichte des Landes geltenden Vorschriften Beweise erheben.

(2) Alle Dienststellen haben dem Landespersonalausschuss unentgeltlich Amtshilfe zu leisten und ihm auf Verlangen Auskünfte zu erteilen und Akten vorzulegen, soweit dies zur Durchführung seiner Aufgaben erforderlich ist.

Vierter Teil
Verfahren bei Erlass allgemeiner beamtenrechtlicher Regelungen

§ 95 Beteiligung der Spitzenorganisationen der Gewerkschaften und Berufsverbände (§ 53 BeamtStG)

(1) [1]Die Spitzenorganisationen der zuständigen Gewerkschaften und der Berufsverbände sind bei der Vorbereitung allgemeiner Regelungen der beamtenrechtlichen Verhältnisse zu beteiligen. [2]Das Beteiligungsverfahren kann nach Maßgabe der Absätze 2 bis 5 zwischen der Landesregierung und den Spitzenorganisationen der zuständigen Gewerkschaften und der Berufsverbände vereinbart werden.

(2) [1]Bei der Vorbereitung von Regelungen der beamtenrechtlichen Verhältnisse durch Gesetz oder Rechtsverordnung ist den Spitzenorganisationen der beteiligten Gewerkschaften und Berufsverbände innerhalb einer angemessenen Frist Gelegenheit zur Stellungnahme zu geben. [2]Sie sind erneut mit einer angemessenen Frist zu beteiligen, wenn die Entwürfe nach der Beteiligung wesentlich verändert oder auf weitere Gegenstände erstreckt worden sind. [3]Auf Verlangen der Spitzenorganisationen werden die abgegebenen schriftlichen Stellungnahmen mit dem für das Beamtenrecht zuständigen Ministerium erörtert; bei besoldungs- oder versorgungsrechtlichen sowie sonstigen beamtenrechtlichen Regelungen finanzieller Natur erfolgt die Erörterung mit dem hierfür zuständigen Ministerium.

(3) Absatz 2 gilt bei der Vorbereitung von Verwaltungsvorschriften entsprechend, wenn diese Fragen von grundsätzlicher Bedeutung regeln.

(4) Die Spitzenorganisationen der Gewerkschaften und Berufsverbände können verlangen, dass Vorschläge von ihnen, die in den Gesetzentwürfen der Landesregierung keine Berücksichtigung gefunden haben, mit einer Stellungnahme der Landesregierung dem Landtag zugeleitet werden.

(5) [1]Die Spitzenorganisationen und das für das Beamtenrecht zuständige Ministerium führen in der Regel zweimal jährlich Gespräche über allgemeine und grundsätzliche Fragen der Dienstrechtspolitik (Grundsatzgespräche). [2]Darüber hinaus können beide Seiten aus besonderem Anlass innerhalb einer Frist von einem Monat ein Gespräch verlangen.

§ 96 Beteiligung der kommunalen Spitzenverbände

[1]Bei der Vorbereitung allgemeiner Regelungen der beamtenrechtlichen Verhältnisse durch die obersten Landesbehörden sind die kommunalen Spitzenverbände gemäß § 95 Abs. 2 bis 4 zu beteiligen, wenn die Rechtsverhältnisse der Beamten im kommunalen Bereich berührt werden. [2]§ 95 Abs. 5 Satz 2 gilt entsprechend.

Fünfter Teil
Besondere Beamtengruppen

Erster Abschnitt
Allgemeines

§ 97 Grundsatz

Für die in diesem Teil genannten Beamtengruppen gelten die Bestimmungen des Beamtenstatusgesetzes und dieses Gesetzes nach Maßgabe der nachfolgenden Bestimmungen.

Zweiter Abschnitt
Beamte beim Landtag, Beamte des Rechnungshofs

§ 98 Beamte beim Landtag

(1) [1]Die Landtagsbeamten sind Beamte des Landes. [2]Ihre Ernennung, Entlassung und Zurruhesetzung wird durch den Präsidenten des Landtags im Benehmen mit den Vizepräsidenten des Landtags ausgesprochen. [3]Oberste Dienstbehörde der Landtagsbeamten ist der Präsident des Landtags.

(2) [1]Der Präsident des Landtags kann den Direktor beim Landtag, soweit er Beamter auf Lebenszeit ist, jederzeit ohne Angabe von Gründen in den einstweiligen Ruhestand versetzen. [2]Jeder Vizepräsident des Landtags kann dies beantragen.

§ 99 Beamte des Rechnungshofs

Für die Beamten des Rechnungshofs gelten die Bestimmungen dieses Gesetzes, soweit im Gesetz über den Thüringer Rechnungshof vom 31. Juli 1991 (GVBl. S. 282) in der jeweils geltenden Fassung nichts anderes bestimmt ist.

Dritter Abschnitt
Polizeivollzugsbeamte, Beamte des feuerwehrtechnischen Dienstes, Beamte des Justizvollzugsdienstes

§ 100 Polizeivollzugsbeamte

Welche Beamtengruppen zum Polizeivollzugsdienst gehören, bestimmt das für das Beamtenrecht zuständige Ministerium durch Rechtsverordnung.

§ 101 Arbeitszeit

[1]Für die Polizeivollzugsbeamten regelt das für das Beamtenrecht zuständige Ministerium die Ausgestaltung der Arbeitszeit nach § 59. [2]Die Regelung des § 77 bleibt unberührt.

§ 102 Gemeinschaftsunterkunft, Gemeinschaftsverpflegung

(1) [1]Polizeivollzugsbeamte sind auf Anordnung ihrer obersten Dienstbehörde verpflichtet, in einer Gemeinschaftsunterkunft zu wohnen und an einer Gemeinschaftsverpflegung teilzunehmen. [2]Diese Verpflichtung kann Polizeivollzugsbeamten, die Beamte auf Lebenszeit oder verheiratet sind, nur für besondere Einsätze und Übungen, für Lehrgänge oder für ihre Aus- und Fortbildung auferlegt werden. [3]Satz 2 gilt für eingetragene Lebenspartnerschaften entsprechend.

(2) Die oberste Dienstbehörde kann die Befugnis zur Anordnung nach Absatz 1 Satz 1 auf nachgeordnete Behörden oder Dienststellen übertragen.

§ 103 Heilfürsorge

(1) [1]Polizeivollzugsbeamte erhalten freie Heilfürsorge

1. während des Vorbereitungsdienstes für den mittleren und gehobenen Polizeivollzugsdienst und
2. im Rahmen der medizinischen Erstversorgung durch den polizeiärztlichen Dienst der Thüringer Polizei bei der Verwendung in Einsätzen geschlossener Einheiten, Spezialeinheiten und Polizeieinheiten zur Beseitigung von Spreng- und Brandvorrichtungen sowie deren Übungen,

solange ihnen Dienst- oder Anwärterbezüge zustehen. [2]Für die in Satz 1 Nr. 1 genannten Personen wird freie Heilfürsorge auch während der Inanspruchnahme von Elternzeit gewährt.

(2) [1]Die freie Heilfürsorge umfasst in Anlehnung an das Fünfte Buch Sozialgesetzbuch grundsätzlich nur medizinisch notwendige und wirtschaftlich angemessene Leistungen

1. in Krankheits- und Pflegefällen,
2. zur Behandlung von Behinderungen,
3. in Geburtsfällen, für Maßnahmen der Empfängnisregelung und -verhütung sowie in Ausnahmefällen für Sterilisation und Schwangerschaftsabbruch,
4. zur Früherkennung von Krankheiten und für Schutzimpfungen sowie
5. bei Organspenden.

[2]Bei Pflegebedürftigkeit werden ergänzend zu den Leistungen der Pflegeversicherung nach dem Elften Buch Sozialgesetzbuch die Leistungen gewährt, die nach der Thüringer Beihilfeverordnung vom 25. Mai 2012 (GVBl. S. 182) in der jeweils geltenden Fassung gewährt werden.

(3) [1]Bei einem Dienstunfall nach § 26 ThürBeamtVG wird der Anspruch auf Leistungen nach den §§ 29 und 30 ThürBeamtVG vorrangig durch die Gewährung von Leistungen der Rechtsverordnung nach Absatz 4 erfüllt. [2]Darüber hinausgehende Leistungen nach den §§ 29 und 30 ThürBeamtVG bleiben unberührt.

(4) Das für das Beihilferecht zuständige Ministerium regelt im Einvernehmen mit dem für das Beamtenrecht zuständigen Ministerium durch Rechtsverordnung das Nähere zu den heilfürsorgeberechtigten Personen sowie zu Inhalt und Umfang der freien Heilfürsorge.

§ 104 Dienstkleidung

Polizeivollzugsbeamte erhalten freie Dienstkleidung nach näherer Bestimmung durch das Thüringer Besoldungsgesetz.

§ 105 Polizeidienstunfähigkeit (§ 26 BeamtStG)

(1) Polizeivollzugsbeamte sind dienstunfähig, wenn sie den besonderen gesundheitlichen Anforderungen für den Polizeivollzugsdienst nicht mehr genügen und nicht zu erwarten ist, dass sie ihre volle Verwendungsfähigkeit innerhalb von sechs Monaten wiedererlangen.

(2) [1]Polizeidienstunfähige Polizeivollzugsbeamte auf Lebenszeit können im Rahmen des Organisationsermessens des Dienstvorgesetzten weiter im Polizeivollzugsdienst verwendet werden, wenn die Funktion die besonderen gesundheitlichen Anforderungen auf Dauer nicht mehr uneingeschränkt erfordert. [2]Polizeidienstunfähige Polizeibeamte müssen auf Weisung der zuständigen Behörde an geeigneten und zumutbaren Maßnahmen zur Wiederherstellung der Polizeidienstfähigkeit teilnehmen.

(3) [1]Die Polizeidienstunfähigkeit wird aufgrund des Gutachtens eines Amtsarztes oder beamteten Arztes festgestellt. [2]Arzt im Sinne des Satzes 1 ist auch der polizeiärztliche Dienst.

§ 106 Eintritt in den Ruhestand

(1) Polizeivollzugsbeamte

1. des mittleren und gehobenen Polizeivollzugsdienstes treten mit Ablauf des Monats, in dem sie das 62. Lebensjahr,
2. des höheren Polizeivollzugsdienstes treten mit Ablauf des Monats, in dem sie das 64. Lebensjahr

vollenden, in den Ruhestand.

(2) Polizeivollzugsbeamte des mittleren und gehobenen Polizeivollzugsdienstes, die nach dem 31. Dezember 1951, aber vor dem 1. Januar 1964 geboren sind, treten mit Ablauf des Monats in den Ruhestand, in dem sie die nachfolgend festgelegte Altersgrenze erreichen:

Beamte des Geburtsjahrgangs	Altersgrenze
1952	60 Jahre und 1 Monat
1953	60 Jahre und 2 Monate
1954	60 Jahre und 4 Monate
1955	60 Jahre und 6 Monate
1956	60 Jahre und 8 Monate
1957	60 Jahre und 10 Monate
1958	61 Jahre
1959	61 Jahre und 2 Monate
1960	61 Jahre und 4 Monate
1961	61 Jahre und 6 Monate
1962	61 Jahre und 8 Monate
1963	61 Jahre und 10 Monate

(3) Polizeivollzugsbeamte des höheren Polizeivollzugsdienstes, die nach dem 31. Dezember 1951, aber vor dem 1. Januar 1964 geboren sind, treten mit Ablauf des Monats in den Ruhestand, in dem sie die nachfolgend festgelegte Altersgrenze erreichen:

Beamte des Geburtsjahrgangs	Altersgrenze
1952	60 Jahre und 3 Monate
1953	60 Jahre und 6 Monate
1954	60 Jahre und 9 Monate
1955	61 Jahre
1956	61 Jahre und 4 Monate
1957	61 Jahre und 8 Monate
1958	62 Jahre
1959	62 Jahre und 4 Monate
1960	62 Jahre und 8 Monate
1961	63 Jahre
1962	63 Jahre und 4 Monate
1963	63 Jahre und 8 Monate

(4) Polizeivollzugsbeamte, die sich am 1. Januar 2012

1. in einem Sabbatjahr nach § 3 Abs. 1 Satz 2 Thüringer Verordnung über die Arbeitszeit der Polizeivollzugsbeamten vom 1. Juli 2009 (GVBl. S. 636) in der jeweils geltenden Fassung,
2. in einer Beurlaubung nach § 73 Abs. 4 Satz 1 Nr. 2 in der bis zum 31. Dezember 2011 geltenden Fassung, die sich bis zum Eintritt in den Ruhestand erstreckt,
3. in einer Beurlaubung nach § 74 Abs. 1 Nr. 2 in der bis zum 31. Dezember 2011 geltenden Fassung oder
4. in einer Altersteilzeit nach § 75 in der bis zum 31. Dezember 2011 geltenden Fassung

befinden, treten mit Ablauf des Monats in den Ruhestand, in dem sie das 60. Lebensjahr vollendet haben.

(5) Polizeivollzugsbeamte können auf ihren Antrag in den Ruhestand versetzt werden, wenn sie das 60. Lebensjahr vollendet haben.

§ 107 Beamte des feuerwehrtechnischen Dienstes

(1) Für die Beamten des feuerwehrtechnischen Dienstes des Landes, der Landkreise und Gemeinden gilt § 104.

(2) [1]Beamte des mittleren feuerwehrtechnischen Dienstes treten mit Ablauf des Monats in den Ruhestand, in dem sie das 60. Lebensjahr vollenden. [2]Für die Beamten des gehobenen und höheren feuerwehrtechnischen Dienstes gilt § 106.

§ 108 Beamte des Justizvollzugsdienstes
Für die Beamten des Justizvollzugsdienstes, die im allgemeinen Vollzugsdienst tätig sind, gelten die §§ 104 bis 106 entsprechend.

Vierter Abschnitt
Beamte auf Zeit, kommunale Wahlbeamte, wissenschaftliches und künstlerisches Personal an Hochschulen, Lehrer an staatlichen Schulen

§ 109 Beamte auf Zeit (§ 6 BeamtStG)
(1) Beamtenverhältnisse auf Zeit sind gesetzlich zu regeln.
(2) Beamte auf Zeit sind mit Ablauf der Amtszeit aus dem Beamtenverhältnis entlassen, wenn sie nicht erneut in dasselbe Amt für eine weitere Amtszeit berufen werden oder in den Ruhestand treten.
(3) [1]Soweit gesetzlich nichts anderes bestimmt ist, sind Beamte auf Zeit nach Ablauf der Amtszeit verpflichtet, das Amt weiterzuführen, wenn sie unter mindestens gleich günstigen Bedingungen für die gesetzlich zulässige Zeit wieder ernannt werden sollen und das 62. Lebensjahr noch nicht vollendet haben. [2]Kommen die Beamten auf Zeit dieser Verpflichtung nicht nach, so sind sie mit Ablauf der Amtszeit aus dem Beamtenverhältnis entlassen. [3]Werden sie im Anschluss an ihre Amtszeit erneut in dasselbe Amt für eine weitere Amtszeit berufen, so gilt das Beamtenverhältnis als nicht unterbrochen.
(4) [1]Wahlbeamte auf Zeit, deren Rechte und Pflichten aus ihrem Dienstverhältnis ruhen, treten, wenn sie die Voraussetzungen des § 11 Abs. 1 ThürBeamtVG erfüllen, mit Ablauf der Mandatszeit in den Ruhestand, andernfalls sind sie mit Ablauf der Mandatszeit entlassen. [2]Für Wahlbeamte auf Zeit, die in den Bundestag gewählt werden, gilt Satz 1 entsprechend.

§ 110 Kommunale Wahlbeamte
Für die kommunalen Wahlbeamten gelten die Bestimmungen für die Beamten auf Zeit, soweit gesetzlich nichts anderes bestimmt ist.

§ 111 Wissenschaftliches und künstlerisches Personal an Hochschulen
Für das beamtete wissenschaftliche und künstlerische Personal an den Hochschulen gelten die Bestimmungen dieses Gesetzes, soweit im Thüringer Hochschulgesetz nichts anderes bestimmt ist.

§ 112 Lehrer an staatlichen Schulen
Für beamtete Lehrer an staatlichen Schulen regelt das für das Schulwesen zuständige Ministerium im Einvernehmen mit dem für das Beamtenrecht zuständigen Ministerium die Ausgestaltung der Arbeitszeit nach § 59 durch Rechtsverordnung.

Fünfter Abschnitt
Ehrenbeamte

§ 113 Ehrenbeamte (§ 5 BeamtStG)
(1) Für Ehrenbeamte gelten die Bestimmungen des Beamtenstatusgesetzes und dieses Gesetzes mit den sich aus der Natur des Ehrenbeamtenverhältnisses ergebenden folgenden Maßgaben:
1. Ehrenbeamte können mit Ablauf des Monats, in dem sie die gesetzliche Altersgrenze nach § 25 Abs. 1 oder 2 erreicht oder als Schwerbehinderte im Sinne des § 2 des Neunten Buches Sozialgesetzbuch das 65. Lebensjahr vollendet haben, verabschiedet werden; sie sind zu verabschieden, wenn die sonstigen Voraussetzungen für die Versetzung der Beamten in den Ruhestand gegeben sind.
2. Keine Anwendung finden insbesondere die §§ 13 bis 15 und 25 BeamtStG und § 5 Abs. 6 sowie die §§ 9 bis 13, 25 bis 34, 40, 49 bis 58, 59, 72, 73 Abs. 1 Satz 1 und Abs. 2 sowie § 78 dieses Gesetzes.

(2) Die Unfallfürsorge für Ehrenbeamte und ihre Hinterbliebenen richtet sich nach § 81 ThürBeamtVG.
(3) Im Übrigen regeln sich die Rechtsverhältnisse der Ehrenbeamten nach den besonderen für die einzelnen Gruppen der Ehrenbeamten geltenden Vorschriften.

Sechster Teil
Beschwerden, Rechtsschutz, Zustellung (§ 54 BeamtStG)

§ 114 Anträge, Beschwerden und Eingaben
(1) [1]Beamte haben das Recht, Anträge und Beschwerden vorzubringen; hierbei ist der Dienstweg einzuhalten. [2]Der Beschwerdeweg zur obersten Dienstbehörde steht ihnen offen.
(2) Richtet sich die Beschwerde gegen den unmittelbaren Vorgesetzten, so kann sie bei dem nächsthöheren Vorgesetzten unmittelbar eingereicht werden.
(3) Beamte können jederzeit Eingaben an den Landtag oder Landespersonalausschuss unmittelbar richten.

§ 115 Vertretung des Dienstherrn
(1) [1]Bei Klagen aus dem Beamtenverhältnis wird der Dienstherr durch die oberste Dienstbehörde vertreten, der die Beamten unterstehen oder bei Beendigung des Beamtenverhältnisses unterstanden haben. [2]Bei Ansprüchen nach den §§ 43, 44, 61 und 70 bis 76 ThürBeamtVG wird der Dienstherr durch die oberste Dienstbehörde vertreten, deren sachlicher Weisung die Regelungsstelle untersteht.
(2) Besteht die oberste Dienstbehörde nicht mehr und ist eine andere Dienstbehörde nicht bestimmt, so tritt an ihre Stelle für Beamte des Landes das für das Beamtenrecht zuständige Ministerium, im Übrigen die oberste Aufsichtsbehörde.
(3) Die oberste Dienstbehörde kann die Vertretung durch Verwaltungsvorschrift auf andere Behörden übertragen; die Verwaltungsvorschrift ist im Staatsanzeiger zu veröffentlichen.

§ 116 Zustellung
[1]Verfügungen oder Entscheidungen, die Beamten oder Versorgungsberechtigten nach den Bestimmungen dieses Gesetzes bekannt zu geben sind, sind zuzustellen, wenn durch sie eine Frist in Lauf gesetzt wird oder Rechte des Empfängers berührt werden. [2]Soweit gesetzlich nichts anderes bestimmt ist, richtet sich die Zustellung nach den Bestimmungen des Thüringer Verwaltungszustellungs- und Vollstreckungsgesetzes in der Fassung vom 5. Februar 2009 (GVBl. S. 24) in der jeweils geltenden Fassung.

Siebenter Teil
Übertragung von Zuständigkeiten, Verwaltungsvorschriften

§ 117 Übertragung von Zuständigkeiten
[1]Die sich aus beamtenrechtlichen Vorschriften ergebenden Befugnisse der obersten Dienstbehörden des Landes zur Übertragung von Zuständigkeiten werden durch Verwaltungsvorschrift ausgeübt. [2]Die Verwaltungsvorschrift ist im Staatsanzeiger zu veröffentlichen.

§ 118 Verwaltungsvorschriften
Die zur Durchführung dieses Gesetzes erforderlichen allgemeinen Verwaltungsvorschriften erlässt, soweit dieses Gesetz nichts anderes bestimmt, das für das Beamtenrecht zuständige Ministerium.

Achter Teil
Übergangs- und Schlussbestimmungen

§ 119 Übergangsbestimmungen
(1) Bei Entlassungsverfügungen nach § 23 Abs. 1 Satz 1 Nr. 3, Abs. 3 und 4 sowie § 30 Abs. 2 BeamtStG, die vor dem Inkrafttreten dieses Gesetzes ausgesprochen wurden, ist § 37 Abs. 6 ThürBG in der vor dem Inkrafttreten dieses Gesetzes geltenden Fassung anzuwenden.
(2) [1]Vor dem Inkrafttreten dieses Gesetzes eingeleitete Verfahren zur Versetzung in den Ruhestand wegen Dienstunfähigkeit werden nach den bis zum Inkrafttreten dieses Gesetzes geltenden Bestimmungen fortgeführt. [2]Abweichend von Satz 1 findet § 31 Abs. 5 auch bei diesen Verfahren Anwendung. [3]Bei nach dem Inkrafttreten dieses Gesetzes durchzuführenden Untersuchungen zur Feststellung der Polizeidienstunfähigkeit ist ein Prognosezeitraum von sechs Monaten nach § 105 Abs. 1 in der ab dem Inkrafttreten dieses Gesetzes geltenden Fassung zugrunde zu legen.

(3) Auf die Verjährung von Schadensersatzansprüchen ist § 60 Abs. 1 ThürBG in der vor dem Inkrafttreten dieses Gesetzes geltenden Fassung weiter anzuwenden, wenn das den Schaden auslösende Ereignis vor dem Inkrafttreten dieses Gesetzes beendet war.

(4) Bis zum Inkrafttreten der Rechtsverordnung nach § 103 Abs. 4 ist die Thüringer Verwaltungsvorschrift für die Gewährung unentgeltlicher Heilfürsorge für die Polizei vom 20. Dezember 2006 (StAnz Nr. 6/2007 S. 245) in der jeweils geltenden Fassung anzuwenden.

§ 120 Gleichstellungsbestimmung

Status- und Funktionsbezeichnungen in diesem Gesetz gelten jeweils für alle Geschlechter.

Thüringer Datenschutzgesetz (ThürDSG)[1)]

Vom 6. Juni 2018 (GVBl. S. 229)
(204-1)

Inhaltsübersicht

Erster Abschnitt
Gemeinsame Bestimmungen

Erster Unterabschnitt
Allgemeine Bestimmungen

§ 1 Zweck des Gesetzes
§ 2 Anwendungsbereich

Zweiter Unterabschnitt
Aufsichtsbehörde

§ 3 Landesbeauftragter für den Datenschutz (Artikel 51 bis 54 der Verordnung (EU) 2016/679, Artikel 41 bis 44 der Richtlinie (EU) 2016/680)
§ 4 Rechtsstellung und Verschwiegenheitspflicht des Landesbeauftragten für den Datenschutz (Artikel 51 bis 54 der Verordnung (EU) 2016/679, Artikel 41 bis 44 der Richtlinie (EU) 2016/680)
§ 5 Anwendung beamtenrechtlicher Vorschriften auf den Landesbeauftragten für den Datenschutz
§ 6 Aufgaben des Landesbeauftragten für den Datenschutz (Artikel 57 und 31 der Verordnung (EU) 2016/679, Artikel 46 und 26 der Richtlinie (EU) 2016/680)
§ 7 Befugnisse des Landesbeauftragten für den Datenschutz (Artikel 58 und 83 der Verordnung (EU) 2016/679, Artikel 47 der Richtlinie (EU) 2016/680)
§ 8 Anrufung des Landesbeauftragten für den Datenschutz (Artikel 77 der Verordnung (EU) 2016/679, Artikel 52 der Richtlinie (EU) 2016/680)
§ 9 Gerichtlicher Rechtsschutz (Artikel 58 und 78 der Verordnung (EU) 2016/679, Artikel 53 der Richtlinie (EU) 2016/680)
§ 10 Weitere Aufgaben des Landesbeauftragten für den Datenschutz (Artikel 59 der Verordnung (EU) 2016/679, Artikel 49 der Richtlinie (EU) 2016/680)
§ 11 Aufsichtsbehörde gegenüber nichtöffentlichen Stellen und öffentlichen Stellen, die am Wettbewerb teilnehmen
§ 12 Beirat

Dritter Unterabschnitt
Datenschutzbeauftragter

§ 13 Bestellung des Datenschutzbeauftragten (Artikel 37 der Verordnung (EU) 2016/679, Artikel 32 der Richtlinie (EU) 2016/680)
§ 14 Stellung des Datenschutzbeauftragten (Artikel 38 der Verordnung (EU) 2016/679, Artikel 33 der Richtlinie (EU) 2016/680)
§ 15 Aufgaben des Datenschutzbeauftragten (Artikel 39 der Verordnung (EU) 2016/679, Artikel 34 der Richtlinie (EU) 2016/680)

Zweiter Abschnitt
Bestimmungen für die Verarbeitung zu Zwecken nach Artikel 2 der Verordnung (EU) 2016/679

Erster Unterabschnitt
Rechtsgrundlagen der Verarbeitung

§ 16 Verarbeitung personenbezogener Daten (Artikel 6 und 9 der Verordnung (EU) 2016/679)
§ 17 Zweckbindung und Zulässigkeit der Weiterverarbeitung (Artikel 6 und 23 der Verordnung (EU) 2016/679)
§ 18 Übermittlung (Artikel 6 Abs. 2 der Verordnung (EU) 2016/679)
§ 19 Auftragsverarbeitung (Artikel 28 der Verordnung (EU) 2016/679)

Zweiter Unterabschnitt
Rechte der betroffenen Person

§ 20 Informationspflichten (Artikel 13, 14 und 23 der Verordnung (EU) 2016/679)
§ 21 Auskunftsrecht (Artikel 15 und 23 der Verordnung (EU) 2016/679)
§ 22 Recht auf Einschränkung der Verarbeitung (Artikel 18 der Verordnung (EU) 2016/679)
§ 23 Löschung personenbezogener Daten (Artikel 17 der Verordnung (EU) 2016/679)
§ 24 Benachrichtigung der von einer Verletzung des Schutzes personenbezogener Daten betroffenen Person (Artikel 34 der Verordnung (EU) 2016/679)

1) Verkündet als Art. 1 G v. 6.6.2018 (GVBl. S. 229); Inkrafttreten gem. Art. 34 Abs. 1 dieses G am 15.6.2018.

Dritter Unterabschnitt
Besondere Verarbeitungssituationen

§ 25 Verarbeitung personenbezogener Daten zu Zwecken der freien Meinungsäußerung und der Informationsfreiheit
§ 26 Öffentliche Stellen, die am Wettbewerb teilnehmen
§ 27 Datenschutz im Beschäftigungskontext (Artikel 88 der Verordnung (EU) 2016/679)
§ 28 Verarbeitung personenbezogener Daten durch Forschungseinrichtungen (Artikel 6, 9 und 89 der Verordnung (EU) 2016/679)
§ 29 Zweckbindung von personenbezogenen Daten, die einem Berufsgeheimnis unterliegen (Artikel 6 und 9 der Verordnung (EU) 2016/679)
§ 30 Videoüberwachung

Dritter Abschnitt
Bestimmungen für Verarbeitungen zu Zwecken nach Artikel 1 Abs. 1 der Richtlinie (EU) 2016/680

Erster Unterabschnitt
Anwendungsbereich und Grundsätze

§ 31 Anwendungsbereich (Artikel 1 Abs. 1, Artikel 2 Abs. 1 der Richtlinie (EU) 2016/680)
§ 32 Begriffsbestimmungen (Artikel 3 der Richtlinie (EU) 2016/680)
§ 33 Grundsätze bei der Verarbeitung personenbezogener Daten (Artikel 8, Artikel 4 Abs. 2 und 3, Artikel 9 Abs. 2 und 3 der Richtlinie (EU) 2016/680)
§ 34 Unterscheidung verschiedener Kategorien betroffener Personen sowie zwischen Tatsachen und Bewertungen (Artikel 6, Artikel 7 Abs. 1 der Richtlinie (EU) 2016/680)
§ 35 Berichtigung und Löschung personenbezogener Daten sowie die Einschränkung der Verarbeitung (Artikel 4 Abs. 1, Artikel 7 Abs. 3, Artikel 5 der Richtlinie (EU) 2016/680)
§ 36 Verfahren bei Übermittlungen (Artikel 7 Abs. 2, Artikel 9 Abs. 3 und 4 der Richtlinie (EU) 2016/680)
§ 37 Verarbeitung besonderer Kategorien personenbezogener Daten (Artikel 10 der Richtlinie (EU) 2016/680)
§ 38 Automatisierte Einzelentscheidung (Artikel 11 der Richtlinie (EU) 2016/680)
§ 39 Einwilligung

Zweiter Unterabschnitt
Rechte der betroffenen Person

§ 40 Allgemeiner Informationsanspruch (Artikel 13 Abs. 1 der Richtlinie (EU) 2016/680)
§ 41 Benachrichtigung betroffener Personen (Artikel 13 Abs. 2 und 3 der Richtlinie (EU) 2016/680)
§ 42 Auskunftsrecht (Artikel 14 bis 17 der Richtlinie (EU) 2016/680)
§ 43 Rechte auf Berichtigung und Löschung sowie Einschränkung der Verarbeitung (Artikel 16 der Richtlinie (EU) 2016/680)
§ 44 Verfahren für die Ausübung der Rechte der betroffenen Person (Artikel 12 Abs. 1 und 3 bis 5 der Richtlinie (EU) 2016/680)
§ 45 Schadensersatz (Artikel 56 der Richtlinie (EU) 2016/680)

Dritter Unterabschnitt
Pflichten der Verantwortlichen und Auftragsverarbeiter

§ 46 Pflichten des Verantwortlichen (Artikel 20 der Richtlinie (EU) 2016/680)
§ 47 Gemeinsam Verantwortliche (Artikel 21 der Richtlinie (EU) 2016/680)
§ 48 Auftragsverarbeitung (Artikel 22 der Richtlinie (EU) 2016/680)
§ 49 Verarbeitung auf Weisung, Datengeheimnis (Artikel 23 der Richtlinie (EU) 2016/680)
§ 50 Verzeichnis von Verarbeitungstätigkeiten (Artikel 24 der Richtlinie (EU) 2016/680)
§ 51 Protokollierung (Artikel 25 der Richtlinie (EU) 2016/680)
§ 52 Durchführung einer Datenschutz-Folgenabschätzung (Artikel 27 der Richtlinie (EU) 2016/680)
§ 53 Anhörung des Landesbeauftragten für den Datenschutz (Artikel 28 der Richtlinie (EU) 2016/680)

Vierter Unterabschnitt
Datensicherheit

§ 54 Anforderungen an die Sicherheit der Datenverarbeitung (Artikel 29 der Richtlinie (EU) 2016/680)
§ 55 Meldung von Verletzungen des Schutzes personenbezogener Daten an den Landesbeauftragten für den Datenschutz (Artikel 30 der Richtlinie (EU) 2016/680)
§ 56 Benachrichtigung der betroffenen Person bei Verletzungen des Schutzes personenbezogener Daten (Artikel 31 der Richtlinie (EU) 2016/680)

Fünfter Unterabschnitt
Übermittlung personenbezogener Daten an Drittstaaten oder internationale Organisationen

§ 57 Allgemeine Voraussetzungen für Datenübermittlungen an Stellen in Drittstaaten und internationale Organisationen (Artikel 35 und 36 der Richtlinie (EU) 2016/680)
§ 58 Datenübermittlung bei geeigneten Garantien (Artikel 37 der Richtlinie (EU) 2016/680)

§ 59 Datenübermittlung ohne Angemessenheitsbeschluss und ohne geeignete Garantien (Artikel 38 der Richtlinie (EU) 2016/680)
§ 60 Sonstige Datenübermittlung an Empfänger in Drittstaaten (Artikel 39 der Richtlinie (EU) 2016/680)

Vierter Abschnitt
Ordnungswidrigkeiten und Strafbestimmungen

§ 61 Ordnungswidrigkeiten und Strafbestimmungen

Fünfter Abschnitt
Orden und Ehrenzeichen, Gnadensachen

§ 62 Orden und Ehrenzeichen
§ 63 Gnadensachen

Sechster Abschnitt
Übergangs- und Schlussbestimmungen

§ 64 Übergangsbestimmungen
§ 65 Gleichstellungsbestimmung

Erster Abschnitt
Gemeinsame Bestimmungen

Erster Unterabschnitt
Allgemeine Bestimmungen

§ 1 Zweck des Gesetzes

(1) Dieses Gesetz trifft in dem Ersten, Zweiten und Vierten Abschnitt ergänzende Regelungen zur Durchführung der Verordnung (EU) 2016/679 des Europäischen Parlaments und des Rates vom 27. April 2016 zum Schutz natürlicher Personen bei der Verarbeitung personenbezogener Daten, zum freien Datenverkehr und zur Aufhebung der Richtlinie 95/46/EG (Datenschutz-Grundverordnung) (ABl. L 119 vom 4.5.2016, S. 1; L 314 vom 22.11.2016, S. 72; L 127 vom 23.05.2018, S. 2).

(2) [1]Dieses Gesetz dient in dem Ersten, Dritten und Vierten Abschnitt der Umsetzung der Richtlinie (EU) 2016/680 des Europäischen Parlaments und des Rates vom 27. April 2016 zum Schutz natürlicher Personen bei der Verarbeitung personenbezogener Daten durch die zuständigen Behörden zum Zwecke der Verhütung, Ermittlung, Aufdeckung oder Verfolgung von Straftaten oder der Strafverfolgung und zur Aufhebung des Rahmenbeschlusses 2008/977/JI des Rates (ABl. L 119 vom 4.5.2016, S. 89). [2]Die weitere Umsetzung der Richtlinie (EU) 2016/680 obliegt dem jeweiligen Fachgesetz.

§ 2 Anwendungsbereich

(1) [1]Dieses Gesetz gilt für die Verarbeitung personenbezogener Daten durch die Behörden, die Gerichte und die sonstigen öffentlichen Stellen des Landes, der Gemeinden und Gemeindeverbände und die sonstigen der Aufsicht des Landes unterstehenden juristischen Personen des öffentlichen Rechts (öffentliche Stellen). [2]Untersteht die beaufsichtigte Stelle nicht der alleinigen Aufsicht des Landes, so gelten die Bestimmungen dieses Gesetzes nur, soweit dies ausdrücklich geregelt ist. [3]§ 25 gilt auch für nichtöffentliche Stellen.

(2) [1]Als öffentliche Stellen gelten auch juristische Personen und sonstige Vereinigungen des privaten Rechts, die Aufgaben der öffentlichen Verwaltung wahrnehmen und an denen eine oder mehrere der in Absatz 1 genannten juristischen Personen des öffentlichen Rechts beteiligt sind. [2]Beteiligt sich eine juristische Person oder sonstige Vereinigung des privaten Rechts, auf die dieses Gesetz nach Satz 1 Anwendung findet, an einer weiteren Vereinigung des privaten Rechts, so findet Satz 1 entsprechende Anwendung. [3]Nehmen nichtöffentliche Stellen hoheitliche Aufgaben der öffentlichen Verwaltung wahr, sind sie insoweit öffentliche Stellen im Sinne dieses Gesetzes.

(3) [1]Soweit besondere Rechtsvorschriften über den Datenschutz auf personenbezogene Daten anzuwenden sind, gehen sie den Bestimmungen dieses Gesetzes vor. [2]Regeln diese Rechtsvorschriften einen Sachverhalt nicht oder nicht abschließend, finden die Bestimmungen dieses Gesetzes Anwendung. [3]Die Verpflichtung zur Wahrung gesetzlicher Geheimhaltungspflichten oder von Berufsgeheimnissen, die nicht auf gesetzlichen Vorschriften beruhen, bleibt unberührt.

(4) [1]Fällt die Verarbeitung personenbezogener Daten nicht in den Anwendungsbereich der Verordnung (EU) 2016/679 oder der in Umsetzung der Richtlinie (EU) 2016/680 getroffenen Regelungen, sind die Bestimmungen der Verordnung (EU) 2016/679 entsprechend anzuwenden, es sei denn, dieses Gesetz oder die jeweiligen Fachgesetze enthalten abweichende Regelungen. [2]Satz 1 gilt mit Ausnahme der Artikel 30, 35 und 36 der Verordnung (EU) 2016/679 auch für die nichtautomatisierte Verarbeitung

personenbezogener Daten, die nicht in einem Dateisystem gespeichert sind oder gespeichert werden sollen.

(5) Die Bestimmungen dieses Gesetzes gehen denen des Thüringer Thüringer Verwaltungsverfahrensgesetzes vor, soweit bei der Ermittlung des Sachverhalts personenbezogene Daten verarbeitet werden.

(6) [1]Die Bestimmungen dieses Gesetzes gelten für den Landtag nur, soweit er in Verwaltungsangelegenheiten tätig wird. [2]Verwaltungsangelegenheiten des Landtags sind insbesondere

1. die wirtschaftlichen Angelegenheiten des Landtags nach Artikel 57 Abs. 4 Satz 1 der Verfassung des Freistaats Thüringen,
2. die Personalverwaltung des Landtags,
3. die Ausübung des Hausrechts und der Ordnungs- und Polizeigewalt nach Artikel 57 Abs. 3 Satz 2 der Verfassung des Freistaats Thüringen und
4. die Ausführung der Gesetze, soweit diese dem Präsidenten des Landtags zugewiesen sind.

[3]Die Verarbeitung personenbezogener Daten bei der Wahrnehmung parlamentarischer Aufgaben durch den Landtag sowie der parlamentarischen Tätigkeit der Abgeordneten einschließlich der Fraktionen unterliegt nicht den Bestimmungen dieses Gesetzes. [4]Der Landtag erlässt insoweit eine seiner verfassungsrechtlichen Stellung entsprechende Datenschutzordnung.

(7) [1]Die Landesregierung darf personenbezogene Daten, die für andere Zwecke erhoben worden sind, zur Beantwortung parlamentarischer Anfragen sowie zur Vorlage von Unterlagen und Berichten im Rahmen der Geschäftsordnung des Thüringer Landtags in dem dafür erforderlichen Umfang verwenden. [2]Dies gilt nicht, wenn die Übermittlung der Daten wegen ihres streng persönlichen Charakters für die Betroffenen unzumutbar ist. [3]Besondere gesetzliche Übermittlungsverbote bleiben unberührt.

(8) [1]Von der Landesregierung übermittelte personenbezogene Daten dürfen nicht in Landtagsdrucksachen aufgenommen oder in sonstiger Weise allgemein zugänglich gemacht werden. [2]Dies gilt nicht, wenn keine Anhaltspunkte dafür bestehen, dass schutzwürdige Belange der Betroffenen beeinträchtigt werden.

(9) [1]Für den Rechnungshof gelten die Bestimmungen über die Aufsichtsbehörde, den Datenschutzbeauftragten sowie das Führen von Verzeichnissen nach Artikel 30 der Verordnung (EU) 2016/679 nur, soweit er in Verwaltungsangelegenheiten tätig wird. [2]Für die Gerichte gilt Satz 1 entsprechend mit der Maßgabe, dass § 50 auch bei Verarbeitungstätigkeiten, die in Zusammenhang mit der Mitwirkung an der Strafverfolgung, der Verfolgung von Ordnungswidrigkeiten und der Vollstreckung stehen, keine Anwendung findet.

(10) Bei der im Anwendungsbereich des § 31 geregelten Verarbeitung personenbezogener Daten gelten für die Staatsanwaltschaften die Bestimmungen des Ersten, Dritten und Vierten Abschnitts, im Übrigen gelten für sie die Bestimmungen des Ersten, Zweiten und Vierten Abschnitts.

Zweiter Unterabschnitt

Aufsichtsbehörde

§ 3 Landesbeauftragter für den Datenschutz (Artikel 51 bis 54 der Verordnung (EU) 2016/679, Artikel 41 bis 44 der Richtlinie (EU) 2016/680)

(1) [1]Der Landtag wählt den Landesbeauftragten für den Datenschutz mit mehr als der Hälfte der gesetzlichen Anzahl seiner Mitglieder. [2]Der Gewählte ist vom Präsidenten des Landtags zu ernennen. [3]Das Amtsverhältnis beginnt mit der Aushändigung der Ernennungsurkunde.

(2) Der Landesbeauftragte für den Datenschutz muss über die für die Erfüllung seiner Aufgaben und Ausübung seiner Befugnisse erforderliche Qualifikation, Erfahrung und Sachkunde insbesondere im Bereich des Schutzes personenbezogener Daten verfügen.

(3) Der Landesbeauftragte für den Datenschutz steht zum Land in einem öffentlich-rechtlichen Amtsverhältnis.

(4) [1]Die Amtszeit des Landesbeauftragten für den Datenschutz beträgt sechs Jahre. [2]Einmalige Wiederwahl ist zulässig.

(5) [1]Der Präsident des Landtags verpflichtet den Landesbeauftragten für den Datenschutz vor dem Landtag, sein Amt gerecht und unparteiisch zu führen, das Grundgesetz und die Verfassung des Freistaats Thüringen sowie die Gesetze zu wahren und zu verteidigen. [2]Der Landesbeauftragte für den

Datenschutz leistet vor dem Präsidenten des Landtags folgenden Eid: „Ich schwöre, mein Amt gerecht und unparteiisch getreu dem Grundgesetz, der Verfassung des Freistaats Thüringen und den Gesetzen zu führen und meine ganze Kraft dafür einzusetzen, so wahr mir Gott helfe.“ [3]Der Eid kann auch ohne religiöse Beteuerung geleistet werden.

(6) [1]Auf Vorschlag des Landesbeauftragten für den Datenschutz ernennt der Präsident des Landtags einen Vertreter im Amt. [2]Dieser soll die Befähigung zum Richteramt haben.

(7) Dienstsitz des Landesbeauftragten für den Datenschutz ist Erfurt.

(8) [1]Das Amtsverhältnis endet mit Ablauf der Amtszeit, mit Rücktritt oder verpflichtender Versetzung in den Ruhestand. [2]Der Präsident des Landtags entlässt den Landesbeauftragten für den Datenschutz, wenn er eine schwere Verfehlung begangen hat oder er die Voraussetzungen für die Wahrnehmung seiner Aufgabe nicht mehr erfüllt. [3]Bei Beendigung des Amtsverhältnisses erhält der Landesbeauftragte für den Datenschutz eine vom Präsidenten des Landtags unterzeichnete Urkunde. [4]Die Entlassung wird mit der Aushändigung der Urkunde durch den Präsidenten des Landtags wirksam.

(9) Endet das Amtsverhältnis mit Ablauf der Amtszeit, ist der Landesbeauftragte für den Datenschutz verpflichtet, die Geschäfte bis zur Ernennung eines Nachfolgers für die Dauer von höchstens sechs Monaten fortzuführen; Absatz 8 Satz 2 gilt für diesen Zeitraum entsprechend.

§ 4 Rechtsstellung und Verschwiegenheitspflicht des Landesbeauftragten für den Datenschutz (Artikel 51 bis 54 der Verordnung (EU) 2016/679, Artikel 41 bis 44 der Richtlinie (EU) 2016/680)

(1) Der Landesbeauftragte für den Datenschutz ist Aufsichtsbehörde nach Artikel 51 der Verordnung (EU) 2016/679 und zugleich Aufsichtsbehörde im Sinne des Artikels 41 der Richtlinie (EU) 2016/680.

(2) [1]Der Landesbeauftragte für den Datenschutz sieht von allen mit den Aufgaben seines Amtes nicht zu vereinbarenden Handlungen ab und übt während seiner Amtszeit keine andere mit seinem Amt nicht zu vereinbarende entgeltliche oder unentgeltliche Tätigkeit aus. [2]Er darf insbesondere kein anderes besoldetes Amt, kein Gewerbe und keinen Beruf ausüben und weder der Leitung oder dem Aufsichtsrat oder Verwaltungsrat eines auf Erwerb gerichteten Unternehmens noch einer Regierung oder einer gesetzgebenden Körperschaft des Bundes oder eines Landes angehören. [3]Er darf nicht gegen Entgelt außergerichtliche Gutachten abgeben.

(3) Der Landesbeauftragte für den Datenschutz sowie seine Mitarbeiter sind sowohl während ihrer Amts- beziehungsweise Dienstzeit als auch nach deren Beendigung verpflichtet, über alle vertraulichen Informationen, die ihnen bei der Wahrnehmung ihrer Aufgaben oder der Ausübung ihrer Befugnisse bekannt geworden sind, Verschwiegenheit zu wahren.

(4) Die Verschwiegenheitspflicht nach Absatz 3 gilt nicht für Mitteilungen im dienstlichen Verkehr oder über Tatsachen, die offenkundig sind oder ihrer Bedeutung nach keiner Geheimhaltung bedürfen.

(5) [1]Der Landesbeauftragte für den Datenschutz ist oberste Dienstbehörde im Sinne des § 96 der Strafprozessordnung sowie oberste Aufsichtsbehörde im Sinne des § 99 der Verwaltungsgerichtsordnung. [2]Er trifft die Entscheidungen über Aussagegenehmigungen für sich und seine Mitarbeiter sowie die Entscheidung über die Verweigerung der Aktenvorlage und der Auskunftserteilung in eigener Verantwortung. [3]Der Nachfolger im Amt entscheidet über die in Satz 2 genannten Entscheidungen für seine Vorgänger.

(6) [1]Dem Landesbeauftragten für den Datenschutz sind die für die Erfüllung seiner Aufgaben und Befugnisse nötige personelle, technische, finanzielle Ausstattung sowie Räumlichkeiten und Infrastruktur zur Verfügung zu stellen; entsprechende Haushaltsmittel sind im Einzelplan des Landtags in einem eigenen Kapitel auszuweisen. [2]Er untersteht der Finanzkontrolle durch den Rechnungshof nur, soweit seine Unabhängigkeit dadurch nicht beeinträchtigt wird.

(7) [1]Die Besetzung der Personalstellen kann nur auf Vorschlag des Landesbeauftragten für den Datenschutz erfolgen. [2]Seine Mitarbeiter können, falls sie mit der beabsichtigten Maßnahme nicht einverstanden sind, nur mit seinem Einvernehmen versetzt, abgeordnet oder umgesetzt werden; er ist ihr Dienstvorgesetzter, sie sind in ihrer Tätigkeit nach diesem Gesetz nur an seine Weisungen gebunden.

§ 5 Anwendung beamtenrechtlicher Vorschriften auf den Landesbeauftragten für den Datenschutz

(1) Der Landesbeauftragte für den Datenschutz erhält ab dem Tage seiner Ernennung bis zum Ablauf des Tages der Beendigung seines Amtsverhältnisses, im Fall des § 3 Abs. 9 bis zum Ablauf des Tages,

an dem die Geschäftsführung endet, Amtsbezüge in Höhe der einem Landesbeamten der Besoldungsgruppe B 6 in Thüringen jeweils zustehenden Besoldung.

(2) [1]Der Landesbeauftragte für den Datenschutz erhält Reisekosten, Umzugskosten, Trennungsgeld und Beihilfen nach den für die Landesbeamten geltenden Vorschriften. [2]Gleiches gilt für die Unfallfürsorge und in Urlaubsangelegenheiten.

(3) [1]Der Landesbeauftragte für den Datenschutz oder seine Hinterbliebenen erhalten nach Beendigung seines Amtsverhältnisses, im Fall des § 3 Abs. 9 nach Ablauf des Tages, an dem die Geschäftsführung endet, Versorgung wie ein Beamter auf Zeit in entsprechender Anwendung des Thüringer Beamtenversorgungsgesetzes. [2]Der Anspruch auf Ruhegehalt ruht bis zum Erreichen der Altersgrenze nach § 25 Abs. 1 oder 3 des Thüringer Beamtengesetzes (ThürBG).

§ 6 Aufgaben des Landesbeauftragten für den Datenschutz (Artikel 57 und 31 der Verordnung (EU) 2016/679, Artikel 46 und 26 der Richtlinie (EU) 2016/680)

(1) [1]Der Landesbeauftragte für den Datenschutz nimmt gegenüber den öffentlichen Stellen des Landes die Aufgaben nach Artikel 57 der Verordnung (EU) 2016/679 wahr. [2]Dabei kontrolliert er die Einhaltung der Verordnung (EU) 2016/679, dieses Gesetzes sowie anderer datenschutzrechtlicher Bestimmungen.

(2) Unbeschadet von Absatz 1 hat der Landesbeauftragte für den Datenschutz im Rahmen von Verarbeitungstätigkeiten im Anwendungsbereich der Richtlinie (EU) 2016/680 die Aufgaben,

1. die Anwendung dieses Gesetzes und sonstiger Vorschriften über den Datenschutz, einschließlich der zur Umsetzung der Richtlinie (EU) 2016/680 erlassenen Rechtsvorschriften, zu überwachen und durchzusetzen,
2. die Öffentlichkeit für die Risiken, Vorschriften, Garantien und Rechte im Zusammenhang mit der Verarbeitung personenbezogener Daten zu sensibilisieren und sie darüber aufzuklären, wobei spezifische Maßnahmen für Minderjährige besondere Beachtung finden,
3. den Landtag, die Landesregierung und andere Einrichtungen und Gremien über legislative und administrative Maßnahmen zum Schutz der Rechte und Freiheiten natürlicher Personen in Bezug auf die Verarbeitung personenbezogener Daten zu beraten,
4. die Verantwortlichen und die Auftragsverarbeiter für die ihnen aus diesem Gesetz und sonstigen Vorschriften über den Datenschutz, einschließlich den zur Umsetzung der Richtlinie (EU) 2016/680 erlassenen Rechtsvorschriften, entstehenden Pflichten zu sensibilisieren,
5. auf Anfrage jeder betroffenen Person Informationen über die Ausübung ihrer Rechte aufgrund dieses Gesetzes und sonstiger Vorschriften über den Datenschutz, einschließlich der zur Umsetzung der Richtlinie (EU) 2016/680 erlassenen Rechtsvorschriften, zur Verfügung zu stellen und gegebenenfalls zu diesem Zweck mit den Aufsichtsbehörden in anderen Mitgliedstaaten der Europäischen Union zusammenzuarbeiten,
6. sich mit Beschwerden einer betroffenen Person nach § 8 oder Beschwerden einer Stelle, einer Organisation oder eines Verbandes nach Artikel 55 der Richtlinie (EU) 2016/680 zu befassen, den Gegenstand der Beschwerde in angemessenem Umfang zu untersuchen und den Beschwerdeführer innerhalb einer angemessenen Frist über den Fortgang und das Ergebnis der Untersuchung zu unterrichten, insbesondere wenn eine weitere Untersuchung oder Koordinierung mit einer anderen Aufsichtsbehörde notwendig ist,
7. mit anderen Aufsichtsbehörden zusammenzuarbeiten, auch durch Informationsaustausch, und ihnen Amtshilfe zu leisten, um die einheitliche Anwendung und Durchsetzung dieses Gesetzes und sonstiger Vorschriften über den Datenschutz, einschließlich der zur Umsetzung der Richtlinie (EU) 2016/680 erlassenen Rechtsvorschriften, zu gewährleisten,
8. Untersuchungen über die Anwendung dieses Gesetzes und sonstiger Vorschriften über den Datenschutz, einschließlich der zur Umsetzung der Richtlinie (EU) 2016/680 erlassenen Rechtsvorschriften, durchzuführen, auch auf der Grundlage von Informationen einer anderen Aufsichtsbehörde oder einer anderen Behörde,
9. maßgebliche Entwicklungen zu verfolgen, soweit sie sich auf den Schutz personenbezogener Daten auswirken, insbesondere die Entwicklung der Informations- und Kommunikationstechnologie und der Verwaltungspraktiken,

10. Beratung in Bezug auf die in § 52 genannten Verarbeitungsvorgänge zu leisten und
11. Beiträge zur Tätigkeit des Ausschusses im Sinne des Artikels 51 der Richtlinie (EU) 2016/680 zu leisten.

(3) Verantwortlicher und Auftragsverarbeiter arbeiten auf Anfrage des Landesbeauftragten für den Datenschutz bei der Erfüllung seiner Aufgaben mit diesem zusammen.

§ 7 Befugnisse des Landesbeauftragten für den Datenschutz (Artikel 58 und 83 der Verordnung (EU) 2016/679, Artikel 47 der Richtlinie (EU) 2016/680)

(1) [1]Dem Landesbeauftragten für den Datenschutz stehen zur Wahrnehmung der Aufgaben nach § 6 Abs. 1 die Befugnisse nach Artikel 58 der Verordnung (EU) 2016/679 zur Verfügung. [2]Kommt der Landesbeauftragte für den Datenschutz zu dem Ergebnis, dass Verstöße gegen die Vorschriften über den Datenschutz oder sonstige Mängel bei der Verarbeitung personenbezogener Daten vorliegen, teilt er dies dem Verantwortlichen vor Ausübung seiner Befugnisse nach Artikel 58 Abs. 2 der Verordnung (EU) 2016/679 mit und fordert diesen binnen angemessener Frist zur Stellungnahme auf. [3]Die zuständige oberste Landesbehörde und die Aufsichtsbehörde sind davon zu verständigen. [4]Die Stellungnahme soll auch eine Darstellung der Maßnahmen enthalten, die aufgrund der Mitteilungen getroffen worden sind. [5]Der Landesbeauftragte für den Datenschutz kann auf eine Stellungnahme verzichten, insbesondere wenn es sich um unerhebliche oder inzwischen beseitigte Mängel handelt.

(2) [1]Dem Landesbeauftragten ist im Rahmen der Kontrollbefugnis jederzeit Zutritt zu allen Diensträumen und Geschäftsräumen zu gewähren. [2]Die Befugnis zur Verhängung von Geldbußen nach Artikel 83 der Verordnung (EU) 2016/679 steht ihm nicht gegenüber öffentlichen Stellen nach § 2 Abs. 1 und 2 zu, es sei denn, es handelt sich um öffentliche Stellen, die am Wettbewerb im Sinne des § 26 teilnehmen.

(3) [1]Die Kontrolle des Landesbeauftragten für den Datenschutz erstreckt sich auch auf personenbezogene Daten, die einem Berufsgeheimnis unterliegen. [2]Für personenbezogene Daten in Akten über die Sicherheitsüberprüfung gilt dies jedoch nur, wenn die betroffene Person der Kontrolle der auf sie bezogenen Daten nicht widersprochen hat. [3]Unbeschadet des Kontrollrechts des Landesbeauftragten für den Datenschutz unterrichtet der Verantwortliche die betroffene Person in allgemeiner Form über das ihr zustehende Widerspruchsrecht. [4]Der Widerspruch ist schriftlich gegenüber dem Verantwortlichen zu erklären.

(4) Die Kontrolle des Landesbeauftragten für den Datenschutz erstreckt sich nicht auf personenbezogene Daten, die der Kontrolle durch die Kommission nach § 3 des Thüringer Gesetzes zur Ausführung des Artikel 10-Gesetzes in der jeweils geltenden Fassung unterliegen, es sei denn, die Kommission ersucht den Landesbeauftragten für den Datenschutz, die Einhaltung der Vorschriften über den Datenschutz bei bestimmten Vorgängen oder in bestimmten Bereichen zu kontrollieren und ausschließlich ihr darüber zu berichten.

(5) [1]Die in § 21 Abs. 3 genannten öffentlichen Stellen haben eine Pflicht zur Unterstützung des Landesbeauftragten für den Datenschutz nur gegenüber diesem selbst und den von ihm schriftlich besonders damit Beauftragten. [2]Die Pflicht zur Information und zum Zutritt zu Dienstgebäuden findet auf diese Stellen keine Anwendung, soweit die zuständige oberste Landesbehörde im Einzelfall feststellt, dass die Auskunft oder Einsicht in Unterlagen und Akten die Sicherheit des Bundes oder eines Landes gefährden würde.

(6) [1]Stellt der Landesbeauftragte für den Datenschutz bei der Verarbeitung personenbezogener Daten, die nicht im Anwendungsbereich der Verordnung (EU) 2016/679 erfolgt, Verstöße gegen die Vorschriften des Datenschutzes fest, so beanstandet er dies gegenüber dem Verantwortlichen und fordert diesen zur Stellungnahme innerhalb einer angemessenen Frist auf. [2]Die zuständige oberste Landesbehörde und die Aufsichtsbehörde sind davon zu verständigen. [3]Der Landesbeauftragte für den Datenschutz kann von einer Beanstandung absehen oder auf eine Stellungnahme verzichten, insbesondere wenn es sich um unerhebliche oder inzwischen beseitigte Mängel handelt. [4]Die Stellungnahme soll auch eine Darstellung der Maßnahmen enthalten, die aufgrund der Beanstandung getroffen worden sind. [5]Wird die Beanstandung nicht behoben, so fordert der Landesbeauftragte für den Datenschutz von der obersten Landesbehörde und der Aufsichtsbehörde binnen angemessener Frist geeignete Maßnahmen. [6]Hat das nach Ablauf dieser Frist keinen Erfolg, verständigt der Landesbeauftragte für den Datenschutz den Landtag und die Landesregierung. [7]Der Landesbeauftragte für den Datenschutz kann den Verantwortlichen auch davor warnen, dass beabsichtigte Verarbeitungsvorgänge voraussichtlich

gegen in diesem Gesetz enthaltene und andere auf die jeweilige Datenverarbeitung anzuwendende Vorschriften über den Datenschutz verstoßen.

§ 8 Anrufung des Landesbeauftragten für den Datenschutz (Artikel 77 der Verordnung (EU) 2016/679, Artikel 52 der Richtlinie (EU) 2016/680)

(1) [1]Jede betroffene Person kann sich unbeschadet eines anderweitigen verwaltungsrechtlichen oder gerichtlichen Rechtsbehelfs mit einer Beschwerde unmittelbar an den Landesbeauftragten für den Datenschutz wenden, wenn sie der Ansicht ist, bei der Verarbeitung ihrer personenbezogenen Daten durch öffentliche Stellen des Landes in ihren Rechten verletzt worden zu sein. [2]Der Landesbeauftragte für den Datenschutz hat die betroffene Person über den Stand und das Ergebnis der Beschwerde zu unterrichten und sie hierbei auf die Möglichkeit gerichtlichen Rechtsschutzes nach § 9 hinzuweisen.

(2) Niemand darf benachteiligt oder gemaßregelt werden, weil er von seinem Recht nach Absatz 1 Gebrauch gemacht hat.

(3) [1]Wendet sich eine betroffene Person an den Landesbeauftragten für den Datenschutz, weil ihr nach § 21 Abs. 5 oder besonderen gesetzlichen Vorschriften keine Auskunft erteilt worden ist, darf die Mitteilung des Landesbeauftragten für den Datenschutz an die betroffene Person keine Rückschlüsse auf den Erkenntnisstand des Verantwortlichen zulassen, sofern dieser nicht einer weiter gehenden Auskunft zustimmt. [2]Das Gleiche gilt, wenn eine betroffene Person unmittelbar den Landesbeauftragten für den Datenschutz anruft und die für die Erteilung der Auskunft zuständige Stelle diesem unter Angabe von Gründen darlegt, dass sie bei einem Auskunftsersuchen eine Auskunft nach den in Satz 1 genannten Vorschriften verweigern würde.

(4) [1]Der Landesbeauftragte für den Datenschutz hat eine bei ihm eingelegte Beschwerde über eine Verarbeitung, die in die Zuständigkeit einer Aufsichtsbehörde in einem anderen Mitgliedstaat der Europäischen Union fällt, unverzüglich an die zuständige Aufsichtsbehörde weiterzuleiten. [2]Er hat in diesem Fall die betroffene Person über die Weiterleitung zu unterrichten und ihr auf deren Ersuchen weitere Unterstützung zu leisten.

§ 9 Gerichtlicher Rechtsschutz (Artikel 58 und 78 der Verordnung (EU) 2016/679, Artikel 53 der Richtlinie (EU) 2016/680)

(1) [1]Für Streitigkeiten zwischen öffentlichen Stellen und dem Landesbeauftragten für den Datenschutz über Rechte nach Artikel 78 Abs. 1 und 2 der Verordnung (EU) 2016/679 sowie § 7 Abs. 6 ist der Verwaltungsrechtsweg eröffnet. [2]Bei Verfahren nach Satz 1 gilt § 20 Abs. 2 bis 4 sowie Abs. 6 und 7 des Bundesdatenschutzgesetzes (BDSG) vom 30. Juni 2017 (BGBl. I S. 2097) entsprechend.

(2) Absatz 1 gilt entsprechend zugunsten betroffener Personen, wenn sich der Landesbeauftragte für den Datenschutz nicht mit einer Beschwerde nach § 8 befasst oder die betroffene Person nicht innerhalb von drei Monaten über den Stand oder das Ergebnis der Beschwerde in Kenntnis gesetzt hat.

§ 10 Weitere Aufgaben des Landesbeauftragten für den Datenschutz (Artikel 59 der Verordnung (EU) 2016/679, Artikel 49 der Richtlinie (EU) 2016/680)

(1) [1]Der Landesbeauftragte für den Datenschutz erstellt einen Jahresbericht zu seiner Tätigkeit nach Artikel 59 der Verordnung (EU) 2016/679 und Artikel 49 der Richtlinie (EU) 2016/680. [2]Dieser ist als elektronisches Dokument zu veröffentlichen und dem Landtag und der Landesregierung elektronisch zu übermitteln.

(2) Der Ministerpräsident führt eine Stellungnahme der Landesregierung zu dem Bericht nach Absatz 1 herbei und legt diese innerhalb von vier Monaten dem Landtag vor.

(3) Der Bericht nach Absatz 1 ist im Beirat beim Landesbeauftragten für den Datenschutz vorzuberaten.

(4) Der Landtag oder die Landesregierung können den Landesbeauftragten für den Datenschutz unbeschadet seiner Unabhängigkeit ersuchen,

1. zu datenschutzrechtlichen Fragen Gutachten zu erstellen und Berichte zu erstatten oder
2. datenschutzrechtliche Vorgänge aus ihrem Aufgabenbereich zu überprüfen.

§ 11 Aufsichtsbehörde gegenüber nichtöffentlichen Stellen und öffentlichen Stellen, die am Wettbewerb teilnehmen

(1) Der Landesbeauftragte für den Datenschutz ist auch Aufsichtsbehörde im Sinne des § 40 Abs. 1 BDSG für die Überwachung der Vorschriften über den Datenschutz im Anwendungsbereich der Ver-

ordnung (EU) 2016/679 bei den nichtöffentlichen Stellen und öffentlichen Stellen, die am Wettbewerb teilnehmen.
(2) Zeitgleich mit dem Bericht nach § 10 Abs. 1 legt der Landesbeauftragte für den Datenschutz den Tätigkeitsbericht zu seiner Tätigkeit nach Absatz 1 vor.

§ 12 Beirat

(1) [1]Beim Landesbeauftragten für den Datenschutz wird ein Beirat gebildet. [2]Er besteht aus neun Mitgliedern. [3]Es bestellen sechs Mitglieder der Landtag, ein Mitglied die Landesregierung, ein Mitglied die kommunalen Spitzenverbände sowie ein Mitglied das für Soziales zuständige Ministerium aus dem Bereich der gesetzlichen Sozialversicherungsträger. [4]Für jedes Beiratsmitglied wird zugleich ein Stellvertreter bestellt.
(2) [1]Die Mitglieder des Landtags werden für die Wahldauer des Landtags und die übrigen Mitglieder für vier Jahre bestellt. [2]Sie sind in ihrer Tätigkeit als Mitglieder des Beirats an Aufträge und Weisungen nicht gebunden.
(3) [1]Der Beirat unterstützt den Landesbeauftragten für den Datenschutz in seiner Arbeit. [2]Die Unabhängigkeit des Landesbeauftragten für den Datenschutz und die Berichtspflicht gegenüber dem Landtag werden dadurch nicht berührt.
(4) [1]Der Beirat gibt sich eine Geschäftsordnung. [2]Er tritt auf Antrag jedes seiner Mitglieder oder des Landesbeauftragten für den Datenschutz zusammen. [3]Den Vorsitz führt ein Mitglied des Beirats aus dem Kreis der Landtagsabgeordneten.
(5) [1]Der Landesbeauftragte für den Datenschutz kann an allen Sitzungen teilnehmen. [2]Der Vorsitzende des Beirats lädt ihn zu den Sitzungen rechtzeitig unter Mitteilung der Tagesordnung ein. [3]Vor Maßnahmen, die der Landesbeauftragte für den Datenschutz im Rahmen von § 7 ergreift, kann dem Beirat Gelegenheit zur Stellungnahme gegeben werden.
(6) [1]Die Mitglieder des Beirats haben, auch nach ihrem Ausscheiden, über die ihnen bei ihrer Tätigkeit bekannt gewordenen Angelegenheiten Verschwiegenheit zu bewahren. [2]Dies gilt nicht für Tatsachen, die offenkundig sind oder ihrer Bedeutung nach keiner Geheimhaltung bedürfen.

Dritter Unterabschnitt
Datenschutzbeauftragter

§ 13 Bestellung des Datenschutzbeauftragten (Artikel 37 der Verordnung (EU) 2016/679, Artikel 32 der Richtlinie (EU) 2016/680)

(1) Öffentliche Stellen bestellen einen Datenschutzbeauftragten.
(2) [1]Die öffentliche Stelle kann neben dem Datenschutzbeauftragten zusätzlich weitere Vertreter bestellen. [2]Die Absätze 3 bis 6 sowie die §§ 14 und 15 sind auf die Vertreter nach Satz 1 entsprechend anwendbar.
(3) Für mehrere öffentliche Stellen kann unter Berücksichtigung ihrer Organisationsstruktur und ihrer Größe ein gemeinsamer Datenschutzbeauftragter bestellt werden.
(4) Der Datenschutzbeauftragte wird auf der Grundlage seiner beruflichen Qualifikation und insbesondere seines Fachwissens, das er auf dem Gebiet des Datenschutzrechts und der Datenschutzpraxis besitzt, sowie auf der Grundlage seiner Fähigkeit zur Erfüllung der in § 15 genannten Aufgaben bestellt.
(5) Der Datenschutzbeauftragte kann Beschäftigter der öffentlichen Stelle sein oder seine Aufgaben auf der Grundlage eines Dienstleistungsvertrags erfüllen.
(6) Die öffentliche Stelle veröffentlicht die Kontaktdaten des Datenschutzbeauftragten und teilt diese Daten dem Landesbeauftragten für den Datenschutz mit.

§ 14 Stellung des Datenschutzbeauftragten (Artikel 38 der Verordnung (EU) 2016/679, Artikel 33 der Richtlinie (EU) 2016/680)

(1) Die öffentliche Stelle stellt sicher, dass der Datenschutzbeauftragte ordnungsgemäß und frühzeitig in alle ihre mit dem Schutz personenbezogener Daten zusammenhängenden Fragen eingebunden wird.
(2) Die öffentliche Stelle unterstützt den Datenschutzbeauftragten bei der Erfüllung seiner Aufgaben nach § 15, indem sie die für die Erfüllung dieser Aufgaben erforderlichen Ressourcen und den Zugang zu personenbezogenen Daten und Verarbeitungsvorgängen sowie die zur Erhaltung seines Fachwissens erforderlichen Ressourcen zur Verfügung stellt.

(3) [1]Die öffentliche Stelle stellt sicher, dass der Datenschutzbeauftragte bei der Erfüllung seiner Aufgaben keine Anweisungen bezüglich der Ausübung dieser Aufgaben erhält. [2]Der Datenschutzbeauftragte ist in seiner Funktion dem Leiter der öffentlichen Stelle unmittelbar unterstellt und ist diesem gegenüber berichtspflichtig. [3]Der Datenschutzbeauftragte darf von der öffentlichen Stelle wegen der Erfüllung seiner Aufgaben nicht abberufen oder benachteiligt werden.

(4) [1]Die Abberufung des Datenschutzbeauftragten ist nur in entsprechender Anwendung des § 626 des Bürgerlichen Gesetzbuchs (BGB) zulässig. [2]Die Kündigung des Arbeitsverhältnisses ist unzulässig, es sei denn, dass Tatsachen vorliegen, welche die öffentliche Stelle zur Kündigung aus wichtigem Grund ohne Einhaltung einer Kündigungsfrist berechtigen. [3]Nach dem Ende der Tätigkeit als Datenschutzbeauftragter ist die Kündigung des Arbeitsverhältnisses innerhalb eines Jahres unzulässig, es sei denn, dass die öffentliche Stelle zur Kündigung aus wichtigem Grund ohne Einhaltung einer Kündigungsfrist berechtigt ist.

(5) Betroffene Personen können den Datenschutzbeauftragten zu allen mit der Verarbeitung ihrer personenbezogenen Daten und mit der Wahrnehmung ihrer Rechte nach diesem Gesetz sowie anderen Rechtsvorschriften über den Datenschutz im Zusammenhang stehenden Fragen zu Rate ziehen.

(6) [1]Der Datenschutzbeauftragte ist zur Verschwiegenheit über die Identität der betroffenen Person sowie über die Umstände, die Rückschlüsse auf sie zulassen, verpflichtet, soweit er hiervon nicht durch die betroffene Person befreit wird. [2]Dies gilt auch nach Beendigung der Tätigkeit als Datenschutzbeauftragter.

(7) [1]Der Datenschutzbeauftragte kann andere Aufgaben und Pflichten wahrnehmen. [2]Die öffentliche Stelle stellt sicher, dass derartige Aufgaben und Pflichten nicht zu einem Interessenkonflikt führen und dem Datenschutzbeauftragten für die Erfüllung der Aufgaben nach § 15 hinreichend Arbeitszeit verbleibt.

§ 15 Aufgaben des Datenschutzbeauftragten (Artikel 39 der Verordnung (EU) 2016/679, Artikel 34 der Richtlinie (EU) 2016/680)

(1) [1]Der Datenschutzbeauftragte nimmt die Aufgaben nach Artikel 39 der Verordnung (EU) 2016/679 wahr. [2]Dabei kontrolliert er die Einhaltung der Verordnung (EU) 2016/679, dieses Gesetzes sowie anderer datenschutzrechtlicher Bestimmungen.

(2) [1]Der Datenschutzbeauftragte hat das Recht auf Einsichtnahme in das Verzeichnis aller Verarbeitungstätigkeiten. [2]Vor erstmaliger Inbetriebnahme einer Verarbeitungstätigkeit ist dem Datenschutzbeauftragten das Verzeichnis mit der Gelegenheit zur Stellungnahme zu dem entsprechenden Eintrag vorzulegen. [3]Ferner ist der Datenschutzbeauftragte bei der Einschätzung des Risikos nach Artikel 35 Abs. 1 der Verordnung (EU) 2016/679 oder § 52 und der Prüfung, ob eine Datenschutz-Folgenabschätzung für einen konkreten Verarbeitungsvorgang durchzuführen ist, einzubeziehen.

(3) Unbeschadet von Absatz 1 hat der Datenschutzbeauftragte im Rahmen von Verarbeitungstätigkeiten im Anwendungsbereich des § 31 folgende Aufgaben:

1. Unterrichtung und Beratung der öffentlichen Stelle und der Beschäftigten, die Verarbeitungen durchführen, hinsichtlich ihrer Pflichten nach diesem Gesetz, der zur Umsetzung der Richtlinie (EU) 2016/680 erlassenen Rechtsvorschriften und sonstiger Vorschriften über den Datenschutz,
2. Überwachung der Einhaltung dieses Gesetzes, der zur Umsetzung der Richtlinie (EU) 2016/680 erlassenen Rechtsvorschriften und sonstiger Vorschriften über den Datenschutz sowie der Strategien der öffentlichen Stelle für den Schutz personenbezogener Daten, einschließlich der Zuweisung von Zuständigkeiten, der Sensibilisierung und der Schulung der an den Verarbeitungsvorgängen beteiligten Beschäftigten und der diesbezüglichen Überprüfungen,
3. Beratung im Zusammenhang mit der Datenschutz-Folgenabschätzung und Überwachung ihrer Durchführung nach § 52,
4. Zusammenarbeit mit dem Landesbeauftragten für den Datenschutz und
5. Tätigkeit als Anlaufstelle für den Landesbeauftragten für den Datenschutz in mit der Verarbeitung zusammenhängenden Fragen, einschließlich der vorherigen Konsultation nach § 53, und gegebenenfalls Beratung zu allen sonstigen Fragen des Datenschutzes.

(4) Der Datenschutzbeauftragte trägt bei der Erfüllung seiner Aufgaben dem mit den Verarbeitungsvorgängen verbundenen Risiko gebührend Rechnung, wobei er die Art, den Umfang, die Umstände und die Zwecke der Verarbeitung berücksichtigt.

Zweiter Abschnitt

Bestimmungen für die Verarbeitung zu Zwecken nach Artikel 2 der Verordnung (EU) 2016/679

Erster Unterabschnitt

Rechtsgrundlagen der Verarbeitung

§ 16 Verarbeitung personenbezogener Daten (Artikel 6 und 9 der Verordnung (EU) 2016/679)

(1) Die Verarbeitung personenbezogener Daten durch eine öffentliche Stelle ist zulässig, wenn sie zur Erfüllung der in der Zuständigkeit des Verantwortlichen im öffentlichen Interesse liegenden Aufgabe erforderlich ist oder in Ausübung öffentlicher Gewalt erfolgt, die dem Verantwortlichen übertragen wurde.

(2) [1]Die Verarbeitung besonderer Kategorien personenbezogener Daten im Sinne des Artikels 9 Abs. 1 der Verordnung (EU) 2016/679 ist unbeschadet anderer Rechtsvorschriften zulässig, soweit und solange

1. dies zur Abwehr erheblicher Nachteile für das Gemeinwohl oder von Gefahren für die öffentliche Sicherheit erforderlich ist,
2. dies aus Gründen eines erheblichen öffentlichen Interesses erforderlich ist, insbesondere wenn tatsächliche Anhaltspunkte dafür vorliegen, dass die Funktionsfähigkeit der Verwaltung wesentlich gefährdet wird,
3. sie zur Durchführung wissenschaftlicher oder historischer Forschung erforderlich ist, das wissenschaftliche Interesse an der Durchführung des Forschungsvorhabens das Interesse der betroffenen Person an dem Ausschluss der Verarbeitung erheblich überwiegt und der Zweck der Forschung auf andere Weise nicht oder nur mit unverhältnismäßigem Aufwand erreicht werden kann,
4. sie erforderlich ist, um den Rechten und Pflichten der öffentlichen Stellen auf dem Gebiet des Dienst- und Arbeitsrechts Rechnung zu tragen, oder
5. sie zum Zweck der Gesundheitsvorsorge, der medizinischen Diagnostik, der Gesundheitsversorgung oder Behandlung oder für die Verwaltung von Gesundheitsdiensten erforderlich ist und die Verarbeitung dieser Daten durch ärztliches Personal, welches dem Berufsgeheimnis unterliegt, oder durch sonstige Personen, die einer entsprechenden Geheimhaltungspflicht unterliegen, erfolgt.

[2]In den Fällen des Satzes 1 Nr. 1 bis 4 sind angemessene und spezifische Maßnahmen zur Wahrung der Grundrechte und Interessen der betroffenen Personen vorzusehen.

§ 17 Zweckbindung und Zulässigkeit der Weiterverarbeitung (Artikel 6 und 23 der Verordnung (EU) 2016/679)

(1) [1]Als Zweck einer Verarbeitung personenbezogener Daten durch öffentliche Stellen gelten neben den ursprünglichen Zwecken immer auch die Verarbeitung

1. zur Wahrnehmung von Aufsichts- oder Kontrollbefugnissen,
2. zur Erstellung von Geschäftsstatistiken für den Verantwortlichen,
3. zur Rechnungsprüfung,
4. zur Durchführung von Organisationsuntersuchungen für den Verantwortlichen oder
5. zur Prüfung oder Wartung automatisierter Verfahren der Datenverarbeitung.

[2]Das gilt auch für die Verarbeitung zu Ausbildungs- oder Prüfungszwecken durch den Verantwortlichen, soweit nicht offensichtlich überwiegende schutzwürdige Interessen der betroffenen Person entgegenstehen.

(2) [1]Die Verarbeitung personenbezogener Daten zu anderen Zwecken, als zu denen sie erhoben wurden, ist vorbehaltlich spezieller Vorschriften zulässig, wenn

1. sie zur Abwehr erheblicher Nachteile für das Gemeinwohl oder einer sonst unmittelbar drohenden Gefahr für die öffentliche Sicherheit erforderlich ist,
2. sie zur Verfolgung von Straftaten oder Ordnungswidrigkeiten, zur Vollstreckung oder zum Vollzug von Strafen oder Maßnahmen im Sinne des § 11 Abs. 1 Nr. 8 des Strafgesetzbuches (StGB), von Erziehungsmaßregeln oder Zuchtmitteln im Sinne des Jugendgerichtsgesetzes oder zur Vollstreckung von Bußgeldentscheidungen erforderlich ist,
3. sie zum Schutz der Rechte und Freiheiten einer anderen Person erforderlich ist,

4. Dritte, an welche die Daten übermittelt werden, ein berechtigtes Interesse an der Kenntnis der zu übermittelnden Daten glaubhaft darlegen und die betroffene Person kein schutzwürdiges Interesse an dem Ausschluss der Übermittlung hat,
5. offensichtlich ist, dass sie im Interesse der betroffenen Person liegt und kein Grund zu der Annahme besteht, dass sie in Kenntnis der anderen Zwecke ihre Einwilligung verweigern würde,
6. Angaben der betroffenen Person überprüft werden müssen, weil tatsächliche Anhaltspunkte für deren Unrichtigkeit bestehen,
7. die Daten aus allgemein zugänglichen Quellen entnommen werden können oder die Daten verarbeitende Stelle sie veröffentlichen dürfte oder
8. sie zur Sicherung des Kosten-, Steuer- und Zollaufkommens erforderlich ist,

sofern nicht das schutzwürdige Interesse der betroffenen Person an dem Ausschluss der Zweckänderung überwiegt. [2]Die Verarbeitung von personenbezogenen Daten für im öffentlichen Interesse liegende Archivzwecke, für wissenschaftliche und historische Forschungszwecke und statistische Zwecke ist stets zulässig. [3]Im Übrigen hat der Verantwortliche bei der Feststellung, ob die Weiterverarbeitung mit dem Zweck der ursprünglichen Erhebung vereinbar ist, die Vorgaben des Artikels 6 Abs. 4 der Verordnung (EU) 2016/679 zu beachten. [4]In den Fällen des Satzes 1 erfolgt eine Information der betroffenen Person nicht, soweit und solange dadurch die Zwecke der Verarbeitung gefährdet werden.

(3) Für personenbezogene Daten, die ausschließlich zu Zwecken der Datenschutzkontrolle, der Datensicherung oder zur Sicherstellung eines ordnungsgemäßen Betriebes einer Datenverarbeitungsanlage verarbeitet werden, gilt Absatz 2 nicht.

§ 18 Übermittlung (Artikel 6 Abs. 2 der Verordnung (EU) 2016/679)

(1) [1]Die Verantwortung für die Zulässigkeit der Übermittlung personenbezogener Daten trägt die übermittelnde Stelle. [2]Soweit die Übermittlung aufgrund des Ersuchens eines öffentlichen Empfängers erfolgt, trägt dieser die Verantwortung. [3]In diesem Fall prüft die übermittelnde Stelle nur, ob das Übermittlungsersuchen im Rahmen der Aufgaben des Empfängers liegt, es sei denn, dass besonderer Anlass zur Prüfung der Zulässigkeit der Übermittlung besteht.

(2) Sind mit personenbezogenen Daten, die übermittelt werden dürfen, weitere personenbezogene Daten der betroffenen Person oder eines Dritten in Akten so verbunden, dass eine Trennung nicht oder nur mit unvertretbarem Aufwand möglich ist, ist die Übermittlung auch dieser Daten zulässig, soweit nicht berechtigte Interessen der betroffenen Person oder eines Dritten an deren Geheimhaltung überwiegen; eine Nutzung dieser Daten ist unzulässig.

(3) Werden personenbezogene Daten mittels eines automatisierten Verfahrens übermittelt, trägt die Verantwortung für die Zulässigkeit des einzelnen Abrufs die abrufende Stelle.

§ 19 Auftragsverarbeitung (Artikel 28 der Verordnung (EU) 2016/679)

(1) Sind auf den Auftragsverarbeiter die Bestimmungen dieses Gesetzes, der Verordnung (EU) 2016/679 oder des Bundesdatenschutzgesetzes nicht anwendbar, ist der Verantwortliche verpflichtet, vertraglich sicherzustellen, dass der Auftragsverarbeiter die Bestimmungen der Verordnung (EU) 2016/679 und dieses Gesetzes befolgt.

(2) Der Auftrag kann auch durch die Fachaufsichtsbehörde mit Wirkung für ihrer Aufsicht unterliegenden Stellen des Landes erteilt werden; diese sind von der Auftragserteilung zu unterrichten.

Zweiter Unterabschnitt

Rechte der betroffenen Person

§ 20 Informationspflichten (Artikel 13, 14 und 23 der Verordnung (EU) 2016/679)

(1) Die Informationspflichten nach den Artikeln 13 und 14 der Verordnung (EU) 2016/679 können beschränkt werden, soweit und solange

1. die Informationen die öffentliche Sicherheit gefährden oder sonst dem Wohle des Bundes oder eines Landes Nachteile bereiten würden,
2. die personenbezogenen Daten oder die Tatsache ihrer Speicherung wegen einer Rechtsvorschrift oder ihrem Wesen nach, insbesondere wegen der Rechte und Freiheiten anderer Personen, geheim gehalten werden müssen oder
3. die Information den in § 31 genannten Zwecken zuwiderlaufen würde

und deswegen das Interesse der betroffenen Person an der Informationserteilung zurücktreten muss.

(2) Eine Informationspflicht besteht nicht für Daten, die ausschließlich zu Zwecken der Datensicherung oder der Datenschutzkontrolle verarbeitet werden.

(3) Werden personenbezogene Daten nicht bei der betroffenen Person, sondern bei einer nichtöffentlichen Stelle erhoben, so ist die Stelle auf die Rechtsvorschrift, die zur Auskunft verpflichtet, sonst auf die Freiwilligkeit ihrer Angaben hinzuweisen.

§ 21 Auskunftsrecht (Artikel 15 und 23 der Verordnung (EU) 2016/679)

(1) Das Auskunftsrecht nach Artikel 15 der Verordnung (EU) 2016/679 kann beschränkt werden, soweit und solange

1. die Auskunftserteilung die öffentliche Sicherheit gefährden oder sonst dem Wohle des Bundes oder eines Landes Nachteile bereiten würde,
2. die personenbezogenen Daten oder die Tatsache ihrer Speicherung wegen einer Rechtsvorschrift oder ihrem Wesen nach, insbesondere wegen der Rechte und Freiheiten einer anderen Person, geheim gehalten werden müssen oder
3. die Auskunft den in § 31 genannten Zwecken zuwiderlaufen würde

und deswegen das Interesse der betroffenen Person an der Auskunftserteilung zurücktreten muss.

(2) Das Recht auf Auskunftserteilung nach Artikel 15 der Verordnung (EU) 2016/679 gilt nicht für Daten, die ausschließlich zu Zwecken der Datensicherung oder der Datenschutzkontrolle gespeichert sind.

(3) [1]Bezieht sich die Auskunftserteilung auf die Übermittlung personenbezogener Daten an Behörden der Staatsanwaltschaften, Polizeibehörden, Verfassungsschutzbehörden, den Bundesnachrichtendienst, den Militärischen Abschirmdienst oder, soweit die Sicherheit des Bundes berührt wird, andere Behörden des Geschäftsbereichs des für Verteidigung zuständigen Bundesministeriums, so ist sie nur mit Zustimmung dieser Stellen zulässig. [2]Gleiches gilt auch für den Fall der Datenübermittlung von den in Satz 1 genannten Behörden.

(4) [1]Die Ablehnung der Auskunftserteilung bedarf keiner Begründung, soweit und solange durch die Mitteilung der tatsächlichen und rechtlichen Gründe, auf welche die Entscheidung gestützt wird, der mit der Auskunftsverweigerung verfolgte Zweck gefährdet würde. [2]In diesem Fall ist die betroffene Person darauf hinzuweisen, dass sie sich an den Landesbeauftragten für den Datenschutz wenden kann.

(5) Wird der betroffenen Person keine Auskunft erteilt, so ist sie auf ihr Verlangen dem Landesbeauftragten für den Datenschutz zu erteilen, soweit nicht die zuständige oberste Landesbehörde im Einzelfall feststellt, dass dadurch die Sicherheit des Bundes oder eines Landes gefährdet würde.

§ 22 Recht auf Einschränkung der Verarbeitung (Artikel 18 der Verordnung (EU) 2016/679)

Als wichtiges öffentliches Interesse für eine Weiterverarbeitung der hinsichtlich ihrer Verarbeitung eingeschränkten Daten im Anwendungsbereich des Artikels 18 Abs. 2 der Verordnung (EU) 2016/679 gelten insbesondere

1. wissenschaftliche oder historische Forschungszwecke, wobei § 16 Abs. 2 Satz 1 Nr. 3 unberührt bleibt,
2. Archivzwecke,
3. Aufsichts- und Kontrollzwecke oder
4. die Rechnungsprüfung.

§ 23 Löschung personenbezogener Daten (Artikel 17 der Verordnung (EU) 2016/679)

[1]Soweit öffentliche Stellen verpflichtet sind, Unterlagen einem öffentlichen Archiv zur Übernahme anzubieten, ist eine Löschung erst zulässig, nachdem die Unterlagen dem öffentlichen Archiv angeboten worden sind. [2]Das Nähere wird durch Rechtsvorschriften über öffentliche Archive geregelt.

§ 24 Benachrichtigung der von einer Verletzung des Schutzes personenbezogener Daten betroffenen Person (Artikel 34 der Verordnung (EU) 2016/679)

[1]Der Verantwortliche kann von der Benachrichtigung der von einer Verletzung des Schutzes personenbezogener Daten betroffenen Person absehen, soweit und solange

1. die Information die öffentliche Sicherheit gefährden oder sonst dem Wohle des Bundes oder eines Landes Nachteile bereiten würde,
2. die personenbezogenen Daten oder die Tatsache ihrer Verarbeitung nach einer Rechtsvorschrift oder wegen der Rechte und Freiheiten anderer Personen geheim zu halten sind,

3. dies zur Verfolgung von Straftaten oder Ordnungswidrigkeiten notwendig ist oder
4. die Information die Sicherheit von IT-Systemen gefährden würde.

[2]Artikel 34 Abs. 3 der Verordnung (EU) 2016/679 bleibt davon unberührt.

Dritter Unterabschnitt
Besondere Verarbeitungssituationen

§ 25 Verarbeitung personenbezogener Daten zu Zwecken der freien Meinungsäußerung und der Informationsfreiheit

(1) [1]Soweit personenbezogene Daten in Ausübung des Rechts auf freie Meinungsäußerung und Informationsfreiheit zu journalistischen, künstlerischen, literarischen sowie wissenschaftlichen Zwecken verarbeitet werden, gelten von den Kapiteln II bis VII sowie IX der Verordnung (EU) 2016/679 nur Artikel 5 Abs. 1 Buchst. f sowie die Artikel 24, 32 und 33 sowie § 83 BDSG. [2]Artikel 82 der Verordnung (EU) 2016/679 und § 83 BDSG gelten mit der Maßgabe, dass nur für Schäden gehaftet wird, die durch eine Verletzung des Datengeheimnisses oder durch unzureichende technische oder organisatorische Maßnahmen nach Artikel 5 Abs. 1 Buchst. f und Artikel 24 der Verordnung (EU) 2016/679 eintreten.

(2) Führt die Verarbeitung personenbezogener Daten gemäß Absatz 1 Satz 1 zur Verbreitung von Gegendarstellungen der betroffenen Person oder zu Verpflichtungserklärungen, Beschlüssen oder Urteilen über die Unterlassung der Verbreitung oder über den Widerruf des Inhalts der Daten, so sind diese Gegendarstellungen, Verpflichtungserklärungen, Beschlüsse, Urteile und Widerrufe zu den gespeicherten Daten zu nehmen und dort für dieselbe Zeitdauer aufzubewahren, wie die Daten selbst sowie bei einer Übermittlung der Daten gemeinsam zu übermitteln.

(3) [1]Die Absätze 1 und 2 gelten auch für regelmäßig, also nicht nur gelegentlich ausgeübte Tätigkeiten. [2]Eine haupt- oder nebenberufliche Ausübung der Tätigkeiten ist nicht erforderlich.

§ 26 Öffentliche Stellen, die am Wettbewerb teilnehmen

[1]Soweit öffentliche Stellen am Wettbewerb teilnehmen, sind auf sie, auf ihre Zusammenschlüsse und Verbände von den Bestimmungen dieses Gesetzes nur die Regeln zur Aufsicht anzuwenden (§§ 3 bis 12). [2]Im Übrigen gelten für sie die Bestimmungen des Teils 2 des Bundesdatenschutzgesetzes.

§ 27 Datenschutz im Beschäftigungskontext (Artikel 88 der Verordnung (EU) 2016/679)

(1) Für das Verarbeiten von personenbezogenen Daten über Arbeitnehmer und Auszubildende, die in einem privatrechtlich ausgestalteten Arbeits- oder Ausbildungsverhältnis zu einer öffentlichen Stelle im Sinne dieses Gesetzes stehen, gelten die §§ 79 bis 87 ThürBG entsprechend, soweit besondere Rechtsvorschriften des Arbeitsrechts, tarifvertragliche Regelungen oder Dienstvereinbarungen nichts Abweichendes regeln.

(2) [1]Erfolgt die Verarbeitung personenbezogener Daten auf der Grundlage einer Einwilligung, so bedarf diese der Schriftform, soweit nicht wegen besonderer Umstände eine andere Form angemessen ist. [2]Der Arbeitgeber hat die Arbeitnehmer und Auszubildenden über den Zweck der Datenverarbeitung und über ihr Widerspruchsrecht nach Artikel 7 Abs. 3 der Verordnung (EU) 2016/679 in Textform aufzuklären.

(3) [1]Die Verarbeitung der bei medizinischen oder psychologischen Untersuchungen und Tests zum Zwecke der Eingehung eines Beschäftigungsverhältnisses im Sinne des Absatzes 1 erhobenen personenbezogenen Daten ist nur mit schriftlicher Einwilligung des Bewerbers zulässig. [2]Der Arbeitgeber darf vom untersuchenden Arzt in der Regel nur die Übermittlung des Ergebnisses der Eignungsuntersuchung und dabei festgestellter Risikofaktoren verlangen, es sei denn, besondere Rechtsvorschriften des Arbeitsrechts oder tarifvertragliche Regelungen gehen vor.

(4) Personenbezogene Daten, die vor der Eingehung eines Beschäftigungsverhältnisses bei einer öffentlichen Stelle erhoben wurden, sind unverzüglich zu löschen, sobald feststeht, dass ein Beschäftigungsverhältnis nicht zustande kommt und die Frist zur Geltendmachung, Ausübung oder Verteidigung von Rechtsansprüchen abgelaufen ist, es sei denn, dass die betroffene Person in die weitere Speicherung eingewilligt hat.

(5) Soweit personenbezogene Daten der Arbeitnehmer und Auszubildenden einer öffentlichen Stelle im Rahmen der Durchführung der technischen und organisatorischen Maßnahmen nach Artikel 32 der

Verordnung (EU) 2016/679 gespeichert werden, dürfen sie nicht zu Zwecken der Verhaltens- und Leistungskontrolle genutzt werden.

§ 28 Verarbeitung personenbezogener Daten durch Forschungseinrichtungen (Artikel 6, 9 und 89 der Verordnung (EU) 2016/679)

(1) Für Zwecke der wissenschaftlichen oder historischen Forschung erhobene oder gespeicherte personenbezogene Daten dürfen nur für diese Zwecke verarbeitet werden.

(2) Die Übermittlung personenbezogener Daten an Empfänger, auf die dieses Gesetz oder die Verordnung (EU) 2016/679 keine Anwendung findet, ist nur zulässig, wenn diese sich vertraglich verpflichten, die übermittelten Daten nicht für andere Zwecke zu verarbeiten und die Bestimmungen der Absätze 3 und 4 einzuhalten.

(3) [1]Die personenbezogenen Daten sind, sobald dies nach dem Forschungszweck möglich ist, dergestalt zu verändern, dass die Einzelangaben über persönliche oder sachliche Verhältnisse nicht mehr oder nur mit einem unverhältnismäßig großen Aufwand an Zeit, Kosten und Arbeitskraft einer bestimmten oder bestimmbaren natürlichen Person zugeordnet werden können (anonymisieren). [2]Bis dahin sind die Merkmale gesondert zu speichern, mit denen Einzelangaben einer bestimmten oder bestimmbaren Person zugeordnet werden können. [3]Sie dürfen mit den Einzelangaben nur zusammengeführt werden, soweit der Forschungszweck dies erfordert.

(4) Die wissenschaftliche oder historische Forschung betreibenden Stellen dürfen personenbezogene Daten nur veröffentlichen, wenn die betroffene Person eingewilligt hat oder soweit dies für die Darstellung von Forschungsergebnissen über Ereignisse der Zeitgeschichte unerlässlich ist.

(5) Das Recht auf Auskunft, Berichtigung, Einschränkung der Verarbeitung und Widerspruch nach der Verordnung (EU) 2016/679 und diesem Gesetz besteht nicht, soweit und solange die Verwirklichung des wissenschaftlichen oder historischen Forschungsinteresses dadurch unmöglich gemacht oder erheblich beeinträchtigt wird.

§ 29 Zweckbindung von personenbezogenen Daten, die einem Berufsgeheimnis unterliegen (Artikel 6 und 9 der Verordnung (EU) 2016/679)

(1) Erfolgt die Datenverarbeitung durch eine öffentliche Stelle zur Erfüllung der in ihrer Zuständigkeit liegenden Aufgabe, die im öffentlichen Interesse liegt, oder in Ausübung öffentlicher Gewalt, die ihr übertragen ist, dürfen die Daten, die einem Berufsgeheimnis unterliegen und die von der zur Verschwiegenheit verpflichteten Person oder Stelle in Ausübung ihrer Berufspflicht übermittelt worden sind, von ihr nur für den Zweck verarbeitet werden, für den sie die Daten erhalten hat.

(2) [1]Die Weiterverarbeitung für einen anderen Zweck ist zulässig, wenn die Änderung des Zwecks durch eine besondere Rechtsvorschrift nach Artikel 6 Abs. 4 in Verbindung mit Artikel 23 der Verordnung (EU) 2016/679 zugelassen ist. [2]§ 17 Abs. 2 findet keine Anwendung.

§ 30 Videoüberwachung

(1) [1]Die Videobeobachtung oder -aufzeichnung mit Hilfe optisch-elektronischer Einrichtungen (Videoüberwachung) ist zulässig, wenn dies zur Wahrnehmung einer im öffentlichen Interesse liegenden Aufgabe oder in Ausübung öffentlicher Gewalt

1. zum Schutz von Personen, die der überwachenden Stelle angehören oder sie aufsuchen, oder
2. zum Schutz von Sachen, die der zu überwachenden Stelle oder den Personen nach Nummer 1 gehören,

erforderlich ist. [2]Es dürfen keine Anhaltspunkte bestehen, dass schutzwürdige Interessen der betroffenen Person überwiegen.

(2) Der Umstand der Videoüberwachung und die Informationen nach Artikel 13 Abs. 1 Buchst. a bis c der Verordnung (EU) 2016/679 sowie die Möglichkeit, beim Verantwortlichen die weiteren Informationen nach Artikel 13 der Verordnung (EU) 2016/679 zu erhalten, sind durch geeignete Maßnahmen erkennbar zu machen.

(3) Die Verarbeitung der nach Absatz 1 erhobenen Daten ist zulässig, wenn dies zum Erreichen des verfolgten Zwecks erforderlich ist und keine Anhaltspunkte bestehen, dass schutzwürdige Interessen der betroffenen Person überwiegen.

(4) Für einen anderen Zweck dürfen nach Absatz 1 erhobene Daten nur verarbeitet werden, soweit dies zur Abwehr von Gefahren für die öffentliche Sicherheit, zur Verfolgung von Ordnungswidrigkeiten von erheblicher Bedeutung oder zur Verfolgung von Straftaten erforderlich ist.

(5) [1]Videoaufzeichnungen und aus der Videoüberwachung erhobene Daten sind unverzüglich zu löschen. [2]Sie sind nur dann abweichend von Artikel 17 Abs. 1 der Verordnung (EU) 2016/679 nicht unverzüglich zu löschen, soweit sie zur Verfolgung von Ordnungswidrigkeiten von erheblicher Bedeutung, zur Verfolgung von Straftaten oder zur Geltendmachung von Rechtsansprüchen benötigt werden.

Dritter Abschnitt

Bestimmungen für Verarbeitungen zu Zwecken nach Artikel 1 Abs. 1 der Richtlinie (EU) 2016/680

Erster Unterabschnitt

Anwendungsbereich und Grundsätze

§ 31 Anwendungsbereich (Artikel 1 Abs. 1, Artikel 2 Abs. 1 der Richtlinie (EU) 2016/680)

[1]Die Bestimmungen dieses Abschnitts gelten für die Verarbeitung personenbezogener Daten durch die für die Verhütung, Ermittlung, Aufdeckung, Verfolgung oder Ahndung von Straftaten oder Ordnungswidrigkeiten zuständigen öffentlichen Stellen, soweit sie Daten zum Zweck der Erfüllung dieser Aufgaben verarbeiten. [2]Die öffentlichen Stellen gelten dabei als Verantwortliche. [3]Die Verhütung von Straftaten im Sinne des Satzes 1 umfasst den Schutz vor und die Abwehr von Gefahren für die öffentliche Sicherheit. [4]Die Sätze 1 und 2 finden zudem Anwendung auf diejenigen öffentlichen Stellen, die für die Vollstreckung von Strafen oder Maßnahmen im Sinne des § 11 Abs. 1 Nr. 8 StGB, von Erziehungsmaßregeln oder Zuchtmitteln im Sinne des Jugendgerichtsgesetzes oder von Geldbußen zuständig sind. [5]Soweit dieser Abschnitt Bestimmungen für Auftragsverarbeiter enthält, gilt er auch für diese.

§ 32 Begriffsbestimmungen (Artikel 3 der Richtlinie (EU) 2016/680)

Im Sinne des Dritten Abschnittes:

1. sind personenbezogene Daten alle Informationen, die sich auf eine identifizierte oder identifizierbare natürliche Person (betroffene Person) beziehen; als identifizierbar wird eine natürliche Person angesehen, die direkt oder indirekt, insbesondere mittels Zuordnung zu einer Kennung wie einem Namen, zu einer Kennnummer, zu Standortdaten, zu einer Online-Kennung oder zu einem oder mehreren besonderen Merkmalen, die Ausdruck der physischen, physiologischen, genetischen, psychischen, wirtschaftlichen, kulturellen oder sozialen Identität dieser natürlichen Person sind, identifiziert werden kann,
2. ist Verarbeitung jeder mit oder ohne Hilfe automatisierter Verfahren ausgeführte Vorgang oder jede solche Vorgangsreihe im Zusammenhang mit personenbezogenen Daten, wie das Erheben, das Erfassen, die Organisation, das Ordnen, die Speicherung, die Anpassung oder Veränderung, das Auslesen, das Abfragen, die Verwendung, die Offenlegung durch Übermittlung, Verbreitung oder eine andere Form der Bereitstellung, den Abgleich oder die Verknüpfung, die Einschränkung, das Löschen oder die Vernichtung,
3. ist Einschränkung der Verarbeitung die Markierung gespeicherter personenbezogener Daten mit dem Ziel, ihre künftige Verarbeitung einzuschränken,
4. ist Profiling jede Art der automatisierten Verarbeitung personenbezogener Daten, die darin besteht, dass diese personenbezogenen Daten verwendet werden, um bestimmte persönliche Aspekte, die sich auf eine natürliche Person beziehen, zu bewerten, insbesondere um Aspekte bezüglich Arbeitsleistung, wirtschaftliche Lage, Gesundheit, persönliche Vorlieben, Interessen, Zuverlässigkeit, Verhalten, Aufenthaltsort oder Ortswechsel dieser natürlichen Person zu analysieren oder vorherzusagen,
5. ist Pseudonymisierung die Verarbeitung personenbezogener Daten in einer Weise, dass die personenbezogenen Daten ohne Hinzuziehung zusätzlicher Informationen nicht mehr einer spezifischen betroffenen Person zugeordnet werden können, sofern diese zusätzlichen Informationen gesondert aufbewahrt werden und technischen und organisatorischen Maßnahmen unterliegen, die gewährleisten, dass die personenbezogenen Daten nicht einer identifizierten oder identifizierbaren natürlichen Person zugewiesen werden,

6. ist Dateisystem jede strukturierte Sammlung personenbezogener Daten, die nach bestimmten Kriterien zugänglich sind, unabhängig davon, ob diese Sammlung zentral, dezentral oder nach funktionalen oder geografischen Gesichtspunkten geordnet geführt wird,
7. ist Verantwortlicher die natürliche oder juristische Person, Behörde, Einrichtung oder andere Stelle, die allein oder gemeinsam mit anderen über die Zwecke und Mittel der Verarbeitung von personenbezogenen Daten entscheidet,
8. ist Auftragsverarbeiter eine natürliche oder juristische Person, Behörde, Einrichtung oder andere Stelle, die personenbezogene Daten im Auftrag des Verantwortlichen verarbeitet,
9. ist Empfänger eine natürliche oder juristische Person, Behörde, Einrichtung oder andere Stelle, der personenbezogene Daten offengelegt werden, unabhängig davon, ob es sich bei ihr um einen Dritten handelt oder nicht; Behörden, die im Rahmen eines bestimmten Untersuchungsauftrags nach dem Unionsrecht oder anderen Rechtsvorschriften möglicherweise personenbezogene Daten erhalten, gelten jedoch nicht als Empfänger; die Verarbeitung dieser Daten durch die genannten Behörden erfolgt im Einklang mit den geltenden Datenschutzvorschriften gemäß den Zwecken der Verarbeitung,
10. ist Verletzung des Schutzes personenbezogener Daten eine Verletzung der Sicherheit, die zur Vernichtung, zum Verlust oder zur Veränderung, ob unbeabsichtigt oder unrechtmäßig, oder zur unbefugten Offenlegung von beziehungsweise zum unbefugten Zugang zu personenbezogenen Daten führt, die übermittelt, gespeichert oder auf sonstige Weise verarbeitet wurden,
11. sind genetische Daten personenbezogene Daten zu den ererbten oder erworbenen genetischen Eigenschaften einer natürlichen Person, die eindeutige Informationen über die Physiologie oder die Gesundheit dieser natürlichen Person liefern und insbesondere aus der Analyse einer biologischen Probe der betreffenden natürlichen Person gewonnen wurden,
12. sind biometrische Daten mit speziellen technischen Verfahren gewonnene personenbezogene Daten zu den physischen, physiologischen oder verhaltenstypischen Merkmalen einer natürlichen Person, die die eindeutige Identifizierung dieser natürlichen Person ermöglichen oder bestätigen, wie Gesichtsbilder oder daktyloskopische Daten,
13. sind Gesundheitsdaten personenbezogene Daten, die sich auf die körperliche oder geistige Gesundheit einer natürlichen Person, einschließlich der Erbringung von Gesundheitsdienstleistungen, beziehen und aus denen Informationen über deren Gesundheitszustand hervorgehen,
14. sind besondere Kategorien personenbezogener Daten
    a) Daten, aus denen die rassische oder ethnische Herkunft, politische Meinungen, religiöse oder weltanschauliche Überzeugungen oder die Gewerkschaftszugehörigkeit hervorgehen,
    b) genetische Daten,
    c) biometrische Daten zur eindeutigen Identifizierung einer natürlichen Person,
    d) Gesundheitsdaten und
    e) Daten zum Sexualleben oder zur sexuellen Orientierung,
15. ist Aufsichtsbehörde eine von einem Mitgliedstaat der Europäischen Union nach Artikel 41 der Richtlinie (EU) 2016/680 eingerichtete unabhängige staatliche Stelle,
16. ist internationale Organisation eine völkerrechtliche Organisation und ihre nachgeordneten Stellen oder jede sonstige Einrichtung, die durch eine zwischen zwei oder mehr Staaten geschlossene Übereinkunft oder auf der Grundlage einer solchen Übereinkunft geschaffen wurde.

§ 33 Grundsätze bei der Verarbeitung personenbezogener Daten (Artikel 8, Artikel 4 Abs. 2 und 3, Artikel 9 Abs. 2 und 3 der Richtlinie (EU) 2016/680)

(1) Die Verarbeitung personenbezogener Daten ist zulässig, wenn diese Verarbeitung für die Aufgabenerfüllung zu den in § 31 genannten Zwecken erforderlich ist und keine spezielleren Regelungen in anderen Gesetzen vorgehen.

(2) [1]Eine Verarbeitung personenbezogener Daten zu einem anderen Zweck als zu demjenigen, zu dem sie erhoben wurden, ist zulässig, wenn es sich bei dem anderen Zweck um einen in § 31 genannten Zweck handelt, der Verantwortliche befugt ist, Daten zu diesem Zweck zu verarbeiten und die Verarbeitung zu diesem Zweck erforderlich und verhältnismäßig ist. [2]Die Verarbeitung personenbezogener Daten zu einem anderen, in § 31 nicht genannten Zweck ist zulässig, wenn sie in einer Rechtsvorschrift vorgesehen ist.

(3) [1]Die Verarbeitung kann zu im öffentlichen Interesse liegenden Archivzwecken, wissenschaftlichen oder statistischen Zwecken erfolgen, wenn sie von den in § 31 genannten Zwecken umfasst ist und wenn geeignete Garantien für die Rechtsgüter der betroffenen Personen vorhanden sind. [2]Solche Garantien können in einer frühestmöglichen Anonymisierung personenbezogener Daten, in Vorkehrungen gegen die unbefugte Kenntnisnahme durch Dritte oder in einer räumlich und organisatorisch von den sonstigen Fachaufgaben getrennten Verarbeitung personenbezogener Daten bestehen.

§ 34 Unterscheidung verschiedener Kategorien betroffener Personen sowie zwischen Tatsachen und Bewertungen (Artikel 6, Artikel 7 Abs. 1 der Richtlinie (EU) 2016/680)

(1) [1]Der Verantwortliche hat bei der Verarbeitung personenbezogener Daten soweit wie möglich zwischen den verschiedenen Kategorien betroffener Personen zu unterscheiden. [2]Dies betrifft insbesondere folgende Kategorien:

1. Personen, gegen die ein begründeter Verdacht besteht, dass sie eine Straftat begangen haben,
2. Personen, gegen die ein begründeter Verdacht besteht, dass sie in naher Zukunft eine Straftat begehen werden,
3. verurteilte Straftäter,
4. Opfer einer Straftat oder Personen, bei denen bestimmte Tatsachen darauf hindeuten, dass sie Opfer einer Straftat sein könnten, oder
5. andere Personen, wie insbesondere Zeugen, Hinweisgeber oder Personen, die mit den in den Nummern 1 bis 4 genannten Personen in Kontakt oder Verbindung stehen.

[3]Satz 1 ist bei der Verfolgung und Ahndung von Ordnungswidrigkeiten und bei der Abwehr von Gefahren für die öffentliche Sicherheit oder Ordnung entsprechend anzuwenden. [4]Weitere Kategorisierungen bleiben dem jeweiligen Fachgesetz vorbehalten.

(2) [1]Der Verantwortliche hat bei der Verarbeitung soweit wie möglich danach zu unterscheiden, ob personenbezogene Daten auf Tatsachen oder auf persönlichen Einschätzungen beruhen. [2]Zu diesem Zweck soll er, soweit dies im Rahmen der jeweiligen Verarbeitung möglich und angemessen ist, Beurteilungen, die auf Bewertungen oder auf persönlichen Einschätzungen beruhen, als solche kenntlich machen. [3]Es muss außerdem feststellbar sein, welche Stelle die Unterlagen führt, die der Bewertung oder der sonstigen auf persönlicher Einschätzung beruhenden Beurteilung zugrunde liegen.

§ 35 Berichtigung und Löschung personenbezogener Daten sowie die Einschränkung der Verarbeitung (Artikel 4 Abs. 1, Artikel 7 Abs. 3, Artikel 5 der Richtlinie (EU) 2016/680)

(1) Der Verantwortliche hat personenbezogene Daten zu berichtigen, wenn sie unrichtig sind, und teilt der Stelle, die die personenbezogenen Daten zuvor an ihn übermittelt hat, die Berichtigung mit.

(2) Der Verantwortliche hat personenbezogene Daten unverzüglich zu löschen, wenn deren Verarbeitung unzulässig ist, sie zur Erfüllung einer rechtlichen Verpflichtung gelöscht werden müssen oder deren Kenntnis für seine Aufgabenerfüllung nicht mehr erforderlich ist.

(3) [1]Anstatt die personenbezogenen Daten zu löschen, kann der Verantwortliche deren Verarbeitung einschränken, wenn

1. Grund zu der Annahme besteht, dass durch die Löschung schutzwürdige Interessen einer betroffenen Person beeinträchtigt würden,
2. die personenbezogenen Daten für Zwecke eines gerichtlichen Verfahrens weiter aufbewahrt werden müssen oder
3. eine Löschung wegen der besonderen Art der Speicherung nicht oder nur mit unverhältnismäßigem Aufwand möglich ist.

[2]In deren Verarbeitung nach Satz 1 eingeschränkte Daten dürfen nur zu dem Zweck verarbeitet werden, der deren Löschung entgegenstand. [3]Bei automatisierten Dateisystemen ist technisch sicherzustellen, dass eine Einschränkung der Verarbeitung eindeutig erkennbar ist und eine Verarbeitung für andere Zwecke nicht ohne weitere Prüfung möglich ist.

(4) [1]In Fällen der Berichtigung, Löschung oder Einschränkung der Verarbeitung nach den Absätzen 1 bis 3 hat der Verantwortliche anderen Empfängern, denen die Daten übermittelt wurden, diese Maßnahmen mitzuteilen. [2]Der Empfänger hat die Daten zu berichtigen, zu löschen oder deren Verarbeitung einzuschränken.

(5) [1]Unbeschadet in Rechtsvorschriften festgesetzter Höchstspeicher- oder Löschfristen prüft der Verantwortliche regelmäßig nach festgesetzten Fristen, ob die Speicherung personenbezogener Daten für

die Aufgabenerfüllung noch erforderlich ist oder die Daten zu löschen sind (Aussonderungsprüffrist). [2]Es ist durch verfahrensrechtliche Vorkehrungen sicherzustellen, dass diese Fristen eingehalten werden.

§ 36 Verfahren bei Übermittlungen (Artikel 7 Abs. 2, Artikel 9 Abs. 3 und 4 der Richtlinie (EU) 2016/680)

(1) [1]Der Verantwortliche hat angemessene Maßnahmen zu ergreifen, um zu gewährleisten, dass personenbezogene Daten, die unrichtig oder nicht mehr aktuell sind, nicht übermittelt oder sonst zur Verfügung gestellt werden. [2]Zu diesem Zweck hat er, soweit dies mit angemessenem Aufwand möglich ist, die Qualität der Daten vor deren Übermittlung oder Bereitstellung zu überprüfen. [3]Bei jeder Übermittlung personenbezogener Daten hat er zudem, soweit dies möglich und angemessen ist, Informationen beizufügen, die es dem Empfänger gestatten, die Richtigkeit, die Vollständigkeit und die Zuverlässigkeit der personenbezogenen Daten sowie deren Aktualität zu beurteilen.

(2) [1]Gelten für die Verarbeitung von personenbezogenen Daten besondere Bedingungen, so hat bei Datenübermittlungen die übermittelnde Stelle den Empfänger auf diese Bedingungen und die Pflicht zu deren Beachtung hinzuweisen. [2]Die Hinweispflicht kann dadurch erfüllt werden, dass die Daten entsprechend markiert werden.

(3) Die übermittelnde Stelle darf auf Empfänger in anderen Mitgliedstaaten der Europäischen Union und auf Einrichtungen und sonstige Stellen, die nach den Kapiteln 4 und 5 des Titels V des Dritten Teils des Vertrags über die Arbeitsweise der Europäischen Union errichtet wurden, keine Bedingungen anwenden, die nicht auch für entsprechende innerstaatliche Datenübermittlungen gelten.

§ 37 Verarbeitung besonderer Kategorien personenbezogener Daten (Artikel 10 der Richtlinie (EU) 2016/680)

(1) Die Verarbeitung besonderer Kategorien personenbezogener Daten ist nur zulässig, wenn sie zur Aufgabenerfüllung unbedingt erforderlich ist.

(2) [1]Werden besondere Kategorien personenbezogener Daten verarbeitet, sind geeignete Garantien für die Rechtsgüter der betroffenen Personen vorzusehen. [2]Geeignete Garantien können insbesondere sein:

1. spezifische Anforderungen an die Datensicherheit oder die Datenschutzkontrolle,
2. die Festlegung von besonderen Aussonderungsprüffristen,
3. die Sensibilisierung der an Verarbeitungsvorgängen Beteiligten,
4. die Beschränkung des Zugangs zu den personenbezogenen Daten innerhalb der verantwortlichen Stelle,
5. die von anderen Daten getrennte Verarbeitung,
6. die Pseudonymisierung personenbezogener Daten,
7. die Verschlüsselung personenbezogener Daten oder
8. spezifische Verfahrensregelungen, die im Fall einer Übermittlung oder Verarbeitung für andere Zwecke die Rechtmäßigkeit der Verarbeitung sicherstellen.

§ 38 Automatisierte Einzelentscheidung (Artikel 11 der Richtlinie (EU) 2016/680)

(1) [1]Eine ausschließlich auf einer automatischen Verarbeitung beruhende Entscheidung, die eine nachteilige Rechtsfolge für die betroffene Person hat oder sie erheblich beeinträchtigt, ist nur zulässig, wenn sie in einer Rechtsvorschrift vorgesehen ist. [2]Die Vorschrift muss sicherstellen, dass die berechtigten Interessen und Rechtsgüter der betroffenen Person gewahrt werden. [3]Zumindest muss sichergestellt sein, dass eine inhaltliche Bewertung und darauf gestützte Entscheidung durch den Verantwortlichen herbeigeführt und verlangt werden kann.

(2) Entscheidungen nach Absatz 1 dürfen nicht auf besonderen Kategorien personenbezogener Daten beruhen, sofern nicht geeignete Maßnahmen zum Schutz der Rechtsgüter sowie der berechtigten Interessen der betroffenen Personen getroffen wurden.

§ 39 Einwilligung

(1) Soweit die Verarbeitung personenbezogener Daten nach einer Rechtsvorschrift auf der Grundlage einer Einwilligung erfolgen kann, muss der Verantwortliche die Einwilligung der betroffenen Person nachweisen können.

(2) Erfolgt die Einwilligung der betroffenen Person durch eine schriftliche Erklärung, die noch andere Sachverhalte betrifft, muss das Ersuchen um Einwilligung in verständlicher und leicht zugänglicher

Form in einer klaren und einfachen Sprache so erfolgen, dass es von den anderen Sachverhalten klar zu unterscheiden ist.

(3) [1]Die betroffene Person hat das Recht, ihre Einwilligung jederzeit zu widerrufen. [2]Durch den Widerruf der Einwilligung wird die Rechtmäßigkeit der aufgrund der Einwilligung bis zum Widerruf erfolgten Verarbeitung nicht berührt. [3]Die betroffene Person wird vor Abgabe der Einwilligung hiervon in Kenntnis gesetzt.

(4) [1]Die Einwilligung ist nur wirksam, wenn sie auf der freien Entscheidung der betroffenen Person beruht. [2]Bei der Beurteilung, ob die Einwilligung freiwillig erteilt wurde, müssen die Umstände der Erteilung berücksichtigt werden. [3]Die betroffene Person ist auf den vorgesehenen Zweck der Verarbeitung sowie, wenn nach den Umständen des Einzelfalles erforderlich oder auf Verlangen, auf die Folgen der Verweigerung der Einwilligung hinzuweisen.

(5) Soweit besondere Kategorien personenbezogener Daten verarbeitet werden, muss sich die Einwilligung ausdrücklich auf diese Daten beziehen.

Zweiter Unterabschnitt

Rechte der betroffenen Person

§ 40 Allgemeiner Informationsanspruch (Artikel 13 Abs. 1 der Richtlinie (EU) 2016/680)

Der Verantwortliche stellt in allgemeiner Form und für jedermann zugänglich die folgenden Informationen zur Verfügung:

1. die Zwecke der von ihm vorgenommenen Verarbeitungen,
2. die im Hinblick auf die Verarbeitung ihrer personenbezogenen Daten bestehenden Rechte der betroffenen Personen auf Auskunft, Berichtigung, Löschung und Einschränkung der Verarbeitung,
3. den Namen und die Kontaktdaten des Verantwortlichen und des Datenschutzbeauftragten,
4. das Bestehen des Rechts nach § 8, den Landesbeauftragten für den Datenschutz anzurufen, und
5. die Erreichbarkeit des Landesbeauftragten für den Datenschutz.

§ 41 Benachrichtigung betroffener Personen (Artikel 13 Abs. 2 und 3 der Richtlinie (EU) 2016/680)

(1) Ist die Benachrichtigung betroffener Personen über die Verarbeitung sie betreffender personenbezogener Daten in speziellen Rechtsvorschriften, insbesondere bei verdeckten Maßnahmen, vorgesehen oder angeordnet, hat diese Benachrichtigung zumindest die folgenden Angaben zu enthalten:

1. die in § 40 genannten Angaben,
2. die Rechtsgrundlage der Verarbeitung,
3. die Dauer, für die die personenbezogenen Daten gespeichert werden oder, falls dies nicht möglich ist, die Kriterien für die Festlegung dieser Dauer,
4. gegebenenfalls die Kategorien von Empfängern der personenbezogenen Daten sowie
5. erforderlichenfalls weitere Informationen, insbesondere wenn die personenbezogenen Daten ohne Wissen der betroffenen Person erhoben wurden.

(2) Der Verantwortliche kann die Benachrichtigung nach Absatz 1 aufschieben, einschränken oder unterlassen, soweit und solange durch die Benachrichtigung

1. behördliche oder gerichtliche Untersuchungen, Ermittlungen oder Verfahren gefährdet werden,
2. die Verhütung, Aufdeckung, Ermittlung oder Verfolgung von Straftaten oder die Strafvollstreckung gefährdet werden,
3. die öffentliche Sicherheit oder Ordnung gefährdet wird oder
4. die Rechtsgüter Dritter gefährdet werden

und wenn das Interesse an dem Aufschub, der Einschränkung oder der Unterlassung der Benachrichtigung gegenüber dem Informationsinteresse der betroffenen Person überwiegt.

(3) Bezieht sich die Benachrichtigung auf die Übermittlung personenbezogener Daten an Verfassungsschutzbehörden, den Bundesnachrichtendienst, den Militärischen Abschirmdienst oder, soweit die Sicherheit des Bundes berührt wird, andere Behörden des Geschäftsbereichs des für Verteidigung zuständigen Bundesministeriums, ist sie nur mit Zustimmung dieser Stellen zulässig.

(4) Im Fall der Einschränkung der Benachrichtigung nach Absatz 2 gilt § 42 Abs. 6 entsprechend.

§ 42 Auskunftsrecht (Artikel 14 bis 17 der Richtlinie (EU) 2016/680)

(1) [1]Der Verantwortliche hat betroffenen Personen auf Antrag Auskunft darüber zu erteilen, ob er sie betreffende Daten verarbeitet. [2]In dem Antrag sollen die Art der personenbezogenen Daten, über die Auskunft erteilt werden soll, und der Grund des Auskunftsverlangens näher bezeichnet werden. [3]Betroffene Personen haben darüber hinaus das Recht, Informationen zu erhalten über

1. die personenbezogenen Daten, die Gegenstand der Verarbeitung sind, und die Kategorie, zu der sie gehören,
2. die verfügbaren Informationen über die Herkunft der Daten,
3. die Zwecke der Verarbeitung und deren Rechtsgrundlage,
4. die Empfänger oder die Kategorien von Empfängern, gegenüber denen die personenbezogenen Daten offengelegt worden sind, insbesondere bei Empfängern in Nichtmitgliedstaaten der Europäischen Union (Drittstaaten) oder bei internationalen Organisationen,
5. die für die Daten geltende Speicherdauer oder, falls dies nicht möglich ist, die Kriterien für die Festlegung dieser Dauer,
6. das Bestehen eines Rechts auf Berichtigung, Löschung oder Einschränkung der Verarbeitung personenbezogener Daten durch den Verantwortlichen,
7. das Bestehen des Rechts nach § 8, den Landesbeauftragten für den Datenschutz anzurufen, sowie
8. die Erreichbarkeit des Landesbeauftragten für den Datenschutz.

[4]Bezieht sich die Auskunftserteilung auf die Übermittlung personenbezogener Daten an Verfassungsschutzbehörden, den Bundesnachrichtendienst, den Militärischen Abschirmdienst oder, soweit die Sicherheit des Bundes berührt wird, andere Behörden des Geschäftsbereichs des für Verteidigung zuständigen Bundesministeriums, ist sie nur mit Zustimmung dieser Stellen zulässig.

(2) Absatz 1 gilt nicht für personenbezogene Daten, die nur deshalb verarbeitet werden, weil sie aufgrund gesetzlicher Aufbewahrungsvorschriften nicht gelöscht werden dürfen, oder ausschließlich Zwecken der Datensicherung oder der Datenschutzkontrolle dienen und eine Auskunftserteilung einen unverhältnismäßigen Aufwand erfordern würde und eine Verarbeitung zu anderen Zwecken durch geeignete technische und organisatorische Maßnahmen ausgeschlossen ist.

(3) Die Auskunftserteilung unterbleibt, wenn die betroffene Person keine Angaben macht, die das Auffinden der Daten ermöglichen, und deshalb der für die Erteilung der Auskunft erforderliche Aufwand außer Verhältnis zu dem von der betroffenen Person geltend gemachten Informationsinteresse steht.

(4) Der Verantwortliche kann unter den Voraussetzungen des § 41 Abs. 2 von der Auskunft nach Absatz 1 Satz 1 absehen oder die Auskunftserteilung nach Absatz 1 Satz 3 teilweise oder vollständig einschränken.

(5) [1]Der Verantwortliche hat die betroffene Person über das Absehen von oder die Einschränkung einer Auskunft schriftlich zu unterrichten. [2]Dies gilt nicht, wenn bereits die Erteilung dieser Informationen eine Gefährdung im Sinne des § 41 Abs. 2 mit sich bringen würde. [3]Die Unterrichtung nach Satz 1 ist zu begründen, es sei denn, dass die Mitteilung der Gründe den mit dem Absehen von oder der Einschränkung der Auskunft verfolgten Zweck gefährden würde.

(6) [1]Wird die betroffene Person nach Absatz 5 über die Verweigerung oder die Einschränkung der Auskunft unterrichtet, kann die betroffene Person ihr Auskunftsrecht auch über den Landesbeauftragten für den Datenschutz ausüben. [2]Der Verantwortliche hat die betroffene Person über diese Möglichkeit zu unterrichten. [3]Macht die betroffene Person von ihrem Recht nach Satz 1 Gebrauch, ist die Auskunft auf ihr Verlangen dem Landesbeauftragten für den Datenschutz zu erteilen, soweit nicht die zuständige oberste Landesbehörde im Einzelfall feststellt, dass dadurch die Sicherheit des Bundes oder eines Landes gefährdet würde. [4]Der Landesbeauftragte für den Datenschutz hat die betroffene Person zumindest darüber zu unterrichten, dass alle erforderlichen Prüfungen oder eine Überprüfung durch ihn erfolgt sind oder über die Gründe, aus denen eine Überprüfung nicht erfolgt ist. [5]Diese Mitteilung kann die Information enthalten, ob datenschutzrechtliche Verstöße festgestellt wurden. [6]Die Mitteilung des Landesbeauftragten für den Datenschutz an die betroffene Person darf keine Rückschlüsse auf den Erkenntnisstand des Verantwortlichen zulassen, sofern dieser nicht einer weitergehenden Auskunft zustimmt. [7]Der Landesbeauftragte für den Datenschutz hat zudem die betroffene Person über ihr Recht auf einen gerichtlichen Rechtsbehelf zu unterrichten.

(7) Der Verantwortliche hat die sachlichen oder rechtlichen Gründe für die Entscheidung zu dokumentieren.

§ 43 Rechte auf Berichtigung und Löschung sowie Einschränkung der Verarbeitung (Artikel 16 der Richtlinie (EU) 2016/680)

(1) [1]Die betroffene Person hat das Recht, von dem Verantwortlichen unverzüglich die Berichtigung sie betreffender unrichtiger Daten zu verlangen. [2]Insbesondere im Fall von Aussagen oder Beurteilungen betrifft die Frage der Richtigkeit nicht den Inhalt der Aussage oder der Beurteilung, sondern die Tatsache, dass die Aussage oder Beurteilung so erfolgt ist. [3]Wenn die Richtigkeit oder Unrichtigkeit der Daten nicht festgestellt werden kann, tritt an die Stelle der Berichtigung eine Einschränkung der Verarbeitung. [4]In diesem Fall hat der Verantwortliche die betroffene Person zu unterrichten, bevor er die Einschränkung wieder aufhebt. [5]Die betroffene Person kann zudem die Vervollständigung unvollständiger personenbezogener Daten verlangen, wenn dies unter Berücksichtigung der Verarbeitungszwecke angemessen ist.

(2) Die betroffene Person hat das Recht, von dem Verantwortlichen unverzüglich die Löschung sie betreffender Daten zu verlangen, wenn deren Verarbeitung unzulässig oder deren Kenntnis für die Aufgabenerfüllung nicht mehr erforderlich ist oder diese zur Erfüllung einer rechtlichen Verpflichtung gelöscht werden müssen.

(3) § 35 Abs. 3 und 4 gilt entsprechend.

(4) [1]Der Verantwortliche hat die betroffene Person über eine Verweigerung der Berichtigung oder Löschung personenbezogener Daten oder über die an deren Stelle tretende Einschränkung der Verarbeitung schriftlich zu unterrichten. [2]Dies gilt nicht, wenn die Erteilung dieser Informationen eine Gefährdung im Sinne des § 41 Abs. 2 mit sich bringen würde. [3]Die Unterrichtung nach Satz 1 ist zu begründen, es sei denn, dass die Mitteilung der Gründe den mit dem Absehen von der Unterrichtung verfolgten Zweck gefährden würde.

(5) § 42 Abs. 6 und 7 findet entsprechende Anwendung.

§ 44 Verfahren für die Ausübung der Rechte der betroffenen Person (Artikel 12 Abs. 1 und 3 bis 5 der Richtlinie (EU) 2016/680)

(1) [1]Der Verantwortliche hat mit betroffenen Personen unter Verwendung einer klaren und einfachen Sprache in präziser, verständlicher und leicht zugänglicher Form zu kommunizieren. [2]Unbeschadet besonderer Formvorschriften soll er bei der Beantwortung von Anträgen grundsätzlich die für den Antrag gewählte Form verwenden.

(2) Unbeschadet des § 42 Abs. 5 und des § 43 Abs. 4 setzt der Verantwortliche die betroffene Person schriftlich darüber in Kenntnis, wie mit ihrem Antrag verfahren wurde.

(3) [1]Informationen nach § 40, Benachrichtigungen nach § 41, Mitteilungen nach § 56 und die Bearbeitung von Anträgen nach den §§ 42 und 43 erfolgen für die betroffene Person unentgeltlich. [2]Bei offenkundig unbegründeten oder exzessiven Anträgen der betroffenen Person nach den §§ 42 und 43 kann der Verantwortliche entweder Verwaltungskosten auf der Grundlage des Verwaltungsaufwands verlangen oder sich weigern, aufgrund des Antrags tätig zu werden. [3]In diesem Fall trägt der Verantwortliche die Beweislast für den offenkundig unbegründeten oder exzessiven Charakter des Antrags.

(4) Hat der Verantwortliche begründete Zweifel an der Identität der betroffenen Person, die den Antrag nach den §§ 42 oder 43 stellt, so kann er bei der betroffenen Person zusätzliche Informationen oder Nachweise anfordern, die zur Bestätigung ihrer Identität erforderlich sind.

§ 45 Schadensersatz (Artikel 56 der Richtlinie (EU) 2016/680)

(1) [1]Hat ein Verantwortlicher einer betroffenen Person durch eine Verarbeitung personenbezogener Daten, die nach diesem Gesetz oder nach anderen auf deren Verarbeitung anwendbaren Vorschriften rechtswidrig war, einen Schaden zugefügt, ist er oder sein Rechtsträger der betroffenen Person zum Schadensersatz verpflichtet. [2]Die Ersatzpflicht entfällt, soweit bei einer nichtautomatisierten Verarbeitung der Schaden nicht auf ein Verschulden des Verantwortlichen zurückzuführen ist.

(2) Wegen eines Schadens, der nicht Vermögensschaden ist, kann die betroffene Person eine angemessene Entschädigung in Geld verlangen.

(3) Lässt sich bei einer automatisierten Verarbeitung personenbezogener Daten nicht ermitteln, welcher von mehreren beteiligten Verantwortlichen den Schaden verursacht hat, so haftet jeder Verantwortliche beziehungsweise sein Rechtsträger.

(4) Hat bei der Entstehung des Schadens ein Verschulden der betroffenen Person mitgewirkt, ist § 254 BGB entsprechend anzuwenden.
(5) Auf die Verjährung finden die für unerlaubte Handlungen geltenden Verjährungsbestimmungen des Bürgerlichen Gesetzbuchs entsprechende Anwendung.

Dritter Unterabschnitt
Pflichten der Verantwortlichen und Auftragsverarbeiter

§ 46 Pflichten des Verantwortlichen (Artikel 20 der Richtlinie (EU) 2016/680)

(1) [1]Der Verantwortliche hat sowohl zum Zeitpunkt der Festlegung der Mittel für die Verarbeitung als auch zum Zeitpunkt der eigentlichen Verarbeitung angemessene Vorkehrungen zu treffen, die geeignet sind, Datenschutzgrundsätze wie etwa Datensparsamkeit wirksam umzusetzen und die notwendigen Garantien in die Verarbeitung aufzunehmen, um den gesetzlichen Anforderungen zu genügen und die Rechte der betroffenen Personen zu schützen. [2]Er hat hierbei den Stand der Technik, die Implementierungskosten und die Art, den Umfang, die Umstände und die Zwecke der Verarbeitung sowie die unterschiedliche Eintrittswahrscheinlichkeit und Schwere der mit der Verarbeitung verbundenen Gefährdung für die Rechtsgüter der betroffenen Personen zu berücksichtigen.
(2) [1]Der Verantwortliche hat geeignete technische und organisatorische Maßnahmen zu treffen, die sicherstellen, dass durch Voreinstellung grundsätzlich nur solche personenbezogenen Daten verarbeitet werden, deren Verarbeitung für den jeweiligen bestimmten Verarbeitungszweck erforderlich ist. [2]Diese Verpflichtung gilt für die Menge der erhobenen personenbezogenen Daten, den Umfang deren Verarbeitung, deren Speicherdauer und deren Zugänglichkeit. [3]Die Maßnahmen müssen insbesondere sicherstellen, dass personenbezogene Daten durch Voreinstellungen nicht ohne Eingreifen der Person einer unbestimmten Anzahl von Personen zugänglich gemacht werden können.

§ 47 Gemeinsam Verantwortliche (Artikel 21 der Richtlinie (EU) 2016/680)

[1]Legen zwei oder mehr Verantwortliche gemeinsam die Zwecke und die Mittel der Verarbeitung fest, gelten sie als gemeinsam Verantwortliche. [2]Die gemeinsam Verantwortlichen haben in diesen Fällen ihre jeweiligen Aufgaben und datenschutzrechtlichen Verantwortlichkeiten in transparenter Form in einer Vereinbarung festzulegen, soweit diese nicht bereits in Rechtsvorschriften festgelegt sind. [3]Dies betrifft die Fragen, wie und gegenüber wem betroffene Personen ihre Rechte wahrnehmen können und wer welchen Informationspflichten nachzukommen hat. [4]Eine entsprechende Vereinbarung hindert die betroffene Person nicht, ihre Rechte gegenüber jedem der gemeinsam Verantwortlichen geltend zu machen.

§ 48 Auftragsverarbeitung (Artikel 22 der Richtlinie (EU) 2016/680)

(1) [1]Werden personenbezogene Daten im Auftrag eines Verantwortlichen durch andere Personen oder Stellen verarbeitet, hat der Verantwortliche für die Einhaltung der Vorschriften dieses Gesetzes und anderer Vorschriften über den Datenschutz zu sorgen. [2]Die Rechte der betroffenen Person auf Auskunft, Berichtigung, Löschung, Einschränkung der Verarbeitung und Schadensersatz sind in diesem Fall gegenüber dem Verantwortlichen geltend zu machen.
(2) Ein Verantwortlicher darf nur solche Auftragsverarbeiter mit der Verarbeitung personenbezogener Daten beauftragen, die mit geeigneten technischen und organisatorischen Maßnahmen sicherstellen, dass die Verarbeitung im Einklang mit den gesetzlichen Anforderungen erfolgt und der Schutz der Rechte der betroffenen Personen gewährleistet wird.
(3) [1]Auftragsverarbeiter dürfen ohne vorherige schriftliche Genehmigung des Verantwortlichen keine weiteren Auftragsverarbeiter hinzuziehen. [2]Hat der Verantwortliche dem Auftragsverarbeiter eine allgemeine Genehmigung zur Hinzuziehung weiterer Auftragsverarbeiter erteilt, hat der Auftragsverarbeiter den Verantwortlichen über jede beabsichtigte Hinzuziehung oder Ersetzung zu informieren. [3]Der Verantwortliche kann in diesem Fall die Hinzuziehung oder Ersetzung untersagen.
(4) [1]Zieht ein Auftragsverarbeiter einen weiteren Auftragsverarbeiter hinzu, so hat er diesem dieselben Verpflichtungen aus seinem Vertrag mit dem Verantwortlichen nach Absatz 6 aufzuerlegen, die auch für ihn gelten, soweit diese Pflichten für den weiteren Auftragsverarbeiter nicht schon aufgrund anderer Vorschriften verbindlich sind. [2]Erfüllt ein weiterer Auftragsverarbeiter diese Verpflichtungen nicht, so haftet der ihn beauftragende Auftragsverarbeiter gegenüber dem Verantwortlichen für die Einhaltung der Pflichten des weiteren Auftragsverarbeiters.

(5) Die Einhaltung genehmigter Verhaltensregeln nach Artikel 40 der Verordnung (EU) 2016/679 oder eines genehmigten Zertifizierungsverfahrens nach Artikel 42 der Verordnung (EU) 2016/679 durch einen Auftragsverarbeiter kann als Faktor herangezogen werden, um hinreichende Garantien im Sinne der Absätze 2 und 4 nachzuweisen.

(6) [1]Die Verarbeitung durch einen Auftragsverarbeiter hat auf der Grundlage eines Vertrags oder eines anderen Rechtsinstruments zu erfolgen, der oder das den Auftragsverarbeiter an den Verantwortlichen bindet und der oder das den Gegenstand, die Dauer, die Art und den Zweck der Verarbeitung, die Art der personenbezogenen Daten, die Kategorien betroffener Personen und die Rechte und Pflichten des Verantwortlichen festlegt. [2]Der Vertrag oder das andere Rechtsinstrument haben insbesondere vorzusehen, dass der Auftragsverarbeiter

1. nur auf dokumentierte Weisung des Verantwortlichen handelt; ist der Auftragsverarbeiter der Auffassung, dass eine Weisung rechtswidrig ist, hat er den Verantwortlichen unverzüglich zu informieren,
2. gewährleistet, dass die zur Verarbeitung der personenbezogenen Daten befugten Personen zur Vertraulichkeit verpflichtet werden, soweit sie keiner angemessenen gesetzlichen Verschwiegenheitspflicht unterliegen,
3. den Verantwortlichen mit geeigneten Mitteln dabei unterstützt, die Einhaltung der Bestimmungen über die Rechte der betroffenen Person zu gewährleisten,
4. alle personenbezogenen Daten nach Abschluss der Erbringung der Verarbeitungsleistungen nach Wahl des Verantwortlichen zurückgibt oder löscht und bestehende Kopien vernichtet, wenn nicht nach einer Rechtsvorschrift eine Verpflichtung zur Speicherung der personenbezogenen Daten besteht,
5. dem Verantwortlichen alle erforderlichen Informationen, insbesondere die nach § 51 generierten Protokolle, zum Nachweis der Einhaltung seiner Pflichten zur Verfügung stellt,
6. Überprüfungen, die von dem Verantwortlichen oder einem anderen von diesem beauftragten Prüfer durchgeführt werden, ermöglicht und dazu beiträgt,
7. die in den Absätzen 3 und 4 aufgeführten Bedingungen für die Inanspruchnahme der Dienste eines weiteren Auftragsverarbeiters einhält,
8. alle nach § 54 erforderlichen Maßnahmen ergreift und
9. unter Berücksichtigung der Art der Verarbeitung und der ihm zur Verfügung stehenden Informationen den Verantwortlichen bei der Einhaltung der in den §§ 52 bis 56 genannten Pflichten unterstützt.

(7) Der Vertrag oder ein anderes Rechtsinstrument im Sinne des Absatzes 6 sind schriftlich oder elektronisch abzufassen.

(8) Ein Auftragsverarbeiter, der unter Verstoß gegen diese Bestimmung die Zwecke und Mittel der Verarbeitung bestimmt, gilt in Bezug auf diese Verarbeitung als Verantwortlicher.

§ 49 Verarbeitung auf Weisung, Datengeheimnis (Artikel 23 der Richtlinie (EU) 2016/680)

(1) Jede einem Verantwortlichen oder einem Auftragsverarbeiter unterstellte Person, die Zugang zu personenbezogenen Daten hat, darf diese nicht unbefugt verarbeiten (Datengeheimnis), sondern ausschließlich auf Weisung des Verantwortlichen, es sei denn, dass sie nach einer Rechtsvorschrift zur Verarbeitung verpflichtet ist.

(2) [1]Die mit der Datenverarbeitung befassten Personen sind bei der Aufnahme ihrer Tätigkeit auf das Datengeheimnis zu verpflichten. [2]Das Datengeheimnis besteht auch nach der Beendigung ihrer Tätigkeit fort.

§ 50 Verzeichnis von Verarbeitungstätigkeiten (Artikel 24 der Richtlinie (EU) 2016/680)

(1) [1]Der Verantwortliche hat ein Verzeichnis aller Kategorien von Verarbeitungstätigkeiten zu führen, die in seine Zuständigkeit fallen. [2]Dieses Verzeichnis hat die folgenden Angaben zu enthalten:

1. den Namen und die Kontaktdaten des Verantwortlichen und gegebenenfalls des gemeinsam mit ihm Verantwortlichen sowie den Namen und die Kontaktdaten des Datenschutzbeauftragten,
2. die Zwecke der Verarbeitung,
3. die Kategorien von Empfängern, gegenüber denen die personenbezogenen Daten offengelegt worden sind oder noch offengelegt werden sollen,

4. eine Beschreibung der Kategorien betroffener Personen und der Kategorien personenbezogener Daten,
5. gegebenenfalls die Verwendung von Profiling,
6. gegebenenfalls die Kategorien von Übermittlungen personenbezogener Daten an Stellen in einem Drittstaat oder an eine internationale Organisation,
7. Angaben über die Rechtsgrundlage der Verarbeitung,
8. die vorgesehenen Fristen für die Löschung oder die Überprüfung der Erforderlichkeit der Speicherung der verschiedenen Kategorien personenbezogener Daten und
9. eine allgemeine Beschreibung der technischen und organisatorischen Maßnahmen nach § 54.

(2) Der Auftragsverarbeiter hat ein Verzeichnis aller Kategorien von Verarbeitungen zu führen, die er im Auftrag eines Verantwortlichen durchführt, das Folgendes zu enthalten hat:
1. den Namen und die Kontaktdaten des Auftragsverarbeiters, jedes Verantwortlichen, in dessen Auftrag der Auftragsverarbeiter tätig ist, sowie gegebenenfalls des Datenschutzbeauftragten,
2. gegebenenfalls Übermittlungen von personenbezogenen Daten an Stellen in einem Drittstaat oder an eine internationale Organisation, sofern dies von dem Verantwortlichen entsprechend angewiesen wird, einschließlich der Identifizierung des Drittstaats oder der internationalen Organisation und
3. eine allgemeine Beschreibung der technischen und organisatorischen Maßnahmen nach § 54.

(3) Die in den Absätzen 1 und 2 genannten Verzeichnisse sind schriftlich oder elektronisch zu führen.

(4) Verantwortliche und Auftragsverarbeiter haben auf Anforderung ihre Verzeichnisse dem Landesbeauftragten für den Datenschutz zur Verfügung zu stellen.

§ 51 Protokollierung (Artikel 25 der Richtlinie (EU) 2016/680)

(1) In automatisierten Verarbeitungssystemen haben Verantwortliche und Auftragsverarbeiter mindestens die folgenden Verarbeitungsvorgänge zu protokollieren:
1. Erhebung,
2. Veränderung,
3. Abfrage,
4. Offenlegung einschließlich Übermittlung,
5. Kombination und
6. Löschung.

(2) Die Protokolle über Abfragen und Offenlegungen müssen es ermöglichen, die Begründung, das Datum und die Uhrzeit dieser Vorgänge und soweit wie möglich die Identität der Person, die die personenbezogenen Daten abgefragt oder offengelegt hat, und die Identität des Empfängers der Daten festzustellen.

(3) Die Protokolle dürfen ausschließlich für die Überprüfung der Rechtmäßigkeit der Datenverarbeitung durch den Datenschutzbeauftragten, den Landesbeauftragten für den Datenschutz und die betroffene Person sowie für die Eigenüberwachung, für die Gewährleistung der Integrität und Sicherheit der personenbezogenen Daten und für Strafverfahren verwendet werden.

(4) Die Protokolldaten sind am Ende des auf deren Generierung folgenden Jahres zu löschen.

(5) Der Verantwortliche und der Auftragsverarbeiter stellen die Protokolle dem Landesbeauftragten für den Datenschutz auf Anforderung zur Verfügung.

§ 52 Durchführung einer Datenschutz-Folgenabschätzung (Artikel 27 der Richtlinie (EU) 2016/680)

(1) Hat eine Form der Verarbeitung, insbesondere bei Verwendung neuer Technologien, aufgrund der Art, des Umfangs, der Umstände und der Zwecke der Verarbeitung voraussichtlich eine hohe Gefährdung für die Rechtsgüter betroffener Personen zur Folge, so hat der Verantwortliche vorab eine Abschätzung der Folgen der vorgesehenen Verarbeitungsvorgänge für die betroffenen Personen durchzuführen.

(2) Für die Untersuchung mehrerer ähnlicher Verarbeitungsvorgänge mit ähnlich hohem Gefährdungspotential kann eine gemeinsame Datenschutz-Folgenabschätzung vorgenommen werden.

(3) Der Verantwortliche beteiligt den Datenschutzbeauftragten an der Durchführung der Datenschutz-Folgenabschätzung.

(4) Die Datenschutz-Folgenabschätzung hat den Rechten der von der Verarbeitung betroffenen Personen Rechnung zu tragen und zumindest Folgendes zu enthalten:
1. eine systematische Beschreibung der geplanten Verarbeitungsvorgänge und der Zwecke der Verarbeitung,
2. eine Bewertung der Notwendigkeit und Verhältnismäßigkeit der Verarbeitungsvorgänge in Bezug auf den Zweck,
3. eine Bewertung der Gefahren für die Rechtsgüter der betroffenen Personen und
4. die Maßnahmen, mit denen bestehenden Gefahren abgeholfen werden soll, einschließlich der Garantien, der Sicherheitsvorkehrungen und der Verfahren, durch die der Schutz personenbezogener Daten sichergestellt und die Einhaltung der gesetzlichen Vorgaben nachgewiesen werden soll.

(5) Soweit erforderlich, hat der Verantwortliche eine Überprüfung durchzuführen, ob die Verarbeitung den Maßgaben folgt, die sich aus der Datenschutz-Folgenabschätzung ergeben haben.

§ 53 Anhörung des Landesbeauftragten für den Datenschutz (Artikel 28 der Richtlinie (EU) 2016/680)

(1) [1]Der Verantwortliche hat vor der Inbetriebnahme von neu anzulegenden Dateisystemen den Landesbeauftragten für den Datenschutz anzuhören, wenn
1. aus einer Datenschutz-Folgenabschätzung nach § 52 hervorgeht, dass die Verarbeitung eine hohe Gefahr für die Rechtsgüter der betroffenen Personen zur Folge hätte, wenn der Verantwortliche keine Abhilfemaßnahmen treffen würde, oder
2. die Form der Verarbeitung, insbesondere bei der Verwendung neuer Technologien, Mechanismen oder Verfahren, eine erhebliche Gefahr für die Rechtsgüter der betroffenen Personen zur Folge hat.

[2]Der Landesbeauftragte für den Datenschutz kann eine Liste der Verarbeitungsvorgänge erstellen, die der Pflicht zur Anhörung nach Satz 1 unterliegen.

(2) [1]Dem Landesbeauftragten für den Datenschutz sind im Fall des Absatzes 1 vorzulegen:
1. die nach § 52 durchgeführte Datenschutz-Folgenabschätzung,
2. gegebenenfalls Angaben zu den jeweiligen Zuständigkeiten des Verantwortlichen, der gemeinsam Verantwortlichen und der an der Verarbeitung beteiligten Auftragsverarbeiter,
3. Angaben zu den Zwecken und den Mitteln der beabsichtigten Verarbeitung,
4. Angaben zu den zum Schutz der Rechtsgüter der betroffenen Personen vorgesehenen Maßnahmen und Garantien und
5. der Name und die Kontaktdaten des Datenschutzbeauftragten.

[2]Ihm sind auf Anforderung alle sonstigen Informationen zu übermitteln, die er benötigt, um die Rechtmäßigkeit der Verarbeitung sowie insbesondere die in Bezug auf den Schutz der personenbezogenen Daten der betroffenen Person bestehenden Gefahren und die diesbezüglichen Garantien bewerten zu können.

(3) [1]Falls der Landesbeauftragte für den Datenschutz der Auffassung ist, dass die geplante Verarbeitung gegen gesetzliche Vorgaben verstoßen würde, insbesondere weil der Verantwortliche das Risiko nicht ausreichend ermittelt oder keine ausreichenden Abhilfemaßnahmen getroffen hat, kann er dem Verantwortlichen und gegebenenfalls dem Auftragsverarbeiter innerhalb eines Zeitraums von sechs Wochen nach Einleitung der Anhörung schriftliche Empfehlungen unterbreiten, welche Maßnahmen noch ergriffen werden sollten. [2]Der Landesbeauftragte für den Datenschutz kann diese Frist um einen Monat verlängern, wenn die geplante Verarbeitung besonders komplex ist. [3]Er hat in diesem Fall innerhalb eines Monats nach Einleitung der Anhörung den Verantwortlichen und gegebenenfalls den Auftragsverarbeiter über die Fristverlängerung zu informieren.

(4) [1]Hat die beabsichtigte Verarbeitung erhebliche Bedeutung für die Aufgabenerfüllung des Verantwortlichen und ist sie daher besonders dringlich, kann er mit der Verarbeitung vor Eingang der schriftlichen Empfehlungen des Landesbeauftragten für den Datenschutz beginnen. [2]In diesem Fall sind die Empfehlungen des Landesbeauftragten für den Datenschutz im Nachhinein zu berücksichtigen und die Art und Weise der Verarbeitung gegebenenfalls anzupassen.

Vierter Unterabschnitt
Datensicherheit

§ 54 Anforderungen an die Sicherheit der Datenverarbeitung (Artikel 29 der Richtlinie (EU) 2016/680)

(1) [1]Der Verantwortliche und der Auftragsverarbeiter haben unter Berücksichtigung des Stands der Technik, der Implementierungskosten, der Art, des Umfangs, der Umstände und der Zwecke der Verarbeitung sowie der Eintrittswahrscheinlichkeit und der Schwere der mit der Verarbeitung verbundenen Gefahren für die Rechtsgüter der betroffenen Personen die erforderlichen technischen und organisatorischen Maßnahmen zu treffen, um bei der Verarbeitung personenbezogener Daten ein dem Risiko angemessenes Schutzniveau zu gewährleisten, insbesondere im Hinblick auf die Verarbeitung besonderer Kategorien personenbezogener Daten. [2]Der Verantwortliche hat hierbei die einschlägigen technischen Richtlinien und Empfehlungen des Bundesamtes für Sicherheit in der Informationstechnik zu berücksichtigen.

(2) [1]Die in Absatz 1 genannten Maßnahmen können unter anderem die Pseudonymisierung und Verschlüsselung personenbezogener Daten umfassen, soweit solche Mittel in Anbetracht der Verarbeitungszwecke möglich sind. [2]Die Maßnahmen nach Absatz 1 sollen dazu führen, dass

1. die Vertraulichkeit, Integrität, Verfügbarkeit und Belastbarkeit der Systeme und Dienste im Zusammenhang mit der Verarbeitung auf Dauer sichergestellt werden und
2. die Verfügbarkeit der personenbezogenen Daten und der Zugang zu ihnen bei einem physischen oder technischen Zwischenfall umgehend wiederhergestellt werden können.

(3) [1]Bei der automatisierten Verarbeitung ergreift der Verantwortliche oder der Auftragsverarbeiter nach einer Risikobewertung Maßnahmen, die Folgendes bezwecken:

1. Verwehrung des Zugangs durch Unbefugte zu Verarbeitungsanlagen, mit denen die Verarbeitung durchgeführt wird (Zugangskontrolle),
2. Verhinderung des unbefugten Lesens, Kopierens, Veränderns oder Löschens von Datenträgern (Datenträgerkontrolle),
3. Verhinderung der unbefugten Eingabe von personenbezogenen Daten sowie der unbefugten Kenntnisnahme, Veränderung und Löschung von gespeicherten personenbezogenen Daten (Speicherkontrolle),
4. Verhinderung der Nutzung automatisierter Verarbeitungssysteme mit Hilfe von Einrichtungen zur Datenübertragung durch Unbefugte (Benutzerkontrolle),
5. Gewährleistung, dass die zur Benutzung eines automatisierten Verarbeitungssystems Berechtigten ausschließlich zu den ihrer Zugangsberechtigung unterliegenden personenbezogenen Daten Zugang haben (Zugriffskontrolle),
6. Gewährleistung, dass überprüft und festgestellt werden kann, an welche Stellen personenbezogene Daten mit Hilfe von Einrichtungen zur Datenübertragung übermittelt oder zur Verfügung gestellt wurden oder werden können (Übertragungskontrolle),
7. Gewährleistung, dass nachträglich überprüft und festgestellt werden kann, welche personenbezogenen Daten zu welcher Zeit und von wem in automatisierte Verarbeitungssysteme eingegeben oder verändert worden sind (Eingabekontrolle),
8. Gewährleistung, dass bei der Übermittlung personenbezogener Daten sowie beim Transport von Datenträgern die Vertraulichkeit und Integrität der Daten geschützt wird (Transportkontrolle),
9. Gewährleistung, dass eingesetzte Systeme im Störungsfall wiederhergestellt werden können (Wiederherstellbarkeit),
10. Gewährleistung, dass alle Funktionen des Systems zur Verfügung stehen und auftretende Fehlfunktionen gemeldet werden (Zuverlässigkeit),
11. Gewährleistung, dass gespeicherte personenbezogene Daten nicht durch Fehlfunktionen des Systems beschädigt werden können (Datenintegrität),
12. Gewährleistung, dass personenbezogene Daten, die im Auftrag verarbeitet werden, nur entsprechend den Weisungen des Auftraggebers verarbeitet werden können (Auftragskontrolle),
13. Gewährleistung, dass personenbezogene Daten gegen Zerstörung oder Verlust geschützt sind (Verfügbarkeitskontrolle) und
14. Gewährleistung, dass zu unterschiedlichen Zwecken erhobene personenbezogene Daten getrennt verarbeitet werden können (Trennbarkeit).

[2]Ein Zweck nach Satz 1 Nr. 2 bis 5 kann insbesondere durch die Verwendung von dem Stand der Technik entsprechenden Verschlüsselungsverfahren erreicht werden.

§ 55 Meldung von Verletzungen des Schutzes personenbezogener Daten an den Landesbeauftragten für den Datenschutz (Artikel 30 der Richtlinie (EU) 2016/680)

(1) [1]Der Verantwortliche hat Verletzungen des Schutzes personenbezogener Daten unverzüglich und möglichst innerhalb von 72 Stunden, nachdem ihm diese bekannt wurden, dem Landesbeauftragten für den Datenschutz zu melden, es sei denn, dass die Verletzung voraussichtlich keine Gefahr für die Rechtsgüter natürlicher Personen darstellt. [2]Erfolgt die Meldung an den Landesbeauftragten für den Datenschutz nicht innerhalb von 72 Stunden, ist der Meldung eine Begründung für die Verzögerung beizufügen.

(2) Ein Auftragsverarbeiter hat die Verletzung des Schutzes personenbezogener Daten unverzüglich dem Verantwortlichen zu melden.

(3) Die Meldung nach Absatz 1 enthält zumindest folgende Informationen:

1. eine Beschreibung der Art der Verletzung des Schutzes personenbezogener Daten, soweit möglich mit Angabe der Kategorien und der ungefähren Anzahl der betroffenen Personen, der betroffenen Kategorien personenbezogener Daten und der ungefähren Anzahl der betroffenen personenbezogenen Datensätze,
2. Name und Kontaktdaten des Datenschutzbeauftragten oder einer sonstigen Person oder Stelle, die weitere Informationen erteilen kann,
3. eine Beschreibung der wahrscheinlichen Folgen der Verletzung des Schutzes personenbezogener Daten und
4. eine Beschreibung der von dem Verantwortlichen ergriffenen oder vorgeschlagenen Maßnahmen zur Behandlung der Verletzung des Schutzes personenbezogener Daten und der getroffenen Maßnahmen zur Abmilderung seiner möglichen nachteiligen Auswirkungen.

(4) Wenn die Informationen nicht zur gleichen Zeit bereitgestellt werden können, hat der Verantwortliche diese Informationen unverzüglich schrittweise zur Verfügung zu stellen.

(5) Der Verantwortliche hat Verletzungen des Schutzes personenbezogener Daten nach Absatz 1 einschließlich aller im Zusammenhang mit ihnen stehenden Tatsachen, deren Auswirkungen und der ergriffenen Abhilfemaßnahmen zu dokumentieren.

(6) Soweit von der Verletzung des Schutzes personenbezogener Daten personenbezogene Daten betroffen sind, die von dem oder an den Verantwortlichen in einem anderen Mitgliedstaat der Europäischen Union übermittelt wurden, werden die in Absatz 3 genannten Informationen dem Verantwortlichen in jenem Mitgliedstaat unverzüglich übermittelt.

(7) Weitere Pflichten des Verantwortlichen zur Benachrichtigung über Verletzungen des Schutzes personenbezogener Daten bleiben unberührt.

§ 56 Benachrichtigung der betroffenen Person bei Verletzungen des Schutzes personenbezogener Daten (Artikel 31 der Richtlinie (EU) 2016/680)

(1) Wenn eine Verletzung des Schutzes personenbezogener Daten voraussichtlich eine hohe Gefährdung für die Rechtsgüter natürlicher Personen zur Folge hat, so hat der Verantwortliche die betroffenen Personen unverzüglich von der Verletzung zu benachrichtigen.

(2) Die Benachrichtigung der betroffenen Personen nach Absatz 1 beschreibt in klarer und einfacher Sprache die Art der Verletzung des Schutzes personenbezogener Daten und enthält zumindest die in § 55 Abs. 3 Nr. 2 bis 4 genannten Informationen und Maßnahmen.

(3) Die Benachrichtigung der betroffenen Personen nach Absatz 1 ist nicht erforderlich, wenn

1. der Verantwortliche geeignete technische und organisatorische Sicherheitsvorkehrungen getroffen und diese Vorkehrungen auf die von der Verletzung des Schutzes betroffenen personenbezogenen Daten angewandt hat, insbesondere solche, durch die die personenbezogenen Daten für alle Personen, die nicht zum Zugang zu den personenbezogenen Daten befugt sind, unzugänglich gemacht werden, etwa durch Verschlüsselung,
2. der Verantwortliche durch im Anschluss an die Verletzung getroffene Maßnahmen sichergestellt hat, dass die erhebliche Gefahr für die Rechtsgüter der betroffenen Personen nach Absatz 1 aller Wahrscheinlichkeit nach nicht mehr besteht, oder

3. dies mit einem unverhältnismäßigen Aufwand verbunden wäre; in diesem Fall hat stattdessen eine öffentliche Bekanntmachung oder eine ähnliche Maßnahme zu erfolgen, durch die die betroffenen Personen vergleichbar wirksam informiert werden.

(4) Wenn der Verantwortliche die betroffenen Personen nicht bereits über die Verletzung des Schutzes personenbezogener Daten benachrichtigt hat, kann der Landesbeauftragte für den Datenschutz unter Berücksichtigung der Wahrscheinlichkeit, mit der die Verletzung des Schutzes personenbezogener Daten zu einer erheblichen Gefahr führt, von dem Verantwortlichen verlangen, dies nachzuholen oder förmlich feststellen, dass bestimmte der in Absatz 3 genannten Voraussetzungen erfüllt sind.

(5) Die Benachrichtigung der betroffenen Personen nach Absatz 1 kann unter den in § 41 Abs. 2 genannten Voraussetzungen aufgeschoben, eingeschränkt oder unterlassen werden.

Fünfter Unterabschnitt

Übermittlung personenbezogener Daten an Drittstaaten oder internationale Organisationen

§ 57 Allgemeine Voraussetzungen für Datenübermittlungen an Stellen in Drittstaaten und internationale Organisationen (Artikel 35 und 36 der Richtlinie (EU) 2016/680)

(1) Die Übermittlung personenbezogener Daten an Stellen in einem Drittstaat oder internationale Organisationen, die für die in § 31 genannten Zwecke zuständig sind, ist bei Vorliegen der übrigen für Datenübermittlungen geltenden Voraussetzungen zulässig, wenn die Europäische Kommission nach Artikel 36 Abs. 3 der Richtlinie (EU) 2016/680 einen Angemessenheitsbeschluss gefasst hat.

(2) [1]Die Übermittlung personenbezogener Daten hat trotz des Vorliegens eines Angemessenheitsbeschlusses im Sinne des Absatzes 1 und des zu berücksichtigenden öffentlichen Interesses an der Datenübermittlung zu unterbleiben, wenn im Einzelfall ein datenschutzrechtlich angemessener und die elementaren Menschenrechte wahrender Umgang mit den Daten beim Empfänger nicht hinreichend gesichert ist oder sonst überwiegende schutzwürdige Interessen einer betroffenen Person entgegenstehen. [2]Bei seiner Beurteilung hat der Verantwortliche maßgeblich zu berücksichtigen, ob der Empfänger im Einzelfall einen angemessenen Schutz der übermittelten Daten garantiert.

(3) [1]Wenn personenbezogene Daten, die aus einem anderen Mitgliedstaat der Europäischen Union übermittelt oder zur Verfügung gestellt wurden, nach Absatz 1 übermittelt werden sollen, muss diese Übermittlung zuvor von der zuständigen Stelle des anderen Mitgliedstaats genehmigt werden. [2]Übermittlungen ohne vorherige Genehmigung sind nur dann zulässig, wenn die Übermittlung erforderlich ist, um eine unmittelbare und ernsthafte Gefahr für die öffentliche Sicherheit eines Staates oder für die wesentlichen Interessen eines Mitgliedstaats abzuwehren, und die vorherige Genehmigung nicht rechtzeitig eingeholt werden kann. [3]Im Fall des Satzes 2 ist die Stelle des anderen Mitgliedstaats, die für die Erteilung der Genehmigung zuständig gewesen wäre, unverzüglich über die Übermittlung zu unterrichten.

(4) [1]Der Verantwortliche, der Daten nach Absatz 1 übermittelt, hat durch geeignete Maßnahmen sicherzustellen, dass der Empfänger die übermittelten Daten nur dann an andere Drittstaaten oder andere internationale Organisationen weiterübermittelt, wenn der Verantwortliche diese Übermittlung zuvor genehmigt hat. [2]Bei der Entscheidung über die Erteilung der Genehmigung hat der Verantwortliche alle maßgeblichen Faktoren zu berücksichtigen, insbesondere die Schwere der Straftat, den Zweck der ursprünglichen Übermittlung und das in dem Drittstaat oder der internationalen Organisation, an den oder an die die Daten weiterübermittelt werden sollen, bestehende Schutzniveau für personenbezogene Daten. [3]Eine Genehmigung darf nur dann erfolgen, wenn auch eine direkte Übermittlung an den anderen Drittstaat oder die andere internationale Organisation zulässig wäre. [4]Die Zuständigkeit für die Erteilung der Genehmigung kann auch abweichend geregelt werden.

§ 58 Datenübermittlung bei geeigneten Garantien (Artikel 37 der Richtlinie (EU) 2016/680)

(1) Liegt kein Beschluss nach Artikel 36 Abs. 3 der Richtlinie (EU) 2016/680 vor, ist eine Übermittlung bei Vorliegen der übrigen Voraussetzungen des § 57 auch dann zulässig, wenn

1. in einem rechtsverbindlichen Instrument geeignete Garantien für den Schutz personenbezogener Daten vorgesehen sind oder
2. der Verantwortliche nach Beurteilung aller Umstände, die bei der Übermittlung eine Rolle spielen, zu der Auffassung gelangt ist, dass geeignete Garantien zum Schutz personenbezogener Daten bestehen.

(2) [1]Der Verantwortliche hat Übermittlungen nach Absatz 1 Nr. 2 zu dokumentieren. [2]Die Dokumentation hat den Zeitpunkt der Übermittlung, die Identität des Empfängers, den Grund der Übermittlung und die übermittelten personenbezogenen Daten zu enthalten. [3]Sie ist dem Landesbeauftragten für den Datenschutz auf Anforderung zur Verfügung zu stellen.

(3) [1]Der Verantwortliche hat den Landesbeauftragten für den Datenschutz zumindest jährlich über Übermittlungen zu unterrichten, die aufgrund einer Beurteilung nach Absatz 1 Nr. 2 erfolgt sind. [2]In der Unterrichtung kann er die Empfänger und die Übermittlungszwecke angemessen kategorisieren.

§ 59 Datenübermittlung ohne Angemessenheitsbeschluss und ohne geeignete Garantien (Artikel 38 der Richtlinie (EU) 2016/680)

(1) Liegen weder ein Beschluss nach Artikel 36 Abs. 3 der Richtlinie (EU) 2016/680 noch geeignete Garantien nach § 58 Abs. 1 vor, ist eine Übermittlung bei Vorliegen der übrigen Voraussetzungen des § 57 auch dann zulässig, wenn die Übermittlung erforderlich ist

1. zum Schutz lebenswichtiger Interessen einer natürlichen Person,
2. zur Wahrung berechtigter Interessen der betroffenen Person,
3. zur Abwehr einer gegenwärtigen und erheblichen Gefahr für die öffentliche Sicherheit eines Staates,
4. im Einzelfall für die in § 31 genannten Zwecke oder
5. im Einzelfall zur Geltendmachung, Ausübung oder Verteidigung von Rechtsansprüchen im Zusammenhang mit den in § 31 genannten Zwecken.

(2) Der Verantwortliche hat von einer Übermittlung nach Absatz 1 abzusehen, wenn die Grundrechte der betroffenen Person das öffentliche Interesse an der Übermittlung überwiegen.

(3) § 58 Abs. 2 und 3 gilt entsprechend.

§ 60 Sonstige Datenübermittlung an Empfänger in Drittstaaten (Artikel 39 der Richtlinie (EU) 2016/680)

(1) Verantwortliche können bei Vorliegen der übrigen für die Datenübermittlung in Drittstaaten geltenden Voraussetzungen im besonderen Einzelfall personenbezogene Daten direkt an Stellen in Drittstaaten, die nicht für die in § 31 genannten Zwecke zuständig sind, übermitteln, wenn die Übermittlung für die Aufgabenerfüllung unbedingt erforderlich ist und

1. im konkreten Fall keine Grundrechte der betroffenen Person das öffentliche Interesse an einer Übermittlung überwiegen,
2. die Übermittlung an die für die in § 31 genannten Zwecke zuständige Stelle wirkungslos oder ungeeignet ist, insbesondere weil die Übermittlung nicht rechtzeitig durchgeführt werden kann, und
3. der Verantwortliche dem Empfänger die Zwecke der Verarbeitung mitteilt und ihn darauf hinweist, dass die übermittelten Daten für diese Zwecke nur verarbeitet werden dürfen, wenn diese Verarbeitung erforderlich ist.

(2) Der Verantwortliche hat die für die in § 31 genannten Zwecke zuständige Stelle, an die abweichend von § 57 nicht übermittelt wurde, unverzüglich über die Übermittlung zu unterrichten, sofern dies nicht wirkungslos oder ungeeignet ist.

(3) Bei Übermittlungen nach Absatz 1 hat der Verantwortliche den Empfänger zu verpflichten, die übermittelten personenbezogenen Daten ohne seine Zustimmung nur für den Zweck zu verarbeiten, für den sie übermittelt worden sind.

(4) Abkommen im Bereich der justiziellen Zusammenarbeit in Strafsachen und der polizeilichen Zusammenarbeit bleiben unberührt.

(5) § 58 Abs. 2 und 3 gilt entsprechend.

Vierter Abschnitt

Ordnungswidrigkeiten und Strafbestimmungen

§ 61 Ordnungswidrigkeiten und Strafbestimmungen

(1) Ordnungswidrig handelt, wer entgegen den Bestimmungen der Verordnung (EU) 2016/679, dieses Gesetzes oder einer anderen Rechtsvorschrift über den Schutz personenbezogener Daten solche Daten

1. erhebt, speichert, verändert, übermittelt oder nutzt,
2. zum Abruf mittels automatisierten Verfahrens bereithält,
3. abruft oder sich oder einem anderen aus Dateien verschafft oder
4. sonst verarbeitet.

(2) Die Ordnungswidrigkeit kann mit einer Geldbuße bis zu fünfzigtausend Euro geahndet werden.

(3) Ebenso kann mit Geldbuße bis zu fünfzigtausend Euro belegt werden, wer die Übermittlung von personenbezogenen Daten, die nicht offenkundig sind, durch unrichtige Angaben erschleicht.

(4) Gegen öffentliche Stellen nach § 2 Abs. 1 und 2 werden keine Geldbußen verhängt, es sei denn, es handelt sich um öffentliche Stellen, die am Wettbewerb im Sinne des § 26 teilnehmen.

(5) [1]Wer bei einer Handlung nach den Absätzen 1 und 3 gegen Entgelt oder in der Absicht handelt, sich oder einen anderen zu bereichern oder einen anderen zu schädigen, wird mit Freiheitsstrafe bis zu zwei Jahren oder mit Geldstrafe bestraft. [2]Die Tat wird nur auf Antrag verfolgt. [3]Antragsberechtigt sind die betroffene Person und der Landesbeauftragte für den Datenschutz.

(6) Der Landesbeauftragte für den Datenschutz ist Verwaltungsbehörde im Sinne des § 36 Abs. 1 Nr. 1 des Gesetzes über Ordnungswidrigkeiten in der Fassung vom 19. Februar 1987 (BGBl. I S. 602) in der jeweils geltenden Fassung.

Fünfter Abschnitt

Orden und Ehrenzeichen, Gnadensachen

§ 62 Orden und Ehrenzeichen

Sofern personenbezogene Daten zur Entscheidung über die Verleihung von staatlichen Orden oder Ehrenzeichen verarbeitet werden, ist der Verantwortliche nicht zur Informations- und Auskunftserteilung nach den Artikeln 13 bis 15 der Verordnung (EU) 2016/679 sowie den §§ 20 und 21 verpflichtet.

§ 63 Gnadensachen

§ 62 gilt entsprechend für die Datenverarbeitung in Gnadensachen.

Sechster Abschnitt

Übergangs- und Schlussbestimmungen

§ 64 Übergangsbestimmungen

(1) [1]Die Amtszeit des Landesbeauftragten für den Datenschutz, der am 24. Mai 2018 das Amt des Landesbeauftragten für den Datenschutz innehat, wird durch das Inkrafttreten der Verordnung (EU) 2016/679 sowie dieses Gesetzes nicht unterbrochen. [2]Hat der Landesbeauftragte für den Datenschutz das Amt am 24. Mai 2018 bereits aufgrund einer Wiederwahl inne, ist eine nochmalige Wiederwahl nicht möglich. [3]§ 5 Abs. 3 Satz 2 gilt nicht für den Amtsinhaber nach Satz 1.

(2) Der Landesbeauftragte für den Datenschutz, welcher zum Zeitpunkt des Inkrafttretens dieses Gesetzes bestellt ist, gilt als Aufsichtsbehörde im Sinne dieses Gesetzes.

(3) Absatz 1 Satz 1 gilt entsprechend für behördliche Datenschutzbeauftragte, die am 24. Mai 2018 bestellt sind.

(4) In dem Jahresbericht für das Jahr 2018 nach § 10 Abs. 1 und § 11 Abs. 2 ist für den Berichtszeitraum vom 1. Januar 2018 bis zum 24. Mai 2018 das Thüringer Datenschutzgesetz in der am 24. Mai 2018 geltenden Fassung zugrunde zu legen.

(5) Die zum Zeitpunkt des Inkrafttretens dieses Gesetzes im Anwendungsbereich des Dritten Abschnitts eingerichteten automatisierten Verarbeitungssysteme sind zeitnah, in Ausnahmefällen, in denen die Anpassung mit einem unverhältnismäßigem Aufwand verbunden ist, jedoch spätestens bis zum 6. Mai 2023, mit § 51 in Einklang zu bringen.

§ 65 Gleichstellungsbestimmung

Status- und Funktionsbezeichnungen in diesem Gesetz gelten jeweils in männlicher und weiblicher Form.

Thüringer Transparenzgesetz (ThürTG)

Vom 10. Oktober 2019 (GVBl S. 373)

Inhaltsübersicht

Erster Abschnitt
Allgemeine Bestimmungen
§ 1 Gesetzeszweck
§ 2 Anwendungsbereich
§ 3 Begriffsbestimmungen
§ 4 Recht auf Informationszugang

Zweiter Abschnitt
Proaktive Informationsbereitstellung
§ 5 Veröffentlichungspflichten
§ 6 Transparenzpflichten
§ 7 Transparenzportal
§ 8 Hoheitsverwaltung und Schadensersatz

Dritter Abschnitt
Informationszugang auf Antrag
§ 9 Antrag
§ 10 Verfahren
§ 11 Informationszugang
§ 12 Schutz öffentlicher Belange
§ 13 Schutz privater Interessen
§ 14 Abwägung
§ 15 Kosten

Vierter Abschnitt
Förderung und Gewährleistung des Rechts auf Informationszugang, Landesbeauftragter für die Informationsfreiheit
§ 16 Förderung des Rechts auf Informationszugang
§ 17 Anrufung des Landesbeauftragten für die Informationsfreiheit
§ 18 Rechtsstellung des Landesbeauftragten für die Informationsfreiheit
§ 19 Aufgaben und Befugnisse des Landesbeauftragten für die Informationsfreiheit
§ 20 Beirat beim Landesbeauftragten für die Informationsfreiheit
§ 21 Rechtsweg
§ 22 Evaluierung und Berichtspflichten

Fünfter Abschnitt
Übergangs- und Schlussbestimmungen
§ 23 Übergangsbestimmung
§ 24 Gleichstellungsbestimmung
§ 25 Inkrafttreten, Außerkrafttreten

Der Landtag hat das folgende Gesetz beschlossen:

Erster Abschnitt
Allgemeine Bestimmungen

§ 1 Gesetzeszweck

(1) [1]Leitlinie für das Handeln der Verwaltung ist die Öffentlichkeit, nach der Informationen grundsätzlich offen und transparent jedem zugänglich sind. [2]Zweck dieses Gesetzes ist es, Informationen zugänglich zu machen und zu verbreiten. [3]Der Zugang zu den Informationen ist unmittelbar, barrierefrei im Sinne des Thüringer Gesetzes über den barrierefreien Zugang zu den Websites und mobilen Anwendungen öffentlicher Stellen vom 30. Juli 2019 (GVBl. S. 312) und möglichst vollumfänglich durch eine Veröffentlichung in einem Transparenzregister oder im Antragsverfahren zu gewährleisten. [4]Das umfassende Informationsrecht soll die demokratische Meinungs- und Willensbildung fördern und eine Kontrolle des staatlichen Handelns ermöglichen.

(2) [1]Für die in § 2 Abs. 1 und 2 genannten Stellen wird bestimmt, dass Informationen grundsätzlich offen und transparent jedem zugänglich sind. [2]Das Gesetz soll unter Wahrung schutzwürdiger Belange die Transparenz der Verwaltung vergrößern, die Möglichkeiten der Kontrolle staatlichen Handelns durch die Bürger verbessern und damit die demokratische Meinungs- und Willensbildung in der Gesellschaft fördern. [3]Die proaktive Bereitstellung von Daten befördert auch die Möglichkeiten, diese zum Zwecke der Bereitstellung neuer Anwendungen, Dienste und Dienstleistungen weiterzuverwenden.

§ 2 Anwendungsbereich

(1) Dieses Gesetz gilt für Behörden, Einrichtungen und sonstige öffentliche Stellen des Landes, der Gemeinden und Gemeindeverbände sowie für die sonstigen der Aufsicht des Landes unterstehenden juristischen Personen des öffentlichen Rechts und deren Vereinigungen, soweit sie in öffentlich-rechtlicher oder privatrechtlicher Form öffentlich-rechtliche Verwaltungsaufgaben wahrnehmen.

(2) Einer Behörde steht eine natürliche oder juristische Person des Privatrechts gleich, soweit eine Stelle nach Absatz 1 sich dieser Person zur Erfüllung ihrer öffentlich-rechtlichen Aufgaben bedient oder dieser Person die Erfüllung öffentlich-rechtlicher Aufgaben übertragen wurde.

(3) [1]Dieses Gesetz gilt für die in den Absätzen 1 und 2 genannten Stellen, soweit sie nicht als Unternehmen am Wettbewerb teilnehmen oder grundlagen- oder anwendungsbezogene Forschung betreiben oder Aufgaben wahrnehmen, die der Aufsicht oder Verwaltung dieser Unternehmen dienen. [2]Entsprechendes gilt im Zusammenhang mit der Anerkennung und Beaufsichtigung von Stiftungen des bürgerlichen Rechts.

(4) Dieses Gesetz gilt für Universitätskliniken, Forschungseinrichtungen, Hochschulen, Schulen sowie für Bildungs- und Prüfungseinrichtungen nur, soweit Informationen über den Namen von Drittmittelgebern, die Höhe der Drittmittel und die Laufzeit der mit Drittmitteln finanzierten abgeschlossenen Forschungsvorhaben betroffen sind.

(5) [1]Dieses Gesetz gilt für die öffentlich-rechtlichen Rundfunkanstalten, es sei denn die journalistische Tätigkeit ist betroffen oder staatsvertragliche Regelungen stehen entgegen. [2]Für die Landesmedienanstalt gilt dieses Gesetz, soweit diese nicht die Aufsicht über die Rundfunkveranstalter und Telemedien wahrnimmt.

(6) [1]Dieses Gesetz gilt für Gerichte und Staatsanwaltschaften, soweit nicht Informationen aus deren Verfahrensakten betroffen sind. [2]Vom Anwendungsbereich ausgenommen sind zudem Informationen aus Verfahrensakten berufsgerichtlicher und disziplinarrechtlicher Verfahren der der Aufsicht des Landes unterstehenden juristischen Personen des öffentlichen Rechts.

(7) Dieses Gesetz gilt für Finanzbehörden im Sinne des § 2 des Finanzverwaltungsgesetzes in der Fassung vom 4. April 2006 (BGBl. I S. 846; S. 1202) in der jeweils geltenden Fassung, soweit nicht Informationen aus Verfahrensakten in Steuersachen betroffen sind.

§ 3 Begriffsbestimmungen

(1) Im Sinne dieses Gesetzes sind

1. amtliche Informationen:
   amtlichen Zwecken dienende vorhandene Aufzeichnungen, unabhängig von der Art ihrer Speicherung; Entwürfe und Notizen, die nicht Bestandteil eines Vorgangs werden sollen, gehören nicht dazu,
2. Umweltinformationen:
   Informationen im Sinne des § 2 Abs. 3 des Thüringer Umweltinformationsgesetzes (ThürUIG) vom 10. Oktober 2006 (GVBl. S. 513) in der jeweils geltenden Fassung,
3. Informationen:
   amtliche Informationen und Umweltinformationen,
4. Daten:
   Informationen, die in Form des § 22 Abs. 2 des Thüringer E-Government-Gesetzes (ThürEGovG) vom 10. Mai 2018 (GVBl. S. 212; S. 294) in der jeweils geltenden Fassung vorliegen,
5. Dritte:
   natürliche oder juristische Personen, über die Informationen, insbesondere personenbezogene Daten, vorliegen,
6. Informationspflichten:
   die Pflichten, amtliche Informationen nach §§ 9 bis 15 auf Antrag zugänglich zu machen,
7. Nutzer:
   alle diejenigen, die Informationen aus dem Transparenzportal abrufen,
8. Verträge der Daseinsvorsorge:
   alle Verträge, welche eine transparenzpflichtige Stelle abschließt, mit dem die Beteiligung an einem Unternehmen der Daseinsvorsorge übertragen wird, der vollständig oder teilweise, mittelbar oder unmittelbar Leistungen der Daseinsvorsorge zum Gegenstand hat, der die Schaffung oder Bereitstellung von Infrastruktur für Zwecke der Daseinsvorsorge beinhaltet oder mit dem das Recht an einer Sache zur dauerhaften Erbringung von Leistungen der Daseinsvorsorge übertragen wird.

(2) Im Sinne dieses Gesetzes umfasst die Veröffentlichung durch proaktive Informationsbereitstellung

1. die Veröffentlichungspflicht:

Pflicht, Informationen von allgemeinem Interesse für die Öffentlichkeit nach § 5 allgemein zugänglich zu machen, und
2. die Transparenzpflicht:
Veröffentlichungspflicht, die durch Einstellung in das Transparenzportal nach § 6 zu erfüllen ist.

(3) [1]Alle veröffentlichten Informationen sollen in einem wiederverwendbaren Format vorliegen. [2]Eine maschinelle Weiterverarbeitung soll grundsätzlich gewährleistet sein und soll nicht durch eine plattformspezifische oder systembedingte Architektur begrenzt sein. [3]Das Datenformat soll auf verbreiteten und frei zugänglichen Standards basieren und durch herstellerunabhängige Organisationen unterstützt und gepflegt werden. [4]Eine vollständige Dokumentation des Formats und aller Erweiterungen soll frei verfügbar sein.

§ 4 Recht auf Informationszugang

(1) Jede natürliche und juristische Person des Privatrechts sowie nicht rechtsfähige Vereinigungen von Bürgerinnen und Bürgern haben Anspruch auf
1. kostenlosen Zugang zum Transparenzportal, ohne dass eine Registrierung hierfür erforderlich ist, und
2. Zugang zu amtlichen Informationen nach Maßgabe dieses Gesetzes, die bei den in § 2 Abs. 1 und 2 genannten Stellen vorhanden sind oder für sie bereitgehalten werden.

(2) [1]Soweit besondere Rechtsvorschriften den Zugang zu Informationen, die Auskunftserteilung oder die Gewährung von Akteneinsicht regeln, gehen diese den Bestimmungen dieses Gesetzes vor. [2]Der Zugang zu nicht veröffentlichten Umweltinformationen wird auf Antrag nach den Vorgaben des Thüringer Umweltinformationsgesetzes gewährt. [3]In laufenden Verfahren wird Zugang zu Informationen nur nach Maßgabe des anzuwendenden Verfahrensrechts gewährt.

(3) Im Umfang der Veröffentlichungs-, der Transparenz- und der Informationspflicht nach diesem Gesetz entfällt für die Bediensteten der Stellen nach § 2 Abs. 1 die Pflicht zur Amtsverschwiegenheit.

Zweiter Abschnitt
Proaktive Informationsbereitstellung

§ 5 Veröffentlichungspflichten

(1) [1]Informationen der in § 2 Abs. 1 genannten Stellen von allgemeinem Interesse für die Öffentlichkeit, die das Ergebnis oder den Abschluss eines Verwaltungsvorgangs dokumentieren und nach Inkrafttreten dieses Gesetzes entstanden, bestellt oder beschafft worden sind, sollen öffentlich zugänglich gemacht werden. [2]Informationen im Sinne des Satzes 1 können insbesondere Geodaten sowie Informationen nach § 6 Abs. 3 Satz 1 Nr. 2 und solche Informationen sein, die aufgrund eines Antrags nach den §§ 9 bis 15 oder anderen Informationszugangsansprüchen sowie aufgrund von Veröffentlichungspflichten anderer Rechtsnormen zugänglich gemacht wurden.

(2) [1]Die Behörden sollen Verzeichnisse führen, aus denen sich die vorhandenen Informationssammlungen und -zwecke erkennen lassen. [2]Die Verzeichnisse sowie Organisations-, Geschäftsverteilungs-, Haushalts-, Stellen- und Aktenpläne ohne Angabe personenbezogener Daten sind allgemein zugänglich zu machen.

(3) [1]Die Veröffentlichung erfolgt im Internet. [2]Die Behörden nach § 2 Abs. 1 sind verpflichtet, an geeigneter Stelle ihres Internetauftritts einen Link zum Transparenzportal aufzunehmen.

(4) [1]Veröffentlichungen aufgrund dieses Gesetzes haben zu unterbleiben, soweit
1. eine Verfügungsbefugnis nicht gegeben ist oder
2. ein Antrag auf Informationszugang nach den §§ 12 bis 14 abzulehnen wäre.

[2]Stehen der Veröffentlichung im Internet rechtliche oder tatsächliche Hinderungsgründe entgegen, ist im Internet anzugeben, wo die Informationen eingesehen werden können.

(5) Sofern durch eine Veröffentlichung aufgrund dieses Gesetzes ein Dritter im Sinne des § 3 Abs. 1 Nr. 5 betroffen wäre und ein schutzwürdiges Interesse des Dritten nicht ausgeschlossen werden kann, ist der Dritte über die beabsichtigte Veröffentlichung zu unterrichten und nach § 10 Abs. 4 mit der Maßgabe zu beteiligen, dass das Geheimhaltungsinteresse des Dritten mit dem Informationsinteresse der Öffentlichkeit abzuwägen ist.

(6) Behörden sollen Informationen von allgemeinem Interesse wie z.B. Gutachten und Studien so beschaffen, dass bereits im Rahmen der Auftragsvergabe Hindernisse für eine Veröffentlichung nach

den Absätzen 4 und 5 wie fehlende Verfügungsbefugnisse und schutzwürdiges Interesse des Dritten vermieden werden.

§ 6 Transparenzpflichten

(1) Informationen, für die aufgrund anderer Rechtsnormen eine Veröffentlichungspflicht besteht, sind mit ihrer Veröffentlichung durch die veröffentlichungspflichtigen Stellen im Internet ab Inkrafttreten dieses Gesetzes auch in das Transparenzportal einzustellen.

(2) Informationen, die nach § 5 veröffentlicht werden und bei denen keine rechtlichen Hinderungsgründe nach § 5 Abs. 4 Satz 2 gegen eine Veröffentlichung im Internet bestehen, können in das Transparenzportal eingestellt werden.

(3) [1]Für öffentliche Stellen des Landes und für die Landesregierung besteht die Transparenzpflicht für die ab Inkrafttreten dieses Gesetzes erstmals in elektronischen Akten des vollständig ausgerollten landeseinheitlichen, zentralen, ressortübergreifenden elektronischen Dokumentenmanagementsystems vorgehaltenen

1. nach § 5 Abs. 1 zugänglich gemachte Informationen
2. sowie für
   a) Landesgesetze und Rechtsverordnungen der Landesregierung und der Landesministerien,
   b) Verwaltungsvorschriften, einschließlich Richtlinien und Dienstanweisungen,
   c) Kabinettsbeschlüsse,
   d) Berichte und Mitteilungen der Landesregierung an den Landtag nach deren Behandlung in öffentlicher Sitzung,
   e) Berichte über Sponsoringleistungen und sonstige Zuwendungen an die Landesverwaltung,
   f) Berichte über die unmittelbaren und mittelbaren Kapitalbeteiligungen des Landes an Unternehmen des privaten und öffentlichen Rechts,
   g) Tätigkeitsberichte,
   h) in öffentlicher Sitzung gefasste Beschlüsse nebst den zugehörigen Protokollen und in Bezug genommenen Anlagen,
   i) Umweltinformationen nach § 7 Abs. 2, § 10 Abs. 2 und 5 Satz 1 sowie § 11 ThürUIG,
   j) amtliche Statistiken,
   k) öffentliche Pläne,
   l) wesentliche Inhalte von Verträgen von allgemeinem Interesse für die Öffentlichkeit, insbesondere solche der Daseinsvorsorge, soweit es sich nicht um Beschaffungsverträge oder Verträge über Kredite und Finanztermingeschäfte handelt, mit einem Auftragswert von mehr als 20.000 Euro,
   m) Übersichten über Zuwendungen ab einer Fördersumme von 1.000 Euro,
   n) rechtskräftige Entscheidungen der Vergabekammer,
   o) Statistiken über die dienstliche Beurteilung von teil- und vollzeitbeschäftigten Beamten und Angestellten,
   p) Übersichten über Finanzhilfen des Landes, die der Erhaltung von Betrieben oder Wirtschaftszweigen, der Anpassung von Betrieben oder Wirtschaftszweigen an neue Bedingungen und der Förderung des Produktivitätsfortschritts und des Wachstums von Betrieben oder Wirtschaftszweigen, insbesondere durch Entwicklung neuer Produktionsmethoden und -richtungen dienen; in die Übersicht sind nicht die Zuschüsse zu landeseigenen Unternehmen, Landesbürgschaften und Aufwendungen für allgemeine Staatsaufgaben sowie Leistungen an Gemeinden und Gemeindeverbände aufzunehmen,
   q) Gutachten und Studien, soweit sie von den öffentlichen Stellen in Auftrag gegeben wurden und in Entscheidungen der Behörde bereits eingeflossen sind,
   r) Informationen von vergleichbarem öffentlichen Interesse.

[2]§ 5 Abs. 4 und 5 gilt entsprechend.

§ 7 Transparenzportal

(1) [1]Die Landesregierung richtet ein barrierefreies öffentlich zugängliches Transparenzportal ein, welches das Zentrale Informationsregister für Thüringen um weitere Informationsangebote erweitert. [2]Bei der Verknüpfung weiterer Informationsangebote sind die betroffenen öffentlichen Stellen zur Mitwirkung verpflichtet. [3]Weitere Informationsangebote in diesem Sinne sind insbesondere

1. das Landesrecht Thüringen,
2. das Geoportal Thüringen,
3. die Parlamentsdokumentation des Landtags,
4. die Digitale Bibliothek Thüringen,
5. die statistischen Veröffentlichungen des Landesamts für Statistik,
6. das Thüringer Umweltportal,
7. das Archivportal Thüringen,
8. das Thüringer Stiftungsverzeichnis,
9. die Rechtsprechungsdatenbanken der Thüringer Gerichte,
10. das zentrale Landesportal nach § 20 Abs. 1 Satz 1 des Gesetzes über die Umweltverträglichkeitsprüfung in der Fassung vom 24. Februar 2010 (BGBl. I S. 94) in der jeweils geltenden Fassung,
11. die durch die Staatskanzlei gelisteten Webseiten der Ministerien und ihrer nachgeordneten Behörden (Suchmaschinenindex),
12. Informationen entsprechend der „Leitlinien zur Transparenz in der Forschung und Wissenschaft" und
13. das digitale Kultur- und Wissensportal Thüringens.

(2) [1]Das Transparenzportal enthält eine Such- und eine Rückmeldefunktion, bei der Nutzerdaten nicht verarbeitet werden. [2]Die Rückmeldefunktion ermöglicht eine Reaktion auf gemeldete Anregungen und Defizite im Zusammenhang mit der Informationsbereitstellung. [3]Die Suchfunktion ermöglicht neben einer Volltextsuche zumindest auch eine Suche nach
1. der einstellenden Stelle,
2. der Kategorie der Information,
3. dem Zeitpunkt der Einstellung der Information und
4. den am häufigsten aufgerufenen Informationen.

(3) Die Bereitstellung von Informationen in der Anwendung „GovData – Das Datenportal für Deutschland" erfolgt über eine Spiegelung von Informationen aus dem Transparenzportal.

(4) [1]Zur Vermeidung von Doppelungen erfolgen Einstellungen in das Transparenzportal ausschließlich durch die nach § 10 Abs. 1 Satz 1 zuständige sachnächste Stelle. [2]Informationen werden in das Transparenzportal eingestellt, in dem ein Link zu den Informationen zusammen mit den die Informationen näher beschreibenden standardisierten Metadaten in der Anwendung gespeichert werden. [3]Soweit die technischen Voraussetzungen gegeben sind, können statt einem Link zu den einzustellenden Informationen die Informationen selbst unmittelbar im Transparenzportal veröffentlicht werden.

(5) [1]Informationen, die über das Transparenzportal abgerufen werden können, sollen bei Vorliegen der technischen Voraussetzungen als Druckversion, andernfalls als Textversion bereitgestellt werden. [2]Die Informationen sollen nach Möglichkeit barrierefrei und maschinell durchsuchbar sein und nach den technischen Möglichkeiten auch in einem Format vorgehalten werden, das eine maschinelle Weiterverwendung ermöglicht. [3]Für die Bereitstellung von Daten gilt § 21 Abs. 1 ThürEGovG.

(6) Die Einstellung von Informationen auf dem Transparenzportal lässt Veröffentlichungspflichten aufgrund anderer Rechtsnormen unberührt.

(7) [1]Einzelheiten in Bezug auf Betrieb und Nutzung des Transparenzportals werden durch Rechtsverordnung der Landesregierung bestimmt. [2]Hierbei kann die Landesregierung insbesondere Verfahrensabläufe und Einzelheiten für die Einstellung von Informationen festlegen und regeln welche weiteren Informationsangebote nach Absatz 1 mit dem Transparenzportal verknüpft werden und welche Mitwirkungsleistungen hierzu nach Absatz 1 Satz 2 von den öffentlichen Stellen zu erbringen sind.

(8) Die Informationen sollen mindestens zehn Jahre nach ihrer letzten Änderung vorgehalten werden.

(9) Die Nutzung, Weiterverwendung und Verbreitung der veröffentlichten Informationen ist frei, sofern höherrangiges Recht oder spezialgesetzliche Regelungen nichts anderes bestimmen.

§ 8 Hoheitsverwaltung und Schadensersatz

(1) [1]Die mit der proaktiven Informationsbereitstellung zusammenhängenden Pflichten obliegen den Organen und Bediensteten der damit befassten öffentlichen Stellen als Amtspflichten in Ausübung hoheitlicher Tätigkeit. [2]Das Staatshaftungsgesetz in der im Gesetz- und Verordnungsblatt für den Freistaat Thüringen veröffentlichten bereinigten Fassung (GVBl. 1998 S. 336) in der jeweils geltenden Fassung findet insoweit keine Anwendung.

(2) [1]Die öffentlichen Stellen sind in Bezug auf die von ihnen eingestellten Informationen zuständig für deren Aktualität, Richtigkeit und Vollständigkeit, die sie, soweit möglich, im Allgemeininteresse zu gewährleisten haben. [2]Auf eine durch Tatsachen begründete Kenntnis über die Unrichtigkeit der Information ist hinzuweisen.

Dritter Abschnitt
Informationszugang auf Antrag

§ 9 Antrag

(1) [1]Zugang zu den bei den öffentlichen Stellen vorhandenen amtlichen Informationen wird auf Antrag gewährt. [2]Der an die zuständige Stelle zu richtende Antrag kann schriftlich, mündlich, zur Niederschrift oder elektronisch gestellt werden.
(2) [1]In den Fällen des § 2 Abs. 2 ist der Antrag an diejenige öffentliche Stelle zu richten, die sich der natürlichen oder juristischen Person des Privatrechts zur Erfüllung ihrer öffentlichen Aufgaben bedient oder die dieser Person die Erfüllung öffentlicher Aufgaben übertragen hat. [2]Im Fall der Beleihung ist der Antrag gegenüber dem Beliehenen zu stellen.
(3) [1]Betrifft der Antrag Daten Dritter im Sinne des § 3 Abs. 1 Nr. 5, muss er begründet und in den Fällen des § 13 Abs. 1 Satz 1 Nr. 5 ein rechtliches Interesse geltend gemacht werden. [2]In den Fällen des § 12 Abs. 3 Nr. 2 und des § 13 Abs. 1 Satz 1 Nr. 5 sollen in der Begründung die besonderen Umstände des Einzelfalls dargelegt werden, aufgrund derer ein überwiegendes Offenbarungsinteresse geltend gemacht wird.
(4) [1]Der Antrag muss hinreichend bestimmt sein und insbesondere erkennen lassen, auf welche amtlichen Informationen er gerichtet ist. [2]Der Antragsteller ist bei fehlender Bestimmtheit des Antrags zu beraten und zu unterstützen.

§ 10 Verfahren

(1) [1]Über den Antrag auf Informationszugang entscheidet die öffentliche Stelle, die zur Verfügung über die begehrten Informationen berechtigt ist. [2]Ist die öffentliche Stelle, an die der Antrag gerichtet wurde, nicht die zuständige Stelle, hat sie dem Antragsteller die zuständige Stelle mitzuteilen, sofern ihr diese bekannt ist. [3]Entsprechendes gilt bei vorübergehend beigezogenen amtlichen Informationen einer anderen öffentlichen Stelle, die nicht Bestandteil der eigenen Vorgänge werden sollen.
(2) Bei gleichförmigen Anträgen von mehr als 50 Personen gelten die §§ 17 bis 19 des Thüringer Verwaltungsverfahrensgesetzes in der Fassung vom 1. Dezember 2014 (GVBl. S. 685) in der jeweils geltenden Fassung entsprechend.
(3) [1]Über den ordnungsgemäßen Antrag hat die öffentliche Stelle unter Berücksichtigung der Belange des Antragstellers unverzüglich, spätestens innerhalb von einem Monat nach Eingang, zu entscheiden. [2]Diese Frist kann durch die öffentliche Stelle dann einmal angemessen verlängert werden, wenn Umfang oder Komplexität der amtlichen Informationen oder die Beteiligung Dritter nach Absatz 4 dies erfordern. [3]Der Antragsteller ist über die Fristverlängerung und deren Gründe vor Ablauf der Frist nach Satz 1 zu informieren.
(4) [1]Sofern ein Dritter im Sinne des § 3 Abs. 1 Nr. 5 betroffen ist, gibt ihm die öffentliche Stelle schriftlich die Gelegenheit zur Stellungnahme innerhalb eines Monats, es sei denn, ein schutzwürdiges Interesse des Dritten kann ausgeschlossen werden. [2]Im Fall des § 13 Abs. 1 Satz 2 gilt die Einwilligung eines Dritten als verweigert, wenn sie nicht innerhalb eines Monats nach Anfrage durch die öffentliche Stelle vorliegt. [3]Ist dem Antrag stattzugeben, weil schutzwürdige Belange des Dritten nicht entgegenstehen oder das Informationsinteresse das Interesse des Dritten an der Geheimhaltung überwiegt, gibt die öffentliche Stelle dem Dritten unter Hinweis auf Gegenstand und Rechtsgrundlage der beabsichtigten Entscheidung Gelegenheit, sich innerhalb von zwei Wochen zu den für die Entscheidung erheblichen Tatsachen zu äußern. [4]Die Entscheidung der öffentlichen Stelle ergeht schriftlich und ist auch dem Dritten bekannt zu machen. [5]Der Informationszugang darf erst erfolgen, wenn die Entscheidung dem Dritten gegenüber bestandskräftig oder die sofortige Vollziehung angeordnet worden ist und seit der Bekanntgabe der Anordnung an den Dritten zwei Wochen verstrichen sind.
(5) [1]Besteht ein Anspruch auf Informationszugang nur zum Teil, ist dem Antrag in dem Umfang stattzugeben, in dem der Informationszugang ohne Preisgabe der geheimhaltungsbedürftigen amtlichen Informationen möglich ist. [2]Entsprechendes gilt, wenn sich der Antragsteller in den Fällen, in denen

Belange Dritter im Sinne des § 3 Abs. 1 Nr. 5 berührt sind, mit einer Unkenntlichmachung der diesbezüglichen amtlichen Informationen einverstanden erklärt. 3Art und Umfang der Abtrennung oder Unkenntlichmachung sind anzugeben.

(6) 1Im Fall der vollständigen oder teilweisen Ablehnung des Antrags soll mitgeteilt werden, ob und gegebenenfalls wann der Informationszugang ganz oder teilweise zu einem späteren Zeitpunkt möglich ist. 2Wird der Antrag ganz oder teilweise abgelehnt, ergeht eine schriftliche oder elektronische Entscheidung, die innerhalb der Fristen nach Absatz 3 bekannt zu geben ist. 3Die Entscheidung ist zu begründen. 4Im Fall einer vollständigen oder teilweisen Ablehnung eines Antrags ist auf die Möglichkeit, den Landesbeauftragten für die Informationsfreiheit anzurufen, hinzuweisen. 5Im Fall eines mündlichen oder elektronischen Antrags bedarf es einer schriftlichen Entscheidung nur auf ausdrückliches Verlangen des Antragstellers.

§ 11 Informationszugang

(1) 1Soweit der Anspruch auf Informationszugang besteht, sind die amtlichen Informationen unverzüglich zugänglich zu machen. 2Die öffentliche Stelle kann Auskunft erteilen, Akteneinsicht gewähren oder amtliche Informationen in sonstiger Weise zur Verfügung stellen. 3Verlangt der Antragsteller eine bestimmte Art des Informationszugangs, so darf diese nur aus wichtigem Grund auf andere Art gewährt werden. 4Als wichtiger Grund gilt insbesondere ein deutlich höherer Verwaltungsaufwand. 5Kann die amtliche Information in zumutbarer Weise aus allgemein zugänglichen Quellen beschafft werden, kann sich die öffentliche Stelle auf deren Angabe beschränken.

(2) 1Die Auskunft kann mündlich, schriftlich oder elektronisch erteilt werden. 2Bei Gewährung von Auskunft oder Akteneinsicht ist dem Antragsteller die Anfertigung von Notizen und Kopien gestattet, sofern nicht Urheberrechte entgegenstehen.

(3) 1Die öffentliche Stelle ist nicht verpflichtet, die inhaltliche Richtigkeit der amtlichen Information zu prüfen. 2§ 8 Abs. 2 Satz 2 findet entsprechende Anwendung.

§ 12 Schutz öffentlicher Belange

(1) Der Antrag auf Informationszugang ist abzulehnen,

1. soweit das Bekanntwerden der amtlichen Information eine konkrete Gefährdung für
   a) die inter- und supranationalen Beziehungen oder die Beziehungen zum Bund oder zu einem Land, die Landesverteidigung oder die innere Sicherheit,
   b) die Funktionsfähigkeit und die Eigenverantwortung des Landtags, des Rechnungshofs, der Organe der Rechtspflege oder der Landesregierung,
   c) die Durchführung eines laufenden Gerichtsverfahrens, den Anspruch einer Person auf ein faires Verfahren oder die Durchführung strafrechtlicher, ordnungswidrigkeitenrechtlicher oder disziplinarischer Ermittlungen,
   d) die Kontroll- oder Aufsichtsaufgaben der Finanz-, Wettbewerbs-, Regulierungs-, Versicherungsaufsichts- und Sparkassenaufsichtsbehörden,
   e) die öffentliche Sicherheit im Sinne des § 54 Nr. 1 des Ordnungsbehördengesetzes vom 18. Juni 1993 (GVBl. S. 323) in der jeweils geltenden Fassung, insbesondere die Tätigkeit der Polizei, des Verfassungsschutzes, der sonstigen für die Gefahrenabwehr zuständigen Stellen, der Staatsanwaltschaften oder der Behörden des Straf- und Maßregelvollzugs einschließlich ihrer Aufsichtsbehörden und die Zusammenarbeit der genannten Stellen untereinander und mit anderen Sicherheitsbehörden oder
   f) die fiskalischen Interessen der in § 2 Abs. 1 und 2 genannten Stellen im Wirtschaftsverkehr

   begründen kann,
2. soweit die amtliche Information
   a) einer durch Rechtsvorschrift oder durch die Verschlusssachenanweisung für das Land geregelten Geheimhaltungs- oder Vertraulichkeitspflicht unterliegt oder ein Berufs- oder besonderes Amtsgeheimnis enthält,
   b) der notwendigen Vertraulichkeit der Beratungen innerhalb von und zwischen öffentlichen Stellen unterliegt,
   c) Prognosen, Bewertungen, Empfehlungen oder Anweisungen im Zusammenhang mit der gerichtlichen oder außergerichtlichen Geltendmachung oder der Abwehr von Ansprüchen enthält oder

3. wenn
   a) bei vertraulich erhobener oder übermittelter Information das Interesse des Dritten an einer vertraulichen Behandlung im Zeitpunkt der Entscheidung über den Antrag noch fortbesteht,
   b) durch die Bekanntgabe der Information Angaben und Mitteilungen von öffentlichen Stellen, die nicht dem Geltungsbereich dieses Gesetzes unterfallen, offenbart würden und die öffentlichen Stellen in die Offenbarung nicht eingewilligt haben oder von einer Einwilligung nicht auszugehen ist oder
   c) die Information mit der Aufgabenwahrnehmung des Amts für Verfassungsschutz im Zusammenhang steht und durch deren Bekanntgabe die Aufgabenwahrnehmung nach den §§ 3 bis 5 des Thüringer Verfassungsschutzgesetzes vom 8. August 2014 (GVBl. S. 529) in der jeweils geltenden Fassung beeinträchtigt werden kann.

(2) [1]Der Antrag auf Informationszugang soll abgelehnt werden, für Entwürfe zu Entscheidungen sowie Arbeiten und Beschlüsse zu ihrer unmittelbaren Vorbereitung, soweit und solange durch die vorzeitige Bekanntgabe der amtlichen Informationen der Erfolg der Entscheidung oder bevorstehender behördlicher Maßnahmen vereitelt würde. [2]Nicht der unmittelbaren Entscheidungsvorbereitung nach Satz 1 dienen regelmäßig Ergebnisse der Beweissicherung und Gutachten oder Stellungnahmen Dritter.

(3) Der Antrag auf Informationszugang kann abgelehnt werden, wenn
1. er offensichtlich missbräuchlich gestellt wurde, insbesondere wenn die amtliche Information dem Antragsteller bereits zugänglich gemacht worden ist oder der Antrag offensichtlich zum Zweck der Vereitelung oder Verzögerung von Verwaltungshandlungen erfolgt oder
2. die Bearbeitung mit einem unverhältnismäßigen Verwaltungsaufwand verbunden wäre und dadurch die ordnungsgemäße Erfüllung der Aufgaben der öffentlichen Stelle erheblich beeinträchtigt würde, es sei denn, das Informationsinteresse des Antragstellers überwiegt im Einzelfall das entgegenstehende öffentliche Interesse.

(4) [1]In der Entscheidung sind die Gründe für die Ablehnung so detailliert und nachvollziehbar darzulegen, dass ihr Vorliegen von einem Gericht geprüft werden kann, ohne dass hierbei ein Rückschluss auf die geschützte Information möglich ist. [2]Im Fall einer vollständigen oder teilweisen Ablehnung eines Antrags ist auf die Möglichkeit, den Landesbeauftragten für die Informationsfreiheit anzurufen, hinzuweisen.

§ 13 Schutz privater Interessen

(1) [1]Der Antrag auf Informationszugang ist abzulehnen, soweit durch das Bekanntwerden der amtlichen Information personenbezogene Daten oder Betriebs- oder Geschäftsgeheimnisse offenbart werden, es sei denn,
1. die betroffene natürliche oder juristische Person willigt ein,
2. die Offenbarung ist durch Gesetz oder aufgrund eines Gesetzes erlaubt,
3. die amtliche Information kann aus allgemein zugänglichen Quellen entnommen werden,
4. die Offenbarung ist zur Abwehr einer erheblichen Gefahr für die öffentliche Sicherheit geboten oder
5. der Antragsteller macht ein rechtliches Interesse an der Kenntnis der amtlichen Information geltend und es stehen der Offenbarung keine überwiegenden schutzwürdigen Belange der betroffenen natürlichen oder juristischen Person entgegen.

[2]Besondere Kategorien personenbezogener Daten nach Artikel 9 Abs. 1 der Verordnung (EU) 2016/679 des Europäischen Parlaments und des Rates vom 27. April 2016 zum Schutz natürlicher Personen bei der Verarbeitung personenbezogener Daten, zum freien Datenverkehr und zur Aufhebung der Richtlinie 95/46/EG (Datenschutz-Grundverordnung) (ABl. L 119 vom 4.5.2016, S. 1; L 314 vom 22.11.2016, S. 72; L 127 vom 23.5.2018, S. 2) dürfen nur zugänglich gemacht werden, wenn die betroffene Person ausdrücklich eingewilligt hat.

(2) [1]Betriebs- und Geschäftsgeheimnisse sind alle auf ein Unternehmen bezogenen Tatsachen, Umstände und Vorgänge, die nicht offenkundig, sondern nur einem begrenzten Personenkreis zugänglich sind und an deren Nichtverbreitung der Rechtsträger ein berechtigtes Interesse hat. [2]Ein berechtigtes Interesse liegt vor, wenn das Bekanntwerden einer Tatsache geeignet ist, die Wettbewerbsposition eines Konkurrenten zu fördern oder die Stellung des eigenen Betriebs im Wettbewerb zu schmälern oder wenn es geeignet ist, dem Geheimnisträger wirtschaftlichen Schaden zuzufügen.

(3) [1]Das Informationsinteresse des Antragstellers überwiegt nicht bei Informationen aus Unterlagen, die mit dem Dienst- oder Amtsverhältnis der betroffenen Person in Zusammenhang stehen, insbesondere aus Personalakten, sofern nicht zehn Jahre nach dem Tod der betroffenen Person verstrichen sind. [2]Ist das Todesjahr nicht oder nur mit hohem Aufwand feststellbar, beträgt die Schutzfrist 100 Jahre seit der Geburt der betroffenen Person. [3]Mit Ablauf der Schutzfrist ist das Informationsinteresse mit dem Geheimhaltungsinteresse Angehöriger abzuwägen.

(4) Das Informationsinteresse des Antragstellers überwiegt das schutzwürdige Interesse der betroffenen Person am Ausschluss des Informationszugangs in der Regel bei Angaben von Name, Titel, akademischem Grad, Berufs- und Funktionsbezeichnung, Büroanschrift und -telekommunikationsnummer von Bearbeitern, soweit sie Ausdruck und Folge der amtlichen Tätigkeit sind, und von Personen, die als Gutachter, Sachverständige oder in vergleichbarer Weise eine Stellungnahme in einem Verfahren abgegeben haben.

§ 14 Abwägung

[1]Im Rahmen der nach § 12 Abs. 3 Nr. 2 und § 13 Abs. 1 Satz 1 Nr. 5 vorzunehmenden Abwägung ist der Gesetzeszweck nach § 1 zu berücksichtigen. [2]Überwiegt das Recht auf Informationszugang oder das Informationsinteresse der Öffentlichkeit, so sind die Informationen unverzüglich, spätestens aber innerhalb von sechs Wochen zugänglich zu machen.

§ 15 Kosten

(1) [1]Für öffentliche Leistungen nach dem Dritten Abschnitt sind Verwaltungskosten (Gebühren und Auslagen) zu erheben. [2]Für die Gebührenbemessung gilt das Kostendeckungsprinzip (§ 21 Abs. 4 Satz 3 des Thüringer Verwaltungskostengesetzes vom 23. September 2005 -GVBl. S. 325- in der jeweils geltenden Fassung), wobei die Gebühren auch unter Berücksichtigung des Verwaltungsaufwands so zu bemessen sind, dass der Informationszugang wirksam in Anspruch genommen werden kann. [3]Die Gebühr darf den Betrag von 500 Euro nicht übersteigen. [4]Die öffentlichen Leistungen sind bei geringfügigem Aufwand verwaltungskostenfrei. [5]Über die voraussichtlichen Kosten ist der Antragsteller vorab zu informieren.

(2) [1]Das für das Informationsfreiheitsrecht zuständige Ministerium wird ermächtigt, im Einvernehmen mit dem für Finanzen zuständigen Ministerium die Verwaltungskostentatbestände, die Gebührensätze und die Höhe der Auslagen nach Absatz 1 Satz 1 und 2 durch Rechtsverordnung zu bestimmen. [2]Die Bestimmungen des Thüringer Verwaltungskostengesetzes bleiben im Übrigen unberührt. [3]Im Rahmen der Verwaltungskostenordnung nach Satz 1 kann das für die Informationsfreiheit zuständige Ministerium im Einvernehmen mit dem für Finanzen zuständigen Ministerium auch eine Gebührenobergrenze (Höchstgebühr) festlegen, die unterhalb des Betrages von 500 Euro liegt. [4]In besonderen Fällen können aus sozialen Gründen geringere Gebührensätze oder Gebührenbefreiungen für bestimmte Gruppen von Gebührenpflichtigen bestimmt werden.

Vierter Abschnitt

Förderung und Gewährleistung des Rechts auf Informationszugang, Landesbeauftragter für die Informationsfreiheit

§ 16 Förderung des Rechts auf Informationszugang

(1) Die Landesregierung wirkt darauf hin, dass die öffentlichen Stellen das Recht auf Informationszugang nach Maßgabe dieses Gesetzes erfüllen.

(2) [1]Das für die Informationsfreiheit zuständige Ministerium unterstützt die Kommunen bei der Teilnahme am Transparenzportal und bietet ein Modellprojekt zur Klärung von rechtlichen, organisatorischen und technischen Fragen aus spezifisch kommunaler Sicht an. [2]Es kann Näheres, insbesondere zu Teilnehmern, Dauer, Vorgehens- und Verfahrensweise und Obliegenheiten, durch Verwaltungsvorschrift regeln.

(3) [1]Die in § 2 Abs. 1 genannten Stellen sollen das Recht auf Informationszugang nach Maßgabe dieses Gesetzes durch praktische Vorkehrungen fördern. [2]In Betracht kommen zum Beispiel die Bestellung eines behördlichen Ansprechpartners oder Beauftragten sowie die Ermöglichung eines Zugangs zum Transparenzportal in den Dienstgebäuden.

§ 17 Anrufung des Landesbeauftragten für die Informationsfreiheit

[1]Jeder, der sich in seinem Recht auf Informationszugang nach diesem Gesetz oder dem Thüringer Umweltinformationsgesetz verletzt sieht, kann den Landesbeauftragten für die Informationsfreiheit anrufen. [2]Die Bestimmungen über den gerichtlichen Rechtsschutz bleiben unberührt.

§ 18 Rechtsstellung des Landesbeauftragten für die Informationsfreiheit

(1) [1]Der Landesbeauftragte für die Informationsfreiheit ist in der Ausübung seines Amtes unabhängig und nur dem Gesetz unterworfen. [2]Er steht zum Land nach Maßgabe dieses Gesetzes in einem öffentlich-rechtlichen Amtsverhältnis. [3]Der Präsident des Landtags führt die Dienstaufsicht, soweit nicht die Unabhängigkeit beeinträchtigt wird. [4]Es finden die in Thüringen geltenden beamtenrechtlichen Bestimmungen entsprechende Anwendung.

(2) [1]Der Landesbeauftragte für die Informationsfreiheit darf neben seinem Amt kein mit seiner Aufgabe nicht zu vereinbarendes anderes Amt ausüben. [2]Er darf kein Gewerbe und keinen Beruf ausüben und weder der Leitung oder dem Aufsichtsrat oder Verwaltungsrat eines auf Erwerb gerichteten Unternehmens noch einer Regierung oder einer gesetzgebenden Körperschaft des Bundes oder eines Landes angehören. [3]Er darf nicht gegen Entgelt außergerichtliche Gutachten abgeben.

(3) [1]Der Landesbeauftragte für die Informationsfreiheit ist, auch nach Beendigung seines Amtsverhältnisses, verpflichtet, über die ihm bei seiner amtlichen Tätigkeit bekannt gewordenen Angelegenheiten Verschwiegenheit zu bewahren. [2]Dies gilt nicht für Mitteilungen im dienstlichen Verkehr oder über Tatsachen, die offenkundig sind oder ihrer Bedeutung nach keiner Geheimhaltung bedürfen.

(4) [1]Der Landesbeauftragte für die Informationsfreiheit ist oberste Dienstbehörde im Sinne des § 96 der Strafprozessordnung sowie oberste Aufsichtsbehörde im Sinne des § 99 der Verwaltungsgerichtsordnung (VwGO). [2]Er trifft die Entscheidungen über Aussagegenehmigungen für sich und seine Mitarbeiter sowie die Entscheidung über die Verweigerung der Aktenvorlage und der Auskunftserteilung in eigener Verantwortung. [3]Der Nachfolger im Amt entscheidet über die in Satz 2 genannten Entscheidungen für seine Vorgänger.

(5) [1]Dem Landesbeauftragten für die Informationsfreiheit ist die für die Erfüllung seiner Aufgaben notwendige Personal- und Sachausstattung zur Verfügung zu stellen; sie ist im Einzelplan des Landtags in einem eigenen Kapitel auszuweisen. [2]Die Besetzung der Personalstellen erfolgt auf Vorschlag des Landesbeauftragten für die Informationsfreiheit. [3]Die Mitarbeiter können, falls sie mit der beabsichtigten Maßnahme nicht einverstanden sind, nur im Einvernehmen mit ihm versetzt, abgeordnet oder umgesetzt werden; er ist ihr Dienstvorgesetzter, sie sind in ihrer Tätigkeit nach diesem Gesetz nur an seine Weisungen gebunden. [4]Für bestimmte Einzelfragen kann der Landesbeauftragte für die Informationsfreiheit auch Dritte zur Mitarbeit heranziehen.

(6) [1]Die Aufgabe des Landesbeauftragten für die Informationsfreiheit wird von dem Landesbeauftragten für den Datenschutz wahrgenommen. [2]Der Landesbeauftragte für den Datenschutz kann sich im Rahmen seiner Tätigkeit als Landesbeauftragter für den Datenschutz auf seine institutionelle Garantie nach Artikel 69 der Verfassung des Freistaats Thüringen und seine Unabhängigkeit nach Artikel 52 der Verordnung (EU) 2016/679 berufen.

§ 19 Aufgaben und Befugnisse des Landesbeauftragten für die Informationsfreiheit

(1) [1]Der Landesbeauftragte für die Informationsfreiheit informiert die Öffentlichkeit über Fragen im Zusammenhang mit diesem Gesetz und dem Thüringer Umweltinformationsgesetz. [2]Er überwacht die Einhaltung der Bestimmungen dieser Gesetze bei den in § 2 Abs. 1 genannten Stellen. [3]Er berät die öffentlichen Stellen und kann Empfehlungen zur Verbesserung des Informationszugangs geben. [4]Er unterstützt den Landtag bei seinen Entscheidungen. [5]Auf Anforderung des Landtags oder der Landesregierung hat er Gutachten zu erstellen und Bericht zu erstatten. [6]Der Landtag oder die Landesregierung können ihn ersuchen, bestimmte Vorgänge aus ihrem Aufgabenbereich zu überprüfen. [7]Der Landesbeauftragte für die Informationsfreiheit kann sich jederzeit an den Landtag wenden.

(2) [1]Die in § 2 Abs. 1 genannten Stellen sind verpflichtet, den Landesbeauftragten für die Informationsfreiheit und seine Beauftragten in der Erfüllung ihrer Aufgaben zu unterstützen. [2]Dem Landesbeauftragten für die Informationsfreiheit ist dabei insbesondere Auskunft zu seinen Fragen zu erteilen. [3]Ihm ist darüber hinaus Einsicht in alle Unterlagen und Akten zu verschaffen, die im Zusammenhang mit dem Informationsanliegen stehen, und Zutritt zu den Diensträumen zu gewähren, soweit nicht Gründe nach § 99 Abs. 1 Satz 2 VwGO dem entgegenstehen. [4]Hierbei ist die besondere Rechtsstellung

des Landesbeauftragten für die Informationsfreiheit zu berücksichtigen. [5]Stellt der Landesbeauftragte für die Informationsfreiheit Verstöße der in § 2 Abs. 1 genannten Stellen gegen dieses Gesetz oder das Thüringer Umweltinformationsgesetz fest, kann er ihre Behebung in angemessener Frist fordern. [6]Über die Beanstandung ist die zuständige Aufsichtsbehörde zu unterrichten.

(3) [1]Der Landesbeauftragte für die Informationsfreiheit erstattet dem Landtag und der Landesregierung mindestens alle zwei Jahre Bericht über seine Tätigkeit. [2]Die Landesregierung legt zu dem Bericht des Landesbeauftragten für die Informationsfreiheit innerhalb von vier Monaten dem Landtag eine Stellungnahme vor.

§ 20 Beirat beim Landesbeauftragten für die Informationsfreiheit

(1) [1]Beim Landesbeauftragten für die Informationsfreiheit wird ein Beirat gebildet. [2]Er besteht aus 13 Mitgliedern. [3]Es werden sechs Mitglieder von dem Landtag, ein Mitglied von der Landesregierung, ein Mitglied von den kommunalen Spitzenverbänden, ein Mitglied von den berufsständischen Körperschaften des öffentlichen Rechts mit Sitz in Thüringen, ein Mitglied von der Landesmedienanstalt, ein Mitglied von den Hochschulen des Landes nach § 1 Abs. 2 Satz 1 des Thüringer Hochschulgesetzes vom 10. Mai 2018 (GVBl. S. 149) in der jeweils geltenden Fassung bestellt. [4]Zwei Mitglieder gemeinnütziger Vereine, die sich nach ihrer Satzung für Transparenz und Teilhabe oder gegen Korruption einsetzen, werden durch die übrigen Mitglieder des Beirats bestellt. [5]Für jedes Beiratsmitglied wird zugleich ein Stellvertreter bestellt.

(2) [1]Die Mitglieder des Landtags werden für die Wahldauer des Landtags und die übrigen Mitglieder für vier Jahre bestellt. [2]Sie sind in ihrer Tätigkeit als Mitglieder des Beirats an Aufträge und Weisungen nicht gebunden.

(3) [1]Der Beirat unterstützt den Landesbeauftragten für die Informationsfreiheit in seiner Arbeit, er berät ihn insbesondere

1. zur Auslegung und Anwendung des Thüringer Transparenzgesetzes und des Thüringer Umweltinformationsgesetzes und
2. im Zusammenhang mit Maßnahmen nach § 19 Abs. 2.

[2]Die Unabhängigkeit des Landesbeauftragten für die Informationsfreiheit und die Berichtspflicht gegenüber dem Landtag werden dadurch nicht berührt.

(4) [1]Der Beirat gibt sich eine Geschäftsordnung. [2]Er tritt auf Antrag jedes seiner Mitglieder oder des Landesbeauftragten für die Informationsfreiheit zusammen. [3]Den Vorsitz führt ein Mitglied des Beirats aus dem Kreis der Landtagsabgeordneten.

(5) [1]Der Landesbeauftragte für die Informationsfreiheit kann an allen Sitzungen des Beirats teilnehmen. [2]Der Vorsitzende des Beirats lädt ihn zu den Sitzungen rechtzeitig unter Mitteilung der Tagesordnung ein.

(6) [1]Die Mitglieder des Beirats haben, auch nach ihrem Ausscheiden, über die ihnen bei ihrer Tätigkeit bekannt gewordenen Angelegenheiten Verschwiegenheit zu bewahren. [2]Dies gilt nicht für Tatsachen, die offenkundig sind oder ihrer Bedeutung nach keiner Geheimhaltung bedürfen.

§ 21 Rechtsweg

[1]Für Streitigkeiten nach diesem Gesetz ist der Verwaltungsrechtsweg gegeben. [2]Gegen eine Entscheidung sind Widerspruch und Klage zulässig. [3]Die Zuständigkeit der Widerspruchsbehörde richtet sich nach den Zuständigkeiten für den Sachverhalt, dem die betroffene Information entstammt. [4]Ein Widerspruchsverfahren nach den Bestimmungen des 8. Abschnitts der Verwaltungsgerichtsordnung ist auch dann durchzuführen, wenn die Entscheidung von einer obersten Landesbehörde getroffen wurde.

§ 22 Evaluierung und Berichtspflichten

[1]Die Landesregierung überprüft die Auswirkungen dieses Gesetzes mit wissenschaftlicher Unterstützung und berichtet dem Landtag vier Jahre nach dem Inkrafttreten dieses Gesetzes nach § 25 Abs. 1 Satz 2 über die Erfahrungen mit diesem Gesetz und mit der Verwaltungskostenordnung nach § 15 Abs. 2 Satz 1. [2]Hierbei ist insbesondere auf die Rechtsentwicklungen und Erfahrungen sowie, mit Blick auf die Frage einer Erweiterung der Transparenzpflicht, auf die Erkenntnisse im Zusammenhang mit der Teilnahme von Kommunen am Transparenzportal einzugehen. [3]Die oder der Landesbeauftragte für die Informationsfreiheit ist vor der Zuleitung des Berichts an den Landtag zu unterrichten; sie oder er gibt dazu eine Stellungnahme ab.

Fünfter Abschnitt
Übergangs- und Schlussbestimmungen

§ 23 Übergangsbestimmung

(1) Für Anträge auf Zugang zu amtlichen Informationen, die vor dem Inkrafttreten dieses Gesetzes gestellt worden sind, finden die bis dahin geltenden Vorschriften Anwendung.

(2) Das für die Koordinierung der ressortübergreifenden Informations- und Kommunikationstechnik zuständige Ministerium

1. unterrichtet den für Informationsfreiheit zuständigen Ausschuss des Landtags jährlich zum Umsetzungsstand der Einführung des landeseinheitlichen ressortübergreifenden elektronischen Dokumentenmanagementsystems und
2. gibt den Tag, an dem das landeseinheitliche ressortübergreifende elektronische Dokumentenmanagementsystem nach § 6 Abs. 3 Satz 1 vollständig ausgerollt wurde, im Gesetz- und Verordnungsblatt für den Freistaat Thüringen bekannt.

(3) [1]Die Transparenzpflicht gilt für Informationen nach § 6 Abs. 3 Nr. 2 auch, soweit sie durch Migration von bestehenden Dokumentenmanagementsystemen in das landeseinheitliche ressortübergreifende elektronische Dokumentenmanagementsystem aufgenommen werden und zum Zeitpunkt der Einführung des ressortübergreifenden elektronischen Dokumentenmanagementsystems bei der öffentlichen Stelle noch Rechtswirkungen entfalten. [2]Die Transparenzpflicht ist durch Einstellung der Information in das Transparenzregister im vorhandenen Format erfüllt.

(4) Das für die Informationsfreiheit zuständige Ministerium unterrichtet den für die Informationsfreiheit zuständigen Ausschuss des Landtags jährlich zum Modellprojekt nach § 16 Abs. 2.

§ 24 Gleichstellungsbestimmung

Status- und Funktionsbezeichnungen in diesem Gesetz gelten für alle Geschlechter.

§ 25 Inkrafttreten, Außerkrafttreten

(1) [1]§ 20 tritt am 1. Januar 2020 in Kraft. [2]Im Übrigen tritt dieses Gesetz am 1. Januar 2020 in Kraft.

(2) Gleichzeitig mit dem Inkrafttreten dieses Gesetzes nach Absatz 1 Satz 2 tritt das Thüringer Informationsfreiheitsgesetz vom 14. Dezember 2012 (GVBl. S. 464), zuletzt geändert durch Artikel 8 des Gesetzes vom 6. Juni 2018 (GVBl. S. 229), außer Kraft.

Thüringer Verordnung zur Regelung von Zuständigkeiten und zur Übertragung von Ermächtigungen im allgemeinen Gewerberecht, Handwerksrecht, Schornsteinfegerrecht, Preisangabenrecht, Wirtschaftsstrafrecht, Markenrecht und nach dem Textilkennzeichnungsgesetz, dem Kristallglaskennzeichnungsgesetz, dem Einführungsgesetz zum Bürgerlichen Gesetzbuche sowie dem Schwarzarbeitsbekämpfungsgesetz (Thüringer Zuständigkeitsermächtigungsverordnung Gewerbe – ThürZustErmGeVO –)

Vom 9. Januar 1992 (GVBl. S. 45)
(710-3)
zuletzt geändert durch Art. 3 VO zur Bestimmung von Zuständigkeiten der einheitlichen Stelle sowie auf dem Gebiet des Wirtschaftsverwaltungsrechts vom 22. März 2019 (GVBl. S. 63)

Nichtamtliche Inhaltsübersicht

§ 1 Gewerbebehörden
§ 2 Zuständigkeiten der unteren Gewerbebehörden aufgrund des allgemeinen Gewerberechts
§ 3 Zuständigkeiten der oberen Gewerbebehörde, der Landkreise und der kreisfreien Städte aufgrund des allgemeinen Gewerberechts und des Einführungsgesetzes zum Bürgerlichen Gesetzbuche
§ 4 Zuständigkeiten für Ordnungswidrigkeiten nach der Gewerbeordnung
§ 5 Zuständigkeiten nach der Handwerksordnung und dem
§ 5a Zuständigkeit der oberen Gewerbebehörde nach dem Geldwäschegesetz
§ 6 Zuständigkeiten der oberen Gewerbebehörde nach dem Schornsteinfegerrecht
§ 7 Zuständigkeiten der unteren Gewerbebehörden nach dem Schornsteinfegerrecht
§ 8 Zuständigkeiten anderer Behörden
§ 9 Zuständigkeiten nach dem Textilkennzeichnungsgesetz und dem Kristallglaskennzeichnungsgesetz
§ 10 Zuständigkeiten auf den Gebieten des Preisangaben-, Wirtschaftsstraf- und Markenrechts
§ 11 Übertragung von Ermächtigungen zum Erlaß von Rechtsverordnungen
§ 12 Gleichstellungsbestimmung
§ 13 Inkrafttreten

Aufgrund der §§ 4 Abs. 4 Satz 2, 8 Abs. 3 Satz 4, 16 Abs. 3 Satz 4, 49 Abs. 3 Satz 2, 113 Abs. 2 Satz 4 und 116 Satz 1 der Handwerksordnung in der Fassung der Bekanntmachung vom 28. Dezember 1965 (BGBl. 1966 I S. 1), zuletzt geändert durch Art. 1 Satz 1 des Einigungsvertragsgesetzes vom 23. September 1990 (BGBl. II S. 885 – 998 –) in Verbindung mit Anlage I Kap. V Sachgebiet B Abschnitt III Nr. 1 zum Einigungsvertrag, der §§ 36 Abs. 4 Satz 1, 38 Satz 2, 56 Abs. 2 Satz 2, 67 Abs. 2 Satz 2 und 155 Abs. 2 der Gewerbeordnung in der Fassung der Bekanntmachung vom 1. Januar 1987 (BGBl. I S. 425), zuletzt geändert durch Art. 8 des Gesetzes vom 17. Dezember 1990 (BGBl. I S. 2840), des § 10 Abs. 1 des Blindenwarenvertriebsgesetzes vom 9. April 1965 (BGBl. I S. 311), zuletzt geändert durch Art. 1 und 3 des Gesetzes vom 25. Juli 1984 (BGBl. I S. 1008), des § 36 Abs. 2 Satz 1 des Gesetzes über Ordnungswidrigkeiten in der Fassung der Bekanntmachung vom 19. Februar 1987 (BGBl. I S. 602), zuletzt geändert durch Art. 1 Satz 1 des Einigungsvertragsgesetzes vom 23. September 1990 (BGBl. II S. 885 – 958 –) in Verbindung mit Anlage I Kap. III Sachgebiet C Abschnitt III Nr. 4 zum Einigungsvertrag und des § 7 Abs. 1 und Abs. 2 Satz 1 des Verkündungsgesetzes vom 30. Januar 1991 (GBl. S. 2) sowie aufgrund des § 52 des Schornsteinfegergesetzes vom 15. September 1969 (BGBl. I S. 1634, 2432), zuletzt geändert durch Art. 1 Satz 1 des Einigungsvertragsgesetzes vom 23. September 1990 (BGBl. II S. 885 – 1000 –) in Verbindung mit Anlage I Kap. V Sachgebiet B Abschnitt III Nr. 3 zum Einigungsvertrag, des § 1 Abs. 1 der Verordnung über

Orderlagerscheine vom 16. Dezember 1931 (RGBl. I S. 763) und des § 7 Abs. 2 Satz 1 des Verkündungsgesetzes vom 30. Januar 1991 (GBl. S. 2) wird verordnet:

§ 1 Gewerbebehörden

(1) [1]Untere Gewerbebehörden sind die Landkreise und die kreisfreien Städte sowie diejenigen kreisangehörigen Gemeinden, in denen aufgrund von Rechtsvorschriften, die vor dem 17. Mai 1990 in Kraft getreten sind, Gewerbeämter bereits bestehen. [2]Die Landkreise, kreisfreien Städte und kreisangehörigen Gemeinden nehmen die Aufgaben im übertragenen Wirkungskreis wahr.

(2) Obere Gewerbebehörde ist das Landesverwaltungsamt.

(3) Oberste Gewerbebehörde ist das für Gewerbe- und Handwerksrecht zuständige Ministerium.

§ 2 Zuständigkeiten der unteren Gewerbebehörden aufgrund des allgemeinen Gewerberechts

Die unteren Gewerbebehörden sind zuständig für die Ausführung der Gewerbeordnung und der aufgrund der Gewerbeordnung erlassenen Rechtsverordnungen, soweit in den §§ 3 und 8 Abs. 2 dieser Verordnung oder in anderen Rechtsvorschriften nichts anderes bestimmt ist.

§ 3 Zuständigkeiten der oberen Gewerbebehörde, der Landkreise und der kreisfreien Städte aufgrund des allgemeinen Gewerberechts und des Einführungsgesetzes zum Bürgerlichen Gesetzbuche

(1) Die obere Gewerbebehörde ist zuständig für:

1. die Entscheidung über die Unterbindung der Gewerbetätigkeit einer ausländischen juristischen Person, deren Rechtsfähigkeit im Inland nicht anerkannt wird (§ 15 Abs. 2 Satz 2 der Gewerbeordnung),
2. die öffentliche Bestellung und Vereidigung besonders sachkundiger Versteigerer nach § 34b Abs. 5 der Gewerbeordnung,
3. die Entscheidungen aufgrund des § 35 der Gewerbeordnung,
4. die Entgegennahme der Mitteilungen nach Artikel 252 Abs. 5 des Einführungsgesetzes zum Bürgerlichen Gesetzbuche (EGBGB), das Stellen von Auskunftsersuchen nach Artikel 253 § 2 EGBGB und die Bearbeitung von Auskunftsersuchen nach Artikel 253 § 3 EGBGB.

(2) Die Landkreise und die kreisfreien Städte sind als untere Gewerbebehörden zuständig für:

1. Entscheidungen aufgrund der §§ 51 und 59 der Gewerbeordnung,
2. Entscheidungen aufgrund der §§ 69 bis 69b der Gewerbeordnung, soweit über die Festsetzung von Messen, Ausstellungen oder Großmärkten zu entscheiden ist, und
3. Entscheidungen aufgrund des § 70a der Gewerbeordnung, soweit über die Untersagung der Teilnahme an einer Messe oder an einer Ausstellung oder an einem Großmarkt, an Messen, Ausstellungen oder Großmärkten insgesamt oder an mehreren Arten von Veranstaltungen, wenn die Entscheidung auch die Veranstaltungsart Messe oder die Veranstaltungsart Ausstellung oder die Veranstaltungsart Großmarkt umfasst, zu entscheiden ist.

§ 4 Zuständigkeiten für Ordnungswidrigkeiten nach der Gewerbeordnung

Zuständig für die Verfolgung und Ahndung von Ordnungswidrigkeiten nach den §§ 144 bis 146 und § 147a Abs. 2 sowie § 147b der Gewerbeordnung sind

1. die unteren Gewerbebehörden für die Zuwiderhandlungen gegen § 144 Abs. 1 Nr. 1 Buchst. j und k, Abs. 2 Nr. 1, 3, 7 und 8, § 145 Abs. 2 Nr. 8, § 146 Abs. 2 Nr. 11, § 147a Abs. 2 sowie § 147b der Gewerbeordnung,
2. im übrigen jeweils die Gewerbebehörde, die nach den §§ 2 und 3 dieser Verordnung für die Ausführung der Bestimmung zuständig ist, gegen die sich der Verstoß richtet.

§ 5 Zuständigkeiten nach der Handwerksordnung und dem *Gesetz zur Bekämpfung der Schwarzarbeit*

(1) [1]Die Landkreise und kreisfreien Städte sind als untere Gewerbebehörde zuständig für die Ausführung des § 16 Abs. 3 und 7 bis 9 der Handwerksordnung. [2]Im Übrigen ist die obere Gewerbebehörde sowohl zuständige als auch höhere Verwaltungsbehörde nach der Handwerksordnung, soweit in anderen Rechtsvorschriften nichts anderes bestimmt ist. [3]Das gilt nicht für die Entscheidungen über die Amtsenthebung von Mitgliedern der Vollversammlung einer Handwerkskammer und für das Ausstellen von Bescheinigungen zum Ausweis des Vorstandes der Vollversammlung einer Handwerkskam-

mer. [4]Die Zuständigkeiten nach den §§ 7a, 7b, 8, 9, 22b, 23, 24 und 42q der Handwerksordnung werden auf die Handwerkskammern übertragen.

(2) Die Landkreise und die kreisfreien Städte als untere Gewerbebehörden sind zuständig für die Verfolgung und Ahndung von Ordnungswidrigkeiten nach den §§ 117 und 118 der Handwerksordnung und nach dem Schwarzarbeitsbekämpfungsgesetz in der Fassung vom 23. Juli 2004 (BGBl. I S. 1842) in der jeweils geltenden Fassung, soweit in anderen Rechtsvorschriften nichts anderes bestimmt ist.

§ 5a Zuständigkeit der oberen Gewerbebehörde nach dem Geldwäschegesetz

Die obere Gewerbebehörde ist nach Landesrecht zuständige Stelle nach § 50 Nr. 9 des Geldwäschegesetzes vom 23. Juni 2017 (BGBl. I S. 1822) in der jeweils geltenden Fassung soweit gesetzlich nichts anderes bestimmt ist.

§ 6 Zuständigkeiten der oberen Gewerbebehörde nach dem Schornsteinfegerrecht

Die obere Gewerbebehörde ist zuständig für die Ausführung des Schornsteinfeger-Handwerksgesetzes und der aufgrund dieses Gesetzes erlassenen Rechtsverordnungen, soweit in den §§ 7 und 8 Abs. 1 dieser Verordnung oder in anderen Rechtsvorschriften nichts anderes bestimmt ist.

§ 7 Zuständigkeiten der unteren Gewerbebehörden nach dem Schornsteinfegerrecht

(1) Die unteren Gewerbebehörden sind zuständig für

1. die Aufsicht über den bevollmächtigten Bezirksschornsteinfeger nach § 21 SchfHwG,
2. den Erlass der Duldungsverfügung nach § 1 Abs. 4 SchfHwG,
3. die Beitreibungen nach § 20 Abs. 3 SchfHwG,
4. Anordnungen nach § 11 Abs. 3 Satz 1 SchfHwG,
5. die Entgegennahme der Meldung nach § 25 Abs. 1 SchfHwG,
6. den Erlass des Zweitbescheides nach § 25 Abs. 2 SchfHwG,
7. die Beauftragung mit der Ersatzvornahme nach § 26 Abs. 1 SchfHwG,
8. die Verfolgung und Ahndung von Ordnungswidrigkeiten nach § 24 SchfHwG.

(2) [1]Reicht ein Bezirk über den Bereich der örtlichen Zuständigkeit der unteren Gewerbebehörde hinaus, so ist die Behörde zuständig, auf deren Gebiet die Tätigkeit des bevollmächtigten Bezirksschornsteinfegers anfällt. [2]In Zweifelsfällen bestimmt die obere Gewerbebehörde die zuständige Behörde.

§ 8 Zuständigkeiten anderer Behörden

(1) Die untere Bauaufsichtsbehörde ist zuständig für

1. die Entgegennahme der Meldung von Mängeln nach § 5 Abs. 1 Satz 3 und Abs. 2 SchfHwG,
2. die Entgegennahme von Meldungen und die Verfügung oder Aufhebung von Sicherungsmaßnahmen nach § 14 Abs. 2 SchfHwG und
3. die Entgegennahme von Anzeigen nach § 15 Satz 2 SchfHwG.

(2) Für Entscheidungen über die Erteilung und den Entzug von Konzessionen für Privatkrankenanstalten, Privatentbindungsanstalten und Privatnervenkliniken im Sinne des § 30 Gewerbeordnung ist das Landesverwaltungsamt zuständig.

§ 9 Zuständigkeiten nach dem Textilkennzeichnungsgesetz und dem Kristallglaskennzeichnungsgesetz

Zuständig für den Vollzug des Textilkennzeichnungsgesetzes in der Fassung vom 14. August 1986 (BGBl. I S. 285) sowie den Vollzug des Kristallglaskennzeichnungsgesetzes vom 25. Juni 1971 (BGBl. I S. 857) jeweils in der jeweils geltenden Fassung sind die unteren Gewerbebehörden.

§ 10 Zuständigkeiten auf den Gebieten des Preisangaben-, Wirtschaftsstraf- und Markenrechts

(1) Zuständige Behörden für die Überwachung der Einhaltung der Preisangabenverordnung (PAngV) in der Fassung vom 18. Oktober 2002 (BGBl. I S. 4197) in der jeweils geltenden Fassung sind die Landkreise und kreisfreien Städte jeweils im übertragenen Wirkungskreis als untere Gewerbebehörden.

(2) Zuständige Behörden für die Verfolgung und Ahndung von Ordnungswidrigkeiten nach

1. § 10 PAngV,
2. § 3 Abs. 1 Satz 1 Nr. 2, § 4 Abs. 1 und § 5 Abs. 1 des Wirtschaftsstrafgesetzes 1954 in der Fassung vom 3. Juni 1975 (BGBl. I S. 1313) in der jeweils geltenden Fassung und

3. § 145 Abs. 1 des Markengesetzes vom 25. Oktober 1994 (BGBl. I S. 3082; 1995 I S. 156; 1996 I S. 682) in der jeweils geltenden Fassung

sind die Landkreise und kreisfreien Städte jeweils im übertragenen Wirkungskreis als untere Gewerbebehörde.

§ 11 Übertragung von Ermächtigungen zum Erlaß von Rechtsverordnungen

[1]Die der Landesregierung durch

1. § 36 Abs. 3, § 38 Abs. 3, § 56 Abs. 2 Satz 2 und § 67 Abs. 2 der Gewerbeordnung,
2. § 8 Abs. 3 Satz 4 und § 113 Abs. 3 Satz 3 der Handwerksordnung und
3. § 1 Abs. 1 Satz 3 SchfHwG und § 9b Satz 1 SchfHwG

erteilten Ermächtigungen zum Erlaß von Rechtsverordnungen werden auf das für Wirtschaftsrecht zuständige Ministerium übertragen. [2]Sieht eine Übertragungsermächtigung die Befugnis zur Weiterübertragung auf nachgeordnete oder der Aufsicht einer obersten Landesbehörde unterstehende Behörden vor, so wird auch diese Weiterübertragungsbefugnis auf das für Wirtschaftsrecht zuständige Ministerium übertragen.

§ 12 Gleichstellungsbestimmung

Status- und Funktionsbezeichnungen in dieser Verordnung gelten jeweils in männlicher und weiblicher Form.

§ 13 Inkrafttreten

[1]Diese Verordnung tritt mit Ausnahme von § 5 Abs. 1 Satz 2 am Ersten des auf die Verkündung[1)] folgenden Monats in Kraft. [2]§ 5 Abs. 1 Satz 2 tritt mit Wirkung vom 1. Januar 1992 in Kraft.

1) Verkündet am 24.1.1992.

Thüringer Gemeinde- und Landkreisordnung (Thüringer Kommunalordnung – ThürKO –)

In der Fassung der Bekanntmachung vom 28. Januar 2003[1)] (GVBl. S. 41)
(2020-4)
zuletzt geändert durch Art. 2 Zweites Thüringer Covid-19-G zur Umsetzung erforderlicher Maßnahmen im Zusammenhang mit der Corona-Pandemie vom 23. März 2021 (GVBl. S. 115)

Inhaltsübersicht

Erster Teil
Gemeindeordnung

Erster Abschnitt
Allgemeine Grundlagen

Erster Unterabschnitt
Rechtsstellung

§ 1 Begriff, Rechtsstellung und Aufgaben
§ 2 Eigene Aufgaben
§ 3 Übertragene Aufgaben
§ 4 Name, Ortsteile
§ 5 Bezeichnung
§ 6 Gemeindearten
§ 7 Hoheitszeichen

Zweiter Unterabschnitt
Gebiet

§ 8 Gemeindegebiet
§ 9 Gebiets- und Bestandsänderungen

Dritter Unterabschnitt
Gemeindebevölkerung

§ 10 Einwohner und Bürger
§ 11 Ehrenbürger
§ 12 Ehrenamtliche Tätigkeit
§ 13 Entschädigung
§ 14 Rechte und Pflichten
§ 15 Unterrichtung und Beratung der Einwohner
§ 16 Einwohnerantrag
§ 17 Bürgerbegehren, Bürgerentscheid
§§ 17a, 17b *[aufgehoben]*

Vierter Unterabschnitt
Gemeindehoheit

§ 18 Verwaltungs- und Finanzhoheit
§ 19 Satzungsbefugnis
§ 20 Inhalt der Satzungen; Anschluss- und Benutzungszwang
§ 21 Verfahren

Zweiter Abschnitt
Verfassung und Verwaltung

Erster Unterabschnitt
Gemeindeorgane und Gemeindebedienstete

§ 22 Gemeindeorgane
§ 23 Zusammensetzung des Gemeinderats
§ 24 Gemeinderatsmitglieder
§ 25 Fraktionen
§ 26 Ausschüsse
§ 27 Zusammensetzung der Ausschüsse
§ 28 Rechtsstellung des Bürgermeisters
§ 29 Aufgaben des Bürgermeisters
§ 30 Eilentscheidungsrecht
§ 31 Vertretung der Gemeinde
§ 32 Vertretung des Bürgermeisters, Beigeordnete
§ 33 Gemeindebedienstete

Zweiter Unterabschnitt
Geschäftsgang

§ 34 Geschäftsordnung
§ 35 Einberufung und Tagesordnung
§ 36 Beschlussfähigkeit
§ 36a Sitzungen und Entscheidungen in Notlagen
§ 37 Teilnahmepflicht
§ 38 Persönliche Beteiligung
§ 39 Beschlussfassung und Wahlen
§ 40 Öffentlichkeit
§ 41 Sitzungsleitung
§ 42 Niederschrift
§ 43 Geschäftsgang der Ausschüsse
§ 44 Beanstandungsverfahren

Dritter Unterabschnitt
Ortschaftsverfassung

§ 45 Ortsteilverfassung, Ortsteilbürgermeister, Ortsteilrat
§ 45a Ortschaften, Ortschaftsbürgermeister, Ortschaftsrat

Dritter Abschnitt
Verwaltungsgemeinschaft

§ 46 Bildung, Erweiterung, Änderung und Auflösung von Verwaltungsgemeinschaften
§ 47 Aufgaben
§ 48 Organe der Verwaltungsgemeinschaft
§ 49 Bedienstete der Verwaltungsgemeinschaft
§ 50 Deckung des Finanzbedarfs
§ 51 Erfüllende Gemeinde
§ 52 Anzuwendende Vorschriften

1) Neubekanntmachung der ThürKO v. 14.4.1998 (GVBl. S. 73) in der ab 31.12.2002 geltenden Fassung.

Vierter Abschnitt
Gemeindewirtschaft

Erster Unterabschnitt
Haushaltswirtschaft

§ 52a Verwaltungsbuchführung, doppelte Buchführung
§ 53 Allgemeine Haushaltsgrundsätze
§ 53a Haushaltssicherungskonzept
§ 54 Grundsätze der Einnahmebeschaffung
§ 55 Haushaltssatzung
§ 56 Haushaltsplan
§ 57 Erlass der Haushaltssatzung
§ 58 Überplanmäßige und außerplanmäßige Ausgaben
§ 59 Verpflichtungsermächtigungen
§ 60 Nachtragshaushaltssatzungen
§ 61 Vorläufige Haushaltsführung
§ 62 Finanzplanung
§ 62a Ausnahmeregelungen für die Jahre 2020 und 2021

Zweiter Unterabschnitt
Kreditwesen

§ 63 Kredite
§ 64 Kreditähnliche Verpflichtungen, Sicherheiten
§ 65 Kassenkredite

Dritter Unterabschnitt
Vermögenswirtschaft

§ 66 Erwerb und Verwaltung von Vermögen
§ 67 Veräußerung von Vermögen
§ 68 Rücklagen
§ 69 Zwangsvollstreckung in Gemeindevermögen wegen einer Geldforderung
§ 70 Von der Gemeinde verwaltete nicht rechtsfähige Stiftungen

Vierter Unterabschnitt
Gemeindliche Unternehmen

§ 71 Gründung, Übernahme und Erweiterung von Unternehmen
§ 72 Anzeigepflicht
§ 73 Unternehmen des privaten Rechts
§ 74 Vertretung im Fall der Beteiligung
§ 75 Verwaltung von Unternehmen
§ 75a Beteiligungsbericht
§ 76 Eigenbetriebe
§ 76a Kommunale Anstalt des öffentlichen Rechts
§ 76b Organe der kommunalen Anstalt, Personal
§ 76c Sonstige Vorschriften für die kommunale Anstalt
§ 77 Monopolbetriebe

Fünfter Unterabschnitt
Kassen- und Rechnungswesen

§ 78 Gemeindekasse
§ 79 Übertragung von Kassen- und Rechnungsgeschäften, Automation des Rechnungswesens
§ 80 Rechnungslegung, Feststellung der Jahresrechnung, Entlastung

Sechster Unterabschnitt
Prüfungswesen

§ 81 Rechnungsprüfungsamt
§ 82 Örtliche Prüfungen
§ 83 Überörtliche Prüfungen
§ 84 Inhalt der Rechnungs- und Kassenprüfungen
§ 85 Abschlussprüfung

Zweiter Teil
Landkreisordnung

Erster Abschnitt
Allgemeine Grundlagen

Erster Unterabschnitt
Rechtsstellung

§ 86 Begriff, Rechtsstellung und Aufgaben
§ 87 Eigene Aufgaben
§ 88 Übertragene Aufgaben
§ 89 Name, Sitz und Bezeichnung
§ 90 Hoheitszeichen

Zweiter Unterabschnitt
Gebiet

§ 91 Landkreisgebiet
§ 92 Gebiets- und Bestandsänderungen

Dritter Unterabschnitt
Landkreisbevölkerung

§ 93 Einwohner und Bürger
§ 94 Ehrenamtliche Tätigkeit
§ 95 Entschädigung
§ 96 Rechte und Pflichten
§ 96a Einwohnerantrag, Bürgerbegehren und Bürgerentscheid

Vierter Unterabschnitt
Landkreishoheit

§ 97 Verwaltungs- und Finanzhoheit
§ 98 Satzungsbefugnis
§ 99 Inhalt der Satzungen; Anschluss- und Benutzungszwang
§ 100 Verfahren

Zweiter Abschnitt
Verfassung und Verwaltung

Erster Unterabschnitt
Kreisorgane

§ 101 Kreisorgane
§ 102 Zusammensetzung des Kreistags
§ 103 Kreistagsmitglieder
§ 104 Fraktionen
§ 105 Ausschüsse
§ 106 Rechtsstellung des Landrats
§ 107 Aufgaben des Landrats

§ 108 Eilentscheidungsrecht
§ 109 Vertretung des Landkreises
§ 110 Vertretung des Landrats, Beigeordnete
§ 111 Kreisbehörde und untere staatliche Verwaltungsbehörde

Zweiter Unterabschnitt
Geschäftsgang
§ 112 Anzuwendende Bestimmungen
§ 113 Beanstandungsverfahren

Dritter Abschnitt
Kreiswirtschaft
§ 114 Anzuwendende Bestimmungen
§ 115 Rechnungsprüfungsamt

Dritter Teil
Gemeinsame Bestimmungen

Erster Abschnitt
Staatliche Aufsicht
§ 116 Grundsatz
§ 117 Inhalt der Aufsicht
§ 118 Zuständigkeit
§ 119 Informationsrecht
§ 120 Beanstandungspflicht
§ 121 Ersatzvornahme
§ 122 Beauftragter
§ 123 Genehmigungsbehörde

Zweiter Abschnitt
§§ 124, 125 *[aufgehoben]*

Dritter Abschnitt
Vereinigungen der Kommunen
§ 126 Spitzenverbände
§ 127 Beteiligungsrechte

Vierter Abschnitt
Übergangs- und Schlussbestimmungen
§ 128 Einwohnerzahl
§ 129 Ausführungsvorschriften
§ 130 Übergangsbestimmungen
§ 130a *[aufgehoben]*
§ 130b Kommunalisierung der Veterinär- und Lebensmittelüberwachungsämter
§ 131 Gleichstellungsbestimmung
§ 132 (In-Kraft-Treten, Außer-Kraft-Treten)

Erster Teil
Gemeindeordnung

Erster Abschnitt
Allgemeine Grundlagen

Erster Unterabschnitt
Rechtsstellung

§ 1 Begriff, Rechtsstellung und Aufgaben

(1) Die Gemeinden bilden die Grundlage des demokratischen Staates.

(2) [1]Die Gemeinden sind Gebietskörperschaften mit dem Recht, die örtlichen Angelegenheiten in eigener Verantwortung im Rahmen der Gesetze zur Förderung des Wohls ihrer Einwohner zu verwalten. [2]Eingriffe in die Rechte der Gemeinden sind nur durch Gesetz oder aufgrund eines Gesetzes zulässig.

(3) [1]Den Gemeinden steht in ihrem Gebiet die Erfüllung aller örtlichen öffentlichen Aufgaben zu, soweit nicht Gesetze etwas anderes bestimmen. [2]Die Gemeindeaufgaben sind eigene oder übertragene Aufgaben.

(4) [1]Die Gemeinden sind verpflichtet, im Rahmen ihrer Leistungsfähigkeit für eine ordnungsgemäße Verwaltung zu sorgen und die dafür erforderlichen Einrichtungen zu schaffen. [2]Die Gemeinden sind verpflichtet, Angelegenheiten, die im Interesse der Sicherheit der Bundesrepublik Deutschland und ihrer Länder Unbefugten nicht bekannt werden dürfen, geheim zu halten; sie haben die dazu notwendigen Vorkehrungen zu treffen.

§ 2 Eigene Aufgaben

(1) Eigene Aufgaben sind alle Angelegenheiten der örtlichen Gemeinschaft, die in der Gemeinde wurzeln oder auf sie einen spezifischen Bezug haben (Aufgaben des eigenen Wirkungskreises).

(2) Zu den Aufgaben des eigenen Wirkungskreises gehören insbesondere die harmonische Gestaltung der Gemeindeentwicklung unter Beachtung der Belange der Umwelt und des Naturschutzes, des Denkmalschutzes und der Belange von Wirtschaft und Gewerbe, die Bauleitplanung, die Gewährleistung des örtlichen öffentlichen Personennahverkehrs, die Versorgung mit Energie und Wasser, die Abwasserbeseitigung und -reinigung, die Sicherung und Förderung eines bedarfsgerechten öffentlichen Angebotes an Bildungs- und Kinderbetreuungseinrichtungen, die Entwicklung der Freizeit- und Erholungseinrichtungen sowie des kulturellen und sportlichen Lebens, der öffentliche Wohnungsbau,

die gesundheitliche und soziale Betreuung, die Aufrechterhaltung der öffentlichen Reinlichkeit, das Bestattungswesen und der Brandschutz.

(3) [1]Den Gemeinden kann durch Gesetz die Verpflichtung auferlegt werden, bestimmte Aufgaben zu erfüllen, wenn dies aus Gründen des öffentlichen Wohls erforderlich ist (Pflichtaufgaben). [2]Übersteigt eine Pflichtaufgabe die Leistungsfähigkeit einer Gemeinde, so ist die Aufgabe in kommunaler Zusammenarbeit zu erfüllen. [3]Gemeinden, die Mitglied einer Verwaltungsgemeinschaft sind oder für die eine erfüllende Gemeinde Aufgaben wahrnimmt, sollen zur Gewährleistung der Aufgaben der Versorgung mit Wasser sowie der Abwasserbeseitigung und -reinigung einem Zweckverband nach dem Thüringer Gesetz über die kommunale Gemeinschaftsarbeit angehören.

§ 3 Übertragene Aufgaben

(1) [1]Die Gemeinden können durch Gesetz oder aufgrund eines Gesetzes verpflichtet werden, bestimmte öffentliche Aufgaben des Staates oder anderer Körperschaften des öffentlichen Rechts zu erfüllen (Aufgaben des übertragenen Wirkungskreises). [2]Die zuständigen staatlichen Behörden können den Gemeinden für die Erledigung der Aufgaben des übertragenen Wirkungskreises allgemein oder im Einzelfall Weisungen erteilen.

(1a) [1]Die Ausführung von Bundesgesetzen kann den Gemeinden durch Rechtsverordnung als Aufgabe des übertragenen Wirkungskreises übertragen werden, wenn

1. die zu übertragende Aufgabe durch Bundesgesetz nach Inhalt und Umfang bestimmt ist,
2. die Aufgabenübertragung aus Gründen des öffentlichen Wohls erforderlich ist und
3. die Aufgabenerfüllung durch Landesbehörden unzweckmäßig wäre.

[2]Soweit ein Gesetz nichts anderes bestimmt, wird die Rechtsverordnung von der Landesregierung erlassen; sie kann diese Befugnis durch Rechtsverordnung auf das fachlich zuständige Ministerium übertragen, das für den Erlass der Rechtsverordnung der Zustimmung des für das Kommunalrecht zuständigen Ministeriums bedarf.

(2) Bei der Übertragung von Aufgaben nach den Absätzen 1 oder 1a sind gleichzeitig die notwendigen Mittel zur Verfügung zu stellen.

(3) [1]Ist die Gemeinde bei der Erfüllung einer ihr nach den Absätzen 1 und 1a übertragenen Aufgabe an die Entscheidung, Zustimmung oder Weisung einer anderen Behörde gebunden und wird die von ihr getroffene Maßnahme durch eine unanfechtbare Entscheidung aufgehoben, so erstattet der Träger der anderen Behörde der Gemeinde alle notwendigen Kosten, die ihr durch diese Bindung entstanden sind. [2]Gleiches gilt, wenn die Gemeinde auf Weisung der zuständigen Behörde gegen eine gerichtliche Entscheidung Rechtsmittel oder Rechtsbehelfe eingelegt hat und damit unterliegt.

§ 4 Name, Ortsteile

(1) [1]Die Gemeinden führen ihren bisherigen Namen weiter. [2]Er kann bei Vorliegen eines dringenden öffentlichen Interesses auf Antrag der Gemeinde oder nach Anhörung der Gemeinde von Amts wegen durch das für das Kommunalrecht zuständige Ministerium geändert werden.

(2) [1]Die Gemeinden können durch Regelung in der Hauptsatzung ihr Gebiet in Ortsteile einteilen. [2]Über die Benennung von Ortsteilen entscheidet die Gemeinde unter Berücksichtigung des öffentlichen Wohls und der bisherigen Namen in der Hauptsatzung. [3]Vor der Neubestimmung oder Änderung des Namens hat die Gemeinde die Einwohner des betroffenen Ortsteils anzuhören. [4]Die Namen der Ortsteile dürfen nur in Verbindung mit dem Namen der Gemeinde geführt werden.

(3) [1]Wird eine Gemeinde oder werden Ortsteile als Heilbad oder Kneippheilbad nach den Bestimmungen des Thüringer Kurortegesetzes anerkannt, kann das für das Kommunalrecht zuständige Ministerium auf Antrag der Gemeinde bestimmen, dass die Bezeichnung „Bad" Bestandteil des Namens der Gemeinde oder des Ortsteils wird. [2]Bei Gemeinden und Ortsteilen, die bereits den Namensbestandteil „Bad" führen, bleibt dieser erhalten.

(4) [1]Die Namen der Gemeinden und ihrer Ortsteile nach den Absätzen 1 und 2 werden durch Bekanntmachung des für das Kommunalrecht zuständigen Ministeriums in einem amtlichen Gemeindeverzeichnis veröffentlicht; dieses bindet, einschließlich der Schreibweise, alle staatlichen Behörden und unter der Aufsicht des Landes stehenden juristischen Personen des öffentlichen Rechts. [2]Das für das Kommunalrecht zuständige Ministerium kann die Zuständigkeit für die Führung des Gemeindeverzeichnisses auf nachgeordnete Behörden übertragen.

§ 5 Bezeichnung

(1) [1]Die Bezeichnung „Stadt“ führen die Gemeinden, denen diese nach bisherigem Recht zusteht. [2]Die Landesregierung kann auf Antrag die Bezeichnung „Stadt“ an Gemeinden verleihen, die nach Einwohnerzahl, Siedlungsform und ihren wirtschaftlichen und kulturellen Verhältnissen städtisches Gepräge tragen. [3]Wird eine Gemeinde mit der Bezeichnung „Stadt“ in eine andere Gemeinde eingegliedert oder mit anderen Gemeinden zu einer neuen Gemeinde zusammengeschlossen, so kann die aufnehmende oder neu gebildete Gemeinde diese Bezeichnung als eigene Bezeichnung weiterführen. [4]Die Landesregierung kann mit Zustimmung des Landtags einer Stadt, in der eine Universität oder eine andere Hochschule angesiedelt ist, die Bezeichnung „Universitätsstadt“ oder „Hochschulstadt“ verleihen. [5]Die Stadt Erfurt führt die Bezeichnung Landeshauptstadt.

(2) Die Gemeinden können andere überlieferte Bezeichnungen, die auf der Geschichte, der Eigenart oder der Bedeutung der Gemeinde beruhen, weiterführen.

(3) [1]Die Benennung der im Gemeindegebiet dem öffentlichen Verkehr dienenden Straßen, Wege, Plätze und Brücken sowie der öffentlichen Einrichtungen ist Angelegenheit der Gemeinde. [2]Gleich lautende Bezeichnungen innerhalb derselben Gemeinde sind unzulässig. [3]Die Sätze 1 und 2 gelten nicht für die Landgemeinde. [4]In der Landgemeinde sind Doppelbenennungen zulässig, soweit keine Verwechslungsgefahr besteht.

§ 6 Gemeindearten

(1) Gemeinden im Sinne dieses Gesetzes sind die kreisangehörigen Gemeinden sowie die kreisfreien Städte.

(2) [1]Eine kreisangehörige Gemeinde kann auf ihren Antrag durch Gesetz nach Anhörung des Landkreises zur kreisfreien Stadt erklärt werden, wenn die geschichtliche und wirtschaftliche Bedeutung sowie die Verwaltungs- und Finanzkraft der Gemeinde dies rechtfertigt und dadurch eine bessere Wahrnehmung der Aufgaben der Gemeinde im Interesse der Einwohner ermöglicht wird; die Belange des Landkreises und der im Landkreis verbleibenden Gemeinden sind hierbei zu berücksichtigen. [2]Die Folgen des Ausscheidens einer Gemeinde aus dem Landkreis, insbesondere die vermögensrechtlichen Verhältnisse, sind durch Übereinkunft zwischen der ausscheidenden Gemeinde und dem Landkreis zu regeln; kommt eine solche Übereinkunft nicht zustande oder besteht Streit über den Inhalt und die Abwicklung der Übereinkunft, so entscheidet die obere Rechtsaufsichtsbehörde.

(3) Die kreisfreien Städte erfüllen auch alle Aufgaben, die den Landkreisen im eigenen und im übertragenen Wirkungskreis obliegen.

(3a) [1]Wird eine kreisfreie Stadt in einen Landkreis eingegliedert und nicht zum Kreissitz bestimmt, wird sie zur Großen Kreisstadt erklärt. [2]Einer Großen Kreisstadt können durch oder aufgrund eines Gesetzes Aufgaben übertragen werden, die dem Landkreis im eigenen und im übertragenen Wirkungskreis obliegen.

(4) [1]Kreisangehörigen Gemeinden können auf ihren Antrag Aufgaben, die der Landkreis im übertragenen Wirkungskreis wahrnimmt, übertragen werden, wenn sie die gebotene Verwaltungs- und Finanzkraft aufweisen, dadurch eine bessere Wahrnehmung der Aufgaben im Interesse der Einwohner ermöglicht wird und wenn die wirtschaftliche und effektive Wahrnehmung der Aufgaben im gesamten Kreisgebiet gewährleistet bleibt. [2]Sie erfüllen diese Aufgaben im übertragenen Wirkungskreis. [3]Die Entscheidung über die zu übertragenden Aufgaben trifft die Landesregierung durch Rechtsverordnung mit Zustimmung des Landtags. [4]Kreisangehörige Gemeinden, denen Aufgaben nach Satz 1 übertragen werden, werden durch Rechtsverordnung mit Zustimmung des Landtags zu Großen kreisangehörigen Städten erklärt. [5]Die Übertragung und die Verleihung der Bezeichnung können widerrufen werden, wenn die Voraussetzungen nicht mehr erfüllt sind.

(5) [1]Benachbarte kreisangehörige Gemeinden können eine Landgemeinde mit mindestens 3 000 Einwohnern bilden. [2]Die Landgemeinde hat eine Ortschaftsverfassung nach § 45a.

§ 7 Hoheitszeichen

(1) [1]Die Gemeinden sind berechtigt, Wappen und Flaggen zu führen, die mit ihrer gemeindlichen Geschichte und demokratischen Grundsätzen übereinstimmen. [2]Die Änderung bestehender und die Annahme neuer Wappen und Flaggen bedürfen der Genehmigung des Landesverwaltungsamts.

(2) Dritte dürfen Wappen und Flaggen der Gemeinde nur mit deren Genehmigung verwenden.

(3) [1]Die Gemeinden führen Dienstsiegel. [2]Gemeinden mit eigenem Wappen führen dieses, die übrigen Gemeinden das Landeswappen mit dem Hinweis auf Thüringen und mit dem Namen der Gemeinde als Umschrift in ihrem Dienstsiegel. [3]Bei kreisangehörigen Gemeinden kann der Name des Landkreises in die Beschriftung aufgenommen werden.

Zweiter Unterabschnitt
Gebiet

§ 8 Gemeindegebiet

(1) [1]Das Gebiet der Gemeinde setzt sich aus den zu der Gemeinde gehörenden Grundstücken zusammen. [2]Grundstücke, die keiner Gemeinde zugehören, bilden gemeindefreie Gebiete; diese Grundstücke sind jedoch Teil des Gebiets der Landkreise.
(2) Aufgaben, die aus Gründen des öffentlichen Wohls erfüllt werden müssen und die sonst von den Gemeinden im eigenen Wirkungskreis erfüllt werden, nehmen im gemeindefreien Gebiet die Grundstückseigentümer auf ihre Kosten wahr.
(3) Aufgaben, die sonst von den Gemeinden im übertragenen Wirkungskreis wahrgenommen werden, sowie hoheitliche Rechte und Befugnisse, die sonst im Gemeindegebiet der kreisangehörigen Gemeinde zustehen, stehen im gemeindefreien Gebiet dem Landratsamt als der unteren staatlichen Verwaltungsbehörde zu.
(4) [1]Gemeindefreie Gebiete oder Teile hiervon sind auf Antrag angrenzender Gemeinden durch Rechtsverordnung des für das Kommunalrecht zuständigen Ministeriums in diese einzugliedern, sofern nicht dringende Gründe des öffentlichen Wohls entgegenstehen. [2]Vor einer Entscheidung sind die beteiligten Gemeinden, Landkreise und Eigentümer der gemeindefreien Grundstücke zu hören. [3]Beantragen mehrere Gemeinden die Eingliederung, so richtet sich die Entscheidung darüber, ob und in welchem Umfang den Anträgen stattgegeben wird, nach Gründen des öffentlichen Wohls.

§ 9 Gebiets- und Bestandsänderungen

(1) Aus Gründen des öffentlichen Wohls können Gemeinden in ihren Grenzen oder ihrem Bestand geändert, neu gebildet oder aufgelöst werden (Gebiets- oder Bestandsänderungen).
(2) [1]Gebietsänderungen können von den beteiligten Gemeinden mit Genehmigung der Rechtsaufsichtsbehörde vereinbart werden, soweit die Grenzen der Landkreise unberührt bleiben. [2]Vor ihrer Entscheidung über die Vereinbarung haben die Gemeinden die Einwohner, deren gemeindliche Zugehörigkeit wechselt, zu hören. [3]Die Rechtsaufsichtsbehörde macht die Vereinbarung mit der Genehmigung im Staatsanzeiger bekannt. [4]Gebietsänderungen, durch die Landkreisgrenzen berührt werden, erfolgen nach § 92.
(3) [1]Gebietsänderungen gegen den Willen einer oder mehrerer beteiligter Gemeinden und Bestandsänderungen bedürfen eines Gesetzes. [2]Vor Erlass des Gesetzes müssen die beteiligten Gemeinden und die Einwohner, die in den unmittelbar betroffenen Gebieten wohnen, gehört werden. [3]Die Anhörung der Einwohner obliegt der Rechtsaufsichtsbehörde.
(4) [1]In der Vereinbarung nach Absatz 2 sind Bestimmungen über den Umfang der Gebietsänderung, den Tag der Rechtswirksamkeit und, soweit erforderlich, über die Rechtsnachfolge, das neue Ortsrecht sowie die Auseinandersetzung zu treffen. [2]Alle wesentlichen Folgewirkungen der Gebiets- und Bestandsänderungen nach Absatz 3 werden durch Gesetz geregelt. [3]Im Übrigen entscheidet die Rechtsaufsichtsbehörde über die mit den Gebiets- oder Bestandsänderungen zusammenhängenden Rechts- und Verwaltungsfragen, soweit nicht die Beteiligten diese Fragen einvernehmlich regeln.
(5) [1]Wird eine Gemeinde in eine andere Gemeinde eingegliedert, so wird für den Rest der gesetzlichen Amtszeit der Gemeinderat der aufnehmenden Gemeinde im Verhältnis der Einwohnerzahlen der Gemeinden, mindestens jedoch um ein Gemeinderatsmitglied der einzugliedernden Gemeinde erweitert. [2]Bei der Berechnung der Zahl der neuen Gemeinderatsmitglieder werden Zahlenbruchteile ab 0,5 aufgerundet. [3]Die Zahl der neuen Gemeinderatsmitglieder wird durch Gesetz oder Rechtsverordnung des für das Kommunalrecht zuständigen Ministeriums bestimmt. [4]Der Bürgermeister der aufnehmenden Gemeinde stellt die neuen Gemeinderatsmitglieder nach dem Ergebnis der letzten Gemeinderatswahl in der eingegliederten Gemeinde entsprechend § 19 Abs. 6 und § 22 des Thüringer Kommunalwahlgesetzes (ThürKWG) fest und macht die Feststellung entsprechend § 9 Abs. 6 ThürKWG öffentlich bekannt. [5]Die Amtszeit der neuen Gemeinderatsmitglieder beginnt am Tag nach der Annahme des

Amtes; die §§ 23 und 29 ThürKWG gelten entsprechend. [6]Die Rechtsaufsichtsbehörde kann die Feststellung der neuen Gemeinderatsmitglieder binnen einer Frist von drei Monaten nach der Bekanntmachung berichtigen.

(6) [1]Wird durch einen Zusammenschluss von Gemeinden eine neue Gemeinde gebildet, soll innerhalb von sechs Monaten nach Wirksamwerden der Gemeindeneubildung die Wahl der Gemeinderatsmitglieder und des Bürgermeisters durchgeführt werden. [2]Die zuständige Rechtsaufsichtsbehörde bestimmt den Termin für die durchzuführenden Wahlen nach Satz 1. [3]Vom Wirksamwerden der Gemeindeneubildung bis zum Beginn der Amtszeit der neuen Gemeinderatsmitglieder setzt sich der Gemeinderat der neu gebildeten Gemeinde aus den Gemeinderatsmitgliedern der Gemeinderäte der aufgelösten Gemeinden zusammen. [4]Zur Wahrnehmung der Funktion des Bürgermeisters für den Zeitraum vom Wirksamwerden der Gemeindeneubildung bis zum Beginn der Amtszeit des Bürgermeisters der neu gebildeten Gemeinde bestellt die Rechtsaufsichtsbehörde einen Beauftragten. [5]Der Beauftragte leitet die Vorbereitung und Durchführung der Wahlen nach Satz 1, sofern er nicht nach den Bestimmungen des Thüringer Kommunalwahlgesetzes verhindert ist. [6]Im Übrigen bleiben die Bestimmungen des Thüringer Kommunalwahlgesetzes unberührt.

Dritter Unterabschnitt
Gemeindebevölkerung

§ 10 Einwohner und Bürger

(1) [1]Einwohner der Gemeinde ist, wer in der Gemeinde wohnt. [2]Jeder Einwohner hat gegenüber der Gemeinde die gleichen Rechte und Pflichten, sofern nicht durch Gesetz oder aufgrund eines Gesetzes etwas anderes bestimmt ist.

(2) [1]Bürger der Gemeinde ist jeder Einwohner, der als Deutscher im Sinne des Artikels 116 Abs. 1 des Grundgesetzes bei den Gemeindewahlen wahlberechtigt ist. [2]Das Bürgerrecht entsteht mit dem Erwerb der Wahlberechtigung und endet mit dessen Verlust. [3]Personen, die die Staatsangehörigkeit eines anderen Mitgliedsstaates der Europäischen Union besitzen und bei den Gemeindewahlen wahlberechtigt sind, stehen den Bürgern gleich.

(3) [1]Die Bürger der Gemeinde und die ihnen nach Absatz 2 Satz 3 gleichgestellten Personen wählen die Gemeinderatsmitglieder und mit der Mehrheit der abgegebenen gültigen Stimmen den Bürgermeister. [2]Das Nähere regelt ein Gesetz.

§ 11 Ehrenbürger

(1) [1]Die Gemeinden können Persönlichkeiten, die sich in besonderem Maße um die Gemeinde und das Wohl ihrer Einwohner verdient gemacht haben, zu Ehrenbürgern ernennen. [2]Die Gemeinden können solche Persönlichkeiten auch in anderer Weise ehren.

(2) [1]Die Ernennung zum Ehrenbürger und andere Ehrungen können wegen unwürdigen Verhaltens des Geehrten widerrufen werden. [2]Der Beschluss über den Widerruf bedarf einer Mehrheit von zwei Dritteln der stimmberechtigten Mitglieder des Gemeinderats.

§ 12 Ehrenamtliche Tätigkeit

(1) [1]Die Bürger nehmen nach den gesetzlichen Vorschriften an der Verwaltung der Gemeinde teil. [2]Sie sind zur Übernahme von Ehrenämtern in der Gemeinde verpflichtet; dies gilt nicht für die Ämter des ehrenamtlichen Bürgermeisters und Beigeordneten, des Gemeinderatsmitglieds, des Ortsteil- und Ortschaftsbürgermeisters sowie der Ortsteil- und Ortschaftsratsmitglieder. [3]Die Bewerbung um ein Ehrenamt sowie dessen Annahme und Ausübung dürfen nicht behindert werden.

(2) [1]Soweit die Bürger zur Übernahme eines Ehrenamts verpflichtet sind, können sie nur aus wichtigem Grund dessen Übernahme ablehnen oder das Ehrenamt niederlegen. [2]Als wichtiger Grund ist insbesondere anzusehen, wenn der Bürger durch sein Alter, seinen Gesundheitszustand, seine Berufs- und Familienverhältnisse oder sonstige persönliche Umstände an der Ausübung des Ehrenamts dauernd gehindert ist. [3]Über das Vorliegen eines wichtigen Grunds entscheidet der Gemeinderat. [4]Er kann die unbegründete Ablehnung oder Niederlegung des Ehrenamts einmalig mit einem Ordnungsgeld bis zu zweitausendfünfhundert Euro ahnden.

(3) [1]Die Bürger sind verpflichtet, Ehrenämter sorgfältig und gewissenhaft wahrzunehmen und über die ihnen bei der Ausübung des Ehrenamts bekannt gewordenen Angelegenheiten Verschwiegenheit zu bewahren, soweit nicht diese Tatsachen offenkundig sind oder ihrer Bedeutung nach keiner Geheim-

haltung bedürfen. 2Werden diese Verpflichtungen schuldhaft verletzt, kann der Gemeinderat im Einzelfall ein Ordnungsgeld bis zu zweitausendfünfhundert Euro verhängen. 3Die Verantwortlichkeit nach anderen gesetzlichen Vorschriften bleibt unberührt. 4Verletzt ein ehrenamtlich tätiger Bürger seine Verpflichtungen grob fahrlässig oder vorsätzlich, so hat er der Gemeinde den daraus entstehenden Schaden zu ersetzen.

(4) Für die Ehrenbeamten gelten die besonderen gesetzlichen Bestimmungen.

§ 13 Entschädigung

(1) 1Ehrenamtlich tätige Bürger haben Anspruch auf angemessene Entschädigung. 2Außerdem erhalten sie Ersatz der Auslagen und des Verdienstausfalls hinsichtlich der zur Wahrnehmung des Ehrenamts notwendigen Teilnahme an Sitzungen, Besprechungen oder anderen Veranstaltungen. 3Selbständig Tätige erhalten anstelle des Ersatzes des Verdienstausfalls eine Verdienstausfallpauschale. 4Personen, die nicht erwerbstätig sind, jedoch einen Mehrpersonenhaushalt von mindestens drei Personen führen, erhalten eine zusätzliche Entschädigung nach Maßgabe eines Stundenpauschalsatzes. 5Das Nähere bestimmt die Hauptsatzung.

(2) Für die ehrenamtlichen kommunalen Wahlbeamten gelten die besonderen gesetzlichen Bestimmungen.

§ 14 Rechte und Pflichten

(1) Die Einwohner sind im Rahmen der bestehenden Vorschriften berechtigt, die öffentlichen Einrichtungen der Gemeinde zu nutzen, und verpflichtet, die Lasten der Gemeinde zu tragen.

(2) Auswärts wohnende Personen haben für ihren Grundbesitz oder ihre gewerbliche Niederlassung im Gemeindegebiet gegenüber der Gemeinde die gleichen Rechte und Pflichten wie ortsansässige Grundbesitzer und Gewerbetreibende.

(3) Die Bestimmungen in den Absätzen 1 und 2 finden auf juristische Personen und Personenvereinigungen entsprechende Anwendung.

§ 15 Unterrichtung und Beratung der Einwohner

(1) 1Die Gemeinde hat die Einwohner über wichtige Gemeindeangelegenheiten in geeigneter Form zu unterrichten. 2Zu diesem Zweck hat der Bürgermeister mindestens einmal jährlich eine Einwohnerversammlung zur Erörterung gemeindlicher Angelegenheiten einzuberufen; das Nähere regelt die Hauptsatzung. 3In größeren Gemeinden können Einwohnerversammlungen auf Teile des Gemeindegebiets beschränkt werden. 4Der Bürgermeister lädt spätestens eine Woche vor der Einwohnerversammlung unter Angabe von Ort, Zeit und Tagesordnung in der Tageszeitung oder in sonst ortsüblicher Weise öffentlich zur Einwohnerversammlung ein. 5Der Bürgermeister leitet die Versammlung; er sorgt für die Aufrechterhaltung der Ordnung und übt das Hausrecht aus.

(1a) Der Gemeinderat soll bei öffentlichen Sitzungen den Einwohnern Gelegenheit geben, Fragen zu gemeindlichen Angelegenheiten zu stellen oder Anregungen und Vorschläge zu unterbreiten (Einwohnerfragestunde); das Nähere regelt die Hauptsatzung.

(2) 1Die Gemeinden haben als Aufgabe im übertragenen Wirkungskreis Vordrucke für Anträge, Anzeigen und Meldungen, die ihnen von anderen Behörden überlassen werden, bereitzuhalten. 2Im Rahmen ihrer Verwaltungskraft sind die Gemeinden ihren Bürgern auch bei der Einleitung der Verwaltungsverfahren behilflich, für die ihre Zuständigkeit nicht besteht.

§ 16 Einwohnerantrag

1Die Einwohner können beantragen, dass der Gemeinderat über eine gemeindliche Angelegenheit, für deren Entscheidung er zuständig ist, berät und entscheidet (Einwohnerantrag). 2Das Nähere regelt das Thüringer Gesetz über das Verfahren bei Einwohnerantrag, Bürgerbegehren und Bürgerentscheid (ThürEBBG).

§ 17 Bürgerbegehren, Bürgerentscheid

1Die Bürger können über Angelegenheiten des eigenen Wirkungskreises der Gemeinde die Durchführung eines Bürgerentscheids beantragen (Bürgerbegehren). 2Nach Zustandekommen des Bürgerbegehrens wird die Angelegenheit den Bürgern zur Entscheidung vorgelegt, sofern der Gemeinderat sich das Anliegen nicht zu eigen macht. 3Unter bestimmten Voraussetzungen kann der Gemeinderat den Bürgern auch eine solche Angelegenheit zur Entscheidung vorlegen (Ratsreferendum). 4Das Nähere regelt das Thüringer Gesetz über das Verfahren bei Einwohnerantrag, Bürgerbegehren und Bürgerentscheid (ThürEBBG).

§§ 17a, 17b ***[aufgehoben]***

Vierter Unterabschnitt

Gemeindehoheit

§ 18 Verwaltungs- und Finanzhoheit

(1) [1]Die Hoheitsgewalt der Gemeinde umfasst das Gemeindegebiet und alle Personen, die sich dort aufhalten. [2]Die Gemeinden können im eigenen und im übertragenen Wirkungskreis die zur Durchführung von Gesetzen, Verordnungen und Satzungen notwendigen Verwaltungsakte erlassen und unter Anwendung der gesetzlichen Zwangsmittel vollziehen.

(2) [1]Die Gemeinden haben das Recht, ihr Finanzwesen im Rahmen der Gesetze selbst zu regeln. [2]Sie sind insbesondere befugt, zur Deckung des für die Erfüllung ihrer Aufgaben notwendigen Finanzbedarfs nach Maßgabe der Gesetze Abgaben zu erheben sowie Entgelte für ihre Leistungen festzulegen.

(3) [1]Reichen die Einnahmen der Gemeinden zur Erfüllung ihrer eigenen und übertragenen Aufgaben nicht aus, so stellt das Land die erforderlichen Mittel im Rahmen des kommunalen Finanzausgleichs zur Verfügung. [2]Das Nähere regelt ein Gesetz.

(4) Geldbußen und Verwarnungsgelder, die aufgrund bewehrter Satzungen und Verordnungen festgesetzt werden, sowie Ordnungsgelder, die aufgrund dieses Gesetzes festgesetzt werden, fließen in die Gemeindekasse.

§ 19 Satzungsbefugnis

(1) [1]Die Gemeinden können die Angelegenheiten des eigenen Wirkungskreises durch Satzung regeln. [2]Der Erlass von Rechtsverordnungen ist nur in den gesetzlich bestimmten Fällen zulässig. [3]In den Rechtsverordnungen ist die Rechtsgrundlage anzugeben. [4]In der Satzung nach Satz 1 können Zuwiderhandlungen gegen Gebote oder Verbote als Ordnungswidrigkeiten mit Geldbuße bedroht werden (bewehrte Satzung). [5]Die Ordnungswidrigkeit kann mit einer Geldbuße bis zu fünftausend Euro geahndet werden. [6]Sachlich zuständige Verwaltungsbehörde im Sinne des § 36 Abs. 1 Nr. 1 des Gesetzes über Ordnungswidrigkeiten (OWiG) ist die Gemeindeverwaltung.

(2) Ordnungswidrig handelt, wer vorsätzlich oder fahrlässig dem Gebot oder Verbot einer bewehrten Satzung oder Rechtsverordnung oder einer aufgrund einer solchen Rechtsvorschrift ergangenen vollziehbaren Anordnung zuwiderhandelt, soweit die Rechtsvorschrift für einen bestimmten Tatbestand auf die zugrunde liegende gesetzliche Bußgeldvorschrift verweist.

§ 20 Inhalt der Satzungen; Anschluss- und Benutzungszwang

(1) [1]Jede Gemeinde hat eine Hauptsatzung zu erlassen. [2]In ihr ist mindestens zu regeln, was nach den Bestimmungen dieses Gesetzes einer Regelung durch die Hauptsatzung vorbehalten ist. [3]Darüber hinaus können andere für die Verfassung der Gemeinde wesentliche Fragen in der Hauptsatzung geregelt werden. [4]Die Hauptsatzung und ihre Änderung können nur durch die Mehrheit aller Mitglieder des Gemeinderats beschlossen werden.

(2) [1]Weiter können die Gemeinden in Satzungen insbesondere regeln:

1. die Benutzung ihres Eigentums und ihrer öffentlichen Einrichtungen und
2. aus Gründen des öffentlichen Wohls die Verpflichtung zum Anschluss von Grundstücken an Anlagen zur Versorgung mit Fernwärme, zur Wasserversorgung, Abwasserbeseitigung, Straßenreinigung und ähnliche dem Gemeinwohl dienende Einrichtungen (Anschlusszwang) sowie die Verpflichtung zur Benutzung dieser Einrichtungen (Benutzungszwang).

[2]Die Satzung kann Ausnahmen vom Anschluss- und Benutzungszwang zulassen; sie kann den Anschluss- und Benutzungszwang auf bestimmte Teile des Gemeindegebiets und auf bestimmte Gruppen von Grundstücken oder Personen beschränken. [3]In Satzungen nach Satz 1 Nr. 2 kann vorgeschrieben werden, dass Eigentümer das Anbringen und Verlegen örtlicher Leitungen für die Versorgung mit Fernwärme und Gas, die Wasserversorgung und die Abwasserbeseitigung auf ihrem Grundstück zu dulden haben, wenn dieses an die Einrichtung angeschlossen oder anzuschließen ist; die Duldungspflicht entfällt, wenn die Inanspruchnahme den Grundstückseigentümer mehr als notwendig oder in unzumutbarer Weise belasten würde.

§ 21 Verfahren

(1) [1]Satzungen sind auszufertigen und öffentlich bekannt zu machen. [2]Die Form der öffentlichen Bekanntmachung von Satzungen ist in der Hauptsatzung zu regeln.

(2) [1]Satzungen treten am Tage nach ihrer Bekanntmachung in Kraft. [2]In der Satzung kann ein anderer Zeitpunkt bestimmt werden, in bewehrten Satzungen und anderen Satzungen, die nicht mit rückwirkender Kraft erlassen werden können, jedoch frühestens der auf die Bekanntmachung folgende Tag.

(3) [1]Satzungen müssen vor ihrer Bekanntmachung der Rechtsaufsichtsbehörde vorgelegt werden. [2]Sie dürfen frühestens nach Ablauf eines Monats, nachdem die Gemeinde die Eingangsbestätigung für die vorzulegende Satzung von der Rechtsaufsichtsbehörde erhalten hat, bekannt gemacht werden, sofern nicht die Rechtsaufsichtsbehörde die Satzung beanstandet; die Rechtsaufsichtsbehörde hat die Eingangsbestätigung unverzüglich zu erteilen. [3]Die Satzung darf vor Ablauf des Monats bekannt gemacht werden, wenn die Rechtsaufsichtsbehörde dies ausdrücklich zulässt. [4]Widerspruch und Anfechtungsklage gegen die Beanstandung nach Satz 2 haben keine aufschiebende Wirkung.

(4) [1]Ist eine Satzung unter Verletzung von Verfahrens- oder Formvorschriften, die in diesem Gesetz enthalten oder aufgrund dieses Gesetzes erlassen worden sind, zustande gekommen, so ist die Verletzung unbeachtlich, wenn sie nicht innerhalb eines Jahres nach Bekanntmachung der Satzung gegenüber der Gemeinde unter Bezeichnung des Sachverhalts, der die Verletzung begründen soll, schriftlich geltend gemacht worden ist. [2]Dies gilt nicht, wenn die Vorschriften über die Genehmigung, die Ausfertigung oder die Bekanntmachung der Satzung verletzt worden sind. [3]Wurde eine Verletzung nach Satz 1 geltend gemacht, so kann auch nach Ablauf der in Satz 1 genannten Frist jedermann diese Verletzung geltend machen. [4]Die Sätze 1 bis 3 sind nur anzuwenden, wenn bei der Bekanntmachung der Satzung auf die Voraussetzungen für die Geltendmachung der Verletzung von Verfahrens- oder Formvorschriften und die Rechtsfolgen hingewiesen worden ist.

(5) [1]Absatz 4 gilt auch für Satzungen, die nach dem 17. Mai 1990, aber vor In-Kraft-Treten dieses Gesetzes bekannt gemacht worden sind, wenn die Gemeinde innerhalb eines Jahres nach In-Kraft-Treten dieses Gesetzes für die Satzung auf die in Absatz 4 genannten Voraussetzungen für die Geltendmachung der Verletzung von Verfahrens- und Formvorschriften und die Rechtsfolgen hinweist. [2]Der Hinweis hat in der für die öffentliche Bekanntmachung von Satzungen vorgeschriebenen Form zu erfolgen. [3]Die in Absatz 4 Satz 1 genannte Frist beginnt mit diesem Hinweis.

(6) Die Absätze 4 und 5 gelten für Flächennutzungspläne entsprechend.

Zweiter Abschnitt

Verfassung und Verwaltung

Erster Unterabschnitt

Gemeindeorgane und Gemeindebedienstete

§ 22 Gemeindeorgane

(1) [1]Organe der Gemeinde sind der Gemeinderat und der Bürgermeister. [2]Sie verwalten die Gemeinde nach den Bestimmungen dieses Gesetzes. [3]Der Gemeinderat führt in den Städten die Bezeichnung Stadtrat.

(2) Die vom Bürgermeister geleitete Behörde führt in den Gemeinden die Bezeichnung Gemeindeverwaltung, in den Städten die Bezeichnung Stadtverwaltung, in Verbindung mit dem Namen der Gemeinde oder der Stadt.

(3) [1]Der Gemeinderat beschließt über die Aufgaben des eigenen Wirkungskreises der Gemeinde, soweit er nicht die Beschlussfassung einem beschließenden Ausschuss übertragen hat (§ 26 Abs. 1) oder der Bürgermeister zuständig ist. [2]Der Gemeinderat überwacht die Ausführung seiner Beschlüsse. [3]Über den Vollzug der Beschlüsse hat der Bürgermeister dem Gemeinderat und den Ausschüssen regelmäßig zu berichten. [4]Der Gemeinderat hat das Recht und auf Verlangen eines Viertels seiner Mitglieder die Pflicht, vom Bürgermeister in diesen Angelegenheiten Auskunft zu fordern und Akteneinsicht durch von ihm damit beauftragte Ausschüsse oder bestimmte Gemeinderatsmitglieder zu nehmen.

§ 23 Zusammensetzung des Gemeinderats

(1) [1]Der Gemeinderat besteht aus dem Bürgermeister und den gemäß Absatz 2 gewählten Gemeinderatsmitgliedern; diese führen in den Städten die Bezeichnung Stadtratsmitglieder. [2]Den Vorsitz führt

der Bürgermeister, im Fall seiner Verhinderung sein Stellvertreter; der Stellvertreter hat auch dann Stimmrecht, wenn er nicht Gemeinderatsmitglied ist. [3]Die Hauptsatzung kann zu Beginn der Amtszeit des Gemeinderats bestimmen, dass den Vorsitz ein vom Gemeinderat gewähltes Gemeinderatsmitglied, im Fall seiner Verhinderung dessen Stellvertreter, führt; diesem obliegt anstelle des Bürgermeisters die Leitung in den Sitzungen des Gemeinderats; weitere Aufgaben können ihm nicht übertragen werden. [4]Das nach Satz 3 gewählte Gemeinderatsmitglied kann aus seiner Funktion als Vorsitzender vom Gemeinderat abberufen werden.

(2) [1]Die Gemeinderatsmitglieder werden von den Bürgern in allgemeiner, unmittelbarer, freier, gleicher und geheimer Wahl auf die Dauer von fünf Jahren gewählt. [2]Das Nähere regelt ein Gesetz.

(3) [1]Die Zahl der gemäß Absatz 2 zu wählenden Gemeinderatsmitglieder beträgt in Gemeinden

mit bis zu	500	Einwohnern		6,
mit mehr als	500	bis zu	1 000 Einwohnern	8,
mit mehr als	1 000	bis zu	2 000 Einwohnern	12,
mit mehr als	2 000	bis zu	3 000 Einwohnern	14,
mit mehr als	3 000	bis zu	5 000 Einwohnern	16,
mit mehr als	5 000	bis zu	10 000 Einwohnern	20,
mit mehr als	10 000	bis zu	20 000 Einwohnern	24,
mit mehr als	20 000	bis zu	30 000 Einwohnern	30,
mit mehr als	30 000	bis zu	50 000 Einwohnern	36,
mit mehr als	50 000	bis zu	100 000 Einwohnern	42,
mit mehr als	100 000	bis zu	200 000 Einwohnern,	46,
mit mehr als	200 000	Einwohnern		50.

[2]Wird eine Gemeinde durch Zusammenschluss von Gemeinden neu gebildet oder durch Eingliederung von Gemeinden vergrößert, kann in der Hauptsatzung bestimmt werden, dass die Zahl der nach Satz 1 zu wählenden Gemeinderatsmitglieder bis zum Ende der nächsten auf die allgemeinen Kommunalwahlen folgenden gesetzlichen Amtszeit des Gemeinderats um eine gerade Zahl erhöht wird. [3]Veränderungen der Einwohnerzahl werden erst bei der nächsten Wahl nach Ablauf der gesetzlichen Amtszeit des Gemeinderats berücksichtigt; § 9 Abs. 5 bleibt unberührt.

(4) [1]Die nach Absatz 2 zu Gemeinderatsmitgliedern gewählten Personen können ihr Amt nicht antreten oder verlieren ihr Amt, falls sie gleichzeitig tätig sind als

1. Beamte oder Angestellte der Gemeinde oder der Verwaltungsgemeinschaft, der die Gemeinde angehört,
2. leitende Beamte oder leitende Angestellte von juristischen Personen oder sonstigen Organisationen des öffentlichen oder privaten Rechts, an denen die Gemeinde mit mehr als 50 vom Hundert beteiligt ist; eine entsprechende Beteiligung am Stimmrecht genügt,

2a. leitende Beamte und leitende Angestellte von juristischen Personen oder sonstigen Organisationen des öffentlichen oder privaten Rechts, an denen eine juristische Person oder sonstige Organisation des öffentlichen oder privaten Rechts nach Nummer 2 mit mehr als 50 vom Hundert beteiligt ist,

3. Beamte oder Angestellte der Rechtsaufsichtsbehörde, die unmittelbar mit Fragen der Rechtsaufsicht befasst sind,
4. Landrat oder Beigeordneter eines Landkreises, für kreisangehörige Gemeinden jedoch nur desjenigen Landkreises, dem die Gemeinde angehört,
5. Bürgermeister oder Beigeordneter einer anderen Gemeinde.

[2]Satz 1 gilt nicht, wenn die zum Gemeinderatsmitglied gewählte Person von ihrem Dienst- oder Arbeitsverhältnis ohne Bezüge beurlaubt ist oder die Rechte und Pflichten aus dem Dienst- oder Arbeitsverhältnis wegen der Wahl in eine gesetzgebende Körperschaft ruhen.

(5) [1]Stellt das Gesetz auf die Mehrheit der Mitglieder des Gemeinderats ab, so ist die Gesamtzahl der Mitglieder des Gemeinderats (Absatz 1 Halbsatz 1) maßgebend. [2]Die dabei einzusetzende Zahl der Gemeinderatsmitglieder verringert sich, wenn nach dem Ausscheiden eines Gemeinderatsmitglieds wegen Fehlens von Nachrückern der Sitz für den Rest der Amtszeit unbesetzt bleibt; Gleiches gilt,

wenn auf einen Wahlvorschlag entfallende Sitze wegen Fehlens einer ausreichenden Zahl von Bewerbern im Wahlvorschlag nicht besetzt werden können.

(6) [1]Kommt die Wahl eines beschlussfähigen Gemeinderats nicht zustande oder sinkt die Zahl der Gemeinderatsmitglieder unter die Hälfte der in Absatz 3 vorgeschriebenen Zahl, so findet eine Neuwahl für den Rest der Amtszeit des Gemeinderats statt. [2]Den Wahltermin bestimmt die Rechtsaufsichtsbehörde.

§ 24 Gemeinderatsmitglieder

(1) [1]Die Gemeinderatsmitglieder üben ihr Ehrenamt nach dem Gesetz und ihrer freien, dem Gemeinwohl verpflichteten Überzeugung aus. [2]Sie sind an Aufträge und Weisungen nicht gebunden.

(2) [1]Die Gemeinderatsmitglieder sind in der ersten nach ihrer Wahl stattfindenden öffentlichen Sitzung des Gemeinderats vom Bürgermeister auf die gewissenhafte Erfüllung ihrer Pflichten zu verpflichten. [2]Verweigert ein Gemeinderatsmitglied die Verpflichtung, so verliert es sein Amt.

§ 25 Fraktionen

[1]Gemeinderatsmitglieder können sich zu Fraktionen zusammenschließen. [2]Das Nähere über die Bildung der Fraktionen, ihre Rechte und Pflichten regelt die Geschäftsordnung.

§ 26 Ausschüsse

(1) [1]Der Gemeinderat kann für bestimmte Aufgabenbereiche Ausschüsse zur Vorbereitung seiner Beschlüsse (vorberatende Ausschüsse) oder zur abschließenden Entscheidung (beschließende Ausschüsse) bilden. [2]Bildung, Zusammensetzung und Aufgaben der Ausschüsse regelt die Geschäftsordnung (§ 34). [3]In Gemeinden mit mehr als 1 000 Einwohnern ist ein Hauptausschuss zu bilden, der unter anderem mit der Vorbereitung der Sitzungen des Gemeinderats zu beauftragen ist; wird ein Hauptausschuss gebildet, so führt den Vorsitz der Bürgermeister, im Falle seiner Verhinderung sein Stellvertreter (§ 32); der Stellvertreter hat Stimmrecht im Hauptausschuss.

(2) Auf beschließende Ausschüsse können nicht übertragen werden

1. die Beschlussfassung über Angelegenheiten, zu deren Erledigung die Gemeinde der Genehmigung oder sonstiger staatlicher Zustimmung bedarf,
2. der Erlass, die Änderung oder Aufhebung von Satzungen,
3. der Erlass oder die Änderung der Geschäftsordnung des Gemeinderats,
4. die Beschlussfassung über Gebiets- oder Bestandsänderungen der Gemeinde,
5. die Beschlussfassung über den Abschluss von Tarifverträgen,
6. die Ernennung zum Ehrenbürger und andere Ehrungen der Gemeinde,
7. die Beschlussfassung über die Haushaltssatzung, die Nachtragshaushaltssatzungen, das Haushaltssicherungskonzept und die Entscheidung über das Stellen eines Antrags nach § 87 Abs. 3,
8. die Beschlussfassung über den Finanzplan nach § 62 oder den mittelfristigen Ergebnis- und Finanzplan,
9. die Feststellung der Jahresrechnung und der Jahresabschlüsse sowie die Beschlussfassung über die Entlastung,
10. die Beschlussfassung über die Festsetzung von Abgaben und privatrechtlichen Entgelten der Gemeinde oder solcher Unternehmen, an denen die Gemeinde mit mehr als 50 vom Hundert beteiligt ist,
11. die Entscheidung über die Gründung, Übernahme, Erweiterung oder Aufhebung von Unternehmen der Gemeinde und über die Beteiligung an Unternehmen,
12. die Beschlussfassung über die Bestellung und Abberufung des Leiters des Rechnungsprüfungsamts, seines Stellvertreters und der Prüfer, die Erteilung besonderer Prüfungsaufträge an das Rechnungsprüfungsamt und die Bestellung des Abschlussprüfers,
13. die Veräußerung von Gemeindevermögen, soweit diese nicht nach Art oder Umfang eine laufende Angelegenheit ist,
14. die Bestellung von Vertretern der Gemeinde in Aufsichts- oder Verwaltungsräten,
15. sonstige Angelegenheiten, über die kraft Gesetzes der Gemeinderat entscheidet.

(3) [1]Beschließende Ausschüsse erledigen die ihnen durch die Geschäftsordnung übertragenen Angelegenheiten anstelle des Gemeinderats. [2]Der Gemeinderat kann Entscheidungen im Einzelfall an sich ziehen und Beschlüsse eines Ausschusses aufheben oder ändern.

(4) [1]Der Gemeinderat kann beschließen, dass in der Gemeinde ein Ausländerbeirat gebildet wird. [2]Dem Ausländerbeirat gehören überwiegend Einwohner an, die nicht Deutsche im Sinne des Artikels 116 Abs. 1 des Grundgesetzes sind. [3]Das Nähere regelt die Hauptsatzung.

§ 26a Beteiligung von Kindern und Jugendlichen

[1]Die Gemeinden sollen bei Planungen und Vorhaben, die die Interessen von Kindern und Jugendlichen berühren, diese in angemessener Weise beteiligen. [2]Hierzu entwickelt die Gemeinde geeignete Verfahren. [3]Das Nähere regelt die Hauptsatzung.

§ 27 Zusammensetzung der Ausschüsse

(1) [1]Die Ausschüsse bestehen aus dem Bürgermeister und den weiteren Ausschussmitgliedern. [2]Der Bürgermeister kann einen Beigeordneten mit seiner Vertretung im Ausschuss beauftragen; dieser hat Stimmrecht im Ausschuss. [3]Bei der Zusammensetzung der Ausschüsse hat der Gemeinderat dem Stärkeverhältnis der in ihm vertretenen Parteien und Wählergruppen Rechnung zu tragen; soweit Fraktionen bestehen, sind diese der Berechnung zugrunde zu legen. [4]Übersteigt die Zahl der Ausschusssitze die Zahl der Gemeinderatsmitglieder nach § 23 Abs. 3, so kann jedes Gemeinderatsmitglied, das im Übrigen keinen Ausschusssitz besetzt, verlangen, in einem Ausschuss mit Rede- und Antragsrecht mitzuwirken; das Nähere regelt die Hauptsatzung. [5]Gemeinderatsmitglieder, die aus eigener Stärke kein Stimmrecht in einem Ausschuss erreichen, können sich zur Entsendung gemeinsamer Vertreter in die Ausschüsse zusammenschließen. [6]Haben dabei mehrere Fraktionen, Parteien, Wählergruppen oder Zusammenschlüsse gleichen Anspruch auf einen Sitz, so entscheidet die höhere Stimmenzahl, die bei den Wahlen zum Gemeinderat erlangt wurde, bei Stimmengleichheit das Los; der Losentscheid ist für jeden Ausschuss gesondert durchzuführen. [7]Bei der Zusammensetzung der Ausschüsse bleibt die Zugehörigkeit des Bürgermeisters oder des ihn nach Satz 2 vertretenden Beigeordneten zu einer Fraktion, Partei oder Wählergruppe unberücksichtigt. [8]Das nähere Verfahren zur Besetzung von Ausschüssen und sonstigen Gremien ist in der Hauptsatzung einheitlich zu regeln.

(2) [1]Die auf die Fraktionen, Parteien, Wählergruppen oder Zusammenschlüsse entfallenden Sitze sind gemäß deren bindenden Vorschlag durch Beschluss des Gemeinderats mit Gemeinderatsmitgliedern zu besetzen. [2]Ist ein Ausschussmitglied verhindert, so ist die Stellvertretung durch ein anderes Gemeinderatsmitglied zulässig. [3]Eine Abberufung eines Ausschussmitglieds kann nur durch den Gemeinderat und nur aus wichtigem Grund erfolgen. [4]Ein wichtiger Grund liegt insbesondere vor, wenn das Ausschussmitglied

1. seine Pflichten gröblich verletzt oder sich als unwürdig erwiesen hat oder
2. seine Tätigkeit nicht mehr ordnungsgemäß ausüben kann.

(3) [1]Während der Amtszeit in dem Gemeinderat eintretende Änderungen der Stärkeverhältnisse der Fraktionen, Parteien, Wählergruppen und Zusammenschlüsse sind auszugleichen. [2]Scheidet ein Gemeinderatsmitglied aus der ihn entsendenden Fraktion, Partei, Wählergruppe oder dem Zusammenschluss aus, so verliert es seinen Sitz im Ausschuss.

(4) [1]Die Ausschüsse wählen aus ihrer Mitte ihren Vorsitzenden und einen oder mehrere Stellvertreter; werden mehrere Stellvertreter gewählt, ist gleichzeitig die Reihenfolge der Stellvertretung festzulegen. [2]Der Vorsitzende kann aus dieser Funktion von dem jeweiligen Ausschuss abberufen werden. [3]§ 26 Abs. 1 Satz 3 bleibt unberührt.

(5) [1]Der Gemeinderat kann in die Ausschüsse neben den Gemeinderatsmitgliedern auch andere wahlberechtigte Personen als sachkundige Bürger berufen. [2]Diese haben beratende Aufgaben.

(6) Die Zuziehung von Sachverständigen ist zulässig.

§ 28 Rechtsstellung des Bürgermeisters

(1) [1]Der Bürgermeister ist Beamter der Gemeinde. [2]In kreisfreien Städten, Großen Kreisstädten und Großen kreisangehörigen Städten führt er die Amtsbezeichnung Oberbürgermeister.

(2) [1]In kreisangehörigen Gemeinden mit weniger als 3 000 Einwohnern ist der Bürgermeister Ehrenbeamter (ehrenamtlicher Bürgermeister); die obere Rechtsaufsichtsbehörde kann auf Antrag in begründeten Einzelfällen Ausnahmen zulassen. [2]Wird eine Ausnahme zugelassen, so muss die Hauptsatzung spätestens drei Monate vor der Wahl bestimmen, dass der Bürgermeister Beamter auf Zeit (hauptamtlicher Bürgermeister) sein soll. [3]In kreisangehörigen Gemeinden mit mindestens 3 000, höchstens aber 10 000 Einwohnern ist der Bürgermeister Beamter auf Zeit, wenn nicht der Gemeinderat spätestens drei Monate vor der Wahl in der Hauptsatzung bestimmt, dass er Ehrenbeamter sein soll.

[4]In kreisangehörigen Gemeinden mit mehr als 10 000 Einwohnern, in erfüllenden Gemeinden, in Großen kreisangehörigen Städten und in kreisfreien Städten ist der Bürgermeister Beamter auf Zeit. [5]Entscheidend ist die letzte fortgeschriebene Einwohnerzahl, die vom Landesamt für Statistik früher als sechs Monate vor der Bürgermeisterwahl veröffentlicht wurde.

(3) [1]Der Bürgermeister wird in allgemeiner, freier, gleicher und geheimer Wahl unmittelbar von den Bürgern der Gemeinde gewählt. [2]Er wird auf die Dauer von sechs Jahren gewählt.

(4) § 23 Abs. 4 gilt für den ehrenamtlichen Bürgermeister entsprechend.

(5) [1]Den Diensteid des Bürgermeisters nimmt das älteste anwesende Gemeinderatsmitglied in der ersten Sitzung des Gemeinderats nach Beginn der Amtszeit des Bürgermeisters ab. [2]Verletzt ein Bürgermeister seine Amtspflichten gröblich, so kann der Gemeinderat bei der Einleitungsbehörde die Einleitung eines förmlichen Disziplinarverfahrens beantragen. [3]Der Beschluss bedarf der Mehrheit von zwei Dritteln der Mitglieder des Gemeinderats.

(6) [1]Der Bürgermeister kann von den Bürgern der Gemeinde abgewählt werden. [2]Er ist abgewählt, wenn sich für die Abwahl eine Mehrheit der gültigen Stimmen ergibt, sofern diese Mehrheit mindestens 30 vom Hundert der Wahlberechtigten beträgt. [3]Im Übrigen gelten für die Abwahl des Bürgermeisters die Vorschriften des Thüringer Gesetzes über das Verfahren bei Einwohnerantrag, Bürgerbegehren und Bürgerentscheid (ThürEBBG). [4]Zur Einleitung des Abwahlverfahrens bedarf es eines Beschlusses von zwei Dritteln der Mitglieder des Gemeinderats. [5]Zwischen der Antragstellung und Beratung sowie der Beschlussfassung müssen mindestens 14 Tage liegen. [6]Der Bürgermeister scheidet mit Ablauf des Tages, an dem die Rechtsaufsichtsbehörde die Abwahl feststellt, aus seinem Amt. [7]Der hauptamtliche Bürgermeister erhält als Ruhestandsbeamter Bezüge nach Maßgabe der Bestimmungen des Thüringer Besoldungsgesetzes und des Thüringer Beamtenversorgungsgesetzes über die Abwahl von Wahlbeamten auf Zeit.

§ 29 Aufgaben des Bürgermeisters

(1) [1]Der Bürgermeister leitet die Gemeindeverwaltung und bestimmt die Geschäftsverteilung. [2]Er vollzieht die Beschlüsse des Gemeinderats und der Ausschüsse.

(2) Der Bürgermeister erledigt in eigener Zuständigkeit

1. die laufenden Angelegenheiten des eigenen Wirkungskreises der Gemeinde, die für die Gemeinde keine grundsätzliche Bedeutung haben und keine erheblichen Verpflichtungen erwarten lassen, und
2. die Angelegenheiten des übertragenen Wirkungskreises der Gemeinde (§ 3).

(3) [1]Der Bürgermeister ist oberste Dienstbehörde der Beamten der Gemeinde. [2]Er ist Vorgesetzter und Dienstvorgesetzter der Gemeindebediensteten. [3]Der Bürgermeister bedarf für folgende Personalentscheidungen der Zustimmung des Gemeinderats oder des zuständigen Ausschusses:

1. die Ernennung, Abordnung, Versetzung, Versetzung in den Ruhestand und Entlassung der Beamten des gehobenen und höheren Dienstes; in kreisfreien Städten gilt dies nicht für die Beamten des gehobenen Dienstes und der ersten beiden Ämter des höheren Dienstes,
2. die Einstellung, Höhergruppierung und Entlassung der Angestellten, deren Vergütungsgruppe mit der Besoldungsgruppe der Beamten nach Nummer 1 vergleichbar ist; in kreisfreien Städten gilt dies nicht für die Angestellten, deren Vergütungsgruppe mit der Besoldungsgruppe der Beamten des gehobenen Dienstes und der ersten beiden Ämter des höheren Dienstes vergleichbar ist.

(4) [1]Der Gemeinderat kann dem Bürgermeister im Einzelfall durch Beschluss mit dessen Zustimmung oder allgemein durch die Hauptsatzung weitere Angelegenheiten zur selbstständigen Erledigung übertragen; das gilt nicht für Angelegenheiten, die nach § 26 Abs. 2 nicht auf beschließende Ausschüsse übertragen werden können. [2]Der Gemeinderat kann dem Bürgermeister übertragene Angelegenheiten im Einzelfall nicht wieder an sich ziehen; das Recht des Gemeinderats, die Übertragung allgemein zu widerrufen, bleibt unberührt.

§ 30 Eilentscheidungsrecht

[1]Der Bürgermeister kann in Angelegenheiten, deren Erledigung nicht ohne Nachteil für die Gemeinde bis zu einer Sitzung des Gemeinderats oder des zuständigen Ausschusses aufgeschoben werden kann und zu denen kein Beschluss nach § 36a gefasst wird, anstelle des Gemeinderats oder des Ausschusses entscheiden. [2]Die Gründe für die Eilentscheidung und die Art der Erledigung sind den Gemeinderatsmitgliedern oder den Mitgliedern des zuständigen Ausschusses unverzüglich mitzuteilen.

§ 31 Vertretung der Gemeinde

(1) Der Bürgermeister vertritt die Gemeinde nach außen.

(2) [1]Erklärungen, durch welche die Gemeinde verpflichtet werden soll, binden sie nur, wenn sie in schriftlicher Form abgegeben werden. [2]Die Erklärungen sind durch den Bürgermeister oder seinen Stellvertreter unter Angabe der Amtsbezeichnung handschriftlich zu unterzeichnen. [3]Sie können aufgrund einer den vorstehenden Erfordernissen entsprechenden Vollmacht auch von Beigeordneten oder Bediensteten der Gemeinde unterzeichnet werden.

§ 32 Vertretung des Bürgermeisters, Beigeordnete

(1) [1]Jede Gemeinde muss einen Beigeordneten haben; er ist Stellvertreter des Bürgermeisters bei dessen Verhinderung. [2]Als Verhinderung gilt insbesondere die urlaubs- und krankheitsbedingte Abwesenheit des Bürgermeisters und die Nichtbesetzung des Bürgermeisteramtes. [3]Die Hauptsatzung kann nach Maßgabe des Absatzes 2 weitere Beigeordnete vorsehen. [4]Diese vertreten den Bürgermeister, soweit der allgemeine Vertreter nach Satz 1 verhindert ist. [5]Der Bürgermeister hat die Reihenfolge der Stellvertretung durch die weiteren Beigeordneten vor der Wahl zu bestimmen. [6]Die hauptamtlichen Beigeordneten gehen den ehrenamtlichen in der Reihenfolge der Stellvertretung vor. [7]Der erste Beigeordnete nach Satz 1 führt in den kreisfreien Städten und den Großen kreisangehörigen Städten die Amtsbezeichnung Bürgermeister.

(2) Die Zahl der Beigeordneten darf höchstens betragen in Gemeinden

mit bis zu	15 000	Einwohnern		2,
mit mehr als	15 000	bis zu	25 000 Einwohnern	3,
mit mehr als	25 000	bis zu	50 000 Einwohnern	4,
mit mehr als	50 000	bis zu	100 000 Einwohnern	5,
mit mehr als	100 000	bis zu	200 000 Einwohnern	6,
mit mehr als	200 000	Einwohnern		7.

(3) [1]Die Beigeordneten sind Ehrenbeamte der Gemeinde, soweit nicht die Hauptsatzung nach Maßgabe der Sätze 2 und 3 etwas anderes bestimmt. [2]Gemeinden mit mehr als 15 000 Einwohnern können in der Hauptsatzung vor der Wahl regeln, dass einer oder mehrere Beigeordnete hauptamtlich tätig sind; die Zahl der hauptamtlichen Beigeordneten darf höchstens um zwei weniger als die in Absatz 2 genannte Höchstzahl betragen.

(4) [1]Ehrenamtliche Beigeordnete werden vom Gemeinderat aus seiner Mitte für die Dauer der Amtszeit des Gemeinderats gewählt. [2]Der Gemeinderat kann mit Mehrheit seiner Mitglieder einen ehrenamtlichen Beigeordneten abberufen, wenn ein wichtiger Grund vorliegt; § 27 Abs. 2 Satz 4 gilt entsprechend.

(5) [1]Hauptamtliche Beigeordnete werden vom Gemeinderat auf die Dauer von sechs Jahren gewählt. [2]Sie müssen die für das Amt erforderlichen Voraussetzungen erfüllen. [3]Die Stellen der hauptamtlichen Beigeordneten sind rechtzeitig vor der Wahl öffentlich mindestens im Thüringer Staatsanzeiger auszuschreiben. [4]Der Bürgermeister legt die für das Amt erforderlichen Voraussetzungen in der Stellenausschreibung fest und gibt darin die Besoldungsgruppe an. [5]Zum hauptamtlichen Beigeordneten darf nur gewählt werden, wer sich auf die Ausschreibung hin rechtzeitig beworben hat und die objektiven Anforderungen der Ausschreibung erfüllt. [6]Der Bürgermeister wählt aus dem Kreis der Bewerber diejenigen aus, die den Anforderungen der Ausschreibung entsprechen. [7]Aus dem Kreis dieser ausgewählten Bewerber können sowohl der Bürgermeister als auch die Gemeinderatsmitglieder einen oder mehrere Bewerber zur Wahl vorschlagen. [8]Kommt eine Wahl nicht zustande, hat der Bürgermeister in derselben oder der nächsten Sitzung, die innerhalb von vier Wochen zu folgen hat, den oder die nicht gewählten Bewerber oder weitere Bewerber, die sich auf die Ausschreibung hin beworben haben und den Anforderungen der Ausschreibung entsprechen, zur Wahl vorzuschlagen; die Gemeinderatsmitglieder können ebenfalls aus dem Bewerberkreis nach Halbsatz 1 Bewerber zur Wahl vorschlagen. [9]Stehen nach Ansicht des Bürgermeisters keine geeigneten Bewerber mehr zur Verfügung, hat er unverzüglich eine neue Ausschreibung einzuleiten. [10]Der Gemeinderat kann mit einer Mehrheit von zwei Dritteln seiner Mitglieder beschließen, allein den bisherigen Beigeordneten zur Wahl zu stellen und deshalb von einer Ausschreibung abzusehen. [11]Der Beschluss über das Absehen von einer Ausschreibung ist in geheimer Abstimmung zu fassen; der Beigeordnete darf an der Beratung und Abstimmung auch dann nicht teilnehmen, wenn er den Bürgermeister vertritt.

(6) [1]Hauptamtliche Beigeordnete können vom Gemeinderat vorzeitig abberufen werden. [2]Der Antrag auf Abberufung muss von der Mehrheit der Mitglieder des Gemeinderats gestellt werden. [3]Über den Antrag auf Abberufung ist zweimal zu beraten und jeweils mit der Mehrheit von zwei Dritteln der Mitglieder des Gemeinderats zu beschließen. [4]Die zweite Beratung darf frühestens zwei Wochen nach der ersten erfolgen. [5]Der hauptamtliche Beigeordnete scheidet mit Ablauf des Tages, an dem die Abberufung zum zweiten Mal beschlossen wird, aus seinem Amt. [6]Er erhält als Ruhestandsbeamter Bezüge nach Maßgabe der Bestimmungen des Thüringer Besoldungsgesetzes und des Thüringer Beamtenversorgungsgesetzes über die Abwahl von Wahlbeamten auf Zeit.

(7) [1]Hauptamtlichen Beigeordneten hat der Bürgermeister die Leitung einzelner Geschäftsbereiche zu übertragen. [2]Ehrenamtlichen Beigeordneten kann er die Leitung einzelner Geschäftsbereiche übertragen. [3]Der Bürgermeister kann die Beigeordneten in ihrem Geschäftsbereich mit seiner ständigen Vertretung beauftragen. [4]Er kann einem Beigeordneten einzelne Amtsgeschäfte übertragen, soweit dadurch der Geschäftsbereich eines anderen Beigeordneten nicht betroffen ist.

(8) Die hauptamtlichen Beigeordneten haben in den Sitzungen des Gemeinderats und der ihren Geschäftsbereich berührenden Ausschüsse beratende Stimme.

(9) Das Nähere über das Beamtenverhältnis der Beigeordneten regelt ein Gesetz.

§ 33 Gemeindebedienstete

(1) [1]Die Gemeinden, die keiner Verwaltungsgemeinschaft angehören, müssen das fachlich geeignete Verwaltungspersonal anstellen, das erforderlich ist, um den ordnungsgemäßen Gang der Geschäfte zu gewährleisten. [2]Zur Verwirklichung des Grundrechts auf Gleichberechtigung von Mann und Frau sind in den Gemeinden mit mehr als 20 000 Einwohnern eine Gleichstellungsbeauftragte und eine Stellvertreterin zu bestellen.

(2) Unbeschadet der Verpflichtung nach Absatz 1 müssen als geschäftsleitende Bedienstete haben:

1. kreisfreie Städte und Große kreisangehörige Städte mindestens einen hauptamtlichen Gemeindebeamten mit der Befähigung für die Laufbahn des höheren nichttechnischen Verwaltungsdienstes oder zum Richteramt, wenn nicht der Oberbürgermeister diese Befähigung besitzt,
2. jede Gemeinde mindestens einen hauptamtlichen Gemeindebeamten mit der Befähigung für die Laufbahn des gehobenen nichttechnischen Verwaltungsdienstes, wenn nicht der Bürgermeister mindestens diese Befähigung besitzt und hauptamtlich tätig ist oder die Gemeinde einer Verwaltungsgemeinschaft angehört.

(3) [1]Die Eingruppierung der Angestellten und Einreihung der Arbeiter und deren Vergütung und Entlohnung sowie alle sonstigen Leistungen sind nur im Rahmen der zwischen Arbeitgebervereinigungen und Gewerkschaften getroffenen tarifvertraglichen Regelungen zulässig; besondere Rechtsvorschriften bleiben unberührt. [2]Ist die Gemeinde nicht tarifgebunden, so dürfen die Eingruppierung und Vergütung sowie alle sonstigen Leistungen höchstens denjenigen der vergleichbaren Angestellten und Arbeiter der tarifgebundenen Gemeinden entsprechen. [3]Das für das Kommunalrecht zuständige Ministerium kann in besonders begründeten Fällen Ausnahmen von den Sätzen 1 und 2 genehmigen.

Zweiter Unterabschnitt
Geschäftsgang

§ 34 Geschäftsordnung

(1) Der Gemeinderat gibt sich eine Geschäftsordnung.

(2) [1]Die Geschäftsordnung muss mindestens Bestimmungen über die Frist und Form der Einladung zu den Sitzungen sowie über den Geschäftsgang des Gemeinderats und seiner Ausschüsse enthalten. [2]Die Geschäftsordnung enthält zudem die Bestimmungen, die durch Gesetz einer Regelung in der Geschäftsordnung zugewiesen sind.

§ 35 Einberufung und Tagesordnung

(1) [1]Der Bürgermeister beruft den Gemeinderat zu den Sitzungen ein. [2]Die erste Sitzung des neu gewählten Gemeinderats hat spätestens am 14. Tage nach dem Beginn der Amtszeit stattzufinden. [3]Im Übrigen soll mindestens vierteljährlich eine Sitzung stattfinden. [4]Der Gemeinderat ist unverzüglich einzuberufen, wenn ein Viertel der Gemeinderatsmitglieder es schriftlich unter Angabe des Beratungsgegenstands verlangt. [5]Dies gilt nicht, wenn der Gemeinderat den gleichen Gegenstand innerhalb

der letzten drei Monate bereits beraten hat, es sei denn, dass sich die Sach- oder Rechtslage wesentlich geändert hat.

(2) [1]Der Bürgermeister lädt die Gemeinderatsmitglieder, die hauptamtlichen Beigeordneten und die sonstigen nach den Bestimmungen dieses Gesetzes zu ladenden Personen schriftlich unter Mitteilung der Tagesordnung ein. [2]Zwischen dem Tag des Zugangs der Einladung und dem Tag der Sitzung müssen mindestens vier volle Kalendertage liegen. [3]Sofern eine Entscheidung nicht ohne Nachteil für die Gemeinde aufgeschoben werden kann (Dringlichkeit), kann die Einladungsfrist abgekürzt werden, jedoch muss die Einladung spätestens am zweiten Tag vor der Sitzung zugehen; auf die Verkürzung der Frist ist in der Einladung hinzuweisen. [4]Die Dringlichkeit ist vom Gemeinderat vor Eintritt in die Tagesordnung festzustellen.

(3) Eine Verletzung von Form oder Frist der Einladung eines Gemeinderatsmitglieds, eines hauptamtlichen Beigeordneten oder einer sonstigen nach den Bestimmungen dieses Gesetzes zu ladenden Person gilt als geheilt, wenn das Gemeinderatsmitglied oder die zu ladende Person zu der Sitzung erscheint und den Mangel nicht geltend macht.

(4) [1]Der Bürgermeister setzt im Benehmen mit den Beigeordneten und dem Hauptausschuss die Tagesordnung fest und bereitet die Beratungsgegenstände vor. [2]Eine Angelegenheit ist in die Tagesordnung der nächsten Sitzung aufzunehmen, wenn es eine Fraktion oder ein Viertel der Gemeinderatsmitglieder schriftlich beantragt. [3]Absatz 1 Satz 5 gilt entsprechend.

(5) [1]In der Sitzung können vorbehaltlich des Satzes 2 nur solche Gegenstände behandelt werden, die in die Tagesordnung aufgenommen waren. [2]Weitere Gegenstände können nur behandelt werden, wenn

1. sie in einer nicht öffentlichen Sitzung zu behandeln sind, alle Mitglieder und sonstigen nach den Bestimmungen dieses Gesetzes zu ladenden Personen anwesend und mit der Behandlung einverstanden sind oder
2. bei Dringlichkeit (Absatz 2 Satz 3) der Gemeinderat mit einer Mehrheit von zwei Dritteln seiner anwesenden Mitglieder die Behandlung eines Gegenstands beschließt.

[3]§ 38 ist im Rahmen der Abstimmungen nach Satz 2 nicht anzuwenden.

(6) [1]Zeit, Ort und Tagesordnung der Sitzungen sind spätestens am vierten Tag, bei Dringlichkeit am zweiten Tag vor der Sitzung ortsüblich öffentlich bekannt zu machen. [2]Für die Tagesordnung nicht öffentlicher Sitzungen gilt dies nur insoweit, als dadurch der Zweck der Nichtöffentlichkeit nicht gefährdet wird.

(7) [1]Die in Absatz 1 Satz 4, Absatz 2 Satz 1, Absatz 4 Satz 2 vorgesehene Schriftform kann durch die elektronische Form ersetzt werden, wenn alle Mitglieder des Gemeinderats einverstanden sind und für die Übermittlung elektronischer Dokumente einen Zugang eröffnen. [2]§ 3a des Thüringer Verwaltungsverfahrensgesetzes findet entsprechende Anwendung. [3]In Gemeinden, die einer Verwaltungsgemeinschaft angehören, kann die Schriftform nach den Sätzen 1 und 2 nur dann durch die elektronische Form ersetzt werden, wenn die Verwaltungsgemeinschaft ebenfalls einen Zugang für die Übermittlung elektronischer Dokumente eröffnet hat.

§ 36 Beschlussfähigkeit

(1) [1]Beschlüsse des Gemeinderats werden in Sitzungen gefasst. [2]Der Gemeinderat ist beschlussfähig, wenn sämtliche Mitglieder und nach den Bestimmungen dieses Gesetzes zu ladende Personen ordnungsgemäß geladen sind und die Mehrheit der Mitglieder anwesend und stimmberechtigt (§ 38) ist.

(2) [1]Wird der Gemeinderat nach Beschlussunfähigkeit wegen mangelnder Anwesenheit in der ersten Sitzung zum zweiten Mal zur Verhandlung über denselben Gegenstand zusammengerufen, so ist er ohne Rücksicht auf die Zahl der Erschienenen beschlussfähig. [2]Bei der zweiten Einladung muss auf diese Bestimmung hingewiesen werden.

(3) Ist die Hälfte oder mehr als die Hälfte der Mitglieder des Gemeinderats von der Beratung und Abstimmung wegen persönlicher Beteiligung (§ 38) ausgeschlossen, so ist der Gemeinderat abweichend von Absatz 1 beschlussfähig, wenn mindestens ein Drittel der Mitglieder anwesend und stimmberechtigt ist; andernfalls entscheidet der Bürgermeister nach Anhörung der nicht ausgeschlossenen anwesenden Gemeinderatsmitglieder anstelle des Gemeinderats.

§ 36a Sitzungen und Entscheidungen in Notlagen

(1) [1]Durch die Hauptsatzung kann bestimmt werden, dass Sitzungen des Gemeinderats in Notlagen ohne persönliche Anwesenheit der Mitglieder im Sitzungsraum durch eine zeitgleiche Übertragung

von Bild und Ton, insbesondere in Form von Videokonferenzen, durchgeführt werden können. [2]Eine Notlage nach Satz 1 besteht, wenn es den Mitgliedern des Gemeinderats aufgrund einer außergewöhnlichen Situation nicht möglich ist, persönlich an den Sitzungen des Gemeinderats teilzunehmen. [3]Außergewöhnliche Situationen sind insbesondere Katastrophenfälle nach § 34 des Thüringer Brand- und Katastrophenschutzgesetzes, Pandemien oder Epidemien. [4]Der Bürgermeister stellt eine Notlage nach Satz 2 fest und lädt die Gemeinderatsmitglieder zu Sitzungen nach Satz 1 ein. [5]Der Gemeinderat beschließt in seiner nächsten Sitzung über den Fortbestand der vom Bürgermeister nach Satz 3 festgestellten Notlage. [6]Im Übrigen bleiben die für den Geschäftsgang von Sitzungen des Gemeinderats geltenden Regelungen unberührt.

(2) [1]Ist es dem Gemeinderat in der vom Bürgermeister nach Absatz 1 Satz 4 festgestellten Notlage nicht möglich, eine Sitzung nach Absatz 1 Satz 1 durchzuführen, kann er die Beschlüsse über Angelegenheiten, die nicht bis zur nächsten Gemeinderatssitzung aufgeschoben werden können, auf Antrag des Vorsitzenden, einer Fraktion oder eines Viertels der Mitglieder des Gemeinderats im Umlaufverfahren fassen. [2]Für den Antrag auf Durchführung des Umlaufverfahrens, die Stimmabgabe nach Satz 3 und die Stimmabgabe über die betreffende Beschlussvorlage ist die Textform (§ 126b BGB) ausreichend. [3]Der Beschlussfassung im Umlaufverfahren müssen drei Viertel der Mitglieder des Gemeinderats zustimmen. [4]Für die Beschlussfassung gelten im Übrigen die gesetzlichen Bestimmungen über die erforderlichen Mehrheiten in Sitzungen. [5]Der Bürgermeister hat die Gemeinderatsmitglieder unverzüglich über die in diesem Verfahren gefassten Beschlüsse zu unterrichten.

(3) [1]Wahlen nach § 39 dürfen in Sitzungen nach Absatz 1 Satz 1 oder Umlaufverfahren nach Absatz 2 nicht durchgeführt werden. [2]Die Gemeinde hat die technischen Voraussetzungen für Sitzungen nach Absatz 1 Satz 1 und Umlaufverfahren nach Absatz 2 zu schaffen und die Einhaltung der datenschutzrechtlichen Bestimmungen sicherzustellen.

(4) Bis zum 31. Dezember 2021 findet Absatz 1 mit der Maßgabe Anwendung, dass eine Regelung in der Hauptsatzung nicht erforderlich ist.

§ 37 Teilnahmepflicht

(1) Die Gemeinderatsmitglieder sind verpflichtet, an den Sitzungen des Gemeinderats teilzunehmen und die ihnen zugewiesenen Geschäfte zu übernehmen.

(2) Gegen Gemeinderatsmitglieder, die sich dieser Verpflichtung ohne genügende Entschuldigung entziehen, kann der Gemeinderat ein Ordnungsgeld bis zu fünfhundert Euro im Einzelfall verhängen.

§ 38 Persönliche Beteiligung

(1) [1]Kann ein Beschluss einem Mitglied des Gemeinderats selbst oder seinem Ehegatten oder einem Verwandten oder Verschwägerten bis zum dritten Grad (§§ 1589, 1590 des Bürgerlichen Gesetzbuchs) oder einer von ihm kraft Gesetzes oder Vollmacht vertretenen natürlichen oder juristischen Person unmittelbar einen Vorteil oder Nachteil bringen, so darf es an Beratung und Abstimmung nicht teilnehmen. [2]Dies gilt nicht, wenn das Mitglied an der Entscheidung der Angelegenheit lediglich als Angehöriger einer Berufs- oder einer Bevölkerungsgruppe beteiligt ist, deren gemeinsame Interessen durch die Angelegenheit berührt werden. [3]Als unmittelbar gilt nur derjenige Vorteil oder Nachteil, der sich direkt aus der Entscheidung ergibt, ohne dass weitere Ereignisse eintreten oder Maßnahmen getroffen werden müssen, die über die Ausführung von Beschlüssen hinausgehen. [4]Bei nicht öffentlicher Sitzung hat das Mitglied den Sitzungsraum zu verlassen. [5]Gleiches gilt, wenn ein Mitglied in anderer als öffentlicher Eigenschaft ein Gutachten abgegeben hat. [6]Die Sätze 1 bis 5 gelten entsprechend für hauptamtliche Beigeordnete und sonstige nach den Bestimmungen dieses Gesetzes zu ladende Personen.

(2) Die Bestimmungen des Absatzes 1 gelten nicht für Wahlen.

(3) [1]Der Betroffene hat die Tatsachen, die seine persönliche Beteiligung begründen können, vor Beginn der Beratung unaufgefordert dem Gemeinderat zu offenbaren. [2]Die Entscheidung über den Ausschluss von der Beratung und Abstimmung trifft der Gemeinderat in nicht öffentlicher Sitzung in Abwesenheit des Betroffenen.

(4) [1]Der Beschluss ist nur dann unwirksam, wenn ein Mitglied des Gemeinderats oder ein hauptamtlicher Beigeordneter zu Unrecht von der Beratung oder Abstimmung ausgeschlossen worden ist oder ein persönlich Beteiligter an der Abstimmung teilgenommen hat und nicht auszuschließen ist, dass seine Teilnahme an der Abstimmung für das Abstimmungsergebnis entscheidend war. [2]Der Beschluss

gilt jedoch als von Anfang an wirksam, wenn die in Satz 1 genannte Verletzung der Bestimmungen über die persönliche Beteiligung nicht innerhalb von drei Monaten nach der Beschlussfassung unter Bezeichnung der Tatsachen, die eine solche Verletzung begründen können, gegenüber der Gemeinde geltend gemacht worden ist. [3]Bei Satzungsbeschlüssen und Beschlüssen über Flächennutzungspläne gilt § 21 Abs. 4 bis 6.

§ 39 Beschlussfassung und Wahlen

(1) [1]Beschlüsse des Gemeinderats werden mit der Mehrheit der auf Ja oder Nein lautenden Stimmen gefasst, soweit nicht durch Gesetz eine andere Mehrheit vorgesehen ist. [2]Bei Stimmengleichheit ist der Antrag abgelehnt. [3]Stimmenthaltungen sind zulässig. [4]Bei der Beschlussfassung wird offen abgestimmt. [5]Der Gemeinderat kann geheime Abstimmung beschließen.

(2) [1]Wahlen werden in geheimer Abstimmung durchgeführt. [2]Es können nur solche Personen gewählt werden, die dem Gemeinderat vor der Wahl vorgeschlagen worden sind. [3]Gewählt ist, wer mehr als die Hälfte der Stimmen der anwesenden Stimmberechtigten erhalten hat. [4]Wird eine solche Mehrheit bei der Wahl nicht erreicht, findet zwischen den beiden Bewerbern mit den höchsten Stimmzahlen eine Stichwahl statt, bei der gewählt ist, wer die Mehrheit der abgegebenen gültigen Stimmen erhält. [5]Bei Stimmengleichheit entscheidet das Los. [6]Ungültig sind leere Stimmzettel, Stimmzettel mit Zusätzen und Stimmzettel, die den Willen des Stimmberechtigten nicht zweifelsfrei erkennen lassen. [7]Ist die Mehrheit der abgegebenen Stimmen ungültig, so ist die Stichwahl zu wiederholen. [8]Der Gemeinderat kann nach jedem erfolglosen Wahlgang beschließen, die Wahl abzubrechen und in derselben oder einer weiteren Sitzung eine erneute Wahl durchzuführen; neue Bewerber können nur zu einer Wahl in einer weiteren Sitzung vorgeschlagen werden. [9]Steht nur ein Bewerber zur Wahl, findet bei Nichterreichen der Mehrheit der Stimmen der anwesenden Stimmberechtigten im ersten Wahlgang ein zweiter Wahlgang statt, in dem der Bewerber gewählt ist, wenn er mehr als die Hälfte der abgegebenen gültigen Stimmen erhalten hat; die Sätze 6 bis 8 finden entsprechende Anwendung.

(3) [1]Sind mehrere gleichartige unbesoldete Stellen zu besetzen, können die Wahlen in einem Wahlvorgang durchgeführt werden, indem alle Bewerber auf einem Stimmzettel erfasst werden und je zu besetzende Stelle eine Stimme vergeben werden kann. [2]Ungültig sind Stimmen hinsichtlich der betreffenden Person, wenn der Stimmzettel gegenüber dieser Person einen Zusatz oder Vorbehalt enthält oder der Stimmzettel den Willen des Stimmberechtigten nicht zweifelsfrei erkennen lässt. [3]Gewählt sind die Bewerber in der Reihenfolge der Zahl der gültigen Stimmen. [4]Bei Stimmengleichheit entscheidet das Los. [5]Die Stellen von ehrenamtlichen Beigeordneten sind keine gleichartigen Stellen im Sinne des Satzes 1.

(4) Die Absätze 2 und 3 gelten für alle Entscheidungen des Gemeinderats, die in diesem Gesetz oder in anderen Rechtsvorschriften als Wahlen bezeichnet werden, soweit diese Regelungen keine abweichenden Anforderungen enthalten.

§ 40 Öffentlichkeit

(1) [1]Die Sitzungen des Gemeinderats sind öffentlich, soweit nicht Rücksichten auf das Wohl der Allgemeinheit oder das berechtigte Interesse Einzelner entgegenstehen. [2]Über den Ausschluss der Öffentlichkeit wird in nicht öffentlicher Sitzung beraten und entschieden. [3]Bei öffentlichen Sitzungen ohne persönliche Anwesenheit der Mitglieder nach § 36a Abs. 1 Satz 1 ist die Öffentlichkeit durch eine zeitgleiche Übertragung von Bild und Ton in einen öffentlich zugänglichen Raum, der in der ortsüblichen öffentlichen Bekanntmachung der Sitzung zu benennen ist, herzustellen.

(2) [1]Die in öffentlicher Sitzung gefassten Beschlüsse sind unverzüglich in ortsüblicher Weise öffentlich bekannt zu machen. [2]Die in nicht öffentlicher Sitzung gefassten Beschlüsse sind in gleicher Weise bekannt zu machen, sobald die Gründe für die Geheimhaltung weggefallen sind; die Entscheidung hierüber trifft der Gemeinderat.

(3) [1]Angelegenheiten, über die ein Beschluss nach § 36a Abs. 2 im Umlaufverfahren gefasst werden soll, sind vor der Beschlussfassung öffentlich in geeigneter Weise bekannt zu machen. [2]Die Beschlüsse nach § 36a Abs. 2 sind unverzüglich in ortsüblicher Weise öffentlich bekannt zu machen. [3]Soweit die öffentliche Bekanntmachung in ortsüblicher Weise nicht möglich ist, sind die Beschlüsse in anderer geeigneter Weise öffentlich bekannt zu machen. [4]Die öffentliche Bekanntmachung in ortsüblicher Weise ist im Fall des Satzes 3 unverzüglich nach Wegfall des Hinderungsgrundes nachzuholen.

§ 41 Sitzungsleitung

[1]Der Vorsitzende sorgt für die Aufrechterhaltung der Ordnung und übt das Hausrecht aus. [2]Der Vorsitzende kann mit Zustimmung des Gemeinderats Gemeinderatsmitglieder, welche die Ordnung fortgesetzt erheblich stören, von der Sitzung ausschließen. [3]Wird durch ein bereits von einer früheren Sitzung ausgeschlossenes Gemeinderatsmitglied die Ordnung innerhalb von zwei Monaten neuerlich erheblich gestört, so kann ihm der Gemeinderat für zwei weitere Sitzungen die Teilnahme untersagen.

§ 42 Niederschrift

(1) [1]Über die Sitzungen des Gemeinderats ist eine Niederschrift zu fertigen. [2]Die Niederschrift muss Tag und Ort der Sitzung, die Namen der anwesenden Teilnehmer und die der abwesenden Mitglieder des Gemeinderats unter Angabe ihres Abwesenheitsgrunds sowie die behandelten Gegenstände, die Beschlüsse und das Abstimmungsergebnis erkennen lassen. [3]Jedes Mitglied kann verlangen, dass in der Niederschrift festgehalten wird, wie es abgestimmt hat; das gilt nicht bei geheimer Abstimmung.

(2) Die Niederschrift ist vom Vorsitzenden und vom Schriftführer zu unterschreiben und in der nächsten Sitzung durch Beschluss des Gemeinderats zu genehmigen.

(3) [1]Die Mitglieder können jederzeit die Niederschriften einsehen und sich Abschriften der Niederschriften über öffentliche Sitzungen erteilen lassen. [2]Die Geschäftsordnung kann neben der Einsichtnahme in die Niederschriften die Übersendung von Abschriften der Niederschriften über öffentliche Sitzungen an alle Mitglieder des Gemeinderates vorsehen. [3]Die Einsicht in die Niederschriften über öffentliche Sitzungen bei der Gemeindeverwaltung steht allen Bürgern frei. [4]Hat der Gemeinderat entschieden, dass die Gründe der Geheimhaltung nach § 40 Abs. 2 Satz 2 weggefallen sind, gelten die Sätze 1 und 2 entsprechend.

§ 43 Geschäftsgang der Ausschüsse

(1) [1]Der Vorsitzende des Ausschusses beruft den Ausschuss ein und setzt die Tagesordnung fest. [2]Führt der Bürgermeister nicht den Vorsitz, so erfolgen Einberufung der Sitzung und Festsetzung der Tagesordnung durch den Vorsitzenden im Benehmen mit dem Bürgermeister. [3]Die Sitzungen vorberatender Ausschüsse sind nicht öffentlich. [4]Im Übrigen finden auf den Geschäftsgang der Ausschüsse die Bestimmungen der §§ 34 bis 42 entsprechende Anwendung; § 38 gilt für berufene Bürger (§ 27 Abs. 5) entsprechend.

(2) [1]Mitglieder des Gemeinderats, die einem Ausschuss nicht angehören, können auch an den nicht öffentlichen Sitzungen als Zuhörer teilnehmen. [2]Dies gilt nicht bei persönlicher Beteiligung nach § 38.

§ 44 Beanstandungsverfahren

[1]Hält der Bürgermeister eine Entscheidung des Gemeinderats oder eines Ausschusses für rechtswidrig, so hat er ihren Vollzug auszusetzen und sie in der nächsten Sitzung, die innerhalb eines Monats nach der Entscheidung stattfinden muss, gegenüber dem Gemeinderat oder dem Ausschuss zu beanstanden. [2]Verbleibt der Gemeinderat oder der Ausschuss bei seiner Entscheidung, so hat der Bürgermeister unverzüglich die Rechtsaufsichtsbehörde zu unterrichten. [3]Gegen die Entscheidung der Rechtsaufsichtsbehörde kann die Gemeinde Klage bei dem zuständigen Verwaltungsgericht erheben. [4]Das Vorverfahren nach § 68 Abs. 1 VwGO entfällt.

Dritter Unterabschnitt

Ortschaftsverfassung

§ 45 Ortsteilverfassung, Ortsteilbürgermeister, Ortsteilrat

(1) [1]Durch Regelung in der Hauptsatzung kann die Gemeinde für alle oder für einzelne Ortsteile eine Ortsteilverfassung einführen. [2]Mehrere benachbarte Ortsteile können gemeinsam eine Ortsteilverfassung erhalten. [3]In Ortsteilen mit Ortsteilverfassung wird ein Ortsteilrat für die Dauer der gesetzlichen Amtszeit des Gemeinderats gebildet. [4]Die Ortsteilverfassung kann frühestens zum Ende der gesetzlichen Amtszeit des Gemeinderats bis zur Festsetzung des Wahltermins aufgehoben oder geändert werden. [5]Wird kein Ortsteilrat gebildet, kann die Ortsteilverfassung auch vor dem Ende der gesetzlichen Amtszeit des Gemeinderats wieder aufgehoben werden. [6]Der Beschluss zur Aufhebung der Ortsteilverfassung bedarf der Mehrheit der gesetzlichen Zahl der Gemeinderatsmitglieder. [7]Bei Bestehen eines Ortsteilrats wird der Beschluss wirksam, wenn der Ortsteilrat nicht innerhalb eines Monats nach Mitteilung des Beschlusses widerspricht.

(2) ¹Der Ortsteilrat besteht aus dem Ortsteilbürgermeister und den Ortsteilratsmitgliedern. ²Der Ortsteilbürgermeister ist Vorsitzender des Ortsteilrats. ³Der Ortsteilrat wählt aus seiner Mitte einen oder mehrere Stellvertreter des Ortsteilbürgermeisters. ⁴Die §§ 34 bis 42 gelten entsprechend.
(3) ¹Die Ortsteilratsmitglieder werden in allgemeiner, unmittelbarer, freier, gleicher und geheimer Wahl für die Dauer der gesetzlichen Amtszeit des Gemeinderats gewählt. ²Sie sind ehrenamtlich tätig. ³Die Zahl der Ortsteilratsmitglieder beträgt in Ortsteilen

mit bis zu	500 Einwohnern	4,
mit mehr als	500 bis zu 1.000 Einwohnern	6,
mit mehr als	1.000 bis zu 2.000 Einwohnern	8,
mit mehr als	2.000 Einwohnern	10.

⁴Werden weniger Bewerber zugelassen als Ortsteilratsmitglieder zu wählen sind oder nehmen weniger gewählte Personen die Wahl als Ortsteilratsmitglied an, verringert sich die Zahl der Ortsteilratsmitglieder nach Satz 3 entsprechend. ⁵Dies gilt auch, wenn nach dem Ausscheiden eines Ortsteilratsmitglieds der Sitz für den Rest der Amtszeit unbesetzt bleibt. ⁶Das Nähere zum Wahlverfahren bestimmt die Hauptsatzung der Gemeinde. ⁷Werden keine Ortsteilratsmitglieder gewählt oder nehmen die gewählten Personen die Wahl nicht an, hat der Ortsteilbürgermeister die Befugnisse des Ortsteilrats.
(4) ¹Der Ortsteilbürgermeister ist Ehrenbeamter der Gemeinde und wird nach den für die Wahl des ehrenamtlichen Bürgermeisters geltenden Bestimmungen des Thüringer Kommunalwahlgesetzes für die Dauer der gesetzlichen Amtszeit des Gemeinderats gewählt. ²Wird ein Ortsteilbürgermeister nicht gewählt oder nimmt die gewählte Person die Wahl nicht an, wählt der Ortsteilrat den Ortsteilbürgermeister aus seiner Mitte. ³Für die Vorbereitung und Durchführung der Wahl des Ortsteilbürgermeisters in einem mit Beginn der neuen Amtszeit des Gemeinderats eingeführten oder geänderten Ortsteil mit Ortsteilverfassung gilt die Einführung oder Änderung der Ortsteilverfassung als zum Zeitpunkt der Wahl bereits eingetreten. ⁴Für die Abwahl des Ortsteilbürgermeisters gilt § 28 Abs. 6 entsprechend. ⁵Wird ein Ortsteilbürgermeister aus der Mitte des Ortsteilrates nicht gewählt oder nimmt die gewählte Person die Wahl nicht an oder scheiden der Ortsteilbürgermeister und sein Stellvertreter vor Ablauf ihrer Amtszeit vorzeitig aus ihren Ämtern aus und können diese Ämter bis zum Ablauf der Amtszeit des Ortsteilrats nicht neu besetzt werden, nehmen der Bürgermeister der Gemeinde und sein Stellvertreter die Aufgaben des Ortsteilbürgermeisters und seines Stellvertreters bis zum Ablauf der Amtszeit des Ortsteilrats wahr. ⁶Der Ortsteilbürgermeister hat das Recht, beratend an allen die Belange des Ortsteils betreffenden Sitzungen des Gemeinderats und der Ausschüsse teilzunehmen und entsprechende Anträge zu stellen. ⁷Er ist hierzu wie ein Gemeinderatsmitglied zu laden.
(5) ¹Der Ortsteilrat berät über die Angelegenheiten des Ortsteils. ²Der Ortsteilrat kann in allen Angelegenheiten, die den Ortsteil betreffen, Empfehlungen und Vorschläge unterbreiten. ³Diese müssen innerhalb einer Frist von drei Monaten von dem für die Entscheidung zuständigen Organ der Gemeinde behandelt werden. ⁴Über das Ergebnis der Behandlung ist der Ortsteilrat zu unterrichten. ⁵Der Ortsteilrat ist in allen wichtigen, den Ortsteil betreffenden Angelegenheiten rechtzeitig vor der Entscheidung des zuständigen Organs der Gemeinde zu hören. ⁶Dem Ortsteilrat ist eine angemessene Frist zur Stellungnahme zu geben, insbesondere vor Beginn der Beratungen zum Entwurf der Haushaltssatzung der Gemeinde sowie der Nachtagshaushaltssatzungen und zu baurechtlichen Satzungen und Planungen. ⁷Folgt das für die Entscheidung zuständige Organ der Gemeinde der Empfehlung, dem Vorschlag oder der Stellungnahme des Ortsteilrates nicht, sind dem Ortsteilrat die Gründe darzulegen. ⁸Ist aufgrund der Eilbedürftigkeit der Entscheidung eine Anhörung des Ortsteilrats nicht möglich, sind diesem die Gründe für die Eilbedürftigkeit und die Art der Erledigung unverzüglich mitzuteilen.
(6) ¹Der Ortsteilrat entscheidet über folgende Angelegenheiten des Ortsteils:
1. Verwendung der dem Ortsteil für kulturelle, sportliche und soziale Zwecke zur Verfügung gestellten Haushaltsmittel,
2. Pflege und Durchführung von Veranstaltungen des Brauchtums, der Heimatpflege und der kulturellen Tradition, Förderung und Entwicklung des kulturellen Lebens, Unterstützung der Ortsfeuerwehr.

²Er gibt Stellungnahmen ab zu:
1. der Änderung der Einteilung der Gemeinde in Ortsteile, soweit der Ortsteil betroffen ist, oder der Änderung des Namens des Ortsteils,

2. der Benennung und Umbenennung der im Gebiet des Ortsteils dem öffentlichen Verkehr dienenden Straßen, Wege, Plätze und Brücken sowie der öffentlichen Einrichtungen,
3. den beabsichtigten Veranstaltungen und Märkten im Ortsteil.

[3]Durch die Hauptsatzung können dem Ortsteilrat weitere auf den Ortsteil bezogene Aufgaben zur Beratung und Entscheidung übertragen werden. [4]Aufgaben nach § 26 Abs. 2 dürfen nicht übertragen werden. [5]Die Gemeinde hat dem Ortsteil zur Erfüllung seiner Aufgaben finanzielle Mittel im angemessenen Umfang in der Haushaltssatzung zur Verfügung zu stellen. [6]Sofern der Gemeinderat keine abweichende Festsetzung beschließt, entspricht ab Beginn des Haushaltsjahres 2019 die Höhe dieser finanziellen Mittel fünf Euro je Einwohner im Ortsteil mit Ortsteilverfassung zum 31. Dezember des jeweiligen Haushaltsvorvorjahres. [7]Ab Beginn des Haushaltsjahres 2020 verändert sich der in Satz 6 genannte Betrag jährlich nach Maßgabe der im Gesetz- und Verordnungsblatt des Freistaats Thüringen veröffentlichten Preisentwicklungsrate nach § 26 Abs. 3 des Gesetzes über die Rechtsverhältnisse der Abgeordneten des Thüringer Landtags (Thüringer Abgeordnetengesetz – ThürAbgG –) vom 9. März 1995 in der jeweils geltenden Fassung; es ist auf den zum Zeitpunkt des Beschlusses über die Haushaltssatzung aktuellsten im Gesetz- und Verordnungsblatt für den Freistaat Thüringen veröffentlichten Wert abzustellen.

(7) [1]Die Entscheidungen des Ortsteilrats dürfen dem Zusammenwachsen der Gemeinde nicht entgegenwirken und den Gesamtbelangen der Gemeinde nicht widersprechen. [2]Sie müssen die gesetzlichen Aufgaben und Zuständigkeiten, die planerischen Entscheidungen sowie das Ortsrecht einschließlich der Haushaltssatzung der Gemeinde beachten. [3]Entscheidungen, die nicht den Anforderungen nach Satz 1 entsprechen, können durch den Gemeinderat mit der Mehrheit seiner gesetzlichen Mitglieder geändert oder aufgehoben werden. [4]Der Vollzug der Entscheidungen obliegt dem Bürgermeister der Gemeinde. [5]Hält der Bürgermeister eine Entscheidung des Ortsteilrats für rechtswidrig, so hat er ihren Vollzug auszusetzen und sie in der nächsten Sitzung des Ortsteilrats, die innerhalb eines Monats nach der Entscheidung stattfinden muss, gegenüber dem Ortsteilrat zu beanstanden. [6]Verbleibt der Ortsteilrat bei seiner Entscheidung, so hat der Bürgermeister unverzüglich die Rechtsaufsichtsbehörde zu unterrichten. [7]Gegen die Entscheidung der Rechtsaufsichtsbehörde kann der Ortsteil Klage bei dem zuständigen Verwaltungsgericht erheben. [8]Das Vorverfahren nach § 68 Abs. 1 der Verwaltungsgerichtsordnung (VwGO) entfällt.

(8) [1]Im Fall der Eingliederung einer Gemeinde in eine andere oder der Bildung einer neuen Gemeinde während der gesetzlichen Amtszeit des Gemeinderats ist mit Wirksamwerden der Bestandsänderung für den Rest der gesetzlichen Amtszeit und die folgende gesetzliche Amtszeit des Gemeinderats für das Gebiet der aufgelösten Gemeinde die Ortsteilverfassung eingeführt; Absatz 1 Satz 4 bis 7 bleibt unberührt. [2]Der bisherige Bürgermeister der aufgelösten Gemeinde ist für die Dauer seiner verbleibenden Amtszeit unter Berufung in das Beamtenverhältnis als Ehrenbeamter zum Ortsteilbürgermeister zu ernennen. [3]Die Ernennung erfolgt durch die oberste Dienstbehörde. [4]Im Übrigen bleiben die Bestimmungen des § 26 ThürKWG in der jeweils geltenden Fassung unberührt. [5]Abweichend von § 2 Abs. 1 Satz 2 der Thüringer Verordnung über die Aufwandsentschädigung der ehrenamtlichen kommunalen Wahlbeamten auf Zeit (ThürAufEVO) darf die Aufwandsentschädigung für den Ortsteilbürgermeister für die Dauer seiner verbleibenden Amtszeit nach Satz 2 bis zum monatlichen Höchstbetrag festgesetzt werden. [6]Die bisherigen Gemeinderatsmitglieder sind für den Rest der gesetzlichen Amtszeit des Gemeinderats die Ortsteilratsmitglieder. [7]Eine Wahl nach Absatz 3 Satz 1 findet nicht statt; Absatz 3 Satz 3 findet keine Anwendung. [8]§ 12 Abs. 1 Satz 2 bleibt unberührt. [9]Nimmt kein bisheriges Gemeinderatsmitglied das Amt des Ortsteilratsmitglieds an, hat der Ortsteilbürgermeister bis zum Ende der gesetzlichen Amtszeit des Gemeinderats die Befugnisse des Ortsteilrats.

(9) [1]Im Falle der freiwilligen Bildung oder Eingliederung einer Gemeinde können die Gemeinden beantragen, dass Absatz 8 mit Wirksamwerden der Bestandsänderung nicht zur Anwendung kommen soll; eine entsprechende Regelung erfolgt im Neugliederungsgesetz. [2]Im Neugliederungsgesetz wird ebenfalls die Frist zur Anpassung des Ortsrechts geregelt.

§ 45a Ortschaften, Ortschaftsbürgermeister, Ortschaftsrat

(1) [1]Die Landgemeinde hat durch Regelung in der Hauptsatzung für die Ortsteile die Ortschaftsverfassung einzuführen. [2]Mehrere benachbarte Ortsteile können gemeinsam eine Ortschaftsverfassung erhalten. [3]In jedem Ortsteil mit Ortschaftsverfassung (Ortschaft) wird ein Ortschaftsrat für die Dauer der gesetzlichen Amtszeit des Gemeinderats gebildet. [4]Auf Vorschlag der Ortschaft kann die Ort-

schaftsverfassung frühestens zum Ende der gesetzlichen Amtszeit des Gemeinderates bis zur Festsetzung des Wahltermins aufgehoben oder geändert werden. [5]Die Ortschaftsverfassung kann für einzelne Ortschaften, außer auf Vorschlag der Ortschaft selbst, nur wieder aufgehoben werden, wenn für die Dauer der gesetzlichen Amtszeit kein Ortschaftsrat gebildet wird. [6]Der Beschluss zur Aufhebung der Ortschaftsverfassung bedarf der Mehrheit der gesetzlichen Zahl der Gemeinderatsmitglieder.

(2) [1]Der Ortschaftsrat besteht aus dem Ortschaftsbürgermeister und den Ortschaftsratsmitgliedern. [2]Der Ortschaftsbürgermeister ist Vorsitzender des Ortschaftsrats. [3]Der Ortschaftsrat wählt aus seiner Mitte einen oder mehrere Stellvertreter des Ortschaftsbürgermeisters. [4]Die §§ 34 bis 42 gelten entsprechend.

(3) [1]Die Ortschaftsratsmitglieder werden in allgemeiner, unmittelbarer, freier, gleicher und geheimer Wahl für die Dauer der gesetzlichen Amtszeit des Gemeinderats gewählt. [2]Sie sind ehrenamtlich tätig. [3]Die Zahl der Ortschaftsratsmitglieder beträgt in Ortschaften

mit bis zu	500 Einwohnern	4,
mit mehr als	500 bis zu 1.000 Einwohnern	6,
mit mehr als	1.000 bis zu 2.000 Einwohnern	8,
mit mehr als	2.000 Einwohnern	10.

[4]Werden weniger Bewerber zugelassen als Ortschaftsratsmitglieder zu wählen sind oder nehmen weniger gewählte Personen die Wahl als Ortschaftsratsmitglied an, verringert sich die Zahl der Ortschaftsratsmitglieder nach Satz 3 entsprechend. [5]Dies gilt auch, wenn nach dem Ausscheiden eines Ortschaftsratsmitglieds der Sitz für den Rest der Amtszeit unbesetzt bleibt. [6]Das Nähere zum Wahlverfahren bestimmt die Hauptsatzung der Landgemeinde. [7]Werden keine Ortschaftsratsmitglieder gewählt oder nehmen die gewählten Personen die Wahl nicht an, hat der Ortschaftsbürgermeister die Befugnisse des Ortschaftsrats.

(4) [1]Der Ortschaftsbürgermeister ist Ehrenbeamter der Gemeinde und wird nach den für die Wahl des ehrenamtlichen Bürgermeisters geltenden Bestimmungen des Thüringer Kommunalwahlgesetzes für die Dauer der gesetzlichen Amtszeit des Gemeinderats gewählt. [2]Wird ein Ortschaftsbürgermeister nicht gewählt oder nimmt die gewählte Person die Wahl nicht an, wählt der Ortschaftsrat den Ortschaftsbürgermeister aus seiner Mitte. [3]Für die Vorbereitung und Durchführung der Wahl des Ortschaftsbürgermeisters in einer mit Beginn der gesetzlichen Amtszeit des Gemeinderats eingeführten oder geänderten Ortschaft gilt die Einführung oder Änderung der Ortschaftsverfassung als zum Zeitpunkt der Wahl bereits eingetreten. [4]Für die Abwahl des Ortschaftsbürgermeisters gilt § 28 Abs. 6 entsprechend. [5]Wird ein Ortschaftsbürgermeister aus der Mitte des Ortschaftsrats nicht gewählt oder nimmt die gewählte Person die Wahl nicht an oder scheiden der Ortschaftsbürgermeister und sein Stellvertreter vor Ablauf ihrer Amtszeit vorzeitig aus ihren Ämtern aus und können diese Ämter bis zum Ablauf der Amtszeit des Ortschaftsrats nicht neu besetzt werden, nehmen der Bürgermeister der Landgemeinde und sein Stellvertreter die Aufgaben des Ortschaftsbürgermeisters und seines Stellvertreters bis zum Ablauf der Amtszeit des Ortschaftsrats wahr. [6]Der Ortschaftsbürgermeister hat das Recht, beratend an allen die Belange der Ortschaft betreffenden Sitzungen des Gemeinderats und der Ausschüsse teilzunehmen und entsprechende Anträge zu stellen. [7]Er ist hierzu wie ein Gemeinderatsmitglied zu laden.

(5) [1]Der Ortschaftsrat berät über die Angelegenheiten der Ortschaft. [2]Der Ortschaftsrat kann in allen Angelegenheiten, die die Ortschaft betreffen, Empfehlungen und Vorschläge unterbreiten. [3]Diese müssen innerhalb einer Frist von drei Monaten von dem für die Entscheidung zuständigen Organ der Landgemeinde behandelt werden. [4]Über das Ergebnis der Behandlung ist der Ortschaftsrat zu unterrichten. [5]Der Ortschaftsrat ist in allen wichtigen, die Ortschaft betreffenden Angelegenheiten rechtzeitig vor der Entscheidung des zuständigen Organs der Landgemeinde zu hören. [6]Dem Ortschaftsrat ist eine angemessene Frist zur Stellungnahme zu geben, insbesondere vor Beginn der Beratungen zum Entwurf der Haushaltssatzung der Landgemeinde sowie der Nachtragshaushaltssatzungen und zu baurechtlichen Satzungen und Planungen. [7]Folgt das für die Entscheidung zuständige Organ der Gemeinde der Empfehlung, dem Vorschlag oder der Stellungnahme des Ortschaftsrats nicht, sind dem Ortschaftsrat die Gründe darzulegen. [8]Ist aufgrund der Eilbedürftigkeit der Entscheidung eine Anhörung des Ortschaftsrats nicht möglich, sind diesem die Gründe für die Eilbedürftigkeit und die Art der Erledigung unverzüglich mitzuteilen.

schaftsverfassung frühestens zum Ende der gesetzlichen Amtszeit des Gemeinderates bis zur Festsetzung des Wahltermins aufgehoben oder geändert werden. [5]Die Ortschaftsverfassung kann für einzelne Ortschaften, außer auf Vorschlag der Ortschaft selbst, nur wieder aufgehoben werden, wenn für die Dauer der gesetzlichen Amtszeit kein Ortschaftsrat gebildet wird. [6]Der Beschluss zur Aufhebung der Ortschaftsverfassung bedarf der Mehrheit der gesetzlichen Zahl der Gemeinderatsmitglieder.

(2) [1]Der Ortschaftsrat besteht aus dem Ortschaftsbürgermeister und den Ortschaftsratsmitgliedern. [2]Der Ortschaftsbürgermeister ist Vorsitzender des Ortschaftsrats. [3]Der Ortschaftsrat wählt aus seiner Mitte einen oder mehrere Stellvertreter des Ortschaftsbürgermeisters. [4]Die §§ 34 bis 42 gelten entsprechend.

(3) [1]Die Ortschaftsratsmitglieder werden in allgemeiner, unmittelbarer, freier, gleicher und geheimer Wahl für die Dauer der gesetzlichen Amtszeit des Gemeinderats gewählt. [2]Sie sind ehrenamtlich tätig. [3]Die Zahl der Ortschaftsratsmitglieder beträgt in Ortschaften

mit bis zu	500 Einwohnern	4,
mit mehr als	500 bis zu 1.000 Einwohnern	6,
mit mehr als	1.000 bis zu 2.000 Einwohnern	8,
mit mehr als	2.000 Einwohnern	10.

[4]Werden weniger Bewerber zugelassen als Ortschaftsratsmitglieder zu wählen sind oder nehmen weniger gewählte Personen die Wahl als Ortschaftsratsmitglied an, verringert sich die Zahl der Ortschaftsratsmitglieder nach Satz 3 entsprechend. [5]Dies gilt auch, wenn nach dem Ausscheiden eines Ortschaftsratsmitglieds der Sitz für den Rest der Amtszeit unbesetzt bleibt. [6]Das Nähere zum Wahlverfahren bestimmt die Hauptsatzung der Landgemeinde. [7]Werden keine Ortschaftsratsmitglieder gewählt oder nehmen die gewählten Personen die Wahl nicht an, hat der Ortschaftsbürgermeister die Befugnisse des Ortschaftsrats.

(4) [1]Der Ortschaftsbürgermeister ist Ehrenbeamter der Gemeinde und wird nach den für die Wahl des ehrenamtlichen Bürgermeisters geltenden Bestimmungen des Thüringer Kommunalwahlgesetzes für die Dauer der gesetzlichen Amtszeit des Gemeinderats gewählt. [2]Wird ein Ortschaftsbürgermeister nicht gewählt oder nimmt die gewählte Person die Wahl nicht an, wählt der Ortschaftsrat den Ortschaftsbürgermeister aus seiner Mitte. [3]Für die Vorbereitung und Durchführung der Wahl des Ortschaftsbürgermeisters in einer mit Beginn der gesetzlichen Amtszeit des Gemeinderats eingeführten oder geänderten Ortschaft gilt die Einführung oder Änderung der Ortschaftsverfassung als zum Zeitpunkt der Wahl bereits eingetreten. [4]Für die Abwahl des Ortschaftsbürgermeisters gilt § 28 Abs. 6 entsprechend. [5]Wird ein Ortschaftsbürgermeister aus der Mitte des Ortschaftsrats nicht gewählt oder nimmt die gewählte Person die Wahl nicht an oder scheiden der Ortschaftsbürgermeister und sein Stellvertreter vor Ablauf ihrer Amtszeit vorzeitig aus ihren Ämtern aus und können diese Ämter bis zum Ablauf der Amtszeit des Ortschaftsrats nicht neu besetzt werden, nehmen der Bürgermeister der Landgemeinde und sein Stellvertreter die Aufgaben des Ortschaftsbürgermeisters und seines Stellvertreters bis zum Ablauf der Amtszeit des Ortschaftsrats wahr. [6]Der Ortschaftsbürgermeister hat das Recht, beratend an allen die Belange der Ortschaft betreffenden Sitzungen des Gemeinderats und der Ausschüsse teilzunehmen und entsprechende Anträge zu stellen. [7]Er ist hierzu wie ein Gemeinderatsmitglied zu laden.

(5) [1]Der Ortschaftsrat berät über die Angelegenheiten der Ortschaft. [2]Der Ortschaftsrat kann in allen Angelegenheiten, die die Ortschaft betreffen, Empfehlungen und Vorschläge unterbreiten. [3]Diese müssen innerhalb einer Frist von drei Monaten von dem für die Entscheidung zuständigen Organ der Landgemeinde behandelt werden. [4]Über das Ergebnis der Behandlung ist der Ortschaftsrat zu unterrichten. [5]Der Ortschaftsrat ist in allen wichtigen, die Ortschaft betreffenden Angelegenheiten rechtzeitig vor der Entscheidung des zuständigen Organs der Landgemeinde zu hören. [6]Dem Ortschaftsrat ist eine angemessene Frist zur Stellungnahme zu geben, insbesondere vor Beginn der Beratungen zum Entwurf der Haushaltssatzung der Landgemeinde sowie der Nachtragshaushaltssatzungen und zu baurechtlichen Satzungen und Planungen. [7]Folgt das für die Entscheidung zuständige Organ der Gemeinde der Empfehlung, dem Vorschlag oder der Stellungnahme des Ortschaftsrats nicht, sind dem Ortschaftsrat die Gründe darzulegen. [8]Ist aufgrund der Eilbedürftigkeit der Entscheidung eine Anhörung des Ortschaftsrats nicht möglich, sind diesem die Gründe für die Eilbedürftigkeit und die Art der Erledigung unverzüglich mitzuteilen.

2. der Benennung und Umbenennung der im Gebiet des Ortsteils dem öffentlichen Verkehr dienenden Straßen, Wege, Plätze und Brücken sowie der öffentlichen Einrichtungen,
3. den beabsichtigten Veranstaltungen und Märkten im Ortsteil.

[3]Durch die Hauptsatzung können dem Ortsteilrat weitere auf den Ortsteil bezogene Aufgaben zur Beratung und Entscheidung übertragen werden. [4]Aufgaben nach § 26 Abs. 2 dürfen nicht übertragen werden. [5]Die Gemeinde hat dem Ortsteil zur Erfüllung seiner Aufgaben finanzielle Mittel im angemessenen Umfang in der Haushaltssatzung zur Verfügung zu stellen. [6]Sofern der Gemeinderat keine abweichende Festsetzung beschließt, entspricht ab Beginn des Haushaltsjahres 2019 die Höhe dieser finanziellen Mittel fünf Euro je Einwohner im Ortsteil mit Ortsteilverfassung zum 31. Dezember des jeweiligen Haushaltsvorvorjahres. [7]Ab Beginn des Haushaltsjahres 2020 verändert sich der in Satz 6 genannte Betrag jährlich nach Maßgabe der im Gesetz- und Verordnungsblatt des Freistaats Thüringen veröffentlichten Preisentwicklungsrate nach § 26 Abs. 3 des Gesetzes über die Rechtsverhältnisse der Abgeordneten des Thüringer Landtags (Thüringer Abgeordnetengesetz – ThürAbgG –) vom 9. März 1995 in der jeweils geltenden Fassung; es ist auf den zum Zeitpunkt des Beschlusses über die Haushaltssatzung aktuellsten im Gesetz- und Verordnungsblatt für den Freistaat Thüringen veröffentlichten Wert abzustellen.

(7) [1]Die Entscheidungen des Ortsteilrats dürfen dem Zusammenwachsen der Gemeinde nicht entgegenwirken und den Gesamtbelangen der Gemeinde nicht widersprechen. [2]Sie müssen die gesetzlichen Aufgaben und Zuständigkeiten, die planerischen Entscheidungen sowie das Ortsrecht einschließlich der Haushaltssatzung der Gemeinde beachten. [3]Entscheidungen, die nicht den Anforderungen nach Satz 1 entsprechen, können durch den Gemeinderat mit der Mehrheit seiner gesetzlichen Mitglieder geändert oder aufgehoben werden. [4]Der Vollzug der Entscheidungen obliegt dem Bürgermeister der Gemeinde. [5]Hält der Bürgermeister eine Entscheidung des Ortsteilrats für rechtswidrig, so hat er ihren Vollzug auszusetzen und sie in der nächsten Sitzung des Ortsteilrats, die innerhalb eines Monats nach der Entscheidung stattfinden muss, gegenüber dem Ortsteilrat zu beanstanden. [6]Verbleibt der Ortsteilrat bei seiner Entscheidung, so hat der Bürgermeister unverzüglich die Rechtsaufsichtsbehörde zu unterrichten. [7]Gegen die Entscheidung der Rechtsaufsichtsbehörde kann der Ortsteil Klage bei dem zuständigen Verwaltungsgericht erheben. [8]Das Vorverfahren nach § 68 Abs. 1 der Verwaltungsgerichtsordnung (VwGO) entfällt.

(8) [1]Im Fall der Eingliederung einer Gemeinde in eine andere oder der Bildung einer neuen Gemeinde während der gesetzlichen Amtszeit des Gemeinderats ist mit Wirksamwerden der Bestandsänderung für den Rest der gesetzlichen Amtszeit und die folgende gesetzliche Amtszeit des Gemeinderats für das Gebiet der aufgelösten Gemeinde die Ortsteilverfassung eingeführt; Absatz 1 Satz 4 bis 7 bleibt unberührt. [2]Der bisherige Bürgermeister der aufgelösten Gemeinde ist für die Dauer seiner verbleibenden Amtszeit unter Berufung in das Beamtenverhältnis als Ehrenbeamter zum Ortsteilbürgermeister zu ernennen. [3]Die Ernennung erfolgt durch die oberste Dienstbehörde. [4]Im Übrigen bleiben die Bestimmungen des § 26 ThürKWG in der jeweils geltenden Fassung unberührt. [5]Abweichend von § 2 Abs. 1 Satz 2 der Thüringer Verordnung über die Aufwandsentschädigung der ehrenamtlichen kommunalen Wahlbeamten auf Zeit (ThürAufEVO) darf die Aufwandsentschädigung für den Ortsteilbürgermeister für die Dauer seiner verbleibenden Amtszeit nach Satz 2 bis zum monatlichen Höchstbetrag festgesetzt werden. [6]Die bisherigen Gemeinderatsmitglieder sind für den Rest der gesetzlichen Amtszeit des Gemeinderats die Ortsteilratsmitglieder. [7]Eine Wahl nach Absatz 3 Satz 1 findet nicht statt; Absatz 3 Satz 3 findet keine Anwendung. [8]§ 12 Abs. 1 Satz 2 bleibt unberührt. [9]Nimmt kein bisheriges Gemeinderatsmitglied das Amt des Ortsteilratsmitglieds an, hat der Ortsteilbürgermeister bis zum Ende der gesetzlichen Amtszeit des Gemeinderats die Befugnisse des Ortsteilrats.

(9) [1]Im Falle der freiwilligen Bildung oder Eingliederung einer Gemeinde können die Gemeinden beantragen, dass Absatz 8 mit Wirksamwerden der Bestandsänderung nicht zur Anwendung kommen soll; eine entsprechende Regelung erfolgt im Neugliederungsgesetz. [2]Im Neugliederungsgesetz wird ebenfalls die Frist zur Anpassung des Ortsrechts geregelt.

§ 45a Ortschaften, Ortschaftsbürgermeister, Ortschaftsrat

(1) [1]Die Landgemeinde hat durch Regelung in der Hauptsatzung für die Ortsteile die Ortschaftsverfassung einzuführen. [2]Mehrere benachbarte Ortsteile können gemeinsam eine Ortschaftsverfassung erhalten. [3]In jedem Ortsteil mit Ortschaftsverfassung (Ortschaft) wird ein Ortschaftsrat für die Dauer der gesetzlichen Amtszeit des Gemeinderats gebildet. [4]Auf Vorschlag der Ortschaft kann die Ort-

(2) [1]Der Ortsteilrat besteht aus dem Ortsteilbürgermeister und den Ortsteilratsmitgliedern. [2]Der Ortsteilbürgermeister ist Vorsitzender des Ortsteilrats. [3]Der Ortsteilrat wählt aus seiner Mitte einen oder mehrere Stellvertreter des Ortsteilbürgermeisters. [4]Die §§ 34 bis 42 gelten entsprechend.

(3) [1]Die Ortsteilratsmitglieder werden in allgemeiner, unmittelbarer, freier, gleicher und geheimer Wahl für die Dauer der gesetzlichen Amtszeit des Gemeinderats gewählt. [2]Sie sind ehrenamtlich tätig. [3]Die Zahl der Ortsteilratsmitglieder beträgt in Ortsteilen

mit bis zu	500 Einwohnern	4,
mit mehr als	500 bis zu 1.000 Einwohnern	6,
mit mehr als	1.000 bis zu 2.000 Einwohnern	8,
mit mehr als	2.000 Einwohnern	10.

[4]Werden weniger Bewerber zugelassen als Ortsteilratsmitglieder zu wählen sind oder nehmen weniger gewählte Personen die Wahl als Ortsteilratsmitglied an, verringert sich die Zahl der Ortsteilratsmitglieder nach Satz 3 entsprechend. [5]Dies gilt auch, wenn nach dem Ausscheiden eines Ortsteilratsmitglieds der Sitz für den Rest der Amtszeit unbesetzt bleibt. [6]Das Nähere zum Wahlverfahren bestimmt die Hauptsatzung der Gemeinde. [7]Werden keine Ortsteilratsmitglieder gewählt oder nehmen die gewählten Personen die Wahl nicht an, hat der Ortsteilbürgermeister die Befugnisse des Ortsteilrats.

(4) [1]Der Ortsteilbürgermeister ist Ehrenbeamter der Gemeinde und wird nach den für die Wahl des ehrenamtlichen Bürgermeisters geltenden Bestimmungen des Thüringer Kommunalwahlgesetzes für die Dauer der gesetzlichen Amtszeit des Gemeinderats gewählt. [2]Wird ein Ortsteilbürgermeister nicht gewählt oder nimmt die gewählte Person die Wahl nicht an, wählt der Ortsteilrat den Ortsteilbürgermeister aus seiner Mitte. [3]Für die Vorbereitung und Durchführung der Wahl des Ortsteilbürgermeisters in einem mit Beginn der neuen Amtszeit des Gemeinderats eingeführten oder geänderten Ortsteil mit Ortsteilverfassung gilt die Einführung oder Änderung der Ortsteilverfassung als zum Zeitpunkt der Wahl bereits eingetreten. [4]Für die Abwahl des Ortsteilbürgermeisters gilt § 28 Abs. 6 entsprechend. [5]Wird ein Ortsteilbürgermeister aus der Mitte des Ortsteilrates nicht gewählt oder nimmt die gewählte Person die Wahl nicht an oder scheiden der Ortsteilbürgermeister und sein Stellvertreter vor Ablauf ihrer Amtszeit vorzeitig aus ihren Ämtern aus und können diese Ämter bis zum Ablauf der Amtszeit des Ortsteilrats nicht neu besetzt werden, nehmen der Bürgermeister der Gemeinde und sein Stellvertreter die Aufgaben des Ortsteilbürgermeisters und seines Stellvertreters bis zum Ablauf der Amtszeit des Ortsteilrats wahr. [6]Der Ortsteilbürgermeister hat das Recht, beratend an allen die Belange des Ortsteils betreffenden Sitzungen des Gemeinderats und der Ausschüsse teilzunehmen und entsprechende Anträge zu stellen. [7]Er ist hierzu wie ein Gemeinderatsmitglied zu laden.

(5) [1]Der Ortsteilrat berät über die Angelegenheiten des Ortsteils. [2]Der Ortsteilrat kann in allen Angelegenheiten, die den Ortsteil betreffen, Empfehlungen und Vorschläge unterbreiten. [3]Diese müssen innerhalb einer Frist von drei Monaten von dem für die Entscheidung zuständigen Organ der Gemeinde behandelt werden. [4]Über das Ergebnis der Behandlung ist der Ortsteilrat zu unterrichten. [5]Der Ortsteilrat ist in allen wichtigen, den Ortsteil betreffenden Angelegenheiten rechtzeitig vor der Entscheidung des zuständigen Organs der Gemeinde zu hören. [6]Dem Ortsteilrat ist eine angemessene Frist zur Stellungnahme zu geben, insbesondere vor Beginn der Beratungen zum Entwurf der Haushaltssatzung der Gemeinde sowie der Nachtagshaushaltssatzungen und zu baurechtlichen Satzungen und Planungen. [7]Folgt das für die Entscheidung zuständige Organ der Gemeinde der Empfehlung, dem Vorschlag oder der Stellungnahme des Ortsteilrates nicht, sind dem Ortsteilrat die Gründe darzulegen. [8]Ist aufgrund der Eilbedürftigkeit der Entscheidung eine Anhörung des Ortsteilrats nicht möglich, sind diesem die Gründe für die Eilbedürftigkeit und die Art der Erledigung unverzüglich mitzuteilen.

(6) [1]Der Ortsteilrat entscheidet über folgende Angelegenheiten des Ortsteils:

1. Verwendung der dem Ortsteil für kulturelle, sportliche und soziale Zwecke zur Verfügung gestellten Haushaltsmittel,
2. Pflege und Durchführung von Veranstaltungen des Brauchtums, der Heimatpflege und der kulturellen Tradition, Förderung und Entwicklung des kulturellen Lebens, Unterstützung der Ortsfeuerwehr.

[2]Er gibt Stellungnahmen ab zu:

1. der Änderung der Einteilung der Gemeinde in Ortsteile, soweit der Ortsteil betroffen ist, oder der Änderung des Namens des Ortsteils,

§ 41 Sitzungsleitung

[1]Der Vorsitzende sorgt für die Aufrechterhaltung der Ordnung und übt das Hausrecht aus. [2]Der Vorsitzende kann mit Zustimmung des Gemeinderats Gemeinderatsmitglieder, welche die Ordnung fortgesetzt erheblich stören, von der Sitzung ausschließen. [3]Wird durch ein bereits von einer früheren Sitzung ausgeschlossenes Gemeinderatsmitglied die Ordnung innerhalb von zwei Monaten neuerlich erheblich gestört, so kann ihm der Gemeinderat für zwei weitere Sitzungen die Teilnahme untersagen.

§ 42 Niederschrift

(1) [1]Über die Sitzungen des Gemeinderats ist eine Niederschrift anzufertigen. [2]Die Niederschrift muss Tag und Ort der Sitzung, die Namen der anwesenden Teilnehmer und die der abwesenden Mitglieder des Gemeinderats unter Angabe ihres Abwesenheitsgrunds sowie die behandelten Gegenstände, die Beschlüsse und das Abstimmungsergebnis erkennen lassen. [3]Jedes Mitglied kann verlangen, dass in der Niederschrift festgehalten wird, wie es abgestimmt hat; das gilt nicht bei geheimer Abstimmung.
(2) Die Niederschrift ist vom Vorsitzenden und vom Schriftführer zu unterschreiben und in der nächsten Sitzung durch Beschluss des Gemeinderats zu genehmigen.
(3) [1]Die Mitglieder können jederzeit die Niederschriften einsehen und sich Abschriften der Niederschriften über öffentliche Sitzungen erteilen lassen. [2]Die Geschäftsordnung kann neben der Einsichtnahme in die Niederschriften die Übersendung von Abschriften der Niederschriften über öffentliche Sitzungen an alle Mitglieder des Gemeinderates vorsehen. [3]Die Einsicht in die Niederschriften über öffentliche Sitzungen bei der Gemeindeverwaltung steht allen Bürgern frei. [4]Hat der Gemeinderat entschieden, dass die Gründe der Geheimhaltung nach § 40 Abs. 2 Satz 2 weggefallen sind, gelten die Sätze 1 und 2 entsprechend.

§ 43 Geschäftsgang der Ausschüsse

(1) [1]Der Vorsitzende des Ausschusses beruft den Ausschuss ein und setzt die Tagesordnung fest. [2]Führt der Bürgermeister nicht den Vorsitz, so erfolgen Einberufung der Sitzung und Festsetzung der Tagesordnung durch den Vorsitzenden im Benehmen mit dem Bürgermeister. [3]Die Sitzungen vorberatender Ausschüsse sind nicht öffentlich. [4]Im Übrigen finden auf den Geschäftsgang der Ausschüsse die Bestimmungen der §§ 34 bis 42 entsprechende Anwendung; § 38 gilt für berufene Bürger (§ 27 Abs. 5) entsprechend.
(2) [1]Mitglieder des Gemeinderats, die einem Ausschuss nicht angehören, können auch an den nicht öffentlichen Sitzungen als Zuhörer teilnehmen. [2]Dies gilt nicht bei persönlicher Beteiligung nach § 38.

§ 44 Beanstandungsverfahren

[1]Hält der Bürgermeister eine Entscheidung des Gemeinderats oder eines Ausschusses für rechtswidrig, so hat er ihren Vollzug auszusetzen und sie in der nächsten Sitzung, die innerhalb eines Monats nach der Entscheidung stattfinden muss, gegenüber dem Gemeinderat oder dem Ausschuss zu beanstanden. [2]Verbleibt der Gemeinderat oder der Ausschuss bei seiner Entscheidung, so hat der Bürgermeister unverzüglich die Rechtsaufsichtsbehörde zu unterrichten. [3]Gegen die Entscheidung der Rechtsaufsichtsbehörde kann die Gemeinde Klage bei dem zuständigen Verwaltungsgericht erheben. [4]Das Vorverfahren nach § 68 Abs. 1 VwGO entfällt.

Dritter Unterabschnitt

Ortschaftsverfassung

§ 45 Ortsteilverfassung, Ortsteilbürgermeister, Ortsteilrat

(1) [1]Durch Regelung in der Hauptsatzung kann die Gemeinde für alle oder für einzelne Ortsteile eine Ortsteilverfassung einführen. [2]Mehrere benachbarte Ortsteile können gemeinsam eine Ortsteilverfassung erhalten. [3]In Ortsteilen mit Ortsteilverfassung wird ein Ortsteilrat für die Dauer der gesetzlichen Amtszeit des Gemeinderats gebildet. [4]Die Ortsteilverfassung kann frühestens zum Ende der gesetzlichen Amtszeit des Gemeinderats bis zur Festsetzung des Wahltermins aufgehoben oder geändert werden. [5]Wird kein Ortsteilrat gebildet, kann die Ortsteilverfassung auch vor dem Ende der gesetzlichen Amtszeit des Gemeinderats wieder aufgehoben werden. [6]Der Beschluss zur Aufhebung der Ortsteilverfassung bedarf der Mehrheit der gesetzlichen Zahl der Gemeinderatsmitglieder. [7]Bei Bestehen eines Ortsteilrats wird der Beschluss wirksam, wenn der Ortsteilrat nicht innerhalb eines Monats nach Mitteilung des Beschlusses widerspricht.

(6) Der Ortschaftsrat entscheidet über folgende Angelegenheiten der Ortschaft:

1. Verwendung der der Ortschaft für kulturelle, sportliche und soziale Zwecke zur Verfügung gestellten Haushaltsmittel,
2. Pflege und Durchführung von Veranstaltungen des Brauchtums, der Heimatpflege und der kulturellen Tradition, Förderung und Entwicklung des kulturellen Lebens, Unterstützung der Vereine, Verbände und sonstigen Vereinigungen in der Ortschaft, insbesondere der Ortsfeuerwehr,
3. Benennung und Umbenennung der im Gebiet der Ortschaft dem öffentlichen Verkehr dienenden Straßen, Wege, Plätze und Brücken sowie der öffentlichen Einrichtungen; bei Doppelbenennungen mit Verwechslungsgefahr entscheidet der Gemeinderat im Benehmen mit dem Ortschaftsrat,
4. Festlegung der Reihenfolge der Arbeiten zum Um- und Ausbau sowie zur Unterhaltung und Instandsetzung von Straßen, Wegen und Plätzen einschließlich der Beleuchtungsanlagen, der Parkanlagen und Grünflächen,
5. Pflege des Ortsbildes sowie Unterhaltung und Ausgestaltung von öffentlichen Park- und Grünanlagen, deren Bedeutung nicht über die Ortschaft hinausgeht,
6. Teilnahme an Wettbewerben zur Dorfentwicklung und -verschönerung,
7. Pflege von Partner- und Patenschaften,
8. Information, Dokumentation und Repräsentation in Ortschaftsangelegenheiten,
9. Benutzung, Unterhaltung und Ausstattung der in der Ortschaft gelegenen öffentlichen Kinderspielplätze, der Freizeitangebote für junge Menschen, Sporteinrichtungen, Büchereien, Dorfgemeinschaftshäuser, Heimatmuseen und Einrichtungen des Bestattungswesens,
10. Wahl oder Vorschlag von ehrenamtlich tätigen Personen, soweit sich dieses Ehrenamt auf die Ortschaft beschränkt und der Landgemeinde diese Rechte zustehen.

(7) Der Ortschaftsrat unterbreitet Vorschläge zu:

1. der Auflösung der Ortsteile und Ortschaften, der Einteilung der Gemeinde in Ortsteile und Ortschaften, deren Benennung sowie der Änderung der Einteilung und der Benennung, jeweils soweit die Ortschaft betroffen ist,
2. wesentlichen Änderungen der Zuständigkeiten des Ortschaftsrats durch die Hauptsatzung,
3. dem Erlass, der Änderung oder Aufhebung einer die Ortschaft betreffenden Gestaltungssatzung,
4. dem Erlass, der Änderung oder Aufhebung eines die Ortschaft betreffenden Bebauungsplans,
5. dem Aus- und Umbau von Straßen, Wegen und Plätzen in der Ortschaft, soweit nicht der Ortschaftsrat nach Absatz 6 Nr. 4 entscheidet,
6. der Planung und Durchführung von Investitionsvorhaben,
7. der Erteilung des gemeindlichen Einvernehmens zu Bauvorhaben im Gebiet der Ortschaft,
8. der Planung, Errichtung, Übernahme, wesentlichen Änderung und Schließung von öffentlichen Einrichtungen in der Ortschaft,
9. der Veräußerung, Vermietung und Verpachtung von Grundvermögen der Landgemeinde in der Ortschaft,
10. beabsichtigten Veranstaltungen und Märkten in der Ortschaft,
11. dem Abschluss neuer Partner- und Patenschaften der Landgemeinde,
12. der Aufstellung der Vorschlagsliste für Schöffen,
13. der Wahl oder Berufung von ehrenamtlich tätigen Personen, soweit sich dieses Ehrenamt auf die Ortschaft beschränkt, der Landgemeinde diese Rechte zustehen und nicht der Ortschaftsrat nach Absatz 6 Nr. 10 entscheidet,
14. der Einrichtung einer Schiedsstelle, die den Bereich der Ortschaft umfasst, und Wahl der Schiedsperson für diese Schiedsstelle.

(8) [1]Durch die Hauptsatzung können dem Ortschaftsrat über die in den Absätzen 6 und 7 genannten Aufgaben hinaus weitere Aufgaben zur Beratung und Entscheidung übertragen werden. [2]Aufgaben nach § 26 Abs. 2 dürfen nicht übertragen werden.

(9) [1]Die Landgemeinde hat der Ortschaft zur Erfüllung ihrer Aufgaben finanzielle Mittel im angemessenen Umfang in der Haushaltssatzung zur Verfügung zu stellen. [2]Sofern der Gemeinderat keine abweichende Festsetzung beschließt, entspricht ab Beginn des Haushaltsjahres 2019 die Höhe dieser finanziellen Mittel fünf Euro je Einwohner in der Ortschaft zum 31. Dezember des jeweiligen Haushaltsvorvorjahres. [3]Ab Beginn des Haushaltsjahres 2020 verändert sich der in Satz 2 genannte Betrag

jährlich nach Maßgabe der im Gesetz- und Verordnungsblatt des Freistaats Thüringen veröffentlichten Preisentwicklungsrate nach § 26 Abs. 3 ThürAbgG in der jeweils geltenden Fassung; es ist auf den zum Zeitpunkt des Beschlusses über die Haushaltssatzung aktuellsten im Gesetz- und Verordnungsblatt für den Freistaat Thüringen veröffentlichten Wert abzustellen. [4]Die für die Erfüllung der Aufgaben der Ortschaften veranschlagten Haushaltsansätze sind nach § 16 Abs. 2 der Thüringer Gemeindehaushaltsverordnung (ThürGemHV) für jede einzelne Ortschaft zu Budgets zu verbinden. [5]Führt die Landgemeinde ihre Haushaltswirtschaft nach den Regelungen des Neuen Kommunalen Finanzwesens, erfolgt die Budgetierung in einem Teilhaushalt der Landgemeinde. [6]Die Höhe des Budgets wird im Benehmen mit den Ortschaften vom Gemeinderat der Landgemeinde im Haushaltsplan festgelegt.

(10) [1]Die Entscheidungen des Ortschaftsrats dürfen dem Zusammenwachsen der Landgemeinde nicht entgegenwirken und den Gesamtbelangen der Landgemeinde nicht widersprechen. [2]Sie müssen die gesetzlichen Aufgaben und Zuständigkeiten, die planerischen Entscheidungen sowie das Ortsrecht einschließlich der Haushaltssatzung der Landgemeinde beachten. [3]Entscheidungen des Ortschaftsrats, die nicht den Anforderungen nach Satz 1 entsprechen, können durch den Gemeinderat mit der Mehrheit seiner gesetzlichen Mitglieder geändert oder aufgehoben werden. [4]Der Vollzug der Entscheidungen des Ortschaftsrats obliegt dem Bürgermeister der Landgemeinde. [5]Hält der Bürgermeister eine Entscheidung des Ortschaftsrats für rechtswidrig, so hat er ihren Vollzug auszusetzen und sie in der nächsten Sitzung des Ortschaftsrats, die innerhalb eines Monats nach der Entscheidung stattfinden muss, gegenüber dem Ortschaftsrat zu beanstanden. [6]Verbleibt der Ortschaftsrat bei seiner Entscheidung, so hat der Bürgermeister unverzüglich die Rechtsaufsichtsbehörde zu unterrichten. [7]Gegen die Entscheidung der Rechtsaufsichtsbehörde kann die Ortschaft Klage bei dem zuständigen Verwaltungsgericht erheben. [8]Das Vorverfahren nach § 68 Abs. 1 VwGO entfällt.

(11) [1]Im Fall der Bildung oder Erweiterung einer Landgemeinde während der gesetzlichen Amtszeit des Gemeinderats ist mit Wirksamwerden der Bestandsänderung der Gemeinden für den Rest der gesetzlichen Amtszeit und die folgende gesetzliche Amtszeit des Gemeinderats für das Gebiet der aufgelösten Gemeinde die Ortschaftsverfassung eingeführt; Absatz 1 Satz 4 bis 6 bleibt unberührt. [2]Der bisherige Bürgermeister der aufgelösten Gemeinde ist für die Dauer seiner verbleibenden Amtszeit unter Berufung in das Beamtenverhältnis als Ehrenbeamter zum Ortschaftsbürgermeister zu ernennen. [3]Die Ernennung erfolgt durch die oberste Dienstbehörde. [4]Im Übrigen bleiben die Bestimmungen des § 26 ThürKWG in der jeweils geltenden Fassung unberührt. [5]Abweichend von § 2 Abs. 1 Satz 2 ThürAufEVO darf die Aufwandsentschädigung für den Ortschaftsbürgermeister für die Dauer seiner verbleibenden Amtszeit nach Satz 2 bis zum monatlichen Höchstbetrag festgesetzt werden. [6]Die bisherigen Gemeinderatsmitglieder sind für den Rest der gesetzlichen Amtszeit des Gemeinderats die Ortschaftsratsmitglieder. [7]Eine Wahl nach Absatz 3 Satz 1 findet nicht statt; Absatz 3 Satz 3 findet keine Anwendung. [8]§ 12 Abs. 1 Satz 2 bleibt unberührt. [9]Nimmt kein bisheriges Gemeinderatsmitglied das Amt des Ortschaftsratsmitglieds an, hat der Ortschaftsbürgermeister bis zum Ende der gesetzlichen Amtszeit des Gemeinderats die Befugnisse des Ortschaftsrats.

(12) [1]Im Falle der freiwilligen Bildung oder Erweiterung einer Landgemeinde können die Gemeinden beantragen, dass Absatz 11 mit Wirksamwerden der Bestandsänderung nicht zur Anwendung kommen soll; eine entsprechende Regelung erfolgt im Neugliederungsgesetz. [2]Im Neugliederungsgesetz wird ebenfalls die Frist zur Anpassung des Ortsrechts geregelt.

Dritter Abschnitt
Verwaltungsgemeinschaft

§ 46 Bildung, Erweiterung, Änderung und Auflösung von Verwaltungsgemeinschaften

(1) [1]Verwaltungsgemeinschaften können durch Gesetz gebildet, geändert, erweitert oder aufgelöst werden, sofern Gründe des öffentlichen Wohls nicht entgegenstehen. [2]Die beteiligten Gemeinden, die betroffenen Landkreise sowie die von einer Änderung, Erweiterung oder Auflösung betroffenen Verwaltungsgemeinschaften sind vorher zu hören.

(2) [1]Die Verwaltungsgemeinschaft ist eine Körperschaft des öffentlichen Rechts mit dem Recht, Dienstherr von Beamten zu sein. [2]Eine Gemeinde kann nur einer Verwaltungsgemeinschaft angehören. [3]Gemeinden mit weniger als 3 000 Einwohnern müssen einer Verwaltungsgemeinschaft angehören oder einer benachbarten Gemeinde nach § 51 zugeordnet sein.

(3) [1]Hat die Einwohnerzahl einer Gemeinde, die keiner Verwaltungsgemeinschaft angehört, in drei aufeinander folgenden Jahren am Stichtag 31. Dezember nach der amtlichen Einwohnerstatistik des Landesamtes für Statistik weniger als 3 000 Einwohner betragen, so muss diese Gemeinde bis zum Ende des zweiten auf den letzten Stichtag folgenden Jahres den Beitritt zu einer benachbarten Verwaltungsgemeinschaft, die Zuordnung zu einer benachbarten Gemeinde nach § 51, die Eingliederung in eine benachbarte oder den Zusammenschluss mit einer benachbarten Gemeinde bei dem für das Kommunalrecht zuständigen Ministerium beantragen. [2]Wird in dem genannten Zeitraum kein Antrag nach Satz 1 gestellt, erfolgt eine Zuordnung durch den Gesetzgeber.

(4) [1]Der Name und der Sitz einer bestehenden Verwaltungsgemeinschaft kann bei Vorliegen eines öffentlichen Interesses auf Antrag der Verwaltungsgemeinschaft oder nach Anhörung der Verwaltungsgemeinschaft von Amts wegen durch Rechtsverordnung des für das Kommunalrecht zuständigen Ministeriums geändert werden. [2]Der Antrag auf Änderung des Namens oder des Sitzes der Verwaltungsgemeinschaft bedarf der Zustimmung von mindestens zwei Dritteln der Mitglieder der Gemeinschaftsversammlung.

(5) Das Landesverwaltungsamt regelt die mit der Bildung, Erweiterung, Änderung oder Auflösung einer Verwaltungsgemeinschaft entstehenden Rechts- und Verwaltungsfragen, soweit nicht in dem Gesetz Regelungen enthalten sind.

§ 47 Aufgaben

(1) [1]Die Verwaltungsgemeinschaft nimmt alle Angelegenheiten des übertragenen Wirkungskreises der Mitgliedsgemeinden wahr. [2]Die Mitgliedsgemeinden sind über die sie betreffenden Vorgänge im übertragenen Wirkungskreis zu unterrichten. [3]Das für das Kommunalrecht zuständige Ministerium kann durch Rechtsverordnung allgemein bestimmen, dass einzelne Aufgaben des übertragenen Wirkungskreises bei den Mitgliedsgemeinden verbleiben.

(2) [1]Die Mitgliedsgemeinden bleiben für die Aufgaben des eigenen Wirkungskreises zuständig. [2]Die Verwaltungsgemeinschaft führt diese Aufgaben nach den Sätzen 3 und 4 als Behörde der jeweiligen Mitgliedsgemeinde nach deren Weisung aus; der Bürgermeister kann die Mitgliedsgemeinde auch insoweit vertreten. [3]Der Verwaltungsgemeinschaft obliegt die verwaltungsmäßige Vorbereitung und der verwaltungsmäßige Vollzug der Beschlüsse der Mitgliedsgemeinden sowie die Besorgung der laufenden Verwaltungsangelegenheiten, die für die Mitgliedsgemeinden keine grundsätzliche Bedeutung haben und keine erheblichen Verpflichtungen erwarten lassen. [4]Das Gleiche gilt für die Aufgaben, die nach Absatz 1 bei den Mitgliedsgemeinden verbleiben. [5]Hält der Gemeinschaftsvorsitzende einen Beschluss oder eine Weisung einer Mitgliedsgemeinde für rechtswidrig, hat er den Vollzug auszusetzen und den Bürgermeister der Mitgliedsgemeinde und die Rechtsaufsichtsbehörde unverzüglich zu unterrichten.

(3) Die Mitgliedsgemeinden einer Verwaltungsgemeinschaft können einzeln oder gemeinsam durch Zweckvereinbarung einzelne Aufgaben und Befugnisse des eigenen Wirkungskreises auf die Verwaltungsgemeinschaft übertragen.

(4) [1]Die Mitgliedsgemeinden sind verpflichtet, die Verwaltungsgemeinschaft bei der Durchführung ihrer Aufgaben zu unterstützen. [2]Der Gemeinschaftsvorsitzende hat beratende Stimme in den Gemeinderats- und Ausschusssitzungen der Mitgliedsgemeinden.

§ 48 Organe der Verwaltungsgemeinschaft

(1) [1]Die Verwaltungsgemeinschaft wird durch die Gemeinschaftsversammlung verwaltet, soweit nicht der Gemeinschaftsvorsitzende zuständig ist. [2]Der Gemeinschaftsvorsitzende erledigt in eigener Zuständigkeit die Aufgaben, die der Verwaltungsgemeinschaft durch Vorschriften außerhalb dieses Gesetzes übertragen werden sowie die Aufgaben der Verwaltungsgemeinschaft nach § 47 Abs. 1 und die laufenden Angelegenheiten nach § 47 Abs. 2 und 3. [3]Ihm obliegt die Zuständigkeit in Personalangelegenheiten der Verwaltungsgemeinschaft; § 29 Abs. 3 gilt entsprechend.

(2) [1]Die Gemeinschaftsversammlung besteht aus dem hauptamtlichen Gemeinschaftsvorsitzenden und den Vertretern der Mitgliedsgemeinden. [2]Den Vorsitz in der Gemeinschaftsversammlung führt der Gemeinschaftsvorsitzende. [3]Vertreter der Mitgliedsgemeinden sind die Bürgermeister kraft Amtes und je ein Gemeinderatsmitglied; für jedes volle Tausend ihrer Einwohner entsenden die Mitgliedsgemeinden ein weiteres Gemeinderatsmitglied. [4]Die Bürgermeister werden im Fall der Verhinderung durch ihre Stellvertreter vertreten; als Verhinderung gilt auch eine bestehende Unvereinbarkeit von

Tätigkeiten (§ 27 Abs. 3 des Thüringer Gesetzes über die kommunale Gemeinschaftsarbeit). [5]Für jedes der übrigen Mitglieder der Gemeinschaftsversammlung ist für den Fall, dass es verhindert ist oder den Bürgermeister nach Satz 3 vertritt, ein Stellvertreter aus der Mitte des Gemeinderats zu bestellen. [6]Bei der Bestellung der übrigen Mitglieder und ihrer Stellvertreter gilt § 27 Abs. 1 Satz 2 bis 4 sowie Abs. 2 entsprechend. [7]Jeder Vertreter einer Mitgliedsgemeinde hat eine Stimme. [8]Die Vertreter sind an Weisungen der Mitgliedsgemeinden gebunden; dies gilt nicht für Wahlen.

(3) [1]Die Gemeinschaftsversammlung wählt einen hauptamtlich tätigen Gemeinschaftsvorsitzenden auf die Dauer von sechs Jahren und aus ihrer Mitte einen oder zwei ehrenamtlich tätige Stellvertreter auf die Dauer ihres gemeindlichen Amts. [2]Der Gemeinschaftsvorsitzende muss die für sein Amt erforderlichen Voraussetzungen erfüllen. [3]Die Stelle des Gemeinschaftsvorsitzenden ist rechtzeitig vor der Wahl öffentlich mindestens im Thüringer Staatsanzeiger auszuschreiben. [4]Die Stellenausschreibung soll die für das Amt erforderlichen Voraussetzungen, die wesentlichen gesetzlichen Aufgaben und Befugnisse des Gemeinschaftsvorsitzenden sowie Angaben zum Amt und zur Besoldungsgruppe enthalten. [5]Der Inhalt der Stellenausschreibung nach Satz 3 wird durch die Gemeinschaftsversammlung bestimmt. [6]Zum Gemeinschaftsvorsitzenden darf nur gewählt werden, wer sich auf die Ausschreibung hin rechtzeitig beworben hat und die objektiven Anforderungen der Ausschreibung erfüllt. [7]Die Gemeinschaftsversammlung kann mit einer Mehrheit von zwei Dritteln ihrer Mitglieder beschließen, allein den bisherigen Gemeinschaftsvorsitzenden zur Wahl zu stellen und deshalb von einer Ausschreibung abzusehen. [8]Der Beschluss über das Absehen von einer Ausschreibung ist in geheimer Abstimmung zu fassen; der Gemeinschaftsvorsitzende darf an der Beratung und Abstimmung nicht teilnehmen.

(4) [1]Der hauptamtliche Bürgermeister einer Gemeinde mit mindestens 3 000 Einwohnern, die einer Verwaltungsgemeinschaft angehört, ist kraft Amtes ehrenamtlicher Gemeinschaftsvorsitzender dieser Verwaltungsgemeinschaft, wenn die Mitgliedsgemeinde in ihrer Hauptsatzung geregelt hat, dass der hauptamtliche Bürgermeister ehrenamtlicher Gemeinschaftsvorsitzender sein kann und die Gemeinschaftsversammlung dies mit einer Mehrheit von zwei Dritteln ihrer Mitglieder beschließt. [2]Die Amtszeit des ehrenamtlichen Gemeinschaftsvorsitzenden endet mit Ablauf der Amtszeit des hauptamtlichen Bürgermeisters oder bei vorzeitiger Beendigung des Beamtenverhältnisses als hauptamtlicher Bürgermeister. [3]Die Kosten für den hauptamtlichen Bürgermeister trägt seine Gemeinde.

§ 49 Bedienstete der Verwaltungsgemeinschaft

(1) [1]Die Verwaltungsgemeinschaft stellt das fachlich geeignete Verwaltungspersonal an, das erforderlich ist, um den ordnungsgemäßen Gang der Geschäfte zu gewährleisten. [2]Unbeschadet der Verpflichtung nach Satz 1 muss die Verwaltungsgemeinschaft mindestens einen Beamten mit der Befähigung für die Laufbahn des gehobenen nichttechnischen Verwaltungsdienstes haben. [3]Im Übrigen gilt § 33 Abs. 3 entsprechend.

(2) [1]Für die Angestellten und Arbeiter von Mitgliedsgemeinden gelten im Fall der Bildung oder Erweiterung von Verwaltungsgemeinschaften die Bestimmungen über die Rechtsstellung der Beamten und Versorgungsempfänger bei der Umbildung von Körperschaften (§§ 32 bis 35 des Thüringer Beamtengesetzes) sinngemäß. [2]Satz 1 gilt entsprechend auch für den Fall der Auflösung der Verwaltungsgemeinschaft.

§ 50 Deckung des Finanzbedarfs

(1) [1]Die Verwaltungsgemeinschaft erhebt von ihren Mitgliedsgemeinden eine Umlage, soweit ihre sonstigen Einnahmen oder Erträge nicht ausreichen, um ihren Finanzbedarf zu decken. [2]Die Umlage wird nach dem Verhältnis der Einwohnerzahl der Mitgliedsgemeinden bemessen, sofern nicht durch einstimmigen Beschluss der Gemeinschaftsversammlung eine andere Regelung getroffen wird. [3]Der Kostenersatz für die Wahrnehmung der Aufgaben nach § 47 Abs. 3 bleibt der besonderen Regelung in der Zweckvereinbarung vorbehalten.

(2) [1]Die Verwaltungsgemeinschaft ist verpflichtet, eine Haushaltssatzung zu erlassen. [2]Die Höhe der Umlage ist für jedes Rechnungsjahr durch Beschluss der Gemeinschaftsversammlung in der Haushaltssatzung festzusetzen.

§ 51 Erfüllende Gemeinde

(1) [1]Die Bestimmungen dieses Abschnitts gelten entsprechend für die Vereinbarung benachbarter kreisangehöriger Gemeinden, dass eine Gemeinde mit mindestens 3 000 Einwohnern, deren Bürger-

meister hauptamtlich tätig ist, die Aufgaben der Verwaltungsgemeinschaft wahrnimmt (erfüllende Gemeinde). 2In diesem Fall gelten die auf die Verwaltungsgemeinschaft bezogenen Bestimmungen für die erfüllende Gemeinde entsprechend. 3Der Bürgermeister der erfüllenden Gemeinde ist ehrenamtlicher Gemeinschaftsvorsitzender kraft Amtes. 4Abweichend von Satz 1 kann in begründeten Einzelfällen auch eine Gemeinde mit weniger als 3 000 Einwohnern, deren Bürgermeister hauptamtlich tätig ist, erfüllende Gemeinde sein, insbesondere wenn die Gemeinde besondere regionale Aufgaben zu erfüllen hat.

(2) 1Die erfüllende Gemeinde hat für die Wahrnehmung der ihr übertragenen gesetzlichen Aufgaben einen Anspruch auf Kostenersatz, soweit die Einnahmen oder Erträge nicht ausreichen, um die Kosten zu decken. 2Diese Kosten sind von den Gemeinden, die der erfüllenden Gemeinde zugeordnet sind, nach dem Verhältnis ihrer Einwohnerzahlen zu tragen. 3Der Kostenersatz nach § 47 Abs. 3 bleibt unter Berücksichtigung der Beschränkung auf die bei der Aufgabenerfüllung entstehenden Personal- und Sachkosten der besonderen Regelung in der Zweckvereinbarung vorbehalten. 4Die Kosten für den hauptamtlichen Bürgermeister trägt die erfüllende Gemeinde.

§ 52 Anzuwendende Vorschriften

(1) Für die Bekanntmachung und Verkündung von Rechtsvorschriften der Verwaltungsgemeinschaft gelten die Bestimmungen über die Bekanntmachung gemeindlicher Satzungen (§ 21) entsprechend.

(2) Soweit nichts anderes bestimmt ist, gelten für die Verwaltungsgemeinschaft die Bestimmungen zu den Zweckverbänden des Thüringer Gesetzes über die kommunale Gemeinschaftsarbeit entsprechend.

Vierter Abschnitt
Gemeindewirtschaft

Erster Unterabschnitt
Haushaltswirtschaft

§ 52a Verwaltungsbuchführung, doppelte Buchführung

1Die Haushaltswirtschaft ist nach den Grundsätzen der Verwaltungsbuchführung zu führen. 2In der Hauptsatzung kann bestimmt werden, dass die Haushaltswirtschaft nach den Grundsätzen der doppelten Buchführung geführt wird. 3Für Gemeinden, die ihre Haushaltswirtschaft nach den Grundsätzen der doppelten Buchführung führen, ist das Thüringer Gesetz über die kommunale Doppik anzuwenden. 4Die §§ 53 bis 65, 68 sowie 78 bis 84 gelten für diese Gemeinden nicht.

§ 53 Allgemeine Haushaltsgrundsätze

(1) 1Die Gemeinde hat ihre Haushaltswirtschaft so zu planen und zu führen, dass die stetige Erfüllung ihrer Aufgaben gesichert ist. 2Dabei ist den Erfordernissen des gesamtwirtschaftlichen Gleichgewichts sowie den Empfehlungen des Finanzplanungsrates nach § 51 Abs. 2 und § 51a Abs. 2 und 3 des Haushaltsgrundsätzegesetzes (HGrG) vom 19. August 1969 (BGBl. I S. 1273) in der jeweils geltenden Fassung Rechnung zu tragen.

(2) 1Die Haushaltswirtschaft ist sparsam und wirtschaftlich zu planen und zu führen. 2Der Abschluss von Spekulationsgeschäften ist verboten. 3Hierzu zählen insbesondere Optionsgeschäfte, bei denen sich die Gemeinde unbeschränkten Haftungsrisiken aussetzen kann oder der Abschluss von Fremdwährungsgeschäften.

(3) Der Haushalt muss in jedem Haushaltsjahr ausgeglichen sein.

(4) Die Gemeinde hat ihre Zahlungsfähigkeit durch eine angemessene Liquiditätsplanung sicherzustellen.

§ 53a Haushaltssicherungskonzept

(1) 1Ein Haushaltssicherungskonzept ist aufzustellen, wenn

1. die Beurteilung der dauernden Leistungsfähigkeit in zwei der drei dem laufenden Jahr vorangegangenen Haushaltsjahre oder in zwei der dem laufenden Haushaltsjahr folgenden Finanzplanungsjahre einen Fehlbetrag aufweist,
2. in einem vorangegangenen Haushaltsjahr ein Fehlbetrag entstanden ist und die Gemeinde nicht in der Lage ist, diesen entsprechend der Vorgaben des § 23 ThürGemHV zu decken; dabei ist es unerheblich, ob der Fehlbetrag im Verwaltungs- oder Vermögenshaushalt entstanden ist,

3. die Gemeinde nicht mehr in der Lage ist, ihren bestehenden Zahlungsverpflichtungen nachzukommen oder
4. die Gemeinde nicht in der Lage ist, die gesetzliche Verpflichtung zum Erlass eines ausgeglichenen Haushalts gemäß § 53 Abs. 1, § 55 Abs. 1 zu erfüllen.

[2]Die Rechtsaufsichtsbehörde kann Ausnahmen von der Verpflichtung zur Erstellung eines Haushaltssicherungskonzepts nach Nr. 1 zulassen, wenn der Fehlbetrag nicht erheblich ist. [3]Es ist der Zeitraum anzugeben, in dem die Konsolidierungsziele erreicht werden sollen (Konsolidierungszeitraum). [4]In dem Haushaltssicherungskonzept sind die Ursachen zu beschreiben und Maßnahmen darzustellen, durch die die Erreichung der Konsolidierungsziele dauerhaft sichergestellt werden.

(2) [1]Das Haushaltssicherungskonzept wird vom Gemeinderat beschlossen und bedarf der Genehmigung der Rechtsaufsichtsbehörde. [2]Die Genehmigung kann unter Bedingungen und mit Auflagen erteilt werden.

(3) [1]Das genehmigte Haushaltssicherungskonzept ist durch die Gemeinde umzusetzen und im Konsolidierungszeitraum mindestens jährlich fortzuschreiben. [2]Soweit die Fortschreibung eine Veränderung der Konsolidierungsmaßnahmen oder eine Verlängerung des Konsolidierungszeitraums erfordert, ist sie vom Gemeinderat zu beschließen und bedarf der Genehmigung der Rechtsaufsichtsbehörde.

(4) [1]Das genehmigte Haushaltssicherungskonzept ist bis zum Ende des Konsolidierungszeitraums öffentlich zugänglich zu machen. [2]In einer vorausgehenden öffentlichen Bekanntmachung ist darauf hinzuweisen, wo das Haushaltssicherungskonzept eingesehen werden kann. [3]Die Sätze 1 und 2 gelten für genehmigte Fortschreibungen des Haushaltssicherungskonzepts entsprechend.

§ 54 Grundsätze der Einnahmebeschaffung

(1) Die Gemeinde erhebt Abgaben nach den gesetzlichen Vorschriften.

(2) Sie hat die zur Erfüllung ihrer Aufgaben erforderlichen Einnahmen
1. soweit vertretbar und geboten aus besonderen Entgelten für die von ihr erbrachten Leistungen,
2. im Übrigen aus Steuern zu beschaffen, soweit die sonstigen Einnahmen nicht ausreichen.

(3) Die Gemeinde darf Kredite nur aufnehmen, wenn eine andere Finanzierung nicht möglich oder wirtschaftlich unzweckmäßig ist.

§ 55 Haushaltssatzung

(1) [1]Die Gemeinde hat für jedes Haushaltsjahr eine Haushaltssatzung zu erlassen. [2]Die Haushaltssatzung kann Festsetzungen für zwei Haushaltsjahre, nach Jahren getrennt, enthalten.

(2) [1]Die Haushaltssatzung enthält die Festsetzung
1. des Haushaltsplans unter Angabe des Gesamtbetrags der Einnahmen und der Ausgaben des Haushaltsjahres,
2. des Gesamtbetrags der vorgesehenen Kreditaufnahmen für Investitionen und Investitionsförderungsmaßnahmen (Kreditermächtigung),
3. des Gesamtbetrags der vorgesehenen Ermächtigungen zum Eingehen von Verpflichtungen, die künftige Haushaltsjahre mit Ausgaben für Investitionen und Investitionsförderungsmaßnahmen belasten (Verpflichtungsermächtigungen),
4. der Abgabesätze, die für jedes Haushaltsjahr neu festzusetzen sind,
5. des Höchstbetrags der Kassenkredite.

[2]Die Angaben nach Satz 1 Nr. 2, 3 und 5 sind getrennt für das Haushaltswesen der Gemeinde und die Wirtschaftsführung von Eigenbetrieben zu machen. [3]Die Haushaltssatzung kann weitere Bestimmungen enthalten, die sich auf die Einnahmen und Ausgaben und den Stellenplan des Haushaltsjahres beziehen.

(3) Die Haushaltssatzung tritt mit Beginn des Haushaltsjahres in Kraft und gilt für das Haushaltsjahr.

(4) Haushaltsjahr ist das Kalenderjahr, soweit für einzelne Bereiche durch Gesetz oder Rechtsverordnung nichts anderes bestimmt ist.

§ 56 Haushaltsplan

(1) [1]Die Gemeinde hat einen Haushaltsplan zu erstellen. [2]Der Haushaltsplan ist der Haushaltssatzung als Anlage beizufügen.

(2) [1]Der Haushaltsplan enthält alle im Haushaltsjahr für die Erfüllung der Aufgaben der Gemeinde
1. zu erwartenden Einnahmen,
2. voraussichtlich zu leistenden Ausgaben und
3. voraussichtlich benötigten Verpflichtungsermächtigungen.

[2]Die Vorschriften über die Einnahmen, Ausgaben und Verpflichtungsermächtigungen der Eigenbetriebe der Gemeinde bleiben unberührt.

(3) [1]Der Haushaltsplan ist in einen Verwaltungshaushalt und einen Vermögenshaushalt zu gliedern. [2]Der Stellenplan ist Teil des Haushaltsplans.

(4) [1]Der Haushaltsplan ist Grundlage für die Haushaltswirtschaft der Gemeinde und nach Maßgabe dieses Gesetzes und der aufgrund dieses Gesetzes erlassenen Rechtsvorschriften für die Haushaltsführung verbindlich. [2]Ansprüche und Verbindlichkeiten Dritter werden durch ihn weder begründet noch aufgehoben.

§ 57 Erlass der Haushaltssatzung

(1) Der Gemeinderat beschließt über die Haushaltssatzung samt ihren Anlagen in öffentlicher Sitzung.

(2) Die Haushaltssatzung ist vor ihrer Bekanntmachung mit dem Haushaltsplan und seinen Anlagen der Rechtsaufsichtsbehörde vorzulegen; die Vorlage soll spätestens einen Monat vor Beginn des Haushaltsjahres erfolgen.

(3) [1]Haushaltssatzungen mit genehmigungspflichtigen Bestandteilen sind sogleich nach der Genehmigung öffentlich bekannt zu machen. [2]Für Haushaltssatzungen ohne solche Bestandteile findet § 21 Abs. 3 Anwendung. [3]Gleichzeitig mit der öffentlichen Bekanntmachung der Haushaltssatzung ist der Haushaltsplan zwei Wochen lang öffentlich auszulegen und bis zur Entlastung und Beschlussfassung über die Jahresrechnung dieses Haushaltsjahres nach § 80 Abs. 3 Satz 1 zur Einsichtnahme zur Verfügung zu halten. [4]Auf Ort und Zeit der öffentlichen Auslegung und die Möglichkeit zur Einsichtnahme ist in der öffentlichen Bekanntmachung der Haushaltssatzung hinzuweisen.

§ 58 Überplanmäßige und außerplanmäßige Ausgaben

(1) [1]Überplanmäßige und außerplanmäßige Ausgaben sind nur zulässig, wenn sie unabweisbar sind und die Deckung gewährleistet ist. [2]Sind sie erheblich, so sind sie vom Gemeinderat zu beschließen. [3]Die Hauptsatzung kann bestimmen, dass über erhebliche über- und außerplanmäßige Ausgaben bis zu bestimmten Wertgrenzen ein beschließender Ausschuss entscheidet.

(2) Für Investitionen und Investitionsförderungsmaßnahmen, die im folgenden Haushaltsjahr fortgeführt werden, sind überplanmäßige Ausgaben auch dann zulässig, wenn ihre Deckung im laufenden Haushaltsjahr nur durch eine Nachtragshaushaltssatzung möglich wäre, die Deckung aber im folgenden Haushaltsjahr gewährleistet ist; Absatz 1 Satz 2 und 3 gilt entsprechend.

(3) § 60 Abs. 2 bleibt unberührt.

(4) Die Absätze 1 und 2 gelten entsprechend für Maßnahmen, durch die später überplanmäßige oder außerplanmäßige Ausgaben entstehen können.

(5) Der Gemeinderat kann Richtlinien über die Abgrenzungen aufstellen.

§ 59 Verpflichtungsermächtigungen

(1) Verpflichtungen zur Leistung von Ausgaben für Investitionen und Investitionsförderungsmaßnahmen in künftigen Jahren dürfen nur eingegangen werden, wenn der Haushaltsplan hierzu ermächtigt.

(2) Die Verpflichtungsermächtigungen dürfen in der Regel zu Lasten der dem Haushaltsjahr folgenden drei Jahre vorgesehen werden, in Ausnahmefällen bis zum Abschluss einer Maßnahme; sie sind nur zulässig, wenn durch sie der Ausgleich künftiger Haushalte nicht gefährdet wird.

(3) Die Verpflichtungsermächtigungen gelten bis zum Ende des Haushaltsjahres und, wenn die Haushaltssatzung für das folgende Haushaltsjahr nicht rechtzeitig öffentlich bekannt gemacht wird, bis zum In-Kraft-Treten dieser Haushaltssatzung.

(4) Der Gesamtbetrag der Verpflichtungsermächtigungen bedarf im Rahmen der Haushaltssatzung der Genehmigung, wenn in den Jahren, zu deren Lasten sie vorgesehen sind, Kreditaufnahmen geplant sind.

§ 60 Nachtragshaushaltssatzungen

(1) [1]Die Haushaltssatzung kann nur bis zum Ablauf des Haushaltsjahres durch Nachtragshaushaltssatzung geändert werden. [2]Für die Nachtragshaushaltssatzung gelten die Bestimmungen für die Haushaltssatzung entsprechend.

(2) Die Gemeinde hat unverzüglich eine Nachtragshaushaltssatzung zu erlassen, wenn

1. sich zeigt, dass trotz Ausnutzung jeder Sparmöglichkeit ein Fehlbetrag entstehen wird und der Haushaltsausgleich nur durch eine Änderung der Haushaltssatzung erreicht werden kann,
2. bisher nicht veranschlagte oder zusätzliche Ausgaben bei einzelnen Haushaltsstellen in einem im Verhältnis zu den Gesamtausgaben erheblichen Umfang geleistet werden müssen,
3. Ausgaben des Vermögenshaushalts für bisher nicht veranschlagte Investitionen oder Investitionsförderungsmaßnahmen geleistet werden sollen,
4. Beamte oder Angestellte eingestellt, befördert oder höher gruppiert werden sollen und der Stellenplan die entsprechenden Stellen nicht enthält.

(3) Absatz 2 Nr. 2 bis 4 findet keine Anwendung auf

1. den Erwerb von beweglichen Sachen des Anlagevermögens und Baumaßnahmen, soweit die Ausgaben nicht erheblich oder unabweisbar sind,
2. Abweichungen vom Stellenplan und die Leistung höherer Personalausgaben, die aufgrund von Änderungen des Besoldungsrechts, der Tarifverträge, rechtskräftiger Urteile oder der gesetzlichen Übertragung von Aufgaben notwendig werden,
3. Mehrausgaben, die der Tilgung eines Kredits im Rahmen einer Umschuldung dienen.

§ 61 Vorläufige Haushaltsführung

(1) Ist die Haushaltssatzung bei Beginn des Haushaltsjahres noch nicht in Kraft, so darf die Gemeinde

1. Ausgaben leisten, zu deren Leistung sie rechtlich verpflichtet ist oder die für die Weiterführung notwendiger Aufgaben unaufschiebbar sind; sie darf insbesondere Bauten, Beschaffungen und sonstige Leistungen des Vermögenshaushalts, für die im Haushaltsplan eines Vorjahres Beträge vorgesehen waren, fortsetzen,
2. die in der Haushaltssatzung jährlich festzusetzenden Abgaben nach den Sätzen des Vorjahres erheben,
3. Kredite umschulden,
4. Kredite zur Rückzahlung von Wasser- und Abwasserbeiträgen in der Höhe aufnehmen, wie es zur Einhaltung der Rückzahlungsfristen des § 21a Abs. 3 und 4 des Thüringer Kommunalabgabengesetzes erforderlich ist. Die Gemeinde bedarf hierfür der Genehmigung.

(2) [1]Reichen die Deckungsmittel für die Fortsetzung der Bauten, der Beschaffungen und der sonstigen Leistungen des Vermögenshaushalts nach Absatz 1 Nr. 1 nicht aus, so darf die Gemeinde Kredite für Investitionen und Investitionsförderungsmaßnahmen bis zu einem Viertel des durchschnittlichen Betrags der für die beiden Vorjahre festgesetzten Kredite oder, falls in einem oder in beiden Vorjahren keine Kredite festgesetzt wurden, bis zu einem Viertel der im Finanzplan des Vorjahres für das Haushaltsjahr vorgesehenen Kredite aufnehmen. [2]Sie bedarf dazu der Genehmigung. [3]§ 63 Abs. 2 Satz 2 und 3 gilt entsprechend.

(3) Der Stellenplan des Vorjahres gilt weiter, bis die Haushaltssatzung für das neue Jahr erlassen ist.

§ 62 Finanzplanung

(1) [1]Die Gemeinde hat ihrer Haushaltswirtschaft eine fünfjährige Finanzplanung zugrunde zu legen. [2]Das erste Planungsjahr der Finanzplanung ist das laufende Haushaltsjahr.

(2) Als Unterlage für die Finanzplanung ist ein Investitionsprogramm aufzustellen.

(3) Im Finanzplan sind Umfang und Zusammensetzung der voraussichtlichen Ausgaben und die Deckungsmöglichkeiten darzustellen.

(4) Der Finanzplan ist dem Gemeinderat spätestens mit dem Entwurf der Haushaltssatzung vorzulegen.

(5) Der Finanzplan und das Investitionsprogramm sind jährlich der Entwicklung anzupassen und fortzuführen.

§ 62a Ausnahmeregelungen für die Jahre 2020 und 2021

(1) [1]Bis zum Ablauf des 31. Dezember 2021 können notwendige Ausgaben zur Sicherstellung der Aufgabenerfüllung aus Gründen des öffentlichen Wohls auch abweichend von den §§ 58 und 60 geleistet werden. [2]Abweichend von § 64 Abs. 4 kann bis zum Ablauf des 31. Dezember 2021 eine Ge-

nehmigung der Rechtsgeschäfte nach § 64 Abs. 1 bis 3 erteilt werden, wenn diese Rechtsgeschäfte zur Sicherstellung der Aufgabenerfüllung aus Gründen des öffentlichen Wohls notwendig sind.
(2) Ist die Haushaltssatzung noch nicht in Kraft getreten, dürfen abweichend von § 61 Abs. 1 Nr. 1 bis zu dem in Absatz 1 Satz 1 genannten Zeitpunkt
1. die zur Sicherstellung der Aufgabenerfüllung aus Gründen des öffentlichen Wohls, insbesondere der Daseinsvorsorge und der Gesundheitsversorgung, sowie
2. die für Zuweisungen und Zuschüsse an Dritte, die für die Gemeinde Aufgaben auf sozialem, kulturellem oder sportlichem Gebiet erbringen,

notwendigen Ausgaben geleistet werden.
(3) [1]Die Verpflichtung zur Aufstellung eines Haushaltssicherungskonzeptes entfällt
1. im Haushaltsjahr 2021 bei Vorliegen der Gründe des § 53a Abs. 1 Satz 1 Nr. 1 oder
2. wenn die Gemeinde den Haushaltsausgleich unter Anwendung von § 22 Abs. 4 ThürGemHV sichern kann und im Finanzplanungszeitraum von einer ordnungsgemäßen Haushaltswirtschaft auszugehen ist.

[2]Die Verpflichtung zur Fortschreibung nach § 53a Abs. 3 Satz 1 sowie die für Haushaltsjahre vor 2021 noch bestehende Verpflichtung zur Aufstellung eines Haushaltssicherungskonzeptes bleibt unberührt.
(4) Ein bereits gemäß § 59 Abs. 4 genehmigter Gesamtbetrag der Verpflichtungsermächtigungen ist bei der Ermittlung des Höchstbetrages der vorgesehenen Kreditaufnahmen für das Haushaltsjahr 2021 insoweit außer Ansatz zu lassen, als die im genehmigten Gesamtbetrag enthaltenen Verpflichtungsermächtigungen zu Lasten dieses Haushaltsjahres gehen.

Zweiter Unterabschnitt **Kreditwesen**

§ 63 Kredite

(1) Kredite dürfen unter der Voraussetzung des § 54 Abs. 3 nur im Vermögenshaushalt und nur für Investitionen, für Investitionsförderungsmaßnahmen und zur Umschuldung oder bis zum Haushaltsjahr 2019 für energetische Sanierungs- oder Unterhaltungsmaßnahmen, die keine Investitionen oder Investitionsförderungsmaßnahmen sind, aufgenommen werden.
(2) [1]Der Gesamtbetrag der vorgesehenen Kreditaufnahmen für Investitionen und Investitionsförderungsmaßnahmen sowie für energetische Sanierungs- oder Unterhaltungsmaßnahmen, die keine Investitionen oder Investitionsförderungsmaßnahmen sind, bedarf im Rahmen der Haushaltssatzung der Genehmigung (Gesamtgenehmigung). [2]Die Genehmigung von Krediten für Investitionen und Investitionsförderungsmaßnahmen soll unter dem Gesichtspunkt einer geordneten Haushaltswirtschaft erteilt oder versagt werden; sie kann unter Bedingungen und Auflagen erteilt werden. [3]Sie ist in der Regel zu versagen, wenn die Kreditverpflichtungen mit der dauernden Leistungsfähigkeit der Gemeinde nicht im Einklang stehen. [4]Kreditaufnahmen für eine wirtschaftliche Betätigung zum Zweck der Energiegewinnung aus erneuerbaren Energien sind bereits dann zulässig, wenn die mit der Zweckerreichung verbundenen wirtschaftlichen Vorteile dauerhaft höher sind, als der zusätzlich aufzubringende Kapitaldienst (Zins und Tilgung). [5]Die Genehmigung von Krediten für energetische Sanierungs- oder Unterhaltungsmaßnahmen, die keine Investitionen oder Investitionsförderungsmaßnahmen sind, soll dann erteilt werden, wenn die Gemeinde nachweist, dass die Einsparungen der laufenden Kosten aufgrund der einzelnen Maßnahme höher sind als der für die einzelne Maßnahme aufzubringende Kapitaldienst (Zins und Tilgung) und der Kredit für alle energetischen Sanierungs- oder Unterhaltungsmaßnahmen zusammen ein Zehntel der im Verwaltungshaushalt veranschlagten Einnahmen des Haushaltsjahres nicht übersteigt.
(3) Die Kreditermächtigung gilt bis zum Ende des auf das Haushaltsjahr folgenden Jahres und, wenn die Haushaltssatzung für das übernächste Jahr nicht rechtzeitig öffentlich bekannt gemacht wird, bis zum Erlass dieser Haushaltssatzung.
(4) Die Aufnahme der einzelnen Kredite, deren Gesamtbetrag nach Absatz 2 genehmigt worden ist, bedarf der Genehmigung der Rechtsaufsichtsbehörde (Einzelgenehmigung),
1. sofern die Kreditaufnahmen nach § 19 des Gesetzes zur Förderung der Stabilität und des Wachstums der Wirtschaft vom 8. Juni 1967 (BGBl. I S. 582) in der jeweils geltenden Fassung beschränkt

worden sind; die Einzelgenehmigung kann nach Maßgabe der Kreditbeschränkungen versagt werden oder
2. wenn sich die Rechtsaufsichtsbehörde dies wegen einer möglichen Gefährdung der dauernden Leistungsfähigkeit der Gemeinde in der Gesamtgenehmigung vorbehalten hat.

(5) [1]Das für das Kommunalrecht zuständige Ministerium kann im Einvernehmen mit dem für Finanzen zuständigen Ministerium und dem für Wirtschafts- und Strukturpolitik zuständigen Ministerium durch Rechtsverordnung die Aufnahme von Krediten von der Genehmigung (Einzelgenehmigung) abhängig machen, wenn der Konjunkturrat für die öffentliche Hand nach § 18 Abs. 2 des Gesetzes zur Förderung der Stabilität und des Wachstums der Wirtschaft eine Beschränkung der Kreditaufnahme durch die Gemeinden empfohlen hat. [2]Die Genehmigung ist zu versagen, wenn dies zur Abwehr einer Störung des gesamtwirtschaftlichen Gleichgewichts geboten ist oder wenn die Kreditbedingungen wirtschaftlich nicht vertretbar sind. [3]Solche Rechtsverordnungen sind auf längstens ein Jahr zu befristen.

(6) [1]Die Gemeinde darf zur Sicherung des Kredits keine Sicherheiten bestellen. [2]Die Rechtsaufsichtsbehörde kann Ausnahmen zulassen, wenn die Bestellung von Sicherheiten der Verkehrsübung entspricht.

§ 64 Kreditähnliche Verpflichtungen, Sicherheiten

(1) Der Abschluss von Rechtsgeschäften, die der Kreditaufnahme wirtschaftlich gleichkommen, bedarf der Genehmigung.

(2) [1]Die Gemeinde darf Bürgschaften und Verpflichtungen aus Gewährverträgen nur zur Erfüllung ihrer Aufgaben und nicht zugunsten von Unternehmen nach § 66 Abs. 2 übernehmen. [2]Diese Rechtsgeschäfte bedürfen der Genehmigung durch die Rechtsaufsichtsbehörde, wenn sie nicht im Rahmen der laufenden Verwaltung abgeschlossen werden. [3]Für Rechtsgeschäfte, die Bürgschaften und Verpflichtungen aus Gewährverträgen wirtschaftlich gleichkommen, gelten die Sätze 1 und 2 entsprechend.

(3) Die Gemeinde bedarf zur Bestellung von Sicherheiten zugunsten Dritter der Genehmigung.

(4) Für die Genehmigung der Rechtsgeschäfte nach den Absätzen 1 bis 3 gilt § 63 Abs. 2 Satz 2 und 3 entsprechend.

(5) Das für das Kommunalrecht zuständige Ministerium kann durch Rechtsverordnung Rechtsgeschäfte von der Genehmigung freistellen,
1. die die Gemeinden zur Erfüllung bestimmter Aufgaben eingehen oder
2. die für die Gemeinden keine besondere Belastung bedeuten oder
3. die ihrer Natur nach regelmäßig wiederkehren oder
4. die einer Genehmigung nach Absatz 3 bedürfen und zum Zweck der Durchführung einer Veräußerung eines Grundstücks oder grundstücksgleichen Rechts der Gemeinde abgeschlossen werden.

§ 65 Kassenkredite

(1) [1]Zur rechtzeitigen Leistung ihrer Ausgaben kann die Gemeinde Kassenkredite bis zu dem in der Haushaltssatzung festgesetzten Höchstbetrag aufnehmen, soweit für die Kasse keine anderen Mittel zur Verfügung stehen. [2]Diese Ermächtigung gilt über das Haushaltsjahr hinaus bis zum Erlass der neuen Haushaltssatzung.

(2) Der in der Haushaltssatzung festgesetzte Höchstbetrag bedarf der Genehmigung, wenn
1. der Höchstbetrag für die Haushaltswirtschaft ein Sechstel der im Verwaltungshaushalt veranschlagten Einnahmen übersteigt,
2. der Höchstbetrag für den Eigenbetrieb oder die kommunale Anstalt ein Sechstel der im Erfolgsplan vorgesehenen Erträge übersteigt.

Dritter Unterabschnitt
Vermögenswirtschaft

§ 66 Erwerb und Verwaltung von Vermögen

(1) Die Gemeinde soll Vermögensgegenstände nur erwerben, wenn das zur Erfüllung ihrer Aufgaben erforderlich ist.

(2) [1]Die Gemeinden oder Unternehmen, an denen die Gemeinde unmittelbar oder mittelbar beteiligt ist, dürfen Geschäftsanteile oder Aktien solcher Unternehmen in privater Rechtsform besitzen, an denen die Gemeinde unmittelbar oder mittelbar beteiligt war, bevor durch einen von der Rechtsauf-

sichtsbehörde genehmigten Gemeinderatsbeschluss festgestellt worden ist, dass der öffentliche Zweck dieses Unternehmens entfallen ist. 2In begründeten Ausnahmefällen kann die Rechtsaufsichtsbehörde den Erwerb oder Besitz anderer Aktien oder Geschäftsanteile einer Gemeinde oder eines Unternehmens, an dem die Gemeinde unmittelbar oder mittelbar beteiligt ist, genehmigen. 3Die Beteiligung der Gemeinde soll auf Dauer grundsätzlich in eine Minderheitsbeteiligung überführt werden.

(3) 1Die Vermögensgegenstände sind pfleglich und wirtschaftlich zu verwalten und ordnungsgemäß nachzuweisen. 2Zuschüsse der Gemeinde an Unternehmen nach Absatz 2 Satz 1 sind unzulässig. 3Bei Geldanlagen ist auf eine ausreichende Sicherheit zu achten; sie sollen einen angemessenen Ertrag bringen.

§ 67 Veräußerung von Vermögen

(1) 1Die Gemeinde darf Vermögensgegenstände, die sie zur Erfüllung ihrer Aufgaben nicht braucht, veräußern. 2Vermögensgegenstände dürfen in der Regel nur zu ihrem vollen Wert veräußert werden. 3Ausnahmen sind im besonderen öffentlichen Interesse zulässig. 4Dies gilt insbesondere für Veräußerungen zur Förderung sozialer Einrichtungen, des sozialen Wohnungsbaus, der Gewerbeansiedlung und ihrer Erweiterung und der Bildung privaten Eigentums unter sozialen Gesichtspunkten. 5Ausnahmen sind ferner zulässig, wenn:

1. die Veräußerung der Bildung privaten Eigentums an Grundstücken in den Fällen des § 1 Abs. 1 Nr. 1 des Sachenrechtsbereinigungsgesetzes vom 21. September 1994 (BGBl. I S. 2457) in der jeweils geltenden Fassung dient und
2. der Erwerb im zeitlichen und sachlichen Geltungsbereich des Gesetzes über den Verkauf volkseigener Gebäude vom 7. März 1990 (GBl. I Nr. 18 S. 157) angebahnt und
3. der Kaufvertrag bis zum 30. September 1994
   a) abgeschlossen oder
   b) wegen eines noch nicht bestandskräftig beschiedenen Rückübertragungsantrags oder einer noch nicht durchgeführten Grundstücksvermessung nicht abgeschlossen

   wurde.

6Das Nähere zu den Voraussetzungen der Ausnahmen nach den Sätzen 3, 4 und 5, insbesondere zur Sicherung des Veräußerungszwecks nach Satz 4 und zur Veräußerung übergroßer Grundstücke im Sinne des Sachenrechtsbereinigungsgesetzes nach Satz 5, regelt die Landesregierung durch Rechtsverordnung.

(2) 1Für die Überlassung der Nutzung eines Vermögensgegenstands gilt Absatz 1 entsprechend. 2Ausnahmen sind insbesondere zulässig bei der Vermietung gemeindlicher Gebäude zur Sicherung preiswerten Wohnens und zur Sicherung der Existenz kleiner und ertragsschwacher Gewerbebetriebe.

(3) Der volle Wert nach Absatz 1 Satz 2 kann bei Grundstücken und grundstücksgleichen Rechten auch nachgewiesen werden,

1. durch das Höchstgebot zu einer bedingungsfreien öffentlichen Ausschreibung oder
2. wenn eine Ausschreibung nach Nummer 1 durchgeführt, aber kein ausreichendes Gebot abgegeben wurde, durch das Höchstgebot in einer Versteigerung, die durch einen öffentlich bestellten und vereidigten Versteigerer nach der Versteigererverordnung vom 24. April 2003 (BGBl. I S. 547) in der jeweils geltenden Fassung erfolgte.

(4) 1Das Verschenken und die unentgeltliche Überlassung von Gemeindevermögen sind unzulässig. 2Die Veräußerung oder Überlassung von Gemeindevermögen in Erfüllung von Gemeindeaufgaben oder herkömmlicher Anstandspflichten fällt nicht unter dieses Verbot.

(5) Gemeindevermögen darf nur im Rahmen der Aufgabenerfüllung der Gemeinde und nur dann in Stiftungsvermögen eingebracht werden, wenn der mit der Stiftung verfolgte Zweck auf andere Weise nicht erreicht werden kann.

§ 68 Rücklagen

1Die Gemeinde hat für Zwecke des Vermögenshaushalts und zur Sicherung der Haushaltswirtschaft Rücklagen in angemessener Höhe zu bilden. 2Rücklagen für andere Zwecke sind zulässig.

§ 69 Zwangsvollstreckung in Gemeindevermögen wegen einer Geldforderung

(1) 1Zur Einleitung der Zwangsvollstreckung gegen die Gemeinde wegen einer bürgerlich-rechtlichen Geldforderung bedarf der Gläubiger einer Zulassungsverfügung des Landesverwaltungsamts, es sei denn, es handelt sich um die Verfolgung dinglicher Rechte. 2Das Landesverwaltungsamt hat in der

Zulassungsverfügung die Vermögensgegenstände, in die die Zwangsvollstreckung zugelassen wird und den Zeitpunkt zu bestimmen, an dem sie stattfinden soll. [3]Die Zulassung der Zwangsvollstreckung in solche Vermögensgegenstände, die für die Erfüllung öffentlicher Aufgaben der Gemeinde unentbehrlich sind oder deren Veräußerung ein erhebliches öffentliches Interesse entgegensteht, ist ausgeschlossen. [4]Für die Durchführung der Zwangsvollstreckung gilt die Zivilprozessordnung.

(2) Absatz 1 gilt entsprechend für öffentlich-rechtliche Geldforderungen, soweit nicht Sondervorschriften bestehen.

(3) Über das Vermögen der Gemeinde findet ein Insolvenzverfahren nicht statt.

§ 70 Von der Gemeinde verwaltete nicht rechtsfähige Stiftungen

(1) Vermögenswerte, die die Gemeinde von Dritten unter der Auflage entgegennimmt, sie zu einem bestimmten öffentlichen Zweck zu verwenden, ohne dass eine rechtsfähige Stiftung entsteht, sind ihrer Zweckbestimmung gemäß nach den für das Gemeindevermögen geltenden Vorschriften zu verwalten.

(2) [1]Die Vermögenswerte sind in ihrem Bestand ungeschmälert zu erhalten. [2]Sie sind vom übrigen Gemeindevermögen getrennt zu verwalten und so anzulegen, dass sie für ihren Verwendungszweck verfügbar sind.

(3) [1]Der Ertrag darf nur für den Stiftungszweck verwendet werden. [2]Ist eine Minderung eingetreten, so sollen die Vermögensgegenstände aus dem Ertrag wieder ergänzt werden.

(4) [1]Soweit eine Änderung des Verwendungszwecks oder die Aufhebung der Zweckbestimmung zulässig ist, beschließt hierüber der Gemeinderat. [2]Der Beschluss bedarf der Genehmigung.

Vierter Unterabschnitt

Gemeindliche Unternehmen

§ 71 Gründung, Übernahme und Erweiterung von Unternehmen

(1) Die Gemeinde kann außerhalb ihrer allgemeinen Verwaltung Unternehmen
1. als Eigenbetrieb,
2. als kommunale Anstalt des öffentlichen Rechts,
3. in den Rechtsformen des Privatrechts

gründen oder übernehmen oder sich an solchen Unternehmen beteiligen.

(2) Ungeachtet des mit ihnen verfolgten öffentlichen Zwecks darf die Gemeinde Unternehmen nur gründen, übernehmen oder erweitern, wenn
1. der öffentliche Zweck das Unternehmen rechtfertigt,
2. das Unternehmen nach Art und Umfang in einem angemessenen Verhältnis zu der Leistungsfähigkeit der Gemeinde und zum voraussichtlichen Bedarf steht,
3. die dem Unternehmen zu übertragenden Aufgaben für die Wahrnehmung außerhalb der allgemeinen Verwaltung geeignet sind,
4. der Zweck nicht ebenso gut und wirtschaftlich durch einen anderen erfüllt wird oder erfüllt werden kann. Dies gilt nicht bei einem Tätigwerden im Rahmen der kommunalen Daseinsvorsorge, insbesondere im Bereich der Gesundheitsversorgung und -Vorsorge, des öffentlichen Personennahverkehrs, des öffentlichen Wohnungsbaus sowie der Strom-, Gas- und Wärmeversorgung einschließlich einer Betätigung auf dem Gebiet der Erzeugung, Speicherung und Einspeisung erneuerbarer Energien sowie der Verteilung von hieraus gewonnener thermischer Energie; hiermit verbundene Dienstleistungen sind zulässig, wenn ihnen im Vergleich zum Hauptzweck eine untergeordnete Bedeutung zukommt. Gegebenenfalls ist ein Markterkundungsverfahren unter Einbindung der betroffenen örtlichen Betriebe in Landwirtschaft, Handel, Gewerbe und Industrie durchzuführen.

(3) Unternehmen der Gemeinde dürfen keine wesentliche Schädigung und keine Aufsaugung selbständiger Betriebe in Landwirtschaft, Handel, Gewerbe und Industrie bewirken.

(4) [1]Bankunternehmen darf die Gemeinde nicht gründen. [2]Für das öffentliche Sparkassenwesen verbleibt es bei den besonderen Vorschriften.

(5) [1]Die Gemeinde darf mit ihren Unternehmen außerhalb des Gemeindegebiets nur tätig werden, wenn dafür die Voraussetzungen der Absätze 2 und 3 vorliegen und die berechtigten Interessen der betroffenen kommunalen Gebietskörperschaften gewahrt sind. [2]Bei gesetzlich liberalisierten Tätigkeiten gelten nur die Interessen als berechtigt, die nach den maßgeblichen Vorschriften eine Einschränkung

des Wettbewerbs zulassen. [3]Bei öffentlichem Wohnungsbau oder bei Erbringung von Gesundheitsleistungen außerhalb des Gemeindegebiets gelten die berechtigten Interessen der betroffenen kommunalen Gebietskörperschaft als gewahrt, wenn dieser die beabsichtigte Betätigung in ihrem Gebiet vor Beginn angezeigt wurde und sie ihr nicht innerhalb eines Monats nach Eingang der Anzeige widersprochen hat. [4]Tätigkeiten außerhalb des Gemeindegebiets sind von der Rechtsaufsichtsbehörde zu genehmigen; soweit es die Versorgung mit Strom und Gas, den öffentlichen Wohnungsbau oder die Gesundheitsversorgung und -Vorsorge betrifft, sind sie der Rechtsaufsichtsbehörde anzuzeigen.

§ 72 Anzeigepflicht

(1) [1]Entscheidungen der Gemeinde über

1. die Gründung, Übernahme oder Erweiterung sowie die Änderung der Rechtsform gemeindlicher Unternehmen,
2. die Auflösung von kommunalen Anstalten

sind der Rechtsaufsichtsbehörde rechtzeitig, mindestens sechs Wochen vor Beginn oder Vergabe von Arbeiten oder vor Abschluss des Übernahmevertrages anzuzeigen. [2]In der Anzeige ist darzulegen, dass die gesetzlichen Voraussetzungen erfüllt sind und dass die Deckung der Kosten tatsächlich und rechtlich gesichert ist.

(2) Absatz 1 Satz 1 Nr. 1 und Satz 2 gelten entsprechend für Entscheidungen des Verwaltungsrats einer kommunalen Anstalt.

§ 73 Unternehmen des privaten Rechts

(1) [1]Die Gemeinde darf Unternehmen in einer Rechtsform des privaten Rechts nur gründen, deren Zweckbestimmung ändern oder sich an solchen Unternehmen nur beteiligen, wenn

1. die Voraussetzungen des § 71 Abs. 2 und 3 vorliegen,
2. die Gemeinde angemessenen Einfluss im Aufsichtsrat oder in einem entsprechenden Gremium erhält,
3. die übernommenen Verpflichtungen der Gemeinde in einem angemessenen Verhältnis zu ihrer Leistungsfähigkeit stehen,
4. die Gemeinde sich insbesondere nicht zur Übernahme von Verlusten in unbestimmter oder unangemessener Höhe verpflichtet und
5. die Haftung der Gemeinde auf einen bestimmten Betrag begrenzt ist; die Rechtsaufsichtsbehörde kann von der Haftungsbegrenzung in begründeten Fällen befreien.

[2]Zur Sicherstellung des öffentlichen Zwecks von Gesellschaften mit beschränkter Haftung soll im Gesellschaftsvertrag oder in der Satzung bestimmt werden, dass die Gesellschaftsversammlung auch über den Erwerb und die Veräußerung von Unternehmen und Beteiligungen und über den Abschluss und die Änderung von Unternehmensverträgen beschließt. [3]In der Satzung von Aktiengesellschaften soll bestimmt werden, dass zum Erwerb und zur Veräußerung von Unternehmen und Beteiligungen die Zustimmung des Aufsichtsrats notwendig ist. [4]Die Gründung, Änderung der Zweckbestimmung oder Beteiligung bedarf der Genehmigung.

(2) [1]Die Gemeinde darf sich an Banken nicht beteiligen. [2]Für die Beteiligung an öffentlichen Sparkassen und Zweckverbänden gelten die besonderen Vorschriften.

§ 74 Vertretung im Fall der Beteiligung

(1) [1]Vertreter der Gemeinde in den Organen eines Unternehmens, an dem die Gemeinde beteiligt ist, dürfen der Aufnahme von Krediten nur nach vorherigem Beschluss des Gemeinderats zustimmen, es sei denn, die Kredite sind im Wirtschaftsplan dieses Unternehmens enthalten und der Wirtschaftsplan war als Anlage dem Haushaltsplan beigefügt. [2]Gleiches gilt, wenn ein solches Unternehmen sich an einem anderen Unternehmen beteiligen oder ein anderes Unternehmen übernehmen will. [3]Der Beschluss des Gemeinderats bedarf in diesem Fall außerdem der Genehmigung.

(2) Die Gemeinde darf dem Erwerb von Unternehmen und Beteiligungen durch Unternehmen in Privatrechtsform, an denen sie unmittelbar oder mittelbar beteiligt ist, nur unter entsprechender Anwendung der für sie selbst geltenden Vorschriften zustimmen.

(3) [1]Werden Vertreter nach Absatz 1 aus ihrer Tätigkeit haftbar gemacht, so hat ihnen die Gemeinde den Schaden zu ersetzen, es sei denn, dass sie ihn vorsätzlich oder grob fahrlässig herbeigeführt haben. [2]Auch in diesem Fall ist die Gemeinde schadenersatzpflichtig, wenn die Vertreter nach Anweisung gehandelt haben.

(4) Die Mitgliedschaft gemeindlicher Vertreter in Organen nach Absatz 1 erlischt mit ihrem Ausscheiden aus dem hauptamtlichen oder ehrenamtlichen Dienst der Gemeinde.

§ 75 Verwaltung von Unternehmen

(1) Unternehmen und Beteiligungen sollen einen Ertrag für den Haushalt der Gemeinde abwerfen.

(2) [1]Die Einnahmen jedes Unternehmens sollen mindestens alle Aufwendungen decken und neben einer marktüblichen Verzinsung des Eigenkapitals angemessene Rücklagen ermöglichen. [2]Zu den Einnahmen gehören auch angemessene Vergütungen für die Leistungen des Unternehmens an die Gemeinde oder an andere gemeindliche Unternehmen mit eigener oder ohne eigene Rechtspersönlichkeit.

(3) Zu den Aufwendungen gehören auch die Steuern, die Zinsen für die zu Zwecken des Unternehmens aufgenommenen Kredite, angemessene Beträge für den Unterhaltungs- und Versorgungsaufwand, angemessene Abschreibungen, angemessene Vergütungen für die Leistungen und Lieferungen der Gemeinde sowie anderer gemeindlicher Unternehmen mit eigener oder ohne eigene Rechtspersönlichkeit, ferner angemessene Aufwands- und Gefahrenrückstellungen.

(4) [1]Ist die Gemeinde unmittelbar oder mittelbar an einem Unternehmen in einer Rechtsform des privaten Rechts nach § 73 beteiligt, so hat sie dafür Sorge zu tragen, dass

1. der Jahresabschluss und der Lagebericht nach den für große Kapitalgesellschaften geltenden Bestimmungen des Handelsgesetzbuchs aufgestellt und geprüft werden, sofern nicht weiter gehende gesetzliche Vorschriften gelten oder andere gesetzliche Vorschriften entgegenstehen,
2. die Möglichkeit der Einsichtnahme in den Jahresabschluss, in das Ergebnis der Prüfung des Jahresabschlusses und des Lageberichts sowie in die beschlossene Verwendung des Jahresüberschusses oder die Behandlung des Jahresfehlbetrags besteht und ortsüblich auf die Möglichkeit der Einsichtnahme hingewiesen wird,
3. der Gemeinde die Rechte nach § 53 Abs. 1 des Haushaltsgrundsätzegesetzes (HGrG) vom 19. August 1969 (BGBl. I S. 1273) in der jeweils geltenden Fassung eingeräumt und diese Rechte ausgeübt werden,
4. der Gemeinde und dem für sie zuständigen überörtlichen Prüfungsorgan die in § 54 HGrG vorgesehenen Befugnisse eingeräumt werden.

[2]Die Rechtsaufsichtsbehörde kann für mittelbare Beteiligungen der Gemeinde oder für Beteiligungen, die keine Mehrheitsbeteiligungen im Sinne des § 53 HGrG sind, Ausnahmen zulassen.

§ 75a Beteiligungsbericht

(1) [1]Die Gemeinde hat jährlich zum 30. September einen Beteiligungsbericht über jedes Unternehmen in einer Rechtsform des privaten Rechts, an dem sie unmittelbar beteiligt ist, zu erstellen. [2]Im Fall der mittelbaren Beteiligung der Gemeinde an solchen Unternehmen gilt das Gleiche, wenn die Beteiligung mehr als 25 vom Hundert beträgt oder die Bilanzsumme des Unternehmens drei Millionen vierhundertachtunddreißigtausend Euro überschreitet.

(2) In dem Beteiligungsbericht sind insbesondere darzustellen:

1. der Gegenstand des Unternehmens, die Beteiligungsverhältnisse am Unternehmen, die Besetzung der Organe und die Beteiligungen des Unternehmens,
2. der Stand der Erfüllung des öffentlichen Zwecks des Unternehmens,
3. für das jeweilige letzte Geschäftsjahr die Grundzüge des Geschäftsverlaufs, die Lage des Unternehmens, die Zuschüsse und Kapitalentnahmen durch die Gemeinde und im Vergleich mit den Werten des vorangegangenen Geschäftsjahrs die durchschnittliche Zahl der beschäftigten Arbeitnehmer, die wichtigsten Kennzahlen der Vermögens-, Finanz- und Ertragslage des Unternehmens sowie die gewährten Gesamtbezüge der Mitglieder der Geschäftsführung und des Aufsichtsrats oder der entsprechenden Organe des Unternehmens; § 286 Abs. 4 des Handelsgesetzbuchs gilt entsprechend.

(3) Der Beteiligungsbericht ist dem Gemeinderat und der Rechtsaufsichtsbehörde vorzulegen.

§ 76 Eigenbetriebe

(1) [1]Für Unternehmen der Gemeinde ohne eigene Rechtspersönlichkeit, die außerhalb des Haushaltsplans der Gemeinde nach kaufmännischen Grundsätzen als Sondervermögen verwaltet werden (Eigenbetriebe), bestellt der Gemeinderat eine Werkleitung und einen Werkausschuss. [2]Die Werkleitung erledigt in eigener Zuständigkeit die laufenden Angelegenheiten im Sinne des § 29 Abs. 2 Nr. 1, die

den Eigenbetrieb betreffen. [3]Sie vertritt die Gemeinde in den Angelegenheiten des Eigenbetriebs nach außen; die Betriebssatzung kann hiervon abweichende Regelungen vorsehen. [4]Im Übrigen beschließt über die Angelegenheiten des Eigenbetriebs der Werkausschuss, soweit nicht der Gemeinderat sich die Entscheidung allgemein vorbehält oder im Einzelfall an sich zieht (§ 26 Abs. 3 Satz 2). [5]Der Werkausschuss ist ein beschließender Ausschuss im Sinne der §§ 26 und 43.

(2) [1]Im Rahmen der gesetzlichen Vorschriften werden die Angelegenheiten des Eigenbetriebs durch eine Betriebssatzung geregelt. [2]Diese muss nähere Bestimmungen über die Wirtschaftsführung, Vermögensverwaltung und Rechnungslegung enthalten.

(3) [1]§ 53 Abs. 1, 2 und 4, §§ 54, 59, 61 bis 67, 69, 78 Abs. 5 und § 79 gelten entsprechend. [2]Für Eigenbetriebe von Gemeinden, die gemäß § 52a Satz 2 in der Hauptsatzung bestimmt haben, dass die Haushaltswirtschaft nach den Grundsätzen der doppelten Buchführung geführt wird, finden § 3 Abs. 1 bis 3, §§ 5, 10, 13 bis 16, 17 Abs. 5 und § 18 des Thüringer Gesetzes über die kommunale Doppik (ThürKDG) sowie §§ 66, 67 und 69 entsprechende Anwendung. [3]Die Gemeinde kann für ihre Eigenbetriebe in der Betriebssatzung bestimmen, dass für die Wirtschaftsführung und das Rechnungswesen die Bestimmungen der Thüringer Gemeindehaushaltsverordnung-Doppik Anwendung finden; das Nähere regelt die Thüringer Eigenbetriebsverordnung.

§ 76a Kommunale Anstalt des öffentlichen Rechts

(1) [1]Die Gemeinde kann selbstständige Unternehmen in der Rechtsform einer rechtsfähigen Anstalt des öffentlichen Rechts (kommunale Anstalt) gründen oder bestehende Regie- und Eigenbetriebe im Wege der Gesamtrechtsnachfolge in kommunale Anstalten umwandeln. [2]Für die Umwandlung nach Satz 1 gelten die Bestimmungen des Umwandlungsgesetzes entsprechend. [3]Die kommunale Anstalt kann sich nach Maßgabe der Unternehmenssatzung und in entsprechender Anwendung der für die Gemeinde geltenden Vorschriften an anderen Unternehmen beteiligen, wenn das dem Unternehmenszweck dient.

(2) [1]Die Gemeinde kann der kommunalen Anstalt einzelne Aufgaben oder alle mit einem bestimmten Zweck zusammenhängende Aufgaben ganz oder teilweise übertragen. [2]Sie kann nach Maßgabe des § 20 Abs. 2 durch gesonderte Satzung einen Anschluss- und Benutzungszwang zugunsten der kommunalen Anstalt festlegen und sie zur Durchsetzung entsprechend § 18 Abs. 1 Satz 2 ermächtigen. [3]Sie kann der kommunalen Anstalt auch das Recht einräumen, an ihrer Stelle Satzungen (einschließlich der Satzung über den Anschluss- und Benutzungszwang) und, soweit Landesrecht zu deren Erlass ermächtigt, auch Rechtsverordnungen für das übertragene Aufgabengebiet zu erlassen; § 21 gilt entsprechend. [4]Zur Finanzierung der Aufgaben, die von der kommunalen Anstalt wahrzunehmen sind, kann die Gemeinde ihr das Recht übertragen, von den Leistungsnehmern der kommunalen Anstalt Beiträge, Gebühren sowie sonstige Abgaben nach den kommunalabgabenrechtlichen Vorschriften festzusetzen, zu erheben und zu vollstrecken.

(3) [1]Ein Unternehmen in einer Rechtsform des privaten Rechts, an dem ausschließlich die Gemeinde beteiligt ist, kann durch Formwechsel in eine kommunale Anstalt umgewandelt werden. [2]Die Umwandlung ist nur zulässig, wenn keine Sonderrechte im Sinne des § 23 des Umwandlungsgesetzes (UmwG) und keine Rechte Dritter an den Anteilen der Gemeinde bestehen. [3]Der Formwechsel setzt den Erlass der Unternehmenssatzung durch die Gemeinde und einen sich darauf beziehenden Umwandlungsbeschluss der formwechselnden Gesellschaft voraus. [4]Die §§ 193 bis 195, 197 bis 199, 200 Abs. 1 und § 201 UmwG sind entsprechend anzuwenden. [5]Die Anmeldung zum Handelsregister entsprechend § 198 UmwG erfolgt durch das vertretungsberechtigte Organ der formwechselnden Gesellschaft. [6]Abweichend von Absatz 4 Satz 5 wird die Umwandlung eines Unternehmens in einer Rechtsform des privaten Rechts in eine kommunale Anstalt mit deren Eintragung oder, wenn sie nicht eingetragen wird, mit der Eintragung der Umwandlung in das Handelsregister wirksam; § 202 Abs. 1 und 3 UmwG ist entsprechend anzuwenden. [7]Ist bei der formwechselnden Gesellschaft ein Betriebsrat eingerichtet, bleibt dieser nach dem Wirksamwerden der Umwandlung als Personalrat der kommunalen Anstalt bis zu den nächsten regelmäßigen Personalratswahlen bestehen.

(4) [1]Die Gemeinde regelt die Rechtsverhältnisse der kommunalen Anstalt durch eine Unternehmenssatzung. [2]Diese muss Bestimmungen über den Namen und die Aufgaben des Unternehmens, die Anzahl der Mitglieder des Vorstands und des Verwaltungsrats und die Höhe des Stammkapitals enthalten. [3]Die Gemeinde hat die Unternehmenssatzung und ihre Änderungen öffentlich bekannt zu machen; § 21 Abs. 1 bis 4 findet Anwendung. [4]Abweichend von § 21 Abs. 3 Satz 2 darf die Gemeinde die

Unternehmenssatzung oder ihre Änderung frühestens nach Ablauf von sechs Wochen, nachdem die Gemeinde die Eingangsbestätigung für die vorzulegende Unternehmenssatzung von der Rechtsaufsichtsbehörde erhalten hat, bekannt machen. [5]Die kommunale Anstalt entsteht am Tage nach der Bekanntmachung, wenn nicht in der Unternehmenssatzung ein späterer Zeitpunkt bestimmt ist.

(5) [1]Die Gemeinde haftet für die Verbindlichkeiten der kommunalen Anstalt unbeschränkt, soweit nicht Befriedigung aus deren Vermögen zu erlangen ist (Gewährträgerschaft). [2]Dies gilt nicht, soweit die Bestimmungen über staatliche Beihilfen nach Artikel 107 bis 109 des Vertrages über die Arbeitsweise der Europäischen Union dem entgegenstehen. [3]Die Anstalt darf keine Bürgschaften, Verpflichtungen aus Gewährverträgen oder Rechtsgeschäfte, die diesen wirtschaftlich gleichkommen, übernehmen sowie keine Sicherheiten zugunsten Dritter bestellen.

§ 76b Organe der kommunalen Anstalt, Personal

(1) [1]Die kommunale Anstalt wird von einem Vorstand in eigener Verantwortung geleitet, soweit nicht gesetzlich oder durch die Unternehmenssatzung etwas anderes bestimmt ist. [2]Der Vorstand vertritt die kommunale Anstalt nach außen.

(2) [1]Die Leitung der kommunalen Anstalt durch den Vorstand wird von einem Verwaltungsrat überwacht. [2]Der Verwaltungsrat bestellt den Vorstand auf die Dauer von höchstens fünf Jahren; die erneute Bestellung ist zulässig. [3]Der Verwaltungsrat entscheidet außerdem über

1. den Erlass von Satzungen und Rechtsverordnungen,
2. die Festsetzung von allgemein geltenden Tarifen und privatrechtlichen Entgelten der kommunalen Anstalt,
3. die Beteiligung der kommunalen Anstalt an anderen Unternehmen,
4. die Feststellung des Wirtschaftsplans und des Jahresabschlusses,
5. die Bestellung des Abschlussprüfers und
6. die Ergebnisverwaltung.

[4]Die Entscheidungen des Verwaltungsrats nach Satz 3 Nr. 1 bis 3 bedürfen der Zustimmung des Gemeinderats der Gemeinde. [5]Die Unternehmenssatzung kann vorsehen, dass der Gemeinderat dem Verwaltungsrat allgemein oder in bestimmten Fällen Weisungen erteilen kann; außerdem kann sie weitere Fälle vorsehen, in denen eine Zustimmung des Gemeinderates erforderlich ist. [6]Für die Sitzungen und Beschlüsse des Verwaltungsrats gilt § 40 entsprechend. [7]Für den Ausschluss wegen persönlicher Beteiligung gilt § 38 entsprechend.

(3) [1]Der Verwaltungsrat besteht aus dem Bürgermeister und den weiteren Mitgliedern. [2]Den Vorsitz führt der Bürgermeister. [3]Die weiteren Mitglieder des Verwaltungsrats werden vom Gemeinderat auf die Dauer von fünf Jahren bestellt. [4]Die Amtszeit der Mitglieder des Verwaltungsrats, die dem Gemeinderat angehören, endet mit dem Ausscheiden aus dem Gemeinderat. [5]Die Mitglieder des Verwaltungsrats üben ihr Amt bis zum Amtsantritt der neuen Mitglieder weiter aus. [6]Eine Abberufung eines weiteren Mitglieds des Verwaltungsrats kann nur durch den Gemeinderat und nur aus wichtigem Grund erfolgen; § 27 Abs. 2 Satz 3 gilt entsprechend. [7]Als Mitglied des Verwaltungsrats können nicht bestellt werden:

1. Beamte und hauptberufliche Angestellte der kommunalen Anstalt,
2. leitende Beamte und leitende Angestellte von juristischen Personen oder sonstigen Organisationen des öffentlichen oder privaten Rechts, an denen die kommunale Anstalt mit mehr als 50 vom Hundert beteiligt ist; eine entsprechende Beteiligung am Stimmrecht genügt,
3. Beamte oder Angestellte der Rechtsaufsichtsbehörde, die unmittelbar mit Fragen der Aufsicht über die kommunale Anstalt befasst sind.

(4) [1]Die Anstalt hat das Recht, Dienstherr von Beamten zu sein, wenn ihr hoheitliche Befugnisse übertragen werden. [2]Wird sie aufgelöst, hat die Gemeinde die Beamten und die Versorgungsempfänger zu übernehmen.

(5) Die Eingruppierung und Vergütung der Beschäftigten der kommunalen Anstalt sowie alle sonstigen Leistungen erfolgen entsprechend den für die Gemeinden geltenden Grundsätzen.

§ 76c Sonstige Vorschriften für die kommunale Anstalt

(1) [1]Das Rechnungsprüfungsamt der Gemeinde hat das Recht, sich zur Klärung von Fragen, die bei der Prüfung nach § 82 Abs. 1 auftreten, unmittelbar zu unterrichten und zu diesem Zweck den Betrieb, die Bücher und Schriften der kommunalen Anstalt einzusehen. [2]Für die Rechte und Pflichten der

Rechnungsprüfer gilt § 2 Abs. 1 bis 3 des Thüringer Prüfungs- und Beratungsgesetzes (ThürPrBG) vom 25. Juni 2001 (GVBl. S. 66) in der jeweils geltenden Fassung entsprechend.

(2) [1]§ 7 Abs. 3, § 53 Abs. 1, 2 und 4, §§ 54, 55, 57, 59 bis 67, 69 und 79 und die Vorschriften des Dritten Teils, Erster Abschnitt, über die staatliche Aufsicht gelten für die kommunale Anstalt entsprechend. [2]In der Unternehmenssatzung kann bestimmt werden, dass für die Wirtschaftsführung und das Rechnungswesen die Bestimmungen der Thüringer Gemeindehaushaltsverordnung-Doppik Anwendung finden. [3]In diesem Fall finden abweichend von Satz 1 anstelle von § 53 Abs. 1, 2 und 4, den §§ 54, 55, 57, 59 bis 65, 79 der § 3 Abs. 1 bis 4 und 6 und die §§ 5, 6, 8 bis 10, 12 bis 16 und 18 ThürKDG entsprechende Anwendung.

(3) Die kommunale Anstalt ist zur Vollstreckung von Verwaltungsakten in demselben Umfang berechtigt wie die Gemeinde, wenn sie auf Grund einer Aufgabenübertragung nach § 76a Abs. 2 hoheitliche Befugnisse ausübt und bei der Aufgabenübertragung nichts Abweichendes geregelt wird.

§ 77 Monopolbetriebe

Bei Unternehmen, für die kein Wettbewerb besteht, darf der Anschluss und die Belieferung nicht davon abhängig gemacht werden, dass auch andere Leistungen oder Lieferungen abgenommen werden.

Fünfter Unterabschnitt

Kassen- und Rechnungswesen

§ 78 Gemeindekasse

(1) Die Gemeindekasse erledigt alle Kassengeschäfte der Gemeinde.

(2) [1]Der Bürgermeister hat einen Kassenverwalter und einen Stellvertreter zu bestellen. [2]Diese Verpflichtung entfällt, wenn sie ihre Kassengeschäfte ganz durch eine Stelle außerhalb der Gemeindeverwaltung besorgen lässt. [3]Die Anordnungsbefugten der Gemeindeverwaltung, der Leiter und die Prüfer des Rechnungsprüfungsamts und Bedienstete, denen örtliche Kassenprüfungen übertragen sind, können nicht gleichzeitig die Aufgaben eines Kassenverwalters oder seines Stellvertreters wahrnehmen.

(3) Der Kassenverwalter und sein Stellvertreter dürfen weder miteinander noch mit den Anordnungsbefugten der Gemeindeverwaltung, dem Leiter und den Prüfern des Rechnungsprüfungsamts und den Bediensteten, denen örtliche Kassenprüfungen übertragen sind, durch ein Angehörigenverhältnis im Sinne des § 20 Abs. 5 des Thüringer Verwaltungsverfahrensgesetzes verbunden sein.

(4) [1]Der Kassenverwalter, sein Stellvertreter und die übrigen Bediensteten der Gemeindekasse sind nicht befugt, Zahlungen anzuordnen. [2]Im Übrigen gilt für die Feststellung von Forderungen Dritter und die Anordnung der Auszahlung § 20 des Thüringer Verwaltungsverfahrensgesetzes entsprechend.

(5) [1]Sonderkassen sollen mit der Gemeindekasse verbunden werden. [2]Ist eine Sonderkasse nicht mit der Gemeindekasse verbunden, so gelten für den Verwalter der Sonderkasse und dessen Stellvertreter die Absätze 2 und 3 entsprechend.

§ 79 Übertragung von Kassen- und Rechnungsgeschäften, Automation des Rechnungswesens

(1) [1]Die Gemeinde kann das Ermitteln von Ansprüchen und von Zahlungsverpflichtungen, das Vorbereiten der entsprechenden Kassenanordnungen, die Kassengeschäfte und das Rechnungswesen ganz oder zum Teil von einer Stelle außerhalb der Gemeindeverwaltung besorgen lassen, wenn die ordnungsgemäße und sichere Erledigung und die Prüfung nach den für die Gemeinde geltenden Vorschriften gewährleistet sind. [2]Die Bestimmungen des Thüringer Gesetzes über die kommunale Gemeinschaftsarbeit und die §§ 46 bis 52 bleiben unberührt. [3]Die Sätze 1 und 2 gelten für die Vollstreckung von privatrechtlichen Forderungen der Gemeinden entsprechend. [4]Die Bestimmungen des Thüringer Verwaltungszustellungs- und Vollstreckungsgesetzes bleiben unberührt. [5]Die Übertragung ist der Rechtsaufsichtbehörde vorher anzuzeigen.

(2) Werden die Kassengeschäfte oder das Rechnungswesen ganz oder zum Teil automatisiert, sind die Programme vor ihrer Anwendung von der Gemeinde zu prüfen und vom Bürgermeister zur Anwendung freizugeben.

§ 80 Rechnungslegung, Feststellung der Jahresrechnung, Entlastung

(1) [1]In der Jahresrechnung ist das Ergebnis der Haushaltswirtschaft einschließlich des Stands des Vermögens und der Verbindlichkeiten zu Beginn und am Ende des Haushaltsjahres nachzuweisen. [2]Die Jahresrechnung ist durch einen Rechenschaftsbericht zu erläutern.

(2) Die Jahresrechnung ist innerhalb von vier Monaten nach Abschluss des Haushaltsjahres aufzustellen und sodann dem Gemeinderat vorzulegen.

(3) [1]Der Gemeinderat beschließt über die Feststellung der geprüften Jahresrechnung und der Jahresabschlüsse der Eigenbetriebe bis spätestens zum 31. Dezember des auf das Haushaltsjahr folgenden Jahres. [2]Er entscheidet in einem gesonderten Beschluss auf der Grundlage des Schlussberichts über die Entlastung des Bürgermeisters und der Beigeordneten, soweit diese einen eigenen Geschäftsbereich leiten oder den Bürgermeister zu vertreten haben. [3]Verweigert der Gemeinderat die Entlastung oder spricht er sie mit Einschränkungen aus, so hat er die dafür maßgebenden Gründe anzugeben.

(4) [1]Die festgestellte Jahresrechnung mit ihren Anlagen sowie der Schlussbericht des Rechnungsprüfungsamts ist mit den Beschlüssen über die Feststellung der Jahresrechnung und über die Entlastung unverzüglich der Rechtsaufsichtsbehörde zur Kenntnisnahme vorzulegen, zwei Wochen lang bei der Gemeindeverwaltung während der allgemeinen Öffnungszeiten öffentlich auszulegen und bis zur Feststellung der folgenden Jahresrechnung zur Einsichtnahme zur Verfügung zu halten. [2]Auf Ort und Zeit der öffentlichen Auslegung und die Möglichkeit zur Einsichtnahme ist durch öffentliche Bekanntmachung hinzuweisen.

(5) Die Gemeinderatsmitglieder können jederzeit die Berichte über die Prüfungen einsehen.

Sechster Unterabschnitt
Prüfungswesen

§ 81 Rechnungsprüfungsamt

(1) [1]Kreisfreie Städte müssen ein Rechnungsprüfungsamt einrichten. [2]Kreisangehörige Gemeinden können ein Rechnungsprüfungsamt einrichten, wenn ein Bedürfnis dafür besteht und die Kosten in angemessenem Verhältnis zum Umfang der Verwaltung stehen. [3]In Gemeinden, in denen kein Rechnungsprüfungsamt besteht, werden die Aufgaben des Rechnungsprüfungsamts durch das Rechnungsprüfungsamt des Landkreises wahrgenommen.

(2) [1]Landkreise, deren Rechnungsprüfungsämter nach Absatz 1 Satz 3 tätig werden, erheben hierfür Gebühren nach Maßgabe einer Gebührensatzung. [2]Die den Rechnungsprüfungsämtern hierfür entstandenen notwendigen Auslagen sind durch die geprüfte Gemeinde zu tragen.

(3) [1]Das Rechnungsprüfungsamt ist bei der Durchführung von Prüfungen unabhängig. [2]Ihm können keine Weisungen erteilt werden, die den Umfang, die Art und Weise oder das Ergebnis der Prüfung betreffen. [3]Im Übrigen bleiben die Befugnisse des Bürgermeisters unberührt. [4]Der Gemeinderat und der Bürgermeister können vom Rechnungsprüfungsamt unmittelbar Auskünfte verlangen.

(4) [1]Der Leiter, sein Stellvertreter und die Prüfer des Rechnungsprüfungsamts werden auf Beschluss des Gemeinderats vom Bürgermeister bestellt und abberufen. [2]Der Beschluss über die Abberufung des Leiters des Rechnungsprüfungsamts und seines Stellvertreters gegen ihren Willen ist nur möglich, wenn sie ihre Aufgaben nicht ordnungsgemäß erfüllen; er bedarf der Mehrheit von zwei Dritteln der Mitglieder des Gemeinderats. [3]Der Beschluss zur Abberufung von Prüfern des Rechnungsprüfungsamts gegen ihren Willen bedarf der Mehrheit von zwei Dritteln der anwesenden Mitglieder des Gemeinderats.

(5) [1]Der Leiter eines Rechnungsprüfungsamts und sein Stellvertreter müssen Beamte auf Lebenszeit sein. [2]Sie müssen mindestens die Befähigung für den gehobenen nicht technischen Verwaltungsdienst und die für ihr Amt erforderliche Erfahrung und Eignung besitzen.

(6) [1]Der Leiter, sein Stellvertreter und die Prüfer des Rechnungsprüfungsamts dürfen eine andere Stellung in der Gemeinde nur innehaben, wenn das mit ihren Prüfungsaufgaben vereinbar ist. [2]Sie dürfen Zahlungen für die Gemeinde weder anordnen noch ausführen und auch nicht an der Führung der Bücher oder der Aufstellung der Jahresrechnung der Gemeinde mitwirken. [3]Für den Leiter des Rechnungsprüfungsamts und seinen Stellvertreter gilt außerdem § 78 Abs. 3 entsprechend.

§ 82 Örtliche Prüfungen

(1) [1]Die Jahresrechnung und die Jahresabschlüsse der Eigenbetriebe und kommunalen Anstalten werden vom Rechnungsprüfungsamt geprüft (örtliche Rechnungsprüfung), soweit keine Prüfung durch einen Wirtschaftsprüfer erfolgt. [2]In Gemeinden, in denen kein Rechnungsprüfungsamt besteht, werden dessen Aufgaben durch das Rechnungsprüfungsamt des Landkreises wahrgenommen.

(2) Die örtliche Prüfung der Jahresrechnung und der Jahresabschlüsse soll innerhalb von zwölf Monaten nach Abschluss des Haushaltsjahres durchgeführt sein.

(3) [1]Die örtliche Kassenprüfung obliegt dem Bürgermeister. [2]Er bedient sich in Gemeinden, in denen ein Rechnungsprüfungsamt eingerichtet ist, dieses Amts.

(4) [1]Für die Prüfungsberichte gilt § 3 Abs. 2, § 6 des Thüringer Prüfungs- und Beratungsgesetzes (ThürPrBG) vom 25. Juni 2001 (GVBl. S. 66) in der jeweils geltenden Fassung mit Ausnahme des § 6 Abs. 2 Satz 3 ThürPrBG und § 7 Abs. 1 ThürPrBG mit Ausnahme des § 7 Abs. 1 Satz 2 ThürPrBG entsprechend. [2]Für die Rechte und Pflichten der Rechnungsprüfer gilt § 2 Abs. 1 bis 3 ThürPrBG entsprechend.

§ 83 Überörtliche Prüfungen

(1) [1]Die überörtliche Rechnungsprüfung findet nach der Feststellung der Jahresrechnung und der Jahresabschlüsse der Eigenbetriebe und der Krankenhäuser mit kaufmännischem Rechnungswesen und der kommunalen Anstalten statt. [2]Sie umfasst nicht die Kassenprüfung.

(2) Das Nähere über das Prüfungsverfahren, insbesondere die Frage, welche Prüfungsorgane die überörtliche Rechnungsprüfung durchführen und die Ausgestaltung der Rechtsbeziehungen der Gemeinden zu diesen Prüfungsorganen, regelt ein Gesetz.

§ 84 Inhalt der Rechnungs- und Kassenprüfungen

(1) Die Rechnungsprüfung erstreckt sich auf die Einhaltung der für die Wirtschaftsführung geltenden Vorschriften und Grundsätze, insbesondere darauf, ob

1. die Haushaltssatzung und der Haushaltsplan eingehalten worden sind,
2. die Einnahmen und Ausgaben begründet und belegt sind sowie die Jahresrechnung und die Vermögensnachweise ordnungsgemäß aufgestellt sind,
3. wirtschaftlich und sparsam verfahren wird,
4. die Aufgaben mit geringerem Personal- oder Sachaufwand oder auf andere Weise wirksamer erfüllt werden können.

(2) [1]Die Wirtschaftsführung der Krankenhäuser einschließlich der Jahresabschlüsse unterliegen der Rechnungsprüfung. [2]Absatz 1 gilt entsprechend.

(3) [1]Die Rechnungsprüfung umfasst auch die Wirtschaftsführung der Eigenbetriebe unter entsprechender Anwendung des Absatzes 1. [2]Dabei ist auf das Ergebnis der Abschlussprüfung (§ 85) mit abzustellen.

(4) [1]Im Rahmen der Rechnungsprüfung wird die Betätigung der Gemeinde bei Unternehmen in einer Rechtsform des privaten Rechts, an denen die Gemeinde unmittelbar oder mittelbar beteiligt ist, unter Beachtung kaufmännischer Grundsätze mitgeprüft. [2]Entsprechendes gilt bei Erwerbs- und Wirtschaftsgenossenschaften, in denen die Gemeinde Mitglied ist. [3]Die Rechnungsprüfung umfasst ferner die Buch-, Betriebs- und sonstigen Prüfungen, die sich die Gemeinde bei der Hingabe eines Darlehens oder sonst vorbehalten hat.

(5) Durch Kassenprüfungen werden die ordnungsmäßige Erledigung der Kassengeschäfte, die ordnungsmäßige Einrichtung der Kassen und das Zusammenwirken mit der Verwaltung geprüft.

§ 85 Abschlussprüfung

(1) Der Jahresabschluss eines Eigenbetriebs und einer kommunalen Anstalt sollen spätestens innerhalb von neun Monaten nach Schluss des Wirtschaftsjahres geprüft sein (Abschlussprüfung).

(2) [1]Die Abschlussprüfung wird von einem Wirtschaftsprüfer oder einer Wirtschaftsprüfungsgesellschaft durchgeführt. [2]Für kleine Eigenbetriebe oder kommunale Anstalten, mit einem Versorgungs- und Einzugsgebiet bis zu 10.000 Einwohnern kann die Prüfung nach Absatz 1 durch das Rechnungsprüfungsamt durchgeführt werden; dies gilt nicht, sofern der Eigenbetrieb oder die kommunale Anstalt Aufgaben der Ver- und Entsorgung wahrnimmt.

Zweiter Teil

Landkreisordnung

Erster Abschnitt

Allgemeine Grundlagen

Erster Unterabschnitt

Rechtsstellung

§ 86 Begriff, Rechtsstellung und Aufgaben

(1) [1]Die Landkreise sind Gebietskörperschaften mit dem Recht, die überörtlichen Angelegenheiten, deren Bedeutung über das Kreisgebiet nicht hinausgeht, in eigener Verantwortung im Rahmen der Gesetze zur Förderung des Wohls ihrer Einwohner zu verwalten. [2]Eingriffe in die Rechte der Landkreise sind nur durch Gesetz oder aufgrund eines Gesetzes zulässig.

(2) [1]Den Landkreisen steht die Erfüllung der auf das Kreisgebiet beschränkten öffentlichen Aufgaben zu, soweit nicht die Gemeinden zuständig sind oder Gesetze etwas anderes bestimmen. [2]Die Aufgaben der Landkreise sind eigene oder übertragene Aufgaben.

(3) [1]Die Landkreise sind verpflichtet, im Rahmen ihrer Leistungsfähigkeit für eine ordnungsgemäße Verwaltung zu sorgen und die dafür erforderlichen Einrichtungen zu schaffen. [2]Die Landkreise sind verpflichtet, Angelegenheiten, die im Interesse der Sicherheit der Bundesrepublik und ihrer Länder Unbefugten nicht bekannt werden dürfen, geheim zu halten; sie haben die dazu notwendigen Vorkehrungen zu treffen.

§ 87 Eigene Aufgaben

(1) Eigene Aufgaben sind die überörtlichen Angelegenheiten, deren Bedeutung über das Kreisgebiet nicht hinausgeht (Aufgaben des eigenen Wirkungskreises).

(2) [1]Den Landkreisen kann durch Gesetz die Verpflichtung auferlegt werden, bestimmte Aufgaben zu erfüllen, wenn dies aus Gründen des öffentlichen Wohls erforderlich ist (Pflichtaufgaben). [2]Die Landkreise sind, unbeschadet bestehender Verpflichtungen Dritter und nach Maßgabe der gesetzlichen Vorschriften insbesondere verpflichtet, die erforderlichen Maßnahmen auf den Gebieten des überörtlichen öffentlichen Personennahverkehrs, des Gesundheitswesens, der Sozialhilfe und der Abfallentsorgung zu treffen. [3]Übersteigt eine Pflichtaufgabe die Leistungsfähigkeit eines Landkreises, so ist diese Aufgabe in kommunaler Zusammenarbeit zu erfüllen.

(3) [1]Auf Antrag kreisangehöriger Gemeinden können die Landkreise deren Aufgaben des eigenen Wirkungskreises (§ 2) übernehmen, wenn und solange diese das Leistungsvermögen der beteiligten Gemeinden übersteigen. [2]Die Übernahme von Aufgaben bedarf der Zustimmung des Kreistags.

§ 88 Übertragene Aufgaben

(1) [1]Die Landkreise können durch Gesetz oder aufgrund eines Gesetzes verpflichtet werden, bestimmte öffentliche Aufgaben des Staates oder anderer Körperschaften des öffentlichen Rechts zu erfüllen (Aufgaben des übertragenen Wirkungskreises). [2]Die zuständigen staatlichen Behörden können den Landkreisen für die Erledigung der Aufgaben des übertragenen Wirkungskreises allgemein oder im Einzelfall Weisungen erteilen.

(1a) [1]Die Ausführung von Bundesgesetzen kann den Landkreisen durch Rechtsverordnung als Aufgabe des übertragenen Wirkungskreises übertragen werden, wenn

1. die zu übertragende Aufgabe durch Bundesgesetz nach Inhalt und Umfang bestimmt ist,
2. die Aufgabenübertragung aus Gründen des öffentlichen Wohls erforderlich ist und
3. die Aufgabenerfüllung durch Landesbehörden unzweckmäßig wäre.

[2]Soweit ein Gesetz nichts anderes bestimmt, wird die Rechtsverordnung von der Landesregierung erlassen; sie kann diese Befugnis durch Rechtsverordnung auf das fachlich zuständige Ministerium übertragen, das für den Erlass der Rechtsverordnung der Zustimmung des für das Kommunalrecht zuständigen Ministeriums bedarf.

(2) [1]Bei der Übertragung von Aufgaben nach den Absätzen 1 oder 1a sind gleichzeitig die notwendigen Mittel zur Verfügung zu stellen. [2]§ 3 Abs. 3 gilt entsprechend.

§ 89 Name, Sitz und Bezeichnung

(1) Der Name eines Landkreises kann bei Vorliegen eines dringenden öffentlichen Interesses auf Antrag des Landkreises oder nach Anhörung des Landkreises von Amts wegen durch die Landesregierung geändert werden.

(2) Der Sitz der Kreisbehörde kann durch Gesetz nach Anhörung des Landkreises geändert werden, wenn dies aus Gründen des Gemeinwohls erforderlich ist.

(3) Die Landkreise können überlieferte Bezeichnungen, die auf der Geschichte, der Eigenart oder der Bedeutung des Landkreises beruhen, weiterführen.

§ 90 Hoheitszeichen

(1) [1]Die Landkreise sind berechtigt, Wappen und Flaggen zu führen, die mit ihrer Geschichte und demokratischen Grundsätzen übereinstimmen. [2]Die Änderung bestehender und die Annahme neuer Wappen und Flaggen bedürfen der Genehmigung der Rechtsaufsichtsbehörde.

(2) Dritte dürfen Wappen und Flaggen des Landkreises nur mit dessen Genehmigung verwenden.

(3) [1]Die Landkreise führen Dienstsiegel. [2]Landkreise mit eigenem Wappen führen dieses, die übrigen Landkreise das Landeswappen mit dem Hinweis auf Thüringen und mit dem Namen des Landkreises als Umschrift in ihrem Dienstsiegel.

Zweiter Unterabschnitt
Gebiet

§ 91 Landkreisgebiet

[1]Das Gebiet der Landkreise setzt sich aus den ihnen zugehörenden Gemeinden und gemeindefreien Gebieten zusammen. [2]Ihr Gebiet bildet zugleich den Bereich der unteren staatlichen Verwaltungsbehörde (Landratsamt).

§ 92 Gebiets- und Bestandsänderungen

(1) Aus Gründen des öffentlichen Wohls können Landkreise in ihren Grenzen oder ihrem Bestand geändert, neu gebildet oder aufgelöst werden (Gebiets- oder Bestandsänderungen).

(2) [1]Gebietsänderungen erfolgen durch Rechtsverordnung des für das Kommunalrecht zuständigen Ministeriums, falls die beteiligten Landkreise und Gemeinden einverstanden sind. [2]Vor ihrer Entscheidung über das Einverständnis haben die Gemeinden die Einwohner, deren Zugehörigkeit zum Landkreis wechselt, zu hören.

(3) Gebietsänderungen gegen den Willen eines oder mehrerer beteiligter Landkreise und Bestandsänderungen bedürfen eines Gesetzes.

(4) Vor einer Entscheidung nach Absatz 3 sind die beteiligten Landkreise zu hören sowie die Gemeinden und ihre Einwohner, wenn die Gebiets- oder Bestandsänderung im Einzelfall die Zugehörigkeit der Gemeinde zum Landkreis ganz oder teilweise betrifft.

(5) [1]Alle wesentlichen Folgewirkungen der Bestandsänderungen werden durch Gesetz geregelt. [2]Alle wesentlichen Folgewirkungen der Gebietsänderungen werden durch Gesetz, sofern die Gebietsänderungen durch Gesetz erfolgen, ansonsten durch Rechtsverordnung des für das Kommunalrecht zuständigen Ministeriums geregelt. [3]Im Übrigen entscheidet die Rechtsaufsichtsbehörde über die mit den Gebiets- oder Bestandsänderungen zusammenhängenden Rechts- und Verwaltungsfragen, sofern nicht die Beteiligten diese Fragen einvernehmlich regeln.

Dritter Unterabschnitt
Landkreisbevölkerung

§ 93 Einwohner und Bürger

(1) [1]Einwohner des Landkreises ist, wer im Landkreis wohnt. [2]Jeder Einwohner hat gegenüber dem Landkreis die gleichen Rechte und Pflichten, sofern nicht durch Gesetz oder aufgrund eines Gesetzes etwas anderes bestimmt ist.

(2) [1]Bürger des Landkreises ist jeder Einwohner, der als Deutscher im Sinne des Artikels 116 Abs. 1 des Grundgesetzes bei den Landkreiswahlen wahlberechtigt ist. [2]Das Bürgerrecht entsteht mit dem Erwerb der Wahlberechtigung und endet mit dessen Verlust. [3]Personen, die die Staatsangehörigkeit

eines anderen Mitgliedsstaates der Europäischen Union besitzen und bei den Landkreiswahlen wahlberechtigt sind, stehen den Bürgern gleich.

(3) [1]Die Bürger des Landkreises und die ihnen nach Absatz 2 Satz 3 gleichgestellten Personen wählen die Kreistagsmitglieder und mit der Mehrheit der abgegebenen gültigen Stimmen den Landrat. [2]Das Nähere regelt ein Gesetz.

§ 94 Ehrenamtliche Tätigkeit

(1) [1]Die Bürger nehmen nach den gesetzlichen Vorschriften an der Verwaltung des Landkreises teil. [2]Sie sind zur Übernahme von Ehrenämtern im Landkreis verpflichtet; dies gilt nicht für die Ämter des ehrenamtlichen Beigeordneten und des Kreistagsmitglieds. [3]Die Bewerbung um ein Ehrenamt sowie dessen Annahme und Ausübung dürfen nicht behindert werden.

(2) [1]Soweit die Bürger zur Übernahme eines Ehrenamts verpflichtet sind, können sie nur aus wichtigem Grund dessen Übernahme ablehnen oder das Ehrenamt niederlegen. [2]Als wichtiger Grund ist insbesondere anzusehen, wenn der Bürger durch sein Alter, seinen Gesundheitszustand, seine Berufs- und Familienverhältnisse oder sonstige persönliche Umstände an der Ausübung des Ehrenamts dauernd gehindert ist. [3]Über das Vorliegen eines wichtigen Grunds entscheidet der Kreistag. [4]Er kann die unbegründete Ablehnung oder Niederlegung des Ehrenamts einmalig mit einem Ordnungsgeld bis zu zweitausendfünfhundert Euro ahnden.

(3) [1]Die Bürger sind verpflichtet, Ehrenämter sorgfältig und gewissenhaft wahrzunehmen und über die ihnen bei der Ausübung des Ehrenamts bekannt gewordenen Angelegenheiten Verschwiegenheit zu bewahren, soweit nicht diese Tatsachen offenkundig sind oder ihrer Bedeutung nach keiner Geheimhaltung bedürfen. [2]Werden diese Verpflichtungen schuldhaft verletzt, kann der Kreistag im Einzelfall ein Ordnungsgeld bis zu zweitausendfünfhundert Euro verhängen. [3]Die Verantwortlichkeit nach anderen gesetzlichen Vorschriften bleibt unberührt. [4]Verletzt ein ehrenamtlich tätiger Bürger seine Verpflichtungen grob fahrlässig oder vorsätzlich, so hat er dem Landkreis den daraus entstehenden Schaden zu ersetzen.

(4) Für die Ehrenbeamten gelten die besonderen gesetzlichen Bestimmungen.

§ 95 Entschädigung

(1) [1]Ehrenamtlich tätige Bürger haben Anspruch auf angemessene Entschädigung. [2]Außerdem erhalten sie Ersatz der Auslagen und des Verdienstausfalls hinsichtlich der zur Wahrnehmung des Ehrenamts notwendigen Teilnahme an Sitzungen, Besprechungen oder anderen Veranstaltungen. [3]Selbständig Tätige erhalten anstelle des Ersatzes des Verdienstausfalls eine Verdienstausfallpauschale. [4]Personen, die nicht erwerbstätig sind, jedoch einen Mehrpersonenhaushalt von mindestens drei Personen führen, erhalten eine zusätzliche Entschädigung nach Maßgabe eines Stundenpauschalsatzes. [5]Das Nähere bestimmt die Hauptsatzung.

(2) Für die ehrenamtlich tätigen kommunalen Wahlbeamten gelten die besonderen gesetzlichen Vorschriften.

§ 96 Rechte und Pflichten

(1) Die Einwohner sind im Rahmen der bestehenden Vorschriften berechtigt, die öffentlichen Einrichtungen des Landkreises zu benutzen, und verpflichtet, die Lasten des Landkreises zu tragen.

(2) Auswärts wohnende Personen haben für ihren Grundbesitz oder ihre gewerbliche Niederlassung im Kreisgebiet gegenüber dem Landkreis die gleichen Rechte und Pflichten wie im Landkreis wohnende Grundbesitzer und Gewerbetreibende.

(3) Die Bestimmungen in den Absätzen 1 und 2 finden auf juristische Personen und Personenvereinigungen entsprechende Anwendung.

§ 96a Einwohnerantrag, Bürgerbegehren und Bürgerentscheid

Die §§ 16 und 17 gelten entsprechend für Angelegenheiten des Landkreises.

Vierter Unterabschnitt

Landkreishoheit

§ 97 Verwaltungs- und Finanzhoheit

(1) [1]Die Hoheitsgewalt des Landkreises umfasst das Kreisgebiet und alle Personen, die sich dort aufhalten. [2]Die Landkreise können im eigenen und im übertragenen Wirkungskreis die zur Durchführung

von Gesetzen, Verordnungen und Satzungen notwendigen Verwaltungsakte erlassen und unter Anwendung der gesetzlichen Zwangsmittel vollziehen.

(2) [1]Die Landkreise haben das Recht, ihr Finanzwesen im Rahmen der Gesetze selbst zu regeln. [2]Sie sind insbesondere befugt, zur Deckung des für die Erfüllung ihrer Aufgaben notwendigen Finanzbedarfs nach Maßgabe der Gesetze Abgaben zu erheben sowie Entgelte für ihre Leistungen festzulegen.

(3) [1]Reichen die Einnahmen der Landkreise zur Erfüllung ihrer eigenen und übertragenen Aufgaben nicht aus, so stellt das Land die erforderlichen Mittel im Rahmen des kommunalen Finanzausgleichs zur Verfügung. [2]Das Nähere regelt ein Gesetz.

(4) Geldbußen und Verwarnungsgelder, die aufgrund bewehrter Satzungen und Verordnungen festgesetzt werden, sowie Ordnungsgelder, die aufgrund dieses Gesetzes festgesetzt werden, fließen in die Kreiskasse.

§ 98 Satzungsbefugnis

(1) [1]Die Landkreise können die Angelegenheiten des eigenen Wirkungskreises durch Satzung regeln. [2]In der Satzung können Zuwiderhandlungen gegen Gebote oder Verbote als Ordnungswidrigkeiten mit Geldbuße bedroht werden (bewehrte Satzung). [3]Die Ordnungswidrigkeit kann mit einer Geldbuße bis zu fünftausend Euro geahndet werden. [4]Verwaltungsbehörde im Sinne des § 36 Abs. 1 Nr. 1 OWiG ist die Kreisbehörde. [5]Der Erlass von Rechtsverordnungen ist nur in den gesetzlich bestimmten Fällen zulässig. [6]In den Rechtsverordnungen ist die Rechtsgrundlage anzugeben.

(2) Ordnungswidrig handelt, wer vorsätzlich oder fahrlässig dem Gebot oder Verbot einer bewehrten Satzung oder Rechtsverordnung oder einer aufgrund einer solchen Rechtsvorschrift ergangenen vollziehbaren Anordnung zuwiderhandelt, soweit die Rechtsvorschrift für einen bestimmten Tatbestand auf die zugrunde liegende gesetzliche Bußgeldvorschrift verweist.

§ 99 Inhalt der Satzungen; Anschluss- und Benutzungszwang

(1) [1]Jeder Landkreis hat eine Hauptsatzung zu erlassen. [2]In ihr ist mindestens zu regeln, was nach den Bestimmungen dieses Gesetzes einer Regelung durch die Hauptsatzung zugewiesen ist. [3]Darüber hinaus können andere für die Verfassung des Landkreises wesentliche Fragen in der Hauptsatzung geregelt werden. [4]Die Hauptsatzung und ihre Änderung können nur durch die Mehrheit der Mitglieder des Kreistags beschlossen werden.

(2) [1]Weiter können die Landkreise in Satzungen insbesondere regeln:

1. die Benutzung ihres Eigentums und ihrer öffentlichen Einrichtungen und
2. aus Gründen des öffentlichen Wohls den Anschluss- und Benutzungszwang für Einrichtungen des Landkreises.

[2]Die Satzung kann Ausnahmen vom Anschluss- und Benutzungszwang zulassen; sie kann den Anschluss- und Benutzungszwang auf bestimmte Teile des Kreisgebiets und auf bestimmte Gruppen von Grundstücken oder Personen beschränken.

§ 100 Verfahren

(1) [1]Satzungen sind auszufertigen und öffentlich bekannt zu machen. [2]Die Form der öffentlichen Bekanntmachung von Satzungen ist in der Hauptsatzung zu regeln.

(2) [1]Satzungen treten am Tag nach ihrer Bekanntmachung in Kraft. [2]In der Satzung kann ein anderer Zeitpunkt bestimmt werden, in bewehrten Satzungen und anderen Satzungen, die nicht mit rückwirkender Kraft erlassen werden können, jedoch frühestens der auf die Bekanntmachung folgende Tag.

(3) [1]Satzungen müssen vor ihrer Bekanntmachung der Rechtsaufsichtsbehörde vorgelegt werden. [2]Sie dürfen frühestens nach Ablauf eines Monats, nachdem der Landkreis die Eingangsbestätigung für die vorzulegende Satzung von der Rechtsaufsichtsbehörde erhalten hat, bekannt gemacht werden, sofern nicht die Rechtsaufsichtsbehörde die Satzung beanstandet; die Rechtsaufsichtsbehörde hat die Eingangsbestätigung unverzüglich zu erteilen. [3]Die Satzung darf vor Ablauf des Monats bekannt gemacht werden, wenn die Rechtsaufsichtsbehörde dies ausdrücklich zulässt..

(4) § 21 Abs. 4 und 5 gilt entsprechend.

Zweiter Abschnitt
Verfassung und Verwaltung

Erster Unterabschnitt
Kreisorgane

§ 101 Kreisorgane

(1) [1]Organe des Landkreises sind der Kreistag und der Landrat. [2]Sie verwalten den Landkreis nach den Bestimmungen dieses Gesetzes.

(2) Die vom Landrat geleitete Behörde führt die Bezeichnung Landratsamt in Verbindung mit dem Namen des Landkreises.

(3) [1]Der Kreistag beschließt über die Aufgaben des eigenen Wirkungskreises des Landkreises, soweit er nicht die Beschlussfassung einem beschließenden Ausschuss übertragen hat (§ 105) oder der Landrat zuständig ist. [2]Der Kreistag überwacht die Ausführung seiner Beschlüsse. [3]Über den Vollzug der Beschlüsse hat der Landrat dem Kreistag und den Ausschüssen regelmäßig zu berichten. [4]Der Kreistag hat das Recht und auf Verlangen eines Viertels seiner Mitglieder die Pflicht, vom Landrat in diesen Angelegenheiten Auskunft zu fordern und Akteneinsicht durch von ihm damit beauftragte Ausschüsse oder bestimmte Kreistagsmitglieder zu nehmen.

§ 102 Zusammensetzung des Kreistags

(1) [1]Der Kreistag besteht aus dem Landrat und den gemäß Absatz 2 gewählten Kreistagsmitgliedern. [2]Den Vorsitz führt der Landrat, im Falle seiner Verhinderung sein Stellvertreter; der Stellvertreter hat auch dann Stimmrecht, wenn er nicht Kreistagsmitglied ist. [3]Die Hauptsatzung kann zu Beginn der Amtszeit des Kreistags bestimmen, dass den Vorsitz ein vom Kreistag gewähltes Kreistagsmitglied, im Fall seiner Verhinderung dessen Stellvertreter, führt; diesem obliegt anstelle des Landrats die Leitung in den Sitzungen des Kreistags; weitere Aufgaben können ihm nicht übertragen werden. [4]Das nach Satz 3 gewählte Kreistagsmitglied kann aus seiner Funktion als Vorsitzender vom Kreistag abberufen werden.

(2) [1]Die Kreistagsmitglieder werden von den Bürgern in allgemeiner, unmittelbarer, freier, gleicher und geheimer Wahl auf die Dauer von fünf Jahren gewählt. [2]Das Nähere regelt ein Gesetz.

(3) [1]Die Zahl der gemäß Absatz 2 zu wählenden Kreistagsmitglieder beträgt in Landkreisen

mit bis zu	80 000 Einwohnern	40,
mit mehr als	80 000 bis zu 120 000 Einwohnern	46,
mit mehr als	120 000 Einwohnern	50.

[2]Veränderungen der Einwohnerzahl werden erst bei der nächsten Wahl nach Ablauf der gesetzlichen Amtszeit des Kreistags berücksichtigt.

(4) [1]Zu Kreistagsmitgliedern gewählte Personen können ihr Amt nicht antreten oder verlieren ihr Amt, wenn sie gleichzeitig tätig sind als

1. Beamte oder Angestellte des Landkreises,
2. leitende Beamte oder leitende Angestellte von juristischen Personen oder sonstigen Organisationen des öffentlichen oder privaten Rechts, an denen der Landkreis mit mehr als 50 vom Hundert beteiligt ist; eine entsprechende Beteiligung am Stimmrecht genügt,

2a. leitende Beamte und leitende Angestellte von juristischen Personen oder sonstigen Organisationen des öffentlichen oder privaten Rechts, an denen eine juristische Person oder sonstige Organisation des öffentlichen oder privaten Rechts im Sinne der Nummer 2 mit mehr als 50 vom Hundert beteiligt ist,

3. Beamte oder Angestellte der Rechtsaufsichtsbehörde, die unmittelbar mit Fragen der Rechtsaufsicht befasst sind,

3a. Beamte oder Angestellte des Landes, die dem Landratsamt zugewiesen sind,

4. Landrat oder Beigeordneter eines anderen Landkreises,
5. Oberbürgermeister oder Beigeordneter einer kreisfreien Stadt.

[2]Satz 1 gilt nicht, wenn die zum Kreistagsmitglied gewählte Person von ihrem Dienst- oder Arbeitsverhältnis ohne Bezüge beurlaubt ist oder die Rechte und Pflichten aus dem Dienst- oder Arbeitsverhältnis wegen der Wahl in eine gesetzgebende Körperschaft ruhen.

(5) § 23 Abs. 5 und 6 gilt entsprechend.

§ 103 Kreistagsmitglieder

(1) [1]Die Kreistagsmitglieder üben ihr Ehrenamt nach dem Gesetz und ihrer freien, dem Gemeinwohl verpflichteten Überzeugung aus. [2]Sie sind an Aufträge und Weisungen nicht gebunden.

(2) [1]Die Kreistagsmitglieder sind in der ersten nach ihrer Wahl stattfindenden öffentlichen Sitzung des Kreistags vom Landrat auf die gewissenhafte Erfüllung ihrer Pflichten zu verpflichten. [2]Verweigert ein Kreistagsmitglied die Verpflichtung, so verliert es sein Amt.

§ 104 Fraktionen

[1]Kreistagsmitglieder können sich zu Fraktionen zusammenschließen. [2]Das Nähere über die Bildung der Fraktionen, ihre Rechte und Pflichten regelt die Geschäftsordnung.

§ 105 Ausschüsse

(1) Es ist ein Kreisausschuss zu bilden, der unter anderem mit der Vorbereitung der Sitzungen des Kreistags zu beauftragen ist; den Vorsitz führt der Landrat, im Falle seiner Verhinderung sein Stellvertreter (§ 110); der Stellvertreter hat Stimmrecht im Kreisausschuss.

(2) [1]Der Kreistag kann weitere vorberatende oder beschließende Ausschüsse bilden. [2]Die §§ 26 und 27 gelten für die Ausschüsse entsprechend.

§ 106 Rechtsstellung des Landrats

(1) Der Landrat ist Beamter des Landkreises; er ist Beamter auf Zeit.

(2) Der Landrat wird in allgemeiner, freier, gleicher und geheimer Wahl unmittelbar auf die Dauer von sechs Jahren von den Bürgern des Landkreises gewählt.

(3) § 28 Abs. 5 und 6 gilt entsprechend.

§ 107 Aufgaben des Landrats

(1) [1]Der Landrat leitet das Landratsamt und bestimmt die Geschäftsverteilung. [2]Er vollzieht die Beschlüsse des Kreistags und der Ausschüsse.

(2) [1]Der Landrat erledigt in eigener Zuständigkeit

1. die laufenden Angelegenheiten des eigenen Wirkungskreises des Landkreises, die für den Landkreis keine grundsätzliche Bedeutung haben und keine erheblichen Verpflichtungen erwarten lassen und
2. die Angelegenheiten des übertragenen Wirkungskreises des Landkreises (§ 88).

[2]Die Bestimmungen des § 29 Abs. 3 für kreisfreie Städte gelten entsprechend.

(3) [1]Der Kreistag kann dem Landrat im Einzelfall durch Beschluss mit dessen Zustimmung oder allgemein durch die Hauptsatzung weitere Angelegenheiten zur selbständigen Erledigung übertragen; das gilt nicht für Angelegenheiten, die nach § 105 Abs. 2 Satz 2 in Verbindung mit § 26 Abs. 2 nicht auf beschließende Ausschüsse übertragen werden können. [2]Der Kreistag kann dem Landrat übertragene Angelegenheiten im Einzelfall nicht wieder an sich ziehen; das Recht des Kreistags, die Übertragung allgemein zu widerrufen, bleibt unberührt.

§ 108 Eilentscheidungsrecht

[1]Der Landrat kann in Angelegenheiten, deren Erledigung nicht ohne Nachteil für den Landkreis bis zu einer Sitzung des Kreistags oder des zuständigen Ausschusses aufgeschoben werden kann und kein Beschluss nach § 112 in Verbindung mit § 36a gefasst wird, anstelle des Kreistags oder des Ausschusses entscheiden. [2]Die Gründe für die Eilentscheidung und die Art der Erledigung sind den Kreistagsmitgliedern oder den Mitgliedern des zuständigen Ausschusses unverzüglich mitzuteilen.

§ 109 Vertretung des Landkreises

(1) Der Landrat vertritt den Landkreis nach außen.

(2) [1]Erklärungen, durch welche der Landkreis verpflichtet werden soll, binden ihn nur, wenn sie in schriftlicher Form abgegeben werden. [2]Die Erklärungen sind durch den Landrat oder seinen Stellvertreter unter Angabe der Amtsbezeichnung handschriftlich zu unterzeichnen. [3]Sie können aufgrund einer den vorstehenden Erfordernissen entsprechenden Vollmacht auch von Beigeordneten oder Bediensteten des Landkreises unterzeichnet werden.

§ 110 Vertretung des Landrats, Beigeordnete

(1) [1]Jeder Landkreis muss einen Beigeordneten haben; er ist Stellvertreter des Landrats bei dessen Verhinderung. [2]Als Verhinderung gilt insbesondere die Urlaubs- und krankheitsbedingte Abwesenheit des Landrats und die Nichtbesetzung des Dienstpostens des Landrats. [3]Die Hauptsatzung kann bis zu

drei Beigeordnete vorsehen. [4]Diese vertreten den Landrat, soweit der allgemeine Vertreter nach Satz 1 verhindert ist. [5]Der Landrat hat die Reihenfolge der Stellvertretung durch die weiteren Beigeordneten vor der Wahl zu bestimmen. [6]Die hauptamtlichen Beigeordneten gehen den ehrenamtlichen in der Reihenfolge der Stellvertretung vor.

(2) [1]Die Beigeordneten sind Ehrenbeamte des Landkreises. [2]Die Landkreise können davon abweichend in der Hauptsatzung vor der Wahl regeln, dass bis zu zwei Beigeordnete hauptamtlich tätig sind.

(3) [1]Ehrenamtliche Beigeordnete werden vom Kreistag aus seiner Mitte für die Dauer der gesetzlichen Amtszeit des Kreistags gewählt. [2]Der Kreistag kann mit der Mehrheit seiner Mitglieder einen ehrenamtlichen Beigeordneten abberufen, wenn ein wichtiger Grund vorliegt; § 27 Abs. 2 Satz 4 gilt entsprechend.

(4) [1]Hauptamtliche Beigeordnete werden vom Kreistag auf die Dauer von sechs Jahren gewählt. [2]Die hauptamtlichen Beigeordneten müssen die für ihr Amt erforderlichen Voraussetzungen erfüllen. [3]Die Stellen der hauptamtlichen Beigeordneten sind rechtzeitig vor der Wahl öffentlich mindestens im Thüringer Staatsanzeiger auszuschreiben. [4]Der Landrat legt die für das Amt erforderlichen Voraussetzungen in der Stellenausschreibung fest und gibt darin die Besoldungsgruppe an. [5]Zum hauptamtlichen Beigeordneten darf nur gewählt werden, wer sich auf die Ausschreibung hin rechtzeitig beworben hat und die objektiven Anforderungen der Ausschreibung erfüllt. [6]Der Landrat wählt aus dem Kreis der Bewerber diejenigen aus, die den Anforderungen der Ausschreibung entsprechen. [7]Aus dem Kreis dieser ausgewählten Bewerber können sowohl der Landrat als auch die Kreistagsmitglieder einen oder mehrere Bewerber zur Wahl vorschlagen. [8]Kommt eine Wahl nicht zustande, hat der Landrat in derselben oder der nächsten Sitzung, die innerhalb von vier Wochen zu folgen hat, den oder die nicht gewählten Bewerber oder weitere Bewerber, die sich auf die Ausschreibung hin beworben haben und den Anforderungen der Ausschreibung entsprechen, zur Wahl vorzuschlagen; die Kreistagsmitglieder können ebenfalls aus dem Bewerberkreis nach Halbsatz 1 Bewerber zur Wahl vorschlagen. [9]Stehen nach Ansicht des Landrats keine geeigneten Bewerber mehr zur Verfügung, hat er unverzüglich eine neue Ausschreibung einzuleiten. [10]Der Kreistag kann mit einer Mehrheit von zwei Dritteln seiner Mitglieder beschließen, allein den bisherigen Beigeordneten zur Wahl zu stellen und deshalb von einer Ausschreibung abzusehen. [11]Der Beschluss über das Absehen von einer Ausschreibung ist in geheimer Abstimmung zu fassen; der Beigeordnete darf an der Beratung und Abstimmung auch dann nicht teilnehmen, wenn er den Landrat vertritt.

(5) [1]Hauptamtliche Beigeordnete können vom Kreistag vorzeitig abberufen werden. [2]Der Antrag auf Abberufung muss von der Mehrheit der Mitglieder des Kreistags gestellt werden. [3]Über den Antrag auf Abberufung ist zweimal zu beraten und jeweils mit der Mehrheit von zwei Dritteln der Mitglieder des Kreistags zu beschließen. [4]Die zweite Beratung darf frühestens zwei Wochen nach der ersten erfolgen. [5]Der hauptamtliche Beigeordnete scheidet mit Ablauf des Tages, an dem die Abberufung zum zweiten Mal beschlossen wird, aus seinem Amt. [6]Er erhält als Ruhestandsbeamter Bezüge nach Maßgabe der Bestimmungen des Thüringer Besoldungsgesetzes und des Thüringer Beamtenversorgungsgesetzes über die Abwahl von Wahlbeamten auf Zeit.

(6) § 32 Abs. 7 bis 9 gilt für die Beigeordneten des Landkreises entsprechend.

§ 111 Kreisbehörde und untere staatliche Verwaltungsbehörde

(1) [1]Das Landratsamt ist Behörde des Landkreises zur Erfüllung seiner Aufgaben im eigenen und übertragenen Wirkungskreis (Kreisbehörde). [2]Der Landkreis muss hierzu das fachlich geeignete Personal anstellen, das erforderlich ist, um den geordneten Gang der Geschäfte zu gewährleisten; er muss mindestens einen hauptamtlichen Beamten mit der Befähigung zum höheren allgemeinen Verwaltungsdienst oder zum Richteramt anstellen, wenn nicht der Landrat diese Befähigung besitzt. [3]§ 33 Abs. 1 Satz 2 und Abs. 3 gilt entsprechend. [4]Für die ordnungsgemäße und rechtmäßige Aufgabenerfüllung haftet der Landkreis.

(2) Aufgabe des Landratsamts als untere staatliche Verwaltungsbehörde im Landkreisgebiet (§ 91 Satz 2) ist die staatliche Aufsicht über die kreisangehörigen Gemeinden, Verwaltungsgemeinschaften und Zweckverbände.

(3) Alle anderen Aufgaben, die nicht eigene Aufgaben des Landkreises im Sinne des § 87 sind, werden durch ihn als Aufgaben des übertragenen Wirkungskreises erfüllt.

(4) [1]Das Land weist jedem Landratsamt zur Wahrnehmung der Aufgabe der Rechtsaufsicht über die kreisangehörigen Gemeinden, Verwaltungsgemeinschaften und Zweckverbände einen direkt dem

Landrat unterstellten leitenden staatlichen Beamten mit der Befähigung zum höheren Verwaltungsdienst oder zum Richteramt zu; das übrige Personal und die erforderlichen Einrichtungen stellt der Landkreis. 2Die Zuweisung erfolgt im Benehmen mit dem Landrat. 3Der Landrat ist Vorgesetzter und Dienstvorgesetzter der Landesbediensteten. 4Bei der Ausübung der Aufgaben der unteren staatlichen Verwaltungsbehörde trägt das Land das Haftungsrisiko. 5In Verwaltungsstreitverfahren, in denen das Landratsamt als untere staatliche Verwaltungsbehörde handelt, trägt das Land im Falle des Unterliegens die Prozesskosten.

Zweiter Unterabschnitt
Geschäftsgang

§ 112 Anzuwendende Bestimmungen
Für den Geschäftsgang des Kreistags und seiner Ausschüsse gelten die §§ 34 bis 43 entsprechend.

§ 113 Beanstandungsverfahren
1Hält der Landrat eine Entscheidung des Kreistags oder eines Ausschusses für rechtswidrig, so hat er ihren Vollzug auszusetzen und sie in der nächsten Sitzung, die innerhalb eines Monats nach der Entscheidung stattfinden muss, gegenüber dem Kreistag oder dem Ausschuss zu beanstanden. 2Verbleibt der Kreistag oder der Ausschuss bei seiner Entscheidung, so hat der Landrat unverzüglich die Rechtsaufsichtsbehörde zu unterrichten. 3Gegen die Entscheidung der Rechtsaufsichtsbehörde kann der Landkreis Klage beim Verwaltungsgericht erheben. 4Das Vorverfahren nach § 68 Abs. 1 VwGO entfällt.

Dritter Abschnitt
Kreiswirtschaft

§ 114 Anzuwendende Bestimmungen
Für die Haushaltswirtschaft, das Kreditwesen, die Vermögenswirtschaft, die wirtschaftliche Betätigung, das Kassen- und Rechnungswesen und das Prüfungswesen der Landkreise gelten die Bestimmungen des Vierten Abschnitts des Ersten Teils dieses Gesetzes (§§ 52a bis 85) entsprechend.

§ 115 Rechnungsprüfungsamt
Jeder Landkreis hat ein Rechnungsprüfungsamt.

Dritter Teil
Gemeinsame Bestimmungen

Erster Abschnitt
Staatliche Aufsicht

§ 116 Grundsatz
Die Aufsichtsbehörden sollen die Gemeinden und Landkreise bei der Erfüllung ihrer Aufgaben beraten, fördern und unterstützen, ihre Rechte schützen und sie in ihrer Entschlusskraft und Selbstverwaltung stärken.

§ 117 Inhalt der Aufsicht
(1) In den Angelegenheiten des eigenen Wirkungskreises (§§ 2, 87) beschränkt sich die staatliche Aufsicht darauf, die Erfüllung der gesetzlich festgelegten und übernommenen öffentlich-rechtlichen Aufgaben und Verpflichtungen und die Gesetzmäßigkeit der Verwaltungstätigkeit im staatlichen Interesse zu überwachen (Rechtsaufsicht).
(2) In den Angelegenheiten des übertragenen Wirkungskreises (§§ 3, 88) erstreckt sich die staatliche Aufsicht über die Rechtsaufsicht hinaus auch auf die Handhabung des Verwaltungsermessens (Fachaufsicht).

§ 118 Zuständigkeit
(1) 1Rechtsaufsichtsbehörde für die kreisangehörigen Gemeinden, Verwaltungsgemeinschaften und Zweckverbände ist das Landratsamt als untere staatliche Verwaltungsbehörde. 2Sofern der Landkreis in einer Angelegenheit als Gebietskörperschaft beteiligt ist, tritt an die Stelle des Landratsamts als Rechtsaufsichtsbehörde das Landesverwaltungsamt.

(2) Rechtsaufsichtsbehörde für die kreisfreien Städte, die Großen Kreisstädte und die Landkreise ist das Landesverwaltungsamt; dieses ist obere Rechtsaufsichtsbehörde für die kreisangehörigen Gemeinden, Verwaltungsgemeinschaften und Zweckverbände.

(3) Das für das Kommunalrecht zuständige Ministerium ist oberste Rechtsaufsichtsbehörde.

(4) Das Landratsamt als untere staatliche Verwaltungsbehörde ist Fachaufsichtsbehörde für die kreisangehörigen Gemeinden, Verwaltungsgemeinschaften und Zweckverbände, soweit durch Gesetz oder durch Rechtsverordnung der Landesregierung eine Fachaufsichtsbehörde nicht bestimmt ist.

(5) [1]Das Landesverwaltungsamt ist Fachaufsichtsbehörde für die kreisfreien Städte, die Großen Kreisstädte und die Landkreise, soweit durch Gesetz oder durch Rechtsverordnung der Landesregierung eine Fachaufsichtsbehörde nicht bestimmt ist. [2]Es ist obere Fachaufsichtsbehörde für die kreisangehörigen Gemeinden, Verwaltungsgemeinschaften und Zweckverbände, soweit durch Gesetz oder durch Rechtsverordnung der Landesregierung eine obere Fachaufsichtsbehörde nicht bestimmt ist.

(6) Soweit Große kreisangehörige Städte Aufgaben wahrnehmen, die ihnen nach § 6 Abs. 4 übertragen sind, richtet sich die Fachaufsicht nach den für kreisfreie Städte geltenden Vorschriften.

§ 119 Informationsrecht

[1]Die Aufsichtsbehörde ist befugt, sich über alle Angelegenheiten der Gemeinde oder des Landkreises zu unterrichten und Prüfungen durchzuführen. [2]Sie kann insbesondere Einrichtungen besichtigen und prüfen, Berichte, Akten und sonstige Unterlagen einsehen und anfordern.

§ 120 Beanstandungspflicht

(1) [1]Die Rechtsaufsichtsbehörde kann rechtswidrige Beschlüsse, Anordnungen und sonstige Maßnahmen der Gemeinde oder des Landkreises sowie Bürgerentscheide, die geltendes Recht verletzen, beanstanden und verlangen, dass sie aufgehoben werden. [2]Kommen Gemeinden und Landkreise ihren gesetzlichen Pflichten und Aufgaben nicht nach, so kann die Rechtsaufsichtsbehörde anordnen, dass sie diese erfüllen.

(2) [1]Die Fachaufsichtsbehörde kann der Gemeinde oder dem Landkreis in Angelegenheiten des übertragenen Wirkungskreises Weisungen erteilen. [2]Zu weiter gehenden Eingriffen in die Verwaltungstätigkeit sind die Fachaufsichtsbehörden unbeschadet der Entscheidung über Widersprüche nicht befugt.

§ 121 Ersatzvornahme

(1) [1]Kommt eine Gemeinde oder ein Landkreis innerhalb einer gesetzten angemessenen Frist den Anordnungen der Rechtsaufsichtsbehörde (§ 120 Abs. 1) nicht nach, so hat diese die notwendigen Maßnahmen anstelle und auf Kosten der Gemeinde oder des Landkreises zu treffen und zu vollziehen. [2]Hierfür gelten die Bestimmungen des Thüringer Verwaltungszustellungs- und Vollstreckungsgesetzes.

(2) [1]Kommt eine Gemeinde oder ein Landkreis innerhalb einer gesetzten angemessenen Frist einer Weisung der Fachaufsichtsbehörde (§ 120 Abs. 2) nicht nach, so ist die Rechtsaufsichtsbehörde auf Antrag der Fachaufsichtsbehörde verpflichtet, diese bei der Durchführung ihrer gesetzlichen Aufgaben nötigenfalls unter Anwendung der in § 120 Abs. 1 und Absatz 1 festgelegten Befugnisse zu unterstützen. [2]Soweit Große kreisangehörige Städte Aufgaben wahrnehmen, die ihnen nach § 6 Abs. 4 übertragen sind, richtet sich die Zuständigkeit der Rechtsaufsichtsbehörden im Rahmen von Satz 1 nach den für kreisfreie Städte geltenden Vorschriften.

§ 122 Beauftragter

(1) Entspricht die Verwaltung einer Gemeinde oder eines Landkreises in erheblichem Umfang nicht den Erfordernissen einer gesetzmäßigen Verwaltung und reichen die Befugnisse der Rechtsaufsichtsbehörde nach den §§ 119 bis 121 nicht aus, die Gesetzmäßigkeit der Verwaltung zu sichern, so kann die Rechtsaufsichtsbehörde einen Beauftragten bestellen, der alle oder einzelne Aufgaben der Gemeinde auf deren Kosten wahrnimmt.

(2) Das für das Kommunalrecht zuständige Ministerium kann ferner, wenn sich der gesetzwidrige Zustand nicht anders beheben lässt, den Gemeinderat oder den Kreistag auflösen und Neuwahlen anordnen.

§ 123 Genehmigungsbehörde

(1) Die in diesem Gesetz vorgeschriebenen Genehmigungen erteilt, soweit nichts anderes bestimmt ist, die Rechtsaufsichtsbehörde (§ 118).

(2) Beschlüsse sowie Geschäfte des privaten Rechts erlangen Rechtswirksamkeit erst mit der Erteilung der nach diesem Gesetz erforderlichen Genehmigung; im Falle einer dem Gesamtgenehmigungserfordernis nach § 63 Abs. 2 unterliegenden Kreditaufnahme erst mit Erteilung der Gesamtgenehmigung.
(3) Die Genehmigung nach § 71 Abs. 4 Satz 3, § 73 Abs. 1 Satz 4 und die für die Beteiligung an einem anderen Unternehmen nach § 74 Abs. 1 Satz 3 erforderliche Genehmigung gilt als erteilt, wenn sie nicht binnen sechs Wochen nach Eingang der erforderlichen Antragsunterlagen bei der Genehmigungsbehörde verweigert wird.

Zweiter Abschnitt

§§ 124, 125 ***[aufgehoben]***

Dritter Abschnitt
Vereinigungen der Kommunen

§ 126 Spitzenverbände
[1]Zur Förderung der kommunalen Selbstverwaltung und Wahrnehmung ihrer Interessen können die Gemeinden und Landkreise Vereinigungen bilden. [2]Das Land unterstützt die Vereinigungen angemessen in ihrer Tätigkeit.

§ 127 Beteiligungsrechte
(1) Die Landesregierung und alle staatlichen Behörden und juristischen Personen des öffentlichen Rechts arbeiten mit den Spitzenverbänden der Kommunen eng und vertrauensvoll zusammen.
(2) Die Landesregierung hat Entwürfe von Rechtsvorschriften, die die Belange der Selbstverwaltung berühren, und Entwürfe von allgemeinen Verwaltungsvorschriften, die wichtige Belange der Selbstverwaltung unmittelbar betreffen, mit den Spitzenverbänden (Gemeinde- und Städtebund Thüringen sowie Thüringischer Landkreistag) in geeigneter Form rechtzeitig zu erörtern.
(3) Die Ausschüsse des Landtags sollen bei der Beratung entsprechender Gesetzentwürfe die Spitzenverbände anhören.

Vierter Abschnitt
Übergangs- und Schlussbestimmungen

§ 128 Einwohnerzahl
Soweit nach diesem Gesetz oder einer aufgrund dieses Gesetzes erlassenen Rechtsverordnung die Einwohnerzahl von rechtlicher Bedeutung ist und nichts anderes bestimmt ist, ist die Einwohnerzahl maßgebend, die bei der Wahl der Gemeinderatsmitglieder zum Beginn der laufenden gesetzlichen Amtszeit zugrunde gelegt wurde.

§ 129 Ausführungsvorschriften
(1) [1]Das für das Kommunalrecht zuständige Ministerium erlässt die zum Vollzug dieses Gesetzes erforderlichen Ausführungsvorschriften. [2]Es wird insbesondere ermächtigt, durch Rechtsverordnung zu regeln:

1. die Form der öffentlichen Bekanntmachung von Satzungen einschließlich einer Ersatzbekanntmachung von Plänen, Karten und sonstigen Anlagen sowie die Verpflichtung von Gebietskörperschaften zur Einrichtung von Amtsblättern, soweit es keine anderen geeigneten Verkündungsmöglichkeiten gibt,
2. die Verwendung kommunaler Namen und Bezeichnungen, das Führen des Gemeindeverzeichnisses sowie das Führen, die Verwendung, Gestaltung und das Verfahren zur Genehmigung kommunaler Hoheitszeichen,
3. Mindest- und Höchstsätze für die Entschädigung der Gemeinderats- und Kreistagsmitglieder; dabei kann vorgesehen werden, dass die Entschädigungen pauschaliert und die Ausübung besonderer Funktionen berücksichtigt werden; außerdem können Höchstsätze für die Verdienstausfallpauschale sowie den Pauschalsatz der zusätzlichen Entschädigung bestimmt werden.

(2) Das für das Kommunalrecht zuständige Ministerium wird weiter ermächtigt, im Einvernehmen mit dem für Finanzen zuständigen Ministerium durch Rechtsverordnung zu regeln:

1. den Inhalt und die Gestaltung des Haushaltsplans einschließlich des Stellenplans, der Finanzplanung und des Investitionsprogramms, ferner die Veranschlagung von Einnahmen, Ausgaben und Verpflichtungsermächtigungen für einen vom Haushaltsjahr abweichenden Wirtschaftszeitraum,
2. die Ausführung des Haushaltsplans, die Anordnung von Zahlungen, die Haushaltsüberwachung, die Stundung, die Niederschlagung und den Erlass von Ansprüchen und die Behandlung von Kleinbeträgen,
3. die Ausschreibung von Lieferungen und Leistungen und die Vergabe von Aufträgen sowie die Veräußerung von Gemeindevermögen,
4. die Bildung, vorübergehende Inanspruchnahme und Verwendung von Rücklagen und deren Mindesthöhe,
5. die Geldanlage und ihre Sicherung,
6. die Erfassung, den Nachweis, die Bewertung und die Abschreibung der Vermögensgegenstände; dabei kann die Bewertung und Abschreibung auf einzelne Bereiche beschränkt werden,
7. die Kassenordnung, die Aufgaben und die Organisation der Gemeindekassen und der Sonderkassen, den Zahlungsverkehr, die Verwaltung der Kassenmittel, der Wertgegenstände und anderer Gegenstände, die Buchführung sowie die Möglichkeit, dass die Buchführung und die Verwahrung von Wertgegenständen von den Kassengeschäften abgetrennt werden können,
8. den Inhalt und die Gestaltung der Jahresrechnung und die Abwicklung der Vorjahresergebnisse,
9. den Aufbau und die Verwaltung, die Wirtschaftsführung, das Rechnungswesen und die Prüfung der Eigenbetriebe und deren allgemeine ganze oder teilweise Freistellung von den für Eigenbetriebe geltenden Vorschriften oder deren Freistellung auf Antrag durch das Landesverwaltungsamt,
10. dass und in welchem Umfang das Eigenbetriebsrecht ganz oder teilweise auf Einrichtungen innerhalb der allgemeinen Verwaltung (Regiebetriebe) angewandt werden kann; hierbei können auch Regelungen getroffen werden, die von einzelnen für Eigenbetriebe geltenden Vorschriften abweichen.[1)]
11. das Verfahren bei der Gründung der kommunalen Anstalt sowie bei der Umwandlung von Gesellschaften des privaten Rechts in kommunale Anstalten und den Aufbau, die Verwaltung, die Wirtschaftsführung, das Rechnungswesen und die Prüfung der kommunalen Anstalten und deren allgemeine ganze oder teilweise Freistellung von den für die kommunale Anstalt geltenden Vorschriften sowie ihre Auflösung.

(3) Das für das Kommunalrecht zuständige Ministerium wird außerdem ermächtigt, im Einvernehmen mit dem für das Krankenhauswesen zuständigen Ministerium und mit dem für Finanzen zuständigen Ministerium die Wirtschaftsführung der Krankenhäuser der Gemeinden und Landkreise durch Rechtsverordnung zu regeln.

(4) [1]Das für das Kommunalrecht zuständige Ministerium erlässt die erforderlichen Verwaltungsvorschriften und gibt Muster, insbesondere für

1. die Haushaltssatzung und die Nachtragshaushaltssatzung,
2. die Gliederung und die Gruppierung des Haushaltsplans und des Finanzplans,
3. die Form des Haushaltsplans und seine Anlagen, des Finanzplans und des Investitionsprogramms,
4. die Gliederung, die Gruppierung und die Form der Vermögensnachweise,
5. die Kassenanordnungen, die Buchführung, die Jahresrechnung und ihre Anlagen,
6. die Gliederung und die Form des Wirtschaftsplans und seiner Anlagen, des Finanzplans und des Investitionsprogramms, des Jahresabschlusses, der Anlagennachweise und der Erfolgsübersicht für Krankenhäuser mit kaufmännischem Rechnungswesen

im Staatsanzeiger bekannt. [2]Es kann solche Muster für verbindlich erklären. [3]Die Zuordnung der Einnahmen und Ausgaben in die Gliederung und die Gruppierung des Haushaltsplans und des Finanzplans und die Zuordnung der vermögenswirksamen Vorgänge in die Gliederung und die Gruppierung der Vermögensnachweise kann durch Verwaltungsvorschrift in gleicher Weise verbindlich festgelegt werden. [4]Die Verwaltungsvorschriften zur Gliederung und Gruppierung des Haushaltsplans und des Finanzplans sind im Einvernehmen mit dem für Finanzen zuständigen Ministerium zu erlassen.

---

1) Zeichensetzung amtlich.

(5) Soweit das für das Kommunalrecht zuständige Ministerium in diesem Gesetz zum Erlass von Rechtsverordnungen ermächtigt ist, kann es seine Ermächtigung durch Rechtsverordnung auf nachgeordnete Behörden übertragen.

§ 130 Übergangsbestimmungen

(1) Für die Vorbereitung und Durchführung der Wahl der ehrenamtlichen Bürgermeister im Jahr 2004 findet die durch das Gesetz zur Änderung der Thüringer Kommunalordnung und anderer Gesetze geänderte Bestimmung des § 28 Abs. 3 Satz 2 Anwendung.

(2) Vor dem In-Kraft-Treten des Gesetzes zur Änderung der Thüringer Kommunalordnung und anderer Gesetze begonnene Verfahren zur Besetzung der Dienstposten hauptamtlicher Beigeordneter und Gemeinschaftsvorsitzender werden nach den vor dem In-Kraft-Treten des Gesetzes zur Änderung der Thüringer Kommunalordnung und anderer Gesetze geltenden Regelungen zu Ende geführt.

(3) Von der Bestimmung des § 51 Abs. 2 ThürKO abweichende Kostenregelungen sind bis zum 31. Dezember 2003 zu ändern.

§ 130a ***[aufgehoben]***

§ 130b Kommunalisierung der Veterinär- und Lebensmittelüberwachungsämter

(1) Die Aufgaben auf dem Gebiet des Veterinärwesens und der Lebensmittelüberwachung, die vor dem In-Kraft-Treten des Thüringer Gesetzes zur Übertragung von Aufgaben auf dem Gebiet des Veterinärwesens und der Lebensmittelüberwachung sowie zur Änderung veterinär- und lebensmittelrechtlicher Vorschriften den Landratsämtern als untere staatliche Verwaltungsbehörden übertragen waren, nehmen die Landkreise ab dem 1. April 2002 als Aufgaben des übertragenen Wirkungskreises wahr.

(2) [1]Die Landkreise und kreisfreien Städte sind verpflichtet, die bisher für die Erfüllung der Aufgaben der Veterinär- und Lebensmittelüberwachung vom Land gestellten Bediensteten zum 1. April 2002 in ihren Dienst zu übernehmen. [2]Sie haben rechtzeitig alle dafür erforderlichen Maßnahmen zu treffen. [3]§ 111 Abs. 4 bleibt unberührt.

(3) Die Landkreise und die kreisfreien Städte haben ihre Verpflichtung nach Absatz 2 in der Weise zu erfüllen, dass sie dem jeweiligen Angestellten rechtzeitig vor der Aufgabenübertragung ein Arbeitsvertragsangebot mindestens auf der Grundlage der nachfolgenden Bestimmungen unterbreiten oder ein entsprechendes Arbeitsvertragsangebot des Arbeitnehmers annehmen:

1. Die Übernahme erfolgt mindestens in der Vergütungsgruppe, in die der Angestellte am Tage vor seiner Übernahme eingruppiert war, wobei die tarifgerechte Eingruppierung nach BAT-O nach der Übernahme unberührt bleibt.
2. Bei der Berechnung der Beschäftigungszeit, der Dienstzeit, der Jubiläumszeit, von Zeiten einer Tätigkeit oder Bewährung für einen Aufstieg oder bei der Gewährung einer Bewährungs-, Vergütungsgruppen- oder Tätigkeitszulage nach dem für den neuen Arbeitgeber maßgebenden Recht wird von den entsprechenden beim Land am Tage vor der Übernahme erreichten Zeiten ausgegangen; als Grundvergütung ist die Lebensaltersstufe/Stufe zu gewähren, die mindestens den Betrag erreicht, der dem Angestellten am Tage der Übernahme beim Verbleiben im Landesdienst zustehen würde; sind dem Angestellten beim Land Lebensaltersstufen/Stufen vorgewährt worden, gilt § 27 Satz 2 Abschnitt C BAT-O entsprechend.
3. Der Angestellte erhält bis zum 31. Dezember 2002 auf Antrag mindestens die Vergütung einschließlich den bisher gewährten Zulagen, die er nach den für das Land maßgebenden Bestimmungen erhalten würde, wenn er weiterhin in seiner bisherigen Tätigkeit beim Land beschäftigt wäre; dies gilt nicht, wenn in bezirklichen oder örtlichen Tarifverträgen die Arbeitszeit herabgesetzt worden ist.

(4) Absatz 3 gilt entsprechend für Arbeiter.

(5) Die tatsächlich durch

1. die Personalüberführung nach den Absätzen 2 und 3 sowie
2. die im Jahr 2002 im Einvernehmen mit dem für das Veterinärwesen und die Lebensmittelüberwachung zuständigen Ministerium im Rahmen der Anzahl der im Stellenplan 2001 eingestellten Mitarbeiter

entstehenden und nachgewiesenen Kosten werden den Landkreisen und kreisfreien Städten für das Jahr 2002 vom Land erstattet.

(6) [1]In den Jahren 2003 und 2004 erfolgt auf Grundlage der Kosten im Jahre 2002 eine Erstattung mit einer an die Personalkostenentwicklung angepassten Pauschale. [2]Die Anpassung berücksichtigt insbesondere

1. die allgemeinen Tarifänderungen,
2. die Angleichung des Ost-Tarifs an den West-Tarif einschließlich der Zusatzversorgung und
3. die Änderungen bei der Versorgungsumlage für Beamte.

(7) [1]Den kreisfreien Städten werden für das Jahr 2002 die erforderlichen tatsächlich entstehenden und nachgewiesenen Sachkosten vom Land erstattet, soweit sie nicht durch entsprechende Einnahmen gedeckt sind. [2]In den Jahren 2003 und 2004 erfolgt eine Erstattung in jeweils gleicher Höhe.

(8) Ab dem Jahr 2005 erfolgt die Erstattung der Personal- und Sachkosten über die Auftragskostenpauschale nach § 23 des Thüringer Finanzausgleichsgesetzes (ThürFAG) in der Fassung vom 9. Februar 1998 (GVBl. S. 15) in der jeweils geltenden Fassung; der Finanzausgleichsmasse wird diese Erstattung als zusätzlicher Betrag, der nicht der Regelung des § 3 Abs. 3 ThürFAG unterliegt, zugeführt.

(9) [1]Die Landkreise und kreisfreien Städte sind verpflichtet, die bisher auf der Grundlage des Tarifvertrags über die Regelung der Rechtsverhältnisse der amtlichen Tierärzte und Fleischkontrolleure außerhalb öffentlicher Schlachthöfe vom 9. November 1994 (StAnz. 1996 Nr. 15 S. 756 – 760 –) in der jeweils geltenden Fassung angestellten Personen zum 1. April 2002 in ihren Dienst zu übernehmen. [2]Sie haben rechtzeitig alle dafür erforderlichen Maßnahmen zu treffen. [3]Die Landkreise und kreisfreien Städte haben ihre Verpflichtung insbesondere in der Weise zu erfüllen, dass sie dem jeweiligen Angestellten rechtzeitig vor der Aufgabenübertragung ein Arbeitsvertragsangebot unterbreiten oder ein entsprechendes Arbeitsvertragsangebot des Arbeitnehmers annehmen. [4]Absatz 3 Nr. 2 gilt hinsichtlich der Beschäftigungszeit und Jubiläumszeit entsprechend.

(10) [1]*Zur Absicherung der Erfüllung der den Landkreisen und kreisfreien Städten (Veterinär- und Lebensmittelüberwachungsämter) übertragenen Aufgaben auf dem Gebiet des Veterinärwesens und der Lebensmittelüberwachung und damit zur Gewährleistung einer hinreichenden Vorsorge und eines hinreichenden Schutzes für die menschliche und tierische Gesundheit ist ein bedarfsgerechter Personalbestand sicherzustellen.* [2]*Der nach Absatz 2 Satz 1 zu übernehmende Personalbestand einschließlich der Mitarbeiter nach Absatz 5 Nr. 2 ist unter Einbeziehung des bei Übernahme des Personals bestehenden Aufgabenumfangs auf dem Gebiet des Veterinärwesens und der Lebensmittelüberwachung ausreichend und erforderlich.* [3]*Um zukünftigen Änderungen beim Aufgabenumfang Rechnung zu tragen, ist der Personalbestand regelmäßig zu überprüfen.* [4]*Sofern wesentliche Änderungen in tatsächlicher oder rechtlicher Hinsicht eintreten, die zu einer Veränderung des Aufgabenumfangs auf dem Gebiet des Veterinärwesens und der Lebensmittelüberwachung führen, bestimmt das für das Veterinärwesen und die Lebensmittelüberwachung zuständige Ministerium im Einvernehmen mit dem für die Kommunalaufsicht und dem für Finanzen zuständigen Ministerium sowie im Benehmen mit den kommunalen Spitzenverbänden die Personalausstattung dieser Ämter.* [5]*Bei der Ermittlung des für eine fachgerechte Aufgabenerfüllung erforderlichen Personalbestands sind insbesondere folgende Kriterien zu berücksichtigen:*

1. *Anzahl der Einwohner,*
2. *Anzahl der Nutztiere und deren Halter,*
3. *Anzahl und Art der Betriebe, in denen Lebensmittel hergestellt, behandelt oder in den Verkehr gebracht werden, und daraus folgend die Anzahl der durchzuführenden Kontrollen,*
4. *Anzahl der Rinder- und Schweineschlachtungen und*
5. *örtliche Besonderheiten, die zu einer Erhöhung des Aufgabenumfangs führen, insbesondere das Vorhandensein einer Tierkörperbeseitigungsanstalt.*

(11) *Zur Erfüllung der Aufgaben nach Absatz 10 Satz 1 stellen die Landkreise und kreisfreien Städte den Anschluss der Veterinär- und Lebensmittelüberwachungsämter an das Veterinärinformationssystem des Landes und die Verfügbarkeit über ausreichende und den fachlichen Anforderungen entsprechende Ausstattungs- und Ausrüstungsgegenstände in diesen Ämtern, insbesondere die Verfügbarkeit über Kraftfahrzeug für die Durchführung von Kontrollaufgaben, sicher.*

§ 131 Gleichstellungsbestimmung

Status- und Funktionsbezeichnungen in diesem Gesetz gelten jeweils in männlicher und weiblicher Form.

§ 132 (In-Kraft-Treten, Außer-Kraft-Treten)

Thüringer Verordnung über die öffentliche Bekanntmachung von Satzungen der Gemeinden, Verwaltungsgemeinschaften und Landkreise (Thüringer Bekanntmachungsverordnung – ThürBekVO –)

Vom 22. August 1994 (GVBl. S. 1045)
(2020-4-1)

Aufgrund des § 129 Abs. 1 Satz 2 Nr. 1 der Thüringer Kommunalordnung vom 16. August 1993 (GVBl: S. 501) verordnet der Innenminister:

§ 1 Formen der öffentlichen Bekanntmachung

(1) Satzungen einer Gemeinde sind im Amtsblatt der Gemeinde öffentlich bekanntzumachen.

(2) Hat eine Gemeinde kein eigenes Amtsblatt nach Absatz 1, so kann die öffentliche Bekanntmachung der Satzung erfolgen

1. im Amtsblatt der Verwaltungsgemeinschaft, der die Gemeinde angehört,
2. in einer oder mehreren in der Gemeinde verbreiteten und mindestens einmal wöchentlich erscheinenden Zeitungen oder,
3. sofern die Gemeinde weniger als 3 000 Einwohner hat, durch Anschlag an den hierfür allgemein bestimmten Stellen (Verkündungstafeln).

(3) [1]Die Form der öffentlichen Bekanntmachung ist in der Hauptsatzung der Gemeinde festzulegen. [2]Erfolgen die öffentlichen Bekanntmachungen nach Absatz 1 oder Absatz 2 Nr. 1, so ist in der Hauptsatzung das Amtsblatt namentlich zu bezeichnen. [3]Erfolgen die öffentlichen Bekanntmachungen nach Absatz 2 Nr. 2, so sind in der Hauptsatzung die Zeitungen namentlich zu bezeichnen. [4]Erfolgen die öffentlichen Bekanntmachungen nach Absatz 2 Nr. 3, so ist in der Hauptsatzung anzugeben, an welchen Standorten die Verkündungstafeln aufgestellt sind.

(4) [1]Von der in der Hauptsatzung festgelegten Form der Bekanntmachung darf, abgesehen von den Fällen des Satzes 2, nicht abgewichen werden. [2]Kann die in der Hauptsatzung vorgeschriebene Bekanntmachungsform wegen eines Naturereignisses oder anderer unabwendbarer Ereignisse nicht eingehalten werden, so genügt in dringenden Fällen als öffentliche Bekanntmachung jede andere geeignete Form der Bekanntgabe, die eine ausreichende Unterrichtung der Einwohner gewährleistet. [3]Die Satzung ist unverzüglich nach Wegfall des Hindernisses in der Form, in der sie sonst öffentlich bekanntzumachen wäre, zu veröffentlichen; auf die Form ihrer Bekanntmachung ist dabei hinzuweisen.

(5) [1]Die öffentliche Bekanntmachung der Hauptsatzung, die die Form der öffentlichen Bekanntmachung regelt, hat in der bis dahin für Satzungen der Gemeinde geltenden Bekanntmachungsform zu erfolgen. [2]Sind die bis zu diesem Zeitpunkt geltenden Bekanntmachungsregeln der Gemeinde unwirksam, so erfolgt die öffentliche Bekanntmachung der Hauptsatzung in der Form, die diese nach Absatz 3 bestimmt.

§ 2 Durchführung der öffentlichen Bekanntmachung

(1) [1]Herausgeber des Amtsblatts der Gemeinde darf nur die Gemeinde sein. [2]Es kann gemeinsam von mehreren Gemeinden oder gemeinsam mit dem Landkreis herausgegeben werden. [3]Das Amtsblatt ist ein eigenständiges Druckerzeugnis. [4]Das Amtsblatt muß

1. in der Überschrift die Bezeichnung „Amtsblatt“ führen und den Geltungsbereich bezeichnen,
2. den Ausgabetag angeben und jahrgangsweise fortlaufend nummeriert sein,
3. die Bezugsmöglichkeiten und Bezugsbedingungen angeben und
4. einzeln zu beziehen sein.

[5]Das Amtsblatt kann neben öffentlichen Bekanntmachungen und sonstigen amtlichen Mitteilungen (amtlicher Teil) in einem nichtamtlichen Teil auch kurze Nachrichten aus dem Gemeindeleben, Hinweise auf Veranstaltungen und Anzeigen enthalten.

(2) [1]Die Gemeinde darf eine Zeitung im Sinne des § 1 Abs. 2 Nr. 2 nur bestimmen, wenn sie maßgeblichen Einfluß auf die äußere Gestaltung des für die Bekanntmachung bestimmten Teils der Zeitung hat. [2]Der betreffende Teil der Zeitung muß durch eine Überschrift erkennen lassen, daß dort öffentliche Bekanntmachungen erfolgen; er muß außerdem deutlich herausgehoben und von den anderen Teilen der Zeitung klar abgegrenzt sein. [3]Die Zeitung muß von jedermann erworben werden können.

(3) Werden Satzungen durch Anschlag an Verkündungstafeln nach § 1 Abs. 2 Nr. 3 bekanntgemacht, so muß der Anschlag für die Dauer von sieben aufeinanderfolgenden Tagen angeheftet bleiben; der Tag des Anschlags und der Tag der Abnahme werden bei der Berechnung dieser Frist nicht mitgerechnet.

§ 3 Inhalt der öffentlichen Bekanntmachung; Ersatzbekanntmachung

(1) Satzungen sind, soweit gesetzlich nichts anderes bestimmt ist, mit ihrem vollen Wortlaut öffentlich bekanntzumachen.

(2) [1]Sind Karten, Pläne oder Zeichnungen und damit verbundene Texte oder Erläuterungen Bestandteile einer Satzung, so kann die öffentliche Bekanntmachung dieser Teile dadurch erfolgen, daß sie bei der Gemeindeverwaltung ausgelegt werden und auf die Auslegung bei der öffentlichen Bekanntmachung der übrigen Teile der Satzung in der nach § 1 Abs. 3 festgelegten Bekanntmachungsform hingewiesen wird. [2]Gemeindeverwaltung im Sinne des Satzes 1 ist für Mitgliedsgemeinden einer Verwaltungsgemeinschaft die Geschäftsstelle der Verwaltungsgemeinschaft. [3]Die Auslegung muß für die Dauer von sieben aufeinanderfolgenden Tagen, frühestens beginnend mit dem Tag nach der Veröffentlichung des Hinweises auf die Auslegung, in einem der Allgemeinheit zugänglichen Raum während der allgemeinen Dienstzeit erfolgen; dienstfreie Tage zählen bei der Berechnung der Frist nicht mit. [4]Der Hinweis auf die Auslegung muß Gegenstand, Ort (Gebäude und Raum), Zeit, Beginn und Dauer der Auslegung umfassen.

§ 4 Öffentliche Bekanntmachung von Satzungen der Verwaltungsgemeinschaften

(1) [1]Satzungen einer Verwaltungsgemeinschaft sind im Amtsblatt der Verwaltungsgemeinschaft öffentlich bekanntzumachen. [2]Unterhält eine Verwaltungsgemeinschaft kein eigenes Amtsblatt, so kann die öffentliche Bekanntmachung der Satzung in einer oder mehreren im Gebiet der Mitgliedsgemeinden verbreiteten und mindestens einmal wöchentlich erscheinenden Zeitungen erfolgen.

(2) [1]Die Form der öffentlichen Bekanntmachung ist durch Satzung zu bestimmen. [2]Darin sind das Amtsblatt oder die Zeitungen namentlich zu bezeichnen.

(3) [1]Von der durch Satzung festgelegten Form der Bekanntmachung darf, abgesehen von den Fällen des Satzes 2, nicht abgewichen werden. [2]Kann die vorgeschriebene Bekanntmachungsform wegen eines Naturereignisses oder anderer unabwendbarer Ereignisse nicht eingehalten werden, so gilt § 1 Abs. 4 Satz 2 und 3 entsprechend.

(4) [1]Die öffentliche Bekanntmachung der Satzung, die die Form der öffentlichen Bekanntmachung regelt, hat in der bisher für Satzungen der Verwaltungsgemeinschaft geltenden Bekanntmachungsform zu erfolgen. [2]Sind die bis zu diesem Zeitpunkt geltenden Bekanntmachungsregeln der Verwaltungsgemeinschaft unwirksam, so erfolgt die Bekanntmachung dieser Satzung in der Form, die sie nach Absatz 2 bestimmt.

(5) Im übrigen gelten für die öffentliche Bekanntmachung von Satzungen der Verwaltungsgemeinschaft die Bestimmungen der §§ 2 und 3 entsprechend.

§ 5 Öffentliche Bekanntmachung von Satzungen der Landkreise

[1]Satzungen der Landkreise sind im Amtsblatt öffentlich bekanntzumachen. [2]Unterhält der Landkreis kein eigenes Amtsblatt, so erfolgt die öffentliche Bekanntmachung von Satzungen in einer oder mehreren im Landkreis verbreiteten und mindestens einmal wöchentlich erscheinenden Zeitungen. [3]Im übrigen gelten die Bestimmungen der §§ 1 bis 3 entsprechend.

§ 6 Zeitpunkt der Bekanntmachung

[1]Wird eine Satzung in einem Amtsblatt oder in einer Zeitung öffentlich bekanntgemacht, so ist der Erscheinungstag der Tag der öffentlichen Bekanntmachung. [2]Sind mehrere Zeitungen als Bekanntmachungsform bestimmt, so ist der Tag, an dem die letzte Zeitung mit der Bekanntmachung erscheint, der Tag der öffentlichen Bekanntmachung. [3]Werden Satzungen durch Anschlag an Verkündungstafeln bekanntgemacht, so ist die öffentliche Bekanntmachung mit Ablauf der Frist nach § 2 Abs. 3 vollzogen; der letzte Tag der Frist gilt als Tag der öffentlichen Bekanntmachung. [4]Im Falle der Ersatzbekanntmachung nach § 3 Abs. 2 ist die öffentliche Bekanntmachung der Satzung mit Ablauf der Frist nach § 3 Abs. 2 Satz 3 vollzogen; der letzte Tag der Frist gilt als Tag der öffentlichen Bekanntmachung. [5]Die öffentliche Bekanntmachung nach § 1 Abs. 4 Satz 2 ist mit Ablauf des Tages vollzogen, an dem die Öffentlichkeit davon Kenntnis nehmen konnte.

§ 7 Bekanntmachungsvermerk

Auf den Urschriften der Satzungen sollen die Form und der Tag der öffentlichen Bekanntmachung schriftlich vermerkt werden.

§ 8 Inkrafttreten

Diese Verordnung tritt am ersten Tag des zweiten auf die Verkündung[1] folgenden Kalendermonats in Kraft.

1) Verkündet am 29.9.1994.

Thüringer Gesetz über die kommunale Gemeinschaftsarbeit (ThürKGG)

In der Fassung der Bekanntmachung vom 10. Oktober 2001[1] (GVBl. S. 290)
(2020-2)

zuletzt geändert durch Art. 5 G zur Änderung der Kommunalordnung und anderer Gesetze vom 23. Juli 2013 (GVBl. S. 194)

Nichtamtliche Inhaltsübersicht

Erster Teil
Allgemeine Vorschriften

§ 1 Anwendungsbereich
§ 2 Rechtsformen der kommunalen Gemeinschaftsarbeit
§ 3 Voraussetzungen der kommunalen Gemeinschaftsarbeit

Zweiter Teil
Kommunale Arbeitsgemeinschaften

§ 4 Einfache Arbeitsgemeinschaften
§ 5 Besondere Arbeitsgemeinschaften
§ 6 Aufhebung und Kündigung besonderer Arbeitsgemeinschaften

Dritter Teil
Zweckvereinbarungen

§ 7 Beteiligte und Aufgaben
§ 8 Übergang der Befugnisse
§ 9 Inhalt
§ 10 Satzungs- und Verordnungsrecht
§ 11 Anzeige und Genehmigung
§ 12 Amtliche Bekanntmachung und Wirksamwerden
§ 13 Änderung, Aufhebung und Kündigung
§ 14 Wegfall von Beteiligten
§ 15 Pflichtvereinbarung

Vierter Teil
Zweckverbände

1. Abschnitt
Allgemeine Bestimmungen für Zweckverbände

§ 16 Beteiligte und Aufgaben
§ 17 Bildung des Zweckverbandes; Inhalt der Verbandssatzung
§ 18 Genehmigung der Verbandssatzung
§ 19 Amtliche Bekanntmachung der Verbandssatzung; Zeitpunkt des Entstehens des Zweckverbands
§ 20 Übergang von Aufgaben und Befugnissen; Satzungs- und Verordnungsrecht
§ 21 Dienstherrneigenschaft
§ 22 Amtliche Bekanntmachung von Satzungen und Verordnungen des Zweckverbands
§ 23 Anzuwendende Vorschriften
§ 24 Ausgleich
§ 25 Pflichtverband

2. Abschnitt
Verfassung und Verwaltung

§ 26 Organe
§ 26a Verbraucherbeiräte
§ 27 Rechtsstellung des Verbandsvorsitzenden und der übrigen Verbandsräte
§ 28 Zusammensetzung der Verbandsversammlung
§ 29 Einberufung der Verbandsversammlung
§ 30 Beschlüsse und Wahlen in der Verbandsversammlung
§ 31 Zuständigkeit der Verbandsversammlung
§ 32 Wahl des Verbandsvorsitzenden
§ 33 Zuständigkeit des Verbandsvorsitzenden
§ 34 Form der Vertretung nach außen
§ 35 Geschäftsstelle und Geschäftsleiter

3. Abschnitt
Verbandswirtschaft

§ 36 Anzuwendende Vorschriften
§ 37 Deckung des Finanzbedarfs

4. Abschnitt
Änderung der Verbandssatzung und Auflösung

§ 38 Änderung der Verbandssatzung, Kündigung aus wichtigem Grund
§ 39 Wegfall von Verbandsmitgliedern
§ 40 Auflösung
§ 41 Abwicklung
§ 42 Genehmigung, Anzeige und Bekanntmachung

Fünfter Teil
Gemeinsame kommunale Anstalt des öffentlichen Rechts

§ 43 Entstehung
§ 44 Vorschriften für die gemeinsame kommunale Anstalt

1) Neubekanntmachung des Thüringer G über die kommunale Gemeinschaftsarbeit v. 11.6.1992 (GVBl. S. 232) in der ab 28.9.2001 geltenden Fassung.

Sechster Teil
Aufsicht

1. Abschnitt
Aufsicht

§ 45 Grundsatz
§ 46 Aufsichtsbehörden

2. Abschnitt
Schlichtung von Streitigkeiten

§ 47 Schlichtung von Streitigkeiten
§ 48 Gleichstellungsbestimmung
§ 49 Übergangsvorschrift
§ 50 In-Kraft-Treten

Erster Teil
Allgemeine Vorschriften

§ 1 Anwendungsbereich

(1) [1]Dieses Gesetz regelt die kommunale Gemeinschaftsarbeit von Gemeinden und Landkreisen. [2]Verwaltungsgemeinschaften stehen für ihren Aufgabenbereich Gemeinden gleich. [3]Andere Körperschaften, Anstalten und Stiftungen des öffentlichen Rechts, ferner natürliche und juristische Personen des Privatrechts können sich nur nach den Bestimmungen dieses Gesetzes an der Gemeinschaftsarbeit beteiligen.

(2) Für die Beteiligung von Zweckverbänden an der kommunalen Gemeinschaftsarbeit gelten die gleichen Bestimmungen wie für die ihnen angehörenden Gemeinden und Landkreise.

(3) [1]Bestimmungen anderer Gesetze über die kommunale Gemeinschaftsarbeit oder die gemeinsame Wahrnehmung von Aufgaben in privatrechtlicher Form bleiben unberührt. [2]Auf Planungsverbände nach § 205 des Baugesetzbuchs sind unbeschadet des § 205 Abs. 2 bis 5 des Baugesetzbuchs die für die Zweckverbände geltenden Bestimmungen dieses Gesetzes einschließlich des § 18 entsprechend anzuwenden.

(4) [1]Dieses Gesetz ist nicht anzuwenden, wenn es gesetzlich ausgeschlossen ist, Aufgaben oder Befugnisse gemeinsam wahrzunehmen. [2]Das Recht, Steuern zu erheben, kann nicht übertragen werden.

§ 2 Rechtsformen der kommunalen Gemeinschaftsarbeit

(1) Für die kommunale Gemeinschaftsarbeit können kommunale Arbeitsgemeinschaften gegründet, Zweckvereinbarungen geschlossen und Zweckverbände sowie gemeinsame kommunale Anstalten des öffentlichen Rechts gebildet werden.

(2) Durch kommunale Arbeitsgemeinschaften und Zweckvereinbarungen entstehen keine neuen Rechtspersönlichkeiten.

(3) [1]Die Zweckverbände sind Körperschaften des öffentlichen Rechts. [2]Sie verwalten ihre Angelegenheiten im Rahmen der Gesetze unter eigener Verantwortung.

(4) Die gemeinsame kommunale Anstalt des öffentlichen Rechts ist ein selbstständiges Unternehmen in der Rechtsform einer Anstalt des öffentlichen Rechts, das von mehreren kommunalen Gebietskörperschaften getragen wird.

§ 3 Voraussetzungen der kommunalen Gemeinschaftsarbeit

(1) Gemeinden und Landkreise können nach den Bestimmungen dieses Gesetzes zusammenarbeiten, um Aufgaben, zu deren Wahrnehmung sie berechtigt oder verpflichtet sind, gemeinsam zu erfüllen.

(2) [1]Absatz 1 gilt nicht für Gemeinden, die der gleichen Verwaltungsgemeinschaft angehören, wenn die Verwaltungsgemeinschaft die Aufgabe ebenso wirkungsvoll und wirtschaftlich erfüllen kann. [2]Zweckverbände, die aus denselben Mitgliedern wie die Verwaltungsgemeinschaft bestehen, können nicht gebildet werden.

Zweiter Teil
Kommunale Arbeitsgemeinschaften

§ 4 Einfache Arbeitsgemeinschaften

(1) [1]Gemeinden und Landkreise können durch öffentlich-rechtlichen Vertrag eine Arbeitsgemeinschaft bilden. [2]An ihr können sich auch sonstige Körperschaften, Anstalten und Stiftungen des öffentlichen Rechts, ferner natürliche und juristische Personen des Privatrechts beteiligen.

(2) [1]Die Arbeitsgemeinschaft befasst sich mit Angelegenheiten, welche die an ihr Beteiligten gemeinsam berühren. [2]Sie dient insbesondere dazu, Planungen der einzelnen Beteiligten und das Tätigwerden von Einrichtungen aufeinander abzustimmen, gemeinsame Flächennutzungspläne vorzubereiten und

die gemeinsame wirtschaftliche und zweckmäßige Erfüllung der Aufgaben in einem größeren nachbarlichen Gebiet sicherzustellen.

(3) Durch die Beteiligung an einer Arbeitsgemeinschaft werden die Rechte und Pflichten der Beteiligten als Träger von Aufgaben und Befugnissen gegenüber Dritten nicht berührt.

(4) [1]In dem öffentlich-rechtlichen Vertrag sind grundsätzlich die Aufgaben der Arbeitsgemeinschaft, die Geschäftsordnung und die Deckung des Finanzbedarfs zu regeln. [2]Der Vertrag wird wirksam, sobald er von allen Beteiligten beschlossen und unterschrieben ist. [3]In dem Vertrag kann ein anderer Zeitpunkt für sein Wirksamwerden bestimmt werden.

§ 5 Besondere Arbeitsgemeinschaften

(1) [1]Es kann vereinbart werden, dass die Beteiligten an Beschlüsse der Arbeitsgemeinschaft gebunden sind, wenn alle Beteiligten dem zugestimmt haben. [2]Ferner kann vereinbart werden, dass die Beteiligten an Beschlüsse über Angelegenheiten der Geschäftsführung und des Finanzbedarfs, Verfahrensfragen und den Erlass von Richtlinien für die Planung und Durchführung einzelner Aufgaben gebunden sind, wenn die Mehrheit der zuständigen Organe der beteiligten Gebietskörperschaften diesen Beschlüssen zugestimmt hat.

(2) Die Bildung der in Absatz 1 genannten Arbeitsgemeinschaft, ihre Änderung oder ihre Aufhebung sind der Aufsichtsbehörde anzuzeigen; der öffentlich-rechtliche Vertrag ist ihr vorzulegen.

§ 6 Aufhebung und Kündigung besonderer Arbeitsgemeinschaften

(1) [1]Wird eine besondere Arbeitsgemeinschaft aufgehoben oder scheidet ein Beteiligter aus, so hat eine Auseinandersetzung insbesondere dann stattzufinden, wenn gemeinschaftliche Einrichtungen oder sonstige Vermögenswerte zur Erfüllung der Aufgaben der besonderen Arbeitsgemeinschaften geschaffen wurden. [2]Der Vertrag soll hierüber das Nähere bestimmen.

(2) [1]Wird eine besondere Arbeitsgemeinschaft auf unbestimmte Zeit oder auf mehr als 20 Jahre gebildet, so ist in der Vereinbarung über ihre Bildung zu bestimmen, unter welchen Voraussetzungen, innerhalb welcher Frist und in welcher Form sie von den Beteiligten gekündigt werden kann (ordentliche Kündigung). [2]Eine besondere Arbeitsgemeinschaft kann auch aus wichtigem Grund gekündigt werden (außerordentliche Kündigung).

Dritter Teil
Zweckvereinbarungen

§ 7 Beteiligte und Aufgaben

(1) Gemeinden und Landkreise können durch öffentlich-rechtlichen Vertrag eine Zweckvereinbarung schließen.

(2) Auf Grund einer Zweckvereinbarung können die beteiligten Gebietskörperschaften einer von ihnen einzelne oder alle mit einem bestimmten Zweck zusammenhängenden Aufgaben übertragen; eine Gebietskörperschaft kann dabei insbesondere gestatten, dass die Übrigen eine von ihr betriebene Einrichtung mitbenutzen.

(3) Auf Grund einer Zweckvereinbarung können die beteiligten Gebietskörperschaften einzelne oder alle mit einem bestimmten Zweck zusammenhängenden Aufgaben gemeinschaftlich durchführen und hierzu gemeinschaftliche Einrichtungen schaffen oder betreiben.

§ 8 Übergang der Befugnisse

(1) Wird einer Gebietskörperschaft durch Zweckvereinbarung eine Aufgabe übertragen (§ 7 Abs. 2), so gehen auch die zur Erfüllung dieser Aufgabe notwendigen Befugnisse auf sie über, es sei denn, dass in der Zweckvereinbarung ausdrücklich etwas anderes bestimmt wird.

(2) Die übrigen Beteiligten werden durch die Zweckvereinbarung von ihrer gesetzlichen Pflicht insoweit befreit, als gesetzliche Aufgaben auf eine andere Gebietskörperschaft übertragen werden oder Befugnisse auf sie übergehen.

(3) Im Fall des § 7 Abs. 3 verbleiben die Befugnisse bei den Beteiligten; sie können nicht gemeinschaftlich ausgeübt werden.

§ 9 Inhalt

(1) Die Zweckvereinbarung muss die Aufgaben aufführen, die einer der beteiligten Gebietskörperschaften übertragen oder die gemeinschaftlich durchgeführt werden sollen.

(2) Werden Aufgaben übertragen, so kann den übrigen Beteiligten durch die Zweckvereinbarung das Recht auf Anhörung oder Zustimmung in bestimmten Angelegenheiten eingeräumt werden.

(3) In der Zweckvereinbarung kann ein angemessener Kostenersatz für die Erfüllung der übertragenen Aufgaben vorgesehen werden; er darf höchstens so bemessen sein, dass der nach den Grundsätzen einer ordnungsgemäßen Wirtschaftsführung berechnete Aufwand gedeckt wird.

(4) Werden Aufgaben gemeinschaftlich durchgeführt, so muss die Zweckvereinbarung bestimmen, nach welchem Maßstab der Aufwand unter die Beteiligten verteilt wird.

§ 10 Satzungs- und Verordnungsrecht

(1) [1]Durch die Zweckvereinbarung kann der Gebietskörperschaft, auf die Aufgaben übergehen, das Recht übertragen werden, zur Erfüllung dieser Aufgaben Satzungen und Verordnungen auch für das Gebiet der übrigen Beteiligten zu erlassen. [2]Bereits geltende Satzungen und Verordnungen der Gebietskörperschaft können auch durch die Zweckvereinbarung auf dieses Gebiet erstreckt werden; sie sind in der Zweckvereinbarung unter Angabe ihrer Fundstelle genau zu bezeichnen. [3]Satzungen und Verordnungen, die auch für das Gebiet der übrigen Beteiligten erlassen oder auf dieses erstreckt werden, sind von den übrigen Beteiligten in der für eigene Satzungen und Verordnungen vorgesehenen Form bekannt zu machen.

(2) In den Fällen des Absatzes 1 kann in der Zweckvereinbarung bestimmt werden, dass die Gebietskörperschaft im Geltungsbereich der von ihr erlassenen Satzung oder Verordnung alle zu deren Durchführung erforderlichen Maßnahmen wie im eigenen Gebiet treffen kann.

§ 11 Anzeige und Genehmigung

(1) Eine Zweckvereinbarung, nach der nur Aufgaben übertragen oder gemeinschaftlich durchgeführt werden, ist der Aufsichtsbehörde anzuzeigen.

(2) [1]Eine Zweckvereinbarung, durch die eine beteiligte Gebietskörperschaft auch Befugnisse erhält oder durch die bereits geltende Satzungen oder Verordnungen einer Gebietskörperschaft auf das Gebiet der übrigen Beteiligten erstreckt werden, bedarf der Genehmigung der Aufsichtsbehörde. [2]Die Genehmigung kann nur versagt werden, wenn dem Abschluss der Zweckvereinbarung Gründe des öffentlichen Wohls entgegenstehen, der Abschluss der Vereinbarung nicht zulässig ist oder die Vereinbarung den gesetzlichen Vorschriften nicht entspricht. [3]Sollen durch die Zweckvereinbarung Angelegenheiten des übertragenen Wirkungskreises wahrgenommen werden, so entscheidet die Aufsichtsbehörde nach Anhörung der Fachaufsichtsbehörde über die Genehmigung nach pflichtgemäßem Ermessen.

(3) Ist für die Durchführung einer Angelegenheit, zu deren Erfüllung eine Zweckvereinbarung abgeschlossen werden soll, eine besondere Genehmigung erforderlich, so kann die Vereinbarung nicht genehmigt werden, wenn zu erwarten ist, dass die besondere Genehmigung versagt wird.

§ 12 Amtliche Bekanntmachung und Wirksamwerden

(1) [1]Die Aufsichtsbehörde hat eine genehmigungspflichtige Zweckvereinbarung und ihre Genehmigung in ihrem Amtsblatt amtlich bekannt zu machen. [2]Unterhält sie kein Amtsblatt, erfolgt die Bekanntmachung nach den Vorschriften über die Bekanntmachung von Satzungen. [3]Die Zweckvereinbarung wird am Tag nach der amtlichen Bekanntmachung wirksam. [4]Die beteiligten Gebietskörperschaften sollen in der für die Bekanntmachung ihrer Satzungen vorgesehenen Form auf die Veröffentlichung hinweisen.

(2) Eine anzeigepflichtige Zweckvereinbarung wird ohne amtliche Bekanntmachung wirksam, sobald sie von allen Beteiligten beschlossen und unterschrieben ist.

(3) Abweichend von Absatz 1 Satz 2 und Absatz 2 kann in der Zweckvereinbarung ein anderer Zeitpunkt für ihr Wirksamwerden bestimmt werden.

§ 13 Änderung, Aufhebung und Kündigung

(1) War die Zweckvereinbarung anzeigepflichtig, so ist auch ihre Änderung oder Aufhebung der Aufsichtsbehörde anzuzeigen.

(2) [1]War die Zweckvereinbarung genehmigungspflichtig, so bedarf auch ihre Änderung oder Aufhebung der Genehmigung. [2]Die Bestimmungen des § 11 über die Genehmigung einer Zweckvereinbarung gelten entsprechend. [3]Die Genehmigung kann nur versagt werden, wenn die Voraussetzungen für eine Pflichtvereinbarung vorliegen.

(3) [1]Ist die Zweckvereinbarung nicht befristet oder auf mehr als 20 Jahre geschlossen, so muss sie bestimmen, unter welchen Voraussetzungen, innerhalb welcher Frist und in welcher Form sie von einem Beteiligten gekündigt werden kann (ordentliche Kündigung). [2]Jede Zweckvereinbarung kann auch aus wichtigem Grund gekündigt werden (außerordentliche Kündigung).
(4) [1]Wird eine Zweckvereinbarung aufgehoben oder scheidet ein Beteiligter aus, so hat eine Auseinandersetzung stattzufinden, soweit das erforderlich ist. [2]Die Zweckvereinbarung soll hierüber das Nähere bestimmen.
(5) Wird die Zweckvereinbarung geändert oder aufgehoben, gilt § 12 entsprechend.

§ 14 Wegfall von Beteiligten

(1) [1]Wird eine Gebietskörperschaft, die an einer Zweckvereinbarung beteiligt ist, in eine andere Gebietskörperschaft eingegliedert oder mit einer anderen zusammengeschlossen, so tritt die Gebietskörperschaft, in welche die an der Zweckvereinbarung beteiligte Körperschaft eingegliedert oder zu der sie zusammengeschlossen wird, an die Stelle der früheren. [2]Das Gleiche gilt, wenn eine Gebietskörperschaft auf mehrere andere aufgeteilt wird oder wenn ihre Aufgaben oder Befugnisse, die Gegenstand der Zweckvereinbarung sind, auf eine oder mehrere andere Gebietskörperschaften übergehen.
(2) [1]Wenn Gründe des öffentlichen Wohls nicht entgegenstehen, kann jeder Beteiligte die Zweckvereinbarung bis zum Ablauf von drei Monaten nach dem Eintritt der neuen Körperschaften kündigen. [2]Die §§ 12 und 13 Abs. 1 und 2 gelten entsprechend.

§ 15 Pflichtvereinbarung

(1) Ist der Abschluss einer Zweckvereinbarung zur Erfüllung von Pflichtaufgaben einer Gebietskörperschaft aus Gründen des öffentlichen Wohls dringend geboten, so kann die Aufsichtsbehörde den beteiligten Gebietskörperschaften eine angemessene Frist setzen, die Zweckvereinbarung zu schließen.
(2) [1]Kommt innerhalb der Frist die Zweckvereinbarung nicht zustande, so trifft die Aufsichtsbehörde eine Regelung, die wie eine Vereinbarung zwischen den Beteiligten gilt (Pflichtvereinbarung). [2]Die §§ 8, 9, 10 und 12 bis 14 gelten entsprechend. [3]Die Pflichtvereinbarung kann von den Beteiligten nur mit der Genehmigung der Aufsichtsbehörde geändert werden. [4]Für die Genehmigung gelten § 11 Abs. 2 Satz 2 und 3 und Abs. 3 entsprechend.
(3) [1]Die Beteiligten können eine Pflichtvereinbarung nicht von sich aus aufheben. [2]Sind die Gründe für eine Pflichtvereinbarung weggefallen, so hat die Aufsichtsbehörde das den Beteiligten schriftlich zu erklären. [3]Die Pflichtvereinbarung gilt in diesem Fall als einfache Zweckvereinbarung weiter; sie kann von jedem Beteiligten innerhalb einer Frist von sechs Monaten seit dem Zugang der Erklärung gekündigt werden. [4]Die Beteiligten haben Regelungen nach § 13 Abs. 3 Satz 1 zu treffen.

Vierter Teil
Zweckverbände

1. Abschnitt
Allgemeine Bestimmungen für Zweckverbände

§ 16 Beteiligte und Aufgaben

(1) Gemeinden und Landkreise können sich zu einem Zweckverband zusammenschließen und ihm einzelne Aufgaben oder alle mit einem bestimmten Zweck zusammenhängende Aufgaben übertragen.
(2) [1]Neben einer der in Absatz 1 genannten Gebietskörperschaften können auch andere Körperschaften, Anstalten und Stiftungen des öffentlichen Rechts Mitglieder eines Zweckverbands sein, wenn nicht die für sie geltenden besonderen Vorschriften die Beteiligung ausschließen. [2]Neben den genannten Gebietskörperschaften können auch natürliche und juristische Personen des Privatrechts Mitglieder eines Zweckverbands sein, wenn die Erfüllung der Verbandsaufgaben dadurch gefördert wird und Gründe des öffentlichen Wohls nicht entgegenstehen.
(3) [1]Die Mitgliedschaft einer Gemeinde oder eines Gemeindeverbands außerhalb des Landes oder einer sonstigen nicht der Aufsicht des Landes unterstehenden Körperschaft, Anstalt oder Stiftung des öffentlichen Rechts in einem Zweckverband, der innerhalb des Landes seinen Sitz hat, bedarf der Genehmigung des für kommunale Angelegenheiten zuständigen Ministeriums. [2]Das Gleiche gilt, wenn eine Gemeinde, ein Landkreis oder eine sonstige der Aufsicht des Landes unterstehende Körperschaft,

Anstalt oder Stiftung des öffentlichen Rechts in einem Zweckverband Mitglied werden will, der seinen Sitz außerhalb des Landes hat.

§ 17 Bildung des Zweckverbandes; Inhalt der Verbandssatzung

(1) Die Rechtsverhältnisse des Zweckverbands werden im Rahmen dieses Gesetzes durch eine von den Beteiligten zu vereinbarende Verbandssatzung geregelt.

(2) Die Verbandssatzung muss enthalten:

1. den Namen und den Sitz des Zweckverbands;
2. die Verbandsmitglieder und den räumlichen Wirkungsbereich des Zweckverbands;
3. die Aufgaben des Zweckverbands;
4. die Sitz- und Stimmenverteilung in der Verbandsversammlung;
5. den Maßstab, nach dem die Verbandsmitglieder zur Deckung des Finanzbedarfs des Zweckverbands beizutragen haben (Umlegungsschlüssel).

(3) Die Verbandssatzung kann darüber hinaus weitere Vorschriften enthalten über

1. die Verfassung und Verwaltung,
2. die Verbandswirtschaft,
3. die Abwicklung im Fall der Auflösung des Zweckverbands,
4. die Schlichtung von Streitigkeiten durch ein besonderes Schiedsverfahren,
5. sonstige Rechtsverhältnisse des Zweckverbands, soweit dieses Gesetz keine Bestimmungen enthält oder die Regelung in der Verbandssatzung zulässt.

§ 18 Genehmigung der Verbandssatzung

(1) [1]Die Verbandssatzung bedarf der Genehmigung der Aufsichtsbehörde. [2]Die Genehmigung kann nur versagt werden, wenn der Bildung des Zweckverbands Gründe des öffentlichen Wohls oder Rechtsgründe entgegenstehen. [3]Sollen durch den Zweckverband Aufgaben des übertragenen Wirkungskreises wahrgenommen werden, so entscheidet die Aufsichtsbehörde nach Anhörung der Fachaufsichtsbehörde über die Genehmigung nach pflichtgemäßem Ermessen.

(2) Ist für die Übernahme oder Durchführung einer Aufgabe, für die der Zweckverband gebildet werden soll, eine besondere Genehmigung erforderlich, so kann die Verbandssatzung nicht genehmigt werden, wenn zu erwarten ist, dass die besondere Genehmigung versagt wird.

§ 19 Amtliche Bekanntmachung der Verbandssatzung; Zeitpunkt des Entstehens des Zweckverbands

(1) [1]Die Aufsichtsbehörde hat die Verbandssatzung und ihre Genehmigung in ihrem Amtsblatt amtlich bekannt zu machen. [2]§ 12 Abs. 1 Satz 2 gilt entsprechend. [3]Der Zweckverband entsteht am Tag nach dieser Bekanntmachung, wenn nicht in der Verbandssatzung ein späterer Zeitpunkt bestimmt ist. [4]Nach der Bekanntmachung können Rechtsverstöße bei der Gründung des Zweckverbands nur mit Wirkung für die Zukunft geltend gemacht werden. [5]Ist eine Verbandssatzung nicht oder nicht ordnungsgemäß ausgefertigt worden, ist dies unbeachtlich, wenn diese Verbandssatzung vor dem 1. Juli 1994 bekannt gemacht worden ist.

(2) Verbandsmitglieder, die Gebietskörperschaften sind, sollen in der für die Bekanntmachung ihrer Satzungen vorgesehenen Form auf die Veröffentlichung nach Absatz 1 Satz 1 hinweisen.

§ 20 Übergang von Aufgaben und Befugnissen; Satzungs- und Verordnungsrecht

(1) Das Recht und die Pflicht der Verbandsmitglieder, die dem Zweckverband übertragenen Aufgaben zu erfüllen und die dazu notwendigen Befugnisse auszuüben, gehen auf den Zweckverband über.

(2) Der Zweckverband erlässt an Stelle der Verbandsmitglieder Satzungen und Verordnungen für das übertragene Aufgabengebiet.

(3) Die Verbandssatzung kann den Übergang einzelner Befugnisse und das Recht, Satzungen und Verordnungen zu erlassen, ausschließen, wenn das die Natur der übertragenen Aufgabe zulässt.

(4) Hat der Zweckverband nach den ihm in der Verbandssatzung übertragenen Aufgaben an Stelle der Verbandsmitglieder deren Beteiligung an Unternehmen oder deren Mitgliedschaft an Verbänden zu übernehmen, so sind die einzelnen Verbandsmitglieder zu den entsprechenden Rechtsgeschäften und Verwaltungsmaßnahmen verpflichtet.

§ 21 Dienstherrneigenschaft

(1) [1]Der Zweckverband kann Dienstherr von Beamten sein, wenn ihm nur Körperschaften, Anstalten und Stiftungen des öffentlichen Rechts angehören, die selbst Dienstherrneigenschaft besitzen. [2]Anderen Zweckverbänden kann dieses Recht mit Genehmigung des Innenministeriums durch die Verbandssatzung verliehen werden.

(2) [1]Gehen Aufgaben eines Zweckverbands wegen Auflösung oder aus anderen Gründen ganz oder teilweise auf andere juristische Personen des öffentlichen Rechts mit Dienstherrnfähigkeit über, so gilt für die Übernahme und die Rechtsstellung der Beamten und Versorgungsempfänger des Zweckverbands Kapitel II Abschnitt III des Rahmengesetzes zur Vereinheitlichung des Beamtenrechts – Beamtenrechtsrahmengesetz –. [2]Will der Zweckverband von der Dienstherrnfähigkeit Gebrauch machen, muss in die Verbandssatzung eine Bestimmung aufgenommen werden, wer die Beamten und Versorgungsempfänger zu übernehmen hat, wenn der Zweckverband aufgelöst wird, ohne dass seine bisherigen Aufgaben auf andere juristische Personen des öffentlichen Rechts mit Dienstherrnfähigkeit übergehen.

§ 22 Amtliche Bekanntmachung von Satzungen und Verordnungen des Zweckverbands

(1) [1]Der Zweckverband macht seine Satzungen und Verordnungen in seinem Amtsblatt amtlich bekannt. [2]Unterhält er kein eigenes Amtsblatt, so werden die Satzungen und Verordnungen im Amtsblatt des Landkreises, wenn sich der räumliche Wirkungskreis des Zweckverbands über den Landkreis hinaus erstreckt, im Amtsblatt der Aufsichtsbehörde amtlich bekannt gemacht; in jedem Fall genügt die Bekanntmachung im Thüringer Staatsanzeiger. [3]§ 12 Abs. 1 Satz 2 gilt entsprechend.

(2) Verbandsmitglieder, die Gebietskörperschaften sind, sollen in der für die Bekanntmachung ihrer Satzungen vorgesehenen Form auf die Veröffentlichung nach Absatz 1 hinweisen.

§ 23 Anzuwendende Vorschriften

(1) [1]Soweit nicht dieses Gesetz oder die Verbandssatzung besondere Vorschriften enthalten, sind auf den Zweckverband die für Gemeinden geltenden Vorschriften entsprechend anzuwenden. [2]Gehören einem Zweckverband als kommunale Gebietskörperschaft nur Landkreise an, so sind die für die Landkreise geltenden Vorschriften entsprechend anzuwenden.

(2) In Satzungen des Zweckverbands können Zuwiderhandlungen als Ordnungswidrigkeiten mit Geldbuße bedroht werden, soweit das nach den Vorschriften, die gemäß Absatz 1 entsprechend anwendbar sind, zulässig ist (bewehrte Satzungen).

(3) Für die Voraussetzungen und das Verfahren zum Erlass von Verordnungen, deren Übertretung mit Strafe oder als Ordnungswidrigkeit mit Geldbuße bedroht ist, gelten die einschlägigen landesrechtlichen Vorschriften entsprechend; § 22 bleibt unberührt.

(4) Verordnungen, zu deren Erlass die Zweckverbände ermächtigt sind, werden von der Verbandsversammlung als Verbandsverordnung erlassen.

§ 24 Ausgleich

(1) [1]Neben der Verbandssatzung können die Beteiligten schriftliche Abmachungen über den Ausgleich von Vorteilen und Nachteilen treffen, die sich aus der Bildung des Zweckverbands ergeben. [2]Diese Abmachungen sind der Aufsichtsbehörde anzuzeigen.

(2) [1]Auf Antrag sämtlicher Beteiligter, für die ein Ausgleich in Betracht kommt, regelt die Aufsichtsbehörde diesen Ausgleich. [2]Für einen Pflichtverband kann die Aufsichtsbehörde den Ausgleich auch dann regeln, wenn sie einen solchen für erforderlich hält und die betroffenen Beteiligten sich nicht innerhalb einer von der Aufsichtsbehörde gesetzten angemessenen Frist geeinigt haben.

§ 25 Pflichtverband

(1) Ist die Bildung eines Zweckverbands zur Erfüllung von Pflichtaufgaben einer Gebietskörperschaft aus Gründen des öffentlichen Wohls dringend geboten, so kann die Aufsichtsbehörde den Beteiligten eine angemessene Frist setzen, den Zweckverband zu bilden.

(2) [1]Kommt innerhalb der Frist der Zweckverband nicht zustande, so bildet ihn die Aufsichtsbehörde dadurch, dass sie die Verbandssatzung erlässt (Pflichtverband). [2]§ 19 gilt entsprechend.

(3) Die Absätze 1 und 2 gelten entsprechend, wenn aus den in Absatz 1 genannten Gründen eine weitere Gebietskörperschaft an einen bestehenden Zweckverband angeschlossen werden muss und der bestehende Zweckverband nicht den Beitritt dieser weiteren Gebietskörperschaft beschließt.

(4) [1]Die Bestimmungen über den Inhalt der Verbandssatzung (§ 17 Abs. 2) gelten auch für Pflichtverbände. [2]Soweit erforderlich, muss die Verbandssatzung die Ausstattung des Zweckverbands mit Dienstkräften regeln.

2. Abschnitt

Verfassung und Verwaltung

§ 26 Organe

[1]Notwendige Organe des Zweckverbands sind die Verbandsversammlung und der Verbandsvorsitzende. [2]Die Verbandssatzung kann regeln, ob und wie ein Verbandsausschuss und weitere Ausschüsse gebildet werden.

§ 26a Verbraucherbeiräte

(1) Zur Umsetzung der Informationspflichten nach § 13 des Thüringer Kommunalabgabengesetzes (ThürKAG) vom 7. August 1991 (GVBl. S. 285 – 329 –) in der jeweils geltenden Fassung bei Maßnahmen im Bereich der leitungsgebundenen Einrichtungen können Verbraucherbeiräte gebildet werden.

(2) [1]Der Verbraucherbeirat hat beratende Aufgaben. [2]Die nach § 13 ThürKAG den Beitragspflichtigen auf Verlangen vorzulegenden Satzungen, Planungsunterlagen, Kosten- und Aufwandsrechnungen sind Gegenstand der Beratungen.

(3) [1]Die Verbandsversammlung beruft auf Vorschlag der Mitgliedsgemeinden die Mitglieder des Verbraucherbeirats. [2]Dem Verbraucherbeirat gehören überwiegend sachkundige Bürger der Mitgliedsgemeinden an. [3]Daneben sind durch den Zweckverband Vertreter zu entsenden.

(4) [1]Der Verbraucherbeirat wählt aus seiner Mitte seinen Vorsitzenden und dessen Stellvertreter. [2]Der Vorsitzende beruft den Beirat ein und setzt die Tagesordnung fest. [3]Eine Angelegenheit ist in die Tagesordnung der nächsten Sitzung aufzunehmen, wenn ein Drittel der Beiratsmitglieder dies schriftlich beantragt.

(5) Die Sitzungen des Verbraucherbeirats sind öffentlich.

(6) Näheres wird in der Verbandssatzung bestimmt.

§ 27 Rechtsstellung des Verbandsvorsitzenden und der übrigen Verbandsräte

(1) Der Verbandsvorsitzende, seine Stellvertreter und die übrigen Mitglieder der Verbandsversammlung (Verbandsräte) sind ehrenamtlich tätig.

(2) Der Zweckverband entschädigt die Verbandsräte entsprechend den Bestimmungen der Thüringer Kommunalordnung über die Entschädigung ehrenamtlich tätiger Gemeindebürger.

(3) Verbandsräte können nicht sein:

1. Beamte und hauptberufliche Angestellte des Zweckverbands;
2. leitende Beamte und leitende Angestellte von juristischen Personen oder sonstigen Organisationen des öffentlichen oder privaten Rechts, an denen der Zweckverband mit mehr als 50 vom Hundert beteiligt ist; eine entsprechende Beteiligung am Stimmrecht genügt;
3. Beamte und Angestellte der Aufsichtsbehörde, die unmittelbar mit Aufgaben der Aufsicht über Zweckverbände befasst sind. Satz 1 ist nicht anzuwenden, wenn Beamte während der Dauer des Ehrenamts ohne Dienstbezüge beurlaubt sind oder wenn ihre Rechte und Pflichten aus dem Dienstverhältnis wegen der Wahl in eine gesetzgebende Körperschaft ruhen; das gilt für Angestellte entsprechend.

§ 28 Zusammensetzung der Verbandsversammlung

(1) [1]Die Verbandsversammlung besteht aus dem Verbandsvorsitzenden und den übrigen Verbandsräten. [2]Jedes Verbandsmitglied entsendet mindestens einen Verbandsrat in die Verbandsversammlung. [3]Die Verbandssatzung kann bestimmen, dass einzelne oder alle Verbandsmitglieder mehrere Verbandsräte in die Verbandsversammlung entsenden oder dass die Verbandsräte einzelner Verbandsmitglieder ein mehrfaches Stimmrecht haben; die Stimmen können nur einheitlich abgegeben werden. [4]Mehrere Verbandsräte eines Verbandsmitglieds geben ihre Stimmen nach interner Abstimmung nach dem Mehrheitsprinzip durch den gesetzlichen Vertreter des Verbandsmitglieds einheitlich ab. [5]Bei Stimmengleichheit in der internen Abstimmung entscheidet die Stimme des gesetzlichen Vertreters. [6]§ 30 Abs. 2 Satz 6 gilt entsprechend. [7]Sind natürliche Personen oder juristische Personen des Privat-

rechts Verbandsmitglieder, so dürfen ihre Stimmen insgesamt zwei Fünftel der in der Verbandssatzung festgelegten Stimmenzahl nicht erreichen; dies gilt nicht für juristische Personen des Privatrechts, deren Kapital sich ganz oder überwiegend in öffentlicher Hand befindet.

(2) [1]Der gesetzliche Vertreter einer Gebietskörperschaft ist Verbandsrat kraft Amtes. [2]Weitere Verbandsräte der Gebietskörperschaft werden durch ihr Beschlussorgan bestellt.

(3) [1]Mit Ausnahme der Verbandsräte kraft Amtes bestellen die entsendenden Verbandsmitglieder für ihre Verbandsräte jeweils Stellvertreter. [2]Verbandsräte können sich nicht untereinander vertreten.

(4) [1]Die Verbandsräte und ihre Stellvertreter werden für die Dauer der zum Zeitpunkt der Bestellung laufenden Kommunalwahlperioden der Gemeinderäte und Kreistage bestellt. [2]Abweichend hiervon endet die Amtszeit

1. bei Mitgliedern des Vertretungsorgans eines Verbandsmitglieds auch mit dem vorzeitigen Ausscheiden aus dem Vertretungsorgan,
2. bei kommunalen Wahlbeamten mit der Beendigung des Beamtenverhältnisses oder ihrer Abberufung durch das Beschlussorgan der Gebietskörperschaft, wenn die Beendigung oder Abberufung vor dem Ablauf der Kommunalwahlperiode nach Satz 1 liegt.

[3]Die Verbandsräte und ihre Stellvertreter üben ihr Amt bis zum Amtsantritt der neuen Verbandsräte weiter aus.

§ 29 Einberufung der Verbandsversammlung

(1) [1]Die Verbandsversammlung wird, wenn noch kein Verbandsvorsitzender gewählt ist, durch die Aufsichtsbehörde, sonst durch den Verbandsvorsitzenden schriftlich einberufen. [2]Die Einladung muss Zeit und Ort der Sitzung sowie die Beratungsgegenstände angeben und den Verbandsräten spätestens eine Woche vor der Sitzung zugehen. [3]In dringenden Fällen kann der Verbandsvorsitzende die Frist bis auf 24 Stunden abkürzen.

(2) [1]Die Verbandsversammlung ist jährlich mindestens einmal einzuberufen. [2]Sie muss außerdem einberufen werden, wenn es ein Drittel der Verbandsräte unter Angabe der Beratungsgegenstände beantragt. [3]Die Verbandssatzung kann den Antrag einer anderen Zahl von Verbandsräten oder weitere Antragsberechtigte vorsehen.

(3) [1]Die Vertreter der Aufsichtsbehörden haben das Recht, an der Verbandsversammlung teilzunehmen. [2]Ein Stimmrecht steht ihnen nicht zu. [3]Auf Antrag kann ihnen das Wort erteilt werden.

(4) Die Bestimmungen der Thüringer Kommunalordnung über die Öffentlichkeit gelten entsprechend.

§ 30 Beschlüsse und Wahlen in der Verbandsversammlung

(1) [1]Die Verbandsversammlung ist beschlussfähig, wenn sämtliche Verbandsräte ordnungsgemäß geladen sind und die anwesenden stimmberechtigten Verbandsräte die Mehrheit der von der Verbandssatzung vorgesehenen Stimmenzahl erreichen. [2]Dabei dürfen die Stimmen von Verbandsmitgliedern gemäß § 28 Abs. 1 Satz 7 nicht überwiegen. [3]Wird die Verbandsversammlung wegen Beschlussunfähigkeit, die nicht auf der persönlichen Beteiligung der Mehrheit der Verbandsräte beruht, innerhalb von vier Wochen zum zweiten Mal zur Verhandlung über denselben Gegenstand einberufen, so ist sie, unbeschadet des Satzes 2, ohne Rücksicht auf die Zahl der Erschienenen beschlussfähig; auf diese Folge ist in der zweiten Einladung ausdrücklich hinzuweisen.

(2) [1]Beschlüsse werden mit einfacher Stimmenmehrheit gefasst, soweit das Gesetz oder die Verbandssatzung nicht etwas anderes vorschreibt. [2]Bei Stimmengleichheit ist der Antrag abgelehnt. [3]Stimmenthaltung ist zulässig. [4]Es wird offen abgestimmt. [5]Die Verbandsmitglieder können ihre Verbandsräte anweisen, wie sie in der Verbandsversammlung abzustimmen haben. [6]Eine Abstimmung entgegen der Weisung berührt die Gültigkeit des Beschlusses der Verbandsversammlung nicht.

(3) Für Wahlen gelten Absatz 2 Satz 5 und 6 sowie § 39 Abs. 2 der Thüringer Kommunalordnung entsprechend.

(4) [1]Die Bestimmungen der Thüringer Kommunalordnung über den Ausschluss wegen persönlicher Beteiligung sind entsprechend anzuwenden. [2]Sie gelten nicht für die Teilnahme von Verbandsräten

1. an Wahlen und
2. an der Beratung und Abstimmung bei Beschlüssen,

die einem Verbandsmitglied einen unmittelbaren Vor- oder Nachteil bringen können.

§ 31 Zuständigkeit der Verbandsversammlung

(1) Der Zweckverband wird von der Verbandsversammlung verwaltet, soweit nicht nach diesem Gesetz, der Verbandssatzung oder besonderen Beschlüssen der Verbandsversammlung der Verbandsvorsitzende, der Verbandsausschuss, ein anderer beschließender Ausschuss oder der Geschäftsleiter selbständig entscheidet.

(2) Die Verbandsversammlung beschließt ausschließlich über diejenigen Angelegenheiten, die nach der Thüringer Kommunalordnung der Vertretung der Gebietskörperschaft ausschließlich zugewiesen sind, sowie über die Änderung der Verbandssatzung, die Auflösung des Zweckverbands und die Bestellung von Abwicklern.

§ 32 Wahl des Verbandsvorsitzenden

(1) [1]Der Verbandsvorsitzende und sein Stellvertreter werden von der Verbandsversammlung aus ihrer Mitte nach § 30 Abs. 3 gewählt, sofern die Verbandssatzung nicht etwas anderes bestimmt. [2]Die Verbandsversammlung kann weitere Stellvertreter wählen.

(2) [1]Der Verbandsvorsitzende und seine Stellvertreter werden für die Dauer der zum Zeitpunkt der Wahl laufenden Kommunalwahlperioden der Gemeinderäte und Kreistage gewählt. [2]Sie üben ihr Amt nach Ablauf der Zeit, für die sie gewählt sind, bis zum Amtsantritt des neugewählten Verbandsvorsitzenden weiter aus.

§ 33 Zuständigkeit des Verbandsvorsitzenden

(1) [1]Der Verbandsvorsitzende vertritt den Zweckverband nach außen. [2]Er bereitet die Beratungsgegenstände der Verbandsversammlung vor und führt in ihr den Vorsitz.

(2) Der Verbandsvorsitzende vollzieht ferner die Beschlüsse der Verbandsversammlung und erledigt in eigener Zuständigkeit alle Angelegenheiten, die nach der Thüringer Kommunalordnung kraft Gesetzes dem Bürgermeister zukommen.

(3) Durch besonderen Beschluss der Verbandsversammlung können dem Verbandsvorsitzenden unbeschadet des § 31 Abs. 2 weitere Angelegenheiten zur selbständigen Erledigung übertragen werden.

(4) Der Verbandsvorsitzende kann einzelne seiner Befugnisse seinen Stellvertretern und in Angelegenheiten der laufenden Verwaltung Dienstkräften des Zweckverbands oder mit Zustimmung des Verbandsmitglieds dessen vertretungsberechtigtem Organ oder dessen Dienstkräften übertragen.

(5) [1]Der Verbandsvorsitzende führt die Dienstaufsicht über die Dienstkräfte des Zweckverbandes. [2]Er ist Dienstvorgesetzter der Beamten.

§ 34 Form der Vertretung nach außen

(1) [1]Erklärungen, durch welche der Zweckverband verpflichtet werden soll, binden ihn nur, wenn sie in schriftlicher Form abgegeben werden. [2]Die Erklärungen sind durch den Verbandsvorsitzenden oder seinen Stellvertreter unter Angabe der Amtsbezeichnung handschriftlich zu unterzeichnen. [3]Sie können aufgrund einer den vorstehenden Erfordernissen entsprechenden Vollmacht auch von den Bediensteten des Zweckverbands unterzeichnet werden.

(2) Absatz 1 findet keine Anwendung auf Verpflichtungserklärungen bei Geschäften des täglichen Lebens, die finanziell von geringer Bedeutung sind.

§ 35 Geschäftsstelle und Geschäftsleiter

(1) [1]Der Zweckverband soll eine Geschäftsstelle unterhalten, wenn das für den ordnungsgemäßen Gang der Geschäfte erforderlich ist. [2]Die Geschäftsstelle kann auch eine Dienststelle eines Verbandsmitglieds sein. [3]Die Geschäftsstelle unterstützt den Verbandsvorsitzenden nach seinen Weisungen bei den Angelegenheiten der laufenden Verwaltung.

(2) [1]Die Geschäftsstelle wird durch den Verbandsvorsitzenden geführt, soweit kein Geschäftsleiter bestellt ist. [2]Durch Beschluss der Verbandsversammlung können dem Geschäftsleiter Zuständigkeiten des Verbandsvorsitzenden nach § 33 Abs. 2 übertragen werden. [3]Durch gesonderten Beschluss der Verbandsversammlung können dem Geschäftsleiter ferner unbeschadet des § 31 Abs. 2 weitere Angelegenheiten zur selbständigen Erledigung übertragen werden. [4]Soweit die Verbandsversammlung dem Geschäftsleiter Aufgaben übertragen hat, ist er zur Vertretung des Zweckverbands nach außen berechtigt. [5]Der Geschäftsleiter nimmt an den Sitzungen der Verbandsversammlung beratend teil.

3. Abschnitt
Verbandswirtschaft

§ 36 Anzuwendende Vorschriften
(1) [1]Soweit nicht dieses Gesetz etwas anderes vorschreibt, gilt für die Verbandswirtschaft der Vierte Abschnitt des Ersten Teils der Thüringer Kommunalordnung entsprechend. [2]Ist Hauptaufgabe des Zweckverbands der Betrieb eines Unternehmens, das dem Eigenbetriebsrecht untersteht, so kann die Verbandssatzung vor schreiben, dass die Wirtschaft des Zweckverbands selbst zusammen mit der des Unternehmens in sinngemäßer Anwendung dieser Bestimmungen zu führen ist. [3]Entsprechendes gilt für die Wirtschaftsführung von Zweckverbänden, deren Hauptaufgabe der Betrieb eines Krankenhauses ist, wenn dieses nach den Bestimmungen der Krankenhaus-Buchführungsverordnung sowie des Landesrechts über die Wirtschaftsführung der kommunalen Krankenhäuser zu führen ist. [4]Die Verbandssatzung kann vorschreiben, dass die Aufgabe eines Werkausschusses von der Verbandsversammlung und die Aufgaben einer Werkleitung vom Verbandsvorsitzenden oder Geschäftsleiter wahrgenommen werden.
(2) Kassen- und Rechnungsgeschäfte können auf ein Verbandsmitglied, das Gebietskörperschaft ist, übertragen werden.
(3) Die Verbandssatzung kann vorschreiben, dass das Rechnungsprüfungsamt eines Verbandsmitglieds als Sachverständiger zur Prüfung der Jahresrechung oder des Jahresabschlusses umfassend heranzuziehen ist, bevor die Verbandsversammlung sie in öffentlicher Sitzung feststellt.
(4) Überörtliche Rechnungs- und Kassenprüfung findet nach den Vorschriften für die Gemeinde oder nach § 23 Abs. 1 Satz 2 nach den Vorschriften für die Landkreise statt.

§ 37 Deckung des Finanzbedarfs
(1) [1]Der Zweckverband erhebt von den Verbandsmitgliedern eine Umlage, soweit seine Einnahmen aus besonderen Entgelten für die von ihm erbrachten Leistungen und seine sonstigen Einnahmen oder Erträge nicht ausreichen, um seinen Finanzbedarf zu decken. [2]Die Umlagepflicht einzelner Verbandsmitglieder kann durch die Verbandssatzung auf einen Höchstbetrag beschränkt oder ausgeschlossen werden, wenn die Deckung des Finanzbedarfs im Übrigen gesichert ist.
(2) [1]Die Umlage soll nach dem Verhältnis des Nutzens bemessen werden, den die einzelnen Verbandsmitglieder aus der Erfüllung der Aufgaben des Zweckverbands haben und die Leistungskraft der einzelnen Verbandsmitglieder berücksichtigen. [2]Ein anderer Maßstab (z.B. Größe, Einwohnerzahl, Aufwand für die einzelnen Verbandsmitglieder) kann zugrunde gelegt werden, wenn das angemessen ist.
(3) Die Höhe der Umlage ist in der Haushaltssatzung für jedes Haushaltsjahr festzusetzen.
(4) Auf die Erhebung von Kommunalabgaben sind die Vorschriften des Kommunalabgabenrechts anzuwenden; § 1 Abs. 4 bleibt unberührt.

4. Abschnitt
Änderung der Verbandssatzung und Auflösung

§ 38 Änderung der Verbandssatzung, Kündigung aus wichtigem Grund
(1) [1]Die Änderung der Verbandsaufgabe, der Austritt und der Ausschluss von Verbandsmitgliedern bedürfen einer Mehrheit von zwei Dritteln, sonstige Änderungen der Verbandssatzung der einfachen Mehrheit der satzungsmäßigen Stimmenzahl in der Verbandsversammlung. [2]Die Verbandssatzung kann größere Mehrheiten oder die Notwendigkeit der Zustimmung bestimmter oder aller Verbandsmitglieder vorschreiben, insbesondere bei einer Änderung der Sitz- und Stimmenverteilung und des Umlegungsschlüssels.
(2) Der Beschluss über eine Übernahme weiterer Aufgaben oder über eine Änderung der Verbandssatzung im Fall des § 21 Abs. 2 Satz 2 setzt das Einverständnis aller betroffenen Verbandsmitglieder voraus.
(3) [1]Der Beschluss über einen Beitritt oder Austritt setzt einen Antrag des Begehrenden voraus. [2]Ein Ausschluss ist nur aus wichtigem Grund zulässig.
(4) [1]Bei einer wesentlichen Änderung der Verhältnisse, die zu den Regelungen über die Sitz- und Stimmenverteilung und den Umlegungsschlüssel geführt haben, können die betroffenen Verbands-

mitglieder eine entsprechende Änderung der Verbandssatzung verlangen. 2Kommt eine Einigung nicht zustande, entscheidet die Aufsichtsbehörde; § 25 Abs. 1, 2 und 4 Satz 1 gelten entsprechend.

(5) 1Ohne Rücksicht auf Absatz 1 kann jedes Verbandsmitglied seine Mitgliedschaft aus wichtigem Grund kündigen. 2Als wichtiger Grund gilt insbesondere die Geltendmachung von Rechtsverstößen bei der Gründung des Zweckverbandes nach § 19 Abs. 1 Satz 4. 3Das Kündigungsrecht nach Satz 2 kann nur innerhalb eines Jahres ab Kenntnis des Kündigungsgrundes ausgeübt werden. 4Die Frist nach Satz 3 beginnt nicht vor dem 1. Oktober 2001.

§ 39 Wegfall von Verbandsmitgliedern

(1) 1Wird eine Körperschaft des öffentlichen Rechts, die Verbandsmitglied ist, in eine andere Körperschaft eingegliedert oder mit einer anderen zusammengeschlossen, so tritt die Körperschaft des öffentlichen Rechts, in die das Verbandsmitglied eingegliedert oder zu der es zusammengeschlossen wird, an die Stelle des früheren Verbandsmitglieds. 2Das Gleiche gilt, wenn eine Körperschaft auf mehrere andere Körperschaften aufgeteilt wird oder wenn ihre Aufgaben und Befugnisse auf eine oder mehrere andere Körperschaften übergehen.

(2) 1Der Zweckverband kann bis zum Ablauf von drei Monaten nach dem Wirksamwerden der Änderung die neue Körperschaft mit einfacher Mehrheit der satzungsmäßigen Stimmenzahl ausschließen. 2Im gleichen Zeitraum kann die Körperschaft ihren Austritt aus dem Zweckverband einseitig erklären.

(3) Die Absätze 1 und 2 gelten für andere Verbandsmitglieder entsprechend.

§ 40 Auflösung

(1) 1Die Auflösung des Zweckverbands bedarf einer Mehrheit von zwei Dritteln der satzungsmäßigen Stimmenzahl in der Verbandsversammlung. 2§ 38 Abs. 1 Satz 2 gilt entsprechend. 3Ein Zweckverband ist aufzulösen, wenn Gründe des öffentlichen Wohls dies erfordern, insbesondere wenn er seine Aufgaben nicht dauerhaft wirtschaftlich wahrnimmt.

(2) 1Die Beteiligten können einen Pflichtverband nicht von sich aus auflösen. 2Sind die Gründe für seine zwangsweise Bildung weggefallen, so hat das die Aufsichtsbehörde dem Pflichtverband gegenüber schriftlich zu erklären. 3Der Fortbestand des Zweckverbands wird dadurch nicht berührt. 4Der Zweckverband hat die Erklärung den Verbandsmitgliedern in einer alsbald einzuberufenden Verbandsversammlung bekannt zu geben. 5Innerhalb von sechs Monaten vom Zeitpunkt der Verbandsversammlung ab kann jedes Verbandsmitglied seinen Austritt erklären.

(3) 1Der Zweckverband ist aufgelöst, wenn seine Aufgaben durch ein Gesetz oder aufgrund einer besonderen gesetzlichen Regelung vollständig auf andere juristische Personen des öffentlichen Rechts übergehen. 2Er ist auch aufgelöst, wenn er nur noch aus einem Mitglied besteht; in diesem Fall tritt das Mitglied an die Stelle des Zweckverbands.

§ 41 Abwicklung

(1) 1Wird der Zweckverband aufgelöst, so hat er seine Geschäfte abzuwickeln. 2Das gilt auch, wenn er nach § 40 Abs. 3 Satz 1 aufgelöst ist, aber eine Gesamtrechtsnachfolge nicht eingetreten ist. 3Der Zweckverband gilt bis zum Ende der Abwicklung als fortbestehend, soweit es der Zweck der Abwicklung erfordert.

(2) Abwickler ist der Verbandsvorsitzende, wenn nicht die Verbandsversammlung etwas anderes beschließt.

(3) 1Der Abwickler beendigt die laufenden Geschäfte und zieht die Forderungen ein. 2Um schwebende Geschäfte zu beenden, kann er auch neue Geschäfte eingehen. 3Er fordert die bekannten Gläubiger besonders, andere Gläubiger durch öffentliche Bekanntmachung auf, ihre Ansprüche anzumelden.

(4) 1Der Abwickler befriedigt die Ansprüche der Gläubiger. 2Im Übrigen ist das Verbandsvermögen nach dem Umlegungsschlüssel im Zeitpunkt der Auflösung auf die Verbandsmitglieder zu verteilen. 3Die Verbandssatzung kann für die Abwicklung etwas anderes vorschreiben.

(5) 1Scheidet ein Verbandsmitglied aus dem Zweckverband aus, so findet keine Abwicklung statt. 2Die Verbandssatzung kann vorschreiben, dass mit dem ausscheidenden Verbandsmitglied eine Auseinandersetzung stattzufinden hat; die Verbandssatzung eines Pflichtverbands muss Bestimmungen über die Auseinandersetzung enthalten.

§ 42 Genehmigung, Anzeige und Bekanntmachung

(1) [1]Der Genehmigung der Aufsichtsbehörde bedürfen

1. Änderungen der Verbandssatzung, die die Änderung der Verbandsaufgabe oder den Beitritt oder den Ausschluss von Verbandsmitgliedern oder deren Austritt in den Fällen des § 38 Abs. 1 oder des § 39 Abs. 2 Satz 2 beinhalten,
2. die Kündigung aus wichtigem Grund nach § 38 Abs. 5,
3. der Beschluss zur Auflösung des Zweckverbands nach § 40 Abs. 1 oder
4. die Änderung der Satzung eines Pflichtverbands.

[2]Für die Genehmigung gilt § 18 entsprechend. [3]Der Genehmigung des Ausschlusses, des Austritts, der Auflösung oder der Kündigung aus wichtigem Grund können nur Gründe des öffentlichen Wohls entgegenstehen. [4]Gründe des öffentlichen Wohls können insbesondere dann vorliegen, wenn die Voraussetzungen für einen Pflichtverband vorliegen.

(2) In Absatz 1 Satz 1 Nr. 1 nicht genannte Änderungen der Verbandssatzung und der Austritt im Fall des § 40 Abs. 2 Satz 5 sind der Aufsichtsbehörde anzuzeigen.

(3) [1]Die Aufsichtsbehörde hat die genehmigungs- und anzeigepflichtigen Maßnahmen einschließlich erforderlicher Genehmigungen in ihrem Amtsblatt amtlich bekannt zu machen. [2]§ 12 Abs. 1 Satz 2 gilt entsprechend. [3]Die Maßnahmen werden am Tag nach der Bekanntmachung wirksam, wenn nicht in der Verbandssatzung oder im Auflösungsbeschluss ein späterer Zeitpunkt bestimmt ist. [4]Bei einer Auflösung des Zweckverbands gemäß § 40 Abs. 3 hat die Aufsichtsbehörde in ihrem Amtsblatt auf die Auflösung und den Übergang der Aufgaben hinzuweisen. [5]Verbandsmitglieder, die Gebietskörperschaften sind, sollen in der für die Bekanntmachung ihrer Satzungen vorgesehenen Form auf die Veröffentlichung der Aufsichtsbehörde hinweisen.

Fünfter Teil
Gemeinsame kommunale Anstalt des öffentlichen Rechts

§ 43 Entstehung

(1) [1]Gemeinden und Landkreise können eine gemeinsame kommunale Anstalt des öffentlichen Rechts (gemeinsame kommunale Anstalt) durch Vereinbarung einer Unternehmenssatzung gründen. [2]Sie können auch einer bestehenden kommunalen Anstalt oder einer bestehenden gemeinsamen kommunalen Anstalt beitreten; der Beitritt erfolgt durch die zwischen den Beteiligten zu vereinbarende Änderung der Unternehmenssatzung. [3]Die Zulässigkeit der Gründung oder des Beitritts richtet sich nach den allgemeinen Vorschriften des kommunalen Unternehmensrechts.

(2) Eine kommunale Anstalt kann mit einer anderen durch Vereinbarung einer entsprechenden Änderung der Unternehmenssatzung des aufnehmenden Unternehmens im Wege der Gesamtrechtsnachfolge zu einer gemeinsamen kommunalen Anstalt verschmolzen werden.

(3) [1]Ein Unternehmen in einer Rechtsform des privaten Rechts, an dem ausschließlich mehrere kommunale Körperschaften des öffentlichen Rechts beteiligt sind, kann durch Formwechsel in eine gemeinsame kommunale Anstalt umgewandelt werden. [2]Die Umwandlung ist nur zulässig, wenn keine Sonderrechte im Sinne des § 23 des Umwandlungsgesetzes (UmwG) und keine Rechte Dritter an den Anteilen der Gemeinde bestehen. [3]Der Formwechsel setzt voraus

1. die Vereinbarung der Unternehmenssatzung der gemeinsamen kommunalen Anstalt durch die beteiligten kommunalen Körperschaften,
2. einen sich darauf beziehenden einstimmigen Umwandlungsbeschluss der Anteilsinhaber der formwechselnden Gesellschaft.

[4]Die §§ 193 bis 195, 197 bis 199, 200 Abs. 1 und § 201 UmwG sind entsprechend anzuwenden. [5]Die Anmeldung zum Handelsregister entsprechend § 198 UmwG erfolgt durch das vertretungsberechtigte Organ der formwechselnden Gesellschaft. [6]Ist bei der formwechselnden Gesellschaft ein Betriebsrat eingerichtet, bleibt dieser nach dem Wirksamwerden der Umwandlung als Personalrat der kommunalen Anstalt bis zu den nächsten regelmäßigen Personalratswahlen bestehen.

(4) [1]Die in den Absätzen 1 und 2 genannten Entscheidungen werden am Tag nach der Bekanntmachung der Unternehmenssatzung oder ihrer Änderung wirksam, wenn nicht in der Unternehmenssatzung ein späterer Zeitpunkt bestimmt ist. [2]§ 19 Abs. 1 Satz 4 gilt entsprechend. [3]Die Umwandlung eines Unternehmens in einer Rechtsform des privaten Rechts in eine gemeinsame kommunale Anstalt wird mit

deren Eintragung oder, wenn sie nicht eingetragen wird, mit der Eintragung der Umwandlung in das Handelsregister wirksam; § 202 Abs. 1 und 3 UmwG ist entsprechend anzuwenden.

§ 44 Vorschriften für die gemeinsame kommunale Anstalt

(1) Soweit nachstehend nichts Abweichendes geregelt ist, sind die für Gemeinden und Landkreise zur kommunalen Anstalt des öffentlichen Rechts geltenden Vorschriften nach Maßgabe des § 23 Abs. 1 entsprechend anzuwenden.

(2) [1]Die Unternehmenssatzung einer gemeinsamen kommunalen Anstalt muss auch Angaben enthalten über

1. die Träger des Unternehmens (Beteiligte),
2. den Sitz des Unternehmens,
3. den Betrag der von jedem Beteiligten auf das Stammkapital zu leistenden Einlage (Stammeinlage),
4. den räumlichen Wirkungskreis, wenn dem Unternehmen hoheitliche Befugnisse oder das Recht, Satzungen und Verordnungen zu erlassen, übertragen werden,
5. die Sitz- und Stimmverteilung im Verwaltungsrat.

[2]§ 21 Abs. 2 Satz 2 gilt für die Unternehmenssatzung einer gemeinsamen kommunalen Anstalt entsprechend. [3]Sollen Sacheinlagen geleistet werden, müssen der Gegenstand der Sacheinlage und der Betrag der Stammeinlage, auf die sich die Sacheinlage bezieht, in der Unternehmenssatzung festgesetzt werden.

(3) [1]Die Unternehmenssatzung ist von der Aufsichtsbehörde in ihrem Amtsblatt amtlich bekannt zu machen. [2]Für die amtliche Bekanntmachung von Satzungen und Verordnungen der gemeinsamen kommunalen Anstalt gilt § 22 Abs. 1 entsprechend.

(4) [1]Für die Vertretung der Träger der gemeinsamen kommunalen Anstalt im Verwaltungsrat gilt § 28 Abs. 1 Satz 2 bis 6 und Abs. 2 entsprechend. [2]Das vorsitzende Mitglied des Verwaltungsrats wird von diesem gewählt; § 32 Abs. 1 gilt entsprechend. [3]Für den Ausschluss wegen persönlicher Beteiligung gilt § 30 Abs. 4 entsprechend.

(5) [1]Soweit die Träger für die Verbindlichkeiten der gemeinsamen kommunalen Anstalt einzutreten haben, haften sie als Gesamtschuldner. [2]Der Ausgleich im Innenverhältnis richtet sich vorbehaltlich einer abweichenden Regelung in der Unternehmenssatzung nach dem Verhältnis der Stammeinlagen zueinander.

(6) [1]Über Änderungen der Unternehmenssatzung, den Erlass von Satzungen und Rechtsverordnungen gemäß § 44 Abs. 1 in Verbindung mit § 76a Abs. 2 Satz 3 ThürKO, die Festsetzung von allgemein geltenden Abgaben und privatrechtlichen Entgelten der kommunalen Anstalt, die Beteiligung an anderen Unternehmen, die Bestellung des Abschlussprüfers, die Ergebnisverwendung, die Feststellung des Wirtschaftsplans und des Jahresabschlusses und die Auflösung der gemeinsamen kommunalen Anstalt beschließt der Verwaltungsrat. [2]Die Änderung der Unternehmenssatzung, der Erlass von Satzungen und Rechtsverordnungen, die Beteiligung an anderen Unternehmen, die Festsetzung von allgemein geltenden Abgaben und privatrechtlichen Entgelten, der Austritt, die Verschmelzung sowie die Auflösung bedürfen der Zustimmung aller Träger. [3]§ 38 Abs. 2, 3 Satz 1 und Abs. 5 Satz 1 sowie § 39 sind entsprechend anzuwenden. [4]Die Abwicklung der gemeinsamen kommunalen Anstalt besorgen die Vorstandsmitglieder als Abwickler; im Übrigen gilt § 41 entsprechend.

(7) Das für das Kommunalrecht zuständige Ministerium wird ermächtigt, durch Rechtsverordnung zu regeln:

1. das Verfahren bei der Gründung einer gemeinsamen kommunalen Anstalt und in den in § 43 Abs. 2 genannten Fällen,
2. den Aufbau und die Verwaltung der gemeinsamen kommunalen Anstalt.

Sechster Teil
Aufsicht

1. Abschnitt
Aufsicht

§ 45 Grundsatz

(1) [1]Die Zweckverbände und die gemeinsame kommunale Anstalt unterstehen staatlicher Aufsicht. [2]Soweit sie Angelegenheiten des eigenen Wirkungskreises erfüllen, unterstehen sie der Rechtsaufsicht, soweit sie Angelegenheiten des übertragenen Wirkungskreises erfüllen, auch der Fachaufsicht. [3]§ 23 Abs. 1 findet Anwendung; Vorschriften durch die Verbandssatzung oder die Unternehmenssatzung sind ausgeschlossen.

(2) [1]Die Aufsicht über Gebietskörperschaften erstreckt sich auch auf die ihnen durch Zweckvereinbarungen übertragenen Aufgaben und Befugnisse. [2]Absatz 1 Satz 2 gilt entsprechend.

§ 46 Aufsichtsbehörden

(1) [1]Aufsichtsbehörde ist

1. das für kommunale Angelegenheiten zuständige Ministerium, wenn der Freistaat Thüringen, ein anderes Land, eine Gemeinde oder ein Gemeindeverband eines anderen Landes oder der Bund beteiligt ist;
2. das Landesverwaltungsamt, wenn ein Landkreis oder eine kreisfreie Stadt beteiligt ist sowie in allen Fällen der Auflösung eines Zweckverbandes nach § 40 Abs. 1 Satz 3, soweit nicht das für kommunale Angelegenheiten zuständige Ministerium Aufsichtsbehörde ist;
3. im Übrigen das Landratsamt als untere staatliche Verwaltungsbehörde.

[2]Gehören die Beteiligten im Fall der Nummer 3 mehreren Landkreisen an, so ist die Aufsichtsbehörde zuständig, in deren Bereich der Zweckverband oder die gemeinsame kommunale Anstalt den Sitz hat oder die Körperschaft liegt, der durch Zweckvereinbarung die Aufgabe übertragen ist.

(2) [1]Wenn eine Gemeinde, ein Landkreis, oder eine sonstige der Aufsicht des Landes unterstehende Körperschaft, Anstalt oder Stiftung des öffentlichen Rechts in einem Zweckverband Mitglied wird, der seinen Sitz außerhalb des Landes hat, so kann das für kommunale Angelegenheiten zuständige Ministerium durch Vereinbarung mit der für den Sitz des Zweckverbands zuständigen obersten Aufsichtsbehörde die zuständige Aufsichtsbehörde bestimmen. [2]Für die Beteiligung einer Gemeinde oder eines Landkreises an einer gemeinsamen kommunalen Anstalt mit Sitz außerhalb des Landes gilt Entsprechendes.

(3) [1]Wenn das für kommunale Angelegenheiten zuständige Ministerium oder das Landesverwaltungsamt Aufsichtsbehörde ist, können sie eine unmittelbar nachgeordnete Behörde ganz oder teilweise zur Aufsichtsbehörde bestimmen. [2]Das ist den Beteiligten schriftlich mitzuteilen.

(4) Die Zuständigkeit der Fachaufsichtsbehörden bleibt unberührt.

2. Abschnitt
Schlichtung von Streitigkeiten

§ 47 Schlichtung von Streitigkeiten

Bei Streitigkeiten

1. über Rechte und Pflichten der Beteiligten aus einer Zweckvereinbarung,
2. zwischen einem Zweckverband und seinen Verbandsmitgliedern, wenn sie sich gleichgeordnet gegenüberstehen,
3. der Mitglieder eines Zweckverbands untereinander aus dem Verbandsverhältnis,
4. der Träger einer gemeinsamen kommunalen Anstalt untereinander aus der Beteiligung an der Trägerschaft,

soll die Aufsichtsbehörde zur Schlichtung angerufen werden, wenn nicht die Beteiligten in der Zweckvereinbarung oder in der Verbandssatzung oder in der Unternehmenssatzung ein besonderes Schiedsverfahren vorgesehen haben.

§ 48 Gleichstellungsbestimmung

Status- und Funktionsbezeichnungen in diesem Gesetz gelten jeweils in männlicher und weiblicher Form.

§ 49 Übergangsvorschrift

(1) [1]Zweckverbände, die vor In-Kraft-Treten dieses Gesetzes auf Grund von §§ 6, 61 und 75 des Gesetzes über die Selbstverwaltung der Gemeinden und Landkreise in der DDR gebildet wurden, haben innerhalb von sechs Monaten nach diesem Zeitpunkt ihre Rechtsverhältnisse diesem Gesetz anzupassen, insbesondere ihre Satzung entsprechend zu ändern und sie der Aufsichtsbehörde vorzulegen. [2]Die Aufsichtsbehörde hat die Satzung nach Überprüfung ihrer Rechtmäßigkeit in ihrem Amtsblatt zu veröffentlichen.

(2) Für kommunale Vereinbarungen, mit denen einer Gemeinde oder einem Landkreis Aufgaben anderer Gebietskörperschaften übertragen wurden, gilt Entsprechendes.

§ 50[1)] [In-Kraft-Treten]

1) Das Gesetz ist in seiner ursprünglichen Fassung am 20.6.1992 in Kraft getreten.

Thüringer Gesetz über die Wahlen in den Landkreisen und Gemeinden (Thüringer Kommunalwahlgesetz – ThürKWG –)

Vom 16. August 1993 (GVBl. S. 530)
(2021-1)
zuletzt geändert durch Art. 1 Thüringer G zur Beseitigung von Wahlrechtsausschlüssen vom 29. März 2019 (GVBl. S. 59)

Inhaltsübersicht

Erster Teil
Wahlen der Gemeinderatsmitglieder und des Bürgermeisters (Gemeindewahlen)

Erster Abschnitt
Allgemeine Bestimmungen

§ 1 Wahlberechtigung
§ 2 Ausschluss vom Wahlrecht
§ 3 Ausübung des Wahlrechts
§ 4 Wahlgebiet, Wahlleiter, Wahlausschuss
§ 5 Stimmbezirke, Wahlvorsteher, Wahlvorstand, Briefwahlvorstand
§ 6 Wählerverzeichnis
§ 7 Wahlschein, Briefwahl
§ 8 Wahltermin
§ 9 Wahlhandlung, Feststellung des Wahlergebnisses
§ 10 Unzulässige Beeinflussung, unzulässige Veröffentlichung von Befragungen, Wahlgeheimnis
§ 11 Amtliche Wahldrucksachen

Zweiter Abschnitt
Wahl der Gemeinderatsmitglieder

§ 12 Wählbarkeit für das Amt eines Gemeinderatsmitglieds
§ 13 Wahlrechtsgrundsätze, Amtszeit, Neuwahl
§ 14 Wahlvorschläge
§ 15 Aufstellung der Bewerber
§ 16 Beauftragte für die Wahlvorschläge
§ 17 Einreichung der Wahlvorschläge
§ 18 Öffentliche Bekanntmachung der Wahlvorschläge
§ 19 Mehrheitswahl
§ 20 Verhältniswahl
§ 21 Zurückweisung von Wahlbriefen
§ 22 Verteilung der Sitze bei Verhältniswahl
§ 23 Nachrücker

Dritter Abschnitt
Wahl der Bürgermeister, Ortschafts- und Ortsteilbürgermeister

§ 24 Wahl des Bürgermeisters
§ 25 Amtszeit des Bürgermeisters
§ 26 Wahl und Amtszeit des Ortschafts- und Ortsteilbürgermeisters

Zweiter Teil
Wahlen der Kreistagsmitglieder und des Landrats (Landkreiswahlen)

§ 27 Wahl der Kreistagsmitglieder
§ 28 Wahl und Amtszeit des Landrats

Dritter Teil
Gemeinsame Bestimmungen für Gemeinde- und Landkreiswahlen

§ 29 Annahme der Wahl
§ 30 Amtsantrittshindernisse, Verlust des Amtes
§ 31 Wahlanfechtung
§ 32 Wahlprüfung
§ 33 Rechtsweg, Nachwahl, Neuwahl, Wiederholungswahl

Vierter Teil
Kosten, Wahlstatistik, Übergangs- und Schlußbestimmungen

§ 34 Kosten der Wahlen
§ 35 Freistellungs- und Erstattungsanspruch
§ 36 Wahlstatistik, Information der Öffentlichkeit
§ 37 Feststellung der Einwohnerzahl; Fristen und Termine
§ 38 Ordnungswidrigkeiten
§ 39 Einschränkung von Grundrechten
§ 40 Ausführungsvorschriften
§ 40a Schriftform
§ 41 Gleichstellungsbestimmung
§ 41a Übergangsregelungen
§ 42 Inkrafttreten, Außerkrafttreten

Der Thüringer Landtag hat das folgende Gesetz beschlossen:

Erster Teil
Wahlen der Gemeinderatsmitglieder und des Bürgermeisters (Gemeindewahlen)

Erster Abschnitt
Allgemeine Bestimmungen

§ 1 Wahlberechtigung

(1) Wahlberechtigt sind alle Deutschen im Sinne des Artikels 116 Abs. 1 des Grundgesetzes, die am Tag der Wahl

1. das 16. Lebensjahr vollendet haben,
2. nicht nach § 2 vom Wahlrecht ausgeschlossen sind,
3. seit mindestens drei Monaten in der Gemeinde ihren Aufenthalt haben; der Aufenthalt in der Gemeinde wird vermutet, wenn die Person in der Gemeinde seit mindestens drei Monaten gemeldet ist; ist eine Person in mehreren Gemeinden gemeldet, so ist sie in jener Gemeinde wahlberechtigt, in der sie ihre Hauptwohnung im Sinne des Melderechts hat.

(2) [1]Wahlberechtigt sind nach Maßgabe des Rechts der Europäischen Gemeinschaft ebenfalls Personen, die die Staatsangehörigkeit eines anderen Mitgliedsstaates der Europäischen Union besitzen, sofern sie die weiteren Voraussetzungen des Absatzes 1 erfüllen. [2]Näheres regelt die Thüringer Kommunalwahlordnung.

(3) Wer das Wahlrecht in einer Gemeinde infolge Wegzugs verloren hat, jedoch innerhalb eines Jahres wieder seinen Aufenthalt in der Gemeinde nimmt (zurückkehrt), ist mit der Rückkehr wieder wahlberechtigt.

(4) Bei der Berechnung der Frist nach Absatz 1 Nr. 3 und Absatz 3 ist der Tag der Aufenthaltsnahme in die Frist einzubeziehen.

§ 2 Ausschluss vom Wahlrecht

Ausgeschlossen vom Wahlrecht ist, wer infolge Richterspruchs das Wahlrecht nicht besitzt.

§ 3 Ausübung des Wahlrechts

Das Wahlrecht kann nur ausüben, wer in das Wählerverzeichnis eingetragen ist (§ 6) oder einen Wahlschein hat (§ 7).

§ 4 Wahlgebiet, Wahlleiter, Wahlausschuss

(1) [1]Wahlgebiet für die Wahl der Gemeinderatsmitglieder und des Bürgermeisters ist die Gemeinde. [2]Wahlgebiet für die Wahl des Ortschaftsbürgermeisters ist die Ortschaft, für die Wahl des Ortsteilbürgermeisters der Ortsteil mit Ortsteilverfassung. [3]Für die Gemeindewahl oder mehrere gleichzeitig stattfindende Gemeindewahlen wird ein Wahlausschuss gebildet. [4]Er besteht aus dem Wahlleiter als Vorsitzenden und vier in der Gemeinde wahlberechtigten Beisitzern.

(2) [1]Der Gemeinderat beruft den Bürgermeister, einen der Beigeordneten oder eine Person aus dem Kreis der Bediensteten der Gemeinde oder der Verwaltungsgemeinschaft zum Wahlleiter und eine weitere Person zur Stellvertretung des Wahlleiters. [2]Bewerber, Beauftragte für Wahlvorschläge und deren Stellvertreter sowie Leiter einer Aufstellungsversammlung für die Gemeindewahl oder eine der gleichzeitig stattfindenden Gemeindewahlen können nicht Wahlleiter oder Stellvertreter des Wahlleiters sein. [3]Die Berufung ist der Rechtsaufsichtsbehörde unverzüglich anzuzeigen.

(3) [1]Der Wahlleiter beruft die Beisitzer und für jeden Beisitzer einen Stellvertreter. [2]Bei der Auswahl der Beisitzer und der Stellvertreter sind nach Möglichkeit die Parteien und die Wählergruppen in der Reihenfolge der bei der letzten Gemeinderatswahl erhaltenen Stimmenzahlen zu berücksichtigen und die von ihnen rechtzeitig vorgeschlagenen Wahlberechtigten zu berufen. [3]Absatz 2 Satz 2 gilt entsprechend.

(4) [1]Der Wahlleiter bestellt einen Schriftführer für den Wahlausschuss. [2]Dieser ist nur stimmberechtigt, wenn er zugleich Beisitzer ist.

(5) Der Wahlausschuss hat

1. über die Zulassung der eingereichten Wahlvorschläge zu beschließen,
2. das Ergebnis der Wahl in der Gemeinde festzustellen.

(6) [1]Der Wahlausschuss ist bei Anwesenheit des Vorsitzenden ohne Rücksicht auf die Zahl der erschienenen Beisitzer beschlussfähig. [2]Er beschließt mit Stimmenmehrheit. [3]Bei Stimmengleichheit

entscheidet die Stimme des Vorsitzenden. [4]Über die Sitzungen des Wahlausschusses hat der Schriftführer eine Niederschrift zu fertigen. [5]Die Sitzungen des Wahlausschusses sind öffentlich.

(7) Die Mitglieder des Wahlausschusses, ihre Stellvertreter und der Schriftführer sind zur unparteiischen Wahrnehmung ihres Amtes und zur Verschwiegenheit über die ihnen bei ihrer Tätigkeit bekannt gewordenen Angelegenheiten verpflichtet.

§ 5 Stimmbezirke, Wahlvorsteher, Wahlvorstand, Briefwahlvorstand

(1) [1]Für die Stimmabgabe werden Stimmbezirke gebildet. [2]Jede Gemeinde bildet mindestens einen Stimmbezirk. [3]Größere Gemeinden können in mehrere Stimmbezirke geteilt werden. [4]Die Einteilung in Stimmbezirke ist Aufgabe der Gemeindeverwaltung. [5]Die Zahl der Wahlberechtigten eines Stimmbezirks darf nicht so gering sein, dass erkennbar wird, wie einzelne Personen gewählt haben.

(2) [1]Für jeden Stimmbezirk wird ein Wahlvorstand gebildet. [2]Der Wahlvorstand besteht aus dem Wahlvorsteher als Vorsitzenden, seinem Stellvertreter und weiteren drei bis sieben Wahlberechtigten als Beisitzern. [3]Die Mitglieder der Wahlvorstände werden vom Wahlleiter berufen. [4]Bei der Auswahl der Beisitzer und der Stellvertreter sind nach Möglichkeit die Parteien und die Wählergruppen in der Reihenfolge der bei der letzten Gemeinderatswahl erhaltenen Stimmenzahlen zu berücksichtigen und die von ihnen rechtzeitig vorgeschlagenen Wahlberechtigten zu berufen. [5]Der Wahlleiter bestellt aus dem Kreis der Beisitzer einen Schriftführer und dessen Stellvertreter. [6]Bewerber, Beauftragte für Wahlvorschläge und deren Stellvertreter sowie Leiter einer Aufstellungsversammlung für die Gemeindewahl oder eine der gleichzeitig stattfindenden Gemeindewahlen können nicht Mitglied des Wahlvorstands sein. [7]Für die Wahl des Ortschafts- und Ortsteilbürgermeisters gilt dies nur für das jeweilige Wahlgebiet der Ortschafts- und Ortsteilbürgermeisterwahl. [8]In Gemeinden, die nur einen Stimmbezirk bilden, übernimmt der Wahlausschuss die Geschäfte des Wahlvorstands.

(3) [1]In Gemeinden, die mehr als einen Stimmbezirk bilden, können zusätzliche Wahlvorstände für die Ermittlung des Ergebnisses der Briefwahl (Briefwahlvorstände) gebildet werden. [2]Die Zahl der auf einen Briefwahlvorstand entfallenden Wahlbriefe darf nicht so gering sein, dass erkennbar wird, wie einzelne Wahlberechtigte gewählt haben.

(4) [1]Die Gemeinden sind befugt, personenbezogene Daten von Wahlberechtigten zum Zweck ihrer Berufung zu Mitgliedern von Wahlvorständen zu verarbeiten. [2]Zu diesem Zweck dürfen personenbezogene Daten von Wahlberechtigten, die zur Tätigkeit in Wahlvorständen geeignet sind, bis zum Ablauf der Wahlperiode verarbeitet werden. [3]Soweit der Wahlberechtigte seine Einwilligung erteilt, dürfen die personenbezogenen Daten auch für zukünftige Wahlen verarbeitet werden. [4]Im Einzelnen dürfen folgende Daten verarbeitet werden: Name, Vorname, Geburtsdatum, Anschrift, Telefonnummern, Zahl der Berufungen zum Mitglied eines Wahlvorstands und die dabei ausgeübte Funktion.

(5) [1]Auf Ersuchen der Gemeinde sind zur Sicherstellung der Durchführung der Wahl Behörden des Landes, der Gemeinden, der Landkreise und der sonstigen der Aufsicht des Landes unterstehenden juristischen Personen des öffentlichen Rechts berechtigt, aus dem Kreis ihrer Bediensteten unter Angabe von Name, Vorname, Geburtsdatum und Anschrift zum Zweck der Berufung zu Mitgliedern der Wahlvorstände Personen, die im Gebiet der ersuchenden Gemeinde wohnen, zu benennen, wenn der Bedienstete in die Datenübermittlung eingewilligt hat. [2]Für die Mitwirkung im Wahlvorstand ist der Bedienstete freizustellen.

§ 6 Wählerverzeichnis

(1) [1]Die Gemeinde hat ein Verzeichnis der Wahlberechtigten (Wählerverzeichnis) für das Gemeindegebiet aufzustellen. [2]Sind mehrere Stimmbezirke gebildet, so ist das Wählerverzeichnis für jeden Stimmbezirk aufzustellen.

(2) Die Gemeindeverwaltung benachrichtigt spätestens am 21. Tag vor der Wahl die Wahlberechtigten von ihrer Eintragung in das Wählerverzeichnis.

(3) [1]Jeder Wahlberechtigte hat das Recht, an Werktagen vom 20. bis 16. Tag vor der Wahl (Einsichtsfrist) während der allgemeinen Öffnungszeiten der Gemeindeverwaltung die Richtigkeit oder Vollständigkeit der zu seiner Person im Wählerverzeichnis eingetragenen Daten zu überprüfen. [2]Zur Überprüfung der Richtigkeit oder Vollständigkeit der Daten von anderen im Wählerverzeichnis eingetragenen Personen haben Wahlberechtigte während der Einsichtsfrist nur dann ein Recht auf Einsicht in das Wählerverzeichnis, wenn sie Tatsachen glaubhaft machen, aus denen sich eine Unrichtigkeit oder Unvollständigkeit des Wählerverzeichnisses ergeben kann. [3]Das Recht zur Überprüfung nach Satz 2

besteht nicht hinsichtlich der Daten von Wahlberechtigten, für die im Melderegister eine Auskunftssperre nach § 51 Abs. 1 des Bundesmeldegesetzes eingetragen ist. [4]Ort und Zeit der Möglichkeit zur Einsichtnahme sind in ortsüblicher Weise vor Beginn der Einsichtsfrist öffentlich bekannt zu machen.

(4) [1]Jeder Wahlberechtigte, der das Wählerverzeichnis für unrichtig oder unvollständig hält, kann innerhalb der Einsichtsfrist bei der Gemeinde Einwendungen erheben. [2]Gegen die Entscheidung der Gemeinde ist der Verwaltungsrechtsweg gegeben. [3]Das Vorverfahren nach § 68 Abs. 1 der Verwaltungsgerichtsordnung entfällt.

§ 7 Wahlschein, Briefwahl

(1) [1]Ein Wahlberechtigter, der im Wählerverzeichnis eingetragen ist oder der aus einem von ihm nicht zu vertretenden Grund in das Wählerverzeichnis nicht aufgenommen worden ist, erhält auf Antrag einen Wahlschein von der Gemeindeverwaltung. [2]§ 6 Abs. 4 Satz 2 und 3 gilt entsprechend.

(2) [1]Wer einen Wahlschein erhält, kann an der Wahl im Wege der Briefwahl teilnehmen. [2]Der Briefwähler hat der Gemeinde, die den Wahlschein ausgestellt hat, in einem verschlossenen Wahlbriefumschlag

1. seinen Wahlschein und
2. seine Stimmzettel in einem besonderen verschlossenen Stimmzettelumschlag

so rechtzeitig zu übersenden, daß der Wahlbrief spätestens am Wahltag bis 18 Uhr bei der Gemeinde eingeht. [3]§ 9 Abs. 2 gilt entsprechend.

(3) [1]Auf dem Wahlschein hat der Wähler gegenüber dem Wahlvorsteher an Eides Statt zu versichern, daß er die Stimmzettel persönlich gekennzeichnet hat. [2]Ein Wähler, der des Schreibens oder Lesens unkundig oder wegen einer körperlichen Beeinträchtigung an der persönlichen Kennzeichnung gehindert ist, kann sich der Hilfe einer Vertrauensperson bedienen; diese hat unter Angabe ihrer Personalien an Eides Statt zu versichern, daß sie den Stimmzettel nach dem Willen des schreib- oder leseunkundigen oder gebrechlichen Wählers persönlich gekennzeichnet hat oder ihm dabei behilflich war. [3]Der Wahlvorsteher ist zur Abnahme einer solchen Versicherung an Eides Statt zuständig; er gilt insoweit als Behörde im Sinne des § 156 des Strafgesetzbuches.

§ 8 Wahltermin

[1]Die Wahlen der Gemeinderatsmitglieder werden in jedem fünften Jahr in der Zeit vom 1. Mai bis 31. Juli an einem Sonntag, erstmals im Jahr 1994, abgehalten. [2]Die Landesregierung setzt den Tag für die Wahlen spätestens drei Monate vorher fest. [3]Soweit nach diesem Gesetz die Rechtsaufsichtsbehörde den Wahltermin zu bestimmen hat, setzt sie ihn auf einen Sonntag fest.

§ 9 Wahlhandlung, Feststellung des Wahlergebnisses

(1) [1]Die Abstimmung (Wahlhandlung) ist öffentlich; sie dauert von 8 Uhr bis 18 Uhr. [2]Der Wahlvorsteher kann Personen, die Ruhe und Ordnung stören, aus dem Wahlraum verweisen; Wahlberechtigten ist vor der Verweisung Gelegenheit zur Stimmabgabe zu geben.

(2) Trifft eine Gemeindewahl mit einer anderen Wahl zusammen, deren Wahlhandlung über 18 Uhr hinaus dauert, so endet die Wahlhandlung der Gemeindewahl mit der für die andere Wahl bestimmten Uhrzeit.

(3) [1]In Gemeinden, die nur einen Stimmbezirk bilden, kann die Wahlhandlung vorzeitig beendet werden, wenn alle Wahlberechtigten ihre Stimmen abgegeben haben; § 10 Abs. 2 bleibt unberührt. [2]Das gilt nicht für Gemeindewahlen, die mit anderen Wahlen verbunden sind.

(4) [1]Nach Ende der Wahlhandlung wird das Ergebnis der Wahl für den Stimmbezirk durch den Wahlvorstand ermittelt. [2]Dieser meldet unter Beifügung der Niederschrift über die Wahlhandlung (Wahlniederschrift) das Ergebnis dem Wahlausschuss.

(5) [1]Der Wahlausschuss prüft aufgrund der Wahlniederschriften jedes Stimmbezirks die ordnungsgemäße Durchführung der Wahl und stellt das Wahlergebnis für den Wahlkreis fest. [2]Bei Verhältniswahl sind die Zahl

1. der gültig abgegebenen Stimmen,
2. der auf die einzelnen Wahlvorschläge und Bewerber fallenden Stimmen,
3. der auf die einzelnen Wahlvorschläge entfallenden Sitze sowie
4. die Reihenfolge der Bewerber im Wahlvorschlag

festzustellen. [3]Bei Mehrheitswahl ist die Zahl der auf jede wählbare Person abgegebenen Stimmen festzustellen.

(6) Der Wahlleiter macht die Feststellung des Wahlergebnisses einschließlich der Namen der Gewählten unter Angabe des Kennwortes in ortsüblicher Weise öffentlich bekannt.

§ 10 Unzulässige Beeinflussung, unzulässige Veröffentlichung von Befragungen, Wahlgeheimnis

(1) Während der Wahlhandlung sind in und an dem Gebäude, in dem sich der Wahlraum befindet, sowie unmittelbar vor dem Zugang zu dem Gebäude jede Beeinflussung der Wähler durch Wort, Ton, Schrift, Bild oder auf andere Weise, insbesondere durch Umfragen oder Unterschriftensammlungen, sowie jede Behinderung oder erhebliche Belästigung der Wähler verboten.

(2) Die Veröffentlichung von Ergebnissen von Wählerbefragungen nach der Stimmabgabe über den Inhalt der Stimmabgabe ist vor Ende der Wahlhandlung verboten.

(3) Den mit der Durchführung der Wahl betrauten Behörden und den Wahlorganen ist es untersagt, den Inhalt der Stimmrechtsausübung in irgendeiner Weise zu beeinflussen oder das Wahlgeheimnis zu verletzen.

§ 11 Amtliche Wahldrucksachen

(1) [1]Für die Gemeindewahlen sind in ganz Thüringen einheitliche amtliche Wahldrucksachen zu verwenden. [2]Für die Herstellung der amtlichen Wahldrucksachen sorgen die Gemeinden.

(2) Papierart, Druck, Form und Ausführung der Stimmzettel müssen so beschaffen sein, dass die Geheimhaltung der Wahl gewährleistet ist.

Zweiter Abschnitt

Wahl der Gemeinderatsmitglieder

§ 12 Wählbarkeit für das Amt eines Gemeinderatsmitglieds

Für das Amt eines Gemeinderatsmitglieds ist jeder Wahlberechtigte, der am Tag der Wahl das 18. Lebensjahr vollendet hat, wählbar, es sei denn, daß er infolge Richterspruchs die Wählbarkeit oder die Fähigkeit zur Bekleidung öffentlicher Ämter nicht besitzt oder sich zum Zeitpunkt der Wahl wegen einer vorsätzlichen Straftat in Strafhaft oder in Sicherungsverwahrung befindet.

§ 13 Wahlrechtsgrundsätze, Amtszeit, Neuwahl

(1) [1]Die Gemeinderatsmitglieder werden in allgemeiner, unmittelbarer, freier, gleicher und geheimer Wahl nach den Grundsätzen des Verhältniswahlrechts auf die Dauer von fünf Jahren gewählt. [2]Wird im Wahlgebiet nur ein gültiger oder überhaupt kein gültiger Wahlvorschlag zugelassen, so findet Mehrheitswahl (§ 19) statt.

(2) Die Amtszeit der Gemeinderatsmitglieder beginnt am ersten Tag des auf den Wahltag folgenden nächsten Monats und endet mit dem Beginn der Amtszeit der neugewählten Gemeinderatsmitglieder.

(3) [1]Endet die Tätigkeit des Gemeinderats vor Ablauf der gesetzlichen Amtszeit, so wird für den Rest der gesetzlichen Amtszeit der Gemeinderat an einem Termin neu gewählt, der innerhalb der nächsten drei Monate liegen soll; den Wahltermin bestimmt die Rechtsaufsichtsbehörde. [2]Liegt das vorzeitige Ende jedoch 42 Monate nach Beginn der gesetzlichen Amtszeit oder später, wird der Gemeinderat für den Rest der gesetzlichen Amtszeit sowie für die gesetzliche Amtszeit, die den nächsten allgemeinen Wahlen der Gemeinderatsmitglieder folgt, gewählt.

(4) [1]Bis zum Zusammentritt des neugewählten Gemeinderats führt der Bürgermeister im Falle des Absatzes 3 die Geschäfte. [2]Die Amtszeit der neugewählten Gemeinderatsmitglieder beginnt am Tag nach der Annahme der Wahl.

§ 14 Wahlvorschläge

(1) [1]Wahlvorschläge können von Parteien im Sinne des Artikels 21 des Grundgesetzes oder von Wählergruppen aufgestellt werden. [2]Jede Partei oder Wählergruppe kann nur einen Wahlvorschlag einreichen. [3]Parteien und Wählergruppen (Wahlvorschlagsträger) können einen Wahlvorschlag gemeinsam aufstellen. [4]Alle Wahlvorschläge müssen die eigenhändigen Unterschriften von mindestens zehn Wahlberechtigten tragen, die nicht Bewerber des Wahlvorschlags sind. [5]Jede Person darf nur einen Wahlvorschlag unterzeichnen. [6]Bei Mehrfachunterzeichnungen erklärt der Wahlausschuss die Unterzeichnung für ungültig.

(2) [1]Ein Wahlvorschlag darf höchstens so viele Bewerber enthalten, wie Gemeinderatsmitglieder zu wählen sind; in Gemeinden bis zu 5 000 Einwohnern darf er bis zu doppelt so viele Bewerber enthalten.

[2]Die Bewerber sind in erkennbarer Reihenfolge unter Angabe ihres Namens und Vornamens sowie ihres Geburtsdatums, ihres Berufs und ihrer Anschrift aufzuführen.

(3) [1]Jeder Bewerber darf nur in einem Wahlvorschlag aufgestellt werden; er muß hierzu seine Zustimmung schriftlich erteilen. [2]Die Zustimmung kann nach Ablauf der Einreichungsfrist (§ 17 Abs. 1 Satz 2) nicht mehr zurückgenommen werden.

(4) [1]Jeder Wahlvorschlag muß den Namen und gegebenenfalls die Kurzbezeichnung der Partei oder der Wählergruppe als Kennwort tragen; dem Kennwort kann eine weitere Bezeichnung hinzugefügt werden, wenn das zur deutlichen Unterscheidung der Wahlvorschläge erforderlich ist. [2]Gemeinsame Wahlvorschläge müssen die Namen sämtlicher daran beteiligter Parteien oder Wählergruppen tragen.

(5) [1]Wahlvorschläge von Parteien und Wählergruppen, die nicht aufgrund eines eigenen einzelnen Wahlvorschlags seit der letzten Wahl im Bundestag, im Thüringer Landtag, im Kreistag des Landkreises, in dem die Gemeinde liegt, oder im Gemeinderat ununterbrochen vertreten sind, müssen zusätzlich zu den nach Absatz 1 Satz 4 erforderlichen Unterzeichnungen von viermal so vielen Wahlberechtigten unterstützt werden, wie Gemeinderatsmitglieder zu wählen sind. [2]Eine Partei oder Wählergruppe, die nur als Wahlvorschlagsträger eines gemeinsamen Wahlvorschlags im Kreistag oder in der Gemeinde vertreten ist, benötigt bei Einreichung eines eigenen einzelnen Wahlvorschlags zusätzliche Unterstützungsunterschriften nach Satz 1. [3]Ein gemeinsamer Wahlvorschlag bedarf keiner zusätzlichen Unterstützungsunterschriften nach Satz 1, wenn dessen Wahlvorschlagsträger seit der letzten Wahl in ihrer Gesamtheit im Gemeinderat oder im Kreistag aufgrund desselben gemeinsamen Wahlvorschlags ununterbrochen vertreten sind oder wenn einer der beteiligten Wahlvorschlagsträger mit einem eigenen einzelnen Wahlvorschlag keine Unterstützungsunterschriften nach Satz 1 benötigen würde.

(6) [1]Für Wahlvorschläge, für die Unterstützungsunterschriften nach Absatz 5 Satz 1 erforderlich sind, werden vom Tag nach der Einreichung bis 18 Uhr des 34. Tages vor dem Wahltag (Eintragungsfrist) bei der Gemeinde Unterstützungslisten ausgelegt. [2]Die Wahlberechtigten, die einen Wahlvorschlag unterstützen wollen, haben sich darin unter Angabe ihres Vor- und Nachnamens, ihrer Anschrift und ihres Geburtsdatums einzutragen und eine eigenhändige Unterschrift zu leisten. [3]Ausgeschlossen sind Bewerber von Wahlvorschlägen für dieselbe Wahl sowie Wahlberechtigte, die sich für dieselbe Wahl bereits in eine andere Unterstützungsliste eingetragen oder einen Wahlvorschlag nach Absatz 1 Satz 3 unterzeichnet haben. [4]Wer glaubhaft macht, dass er wegen Krankheit oder einer körperlichen Beeinträchtigung nicht oder nur unter unzumutbaren Schwierigkeiten in der Lage ist, einen Eintragungsraum aufzusuchen, erhält auf Antrag einen Eintragungsschein. [5]Die Eintragung kann in diesem Fall dadurch bewirkt werden, dass die wahlberechtigte Person auf dem Eintragungsschein ihre Unterstützung eines bestimmten Wahlvorschlags erklärt und eine Hilfsperson beauftragt, die Eintragung im Eintragungsraum für sie vorzunehmen. [6]Die wahlberechtigte Person hat auf dem Eintragungsschein außerdem an Eides statt zu versichern, dass die Voraussetzungen nach Satz 4 vorliegen. [7]Gegen die Versagung eines Eintragungsscheins ist der Verwaltungsrechtsweg gegeben. [8]Das Vorverfahren nach § 68 Abs. 1 der Verwaltungsgerichtsordnung entfällt.

§ 15 Aufstellung der Bewerber

(1) [1]Alle von einer Partei oder Wählergruppe aufzustellenden Bewerber müssen in einer zu diesem Zweck für das Wahlgebiet einberufenen Versammlung von den im Zeitpunkt ihres Zusammentritts im Wahlgebiet wahlberechtigten Mitgliedern der Partei oder Angehörigen der Wählergruppe in geheimer Abstimmung gewählt werden. [2]Jeder stimmberechtigte Teilnehmer der Versammlung ist vorschlagsberechtigt. [3]Den Bewerbern ist Gelegenheit zu geben, sich und ihre Ziele der Versammlung in angemessener Zeit vorzustellen. [4]Zur Aufstellung eines gemeinsamen Wahlvorschlags ist eine gemeinsame Versammlung aller beteiligten Wahlvorschlagsträger durchzuführen. [5]Die Bewerber können auch durch eine Versammlung von Delegierten, die von den wahlberechtigten Mitgliedern einer Partei oder den wahlberechtigten Angehörigen einer Wählergruppe aus der Mitte einer in Satz 1 genannten Versammlung zu diesem Zweck gewählt sind, in geheimer Abstimmung gewählt werden.

(2) Personen, die nach § 17 Abs. 2 Satz 3 bei Wegfall von Bewerbern durch Tod oder nachträglichen Wählbarkeitsverlust aufgestellt werden sollen (Ersatzbewerber), sind in gleicher Weise wie Bewerber zu wählen.

(3) [1]Eine Ausfertigung der Niederschrift über die Wahl der Bewerber und die Festlegung ihrer Reihenfolge im Wahlvorschlag, Ort und Zeit der Versammlung, die Form der Einladung sowie die Zahl

der Anwesenden ist mit dem Wahlvorschlag einzureichen. [2]Hierbei haben die Versammlungsleiter und zwei weitere Teilnehmer der Versammlung gegenüber dem Wahlleiter an Eides Statt zu versichern, daß die Wahl sowie die Festlegung der Reihenfolge in geheimer Abstimmung erfolgt und die Anforderungen nach Absatz 1 Satz 2 und 3 beachtet worden sind. [3]Der Wahlleiter ist zur Abnahme einer solchen Versicherung an Eides Statt zuständig; er gilt insoweit als zuständige Behörde im Sinne des § 156 des Strafgesetzbuches.

§ 16 Beauftragte für die Wahlvorschläge

(1) [1]In jedem Wahlvorschlag sind ein Beauftragter und ein Stellvertreter zu bezeichnen. [2]Der Beauftragte und sein Stellvertreter müssen wahlberechtigt sein. [3]Fehlt eine Bezeichnung, so gilt der erste Unterzeichner des Wahlvorschlags als Beauftragter, der zweite als sein Stellvertreter. [4]Ist nur ein Beauftragter und nicht auch der Stellvertreter bezeichnet, dann ist der erste Unterzeichner des Wahlvorschlags der Stellvertreter.

(2) [1]Soweit in diesem Gesetz nichts anderes bestimmt ist, sind nur der Beauftragte und bei seiner Verhinderung sein Stellvertreter berechtigt, verbindliche Erklärungen zum Wahlvorschlag abzugeben und entgegenzunehmen. [2]Im Zweifelsfall gilt die Erklärung des Beauftragten.

(3) Der Beauftragte und sein Stellvertreter können durch schriftliche Erklärung der Mehrheit der Unterzeichner des Wahlvorschlags gegenüber dem Wahlleiter abberufen und durch andere ersetzt werden.

§ 17 Einreichung der Wahlvorschläge

(1) [1]Der Wahlleiter fordert frühestens drei Monate und spätestens am 58. Tag vor der Wahl durch öffentliche Bekanntmachung in ortsüblicher Weise zur Einreichung von Wahlvorschlägen auf. [2]Die Wahlvorschläge sind frühestens nach der Bekanntmachung im Sinne des Satzes 1 und spätestens am 44. Tag vor der Wahl bis 18 Uhr einzureichen. [3]Wahlvorschläge können nur bis zum Ablauf der in Satz 2 genannten Frist zurückgenommen werden.

(2) [1]Der Wahlleiter prüft die eingereichten Wahlvorschläge unverzüglich auf Mängel und fordert die Beauftragten auf, festgestellte Mängel zu beseitigen. [2]Mängel der Wahlvorschläge müssen spätestens am 34. Tag vor der Wahl, 18 Uhr behoben sein. [3]Bis zum gleichen Zeitpunkt sind auch noch Änderungen der Wahlvorschläge insoweit zulässig, als sie infolge Wegfalls von Bewerbern durch Tod oder nachträglichen Wählbarkeitsverlust veranlaßt sind.

(3) [1]Die Verbindung von Wahlvorschlägen ist zulässig (Listenverbindung). [2]Sie muß spätestens am 34. Tag vor der Wahl, 18 Uhr, durch übereinstimmende Erklärung der Beauftragten gegenüber dem Wahlleiter erfolgen. [3]Dieser Erklärung ist die schriftliche Zustimmung der Mehrheit der Unterzeichner der einzelnen Wahlvorschläge (§ 14 Abs. 1 Satz 4) beizufügen.

(4) [1]Der Wahlausschuss tritt am 33. Tag vor der Wahl zusammen und beschließt, ob die eingereichten Wahlvorschläge den durch dieses Gesetz und die Kommunalwahlordnung gestellten Anforderungen entsprechen und als gültig zuzulassen sind. [2]Dies gilt auch für die Listenverbindung. [3]Er kann einen Beschluß, der einen Wahlvorschlag oder eine Listenverbindung als gültig zuläßt, nicht mehr abändern. [4]Hat er einen Wahlvorschlag oder eine Listenverbindung ganz oder teilweise für ungültig erklärt, so hat er das dem Beauftragten dieses Wahlvorschlags unverzüglich, möglichst noch am selben Tag, mitzuteilen. [5]Er kann von Amts wegen und muß auf Einwendungen einer betroffenen Partei oder Wählergruppe, die bis 18 Uhr des 27. Tages vor dem Wahltag erhoben sein müssen, bis 24 Uhr des 26. Tages vor dem Wahltag nochmals beschließen.

(5) Hilft der Wahlausschuss Einwendungen nicht ab, so können Beschlüsse des Wahlausschusses nur im Wege der Wahlanfechtung und Wahlprüfung (§§ 31 und 32) nachgeprüft werden.

§ 18 Öffentliche Bekanntmachung der Wahlvorschläge

(1) Der Wahlleiter hat die vom Wahlausschuss als gültig zugelassenen Wahlvorschläge und Listenverbindungen spätestens am 22. Tag vor der Wahl in ortsüblicher Weise öffentlich bekanntzumachen.

(2) [1]In der Bekanntmachung sind die Wahlvorschläge in folgender Reihenfolge aufzuführen:

1. Wahlvorschläge von Parteien, die an der letzten Landtagswahl teilgenommen haben, nach der bei dieser Wahl erreichten Stimmenzahl,

2. Wahlvorschläge von Parteien und Wählergruppen, die an der letzten Gemeinderatswahl mit einem eigenen einzelnen Wahlvorschlag oder in ihrer Gesamtheit mit dem gleichen gemeinsamen Wahlvorschlag teilgenommen haben, nach der bei dieser Wahl erreichten Stimmenzahl,
3. Wahlvorschläge von sonstigen Parteien und Wählergruppen in alphabetischer Reihenfolge der Kennworte.

2Bei gemeinsamen Wahlvorschlägen richtet sich die Reihenfolge nach der Partei oder Wählergruppe, deren Namen im Kennwort an erster Stelle steht. 3Haben Parteien und Wählergruppen dieselbe Stimmenzahl erreicht, richtet sich ihre Reihenfolge nach der alphabetischen Reihenfolge der Kennworte der Wahlvorschläge.

(3) Ist nur ein oder kein gültiger Wahlvorschlag zugelassen worden, so hat der Wahlleiter spätestens am 22. Tag vor der Wahl in ortsüblicher Weise öffentlich bekanntzumachen, daß Mehrheitswahl stattfindet (§ 19).

§ 19 Mehrheitswahl

(1) 1Wird nur ein gültiger oder überhaupt kein gültiger Wahlvorschlag zugelassen, so wird die Wahl als Mehrheitswahl ohne Bindung an die vorgeschlagenen Bewerber und ohne das Recht der Stimmenhäufung auf einen Bewerber durchgeführt. 2Der Wähler hat so viele Stimmen wie Gemeinderatsmitglieder zu wählen sind.

(2) 1Liegt nur ein gültiger Wahlvorschlag vor, wird dieser auf dem Stimmzettel vorgedruckt. 2Der Wähler kann Bewerber streichen und Stimmen an wählbare Personen vergeben, indem er diese mit Nachnamen, Vornamen und Beruf oder in sonst eindeutig bezeichnender Weise auf dem Stimmzettel handschriftlich hinzufügt. 3Kennzeichnet der Wähler den Wahlvorschlag in der Kopfleiste, so wählt er dadurch so viele Bewerber des Wahlvorschlags in der Reihenfolge ihrer Benennung wie Gemeinderatsmitglieder zu wählen sind. 4Kennzeichnet der Wähler den Wahlvorschlag in der Kopfleiste und streicht Bewerber, kann er ebenso viele wählbare Personen mit Nachnamen, Vornamen und Beruf oder in sonst eindeutig bezeichnender Weise auf dem Stimmzettel handschriftlich hinzufügen, wie er Bewerber gestrichen hat.

(3) 1Liegt kein gültiger Wahlvorschlag vor, vergibt der Wähler seine Stimmen dadurch, dass er wählbare Personen mit Namen, Vornamen und Beruf oder in sonst eindeutig bezeichnender Weise auf dem Stimmzettel handschriftlich einträgt.

(4) Bei Mehrheitswahl ist die Stimmabgabe ungültig, wenn der Stimmzettel
1. erkennbar nicht amtlich hergestellt oder mit einem äußeren Merkmal versehen ist,
2. den Willen des Wählers nicht zweifelsfrei erkennen läßt,
3. einen Zusatz oder Vorbehalt enthält; dies gilt nicht für Streichungen von Bewerbernamen oder für Hinzufügungen von wählbaren Personen.

(5) Ungültig sind Stimmen, wenn
1. eine Person, die der Wähler wählen will, nicht zweifelsfrei zu erkennen ist, hinsichtlich dieser Person,
2. der Stimmzettel gegenüber einer Person, die der Wähler wählen will, einen Zusatz oder einen Vorbehalt enthält, hinsichtlich dieser Person,
3. eine Person, die der Wähler wählen will, nicht wählbar ist, hinsichtlich dieser Person,
4. eine wählbare Person mehr als einmal aufgeführt ist, hinsichtlich der weiteren für sie abgegebenen Stimmen.

(6) 1Gewählt sind so viele Personen, wie Gemeinderatssitze zu vergeben sind. 2Die Reihenfolge der Gewählten richtet sich nach der Stimmenzahl. 3Bei Stimmengleichheit entscheidet das Los. 4Nachrücker werden in der Reihenfolge der Stimmenzahl berufen.

§ 20 Verhältniswahl

(1) 1Liegen mehrere Wahlvorschläge vor, so wird nach den Grundsätzen der Verhältniswahl gewählt. 2Der Wähler hat drei Stimmen. 3Er gibt seine Stimmen in der Weise ab, daß er auf dem amtlichen Stimmzettel die Bewerber kennzeichnet, denen er seine Stimmen geben will. 4Der Wähler kann einem Bewerber bis zu drei Stimmen geben. 5Er kann seine Stimmen auch Bewerbern verschiedener Wahlvorschläge geben. 6Gibt der Wähler weniger als drei Stimmen ab oder streicht er Bewerber, so wird die Gültigkeit der Stimmabgabe dadurch nicht berührt. 7Kennzeichnet der Wähler einen Wahlvorschlag, ohne seine Stimmen einzelnen Bewerbern zu geben, so entfallen auf die ersten drei Bewerber

des Wahlvorschlags mit Ausnahme von gestrichenen Bewerbern jeweils eine Stimme. [8]Kennzeichnet der Wähler einen Wahlvorschlag und vergibt er gleichzeitig innerhalb der Stimmenzahl an einzelne Bewerber Stimmen, so haben die auf die Bewerber abgegebenen Stimmen Vorrang vor der Kennzeichnung des Wahlvorschlags; nur gegebenenfalls verbleibende Stimmen entfallen auf die Bewerber des Wahlvorschlags in der Reihenfolge ihrer Benennung mit Ausnahme von gestrichenen Bewerbern.

(2) Die Stimmabgabe ist bei Verhältniswahl ungültig, wenn der Stimmzettel
1. erkennbar nicht amtlich hergestellt ist,
2. mit einem äußeren Merkmal versehen ist,
3. den Willen des Wählers nicht zweifelsfrei erkennen läßt,
4. einen Zusatz oder Vorbehalt enthält.

§ 21 Zurückweisung von Wahlbriefen

(1) [1]Bei der Briefwahl sind Wahlbriefe zurückzuweisen, wenn
1. der Wahlbrief nicht rechtzeitig eingegangen ist,
2. dem Wahlbriefumschlag kein oder kein gültiger Wahlschein beiliegt,
3. dem Wahlbriefumschlag kein amtlicher Stimmzettelumschlag beigefügt ist oder sich der Stimmzettel außerhalb des Stimmzettelumschlags befindet,
4. der Wahlbriefumschlag nicht verschlossen ist,
5. der Wahlbriefumschlag mehrere Stimmzettelumschläge, aber nicht eine gleiche Anzahl gültiger und mit der vorgeschriebenen Versicherung an Eides Statt versehener Wahlscheine enthält,
6. der Wähler oder die Vertrauensperson die vorgeschriebene Versicherung an Eides Statt zur Briefwahl auf dem Wahlschein nicht unterschrieben hat,
7. der Wahlschein erkennbar nicht amtlich hergestellt ist,
8. ein Stimmzettelumschlag benutzt worden ist, der offensichtlich in einer das Wahlgeheimnis gefährdenden Weise von den übrigen abweicht oder einen deutlich fühlbaren Gegenstand enthält.

[2]Die Einsender dieser Wahlbriefe werden nicht als Wähler gezählt; ihre Stimmen gelten als nicht abgegeben.

(2) Die Stimmabgabe eines Wählers, der an der Briefwahl teilgenommen hat, wird nicht dadurch ungültig, daß er vor oder an dem Wahltag stirbt oder seine Wahlberechtigung verliert.

§ 22 Verteilung der Sitze bei Verhältniswahl

(1) [1]Die Sitze der Gemeinderatsmitglieder werden auf die Wahlvorschläge wie folgt verteilt: Die Zahl der zu vergebenden Sitze, vervielfacht mit der Gesamtzahl der für die Bewerber des einzelnen Wahlvorschlags abgegebenen Stimmen, wird durch die Gesamtzahl der für die Bewerber aller Wahlvorschläge abgegebenen Stimmen geteilt. [2]Jeder Wahlvorschlag erhält zunächst so viele Sitze, wie ganze Zahlen auf ihn entfallen. [3]Danach zu vergebende Sitze sind in der Reihenfolge der höchsten Zahlenbruchteile zuzuteilen. [4]Bei gleichen Zahlenbruchteilen entscheidet das Los. [5]Erhält bei der Verteilung der Sitze nach den Sätzen 1 bis 4 der Wahlvorschlag, auf den mehr als die Hälfte der für die Bewerber aller Wahlvorschläge abgegebenen Stimmen entfallen ist, nicht mehr als die Hälfte der zu vergebenden Sitze, wird ihm von den nach Zahlenbruchteilen zu vergebenden Sitzen abweichend von den Sätzen 3 und 4 zunächst ein weiterer Sitz zugeteilt. [6]Danach zu vergebende Sitze werden wieder nach den Sätzen 3 und 4 zugeteilt.

(2) *[aufgehoben]*

(3) Innerhalb verbundener Wahlvorschläge gilt Absatz 1 entsprechend.

(4) Fallen einem Wahlvorschlag mehr Sitze zu, als er Bewerber enthält, so bleiben die übrigen Sitze unbesetzt.

(5) [1]Die nach den Absatz 1 einem Wahlvorschlag zugefallenen Sitze werden den darin enthaltenen Bewerbern in der Reihenfolge ihrer Stimmenzahlen zugewiesen. [2]Haben mehrere Bewerber die gleiche Stimmenzahl, so entscheidet die Reihenfolge der Benennung im Wahlvorschlag.

§ 23 Nachrücker

(1) Lehnt ein Gewählter die Wahl ab oder scheidet er durch Tod, Rücktritt, Verlust der Wählbarkeit, durch Ungültigkeitserklärung seiner Wahl oder aus sonstigen Gründen aus, so ist ein Nachrücker zu berufen.

(2) [1]Bei Verhältniswahl sind die nicht gewählten Bewerber des Wahlvorschlags Nachrücker. [2]Für ihre Reihenfolge gilt § 22 Abs. 5 entsprechend.

(3) [1]Bei Mehrheitswahl ist der nächste nicht gewählte Bewerber mit der höchsten Stimmenzahl Nachrücker. [2]Bei Stimmengleichheit entscheidet das Los.
(4) [1]Die Nachrücker sind vom Wahlleiter festzustellen und zu benachrichtigen; § 29 gilt entsprechend. [2]Scheidet ein Gemeinderatsmitglied während der Amtszeit des Gemeinderats aus, so tritt der Bürgermeister an die Stelle des Wahlleiters.

Dritter Abschnitt

Wahl der Bürgermeister, Ortschafts- und Ortsteilbürgermeister

§ 24 Wahl des Bürgermeisters

(1) [1]Der Bürgermeister wird in allen Gemeinden in allgemeiner, freier, gleicher und geheimer Wahl unmittelbar von den Wahlberechtigten gewählt. [2]Die Bestimmungen des Ersten und Zweiten Abschnitts des Ersten Teils gelten entsprechend für die Wahl der Bürgermeister, soweit sich nicht aus der Thüringer Kommunalordnung (ThürKO) und den folgenden Bestimmungen etwas anderes ergibt.
(2) [1]Für das Amt des Bürgermeisters wählbar ist jede wahlberechtigte Person im Sinne des § 1, die am Tag der Wahl
1. das 21. Lebensjahr vollendet hat,
2. nicht nach § 2 vom Wahlrecht ausgeschlossen ist,
3. im Fall der Bewerbung um das Amt des ehrenamtlichen Bürgermeisters seit mindestens sechs Monaten in der Gemeinde ihren Aufenthalt hat.

[2]Zum hauptamtlichen Bürgermeister kann auch gewählt werden, wer zur Zeit der Wahl seinen Aufenthalt nicht in der Gemeinde hat. [3]Zum hauptamtlichen Bürgermeister kann nicht gewählt werden, wer am Wahltag das 65. Lebensjahr vollendet hat; § 25 des Beamtenrechtsrahmengesetzes findet im Übrigen keine Anwendung.
(3) [1]Zum Bürgermeister kann nicht gewählt werden, wer nicht die Gewähr dafür bietet, daß er jederzeit für die freiheitliche demokratische Grundordnung im Sinne des Grundgesetzes und der Landesverfassung eintritt. [2]Darüber hinaus ist nicht wählbar, wer im übrigen die persönliche Eignung für eine Berufung in ein Beamtenverhältnis nach den für Beamte des Landes geltenden Bestimmungen nicht besitzt. [3]Jeder Bewerber für das Amt des Bürgermeisters hat für die Zulassung zur Wahl gegenüber dem Wahlleiter eine schriftliche Erklärung abzugeben, ob er wissentlich als hauptamtlicher oder inoffizieller Mitarbeiter mit dem Ministerium für Staatssicherheit, dem Amt für Nationale Sicherheit oder Beauftragten dieser Einrichtungen zusammengearbeitet hat; er muß ferner erklären, daß er mit der Einholung der erforderlichen Auskünfte insbesondere beim Amt für Verfassungsschutz sowie beim Bundesbeauftragten für die Unterlagen des Staatssicherheitsdienstes der ehemaligen DDR einverstanden ist und ihm die Eignung für eine Berufung in das Beamtenverhältnis nach den für Beamte des Landes geltenden Bestimmungen nicht fehlt. [4]Der Inhalt dieser schriftlichen Erklärung des Bewerbers wird zusammen mit dem als gültig zugelassenen Wahlvorschlag nach § 18 bekanntgemacht. [5]Das Nähere regelt die Kommunalwahlordnung.
(4) [1]Jeder Wahlvorschlag darf nur einen Bewerber enthalten. [2]Wahlvorschläge können auch von Einzelbewerbern eingereicht werden. [3]Diese Wahlvorschläge müssen die Unterschriften von mindestens fünfmal so vielen Wahlberechtigten tragen, wie Gemeinderatsmitglieder in der Gemeinde zu wählen sind. [4]Findet die Bürgermeisterwahl nicht gleichzeitig mit der Wahl des Gemeinderats statt, ist für die Anzahl der Unterstützungsunterschriften nach § 14 Abs. 5 und nach Satz 3 die gesetzliche Anzahl von Gemeinderatsmitgliedern bei Beginn der laufenden gesetzlichen Amtszeit des Gemeinderats zugrunde zu legen. [5]Bewirbt sich der bisherige Bürgermeister als Einzelbewerber, sind keine Unterstützungsunterschriften nach Satz 3 erforderlich. [6]Der Wahlvorschlag eines Einzelbewerbers trägt dessen Nachnamen als Kennwort.
(5) Der Wähler hat eine Stimme.
(6) [1]Hat der Wahlausschuss mehrere Wahlvorschläge als gültig zugelassen, gibt der Wähler seine Stimme in der Weise ab, dass er auf dem amtlichen Stimmzettel den Bewerber kennzeichnet, dem er seine Stimme geben will. [2]Streichungen gelten nicht als Stimmvergabe. [3]Die Stimmabgabe ist ungültig, wenn der Stimmzettel
1. erkennbar nicht amtlich hergestellt ist,
2. mit einem äußeren Merkmal versehen ist,

3. den Willen des Wählers nicht zweifelsfrei erkennen lässt,
4. einen Zusatz oder Vorbehalt enthält.

(7) [1]Hat der Wahlausschuss nur einen oder keinen Wahlvorschlag als gültig zugelassen, gibt der Wähler seine Stimme in der Weise ab, dass er auf dem amtlichen Stimmzettel entweder den Bewerber des aufgedruckten zugelassenen Wahlvorschlags kennzeichnet oder eine wählbare Person mit Nachnamen, Vornamen und Beruf einträgt. [2]Die Stimmabgabe ist ungültig, wenn

1. der Stimmzettel erkennbar nicht amtlich hergestellt ist,
2. der Stimmzettel mit einem äußeren Merkmal versehen ist,
3. der Stimmzettel den Willen des Wählers nicht zweifelsfrei erkennen lässt,
4. der Stimmzettel einen Zusatz oder Vorbehalt enthält; dies gilt nicht für das Streichen des Bewerbers oder für das Hinzufügen einer wählbaren Person,
5. die Person, die der Wähler wählen will, nicht wählbar ist.

(8) [1]Gewählt ist, wer mehr als die Hälfte der abgegebenen gültigen Stimmen erhalten hat. [2]Erhält niemand diese Mehrheit, findet am zweiten Sonntag nach dem Wahltag eine Stichwahl unter den zwei Personen statt, die bei der ersten Wahl die höchsten Stimmenzahlen erhalten haben. [3]Bei Stimmengleichheit entscheidet das Los darüber, wer in die Stichwahl kommt. [4]Stimmberechtigt für die Stichwahl ist, wer bereits für die erste Wahl stimmberechtigt war, sofern er nicht in der Zwischenzeit sein Stimmrecht verloren hat. [5]Bei der Stichwahl ist gewählt, wer von den abgegebenen gültigen Stimmen die höchste Stimmenzahl erhalten hat. [6]Bei gleicher Stimmenzahl entscheidet das Los.

(9) [1]Ist der Gewählte gleichzeitig Gemeinderatsmitglied in derselben Gemeinde, so erlischt mit der Annahme der Wahl sein Amt als Gemeinderatsmitglied; für ihn wird ein Nachrücker berufen. [2]Lehnt der Gewählte die Wahl ab, so findet eine Neuwahl statt.

(10) [1]Stirbt ein Bewerber oder verliert ein Bewerber seine Wählbarkeit nach der Zulassung des Wahlvorschlags, aber vor der Wahl, so findet die Wahl nicht statt. [2]Die Wahl wird zu einem Termin nachgeholt, der innerhalb einer Frist von drei Monaten nach dem Tag der ausgefallenen Wahl liegen soll; den Wahltermin der Nachwahl bestimmt die Rechtsaufsichtsbehörde. [3]Als gültig zugelassene Wahlvorschläge behalten ihre Gültigkeit. [4]Wurde der verstorbene oder nicht mehr wählbare Bewerber von einer Partei oder Wählergruppe aufgestellt, kann diese einen neuen Wahlvorschlag aufstellen; die Bestimmungen über die Aufstellung, Einreichung, Prüfung und Bekanntmachung von Wahlvorschlägen finden Anwendung. [5]Die Stichwahl findet nicht statt, wenn einer der Stichwahlteilnehmer vor der Stichwahl stirbt oder die Wählbarkeit verliert. [6]Die Wahl ist zu wiederholen. [7]Die Sätze 2 bis 4 finden entsprechende Anwendung.

§ 25 Amtszeit des Bürgermeisters

(1) [1]Der Bürgermeister wird auf die Dauer von sechs Jahren gewählt. [2]Den Wahltermin, der innerhalb der letzten drei Monate der Amtszeit des vorhergehenden Bürgermeisters liegen soll, bestimmt die Rechtsaufsichtsbehörde. [3]Die Amtszeit beginnt am Tag nach der Annahme der Wahl, jedoch nicht vor Ablauf der Amtszeit des vorhergehenden Bürgermeisters.

(2) [1]Endet das Beamtenverhältnis vor Ablauf der Amtszeit, so findet eine Neuwahl an einem Termin statt, der innerhalb der nächsten drei Monate liegen soll. [2]Den Wahltermin bestimmt die Rechtsaufsichtsbehörde. [3]Die Sätze 1 und 2 gelten auch dann, wenn das Ruhen der Rechte und Pflichten aus dem Beamtenverhältnis eines hauptamtlichen Bürgermeisters wegen der Wahl in eine gesetzgebende Körperschaft eintritt.

(3) [1]Steht im Fall des Absatzes 2 schon vorher fest, wann das Beamtenverhältnis des Bürgermeisters endet, so bestimmt die Rechtsaufsichtsbehörde einen möglichst noch innerhalb der letzten drei Monate des Beamtenverhältnisses des Bürgermeisters liegenden Wahltermin. [2]Die Amtszeit des Neugewählten beginnt nicht vor Ende des Beamtenverhältnisses seines Vorgängers.

§ 26 Wahl und Amtszeit des Ortschafts- und Ortsteilbürgermeisters

(1) Für die Wahl des Ortschafts- und Ortsteilbürgermeisters gelten die Bestimmungen für den ehrenamtlichen Bürgermeister in § 24 bezogen auf die Ortschaft und den Ortsteil mit Ortschaftsverfassung entsprechend, soweit sich nicht aus der Thüringer Kommunalordnung und den folgenden Bestimmungen etwas anderes ergibt.

(2) [1]Ortschafts- und Ortsteilbürgermeister werden zugleich mit den Gemeinderatsmitgliedern von den in der Ortschaft oder in dem Ortsteil mit Ortsteilverfassung Wahlberechtigten gewählt. [2]Die Amtszeit beginnt und endet mit der gesetzlichen Amtszeit des Gemeinderats nach § 13 Abs. 2.

(3) [1]Endet das Beamtenverhältnis eines Ortschafts- oder Ortsteilbürgermeisters vor dem Ablauf der gesetzlichen Amtszeit des Gemeinderats, so findet eine Neuwahl für den Rest der gesetzlichen Amtszeit an einem Termin statt, der innerhalb der nächsten drei Monate liegen soll. [2]Den Wahltermin bestimmt die Rechtsaufsichtsbehörde. [3]Die Amtszeit beginnt am Tag nach der Annahme der Wahl. [4]Endet das Beamtenverhältnis des Ortschafts- oder Ortsteilbürgermeisters erst 54 Monate nach Beginn der gesetzlichen Amtszeit des Gemeinderats oder später, wird der Ortschafts- oder Ortsteilbürgermeister nicht mehr für den Rest der gesetzlichen Amtszeit neu gewählt. [5]Ist die Wahl des Ortschafts- oder Ortsteilbürgermeisters nicht mit einer Gemeinderatswahl verbunden, sollen die zu Mitgliedern des Wahlausschusses und der Wahlvorstände zu berufenden Wahlberechtigten ihren Aufenthalt im Sinne des § 1 Abs. 1 Nr. 3 in der Ortschaft oder dem Ortsteil mit Ortschaftsverfassung haben.

(4) [1]Steht im Fall des Absatzes 2 schon vorher fest, wann das Beamtenverhältnis des Ortschafts- oder Ortsteilbürgermeisters endet, so bestimmt die Rechtsaufsichtsbehörde einen möglichst noch innerhalb der letzten drei Monate der Amtszeit liegenden Wahltermin. [2]Die Amtszeit des Neugewählten beginnt nicht vor Ende des Beamtenverhältnisses seines Vorgängers.

(5) Sind für die Aufstellung von Wahlvorschlägen zusätzliche Unterstützungsunterschriften im Sinne des § 24 Abs. 4 erforderlich, ist auf die gesetzliche Anzahl der Ortschafts- oder Ortsteilratsmitglieder abzustellen.

Zweiter Teil
Wahlen der Kreistagsmitglieder und des Landrats (Landkreiswahlen)

§ 27 Wahl der Kreistagsmitglieder

(1) Die Kreistagsmitglieder werden in allgemeiner, unmittelbarer freier, gleicher und geheimer Wahl nach den Grundsätzen des Verhältniswahlrechts auf die Dauer von fünf Jahren gewählt.

(2) Wird im Wahlkreis nur ein gültiger oder überhaupt kein gültiger Wahlvorschlag zugelassen, so findet Mehrheitswahl statt.

(3) Für die Wahl der Kreistagsmitglieder gelten die Bestimmungen des Ersten und Zweiten Abschnitts des Ersten Teils bezogen auf den Landkreis entsprechend, soweit sich nicht aus der Thüringer Kommunalordnung und den folgenden Bestimmungen etwas anderes ergibt.

(4) [1]Wahlvorschläge von Parteien und Wählergruppen, die nicht aufgrund eines eigenen oder gemeinsamen Wahlvorschlags seit der letzten Wahl ununterbrochen im Bundestag, im Thüringer Landtag oder im Kreistag vertreten sind, müssen zusätzlich zu den nach § 14 Abs. 1 Satz 4 erforderlichen Unterzeichnungen von viermal so vielen Wahlberechtigten unterstützt werden, wie Kreistagsmitglieder zu wählen sind. [2]Eine Partei oder Wählergruppe, die nur als Wahlvorschlagsträger eines gemeinsamen Wahlvorschlags im Kreistag vertreten ist, benötigt bei Einreichung eines eigenen einzelnen Wahlvorschlags zusätzliche Unterstützungsunterschriften nach Satz 1. [3]Ein gemeinsamer Wahlvorschlag bedarf keiner zusätzlichen Unterstützungsunterschriften nach Satz 1, wenn dessen Wahlvorschlagsträger seit der letzten Wahl in ihrer Gesamtheit im Kreistag aufgrund desselben gemeinsamen Wahlvorschlags ununterbrochen vertreten sind oder wenn einer der beteiligten Wahlvorschlagsträger mit einem eigenen einzelnen Wahlvorschlag keine Unterstützungsunterschriften nach Satz 1 benötigen würde. [4]Die Unterstützungslisten nach § 14 Abs. 6 werden zusätzlich bei den Gemeindeverwaltungen des Landkreises ausgelegt.

§ 28 Wahl und Amtszeit des Landrats

(1) Der Landrat wird in allen Landkreisen in allgemeiner, freier, gleicher und geheimer Wahl unmittelbar von den Wahlberechtigten auf die Dauer von sechs Jahren gewählt.

(2) [1]Für die Wahl des Landrats gelten § 27 und die Bestimmungen des Ersten Teils zur Wahl des Bürgermeisters entsprechend, soweit sich nicht aus der Thüringer Kommunalordnung etwas anderes ergibt. [2]Für die Amtszeit des Landrats finden die für den hauptamtlichen Bürgermeister geltenden Bestimmungen entsprechende Anwendung.

Dritter Teil

Gemeinsame Bestimmungen für Gemeinde- und Landkreiswahlen

§ 29 Annahme der Wahl

[1]Der Wahlleiter benachrichtigt die Gewählten schriftlich von ihrer Wahl und fordert sie auf, binnen einer Woche nach Zustellung der Benachrichtigung schriftlich zu erklären, ob sie die Wahl annehmen. [2]Die Wahl gilt als angenommen, wenn nicht innerhalb der in Satz 1 genannten Frist die Wahl durch schriftliche Erklärung gegenüber dem Wahlleiter abgelehnt wird. [3]Die Wahl kann nur vorbehaltlos angenommen werden; der Annahmeerklärung beigefügte Vorbehalte oder Bedingungen sind unwirksam.

§ 30 Amtsantrittshindernisse, Verlust des Amtes

(1) Gemeinderatsmitglieder, Kreistagsmitglieder, Bürgermeister, Ortschaftsbürgermeister, Ortsteilbürgermeister und Landräte verlieren ihr Amt, wenn sie die Wählbarkeit verlieren.

(2) Eine in den Gemeinderat oder in den Kreistag gewählte Person kann ihr Amt nicht antreten, ein Gemeinderatsmitglied oder ein Kreistagsmitglied verliert sein Amt

1. bei Verweigerung der Verpflichtung nach § 24 Abs. 2 oder § 103 Abs. 2 ThürKO,
2. in den Fällen des § 23 Abs. 4 oder des § 102 Abs. 4 ThürKO.

(3) Eine zum ehrenamtlichen Bürgermeister gewählte Person kann in den Fällen des § 28 Abs. 4 ThürKO in Verbindung mit § 23 Abs. 4 ThürKO ihr Amt nicht antreten, ein ehrenamtlicher Bürgermeister verliert in diesen Fällen sein Amt.

(4) Erklärt das Bundesverfassungsgericht eine Partei für verfassungswidrig (Artikel 21 Abs. 2 des Grundgesetzes) oder stellt es fest, daß eine Partei eine verbotene Ersatzorganisation ist (§ 33 Abs. 2 des Parteiengesetzes), so verlieren die Gemeinderatsmitglieder, Kreistagsmitglieder, Bürgermeister oder Landräte, die dieser Partei zu irgendeiner Zeit zwischen dem Tag der Antragstellung (§ 43 des Gesetzes über das Bundesverfassungsgericht) und der Verkündung der Entscheidung angehört haben, mit der Verkündung der Entscheidung ihr Amt.

(5) [1]Stellt die Verwaltungsbehörde fest, daß eine Partei oder ein Verein eine Ersatzorganisation einer verbotenen Partei ist (§ 33 Abs. 3 des Parteiengesetzes), so verlieren die Gemeinderatsmitglieder, Kreistagsmitglieder, Bürgermeister oder Landräte, die dieser Ersatzorganisation zu irgendeiner Zeit zwischen der Zustellung des Verwaltungsaktes und dem Eintritt der Unanfechtbarkeit desselben angehört haben, mit dem zuletzt genannten Zeitpunkt ihr Amt. [2]Verbietet die Verwaltungsbehörde einen Verein (§ 3 des Vereinsgesetzes) oder stellt sie fest, daß ein Verein eine Ersatzorganisation eines verbotenen Vereins ist (§ 8 des Vereinsgesetzes), so gilt Satz 1 entsprechend, sofern die Gewählten aufgrund eines Wahlvorschlags dieses Vereins gewählt worden sind.

(6) [1]Die Rechtsaufsichtsbehörde stellt ein Amtsantrittshindernis und den Verlust des Amtes spätestens sechs Wochen, nach dem sie Kenntnis von den Gründen erhalten hat, fest. [2]Gegen die Entscheidung der Rechtsaufsichtsbehörde ist der Verwaltungsrechtsweg gegeben. [3]Das Vorverfahren nach § 68 Abs. 1 der Verwaltungsgerichtsordnung entfällt.

(7) [1]Mit Bestandskraft der Entscheidung nach Absatz 6 ist, soweit nachfolgend nichts Abweichendes geregelt ist, für Gemeinderatsmitglieder und Kreistagsmitglieder ein Nachrücker zu berufen. [2]Betrifft die Entscheidung einen Bürgermeister, Ortschaftsbürgermeister, Ortsteilbürgermeister oder Landrat, findet eine Neuwahl statt.

(8) [1]Soweit Gemeinderatsmitglieder oder Kreistagsmitglieder nach Absätzen 4 oder 5 ihr Amt verloren haben, bleiben die freigewordenen Sitze unbesetzt. [2]Dies gilt nicht, wenn die ausgeschiedenen Gemeinderatsmitglieder oder Kreistagsmitglieder durch Mehrheitswahl oder aufgrund eines Wahlvorschlags einer nicht den Absätzen 4 oder 5 unterfallenden Partei oder Wählergruppe gewählt waren; in diesem Fall werden die nächstfolgenden Nachrücker berufen, soweit nicht auch auf diese die Voraussetzungen der Absätzen 4 oder 5 zutreffen.

(9) [1]Im Fall des Absatzes 8 Satz 1 verringert sich die gesetzliche Mitgliederzahl des Gemeinderats und des Kreistags für den Rest der Amtszeit entsprechend. [2]Eine Neuverteilung der verbleibenden Sitze findet nicht statt.

§ 31 Wahlanfechtung

(1) Jeder Wahlberechtigte, bei der Wahl des hauptamtlichen Bürgermeisters oder Landrats auch jeder in einem zugelassenen Wahlvorschlag aufgestellte Bewerber, kann binnen zwei Wochen nach Be-

kanntmachung der Feststellung des Wahlergebnisses (Anfechtungsfrist) die Feststellung des Wahlergebnisses durch schriftliche Erklärung mit Begründung bei der Rechtsaufsichtsbehörde wegen Verletzung der Bestimmungen dieses Gesetzes oder der Thüringer Kommunalwahlordnung (Wahlvorschriften) anfechten.

(2) [1]Die Rechtsaufsichtsbehörde soll die Entscheidung binnen einer Frist von drei Monaten nach der Bekanntmachung treffen; die Ausschlußfrist des § 32 Abs. 2 Satz 2 und 3 findet keine Anwendung. [2]Ist die Feststellung des Wahlergebnisses unrichtig, so ist sie zu berichtigen. [3]Sind erhebliche Verstöße gegen die Wahlvorschriften vorgekommen, die geeignet sind, das Wahlergebnis wesentlich zu beeinflussen, so ist die Wahl für ungültig zu erklären. [4]Wurde eine Person gewählt, der die Wählbarkeit fehlte, so ist die Wahl dieser Person für ungültig zu erklären. [5]Die Entscheidung der Rechtsaufsichtsbehörde ist in den Fällen der Sätze 2 bis 4 wie die Bekanntmachung nach Absatz 1 bekanntzumachen (§ 9 Abs. 6).

§ 32 Wahlprüfung

(1) Die Rechtsaufsichtsbehörde hat bei der Vorbereitung und Durchführung der Wahlen auf die Einhaltung der Wahlvorschriften hinzuwirken.

(2) [1]Die Rechtsaufsichtsbehörde kann auch nach Ablauf der Anfechtungsfrist von Amts wegen prüfen, ob die Wahlvorschriften bei Vorbereitung und Durchführung der Wahlen eingehalten worden sind. [2]Sie darf jedoch die Feststellung des Wahlergebnisses nur binnen einer Frist von drei Monaten nach der Bekanntmachung (§ 9 Abs. 6) berichtigen. [3]Diese Ausschlußfrist gilt auch für die Ungültigerklärung der Wahl, es sei denn, daß eine Person gewählt wurde, der die Wählbarkeit fehlte. [4]§ 31 Abs. 2 Satz 2 bis 5 gilt entsprechend.

§ 33 Rechtsweg, Nachwahl, Neuwahl, Wiederholungswahl

(1) [1]Gegen die Entscheidung der Rechtsaufsichtsbehörde (§§ 31 und 32) ist der Verwaltungsrechtsweg nach der Verwaltungsgerichtsordnung gegeben. [2]Das Vorverfahren nach § 68 Abs. 1 der Verwaltungsgerichtsordnung entfällt.

(2) Falls Wahlen aufgrund der §§ 31 und 32 für ungültig erklärt werden, bleiben die vorher gefaßten Beschlüsse und vorgenommenen Amtshandlungen der Gewählten in Kraft.

(3) [1]Wird gleichzeitig die Wahl des Gemeinderats und des Bürgermeisters oder die Wahl des Kreistags und des Landrats für ungültig erklärt, so führt ein von der Rechtsaufsichtsbehörde eingesetzter Beauftragter bis zum Amtsantritt des neugewählten Bürgermeisters oder Landrats die Geschäfte. [2]Der Beauftragte hat sich auf laufende und unaufschiebbare Geschäfte zu beschränken.

(4) [1]Wenn im Wege der Wahlanfechtung oder der Wahlprüfung unanfechtbar oder rechtskräftig die Ungültigkeit einer Wahl ausgesprochen worden ist, hat die Rechtsaufsichtsbehörde eine Nachwahl anzuordnen, die innerhalb von drei Monaten nach Eintritt der Unanfechtbarkeit oder der Rechtskraft der Entscheidung stattfinden soll. [2]Kann die Nachwahl nicht innerhalb eines Jahres seit dem Tag der für ungültig erklärten Wahl durchgeführt werden, findet eine Neuwahl statt.

(5) [1]Bei der Nachwahl ist das Wahlverfahren insoweit zu wiederholen, als Wahlrechtsverstöße zur Ungültigerklärung geführt haben. [2]Die Rechtsaufsichtsbehörde kann die Nachwahl auf die Abstimmung in allen oder in einzelnen Stimmbezirken oder auf die Briefwahl beschränken, wenn die zur Ungültigerklärung führenden Wahlrechtsverstöße sich nur dort ausgewirkt haben können.

(6) [1]Bei der Nachwahl ist wahlberechtigt, wer das Wahlrecht am Tage der Nachwahl besitzt; die Wählerverzeichnisse sind auf den neuesten Stand zu bringen. [2]Wurde die Nachwahl auf die Abstimmung in Stimmbezirken beschränkt, ist wahlberechtigt, wer in diesen Stimmbezirken wahlberechtigt ist und bei der für ungültig erklärten Wahl keinen Wahlschein erhalten hat. [3]Wurde die Nachwahl auf die Briefwahl beschränkt, ist nur wahlberechtigt, wer bei der für ungültig erklärten Wahl einen Wahlschein erhalten hat.

(7) [1]Bei der Nachwahl ist wählbar, wer die Wählbarkeit am Tag der Nachwahl noch besitzt. [2]Ob die sich bewerbenden Personen die Wählbarkeit noch besitzen, entscheidet der Wahlausschuss am 33. Tag vor der Nachwahl bis 24 Uhr. [3]Stehen keine sich bewerbenden Personen mehr zur Verfügung, findet eine Neuwahl statt.

(8) [1]Eine Nachwahl wird von denjenigen Wahlorganen durchgeführt, die bereits bei der für ungültig erklärten Wahl im Amt waren, wenn das Wahlverfahren nicht insgesamt zu wiederholen ist; eine fehlerhafte Besetzung ist zu bereinigen. [2]Das Gesamtergebnis der Wahl ist neu festzustellen.

(9) Für die Wiederholungswahl gelten Absatz 6 Satz 1 sowie die Absätze 7 und 8 entsprechend.

Vierter Teil
Kosten, Wahlstatistik, Übergangs- und Schlußbestimmungen

§ 34 Kosten der Wahlen

(1) Die Kosten der Gemeindewahlen tragen die Gemeinden, die Kosten der Landkreiswahlen tragen die Landkreise.

(2) Die zum Vollzug der Wahl vorgesehenen Ämter sind Ehrenämter; die Gemeinden und Landkreise setzen in ihrer Hauptsatzung oder durch besondere Satzung eine angemessene Entschädigung sowie den Ersatz von Auslagen fest.

§ 35 Freistellungs- und Erstattungsanspruch

(1) 1Arbeitnehmer, die zu Mitgliedern des Wahlvorstands berufen werden, sind am Montag und Dienstag nach dem Wahlsonntag zur Arbeitsleistung nicht verpflichtet, soweit in dieser Zeit ihre Mitwirkung zur Ermittlung des Wahlergebnisses erforderlich ist. 2Ihre Abwesenheit haben sie unter Vorlage einer Bescheinigung der Gemeinde oder des Landkreises dem Arbeitgeber rechtzeitig mitzuteilen. 3Dieser ist verpflichtet, ihnen für die in Satz 1 bestimmte Zeit das Arbeitsentgelt einschließlich aller Nebenleistungen und Zulagen fortzuzahlen, das sie ohne ihre Tätigkeit im Wahlvorstand erzielt hätten. 4Den Arbeitgebern sind auf Antrag die nach Satz 3 zu erbringenden Leistungen einschließlich der Beiträge zur Sozialversicherung und zur Bundesanstalt für Arbeit von der Gemeinde oder dem Landkreis zu erstatten.

(2) Für Angehörige des öffentlichen Dienstes gilt Absatz 1 mit Ausnahme des Satzes 4.

§ 36 Wahlstatistik, Information der Öffentlichkeit

(1) 1Die Ergebnisse der Gemeindewahlen und der Landkreiswahlen sind vom Landesamt für Statistik statistisch zu bearbeiten. 2Die Gemeinden und die Landkreise übermitteln dem Landesamt die dafür erforderlichen Angaben nach einem von dem Landesamt zu bestimmenden Meldeverfahren.

(2) 1Der Inhalt der nach diesem Gesetz vorgeschriebenen öffentlichen Bekanntmachungen kann zusätzlich im Internet veröffentlicht werden. 2Statt einer Anschrift ist nur der Wohnort, statt eines Geburtsdatums nur das Geburtsjahr anzugeben. 3Der Wahlleiter leitet den Inhalt der Bekanntmachungen nach § 9 Abs. 6 und § 18 Abs. 1 an das Landesamt für Statistik weiter. 4Dieses informiert die Öffentlichkeit im Internet unter www.wahlen.thueringen.de über die Wahlen.

§ 37 Feststellung der Einwohnerzahl; Fristen und Termine

(1) 1Soweit nach diesem Gesetz die Einwohnerzahl in Betracht kommt, ist der letzte fortgeschriebene Stand der Bevölkerung zugrundezulegen, der vom Landesamt für Statistik früher als drei Monate vor dem Wahltag veröffentlicht wurde. 2Das gilt auch für die Zahl der zu wählenden Gemeinderatsmitglieder und Kreistagsmitglieder.

(2) 1Die in diesem Gesetz vorgesehenen Fristen und Termine verlängern oder ändern sich nicht dadurch, daß der letzte Tag der Frist oder ein Termin auf einen Sonnabend, einen Sonntag, einen gesetzlichen oder staatlich geschützten Feiertag fällt. 2Eine Wiedereinsetzung in den vorigen Stand ist ausgeschlossen.

§ 38 Ordnungswidrigkeiten

(1) 1Ordnungswidrig handelt, wer entgegen § 10 Abs. 1 Wähler beeinflußt, behindert oder erheblich belästigt oder wer entgegen § 10 Abs. 2 vor Ende der Wahlhandlung Ergebnisse von Wählerbefragungen nach der Stimmabgabe über den Inhalt der Stimmabgabe veröffentlicht. 2Ordnungswidrig handelt auch, wer Mitglieder des Wahlvorstandes an der Ausübung ihrer Rechte nach § 35 behindert.

(2) 1Die Ordnungswidrigkeit kann im Falle des Absatzes 1 Satz 1 mit einer Geldbuße bis zu fünfzigtausend Euro und im Falle des Absatzes 1 Satz 2 mit einer Geldbuße bis zu fünftausend Euro geahndet werden. 2Zuständige Verwaltungsbehörde im Sinne des § 36 Abs. 1 Nr. 1 des Gesetzes über Ordnungswidrigkeiten ist das Landesverwaltungsamt.

§ 39 Einschränkung von Grundrechten

Durch dieses Gesetz wird das Grundrecht auf Schutz personenbezogener Daten (Artikel 6 Abs. 2 der Verfassung des Freistaats Thüringen) in § 24 Abs. 3 eingeschränkt.

§ 40 Ausführungsvorschriften

(1) [1]Der Innenminister erläßt die zur Ausführung dieses Gesetzes erforderlichen Vorschriften durch Rechtsverordnung (Kommunalwahlordnung). [2]In der Kommunalwahlordnung können insbesondere nähere Regelungen getroffen werden über

1. die einzelnen Voraussetzungen für die Aufnahme in die Wählerverzeichnisse, deren Führung, Berichtigung und Abschluss, über die Einsichtnahme in die Wählerverzeichnisse, über die Einwendungen gegen das Wählerverzeichnis sowie über die Benachrichtigung der Wahlberechtigten,
2. die Erteilung von Wahlscheinen und Briefwahlunterlagen,
3. die Einteilung der Stimmbezirke,
4. die Bildung und Tätigkeit der Wahlorgane,
5. die Gestaltung der Stimmzettel und der sonstigen amtlichen Wahldrucksachen,
6. die Vorbereitung und Durchführung der Wahlhandlung einschließlich der Einrichtung der Wahlräume,
7. die Einreichung und Prüfung der Wahlvorschläge,
8. die Durchführung der Briefwahl,
9. die Wahl in Krankenhäusern und Pflegeeinrichtungen, in Klöstern, in Justizvollzugsanstalten,
10. die Stimmabgabe und Auswertung von Stimmzetteln,
11. die Feststellung des Wahlergebnisses,
12. die Neuwahl, Wiederholungswahl und Nachwahl,
13. die Kosten der Wahlen,
14. die Wahlstatistik.

(2) Der Innenminister wird außerdem ermächtigt, in der Kommunalwahlordnung nähere Bestimmungen über die gleichzeitige Durchführung von Wahlen zu erlassen; soweit es für eine ordnungsgemäße Durchführung der Wahlen erforderlich ist, sind Abweichungen von den in Absatz 1 Satz 2 genannten Bestimmungen zulässig.

§ 40a Schriftform

[1]Soweit in diesem Gesetz oder in der hierzu erlassenen Thüringer Kommunalwahlordnung nichts anderes bestimmt ist, sind vorgeschriebene Erklärungen persönlich und handschriftlich zu unterzeichnen und bei dem zuständigen Wahlorgan oder der zuständigen Stelle im Original einzureichen. [2]§ 3a des Thüringer Verwaltungsverfahrensgesetzes findet insoweit keine Anwendung.

§ 41 Gleichstellungsbestimmung

Status- und Funktionsbezeichnungen in diesem Gesetz gelten jeweils in männlicher und weiblicher Form.

§ 41a Übergangsregelungen

(1) [1]Für Wahlverfahren nach diesem Gesetz, in denen zum Zeitpunkt des Inkrafttretens des Dritten Gesetzes zur Änderung des Thüringer Kommunalwahlgesetzes[1)] bereits der Wahltag festgesetzt worden ist, sind die Bestimmungen dieses Gesetzes in der vor dem Inkrafttreten des Dritten Gesetzes zur Änderung des Thüringer Kommunalwahlgesetzes geltenden Fassung anzuwenden. [2]Satz 1 gilt entsprechend für Verfahren zur Abwahl nach § 28 Abs. 6 der Thüringer Kommunalordnung (ThürKO), in denen bereits der Tag der Abwahl, sowie für Bürgerbegehren nach § 17 ThürKO, in denen bereits der Beginn der Sammlungsfrist nach § 17 Abs. 3 Satz 9 ThürKO festgesetzt worden ist.

(2) Für Wahlverfahren nach diesem Gesetz, bei denen zum Zeitpunkt des Inkrafttretens des Gesetzes zur Änderung des Thüringer Landeswahlgesetzes und des Thüringer Kommunalwahlgesetzes[2)] bereits ein Wahltag festgesetzt war, ist § 18 in der vor dem Inkrafttreten des Gesetzes zur Änderung des Thüringer Landeswahlgesetzes und des Thüringer Kommunalwahlgesetzes geltenden Fassung anzuwenden.

(3) Für Wahlverfahren nach diesem Gesetz, in denen zum Zeitpunkt des Inkrafttretens des Thüringer Datenschutz-Anpassungs- und -Umsetzungsgesetzes EU bereits der Wahltag festgesetzt worden ist, sind die Bestimmungen des Thüringer Kommunalwahlgesetzes in der am Tag vor Inkrafttreten des Thüringer Datenschutz-Anpassungs- und -Umsetzungsgesetzes EU geltenden Fassung anzuwenden.

---

1) In Kraft getreten am 23.12.2015.

2) In Kraft getreten am 29.4.2017.

§ 42 Inkrafttreten, Außerkrafttreten

(1) Dieses Gesetz tritt am Tage nach der Verkündung[1)] in Kraft.

(2) *[nicht wiedergegebene Aufhebungsvorschrift]*

1) Verkündet am 24.8.1993.

Thüringer Kommunalabgabengesetz (ThürKAG)

In der Fassung der Bekanntmachung vom 19. September 2000[1] (GVBl. S. 301)
(610-1)

zuletzt geändert durch Art. 1 Zehntes G zur Änd. des Thüringer KAG – Aufhebung der Straßenausbaubeiträge vom 10. Oktober 2019 (GVBl. S. 396)

Nichtamtliche Inhaltsübersicht

Erster Abschnitt
Allgemeine Vorschriften

§ 1 Geltungsbereich
§ 2 Ermächtigungsgrundlage
§ 3 Weitergeltung von Bescheiden
§ 4 Kleinbeträge, Abrundung

Zweiter Abschnitt
Einzelne Abgaben

§ 5 Steuern
§ 6 Verpflichtung Dritter
§ 7 Beiträge
§ 7a *[(aufgehoben)]*
§ 7b Stundung von einmaligen Beiträgen
§ 7c Ungetrennte Hofräume
§ 8 Tourismusbeitrag
§ 9 Kurbeitrag
§ 10 Gebühren
§ 11 Verwaltungskosten
§ 12 Benutzungsgebühren
§ 13 Informationspflichten
§ 14 Grundstücksanschlüsse

Dritter Abschnitt
Verweisungen, Bewehrungsvorschriften, Schlussvorschriften

§ 15 Geltung der Abgabenordnung
§ 16 Abgabehinterziehung
§ 17 Leichtfertige Abgabeverkürzung
§ 18 Abgabegefährdung
§ 19 Geldbußen
§ 20 Einschränkung von Grundrechten
§ 21 Verwaltungsvorschriften
§ 21a Übergangsbestimmungen
§ 21b Übergangsbestimmungen zum Straßenausbaubeitragsrecht
§ 21c Gleichstellungsbestimmung
§ 21d Außer-Kraft-Treten von Vorschriften
§ 22 (In-Kraft-Treten)

Erster Abschnitt
Allgemeine Vorschriften

§ 1 Geltungsbereich

(1) Die Gemeinden und Landkreise (Kommunen) sind berechtigt, aufgrund dieses Gesetzes kommunale Abgaben zu erheben, soweit nicht ein privatrechtliches Entgelt gefordert wird.

(2) Abgaben sind Steuern, Beiträge, Gebühren und sonstige Abgaben.

(3) Die §§ 2 bis 4 und 15 bis 21 gelten auch für Abgaben, die die Kommunen aufgrund anderer Gesetze erheben, soweit gesetzlich nichts anderes bestimmt ist.

(4) Die Verwaltung der Realsteuern mit Ausnahme des Messbetrags- und des Zerlegungsverfahrens und die Verwaltung der örtlichen Verbrauch- und Aufwandsteuern obliegen den steuerberechtigten Kommunen.

§ 2 Ermächtigungsgrundlage

(1) Abgaben werden aufgrund einer besonderen Satzung erhoben.

(2) Die Satzung muss den Abgabepflichtigen, den die Abgabe begründenden Tatbestand, den Maßstab, den Satz der Abgabe sowie den Zeitpunkt der Entstehung und der Fälligkeit der Schuld bestimmen.

(3) [1]Soweit Abgabepflichtiger der Eigentümer oder Erbbauberechtigte eines Grundstücks ist und dieser nicht im Grundbuch eingetragen ist oder sonst die Eigentums- oder Berechtigungslage ungeklärt ist, so ist derjenige abgabepflichtig, der im Zeitpunkt des Entstehens der Abgabepflicht der Besitzer des betroffenen Grundstücks ist. [2]Bei einer Mehrheit von Besitzern ist jeder entsprechend der Höhe seines Anteils am Mitbesitz zur Abgabe verpflichtet.

---

1) Neubekanntmachung des Thüringer KommunalabgabenG v. 7.8.1991 (GVBl. S. 285, 329) in der ab 28.7.2000 geltenden Fassung.

(4) [1]Satzungen über die Erhebung von Steuern bedürfen der vorherigen Genehmigung durch die Rechtsaufsichtsbehörde. [2]Die Genehmigung kann versagt werden, wenn sie öffentliche Belange, insbesondere volkswirtschaftliche oder steuerliche Interessen des Staates beeinträchtigen würde.

(4a) [1]Satzungen über die Erhebung von Abgaben für leitungsgebundene Einrichtungen bedürfen der Genehmigung durch die Rechtsaufsichtsbehörde, wenn

1. ein Satzungsmuster des für kommunales Abgabenrecht zuständigen Ministeriums nicht vorliegt oder
2. vom Satzungsmuster des für kommunales Abgabenrecht zuständigen Ministeriums abgewichen wird.

[2]Wird nicht vom Satzungsmuster des für kommunales Abgabenrecht zuständigen Ministeriums abgewichen, gilt Absatz 5 entsprechend. [3]Die Satzungsmuster werden im Thüringer Staatsanzeiger veröffentlicht.

(5) [1]Die übrigen Satzungen müssen vor ihrer Bekanntmachung der Rechtsaufsichtsbehörde angezeigt werden. [2]Sie dürfen frühestens nach Ablauf eines Monats, nach dem die Kommune die Eingangsbestätigung für die anzuzeigende Satzung von der Rechtsaufsichtsbehörde erhalten hat, bekannt gemacht werden; die Rechtsaufsichtsbehörde hat die Eingangsbestätigung unverzüglich zu erteilen. [3]Die Satzung darf vor Ablauf des Monats bekannt gemacht werden, wenn dies die Rechtsaufsichtsbehörde ausdrücklich zulässt. [4]Die Bestimmungen über die Befugnisse der Rechtsaufsichtsbehörden nach der Thüringer Kommunalordnung in der Fassung vom 28. Januar 2003 (GVBl. S. 41) in der jeweils geltenden Fassung bleiben unberührt.

(6) [1]Verträge über Abgaben sind nur bei Ablösungen, Vorauszahlungen und Vergleichen in Rechtsbehelfsverfahren zulässig. [2]Anstelle der Erhebung von Gebühren und Beiträgen können die Gemeinden und Landkreise vertraglich die Zahlung von kostendeckenden Entgelten vereinbaren, wenn eine Mehrbelastung anderer Entgeltschuldner hierdurch nicht eintritt.

§ 3 Weitergeltung von Bescheiden

(1) [1]Die Kommunen können in Bescheiden über Abgaben, die für einen Zeitabschnitt erhoben werden, bestimmen, dass diese Bescheide auch für die folgenden Zeitabschnitte gelten. [2]Dabei ist anzugeben, an welchen Tagen und mit welchen Beträgen die Abgaben jeweils fällig werden.

(2) Bescheide, die für mehrere Zeitabschnitte gelten, sind:

1. von Amts wegen oder auf Antrag durch einen neuen Bescheid zu ersetzen, wenn sich die Berechnungsgrundlagen ändern;
2. auf Antrag des Schuldners für die nach der Antragstellung beginnenden neuen Zeitabschnitte zu ändern, wenn sie sachlich unrichtig sind.

§ 4 Kleinbeträge, Abrundung

(1) Es kann davon abgesehen werden, Abgaben festzusetzen, zu erheben, nachzufordern oder zu erstatten, wenn der Betrag niedriger als fünf Euro ist und die Kosten der Einziehung oder Erstattung außer Verhältnis zu dem Betrag stehen.

(2) Bei der Festsetzung können Centbeträge auf volle zehn Cent nach unten abgerundet und bei der Erstattung auf volle zehn Cent nach oben aufgerundet werden.

Zweiter Abschnitt
Einzelne Abgaben

§ 5 Steuern

(1) Die Gemeinden können örtliche Verbrauch- und Aufwandsteuern erheben, solange und soweit diese nicht bundesrechtlich geregelten Steuern gleichartig sind.

(2) [1]Die Landkreise können örtliche Verbrauch- und Aufwandsteuern, die bundesrechtlich geregelten Steuern nicht gleichartig sind, dort erheben, wo eine kreisangehörige Gemeinde diese Steuern nicht selbst erhebt. [2]Die kreisangehörigen Gemeinden dürfen Steuern, die der Landkreis erhebt, nur vom Beginn eines Jahres an selbst erheben.

§ 6 Verpflichtung Dritter

Die Steuersatzung kann Dritte, die zwar nicht Steuerschuldner sind, aber in engen rechtlichen oder wirtschaftlichen Beziehungen zum Steuergegenstand oder zu einem Sachverhalt stehen, an den die

Steuerpflicht oder der Steuergegenstand anknüpft, verpflichten, die Steuer zu kassieren, abzuführen und Nachweis darüber zu führen, und ferner bestimmen, dass sie für die Steuer neben dem Steuerschuldner haften.

§ 7 Beiträge

(1) [1]Die Gemeinden und Landkreise können, soweit nicht ein privatrechtliches Entgelt gefordert wird, zur Deckung des Aufwands für die Herstellung, Anschaffung, Erweiterung, Verbesserung oder Erneuerung ihrer öffentlichen Einrichtungen (Investitionsaufwand) Beiträge von denjenigen Grundstückseigentümern, Erbbauberechtigten oder Inhabern eines dinglichen Nutzungsrechts im Sinne des Artikels 233 § 4 des Einführungsgesetzes zum Bürgerlichen Gesetzbuche erheben, denen die Möglichkeit der Inanspruchnahme dieser Einrichtungen besondere Vorteile bietet. [2]Der Investitionsaufwand umfasst auch den Wert der von der Kommune aus ihrem Vermögen bereitgestellten Sachen und Rechte im Zeitpunkt der Bereitstellung. [3]Der Beitrag kann für Teile der Einrichtung selbständig erhoben werden (Kostenspaltung), wenn diese Teile nutzbar sind.

(2) [1]Für gemeindliche Straßenausbaumaßnahmen einschließlich Investitionsmaßnahmen für Straßenbeleuchtung (Straßenausbaumaßnahmen) sowie die Einrichtungen der Wasserversorgung werden keine Beiträge erhoben. [2]Die Erhebung von Erschließungsbeiträgen nach dem Baugesetzbuch bleibt unberührt.

(3) [1]Sind die Vorteile der Beitragspflichtigen verschieden hoch, so sind die Beiträge entsprechend abzustufen. [2]Verteilungsmaßstäbe sind insbesondere

1. die Grundstücksflächen,
2. das Maß der baulichen Nutzung (Geschossfläche, Anzahl der Vollgeschosse),
3. die Art der baulichen Nutzung oder
4. die Grundstücksbreite.

[3]Die Verteilungsmaßstäbe können miteinander verbunden werden. [4]In der Satzung kann geregelt werden, dass bei der Berechnung der Beiträge die Grundstücksflächen in unbeplanten Gebieten nur bis zur ortsüblichen Tiefe der baulichen Nutzung berücksichtigt werden.

(4) [1]Kommt die Einrichtung neben den Beitragspflichtigen nicht nur unbedeutend auch der Allgemeinheit zugute, so ist in der Satzung eine Eigenbeteiligung der Kommune vorzusehen. [2]Die Eigenbeteiligung muss die Vorteile für die Allgemeinheit angemessen berücksichtigen.

(5) Steht im Zeitpunkt des Satzungserlasses der Aufwand nach Absatz 1 noch nicht fest, so kann in Abweichung von § 2 Abs. 2 davon abgesehen werden, den Abgabesatz festzulegen; es müssen aber die wesentlichen Bestandteile der einzelnen Einrichtungen in der Satzung nach Art und Umfang bezeichnet und der umzulegende Teil der Gesamtkosten bestimmt werden.

(6) Die Beitragspflicht entsteht mit der Beendigung der Maßnahme oder der Teilmaßnahme.

(7) [1]Bei leitungsgebundenen Einrichtungen entsteht die Beitragspflicht, sobald das Grundstück an die Einrichtung oder Teileinrichtung nach Absatz 1 Satz 3 angeschlossen werden kann, frühestens mit In-Kraft-Treten der Satzung; die Satzung kann einen späteren Zeitpunkt bestimmen. [2]Abweichend von Satz 1 entsteht die sachliche Beitragspflicht

1. für unbebaute Grundstücke, sobald und soweit das Grundstück bebaut und tatsächlich angeschlossen wird, und
2. für bebaute Grundstücke in Höhe der Differenz, die sich aus tatsächlicher und zulässiger Bebauung ergibt, erst, soweit und sobald die tatsächliche Bebauung erweitert wird.

[3]Die sachliche Beitragspflicht entsteht für bebaute Grundstücke nicht, soweit und solange das Grundstück die durchschnittliche Grundstücksfläche im Verteilungsgebiet der Einrichtung des Aufgabenträgers um mehr als 30 vom Hundert übersteigt. [4]Sofern die örtlichen Verhältnisse es erfordern, ist bei der Ermittlung der durchschnittlichen Grundstücksfläche insbesondere zwischen Grundstücken, die vorwiegend Wohnzwecken dienen oder dienen werden, und sonstigen Grundstücken zu unterscheiden. [5]Satz 3 gilt nicht für die tatsächlich bebaute Fläche. [6]Ändern sich die für die Beitragsbemessung maßgeblichen Umstände nachträglich, unterrichten die Gemeinden die Aufgabenträger über Bauvorhaben, für die Baugenehmigungen erteilt oder die baurechtlich angezeigt wurden.[1)]

1) § 7 Abs. 7 Sätze 2 bis 6 verletzen die Beschwerdeführerinnen zu 1. und 2. in ihrem Recht auf kommunale Selbstverwaltung gemäß Art. 91 Abs. 2 der Verfassung des Freistaats Thüringen und sind daher nichtig; Urteil des Thüringer Verfassungsgerichtshofs vom 23. April 2009 – VerfGH 32/05 – (GVBl. S. 421).

(8) [1]Für ein Grundstück, für das eine Beitragspflicht noch nicht oder nicht in vollem Umfang entstanden ist, können Vorauszahlungen auf den einmaligen Beitrag verlangt werden, sobald mit der Ausführung der beitragspflichtigen Maßnahme begonnen worden ist. [2]Die Vorauszahlung ist mit der endgültigen Beitragsschuld zu verrechnen, auch wenn der Vorauszahlende nicht beitragspflichtig ist. [3]Ist die Beitragspflicht sechs Jahre nach Erlass des Vorauszahlungsbescheides noch nicht entstanden, kann die Vorauszahlung zurückverlangt werden. [4]Dies gilt nicht im Fall der gesonderten Erhebung der Vorauszahlung für Teile einer leitungsgebundenen Einrichtung, wenn für das herangezogene Grundstück eine Anschlussmöglichkeit an die Teileinrichtung besteht, die noch keine Beitragspflicht auslöst. [5]Der Rückzahlungsanspruch ist ab Erhebung der Vorauszahlung mit einem Zwölftel des Basiszinssatzes nach § 247 des Bürgerlichen Gesetzbuches zuzüglich 0,1 Prozentpunkten für jeden vollen Monat zu verzinsen. [6]Ist eine Beitragspflicht bereits entstanden, können Vorschüsse auf den Beitrag erhoben werden, sofern die endgültige Beitragsschuld noch nicht berechnet werden kann.

(9) [1]Für leitungsgebundene Einrichtungen können unbeschadet der Regelung des Absatzes 8 Vorauszahlungen unter den Voraussetzungen des Absatzes 8 Satz 1 nach Maßgabe des Baufortschritts der Einrichtung bis zu 80 vom Hundert des voraussichtlichen, beitragsfähigen Investitionsaufwands erhoben werden. [2]Im Falle der Kostenspaltung nach Absatz 1 Satz 3 ist die Erhebung der Vorausleistung für Teile der Einrichtung gesondert zulässig. [3]Sofern die für die Berechnung der Vorauszahlung notwendigen Grunddaten nicht vorhanden sind, werden sie durch Selbstauskunft des Beitragspflichtigen ermittelt. [4]Kommt der Beitragspflichtige dem Auskunftsverlangen nicht nach, können die notwendigen Grunddaten durch Schätzung ermittelt werden. [5]Führt der im Wege der Selbstauskunft oder der Schätzung der Vorauszahlung zugrunde gelegte satzungsgemäße Verteilungsmaßstab zu einem anderen Beitrag, als er bei einer tatsächlichen Ermittlung anzusetzen gewesen wäre, ist der Unterschiedsbetrag zwischen der aufgrund der Selbstauskunft oder der Schätzung erhobenen und der sich nach Zugrundelegung der tatsächlich anzusetzenden Werte ergebenden Vorauszahlung mit einem Zwölftel des Basiszinssatzes nach § 247 des Bürgerlichen Gesetzbuches zuzüglich 0,1 Prozentpunkten für jeden vollen Monat zu verzinsen.

(10) [1]Beitragspflichtig ist, wer im Zeitpunkt des Entstehens der Beitragsschuld Eigentümer des Grundstücks, Erbbauberechtigter oder Inhaber eines dinglichen Nutzungsrechts im Sinne des Artikels 233 § 4 des Einführungsgesetzes zum Bürgerlichen Gesetzbuche ist; unabhängig hiervon richtet sich für restitutionsbelastete Grundstücke die Beitragspflicht nach Satz 2. [2]Die Satzung kann bestimmen, dass beitragspflichtig ist, wer im Zeitpunkt der Bekanntgabe des Beitragsbescheides Eigentümer des Grundstücks, Erbbauberechtigter oder Inhaber eines dinglichen Nutzungsrechts im Sinne des Artikels 233 § 4 des Einführungsgesetzes zum Bürgerlichen Gesetzbuche ist. [3]Mehrere Beitragspflichtige sind Gesamtschuldner; bei Wohnungs- und Teileigentum sind die einzelnen Wohnungs- und Teileigentümer nur entsprechend ihrem Miteigentumsanteil beitragspflichtig.

(11) [1]Der Beitrag ruht als öffentliche Last auf dem Grundstück, dem Erbbaurecht oder dem dinglichen Nutzungsrecht im Sinne des Artikels 233 § 4 des Einführungsgesetzes zum Bürgerlichen Gesetzbuche, im Falle des Absatzes 10 Satz 3 auf dem Wohnungs- oder dem Teileigentum; die öffentliche Last erlischt nicht, solange die persönliche Schuld besteht. [2]Der Duldungsbescheid, mit dem die öffentliche Last geltend gemacht wird, ist wie ein Leistungsbescheid zu vollstrecken.

(12) [1]Ein Beitrag kann auch für öffentliche Einrichtungen erhoben werden, die vor In-Kraft-Treten der Abgabesatzung hergestellt, angeschafft, erweitert, verbessert oder erneuert wurden. [2]Eine ungültige Satzung kann rückwirkend oder mit Wirkung für die Zukunft durch eine gültige Satzung ersetzt werden.

(13) [1]Der Beitragsberechtigte kann die Ablösung des Beitrags vor Entstehung der Beitragspflicht gegen eine angemessene Gegenleistung zulassen. [2]Das Nähere ist in der Satzung zu bestimmen.

(14) [1]Grundstückseigentümer, Erbbauberechtigte und Inhaber eines dinglichen Nutzungsrechts im Sinne des Artikels 233 § 4 des Einführungsgesetzes zum Bürgerlichen Gesetzbuche sind dazu verpflichtet, auf Verlangen der beitragsberechtigten Körperschaft die für die Berechnung der Vorauszahlungen, Vorschüsse und Beiträge erheblichen Tatsachen vollständig und wahrheitsgemäß offen zu legen und die ihnen bekannten Beweismittel anzugeben. [2]Dies gilt insbesondere für Angaben zu der Grundstücksfläche sowie der Art und dem Maß der baulichen Nutzung eines Grundstücks. [3]Kommt der Verpflichtete einer Aufforderung der beitragsberechtigten Körperschaft nicht nach, kann er mit einer Geldbuße bis zu zweihundertfünfzig Euro belegt werden.

§ 7a ***[aufgehoben]***

§ 7b Stundung von einmaligen Beiträgen

(1) [1]Einmalige Beiträge können auf Antrag des Beitragspflichtigen insoweit verzinslich gestundet werden, als die Beitragsschuld in bis zu fünf aufeinander folgenden Jahresraten beglichen wird. [2]Die Höhe und Fälligkeit der Raten wird durch Bescheid oder öffentlich-rechtlichen Vertrag festgelegt. [3]§ 222 Satz 1 der Abgabenordnung findet insoweit keine Anwendung.

(2) [1]Einmalige Beiträge können zur Vermeidung erheblicher Härten im Sinne des § 222 Satz 1 der Abgabenordnung im Einzelfall über die in Absatz 1 genannte Frist hinaus gestundet werden. [2]In diesem Fall soll der Beitrag in höchstens 20 Jahresraten entrichtet werden. [3]Die Höhe und der Zeitpunkt der Fälligkeit der Jahresraten wird durch Bescheid festgelegt. [4]Der jeweilige Restbetrag ist mit einem Zwölftel des Basiszinssatzes nach § 247 des Bürgerlichen Gesetzbuches zuzüglich 0,1 Prozentpunkten für jeden vollen Monat zu verzinsen. [5]Der Beitragsschuldner kann am Ende eines jeden Jahres den Restbetrag ohne weitere Zinsverpflichtungen tilgen. [6]Die Jahresraten stehen wiederkehrenden Leistungen im Sinne des § 10 Abs. 1 Nr. 3 des Gesetzes über die Zwangsversteigerung und die Zwangsverwaltung in der Fassung vom 20. Mai 1898 (RGBl. S. 369, 713) in der jeweils geltenden Fassung gleich.

(3) [1]Die Satzung kann bestimmen, dass der Beitrag für leitungsgebundene Einrichtungen für bebaute, gewerblich genutzte Grundstücke zinslos gestundet wird, soweit und solange der Beitragspflichtige nachweist, dass

1. das Verhältnis der genutzten Grundstücksfläche zu der nicht genutzten Grundstücksfläche das Verhältnis 1 : 3 überschreitet und
2. die nicht genutzten Grundstücksteile nicht zu wirtschaftlich zumutbaren Bedingungen veräußert werden können.

[2]Die Stundung soll auf die Grundstücksfläche begrenzt werden, die über das in Satz 1 Nr. 1 genannte Verhältnis hinausgeht.

(4) Die Satzung kann bestimmen, dass der Beitrag zinslos gestundet wird, solange Grundstücke als Kleingärten im Sinne des Bundeskleingartengesetzes vom 28. Februar 1983 (BGBl. I S. 210) in der jeweils geltenden Fassung genutzt werden und der Beitragspflichtige nachweist, dass die darauf befindlichen Gebäude nicht zum dauerhaften Wohnen geeignet sind oder für gewerbliche Zwecke genutzt werden.

(5) Die Satzung kann bestimmen, dass der Beitrag für leitungsgebundene Einrichtungen zinslos gestundet wird, soweit und solange Grundstücke

1. als Friedhof genutzt werden oder
2. mit Kirchen bebaut sind, die zur Religionsausübung genutzt werden, soweit diese nicht tatsächlich an die Einrichtung angeschlossen sind.

(6) [1]Eine erhebliche Härte im Sinne des § 222 der Abgabenordnung (Stundung) kann bei Beitragsforderungen insbesondere für unbebaute, beitragspflichtige Grundstücke vorliegen, deren landwirtschaftliche Nutzung weiterhin notwendig ist oder deren Nichtbebauung im Interesse der Erhaltung der charakteristischen Siedlungsstruktur oder des Ortsbildes liegt. [2]In diesen Fällen soll auf die Erhebung von Zinsen verzichtet werden.

(7) Die Absätze 1 bis 6 sind entsprechend auf Vorauszahlungen und Vorschüsse anzuwenden.

(8) Soweit sich die für eine Stundung von einmaligen Beiträgen, Vorauszahlungen und Vorschüssen nach den Absätzen 2 bis 6 maßgeblichen Umstände ändern, ist der Beitragspflichtige verpflichtet, dies unverzüglich dem Beitragsberechtigten anzuzeigen.

§ 7c Ungetrennte Hofräume

[1]Ist ein vermessenes und im Bestandsverzeichnis des Grundbuchs unter einer eigenen Nummer eingetragenes Grundstück nicht vorhanden, so gilt die vom Grundstückseigentümer, Erbbauberechtigten oder Inhaber eines dinglichen Nutzungsrechts im Sinne des Artikels 233 § 4 des Einführungsgesetzes zum Bürgerlichen Gesetzbuche zusammenhängend genutzte Fläche als Grundstück. [2]Die Gemeinde kann diesen auffordern, die Lage und Größe der Fläche nachprüfbar nachzuweisen.

§ 8 Tourismusbeitrag

(1) [1]Gemeinden können zur Deckung des gemeindlichen Aufwandes für die Herstellung, Erweiterung, Unterhaltung und Vermarktung der touristischen Zwecken dienenden Einrichtungen sowie die für diesen Zweck durchgeführten Veranstaltungen einen Tourismusbeitrag erheben. [2]Beitragspflichtig

sind alle in der Gemeinde selbständig tätigen Personen und Unternehmen, denen aufgrund des Tourismus unmittelbar oder mittelbar wirtschaftliche Vorteile erwachsen.
(2) Die Abgabe bemisst sich nach den besonderen wirtschaftlichen Vorteilen, die dem einzelnen Abgabepflichtigen aus dem Fremdenverkehr erwachsen.
(3) Die Gemeinden können auf die Beitragsschuld eines Kalenderjahres bereits während dieses Jahres Vorauszahlungen verlangen.

§ 9 Kurbeitrag

(1) Gemeinden, die ganz oder teilweise als Kurort oder Erholungsort staatlich anerkannt sind, können für die Herstellung, Anschaffung, Erweiterung und Unterhaltung der zu Heil-, Kur- oder Erholungszwecken in dem anerkannten Gebiet bereitgestellten Einrichtungen und Anlagen sowie für die zu diesem Zweck durchgeführten Veranstaltungen sowie für die, ggf. auch im Rahmen eines überregionalen Verbundes, den Kur- und Erholungsgästen eingeräumte Möglichkeit der kostenlosen Nutzung des öffentlichen Personennahverkehrs einen Beitrag (Kurbeitrag) erheben.
(2) [1]Beitragspflichtig sind alle Personen, die sich in dem nach Absatz 1 anerkannten Gebiet zu Heil-, Kur- oder Erholungszwecken aufhalten, ohne dort ihre Hauptwohnung im Sinne des Melderechts zu haben, und denen die Möglichkeit zur Benutzung der Einrichtungen und zur Teilnahme an den Veranstaltungen geboten ist. [2]Sind die Vorteile, die den Beitragspflichtigen aus den Einrichtungen und Veranstaltungen erwachsen können, verschieden groß, so ist dies durch entsprechende Abstufung der Beitragshöhe zu berücksichtigen. [3]Die Satzung kann aus wichtigen Gründen die vollständige oder teilweise Befreiung von der Beitragspflicht vorsehen. [4]In der Satzung können die in Satz 1 bezeichneten Personen verpflichtet werden, der Gemeinde unverzüglich die für die Feststellung der Beitragspflicht notwendigen Angaben zu machen; Inhaber von Zweitwohnungen können verpflichtet werden, der Gemeinde Auskunft über die Benutzung der Zweitwohnung zu geben.
(3) [1]Wer Personen beherbergt oder ihnen Wohnraum überlässt, kann in der Satzung verpflichtet werden, diese Personen der Gemeinde zu melden, ferner den Beitrag zu kassieren und an die Gemeinde abzuführen. [2]Dieselben Verpflichtungen können den Inhabern von Campingplätzen auferlegt werden. [3]Die Satzung kann bestimmen, dass die zur Beitragsabführung verpflichteten Personen neben den Beitragspflichtigen als Gesamtschuldner haften. [4]Satz 1 und Satz 3 gelten auch für die Inhaber von Kuranstalten, soweit der Kurbeitrag von Personen erhoben wird, welche die Kuranstalten benutzen, ohne in der Gemeinde zu übernachten. [5]Ist der Kurbeitrag im Preis für eine Gesellschaftsreise enthalten, so kann die Satzung die Reiseunternehmer verpflichten, den Beitrag an die Gemeinde abzuführen; Satz 3 gilt entsprechend.

§ 10 Gebühren

Die Gemeinden, Landkreise, Verwaltungsgemeinschaften, Zweckverbände und sonstigen kommunalen Körperschaften des öffentlichen Rechts können für Amtshandlungen im eigenen Wirkungskreis Kosten (Verwaltungsgebühren und Auslagen) und für die Nutzung ihrer Einrichtungen Benutzungsgebühren erheben.

§ 11 Verwaltungskosten

(1) [1]Soweit nicht bundes- oder landesrechtliche Vorschriften vorgehen, können als Gegenleistung für Amtshandlungen oder sonstige Verwaltungstätigkeiten, die auf Veranlassung oder überwiegend im Interesse eines Einzelnen vorgenommen werden, von diesem Verwaltungsgebühren erhoben werden. [2]Zusätzlich sind die entstandenen Auslagen zu erstatten.
(2) [1]Die Gebühren sind unter Berücksichtigung des Interesses des Gebührenpflichtigen und nach dem Verwaltungsaufwand zu bemessen. [2]Ihr Aufkommen soll in der Regel die Kosten des betreffenden Verwaltungszweiges decken.
(3) [1]Für Widerspruchsbescheide wird eine Gebühr erhoben, wenn oder soweit der Widerspruch zurückgewiesen wird. [2]Die Gebühr für das Widerspruchsverfahren beträgt höchstens das Anderthalbfache der für den angefochtenen Verwaltungsakt festzusetzenden Gebühr.
(4) Die §§ 2 und 3 des Thüringer Verwaltungskostengesetzes in ihrer jeweils geltenden Fassung sind entsprechend anzuwenden.
(5) Die Kommunen können anstelle einer eigenen Kostensatzung mit Gebührenverzeichnis durch Satzung das Verwaltungskostengesetz nebst Gebührenverzeichnis für den eigenen Wirkungskreis für anwendbar erklären.

§ 12 Benutzungsgebühren

(1) [1]Die Kommunen können für die Benutzung ihrer öffentlichen Einrichtungen und ihres Eigentums Benutzungsgebühren erheben. [2]Benutzungsgebühren sollen erhoben werden, wenn und soweit eine Einrichtung überwiegend dem Vorteil einzelner Personen oder Personengruppen dient, soweit nicht ein privatrechtliches Entgelt gefordert wird. [3]Das Nehmen eines Anschlusses ist keine Benutzung im Sinne dieses Gesetzes. [4]Insofern durch die Träger der Straßenbaulast keine, den Anforderungen des § 23 Abs. 5 des Thüringer Straßengesetzes vom 7. Mai 1993 (GVBl. S. 273) in der jeweils geltenden Fassung entsprechende Beteiligung an den Kosten der Herstellung oder der Erneuerung einer von einer Gemeinde oder dem Abwasserverband eingerichteten Abwasseranlage erfolgt, sind Benutzungsgebühren auch von den Trägern der Straßenbaulast für Einleitungen von Oberflächenwasser von öffentlichen Straßen, Wegen und Plätzen in die Einrichtung der Abwasserbeseitigung zu erheben.

(2) [1]Das Gebührenaufkommen soll die nach betriebswirtschaftlichen Grundsätzen ansatzfähigen Kosten decken. [2]Wirtschaftliche Unternehmen und Beteiligungen sollen einen Ertrag für den Haushalt der Körperschaft abwerfen. [3]Soweit ein Benutzungszwang besteht, soll das Aufkommen die Kosten nach Satz 1 nicht übersteigen. [4]Zur Deckung der verbrauchsunabhängigen Kosten (Vorhaltekosten) kann eine Grundgebühr erhoben werden, die – unter besonderer Beachtung des Absatzes 5 – so zu bemessen ist, dass neben ihr in der Mehrzahl der Fälle auch noch eine angemessene Abrechnung nach der tatsächlichen Benutzung stattfindet; die Erhebung einer Mindestgebühr ist bei der Wasserversorgung und der Abwasserbeseitigung unzulässig.

(3) [1]Zu den Kosten im Sinne von Absatz 2 Satz 1 gehören insbesondere angemessene Abschreibungen von den Kosten für die Beschaffung sowie eine angemessene Verzinsung des Anlagekapitals; zulässig sind auch angemessene Abschreibungen von den Kosten für die Wiederbeschaffung, bezogen auf den Zeitpunkt der Gebührenkalkulation sowie eine angemessene Verzinsung des Anlagekapitals. [2]Bei der Verzinsung des Anlagekapitals bleibt der durch Beiträge und ähnliche Entgelte sowie der aus Zuwendungen aufgebrachte Kapitalanteil außer Betracht. [3]Die bei der Abschreibung zugrunde zu legenden Wiederbeschaffungskosten sind in entsprechender Weise zu kürzen wie das Anlagekapital nach Satz 2; dies gilt für die Zuwendungen nur insoweit, wie der Wille des Zuwendungsgebers darauf gerichtet ist, die Gebührenpflichtigen zu entlasten.

(4) Die Gebühren sind nach dem Ausmaß zu bemessen, in dem die Gebührenschuldner die öffentliche Einrichtung oder das kommunale Eigentum benutzen; sonstige Merkmale können zusätzlich berücksichtigt werden, wenn öffentliche Belange dies rechtfertigen.

(5) [1]Die Gebührenbemessung bei der Wasserversorgung und der Abwasserbeseitigung hat dem schonenden und sparsamen Umgang mit Wasser zu dienen. [2]Progressive und degressive Gebührenbemessung sind bei der Wasserversorgung und der Abwasserbeseitigung zulässig. [3]Wasser- und Abwassergebühren können insoweit degressiv bemessen werden, wie bei zunehmender Leistungsmenge eine Kostendegression eintritt.

(6) [1]Bei der Gebührenbemessung können die Kosten in einem mehrjährigen Zeitraum berücksichtigt werden, der jedoch höchstens vier Jahre umfassen soll. [2]Kostenüberdeckungen, die sich am Ende des Bemessungszeitraumes ergeben, sind bei ein- oder mehrjähriger Gebührenbemessung innerhalb des folgenden Bemessungszeitraumes auszugleichen; Kostenunterdeckungen sollen in diesem Zeitraum ausgeglichen werden.

(7) Auf die Gebührenschuld aus einem Dauerbenutzungsverhältnis können vom Beginn des Erhebungszeitraumes an angemessene Vorauszahlungen verlangt werden.

§ 13 Informationspflichten

[1]Sobald die Gemeinden und Landkreise entschieden haben, eine Maßnahme im Sinne von § 7 Abs. 1 Satz 1 durchzuführen, für die Beiträge erhoben werden sollen, teilen sie dies unverzüglich den Personen, die als Beitragspflichtige voraussichtlich in Betracht kommen, in geeigneter Form mit und weisen darauf hin, dass diese mit der Zahlung von Beiträgen zu rechnen haben. [2]Zugleich sind die Beitragspflichtigen darauf hinzuweisen, dass sie in die Satzung sowie in die Planungsunterlagen, die den Ausschreibungen zugrunde gelegt werden sollen, Einblick nehmen und während der Zeit der Einsichtnahme Anregungen vorbringen können. [3]Vor Ausführung einer Maßnahme nach Satz 1 sollen Gemeinden und Landkreise im Rahmen einer gesonderten, für die Betroffenen öffentlichen Veranstaltung über das Vorhaben unter Einbeziehung hierzu ergangener Anregungen unterrichten. [4]Die Sätze 1 bis

3 gelten entsprechend für die erstmalige Erhebung von Benutzungsgebühren. [5]Die Beitrags- und Gebührenpflichtigen sind berechtigt, die Kosten- und Aufwandsrechnung einzusehen.

§ 14 Grundstücksanschlüsse

(1) Die Kommunen können bestimmen, dass ihnen der Aufwand für die Herstellung, Anschaffung, Verbesserung, Erneuerung, Veränderung und Beseitigung sowie für die Unterhaltung des Teils eines Grundstücksanschlusses an Versorgungs- und Entwässerungseinrichtungen, der sich nicht im öffentlichen Straßengrund befindet, in der tatsächlichen Höhe oder nach Einheitssätzen (§ 130 des Baugesetzbuchs in der Fassung vom 27. August 1997 – BGBl. I S. 2141 – in der jeweils geltenden Fassung) erstattet wird.

(2) [1]Zahlungspflichtig ist, wer im Zeitpunkt des Entstehens des Erstattungsanspruchs Eigentümer des Grundstücks oder Erbbauberechtigter ist. [2]Mehrere Zahlungspflichtige sind Gesamtschuldner.

(3) Die Art der Ermittlung des Aufwandes sowie die Höhe des Einheitssatzes sind in der Satzung festzulegen.

Dritter Abschnitt

Verweisungen, Bewehrungsvorschriften, Schlussvorschriften

§ 15 Geltung der Abgabenordnung

(1) Soweit gesetzlich nichts anderes bestimmt ist, sind in ihrer jeweils geltenden Fassung folgende Bestimmungen der Abgabenordnung 1977 entsprechend anzuwenden:

1. Aus dem Ersten Teil – Einleitende Vorschriften –
   a) über den Anwendungsbereich:
   § 1 Abs. 3 und § 2,
   b) über die steuerlichen Begriffsbestimmungen:
   § 3 Abs. 1, Abs. 3 ohne die Worte und Klammerzusätze „Zwangsgelder (§ 329) und Kosten (§ 178, §§ 337 bis 345)“, Absatz 4, §§ 4, 5, 7 bis 15,
   c) über das Steuergeheimnis:
   § 30 mit folgenden Maßgaben:
   aa) die Bestimmung gilt nur für kommunale Steuern und den Fremdenverkehrsbeitrag,
   bb) bei der Hundesteuer darf in Schadensfällen Auskunft über Namen und Anschrift des Hundehalters an Behörden und Schadensbeteiligte gegeben werden,
   cc) die Entscheidung nach Absatz 4 Nr. 5 Buchst. c trifft die Körperschaft, der die Abgabe zusteht,
   dd) §§ 30a und 31a,
   d) über die Haftungsbeschränkung der Amtsträger:
   § 32;
2. aus dem Zweiten Teil – Steuerschuldrecht –
   a) über die Steuerpflichtigen:
   §§ 33 bis 36,
   b) über das Steuerschuldverhältnis:
   §§ 37 bis 50,
   c) über die Haftung:
   §§ 69 bis 71, 73 bis 75 und 77;
3. aus dem Dritten Teil – Allgemeine Verfahrensvorschriften –
   a) über die Verfahrensgrundsätze:
   §§ 78 bis 81, § 82 Abs. 1 und 2, § 83 Abs. 1 mit der Maßgabe, dass in den Fällen des Satzes 2 beim Bürgermeister und seinem Stellvertreter die Gemeindevertretung und beim Landrat und seinem Stellvertreter der Kreistag die Anordnung trifft, §§ 85 bis 93, 96 Abs. 1 bis Abs. 7 Satz 2, §§ 97 bis 99, § 101 Abs. 1, §§ 102 bis 109, 111 Abs. 1 bis 3 und Abs. 5, §§ 112 bis 115, 117 Abs. 1, 2 und 4,
   b) über die Verwaltungsakte:
   §§ 118 bis 133 mit der Maßgabe, dass in § 122 Abs. 5 Satz 2 das Wort „Verwaltungszustellungsgesetzes“ durch die Worte „Thüringer Verwaltungszustellungs- und Vollstreckungsge-

setzes“ und in § 132 das Wort „finanzgerichtlichen“ durch das Wort „verwaltungsgerichtlichen“ ersetzt werden;

4. aus dem Vierten Teil – Durchführung der Besteuerung –
   a) über die Mitwirkungspflichten:
      § 140 ohne die Worte „als den Steuergesetzen“, §§ 145 bis 149 und 150 Abs. 1 bis 5 sowie §§ 151 bis 153,
   b) über das Festsetzungs- und Feststellungsverfahren:
      aa) § 155, § 156 Abs. 2, §§ 157 bis 162 und § 163 Abs. 1 Satz 1 und 3, § 165 Abs. 1 sowie §§ 166 und 167,
      bb) § 169 mit der Maßgabe,
         – dass in Absatz 1 Satz 3 Nr. 2 die Verweisung „§ 15 Abs. 2 des Verwaltungszustellungsgesetzes“ durch die Verweisung „§ 15 Abs. 2 des Thüringer Verwaltungszustellungs- und Vollstreckungsgesetzes“ ersetzt werden und
         – dass die Festsetzungsfrist nach Absatz 2 Satz 1 einheitlich vier Jahre beträgt, in Abweichung von der Festsetzungsfrist von vier Jahren beträgt die Festsetzungsfrist für die Erhebung von Beiträgen nach § 7 für die bis zum 31. Dezember 1993 entstandenen Beitragspflichten fünf Jahre, soweit es nicht leitungsgebundene Einrichtungen betrifft, in Abweichung von der Festsetzungsfrist von vier Jahren tritt die Verjährung der Festsetzungsfrist für die Erhebung von Beiträgen für leitungsgebundene Einrichtungen für Beitragspflichten, die bis zum 31. Dezember 1997 entstanden sind, nicht vor dem 31. Dezember 2002 ein, in Abweichung von der Festsetzungsfrist von vier Jahren beträgt die Festsetzungsfrist für die Fälle der rückwirkenden Ersetzung einer ungültigen Satzung durch eine gültige Satzung zwölf Jahre,
      cc) § 170 Abs. 1 mit der Maßgabe,
         – dass die Festsetzungsfrist dann, wenn die Forderung im Zeitpunkt des Entstehens aus tatsächlichen Gründen noch nicht berechnet werden kann, erst mit dem Ablauf des Kalenderjahres beginnt, in dem die Berechnung möglich ist,
         – dass bei rückwirkender Ersetzung einer ungültigen Satzung durch eine gültige Satzung die Festsetzungsfrist mit Ablauf des Kalenderjahres zu laufen beginnt, in dem die Abgabenschuld nach Maßgabe der ungültigen Satzung entstanden wäre, und
         – dass bei Ersetzung einer ungültigen Satzung für die Erhebung von Beiträgen durch eine gültige Satzung mit Wirkung für die Zukunft die Festsetzungsfrist mit Ablauf des achten Kalenderjahres beginnt, das auf das Kalenderjahr folgt, in dem die Beitragsschuld nach Maßgabe der ungültigen Satzung entstanden wäre,
      dd) § 171 mit der Maßgabe, dass im Absatz 3a die Verweisung „§ 100 Abs. 1 Satz 1, Abs. 2 Satz 2, § 101 der Finanzgerichtsordnung“ durch die Verweisung „§ 113 Abs. 1 Satz 1 und Abs. 4 der Verwaltungsgerichtsordnung“ ersetzt wird,
      ee) § 179 mit der Maßgabe, dass die Grundlagen für die Abgabenfestsetzungen durch besonderen Bescheid festgestellt werden können, soweit die Satzung dies vorsieht,
      ff) §§ 191 bis 194, § 195 Satz 1 mit der Maßgabe, dass auch Organe der überörtlichen Rechnungsprüfung mit der Prüfung betraut werden können, §§ 196 bis 203 mit der Maßgabe, dass in § 196 der Klammerzusatz entfällt;

5. aus dem Fünften Teil – Erhebungsverfahren –
   a) über die Verwirklichung, die Fälligkeit und das Erlöschen von Ansprüchen aus dem Steuerschuldverhältnis:
      §§ 218, 219, 221, 222, 224 Abs. 1 und 2, §§ 225, 226, 227 Abs. 1, §§ 228 bis 232,
   b) über die Verzinsung und die Säumniszuschläge:
      aa) §§ 233, 234 Abs. 1 und 2, § 235,
      bb) § 236 mit der Maßgabe,
         – dass in Absatz 1 Satz 1 nach den Worten „durch eine rechtskräftige gerichtliche Entscheidung“ die Worte „oder eine bestandskräftige Widerspruchsentscheidung“ und nach den Worten „vorbehaltlich des Absatz 3 vom“ die Worte „Tag der Einlegung des Widerspruchs, wenn ein Widerspruchsverfahren vorausgegangen ist“

sowie in Absatz 1 Satz 2 nach den Worten „der zu erstattende Betrag erst“ die Worte „nach Einlegung des Widerspruchs, wenn ein Widerspruchsverfahren nicht vorausgegangen ist“ einzufügen sind,
- dass in Absatz 2 nach der Angabe „2“ die Worte „eine bestandskräftige Widerspruchsentscheidung,“ einzufügen sind und
- dass in Absatz 3 die Verweisung „§ 137 Satz 1 der Finanzgerichtsordnung“ durch die Verweisung „§ 155 Abs. 5 der Verwaltungsgerichtsordnung“ ersetzt wird,

cc) § 237 Abs. 1, 2 und 4 mit der Maßgabe,
- dass in Absatz 1 die Worte „eine Einspruchsentscheidung“ durch die Worte „einen Widerspruchsbescheid“
- sowie in Absatz 4 die Worte „und 3 gelten“ durch das Wort „gilt“ ersetzt werden,

dd) §§ 238 bis 240 mit der Maßgabe, dass die Höhe der Zinsen abweichend von § 238 Abs. 1 Satz 1 ein Zwölftel des Basiszinssatzes nach § 247 des Bürgerlichen Gesetzbuches zuzüglich 0,1 Prozentpunkten für jeden vollen Monat beträgt,

c) über die Sicherheitsleistung:
§§ 241 bis 248;

6. aus dem Sechsten Teil – Vollstreckung –
a) über die Allgemeinen Vorschriften:
§ 251 Abs. 2 und 3 und § 254 Abs. 2,
b) über die Niederschlagung:
§ 261.

(2) Bei der Anwendung der in Absatz 1 bezeichneten Vorschriften tritt jeweils an die Stelle
a) der Finanzbehörde oder des Finanzamtes die Körperschaft, der die Abgabe zusteht,
b) des Wortes „Steuer(n)“ – allein oder in Wortzusammensetzung – das Wort „Abgabe(n)“,
c) des Wortes „Besteuerung“ die Worte „Heranziehung zu Abgaben“.

§ 16 Abgabehinterziehung

(1) [1]Mit Freiheitsstrafe bis zu zwei Jahren oder mit Geldstrafe wird bestraft, wer
1. der Körperschaft, der die Abgabe zusteht, oder einer anderen Behörde über abgaberechtlich erhebliche Tatsachen unrichtige oder unvollständige Angaben macht oder
2. die Körperschaft, der die Abgabe zusteht, pflichtwidrig über abgaberechtlich erhebliche Tatsachen in Unkenntnis lässt

und dadurch Abgaben verkürzt oder für sich oder einen anderen nicht gerechtfertigte Abgabevorteile erlangt. [2]§ 370 Abs. 4, §§ 371 und 376 der Abgabenordnung in der jeweils geltenden Fassung sind entsprechend anzuwenden.

(2) Der Versuch ist strafbar.

§ 17 Leichtfertige Abgabeverkürzung

[1]Mit Geldbuße bis zu zehntausend Euro kann belegt werden, wer als Abgabepflichtiger oder bei der Wahrnehmung der Angelegenheiten eines Abgabepflichtigen eine der in § 16 Abs. 1 Satz 1 bezeichneten Taten leichtfertig begeht. [2]§ 370 Abs. 4 und § 378 Abs. 3 der Abgabenordnung in der jeweils geltenden Fassung sind entsprechend anzuwenden.

§ 18 Abgabegefährdung

Mit Geldbuße bis zu fünftausend Euro kann, wenn die Handlung nicht nach § 17 geahndet werden kann, belegt werden, wer vorsätzlich oder leichtfertig
1. Belege ausstellt, die in tatsächlicher Hinsicht unrichtig sind, oder
2. den Vorschriften zur Sicherung oder Erleichterung der Abgabeerhebung, insbesondere zur Anmeldung und Anzeige von Tatsachen, zur Führung von Aufzeichnungen oder Nachweisen, zur Kennzeichnung oder Vorlegung von Gegenständen oder zur Erhebung und Abführung von Abgaben zuwiderhandelt,

und es dadurch ermöglicht, eine Abgabe zu verkürzen oder nicht gerechtfertigte Abgabevorteile zu erlangen.

§ 19 Geldbußen

Die Geldbuße fließt in die Kasse der Körperschaft, der die Abgabe, auf die sich die Ordnungswidrigkeit bezieht, zusteht.

§ 20 Einschränkung von Grundrechten
Aufgrund dieses Gesetzes können die Grundrechte auf Freiheit der Person und der Unverletzlichkeit der Wohnung eingeschränkt werden (Artikel 2 Abs. 2 Satz 2 und Artikel 13 des Grundgesetzes und Artikel 3 Abs. 1 Satz 2 und Artikel 8 der Verfassung des Freistaats Thüringen).

§ 21 Verwaltungsvorschriften
Die zur Durchführung dieses Gesetzes erforderlichen Verwaltungsvorschriften erlässt der Innenminister.

§ 21a Übergangsbestimmungen
(1) Kur- oder Erholungsorte, die vor dem 3. Oktober 1990 in dem in § 21c genannten Beitrittsgebiet als solche anerkannt waren, gelten als Kur- bzw. Erholungsorte im Sinne des § 9 Abs. 1.

(2) [1]Die Aufgabenträger der Wasserversorgung haben innerhalb von zwölf Monaten nach Inkrafttreten des Gesetzes zur Änderung des Thüringer Kommunalabgabengesetzes und des Thüringer Wassergesetzes ihr Satzungsrecht an die Regelungen des § 7 Abs. 2 anzupassen. [2]Die Aufgabenträger der Abwasserentsorgung haben bis zum 31. Dezember 2009 ihr Satzungsrecht rückwirkend zum 1. Januar 2005 an die Regelungen des § 7 Abs. 7 anzupassen.

(3) [1]Beiträge für Wasserversorgungseinrichtungen, die bis zum In-Kraft-Treten des Gesetzes zur Änderung des Thüringer Kommunalabgabengesetzes und des Thüringer Wassergesetzes bereits bezahlt worden sind, werden in den Fällen des § 7 Abs. 2 unverzinst zurückgezahlt. [2]Bereits entstandene Beiträge werden nicht mehr erhoben. [3]Die Rückzahlung von Beiträgen bis 1 000 Euro soll innerhalb von 13 Monaten nach In-Kraft-Treten des Gesetzes zur Änderung des Thüringer Kommunalabgabengesetzes und des Thüringer Wassergesetzes erfolgen. [4]Ein 1 000 Euro übersteigender Betrag soll in bis zu zwei weiteren Raten, spätestens jedoch bis zum Ablauf von 36 Monaten nach In-Kraft-Treten des Gesetzes zur Änderung des Thüringer Kommunalabgabengesetzes und des Thüringer Wassergesetzes, zurückgezahlt werden. [5]Die Rückzahlung erfolgt an die Grundstückseigentümer, Erbbauberechtigten oder Inhaber eines dinglichen Nutzungsrechts im Sinne des Artikels 233 § 4 des Einführungsgesetzes zum Bürgerlichen Gesetzbuche zum Zeitpunkt des In-Kraft-Tretens des Gesetzes zur Änderung des Thüringer Kommunalabgabengesetzes und des Thüringer Wassergesetzes.

(4) [1]Beiträge für Abwasserentsorgungseinrichtungen, die bis zum Inkrafttreten des Beitragsbegrenzungsgesetzes bereits entstanden sind, werden in den Fällen des § 7 Abs. 7 erst zu dem Zeitpunkt fällig, zu dem nach dieser Bestimmung die sachliche Beitragspflicht entstehen würde; bereits gezahlte Beiträge werden auf Antrag unverzinst zurückgezahlt und unverzinst gestundet. [2]Die Rückzahlung erfolgt unverzüglich nach Anpassung des Satzungsrechts an den Grundstückseigentümer, Erbbauberechtigten oder Inhaber eines dinglichen Nutzungsrechts im Sinne des Artikels 233 § 4 des Einführungsgesetzes zum Bürgerlichen Gesetzbuche zum Zeitpunkt des Inkrafttretens des Beitragsbegrenzungsgesetzes, spätestens zwölf Monate nach Antragstellung.

(5) [1]Das Land erstattet den Aufgabenträgern sämtliche zusätzlichen finanziellen Aufwendungen, die ihnen unmittelbar dadurch entstehen, dass sie nach den Absätzen 3 und 4 Beiträge nicht erheben dürfen oder zurückzahlen müssen. [2]Erstattet werden insbesondere:

1. für Einrichtungen der Wasserversorgung
   a) die bis zum In-Kraft-Treten des Gesetzes zur Änderung des Thüringer Kommunalabgabengesetzes und des Thüringer Wassergesetzes entstandenen Gebührenmindereinnahmen, die auf der Kürzung des Ausgangswertes der Abschreibung um bereits entstandene Beitragspflichten beruhen, sowie
   b) der in den Gebührenkalkulationen nach dem In-Kraft-Treten des Gesetzes zur Änderung des Thüringer Kommunalabgabengesetzes und des Thüringer Wassergesetzes enthaltene Zinsbetrag, der bei Erhebung der Beiträge aus den bis zum In-Kraft-Treten des Gesetzes zur Änderung des Thüringer Kommunalabgabengesetzes und des Thüringer Wassergesetzes bereits entstandenen Beitragspflichten nicht anfallen würde; dabei wird ein Zinssatz von 4 vom Hundert zugrunde gelegt,
2. für Einrichtungen der Abwasserentsorgung
   a) die bis zum In-Kraft-Treten des Gesetzes zur Änderung des Thüringer Kommunalabgabengesetzes und des Thüringer Wassergesetzes entstandenen Gebührenmindereinnahmen, die

auf der Kürzung des Ausgangswertes der Abschreibung um bereits entstandene Beitragspflichten beruhen, sowie

b) der sich aus Absatz 4 ergebende angemessene Zinsaufwand unter Berücksichtigung erbrachter Tilgungen nach Absatz 6; angemessen sind die Konditionen für die marktübliche Kapitalbeschaffung für Kommunen.

3Das Land erstattet den Aufgabenträgern unter Berücksichtigung erbrachter Tilgungen nach Absatz 6 darüber hinaus den angemessenen Zinsaufwand, der sich daraus ergibt, dass abweichend von § 7 Abs. 7 Satz 1 sachliche Beitragspflichten nach § 7 Abs. 7 Satz 2 bis 6 zu einem späteren Zeitpunkt entstehen. 4Angemessen sind die Konditionen für die marktübliche Kapitalbeschaffung für Kommunen.

(6) 1Das Land erstattet den Aufgabenträgern ab dem Jahr 2010 bis zur vollständigen Finanzierung des Privilegierungsvolumens nach Absatz 4 sowie § 7 Abs. 7 Sätze 2 bis 6 jährlich zwei vom Hundert des für den 31. Dezember des vorangegangenen Kalenderjahres nachgewiesenen Ausgangsbetrages der Privilegierung (Tilgungsanteil). 2Der Ausgangsbetrag wird für jedes Kalenderjahr, beginnend mit dem Jahr 2009, getrennt fortgeführt. Beiträge, die nicht mehr unter die Privilegierungstatbestände fallen, werden dem jeweiligen Ausgangsbetrag zugeordnet und abgezogen. 3Die Ausgangsbeträge werden für die Erstattung jährlich ohne Abzug des Tilgungsanteils zu Grunde gelegt. 4Beiträge, die nicht mehr unter die Privilegierungstatbestände fallen, sind zum 31. März des Folgejahres in dem Umfang, in dem sie bereits nach Satz 1 gedeckt wurden, an das Land abzuführen. 5Voraussetzung für die Erstattung des Tilgungsanteils ist der Nachweis der Aufgabenträger, dass den Belangen der Wirtschaftlichkeit und Sparsamkeit hinsichtlich der zukünftigen Investitionen im Abwasserbereich in besonderer Weise Rechnung getragen wird. 6Die Investitionen müssen mit Blick auf Kostendämpfungspotentiale notwendig sein, dem Stand der Technik entsprechen und die demographische Entwicklung berücksichtigen. 7Die Nachweisführung über die Belange der Wirtschaftlichkeit und Sparsamkeit erfolgt gegenüber der oberen Wasserbehörde. 8Die Landesregierung wird ermächtigt, durch Rechtsverordnung das Verfahren zum Nachweis der Wirtschaftlichkeit und Sparsamkeit nach Satz 6 sowie zur Durchführung der technischen Prüfung nach Satz 7 im Einzelnen zu regeln.

(7) 1Die Festsetzungs- und die Zahlungsverjährung für die Erhebung von Beiträgen für Einrichtungen der Wasserver- und Abwasserentsorgung tritt nicht vor dem 31. Dezember 2007 ein, soweit die Beitragspflicht zum 31. Dezember 2004 unverjährt bestand. 2Eine Zahlungsverjährung tritt in den Fällen des § 7 Abs. 7 sowie der Absätze 2 und 3 nicht ein. 3Für die Verjährung gestundeter Forderungen gilt § 231 der Abgabenordung.

(8) § 7 Abs. 7 Satz 2 bis 6 sowie § 21a Abs. 2 Satz 2, Abs. 4 und 5 Satz 2 Nr. 2 Buchst. b und Satz 3 sowie Abs. 6 gelten nur solange und soweit eine Beitragssatzung zur Deckung des Aufwands für die erstmalige Herstellung der öffentlichen Einrichtung Ermächtigungsgrundlage für die Beitragserhebung ist.

(9) 1Soweit eine ungültige Satzung, die vor dem Inkrafttreten des Gesetzes zur Änderung des Thüringer Kommunalabgabengesetzes und anderer Gesetze beschlossen wurde, durch eine gültige Satzung ersetzt wird, tritt ungeachtet des § 15 Abs. 1 Nr. 4 Buchst. b Doppelbuchst. cc Spiegelstrich 2 und 3 die Festsetzungsverjährung nicht vor Ablauf des 31. Dezember 2021 ein. 2Soweit eine ungültige Satzung vor dem Inkrafttreten des Gesetzes zur Änderung des Thüringer Kommunalabgabengesetzes und anderer Gesetze durch eine gültige Satzung ersetzt wurde, findet § 15 Abs. 1 Nr. 4 Buchst. b Doppelbuchst. bb und cc in der vor dem Inkrafttreten des Gesetzes zur Änderung des Thüringer Kommunalabgabengesetzes und anderer Gesetze geltenden Fassung weiterhin Anwendung.

§ 21b Übergangsbestimmungen zum Straßenausbaubeitragsrecht

(1) 1Für die Erhebung von einmaligen Beiträgen für Straßenausbaumaßnahmen gilt dieses Gesetz in der bis zum 31. Dezember 2018 geltenden Fassung, soweit die sachlichen Beitragspflichten bis spätestens 31. Dezember 2018 entstanden sind. 2Für die Erhebung von wiederkehrenden Beiträgen für Straßenausbaumaßnahmen gilt dieses Gesetz in der bis zum 31. Dezember 2018 geltenden Fassung, wenn die Beitragsschuld spätestens mit Ablauf des 31. Dezember 2018 entstanden ist.

(2) 1Die Gemeinden haben innerhalb von 18 Monaten nach Inkrafttreten des Gesetzes zur Aufhebung der Straßenausbaubeiträge ihr Satzungsrecht anzupassen. 2§ 7 Abs. 12 Satz 2 gilt mit der Maßgabe, dass eine ungültige Satzung nur rückwirkend auf einen vor dem 1. Januar 2019 liegenden Zeitpunkt durch eine gültige Satzung ersetzt werden kann.

(3) [1]Einmalige Beiträge für Straßenausbaumaßnahmen, bei denen die sachlichen Beitragspflichten nach dem 31. Dezember 2018 entstanden sind und die bereits gezahlt worden sind, werden von den Gemeinden auf Antrag an denjenigen, auf dessen Rechnung die Zahlung bewirkt worden ist, unverzinst zurückgezahlt. [2]Die Rückzahlung soll innerhalb von zwölf Monaten ab Antragstellung erfolgen, die Frist beginnt jedoch frühestens ab dem 1. Januar 2021. [3]Der Antrag ist spätestens am 31. Dezember 2025 zu stellen.

(4) [1]Hatte die Gemeinde für Straßenausbaumaßnahmen nach § 7 Abs. 8 sowie § 7a Abs. 5 Satz 2 Vorauszahlungen auf den Beitrag verlangt, den endgültigen Beitrag hingegen noch nicht festgesetzt, hebt sie auf Antrag diese Vorausleistungsbescheide ab dem 1. Januar 2021 auf und zahlt die Vorauszahlung an denjenigen, auf dessen Rechnung die Zahlung bewirkt worden ist, unverzinst zurück. [2]Dies gilt nicht, wenn bis einschließlich 31. Dezember 2018 die sachliche Beitragspflicht entstanden ist. [3]Der Antrag nach Satz 1 ist spätestens am 31. Dezember 2025 zu stellen. [4]Unberührt bleiben Ansprüche auf Rückzahlung von Vorauszahlungen aus anderen Gründen; in den Fällen des § 7 Abs. 8 gilt dies nicht, wenn als Grund für das Nichtentstehen der Beitragspflicht ausschließlich das Inkrafttreten des Zehnten Gesetzes zur Änderung des Thüringer Kommunalabgabengesetzes zu sehen ist.

(5) [1]Das Land erstattet den Gemeinden auf Antrag diejenigen Beträge, die ihnen unmittelbar dadurch entgehen, dass sie für bereits begonnene Straßenausbaumaßnahmen infolge des Gesetzes zur Aufhebung der Straßenausbaubeiträge einmalige sowie wiederkehrende Straßenausbaubeiträge nicht mehr erheben dürfen oder nach den Absätzen 3 und 4 zurückzahlen müssen. [2]Eine Erstattung nach Satz 1 kann frühestens nach Abschluss des Jahres beantragt werden, in dem

– die sachlichen Beitragspflichten entstanden sind oder
– nach diesem Gesetz in der bis zum 31. Dezember 2018 geltenden Fassung und der gemeindlichen Beitragssatzung entstanden wären oder
– in den Fällen der Absätze 3 und 4 eine Rückzahlung durch die Gemeinde erfolgt ist. Soweit die Gemeinde nachweist, dass sie unter Berücksichtigung ihrer Haushaltslage die Rückzahlungsverpflichtung nach den Absätzen 3 und 4 nicht erfüllen kann, kann die Erstattung in Höhe der jeweils vorliegenden begründeten Rückzahlungsanträge vor der Rückzahlung erfolgen (vorgezogene Erstattung).

[3]Ein Erstattungsanspruch nach Satz 1 setzt voraus, dass die Gemeinde

1. spätestens am 31. Dezember 2018 eine Satzung über die Erhebung einmaliger oder wiederkehrender Straßenausbaubeiträge nach diesem Gesetz in der bis zum 31. Dezember 2018 geltenden Fassung erlassen hatte,
2. spätestens am 31. Dezember 2018 das Vergabeverfahren für die Bauleistung eingeleitet hatte oder mit eigenem Personal mit der technischen Herstellung begonnen hatte und
3. den Antrag auf Erstattung spätestens am 31. Dezember 2028 gestellt hat.

[4]Es werden höchstens die Beiträge erstattet, die sich bei der Ausführung der Maßnahme gemäß dem am 31. Dezember 2018 bestehenden Bauprogramm ergeben hätten.

(6) Hinsichtlich der Erstattungsansprüche nach Absatz 5 wird die Landesregierung ermächtigt, durch Rechtsverordnung die Voraussetzungen für die Gewährung von Erstattungsleistungen, das Verfahren der Antragstellung, der Fälligkeit und der Auszahlung der Erstattungsleistungen nach Maßgabe der im Landeshaushalt bereitgestellten Mittel, die Auskunftspflichten der Gemeinden zur Ermittlung der Erstattungsansprüche, die Voraussetzungen, die Höhe und das Verfahren zur Gewährung der vorgezogenen Erstattung sowie die zuständigen Verwaltungsbehörden näher zu regeln.

(7) [1]Die Gemeinden erhalten für Straßenausbaumaßnahmen, die ab dem 1. Januar 2019 begonnen wurden, auf Antrag einen nach der Verkehrsbedeutung der Straße sowie der einzelnen Teileinrichtungen pauschalierten prozentualen Anteil an den tatsächlichen Investitionskosten. [2]Gleiches gilt für Gemeinden, die bis zum 31. Dezember 2018 mit einer Straßenausbaumaßnahme begonnen hatten, aber in Übereinstimmung mit § 7 Abs. 12 Satz 2 dieses Gesetzes in der bis zum 31. Dezember 2018 geltenden Fassung noch nicht über eine Straßenausbaubeitragssatzung verfügten. [3]Die Pauschale soll sich an dem Anteil orientieren, der vor dem Inkrafttreten des Gesetzes zur Aufhebung der Straßenausbaubeiträge unter Berücksichtigung des § 7 Abs. 4 nicht von der Gemeinde zu tragen war (Anliegeranteil). [4]Die Auszahlung erfolgt frühestens im Jahr nach der Beendigung der Straßenausbaumaßnahme. [5]Die Gemeinden können ab dem Beginn der Bauausführung Abschlagszahlungen beantragen.

(8) [1]Hinsichtlich der Ausgleichsansprüche nach Absatz 7 wird die Landesregierung ermächtigt, durch Rechtsverordnung die Voraussetzungen für die Gewährung der Ausgleichansprüche, das Verfahren der Antragstellung, der Fälligkeit und der Auszahlung der Ausgleichsleistungen nach Maßgabe der im Landeshaushalt bereitgestellten Mittel, die Höhe der Pauschale entsprechend der Verkehrsbedeutung der Straße sowie der einzelnen Teileinrichtungen (in Prozent), die zu berücksichtigenden Investitionskosten, die Auskunftspflichten der Gemeinden zur Ermittlung der Ausgleichsansprüche, die Voraussetzungen, die Höhe und das Verfahren zur Gewährung der Abschlagszahlungen sowie die zuständigen Verwaltungsbehörden näher zu regeln. [2]Die Regelung nach Absatz 7 wird nach dem 1. Januar 2025 evaluiert. [3]Das für Kommunales zuständige Ministerium legt der Landesregierung spätestens 18 Monate nach Ablauf der Evaluierungsfrist einen schriftlichen Bericht vor.

§ 21c Gleichstellungsbestimmung

Status- und Funktionsbezeichnungen in diesem Gesetz gelten jeweils für alle Geschlechter.

§ 21d Außer-Kraft-Treten von Vorschriften

Mit In-Kraft-Treten dieses Gesetzes treten alle Gesetze, Verordnungen und sonstigen Rechtsvorschriften, die die Kommunen im Beitrittsgebiet gemäß Artikel 3 des Vertrages zwischen der Bundesrepublik Deutschland und der Deutschen Demokratischen Republik über die Herstellung der Einheit Deutschlands – Einigungsvertrag – vom 31. August 1990 zur Erhebung von Abgaben im Sinne von § 1 Abs. 2 dieses Gesetzes berechtigten und die im Land Thüringen gemäß Artikel 9 Abs. 1 des Einigungsvertrages in Kraft geblieben sind, außer Kraft; dies gilt insbesondere für die Anordnung über die Erhebung der Kulturabgabe vom 18. Februar 1955 (GBl. II S. 54), die Verordnung über die Erhebung der Hundesteuer vom 18. Juli 1957 (GBl. I S. 381) sowie die Verordnung über die Erhebung der Vergnügungssteuer vom 18. Juli 1957 (GBl. I Nr. 49) und die Zweite Verordnung über die Erhebung der Vergnügungssteuer vom 27. Mai 1964 (GBl. II S. 559).

§ 22 (In-Kraft-Treten)

Thüringer Gesetz über die Organisation der Polizei (Thüringer Polizeiorganisationsgesetz – ThürPOG –)[1)]

Vom 25. Oktober 2011 (GVBl. S. 268)
(2012-1)

Nichtamtliche Inhaltsübersicht

§ 1 Träger und Gliederung der Polizei
§ 2 Oberste Landesbehörde
§ 3 Landeskriminalamt
§ 4 Landespolizeidirektion
§ 5 Landespolizeiinspektionen, Autobahnpolizeiinspektion und nachgeordnete Dienststellen
§ 6 Bereitschaftspolizei
§ 7 Bildungseinrichtungen der Polizei
§ 8 Zuständigkeit, Dienstbereiche
§ 9 Dienstkräfte der Polizei
§ 10 Zusammenarbeit mit den Ordnungsbehörden
§ 11 Besondere Zuständigkeiten
§ 12 Dienstkräfte anderer Länder, des Bundes und anderer Staaten
§ 13 Aufsichtsbeschwerden
§ 14 Gleichstellungsbestimmung
§ 15 Übergangsbestimmung

§ 1 Träger und Gliederung der Polizei

(1) Träger der Polizei ist das Land.

(2) Behörden der Polizei sind

1. das für die Polizei zuständige Ministerium (§ 2),
2. das Landeskriminalamt (§ 3),
3. die Landespolizeidirektion (§ 4),
4. die Landespolizeiinspektionen und die Autobahnpolizeiinspektion (§ 5) und
5. die Bereitschaftspolizei (§ 6).

§ 2 Oberste Landesbehörde

(1) Das für die Polizei zuständige Ministerium übt die Dienst- und Fachaufsicht über die Polizei aus.

(2) Es nimmt vorbehaltlich anderweitiger gesetzlicher Regelungen die Aufgaben der obersten Landesbehörde nach dem Bundeskriminalamtgesetz (BKAG) vom 7. Juli 1997 (BGBl. I S. 1650) in der jeweils geltenden Fassung wahr.

§ 3[2)] Landeskriminalamt

(1) Das Landeskriminalamt ist dem für die Polizei zuständigen Ministerium unmittelbar nachgeordnet.

(2) Sitz des Landeskriminalamts ist Erfurt.

(3) [1]Das Landeskriminalamt ist die zentrale Dienststelle für kriminalpolizeiliche Aufgaben. [2]Es ist zugleich zentrale Dienststelle der Kriminalpolizei im Sinne des § 1 Abs. 2 Satz 1 BKAG sowie zuständige Landesbehörde im Sinne des § 4 Abs. 2 Satz 1 Nr. 1 und des § 17 Abs. 1 Satz 1 BKAG für den Geschäftsbereich des für die Polizei zuständigen Ministeriums. [3]Es ist zugleich Zentralstelle für das polizeiliche Informations- und Kommunikationswesen sowie für einsatz- und ermittlungsunterstützende Serviceleistungen.

(4) Dem Landeskriminalamt obliegt es als zentraler Dienststelle für kriminalpolizeiliche Aufgaben insbesondere,

1. kriminaltechnische und erkennungsdienstliche Untersuchungen durchzuführen und Gutachten zu erstatten,
2. die Kriminalitätsbekämpfung zu koordinieren und nach Zustimmung durch das für die Polizei zuständige Ministerium die dazu erforderlichen Regelungen durch Verwaltungsvorschrift zu erlassen sowie
3. die für die Kriminalitätsbekämpfung bedeutsamen Daten zu sammeln und auszuwerten.

1) Verkündet als Art. 1 des G v. 25.10.2011 (GVBl. S. 268); Inkrafttreten gem. Art. 10 Abs. 1 dieses G am 1.7.2012, mit Ausnahme der §§ 3 Abs. 6, 5 Abs. 4 und 8 Abs. 3, die gem Art. 10 Abs. 2 am 5.11.2011 in Kraft getreten sind.

2) § 3 Abs. 6 ist gem. Art. 10 Abs. 2 des G v. 25.10.2011 (GVBl. S. 268) bereits am 5.11.2011 in Kraft getreten.

(5) [1]Dem Landeskriminalamt obliegt weiterhin die zentrale Bekämpfung sowie die Durchführung entsprechender Ermittlungen insbesondere in Fällen
1. der organisierten Kriminalität,
2. der Rauschgiftkriminalität,
3. der Wirtschaftskriminalität,
4. der Staatsschutzkriminalität und
5. der Geldwäsche

sowie die polizeiliche Verfolgung anderer Straftaten, deren Verfolgung wegen der besonderen Gefährlichkeit, der räumlichen Ausdehnung oder wegen der besonderen Umstände der Begehung durch das für die Polizei zuständige Ministerium für den Einzelfall dem Landeskriminalamt zugewiesen wird. [2]In den Fällen des Satzes 1 obliegt dem Landeskriminalamt neben anderen Behörden der Polizei auch die Verhütung der jeweiligen Straftaten und Ordnungswidrigkeiten.

(6) Das für die Polizei zuständige Ministerium wird ermächtigt, durch Rechtsverordnung dem Landeskriminalamt weitere Aufgaben zu übertragen und die fachaufsichtlichen Befugnisse des Landeskriminalamts zu regeln.

§ 4 Landespolizeidirektion

(1) Die Landespolizeidirektion ist eine dem für die Polizei zuständigen Ministerium unmittelbar nachgeordnete Behörde.

(2) Sie nimmt alle polizeilichen Aufgaben wahr, soweit sie nicht dem Landeskriminalamt zugewiesen oder auf nachgeordnete Behörden übertragen sind.

(3) Sitz der Landespolizeidirektion ist Erfurt.

§ 5[1)] Landespolizeiinspektionen, Autobahnpolizeiinspektion und nachgeordnete Dienststellen

(1) [1]Die Landespolizeiinspektionen sind der Landespolizeidirektion nachgeordnete Behörden. [2]Sie haben ihren Sitz in Erfurt, Gera, Gotha, Jena, Nordhausen, Saalfeld und Suhl.

(2) [1]Den Landespolizeiinspektionen sind Polizeiinspektionen und Kriminalpolizeiinspektionen nachgeordnet. [2]Diesen können für bestimmte Dienstbereiche weitere Dienststellen (Polizeistationen und Kriminalpolizeistationen) nachgeordnet werden.

(3) [1]Die Autobahnpolizeiinspektion ist eine der Landespolizeidirektion nachgeordnete Behörde. [2]Ihr können für bestimmte Dienstbereiche weitere Dienststellen (Autobahnpolizeistationen) nachgeordnet werden.

(4) [1]Das für die Polizei zuständige Ministerium wird ermächtigt, nach Anhörung des für die Polizei zuständigen Landtagsausschusses den Sitz der Behörden und Dienststellen nach den Absätzen 2 und 3 durch Rechtsverordnung zu bestimmen. [2]Das für die Polizei zuständige Ministerium wird ermächtigt, die Aufgaben der Behörden und Dienststellen nach den Absätzen 2 und 3 sowie den Übergang der Verfahren durch Rechtsverordnung näher zu bestimmen.

§ 6 Bereitschaftspolizei

(1) [1]Die Bereitschaftspolizei ist eine der Landespolizeidirektion nachgeordnete Behörde. [2]Sie wird insbesondere in geschlossenen Einheiten
1. aus besonderem Anlass zum Schutz von Verfassungsorganen, Behörden sowie von lebenswichtigen Einrichtungen und Anlagen,
2. zur Unterstützung der Behörden der Polizei bei der Wahrnehmung polizeilicher Aufgaben sowie
3. zur Katastrophenhilfe

eingesetzt.

(2) Für Einsätze außerhalb Thüringens bedarf es der vorherigen Zustimmung des für die Polizei zuständigen Ministeriums.

§ 7 Bildungseinrichtungen der Polizei

(1) [1]Bildungseinrichtungen der Polizei sind die Fachhochschule für öffentliche Verwaltung, Fachbereich Polizei, und das Bildungszentrum in Meiningen. [2]Sie sind dem für die Polizei zuständigen Ministerium unmittelbar nachgeordnet.

(2) Der Fachhochschule für öffentliche Verwaltung, Fachbereich Polizei, obliegen die Aufgaben nach dem Thüringer Verwaltungsfachhochschulgesetz.

---

1) § 5 Abs. 4 ist gem. Art. 10 Abs. 2 des G v. 25.10.2011 (GVBl. S. 268) bereits am 5.11.2011 in Kraft getreten.

(3) [1]Das Bildungszentrum ist für die Einstellung von Anwärtern im Vorbereitungsdienst der Polizei und für die Ausbildung für die Laufbahn des mittleren Polizeivollzugsdienstes zuständig. [2]Ihm obliegt darüber hinaus die Fortbildung für alle Laufbahnen des Polizeivollzugsdienstes, soweit nicht die Zuständigkeit einer anderen Einrichtung gegeben ist.

§ 8[1)] Zuständigkeit, Dienstbereiche

(1) Jeder im Vollzugsdienst tätige Beamte der Polizei ist zur Wahrnehmung der Aufgaben der Polizei im gesamten Landesgebiet befugt.

(2) [1]Die Beamten der Polizei werden unbeschadet des Absatzes 1 nach Maßgabe dieses Gesetzes in bestimmten Dienstbereichen eingesetzt. [2]Sie werden jedoch im Einzelfall auch in Dienstbereichen, in denen sie nicht eingesetzt sind, tätig, wenn

1. die dort eingesetzte Polizei nicht, nicht rechtzeitig oder nicht ausreichend zur Verfügung steht,
2. das wegen des Zusammenhangs von Dienstverrichtungen im eigenen und in einem anderen Dienstbereich zweckmäßig ist,
3. die übergeordnete Dienststelle sie dazu anweist oder
4. das Gericht oder die Staatsanwaltschaft nach Feststellung schwerwiegender Gründe ihre Dienststelle ersucht, in einem anderen örtlichen Dienstbereich anstelle der dort eingesetzten Polizei strafverfolgend tätig zu werden.

(3) Das für die Polizei zuständige Ministerium wird ermächtigt, die Dienstbereiche nach Absatz 2 Satz 1 durch Rechtsverordnung zu bestimmen.

§ 9 Dienstkräfte der Polizei

(1) [1]Im Polizeivollzugsdienst dürfen nur Beamte verwendet werden. [2]Ausnahmsweise dürfen Tarifbeschäftigte verwendet werden, wenn sie zum Zeitpunkt des Inkrafttretens des Polizeiorganisationsgesetzes am 18. Mai 1991 im Vollzugsdienst tätig waren und in das Beamtenverhältnis aus von ihnen nicht zu vertretenden Gründen nicht übernommen werden konnten.

(2) [1]Dienstkräfte der Polizei dürfen sich während des Dienstes in Dienst- oder Unterkunftsräumen oder in Dienstkleidung parteipolitisch nicht betätigen. [2]In Dienstkleidung dürfen sie politische Veranstaltungen nur dienstlich besuchen. [3]Politische Abzeichen dürfen während des Dienstes an der Dienstkleidung nicht getragen werden.

§ 10 Zusammenarbeit mit den Ordnungsbehörden

(1) Die Dienststellen der Polizei haben miteinander und mit anderen Stellen, denen die Abwehr von Gefahren für die öffentliche Sicherheit oder Ordnung obliegt, zusammenzuarbeiten und die zuständigen Behörden zu unterrichten.

(2) Unbeschadet anderer Rechtsvorschriften, insbesondere des Gerichtsverfassungsgesetzes, der Strafprozessordnung und des Gesetzes über Ordnungswidrigkeiten, können die Ordnungsbehörden der allgemeinen inneren Verwaltung der Landespolizeidirektion und den ihr nachgeordneten Behörden Weisungen im polizeilichen Aufgabenbereich, soweit es die eigene Zuständigkeit betrifft, erteilen.

(3) [1]Weisungen nach Absatz 2 sind jeweils an die unterste Polizeibehörde zu richten, deren Dienstbereich für den Vollzug der Weisungen ausreicht. [2]Satz 1 gilt nicht für Weisungen des für die Polizei zuständigen Ministeriums und des Landesverwaltungsamts.

§ 11 Besondere Zuständigkeiten

(1) Die Polizei darf außerhalb Thüringens nur tätig werden:

1. auf Anforderung eines anderen Landes mit Zustimmung des für die Polizei zuständigen Ministeriums unter den Voraussetzungen des Artikels 35 Abs. 2 Satz 2 des Grundgesetzes und in den Fällen des Artikels 35 Abs. 3 Satz 1 und des Artikels 91 Abs. 1 des Grundgesetzes,
2. auf Weisung der Bundesregierung in den Fällen des Artikels 35 Abs. 3 Satz 1 und des Artikels 91 Abs. 2 des Grundgesetzes,
3. aufgrund einer Vereinbarung des für die Polizei zuständigen Ministeriums mit einem anderen Land in besonderen Fällen der Strafverfolgung sowie
4. in anderen durch Bundesrecht oder das Recht anderer Bundesländer vorgesehenen Fällen.

(2) Außerhalb der Bundesrepublik Deutschland dürfen Dienstkräfte der Polizei nur tätig werden, soweit völkerrechtliche Vereinbarungen dies vorsehen oder das für die Polizei zuständige Ministerium im

1) § 8 Abs. 3 ist gem. Art. 10 Abs. 2 des G v. 25.10.2011 (GVBl. S. 268) bereits am 5.11.2011 in Kraft getreten.

Einvernehmen mit den zuständigen Stellen des anderen Staates einem Einsatz im Ausland allgemein oder im Einzelfall zustimmt.

§ 12 Dienstkräfte anderer Länder, des Bundes und anderer Staaten

(1) Die Anforderung polizeilicher Dienstkräfte anderer Länder und des Bundes zur Abwehr einer drohenden Gefahr für den Bestand oder die freiheitliche demokratische Grundordnung des Bundes oder des Landes (Artikel 91 Abs. 1 des Grundgesetzes) ist dem Ministerpräsidenten vorbehalten.

(2) Polizeiliche Dienstkräfte eines anderen Landes oder des Bundes dürfen, außer im Fall des Artikels 91 des Grundgesetzes, in Thüringen polizeiliche Aufgaben wahrnehmen:

1. vorübergehend in Einzelfällen auf Anforderung oder mit Zustimmung des für die Polizei zuständigen Ministeriums, insbesondere zur Hilfe bei einer Naturkatastrophe oder bei einem besonders schweren Unglücksfall (Artikel 35 Abs. 2 Satz 2 und Abs. 3 Satz 1 des Grundgesetzes),
2. zur Abwehr einer gegenwärtigen erheblichen Gefahr, zur Verfolgung von Straftaten auf frischer Tat sowie zur Verfolgung und Wiederergreifung Entwichener, wenn die zuständige Polizei die erforderlichen Maßnahmen nicht rechtzeitig treffen kann,
3. zum Gefangenentransport,
4. in den durch Verwaltungsabkommen mit einem anderen Bundesland geregelten Fällen auf dem Gebiet der Strafverfolgung, der Erfüllung polizeilicher Verkehrsaufgaben und sonstiger polizeilicher Zusammenarbeit.

(3) [1]Werden polizeiliche Dienstkräfte eines anderen Landes oder des Bundes nach Absatz 2 tätig, haben sie die gleichen Befugnisse wie die Thüringer Polizei. [2]Ihre Maßnahmen gelten als Maßnahmen derjenigen Polizeidienststelle, in deren örtlichem und sachlichem Dienstbereich sie tätig geworden sind; sie unterliegen insoweit deren Weisungen. [3]In den Fällen des Absatzes 2 Nr. 2 und 4 ist die zuständige Polizeidienststelle unverzüglich zu unterrichten.

(4) [1]Die Absätze 2 und 3 gelten für Bedienstete ausländischer Polizeidienststellen entsprechend, soweit völkerrechtliche Verträge dies vorsehen oder das für die Polizei zuständige Ministerium Amtshandlungen dieser Polizeidienststellen allgemein oder im Einzelfall zustimmt. [2]Die Bestimmungen der internationalen Rechtshilfe in Strafsachen bleiben unberührt.

§ 13 Aufsichtsbeschwerden

(1) Über Aufsichtsbeschwerden gegen Maßnahmen der Polizei, deren Ablehnung oder Unterlassung oder wegen des sonstigen Verhaltens der Polizei entscheidet

1. das für die Polizei zuständige Ministerium, wenn es die Beschwerde allgemein oder im Einzelfall an sich zieht,
2. die Landespolizeidirektion und das Landeskriminalamt, soweit sich die Beschwerde gegen deren Beschäftigte richtet,
3. im Übrigen die der Beschäftigungsdienststelle jeweils übergeordnete Behörde.

(2) [1]Abweichend von Absatz 1 entscheidet die Staatsanwaltschaft, wenn

1. der Beschwerdeführer geltend macht, durch eine strafprozessuale Maßnahme, ihre Ablehnung oder Unterlassung in seinen Rechten verletzt zu sein oder
2. die Beschwerde sich gegen eine Maßnahme richtet, die auf einer Anordnung der Staatsanwaltschaft beruht.

[2]Die Polizei kann der Beschwerde abhelfen, wenn die Maßnahme nicht auf einer Anordnung der Staatsanwaltschaft beruht. [3]Im Übrigen hat die Polizei die Staatsanwaltschaft über Aufsichtsbeschwerden in Angelegenheiten der Strafverfolgung, die sich nicht lediglich gegen das Verhalten der Polizei richten, vor der Entscheidung zu informieren.

§ 14 Gleichstellungsbestimmung

Status- und Funktionsbezeichnungen in diesem Gesetz gelten jeweils in männlicher und weiblicher Form.

§ 15 Übergangsbestimmung

[1]Die Umsetzung des § 1 Abs. 2 Nummer 4 betreffend die Autobahnpolizeiinspektion und des § 5 Abs. 3 hat spätestens bis zum 31. Dezember 2012 zu erfolgen. [2]Bis zur Umsetzung im Sinne des Satzes 1 bestehen die Verkehrspolizeiinspektionen fort.

Thüringer Verordnung über die örtlichen Zuständigkeiten der Polizeibehörden[1)]

Vom 13. Juni 2012 (GVBl. S. 236)
(2000-11)
zuletzt geändert durch Art. 1 Erste VO zur Änd. der Thüringer VO über die örtlichen Zuständigkeiten der Polizeibehörden vom 30. August 2021 (GVBl. S. 490)

§ 1 [Amtssitze und Zuständigkeiten]

(1) [1]Das Landeskriminalamt und die Landespolizeidirektion haben ihren Sitz in Erfurt. [2]Ihre Zuständigkeit erstreckt sich auf das ganze Land.
(2) [1]Die Bereitschaftspolizei hat ihren Sitz in Erfurt. [2]Sie wird auf Weisung der Landespolizeidirektion zur Unterstützung anderer Polizeibehörden und Dienststellen tätig.
(3) [1]Die Landespolizeiinspektionen haben ihren Sitz in Erfurt, Gera, Gotha, Jena, Nordhausen, Saalfeld und Suhl. [2]Die Zuständigkeitsbereiche der Landespolizeiinspektionen sowie der Sitz, die Bezeichnung und die Zuständigkeitsbereiche der ihnen nachgeordneten Dienststellen ergeben sich aus der Anlage.
(4) [1]Die Autobahnpolizeiinspektion hat ihren Sitz in Schleifreisen. [2]Der Sitz und die Bezeichnung der ihr nachgeordneten Dienststellen ergeben sich aus der Anlage.

Anlage
(zu § 1)

Sitze und Zuständigkeitsbereiche der Polizeibehörden und Polizeidienststellen

Nummer	Bezeichnung und Sitz der Polizeibehörde oder der Polizeidienststelle	örtlicher Zuständigkeitsbereich
1	LPI Erfurt	kreisfreie Stadt Erfurt und Landkreis Sömmerda
1.1	PI Sömmerda	Landkreis Sömmerda
1.2	KPI Erfurt	Landkreis Sömmerda und kreisfreie Stadt Erfurt
2	LPI Gera	Landkreise Greiz, Altenburger Land und kreisfreie Stadt Gera
2.1	PI Altenburger Land (Sitz Altenburg) mit PSt in Schmölln	Landkreis Altenburger Land
2.2	PI Greiz mit PSt in Zeulenroda	aus dem Landkreis Greiz die Gemeinden Auma-Weidatal, Berga/Elster, Braunichswalde, Crimla, Endschütz, Gauern, Greiz, Harth-Pöllnitz, Hilbersdorf, Hohenleuben, Kauern, Kühdorf, Langenwetzendorf, Langenwolschendorf, Linda b. Weida, Mohlsdorf-Teichwolframsdorf, Paitzdorf, Rückersdorf, Seelingstädt, Teichwitz, Weida, Weißendorf, Wünschendorf/Elster, Zeulenroda-Triebes
2.3	KPI Gera mit KPS in Altenburg	Landkreise Greiz, Altenburger Land und kreisfreie Stadt Gera
3	LPI Gotha	Landkreis Gotha, Ilm-Kreis und aus dem Wartburgkreis die Gemeinden Amt Creuzburg, Berka v. d. Hainich, Bischofroda, Eisenach, Frankenroda, Gerstungen, Hallungen, Hörselberg-Hainich, Krauthausen, Lauterbach, Nazza, Ruhla, Seebach, Treffurt, Werra-Suhl-Tal, Wutha-Farnroda
3.1	PI Arnstadt-Ilmenau (Sitz Ilmenau) mit PSt in Arnstadt	Ilm-Kreis
3.2	PI Eisenach	aus dem Wartburgkreis die Gemeinden Amt Creuzburg, Berka v. d. Hainich, Bischofroda, Eisenach, Frankenroda, Gerstungen, Hallungen, Hörselberg-Hainich, Krauthausen, Lauter-

1) Verkündet als Art. 3 AnO v. 13.6.2012 (GVBl. S. 236); Inkrafttreten gem. Art. 7 Satz 1 dieser AnO am 1.7.2012.

Nummer	Bezeichnung und Sitz der Polizeibehörde oder der Polizeidienststelle	örtlicher Zuständigkeitsbereich
		bach, Nazza, Ruhla, Seebach, Treffurt, Werra-Suhl-Tal, Wutha-Farnroda
3.3.	KPI Gotha mit KPS in Eisenach	Landkreis Gotha, Ilm-Kreis und Zuständigkeitsbereich der PI Eisenach
4	LPI Jena	Saale-Holzland-Kreis, Landkreis Weimarer Land, die kreisfreien Städte Jena und Weimar
4.1	PI Apolda	aus dem Landkreis Weimarer Land die Gemeinden Apolda, Bad Sulza, Eberstedt, Großheringen, Ilmtal-Weinstraße, Niedertrebra, Obertrebra, Rannstedt, Schmiedehausen
4.2	PI Saale-Holzland (Sitz Stadtroda) mit PSt in Eisenberg und PSt in Kahla	Saale-Holzland-Kreis
4.3	PI Weimar mit PSt in Bad Berka	kreisfreie Stadt Weimar und aus dem Landkreis Weimarer Land die Gemeinden Am Ettersberg, Bad Berka, Ballstedt, Blankenhain, Buchfart, Döbritschen, Ettersburg, Frankendorf, Grammetal, Großschwabhausen, Hammerstedt, Hetschburg, Hohenfelden, Kapellendorf, Kiliansroda, Kleinschwabhausen, Klettbach, Kranichfeld, Lehnstedt, Magdala, Mechelroda, Mellingen, Nauendorf, Neumark, Oettern, Rittersdorf, Tonndorf, Umpferstedt, Vollersroda, Wiegendorf
4.4	KPI Jena mit KPS in Weimar	Saale-Holzland-Kreis, Landkreis Weimarer Land, die kreisfreien Städte Jena und Weimar
5	LPI Nordhausen	Landkreis Eichsfeld, Kyffhäuserkreis, Landkreis Nordhausen und Unstrut-Hainich-Kreis
5.1	PI Kyffhäuser (Sitz Sondershausen) mit PSt in Artern	Kyffhäuserkreis
5.2	PI Eichsfeld (Sitz Heilbad Heiligenstadt) mit PSt in Leinefelde -Worbis[1]	Landkreis Eichsfeld
5.3	PI Unstrut-Hainich (Sitz Mühlhausen) mit PSt in Bad Langensalza	Unstrut-Hainich-Kreis
5.4	KPI Nordhausen mit KPS in Mühlhausen	Landkreis Eichsfeld, Kyffhäuserkreis, Landkreis Nordhausen und Unstrut-Hainich-Kreis
6	LPI Saalfeld mit PSt in Rudolstadt	Saale-Orla-Kreis, Landkreise Saalfeld-Rudolstadt und Sonneberg
6.1	PI Saale-Orla (Sitz Schleiz) mit PSt in Bad Lobenstein und PSt in Pößneck	Saale-Orla-Kreis
6.2	PI Sonneberg	Landkreis Sonneberg
6.3	KPI Saalfeld (Sitz Rudolstadt)	Saale-Orla-Kreis, Landkreise Saalfeld-Rudolstadt und Sonneberg
7	LPI Suhl	Landkreise Hildburghausen, Schmalkalden-Meiningen, kreisfreie Stadt Suhl und aus dem Wartburgkreis die Gemeinden Bad Liebenstein, Bad Salzungen, Barchfeld-Immelborn, Buttlar, Dermbach, Empfertshausen, Geisa, Gerstengrund, Kray-

1) Richtig wohl: „Leinefelde-Worbis“.

Nummer	Bezeichnung und Sitz der Polizeibehörde oder der Polizeidienststelle	örtlicher Zuständigkeitsbereich
		enberggemeinde, Leimbach, Oechsen, Schleid, Unterbreizbach, Vacha, Weilar, Wiesenthal
7.1	PI Bad Salzungen	aus dem Wartburgkreis die Gemeinden Bad Liebenstein, Bad Salzungen, Barchfeld-Immelborn, Buttlar, Dermbach, Empfertshausen, Geisa, Gerstengrund, Krayenberggemeinde, Leimbach, Oechsen, Schleid, Unterbreizbach, Vacha, Weilar, Wiesenthal
7.2	PI Hildburghausen	Landkreis Hildburghausen
7.3	PI Schmalkalden-Meiningen (Sitz Meiningen) mit PSt in Schmalkalden	aus dem Landkreis Schmalkalden-Meiningen die Gemeinden Belrieth, Birx, Breitungen/Werra, Brotterode-Trusetal, Christes, Dillstädt, Einhausen, Ellingshausen, Erbenhausen, Fambach, Floh-Seligenthal, Frankenheim/Rhön, Friedelshausen, Grabfeld, Kaltennordheim, Kühndorf, Leutersdorf, Mehmels, Meiningen, Neubrunn, Obermaßfeld-Grimmenthal, Oberweid, Rhönblick, Rippershausen, Ritschenhausen, Rohr, Rosa, Roßdorf, Schmalkalden, Schwallungen, Schwarza, Sülzfeld, Untermaßfeld, Utendorf, Vachdorf, Wasungen
7.4	KPI Suhl	Landkreise Hildburghausen, Schmalkalden-Meiningen, kreisfreie Stadt Suhl und Zuständigkeitsbereich der PI Bad Salzungen
8	API (Sitz Schleifreisen) mit APS Nord (Sitz Nordhausen), APS Süd (Sitz Zella-Mehlis) und APS West (Sitz Waltershausen)	Thüringen mit Ausnahme folgender Bundesautobahnabschnitte: BAB 4 von der Landesgrenze Hessen (km 322,3) bis zur Landesgrenze Hessen (km 329,5) sowie BAB 38 von der Landesgrenze Niedersachsen (km 12,5) bis zur Anschlussstelle Arenshausen (km 15,6)

Legende:

LPI	Landespolizeiinspektion
PI	Polizeiinspektion
PSt	Polizeistation
KPI	Kriminalpolizeiinspektion
KPS	Kriminalpolizeistation
API	Autobahnpolizeiinspektion
APS	Autobahnpolizeistation
BAB	Bundesautobahn

Thüringer Gesetz über die Aufgaben und Befugnisse der Polizei (Polizeiaufgabengesetz – PAG –)[1)]

Vom 4. Juni 1992 (GVBl. S. 199)
(2012-2)
zuletzt geändert durch Art. 4 Thüringer Datenschutz-Anpassungs- und -Umsetzungsgesetz EU vom 6. Juni 2018 (GVBl. S. 229)

Inhaltsübersicht

Erster Abschnitt
Aufgaben und allgemeine Vorschriften

§ 1 Begriff der Polizei
§ 2 Aufgaben der Polizei
§ 3 Verhältnis zu anderen Behörden
§ 4 Grundsatz der Verhältnismäßigkeit
§ 5 Ermessen, Wahl der Mittel
§ 6 Ausweispflicht des Polizeibeamten
§ 7 Verantwortlichkeit für das Verhalten von Personen
§ 8 Verantwortlichkeit für den Zustand von Sachen oder das Verhalten von Tieren
§ 9 Unmittelbare Ausführung einer Maßnahme
§ 10 Inanspruchnahme nichtverantwortlicher Personen
§ 11 Einschränkung von Grundrechten

Zweiter Abschnitt
Befugnisse der Polizei

Erster Unterabschnitt
Allgemeine und besondere Befugnisse

§ 12 Allgemeine Befugnisse
§ 13 Befragung, Auskunftspflicht
§ 14 Identitätsfeststellung
§ 15 Prüfung von Berechtigungsscheinen
§ 16 Erkennungsdienstliche Maßnahmen
§ 17 Vorladung
§ 18 Platzverweisung, Wohnungsverweisung, Aufenthaltsverbot
§ 19 Gewahrsam
§ 20 Richterliche Entscheidung
§ 21 Behandlung festgehaltener Personen
§ 22 Dauer der Freiheitsentziehung
§ 23 Durchsuchung von Personen
§ 24 Durchsuchung von Sachen
§ 25 Betreten und Durchsuchung von Wohnungen
§ 26 Verfahren bei der Durchsuchung von Wohnungen
§ 27 Sicherstellung
§ 28 Verwahrung
§ 29 Verwertung, Vernichtung
§ 30 Herausgabe sichergestellter Sachen oder des Erlöses, Kosten

Zweiter Unterabschnitt
Datenerhebung und -verarbeitung

§ 31 Anwendbares Recht, Rechte der betroffenen Person auf Auskunft, Berichtigung und Löschung
§ 32 Grundsätze der Datenerhebung

---

1) Vgl. das Urteil des Thüringer Verfassungsgerichtshofs vom 21. November 2012 – VerfGH 19/09 – v. 21.11.2012 (GVBl. S. 482):

„1. Unvereinbar nach Maßgabe der Gründe sind von den Vorschriften des Thüringer Polizeiaufgabengesetzes vom 4. Juni 1992 (GVBI. S. 199) in der Fassung des Gesetzes zur Änderung sicherheits- und verfassungsschutzrechtlicher Vorschriften vom 16. Juli 2008 (GVBI. S. 245) und in der Fassung späterer Gesetze:
– § 5 Abs. 3 Sätze 1 und 5, Abs. 4 und Abs. 5 Satz 1 mit Art. 3 Abs. 2 i. V. m. Art. 6 Abs. 1 und 2, Art. 7 Abs. 1 und Art. 8 Abs. 1 Verfassung des Freistaats Thüringen,
– § 5 Abs. 7 mit Art. 1 Abs. 1 Verfassung des Freistaats Thüringen,
– im Hinblick auf eine fehlende Regelung zur Dokumentation § 34 Abs. 2 und § 35 Abs. 7 mit Art. 42 Abs. 5 Verfassung des Freistaats Thüringen, § 34b Abs. 2 mit Art. 7 Abs. 2 Satz 3 Verfassung des Freistaats Thüringen,
– § 34 Abs. 2 Satz 2 und § 34b Abs. 1 wegen der unterlassenen Regelung zum Abbruch der Maßnahme mit Art. 1 Abs. 1, Art. 3 Abs. 2 i. V. m. Art. 6 Abs. 1 und 2 und Art. 7 Abs. 1 Verfassung des Freistaats Thüringen,
– § 34 Abs. 3 Nr. 2 und Nr. 3, soweit letztere sich auf Nummer 2 bezieht, mit Art. 3 Abs. 2 i. V. m. Art. 6 Abs. 1 und 2 Verfassung des Freistaats Thüringen,
– § 34a Abs. 3 Satz 1 Nr. 2 und Nr. 3, soweit letztere sich auf Nummer 2 bezieht, mit Art. 7 Abs. 1 Verfassung des Freistaats Thüringen,
– § 35 Abs. 1 Satz 1 Nr. 2 mit Art. 8 Abs. 1 Verfassung des Freistaats Thüringen und
– § 34 Abs. 9 Sätze 1, 5 und 6 und Abs. 10 Satz 1 Nr. 3 mit Art. 3 Abs. 2 i. V. m. Art. 6 Abs. 1 und 2, Art. 7 Abs. 2 Sätze 2 und 3, Art. 8 Abs. 1 und Art. 42 Abs. 5 Verfassung des Freistaats Thüringen.

2. Die Vorschriften dürfen bis zu ihrer Neuregelung nach Maßgabe der Gründe weiter angewandt werden. Dem Gesetzgeber wird aufgegeben, bis zum 30. September 2013 eine Neuregelung zu treffen.

Die vorstehende Entscheidungsformel hat gemäß § 25 Abs. 2 des Thüringer Verfassungsgerichthofsgesetzes Gesetzeskraft.“

§ 33 Datenerhebung bei öffentlichen Veranstaltungen und Ansammlungen, an besonderen Orten, zur Eigensicherung sowie durch anlassbezogene automatisierte Kraftfahrzeugkennzeichenerkennung
§ 33a Datenerhebung bei Notrufen, Aufzeichnung von Notrufen
§ 34 Besondere Mittel der Datenerhebung
§ 34a Überwachung der Telekommunikation
§ 34b Erhebung von Telekommunikationsverkehrsdaten und Nutzungsdaten
§ 34c Identifizierung und Lokalisierung von Mobilfunkkarten und -endgeräten
§ 34d Unterbrechung und Verhinderung von Telekommunikation
§ 34e Erhebung von Bestandsdaten
§ 35 Wohnraumüberwachung
§ 36 Gemeinsame Verfahrensbestimmungen für Maßnahmen der verdeckten Datenerhebung
§ 37 Ausschreibung zur polizeilichen Beobachtung und zur gezielten Kontrolle
§ 38 *[aufgehoben]*
§ 39 *[aufgehoben]*
§ 40 Weiterverarbeitung von Daten
§ 41 Datenübermittlung im innerstaatlichen Bereich
§ 41a Datenübermittlung zum Zwecke einer Zuverlässigkeitsüberprüfung
§ 41b Datenübermittlung an Mitgliedstaaten der Europäischen Union
§ 41c Datenübermittlung im internationalen Bereich
§ 41d Übermittlungsverbote
§ 42 Automatisiertes Abrufverfahren
§ 43 Datenabgleich
§ 44 Rasterfahndung
§ 45 *[aufgehoben]*
§ 46 *[aufgehoben]*
§ 47 *[aufgehoben]*

Dritter Abschnitt
Vollzugshilfe

§ 48 Vollzugshilfe
§ 49 Verfahren
§ 50 Vollzugshilfe bei Freiheitsentziehung

Vierter Abschnitt
Zwang

Erster Unterabschnitt
Erzwingung von Handlungen, Duldungen und Unterlassungen

§ 51 Zulässigkeit des Verwaltungszwanges
§ 52 Zwangsmittel
§ 53 Ersatzvornahme
§ 54 Zwangsgeld
§ 55 Ersatzzwangshaft
§ 56 Unmittelbarer Zwang
§ 57 Androhung der Zwangsmittel

Zweiter Unterabschnitt
Ausübung unmittelbaren Zwanges

§ 58 Rechtliche Grundlagen
§ 59 Begriffsbestimmung
§ 60 Handeln auf Anordnung
§ 61 Hilfeleistung für Verletzte
§ 62 Androhung unmittelbaren Zwanges
§ 63 Fesselung von Personen
§ 64 Allgemeine Bestimmungen für den Schußwaffengebrauch
§ 65 Schußwaffengebrauch gegen Personen
§ 66 Schußwaffengebrauch gegen Personen in einer Menschenmenge
§ 67 Besondere Waffen, Sprengmittel

Fünfter Abschnitt
Schadensausgleich, Erstattungs- und Ersatzansprüche

§ 68 Zum Schadensausgleich verpflichtende Tatbestände
§ 69 Inhalt, Art und Umfang des Schadensausgleichs
§ 70 Ansprüche mittelbar Geschädigter
§ 71 Verjährung des Ausgleichsanspruchs
§ 72 Ausgleichspflichtiger, Erstattungsansprüche
§ 73 Rückgriff gegen den Verantwortlichen
§ 74 Rechtsweg
§ 75 Kostenersatz

Sechster Abschnitt
Schlußbestimmungen

§ 76 Ausführungsvorschriften
§ 76a Gleichstellungsklausel
§ 77 Überleitungsvorschrift
§ 78 Evaluierung
§ 79 Inkrafttreten

Der Thüringer Landtag hat das folgende Gesetz beschlossen:

Erster Abschnitt
Aufgaben und allgemeine Vorschriften

§ 1 Begriff der Polizei
Polizei im Sinne dieses Gesetzes sind die im Vollzugsdienst tätigen Dienstkräfte der Polizei des Landes Thüringen.

§ 2 Aufgaben der Polizei
(1) [1]Die Polizei hat die Aufgabe, die allgemein oder im Einzelfall bestehenden Gefahren für die öffentliche Sicherheit oder Ordnung abzuwehren. [2]Sie hat im Rahmen dieser Aufgabe auch für die Verfolgung von Straftaten vorzusorgen und Straftaten zu verhüten (vorbeugende Bekämpfung von Straftaten) sowie Vorbereitungen zu treffen, um künftige Gefahren abwehren zu können (Vorbereitung auf die Gefahrenabwehr).
(2) Der Schutz privater Rechte obliegt der Polizei nach diesem Gesetz nur dann, wenn gerichtlicher Schutz nicht rechtzeitig zu erlangen ist und wenn ohne polizeiliche Hilfe die Verwirklichung des Rechts vereitelt oder wesentlich erschwert werden würde.
(3) Die Polizei leistet anderen Behörden Vollzugshilfe (§§ 48 bis 50).
(4) Die Polizei hat ferner die Aufgaben zu erfüllen, die ihr durch andere Rechtsvorschriften übertragen sind.

§ 3 Verhältnis zu anderen Behörden
[1]Die Polizei wird außer in den Fällen des § 2 Abs. 1 Satz 2 nur tätig, soweit die Abwehr der Gefahr durch eine andere Behörde nicht oder nicht rechtzeitig möglich erscheint. [2]Sie unterrichtet die anderen Behörden unverzüglich von allen Vorgängen, deren Kenntnis für die Aufgabenerfüllung der anderen Behörden bedeutsam erscheint; § 41 Abs. 2 bleibt unberührt.

§ 4 Grundsatz der Verhältnismäßigkeit
(1) Von mehreren möglichen und geeigneten Maßnahmen hat die Polizei diejenige zu treffen, die den einzelnen und die Allgemeinheit voraussichtlich am wenigsten beeinträchtigt.
(2) Eine Maßnahme darf nicht zu einem Nachteil führen, der zu dem erstrebten Erfolg erkennbar außer Verhältnis steht.
(3) Eine Maßnahme ist nur solange zulässig, bis ihr Zweck erreicht ist oder sich zeigt, daß er nicht erreicht werden kann.

§ 5 Ermessen, Wahl der Mittel
(1) Die Polizei trifft ihre Maßnahmen nach pflichtgemäßem Ermessen.
(2) [1]Kommen zur Abwehr einer Gefahr mehrere Mittel in Betracht, so genügt es, wenn eines davon bestimmt wird. [2]Den Betroffenen ist auf Antrag zu gestatten, ein anderes ebenso wirksames Mittel anzuwenden, sofern die Allgemeinheit dadurch nicht stärker beeinträchtigt wird.

§ 6 Ausweispflicht des Polizeibeamten
[1]Auf Verlangen des von einer Maßnahme Betroffenen, bei Dienstausübung in Zivilkleidung grundsätzlich unaufgefordert, hat der Polizeibeamte sich auszuweisen, soweit der Zweck der Maßnahme dadurch nicht beeinträchtigt wird. [2]Das Nähere wird durch Dienstvorschrift geregelt.

§ 7 Verantwortlichkeit für das Verhalten von Personen
(1) Verursacht eine Person eine Gefahr, so sind die Maßnahmen gegen sie zu richten.
(2) Ist die Person noch nicht 14 Jahre alt, unter Betreuung oder unter vorläufige Betreuung gestellt, können Maßnahmen auch gegen die Person gerichtet werden, die zur Aufsicht über sie verpflichtet ist.
(3) Verursacht eine Person, die zu einer Verrichtung bestellt ist, die Gefahr in Ausführung der Verrichtung, so können Maßnahmen auch gegen die Person gerichtet werden, die die andere zu der Verrichtung bestellt hat.
(4) Die Absätze 1 bis 3 sind nicht anzuwenden, soweit andere Bestimmungen dieses Gesetzes oder andere Rechtsvorschriften regeln, gegen wen eine Maßnahme zu richten ist.

§ 8 Verantwortlichkeit für den Zustand von Sachen oder das Verhalten von Tieren

(1) Geht von einer Sache oder einem Tier eine Gefahr aus, so sind die Maßnahmen gegen den Inhaber der tatsächlichen Gewalt zu richten, soweit die jeweilige Situation nicht ein anderes Vorgehen erfordert.

(2) [1]Maßnahmen können auch gegen den Eigentümer oder einen anderen Berechtigten gerichtet werden. [2]Dies gilt nicht, wenn der Inhaber der tatsächlichen Gewalt diese ohne den Willen des Eigentümers oder Berechtigten ausübt.

(3) Geht die Gefahr von einer herrenlosen Sache oder einem herrenlosen Tier aus, so können die Maßnahmen gegen denjenigen gerichtet werden, der das Eigentum an der Sache oder dem Tier aufgegeben hat.

(4) § 7 Abs. 4 gilt entsprechend.

§ 9 Unmittelbare Ausführung einer Maßnahme

(1) [1]Die Polizei kann eine Maßnahme selbst oder durch einen Beauftragten unmittelbar ausführen, wenn der Zweck der Maßnahme durch Inanspruchnahme der nach den §§ 7 oder 8 Verantwortlichen nicht oder nicht rechtzeitig erreicht werden kann. [2]Der von der Maßnahme Betroffene ist unverzüglich zu unterrichten.

(2) [1]Entstehen der Polizei durch die unmittelbare Ausführung einer Maßnahme Kosten (Gebühren, Auslagen), so sind die nach den §§ 7 oder 8 Verantwortlichen zum Ersatz verpflichtet. [2]Mehrere Verantwortliche haften als Gesamtschuldner. [3]Die Kosten können im Verwaltungszwangsverfahren beigetrieben werden.

§ 10 Inanspruchnahme nichtverantwortlicher Personen

(1) Die Polizei kann Maßnahmen gegen andere Personen als die nach den §§ 7 oder 8 Verantwortlichen richten, wenn

1. eine gegenwärtige erhebliche Gefahr abzuwehren ist,
2. Maßnahmen gegen die nach den §§ 7 oder 8 Verantwortlichen nicht oder nicht rechtzeitig möglich sind oder keinen Erfolg versprechen,
3. die Polizei die Gefahr nicht oder nicht rechtzeitig selbst oder durch Beauftragte abwehren kann und
4. die Personen ohne erhebliche eigene Gefährdung und ohne Verletzung höherwertiger Pflichten in Anspruch genommen werden können.

(2) Die Maßnahmen nach Absatz 1 dürfen nur aufrechterhalten werden, solange die Abwehr der Gefahr nicht auf andere Weise möglich ist.

(3) § 7 Abs. 4 gilt entsprechend.

§ 11 Einschränkung von Grundrechten

Aufgrund dieses Gesetzes können die Grundrechte auf Leben und körperliche Unversehrtheit (Artikel 2 Abs. 2 Satz 1 des Grundgesetzes, Artikel 3 Abs. 1 Satz 1 der Verfassung des Freistaats Thüringen), Freiheit der Person (Artikel 2 Abs. 2 Satz 2 des Grundgesetzes, Artikel 3 Abs. 1 Satz 2 der Verfassung des Freistaats Thüringen), Brief-, Post- und Fernmeldegeheimnis (Artikel 10 des Grundgesetzes, Artikel 7 der Verfassung des Freistaats Thüringen), Freizügigkeit (Artikel 11 des Grundgesetzes, Artikel 5 der Verfassung des Freistaats Thüringen), Schutz der personenbezogenen Daten (Artikel 6 Abs. 2 der Verfassung des Freistaats Thüringen) und Unverletzlichkeit der Wohnung (Artikel 13 des Grundgesetzes, Artikel 8 der Verfassung des Freistaats Thüringen) eingeschränkt werden.

Zweiter Abschnitt

Befugnisse der Polizei

Erster Unterabschnitt

Allgemeine und besondere Befugnisse

§ 12 Allgemeine Befugnisse

(1) Die Polizei kann die notwendigen Maßnahmen treffen, um eine im einzelnen Falle bestehende Gefahr für die öffentliche Sicherheit oder Ordnung (Gefahr) abzuwehren, soweit nicht die §§ 13 bis 44 die Befugnisse der Polizei besonders regeln.

(2) [1]Eine Maßnahme im Sinne des Absatzes 1 kann die Polizei insbesondere dann treffen, wenn sie notwendig ist, um

1. Straftaten oder Ordnungswidrigkeiten zu verhüten oder zu unterbinden,
2. durch solche Handlungen verursachte Zustände zu beseitigen oder
3. Gefahren abzuwehren oder Zustände zu beseitigen, die Leben, Gesundheit oder die Freiheit der Person oder die Sachen oder Tiere, deren Erhaltung im öffentlichen Interesse geboten erscheint, bedrohen oder verletzen.

[2]Straftaten im Sinne dieses Gesetzes sind rechtswidrige Taten, die den Tatbestand eines Strafgesetzes verwirklichen. [3]Ordnungswidrigkeiten im Sinne dieses Gesetzes sind rechtswidrige Taten, die den Tatbestand einer Ordnungswidrigkeit verwirklichen.

(3) [1]Zur Erfüllung der Aufgaben, die der Polizei durch andere Rechtsvorschriften zugewiesen sind (§ 2 Abs. 4) hat sie die dort vorgesehenen Befugnisse. [2]Soweit solche Rechtsvorschriften Befugnisse der Polizei nicht regeln, hat sie die Befugnisse, die ihr nach diesem Gesetz zustehen.

§ 13 Befragung, Auskunftspflicht

(1) [1]Die Polizei kann jede Person befragen, wenn Tatsachen die Annahme rechtfertigen, daß sie sachdienliche Angaben machen kann, die für die Erfüllung einer bestimmten polizeilichen Aufgabe erforderlich sind. [2]Für die Dauer der Befragung kann die Person angehalten werden.

(2) [1]Eine Person, deren Befragung nach Absatz 1 zulässig ist, ist verpflichtet, auf Frage Namen, Vornamen, Tag und Ort der Geburt, Wohnanschrift und Staatsangehörigkeit anzugeben. [2]Sie ist zu weiteren Auskünften verpflichtet, soweit gesetzliche Handlungspflichten bestehen.

§ 14 Identitätsfeststellung

(1) Die Polizei kann die Identität einer Person feststellen,

1. zur Abwehr einer Gefahr,
2. wenn die Person sich an einem Ort aufhält,
   a) von dem aufgrund tatsächlicher Anhaltspunkte anzunehmen ist, daß dort
      aa) Personen Straftaten verabreden, vorbereiten oder verüben,
      bb) sich Personen ohne erforderliche Aufenthaltserlaubnis treffen, oder
      cc) sich Straftäter verbergen, oder
   b) an dem Personen der Prostitution nachgehen,
3. wenn sie sich in einer Verkehrs- oder Versorgungsanlage oder -einrichtung, einem öffentlichen Verkehrsmittel, Amtsgebäude oder einem anderen besonders gefährdeten Objekt oder in unmittelbarer Nähe hiervon aufhält und Tatsachen die Annahme rechtfertigen, daß in oder an Objekten dieser Art Straftaten begangen werden sollen, durch die in oder an diesen Objekten befindliche Personen oder diese Objekte selbst unmittelbar gefährdet sind,
4. an einer Kontrollstelle, die von der Polizei eingerichtet worden ist, um Straftaten im Sinne von § 100a der Strafprozeßordnung (StPO) oder § 27 des Versammlungsgesetzes zu verhindern,
5. auf Durchgangsstraßen (Bundesautobahnen, Europastraßen und anderen Straßen von erheblicher Bedeutung für den grenzüberschreitenden Verkehr) und in öffentlichen Einrichtungen des internationalen Verkehrs zur Verhütung oder Unterbindung der unerlaubten Überschreitung der Landesgrenze oder des unerlaubten Aufenthalts und zur Bekämpfung der grenzüberschreitenden Kriminalität, soweit dies nicht Aufgabe der Bundespolizei ist,
6. wenn die Person sich in einem Fahrzeug befindet, dessen amtliches Kennzeichen zur gezielten Kontrolle ausgeschrieben ist, oder
7. zum Schutz privater Rechte (§ 2 Abs. 2).

(2) [1]Die Polizei kann zur Feststellung der Identität die erforderlichen Maßnahmen treffen. [2]Sie kann den Betroffenen insbesondere anhalten, ihn nach seinen Personalien befragen und verlangen, daß er mitgeführte Ausweispapiere zur Prüfung aushändigt. [3]Der Betroffene kann festgehalten werden, wenn die Identität auf andere Weise nicht oder nur unter erheblichen Schwierigkeiten festgestellt werden kann. [4]Unter den Voraussetzungen von Satz 3 können der Betroffene sowie die von ihm mitgeführten Sachen durchsucht werden.

§ 15 Prüfung von Berechtigungsscheinen

Die Polizei kann verlangen, daß ein Berechtigungsschein zur Prüfung ausgehändigt wird, wenn der Betroffene aufgrund einer Rechtsvorschrift verpflichtet ist, diesen Berechtigungsschein mitzuführen.

§ 16 Erkennungsdienstliche Maßnahmen

(1) Die Polizei kann erkennungsdienstliche Maßnahmen vornehmen, wenn

1. eine nach § 14 zulässige Identitätsfeststellung auf andere Weise nicht oder nur unter erheblichen Schwierigkeiten möglich ist oder
2. dies zur vorbeugenden Bekämpfung von Straftaten erforderlich ist, weil der Betroffene verdächtig ist, eine Tat begangen zu haben, die mit Strafe bedroht ist und wegen der Art und Ausführung der Tat oder der Persönlichkeit des Betroffenen die Gefahr der Wiederholung besteht.

(2) Sind die Voraussetzungen nach Absatz 1 entfallen, sind die erkennungsdienstlichen Unterlagen unverzüglich zu vernichten.

(3) Erkennungsdienstliche Maßnahmen sind insbesondere

1. die Abnahme von Finger- und Handflächenabdrücken,
2. die Aufnahme von Lichtbildern,
3. die Feststellung äußerer körperlicher Merkmale,
4. Messungen.

§ 17 Vorladung

(1) Die Polizei kann eine Person schriftlich oder mündlich vorladen, wenn

1. Tatsachen die Annahme rechtfertigen, daß die Person sachdienliche Angaben machen kann, die zur Erfüllung einer bestimmten polizeilichen Aufgabe erforderlich sind, oder
2. das zur Durchführung erkennungsdienstlicher Maßnahmen erforderlich ist.

(2) [1]Bei der Vorladung soll deren Grund angegeben werden. [2]Bei der Festsetzung des Zeitpunktes soll auf den Beruf und die sonstigen Lebensverhältnisse des Betroffenen Rücksicht genommen werden.

(3) Leistet ein Betroffener der Vorladung ohne hinreichenden Grund keine Folge, so kann sie zwangsweise durchgesetzt werden,

1. wenn die Angaben zur Abwehr einer Gefahr für Leib, Leben oder Freiheit einer Person erforderlich sind oder
2. zur Durchführung erkennungsdienstlicher Maßnahmen.

(4) Die im Strafverfahrensrecht bestehenden Bestimmungen über verbotene Vernehmungsmethoden gelten entsprechend.

§ 18 Platzverweisung, Wohnungsverweisung, Aufenthaltsverbot

(1) [1]Die Polizei kann zur Abwehr einer Gefahr eine Person vorübergehend von einem Ort verweisen oder ihr vorübergehend das Betreten eines Ortes verbieten. [2]Die Platzverweisung kann ferner gegen Personen angeordnet werden, die den Einsatz der Feuerwehr oder von Hilfs- oder Rettungsdiensten behindern.

(2) [1]Die Polizei kann eine Person ihrer Wohnung einschließlich deren unmittelbarer Umgebung verweisen (Wohnungsverweisung) und ihr die Rückkehr in diesen Bereich untersagen (Rückkehrverbot), wenn dies erforderlich ist, um eine von der Person ausgehende gegenwärtige Gefahr für Leben, Gesundheit, Freiheit oder die sexuelle Selbstbestimmung von einer in derselben Wohnung lebenden Person abzuwehren. [2]Wohnungsverweisung und Rückkehrverbot enden mit Ablauf des zehnten Tages nach ihrer Anordnung, wenn nicht im Einzelfall ein kürzerer Zeitraum festgesetzt wird. [3]Die Maßnahme ist in ihrem örtlichen Umfang auf das erforderliche Maß zu beschränken. [4]Der betroffenen Person soll Gelegenheit gegeben werden, dringend benötigte Gegenstände des persönlichen und beruflichen Bedarfs mitzunehmen. [5]Die Polizei hat die gefährdete Person über den örtlichen Umfang und über die Dauer der Maßnahme nach Satz 1 zu informieren. [6]Die Polizei übermittelt, soweit die gefährdete Person zustimmt, deren personenbezogene Daten an eine geeignete Beratungsstelle.

(3) [1]Rechtfertigen Tatsachen die Annahme, dass eine Person in einem bestimmten örtlichen Bereich eine Straftat begehen wird, so kann ihr für eine bestimmte Zeit verboten werden, diesen Bereich zu betreten oder sich dort aufzuhalten. [2]Örtlicher Bereich im Sinne des Satzes 1 ist das Gemeindegebiet oder ein Gebietsteil innerhalb einer Gemeinde. [3]Die Maßnahme ist zeitlich und örtlich auf den zur Verhütung der Straftat erforderlichen Umfang zu beschränken. [4]Sie darf die Dauer von drei Monaten nicht überschreiten. [5]Die Maßnahme darf den Zugang zur Wohnung des Betroffenen oder die Wahrnehmung seiner berechtigten Interessen im bestimmten örtlichen Bereich nicht beschränken. [6]Absatz 1 und die Vorschriften des Versammlungsrechts bleiben unberührt.

§ 19 Gewahrsam

(1) Die Polizei kann eine Person in Gewahrsam nehmen, wenn
1. das zum Schutz der Person gegen eine Gefahr für Leib und Leben erforderlich ist, insbesondere weil die Person sich erkennbar in einem die freie Willensbestimmung ausschließenden Zustand oder sonst in hilfloser Lage befindet oder
2. das unerläßlich ist, um die unmittelbar bevorstehende Begehung oder Fortsetzung einer Straftat oder einer Ordnungswidrigkeit von erheblicher Bedeutung zu verhindern; die Annahme, daß eine Person eine solche Tat begehen oder zu ihrer Begehung beitragen wird, kann sich insbesondere darauf stützen, daß
   a) sie die Begehung der Tat angekündigt oder dazu aufgefordert hat oder Transparente oder sonstige Gegenstände mit einer solchen Aufforderung mit sich führt; dies gilt auch für Flugblätter solchen Inhalts, soweit sie in einer Menge mitgeführt werden, die zur Verteilung geeignet ist, oder
   b) bei ihr Waffen, Werkzeuge oder sonstige Gegenstände aufgefunden werden, die ersichtlich zur Tatbegehung bestimmt sind oder erfahrungsgemäß bei derartigen Taten verwendet werden, oder ihre Begleitperson solche Gegenstände mit sich führt und sie den Umständen nach hiervon Kenntnis haben mußte, oder
   c) sie bereits in der Vergangenheit aus vergleichbarem Anlass bei der Begehung von Straftaten oder von Ordnungswidrigkeiten von erheblicher Bedeutung angetroffen worden ist und nach den Umständen eine Wiederholung dieser Verhaltensweise zu erwarten ist, oder
3. das unerläßlich ist, um eine Platzverweisung, eine Wohnungsverweisung, ein Rückkehrverbot oder ein Aufenthaltsverbot nach § 18 durchzusetzen.

(2) Die Polizei kann Minderjährige, die sich der Obhut der Sorgeberechtigten entzogen haben, in Gewahrsam nehmen, um sie den Sorgeberechtigten oder dem Jugendamt zuzuführen.

(3) Die Polizei kann eine Person, die aus dem Vollzug von Untersuchungshaft, Freiheitsstrafen oder freiheitsentziehenden Maßregeln der Besserung und Sicherung entwichen ist oder sich sonst ohne Erlaubnis außerhalb der Justizvollzugsanstalt aufhält, in Gewahrsam nehmen und in die Anstalt zurückbringen.

§ 20 Richterliche Entscheidung

(1) [1]Wird eine Person aufgrund von § 14 Abs. 2 Satz 3, § 17 Abs. 3 oder § 19 festgehalten, hat die Polizei unverzüglich eine richterliche Entscheidung über Zulässigkeit und Fortdauer der Freiheitsentziehung herbeizuführen. [2]Der Herbeiführung der richterlichen Entscheidung bedarf es nicht, wenn anzunehmen ist, daß die Entscheidung des Richters erst nach Wegfall des Grundes der polizeilichen Maßnahmen ergehen würde.

(2) [1]Für die Entscheidung nach Absatz 1 ist das Amtsgericht zuständig, in dessen Bezirk die Person festgehalten wird. [2]Das Verfahren richtet sich nach Buch 7 FamFG. [3]Für die Gerichtskosten gelten § 128c der Kostenordnung sowie die §§ 80 bis 85 FamFG.

§ 21 Behandlung festgehaltener Personen

(1) Wird eine Person aufgrund von § 14 Abs. 2 Satz 3, § 17 Abs. 3 oder § 19 festgehalten, ist ihr unverzüglich der Grund bekanntzugeben.

(2) [1]Der festgehaltenen Person ist unverzüglich Gelegenheit zu geben, einen Angehörigen oder eine Person ihres Vertrauens zu benachrichtigen, soweit dadurch der Zweck der Freiheitsentziehung nicht gefährdet wird. [2]Unberührt bleibt die Benachrichtigungspflicht bei einer richterlichen Freiheitsentziehung. [3]Die Polizei soll die Benachrichtigung übernehmen, wenn die festgehaltene Person nicht in der Lage ist, von dem Recht nach Satz 1 Gebrauch zu machen und die Benachrichtigung ihrem mutmaßlichen Willen nicht widerspricht. [4]Ist die festgehaltene Person minderjährig, unter Betreuung oder unter vorläufige Betreuung gestellt, so ist in jedem Fall unverzüglich derjenige zu benachrichtigen, dem die Sorge für die Person obliegt.

(3) [1]Die festgehaltene Person soll gesondert, insbesondere ohne ihre Einwilligung nicht in demselben Raum mit Straf- oder Untersuchungsgefangenen untergebracht werden. [2]Männer und Frauen sollen getrennt untergebracht werden. [3]Der festgehaltenen Person dürfen nur solche Beschränkungen auferlegt werden, die der Zweck der Freiheitsentziehung oder die Ordnung im Gewahrsam erfordern.

(4) Wird über die Zulässigkeit und Fortdauer der Freiheitsentziehung eine richterliche Entscheidung nach § 20 herbeigeführt und diese im Wege der Amtshilfe in Justizvollzugsanstalten vollzogen, so gelten die §§ 171, 173 bis 175 und 178 Abs. 3 des Strafvollzugsgesetzes entsprechend.

§ 22 Dauer der Freiheitsentziehung

Die festgehaltene Person ist zu entlassen,

1. wenn der Grund für die Maßnahme der Polizei weggefallen ist,
2. wenn die Fortdauer der Freiheitsentziehung durch richterliche Entscheidung für unzulässig erklärt wird,
3. in jedem Falle unverzüglich, spätestens jedoch innerhalb von 24 Stunden nach dem Ergreifen, wenn nicht vorher die Fortdauer der Freiheitsentziehung durch richterliche Entscheidung angeordnet ist. In der richterlichen Entscheidung ist die höchstzulässige Dauer der Freiheitsentziehung zu bestimmen; sie darf nicht mehr als zehn Tage betragen.

§ 23 Durchsuchung von Personen

(1) Die Polizei kann außer in den Fällen des § 14 Abs. 2 Satz 4 eine Person durchsuchen, wenn

1. sie nach diesem Gesetz oder anderen Rechtsvorschriften festgehalten werden kann,
2. Tatsachen die Annahme rechtfertigen, daß sie Sachen oder Tiere mit sich führt, die sichergestellt werden dürfen,
3. sie sich erkennbar in einem die freie Willensbestimmung ausschließenden Zustand oder sonst in hilfloser Lage befindet,
4. sie sich an einem der in § 14 Abs. 1 Nr. 2, 4 oder 5 genannten Orte aufhält,
5. sie sich in einem Objekt im Sinne des § 14 Abs. 1 Nr. 3 oder in dessen unmittelbarer Nähe aufhält und Tatsachen die Annahme rechtfertigen, daß in oder an Objekten dieser Art Straftaten begangen werden sollen, oder
6. sie zur gezielten Kontrolle ausgeschrieben ist.

(2) Die Polizei kann eine Person, deren Identität nach diesem Gesetz oder anderen Rechtsvorschriften festgestellt werden soll, nach Waffen, anderen gefährlichen Werkzeugen und Explosivmitteln durchsuchen, wenn dies nach den Umständen zum Schutz des Polizeibeamten oder eines Dritten gegen eine Gefahr für Leib und Leben erforderlich ist.

(3) Personen dürfen nur von Personen gleichen Geschlechts oder Ärzten durchsucht werden; dies gilt nicht, wenn die sofortige Durchsuchung zum Schutz gegen eine Gefahr für Leib und Leben erforderlich ist.

§ 24 Durchsuchung von Sachen

(1) Die Polizei kann außer in den Fällen des § 14 Abs. 2 Satz 4 eine Sache durchsuchen, wenn

1. sie von einer Person mitgeführt wird, die nach § 23 durchsucht werden darf,
2. Tatsachen die Annahme rechtfertigen, daß sich in ihr eine Person befindet, die
   a) in Gewahrsam genommen werden darf,
   b) widerrechtlich festgehalten wird oder
   c) hilflos ist,
3. Tatsachen die Annahme rechtfertigen, daß sich in ihr eine andere Sache befindet, die sichergestellt werden darf,
4. sie sich an einem der in § 14 Abs. 1 Nr. 2 oder 5 genannten Orte befindet oder
5. sie sich in einem Objekt im Sinne des § 14 Abs. 1 Nr. 3 oder in dessen unmittelbarer Nähe befindet und Tatsachen die Annahme rechtfertigen, daß Straftaten in oder an Objekten dieser Art begangen werden sollen,
6. es sich um ein Land-, Wasser- oder Luftfahrzeug handelt, in dem sich eine Person befindet, deren Identität nach § 14 Abs. 1 Nr. 4 festgestellt werden darf oder die zur gezielten Kontrolle ausgeschrieben ist; die Durchsuchung kann sich auch auf die in dem Fahrzeug enthaltenen Sachen erstrecken.

(2) [1]Bei der Durchsuchung von Sachen hat der Inhaber der tatsächlichen Gewalt das Recht, anwesend zu sein. [2]Ist er abwesend, so sollen seine Vertreter oder ein anderer Zeuge hinzugezogen werden. [3]Dem Inhaber der tatsächlichen Gewalt ist auf Verlangen eine Bescheinigung über die Durchsuchung und ihren Grund zu erteilen.

§ 25 Betreten und Durchsuchung von Wohnungen

(1) [1]Die Polizei kann eine Wohnung ohne Einwilligung des Inhabers betreten und durchsuchen, wenn

1. Tatsachen die Annahme rechtfertigen, daß sich in ihr eine Person befindet, die nach § 17 Abs. 3 vorgeführt oder nach § 19 in Gewahrsam genommen werden darf,
2. Tatsachen die Annahme rechtfertigen, daß sich in ihr eine Sache oder ein Tier befindet, die oder das nach § 27 Nr. 1 sichergestellt werden darf,
3. das zur Abwehr einer gegenwärtigen Gefahr für Leib, Leben oder Freiheit einer Person oder für Sachen oder Tiere von bedeutendem Wert erforderlich ist,
4. von der Wohnung Emissionen oder durch Personen verursachter Lärm ausgehen, die nach Art, Ausmaß oder Dauer geeignet sind, die Gesundheit in der Nachbarschaft wohnender Personen zu schädigen.

[2]Die Wohnung umfaßt die Wohn- und Nebenräume, Arbeits-, Betriebs- und Geschäftsräume sowie anderes befriedetes Besitztum.

(2) Während der Nachtzeit (§ 104 Abs. 3 StPO) ist das Betreten und Durchsuchen einer Wohnung nur in den Fällen des Absatzes 1 Satz 1 Nr. 3 und 4 zulässig.

(3) Wohnungen dürfen jedoch zur Abwehr dringender Gefahren jederzeit betreten werden, wenn

1. aufgrund tatsächlicher Anhaltspunkte erfahrungsgemäß anzunehmen ist, daß dort
   a) Personen Straftaten verabreden, vorbereiten oder verüben,
   b) sich Personen ohne erforderliche Aufenthaltserlaubnis treffen oder
   c) sich Straftäter verbergen, oder
2. sie der Prostitution dienen.

(4) Arbeits-, Betriebs- und Geschäftsräume sowie andere Räume und Grundstücke, die der Öffentlichkeit zugänglich sind oder zugänglich waren und den Anwesenden zum weiteren Aufenthalt zur Verfügung stehen, dürfen zum Zwecke der Gefahrenabwehr (§ 2 Abs. 1) während der Arbeits-, Geschäfts- oder Aufenthaltszeit betreten werden.

§ 26 Verfahren bei der Durchsuchung von Wohnungen

(1) [1]Durchsuchungen von Wohnungen dürfen, außer bei Gefahr im Verzug, nur durch den Richter angeordnet werden. [2]Zuständig ist das Amtsgericht, in dessen Bezirk die Wohnung liegt. [3]Für das Verfahren gelten die Bestimmungen des Gesetzes über das Verfahren in Familiensachen und in den Angelegenheiten der freiwilligen Gerichtsbarkeit entsprechend.

(2) [1]Bei der Durchsuchung einer Wohnung hat der Wohnungsinhaber das Recht, anwesend zu sein. [2]Ist er abwesend, so ist, wenn möglich, sein Vertreter oder ein erwachsener Angehöriger, Hausgenosse oder Nachbar zuzuziehen.

(3) Dem Wohnungsinhaber oder seinem Vertreter ist der Grund der Durchsuchung unverzüglich bekanntzugeben, soweit dadurch der Zweck der Maßnahmen nicht gefährdet wird.

(4) [1]Über die Durchsuchung ist eine Niederschrift, aber nicht in elektronischer Form, zu fertigen. [2]Sie muß die verantwortliche Dienststelle, Grund, Zeit und Ort der Durchsuchung und das Ergebnis der Durchsuchung enthalten. [3]Die Niederschrift ist von einem durchsuchenden Beamten und dem Wohnungsinhaber oder der zugezogenen Person zu unterzeichnen. [4]Wird die Unterschrift verweigert, so ist hierüber ein Vermerk aufzunehmen. [5]Dem Wohnungsinhaber oder seinem Vertreter ist auf Verlangen eine Abschrift der Niederschrift auszuhändigen.

(5) Ist die Anfertigung der Niederschrift oder die Aushändigung einer Abschrift nach den besonderen Umständen des Falles nicht möglich oder würde sie den Zweck der Durchsuchung gefährden, so sind dem Betroffenen lediglich die Durchsuchung unter Angabe der verantwortlichen Dienststelle sowie Zeit und Ort der Durchsuchung schriftlich, aber nicht in elektronischer Form, zu bestätigen.

§ 27 Sicherstellung

Die Polizei kann eine Sache oder ein Tier sicherstellen,

1. um eine gegenwärtige Gefahr abzuwehren,
2. um den Eigentümer oder den rechtmäßigen Inhaber der tatsächlichen Gewalt vor Verlust oder Beschädigung einer Sache oder eines Tiers zu schützen, oder
3. wenn sie oder es von einer Person mitgeführt wird, die nach diesem Gesetz oder anderen Rechtsvorschriften festgehalten wird, und diese Person die Sache oder das Tier verwenden kann, um

a) sich zu töten oder zu verletzen,
b) Leben oder Gesundheit anderer zu schädigen,
c) fremde Sachen zu beschädigen oder fremde Tiere anzugreifen oder
d) sich oder anderen die Flucht zu ermöglichen oder zu erleichtern.

§ 28 Verwahrung

(1) [1]Sichergestellte Sachen oder Tiere sind in Verwahrung zu nehmen. [2]Läßt die Beschaffenheit der Sachen oder Tiere das nicht zu oder erscheint die Verwahrung bei der Polizei unzweckmäßig, sind die Sachen oder Tiere auf andere geeignete Weise aufzubewahren oder zu sichern. [3]In diesem Fall kann die Verwahrung auch einem Dritten übertragen werden.

(2) [1]Dem Betroffenen ist eine Bescheinigung, aber nicht in elektronischer Form, auszustellen, die den Grund der Sicherstellung erkennen läßt und die sichergestellten Sachen oder Tiere bezeichnet. [2]Kann nach den Umständen des Falles eine Bescheinigung nicht ausgestellt werden, so ist über die Sicherstellung eine Niederschrift, aber nicht in elektronischer Form, aufzunehmen, die auch erkennen läßt, warum eine Bescheinigung nicht ausgestellt worden ist. [3]Der Eigentümer oder der rechtmäßige Inhaber der tatsächlichen Gewalt ist unverzüglich zu unterrichten.

(3) [1]Wird eine sichergestellte Sache oder ein sichergestelltes Tier verwahrt, so hat die Polizei nach Möglichkeit Wertminderungen vorzubeugen. [2]Das gilt nicht, wenn die Sache oder das Tier durch den Dritten auf Verlangen eines Berechtigten verwahrt wird.

(4) Die verwahrten Sachen oder Tiere sind zu verzeichnen und erforderlichenfalls so zu kennzeichnen, daß Verwechslungen vermieden werden.

§ 29 Verwertung, Vernichtung

(1) Die Verwertung einer sichergestellten Sache ist zulässig, wenn
1. ihr Verderb oder eine wesentliche Wertminderung droht,
2. ihre Verwahrung, Pflege oder Erhaltung mit unverhältnismäßig hohen Kosten oder Schwierigkeiten verbunden ist,
3. sie infolge ihrer Beschaffenheit nicht so verwahrt werden kann, daß weitere Gefahren für die öffentliche Sicherheit oder Ordnung ausgeschlossen sind,
4. sie nach einer Frist von einem Jahr nicht an einen Berechtigten herausgegeben werden kann, ohne daß die Voraussetzungen der Sicherstellung erneut eintreten würden, oder
5. der Berechtigte sie nicht innerhalb einer ausreichend bemessenen Frist abholt, obwohl ihm eine Mitteilung über die Frist mit dem Hinweis zugestellt worden ist, daß die Sache verwertet wird, wenn sie nicht innerhalb der Frist abgeholt wird.

(2) [1]Der Betroffene, der Eigentümer und andere Personen, denen ein Recht an der Sache zusteht, sollen vor der Verwertung gehört werden. [2]Die Anordnung sowie Zeit und Ort der Verwertung sind ihnen mitzuteilen, soweit die Umstände und der Zweck der Maßnahmen es erlauben.

(3) [1]Die Sache wird durch öffentliche Versteigerung verwertet; § 979 Abs. 1 des Bürgerlichen Gesetzbuches gilt entsprechend. [2]Bleibt die Versteigerung erfolglos, erscheint sie von vornherein aussichtslos oder würden die Kosten der Versteigerung voraussichtlich den zu erwartenden Erlös übersteigen, so kann die Sache freihändig verkauft werden. [3]Der Erlös tritt an die Stelle der verwerteten Sache. [4]Läßt sich innerhalb angemessener Frist kein Käufer finden, so kann die Sache einem gemeinnützigen Zweck zugeführt werden.

(4) [1]Sichergestellte Sachen können unbrauchbar gemacht oder vernichtet werden, wenn
1. im Fall einer Verwertung die Gründe, die zu ihrer Sicherstellung berechtigten, fortbestehen oder Sicherstellungsgründe erneut entstehen würden, oder
2. die Verwertung aus anderen Gründen nicht möglich ist.

[2]Absatz 2 gilt sinngemäß.

(5) Für Tiere gelten die Absätze 1 bis 4 sinngemäß.

§ 30 Herausgabe sichergestellter Sachen oder des Erlöses, Kosten

(1) [1]Sobald die Voraussetzungen für die Sicherstellung weggefallen sind, sind die Sachen an denjenigen herauszugeben, bei dem sie sichergestellt worden sind. [2]Ist die Herausgabe an ihn nicht möglich, können sie an einen anderen herausgegeben werden, der seine Berechtigung glaubhaft macht. [3]Die Herausgabe ist ausgeschlossen, wenn dadurch erneut die Voraussetzungen für eine Sicherstellung eintreten würden.

(2) [1]Sind die Sachen verwertet worden, ist der Erlös herauszugeben. [2]Ist ein Berechtigter nicht vorhanden oder nicht zu ermitteln, ist der Erlös nach den Bestimmungen des Bürgerlichen Gesetzbuches zu hinterlegen. [3]Der Anspruch auf Herausgabe des Erlöses erlischt drei Jahre nach Ablauf des Jahres, in dem die Sache verwertet worden ist.

(3) [1]Für die Sicherstellung, Verwertung und für Maßnahmen nach § 29 Abs. 4 werden Kosten (Gebühren und Auslagen) erhoben. [2]Die Kosten nach Satz 1 und die Kosten nach § 21 Abs. 1 des Thüringer Verwaltungskostengesetzes für die Verwahrung haben die nach den §§ 7 und 8 Verantwortlichen zu tragen. [3]Mehrere Verantwortliche haften als Gesamtschuldner. [4]Die Herausgabe der Sache kann von der Zahlung der geschuldeten Beträge abhängig gemacht werden; ist eine Sache verwertet worden, so können die geschuldeten Beträge aus dem Erlös gedeckt werden. [5]Die Kosten können im Verwaltungszwangsverfahren beigetrieben werden.

(4) § 983 des Bürgerlichen Gesetzbuches bleibt unberührt.

(5) Für Tiere gelten die Absätze 1 bis 4 sinngemäß.

Zweiter Unterabschnitt

Datenerhebung und -verarbeitung

§ 31 Anwendbares Recht, Rechte der betroffenen Person auf Auskunft, Berichtigung und Löschung

(1) Die Polizei kann personenbezogene Daten zur Erfüllung der polizeilichen Aufgaben im Sinne des § 2 zur Abwehr von Gefahren für die öffentliche Sicherheit und zur Verhütung von Straftaten sowie zum Zwecke der Verhütung und Verfolgung von Straftaten verarbeiten, soweit dies durch dieses Gesetz in Verbindung mit den Bestimmungen des Ersten und Dritten Abschnitts des Thüringer Datenschutzgesetzes (ThürDSG) oder besonderer Rechtsvorschriften über die Datenerhebung der Polizei zugelassen ist.

(2) Die Wahrnehmung der Rechte der von einer polizeilichen Datenverarbeitung betroffenen Person auf Auskunft, Berichtigung und Löschung richtet sich nach den §§ 40 bis 45 ThürDSG.

§ 32 Grundsätze der Datenerhebung

(1) Die Polizei kann personenbezogene Daten über die in den §§ 7, 8 und 10 genannten Personen und über andere Personen erheben, wenn dies erforderlich ist

1. zur Gefahrenabwehr, insbesondere zur vorbeugenden Bekämpfung von Straftaten (§ 2 Abs. 1),
2. zum Schutz privater Rechte (§ 2 Abs. 2),
3. zur Vollzugshilfe (§ 2 Abs. 3) oder
4. zur Erfüllung ihr durch andere Rechtsvorschriften übertragenen Aufgaben (§ 2 Abs. 4)

und die §§ 12 bis 44 die Befugnisse der Polizei nicht besonders regeln.

(2) Die Polizei kann ferner über

1. Verantwortliche für Anlagen oder Einrichtungen, von denen eine erhebliche Gefahr ausgehen kann,
2. Verantwortliche für gefährdete Anlagen oder Einrichtungen,
3. Verantwortliche für Veranstaltungen in der Öffentlichkeit,
4. Personen, deren besondere Kenntnisse und Fähigkeiten zur Gefahrenabwehr benötigt werden,

Namen, Vornamen, akademische Grade, Anschriften, Telefonnummern und andere Informationen über die Erreichbarkeit sowie nähere Angaben über die Zugehörigkeit zu einer der genannten Personengruppen erheben, soweit dies zur Vorbereitung für die Hilfeleistung in Gefahrenfällen erforderlich ist.

(3) [1]Personenbezogene Daten sind grundsätzlich bei den betroffenen Personen zu erheben. [2]Personenbezogene Daten der betroffenen Person können auch bei Behörden, öffentlichen Stellen oder bei Dritten erhoben werden, wenn die Datenerhebung bei der betroffenen Person nicht oder nur mit unverhältnismäßig hohem Aufwand möglich ist oder die Erfüllung der polizeilichen Aufgaben gefährden würde.

(4) [1]Personenbezogene Daten sind von der Polizei grundsätzlich offen zu erheben. [2]Eine Datenerhebung, die nicht als polizeiliche Maßnahme erkennbar ist oder sein soll, ist zulässig, wenn die Erfüllung polizeilicher Aufgaben auf andere Weise gefährdet oder erheblich erschwert würde oder wenn anzunehmen ist, dass dies den überwiegenden Interessen der betroffenen Person entspricht.

(5) [1]Werden Daten bei der betroffenen Person oder bei Dritten offen erhoben, sind diese in geeigneter Weise auf
1. die Rechtsgrundlage der Datenerhebung und
2. eine im Einzelfall bestehende gesetzliche Auskunftspflicht oder die Freiwilligkeit der Auskunft
hinzuweisen. [2]Der Hinweis kann zunächst unterbleiben, wenn hierdurch die Erfüllung der polizeilichen Aufgabe oder die schutzwürdigen Belange Dritter beeinträchtigt oder gefährdet würden.

§ 33 Datenerhebung bei öffentlichen Veranstaltungen und Ansammlungen, an besonderen Orten, zur Eigensicherung sowie durch anlassbezogene automatisierte Kraftfahrzeugkennzeichenerkennung

(1) Die Polizei kann personenbezogene Daten, auch durch den Einsatz technischer Mittel zur Anfertigung von Bild- und Tonaufnahmen oder Aufzeichnungen, bei oder im Zusammenhang mit öffentlichen Veranstaltungen und Ansammlungen, die nicht dem Versammlungsgesetz unterliegen, erheben, soweit tatsächliche Anhaltspunkte die Annahme rechtfertigen, daß Gefahren für die öffentliche Sicherheit oder Ordnung entstehen.

(2) [1]Die Polizei kann
1. an einem öffentlich zugänglichen Ort, soweit tatsächliche Anhaltspunkte die Annahme rechtfertigen, dass dort Straftaten verabredet, vorbereitet oder verübt werden sollen,
2. an oder in gefährdeten Anlagen oder Objekten nach § 14 Abs. 1 Nr. 3 oder in deren unmittelbaren Nähe, soweit tatsächliche Anhaltspunkte die Annahme rechtfertigen, dass dort Straftaten begangen werden sollen, durch die Personen, Objekte, Sach- oder Vermögenswerte gefährdet sind,

zur Gefahrenabwehr mittels Bildübertragung offen beobachten oder Bildaufzeichnungen von Personen anfertigen. [2]Die Maßnahme ist durch geeignete Hinweise erkennbar zu machen.

(3) [1]Die Datenerhebung darf auch durchgeführt werden, wenn Dritte unvermeidbar betroffen werden. [2]Bild- und Tonaufnahmen oder Aufzeichnungen und daraus gefertigte Unterlagen sind spätestens einen Monat nach der Datenerhebung zu löschen oder zu vernichten, soweit sie nicht zur Verfolgung von Ordnungswidrigkeiten von erheblicher Bedeutung oder Straftaten benötigt werden. [3]Maßnahmen nach Absatz 2 bedürfen der Zustimmung des für die Polizei zuständigen Ministeriums. [4]Dieses unterrichtet den Landesbeauftragten für den Datenschutz.

(4) Die Aufzeichnungs- und Übertragungsgeräte nach Absatz 2 sollen mit technischen Vorkehrungen ausgestattet sein, die insbesondere durch Aufnahme-, Löschungs-, Sperrungs- und Berechtigungssysteme eine hohe Datensicherheit und einen hohen Datenschutz gewährleisten.

(5) [1]Für Datenerhebungen durch die Polizei bei oder im Zusammenhang mit öffentlichen Versammlungen und Aufzügen gelten die §§ 12a und 19a des Versammlungsgesetzes. [2]§ 41 Abs. 2 bleibt unberührt.

(6) [1]Die Polizei kann zum Schutz der Polizeibeamten bei Personen- oder Fahrzeugkontrollen an öffentlich zugänglichen Orten Bildaufzeichnungen durch den offenen Einsatz technischer Mittel anfertigen; dies gilt auch dann, wenn Dritte unvermeidbar betroffen sind. [2]Der Einsatz der technischen Mittel ist, falls er nicht offenkundig ist, durch geeignete Maßnahmen erkennbar zu machen oder der betroffenen Person mitzuteilen. [3]Die Bildaufzeichnungen sind, soweit sie nicht zur Verfolgung von Straftaten benötigt werden, spätestens nach 48 Stunden zu löschen. [4]§ 40 Abs. 4 Satz 1 und 2 bleibt unberührt.

(7) [1]Die Polizei kann unter den Voraussetzungen des § 14 Abs. 1 Nr. 2 bis 4, wenn eine Anhaltemöglichkeit der Person zur Identitätsfeststellung gewährleistet ist, personenbezogene Daten (Kraftfahrzeugkennzeichen sowie Ort, Datum, Uhrzeit und Fahrtrichtung) durch den Einsatz technischer Mittel zur elektronischen Erkennung von Kraftfahrzeugkennzeichen automatisiert erheben (automatisierte Kraftfahrzeugkennzeichenerkennung) und zur Datenübertragung zwischenspeichern, um diese Daten für einen sofortigen Datenabgleich zur Verhütung oder Unterbindung von Straftaten oder zur Eigentumssicherung nutzen zu können. [2]Die automatisierte Kraftfahrzeugkennzeichenerkennung darf nicht flächendeckend durchgeführt werden.

§ 33a Datenerhebung bei Notrufen, Aufzeichnung von Notrufen

(1) [1]Die Polizei kann Anrufe über Notrufeinrichtungen aufzeichnen. [2]Im Übrigen ist eine Aufzeichnung von Anrufen nur zulässig, soweit dies im Einzelfall zur Aufgabenerfüllung erforderlich ist; auf die Aufzeichnung soll hingewiesen werden, soweit dadurch die Aufgabenerfüllung nicht gefährdet wird.

(2) Die Polizei kann mit Einwilligung des Anschlussinhabers Anrufe aufzeichnen, soweit dies zur Abwehr einer erheblichen Gefahr erforderlich ist.

(3) Die Aufzeichnungen sind spätestens nach zwei Monaten zu löschen oder zu vernichten, soweit die weitere Speicherung oder Nutzung der personenbezogenen Daten zu einem der in § 32 genannten Zwecke nicht mehr erforderlich ist.

§ 34 Besondere Mittel der Datenerhebung

(1) [1]Die Polizei kann zur Abwehr einer Gefahr für den Bestand oder die Sicherheit der Bundesrepublik Deutschland oder eines Landes, für Leben, Gesundheit oder Freiheit einer Person oder zur Abwehr einer gemeinen Gefahr für Sachen

1. über die für die Gefahr Verantwortlichen oder
2. über Personen, bei denen Tatsachen die Annahme rechtfertigen, dass sie für die für die Gefahr Verantwortlichen bestimmte oder von diesen herrührende Mitteilungen entgegennehmen oder weitergeben,

Daten durch den Einsatz von besonderen Mitteln nach Absatz 2 erheben. [2]Die Anordnung der Maßnahme ist unzulässig, wenn tatsächliche Anhaltspunkte für die Annahme vorliegen, dass durch die Maßnahme allein Kenntnisse aus dem Kernbereich privater Lebensgestaltung erlangt würden. [3]Die Anordnung der Maßnahme nach Satz 1 Nr. 2 ist unzulässig, wenn die Person das Recht zur Verweigerung der Aussage nach den §§ 53 oder 53a StPO hätte. [4]Die Datenerhebung darf auch durchgeführt werden, wenn Dritte unvermeidbar betroffen werden.

(2) Besondere Mittel der Datenerhebung sind

1. die planmäßig angelegte Beobachtung einer Person, die durchgehend länger als 24 Stunden oder an mehr als zwei Tagen durchgeführt werden soll (längerfristige Observation),
2. der verdeckte Einsatz technischer Mittel
   a) zur Ermittlung des Aufenthaltsorts einer Person,
   b) zur Anfertigung von Bildaufzeichnungen,
   c) zum Abhören oder zur Aufzeichnung des nicht öffentlich gesprochenen Wortes,
3. der Einsatz von Polizeibeamten unter einer Legende (verdeckte Ermittler),
4. der Einsatz sonstiger nicht offen ermittelnder Polizeibeamter und
5. der Einsatz von Personen, deren Zusammenarbeit mit der Polizei Dritten nicht bekannt ist (Vertrauenspersonen).

(3) [1]Wird im Verlauf einer Maßnahme nach Absatz 2 Nr. 1 oder 2 Buchst. b oder c erkennbar, dass Inhalte erfasst werden, die

1. dem Kernbereich privater Lebensgestaltung zuzuordnen sind,
2. einem Geistlichen oder seinem Berufshelfer in der Eigenschaft als Seelsorger anvertraut werden oder
3. einem Vertrauensverhältnis zu einem Berufsgeheimnisträger oder Berufshelfer (§§ 53 oder 53a StPO) zuzuordnen sind und kein unmittelbarer Bezug zu den in Absatz 1 genannten Gefahren besteht,

sind die unmittelbare Kenntnisnahme und die Aufzeichnungen unverzüglich und so lange wie erforderlich zu unterbrechen. [2]Angefertigte Aufzeichnungen sind zu löschen. [3]Bestehen über die Voraussetzungen einer Unterbrechung Zweifel, ist nur die unmittelbare Kenntnisnahme entsprechend Satz 1 zu unterbrechen. [4]In diesem Fall ist nur die Fortsetzung automatisierter Aufzeichnungen zulässig. [5]Diese sind unverzüglich dem Richter zur Entscheidung über die Verwendbarkeit oder Löschung der Daten vorzulegen. [6]Ist die Aufzeichnung oder die unmittelbare Kenntnisnahme unterbrochen worden, so darf sie nur fortgesetzt werden, wenn aufgrund tatsächlicher Anhaltspunkte nicht mehr zu erwarten ist, dass der Kernbereich privater Lebensgestaltung oder ein geschütztes Vertrauensverhältnis verletzt wird. [7]Die Tatsache der Erlangung und die Löschung der Daten sind zu protokollieren.

(4) [1]Der Einsatz von besonderen Mitteln nach Absatz 2 Nr. 1, 2 Buchst. c und Nr. 3 darf nur auf Antrag des Leiters der Landespolizeidirektion oder des Leiters des Landeskriminalamts oder eines von diesen besonders beauftragten Beamten des höheren Polizeivollzugsdienstes durch den Richter angeordnet werden. [2]Bei Gefahr im Verzug dürfen die in Satz 1 genannten Personen die Maßnahme anordnen; die richterliche Entscheidung ist in diesem Fall unverzüglich nachzuholen. [3]Die Anordnung nach Satz 2 Halbsatz 1 tritt außer Kraft, wenn sie nicht binnen drei Werktagen durch den Richter bestätigt wird. [4]Tritt die Anordnung nach Satz 3 außer Kraft, sind die erhobenen Daten unverzüglich zu löschen und

die Löschung zu protokollieren. [5]Die Anordnung hat schriftlich unter Angabe der für sie maßgeblichen Gründe zu erfolgen und ist auf höchstens drei Monate zu befristen. [6]Eine Verlängerung um jeweils nicht mehr als drei weitere Monate ist zulässig, soweit die Voraussetzungen unter Berücksichtigung der gewonnenen Erkenntnisse fortbestehen.

(5) [1]Der Einsatz von besonderen Mitteln nach Absatz 2 Nr. 2 Buchst. a und b sowie Nr. 4 und 5 darf nur durch den Leiter der Landespolizeidirektion oder den Leiter des Landeskriminalamts oder einen von diesen besonders beauftragten Beamten des höheren Polizeivollzugsdienstes angeordnet werden. [2]Absatz 4 Satz 4 und 5 gilt entsprechend.

(6) [1]Soweit es für den Aufbau und zur Aufrechterhaltung der Legende eines verdeckten Ermittlers erforderlich ist, dürfen entsprechende Urkunden hergestellt, verändert oder gebraucht werden. [2]Ein verdeckter Ermittler darf zur Erfüllung seines Auftrags unter der Legende am Rechtsverkehr teilnehmen. [3]Er darf ferner unter der Legende mit Einverständnis des Berechtigten dessen Wohnung betreten. [4]Im Übrigen richten sich die Befugnisse eines verdeckten Ermittlers nach den Bestimmungen dieses Gesetzes.

§ 34a Überwachung der Telekommunikation

(1) [1]Die Polizei kann zur Abwehr einer Gefahr für den Bestand oder die Sicherheit der Bundesrepublik Deutschland oder eines Landes, für Leben, Gesundheit oder Freiheit einer Person oder zur Abwehr einer gemeinen Gefahr für Sachen die Telekommunikation

1. der für die Gefahr Verantwortlichen,
2. von Personen, bei denen Tatsachen die Annahme rechtfertigen, dass sie für die für die Gefahr Verantwortlichen bestimmte oder von diesen herrührende Mitteilungen entgegennehmen oder weitergeben oder
3. von Personen, soweit Tatsachen die Annahme rechtfertigen, dass die für die Gefahr Verantwortlichen ihre Kommunikationseinrichtungen benutzen werden,

überwachen und aufzeichnen und die innerhalb des Telekommunikationsnetzes in Datenspeichern abgelegten Inhalte erheben. [2]Die Maßnahme ist nur zulässig, wenn die Abwehr der Gefahr auf andere Weise aussichtslos oder wesentlich erschwert wäre. [3]Die Anordnung der Maßnahme ist unzulässig, wenn tatsächliche Anhaltspunkte für die Annahme vorliegen, dass durch die Maßnahme allein Kenntnisse aus dem Kernbereich privater Lebensgestaltung erlangt würden. [4]Die Anordnung der Maßnahme nach Satz 1 Nr. 2 und 3 ist unzulässig, wenn die Person das Recht zur Verweigerung des Zeugnisses nach den §§ 53 oder 53a StPO hätte. [5]Die Maßnahme darf auch durchgeführt werden, wenn andere Personen unvermeidbar betroffen werden.

(2) [1]Die Überwachung und Aufzeichnung der Telekommunikation kann auch in der Weise erfolgen, dass mit informationstechnischen Programmen in vom Betroffenen genutzte informationstechnische Systeme eingegriffen wird, wenn

1. durch technische Maßnahmen sichergestellt ist, dass ausschließlich eine laufende Telekommunikation überwacht und aufgezeichnet wird und
2. der Eingriff in das informationstechnische System notwendig ist, um die Überwachung und Aufzeichnung der Telekommunikation in unverschlüsselter Form zu ermöglichen.

[2]Ein Zugriff auf die auf dem System gespeicherten Daten sowie alle anderen auf dem informationstechnischen System integrierten technischen Systemkomponenten ist unzulässig.

(3) [1]Bei einer Maßnahme nach Absatz 2 ist technisch sicherzustellen, dass

1. an dem informationstechnischen System nur Veränderungen vorgenommen werden, die für die Erfassung und Ausleitung von Sprachsignalen am Audiosystem unerlässlich sind und
2. die vorgenommenen Veränderungen bei Beendigung der Maßnahme, soweit technisch möglich, automatisiert rückgängig gemacht werden.

[2]Das eingesetzte Programm ist nach dem Stand der Wissenschaft und Technik gegen unbefugte Nutzung zu schützen. [3]Die überwachte und aufgezeichnete Telekommunikation ist nach dem Stand der Wissenschaft und Technik gegen Veränderung, unbefugte Löschung und unbefugte Kenntnisnahme zu schützen. [4]Zum Zwecke der Datenschutzkontrolle sind

1. die Bezeichnung der technischen Erfassungsanlage, der Ort und der Zeitpunkt des Einsatzes,
2. die Angaben zur Identifizierung des informationstechnischen Systems und die daran vorgenommenen nicht nur flüchtigen Veränderungen,

3. die Angaben, die die Feststellung der erhobenen Daten ermöglichen und
4. die Organisationseinheit, die die Maßnahme durchführt,

zu protokollieren. [5]Die Protokolldaten dürfen nur verwendet werden, um dem Betroffenen oder einer dazu befugten öffentlichen Stelle die Prüfung zu ermöglichen, ob die Maßnahme rechtmäßig durchgeführt worden ist. [6]Sie sind bis zum Ablauf des auf die Speicherung folgenden Kalenderjahres aufzubewahren und sodann zu löschen, es sei denn, dass sie für den in Satz 5 genannten Zweck erforderlich sind.

(4) [1]Erfolgt im Rahmen von Maßnahmen nach den Absätzen 1 oder 2 neben einer automatischen Aufzeichnung eine unmittelbare Kenntnisnahme und wird in deren Verlauf erkennbar, dass Inhalte erfasst werden, die

1. dem Kernbereich privater Lebensgestaltung zuzuordnen sind,
2. einem Geistlichen oder seinem Berufshelfer in der Eigenschaft als Seelsorger anvertraut werden oder
3. einem Vertrauensverhältnis zu einem Berufsgeheimnisträger oder Berufshelfer (§§ 53 oder 53a StPO) zuzuordnen sind und kein unmittelbarer Bezug zu den in Absatz 1 genannten Gefahren besteht,

ist die unmittelbare Kenntnisnahme unverzüglich und so lange wie erforderlich zu unterbrechen. [2]Diesbezügliche Aufzeichnungen sind zu löschen. [3]Bestehen über die Voraussetzungen einer Unterbrechung Zweifel, gilt Satz 1 entsprechend. [4]Die vorhandenen Aufzeichnungen sind unverzüglich dem anordnenden Richter zur Entscheidung über die Verwendbarkeit oder Löschung der Daten vorzulegen. [5]Ist die unmittelbare Kenntnisnahme unterbrochen worden, so darf sie nur fortgesetzt werden, wenn aufgrund tatsächlicher Anhaltspunkte nicht mehr zu erwarten ist, dass der Kernbereich privater Lebensgestaltung oder ein geschütztes Vertrauensverhältnis verletzt werden. [6]Die Tatsache der Erlangung und die Löschung der Daten sind zu protokollieren.

(5) [1]Maßnahmen nach den Absätzen 1 und 2 dürfen nur auf Antrag des Leiters der Landespolizeidirektion oder des Leiters des Landeskriminalamts oder eines besonders beauftragten Beamten des höheren Polizeivollzugsdienstes durch den Richter angeordnet werden. [2]Bei Gefahr im Verzug können die in Satz 1 genannten Behördenleiter oder bei deren jeweiliger Verhinderung ein besonders beauftragter Beamter des höheren Polizeivollzugsdienstes die Anordnung treffen; die richterliche Entscheidung ist in diesem Fall unverzüglich nachzuholen. [3]Die Anordnung nach Satz 2 Halbsatz 1 tritt außer Kraft, wenn sie nicht binnen drei Werktagen durch den Richter bestätigt wird. [4]Tritt die Anordnung nach Satz 3 außer Kraft, sind die erhobenen Daten unverzüglich zu löschen und die Löschung zu protokollieren.

(6) [1]Eine Anordnung nach Absatz 5 ergeht schriftlich. [2]In ihr sind anzugeben:

1. die Person, gegen die sich die Maßnahme richtet, soweit möglich mit Name und Anschrift,
2. die Rufnummer oder eine andere Kennung des zu überwachenden Anschlusses oder des Endgeräts, sofern sich nicht aus bestimmten Tatsachen ergibt, dass diese zugleich einem anderen Endgerät zugeordnet ist,
3. die Art, der Umfang und die Dauer der Maßnahme unter Benennung des Endzeitpunktes und
4. im Fall des Absatzes 2 auch eine möglichst genaue Bezeichnung des informationstechnischen Systems, in das zur Datenerhebung eingegriffen werden soll.

[3]Die Maßnahmen sind auf höchstens drei Monate zu befristen. [4]Eine Verlängerung um jeweils nicht mehr als drei weitere Monate ist zulässig, soweit die Voraussetzungen der Anordnung unter Berücksichtigung der gewonnenen Erkenntnisse fortbestehen. [5]Liegen die Voraussetzungen der Anordnung nicht mehr vor, sind die aufgrund der Anordnung ergriffenen Maßnahmen unverzüglich zu beenden.

(7) [1]Aufgrund der Anordnung hat jeder, der Telekommunikationsdienste erbringt oder daran mitwirkt (Diensteanbieter), der Polizei die Maßnahmen nach Absatz 1 zu ermöglichen und die erforderlichen Auskünfte unverzüglich zu erteilen. [2]Ob und in welchem Umfang hierfür Vorkehrungen zu treffen sind, bestimmt sich nach dem Telekommunikationsgesetz (TKG) und der Telekommunikations-Überwachungsverordnung. [3]Für die Entschädigung der in Anspruch genommenen Unternehmen ist § 23 des Justizvergütungs- und -entschädigungsgesetzes (JVEG) entsprechend anzuwenden.

§ 34b Erhebung von Telekommunikationsverkehrsdaten und Nutzungsdaten

(1) [1]Die Polizei kann zur Abwehr einer Gefahr für den Bestand oder die Sicherheit der Bundesrepublik Deutschland oder eines Landes oder für Leben, Gesundheit oder Freiheit einer Person oder zur Abwehr einer gemeinen Gefahr für Sachen Verkehrsdaten (§ 96 Abs. 1 TKG)

1. der für die Gefahr Verantwortlichen,
2. von Personen, bei denen Tatsachen die Annahme rechtfertigen, dass sie für die für die Gefahr Verantwortlichen bestimmte oder von diesen herrührende Mitteilungen entgegennehmen oder weitergeben,
3. von Personen, soweit bestimmte Tatsachen die begründete Annahme rechtfertigen, dass die für die Gefahr Verantwortlichen ihre Kommunikationseinrichtungen benutzen werden, oder
4. von vermissten, suizidgefährdeten oder hilflosen Personen

erheben. [2]Die Maßnahme ist nur zulässig, wenn die Abwehr der Gefahr auf andere Weise aussichtslos oder wesentlich erschwert wäre. [3]Die Anordnung der Maßnahme nach Satz 1 Nr. 2 und 3 ist unzulässig, wenn die Person zu einer der in den §§ 53 oder 53a StPO genannten Berufsgruppen gehört. [4]Die Maßnahme darf auch durchgeführt werden, wenn andere Personen unvermeidbar betroffen sein werden.

(2) [1]Unter den Voraussetzungen des Absatzes 1 kann die Polizei von denjenigen, die geschäftsmäßig eigene oder fremde Telemedien zur Nutzung bereithalten oder den Zugang zur Nutzung vermitteln, Auskunft über Nutzungsdaten (§ 15 Abs. 1 des Telemediengesetzes) verlangen. [2]Die Auskunft kann auch über zukünftige Nutzungsdaten angeordnet werden.

(3) [1]Für die Anordnung der Maßnahme gilt § 34a Abs. 5 und 6 entsprechend. [2]Abweichend von § 34a Abs. 6 Nr. 2 genügt eine räumlich und zeitlich hinreichende Bezeichnung der Telekommunikation, sofern anderenfalls die Erreichung des Zwecks der Maßnahme aussichtslos oder wesentlich erschwert wäre.

(4) Für die Entschädigung der in Anspruch genommenen Unternehmen ist § 23 JVEG entsprechend anzuwenden.

§ 34c Identifizierung und Lokalisierung von Mobilfunkkarten und -endgeräten

(1) Die Polizei kann, wenn dies zur Abwehr einer Gefahr für den Bestand oder die Sicherheit der Bundesrepublik Deutschland oder eines Landes oder für Leben, Gesundheit oder Freiheit einer Person oder zur Abwehr einer gemeinen Gefahr für Sachen zwingend erforderlich ist und die Abwehr der Gefahr auf andere Weise aussichtslos oder wesentlich erschwert wäre, durch technische Mittel

1. die Gerätenummer eines Mobilfunkendgeräts und die Kartennummer der darin verwendeten Karte sowie
2. den Standort eines Mobilfunkendgeräts

der für die Gefahr Verantwortlichen ermitteln.

(2) [1]Personenbezogene Daten Dritter dürfen bei einer Maßnahme nach Absatz 1 nur erhoben werden, wenn dies aus technischen Gründen unvermeidbar ist. [2]Über den Datenabgleich zur Ermittlung der gesuchten Geräte- und Kartennummer hinaus dürfen sie nicht verwendet werden und sind nach Beendigung der Maßnahme unverzüglich zu löschen.

(3) Für die Anordnung der Maßnahme gilt § 34a Abs. 5 und 6 entsprechend.

(4) [1]Aufgrund der Anordnung einer Maßnahme nach Absatz 1 Nr. 2 hat jeder, der geschäftsmäßig Telekommunikationsdienste erbringt oder daran mitwirkt, der Polizei die für die Ermittlung des Standorts des Mobilfunkendgeräts erforderliche Geräte- und Kartennummer unverzüglich mitzuteilen. [2]Für die Entschädigung der in Anspruch genommenen Unternehmen ist § 23 JVEG entsprechend anzuwenden.

§ 34d Unterbrechung und Verhinderung von Telekommunikationi

(1) [1]Die Polizei kann, wenn dies zur Abwehr einer gegenwärtigen Gefahr für den Bestand oder die Sicherheit der Bundesrepublik Deutschland oder eines Landes oder für Leben, Gesundheit oder Freiheit einer Person zwingend erforderlich ist, durch den Einsatz technischer Mittel Kommunikationsverbindungen der für die Gefahr Verantwortlichen unterbrechen oder verhindern. [2]Kommunikationsverbindungen Dritter dürfen nur unterbrochen oder verhindert werden, wenn die Gefahr durch andere Mittel nicht abgewehrt werden kann.

(2) [1]Maßnahmen nach Absatz 1 dürfen nur durch den Leiter der Landespolizeidirektion oder den Leiter des Landeskriminalamts oder durch einen von diesen besonders beauftragten Beamten des höheren Polizeivollzugsdienstes angeordnet werden. [2]Die Anordnung hat schriftlich unter Angabe der für sie maßgeblichen Gründe zu erfolgen und ist auf höchstens drei Tage zu befristen.

§ 34e Erhebung von Bestandsdaten

(1) [1]Soweit dies zur Abwehr einer Gefahr erforderlich ist, darf die Polizei von demjenigen, der geschäftsmäßig Telekommunikationsdienste erbringt oder daran mitwirkt, Auskunft über die nach den §§ 95 und 111 TKG erhobenen Daten verlangen (§ 113 Abs. 1 Satz 1 TKG). [2]Bezieht sich das Auskunftsverlangen nach Satz 1 auf Daten, mittels derer der Zugriff auf Endgeräte oder auf Speichereinrichtungen, die in diesen Endgeräten oder hiervon räumlich getrennt eingesetzt werden, geschützt wird (§ 113 Abs. 1 Satz 2 TKG), darf die Auskunft nur
1. zur Überwachung der Telekommunikation nach § 34a oder
2. zur Sicherstellung von nicht mehr dem Schutz des Artikels 10 des Grundgesetzes unterliegenden in Endeinrichtungen oder auf Speichereinrichtungen abgelegten Daten nach § 27

verlangt werden, wenn die gesetzlichen Voraussetzungen für die Nutzung der Daten vorliegen.
(2) Die Auskunft nach Absatz 1 darf auch anhand einer zu einem bestimmten Zeitpunkt zugewiesenen Internetprotokoll-Adresse verlangt werden (§ 113 Abs. 1 Satz 3 TKG).
(3) [1]Auskunftsverlangen nach Absatz 1 Satz 2 dürfen nur auf Antrag des Leiters der Landespolizeidirektion oder des Leiters des Landeskriminalamts oder eines besonders beauftragten Beamten des höheren Polizeivollzugsdienstes durch den Richter angeordnet werden. [2]Bei Gefahr im Verzug können die in Satz 1 genannten Behördenleiter oder, bei deren jeweiliger Verhinderung, ein besonders beauftragter Beamter des höheren Polizeivollzugsdienstes die Anordnung treffen; die richterliche Entscheidung ist in diesem Fall unverzüglich nachzuholen. [3]Die Anordnung nach Satz 2 tritt außer Kraft, wenn sie nicht binnen drei Werktagen durch den Richter bestätigt wird. [4]Die Sätze 1 bis 3 finden keine Anwendung, wenn der Betroffene vom Auskunftsverlangen bereits Kenntnis hat oder haben muss oder wenn die Nutzung der Daten bereits durch eine gerichtliche Entscheidung gestattet wird. [5]Das Vorliegen der Voraussetzungen nach Satz 4 ist aktenkundig zu machen.
(4) Für die Entschädigung der in Anspruch genommenen Unternehmen ist § 23 JVEG entsprechend anzuwenden.

§ 35 Wohnraumüberwachung

(1) Die Polizei kann durch den verdeckten Einsatz technischer Mittel in oder aus Wohnungen (§ 25 Abs. 1 Satz 2) personenbezogene Daten erheben, wenn dies zur Abwehr einer dringenden Gefahr für die öffentliche Sicherheit, insbesondere einer gemeinen Gefahr oder einer Lebensgefahr, erforderlich ist und die Abwehr der Gefahr auf andere Weise unverhältnismäßig erschwert oder aussichtslos wäre.
(2) Die Maßnahme nach Absatz 1 darf nur angeordnet werden, soweit nicht aufgrund tatsächlicher Anhaltspunkte, insbesondere beruhend auf der Art der zu überwachenden Räumlichkeiten oder dem Verhältnis der zu überwachenden Personen zueinander, anzunehmen ist, dass durch die Überwachung Daten aus dem Kernbereich privater Lebensgestaltung oder aus einem Vertrauensverhältnis mit Berufsgeheimnisträgern oder deren Berufshelfern (§§ 53 oder 53a StPO) erlangt würden.
(3) [1]Die Maßnahme darf sich nur gegen die für die Gefahr verantwortlichen Personen richten und nur in deren Wohnung durchgeführt werden. [2]Hierzu kann die Polizei deren Wohnungen betreten, wenn dies erforderlich ist, um die technischen Voraussetzungen des Einsatzes besonderer Mittel zu schaffen.
(4) [1]Maßnahmen nach Absatz 1 dürfen nur auf Antrag des Leiters der Landespolizeidirektion oder des Leiters des Landeskriminalamts oder eines besonders beauftragten Beamten des höheren Polizeivollzugsdienstes durch den Richter angeordnet werden. [2]Bei Gefahr im Verzug können die in Satz 1 genannten Behördenleiter oder, bei deren jeweiliger Verhinderung, ein besonders beauftragter Beamter des höheren Polizeivollzugsdienstes die Anordnung treffen. [3]Die richterliche Entscheidung ist unverzüglich nachzuholen. [4]Die Anordnung nach Satz 2 tritt außer Kraft, wenn sie nicht binnen drei Werktagen durch den Richter bestätigt wird.
(5) [1]Eine Anordnung nach Absatz 4 ergeht schriftlich. [2]Sie enthält
1. soweit bekannt, den Namen und die Anschrift der Person, gegen die sich die Maßnahme richtet,
2. die zu überwachende Wohnung oder die zu überwachenden Wohnräume,

3. die Art, den Umfang und die Dauer der Maßnahme und
4. die wesentlichen Gründe.

[3]Die Maßnahme ist auf höchstens einen Monat zu befristen. [4]Verlängerungen um jeweils nicht mehr als einen weiteren Monat sind auf Antrag zulässig, soweit die Voraussetzungen unter Berücksichtigung der gewonnenen Erkenntnisse für die Anordnung fortbestehen. [5]Bestehen die Voraussetzungen der Anordnung nicht mehr fort, so ist die Maßnahme unverzüglich zu beenden. [6]Die Beendigung ist dem Richter unverzüglich mitzuteilen.

(6) [1]Das Abhören und Beobachten nach Absatz 1 ist unverzüglich und so lange wie erforderlich zu unterbrechen, soweit während der Überwachung erkennbar wird, dass Inhalte erfasst werden, die

1. dem Kernbereich privater Lebensgestaltung zuzuordnen sind,
2. einem Geistlichen oder seinem Berufshelfer in der Eigenschaft als Seelsorger anvertraut werden oder
3. einem Vertrauensverhältnis zu einem Berufsgeheimnisträger oder Berufshelfer (§§ 53 oder 53a StPO) zuzuordnen sind und kein unmittelbarer Bezug zu den in Absatz 1 genannten Gefahren besteht.

[2]Angefertigte Aufzeichnungen und Aufnahmen sind unverzüglich zu löschen. [3]Bestehen über die Voraussetzungen einer Unterbrechung Zweifel, gilt Satz 1 entsprechend. [4]In diesem Fall sind nur automatisierte Aufzeichnungen zulässig. [5]Diese sind unverzüglich dem anordnenden Richter zur Entscheidung über die Verwendbarkeit oder Löschung der Daten vorzulegen. [6]Ist die Aufnahme, die Aufzeichnung oder die unmittelbare Kenntnisnahme unterbrochen worden, so darf sie nur fortgesetzt werden, wenn aufgrund tatsächlicher Anhaltspunkte nicht mehr zu erwarten ist, dass der Kernbereich privater Lebensgestaltung oder ein geschütztes Vertrauensverhältnis verletzt wird. [7]Die Tatsache der Erlangung und die Löschung der Daten sind zu protokollieren.

(7) [1]Die Anordnung eines verdeckten Einsatzes technischer Mittel in oder aus Wohnungen ausschließlich zum Schutz der bei einem polizeilichen Einsatz tätigen Personen treffen die in Absatz 4 Satz 1 genannten Behördenleiter oder, bei deren jeweiliger Verhinderung, ein besonders beauftragter Beamter des höheren Polizeivollzugsdienstes. [2]Eine anderweitige Nutzung der hierbei erlangten Erkenntnisse zu Zwecken der Abwehr einer dringenden Gefahr ist nur zulässig, wenn zuvor die Rechtmäßigkeit der Maßnahme richterlich festgestellt ist; bei Gefahr im Verzug ist die richterliche Entscheidung unverzüglich nachzuholen. [3]Absatz 6 findet entsprechende Anwendung. [4]Aufzeichnungen aus einem solchen Einsatz sind unverzüglich nach Beendigung des Einsatzes zu löschen, soweit sie nicht zur Gefahrenabwehr benötigt werden; die Löschung ist zu protokollieren.

§ 36 Gemeinsame Verfahrensbestimmungen für Maßnahmen der verdeckten Datenerhebung

(1) [1]Die durch eine Maßnahme nach den §§ 34 bis 34c sowie den §§ 34e und 35 erlangten Daten sind besonders zu kennzeichnen. [2]Für den Fall der Übermittlung ist die Kennzeichnung durch den Empfänger aufrechtzuerhalten. [3]Die Daten dürfen grundsätzlich nur zur Abwehr der Gefahr, die zur Anordnung der Überwachungsmaßnahme geführt hat, verwendet werden. [4]Eine Verwendung in einem anderen Verfahren ist nur zulässig, wenn die Datenerhebung auch in diesem Verfahren hätte angeordnet werden dürfen; die Zweckänderung ist zu dokumentieren.

(2) [1]Daten, bei denen sich nach der Auswertung herausstellt, dass sie Inhalte betreffen,

1. die dem Kernbereich privater Lebensgestaltung zuzuordnen sind,
2. über die das Zeugnis als Geistlicher oder als Berufshelfer eines Geistlichen verweigert werden könnte oder
3. über die das Zeugnis nach den §§ 53 oder 53a StPO verweigert werden könnte und bei denen kein unmittelbarer Bezug zu den Gefahren besteht, die zur Anordnung der Maßnahme geführt haben,

dürfen nicht verwendet werden und sind unverzüglich zu löschen. [2]Eine Verwendung ist ausnahmsweise zulässig, wenn dies zur Abwehr einer gegenwärtigen Gefahr für Leben oder Freiheit einer Person zwingend erforderlich ist. [3]Vor einer Verwendung der Daten ist über deren Zulässigkeit eine richterliche Entscheidung herbeizuführen. [4]Bei Gefahr im Verzug kann die Entscheidung auch der Leiter der Landespolizeidirektion, der Leiter des Landeskriminalamtes oder ein von diesen besonders beauftragter Beamter des höheren Polizeivollzugsdienstes treffen; in diesem Fall ist eine richterliche Entscheidung unverzüglich nachzuholen. [5]Die Tatsache der Erlangung und die Löschung der Daten sind zu protokollieren. [6]Satz 1 findet keine Anwendung, wenn ein Berufsgeheimnisträger betroffen ist, der selbst für die Gefahr verantwortlich ist.

(3) [1]Von Maßnahmen nach den §§ 34 bis 34c sowie den §§ 34e und 35 sind zu benachrichtigen im Fall

1. des § 34 Abs. 2 Nr. 1 und 2 (längerfristige Observation, technische Observationsmittel, Bildaufzeichnungen, Aufzeichnung des nicht öffentlich gesprochenen Wortes) die Zielperson sowie die erheblich mitbetroffenen Personen,
2. des § 34 Abs. 2 Nr. 3 bis 5 (verdeckt handelnde Personen):
   a) die Zielperson,
   b) die erheblich mitbetroffenen Personen,
   c) die Personen, deren nicht allgemein zugängliche Wohnung die verdeckt handelnde Person betreten hat,
3. des § 34a (Telekommunikationsüberwachung) die Beteiligten der überwachten Telekommunikation,
4. des § 34b Abs. 1 (Erhebung von Verkehrsdaten) die Beteiligten der betroffenen Telekommunikation,
5. des § 34b Abs. 2 (Erhebung von Nutzungsdaten) der Nutzer,
6. des § 34c (IMSI-Catcher) die Zielperson,
7. des § 34e Abs. 1 Satz 2 (Erhebung von Zugangssicherungscodes) der Nutzer,
8. des § 34e Abs. 2 (Auskunft über den Nutzer einer Internetprotokoll-Adresse) der Nutzer,
9. des § 35 (Wohnraumüberwachung):
   a) die Person, gegen die sich die Maßnahme richtete,
   b) sonstige überwachte Personen,
   c) Personen, die die überwachte Wohnung zur Zeit der Durchführung der Maßnahme innehatten oder bewohnten.

[2]Die Benachrichtigung unterbleibt, wenn ihr überwiegende schutzwürdige Belange einer betroffenen Person entgegenstehen. [3]Zudem kann die Benachrichtigung einer in Satz 1 Nr. 3 und 4 bezeichneten Person, gegen die sich die Maßnahme nicht gerichtet hat, unterbleiben, wenn diese von der Maßnahme nur unerheblich betroffen gewesen ist und anzunehmen ist, dass sie kein Interesse an einer Benachrichtigung hat. [4]Nachforschungen zur Feststellung der Identität einer in Satz 1 bezeichneten Person sind nur vorzunehmen, wenn dies unter Berücksichtigung der Eingriffsintensität der Maßnahme gegenüber dieser Person, des Aufwands für die Feststellung ihrer Identität sowie der daraus für diese oder andere Personen folgenden Beeinträchtigungen geboten ist.

(4) [1]Die Benachrichtigung erfolgt, sobald dies ohne Gefährdung des Zwecks der Maßnahme, des Bestands des Staates oder von Gesundheit, Leben oder Freiheit einer Person möglich ist. [2]Im Fall des Absatzes 3 Satz 1 Nr. 2 kann die Benachrichtigung zudem auch zurückgestellt werden, wenn die Möglichkeit der weiteren Verwendung der verdeckt handelnden Personen durch die Benachrichtigung gefährdet wäre und unter Berücksichtigung der Eingriffsintensität der Maßnahme gegenüber den Betroffenen das öffentliche Interesse an der Weiterverwendung überwiegt. [3]Ist wegen desselben Sachverhalts ein strafrechtliches Ermittlungsverfahren gegen den Betroffenen eingeleitet worden, ist die Benachrichtigung in Abstimmung mit der Staatsanwaltschaft vorzunehmen, sobald dies der Stand des Ermittlungsverfahrens zulässt. [4]Wird die Benachrichtigung aus einem der vorgenannten Gründe zurückgestellt, ist dies zu dokumentieren.

(5) [1]Erfolgt die Benachrichtigung nicht binnen sechs Monaten nach Beendigung der Maßnahme, bedarf die weitere Zurückstellung der richterlichen Zustimmung. [2]Die richterliche Entscheidung ist vorbehaltlich einer anderen richterlichen Fristsetzung jeweils nach einem Jahr erneut einzuholen. [3]Eine Benachrichtigung kann mit richterlicher Zustimmung auf Dauer unterbleiben, wenn die Gründe nach Absatz 4 mit an Sicherheit grenzender Wahrscheinlichkeit auch in Zukunft fortbestehen werden. [4]Die Entscheidung nach Satz 3 darf frühestens fünf Jahre nach Beendigung der Maßnahme getroffen werden. [5]Sind mehrere Maßnahmen im selben Sachzusammenhang durchgeführt worden, ist die Beendigung der letzten Maßnahme für die Berechnung der Fristen maßgeblich.

(6) [1]Zuständig für richterliche Entscheidungen nach den Absätzen 2 und 5 sowie nach den §§ 34 bis 34c sowie den §§ 34e und 35 ist das Amtsgericht, in dessen Bezirk die beantragende Polizeibehörde ihren Sitz hat. [2]Für das Verfahren gelten die Bestimmungen des Buches 1 des Gesetzes über das Verfahren in Familiensachen und in den Angelegenheiten der freiwilligen Gerichtsbarkeit entsprechend. [3]Diese Entscheidungen des Gerichts ergehen ohne vorherige Anhörung der Betroffenen; sie bedürfen zu ihrer Wirksamkeit nicht der Bekanntmachung an die Betroffenen. [4]Gegen die Ablehnung des An-

trags der Polizeibehörde auf Zustimmung zur Zurückstellung oder zum dauerhaften Unterbleiben einer Benachrichtigung findet die Beschwerde statt. [5]Die Beschwerde ist binnen einer Frist von zwei Wochen einzulegen. [6]Für dieses Beschwerdeverfahren gilt Satz 3 entsprechend. [7]Die Benachrichtigung darf bis zur Rechtskraft der richterlichen Entscheidung vorläufig unterbleiben.

(7) Die Landesregierung unterrichtet den Landtag jährlich über die durchgeführten Maßnahmen nach den §§ 34a bis 34c und 35.

§ 37 Ausschreibung zur polizeilichen Beobachtung und zur gezielten Kontrolle

(1) Die Polizei kann personenbezogene Daten, insbesondere die Personalien einer Person sowie das amtliche Kennzeichen des von ihr benutzten Fahrzeugs, zur Mitteilung über das Antreffen (polizeiliche Beobachtung) oder zur gezielten Kontrolle ausschreiben, wenn die Gesamtwürdigung der Person und ihrer bisher begangenen Straftaten erwarten lässt, dass sie auch künftig Straftaten von erheblicher Bedeutung begehen wird und die polizeiliche Beobachtung zur vorbeugenden Bekämpfung dieser Straftaten erforderlich ist.

(2) Im Fall eines Antreffens der Person oder des Fahrzeugs können Erkenntnisse über das Antreffen sowie über etwaige Begleiter und mitgeführte Sachen an die ausschreibende Polizeidienststelle übermittelt werden.

(3) [1]Die Ausschreibung darf nur durch den Leiter der Landespolizeidirektion oder den Leiter des Landeskriminalamts oder von einem besonders beauftragten Beamten des höheren Polizeivollzugsdienstes angeordnet werden. [2]Die Anordnung ist auf höchstens ein Jahr zu befristen. [3]Zur Verlängerung der Laufzeit bedarf es einer neuen Anordnung.

(4) Liegen die Voraussetzungen für die Anordnung nicht mehr vor, ist der Zweck der Maßnahme erreicht oder zeigt sich, daß er nicht erreicht werden kann, ist die Ausschreibung zur polizeilichen Beobachtung oder gezielten Kontrolle unverzüglich zu löschen.

(5) [1]Nach Abschluss der Maßnahmen sind die ausgeschriebene Person und die Personen, deren personenbezogene Daten infolge der Ausschreibung gemeldet wurden, zu benachrichtigen. [2]§ 36 Abs. 3 bis 6 gilt entsprechend.

§§ 38, 39 ***[aufgehoben]***

§ 40 Weiterverarbeitung von Daten

(1) Die Polizei kann rechtmäßig erlangte personenbezogene Daten weiterverarbeiten, soweit dies zur Erfüllung ihrer Aufgaben, zu einer zeitlich befristeten Dokumentation oder zur Vorgangsverwaltung erforderlich ist.

(2) Dabei kann die Polizei auch die im Rahmen der Verfolgung von Straftaten gewonnenen personenbezogenen Daten zum Zwecke der Gefahrenabwehr nach § 2 Abs. 1 weiterverarbeiten von

1. Verurteilten,
2. Beschuldigten,
3. Personen, die einer Straftat verdächtig sind, sofern die Weiterverarbeitung der Daten erforderlich ist, weil wegen der Art oder Ausführung der Tat, der Persönlichkeit der betroffenen Person oder sonstiger Erkenntnisse Grund zu der Annahme besteht, dass zukünftig Strafverfahren gegen sie zu führen sind, oder
4. Personen, bei denen Anlass zur Weiterverarbeitung der Daten besteht, weil tatsächliche Anhaltspunkte dafür vorliegen, dass die betroffenen Personen in naher Zukunft Straftaten von erheblicher Bedeutung begehen werden (Anlasspersonen).

(3) [1]Soweit dies zur Verhütung oder zur Vorsorge für die künftige Verfolgung einer Straftat mit erheblicher Bedeutung erforderlich ist, kann die Polizei personenbezogene Daten von Personen weiterverarbeiten, bei denen tatsächliche Anhaltspunkte dafür vorliegen, dass

1. sie bei einer künftigen Strafverfolgung als Zeugen in Betracht kommen,
2. sie als Opfer einer künftigen Straftat in Betracht kommen,
3. sie mit in Absatz 2 Nr. 1 bis 3 bezeichneten Personen nicht nur flüchtig oder in zufälligem Kontakt und in einer Weise in Verbindung stehen, die erwarten lässt, dass Hinweise für die Verfolgung oder vorbeugende Bekämpfung dieser Straftaten gewonnen werden können, weil Tatsachen die Annahme rechtfertigen, dass die Personen von der Planung oder der Vorbereitung der Straftaten oder der Verwertung der Tatvorteile Kenntnis haben oder daran mitwirken, oder
4. es sich um Hinweisgeber und sonstige Auskunftspersonen handelt.

[2]Personenbezogene Daten über Personen nach Satz 1 Nr. 1, 2 oder 4 dürfen nur mit Einwilligung der betroffenen Person gespeichert werden. [3]Die Einwilligung ist nicht erforderlich, wenn das Bekanntwerden der Speicherungsabsicht den mit der Speicherung verfolgten Zweck gefährden würde.

(4) [1]Die Polizei kann personenbezogene Daten zur polizeilichen Aus- und Fortbildung nutzen. [2]Die personenbezogenen Daten sind zu anonymisieren. [3]Einer Anonymisierung bedarf es nicht, wenn diese dem Aus- und Fortbildungszweck entgegensteht und die berechtigten Interessen der betroffenen Person an der Geheimhaltung der Daten nicht offensichtlich überwiegen.

(5) [1]Die Dauer der Speicherung ist auf das erforderliche Maß zu beschränken. [2]Es sind Fristen festzulegen, zu denen spätestens zu prüfen ist, ob die Speicherung personenbezogener Daten für die Aufgabenerfüllung noch erforderlich ist (Aussonderungsprüffristen). [3]Die Aussonderungsprüffristen dürfen bei Verarbeitungen nach Absatz 2 bei Erwachsenen zehn Jahre, bei Jugendlichen fünf Jahre und bei Kindern zwei Jahre nicht überschreiten, wobei nach Zweck der Speicherung sowie Art und Schwere des Sachverhalts zu unterscheiden ist. [4]In den Fällen des Absatzes 3 dürfen die Aussonderungsprüffristen bei Erwachsenen fünf Jahre und bei Jugendlichen drei Jahre nicht überschreiten. [5]Personenbezogene Daten der in Absatz 3 bezeichneten Personen können ohne Zustimmung der betroffenen Person nur für die Dauer eines Jahres gespeichert werden. [6]Die Speicherung für jeweils ein weiteres Jahr ist zulässig, soweit die Voraussetzungen des Absatzes 3 weiterhin vorliegen. [7]Die maßgeblichen Gründe für die Aufrechterhaltung der Speicherung nach Satz 4 sind aktenkundig zu machen.

(6) [1]Die Fristen nach Absatz 5 Satz 2 bis 6 beginnen für alle zu einer Person gespeicherten Daten mit dem Tag, an dem die betroffene Person letztmalig zur Speicherung nach diesem Gesetz Anlass gegeben hat, jedoch nicht vor Entlassung der betroffenen Person aus einer Justizvollzugsanstalt oder Beendigung einer mit Freiheitsentziehung verbundenen Maßregel der Besserung und Sicherung. [2]Die Speicherung kann über die in Absatz 5 Satz 3 genannten Fristen hinaus auch allein für Zwecke der Vorgangsverwaltung aufrechterhalten werden, sofern dies erforderlich ist; in diesem Fall können die Daten nur noch für diesen Zweck oder zur Behebung einer bestehenden Beweisnot verwendet werden. [3]Wird ein Beschuldigter rechtskräftig freigesprochen, die Eröffnung des Hauptverfahrens gegen ihn unanfechtbar abgelehnt oder das Verfahren nicht nur vorläufig eingestellt, so ist die Weiterverarbeitung unzulässig, wenn sich aus den Gründen der Entscheidung ergibt, dass die betroffene Person die Tat nicht oder nicht rechtswidrig begangen hat.

(7) Das für die Polizei zuständige Ministerium wird ermächtigt, durch Rechtsverordnung weitere Kriterien für die Festlegung der Aussonderungsprüffristen zu regeln.

§ 41 Datenübermittlung im innerstaatlichen Bereich

(1) [1]Die Polizei kann personenbezogene Daten an Dienststellen der Polizei oder andere für die Gefahrenabwehr zuständige Behörden oder öffentliche Stellen übermitteln, soweit dies zur Erfüllung polizeilicher Aufgaben oder zur Erfüllung der Aufgaben des Empfängers erforderlich ist. [2]Die Übermittlung personenbezogener Daten an das Amt für Verfassungsschutz richtet sich nach dem Thüringer Verfassungsschutzgesetz.

(2) An andere Behörden, öffentliche oder nichtöffentliche Stellen sowie Einzelpersonen kann die Polizei personenbezogene Daten übermitteln, soweit dies

1. in anderen Rechtsvorschriften vorgesehen ist oder
2. zulässig oder erforderlich ist zur
   a) Erfüllung polizeilicher Aufgaben,
   b) Abwehr einer Gefahr durch den Empfänger oder
   c) Verhütung oder Beseitigung erheblicher Nachteile für das Gemeinwohl oder für die schutzwürdigen Belange Einzelner.

(3) [1]Andere Behörden und sonstige öffentliche Stellen können personenbezogene Daten an die Polizei übermitteln, soweit dies zur Erfüllung polizeilicher Aufgaben erforderlich ist. [2]Auf Verlangen sind die Daten zu übermitteln. [3]Die Polizei darf entsprechende Übermittlungsersuchen nur stellen, wenn die Voraussetzungen für die Datenerhebung vorliegen. [4]Andere besondere Rechtsvorschriften über die Datenübermittlung bleiben unberührt.

(4) [1]Die Polizei kann personenbezogene Daten nach Absatz 2 nur zu dem Zweck übermitteln, zu dem sie die Daten erhoben oder gespeichert hat. [2]Abweichend hiervon kann die Polizei nach Maßgabe des Absatzes 2 personenbezogene Daten übermitteln, soweit dies für die Erfüllung dort genannter Aufgaben durch den Empfänger unerlässlich ist und dieser die Daten auf andere Weise nicht oder nicht

rechtzeitig oder nur mit unverhältnismäßig hohem Aufwand erlangen kann. [3]Bei der Übermittlung von personenbezogenen Daten teilt die Polizei dem Empfänger die bestehenden Löschungsverpflichtungen mit.

(5) Unterliegen die von der Polizei zu übermittelnden Daten einem Berufs- oder besonderen Amtsgeheimnis, ist für die Zulässigkeit der Übermittlung durch die Polizei ferner erforderlich, dass der Empfänger die Daten zur Erfüllung des gleichen Zwecks benötigt, zu dem sie die Polizei erhoben hat oder hätte erheben können.

(6) [1]Die übermittelnde Dienststelle der Polizei prüft die Zulässigkeit der Übermittlung. [2]Erfolgt die Übermittlung aufgrund eines Ersuchens einer anderen öffentlichen Stelle, hat die übermittelnde Stelle lediglich zu prüfen, ob das Übermittlungsersuchen im Rahmen der Aufgaben des Empfängers liegt. [3]Die Zulässigkeit der Übermittlung im Übrigen prüft sie nur, wenn hierfür im Einzelfall besonderer Anlass besteht. [4]Der Empfänger hat der übermittelnden Stelle die zur Prüfung erforderlichen Angaben zu machen.

(7) Der Empfänger darf die übermittelten personenbezogenen Daten, soweit gesetzlich nichts anderes bestimmt ist, nur zu dem Zweck nutzen, zu dem sie ihm übermittelt worden sind.

§ 41a Datenübermittlung zum Zwecke einer Zuverlässigkeitsüberprüfung

[1]Zum Zwecke der Gefahrenabwehr bei besonders gefährdeten Veranstaltungen kann die Polizei personenbezogene Daten an öffentliche und nichtöffentliche Stellen übermitteln, wenn es

1. für eine Zuverlässigkeitsüberprüfung erforderlich ist,
2. mit schriftlicher Einwilligung des Betroffenen erfolgt und
3. im Hinblick auf den Anlass dieser Überprüfung, insbesondere den Zugang des Betroffenen zu der Veranstaltung, sowie wegen der Art und des Umfangs der Erkenntnisse über ihn und mit Rücksicht auf das berechtigte Sicherheitsinteresse des Datenempfängers angemessen ist.

[2]Die Rückmeldung an eine nichtöffentliche Stelle beschränkt sich auf die Auskunft zum Vorliegen von Zuverlässigkeitsbedenken. [3]Die Übermittlung der personenbezogenen Daten ist zu dokumentieren. [4]Der Empfänger darf die übermittelten Daten nur für den Zweck der Zuverlässigkeitsüberprüfung verarbeiten. [5]Die Polizei hat den Empfänger schriftlich zu verpflichten, diese Zweckbestimmung einzuhalten und eine Löschung der Daten spätestens nach Beendigung der Veranstaltung vorzunehmen. [6]Der Betroffene ist über den Inhalt der Übermittlung zu informieren, soweit dies nicht bereits auf andere Weise sichergestellt ist.

§ 41b Datenübermittlung an Mitgliedstaaten der Europäischen Union

(1) § 41 gilt entsprechend für die Übermittlung von personenbezogenen Daten an

1. öffentliche und nichtöffentliche Stellen in Mitgliedstaaten der Europäischen Union und
2. zwischen- und überstaatliche Stellen der Europäischen Union oder deren Mitgliedstaaten, die mit Aufgaben der Verhütung und Verfolgung von Straftaten befasst sind.

(2) [1]Für die Übermittlung an Polizei- und Justizbehörden sowie an sonstige für die Verhütung oder Verfolgung von Straftaten zuständige öffentliche Stellen zum Zwecke der Verfolgung von Straftaten und zur Strafvollstreckung bleiben die Vorschriften über die internationale Rechtshilfe in strafrechtlichen Angelegenheiten unberührt. [2]Die Zulässigkeit der Übermittlung personenbezogener Daten an eine Polizeibehörde oder eine sonstige für die Verhütung und Verfolgung von Straftaten zuständige öffentliche Stelle eines Mitgliedstaats der Europäischen Union auf der Grundlage besonderer völkerrechtlicher Vereinbarungen bleibt unberührt.

(3) Die Absätze 1 und 2 finden auch Anwendung auf die Übermittlung von personenbezogenen Daten an Polizeibehörden oder sonstige für die Verhütung und Verfolgung von Straftaten zuständige öffentliche Stellen von Staaten, welche die Bestimmungen des Schengen-Besitzstandes aufgrund eines Assoziierungsübereinkommens mit der Europäischen Union über die Umsetzung, Anwendung und Entwicklung des Schengen-Besitzstandes anwenden.

(4) Die Bestimmungen des Beschlusses 2008/615/JI des Rates vom 23. Juni 2008 zur Vertiefung der grenzüberschreitenden Zusammenarbeit, insbesondere zur Bekämpfung des Terrorismus und der grenzüberschreitenden Kriminalität (ABl. L 210 vom 6.8.2008, S. 1) sind bei der polizeilichen Zusammenarbeit mit den Mitgliedstaaten der Europäischen Union anwendbar.

§ 41c Datenübermittlung im internationalen Bereich

[1]Die Polizei kann bei Vorliegen der übrigen für Datenübermittlungen geltenden Voraussetzungen personenbezogene Daten an Polizei- und Justizbehörden sowie an sonstige für die Verhütung oder Verfolgung von Straftaten zuständige öffentliche Stellen in anderen als den in § 41b Abs. 1 genannten Staaten (Drittstaaten) und an andere als die in § 41b Abs. 1 genannten zwischen- und überstaatlichen Stellen, die mit Aufgaben der Verhütung oder Verfolgung von Straftaten befasst sind, übermitteln, soweit dies erforderlich ist

1. zur Erfüllung einer ihr obliegenden Aufgabe,
2. zur Verfolgung von Straftaten und zur Strafvollstreckung nach Maßgabe der Vorschriften über die internationale Rechtshilfe in strafrechtlichen Angelegenheiten oder der Vorschriften über die Zusammenarbeit mit dem Internationalen Strafgerichtshof oder
3. zur Abwehr einer im Einzelfall bestehenden erheblichen Gefahr für die öffentliche Sicherheit.

[2]Entsprechendes gilt, wenn Anhaltspunkte dafür vorliegen, dass Straftaten von erheblicher Bedeutung begangen werden sollen. [3]Die übermittelnde Stelle hat die Übermittlung und ihren Anlass aufzuzeichnen und dem Empfänger den bei der übermittelnden Stelle vorgesehenen Löschungszeitpunkt mitzuteilen.

§ 41d Übermittlungsverbote

(1) Die Übermittlung nach den Vorschriften dieses Gesetzes unterbleibt, wenn für die übermittelnde Stelle erkennbar ist, dass unter Berücksichtigung der Art der Daten und ihrer Erhebung die schutzwürdigen Interessen der betroffenen Person das Allgemeininteresse an der Übermittlung überwiegen.

(2) Die Datenübermittlung nach den §§ 41b und 41c unterbleibt darüber hinaus,

1. wenn hierdurch wesentliche Sicherheitsinteressen des Bundes oder der Länder beeinträchtigt würden,
2. wenn hierdurch der Erfolg laufender Ermittlungen oder Leib, Leben oder Freiheit einer Person gefährdet würde,
3. soweit Grund zu der Annahme besteht, dass durch sie gegen den Zweck eines deutschen Gesetzes verstoßen würde, oder
4. wenn tatsächliche Anhaltspunkte dafür vorliegen, dass die Übermittlung der Daten zu den in der Charta der Grundrechte der Europäischen Union enthaltenen Grundsätzen, insbesondere dadurch, dass durch die Nutzung der übermittelten Daten im Empfängerstaat Verletzungen von elementaren rechtsstaatlichen Grundsätzen oder Menschenrechtsverletzungen drohen, in Widerspruch stünde.

§ 42 Automatisiertes Abrufverfahren

(1) [1]Die Einrichtung eines automatisierten Verfahrens, das die Übermittlung personenbezogener Daten durch Abruf ermöglicht, ist zulässig, soweit diese Form der Datenübermittlung unter Berücksichtigung der schutzwürdigen Belange der Betroffenen und der Erfüllung polizeilicher Aufgaben angemessen ist und den rechtlichen Bestimmungen des Datenschutzes entspricht. [2]Der Abruf durch andere als Dienststellen der Polizei ist ausgeschlossen.

(2) Die Einrichtung des Abrufverfahrens bedarf der Zustimmung des für die Polizei zuständigen Ministeriums.

§ 43 Datenabgleich

(1) [1]Die Polizei kann personenbezogene Daten der in den §§ 7 und 8 genannten Personen sowie von Personen, die sie an einem der in § 14 Abs. 1 Nr. 2 bis 4 genannten Orte angetroffen hat, mit dem Inhalt polizeilicher Dateien abgleichen. [2]Personenbezogene Daten sonstiger Personen kann die Polizei abgleichen, wenn dies aufgrund tatsächlicher Anhaltspunkte zur Erfüllung polizeilicher Aufgaben erforderlich ist. [3]Die Polizei kann ferner im Rahmen ihrer Aufgabenerfüllung erlangte personenbezogene Daten mit dem Fahndungsbestand abgleichen, wenn dies zur Erfüllung polizeilicher Aufgaben erforderlich ist.

(2) [1]Die Polizei kann die nach § 33 Abs. 7 erhobenen Daten mit den Sachfahndungsdateien des Informationssystems der Polizeien des Bundes und der Länder (INPOL) und des Schengener Informationssystems automatisiert abgleichen, wenn dies zur Aufgabenerfüllung nach § 2 erforderlich ist. [2]Der Abgleich mit anderen polizeilichen Dateien ist nicht zulässig. [3]Nach § 33 Abs. 7 erhobene Daten, die nach Durchführung des Datenabgleichs nach Satz 1 in den Sachfahndungsdateien

1. nicht enthalten sind (Nichttreffer), sind unverzüglich automatisiert zu löschen,
2. enthalten sind (Treffer), können nach den Vorschriften dieses Gesetzes verwendet werden, wenn zuvor eine Anhaltekontrolle nach § 14 Abs. 2 Satz 2 erfolgt ist; andernfalls sind diese ebenfalls unverzüglich zu löschen. Eine Verwendung der Daten zur Erstellung eines Bewegungsprofils ist unzulässig.

[4]Automatisierte Abgleiche nach Satz 1 dürfen nicht protokolliert werden.

(3) Wird der Betroffene zur Durchführung einer nach einer anderen Rechtsvorschrift zulässigen Maßnahme angehalten und kann der Datenabgleich mit dem Fahndungsbestand nicht bis zum Abschluß dieser Maßnahme vorgenommen werden, darf der Betroffene weiterhin für den Zeitraum angehalten werden, der regelmäßig für die Durchführung eines Datenabgleichs notwendig ist.

§ 44 Rasterfahndung

(1) Die Polizei kann von öffentlichen oder nichtöffentlichen Stellen die Übermittlung von personenbezogenen Daten bestimmter Personengruppen aus Dateien zum Zweck des automatisierten Abgleichs mit anderen Datenbeständen verlangen, wenn dies zur Abwehr einer Gefahr für den Bestand oder die Sicherheit der Bundesrepublik Deutschland oder eines Landes oder für Leib, Leben oder Freiheit einer Person oder zur Abwehr einer gemeinen Gefahr für Sachen erforderlich ist.

(2) [1]Das Übermittlungsersuchen ist auf Namen, Anschrift, Tag und Ort der Geburt sowie auf im einzelnen Falle festzulegende Merkmale zu beschränken. [2]Werden wegen technischer Schwierigkeiten, die mit angemessenem Zeit- oder Kostenaufwand nicht beseitigt werden können, weitere Daten übermittelt, dürfen diese nicht verwertet werden.

(3) [1]Ist der Zweck der Maßnahme erreicht oder zeigt sich, daß er nicht erreicht werden kann, sind die übermittelten und im Zusammenhang mit der Maßnahme zusätzlich angefallenen Daten auf dem Datenträger zu löschen und die Unterlagen, soweit sie nicht für ein mit dem Sachverhalt zusammenhängendes Verfahren erforderlich sind, zu vernichten. [2]Über die getroffenen Maßnahmen ist eine Niederschrift anzufertigen. [3]Diese Niederschrift ist gesondert aufzubewahren, durch technische und organisatorische Maßnahmen zu sichern und am Ende des Kalenderjahres, das dem Jahr der Vernichtung der Unterlagen nach Satz 1 folgt, zu vernichten.

(4) [1]Die Rasterfahndung darf nur durch den Leiter der Landespolizeidirektion oder den Leiter des Landeskriminalamts mit Zustimmung des für die Polizei zuständigen Ministeriums angeordnet werden. [2]Von der Maßnahme ist der Landesbeauftragte für den Datenschutz unverzüglich zu unterrichten.

(5) [1]Nach Abschluss der Maßnahme sind die Personen, gegen die nach Auswertung der Daten weitere Ermittlungen geführt wurden, zu benachrichtigen. [2]§ 36 Abs. 3 bis 6 gilt entsprechend.

§§ 45–47 *[aufgehoben]*

Dritter Abschnitt
Vollzugshilfe

§ 48 Vollzugshilfe

(1) Die Polizei leistet anderen Behörden auf Ersuchen Vollzugshilfe, wenn unmittelbarer Zwang anzuwenden ist und die anderen Behörden nicht über die hierzu erforderlichen Dienstkräfte verfügen oder ihre Maßnahmen nicht auf andere Weise selbst durchsetzen können.

(2) [1]Die Polizei ist nur für die Art und Weise der Durchführung verantwortlich. [2]Im übrigen gelten die Grundsätze der Amtshilfe entsprechend.

(3) Die Verpflichtung zur Amtshilfe bleibt unberührt.

§ 49 Verfahren

(1) Vollzugshilfeersuchen sind schriftlich zu stellen; sie haben den Grund und die Rechtsgrundlage der Maßnahme anzugeben.

(2) [1]In Eilfällen kann das Ersuchen formlos gestellt werden. [2]Es ist jedoch auf Verlangen unverzüglich schriftlich zu bestätigen.

(3) Die ersuchende Behörde ist von der Ausführung des Ersuchens zu verständigen.

§ 50 Vollzugshilfe bei Freiheitsentziehung

(1) Hat das Vollzugshilfeersuchen eine Freiheitsentziehung zum Inhalt, ist auch die richterliche Entscheidung über die Zulässigkeit der Freiheitsentziehung vorzulegen oder in dem Ersuchen zu bezeichnen.

(2) Ist eine vorherige richterliche Entscheidung nicht ergangen, hat die Polizei die festgehaltene Person zu entlassen, wenn die ersuchende Behörde diese nicht übernimmt oder die richterliche Entscheidung nicht unverzüglich nachträglich beantragt.

(3) Die §§ 21 und 22 gelten entsprechend.

Vierter Abschnitt

Zwang

Erster Unterabschnitt

Erzwingung von Handlungen, Duldungen und Unterlassungen

§ 51 Zulässigkeit des Verwaltungszwanges

(1) Der Verwaltungsakt der Polizei, der auf die Vornahme einer Handlung oder auf Duldung oder Unterlassung gerichtet ist, kann mit Zwangsmitteln durchgesetzt werden, wenn er unanfechtbar ist oder wenn ein Rechtsmittel keine aufschiebende Wirkung hat.

(2) Der Verwaltungszwang kann ohne vorausgehenden Verwaltungsakt angewendet werden, wenn das zur Abwehr einer Gefahr notwendig ist, insbesondere weil Maßnahmen gegen Personen nach den §§ 7 bis 10 nicht oder nicht rechtzeitig möglich sind oder keinen Erfolg versprechen, und die Polizei hierbei innerhalb ihrer Befugnisse handelt.

§ 52 Zwangsmittel

(1) Zwangsmittel sind:

1. Ersatzvornahme (§ 53),
2. Zwangsgeld (§ 54),
3. unmittelbarer Zwang (§ 56).

(2) Zwangsmittel sind nach Maßgabe der §§ 57 und 62 anzudrohen.

(3) Die Zwangsmittel können auch neben einer Strafe oder Geldbuße angewandt und so lange wiederholt und gewechselt werden, bis der Verwaltungsakt befolgt worden ist oder sich auf andere Weise erledigt hat.

§ 53 Ersatzvornahme

(1) Wird die Verpflichtung, eine Handlung vorzunehmen, deren Vornahme durch einen anderen möglich ist (vertretbare Handlung), nicht erfüllt, so kann die Polizei auf Kosten des Betroffenen die Handlung selbst ausführen oder einen anderen mit der Ausführung beauftragen.

(2) [1]Es kann bestimmt werden, daß der Betroffene die voraussichtlichen Kosten der Ersatzvornahme im voraus zu zahlen hat. [2]Zahlt der Betroffene die Kosten der Ersatzvornahme oder die voraussichtlich entstehenden Kosten der Ersatzvornahme nicht fristgerecht, so können sie im Verwaltungszwangsverfahren beigetrieben werden. [3]Die Beitreibung der voraussichtlichen Kosten unterbleibt, sobald der Betroffene die gebotene Handlung ausführt.

§ 54 Zwangsgeld

(1) Das Zwangsgeld wird auf mindestens fünf und höchstens zweitausendfünfhundert Euro schriftlich festgesetzt.

(2) Mit der Festsetzung des Zwangsgeldes ist dem Betroffenen eine angemessene Frist zur Zahlung einzuräumen.

(3) [1]Zahlt der Betroffene das Zwangsgeld nicht fristgerecht, so wird es im Verwaltungszwangsverfahren beigetrieben. [2]Die Beitreibung unterbleibt, sobald der Betroffene die gebotene Handlung ausführt oder die zu duldende Maßnahme gestattet.

(4) [1]Für die Festsetzung des Zwangsgeldes werden vom Betroffenen Kosten (Gebühren und Auslagen) erhoben. [2]Im übrigen gilt das Thüringer Verwaltungskostengesetz vom 23. September 2005 (GVBl. S. 325) in der jeweils geltenden Fassung.

§ 55 Ersatzzwangshaft

(1) [1]Ist das Zwangsgeld uneinbringlich, so kann das Verwaltungsgericht auf Antrag der Polizei die Ersatzzwangshaft anordnen, wenn bei Androhung des Zwangsgeldes hierauf hingewiesen worden ist. [2]Die Ersatzzwangshaft beträgt mindestens einen Tag, höchstens zwei Wochen.

(2) Die Ersatzzwangshaft ist auf Antrag der Polizei von der Justizverwaltung nach den Bestimmungen der §§ 904 bis 910 der Zivilprozeßordnung zu vollstrecken.

§ 56 Unmittelbarer Zwang

(1) [1]Die Polizei kann unmittelbaren Zwang anwenden, wenn andere Zwangsmittel nicht in Betracht kommen oder keinen Erfolg versprechen oder unzweckmäßig sind. [2]Für die Art und Weise der Anwendung unmittelbaren Zwanges gelten die §§ 58 bis 67.

(2) Unmittelbarer Zwang zur Abgabe einer Erklärung ist ausgeschlossen.

(3) [1]Für die Anwendung unmittelbaren Zwanges können Kosten (Gebühren und Auslagen) erhoben werden. [2]Im übrigen gilt das Thüringer Verwaltungskostengesetz in der jeweils geltenden Fassung.

§ 57 Androhung der Zwangsmittel

(1) [1]Zwangsmittel sind möglichst schriftlich anzudrohen. [2]Dem Betroffenen ist der Androhung zur Erfüllung der Verpflichtungen eine angemessene Frist zu bestimmen; eine Frist braucht nicht bestimmt zu werden, wenn eine Duldung oder Unterlassung erzwungen werden soll. [3]Von der Androhung kann abgesehen werden, wenn die Umstände sie nicht zulassen, insbesondere wenn die sofortige Anwendung des Zwangsmittels zur Abwehr einer Gefahr notwendig ist.

(2) [1]Die Androhung kann mit dem Verwaltungsakt verbunden werden, durch den die Handlung, Duldung oder Unterlassung aufgegeben wird. [2]Sie soll mit ihm verbunden werden, wenn ein Rechtsmittel keine aufschiebende Wirkung hat.

(3) [1]Die Androhung muß sich auf bestimmte Zwangsmittel beziehen. [2]Werden mehrere Zwangsmittel angedroht, ist anzugeben, in welcher Reihenfolge sie angewandt werden sollen.

(4) Wird die Ersatzvornahme angedroht, so sollen in der Androhung die voraussichtlichen Kosten angegeben werden.

(5) Das Zwangsgeld ist in bestimmter Höhe anzudrohen.

(6) [1]Die Androhung ist zuzustellen. [2]Das gilt auch dann, wenn sie mit dem zugrundeliegenden Verwaltungsakt verbunden ist und für ihn keine Zustellung vorgeschrieben ist.

(7) [1]Für die Androhung können Kosten (Gebühren und Auslagen) erhoben werden. [2]Dies gilt nicht, wenn nach Absatz 2 Satz 1 verfahren wird und der Verwaltungsakt, durch den die Handlung, Duldung oder Unterlassung aufgegeben wird, kostenfrei ist. [3]Im übrigen gilt das Thüringer Verwaltungskostengesetz in der jeweils geltenden Fassung.

Zweiter Unterabschnitt

Ausübung unmittelbaren Zwanges

§ 58 Rechtliche Grundlagen

(1) Ist die Polizei nach diesem Gesetz oder anderen Rechtsvorschriften zur Anwendung unmittelbaren Zwanges befugt, gelten für die Art und Weise der Anwendung die §§ 59 bis 67 und, soweit sich aus diesen nichts Abweichendes ergibt, die übrigen Bestimmungen dieses Gesetzes.

(2) Die zivil- und strafrechtlichen Wirkungen nach den Bestimmungen über Notwehr und Notstand bleiben unberührt.

§ 59 Begriffsbestimmung

(1) Unmittelbarer Zwang ist die Einwirkung auf Personen, Sachen oder Tiere durch körperliche Gewalt, ihre Hilfsmittel oder durch Waffen.

(2) Körperliche Gewalt ist jede unmittelbare körperliche Einwirkung auf Personen, Sachen oder Tiere.

(3) Hilfsmittel der körperlichen Gewalt sind insbesondere Fesseln, Wasserwerfer, technische Sperren, Diensthunde, Dienstpferde, Dienstfahrzeuge, Reiz- und Betäubungsstoffe sowie zum Sprengen bestimmte explosionsfähige Stoffe (Sprengmittel).

(4) [1]Als Waffen sind Schlagstock, Pistole, Revolver, Gewehr und Maschinenpistole zugelassen. [2]Andere Waffen dürfen nur zugelassen werden, wenn sie eine geringere Wirkung als Schusswaffen haben.

[3]Für die Verwendung durch Spezialeinheiten kann das für die Polizei zuständige Ministerium Ausnahmen zulassen.

§ 60 Handeln auf Anordnung

(1) [1]Die Polizeibeamten sind verpflichtet, unmittelbaren Zwang anzuwenden, der von einem Weisungsberechtigten angeordnet wird. [2]Dies gilt nicht, wenn die Anordnung die Menschenwürde verletzt oder nicht zu dienstlichen Zwecken erteilt worden ist.

(2) [1]Eine Anordnung darf nicht befolgt werden, wenn dadurch eine Straftat begangen würde. [2]Befolgt der Polizeibeamte die Anordnung trotzdem, so trifft ihn eine Schuld nur, wenn er erkennt oder wenn es nach den ihm bekannten Umständen offensichtlich ist, daß dadurch eine Straftat begangen wird.

(3) Bedenken gegen die Rechtmäßigkeit der Anordnung hat der Polizeibeamte dem Anordnenden gegenüber vorzubringen, soweit das nach den Umständen möglich ist.

(4) Beamtenrechtliche Bestimmungen über das Remonstrationsrecht sind nicht anzuwenden.

§ 61 Hilfeleistung für Verletzte

Wird unmittelbarer Zwang angewendet, ist Verletzten, soweit es nötig ist und die Lage es zuläßt, Beistand zu leisten und ärztliche Hilfe zu verschaffen.

§ 62 Androhung unmittelbaren Zwanges

(1) [1]Unmittelbarer Zwang ist vor seiner Anwendung anzudrohen. [2]Von der Androhung kann abgesehen werden, wenn die Umstände sie nicht zulassen, insbesondere wenn die sofortige Anwendung des Zwangsmittels zur Abwehr einer Gefahr notwendig ist. [3]Als Androhung des Schußwaffengebrauchs gilt auch die Abgabe eines Warnschusses.

(2) Schußwaffen dürfen nur dann ohne Androhung gebraucht werden, wenn das zur Abwehr einer gegenwärtigen Gefahr für Leib oder Leben erforderlich ist.

(3) [1]Gegenüber einer Menschenmenge ist die Anwendung unmittelbaren Zwanges möglichst so rechtzeitig anzudrohen, daß sich Unbeteiligte noch entfernen können. [2]Der Gebrauch von Schußwaffen gegen Personen in einer Menschenmenge ist stets anzudrohen; die Androhung ist vor dem Gebrauch durch Warnschuß zu wiederholen. [3]Beim Gebrauch von technischen Sperren und Dienstpferden kann von einer Androhung abgesehen werden.

§ 63 Fesselung von Personen

[1]Eine Person, die nach diesem Gesetz oder anderen Rechtsvorschriften festgehalten wird, darf gefesselt werden, wenn Tatsachen die Annahme rechtfertigen, daß sie

1. Polizeibeamte, Dritte oder Tiere angreifen, Widerstand leisten oder Sachen in erheblichem Maße beschädigen wird,
2. fliehen wird oder befreit werden soll oder
3. sich töten oder verletzen wird.

[2]Dasselbe gilt, wenn eine Person nach anderen Rechtsvorschriften vorgeführt oder zur Durchführung einer Maßnahme an einen anderen Ort gebracht wird.

§ 64 Allgemeine Bestimmungen für den Schußwaffengebrauch

(1) [1]Schußwaffen dürfen nur gebraucht werden, wenn andere Maßnahmen des unmittelbaren Zwanges erfolglos angewendet sind oder offensichtlich keinen Erfolg versprechen. [2]Gegen Personen ist ihr Gebrauch nur zulässig, wenn der Zweck nicht durch Schußwaffengebrauch gegen Sachen oder Tiere erreicht werden kann.

(2) [1]Schußwaffen dürfen gegen Personen nur gebraucht werden, um angriffs- oder fluchtunfähig zu machen. [2]Ein Schuß, der mit an Sicherheit grenzender Wahrscheinlichkeit tödlich wirken wird, ist nur zulässig, wenn er das einzige Mittel zur Abwehr einer gegenwärtigen Lebensgefahr oder der gegenwärtigen Gefahr einer schwerwiegenden Verletzung der körperlichen Unversehrtheit ist.

(3) [1]Gegen Personen, die dem äußeren Eindruck nach noch nicht 14 Jahre alt sind, dürfen Schußwaffen nicht gebraucht werden. [2]Das gilt nicht, wenn der Schußwaffengebrauch das einzige Mittel zur Abwehr einer gegenwärtigen Gefahr für Leib oder Leben ist.

(4) [1]Der Schußwaffengebrauch ist unzulässig, wenn für den Polizeibeamten erkennbar Unbeteiligte mit hoher Wahrscheinlichkeit gefährdet werden. [2]Dies gilt nicht, wenn der Schußwaffengebrauch das einzige Mittel zur Abwehr einer gegenwärtigen Lebensgefahr ist.

§ 65 Schußwaffengebrauch gegen Personen

(1) Schußwaffen dürfen gegen Personen nur gebraucht werden

1. um eine gegenwärtige Gefahr für Leib und Leben abzuwehren,
2. um die unmittelbar bevorstehende Begehung oder Fortsetzung eines Verbrechens oder eines Vergehens unter Anwendung oder Mitführung von Schußwaffen oder Explosivmitteln zu verhindern,
3. um eine Person anzuhalten, die sich der Festnahme oder Identitätsfeststellung durch Flucht zu entziehen versucht, wenn sie
   a) eines Verbrechens dringend verdächtig ist oder
   b) eines Vergehens dringend verdächtig ist und Tatsachen die Annahme rechtfertigen, daß sie Schußwaffen oder Explosivmittel mit sich führt.
4. zur Vereitelung der Flucht oder zur Ergreifung einer Person, die in amtlichen Gewahrsam zu halten oder ihm zuzuführen ist
   a) aufgrund richterlicher Entscheidung wegen eines Verbrechens oder aufgrund des dringenden Verdachts eines Verbrechens oder
   b) aufgrund richterlicher Entscheidung wegen eines Vergehens oder aufgrund des dringenden Verdachts eines Vergehens, sofern Tatsachen die Annahme rechtfertigen, daß sie Schußwaffen oder Explosivmittel mit sich führt,
5. um die gewaltsame Befreiung einer Person aus amtlichem Gewahrsam zu verhindern.

(2) [1]Schußwaffen dürfen nach Absatz 1 Nr. 4 nicht gebraucht werden, wenn es sich um den Vollzug eines Jugendarrestes oder eines Strafarrestes handelt oder wenn die Flucht aus einer offenen Anstalt verhindert werden soll. [2]Beim Vollzug des Unterbindungsgewahrsams im Wege der Amtshilfe in Justizvollzugsanstalten nach § 21 Abs. 4 dürfen zur Vereitelung einer Flucht oder zur Wiederergreifung keine Schußwaffen angewendet werden.

§ 66 Schußwaffengebrauch gegen Personen in einer Menschenmenge

(1) Schußwaffen dürfen gegen Personen in einer Menschenmenge nur gebraucht werden, wenn von ihr oder aus ihr heraus schwerwiegende Gewalttaten begangen werden oder unmittelbar bevorstehen und andere Maßnahmen keinen Erfolg versprechen.

(2) Wer sich aus einer solchen Menschenmenge nach wiederholter Androhung des Schußwaffengebrauchs nicht entfernt, obwohl ihm das möglich ist, ist nicht Unbeteiligter im Sinne des § 64 Abs. 4.

§ 67 Besondere Waffen, Sprengmittel

(1) Wird die Bundespolizei nach § 12 Abs. 1 oder 2 des Polizeiorganisationsgesetzes zur Unterstützung der Polizei im Gebiet des Landes in den Fällen des Artikels 35 Abs. 2 Satz 1 oder des Artikels 91 Abs. 1 des Grundgesetzes eingesetzt, so sind für die Bundespolizei auch die in § 59 Abs. 4 nicht genannten Waffen, die sie aufgrund § 2 Abs. 4 in Verbindung mit § 18 des Gesetzes über den unmittelbaren Zwang bei Ausübung öffentlicher Gewalt durch Vollzugsbeamte des Bundes vom 10. März 1961 (BGBl. I S. 165) in der zum Zeitpunkt des Inkrafttreten dieses Gesetzes nach § 78 geltenden Fassung führen darf, zugelassen (besondere Waffen).

(2) Besondere Waffen im Sinne des Absatzes 1 dürfen gegen Personen nur in den Fällen des § 65 Abs. 1 Nr. 1, 2 und 5 und nur mit Zustimmung des für die Polizei zuständigen Ministeriums oder eines von ihm im Einzelfall Beauftragten angewandt werden, wenn

1. diese Personen von Schußwaffen oder Handgranaten oder ähnlichen Explosivmitteln Gebrauch gemacht haben und
2. der vorherige Gebrauch anderer Schußwaffen erfolglos geblieben ist.

(3) Besondere Waffen im Sinne des Absatzes 1 dürfen nur gebraucht werden, um angriffsunfähig zu machen.

(4) Im übrigen bleiben die Bestimmungen über den Schußwaffengebrauch unberührt.

(5) Sprengmittel dürfen gegen Personen nicht angewendet werden.

Fünfter Abschnitt

Schadensausgleich, Erstattungs- und Ersatzansprüche

§ 68 Zum Schadensausgleich verpflichtende Tatbestände

(1) [1]Erleidet jemand infolge einer rechtmäßigen Inanspruchnahme nach § 10 einen Schaden, ist ihm ein angemessener Ausgleich zu gewähren. [2]Das gleiche gilt, wenn jemand durch eine rechtswidrige Maßnahme der Polizei einen Schaden erleidet.

(2) Der Ausgleich ist auch Personen zu gewähren, die mit Zustimmung der Polizei bei der Erfüllung polizeilicher Aufgaben freiwillig mitgewirkt oder Sachen zur Verfügung gestellt haben und dadurch einen Schaden erlitten haben.

(3) Weitergehende Ersatzansprüche, insbesondere aus Amtspflichtverletzung, bleiben unberührt.

§ 69 Inhalt, Art und Umfang des Schadensausgleichs

(1) [1]Der Ausgleich nach § 68 wird grundsätzlich nur für Vermögensschaden gewährt. [2]Für entgangenen Gewinn, der über den Ausfall des gewöhnlichen Verdienstes oder Nutzungsentgeltes hinaus geht, und für Nachteile, die nicht in unmittelbarem Zusammenhang mit der polizeilichen Maßnahme stehen, ist ein Ausgleich nur zu gewähren, wenn und soweit dies zur Abwendung unbilliger Härten geboten erscheint.

(2) Bei einer Verletzung des Körpers oder der Gesundheit oder bei einer Freiheitsentziehung ist auch der Schaden, der nicht Vermögensschaden ist, angemessen auszugleichen.

(3) [1]Der Ausgleich wird in Geld gewährt. [2]Hat die zum Ausgleich verpflichtende Maßnahme die Aufhebung oder Minderung der Erwerbsfähigkeit oder eine Vermehrung der Bedürfnisse oder den Verlust oder die Beeinträchtigung eines Rechts auf Unterhalt zur Folge, so ist der Ausgleich durch Entrichtung einer Rente zu gewähren. [3]§ 760 des Bürgerlichen Gesetzbuches ist anzuwenden. [4]Statt der Rente kann eine Abfindung in Kapital verlangt werden, wenn ein wichtiger Grund vorliegt. [5]Der Anspruch wird nicht dadurch ausgeschlossen, daß ein anderer dem Geschädigten Unterhalt zu gewähren hat.

(4) Stehen dem Geschädigten Ansprüche gegen Dritte zu, so ist, soweit diese Ansprüche nach Inhalt und Umfang dem Ausgleichsanspruch entsprechen, der Ausgleich nur gegen Abtretung dieser Ansprüche zu gewähren.

(5) [1]Bei der Bemessung des Ausgleichs sind alle Umstände zu berücksichtigen, insbesondere Art und Vorhersehbarkeit des Schadens und ob der Geschädigte oder sein Vermögen durch die Maßnahme der Polizei geschützt worden ist. [2]Haben Umstände, die der Geschädigte zu vertreten hat, auf die Entstehung oder Verschlimmerung des Schadens eingewirkt, so hängt die Verpflichtung zum Ausgleich sowie der Umfang des Ausgleichs insbesondere davon ab, inwieweit der Schaden vorwiegend von dem Geschädigten oder durch die Polizei verursacht worden ist.

§ 70 Ansprüche mittelbar Geschädigter

(1) Im Falle der Tötung sind im Rahmen des § 69 Abs. 5 die Kosten der Bestattung demjenigen auszugleichen, dem die Verpflichtung obliegt, diese Kosten zu tragen.

(2) [1]Stand der Getötete zur Zeit der Verletzung zu einem Dritten in einem Verhältnis, aufgrund dessen er diesem gegenüber kraft Gesetzes unterhaltspflichtig war oder unterhaltspflichtig werden konnte, und ist dem Dritten infolge der Tötung das Recht auf den Unterhalt entzogen, so kann der Dritte im Rahmen des § 69 Abs. 5 insoweit einen angemessenen Ausgleich verlangen, als der Getötete während der mutmaßlichen Dauer seines Lebens zur Gewährung des Unterhalts verpflichtet gewesen wäre. [2]§ 69 Abs. 3 Satz 3 bis 5 ist entsprechend anzuwenden. [3]Der Ausgleich kann auch dann verlangt werden, wenn der Dritte zur Zeit der Verletzung gezeugt, aber noch nicht geboren war.

§ 71 Verjährung des Ausgleichsanspruchs

Der Anspruch auf den Ausgleich verjährt in drei Jahren von dem Zeitpunkt an, in welchem der Geschädigte, im Falle des § 70 der Anspruchsberechtigte, von dem Schaden und dem zum Ausgleich Verpflichteten Kenntnis erlangt, ohne Rücksicht auf diese Kenntnis in dreißig Jahren von dem Eintritt des schädigenden Ereignisses an.

§ 72 Ausgleichspflichtiger, Erstattungsansprüche

(1) Ausgleichspflichtig ist die Körperschaft, in deren Dienst der Polizeibeamte steht, der die Maßnahme getroffen hat.

(2) Hat der Polizeibeamte für die Behörde einer anderen Körperschaft gehandelt, so ist die andere Körperschaft ausgleichspflichtig.

(3) Ist in den Fällen des Absatzes 2 ein Ausgleich nur wegen der Art und Weise der Durchführung der Maßnahme zu gewähren, so kann die ausgleichspflichtige Körperschaft von der Körperschaft, in deren Dienst der Polizeibeamte steht, Erstattung ihrer Aufwendungen verlangen, es sei denn, daß sie selbst die Verantwortung für die Art und Weise der Durchführung trägt.

§ 73 Rückgriff gegen den Verantwortlichen

(1) Die nach § 72 ausgleichspflichtige Körperschaft kann von den nach den §§ 7 oder 8 Verantwortlichen Ersatz ihrer Aufwendungen verlangen, wenn sie aufgrund des § 68 Abs. 1 Satz 1 oder Abs. 2 einen Ausgleich gewährt hat.

(2) Sind mehrere Personen nebeneinander verantwortlich, so haften sie als Gesamtschuldner.

§ 74 Rechtsweg

Für Ansprüche auf Schadensausgleich ist der ordentliche Rechtsweg, für die Ansprüche auf Erstattung und Ersatz von Aufwendungen nach § 72 Abs. 3 oder § 73 der Verwaltungsrechtsweg gegeben.

§ 75 Kostenersatz

(1) [1]Soweit in diesem Gesetz bestimmt, können für polizeiliche Maßnahmen Kosten (Gebühren und Auslagen) erhoben werden. [2]Für diese Fälle ist die entsprechende Vorschrift des Thüringer Verwaltungskostengesetzes nicht anzuwenden.

(2) [1]Das für die Polizei zuständige Ministerium wird ermächtigt, im Einvernehmen mit dem für Finanzen zuständigen Ministerium durch Rechtsverordnung die Erhebung von Kosten zu bestimmen und die pauschale Abgeltung der Auslagen zu regeln. [2]Die Gebühren sind nach dem Verwaltungsaufwand und der Bedeutung der Amtshandlung zu bemessen. [3]Von der Kostenerhebung kann aus Gründen der Billigkeit abgesehen werden.

(3) [1]Wer eine vollziehbar verbotene Versammlung oder einen vollziehbar verbotenen Aufzug in Kenntnis des Verbots durchführt oder organisiert, sich daran beteiligt oder dazu aufruft und die Polizei dadurch zu gefahrenabwehrendem Tätigwerden veranlasst, kann zum Ersatz der einsatzbedingten besonderen Aufwendungen, insbesondere Reisekosten, Trennungsgeld, Mehrarbeitsvergütung, herangezogen werden. [2]Dies gilt nicht, wenn die aufschiebende Wirkung eines gegen das Verbot gerichteten Rechtsmittels wiederhergestellt wird oder ein Gericht der Hauptsache die Rechtswidrigkeit des Verbots feststellt. [3]Der Aufwendungsersatz darf 5 000 Euro nicht übersteigen. [4]Das Thüringer Verwaltungskostengesetz findet entsprechende Anwendung.

(4) Die Kosten können im Verwaltungsvollstreckungsverfahren beigetrieben werden.

Sechster Abschnitt
Schlußbestimmungen

§ 76 Ausführungsvorschriften

Die zur Ausführung dieses Gesetzes erforderlichen Rechtsverordnungen und Verwaltungsvorschriften erläßt das für die Polizei zuständige Ministerium.

§ 76a Gleichstellungsklausel

Status- und Funktionsbezeichnungen in diesem Gesetz gelten jeweils in männlicher und weiblicher Form.

§ 77 Überleitungsvorschrift

Verfahren, die gemäß § 34 Abs. 12 dieses Gesetzes in der bis zum Inkrafttreten des Thüringer Gesetzes zur Änderung des Polizeiaufgabengesetzes und des Ordnungsbehördengesetzes geltenden Fassung bei den Verwaltungsgerichten anhängig sind, werden in der Lage, in der sie sich befinden, gemäß § 36 Abs. 6 von den zuständigen Amtsgerichten fortgeführt.

§ 78 Evaluierung

[1]Die Landesregierung legt dem Thüringer Landtag spätestens ein Jahr nach Inkrafttreten der gesetzlichen Änderungen einen Bericht über den notwendigen gesetzlichen Anpassungs- oder Ergänzungsbedarf vor. [2]Der Thüringer Landtag wird das Gesetz bis zum 31. Dezember 2016 auf wissenschaftlicher Grundlage evaluieren.

§ 79 Inkrafttreten
Dieses Gesetz tritt am Tage nach der Verkündung[1] in Kraft.

1) Verkündet am 12.6.1992.

Thüringer Gesetz über die Aufgaben und Befugnisse der Ordnungsbehörden (Ordnungsbehördengesetz – OBG –)

Vom 18. Juni 1993 (GVBl. S. 323)
(20-4)
zuletzt geändert durch Art. 3 Thüringer Datenschutz-Anpassungs- und -Umsetzungsgesetz EU vom 6. Juni 2018 (GVBl. S. 229)

Inhaltsübersicht

Erster Abschnitt
Allgemeine Bestimmungen

§ 1 Begriff der Ordnungsbehörden
§ 2 Aufgaben der Ordnungsbehörden
§ 3 Verhältnis zur Polizei; Vorrang der Ordnungsbehörde
§ 4 Örtliche und sachliche Zuständigkeit der Ordnungsbehörden
§ 5 Allgemeine Befugnisse der Ordnungsbehörden
§ 6 Grundsatz der Verhältnismäßigkeit
§ 7 Ermessen, Wahl der Mittel
§ 8 Dienstkräfte der Ordnungsbehörden
§ 9 Ausweispflicht der Dienstkräfte
§ 10 Verantwortlichkeit für das Verhalten von Personen
§ 11 Verantwortlichkeit für das Verhalten von Tieren oder den Zustand von Sachen
§ 12 Unmittelbare Ausführung einer Maßnahme
§ 13 Inanspruchnahme nicht verantwortlicher Personen
§ 14 Einschränkung von Grundrechten

Zweiter Abschnitt
Einzelmaßnahmen der Ordnungsbehörden

§ 15 Identitätsfeststellung und Prüfung von Berechtigungsscheinen
§ 16 Befragung, Auskunftspflicht und Vorladung
§ 17 Platzverweisung
§ 18 Durchsuchung von Personen
§ 19 Durchsuchung von Sachen
§ 20 Betreten und Durchsuchung von Grundstücken und Wohnungen
§ 21 Verfahren bei der Durchsuchung von Wohnungen
§ 22 Sicherstellung; Umsetzen von Fahrzeugen
§ 23 Verwahrung
§ 24 Verwertung, Unbrauchbarmachung und Vernichtung
§ 25 Herausgabe sichergestellter Sachen oder des Erlöses, Kosten
§ 26 Datenschutz

Dritter Abschnitt
Ordnungsbehördliche Verordnungen

§ 27 Verordnungsrecht der Ordnungsbehörden
§ 27a Örtliche Alkoholkonsumverbote
§ 28 Zuständigkeit verschiedener Ordnungsbehörden
§ 29 Pflicht zum Verordnungserlaß
§ 30 Vorrang höherrangiger Rechtsvorschriften
§ 31 Inhalt
§ 32 Form
§ 33 Vorlagepflicht
§ 34 Inkrafttreten und Geltungsdauer
§ 35 Verkündung
§ 36 Änderung oder Aufhebung
§ 37 Allgemeine Aufsichtspflicht
§ 38 Wirkung von Gebietsveränderungen

Vierter Abschnitt
Einzelne Befugnisse und Ermächtigungen

§ 39 Fliegende Verkaufsanlagen
§ 40 Skifahren und Rodeln
§ 41 Betreten und Befahren von Grundstücken
§ 42 Veranstaltung von Vergnügungen
§ 43 Menschenansammlungen
§ 44 Bekämpfung verwilderter Tauben
§ 45 Wildes Plakatieren
§ 46 Baden; Betreten und Befahren von Eisflächen
§ 47 Campingplätze

Fünfter Abschnitt
Ordnungswidrigkeiten, Entschädigungs- und Ersatzansprüche

§ 48 Zuwiderhandeln gegen Einzelanordnungen, Anzeige- oder Erlaubnispflichten
§ 49 Verhalten beim Skifahren und Rodeln
§ 50 Zuwiderhandeln gegen ordnungsbehördliche Verordnungen
§ 51 Bußgeldverfahren
§ 52 Schadensausgleich, Erstattungs- und Ersatzansprüche

Sechster Abschnitt
Übergangs- und Schlußbestimmungen

§ 53 Kostenersatz
§ 54 Begriffsbestimmungen
§ 55 Gleichstellungsbestimmung
§ 56 Inkrafttreten

Erster Abschnitt

Allgemeine Bestimmungen

§ 1 Begriff der Ordnungsbehörden

[1]Ordnungsbehörden im Sinne dieses Gesetzes sind die Gemeinden, die Verwaltungsgemeinschaften, die erfüllenden Gemeinden und die Landkreise im übertragenen Wirkungskreis sowie das Landesverwaltungsamt und das für die öffentliche Sicherheit und Ordnung zuständige Ministerium. [2]Die Abwehr von Zuwiderhandlungen gegen Satzungen in Selbstverwaltungsangelegenheiten ist Aufgabe des eigenen Wirkungskreises der Landkreise und Gemeinden.

§ 2 Aufgaben der Ordnungsbehörden

(1) Die Ordnungsbehörden haben die Aufgabe, die öffentliche Sicherheit oder Ordnung durch Abw[illegible] von Gefahren und durch Unterbindung und Beseitigung von Störungen aufrechtzuerhalten.

(2) Der Schutz privater Rechte obliegt den Ordnungsbehörden nach diesem Gesetz nur dann, wenn gerichtlicher Schutz nicht rechtzeitig zu erlangen ist und wenn ohne ordnungsbehördliche Hilfe die Verwirklichung des Rechts vereitelt oder wesentlich erschwert werden würde.

§ 3 Verhältnis zur Polizei; Vorrang der Ordnungsbehörde

(1) Maßnahmen der Ordnungsbehörden nach diesem Gesetz haben Vorrang gegenüber Maßnahmen der Polizei.

(2) Die Polizei leistet den Ordnungsbehörden Vollzugshilfe (§§ 48 bis 50 Polizeiaufgabengesetz), soweit sie ihre Aufgaben nicht selbst vollziehen können oder ihre Vollzugs-Dienstkräfte nicht mit den erforderlichen Zwangsbefugnissen (§ 8) ausgestattet sind.

§ 4 Örtliche und sachliche Zuständigkeit der Ordnungsbehörden

(1) Zuständig für die Ausübung der Befugnisse der Ordnungsbehörden ist grundsätzlich die Gemeinde, Verwaltungsgemeinschaft oder erfüllende Gemeinde, soweit sich nicht aus anderen Vorschriften eine andere Zuständigkeit ergibt.

(2) Bei Gefahr im Verzuge kann auch jede andere Ordnungsbehörde in ihrem Gebiet die Befugnisse einer anderen Ordnungsbehörde vorläufig ausüben.

(3) [1]Die Zuständigkeit der Ordnungsbehörde ist auf ihr Gebiet beschränkt. [2]Örtlich zuständig ist die Ordnungsbehörde, in deren Gebiet die zu schützenden Interessen verletzt oder gefährdet werden.

§ 5 Allgemeine Befugnisse der Ordnungsbehörden

(1) Die Ordnungsbehörden können die notwendigen Maßnahmen treffen, um eine im einzelnen Falle bestehende Gefahr für die öffentliche Sicherheit oder Ordnung abzuwehren, soweit nicht dieses Gesetz oder andere Rechtsvorschriften die Befugnisse der Ordnungsbehörden besonders regeln.

(2) [1]Zur Erfüllung der Aufgaben, die die Ordnungsbehörden nach besonderen Rechtsvorschriften durchführen, haben sie die dort vorgesehenen Befugnisse. [2]Soweit solche Rechtsvorschriften Befugnisse der Ordnungsbehörden nicht enthalten, haben sie die Befugnisse, die ihnen nach diesem Gesetz zustehen.

§ 6 Grundsatz der Verhältnismäßigkeit

(1) Von mehreren möglichen und geeigneten Maßnahmen haben die Ordnungsbehörden diejenige zu treffen, die den einzelnen und die Allgemeinheit voraussichtlich am wenigsten beeinträchtigt.

(2) Eine Maßnahme darf nicht zu einem Nachteil führen, der zu dem erstrebten Erfolg erkennbar außer Verhältnis steht.

(3) Eine Maßnahme ist nur solange zulässig, bis ihr Zweck erreicht ist oder sich zeigt, daß er nicht erreicht werden kann.

§ 7 Ermessen, Wahl der Mittel

(1) Die Ordnungsbehörden treffen ihre Maßnahmen nach pflichtgemäßem Ermessen.

(2) Kommen zur Abwehr einer Gefahr mehrere Mittel in Betracht, so ist dem Betroffenen auf Antrag zu gestatten, ein anderes ebenso wirksames Mittel anzuwenden, sofern die Allgemeinheit dadurch nicht stärker beeinträchtigt wird.

§ 8 Dienstkräfte der Ordnungsbehörden

(1) [1]Die Ordnungsbehörden vollziehen ihre Aufgaben grundsätzlich selbst. [2]Hierzu haben sie nach Maßgabe der nach Absatz 2 erlassenen Rechtsverordnung Vollzugs-Dienstkräfte zu bestellen.

(2) Das für die öffentliche Sicherheit und Ordnung zuständige Ministerium wird ermächtigt, durch Rechtsverordnung zu regeln:

1. die Aufgaben, für die die Ordnungsbehörden Vollzugs-Dienstkräfte zu bestellen haben;
2. die allgemeinen Voraussetzungen und das Verfahren für die Bestellung von Vollzugs-Dienstkräften;
3. welche Befugnisse und welche Zwangsbefugnisse welchen Vollzugs-Dienstkräften vorbehalten sind.

§ 9 Ausweispflicht der Dienstkräfte

ie Dienstkräfte der Ordnungsbehörden müssen bei Ausübung ihrer Tätigkeit im Außendienst einen ördlichen Ausweis mit sich führen. [2]Auf Verlangen des von einer Maßnahme Betroffenen haben e diesen vorzuzeigen, soweit der Zweck der Maßnahme dadurch nicht beeinträchtigt wird.

§ 10 Verantwortlichkeit für das Verhalten von Personen

(1) Verursacht eine Person eine Gefahr, so sind die Maßnahmen gegen sie zu richten.

(2) [1]Ist eine Person noch nicht 14 Jahre alt, können Maßnahmen auch gegen die zur Aufsicht verpflichtete Person gerichtet werden. [2]Ist für eine Person ein Betreuer bestellt, können Maßnahmen auch gegen den Betreuer im Rahmen seines Aufgabengebietes gerichtet werden.

(3) Verursacht eine Person, die zu einer Verrichtung bestellt ist, die Gefahr in Ausübung der Verrichtung, so können Maßnahmen auch gegen die Person gerichtet werden, die die andere zu der Verrichtung bestellt hat.

(4) Die Absätze 1 bis 3 sind nicht anzuwenden, soweit andere Bestimmungen dieses Gesetzes oder andere Rechtsvorschriften regeln, gegen wen eine Maßnahme zu richten ist.

§ 11 Verantwortlichkeit für das Verhalten von Tieren oder den Zustand von Sachen

(1) Geht von einem Tier oder einer Sache eine Gefahr aus, so sind die Maßnahmen gegen den Inhaber der tatsächlichen Gewalt zu richten, soweit die jeweilige Situation nicht ein anderes Vorgehen erfordert.

(2) [1]Maßnahmen können auch gegen den Eigentümer oder einen anderen Berechtigten gerichtet werden. [2]Das gilt nicht, wenn der Inhaber der tatsächlichen Gewalt diese ohne den Willen des Eigentümers oder Berechtigten ausübt.

(3) Geht die Gefahr von einem herrenlosen Tier oder einer herrenlosen Sache aus, so können die Maßnahmen gegen denjenigen gerichtet werden, der das Eigentum an dem Tier oder der Sache aufgegeben hat.

(4) § 10 Abs. 4 gilt entsprechend.

§ 12 Unmittelbare Ausführung einer Maßnahme

(1) [1]Die Ordnungsbehörden können Maßnahmen selbst oder durch einen Beauftragten unmittelbar ausführen, wenn der Zweck der Maßnahme durch Inanspruchnahme der nach den §§ 10 oder 11 Verantwortlichen nicht oder nicht rechtzeitig erreicht werden kann. [2]Der von der Maßnahme Betroffene ist unverzüglich zu unterrichten.

(2) [1]Entstehen den Ordnungsbehörden durch die unmittelbare Ausführung einer Maßnahme Kosten (Gebühren und Auslagen), so sind die nach den §§ 10 oder 11 Verantwortlichen als Gesamtschuldner zum Ersatz verpflichtet. [2]Die Kosten können im Verwaltungszwangsverfahren nach Maßgabe des Thüringer Verwaltungszustellungs- und Vollstreckungsgesetzes (ThürVwZVG) vom 7. August 1991 (GVBl. S. 285 - 314 -) in der jeweils geltenden Fassung beigetrieben werden.

§ 13 Inanspruchnahme nicht verantwortlicher Personen

(1) Die Ordnungsbehörden können Maßnahmen gegen andere Personen als die nach den §§ 10 oder 11 Verantwortlichen richten, wenn

1. eine gegenwärtige erhebliche Gefahr abzuwehren ist,
2. Maßnahmen gegen die nach den §§ 10 oder 11 Verantwortlichen nicht oder nicht rechtzeitig möglich sind oder keinen Erfolg versprechen,
3. die Ordnungsbehörden die Gefahr nicht oder nicht rechtzeitig selbst oder durch Beauftragte abwehren können und
4. die Personen ohne erhebliche eigene Gefährdung und ohne Verletzung höherwertiger Pflichten in Anspruch genommen werden können.

(2) Die Maßnahmen nach Absatz 1 dürfen nur aufrecht erhalten werden, solange die Abwehr der Gefahr nicht auf andere Weise möglich ist.
(3) § 10 Abs. 4 gilt entsprechend.

§ 14 Einschränkung von Grundrechten
Aufgrund dieses Gesetzes können die Grundrechte auf Leben und körperliche Unversehrtheit (Artikel 2 Abs. 2 Satz 1 des Grundgesetzes, Artikel 3 Abs. 1 Satz 1 der Verfassung des Freistaats Thüringen), Freiheit der Person (Artikel 2 Abs. 2 Satz 2 des Grundgesetzes, Artikel 3 Abs. 1 Satz 2 der Verfassung des Freistaats Thüringen), Freizügigkeit (Artikel 11 des Grundgesetzes, Artikel 5 der Verfassung des Freistaats Thüringen) und auf Unverletzlichkeit der Wohnung (Artikel 13 des Grundgesetzes, Artikel 8 der Verfassung des Freistaats Thüringen) eingeschränkt werden.

Zweiter Abschnitt
Einzelmaßnahmen der Ordnungsbehörden

§ 15 Identitätsfeststellung und Prüfung von Berechtigungsscheinen
(1) Die Ordnungsbehörden können die Identität einer Person feststellen, wenn dies
1. zur Abwehr einer Gefahr,
2. zur Erfüllung der ihnen durch andere Rechtsvorschriften zugewiesenen weiteren Aufgaben oder
3. zum Schutze privater Rechte

erforderlich ist.
(2) [1]Die Ordnungsbehörden können dabei die zur Feststellung der Identität erforderlichen Maßnahmen treffen. [2]Sie können den Betroffenen insbesondere anhalten, ihn nach seinen Personalien befragen und verlangen, daß er mitgeführte Ausweispapiere zur Prüfung aushändigt. [3]Der Betroffene kann festgehalten werden, wenn die Identität auf andere Weise nicht oder nur unter erheblichen Schwierigkeiten festgestellt werden kann. [4]Unter den Voraussetzungen von Satz 3 können der Betroffene sowie die von ihm mitgeführten Sachen durchsucht werden. [5]Die §§ 20 und 21 des Polizeiaufgabengesetzes über den Richtervorbehalt finden entsprechende Anwendung.
(3) Werden die Personalien bei der betroffenen Person erhoben, ist diese auf den Grund für die Identitätsfeststellung hinzuweisen, sofern der Zweck der Maßnahmen hierdurch nicht beeinträchtigt wird.
(4) Die Ordnungsbehörden können verlangen, daß ein Berechtigungsschein zur Prüfung ausgehändigt wird, wenn der Betroffene aufgrund einer Rechtsvorschrift verpflichtet ist, diesen Berechtigungsschein mitzuführen.

§ 16 Befragung, Auskunftspflicht und Vorladung
(1) [1]Die Ordnungsbehörden können eine Person befragen, wenn tatsächliche Anhaltspunkte die Annahme rechtfertigen, daß die Person sachdienliche Angaben zur Aufklärung des Sachverhalts in einer bestimmten ordnungsbehördlichen Angelegenheit machen kann. [2]Im Fall der Abwehr einer Gefahr kann sie zum Zwecke der Befragung angehalten werden.
(2) [1]Eine Person, deren Befragung nach Absatz 1 zulässig ist, ist verpflichtet, auf Frage Namen, Vornamen, Tag und Ort der Geburt, Wohnanschrift und Staatsangehörigkeit anzugeben. [2]Sie ist zu weiteren Auskünften verpflichtet, soweit gesetzliche Handlungspflichten bestehen.
(3) [1]Unter den in den §§ 52 bis 55 der Strafprozeßordnung genannten Voraussetzungen ist die betroffene Person zur Verweigerung der Auskunft mit Ausnahme der Angaben nach Absatz 2 Satz 1 berechtigt. [2]Dies gilt nicht, wenn die Auskunft für die Abwehr einer Gefahr für Leib, Leben oder Freiheit einer Person erforderlich ist. [3]Auskünfte, die nach Satz 2 erlangt wurden, dürfen nur zu Zwecken der Gefahrenabwehr nach § 2 Abs. 1 verwendet werden. [4]Die betroffene Person ist über ihr Recht zur Verweigerung der Auskunft zu belehren.
(4) [1]Die Ordnungsbehörden können unter den Voraussetzungen des Absatzes 1 eine Person schriftlich oder mündlich vorladen. [2]Bei der Vorladung soll deren Grund angegeben werden. [3]Bei der Festsetzung des Zeitpunktes soll auf den Beruf und die sonstigen Lebensverhältnisse Rücksicht genommen werden.
(5) [1]Leistet ein Betroffener der Vorladung ohne hinreichenden Grund keine Folge, so kann sie zwangsweise durchgesetzt werden, wenn die Angaben zur Abwehr einer Gefahr für Leib, Leben oder Freiheit einer Person erforderlich sind. [2]Die zwangsweise Durchsetzung erfolgt im Verwaltungszwangsverfahren nach Maßgabe des Thüringer Verwaltungszustellungs- und Vollstreckungsgesetzes in der jeweils geltenden Fassung.

(6) Für die Entschädigung von Personen, die auf Vorladung nach Absatz 4 als Zeugen erscheinen oder die als Sachverständige herangezogen werden, gilt das Justizvergütungs- und -entschädigungsgesetz vom 5. Mai 2004 (BGBl. I S. 718, 776), in der jeweils geltenden Fassung entsprechend.

§ 17 Platzverweisung

(1) Die Ordnungsbehörden können zur Abwehr einer Gefahr für die öffentliche Sicherheit oder Ordnung durch Anordnung für den Einzelfall eine Person vorübergehend von einem Ort verweisen oder ihr vorübergehend das Betreten eines Ortes verbieten.

(2) [1]Rechtfertigen Tatsachen die Annahme, dass eine Person in einem bestimmten örtlichen Bereich eine Gefahr verursachen wird, so kann ihr für eine bestimmte Zeit verboten werden, diesen Bereich zu betreten oder sich dort aufzuhalten. [2]Örtlicher Bereich im Sinne des Satzes 1 ist das Gemeindegebiet oder ein Gebietsteil innerhalb einer Gemeinde. [3]Die Maßnahme ist zeitlich und örtlich auf den zur Gefahrenabwehr erforderlichen Umfang zu beschränken. [4]Sie darf die Dauer von drei Monaten nicht überschreiten. [5]Sie darf den Zugang zur Wohnung des Betroffenen oder die Wahrnehmung seiner berechtigten Interessen im bestimmten örtlichen Bereich nicht beschränken. [6]Absatz 1 und die Vorschriften des Versammlungsrechts bleiben unberührt.

§ 18 Durchsuchung von Personen

(1) Die Ordnungsbehörden können außer in den Fällen des § 15 Abs. 2 Satz 4 eine Person durchsuchen, wenn

1. sie nach diesem Gesetz oder anderen Rechtsvorschriften festgehalten werden kann,
2. Tatsachen die Annahme rechtfertigen, daß sie Tiere oder Sachen mit sich führt, die sichergestellt werden dürfen oder
3. sie sich erkennbar in einem die freie Willensbestimmung ausschließenden Zustand oder sonst in hilfloser Lage befindet.

(2) Personen dürfen nur von Personen gleichen Geschlechts oder Ärzten durchsucht werden; dies gilt nicht, wenn die sofortige Durchsuchung zum Schutz gegen eine Gefahr für Leib oder Leben erforderlich ist.

§ 19 Durchsuchung von Sachen

(1) Die Ordnungsbehörden können außer in den Fällen des § 15 Abs. 2 Satz 4 eine Sache durchsuchen, wenn

1. sie von einer Person mitgeführt wird, die nach § 18 durchsucht werden darf,
2. Tatsachen die Annahme rechtfertigen, daß sich in ihr eine Person befindet, die widerrechtlich festgehalten wird oder hilflos ist oder
3. Tatsachen die Annahme rechtfertigen, daß sich in ihr oder an ihr Tiere oder andere Sachen befinden, die sichergestellt werden dürfen.

(2) [1]Bei der Durchsuchung von Sachen hat der Inhaber der tatsächlichen Gewalt das Recht, anwesend zu sein. [2]Ist er abwesend, so sollen seine Vertreter oder ein anderer Zeuge hinzugezogen werden. [3]Dem Inhaber der tatsächlichen Gewalt ist auf Verlangen eine Bescheinigung über die Durchsuchung und ihren Grund zu erteilen.

§ 20 Betreten und Durchsuchung von Grundstücken und Wohnungen

[1]Die Ordnungsbehörden können ein Grundstück oder eine Wohnung, auch während der Nachtzeit (§ 104 Abs. 3 der Strafprozeßordnung), ohne Einwilligung des Eigentümers, Besitzers oder sonstigen Inhabers betreten und durchsuchen, wenn das zur Abwehr einer gegenwärtigen Gefahr für Leib, Leben oder Freiheit einer Person oder für Tiere oder Sachen von bedeutendem Wert erforderlich ist. [2]Die Wohnung umfaßt die Wohn- und Nebenräume, Arbeits-, Betriebs- und Geschäftsräume sowie anderes befriedetes Besitztum.

§ 21 Verfahren bei der Durchsuchung von Wohnungen

(1) [1]Durchsuchungen von Wohnungen dürfen, außer bei Gefahr im Verzug, nur durch den Richter angeordnet werden. Zuständig ist das Amtsgericht, in dessen Bezirk die Wohnung liegt. [2]Für das Verfahren gelten die Bestimmungen des Gesetzes über das Verfahren in Familiensachen und in den Angelegenheiten der freiwilligen Gerichtsbarkeit entsprechend.

(2) [1]Bei der Durchsuchung einer Wohnung hat der Wohnungsinhaber das Recht, anwesend zu sein. [2]Ist er abwesend, so ist, wenn möglich, sein Vertreter oder ein erwachsener Angehöriger, Hausgenosse oder Nachbar zuzuziehen.

(3) Dem Wohnungsinhaber oder seinem Vertreter ist der Grund der Durchsuchung unverzüglich bekanntzugeben, soweit dadurch der Zweck der Maßnahme nicht gefährdet wird.

(4) [1]Über die Durchsuchung ist eine Niederschrift zu fertigen. [2]Sie muß die verantwortliche Behörde, Grund, Zeit und Ort der Durchsuchung und ihr Ergebnis enthalten. [3]Die Niederschrift ist von einem mit der Durchsuchung beauftragten Vertreter der Ordnungsbehörde und dem Wohnungsinhaber oder der zugezogenen Person zu unterzeichnen. [4]Wird die Unterschrift verweigert, so ist hierüber ein Vermerk aufzunehmen. [5]Dem Wohnungsinhaber oder seinem Vertreter ist auf Verlangen eine Abschrift der Niederschrift auszuhändigen.

(5) Ist die Anfertigung der Niederschrift oder die Aushändigung einer Abschrift nach den besonderen Umständen des Falles nicht möglich oder würde sie den Zweck der Durchsuchung gefährden, so sind dem Betroffenen lediglich die Durchsuchung unter Angabe der verantwortlichen Behörde sowie Zeit und Ort der Durchsuchung schriftlich zu bestätigen.

§ 22 Sicherstellung; Umsetzen von Fahrzeugen

(1) Die Ordnungsbehörden können eine Sache sicherstellen,

1. um eine gegenwärtige Gefahr abzuwehren,
2. um den Eigentümer oder rechtmäßigen Inhaber der tatsächlichen Gewalt vor Verlust oder Beschädigung einer Sache zu schützen, oder
3. wenn sie von einer Person mitgeführt wird, die nach diesem Gesetz oder anderen Rechtsvorschriften festgehalten wird und diese Person oder ein anderer die Sache verwenden kann, um
   a) sich zu töten oder zu verletzen,
   b) Leben oder Gesundheit anderer zu schädigen,
   c) fremde Sachen zu beschädigen, oder
   d) sich oder anderen die Flucht zu ermöglichen oder zu erleichtern.

(2) [1]Fahrzeuge, die verkehrswidrig auf öffentlichen Straßen abgestellt sind, sollen in der Regel erst dann nach Absatz 1 Nr. 1 sichergestellt werden, wenn ein Umsetzen nicht möglich ist. [2]Umgesetzte oder sichergestellte Fahrzeuge sind zu verzeichnen. [3]Die Ordnungsbehörden haben im Rahmen ihrer Zuständigkeit und Befugnisse durch geeignete Maßnahmen sicherzustellen, daß der Betroffene jederzeit Kenntnis über den Verbleib seines Fahrzeuges erlangen kann.

(3) Für Tiere gilt Absatz 1 sinngemäß.

§ 23 Verwahrung

(1) [1]Sichergestellte Sachen sind in Verwahrung zu nehmen. [2]Läßt die Beschaffenheit der Sachen das nicht zu oder erscheint die Verwahrung bei den Ordnungsbehörden unzweckmäßig, sind die Sachen auf andere geeignete Weise aufzubewahren oder zu sichern. [3]In diesem Fall kann die Verwahrung auch einem Dritten übertragen werden.

(2) [1]Dem Betroffenen ist eine Bescheinigung auszustellen, die den Grund der Sicherstellung erkennen läßt und die sichergestellten Sachen bezeichnet. [2]Kann nach den Umständen des Falles eine Bescheinigung nicht ausgestellt werden, so ist über die Sicherstellung eine Niederschrift aufzunehmen, die auch erkennen läßt, warum eine Bescheinigung nicht ausgestellt worden ist. [3]Der Eigentümer oder der rechtmäßige Inhaber der tatsächlichen Gewalt ist unverzüglich zu unterrichten.

(3) [1]Wird eine sichergestellte Sache verwahrt, so haben die Ordnungsbehörden nach Möglichkeit Wertminderungen vorzubeugen. [2]Das gilt nicht, wenn die Sache durch einen Dritten auf Verlangen eines Berechtigten verwahrt wird.

(4) Die verwahrten Sachen sind zu verzeichnen und erforderlichenfalls so zu kennzeichnen, daß Verwechslungen vermieden werden.

(5) Für Tiere gelten die Absätze 1 bis 4 sinngemäß.

§ 24 Verwertung, Unbrauchbarmachung und Vernichtung

(1) Die Verwertung einer sichergestellten Sache ist zulässig, wenn

1. ihr Verderb oder eine wesentliche Wertminderung droht,
2. ihre Verwahrung, Pflege oder Erhaltung mit unverhältnismäßig hohen Kosten oder Schwierigkeiten verbunden ist,

3. sie infolge ihrer Beschaffenheit nicht so verwahrt werden kann, daß weitere Gefahren für die öffentliche Sicherheit oder Ordnung ausgeschlossen sind,
4. sie nach einer Frist von einem Jahr nicht an einen Berechtigten herausgegeben werden kann, ohne daß die Voraussetzungen der Sicherstellung erneut eintreten würden, oder
5. der Berechtigte sie nicht innerhalb einer ausreichend bemessenen Frist abholt, obwohl ihm eine Mitteilung über die Frist mit dem Hinweis zugestellt worden ist, daß die Sache verwertet wird, wenn sie nicht innerhalb der Frist abgeholt wird.

(2) [1]Der Betroffene, der Eigentümer und andere Personen, denen ein Recht an der Sache zusteht, sollen vor der Verwertung gehört werden. [2]Die Anordnung sowie Zeit und Ort der Verwertung sind ihnen mitzuteilen, soweit die Umstände und der Zweck der Maßnahmen es erlauben.

(3) [1]Die Sache wird durch öffentliche Versteigerung verwertet; § 383 Abs. 3 und § 979 Abs. 1 des Bürgerlichen Gesetzbuches gelten entsprechend. [2]Bleibt die Versteigerung erfolglos, erscheint sie von vornherein aussichtslos oder würden die Kosten der Versteigerung voraussichtlich den zu erwartenden Erlös übersteigen, so kann die Sache freihändig verkauft werden. [3]Der Erlös tritt an die Stelle der verwerteten Sache. [4]Läßt sich innerhalb angemessener Frist kein Käufer finden, so kann die Sache einem gemeinnützigen Zweck zugeführt werden.

(4) [1]Sichergestellte Sachen können unbrauchbar gemacht oder vernichtet werden, wenn
1. im Fall einer Verwertung die Gründe, die zu ihrer Sicherstellung berechtigten, fortbestehen oder Sicherstellungsgründe erneut entstehen würden, oder
2. die Verwertung aus anderen Gründen nicht möglich ist.

[2]Absatz 2 gilt sinngemäß.

(5) Maßnahmen nach den Absätzen 2 bis 4 darf nur der Behördenleiter oder ein von ihm Beauftragter anordnen.

(6) Für Tiere gelten die Absätze 1 bis 5 sinngemäß.

§ 25 Herausgabe sichergestellter Sachen oder des Erlöses, Kosten

(1) [1]Sobald die Voraussetzungen für die Sicherstellung weggefallen sind, sind die Sachen an denjenigen herauszugeben, bei dem sie sichergestellt worden sind. [2]Ist die Herausgabe an ihn nicht möglich, können sie an einen anderen herausgegeben werden, der seine Berechtigung glaubhaft macht. [3]Die Herausgabe ist ausgeschlossen, wenn dadurch erneut die Voraussetzung für eine Sicherstellung eintreten würden.

(2) [1]Sind die Sachen verwertet worden, ist der Erlös herauszugeben. [2]Ist ein Berechtigter nicht vorhanden oder nicht zu ermitteln, ist der Erlös nach den Bestimmungen des Bürgerlichen Gesetzbuches zu hinterlegen. [3]Der Anspruch auf Herausgabe des Erlöses erlischt drei Jahre nach Ablauf des Jahres, in dem die Sache verwertet worden ist.

(3) [1]Für die Sicherstellung, Verwertung und für Maßnahmen nach § 24 Abs. 4 werden Kosten (Gebühren und Auslagen) erhoben. [2]Die Kosten und die Gebühren für die Verwahrung haben die nach den §§ 10 oder 11 Verantwortlichen zu tragen. [3]Mehrere Verantwortliche haften als Gesamtschuldner. [4]Die Herausgabe der Sache kann von der Zahlung der geschuldeten Beträge abhängig gemacht werden; ist eine Sache verwertet worden, so können die geschuldeten Beträge aus dem Erlös gedeckt werden. [5]Die Kosten können im Verwaltungszwangsverfahren beigetrieben werden.

(4) § 983 des Bürgerlichen Gesetzbuches bleibt unberührt.

(5) Für Tiere gelten die Absätze 1 bis 4 sinngemäß.

§ 26 Datenschutz

(1) Sofern Ordnungsbehörden Daten im Rahmen der Abwehr von Gefahren für die öffentliche Sicherheit oder Ordnung verarbeiten, finden der Erste, Dritte und Vierte Abschnitt des Thüringer Datenschutzgesetzes (ThürDSG) Anwendung; im Übrigen gilt die Verordnung (EU) 2016/679 des Europäischen Parlaments und des Rates vom 27. April 2016 zum Schutz natürlicher Personen bei der Verarbeitung personenbezogener Daten, zum freien Datenverkehr und zur Aufhebung der Richtlinie 95/46/EG (Datenschutz-Grundverordnung) (ABl. L 119 vom 4.5.2016, S. 1; L 314 vom 22.11.2016, S. 72; L 127 vom 23.05.2018, S. 2) in Verbindung mit dem Ersten, Zweiten, Vierten und Sechsten Abschnitt des Thüringer Datenschutzgesetzes, mit der Maßgabe der Absätze 2 bis 5.

(2) [1]Die Ordnungsbehörden können personenbezogene Daten, auch durch Einsatz technischer Mittel zur Anfertigung von Bild- und Tonaufnahmen oder -aufzeichnungen, bei oder im Zusammenhang mit

öffentlichen Veranstaltungen und Ansammlungen, die nicht dem Versammlungsgesetz unterliegen, oder zur Erfüllung ihrer sonstigen Aufgaben nur erheben, soweit tatsächliche Anhaltspunkte die Annahme rechtfertigen, dass Gefahren für die öffentliche Sicherheit oder Ordnung entstehen. [2]Die Unterlagen sind spätestens zwei Monate nach Ablauf des auslösenden Ereignisses zu vernichten, soweit sie nicht zur Verfolgung von Straftaten oder Ordnungswidrigkeiten benötigt werden.
(3) Für Datenerhebungen bei oder im Zusammenhang mit öffentlichen Versammlungen und Aufzügen gelten die §§ 12a und 19a des Versammlungsgesetzes.
(4) Stellen die Ordnungsbehörden fest, dass bei der Verarbeitung von Daten im Rahmen der Abwehr von Gefahren für die öffentliche Sicherheit oder Ordnung unrichtige oder unzulässig gespeicherte personenbezogene Daten übermittelt worden sind und ist der Empfänger bekannt, gelten die §§ 35 und 43 ThürDSG.
(5) In Ausführung von § 35 Abs. 5 ThürDSG findet § 40 Abs. 4 und 5 PAG entsprechend Anwendung.

Dritter Abschnitt
Ordnungsbehördliche Verordnungen

§ 27 Verordnungsrecht der Ordnungsbehörden
(1) Die Gemeinden, Verwaltungsgemeinschaften oder erfüllenden Gemeinden und die Landkreise sowie das Landesverwaltungsamt können zur Abwehr von Gefahren für die öffentliche Sicherheit oder Ordnung nach diesem Gesetz Gebote oder Verbote, die für eine unbestimmte Zahl von Fällen an eine unbestimmte Zahl von Personen gerichtet sind (ordnungsbehördliche Verordnungen), erlassen.
(2) Der Erlaß von ordnungsbehördlichen Verordnungen durch Gemeinden, Verwaltungsgemeinschaften, erfüllende Gemeinden und Landkreise ist Angelegenheit des übertragenen Wirkungskreises, soweit nicht durch Gesetz etwas anderes bestimmt ist.
(3) In den ordnungsbehördlichen Verordnungen kann bestimmt werden, daß vorsätzliche oder fahrlässige Verstöße gegen die in ihnen enthaltenen Gebote oder Verbote als Ordnungswidrigkeiten mit Geldbuße geahndet und die durch eine Zuwiderhandlung gewonnenen oder erlangten Gegenstände eingezogen werden können.

§ 27a Örtliche Alkoholkonsumverbote
(1) [1]Die Gemeinden, Verwaltungsgemeinschaften oder erfüllenden Gemeinden können zum Zwecke des Kinder- und Jugendschutzes sowie des allgemeinen Gesundheitsschutzes durch ordnungsbehördliche Verordnung den Konsum von Alkohol in öffentlichen Anlagen und auf öffentlichen Verkehrsflächen, die sich in räumlicher Nähe von Einrichtungen, die ihrer Art nach oder tatsächlich vorwiegend von Kindern und Jugendlichen aufgesucht werden oder in der Nähe von Suchtberatungsstellen oder vergleichbaren sozialen Einrichtungen befinden, verbieten. [2]Das Verbot gilt nur außerhalb zugelassener Freischankflächen und darf sich höchstens auf einen Radius von 200 Metern um die Einrichtung erstrecken. [3]Es sollte sich zeitlich an den üblichen Öffnungs- und Betriebszeiten der Einrichtung orientieren.
(2) [1]Die Gemeinden, Verwaltungsgemeinschaften oder erfüllenden Gemeinden können durch ordnungsbehördliche Verordnung den Konsum von Alkohol in öffentlichen Anlagen und auf bestimmten öffentlichen Verkehrsflächen verbieten, wenn sich die Belastung dieser Anlagen und Verkehrsflächen durch Ausmaß und Häufigkeit alkoholbedingter Straftaten oder Ordnungswidrigkeiten von der des übrigen Gemeindegebietes deutlich abhebt und Tatsachen die Annahme rechtfertigen, dass dort auch zukünftig mit der Begehung alkoholbedingter Straftaten oder Ordnungswidrigkeiten zu rechnen ist. [2]Das Verbot gilt nur außerhalb zugelassener Freischankflächen. [3]Es kann zeitlich befristet oder unbefristet erlassen werden. [4]Der Verordnungsgeber ist gehalten, alle fünf Jahre zu überprüfen, ob die Voraussetzungen für die ordnungsbehördliche Verordnung noch vorliegen.
(3) Die Verbotsbereiche sind durch Hinweisschilder kenntlich zu machen.

§ 28 Zuständigkeit verschiedener Ordnungsbehörden
(1) Sind verschiedene Behörden zum Erlaß von ordnungsbehördlichen Verordnungen zuständig, so darf die höhere Behörde von ihrer Befugnis nur Gebrauch machen, wenn eine einheitliche Regelung für ihren Bereich oder einen Teilbereich geboten ist.
(2) [1]Ist zum Erlass einer ordnungsbehördlichen Verordnung neben dem Landkreis auch die Gemeinde, Verwaltungsgemeinschaft oder erfüllende Gemeinde ermächtigt, so ist, außer bei Gefahr im Verzug,

vor Erlass der Verordnung durch den Landkreis die Gemeinde, Verwaltungsgemeinschaft oder erfüllende Gemeinde zu hören. [2]Vor Erlass einer ordnungsbehördlichen Verordnung durch eine Verwaltungsgemeinschaft sind die Mitgliedsgemeinden zu hören; entsprechendes gilt für den Erlass einer ordnungsbehördlichen Verordnung durch eine erfüllende Gemeinde.

(3) Ist eine ordnungsbehördliche Verordnung für den örtlichen Bereich mehrerer ermächtigter Behörden der gleichen Verwaltungsebene erforderlich, so kann die gemeinsame höhere Behörde die Verordnung erlassen.

§ 29 Pflicht zum Verordnungserlaß

(1) Erläßt eine Gemeinde, eine Verwaltungsgemeinschaft, eine erfüllende Gemeinde oder ein Landkreis eine ordnungsbehördliche Verordnung, für deren Erlaß eine Ermächtigung besteht, nicht, obwohl es das Wohl der Allgemeinheit zwingend erfordert, so kann die Aufsichtsbehörde die Verordnung erlassen, wenn die Gemeinde, die Verwaltungsgemeinschaft, die erfüllende Gemeinde oder der Landkreis der Aufforderung der Aufsichtsbehörde, die erforderliche Verordnung binnen angemessener Frist zu erlassen, nicht nachkommt.

(2) Eine nach Absatz 1 erlassene ordnungsbehördliche Verordnung kann nur von der Aufsichtsbehörde, die sie erlassen hat, oder mit deren Zustimmung aufgehoben werden.

§ 30 Vorrang höherrangiger Rechtsvorschriften

(1) Ordnungsbehördliche Verordnungen dürfen keine Bestimmungen enthalten, die zu Gesetzen oder Rechtsverordnungen höherer Behörden in Widerspruch stehen.

(2) Ist eine Angelegenheit durch Rechtsverordnung einer höheren Behörde geregelt, so darf sie nur insoweit durch ordnungsbehördliche Verordnungen einer nachgeordneten Behörde ergänzend geregelt werden, als die Verordnung der höheren Behörde dies ausdrücklich zuläßt.

§ 31 Inhalt

(1) [1]Ordnungsbehördliche Verordnungen müssen in ihrem Inhalt bestimmt sein. [2]Hinweise auf Anordnungen außerhalb von ordnungsbehördlichen Verordnungen sind unzulässig, soweit diese Anordnungen Gebote oder Verbote von unbeschränkter Dauer enthalten.

(2) Soweit ordnungsbehördliche Verordnungen, deren Geltungsbereich sich über das gesamte Gebiet des Landes erstreckt, bauliche sowie sonstige technische Anlagen oder Geräte betreffen, kann in ihnen hinsichtlich der technischen Vorschriften auf Bekanntmachungen besonderer sachverständiger Stellen unter Angabe der Fundstelle verwiesen werden.

(3) [1]Lassen sich die Grenzen des Geltungsbereichs einer ordnungsbehördlichen Verordnung oder die Grenzen des Bereichs, in dem einzelne ihrer Vorschriften gelten, nicht hinreichend deutlich und anschaulich beschreiben oder durch Abdruck einer genauen Karte festlegen, so genügt es, wenn die Verordnung die Grenzen des Bereichs grob umschreibt und im übrigen auf Karten mit einem Maßstab von mindestens 1 : 25 000 oder Verzeichnisse Bezug nimmt. [2]Diese Unterlagen müssen von einer in der Verordnung bezeichneten Behörde archivmäßig verwahrt werden und allgemein zugänglich sein. [3]Auf die Möglichkeit der Einsichtnahme bei der verwahrenden Stelle ist in der Verordnung hinzuweisen.

§ 32 Form

Ordnungsbehördliche Verordnungen müssen

1. eine Überschrift tragen, die ihren Inhalt kennzeichnet,
2. in der Überschrift als „Ordnungsbehördliche Verordnung“ bezeichnet werden,
3. im Eingang auf die Bestimmungen des Gesetzes Bezug nehmen, aufgrund derer sie erlassen sind,
4. soweit die Zustimmung oder Anhörung anderer Stellen gesetzlich vorgeschrieben ist, die Stellen angeben, mit deren Zustimmung oder nach deren Anhörung sie erlassen sind,
5. den örtlichen Geltungsbereich bezeichnen,
6. den Zeitpunkt des Erlasses und des Inkrafttretens angeben sowie
7. die Behörde bezeichnen, die die Verordnung erläßt.

§ 33 Vorlagepflicht

[1]Ordnungsbehördliche Verordnungen der Gemeinden, Verwaltungsgemeinschaften, erfüllenden Gemeinden und Landkreise sind der Rechtsaufsichtsbehörde, ordnungsbehördliche Verordnungen des Landesverwaltungsamtes sind dem für die öffentliche Sicherheit und Ordnung zuständigen Ministe-

rium, jeweils im Entwurf vorzulegen. [2]Sie dürfen erst erlassen werden, wenn die Rechtsaufsichtsbehörde oder das für die öffentliche Sicherheit und Ordnung zuständige Ministerium nicht innerhalb eines Monats nach Vorlage festgestellt hat, daß die Verordnung zu Gesetzen oder Rechtsverordnungen höherer Behörden in Widerspruch steht.

§ 34 Inkrafttreten und Geltungsdauer

(1) [1]Ordnungsbehördliche Verordnungen treten eine Woche nach ihrer Verkündung in Kraft, soweit in ihnen nichts anderes bestimmt ist. [2]In der Verordnung kann im öffentlichen Interesse ein anderer Zeitpunkt bestimmt werden, frühestens jedoch der auf die Verkündung folgende Tag. [3]Eine nach § 35 Abs. 3 verkündete Verordnung tritt, wenn in ihr nicht ein anderer Zeitpunkt bestimmt ist, mit der Notverkündung in Kraft.

(2) [1]Ordnungsbehördliche Verordnungen müssen eine Beschränkung ihrer Geltungsdauer enthalten. [2]Die Geltung darf nicht über 20 Jahre hinaus erstreckt werden. [3]Verordnungen, die keine Beschränkung der Geltungsdauer enthalten, treten spätestens 20 Jahre nach ihrem Inkrafttreten außer Kraft.

(3) Die Bestimmung des Absatzes 2 findet keine Anwendung auf ordnungsbehördliche Verordnungen, die auf Bundesrecht beruhen oder durch die ordnungsbehördliche Verordnungen abgeändert oder aufgehoben werden.

§ 35 Verkündung

(1) [1]Für die Verkündung von ordnungsbehördlichen Verordnungen der Gemeinden, Verwaltungsgemeinschaften, erfüllenden Gemeinden und Landkreise gelten die Vorschriften über die Bekanntmachung kommunaler Satzungen entsprechend. [2]Die Gemeinden, Verwaltungsgemeinschaften oder erfüllenden Gemeinden haben auf die Verkündung von Verordnungen des Landkreises, die im Gebiet der Gemeinde, der Verwaltungsgemeinschaft oder der erfüllenden Gemeinde gelten, in ortsüblicher Art hinzuweisen, sofern die Verordnungen nicht in einem Amtsblatt verkündet werden.

(2) Ordnungsbehördliche Verordnungen des für die öffentliche Sicherheit und Ordnung zuständigen Ministeriums sind im Gesetz- und Verordnungsblatt für das Land Thüringen, solche des Landesverwaltungsamtes im Staatsanzeiger zu verkünden.

(3) [1]Ist es zur Verhütung erheblicher Gefahren für Leben, Gesundheit, Tiere oder Sachen erforderlich, eine ordnungsbehördliche Verordnung sofort zu verkünden, und ist eine Verkündung nach den Absätzen 1 oder 2 nicht rechtzeitig möglich, so kann die Verordnung im Rundfunk, im Fernsehfunk, durch Lautsprecher oder sonst auf jede andere geeignete Art amtlich veröffentlicht werden. [2]Die Verordnung ist sodann unverzüglich nach den Absätzen 1 oder 2 zu veröffentlichen; hierbei ist auf Zeit und Art der Notverkündung hinzuweisen.

§ 36 Änderung oder Aufhebung

(1) [1]Eine ordnungsbehördliche Verordnung wird durch Verordnung derjenigen Behörde geändert oder aufgehoben, die für ihren Erlaß im Zeitpunkt der Änderung oder Aufhebung sachlich zuständig ist. [2]§ 37 Abs. 2 bleibt unberührt. [3]Im übrigen gelten die Bestimmungen dieses Gesetzes über den Erlaß von Verordnungen mit Ausnahme von § 34 Abs. 2 sinngemäß.

(2) [1]Besteht im geltenden Recht keine Ermächtigung mehr für den Erlaß einer ordnungsbehördlichen Verordnung, so kann die Stelle, die früher für den Erlaß der Verordnung zuständig war, die Verordnung aufheben. [2]Besteht die Stelle nicht mehr und ist die Aufgabe auch nicht einer anderen Stelle übertragen worden, so kann das für die öffentliche Sicherheit und Ordnung zuständige Ministerium die Verordnung aufheben oder die dafür zuständigen Stellen durch Rechtsverordnung bestimmen.

§ 37 Allgemeine Aufsichtspflicht

(1) Die Rechtsaufsichtsbehörde (§ 33) hat auch bereits verkündete ordnungsbehördliche Verordnungen, die mit dem geltenden Recht, insbesondere mit Gesetzen oder mit Rechtsverordnungen einer höheren Behörde, in Widerspruch stehen, zu beanstanden und ihre Aufhebung oder Änderung zu verlangen.

(2) [1]Kommen die verordnungsgebenden Behörden binnen einer von der Rechtsaufsichtsbehörde gesetzten angemessenen Frist dem Verlangen nicht nach, so hebt die Rechtsaufsichtsbehörde die beanstandete ordnungsbehördliche Verordnung auf. [2]Die Aufhebung ist wie die aufgehobene Verordnung zu verkünden (§ 35).

§ 38 Wirkung von Gebietsveränderungen

(1) [1]Wird das Gebiet des Landkreises oder einer Gemeinde durch Eingliederung neuer Gebietsteile erweitert, so werden die in dem ursprünglichen Gebiet geltenden ordnungsbehördlichen Verordnungen mit der Erweiterung in den neu eingegliederten Gebietsteilen wirksam. [2]Die in den eingegliederten Gebietsteilen geltenden ordnungsbehördlichen Verordnungen treten außer Kraft.

(2) Werden aus den Gebieten von Landkreisen oder Gemeinden oder Teilen von ihnen ein neuer Landkreis oder eine neue Gemeinde gebildet, so treten die in den einzelnen Gebietsteilen geltenden ursprünglichen ordnungsbehördlichen Verordnungen der Gemeinden und der Landkreise spätestens zwei Jahre nach der Neubildung außer Kraft.

(3) [1]Die in den Absätzen 1 und 2 getroffenen grundsätzlichen Regelungen sind bei der Erweiterung und Neubildung von Verwaltungsgemeinschaften sinngemäß anzuwenden. [2]Für Vereinbarungen über erfüllende Gemeinden gilt Absatz 1 sinngemäß.

(4) Die in den Absätzen 1 bis 3 getroffenen Regelungen gelten nur, soweit andere Rechtsvorschriften nichts Abweichendes bestimmen.

Vierter Abschnitt

Einzelne Befugnisse und Ermächtigungen

§ 39 Fliegende Verkaufsanlagen

[1]Zum Schutz des Orts- und Landschaftsbildes, eines Natur-, Kunst- oder Kulturdenkmals sowie zur Aufrechterhaltung der öffentlichen Reinlichkeit können die Ordnungsbehörden durch ordnungsbehördliche Verordnung oder Anordnung für den Einzelfall das Aufstellen fliegender Verkaufsanlagen an bestimmten Orten außerhalb der öffentlichen Wege, Straßen und Plätze verbieten oder davon abhängig machen, daß Störungen durch geeignete Vorkehrungen verhütet werden. [2]Fliegende Verkaufsanlagen sind vorübergehend aufgestellte, dem Vertrieb von Waren dienende Stände oder ähnliche Verkaufsstellen. Baurechtliche Vorschriften bleiben unberührt.

§ 40 Skifahren und Rodeln

(1) [1]Die Gemeinden, Verwaltungsgemeinschaften oder erfüllenden Gemeinden können durch Anordnung für den Einzelfall den Sportbetrieb auf einer Skiabfahrt, Rodelbahn oder einem Skiwanderweg vorübergehend untersagen oder beschränken, wenn es zur Verhütung von Gefahren oder sonst aus wichtigen Gründen erforderlich ist. [2]Sie können für den Einzelfall zulassen, daß Skiwanderwege zur Zeit des Sportbetriebs zur Versorgung von Einrichtungen oder für land- und forstwirtschaftliche Zwecke benutzt werden, soweit dadurch keine Gefahren für die Sicherheit der Sporttreibenden entstehen.

(2) Das Landesverwaltungsamt kann durch ordnungsbehördliche Verordnung zur Verhütung von Gefahren für Leben oder Gesundheit oder zum Schutz vor erheblichen Nachteilen

1. das Verhalten beim Skifahren, Skibobfahren und Rodeln regeln,
2. bestimmen, wie
   a) Skiabfahrten, Rodelbahnen und Skiwanderwege,
   b) Untersagungen oder Beschränkungen des Sportbetriebs auf solchem Gelände und
   c) Fahrzeuge, die sich auf Skiabfahrten, Rodelbahnen und Skiwanderwegen befinden,

   gekennzeichnet sein müssen.

(3) [1]Die Kennzeichnungen nach Absatz 2 Nr. 2 obliegt den Gemeinden, Verwaltungsgemeinschaften oder erfüllenden Gemeinden soweit es sich um Fahrzeuge handelt, dem Halter des Fahrzeugs. [2]Die Gemeinden, Verwaltungsgemeinschaften oder erfüllenden Gemeinden können ihre Kosten der Kennzeichnung von demjenigen erstattet verlangen, der die Kosten für die Instandhaltung des Sportgeländes trägt.

§ 41 Betreten und Befahren von Grundstücken

[1]Zur Verhütung erheblicher Gefahren für Leben oder Gesundheit können die Gemeinden, Verwaltungsgemeinschaften oder erfüllenden Gemeinden und die Landkreise durch ordnungsbehördliche Verordnung oder durch Anordnung für den Einzelfall das Betreten oder Befahren bewohnter oder unbewohnter Grundstücke oder bestimmter Gebiete für die voraussichtliche Dauer der Gefahr verbieten. [2]Für öffentliche Wege, Straßen und Plätze gelten die Vorschriften des Straßen- und des Straßenverkehrsrechts.

§ 42 Veranstaltung von Vergnügungen

(1) [1]Wer eine öffentliche Vergnügung veranstalten will, hat das der Gemeinde, Verwaltungsgemeinschaft oder erfüllenden Gemeinde unter Angabe der Art, des Ortes und der Zeit der Veranstaltung und der Zahl der zuzulassenden Teilnehmer spätestens eine Woche vorher schriftlich anzuzeigen. [2]Für regelmäßig wiederkehrende, gleichartige öffentliche Vergnügungen genügt eine einmalige Anzeige.

(2) Absatz 1 gilt nicht für Veranstaltungen, die vorwiegend religiösen, künstlerischen, kulturellen, wissenschaftlichen, belehrenden oder erzieherischen Zwecken oder der Wirtschaftswerbung dienen, sofern sie in Räumen stattfinden, die für Veranstaltungen der beabsichtigten Art bestimmt sind.

(3) [1]Die Veranstaltung öffentlicher Vergnügungen bedarf der Erlaubnis, wenn
1. die nach Absatz 1 erforderliche Anzeige nicht fristgemäß erstattet wird,
2. es sich um eine motorsportliche Veranstaltung handelt oder
3. zu einer Veranstaltung, die in nicht dafür bestimmten Anlagen stattfinden soll, mehr als eintausend Besucher zugleich zugelassen werden sollen.

[2]Zuständig nach Satz 1 Nr. 2 sind die kreisfreien Städte sowie die Landkreise.

(4) [1]Die Erlaubnis nach Absatz 3 ist zu versagen, wenn es zur Abwehr einer Gefahr für die öffentliche Sicherheit oder Ordnung erforderlich erscheint. [2]Das gleiche gilt, sofern andere öffentlich-rechtliche Vorschriften entgegenstehen.

(5) [1]Die Gemeinden, Verwaltungsgemeinschaften oder erfüllenden Gemeinden, für motorsportliche Veranstaltungen die kreisfreien Städte oder die Landkreise, können im Einzelfall zur Gefahrenabwehr Anordnungen zur Veranstaltung öffentlicher und sonstiger Vergnügungen treffen. [2]Reichen Anordnungen nach Satz 1 nicht aus oder stehen andere öffentlich-rechtliche Vorschriften entgegen, so kann die Veranstaltung untersagt werden.

(6) Die vorstehenden Absätze sind nicht anzuwenden, soweit bundesrechtliche oder besondere landesrechtliche Vorschriften bestehen.

§ 43 Menschenansammlungen

[1]Zur Verhütung von Gefahren für Leben, Gesundheit, Sittlichkeit, ungestörte Religionsausübung, Eigentum oder Besitz können die Gemeinden, Verwaltungsgemeinschaften oder erfüllende Gemeinden und die Landkreise für Ansammlungen einer größeren Anzahl von Menschen, insbesondere bei religiösen Feiern, Volksfesten und Sportveranstaltungen, ordnungsbehördliche Verordnungen oder Anordnungen für den Einzelfall erlassen, soweit nicht § 42 einschlägig ist. [2]Dies gilt nicht für Versammlungen im Sinne des Versammlungsgesetzes; die Vorschriften des Straßenverkehrsrechts bleiben unberührt.

§ 44 Bekämpfung verwilderter Tauben

(1) Zur Verhütung von Gefahren für das Eigentum und zum Schutz der öffentlichen Reinlichkeit können die Gemeinden, Verwaltungsgemeinschaften oder erfüllenden Gemeinden ordnungsbehördliche Verordnungen über die Bekämpfung verwilderter Tauben erlassen.

(2) In den ordnungsbehördlichen Verordnungen kann insbesondere bestimmt werden, daß
1. die Eigentümer oder die Nutzungsberechtigten von Grundstücken, Wohnräumen oder anderen Räumen und ihre Vertreter Maßnahmen der Gemeinde, der Verwaltungsgemeinschaft oder der erfüllenden Gemeinde oder ihrer Beauftragten zur Beseitigung der Nistplätze verwilderter Tauben oder zur Erschwerung des Nistens von verwilderten Tauben zu dulden haben,
2. das Füttern verwilderter Tauben auf öffentlichen Straßen oder Plätzen verboten wird.

(3) Die Vorschriften des Naturschutz- und des Tierschutzrechts bleiben unberührt.

§ 45 Wildes Plakatieren

[1]Zum Schutz des Orts- und Landschaftsbildes oder eines Natur-, Kunst- oder Kulturdenkmals können die Gemeinden, Verwaltungsgemeinschaften oder erfüllenden Gemeinden und die Landkreise durch ordnungsbehördliche Verordnungen Anschläge, insbesondere Plakate, und Darstellungen durch Bildwerfer in der Öffentlichkeit auf bestimmte Flächen beschränken. [2]Dies gilt auch für Anlagen, die dem Bauordnungsrecht unterliegen.

§ 46 Baden; Betreten und Befahren von Eisflächen

(1) Zur Verhütung von Gefahren für Leben oder Gesundheit können die Gemeinden, Verwaltungsgemeinschaften oder erfüllenden Gemeinden durch ordnungsbehördliche Verordnung das Baden an bestimmten Orten sowie das Betreten und Befahren von Eisflächen verbieten.

(2) Zur Aufrechterhaltung der Sittlichkeit und zur Verhütung von Gefahren für Leben oder Gesundheit können die Gemeinden, Verwaltungsgemeinschaften oder erfüllenden Gemeinden und das Landesverwaltungsamt durch ordnungsbehördliche Verordnung Vorschriften über das Verhalten beim öffentlichen Baden und über Sicherheitsvorkehrungen in Badeanstalten erlassen.
(3) Wasserrechtliche Vorschriften bleiben unberührt.

§ 47 Campingplätze
Zum Schutz der Natur und Landschaft, zur Verhütung von Gefahren für Leben, Gesundheit, Eigentum oder Besitz und zur Aufrechterhaltung der öffentlichen Ruhe können die Gemeinden, Verwaltungsgemeinschaften, erfüllenden Gemeinden sowie die Landkreise und das Landesverwaltungsamt durch ordnungsbehördliche Verordnung den Betrieb und die Benutzung von Plätzen, die zum Aufstellen und Bewohnen von mehr als drei Zelten oder Wohnwagen bestimmt sind (Campingplätze), regeln.

Fünfter Abschnitt
Ordnungswidrigkeiten, Entschädigungs- und Ersatzansprüche

§ 48 Zuwiderhandeln gegen Einzelanordnungen, Anzeige- oder Erlaubnispflichten
Ordnungswidrig handelt, wer vorsätzlich oder fahrlässig
1. einer aufgrund des § 17,
2. einer aufgrund des § 39 Satz 1,
3. einer aufgrund des § 41 Satz 1,
4. einer aufgrund des § 42 Abs. 5,
5. einer aufgrund des § 43 Satz 1

erlassenen vollziehbaren Anordnung zuwiderhandelt oder

6. eine öffentliche Vergnügung im Sinne des § 42 ohne die erforderliche Anzeige oder Erlaubnis veranstaltet oder
7. als Veranstalter einer Vergnügung im Sinne des § 42 die mit der Erlaubnis verbundenen vollziehbaren Auflagen nicht erfüllt.

§ 49 Verhalten beim Skifahren und Rodeln
Ordnungswidrig handelt, wer vorsätzlich oder fahrlässig als Skifahrer, Skibobfahrer oder Rodler
1. gegen eine aufgrund des § 40 Abs. 1 Satz 1 erlassene vollziehbare Anordnung verstößt,
2. grob rücksichtslos Leib oder Leben eines anderen gefährdet oder
3. sich als Beteiligter an einem Unfall auf einer Skiabfahrt oder auf einer Rodelbahn vom Unfallort entfernt, bevor er
   a) zugunsten der anderen Unfallbeteiligten und der Geschädigten die Festlegung seiner Person und die Art seiner Beteiligung durch seine Anwesenheit und durch die Angabe, daß er an dem Unfall beteiligt ist, ermöglicht hat oder
   b) eine nach den Umständen angemessene Zeit gewartet hat, ohne daß jemand bereit war, die Feststellungen zu treffen.

§ 50 Zuwiderhandeln gegen ordnungsbehördliche Verordnungen
Ordnungswidrig handelt, wer vorsätzlich oder fahrlässig den Geboten oder Verboten einer aufgrund dieses Gesetzes erlassenen ordnungsbehördlichen Verordnung zuwiderhandelt, soweit die Verordnung für einen bestimmten Tatbestand auf diese Bußgeldvorschrift verweist.

§ 51 Bußgeldverfahren
(1) Ordnungwidrigkeiten nach den §§ 48 bis 50 können mit einer Geldbuße bis zu fünftausend Euro geahndet werden.
(2) Zuständige Verwaltungsbehörde im Sinne des § 36 Abs. 1 Nr. 1 des Gesetzes über Ordnungswidrigkeiten ist
1. in den Fällen des § 48 diejenige Behörde, die die Anordnung oder Auflage erlassen hat oder bei der die Anzeige zu erstatten ist oder bei der die Erlaubnis einzuholen ist,
2. in den Fällen des § 49 die Gemeinde, Verwaltungsgemeinschaft oder erfüllende Gemeinde,
3. in den Fällen des § 50 diejenige Behörde, die die Verordnung erlassen hat, sofern es sich um die Verordnung einer Gemeinde, einer Verwaltungsgemeinschaft, einer erfüllenden Gemeinde oder eines Landkreises handelt; in ordnungsbehördlichen Verordnungen des Landesverwaltungsamts

oder des für öffentliche Sicherheit und Ordnung zuständigen Ministeriums kann die Zuständigkeit auf andere Behörden übertragen werden.

§ 52 Schadensausgleich, Erstattungs- und Ersatzansprüche

Die §§ 68 bis 74 des Thüringer Polizeiaufgabengesetzes vom 4. Juni 1992 (GVBl. S. 199) in der jeweils geltenden Fassung finden entsprechende Anwendung.

Sechster Abschnitt

Übergangs- und Schlußbestimmungen

§ 53 Kostenersatz

(1) Für die Kosten ordnungsbehördlicher Maßnahmen kann Ersatz verlangt werden, wenn das durch Rechtsvorschriften vorgesehen ist.

(2) [1]Das für die öffentliche Sicherheit und Ordnung zuständige Ministerium wird ermächtigt, im Einvernehmen mit dem für Finanzen zuständigen Ministerium durch Rechtsverordnung die Erhebung von Kosten (Gebühren und Auslagen) zu bestimmen und die pauschale Abgeltung der Auslagen zu regeln. [2]Die Gebühren sind nach dem Verwaltungsaufwand und der Bedeutung der Amtshandlung zu bemessen.

(3) Die Kosten können im Verwaltungszwangsverfahren nach Maßgabe des Thüringer Verwaltungszustellungs- und Vollstreckungsgesetzes beigetrieben werden.

§ 54 Begriffsbestimmungen

Im Sinne dieses Gesetzes ist

1. öffentliche Sicherheit: die Unverletzlichkeit der Rechtsordnung, der subjektiven Rechte und Rechtsgüter des einzelnen sowie des Bestandes, der Einrichtungen und Veranstaltungen des Staates oder sonstiger Träger von Hoheitsgewalt;
2. öffentliche Ordnung: die Gesamtheit der im Rahmen der verfassungsmäßigen Ordnung liegenden ungeschriebenen Regeln für das Verhalten des einzelnen in der Öffentlichkeit, deren Beachtung nach den jeweils herrschenden Anschauungen als unerläßliche Voraussetzung eines geordneten staatsbürgerlichen Zusammenlebens gilt;
3. Gefahr:
   a) konkrete Gefahr: eine Gefahr, das heißt eine Sachlage, bei der im einzelnen Falle die hinreichende Wahrscheinlichkeit besteht, daß bei ungehindertem Fortgang in absehbarer Zeit ein Schaden für die öffentliche Sicherheit oder Ordnung eintreten wird;
   b) gegenwärtige Gefahr: eine Gefahr, bei der das schädigende Ereignis bereits begonnen hat oder unmittelbar mit an Sicherheit grenzender Wahrscheinlichkeit bevorsteht;
   c) erhebliche Gefahr: eine Gefahr für ein bedeutsames Rechtsgut, wie Leben, Gesundheit, Freiheit, wesentliche Vermögenswerte oder den Bestand des Staates;
   d) Gefahr für Leib und Leben: eine Gefahr, bei der eine nicht nur leichte Körperverletzung oder der Tod einzutreten droht;
   e) abstrakte Gefahr: eine nach allgemeiner Lebenserfahrung oder den Erkenntnissen fachkundiger Stellen mögliche Sachlage, die im Falle ihres Eintritts eine Gefahr gemäß den Buchstaben a bis d darstellt;
4. Gefahrenabwehr: die Aufgabe der Ordnungsbehörden und der Polizei, Gefahren gemäß der Nummer 3 durch Maßnahmen (ordnungsbehördliche Verordnungen, Verwaltungsakte und andere Eingriffe) sowie durch sonstiges Handeln abzuwehren;
5. Gefahr im Verzuge: eine Sachlage, bei der ein Schaden eintreten würde, wenn nicht an Stelle der zuständigen Behörde oder Person eine andere Behörde oder Person tätig wird;
6. Vollzugs-Dienstkraft: ein Bediensteter einer Ordnungsbehörde, der allgemein oder im Einzelfall zum Vollzug von Aufgaben der Gefahrenabwehr im Sinne der Rechtsverordnung nach § 8 Abs. 2 Nr. 1 bestellt ist.

§ 55 Gleichstellungsbestimmung

Status- und Funktionsbezeichnungen in diesem Gesetz gelten jeweils in männlicher und weiblicher Form.

§ 56 Inkrafttreten

Dieses Gesetz tritt am Tage nach der Verkündung[1] in Kraft.

1) Verkündet am 25.6.1993.

Thüringer Verordnung über die Ermittlungspersonen der Staatsanwaltschaft (ThürErmStA)

Vom 8. August 2015 (GVBl. S. 143)
(311-1)

zuletzt geändert durch Art. 1 Erste VO zur Änd. der Thüringer VO über die Ermittlungspersonen der Staatsanwaltschaft vom 12. Juni 2020 (GVBl. S. 347)

Aufgrund des § 152 Abs. 2 Satz 1 des Gerichtsverfassungsgesetzes in der Fassung vom 9. Mai 1975 (BGBl. I S. 1077), zuletzt geändert durch Artikel 2 des Gesetzes vom 21. Januar 2015 (BGBl. I S. 10), in Verbindung mit § 1 Satz 1 Nr. 19 der Thüringer Ermächtigungsübertragungsverordnung Justiz vom 25. Oktober 2004 (GVBl. S. 846), zuletzt geändert durch Verordnung vom 1. Juli 2010 (GVBl. S. 255), verordnet das Ministerium für Migration, Justiz und Verbraucherschutz:

§ 1 [Ermittlungspersonen der Staatsanwaltschaft]

(1) Die Angehörigen folgender Beamten- und Beschäftigtengruppen sind Ermittlungspersonen der Staatsanwaltschaft:

1. bei der Bundesfinanzverwaltung
   a) Prüfungsdienst:
      Oberregierungsräte[1]
      Regierungsoberräte[1]
      Regierungsräte
      Zolloberamtsräte
      Zollamtsräte
      Zollamtmänner
      Zolloberinspektoren[2]
      Zollinspektoren[2]
      Zollbetriebsinspektoren
      Zollamtsinspektoren
      Zollhauptsekretäre
      Zollobersekretäre[2]
      Zollsekretäre[2]
   b) Kontrolleinheiten der Hauptzollämter:
      Regierungsdirektoren[1]
      Oberregierungsräte[1]
      Regierungsoberräte[1]
      Regierungsräte[1]
      Zolloberamtsräte[1]
      Regierungsoberamtsräte[1]
      Zollamtsräte[1]
      Regierungsamtsräte[1]
      Zollamtmänner
      Regierungsamtmänner
      Zolloberinspektoren
      Regierungsoberinspektoren
      Zollinspektoren[2]
      Regierungsinspektoren[2]
      Zollbetriebsinspektoren
      Zollschiffsbetriebsinspektoren
      Zollamtsinspektoren

1) **Amtl. Anm.:** sofern sie nicht Leiter einer selbständigen Dienststelle sind

2) **Amtl. Anm.:** sofern sie mindestens vier Jahre in dem der Beamtengruppe entsprechenden Dienst oder im Polizeidienst des Bundes oder eines Landes tätig sind und das 21. Lebensjahr vollendet haben

Zollhauptsekretäre
Regierungshauptsekretäre
Zollschiffshauptsekretäre
Zollobersekretäre[1)]
Regierungsobersekretäre[1)]
Zollschiffsobersekretäre[1)]
Zollsekretäre[1)]
Regierungssekretäre[1)]
Zollschiffssekretäre[1)]

c) Grenzabfertigungsdienst:
Oberregierungsräte[2)]
Regierungsoberräte[2)]
Regierungsräte[2)]
Zolloberamtsräte[2)]
Zollamtsräte[2)]
Zollamtmänner
Zolloberinspektoren
Zollinspektoren[1)]
Zollbetriebsinspektoren
Zollamtsinspektoren
Zollhauptsekretäre
Zollobersekretäre[1)]
Zollsekretäre[1)]

2. bei der Forst- und Jagdverwaltung des Bundes (Bundesanstalt für Immobilienaufgaben – Sparte Bundesforst –)
Forstoberamtsräte
Forstamtsräte
Forstamtmänner
Forstoberinspektoren
Forstinspektoren
Forstamtsinspektoren
Forsthauptsekretäre
Forstobersekretäre[1)]
Forstsekretäre[1)]
Forstassistenten[1)]
– als Forstbetriebsbedienstete im Außendienst –
sowie andere Bedienstete der Bundesanstalt für Immobilienaufgaben – Sparte Bundesforst –, die, ohne Beamte zu sein, über eine qualifizierte forstfachliche Ausbildung verfügen und die Aufgaben einer der vorgenannten Beamtengruppen wahrnehmen, sofern sie das 21. Lebensjahr vollendet haben und
a) die Laufbahnprüfung abgelegt haben und mindestens zwei Jahre in der entsprechenden Beschäftigtengruppe tätig gewesen sind oder
b) ohne abgeschlossene Laufbahnprüfung mindestens vier Jahre in der entsprechenden Beschäftigtengruppe tätig gewesen sind;

3. bei der Polizei
a) Kriminalpolizei:
Kriminaloberräte[2)]
Kriminalräte[2)]
Erste Kriminalhauptkommissare[2)]
Kriminalhauptkommissare[2)]
Kriminaloberkommissare

1) **Amtl. Anm.**: sofern sie mindestens vier Jahre in dem der Beamtengruppe entsprechenden Dienst oder im Polizeidienst des Bundes oder eines Landes tätig sind und das 21. Lebensjahr vollendet haben
2) **Amtl. Anm.**: sofern sie nicht Leiter einer selbständigen Dienststelle sind

Kriminalkommissare
Kriminalhauptmeister
Kriminalobermeister[1)]
Kriminalmeister[1)]

b) Schutz-, Wasserschutz- und Bereitschaftspolizei:
Erste Polizeihauptkommissare[2)]
Polizeihauptkommissare[2)]
Polizeioberkommissare[2)]
Polizeikommissare
Polizeihauptmeister
Polizeiobermeister[1)]
Polizeimeister[1)]

c) Dienstkräfte der Polizei, die, ohne Beamte zu sein, seit mindestens zwei Jahren die Aufgaben einer der vorgenannten Beamtengruppen wahrnehmen und das 21. Lebensjahr vollendet haben

d) Verwaltungsbedienstete der Polizei, soweit ihnen als Angehörige der forensischen Informations- und Kommunikationstechnik, des Wirtschaftsprüfdienstes oder einer mit der Telekommunikationsüberwachung betrauten Stelle Polizeivollzugsaufgaben im Rahmen der Beweiserhebung, der Beweissicherung oder der Auswertung von Papieren, elektronischen Speichermedien oder Telekommunikationsüberwachungen übertragen worden sind, sofern sie mindestens zwei Jahre
   aa) ein Amt in der Laufbahngruppe des gehobenen Dienstes innehaben oder
   bb) als Tarifbeschäftigte in einer vergleichbaren Entgeltgruppe tätig sind und das 21. Lebensjahr vollendet haben;

4. Verwaltungsbedienstete der Finanzämter, soweit ihnen als Angehörige der Steuerfahndung Polizeivollzugsaufgaben im Rahmen der Beweiserhebung, der Beweissicherung oder der Auswertung von Papieren, elektronischen Spei chermedien oder Telekommunikationsüberwachungen übertragen worden sind, sofern sie mindestens zwei Jahre
   a) ein Amt der Laufbahngruppe des gehobenen Dienstes innehaben oder
   b) als Tarifbeschäftigte in einer vergleichbaren Entgeltgruppe tätig sind und das 21. Lebensjahr vollendet haben;

5. bei den Forst-, Jagd- und Fischereiverwaltungen des Landes, der Landesforstanstalt sowie der Gemeinden und Körperschaften des öffentlichen Rechts
   a) Forst- und Jagdverwaltungen:
   Forstoberamtsräte
   Forstamtsräte
   Forstamtmänner
   Forstoberinspektoren
   Forstinspektoren
   Forstamtsinspektoren
   Forsthauptsekretäre
   Forstobersekretäre
   Forstsekretäre[1)]
   Forstassistenten[1)]
   – als Forstbetriebsbeamte im Außendienst –
   b) Fischereiverwaltung:
   Fischereioberräte[2)]
   Fischereiräte[2)]
   Fischereiamtsinspektoren
   Fischereihauptsekretäre
   Fischereiobersekretäre

---

1) **Amtl. Anm.:** sofern sie mindestens vier Jahre in dem der Beamtengruppe entsprechenden Dienst oder im Polizeidienst des Bundes oder eines Landes tätig sind und das 21. Lebensjahr vollendet haben

2) **Amtl. Anm.:** sofern sie nicht Leiter einer selbständigen Dienststelle sind

Fischereisekretäre[1)]
Fischereiassistenten[1)]
Nebenamtliche Fischereiaufseher[1)2)]
– als Fischereivollzugsbeamte im Außendienst –

6. bei der Bergverwaltung
Bergdirektoren[3)]
Bergoberräte[3)]
Bergräte
Bergoberamtsräte
Bergamtsräte
Bergamtmänner
Bergoberinspektoren
Berginspektoren
– am Landesamt für Umwelt, Bergbau und Naturschutz –
7. bei der Staatsanwaltschaft Wirtschaftsfachkräfte und Fachkräfte für Informationstechnik, sofern sie
   a) sich mindestens in der Besoldungsgruppe A 11 befinden oder
   b) als Beschäftigte einer vergleichbaren Entgeltgruppe angehören, das 21. Lebensjahr vollendet haben und mindestens zwei Jahre in einer der in dieser Verordnung bezeichneten Beamten- oder Beschäftigtengruppen tätig gewesen sind.

(2) Beamte im Beamtenverhältnis auf Probe stehen grundsätzlich den Beamten ihrer Laufbahngruppe gleich, im gehobenen Dienst jedoch nur, soweit sie ihre Fach- oder Laufbahnprüfung abgelegt haben oder mindestens zwei Jahre in einer der in dieser Verordnung bezeichneten Beamtengruppen tätig gewesen sind.

(3) Die in einem anderen Land als Ermittlungspersonen der Staatsanwaltschaft bezeichneten Beamten sind Ermittlungspersonen der Staatsanwaltschaft, soweit sie berechtigt sind, in Thüringen polizeiliche Aufgaben wahrzunehmen.

§ 2 [Bestellung kraft Gesetzes]

Die Bestellung zu Ermittlungspersonen der Staatsanwaltschaft kraft Gesetzes bleibt unberührt.

§ 3 [Status- und Funktionsbezeichnungen]

Status- und Funktionsbezeichnungen in dieser Verordnung gelten jeweils für alle Geschlechter.

§ 4 [Inkrafttreten, Außerkrafttreten]

[1]Diese Verordnung tritt am Tage nach der Verkündung[4)] in Kraft. [2]Gleichzeitig tritt die Thüringer Verordnung über die Ermittlungspersonen der Staatsanwaltschaft vom 12. Juni 1996 (GVBl. S. 110), zuletzt geändert durch Artikel 18 des Gesetzes vom 25. Oktober 2011 (GVBl. S. 273), außer Kraft.

1) **Amtl. Anm.:** sofern sie mindestens vier Jahre in dem der Beamtengruppe entsprechenden Dienst oder im Polizeidienst des Bundes oder eines Landes tätig sind und das 21. Lebensjahr vollendet haben
2) **Amtl. Anm.:** sofern sie mit der Fischereiaufsicht staatlich beauftragt und im Hauptamt Beamter des Bundes, des Landes, einer Gemeinde oder eines Gemeindeverbandes sind.
3) **Amtl. Anm.:** sofern sie nicht Leiter einer selbständigen Dienststelle sind
4) Verkündet am 1.10.2015.

Thüringer Gesetz über den Brandschutz, die Allgemeine Hilfe und den Katastrophenschutz (Thüringer Brand- und Katastrophenschutzgesetz – ThürBKG –)

In der Fassung der Bekanntmachung vom 5. Februar 2008[1] (GVBl. S. 22)
(2131-1)

zuletzt geändert durch Art. 1 G zur Änd. des Thüringer Brand- und KatastrophenschutzG und zur Änd. versorgungsrechtlicher Regelungen vom 23. November 2020 (GVBl. S. 559)

Inhaltsübersicht

Erster Abschnitt
Zweck und Anwendungsbereich, Aufgabenträger, Landesbeirat

§ 1 Zweck und Anwendungsbereich
§ 2 Aufgabenträger
§ 3 Aufgaben der Gemeinden im Brandschutz und in der Allgemeinen Hilfe
§ 4 Gegenseitige Hilfe
§ 5 Brandschutzverbände, öffentlich-rechtliche Vereinbarungen
§ 6 Aufgaben der Landkreise im Brandschutz, in der Allgemeinen Hilfe und im Katastrophenschutz
§ 7 Aufgaben des Landes im Brandschutz, in der Allgemeinen Hilfe und im Katastrophenschutz
§ 8 Landesbeirat für Brandschutz, Allgemeine Hilfe und Katastrophenschutz

Zweiter Abschnitt
Brandschutz und Allgemeine Hilfe

Erster Unterabschnitt
Feuerwehren im Brandschutz und in der Allgemeinen Hilfe

§ 9 Mitwirkung und Aufgaben der Feuerwehren
§ 10 Aufstellung der Gemeindefeuerwehren
§ 11 Jugendfeuerwehren
§ 12 Hauptamtliche Feuerwehrangehörige
§ 13 Aufnahme, Heranziehung, Verpflichtung und Entpflichtung der ehrenamtlichen Feuerwehrangehörigen
§ 14 Rechtsstellung der ehrenamtlichen Feuerwehrangehörigen
§ 14a Zusätzliche Altersversorgung
§ 15 Leitung der Gemeindefeuerwehr
§ 16 Führungs- und Fachkräfte des Landkreises
§ 17 Werkfeuerwehr

Zweiter Unterabschnitt
Andere Hilfsorganisationen in der Allgemeinen Hilfe

§ 18 Mitwirkung und Aufgaben der anderen Hilfsorganisationen
§ 19 Rechtsstellung der Mitglieder der anderen Hilfsorganisationen

Dritter Unterabschnitt
Vorbeugender Gefahrenschutz

§ 20 Zuständigkeiten
§ 21 Gefahrenverhütungsschau
§ 22 Brandsicherheitswache

Vierter Unterabschnitt
Einsatzleitung

§ 23 Gesamteinsatzleitung
§ 24 Einsatzleitung

Dritter Abschnitt
Katastrophenschutz

Erster Unterabschnitt
Organisation des Katastrophenschutzes

§ 25 Begriff der Katastrophe
§ 26 Katastrophenschutzbehörden
§ 27 Zuständigkeiten
§ 28 Einheiten und Einrichtungen des Katastrophenschutzes
§ 29 Helfer im Katastrophenschutz, Rechtsstellung

Zweiter Unterabschnitt
Maßnahmen im Katastrophenschutz

§ 30 Befugnisse
§ 31 Vorbereitende Maßnahmen
§ 32 Katastrophenschutzübungen
§ 33 Externe Notfallpläne für schwere Unfälle mit gefährlichen Stoffen
§ 34 Feststellung und Bekanntgabe des Katastrophenfalls
§ 35 Einsatzleitung

Vierter Abschnitt
Gesundheitsbereich

§ 36 Zusammenarbeit im Gesundheitsbereich
§ 37 Besondere Pflichten von Angehörigen der Gesundheitsberufe

Fünfter Abschnitt
Pflichten der Bevölkerung, Entschädigung

§ 38 Verhütung von Gefahren
§ 39 Gefahrenmeldung
§ 40 Hilfeleistungspflichten

1) Neubekanntmachung des ThürBKG v. 21.12.2006 (GVBl. S. 684) in der ab 1.1.2008 geltenden Fassung.

§ 41 Vorsorgepflichten der Eigentümer, Besitzer und Betreiber baulicher Anlagen mit erhöhtem Gefahrenpotential
§ 42 Duldungspflichten der Eigentümer und Besitzer von Grundstücken
§ 43 Entschädigung

Sechster Abschnitt
Kosten
§ 44 Kostentragung, Zuwendungen des Landes
§ 45 Katastrophenschutzfonds
§ 46 Feuerschutzsteuer
§ 47 Kosten der privaten Hilfsorganisationen und der anderen privaten Organisationen, Zuwendungen des Landes
§ 48 Kostenersatz

Siebenter Abschnitt
Ergänzende Bestimmungen
§ 49 Aus- und Fortbildungseinrichtungen
§ 50 Ordnungswidrigkeiten
§ 51 Übungen an Sonn- und Feiertagen
§ 52 Einschränkung von Grundrechten
§ 53 Aufsicht
§ 53a Ausschluss der Unterstellung unter polizeiliche und militärische Dienststellen
§ 53b Verkehrsregelung durch die Feuerwehr

Achter Abschnitt
Übergangs- und Schlussbestimmungen
§ 54 Ermächtigungen
§ 55 Zuständigkeiten
§ 56 Übergangsbestimmungen
§ 57 Gleichstellungsbestimmung

Erster Abschnitt
Zweck und Anwendungsbereich, Aufgabenträger, Landesbeirat

§ 1 Zweck und Anwendungsbereich
(1) Zweck dieses Gesetzes ist die Gewährleistung vorbeugender und abwehrender Maßnahmen
1. gegen Brandgefahren (Brandschutz),
2. gegen andere Gefahren (Allgemeine Hilfe) und
3. gegen Katastrophengefahren (Katastrophenschutz).

(2) Dieses Gesetz gilt nicht, soweit vorbeugende und abwehrende Maßnahmen nach Absatz 1 aufgrund anderer Rechtsvorschriften gewährleistet sind.

(3) Der Brandschutz, die Allgemeine Hilfe und der Katastrophenschutz sollen die Selbsthilfe der Bevölkerung durch im öffentlichen Interesse gebotene behördliche Maßnahmen ergänzen.

§ 2 Aufgabenträger
(1) Aufgabenträger sind:
1. die Gemeinden für den Brandschutz und die Allgemeine Hilfe,
2. die Landkreise für den überörtlichen Brandschutz und die überörtliche Allgemeine Hilfe,
3. das Land für die zentralen Aufgaben des Brandschutzes und der Allgemeinen Hilfe und
4. die Landkreise, die kreisfreien Städte und das Land für den Katastrophenschutz.

(2) [1]Die Gemeinden und Landkreise erfüllen ihre Aufgaben des Brandschutzes und der Allgemeinen Hilfe nach Absatz 1 Nr. 1 und 2 als Pflichtaufgaben des eigenen Wirkungskreises. [2]Die Landkreise und kreisfreien Städte erfüllen die Aufgabe des Katastrophenschutzes nach Absatz 1 Nr. 4 als Aufgabe des übertragenen Wirkungskreises.

(3) Die Aufgabenträger haben bei der Erfüllung ihrer Aufgaben nach diesem Gesetz die Behörden und sonstigen Stellen ihres jeweiligen Bereichs, deren Belange berührt werden, zu beteiligen.

(4) Die Behörden und Dienststellen des Landes sowie die der Aufsicht des Landes unterstehenden Träger öffentlicher Aufgaben sind über ihre Zuständigkeiten und die Amtshilfe hinaus verpflichtet, die Aufgabenträger bei der Vorbereitung und Durchführung von Maßnahmen für die Abwehr von Gefahren im Rahmen ihrer Möglichkeiten zu unterstützen, soweit nicht die Erfüllung dringender eigener Aufgaben vorrangig ist.

§ 3 Aufgaben der Gemeinden im Brandschutz und in der Allgemeinen Hilfe
(1) Die Gemeinden haben zur Erfüllung ihrer Aufgaben im Brandschutz und in der Allgemeinen Hilfe (§ 1 Abs. 1 Nr. 1 und 2, § 2 Abs. 1 Nr. 1)
1. eine an einer Bedarfs- und Entwicklungsplanung orientierte und den örtlichen Verhältnissen entsprechende Feuerwehr aufzustellen, mit den erforderlichen baulichen Anlagen und Einrichtungen sowie technischer Ausrüstung auszustatten und zu unterhalten,

2. für die Aus- und Fortbildung der Feuerwehrangehörigen zu sorgen,
3. Alarm- und Einsatzpläne für den Brandschutz und die Allgemeine Hilfe aufzustellen, fortzuschreiben und, soweit erforderlich, untereinander abzustimmen,
4. die Löschwasserversorgung sicherzustellen,
5. die Selbsthilfe der Bevölkerung zu fördern,
6. die Landkreise bei der Brandschutzerziehung in ihrem Wirkungsbereich zu unterstützen,
7. sonstige, zur wirksamen Verhütung und Bekämpfung von Gefahren notwendige Maßnahmen zu treffen, insbesondere Übungen durchzuführen.

(2) Auf die Belange der Orts- und Stadtteile ist besondere Rücksicht zu nehmen; es können Orts- oder Stadtteilfeuerwehren aufgestellt werden.

(3) Für die kreisfreien Städte gilt darüber hinaus § 6 Abs. 1 Nr. 5 bis 7 sowie Abs. 2 entsprechend.

(4) Zur Sicherung einer ordnungsgemäßen Erfüllung der Aufgaben im Brandschutz und in der Allgemeinen Hilfe kann das Landesverwaltungsamt durch Rechtsverordnung die örtliche Zuständigkeit für bestimmte Einsatzabschnitte auf Bundesautobahnen und Eisenbahnstrecken abweichend von § 2 Abs. 1 Nr. 1 auf andere Gemeinden übertragen.

§ 4 Gegenseitige Hilfe

(1) [1]Die Gemeinden haben sich auf Ersuchen des Einsatzleiters (§§ 23, 24) gegenseitige Hilfe zu leisten, sofern die Sicherheit der ersuchten Gemeinden durch die Hilfeleistung nicht erheblich gefährdet wird. [2]Die Aufsichtsbehörde kann bei besonderen Gefahrenlagen im Benehmen mit dem Bürgermeister die Hilfeleistung anordnen.

(2) [1]Die angeforderte Hilfeleistung erfolgt grundsätzlich unentgeltlich. [2]Auf Antrag hat jedoch die Gemeinde, der Hilfe geleistet wurde, die tatsächlich entstandenen Kosten zu tragen.

§ 5 Brandschutzverbände, öffentlich-rechtliche Vereinbarungen

(1) [1]Gemeinden können zur gemeinsamen Erfüllung der ihnen im Rahmen des örtlichen Brandschutzes und der örtlichen Allgemeinen Hilfe obliegenden Aufgaben Brandschutzverbände bilden oder öffentlich-rechtliche Vereinbarungen abschließen. [2]Die Bestimmungen des Dritten und Vierten Teils des Thüringer Gesetzes über die kommunale Gemeinschaftsarbeit in der Fassung vom 10. Oktober 2001 (GVBl. S. 290) in der jeweils geltenden Fassung sind entsprechend anzuwenden. [3]Die Aufsichtsbehörde kann Maßnahmen im Sinne des Satzes 1 anordnen, wenn die Erfüllung der den Gemeinden nach § 3 obliegenden Aufgaben ohne einen solchen Zusammenschluss nicht gewährleistet ist.

(2) Absatz 1 gilt für die gemeinsame Aufgabenerfüllung der Landkreise sowie der Gemeinden und Landkreise im Brandschutz, in der Allgemeinen Hilfe und im Katastrophenschutz entsprechend.

(3) Soweit Aufgaben durch Brandschutzverbände erfüllt werden, sind die für die jeweiligen Aufgabenträger geltenden Bestimmungen dieses Gesetzes entsprechend anzuwenden.

§ 6 Aufgaben der Landkreise im Brandschutz, in der Allgemeinen Hilfe und im Katastrophenschutz

(1) Die Landkreise haben zur Erfüllung ihrer Aufgaben im Brandschutz, in der Allgemeinen Hilfe und im Katastrophenschutz (§ 1 Abs. 1, § 2 Abs. 1 Nr. 2 und 4)

1. die Gemeinden bei der Durchführung der ihnen obliegenden Aufgaben des Brandschutzes und der Allgemeinen Hilfe zu beraten und zu unterstützen,
2. Stützpunktfeuerwehren und andere Feuerwehren mit überörtlichen Aufgaben zu planen sowie die Gemeinden und Brandschutzverbände bei den dafür erforderlichen baulichen Anlagen, Einrichtungen und Ausrüstungen des überörtlichen Brandschutzes und der überörtlichen Allgemeinen Hilfe zu unterstützen,
3. Alarm- und Einsatzpläne aufzustellen und fortzuschreiben, die mit den Alarm- und Einsatzplänen der Gemeinden im Einklang stehen, und diese, soweit erforderlich, mit benachbarten Landkreisen und kreisfreien Städten abzustimmen,
4. sonstige, zur wirksamen Verhütung und Bekämpfung von überörtlichen Gefahren notwendige Maßnahmen zu treffen, insbesondere Übungen durchzuführen,
5. gemeinsame Übungen, Aus- und Fortbildungsveranstaltungen der Feuerwehren im Landkreis oder im Einvernehmen mit benachbarten Landkreisen oder kreisfreien Städten zu planen und durchzuführen,

6. die notwendigen Maßnahmen im Katastrophenschutz zu treffen und
7. die Brandschutzerziehung zu fördern.

(2) Die Landkreise bedienen sich zur Erfüllung ihrer Aufgaben bei der Alarmierung und zur Führungsunterstützung Zentraler Leitstellen nach § 14 des Thüringer Rettungsdienstgesetzes vom 16. Juli 2008 (GVBl. S. 609) in der jeweils geltenden Fassung.

(3) § 4 gilt, auch im Verhältnis der Landkreise zu den kreisfreien Städten, entsprechend.

§ 7 Aufgaben des Landes im Brandschutz, in der Allgemeinen Hilfe und im Katastrophenschutz

(1) Das Land hat zur Erfüllung seiner Aufgaben im Brandschutz, in der Allgemeinen Hilfe und im Katastrophenschutz (§ 1 Abs. 1, § 2 Abs. 1 Nr. 3 und 4)

1. Alarm- und Einsatzpläne für Anlagen und Gefahr bringende Ereignisse, von denen Gefahren für mehrere Landkreise und/oder kreisfreie Städte ausgehen, die zentrale Abwehrmaßnahmen erfordern, aufzustellen und fortzuschreiben,
2. erforderlichenfalls den Einsatz der Feuerwehren und der anderen Einheiten und Einrichtungen des Katastrophenschutzes anzuordnen,
3. die notwendigen zentralen Aus- und Fortbildungseinrichtungen einzurichten und zu unterhalten,
4. die Gemeinden, Brandschutzverbände und Landkreise bei der Erfüllung ihrer Aufgaben zu beraten und Zuwendungen zu gewähren,
5. die notwendigen Maßnahmen im Katastrophenschutz zu treffen, soweit nicht die Landkreise und kreisfreien Städte zuständig sind,
6. die Brandschutzforschung und -normung zu unterstützen und
7. die Öffentlichkeitsarbeit im Brandschutz, in der Allgemeinen Hilfe und im Katastrophenschutz zu unterstützen.

(2) [1]Die zentralen Aufgaben des Landes im Brandschutz und in der Allgemeinen Hilfe werden vom Landesverwaltungsamt und von dem für den Brandschutz und die Allgemeine Hilfe zuständigen Ministerium wahrgenommen. [2]Die Zuständigkeiten im Katastrophenschutz bestimmen sich nach den §§ 26 und 27.

§ 8 Landesbeirat für Brandschutz, Allgemeine Hilfe und Katastrophenschutz

[1]Das für den Brand- und Katastrophenschutz zuständige Ministerium bestellt einen Landesbeirat für Brandschutz, Allgemeine Hilfe und Katastrophenschutz, der es in grundsätzlichen Fragen des Brandschutzes, der Allgemeinen Hilfe und des Katastrophenschutzes berät und Anregungen zur Durchführung dieses Gesetzes erörtert. [2]Dem Landesbeirat gehören insbesondere Vertreter der kommunalen Spitzenverbände, des Landesfeuerwehrverbandes und der Landesverbände der im Katastrophenschutz mitwirkenden privaten Hilfsorganisationen an.

Zweiter Abschnitt
Brandschutz und Allgemeine Hilfe

Erster Unterabschnitt
Feuerwehren im Brandschutz und in der Allgemeinen Hilfe

§ 9 Mitwirkung und Aufgaben der Feuerwehren

(1) [1]Die kommunalen Aufgabenträger setzen zur Erfüllung ihrer Aufgaben im Brandschutz und in der Allgemeinen Hilfe die Feuerwehren ein. [2]Die öffentlichen Feuerwehren sind rechtlich unselbständige Einrichtungen der Gemeinden.

(2) Die Feuerwehren haben nach pflichtgemäßem Ermessen die erforderlichen Maßnahmen zu treffen, um Brandgefahren oder anderen Gefahren vorzubeugen oder diese abzuwehren.

§ 10 Aufstellung der Gemeindefeuerwehren

(1) [1]In Städten mit mehr als 100 000 Einwohnern muss die Feuerwehr Einheiten aus hauptamtlichen Feuerwehrangehörigen (Berufsfeuerwehr) umfassen. [2]Soweit erforderlich, kann sie durch Einheiten aus ehrenamtlichen Feuerwehrangehörigen (Freiwillige Orts- oder Stadtteilfeuerwehren) ergänzt werden.

(2) [1]Andere Gemeinden können eine Berufsfeuerwehr aufstellen. [2]Das für den Brand- und Katastrophenschutz zuständige Ministerium kann unbeschadet der Regelung des § 17 nach Anhörung der Gemeinde die Aufstellung einer Berufsfeuerwehr anordnen, wenn dies in einer Gemeinde wegen der

Ansiedlung besonders brand- oder explosionsgefährlicher Betriebe, der Art der Bebauung oder anderer besonderer Gefahren erforderlich ist.

(3) [1]In Gemeinden ohne Berufsfeuerwehr ist eine Freiwillige Feuerwehr aufzustellen. [2]Soweit Freiwillige hierfür nicht zur Verfügung stehen, sind die erforderlichen Personen zum ehrenamtlichen Feuerwehrdienst nach § 13 Abs. 2 heranzuziehen. [3]Für besondere Aufgaben können hauptamtliche Bedienstete eingestellt werden.

(4) [1]Die Feuerwehrangehörigen sind hauptamtlich oder ehrenamtlich tätig. [2]Sie sollen nicht gleichzeitig aktives Mitglied anderer Organisationen oder Einrichtungen sein, die neben der Feuerwehr eingesetzt werden können. [3]Sie können mit Zustimmung des Leiters der Feuerwehr gleichzeitig aktives Mitglied einer anderen Feuerwehr sein.

(5) Die Feuerwehren verwenden die genormte oder die von dem für den Brand- und Katastrophenschutz zuständigen Ministerium oder einer von diesem bestimmten Stelle zugelassene oder anerkannte Ausrüstung.

(6) [1]Zur Förderung des Feuerwehrgedankens können Vereine oder Verbände gebildet werden. [2]Sie sollen durch die Träger des Brandschutzes gefördert und finanziell unterstützt werden. [3]Sie dürfen keinen Namen führen, der zu einer Verwechslung mit der Feuerwehr als gemeindlicher Einrichtung führen kann.

§ 11 Jugendfeuerwehren

(1) [1]Bei den Freiwilligen Feuerwehren sollen nach Möglichkeit Jugendfeuerwehren gebildet werden. [2]Angehörige einer Jugendfeuerwehr müssen das sechste Lebensjahr vollendet haben. [3]Als Leiter einer Jugendfeuerwehr soll nur tätig werden, wer die hierfür erforderliche fachliche und persönliche Eignung, beispielsweise aufgrund der Jugendleiterausbildung oder einer vergleichbaren Qualifikation, sowie die Befähigung zum Gruppenführer besitzt.

(2) [1]Angehörige der Jugendfeuerwehr dürfen nur an dem für sie angesetzten Übungs- und Ausbildungsdienst teilnehmen. [2]§ 14 Abs. 5 gilt entsprechend.

(3) Die Gemeinden sollen der Arbeit der Jugendfeuerwehren ihre besondere Aufmerksamkeit widmen und sie tatkräftig fördern.

(4) Gemeinden mit einer Jugendfeuerwehr erhalten je Angehörigem der Jugendfeuerwehr einen jährlichen Pauschalbetrag in Höhe von 25 Euro.

§ 12 Hauptamtliche Feuerwehrangehörige

(1) [1]Die Angehörigen des Einsatzdienstes der Berufsfeuerwehr müssen Beamte des feuerwehrtechnischen Dienstes sein. [2]Hauptamtliche Angehörige der Einsatzabteilung der Freiwilligen Feuerwehr sollen Beamte des feuerwehrtechnischen Dienstes sein, wenn ihre Aufgaben denjenigen der Angehörigen des Einsatzdienstes der Berufsfeuerwehr entsprechen.

(2) [1]Für hauptamtliche Angehörige der Freiwilligen Feuerwehr, die nicht Beamte sind, endet der Einsatzdienst auf eigenen Antrag, spätestens jedoch mit der Vollendung des 63. Lebensjahres. [2]Die erforderliche geistige und körperliche Einsatzfähigkeit ist mit Vollendung des 60. Lebensjahres jährlich durch ein ärztliches Attest nachzuweisen.

§ 13 Aufnahme, Heranziehung, Verpflichtung und Entpflichtung der ehrenamtlichen Feuerwehrangehörigen

(1) [1]Der ehrenamtliche Dienst in der Einsatzabteilung der Feuerwehr beginnt frühestens mit dem vollendeten 16. Lebensjahr und endet mit dem vollendeten 60. Lebensjahr. [2]Soweit es zur Erfüllung der Aufgaben der Gemeinde nach § 3 erforderlich ist, kann auf Antrag des Feuerwehrangehörigen die Ausübung des Feuerwehrdienstes in der Einsatzabteilung bis zur Vollendung des 67. Lebensjahres durch den Bürgermeister zugelassen werden; die erforderliche geistige und körperliche Einsatzfähigkeit ist in diesem Fall jährlich durch ein ärztliches Attest nachzuweisen.

(2) [1]Alle Einwohner vom vollendeten 18. Lebensjahr bis zum vollendeten 60. Lebensjahr können zum ehrenamtlichen Dienst in der Gemeindefeuerwehr herangezogen werden. [2]Ausgenommen sind Personen, deren Freistellung im öffentlichen Interesse liegt, und Angehörige der Organisationen und Einrichtungen im Sinne des § 10 Abs. 4 Satz 2, soweit der Dienst in diesen Organisationen und Einrichtungen von dem für den Brand- und Katastrophenschutz zuständigen Ministerium als Ersatz für den Feuerwehrdienst anerkannt worden ist. [3]Die Heranziehung ist nur bis zur Dauer von zehn Jahren möglich.

(3) [1]Aufnahme und Heranziehung erfolgen auf Vorschlag des Ortsbrandmeisters, bei Orts- und Stadtteilfeuerwehren auf Vorschlag des Wehrführers durch den Bürgermeister. [2]Der Bürgermeister verpflichtet die Feuerwehrangehörigen durch Handschlag zur ordnungsgemäßen Erfüllung ihrer Aufgaben.
(4) [1]Die für den Feuerwehrdienst erforderliche geistige und körperliche Einsatzfähigkeit ist durch ein ärztliches Attest nachzuweisen. [2]Die ehrenamtlichen Feuerwehrangehörigen dürfen nur Einsatzdienst leisten, wenn sie hierzu geistig und körperlich in der Lage sind.
(5) [1]Der Bürgermeister kann die ehrenamtlichen Feuerwehrangehörigen aus wichtigem Grund nach Anhörung des Ortsbrandmeisters, in Orts- und Stadtteilen auch des Wehrführers, entpflichten. [2]Mit der Entpflichtung endet die Zugehörigkeit zur Feuerwehr.

§ 14 Rechtsstellung der ehrenamtlichen Feuerwehrangehörigen

(1) [1]Die Angehörigen der Freiwilligen Feuerwehr sind freiwillig und ehrenamtlich im Dienst der Gemeinden oder eines Brandschutzverbandes tätig. [2]Ihre Rechte und Pflichten sind durch Satzung zu regeln, soweit sich nichts anderes aus dem Gesetz ergibt. [3]Sie haben an angeordneten oder genehmigten Einsätzen, Übungen, Lehrgängen oder sonstigen Aus- und Fortbildungsveranstaltungen teilzunehmen und den dort ergangenen Weisungen nachzukommen. [4]Sie dürfen durch ihren Dienst in der Feuerwehr keine unzumutbaren Nachteile, insbesondere im Arbeits- und Dienstverhältnis, erleiden. [5]Sie sind für die Zeit der Teilnahme an Einsätzen, Übungen und Aus- und Fortbildungsveranstaltungen von der Arbeits- oder Dienstleistungsverpflichtung und, soweit erforderlich, für einen angemessenen Zeitraum davor und danach, bei Einsätzen auch für die zur Wiederherstellung der Arbeitsfähigkeit notwendige Zeit, freizustellen.
(2) [1]Für Freistellungszeiten nach Absatz 1 Satz 5 hat der Arbeitgeber dem Arbeitnehmer das Arbeitsentgelt fortzuzahlen, das er ohne den Arbeitsausfall erhalten hätte. [2]Privaten Arbeitgebern ist das fortgezahlte Arbeitsentgelt auf Antrag zu erstatten. [3]Die Erstattung umfasst auch den Arbeitgeberanteil des Gesamtsozialversicherungsbeitrags (gesetzliche Kranken-, Renten-, Pflege- und Arbeitslosenversicherungsbeiträge sowie Beitragszuschüsse) sowie die freiwilligen Arbeitgeberleistungen. [4]Arbeitnehmer im Sinne dieser Bestimmung sind Arbeiter, Angestellte und zur Ausbildung Beschäftigte. [5]Ehrenamtlichen Feuerwehrangehörigen, die beruflich selbständig oder freiberuflich tätig sind, wird auf Antrag der Verdienstausfall in Form pauschalierter Stundenbeträge ersetzt.
(3) [1]Absatz 2 Satz 1 gilt entsprechend für Zeiten der Arbeitsunfähigkeit für die Dauer von bis zu sechs Wochen, wenn die Arbeitsunfähigkeit auf den Dienst in der Feuerwehr zurückzuführen ist. [2]Privaten Arbeitgebern wird das fortgezahlte Arbeitsentgelt auf Antrag durch die Feuerwehr-Unfallkasse Mitte erstattet. [3]Die dieser dadurch entstehenden Kosten werden im Rahmen der von ihr erhobenen Umlage gedeckt. [4]Ein Erstattungsanspruch besteht nur insoweit, als dem privaten Arbeitgeber nicht nach anderen gesetzlichen Vorschriften ein Erstattungsanspruch zusteht. [5]Absatz 2 Satz 3 und 4 gilt entsprechend.
(4) Ehrenamtliche Feuerwehrangehörige, die ständig zu besonderen Dienstleistungen herangezogen werden, haben Anspruch auf angemessene Aufwandsentschädigung.
(5) [1]Gegen Unfälle im Feuerwehrdienst sind Feuerwehrangehörige in der Feuerwehr-Unfallkasse Mitte gesetzlich versichert. [2]Darüber hinaus sollen die ehrenamtlichen Feuerwehrangehörigen von der Gemeinde zusätzlich gegen Dienstunfälle versichert werden. [3]Diese Versicherung muss sich auch auf Feuerwehrangehörige erstrecken, die nicht Arbeitnehmer sind. [4]Bei Gesundheitsschäden, die ehrenamtlichen Feuerwehrangehörigen im Rahmen des Feuerwehrdienstes entstanden sind oder die sich verschlimmert haben und für die kein Entschädigungsanspruch nach dem SGB VII besteht, kann das Land freiwillige Unterstützungsleistungen ohne Rechtsanspruch in Form von Zuwendungen gewähren. [5]Im Zuwendungsverfahren kann die Feuerwehr-Unfallkasse Mitte von der zuständigen Landesbehörde mit der Feststellung der Art und Schwere der Gesundheitsschäden gegen Kostenerstattung beauftragt werden.
(6) Den ehrenamtlichen Feuerwehrangehörigen wird Dienstkleidung und die erforderliche persönliche Schutzausrüstung unentgeltlich zur Verfügung gestellt.
(7) Für den Ersatz von Sachschäden und für die Haftung bei schuldhafter Verletzung der Dienstpflichten finden nach § 113 des Thüringer Beamtengesetzes (ThürBG) vom 12. August 2014 (GVBl. S. 472) in der jeweils geltenden Fassung § 48 des Beamtenstatusgesetzes in Verbindung mit § 46 ThürBG sowie § 74 ThürBG entsprechende Anwendung.

§ 14a Zusätzliche Altersversorgung

[1]Die kommunalen Aufgabenträger nach § 2 Abs. 1 Nr. 1 und das Land richten für die ehrenamtlichen Angehörigen der Einsatzabteilungen der Freiwilligen Feuerwehren bei dem Kommunalen Versorgungsverband Thüringen eine zusätzliche individuelle Altersversorgung ein. [2]Diese wird nach dem Kapitaldeckungsverfahren ausgestaltet. [3]Das Land und die kommunalen Aufgabenträger nach § 2 Abs. 1 Nr. 1 zahlen hierfür einen monatlichen Beitrag. [4]Die zusätzliche Altersversorgung wird nach Vollendung des 60. Lebensjahres oder nach dem späteren Ausscheiden aus der Einsatzabteilung nach § 13 Abs. 1 Satz 2 monatlich an den Feuerwehrangehörigen gezahlt. [5]Soweit die zusätzliche Altersversorgung weniger als 15 Jahre bestanden hat, kann der Angehörige der Freiwilligen Feuerwehr das angesparte Kapital nebst Zinsen auch als einmalige Zahlung zum Rentenbeginn nach Satz 4 erhalten.

§ 15 Leitung der Gemeindefeuerwehr

(1) [1]Die Leitung der Freiwilligen Feuerwehr hat der Ortsbrandmeister. [2]In Gemeinden mit Orts- oder Stadtteilfeuerwehren, deren Leitung Wehrführern obliegt, hat der Ortsbrandmeister die Gesamtleitung. [3]Die Wehrführer unterliegen den Weisungen des Ortsbrandmeisters. [4]Das gilt auch im Fall des Zusammenschlusses mehrerer Gemeinden zu einer Gemeinde oder einem Brandschutzverband.

(2) [1]Der ehrenamtliche Ortsbrandmeister wird von den aktiven Angehörigen der Freiwilligen Feuerwehr, der Wehrführer von den aktiven Angehörigen der Orts- oder Stadtteilfeuerwehr gewählt. [2]Gewählt werden kann nur, wer der Einsatzabteilung der Freiwilligen Feuerwehr angehört und die erforderlichen Fachkenntnisse besitzt. [3]Die Aufsichtsbehörde kann Ausnahmen zulassen. [4]Der hauptamtliche Ortsbrandmeister wird vom Bürgermeister bestellt; Absatz 8 Satz 3 gilt entsprechend.

(3) Der Bürgermeister bestellt auf Vorschlag des Ortsbrandmeisters Führer und Unterführer.

(4) Die ehrenamtlichen Ortsbrandmeister und die Wehrführer sowie ihre Stellvertreter sollen zu Ehrenbeamten berufen werden.

(5) [1]Der Ortsbrandmeister ist für die Einsatzbereitschaft der Feuerwehr verantwortlich. [2]Er hat den Bürgermeister in allen Fragen des Brandschutzes und der Allgemeinen Hilfe zu beraten. [3]Der Ortsbrandmeister ist für den persönlichen Schutz der im Brand- und Katastrophenfall eingesetzten Personen verantwortlich.

(6) [1]Die Gemeinde kann aus wichtigem Grund

1. den ehrenamtlichen Ortsbrandmeister nach Anhörung der aktiven Feuerwehrangehörigen,
2. den Wehrführer nach Anhörung der aktiven Feuerwehrangehörigen des Orts- oder Stadtteils entlassen.

[2]Für die Stellvertreter gilt Satz 1 entsprechend. [3]Der Bürgermeister kann die Führer und Unterführer nach Anhörung des Ortsbrandmeisters von ihrer Funktion entbinden.

(7) [1]In Städten mit Freiwilliger Feuerwehr führt der Ortsbrandmeister die Bezeichnung Stadtbrandmeister. [2]Im Übrigen sind die Absätze 1 bis 6 entsprechend anzuwenden.

(8) [1]In Gemeinden mit Berufsfeuerwehr und Freiwilligen Orts- oder Stadtteilfeuerwehren hat der Leiter der Berufsfeuerwehr die Gesamtleitung. [2]Die die Freiwilligen Orts- oder Stadtteilfeuerwehren leitenden Wehrführer unterliegen seinen Weisungen. [3]Die aktiven Angehörigen der Freiwilligen Orts- oder Stadtteilfeuerwehren können einen Vertreter wählen, der ihre Belange gegenüber der Gemeinde und dem Leiter der Berufsfeuerwehr vertritt. [4]Der gewählte Vertreter führt die Bezeichnung Stadtfeuerwehrwart.

§ 16 Führungs- und Fachkräfte des Landkreises

(1) [1]Zur Durchführung der dem Landkreis nach diesem Gesetz obliegenden Aufgaben bestellt der Landkreis nach Anhörung der Vertreter der Freiwilligen Feuerwehren einen Kreisbrandinspektor. [2]Der Kreisbrandinspektor wird durch einen Kreisbrandmeister vertreten, den der Landkreis auf Vorschlag des Kreisbrandinspektors zu seinem Vertreter ernennt.

(2) [1]Zur Unterstützung des Kreisbrandinspektors bestellt der Landkreis auf Vorschlag des Kreisbrandinspektors den örtlichen Gegebenheiten entsprechend Kreisbrandmeister. [2]Der Kreisbrandinspektor ist Vorgesetzter der Kreisbrandmeister.

(3) [1]Der Kreisbrandinspektor muss Beamter in mindestens der Laufbahn des gehobenen feuerwehrtechnischen Dienstes sein. [2]Die Kreisbrandmeister sind in der Regel ehrenamtlich tätig und sollen in ein Ehrenbeamtenverhältnis berufen werden; sie müssen die erforderlichen Fachkenntnisse besitzen. [3]Die Kreisbrandinspektoren und Kreisbrandmeister dürfen nicht zugleich Ortsbrandmeister sein.

(4) [1]Der Landkreis kann den Kreisbrandinspektor und die Kreisbrandmeister, soweit diese hauptamtlich tätig sind, aus wichtigem Grund von ihrer Funktion entbinden. [2]Darüber hinaus kann der Landkreis die ehrenamtlichen Kreisbrandmeister aus wichtigem Grund abberufen. [3]Die Kreisbrandmeister sind nach Vollendung des 60. Lebensjahres zu verabschieden; § 13 Abs. 1 Satz 2 gilt entsprechend.
(5) [1]Für besondere Aufgaben hat der Landkreis zusätzlich Fachkräfte zu bestellen. [2]Hinsichtlich der Rechtsstellung der ehrenamtlichen Führungs- und Fachkräfte gilt § 14 entsprechend.

§ 17 Werkfeuerwehr

(1) [1]Das Landesverwaltungsamt kann gegenüber gewerblichen Betrieben oder sonstigen Einrichtungen mit erhöhter Brand- oder Explosionsgefahr oder anderen besonderen Gefahren nach Anhörung anordnen, zur Verhütung und Bekämpfung solcher Gefahren eine Werkfeuerwehr mit haupt- oder nebenberuflichen Angehörigen aufzustellen, mit den erforderlichen baulichen Anlagen und Einrichtungen sowie technischen Ausrüstungen auszustatten und zu unterhalten sowie für die Aus- und Fortbildung der Angehörigen der Werkfeuerwehr zu sorgen. [2]Die Anordnung ist zurückzunehmen, wenn die Voraussetzungen dafür nicht mehr vorliegen.
(2) Für Angehörige einer Werkfeuerwehr gelten § 10 Abs. 4 Satz 2 und § 13 Abs. 1 Satz 1 und Absatz 4 entsprechend.
(3) [1]Organisation, Ausrüstung und Ausbildung der Werkfeuerwehr müssen den besonderen Erfordernissen des Betriebs oder der Einrichtung Rechnung tragen. [2]§ 10 Abs. 5 gilt entsprechend.
(4) [1]Der Einsatzleiter (§§ 23, 24) kann die Werkfeuerwehr im Benehmen mit der Betriebsleitung oder der Geschäftsleitung zur Hilfeleistung außerhalb des Betriebs einsetzen, sofern die Sicherheit des Betriebs oder der Einrichtung dadurch nicht erheblich gefährdet wird. [2]Der Bürgermeister und der Landrat können die Werkfeuerwehr im Einvernehmen mit der Betriebsleitung oder der Geschäftsleitung auch zu Übungen außerhalb des Betriebs oder der Einrichtung einsetzen. [3]Der Betriebsleitung oder der Geschäftsleitung sind auf Antrag die durch Übungs- oder Einsatzmaßnahmen entstandenen Kosten zu erstatten.
(5) Die Betriebe oder Einrichtungen tragen die Kosten für die Werkfeuerwehr.
(6) [1]Der Leistungsstand der Werkfeuerwehr kann jederzeit überprüft werden. [2]Zuständig ist das Landesverwaltungsamt.
(7) Die von Betrieben und Einrichtungen aufgestellten Betriebsfeuerwehren können auf Antrag vom Landesverwaltungsamt als Werkfeuerwehr anerkannt werden, wenn sie die Voraussetzungen erfüllen.

Zweiter Unterabschnitt

Andere Hilfsorganisationen in der Allgemeinen Hilfe

§ 18 Mitwirkung und Aufgaben der anderen Hilfsorganisationen

(1) Die kommunalen Aufgabenträger setzen zur Erfüllung ihrer Aufgaben in der Allgemeinen Hilfe neben der Feuerwehr, soweit sie es für erforderlich halten, andere öffentliche und private Hilfsorganisationen ein, wenn sich diese Organisationen allgemein zur Mitwirkung bereit erklärt haben.
(2) Die Aufgaben der anderen Hilfsorganisationen bei der Mitwirkung in der Allgemeinen Hilfe richten sich nach den jeweiligen organisationseigenen Regelungen.
(3) Öffentliche Hilfsorganisationen werden durch juristische Personen des öffentlichen Rechts, private Hilfsorganisationen werden durch juristische Personen des privaten Rechts gestellt.

§ 19 Rechtsstellung der Mitglieder der anderen Hilfsorganisationen

(1) [1]Vorbehaltlich anderer gesetzlicher Bestimmungen bestehen Rechte und Pflichten der Mitglieder nur gegenüber der Hilfsorganisation, der sie angehören. [2]Soweit die organisationseigenen Regelungen nichts Abweichendes bestimmen, sind sie den ehrenamtlichen Feuerwehrangehörigen rechtlich gleichgestellt; die Bestimmungen dieses Gesetzes gelten mit Ausnahme des § 14a entsprechend.
(2) Die Mitglieder der Hilfsorganisationen leisten ihren Dienst im Rahmen der Allgemeinen Hilfe unentgeltlich.
(3) Die Rechtsverhältnisse zwischen den öffentlich-rechtlichen Hilfsorganisationen des Bundes oder anderer Länder und deren Mitgliedern bleiben unberührt.

Dritter Unterabschnitt
Vorbeugender Gefahrenschutz

§ 20 Zuständigkeiten
[1]Für die Gefahrenverhütungsschau und für den vorbeugenden Gefahrenschutz nach diesem Gesetz oder anderen Rechtsvorschriften sind die Landkreise, die kreisfreien Städte und die Großen kreisangehörigen Städte zuständig, soweit in diesem Gesetz oder in den anderen Rechtsvorschriften keine abweichende Zuständigkeit bestimmt ist. [2]Die Landkreise, die kreisfreien Städte und die Großen kreisangehörigen Städte erfüllen die Aufgaben nach Satz 1 als Pflichtaufgaben des eigenen Wirkungskreises. [3]Für die Erfüllung der Aufgaben nach Satz 1 beschäftigen sie hauptamtliche Bedienstete, die mindestens die Befähigung für den gehobenen feuerwehrtechnischen Dienst besitzen müssen.

§ 21 Gefahrenverhütungsschau
(1) Bauliche Anlagen, von denen erhebliche Brand-, Explosions- oder sonstige Gefahren ausgehen können, unterliegen in regelmäßigen Zeitabständen der Gefahrenverhütungsschau.
(2) [1]Eigentümer, Besitzer oder sonstige Nutzungsberechtigte von Anlagen im Sinne des Absatzes 1 haben die Gefahrenverhütungsschau zu dulden und den mit der Durchführung beauftragten Personen tagsüber, bei gewerblich genutzten Räumen während der jeweiligen Geschäfts- oder Betriebszeit, Zutritt zu allen Räumen zu gestatten. [2]Zur Prüfung der Brand-, Explosions- oder sonstigen Gefährlichkeit von baulichen Anlagen, Materialien, Herstellungs- oder sonstigen Betriebsvorgängen haben sie die erforderlichen Auskünfte zu erteilen und Einsicht in die Unterlagen zu gewähren.
(3) Auf Anordnung der nach § 20 zuständigen Behörde sind die Eigentümer, Besitzer oder sonstigen Nutzungsberechtigten von baulichen Anlagen verpflichtet, die bei der Gefahrenverhütungsschau festgestellten Mängel zu beseitigen.
(4) Bei baulichen Anlagen des Landes oder des Bundes wird die Gefahrenverhütungsschau im Benehmen mit den betroffenen Behörden durchgeführt.
(5) Absatz 1 findet auf Betriebe, die der ständigen Aufsicht der Bergbehörde unterstehen, keine Anwendung.
(6) In Betrieben und Einrichtungen mit einer Werkfeuerwehr kann die nach § 20 zuständige Behörde den Leiter der Werkfeuerwehr mit der Durchführung der Gefahrenverhütungsschau beauftragen.
(7) Für die Durchführung der Gefahrenverhütungsschau kann die nach § 20 zuständige Behörde Gebühren aufgrund einer Satzung erheben.

§ 22 Brandsicherheitswache
(1) [1]Bei Veranstaltungen, bei denen erhöhte Brand-, Explosions- oder sonstige Gefahren drohen, ist eine Brandsicherheitswache einzurichten. [2]Die Veranstaltungen sind spätestens eine Woche vor Veranstaltungsbeginn bei der örtlich zuständigen Gemeinde anzuzeigen.
(2) [1]Die Brandsicherheitswache wird von der zuständigen Feuerwehr gewährleistet. [2]Art und Umfang der Brandsicherheitswache bestimmt der Leiter der Feuerwehr.
(3) Die Brandsicherheitswache trifft die notwendigen Anordnungen zur Verhütung und Bekämpfung der Gefahren sowie zur Sicherung der Rettungs- und Angriffswege.
(4) Für die Durchführung der Brandsicherheitswache kann die Gemeinde Gebühren aufgrund einer Satzung erheben.

Vierter Unterabschnitt
Einsatzleitung

§ 23 Gesamteinsatzleitung
(1) Die Gesamteinsatzleitung hat
1. der Bürgermeister oder ein Beauftragter bei örtlichen Gefahren,
2. der Landrat oder ein Beauftragter, wenn innerhalb eines Kreisgebiets mehrere Gemeinden betroffen sind oder bei Gefahren größeren Umfangs.

(2) Die Rechtsaufsichtsbehörden können bei dringendem öffentlichen Interesse die Gesamteinsatzleitung übernehmen oder eine Gesamteinsatzleitung bestimmen.
(3) [1]Der Gesamteinsatzleiter trifft nach pflichtgemäßem Ermessen die zur Gefahrenabwehr notwendigen Maßnahmen. [2]Hierbei sollen die von den fachlich betroffenen Behörden für erforderlich gehal-

tenen Maßnahmen berücksichtigt werden. [3]Der Gesamteinsatzleiter ist gegenüber dem Einsatzleiter nach § 24 weisungsbefugt.

(4) Sicherungsmaßnahmen der Polizei oder anderer zuständiger Stellen sollen im Einvernehmen mit dem Gesamteinsatzleiter angeordnet oder aufgehoben werden.

§ 24 Einsatzleitung

(1) [1]Die Einsatzleitung am Gefahren- oder Schadensort hat der Einsatzleiter der örtlich zuständigen öffentlichen Feuerwehr, solange dieser nicht anwesend ist, der Einsatzleiter der zuerst am Gefahren- oder Schadensort eintreffenden Feuerwehr. [2]Die Gesamteinsatzleitung kann eine abweichende Regelung treffen.

(2) [1]In Betrieben mit einer Werkfeuerwehr hat der Leiter der Werkfeuerwehr die Einsatzleitung. [2]Wird neben der Werkfeuerwehr eine Berufsfeuerwehr eingesetzt, so bilden sie eine gemeinsame Einsatzleitung, deren Führung bei hauptberuflicher Werkfeuerwehr bei deren Leiter, sonst bei dem Leiter der Berufsfeuerwehr liegt.

(3) [1]Der Einsatzleiter trifft nach pflichtgemäßem Ermessen die notwendigen Einsatzmaßnahmen am Gefahren- oder Schadensort. [2]Er ist insbesondere befugt, den Einsatz der Feuerwehren und Hilfsorganisationen zu regeln sowie zusätzliche Einsatzmittel und Einsatzkräfte bei den zuständigen Behörden oder Stellen anzufordern. [3]§ 23 Abs. 3 Satz 2 gilt entsprechend.

(4) [1]Der Einsatzleiter ist befugt, die erforderlichen Sicherungsmaßnahmen zu treffen, um am Gefahren- oder Schadensort ungehindert tätig sein zu können, soweit diese nicht von der Polizei oder anderen zuständigen Stellen getroffen werden. [2]Insbesondere kann er das Betreten des Gefahren- oder Schadensortes verbieten, Personen von dort verweisen und den Gefahren- oder Schadensort sperren und räumen. [3]Er hat die Befugnisse eines Vollstreckungsbeamten nach dem Zweiten Teil Vierter Abschnitt des Thüringer Verwaltungszustellungs- und Vollstreckungsgesetzes in der Fassung vom 5. Februar 2009 (GVBl. S. 24) in der jeweils geltenden Fassung. [4]§ 23 Abs. 4 gilt entsprechend.

(5) Der Leiter der Einsatzkräfte der Hilfsorganisationen hat die Befugnisse nach den Absätzen 3 und 4, wenn der Einsatzleiter die notwendigen Maßnahmen nicht selbst veranlassen kann.

Dritter Abschnitt
Katastrophenschutz

Erster Unterabschnitt
Organisation des Katastrophenschutzes

§ 25 Begriff der Katastrophe

Eine Katastrophe im Sinne dieses Gesetzes ist ein Ereignis, bei dem Leben oder Gesundheit einer Vielzahl von Menschen, die natürlichen Lebensgrundlagen, erhebliche Sachwerte oder die lebensnotwendige Versorgung der Bevölkerung in ungewöhnlichem Ausmaß gefährdet oder geschädigt werden und die Gefahr nur abgewehrt werden kann, wenn die Behörden, Dienststellen, Organisationen, Einheiten, Einrichtungen und eingesetzten Kräfte unter einheitlicher Leitung zusammenwirken.

§ 26 Katastrophenschutzbehörden

(1) Untere Katastrophenschutzbehörden sind die Landkreise und kreisfreien Städte.

(2) Obere Katastrophenschutzbehörde ist das Landesverwaltungsamt.

(3) Oberste Katastrophenschutzbehörde ist das für den Katastrophenschutz zuständige Ministerium.

§ 27 Zuständigkeiten

(1) Die unteren Katastrophenschutzbehörden sind für den Katastrophenschutz zuständig, soweit nichts anderes bestimmt ist.

(2) Die obere Katastrophenschutzbehörde ist für den Katastrophenschutz bei Anlagen und Gefahr bringenden Ereignissen zuständig, von denen Gefahren für das Gebiet mehrerer unterer Katastrophenschutzbehörden ausgehen und die zentrale Maßnahmen erfordern.

(3) Die oberste Katastrophenschutzbehörde ist für die grundsätzlichen Angelegenheiten des Katastrophenschutzes und für die länderübergreifende Zusammenarbeit im Katastrophenschutz zuständig.

(4) Die übergeordneten Katastrophenschutzbehörden können allgemein oder im Einzelfall Weisungen erteilen, um die Aufgabenerfüllung im Katastrophenschutz sicherzustellen.

(5) Die übergeordneten Katastrophenschutzbehörden können im Einzelfall

1. die Leitung des Katastrophenschutzeinsatzes übernehmen oder einer anderen nachgeordneten Katastrophenschutzbehörde übertragen,
2. an Stelle der unteren Katastrophenschutzbehörde den Eintritt oder das Ende einer Katastrophe feststellen.

§ 28 Einheiten und Einrichtungen des Katastrophenschutzes

(1) Die Katastrophenschutzbehörden setzen zur Erfüllung ihrer Aufgaben im Katastrophenschutz in erster Linie die öffentlichen und privaten Einheiten und Einrichtungen des Katastrophenschutzes ein.

(2) [1]Öffentliche Einheiten und Einrichtungen des Katastrophenschutzes werden durch juristische Personen des öffentlichen Rechts gestellt. [2]Private Einheiten und Einrichtungen des Katastrophenschutzes werden durch die privaten Hilfsorganisationen und durch andere private Organisationen gestellt, wenn diese sich gegenüber der unteren Katastrophenschutzbehörde allgemein zur Mitwirkung bereit erklärt haben und geeignet sind, ein Bedarf an der Mitwirkung besteht und die untere Katastrophenschutzbehörde der Mitwirkung zugestimmt hat.

(3) Einheiten und Einrichtungen des Katastrophenschutzes sind insbesondere für folgende Bereiche zu bilden:

1. Führung,
2. Brandschutz,
3. Hochwasser,
4. Extremwetterlagen,
5. Gefahrgut/ABC,
6. Sanität,
7. Betreuung,
8. Instandsetzung,
9. Bergung,
10. Versorgung,
11. Bergwacht,
12. Wasserrettung.

(4) Soweit zur Erfüllung der Aufgaben die bereitzustellenden Einheiten und Einrichtungen nicht durch öffentliche oder private Hilfsorganisationen oder durch andere private Organisationen gestellt werden können, stellen die unteren Katastrophenschutzbehörden die notwendigen Einheiten und Einrichtungen auf.

(5) Die Bundesanstalt Technisches Hilfswerk wirkt gemäß ihrer Aufgabenzuweisung nach dem THW-Gesetz vom 22. Januar 1990 (BGBl. I S. 118) in der jeweils geltenden Fassung in der Allgemeinen Hilfe und im Katastrophenschutz mit.

(6) Das Land fördert im Rahmen seiner Zuständigkeit für die Allgemeine Hilfe und den Katastrophenschutz zentral die Feuerwehr-Facheinheit Rettungshunde/Ortungstechnik bei einer Freiwilligen Feuerwehr.

(7) Die Einheiten und Einrichtungen des Katastrophenschutzes sind verpflichtet, die Katastrophenschutzbehörden bei der Durchführung ihrer Maßnahmen zu unterstützen sowie die aufgrund dieses Gesetzes ergangenen Vorschriften und Weisungen zu befolgen.

§ 29 Helfer im Katastrophenschutz, Rechtsstellung

(1) [1]Helfer im Katastrophenschutz sind Personen, die in Einheiten und Einrichtungen des Katastrophenschutzes tätig sind. [2]Sie verpflichten sich gegenüber der Hilfsorganisation beziehungsweise der anderen privaten Organisation, bei Einheiten nach § 28 Abs. 4 gegenüber der unteren Katastrophenschutzbehörde, zur Mitwirkung im Katastrophenschutz, soweit sich ihre Mitwirkungspflicht nicht bereits aus der Zugehörigkeit zu der Hilfsorganisation ergibt.

(2) [1]Vorbehaltlich anderer gesetzlicher Bestimmungen bestehen Rechte und Pflichten der Helfer im Katastrophenschutz nur gegenüber der Hilfsorganisation beziehungsweise der anderen privaten Organisation, der sie angehören. [2]Soweit die organisationseigenen Regelungen nichts Abweichendes bestimmen, sind sie den ehrenamtlichen Feuerwehrangehörigen rechtlich gleichgestellt; die Bestimmungen dieses Gesetzes gelten mit Ausnahme des § 14a entsprechend.

Zweiter Unterabschnitt
Maßnahmen im Katastrophenschutz

§ 30 Befugnisse
(1) Die Katastrophenschutzbehörden treffen die erforderlichen Maßnahmen, um Katastrophengefahren vorzubeugen und abzuwehren.
(2) Bei Eintritt einer Katastrophe kann die Katastrophenschutzbehörde insbesondere das Betreten des Katastrophengebietes verbieten, Personen von dort verweisen und das Katastrophengebiet sperren und räumen.

§ 31 Vorbereitende Maßnahmen
(1) Die unteren Katastrophenschutzbehörden haben zur Vorbereitung auf eine wirksame Abwehr von Katastrophengefahren insbesondere
1. dafür zu sorgen, dass Einheiten und Einrichtungen des Katastrophenschutzes bereitstehen und über die erforderlichen baulichen Anlagen sowie die erforderliche Ausrüstung verfügen,
2. Stäbe zur Vorbereitung und Durchführung von Maßnahmen zu bilden, die für den Katastrophenschutz notwendig sind (Katastrophenschutzstäbe), und die erforderlichen Räume sowie die erforderliche Ausstattung bereitzuhalten,
3. für die Aus- und Fortbildung der Angehörigen des Katastrophenschutzes einschließlich des Stabspersonals zu sorgen,
4. Alarm- und Einsatzpläne für den Katastrophenschutz (Katastrophenschutzpläne) aufzustellen und fortzuschreiben, die mit den Alarm- und Einsatzplänen der Gemeinden im Einklang stehen, und diese, soweit erforderlich, mit benachbarten unteren Katastrophenschutzbehörden abzustimmen und
5. Katastrophenschutzübungen durchzuführen.

(2) Absatz 1 gilt sinngemäß für die obere Katastrophenschutzbehörde.

§ 32 Katastrophenschutzübungen
[1]Durch Katastrophenschutzübungen sollen die Katastrophenschutzpläne und das Zusammenwirken der Einheiten und Einrichtungen des Katastrophenschutzes erprobt sowie die Einsatzbereitschaft der Einsatzkräfte überprüft werden. [2]Zu den Übungen können auch die Stellen des Gesundheitswesens nach § 36 sowie Angehörige der Gesundheitsberufe nach § 37 herangezogen werden.

§ 33 Externe Notfallpläne für schwere Unfälle mit gefährlichen Stoffen
(1) Die unteren Katastrophenschutzbehörden haben
1. für Betriebe, für die nach Artikel 10 in Verbindung mit Artikel 2 Abs. 1 und Artikel 3 Nr. 1 und 3 der Richtlinie 2012/18/EU des Europäischen Parlaments und des Rates vom 4. Juli 2012 zur Beherrschung der Gefahren schwerer Unfälle mit gefährlichen Stoffen, zur Änderung und anschließenden Aufhebung der Richtlinie 96/82/EG des Rates (ABl. L 197 vom 24.7.2012, S. 1) ein Sicherheitsbericht zu erstellen ist, sowie
2. für Abfallentsorgungseinrichtungen der Kategorie A nach Anhang III der Richtlinie 2006/21/EG des Europäischen Parlaments und des Rates vom 15. März 2006 über die Bewirtschaftung von Abfällen aus der mineralgewinnenden Industrie und zur Änderung der Richtlinie 2004/35/EG – Erklärung des Europäischen Parlaments, des Rates und der Kommission (ABl. L 102 vom 11.4.2006, S. 15) in der jeweils geltenden Fassung

unter Beteiligung des Betreibers und unter Berücksichtigung des internen Notfallplans des Betreibers behördliche Alarm- und Gefahrenabwehrpläne als externe Notfallpläne für Maßnahmen außerhalb des Betriebs zu erstellen.
(2) [1]Der externe Notfallplan nach Absatz 1 Nr. 1 ist innerhalb von zwei Jahren nach Erhalt der erforderlichen Informationen vom Betreiber nach Absatz 3 zu erstellen. [2]Die untere Katastrophenschutzbehörde kann aufgrund der Informationen in dem Sicherheitsbericht im Einvernehmen mit der für die Beurteilung des Sicherheitsberichts zuständigen Behörde entscheiden, dass sich die Erstellung eines externen Notfallplans erübrigt. [3]Die Entscheidung ist zu begründen.
(3) Die externen Notfallpläne müssen Angaben enthalten über
1. Namen oder Stellung der Personen, die zur Einleitung von Notfallmaßnahmen oder zur Durchführung und Koordinierung von Maßnahmen außerhalb des Betriebsgeländes ermächtigt sind,

2. Vorkehrungen zur Entgegennahme von Frühwarnungen sowie zur Alarmauslösung und zur Benachrichtigung der Einsatzkräfte,
3. Vorkehrungen zur Koordinierung der zur Umsetzung des externen Notfallplans notwendigen Einsatzmittel,
4. Vorkehrungen zur Unterstützung von Abhilfemaßnahmen auf dem Betriebsgelände,
5. Vorkehrungen für Abhilfemaßnahmen außerhalb des Betriebsgeländes, einschließlich Reaktionsmaßnahmen auf Szenarien schwerer Unfälle, wie im Sicherheitsbericht beschrieben, und Berücksichtigung möglicher Dominoeffekte, einschließlich solcher, die Auswirkungen auf die Umwelt haben,
6. Vorkehrungen zur Unterrichtung der Öffentlichkeit und aller benachbarten Betriebe oder Betriebsstätten, die nicht unter den Geltungsbereich der Richtlinie 2012/18/EU fallen, nach Artikel 9 der Richtlinie 2012/18/EU über den Unfall sowie über das richtige Verhalten,
7. Vorkehrungen zur Unterrichtung der Einsatzkräfte anderer Bundesländer und ausländischer Staaten bei einem schweren Unfall mit möglichen grenzüberschreitenden Folgen.

(4) [1]Die Betreiber haben die unteren Katastrophenschutzbehörden bei der Erstellung der externen Notfallpläne zu unterstützen und ihnen die hierfür erforderlichen Informationen zur Verfügung zu stellen. [2]Die Fristen für die Übermittlung der erforderlichen Informationen bestimmen sich nach den §§ 10 und 20 der Störfall-Verordnung in der Fassung vom 15. März 2017 (BGBl. I S. 483) in der jeweils geltenden Fassung.

(5) [1]Die Entwürfe der externen Notfallpläne sowie wesentliche Planänderungen sind zur Anhörung der Öffentlichkeit für die Dauer eines Monats bei den unteren Katastrophenschutzbehörden zur Einsicht auszulegen. [2]Ort und Dauer der Auslegung sind mindestens eine Woche vorher öffentlich mit dem Hinweis bekannt zu machen, dass während der Auslegungsfrist Anregungen vorgebracht werden können. [3]Die Auslegung erfolgt mit den Funktionsbezeichnungen der erfassten Personen; sonstige personenbezogene Daten wie Namen und private Telefonnummern sind unkenntlich zu machen. [4]Der Entwurf des externen Notfallplans ist dem Betreiber mindestens eine Woche vor der Bekanntgabe nach Satz 2 zu übermitteln. [5]Auf Antrag des Betreibers sind bisher unveröffentlichte Angaben über den Betrieb unkenntlich zu machen, soweit das Interesse des Betreibers das Interesse der Öffentlichkeit an der Offenbarung überwiegt. [6]Das Gleiche gilt, soweit das Interesse der öffentlichen Sicherheit einer Offenbarung entgegensteht. [7]§ 3 Abs. 2 Satz 4 und 5 und § 4a Abs. 3 des Baugesetzbuchs gelten entsprechend. [8]Bei der Erstellung der externen Notfallpläne sowie bei wesentlichen Planänderungen ist das Ergebnis der Beteiligung der Öffentlichkeit angemessen zu berücksichtigen.

(6) Die externen Notfallpläne sind unverzüglich anzuwenden, sobald es zu einem schweren Unfall oder zu einem unkontrollierten Ereignis kommt, bei dem aufgrund seiner Art vernünftigerweise zu erwarten ist, dass es zu einem schweren Unfall führt.

(7) [1]Die externen Notfallpläne sind in angemessenen Abständen von höchstens drei Jahren durch die unteren Katastrophenschutzbehörden unter Beteiligung des Betreibers und unter Berücksichtigung des internen Notfallplans zu überprüfen, durch Übungen zu erproben, im Ergebnis dessen zu überarbeiten und auf den neuesten Stand zu bringen. [2]Bei dieser Überprüfung sind Veränderungen in den Betrieben und bei den Aufgabenträgern des Brand- und Katastrophenschutzes und des Rettungsdienstes, neue technische Erkenntnisse und Erkenntnisse darüber, wie bei schweren Unfällen zu verfahren ist, zu berücksichtigen. [3]Für die Aktualisierung der externen Notfallpläne gilt Absatz 5 entsprechend.

(8) Auch für Betriebe, Einrichtungen oder Anlagen, für die keine externen Notfallpläne nach Absatz 1 zu erstellen sind, von denen aber dennoch im Fall eines Schadensereignisses ernste Gefahren für die Gesundheit oder das Leben einer größeren Zahl von Menschen, Gefahren für erhebliche Sachwerte oder akute Umweltgefahren ausgehen können, sind durch die unteren Katastrophenschutzbehörden in Abstimmung mit den betroffenen Gemeinden besondere behördliche Alarm- und Gefahrenabwehrpläne aufzustellen.

(9) [1]Für Betriebe, die der ständigen Aufsicht der Bergbehörde unterstehen, erstellen die zuständigen Bergbehörden die externen Notfallpläne nach Absatz 1 im Benehmen mit den unteren Katastrophenschutzbehörden. [2]Die Absätze 2 bis 8 gelten entsprechend.

§ 34 Feststellung und Bekanntgabe des Katastrophenfalls

[1]Die untere Katastrophenschutzbehörde stellt den Eintritt und das Ende einer Katastrophe fest und teilt dies unverzüglich den übergeordneten Katastrophenschutzbehörden mit. [2]Soweit erforderlich, sind

auch die benachbarten Katastrophenschutzbehörden zu unterrichten. [3]Die Feststellung soll der Öffentlichkeit in geeigneter Weise bekannt gegeben werden.

§ 35 Einsatzleitung

(1) [1]Die Katastrophenschutzbehörde leitet den Katastrophenschutzeinsatz. [2]Sie kann innerhalb ihres Zuständigkeitsbereichs allen zuständigen Behörden und Dienststellen des Landes der gleichen oder einer niedrigeren Stufe, mit Ausnahme der obersten Landesbehörden, Weisungen erteilen. [3]Das Gleiche gilt für die der Aufsicht des Landes unterstehenden Träger öffentlicher Aufgaben. [4]Die fachlichen Weisungsrechte übergeordneter Behörden bleiben unberührt.

(2) [1]Die Einheiten und Einrichtungen des Katastrophenschutzes sowie alle sonstigen Einsatzkräfte unterstehen für die Dauer des Katastrophenschutzeinsatzes der Katastrophenschutzbehörde. [2]Leisten Kräfte des Bundes oder anderer Länder Hilfe im Katastrophenschutz, so unterstehen auch sie für die Dauer ihrer Mitwirkung der Katastrophenschutzbehörde.

Vierter Abschnitt

Gesundheitsbereich

§ 36 Zusammenarbeit im Gesundheitsbereich

(1) Die Aufgabenträger arbeiten mit den Sanitätsorganisationen, stationären Gesundheitseinrichtungen, Apotheken sowie mit den Berufskammern und berufsständischen Vertretungen der Angehörigen der Gesundheitsberufe aus ihrem Gebiet zusammen.

(2) In die Alarm- und Einsatzpläne nach diesem Gesetz sind, soweit erforderlich, die in Absatz 1 genannten Stellen und die Angehörigen der Gesundheitsberufe nach § 37 einzubeziehen.

(3) [1]Die Träger der stationären Gesundheitseinrichtungen sind verpflichtet, zur Mitwirkung im Brandschutz, in der Allgemeinen Hilfe und im Katastrophenschutz für ihre Einrichtungen Alarm- und Einsatzpläne aufzustellen und fortzuschreiben, die mit den Alarm- und Einsatzplänen der Gemeinden und Landkreise im Einklang stehen, sowie regelmäßig Übungen durchzuführen. [2]Benachbarte stationäre Gesundheitseinrichtungen haben sich gegenseitig zu unterstützen und ihre Alarm- und Einsatzpläne aufeinander abzustimmen.

§ 37 Besondere Pflichten von Angehörigen der Gesundheitsberufe

(1) In ihrem Beruf tätige Ärzte, Zahnärzte, Psychotherapeuten, Tierärzte, Apotheker und Angehörige sonstiger Gesundheitsberufe sowie das Hilfspersonal sind im Rahmen der Allgemeinen Hilfe und des Katastrophenschutzes verpflichtet, sich hierzu für die besonderen Anforderungen fortzubilden sowie an angeordneten oder genehmigten Einsätzen, Übungen, Lehrgängen oder sonstigen Ausbildungsveranstaltungen teilzunehmen und den dort ergangenen Weisungen nachzukommen.

(2) [1]Die Berufskammern der in Absatz 1 genannten Gesundheitsberufe und die berufsständischen Vertretungen der Angehörigen sonstiger Gesundheitsberufe erfassen die in Absatz 1 genannten Personen, sorgen für deren Fortbildung und erteilen den Behörden die Auskünfte, die diese zur Durchführung dieses Gesetzes benötigen. [2]Die Träger der stationären und ambulanten Gesundheitseinrichtungen sowie die niedergelassenen Ärzte, Zahnärzte, Psychotherapeuten, Tierärzte und Apotheker übermitteln den Aufgabenträgern auf deren Anforderung die Gesamtzahl des bei ihnen tätigen Fach- und Hilfspersonals in den jeweiligen Berufsgruppen.

(3) [1]Nicht mehr in ihrem Beruf tätige Personen, die in einem Beruf des Gesundheits- oder Veterinärwesens ausgebildet sind, werden von den Stellen des Absatzes 2 Satz 1 nur erfasst. [2]Sie können sich gegenüber dem Aufgabenträger freiwillig zur Mitarbeit in der Allgemeinen Hilfe und dem Katastrophenschutz bereit erklären; für sie gilt bis zur Vollendung des 60. Lebensjahres Absatz 1 entsprechend.

(4) Die Bestimmungen des Fünften Abschnitts bleiben unberührt.

Fünfter Abschnitt

Pflichten der Bevölkerung, Entschädigung

§ 38 Verhütung von Gefahren

[1]Jedermann hat sich, insbesondere beim Umgang mit Feuer, brennbaren, explosionsgefährlichen, giftigen oder sonstigen gesundheitsschädlichen Stoffen und mit elektrischen Geräten so zu verhalten, dass

Menschen und erhebliche Sachwerte nicht gefährdet werden. [2]Bestehende Gefahren hat er, soweit ihm zumutbar, zu beseitigen.

§ 39 Gefahrenmeldung

[1]Wer einen Brand oder ein sonstiges Ereignis, durch das Menschen oder erhebliche Sachwerte gefährdet sind, bemerkt, ist verpflichtet, dies unverzüglich der Feuerwehr, der Polizei oder einer sonstigen in Betracht kommenden Stelle zu melden. [2]Wer zur Übermittlung einer Gefahrenmeldung ersucht wird, ist hierzu im Rahmen seiner Möglichkeiten verpflichtet, wenn der Ersuchende zur Gefahrenmeldung nicht selbst im Stande ist.

§ 40 Hilfeleistungspflichten

(1) [1]Jede über 18 Jahre alte Person ist auf Anordnung des Einsatzleiters (§§ 23, 24, 35), in den Fällen des § 24 Abs. 2 des Bürgermeisters, im Rahmen ihrer Kenntnisse und Fähigkeiten zur Hilfeleistung verpflichtet, um von dem Einzelnen oder der Allgemeinheit unmittelbare Gefahr abzuwenden. [2]Die Hilfeleistung kann nur verweigern, wer durch sie eine erhebliche Gefahr befürchten oder andere, höherrangige Pflichten verletzen müsste.

(2) [1]Personen, die zur Hilfeleistung verpflichtet werden oder freiwillig mit Zustimmung des Einsatzleiters bei der Gefahrenbekämpfung Hilfe leisten, haben für die Dauer ihrer Hilfeleistung die Rechtsstellung von Helfern im Katastrophenschutz. [2]§ 14 Abs. 2 und 3 gilt entsprechend.

(3) Auf Anordnung des Einsatzleiters, in den Fällen des § 24 Abs. 2 des Bürgermeisters, sind dringend benötigte Fahrzeuge, Geräte, Maschinen, Betriebsstoffe, elektrische Energie, bauliche Anlagen oder Einrichtungen sowie sonstige Sach-, Dienst- und Werkleistungen von jedermann zur Verfügung zu stellen.

(4) Die Aufgabenträger sind berechtigt, Personen mit besonderen Kenntnissen oder Fähigkeiten zur Hilfeleistung sowie Sachen nach Absatz 3 vorher zu erfassen; die betreffenden Personen sowie die Eigentümer, Besitzer oder sonstigen Nutzungsberechtigten sind verpflichtet, die notwendigen Auskünfte zu geben und Änderungen zu melden.

(5) [1]Personen, die an den Hilfsmaßnahmen oder Übungen nicht beteiligt sind, dürfen den Einsatz nicht behindern. [2]Sie sind verpflichtet, die Anweisungen des Einsatzleiters, der Polizei oder in Fällen des § 24 Abs. 5 der Angehörigen der Hilfsorganisationen zu befolgen.

§ 41 Vorsorgepflichten der Eigentümer, Besitzer und Betreiber baulicher Anlagen mit erhöhtem Gefahrenpotential

(1) [1]Eigentümer, Besitzer und Betreiber von baulichen Anlagen, die besonders brand- oder explosionsgefährlich sind oder von denen im Fall eines Brandes, einer Explosion oder eines sonstigen Gefahr bringenden Ereignisses ernste Gefahren für die Gesundheit oder das Leben einer größeren Zahl von Menschen oder Gefahren für erhebliche Sachwerte oder akute Umweltgefahren ausgehen können, sind verpflichtet, die Aufgabenträger des Brand- und Katastrophenschutzes bei der Vorbereitung der Gefahrenabwehr zu unterstützen. [2]Sie haben den Aufgabenträgern nach diesem Gesetz die für die Alarm- und Einsatzplanung notwendigen Informationen und die erforderliche Beratung zu gewähren sowie bei einem Schadensereignis in der Anlage die zuständigen Aufgabenträger über zweckmäßige Maßnahmen der Gefahrenabwehr unverzüglich, sachkundig und umfassend zu beraten.

(2) Darüber hinaus können die Eigentümer, Besitzer und Betreiber von Anlagen im Sinne des Absatzes 1, soweit nicht eine gesetzliche Verpflichtung besteht, vom jeweils zuständigen Aufgabenträger des Brand- und Katastrophenschutzes oder von der nach § 20 zuständigen Behörde verpflichtet werden, zum Zweck der Verhütung oder Bekämpfung von Bränden, Explosionen und sonstigen Gefahr bringenden Ereignissen auf eigene Kosten

1. die erforderlichen Ausrüstungen und Einrichtungen bereitzustellen, zu unterhalten und für deren ordnungsgemäße Bedienung zu sorgen,
2. für die Bereitstellung von ausreichenden Löschmittelvorräten und anderen notwendigen Materialien zu sorgen,
3. unter Berücksichtigung der örtlichen Erfordernisse eine dem Stand der Technik entsprechende Feuerwehr-Gebäudefunkanlage in baulichen Anlagen einzurichten und zu unterhalten,
4. eine jederzeit verfügbare und gegen Missbrauch geschützte Verbindung zur zuständigen Zentralen Leitstelle einzurichten und zu unterhalten sowie
5. alle weiteren notwendigen organisatorischen Vorkehrungen zu treffen, insbesondere

a) betriebliche Alarm- und Gefahrenabwehrpläne aufzustellen und fortzuschreiben, die mit den Plänen nach § 33 Abs. 8 abgestimmt sind,
b) Übungen durchzuführen und
c) sich an Übungen der Aufgabenträger des Brand- und Katastrophenschutzes zu beteiligen, die einen Unfall in der betreffenden Anlage zum Gegenstand haben.

(3) [1]Die Einlagerung oder Verarbeitung von Sachen und Stoffen mit besonderer Brand-, Explosions- oder sonstiger Gefahr und das Erfordernis, im Fall von Bränden besondere Löschmittel einzusetzen, sind der Gemeinde unverzüglich anzuzeigen. [2]Über die Besonderheiten des Lager- oder Verarbeitungsgutes sind außerdem an den Zugängen zu den Lager- oder Verarbeitungsstätten entsprechende Hinweise anzubringen.

(4) Für die Anerkennung und Zulassung der nach Absatz 2 oder sonstigen Rechtsvorschriften bereitzuhaltenden Geräte, Einrichtungen, Löschmittel oder anderen Materialien gilt § 10 Abs. 5 entsprechend.

(5) Eigentümer, Besitzer oder sonstige Nutzungsberechtigte von abgelegenen baulichen Anlagen, die nicht an eine öffentliche Löschwasserversorgung angeschlossen sind, können von der Gemeinde verpflichtet werden, ausreichende Löschmittel bereitzustellen.

§ 42 Duldungspflichten der Eigentümer und Besitzer von Grundstücken

(1) [1]Eigentümer, Besitzer oder sonstige Nutzungsberechtigte von Grundstücken, baulichen Anlagen oder Schiffen an oder in der Nähe der Einsatzstelle sind verpflichtet, den Einsatzkräften zur Abwehr oder Beseitigung von Gefahren den Zutritt zu ihren Grundstücken, baulichen Anlagen oder Schiffen zu gestatten. [2]Sie haben die vom Einsatzleiter (§§ 23, 24, 35) angeordneten Maßnahmen, insbesondere die Räumung des Grundstücks oder die Beseitigung von Gebäuden, Gebäudeteilen, Anlagen, Lagergut, Einfriedungen und Pflanzen zu dulden. [3]Das Zutrittsrecht besteht auch bei Übungen, soweit dies zur Erreichung der Übungsziele dringend geboten ist.

(2) Eigentümer, Besitzer oder sonstige Nutzungsberechtigte von Grundstücken, baulichen Anlagen oder Schiffen sind verpflichtet, die Anbringung von Alarmeinrichtungen und Hinweisschildern für Zwecke des Brandschutzes, der Allgemeinen Hilfe und des Katastrophenschutzes entschädigungslos zu dulden.

§ 43 Entschädigung

(1) [1]Wer durch Inanspruchnahme nach den §§ 37, 40 oder 42 oder in Erfüllung einer ihm aufgrund dieses Gesetzes obliegenden Verpflichtung zur Hilfeleistung einen Schaden erleidet, kann von dem Aufgabenträger, der ihn in Anspruch genommen hat, eine angemessene Entschädigung verlangen, soweit er nicht auf andere Weise Ersatz zu erlangen vermag. [2]Bei gesundheitlichen Schäden ist Entschädigung in entsprechender Anwendung der Bestimmungen über die Unfallversicherung nach dem Siebten Buch Sozialgesetzbuch zu gewähren.

(2) Ein Ersatzanspruch besteht nicht, soweit die Maßnahmen zum Schutz der Gesundheit oder des Eigentums des Geschädigten, der zu seinem Haushalt gehörenden Personen oder seiner Betriebsangehörigen getroffen worden sind.

(3) Der zur Entschädigung verpflichtete Aufgabenträger kann für Entschädigung, die er nach Absatz 1 leistet, von demjenigen Ersatz verlangen, der schuldhaft das den Einsatz erfordernde Ereignis verursacht hat oder für den dadurch entstandenen Schaden nach einer besonderen gesetzlichen Bestimmung auch ohne Verschulden haftet.

(4) Die Absätze 1 bis 3 gelten entsprechend, wenn jemand, ohne nach den §§ 37, 40 oder 42 in Anspruch genommen worden zu sein, Leistungen erbringt, die zu der Gefahrenbekämpfung oder der unmittelbar anschließenden Beseitigung erheblicher Schäden vom Aufgabenträger als notwendig anerkannt werden.

Sechster Abschnitt

Kosten

§ 44 Kostentragung, Zuwendungen des Landes

(1) Jede Körperschaft und sonstige Einrichtung trägt die Personal- und Sachkosten für die ihr gesetzlich zugewiesenen Aufgaben, soweit sich aus diesem Gesetz nichts anderes ergibt.

(2) Die Kosten für Einsätze und Übungen trägt unbeschadet der Regelungen zur gegenseitigen Hilfe sowie unabhängig davon, wer die Einsatzleitung wahrnimmt oder die Maßnahme angeordnet hat,
1. die Gemeinde, in deren Gebiet die Maßnahme durchgeführt wird,
2. der Landkreis im Rahmen des überörtlichen Brandschutzes, der überörtlichen Allgemeinen Hilfe und des Katastrophenschutzes, mit Ausnahme der Kosten für Feuerwehren mit gemeindeeigener Ausrüstung und sonstiger Einrichtungen der Gemeinden des Gefahrengebietes,
3. das Land bei Anlagen und Gefahr bringenden Ereignissen im Sinne des § 7 Abs. 1 Nr. 1, mit Ausnahme der Kosten für Einrichtungen der Landkreise und der Gemeinden.

(3) Das Land gewährt Zuwendungen
1. den kommunalen Aufgabenträgern nach § 2 Abs. 1 Nr. 1 und 2 aus dem Aufkommen der Feuerschutzsteuer sowie nach Maßgabe des Haushaltsplans in angemessenem Umfang aus sonstigen Landesmitteln und
2. sonstigen Einrichtungen, die Aufgaben nach diesem Gesetz zu erfüllen haben, nach Maßgabe des Haushaltsplans aus Landesmitteln.

(4) [1]Für die Wahrnehmung der Katastrophenschutzaufgaben nach diesem Gesetz gewährt das Land den Landkreisen und kreisfreien Städten einen angemessenen finanziellen Ausgleich nach § 23 Abs. 1 und 2 des Thüringer Finanzausgleichsgesetzes vom 31. Januar 2013 (GVBl. S. 10) in der jeweils geltenden Fassung. [2]Das Land beschafft im Rahmen eines fortzuschreibenden Ausstattungsprogramms für den Katastrophenschutz erforderliche Fahrzeuge und sonstige Ausrüstung und stellt sie den kommunalen Aufgabenträgern zur Verfügung. [3]Bei der Erstellung des Ausstattungsprogramms sind Fahrzeuge der kommunalen Gefahrenabwehr, Zivilschutzfahrzeuge des Bundes und Fahrzeuge der Hilfsorganisationen anzurechnen.

(5) Das Land trägt nach Maßgabe des Haushaltsplans die von anderen Stellen nicht übernommenen Kosten für die Einsätze und Übungen in anderen Bundesländern und im Ausland, wenn der Einsatz oder die Übung von dem für den Brand- und Katastrophenschutz zuständigen Ministerium angeordnet oder genehmigt war.

§ 45 Katastrophenschutzfonds

(1) [1]Das für den Brand- und Katastrophenschutz zuständige Ministerium unterhält einen Katastrophenschutzfonds zur Erstattung von Einsatzkosten. [2]Der Katastrophenschutzfonds ist ein staatliches Sondervermögen ohne eigene Rechtspersönlichkeit. [3]Sein Vermögen wird von dem für Finanzen zuständigen Ministerium im Einvernehmen mit dem für den Brand- und Katastrophenschutz zuständigen Ministerium verwaltet. [4]Im Übrigen obliegt die Verwaltung dem für den Brand- und Katastrophenschutz zuständigen Ministerium.

(2) [1]Die Landkreise und kreisfreien Städte leisten nach Maßgabe näherer Regelungen jährlich Beiträge zum Katastrophenschutzfonds. [2]Das Land leistet jährlich den Beitrag, den die Landkreise und kreisfreien Städte zusammen erbringen.

§ 46 Feuerschutzsteuer

Das Aufkommen aus der Feuerschutzsteuer nach dem Feuerschutzsteuergesetz in der Fassung vom 10. Januar 1996 (BGBl. I S. 18) in der jeweils geltenden Fassung ist in vollem Umfang für Zwecke des Brandschutzes zu verwenden.

§ 47 Kosten der privaten Hilfsorganisationen und der anderen privaten Organisationen, Zuwendungen des Landes

(1) [1]Die privaten Hilfsorganisationen und die anderen privaten Organisationen tragen die Kosten, die ihnen durch ihre Mitwirkung nach diesem Gesetz entstehen. [2]Die kommunalen Aufgabenträger erstatten den privaten Hilfsorganisationen und den anderen privaten Organisationen auf Antrag die Kosten, die diesen bei von ihnen angeordneten oder genehmigten Einsätzen, Übungen und sonstigen Veranstaltungen entstanden sind oder entstehen; die Höhe der Entschädigungsleistungen für die Helfer richtet sich nach den Regelungen für die ehrenamtlichen Feuerwehrangehörigen.

(2) [1]Im Übrigen gewährt das Land in angemessenem Umfang nach Maßgabe des Haushaltsplans Zuschüsse zu den Aufwendungen, die den privaten Hilfsorganisationen durch ihre Mitwirkung nach diesem Gesetz entstehen. [2]Diese Zuschüsse werden insbesondere für die Beschaffung von Katastrophenschutzausstattung, für den Bau und die Unterhaltung der erforderlichen baulichen Anlagen sowie für die Ausbildung der Helfer gewährt.

§ 48 Kostenersatz

(1) Die Aufgabenträger können Ersatz der ihnen durch die Einsatzmaßnahmen entstandenen Kosten verlangen

1. von dem Verursacher, wenn er die Gefahr oder den Schaden vorsätzlich oder grob fahrlässig herbeigeführt hat,
2. von dem Fahrzeughalter, wenn die Gefahr oder der Schaden beim Betrieb von Kraft-, Schienen-, Luft- oder Wasserfahrzeugen entstanden ist,
3. von Unternehmen, wenn die Kosten der Abwehr von Gefahren nach § 1 Abs. 1 dienten, die bei Betriebsstörungen und Unglücksfällen für Menschen oder Sachen in der Umgebung entstehen können,
4. von dem Eigentümer, Besitzer oder sonstigen Nutzungsberechtigten, wenn die Gefahr oder der Schaden beim Betrieb einer Ölfeuerungs- oder Öltankanlage entstanden ist, soweit es sich nicht um Brände handelt,
5. von demjenigen, der wider besseres Wissen oder in grob fahrlässiger Unkenntnis der Tatsachen die Feuerwehr oder andere Hilfsorganisationen alarmiert,
6. vom Eigentümer, Besitzer oder sonstigen Nutzungsberechtigten einer Brandmeldeanlage, wenn diese einen Fehlalarm ausgelöst hat.

(2) [1]Leistet ein Aufgabenträger außerhalb seines örtlichen Zuständigkeitsbereichs Hilfe, kann er von den in Absatz 1 Nr. 1 bis 6 Genannten Ersatz der ihm entstandenen Kosten verlangen. [2]Soweit der Hilfe leistende Aufgabenträger eine Satzung nach Absatz 5 erlassen hat, sind die in dieser Satzung festgelegten Kosten zugrunde zu legen.

(3) [1]Die Kosten werden durch Verwaltungsakt festgesetzt. [2]Mehrere zum Kostenersatz Verpflichtete haften als Gesamtschuldner.

(4) Die Rettung von Menschen aus akuter Lebensgefahr erfolgt unentgeltlich, soweit in anderen Gesetzen keine andere Regelung erfolgt ist.

(5) [1]Die kommunalen Aufgabenträger nach § 2 Abs. 1 Nr. 1 und 2 können den Kostenersatz durch Satzung regeln und hierbei Pauschalbeträge festsetzen. [2]Das Thüringer Kommunalabgabengesetz in der Fassung vom 19. September 2000 (GVBl. S. 301) in der jeweils geltenden Fassung findet entsprechende Anwendung.

(6) [1]Anstelle der Verpflichtungen nach § 41 Abs. 2 Nr. 1 und 2 können die zuständigen Aufgabenträger nach diesem Gesetz auch den Ersatz der Kosten für die Beschaffung, Installation, Erprobung und die Unterhaltung von technischen Ausrüstungsgegenständen und Materialien, die in besonderer Weise zur Gefahrenabwehr bei Schadensereignissen in dieser Anlage dienen, verlangen. [2]Darüber hinaus sind die Kosten für Übungen der jeweils zuständigen Aufgabenträger des Brand- und Katastrophenschutzes, die einen Unfall in der betreffenden Anlage zum Gegenstand haben, zu erstatten.

Siebenter Abschnitt

Ergänzende Bestimmungen

§ 49 Aus- und Fortbildungseinrichtungen

(1) [1]Die Landesfeuerwehr- und Katastrophenschutzschule ist eine Einrichtung des Landes und untersteht dem für den Brand- und Katastrophenschutz zuständigen Ministerium. [2]Sie dient insbesondere der Aus- und Fortbildung von Angehörigen der Feuerwehr. [3]Ihr können weitere Aufgaben übertragen werden.

(2) Die Anerkennung anderer Aus- und Fortbildungseinrichtungen sowie die Anerkennung der Aus- und Fortbildungsarten im Brandschutz, in der Allgemeinen Hilfe und im Katastrophenschutz, die an anderen Aus- und Fortbildungseinrichtungen absolviert werden, erfolgt durch das für den Brand- und Katastrophenschutz zuständige Ministerium.

(3) Das Land erstattet entsprechend § 14 Abs. 2 das fortgezahlte Arbeitsentgelt an private Arbeitgeber und ersetzt den Verdienstausfall der ehrenamtlichen Feuerwehrangehörigen, die beruflich selbständig oder freiberuflich tätig sind,

1. für die Dauer der Aus- und Fortbildung an der Landesfeuerwehr- und Katastrophenschutzschule sowie
2. für anerkannte Aus- und Fortbildungsarten im Katastrophenschutz an anerkannten Aus- und Fortbildungseinrichtungen nach Maßgabe des Haushaltsplans.

§ 50 Ordnungswidrigkeiten

(1) Ordnungswidrig handelt, wer vorsätzlich oder grob fahrlässig
1. als ehrenamtlicher Feuerwehrangehöriger oder Helfer des Katastrophenschutzes an angeordneten oder genehmigten Einsätzen, Übungen, Lehrgängen oder sonstigen Aus- und Fortbildungsveranstaltungen nicht teilnimmt oder den dort ergangenen Weisungen nicht nachkommt (§ 14 Abs. 1 Satz 3, § 29 Abs. 2 Satz 2),
2. entgegen § 21 Abs. 2 die Gefahrenverhütungsschau nicht duldet oder den mit der Durchführung beauftragten Personen den Zutritt nicht gestattet, die erforderlichen Auskünfte nicht erteilt oder die Einsicht in Unterlagen nicht gewährt oder entgegen § 21 Abs. 3 einer vollziehbaren Anordnung nicht, nicht vollständig oder nicht rechtzeitig nachkommt,
3. einer Anordnung nach § 22 Abs. 3 nicht, nicht vollständig oder nicht rechtzeitig nachkommt,
4. entgegen § 33 Abs. 4 die zuständigen Aufgabenträger bei der Erstellung der externen Notfallpläne nicht unterstützt, insbesondere die erforderlichen Informationen nicht, nicht vollständig oder nicht rechtzeitig zur Verfügung stellt oder sich entgegen § 33 Abs. 7 nach Anforderung der unteren Katastrophenschutzbehörde nicht an der Überprüfung, Erprobung oder Überarbeitung der externen Notfallpläne beteiligt,
5. entgegen § 40 Abs. 1 oder 3 einer Verpflichtung zur Hilfeleistung oder den zur Durchführung des Einsatzes gegebenen Anordnungen nicht nachkommt oder dringend benötigte Fahrzeuge, Geräte, Maschinen, Betriebsstoffe, elektrische Energie, bauliche Anlagen oder Einrichtungen sowie sonstige Sach-, Dienst- und Werkleistungen nicht zur Verfügung stellt,
6. entgegen § 40 Abs. 5, ohne an den Hilfsmaßnahmen beteiligt zu sein, den Einsatz behindert oder den Anweisungen des Einsatzleiters, der Polizei oder der Angehörigen der Hilfsorganisationen nicht nachkommt,
7. entgegen einer vollziehbaren Anordnung nach § 41 Abs. 2 die vorgeschriebenen notwendigen organisatorischen Vorkehrungen zur Verhütung und Bekämpfung von Gefahr bringenden Ereignissen nicht, nicht vollständig oder nicht rechtzeitig trifft,
8. entgegen § 41 Abs. 3 die Einlagerung oder Verarbeitung von Sachen und Stoffen mit besonderer Brand-, Explosions- oder sonstiger Gefahr nicht, nicht vollständig oder nicht rechtzeitig der Gemeindeverwaltung anzeigt oder nicht die erforderlichen Hinweise über die Besonderheiten des Lager- oder Verarbeitungsgutes anbringt,
9. entgegen einer vollziehbaren Anordnung nach § 41 Abs. 5 nicht oder nicht rechtzeitig ausreichende Löschmittel bereitstellt und
10. entgegen § 42 Abs. 1 den Einsatzkräften den Zutritt nicht, nicht vollständig oder nicht rechtzeitig gestattet oder angeordnete Maßnahmen nicht duldet.

(2) Ordnungswidrig handelt auch, wer absichtlich oder wissentlich entgegen § 39 einen Brand oder eine andere Gefahr nicht meldet oder übermittelt.

(3) Die Ordnungswidrigkeit kann mit einer Geldbuße bis zu fünfzigtausend Euro, in den Fällen des Absatzes 1 Nr. 1 bis zu eintausend Euro, geahndet werden.

§ 51 Übungen an Sonn- und Feiertagen

Soweit es zur Erreichung des Übungsziels erforderlich ist, können Übungen für den Brandschutz, die Allgemeine Hilfe und den Katastrophenschutz auch an Sonn- und Feiertagen durchgeführt werden.

§ 52 Einschränkung von Grundrechten

Durch Maßnahmen in Vollzug dieses Gesetzes können die Grundrechte auf
1. körperliche Unversehrtheit (Artikel 2 Abs. 2 Satz 1 des Grundgesetzes, Artikel 3 Abs. 1 Satz 1 der Verfassung des Freistaats Thüringen),
2. Freiheit der Person (Artikel 2 Abs. 2 Satz 2 des Grundgesetzes, Artikel 3 Abs. 1 Satz 2 der Verfassung des Freistaats Thüringen),
3. informationelle Selbstbestimmung (Artikel 2 Abs. 1 in Verbindung mit Artikel 1 Abs. 1 des Grundgesetzes, Artikel 6 Abs. 2 der Verfassung des Freistaats Thüringen),

4. Unverletzlichkeit des Fernmelde- und Kommunikationsgeheimnisses (Artikel 10 Abs. 1 des Grundgesetzes, Artikel 7 Abs. 1 der Verfassung des Freistaats Thüringen),
5. Freizügigkeit (Artikel 11 des Grundgesetzes, Artikel 5 Abs. 1 der Verfassung des Freistaats Thüringen),
6. Unverletzlichkeit der Wohnung (Artikel 13 des Grundgesetzes, Artikel 8 der Verfassung des Freistaats Thüringen),
7. Gewährleistung des Eigentums (Artikel 14 des Grundgesetzes, Artikel 34 der Verfassung des Freistaats Thüringen)

eingeschränkt werden.

§ 53 Aufsicht

(1) Die staatliche Aufsicht richtet sich nach den Bestimmungen der Thüringer Kommunalordnung.

(2) Die Aufsichtsbehörden sind berechtigt, jederzeit Leistungsstand und Einsatzbereitschaft der Feuerwehren zu überprüfen.

(3) [1]Die privaten Hilfsorganisationen und die anderen privaten Organisationen unterliegen bei ihrer Mitwirkung im Katastrophenschutz der Aufsicht der unteren Katastrophenschutzbehörden. [2]Die Aufsicht erstreckt sich auf die Rechtmäßigkeit und Zweckmäßigkeit der Durchführung der Aufgaben. [3]Vor einer Aufsichtsmaßnahme ist die betroffene Organisation zu hören.

§ 53a Ausschluss der Unterstellung unter polizeiliche und militärische Dienststellen

Feuerwehren sowie Einheiten und Einrichtungen des Katastrophenschutzes dürfen polizeilichen oder militärischen Dienststellen nicht unterstellt werden.

§ 53b Verkehrsregelung durch die Feuerwehr

[1]Abweichend von § 36 Abs. 1 und § 44 Abs. 2 Satz 1 der Straßenverkehrs-Ordnung (StVO) kann eine Gemeinde zur Sicherung von gemeindlichen Veranstaltungen die Befugnisse für die Verkehrsregelung durch die örtliche Feuerwehr wahrnehmen lassen, soweit hierfür Polizeivollzugskräfte nicht oder nicht rechtzeitig ausreichend zur Verfügung stehen. [2]§ 24 Abs. 4 Satz 1 und 3 gilt entsprechend.

Achter Abschnitt

Übergangs- und Schlussbestimmungen

§ 54 Ermächtigungen

(1) Das für den Brand- und Katastrophenschutz zuständige Ministerium wird ermächtigt, durch Rechtsverordnung nach Anhörung des für den Brand- und Katastrophenschutz zuständigen Landtagsausschusses federführend und des Haushalts- und Finanzausschusses nähere Regelungen zu treffen über

1. die Organisation der Feuerwehren, insbesondere deren Aufstellung, Gliederung, Mindeststärke und Ausrüstung, die Aus- und Fortbildung der Feuerwehrangehörigen sowie die Voraussetzungen für die Bestellung von ehrenamtlichen und hauptamtlichen Führungs- und Fachkräften,
2. die Aufstellung, Organisation, Ausrüstung, Aus- und Fortbildung und den Einsatz der Einheiten und Einrichtungen des Katastrophenschutzes,
3. *[aufgehoben]*
4. die Aufwandsentschädigung der Personen, die ständig zu besonderen Dienstleistungen herangezogen werden (§ 14 Abs. 4), sowie die Entschädigung von Ehrenbeamten der Feuerwehren (§§ 15 und 16),
5. die Zusammensetzung des Landesbeirates für den Brandschutz, die Allgemeine Hilfe und den Katastrophenschutz, dessen Geschäftsordnung sowie Berufung und Abberufung der Mitglieder (§ 8),
6. die Anerkennung und Anordnung von Werkfeuerwehren, die Aufgaben, die Aufstellung und den Einsatz, die Aus- und Fortbildung, die personelle und technische Ausstattung der Werkfeuerwehren, die Zusammenarbeit mit den Gemeindefeuerwehren sowie die Durchführung der Überprüfung der Werkfeuerwehren,
7. die Organisation und Durchführung der Gefahrenverhütungsschau (§ 21),
8. die Alarm- und Einsatzpläne der stationären Gesundheitseinrichtungen (§ 36 Abs. 3),
9. die Höhe und die Verzinsung der jährlichen Beiträge zum Katastrophenschutzfonds, die Einzelheiten des Berechnungs- und Erhebungsverfahrens sowie die Erstattungsvoraussetzungen, ins-

besondere die Festlegung einer Karenzzeit und die Höhe der angemessenen Selbstbeteiligung (§ 45),

10. die Erhebung von Verwaltungskosten für die Inanspruchnahme von Leistungen der Landesfeuerwehr- und Katastrophenschutzschule (§ 49 Abs. 1) und
11. die Erhebung von Statistiken, die zur Erfüllung der Aufgaben nach § 2 Abs. 1 Nr. 3 und 4 erforderlich sind.

(2) [1]In den Fällen des Absatzes 1 Nr. 6, 7 und 8 ergehen die Rechtsverordnungen im Einvernehmen mit dem für Soziales, Arbeits- und Gesundheitsschutz zuständigen Ministerium, in den Fällen des Absatzes 1 Nr. 6 und 7 auch im Einvernehmen mit den für die Angelegenheiten der Industrie, des Bauwesens und der übrigen gewerblichen Wirtschaft zuständigen Ministerien und im Fall des Absatzes 1 Nr. 8 im Benehmen mit dem Landesbeirat für den Rettungsdienst. [2]In den Fällen des Absatzes 1 Nr. 1, 2, 4, 9 und 10 ergehen die Rechtsverordnungen im Einvernehmen mit dem für Finanzen zuständigen Ministerium.

(3) Das für den Brand- und Katastrophenschutz zuständige Ministerium wird ermächtigt, unbeschadet des Satzungsrechts des Kommunalen Versorgungsverbands im Einvernehmen mit dem für Finanzen zuständigen Ministerium durch Rechtsverordnung Näheres insbesondere über die Höhe und den Zeitpunkt der Zahlung des Beitrags des Landes und der kommunalen Aufgabenträger nach § 2 Abs. 1 Nr. 1 und die Einzelheiten der Meldung der ehrenamtlichen Feuerwehrangehörigen an den Kommunalen Versorgungsverband zu regeln.

(4) Das für den Brand- und Katastrophenschutz zuständige Ministerium erlässt die zur Durchführung des Gesetzes erforderlichen Verwaltungsvorschriften im Einvernehmen mit dem jeweils fachlich beteiligten Ministerium.

(5) Das für Soziales, Arbeits- und Gesundheitsschutz zuständige Ministerium wird ermächtigt, im Einvernehmen mit dem für den Brand- und Katastrophenschutz zuständigen Ministerium und nach Anhörung des für den Brand- und Katastrophenschutz zuständigen Landtagsausschusses eine Feuerwehr-Unfallkasse durch Rechtsverordnung zu errichten.

§ 55 Zuständigkeiten

(1) Das für den Brandschutz, die Allgemeine Hilfe und den Katastrophenschutz zuständige Ministerium ist befugt, Zuständigkeiten des Landes nach diesem Gesetz durch Verwaltungsvorschrift auf das Landesverwaltungsamt zu übertragen.

(2) Die Zuständigkeit anderer Stellen auf dem Gebiet des Brandschutzes und der Allgemeinen Hilfe bleibt unberührt.

§ 56 Übergangsbestimmungen

(1) Abweichend von § 16 Abs. 3 Satz 1 findet für die Kreisbrandinspektoren, die am Tag vor dem Inkrafttreten[1)] des Gesetzes zur Änderung des Thüringer Brand- und Katastrophenschutzgesetzes und des Thüringer Rettungsdienstgesetzes als Kreisbrandinspektoren bestellt waren und wenn

1. diese Bestellung bis zum Ablauf des 29. Dezember 2006 erfolgt ist, § 16 Abs. 3 Satz 1 und 3 in der am 29. Dezember 2006 geltenden Fassung weiter Anwendung,
2. diese Bestellung nach dem 29. Dezember 2006 erfolgt ist, § 16 Abs. 3 Satz 1 und 2 in der am Tag vor dem Inkrafttreten des Gesetzes zur Änderung des Thüringer Brand- und Katastrophenschutzgesetzes und des Thüringer Rettungsdienstgesetzes geltenden Fassung weiter Anwendung.

(2) Abweichend von § 16 Abs. 3 Satz 3 dürfen Kreisbrandmeister, die am Tag vor dem Inkrafttreten des Gesetzes zur Änderung des Thüringer Brand- und Katastrophenschutzgesetzes und des Thüringer Rettungsdienstgesetzes als Kreisbrandmeister bestellt waren, zugleich Ortsbrandmeister bleiben.

(3) Abweichend von § 20 Satz 3 gilt für Beschäftigte, deren Dienstverhältnis bis zum Ablauf des 29. Dezember 2006 begründet wurde, § 33 Abs. 6 in der am 29. Dezember 2006 geltenden Fassung.

§ 57 Gleichstellungsbestimmung

Status- und Funktionsbezeichnungen in diesem Gesetz gelten jeweils in männlicher und weiblicher Form.

---

1) In Kraft getreten am 27.7.2018.

Thüringer Ausführungsgesetz zum Kreislaufwirtschaftsgesetz (ThürAGKrWG)[1)]

Vom 23. November 2017 (GVBl. S. 246)
(54-3)
geändert durch Art. 9 Thüringer VerwaltungsreformG 2018 vom 18. Dezember 2018 (GVBl. S. 731)

Inhaltsübersicht

Erster Abschnitt
Kreislauf- und Abfallwirtschaft
§ 1 Förderung des Ressourcenschutzes und der Kreislaufwirtschaft
§ 2 Vorbildwirkung der öffentlichen Hand

Zweiter Abschnitt
Öffentlich-rechtliche Entsorgungsträger
§ 3 Bestimmung der öffentlich-rechtlichen Entsorgungsträger
§ 4 Aufgaben kreisangehöriger Gemeinden
§ 5 Betretungsrecht der öffentlich-rechtlichen Entsorgungsträger
§ 6 Satzung
§ 7 Kleinmengensammlung

Dritter Abschnitt
Deponien
§ 8 Deponie-Eigenkontrolle
§ 9 Veränderungssperre

Vierter Abschnitt
Abfallwirtschaftsplanung
§ 10 Abfallbilanzen
§ 11 Abfallwirtschaftskonzepte
§ 12 Abfallwirtschaftsplan
§ 13 Abfallvermeidungsprogramme

Fünfter Abschnitt
Zuständigkeiten
§ 14 Abfallbehörden
§ 15 Sachliche Zuständigkeit des Landesamts für Umwelt, Bergbau und Naturschutz
§ 16 Sachliche Zuständigkeit der Landkreise und kreisfreien Städte
§ 17 Mitwirkung bei Berichts- und Informationspflichten, Selbstbetroffenheit unterer Abfallbehörden
§ 18 Landesamt für Landwirtschaft und Ländlichen Raum
§ 19 Sachliche Zuständigkeit der Polizei
§ 20 Sachliche Zuständigkeit für die Marktüberwachung
§ 21 Zuständigkeit für Anordnungen bei allgemeiner Überwachung oder im Einzelfall
§ 22 Zuständigkeit für die Verfolgung und Ahndung von Ordnungswidrigkeiten
§ 23 *[aufgehoben]*

Sechster Abschnitt
Schlussbestimmungen
§ 24 Bußgeldvorschriften
§ 25 Weitere Verordnungsermächtigungen
§ 26 Überwachung, allgemeine Anordnungsbefugnis, Grundrechtseinschränkung
§ 27 Gleichstellungsbestimmung

Erster Abschnitt
Kreislauf- und Abfallwirtschaft

§ 1 Förderung des Ressourcenschutzes und der Kreislaufwirtschaft

Jede Person soll sich so verhalten, dass die natürlichen Ressourcen geschützt, mit ihnen sparsam und effizient umgegangen und eine Wiederverwendung gebrauchter Rohstoffe und Ressourcen ermöglicht wird und, dass nicht vermiedene Abfälle im Einklang mit der Abfallhierarchie nach § 6 des Kreislaufwirtschaftsgesetzes (KrWG) vom 24. Februar 2012 (BGBl. I S. 212) in der jeweils geltenden Fassung verwertet oder beseitigt werden.

§ 2 Vorbildwirkung der öffentlichen Hand

(1) Die Behörden des Landes, die Gemeinden, die Landkreise, die Körperschaften, Anstalten und Stiftungen des öffentlichen Rechts sowie Betriebe, deren Kapital sich ganz oder überwiegend in der Hand des Landes oder der Kommunen befindet, tragen in ihrem gesamten Wirkungskreis zur Förderung der Kreislaufwirtschaft bei.

1) Verkündet als Art. 1 G v. 23.11.2017 (GVBl. S. 246); Inkrafttreten gem. Art. 4 dieses G am 1.12.2017.

(2) [1]Sie haben bei der Gestaltung von Arbeitsabläufen, der Beschaffung oder Verwendung von Material und Gebrauchsgütern, bei der Planung und der Erstellung der Leistungsbeschreibung von Bauvorhaben sowie von sonstigen Aufträgen den Erzeugnissen den Vorzug zu geben, die

1. mit rohstoffschonenden oder abfallarmen Produktionsverfahren hergestellt sind,
2. durch Vorbereitung zur Wiederverwendung oder durch Recycling aus Abfällen hergestellt worden sind,
3. langlebig und reparaturfreundlich sind,
4. im Vergleich zu anderen Erzeugnissen zu weniger oder schadstoffärmeren Abfällen führen oder
5. sich nach Gebrauch in besonderem Maße zur umweltverträglichen, insbesondere energiesparenden Wiederverwendung oder zum Recycling eignen,

sofern diese mindestens im gleichen Maße wie andere Erzeugnisse für den vorgesehenen Verwendungszweck geeignet sind und die Grundsätze der Wirtschaftlichkeit und Sparsamkeit nicht entgegenstehen. [2]Der niedrigste Angebotspreis allein ist nicht entscheidend.

(3) Soweit die öffentliche Hand Einrichtungen oder Grundstücke für Veranstaltungen zur Verfügung stellt, soll diese darauf hinwirken, dass wieder verwendbare Erzeugnisse eingesetzt werden.

Zweiter Abschnitt
Öffentlich-rechtliche Entsorgungsträger

§ 3 Bestimmung der öffentlich-rechtlichen Entsorgungsträger

(1) [1]Öffentlich-rechtliche Entsorgungsträger im Sinne des § 17 Abs. 1 KrWG sind die Landkreise und kreisfreien Städte. [2]Die Pflichten der öffentlich-rechtlichen Entsorgungsträger nach § 20 KrWG erstrecken sich auch auf Abfälle, die auf einem der Allgemeinheit zugänglichen Grundstück abgelagert werden. [3]Der Allgemeinheit zugänglich sind insbesondere solche Grundstücke, deren Betreten jedermann ungehindert möglich ist und bei denen der Grundstückseigentümer oder der Nutzungsberechtigte kraft besonderer gesetzlicher Vorschriften das Betreten des Grundstücks zu dulden hat.

(2) Zur Wahrnehmung der Abfallberatungspflicht nach § 46 Abs. 1 KrWG bestellen die öffentlich-rechtlichen Entsorgungsträger einen oder mehrere Abfallberater.

§ 4 Aufgaben kreisangehöriger Gemeinden

(1) [1]Die kreisangehörigen Städte und Gemeinden haben die öffentlich-rechtlichen Entsorgungsträger bei der Suche nach geeigneten Flächen für Abfallentsorgungsanlagen zu unterstützen. [2]Sie haben Flächen für die Aufstellung von zur Einsammlung von Abfällen bestimmten Behältnissen zur Verfügung zu stellen.

(2) [1]Die öffentlich-rechtlichen Entsorgungsträger können den kreisangehörigen Gemeinden auf deren Antrag die stoffliche Verwertung von Abfällen sowie die sonstige Entsorgung pflanzlicher Abfälle, von unbelastetem Boden und unbelastetem Bauschutt sowie das Einsammeln und Befördern von Abfällen ganz oder teilweise übertragen, wenn das Wohl der Allgemeinheit nicht beeinträchtigt wird, der Abfallwirtschaftsplan der Übertragung nicht entgegensteht, die Entsorgungssicherheit im Übrigen gewährleistet ist und die zuständige Abfallbehörde der Übertragung zustimmt. [2]Soweit Aufgaben nach Satz 1 übertragen werden, haben die kreisangehörigen Gemeinden diese als eigene Pflicht zu erfüllen. [3]Eine Rückübertragung bedarf einer Vereinbarung der Gemeinde mit dem öffentlich-rechtlichen Entsorgungsträger.

§ 5 Betretungsrecht der öffentlich-rechtlichen Entsorgungsträger

[1]Die öffentlich-rechtlichen Entsorgungsträger oder deren Beauftragte sind berechtigt, die Betretungsrechte der Bediensteten und Beauftragten der zuständigen Behörde nach § 19 Abs. 1 Satz 2 KrWG auszuüben, soweit dies zur Erfüllung der Aufgaben des öffentlich-rechtlichen Entsorgungsträgers erforderlich ist. [2]Das Grundrecht auf Unverletzlichkeit der Wohnung (Artikel 13 des Grundgesetzes, Artikel 8 der Verfassung des Freistaats Thüringen) wird insoweit eingeschränkt.

§ 6 Satzung

(1) [1]Die öffentlich-rechtlichen Entsorgungsträger können durch Satzung festlegen, wie ihnen im Rahmen der Überlassungspflichten nach § 17 Abs. 1 KrWG die Abfälle zu überlassen sind. [2]Organisation und Durchführung der Abfallentsorgung sind so zu gestalten, dass die zu überlassenden Abfälle zur Ressourcenschonung vorrangig zur Wiederverwendung vorbereitet, recycelt oder nachrangig einer energetischen Verwertung oder Verfüllung zugeführt werden können.

(2) [1]Die öffentlich-rechtlichen Entsorgungsträger können in ihren Satzungen Regelungen zur Durchsetzung ihnen gegenüber nach § 17 KrWG bestehender Überlassungspflichten treffen. [2]Auf dieser Grundlage sind sie auch befugt, satzungsrechtliche Anordnungen zu treffen, insbesondere zur Durchsetzung von Überlassungspflichten und Getrennthaltungspflichten sowie zu Verbringungsverboten für überlassungspflichtige Abfälle.

(3) [1]Die öffentlich-rechtlichen Entsorgungsträger erheben als Gegenleistung für die Inanspruchnahme ihrer Einrichtungen Benutzungsgebühren nach dem Thüringer Kommunalabgabengesetz (ThürKAG) in der Fassung vom 19. September 2000 (GVBl. S. 301) in der jeweils geltenden Fassung. [2]Zu den ansatzfähigen Kosten können gehören

1. alle Aufwendungen für die Sicherung, Rekultivierung und Nachsorge der von den öffentlich-rechtlichen Entsorgungsträgern betriebenen und stillgelegten Abfallbeseitigungsanlagen, soweit diese nicht durch Rückstellungen oder Rücklagen gedeckt sind,
2. die Aufwendungen für Planungen nicht verwirklichter Vorhaben, soweit diese im Zeitpunkt der Planung in ordnungsgemäßer Wahrnehmung der Aufgaben erforderlich waren und rechtzeitig abgebrochen wurden,
3. die Aufwendungen für die Beratung und Aufklärung über Abfallvermeidung und -verwertung nach § 46 KrWG,
4. die Kosten einer getrennten Erfassung von Abfällen außerhalb der regelmäßigen Grundstücksentsorgung nach § 3 Abs. 1, sofern diese nicht vom Verursacher erlangt werden können.

(4) [1]Werden verschiedene Abfallarten in einer Anlage gemeinsam entsorgt, ist grundsätzlich eine einheitliche Gebühr zu erheben. [2]Die Festsetzung höherer Gebühren ist zulässig, wenn die verschiedenen Abfallarten aufgrund ihrer besonderen Eigenschaften einen unterschiedlichen Entsorgungsaufwand verursachen oder wenn die Abfallerzeuger Abfälle anliefern, die stofflich oder energetisch verwertet oder mit geringeren Anforderungen thermisch behandelt oder abgelagert werden könnten, jedoch nur deshalb angenommen werden müssen, weil sie mit anderen Abfallstoffen so vermischt sind, dass sie ohne unverhältnismäßigen Aufwand nicht mehr getrennt werden können. [3]Insbesondere sind höhere Gebühren zu erheben, wenn Abfälle nur deshalb angeliefert werden, um wirtschaftlich zumutbare Mehrkosten einer höherwertigen Verwertung nach § 8 Abs. 1 in Verbindung mit § 7 Abs. 2 KrWG zu vermeiden.

(5) Die Gebührenbemessung ist so zu gestalten, dass die Rangfolge der Maßnahmen der Abfallbewirtschaftung nach § 6 KrWG als Merkmal im Sinne des § 12 Abs. 4 ThürKAG berücksichtigt wird.

§ 7 Kleinmengensammlung

(1) [1]Die öffentlich-rechtlichen Entsorgungsträger richten eine getrennte Kleinmengensammlung für Abfälle nach Satz 2 ein. [2]Der Kleinmengensammlung nach Satz 1 unterliegen

1. gefährliche Abfälle nach § 48 KrWG, einschließlich solcher Abfälle, die im Einzelfall durch die zuständige Behörde als gefährlich eingestuft wurden, sowie
2. vergleichbare Abfälle, deren von der sonstigen Abfallentsorgungseinrichtung getrennte Einsammlung zum Schutz von Mensch und Umwelt erforderlich ist,

die in Haushaltungen oder in kleinen Mengen in Gewerbebetrieben und in Dienstleistungsbereichen anfallen.

(2) [1]Die Kleinmengensammlung kann ortsfest, mobil durch Sammelfahrzeuge oder kombiniert durchgeführt werden. [2]Bei einer ortsfesten Kleinmengensammlung ist für städtische Bereiche bis zu jeweils 100.000 Einwohnern oder in ländlichen Bereichen für einen Einzugsbereich von rund 15 Kilometern jeweils mindestens eine Sammelstelle einzurichten. [3]Bei einer durch Sammelfahrzeuge durchgeführten Kleinmengensammlung sind pro Gemeinde oder Ortsteil mindestens zwei Sammlungen jährlich durchzuführen. [4]Bei kombinierter Sammlung ist zu gewährleisten, dass flächendeckend entweder eine Sammelstelle nach Satz 2 oder eine mobile Sammlung nach Satz 3 zur Verfügung steht. [5]Je Sammlung oder Sammeltag darf ein Abfallbesitzer höchstens 100 Kilogramm anliefern. [6]Bei Kleinmengen aus anderen Herkunftsbereichen als privaten Haushaltungen können die öffentlich-rechtlichen Entsorgungsträger die angelieferte Menge auf 500 Kilogramm je Abfallerzeuger und Jahr begrenzen und gesonderte Gebühren für die Anlieferung erheben.

(3) [1]Für kleine Elektro-Altgeräte im Sinne des § 17 Abs. 1 Satz 1 Nr. 2 des Elektro- und Elektronikgerätegesetzes (ElektroG) vom 24. Oktober 2015 (BGBl. I S. 1739) in der jeweils geltenden Fassung

ist Absatz 2 Satz 1 bis 4 für die Festlegung nach § 13 Abs. 3 Satz 2 ElektroG entsprechend anzuwenden. [2]Abweichungen sind mit Zustimmung der zuständigen Behörde zulässig.

Dritter Abschnitt
Deponien

§ 8 Deponie-Eigenkontrolle

(1) [1]Deponiebetreiber, die aufgrund des § 1 Abs. 3 Nr. 3 und 4 der Deponieverordnung (DepV) vom 27. April 2009 (BGBl. I S. 900) in der jeweils geltenden Fassung nicht den Pflichten nach § 12 DepV unterliegen, haben regelmäßig Untersuchungen der von der Deponie ausgehenden Emissionen und der Immissionen im Einwirkungsbereich auf ihre Kosten durchzuführen. [2]Hierzu gehören insbesondere regelmäßige Grundwasser-, Sickerwasser-, Oberflächenwasser-, Luft- und Bodenuntersuchungen. [3]Sie haben die hierfür erforderlichen Voraussetzungen zu schaffen. [4]Sie können hierzu Dritte mit der Erfüllung dieser Pflichten beauftragen.

(2) Die oberste Abfallbehörde kann im Einvernehmen mit der obersten Kommunalaufsichtsbehörde durch Rechtsverordnung regeln,

1. dass bestimmte Untersuchungen nach Absatz 1 von staatlich anerkannten oder nach der Verordnung (EG) Nr. 765/2008 des Europäischen Parlaments und des Rates vom 9. Juli 2008 über die Vorschriften für die Akkreditierung und Marktüberwachung im Zusammenhang mit der Vermarktung von Produkten und zur Aufhebung der Verordnung (EWG) Nr. 339/93 des Rates (ABl. L 218 vom 13. August 2008, S. 30) in der jeweils geltenden Fassung für die durchzuführenden Aufgaben akkreditierten Stellen durchzuführen sind; dabei können die Voraussetzungen und das Verfahren für die staatliche Anerkennung von Stellen bestimmt werden,
2. in welchen Zeitabständen und in welcher Form Untersuchungen nach Absatz 1 durchzuführen sind,
3. dass der nach Nummer 5 zu bestimmenden Stelle jährlich eine Zusammenstellung über Art, Menge, Konzentration und Herkunft der im Sicker-, Oberflächen- und Grundwasser sowie Boden enthaltenen Inhaltsstoffe sowie der Schadstoffgehalte der Emissionen in die Luft zu übermitteln ist,
4. dass der nach Nummer 5 zu bestimmenden Stelle unverzüglich mitzuteilen ist, wenn sich Menge und Beschaffenheit des Sicker-, Oberflächen- und Grundwassers sowie der Emissionen in die Luft wesentlich verändern,
5. in welcher Form, in welchen Zeitabständen und welcher Stelle die Untersuchungsergebnisse und Aufzeichnungen nach Absatz 1 zu übermitteln sind, dass und wie diese der Öffentlichkeit zugänglich gemacht werden,
6. in welcher Form die ordnungsgemäße Entsorgung des Probematerials durchgeführt werden soll.

(3) Die Ermächtigung des Absatzes 2 gilt entsprechend, soweit die Länder ermächtigt sind, nach

1. § 12 Abs. 5 Satz 2 DepV Einzelheiten der Messungen und Kontrollen und über die Informationen nach § 12 Abs. 4 Satz 2 Nr. 1 DepV oder
2. § 13 Abs. 5 Satz 2 DepV Einzelheiten der Anforderungen, die an die Jahresberichte zu stellen sind, und über deren Vorlage

zu regeln.

(4) [1]Die Eigentümer und Nutzungsberechtigten von Grundstücken im Einwirkungsbereich der Deponie sind verpflichtet, Überwachungsmaßnahmen nach Absatz 1 zu dulden und den Zugang zu den Grundstücken zu ermöglichen. [2]Die Deponiebetreiber haben die bei der Überwachung entstehenden Kosten zu erstatten und Schäden zu beseitigen.

§ 9 Veränderungssperre

§ 25 des Thüringer Enteignungsgesetzes (ThürEG) vom 23. März 1994 (GVBl. S. 329) in der jeweils geltenden Fassung gilt mit der Maßgabe, dass die Veränderungssperre nach § 25 Abs. 1 ThürEG mit Beginn der Auslegung der Pläne im Planfeststellungsverfahren nach § 35 Abs. 2 KrWG oder, wenn die Auslegung unterbleibt, von der Bestimmung der Einwendungsfrist gegenüber dem Betroffenen an, eintritt.

Vierter Abschnitt
Abfallwirtschaftsplanung

§ 10 Abfallbilanzen

(1) [1]Die öffentlich-rechtlichen Entsorgungsträger haben jährlich Abfallbilanzen nach § 21 KrWG zu erstellen, in denen die angefallenen Abfälle nach Art, Menge und Herkunft sowie ihre Verwertung, insbesondere die Vorbereitung zur Wiederverwendung und das Recycling und ihre Beseitigung dargestellt und begründet werden. [2]Die dafür aufgewendeten Kosten sind darzustellen.

(2) [1]Die oberste Abfallbehörde kann durch Rechtsverordnung für die Abfallbilanzen und die Kostendarstellungen nach Absatz 1 nähere Anforderungen an

1. die Ermittlung der Abfallmengen,
2. Form und Inhalt der vorzulegenden Unterlagen sowie
3. Zeitpunkt und Verfahren zur Erstellung der Bilanzen

bestimmen. [2]Die oberste Abfallbehörde kann hierbei auch die zuständige Behörde für die Entgegennahme der Abfallbilanz regeln.

(3) Die zuständige Behörde wertet die Abfallbilanzen der öffentlich-rechtlichen Entsorgungsträger aus und erstellt jährlich einen zusammenfassenden Bericht zur Abfallbilanz des Landes.

§ 11 Abfallwirtschaftskonzepte

(1) [1]Die öffentlich-rechtlichen Entsorgungsträger stellen unter Berücksichtigung der Abfallbilanzen und des bestehenden Abfallwirtschaftsplans Abfallwirtschaftskonzepte für ihre Bereiche auf. [2]Diese enthalten die erforderlichen Maßnahmen zur Vermeidung, Verwertung und Beseitigung von Abfall einschließlich der Standorte und Anlagen sowie die Darstellung der sich aus diesen Maßnahmen voraussichtlich ergebenden Gebührenentwicklung. [3]Bei der Darstellung der Maßnahmen zur Verwertung von Abfall soll entsprechend der Abfallhierarchie des § 6 KrWG zwischen Maßnahmen der Vorbereitung zur Wiederverwendung, des Recyclings und der sonstigen Verwertung unterschieden werden. [4]Die Abfallwirtschaftskonzepte sind alle sechs Jahre und bei Bedarf fortzuschreiben.

(2) Die oberste Abfallbehörde kann durch Rechtsverordnung

1. den Mindestinhalt der Abfallwirtschaftskonzepte, insbesondere welche Angaben
   a) zur vorhandenen Entsorgungsinfrastruktur,
   b) zur Gebührenerhebung,
   c) über getroffene und geplante Maßnahmen zur Vermeidung, Verwertung und Beseitigung von Abfällen und
   d) zur Erstellung von Abfallmengenprognosen

   erforderlich sind,
2. das Verfahren zur Aufstellung des Abfallwirtschaftskonzepts und
3. die Beteiligung der Öffentlichkeit oder eine Bekanntmachung des Abfallwirtschaftskonzepts

regeln.

§ 12 Abfallwirtschaftsplan

(1) [1]Die zuständige Behörde erstellt unter Beachtung der Ziele der Raumordnung und unter Berücksichtigung der Abfallwirtschaftskonzepte, der Grundsätze und sonstigen Erfordernisse der Raumordnung sowie überörtlicher Gesichtspunkte den Entwurf eines Abfallwirtschaftsplans nach § 30 KrWG. [2]Der Entwurf des Abfallwirtschaftsplans wird durch die zuständige Behörde

1. mit den Ländern nach § 31 Abs. 1 KrWG abgestimmt,
2. den Landkreisen und kreisfreien Städten, den öffentlich-rechtlichen Entsorgungsträgern sowie den kommunalen Spitzenverbänden zur Beteiligung zugesandt und
3. nach § 32 Abs. 2 KrWG am Sitz der zuständigen Behörde zur Einsicht ausgelegt.

[3]Die zuständige Behörde informiert über die Aufstellung oder Änderung des Abfallwirtschaftsplans und über das Beteiligungsverfahren nach § 32 Abs. 1 KrWG durch Bekanntmachung im Thüringer Staatsanzeiger und auf andere geeignete Weise. [4]Sie weist in der Bekanntmachung auf die Frist zur Stellungnahme nach § 32 Abs. 2 Satz 2 KrWG hin. [5]Die eingegangenen Stellungnahmen sind von der zuständigen Behörde zu bewerten. [6]Der Entwurf des Abfallwirtschaftsplans und die Bewertung der Stellungnahmen sowie deren Berücksichtigung sind der obersten Abfallbehörde zur Zustimmung vor-

zulegen. [7]Die zuständige Behörde macht die Annahme des Plans im Thüringer Staatsanzeiger und auf einer öffentlich zugänglichen Webseite bekannt.

(2) Verbindlichkeitserklärungen nach § 30 Abs. 4 KrWG erfolgen durch Rechtsverordnung der Landesregierung.

(3) Die zuständige Behörde kann auf Antrag mit Zustimmung der obersten Abfallbehörde Ausnahmen von den Festlegungen eines verbindlichen Abfallwirtschaftsplans zulassen, wenn dies mit den Zielen des Plans vereinbar ist und das Wohl der Allgemeinheit nicht entgegensteht.

(4) [1]Wer Abfälle zur Beseitigung oder gemischte Abfälle aus privaten Haushaltungen, die außerhalb des Geltungsbereichs des Abfallwirtschaftsplans entstanden sind, zu Abfallentsorgungsanlagen nach § 30 Abs. 1 Satz 2 Nr. 4 KrWG im Plangebiet entsorgen will, bedarf dazu der Genehmigung der zuständigen Behörde, sofern nicht bereits der Abfallwirtschaftsplan die Entsorgung im Plangebiet vorsieht. [2]Die Genehmigung kann auf Antrag auch dem Inhaber der Abfallentsorgungsanlage erteilt werden. [3]Die Genehmigung darf nur erteilt werden, wenn die beabsichtigte Verbringung der Abfälle in Bezug auf Menge und vorgesehener Entsorgungsanlage dem Prinzip der Nähe nach Artikel 16 Abs. 3 der Richtlinie 2008/98/EG des Europäischen Parlaments und des Rates vom 19. November 2008 über Abfälle und zur Aufhebung bestimmter Richtlinien (ABl. L 312 vom 22. November 2008, S. 3) in der jeweils geltenden Fassung und den Zielen des Abfallwirtschaftsplans nicht entgegensteht. [4]Die Genehmigung darf nur befristet erteilt und kann mit Bedingungen und Auflagen verbunden werden. [5]Die Sätze 1 bis 4 finden keine Anwendung auf die Verbringung von Abfällen nach der Verordnung (EG) Nr. 1013/2006 des Europäischen Parlaments und des Rates vom 14. Juni 2006 über die Verbringung von Abfällen (ABl. L 190 vom 12. Juli 2006, S. 1) in der jeweils geltenden Fassung.

§ 13 Abfallvermeidungsprogramme

(1) [1]Die zuständige Behörde erstellt nach § 33 Abs. 1 Satz 3 KrWG einen Beitrag zum Abfallvermeidungsprogramm des Bundes nach § 33 Abs. 1 Satz 1 KrWG. [2]Bei der Erstellung dieses Beitrages sind insbesondere die Abfallwirtschaftskonzepte nach § 11 zu berücksichtigen.

(2) Der nach Absatz 1 erstellte Beitrag zum Abfallvermeidungsprogramm des Bundes ist der obersten Abfallbehörde zur Zustimmung und Weiterleitung an den Bund vorzulegen.

Fünfter Abschnitt
Zuständigkeiten

§ 14 Abfallbehörden

(1) [1]Oberste Abfallbehörde ist das für die Abfallwirtschaft zuständige Ministerium. [2]Es ist oberste Fachaufsichtsbehörde im Bereich der Abfallwirtschaft und fachlich zuständig für die Aufgaben nach § 18 des Verpackungsgesetzes (VerpackG) vom 5. Juli 2017 (BGBl. I S. 2234) in der jeweils geltenden Fassung.

(2) [1]Obere Abfallbehörde ist das Landesamt für Umwelt, Bergbau und Naturschutz sowie in den besonders genannten Fällen das Landesamt für Landwirtschaft und Ländlichen Raum. [2]Das Landesamt für Umwelt, Bergbau und Naturschutz übt die Fachaufsicht über die unteren Abfallbehörden nach § 16 aus.

(3) Untere Abfallbehörden sind die Landkreise und kreisfreien Städte jeweils im übertragenen Wirkungskreis.

§ 15 Sachliche Zuständigkeit des Landesamts für Umwelt, Bergbau und Naturschutz

[1]Das Landesamt für Umwelt, Bergbau und Naturschutz ist, soweit in diesem Abschnitt oder in einer Rechtsverordnung aufgrund des § 25 Abs. 2 Satz 1 Nr. 1 nichts anderes bestimmt ist, als obere Abfallbehörde zuständig für die Wahrnehmung der Aufgaben nach

1. den unmittelbar geltenden Rechtsvorschriften der Europäischen Gemeinschaften im Bereich der Abfallwirtschaft,
2. dem Kreislaufwirtschaftsgesetz und den aufgrund dieses Gesetzes oder des bis zum Ablauf des 31. Mai 2012 geltenden Kreislaufwirtschafts- und Abfallgesetzes erlassenen Rechtsverordnungen,
3. dem Elektro- und Elektronikgerätegesetz und den aufgrund dieses Gesetzes erlassenen Rechtsverordnungen,

4. dem Batteriegesetz (BattG) vom 25. Juni 2009 (BGBl. I S. 1582) in der jeweils geltenden Fassung und den aufgrund dieses Gesetzes erlassenen Rechtsverordnungen,
4a. dem Verpackungsgesetz,
5. diesem Gesetz und den aufgrund dieses Gesetzes oder des bis zum Inkrafttreten dieses Gesetzes geltenden Thüringer Abfallwirtschaftsgesetzes (ThürAbfG) erlassenen Rechtsverordnungen,
6. dem Abfallverbringungsgesetz (AbfVerbrG) vom 19. Juli 2007 (BGBl. I S. 1462) in der jeweils geltenden Fassung und den aufgrund dieses Gesetzes erlassenen Rechtsverordnungen sowie
7. den Vollzug des Artikels 1 § 4 Abs. 3 des Umweltrahmengesetzes vom 29. Juni 1990 (GBl. I Nr. 42 S. 649; BGBl. 1990 II S. 1226) in der jeweils geltenden Fassung.

[2]Das Landesamt für Umwelt, Bergbau und Naturschutz nimmt an Stelle der obersten Abfallbehörde die Aufgaben nach § 7 Abs. 1 BattG wahr. [3]Es nimmt weiterhin übergeordnete wissenschaftlich-fachliche Aufgaben der Abfallwirtschaft, insbesondere hinsichtlich der Vermeidung, Verminderung und Verwertung von Abfällen sowie der dem Stand der Technik entsprechenden sonstigen Entsorgung nach Weisung der obersten Abfallbehörde, wahr.

§ 16 Sachliche Zuständigkeit der Landkreise und kreisfreien Städte

[1]Die Landkreise und kreisfreien Städte sind als untere Abfallbehörden zuständig für

1. eine Entscheidung im Einzelfall nach § 28 Abs. 2 KrWG, soweit die Beseitigung von pflanzlichen Abfällen, die auf landwirtschaftlich, forstwirtschaftlich oder gärtnerisch genutzten Grundstücken, in Parks, Grünanlagen und auf Friedhöfen oder in sonstiger Weise anfallen, betroffen ist,
2. die abfallwirtschaftliche Überwachung nach § 47 KrWG mit Ausnahme
   a) von Deponien,
   b) der Überwachung der Anforderungen nach §§ 4 bis 14, § 16 Abs. 1 bis 4 und den §§ 17 bis 30 VerpackG,
   c) der Überwachung der Anforderungen nach § 8 Abs. 2 und § 9 der Altfahrzeug-Verordnung (AltfahrzeugV) in der Fassung vom 21. Juni 2002 (BGBl. I S. 2214) in der jeweils geltenden Fassung,
   d) der Überwachung nach
      aa) der Verordnung (EG) Nr. 1013/2006,
      bb) dem Abfallverbringungsgesetz und den aufgrund dieses Gesetzes erlassenen Rechtsverordnungen,
      cc) der Verordnung (EG) Nr. 850/2004 des Europäischen Parlaments und des Rates vom 29. April 2004 über persistente organische Schadstoffe und zur Änderung der Richtlinie 79/117/EWG (ABl. L 158 vom 30. April 2004, S. 7; L 229, S. 5) in der jeweils geltenden Fassung,
      dd) der Nachweisverordnung vom 20. Oktober 2006 (BGBl. I S. 2298) in der jeweils geltenden Fassung,
      ee) der PCB/PCT-Abfallverordnung vom 26. Juni 2000 (BGBl. I S. 932) in der jeweils geltenden Fassung und
   e) der Überwachung eines der Bergaufsicht unterliegenden Betriebs,
3. den Vollzug der Bestimmungen über die Anzeige über die Aufnahme der Tätigkeit von Sammlern, Beförderern, Händlern und Maklern von Abfällen nach § 53 KrWG und der aufgrund des § 53 Abs. 6 KrWG erlassenen Rechtsverordnung,
4. die Erteilung der Erlaubnis für Sammler, Beförderer, Händler und Makler nach § 54 Abs. 1 KrWG und den Vollzug der aufgrund des § 54 Abs. 7 KrWG ergangenen Rechtsverordnung,
5. den Vollzug der Bestimmungen über die Bestellung von Abfallbeauftragten nach den §§ 59 und 60 KrWG und der aufgrund des § 59 Abs. 1 Satz 2 und des § 60 Abs. 3 Satz 2 KrWG erlassenen Rechtsverordnungen,
6. die Überwachung der Herstellerpflicht nach § 6 Abs. 3 ElektroG und der Hersteller- und Vertreiberpflicht nach § 7 Abs. 4 ElektroG sowie die Überwachung der Sammlung, der Rücknahme und der Behandlungs- und Verwertungspflichten nach den Abschnitten 3 und 4 des Elektro- und Elektronikgerätegesetzes, soweit sie in der Zuständigkeit des Landes liegt,
7. die Entscheidung über die Zulässigkeit von Abweichungen nach Nummer 5 des Anhangs der Altfahrzeug-Verordnung vom 21. Juni 2002 (BGBl. I S. 2214) in der jeweils geltenden Fassung,

8. den Vollzug der Gewerbeabfallverordnung vom 18. April 2017 (BGBl. I S. 896) in der jeweils geltenden Fassung,
9. die Überwachung nach dem Batteriegesetz, soweit sie in der Zuständigkeit des Landes liegt, mit Ausnahme der § 3 Abs. 1, 2 und 5 und § 17 BattG sowie
10. § 3 Abs. 5 Satz 3 bis 5, Abs. 6 Satz 1 Nr. 4, Abs. 7 Satz 2, 3 und 6, Abs. 8 Satz 2 bis 4, § 4 Abs. 3 Satz 4, Abs. 5 Satz 2 und 3, Abs. 6, Abs. 7 Satz 2 und 3, Abs. 8 Satz 2 und 3, Abs. 9 Satz 2 und 4, § 6 Abs. 1 Satz 3, § 9a Abs. 1 und 2 Satz 2, § 11 Abs. 1b Satz 3 und Abs. 4 sowie Anhang 2 Nr. 2.2.1.2, 2.2.3.2, 2.2.4.1 bis 2.2.4.3, 3.1.1 und 3.2 der Bioabfallverordnung (BioAbfV) in der Fassung vom 4. April 2013 (BGBl. I S. 658) in der jeweils geltenden Fassung.

[2]Satz 1 Nr. 3 bis 5 gelten nicht für die Anerkennung von Lehrgängen in den dort bezeichneten Rechtsverordnungen.

§ 17 Mitwirkung bei Berichts- und Informationspflichten, Selbstbetroffenheit unterer Abfallbehörden

(1) Die unteren Abfallbehörden haben der obersten Abfallbehörde die Informationen aus ihrer Vollzugstätigkeit nach § 16 aufzuarbeiten und bereitzustellen, die erforderlich sind, damit Berichts- und Informationspflichten gegenüber der Europäischen Union oder dem Bund erfüllt werden können.

(2) Ist ein Landkreis oder eine kreisfreie Stadt selbst oder über ein privatrechtliches Unternehmen, an dem ein Landkreis oder eine kreisfreie Stadt ganz oder teilweise oder in Formen der kommunalen Gemeinschaftsarbeit nach dem Thüringer Gesetz über die kommunale Gemeinschaftsarbeit beteiligt ist, von Vollzugsmaßnahmen nach § 16 betroffen, ist zuständige Behörde das Landesamt für Umwelt, Bergbau und Naturschutz.

§ 18 Landesamt für Landwirtschaft und Ländlichen Raum

[1]Das Landesamt für Landwirtschaft und Ländlichen Raum ist zuständig

1. für den Vollzug der Klärschlammverordnung (AbfKlärV) vom 27. September 2017 (BGBl. I S. 3465) in der jeweils geltenden Fassung, mit Ausnahme der Notifizierung von Untersuchungsstellen nach § 33 AbfKlärV sowie der Anerkennung, Überwachung und Widerruf der Anerkennung des Trägers der Qualitätssicherung nach den §§ 20, 24 und 25 AbfKlärV und
2. nach § 7 Abs. 4 Satz 2, § 9 Abs. 1, Abs. 2 Satz 2 und 5, Abs. 3, § 11 Abs. 2a sowie Abs. 3a Satz 2 und 6 BioAbfV und als landwirtschaftliche Fachbehörde im Sinne der Bioabfallverordnung.

[2]Es nimmt auch übergeordnete wissenschaftlich-fachliche Aufgaben der Abfallwirtschaft hinsichtlich der Verwertung von Bioabfällen und Klärschlämmen aufgrund von im Einvernehmen mit der obersten Abfallbehörde ergangenen Weisungen der obersten Landwirtschaftsbehörde wahr.

§ 19 Sachliche Zuständigkeit der Polizei

Die Polizei ist neben den Abfallbehörden für die Überwachung der Einhaltung abfallrechtlicher Vorschriften im öffentlichen Straßenverkehr zuständig.

§ 20 Sachliche Zuständigkeit für die Marktüberwachung

Zuständige Marktüberwachungsbehörde nach Kapitel III der Verordnung (EG) Nr. 765/2008, soweit Stoffbeschränkungen und Stoffverbote sowie Kennzeichnungs- und Informationspflichten nach den §§ 3 und 17 BattG, den §§ 3 bis 5 sowie 7 und 8 der Elektro- und Elektronikgeräte-Stoff-Verordnung (ElektroStoffV) vom 19. April 2013 (BGBl. I S. 1111) in der jeweils geltenden Fassung, den §§ 4 bis 6 VerpackG und den § 8 Abs. 2 sowie § 9 AltfahrzeugV in Verbindung mit Anhang II der Richtlinie 2000/53/EG des Europäischen Parlaments und des Rates vom 18. September 2000 über Altfahrzeuge (ABl. L 269 vom 21. Oktober 2000, S. 34) in der jeweils geltenden Fassung zu überwachen sind, ist die für Marktüberwachung nach § 7 des Energieverbrauchsrelevante-Produkte-Gesetzes vom 27. Februar 2008 (BGBl. I S. 258) in der jeweils geltenden Fassung zuständige Behörde.

§ 21 Zuständigkeit für Anordnungen bei allgemeiner Überwachung oder im Einzelfall

(1) Sachlich zuständige Behörde für Anordnungen nach den §§ 47 und 62 KrWG ist, soweit die Anordnungen der Durchführung von Rechtsvorschriften dienen, für die die Behörde nach den §§ 15 bis 20 und 23 zuständig ist, die nach diesen Bestimmungen jeweils zuständige Behörde.

(2) Sachlich zuständige Behörde nach § 21 Abs. 2 BattG, § 2 Abs. 2 VerpackG und § 2 Abs. 3 Satz 2 ElektroG jeweils in Verbindung mit den §§ 47 und 62 KrWG ist, soweit die Anordnungen oder die Wahrnehmung der dort geregelten Befugnisse der Durchführung von Rechtsvorschriften dient, für die

die Behörde nach den §§ 15 bis 20 und 23 zuständig ist, die nach diesen Bestimmungen jeweils zuständige Behörde.

(3) Die Zuständigkeiten für Anordnungen nach den Absätzen 1 und 2 erstrecken sich auch auf Anordnungen, die zur Beseitigung der im Rahmen der Überwachung festgestellten Verstöße gegen abfallrechtliche Pflichten zu treffen sind.

§ 22 Zuständigkeit für die Verfolgung und Ahndung von Ordnungswidrigkeiten

[1]Sachlich zuständige Verwaltungsbehörde im Sinne des § 36 Abs. 2 Satz 1 des Gesetzes über Ordnungswidrigkeiten in der Fassung vom 19. Februar 1987 (BGBl. I S. 602) in der jeweils geltenden Fassung für die Verfolgung und Ahndung von Ordnungswidrigkeiten nach

1. § 69 KrWG, soweit nicht nach § 69 Abs. 4 KrWG das Bundesamt für Güterverkehr zuständig ist,
2. § 18 AbfVerbrG,
3. § 45 ElektroG,
4. § 22 Abs. 1 Nr. 1, 3, 5, 6, 8 bis 12 sowie 14 bis 16 BattG,
5. § 34 Abs. 1 Nr. 1, 2, 14 bis 17 sowie 21 bis 27 VerpackG,
6. § 14 ElektroStoffV und
7. § 24 dieses Gesetzes

ist die nach den §§ 15 bis 21 und 23 jeweils zuständige Behörde. [2]Für die Durchführung von Ordnungswidrigkeitsverfahren ist zuständige Verwaltungsbehörde

1. nach § 34 Abs. 1 Nr. 3 bis 13 sowie 18 bis 20 VerpackG das Landesamt für Umwelt, Bergbau und Naturschutz und
2. nach § 36 AbfKlärV in Verbindung mit § 69 Abs. 1 Nr. 8 und Abs. 2 Nr. 15 KrWG das Landesamt für Landwirtschaft und Ländlichen Raum.

§ 23 *[aufgehoben]*

Sechster Abschnitt
Schlussbestimmungen

§ 24 Bußgeldvorschriften

(1) Ordnungswidrig handelt, wer vorsätzlich oder fahrlässig

1. entgegen § 8 Abs. 1 keine regelmäßigen Untersuchungen der von der Deponie ausgehenden Emissionen und der Immissionen im Einwirkungsbereich der Deponie durchführen lässt,
2. einer Rechtsvorschrift zuwiderhandelt, die aufgrund dieses Gesetzes erlassen wird, soweit sie für einen bestimmten Tatbestand auf diese Bußgeldbestimmungen verweist,
3. einer Rechtsvorschrift zuwiderhandelt, die aufgrund des bis zum Inkrafttreten dieses Gesetzes geltenden Thüringer Abfallwirtschaftsgesetzes erlassen wurde, soweit diese für einen bestimmten Tatbestand auf die Bußgeldbestimmung des § 29 Abs. 1 Nr. 7 ThürAbfG verweist, oder
4. einer vollziehbaren Anordnung zuwiderhandelt, die aufgrund dieses Gesetzes erlassen wird.

(2) Die Ordnungswidrigkeit kann mit einer Geldbuße bis zu fünfzigtausend Euro geahndet werden.

§ 25 Weitere Verordnungsermächtigungen

(1) Die Landesregierung wird ermächtigt, zur Sicherstellung der umweltverträglichen Beseitigung Andienungs- und Überlassungspflichten für gefährliche Abfälle zur Beseitigung durch Rechtsverordnung zu bestimmen und dabei insbesondere die von einer Andienungs- oder Überlassungspflicht erfassten gefährlichen Abfälle zur Beseitigung sowie die Stelle, gegenüber der die Andienungs- oder Überlassungspflicht besteht, zu regeln.

(2) [1]Die oberste Abfallbehörde wird ermächtigt, durch Rechtsverordnung

1. im Einvernehmen mit der obersten Kommunalaufsichtsbehörde Zuständigkeiten abweichend von den §§ 15 bis 23 zu regeln,
2. bestimmte Aufgaben, insbesondere Prüf- und Überwachungsmaßnahmen, auf anerkannte Sachverständige oder sachverständige Stellen zu übertragen,
3. die Voraussetzungen für die Anerkennung der Sachverständigen oder sachverständigen Stellen und die Entgelte für deren Leistungen zu regeln,
4. zu regeln, dass der Antragsteller, Anlagenbetreiber oder sonstige Veranlasser von Maßnahmen die Kosten der Sachverständigen zu tragen hat,

5. zu regeln, dass die Erfüllung von Maßnahmen nach Nummer 2 durch eine Bescheinigung eines anerkannten Sachverständigen oder einer sachverständigen Stelle nachzuweisen ist.

[2]Die Rechtsverordnung nach Satz 1 Nr. 1 bedarf auch des Einvernehmens der obersten Landwirtschaftsbehörde, soweit Zuständigkeiten des Landesamts für Landwirtschaft und Ländlichen Raum nach § 18 betroffen sind oder Zuständigkeiten dieser Behörde neu begründet werden sollen.

§ 26 Überwachung, allgemeine Anordnungsbefugnis, Grundrechtseinschränkung

(1) Die Abfallbehörden haben im Rahmen ihrer Zuständigkeit darüber zu wachen, dass die Bestimmungen dieses Gesetzes und der aufgrund dieses Gesetzes oder des bis zum Inkrafttreten dieses Gesetzes geltenden Thüringer Abfallwirtschaftsgesetzes erlassenen Rechtsverordnungen eingehalten werden.

(2) [1]Die Abfallbehörden können die notwendigen Maßnahmen auf dem Gebiet der Abfallentsorgung treffen, um eine im einzelnen Fall bestehende Gefahr für die öffentliche Sicherheit und Ordnung abzuwehren, soweit nicht die Befugnisse der Abfallbehörden in den Rechtsvorschriften des Bundes oder diesem Gesetz besonders geregelt sind. [2]Sie können zur Erfüllung der ihnen obliegenden Pflichten Anordnungen auch nach Erteilung von Genehmigungen auf dem Gebiet des Abfallrechts treffen.

(3) [1]Die Abfallbehörden oder von ihnen beauftragte Dritte dürfen zur Durchführung von Maßnahmen nach den Absätzen 1 und 2 Grundstücke, Geschäfts- und Betriebsräume, Fahrzeuge und, zur Verhütung einer dringenden Gefahr für die öffentliche Sicherheit und Ordnung, auch Wohnräume betreten. [2]Das Grundrecht auf Unverletzlichkeit der Wohnung (Artikel 13 des Grundgesetzes, Artikel 8 der Verfassung des Freistaats Thüringen) wird insoweit eingeschränkt. [3]Befugnisse nach anderen Rechtsvorschriften bleiben unberührt.

(4) [1]Die Abfallbehörden können in Zusammenarbeit mit der Polizei, dem Bundesamt für Güterverkehr oder dem Zoll im öffentlichen Straßenverkehr Kontrollen zur abfallrechtlichen Überwachung vornehmen. [2]Sie sind auch befugt, Fahrzeuge ohne Einwilligung zu betreten und Prüfungen und Besichtigungen vorzunehmen sowie geschäftliche Unterlagen eines abfallrechtlich für die Entsorgung oder den Transport von Abfällen Verantwortlichen einzusehen.

(5) Die von Maßnahmen nach den Absätzen 1 bis 4 Betroffenen haben diese zu dulden und den dort genannten Behörden auf Verlangen Proben und Muster von Abfällen und Gegenständen oder Muster von Verpackungen zum Zwecke der amtlichen Untersuchung zu übergeben.

(6) Die §§ 10 bis 13 und 52 des Ordnungsbehördengesetzes vom 18. Juni 1993 (GVBl. S. 323) in der jeweils geltenden Fassung finden, soweit dieses Gesetz nichts anderes bestimmt, entsprechende Anwendung.

§ 27 Gleichstellungsbestimmung

Status- und Funktionsbezeichnungen in diesem Gesetz gelten jeweils in männlicher und weiblicher Form.

Thüringer Wassergesetz[1)2)]

Vom 28. Mai 2019 (GVBl. S. 74)
(52-1)
zuletzt geändert durch Art. 17 Thüringer Covid-19-PandemieG vom 11. Juni 2020 (GVBl. S. 277)

Inhaltsübersicht

Erster Teil
Allgemeine Bestimmungen

Erster Abschnitt
Grundsätze

§ 1 Anwendungsbereich
§ 2 Begriffsbestimmungen
§ 3 Gewässereinteilung
§ 4 Eigentumsverhältnisse (zu § 4 Abs. 2 und 5 WHG)
§ 5 Schranken des Grundeigentums (zu § 4 Abs. 4 WHG)

Zweiter Abschnitt
Gemeinsame Bestimmungen für Gewässer

§ 6 Uferlinie
§ 7 Eigentumsgrenzen
§ 8 Verlandung
§ 9 Überflutung
§ 10 Uferabriss
§ 11 Bildung eines neuen Gewässerbettes
§ 12 Entschädigung, Wiederherstellung
§ 13 Verlassenes Gewässerbett, Inseln
§ 14 Kreis- und Gemeindegrenzen
§ 15 Erlaubnis, Bewilligung, Anpassung (zu den §§ 8 und 9 WHG)
§ 16 Fracking (zu § 13a WHG)
§ 17 Schutz der Bewilligung
§ 18 Verzicht
§ 19 Verpflichtungen bei Erlöschen einer wasser-rechtlichen Zulassung

Dritter Abschnitt
Bewirtschaftung von Gewässern

§ 20 Zuordnung der Gewässer zu Flussgebietseinheiten (zu § 7 Abs. 5 WHG)
§ 21 Wasserwirtschaftliche Planung und Dokumentation (zu § 7 Abs. 2, den §§ 73 bis 75, 79, 80 Abs. 2 und §§ 82 und 83 WHG)
§ 22 Wasserbuch (zu § 87 WHG)
§ 23 Verzeichnis der Schutzgebiete
§ 24 Technische Regeln

Zweiter Teil
Besondere Bestimmungen

Erster Abschnitt
Bewirtschaftung oberirdischer Gewässer

§ 25 Gemeingebrauch (zu § 25 WHG)
§ 26 Eigentümer- und Anliegergebrauch (zu § 26 Abs. 1 und 2 WHG)
§ 27 Wasserkraftnutzung (zu § 35 Abs. 3 WHG)
§ 28 Genehmigung von Anlagen in, an, über und unter oberirdischen Gewässern (zu § 36 Abs. 1 Satz 2 WHG)
§ 29 Gewässerrandstreifen (zu § 38 WHG)
§ 30 Gewässerunterhaltung (zu den §§ 36 Abs. 1 Satz 1, 39 sowie 40 Abs. 3 und 4 WHG)
§ 31 Gewässerunterhaltungspflichtige (zu § 40 WHG)
§ 32 Finanzierung der Gewässerunterhaltung an Gewässern zweiter Ordnung
§ 33 Unterhaltung von Talsperren
§ 34 Übertragung der Unterhaltungslast
§ 35 Ausbaupflicht
§ 36 Schiff- und Floßfahrt
§ 37 Stauanlagen, unbefugtes Aufstauen und Ablassen
§ 38 Anschluss von Stauanlagen an fremde Grundstücke

Zweiter Abschnitt
Bestimmungen zum Grundwasser

§ 39 Bewirtschaftung des Grundwassers (zu den §§ 46 und 47 WHG)
§ 40 Versickerung von Niederschlagswasser (Abweichung von § 8 Abs. 1 WHG)
§ 41 Erdaufschlüsse (zu § 49 WHG)

Dritter Teil
Besondere wasserwirtschaftliche Bestimmungen

Erster Abschnitt
Öffentliche Wasserversorgung, Wasserschutzgebiete, Heilquellenschutz

§ 42 Öffentliche Wasserversorgung (zu § 50 WHG)
§ 43 Fernwasserversorgung
§ 44 Eigenkontrolle (Abweichung von § 50 Abs. 5 WHG)

---

1) Verkündet als Art. 1 G v. 28.5.2019 (GVBl. S. 74); Inkrafttreten gem. Art. 12 Satz 1 dieses G am 8.6.2019, mit Ausnahme des § 29, der gem. Art. 12 Satz 2 dieses G am 1.1.2020 in Kraft tritt.

2) Das Gesetz weicht in einzelnen Punkten vom Wasserhaushaltsgesetz ab; vgl. Hinweis auf von BundesR abweichendes LandesR v. 8.3.2020 (BGBl. I S. 422).

§ 45 Wasserschutzgebiete (zu § 52 Abs. 1 WHG)
§ 46 Heilquellenschutz (zu § 53 WHG)

Zweiter Abschnitt
Abwasserbeseitigung

§ 47 Pflicht zur Abwasserbeseitigung (zu § 56 WHG)
§ 48 Abwasserbeseitigungskonzept (zu § 55 WHG)
§ 49 Genehmigungspflicht für das Einleiten und Einbringen von Abwasser in Abwasseranlagen (zu § 58 WHG)
§ 50 Einleiten von Abwasser in Gewässer (Abweichung von § 57 WHG)
§ 51 Genehmigung von Abwasseranlagen (zu § 60 Abs. 3 WHG)
§ 52 Selbstüberwachung bei Abwassereinleitungen und Abwasseranlagen (zu § 61 WHG) und Wartung von Kleinkläranlagen

Vierter Teil
Hochwasserschutz

Erster Abschnitt
Hochwasser

§ 53 Informationspflicht (zu § 79 Abs. 2 WHG), Warn- und Alarmdienst, Steuerung von Stauanlagen, Deichgefährdung
§ 54 Überschwemmungsgebiete an oberirdischen Gewässern (zu § 76 WHG)
§ 55 Gemeindlicher Wasserwehrdienst

Zweiter Abschnitt
Deiche und Hochwasserschutzanlagen

§ 56 Unterhaltung der Deiche und Hochwasserschutzanlagen
§ 57 Unterhaltungslast für Deiche und Hochwasserschutzanlagen
§ 58 Besondere Pflichten zum Schutz und zur Unterhaltung der Deiche und Hochwasserschutzanlagen

Fünfter Teil
Zuständigkeits- und Verfahrensbestimmungen

Erster Abschnitt
Zuständigkeit

§ 59 Wasserbehörden
§ 60 Technische Fachbehörde
§ 61 Zuständige Wasserbehörde

Zweiter Abschnitt
Allgemeine Verfahrensbestimmungen

§ 62 Verwaltungsverfahren
§ 63 Verfahren bei wasserrechtlichen Entscheidungen
§ 64 Sicherheitsleistung
§ 65 Vorläufige Anordnungen, Beweissicherung
§ 66 Wasser- und Heilquellenschutzgebiete, Überschwemmungsgebiete

Dritter Abschnitt
Besondere Verfahrensbestimmungen

§ 67 Verfahrensvorschriften (zu § 70 Abs. 1 WHG)
§ 68 Duldungspflichten
§ 69 Ausgleichsverfahren zwischen konkurrierenden Gewässernutzungen (zu § 22 WHG)
§ 70 Beschneiungsanlagen

Sechster Teil
Enteignung, Entschädigung und Ausgleich

§ 71 Enteignungsrecht
§ 72 Entschädigung (zu den §§ 96 bis 98 WHG)
§ 73 Ausgleich (zu § 99 WHG)

Siebter Teil
Gewässeraufsicht, Sanierung von Gewässer- und Bodenverunreinigungen

§ 74 Gewässeraufsicht, Gewässerschauen (zu § 100 WHG)
§ 75 Pflichten bei Änderungen der Wasserbeschaffenheit (zu § 89 WHG)

Achter Teil
Rechtsverordnungen

§ 76 Ermächtigung zum Erlass von Rechtsverordnungen (Abweichung von § 23 WHG)

Neunter Teil
Bußgeld-, Überleitungs- und Schlussbestimmungen

§ 77 Bußgeldvorschriften
§ 78 Alte Rechte und Befugnisse
§ 79 Überleitung bestehender Schutzgebietsfestsetzungen
§ 80 Einschränkung von Grundrechten
§ 81 Anhängige Verfahren
§ 82 Umsetzung des Rechts der Europäischen Union und zwischenstaatlicher Vereinbarungen
§ 83 Gleichstellungsbestimmung

Erster Teil
Allgemeine Bestimmungen

Erster Abschnitt
Grundsätze

§ 1 Anwendungsbereich

(1) Dieses Gesetz gilt für alle Gewässer nach § 2 Abs. 1 des Wasserhaushaltsgesetzes (WHG) vom 31. Juli 2009 (BGBl. I S. 2585) in der jeweils geltenden Fassung und für das nicht aus Quellen wild abfließende Wasser.

(2) Die für Gewässer geltenden Bestimmungen des Wasserhaushaltsgesetzes und die Bestimmungen dieses Gesetzes sind, unbeschadet der §§ 89 und 90 WHG, nicht anzuwenden auf:

1. Straßenseitengräben als Bestandteil von Straßen,
2. zeitweilig wasserführende Gräben,
3. Be- und Entwässerungsgräben,
4. Grundstücke, die zur Fischzucht oder Fischhaltung oder zu anderen nicht wasserwirtschaftlichen Zwecken mit Wasser bespannt und mit einem Gewässer künstlich oder nicht verbunden sind,

soweit sie von wasserwirtschaftlich untergeordneter Bedeutung sind.

§ 2 Begriffsbestimmungen

Ergänzend zu den Begriffsbestimmungen in § 3 WHG sind im Sinne dieses Gesetzes:

1. natürliche Gewässer:
   oberirdische Gewässer, die in einem natürlichen Bett fließen; natürliche Gewässer verlieren ihre Eigenschaft nicht durch künstliche Veränderung,
2. Kleinkläranlagen:
   Anlagen zur Behandlung häuslichen Abwassers, die für einen täglichen Abwasseranfall von nicht mehr als acht Kubikmeter und nicht mehr als 50 Einwohnerwerten bemessen sind.

§ 3 Gewässereinteilung

[1]Die Gewässer mit Ausnahme des Grundwassers, des aus Quellen wild abfließenden Wassers und der Heilquellen werden nach ihrer wasserwirtschaftlichen Bedeutung eingeteilt in

1. Gewässer erster Ordnung:
   die in Anlage 1 genannten Gewässer,
2. Gewässer zweiter Ordnung:
   alle übrigen Gewässer.

[2]Die Abgrenzung der Gewässer erster von denen der zweiten Ordnung ist des Weiteren aus den entsprechenden digitalen Datensätzen, die vom Thüringer Landesamt für Umwelt, Bergbau und Naturschutz erstellt und öffentlich zugänglich gemacht werden, ersichtlich.

§ 4 Eigentumsverhältnisse (zu § 4 Abs. 2 und 5 WHG)

(1) Das Bett der Gewässer erster Ordnung steht im Eigentum des Landes.

(2) Das Bett eines natürlich fließenden Gewässers zweiter Ordnung steht im Eigentum der Gemeinde, in der es liegt.

(3) [1]Bauliche Anlagen und andere feste Anlagen im Bett oberirdischer Gewässer sind nur insoweit Bestandteile des Gewässerbettes, als sie der Unterhaltung oder dem Ausbau des Gewässers dienen. [2]Bauliche Anlagen und andere feste Anlagen im Bett oberirdischer Gewässer, die einem für ein Grundstück erteilten Wasserbenutzungsrecht oder einer für ein Grundstück erteilten Wasserbenutzungsbefugnis dienen, gelten als Bestandteile dieses Grundstücks. [3]Die Eigenschaft als Grundstücksbestandteil nach Satz 2 bleibt erhalten, auch wenn das Wasserbenutzungsrecht oder die Wasserbenutzungsbefugnis erlischt.

(4) Bestehende Eigentumsrechte an oberirdischen Gewässern bleiben unberührt.

(5) [1]Zugunsten des Landes ist die Enteignung des Bettes von Gewässern erster Ordnung und zugunsten der Gemeinden ist die Enteignung des Bettes von Gewässern zweiter Ordnung zulässig, wenn es das Wohl der Allgemeinheit erfordert. [2]Die Zulässigkeit von Enteignungen richtet sich nach den Bestimmungen des Thüringer Enteignungsgesetzes.

(6) Wasser eines stehenden oberirdischen Gewässers ist nicht eigentumsfähig.

§ 5 Schranken des Grundeigentums (zu § 4 Abs. 4 WHG)

§ 4 Abs. 4 Satz 1 WHG gilt nicht für

1. Talsperren sowie Rückhalte- und Speicherbecken,
2. oberirdische Gewässer, die in Hofräumen, Betriebsgrundstücken, Gärten und Parkanlagen liegen und wenn sie den Eigentümern dieser Grundstücke oder Anlagen gehören.

Zweiter Abschnitt

Gemeinsame Bestimmungen für Gewässer

§ 6 Uferlinie

(1) Die Grenze zwischen dem Gewässer und den Ufergrundstücken (Uferlinie) wird durch die Linie des Mittelwasserstandes bestimmt.

(2) [1]Als Mittelwasserstand gilt das Mittel der Jahresmittelwasserstände derjenigen zwanzig Jahre, die jeweils dem letzten Jahre vorangehen, in dessen Jahreszahl die Zahl fünf aufgeht. [2]Fehlen Pegelbeobachtungen für diesen Zeitabschnitt, so kann eine andere Jahresreihe verwendet werden.

(3) [1]Die Uferlinie kann, auch wenn keine Pegelbeobachtungen vorliegen, durch die zuständige Wasserbehörde festgesetzt und, soweit erforderlich, bezeichnet werden. [2]Die Beteiligten sind zu hören. [3]Jeder Beteiligte kann verlangen, dass die Uferlinie auf seine Kosten festgesetzt und bezeichnet wird.

§ 7 Eigentumsgrenzen

(1) Ist das Gewässerbett ein selbständiges Grundstück, so wird die Eigentumsgrenze zwischen dem Gewässerbett und den Ufergrundstücken durch die Uferlinie bestimmt.

(2) Bildet das Gewässerbett mit den Ufern ein selbständiges Grundstück, so bestimmt sich die Eigentumsgrenze zu den angrenzenden Grundstücken nach dem Liegenschaftskataster.

(3) Steht das Eigentum an dem Gewässerbett den Eigentümern der Ufergrundstücke zu, so bestimmt sich die Eigentumsgrenze im Gewässerbett vorbehaltlich einer abweichenden privatrechtlichen Regelung wie folgt:

1. für gegenüberliegende Grundstücke durch eine Linie, die in der Mitte des Gewässers bei Mittelwasserstand verläuft;
2. für nebeneinanderliegende Grundstücke durch eine vom Schnittpunkt ihrer Grenze mit der Uferlinie senkrecht auf die vorbezeichnete Mittellinie zu ziehende Linie.

(4) Ist die Regelung nach Absatz 3 wegen der besonderen Form des Gewässers nicht anwendbar, so steht das Eigentum am Gewässer den Eigentümern der Ufergrundstücke nach dem Verhältnis ihrer Anteile an der Uferlinie zu.

(5) Bei Eigentumsänderungen nach den §§ 8 bis 11 wird die neue Eigentumsgrenze durch die neue Uferlinie bestimmt.

§ 8 Verlandung

(1) Bei einem fließenden Gewässer wächst eine durch allmähliches Anlanden oder durch Zurücktreten des Wassers entstandene Verlandung den Eigentümern der Ufergrundstücke zu, wenn die Verlandung mit dem bisherigen Ufer bei Mittelwasserstand zusammenhängt, sich darauf Pflanzenwuchs gebildet hat und danach drei Jahre verstrichen sind.

(2) [1]Wächst die Verlandung nach Absatz 1 an einer Stelle, an der nebeneinanderliegende Grundstücke zusammentreffen, zu, so verläuft die Grundstücksgrenze auf der Verlandung in Verlängerung der bisherigen Grundstücksgrenze bis zum Schnitt mit der neu gebildeten Uferlinie. [2]Schneiden sich im Bereich der Verlandung diese Verlängerungen, so verläuft die Grundstücksgrenze von dem Schnittpunkt aus in der Winkelhalbierenden der sich schneidenden Grenzen bis zu der Uferlinie.

(3) [1]Bei einem stehenden Gewässer, dessen Grenzen sich nach § 7 Abs. 1 bestimmen, tritt im Falle einer Verlandung keine Eigentumsänderung ein. [2]Der Eigentümer hat den früheren Anliegern den Zutritt zum Gewässer zu gestatten, soweit dies zur Ausübung des Gemeingebrauchs in dem bisherigen Umfang erforderlich ist.

§ 9 Überflutung

Werden an einem fließenden Gewässer, dessen Bett ein selbständiges Grundstück im Sinne des § 7 Abs. 1 oder 2 ist, infolge natürlicher Ereignisse Ufergrundstücke und dahinterliegende Grundstücke bei Mittelwasserstand dauernd überflutet, so wächst das Eigentum an den überfluteten Flächen dem

Eigentümer des Gewässerbettes zu, jedoch in den Fällen des § 12 Abs. 1 Satz 2 erst, wenn das Recht auf Wiederherstellung des ursprünglichen Zustands erloschen ist.

§ 10 Uferabriss

Wird ein Stück Land durch Naturgewalt vom Ufer abgerissen und mit einem anderen Grundstück vereinigt, so wird es zu dessen Bestandteil, jedoch in den Fällen des § 12 Abs. 1 Satz 2 erst, wenn das Recht auf Wiederherstellung des ursprünglichen Zustands erloschen ist.

§ 11 Bildung eines neuen Gewässerbettes

Hat sich ein fließendes Gewässer infolge natürlicher Ereignisse für dauernd ein neues Bett geschaffen, so geht das Eigentum am neuen Gewässerbett auf den Eigentümer des alten Gewässerbettes über.

§ 12 Entschädigung, Wiederherstellung

(1) [1]In den Fällen der §§ 9 bis 11 hat der Eigentümer des Gewässerbettes den bisherigen Eigentümer zu entschädigen. [2]Im Geltungsbereich eines Bebauungsplans, innerhalb eines im Zusammenhang bebauten Ortsteils, auf anderen Grundstücken mit genehmigter baulicher Nutzung und bei genehmigten Fischteichanlagen kann der bisherige Eigentümer anstelle der Entschädigung den ursprünglichen Zustand wiederherstellen, wenn mit der Veränderung des Gewässerbettes die zulässige oder genehmigte Nutzung seines Grundstücks erheblich beeinträchtigt wird.

(2) [1]Der frühere Zustand kann vom Unterhaltungspflichtigen nur wiederhergestellt werden, wenn es das Wohl der Allgemeinheit erfordert und die zuständige Wasserbehörde dies zulässt. [2]Wenn es das Wohl der Allgemeinheit erfordert, kann die zuständige Wasserbehörde gegenüber dem Unterhaltungspflichtigen die Wiederherstellung des früheren Zustandes anordnen.

(3) [1]Das Recht auf Entschädigung und Wiederherstellung erlischt nach drei Jahren. [2]Die Frist beginnt mit Ablauf des Jahres, in dem die Veränderung eingetreten ist. [3]Die §§ 203 bis 218 des Bürgerlichen Gesetzbuchs gelten entsprechend.

§ 13 Verlassenes Gewässerbett, Inseln

(1) [1]Wird ein Gewässerbett vom Wasser verlassen oder tritt in einem Gewässer eine Erderhebung hervor, die den Mittelwasserstand überragt und bei diesem Wasserstand nach keiner Seite hin mit dem Ufer zusammenhängt (Insel), so bleibt das Eigentum an den hierdurch entstandenen Landflächen unverändert. [2]Das Gleiche gilt, wenn bei der Bildung eines neuen Gewässerbettes Grundstücke zu einer Insel werden.

(2) Die §§ 6 bis 12 gelten für Inseln entsprechend.

§ 14 Kreis- und Gemeindegrenzen

Verläuft die Kreis- oder Gemeindegrenze in der Gewässermitte oder wird sie durch die Uferlinie gebildet, so bewirken Eigentumsänderungen nach den §§ 8 bis 11 eine entsprechende Änderung der Kreis- oder Gemeindegrenzen.

§ 15 Erlaubnis, Bewilligung, Anpassung (zu den §§ 8 und 9 WHG)

(1) Die Erlaubnis, gehobene Erlaubnis und die Bewilligung nach § 8 WHG schließen eine nach wasserrechtlichen oder nach baurechtlichen Vorschriften erforderliche Genehmigung oder Zustimmung ein.

(2) Soweit behördliche Entscheidungen nach anderen Rechtsvorschriften eine wasserrechtliche Entscheidung ersetzen oder konzentrieren, gelten die §§ 12, 13 und 100 Abs. 2 WHG entsprechend.

(3) [1]Treffen mehrere Erlaubnis- oder Bewilligungsanträge für Benutzungen zusammen, die sich auch bei Festsetzung von Inhalts- und Nebenbestimmungen gegenseitig teilweise oder ganz ausschließen würden, so ist zunächst die Bedeutung der Benutzung für das Wohl der Allgemeinheit und sodann die wirtschaftliche Bedeutung maßgebend. [2]Sonst entscheidet die zeitliche Reihenfolge der Anträge.

§ 16 Fracking (zu § 13a WHG)

(1) [1]Sofern die Erteilung einer Erlaubnis für eine Benutzung nach § 9 Abs. 2 Nr. 3 oder 4 WHG nicht nach § 13a Abs. 1 WHG ausgeschlossen ist, darf die Erlaubnis nur erteilt werden, wenn eine nachteilige Veränderung der Wasserbeschaffenheit nicht zu besorgen ist. [2]Eine Erlaubnis für eine Benutzung nach § 9 Abs. 2 Nr. 4 WHG darf darüber hinaus nur erteilt werden, wenn auch sichergestellt ist, dass die Anforderungen nach § 22c der Allgemeinen Bundesbergverordnung vom 23. Oktober 1995 (BGBl. I S. 1466) in der jeweils geltenden Fassung erfüllt werden.

(2) In oder unter bestimmten, durch die zuständige Behörde in Karten auszuweisenden Gebieten, in denen untertägiger Bergbau betrieben wird oder betrieben worden ist, darf eine Erlaubnis für eine Gewässerbenutzung nach § 9 Abs. 2 Nr. 3 und 4 WHG nur erteilt werden, wenn durch Auflagen sichergestellt wird, dass durch die Gewässerbenutzung in Verbindung mit der in diesen Gebieten ausgeübten Bergbautätigkeit eine nachteilige Veränderung der Wasserbeschaffenheit nicht zu besorgen ist.
(3) Grundsätzlich soll keine Zustimmung der Landesregierung zu Erprobungsmaßnahmen nach § 13a Abs. 2 Satz 1 WHG erfolgen, weil durch den Einsatz der Fracking-Technologie erhebliche Beeinträchtigungen des Menschen und seiner Umwelt zu besorgen und die hiermit verbundenen Risiken derzeit nicht abschätzbar sind.

§ 17 Schutz der Bewilligung

Für die durch die Bewilligung verliehene Rechtsstellung finden die Bestimmungen des bürgerlichen Rechts über den Schutz des Eigentums Anwendung.

§ 18 Verzicht

Auf eine Erlaubnis, eine Bewilligung, ein altes Recht oder eine alte Befugnis kann der Inhaber schriftlich oder zur Niederschrift bei der zuständigen Wasserbehörde verzichten.

§ 19 Verpflichtungen bei Erlöschen einer wasserrechtlichen Zulassung

(1) [1]Ist eine Erlaubnis, gehobene Erlaubnis oder eine Bewilligung ganz oder teilweise erloschen, so kann die zuständige Wasserbehörde den bisherigen Inhaber verpflichten,

1. die Wasserbenutzungsanlage ganz oder teilweise auf seine Kosten zu beseitigen und den früheren Zustand wiederherzustellen oder
2. auf seine Kosten Vorkehrungen zu treffen, die geeignet sind, nachteilige Folgen zu verhüten.

[2]Der bisherige Inhaber kann die ihm nach Satz 1 obliegenden Pflichten durch eine schriftliche Vereinbarung dem Ausbau- oder Gewässerunterhaltungspflichtigen übertragen, wenn gleichzeitig eine angemessene Zahlung vereinbart wird. [3]Mit der Zahlung geht die Unterhaltungspflicht auf den Ausbau- oder Unterhaltungspflichtigen über.
(2) Beruht eine Anordnung nach Absatz 1 Satz 1 auf dem Widerruf einer Bewilligung nach § 18 Abs. 2 Satz 1 WHG in Verbindung mit § 49 Abs. 2 Satz 1 Nr. 3 bis 5 des Verwaltungsverfahrensgesetzes (VwVfG), so ist nach Maßgabe des § 49 Abs. 6 Satz 1 VwVfG eine Entschädigung zu leisten.
(3) [1]Ist eine Erlaubnis, gehobene Erlaubnis oder eine Bewilligung, ein Gewässer mittels einer Wasserbenutzungsanlage zu benutzen, erloschen, so kann die Anlage oder, wenn sie wesentlicher Bestandteil eines Grundstücks ist, das Grundstück, soweit es für die Anlage benötigt wird, zum Wohl der Allgemeinheit enteignet werden. [2]Der Betroffene ist zu entschädigen.
(4) [1]Die zuständige Wasserbehörde stellt die Zulässigkeit der Enteignung nach Absatz 3 fest. [2]Im Übrigen gelten für das Enteignungsverfahren die Bestimmungen des Thüringer Enteignungsgesetzes.
(5) Die Absätze 1 bis 4 gelten bei Erlöschen alter Rechte oder Befugnisse entsprechend.

Dritter Abschnitt

Bewirtschaftung von Gewässern

§ 20 Zuordnung der Gewässer zu Flussgebietseinheiten (zu § 7 Abs. 5 WHG)

(1) [1]Die im Einzugsgebiet der Elbe liegenden oberirdischen Gewässer und Grundwasser des Landes werden der Flussgebietseinheit Elbe zugeordnet. [2]Die im Einzugsgebiet der Weser liegenden oberirdischen Gewässer und Grundwasser des Landes werden der Flussgebietseinheit Weser zugeordnet. [3]Die im Einzugsgebiet des Rheins liegenden oberirdischen Gewässer und Grundwasser des Landes werden der Flussgebietseinheit Rhein zugeordnet.
(2) [1]Die Einzugsgebiete und Flussgebietseinheiten nach Absatz 1 sind in Anlage 2 in Kartenform dargestellt. [2]Die konkreten Abgrenzungen ergeben sich aus den digitalen Datensätzen, die vom Thüringer Landesamt für Umwelt, Bergbau und Naturschutz erstellt und öffentlich zugänglich gemacht werden.

§ 21 Wasserwirtschaftliche Planung und Dokumentation (zu § 7 Abs. 2 bis 4, den §§ 73 bis 75, 79, 80 Abs. 2 und den §§ 82 und 83 WHG)

(1) [1]Die technische Fachbehörde nach § 60 nimmt die Bewertung des Hochwasserrisikos und die Bestimmung der Risikogebiete nach § 73 WHG vor und erstellt die Gefahren- und Risikokarten nach § 74 WHG. [2]Für diese Aufgaben obliegt ihr die Veröffentlichung nach § 79 Abs. 1 WHG.

(2) [1]Die oberste Wasserbehörde stellt für Teilbereiche der Flussgebietseinheiten, die sich auf das Gebiet des Landes beziehen, die Risikomanagementpläne nach § 75 WHG auf und nimmt die Koordinierung nach § 80 Abs. 2 WHG vor. [2]Sie veröffentlicht die Risikomanagementpläne nach § 79 Abs. 1 WHG.

(3) [1]Die oberste Wasserbehörde stellt für die Teilbereiche der Flussgebietseinheiten, die sich auf das Gebiet des Landes beziehen, die Maßnahmenprogramme nach § 82 WHG und Bewirtschaftungspläne nach § 83 WHG auf und koordiniert diese nach Maßgabe des § 7 Abs. 2 bis 4 WHG. [2]Die Veröffentlichungen nach § 83 Abs. 4 Satz 1 WHG erfolgen im Thüringer Staatsanzeiger.

(4) Die nach Absatz 3 erstellten Maßnahmenprogramme und Bewirtschaftungspläne werden von der obersten Wasserbehörde durch Verwaltungsvorschrift für verbindlich erklärt und im Thüringer Staatsanzeiger veröffentlicht.

(5) Im Rahmen der wasserwirtschaftlichen Planungen sind die Ziele der Raumordnung zu beachten sowie die Grundsätze und sonstigen Erfordernisse der Raumordnung zu berücksichtigen.

(6) Für die Benutzung von Gewässern durch Entnahme von Grundwasser und Oberflächenwasser kann die oberste Wasserbehörde durch Rechtsverordnung festlegen,

1. dass die Gewässerbenutzer auf ihre Kosten
   a) die entnommene und die abgegebene Wassermenge messen und die Ergebnisse übermitteln sowie
   b) die zur Wasserentnahme, -aufbereitung und -verteilung verwendeten Anlagen in ihren Grundzügen beschreiben und
2. in welcher Form, in welchen Fällen, in welchen Zeitabständen und an welche Stellen die Angaben nach Nummer 1 zu übermitteln sind.

§ 22 Wasserbuch (zu § 87 WHG)

In das Wasserbuch sind außer den in § 87 Abs. 2 WHG vorgeschriebenen Eintragungen auch Heilquellenschutzgebiete und besondere Verpflichtungen zur Unterhaltung von Gewässern einzutragen.

§ 23 Verzeichnis der Schutzgebiete

(1) Die zuständige Wasserbehörde führt ein oder mehrere Verzeichnisse aller Schutzgebiete nach Anlage 3 innerhalb der Flussgebietseinheiten, die nach gemeinschaftsrechtlichen Vorschriften zum Schutz von oberirdischen Gewässern und des Grundwassers oder zur Erhaltung von unmittelbar von Gewässern abhängigen Lebensräumen und Arten festgesetzt worden sind oder festgesetzt werden sollen.

(2) [1]Ein Verzeichnis nach Absatz 1 enthält alle Gewässer, die für die Entnahme von Wasser für den menschlichen Gebrauch genutzt werden oder die für eine solche Nutzung künftig vorgesehen sind. [2]Jedes Verzeichnis nach Absatz 1 ist regelmäßig, mindestens aber alle drei Jahre, zu überarbeiten und zu aktualisieren.

§ 24 Technische Regeln

(1) Wasserbenutzungsanlagen und Anlagen zum Zu- und Ableiten, Behandeln und Speichern von Wasser, außer Abwasseranlagen nach § 60 WHG, sind so zu errichten, zu betreiben und zu unterhalten, dass die Anforderungen, die sich aus den allgemein anerkannten Regeln der Technik ergeben, eingehalten werden.

(2) Entsprechen vorhandene Anlagen nicht den Anforderungen des Absatzes 1, hat sie der Betreiber innerhalb einer angemessenen Frist diesen Anforderungen anzupassen.

Zweiter Teil
Besondere Bestimmungen

Erster Abschnitt
Bewirtschaftung oberirdischer Gewässer

§ 25 Gemeingebrauch (zu § 25 WHG)

(1) [1]Jedermann darf oberirdische Gewässer, mit Ausnahme von Talsperren, die der öffentlichen Trinkwasserversorgung dienen, zum Baden, zum Tauchen mit und ohne Atemgerät, zum Tränken, zum Schöpfen mit Handgefäßen, zum Eissport und zum Befahren mit kleinen Fahrzeugen ohne eigene Triebkraft benutzen, soweit nicht

1. andere Rechtsvorschriften oder Rechte anderer entgegenstehen oder
2. wasserrechtliche Befugnisse oder der Eigentümer- oder Anliegergebrauch anderer dadurch beeinträchtigt werden.

[2]Satz 1 gilt auch für das schadlose Einleiten von Niederschlagswasser, das von nicht gewerblich oder nicht öffentlich genutzten Flächen abgeleitet wird.

(2) Absatz 1 gilt nicht für Gewässer, die in Hofräumen, Betriebsgrundstücken, Gärten und Parkanlagen liegen.

(3) [1]Jedermann darf Stoffe zu Zwecken der Fischerei als Gemeingebrauch in oberirdische Gewässer einbringen, soweit dadurch der Wasserabfluss nicht nachteilig verändert wird und keine signifikanten nachteiligen Auswirkungen auf den Zustand der Gewässer zu erwarten sind. [2]Das Einbringen solcher Stoffe in Gewässer, die der Trinkwasserversorgung dienen, ist nicht erlaubt. [3]Absatz 1 Satz 1 Nr. 1 und 2 gilt entsprechend.

(4) Die zuständige Wasserbehörde kann durch Rechtsverordnung oder im Einzelfall

1. den Gemeingebrauch zum Wohl der Allgemeinheit, vornehmlich zum Schutz des Wasserhaushaltes, beschränken oder ausschließen,
2. das Befahren mit Motorbooten als Gemeingebrauch gestatten,
3. Bestimmungen zur Sicherheit und Leichtigkeit des Verkehrs auf den Gewässern treffen; hierzu kann eine Registrierung und zahlenmäßige Beschränkung der Wasserfahrzeuge festgelegt werden und
4. die Zulassung des Gemeingebrauchs von der Herstellung, Unterhaltung und Überwachung erforderlicher Einrichtungen und Anlagen abhängig machen.

§ 26 Eigentümer- und Anliegergebrauch (zu § 26 Abs. 1 und 2 WHG)

Der Eigentümer- und Anliegergebrauch nach § 26 Abs. 1 und 2 WHG bedarf einer Erlaubnis oder Bewilligung.

§ 27 Wasserkraftnutzung (zu § 35 Abs. 3 WHG)

Die Aufgabe nach § 35 Abs. 3 WHG wird von der obersten Wasserbehörde wahrgenommen.

§ 28 Genehmigung von Anlagen in, an, über und unter oberirdischen Gewässern (zu § 36 Abs. 1 Satz 2 WHG)

(1) [1]Die Errichtung, Änderung oder Beseitigung von Anlagen im Sinne des § 36 Abs. 1 Satz 2 WHG an, in, unter oder über oberirdischen Gewässern bedürfen der Genehmigung durch die zuständige Wasserbehörde. [2]Das gilt nicht für Anlagen, die einer sonstigen behördlichen Zulassung aufgrund des Wasserhaushaltsgesetzes, dieses Gesetzes oder einer aufgrund dieses Gesetzes erlassenen Rechtsverordnung bedürfen.

(2) Die Genehmigung nach Absatz 1 kann auch nachträglich mit Inhalts- und Nebenbestimmungen versehen werden.

(3) Die Genehmigung nach Absatz 1 ist zu versagen, wenn das Vorhaben das Wohl der Allgemeinheit insbesondere den Wasserhaushalt oder die ökologische Funktion des Gewässers wesentlich beeinträchtigt und dies durch Inhalts- und Nebenbestimmungen nicht verhütet oder ausgeglichen werden kann.

(4) [1]Andere öffentlich-rechtliche Entscheidungen ersetzen die Genehmigung nach Absatz 1, wenn sie im Einvernehmen mit der zuständigen Wasserbehörde ergehen; die Anforderungen des Absatzes 3 sind entsprechend zu beachten. [2]Das Einvernehmenserfordernis gilt nicht für Planfeststellungen und Plangenehmigungen.

§ 29[1] Gewässerrandstreifen (zu § 38 WHG)

(1) [1]Abweichend von § 38 Abs. 3 Satz 1 WHG beträgt der Gewässerrandstreifen an oberirdischen Gewässern innerhalb von im Zusammenhang bebauter Ortsteile fünf Meter und im Außenbereich zehn Meter. [2]Im Übrigen gilt § 38 WHG entsprechend, wenn nicht in diesem Gesetz Abweichendes bestimmt ist.

(2) [1]Der Gewässerrandstreifen bemisst sich ab der Böschungsoberkante, im Übrigen ab der Linie des Mittelwasserstandes. [2]An Talsperren beginnt der Gewässerrandstreifen an der Uferlinie bei Höchststau. [3]Die zuständige Wasserbehörde entscheidet im Streitfall über den Verlauf der Böschungsoberkante und der Linie des Mittelwasserstandes.

(3) [1]An oberirdischen Gewässern ist in Gewässerrandstreifen die Anwendung von Pflanzenschutzmitteln und Düngemitteln verboten. [2]§ 38 Abs. 5 WHG gilt entsprechend. [3]Das Verbot nach Satz 1 reduziert sich auf die ersten fünf Meter des Gewässerrandstreifens,

1. wenn diese vollständig mit Bäumen oder Sträuchern bewachsen sind oder
2. wenn die in den ersten fünf Metern des Gewässerrandstreifens liegende landwirtschaftliche Fläche ganzjährig begrünt ist und nicht umgebrochen wird. Dem steht unbeschadet des § 38 Abs. 4 Satz 2 Nr. 1 WHG nicht entgegen, wenn nach mehr als vierjähriger Standzeit ein Umbruch zum Zweck einer unverzüglichen Erneuerung der bisherigen Begrünung vorgenommen wird. Der Umbruch ist vorher der zuständigen unteren Wasserbehörde anzuzeigen. Die Aussaat zur Begrünung nach Satz 1 darf keine Leguminosen umfassen.

(4) Abweichend von § 38 Abs. 4 Satz 2 Nr. 2 WHG kann die zuständige Wasserbehörde auf Ackerflächen, auf denen Baumarten mit dem Ziel baldiger Holzentnahme angepflanzt werden und deren Bestände eine Umtriebszeit von mindestens fünf Jahren haben (Kurzumtriebsplantagen), das Entfernen standortgerechter Bäume und Sträucher zulassen.

§ 30 Gewässerunterhaltung (zu den §§ 36 Abs. 1 Satz 1, 39 sowie 40 Abs. 3 und 4 WHG)

(1) Zur Gewässerunterhaltung gehört auch die Bekämpfung von Schädlingen, die die Standsicherheit von Uferböschungen und Dämmen beeinträchtigen.

(2) Wird die Pflicht aus § 36 Abs. 1 Satz 1 WHG verletzt, so haftet der Verursacher für die dem Gewässerunterhaltungspflichtigen entstehenden Mehraufwendungen.

(3) Ist strittig, wem die Unterhaltung einer Anlage in, an, über und unter einem oberirdischen Gewässer obliegt, so entscheidet die zuständige Wasserbehörde.

(4) Für Unterhaltungsmaßnahmen nach Absatz 1 gilt § 40 Abs. 3 und 4 WHG entsprechend.

§ 31 Gewässerunterhaltungspflichtige (zu § 40 WHG)

(1) Die Unterhaltung der Gewässer erster Ordnung obliegt dem Land.

(2) [1]Die Unterhaltung der Gewässer zweiter Ordnung obliegt ab dem 1. Januar 2020 den durch das Thüringer Gesetz über die Bildung von Gewässerunterhaltungsverbänden gegründeten Gewässerunterhaltungsverbänden. [2]Bis zum Ablauf des 31. Dezember 2019 obliegt die Unterhaltung an Gewässern zweiter Ordnung weiterhin den jeweiligen Gemeinden oder den von ihnen gegründeten Verbänden.

(3) [1]Mitglieder der Gewässerunterhaltungsverbände nach Absatz 2 Satz 1 sind die im jeweiligen Verbandsgebiet liegenden Gemeinden. [2]Eigentümer von Grundstücken oder Anlagen, die als Erschwerer nach Absatz 6 herangezogen werden, können auf Antrag Mitglied des Gewässerunterhaltungsverbandes werden, in dessen Verbandsgebiet die Grundstücke oder Anlagen gelegen sind. [3]Das Nähere regelt die Verbandssatzung.

(4) [1]Das Land wird im Einvernehmen mit dem jeweils zuständigen Gewässerunterhaltungsverband Tätigkeiten der Gewässerunterhaltung nach Absatz 1 oder der Unterhaltung von Deichen oder Hochwasserschutzanlagen nach § 57 Abs. 1 von dem Gewässerunterhaltungsverband vornehmen lassen, auf dessen Verbandsgebiet sich das Gewässer erster Ordnung oder der Deich oder die Hochwasserschutzanlage befindet, soweit dem keine wasserwirtschaftlichen Gründe entgegenstehen. [2]In der Vereinbarung über die Vornahme von Tätigkeiten nach Satz 1 ist auch die Kostenerstattung durch das Land zu regeln. [3]Die Kosten der Übernahme von Tätigkeiten nach Satz 1 dürfen die Kosten, die dem Land bei eigener Ausführung dieser Tätigkeiten entstehen würden, nicht überschreiten. [4]Satz 1 gilt nicht für den Betrieb überregional bedeutsamer Deiche und Hochwasserschutzanlagen.

---

1) § 29 tritt am 1.1.2020 in Kraft; vgl. Art. 12 Satz 2 G v. 28.5.2019 (GVBl. S. 74).

(5) [1]Der Gewässerunterhaltungspflichtige nach Absatz 2 Satz 1 hat Maßnahmen nach § 6 Abs. 2 WHG und solche Ausbaumaßnahmen, die in einem Maßnahmenprogramm nach § 82 WHG enthalten sind, durchzuführen, wenn das Land die Kosten trägt. [2]Über Art und Umfang der Maßnahme ist das Einvernehmen des Landesamtes für Umwelt, Bergbau und Naturschutz einzuholen.

(6) [1]Erhöhen sich die Kosten des Landes für die Gewässerunterhaltung nach Absatz 1, die Kosten der Gewässerunterhaltungsverbände nach Absatz 2 Satz 1 oder der Mitgliedsgemeinden nach Absatz 2 Satz 2, insbesondere weil ein Grundstück in seinem Bestand besonders gesichert werden muss oder weil eine Anlage im oder am Gewässer oder Einleitungen die Unterhaltung erschweren, so kann der Eigentümer des Grundstücks oder der Anlage oder der Verursacher zum Ersatz der Mehrkosten herangezogen werden. [2]Die Regelungen zu Organisation und Struktur der Gewässerunterhaltung und deren Finanzierung werden nach Ablauf von vier Jahren ab Inkrafttreten dieses Gesetzes evaluiert. [3]Die oberste Wasserbehörde legt der Landesregierung spätestens sechs Monate nach Ablauf der Evaluierungsfrist einen schriftlichen Bericht vor.

(7) § 40 Abs. 1 Satz 2 und Abs. 2 WHG findet keine Anwendung.

(8) [1]Die Gewässerunterhaltungspflichtigen nach Absatz 2 Satz 1 erstellen einen Plan zur Unterhaltung der Gewässer (Gewässerunterhaltungsplan). [2]Der Gewässerunterhaltungsplan muss mindestens die Benennung und Beschreibung der geplanten Maßnahmen, die Art und Weise ihrer Ausführung und die zu erwartenden Kosten enthalten. [3]Die Gewässerunterhaltungspflichtigen setzen sich mit der jeweiligen Mitgliedsgemeinde über den Gewässerunterhaltungsplan ins Benehmen. [4]Die Gewässerunterhaltungspflichtigen holen bei der Aufstellung der Gewässerunterhaltungspläne die Stellungnahmen der örtlich zuständigen Wasser-, Naturschutz-, Landwirtschafts-, Fischerei- und Forstbehörden ein.

§ 32 Finanzierung der Gewässerunterhaltung an Gewässern zweiter Ordnung

(1) [1]Die Gewässerunterhaltungsverbände nach § 31 Abs. 2 Satz 1 erhalten aus dem Haushalt der obersten Wasserbehörde angemessene Zuweisungen zur Erfüllung ihrer Aufgabe. [2]Die Zuweisungen richten sich an dem für die Erfüllung der Gewässerunterhaltung (§ 39 WHG und § 30) erforderlichen Bedarf aus und werden vom Land vollständig getragen. [3]Die Maßstäbe für diesen Bedarf, die Verteilung auf die Gewässerunterhaltungsverbände sowie die Anforderungen an das Zuweisungsverfahren und die Verwendung der Zuweisung werden durch Verwaltungsvorschrift der obersten Wasserbehörde im Einvernehmen mit dem für Finanzen zuständigen Ministerium unter Anhörung des Gemeinde- und Städtebundes festgelegt.

(2) [1]Sofern die Unterhaltung an Gewässern zweiter Ordnung von den Gemeinden oder den von ihnen zur Unterhaltung gegründeten Verbänden nach § 31 Abs. 2 Satz 2 durchgeführt wird, erhalten die Gemeinden angemessene Zuweisungen aus dem Haushalt der obersten Wasserbehörde; sie werden vom Land vollständig getragen. [2]Die Maßstäbe für die Zuweisung an die Mitgliedsgemeinden werden durch Verwaltungsvorschrift der obersten Wasserbehörde im Einvernehmen mit dem für Finanzen zuständigen Ministerium unter Anhörung des Gemeinde- und Städtebundes festgelegt.

(3) § 42 Abs. 2 WHG findet keine Anwendung.

§ 33 Unterhaltung von Talsperren

(1) [1]Dem Land obliegt die Unterhaltung einschließlich des Betriebes und der Instandsetzung oder die Beseitigung der in Anlage 4 genannten Talsperren. [2]Wird eine in Satz 1 genannte Talsperre beseitigt, geht der Abschnitt des Gewässers, in dem sich die Talsperre befunden hat, auf den für die Unterhaltung dieses Gewässers zuständigen Unterhaltungspflichtigen über. [3]Eine ordnungsgemäße Beseitigung im Sinne des Satzes 2 liegt vor, wenn sich der Gewässerabschnitt, in dem sich die Talsperre befand, in einem Zustand befindet, der einer ordnungsgemäßen Gewässerunterhaltung (§ 39 WHG und § 30) entspricht. [4]Eine Talsperre nach Satz 1 soll saniert werden, wenn der Betrieb der Talsperre für eine Aufgabenerfüllung des Landes erforderlich ist; darunter fallen auch agrarstrukturelle und landeskulturelle Interessen.

(2) [1]Die Unterhaltungslast nach Absatz 1 Satz 1 kann auf Antrag einem Dritten übertragen werden, wenn der Betrieb der Talsperre technisch und wirtschaftlich gesichert ist; § 40 Abs. 2 WHG gilt entsprechend. [2]Mit der Zustimmung nach § 40 Abs. 2 WHG gilt die Zulassung zur Benutzung des Gewässers insoweit als erteilt, als dies zur Erfüllung der Unterhaltungslast nach Absatz 1 Satz 1 mit Ausnahme der Beseitigung erforderlich ist. [3]Inhalt und Umfang der Zulassung kann auf Antrag oder von Amts wegen durch die zuständige Wasserbehörde festgestellt werden. [4]Der Antrag nach Satz 1

kann nur innerhalb einer Frist von sechs Monaten ab der öffentlichen Bekanntgabe der Entscheidung der zuständigen Behörde für die Beseitigung der Talsperre erfolgen. [5]Wird die Unterhaltungslast nach Satz 1 übertragen, fördert das Land die Unterhaltungskosten in pauschalierter Form und die Instandsetzungskosten nach Maßgabe des Haushaltsplanes mit bis zu 75 vom Hundert für die der Übertragung folgenden fünf Jahre.

(3) [1]Unbeschadet des Absatzes 4 wird die Aufgabe nach Absatz 1 Satz 1 von der Thüringer Fernwasserversorgung wahrgenommen; für die Erfüllung dieser Aufgabe gelten die Bestimmungen des Thüringer Gesetzes über die Fernwasserversorgung (ThürFWG) in der Fassung vom 5. März 2003 (GVBl. S. 145) in der jeweils geltenden Fassung mit Ausnahme des § 17 Abs. 2 Satz 3 ThürFWG entsprechend. [2]Für die Finanzierung der Aufgabe nach Absatz 1 Satz 1 gilt § 17 Abs. 2 Satz 1 und 4 ThürFWG entsprechend.

(4) Für die in Anlage 4 genannten Talsperren, bei denen im Zeitpunkt des Inkrafttretens dieses Gesetzes aufgrund einer Vereinbarung mit Dritten bereits mit der Sanierung begonnen wurde, gilt § 67 Abs. 5 Satz 2 bis 5 des Thüringer Wassergesetzes in der Fassung vom 18. August 2009 (GVBl. S. 648) anstelle der Regelung des Absatzes 1 fort.

§ 34 Übertragung der Unterhaltungslast

Die zuständige Wasserbehörde kann

1. abweichend von § 31 Abs. 1 und 2 die Unterhaltungspflicht ganz oder teilweise auf diejenigen Eigentümer von Grundstücken oder Anlagen, die aus der Gewässerunterhaltung Vorteile haben oder die die Gewässerunterhaltung erschweren,
2. die Unterhaltung einer Talsperre nach § 33 Abs. 1 ganz oder teilweise auf denjenigen Inhaber einer wasser-rechtlichen Erlaubnis, gehobenen Erlaubnis, Bewilligung oder eines alten Rechts, der aus der Unterhaltung insoweit Vorteile hat, als er Inhaber eines Staurechts ist,

übertragen.

§ 35 Ausbaupflicht

(1) Die zuständige Wasserbehörde kann Unterhaltungspflichtige zum Ausbau eines Gewässers verpflichten, wenn dies zum Wohl der Allgemeinheit geboten ist; dies gilt nicht für Bundeswasserstraßen.

(2) § 31 Abs. 6 Satz 1 gilt entsprechend.

(3) Die vom Ausbau eines Gewässers bevorteilte Gemeinde hat entsprechend ihres Anteils am Vorteil dem Gewässerunterhaltungsverband dessen Kosten zu ersetzen.

§ 36 Schiff- und Floßfahrt

Das für Schifffahrt zuständige Ministerium wird ermächtigt, im Einvernehmen mit der obersten Wasserbehörde im Interesse der Sicherheit und Leichtigkeit des Verkehrs, der öffentlichen Ordnung und des Schutzes der Gewässer Rechtsverordnungen insbesondere über

1. die Zulassung und den Betrieb von Wasserfahrzeugen, über die Voraussetzungen und das Verfahren zur Erteilung und den Entzug der Zulassung,
2. das Erfordernis und die Voraussetzungen für Fahrerlaubnisse zum Führen von Wasserfahrzeugen sowie die Voraussetzungen zur Erteilung und zum Entzug der Fahrerlaubnis

zu erlassen.

§ 37 Stauanlagen, unbefugtes Aufstauen und Ablassen

(1) [1]Die oberste Wasserbehörde kann durch Rechtsverordnung Vorschriften über Planung, Bau, Inbetriebnahme, Betrieb, Steuerung und Unterhaltung von Stauanlagen erlassen. [2]In der Rechtsverordnung nach Satz 1 können insbesondere Regelungen getroffen werden über

1. Überwachungs- und Anordnungsbefugnisse der für die Überwachung der Stauanlagen zuständigen Behörden gegenüber dem Betreiber der Stauanlage,
2. angemessene Fristen zur Anpassung bestehender Stauanlagen an die allgemein anerkannten Regeln der Technik,
3. die Pflichten des Betreibers der Stauanlage zur Durchführung einer Eigenüberwachung und
4. die Mindestwasserabgabe, die Durchgängigkeit und die ökologische Funktionsfähigkeit.

[3]In der Rechtsverordnung nach Satz 1 kann auch geregelt werden, wie die allgemein anerkannten Regeln der Technik auf kulturhistorisch bedeutsame Stauanlagen, von denen eine geringe Gefahr für die Allgemeinheit ausgeht, anzuwenden sind.

(2) Es ist verboten, aufgestautes Wasser so abzulassen, dass für fremde Grundstücke oder Anlagen oder das Gewässer selbst Gefahren oder Nachteile entstehen, die Ausübung von Rechten und Befugnissen zur Benutzung des Gewässers beeinträchtigt oder die Unterhaltung des Gewässers erschwert wird.
(3) Sobald das Wasser über die zugelassene Höhe wächst, hat der Betreiber ohne Anspruch auf Entschädigung das aufgestaute Wasser nach Maßgabe des Absatzes 2 abzulassen, bis das Wasser wieder auf die zugelassene Stauhöhe gesunken ist.

§ 38 Anschluss von Stauanlagen an fremde Grundstücke

(1) Zugunsten dessen, der eine Stauanlage errichten will, sind die Eigentümer und Nutzungsberechtigten der gegenüberliegenden Ufergrundstücke und der dahinter liegenden Grundstücke auf Anordnung der zuständigen Wasserbehörde verpflichtet, den Anschluss zu dulden.
(2) Absatz 1 gilt nicht für Gebäude, Hofräume, Betriebsgrundstücke, Gärten und Parkanlagen.
(3) § 92 Satz 2 und § 95 WHG gelten entsprechend.

Zweiter Abschnitt
Bestimmungen zum Grundwasser

§ 39 Bewirtschaftung des Grundwassers (zu den §§ 46 und 47 WHG)

(1) [1]Die öffentliche Wasserversorgung genießt den Vorrang vor allen anderen Benutzungen des Grundwassers. [2]Für sonstige Zwecke soll die Entnahme von Grundwasser, das aufgrund seiner Beschaffenheit für die Wasserversorgung nutzbar ist, auf solche Fälle beschränkt werden, in denen bereits genutztes Wasser, Oberflächen- und Niederschlagswasser nicht eingesetzt werden kann.
(2) [1]Die Grundwasserneubildung darf durch Versiegelung des Bodens oder andere Beeinträchtigungen der Versickerung nicht wesentlich eingeschränkt werden; Feuchtgebiete und bedeutende Einsickerungsbereiche sind von baulichen Anlagen freizuhalten. [2]Dies gilt nicht, wenn andere überwiegende Gründe des Wohls der Allgemeinheit dem entgegenstehen.
(3) Bei Grundwasserabsenkungen ist das entnommene Wasser vor Verunreinigungen zu schützen und – soweit zumutbar und wasserwirtschaftlich geboten – dem Grundwasserleiter wieder zuzuführen.
(4) [1]In den Fällen des § 46 Abs. 1 Nr. 1 WHG ist eine Erlaubnis für die Entnahme von Grundwasser erforderlich, wenn im Kalenderjahr mehr als 2.000 Kubikmeter entnommen werden. [2]Die Entnahme von Grundwasser für Zwecke des nicht gewerbsmäßigen Gartenbaus in geringen Mengen ist erlaubnisfrei.

**§ 40 Versickerung von Niederschlagswasser
(zu § 46 Abs. 2 in Verbindung mit § 23 Abs. 1 und 3 WHG)**

Die oberste Wasserbehörde kann durch Rechtsverordnung
1. die Voraussetzungen regeln, unter denen Niederschlagswasser schadlos versickert werden kann und
2. die zur schadlosen Versickerung von Niederschlagswasser geeigneten Anlagen bestimmen sowie Anforderungen an die Beschaffenheit des zu versickernden Niederschlagswassers stellen.

§ 41 Erdaufschlüsse (zu § 49 WHG)

(1) [1]Die Durchführung von Arbeiten im Sinne des § 49 Abs. 1 WHG bedarf der Erlaubnis, wenn die Prüfung nach den Bestimmungen des Gesetzes über die Umweltverträglichkeitsprüfung (UVPG) in der Fassung vom 24. Februar 2010 (BGBl. I S. 94) in der jeweils geltenden Fassung ergibt, dass eine Umweltverträglichkeitsprüfung nach Anlage 1 Nr. 13.4 UVPG durchzuführen ist. [2]Die Erlaubnis kann nur in einem Verfahren erteilt werden, das den Anforderungen des Thüringer UVP-Gesetzes vom 20. Juli 2007 (GVBl. S. 85) in der jeweils geltenden Fassung entspricht. [3]Die Genehmigung kann mit Inhalts- und Nebenbestimmungen versehen werden. [4]Sie ist zu versagen, wenn wasserwirtschaftliche Belange oder Belange des Wohls der Allgemeinheit wesentlich beeinträchtigt werden.
(2) Abweichend von § 49 Abs. 1 Satz 1 WHG sind die Arbeiten drei Monate vor Beginn anzuzeigen.

Dritter Teil
Besondere wasserwirtschaftliche Bestimmungen
Erster Abschnitt
Öffentliche Wasserversorgung, Wasserschutzgebiete, Heilquellenschutz

§ 42 Öffentliche Wasserversorgung (zu § 50 WHG)

(1) [1]Die Gemeinden haben in ihrem Gebiet die Bevölkerung und die gewerblichen und sonstigen Einrichtungen ausreichend und nachhaltig mit Trink- und Betriebswasser zu versorgen (Träger der öffentlichen Wasserversorgung). [2]Die Versorgungspflicht besteht nicht für

1. Grundstücke im Außenbereich,
2. gewerbliche oder andere Verbraucher mit hohem oder stark schwankendem Wasserbedarf,
3. die Versorgung mit Betriebswasser, wenn es dem Verbraucher zumutbar ist, diesen Bedarf einzuschränken oder anderweitig zu decken.

(2) [1]Die Gemeinden können ihre Aufgaben nach Absatz 1 oder deren Durchführung auf andere Körperschaften des öffentlichen Rechts übertragen. [2]Sie können insbesondere Wasser- und Bodenverbände bilden. [3]Sie können sich zur Erfüllung ihrer Aufgaben nach Absatz 1 Dritter bedienen.

(3) [1]Die Träger der öffentlichen Wasserversorgung haben Wassergewinnungsanlagen zu überwachen und bei der Überwachung des nach § 61 Abs. 2 Satz 1 Nr. 1 Buchst. a festgesetzten Wasserschutzgebietes mitzuwirken. [2]Sie haben bestehende Gefahren unverzüglich der zuständigen Wasserbehörde mitzuteilen und auf eine Begrenzung des Schadens hinzuwirken. [3]Die zuständige Wasserbehörde kann geeigneten Mitarbeitern der Versorgungsunternehmen zum Zwecke der Überwachung des Schutzgebietes die Rechte nach § 101 Abs. 1 WHG übertragen. [4]Wenn das Wasserschutzgebiet nach § 61 Abs. 2 Satz 1 Nr. 1 Buchst. a noch nicht festgesetzt ist, gilt die Verpflichtung nach den Sätzen 1 und 2 für die Einzugsgebiete der Wassergewinnungsanlagen.

(4) Die zuständige Wasserbehörde kann von dem Träger der öffentlichen Wasserversorgung Angaben verlangen über

1. Menge und Qualität des im Versorgungsgebiet abgegebenen Wassers,
2. Umfang und Struktur des Wasserverbrauchs und -bedarfs sowie
3. Maßnahmen zur Verbesserung des sparsamen Umgangs mit Wasser im Versorgungsgebiet.

(5) [1]Die Träger der öffentlichen Wasserversorgung sollen die Bevölkerung des Versorgungsgebietes in geeigneter Form insbesondere über Angaben nach Absatz 4 Nr. 1 und 2 unterrichten. [2]§ 50 Abs. 3 Satz 2 WHG bleibt unberührt.

§ 43 Fernwasserversorgung

Die örtliche Wassergewinnung zum Zwecke der öffentlichen Wasserversorgung kann auch durch den Bezug von Wasser aus ortsfernen Wasservorkommen (Fernwasser) ersetzt oder ergänzt werden, wenn

1. ausreichende örtliche Wasservorkommen nicht vorhanden sind,
2. eine Nutzung nur mit unverhältnismäßig hohen Kosten möglich ist,
3. die örtlichen Wasservorkommen aufgrund natürlicher Gegebenheiten für eine Nutzung nicht in Frage kommen oder nicht mehr genutzt werden können, weil sie verunreinigt sind oder ihre Aufbereitung zu Trinkwasser mit unverhältnismäßig hohem Aufwand verbunden ist oder ihre Nutzung den Natur- oder Wasserhaushalt erheblich beeinträchtigen könnte, oder
4. die Fernwasserversorgung Bestandteil eines gebietsübergreifenden Verbundes ist oder werden soll, der im Interesse einer regionalen sicheren öffentlichen Wasserversorgung oder im Interesse einer regionalen ökologischen Ausgeglichenheit sinnvoll ist.

§ 44 Eigenkontrolle (zu § 50 Abs. 5 WHG)

[1]Über § 50 Abs. 5 WHG hinaus kann die oberste Wasserbehörde durch Rechtsverordnung allgemein festlegen, dass die Träger der öffentlichen Wasserversorgung auf ihre Kosten die Beschaffenheit des zur Wasserversorgung gewonnenen Wassers (Rohwasser) zu untersuchen oder untersuchen zu lassen haben. [2]In der Rechtsverordnung nach Satz 1 kann geregelt werden,

1. dass Untersuchungen von staatlichen oder staatlich anerkannten Stellen oder von nach der Verordnung (EG) Nr. 765/2008 des Europäischen Parlaments und des Rates vom 9. Juli 2008 über die Vorschriften für die Akkreditierung und Marktüberwachung im Zusammenhang mit der Vermarktung von Produkten und zur Aufhebung der Verordnung (EWG) Nr. 339/93 des Rates

(ABl. L 218 vom 13.8.2008, S. 30) in der jeweils geltenden Fassung für die durchzuführenden Aufgaben akkreditierten Stellen durchzuführen sind,
2. in welcher Art und Häufigkeit und in welchem Umfang Proben zu entnehmen und auf welche Parameter zu untersuchen sind,
3. in welcher Form, in welchen Fällen, in welchen Zeitabständen und an welche Stellen die Untersuchungsergebnisse mitzuteilen sind.

[3]In der Rechtsverordnung nach Satz 1 können auch die Voraussetzungen für die Anerkennung als staatlich anerkannte Stellen sowie das Anerkennungsverfahren geregelt werden.

§ 45 Wasserschutzgebiete (zu § 52 Abs. 1 WHG)

[1]Für mehrere Wasserschutzgebiete kann die oberste Wasserbehörde durch Rechtsverordnung Anordnungen nach § 52 Abs. 1 Satz 1 WHG treffen. [2]§ 66 Abs. 1 und 3 findet keine Anwendung. [3]Die Befugnisse der zuständigen Wasserbehörde nach § 51 Abs. 1 und § 52 Abs. 1 WHG bleiben unberührt.

§ 46 Heilquellenschutz (zu § 53 WHG)

(1) Über die Anerkennung einer Heilquelle und deren Widerruf nach § 53 Abs. 2 WHG entscheidet das für das öffentliche Gesundheitswesen zuständige Ministerium im Einvernehmen mit der obersten Wasserbehörde.

(2) [1]Eigentümer und Betreiber einer staatlich anerkannten Heilquelle sind verpflichtet, das Heilwasser in regelmäßigen, von dem für das öffentliche Gesundheitswesen zuständigen Ministerium zu bestimmenden Abständen auf eigene Kosten bakteriologisch, chemisch und physikalisch prüfen und untersuchen zu lassen und das Untersuchungsergebnis der oberen Gesundheitsbehörde und der zuständigen Wasserbehörde mitzuteilen. [2]Sie haben die Überwachung ihrer Betriebe und Anlagen durch das zuständige Gesundheitsamt und die zuständige Wasserbehörde zu dulden; ihnen können besondere Betriebs- und Überwachungspflichten auferlegt werden, die im Interesse der Erhaltung der Heilquelle erforderlich sind.

Zweiter Abschnitt
Abwasserbeseitigung

§ 47 Pflicht zur Abwasserbeseitigung (zu § 56 WHG)

(1) [1]Die Abwasserbeseitigung obliegt der Gemeinde, in der das Abwasser anfällt (Abwasserbeseitigungspflichtige), soweit die Abwasserbeseitigungspflicht nach den Absätzen 6 bis 13 nicht einem anderen obliegt. [2]Die Bestimmungen des Thüringer Gesetzes über die kommunale Gemeinschaftsarbeit in der Fassung vom 10. Oktober 2001 (GVBl. S. 290) sowie des Wasserverbandsgesetzes (WVG) vom 12. Februar 1991 (BGBl. I S. 405) jeweils in der jeweils geltenden Fassung bleiben unberührt.

(2) Die Abwasserbeseitigungspflicht der Gemeinde nach Absatz 1 umfasst auch die Beseitigung des Inhalts abflussloser Gruben.

(3) [1]Abwasser aus Siedlungsgebieten (Ortschaften oder Ortsteile) ist durch Abwasseranlagen des Abwasserbeseitigungspflichtigen nach Absatz 1 zu entsorgen, wenn das Siedlungsgebiet mehr als 200 Einwohner umfasst. [2]Abwasser aus Siedlungsgebieten, in denen weniger als 200 Einwohner erfasst sind, ist durch Abwasseranlagen des Abwasserbeseitigungspflichtigen nach Absatz 1 zu beseitigen, wenn dies aus wasserwirtschaftlichen Gründen erforderlich ist. [3]Wasserwirtschaftliche Gründe liegen insbesondere dann vor, wenn die Gewässergüte im Siedlungsgebiet nicht dem gesetzlich geforderten Zustand entspricht oder die Lage des Siedlungsgebietes in einem Einzugsgebiet eines Wasser- oder Heilquellenschutzgebietes dies erfordert. [4]§ 53 Abs. 2 Satz 1 der Thüringer Kommunalordnung bleibt unberührt. [5]Bei der Bemessung der Einwohnerzahl nach den Sätzen 1 und 2 soll die demographische Entwicklung des Siedlungsgebietes, so wie sie sich voraussichtlich im Jahr 2035 darstellen wird, berücksichtigt werden. [6]Ist für ein Grundstück vom Abwasserbeseitigungspflichtigen nach Absatz 1 die Entsorgung des häuslichen Abwassers aus Haushaltungen durch Abwasseranlagen des Grundstückseigentümers, insbesondere Kleinkläranlagen, vorgesehen, kann der Grundstückseigentümer verlangen, dass ihn der Abwasserbeseitigungspflichtige nach Absatz 1 bei der Planung, der Errichtung und dem Betrieb der Kleinkläranlage umfassend berät.

(4) Nach Ablauf von drei Jahren seit dem Inkrafttreten dieses Gesetzes überprüft das Land unter Beteiligung der Kommunalen Spitzenverbände die Auswirkungen der Regelungen des Absatzes 3 auf

die Entwicklungen der Abwasserentsorgung, insbesondere im ländlichen Raum und im Hinblick auf den erreichten Anschlussgrad an die öffentliche Abwasserentsorgung.

(5) [1]Angefallenes Abwasser, der Schlamm aus Kleinkläranlagen sowie der Inhalt abflussloser Gruben sind dem Abwasserbeseitigungspflichtigen nach Absatz 1 zu überlassen. [2]Er kann, soweit anderweitig nichts Weitergehendes geregelt ist, bestimmen, wie das angefallene Abwasser zu überlassen ist. [3]Er kann insbesondere vorschreiben, dass das Abwasser vor der Überlassung oder Einleitung behandelt werden muss. [4]Die Abwasserbeseitigungspflichtigen nach Absatz 1 können zur Wiederverwertung von Abwasser entsprechende Vorrichtungen einrichten.

(6) Niederschlagswasser, das von öffentlichen Verkehrsflächen im Außenbereich abfließt, ist vom Träger der Straßenbaulast zu beseitigen.

(7) [1]Niederschlagswasser, das direkt von dem Grundstück, auf dem es anfällt, im Rahmen des Gemeingebrauchs (§ 25 Abs. 1 Satz 2) in oberirdische Gewässer schadlos eingeleitet werden kann oder das erlaubnisfrei in das Grundwasser eingeleitet wird (§ 46 Abs. 2 WHG), ist von demjenigen, bei dem es anfällt, zu beseitigen. [2]Der kommunalrechtliche Anschluss- und Benutzungszwang bleibt unberührt.

(8) Abwasser, das bei der Mineralgewinnung, bei der Errichtung und dem Betrieb von Erdwärmepumpen, Erdwärmesonden oder Erdwärmekollektoren anfällt, ist von demjenigen zu beseitigen, bei dem es anfällt.

(9) Schmutzwasser im Sinne von § 54 Abs. 1 Nr. 1 WHG aus land- oder forstwirtschaftlichen Betrieben oder aus Gärtnereibetrieben ist, soweit es in dem Betrieb anfällt, in dem Betrieb zu verwerten, in dem es anfällt.

(10) Abwasser, das im Rahmen einer Gewässersanierung anfällt, ist von demjenigen zu beseitigen, bei dem es anfällt.

(11) [1]Die zuständige Wasserbehörde kann auf Antrag Ausnahmen von Absatz 1 zulassen und die Abwasserbeseitigungspflicht widerruflich auf denjenigen übertragen, bei dem das Abwasser anfällt, wenn

1. die öffentliche Abwasserbeseitigung mit einem unvertretbar hohen Aufwand verbunden ist,
2. Gründe des Gewässerschutzes dem nicht entgegenstehen und
3. dies im Hinblick auf die Anforderungen an eine ordnungsgemäße Abwasserentsorgung zweckmäßig ist.

[2]Dem Antrag eines Dritten, der nicht Abwasserbeseitigungspflichtiger nach Absatz 1 ist, ist eine Stellungnahme der Gemeinde beizufügen. [3]Die Entscheidung nach Satz 1 bedarf des Einvernehmens mit der Gemeinde. [4]Satz 1 gilt nicht für das Entnehmen und Transportieren des Klärschlamms aus Kleinkläranlagen und des Inhalts abflussloser Gruben.

(12) [1]Solange und soweit ein anderer als die Gemeinde durch Erlaubnis oder fortgeltende wasserrechtliche Entscheidung zur Einleitung von Abwasser in ein Gewässer befugt ist, obliegt diesem insoweit die Abwasserbeseitigungspflicht. [2]Der kommunalrechtliche Anschluss- und Benutzungszwang bleibt unberührt.

(13) [1]Auf Antrag der Gemeinde kann durch Entscheidung der zuständigen Wasserbehörde die Beseitigung des Abwassers, das aus Anlagen nach § 3 der Verordnung über genehmigungsbedürftige Anlagen (4. BImSchV) in der Fassung vom 31. Mai 2017 (BGBl. I S. 1440) stammt und nicht unter die Richtlinie 91/271/EWG des Rates vom 21. Mai 1991 über die Behandlung von kommunalem Abwasser (ABl. L 135 vom 30.5.1991, S. 40) jeweils in der jeweils geltenden Fassung fällt, widerruflich demjenigen aufgegeben werden, bei dem es anfällt, wenn dies wegen der Beschaffenheit oder Menge des Abwassers zweckmäßig ist. [2]Das Gleiche gilt für Abwasser, das aus Anlagen nach § 60 Abs. 3 Satz 1 Nr. 2 WHG stammt.

(14) Verpflichtete nach den Absätzen 6 bis 13 können sich zur gemeinsamen Erfüllung ihrer Abwasserbeseitigungspflicht zusammenschließen.

(15) Für Bedienstete und die mit einem Berechtigungsausweis versehenen Beauftragten der Abwasserbeseitigungspflichtigen nach Absatz 1 gilt § 101 Abs. 1 Satz 1 Nr. 6 WHG entsprechend.

(16) Das Land fördert Maßnahmen der Abwasserbeseitigung der Abwasserbeseitigungspflichtigen nach Absatz 1 mit den im Haushalt zur Verfügung stehenden Mitteln.

§ 48 Abwasserbeseitigungskonzept (zu § 55 WHG)

(1) [1]Die Abwasserbeseitigungspflichtigen nach § 47 Abs. 1 stellen für ihr gesamtes Gebiet schriftlich dar, wie das in ihrem Siedlungsgebiet anfallende Abwasser beseitigt werden soll (Abwasserbeseitigungskonzept). [2]Das Abwasserbeseitigungskonzept enthält einen Erläuterungsbericht, Tabellen sowie Lage- und Übersichtspläne in einem prüffähigen Maßstab mit Angaben

1. über vorhandene und geplante Anlagen der öffentlichen Abwasserbeseitigung, deren Einzugsgebiete und den Zeitpunkt der vorgesehenen Inbetriebnahme der geplanten Anlagen,
2. über nicht den Anforderungen des § 57 Abs. 1 Nr. 1 WHG entsprechende Einleitungen aus öffentlichen Abwasseranlagen in Gewässer und den Zeitpunkt der vorgesehenen Anpassung der Einleitung an diese Anforderungen,
3. über die grundstücksgenaue Benennung der Teile des Entsorgungsgebietes, in denen das Abwasser nicht durch Abwasseranlagen der Abwasserbeseitigungspflichtigen abgeleitet werden soll (Direkteinleiter),
4. über Gründe, die eine Übertragung der Abwasserbeseitigungspflicht nach § 47 Abs. 11 rechtfertigen, sowie
5. dass für alle Entsorgungswege eine Wirtschaftlichkeitsprüfung durchgeführt wurde.

[3]Die betroffenen Behörden sind bei der Aufstellung des Abwasserbeseitigungskonzeptes zu beteiligen. [4]Ihre Stellungnahmen sind dem Abwasserbeseitigungskonzept beizufügen. [5]Das Abwasserbeseitigungskonzept muss sich an den Bewirtschaftungszielen nach den §§ 27 bis 31 und § 47 WHG ausrichten, darf der Erreichung dieser Ziele nicht entgegenstehen und muss den im jeweiligen Maßnahmenprogramm nach § 82 WHG gestellten Anforderungen entsprechen. [6]Die Abwasserbeseitigungspflichtigen nach Absatz 1 informieren die Grundstückseigentümer in Siedlungsgebieten nach § 47 Abs. 3 Satz 2 frühzeitig in geeigneter Weise darüber, wo und zu welchen Zeiten sie den Entwurf des Abwasserbeseitigungskonzeptes einsehen können.

(2) [1]Die Abwasserbeseitigungspflichtigen nach § 47 Abs. 1 machen das Abwasserbeseitigungskonzept in geeigneter Weise bekannt und legen das veröffentlichte Abwasserbeseitigungskonzept den zuständigen Wasserbehörden vor. [2]Eigentümer von Grundstücken, die nach dem Abwasserbeseitigungskonzept das auf ihrem Grundstück anfallende häusliche Abwasser aus Haushaltungen durch eigene Abwasserbehandlungsanlagen, insbesondere Kleinkläranlagen, entsorgen sollen, sind hierüber von den Abwasserbeseitigungspflichtigen nach § 47 Abs. 1 in angemessener Frist gesondert schriftlich zu informieren.

(3) [1]Die Abwasserbeseitigungspflichtigen nach § 47 Abs. 1 schreiben das Abwasserbeseitigungskonzept regelmäßig in Abständen von sechs Jahren, gerechnet ab dem 30. Juni 2014, sowie bei wesentlichen Änderungen der bisher vorgesehenen Abwasserbeseitigung fort. [2]Ungeachtet des in Satz 1 genannten Termins und der in Satz 1 genannten Zeiträume passen die Abwasserbeseitigungspflichtigen ihr Abwasserbeseitigungskonzept bis zum 30. Juni 2021 den Regelungen des § 47 Abs. 3 an. [3]Absatz 2 gilt entsprechend.

(4) Vor Ablauf von 15 Jahren nach Inbetriebnahme einer Kleinkläranlage, die die Anforderungen nach Anhang 1 Buchst. C Abs. 1 der Abwasserverordnung (AbwV) in der Fassung vom 17. Juni 2004 (BGBl. I S. 1108, 2625) in der jeweils geltenden Fassung einhalten kann, sind die Abwasserbeseitigungspflichtigen nach § 47 Abs. 1 gehindert, den Anschluss des betreffenden Grundstücks an die öffentliche Abwasseranlage oder deren Benutzung vorzuschreiben, wenn

1. die Kleinkläranlage aufgrund einer behördlichen Anordnung errichtet wurde oder
2. das Grundstück in den Teilen des Entsorgungsgebiets liegt, in denen das Abwasser nicht durch Abwasseranlagen der Abwasserbeseitigungspflichtigen nach § 47 Abs. 1 abgeleitet werden soll.

§ 49 Genehmigungspflicht für das Einleiten und Einbringen von Abwasser in Abwasseranlagen (zu § 58 WHG)

(1) [1]Eine Genehmigung nach § 58 Abs. 1 Satz 1 WHG ist für das Einleiten von Abwasser in öffentliche Abwasseranlagen (Indirekteinleitung) nicht erforderlich, wenn die Einleitung aus Abwasserbehandlungsanlagen erfolgt, für die ein baurechtlicher Verwendbarkeits- und Übereinstimmungsnachweis auch die wasserrechtlichen Anforderungen einschließt. [2]Satz 1 gilt entsprechend für das Einbringen von Abwasser in öffentliche Abwasseranlagen.

(2) Die oberste Wasserbehörde kann durch Rechtsverordnung bestimmen, unter welchen Voraussetzungen die Indirekteinleitung anstelle der Genehmigung nach § 58 Abs. 1 Satz 1 WHG nur einer An-

zeige bedarf, sowie für bestimmte, genehmigungsfreie Einleitungen nach Absatz 1 eine Anzeigepflicht vorschreiben.

§ 50 Einleiten von Abwasser in Gewässer (zu § 57 WHG)

[1]Die zuständige Wasserbehörde darf die Erlaubnis zur Einleitung von Abwasser in Gewässer aus einer Kleinkläranlage (§ 2 Nr. 2), die nach dem Inkrafttreten dieses Gesetzes errichtet oder saniert wird, erteilen, wenn die Anlage über eine allgemeine bauaufsichtliche Zulassung nach § 18 der Thüringer Bauordnung verfügt. [2]Einleitungen aus anderen Kleinkläranlagen als nach Absatz 1 dürfen zugelassen werden, wenn

1. die Anlage nach dem Abwasserbeseitigungskonzept nach § 48 nicht länger als fünf Jahre betrieben werden soll oder
2. der Nachweis erbracht wird, dass die Anforderungen an die Abwasserbeseitigung eingehalten werden.

[3]Die Erlaubnis nach Satz 1 darf einem anderen als dem Abwasserbeseitigungspflichtigen nach § 47 Abs. 1 nur erteilt werden, wenn ihm die Abwasserbeseitigungspflicht obliegt.

§ 51 Genehmigung von Abwasseranlagen (zu § 60 Abs. 3 WHG)

[1]Die Genehmigung nach § 60 Abs. 3 WHG schließt eine erforderliche Baugenehmigung ein. [2]Die zuständige Wasserbehörde entscheidet insoweit im Einvernehmen mit der Bauaufsichtsbehörde.

§ 52 Selbstüberwachung bei Abwassereinleitungen und Abwasseranlagen (zu § 61 WHG) und Wartung von Kleinkläranlagen

(1) [1]Die Wartung von Kleinkläranlagen hat deren Betreiber sicherzustellen. [2]Der Betreiber einer Kleinkläranlage, die so bemessen ist, dass sie die Anforderungen nach Anhang 1 Buchst. C Abs. 1 AbwV einhalten kann, hat die Wartung der Anlage einem Fachbetrieb zu übertragen, der die Anforderungen der Verordnung nach Absatz 4 Satz 1 Nr. 7 erfüllt. [3]Die Übertragung ist nicht erforderlich, sofern der Betreiber nach den Anforderungen dieser Verordnung die Wartung selbst durchführen kann (fachkundige Eigenwartung).

(2) Bei Kleinkläranlagen, aus denen Abwasser direkt in ein Gewässer eingeleitet wird, obliegt die Kontrolle des Betriebs sowie der Wartung der Anlagen den Abwasserbeseitigungspflichtigen nach § 47 Abs. 1; dies gilt auch, wenn die Abwasserbeseitigungspflicht nach § 47 Abs. 11 übertragen ist.

(3) [1]Dem Abwasserbeseitigungspflichtigen nach § 47 Abs. 1 sind für seine Tätigkeiten nach Absatz 2 vom Betreiber der Anlage seine Kosten und Auslagen zu erstatten. [2]§ 11 Abs. 2 bis 5 ThürKAG gilt entsprechend.

(4) [1]Die oberste Wasserbehörde kann zum Schutz der Gewässer durch Rechtsverordnung allgemein festlegen,

1. dass die Betreiber von Abwasseranlagen Untersuchungen des Abwassers, der anfallenden Schlämme oder des von ihnen beeinflussten Gewässers auf ihre Kosten durchzuführen und ein Abwasserkataster zu führen haben, das eine Zusammenstellung über Art, Menge und Herkunft des Abwassers enthält,
2. dass die Betreiber von Abwasseranlagen die Einleitung nicht häuslichen Abwassers Dritter in ihre Anlage auf Kosten der Einleiter durch regelmäßige Untersuchungen zu überwachen haben,
3. dass die Betreiber von Abwasseranlagen die Sicherheit und Funktion ihrer Anlagen sowie den baulichen Zustand auf ihre Kosten daraufhin zu prüfen haben, ob diese den jeweils in Betracht kommenden Regeln der Technik entsprechen und welche weiteren Anforderungen zu berücksichtigen sind,
4. dass Untersuchungen nach den Nummern 1 und 2 sowie Prüfungen nach Nummer 3 von staatlichen oder staatlich anerkannten Stellen oder nach der Verordnung (EG) Nr. 765/2008 für die durchzuführenden Aufgaben akkreditierten Stellen durchzuführen sind,
5. in welchen Zeitabständen und in welcher Form die Untersuchungen und Prüfungen nach den Nummern 1 bis 4 durchzuführen sind,
6. in welcher Form, in welchen Fällen, in welchen Zeitabständen und welchen Stellen die Untersuchungsergebnisse, Aufzeichnungen und Prüfungsergebnisse nach den Nummern 1 bis 4 zu übermitteln sind,
7. in welcher Form und in welchen Zeitabständen die Kontrolle und die Wartung sowie durch wen die Wartung einer Kleinkläranlage durchzuführen ist und welche Anforderungen an Fachbetriebe

zur Wartung von Kleinkläranlagen und für die fachkundige Eigenwartung zu stellen sind; in dieser Rechtsverordnung kann auch geregelt werden, wie und in welcher Form personenbezogene Daten zur Erfüllung der Pflicht nach Absatz 2 erhoben und in sonstiger Weise verarbeitet werden.

[2]Die Rechtsverordnung nach Satz 1 Nr. 4 hat auch die Voraussetzungen und das Verfahren der staatlichen Anerkennung zu regeln.

Vierter Teil
Hochwasserschutz

Erster Abschnitt
Hochwasser

§ 53 Informationspflicht (zu § 79 Abs. 2 WHG), Warn- und Alarmdienst, Steuerung von Stauanlagen, Deichgefährdung

(1) Die zuständige Wasserbehörde informiert die zuständigen staatlichen Stellen und die Bevölkerung in von Hochwasser betroffenen Gebieten über Hochwassergefahren, geeignete Vorsorgemaßnahmen und Verhaltensregeln.

(2) [1]Die oberste Wasserbehörde richtet für Gewässer durch Rechtsverordnung einen Warn- und Alarmdienst ein, mit dem rechtzeitig vor zu erwartendem Hochwasser gewarnt wird. [2]In dieser Rechtsverordnung können zugleich die Meldestellen und das Meldeverfahren bestimmt werden.

(3) [1]Ist die Entstehung eines Hochwassers, von dem Gefahren für die öffentliche Sicherheit und Ordnung ausgehen können, zu erwarten, so ist die zuständige Behörde befugt, gegenüber den betroffenen Betreibern der in der Anlage 5 aufgeführten Stauanlagen die im Einzelfall erforderlichen Maßnahmen zur Gefahrenabwehr anzuordnen. [2]Die zuständige Behörde gibt dem betroffenen Betreiber einer Stauanlage nach Anlage 5 den Zeitpunkt bekannt, an dem keine Gefahren für die öffentliche Sicherheit und Ordnung durch ein Hochwasser mehr drohen. [3]Mit diesem Zeitpunkt endet die Befugnis nach Satz 1. [4]Die Verantwortlichkeit des Betreibers einer Stauanlage nach Anlage 5 für den ordnungsgemäßen Betrieb im Falle eines Hochwasserereignisses bleibt unberührt.

(4) [1]Die zuständigen Wasserbehörden und die technische Fachbehörde nach § 60 Abs. 1 Satz 1 unterstützen im Falle eines Hochwassers im Rahmen ihrer fachlichen Möglichkeiten die zuständigen Brand- und Katastrophenschutzbehörden. [2]Die Bestimmungen des Thüringer Brand- und Katastrophenschutzgesetzes (ThürBKG) vom 5. Februar 2008 (GVBl. S. 22) in der jeweils geltenden Fassung bleiben unberührt.

(5) [1]§ 99a WHG findet bis 31. Dezember 2023 keine Anwendung. [2]Ab dem 1. Januar 2024 wird das Vorkaufsrecht nach § 99a WHG für Maßnahmen an Gewässern erster Ordnung vom Land und an Gewässern zweiter Ordnung von den Gemeinden für sich als eigene Angelegenheit ausgeübt. [3]Vorkaufsrechte nach Satz 2 gehen rechtsgeschäftlich begründeten oder anderen landesrechtlichen Vorkaufsrechten vor.

§ 54 Überschwemmungsgebiete an oberirdischen Gewässern (zu § 76 WHG)

(1) [1]Überschwemmungsgebiete nach § 76 Abs. 2 WHG sind durch Rechtsverordnung festzusetzen. [2]Überschwemmungsgebiete nach § 76 Abs. 1 WHG können auch außerhalb von Risikogebieten nach § 73 Abs. 1 Satz 1 WHG durch Rechtsverordnung festgesetzt werden, wenn dies zur Sicherung des Hochwasserabflusses oder zur Vermeidung einer Verschlechterung der Abflussverhältnisse erforderlich ist. [3]Überschwemmungsgebiete nach Satz 2 können erst festgesetzt werden, wenn über die Rechtsverordnung Einvernehmen zwischen der obersten Wasserbehörde und der für das Bauwesen zuständigen obersten Landesbehörde hergestellt ist. [4]Die für festgesetzte Überschwemmungsgebiete geltenden Bestimmungen der §§ 76 bis 78c WHG finden auf Überschwemmungsgebiete nach Satz 2 entsprechende Anwendung.

(2) Gebiete zwischen oberirdischen Gewässern und Deichen oder Hochufern und Gebiete, die bei Hochwasser von Stauanlagen für die Hochwasserentlastung oder Rückhaltung beansprucht werden, gelten als festgesetzte Überschwemmungsgebiete im Sinne des § 76 Abs. 2 WHG.

(3) Auf die nach früherem Recht festgelegten Hochwassergebiete finden die für Überschwemmungsgebiete im Sinne des § 76 Abs. 2 WHG geltenden Bestimmungen entsprechende Anwendung.

(4) [1]Einer Zulassung nach § 78a Abs. 2 WHG für Vorhaben nach § 78a Abs. 1 Satz 1 Nr. 2 und 3 sowie 5 bis 7 WHG bedarf es nicht, wenn eine Erlaubnis, gehobene Erlaubnis oder Bewilligung aufgrund des Wasserhaushaltsgesetzes oder nach diesem Gesetz erteilt wird. [2]Entscheidungen nach sonstigen öffentlich-rechtlichen Vorschriften ersetzen die Genehmigung nach § 78a Abs. 2 WHG, wenn sie im Einvernehmen mit der zuständigen Wasserbehörde ergehen. [3]Die Voraussetzungen des § 78a Abs. 2 Satz 1 WHG gelten auch für die Entscheidungen nach Satz 1 und 2. [4]Das Einvernehmen nach Satz 2 ist für Planfeststellungen und Plangenehmigungen nicht erforderlich.

(5) [1]Festgesetzte und vorläufig gesicherte Überschwemmungsgebiete sowie Überschwemmungsgebiete nach Absatz 1 Satz 2 und Absatz 2 sollen als Erfordernisse der Raumordnung in geeigneter Weise gesichert werden. [2]Auf Überschwemmungsgebiete nach Absatz 1 Satz 2 und Absatz 2 findet § 5 Abs. 4a Satz 1 und § 9 Abs. 6a Satz 1 des Baugesetzbuches Anwendung.

§ 55 Gemeindlicher Wasserwehrdienst

[1]Die Gemeinden haben einen Wasserwehrdienst einzurichten und erforderliche Hilfsmittel bereitzuhalten, wenn sie erfahrungsgemäß durch Hochwasser gefährdet sind. [2]Das Nähere regeln die Gemeinden durch Satzung. [3]In dieser Satzung können die Gemeinden gegenüber ihren Bewohnern Dienste zur Erfüllung der gemeindlichen Aufgabe des Wasserwehrdienstes unter angemessener Berücksichtigung der persönlichen Verhältnisse der Bewohner anordnen. [4]Für den gemeindlichen Wasserwehrdienst gelten die Bestimmungen des Thüringer Brand- und Katastrophenschutzgesetzes mit Ausnahme seines § 14a entsprechend.

Zweiter Abschnitt
Deiche und Hochwasserschutzanlagen

§ 56 Unterhaltung der Deiche und Hochwasserschutzanlagen

(1) [1]Die Unterhaltung der Deiche und der dazugehörenden Anlagen sowie anderer Hochwasserschutzanlagen, die im Interesse des Wohls der Allgemeinheit errichtet wurden, ist eine öffentlich-rechtliche Verpflichtung. [2]Sie begründet keinen Rechtsanspruch Dritter gegen den Träger der Unterhaltungslast.

(2) Zur Unterhaltung der Deiche gehört insbesondere die regelmäßige Pflege der Grasnarbe, die Kontrolle auf Schadstellen und deren Beseitigung sowie die Bekämpfung von Schädlingen.

(3) Ist ein Deich oder eine andere Hochwasserschutzanlage an einem Fließgewässer ganz oder teilweise durch Naturgewalt oder fremdes Eingreifen beschädigt oder zerstört, so kann die zuständige Wasserbehörde den Unterhaltungspflichtigen verpflichten, den Deich oder die Hochwasserschutzanlage wiederherzustellen.

(4) [1]Wird ein Deich durch den Unterhaltungspflichtigen zur Verbesserung des überregionalen Hochwasserschutzes rückgebaut oder rückverlegt und entsteht innerhalb von 25 Jahren nach Beendigung der Maßnahme dadurch im Falle eines Hochwassers ein Schaden an einer landwirtschaftlich genutzten Fläche, hat der Unterhaltungspflichtige den Bewirtschafter der Fläche angemessen zu entschädigen. [2]Die Maßstäbe für die Entschädigung nach Satz 1 werden durch Verwaltungsvorschrift der obersten Wasserbehörde im Einvernehmen mit dem für Landwirtschaft und dem für Finanzen zuständigen Ministerium unter Anhörung des Thüringer Bauernverbandes festgelegt.

§ 57 Unterhaltungslast für Deiche und Hochwasserschutzanlagen

(1) [1]Die Unterhaltung der Deiche und der dazugehörenden Anlagen sowie anderer Hochwasserschutzanlagen, die in der Anlage 6 aufgeführt sind, obliegt dem Land. [2]Die Lage der Deiche ergibt sich des Weiteren aus den entsprechenden digitalen Datensätzen, die vom Thüringer Landesamt für Umwelt, Bergbau und Naturschutz erstellt und öffentlich zugänglich gemacht werden.

(2) [1]Die Unterhaltung der übrigen Deiche und der dazugehörenden Anlagen sowie anderer Hochwasserschutzanlagen, die dem Wohl der Allgemeinheit dienen, obliegt den nach § 31 Abs. 2 Verpflichteten. [2]Die von der Unterhaltung bevorteilte Gemeinde hat entsprechend ihres Anteils am Vorteil dem Gewässerunterhaltungsverband dessen Kosten zu ersetzen.

(3) Die Unterhaltung der Deiche und der dazugehörenden Anlagen sowie anderer Hochwasserschutzanlagen, die überwiegend den Interessen Einzelner dienen, obliegt den Eigentümern und Besitzern der durch den Deich oder anderen Hochwasserschutzanlagen geschützten Grundstücke.

(4) Mit Zustimmung der zuständigen Wasserbehörde können andere als die nach den Absätzen 2 und 3 Verpflichteten die Unterhaltungslast übernehmen.

(5) Ist strittig, wem die Unterhaltung eines Deiches oder einer anderen Hochwasserschutzanlage obliegt, so entscheidet die zuständige Wasserbehörde.

§ 58 Besondere Pflichten zum Schutz und zur Unterhaltung der Deiche und Hochwasserschutzanlagen

(1) [1]Auf Deichen und ihren beiderseitigen, vom Deichfuß aus mindestens drei Meter breiten Geländestreifen, sind das

1. Entfernen der Grasnarbe,
2. Halten von Geflügel,
3. Weiden und Treiben von Vieh, außer Schafbeweidung,
4. Lagern von Stoffen und beweglichen Sachen und
5. Fahren mit Kraftfahrzeugen und das Reiten

untersagt. [2]Auf Deichen und ihren beiderseitigen, vom Deichfuß aus mindestens fünf Meter breiten Geländestreifen ist das Pflanzen von Bäumen und Sträuchern untersagt. [3]Die zuständige Wasserbehörde kann von den Verboten nach Satz 1 Ausnahmen zulassen, wenn sie der Unterhaltung des Deiches dienen oder öffentliche Belange nicht entgegenstehen. [4]Die Pflege der landeseigenen Deiche soll grundsätzlich durch das flächenbezogen verträgliche Weiden von Schafen erfolgen.

(2) An Deichen und anderen Hochwasserschutzanlagen bedarf

1. die Errichtung baulicher Anlagen,
2. das Verlegen von Leitungen,
3. das Anlegen von Überfahrten und Wegen,
4. die Veränderung am Deichkörper oder an der Hochwasserschutzanlage sowie
5. die Durchführung baulicher Maßnahmen in einer geringeren Entfernung als fünf Meter zum Deichfuß oder der anderen Hochwasserschutzanlage

einer Genehmigung der zuständigen Wasserbehörde.

(3) Die Anlieger und Hinterlieger von Deichen haben alles zu unterlassen, was die Unterhaltung des Deiches oder der Hochwasserschutzanlage wesentlich erschweren würde oder die Sicherheit des Deiches oder der Hochwasserschutzanlage beeinträchtigen kann.

(4) § 41 Abs. 1 Satz 1 Nr. 2 und Abs. 3 WHG gelten entsprechend.

Fünfter Teil

Zuständigkeits- und Verfahrensbestimmungen

Erster Abschnitt

Zuständigkeit

§ 59 Wasserbehörden

(1) Oberste Wasserbehörde ist das für Wasserwirtschaft zuständige Ministerium.

(2) Obere Wasserbehörde ist das Thüringer Landesamt für Umwelt, Bergbau und Naturschutz.

(3) Untere Wasserbehörde sind die Landkreise und kreisfreien Städte im übertragenen Wirkungskreis.

§ 60 Technische Fachbehörde

(1) [1]Das Thüringer Landesamt für Umwelt, Bergbau und Naturschutz ist eine technische Fachbehörde für Angelegenheiten der Wasserwirtschaft und der Gewässerökologie. [2]Es nimmt Aufgaben der Wasserwirtschaft nach Weisung der obersten Wasserbehörde wahr. [3]Zu seinen Aufgaben gehört insbesondere

1. die Erarbeitung wasserwirtschaftlicher Grundlagen,
2. die Ermittlung und Bewertung der nach Menge und Güte erforderlichen Daten für die Ordnung des Wasserhaushalts und die Überwachung des Zustands der Gewässer,
3. alle Angelegenheiten der Hydrogeologie,
4. die Erarbeitung und Bereitstellung hydrogeologisch-bodenkundlicher Grundlagen für Wasser- und Heilquellenschutzgebiete,
5. die Mitwirkung bei der Ermittlung des für die Wasserwirtschaft bedeutsamen Stands der Technik und dessen Weiterentwicklung,
6. die Wahrnehmung des Warn- und Alarmdienstes nach § 53 Abs. 2 und
7. die Durchführung von Probenahmen, deren Untersuchung und Auswertung.

(2) Das Thüringer Landesamt für Umwelt, Bergbau und Naturschutz ist zuständig für die Prüfung des Nachweises nach § 50 Satz 2 Nr. 2.

(3) Das Thüringer Landesamt für Umwelt, Bergbau und Naturschutz ist als obere Landesbehörde zuständig für die Anordnungen nach § 53 Abs. 3. Die Zuständigkeit der Brand- und Katastrophenschutzbehörden bleibt unberührt.

(4) Das Thüringer Landesamt für Umwelt, Bergbau und Naturschutz nimmt die Unterhaltung der Gewässer erster Ordnung, der Deiche und Hochwasserschutzanlagen nach Anlage 6 sowie der sonstigen wasserwirtschaftlichen Anlagen, die im Eigentum des Landes stehen, wahr.

§ 61 Zuständige Wasserbehörde

(1) [1]Die Wahrnehmung der Aufgaben nach dem Wasserhaushaltsgesetz, diesem Gesetz und den aufgrund dieser Gesetze erlassenen Rechtsverordnungen obliegt der zuständigen unteren Wasserbehörde, wenn in anderen Rechtsvorschriften nichts anderes bestimmt ist; sie ist darüber hinaus für die Durchführung von Planfeststellungs- und Plangenehmigungsverfahren nach § 65 UVPG für die Errichtung und den Betrieb von Vorhaben nach Anlage 1 Nr. 19.8 und 19.9 UVPG zuständig. [2]Die unteren Wasserbehörden haben der obersten Wasserbehörde die Informationen aus ihrer Vollzugstätigkeit aufzuarbeiten und bereitzustellen, die erforderlich sind, damit Berichts- und Informationspflichten gegenüber den Europäischen Gemeinschaften oder dem Bund erfüllt werden können.

(2) [1]Die obere Wasserbehörde ist zuständig für

1. Rechtsverordnungen zur Festsetzung, Feststellung und Aufhebung von
   a) Wasserschutzgebieten nach § 51 Abs. 1 und § 106 Abs. 1 WHG sowie nach § 79 Abs. 1,
   b) Planungsgebieten nach § 86 WHG,
   c) Heilquellenschutzgebieten nach § 53 Abs. 4 und § 106 Abs. 2 WHG sowie nach § 79 Abs. 3,
   d) Überschwemmungsgebieten nach den § 76 Abs. 2 WHG in Verbindung mit § 54 Abs. 1 Satz 1 und 2 sowie nach § 106 Abs. 3 WHG.

   Sie ist ferner zuständig, wenn Anordnungen nach § 52 Abs. 2 WHG in Form einer Allgemeinverfügung ergehen.
2. die Führung des Verzeichnisses nach § 23 Abs. 1,
3. a) Planfeststellungen und Plangenehmigungen nach § 68 WHG,
   b) Bewilligungen, gehobene Erlaubnisse und Erlaubnisse für die Entnahme fester Stoffe und für das Aufstauen und Absenken,
   c) Anordnungen oder Zulassungen zur Wiederherstellung des früheren Zustands nach § 12 Abs. 2,
   d) Anordnungen zur Wiederherstellung der Durchgängigkeit an Stauanlagen nach § 34 Abs. 2 WHG außer an Bundeswasserstraßen,
   e) die nähere Festlegung von Unterhaltungsmaßnahmen nach § 42 Abs. 1 Nr. 1 WHG und die Anordnungen nach § 42 Abs. 1 Nr. 2 WHG,
   f) Genehmigungen von Anlagen nach § 28 Abs. 1 sowie die Erteilung des Einvernehmens nach § 28 Abs. 4 Satz 1,
   g) eine Übertragung der Unterhaltungslast nach § 34 Nr. 1,
   h) Entscheidungen nach § 30 Abs. 3,

   soweit Gewässer erster Ordnung betroffen sind; Buchstabe d gilt auch an Stauanlagen zur Nutzung von Wasserkraft in Gewässern zweiter Ordnung, wenn der Betrieb einer Stauanlage in einem Gewässer erster Ordnung dem Betrieb einer Wasserkraftanlage dient,
4. Planfeststellungen und Plangenehmigungen nach § 68 WHG für Pumpspeicherwerke,
5. Planfeststellungen und Plangenehmigungen nach § 68 WHG, soweit der Gewässerausbau durch das Freilegen von Grundwasser erfolgt,
6. die Überwachung und Anordnung von Maßnahmen nach § 36 Abs. 2 Satz 3 WHG an Stauanlagen, bei denen die Höhe des Absperrbauwerks vom tiefsten Punkt der Gründungssohle bis zur Krone mehr als fünf Meter oder der Gesamtstauraum mehr als 100.000 Kubikmeter beträgt,
7. die Genehmigung des Baus, des Betriebs oder der wesentlichen Änderung von Abwasseranlagen nach § 60 Abs. 3 WHG sowie die Erteilung einer für die Einleitung aus einer derartigen Anlage in ein Gewässer erforderlichen Erlaubnis; bei einer Anlage nach § 60 Abs. 3 Satz 1 Nr. 1 WHG nur dann, wenn diese Anlage

a) für organisch belastetes Abwasser von mehr als 3.000 kg/d BSB (roh) oder
b) für anorganisch belastetes Abwasser von mehr als 1.500 Kubikmeter Abwasser in zwei Stunden (ausgenommen Kühlwasser) ausgelegt ist;

ein Einwohnerwert ist die organisch-biologisch abbaubare Belastung, die einem biochemischen Sauerstoffbedarf in fünf Tagen (BSB) von 60 Gramm Sauerstoff pro Tag entspricht,

8. die Verpflichtung nach § 56 Abs. 3 für die in Anlage 6 genannten Deiche und Hochwasserschutzanlagen,
9. die Zulassung von Ausnahmen nach § 58 Abs. 1 Satz 3 und Genehmigungen nach § 58 Abs. 2 für die in Anlage 6 genannten Deiche und Hochwasserschutzanlagen,
10. a) die Ermittlung und Darstellung von Überschwemmungsgebieten nach § 76 Abs. 3 WHG,
    b) die Zulassung der Ausweisung neuer Baugebiete nach § 78 Abs. 2 WHG,
    c) behördliche Entscheidungen nach § 78a Abs. 5 Satz 2 WHG,
11. die Feststellung der Zulässigkeit der Enteignung nach §§ 19 Abs. 4 und 71 Abs. 2 Satz 1 sowie für Verfahren über Entschädigungen, soweit sie auch für die Zulassung des Vorhabens zuständig ist,
12. den Ausgleich von Erlaubnissen, Bewilligungen, alten Rechten und alten Befugnissen nach § 22 WHG,
13. die Anerkennung von Sachverständigen und sachverständigen Stellen,
14. die Mitwirkung in schifffahrtsrechtlichen Angelegenheiten,
15. die Erteilung der Erlaubnis für Gewässerbenutzungen nach § 9 Abs. 1 Nr. 4 in Verbindung mit § 8 Abs. 1 WHG sowie die Genehmigung der Indirekteinleitung nach § 58 Abs. 1 und § 59 Abs. 2 WHG, die mit der Errichtung und dem Betrieb oder einer wesentlichen Änderung einer in Anhang 1 Spalte d Buchst. E 4. BImSchV bezeichneten genehmigungsbedürftigen Anlage verbunden ist,
16. das Führen des Wasserbuchs nach § 87 WHG und § 22,
17. Feststellungen nach § 78 Abs. 2 Satz 2,
18. den Vollzug der Bestimmungen des Wassersicherstellungsgesetzes vom 24. August 1965 (BGBl. I S. 1225, 1817) in der jeweils geltenden Fassung,
19. die Abgabe von Stellungnahmen und Einvernehmenserklärungen in Verfahren von Bundes-, obersten und oberen Landesbehörden, soweit neben der oberen Wasserbehörde auch die zuständige untere Wasserbehörde oder die technische Fachbehörde nach § 60 Abs. 1 Satz 1 in diesem Verfahren zu beteiligen wären,
20. die Genehmigung nach § 28, die Planfeststellung oder Plangenehmigung nach § 68 WHG für Talsperren der Anlage 4 in der Unterhaltungslast des Landes und die Übertragung der Unterhaltungslast nach § 34 Nr. 2,
21. Bewilligungen, gehobene Erlaubnisse und Erlaubnisse für Benutzungen nach § 9 Abs. 1 Nr. 1 bis 4 WHG an Talsperren, die der öffentlichen Trinkwasserversorgung dienen,
22. wasserrechtliche Angelegenheiten nach den Bestimmungen des Wasserhaushaltsgesetzes und dieses Gesetzes bei Vorhaben, die in Zusammenhang mit der Einstellung des Wismutbergbaus stehen,
23. wasserrechtliche Angelegenheiten nach den Bestimmungen des Wasserhaushaltsgesetzes und dieses Gesetzes bei Vorhaben, die in Zusammenhang mit dem Kalibergbau stehen,
24. die Erteilung des Einvernehmens, des Benehmens oder die Abgabe von Stellungnahmen in Planfeststellungs- oder Plangenehmigungsverfahren für Vorhaben, die
    a) § 17 des Bundesfernstraßengesetzes in der Fassung vom 28. Juni 2007 (BGBl. I S. 1206) in der jeweils geltenden Fassung,
    b) § 18 des Allgemeinen Eisenbahngesetzes vom 27. Dezember 1993 (BGBl. I S. 2378, 2396; 1994 I S. 2439) in der jeweils geltenden Fassung oder
    c) § 28 des Personenbeförderungsgesetzes in der Fassung vom 8. August 1990 (BGBl. I S. 1690) in der jeweils geltenden Fassung

    unterliegen.

[2]Sie ist ferner zuständig, wenn bei einer Angelegenheit auch die Zuständigkeit der unteren Wasserbehörde gegeben ist, aber der Schwerpunkt der Sache bei der oberen Wasserbehörde liegt. [3]Sie ist zu-

ständige Aufsichtsbehörde für die Wasser- und Bodenverbände, die Aufgaben nach § 2 Nr. 1, 2, 5, 8, 9 und 11 WVG wahrnehmen.

(3) [1]Die oberste Wasserbehörde kann abweichend von den Absätzen 1 bis 2 die Zuständigkeit durch Rechtsverordnung einer anderen Wasserbehörde übertragen, wenn dies wegen der grundsätzlichen Bedeutung oder der besonderen Schwierigkeit der Angelegenheit erforderlich ist oder wenn mehrere Wasserbehörden in derselben Sache zuständig sind. [2]Ist auch eine Behörde eines anderen Bundeslandes zuständig, so kann die oberste Wasserbehörde mit der zuständigen Behörde des anderen Bundeslandes eine gemeinsame zuständige Behörde vereinbaren.

(4) [1]Kommt eine zuständige Wasserbehörde oder die technische Fachbehörde nach § 60 Abs. 1 Satz 1 einer schriftlichen Weisung der zuständigen Fachaufsichtsbehörde innerhalb einer gesetzten angemessenen Frist nicht nach, so kann die zuständige Fachaufsichtsbehörde die notwendigen Maßnahmen anstelle und auf Kosten der angewiesenen Behörde treffen und vollziehen. [2]Hierfür gelten die Bestimmungen des Thüringer Verwaltungszustellungs- und Vollstreckungsgesetzes (ThürVwZVG) in der Fassung vom 5. Februar 2009 (GVBl. S. 24) in der jeweils geltenden Fassung.

Zweiter Abschnitt

Allgemeine Verfahrensbestimmungen

§ 62 Verwaltungsverfahren

(1) [1]Die für die Entscheidung der zuständigen Wasserbehörde erforderlichen Unterlagen (Lageplan, Zeichnungen, Nachweise, Beschreibungen) hat derjenige vorzulegen, der die Entscheidung beantragt oder in dessen Interesse sie ergehen soll. [2]Unvollständige, mangelhafte oder offensichtlich unzulässige Anträge oder Anzeigen können ohne Durchführung des Verwaltungsverfahrens zurückgewiesen werden, wenn der Antragsteller die ihm mitzuteilenden Mängel nicht innerhalb einer gesetzten Frist behebt.

(2) Werden Benutzungen ohne die erforderlichen Erlaubnisse oder Bewilligungen ausgeübt, Gewässer oder Anlagen ohne die erforderliche Genehmigung, Anzeige, Eignungsfeststellung oder Planfeststellung ausgebaut, errichtet, eingebaut, verwendet, beseitigt oder geändert, so kann die zuständige Wasserbehörde auch anstelle der Untersagung verlangen, dass ein entsprechender Antrag gestellt wird.

§ 63 Verfahren bei wasserrechtlichen Entscheidungen

(1) [1]Entscheidungen nach dem Wasserhaushaltsgesetz und diesem Gesetz bedürfen der Schriftform, es sei denn, dass sie nur eine vorläufige Regelung treffen oder wegen Gefahr im Verzug erlassen werden. [2]Den Verfahrensbeteiligten, die nicht Antragsteller sind, kann die Entscheidung ohne die zugehörigen Planunterlagen mit dem Hinweis bekannt gegeben oder zugestellt werden, wo diese eingesehen werden können.

(2) Sind mehr als 50 Benachrichtigungen oder Zustellungen vorzunehmen, können sie durch öffentliche Bekanntgabe ersetzt werden.

(3) Soweit eine wasserrechtliche Entscheidung andere öffentlich-rechtliche Entscheidungen einschließt oder selbst von einer anderen öffentlich-rechtlichen Entscheidung ersetzt wird, ist die ersetzte oder eingeschlossene Entscheidung ausdrücklich zu bezeichnen.

§ 64 Sicherheitsleistung

(1) [1]Die zuständige Wasserbehörde und die technische Fachbehörde nach § 60 Abs. 1 Satz 1 können die Leistung einer Sicherheit verlangen, soweit sie erforderlich ist, um die Erfüllung von Bedingungen, Auflagen und sonstigen Verpflichtungen zu sichern oder finanzielle Risiken abzudecken, die bei Unfällen oder Betriebsstörungen entstehen können. [2]Das Land und sonstige Körperschaften des öffentlichen Rechts sind von der Sicherheitsleistung frei. [3]Auf Sicherheitsleistungen sind die §§ 232 bis 240 des Bürgerlichen Gesetzbuchs anzuwenden.

(2) Art und Höhe der Sicherheit sowie der Begünstigte sind zu bestimmen.

(3) [1]Ist der Grund für die Sicherheitsleistung weggefallen, so ist dem Begünstigten eine Frist zu setzen, binnen derer er die Einwilligung in die Rückgabe der Sicherheit zu erklären oder die Erhebung der Klage wegen seiner Ansprüche nachzuweisen hat. [2]Nach Ablauf der Frist ist die Rückgabe der Sicherheit anzuordnen, wenn nicht inzwischen die Erhebung der Klage nachgewiesen ist.

§ 65 Vorläufige Anordnungen, Beweissicherung

(1) [1]Ist ein Verfahren nach dem Wasserhaushaltsgesetz oder diesem Gesetz eingeleitet, so kann die zuständige Wasserbehörde zur Sicherung der in Aussicht genommenen Maßnahmen vorläufige Anordnungen treffen, wenn das Wohl der Allgemeinheit dies erfordert. [2]Die Anordnung ist zu befristen.

(2) Zur Feststellung von Tatsachen, die für eine nach dem Wasserhaushaltsgesetz oder diesem Gesetz zu treffende Entscheidung von Bedeutung sein können, insbesondere zur Feststellung des Zustandes einer Sache, kann die zuständige Wasserbehörde die erforderlichen Maßnahmen anordnen, wenn sonst die Feststellung unmöglich oder wesentlich erschwert würde (Beweissicherungsverfahren).

§ 66 Wasser- und Heilquellenschutzgebiete, Überschwemmungsgebiete

(1) [1]Vor dem Erlass einer Rechtsverordnung über die Festsetzung von Wasser- und Heilquellenschutzgebieten und von Überschwemmungsgebieten sind die betroffenen Körperschaften des öffentlichen Rechts sowie die Träger öffentlicher Belange zu hören und der Entwurf der Rechtsverordnung mit den zugehörigen Karten während der Dauer eines Monats in den betroffenen Gemeinden, Verwaltungsgemeinschaften oder erfüllenden Gemeinden öffentlich auszulegen. [2]Die öffentliche Auslegung ist vorher ortsüblich mit dem Hinweis bekannt zu geben, dass innerhalb von einem Monat nach Ablauf der Auslegungsfrist schriftlich oder zur Niederschrift bei der zuständigen Wasserbehörde Bedenken gegen die Festsetzung des Schutzgebietes, des Überschwemmungsgebietes oder den Erlass einzelner Schutzanordnungen sowie Anregungen zu dem Entwurf vorgebracht werden können. [3]Wer Bedenken oder Anregungen vorgebracht hat, die beim Erlass der Rechtsverordnung nicht berücksichtigt wurden, ist über die Gründe zu unterrichten.

(2) [1]Werden Rechtsverordnungen nach Absatz 1 oder Beschlüsse zur Festsetzung von Wasser- oder Heilquellenschutzgebieten oder Überschwemmungsgebieten, die nach § 79 Abs. 1 und 3 oder als nach früherem Recht festgelegte Hochwassergebiete fortgelten, nur dadurch geändert, dass die der Festsetzung oder Feststellung zugrunde liegenden analogen Karten durch digitale Karten ersetzt werden, finden Absatz 1 und Satz 3 keine Anwendung. [2]Bei der Ersetzung ist sicherzustellen, dass die ursprünglich festgelegten Grenzen des räumlichen Geltungsbereichs der wasserrechtlich geschützten Gebiete mit den in den digitalen Karten festgelegten Grenzen unter Berücksichtigung von definierten Übertragungs- und Auslegungsgrundsätzen übereinstimmen. [3]Die Rechtsverordnungen über die Festsetzung von Wasser- und Heilquellenschutzgebieten und von Überschwemmungsgebieten sollen in den betroffenen Gemeinden ortsüblich bekannt gemacht werden.

(3) Die Grenzen des Geltungsbereichs der Rechtsverordnung sind, soweit erforderlich, durch den, in dessen Interesse die Rechtsverordnung erlassen wurde, sonst durch die erlassende Behörde, in der Natur in geeigneter Weise kenntlich zu machen.

(4) [1]Die für die Festsetzung eines Wasserschutzgebietes oder eines Heilquellenschutzgebietes nach § 61 Abs. 2 Satz 1 Nr. 1 erforderlichen Untersuchungen sind vom Begünstigten durchzuführen. [2]Er hat die für die Festsetzung dieser Gebiete erforderlichen Gutachten vorzulegen. [3]Kommt der Begünstigte der Verpflichtung nach Satz 1 oder 2 nicht nach, so hat er der zuständigen Wasserbehörde die für die Durchführung der erforderlichen Untersuchungen und die für die erforderlichen Gutachten entstehenden Kosten zu erstatten.

Dritter Abschnitt

Besondere Verfahrensbestimmungen

§ 67 Verfahrensvorschriften(zu § 70 Abs. 1 WHG)

(1) Für die Planfeststellung gelten die Bestimmungen des Teils V Abschnitt 2 des Thüringer Verwaltungsverfahrensgesetzes (ThürVwVfG) mit den Maßgaben, dass

1. § 73 Abs. 1 und 9 sowie § 74 Abs. 2 Satz 2 und 3 und Abs. 5 und 7 ThürVwVfG nicht anzuwenden sind,
2. wenn Privatrechte streitig sind, den Beteiligten aufgegeben werden kann, eine Entscheidung der ordentlichen Gerichte herbeizuführen,
3. der Plan nach § 73 Abs. 2 und 3 Satz 1 ThürVwVfG in den Gemeinden auszulegen ist, in denen eine Beeinträchtigung von Rechten oder rechtlich geschützten Interessen Dritter zu erwarten ist; die Auslegungsfrist kann bis auf zwei Wochen beschränkt werden,

4. den Verfahrensbeteiligten, die nicht Antragsteller sind, die Entscheidung ohne die zugehörigen Planunterlagen mit dem Hinweis zuzustellen ist, wo diese eingesehen werden können.

(2) Für das Bewilligungsverfahren und für das Verfahren für eine gehobene Erlaubnis gilt Absatz 1 entsprechend mit den Maßgaben, dass

1. zusätzlich zu den in Absatz 1 Nr. 1 genannten Bestimmungen auch die §§ 75, 77 und 78 ThürVwVfG nicht anzuwenden sind,
2. der Bescheid zudem auch Angaben über
   a) die genaue Bezeichnung des erlaubten oder bewilligten Rechts nach Art, Umfang und Zweck des der Benutzung zugrunde liegenden Plans,
   b) die Dauer der Erlaubnis oder Bewilligung,
   c) die Benutzungsbedingungen und Auflagen, soweit erforderlich, den Vorbehalt nachträglicher Auflagen (§ 13 Abs. 1 WHG),
   d) die Frist für den Beginn der Benutzung,
   e) die Festsetzung einer Entschädigung, soweit sie einem späteren Verfahren nicht vorbehalten wird,

   enthalten muss,
3. die Nachprüfung des Verwaltungsakts in einem Vorverfahren nicht nach § 74 Abs. 1 in Verbindung mit § 70 ThürVwVfG entfällt.

(3) Für die Plangenehmigung nach § 68 Abs. 2 WHG ist § 74 Abs. 6 Satz 1 und Abs. 7 ThürVwVfG nicht anzuwenden.

(4) Betrifft ein Erlaubnisverfahren eine Gewässerbenutzung von erheblicher Bedeutung für den Wasser- und Naturhaushalt, kann die zuständige Wasserbehörde das Vorhaben öffentlich bekannt machen und mit den Beteiligten erörtern.

§ 68 Duldungspflichten

(1) Soweit es die Vorbereitung und die Durchführung des Gewässerausbaus oder eines sonstigen Vorhabens erfordern, haben die Eigentümer und Nutzungsberechtigten der betroffenen Grundstücke zu dulden, dass der Unternehmer oder dessen Beauftragte nach vorheriger Ankündigung Grundstücke betreten und vorübergehend benutzen.

(2) Entstehen durch Handlungen nach Absatz 1 Schäden, so hat der Geschädigte gegen den Unternehmer Anspruch auf Schadenersatz.

§ 69 Ausgleichsverfahren zwischen konkurrierenden Gewässerbenutzungen (zu § 22 WHG)

[1]Für das Verfahren zum Ausgleich von Rechten und Befugnissen nach § 22 WHG gilt § 67 Abs. 2 Nr. 2 entsprechend. [2]Die Kosten sind auf die Beteiligten nach billigem Ermessen zu verteilen.

§ 70 Beschneiungsanlagen

(1) [1]Die Errichtung, der Betrieb und die wesentliche Änderung oder Erweiterung von Beschneiungsanlagen bedürfen der Genehmigung. [2]Dies gilt auch für den Betrieb bestehender Anlagen, wenn die für die Gewässerbenutzung erteilte wasserrechtliche Zulassung den Betrieb noch nicht umfassend regelt.

(2) [1]Die Genehmigung darf nur versagt oder widerrufen werden, wenn und soweit dies zum Schutz des Naturhaushalts oder des Landschaftsbilds oder aus Gründen der Wasserwirtschaft, der öffentlichen Sicherheit oder des Allgemeinwohls erforderlich ist. [2]Inhalts- und Nebenbestimmungen sind auch zulässig, um Auswirkungen zu verhüten, die den Naturhaushalt oder das Landschaftsbild beeinträchtigen können. [3]Zur Beschneiung darf nur Wasser ohne Zusätze verwendet werden.

(3) Die Genehmigung nach Absatz 1 kann nur in einem Verfahren erteilt werden, das den Anforderungen des Thüringer UVP-Gesetzes entspricht, wenn danach eine Umweltverträglichkeitsprüfung durchzuführen ist.

Sechster Teil
Enteignung, Entschädigung und Ausgleich

§ 71 Enteignungsrecht

(1) [1]Für Zwecke der öffentlichen Wasserversorgung, der öffentlichen Abwasserbeseitigung, im Interesse einer geordneten Wasserwirtschaft, der Gewässerunterhaltung und der Aussiedlung aus Überschwemmungsgebieten ist die Entziehung oder die Beschränkung von Grundeigentum oder Rechten am Grundeigentum im Wege der Enteignung zulässig. [2]Die §§ 96 bis 98 WHG gelten entsprechend.

(2) [1]Die zuständige Wasserbehörde stellt die Zulässigkeit der Enteignung fest. [2]Die Zulässigkeit von Enteignungen richtet sich nach den Bestimmungen des Thüringer Enteignungsgesetzes.

§ 72 Entschädigung (zu den §§ 96 bis 98 WHG)

(1) Für Entschädigungen nach diesem Gesetz, die außerhalb eines Enteignungsverfahrens zu leisten sind, gelten die §§ 96 bis 98 WHG entsprechend.

(2) Für nach diesem Gesetz oder nach dem Wasserhaushaltsgesetz festgesetzte Entschädigungsleistungen gelten die Vorschriften des Achten Buches der Zivilprozessordnung über die Zwangsvollstreckung mit Ausnahme der §§ 883 bis 898, soweit in den §§ 35 bis 37 ThürVwZVG nichts anderes bestimmt ist.

§ 73 Ausgleich (zu § 99 WHG)

(1) Der Ausgleich nach § 99 WHG ist an den Nutzungsberechtigten zu leisten.

(2) [1]Der Ausgleich ist durch einen für das Kalenderjahr fällig werdenden Betrag in Geld zu leisten. [2]Der Anspruch entfällt, wenn ein Antrag nicht bis zum 31. Dezember des laufenden Jahres gestellt wird. [3]Wird die Ausgleichszahlung ganz oder teilweise verweigert, kann Klage vor den ordentlichen Gerichten erhoben werden.

(3) Ein Ausgleich wird nicht geleistet, soweit die wirtschaftlichen Nachteile
1. 50 Euro pro Jahr und Betrieb nicht übersteigen,
2. durch zumutbare Maßnahmen auf den betroffenen Flächen ausgeglichen werden können oder
3. durch andere Leistungen aus öffentlichen Haushalten oder von Dritten ausgeglichen werden.

(4) Verstößt der Nutzungsberechtigte gegen eine Schutzbestimmung, Anordnung oder Auflage, die sich auf die Bewirtschaftung bezieht, kann die Ausgleichszahlung ganz oder teilweise versagt oder auch mit Wirkung für die Vergangenheit zurückverlangt werden.

(5) Die mit der Überwachung betrauten Behörden sind befugt, Boden-, Pflanzen-, Düngemittel- und Pflanzenschutzmittelproben ohne Entschädigung zu entnehmen.

Siebter Teil
Gewässeraufsicht, Sanierung von Gewässer- und Bodenverunreinigungen

§ 74 Gewässeraufsicht, Gewässerschauen (zu § 100 WHG)

(1) [1]Die Gewässeraufsicht nach § 100 Abs. 1 Satz 1 WHG obliegt der unteren Wasserbehörde. [2]Die Gewässeraufsicht nach § 100 Abs. 2 WHG obliegt der für die Zulassung zuständigen Wasserbehörde.

(2) [1]Ergeben sich infolge der Überwachung nach Absatz 1 Satz 1 Anhaltspunkte, dass Maßnahmen nach § 100 Abs. 1 Satz 2 WHG erforderlich sind, teilt die untere Wasserbehörde dies der zuständigen Behörde mit. [2]Diese veranlasst die nach § 100 Abs. 1 Satz 2 WHG notwendigen Maßnahmen.

(3) [1]Im Rahmen der Gewässeraufsicht haben die zuständigen Wasserbehörden und die technische Fachbehörde nach § 60 Abs. 1 Satz 1 die nach pflichtgemäßem Ermessen erforderlichen Maßnahmen zu treffen, um Gefahren von der Allgemeinheit abzuwehren, die durch den Zustand oder die Benutzung der Gewässer, der Ufer, der Deiche, der Überschwemmungs-, Wasserschutz- und Heilquellenschutzgebiete hervorgerufen werden. [2]Die §§ 4 bis 10 und 68 bis 74 des Polizeiaufgabengesetzes vom 4. Juni 1992 (GVBl. S. 199) in der jeweils geltenden Fassung gelten entsprechend.

(4) [1]Beim Thüringer Landesamt für Umwelt, Bergbau und Naturschutz werden Schaukommissionen für die Gewässer erster Ordnung und bei den unteren Wasserbehörden Schaukommissionen für die Gewässer zweiter Ordnung gebildet. [2]Die Schaukommissionen unterstützen die Wasserbehörden und die technische Fachbehörde nach § 60 Abs. 1 Satz 1 durch Schauen der natürlichen fließenden oberirdischen Gewässer, der Gewässerrandstreifen und der Wasserschutzgebiete. [3]Gewässerschauen finden mindestens alle fünf Jahre statt. [4]Für die Schaukommissionen gelten die Rechte und Pflichten nach

§ 101 Abs. 1 Satz 1 Nr. 1, 4 und 6 WHG entsprechend. [5]Beim Schauen der oberirdischen Gewässer ist auch der Zustand der Überschwemmungsgebiete und der dem Hochwasserschutz dienenden Anlagen mit einzubeziehen. [6]Bei den Wasserschutzgebieten sind insbesondere die Schutzzonen I und II zu begehen. [7]Die Ergebnisse der Gewässerschauen werden von der zuständigen Behörde im Internet veröffentlicht.

(5) [1]Die Schaukommissionen setzen sich aus je einem Vertreter der ausrichtenden Behörde nach Absatz 4 Satz 1, bei Gewässern erster Ordnung einem Vertreter der oberen und unteren Wasserbehörde, einer Landwirtschaftsbehörde und

1. bei oberirdischen Gewässern aus je einem Vertreter der unteren Naturschutzbehörde, der Fischereibehörde und einem Vertreter des örtlich zuständigen Gewässerunterhaltungsverbandes,
2. bei Wasserschutzgebieten aus je einem Vertreter des Wasserversorgungsunternehmens, der örtlich zuständigen Gemeindeverwaltung und der Gesundheitsbehörde

zusammen. [2]Einem gemeinsamen Vertreter der nach § 3 des Umwelt-Rechtsbehelfsgesetzes in der Fassung vom 23. August 2017 (BGBl. I S. 3290) in der jeweils geltenden Fassung anerkannten Vereinigungen sowie einem Vertreter des Bauernverbandes ist die Teilnahme an den Schauen zu ermöglichen. [3]Dritte können hinzugezogen werden.

(6) [1]Sollen im Rahmen von Gewässerschauen Grundstücke oder bauliche Anlagen betreten werden, ist der Eigentümer oder Nutzungsberechtigte zu benachrichtigen. [2]Entstehen im Rahmen von Gewässerschauen Schäden, so hat der Geschädigte Anspruch auf Schadenersatz.

(7) [1]Die oberste Wasserbehörde kann durch Rechtsverordnung für Unternehmen, die in ein Register nach Artikel 13 in Verbindung mit Artikel 12 Abs. 2 der Verordnung (EG) Nr. 1221/2009 des Europäischen Parlaments und des Rates vom 25. November 2009 über die freiwillige Teilnahme von Organisationen an einem Gemeinschaftssystem für Umweltmanagement und Umweltbetriebsprüfung und zur Aufhebung der Verordnung (EG) Nr. 761/2001, sowie der Beschlüsse der Kommission 2001/681/EG und 2006/193/EG (ABl. L 342 vom 22.12.2009, S. 1), zuletzt geändert durch Artikel 1 der Verordnung (EU) 2017/1505 der Kommission vom 28. August 2017 (ABl. L 222 vom 29.8.2017, S. 1), eingetragen sind, Erleichterungen zum Inhalt der Antragsunterlagen im Genehmigungsverfahren sowie überwachungsrechtliche Erleichterungen regeln, soweit die diesbezüglichen Anforderungen der Verordnung (EG) Nr. 1221/2009 gleichwertig mit den Anforderungen sind, die zur Überwachung und zu den Antragsunterlagen nach den wasserrechtlichen Vorschriften des Bundes und des Landes vorgesehen sind. [2]Dabei können auch weitere Voraussetzungen für die Inanspruchnahme und die Rücknahme von Erleichterungen oder die ganze oder teilweise Aussetzung von Erleichterungen für den Fall, dass die Voraussetzungen für deren Gewährung nicht mehr vorliegen, geregelt werden. [3]Ordnungsrechtliche Erleichterungen können gewährt werden, wenn der Umweltgutachter die Einhaltung der Umweltvorschriften geprüft hat, keine Abweichungen festgestellt hat und dies in der Gültigkeitserklärung bescheinigt. [4]Überwachungsrechtliche Erleichterungen können insbesondere zu

1. Kalibrierungen, Ermittlungen, Prüfungen und Messungen,
2. Messberichten sowie sonstigen Berichten und Mitteilungen von Ermittlungsergebnissen,
3. Aufgaben des Gewässerschutzbeauftragten,
4. Mitteilungspflichten zur Betriebsorganisation und
5. der Häufigkeit der behördlichen Überwachung

vorgesehen werden. [5]Unberührt bleiben Überwachungsmaßnahmen, die nach § 4 Abs. 4 des Abwasserabgabengesetzes in der Fassung vom 18. Januar 2005 (BGBl. I S. 114) in der jeweils geltenden Fassung durchgeführt werden.

§ 75 Pflichten bei Änderungen der Wasserbeschaffenheit (zu § 89 WHG)

[1]Die für die nachteilige Veränderung der Wasserbeschaffenheit nach § 89 WHG Verantwortlichen haben die erforderlichen Maßnahmen zur Schadensermittlung, Schadensbegrenzung und zur Beseitigung der nachteiligen Veränderungen durchzuführen. [2]Die Beseitigung hat sich an den Bewirtschaftungszielen nach den §§ 27 bis 31, 44 und 47 WHG sowie den jeweiligen Maßnahmenprogrammen nach § 82 WHG auszurichten.

Achter Teil
Rechtsverordnungen

§ 76 Ermächtigung zum Erlass von Rechtsverordnungen (Abweichung von § 23 WHG)
[1]Die oberste Wasserbehörde wird ermächtigt, im Umfang der Ermächtigungen der Bundesregierung gemäß den §§ 23 und 46 Abs. 2, § 48 Abs. 1 Satz 2, § 57 Abs. 2, § 58 Abs. 1 Satz 2, § 61 Abs. 3, § 62 Abs. 4 und § 63 Abs. 2 Satz 2 WHG Rechtsverordnungen zu erlassen. [2]Anstelle der Anhörung der beteiligten Kreise nach § 23 Abs. 2 WHG ist eine Anhörung entsprechend § 66 Abs. 1 durchzuführen.

Neunter Teil
Bußgeld-, Überleitungs- und Schlussbestimmungen

§ 77 Bußgeldvorschriften
(1) Ordnungswidrig handelt, wer vorsätzlich oder fahrlässig
1. der Anzeigepflicht nach § 41 Abs. 2 nicht, nicht richtig, nicht vollständig oder nicht rechtzeitig nachkommt oder der Anzeige nicht die erforderlichen Unterlagen beifügt,
2. die Grenzen des Gemeingebrauchs (§ 25) überschreitet,
3. entgegen § 29 Abs. 3 Satz 1 oder in einer begrünten Fläche nach § 29 Abs. 3 Satz 3 Nr. 2 Satz 1 Pflanzenschutzmittel oder Düngemittel anwendet oder der Anzeigepflicht nach § 29 Abs. 3 Satz 3 Nr. 2 Satz 3 nicht, nicht richtig, nicht vollständig oder nicht rechtzeitig nachkommt,
4. den Bestimmungen des § 37 Abs. 2 oder 3 über das Ablassen aufgestauten Wassers zuwiderhandelt,
5. ohne Erlaubnis nach § 39 Abs. 4 Satz 1 Grundwasser entnimmt,
6. entgegen § 42 Abs. 3 Satz 1 oder 2 die Wassergewinnungsanlage nicht überwacht, bei der Überwachung des nach § 61 Abs. 2 Satz 1 Nr. 1 festgesetzten Wasserschutzgebietes nicht, nicht umfassend oder nicht rechtzeitig mitwirkt, bestehende Gefahren der zuständigen Wasserbehörde nicht oder nicht rechtzeitig mitteilt oder nicht auf die Begrenzung des Schadens hinwirkt,
7. als Eigentümer oder Betreiber einer staatlich anerkannten Heilquelle entgegen § 46 Abs. 2 die Pflicht, das Heilwasser untersuchen zu lassen, verletzt,
8. der Pflicht zur Überlassung des Abwassers, des Schlamms aus Kleinkläranlagen oder des Inhalts aus abflusslosen Gruben nach § 47 Abs. 5 Satz 1, zur Beseitigung des Abwassers nach § 47 Abs. 6 bis 10, 12 oder nachdem die Abwasserbeseitigungspflicht nach § 47 Abs. 11 Satz 1 oder Abs. 13 übertragen worden ist, nicht nachkommt,
9. einer Anordnung nach § 53 Abs. 3 Satz 1 nicht, nicht rechtzeitig oder nicht umfassend nachkommt,
10. in einem nach bisherigen Recht festgesetzten Hochwassergebiet (§ 54 Abs. 3) oder einem Überschwemmungsgebiet nach § 54 Abs. 1 Satz 2 einer Beschränkung nach § 78 Abs. 4, § 78a Abs. 1 oder § 78c Abs. 1 WHG zuwiderhandelt,
11. entgegen § 58 Abs. 1 Satz 1 die in dieser Bestimmung untersagten Handlungen vornimmt oder entgegen § 58 Abs. 1 Satz 2 Bäume oder Sträucher pflanzt,
12. ohne Genehmigung die nach § 58 Abs. 2 bezeichneten Arbeiten an einem Deich vornimmt,
13. ohne die erforderliche Genehmigung nach § 70 eine Beschneiungsanlage errichtet, betreibt, wesentlich ändert oder erweitert,
14. einem Verbot oder einer Beschränkung in einem als Wasserschutzgebiet geltenden Trinkwasserschutzgebiet (§ 79 Abs. 1) zuwiderhandelt,
15. einer Rechtsverordnung, die aufgrund dieses Gesetzes erlassen wurde, zuwiderhandelt, und diese Rechtsverordnung für einen bestimmten Tatbestand auf diese Bußgeldbestimmung verweist,
16. einer Inhalts- und Nebenbestimmung oder einer vollziehbaren Anordnung einer aufgrund dieses Gesetzes erlassenen Entscheidung zuwiderhandelt.

(2) Die Ordnungswidrigkeit kann mit einer Geldbuße bis zu fünfzigtausend Euro geahndet werden.

(3) Verwaltungsbehörde im Sinne des § 36 Abs. 1 Nr. 1 des Gesetzes über Ordnungswidrigkeiten in der Fassung vom 19. Februar 1987 (BGBl. I S. 602) in der jeweils geltenden Fassung für die Verfolgung und Ahndung von Ordnungswidrigkeiten ist die nach § 60 oder § 61 zuständige Behörde; dies gilt auch für die Verfolgung und Ahndung von Ordnungswidrigkeiten nach § 103 WHG.

§ 78 Alte Rechte und Befugnisse

(1) [1]Wasserrechtliche Entscheidungen, die nach § 129 Abs. 1 ThürWG in der Fassung vom 18. August 2009 (GVBl. S. 648) in der am 7. Juni 2019 geltenden Fassung aufrechterhalten wurden, behalten ihre Gültigkeit, wenn zu ihrer Ausführung am 3. Oktober 1990 rechtmäßige Anlagen vorhanden waren. [2]Die §§ 20 und 21 WHG gelten entsprechend.

(2) [1]Inhalt und Umfang alter Rechte bestimmen sich, soweit sie auf einem besonderen Titel beruhen, nach diesem, im Übrigen nach den bisherigen Gesetzen. [2]Stehen Inhalt und Umfang eines alten Rechtes oder einer alten Befugnis im Sinne des § 20 WHG und des Absatzes 1 nicht oder nur teilweise fest, so werden sie auf Antrag ihres Inhabers von der zuständigen Wasserbehörde festgestellt. [3]Die Feststellung kann auch von Amts wegen erfolgen. [4]Rechte Dritter werden von der Feststellung nicht berührt.

§ 79 Überleitung bestehender Schutzgebietsfestsetzungen

(1) Die nach § 130 Abs. 2 ThürWG in der Fassung vom 18. August 2009 (GVBl. S. 648) in der am 7. Juni 2019 geltenden Fassung als Wasserschutzgebiete fortgeltenden Trinkwasserschutzgebiete gelten als Wasserschutzgebiete im Sinne des § 51 WHG.

(2) Die nach § 131 Abs. 1 ThürWG in der Fassung vom 18. August 2009 (GVBl. S. 648) in der am 7. Juni 2019 geltenden Fassung als staatlich anerkannte Heilquellen geltenden Heilquellen gelten als staatlich anerkannte Heilquellen im Sinne des § 53 Abs. 2 WHG.

(3) Die nach § 131 Abs. 2 ThürWG in der Fassung vom 18. August 2009 (GVBl. S. 648) in der am 7. Juni 2019 geltenden Fassung fortgeltenden Heilquellenschutzgebiete gelten als Heilquellenschutzgebiete im Sinne des § 53 Abs. 4 WHG.

§ 80 Einschränkung von Grundrechten

Durch dieses Gesetz wird das Recht auf Unverletzlichkeit der Wohnung (Artikel 13 des Grundgesetzes; Artikel 8 der Verfassung des Freistaats Thüringen) eingeschränkt.

§ 81 Anhängige Verfahren

[1]Auf die bei Inkrafttreten dieses Gesetzes anhängigen Verwaltungsverfahren finden die Bestimmungen dieses Gesetzes Anwendung. [2]§ 33 Abs. 4 bleibt unberührt.

§ 82 Umsetzung des Rechts der Europäischen Union und zwischenstaatlicher Vereinbarungen

(1) Die oberste Wasserbehörde erlässt durch Rechtsverordnung die zur Durchführung von bindenden Beschlüssen der Europäischen Gemeinschaft und zur Umsetzung zwischenstaatlicher Vereinbarungen erforderlichen Vorschriften, um die Gewässer als Bestandteil des Naturhaushalts zu schützen und bewirtschaften zu können, dass sie dem Wohl der Allgemeinheit und im Einklang mit ihm auch dem Nutzen Einzelner dienen und dass jede vermeidbare Beeinträchtigung unterbleibt, insbesondere über

1. qualitative und quantitative Anforderungen an die Gewässer,
2. Anforderungen an das Einbringen und Einleiten von Stoffen in die Gewässer und in Abwasseranlagen,
3. den Schutz der Gewässer gegen Beeinträchtigungen durch den Umgang mit wassergefährdenden Stoffen,
4. die Festsetzung von Gebieten, in denen bestimmte Anforderungen, Gebote und Verbote zu beachten sind,
5. Anforderungen an den Bau und Betrieb von Anlagen,
6. die Einhaltung der Anforderungen nach den Nummern 1 bis 5, ihre Kontrolle und Überwachung,
7. Messmethoden und Messverfahren,
8. den Austausch der Informationen und den Zugang zu ihnen sowie die dazu erforderlichen Verfahren,
9. die Erhebung von Daten über Emissionen mit Auswirkungen auf den Wasserhaushalt.

(2) Das für das öffentliche Gesundheitswesen zuständige Ministerium erlässt die zur Durchführung der Richtlinie 2006/7/EG des Europäischen Parlaments und des Rates vom 15. Februar 2006 über die Qualität der Badegewässer und deren Bewirtschaftung und zur Aufhebung der Richtlinie 76/160/EWG (ABl. L 64 vom 4.3.2006, S. 37) in der jeweils geltenden Fassung Rechtsverordnungen, die erforderlich sind, Badende vor den Gefahren für die menschliche Gesundheit, die durch Gewässerverunreinigungen entstehen können, zu schützen.

§ 83 Gleichstellungsbestimmung

Status- und Funktionsbezeichnungen in diesem Gesetz gelten jeweils in männlicher und weiblicher Form.

Anlage 1
(zu § 3 Nr. 1)

Verzeichnis der Gewässer erster Ordnung

Nummer	Gewässer	von	bis
1	Apfelstädt	Ablauf Talsperre Tambach-Dietharz	Mündung in Gera
2	Gera mit Wilde Gera und Zahme Gera	Pegel Gehlberg, km 16,31 Zusammenfluss der Waldbäche aus dem Gabel- und Löffelbach, km 65,94	Dreibrunnenquelle oberhalb Papierwehr
2a	Gera-Flutmulde Marienthal in der Gemarkung Molsdorf	km 31,95	km 31,60
3	Gera-Flutgraben	unterhalb Tosbecken Papierwehr	Einmündung in Wilde Gera oberhalb Karlstraße
4	Gera	unterhalb Einmündung Wilde Gera	Mündung in Unstrut
5	Göltzsch	Landesgrenze Sachsen bei Einmündung Friesenbach	Mündung in Weiße Elster
6	Hasel	Einmündung der Lauter in Suhl	Mündung in Werra
7	Helbe-Steingraben-Lache	unterhalb staatliches Helbewehr	Mündung in Unstrut
8	Helme	Straßenbrücke Limlingerode – Steinrode II	Landesgrenze zu Sachsen-Anhalt westlich Talsperre Kelbra
		Landesgrenze zu Sachsen-Anhalt nördlich Mönchpfiffel	Mündung in Unstrut
9	Helmeumfluter	Abzweig Helme nordöstlich Kalbsrieth	Mündung Helme westlich Kalbsrieth
10	Hörsel	Autobahnbrücke A4 nördlich Leina	Mündung in Werra
10a	Hörsel-Umfluter Fröttstädt	km 32,75	km 32,65
11	Ilm	Zusammenfluss Lengwitz und Freibach	Mündung in Saale
12	Ilm-Haderlache	Abzweig Ilm südlich Wickerstedt	Mündung in Ilm
13	Lauter	Zusammenfluss Goldene Lauter/Lange Lauter	Mündung in Hasel
14	Leine	Einmündung der Line	Landesgrenze westlich Kirchgandern
15	Lichte	Ablauf Talsperre Leibis	Mündung in Schwarza
16	Loquitz	Landesgrenze zum Freistaat Bayern südlich Probstzella	Mündung in Saale
17	Nesse	Einmündung Wilder Graben	Mündung in Hörsel
18	Ohra	Ablauf Talsperre Ohra	Mündung in Apfelstädt

Nummer	Gewässer	von	bis
19	Pleiße	Landesgrenze zum Freistaat Sachsen südlich Ponitz	Landesgrenze zum Freistaat Sachsen nordöstlich Haselbach
20	Saale einschließlich Altarme in den Ortslagen Kahla, Orlamünde, Weißen, Dorndorf und Fischersdorf und Lachen am Teilewehr Saalfeld sowie Wehr Volkstedt in Rudolstadt	halbseitig rechts Landesgrenze zum Freistaat Bayern Mündung Tannenbach	Landesgrenze zum Freistaat Bayern oberhalb Mündung Selbitz
		Landesgrenze zum Freistaat Bayern unterhalb Mündung Selbitz	Landesgrenze zu Sachsen-Anhalt nördlich Großheringen
21	Schleuse	Ablauf Talsperre Schönbrunn	Mündung in Werra
22	Schmalkalde	Zusammenfluss Kaltes Wasser/Ebersbach in Kleinschmalkalden	Mündung in Werra
23	Schwarza	Ablauf Talsperre Scheibe-Alsbach	Mündung in Saale
24	Steinach	Einmündung Alte Mutter	Landesgrenze zum Freistaat Bayern südlich Mupperg
24a	Steinach-Altarme	Verteilerbauwerk unterhalb Unterlind	Wiedereinbindung in Steinach oberhalb Heubisch
		Sohlschwelle unterhalb Pegel Mupperg	Wiedereinbindung in Steinach unterhalb Mupperg
24b	Steinachflutmulde	Flutmuldenwehr Sonneberg-Oberlind (einschließlich Forellenbach im Bereich Flutmulde)	Mündung in Steinach zwischen Ober- und Unterlind
25	Ulster	Landesgrenze zu Hessen südlich Motzlar	Landesgrenze zu Hessen nördlich Unterbreizbach
26	Unstrut einschließlich Altarme in den Gemarkungen Artern, Roßleben, Bottendorf, Schönewerda, Ritteburg, Bretleben, Etzleben, Scherndorf, Wenigensömmern, Sömmerda, Schallenburg, Wundersleben, Henschleben, Schwerstedt, Gebesee, Bollstedt, Vehra/Straußfurt	Quelle	Landesgrenze Sachsen-Anhalt, östlich Roßleben
27	Unstrut-Flutkanal	Abzweig Unstrut bei Bretleben	Landesgrenze zu Sachsen-Anhalt südlich Roßleben
28	Unstrut-Umfluter	Abzweig Unstrut in Mühlhausen	Mündung in Unstrut
29	Unstrut-Flutmulden	Sachsenburg, Schönewerda und Herbsleben	
29a	Unstrut-Durchfluter	Abzweig Unstrut 280 m oberhalb Straßenbrücke Herbsleben-Bad Tennstedt	Mündung in Unstrut
30	Unstrut-Lossa	Abzweig Unstrut bei Griefstedt	Mündung in Unstrut

Nummer	Gewässer	von	bis
31	Alte Unstrut einschließlich der Abschläge Ober- und Untermühle	Schleuse Thamsbrück	Mündung in Unstrut
32	Waldbach	Auslauf Wisentastollen	Mündung in Weida
33	Weida	Landesgrenze zum Freistaat Sachsen südlich Leitlitz	Mündung in Weiße Elster
34	Weiße Elster einschließlich Altarme in den Ortslagen Bad Köstritz, Gera-Stublach, Caaschwitz, Crossen	Landesgrenze zum Freistaat Sachsen bei Bahnbrücke am Nelkenstein bei Cossengrün	Landesgrenze zum Freistaat Sachsen 200 m unterhalb Bahnbrücke
		Landesgrenze zum Freistaat Sachsen nördlich Elsterberg	Landesgrenze zu Sachsen-Anhalt nördlich Crossen
35	Werra einschließlich der Brolle in Meiningen	Quelle oberhalb Flößteich-Sophienau	Landesgrenze zu Hessen nord-westlich Vacha
		Landesgrenze zu Hessen südlich Dankmarshausen	Landesgrenze zu Hessen westlich Treffurt, km 10,39
		halbseitig links Landesgrenze zu Hessen westlich Treffurt, km 10,39	Landesgrenze zu Hessen, km 10,92
		halbseitig links Landesgrenze zu Hessen südöstlich Großburschla, km 12,58	Landesgrenze zu Hessen, km 13,13
		Landesgrenze zu Hessen südlich Großburschla, km 13,13	Landesgrenze zu Hessen nördlich Großburschla, km 14,86
		halbseitig links Landesgrenze zu Hessen nördlich Großburschla, km 14,86	Landesgrenze zu Hessen westlich Altenburschla, km 16,61
		halbseitig rechts Landesgrenze zu Hessen südlich Wahlhausen, km 49,78	Landesgrenze zu Hessen nördlich Lindewerra, km 56,13
36	Werra-Flutmulde Hildburghausen	Schloßpark in Hildburghausen (einschließlich Wallrabser Werra im Bereich Flutmulde)	Einmündung in Werra unterhalb Friederich-Rückert-Straße in Hildburghausen
	Werra-Flutmulde Meiningen	Volkshausplatz in Meiningen	Einmündung in Werra oberhalb Eselsbrücke in Meiningen
37	Wipper einschließlich Altarme Gemarkung Kannawurf, Kindelbrück und Großfurra	Abzweig Flutgraben in Worbis	Mündung in Unstrut
38	Zorge	Landesgrenze zu Niedersachsen nordwestlich Ellrich	Mündung in Helme

Anlage 2
(zu § 20 Abs. 2)

Einzugsgebiete und Flussgebietseinheiten in Thüringen

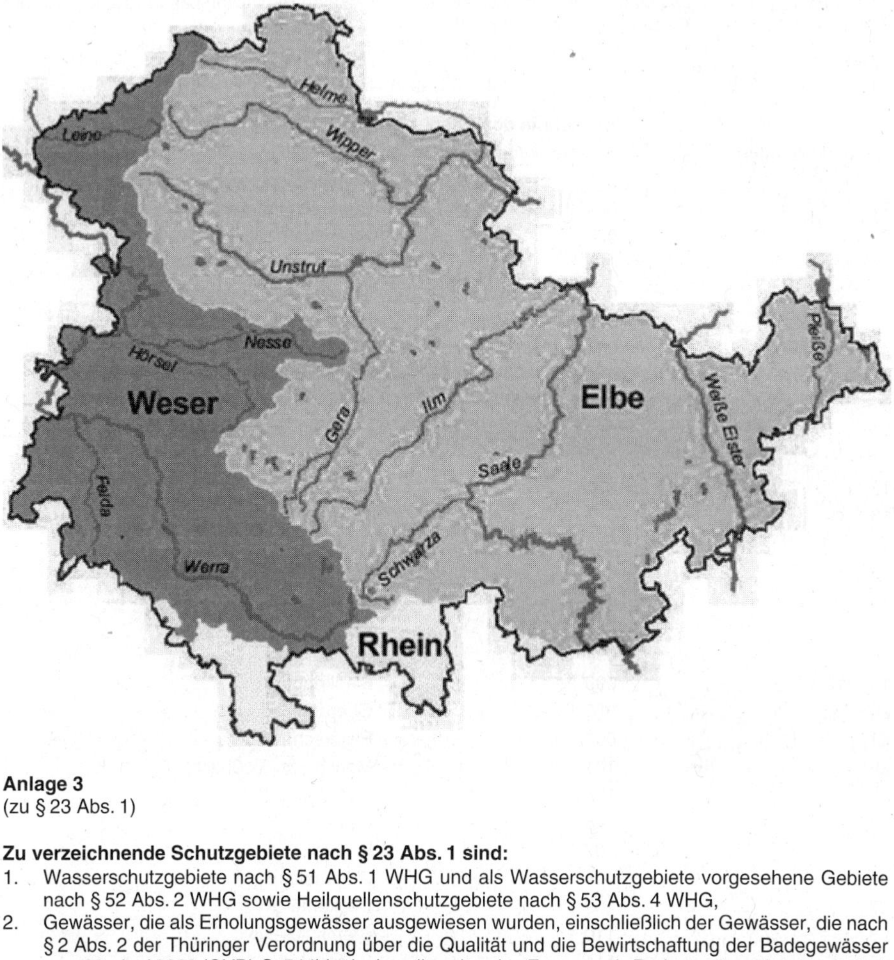

Anlage 3
(zu § 23 Abs. 1)

Zu verzeichnende Schutzgebiete nach § 23 Abs. 1 sind:

1. Wasserschutzgebiete nach § 51 Abs. 1 WHG und als Wasserschutzgebiete vorgesehene Gebiete nach § 52 Abs. 2 WHG sowie Heilquellenschutzgebiete nach § 53 Abs. 4 WHG,
2. Gewässer, die als Erholungsgewässer ausgewiesen wurden, einschließlich der Gewässer, die nach § 2 Abs. 2 der Thüringer Verordnung über die Qualität und die Bewirtschaftung der Badegewässer vom 30. Juni 2009 (GVBl. S. 544) in der jeweils geltenden Fassung als Badegewässer bestimmt sind,
3. nährstoffsensible Gebiete, einschließlich der Gebiete, die im Rahmen der Richtlinie 91/676/EWG des Rates vom 12. Dezember 1991 zum Schutz der Gewässer vor Verunreinigung durch Nitrat aus landwirtschaftlichen Quellen (ABl. L 375 vom 31.12.1991, S. 1) in der jeweils geltenden Fassung als gefährdete Gebiete ausgewiesen wurden, sowie Gebiete, die in der Thüringer Verordnung zur Umsetzung der Richtlinie 91/271/EWG über die Behandlung von kommunalem Abwasser vom 10. Oktober 1997 (GVBl. S. 368) in der jeweils geltenden Fassung als empfindliche Gebiete ausgewiesen wurden und
4. Gebiete, die für den Schutz von Lebensräumen oder Arten ausgewiesen wurden, sofern die Erhaltung oder Verbesserung des Wasserzustands ein wichtiger Faktor für diesen Schutz ist, einschließlich der Natura-2000-Standorte, die in Umsetzung der Richtlinie 92/43/EWG des Rates vom 21. Mai 1992 zur Erhaltung der natürlichen Lebensräume sowie der wildlebenden Tiere und Pflanzen (ABl. L 206 vom 22.07.1992, S. 7) in der jeweils geltenden Fassung und der Richtlinie 2009/147/EG des Europäischen Parlaments und des Rates vom 30. November 2009 über die Erhaltung der wild-

lebenden Vogelarten (ABl. L 20 vom 26.01.2010, S. 7) in der jeweils geltenden Fassung ausgewiesen wurden.

Der Zusammenfassung des Verzeichnisses, das obligatorischer Bestandteil des Bewirtschaftungsplans für das Einzugsgebiet ist, sind Karten beizufügen, auf denen die Lage jedes Schutzgebiets angegeben ist; ferner sind die gemeinschaftlichen, einzelstaatlichen oder lokalen Rechtsvorschriften zu nennen, auf deren Grundlage diese Gebiete ausgewiesen wurden.

Anlage 4
(zu § 33 Abs. 1 Satz 1 und Abs. 4 sowie § 61 Abs. 2 Satz 1 Nr. 20)

Verzeichnis der Talsperren des Landes

Laufende Nummer	Registernummer	Talsperre
1	003	Pörmitzteich
2	004/004.1	Cumbach I und II
3	008	Gießübel
4	025	Greiz-Aubachtal
5	037	Neunhofen
6	038	Reinhardtsbrunn
7	046	Alsmannsdorf
8	051	Weltwitz
9	063	Heichelheim
10	065	Loßnitz
11	069	Kromsdorf
12	071	Oberlemnitz
13	073	Triebes
14	077	Brahmenau
15	082	Waltersdorf
16	084	Letzendorf
17	085	Pfotenbach
18	094	Seubtendorf
19	095	Blankenburg
20	098	Oberböhmsdorf
21	099	Elsterschänke
22	101	Mönchgrün/Floßbach
23	102	Wittchendorf
24	105	Neuer Teich
25	107	Böhlitz
26	108	Grimmelbach
27	109	Dockenteich
28	110	Bremsnitz
29	111	Seifersdorf
30	112	Lothra
31	115	Heßberg/Weitersroda
32	118	Weidig/Jüchsen
33	121	Külzenteich
34	122	Koseltal
35	123	Rottenbach
36	132	Kirchnerbach
37	134	Pohlen
38	136	Nerkewitz
39	138	Blintendorf
40	144	Kirchremda

Laufende Nummer	Registernummer	Talsperre
41	148	Schöna
42	150	Hellingen I und II
43	151	Tanna/Frankendorf
44	155	Farnbach/Bairoda
45	158	Gera-Türkengraben I und II
46	163	Heubach
47	164	Ottmannsdorf
48	167	Gebersdorf
49	169	Ettenhausen
50	177	Mockzig
51	181	Weira
52	182	Quaschwitz
53	183	Gahma
54	188	Niedertrebra
55	192	Greiz-Ringelbach
56	199	Büna
57	200	Falka
58	201	Schellbach
59	202	Rabenbuschteich
60	203	Forstteich Pöllwitz
61	207	Kohlungsteich1/2

Anlage 5
(zu § 53 Abs. 3)

Hochwasserrelevante Stauanlagen

Laufende Nummer	Registernummer	Talsperre
1	011	Talsperre Bleiloch
2	012	Talsperre Burgkhammer
3	013	Talsperre Wisenta
4	017	Talsperre Walsburg
5	018	Talsperre Hohenwarte
6	020	Talsperre Eichicht
7	027	Talsperre Weida
8	030	Hochwasserrückhaltebecken Straußfurt
9	032	Speicherbecken Hohenwarte II
10	042	Talsperre Ohra
11	075	Talsperre Zeulenroda
12	076	Talsperre Schönbrunn
13	117	Talsperre Hohenleuben
14	119	Hochwasserrückhaltebecken Ratscher
15	159	Hochwasserrückhaltebecken Grimmelshausen
16	170	Talsperre Schmalwasser
17	171	Talsperre Leibis/Lichte
18	172	Talsperre Goldisthal

Anlage 6
(zu § 57 Abs. 1, § 60 Abs. 4 und § 61 Abs. 2 Satz 1 Nr. 8 und 9)

Verzeichnis der Deiche und Hochwasserschutzanlagen in der Unterhaltungslast des Landes

Nummer	Gewässer	Lage	von	bis
1	Apfelstädt	links	Ingersleben, Mündung Mühlbach Höhe Florian-Geyer-Straße	Mühle am westlichen Ortsrand Ingersleben
2	Gera	rechts	Gebesee; beim Eichenhölzchen	Gerabrücke Erfurt-Kühnhausen
		links	Gebesee; Mündung in die Unstrut	Gerabrücke Erfurt-Kühnhausen
		rechts	Erfurt; Anschluss an Gelände südlich der Berufsschule Gispersleben	Wehr Teichmannshof
		links	Erfurt; Bahnbrücke über die Gera in Bischleben	Brücke Schmiedestraße in Erfurt-Bischleben
		rechts	Erfurt; Bahnbrücke über die Gera in Bischleben	Brücke „Hamburger Berg" in Erfurt-Bischleben
		rechts	Erfurt; Anschluss Berggartenstraße nördlich Möbisburg	Anschluss Hochrand nördlich Molsdorf
		links	Erfurt; Geländeanschluss nördlich Molsdorf	Auslauf im Gelände nördlich Bundesautobahn 4
3	Gera/Mahlgera	links	Gebesee; Mündung in die Gera	Auslauf im Gelände südlich Ringleben
		rechts	Anschluss an Geradeich nördlich Ringleben	Auslauf im Gelände südlich Ringleben
4	Gera/Jordan	beidseitig	Ringleben; Mündung in die Mahlgera	Auslauf im Gelände
5	Helbe-Lache-Steingraben	rechts	Griefstedt; Mündung in die Unstrut	200 m oberhalb Straßenbrücke Ottenhausen
		links	Griefstedt; Mündung in die Unstrut	500 m unterhalb Straßenbrücke Ottenhausen
6	Helme (untere)	beidseitig	Kalbsrieth; Mündung in die Unstrut	Landesgrenze Sachsen-Anhalt
7	Helmeumfluter	beidseitig	Kalbsrieth, Mündung in die Unstrut	Anschluss an Helmedeiche
8	Helme (obere)	rechts	Brücke L 2079 bei Görsbach Aumühle	Kieswerk östlich Uthleben einschließlich Einschöpfdeich Goldhornbach
		links	Brücke L 2079 bei Görsbach Aumühle	Brücke über den Krummbach
		links	Heringen; Brücke Riethgartenstraße	Brücke „Vor dem Eller" in Heringen
		links	Heringen; 150 m oberhalb Bahnhofstraße	Kieswerk östlich Uthleben
		rechts	Uthleben; 120 m unterhalb Brücke Uthleben	Brücke Uthleben

Nummer	Gewässer	Lage	von	bis
		rechts	Uthleben; Brücke über Mühlgraben	Anschluss an den Gehausweg einschließlich Schöpfdeich
		links	Uthleben; Brücke Sundhäuser Straße Uthleben	Geländeanschluss 150 m unterhalb Bundesautobahn 38
		beidseitig	Sundhausen; Brücke beim Sportplatz	Brücke Sondershäuser Straße
9	Hörsel	rechts	Eisenach; 250 m unterhalb Brücke Stedtfeld	620 m oberhalb Brücke Stedtfeld
		links	Eisenach; 150 m unterhalb Brücke Stedtfeld	Mündung Mühlgraben in Eisenach
		rechts	Eisenach; 240 m unterhalb Fußgängerbrücke Opelwerk	Brücke Kasseler Straße
		links	Eisenach; 250 m unterhalb Brücke Karolinenstraße	Brücke Karolinenstraße
		rechts	Wutha-Farnroda; 95 m unterhalb Brücke Eisenacher Straße Eichrodt	280 m oberhalb Brücke Eisenacher Straße in Wutha-Farnroda, Ortsteil Eichrodt
		rechts	Wutha-Farnroda; 65 m unterhalb Brücke Eisenacher Straße Eichrodt	Anschluss an Bahnlinie oberhalb Eichrodt (Schöpfdeich)
		rechts	Kälberfeld; Deich unterhalb Bebauung	Länge 235 m
		links	Kälberfeld; 160 m unterhalb Brücke	Anschluss an Bahnlinie auf Höhe Kälberfeld
		rechts	Kälberfeld; Brücke	Geländeanschluss oberhalb Kälberfeld, Länge 330 m
		links	Fröttstädt; Hörselbrücke	100 m unterhalb Bahnbrücke
10	Ilm	rechts	Stadtilm; Beginn der Bebauung Stadtilm/Oberilm	Geländeanschluss nördlich Griesheim
11	Leine	rechts	Kirchgandern; Brücke L 1001	Brücke B 80 unterhalb Arenshausen
		links	Arenshausen; Brücke B 80 unterhalb Arenshausen	Anschluss Gelände nahe der Bahnlinie/Mühlenweg
		links	Wingerode; 200 m oberhalb Brücke L 2021	90 m unterhalb Brücke Leinestraße in Wingerode
12	Pleiße	rechts	Serbitz; Anschluss Hochwasserrückhaltebecken Serbitz B 93	Geländeanschluss Serbitz
		links	Treben; Schule	Pleißengasse
		rechts	Treben; Schutzdeich „Am Plan“	Ringdeich beidseitig der Leipziger Straße
		links	Windischleuba; Brücke B 7	Geländeanschluss am Schloss
		links	Gößnitz; Mündung Moorbach	Brücke Bahnhofstraße (L 1358)

Nummer	Gewässer	Lage	von	bis
		rechts	Gößnitz; Ende der Bebauung im Bereich Genossenschaftsstraße	Fußgängerbrücke; Länge 625 m
		rechts	Gößnitz; Schöpfwerk	Bahnbrücke Strecke nach Meerane in Gößnitz-Kauritz
13	Saale	links	Rothenstein; 400 m unterhalb Anschluss Bahnlinie	Anschluss Bahnlinie
		rechts	Rothenstein/Ölknitz; Saalebrücke	Anschluss Gelände; Länge 980 m
14	Schleuse	links	Rappelsdorf; Schleusebrücke	Mündung Mühlgraben
15	Steinach	rechts	Heubisch; Beginn Ortslage	Ende Ortslage Heubisch
		rechts	Unterlind; Landwirtschaftliche Brücke über Steinach	Leitdeich 400 m parallel zur B 89
		links	Oberlind; Schutzdeich auf Höhe Kartonagenfabrik	Länge 405 m
16	Steinachflutmulde	beidseitig	Oberlind; Mündung in die Steinach	Gefäller Straße Oberlind
		rechts	Oberlind; Sportplatz	Geländeanschluss Malmertzer Straße
17	Ulster	rechts	Räsa; Anschluss Absetzdeich	Pferdsdorf; Mündung Mosa
		rechts	Buttlar; Auslauf im Gelände unterhalb Buttlar	Straßenbrücke Buttlar B 84
18	Unstrut	rechts	Landesgrenze Thüringen/ Sachsen-Anhalt	100 m unterhalb Straßenbrücke Artern B 86
		links	Roßleben; Geländeanschluss L 214	Anschluss Bahnbrücke Roßleben
		links	Bottendorf; Straße Windmühlenberg	Geländeanschluss Bottendorf; Länge 1400 m
		links	Schönewerda; 100 m unterhalb Ende Ortslage	Anschluss an Hochufer beim Altarm oberhalb von Schönewerda
		links	Kalbsried; Unstrutradweg	Mündung Helme (untere)
		links	Kalbsried; Mündung Helme	Ritteburg 40 m unterhalb Straßenbrücke Richtung Gehofen
		links	Kalbsried; Äußerer Mühlgraben Ritteburg	Mündung Kleine Helme
		beidseitig	Artern; Wehr	Ortslage Oldisleben
		links	Sachsenburg; Mündung der Wipper	Geländeanschluss unterhalb Riethgen
		rechts	Anschluss an B 85 unterhalb Gorsleben	Griefstedt
		links	Mündung Schwarzburgsche Helbe	Mündung Öde/Prösebach in die Unstrut
		rechts	Leubingen; Anschluss an Bahnlinie beim Wasserberg	630 m oberhalb Wehr Sömmerda

Nummer	Gewässer	Lage	von	bis
		rechts	Schallenburg; Geländeanschluss unterhalb Schallenburg	Anschluss an B 4 in Straußfurt/Vehra
		links	Henschleben; oberhalb Ortslage	Straßenbrücke Herbsleben
		rechts	Gebesee; Mündung der Gera	Straßenbrücke Herbsleben
		links	Bad Langensalza; Höhe Schwefelquellen	660 m oberhalb Mündung Felchtaer Bach
		rechts	Bad Langensalza; Höhe Schwefelquellen	600 m oberhalb Mündung Notter
		links	Bollstedt; Mündung Dreise	Länge 210 m
		links	Bollstedt; Mündung Bach südlich Bollstedt	280 m unterhalb Mündung Flutgraben
		rechts	Höhe Schwefelquellen Bad Langensalza	600 m oberhalb Mündung Notter
19	Unstrut/A-Graben	beidseitig	Rückstaudeich A-Graben in Schallenburg	Länge 240 m
20	Unstrut/Alte Unstrut	beidseitig	Mündung Alte Unstrut bei Thamsbrück	Geländeanschluss; Länge 500 m
21	Unstrut/Felchtaer Bach	beidseitig	Rückstaudeich Felchtaer Bach	Länge 370 m
22	Unstrut/Gramme	beidseitig	Mündung Gramme in die Unstrut	Ausleitung A-Graben
23	Unstrut/Lossa	beidseitig	Mündung Lossa in die Unstrut	Bahnbrücke
24	Unstrut/Notter	beidseitig	Rückstaudeiche Notter	Straßenbrücke 900 m oberhalb Mündung
25	Unstrut/Öde	links	300 m unterhalb Brücke B 4 in Straußfurt	Brücke B 4 in Straußfurt
26	Unstrut/Salza	rechts	Rückstaudeich Salza	Brücke B 84
27	Unstrut/Schmale Unstrut	links	Rückstaudeich Schmale Unstrut	Bahnbrücke 1 km oberhalb Mündung
28	Unstrut/Schwarzburger Helbe	rechts	Rückstaudeich Schwarzburgsche Helbe	Länge 380 m
29	Unstrut/Seebach	beidseitig	Rückstaudeich Seebach	Länge 150 m
30	Unstrut/Seelache	rechts	Rückstaudeich Seelache	obere Brücke Waltersdorf
		links	Rückstaudeich Seelache	560 m oberhalb obere Brücke Waltersdorf
31	Unstrut/Suthbach	rechts	Rückstaudeich Suthbach	Mündung Karrengraben
32	Unstrut-Flutkanal	beidseitig	Landesgrenze Sachsen-Anhalt	Ausleitung aus der Unstrut unterhalb Bretleben
33	Unstrut-Flutkanal/Mühlgraben Gehofen	beidseitig	Rückstaudeiche Mühlgraben Bretleben-Gehofen	Länge
34	Unstrut-Flutkanal/Helderbach	beidseitig	Rückstaudeiche Helderbach	Länge 460 m
35	Unstrut-Flutkanal/Langerodaer Bach	beidseitig	Rückstaudeiche Langerodaer Bach	Länge 200 m

Nummer	Gewässer	Lage	von	bis
36	Unstrut-Flutkanal/Nausitz	rechts	Rückstaudeich Mühlgraben Nausitz	Länge 260 m
37	Unstrut/Flutkanal/Wiehescher Bach	beidseitig	Rückstaudeiche Wiehescher Bach	Länge 1000 m
38	Unstrut-Lossa	links	Mündung Unstrut-Lossa in die Unstrut bei Gorsleben	Anschluss an den Unstrutdeich Griefstedt
		rechts	Mündung Unstrut-Lossa in die Unstrut bei Gorsleben	Etzleben
		rechts	Büchel; Geländeanschluss östlich Büchel	Geländeanschluss nördlich Griefstedt
39	Weida	links	Wünschendorf; Mündung in die Weiße Elster	Höhe Sportplatz in Wünschendorf
40	Weiße Elster	rechts	Silbitz; Höhe Sportplätze	Straßenbrücke Silbitz, Länge 500 m
		links	Caaschwitz; Elsterstraße	Anschluss an Bahndamm südlich von Caaschwitz
		rechts	Pohlitz; Anschluss an Silbitzer Weg unterhalb Pohlitz	Brücke Bundesautobahn 4
		links	Bad Köstritz; 160 m oberhalb Bahnbrücke	Länge 300 m
		links	Bad Köstritz; unterhalb Straßenbrücke B 7	Anschluss an Köstritzer Weg (L 2323)
		links	Gera; 80 m unterhalb Pegel Langenberg	Paul-Vogel-Weg – Höhe Finkensteig
		rechts	Milbitz; Franzosenbrücke	Bahnbrücke Milbitz
		links	Gera; Cubabrücke (L 1070)	Brücke Küchengartenallee
		links	Gera; Faulenzerweg	Länge 160 m
		rechts	Gera; 55 m oberhalb Cubabrücke (L 1070)	200 m unterhalb Heinrichsbrücke
		links	Gera; Bachstraße	Heinrichsbrücke
		links	Gera; Deich an der Spielwiese Heinrichsbrücke	200 m oberhalb der Heinrichsbrücke
		rechts	Gera; oberhalb Brücke B 92 auf Höhe Sportplatz	Straßenbrücke Gera-Zwötzen
		beidseitig	Gera; Bahnbrücke Gera-Zwötzen	Anschluss Liebschwitzer Straße bei Elstertalsiedlung
		rechts	Gera; Straßenbrücke Zoitzstraße	Bahnbrücke bei Meilitz
		links	Meilitz; Auslauf im Gelände nördlich Eichwald	Fußgängerbrücke Meilitz
		rechts	Wünschendorf; Höhe Geraer Straße (L 2330)	Bahnbrücke oberhalb Wünschendorf
		links	Wünschendorf; 400 m unterhalb Weidamündung.	Mündung Weida
		rechts	Greiz; südliches Ende Binsenteich unterhalb	50 m oberhalb Schlossbrücke Greiz
		links	Greiz; Deich entlang Bruno-Bergner-Straße	Länge 165 m

Nummer	Gewässer	Lage	von	bis
		links	Greiz; Schlossbrücke	Straßenbrücke Mylauer Straße/Göltzschhammer
		rechts	Greiz; oberhalb Brücke B 92 Greiz/Rothental	Gleisbrücke Chemiewerk Greiz/Dölau
41	Weiße Elster/Erlbach	links	Gera; Rückstaudeich Erlbach	Brücke Bundesautobahn 4
		rechts	Gera; Rückstaudeich Erlbach	Brücke Bundesautobahn 4
42	Weiße Elster/Stübnitzbach	beidseitig	Gera; Mündung Stübnitzbach	Brücke L 2323
43	Werra	links	Wartha; Ringdeich	Brücke bei Landesgrenze zu Hessen westlich Wartha
		rechts	Breitungen; Hochwasserschutzanlage Abwurfbauwerk Kiessee Altenbreitungen	Mündung Farnbach einschließlich Rückstaudeich
		rechts	Breitungen; 200 m oberhalb Werrabrücke	190 m oberhalb Fußgängerbrücke Breitungen
		links	Breitungen; Sportplatz	Fußgängerbrücke Breitungen
		rechts	Meiningen; Mündung in die Helba	130 m oberhalb Eselsbrücke
		links	Meiningen; Schutzdeich auf Höhe Fischteiche „Am Weidig“	Länge 175 m
		rechts	Belrieth; Bahnlinie Meiningen-Themar unterhalb Belrieth	Geländeanschluss Hofteicher Straße
		rechts	Themar; Anschluss Brücke L 2628	Anschluss an B 89 Ortseingang Themar
		links	Hildburghausen; Straßenbrücke Birkenfeld	Anschluss im Gelände bei Hessberg-Finkenmühle
		rechts	Eisfeld; Brücke Feldweg Harras	Anschluss Gleisanlage Harras
		links	Eisfeld; Geländeanschluss unterhalb Harras	Geländeanschluss oberhalb Harras
		links	Eisfeld; Geländeanschluss unterhalb Eisfeld	Geländeanschluss oberhalb Eisfeld Bereich Gartenanlage
		rechts	Eisfeld; Geländeanschluss Bereich Herrenmühle unterhalb Eisfeld	Geländeanschluss oberhalb Eisfeld
44	Werra/Flutmulde	beidseitig	Meiningen; Deiche Werra-Flutmulde	Länge 500 m
45	Werra/Helba	rechts	Meiningen; Mündung Helba in die Werra	Dammstraße
46	Wipper	links	Sachsenburg; Mündung in die Unstrut einschließlich Unstrutdeich 100 m	Wipperbrücke Sachsenburg

Nummer	Gewässer	Lage	von	bis
		rechts	Sachsenburg; Mündung in die Unstrut	Kindelbrück; 50 m unterhalb Straßenbrücke
		links	Sachsenburg; 450 m oberhalb Wipperbrücke	Kindelbrück; 150 m unterhalb Straßenbrücke
		rechts	Seega; Hammerstadtstraße	30 m unterhalb Fußgängersteg nördlich der Bebauung Seega
		rechts	Sondershausen; Ausleitung Mühlgraben	Bahnbrücke in Höhe Getreidelager
		links	Sondershausen; Parkplatz Krankenhaus Sondershausen	100 m unterhalb Wipperbrücke B 4
		rechts	Sondershausen; Fußgängerbrücke am Lohpark in Stockhausen	50 m unterhalb Wipperbrücke B 4
		links	Sondershausen; 360 m oberhalb Wipperbrücke B 4	Länge 2100 m
		rechts	Wolkramshausen; Mündung Gewässer in Verlängerung Mühlgasse	Wipperbrücke am nördlichen Ende Ortslage Wolkramshausen einschließlich Schöpfdeich
		links	Wipperdorf; Brücke B 80 bei Pustleben	Brücke unterhalb Dorfmühle Oberdorf
		links	Wülfingerode; Steg auf Höhe Sportplatz	Untermühle in Wülfingerode am Mühlbach
		rechts	Wülfingerode; Ende Bebauung	Brücke Kirchstraße Wülfingerode; Länge 250 m
		links	Wülfingerode; Brücke Kirchstraße	Brücke Mühlenweg Wülfingerode
		rechts	Wülfingerode; Mündung Rehunger Bach einschließlich Rückstaudeich	Karl-Marx-Straße bei Markusmühle Wülfingerode
		links	Brücke B 80 bei Pustleben	Brücke unterhalb Dorfmühle Oberdorf
		rechts	Mündung Gewässer in Verlängerung Mühlgasse Wolkramshausen	Wipperbrücke am nördlichen Ende Ortslage Wolkramshausen einschließlich Schöpfdeich

Thüringer Gesetz zur Ausführung des Bundesnaturschutzgesetzes und zur weiteren landesrechtlichen Regelung des Naturschutzes und der Landschaftspflege (Thüringer Naturschutzgesetz – ThürNatG –)[1)2)3)]

Vom 30. Juli 2019 (GVBl. S. 323)
(55-1)

zuletzt geändert durch Art. 1a Thüringer G zur Neuordnung des Naturschutzrechts vom 30. Juli 2019 (GVBl. S. 323)

Inhaltsübersicht

Erster Abschnitt
Allgemeine Bestimmungen

§ 1 Verwirklichung der Ziele, Zusammenarbeit der Behörden
§ 2 Naturschutzbehörden

Zweiter Abschnitt
Landschaftsplanung

§ 3 Landschaftsprogramm, Landschaftsrahmenpläne
§ 4 Landschaftspläne, Grünordnungspläne

Dritter Abschnitt
Allgemeiner Schutz von Natur und Landschaft

§ 5 Eingriffe in Natur und Landschaft
§ 6 Verursacherpflichten, Zulässigkeit von Eingriffen, Flächenpool, Verfahren, Ermächtigung zum Erlass von Rechtsverordnungen
§ 7 Zuständigkeiten bei Eingriffen in Natur und Landschaft

Vierter Abschnitt
Schutz bestimmter Teile von Natur und Landschaft

§ 8 Biotopverbund
§ 9 Erklärung zum geschützten Teil von Natur und Landschaft
§ 10 Verfahren der Unterschutzstellung
§ 11 Einstweilige Sicherstellung
§ 12 Kennzeichnung und Register der Schutzgebiete
§ 13 Nationalparke, Nationale Naturmonumente, Biosphärenreservate, Naturparke
§ 14 Geschützte Landschaftsbestandteile
§ 15 Gesetzlich geschützte Biotope
§ 16 Netz „Natura 2000“
§ 17 Gentechnisch veränderte Organismen, Pestizide

Fünfter Abschnitt
Schutz der wildlebenden Tier- und Pflanzenarten, ihrer Lebensstätten und Biotope

§ 18 Zuständigkeiten im Artenschutz
§ 19 Tiergehege
§ 20 Horstschutz

Sechster Abschnitt
Erholung in Natur und Landschaft

§ 21 Betreten der freien Landschaft, Freihaltung von Gewässern und Uferzonen
§ 22 Kennzeichnung von Erholungswegen in der freien Landschaft

Siebter Abschnitt
Weitere Einrichtungen des Naturschutzes, Naturschutzinformation

§ 23 Aufgaben der Naturschutzfachbehörde
§ 24 Fachinformationssystem Naturschutz
§ 25 Stiftung Naturschutz Thüringen

Achter Abschnitt
Ehrenamtlicher Naturschutz, Mitwirkung von anerkannten Naturschutzvereinigungen

§ 26 Naturschutzbeiräte
§ 27 Fachbeirat für Arten- und Biotopschutz
§ 28 Beauftragte für Naturschutz
§ 29 Mitwirkung von Naturschutzvereinigungen, Rechtsbehelfe

Neunter Abschnitt
Eigentumsbindung, Befreiungen

§ 30 Duldungspflicht
§ 31 Vorkaufsrecht
§ 32 Befreiungen

---

1) Verkündet als Art. 1 G v. 30.7.2019 (GVBl. S. 323); Inkrafttreten gem. Art. 28 dieses G am 20.8.2019.

2) **Amtl. Anm.:** Dieses Gesetz dient unter anderem der Umsetzung der Richtlinie 92/43/EWG des Rates vom 21. Mai 1992 zur Erhaltung der natürlichen Lebensräume sowie der wildlebenden Tiere und Pflanzen (ABl. L 206 vom 22.7.1992, S. 7, 2014 L 95 vom 29.3.2014, S. 70), zuletzt geändert durch die Richtlinie 2013/17/EU (ABl. L 158 vom 10.6.2013, S. 193), der Richtlinie 2009/147/EG des Europäischen Parlaments und des Rates vom 30. November 2009 über die Erhaltung der wildlebenden Vogelarten (ABl. L 20 vom 26.1.2010, S. 7), geändert durch die Richtlinie 2013/17/EU (ABl. L 158 vom 10.6.2013, S. 193), und der Richtlinie 2001/42/EG des Europäischen Parlaments und des Rates vom 27. Juni 2001 über die Prüfung der Umweltauswirkungen bestimmter Pläne und Programme (ABl. L 197 vom 21.7.2001, S. 30).

3) Das Gesetz weicht in einzelnen Punkten vom Bundesnaturschutzgesetz ab; vgl. Hinweis v. 13.2.2020 (BGBl. I S.160).

§ 33 Beschränkungen des Eigentums, Entschädigung und Ausgleich
§ 34 Schutz von Bezeichnungen

Zehnter Abschnitt
Bußgeldbestimmungen

§ 35 Bußgeldbestimmungen

Elfter Abschnitt
Übertragung von Ermächtigungen, Übergangs- und Schlussbestimmungen

§ 36 Fortgeltung von Schutzbestimmungen
§ 37 Übertragung von Ermächtigungen zum Erlass von Rechtsverordnungen
§ 38 Übergangsbestimmungen
§ 39 Gleichstellungsbestimmung

Erster Abschnitt
Allgemeine Bestimmungen

§ 1 Verwirklichung der Ziele, Zusammenarbeit der Behörden (zu den §§ 2 und 3 BNatSchG, abweichend von § 2 Abs. 4 und § 3 Abs. 3 BNatSchG)

(1) [1]Ergänzend zur Regelung des § 2 Abs. 2 BNatSchG haben auch die Gemeinden, die Landkreise, die Körperschaften, Anstalten und Stiftungen des öffentlichen Rechts sowie juristische Personen des Privatrechts, deren Kapital sich ganz oder überwiegend in öffentlicher Hand befindet, im Rahmen ihrer Zuständigkeit die Verwirklichung der Ziele des Naturschutzes und der Landschaftspflege zu unterstützen. [2]Ergänzend zur Regelung des § 3 Abs. 5 BNatSchG haben die in Satz 1 genannten Stellen die für Naturschutz und Landschaftspflege zuständigen Behörden bei öffentlichen Planungen und Maßnahmen, die die Belange des Naturschutzes und der Landschaftspflege berühren, hierüber zu unterrichten und ihnen Gelegenheit zur Stellungnahme zu geben, soweit nicht eine weiter gehende Form der Beteiligung vorgesehen ist.

(2) [1]Abweichend von § 2 Abs. 4 BNatSchG sollen zusätzlich für den Naturschutz besonders wertvolle Grundflächen in Naturschutzgebieten, Kern- und Pflegezonen der Biosphärenreservate, Natura 2000-Gebieten und geschützten Landschaftsbestandteilen im Eigentum oder Besitz des Landes, der Landkreise, der Gemeinden sowie sonstiger juristischer Personen des öffentlichen Rechts in ihrer ökologischen Beschaffenheit erhalten und zur Förderung der biologischen Vielfalt nach Möglichkeit weiterentwickelt werden. [2]Bei der Überlassung dieser Grundstücke zur Nutzung an Dritte ist die Beachtung der Verpflichtung nach Satz 1 sicherzustellen.

(3) Abweichend von § 3 Abs. 3 BNatSchG sollen die für Naturschutz und Landschaftspflege zuständigen Behörden die Formen der kooperativen Zusammenarbeit, insbesondere den Vertragsnaturschutz, vorrangig nutzen, soweit sie dem Ziel in gleicher Weise dienen und nicht zu einer unangemessenen Verzögerung führen.

(4) Über § 1 Abs. 2 BNatSchG hinaus verpflichtet sich das Land zur dauerhaften Sicherung und Entwicklung der Artenvielfalt in Flora und Fauna darauf hinzuwirken, die Lebensräume der Arten zu erhalten und zu verbessern, um einen weiteren Verlust von Biodiversität zu verhindern.

(5) Die Ziele und Aufgaben des Naturschutzes und der Landschaftspflege werden bei der pädagogischen Aus- und Fortbildung, in den Lehr- und Bildungsplänen und bei den Lehr- und Lernmitteln berücksichtigt.

(6) Die ehrenamtliche Mitarbeit einschließlich der naturwissenschaftlichen Forschung im Bereich von Naturschutz und Landschaftspflege sowie der auf Dauer angelegte Vertragsnaturschutz sind zu unterstützen.

(7) Die Anordnung einer Naturschutzbehörde, die ein Grundstück betrifft und sich an den Eigentümer oder Nutzungsberechtigten richtet, ist auch für dessen Rechtsnachfolger verbindlich.

§ 2 Naturschutzbehörden (zu § 3 BNatSchG)

(1) Die für Naturschutz und Landschaftspflege zuständigen Behörden überwachen die Einhaltung der Bestimmungen dieses Gesetzes, der aufgrund dieses Gesetzes erlassenen und nach § 36 Abs. 1 und 2 fortgeltenden Vorschriften sowie des unmittelbar geltenden, den Naturschutz und die Landschaftspflege betreffenden Rechts der Europäischen Union oder der Europäischen Gemeinschaften und treffen nach pflichtgemäßem Ermessen die im Einzelfall erforderlichen Maßnahmen, um deren Einhaltung sicherzustellen, soweit nichts anderes bestimmt ist.

(2) [1]Oberste Naturschutzbehörde ist das für Naturschutz und Landschaftspflege zuständige Ministerium. [2]Die oberste Naturschutzbehörde wird ermächtigt, durch Rechtsverordnung Zuständigkeiten abweichend von den Bestimmungen dieses Gesetzes zu regeln. [3]Sie kann darüber hinaus im Einzelfall Zuständigkeiten übertragen, wenn dies wegen der besonderen naturschutzrechtlichen Bedeutung oder Schwierigkeit der Angelegenheit, wegen der Zuständigkeit mehrerer Naturschutzbehörden in derselben Sache oder für einen einheitlichen Vollzug des Naturschutzrechts zweckmäßig ist. [4]Die oberste Naturschutzbehörde veröffentlicht im Einvernehmen mit der obersten Forstbehörde und im Benehmen mit der obersten Landwirtschaftsbehörde einmal in jeder Legislaturperiode einen Bericht über den Zustand und die Entwicklung der biologischen Vielfalt in Thüringen.
(3) [1]Obere Naturschutzbehörde ist das Landesamt für Umwelt, Bergbau und Naturschutz. [2]Sie ist auch zuständig für die Ausbildung für die gehobene und höhere Verwaltungslaufbahn im Bereich Naturschutz und Landschaftspflege. [3]Wenn für ein Verfahren einschließlich der Beteiligung nach § 17 Abs. 1 BNatSchG neben der oberen Naturschutzbehörde gleichzeitig eine untere Naturschutzbehörde zuständig ist, geht diese Zuständigkeit auf die obere Naturschutzbehörde über.
(4) [1]Untere Naturschutzbehörden sind die Landkreise und kreisfreien Städte. [2]Sie erfüllen die Aufgaben der unteren Naturschutzbehörde jeweils im übertragenen Wirkungskreis. [3]Die unteren Naturschutzbehörden unterstehen dabei der Rechts- und Fachaufsicht der übergeordneten Naturschutzbehörden. [4]Die unteren Naturschutzbehörden sind zuständig, soweit nichts anderes bestimmt ist. [5]§ 18 Abs. 2 Satz 3 des Thüringer Gesetzes über den Nationalpark Hainich (ThürNPHG) vom 19. Dezember 1997 (GVBl. S. 546), zuletzt geändert durch Artikel 5 des Gesetzes vom 25. Oktober 2011 (GVBl. S. 273), in der jeweils geltenden Fassung bleibt unberührt.

Zweiter Abschnitt
Landschaftsplanung

§ 3 Landschaftsprogramm, Landschaftsrahmenpläne (zu § 10 BNatSchG)

(1) [1]Von der obersten Naturschutzbehörde wird ein Landschaftsprogramm als Fachplan aufgestellt und fortgeschrieben. [2]Seine raumbedeutsamen Inhalte werden nach Maßgabe des § 4 Abs. 2 Satz 2 des Thüringer Landesplanungsgesetzes (ThürLPlG) vom 11. Dezember 2012 (GVBl. S. 450) in der jeweils geltenden Fassung unter Abwägung mit den anderen Belangen in das Landesentwicklungsprogramm aufgenommen.
(2) [1]Von der oberen Naturschutzbehörde werden Landschaftsrahmenpläne als Fachpläne für das Gebiet der Planungsregionen aufgestellt und fortgeschrieben. [2]Ihre raumbedeutsamen Inhalte werden nach Maßgabe des § 5 Abs. 1 Satz 3 ThürLPlG unter Abwägung mit den anderen Belangen in die Regionalpläne aufgenommen. [3]Die obere Naturschutzbehörde vertritt auch darüber hinaus die Belange des Naturschutzes gegenüber der Regionalplanung.
(3) [1]Für die Durchführung der Strategischen Umweltprüfung gilt das Thüringer UVP-Gesetz (ThürUVPG) vom 20. Juli 2007 (GVBl. S. 85) in der jeweils geltenden Fassung, soweit nicht in den folgenden Sätzen Abweichendes geregelt ist. [2]Die Pläne müssen die über § 9 Abs. 3 Satz 1 BNatSchG hinausgehenden positiven und negativen Umweltauswirkungen der Planung auf die Schutzgüter des § 2 Abs. 1 des Gesetzes über die Umweltverträglichkeitsprüfung (UVPG) in der Fassung vom 24. Februar 2010 (BGBl. I S. 94, 2018 I S. 472) in der jeweils geltenden Fassung enthalten. [3]Die Pläne müssen die Anforderungen nach § 40 UVPG inhaltlich erfüllen; ein separater Umweltbericht ist nicht erforderlich. [4]Die Auslegung der Pläne nach § 3 ThürUVPG in Verbindung mit § 42 Abs. 2 UVPG findet für den Landschaftsrahmenplan in der oberen Naturschutzbehörde statt; die Bekanntmachung der Auslegung und die Auslegung erfolgen auch über das Internet. [5]Die Sätze 1 bis 4 gelten nicht für Pläne, die aufgrund einer Prüfung nach § 2 Abs. 3 ThürUVPG keiner Strategischen Umweltprüfung bedürfen.

§ 4 Landschaftspläne, Grünordnungspläne (zu § 11 BNatSchG)

(1) Die Landschaftspläne werden als Fachpläne des Naturschutzes und der Landschaftspflege von den zuständigen unteren Naturschutzbehörden aufgestellt und fortgeschrieben.
(2) [1]Landschaftspläne benachbarter Räume sind aufeinander abzustimmen. [2]§ 3 Abs. 3 gilt für Landschaftspläne entsprechend; die Auslegung findet in der zuständigen unteren Naturschutzbehörde statt.

(3) [1]Fertiggestellte Landschaftspläne sind der oberen Naturschutzbehörde und den berührten Gemeinden unter Beifügung eines Exemplars anzuzeigen, die betroffenen Träger öffentlicher Belange sind zu informieren. [2]Der Landschaftsplan kann bei der zuständigen unteren Naturschutzbehörde von jedermann eingesehen werden; er soll über das Internet zugänglich gemacht werden.

(4) [1]Grünordnungspläne werden auf der Grundlage der Landschaftsrahmenpläne und der Landschaftspläne von den Trägern der Bauleitplanung erstellt. [2]Die zuständige untere Naturschutzbehörde ist zu beteiligen; sie hat insbesondere fachliche Hinweise zur Berücksichtigung der Inhalte der Landschaftsplanung zu geben. [3]Grünordnungspläne bedürfen keiner Strategischen Umweltprüfung.

Dritter Abschnitt
Allgemeiner Schutz von Natur und Landschaft

§ 5 Eingriffe in Natur und Landschaft (abweichend von § 14 BNatSchG)

Abweichend von § 14 Abs. 2 und 3 BNatSchG sind zusätzlich zu den dort genannten Fällen nicht als Eingriff anzusehen, wenn sie die Ziele des Naturschutzes und der Landschaftspflege berücksichtigen:

1. die Sanierung schädlicher Bodenveränderungen oder Altlasten und die Sanierung von durch schädliche Bodenveränderungen oder Altlasten verursachte Gewässerverunreinigungen im Sinne des § 4 des Bundes-Bodenschutzgesetzes (BBodSchG) vom 17. März 1998 (BGBl. I S. 502) in der jeweils geltenden Fassung aufgrund einer Anordnung nach § 10 BBodSchG oder eines nach § 13 Abs. 6 BBodSchG für verbindlich erklärten Sanierungsplanes, soweit dieser hinsichtlich der künftigen Nutzung keine Änderung der Nutzungsart vorschreibt,
2. regelmäßig wiederkehrende Unterhaltungsmaßnahmen aufgrund gesetzlicher Verpflichtungen,
3. behördlich angeordnete oder regelmäßig erforderliche Maßnahmen zum Schutz, zur Pflege und zur Entwicklung insbesondere von geschützten Gebieten nach den §§ 23 bis 29 BNatSchG sowie von gesetzlich geschützten Biotopen nach § 30 BNatSchG sowie Einrichtungen zur Information über Natur und Landschaft,
4. die mit dem Bau und der Erweiterung von land- und forstwirtschaftlichen Wirtschaftswegen verbundene Bodenversiegelung, wenn dies, insbesondere an Gefällstrecken oder im unmittelbaren Einmündungsbereich zu öffentlichen Straßen, aus Gründen der Verkehrssicherheit erforderlich ist.

§ 6 Verursacherpflichten, Zulässigkeit von Eingriffen, Flächenpool, Verfahren, Ermächtigung zum Erlass von Rechtsverordnungen (zu den §§ 15 bis 17 BNatSchG)

(1) Als maßgeblicher Ausgangszustand einer Fläche, die für Ausgleichs- oder Ersatzmaßnahmen in Anspruch genommen werden soll, gilt in Fällen einer aufgrund vertraglicher Vereinbarung oder der Teilnahme an öffentlichen Programmen vorübergehend eingeschränkten oder unterbrochenen landwirtschaftlichen Bodennutzung, der Zustand vor dieser Einschränkung oder Unterbrechung.

(2) Zur Kompensation sollen vorrangig zu diesem Zweck vorgehaltene gleich geeignete Maßnahmen herangezogen werden (Flächenpool); Näheres ist in der Rechtsverordnung nach Absatz 8 zu regeln.

(3) Ist geplant, für Ausgleichs- oder Ersatzmaßnahmen landwirtschaftlich genutzte Flächen in Anspruch zu nehmen, ist die zuständige Landwirtschaftsbehörde durch den Vorhabenträger bei der Auswahl der Flächen frühzeitig zu beteiligen.

(4) Eine Abwägungsentscheidung nach § 15 Abs. 5 BNatSchG mit dem Ergebnis eines Nachrangs der Belange von Natur und Landschaft ist schriftlich zu begründen.

(5) [1]Ausgleichs- und Ersatzmaßnahmen sind in einer von der Zulassungsbehörde zu bestimmenden angemessenen Frist vom Vorhabenträger umzusetzen. [2]Erfüllt der Pflichtige trotz Aufforderung und angemessener Fristsetzung eine Auflage nicht oder leistet er eine von der Zulassungsbehörde verlangte Ersatzzahlung oder Sicherheit nicht, hat diese die Fortsetzung des Eingriffs bis zur Erfüllung der Pflichten zu untersagen oder die Zulassung zu widerrufen. [3]Widerruft sie die Zulassung, kann sie die Wiederherstellung des früheren Zustands auf Kosten des Pflichtigen fordern oder selbst vornehmen lassen.

(6) Die Prüfung der sach- und fristgerechten Durchführung der Vermeidungs-, der festgesetzten Ausgleichs- und Ersatzmaßnahmen einschließlich der erforderlichen Unterhaltungsmaßnahmen nach § 17 Abs. 7 BNatSchG sowie von Auflagen, die aus dem besonderen Artenschutz resultieren, erfolgt durch die Zulassungsbehörde unter Beteiligung der zuständigen Naturschutzbehörde.

(7) [1]Soweit der Verursacher zu Ausgleichs- oder Ersatzmaßnahmen nicht in der Lage ist, kann die Zulassungsbehörde unter Beteiligung der zuständigen Naturschutzbehörde oder die zuständige Naturschutzbehörde selbst diese Maßnahmen auf seine Kosten durchführen. [2]Die Kosten sind durch Bescheid festzusetzen. [3]Die Bezahlung kann vom Verursacher im Voraus verlangt werden. [4]Die zuständige Naturschutzbehörde kann auch die Ausführung von Ausgleichs- und Ersatzmaßnahmen vertraglich übernehmen.

(8) [1]Die oberste Naturschutzbehörde wird ermächtigt, durch Rechtsverordnung bei Eingriffen, deren hauptsächliche Wirkung in einer Bodenversiegelung besteht, eine Entsiegelung in gleichem Umfang verpflichtend festzuschreiben. [2]Sie wird zudem ermächtigt, durch Rechtsverordnung Regelbeispiele für Eingriffe festzusetzen sowie Näheres

1. zur Kompensation von Eingriffen, insbesondere zu
   a) Inhalt, Art und Umfang von Ausgleichs- und Ersatzmaßnahmen,
   b) § 15 Abs. 3 und 4 BNatSchG einschließlich
      aa) näherer Bestimmungen zu einer Verpflichtung zur Entsiegelung,
      bb) der Festsetzung der Voraussetzungen, unter denen die Verantwortung für die Ausführung, Unterhaltung und Sicherung der Ausgleichs- und Ersatzmaßnahmen mit befreiender Wirkung für den Verursacher auf Dritte übertragen werden kann in Abweichung von § 15 Abs. 4 Satz 3 BNatSchG und
      cc) Bestimmungen zum Naturraum einschließlich der Möglichkeit zur Abweichung von der Bindung von Ersatzmaßnahmen an den Naturraum nach § 15 Abs. 2 Satz 3 BNatSchG,
2. zu dem in den Absätzen 5 und 6 und in § 17 Abs. 1 bis 10 BNatSchG geregelten Verfahren,
3. zur Bevorratung von Kompensationsmaßnahmen in Flächenpools sowie
4. zum Kompensationsverzeichnis

zu regeln. [3]Soweit das Bundesministerium für Umwelt, Naturschutz, Bau und Reaktorsicherheit von seiner Ermächtigung nach § 15 Abs. 7 Satz 1 und Abs. 8 BNatSchG Gebrauch gemacht hat, umfasst dies auch die Ermächtigung, von den Bestimmungen der Rechtsverordnung nach § 15 Abs. 7 Satz 1 und Abs. 8 BNatSchG abzuweichen. [4]Die Festsetzung der Regelbeispiele für Eingriffe und die Bestimmungen nach Satz 2 Nr. 1 Buchst. a ergehen im Einvernehmen mit dem für Wirtschaft zuständigen Ministerium. [5]Die Bestimmungen nach Satz 2 Nr. 1 Buchst. b Doppelbuchst. aa ergehen im Einvernehmen mit den für Verkehr, Bau, Landwirtschaft, Flurneuordnung und Forsten zuständigen Ministerien; Bestimmungen mit Bezug zu der Kompensation für Nutzungsartenänderungen nach § 10 des Thüringer Waldgesetzes (ThürWaldG) in der Fassung vom 18. September 2008 (GVBl. S. 327) in der jeweils geltenden Fassung ergehen im Einvernehmen mit dem für Forsten zuständigen Ministerium.

(9) [1]Die oberste Naturschutzbehörde wird ermächtigt, durch Rechtsverordnung im Einvernehmen mit dem für Finanzen zuständigen Ministerium die Höhe der Ersatzzahlung und das Verfahren ihrer Erhebung näher zu regeln. [2]Die Ersatzzahlung ist an die Stiftung Naturschutz Thüringen zu leisten.

§ 7 Zuständigkeiten bei Eingriffen in Natur und Landschaft (zu § 17 BNatSchG)

(1) [1]Zuständige zu beteiligende Behörde nach § 17 Abs. 1 BNatSchG ist die untere Naturschutzbehörde, mit der das Einvernehmen herzustellen ist, soweit nicht im Folgenden etwas Abweichendes bestimmt ist. [2]Ist die Behörde, die den Eingriff zulässt oder durchführt oder bei der er angezeigt wird, eine untere Verwaltungsbehörde und kommt das Einvernehmen auf der unteren Verwaltungsebene nicht zustande, entscheidet die nächsthöhere Behörde im Benehmen mit der oberen Naturschutzbehörde. [3]§ 18 Abs. 3 BNatSchG bleibt unberührt.

(2) Bedarf der Eingriff einer Zulassung durch oder einer Anzeige an eine obere oder oberste Landesbehörde, so ist bei

1. Neu- und Ausbauvorhaben von Bundesfernstraßen,
2. kreisübergreifenden Neubauvorhaben von Landesstraßen,
3. kreisübergreifenden Neu- und Ausbauvorhaben von Hochspannungsleitungen mit einer Nennspannung von 110 Kilovolt oder mehr,
4. kreisübergreifenden Neubauvorhaben von Schienenwegen und
5. wasserwirtschaftlichen und anderen infrastrukturellen Großprojekten der Energieversorgung von kreisübergreifender Bedeutung

das Benehmen mit der oberen Naturschutzbehörde herzustellen; bei den übrigen Vorhaben ist das Benehmen mit der zuständigen unteren Naturschutzbehörde herzustellen, sofern nicht die obere Naturschutzbehörde die Herstellung des Benehmens mit Zustimmung der obersten Naturschutzbehörde an sich zieht.

(3) Bedarf der Eingriff einer Zulassung durch oder einer Anzeige an eine Bundesbehörde, so ist das Benehmen mit der oberen Naturschutzbehörde herzustellen.

(4) In den Fällen, in denen neben der Bauaufsichtsbehörde noch andere Behörden zuständig sind, trifft die Entscheidung nach § 17 Abs. 1 BNatSchG die Bauaufsichtsbehörde.

(5) [1]Zuständige Behörde für die Genehmigung nach § 17 Abs. 3 BNatSchG ist die untere Naturschutzbehörde. [2]Zuständige Behörde nach § 17 Abs. 8 BNatSchG ist, unbeschadet der Zuständigkeit anderer Behörden nach anderen Bestimmungen, die untere Naturschutzbehörde; sie informiert die anderen zuständigen Behörden von einer Untersagung.

(6) Die obere Naturschutzbehörde führt das Kompensationsverzeichnis nach § 17 Abs. 6 Satz 1 BNatSchG.

Vierter Abschnitt

Schutz bestimmter Teile von Natur und Landschaft

§ 8 Biotopverbund (zu § 21 BNatSchG)

(1) Die Konzeption, Sicherung und Maßnahmen zur Entwicklung des Biotopverbunds und der Biotopvernetzung sind Aufgaben der Naturschutzbehörden im Rahmen ihrer Zuständigkeiten im örtlichen, regionalen und landesweiten Maßstab.

(2) [1]Die obere Naturschutzbehörde erstellt eine Biotopverbundplanung als Teil der Landschaftsrahmenplanung. [2]In der Biotopverbundplanung sind insbesondere Flächen darzustellen, die

1. der Erhaltung, Entwicklung oder Wiederherstellung der ökologisch intakten Biotopkomplexe,
2. der Erhaltung und Wiederherstellung von Ausbreitungskorridoren und Verbindungselementen und
3. der Vernetzung unterschiedlicher Teillebensräume von Populationen oder der Anbindung genetisch isolierter Populationen

dienen.

(3) Die Biotopverbundplanung ist in die Regionalplanung gemäß § 3 Abs. 2 aufzunehmen und, soweit erforderlich, planungsrechtlich zu sichern.

§ 9 Erklärung zum geschützten Teil von Natur und Landschaft (zu § 22 Abs. 2 BNatSchG)

(1) [1]Erklärt werden

1. Nationalparke und Nationale Naturmonumente durch Gesetz,
2. Biosphärenreservate durch Rechtsverordnung der obersten Naturschutzbehörde im Benehmen mit der obersten Landesplanungsbehörde,
3. Naturparke durch Rechtsverordnung der oberen Naturschutzbehörde und im Einvernehmen mit der obersten Naturschutzbehörde, die sich mit der obersten Landesplanungsbehörde ins Benehmen setzt,
4. Naturschutzgebiete und Landschaftsschutzgebiete durch Rechtsverordnung der oberen Naturschutzbehörde und
5. Naturdenkmäler und geschützte Landschaftsbestandteile durch Rechtsverordnung der zuständigen unteren Naturschutzbehörde.

[2]Die Zuständigkeiten nach Satz 1 gelten entsprechend für die Änderung, Ergänzung und Aufhebung der Erklärung der Unterschutzstellung.

(2) [1]Der räumliche Geltungsbereich kann in der Rechtsverordnung mit Worten beschrieben werden, es können Karten als Bestandteil der Rechtsverordnung verkündet werden oder es kann in der Rechtsverordnung auf Karten Bezug genommen werden, die niedergelegt werden. [2]Die Niederlegung erfolgt entweder in Papierform oder in unveränderlicher digitaler Form mindestens bei der erlassenden Behörde; dort kann jedermann zu den Dienstzeiten Einsicht nehmen. [3]Bei einer Niederlegung soll eine Übersichtskarte als Bestandteil der Rechtsverordnung mitveröffentlicht werden.

(3) [1]Werden Rechtsverordnungen nach Absatz 1 Satz 1 Nr. 2 bis 5 oder Anordnungen oder Beschlüsse zur Festsetzung von naturschutzrechtlichen Schutzgebieten, die nach § 36 Abs. 2 fortgelten, nur dadurch geändert, dass die der Ausweisung der Gebiete zugrunde liegenden analogen Karten durch unveränderliche digitale Karten ersetzt werden, findet § 10 keine Anwendung. [2]Bei der Ersetzung ist

sicherzustellen, dass die ursprünglich festgelegten Grenzen des räumlichen Geltungsbereichs der naturschutzrechtlich geschützten Gebiete mit den in den digitalen Karten festgelegten Grenzen übereinstimmen. [3]Maßgeblich für die Lage und Abgrenzung der nach § 36 Abs. 2 übergeleiteten Naturschutzgebiete sind die Karten, die bei der oberen Naturschutzbehörde am 28. April 2006 archivmäßig hinterlegt sind; spätere Änderungen durch Rechtsverordnung bleiben hiervon unberührt.

(4) [1]Die obere Naturschutzbehörde sieht in Rechtsverordnungen über Naturschutz- und Landschaftsschutzgebiete für Genehmigungen und Beseitigungsverfügungen sowie für die Entgegennahme von Anzeigen die Zuständigkeit der unteren Naturschutzbehörde vor. [2]Soweit in Rechtsverordnungen über Naturschutzgebiete, die zwischen dem 9. Februar 1993 und dem 30. April 2008 erlassen wurden, für die Entgegennahme von Anzeigen sowie für die Erteilung einer Zustimmung oder des Einvernehmens die obere Naturschutzbehörde zuständig ist, tritt an deren Stelle die zuständige untere Naturschutzbehörde.

(5) Schutzerklärungen nach Absatz 1 Satz 1 Nr. 2 bis 5, deren Aufrechterhaltung nicht mehr gerechtfertigt ist, sind durch Rechtsverordnung von den zuständigen Naturschutzbehörden aufzuheben.

(6) Zur Gewährleistung einer möglichst unbeeinflussten Entwicklung der Natur

1. können in Naturschutzgebieten Bewirtschaftungs- und Pflegemaßnahmen für die gesamte Fläche oder für Teilflächen untersagt werden,
2. ist in Nationalparken auf mindestens 75 Prozent der Fläche und in Biosphärenreservaten auf mindestens drei Prozent der Fläche auf Bewirtschaftungs- und Pflegemaßnahmen zu verzichten.

(7) Auf die Schutzerklärung nach Absatz 1 Satz 1 Nr. 2 bis 5 kann verzichtet werden, wenn der Schutzzweck im Zusammenwirken von Grundeigentümer und zuständiger Naturschutzbehörde im Wege des Vertragsnaturschutzes langfristig erreicht werden kann.

§ 10 Verfahren der Unterschutzstellung (zu § 22 Abs. 2 BNatSchG)

(1) [1]Der Entwurf einer Rechtsverordnung nach § 9 Abs. 1 Satz 1 Nr. 2 bis 5 ist mit Karten, aus denen sich die Grenzen des Schutzgebiets ergeben, den Trägern öffentlicher Belange, deren Aufgabenbereiche durch die Rechtsverordnung berührt werden, sowie den davon betroffenen Gemeinden und Landkreisen zur Stellungnahme zuzuleiten. [2]Die erlassende Naturschutzbehörde kann diese Unterlagen auch elektronisch zur Verfügung stellen oder Datenträger zuleiten. [3]Ferner kann die Zuleitung durch die Bereitstellung der Unterlagen auf der Internetseite der erlassenden Behörde nach vorangegangener schriftlicher oder elektronischer Mitteilung hierzu ersetzt werden. [4]Den Beteiligten soll für die Abgabe ihrer Stellungnahme eine angemessene Frist von mindestens einem Monat gesetzt werden; äußern sie sich nicht fristgemäß, kann die zuständige Naturschutzbehörde davon ausgehen, dass die von ihnen wahrzunehmenden öffentlichen Belange durch die Rechtsverordnung nicht berührt werden.

(2) [1]Der Entwurf einer Rechtsverordnung nach Absatz 1 Satz 1 ist mit Karten für die Dauer eines Monats öffentlich bei der erlassenden Naturschutzbehörde auszulegen und auf einer Internetseite zu veröffentlichen. [2]Ort und Dauer der Auslegung sowie die Internetadresse sind mindestens eine Woche vorher ortsüblich durch die erlassende Naturschutzbehörde mit dem Hinweis bekannt zu machen, dass Bedenken und Anregungen während der Auslegungsfrist schriftlich oder elektronisch vorgebracht werden können; dies kann auch über ein auf der Internetseite der erlassenden Naturschutzbehörde zur Verfügung gestelltes Formular erfolgen, soweit die erlassende Naturschutzbehörde diese Möglichkeit eröffnet. [3]Die Bekanntmachung ist ebenfalls auf der Internetseite der erlassenden Naturschutzbehörde zu veröffentlichen. [4]Ein Hinweis auf die Auslegung soll auch in den betroffenen Gemeinden ortsüblich bekannt gemacht werden.

(3) [1]Ergänzend zu Absatz 2 Satz 1 sind Verordnungsentwürfe der obersten und oberen Naturschutzbehörde mit Karten für die Dauer der öffentlichen Auslegung bei den räumlich betroffenen Landkreisen und kreisfreien Städten während der Sprechzeiten elektronisch zur Einsichtnahme bereitzustellen; in der Bekanntmachung nach Absatz 2 Satz 2 ist darauf hinzuweisen. [2]Die Bekanntmachung ist in diesen Fällen auch auf der Internetseite der räumlich betroffenen Landkreise und kreisfreien Städte zu veröffentlichen, sie soll zudem ortsüblich erfolgen.

(4) Mit der öffentlichen Bekanntmachung über die Auslegung des Entwurfs einer Rechtsverordnung über ein Naturschutzgebiet oder ein Biosphärenreservat gilt in dem betroffenen Gebiet § 11 Abs. 3 entsprechend; bei Biosphärenreservaten jedoch nur in Bezug auf die Kern- und Pflegezonen.

(5) Die Beteiligung nach Absatz 1 kann gleichzeitig mit dem Verfahren nach den Absätzen 2 und 3 durchgeführt werden.

(6) Vor dem Erlass von Rechtsverordnungen zum Schutz von Naturdenkmälern und geschützten Landschaftsbestandteilen genügt anstelle des Verfahrens nach Absatz 2 die Anhörung der betroffenen Grundeigentümer und sonstigen Nutzungsberechtigten, soweit sie bekannt oder mit zumutbarem Aufwand ermittelbar sind.

(7) Die für den Erlass der Rechtsverordnung zuständige Naturschutzbehörde prüft die fristgemäß vorgebrachten Bedenken und Anregungen und teilt das Ergebnis den Betroffenen mit.

(8) [1]Wird der Entwurf einer Rechtsverordnung nach Absatz 1 Satz 1 erheblich erweitert, so ist das Verfahren nach den Absätzen 1 bis 6 zu wiederholen. [2]Bei der erneuten Auslegung und Anhörung kann bestimmt werden, dass Anregungen nur zu den erweiterten Teilen vorgebracht werden können.

(9) [1]Wird eine Rechtsverordnung nur unwesentlich geändert, entfällt das Verfahren nach den Absätzen 1 bis 6. [2]Bei einer wesentlichen Änderung kann auf das Verfahren nach den Absätzen 1 bis 6 verzichtet werden, wenn die Belange anderer nicht berührt werden oder die Betroffenen der Änderung zugestimmt haben. [3]Findet jedoch eine erneute Auslegung und Anhörung statt, kann bestimmt werden, dass Anregungen nur zu den geänderten oder ergänzten Teilen vorgebracht werden können.

(10) [1]Eine Verletzung der in den Absätzen 1 und 2 Satz 1 bis 3 sowie in den Absätzen 5 und 6 genannten Verfahrensvorschriften ist unbeachtlich, wenn sie nicht schriftlich innerhalb eines Jahres nach Inkrafttreten der Rechtsverordnung gegenüber der Naturschutzbehörde geltend gemacht wird, die die Rechtsverordnung erlassen hat. [2]Der Sachverhalt, der die Verletzung begründen soll, ist darzulegen. [3]Eine Rechtsverordnung kann rückwirkend in Kraft gesetzt werden, wenn sie eine Rechtsverordnung, die an einem Verfahrens- oder Formfehler leidet, ersetzt. [4]Eine Verletzung der in Absatz 2 Satz 4 und Absatz 3 genannten Verfahrensvorschriften bleibt unbeachtlich.

§ 11 Einstweilige Sicherstellung (zu § 22 Abs. 3 BNatSchG)

(1) Die einstweilige Sicherstellung erfolgt durch die jeweils für den Erlass der Rechtsverordnung nach § 9 Abs. 1 Satz 1 Nr. 2 bis 5 zuständige Naturschutzbehörde.

(2) [1]Die einstweilige Sicherstellung erfolgt durch Rechtsverordnung. [2]Abweichend von Satz 1 kann die einstweilige Sicherstellung eines Naturdenkmals oder eines geschützten Landschaftsbestandteils auch durch Verwaltungsakt erfolgen. [3]Die Anordnung der einstweiligen Sicherstellung muss Bestimmungen enthalten über

1. den räumlichen Geltungsbereich,
2. die während der Sicherstellung unzulässigen Veränderungen und sonstigen Handlungen,
3. die Dauer der Sicherstellung und
4. einen Hinweis auf die Möglichkeit der Verlängerung.

(3) [1]Die zum Zeitpunkt der einstweiligen Sicherstellung ausgeübte rechtmäßige Bodennutzung bleibt unberührt, soweit sie nicht geeignet ist, den Schutzgegenstand nachteilig zu verändern. [2]In der Sicherstellungsanordnung ist auf diese Wirkung hinzuweisen.

§ 12 Kennzeichnung und Register der Schutzgebiete (zu § 22 Abs. 4 BNatSchG)

(1) Die zuständige Naturschutzbehörde trägt die geschützten Teile von Natur und Landschaft in elektronische Verzeichnisse auf der Grundlage amtlicher Karten oder Orthofotos ein, die bei der Naturschutzfachbehörde geführt werden.

(2) [1]Geschützte Teile von Natur und Landschaft sind mittels amtlicher Schilder durch die untere Naturschutzbehörde, im Bereich von Waldflächen durch die untere Forstbehörde in Amtshilfe, kenntlich zu machen; die Auslagen trägt die jeweils für den Erlass der Rechtsverordnung nach § 9 Abs. 1 Satz 1 Nr. 2 bis 5 zuständige Naturschutzbehörde. [2]Der Grundeigentümer oder sonstige Nutzungsberechtigte hat die Aufstellung von Schildern zu dulden. [3]Bei der Aufstellung ist auf die Grundstücksnutzung Rücksicht zu nehmen. [4]Die oberste Naturschutzbehörde wird ermächtigt, durch Rechtsverordnung das Nähere, insbesondere Form, Beschriftung und Aufstellung der amtlichen Schilder, zu regeln. [5]Die Kennzeichnung ist nicht Voraussetzung für die Gültigkeit einer Rechtsverordnung nach § 9 Abs. 1 Satz 1 Nr. 2 bis 5.

(3) [1]Die Bezeichnungen „Naturschutzgebiet“, „Nationalpark“, „Nationales Naturmonument“, „Landschaftsschutzgebiet“, „Biosphärenreservat“, „Naturpark“, „geschützter Landschaftsbestandteil“ und „Naturdenkmal“ sowie die für ihre Kennzeichnung bestimmten amtlichen Schilder dürfen nur für die nach dem Bundesnaturschutzgesetz und diesem Gesetz geschützten Gebiete verwendet werden. [2]Die Benutzung von zum Verwechseln ähnlichen Bezeichnungen ist unzulässig.

§ 13 Nationalparke, Nationale Naturmonumente, Biosphärenreservate, Naturparke (zu den §§ 24, 25 und 27 BNatSchG, abweichend von § 25 Abs. 1 BNatSchG)

(1) Nationalparke, Nationale Naturmonumente, Biosphärenreservate und Naturparke nehmen Aufgaben in der Umweltbildung und der Bildung für nachhaltige Entwicklung wahr.

(2) Abweichend von § 25 Abs. 1 BNatSchG können zu Biosphärenreservaten nur Gebiete erklärt werden, die zusätzlich zu den in § 25 Abs. 1 BNatSchG genannten Voraussetzungen die Kriterien für die Anerkennung und Überprüfung von Biosphärenreservaten der UNESCO in Deutschland erfüllen.

(3) Für die Verwaltung und Entwicklung jedes Nationalparks und jedes Biosphärenreservats ist eine gesonderte Verwaltung einzusetzen, die der obersten Naturschutzbehörde unmittelbar unterstellt ist.

(4) [1]Für die Verwaltung und Entwicklung jedes Naturparks ist eine gesonderte Verwaltung einzusetzen, die der obersten Naturschutzbehörde unmittelbar unterstellt ist. [2]Die Aufgaben können einem Dritten übertragen werden, sofern die gleichwertige Aufgabenerfüllung gewährleistet ist; hierfür steht ihm eine Aufwandsentschädigung zu.

(5) [1]Die Verwaltungen erstellen jeweils für das Biosphärenreservat ein Rahmenkonzept und für den Naturpark einen Naturparkplan. [2]Für Teilflächen dieser Gebiete können Pflege- und Entwicklungspläne erstellt werden. [3]Mit den betroffenen Behörden ist das Benehmen herzustellen, betroffene sonstige Träger öffentlicher Belange sind anzuhören.

(6) [1]Die Ausweisung eines Naturparks ist vereinbar mit der Benennung als Geopark. [2]Die Naturparkverwaltungen können Aufgaben eines Geoparks übernehmen.

§ 14 Geschützte Landschaftsbestandteile (zu § 29 BNatSchG)

(1) [1]Die Gemeinden können unter den in § 29 Abs. 1 Satz 1 Nr. 1 bis 3 BNatSchG genannten Voraussetzungen durch Satzung den Schutz des Baumbestands innerhalb der im Zusammenhang bebauten Ortsteile und des Geltungsbereichs der Bebauungspläne sowie außerhalb der durch das Thüringer Denkmalschutzgesetz in der Fassung vom 14. April 2004 (GVBl. S. 465) in der jeweils geltenden Fassung geschützten historischen Park- und Gartenanlagen regeln. [2]Der Schutz kann sich in Gebieten, in denen der Bestand an Bäumen besonders gefährdet ist, auf den gesamten Bestand erstrecken. [3]Die Beseitigung sowie alle Handlungen, die zu einer Zerstörung, Beschädigung oder Veränderung der geschützten Bäume führen können, sind nach Maßgabe der Satzung verboten. [4]Die Satzung soll darüber hinaus Bestimmungen enthalten über

1. die Mindestpflege und die Genehmigungspflicht für Fällungen und Veränderungen von geschützten Bäumen, soweit die Grundstücke nicht einer erwerbsgartenbaulichen oder forstwirtschaftlichen Nutzung unterliegen,
2. die Verpflichtung zu angemessenen und zumutbaren Ersatzpflanzungen oder, wenn Ersatzpflanzungen nicht möglich sind, zu einer Ersatzzahlung, die von der Gemeinde zweckgebunden für Maßnahmen, die dem Baumschutz in der Gemeinde zugute kommen, zu verwenden ist,
3. die Verpflichtung, ohne Genehmigung entfernte oder zerstörte Bäume an derselben Stelle auf eigene Kosten in angemessenem Umfang durch Neuanpflanzungen zu ersetzen oder ersetzen zu lassen oder die sonstigen Folgen der verbotenen Handlung zu beseitigen und
4. die Zulassung von Ausnahmen und Befreiungen.

[5]In der Satzung sollen Zuwiderhandlungen gegen Gebote oder Verbote als Ordnungswidrigkeiten mit einer Geldbuße bedroht werden. [6]Die Gemeinden sind im eigenen Wirkungskreis jeweils zuständig für den Vollzug der Satzung.

(2) [1]Linienhafte Anpflanzungen wie durchgehende Hecken und einseitige Baumreihen, die als Ausgleichs- und Ersatzmaßnahmen nach § 15 Abs. 2 BNatSchG festgesetzt wurden, mindestens 50 Meter lang und im Kompensationsverzeichnis nach § 17 Abs. 6 Satz 1 BNatSchG zu erfassen sind, sind als geschützter Landschaftsbestandteil geschützt, ohne dass es einer besonderen Ausweisung bedarf. [2]Satz 1 gilt nicht für Begleitgrün von Verkehrsanlagen. [3]Satz 1 findet auch keine Anwendung, soweit Anpflanzungen nach Absatz 3 geschützt sind. [4]Maßnahmen, die zu einer erheblichen oder nachhaltigen Beeinträchtigung der Anpflanzung führen können, sind verboten. [5]Zulässig sind schonende Form- und Pflegeschnitte zur Beseitigung des Zuwachses der Anpflanzung oder zur Gesunderhaltung von Bäumen nach § 39 Abs. 5 Satz 1 Nr. 2 Halbsatz 2 BNatSchG sowie die bestimmungsgemäße Nutzung der Anpflanzung. [6]Die zuständige untere Naturschutzbehörde kann unter den Voraussetzungen des § 67 BNatSchG Befreiungen erteilen. [7]§ 12 Abs. 2 findet keine Anwendung.

(3) [1]Alleen außerhalb des Waldes an öffentlichen oder privaten Verkehrsflächen und Feldwegen sind gesetzlich geschützt; ausgenommen hiervon sind Alleen im räumlichen Geltungsbereich der Baumschutzsatzung einer Gemeinde. [2]Alleen im Sinne dieses Gesetzes sind beidseitig der Straße oder des Weges ausgeprägte Baumreihen von Bäumen meist gleicher Art und in regelmäßigem Pflanzabstand, der in der Regel einen Kronenschluss in der Reihe zulässt. [3]Die Beseitigung von Alleen sowie alle Handlungen, die den Charakter als Allee auf Dauer ändern können, sind verboten. [4]Von den Verboten ausgenommen sind solche Fäll- und Schnittmaßnahmen, die den Charakter als Allee auf Dauer ändern können, die jedoch aus Gründen der Verkehrssicherheit zwingend erforderlich sind; vor der Durchführung ist das Benehmen mit der zuständigen unteren Naturschutzbehörde herzustellen. [5]Maßnahmen nach Satz 4, die keinen Aufschub dulden, sind nachträglich bei der zuständigen unteren Naturschutzbehörde anzuzeigen. [6]In den Fällen der Sätze 4 und 5 setzt die zuständige untere Naturschutzbehörde nach Anhörung der Betroffenen eine Ersatzpflanzung, vorrangig als Nachpflanzung am bisherigen Standort, fest. [7]Eine Ersatzgeldzahlung in einen Alleenfonds ist festzusetzen, wenn eine Ersatzpflanzung nicht möglich oder zweckmäßig ist; § 15 Abs. 6 Satz 2 BNatSchG gilt entsprechend. [8]Erteilt die zuständige untere Naturschutzbehörde eine Befreiung nach § 67 BNatSchG, so setzt sie zugleich eine Ersatzpflanzung oder Ersatzgeldzahlung in einen Alleenfonds fest. [9]Der Alleenfonds wird bei der zuständigen unteren Naturschutzbehörde geführt und für Maßnahmen zugunsten von Alleen eingesetzt. [10]Um den Alleenbestand nachhaltig zu sichern, sollen von den zuständigen Naturschutzbehörden rechtzeitig Ersatzpflanzungen vorgenommen werden. [11]Dabei sind im Außenbereich nach § 35 des Baugesetzbuchs (BauGB) standortgerechte und in der Regel heimische Baumarten zu verwenden.

§ 15 Gesetzlich geschützte Biotope (zu § 30 BNatSchG, abweichend von § 30 Abs. 2 BNatSchG)

(1) [1]Weitere gesetzlich geschützte Biotope im Sinne des § 30 Abs. 2 Satz 2 BNatSchG sind Bergwiesen, Moorwälder, uferferne Landröhrichte, Staudenfluren trockenwarmer Standorte, Streuobstwiesen, offene Felsbildungen der planaren bis montanen Stufen, aufgelassene Lockergesteinsgruben und Steinbrüche, alte Lesesteinwälle, Hohlwege sowie Erdfälle und Dolinen. [2]Die oberste Naturschutzbehörde wird ermächtigt, durch Rechtsverordnung die geschützten Biotoptypen nach § 30 Abs. 2 Satz 1 BNatSchG sowie nach Satz 1 anhand der Standortverhältnisse oder der Vegetation zu definieren und Mindestgrößen festzulegen; die Rechtsverordnung ergeht hinsichtlich der Waldbiotope im Benehmen mit dem für Forst zuständigen Ministerium.

(2) [1]Die Naturschutzfachbehörde und die Landesforstanstalt in ihrem Aufgabenbereich erfassen die gesetzlich geschützten Biotope und tragen sie in Listen und Karten mit deklaratorischer Bedeutung ein. [2]Die Listen und Karten werden von der Naturschutzfachbehörde im Internet veröffentlicht. [3]Die Erfassung ist in regelmäßigen Abständen, mindestens jedoch alle zwölf Jahre, zu wiederholen.

(3) Die zuständige untere Naturschutzbehörde teilt Eigentümern und sonstigen Nutzungsberechtigten auf Anfrage mit, ob sich auf ihrem Grundstück ein gesetzlich geschütztes Biotop befindet oder ob eine bestimmte Handlung verboten ist.

(4) [1]Bei Aufgabe der wirtschaftlichen Nutzung ist die zuständige untere Naturschutzbehörde dafür zuständig, eine dadurch entstehende Beeinträchtigung abzuwehren; dies steht der Durchführung notwendiger Maßnahmen durch Dritte, einer Förderung dieser Maßnahmen oder ihrer Festsetzung als Ausgleichs- und Ersatzmaßnahme nicht entgegen. [2]Eine Pflegepflicht des Eigentümers entsteht in diesem Fall nicht.

(5) Abweichend von § 30 BNatSchG gilt bei gesetzlich geschützten Biotopen, die nach Inkrafttreten eines Bebauungsplans entstanden sind, das Verbot der Zerstörung oder sonstigen erheblichen Beeinträchtigung nach § 30 Abs. 2 BNatSchG nicht, wenn eine nach diesem Plan zulässige bauliche Nutzung verwirklicht wird.

(6) Zuständige Behörde für die Erteilung von Ausnahmen nach § 30 Abs. 3 BNatSchG ist die untere Naturschutzbehörde.

§ 16 Netz „Natura 2000“ (zu den §§ 32 bis 36 BNatSchG)

(1) [1]Die oberste Naturschutzbehörde wählt die Gebiete, die der Europäischen Kommission nach Artikel 4 Abs. 1 der Richtlinie 92/43/EWG und nach Artikel 4 Abs. 1 und 2 der Richtlinie 2009/147/EG zu melden sind, nach den in diesen Bestimmungen genannten Maßgaben aus. [2]Sie meldet die Gebiete nach Beschlussfassung durch die Landesregierung an das für Naturschutz zuständige Bundesministerium und stellt das Benehmen mit diesem her. [3]Notwendige geringfügige Korrekturen der Meldung,

die sich aus neuen Erkenntnissen der Naturschutzbehörden, insbesondere bei der Erstellung von Bewirtschaftungsplänen ergeben, meldet die oberste Naturschutzbehörde an das für Naturschutz zuständige Bundesministerium. [4]Die oberste Naturschutzbehörde beteiligt vor der Meldung der Gebiete die Betroffenen einschließlich der Behörden und öffentlichen Planungsträger sowie der anerkannten Naturschutzvereinigungen. [5]Die Beteiligung erfolgt durch Bekanntmachung im Thüringer Staatsanzeiger.

(2) [1]Die oberste Naturschutzbehörde wird ermächtigt, durch Rechtsverordnung für die Gebiete von gemeinschaftlicher Bedeutung und die Europäischen Vogelschutzgebiete die jeweiligen Schutzobjekte und Erhaltungsziele festzusetzen, um für die in der Rechtsverordnung zu dem jeweiligen Gebiet genannten Lebensraumtypen und Arten einen günstigen Erhaltungszustand zu sichern oder, soweit erforderlich, wiederherzustellen. [2]Maßgeblich für die Abgrenzung der Gebiete nach Satz 1 sind die an die Europäische Kommission gemeldeten und bei der obersten Naturschutzbehörde niedergelegten und archivmäßig verwahrten Karten „Natura 2000 in Thüringen" im Maßstab 1:25.000. [3]In der Rechtsverordnung kann auf Bewirtschaftungs- oder sonstige Pläne verwiesen werden, in denen die notwendigen Erhaltungsmaßnahmen enthalten sind. [4]Die Rechtsverordnung ist regelmäßig bezüglich der bis dahin jeweils vorliegenden Datenlage zu aktualisieren.

(3) [1]Die Prüfung der Verträglichkeit eines Projekts nach § 34 BNatSchG erfolgt in dem Verfahren, das für die behördliche Gestattung, sonstige Entscheidung oder Anzeige in Rechtsvorschriften vorgesehen ist, durch die für das Verfahren zuständige Behörde. [2]Soweit eine Behörde ein Vorhaben selbst durchführt, das keiner Entscheidung nach Satz 1 bedarf, ist diese Behörde für die Prüfung der Verträglichkeit zuständig. [3]Sie trifft ihre Entscheidung nach den Sätzen 1 oder 2 mit entsprechender Beteiligung der Naturschutzbehörde nach § 7. [4]Soweit neben einer Entscheidung nach Satz 1 auch eine Befreiung nach § 67 BNatSchG von den Verboten in einer Kern- oder Pflegezone eines Biosphärenreservats, in einem Naturschutzgebiet, auch in Verbindung mit § 36 Abs. 3, im Nationalpark nach § 11 ThürNPHG oder im Nationalen Naturmonument nach § 9 Thüringer Grünes-Band-Gesetz vom 11. Dezember 2018 (GVBl. S. 605) erforderlich ist, wird die Verträglichkeitsprüfung durch die für die Befreiung zuständige Naturschutzbehörde in dem Verfahren über die Befreiung durchgeführt.

(4) Zuständige Behörde nach § 34 Abs. 6 BNatSchG ist die untere Naturschutzbehörde, in den Fällen des § 35 Nr. 2 BNatSchG die obere Naturschutzbehörde.

(5) [1]Die oberste Naturschutzbehörde erhält ein flächendeckendes Netz von Natura 2000-Stationen einschließlich eines Koordinierungszentrums aufrecht; dabei sind ab dem Jahr 2024 die Ergebnisse der Evaluierung zu berücksichtigen. [2]Natura 2000-Stationen sind Einrichtungen, die in Ergänzung und zur Unterstützung des behördlichen Naturschutzes die Aufgabe haben, daran mitzuwirken, dass der günstige Erhaltungszustand der Lebensraumtypen nach Anhang I und Arten nach den Anhängen II und IV der Richtlinie 92/43/EWG sowie Vogelarten nach Anhang I und Artikel 4 Abs. 2 der Richtlinie 2009/147/EG insbesondere in den Natura-2000-Gebieten erhalten und entwickelt wird. [3]Die oberste Naturschutzbehörde schließt einen öffentlich-rechtlichen Vertrag mit dem Träger und erstattet ihm die notwendigen Aufwendungen. [4]Träger der Natura 2000-Stationen können gemeinnützige juristische Personen des Privatrechts sein, die die Trägerschaft beantragt haben und die Gewähr für eine sachgerechte Aufgabenerfüllung bieten. [5]Im Einzelfall kann auf die Gemeinnützigkeit des Trägers verzichtet werden, wenn sichergestellt ist, dass der Betrieb der Natura 2000-Station ihrerseits, unabhängig von der Tätigkeit des Trägers im Übrigen, den Voraussetzungen für die Gemeinnützigkeit nach § 52 Abgabenordnung entspricht. [6]Bei gleicher Eignung ist vorrangig den Anträgen solcher juristischer Personen des Privatrechts stattzugeben, die bereits Träger einer Natura 2000-Station sind; bei der Beurteilung der Gewähr einer sachgerechten Aufgabenerfüllung sind die bisherigen Arbeitsergebnisse einzubeziehen.

(6) [1]Zur Umsetzung der Summationsbetrachtung nach § 34 Abs. 1 Satz 1 BNatSchG führt die Naturschutzfachbehörde ein Verzeichnis der durchgeführten Verträglichkeitsprüfungen, das im Internet veröffentlicht wird. [2]Die Zulassungsbehörde hat unter Beachtung datenschutzrechtlicher Bestimmungen die Angaben zu Auswirkungen auf die betroffenen Schutzziele der Naturschutzfachbehörde innerhalb von vier Wochen nach Eintritt der Bestandskraft der Zulassung in geeigneter Weise zu übermitteln. [3]Die Sätze 1 und 2 sind auf Pläne im Sinne des § 36 BNatSchG entsprechend anzuwenden.

§ 17 Gentechnisch veränderte Organismen, Pestizide (abweichend von § 35 BNatSchG)

(1) [1]Abweichend von § 35 BNatSchG sind in Nationalparken, Naturschutzgebieten, Kern- und Pflegezonen von Biosphärenreservaten und Natura 2000-Gebiete nach § 7 Abs. 1 Nr. 8 BNatSchG sowie

in einem Streifen von 1.000 Metern Breite um solche Schutzgebiete die Freisetzung von gentechnisch veränderten Organismen und der Anbau von gentechnisch veränderten Pflanzen verboten. [2]Im Übrigen gilt § 35 BNatSchG.

(2) [1]Die Anwendung von Pestiziden (Pflanzenschutzmittel und Biozide) gemäß Artikel 3 Nummer 10 der Richtlinie 2009/128/EG des Europäischen Parlaments und des Rates vom 21. Oktober 2009 über einen Aktionsrahmen der Gemeinschaft für die nachhaltige Anwendung von Pestiziden (ABl. L 309 vom 24. November 2009, S. 71) in der jeweils geltenden Fassung ist in Naturschutzgebieten, Kern- und Pflegezonen von Biosphärenreservaten, gesetzlich geschützten Landschaftsbestandteilen und gesetzlich geschützten Biotopen außerhalb von intensiv genutzten land- und fischereiwirtschaftlichen Flächen verboten. [2]Ausgenommen sind Maßnahmen des Forstschutzes. [3]Die zuständige untere Naturschutzbehörde kann die Verwendung dieser Mittel zulassen, soweit eine Gefährdung des Schutzzwecks der in Satz 1 genannten Schutzgebiete oder geschützten Gegenstände nicht zu befürchten ist. [4]Weitergehende Vorschriften bleiben unberührt.

Fünfter Abschnitt

Schutz der wildlebenden Tier- und Pflanzenarten, ihrer Lebensstätten und Biotope

§ 18 Zuständigkeiten im Artenschutz (zu den §§ 37 bis 55 BNatSchG)

(1) [1]Die untere Naturschutzbehörde ist zuständig für den Vollzug der Regelungen des Fünften Kapitels des Bundesnaturschutzgesetzes und der hierzu erlassenen Rechtsverordnungen sowie aller in die Zuständigkeit des Landes fallenden Maßnahmen und Handlungen auf dem Gebiet des Artenschutzrechts, die sich aus den Rechtsakten der Europäischen Gemeinschaften oder der Europäischen Union ergeben, soweit nicht im Folgenden etwas Abweichendes bestimmt ist. [2]Sie ist befugt, Kontrollen und Ermittlungen über die Einhaltung der artenschutzrechtlichen Vorschriften vorzunehmen.

(2) Für die Aufgaben, die sich aus § 37 BNatSchG ergeben, sind neben der unteren auch die obere und die oberste Naturschutzbehörde jeweils im Rahmen ihrer Zuständigkeiten zuständig.

(3) Die Erteilung der Genehmigung nach § 39 Abs. 4 BNatSchG bedarf für den Bereich des Waldes zusätzlich des Einvernehmens mit der unteren Forstbehörde.

(4) Das Ausbringen von Pflanzen und Tieren aufgrund einer Genehmigung nach § 40 Abs. 1 BNatSchG ist in der Naturschutzfachbehörde zu dokumentieren; dazu übersendet ihr die zuständige Behörde die notwendigen Unterlagen.

(5) [1]Die Genehmigung nach § 42 Abs. 2 Satz 1 BNatSchG schließt die Erlaubnis nach § 11 Abs. 1 Satz 1 Nr. 4 und 8 Buchst. d 1. Alternative des Tierschutzgesetzes in der Fassung vom 18. Mai 2006 (BGBl. I S. 1206, 1313) in der jeweils geltenden Fassung mit ein; sie ergeht im Benehmen mit der zuständigen Tierschutzbehörde. [2]Die nach § 11 des Tierschutzgesetzes erforderlichen Angaben und Nachweise sind dem Genehmigungsantrag beizufügen, falls diese der zuständigen Tierschutzbehörde nicht bereits vorgelegt wurden. [3]Anordnungen nach § 42 Abs. 7 Satz 3 BNatSchG ergehen im Benehmen mit der zuständigen Tierschutzbehörde.

(6) Die obere Naturschutzbehörde ist zuständig für die Zulassung von Ausnahmen nach § 45 Abs. 7 Satz 1 Nr. 3 BNatSchG und § 4 Abs. 3 der Bundesartenschutzverordnung vom 16. Februar 2005 (BGBl. I S. 258, 896) in der jeweils geltenden Fassung, soweit sie für beauftragte Maßnahmen der Naturschutzfachbehörde notwendig sind, sowie im Rahmen der Vogelberingung.

(7) Für die in die Zuständigkeit des Landes fallenden Maßnahmen und Handlungen der Verordnung (EU) Nr. 1143/2014 des Europäischen Parlaments und des Rates vom 22. Oktober 2014 über die Prävention und das Management der Einbringung und Ausbreitung invasiver gebietsfremder Arten (ABl. L 317 vom 4.11.2014, S. 35) in der jeweils geltenden Fassung gilt Folgendes:

1. die oberste Naturschutzbehörde ist zuständig für Dringlichkeitsmaßnahmen nach Artikel 10 Abs. 1, 3, 5 bis 7, für die Festlegung von Managementmaßnahmen nach Artikel 19 Abs. 1 und für Wiederherstellungsmaßnahmen nach Artikel 20 der Verordnung (EU) Nr. 1143/2014,
2. die obere Naturschutzbehörde ist zuständig für Genehmigungen für andere Tätigkeiten nach Artikel 9 der Verordnung (EU) Nr. 1143/2014 in Verbindung mit § 40c Abs. 3 BNatSchG und
3. die Naturschutzfachbehörde ist zuständig für die Bekanntmachung im Internet nach Artikel 8 Abs. 7, die Bestätigung der Früherkennung eines Einbringens oder Vorkommens einer invasiven gebietsfremden Art nach Artikel 16 Abs. 1, für Beseitigungsmaßnahmen und die Überwachung

deren Wirksamkeit nach Artikel 17 Abs. 1 und 3, für das Verfahren bei Ausnahmen von der Beseitigungspflicht nach Artikel 18 Abs. 1, 5 und 6, für die Berichterstattung nach Artikel 24 Abs. 1 und für die Information nach Artikel 31 Abs. 2 der Verordnung (EU) Nr. 1143/2014.

(8) [1]Die Landwirtschaftsbehörden in ihrem Aufgabenbereich Pflanzenschutz und die Veterinärbehörden sowie die unteren Jagd- und Fischereibehörden wirken im Rahmen ihrer sonstigen Aufgaben bei der Überwachung der artenschutzrechtlichen Vorschriften mit. [2]Sie unterrichten die zuständigen Naturschutzbehörden über festgestellte Zuwiderhandlungen, sie setzen sich in ihren Verantwortungsbereichen für die Umsetzung erforderlicher Maßnahmen gemäß Absatz 7 ein und informieren die zuständigen Naturschutzbehörden über deren Ergebnisse.

(9) Die oberste Naturschutzbehörde macht die Managementmaßnahmen nach § 40e Abs. 1 BNatSchG im Thüringer Staatsanzeiger bekannt und veröffentlicht sie zusätzlich im Internet.

(10) [1]Die Naturschutzfachbehörde oder ein von ihr Beauftragter führt ein Register der anerkannten Vermehrungsgutbestände gebietseigener Gehölze. [2]Bei behördlichen Zulassungen und Anzeigen von Vorhaben und Maßnahmen sowie bei der Durchführung von Vorhaben und Maßnahmen durch Behörden ist der Erhalt der nach Satz 1 registrierten Vermehrungsgutbestände besonders zu berücksichtigen.

§ 19 Tiergehege (zu § 43 BNatSchG)

(1) Die Anzeigepflicht nach § 43 Abs. 3 Satz 1 BNatSchG besteht nicht für Tiergehege, die

1. unter staatlicher Aufsicht stehen,
2. nur für kurze Zeit aufgestellt werden,
3. eine Grundfläche von insgesamt 50 Quadratmeter nicht überschreiten und in denen keine Tiere besonders oder streng geschützter Arten nach § 7 Abs. 2 Nr. 13 und 14 BNatSchG gehalten werden.

(2) [1]Bedienstete oder Beauftragte der Naturschutzbehörden dürfen Grundstücke, mit Ausnahme von Wohngebäuden, betreten, um Tiergehege daraufhin zu überprüfen, ob die gesetzlichen Anforderungen erfüllt werden. [2]Für den Fall des Betretens von nicht bebautem, eingefriedetem Wohnbereich wird das Grundrecht der Unverletzlichkeit der Wohnung (Artikel 13 des Grundgesetzes, Artikel 8 der Verfassung des Freistaats Thüringen) insoweit eingeschränkt.

§ 20 Horstschutz (zu § 54 Abs. 7 BNatSchG)

[1]Unbeschadet weiter gehender Rechtsvorschriften ist es verboten,

1. Brutfelsen und Horstbäume von Großvögeln zu beseitigen und in der Zeit vom 1. Dezember bis 30. September Bäume und Felsen mit Horsten oder Bruthöhlen zu besteigen,
2. Nistplätze, die aktuell besetzt sind oder im Vorjahr besetzt waren, von
   a) Seeadlern und Uhus in der Zeit vom 01.01. bis 31.07.,
   b) Wanderfalken, Schwarzstörchen und Kranichen in der Zeit vom 15.02. bis 31.08.,
   c) Rotmilanen und Fischadlern in der Zeit vom 01.04. bis 31.07.,

   durch Aufsuchen, Filmen, Fotografieren, den Einsatz von Drohnen oder vergleichbare Brut und Aufzucht störende Handlungen in einem Umkreis von 100 Metern, bei Adlern und Schwarzstörchen von 300 Metern zu gefährden,
3. Nistplätze von Adlern, Wanderfalken, Schwarzstörchen, Kranichen, Uhus und Rotmilanen, die aktuell besetzt sind oder im Vorjahr besetzt waren, durch Freistellen von Brutbäumen, Anlegen von Sichtschneisen oder andere, den Charakter des unmittelbaren Horstbereichs verändernde Maßnahmen in einem Umkreis von 100 Metern zu beeinträchtigen.

[2]Von den Verboten kann die zuständige Naturschutzbehörde Ausnahmen nach § 45 Abs. 7 BNatSchG zulassen.

Sechster Abschnitt

Erholung in Natur und Landschaft

§ 21 Betreten der freien Landschaft, Freihaltung von Gewässern und Uferzonen (zu den §§ 59 und 61 BNatSchG)

(1) [1]Das Betreten der freien Landschaft außerhalb des Waldes auf Straßen und Wegen und auf ungenutzten Grundflächen zum Zwecke der Erholung ist unentgeltlich gestattet. [2]Vorschriften des öffentlichen Rechts, die das Betreten der freien Landschaft außerhalb des Waldes in weiterem Umfang ge-

statten oder die die Betretungsbefugnis einschränken, bleiben unberührt. [3]Dem Betreten gleichgestellt sind das Reiten, Radfahren sowie das Fahren mit bespannten Fahrzeugen oder Krankenfahrstühlen auf Straßen und Wegen.

(2) Der Zugang zu den Gewässern durch Uferwege ist in dem für die Erholung der Bevölkerung erforderlichen Umfang sicherzustellen.

(3) [1]Die zuständige untere Naturschutzbehörde kann das Betreten in den Fällen der Absätze 1 und 2 aus wichtigen Gründen, insbesondere aus solchen des Naturschutzes und der Landschaftspflege, des Feldschutzes und der land- und forstwirtschaftlichen Bewirtschaftung, zum Schutz der Erholungssuchenden, zur Vermeidung erheblicher Schäden oder zur Wahrung anderer schutzwürdiger Interessen des Grundstücksbesitzers unter Einbeziehung der Betroffenen, insbesondere der Gemeinden, einschränken. [2]Die obere Naturschutzbehörde kann durch Rechtsverordnung Regelungen zum Reiten und zum Fahren mit bespannten Fahrzeugen in der Flur treffen. [3]§ 40 des Ordnungsbehördengesetzes vom 18. Juni 1993 (GVBl. S. 323) in der jeweils geltenden Fassung bleibt unberührt.

(4) Vorrichtungen, die dazu bestimmt oder geeignet sind, das Betreten der Flur, insbesondere auf markierten Rad-, Wander- und Reitwegen, zu verhindern oder wesentlich einzuschränken, bedürfen der Genehmigung der zuständigen unteren Naturschutzbehörde, soweit durch landesrechtliche Vorschriften nichts anderes bestimmt ist; davon ausgenommen sind die in der Land-, Forst- und Fischereiwirtschaft üblichen offenen Einfriedungen sowie Wildschutzzäune und sonstige Leiteinrichtungen für Tiere entlang von Verkehrstrassen.

(5) Das Land, die Landkreise und Gemeinden haben die Ausübung des Rechts auf Erholung in der freien Landschaft im Rahmen ihrer Funktionsfähigkeit zu gewährleisten und Voraussetzungen für die Wahrnehmung dieses Rechts zu schaffen.

(6) Zuständig für die Zulassung von Ausnahmen nach § 61 Abs. 3 BNatSchG ist die untere Naturschutzbehörde.

§ 22 Kennzeichnung von Erholungswegen in der freien Landschaft (zu § 65 BNatSchG)

(1) [1]Die Ermächtigung zur Kennzeichnung von Erholungswegen wird von der zuständigen unteren Naturschutzbehörde erteilt, innerhalb von Biosphärenreservaten und Naturparken in Abstimmung mit deren Verwaltungen oder den für die Aufgabenwahrnehmung nach § 13 Abs. 4 Satz 2 zuständigen Dritten. [2]Die regionalen Tourismusverbände und die örtlich tätigen Wanderverbände sollen zu der Kennzeichnung gehört werden. [3]Eigentümer und Nutzungsberechtigte haben die Kennzeichnung durch behördlich ermächtigte Organisationen entschädigungslos zu dulden, soweit sie dadurch in ihren Rechten nicht unzumutbar beeinträchtigt werden. [4]§ 6 ThürWaldG bleibt unberührt.

(2) Die obere Naturschutzbehörde kann durch Rechtsverordnung im Einvernehmen mit der obersten Forstbehörde Regelungen zur Kennzeichnung von Erholungswegen treffen.

Siebter Abschnitt
Weitere Einrichtungen des Naturschutzes, Naturschutzinformation

§ 23 Aufgaben der Naturschutzfachbehörde

(1) [1]Naturschutzfachbehörde ist das Landesamt für Umwelt, Bergbau und Naturschutz. [2]Sie hat im Bereich von Naturschutz und Landschaftspflege die Aufgabe, die Naturschutzbehörden fachlich zu beraten und zu unterstützen sowie die dafür erforderlichen wissenschaftlichen Grundlagen und Daten zu Natur und Landschaft bereitzustellen, insbesondere die Arten, Biotope und Lebensraumtypen zu erfassen; § 5 ThürWaldG bleibt unberührt. [3]Sie ist zuständig für die Beobachtung von Natur und Landschaft nach § 6 BNatSchG und veröffentlicht mindestens alle zehn Jahre den wissenschaftlichen Stand der Erkenntnisse über ausgestorbene und bedrohte heimische Tier- und Pflanzenarten sowie über die Gefährdung von Biotopen (Rote Listen). [4]Sie ist zuständig für die Aufstellung von Bewirtschaftungsplänen nach § 32 Abs. 5 BNatSchG für Natura 2000-Gebiete; die den Wald betreffenden Teile der Bewirtschaftungspläne erstellt die Landesforstanstalt in Abstimmung mit der Naturschutzfachbehörde.

(2) Die Naturschutzfachbehörde hat in Zusammenarbeit mit den Hochschulen und anderen geeigneten Einrichtungen darüber hinaus die Aufgabe, die Aus- und Weiterbildung der Mitarbeiter des amtlichen und ehrenamtlichen Naturschutzes durch

1. Lehrgänge, Fortbildungskurse und regelmäßige Veröffentlichungen über den neuesten Stand der wissenschaftlichen, rechtlichen und verwaltungspraktischen Erkenntnisse im Bereich von Naturschutz und Landschaftspflege und
2. den Austausch von Erfahrungen in der praktischen Naturschutzarbeit

sowie die Aus- und Weiterbildung der zertifizierten Natur- und Landschaftsführer zu sichern.

(3) [1]Die Staatliche Vogelschutzwarte Seebach als Teil der Naturschutzfachbehörde ist für die angewandte Forschung und fachliche Beratung auf dem Gebiet des Vogel- und Fledermausschutzes und der angewandten Vogelkunde zuständig. [2]Bei ihr ist die Koordinationsstelle für Fledermausschutz angesiedelt. [3]Die Vogelschutzwarte steht den Behörden, Landkreisen und Gemeinden sowie privaten Personen und Organisationen beratend zur Verfügung. [4]Weitere Aufgaben sind

1. die Koordinierung des Vogelmonitorings und der Kennzeichnung zu wissenschaftlichen Zwecken,
2. die Unterbringung beschlagnahmter und eingezogener sowie kranker oder verletzter Tiere, soweit diese fachgerecht gewährleistet werden kann, sowie
3. die Unterbringung herrenloser Tiere invasiver Arten nach § 7 Abs. 2 Nr. 9 BNatSchG, soweit diese nicht anderweitig vermittelt werden können und die Unterbringung fachgerecht gewährleistet werden kann.

(4) Die oberste Naturschutzbehörde kann der Naturschutzfachbehörde weitere Aufgaben übertragen.

§ 24 Fachinformationssystem Naturschutz

(1) [1]Die Naturschutzfachbehörde betreibt ein landesweites elektronisches Informationssystem, in dem die in § 7 Abs. 6, § 12 Abs. 1 und § 15 Abs. 2 Satz 2 genannten und die weiteren für die Aufgaben des Naturschutzes erforderlichen Daten zusammengeführt und einheitlich für die Naturschutzverwaltung und berechtigte Dritte verfügbar gemacht werden (Fachinformationssystem Naturschutz). [2]Die naturschutzfachlichen Inhalte des Fachinformationssystems Naturschutz sollen, soweit keine Rechtsvorschriften, Rechte Dritter oder begründete Interessen entgegenstehen, als Umweltinformationen für jedermann öffentlich zugänglich gemacht werden. [3]Das Fachinformationssystem Naturschutz stellt, soweit erforderlich und geeignet, auch die Naturschutzdaten für die Geoinfrastruktur des Landes nach dem Thüringer Geodateninfrastrukturgesetz vom 8. Juli 2009 (GVBl. S. 574) in der jeweils geltenden Fassung bereit.

(2) [1]Die Daten für das Fachinformationssystem Naturschutz werden von der Naturschutzverwaltung sowie den weiteren Stellen nach den Sätzen 3 und 4 in arbeitsteiliger Zusammenarbeit bereitgestellt. [2]Die Naturschutzfachbehörde stellt insbesondere die Ergebnisse landesweiter und regionaler Erhebungen von Arten, Biotopen und Lebensraumtypen ein. [3]Die Naturschutzverwaltung, die sonstigen öffentlichen Planungsträger sowie die Landkreise und Gemeinden übermitteln im Rahmen ihrer Zuständigkeiten oder Aufgaben selbst erhobene sowie durch Dritte erhobene und im Rahmen von Zulassungsverfahren von Dritten erhaltene Naturschutzfachdaten. [4]Vorhabenträger haben zulassungsrelevante Daten den Zulassungsbehörden dafür in dem erforderlichen Format zur Verfügung zu stellen. [5]Die weiteren für die Aufgaben des Naturschutzes erforderlichen Daten, wie Ergebnisse landesweiter und regionaler Erhebungen durch andere Behörden, die einschlägige Informationen über Arten, Biotope und Lebensraumtypen enthalten, stellen die jeweils für die Datenhaltung zuständigen Behörden zur Verfügung. [6]Der Datenaustausch soll online oder digital und über definierte Schnittstellen erfolgen. [7]Die oberste Naturschutzbehörde legt die Datenformate und Dateninhalte unter Beachtung bestehender Standards fest.

§ 25 Stiftung Naturschutz Thüringen

(1) [1]Weitere Einrichtung für den Naturschutz ist die Stiftung Naturschutz Thüringen. [2]Näheres regelt das Thüringer Naturschutz-Stiftungsgesetz vom 29. Juni 2018 (GVBl. S. 315) in der jeweils geltenden Fassung.

(2) [1]Die Bezeichnung „Stiftung Naturschutz Thüringen“ darf nur für die in Absatz 1 genannte Stiftung verwendet werden. [2]Die Benutzung von zum Verwechseln ähnlichen Bezeichnungen ist unzulässig.

Achter Abschnitt
Ehrenamtlicher Naturschutz, Mitwirkung von anerkannten Naturschutzvereinigungen

§ 26 Naturschutzbeiräte

(1) Zur fachlichen Beratung und Unterstützung bei allen Fragen des Naturschutzes und der Landschaftspflege sind bei den Naturschutzbehörden ehrenamtlich tätige Beiräte für Naturschutz aus unabhängigen und sachverständigen Personen zu bilden.

(2) [1]Die Naturschutzbeiräte sind von der Naturschutzbehörde, bei der sie gebildet worden sind, über alle wesentlichen Vorgänge rechtzeitig und umfassend zu unterrichten; dies gilt insbesondere für

1. die Vorbereitung von Rechtsverordnungen,
2. Planungen nach den §§ 10 und 11 BNatSchG sowie
3. Planungen und Planfeststellungen nach anderen Rechtsvorschriften, bei denen die Naturschutzbehörde mitwirkt.

[2]Die Naturschutzbeiräte können Anträge stellen und sind auf Verlangen zu hören.

(3) [1]Die Naturschutzbehörde hat den Naturschutzbeirat in den Fällen des Absatzes 2 Satz 1 von der beabsichtigten Entscheidung, Stellungnahme oder Maßnahme zu unterrichten. [2]Erhebt ein Beirat Gegenvorstellungen mit Begründung und findet die Angelegenheit nach erneuter Beratung nicht ihre Erledigung, so kann der Beirat innerhalb von zwei Wochen verlangen, die Weisung der vorgesetzten Naturschutzbehörde einzuholen, die hierzu ihren Beirat zu hören hat.

(4) [1]Die Mitglieder der Beiräte werden vom Leiter der Behörde, bei der der Beirat gebildet wird, berufen. [2]Bedienstete der Behörde nach Satz 1 und von anderen Naturschutzbehörden können nicht berufen werden. [3]Die Hälfte der Beiratsmitglieder wird auf Vorschlag der anerkannten Naturschutzvereinigungen berufen. [4]Vorgeschlagene aus Organisationen, deren Interessen mit der Land- und Erholungsnutzung verbunden sind, sind zu berücksichtigen.

(5) Die oberste Naturschutzbehörde wird ermächtigt, durch Rechtsverordnung Näheres über die Zusammensetzung, die Beteiligung, die Beschlussfassung, die Amtsdauer, den Geschäftsgang, die Geschäftsführung, die Geschäftsordnung sowie die Entschädigung der Beiräte und Sonderregelungen für den Beirat bei der obersten Naturschutzbehörde (Landesnaturschutzbeirat) zu treffen.

§ 27 Fachbeirat für Arten- und Biotopschutz

(1) [1]Zur wissenschaftlichen und fachlichen Beratung auf dem Gebiet des Arten- und Biotopschutzes wird bei der Naturschutzfachbehörde ein Fachbeirat für Arten- und Biotopschutz aus ehrenamtlich tätigen, botanisch oder zoologisch sachverständigen Personen gebildet. [2]Die Fachbeiratsmitglieder werden von der obersten Naturschutzbehörde berufen.

(2) Die oberste Naturschutzbehörde wird ermächtigt, durch Rechtsverordnung Näheres über das Verfahren, die Aufgaben, die Amtsdauer, die Entschädigung sowie die Arbeitsweise des Fachbeirats zu regeln.

§ 28 Beauftragte für Naturschutz

(1) [1]Die untere Naturschutzbehörde kann ehrenamtlich tätige Beauftragte für Naturschutz bestellen. [2]Der zuständige Naturschutzbeirat ist dazu anzuhören und kann eigene Vorschläge unterbreiten. [3]In Nationalparken, Biosphärenreservaten und Naturparken kann auch die Verwaltung des Gebiets im Einvernehmen mit der zuständigen unteren Naturschutzbehörde Beauftragte für Naturschutz bestellen. [4]Die Beauftragten für Naturschutz haben die Aufgabe, zu beraten, über nachteilige Veränderungen in der Landschaft zu unterrichten sowie erforderliche Schutz- und Pflegemaßnahmen vorzuschlagen.

(2) [1]Die oberste Naturschutzbehörde wird ermächtigt, durch Rechtsverordnung Näheres über die Bestellung, die Amtsdauer, die Anzahl, die Aufgaben und die Rechte, den Auslagenersatz und den Ausweis der Beauftragten für Naturschutz zu regeln. [2]In der Rechtsverordnung kann auch ein Ersatz von Auslagen für weitere ehrenamtlich in Nationalparken, Biosphärenreservaten und Naturparken Tätige geregelt werden.

§ 29 Mitwirkung von Naturschutzvereinigungen, Rechtsbehelfe (zu den §§ 63 und 64 BNatSchG, abweichend von § 63 Abs. 2 BNatSchG)

(1) Einer nach den §§ 3 und 8 des Umwelt-Rechtsbehelfsgesetzes in der Fassung vom 23. August 2017 (BGBl. I S. 3290) in der jeweils geltenden Fassung vom Land anerkannten Naturschutzvereinigung,

die nach ihrer Satzung landesweit tätig ist, ist auch Gelegenheit zur Stellungnahme und zur Einsicht in die einschlägigen Sachverständigengutachten

1. bei der Vorbereitung von Gesetzen, die die Belange des Naturschutzes und der Landschaftspflege berühren können, sowie von Verordnungen und Satzungen anderer als der für Naturschutz und Landschaftspflege zuständigen Behörden, die die Belange des Naturschutzes und der Landschaftspflege berühren können, und
2. abweichend von § 63 Abs. 2 BNatSchG zusätzlich vor der Erteilung von Befreiungen von Geboten und Verboten zum Schutz von Landschaftsschutzgebieten, geschützten Landschaftsbestandteilen, Naturdenkmälern sowie von Befreiungen von den Verboten zum Schutz und bei Ausnahmeverfahren gesetzlich geschützter Biotope,
3. abweichend von § 63 Abs. 2 BNatSchG zusätzlich bei der Aufstellung von Flächennutzungsplänen nach § 5 BauGB

zu geben, soweit sie durch das Vorhaben in ihrem satzungsgemäßen Aufgabenbereich berührt wird.

(2) Eine Beteiligung nach § 63 Abs. 2 Nr. 5 BNatSchG ist in den Fällen nicht erforderlich, in denen eine Befreiung für Erkundungs-, Forschungs-, Überwachungs-, Schutz-, Pflege- und Entwicklungsmaßnahmen in Naturschutzgebieten, deren Erklärung zum Naturschutzgebiet vor dem 9. Februar 1993 in Kraft getreten ist, beantragt wird.

(3) [1]Die Mitwirkungsberechtigten sind von den zuständigen Behörden oder Stellen über die Vorhaben und Planungen sowie die Einleitung von Verwaltungsverfahren im Sinne des Absatzes 1 oder des § 63 Abs. 2 BNatSchG rechtzeitig schriftlich oder elektronisch zu benachrichtigen. [2]Den Mitwirkungsberechtigten ist eine angemessene Frist für ihre Stellungnahme einzuräumen. [3]Über den Inhalt der Entscheidungen und die wesentlichen Gründe, auf denen sie beruhen, sind die Mitwirkungsberechtigten schriftlich oder elektronisch und im Fall einer Mitwirkung nach § 63 Abs. 2 Nr. 4a bis 7 BNatSchG schriftlich mit einer Rechtsmittelbelehrung zu unterrichten. [4]Dies gilt nicht für Mitwirkungsberechtigte, die innerhalb der eingeräumten Frist von ihrem Recht auf Mitwirkung keinen Gebrauch gemacht haben.

(4) Das Land unterstützt die Naturschutzvereinigungen im Rahmen der zur Verfügung stehenden Haushaltsmittel bei der Wahrnehmung ihrer Mitwirkung nach Absatz 1.

(5) Eine anerkannte Naturschutzvereinigung kann neben den in § 64 Abs. 1 BNatSchG geregelten Fällen Rechtsbehelfe auch in den in Absatz 1 Nr. 2 genannten Fällen einlegen..

Neunter Abschnitt

Eigentumsbindung, Befreiungen

§ 30 Duldungspflicht (zu § 65 BNatSchG)

(1) [1]Die Bediensteten der Naturschutzbehörden, der Naturschutzfachbehörde einschließlich der Staatlichen Vogelschutzwarte, der Nationalparke, Biosphärenreservate und Naturparke sowie die, die von ihnen beauftragt oder denen Aufgaben nach § 13 Abs. 4 Satz 2 übertragen wurden, die Beschäftigten der Stiftung Naturschutz Thüringen als Träger eines Nationalen Naturmonuments, die Naturschutzbeauftragten und die Bediensteten von Gemeinden im Rahmen des Vollzugs von Satzungen nach § 14 Abs. 1 sind berechtigt, zur Erfüllung ihrer Aufgaben Grundstücke mit Ausnahme von Wohngebäuden zu betreten. [2]Sie haben sich auf Verlangen zu legitimieren. [3]Das Grundrecht auf Unverletzlichkeit der Wohnung (Artikel 13 des Grundgesetzes, Artikel 8 der Verfassung des Freistaats Thüringen) wird durch Satz 1 eingeschränkt.

(2) [1]Eigentümer und sonstige Nutzungsberechtigte sind, soweit sie bekannt sind, vor dem Betreten der Grundstücke zu den im Absatz 1 genannten Zwecken in angemessener Frist zu benachrichtigen. [2]Die Benachrichtigung kann auch durch öffentliche Bekanntmachung in ortsüblicher Weise erfolgen.

(3) Den Bediensteten der Nationalparke, Biosphärenreservate und Naturparke ist das Befahren von befestigten Wegen mit Kraftfahrzeugen innerhalb des jeweiligen Schutzgebiets zur Erfüllung ihrer Aufgaben gestattet.

(4) [1]Das Betreten und Befahren erfolgt auf eigene Gefahr. [2]Durch die Duldungsverpflichtung werden keine besonderen Sorgfalts- oder Verkehrssicherungspflichten begründet.

§ 31 Vorkaufsrecht (zu § 66 BNatSchG, abweichend von § 66 Abs. 1 und 4 BNatSchG)

(1) [1]Abweichend von § 66 Abs. 1 BNatSchG steht ein Vorkaufsrecht

1. dem Land zu
   a) in den in § 66 Abs. 1 Satz 1 Nr. 1 und 3 BNatSchG genannten Fällen,
   b) an Grundstücken, die in Kern- oder Pflegezonen von Biosphärenreservaten oder als solchen einstweilig gesicherten Gebieten liegen,
   c) an Grundstücken innerhalb des ehemaligen innerdeutschen Grenzstreifens (Grünes Band), sofern der Erwerb nicht durch Berechtigte nach § 2 Abs. 1 Satz 1 des Mauergrundstücksgesetzes vom 15. Juli 1996 (BGBl. I S. 980) in der jeweils geltenden Fassung erfolgt sowie
   d) an Uferstreifen, Überschwemmungsgebieten, in denen ein Hochwasserereignis statistisch einmal in 100 Jahren zu erwarten ist (HQ 100), sowie Moor- und Anmoorböden,
2. auch den kreisfreien Städten und Landkreisen zu
   a) in allen in Nummer 1 genannten Fällen,
   b) in den in § 66 Abs. 1 Satz 1 Nr. 2 BNatSchG genannten Fällen sowie
   c) an Grundstücken, die in geschützten Landschaftsbestandteilen oder als solchen einstweilig gesicherten Gebieten sowie in Flächennaturdenkmälern nach § 36 Abs. 2 liegen.

[2]Kein Vorkaufsrecht besteht für beplante und unbeplante Innenbereichsgrundstücke nach den §§ 30 und 34 BauGB.

(2) [1]Das Vorkaufsrecht wird durch Verwaltungsakt ausgeübt. [2]Zuständig ist die untere Naturschutzbehörde. [3]Ihr gegenüber ist auch die Mitteilung nach § 469 des Bürgerlichen Gesetzbuches (BGB) abzugeben. [4]Die zuständige untere Naturschutzbehörde prüft das Bestehen eines Vorkaufsrechts. [5]Übt sie ihr Vorkaufsrecht nicht aus, gibt sie in den Fällen nach Absatz 1 Satz 1 Nr. 1 den Vorgang umgehend an die obere Naturschutzbehörde ab und teilt dies dem Mitteilenden mit. [6]Mit der Abgabe kann das Vorkaufsrecht nur noch von der oberen Naturschutzbehörde ausgeübt werden.

(3) [1]Das Vorkaufsrecht kann nur innerhalb von zwei Monaten nach dem Zugang der in Absatz 2 Satz 3 genannten Mitteilung ausgeübt werden. [2]Im Fall der Abgabe nach Absatz 2 Satz 5 verlängert sich die Frist um weitere zwei Monate. [3]Ergeht bis zum Ablauf dieser Frist kein Verwaltungsakt, gilt dies als Verzicht auf das Vorkaufsrecht.

(4) Das Land sowie die kreisfreien Städte und Landkreise können abweichend von § 66 Abs. 4 BNatSchG ihr Vorkaufsrecht auf Antrag auch zugunsten eines Trägers eines Zuwendungsempfängers, der nach den Richtlinien des Bundesministeriums für Umwelt, Naturschutz, Bau und Reaktorsicherheit zur Förderung der Errichtung und Sicherung schutzwürdiger Teile von Natur und Landschaft mit gesamtstaatlich repräsentativer Bedeutung „chance.natur – Bundesförderung Naturschutz“ (Förderrichtlinien für Naturschutzgroßprojekte nach den §§ 23 und 44 der Bundeshaushaltsordnung – BHO) vom 19. Dezember 2014 (BAnz. S. 1) in der jeweils geltenden Fassung gefördert wird, ausüben.

(5) [1]Abweichend von § 66 BNatSchG kann der Vorkäufer den zu zahlenden Betrag nach dem Verkehrswert des Grundstücks zum Zeitpunkt des Kaufs bestimmen, wenn der vereinbarte Kaufpreis den Verkehrswert in einer dem Rechtsverkehr erkennbaren Weise deutlich überschreitet. [2]In diesen Fällen ist der Verkäufer berechtigt bis zum Ablauf eines Monats nach Unanfechtbarkeit des Verwaltungsakts nach Absatz 2 vom Vertrag zurückzutreten. [3]Auf das Rücktrittsrecht sind die §§ 346 bis 349 und 351 BGB entsprechend anzuwenden.

§ 32 Befreiungen (zu § 67 BNatSchG)

(1) Zuständig für die Erteilung von Befreiungen ist

1. die obere Naturschutzbehörde bei Verboten zum Schutz von Naturschutzgebieten und Kern- und Pflegezonen in Biosphärenreservaten,
2. die Gemeinde bei Verboten in Satzungen nach § 14 Abs. 1 und in fortgeltenden Satzungen nach § 36 Abs. 1,
3. die in einem Gesetz nach § 9 Abs. 1 Satz 1 Nr. 1 genannte Behörde und
4. im Übrigen die untere Naturschutzbehörde.

(2) Soweit in Rechtsverordnungen zur Festsetzung von Schutzgebieten im Sinne des § 20 Abs. 2 BNatSchG,

1. die ab dem 9. Februar 1993 und vor dem 15. Januar 1999 erlassen wurden oder
2. die ab dem 15. Januar 1999 erlassen wurden,

eine Befreiung von Verboten oder Geboten im Fall der Nummer 1 an die Voraussetzungen des § 31 des Bundesnaturschutzgesetzes in der zum Zeitpunkt des Inkrafttretens der Rechtsverordnung geltenden Fassung und im Fall der Nummer 2 an die Voraussetzungen des § 36a des Thüringer Gesetzes für Natur und Landschaft in der zum Zeitpunkt des Inkrafttretens der Rechtsverordnung geltenden Fassung geknüpft ist, treten an deren Stelle die Voraussetzungen nach § 67 Abs. 1 BNatSchG.

(3) [1]Maßnahmen, die im Auftrag der Naturschutzbehörden oder der Naturschutzfachbehörde zur Erforschung von Schutzgebieten nach § 20 Abs. 2 BNatSchG durchgeführt werden, bedürfen keiner Befreiung. [2]Die zuständige untere Naturschutzbehörde ist in angemessener Frist vor Beginn der Maßnahmen zu informieren.

§ 33 Beschränkungen des Eigentums, Entschädigung und Ausgleich (zu § 68 BNatSchG)

(1) [1]Zur Entschädigung nach § 68 Abs. 1 und 2 BNatSchG ist das Land verpflichtet. [2]Die Gemeinden und Landkreise sollen zu dem Entschädigungsaufwand beitragen, wenn und soweit die entschädigungspflichtige Maßnahme überwiegend einem örtlichen Interesse an Naturschutz und Landschaftspflege oder an der Erholung in Natur und Landschaft Rechnung trägt. [3]Der Antrag auf Entschädigung oder Übernahme ist bei der Behörde zu stellen, die die Maßnahme nach § 68 Abs. 1 BNatSchG getroffen hat. [4]Liegen die Voraussetzungen für eine Entschädigung vor und kommt keine Einigung über die Höhe der Entschädigung zustande, so entscheidet die Enteignungsbehörde über die Geldentschädigung und in entsprechender Anwendung des Thüringer Enteignungsgesetzes vom 23. März 1994 (GVBl. S. 329) in der jeweils geltenden Fassung über die Übernahme. [5]Für Rechtsmittel gegen die Entscheidung gilt Entsprechendes.

(2) [1]Die Enteignung ist zulässig, wenn sie aus überwiegenden Gründen des Gemeinwohls erforderlich ist,

1. um Maßnahmen von Naturschutz und Landschaftspflege durchzuführen oder
2. um besonders geeignete Grundstücke, insbesondere die Ufer von Seen und Flüssen, für die Erholung der Allgemeinheit in Natur und Landschaft nutzbar zu machen,

und soweit die Ziele dieses Gesetzes auf andere Weise nicht erreicht werden können. [2]Die Enteignung erfolgt zugunsten des Landes, des Landkreises oder der kreisfreien Stadt für ihren gesetzlich zugewiesenen Aufgabenbereich. [3]Auf die Bemessung der Entschädigung und das Enteignungsverfahren sind die Bestimmungen des Thüringer Enteignungsgesetzes anzuwenden.

(3) [1]Wird eine land-, forst- oder fischereiwirtschaftliche Bodennutzung auf Grundstücken innerhalb eines Naturschutzgebietes oder Biosphärenreservats aufgrund einer Rechtsverordnung nach den §§ 23 und 25 BNatSchG wesentlich erschwert, so soll das Land den betroffenen Eigentümern oder sonstigen Nutzungsberechtigten einen angemessenen Geldausgleich (Erschwernisausgleich) auch dann gewähren, wenn die Voraussetzungen des § 68 Abs. 1 BNatSchG nicht vorliegen. [2]Wird eine wirtschaftliche Bodennutzung auf Grundstücken innerhalb eines geschützten Landschaftsbestandteils aufgrund einer Rechtsverordnung nach § 29 BNatSchG wesentlich erschwert, so kann der Landkreis oder die kreisfreie Stadt den betroffenen Eigentümern oder sonstigen Nutzungsberechtigten einen Erschwernisausgleich auch dann gewähren, wenn die Voraussetzungen des § 68 Abs. 1 BNatSchG nicht vorliegen. [3]Die oberste Naturschutzbehörde wird ermächtigt, durch Rechtsverordnung Näheres zur Höhe des Erschwernisausgleichs, das Verfahren, die für die Auszahlung zuständige Stelle und die Anrechnung von Ansprüchen, die für dasselbe Grundstück aus anderem Rechtsgrund bestehen, im Einvernehmen mit dem für Finanzen zuständigen Ministerium zu regeln.

§ 34 Schutz von Bezeichnungen

[1]Die Bezeichnungen „Vogelschutzwarte", „Vogelwarte", „Vogelschutzstation", „Thüringer Lehrstätte für Naturschutz" und „Thüringer Naturschutzakademie" dürfen nur mit Genehmigung der oberen Naturschutzbehörde geführt werden. [2]Die Benutzung von zum Verwechseln ähnlichen Bezeichnungen ist unzulässig.

Zehnter Abschnitt

Bußgeldbestimmungen

§ 35 Bußgeldbestimmungen (zu § 69 BNatSchG)

(1) Über § 69 Abs. 1 bis 6 BNatSchG hinaus handelt ordnungswidrig, wer vorsätzlich oder fahrlässig

1. den Verboten oder Geboten eines Gesetzes zum Schutz eines Nationalparks oder eines Nationalen Naturmonuments oder einer Rechtsverordnung zum Schutz eines Gebiets nach § 20 Abs. 2 BNatSchG zuwiderhandelt, soweit sie für bestimmte Tatbestände auf diese Bußgeldbestimmung verweisen; Verweisungen auf § 54 Abs. 1 Nr. 1 des Thüringer Gesetzes für Natur und Landschaft in Unterschutzstellungen von Schutzgebieten nach § 36 Abs. 1 gelten als Verweisungen auf Halbsatz 1,
2. den Verboten zum Schutz von Naturschutzgebieten und Landschaftsschutzgebieten nach § 36 Abs. 3 und 4 zuwiderhandelt oder ohne Erlaubnis in einem Landschaftsschutzgebiet eine der nach § 36 Abs. 5 erlaubnispflichtigen Maßnahmen durchführt,
3. den Verboten einer Satzung zum Schutz des Baumbestandes nach § 14 Abs. 1 zuwiderhandelt, soweit sie für bestimmte Tatbestände auf diese Bußgeldbestimmung verweist, oder einer von einer Gemeinde aufgrund einer Satzung nach § 14 Abs. 1 für den Einzelfall getroffenen vollziehbaren Anordnung zuwiderhandelt; Verweisungen auf § 54 Abs. 1 Nr. 1 des Thüringer Gesetzes für Natur und Landschaft in Satzungen zum Schutz des Baumbestandes nach § 36 Abs. 1 gelten als Verweisungen auf Halbsatz 1,
4. entgegen § 14 Abs. 2 Satz 2 Maßnahmen durchführt, die zu einer erheblichen oder nachhaltigen Beeinträchtigung einer geschützten Anpflanzung führen können, oder entgegen § 14 Abs. 3 eine Allee beseitigt oder Handlungen durchführt, die den Charakter der Allee auf Dauer ändern können nach § 14 Abs. 3 Satz 3, oder den Verboten zum Schutz von Großvögeln nach § 20 Satz 1 zuwiderhandelt,
5. entgegen § 30 Abs. 2 BNatSchG in Verbindung mit § 15 Abs. 1 ein dort genanntes Biotop zerstört oder sonst erheblich beeinträchtigt,
6. einer sonstigen aufgrund des Bundesnaturschutzgesetzes, dieses Gesetzes oder einer aufgrund eines Gesetzes nach § 9 Abs. 1 Satz 1 Nr. 1 erlassenen Rechtsverordnung zuwiderhandelt, soweit in der Rechtsverordnung für einen bestimmten Tatbestand auf diese Bußgeldvorschrift verwiesen wird,
7. einer von der zuständigen Naturschutzbehörde für den Einzelfall getroffenen vollziehbaren Anordnung zuwiderhandelt,
8. vollziehbaren Auflagen, unter denen eine Gestattung oder Befreiung von Bestimmungen des Bundesnaturschutzgesetzes, dieses Gesetzes oder eines Gesetzes nach § 9 Abs. 1 Satz 1 Nr. 1 oder von Bestimmungen einer aufgrund dieses Gesetzes oder eines Gesetzes nach § 9 Abs. 1 Satz 1 Nr. 1 erlassenen Rechtsverordnung oder aufgrund einer Satzung nach § 14 Abs. 1 erteilt worden ist, nicht nachkommt; Verweisungen auf § 54 Abs. 1 Nr. 6 des Thüringer Gesetzes für Natur und Landschaft in Unterschutzstellungen von Schutzgebieten nach § 36 Abs. 1 gelten als Verweisungen auf Halbsatz 1,
9. entgegen § 17 Abs. 1 in einem dort genannten Schutzgebiet oder in einem Streifen von 1.000 Metern Breite um ein solches Schutzgebiet gentechnisch veränderte Organismen freisetzt oder gentechnisch veränderte Pflanzen anbaut,
10. Einschränkungen des Betretensrechts aufgrund des § 21 Abs. 3 Satz 1 zuwiderhandelt oder entgegen § 21 Abs. 4 Halbsatz 1 ohne die erforderliche Genehmigung Vorrichtungen errichtet, die das Betreten der Flur verhindern oder einschränken,
11. der Duldungspflicht des § 65 Abs. 1 BNatSchG zuwiderhandelt oder das Betretensrecht nach § 19 Abs. 2 und § 30 verwehrt,
12. geschützte Bezeichnungen nach § 12 Abs. 3, § 25 Abs. 2 oder § 34 oder amtliche Kennzeichen nach § 12 Abs. 3 sowie ihnen zum Verwechseln ähnliche unbefugt verwendet oder die Beschilderung oder sonstige Kennzeichnung von Schutzgebieten beschädigt oder entfernt.

(2) Die zugunsten der in § 36 Abs. 2 genannten Schutzgebiete erlassenen Bußgeldtatbestände bestehen fort und gelten als Bußgeldtatbestände im Sinne des Absatzes 1 Nr. 1.

(3) Ordnungswidrigkeiten nach Absatz 1 Nr. 1 bis 9 können mit einer Geldbuße bis zu fünfzigtausend Euro, Ordnungswidrigkeiten nach Absatz 1 Nr. 10 bis 12 mit einer Geldbuße bis zu zehntausend Euro geahndet werden.

(4) Sachlich zuständige Verwaltungsbehörde im Sinne des § 36 Abs. 1 Nr. 1 des Gesetzes über Ordnungswidrigkeiten sind für die in § 70 Nr. 3 BNatSchG und die in Absatz 1 genannten Fälle die Naturschutzbehörden in ihrem jeweiligen Aufgabenbereich beziehungsweise die Gemeinden im Aufgabenbereich des § 14 Abs. 1.

(5) [1]§ 72 BNatSchG gilt bei Ordnungswidrigkeiten nach Absatz 1 entsprechend. [2]Die nach Absatz 4 zuständige Behörde kann rechtskräftig eingezogene Gegenstände für gemeinnützige Zwecke zur Verfügung stellen. [3]Die oberste Naturschutzbehörde trifft im Rahmen der verfügbaren Haushaltsmittel Vorsorge für Einrichtungen, in denen eingezogene oder beschlagnahmte lebende Tiere artgerecht untergebracht werden können.

Elfter Abschnitt

Übertragung von Ermächtigungen, Übergangs- und Schlussbestimmungen

§ 36 Fortgeltung von Schutzbestimmungen (zu § 22 Abs. 2 BNatSchG)

(1) Unterschutzstellungen von Schutzgebieten im Sinne des § 20 Abs. 2 BNatSchG, die nach dem 9. Februar 1993 und vor dem Inkrafttreten dieses Gesetzes erfolgten, bleiben bis zu ihrer ausdrücklichen Aufhebung in Kraft.

(2) Die nach Artikel 6 § 8 des Umweltrahmengesetzes übergeleiteten Schutzgebiete einschließlich der für diese Schutzgebiete geltenden Behandlungsrichtlinien und Landschaftspflegepläne, die nach Artikel 6 des Umweltrahmengesetzes in Verbindung mit den §§ 12 bis 18 des Bundesnaturschutzgesetzes in der am 1. Juli 1990 geltenden Fassung sowie nach der Vorläufigen Kommunalordnung für das Land Thüringen ausgewiesenen und die durch die Thüringer Biosphärenreservatsverordnung Rhön in der im Gesetz- und Verordnungsblatt für den Freistaat Thüringen veröffentlichten bereinigten Fassung (GVBl. 1998 S. 383) in der jeweils geltenden Fassung ausgewiesenen Schutzgebiete, die die nach Artikel 1 Satz 1 des Einigungsvertragsgesetzes vom 23. September 1990 (BGBl. II S. 885 -1242-) in Verbindung mit Artikel 3 der Vereinbarung zum Einigungsvertrag fortgelten, bleiben in der am Tag des Inkrafttretens dieses Gesetzes geltenden Fassung bis zu ihrer ausdrücklichen Aufhebung in Kraft.

(3) In einem Naturschutzgebiet nach Absatz 2 ist es, soweit die Unterschutzstellung oder die Behandlungsrichtlinie nicht weiter gehende Verbote enthalten, bis zu einer anderweitigen Regelung verboten,

1. die am 14. Januar 1999 zulässige Nutzung zu intensivieren, bestehende Nutzungen zum Nachteil der Natur zu verändern oder ungenutzte Flächen in Nutzung zu nehmen,
2. Wiesen und Dauergrünland mehr als bisher zu entwässern oder umzubrechen oder Pflanzenschutzmittel oder Klärschlamm auf diese Flächen aufzubringen,
3. bauliche Anlagen aller Art oder Hochspannungsleitungen zu errichten oder wesentlich zu ändern, Bodenbestandteile abzubauen oder andere Abgrabungen, Aufschüttungen und Auffüllungen vorzunehmen oder die Bodengestalt in anderer Weise zu verändern,
4. im Rahmen der zugelassenen oder zulässigen Ausübung des Jagdrechts Wildäcker, Fütterungseinrichtungen und Hochsitze mit geschlossenen Aufbauten zu errichten,
5. Angelsport außerhalb von zugewiesenen Plätzen zu betreiben,
6. Wege zu verlassen oder außerhalb der öffentlichen Straßen und Wege oder der dafür gekennzeichneten Wege zu reiten, mit Kraftfahrzeugen, Wohnwagen, Kutschen, Gespannen, Krankenfahrstühlen oder Fahrrädern, gleich welcher Art, zu fahren oder diese außerhalb von Park- und Rastplätzen abzustellen sowie
7. Motorsportveranstaltungen durchzuführen.

(4) In einem Landschaftsschutzgebiet nach Absatz 2 ist es, soweit nicht die Unterschutzstellung oder der Landschaftspflegeplan eine entgegenstehende Regelung enthält, bis zu einer anderweitigen Regelung verboten,

1. baugenehmigungspflichtige Anlagen auf nicht baulich genutzten Grundstücken zu errichten sowie Plätze aller Art, Straßen und andere Verkehrsflächen mit festem Belag anzulegen,
2. Bodenbestandteile abzubauen oder andere Abgrabungen, Aufschüttungen und Auffüllungen, wenn die vom Vorhaben tatsächlich veränderte Fläche 0,1 Hektar überschreitet oder bei mehr als

2 Metern Tiefe 100 Kubikmeter überschritten werden, vorzunehmen oder die Bodengestalt in anderer Weise zu verändern,
3. die wasserwirtschaftlichen Verhältnisse durch Ausbau eines Gewässers, Grundwasserabsenkungen oder Entwässerungen zu verändern sowie
4. Wald im Sinne des § 2 ThürWaldG umzuwandeln oder ungenutzte Flächen in Nutzung zu nehmen.

(5) [1]In einem Landschaftsschutzgebiet nach Absatz 2 ist erlaubnispflichtig:
1. die Neuerrichtung und die wesentliche Änderung der in Absatz 4 Nr. 1 genannten Anlagen auf baulich genutzten Grundstücken,
2. das Verlegen oder die wesentliche Änderung von ober- und unterirdischen Leitungen, ausgenommen im Straßenkörper, mit Ausnahme mobiler elektrischer Weidezäune und Rohrleitungen zur Bewässerung landwirtschaftlicher Flächen und zur Versorgung von Weidevieh,
3. die Errichtung von stationären Einfriedungen aller Art, ausgenommen Einfriedungen von Hausgrundstücken, von landwirtschaftlich genutzten Grundstücken oder von schutzbedürftigen Forst- und Sonderkulturen in der üblichen und landschaftsgerechten Art,
4. die Durchführung von Veranstaltungen außerhalb öffentlicher Verkehrsflächen, die mit erheblichem Lärm verbunden sind oder auf andere Weise die Ruhe der Natur oder den Naturgenuss durch außergewöhnlichen Lärm stören können, sowie
5. das Aufstellen von Zelten oder sonstigen beweglichen Unterkünften außerhalb dafür bestimmter Plätze.

[2]Besteht kein Landschaftspflegeplan, so bedürfen alle landschaftsverändernden Maßnahmen der Erlaubnis. [3]Die Erlaubnis ist durch die untere Naturschutzbehörde zu erteilen, wenn die Handlung mit den Schutzzielen des Gebiets vereinbar ist. [4]Die Erlaubnis kann mit Nebenbestimmungen versehen werden.

(6) [1]Für die Änderung und Aufhebung der Schutzbestimmungen nach den Absätzen 1 und 2 gelten die Zuständigkeits- und Verfahrensbestimmungen dieses Gesetzes. [2]Für Befreiungen von den Verboten und Geboten für diese Schutzgebiete gilt § 67 BNatSchG.

(7) [1]Die oberste Naturschutzbehörde wird ermächtigt, durch Rechtsverordnung für Schutzgebiete nach Absatz 2, soweit sie natürliche Lebensräume und Arten von gemeinschaftlichem Interesse nach den Anhängen I und II der Richtlinie 92/43/EWG beziehungsweise Lebensraum für Vogelarten nach Anhang I der Richtlinie 2009/147/EG umfassen, auf die besondere Schutzmaßnahmen hinsichtlich ihrer Lebensräume anzuwenden sind, die jeweiligen Schutzobjekte und Erhaltungsziele festzusetzen. [2]Schutzziel in diesen Gebieten ist es auch, für die zu dem jeweiligen Gebiet genannten Lebensraumtypen und Arten einen günstigen Erhaltungszustand zu sichern.

(8) [1]Flächen, die am 14. Januar 1999 innerhalb der im Zusammenhang bebauten Ortsteile nach § 34 Abs. 1 BauGB oder im Bereich geltender Bebauungspläne oder Satzungen über Vorhaben- und Erschließungspläne lagen, sind nicht Bestandteil der zu diesem Zeitpunkt bestehenden Landschaftsschutzgebiete; dies gilt nicht in Biosphärenreservaten. [2]Die Befugnis der zuständigen Naturschutzbehörde, unter den Voraussetzungen des § 26 BNatSchG ein Landschaftsschutzgebiet neu abzugrenzen, bleibt unberührt. [3]Bestehen Zweifel über die Abgrenzung im Einzelfall, so gilt die Fläche als nicht betroffen.

(9) [1]Flächen in einem Bereich von bis zu 70 Metern im Umkreis der in Absatz 8 genannten Flächen, für die innerhalb von 25 Jahren ab dem 15. Januar 1999 ein Bebauungsplan oder eine Satzung nach § 34 Abs. 4 BauGB zur baulichen Nutzung dieser Flächen erlassen wird, sind mit Inkrafttreten des Bebauungsplans oder der Satzung nicht mehr Bestandteil des Landschaftsschutzgebietes. [2]Absatz 8 Satz 2 gilt entsprechend.

§ 37 Übertragung von Ermächtigungen zum Erlass von Rechtsverordnungen

Die Ermächtigungen zum Erlass einer Rechtsverordnung nach § 39 Abs. 5 Satz 3, § 45 Abs. 7 Satz 4 und § 54 Abs. 10 Satz 1 BNatSchG werden auf die oberste Naturschutzbehörde übertragen.

§ 38 Übergangsbestimmungen

(1) Bei Vorhaben nach § 7 Abs. 2 Halbsatz 1 ist die obere Naturschutzbehörde auch in den Fällen zuständige Naturschutzbehörde, in denen eine bestandskräftige Zulassung vorliegt.

(2) § 29 Abs. 1 Nr. 2 gilt für alle Verfahren, die nach dem Tag des Inkrafttretens[1] dieses Gesetzes begonnen werden.

§ 39 Gleichstellungsbestimmung

Status- und Funktionsbezeichnungen in diesem Gesetz gelten jeweils in männlicher und weiblicher Form.

1) In Kraft getreten am 20.8.2019.

Gesetz zur Erhaltung, zum Schutz und zur Bewirtschaftung des Waldes und zur Förderung der Forstwirtschaft (Thüringer Waldgesetz – ThürWaldG –)[1]

In der Fassung der Bekanntmachung vom 18. September 2008[2] (GVBl. S. 327)
(790-4)

zuletzt geändert durch Art. 1 Drittes G zur Änd. des Thüringer WaldG vom 21. Dezember 2020 (GVBl. S. 665)

Inhaltsübersicht

Erster Teil
Allgemeine Vorschriften

§ 1 Zweck des Gesetzes
§ 2 Wald und seine Funktionen
§ 3 Waldbesitzer
§ 4 Waldeigentumsarten
§ 5 Waldinventur, Waldverzeichnisse, Waldbiotopkartierung, Waldfunktionenkartierung
§ 6 Betreten des Waldes, sportliche Betätigung in Wäldern

Zweiter Teil
Forstliche Rahmenplanung, Erhaltung und Schutz des Waldes

§ 7 Forstliche Rahmenplanung
§ 8 Sicherung der Funktionen des Waldes durch öffentliche und private Planungsträger
§ 9 Geschützte Waldgebiete
§ 9a Waldgebiete ohne forstliche Nutzung
§ 10 Änderung der Nutzungsart
§ 11 Waldschutz
§ 12 Waldbrandschutz
§ 13 Waldverunreinigung
§ 14 Forstnutzungsrechte
§ 15 Forstliche Nebennutzungen und Aneignung von Walderzeugnissen
§ 16 *[aufgehoben]*
§ 17 Vorkaufsrecht

Dritter Teil
Bewirtschaftung des Waldes

§ 18 Grundpflichten
§ 19 Grundsätze ordnungsgemäßer Forstwirtschaft
§ 20 Periodische Planung
§ 21 Erstaufforstung und Sukzession
§ 22 Aufforstung bisher nicht forstwirtschaftlich genutzter Flächen
§ 23 Wiederaufforstung
§ 24 Waldumbau; Erhaltung der Waldbestände; Kahlschläge
§ 25 Bau und Unterhaltung von Waldwegen; sonstige bauliche Anlagen
§ 26 Nachbarschutz, Nachbarpflichten, Grenzfragen

Vierter Teil
Förderung der Forstwirtschaft und Entschädigung

§ 27 Förderung der Forstwirtschaft durch das Land
§ 28 Beratung, forsttechnische Leitung und forsttechnischer Betrieb
§ 29 Beihilfen bei Waldbrandschäden
§ 30 Entschädigung und Ausgleichszahlung

Fünfter Teil
Besondere Vorschriften für den Staatswald

§ 31 Bewirtschaftung des Staatswaldes
§ 32 Forstgrundstock

Sechster Teil
Besondere Vorschriften für den Körperschaftswald

§ 33 Bewirtschaftung des Körperschaftswaldes
§ 34 Erhaltung des Waldvermögens

Siebenter Teil
Besondere Vorschriften für den Privatwald und forstwirtschaftliche Zusammenschlüsse

§ 35 Bewirtschaftung des Privatwaldes
§ 36 Übernutzungen
§ 37 Forstwirtschaftliche Zusammenschlüsse

Achter Teil
Besondere Regelungen für Waldgenossenschaften

§ 38 Geltungsbereich
§ 39 Gemeinschaftsvermögen
§ 40 Rechtsstellung
§ 41 Grundsätze der Waldbewirtschaftung
§ 42 Teilung und Veräußerung
§ 43 Anteilberechtigung
§ 44 Aufgebotsverfahren
§ 45 Mitgliedschaft
§ 46 Satzung

---

1) Die Änderungen durch G v. 10.10.2019 (GVBl. S. 414) treten erst **mWv 1.1.2023** in Kraft und sind im Text noch nicht berücksichtigt.

2) Neubekanntmachung des ThürWaldG idF der Bek.v. 28.6.2006 (GVBl. S. 343) in der ab 1.7.2008 geltenden Fassung.

§ 47 Organe
§ 48 Mitgliederversammlung
§ 49 Vorstand
§ 50 Haftung
§ 51 Lagerbuch
§ 52 Gründung von Waldgenossenschaften
§ 53 Gründungsversammlung
§ 54 Grundbuch
§ 54a Anteilsblätter
§ 54b Mitwirkung der Waldgenossenschaft
§ 55 Auflösung von Waldgenossenschaften
§ 56 Auflösungsverfahren
§ 57 Aufsichtsbehörden

Neunter Teil
Aufgaben und Organisation der Landesforstverwaltung

§ 58 Forstliche Fachkräfte
§ 59 Forstbehörden
§ 60 *[aufgehoben]*
§ 61 Landesforstausschuss
§ 62 Forstaufsicht
§ 63 Eingriffsbefugnisse
§ 64 Forstschutz
§ 65 Zusammenwirken von Forstbehörden und Naturschutzbehörden bei Naturschutzmaßnahmen

Zehnter Teil
Bußgeldvorschriften

§ 66 Bußgeldvorschriften

Elfter Teil
Schlussbestimmungen

§ 67 Evaluierung
§ 68 Gleichstellungsbestimmung
§ 69 (Inkrafttreten)

Erster Teil
Allgemeine Vorschriften

§ 1 Zweck des Gesetzes

Dieses Gesetz dient insbesondere dazu:

1. die Landeswaldfläche als Gesamtheit der privaten, körperschaftlichen und staatlichen Waldgrundstücke zu erhalten und zu mehren,
2. eine standortgerechte Baumartenzusammensetzung und eine stabile Struktur des Waldes zu bewahren oder herbeizuführen,
3. den Wald vor Schadeinwirkungen zu schützen,
4. die Erzeugung von Holz nach Menge und Güte durch eine nachhaltige, ordnungsgemäße Bewirtschaftung des Waldes dauerhaft zu sichern und zu steigern,
5. die Schutzfunktionen und die landeskulturellen Leistungen des Waldes durch naturnahe Bewirtschaftung nachhaltig zu sichern und zu steigern und hierbei insbesondere naturnahe Wälder als Lebensräume für Pflanzen und Tiere zu erhalten und zu entwickeln,
6. die Erholung in Waldgebieten zu ermöglichen und zu verbessern,
7. die Waldbesitzer in der Verfolgung der unter den Nummern 1 bis 6 bezeichneten Ziele zu unterstützen und zu fördern,
8. einen Ausgleich zwischen den Belangen der Allgemeinheit und den Interessen der Waldbesitzer herbeizuführen.

§ 2 Wald und seine Funktionen

(1) Wald im Sinne dieses Gesetzes ist jede Grundfläche, die mit Waldbäumen oder Waldsträuchern bestockt und durch ihre Größe geeignet sowie dazu bestimmt ist, die folgenden Nutz-, Schutz- und Erholungsfunktionen zu übernehmen, insbesondere

1. der Holzproduktion zu dienen,
2. die günstigen Wirkungen auf Klima, Boden, Wasserhaushalt und Luftreinhaltung zu steigern,
3. der heimischen Tier- und Pflanzenwelt einen Lebensraum zu bieten oder
4. der Erholung für die Bevölkerung gerecht zu werden.

(2) [1]Zum Wald gehören auch: Waldblößen, Waldwege, Waldeinteilungs- und Sicherungsstreifen, im Wald gelegene, baumfrei zu haltende Leitungstrassen bis zu zehn Meter Breite, Waldwiesen, Wildäsungsflächen und Holzlagerplätze im Wald, von Wald umschlossene Teiche, Moore und Heiden, Gräben und andere Flächen wie Feldgehölze, Weihnachtsbaum- oder Schmuckreisigplantagen, Parkwaldungen, mit befristeter oder mit jederzeit widerruflicher Genehmigung in eine andere Nutzungsart umgewandelter Wald, weitere mit Wald verbundene und ihm dienende Flächen sowie andere Flächen, die mit dem Wald in einem natürlichen Zusammenhang stehen. [2]Die Zuordnung der Flächen erfolgt unbeschadet naturschutzrechtlicher Vorschriften.

(3) [1]Nicht zum Wald gehören: Weihnachtsbaum- und Schmuckreisigplantagen außerhalb des Waldes, in Flur oder bebautem Gebiet liegende, mit Bäumen und Sträuchern bestandene Flächen wie Obstplantagen, Baumschulen, Weidenheger, Flurgehölze in einreihiger Ausdehnung und Einzelbäume, Parkanlagen bis ein Hektar Größe in bebautem Gebiet, sofern diese nicht im Waldverzeichnis aufgeführt sind, Hecken und baumbestandene Friedhöfe, soweit diese nicht Waldfriedhöfe (§ 27 Abs. 4 des Thüringer Bestattungsgesetzes vom 19. Mai 2004 – GVBl. S. 505 – in der jeweils geltenden Fassung) sind. [2]Nicht zum Wald gehören ebenfalls Flächen nach dem Gesetz zur Gleichstellung stillgelegter und landwirtschaftlich genutzter Flächen vom 10. Juli 1995 (BGBl. I S. 910) in der jeweils geltenden Fassung, die als Kurzumtriebsplantagen genutzt werden.

§ 3 Waldbesitzer

Waldbesitzer im Sinne dieses Gesetzes sind die Eigentümer von Wald sowie die Nutzungsberechtigten, sofern sie unmittelbare Besitzer des Waldes sind.

§ 4 Waldeigentumsarten

Im Sinne dieses Gesetzes werden nachfolgende Waldeigentumsarten unterschieden:

1. Privatwald: Dies sind alle Wälder, soweit sie nicht „Staatswald“ oder „Körperschaftswald“ sind. Zu ihm gehören insbesondere die Waldungen, die im Eigentum von Privatpersonen und Personengemeinschaften stehen. Privatwaldungen, an denen das Eigentum einer Gemeinschaft oder mehreren Personen gemeinschaftlich zusteht, sind Gemeinschaftswaldungen. Wald von Religionsgemeinschaften und deren Einrichtungen sowie Gemeinschaftsforsten von altrechtlichen Gemeinschaften, wie Laubgenossenschaften, Gerechtigkeitswaldungen, Interessentenwaldungen und Altwaldgenossenschaften gelten als Privatwald im Sinne dieses Gesetzes.
2. Körperschaftswald: Dies sind Waldungen im Alleineigentum der Gemeinden, Gemeindeverbände, Zweckverbände sowie sonstigen Körperschaften, Anstalten und Stiftungen des öffentlichen Rechts, mit Ausnahme der ThüringenForst – Anstalt öffentlichen Rechts (Landesforstanstalt).
3. Staatswald: Dies ist Wald im Alleineigentum des Landes oder der Landesforstanstalt, eines anderen deutschen Landes oder des Bundes.

§ 5 Waldinventur, Waldverzeichnisse, Waldbiotopkartierung, Waldfunktionenkartierung

[1]Zur Erfüllung der Aufgaben dieses Gesetzes sind durch die Landesforstanstalt im Rahmen der dafür zur Verfügung stehenden Finanzen kostenfrei

1. Waldinventuren durchzuführen und alle Waldböden nach einem Rasterverfahren standortkundlich zu erfassen,
2. Verzeichnisse sämtlicher Waldflächen, deren Eigentümer und der Waldbestockung aufzustellen; die Aufnahme in ein solches Waldverzeichnis begründet die Vermutung, dass die Grundfläche Wald ist,
3. Waldbiotopkartierungen durchzuführen, die auch das Inventar von Tier- und Pflanzenarten berücksichtigen und
4. Waldfunktionenkartierungen durchzuführen.

[2]Zur Durchführung kann sich die Landesforstanstalt freiberuflicher Sachverständiger, die die Qualifikation für den höheren Forstdienst oder eine vergleichbare geeignete fachliche Qualifikation haben, bedienen. [3]Näheres regelt die oberste Forstbehörde durch Rechtsverordnung.

§ 6 Betreten des Waldes, sportliche Betätigung in Wäldern

(1) [1]Das Betreten des Waldes zum Zwecke der naturverträglichen Erholung ist jedem gestattet. [2]Das Betreten und Befahren des Waldes geschieht auf eigene Gefahr, besondere Sorgfalts- und Verkehrssicherungspflichten des Waldbesitzers werden durch das Betretungsrecht des Waldes nicht begründet. [3]Dies gilt auch für gekennzeichnete Wege und Pfade.

(2) [1]Jeder Waldbesucher hat sich so zu verhalten, dass der Wald nicht beschädigt oder verunreinigt, seine Bewirtschaftung sowie die Lebensgemeinschaft nicht gestört und die Erholung anderer nicht beeinträchtigt wird. [2]Hunde, die nicht zur Jagd verwendet werden, sind an der Leine zu führen.

(3) [1]Fahren mit Krankenfahrstühlen sowie mit Personenkraftwagen, deren Fahrer beziehungsweise Mitfahrer im Besitz einer Sonderparkgenehmigung für Schwerbehinderte sind, ist auf befestigten Wegen erlaubt. [2]Reiten und Radfahren ist auf dafür geeigneten, festen und befestigten Wegen sowie Straßen, auf denen forstwirtschaftliche Maßnahmen nicht stattfinden, gestattet. [3]Gesonderte Verkehrssicherungspflichten für den Waldbesitzer ergeben sich daraus nicht. [4]Der Benutzer hat sich auf die aus

der Waldeigenschaft der Wege und Straßen sowie deren Zustand und Bewirtschaftung ergebende Gefährdung einzustellen. [5]Das Fahren mit Kutschen bedarf der Erlaubnis des Wegeeigentümers. [6]Auf den bis zum Inkrafttreten dieses Gesetzes ausgewiesenen Reitwegen gilt die Erlaubnis als erteilt.

(4) Die untere Forstbehörde kann im Einvernehmen mit dem Waldbesitzer zum Schutz der Waldbesucher aus Naturschutzgründen und zur Wahrung der schutzwürdigen Interessen der Waldbesitzer nicht öffentliche Wege und Straßen auf einzelne Benutzungsarten einschränken.

(5) [1]Waldbesitzer haben die Kennzeichnung von Loipen, Rad- und Wanderwegen durch behördlich ermächtigte Organisationen entschädigungslos zu dulden, soweit sie dadurch in ihren Rechten nicht unzumutbar beeinträchtigt werden. [2]Die Ermächtigung zur Kennzeichnung von Loipen, Rad- und Wanderwegen erteilt die untere Forstbehörde.

(6) [1]Die Benutzung von Waldwegen durch Kraftfahrzeuge ist zur Erfüllung forstwirtschaftlicher Aufgaben gestattet. [2]Motorsport im Wald ist grundsätzlich verboten. [3]Innerhalb des Waldes sind insbesondere

1. das Fahren mit Kraftfahrzeugen außerhalb forstwirtschaftlicher Aufgaben,
2. das Abstellen von Wohn-, Bienen- und sonstigen Wagen außerhalb der nach § 25 Abs. 4 Satz 1 genehmigten Anlagen,
3. das Zelten,
4. das Anlegen von Loipen und Skiwanderwegen mit Loipenfahrzeugen,
5. das Rad fahren, insbesondere das Mountainbiking, abseits fester Wege und Straßen

nur mit Zustimmung des Waldbesitzers zulässig. [4]Die Waldfunktionen und sonstigen Rechtsgüter sowie Belange des Naturschutzes dürfen dadurch nicht beeinträchtigt werden. [5]Die Durchführung organisierter Sportveranstaltungen im Wald bedarf der Genehmigung der unteren Forstbehörde. [6]Soweit Naturschutzbelange betroffen sind, erfolgt diese Genehmigung im Einvernehmen mit der unteren Naturschutzbehörde.

(7) Vom Betreten sind ausgeschlossen:

1. Verjüngungsflächen, Pflanzgärten, bestellte und noch nicht abgeerntete Ländereien,
2. Waldflächen und Waldwege, auf denen Holz eingeschlagen, bearbeitet, gelagert oder gerückt wird oder auf denen sonstige Waldarbeiten durchgeführt werden,
3. Waldflächen und Waldwege, die aus sonstigen zwingenden Gründen, zum Beispiel zur Verhütung von Waldbränden oder aus Gründen der Sicherheit in bruch- und wurfgeschädigten Beständen von den Forstbehörden oder mit deren Genehmigung vom Waldbesitzer gesperrt sind,
4. forstbetriebliche und jagdliche Einrichtungen.

(8) [1]Das Betreten des Waldes kann durch Sperrung verwehrt werden, wenn dazu aus Gründen des Waldschutzes (insbesondere Waldbrandgefahr), des Naturschutzes, der Wald- und Wildbewirtschaftung, des Schutzes der Waldbesucher oder der Vermeidung von Waldschäden eine Notwendigkeit besteht. [2]Die Sperrung darf nur auf Anordnung oder mit Genehmigung der unteren Forstbehörde erfolgen. [3]Sperrungen aus Gründen des Naturschutzes erfolgen im Einvernehmen mit der unteren Naturschutzbehörde. [4]Die Sperrung ist deutlich sichtbar zu machen. [5]Auf einem beigefügten Schild ist der Grund der Sperrung anzugeben. [6]Bei befristeter Sperrung ist die Frist anzuführen. [7]Nach Ablauf dieser Frist sind die Sperreinrichtungen zu entfernen.

(9) [1]Das Nähere zum Betreten des Waldes, zur sportlichen Betätigung und zur Ausweisung von Rettungspunkten regelt die oberste Forstbehörde durch Rechtsverordnung; die dem Waldbesitzer dafür zu erstattenden Aufwendungen sind einvernehmlich zwischen der obersten Forstbehörde und dem für Finanzen zuständigen Ministerium abzustimmen. [2]Regelungen über die weitgehend landeseinheitliche Kennzeichnung von Loipen und Skiwanderwegen sowie Rad- und Wanderwegen werden im Einvernehmen mit der obersten Naturschutzbehörde erlassen.

Zweiter Teil

Forstliche Rahmenplanung, Erhaltung und Schutz des Waldes

§ 7 Forstliche Rahmenplanung

(1) [1]Die forstliche Rahmenplanung dient dem in § 1 aufgeführten Zweck, insbesondere der Sicherung und Verbesserung der Rahmenbedingungen der Forstwirtschaft als Beitrag für die Entwicklung der Lebens- und Wirtschaftsverhältnisse des Landes. [2]Sie hat die Ziele der Raumordnung und Landespla-

nung zu beachten. [3]Die Notwendigkeit und die Durchführung einer Strategischen Umweltprüfung der forstlichen Rahmenplanung richtet sich nach dem Thüringer UVP-Gesetz vom 20. Juli 2007 (GVBl. S. 85) in der jeweils geltenden Fassung.

(2) [1]Die forstliche Rahmenplanung ist Aufgabe der Forstbehörden. [2]Sie umfasst das Landeswaldprogramm für die Ebene des Landes und die forstlichen Rahmenpläne für die Ebene der Planungsregionen. [3]Das Landeswaldprogramm ist von der obersten Forstbehörde im Benehmen mit der obersten Landesplanungsbehörde aufzustellen. [4]Die forstlichen Rahmenpläne werden von der obersten Forstbehörde im Benehmen mit den Trägern der Regionalplanung erarbeitet.

(3) [1]Die Rahmenplanung hat grundsätzlich die Nutz-, Schutz- und Erholungsfunktionen für alle Eigentumsformen als eine Einheit zu betrachten und möglichst ganzflächig zu einem standortgemäßen Optimum zu führen. [2]Der Wald ist in der Landschaft so zu verteilen, dass seine vielfältigen, positiven Wirkungen gewährleistet und möglichst verbessert werden. [3]Die Erholungsmöglichkeiten im Wald sind ohne ein Übermaß an Erholungseinrichtungen zu schaffen.

(4) [1]Den Zielen und Grundsätzen des Naturschutzes und der Landschaftspflege ist unter Beachtung der Interessen der Waldbesitzer Rechnung zu tragen, damit die Funktionen des Waldes gesichert werden. [2]Forstliche Rahmenplanung und Landschaftsplanung sind aufeinander abzustimmen.

(5) [1]Die Träger öffentlicher Belange, deren Interessen durch die forstliche Rahmenplanung berührt werden, sind rechtzeitig zu unterrichten und anzuhören, soweit nicht nach sonstigen Vorschriften eine andere Form der Beteiligung vorgeschrieben ist. [2]Dies gilt entsprechend für die betroffenen Wald- und sonstigen Grundbesitzer, deren Zusammenschlüsse und die betroffenen Gemeinden.

(6) Näheres über die forstbehördlichen Zuständigkeiten und das Verfahren der forstlichen Rahmenplanung regelt die oberste Forstbehörde durch Verwaltungsvorschriften.

§ 8 Sicherung der Funktionen des Waldes durch öffentliche und private Planungsträger

Alle öffentlichen und privaten Planungsträger haben bei Planungen, Maßnahmen und sonstigen Vorhaben, die in ihren Auswirkungen Waldflächen mittelbar oder unmittelbar betreffen können,

1. die Funktionen des Waldes nach § 2 angemessen zu berücksichtigen,
2. die Forstbehörden bereits bei der Vorbereitung von Planungen und Maßnahmen zu unterrichten, soweit nicht nach sonstigen Vorschriften eine andere Form der Beteiligung vorgeschrieben ist, und
3. die forstliche Rahmenplanung zu beachten.

§ 9 Geschützte Waldgebiete

(1) [1]Geschützte Waldgebiete im Sinne dieses Gesetzes sind

1. Schutzwälder und
2. Erholungswälder.

[2]In den geschützten Waldgebieten ist die Umwandlung von Waldflächen in eine andere Nutzungsart verboten.

(2) [1]Wälder können durch Rechtsverordnung zu Schutzwäldern erklärt werden, wenn aus Gründen des Gemeinwohls in den Waldflächen bestimmte Handlungen, insbesondere forstliche Maßnahmen, durchzuführen oder zu unterlassen sind. [2]Schutzwecke können sein:

1. Abwehr oder Verhütung der durch schädliche Umwelteinwirkungen im Sinne des Bundes-Immissionsschutzgesetzes, insbesondere Luftverunreinigung oder Lärm, bedingten Gefahren, erheblichen Nachteile oder erheblichen Belästigungen,
2. Schutz von Siedlungen, Gebäuden, Grundstücken, Verkehrs- und sonstigen Anlagen vor Erosion sowie anderen Landschaftsschäden,
3. Schutz des Grundwassers und der Oberflächengewässer,
4. Sicherung der Bodenfruchtbarkeit an erosionsgefährdeten Standorten, insbesondere an rutschgefährdeten, felsigen oder flachgründigen Steil- und Geröllhängen,
5. Sicherung besonderer Schutzfunktionen gegen Brand, Sturm und Schnee,
6. Sicherung und Erforschung der ungestörten natürlichen Entwicklung von Wäldern mit ihren Tier- und Pflanzenarten (Naturwaldparzellen),
7. Erhaltung oder Erneuerung naturnaher oder durch kulturhistorische Nutzungen geprägter Wälder mit ihren Tier- und Pflanzenarten (Naturwaldreservate),

8. Erhaltung von Wäldern in ausgeräumten, waldarmen Gebieten als wichtige Landschaftsbestandteile oder
9. Erhaltung von forstlichen Genressourcen, insbesondere zur Sicherung und Gewinnung genetisch wertvollen Saatgutes.

[3]Die Erklärung von Waldflächen zu Naturwaldreservaten oder Naturwaldparzellen kann auch der Unterschutzstellung solcher Gebiete dienen, die nach Maßgabe des Artikels 4 Abs. 2 der Richtlinie 92/43/EWG des Rates vom 21. Mai 1992 zur Erhaltung der natürlichen Lebensräume sowie der wild lebenden Pflanzen und Tiere (ABl. EG Nr. L 206 S. 7) in der jeweils geltenden Fassung in die Liste der Gebiete von gemeinschaftlicher Bedeutung eingetragen sind. [4]Handlungen, die den Schutzzweck oder die Erhaltungsziele des Schutzwaldes beeinträchtigen oder gefährden können, sind nach Maßgabe der Bestimmungen der nach Satz 1 zu erlassenden Rechtsverordnung verboten. [5]Im Schutzwald, außer in Naturwaldparzellen, erfolgt eine den Schutzzielen entsprechende forstliche Bewirtschaftung. [6]Dazu können in der Rechtsverordnung nach Satz 1 Pflege- und sonstige Maßnahmen nach Art und Umfang vorgeschrieben werden. [7]In Naturwaldparzellen wird der Wald seiner natürlichen Entwicklung überlassen, forstliche Maßnahmen sind hier grundsätzlich nicht statthaft. [8]Kommt es in Naturwaldparzellen zu einer Übervermehrung von Pflanzen oder Tieren und werden dadurch angrenzende Wälder erheblich gefährdet, können zeitlich und örtlich befristet Waldschutzmaßnahmen durch die oberste Forstbehörde zugelassen werden.

(3) [1]Wälder in der Nähe von Städten oder größeren Gemeinden, Heilbädern, staatlich anerkannten Kur- und Erholungsorten sowie in siedlungsfernen Erholungsräumen können durch Rechtsverordnung zu Erholungswald erklärt werden, wenn es das Wohl der Allgemeinheit erfordert, die Waldflächen zum Zwecke der Erholung im besonderen Maße zu schützen, zu pflegen oder zu gestalten. [2]In der Rechtsverordnung können insbesondere
1. die Bewirtschaftung des Waldes nach Art und Umfang vorgeschrieben,
2. die Jagdausübung zum Schutze der Waldbesucher beschränkt,
3. die Waldbesitzer zur Duldung des Baus, der Errichtung und der Unterhaltung von Wegen, Bänken, Schutzhütten und ähnlichen Anlagen oder Einrichtungen sowie zur Beseitigung von störenden Anlagen oder Einrichtungen verpflichtet oder
4. Vorschriften über das Verhalten der Waldbesucher erlassen

werden.

(4) [1]Rechtsverordnungen nach den Absätzen 2 und 3 erlässt die oberste Forstbehörde im Einvernehmen mit dem Landesforstausschuss, bei Naturwaldparzellen und Naturwaldreservaten zusätzlich im Einvernehmen mit der obersten Naturschutzbehörde. [2]In den Rechtsverordnungen sind der Schutzgegenstand, der Schutzzweck und die zur Verwirklichung des Schutzwecks erforderlichen Ge- und Verbote sowie Bewirtschaftungsgrundsätze anzugeben. [3]Soweit es der Schutzzweck erlaubt, können Ausnahmeregelungen zu den erlassenen Ge- und Verboten aufgenommen werden. [4]Die oberste Forstbehörde kann in den Rechtsverordnungen die Zuständigkeit zur Erteilung von Ausnahmegenehmigungen, zur Anordnung von Maßnahmen zur Sicherung des Schutzzwecks sowie für die Entgegennahme von Anzeigen auf die untere Forstbehörde übertragen.

(5) [1]Der Entwurf einer Rechtsverordnung nach den Absätzen 2 oder 3 ist mit einer Karte, aus der sich die Grenze des Schutzgegenstands ergibt, den Trägern öffentlicher Belange und den Gemeinden zur Stellungnahme zuzuleiten. [2]Anschließend ist er mit der Karte für die Dauer eines Monats zu jedermanns Einsicht während der Dienststunden in den davon betroffenen Gemeinden und der unteren Forstbehörde öffentlich auszulegen. [3]Ort und Dauer der Auslegung sind mindestens eine Woche vorher in der für amtliche Mitteilungen ortsüblichen Form bekannt zu machen. [4]Jeder, dessen Belange durch die Rechtsverordnung berührt werden, kann innerhalb einer Frist von zwei Wochen nach Ablauf der Auslegungsfrist schriftlich oder zur Niederschrift bei der unteren Forstbehörde oder der Gemeinde Einwendungen gegen die Rechtsverordnung erheben. [5]Fristgemäß vorgebrachte Einwendungen werden geprüft. [6]Können sie nicht berücksichtigt werden, sind die Betroffenen über die Gründe zu unterrichten. [7]In der Bekanntmachung nach Satz 3 ist darauf hinzuweisen, dass etwaige Einwendungen nur innerhalb der Frist nach Satz 4 vorgebracht werden können.

(6) [1]Geschützte Waldgebiete sind erforderlichenfalls durch die untere Forstbehörde zu kennzeichnen. [2]Durch Schrifttafeln sind Verhaltensregeln für die Öffentlichkeit vorzuschreiben.

§ 9a Waldgebiete ohne forstliche Nutzung

(1) [1]Zur dauerhaften Erhaltung und Entwicklung naturnaher alt- und totholzreicher Waldflächen können Waldgebiete ohne forstliche Nutzung ausgewiesen werden. [2]Diese Waldgebiete sollen insbesondere den an die Alters- und Zerfallsphase gebundenen Tier- und Pflanzenarten einen geeigneten Lebensraum bieten, die Lebensgemeinschaften sollen sich ohne Nutzung oder pflegende Maßnahmen des Menschen entwickeln.

(2) [1]Die Waldgebiete ohne forstliche Nutzung werden von dem für Forsten zuständigen Ministerium im Einvernehmen mit dem für Naturschutz zuständigen Ministerium im Thüringer Staatsanzeiger bekanntgegeben; zusätzlich veröffentlichen das für Forsten zuständige Ministerium und die Naturschutzfachbehörde jeweils eine digitale Karte auf ihrer Internetseite. [2]Sofern sich eine Fläche nicht im Eigentum des Landes befindet, setzt die Nutzungsfreistellung der Fläche sowie deren öffentliche Bekanntgabe nach Satz 1 die ausdrückliche Zustimmung des Grundeigentümers voraus.

(3) [1]In den nach Absatz 2 veröffentlichten Waldgebieten ohne forstliche Nutzung ist das Fällen von Bäumen sowie die Nutzung oder Entnahme von Holz untersagt, soweit dies nicht aus Gründen der Verkehrssicherheit und des Forstschutzes für angrenzende Wälder erforderlich ist. [2]Das Holz soll schadlos auf der Fläche verbleiben.

(4) [1]Waldgebiete ohne forstliche Nutzung sind erforderlichenfalls durch die untere Forstbehörde zu kennzeichnen. [2]Durch Schrifttafeln können Verhaltensregeln für die Öffentlichkeit vorgeschrieben werden.

§ 10 Änderung der Nutzungsart

(1) [1]Wald darf nur nach vorheriger Genehmigung der unteren Forstbehörde in eine andere Nutzungsart umgewandelt werden (Änderung der Nutzungsart). [2]Eine Änderung der Nutzungsart zur Errichtung von Windenergieanlagen ist nicht zulässig. [3]Die Genehmigung erfolgt im Einvernehmen mit der unteren Naturschutzbehörde und nach Anhörung der oberen Landesplanungsbehörde. [4]Soll die Fläche nachfolgend landwirtschaftlich genutzt werden, ergeht die Genehmigung darüber hinaus im Einvernehmen mit der oberen Landwirtschaftsbehörde.

(1a) Bedarf die Änderung der Nutzungsart nach

1. dem Gesetz über die Umweltverträglichkeitsprüfung in der Fassung vom 24. Februar 2010 (BGBl. I S. 94) in der jeweils geltenden Fassung oder
2. dem Thüringer UVP-Gesetz

einer Umweltverträglichkeitsprüfung, so muss das Genehmigungsverfahren den Anforderungen der genannten Gesetze entsprechen.

(2) [1]Bei der Entscheidung über einen Antrag auf Änderung der Nutzungsart sind die berechtigten Interessen des Waldbesitzers und die Belange der Allgemeinheit gegeneinander und untereinander abzuwägen. [2]Die Genehmigung ist zu versagen, wenn

1. die Erhaltung des Waldes im öffentlichen Interesse Vorrang vor den Interessen des Antragstellers hat,
2. Raumordnung und Landesplanung Wald am jeweiligen Ort zwingend vorsehen,
3. die Leistungsfähigkeit des Naturhaushaltes nachhaltig geschädigt wird,
4. Belange des Naturschutzes, der Landschaftspflege, der Landeskultur, der Luft- und Wasserreinhaltung und der Erholung der Bevölkerung gefährdet werden,
5. erheblicher Schaden in angrenzendem Wald absehbar ist oder
6. die Bewertung der zusammenfassenden Darstellung einer Umweltverträglichkeitsprüfung im Hinblick auf eine wirksame Umweltvorsorge dies gebietet.

(3) [1]Zur Milderung nachteiliger Wirkungen einer genehmigten Änderung der Nutzungsart ist vom Antragsteller auf eigene Kosten eine funktionsgleiche Ausgleichsaufforstung innerhalb von zwei Jahren nach bestandskräftiger Genehmigung durchzuführen. [2]Dazu können Auflagen erteilt werden. [3]Bei auch nachträglich nicht genehmigter Änderung der Nutzungsart wird unter Fristsetzung die Rückwandlung durch Aufforstung angeordnet. [4]Pflegemaßnahmen, die in den Schutzgebietsverordnungen oder in Pflege- und Entwicklungsplänen vorgesehen sind, entfalten keine nachteilige Wirkung, sofern sie nach Art und Umfang zwischen der unteren Forstbehörde und den zuständigen Naturschutzbehörden sowie dem Eigentümer einvernehmlich abgestimmt worden sind. [5]Das Gleiche gilt bei Pflegemaßnahmen für gesetzlich geschützte Biotope nach § 30 des Bundesnaturschutzgesetzes vom 29. Juli 2009 (BGBl. I S. 2542) in der jeweils geltenden Fassung und § 15 des Thüringer Naturschutzgesetzes,

sofern diese nach Art und Umfang zwischen der unteren Forstbehörde und den zuständigen Naturschutzbehörden sowie dem Eigentümer einvernehmlich abgestimmt worden sind.

(4) [1]Können nachteilige Wirkungen auf den Naturhaushalt nicht durch funktionsgleiche Ausgleichsaufforstung ausgeglichen werden, ist eine Walderhaltungsabgabe in Abhängigkeit von der Schwere der Beeinträchtigung und vom erzielten Vorteil des Verursachers der Beeinträchtigung zu zahlen. [2]Die Walderhaltungsabgabe darf nur zur Erhaltung des Waldes verwendet werden. [3]Bemessungsgrundlagen, Verfahren und Verwendung der Mittel werden im Einvernehmen mit dem für Finanzen zuständigen Ministerium durch die oberste Forstbehörde durch Rechtsverordnung geregelt.

(5) [1]Bei befristeter Genehmigung der Änderung der Nutzungsart sind auf der Grundlage eines Planes des Antragstellers Fristen zur Rückführung (Rekultivierung) zu setzen sowie die Leistungen und Kosten für die Rückführung zu sichern. [2]Zu diesem Zwecke können vom Antragsteller Sicherheitsleistungen verlangt werden.

(6) Die Genehmigung erlischt, wenn diese nicht innerhalb von zwei Jahren durchgeführt worden ist.

(7) [1]Die Änderung der Nutzungsart ist im Waldflächenverzeichnis festzuhalten. [2]Sie ist durch die untere Forstbehörde der oberen Kataster- und Vermessungsbehörde mitzuteilen.

§ 11 Waldschutz

(1) [1]Die Waldbesitzer sind verpflichtet, den Wald gegen Gefahr drohende Übervermehrung von Forstökosysteme schädigende Pflanzen und Tiere, gegen schädigende Naturereignisse, gegen Feuer und Forstfrevel nach besten Kräften zu schützen und vor Schäden zu bewahren. [2]Der Schutz umfasst auch vorbeugende Maßnahmen und solche der Überwachung. [3]Bei allen Schutzmaßnahmen sind möglichst umweltverträgliche Verfahren anzuwenden.

(2) Die Waldbesitzer haben Gefahr drohende Vermehrung von Forstökosysteme schädigende Pflanzen und Tiere und festgestellte Waldschäden umgehend der unteren Forstbehörde zu melden.

(3) Im Rahmen ihrer Forstaufsichtspflicht hat die untere Forstbehörde die nach pflichtgemäßem Ermessen notwendigen Maßnahmen zu treffen, um Gefahren abzuwenden, die dem Wald insbesondere durch Forstökosysteme schädigende Pflanzen und Tiere, durch Naturereignisse oder Feuer drohen.

(4) [1]Einzäunungen von Waldflächen dürfen nur aus Gründen des Waldschutzes und zum Schutz der Waldverjüngung, Pflanzgärten, Saatgutplantagen und forstlichen Sonderkulturen sowie zum Schutz von Leben und Gesundheit der Waldbesucher erfolgen. [2]Funktionslos gewordene Einzäunungen sind zu beseitigen.

(5) [1]Die untere Forstbehörde kann bei waldbedrohenden Forstschutzsituationen Schutzmaßnahmen anordnen und nach Anhörung der betroffenen Waldbesitzer, selbst durchführen. [2]Ist die Schutzmaßnahme zur Abwehr einer unmittelbar drohenden Gefahr erforderlich, so kann die Anhörung unterbleiben, sofern der Waldbesitzer nicht rechtzeitig erreichbar ist. [3]Besteht eine durch das für Forsten zuständige Ministerium bestätigte waldbedrohende Forstschutzsituation größeren Umfangs, entfällt die aufschiebende Wirkung von Rechtsbehelfen gegen Verwaltungsakte nach diesem Absatz. [4]Die Kosten für die Schutzmaßnahmen sind von den betroffenen Waldbesitzern nach dem Umfang ihrer beteiligten Flächen gemeinsam zu tragen. [5]Das Land kann einen Teil der Kosten übernehmen, wenn die Schutzmaßnahmen überwiegend wegen des Wohls der Allgemeinheit angeordnet oder durchgeführt werden. [6]Das Nähere regelt die oberste Forstbehörde durch Rechtsverordnung im Einvernehmen mit dem für Finanzen zuständigen Ministerium.

(6) Die Verwendung von Komposten im Wald ist verboten.

(7) [1]Ausnahmen von Absatz 6 genehmigt die untere Forstbehörde. [2]Genehmigungen können insbesondere erteilt werden für:

1. die Substratverwendung zur Pflanzenanzucht,
2. Rekultivierungsmaßnahmen in Bergbaufolgelandschaften oder
3. die Anlage von Wildäckern.

§ 12 Waldbrandschutz

(1) [1]Alle Behörden des Landes, die Landkreise, die Gemeinden, die Zweckverbände, sonstige Planungsträger sowie alle Bürger und Bürgervereinigungen sind verpflichtet, bei der Verhütung und Bekämpfung von Waldbränden mitzuwirken und dabei die Anordnungen der Forstbehörden zu befolgen. [2]Das Nähere regelt die oberste Forstbehörde durch Rechtsverordnung.

(2) Es ist verboten, im Wald oder in einer Entfernung von weniger als 100 Metern zum Wald
1. offenes Feuer oder offenes Licht anzuzünden oder zu unterhalten, es sei denn, es handelt sich um von den Forstbehörden errichtete oder genehmigte Feuerstellen,
2. Bodendecken oder Pflanzenreste abzubrennen oder
3. brennende oder glimmende Gegenstände wegzuwerfen.

(3) Rauchen im Wald (auch auf Waldwegen) ist verboten.

(4) [1]Ausnahmen zu Absatz 2 Nr. 1 und 2 sowie Absatz 3 genehmigt die untere Forstbehörde, zu Absatz 2 Nr. 2 im Einvernehmen mit der unteren Naturschutzbehörde. [2]Genehmigungen können nur erteilt werden, wenn Belange der öffentlichen Sicherheit, der Landeskultur, des Naturschutzes oder der Erholung nicht beeinträchtigt werden und Belästigungen nicht auftreten.

(5) [1]Einer Genehmigung nach Absatz 4 hinsichtlich Absatz 2 Nr. 1 und Absatz 3 bedürfen nicht
1. Waldbesitzer oder Personen, die diese in ihrem Wald beschäftigen,
2. Personen bei der Durchführung behördlich angeordneter oder genehmigter Arbeiten und
3. Nutzungsberechtigte auf ihren Grundstücken, sofern der Abstand des Feuers zum Wald mindestens 30 Meter beträgt.

[2]Die unter den Nummern 1 bis 3 Aufgeführten haben ausreichende vorbeugende Brandschutzmaßnahmen zu ergreifen.

(6) [1]Bei hoher Brandgefahr kann der Wald nach § 6 Abs. 8 gesperrt werden. [2]In diesem Fall gilt das Verbot für den Umgang mit Feuer auch für den in Absatz 5 genannten Personenkreis.

(7) [1]Bei besonderen Gefahrenquellen, insbesondere Eisenbahnlinien, sind vorbeugende Maßnahmen zum Waldbrandschutz, wie Anlage und Unterhaltung von Schutzstreifen entlang von Eisenbahnlinien und Verkehrswegen, Parkplätzen und Naherholungsgebieten vom Eigentümer oder Betreiber dieser Anlagen auf eigene Kosten durchzuführen. [2]Die Forstbehörden entscheiden, welche vorbeugenden Maßnahmen zur Waldbrandverhütung getroffen werden müssen.

§ 13 Waldverunreinigung

(1) Eine Waldverunreinigung liegt vor, wenn nicht der Waldbewirtschaftung dienende Gegenstände oder Stoffe im Wald gelagert, zurückgelassen oder eingeleitet werden.

(2) Wird durch die untere Forstbehörde eine Abfallablagerung festgestellt, die gleichzeitig ein Verstoß gegen geltendes Abfallrecht ist, ist diese zu erfassen und die zuständige Abfallbehörde über den Sachverhalt zu informieren.

(3) Die Regelungen des Thüringer Ausführungsgesetzes zum Kreislaufwirtschaftsgesetz vom 23. November 2017 (GVBl. S. 246) in der jeweils geltenden Fassung bleiben unberührt.

§ 14 Forstnutzungsrechte

(1) [1]Forstnutzungsrechte im Sinne dieses Gesetzes sind dingliche Rechte auf wiederkehrende Entnahme oder wiederkehrende Lieferung von Walderzeugnissen, die aufgrund privater Rechte zugunsten des jeweiligen Eigentümers eines anderen Grundstückes oder einer bestimmten Rechtspersönlichkeit an einem Grundstück bestehen. [2]Nutzungsrechte der Gemeinschaftswaldungen/Gemeinschaftsforsten sind keine Forstnutzungsrechte im Sinne dieser Bestimmung.

(2) Forstnutzungsrechte dürfen weder neu bestellt noch erweitert werden und können auf Antrag des Verpflichteten gegen eine angemessene Entschädigung in Geld abgelöst werden.

§ 15 Forstliche Nebennutzungen und Aneignung von Walderzeugnissen

(1) [1]Forstliche Nebennutzungen, dazu gehören insbesondere die Entnahme von Weihnachtsbäumen, Schmuck- und Deckreisig, Leseholz sowie Schlagabraum für Kleinabnehmer, dürfen nur nach Erlaubnis durch den Waldbesitzer erfolgen. [2]Die Waldfunktionen nach den §§ 1 und 2 dürfen nicht gefährdet werden. [3]Die untere Forstbehörde kann forstliche Nebennutzungen, sofern eine oder mehrere Waldfunktionen gefährdet sind, untersagen.

(2) Die Entnahme von Zweigen und Wipfeltrieben aus Kulturen und Verjüngungen sowie von herabhängenden Ästen von Randbäumen und das Ausgraben von Waldbäumen und Sträuchern ist nicht zulässig.

(3) [1]Jedermann ist berechtigt, sich Früchte wie Pilze, Beeren, Zapfen oder Nüsse oder oberirdische Teile von Pflanzen wie Kräuter und Gräser in geringen Mengen zum eigenen Verbrauch, Pflanzen in der Menge eines Handstraußes, anzueignen. [2]Darüber hinausgehende Aneignungen bedürfen der Ge-

nehmigung durch den Waldbesitzer. [3]Die Aneignung und Entnahme hat pfleglich zu erfolgen. [4]Die naturschutzrechtlichen Bestimmungen bleiben unberührt.

(4) Im Staatswald ist das Sammeln von
1. dürrem oder abgefaultem Leseholz,
2. nach Aufarbeitung zurückgelassenem Holz unter 10 Zentimeter Durchmesser und
3. am Boden liegenden Rindenteilen und Zapfen

zulässig.

(5) [1]Streunutzung ist verboten. [2]Ausnahmen genehmigt die untere Forstbehörde. [3]Absatz 1 Satz 2 gilt entsprechend.

(6) Waldweide kann unter naturschutzfachlichen Zielstellungen von der unteren Forstbehörde genehmigt werden, sofern die Waldfunktionen nach den §§ 1 und 2 nicht gefährdet werden.

§ 16 (aufgehoben)

§ 17 Vorkaufsrecht

(1) [1]Den Gemeinden und dem Land steht das Vorkaufsrecht an Waldgrundstücken in dieser Reihenfolge zu.[1)] [2]Naturschutzrechtliche Bestimmungen bleiben unberührt. [3]Das Vorkaufsrecht kann nur binnen zwei Monaten nach Mitteilung des Kaufvertrages ausgeübt werden. [4]Die untere Forstbehörde wirkt bei der Mitteilung des Kaufvertrages an die Gemeinde unterstützend mit.

(2) [1]Das Vorkaufsrecht darf durch die Gemeinden oder das Land nur ausgeübt werden, wenn der Kauf der Walderhaltung oder einer Verbesserung der Leistungen des Waldes für die Allgemeinheit dient. [2]Zuständige Behörde für die Ausübung des Vorkaufsrechts durch das Land ist die untere Forstbehörde.

(3) Das Vorkaufsrecht darf nicht ausgeübt werden, wenn das Waldgrundstück an den Ehegatten des Eigentümers oder eine Person, die mit dem Eigentümer in gerader Linie oder bis zum dritten Grad in der Seitenlinie verwandt oder bis zum zweiten Grad verschwägert ist, übertragen wird oder zusammen mit einem landwirtschaftlichen Betrieb, mit dem es eine wirtschaftliche Einheit bildet, verkauft wird.

(4) Gleiches gilt für Anteile an Gemeinschaftswald, soweit die Satzung nichts anderes bestimmt.

(5) [1]Das Vorkaufsrecht bedarf nicht der Eintragung in das Grundbuch, es geht rechtsgeschäftlich bestellten Vorkaufsrechten vor. [2]Im Übrigen finden § 464 Abs. 2, §§ 465 bis 469 und 471 des Bürgerlichen Gesetzbuchs entsprechende Anwendung.

Dritter Teil

Bewirtschaftung des Waldes

§ 18 Grundpflichten

(1) Der Waldbesitzer ist verpflichtet, seinen Wald nach den Zielen dieses Gesetzes und den Grundsätzen ordnungsgemäßer Forstwirtschaft (§ 19) zugleich zum Wohle der Allgemeinheit nach forstlichen und landeskulturellen Grundsätzen fachkundig zu bewirtschaften und vor Schäden zu bewahren.

(2) [1]Soweit diese Verpflichtung Maßnahmen beinhaltet, welche über die Sozialpflichtigkeit des Eigentums hinausgehen und dabei die nach betriebswirtschaftlichen Grundsätzen durchzuführende, ordnungsgemäße Bewirtschaftung überschreiten oder in besonderem Maße ökologischen Zielen entsprechen, ist dem Waldbesitzer ein den zusätzlichen Leistungen entsprechendes Entgelt zu zahlen. [2]Näheres regelt die oberste Forstbehörde im Einvernehmen mit dem für Finanzen zuständigen Ministerium und dem für die Angelegenheiten der inneren Landesverwaltung zuständigen Ministerium.

§ 19 Grundsätze ordnungsgemäßer Forstwirtschaft

(1) [1]Ordnungsgemäße Forstwirtschaft ist eine Wirtschaftsweise, die nach den gesicherten Erkenntnissen der Wissenschaft und den bewährten Regeln der Praxis den Wald nutzt, verjüngt, pflegt und schützt. [2]Sie sichert zugleich die ökonomische und ökologische Leistungsfähigkeit des Waldes und damit die Nachhaltigkeit seiner materiellen und immateriellen Funktionen.

1) § 17 Abs. 1 Satz 1 des Gesetzes zur Erhaltung, zum Schutz und zur Bewirtschaftung des Waldes und zur Förderung der Forstwirtschaft (Thüringer Waldgesetz – ThürWaldG –) in der Fassung des Art. 2 Nr. 6 des Thüringer Gesetzes zur Änderung jagd-, wald-, fischerei- und naturschutzrechtlicher Vorschriften vom 10. Februar 2004 (GVBl. S. 69, 72) ist wegen Verletzung des Art. 34 Abs. 1 und 2 der Verfassung des Freistaats Thüringen nichtig, soweit die Bestimmung Privatwaldeigentümern ein Vorkaufsrecht an Waldgrundstücken zuerkennt, ThürVerfGH, Urt. v. 7.9.2010 (GVBl. S. 391).

(2) Kennzeichen ordnungsgemäßer Forstwirtschaft sind unter anderem:
1. Langfristigkeit der forstlichen Produktion,
2. Sicherung nachhaltiger Holzproduktion und Erhaltung der Waldökosysteme als Lebensraum einer artenreichen Pflanzen- und Tierwelt durch Hinwirken auf gesunde, stabile, vielfältige und naturnahe Wälder,
3. die Vermeidung von Kahlschlägen im Sinne des § 24 Abs. 3,
4. Wahl standortgerechter Baumarten unter Verwendung herkunftsgerechten Saat- und Pflanzgutes bei Erhaltung der genetischen Vielfalt,
5. bedarfsgerechte Walderschließung unter größtmöglicher Schonung von Landschaft, Boden und Bestand,
6. pflegliches Vorgehen, insbesondere bei Verjüngungsmaßnahmen, Holznutzung und Transport,
7. Anwendung bestands- und bodenschonender Verfahren,
8. standortangepasster Einsatz von Pflanzennährstoffen zur Erhaltung und Verbesserung der Bodenfruchtbarkeit,
9. weitgehender Verzicht auf Pflanzenschutzmittel, Nutzung der Möglichkeiten des integrierten Forstschutzes,
10. Hinwirken auf Wilddichten, die den Waldbeständen und ihrer Verjüngung angepasst sind,
11. grundsätzlicher Verzicht auf den Einsatz von Pflanzennährstoffen auf nach Bundes- und Landesgesetz besonders geschützten Standorten,
12. Erhaltung und Entwicklung reich strukturierter Waldränder, soweit dies betriebswirtschaftlich zumutbar und nach den Erkenntnissen der Forstwissenschaft zweckmäßig ist und
13. Schutz der Gewässer im Wald sowie des Grundwassers.

§ 20 Periodische Planung

(1) [1]Staats- und Körperschaftswaldungen sind nach Betriebsplänen für einen zehnjährigen Zeitraum zu bewirtschaften. [2]Bei Körperschaftswaldungen bis 50 Hektar Größe genügt die Aufstellung vereinfachter Betriebspläne.

(2) [1]Für Privatwaldungen von über 50 Hektar Größe sind vereinfachte Betriebspläne für einen Zeitraum von zehn Jahren zu erstellen. [2]Für forstwirtschaftliche Zusammenschlüsse, auch mit Einzelflächen unter 50 Hektar Größe, kann ein Betriebsplan erstellt werden.

(3) Besteht für den Waldbesitzer keine gesetzliche Verpflichtung zur Erstellung eines Betriebsplans oder hat dieser noch keinen Betriebsplan vorgelegt oder ist der angezeigte Betriebsplan beanstandet worden, kann der Waldbesitzer durch die untere Forstbehörde befristet zur Einhaltung eines höchstzulässigen Hiebsatzes verpflichtet werden.

(4) [1]Die Betriebspläne sind von Forstsachverständigen nach § 33 Abs. 8 Satz 2 oder staatlich anerkannten Forstsachverständigen aufzustellen und der Landesforstanstalt anzuzeigen. [2]Ein Betriebsplan ist innerhalb von drei Monaten nach seiner Anzeige durch die Landesforstanstalt zu beanstanden, wenn er gegen Bestimmungen dieses Gesetzes oder einer aufgrund dieses Gesetzes erlassenen Rechtsverordnung verstößt. [3]Die Durchführung der Betriebspläne ist von den Forstbehörden zu überwachen.

(5) [1]Die oberste Forstbehörde regelt durch Rechtsverordnung das Verfahren für die Aufstellung, die Mindestanforderungen für den Inhalt und die Prüfung sowie die Beanstandung der Betriebspläne. [2]Sie sollen die Erfüllung der Grundpflichten der Waldbesitzer nach § 18 sichern. [3]Auf die besonderen Bedürfnisse der einzelnen Waldeigentumsarten ist Rücksicht zu nehmen. [4]Die Bestimmung der Umtriebszeit, die Wahl der Baumarten und der Betriebsform ist dem Waldbesitzer zu überlassen, soweit hierdurch die Erfüllung der Grundpflichten nicht gefährdet wird (§ 18).

§ 21 Erstaufforstung und Sukzession

(1) [1]Die Erstaufforstung nicht forstlich genutzter Grundstücke mit Waldbäumen durch Saat oder Pflanzung bedarf der Genehmigung der unteren Forstbehörde. [2]Diese entscheidet im Einvernehmen mit der unteren Naturschutzbehörde, der oberen Landwirtschaftsbehörde, der Flurbereinigungsbehörde und bei Flächen ab fünf Hektar Größe der oberen Landesplanungsbehörde. [3]Sie kann unter Auflagen erteilt werden. [4]Bedarf die Erstaufforstung nach dem Gesetz über die Umweltverträglichkeitsprüfung oder dem Thüringer UVP-Gesetz einer Umweltverträglichkeitsprüfung, so muss das Genehmigungsverfahren den Anforderungen dieser Vorschriften entsprechen. [5]Erstaufforstungsgenehmigungen sind gebührenfrei.

(2) [1]Die Genehmigung darf nur versagt oder mit Auflagen versehen werden, wenn Erfordernisse der Raumordnung und Landesplanung, des Naturschutzes und der Landschaftspflege, insbesondere der Landschaftsplanung, oder die Bewertung der zusammenfassenden Darstellung einer Umweltverträglichkeitsprüfung im Hinblick auf eine wirksame Umweltvorsorge der Erstaufforstung entgegenstehen oder erhebliche Nachteile für die umliegenden Grundstücke zu erwarten sind. [2]Hierbei sind die Rechte, Pflichten und wirtschaftlichen Interessen der Grundstückseigentümer sowie die Belange der Allgemeinheit gegeneinander und untereinander abzuwägen. [3]Wurde eine Erstaufforstung ungenehmigt bereits durchgeführt, deren Genehmigung hätte versagt werden müssen, soll sie mit Fristsetzung durch den Verursacher beseitigt werden. [4]Wird der Aufforderung nicht Folge geleistet, ist die Erstaufforstung auf Kosten des Verursachers zu beseitigen.

(3) Eine Erstaufforstung bedarf keiner Genehmigung, wenn für die Fläche aufgrund anderer öffentlich-rechtlicher Vorschriften die Aufforstung rechtsverbindlich festgelegt ist und die untere Forstbehörde am Verfahren beteiligt war.

(4) Bei Erstaufforstungen nach Absatz 1 gilt § 10 Abs. 7 entsprechend.

(5) [1]Von Wald im Sinne des § 2 Abs. 1 ist in der Regel dann auszugehen, wenn spätestens fünf Jahre nach Aufgabe anderweitiger Nutzungsart Wald auf natürliche Weise (Sukzession) entstanden ist. [2]Bei Bedarf erfolgt die Festlegung der Wald-Feld-Grenze einvernehmlich zwischen dem Eigentümer und dem Pächter der landwirtschaftlichen Fläche unter Beteiligung der unteren Forstbehörde. [3]§ 10 bleibt davon unberührt.

§ 22 Aufforstung bisher nicht forstwirtschaftlich genutzter Flächen

(1) [1]Die Forstbehörden sollen auf die Aufforstung von Grenzertrags- oder sonstigen Flächen hinwirken, soweit Gründe des Naturschutzes und der Landschaftspflege sowie der Regionalplanung nicht entgegenstehen. [2]In waldarmen Gebieten sollen auch bessere Böden aufgeforstet werden, um besondere Umweltwirkungen zu erreichen.

(2) [1]Für die Aufforstung von Grenzertrags- oder sonstigen Flächen, die aus Gründen der Landeskultur, des Naturschutzes und der Landschaftspflege mit Wald bestockt sein sollten, kann die untere Forstbehörde im Einvernehmen mit der oberen Naturschutzbehörde und der oberen Landwirtschaftsbehörde nach Anhörung der Eigentümer Aufforstungsgewanne festlegen. [2]Für diese Flächen bedarf es keiner Aufforstungsgenehmigung nach § 21, es sei denn, die Erstaufforstung bedarf nach dem Gesetz über die Umweltverträglichkeitsprüfung oder dem Thüringer UVP-Gesetz einer Umweltverträglichkeitsprüfung. [3]Es genügt ein Antrag mit Angabe der anzupflanzenden Baumarten. [4]Die untere Forstbehörde kann die Art der Aufforstung und die Frist für die Durchführung vorschreiben. [5]Bei Flächen über fünf Hektar Größe ist auch der Träger der Regionalplanung zu hören.

(3) [1]Bei Bedarf kann der Grundstückseigentümer bei der Planung und Durchführung auf die kostenfreie Anleitung durch die untere Forstbehörde zurückgreifen. [2]Das Land gewährt Zuschüsse im Rahmen der im Haushalt bereitgestellten Mittel.

(4) § 10 Abs. 7 gilt entsprechend.

§ 23 Wiederaufforstung

(1) [1]Kahlgeschlagene oder infolge Schadenseintritt unbestockte Waldflächen oder stark verlichtete Waldbestände (mit weniger als 40 vom Hundert des standörtlich möglichen Holzvorrats bestockte Waldflächen) sind innerhalb von sechs Jahren wieder aufzuforsten. [2]Die Wiederaufforstung ist mit standortgerechten Baumarten, die die Erreichung der für die betreffende Fläche vorgeschriebenen Bestandeszieltypen gewährleisten, vorzunehmen. [3]Bei Naturverjüngung mit einer standort- und klimafolgengerechten Baumartenzusammensetzung ist innerhalb der sechs Jahre keine Wiederaufforstung nötig. [4]Schalenwild im Umfeld von Kalamitätsflächen ist wirksam zu reduzieren.

(2) Die Pflicht zur Wiederaufforstung beinhaltet auch, Verjüngungen innerhalb von sechs Jahren flächendeckend mit der für eine künstlich anzulegende Kultur geforderten baumartenbezogenen Pflanzenzahl zu ergänzen.

(3) Die Kulturen und Verjüngungen sind rechtzeitig und sachgemäß nachzubessern oder zu ergänzen, zu schützen und zu pflegen.

(4) In besonderen Fällen ist auf Antrag des Waldbesitzers eine Verlängerung der in Absatz 1 genannten Frist durch die untere Forstbehörde möglich, soweit waldbauliche Erwägungen dies rechtfertigen.

§ 24 Waldumbau; Erhaltung der Waldbestände; Kahlschläge

(1) [1]Die Stabilität der Waldbestände ist vor dem Hintergrund des Klimawandels zu sichern. [2]Dazu sind geeignete und standort- sowie klimafolgengerechte, vorzugsweise einheimische Baumarten, in einer an die Waldbauvorschriften des Staatswaldes angelehnten Zahl, vor allem in reine Fichtenwälder und nicht standortgerechte Wälder einzubringen. [3]Der Laubholzanteil ist zu erhöhen. [4]Zur Finanzierung dieser Aufgabe stellt das Land angemessene finanzielle Mittel nach Maßgabe des Haushalts zur Verfügung. [5]Das für Forsten zuständige Ministerium wird ermächtigt, das Nähere durch Rechtsverordnung zu regeln.

(2) [1]Es ist verboten, Nadelholzbestände unter 50 Jahren und Laubholzbestände unter 80 Jahren abzuholzen oder deren Vorrat auf weniger als 40 vom Hundert des Vorrats der üblicherweise verwendeten Ertragstafel herabzusetzen. [2]Ausgenommen sind Niederwald-, Stockausschlag- und Weichlaubholzbestände, erheblich geschädigte Bestände sowie Bestände, die in einem Betriebsplan (§ 20) zur Endnutzung vorgesehen sind.

(3) [1]Die untere Forstbehörde kann auf Antrag des Waldbesitzers Ausnahmen von den Vorschriften des Absatzes 1 zulassen. [2]Dem Antrag ist stattzugeben, wenn betriebliche Gründe oder die wirtschaftliche Lage des Waldbesitzers dies gebieten und Interessen von Naturschutz, Landschaftspflege und Landeskultur nicht entgegenstehen. [3]Werden solche Interessen berührt, ist die zuständige Behörde zu beteiligen. [4]Ausnahmen können insbesondere dann erteilt werden, wenn Bestände mit nicht standortgerechten Baumarten in Bestände mit standortgerechten Baumarten umgewandelt werden. [5]Die Genehmigung kann unter Auflagen erteilt werden; sie erfolgt im Benehmen mit der unteren Naturschutzbehörde.

(4) [1]Als Kahlschläge gelten flächenhafte Nutzungen. [2]Einzelstammentnahmen mit einer Vorratsabsenkung eines Bestandes auf weniger als 40 vom Hundert des Vorrats der üblicherweise verwendeten Ertragstafel sind Kahlschlägen gleichzustellen.

(5) [1]Ein Kahlschlag bedarf der vorherigen Genehmigung der unteren Forstbehörde. [2]Diese entscheidet innerhalb von einem Monat nach Eingang des Antrags. [3]Die Genehmigung erlischt nach zwei Jahren. [4]Angrenzende Kahlschlagsflächen und noch nicht gesicherte Verjüngungen von Flächen desselben Eigentümers, oder nach Eigentumswechsel dieser Flächen des neuen Eigentümers, sind bei der Berechnung der Fläche anzurechnen. [5]Die Genehmigung kann mit Auflagen versehen werden.

(6) Die Genehmigung ist zu versagen, wenn

1. Beeinträchtigungen oder erhebliche Schäden des Bodens und der Bodenfruchtbarkeit vorhersehbar sind,
2. eine erhebliche oder dauerhafte Gefährdung des Wasserhaushalts zu erwarten ist,
3. eine erhebliche Beeinträchtigung der sonstigen Schutz- und Erholungsfunktionen des Waldes absehbar ist oder
4. unverhältnismäßige Nachteile für benachbarte Waldbestände zu befürchten sind.

(7) Ein Kahlschlag nach Absatz 4 bedarf keiner Genehmigung, wenn er

1. in einem von der Landesforstanstalt nicht beanstandeten Betriebsplan vorgesehen ist oder
2. auf Flächen stattfindet, deren Umwandlung in eine andere Nutzungsart genehmigt ist.

(8) Nicht als Kahlschläge gelten Hiebsmaßnahmen in Weihnachtsbaumkulturen innerhalb des Waldes.

(9) Andere Bestimmungen über die Beschränkung von Nutzungen bleiben unberührt.

§ 25 Bau und Unterhaltung von Waldwegen; sonstige bauliche Anlagen

(1) Waldwege sind unter Beachtung der Belange des Naturschutzes so zu planen, zu bauen und zu unterhalten, dass bei Berücksichtigung technischer und wirtschaftlicher Gegebenheiten das Landschaftsbild, der Waldboden und angrenzende Bestände nur soweit beeinträchtigt werden, wie dies zur Erschließung unbedingt erforderlich ist.

(2) Die forstwirtschaftlichen Wegebaumaßnahmen als Neubau, grundhafter Ausbau und Instandsetzung mit Fremdmaterial sind der unteren Forstbehörde vor Maßnahmebeginn anzuzeigen.

(3) [1]Liegt die Erschließung des Waldes im öffentlichen Interesse oder dient sie im besonderen Maße dem Zwecke dieses Gesetzes, so kann die untere Forstbehörde die Unterhaltung und den Neubau von Waldwegen anordnen. [2]Dabei entstehende Nachteile für den Waldbesitzer begründen eine Entschädigung nach § 30. [3]Waldbesitzer und Dritte, die durch den Weg land-, forst- oder fischereiwirtschaft-

liche Vorteile haben, können in angemessenem Umfang im Zuge privatrechtlicher Regelungen an Unterhaltungskosten beteiligt werden.

(4) [1]Die Errichtung sonstiger baulicher Anlagen, insbesondere Schutzhütten, Freizeit- und Sportanlagen, Parkplätze oder größere Materialentnahmestellen bedürfen der Genehmigung durch die untere Forstbehörde; diese entscheidet im Einvernehmen mit der unteren Bauaufsichtsbehörde und der unteren Naturschutzbehörde. [2]Die Genehmigung ist zu versagen, wenn die Funktionen des Waldes durch die Anlagen erheblich eingeschränkt werden und dem durch Auflagen nicht begegnet werden kann. [3]Bauliche Maßnahmen, die ausschließlich Zwecken ordnungsgemäßer Forstwirtschaft einschließlich der Jagdnutzung dienen, bedürfen keiner Genehmigung nach diesem Gesetz.

§ 26 Nachbarschutz, Nachbarpflichten, Grenzfragen

(1) Bei der Bewirtschaftung des Waldes hat der Waldbesitzer auf die Bewirtschaftung benachbarter Grundstücke Rücksicht zu nehmen, soweit dies im Rahmen ordnungsgemäßer Forstwirtschaft ohne unbillige Härten möglich ist.

(2) [1]Ist die forstliche Bewirtschaftung einer Waldfläche, insbesondere die Holzfällung und die Abfuhr der Holzerzeugnisse ohne Benutzung eines fremden Waldgrundstückes nicht oder nur mit unverhältnismäßig großem Nachteil möglich, so ist der Eigentümer oder Nutzungsberechtigte des fremden Waldgrundstückes verpflichtet, auf Verlangen des Waldbesitzers die notwendige Benutzung zu gestatten. [2]Die Verpflichtung zur Gewährung der Benutzung bezieht sich auch auf vorhandene befestigte Wege und Straßen sowie unbefestigte Wege. [3]Der Eigentümer oder Nutzungsberechtigte des fremden Waldgrundstückes hat Anspruch auf den Ersatz des dabei entstandenen Schadens und kann vor Beginn der Arbeiten vom Verursacher eine Sicherheitsleistung in Höhe des voraussichtlichen Schadens verlangen. [4]Kommt eine Einigung über Art und Umfang der Duldung oder über die Höhe des Schadenersatzes nicht zustande, so entscheidet auf Antrag die untere Forstbehörde. [5]Die Entscheidung ist den Beteiligten zuzustellen und mit einer Rechtsbehelfsbelehrung zu versehen.

(3) Waldränder sind so zu gestalten, dass sie dem Bestandsschutz sowie den Zielen von Naturschutz und Landschaftspflege dienen.

(4) [1]Bei Gemengelage von Waldbesitz, dessen ordnungsgemäße Bewirtschaftung nur bei weitgehender Rücksichtnahme auf die Nachbargrundstücke möglich ist, müssen die Waldbesitzer ihre jährlichen Wirtschaftsmaßnahmen aufeinander abstimmen. [2]Kommt keine Einigung unter forstfachlicher Beratung zustande, entscheidet die untere Forstbehörde.

(5) [1]Aus Gründen der Gefahrenvermeidung ist bei der Errichtung von Gebäuden ein Abstand von 30 Metern zum Wald einzuhalten. [2]Ausnahmen bedürfen der Genehmigung durch die untere Forstbehörde. [3]Baugenehmigungen und bauordnungsrechtliche Zustimmungen schließen die forstrechtliche Genehmigung ein; sie bedürfen insoweit des Einvernehmens der unteren Forstbehörde. [4]Das Einvernehmen gilt als erteilt, wenn es nicht binnen zwei Monaten nach Eingang des Ersuchens der Bauaufsichtsbehörde verweigert wird.

(6) Pflanzenschutzmittel dürfen auf an Wald angrenzende landwirtschaftliche Nutzflächen nur so ausgebracht werden, dass eine Abdrift in Richtung Wald ausgeschlossen ist.

Vierter Teil

Förderung der Forstwirtschaft und Entschädigung

§ 27 Förderung der Forstwirtschaft durch das Land

(1) Die Forstwirtschaft ist zur Erreichung der in § 1 genannten Ziele fachlich und finanziell zu fördern.

(2) Das Land gewährt zur Förderung der Leistungsfähigkeit privater und kommunaler Waldflächen als Hilfe zur Selbsthilfe Zuschüsse.

(3) [1]Die förderungswürdigen Maßnahmen werden in einem Landesförderungsprogramm festgelegt und durch die oberste Forstbehörde nach Anhörung des Landesforstausschusses und durch Rechtsverordnung im Einvernehmen mit dem für Finanzen zuständigen Ministerium geregelt (Förderungsverordnung). [2]Zu berücksichtigen sind insbesondere:

1. Sicherung der Schutzfunktion der Wälder,
2. Waldverjüngung und Waldpflege im Hinblick auf die Umwandlung von nicht standortgerechten Reinbeständen,
3. Erstaufforstungen,

4. Verbesserung der Bewirtschaftungsstruktur durch Bildung forstlicher Zusammenschlüsse,
5. Vorbeugung und Abwehr von Schäden durch Naturereignisse, Forstökosysteme schädigende Pflanzen und Tiere und Baumkrankheiten einschließlich der
6. Maßnahmen nach Großkalamitäten zur Wiederherstellung des Waldgefüges,
7. Maßnahmen zum frühzeitigen Erkennen von Schadensursachen und -verursachern,
8. Maßnahmen und Einrichtungen, die der naturverträglichen Erholung in Waldgebieten dienen,
9. Erhaltung und Funktionssicherung von geschützten Waldgebieten nach § 9,
10. Ausbildung forstlicher Fachkräfte und Waldbesitzer,
11. Waldwegebau sowie die Unterhaltung von Waldwegen, die durch Nutzungen nach § 6 Abs. 3 Satz 1 und 2 übermäßig stark in Anspruch genommen werden,
12. Beförsterung des Privat- und Kommunalwaldes,
13. Waldbewirtschaftung mit einem Rückegassenabstand von mindestens 40 Meter und
14. Pferderückung.

(4) Die nach vorstehenden Bedingungen gezahlten Zuschüsse sind bei der Festsetzung der Entgelte nach § 18 Abs. 2 anzurechnen.

§ 28 Beratung, forsttechnische Leitung und forsttechnischer Betrieb

(1) [1]Das Land unterstützt den Privat- und Körperschaftswald durch kostenfreie Betreuung, Beratung und Anleitung bei der Bewirtschaftung des Waldes. [2]Einzelheiten der kostenfreien Betreuung, Beratung und Anleitung der Privat- und Körperschaftswaldeigentümer werden durch die oberste Forstbehörde im Einvernehmen mit dem für Finanzen zuständigen Ministerium und dem für die Angelegenheiten der inneren Landesverwaltung zuständigen Ministerium sowie dem für Forsten zuständigen Ausschuss des Landtags durch Rechtsverordnung bestimmt. [3]Im Privatwald sind die Belange des bäuerlichen Waldeigentums besonders zu berücksichtigen. [4]Aus Gründen der Verpflichtung für das Gemeinwohl wie auch zur fachlichen und finanziellen Förderung der Forstwirtschaft (§ 27 Abs. 1) gewährleistet das Land die staatliche Beförsterung privater und körperschaftlicher Waldbesitzer nach Absatz 4.

(2) [1]Die Landesforstanstalt soll den forsttechnischen Betrieb auf Antrag des Privatwaldeigentümers gegen einen Kostenbeitrag durchführen. [2]Über den Antrag entscheidet die Landesforstanstalt; das für Forsten zuständige Ministerium erlässt für diese Fälle der Antragstellung eine Verwaltungsvorschrift. [3]Soweit er kein eigenes forstliches Leitungspersonal (Privatforstamt) vorhält, soll die untere Forstbehörde die forsttechnische Leitung auf Antrag des Privatwaldeigentümers gegen einen Kostenbeitrag übernehmen.

(3) [1]Die Übernahme der forsttechnischen Leitung für den Körperschaftswald ist kostenfrei. [2]Die Durchführung des forsttechnischen Betriebs wird auf Antrag gegen Kostenbeitrag von der unteren Forstbehörde übernommen. [3]Im Fall der Übernahme haftet das Land nur für Vorsatz und grobe Fahrlässigkeit.

(4) [1]Die Kostenbeiträge für den Privat- und Körperschaftswald werden aus den auf Landesebene tatsächlich entstandenen persönlichen und sächlichen Verwaltungsausgaben mit Ausnahme der Versorgungsanteile ermittelt. [2]Die Kostenbeiträge der Waldeigentümer sind für Privatwaldeigentümer mit einer Waldgröße bis 1 000 Hektar und für Körperschaftswaldeigentümer mit einer Waldgröße bis 100 Hektar zu staffeln. [3]Für Privatwaldeigentümer mit einer Waldgröße von mehr als 1 000 Hektar und für Körperschaftswaldeigentümer mit einer Waldgröße von mehr als 100 Hektar wird ein einheitlicher Kostenbetrag festgelegt. [4]Auf Antrag des Privat- oder Körperschaftswaldeigentümers kann die Landesforstanstalt Einzelaufgaben des forsttechnischen Betriebs und weitere Einzelaufgaben, insbesondere den Holzverkauf sowie die Mithilfe bei der Beschaffung des forstlichen Saat- und Pflanzguts, der Pflanzenschutzmittel oder forstlicher Maschinen und Geräte sowie auf Antrag eines Eigentümers von Privatwald die Baumschau sowie Einzelaufgaben der forsttechnischen Leitung gegen einen Kostenbeitrag durchführen. [5]Für den Holzverkauf ist ein nach Art und Erlös des Verkaufsgeschäfts bestimmter Kostenbeitrag zu erheben. [6]Bestehende Beförsterungsverträge sind zu berücksichtigen. [7]Für andere Einzelaufgaben werden die Kostenbeiträge auf der Grundlage des Personal- und Verwaltungsaufwands, einschließlich der anfallenden Reisekosten und Auslagen erhoben. [8]Einzelheiten zu den Kostenbeiträgen und zu den Inhalten des forsttechnischen Betriebs, der forsttechnischen Leitung und der Einzelaufgaben werden durch die oberste Forstbehörde im Einvernehmen mit dem für Finanzen zuständigen Ministerium und dem für die Angelegenheiten der inneren Landesverwaltung zuständigen

Ministerium sowie dem für Forsten zuständigen Ausschuss des Landtags durch Rechtsverordnung bestimmt.

(5) [1]Für Körperschaftswaldeigentümer mit einer Waldgröße von mehr als 100 Hektar kann bei der Festsetzung des Kostenbeitrags für die Durchführung des forsttechnischen Betriebs besondere Ertragsschwäche berücksichtigt werden. [2]Für Körperschaftswaldeigentümer mit einer Waldgröße bis zu 100 Hektar erfolgt die Festsetzung des Kostenbeitrags für die Durchführung des forsttechnischen Betriebs ohne Berücksichtigung besonderer Ertragsschwäche.

(6) Für Erstaufforstungs- und Ausgleichsaufforstungsflächen bis zu einem Bestandsalter von höchstens 20 Jahren, Niederwald, Naturwaldparzellen, Totalreservate, Kernzonen von Nationalparken oder Biosphärenreservaten, Nichtholzboden oder für nichtforstliche Betriebsflächen ermäßigt sich der Kostenbeitrag auf ein Drittel des auf die Forstbetriebsfläche bezogenen Beitragssatzes.

(7) Die mit Tätigkeiten nach den Absätzen 1 bis 3 beauftragten Bediensteten der Landesforstanstalt dürfen ohne Genehmigung der Waldeigentümer keine Auskünfte über Kenntnisse geben, die sie aufgrund dieser Tätigkeit erlangt haben.

§ 29 Beihilfen bei Waldbrandschäden

(1) Bei Waldbrandschäden im Körperschafts- und Privatwald erhält der Geschädigte 75 vom Hundert des entstandenen Schadens als Beihilfe durch das Land, soweit vom Schädiger kein Ersatz zu erlangen ist oder der Schaden mit an Sicherheit grenzender Wahrscheinlichkeit nicht auf höherer Gewalt beruht.

(2) Der Schaden bemisst sich nach den Kosten für Löscharbeiten, Aufräumung, Erschwernis der Holzernte, Hiebsunreifeverluste, Wertminderung von Nutzholz und Wiederaufforstung bis zur Sicherung der Neuanpflanzung.

(3) Die Beihilfe wird versagt oder gekürzt, wenn der Geschädigte gleichzeitig Schädiger war oder es unterlassen hat, den Schaden abzuwenden oder zu verringern.

(4) [1]Die Zahlung der Beihilfe ist von der Auflage zur Wiederaufforstung abhängig zu machen. [2]Zahlt der Schädiger Schadenersatz, so ist die bereits gezahlte Beihilfe in entsprechender Höhe zurückzuzahlen.

(5) Über die Beihilfe entscheidet die untere Forstbehörde.

§ 30 Entschädigung und Ausgleichszahlung

(1) Der Waldbesitzer hat Anspruch auf Entschädigung und Ausgleichszahlung für Nachteile, die ihm durch dieses Gesetz oder durch in anderen Auflagen festgelegten Bewirtschaftungsvorschriften gegenüber uneingeschränkt ordnungsgemäßer Waldbewirtschaftung entstehen.

(2) [1]Entschädigungspflichtig ist der Begünstigte, bei Erklärung zum Schutz- oder Erholungswald nach § 9 mit überwiegend örtlicher Bedeutung die betreffende Gemeinde, von überwiegend überörtlicher Bedeutung das Land. [2]Im Falle des § 11 ist derjenige entschädigungspflichtig, der den Waldschaden verursacht hat.

(3) [1]Soweit über die Entschädigung oder Ausgleichszahlung keine Einigung zwischen dem Betroffenen und der unteren Forstbehörde zustande kommt, entscheidet die oberste Forstbehörde. [2]Die Entscheidung ist den Beteiligten zuzustellen. [3]Gegen die Entscheidung kann innerhalb von drei Monaten nach Zustellung Klage vor dem ordentlichen Gericht erhoben werden.

(4) [1]Der Grundstückseigentümer kann verlangen, dass der Entschädigungspflichtige das Grundstück übernimmt, soweit es ihm infolge der Auflagen wirtschaftlich nicht mehr zumutbar ist, das Grundstück zu behalten oder es in der bisherigen oder einer anderen zulässigen Art zu nutzen. [2]Kommt eine Einigung über die Übernahme des Grundstückes nicht zustande, kann der Eigentümer das Enteignungsverfahren beantragen.

(5) Im Übrigen gelten für das Enteignungsverfahren nach Absatz 4 Satz 2 und die Entscheidung über die Entschädigung nach Absatz 3 Satz 1 sinngemäß die allgemeinen enteignungsrechtlichen Regelungen.

Fünfter Teil
Besondere Vorschriften für den Staatswald

§ 31 Bewirtschaftung des Staatswaldes

(1) [1]Der Staatswald dient dem Allgemeinwohl in besonderem Maße. [2]In ihm sind die Grundsätze ordnungsgemäßer Forstwirtschaft (§ 19) und deren Rahmenbedingungen vorbildlich zu erfüllen und

die Funktionen des Waldes nach § 2 sowie die Funktionen geschützter Waldgebiete nach § 9 bestmöglich zur Wirkung zu bringen.

(2) Bei allen Betriebsmaßnahmen sind die Grundsätze der Wirtschaftlichkeit zu beachten.

(3) Forstliche Aufgaben, welche die Leistungsfähigkeit anderer Waldbesitzer übersteigen, insbesondere solche von langer Zeitdauer, sind im Staatswald durchzuführen.

(4) [1]Der Staatswald soll in seinem Bestand und seiner Flächenausdehnung erhalten bleiben und darf nur veräußert werden, wenn dies im öffentlichen Interesse liegt. [2]Durch Flächenkauf und Erstaufforstung ist einer Verringerung der Staatswaldfläche entgegenzuwirken. [3]Ein Tausch von Staatswaldflächen ist anzustreben, wenn dadurch Vorteile im Sinne der planmäßigen, großräumigen Bewirtschaftung erzielbar sind. [4]Ein Flächentausch darf nicht erfolgen, wenn die Erfüllung der Waldfunktionen nach den §§ 1 und 2 gemindert oder Belange des Natur- und Landschaftsschutzes beeinträchtigt werden.

(5) Der Staatswald soll in besonderem Maße den Aufgaben der forstlichen Forschung und der forstlichen Ausbildung dienen.

(6) Soweit für Maßnahmen im Zweiten und Dritten Teil eine Genehmigung der Forstbehörde erforderlich ist, gilt diese für den Staatswald als erteilt, sobald die notwendige Zustimmung anderer zu beteiligender Behörden vorliegt.

§ 32 Forstgrundstock

[1]Die Landesforstanstalt bewirtschaftet den ihr übertragenen Staatswald in einem Forstgrundstock. [2]Einnahmen aus Veräußerungen von Forstbetriebsvermögen sollen grundsätzlich zur Verbesserung und Erhaltung des Forstbetriebes verwendet werden.

Sechster Teil
Besondere Vorschriften für den Körperschaftswald

§ 33 Bewirtschaftung des Körperschaftswaldes

(1) Die Entscheidung über die Bewirtschaftung des Körperschaftswaldes liegt im Rahmen der Bestimmungen dieses Gesetzes als Selbstverwaltungsaufgabe bei den Körperschaften.

(2) [1]Die Veräußerung von Körperschaftswald ab ein Hektar Größe bedarf der Genehmigung der obersten Forstbehörde. [2]Die Veräußerung soll genehmigt werden, wenn

1. der Verkauf der Arrondierung des kommunalen Forstbetriebes dient und die Einnahmen zweckgebunden für den Ankauf von Waldflächen verwendet werden, dazu ist eine Rücklage zu bilden;
2. die Belange des Allgemeinwohls überwiegen oder
3. der Wald an eine andere Kommune, die Landesforstanstalt, die Stiftung Naturschutz Thüringen oder anerkannte Naturschutzvereinigungen und deren Stiftungen verkauft wird.

[3]Die zweckgebundene Verwendung der Erlöse aus Kommunalwaldveräußerungen ist innerhalb von fünf Jahren gegenüber der obersten Forstbehörde nachzuweisen. [4]Der Verkauf von Kommunalwald zum Zwecke der Haushaltskonsolidierung ist nicht zu genehmigen.

(3) [1]Die Verwaltung des Körperschaftswaldes obliegt dem gesetzlichen oder satzungsgemäßen Vertreter der Körperschaft. [2]Für die forsttechnische Leitung können die Körperschaften einen fachkundigen Leiter anstellen, wenn der Körperschaftswald nach Größe, Lage und Zusammenhang die Bildung eines Forstamtes (Körperschaftsforstamt) rechtfertigt. [3]Mehrere Körperschaften können gemeinsam einen forsttechnischen Leiter anstellen. [4]Dabei darf die zu betreuende Waldfläche nur so groß sein, dass eine sachgemäße Erfüllung der Aufgaben gewährleistet ist. [5]Ist die Anstellung eines forsttechnischen Leiters gerechtfertigt, kann der Körperschaft ein Zuschuss von bis zu 50 vom Hundert des Aufwandes für den Betriebsleiter gewährt werden. [6]Ob die Voraussetzungen vorliegen, entscheidet die oberste Forstbehörde im Benehmen mit dem Landesforstausschuss. [7]Die oberste Forstbehörde trifft im Einvernehmen mit dem für Finanzen zuständigen Ministerium und dem für die Angelegenheiten der inneren Landesverwaltung zuständigen Ministerium die Zuschussregelung durch Rechtsverordnung.

(4) [1]Wird kein Körperschaftsforstamt gebildet (Regelfall), übt das Land die forsttechnische Leitung im Körperschaftswald grundsätzlich kostenfrei aus. [2]Sie obliegt dem Gemeinschaftsforstamt und umfasst die Planung, Vorbereitung und Überwachung sämtlicher Forstbetriebsarbeiten. [3]Unberührt bleibt das Recht der Eigentümer, über die in ihrem Wald zu treffenden Maßnahmen nach Maßgabe des

Gesetzes selbst zu entscheiden. [4]Den Eigentümern obliegen insbesondere die Verwertung und der Absatz der Walderzeugnisse, die Begründung von Arbeitsrechtsverhältnissen, die Vergabe der Forstbetriebsarbeiten und die Beschaffung von Geräten und Materialien. [5]Die Körperschaft kann der unteren Forstbehörde die Wahrnehmung dieser Aufgaben übertragen. [6]Bei der Verwertung des Holzes ist eine großräumige Vermarktung anzustreben.

(5) [1]Die Eigentümer von Körperschaftswald können den Revierdienst (forsttechnischer Betrieb) durch kommunale oder durch Bedienstete der Landesforstanstalt durchführen lassen. [2]Die Körperschaften können sich zur Durchführung des forsttechnischen Betriebes, zur Einstellung von Waldarbeitern und zum Maschineneinsatz

1. zu Forstverbänden zusammenschließen, die für jedes abgegrenzte Revier eigenes Forstpersonal anstellen, oder
2. einem benachbarten staatlichen oder kommunalen Forstrevier anschließen.

[3]Bei kommunalem Revierdienst kann der Körperschaft ein Zuschuss bis zu 50 vom Hundert des Aufwandes für den Bediensteten gewährt werden. [4]Die oberste Forstbehörde trifft im Einvernehmen mit dem für Finanzen zuständigen Ministerium und dem für die Angelegenheiten der inneren Landesverwaltung zuständigen Ministerium die Zuschussregelung durch Rechtsverordnung.

(6) [1]Entscheiden sich Körperschaften für den staatlichen Revierdienst, so haben sie bei der Besetzung von Planstellen staatlicher Forstbetriebsbezirke (Forstreviere), denen ihre Waldflächen angehören und deren Fläche sich zu mehr als der Hälfte aus Körperschaftswald zusammensetzt, das Recht der Auswahl unter drei Bewerbern, die ihnen von der Landesforstanstalt vorgeschlagen werden. [2]Sind mehrere Körperschaften flächenmäßig in einer Revierförsterei erfasst und kommt eine Einigung zwischen den beteiligten Körperschaften nicht zustande, entscheidet die Landesforstanstalt.

(7) [1]Der Bewirtschaftung von Körperschaftswald sind periodische Betriebspläne nach § 20 Abs. 1 und Wirtschaftspläne zugrunde zu legen. [2]Die Wirtschaftspläne sind von der unteren Forstbehörde aufzustellen und mit einem Voranschlag der Einnahmen und Ausgaben der Körperschaft zur Beschlussfassung vorzulegen. [3]Bei Aufstellung der Pläne ist auf die Leistungsfähigkeit, Bedürfnisse und Wünsche der Eigentümer Rücksicht zu nehmen, soweit es mit den Zielen dieses Gesetzes und einer pfleglichen sowie wirtschaftlichen Vermögensverwaltung vereinbar ist. [4]Auf Antrag der Körperschaft sind im Gemeinschaftsforstamt Wirtschaftspläne in einer zu diesem Zweck einzuberufenden Sitzung zu erläutern. [5]Über den Vollzug der Wirtschaftsmaßnahmen und die Ausführung der Wirtschaftspläne ist von den Forstämtern ein Nachweis zu führen.

(8) [1]Die periodischen Betriebspläne werden kostenfrei von der Landesforstanstalt aufgestellt und sind der Körperschaft zur Beschlussfassung vorzulegen. [2]Die Landesforstanstalt kann diese Aufgabe frei beruflich tätigen Forstsachverständigen, die die Qualifikation für den höheren Forstdienst oder eine vergleichbare fachliche Qualifikation haben, übertragen. [3]Die Körperschaften stellen das erforderliche Hilfspersonal für die Waldaufnahme.

(9) [1]Abweichungen vom jährlichen Anteil des abgeglichenen Hiebsatzes von 20 vom Hundert bedürfen der Genehmigung der unteren Forstbehörde. [2]Diese Abweichungen sind langfristig auszugleichen.

§ 34 Erhaltung des Waldvermögens

(1) Erlöse aus Waldveräußerungen und überplanmäßiger Nutzung sollen mit Ausnahme zweckgebundener Sonderfällungen grundsätzlich zur Erhaltung und Verbesserung des Waldes verwendet werden.

(2) [1]Vorgriffe auf den Ertrag künftiger Jahre (Sonderfällungen) dürfen nur zur Deckung vermögenswirksamer Ausgaben in Notfällen für bestimmte Zwecke mit Genehmigung der unteren Forstbehörde vorgenommen werden. [2]Die Genehmigung kann unter Auflagen erteilt werden. [3]Insbesondere kann die Einsparung von Sonderfällungen innerhalb eines bestimmten Zeitraumes verlangt werden.

Siebenter Teil
Besondere Vorschriften für den Privatwald und forstwirtschaftliche Zusammenschlüsse

§ 35 Bewirtschaftung des Privatwaldes

(1) Die Entscheidung über die Bewirtschaftung seines Privatwaldes liegt im Rahmen der Bestimmungen dieses Gesetzes beim Privatwaldbesitzer.

(2) [1]Der Waldbesitzer kann dem der Landesforstanstalt die Veräußerung der Waldprodukte schriftlich übertragen. [2]Die großräumige Vermarktung ist anzustreben.

(3) In Forstrevieren mit einer Fläche von mehr als einem Drittel Privatwald erfolgt die Besetzung der Revierleiterstelle im Einvernehmen mit den flächenanteilmäßig maßgeblich betroffenen forstwirtschaftlichen Zusammenschlüssen des Forstbetriebsbezirks.

(4) [1]Zur Aufstellung von Betriebsplänen nach § 20 Abs. 2 kann das Land Zuschüsse gewähren. [2]Die oberste Forstbehörde trifft im Einvernehmen mit dem für Finanzen zuständigen Ministerium die Zuschussregelung durch Rechtsverordnung.

§ 36 Übernutzungen

(1) [1]Waldbesitzer, für deren Waldungen im Rahmen eines bestehenden Betriebsplans oder einer Verpflichtung nach § 20 Abs. 3 ein jährlicher Hiebssatz besteht, dürfen im Forstwirtschaftsjahr Mehreinschläge bis zur Höhe des jährlichen Hiebssatzes vornehmen. [2]Der Waldbesitzer hat den Mehreinschlag der unteren Forstbehörde anzuzeigen.

(2) Höhere Mehreinschläge bedürfen der Genehmigung der unteren Forstbehörde.

(3) [1]Mit der Anzeige nach Absatz 1 oder dem Antrag auf Genehmigung nach Absatz 2 hat der Waldbesitzer einen Plan vorzulegen, wie der Mehreinschlag wieder eingespart werden soll (Einsparungsplan). [2]Dies gilt nicht für Kalamitätsnutzung.

(4) Die Genehmigung nach Absatz 2 soll erteilt werden, wenn ein wichtiger Grund zur Vornahme des Mehreinschlags vorliegt.

(5) Die Genehmigung kann unter der Auflage erteilt werden, dass der Mehreinschlag innerhalb von fünf Jahren wieder eingespart wird und dass die voraussichtlichen Kosten einer etwaigen Wiederaufforstung oder Bestandsergänzung aus dem Erlös des Mehreinschlags hinterlegt werden.

(6) Solange der Mehreinschlag nicht wieder eingespart ist, darf der Waldbesitzer weitere Mehreinschläge nach Absatz 1 nur mit Genehmigung nach Absatz 2 vornehmen.

§ 37 Forstwirtschaftliche Zusammenschlüsse

(1) Forstwirtschaftliche Zusammenschlüsse dienen dem Ziel, die Bewirtschaftung der angeschlossenen Waldflächen und aufzuforstenden Grundstücke zu verbessern, insbesondere die Nachteile geringer Flächengröße, ungünstiger Flächengestalt, der Besitzzersplitterung, der Gemengelage, des unzureichenden Waldaufschlusses oder anderer Strukturmängel auszugleichen.

(2) Über Aufgaben, Rechtsform und Satzung der forstwirtschaftlichen Zusammenschlüsse beschließen die beteiligten Waldbesitzer.

(3) Das Eigentum und andere Rechte an den Grundstücken bleiben unberührt.

(4) [1]Für die Bildung und Anerkennung der forstwirtschaftlichen Zusammenschlüsse ist die oberste Forstbehörde zuständig. [2]Die Anerkennung in elektronischer Form ist ausgeschlossen, sofern sie mit der Verleihung der Rechtsfähigkeit nach § 19 des Bundeswaldgesetzes vom 2. Mai 1975 (BGBl. I S. 1037) in der jeweils geltenden Fassung verbunden wird. [3]Die Anerkennung kann entzogen werden,

1. wenn eine Voraussetzung zur Bildung forstwirtschaftlicher Zusammenschlüsse weggefallen ist,
2. wenn der forstwirtschaftliche Zusammenschluss seine Aufgabe nicht erfüllt.

(5) Die Forstbehörden haben, soweit dies nach Größe, Lage und Zusammenhang von Waldgrundstücken erforderlich erscheint, die Bildung forstwirtschaftlicher Zusammenschlüsse im Sinne des Bundeswaldgesetzes zu fördern und diese bei der Durchführung ihrer Aufgaben zu unterstützen.

(6) [1]Bei öffentlichen Förderungs- und Planungsaufgaben sollen forstwirtschaftliche Zusammenschlüsse vorrangig berücksichtigt werden. [2]Bei unwirtschaftlichen Besitzverhältnissen oder starker Gemengelage kann die finanzielle Förderung bestimmter forstbetrieblicher Maßnahmen davon abhängig gemacht werden, dass die Waldbesitzer einen forstwirtschaftlichen Zusammenschluss bilden.

(7) Hinsichtlich der Ausgestaltung, Aufgaben und Arbeitsweise forstwirtschaftlicher Zusammenschlüsse gelten die Bestimmungen des Bundeswaldgesetzes.

Achter Teil

Besondere Regelungen für Waldgenossenschaften

§ 38 Geltungsbereich

[1]Die nachfolgenden Bestimmungen des Achten Teils dieses Gesetzes regeln die Rechtsverhältnisse aller bestehenden Waldgenossenschaften (Laubgenossenschaften, Gerechtigkeitswaldungen, Interessentenwaldungen, Altwaldgenossenschaften), die vor dem 8. Mai 1945 auf der Grundlage früherer

Rechtsvorschriften gegründet wurden und ihren Sitz in Thüringen haben. [2]Sie gelten ferner für die ab dem 24. April 1999 gegründeten Waldgenossenschaften, die ihren Sitz in Thüringen haben.

§ 39 Gemeinschaftsvermögen

(1) Gemeinschaftsvermögen ist

1. das Vermögen der Waldgenossenschaft,
2. das gemeinschaftliche Vermögen der Anteilberechtigten,
3. das gemeinschaftliche Vermögen der Anteilberechtigten und der Waldgenossenschaft.

(2) Anteilberechtigte sind die Inhaber von Anteilen an dem Vermögen nach Absatz 1.

(3) [1]Das Gemeinschaftsvermögen steht den Mitgliedern zur gesamten Hand zu. [2]Über das Gemeinschaftsvermögen kann nur gemeinschaftlich verfügt werden.

§ 40 Rechtsstellung

(1) [1]Zur Bewirtschaftung und Verwaltung des Gemeinschaftsvermögens bilden die Anteilberechtigten eine Waldgenossenschaft, die Körperschaft des öffentlichen Rechts ist. [2]Die Waldgenossenschaft vertritt die Gesamthandsgemeinschaft gerichtlich und außergerichtlich. [3]Vermögenswirksame Erklärungen der Waldgenossenschaft sind für die Gesamthandsgemeinschaft abgegeben. [4]Das Recht der Anteilberechtigten, über ihre Anteile zu verfügen, bleibt unberührt.

(2) [1]Waldgenossenschaften können durch die oberste Forstbehörde anerkannt werden, sofern die Unterlagen der Genossenschaft oder eine gemeinschaftliche Nutzung vor dem 8. Mai 1945 das Bestehen einer altrechtlichen Waldgenossenschaft erkennen lassen. [2]Die der Anerkennung vorausgehende Prüfung bezieht sich auf die Existenz der Waldgenossenschaft.

(3) [1]Für das Eigentum und grundstücksgleiche Rechte der kommunalen Gebietskörperschaften gelten die Bestimmungen der Thüringer Kommunalordnung (ThürKO) in der Fassung vom 28. Januar 2003 (GVBl. S. 41) in der jeweils geltenden Fassung, soweit dieses Gesetz nichts anderes bestimmt. [2]Die kommunale Gebietskörperschaft ist berechtigt, den Boden einschließlich des aufstockenden Bestandes (Waldgrundstück), soweit dieser im Eigentum der kommunalen Gebietskörperschaft steht, an die jeweilige Waldgenossenschaft abweichend von § 67 Abs. 1 Satz 2 ThürKO bei Vorliegen eines besonders wichtigen Grundes, insbesondere bei langjähriger ordnungsgemäßer Forstwirtschaft auch aufgrund altrechtlicher Nutzungsrechte der Waldgenossenschaft, unter dem vollen Wert bis zur Grenze des reinen Bodenwerts zu veräußern. [3]Falls sich die kommunale Gebietskörperschaft und die Waldgenossenschaft über den Ankauf des Waldgrundstücks durch die Waldgenossenschaft einig sind, hat ein forstlicher Gutachter ein Wertgutachten für das Waldgrundstück zu erstellen. [4]Der zuständigen Kommunalaufsicht dient dieses Gutachten als Verkaufsgrundlage. [5]Ratenzahlungen in Form einer Stundungsvereinbarung können vereinbart werden. [6]Nutzungsrechte – auch altrechtliche – von Waldgenossenschaften an Waldgrundstücken einer kommunalen Gebietskörperschaft (so genannte Interessentenwaldungen) können aufgrund einer individuellen Vereinbarung zwischen der kommunalen Gebietskörperschaft und der Waldgenossenschaft – entweder durch eine beschränkte persönliche Dienstbarkeit oder durch Abschluss einer schuldrechtlichen Nutzungsvereinbarung – dauerhaft festgelegt werden. [7]Im Gegenzug steht der kommunalen Gebietskörperschaft ein Anteil am jährlich von der Waldgenossenschaft erwirtschafteten Ergebnis zu; die kommunale Gebietskörperschaft kann mit der Waldgenossenschaft abweichend von § 67 Abs. 2 Satz 1 in Verbindung mit Abs. 1 Satz 2 ThürKO bei Vorliegen eines besonders wichtigen Grundes, insbesondere im Hinblick einer langjährigen ordnungsgemäßen Forstwirtschaft, ein Entgelt in Höhe von bis zu 20 vom Hundert des jährlichen Wirtschaftsergebnisses vereinbaren. [8]Vom Abschluss einer Dienstbarkeit oder Nutzungsvereinbarung sind Waldgenossenschaften (Interessentenwaldungen) ausgenommen, deren Nutzungsrecht im Grundbuch der jeweiligen Gemeinden eingetragen ist.

§ 41 Grundsätze der Waldbewirtschaftung

(1) [1]Die Waldgenossenschaft hat die Waldbewirtschaftung zum Wohle der Allgemeinheit sowie zum Nutzen der Mitglieder durchzuführen. [2]Die Waldgrundstücke sind nachhaltig zu bewirtschaften. [3]Die Bewirtschaftung hat den Grundsätzen ordnungsgemäßer Forstwirtschaft (§ 19) zu entsprechen.

(2) [1]Aufgrund der in Absatz 1 aufgeführten Erfordernisse einer multifunktionalen Forstwirtschaft besteht ein Zusammenhang von Nutzungskriterien/Nutzungsrechten und den Maßgaben der Forsteinrichtungsergebnisse (Periodische Planung gemäß § 20). [2]Im Übrigen gelten die Regelungen zur Bewirtschaftung des Privatwaldes (§§ 35 und 36).

(3) [1]Die Waldgrundstücke von Waldgenossenschaften gelten als Privatwaldungen im Sinne des § 4 Nr. 1. [2]Die Waldgenossenschaften ab einer Flächengröße von über 50 Hektar haben für einen Zeitrahmen von zehn Jahren einen vereinfachten Betriebsplan zu erstellen, während Waldgenossenschaften mit einer Flächengröße bis 50 Hektar einen vereinfachten Betriebsplan erstellen sollen.

§ 42 Teilung und Veräußerung

(1) [1]Die im gemeinschaftlichen Eigentum der Waldgenossenschaft stehende Waldfläche darf nicht auf die einzelnen Mitglieder aufgeteilt werden. [2]Dies gilt nicht für den Fall der Liquidation (§ 56 Abs. 3).

(2) [1]Eine Veräußerung einzelner Teilflächen ist möglich, wenn

1. für die zu veräußernde Fläche die Genehmigung zur Änderung der Nutzungsart nach § 10 erteilt ist oder
2. ein dringendes öffentliches Interesse besteht.

[2]Die Veräußerung bedarf der Genehmigung durch die untere Forstbehörde.

§ 43 Anteilberechtigung

(1) Die Berechtigung der Anteilberechtigten am Gemeinschaftsvermögen richtet sich, soweit in diesem Gesetz nichts anderes bestimmt ist, nach dem Umfang des bisherigen Anteils.

(2) [1]Die Anteile können selbstständig durch Rechtsgeschäft übertragen werden und Gegenstand besonderer Rechte sein. [2]Eine Person kann Inhaber mehrerer Anteile sein. [3]Die Teilung von Anteilen ist nur statthaft, wenn dies in der Satzung ausdrücklich vorgesehen ist; die Satzung muss in solchen Fällen die Mindestgröße des Anteils bestimmen.

(3) Für die Anteile gelten die sich auf Grundstücke beziehenden Bestimmungen des Bürgerlichen Gesetzbuchs.

§ 44 Aufgebotsverfahren

(1) Ein Anteilberechtigter kann, sofern nicht die Voraussetzungen des § 927 des Bürgerlichen Gesetzbuchs gegeben sind, mit seinem Anteil im Aufgebotsverfahren ausgeschlossen werden, wenn

1. er oder sein Aufenthaltsort der Waldgenossenschaft länger als zehn Jahre unbekannt sind und
2. er während dieser Zeit weder seine Rechte ausgeübt, noch Leistungen erbracht, noch Erklärungen abgegeben hat.

(2) [1]Antragsberechtigt ist die aus den Mitgliedern der Waldgenossenschaft bestehende Gesamthandsgemeinschaft. [2]Die zur Begründung des Antrags erforderlichen Tatsachen sind vor Einleitung des Verfahrens glaubhaft zu machen. [3]Zuständig ist das Amtsgericht, in dessen Bezirk die Waldgenossenschaft ihren Sitz hat.

(3) Mit der Rechtskraft des Ausschließungsbeschlusses wächst der Anteil der aus den Mitgliedern der Waldgenossenschaft bestehenden Gesamthandsgemeinschaft zu.

§ 45 Mitgliedschaft

[1]Mitglieder der Waldgenossenschaft können nur die Grundstückseigentümer oder die Inhaber eines Nutzungsrechts an der Waldbewirtschaftung der jeweils betroffenen Grundstücke sein. [2]Mitglieder können natürliche oder andere juristische Personen sein.

§ 46 Satzung

(1) Die Waldgenossenschaft hat sich eine Satzung zu geben, in der die Rechtsverhältnisse der Waldgenossenschaft im Rahmen dieses Gesetzes zu regeln sind.

(2) Die Satzung muss den Namen und den Sitz der Waldgenossenschaft angeben und mindestens Regelungen enthalten über

1. die Verwaltung und Vertretung der Waldgenossenschaft,
2. die Einberufung, Vertretung und Beschlussfassung der Mitgliederversammlung,
3. die Wahl, Wahlperiode und Beschlussfassung des Vorstands,
4. die Rechte und Pflichten der Mitglieder im Verhältnis ihrer Anteilberechtigung,
5. das Haushaltswesen sowie die Rechnungsführung,
6. die Aufnahme von Darlehen und
7. die Grundstücke unter Beachtung von § 28 der Grundbuchordnung in der Fassung vom 26. Mai 1994 (BGBl. I S. 1114) in der jeweils geltenden Fassung.

(3) [1]Satzungsänderungen sind der obersten Forstbehörde zur Genehmigung vorzulegen. [2]Die Genehmigung ist zu erteilen, sofern die Satzung den Bestimmungen dieses Gesetzes entspricht.

§ 47 Organe

Organe der Waldgenossenschaft sind die Mitgliederversammlung und der Vorstand.

§ 48 Mitgliederversammlung

(1) [1]Die Mitgliederversammlung ist vom Vorstand mindestens einmal im Jahr einzuberufen. [2]Sie ist darüber hinaus einzuberufen, wenn dies von mindestens einem Fünftel der Mitglieder schriftlich unter Angabe des Grundes verlangt wird. [3]Die Mitgliederversammlung wählt aus ihrer Mitte den Vorstand und den Vorsitzenden und beschließt über

1. die Satzung und Satzungsänderungen,
2. die Verfolgung von Rechtsansprüchen gegen Mitglieder des Vorstands,
3. die Höhe aufzunehmender Darlehen vorbehaltlich § 46 Abs. 2 Nr. 6,
4. die Anstellung eigener forstlicher Fachkräfte oder den Abschluss eines Vertrags zur Durchführung des forsttechnischen Betriebs mit der unteren Forstbehörde,
5. die Regelung der Jagdnutzung in einem Eigenjagdbezirk,
6. die Festsetzung der Höhe einer Aufwandsentschädigung für den Vorstand,
7. die Abberufung des Vorstands oder einzelner Mitglieder,
8. die Genehmigung zur Verteilung von Gewinn und Verlust sowie des Jahresabschlusses und des Jahresvoranschlags,
9. die Verfügung über Grundstücke und dingliche Rechte sowie die Verpflichtung zu solchen Verfügungen,
10. die Durchführung des Betriebs- und Wirtschaftsplans,
11. sämtliche Angelegenheiten, die nicht zu den Aufgaben des Vorstands gehören und die ihr nach der Satzung ausdrücklich zugewiesen sind.

(2) [1]Zur Teilnahme an der Mitgliederversammlung sind die Mitglieder oder ihre gesetzlichen Vertreter berechtigt. [2]Die Satzung kann bestimmen, dass sie sich auch durch andere Personen vertreten lassen können. [3]Vertritt ein Bevollmächtigter mehr als einen Anteilberechtigten, so darf er nicht mehr als zwei Fünftel aller Stimmen vertreten. [4]Die Vollmacht bedarf der Schriftform.

(3) [1]Den Vorsitz in der Mitgliederversammlung führt der Vorsitzende des Vorstands oder sein Stellvertreter. [2]Soweit in der Satzung nichts anderes bestimmt ist, lädt der Vorsitzende oder sein Stellvertreter zur Mitgliederversammlung mit einer Frist von mindestens zwei Wochen unter Bekanntgabe der Tagesordnung ein.

(4) [1]Die Mitgliederversammlung ist beschlussfähig, wenn alle Mitglieder ordnungsgemäß geladen wurden und mehr als die Hälfte in der Versammlung erschienen oder vertreten sind. [2]Ist die Mitgliederversammlung nicht beschlussfähig, ist eine weitere innerhalb von einem Monat einzuberufen. [3]Diese ist ohne Rücksicht auf die Zahl der in ihr vertretenen Stimmen beschlussfähig; Absatz 5 Satz 4 bleibt unberührt.

(5) [1]Das Stimmrecht der einzelnen Mitglieder wird nach ihrer Anteilberechtigung an der Gesamthandsgemeinschaft bestimmt. [2]Jedes Mitglied muss mindestens eine Stimme haben. [3]Soweit in diesem Gesetz und in der Satzung nichts anderes bestimmt ist, beschließt die Mitgliederversammlung mit der Mehrheit der abgegebenen Stimmen. [4]Die Satzung oder eine Änderung der Satzung ist von der Mitgliederversammlung mit einer Mehrheit von zwei Dritteln aller Stimmen der Mitglieder zu beschließen. [5]Konnte die Mitgliederversammlung die Satzung oder eine Satzungsänderung deswegen nicht beschließen, weil die erforderliche Mehrheit nicht anwesend oder vertreten war, so kann innerhalb eines Monats eine weitere Mitgliederversammlung stattfinden, die über die Satzung oder Satzungsänderung mit einer Mehrheit von zwei Dritteln der Stimmen der anwesenden oder vertretenen Mitglieder beschließt.

§ 49 Vorstand

(1) [1]Soweit die Satzung nichts anderes bestimmt, besteht der Vorstand aus dem Vorsitzenden und zwei weiteren Mitgliedern. [2]Die Satzung kann bestimmen, dass der Vorstand nur aus einem Mitglied (Vorsteher) besteht. [3]Abweichend von § 48 Abs. 1 Satz 3 ist in den Vorstand einer Waldgenossenschaft, bei der die Gemeinde Bodeneigentümerin ist, auf Verlangen der Gemeinde der Bürgermeister oder ein Bediensteter der Gemeindeverwaltung/Verwaltungsgemeinschaft aufzunehmen. [4]In der Eigenschaft als kooptiertes Vorstandsmitglied hat er kein Stimmrecht. [5]Für Waldgenossenschaften, deren Nutzungsrechte vor dem 1. Januar 2008 im Grundbuch aufgeführt sind, besteht diese Verpflichtung nach

Satz 3 nicht; die Aufnahme eines Vorstandsmitgliedes nach Satz 3 und 4 kann jedoch auch ohne rechtliche Verpflichtung erfolgen.

(2) [1]Dem Vorstand obliegt die Führung der laufenden Geschäfte sowie nach Maßgabe der Gesetze, der Satzung und der Beschlüsse der Mitgliederversammlung die übrige Verwaltung der Waldgenossenschaft. [2]Er ist für die ordnungsgemäße Bewirtschaftung des Genossenschaftswaldes nach § 41 verantwortlich.

(3) [1]Der Vorstand vertritt die Waldgenossenschaft gerichtlich und außergerichtlich. [2]Die oberste Forstbehörde bestätigt auf Antrag durch eine Bescheinigung die Vertretungsberechtigung des Vorstands, sofern die Voraussetzungen seiner ordnungsgemäßen Wahl nachgewiesen werden.

§ 50 Haftung

Für Verbindlichkeiten der Waldgenossenschaft haftet diese nur mit dem Gemeinschaftsvermögen ihrer Mitglieder.

§ 51 Lagerbuch

[1]Die Waldgenossenschaft hat ein Lagerbuch anzulegen und fortzuführen. [2]Das Lagerbuch enthält mindestens Angaben über den Umfang und Inhalt der einzelnen Anteile und die Berechtigten. [3]Sofern zum Gemeinschaftsvermögen Grundstücke gehören, sind deren katastermäßige Bezeichnung, die Größe und die Art der Nutzung anzugeben. [4]Das Lagerbuch ist den zu staatlichen Aufsichtsmaßnahmen befugten Behörden im Rahmen der Wahrnehmung ihrer Aufgaben auf deren Verlangen vorzulegen.

§ 52 Gründung von Waldgenossenschaften

(1) [1]Eigentümer von wesentlich zusammenhängenden Waldgrundstücken können zum Zwecke der gemeingemeinschaftlichen Bewirtschaftung eine Waldgenossenschaft gründen. [2]Sofern für bisher nicht forstwirtschaftlich genutzte Flächen eine Genehmigung zur Erstaufforstung nach § 21 Abs. 1 vorliegt, können auch Eigentümer dieser Flächen eine Waldgenossenschaft gründen.

(2) [1]Der Antrag zur Gründung einer Waldgenossenschaft ist von allen Eigentümern bei der unteren Forstbehörde zu stellen. [2]Sofern die Voraussetzungen nach Absatz 1 vorliegen und sonstige Gründe nicht entgegenstehen, leitet die untere Forstbehörde das Gründungsverfahren ein. [3]Das Gründungsverfahren umfasst die Aufstellung eines Satzungsentwurfs sowie die Einberufung der Gründungsversammlung.

(3) [1]Die Waldgenossenschaft entsteht mit der Genehmigung der Satzung durch die oberste Forstbehörde. [2]Die oberste Forstbehörde stellt die Satzung mit dem Genehmigungsvermerk dem Vorstand der Waldgenossenschaft zu.

(4) [1]Mit der Entstehung der Waldgenossenschaft geht das Eigentum an den eingebrachten Grundstücken auf die Mitglieder zur gesamten Hand als Gemeinschaftsvermögen über. [2]Die Anteile der Mitglieder an diesem Gemeinschaftsvermögen bestimmen sich nach dem forstlichen Ertragswert der einzelnen Grundstücke im Verhältnis zum Wert aller eingebrachten Grundstücke, soweit die Satzung nichts anderes bestimmt.

§ 53 Gründungsversammlung

(1) [1]Die untere Forstbehörde lädt zur Gründungsversammlung mit einer Frist von mindestens vier Wochen unter Beifügung eines Satzungsentwurfs ein. [2]Die Einladungen sind den Eigentümern, die die Gründung der Waldgenossenschaft beantragt haben, zuzustellen.

(2) [1]Die beteiligten Eigentümer können sich vertreten lassen. [2]Ein Vertreter darf nicht mehr als zwei der beteiligten Eigentümer vertreten. [3]Der Vertreter muss eine schriftliche Vollmacht vorlegen.

(3) [1]Die Stimmabgabe der beteiligten Eigentümer zur Bildung der Waldgenossenschaft und zum Mindestinhalt der Satzung kann durch eine schriftliche Erklärung gegenüber der unteren Forstbehörde ersetzt werden. [2]Die schriftliche Erklärung kann nur bis zum letzten Tag vor der Gründungsversammlung bei der unteren Forstbehörde widerrufen werden.

(4) Auf den Inhalt der Absätze 2 und 3 ist in der Einladung zur Gründungsversammlung hinzuweisen.

(5) [1]Die Gründungsversammlung ist beschlussfähig, wenn sämtliche Eigentümer, die die Gründung der Waldgenossenschaft beantragt haben, erschienen oder vertreten sind oder durch eine schriftliche Erklärung ihre Stimmabgabe ersetzt haben. [2]Die Gründung der Waldgenossenschaft ist beschlossen, wenn unter Berücksichtigung der abgegebenen schriftlichen Erklärungen sämtliche der erschienenen oder vertretenen Eigentümer der Gründung zustimmen. [3]Die Zustimmung zur Gründung der Waldgenossenschaft schließt die Zustimmung zum Mindestinhalt der Satzung ein.

(6) [1]Ist die Gründung der Waldgenossenschaft beschlossen, so wählt die Gründungsversammlung den Vorstand und dessen Vorsitzenden mit der Mehrheit der Stimmen der anwesenden oder vertretenen Mitglieder. [2]Mit der Wahl des Vorstands und dessen Vorsitzenden sind die Aufgaben der unteren Forstbehörde im Hinblick auf das Gründungsverfahren abgeschlossen.

(7) [1]Der Vorsitzende des Vorstands lässt über den zusätzlichen Inhalt der Satzung unter Berücksichtigung von Anträgen aus der Gründungsversammlung abstimmen, es sei denn, die Gründungsversammlung beschließt mit der Mehrheit der Stimmen der anwesenden oder vertretenen Mitglieder, diese Abstimmung in einer späteren Versammlung durchzuführen. [2]Diese Versammlung muss innerhalb eines Monats stattfinden. [3]Sie beschließt mit einer Mehrheit von zwei Dritteln der Stimmen der anwesenden oder vertretenen Mitglieder.

(8) [1]Über die Verhandlungen und Beschlüsse der Gründungsversammlung hat die untere Forstbehörde eine Niederschrift anzufertigen, die von dem Vorsitzenden und dem an der Gründungsversammlung beteiligten Vertreter der unteren Forstbehörde zu unterzeichnen und mit dem Siegel der unteren Forstbehörde zu versehen ist. [2]Der Niederschrift sind die schriftlichen Erklärungen nach Absatz 3 als Anlage beizufügen.

(9) Der Vorsitzende des Vorstands legt die beschlossene Satzung unter Beifügung der Niederschrift der obersten Forstbehörde zur Genehmigung vor.

§ 54 Grundbuch

(1) [1]Zum Gemeinschaftseigentum der Mitglieder einer Waldgenossenschaft gehörende Grundstücke sind im Grundbuch in der Weise einzutragen, dass sie der aus den Mitgliedern der namentlich zu bezeichnenden Waldgenossenschaft gebildeten Gesamthandsgemeinschaft zustehen. [2]Eine namentliche oder zahlenmäßige Eintragung der Mitglieder der Waldgenossenschaft und ihrer Anteile erfolgt nicht.

(2) Die oberste Forstbehörde ist auf Antrag der Waldgenossenschaft befugt, das Grundbuchamt um Eintragungen, Löschungen und Berichtigungen zu ersuchen.

§ 54a Anteilsblätter

(1) [1]Über die Anteile der Mitglieder einer Waldgenossenschaft an der Gesamthandsgemeinschaft werden auf Ersuchen der obersten Forstbehörde oder auf Antrag eines Antragsberechtigten Anteilsblätter angelegt, für deren Anlegung und Führung die allgemeinen grundbuch- und kostenrechtlichen Bestimmungen entsprechend gelten, soweit sich nicht aus diesem Gesetz etwas anderes ergibt; das Anteilsblatt ist für den Anteil als Grundbuch im Sinne des Bürgerlichen Gesetzbuches anzusehen. [2]Im Übrigen gilt § 54 Abs. 2 für Eintragungen, Löschungen und Berichtigungen in den Anteilsblättern entsprechend.

(2) [1]Anteilsblätter sind unter Angabe des Namens und des Sitzes der Waldgenossenschaft als solche zu bezeichnen; Anteilsblätter zu derselben Waldgenossenschaft sollen fortlaufende Nummern erhalten. [2]In das Bestandsverzeichnis des Anteilsblatts ist die Höhe des Anteils an der Gesamthandsgemeinschaft unter namentlicher Bezeichnung der Waldgenossenschaft aufzunehmen. [3]Soweit das Ersuchen ausweist, dass ein Anteilsinhaber nicht zu ermitteln ist, ist der letzte bekannte Anteilsinhaber einzutragen und als solcher zu bezeichnen.

(3) Bei der Bildung eines Briefs über ein Grundpfandrecht an einem Anteil an der Gesamthand ist kenntlich zu machen, dass der belastete Gegenstand ein Anteil an einer Gesamthandsgemeinschaft ist.

(4) [1]Die Anlegung und Führung der Anteilsblätter obliegt den Grundbuchämtern bei den Amtsgerichten. [2]Örtlich zuständig für die Führung der Anteilsblätter ist das Amtsgericht am Sitz der Waldgenossenschaft.

§ 54b Mitwirkung der Waldgenossenschaft

(1) [1]Die Waldgenossenschaften sind verpflichtet, auf Verlangen der obersten Forstbehörde als Textdatei zu erstellen:

1. ein Verzeichnis der zur Gesamthand gehörenden Grundstücke (Bestandsverzeichnis);
2. ein Verzeichnis der Mitglieder der Gesamthand mit Namen, Anschrift, Geburtsdatum und der Höhe des jeweiligen Anteils (Anteilsverzeichnis).

[2]Ist der Inhaber eines Anteils nicht zu ermitteln, ist dies in dem Verzeichnis mit dem Vermerk „unbekannter Inhaber“ unter Benennung des letzten bekannten Anteilsinhabers auszuweisen.

(2) [1]Die Waldgenossenschaft hat die Verzeichnisse vor der Übermittlung an die oberste Forstbehörde für die Dauer von vier Wochen zur Einsichtnahme durch ihre Mitglieder und sonstige Personen, die ein berechtigtes Interesse an der Einsichtnahme haben, auszulegen. [2]Die Auslegung des Verzeichnisses ist unter Hinweis auf die Auslegungsfrist, die Möglichkeit zur Geltendmachung von Einwendungen und darauf, dass das Verzeichnis die Grundlage eines Eintragungsersuchens der obersten Forstbehörde bei neu anzulegenden Anteilsblättern bilden kann, in ortsüblicher Weise und im Amtsblatt des Landkreises öffentlich bekanntzumachen. [3]Zudem ist das Anteilsverzeichnis mit den vorgenannten Hinweisen spätestens mit Beginn der Auslegung den bekannten Mitgliedern der Waldgenossenschaft zu übermitteln, soweit diese nicht auf eine Übermittlung verzichten. [4]Nach Ablauf der Auslegungsfrist übermittelt die Waldgenossenschaft die Verzeichnisse an die oberste Forstbehörde, wenn gegen die Verzeichnisse keine Einwendungen geltend gemacht wurden. [5]Wurden Einwendungen geltend gemacht, wirkt die Waldgenossenschaft auf die Beilegung der Einwendungen hin und legt die Verzeichnisse der obersten Forstbehörde vor, sobald keine Einwendungen mehr fortbestehen. [6]Die oberste Forstbehörde kann die Verzeichnisse als Grundlage für Ersuchen an das Grundbuchamt verwenden.

§ 55 Auflösung von Waldgenossenschaften

(1) Eine Waldgenossenschaft ist aufgelöst, wenn sich alle Anteile in der Hand eines Anteilberechtigten befinden.

(2) Eine Waldgenossenschaft ist aufzulösen, wenn keine Waldgrundstücke mehr zum Gemeinschaftsvermögen gehören und ihr auch keine Nutzungsbefugnisse an Grundstücken Dritter zustehen.

(3) Eine Waldgenossenschaft kann aufgelöst werden, wenn die Mitgliederversammlung mit einer Mehrheit von drei Vierteln aller Stimmen, die zugleich mehr als zwei Drittel der zusammenhängenden Flächen halten, die Auflösung der Waldgenossenschaft beschließt.

§ 56 Auflösungsverfahren

(1) [1]Die oberste Forstbehörde stellt die Auflösung der Waldgenossenschaft im Falle des § 55 Abs. 1 und 2 in einem Bescheid fest. [2]Der Bescheid ist im Falle des § 55 Abs. 1 dem Mitglied, im Falle des § 55 Abs. 2 der Waldgenossenschaft zuzustellen. [3]Nach Eintritt der Bestandskraft des Bescheids hat die oberste Forstbehörde die Auflösung in den betroffenen Gemeinden ortsüblich bekannt zu machen.

(2) [1]Die Auflösung der Waldgenossenschaft nach § 55 Abs. 3 ist unter Darlegung der Voraussetzungen von der Waldgenossenschaft bei der obersten Forstbehörde zu beantragen. [2]Liegen die Voraussetzungen für eine Auflösung vor, so erlässt die oberste Forstbehörde einen Bescheid. [3]Der Bescheid ist der Waldgenossenschaft zuzustellen. [4]Nach Eintritt der Bestandskraft des Bescheids hat die oberste Forstbehörde die Auflösung in den betroffenen Gemeinden ortsüblich bekannt zu machen.

(3) Im Falle der Auflösung bestellt die oberste Forstbehörde zur Abwicklung der verbleibenden Rechtsgeschäfte einen Liquidator; § 49 des Bürgerlichen Gesetzbuchs gilt sinngemäß.

§ 57 Aufsichtsbehörden

Sofern in diesem Gesetz nichts anderes bestimmt ist, wird die Aufsicht über die Waldgenossenschaft von der örtlich zuständigen unteren Forstbehörde ausgeübt.

Neunter Teil

Aufgaben und Organisation der Landesforstverwaltung

§ 58 Forstliche Fachkräfte

(1) Der Staats- und Körperschaftswald ist durch qualifiziertes Personal zu bewirtschaften.

(2) [1]Die ordnungsgemäße Ausführung der Betriebspläne nach § 20 Abs. 2 ist im Privatwald durch Personal mit angemessener forstlicher Ausbildung sicherzustellen. [2]Über die Angemessenheit der Ausbildung entscheidet die oberste Forstbehörde im Benehmen mit dem Landesforstausschuss. [3]Forstliches Leitungspersonal eines Körperschaftsforstamts nach § 33 Abs. 4 und eines Privatforstamts nach § 28 Abs. 2 muss die Befähigung für den höheren Forstdienst oder eine vergleichbare fachliche Qualifikation nachweisen. [4]Revierleiter im Staats- und Körperschaftswald müssen die Befähigung für den gehobenen Forstdienst nachweisen. [5]Ist eine ordnungsgemäße Waldbewirtschaftung infolge der Beschäftigung nicht ausreichend qualifizierten Personals nicht sichergestellt, kann die oberste Forstbehörde die Beschäftigung einer Fachkraft anordnen, die die erforderliche Qualifikation besitzt.

(3) Das Land ermöglicht die Aus- und Fortbildung forstlicher Bediensteter aller Waldeigentumsarten.

(4) [1]Die oberste Forstbehörde bestimmt durch Verwaltungsvorschrift im Einvernehmen mit dem für Finanzen zuständigen Ministerium das Nähere über die Dienstkleidung der Forstbeamten und -angestellten. [2]Dies gilt auch für das von der Landesforstanstalt, Körperschaften oder Privatwaldbesitzern angestellte Forstpersonal.

§ 59 Forstbehörden

(1) Forstbehörden nach diesem Gesetz sind:

1. das für Forstwirtschaft zuständige Ministerium als oberste Forstbehörde,
2. die Landesforstanstalt als untere Forstbehörde.

(2) [1]Die Landesforstanstalt teilt das gesamte Landesgebiet in staatliche Forstamtsbezirke (Forstämter) und diese in Forstbetriebsbezirke (Forstreviere) ein. [2]Bei der Einteilung der Forstbetriebsbezirke sind die Anliegen der Vertreter der betroffenen Waldbesitzarten soweit wie möglich zu berücksichtigen. [3]Bundes-, Körperschafts- und Privatforstämter, deren Leiter die Befähigung für den höheren Forstdienst oder eine fachlich gleichwertige Befähigung haben, werden nicht in die staatlichen Forstamtsbezirke eingegliedert. [4]Die Einteilung der Forstbetriebsbezirke erfolgt in Abstimmung mit den Waldbesitzern.

(3) [1]Die Forstbehörden sind in ihrem Dienstbereich für die Öffentlichkeitsarbeit, insbesondere für die Waldpädagogik als waldbezogene Bildungs- und Erziehungsarbeit, zuständig. [2]Dabei sind in besonderem Maße die Belange behinderter Menschen zu berücksichtigen. [3]Die Forstbehörden informieren auf der jeweiligen Ebene über die Bedeutung des Waldes und der Forstwirtschaft und vermitteln zwischen dem Anliegen der Erhaltung und dem Schutz des Waldes (§ 19) und den gesellschaftlichen Bedürfnissen.

(4) Soweit im Gesetz nicht anders bestimmt, ist die untere Forstbehörde für die Durchführung dieses Gesetzes und der aufgrund dieses Gesetzes erlassenen Rechtsverordnungen zuständig.

(5) [1]Kommt bei Verwaltungsentscheidungen, für die das Einvernehmen zwischen der unteren Forstbehörde und anderen Fachbehörden gesetzlich vorgeschrieben ist, dieses Einvernehmen nicht zustande, so entscheidet die oberste Forstbehörde im Benehmen mit der jeweils zuständigen obersten Landesbehörde.

§ 60 *[aufgehoben]*

§ 61 Landesforstausschuss

(1) [1]Bei der obersten Forstbehörde wird ein Landesforstausschuss gebildet. [2]Den Vorsitz im Landesforstausschuss führt der für Forsten zuständige Minister oder ein von ihm Beauftragter.

(2) [1]Der Landesforstausschuss setzt sich aus berufenen Vertretern aller Waldeigentumsarten zusammen. [2]Dem Landesforstausschuss gehören fünf Vertreter des Staats-, vier Vertreter des Körperschafts- und sechs Vertreter des Privatwaldes an. [3]Je ein Teilnehmer der verschiedenen Waldeigentumsformen soll ein Arbeitnehmer sein. [4]Die Berufung der Mitglieder und je eines Stellvertreters erfolgt durch die oberste Forstbehörde auf Vorschlag der Waldbesitzerverbände, der kommunalen Spitzenverbände und der Arbeitnehmervertretungen.

(3) [1]Der Landesforstausschuss berät die oberste Forstbehörde. [2]Er hat das Recht, zu allen Themen, die den Wald und die Forstwirtschaft betreffen, zu beraten. [3]Bei der Vorbereitung entsprechender Rechtsvorschriften und Rahmenfestlegungen soll der Landesforstausschuss gehört werden.

(4) [1]Die Amtszeit des Landesforstausschusses beträgt vier Jahre. [2]Der Landesforstausschuss gibt sich eine Geschäftsordnung und tritt mindestens einmal jährlich zusammen. [3]Auf Verlangen der Mehrheit der Mitglieder ist jeweils eine zusätzliche Sitzung einzuberufen. [4]Die Kosten für den Landesforstausschuss trägt die oberste Forstbehörde.

§ 62 Forstaufsicht

(1) [1]Forstaufsicht ist die hoheitliche Tätigkeit, die das Land im Sinne dieses Gesetzes ausübt. [2]Die Forstaufsicht hat die Durchführung der forstgesetzlichen Vorschriften sicherzustellen und ist so zu handhaben, dass der Wille der Waldbesitzer zu verantwortungsbewusster Mitarbeit an der Verwirklichung der gesetzlichen Ziele geweckt und gefördert und das Verständnis der Bevölkerung für die grundlegende Bedeutung des Waldes und die Belange der Waldbesitzer vertieft wird. [3]Die Forstaufsicht wird von der unteren Forstbehörde ausgeübt. [4]Für Bundes-, Körperschafts- und Privatforstämter obliegt die Forstaufsicht der obersten Forstbehörde.

(2) Die Forstbehörden haben
1. darüber zu wachen, dass die Vorschriften dieses Gesetzes und anderer der Erhaltung des Waldes und der Sicherung der Forstwirtschaft dienenden Rechtsvorschriften beachtet werden,
2. Zuwiderhandlungen gegen diese Rechtsvorschriften zu verhüten und zu unterbinden und
3. die in diesen Rechtsvorschriften vorgesehenen Maßnahmen zu treffen.

(3) [1]Die Angehörigen der Forstbehörden dürfen in Ausübung ihrer Tätigkeit den Wald jeder Eigentumsart betreten. [2]Die Beauftragten der Forstbehörden sind befugt, zur Durchführung der Aufgaben nach § 5 den Wald jeder Eigentumsart zu betreten. [3]Der Waldbesitzer ist verpflichtet, den Forstbehörden alle zum Vollzug dieses Gesetzes erforderlichen Auskünfte zu erteilen und den Bediensteten hierzu Einsicht in die Unterlagen zu gewähren.

§ 63 Eingriffsbefugnisse

(1) [1]Verstößt ein Waldbesitzer gegen die ihm durch dieses Gesetz auferlegten Pflichten zur Abwendung von Gefahren für den Wald, kann die untere Forstbehörde die notwendigen Anordnungen treffen. [2]Wird dieser Anordnung nicht Folge geleistet, können Verwaltungszwangsmaßnahmen getroffen werden.

(2) Die Bestimmungen der Thüringer Kommunalordnung bleiben hiervon unberührt.

§ 64 Forstschutz

(1) Der Forstschutz umfasst die Aufgabe, Gefahren, die dem Wald und allen seinen Funktionen dienenden Einrichtungen drohen, abzuwehren und Störungen zu beseitigen sowie rechtswidrige Handlungen zu verfolgen, die eine Ordnungswidrigkeit im Sinne des § 66 oder einen sonstigen, auf den Schutz des Waldes oder seiner Einrichtung gerichteten Straf- oder Bußgeldtatbestand verwirklichen.

(2) [1]Der Forstschutz obliegt den Forstschutzbeauftragten. [2]Sie werden bei Bedarf von den Polizeibehörden des Landes unterstützt.

(3) [1]Forstschutzbeauftragte sind
1. die zu Ermittlungspersonen der Staatsanwaltschaft erklärten, im Revierdienst tätigen Forstbediensteten der Landesforstanstalt sowie der Gemeinden und der anderen Körperschaften des öffentlichen Rechts (Forstschutzbeauftragte kraft Amtes) und
2. die Waldbesitzer oder die von ihnen beauftragten Personen, wenn eine amtliche Bestätigung durch die untere Forstbehörde vorliegt (Forstschutzbeauftragte kraft Bestätigung).

[2]Näheres über das amtliche Bestätigungsverfahren bestimmt die untere Forstbehörde.

§ 65 Zusammenwirken von Forstbehörden und Naturschutzbehörden bei Naturschutzmaßnahmen

[1]Die Forst- und Naturschutzbehörden arbeiten eng zusammen, um die Funktionsfähigkeit des Naturhaushalts, die Nutzungsfähigkeit der Naturgüter, die Pflanzen- und Tierwelt zu erhalten sowie die Voraussetzungen für die Erholung des Menschen in der Natur nachhaltig zu sichern. [2]Die Forst- und Naturschutzbehörden stimmen sich unter Wahrung der eigenen Kompetenzen gegenseitig ab und koordinieren die durchzuführenden Maßnahmen.

Zehnter Teil
Bußgeldvorschriften

§ 66 Bußgeldvorschriften

(1) Ordnungswidrig handelt, wer vorsätzlich oder fahrlässig
1. dem grundsätzlichen Verbot des § 6 Abs. 6 Satz 2, dem Verbot des § 6 Abs. 7 oder einem aufgrund des § 6 Abs. 4 oder 8 erlassenen Verbot, auch in Verbindung mit § 12 Abs. 6 Satz 1, zuwiderhandelt,
2. den Bestimmungen des § 6 Abs. 2 Satz 2, Abs. 5, 6 Satz 1 oder 3 bis 5 oder Abs. 8 Satz 2 zuwiderhandelt,
3. entgegen § 10 Abs. 1 Satz 1 oder 3 Wald ohne vorherige Genehmigung in eine andere Nutzungsart umwandelt oder nach § 10 Abs. 3 Satz 1 der Pflicht zur Ausgleichsaufforstung nicht oder nicht rechtzeitig nachkommt,
4. einer vollziehbaren Anordnung nach § 10 Abs. 3 Satz 3 nicht oder nicht rechtzeitig nachkommt,

5. als Waldbesitzer die nach § 11 Abs. 2 erforderlichen Meldungen nicht oder nicht umgehend erstattet,
6. entgegen § 11 Abs. 4 Satz 2 Einzäunungen nicht beseitigt oder entgegen § 11 Abs. 6 und 7 Satz 1 Komposte im Wald ohne Genehmigung verwendet,
7. einer zur Verhütung oder Bekämpfung eines Waldbrandes erlassenen vollziehbaren Anordnung nach § 12 Abs. 1 Satz 1 zuwiderhandelt,
8. den Waldbrandschutzbestimmungen des § 12 Abs. 2, 3 oder 6 zuwiderhandelt,
9. entgegen § 12 Abs. 7 die angeordneten Waldbrandschutzmaßnahmen nicht durchführt,
10. entgegen § 13 Abs. 1 andere, nicht der Waldbewirtschaftung dienende Gegenstände oder Stoffe im Wald lagert, zurücklässt oder einleitet,
11. forstliche Nebennutzungen ohne die nach § 15 Abs. 1 Satz 1 erforderliche Erlaubnis durchführt oder einer vollziehbaren Anordnung nach § 15 Abs. 1 Satz 3 zuwiderhandelt,
12. Waldfrüchte oder oberirdische Pflanzenteile ohne die nach § 15 Abs. 3 Satz 2 erforderliche Genehmigung sammelt,
13. dem Verbot der Streunutzung oder Waldweide nach § 15 Abs. 5 Satz 1 zuwiderhandelt oder ohne die nach § 15 Abs. 5 Satz 2 erforderliche Ausnahmegenehmigung betreibt,
14. entgegen § 20 Abs. 1 und 2 keine Pläne erstellt,
15. der Verpflichtung zur Einhaltung eines höchstzulässigen Hiebsatzes zuwiderhandelt,
16. der Durchführung von Plänen gemäß § 20 Abs. 4 zuwiderhandelt,
17. entgegen § 21 Abs. 1 eine Erstaufforstung ohne vorherige Genehmigung durchführt oder einer Auflage nach § 21 Abs. 1 Satz 3 zuwiderhandelt,
18. der Pflicht zur Wiederaufforstung nach § 23 nicht oder nicht rechtzeitig nachkommt,
19. einer Nutzungsbeschränkung des § 24 Abs. 2 Satz 1 oder Auflagen nach § 24 Abs. 3 Satz 5 zuwiderhandelt oder einen Kahlschlag nach § 24 Abs. 5 ohne Genehmigung vornimmt oder Auflagen nicht erfüllt,
20. forstwirtschaftliche Wegebaumaßnahmen nicht oder nicht rechtzeitig nach § 25 Abs. 2 anzeigt oder ohne Genehmigung der Forstbehörde sonstige bauliche Anlagen nach § 25 Abs. 4 im Wald errichtet oder als Waldbesitzer ihre Errichtung zulässt,
21. bei der Errichtung von Gebäuden einen Abstand von mindestens 30 Metern zum Wald nach § 26 Abs. 5 nicht einhält,
22. Pflanzenschutzmittel entgegen § 26 Abs. 6 ausbringt,
23. einer vollziehbaren Anordnung nach § 63 Abs. 1 Satz 1 nicht, nicht rechtzeitig oder nicht vollständig nachkommt.

(2) Ordnungswidrigkeiten nach Absatz 1 Nr. 1, 2, 6, 7, 8, 11, 12, 13, 14, 15, 16 und 21 können mit Geldbuße bis zu zweitausendfünfhundert Euro, Ordnungswidrigkeiten nach Absatz 1 Nr. 4, 5, 10, 18, 20, 22 und 23 mit Geldbuße bis zu zwölftausendfünfhundert Euro und Ordnungswidrigkeiten nach Absatz 1 Nr. 3, 9, 17 und 19 mit Geldbuße bis zu fünfundzwanzigtausend Euro geahndet werden.

(3) Ist eine Ordnungswidrigkeit nach Absatz 1 Nr. 3 oder 19 begangen worden, kann das verbotswidrig geschlagene Holz eingezogen werden.

(4) Zuständige Bußgeldbehörde für die Verfolgung und Ahndung von Ordnungswidrigkeiten nach Absatz 1 ist die untere Forstbehörde.

(5) Kann in einem Bußgeldverfahren wegen eines Verstoßes gegen die Bestimmungen des § 6 Abs. 3 Satz 2 oder 5 oder Abs. 6 Satz 1 oder 3 Nr. 1 gegen denjenigen, der den Verstoß begangen hat, nicht vor Eintritt der Verfolgungsverjährung ermittelt werden oder würde die Ermittlung einen unangemessenen Aufwand erfordern, so werden dem Halter des zur Begehung der Ordnungswidrigkeit verwendeten Fahrzeuges oder Pferdes die Kosten und Auslagen des Verfahrens auferlegt.

Elfter Teil
Schlussbestimmungen

§ 67 Evaluierung

Die Landesregierung legt dem Landtag bis zum 31. Dezember 2023 einen Bericht über das Ergebnis der Evaluierung über einen notwendigen Anpassungs- oder Änderungsbedarf von § 10 Abs. 1 Satz 2 vor. Evaluierungsauftrag ist insbesondere, ob die Ausbauziele für die erneuerbaren Energien auch künftig ohne die Nutzung von Waldflächen für Windenergieanlagen erreicht werden können.

§ 68 Gleichstellungsbestimmung
Status- und Funktionsbezeichnungen in diesem Gesetz gelten jeweils in männlicher und weiblicher Form.

§ 69 (Inkrafttreten)

Thüringer Umweltinformationsgesetz[1)]

Vom 10. Oktober 2006 (GVBl. S. 513)
(55-7)
zuletzt geändert durch Art. 1 Erstes ÄndG vom 28. Juni 2017 (GVBl. S. 158)

Nichtamtliche Inhaltsübersicht

Erster Abschnitt
Allgemeine Bestimmungen

§ 1 Zweck des Gesetzes; Anwendungsbereich
§ 2 Begriffsbestimmungen

Zweiter Abschnitt
Informationszugang auf Antrag

§ 3 Anspruch auf Zugang zu Umweltinformationen
§ 4 Antrag und Verfahren
§ 5 Ablehnung des Antrags
§ 6 Rechtsschutz
§ 7 Unterstützung des Zugangs zu Umweltinformationen

Dritter Abschnitt
Ablehnungsgründe

§ 8 Schutz öffentlicher Belange
§ 9 Schutz privater Belange

Vierter Abschnitt
Verbreitung von Umweltinformationen

§ 10 Unterrichtung der Öffentlichkeit
§ 11 Umweltzustandsbericht

Fünfter Abschnitt
Schlussbestimmungen

§ 12 Verwaltungskosten
§ 13 Inkrafttreten

Der Landtag hat das folgende Gesetz beschlossen:

Erster Abschnitt
Allgemeine Bestimmungen

§ 1 Zweck des Gesetzes; Anwendungsbereich

(1) Zweck dieses Gesetzes ist es, den rechtlichen Rahmen für den Zugang zu Umweltinformationen bei informationspflichtigen Stellen sowie für die Verbreitung dieser Umweltinformationen zu schaffen.

(2) Dieses Gesetz gilt für

1. das Land, die Landkreise, die Gemeinden und Gemeindeverbände,
2. juristische Personen des öffentlichen Rechts, die der Aufsicht des Landes oder einer Gebietskörperschaft unterliegen sowie
3. natürliche und juristische Personen des Privatrechts, die der Kontrolle einer oder mehrerer der in den Nummern 1 oder 2 genannten juristischen Personen des öffentlichen Rechts unterliegen.

§ 2 Begriffsbestimmungen

(1) Informationspflichtige Stellen sind

1. die Landesregierung und andere Stellen der öffentlichen Verwaltung; öffentliche Gremien, die diese Stellen beraten, gelten als Teil der Stelle, die deren Mitglieder beruft; zu den informationspflichtigen Stellen gehören nicht
   a) die obersten Landesbehörden, soweit und solange sie im Rahmen der Gesetzgebung tätig werden, und
   b) die Gerichte des Landes, soweit sie nicht Aufgaben der öffentlichen Verwaltung wahrnehmen;
2. natürliche oder juristische Personen des Privatrechts, soweit sie im Zusammenhang mit der Umwelt eigenverantwortlich öffentliche Aufgaben wahrnehmen oder öffentliche Dienstleistungen erbringen und dabei der Kontrolle einer juristischen Person des öffentlichen Rechts nach § 1 Abs. 2 Nr. 1 oder 2 unterliegen.

---

1) **Amtl. Anm.:** Das Gesetz dient der Umsetzung der Richtlinie 2003/4/EG des Europäischen Parlaments und des Rates vom 28. Januar 2003 über den Zugang der Öffentlichkeit zu Umweltinformationen und zur Aufhebung der Richtlinie 90/313/EWG des Rates (ABl. EU Nr. L 41 S. 26).

(2) Kontrolle im Sinne des Absatzes 1 Nr. 2 liegt vor, wenn
1. eine oder mehrere der in § 1 Abs. 2 Nr. 1 oder 2 genannten juristischen Personen des öffentlichen Rechts allein oder zusammen, unmittelbar oder mittelbar
   a) die Mehrheit des gezeichneten Kapitals des Unternehmens besitzen,
   b) über die Mehrheit der mit den Anteilen des Unternehmens verbundenen Stimmrechte verfügen oder
   c) mehr als die Hälfte der Mitglieder des Verwaltungs-, Leitungs- oder Aufsichtsorgans des Unternehmens bestellen können;
2. mehrere juristische Personen des öffentlichen Rechts zusammen unmittelbar oder mittelbar über eine Mehrheit im Sinne der Nummer 1 verfügen und zumindest der hälftige Anteil an dieser Mehrheit den in Nummer 1 genannten juristischen Personen des öffentlichen Rechts zuzuordnen ist.

(3) Umweltinformationen sind, unabhängig von der Art ihrer Speicherung, alle Daten über
1. den Zustand von Umweltbestandteilen, wie Luft und Atmosphäre, Wasser, Boden, Landschaft und natürliche Lebensräume einschließlich Feuchtgebiete, Küsten- und Meeresgebiete, die Artenvielfalt und ihre Bestandteile, einschließlich gentechnisch veränderter Organismen, sowie die Wechselwirkungen zwischen diesen Bestandteilen,
2. Faktoren, wie Stoffe, Energie, Lärm und Strahlung, Abfälle aller Art sowie Emissionen, Ableitungen und sonstige Freisetzungen von Stoffen in die Umwelt, die sich auf die Umweltbestandteile im Sinne der Nummer 1 auswirken oder wahrscheinlich auswirken,
3. Maßnahmen oder Tätigkeiten, die
   a) sich auf die Umweltbestandteile im Sinne der Nummer 1 oder auf Faktoren im Sinne der Nummer 2 auswirken oder wahrscheinlich auswirken oder
   b) den Schutz von Umweltbestandteilen im Sinne der Nummer 1 bezwecken; zu den Maßnahmen gehören auch politische Konzepte, Rechts- und Verwaltungsvorschriften, Abkommen, Umweltvereinbarungen, Pläne und Programme,
4. Berichte über die Umsetzung des Umweltrechts,
5. Kosten-Nutzen-Analysen und sonstige wirtschaftliche Analysen und Annahmen, die im Rahmen der in Nummer 3 genannten Maßnahmen und Tätigkeiten verwendet werden oder
6. den Zustand der menschlichen Gesundheit und Sicherheit, gegebenenfalls einschließlich der Kontamination der Lebensmittelkette, die Lebensbedingungen des Menschen sowie Kulturstätten und Bauwerke, soweit sie jeweils vom Zustand der Umweltbestandteile im Sinne der Nummer 1 oder von Faktoren, Maßnahmen oder Tätigkeiten im Sinne der Nummern 2 und 3 betroffen sind oder sein können.

(4) [1]Eine informationspflichtige Stelle verfügt über Umweltinformationen, wenn diese bei ihr vorhanden sind oder für sie bereitgehalten werden. [2]Ein Bereithalten liegt vor, wenn eine natürliche oder juristische Person, die selbst nicht informationspflichtige Stelle ist, Umweltinformationen für eine informationspflichtige Stelle im Sinne des Absatzes 1 aufbewahrt, auf die diese Stelle einen Übermittlungsanspruch hat.

Zweiter Abschnitt

Informationszugang auf Antrag

§ 3 Anspruch auf Zugang zu Umweltinformationen

(1) [1]Jede Person hat nach Maßgabe dieses Gesetzes Anspruch auf Zugang zu Umweltinformationen, über die eine informationspflichtige Stelle im Sinne des § 2 Abs. 1 verfügt, ohne ein rechtliches Interesse darlegen zu müssen. [2]Daneben bleiben andere Ansprüche auf Zugang zu Informationen unberührt.

(2) [1]Der Zugang kann durch Auskunftserteilung, Gewährung von Akteneinsicht oder in sonstiger Weise eröffnet werden. [2]Wird eine bestimmte Art des Informationszugangs beantragt, so entspricht die Behörde diesem Antrag, es sei denn, es ist für die Behörde angemessen, die Informationen in einer anderen Form oder einem anderen Format zugänglich zu machen; die Wahl der Behörde ist zu begründen. [3]Soweit Umweltinformationen der antragstellenden Person bereits auf andere leicht zugäng-

liche Art, insbesondere durch Verbreitung nach § 10, zur Verfügung stehen, soll die informationspflichtige Stelle die Person auf diese Art des Informationszugangs verweisen.

(3) [1]Soweit ein Anspruch nach Absatz 1 besteht, sind die Umweltinformationen der antragstellenden Person unter Berücksichtigung etwaiger von ihr angegebener Zeitpunkte so bald wie möglich, spätestens jedoch mit Ablauf der Frist nach Satz 2 Nr. 1 oder 2 zugänglich zu machen. [2]Die Frist beginnt mit Eingang des Antrags bei der informationspflichtigen Stelle, die über die Informationen verfügt und endet

1. mit Ablauf eines Monats oder,
2. soweit Umweltinformationen derart umfangreich und/oder komplex sind, dass die in Nummer 1 genannte Frist nicht eingehalten werden kann, mit Ablauf von zwei Monaten.

§ 4 Antrag und Verfahren

(1) Umweltinformationen werden von einer informationspflichtigen Stelle auf Antrag zugänglich gemacht.

(2) [1]Der Antrag muss erkennen lassen, zu welchen Umweltinformationen der Zugang gewünscht wird. [2]Ist der Antrag zu unbestimmt, ist der antragstellenden Person dies innerhalb eines Monats mitzuteilen und ihr Gelegenheit zur Präzisierung des Antrags zu geben. [3]Kommt die antragstellende Person der Aufforderung zur Präzisierung nach, beginnt der Lauf der Frist zur Beantwortung von Anträgen erneut. [4]Die Informationssuchenden sind bei der Stellung und Präzisierung von Anträgen zu unterstützen.

(3) [1]Wird der Antrag bei einer informationspflichtigen Stelle gestellt, die nicht über die Umweltinformationen verfügt, leitet sie den Antrag möglichst rasch an die über die begehrten Informationen verfügende Stelle weiter, wenn ihr diese bekannt ist, und unterrichtet die antragstellende Person hierüber. [2]Anstelle der Weiterleitung des Antrags kann sie die antragstellende Person auch auf andere ihr bekannte informationspflichtige Stellen hinweisen, die über die Informationen verfügen.

(4) Wird eine andere als die beantragte Art des Informationszugangs im Sinne des § 3 Abs. 2 eröffnet, ist dies innerhalb der Frist nach § 3 Abs. 3 Satz 2 Nr. 1 unter Angabe der Gründe mitzuteilen.

(5) Über die Geltung der längeren Frist nach § 3 Abs. 3 Satz 2 Nr. 2 ist die antragstellende Person spätestens mit Ablauf der Frist nach § 3 Abs. 3 Satz 2 Nr. 1 unter Angabe der Gründe zu unterrichten.

§ 5 Ablehnung des Antrags

(1) [1]Wird der Antrag ganz oder teilweise nach den §§ 8 und 9 abgelehnt, ist die antragstellende Person innerhalb der Fristen nach § 3 Abs. 3 Satz 2 hierüber zu unterrichten. [2]Ihr sind die Gründe für die Ablehnung mitzuteilen. [3]In den Fällen des § 8 Abs. 2 Nr. 4 ist darüber hinaus die Stelle, die das Material vorbereitet, sowie der voraussichtliche Zeitpunkt der Fertigstellung mitzuteilen. [4]§ 39 Abs. 2 des Thüringer Verwaltungsverfahrensgesetzes findet keine Anwendung.

(2) [1]Wenn der Antrag schriftlich gestellt wurde oder die antragstellende Person dies begehrt, erfolgt die Ablehnung in schriftlicher Form. [2]Sie ist auf Verlangen der antragstellenden Person elektronisch mitzuteilen, wenn der Zugang hierfür eröffnet ist.

(3) Liegt ein Ablehnungsgrund nach den §§ 8 oder 9 vor, sind die hiervon nicht betroffenen Informationen zugänglich zu machen, soweit es möglich ist, sie auszusondern.

(4) Die antragstellende Person ist im Fall der vollständigen oder teilweisen Ablehnung eines Antrags über die Rechtsschutzmöglichkeiten gegen die Entscheidung sowie darüber zu belehren, bei welcher Stelle und innerhalb welcher Frist um Rechtsschutz nachgesucht werden kann.

§ 6 Rechtsschutz

(1) Für Streitigkeiten nach diesem Gesetz ist der Verwaltungsrechtsweg gegeben.

(2) Gegen die Entscheidung einer informationspflichtigen Stelle der öffentlichen Verwaltung im Sinne des § 2 Abs. 1 Nr. 1 ist ein Widerspruchsverfahren nach den §§ 68 bis 73 der Verwaltungsgerichtsordnung auch dann durchzuführen, wenn die Entscheidung von einer obersten Landesbehörde getroffen worden ist.

(3) [1]Ist die antragstellende Person der Auffassung, dass eine private informationspflichtige Stelle im Sinne des § 2 Abs. 1 Nr. 2 den Anspruch auf Informationszugang nicht vollständig erfüllt hat, kann sie die Entscheidung der informationspflichtigen Stelle nach Absatz 4 überprüfen lassen. [2]Wird der antragstellenden Person innerhalb der Frist nach § 3 Abs. 3 keine Entscheidung mitgeteilt, kann sie Klage nach Absatz 1 erheben. [3]Eine Klage gegen die im Sinne des § 2 Abs. 1 Nr. 2 Kontrolle ausübende Körperschaft ist ausgeschlossen.

(4) [1]Der Anspruch auf nochmalige Prüfung ist gegenüber der privaten informationspflichtigen Stelle im Sinne des § 2 Abs. 1 Nr. 2 innerhalb eines Monats, nachdem diese Stelle mitgeteilt hat, dass der Anspruch nicht oder nicht vollständig erfüllt werden kann, schriftlich geltend zu machen. [2]Die private informationspflichtige Stelle hat der antragstellenden Person das Ergebnis ihrer nochmaligen Prüfung innerhalb eines Monats zu übermitteln. [3]Geschieht dies nicht oder ist die antragstellende Person der Auffassung, dass ihr Anspruch auch nach einer Entscheidung nach Satz 2 nicht vollständig erfüllt worden ist, steht ihr der Rechtsweg nach Absatz 1 offen.

§ 7 Unterstützung des Zugangs zu Umweltinformationen

(1) [1]Die informationspflichtigen Stellen ergreifen Maßnahmen, um den Zugang zu den bei ihnen verfügbaren Umweltinformationen zu erleichtern. [2]Zu diesem Zweck wirken sie darauf hin, dass Umweltinformationen, über die sie verfügen, zunehmend in elektronischen Datenbanken oder in sonstigen Formaten gespeichert werden, die über Mittel der elektronischen Kommunikation abrufbar sind.

(2) Die informationspflichtigen Stellen treffen praktische Vorkehrungen zur Erleichterung des Informationszugangs, beispielsweise durch

1. die Benennung von Auskunftspersonen oder Informationsstellen,
2. die Veröffentlichung von Verzeichnissen über verfügbare Umweltinformationen,
3. die Einrichtung öffentlich zugänglicher Informationsnetze und Datenbanken oder
4. die Veröffentlichung von Informationen über behördliche Zuständigkeiten.

(3) Soweit möglich, gewährleisten die informationspflichtigen Stellen, dass alle Umweltinformationen, die von ihnen oder für sie zusammengestellt werden, auf dem gegenwärtigen Stand, exakt und vergleichbar sind.

Dritter Abschnitt
Ablehnungsgründe

§ 8 Schutz öffentlicher Belange

(1) [1]Soweit die Bekanntgabe der Informationen nachteilige Auswirkungen auf

1. die internationalen Beziehungen, die Verteidigung oder die öffentliche Sicherheit,
2. die Vertraulichkeit der Beratungen von informationspflichtigen Stellen im Sinne des § 2 Abs. 1,
3. die Durchführung eines laufenden Gerichtsverfahrens, den Anspruch einer Person auf ein faires Verfahren oder die Durchführung straf-, ordnungswidrigkeits- oder disziplinarrechtlicher Ermittlungen oder
4. den Zustand der Umwelt und ihrer Bestandteile im Sinne des § 2 Abs. 3 Nr. 1 oder Schutzgüter im Sinne des § 2 Abs. 3 Nr. 6

hätte, ist der Antrag abzulehnen, es sei denn, das öffentliche Interesse an der Bekanntgabe überwiegt. [2]Der Zugang zu Umweltinformationen über Emissionen kann nicht unter Berufung auf die in Satz 1 Nr. 2 und 4 genannten Gründe abgelehnt werden.

(2) Soweit ein Antrag

1. offensichtlich missbräuchlich gestellt wurde,
2. sich auf interne Mitteilungen der informationspflichtigen Stellen im Sinne des § 2 Abs. 1 bezieht,
3. bei einer Stelle, die nicht über die Umweltinformationen verfügt, gestellt wird, sofern er nicht nach § 4 Abs. 3 weitergeleitet werden kann,
4. sich auf das Zugänglichmachen von Material, das gerade vervollständigt wird, noch nicht abgeschlossener Schriftstücke oder noch nicht aufbereiteter Daten bezieht oder
5. zu unbestimmt ist und auf Aufforderung der informationspflichtigen Stelle nach § 4 Abs. 2 nicht innerhalb einer angemessenen Frist präzisiert wird,

ist er abzulehnen, es sei denn, das öffentliche Interesse an der Bekanntgabe überwiegt.

§ 9 Schutz privater Belange

(1) [1]Soweit

1. durch die Bekanntgabe der Informationen personenbezogene Daten offenbart und dadurch schutzwürdige Interessen der Betroffenen beeinträchtigt würden,
2. Rechte am geistigen Eigentum, insbesondere Urheberrechte, durch das Zugänglichmachen von Umweltinformationen verletzt würden oder

3. durch die Bekanntgabe schutzwürdige Betriebs- oder Geschäftsgeheimnisse zugänglich gemacht würden oder die Informationen dem Steuergeheimnis oder dem Statistikgeheimnis unterliegen,

ist der Antrag abzulehnen, es sei denn, die Betroffenen haben zugestimmt oder das öffentliche Interesse an der Bekanntgabe überwiegt. [2]Vor der Entscheidung über die Offenbarung der nach Satz 1 geschützten Informationen sind die Betroffenen anzuhören. [3]Der Zugang zu Umweltinformationen über Emissionen kann nicht unter Berufung auf die in Satz 1 Nr. 1 und 3 genannten Gründe abgelehnt werden. [4]Die informationspflichtige Stelle hat in der Regel von einer Betroffenheit im Sinne des Satzes 1 Nr. 3 auszugehen, wenn übermittelte Informationen als Betriebs- und Geschäftsgeheimnisse gekennzeichnet sind. [5]Soweit die informationspflichtige Stelle dies verlangt, haben mögliche Betroffene im Einzelnen darzulegen, dass ein Betriebs- oder Geschäftsgeheimnis vorliegt.

(2) [1]Umweltinformationen, die private Dritte einer informationspflichtigen Stelle übermittelt haben, ohne rechtlich dazu verpflichtet zu sein oder rechtlich verpflichtet werden zu können, und deren Offenbarung nachteilige Auswirkungen auf die Interessen der Dritten hätte, dürfen ohne deren Einwilligung anderen nicht zugänglich gemacht werden, es sei denn, das öffentliche Interesse an der Bekanntgabe überwiegt. [2]Der Zugang zu Umweltinformationen über Emissionen kann nicht unter Berufung auf die in Satz 1 genannten Gründe abgelehnt werden.

Vierter Abschnitt
Verbreitung von Umweltinformationen

§ 10 Unterrichtung der Öffentlichkeit

(1) [1]Die informationspflichtigen Stellen ergreifen die notwendigen Maßnahmen, um in angemessenem Umfang eine aktive und systematische Verbreitung von Umweltinformationen in der Öffentlichkeit zu fördern. [2]Im Interesse einer möglichst umfassenden Unterrichtung der Öffentlichkeit über die Umwelt wirken das Land und seine Gebietskörperschaften auf die Nutzbarkeit elektronischer Informationsnetze und -systeme hin. [3]In diesem Rahmen verbreiten die informationspflichtigen Stellen zunehmend Umweltinformationen, die für ihre Aufgaben von Bedeutung sind und über die sie verfügen.

(2) [1]Zu den zu verbreitenden Umweltinformationen gehören zumindest:

1. der Wortlaut von völkerrechtlichen Verträgen, das von den Organen der Europäischen Gemeinschaften erlassene Gemeinschaftsrecht sowie Rechtsvorschriften von Bund, Ländern oder Kommunen über die Umwelt oder mit Bezug zur Umwelt,
2. politische Konzepte sowie Pläne und Programme mit Bezug zur Umwelt,
3. Berichte über den Stand der Umsetzung von Rechtsvorschriften sowie Plänen und Programmen nach den Nummern 1 und 2, sofern solche Berichte von den jeweiligen informationspflichtigen Stellen elektronisch ausgearbeitet worden sind oder bereitgehalten werden,
4. Daten oder Zusammenfassungen von Daten aus der Überwachung von Tätigkeiten, die sich auf die Umwelt auswirken oder wahrscheinlich auswirken,
5. Zulassungsentscheidungen, die erhebliche Auswirkungen auf die Umwelt haben, und Umweltvereinbarungen sowie
6. zusammenfassende Darstellung und Bewertungen der Umweltauswirkungen nach dem Gesetz über die Umweltverträglichkeitsprüfung in der Fassung vom 24. Februar 2010 (BGBl. I S. 94) und nach dem Thüringer UVP-Gesetz vom 20. Juli 2007 (GVBl. S. 85) jeweils in der jeweils geltenden Fassung sowie Risikobewertungen im Hinblick auf Umweltbestandteile nach § 2 Abs. 3 Nr. 1.

[2]In Fällen des Satzes 1 Nr. 5 und 6 genügt zur Verbreitung die Angabe, wo solche Informationen zugänglich sind oder gefunden werden können. [3]Die veröffentlichten Umweltinformationen werden in angemessenen Abständen aktualisiert.

(3) [1]Die Verbreitung von Umweltinformationen soll in für die Öffentlichkeit verständlicher Darstellung erfolgen. [2]Hierzu sollen, soweit vorhanden, elektronische Kommunikationsmittel verwendet werden. [3]Satz 2 gilt nicht für Umweltinformationen, die vor In-Kraft-Treten dieses Gesetzes angefallen sind, es sei denn, sie liegen bereits elektronisch vor.

(4) Die Anforderungen an die Unterrichtung der Öffentlichkeit nach den Absätzen 1 und 2 können auch dadurch erfüllt werden, dass Verknüpfungen zu Internet-Seiten eingerichtet werden, auf denen die zu verbreitenden Umweltinformationen zu finden sind.

(5) [1]Soweit die Abwehr von Gefahren für die menschliche Gesundheit oder die Umwelt nicht bereits anderen Regelungen des Bundes- oder Landesrechts unterliegt, haben die informationspflichtigen Stellen im Fall einer unmittelbar bevorstehenden Gefahr für die menschliche Gesundheit oder die Umwelt, unabhängig davon, ob diese Folge menschlicher Tätigkeit ist oder eine natürliche Ursache hat, sämtliche Umweltinformationen, über die sie verfügen und die es der eventuell betroffenen Öffentlichkeit ermöglichen könnten, Maßnahmen zur Abwendung oder Begrenzung von Schäden infolge dieser Bedrohung zu ergreifen, unmittelbar und unverzüglich zu verbreiten. [2]Verfügen mehrere informationspflichtige Stellen über solche Informationen, sollen sie sich bei deren Verbreitung abstimmen. [3]Soweit informationspflichtige natürliche oder juristische Personen des Privatrechts im Sinne des § 2 Abs. 1 Nr. 2 gegenüber Landes- oder Kommunalbehörden besonderen bundes- oder landesrechtlichen Anzeige- oder Meldepflichten unterliegen, sollen sie sich bei der Verbreitung von Umweltinformationen mit der für die Entgegennahme der Anzeige oder Meldung zuständigen Behörde, im Übrigen mit dem Landesverwaltungsamt abstimmen.

(6) § 7 Abs. 1 und 3 sowie die §§ 8 und 9 finden entsprechende Anwendung.

(7) Die Wahrnehmung der Aufgaben des § 10 kann auf bestimmte Stellen der öffentlichen Verwaltung oder private Stellen übertragen werden.

§ 11 Umweltzustandsbericht

[1]Die Landesregierung veröffentlicht regelmäßig im Abstand von nicht mehr als vier Jahren einen Bericht über den Zustand der Umwelt im Landesgebiet. [2]Hierbei berücksichtigt sie § 10 Abs. 1, 3 und 6. [3]Der Bericht enthält Informationen über die Umweltqualität und vorhandene Umweltbelastungen. [4]Der erste Bericht nach In-Kraft-Treten dieses Gesetzes ist spätestens am 31. Dezember 2007 zu veröffentlichen.

Fünfter Abschnitt
Schlussbestimmungen

§ 12 Verwaltungskosten

(1) [1]Für die Übermittlung von Informationen aufgrund dieses Gesetzes werden Verwaltungskosten (Gebühren und Auslagen) erhoben. [2]Dies gilt nicht für
1. die Erteilung mündlicher Auskünfte,
2. die Einsichtnahme in Umweltinformationen vor Ort oder
3. Maßnahmen und Vorkehrungen nach § 7 Abs. 1 und 2 sowie die Unterrichtung der Öffentlichkeit nach §§ 10 und 11.

(2) Die Gebühren sind auch unter Berücksichtigung des Verwaltungsaufwands so zu bemessen, dass der Informationsanspruch nach § 3 Abs. 1 wirksam in Anspruch genommen werden kann.

(3) [1]Die Landesregierung wird ermächtigt, die Höhe der Verwaltungskosten für öffentliche Leistungen von informationspflichtigen Stellen durch Rechtsverordnung zu bestimmen. [2]§ 1 Abs. 2 sowie die §§ 4, 11 und 21 Abs. 1 Satz 2 des Thüringer Verwaltungskostengesetzes vom 23. September 2005 (GVBl. S. 325) finden keine Anwendung. [3]Soweit Informationen des Liegenschaftskatasters und der Landesvermessung für Zwecke der Umweltinformation an Antragsteller abgegeben werden, sind die Kostenregelungen für das Kataster- und Vermessungswesen anzuwenden.

(4) [1]Private informationspflichtige Stellen im Sinne des § 2 Abs. 1 Nr. 2 können für die Übermittlung von Informationen nach diesem Gesetz von der antragstellenden Person Kostenerstattung entsprechend den in den Absätzen 1 und 2 genannten Grundsätzen verlangen. [2]Die erstattungsfähigen Kosten bemessen sich nach den nach Absatz 3 maßgeblichen Verwaltungskostensätzen für öffentliche Leistungen von informationspflichtigen Stellen der öffentlichen Verwaltung im Sinne des § 2 Abs. 1 Nr. 1.

§ 13 Inkrafttreten

Dieses Gesetz tritt am Tage nach der Verkündung[1)] in Kraft.

---

1) Verkündet am 19.10.2006.

Thüringer Bauordnung (ThürBO)[1]

Vom 13. März 2014 (GVBl. S. 49)
(2130-9)

zuletzt geändert durch Art. 1 Drittes G zur Änd. der Thüringer BauO – Typengenehmigung einführen – serielles Bauen ermöglichen vom 23. November 2020 (GVBl. S. 561)

Inhaltsübersicht

Erster Teil
Allgemeine Bestimmungen

§ 1 Anwendungsbereich
§ 2 Begriffe
§ 3 Allgemeine Anforderungen

Zweiter Teil
Das Grundstück und seine Bebauung

§ 4 Bebauung der Grundstücke mit Gebäuden
§ 5 Zugänge und Zufahrten auf den Grundstücken
§ 6 Abstandsflächen, Abstände
§ 7 Teilung von Grundstücken
§ 8 Nicht überbaute Flächen der bebauten Grund stücke, Kinderspielplätze

Dritter Teil
Bauliche Anlagen

Erster Abschnitt
Gestaltung

§ 9 Gestaltung
§ 10 Anlagen der Außenwerbung und Warenautomaten

Zweiter Abschnitt
Allgemeine Anforderungen an die Bauausführung

§ 11 Baustelle
§ 12 Standsicherheit
§ 13 Schutz gegen schädliche Einflüsse
§ 14 Brandschutz
§ 15 Wärme-, Schall- und Erschütterungsschutz
§ 16 Verkehrssicherheit
§ 16a Bauarten

Dritter Abschnitt
Bauprodukte

§ 16b Allgemeine Anforderungen für die Verwendung von Bauprodukten
§ 16c Anforderungen für die Verwendung von CE-gekennzeichneten Bauprodukten
§ 17 Verwendbarkeitsnachweise
§ 18 Allgemeine bauaufsichtliche Zulassung
§ 19 Allgemeines bauaufsichtliches Prüfzeugnis
§ 20 Nachweis der Verwendbarkeit von Bauprodukten im Einzelfall
§ 21 Übereinstimmungsbestätigung
§ 22 Übereinstimmungserklärung des Herstellers
§ 23 Zertifizierung
§ 24 Prüf-, Zertifizierungs-, Überwachungsstellen
§ 25 Besondere Sachkunde- und Sorgfaltsanforderungen

Vierter Abschnitt
Brandverhalten von Baustoffen und Bauteilen; Wände, Decken, Dächer

§ 26 Allgemeine Anforderungen an das Brandverhalten von Baustoffen und Bauteilen
§ 27 Tragende Wände, Stützen
§ 28 Außenwände
§ 29 Trennwände
§ 30 Brandwände
§ 31 Decken
§ 32 Dächer

Fünfter Abschnitt
Rettungswege, Öffnungen, Umwehrungen

§ 33 Erster und zweiter Rettungsweg
§ 34 Treppen
§ 35 Notwendige Treppenräume, Ausgänge
§ 36 Notwendige Flure, offene Gänge
§ 37 Fenster, Türen, sonstige Öffnungen
§ 38 Umwehrungen

Sechster Abschnitt
Technische Gebäudeausrüstung

§ 39 Aufzüge
§ 40 Leitungsanlagen, Installationsschächte und -kanäle

---

1) **Amtl. Anm.:** Dieses Gesetz dient der Umsetzung der Richtlinie 2009/28/EG des Europäischen Parlaments und des Rates vom 23. April 2009 zur Förderung der Nutzung von Energie aus erneuerbaren Quellen und zur Änderung und anschließenden Aufhebung der Richtlinien 2001/77/EG und 2003/30/EG (ABl. L 140 vom 5. Juni 2009, S. 16) und der Verordnung (EU) Nr. 305/2011 des Europäischen Parlaments und des Rates vom 9. März 2011 zur Festlegung harmonisierter Bedingungen für die Vermarktung von Bauprodukten und zur Aufhebung der Richtlinie 89/106/EWG des Rates (ABl. L 88 vom 4. April 2011 S. 5) sowie der Durchführung des Kapitels III der Verordnung (EG) Nr. 765/2008 des Europäischen Parlaments und des Rates vom 9. Juli 2008 über die Vorschriften für die Akkreditierung und Marktüberwachung im Zusammenhang mit der Vermarktung von Produkten und zur Aufhebung der Verordnung (EWG) Nr. 339/93 des Rates (ABl. L 218 vom 13. August 2008, S. 30).

§ 41 Lüftungsanlagen
§ 42 Feuerungsanlagen, sonstige Anlagen zur Wärmeerzeugung, Brennstoffversorgung
§ 43 Sanitäre Anlagen, Wasserzähler
§ 44 Kleinkläranlagen, Gruben
§ 45 Aufbewahrung fester Abfallstoffe
§ 46 Blitzschutzanlagen

Siebenter Abschnitt
Nutzungsbedingte Anforderungen
§ 47 Aufenthaltsräume
§ 48 Wohnungen
§ 49 Stellplätze und Garagen, Abstellplätze für Fahrräder
§ 50 Barrierefreies Bauen
§ 51 Sonderbauten

Vierter Teil
Die am Bau Beteiligten
§ 52 Grundsatz
§ 53 Bauherr
§ 54 Entwurfsverfasser
§ 55 Unternehmer
§ 56 Bauleiter

Fünfter Teil
Bauaufsichtsbehörden, Verfahren
Erster Abschnitt
Bauaufsichtsbehörden
§ 57 Aufbau und Zuständigkeit der Bauaufsichtsbehörden
§ 58 Aufgaben und Befugnisse der Bauaufsichtsbehörden

Zweiter Abschnitt
Genehmigungspflicht, Genehmigungsfreiheit
§ 59 Grundsatz
§ 60 Verfahrensfreie Bauvorhaben, Beseitigung von Anlagen
§ 61 Genehmigungsfreistellung

Dritter Abschnitt
Genehmigungsverfahren
§ 62 Vereinfachtes Baugenehmigungsverfahren
§ 63 Baugenehmigungsverfahren
§ 64 Bauvorlageberechtigung
§ 65 Bautechnische Nachweise
§ 66 Abweichungen
§ 67 Bauantrag und Bauvorlagen
§ 68 Behandlung des Bauantrags
§ 69 Beteiligung der Nachbarn und der Öffentlichkeit
§ 70 Ersetzung des gemeindlichen Einvernehmens
§ 71 Baugenehmigung und Baubeginn
§ 72 Geltungsdauer der Genehmigung
§ 73 Teilbaugenehmigung
§ 73a Typengenehmigung
§ 74 Vorbescheid
§ 75 Genehmigung Fliegender Bauten
§ 76 Bauaufsichtliche Zustimmung

Vierter Abschnitt
Bauaufsichtliche Maßnahmen
§ 77 Verbot unrechtmäßig gekennzeichneter Bauprodukte
§ 78 Baueinstellung
§ 79 Beseitigung von Anlagen, Nutzungsuntersagung

Fünfter Abschnitt
Bauüberwachung
§ 80 Bauüberwachung
§ 81 Bauzustandsanzeigen, Aufnahme der Nutzung

Sechster Abschnitt
Baulasten
§ 82 Baulasten und Baulastenverzeichnis

Sechster Teil
Marktüberwachung nach der Verordnung (EU) Nr. 305/2011
§ 83 Aufbau der Marktüberwachungsbehörden
§ 84 Aufgaben und Befugnisse der Marktüberwachungsbehörden
§ 85 Zuständigkeit der Marktüberwachungsbehörden

Siebenter Teil
Ordnungswidrigkeiten, Verordnungsermächtigungen, Übergangs- und Schlussbestimmungen
§ 86 Ordnungswidrigkeiten
§ 87 Rechtsverordnungen
§ 87a Technische Baubestimmungen
§ 88 Örtliche Bauvorschriften
§ 89 Bestehende bauliche Anlagen
§ 90 Gleichstellungsbestimmung
§ 91 Erfahrungsbericht
§ 92 Übergangsbestimmungen
§ 93 Inkrafttreten, Außerkrafttreten

Der Landtag hat das folgende Gesetz beschlossen:

Erster Teil
Allgemeine Bestimmungen

§ 1 Anwendungsbereich
(1) [1]Dieses Gesetz gilt für alle baulichen Anlagen und Bauprodukte. [2]Es gilt auch für Grundstücke sowie für andere Anlagen und Einrichtungen, an die in diesem Gesetz oder in Vorschriften aufgrund dieses Gesetzes Anforderungen gestellt werden.
(2) Dieses Gesetz gilt nicht für
1. Anlagen des öffentlichen Verkehrs einschließlich Zubehör, Nebenanlagen und Nebenbetrieben, mit Ausnahme von Gebäuden,
2. Anlagen, soweit sie der Bergaufsicht unterliegen, mit Ausnahme von Gebäuden an der Erdoberfläche,
3. Leitungen, die der öffentlichen Versorgung mit Wasser, Gas, Elektrizität, Wärme, der öffentlichen Abwasserbeseitigung, dem Rundfunk, dem Fernsehen oder dem Fernmeldewesen dienen,
4. Rohrleitungen, die dem Ferntransport von Stoffen dienen,
5. Krane und Krananlagen,
6. Messestände in Messe- und Ausstellungsgebäuden,
7. Regale und Regalanlagen in Gebäuden, soweit sie nicht Teil der Gebäudekonstruktion sind und keine Erschließungsfunktion haben.

§ 2 Begriffe
(1) [1]Bauliche Anlagen sind mit dem Erdboden verbundene, aus Bauprodukten hergestellte Anlagen. [2]Eine Verbindung mit dem Boden besteht auch dann, wenn die Anlage durch eigene Schwere auf dem Boden ruht oder auf ortsfesten Bahnen begrenzt beweglich ist oder wenn die Anlage nach ihrem Verwendungszweck dazu bestimmt ist, überwiegend ortsfest benutzt zu werden. [3]Bauliche Anlagen sind auch
1. Aufschüttungen und Abgrabungen,
2. Lagerplätze, Abstellplätze und Ausstellungsplätze,
3. Campingplätze, Wochenendplätze, Zeltplätze, Spiel- und Sportflächen,
4. Stellplätze für Kraftfahrzeuge,
5. Gerüste und Hilfseinrichtungen zur statischen Sicherung von Bauzuständen,
6. künstliche Hohlräume unter der Erdoberfläche,
7. Freizeit- und Vergnügungsparks.

[4]Anlagen sind bauliche Anlagen und sonstige Anlagen und Einrichtungen im Sinne des § 1 Abs. 1 Satz 2.
(2) Gebäude sind selbständig benutzbare, überdeckte bauliche Anlagen, die von Menschen betreten werden können und geeignet oder bestimmt sind, dem Schutz von Menschen, Tieren oder Sachen zu dienen.
(3) [1]Gebäude werden in folgende Gebäudeklassen eingeteilt:
1. Gebäudeklasse 1:
   a) freistehende Gebäude mit einer Höhe bis zu 7 m und nicht mehr als zwei Nutzungseinheiten von insgesamt nicht mehr als 400 m^2 und
   b) freistehende Gebäude, die einem land- oder forstwirtschaftlichen Betrieb oder einem Betrieb der gartenbaulichen Erzeugung im Sinne des § 35 Abs. 1 Nr. 1 und 2 des Baugesetzbuchs (BauGB) in der Fassung vom 3. November 2017 (BGBl. I S. 3634) in der jeweils geltenden Fassung in Verbindung mit § 201 BauGB dienen,
2. Gebäudeklasse 2:
   Gebäude mit einer Höhe bis zu 7 m und nicht mehr als zwei Nutzungseinheiten von insgesamt nicht mehr als 400 m^2,
3. Gebäudeklasse 3:
   sonstige Gebäude mit einer Höhe bis zu 7 m,

4. Gebäudeklasse 4:
   Gebäude mit einer Höhe bis zu 13 m und Nutzungseinheiten mit jeweils nicht mehr als 400 m^2,
5. Gebäudeklasse 5:
   sonstige Gebäude einschließlich unterirdischer Gebäude.

[2]Höhe im Sinne des Satzes 1 ist das Maß der Fußbodenoberkante des höchstgelegenen Geschosses, in dem ein Aufenthaltsraum möglich und zulässig ist, über der Geländeoberfläche im Mittel. [3]Die Grundflächen der Nutzungseinheiten im Sinne dieses Gesetzes sind die Brutto-Grundflächen; bei der Berechnung der Brutto-Grundflächen nach Satz 1 bleiben Flächen in Kellergeschossen außer Betracht.

(4) Sonderbauten sind Anlagen und Räume besonderer Art oder Nutzung, die einen der nachfolgenden Tatbestände erfüllen:

1. Hochhäuser (Gebäude mit einer Höhe nach Absatz 3 Satz 2 von mehr als 22 m),
2. bauliche Anlagen mit einer Höhe von mehr als 30 m,
3. Gebäude mit mehr als 1 600 m^2 Grundfläche des Geschosses mit der größten Ausdehnung, ausgenommen Wohngebäude und Garagen,
4. Verkaufsstätten, deren Verkaufsräume und Ladenstraßen eine Grundfläche von insgesamt mehr als 800 m^2 haben,
5. Gebäude mit Räumen, die einer Büro- oder Verwaltungsnutzung dienen und einzeln eine Grundfläche von mehr als 400 m^2 haben,
6. Gebäude mit Räumen, die einzeln für die Nutzung durch mehr als 100 Personen bestimmt sind,
7. Versammlungsstätten
   a) mit Versammlungsräumen, die insgesamt mehr als 200 Besucher fassen, wenn diese Versammlungsräume gemeinsame Rettungswege haben,
   b) im Freien mit Szenenflächen sowie Freisportanlagen jeweils mit Tribünen, die keine Fliegenden Bauten sind und insgesamt mehr als 1.000 Besucher fassen,
8. Schank- und Speisegaststätten mit mehr als 40 Gastplätzen in Gebäuden oder mehr als 1 000 Gastplätzen im Freien, Beherbergungsstätten mit mehr als zwölf Betten und Spielhallen mit mehr als 150 m^2 Grundfläche,
9. Gebäude mit Nutzungseinheiten zum Zwecke der Pflege oder Betreuung von Personen mit Pflegebedürftigkeit oder Behinderung, deren Selbstrettungsfähigkeit eingeschränkt ist, wenn die Nutzungseinheiten
   a) einzeln für mehr als sechs Personen oder
   b) für Personen mit Intensivpflegebedarf bestimmt sind oder
   c) einen gemeinsamen Rettungsweg haben und für insgesamt mehr als zwölf Personen bestimmt sind,
10. Krankenhäuser,
11. sonstige Einrichtungen zur Unterbringung oder Pflege von Personen sowie Wohnheime,
12. Tageseinrichtungen für Kinder, Menschen mit Behinderung und alte Menschen, ausgenommen Tageseinrichtungen einschließlich Tagespflege für nicht mehr als zehn Kinder,
13. Schulen, Hochschulen und ähnliche Einrichtungen,
14. Justizvollzugsanstalten und bauliche Anlagen für den Maßregelvollzug,
15. Camping- und Wochenendplätze,
16. Freizeit- und Vergnügungsparks,
17. Fliegende Bauten, soweit sie einer Ausführungsgenehmigung bedürfen,
18. Regallager mit einer Oberkante Lagerguthöhe von mehr als 7,50 m,
19. bauliche Anlagen, deren Nutzung durch Umgang oder Lagerung von Stoffen mit Explosions- oder erhöhter Brandgefahr verbunden ist,
20. Anlagen und Räume, die in den Nummern 1 bis 19 nicht aufgeführt und deren Art oder Nutzung mit vergleichbaren Gefahren verbunden sind.

(5) Aufenthaltsräume sind Räume, die zum nicht nur vorübergehenden Aufenthalt von Menschen bestimmt oder geeignet sind.

(6) [1]Oberirdische Geschosse sind Geschosse, deren Deckenoberkanten im Mittel mehr als 1,40 m über die Geländeoberfläche hinausragen; im Übrigen sind sie Kellergeschosse. [2]Hohlräume zwischen der obersten Decke und der Bedachung, in denen Aufenthaltsräume nicht möglich sind, sind keine Geschosse.

(7) [1]Stellplätze sind Flächen, die dem Abstellen von Kraftfahrzeugen außerhalb der öffentlichen Verkehrsflächen dienen. [2]Garagen sind Gebäude oder Gebäudeteile zum Abstellen von Kraftfahrzeugen. [3]Ausstellungs-, Verkaufs-, Werk- und Lagerräume für Kraftfahrzeuge sind keine Stellplätze oder Garagen.

(8) Feuerstätten sind in oder an Gebäuden ortsfest benutzte Anlagen oder Einrichtungen, die dazu bestimmt sind, durch Verbrennung Wärme zu erzeugen.

(9) Barrierefrei sind bauliche Anlagen, soweit sie für Menschen mit Behinderung in der allgemein üblichen Weise, ohne besondere Erschwernis und grundsätzlich ohne fremde Hilfe zugänglich und nutzbar sind.

(10) Bauprodukte sind

1. Produkte, Baustoffe, Bauteile und Anlagen sowie Bausätze nach Artikel 2 Nr. 2 der Verordnung (EU) Nr. 305/2011 des Europäischen Parlaments und des Rates vom 9. März 2011 zur Festlegung harmonisierter Bedingungen für die Vermarktung von Bauprodukten und zur Aufhebung der Richtlinie 89/106/EWG des Rates (ABl. L 88 vom 4.4.2011, S. 5) in der jeweils geltenden Fassung, die hergestellt werden, um dauerhaft in bauliche Anlagen eingebaut zu werden,
2. aus Produkten, Baustoffen, Bauteilen sowie Bausätzen nach Artikel 2 Nr. 2 der Verordnung (EU) Nr. 305/2011 vorgefertigte Anlagen, die hergestellt werden, um mit dem Erdboden verbunden zu werden und deren Verwendung sich auf die Anforderungen nach § 3 Satz 1 auswirken kann.

(11) Bauart ist das Zusammenfügen von Bauprodukten zu baulichen Anlagen oder Teilen von baulichen Anlagen.

§ 3 Allgemeine Anforderungen

[1]Anlagen sind so anzuordnen, zu errichten, zu ändern und instand zu halten, dass die öffentliche Sicherheit und Ordnung, insbesondere Leben, Gesundheit und die natürlichen Lebensgrundlagen, nicht gefährdet werden; dabei sind die Grundanforderungen an Bauwerke nach Anhang I der Verordnung (EU) Nr. 305/2011 zu berücksichtigen. [2]Dies gilt auch für die Beseitigung von Anlagen und bei der Änderung ihrer Nutzung.

Zweiter Teil
Das Grundstück und seine Bebauung

§ 4 Bebauung der Grundstücke mit Gebäuden

(1) Gebäude dürfen nur errichtet werden, wenn das Grundstück in angemessener Breite an einer befahrbaren öffentlichen Verkehrsfläche liegt oder wenn das Grundstück eine befahrbare, öffentlich-rechtlich gesicherte Zufahrt zu einer befahrbaren öffentlichen Verkehrsfläche hat.

(2) Ein Gebäude auf mehreren Grundstücken ist nur zulässig, wenn durch Baulast gesichert ist, dass keine Verhältnisse eintreten können, die den Bestimmungen dieses Gesetzes oder den aufgrund dieses Gesetzes erlassenen Rechtsvorschriften zuwiderlaufen.

§ 5 Zugänge und Zufahrten auf den Grundstücken

(1) [1]Von öffentlichen Verkehrsflächen ist insbesondere für die Feuerwehr ein geradliniger Zu- oder Durchgang zu rückwärtigen Gebäuden zu schaffen; zu anderen Gebäuden ist er zu schaffen, wenn der zweite Rettungsweg dieser Gebäude über Rettungsgeräte der Feuerwehr führt. [2]Zu Gebäuden, bei denen die Oberkante der Brüstung von zum Anleitern bestimmten Fenstern oder Stellen mehr als 8 m über Gelände liegt, ist in den Fällen des Satzes 1 anstelle eines Zu- oder Durchgangs eine Zu- oder Durchfahrt zu schaffen. [3]Ist für die Personenrettung der Einsatz von Hubrettungsfahrzeugen erforderlich, sind die dafür erforderlichen Aufstell- und Bewegungsflächen vorzusehen. [4]Bei Gebäuden, die ganz oder mit Teilen mehr als 50 m von einer öffentlichen Verkehrsfläche entfernt sind, sind Zufahrten oder Durchfahrten nach Satz 2 zu den vor und hinter den Gebäuden gelegenen Grundstücksteilen und Bewegungsflächen herzustellen, wenn sie aus Gründen des Feuerwehreinsatzes erforderlich sind.

(2) [1]Zu- und Durchfahrten, Aufstellflächen und Bewegungsflächen müssen für Feuerwehrfahrzeuge ausreichend befestigt und tragfähig sein; sie sind als solche zu kennzeichnen und ständig freizuhalten; die Kennzeichnung von Zufahrten muss von der öffentlichen Verkehrsfläche aus sichtbar sein. [2]Fahrzeuge dürfen auf den Flächen nach Satz 1 nicht abgestellt werden.

§ 6 Abstandsflächen, Abstände

(1) [1]Vor den Außenwänden von Gebäuden sind Abstandsflächen von oberirdischen Gebäuden freizuhalten. [2]Für bauliche Anlagen, andere Anlagen und Einrichtungen, von denen Wirkungen wie von Gebäuden ausgehen, gilt Satz 1 gegenüber Gebäuden und Nachbargrenzen sinngemäß. [3]Eine Abstandsfläche ist nicht erforderlich

1. vor Außenwänden, die an Grundstücksgrenzen errichtet werden, wenn nach planungsrechtlichen Vorschriften an die Grenze gebaut werden muss oder gebaut werden darf, oder
2. soweit nach der umgebenden Bebauung im Sinne des § 34 Abs. 1 Satz 1 BauGB abweichende Gebäudeabstände zulässig sind.

(2) [1]Abstandsflächen sowie Abstände nach § 30 Abs. 2 Nr. 1 und § 32 Abs. 2 müssen auf dem Grundstück selbst liegen. [2]Sie dürfen auch auf öffentlichen Verkehrs-, Grün- und Wasserflächen liegen, jedoch nur bis zu deren Mitte. [3]Abstandsflächen sowie Abstände im Sinne des Satzes 1 dürfen sich ganz oder teilweise auf andere Grundstücke erstrecken, wenn öffentlich-rechtlich gesichert ist, dass sie nicht überbaut werden; Abstandsflächen dürfen auf die auf diesen Grundstücken erforderlichen Abstandsflächen nicht angerechnet werden.

(3) Abstandsflächen dürfen sich nicht überdecken; dies gilt nicht für

1. Außenwände, die in einem Winkel von mehr als 75 Grad zueinander stehen,
2. Außenwände zu einem fremder Sicht entzogenen Gartenhof bei Wohngebäuden der Gebäudeklassen 1 und 2 und
3. Gebäude und andere bauliche Anlagen, die in den Abstandsflächen zulässig sind.

(4) [1]Die Tiefe der Abstandsfläche bemisst sich nach der Wandhöhe; sie wird senkrecht zur Wand gemessen. [2]Wandhöhe ist das Maß von der Geländeoberfläche bis zum Schnittpunkt der Wand mit der Dachhaut oder bis zum oberen Abschluss der Wand. [3]Die Höhe von Dächern mit einer Neigung von weniger als 70 Grad wird zu einem Drittel der Wandhöhe hinzugerechnet. [4]Anderenfalls wird die Höhe des Dachs voll hinzugerechnet. [5]Die Sätze 1 bis 4 gelten für Dachaufbauten entsprechend. [6]Das sich ergebende Maß ist „H".

(5) [1]Die Tiefe der Abstandsflächen beträgt 0,4 H, mindestens 3 m. [2]In Gewerbe- und Industriegebieten sowie in Sondergebieten, deren Nutzung mit einem Gewerbe- oder Industriegebiet vergleichbar ist, genügt eine Tiefe von 0,2 H, mindestens 3 m. [3]Vor den Außenwänden von Wohngebäuden der Gebäudeklassen 1 und 2 mit nicht mehr als drei oberirdischen Geschossen genügt als Tiefe der Abstandsfläche 3 m. [4]Werden von einer städtebaulichen Satzung oder einer Satzung nach § 88 Außenwände zugelassen oder vorgeschrieben, vor denen Abstandsflächen größerer oder geringerer Tiefe als nach den Sätzen 1 bis 3 liegen müssten, finden die Sätze 1 bis 3 keine Anwendung, es sei denn, die Satzung ordnet die Geltung dieser Regelungen an.

(6) Bei der Bemessung der Abstandsflächen bleiben außer Betracht

1. vor die Außenwand vortretende Bauteile wie Gesimse und Dachüberstände,
2. Vorbauten, wenn sie
   a) insgesamt nicht mehr als ein Drittel der Breite der jeweiligen Außenwand in Anspruch nehmen,
   b) nicht mehr als 1,50 m vor diese Außenwand vortreten und
   c) mindestens 2 m von der gegenüberliegenden Nachbargrenze entfernt bleiben,
3. bei Gebäuden an der Grundstücksgrenze die Seitenwände von Vorbauten und Dachaufbauten, auch wenn sie nicht an der Grundstücksgrenze errichtet werden.

(7) [1]Bei der Bemessung der Abstandsflächen bleiben Maßnahmen zum Zweck der Energieeinsparung und Solaranlagen an bestehenden Gebäuden unabhängig davon, ob diese den Anforderungen der Absätze 2 bis 6 entsprechen, außer Betracht, wenn sie

1. eine Stärke von nicht mehr als 0,25 m aufweisen und
2. mindestens 2,50 m von der Nachbargrenze zurückbleiben.

[2]§ 66 Abs. 1 Satz 1 bleibt unberührt.

(8) [1]In den Abstandsflächen eines Gebäudes sowie ohne eigene Abstandsflächen sind, auch wenn sie nicht an die Grundstücksgrenze oder an das Gebäude angebaut werden, zulässig:

1. Garagen und Gebäude ohne Aufenthaltsräume und Feuerstätten mit einer mittleren Wandhöhe bis zu 3 m und einer Gesamtlänge je Grundstücksgrenze bis zu 9 m; abweichend von Absatz 4 Satz 3 bleibt die Höhe von Dächern mit einer Neigung von bis zu 45 Grad unberücksichtigt,

2. gebäudeunabhängige Solaranlagen mit einer Höhe bis zu 3 m und einer Gesamtlänge je Grundstücksgrenze von 9 m und
3. Stützmauern und geschlossene Einfriedungen in Gewerbe- und Industriegebieten, außerhalb dieser Baugebiete mit einer Höhe bis zu 2 m.

[2]Die Länge der die Abstandsflächentiefe gegenüber den Grundstücksgrenzen nicht einhaltenden Bebauung nach Satz 1 Nr. 1 und 2 darf auf einem Grundstück insgesamt 18 m nicht überschreiten.

§ 7 Teilung von Grundstücken

(1) Durch die Teilung eines Grundstücks, das bebaut oder dessen Bebauung genehmigt ist, dürfen keine Verhältnisse geschaffen werden, die diesem Gesetz oder den aufgrund dieses Gesetzes erlassenen Vorschriften widersprechen.

(2) Soll bei einer Teilung nach Absatz 1 von diesem Gesetz oder den aufgrund dieses Gesetzes erlassenen Vorschriften abgewichen werden, ist § 66 entsprechend anzuwenden.

(3) Auf Antrag eines Beteiligten hat die Bauaufsichtsbehörde ein Zeugnis darüber auszustellen, dass die Teilung des Grundstücks den Anforderungen der Absätze 1 und 2 entspricht.

§ 8 Nicht überbaute Flächen der bebauten Grundstücke, Kinderspielplätze

(1) [1]Die nicht mit Gebäuden oder vergleichbaren baulichen Anlagen überbauten Flächen der bebauten Grundstücke sind
1. wasseraufnahmefähig zu belassen oder herzustellen und
2. zu begrünen oder zu bepflanzen,

soweit dem nicht die Erfordernisse einer anderen zulässigen Verwendung der Flächen entgegenstehen. [2]Satz 1 findet keine Anwendung, soweit Bebauungspläne oder andere Satzungen Festsetzungen zu den nicht überbauten Flächen treffen.

(2) [1]Bei der Errichtung von Gebäuden mit mehr als drei Wohnungen ist auf dem Baugrundstück oder in unmittelbarer Nähe auf einem anderen geeigneten Grundstück, dessen dauerhafte Nutzung für diesen Zweck öffentlich-rechtlich gesichert sein muss, ein ausreichend großer Spielplatz für Kleinkinder anzulegen. [2]Dies gilt nicht, wenn in unmittelbarer Nähe eine Gemeinschaftsanlage oder ein sonstiger für die Kinder nutzbarer Spielplatz geschaffen wird oder vorhanden ist oder ein solcher Spielplatz wegen der Art und der Lage der Wohnungen nicht erforderlich ist. [3]Bei bestehenden Gebäuden nach Satz 1 kann die Herstellung von Spielplätzen für Kleinkinder verlangt werden, wenn dies die Gesundheit und der Schutz der Kinder erfordern.

Dritter Teil
Bauliche Anlagen

Erster Abschnitt
Gestaltung

§ 9 Gestaltung

[1]Bauliche Anlagen müssen nach Form, Maßstab, Verhältnis der Baumassen und Bauteile zueinander, Werkstoff und Farbe so gestaltet sein, dass sie nicht verunstaltet wirken. [2]Bauliche Anlagen dürfen das Straßen-, Orts- und Landschaftsbild nicht verunstalten.

§ 10 Anlagen der Außenwerbung und Warenautomaten

(1) [1]Anlagen der Außenwerbung (Werbeanlagen) sind alle ortsfesten Einrichtungen, die der Ankündigung oder Anpreisung oder als Hinweis auf Gewerbe oder Beruf dienen und vom öffentlichen Verkehrsraum aus sichtbar sind. [2]Hierzu zählen insbesondere Bilder, Beschriftungen, Bemalungen, Lichtwerbungen, Schaukästen sowie für Zettelanschläge und Bogenanschläge oder Lichtwerbung bestimmte Säulen, Tafeln und Flächen.

(2) [1]Für Werbeanlagen, die bauliche Anlagen sind, gelten die in diesem Gesetz an bauliche Anlagen gestellten Anforderungen. [2]Werbeanlagen, die keine baulichen Anlagen sind, dürfen weder bauliche Anlagen noch das Straßenbild, Ortsbild oder Landschaftsbild verunstalten oder die Sicherheit und Leichtigkeit des Verkehrs gefährden. [3]Die störende Häufung von Werbeanlagen ist unzulässig.

(3) [1]Außerhalb der im Zusammenhang bebauten Ortsteile sind Werbeanlagen unzulässig. [2]Ausgenommen sind, soweit in anderen Vorschriften nichts anderes bestimmt ist,

1. Werbeanlagen an der Stätte der Leistung,
2. Schilder, die Inhaber und Art gewerblicher Betriebe kennzeichnen (Hinweisschilder), wenn sie vor Ortsdurchfahrten auf einer Tafel zusammengefasst sind,
3. einzelne Hinweiszeichen an Verkehrsstraßen und Wegabzweigungen, die im Interesse des Verkehrs auf außerhalb der Ortsdurchfahrten liegende Betriebe oder versteckt liegende Stätten aufmerksam machen,
4. Werbeanlagen an und auf Flugplätzen, Sportanlagen und Versammlungsstätten, soweit sie nicht in die freie Landschaft wirken,
5. Werbeanlagen auf Ausstellungs- und Messegeländen.

(4) [1]In Kleinsiedlungsgebieten, Dorfgebieten, reinen Wohngebieten und allgemeinen Wohngebieten sind Werbeanlagen nur zulässig an der Stätte der Leistung sowie Anlagen für amtliche Mitteilungen und zur Unterrichtung der Bevölkerung über kirchliche, kulturelle, politische, sportliche und ähnliche Veranstaltungen; die jeweils freie Fläche dieser Anlagen darf auch für andere Werbung verwendet werden. [2]In reinen Wohngebieten darf an der Stätte der Leistung nur mit Hinweisschildern geworben werden. [3]An Haltestellen des öffentlichen Personennahverkehrs können auch andere Werbeanlagen als nach den Sätzen 1 und 2 zugelassen werden, soweit diese die Eigenart des Gebiets und das Orts- und Landschaftsbild nicht beeinträchtigen.

(5) Die Absätze 1 bis 3 gelten für Warenautomaten entsprechend.

(6) Die Bestimmungen dieses Gesetzes sind nicht anzuwenden auf
1. Anschläge und Lichtwerbung an dafür genehmigten Säulen, Tafeln und Flächen,
2. Werbemittel an Zeitungsverkaufsstellen und Zeitschriftenverkaufsstellen,
3. Auslagen und Dekorationen in Fenstern und Schaukästen,
4. Wahlwerbung für die Dauer eines Wahlkampfs.

Zweiter Abschnitt
Allgemeine Anforderungen an die Bauausführung

§ 11 Baustelle

(1) Baustellen sind so einzurichten, dass bauliche Anlagen ordnungsgemäß errichtet, geändert oder abgebrochen werden können und Gefahren oder vermeidbare Belästigungen nicht entstehen.

(2) [1]Bei Bauarbeiten, durch die unbeteiligte Personen gefährdet werden können, ist die Gefahrenzone abzugrenzen oder durch Warnzeichen zu kennzeichnen. [2]Soweit erforderlich, sind Baustellen mit einem Bauzaun abzugrenzen, mit Schutzvorrichtungen gegen herabfallende Gegenstände zu versehen und zu beleuchten.

(3) Bei der Ausführung nicht verfahrensfreier Bauvorhaben hat der Bauherr an der Baustelle ein Schild, das die Bezeichnung des Bauvorhabens und die Namen und Anschriften des Entwurfsverfassers, des Bauleiters und der Unternehmer für den Rohbau enthalten muss, dauerhaft und von der öffentlichen Verkehrsfläche aus sichtbar anzubringen.

(4) Bäume, Hecken und sonstige Bepflanzungen, die aufgrund anderer Rechtsvorschriften zu erhalten sind oder deren Erhaltung in der Baugenehmigung zur Auflage gemacht wird, müssen während der Bauausführung geschützt werden.

§ 12 Standsicherheit

(1) [1]Jede bauliche Anlage muss im Ganzen und in ihren einzelnen Teilen für sich allein standsicher sein. [2]Die Standsicherheit anderer baulicher Anlagen und die Tragfähigkeit des Baugrunds der Nachbargrundstücke dürfen nicht gefährdet werden.

(2) Die Verwendung gemeinsamer Bauteile für mehrere bauliche Anlagen ist zulässig, wenn öffentlich-rechtlich gesichert ist, dass die gemeinsamen Bauteile bei der Beseitigung einer baulichen Anlage bestehen bleiben können.

§ 13 Schutz gegen schädliche Einflüsse

(1) [1]Bauliche Anlagen müssen so angeordnet, beschaffen und gebrauchstauglich sein, dass durch Wasser, Feuchtigkeit, pflanzliche und tierische Schädlinge sowie andere chemische, physikalische oder biologische Einflüsse Gefahren oder unzumutbare Belästigungen nicht entstehen. [2]Baugrundstücke müssen für bauliche Anlagen entsprechend geeignet sein.

(2) Werden in Gebäuden Bauteile aus Holz oder anderen organischen Stoffen vom Hausbock, vom echten Hausschwamm oder von Termiten befallen, so haben die für den ordnungsgemäßen Zustand des Gebäudes verantwortlichen Personen der unteren Bauaufsichtsbehörde unverzüglich Anzeige zu erstatten.

§ 14 Brandschutz

Bauliche Anlagen sind so anzuordnen, zu errichten, zu ändern und instand zu halten, dass der Entstehung eines Brandes und der Ausbreitung von Feuer und Rauch (Brandausbreitung) vorgebeugt wird und bei einem Brand die Rettung von Menschen und Tieren sowie wirksame Löscharbeiten möglich sind.

§ 15 Wärme-, Schall- und Erschütterungsschutz

(1) Gebäude müssen einen ihrer Nutzung und den klimatischen Verhältnissen entsprechenden Wärmeschutz haben.

(2) [1]Gebäude müssen einen ihrer Nutzung entsprechenden Schallschutz haben. [2]Geräusche, die von ortsfesten Einrichtungen in baulichen Anlagen oder auf Baugrundstücken ausgehen, sind so zu dämmen, dass Gefahren oder unzumutbare Belästigungen nicht entstehen.

(3) Erschütterungen oder Schwingungen, die von ortsfesten Einrichtungen in baulichen Anlagen oder auf Baugrundstücken ausgehen, sind so zu dämmen, dass Gefahren oder unzumutbare Belästigungen nicht entstehen.

§ 16 Verkehrssicherheit

(1) Bauliche Anlagen und die dem Verkehr dienenden nicht überbauten Flächen von bebauten Grundstücken müssen verkehrssicher sein.

(2) Die Sicherheit und Leichtigkeit des öffentlichen Verkehrs darf durch bauliche Anlagen oder deren Nutzung nicht gefährdet werden.

§ 16a Bauarten

(1) [1]Bauarten dürfen nur angewendet werden, wenn bei ihrer Anwendung die baulichen Anlagen bei ordnungsgemäßer Instandhaltung während einer dem Zweck entsprechenden angemessenen Zeitdauer die Anforderungen dieses Gesetzes oder aufgrund dieses Gesetzes erlassener Vorschriften erfüllen und für ihren Anwendungszweck tauglich sind.

(2) [1]Bauarten, die von Technischen Baubestimmungen nach § 87a Abs. 2 Nr. 2 oder 3 Buchst. a wesentlich abweichen oder für die es allgemein anerkannte Regeln der Technik nicht gibt, dürfen bei der Errichtung, Änderung und Instandhaltung baulicher Anlagen nur angewendet werden, wenn für sie

1. eine allgemeine Bauartgenehmigung durch das Deutsche Institut für Bautechnik oder
2. eine vorhabenbezogene Bauartgenehmigung durch die oberste Bauaufsichtsbehörde

erteilt worden ist. [2]§ 18 Abs. 2 bis 7 gilt entsprechend.

(3) [1]Anstelle einer allgemeinen Bauartgenehmigung genügt ein allgemeines bauaufsichtliches Prüfzeugnis für Bauarten, wenn die Bauart nach allgemein anerkannten Prüfverfahren beurteilt werden kann. [2]In der Verwaltungsvorschrift nach § 87a werden diese Bauarten mit der Angabe der maßgebenden technischen Regeln bekannt gemacht. [3]§ 19 Abs. 2 gilt entsprechend.

(4) Wenn Gefahren im Sinne des § 3 Satz 1 nicht zu erwarten sind, kann die oberste Bauaufsichtsbehörde im Einzelfall oder für genau begrenzte Fälle allgemein festlegen, dass eine Bauartgenehmigung nicht erforderlich ist.

(5) [1]Bauarten bedürfen einer Bestätigung ihrer Übereinstimmung mit den Technischen Baubestimmungen nach § 87a Abs. 2, den allgemeinen Bauartgenehmigungen, den allgemeinen bauaufsichtlichen Prüfzeugnissen für Bauarten oder den vorhabenbezogenen Bauartgenehmigungen; als Übereinstimmung gilt auch eine Abweichung, die nicht wesentlich ist. [2]§ 21 Abs. 2 gilt für den Anwender der Bauart entsprechend.

(6) [1]Bei Bauarten, deren Anwendung in außergewöhnlichem Maß von der Sachkunde und Erfahrung der damit betrauten Personen oder von einer Ausstattung mit besonderen Vorrichtungen abhängt, kann in der Bauartgenehmigung oder durch Rechtsverordnung der obersten Bauaufsichtsbehörde vorgeschrieben werden, dass der Anwender über solche Fachkräfte und Vorrichtungen verfügt und den Nachweis hierüber gegenüber einer Prüfstelle nach § 24 Satz 1 Nr. 6 zu erbringen hat. [2]In der Rechtsverordnung können Mindestanforderungen an die Ausbildung, die durch Prüfung nachzuweisende

Befähigung und die Ausbildungsstätten einschließlich der Anerkennungsvoraussetzungen gestellt werden.

(7) Für Bauarten, die einer außergewöhnlichen Sorgfalt bei Ausführung oder Instandhaltung bedürfen, kann in der Bauartgenehmigung oder durch Rechtsverordnung der obersten Bauaufsichtsbehörde die Überwachung dieser Tätigkeiten durch eine Überwachungsstelle nach § 24 Satz 1 Nr. 5 vorgeschrieben werden.

Dritter Abschnitt
Bauprodukte

§ 16b Allgemeine Anforderungen für die Verwendung von Bauprodukten

(1) Bauprodukte dürfen nur verwendet werden, wenn bei ihrer Verwendung die baulichen Anlagen bei ordnungsgemäßer Instandhaltung während einer dem Zweck entsprechenden angemessenen Zeitdauer die Anforderungen dieses Gesetzes oder aufgrund dieses Gesetzes erlassener Vorschriften erfüllen und gebrauchstauglich sind.

(2) Bauprodukte, die in Vorschriften anderer Vertragsstaaten des Abkommens vom 2. Mai 1992 über den Europäischen Wirtschaftsraum genannten technischen Anforderungen entsprechen, dürfen verwendet werden, wenn das geforderte Schutzniveau nach § 3 Satz 1 gleichermaßen dauerhaft erreicht wird.

§ 16c Anforderungen für die Verwendung von CE-gekennzeichneten Bauprodukten

[1]Ein Bauprodukt, das die CE-Kennzeichnung trägt, darf verwendet werden, wenn die erklärten Leistungen den in diesem Gesetz oder aufgrund dieses Gesetzes erlassenen Vorschriften festgelegten Anforderungen für diese Verwendung entsprechen. [2]Die §§ 17 bis 25 Abs. 1 gelten nicht für Bauprodukte, die die CE-Kennzeichnung aufgrund der Verordnung (EU) Nr. 305/2011 tragen.

§ 17 Verwendbarkeitsnachweise

(1) Ein Verwendbarkeitsnachweis (§§ 18 bis 20) ist für ein Bauprodukt erforderlich, wenn
1. es keine Technische Baubestimmung und keine allgemein anerkannte Regel der Technik gibt,
2. das Bauprodukt von einer Technischen Baubestimmung (§ 87a Abs. 2 Nr. 3) wesentlich abweicht oder
3. eine Rechtsverordnung nach § 87 Abs. 5 Satz 1 es vorsieht.

(2) Ein Verwendbarkeitsnachweis ist nicht erforderlich für ein Bauprodukt, das
1. von einer allgemein anerkannten Regel der Technik abweicht oder
2. für die Erfüllung der Anforderungen dieses Gesetzes oder aufgrund dieses Gesetzes erlassener Vorschriften nur eine untergeordnete Bedeutung hat.

(3) Die Technischen Baubestimmungen nach § 87a enthalten eine nicht abschließende Liste von Bauprodukten, die keines Verwendbarkeitsnachweises nach Absatz 1 bedürfen.

§ 18 Allgemeine bauaufsichtliche Zulassung

(1) Das Deutsche Institut für Bautechnik erteilt auf Antrag unter den Voraussetzungen des § 17 Abs. 1 eine allgemeine bauaufsichtliche Zulassung für Bauprodukte, wenn deren Verwendbarkeit im Sinne des § 16b Abs. 1 nachgewiesen ist.

(2) [1]Die zur Begründung des Antrags erforderlichen Unterlagen sind beizufügen. [2]Soweit erforderlich, sind Probestücke vom Antragsteller zur Verfügung zu stellen oder durch Sachverständige, die das Deutsche Institut für Bautechnik bestimmen kann, zu entnehmen oder Probeausführungen unter Aufsicht der Sachverständigen herzustellen. [3]§ 68 Abs. 2 gilt entsprechend.

(3) Das Deutsche Institut für Bautechnik kann für die Durchführung der Prüfung die sachverständige Stelle und für Probeausführungen die Ausführungsstelle und Ausführungszeit vorschreiben.

(4) [1]Die allgemeine bauaufsichtliche Zulassung wird widerruflich und für eine bestimmte Frist erteilt, die in der Regel fünf Jahre beträgt. [2]Die Zulassung kann mit Nebenbestimmungen erteilt werden. [3]Sie kann auf schriftlichen Antrag in der Regel um fünf Jahre verlängert werden; § 72 Abs. 2 Satz 2 gilt entsprechend.

(5) Die allgemeine bauaufsichtliche Zulassung wird unbeschadet der privaten Rechte Dritter erteilt.

(6) Das Deutsche Institut für Bautechnik macht die von ihm erteilten allgemeinen bauaufsichtlichen Zulassungen nach Gegenstand und wesentlichem Inhalt öffentlich bekannt.

(7) Allgemeine bauaufsichtliche Zulassungen nach dem Recht anderer Länder gelten auch in Thüringen.

§ 19 Allgemeines bauaufsichtliches Prüfzeugnis

(1) Bauprodukte, die nach allgemein anerkannten Prüfverfahren beurteilt werden, bedürfen anstelle einer allgemeinen bauaufsichtlichen Zulassung nur eines allgemeinen bauaufsichtlichen Prüfzeugnisses. Dies wird mit der Angabe der maßgebenden technischen Regeln in den Technischen Baubestimmungen nach § 87a bekanntgemacht.

(2) Ein allgemeines bauaufsichtliches Prüfzeugnis wird von einer Prüfstelle nach § 24 Satz 1 Nr. 1 für Bauprodukte nach Absatz 1 erteilt, wenn deren Verwendbarkeit im Sinne des § 16b Abs. 1 nachgewiesen ist. § 18 Abs. 2 sowie 4 bis 7 gilt entsprechend. Die Anerkennungsbehörde für Stellen nach § 24 Satz 1 Nr. 1, § 87 Abs. 4 Satz 1 Nr. 2 kann allgemeine bauaufsichtliche Prüfzeugnisse zurücknehmen oder widerrufen; die §§ 48 und 49 des Thüringer Verwaltungsverfahrensgesetzes (ThürVwVfG) in der Fassung vom 1. Dezember 2014 (GVBl. S. 685) in der jeweils geltenden Fassung finden Anwendung.

§ 20 Nachweis der Verwendbarkeit von Bauprodukten im Einzelfall

[1]Mit Zustimmung der obersten Bauaufsichtsbehörde dürfen unter den Voraussetzungen des § 17 Abs. 1 im Einzelfall Bauprodukte verwendet werden, wenn ihre Verwendbarkeit im Sinne des § 16b Abs. 1 nachgewiesen ist. [2]Wenn Gefahren im Sinne des § 3 Satz 1 nicht zu erwarten sind, kann die oberste Bauaufsichtsbehörde im Einzelfall erklären, dass ihre Zustimmung nicht erforderlich ist.

§ 21 Übereinstimmungsbestätigung

(1) Bauprodukte bedürfen einer Bestätigung ihrer Übereinstimmung mit den Technischen Baubestimmungen nach § 87a Abs. 2, den allgemeinen bauaufsichtlichen Zulassungen, den allgemeinen bauaufsichtlichen Prüfzeugnissen oder den Zustimmungen im Einzelfall; als Übereinstimmung gilt auch eine Abweichung, die nicht wesentlich ist.

(2) Die Bestätigung der Übereinstimmung erfolgt durch Übereinstimmungserklärung des Herstellers (§ 22).

(3) Die Übereinstimmungserklärung hat der Hersteller durch Kennzeichnung der Bauprodukte mit dem Übereinstimmungszeichen (Ü-Zeichen) unter Hinweis auf den Verwendungszweck abzugeben.

(4) Das Ü-Zeichen ist auf dem Bauprodukt, auf einem Beipackzettel oder auf seiner Verpackung oder, wenn dies Schwierigkeiten bereitet, auf dem Lieferschein oder auf einer Anlage zum Lieferschein anzubringen.

(5) Ü-Zeichen aus anderen Ländern und aus anderen Staaten gelten auch in Thüringen.

§ 22 Übereinstimmungserklärung des Herstellers

(1) Der Hersteller darf eine Übereinstimmungserklärung nur abgeben, wenn er durch werkseigene Produktionskontrolle sichergestellt hat, dass das von ihm hergestellte Bauprodukt den maßgebenden technischen Regeln, der allgemeinen bauaufsichtlichen Zulassung, dem allgemeinen bauaufsichtlichen Prüfzeugnis oder der Zustimmung im Einzelfall entspricht.

(2) [1]In den Technischen Baubestimmungen nach § 87a, in den allgemeinen bauaufsichtlichen Zulassungen, in den allgemeinen bauaufsichtlichen Prüfzeugnissen oder in den Zustimmungen im Einzelfall kann eine Prüfung der Bauprodukte durch eine Prüfstelle nach § 24 Satz 1 Nr. 2 vor Abgabe der Übereinstimmungserklärung vorgeschrieben werden, wenn dies zur Sicherung einer ordnungsgemäßen Herstellung erforderlich ist. [2]In diesen Fällen hat die Prüfstelle das Bauprodukt daraufhin zu überprüfen, ob es den maßgebenden technischen Regeln, der allgemeinen bauaufsichtlichen Zulassung, dem allgemeinen bauaufsichtlichen Prüfzeugnis oder der Zustimmung im Einzelfall entspricht.

(3) [1]In den Technischen Baubestimmungen nach § 87a, in den allgemeinen bauaufsichtlichen Zulassungen oder in den Zustimmungen im Einzelfall kann eine Zertifizierung vor Abgabe der Übereinstimmungserklärung vorgeschrieben werden, wenn dies zum Nachweis einer ordnungsgemäßen Herstellung eines Bauprodukts erforderlich ist. [2]Die oberste Bauaufsichtsbehörde kann im Einzelfall die Verwendung von Bauprodukten ohne Zertifizierung gestatten, wenn nachgewiesen ist, dass diese Bauprodukte den technischen Regeln, Zulassungen, Prüfzeugnissen oder Zustimmungen nach Absatz 1 entsprechen.

(4) Bauprodukte, die nicht in Serie hergestellt werden, bedürfen nur einer Übereinstimmungserklärung nach Absatz 1, sofern nichts anderes bestimmt ist.

§ 23 Zertifizierung

(1) Dem Hersteller ist ein Übereinstimmungszertifikat von einer Zertifizierungsstelle nach § 24 Satz 1 Nr. 3 zu erteilen, wenn das Bauprodukt

1. den Technischen Baubestimmungen nach § 87a Abs. 2, der allgemeinen bauaufsichtlichen Zulassung, dem allgemeinen bauaufsichtlichen Prüfzeugnis oder der Zustimmung im Einzelfall entspricht und
2. einer werkseigenen Produktionskontrolle sowie einer Fremdüberwachung nach Maßgabe des Absatzes 2 unterliegt.

(2) [1]Die Fremdüberwachung ist von Überwachungsstellen nach § 24 Satz 1 Nr. 4 durchzuführen. [2]Die Überwachungsstelle hat regelmäßig zu überprüfen, ob das Bauprodukt den Technischen Baubestimmungen nach § 87a Abs. 2, der allgemeinen bauaufsichtlichen Zulassung, dem allgemeinen bauaufsichtlichen Prüfzeugnis oder der Zustimmung im Einzelfall entspricht.

§ 24 Prüf-, Zertifizierungs-, Überwachungsstellen

[1]Die oberste Bauaufsichtsbehörde kann eine natürliche oder juristische Person als

1. Prüfstelle für die Erteilung allgemeiner bauaufsichtlicher Prüfzeugnisse (§ 19 Abs. 2 Satz 1),
2. Prüfstelle für die Überprüfung von Bauprodukten vor Bestätigung der Übereinstimmung (§ 22 Abs. 2),
3. Zertifizierungsstelle (§ 23 Abs. 1),
4. Überwachungsstelle für die Fremdüberwachung (§ 23 Abs. 2),
5. Überwachungsstelle für die Überwachung nach § 16a Abs. 7 und § 25 Abs. 2 oder
6. Prüfstelle für die Überprüfung nach § 16a Abs. 6 Satz 1 und § 25 Abs. 1 Satz 1

anerkennen, wenn sie oder die bei ihr Beschäftigten nach ihrer Ausbildung, Fachkenntnis, persönlichen Zuverlässigkeit, ihrer Unparteilichkeit und ihren Leistungen die Gewähr dafür bieten, dass diese Aufgaben den öffentlich-rechtlichen Vorschriften entsprechend wahrgenommen werden, und wenn sie über die erforderlichen Vorrichtungen verfügen. [2]Satz 1 ist entsprechend auf Behörden anzuwenden, wenn sie ausreichend mit geeigneten Fachkräften besetzt und mit den erforderlichen Vorrichtungen ausgestattet sind. [3]Die Anerkennung von Prüf-, Zertifizierungs- und Überwachungsstellen anderer Länder gilt auch in Thüringen.

§ 25 Besondere Sachkunde- und Sorgfaltsanforderungen

(1) [1]Bei Bauprodukten, deren Herstellung in außergewöhnlichem Maß von der Sachkunde und Erfahrung der damit betrauten Personen oder von einer Ausstattung mit besonderen Vorrichtungen abhängt, kann in der allgemeinen bauaufsichtlichen Zulassung, in der Zustimmung im Einzelfall oder durch Rechtsverordnung der obersten Bauaufsichtsbehörde vorgeschrieben werden, dass der Hersteller über solche Fachkräfte und Vorrichtungen verfügt und den Nachweis hierüber gegenüber einer Prüfstelle nach § 24 Satz 1 Nr. 6 zu erbringen hat. [2]In der Rechtsverordnung können Mindestanforderungen an die Ausbildung, die durch Prüfung nachzuweisende Befähigung und die Ausbildungsstätten einschließlich der Anerkennungsvoraussetzungen gestellt werden.

(2) Für Bauprodukte, die wegen ihrer besonderen Eigenschaften oder ihres besonderen Verwendungszwecks einer außergewöhnlichen Sorgfalt bei Einbau, Transport, Instandhaltung oder Reinigung bedürfen, kann in der allgemeinen bauaufsichtlichen Zulassung, in der Zustimmung im Einzelfall oder durch Rechtsverordnung der obersten Bauaufsichtsbehörde die Überwachung dieser Tätigkeiten durch eine Überwachungsstelle nach § 24 Satz 1 Nr. 5 vorgeschrieben werden, soweit diese Tätigkeiten nicht bereits durch die Verordnung (EU) Nr. 305/2011 erfasst sind.

Vierter Abschnitt

Brandverhalten von Baustoffen und Bauteilen; Wände, Decken, Dächer

§ 26 Allgemeine Anforderungen an das Brandverhalten von Baustoffen und Bauteilen

(1) Baustoffe werden nach den Anforderungen an ihr Brandverhalten unterschieden in

1. nichtbrennbare,
2. schwer entflammbare oder
3. normal entflammbare

Baustoffe, die nicht mindestens normal entflammbar sind (leicht entflammbare Baustoffe), dürfen nicht verwendet werden; dies gilt nicht, wenn sie in Verbindung mit anderen Baustoffen nicht leicht entflammbar sind.

(2) [1]Bauteile werden nach den Anforderungen an ihre Feuerwiderstandsfähigkeit unterschieden in

1. feuerbeständige,
2. hochfeuerhemmende oder
3. feuerhemmende;

die Feuerwiderstandsfähigkeit bezieht sich bei tragenden und aussteifenden Bauteilen auf deren Standsicherheit im Brandfall, bei raumabschließenden Bauteilen auf deren Widerstand gegen die Brandausbreitung. [2]Bauteile werden zusätzlich nach dem Brandverhalten ihrer Baustoffe unterschieden in

1. Bauteile aus nichtbrennbaren Baustoffen,
2. Bauteile, deren tragende und aussteifende Teile aus nichtbrennbaren Baustoffen bestehen und die bei raumabschließenden Bauteilen zusätzlich eine in Bauteilebene durchgehende Schicht aus nichtbrennbaren Baustoffen haben,
3. Bauteile, deren tragende und aussteifende Teile aus brennbaren Baustoffen bestehen und die allseitig eine brandschutztechnisch wirksame Bekleidung aus nichtbrennbaren Baustoffen (Brandschutzbekleidung) und Dämmstoffe aus nichtbrennbaren Baustoffen haben und
4. Bauteile aus brennbaren Baustoffen.

[3]Soweit in diesem Gesetz oder aufgrund dieses Gesetzes nichts anderes bestimmt ist, müssen

1. Bauteile, die feuerbeständig sein müssen, mindestens den Anforderungen des Satzes 2 Nr. 2 und
2. Bauteile, die hochfeuerhemmend sein müssen, mindestens den Anforderungen des Satzes 2 Nr. 3

entsprechen. [4]Abweichend von Absatz 2 Satz 3 sind andere Bauteile, die feuerbeständig oder hochfeuerhemmend sein müssen, aus brennbaren Baustoffen zulässig, sofern sie den Technischen Baubestimmungen nach § 87a entsprechen. [5]Satz 4 gilt nicht für Wände nach § 30 Abs. 3 Satz 1 und Wände nach § 35 Abs. 4 Satz 1 Nr. 1.

§ 27 Tragende Wände, Stützen

(1) [1]Tragende und aussteifende Wände und Stützen müssen im Brandfall ausreichend lang standsicher sein. [2]Sie müssen in Gebäuden

1. der Gebäudeklasse 5 feuerbeständig,
2. der Gebäudeklasse 4 hochfeuerhemmend und
3. der Gebäudeklassen 2 und 3 feuerhemmend

sein. [3]Satz 2 gilt

1. für Geschosse im Dachraum nur, wenn darüber noch Aufenthaltsräume möglich sind; § 29 Abs. 4 bleibt unberührt,
2. nicht für Balkone, ausgenommen offene Gänge, die als notwendige Flure dienen.

(2) Im Kellergeschoss müssen tragende und aussteifende Wände und Stützen in Gebäuden

1. der Gebäudeklassen 3 bis 5 feuerbeständig und
2. der Gebäudeklassen 1 und 2 feuerhemmend

sein.

§ 28 Außenwände

(1) Außenwände und Außenwandteile wie Brüstungen und Schürzen sind so auszubilden, dass eine Brandausbreitung auf und in diesen Bauteilen ausreichend lang begrenzt ist.

(2) [1]Nichttragende Außenwände und nichttragende Teile tragender Außenwände müssen aus nichtbrennbaren Baustoffen bestehen; sie sind aus brennbaren Baustoffen zulässig, wenn sie als raumabschließende Bauteile feuerhemmend sind. [2]Satz 1 gilt nicht für

1. Türen und Fenster,
2. Fugendichtungen und
3. brennbare Dämmstoffe in nichtbrennbaren geschlossenen Profilen der Außenwandkonstruktionen.

(3) [1]Oberflächen von Außenwänden sowie Außenwandbekleidungen müssen einschließlich der Dämmstoffe und Unterkonstruktionen schwer entflammbar sein; Unterkonstruktionen aus normal entflammbaren Baustoffen sind zulässig, wenn die Anforderungen nach Absatz 1 erfüllt sind. [2]Balkonbekleidungen, die über die erforderliche Umwehrungshöhe hinaus hochgeführt werden, müssen schwer

entflammbar sein. [3]Baustoffe, die schwer entflammbar sein müssen, in Bauteilen nach Satz 1 Halbsatz 1 und Satz 2 dürfen nicht brennend abfallen oder abtropfen.

(4) [1]Bei Außenwandkonstruktionen mit geschossübergreifenden Hohl- oder Lufträumen wie hinterlüfteten Außenwandbekleidungen sind gegen die Brandausbreitung besondere Vorkehrungen zu treffen. [2]Satz 1 gilt für Doppelfassaden entsprechend.

(5) [1]Die Absätze 2, 3 und 4 Satz 1 gelten nicht für Gebäude der Gebäudeklassen 1 bis 3; Absatz 4 Satz 2 gilt nicht für Gebäude der Gebäudeklassen 1 und 2. [2]Abweichend von Absatz 3 sind hinterlüftete Außenwandbekleidungen, die den Technischen Baubestimmungen nach § 87a entsprechen, mit Ausnahme der Dämmstoffe, aus normalentflammbaren Baustoffen zulässig.

§ 29 Trennwände

(1) Trennwände nach Absatz 2 müssen als raumabschließende Bauteile von Räumen oder Nutzungseinheiten innerhalb von Geschossen ausreichend lang widerstandsfähig gegen die Brandausbreitung sein.

(2) Trennwände sind erforderlich

1. zwischen Nutzungseinheiten sowie zwischen Nutzungseinheiten und anders genutzten Räumen, ausgenommen notwendigen Fluren,
2. zum Abschluss von Räumen mit Explosions- oder erhöhter Brandgefahr sowie
3. zwischen Aufenthaltsräumen und anders genutzten Räumen im Kellergeschoss.

(3) [1]Trennwände nach Absatz 2 Nr. 1 und 3 müssen die Feuerwiderstandsfähigkeit der tragenden und aussteifenden Bauteile des Geschosses haben, jedoch mindestens feuerhemmend sein. [2]Trennwände nach Absatz 2 Nr. 2 müssen feuerbeständig sein.

(4) Trennwände nach Absatz 2 sind bis zur Rohdecke, im Dachraum bis unter die Dachhaut zu führen; werden in Dachräumen Trennwände nur bis zur Rohdecke geführt, ist diese Decke als raumabschließendes Bauteil einschließlich der sie tragenden und aussteifenden Bauteile feuerhemmend herzustellen.

(5) Öffnungen in Trennwänden nach Absatz 2 sind nur zulässig, wenn sie auf die für die Nutzung erforderliche Zahl und Größe beschränkt sind; sie müssen feuerhemmende, dicht- und selbstschließende Abschlüsse haben.

(6) Die Absätze 1 bis 5 gelten nicht für Wohngebäude der Gebäudeklassen 1 und 2.

§ 30 Brandwände

(1) Brandwände müssen als raumabschließende Bauteile zum Abschluss von Gebäuden (Gebäudeabschlusswand) oder zur Unterteilung von Gebäuden in Brandabschnitte (innere Brandwand) ausreichend lang die Brandausbreitung auf andere Gebäude oder Brandabschnitte verhindern.

(2) Brandwände sind erforderlich

1. als Gebäudeabschlusswand, ausgenommen von Gebäuden ohne Aufenthaltsräume und ohne Feuerstätten mit nicht mehr als 50 m³ Brutto-Rauminhalt, wenn diese Abschlusswände an oder mit einem Abstand von weniger als 2,50 m gegenüber der Grundstücksgrenze errichtet werden, es sei denn, dass ein Abstand von mindestens 5 m zu bestehenden oder nach den baurechtlichen Vorschriften zulässigen künftigen Gebäuden gesichert ist,
2. als innere Brandwand zur Unterteilung ausgedehnter Gebäude in Abständen von nicht mehr als 40 m,
3. als innere Brandwand zur Unterteilung landwirtschaftlich genutzter Gebäude in Brandabschnitte von nicht mehr als 10.000 m³ Brutto-Rauminhalt und
4. als Gebäudeabschlusswand zwischen Wohngebäuden und angebauten landwirtschaftlich genutzten Gebäuden sowie als innere Brandwand zwischen dem Wohnteil und dem landwirtschaftlich genutzten Teil eines Gebäudes.

(3) [1]Brandwände müssen auch unter zusätzlicher mechanischer Beanspruchung feuerbeständig sein und aus nichtbrennbaren Baustoffen bestehen. [2]Anstelle von Brandwänden sind in den Fällen des Absatzes 2 Nr. 1 bis 3

1. für Gebäude der Gebäudeklasse 4 Wände, die auch unter zusätzlicher mechanischer Beanspruchung hochfeuerhemmend sind,
2. für Gebäude der Gebäudeklassen 1 bis 3 hochfeuerhemmende Wände,

3. für Gebäude der Gebäudeklassen 1 bis 3 Gebäudeabschlusswände, die jeweils von innen nach außen die Feuerwiderstandsfähigkeit der tragenden und aussteifenden Teile des Gebäudes, mindestens jedoch feuerhemmende Bauteile, und von außen nach innen die Feuerwiderstandsfähigkeit feuerbeständiger Bauteile haben,

zulässig. [3]In den Fällen des Absatzes 2 Nr. 4 sind anstelle von Brandwänden feuerbeständige Wände zulässig, wenn der Brutto-Rauminhalt des landwirtschaftlich genutzten Gebäudes oder Gebäudeteils nicht größer als 2.000 m³ ist.

(4) [1]Brandwände müssen bis zur Bedachung durchgehen und in allen Geschossen übereinander angeordnet sein. [2]Abweichend davon dürfen anstelle innerer Brandwände Wände geschossweise versetzt angeordnet werden, wenn

1. die Wände im Übrigen Absatz 3 Satz 1 entsprechen,
2. die Decken, soweit sie in Verbindung mit diesen Wänden stehen, feuerbeständig sind, aus nichtbrennbaren Baustoffen bestehen und keine Öffnungen haben,
3. die Bauteile, die diese Wände und Decken unterstützen, feuerbeständig sind und aus nichtbrennbaren Baustoffen bestehen,
4. die Außenwände in der Breite des Versatzes in dem Geschoss oberhalb oder unterhalb des Versatzes feuerbeständig sind und
5. Öffnungen in den Außenwänden im Bereich des Versatzes so angeordnet oder andere Vorkehrungen so getroffen sind, dass eine Brandausbreitung in andere Brandabschnitte nicht zu befürchten ist.

(5) [1]Brandwände sind 0,30 m über die Bedachung zu führen oder in Höhe der Dachhaut mit einer beiderseits 0,50 m auskragenden feuerbeständigen Platte aus nichtbrennbaren Baustoffen abzuschließen; darüber dürfen brennbare Teile des Daches nicht hinweggeführt werden. [2]Bei Gebäuden der Gebäudeklassen 1 bis 3 sind Brandwände mindestens bis unter die Dachhaut zu führen. [3]Verbleibende Hohlräume sind vollständig mit nichtbrennbaren Baustoffen auszufüllen.

(6) Müssen Gebäude oder Gebäudeteile, die über Eck zusammenstoßen, durch eine Brandwand getrennt werden, muss der Abstand dieser Wand von der inneren Ecke mindestens 5 m betragen; das gilt nicht, wenn der Winkel der inneren Ecke mehr als 120 Grad beträgt oder mindestens eine Außenwand auf 5 m Länge als öffnungslose feuerbeständige Wand aus nichtbrennbaren Baustoffen, bei Gebäuden der Gebäudeklassen 1 bis 4 als öffnungslose hochfeuerhemmende Wand, ausgebildet ist.

(7) [1]Bauteile mit brennbaren Baustoffen dürfen über Brandwände nicht hinweggeführt werden. [2]Bei Außenwandkonstruktionen, die eine seitliche Brandausbreitung begünstigen können, wie bei hinterlüfteten Außenwandbekleidungen oder Doppelfassaden, sind gegen die Brandausbreitung im Bereich der Brandwände besondere Vorkehrungen zu treffen. [3]Außenwandbekleidungen von Gebäudeabschlusswänden müssen einschließlich der Dämmstoffe und Unterkonstruktionen nichtbrennbar sein. [4]Bauteile dürfen in Brandwände nur so weit eingreifen, dass deren Feuerwiderstandsfähigkeit nicht beeinträchtigt wird; für Leitungen, Leitungsschlitze und Schornsteine gilt dies entsprechend.

(8) [1]Öffnungen in Brandwänden sind unzulässig. [2]Sie sind in inneren Brandwänden nur zulässig, wenn sie auf die für die Nutzung erforderliche Zahl und Größe beschränkt sind; die Öffnungen müssen feuerbeständige, dicht- und selbstschließende Abschlüsse haben.

(9) In inneren Brandwänden sind feuerbeständige Verglasungen nur zulässig, wenn sie auf die für die Nutzung erforderliche Zahl und Größe beschränkt sind.

(10) Absatz 2 Nr. 1 gilt nicht für seitliche Wände von Vorbauten im Sinne des § 6 Abs. 6 Nr. 2, wenn sie von dem Nachbargebäude oder der Nachbargrenze einen Abstand einhalten, der ihrer eigenen Ausladung entspricht, mindestens jedoch 1 m beträgt.

(11) Die Absätze 4 bis 10 gelten entsprechend auch für Wände, die nach Absatz 3 Satz 2 und 3 anstelle von Brandwänden zulässig sind.

§ 31 Decken

(1) [1]Decken müssen als tragende und raumabschließende Bauteile zwischen Geschossen im Brandfall ausreichend lang standsicher und widerstandsfähig gegen die Brandausbreitung sein. [2]Sie müssen in Gebäuden

1. der Gebäudeklasse 5 feuerbeständig,
2. der Gebäudeklasse 4 hochfeuerhemmend und
3. der Gebäudeklassen 2 und 3 feuerhemmend

sein. ³Satz 2 gilt

1. für Geschosse im Dachraum nur, wenn darüber noch Aufenthaltsräume möglich sind; § 29 Abs. 4 bleibt unberührt,
2. nicht für Balkone, ausgenommen offene Gänge, die als notwendige Flure dienen.

(2) ¹Im Kellergeschoss müssen Decken in Gebäuden

1. der Gebäudeklassen 3 bis 5 feuerbeständig und
2. der Gebäudeklassen 1 und 2 feuerhemmend

sein. ²Decken müssen feuerbeständig sein

1. unter und über Räumen mit Explosions- oder erhöhter Brandgefahr, ausgenommen in Wohngebäuden der Gebäudeklassen 1 und 2 und
2. zwischen dem landwirtschaftlich genutzten Teil und dem Wohnteil eines Gebäudes.

(3) Der Anschluss der Decken an die Außenwand ist so herzustellen, dass er den Anforderungen nach Absatz 1 Satz 1 genügt.

(4) Öffnungen in Decken, für die eine Feuerwiderstandsfähigkeit vorgeschrieben ist, sind nur zulässig

1. in Gebäuden der Gebäudeklassen 1 und 2,
2. innerhalb derselben Nutzungseinheit mit nicht mehr als insgesamt 400 m^2 in nicht mehr als zwei Geschossen und
3. im Übrigen, wenn sie auf die für die Nutzung erforderliche Zahl und Größe beschränkt sind und Abschlüsse mit der Feuerwiderstandsfähigkeit der Decke haben.

§ 32 Dächer

(1) Bedachungen müssen gegen eine Brandbeanspruchung von außen durch Flugfeuer und strahlende Wärme ausreichend lang widerstandsfähig sein (harte Bedachung).

(2) ¹Bedachungen, die die Anforderungen nach Absatz 1 nicht erfüllen, sind zulässig bei Gebäuden der Gebäudeklassen 1 bis 3, wenn die Gebäude

1. einen Abstand von der Grundstücksgrenze von mindestens 12 m,
2. von Gebäuden auf demselben Grundstück mit harter Bedachung einen Abstand von mindestens 15 m,
3. von Gebäuden auf demselben Grundstück mit Bedachungen, die die Anforderungen nach Absatz 1 nicht erfüllen, einen Abstand von mindestens 24 m,
4. von Gebäuden auf demselben Grundstück ohne Aufenthaltsräume und ohne Feuerstätten mit nicht mehr als 50 m^3 Brutto-Rauminhalt einen Abstand von mindestens 5 m

einhalten. ²Soweit Gebäude nach Satz 1 Abstand halten müssen, genügt bei Wohngebäuden der Gebäudeklassen 1 und 2 in den Fällen

1. der Nummer 1 ein Abstand von mindestens 6 m,
2. der Nummer 2 ein Abstand von mindestens 9 m und
3. der Nummer 3 ein Abstand von mindestens 12 m.

(3) Die Absätze 1 und 2 gelten nicht für

1. Gebäude ohne Aufenthaltsräume und ohne Feuerstätten mit nicht mehr als 50 m^3 Brutto-Rauminhalt,
2. lichtdurchlässige Bedachungen aus nichtbrennbaren Baustoffen; brennbare Fugendichtungen und brennbare Dämmstoffe in nichtbrennbaren Profilen sind zulässig,
3. Dachflächenfenster, Oberlichte und Lichtkuppeln von Wohngebäuden,
4. Eingangsüberdachungen und Vordächer aus nichtbrennbaren Baustoffen und
5. Eingangsüberdachungen aus brennbaren Baustoffen, wenn die Eingänge nur zu Wohnungen führen.

(4) Abweichend von den Absätzen 1 und 2 sind

1. lichtdurchlässige Teilflächen aus brennbaren Baustoffen in Bedachungen nach Absatz 1 und
2. begrünte Bedachungen

zulässig, wenn eine Brandentstehung bei einer Brandbeanspruchung von außen durch Flugfeuer und strahlende Wärme nicht zu befürchten ist oder Vorkehrungen dagegen getroffen werden.

(5) ¹Dachüberstände, Dachgesimse und Dachaufbauten, lichtdurchlässige Bedachungen, Dachflächenfenster, Lichtkuppeln, Oberlichte und Solaranlagen sind so anzuordnen und herzustellen, dass Feuer nicht auf andere Gebäudeteile und Nachbargrundstücke übertragen werden kann. ²Von Brand-

wänden und von Wänden, die anstelle von Brandwänden zulässig sind, müssen mindestens 1,25 m entfernt sein:

1. Dachflächenfenster, Oberlichte, Lichtkuppeln und Öffnungen in der Bedachung, wenn diese Wände nicht mindestens 0,30 m über Dach geführt sind und
2. Solaranlagen, Dachgauben und ähnliche Dachaufbauten aus brennbaren Baustoffen, wenn sie nicht durch diese Wände gegen Brandübertragung geschützt sind.

(6) [1]Dächer von traufseitig aneinandergebauten Gebäuden müssen als raumabschließende Bauteile für eine Brandbeanspruchung von innen nach außen einschließlich der sie tragenden und aussteifenden Bauteile feuerhemmend sein. [2]Öffnungen in diesen Dachflächen müssen waagerecht gemessen mindestens 2 m von der Brandwand oder der Wand, die anstelle der Brandwand zulässig ist, entfernt sein.

(7) [1]Dächer von Anbauten, die an Außenwände mit Öffnungen oder ohne Feuerwiderstandsfähigkeit anschließen, müssen innerhalb eines Abstands von 5 m von diesen Wänden als raumabschließende Bauteile für eine Brandbeanspruchung von innen nach außen einschließlich der sie tragenden und aussteifenden Bauteile die Feuerwiderstandsfähigkeit der Decken des Gebäudeteils haben, an den sie angebaut werden. [2]Dies gilt nicht für Anbauten an Wohngebäude der Gebäudeklassen 1 bis 3.

(8) Für vom Dach aus vorzunehmende Arbeiten sind sicher benutzbare Vorrichtungen anzubringen.

Fünfter Abschnitt

Rettungswege, Öffnungen, Umwehrungen

§ 33 Erster und zweiter Rettungsweg

(1) Für Nutzungseinheiten mit mindestens einem Aufenthaltsraum, wie Wohnungen, Praxen, selbstständige Betriebsstätten, müssen in jedem Geschoss mindestens zwei voneinander unabhängige Rettungswege ins Freie vorhanden sein; beide Rettungswege dürfen jedoch innerhalb des Geschosses über denselben notwendigen Flur führen.

(2) [1]Für Nutzungseinheiten nach Absatz 1, die nicht zu ebener Erde liegen, muss der erste Rettungsweg über eine notwendige Treppe führen. [2]Der zweite Rettungsweg kann eine weitere notwendige Treppe oder eine mit Rettungsgeräten der Feuerwehr erreichbare Stelle der Nutzungseinheit sein. [3]Ein zweiter Rettungsweg ist nicht erforderlich, wenn die Rettung über einen sicher erreichbaren Treppenraum möglich ist, in den Feuer und Rauch nicht eindringen können (Sicherheitstreppenraum).

(3) [1]Gebäude, deren zweiter Rettungsweg über Rettungsgeräte der Feuerwehr führt und bei denen die Oberkante der Brüstung von zum Anleitern bestimmten Fenstern oder Stellen mehr als 8 m über der Geländeoberfläche liegt, dürfen nur errichtet werden, wenn die Feuerwehr über Hubrettungsfahrzeuge verfügt. [2]Der zweite Rettungsweg über Rettungsgeräte der Feuerwehr ist nur zulässig, wenn keine Bedenken wegen der Personenrettung bestehen.

§ 34 Treppen

(1) [1]Jedes nicht zu ebener Erde liegende Geschoss und der benutzbare Dachraum eines Gebäudes müssen über mindestens eine Treppe zugänglich sein (notwendige Treppe). [2]Statt notwendiger Treppen sind Rampen mit flacher Neigung zulässig.

(2) [1]Einschiebbare Treppen und Rolltreppen sind als notwendige Treppen unzulässig. [2]In Gebäuden der Gebäudeklassen 1 und 2 sind einschiebbare Treppen und Leitern als Zugang zu einem Dachraum ohne Aufenthaltsräume zulässig.

(3) [1]Notwendige Treppen sind in einem Zuge zu allen angeschlossenen Geschossen zu führen; sie müssen mit den Treppen zum Dachraum unmittelbar verbunden sein. [2]Dies gilt nicht für Treppen

1. in Gebäuden der Gebäudeklassen 1 bis 3 und
2. nach § 35 Abs. 1 Satz 3 Nr. 2.

(4) [1]Die tragenden Teile notwendiger Treppen müssen in Gebäuden

1. der Gebäudeklasse 5 feuerhemmend und aus nichtbrennbaren Baustoffen,
2. der Gebäudeklasse 4 aus nichtbrennbaren Baustoffen,
3. der Gebäudeklasse 3 aus nichtbrennbaren Baustoffen oder feuerhemmend

sein. [2]Tragende Teile von Außentreppen nach § 35 Abs. 1 Satz 3 Nr. 3 für Gebäude der Gebäudeklassen 3 bis 5 müssen aus nichtbrennbaren Baustoffen bestehen.

(5) Die nutzbare Breite der Treppenläufe und Treppenabsätze notwendiger Treppen muss für den größten zu erwartenden Verkehr ausreichen.

(6) [1]Treppen müssen einen festen und griffsicheren Handlauf haben. [2]Für Treppen sind Handläufe auf beiden Seiten und Zwischenhandläufe vorzusehen, soweit die Verkehrssicherheit dies erfordert.

(7) Eine Treppe darf nicht unmittelbar hinter einer Tür beginnen, die in Richtung der Treppe aufschlägt; zwischen Treppe und Tür ist ein ausreichender Treppenabsatz anzuordnen.

§ 35 Notwendige Treppenräume, Ausgänge

(1) [1]Jede notwendige Treppe muss zur Sicherstellung der Rettungswege aus den Geschossen ins Freie in einem eigenen, durchgehenden Treppenraum liegen (notwendiger Treppenraum). [2]Notwendige Treppenräume müssen so angeordnet und ausgebildet sein, dass die Nutzung der notwendigen Treppen im Brandfall ausreichend lang möglich ist. [3]Notwendige Treppen sind ohne eigenen Treppenraum zulässig

1. in Gebäuden der Gebäudeklassen 1 und 2,
2. für die Verbindung von höchstens zwei Geschossen innerhalb derselben Nutzungseinheit von insgesamt nicht mehr als 200 m², wenn in jedem Geschoss ein anderer Rettungsweg erreicht werden kann sowie
3. als Außentreppe, wenn ihre Benutzung ausreichend sicher ist und im Brandfall nicht gefährdet werden kann.

(2) [1]Von jeder Stelle eines Aufenthaltsraumes sowie eines Kellergeschosses muss mindestens ein Ausgang in einen notwendigen Treppenraum oder ins Freie in höchstens 35 m Entfernung erreichbar sein. [2]Übereinanderliegende Kellergeschosse müssen jeweils mindestens zwei Ausgänge in notwendige Treppenräume oder ins Freie haben. [3]Sind mehrere notwendige Treppenräume erforderlich, müssen sie so verteilt sein, dass sie möglichst entgegengesetzt liegen und dass die Rettungswege möglichst kurz sind.

(3) [1]Jeder notwendige Treppenraum muss einen unmittelbaren Ausgang ins Freie haben. [2]Sofern der Ausgang eines notwendigen Treppenraumes nicht unmittelbar ins Freie führt, muss der Raum zwischen dem notwendigen Treppenraum und dem Ausgang ins Freie

1. mindestens so breit sein wie die dazugehörigen Treppenläufe,
2. Wände haben, die die Anforderungen an die Wände des Treppenraumes erfüllen,
3. rauchdichte und selbstschließende Abschlüsse zu notwendigen Fluren haben und
4. ohne Öffnungen zu anderen Räumen, ausgenommen zu notwendigen Fluren, sein.

(4) [1]Die Wände notwendiger Treppenräume müssen als raumabschließende Bauteile in Gebäuden

1. der Gebäudeklasse 5 die Bauart von Brandwänden haben,
2. der Gebäudeklasse 4 auch unter zusätzlicher mechanischer Beanspruchung hochfeuerhemmend und
3. der Gebäudeklasse 3 feuerhemmend

sein. [2]Dies ist nicht erforderlich für Außenwände von Treppenräumen, die aus nichtbrennbaren Baustoffen bestehen und durch andere an diese Außenwände anschließende Gebäudeteile im Brandfall nicht gefährdet werden können. [3]Der obere Abschluss notwendiger Treppenräume muss als raumabschließendes Bauteil die Feuerwiderstandsfähigkeit der Decken des Gebäudes haben; dies gilt nicht, wenn der obere Abschluss das Dach ist und die Treppenraumwände bis unter die Dachhaut reichen.

(5) In notwendigen Treppenräumen und in Räumen nach Absatz 3 Satz 2 müssen

1. Bekleidungen, Putze, Dämmstoffe, Unterdecken und Einbauten aus nichtbrennbaren Baustoffen bestehen,
2. Wände und Decken aus brennbaren Baustoffen eine Bekleidung aus nichtbrennbaren Baustoffen in ausreichender Dicke haben und
3. Bodenbeläge, ausgenommen Gleitschutzprofile, aus mindestens schwer entflammbaren Baustoffen bestehen.

(6) [1]In notwendigen Treppenräumen müssen Öffnungen

1. zu Kellergeschossen, zu nicht ausgebauten Dachräumen, Werkstätten, Läden, Lager- und ähnlichen Räumen sowie zu sonstigen Räumen und Nutzungseinheiten mit einer Fläche von mehr als 200 m², ausgenommen Wohnungen, mindestens feuerhemmende, rauchdichte und selbstschließende Abschlüsse,
2. zu notwendigen Fluren rauchdichte und selbstschließende Abschlüsse,
3. zu sonstigen Räumen und Nutzungseinheiten mindestens dicht- und selbstschließende Abschlüsse

haben. [2]Die Feuerschutz- und Rauchschutzabschlüsse dürfen lichtdurchlässige Seitenteile und Oberlichte enthalten, wenn der Abschluss insgesamt nicht breiter als 2,50 m ist.

(7) [1]Notwendige Treppenräume müssen zu beleuchten sein. [2]Notwendige Treppenräume ohne Fenster müssen in Gebäuden mit einer Höhe nach § 2 Abs. 3 Satz 2 von mehr als 13 m eine Sicherheitsbeleuchtung haben.

(8) [1]Notwendige Treppenräume müssen belüftet und zur Unterstützung wirksamer Löscharbeiten entraucht werden können. [2]Sie müssen

1. in jedem oberirdischen Geschoss unmittelbar ins Freie führende Fenster mit einem freien Querschnitt von mindestens 0,50 m^2 haben, die geöffnet werden können, oder
2. an der obersten Stelle eine Öffnung zur Rauchableitung haben.

[3]In den Fällen des Satzes 2 Nr. 1 ist in Gebäuden der Gebäudeklasse 5 an der obersten Stelle eine Öffnung zur Rauchableitung erforderlich; in den Fällen des Satzes 2 Nr. 2 sind in Gebäuden der Gebäudeklassen 4 und 5, soweit dies zur Erfüllung der Anforderungen nach Satz 1 erforderlich ist, besondere Vorkehrungen zu treffen. [4]Öffnungen zur Rauchableitung nach Satz 2 und 3 müssen in jedem Treppenraum einen freien Querschnitt von mindestens 1 m^2 und Vorrichtungen zum Öffnen ihrer Abschlüsse haben, die vom Erdgeschoss sowie vom obersten Treppenabsatz aus bedient werden können.

§ 36 Notwendige Flure, offene Gänge

(1) [1]Flure, über die Rettungswege aus Aufenthaltsräumen oder aus Nutzungseinheiten mit Aufenthaltsräumen in notwendige Treppenräume oder ins Freie führen (notwendige Flure), müssen so angeordnet und ausgebildet sein, dass die Nutzung im Brandfall ausreichend lang möglich ist. [2]Notwendige Flure sind nicht erforderlich

1. in Wohngebäuden der Gebäudeklassen 1 und 2,
2. in sonstigen Gebäuden der Gebäudeklassen 1 und 2, ausgenommen in Kellergeschossen,
3. innerhalb von Nutzungseinheiten mit nicht mehr als 200 m^2 und innerhalb von Wohnungen und
4. innerhalb von Nutzungseinheiten, die einer Büro- oder Verwaltungsnutzung dienen, mit nicht mehr als 400 m^2; das gilt auch für Teile größerer Nutzungseinheiten, wenn diese Teile nicht größer als 400 m^2 sind, Trennwände nach § 29 Abs. 2 Nr. 1 haben und jeder Teil unabhängig von anderen Teilen Rettungswege nach § 33 Abs. 1 hat.

(2) [1]Notwendige Flure müssen so breit sein, dass sie für den größten zu erwartenden Verkehr ausreichen. [2]In den Fluren ist eine Folge von weniger als drei Stufen unzulässig.

(3) [1]Notwendige Flure sind durch nichtabschließbare rauchdichte und selbstschließende Abschlüsse in Rauchabschnitte zu unterteilen. [2]Die Rauchabschnitte sollen nicht länger als 30 m sein. [3]Die Abschlüsse sind bis an die Rohdecke zu führen; sie dürfen bis an die Unterdecke der Flure geführt werden, wenn die Unterdecke feuerhemmend ist. [4]Notwendige Flure mit nur einer Fluchtrichtung, die zu einem Sicherheitstreppenraum führen, dürfen nicht länger als 15 m sein. [5]Die Sätze 1 bis 4 gelten nicht für offene Gänge nach Absatz 5.

(4) [1]Die Wände notwendiger Flure müssen als raumabschließende Bauteile feuerhemmend, in Kellergeschossen, deren tragende und aussteifende Bauteile feuerbeständig sein müssen, feuerbeständig sein. [2]Die Wände sind bis an die Rohdecke zu führen. [3]Sie dürfen bis an die Unterdecke der Flure geführt werden, wenn die Unterdecke feuerhemmend und ein demjenigen nach Satz 1 vergleichbarer Raumabschluss sichergestellt ist. [4]Türen in diesen Wänden müssen dicht schließen; Öffnungen zu Lagerbereichen im Kellergeschoss müssen feuerhemmende, dicht- und selbstschließende Abschlüsse haben.

(5) [1]Für Wände und Brüstungen notwendiger Flure mit nur einer Fluchtrichtung, die als offene Gänge vor den Außenwänden angeordnet sind, gilt Absatz 4 entsprechend. [2]Fenster sind in diesen Außenwänden ab einer Brüstungshöhe von 0,90 m zulässig.

(6) In notwendigen Fluren sowie in offenen Gängen nach Absatz 5 müssen

1. Bekleidungen, Putze, Unterdecken und Dämmstoffe aus nichtbrennbaren Baustoffen bestehen,
2. Wände und Decken aus brennbaren Baustoffen eine Bekleidung aus nichtbrennbaren Baustoffen in ausreichender Dicke haben.

§ 37 Fenster, Türen, sonstige Öffnungen

(1) Können die Fensterflächen nicht gefahrlos vom Erdboden, vom Innern des Gebäudes oder von Loggien und Balkonen aus gereinigt werden, so sind Vorrichtungen, wie Aufzüge, Halterungen oder Stangen anzubringen, die eine Reinigung von außen ermöglichen.

(2) [1]Glastüren und andere Glasflächen, die bis zum Fußboden allgemein zugänglicher Verkehrsflächen herabreichen, sind so zu kennzeichnen, dass sie leicht erkannt werden können. [2]Weitere Schutzmaßnahmen sind für größere Glasflächen vorzusehen, wenn dies die Sicherheit des Verkehrs erfordert.

(3) Eingangstüren von Wohnungen, die über Aufzüge erreichbar sein müssen, müssen eine lichte Durchgangsbreite von mindestens 0,90 m haben.

(4) [1]Jedes Kellergeschoss ohne Fenster muss mindestens eine Öffnung ins Freie haben, um eine Rauchableitung zu ermöglichen. [2]Gemeinsame Kellerlichtschächte für übereinander liegende Kellergeschosse sind unzulässig.

(5) [1]Fenster, die als Rettungswege nach § 33 Abs. 2 Satz 2 dienen, müssen im Lichten mindestens 0,90 m × 1,20 m groß und nicht höher als 1,20 m über der Fußbodenoberkante angeordnet sein. [2]Liegen diese Fenster in Dachschrägen oder Dachaufbauten, so darf ihre Unterkante oder ein davor liegender Austritt von der Traufkante horizontal gemessen nicht mehr als 1 m entfernt sein.

§ 38 Umwehrungen

(1) In, an und auf baulichen Anlagen sind zu umwehren oder mit Brüstungen zu versehen:

1. Flächen, die im Allgemeinen zum Begehen bestimmt sind und unmittelbar an mehr als 1 m tiefer liegende Flächen angrenzen; dies gilt nicht, wenn die Umwehrung dem Zweck der Flächen widerspricht,
2. nicht begehbare Oberlichte und Glasabdeckungen in Flächen, die im Allgemeinen zum Begehen bestimmt sind, wenn sie weniger als 0,50 m aus diesen Flächen herausragen,
3. Dächer oder Dachteile, die zum auch nur zeitweiligen Aufenthalt von Menschen bestimmt sind,
4. Öffnungen in begehbaren Decken sowie in Dächern oder Dachteilen nach Nummer 3, wenn sie nicht sicher abgedeckt sind,
5. nicht begehbare Glasflächen in Decken sowie in Dächern oder Dachteilen nach Nummer 3,
6. die freien Seiten von Treppenläufen, Treppenabsätzen und Treppenöffnungen (Treppenaugen),
7. Kellerlichtschächte und Betriebsschächte, die an Verkehrsflächen liegen, wenn sie nicht verkehrssicher abgedeckt sind.

(2) [1]In Verkehrsflächen liegende Kellerlichtschächte und Betriebsschächte sind in Höhe der Verkehrsfläche verkehrssicher abzudecken. [2]An und in Verkehrsflächen liegende Abdeckungen müssen gegen unbefugtes Abheben gesichert sein. [3]Fenster, die unmittelbar an Treppen liegen und deren Brüstung unter der notwendigen Umwehrungshöhe liegen, sind zu sichern.

(3) [1]Fensterbrüstungen von Flächen mit einer Absturzhöhe bis zu 12 m müssen mindestens 0,80 m, von Flächen mit mehr als 12 m Absturzhöhe mindestens 0,90 m hoch sein. [2]Geringere Brüstungshöhen sind zulässig, wenn durch andere Vorrichtungen wie Geländer die nach Absatz 4 vorgeschriebenen Mindesthöhen eingehalten werden.

(4) Andere notwendige Umwehrungen müssen folgende Mindesthöhen haben:

1. Umwehrungen zur Sicherung von Öffnungen in begehbaren Decken und Dächern sowie Umwehrungen von Flächen mit einer Absturzhöhe von 1 m bis zu 12 m eine Mindesthöhe von 0,90 m,
2. Umwehrungen von Flächen mit mehr als 12 m Absturzhöhe eine Mindesthöhe von 1,10 m.

Sechster Abschnitt

Technische Gebäudeausrüstung

§ 39 Aufzüge

(1) [1]Aufzüge im Innern von Gebäuden müssen eigene Fahrschächte haben, um eine Brandausbreitung in andere Geschosse ausreichend lang zu verhindern. [2]In einem Fahrschacht dürfen bis zu drei Aufzüge liegen. [3]Aufzüge ohne eigene Fahrschächte sind zulässig

1. innerhalb eines notwendigen Treppenraumes, ausgenommen in Hochhäusern,
2. innerhalb von Räumen, die Geschosse überbrücken,
3. zur Verbindung von Geschossen, die offen miteinander in Verbindung stehen dürfen,
4. in Gebäuden der Gebäudeklassen 1 und 2;

sie müssen sicher umkleidet sein.

(2) [1]Fahrschachtwände müssen als raumabschließende Bauteile

1. in Gebäuden der Gebäudeklasse 5 feuerbeständig und aus nichtbrennbaren Baustoffen,
2. in Gebäuden der Gebäudeklasse 4 hochfeuerhemmend,
3. in Gebäuden der Gebäudeklasse 3 feuerhemmend

sein; Fahrschachtwände aus brennbaren Baustoffen müssen schachtseitig eine Bekleidung aus nichtbrennbaren Baustoffen in ausreichender Dicke haben. [2]Fahrschachttüren und andere Öffnungen in Fahrschachtwänden mit erforderlicher Feuerwiderstandsfähigkeit sind so herzustellen, dass die Anforderungen nach Absatz 1 Satz 1 nicht beeinträchtigt werden.

(3) [1]Fahrschächte müssen zu lüften sein und eine Öffnung zur Rauchableitung mit einem freien Querschnitt von mindestens 2,5 vom Hundert der Fahrschachtgrundfläche, mindestens jedoch 0,10 m^2 haben. [2]Diese Öffnung darf einen Abschluss haben, der im Brandfall selbsttätig öffnet und von mindestens einer geeigneten Stelle aus bedient werden kann. [3]Die Lage der Rauchaustrittsöffnungen muss so gewählt werden, dass der Rauchaustritt durch Windeinfluss nicht beeinträchtigt wird.

(4) [1]Gebäude mit einer Höhe nach § 2 Abs. 3 Satz 2 von mehr als 13 m müssen Aufzüge in ausreichender Zahl haben; die Aufzüge müssen mit Sprachmodulen ausgerüstet sein. [2]Von diesen Aufzügen muss mindestens ein Aufzug Kinderwagen, Rollstühle, Krankentragen und Lasten aufnehmen können und Haltestellen in allen Geschossen haben. [3]Dieser Aufzug muss von der öffentlichen Verkehrsfläche und von allen Wohnungen in dem Gebäude aus stufenlos erreichbar sein. [4]Haltestellen im obersten Geschoss oder in den Kellergeschossen sind nicht erforderlich, wenn sie nur unter besonderen Schwierigkeiten hergestellt werden können.

(5) [1]Fahrkörbe zur Aufnahme einer Krankentrage müssen eine nutzbare Grundfläche von mindestens 1,10 m × 2,10 m, zur Aufnahme eines Rollstuhles von mindestens 1,10 m × 1,40 m haben; Türen müssen eine lichte Durchgangsbreite von mindestens 0,90 m haben. [2]In einem Aufzug für Rollstühle und Krankentragen darf der für Rollstühle nicht erforderliche Teil der Fahrkorbgrundfläche durch eine verschließbare Tür abgesperrt werden. [3]Vor den Aufzügen muss eine ausreichende Bewegungsfläche vorhanden sein.

§ 40 Leitungsanlagen, Installationsschächte und -kanäle

(1) Leitungen dürfen durch raumabschließende Bauteile, für die eine Feuerwiderstandsfähigkeit vorgeschrieben ist, nur hindurchgeführt werden, wenn eine Brandausbreitung ausreichend lang nicht zu befürchten ist oder Vorkehrungen dagegen getroffen sind; dies gilt nicht

1. für Gebäude der Gebäudeklassen 1 und 2,
2. innerhalb von Wohnungen und
3. innerhalb derselben Nutzungseinheit mit nicht mehr als insgesamt 400 m^2 in nicht mehr als zwei Geschossen.

(2) In notwendigen Treppenräumen, in Räumen nach § 35 Abs. 3 Satz 2 und in notwendigen Fluren sind Leitungsanlagen nur zulässig, wenn eine Nutzung als Rettungsweg im Brandfall ausreichend lang möglich ist.

(3) Für Installationsschächte und -kanäle gelten Absatz 1 sowie § 41 Abs. 2 Satz 1 und Abs. 3 entsprechend.

§ 41 Lüftungsanlagen

(1) Lüftungsanlagen müssen betriebssicher und brandsicher sein; sie dürfen den ordnungsgemäßen Betrieb von Feuerungsanlagen nicht beeinträchtigen.

(2) [1]Lüftungsleitungen sowie deren Bekleidungen und Dämmstoffe müssen aus nichtbrennbaren Baustoffen bestehen; brennbare Baustoffe sind zulässig, wenn ein Beitrag der Lüftungsleitung zur Brandentstehung und Brandweiterleitung nicht zu befürchten ist. [2]Lüftungsleitungen dürfen raumabschließende Bauteile, für die eine Feuerwiderstandsfähigkeit vorgeschrieben ist, nur überbrücken, wenn eine Brandausbreitung ausreichend lang nicht zu befürchten ist oder wenn Vorkehrungen hiergegen getroffen sind.

(3) Lüftungsanlagen sind so herzustellen, dass sie Gerüche und Staub nicht in andere Räume übertragen.

(4) [1]Lüftungsanlagen dürfen nicht in Abgasleitungen eingeführt werden; die gemeinsame Nutzung von Lüftungsleitungen zur Lüftung und zur Ableitung der Abgase von Feuerstätten ist zulässig, wenn keine

Bedenken wegen der Betriebssicherheit und des Brandschutzes bestehen. [2]Die Abluft ist ins Freie zu führen. [3]Nicht zur Lüftungsanlage gehörende Einrichtungen sind in Lüftungsleitungen unzulässig.

(5) Die Absätze 2 und 3 gelten nicht
1. für Gebäude der Gebäudeklassen 1 und 2,
2. innerhalb von Wohnungen und
3. innerhalb derselben Nutzungseinheit mit nicht mehr als 400 m² in nicht mehr als zwei Geschossen.

(6) Für raumlufttechnische Anlagen und Warmluftheizungen gelten die Absätze 1 bis 5 sinngemäß.

§ 42 Feuerungsanlagen, sonstige Anlagen zur Wärmeerzeugung, Brennstoffversorgung

(1) Feuerstätten und Abgasanlagen (Feuerungsanlagen) müssen betriebssicher und brandsicher sein.

(2) Feuerstätten dürfen in Räumen nur aufgestellt werden, wenn nach der Art der Feuerstätte und nach der Lage, Größe, baulichen Beschaffenheit und Nutzung der Räume Gefahren nicht entstehen.

(3) [1]Abgase von Feuerstätten sind durch Abgasleitungen, Schornsteine und Verbindungsstücke (Abgasanlagen) so abzuführen, dass keine Gefahren oder unzumutbaren Belästigungen entstehen. [2]Abgasanlagen sind in solcher Zahl und Lage und so herzustellen, dass die Feuerstätten des Gebäudes ordnungsgemäß angeschlossen werden können. [3]Sie müssen leicht zu reinigen sein.

(4) [1]Behälter und Rohrleitungen für brennbare Gase und Flüssigkeiten müssen betriebssicher und brandsicher sein. [2]Diese Behälter sowie feste Brennstoffe sind so aufzustellen oder zu lagern, dass keine Gefahren oder unzumutbaren Belästigungen entstehen.

(5) Für die Aufstellung von ortsfesten Verbrennungsmotoren, Blockheizkraftwerken, Brennstoffzellen und Verdichtern sowie die Ableitung ihrer Verbrennungsgase gelten die Absätze 1 bis 3 entsprechend.

§ 43 Sanitäre Anlagen, Wasserzähler

(1) Fensterlose Bäder und Toiletten sind nur zulässig, wenn eine wirksame Lüftung gewährleistet ist.

(2) [1]Jede Wohnung muss einen eigenen Wasserzähler haben. [2]Dies gilt nicht bei Nutzungsänderungen, wenn die Anforderung nach Satz 1 nur mit unverhältnismäßigem Mehraufwand erfüllt werden kann.

§ 44 Kleinkläranlagen, Gruben

[1]Kleinkläranlagen und Gruben müssen wasserdicht und ausreichend groß sein. [2]Sie müssen eine dichte und sichere Abdeckung sowie Reinigungs- und Entleerungsöffnungen haben. [3]Diese Öffnungen dürfen nur vom Freien aus zugänglich sein. [4]Die Anlagen sind so zu entlüften, dass Gesundheitsschäden oder unzumutbare Belästigungen nicht entstehen. [5]Die Zuleitungen zu Abwasserentsorgungsanlagen müssen geschlossen, dicht, und, soweit erforderlich, zum Reinigen eingerichtet sein.

§ 45 Aufbewahrung fester Abfallstoffe

Feste Abfallstoffe dürfen innerhalb von Gebäuden vorübergehend aufbewahrt werden, in Gebäuden der Gebäudeklassen 3 bis 5 jedoch nur, wenn die dafür bestimmten Räume
1. Trennwände und Decken als raumabschließende Bauteile mit der Feuerwiderstandsfähigkeit der tragenden Wände und
2. Öffnungen vom Gebäudeinnern zum Aufstellraum mit feuerhemmenden, dicht- und selbstschließenden Abschlüssen haben,
3. unmittelbar vom Freien entleert werden können und
4. eine ständig wirksame Lüftung haben.

§ 46 Blitzschutzanlagen

Bauliche Anlagen, bei denen nach Lage, Bauart oder Nutzung Blitzschlag leicht eintreten oder zu schweren Folgen führen kann, sind mit dauernd wirksamen Blitzschutzanlagen zu versehen.

Siebenter Abschnitt
Nutzungsbedingte Anforderungen

§ 47 Aufenthaltsräume

(1) [1]Aufenthaltsräume müssen eine lichte Raumhöhe von mindestens 2,40 m haben. [2]Dies gilt nicht für Aufenthaltsräume in Wohngebäuden der Gebäudeklassen 1 und 2 und für Aufenthaltsräume im Dachraum.

(2) [1]Aufenthaltsräume müssen ausreichend belüftet und mit Tageslicht belichtet werden können. [2]Sie müssen Fenster mit einem Rohbaumaß der Fensteröffnungen von mindestens einem Achtel der Netto-

Grundfläche des Raumes einschließlich der Netto-Grundfläche verglaster Vorbauten und Loggien haben.

(3) Aufenthaltsräume, deren Benutzung eine Belichtung mit Tageslicht verbietet, sowie Verkaufsräume, Schank- und Speisegaststätten, ärztliche Behandlungs-, Sport-, Spiel-, Werk- und ähnliche Räume sind ohne Fenster zulässig.

§ 48 Wohnungen

(1) Fensterlose Küchen oder Kochnischen sind zulässig, wenn eine wirksame Lüftung gewährleistet ist.

(2) Für Wohngebäude der Gebäudeklassen 3 bis 5 sind leicht erreichbare und gut zugängliche Abstellräume für Kinderwagen und Fahrräder sowie für jede Wohnung ein ausreichend großer Abstellraum herzustellen.

(3) Jede Wohnung muss ein Bad mit Badewanne oder Dusche und eine Toilette haben.

(4) [1]Zum Schutz von Leben und Gesundheit müssen in Wohnungen Schlafräume und Kinderzimmer sowie Flure, über die Rettungswege von Aufenthaltsräumen führen, jeweils mindestens einen Rauchwarnmelder haben. [2]Die Rauchwarnmelder müssen so eingebaut und betrieben werden, dass Brandrauch frühzeitig erkannt und gemeldet wird. [3]Vorhandene Wohnungen sind bis zum 31. Dezember 2018 mit Rauchwarnmeldern auszurüsten. [4]Die Einstandspflicht der Versicherer im Schadensfall bleibt unberührt.

§ 49 Stellplätze und Garagen, Abstellplätze für Fahrräder

(1) [1]Bei der Errichtung von Anlagen, bei denen ein Zu- und Abgangsverkehr zu erwarten ist, müssen geeignete Stellplätze oder Garagen hergestellt werden, wenn und soweit insbesondere unter Berücksichtigung der örtlichen Verkehrsverhältnisse und des öffentlichen Personenverkehrs zu erwarten ist, dass der Zu- und Abgangsverkehr mittels Kraftfahrzeug erfolgt (notwendige Stellplätze und Garagen). [2]Bei Änderungen oder Nutzungsänderungen ist nur der Mehrbedarf zu decken. [3]Die Stellplatzpflicht nach den Sätzen 1 und 2 entfällt, wenn die Gemeinde durch örtliche Bauvorschrift nach § 88 oder durch städtebauliche Satzung die Herstellung von Stellplätzen und Garagen ausschließt oder beschränkt.

(2) Die Stellplätze und Garagen sind auf dem Baugrundstück oder in zumutbarer Entfernung davon auf einem geeigneten Grundstück, dessen Benutzung für diesen Zweck öffentlich-rechtlich gesichert wird, herzustellen oder nach Absatz 3 abzulösen.

(3) [1]Die Stellplätze können mit Einverständnis der Gemeinde durch Zahlung eines Geldbetrags abgelöst werden. [2]Die Höhe des Geldbetrags je Stellplatz ist durch Satzung festzulegen und kann insbesondere nach der Art der Nutzung und der Lage der Anlage unterschiedlich geregelt werden. [3]Der Geldbetrag darf 60 vom Hundert der durchschnittlichen Herstellungskosten von Parkeinrichtungen nach Absatz 4 Nr. 1 einschließlich der Kosten des Grunderwerbs im Gemeindegebiet oder in bestimmten Teilen des Gemeindegebiets nicht übersteigen.

(4) Die Gemeinde hat den Geldbetrag nach Absatz 3 zweckgebunden zu verwenden für

1. die Herstellung zusätzlicher oder die Instandhaltung, Instandsetzung oder Modernisierung bestehender Parkeinrichtungen,
2. sonstige investive Maßnahmen zur Entlastung der Straßen vom ruhenden Verkehr.

(5) Ist nach der Art oder Nutzung einer Anlage mit einem erheblichen Zu- oder Abgangsverkehr mit Fahrrädern zu rechnen, sind geeignete Abstellmöglichkeiten für Fahrräder in dem erforderlichen Umfang herzustellen.

§ 50 Barrierefreies Bauen

(1) [1]In Gebäuden mit mehr als zwei Wohnungen müssen die Wohnungen mindestens eines Geschosses barrierefrei erreichbar sein; diese Verpflichtung kann auch durch eine entsprechende Zahl barrierefrei erreichbarer Wohnungen in mehreren Geschossen erfüllt werden. [2]In diesen Wohnungen müssen die Wohn- und Schlafräume, eine Toilette, ein Bad, die Küche oder Kochnische sowie die zu diesen Räumen führenden Flure barrierefrei, insbesondere mit dem Rollstuhl zugänglich, sein. [3]§ 39 Abs. 4 bleibt unberührt.

(2) [1]Bauliche Anlagen, die öffentlich zugänglich sind, müssen in den dem allgemeinen Besucher- und Benutzerverkehr dienenden Teilen barrierefrei sein. [2]Dies gilt insbesondere für

1. Einrichtungen der Kultur und des Bildungswesens,
2. Sport- und Freizeitstätten,
3. Einrichtungen des Gesundheitswesens,
4. Büro-, Verwaltungs- und Gerichtsgebäude,
5. Verkaufs-, Gast- und Beherbergungsstätten,
6. Stellplätze, Garagen und Toilettenanlagen.

[3]Für die der zweckentsprechenden Nutzung dienenden Räume und Anlagen genügt es, wenn sie in dem erforderlichen Umfang barrierefrei sind. [4]Toilettenräume und notwendige Stellplätze für Besucher und Benutzer müssen in der erforderlichen Anzahl barrierefrei sein.

§ 51 Sonderbauten

[1]An Sonderbauten können im Einzelfall zur Verwirklichung der allgemeinen Anforderungen nach § 3 Satz 1 besondere Anforderungen gestellt werden. [2]Erleichterungen können gestattet werden, soweit es der Einhaltung von Bestimmungen wegen der besonderen Art oder Nutzung baulicher Anlagen oder Räume oder wegen besonderer Anforderungen nicht bedarf. [3]Die Anforderungen und Erleichterungen nach den Sätzen 1 und 2 können sich insbesondere erstrecken auf:

1. die Anordnung der baulichen Anlagen auf dem Grundstück,
2. die Abstände von Nachbargrenzen, von anderen baulichen Anlagen auf dem Grundstück und von öffentlichen Verkehrsflächen sowie auf die Größe der freizuhaltenden Flächen der Grundstücke,
3. die Öffnungen nach öffentlichen Verkehrsflächen und nach angrenzenden Grundstücken,
4. die Anlage von Zu- und Abfahrten,
5. die Anlage von Grünstreifen, Baumpflanzungen und anderen Pflanzungen sowie die Begrünung oder Beseitigung von Halden und Gruben,
6. die Bauart und Anordnung aller für die Stand- und Verkehrssicherheit, den Brand-, Wärme-, Schall- oder Gesundheitsschutz wesentlichen Bauteile und die Verwendung von Baustoffen,
7. Brandschutzanlagen, -einrichtungen und -vorkehrungen,
8. die Löschwasserrückhaltung,
9. die Anordnung und Herstellung von Aufzügen, Treppen, Treppenräumen, Fluren, Ausgängen und sonstigen Rettungswegen,
10. die Beleuchtung und Energieversorgung,
11. die Lüftung und Rauchableitung,
12. die Feuerungsanlagen und Heizräume,
13. die Wasserversorgung,
14. die Aufbewahrung und Entsorgung von Abwasser und festen Abfallstoffen,
15. die Stellplätze und Garagen,
16. die barrierefreie Nutzbarkeit,
17. die zulässige Zahl der Benutzer, Anordnung und Zahl der zulässigen Sitz- und Stehplätze bei Versammlungsstätten, Tribünen und Fliegenden Bauten,
18. die Zahl der Toiletten für Besucher,
19. Umfang, Inhalt und Zahl besonderer Bauvorlagen, insbesondere eines Brandschutzkonzepts,
20. weitere zu erbringende Bescheinigungen,
21. die Bestellung und Qualifikation des Bauleiters und der Fachbauleiter,
22. den Betrieb und die Nutzung einschließlich der Bestellung und der Qualifikation eines Brandschutzbeauftragten,
23. Erst- und Wiederholungsprüfungen und die Bescheinigungen, die hierüber zu erbringen sind.

Vierter Teil
Die am Bau Beteiligten

§ 52 Grundsatz

Bei der Errichtung, Änderung, Nutzungsänderung und der Beseitigung von Anlagen sind der Bauherr und im Rahmen ihres Wirkungskreises die anderen am Bau Beteiligten dafür verantwortlich, dass die öffentlich-rechtlichen Vorschriften eingehalten werden.

§ 53 Bauherr

(1) [1]Der Bauherr hat zur Vorbereitung, Überwachung und Ausführung eines nicht verfahrensfreien Bauvorhabens sowie der Beseitigung von Anlagen geeignete Beteiligte nach Maßgabe der §§ 54 bis 56 zu bestellen, soweit er nicht selbst zur Erfüllung der Verpflichtungen nach diesen Bestimmungen geeignet ist. [2]Dem Bauherrn obliegen außerdem die nach den öffentlich-rechtlichen Vorschriften erforderlichen Anträge, Anzeigen und Nachweise. [3]Er hat die zur Erfüllung der Anforderungen dieses Gesetzes oder aufgrund dieses Gesetzes erforderlichen Nachweise und Unterlagen zu den verwendeten Bauprodukten und den angewandten Bauarten bereitzuhalten. [4]Werden Bauprodukte verwendet, die die CE-Kennzeichnung nach der Verordnung (EU) Nr. 305/2011 tragen, ist die Leistungserklärung bereitzuhalten. [5]Der Bauherr hat vor Baubeginn den Namen des Bauleiters und während der Bauausführung einen Wechsel dieser Person unverzüglich der Bauaufsichtsbehörde schriftlich mitzuteilen. [6]Wechselt der Bauherr, hat der neue Bauherr dies der Bauaufsichtsbehörde unverzüglich schriftlich mitzuteilen.

(2) [1]Treten bei einem Bauvorhaben mehrere Personen als Bauherr auf, kann die Bauaufsichtsbehörde verlangen, dass ihr gegenüber ein Vertreter bestellt wird, der die dem Bauherrn nach den öffentlich-rechtlichen Vorschriften obliegenden Verpflichtungen zu erfüllen hat. [2]Im Übrigen findet § 18 Abs. 1 Satz 2 und 3 sowie Abs. 2 ThürVwVfG entsprechende Anwendung.

§ 54 Entwurfsverfasser

(1) [1]Der Entwurfsverfasser muss nach Sachkunde und Erfahrung zur Vorbereitung des jeweiligen Bauvorhabens geeignet sein. [2]Er ist für die Vollständigkeit und Brauchbarkeit seines Entwurfs verantwortlich. [3]Der Entwurfsverfasser hat dafür zu sorgen, dass die für die Ausführung notwendigen Einzelzeichnungen, Einzelberechnungen und Anweisungen den öffentlich-rechtlichen Vorschriften entsprechen.

(2) [1]Hat der Entwurfsverfasser auf einzelnen Fachgebieten nicht die erforderliche Sachkunde und Erfahrung, sind geeignete Fachplaner heranzuziehen. [2]Diese sind für die von ihnen gefertigten Unterlagen, die sie zu unterzeichnen haben, verantwortlich. [3]Für das ordnungsgemäße Ineinandergreifen aller Fachplanungen bleibt der Entwurfsverfasser verantwortlich.

§ 55 Unternehmer

(1) [1]Jeder Unternehmer ist für die mit den öffentlich-rechtlichen Anforderungen übereinstimmende Ausführung der von ihm übernommenen Arbeiten und insoweit für die ordnungsgemäße Einrichtung und den sicheren Betrieb der Baustelle verantwortlich. [2]Er hat die zur Erfüllung der Anforderungen dieses Gesetzes oder aufgrund dieses Gesetzes erforderlichen Nachweise und Unterlagen zu den verwendeten Bauprodukten und den angewandten Bauarten zu erbringen und auf der Baustelle bereitzuhalten. [3]Bei Bauprodukten, die die CE-Kennzeichnung nach der Verordnung (EU) Nr. 305/2011 tragen, ist die Leistungserklärung bereitzuhalten.

(2) Jeder Unternehmer hat auf Verlangen der Bauaufsichtsbehörde für Arbeiten, bei denen die Sicherheit der Anlage in außergewöhnlichem Maße von der besonderen Sachkenntnis und Erfahrung des Unternehmers oder von einer Ausstattung des Unternehmens mit besonderen Vorrichtungen abhängt, nachzuweisen, dass er für diese Arbeiten geeignet ist und über die erforderlichen Vorrichtungen verfügt.

§ 56 Bauleiter

(1) [1]Der Bauleiter hat darüber zu wachen, dass die Baumaßnahme entsprechend den öffentlich-rechtlichen Anforderungen durchgeführt wird und die dafür erforderlichen Weisungen zu erteilen. [2]Er hat im Rahmen dieser Aufgabe auf den sicheren bautechnischen Betrieb der Baustelle, insbesondere auf das gefahrlose Ineinandergreifen der Arbeiten der Unternehmer zu achten. [3]Die Verantwortlichkeit der Unternehmer bleibt unberührt.

(2) [1]Der Bauleiter muss über die für seine Aufgabe erforderliche Sachkunde und Erfahrung verfügen. [2]Verfügt er auf einzelnen Teilgebieten nicht über die erforderliche Sachkunde, so sind geeignete Fachbauleiter heranzuziehen. [3]Diese treten insoweit an die Stelle des Bauleiters. [4]Der Bauleiter hat die Tätigkeit der Fachbauleiter und seine Tätigkeit aufeinander abzustimmen.

Fünfter Teil
Bauaufsichtsbehörden, Verfahren

Erster Abschnitt
Bauaufsichtsbehörden

§ 57 Aufbau und Zuständigkeit der Bauaufsichtsbehörden

(1) [1]Bauaufsichtsbehörden sind
1. die Landkreise und die kreisfreien Städte im übertragenen Wirkungskreis als untere Bauaufsichtsbehörden,
2. das Landesverwaltungsamt als obere Bauaufsichtsbehörde,
3. das für das Bauordnungsrecht zuständige Ministerium als oberste Bauaufsichtsbehörde.

[2]Das Landesverwaltungsamt ist auch technische Fachbehörde. [3]Es unterstützt auf Anforderung die Bauaufsichtsbehörden, insbesondere durch Gutachten und Beratung, und wirkt bei der Normung mit.

(2) Für den Vollzug dieses Gesetzes sowie anderer öffentlich-rechtlicher Vorschriften für die Errichtung, Änderung, Nutzungsänderung, Instandhaltung, Nutzung oder die Beseitigung von Anlagen ist die untere Bauaufsichtsbehörde zuständig, soweit nichts anderes bestimmt ist.

(3) Kommt eine Bauaufsichtsbehörde einer schriftlichen Weisung der Fachaufsichtsbehörde nicht innerhalb einer gesetzten angemessenen Frist nach, so kann der Leiter der Fachaufsichtsbehörde anstelle der angewiesenen Behörde handeln (Selbsteintritt).

(4) [1]Die Bauaufsichtsbehörden sind zur Durchführung ihrer Aufgaben ausreichend mit geeigneten Fachkräften zu besetzen und mit den erforderlichen Vorrichtungen auszustatten. [2]Den Bauaufsichtsbehörden müssen insbesondere auch Personen mit Ingenieur- oder Hochschulabschluss im Bauwesen, die die erforderlichen Kenntnisse der Bautechnik, der Baugestaltung und des öffentlichen Baurechts haben und Personen, die die Befähigung zum Richteramt oder zum höheren nichttechnischen Verwaltungsdienst haben, angehören. [3]Die oberste Bauaufsichtsbehörde kann Ausnahmen gestatten.

§ 58 Aufgaben und Befugnisse der Bauaufsichtsbehörden

(1) [1]Die Bauaufsichtsbehörden haben bei der Errichtung, Änderung, Nutzungsänderung und Beseitigung sowie bei der Nutzung und Instandhaltung von Anlagen darüber zu wachen, dass die öffentlich-rechtlichen Vorschriften eingehalten werden, soweit nicht andere, sachnähere Behörden zuständig sind. [2]Sie haben in Wahrnehmung dieser Aufgaben nach pflichtgemäßem Ermessen die erforderlichen Maßnahmen zu treffen.

(2) Soweit die Bestimmungen der §§ 12 bis 50 und die aufgrund dieses Gesetzes erlassenen Vorschriften nicht ausreichen, um die Anforderungen nach § 3 zu erfüllen, können die Bauaufsichtsbehörden im Einzelfall auch weiter gehende Anforderungen stellen, um erhebliche Gefahren abzuwehren.

(3) Bauaufsichtliche Genehmigungen und sonstige Maßnahmen gelten auch für und gegen Rechtsnachfolger.

(4) [1]Die mit dem Vollzug dieses Gesetzes beauftragten Personen sind berechtigt, in Ausübung ihres Amts Grundstücke und bauliche Anlagen einschließlich der Wohnungen zu betreten. [2]Das Grundrecht der Unverletzlichkeit der Wohnung wird insoweit eingeschränkt (Artikel 13 des Grundgesetzes, Artikel 8 der Verfassung des Freistaats Thüringen).

Zweiter Abschnitt
Genehmigungspflicht, Genehmigungsfreiheit

§ 59 Grundsatz

(1) Die Errichtung, Änderung und Nutzungsänderung von Anlagen bedürfen der Baugenehmigung, soweit in den §§ 60, 61, 75 und 76 nichts anderes bestimmt ist.

(2) [1]Die Genehmigungsfreiheit nach den §§ 60, 61, 75 und 76 sowie die Beschränkung der bauaufsichtlichen Prüfung nach den §§ 62, 63, 65 Abs. 4 und § 76 entbinden nicht von der Verpflichtung zur Einhaltung der Anforderungen, die durch öffentlich-rechtliche Vorschriften, insbesondere des Bauplanungsrechts, an Anlagen gestellt werden sowie von der Pflicht, nach anderen Vorschriften erforderliche behördliche Entscheidungen wie Genehmigungen, Erlaubnisse und Bewilligungen einzuholen, und lassen die bauaufsichtlichen Eingriffsbefugnisse unberührt. [2]Die Verpflichtungen der Bauherren, der mit der Baubetreuung Beauftragten, der Bauaufsichtsbehörden, der Gemeinden und der

Gemeindeverbände sowie der Eigentümer nach § 6 Abs. 2 Satz 1 und § 7 Satz 1 des Hochbaustatistikgesetzes vom 5. Mai 1998 (BGBl. I S. 869) in der jeweils geltenden Fassung bleiben unberührt.

§ 60 Verfahrensfreie Bauvorhaben, Beseitigung von Anlagen

(1) Verfahrensfrei sind

1. folgende Gebäude
   a) eingeschossige Gebäude mit einer Brutto-Grundfläche bis zu 10 m², außer im Außenbereich,
   b) Garagen und Fahrradgaragen einschließlich überdachter Stellplätze und Abstellplätze für Fahrräder mit einer mittleren Wandhöhe im Sinne des § 6 Abs. 8 Satz 1 Nr. 1 bis zu 3 Meter und mit einer Brutto-Grundfläche bis zu 40 Quadratmeter, außer im Außenbereich,
   c) Gebäude ohne Feuerungsanlagen mit einer traufseitigen Wandhöhe bis zu 5 m, die einem land- oder forstwirtschaftlichen Betrieb oder einem Betrieb der gartenbaulichen Erzeugung im Sinne des § 35 Abs. 1 Nr. 1 und 2 BauGB in Verbindung mit § 201 BauGB dienen, höchstens 100 m² Brutto-Grundfläche haben und nur zur Unterbringung von Sachen oder zum vorübergehenden Schutz von Tieren bestimmt sind,
   d) Gewächshäuser mit einer Firsthöhe bis zu 5 m, die einem land- oder forstwirtschaftlichen Betrieb oder einem Betrieb der gartenbaulichen Erzeugung im Sinne des § 35 Abs. 1 Nr. 1 und 2 BauGB in Verbindung mit § 201 BauGB dienen und höchstens 100 m² Brutto-Grundfläche haben,
   e) Fahrgastunterstände, die dem öffentlichen Personenverkehr oder der Schülerbeförderung dienen,
   f) Schutzhütten für Wanderer, die jedermann zugänglich sind und keine Aufenthaltsräume haben,
   g) Terrassenüberdachungen mit einer Fläche bis zu 30 m² und einer Tiefe bis zu 4 m, außer im Außenbereich,
   h) vor der Außenwand eines Gebäudes aus lichtdurchlässigen Baustoffen errichtete unbeheizte Wintergärten mit nicht mehr als 20 m² Grundfläche und 75 m³ umbautem Raum,
   i) Gartenlauben in Kleingartenanlagen im Sinne des § 1 Abs. 1 des Bundeskleingartengesetzes vom 28. Februar 1983 (BGBl. I S. 210) in der jeweils geltenden Fassung,
   j) Wochenendhäuser mit einer Brutto-Grundfläche bis zu 40 m² und einer Firsthöhe bis zu 4 m in genehmigten Wochenendhausgebieten;
2. Anlagen der technischen Gebäudeausrüstung, ausgenommen freistehende Abgasanlagen mit einer Höhe von mehr als 10 m;
3. folgende Anlagen zur Nutzung erneuerbarer Energien:
   a) Solaranlagen in, an und auf Dach- und Außenwandflächen, ausgenommen bei Hochhäusern, sowie die damit verbundene Änderung der Nutzung oder der äußeren Gestalt des Gebäudes,
   b) gebäudeunabhängige Solaranlagen mit einer Höhe bis zu 3 m und einer Gesamtlänge bis zu 9 m,
   c) Windenergieanlagen bis zu 10 m Höhe, gemessen von der Geländeoberfläche bis zum höchsten Punkt der vom Rotor bestrichenen Fläche und einem Rotordurchmesser bis zu 3 m, außer in reinen Wohngebieten und im Außenbereich, soweit es sich um geschützte Teile von Natur und Landschaft im Sinne des § 20 Abs. 2 des Bundesnaturschutzgesetzes vom 29. Juli 2009 (BGBl. I S. 2542) in der jeweils geltenden Fassung oder des § 16 Abs. 2 des Thüringer Naturschutzgesetzes in der Fassung vom 30. August 2006 (GVBl. S. 421) in der jeweils geltenden Fassung handelt;
4. folgende Anlagen der Ver- und Entsorgung:
   a) Brunnen,
   b) Anlagen, die der Telekommunikation, der öffentlichen Versorgung mit Elektrizität, Gas, Öl, Wasser oder Wärme oder der Abwasserbeseitigung dienen, mit einer Höhe bis zu 5 m und einer Brutto-Grundfläche bis zu 20 m²;
5. folgende Masten, Antennen und ähnliche Anlagen:
   a) unbeschadet der Nummer 4 Buchst. b Antennen einschließlich der Masten mit einer Höhe bis zu 10 Meter, auf Gebäuden gemessen ab dem Schnittpunkt der Anlage mit der Dachhaut, im Außenbereich frei stehend mit einer Höhe bis zu 15 Meter und zugehöriger Versor-

gungseinheiten mit einem Brutto-Rauminhalt bis zu 10 Kubikmeter sowie, soweit sie in, auf oder an einer bestehenden baulichen Anlage errichtet werden, die damit verbundene Änderung der Nutzung oder der äußeren Gestalt der Anlage,

b) Masten und Unterstützungen für Fernsprechleitungen, für Leitungen zur Versorgung mit Elektrizität, für Seilbahnen und für Leitungen sonstiger Verkehrsmittel, für Sirenen und für Fahnen,
c) Masten, die aus Gründen des Brauchtums errichtet werden,
d) Signalhochbauten für die Landesvermessung,
e) Flutlichtmasten mit einer Höhe bis zu 10 m;

6. folgende Behälter:
a) ortsfeste Behälter für Flüssiggas mit einem Fassungsvermögen von weniger als 3 t, für nicht verflüssigte Gase mit einem Brutto-Rauminhalt bis zu 6 m^3,
b) ortsfeste Behälter für brennbare oder wassergefährdende Flüssigkeiten mit einem Brutto-Rauminhalt bis zu 10 m^3,
c) ortsfeste Behälter sonstiger Art mit einem Brutto-Rauminhalt bis zu 50 m^3 und einer Höhe bis zu 3 m,
d) Gärfutterbehälter mit einer Höhe bis zu 6 m und Schnitzelgruben,
e) Fahrsilos und ähnliche Anlagen,
f) Wasserbecken mit einem Beckeninhalt bis zu 100 m^3;

7. folgende Mauern und Einfriedungen:
a) Mauern einschließlich Stützmauern und Einfriedungen mit einer Höhe bis zu 2 m, außer im Außenbereich,
b) offene, sockellose Einfriedungen für Grundstücke, die einem land- oder forstwirtschaftlichen Betrieb oder einem Betrieb der gartenbaulichen Erzeugung im Sinne des § 35 Abs. 1 Nr. 1 und 2 BauGB in Verbindung mit § 201 BauGB dienen;

8. private Verkehrsanlagen einschließlich Brücken und Durchlässen mit einer lichten Weite bis zu 5 m und Untertunnelungen mit einem Durchmesser bis zu 3 m;

9. Aufschüttungen und Abgrabungen mit einer Höhe oder Tiefe bis zu 2 m und einer Grundfläche bis zu 30 m^2, im Außenbereich bis zu 300 m^2;

10. folgende Anlagen in Gärten und zur Freizeitgestaltung:
a) Schwimmbecken mit einem Beckeninhalt bis zu 100 m^3 einschließlich dazugehöriger luftgetragener Überdachungen, außer im Außenbereich,
b) Sprungschanzen, Sprungtürme und Rutschbahnen mit einer Höhe bis zu 10 m,
c) Anlagen, die der zweckentsprechenden Einrichtung von Spiel-, Abenteuerspiel-, Bolz- und Sportplätzen, Reit- und Wanderwegen, Trimm- und Lehrpfaden dienen, ausgenommen Gebäude und Tribünen,
d) Wohnwagen, Zelte und bauliche Anlagen, die keine Gebäude sind, auf Camping-, Zelt- und Wochenendplätzen,
e) Anlagen, die der Gartennutzung, der Gartengestaltung oder der zweckentsprechenden Einrichtung von Gärten dienen, ausgenommen Gebäude und Einfriedungen;

11. folgende tragende und nichttragende Bauteile:
a) nichttragende und nichtaussteifende Bauteile in baulichen Anlagen,
b) die Änderung tragender oder aussteifender Bauteile innerhalb von Wohngebäuden der Gebäudeklassen 1 und 2,
c) für einzelne neue Räume in überwiegend zu Wohnzwecken genutzten Gebäuden sowie die damit verbundene Nutzungsänderung,
d) Fenster und Türen sowie die dafür bestimmten Öffnungen,
e) Außenwandverkleidungen einschließlich Maßnahmen der Wärmedämmung, ausgenommen bei Hochhäusern, Verblendungen und Verputz baulicher Anlagen,
f) Bedachung einschließlich Maßnahmen der Wärmedämmung, ausgenommen bei Hochhäusern;

12. folgende Werbeanlagen sowie, soweit sie in, auf oder an einer bestehenden baulichen Anlage errichtet werden, die damit verbundene Änderung der Nutzung oder der äußeren Gestalt der Anlage:

a) Werbeanlagen mit einer Ansichtsfläche bis zu 1 m^2, außer im Außenbereich,
b) Warenautomaten,
c) Werbeanlagen, die nach ihrem erkennbaren Zweck nur vorübergehend für höchstens zwei Monate angebracht werden, außer im Außenbereich,
d) Schilder, die Inhaber und Art gewerblicher Betriebe kennzeichnen (Hinweisschilder), wenn sie vor Ortsdurchfahrten auf einer einzigen Tafel zusammengefasst sind,
e) Werbeanlagen in durch Bebauungsplan festgesetzten Gewerbe-, Industrie- und vergleichbaren Sondergebieten mit einer Höhe bis zu 10 m;

13. folgende vorübergehend aufgestellte oder benutzbare bauliche Anlagen:
a) Baustelleneinrichtungen einschließlich Lagerhallen, Schutzhallen und Unterkünften,
b) Gerüste,
c) Toilettenwagen,
d) Behelfsbauten, die der Landesverteidigung, dem Katastrophenschutz oder der Unfallhilfe dienen,
e) bauliche Anlagen, die für höchstens drei Monate auf genehmigtem Messe- und Ausstellungsgelände errichtet werden, ausgenommen Fliegende Bauten,
f) Verkaufsstände und andere bauliche Anlagen auf Straßenfesten, Volksfesten und Märkten, ausgenommen Fliegende Bauten;

14. folgende Plätze:
a) unbefestigte Lager- und Abstellplätze, die einem land- oder forstwirtschaftlichen Betrieb oder einem Betrieb der gartenbaulichen Erzeugung im Sinne des § 35 Abs. 1 Nr. 1 und 2 BauGB in Verbindung mit § 201 BauGB dienen,
b) andere Lager- und Abstellplätze mit einer Fläche bis zu 100 m^2, außer im Außenbereich,
c) nicht überdachte Stellplätze mit einer Fläche bis zu insgesamt 100 m^2 je Grundstück und deren Zufahrten,
d) Kinderspielplätze;

15. folgende sonstige bauliche Anlagen:
a) nicht überdachte Fahrradabstellanlagen mit einer Fläche bis zu insgesamt 100 m^2 je Grundstück, überdachte Fahrradabstellanlagen mit einer Fläche bis zu insgesamt 40 m^2 je Grundstück sowie deren Zufahrten,
b) Zapfsäulen und Tankautomaten genehmigter Tankstellen sowie Ladestationen für Elektromobilität und die damit verbundene Änderung der Nutzung,
c) Regale mit einer Höhe bis zu 7,50 m Oberkante Lagergut,
d) Grabdenkmale auf Friedhöfen, Feldkreuze, Denkmäler, Skulpturen und sonstige Kunstwerke jeweils mit einer Höhe bis zu 4 m,
e) andere unbedeutende Anlagen oder unbedeutende Teile von Anlagen wie Hauseingangsüberdachungen, Markisen, Rollläden, Terrassen, Maschinenfundamente, Straßenfahrzeugwaagen, Pergolen, Jägerstände, Wildfütterungen, Bienenfreistände, Taubenhäuser, Hofeinfahrten und Teppichstangen.

(2) Verfahrensfrei ist die Änderung der Nutzung von Anlagen, wenn
1. für die neue Nutzung keine anderen öffentlich-rechtlichen Anforderungen nach § 63 in Verbindung mit § 65 als für die bisherige Nutzung in Betracht kommen oder
2. die Errichtung oder Änderung der Anlagen nach Absatz 1 verfahrensfrei wäre.

(3) [1]Verfahrensfrei ist die Beseitigung von
1. Anlagen nach Absatz 1,
2. freistehenden Gebäuden der Gebäudeklassen 1 und 3,
3. sonstigen Anlagen, die keine Gebäude sind, mit einer Höhe bis zu 10 m.

[2]Im Übrigen ist die beabsichtigte Beseitigung von Anlagen mindestens einen Monat zuvor der Bauaufsichtsbehörde anzuzeigen. [3]Bei nicht freistehenden Gebäuden muss die Standsicherheit des Gebäudes oder der Gebäude, an die das zu beseitigende Gebäude angebaut ist, durch einen qualifizierten Tragwerksplaner im Sinne des § 65 Abs. 2 beurteilt und im erforderlichen Umfang nachgewiesen werden; die Beseitigung ist, soweit notwendig, durch den qualifizierten Tragwerksplaner zu überwachen. [4]Satz 3 gilt nicht, soweit an verfahrensfreie Gebäude angebaut ist. [5]§ 71 Abs. 6 Nr. 3 und Abs. 8 gilt entsprechend.

(4) Verfahrensfrei sind Instandhaltungsarbeiten.

§ 61 Genehmigungsfreistellung

(1) [1]Keiner Genehmigung bedarf unter den Voraussetzungen des Absatzes 2 die Errichtung, Änderung und Nutzungsänderung von

1. Wohngebäuden der Gebäudeklassen 1 bis 3,
2. sonstigen Gebäuden der Gebäudeklassen 1 und 2,
3. sonstigen Anlagen, die keine Gebäude sind,
4. Nebengebäuden und Nebenanlagen zu Vorhaben nach den Nummern 1 bis 3,

ausgenommen Sonderbauten und Anlagen, die einer Pflicht zur Durchführung einer Umweltverträglichkeitsprüfung oder einer Vorprüfung nach dem Gesetz über die Umweltverträglichkeitsprüfung (UVPG) vom 20. November 2015 (BGBl. I S. 2053) in der jeweils geltenden Fassung oder dem Thüringer Gesetz über die Umweltverträglichkeitsprüfung (ThürUVPG) vom 20. Juli 2007 (GVBl. S. 85) in der jeweils geltenden Fassung unterliegen. [2]Satz 1 gilt nicht für die Errichtung, Änderung oder Nutzungsänderung

1. eines oder mehrerer Gebäude, wenn dadurch dem Wohnen dienende Nutzungseinheiten mit einer Größe von insgesamt mehr als 5.000 m^2 Brutto-Grundfläche geschaffen werden, und
2. baulicher Anlagen, die öffentlich zugänglich sind, wenn dadurch die gleichzeitige Nutzung durch mehr als 100 zusätzliche Besucher ermöglicht wird,

die innerhalb eines vom Landesamt für Umwelt, Bergbau und Naturschutz bekannt gemachten Abstands um einen Betriebsbereich im Sinne des § 3 Abs. 5a des Bundes-Immissionsschutzgesetzes (BImSchG) in der Fassung vom 17. Mai 2013 (BGBl. I S. 1274) in der jeweils geltenden Fassung liegen, es sei denn, die Immissionsschutzbehörde hat aufgrund ihr vorliegender Kenntnisse mitgeteilt, dass sich das Vorhaben außerhalb des Sicherheitsabstands des Betriebsbereichs im Sinne des § 50 BImSchG befindet. [3]Bei der Festlegung des Abstands nach Satz 2 sind insbesondere die im Betriebsbereich verwendeten Stoffe, die Art des Umgangs mit diesen Stoffen, Gegebenheiten der unmittelbaren Umgebung und repräsentative Szenarien eines schweren Unfalls zu berücksichtigen.

(2) Nach Absatz 1 ist ein Bauvorhaben genehmigungsfrei gestellt, wenn

1. es im Geltungsbereich eines Bebauungsplans im Sinne des § 30 Abs. 1 oder der §§ 12, 30 Abs. 2 BauGB liegt,
2. es den Festsetzungen des Bebauungsplans nicht widerspricht,
3. die Erschließung im Sinne des Baugesetzbuchs gesichert ist und
4. die Gemeinde nicht innerhalb der Frist nach Absatz 3 Satz 2 erklärt, dass das vereinfachte Genehmigungsverfahren durchgeführt werden soll, oder eine vorläufige Untersagung nach § 15 Abs. 1 Satz 2 BauGB beantragt.

(3) [1]Der Bauherr hat die erforderlichen Unterlagen bei der Gemeinde einzureichen; die Gemeinde legt, soweit sie nicht selbst Bauaufsichtsbehörde ist, eine Fertigung der Unterlagen unverzüglich der unteren Bauaufsichtsbehörde vor. [2]Mit dem Vorhaben darf einen Monat nach Vorlage der erforderlichen Unterlagen bei der Gemeinde begonnen werden. [3]Teilt die Gemeinde dem Bauherrn vor Ablauf der Frist schriftlich mit, dass kein Genehmigungsverfahren durchgeführt werden soll und sie eine Untersagung nach § 15 Abs. 1 Satz 2 BauGB nicht beantragen wird, darf der Bauherr mit der Ausführung des Vorhabens beginnen. [4]Von der Mitteilung nach Satz 3 hat die Gemeinde die Bauaufsichtsbehörde zu unterrichten. [5]Will der Bauherr mit der Ausführung des Bauvorhabens mehr als drei Jahre, nachdem die Bauausführung nach Sätzen 2 und 3 zulässig geworden ist, beginnen, gelten die Sätze 1 bis 4 entsprechend.

(4) [1]Die Erklärung der Gemeinde nach Absatz 2 Nr. 4, dass das vereinfachte Genehmigungsverfahren durchgeführt werden soll, kann insbesondere deshalb erfolgen, weil sie eine Überprüfung der sonstigen Voraussetzungen des Absatzes 2 oder des Bauvorhabens aus anderen Gründen für erforderlich hält. [2]Darauf, dass die Gemeinde von ihrer Erklärungsmöglichkeit keinen Gebrauch macht, besteht kein Rechtsanspruch. [3]Erklärt die Gemeinde, dass das vereinfachte Baugenehmigungsverfahren durchgeführt werden soll, hat sie dem Bauherrn die vorgelegten Unterlagen zurückzureichen. [4]Hat der Bauherr bei der Vorlage der Unterlagen bestimmt, dass seine Vorlage im Fall der Erklärung nach Absatz 2 Nr. 4 als Bauantrag zu behandeln ist, leitet sie die Unterlagen gleichzeitig mit der Erklärung an die Bauaufsichtsbehörde weiter.

(5) [1]§ 65 bleibt unberührt. [2]§ 67 Abs. 2 Satz 1 und Abs. 4 Satz 1 und 2 sowie § 71 Abs. 6 bis 8 sind entsprechend anzuwenden.

Dritter Abschnitt
Genehmigungsverfahren

§ 62 Vereinfachtes Baugenehmigungsverfahren

(1) [1]Das vereinfachte Baugenehmigungsverfahren wird durchgeführt bei
1. Wohngebäuden der Gebäudeklassen 1 bis 3,
2. sonstigen Gebäuden der Gebäudeklassen 1 und 2,
3. sonstigen Anlagen, die keine Gebäude sind,
4. Nebengebäuden und Nebenanlagen zu Vorhaben nach den Nummern 1 bis 3,

ausgenommen Sonderbauten und Anlagen, die einer Pflicht zur Durchführung einer Umweltverträglichkeitsprüfung oder einer Vorprüfung nach dem Gesetz über die Umweltverträglichkeitsprüfung oder dem Thüringer Gesetz über die Umweltverträglichkeitsprüfung unterliegen. [2]Im vereinfachten Baugenehmigungsverfahren prüft die Bauaufsichtsbehörde
1. die Übereinstimmung mit den Bestimmungen über die Zulässigkeit der baulichen Anlagen nach den §§ 29 bis 38 BauGB,
2. beantragte Abweichungen im Sinne des § 66 Abs. 1 und 2 Satz 2 sowie
3. andere öffentlich-rechtliche Anforderungen, soweit wegen der Baugenehmigung eine Entscheidung nach anderen öffentlich-rechtlichen Vorschriften entfällt oder ersetzt wird.

[3]§ 65 bleibt unberührt.

(2) [1]Über den Bauantrag ist innerhalb von drei Monaten nach Vorlage der vollständigen Antragsunterlagen zu entscheiden; die Bauaufsichtsbehörde kann diese Frist gegenüber dem Antragsteller aus wichtigem Grund um bis zu zwei Monate verlängern. [2]Der Antrag gilt als genehmigt, wenn über ihn nicht innerhalb der nach Satz 1 maßgeblichen Frist entschieden worden ist.

§ 63 Baugenehmigungsverfahren

[1]Bei genehmigungsbedürftigen baulichen Anlagen, die nicht unter § 62 fallen, prüft die Bauaufsichtsbehörde
1. die Übereinstimmung mit den Bestimmungen über die Zulässigkeit der baulichen Anlagen nach den §§ 29 bis 38 BauGB,
2. Anforderungen nach den Bestimmungen dieses Gesetzes und aufgrund dieses Gesetzes sowie
3. andere öffentlich-rechtliche Anforderungen, soweit wegen der Baugenehmigung eine Entscheidung nach anderen öffentlich-rechtlichen Vorschriften entfällt oder ersetzt wird.

[2]§ 65 bleibt unberührt.

§ 64 Bauvorlageberechtigung

(1) [1]Bauvorlagen für die nicht verfahrensfreie Errichtung und Änderung von Gebäuden müssen von einem Entwurfsverfasser unterschrieben sein, der bauvorlageberechtigt ist. [2]Dies gilt nicht für
1. Bauvorlagen, die üblicherweise von Fachkräften mit anderer Ausbildung als nach Absatz 2 verfasst werden, und
2. geringfügige oder technisch einfache Bauvorhaben.

(2) Bauvorlageberechtigt ist, wer
1. die Berufsbezeichnung „Architekt" führen darf,
2. in die von der Ingenieurkammer Thüringen geführte Liste der Bauvorlageberechtigten eingetragen ist; Eintragungen anderer Länder gelten auch in Thüringen,
3. die Berufsbezeichnung „Innenarchitekt" führen darf, für die mit der Berufsaufgabe des Innenarchitekten verbundenen baulichen Änderungen von Gebäuden, oder
4. einen berufsqualifizierenden Hochschulabschluss eines Studiums der Fachrichtung Architektur, Hochbau oder Bauingenieurwesen nachweist, danach mindestens zwei Jahre auf dem Gebiet der Entwurfsplanung von Gebäuden praktisch tätig gewesen und Bediensteter einer juristischen Person des öffentlichen Rechts ist, für die dienstliche Tätigkeit.

(3) [1]In die Liste der Bauvorlageberechtigten ist auf Antrag von der Ingenieurkammer Thüringen einzutragen, wer

1. einen berufsqualifizierenden Hochschulabschluss eines Studiums der Fachrichtung Hochbau (Artikel 49 Abs. 1 der Richtlinie 2005/36/EG des Europäischen Parlaments und des Rates vom 7. September 2005 über die Anerkennung von Berufsqualifikationen – ABl. L 255 vom 30. September 2005, S. 22; 2007 L 271 S. 18; 2008 L 93 S. 28; 2009 L 33 S. 49; 2014 L 305 S. 115; 2015 L 177 S. 60; L 268 S. 35; 2016 L 95 S. 20 – in der jeweils geltenden Fassung) oder des Bauingenieurwesens nachweist und
2. danach mindestens zwei Jahre auf dem Gebiet der Entwurfsplanung von Gebäuden praktisch tätig gewesen ist.

[2]Dem Antrag sind die zur Beurteilung erforderlichen Unterlagen beizufügen. [3]Die Ingenieurkammer Thüringen bestätigt unverzüglich den Eingang der Unterlagen und teilt gegebenenfalls mit, welche Unterlagen fehlen. [4]Die Eingangsbestätigung muss folgende Angaben enthalten:

1. Beginn, Ende und Verlängerungsmöglichkeit der Frist nach Satz 5,
2. die verfügbaren Rechtsbehelfe,
3. die Erklärung, dass der Antrag als genehmigt gilt, wenn über ihn nicht rechtzeitig entschieden wird und
4. im Fall der Nachforderung von Unterlagen die Mitteilung, dass die Frist nach Satz 5 erst beginnt, wenn die Unterlagen vollständig sind.

[5]Über den Antrag ist innerhalb von drei Monaten nach Vorlage der vollständigen Unterlagen zu entscheiden; die Ingenieurkammer Thüringen kann die Frist gegenüber dem Antragsteller einmal um bis zu zwei Monate verlängern. [6]Die Fristverlängerung und deren Umfang sind ausreichend zu begründen und dem Antragsteller vor Ablauf der ursprünglichen Frist mitzuteilen. [7]Der Antrag gilt als genehmigt, wenn über ihn nicht innerhalb der nach Satz 5 maßgeblichen Frist entschieden worden ist.

(4) [1]Personen, die in einem anderen Mitgliedstaat der Europäischen Union oder einem nach dem Recht der Europäischen Gemeinschaften oder der Europäischen Union gleichgestellten Staat als Bauvorlageberechtigte niedergelassen sind, sind ohne Eintragung in die Liste nach Absatz 2 Nr. 2 bauvorlageberechtigt, wenn sie

1. eine vergleichbare Berechtigung besitzen und
2. dafür vergleichbare Anforderungen, wie in Absatz 3 Satz 1 dargestellt, erfüllen mussten.

[2]Sie haben das erstmalige Tätigwerden als Bauvorlageberechtigter vorher der Ingenieurkammer Thüringen anzuzeigen und dabei

1. eine Bescheinigung darüber, dass sie in einem Mitgliedstaat der Europäischen Union oder einem nach dem Recht der Europäischen Gemeinschaften oder der Europäischen Union gleichgestellten Staat rechtmäßig als Bauvorlageberechtigte niedergelassen sind und ihnen die Ausübung dieser Tätigkeiten zum Zeitpunkt der Vorlage der Bescheinigung nicht, auch nicht vorübergehend, untersagt ist, und
2. einen Nachweis darüber, dass sie im Staat ihrer Niederlassung für die Tätigkeit als Bauvorlageberechtigte mindestens die Voraussetzungen des Absatzes 3 Satz 1 erfüllen mussten,

vorzulegen; sie sind in einem Verzeichnis zu führen. [3]Die Ingenieurkammer Thüringen hat auf Antrag zu bestätigen, dass die Anzeige nach Satz 2 erfolgt ist; sie kann das Tätigwerden als Bauvorlageberechtigter untersagen und die Eintragung in dem Verzeichnis nach Satz 2 löschen, wenn die Voraussetzungen des Satzes 1 nicht erfüllt sind.

(5) [1]Personen, die in einem anderen Mitgliedstaat der Europäischen Union oder einem nach dem Recht der Europäischen Gemeinschaften oder der Europäischen Union gleichgestellten Staat als Bauvorlageberechtigte niedergelassen sind, ohne im Sinne des Absatzes 4 Satz 1 Nr. 2 vergleichbar zu sein, sind bauvorlageberechtigt, wenn ihnen die Ingenieurkammer Thüringen bescheinigt hat, dass sie die Anforderungen des Absatzes 3 Satz 1 erfüllen; sie sind in einem Verzeichnis zu führen. [2]Die Bescheinigung wird auf Antrag erteilt. [3]Absatz 3 Satz 2 bis 7 ist entsprechend anzuwenden.

(6) [1]Anzeigen und Bescheinigungen nach den Absätzen 4 und 5 sind nicht erforderlich, wenn bereits in einem anderen Land eine Anzeige erfolgt ist oder eine Bescheinigung erteilt wurde; eine Eintragung in die von der Ingenieurkammer Thüringen geführten Verzeichnisse erfolgt nicht. [2]Verfahren nach den Absätzen 3 bis 5 können über eine einheitliche Stelle im Sinne des Thüringer ES-Errichtungsgesetzes vom 8. Juli 2009 (GVBl. S. 592 -596-) in der jeweils geltenden Fassung abgewickelt werden. [3]Es gelten

ergänzend die Bestimmungen zum Verfahren über die einheitliche Stelle nach den §§ 71a bis 71e ThürVwVfG.

§ 65 Bautechnische Nachweise

(1) [1]Die Einhaltung der Anforderungen an die Standsicherheit, den Brand-, Schall- und Erschütterungsschutz ist nach Maßgabe der Rechtsverordnung aufgrund des § 87 Abs. 3 nachzuweisen (bautechnische Nachweise); dies gilt nicht für verfahrensfreie Bauvorhaben einschließlich der Beseitigung von Anlagen, soweit nicht in diesem Gesetz oder in der Rechtsverordnung aufgrund des § 87 Abs. 3 etwas anderes bestimmt ist. [2]Die Bauvorlageberechtigung nach § 64 Abs. 2 Nr. 1, 2 und 4 schließt die Berechtigung zur Erstellung der bautechnischen Nachweise ein, soweit nicht nachfolgend Abweichendes bestimmt ist.

(2) [1]Bei Gebäuden der Gebäudeklassen 1 bis 3 sowie sonstigen baulichen Anlagen, die keine Gebäude sind, muss der Standsicherheitsnachweis von

1. einer Person mit einem berufsqualifizierenden Hochschulabschluss eines Studiums der Fachrichtung Architektur, Hochbau oder des Bauingenieurwesens mit einer mindestens dreijährigen Berufserfahrung in der Tragwerksplanung, der unter Beachtung des § 64 Abs. 3 Satz 2 bis 7 in der Liste nach Absatz 5 eingetragen ist oder
2. einem Prüfingenieur für Standsicherheit

erstellt sein; dem Halbsatz 1 Nr. 1 entsprechende Eintragungen anderer Länder gelten auch in Thüringen. [2]Auch bei anderen Bauvorhaben darf der Standsicherheitsnachweis von einem Tragwerksplaner nach Satz 1 erstellt werden. [3]Bei Bauvorhaben der Gebäudeklasse 4, ausgenommen Sonderbauten sowie Mittel- und Großgaragen im Sinne der Rechtsverordnung aufgrund des § 87 Abs. 1 Nr. 3, muss der Brandschutznachweis erstellt sein von

1. einem für das Bauvorhaben Bauvorlageberechtigten, der die erforderlichen Kenntnisse des Brandschutzes nachgewiesen hat,
2. einem
   a) Angehörigen der Fachrichtung Architektur, Hochbau, des Bauingenieurwesens oder eines Studiengangs mit Schwerpunkt Brandschutz, der ein Studium an einer deutschen Hochschule, ein gleichwertiges Studium an einer ausländischen Hochschule abgeschlossen hat, oder
   b) Absolventen, der die Ausbildung für mindestens den gehobenen feuerwehrtechnischen Dienst abgeschlossen hat,

   und nach Abschluss der Ausbildung mindestens zwei Jahre auf dem Gebiet der brandschutztechnischen Planung und Ausführung von Gebäuden oder deren Prüfung praktisch tätig gewesen ist und die erforderlichen Kenntnisse des Brandschutzes nachgewiesen hat, oder
3. einem Prüfingenieur für Brandschutz.

[4]Die in Satz 3 Nr. 1 und 2 genannten Personen müssen unter Beachtung des § 64 Abs. 3 Satz 2 bis 7 in der Liste nach Absatz 5 eingetragen sein, entsprechende Eintragungen anderer Länder gelten auch in Thüringen. [5]Auch bei anderen Bauvorhaben darf der Brandschutznachweis von einem Brandschutzplaner nach Satz 3 erstellt werden. [6]Für Personen, die in einem anderen Mitgliedstaat der Europäischen Union oder einem nach dem Recht der Europäischen Gemeinschaften oder der Europäischen Union gleichgestellten Staat zur Erstellung von Standsicherheits- oder Brandschutznachweisen niedergelassen sind, gilt § 64 Abs. 4 bis 6 mit der Maßgabe entsprechend, dass die Anzeige oder der Antrag auf Erteilung einer Bescheinigung bei der für die Führung der Liste nach Absatz 5 zuständigen Stelle einzureichen ist. [7]Bei Bediensteten einer juristischen Person des öffentlichen Rechts ist für die dienstliche Tätigkeit eine Eintragung in die Liste abweichend von den Sätzen 1 und 4 nicht erforderlich, wenn ihnen die obere Bauaufsichtsbehörde bestätigt hat, dass sie im Übrigen die Voraussetzungen nach diesem Absatz erfüllen.

(3) [1]Es muss

1. bei Gebäuden der Gebäudeklassen 4 und 5,
2. bei unterirdischen Mittelgaragen und Großgaragen im Sinne der Rechtsverordnung aufgrund des § 87 Abs. 1 Nr. 3 oder
3. wenn dies nach Maßgabe eines in der Rechtsverordnung aufgrund des § 87 Abs. 3 geregelten Kriterienkatalogs erforderlich ist, bei

a) Gebäuden der Gebäudeklassen 1 bis 3,

b) Behältern, Brücken, Stützmauern, Tribünen,

c) sonstigen baulichen Anlagen, die keine Gebäude sind, mit einer Höhe von mehr als 10 m

der Standsicherheitsnachweis bauaufsichtlich geprüft sein; dies gilt nicht für Wohngebäude der Gebäudeklassen 1 und 2. [2]Bei

1. Sonderbauten,
2. Mittel- und Großgaragen im Sinne der Rechtsverordnung nach § 87 Abs. 1 Nr. 3 oder
3. Gebäuden der Gebäudeklasse 5

muss der Brandschutznachweis bauaufsichtlich geprüft sein. [3]Soweit abweichend von Absatz 2 Satz 1 bis 4 der Ersteller eines Standsicherheits- oder Brandschutznachweises nicht in die Liste nach Absatz 5 eingetragen ist, ist die bauaufsichtliche Prüfung des Standsicherheits- oder Brandschutznachweises erforderlich.

(4) [1]Außer in den Fällen des Absatzes 3 werden bautechnische Nachweise nicht geprüft; § 66 bleibt unberührt. [2]Einer bauaufsichtlichen Prüfung bedarf es ferner nicht, soweit für das Bauvorhaben Standsicherheitsnachweise vorliegen, die von einem Prüfamt für Standsicherheit allgemein geprüft sind (Typenprüfung); Typenprüfungen anderer Länder gelten auch in Thüringen.

(5) [1]Die in Absatz 2 genannten Listen werden von der Architektenkammer Thüringen und der Ingenieurkammer Thüringen gemeinsam geführt. [2]Die §§ 10 und 11 des Thüringer Architekten- und Ingenieurkammergesetzes vom 14. Dezember 2016 (GVBl. S. 529) in der jeweils geltenden Fassung gelten entsprechend.

§ 66 Abweichungen

(1) [1]Die Bauaufsichtsbehörde kann Abweichungen von Anforderungen dieses Gesetzes und aufgrund dieses Gesetzes erlassener Vorschriften zulassen, wenn sie unter Berücksichtigung des Zwecks der jeweiligen Anforderung und unter Würdigung der öffentlich-rechtlich geschützten nachbarlichen Belange mit den öffentlichen Belangen, insbesondere den Anforderungen des § 3 Satz 1, vereinbar sind. [2]§ 87a Abs. 1 Satz 3 bleibt unberührt. [3]Der gesonderten Zulassung einer Abweichung bedarf es nicht, soweit bautechnische Nachweise bauaufsichtlich geprüft werden.

(2) [1]Die Zulassung von Abweichungen nach Absatz 1, von Ausnahmen und Befreiungen von den Festsetzungen eines Bebauungsplans oder einer sonstigen städtebaulichen Satzung oder von Regelungen der Baunutzungsverordnung (BauNVO) in der Fassung vom 23. Januar 1990 (BGBl. I S. 132) in der jeweils geltenden Fassung ist gesondert schriftlich zu beantragen; der Antrag ist zu begründen. [2]Für Anlagen, die keiner Genehmigung bedürfen, sowie für Abweichungen von Vorschriften, die im Genehmigungsverfahren nicht geprüft werden, gilt Satz 1 entsprechend.

(3) [1]Über Abweichungen nach Absatz 1 Satz 1 von örtlichen Bauvorschriften sowie über Ausnahmen und Befreiungen nach Absatz 2 Satz 1 entscheidet bei verfahrensfreien Bauvorhaben die Gemeinde nach Maßgabe der Absätze 1 und 2. [2]Im Übrigen lässt die Bauaufsichtsbehörde Abweichungen von örtlichen Bauvorschriften im Einvernehmen mit der Gemeinde zu; § 36 Abs. 2 Satz 2 BauGB gilt entsprechend.

§ 67 Bauantrag und Bauvorlagen

(1) Der Bauantrag ist bei der unteren Bauaufsichtsbehörde einzureichen.

(2) [1]Mit dem Bauantrag sind alle für die Beurteilung des Bauvorhabens und die Bearbeitung des Bauantrags erforderlichen Unterlagen (Bauvorlagen) einzureichen. [2]Es kann gestattet werden, dass einzelne Bauvorlagen nachgereicht werden.

(3) In besonderen Fällen kann zur Beurteilung der Einwirkung des Bauvorhabens auf die Umgebung verlangt werden, dass es in geeigneter Weise auf dem Grundstück dargestellt wird.

(4) [1]Der Bauherr und der Entwurfsverfasser haben den Bauantrag, der Entwurfsverfasser die Bauvorlagen zu unterschreiben. [2]Die von den Fachplanern nach § 54 Abs. 2 bearbeiteten Unterlagen müssen auch von diesen unterschrieben sein. [3]Ist der Bauherr nicht Grundstückseigentümer, kann die Zustimmung des Grundstückseigentümers zu dem Bauvorhaben gefordert werden.

§ 68 Behandlung des Bauantrags

(1) [1]Die Bauaufsichtsbehörde hört zum Bauantrag die Gemeinde und diejenigen Stellen,

1. deren Beteiligung oder Anhörung für die Entscheidung über den Bauantrag durch Rechtsvorschrift vorgeschrieben ist, oder
2. ohne deren Stellungnahme die Genehmigungsfähigkeit des Bauantrags nicht beurteilt werden kann.

[2]Die Beteiligung oder Anhörung entfällt, wenn die Gemeinde oder die jeweilige Stelle dem Bauantrag bereits vor Einleitung des Baugenehmigungsverfahrens zugestimmt oder auf eine Beteiligung verzichtet hat. [3]Bedarf die Erteilung der Baugenehmigung der Zustimmung oder des Einvernehmens einer anderen Körperschaft, Behörde oder sonstigen Stelle, so gilt diese als erteilt, wenn sie nicht zwei Monate nach Eingang des Ersuchens verweigert wird; von der Frist nach Halbsatz 1 abweichende Regelungen durch Rechtsvorschrift bleiben unberührt. [4]Stellungnahmen bleiben unberücksichtigt, wenn sie nicht innerhalb eines Monats nach Aufforderung zur Stellungnahme bei der Bauaufsichtsbehörde eingehen, es sei denn, die verspätete Stellungnahme ist für die Rechtmäßigkeit der Entscheidung über den Bauantrag von Bedeutung.

(2) [1]Die Bauaufsichtsbehörde kontrolliert den Bauantrag innerhalb von zwei Wochen auf Vollständigkeit und teilt dem Bauherrn den Eingang des Antrags mit. [2]Ist der Bauantrag unvollständig oder weist er sonstige erhebliche Mängel auf, fordert die Bauaufsichtsbehörde den Bauherrn zur Behebung der Mängel innerhalb einer angemessenen Frist auf. [3]Werden die Mängel innerhalb der Frist nicht behoben, gilt der Antrag als zurückgenommen.

§ 69 Beteiligung der Nachbarn und der Öffentlichkeit

(1) [1]Die Bauaufsichtsbehörde soll die Eigentümer benachbarter Grundstücke (Nachbarn) vor der Erteilung von Abweichungen und Befreiungen benachrichtigen, wenn zu erwarten ist, dass öffentlich-rechtlich geschützte nachbarliche Belange berührt werden. [2]Einwendungen sind innerhalb von zwei Wochen nach Zugang der Benachrichtigung bei der Bauaufsichtsbehörde schriftlich oder zur Niederschrift vorzubringen.

(2) Die Benachrichtigung entfällt, wenn die zu benachrichtigenden Nachbarn die Lagepläne und Bauzeichnungen unterschrieben oder dem Bauvorhaben auf andere Weise zugestimmt haben.

(3) [1]Haben die Nachbarn dem Bauvorhaben nicht zugestimmt, ist ihnen die Baugenehmigung mit dem Teil der Bauvorlagen, auf den sich die Einwendungen beziehen, zuzustellen. [2]Bei mehr als 20 Nachbarn, denen die Baugenehmigung zuzustellen ist, kann die Zustellung nach Satz 1 durch öffentliche Bekanntmachung ersetzt werden; die Bekanntmachung hat den verfügenden Teil der Baugenehmigung, die Rechtsbehelfsbelehrung sowie einen Hinweis darauf zu enthalten, wo die Akten des Baugenehmigungsverfahrens eingesehen werden können. [3]Sie ist im amtlichen Veröffentlichungsblatt der Bauaufsichtsbehörde bekannt zu machen. [4]Die Zustellung gilt mit dem Tag der Bekanntmachung als bewirkt.

(4) [1]Bei baulichen Anlagen, die aufgrund ihrer Beschaffenheit oder ihres Betriebs geeignet sind, die Allgemeinheit oder die Nachbarschaft zu gefährden, zu benachteiligen oder zu belästigen, kann die Bauaufsichtsbehörde auf Antrag des Bauherrn das Bauvorhaben in ihrem amtlichen Veröffentlichungsblatt und außerdem entweder im Internet oder in örtlichen Tageszeitungen, die im Bereich des Standorts der Anlage verbreitet sind, öffentlich bekannt machen; verfährt die Bauaufsichtsbehörde nach Halbsatz 1, finden die Absätze 1 und 2 keine Anwendung. [2]Nach der Bekanntmachung sind der Antrag und die Bauvorlagen sowie die entscheidungserheblichen Berichte und Empfehlungen, die der Bauaufsichtsbehörde im Zeitpunkt der Bekanntmachung vorliegen, einen Monat zur Einsicht auszulegen. [3]Innerhalb einer Frist von zwei Wochen nach Ablauf der Auslegungsfrist nach Satz 2 kann die Öffentlichkeit gegenüber der zuständigen Behörde schriftlich Einwendungen erheben; mit Ablauf dieser Frist sind alle nicht rechtzeitig erhobenen öffentlich-rechtlichen Einwendungen gegen das Bauvorhaben ausgeschlossen. [4]Die Zustellung der Baugenehmigung nach Absatz 3 Satz 1 kann durch öffentliche Bekanntmachung ersetzt werden; Absatz 3 Satz 4 sowie Satz 1 Halbsatz 1 gelten entsprechend. [5]In der Bekanntmachung nach Satz 1 Halbsatz 1 ist über Folgendes zu informieren:

1. den Gegenstand des Vorhabens,
2. die für die Genehmigung zuständige Behörde, bei der der Antrag nebst Unterlagen zur Einsicht ausgelegt wird sowie wo, wann und wie Einsicht genommen werden kann,

3. die Möglichkeit für die Personen, deren Belange berührt sind, Einwendungen bei einer in der Bekanntmachung bezeichneten Stelle bis zu zwei Wochen nach Ablauf der Auslegungsfrist vorzubringen; dabei ist darauf hinzuweisen, dass mit Ablauf der Frist alle öffentlich-rechtlichen Einwendungen gegen das Bauvorhaben ausgeschlossen sind,
4. dass die Zustellung der Entscheidung über die Einwendungen durch öffentliche Bekanntmachung ersetzt werden kann.

(5) [1]Bei der Errichtung, Änderung oder Nutzungsänderung
1. eines oder mehrerer Gebäude, wenn dadurch dem Wohnen dienende Nutzungseinheiten mit einer Größe von insgesamt mehr als 5 000 m^2 Brutto-Grundfläche geschaffen werden,
2. baulicher Anlagen, die öffentlich zugänglich sind, wenn dadurch die gleichzeitige Nutzung durch mehr als 100 zusätzliche Besucher ermöglicht wird, und
3. baulicher Anlagen, die nach Durchführung des Bauvorhabens Sonderbauten nach § 2 Abs. 4 Nr. 9 Buchst. c und Nr. 10 bis 13 sowie 15 und 16 sind,

[2]gelten für die Öffentlichkeitsbeteiligung die Sätze 2 bis 8, wenn die Vorhaben innerhalb des nach § 61 Abs. 1 Satz 2 bekannt gemachten Abstands durchgeführt werden sollen, es sei denn, die Immissionsschutzbehörde hat aufgrund ihr vorliegender Kenntnisse mitgeteilt, dass sich das Vorhaben außerhalb des Sicherheitsabstands des Betriebsbereichs im Sinne des § 50 BImSchG befindet. [3]Es ist eine Öffentlichkeitsbeteiligung nach Absatz 4 durchzuführen, bei der die Bekanntmachung nach Absatz 4 Satz 5 zusätzlich folgende Angaben enthält:
1. gegebenenfalls die Feststellung der Pflicht zur Durchführung einer Umweltverträglichkeitsprüfung des Vorhabens nach § 5 UVPG sowie erforderlichenfalls die Durchführung einer grenzüberschreitenden Beteiligung nach den §§ 8 und 9a UVPG,
2. die Möglichkeit für die Personen, deren Belange berührt sind und für Vereinigungen, welche die Anforderungen des § 3 Abs. 1 oder § 2 Abs. 2 des Umwelt-Rechtsbehelfsgesetzes (UmwRG) in der Fassung vom 23. August 2017 (BGBl. I S. 3290) in der jeweils geltenden Fassung erfüllen (betroffene Öffentlichkeit), Einwendungen bei einer in der Bekanntmachung bezeichneten Stelle bis zu zwei Wochen nach Ablauf der Auslegungsfrist vorzubringen; dabei ist darauf hinzuweisen, dass mit Ablauf der Frist alle öffentlich-rechtlichen Einwendungen gegen das Bauvorhaben ausgeschlossen sind,
3. die Art möglicher Entscheidungen oder, soweit vorhanden, den Entscheidungsentwurf,
4. gegebenenfalls weitere Einzelheiten des Verfahrens zur Unterrichtung der Öffentlichkeit und Anhörung der betroffenen Öffentlichkeit.

[4]Der Genehmigungsbescheid ist öffentlich bekannt zu machen. [5]Die öffentliche Bekanntmachung wird dadurch bewirkt, dass der verfügende Teil des Bescheids und die Rechtsbehelfsbelehrung in entsprechender Anwendung des Absatzes 4 Satz 1 bekannt gemacht werden; auf Auflagen ist hinzuweisen. [6]Eine Ausfertigung des gesamten Genehmigungsbescheids ist vom Tage nach der Bekanntmachung an zwei Wochen zur Einsicht auszulegen; in der Begründung sind die wesentlichen tatsächlichen und rechtlichen Gründe, die die Behörde zu ihrer Entscheidung bewogen haben, die Behandlung der Einwendungen sowie Angaben über das Verfahren zur Beteiligung der Öffentlichkeit aufzunehmen. [7]In der öffentlichen Bekanntmachung ist anzugeben, wo und wann der Bescheid und seine Begründung eingesehen und nach Satz 8 angefordert werden können. [8]Mit dem Ende der Auslegungsfrist gilt der Bescheid auch Dritten gegenüber, die keine Einwendungen erhoben haben, als zugestellt; darauf ist in der Bekanntmachung hinzuweisen. [9]Nach der öffentlichen Bekanntmachung können der Bescheid und seine Begründung bis zum Ablauf der Widerspruchsfrist von den Personen, die Einwendungen erhoben haben, schriftlich angefordert werden.

(6) [1]Ein Erbbauberechtigter tritt an die Stelle des Eigentümers. [2]Ist Eigentümer des Nachbargrundstücks eine Eigentümergemeinschaft nach dem Wohnungseigentumsgesetz, so genügt die Beteiligung des Verwalters; seine Unterschrift gilt jedoch nicht als Zustimmung der einzelnen Wohnungseigentümer.

§ 70 Ersetzung des gemeindlichen Einvernehmens

(1) [1]Hat eine Gemeinde ihr nach § 14 Abs. 2 Satz 2, § 22 Abs. 5 Satz 1, § 36 Abs. 1 Satz 1 und 2 BauGB oder nach § 66 Abs. 3 erforderliches Einvernehmen rechtswidrig versagt, soll das fehlende Einvernehmen nach Maßgabe der Absätze 2 bis 4 ersetzt werden. [2]Wird in einem anderen Genehmi-

gungsverfahren über die Zulässigkeit des Vorhabens entschieden, so tritt die für dieses Verfahren zuständige Behörde an die Stelle der Bauaufsichtsbehörde.

(2) § 120 der Thüringer Kommunalordnung in der Fassung vom 28. Januar 2003 (GVBl. S. 41) in der jeweils geltenden Fassung findet keine Anwendung.

(3) [1]Die Gemeinde ist vor Erlass der Genehmigung anzuhören. [2]Dabei ist ihr Gelegenheit zu geben, binnen angemessener Frist erneut über das gemeindliche Einvernehmen zu entscheiden.

(4) [1]Die Genehmigung gilt zugleich als Ersatzvornahme. [2]Sie ist insoweit zu begründen. [3]Widerspruch und Anfechtungsklage haben auch insoweit keine aufschiebende Wirkung, als die Genehmigung als Ersatzvornahme gilt.

§ 71 Baugenehmigung und Baubeginn

(1) [1]Die Baugenehmigung ist zu erteilen, wenn dem Bauvorhaben keine öffentlich-rechtlichen Vorschriften entgegenstehen, die im bauaufsichtlichen Genehmigungsverfahren zu prüfen sind; die Bauaufsichtsbehörde darf den Bauantrag auch ablehnen, wenn das Bauvorhaben gegen sonstige öffentlich-rechtliche Vorschriften verstößt. [2]Die durch eine Umweltverträglichkeitsprüfung ermittelten, beschriebenen und bewerteten Umweltauswirkungen sind nach Maßgabe der hierfür geltenden Vorschriften zu berücksichtigen.

(2) Die Baugenehmigung ist schriftlich oder in elektronischer Form zu erteilen; sie ist nur insoweit zu begründen, als Abweichungen, Ausnahmen oder Befreiungen von nachbarschützenden Vorschriften zugelassen werden und der Nachbar nicht nach § 69 Abs. 2 zugestimmt hat.

(3) [1]Die Baugenehmigung kann unter Auflagen, Bedingungen und dem Vorbehalt des Widerrufs oder der nachträglichen Aufnahme, Änderung oder Ergänzung einer Auflage sowie befristet erteilt werden. [2]Nach Widerruf oder nach Ablauf der gesetzten Frist ist die bauliche Anlage ohne Entschädigung zu beseitigen; ein ordnungsgemäßer Zustand ist herzustellen. [3]Um die Erfüllung von mit der Baugenehmigung verbundenen Verpflichtungen zu gewährleisten, kann eine Sicherheitsleistung bis zur Höhe der für die Erfüllung der Verpflichtung voraussichtlich anfallenden Kosten verlangt werden.

(4) Die Baugenehmigung wird unbeschadet der privaten Rechte Dritter erteilt.

(5) [1]Die Gemeinde ist, wenn sie nicht Bauaufsichtsbehörde ist, von der Erteilung, Verlängerung, Ablehnung, Rücknahme oder dem Widerruf einer Baugenehmigung, Teilbaugenehmigung, eines Vorbescheids, einer Zustimmung, Ausnahme, Befreiung oder Abweichung zu unterrichten. [2]Eine Ausfertigung des Bescheids einschließlich der mit einem Genehmigungsvermerk versehenen Bauvorlagen ist beizufügen.

(6) Mit der Bauausführung oder mit der Ausführung des jeweiligen Bauabschnitts darf erst begonnen werden, wenn

1. die Baugenehmigung dem Bauherrn zugegangen ist,
2. die Prüfungen nach § 65 Abs. 3 erfolgt sind und
3. die Baubeginnsanzeige der Bauaufsichtsbehörde vorliegt.

(7) [1]Vor Baubeginn muss die Grundfläche der baulichen Anlage abgesteckt und ihre Höhenlage festgelegt sein. [2]Die Bauaufsichtsbehörde kann verlangen, dass Absteckung und Höhenlage von ihr abgenommen oder die Einhaltung der festgelegten Grundfläche und Höhenlage nachgewiesen wird. [3]Baugenehmigungen, Bauvorlagen und bautechnische Nachweise, soweit es sich nicht um Bauvorlagen handelt, müssen an der Baustelle von Baubeginn an vorliegen.

(8) Der Bauherr hat den Ausführungsbeginn genehmigungsbedürftiger Vorhaben und die Wiederaufnahme der Bauarbeiten nach einer Unterbrechung von mehr als drei Monaten mindestens eine Woche vorher der Bauaufsichtsbehörde schriftlich mitzuteilen (Baubeginnsanzeige).

§ 72 Geltungsdauer der Genehmigung

(1) Sind in der Baugenehmigung oder in der Teilbaugenehmigung keine anderen Fristen bestimmt, so erlöschen diese Genehmigungen, wenn innerhalb von drei Jahren nach ihrer Erteilung mit der Ausführung des Vorhabens nicht begonnen oder die Bauausführung länger als zwei Jahre unterbrochen worden ist; die Einlegung eines Rechtsbehelfs hemmt den Lauf der Frist bis zur Unanfechtbarkeit der Baugenehmigung.

(2) [1]Die Frist nach Absatz 1 kann auf schriftlichen Antrag jeweils bis zu einem Jahr verlängert werden. [2]Sie kann auch rückwirkend verlängert werden, wenn der Antrag vor Fristablauf bei der Bauaufsichtsbehörde eingegangen ist.

§ 73 Teilbaugenehmigung

[1]Ist ein Bauantrag eingereicht, so kann der Beginn der Bauarbeiten für die Baugrube und für einzelne Bauteile oder Bauabschnitte auf schriftlichen Antrag schon vor Erteilung der Baugenehmigung schriftlich gestattet werden (Teilbaugenehmigung). [2]§ 71 gilt entsprechend.

§ 73a Typengenehmigung

(1) [1]Für bauliche Anlagen, die in derselben Ausführung an mehreren Stellen errichtet werden sollen, wird auf Antrag durch die obere Bauaufsichtsbehörde eine Typengenehmigung erteilt, wenn die baulichen Anlagen oder Teile von baulichen Anlagen den Anforderungen nach diesem Gesetz oder aufgrund dieses Gesetzes erlassenen Vorschriften entsprechen. [2]Eine Typengenehmigung kann auch für bauliche Anlagen erteilt werden, die in unterschiedlicher Ausführung, aber nach einem bestimmten System und aus bestimmten Bauteilen an mehreren Stellen errichtet werden sollen; in der Typengenehmigung ist die zulässige Veränderbarkeit festzulegen. [3]Für Fliegende Bauten wird eine Typengenehmigung nicht erteilt.

(2) [1]Die Typengenehmigung gilt fünf Jahre. [2]Die Frist kann auf Antrag jeweils bis zu fünf Jahren verlängert werden; § 72 Abs. 2 Satz 2 gilt entsprechend.

(3) [1]Typengenehmigungen anderer Länder gelten auch in Thüringen, soweit die obere Bauaufsichtsbehörde bestätigt hat, dass die Voraussetzungen des Absatzes 1 erfüllt sind. [2]Die Bestätigung gilt als erteilt, sofern dem Antragsteller nicht binnen acht Wochen anderes mitgeteilt wurde. [3]Sie kann innerhalb dieser Frist auch mit Auflagen und Nebenbestimmungen versehen werden.

(4) [1]Eine Typengenehmigung entbindet nicht von der Verpflichtung, ein bauaufsichtliches Verfahren durchzuführen. [2]Die in der Typengenehmigung entschiedenen Fragen sind von der Bauaufsichtsbehörde nicht mehr zu prüfen.

§ 74 Vorbescheid

[1]Vor Einreichung des Bauantrags ist auf Antrag des Bauherrn zu einzelnen Fragen des Bauvorhabens ein Vorbescheid zu erteilen. [2]Der Vorbescheid gilt drei Jahre. [3]Die Frist kann auf schriftlichen Antrag jeweils bis zu einem Jahr verlängert werden. [4]Die §§ 67 bis 70, 71 Abs. 1 bis 5 sowie § 72 Abs. 2 Satz 2 gelten entsprechend; die Bauaufsichtsbehörde kann von der Anwendung des § 69 absehen, wenn der Bauherr dies beantragt.

§ 75 Genehmigung Fliegender Bauten

(1) [1]Fliegende Bauten sind bauliche Anlagen, die geeignet und bestimmt sind, an verschiedenen Orten wiederholt aufgestellt und zerlegt zu werden. [2]Baustelleneinrichtungen und Baugerüste sind keine Fliegenden Bauten.

(2) [1]Fliegende Bauten bedürfen, bevor sie erstmals aufgestellt und in Gebrauch genommen werden, einer Ausführungsgenehmigung. [2]Dies gilt nicht für

1. Fliegende Bauten mit einer Höhe bis zu 5 m, die nicht dazu bestimmt sind, von Besuchern betreten zu werden,
2. Fliegende Bauten mit einer Höhe bis zu 5 m, die für Kinder betrieben werden und eine Geschwindigkeit von höchstens 1 m/s haben,
3. Bühnen, die Fliegende Bauten sind, einschließlich Überdachungen und sonstigen Aufbauten mit einer Höhe bis zu 5 m, einer Grundfläche bis zu 100 m² und einer Fußbodenhöhe bis zu 1,50 m,
4. erdgeschossige Zelte und betretbare Verkaufsstände, die Fliegende Bauten sind, jeweils mit einer Grundfläche bis 75 m²,
5. aufblasbare Spielgeräte mit einer Höhe des betretbaren Bereichs von bis zu 5 m oder mit überdachten Bereichen, bei denen die Entfernung zum Ausgang nicht mehr als 3 m, sofern ein Absinken der Überdachung konstruktiv verhindert wird, nicht mehr als 10 m, beträgt.

(3) Die Ausführungsgenehmigung wird von der oberen Bauaufsichtsbehörde erteilt, soweit der Antragsteller seine Hauptwohnung oder seine gewerbliche Niederlassung in Thüringen hat oder, wenn der Antragsteller seine Hauptwohnung oder seine gewerbliche Niederlassung außerhalb der Bundesrepublik Deutschland hat, der Fliegende Bau in Thüringen erstmals aufgestellt und in Gebrauch genommen werden soll.

(4) Die oberste Bauaufsichtsbehörde kann durch Rechtsverordnung bestimmen, dass Ausführungsgenehmigungen für Fliegende Bauten nur durch bestimmte Bauaufsichtsbehörden oder durch von ihr bestimmte Stellen erteilt werden dürfen und die Vergütung dieser Stellen regeln.

(5) [1]Die Genehmigung wird für eine bestimmte Frist erteilt, die höchstens fünf Jahre betragen soll; sie kann auf schriftlichen Antrag von der für die Ausführungsgenehmigung zuständigen Behörde jeweils bis zu fünf Jahre verlängert werden, wenn das der Inhaber vor Ablauf der Frist schriftlich beantragt; § 72 Abs. 2 Satz 2 gilt entsprechend. [2]Die Ausführungsgenehmigungen und die Verlängerungen ihrer Frist werden in ein Prüfbuch eingetragen, dem eine Ausfertigung der mit einem Genehmigungsvermerk zu versehenden Bauvorlagen beizufügen ist. [3]Die Ausführungsgenehmigung kann vorschreiben, dass der Fliegende Bau vor jeder Inbetriebnahme oder in bestimmten zeitlichen Abständen jeweils vor einer Inbetriebnahme von einem Sachverständigen abgenommen wird. [4]Ausführungsgenehmigungen anderer Länder gelten auch in Thüringen.

(6) [1]Der Inhaber der Ausführungsgenehmigung hat den Wechsel seines Wohnsitzes oder seiner gewerblichen Niederlassung oder die Übertragung eines Fliegenden Baus an Dritte der Bauaufsichtsbehörde anzuzeigen, die die Ausführungsgenehmigung erteilt hat. [2]Die Behörde hat die Änderungen in das Prüfbuch einzutragen und sie, wenn mit den Änderungen ein Wechsel der Zuständigkeit verbunden ist, der nunmehr zuständigen Behörde mitzuteilen.

(7) [1]Fliegende Bauten, die nach Absatz 2 Satz 1 einer Ausführungsgenehmigung bedürfen, dürfen unbeschadet anderer Vorschriften nur in Gebrauch genommen werden, wenn ihre Aufstellung der Bauaufsichtsbehörde des Aufstellungsorts unter Vorlage des Prüfbuchs angezeigt ist. [2]Die Bauaufsichtsbehörde kann die Inbetriebnahme dieser Fliegenden Bauten von einer Gebrauchsabnahme abhängig machen. [3]Das Ergebnis der Abnahme ist in das Prüfbuch einzutragen. [4]In der Ausführungsgenehmigung kann bestimmt werden, dass Anzeigen nach Satz 1 nicht erforderlich sind, wenn eine Gefährdung im Sinne des § 3 Satz 1 nicht zu erwarten ist.

(8) [1]Die für die Erteilung der Gebrauchsabnahme zuständige Bauaufsichtsbehörde kann Auflagen machen oder die Aufstellung oder den Gebrauch Fliegender Bauten untersagen, soweit dies nach den örtlichen Verhältnissen oder zur Abwehr von Gefahren erforderlich ist, insbesondere weil die Betriebssicherheit oder Standsicherheit nicht oder nicht mehr gewährleistet ist oder weil von der Ausführungsgenehmigung abgewichen wird. [2]Wird die Aufstellung oder der Gebrauch untersagt, ist dies in das Prüfbuch einzutragen. [3]Die ausstellende Behörde ist zu benachrichtigen, das Prüfbuch ist einzuziehen und der ausstellenden Behörde zuzuleiten, wenn die Herstellung ordnungsgemäßer Zustände innerhalb angemessener Frist nicht zu erwarten ist.

(9) [1]Bei Fliegenden Bauten, die von Besuchern betreten und längere Zeit an einem Aufstellungsort betrieben werden, kann die für die Gebrauchsabnahme zuständige Bauaufsichtsbehörde aus Gründen der Sicherheit Nachabnahmen durchführen. [2]Das Ergebnis der Nachabnahme ist in das Prüfbuch einzutragen.

(10) § 67 Abs. 1, 2 und 4 und § 80 Abs. 1, 3 und 4 gelten entsprechend.

§ 76 Bauaufsichtliche Zustimmung

(1) [1]Nicht verfahrensfreie Bauvorhaben bedürfen keiner Genehmigung, Genehmigungsfreistellung und Bauüberwachung, wenn

1. der Bauherr die Leitung der Entwurfsarbeiten und der Bauüberwachung einer Baudienststelle des Bundes oder der Länder übertragen hat und
2. die Baudienststelle mit Beamten des höheren technischen Verwaltungsdienstes der Fachrichtung Hochbau oder Bauingenieurwesen oder diesen gleichgestellten Bediensteten mit entsprechender Vorbildung besetzt ist, die über die erforderlichen Kenntnisse der Bautechnik, der Baugestaltung und des öffentlichen Baurechts verfügen.

[2]Solche baulichen Anlagen bedürfen jedoch der Zustimmung der oberen Bauaufsichtsbehörde. [3]Außer bei der Errichtung und Änderung von Sonderbauten entfällt die Zustimmung, wenn die Gemeinde nicht widerspricht und, soweit ihre öffentlich-rechtlich geschützten Belange von Abweichungen, Ausnahmen und Befreiungen berührt sein können, die Nachbarn dem Vorhaben zustimmen. [4]Satz 3 gilt nicht für bauliche Anlagen, für die nach § 69 Abs. 5 eine Öffentlichkeitsbeteiligung durchzuführen ist.

(2) Der Antrag auf Zustimmung ist bei der oberen Bauaufsichtsbehörde einzureichen.

(3) [1]Die obere Bauaufsichtsbehörde prüft

1. die Übereinstimmung mit den Bestimmungen über die Zulässigkeit der baulichen Anlagen nach den §§ 29 bis 38 BauGB und
2. andere öffentlich-rechtliche Anforderungen, soweit wegen der Zustimmung eine Entscheidung nach anderen öffentlich-rechtlichen Vorschriften entfällt oder ersetzt wird.

[2]Sie führt bei den in Absatz 1 Satz 4 genannten Anlagen die Öffentlichkeitsbeteiligung nach § 69 Abs. 5 durch. [3]Eine Prüfung bautechnischer Nachweise findet nicht statt. [4]Über Ausnahmen, Befreiungen und Abweichungen entscheidet die obere Bauaufsichtsbehörde im Zustimmungsverfahren.

(4) [1]Die Gemeinde ist vor Erteilung der Zustimmung zu hören. [2]§ 36 Abs. 2 Satz 2 Halbsatz 1 BauGB gilt entsprechend. [3]Im Übrigen sind die Vorschriften über das Baugenehmigungsverfahren entsprechend anzuwenden.

(5) [1]Anlagen, die der Landesverteidigung, dienstlichen Zwecken der Bundespolizei oder dem zivilen Bevölkerungsschutz dienen, sind abweichend von den Absätzen 1 bis 4 der oberen Bauaufsichtsbehörde vor Baubeginn in geeigneter Weise zur Kenntnis zu bringen; Absatz 1 Satz 3 gilt entsprechend. [2]Im Übrigen wirken die Bauaufsichtsbehörden nicht mit. [3]§ 75 Abs. 2 bis 10 findet auf Fliegende Bauten, die der Landesverteidigung, dienstlichen Zwecken der Bundespolizei oder dem zivilen Bevölkerungsschutz dienen, keine Anwendung.

(6) Der öffentliche Bauherr trägt die Verantwortung, dass Entwurf, Ausführung und Zustand der baulichen Anlagen sowie anderer Anlagen und Einrichtungen im Sinne von § 1 Abs. 1 Satz 2 den öffentlich-rechtlichen Vorschriften entsprechen.

Vierter Abschnitt
Bauaufsichtliche Maßnahmen

§ 77 Verbot unrechtmäßig gekennzeichneter Bauprodukte

Sind Bauprodukte entgegen § 21 mit dem Ü-Zeichen gekennzeichnet, kann die Bauaufsichtsbehörde die Verwendung dieser Bauprodukte untersagen und deren Kennzeichnung entwerten oder beseitigen lassen.

§ 78 Baueinstellung

(1) [1]Werden Anlagen im Widerspruch zu öffentlich-rechtlichen Vorschriften errichtet, geändert oder beseitigt, kann die Bauaufsichtsbehörde die Einstellung der Arbeiten anordnen. [2]Das gilt auch dann, wenn

1. die Ausführung eines Vorhabens entgegen den Bestimmungen des § 71 Abs. 6 bis 8 begonnen wurde, oder
2. bei der Ausführung
   a) eines genehmigungsbedürftigen Vorhabens von den genehmigten Bauvorlagen,
   b) eines genehmigungsfreigestellten Vorhabens von den eingereichten Unterlagen

   abgewichen wird,
3. Bauprodukte verwendet werden, die entgegen der Verordnung (EU) Nr. 305/2011 keine CE-Kennzeichnung oder entgegen § 21 kein Ü-Zeichen tragen,
4. Bauprodukte verwendet werden, die unberechtigt mit der CE-Kennzeichnung oder dem Ü-Zeichen (§ 21 Abs. 3) gekennzeichnet sind.

(2) Werden unzulässige Bauarbeiten trotz einer schriftlich oder mündlich verfügten Einstellung fortgesetzt, kann die Bauaufsichtsbehörde die Baustelle versiegeln oder die an der Baustelle vorhandenen Bauprodukte, Geräte, Maschinen und Bauhilfsmittel in amtlichen Gewahrsam bringen.

§ 79 Beseitigung von Anlagen, Nutzungsuntersagung

(1) [1]Werden Anlagen im Widerspruch zu öffentlich-rechtlichen Vorschriften errichtet oder geändert, kann die Bauaufsichtsbehörde die teilweise oder vollständige Beseitigung der Anlagen anordnen, wenn nicht auf andere Weise rechtmäßige Zustände hergestellt werden können. [2]Werden Anlagen im Widerspruch zu öffentlich-rechtlichen Vorschriften genutzt, kann diese Nutzung untersagt werden.

(2) Die Bauaufsichtsbehörde kann die Beseitigung einer Anlage auch dann anordnen, wenn diese nicht genutzt wird und zu verfallen droht und ein öffentliches oder schutzwürdiges privates Interesse an ihrem Erhalt nicht besteht.

Fünfter Abschnitt
Bauüberwachung

§ 80 Bauüberwachung
(1) Die Bauaufsichtsbehörde kann die Einhaltung der öffentlich-rechtlichen Vorschriften und Anforderungen und die ordnungsgemäße Erfüllung der Pflichten der am Bau Beteiligten überprüfen.
(2) Die Bauaufsichtsbehörde oder der Prüfingenieur überwachen die Bauausführung bei baulichen Anlagen hinsichtlich des von ihnen geprüften
1. Standsicherheitsnachweises nach § 65 Abs. 3 Satz 1 und
2. Brandschutznachweises nach § 65 Abs. 3 Satz 2

nach näherer Maßgabe der Rechtsverordnung aufgrund des § 87 Abs. 2. Bei Gebäuden der Gebäudeklasse 4 ausgenommen Sonderbauten sowie Mittel- und Großgaragen im Sinne der Rechtsverordnung aufgrund des § 87 Abs. 1 Nr. 3 ist die mit dem Brandschutznachweis übereinstimmende Bauausführung vom Nachweisersteller oder einem anderen Nachweisberechtigten im Sinne des § 65 Abs. 2 Satz 3 zu bestätigen.
(3) Im Rahmen der Bauüberwachung können Proben von Bauprodukten, soweit erforderlich, auch aus fertigen Bauteilen zu Prüfzwecken entnommen werden.
(4) Im Rahmen der Bauüberwachung ist jederzeit Zutritt zur Baustelle und Betriebsstätte sowie Einblick in die Genehmigungen, Zulassungen, Prüfzeugnisse, Übereinstimmungszertifikate, Zeugnisse und Aufzeichnungen über die Prüfungen von Bauprodukten, in die CE-Kennzeichnungen und Leistungserklärungen nach der Verordnung (EU) Nr. 305/2011, in die Bautagebücher und andere vorgeschriebene Aufzeichnungen zu gewähren.
(5) Die Kosten für die Überwachung nach Absatz 1, für die Probeentnahmen und Prüfungen nach Absatz 2 sowie aufgrund von Rechtsverordnungen nach § 87 Abs. 1 Nr. 6 und Abs. 3 trägt der Bauherr.
(6) Die Bauaufsichtsbehörde und der Prüfingenieur sollen, soweit sie im Rahmen der Bauüberwachung Erkenntnisse über systematische Rechtsverstöße gegen die Verordnung (EU) Nr. 305/2011 erlangen, diese der für die Marktüberwachung zuständigen Stelle mitteilen.

§ 81 Bauzustandsanzeigen, Aufnahme der Nutzung
(1) [1]Die Bauaufsichtsbehörde und der Prüfingenieur können verlangen, dass ihnen Beginn und Beendigung bestimmter Bauarbeiten angezeigt werden. [2]Die Bauarbeiten dürfen erst fortgesetzt oder die Anlagen erst benutzt werden, wenn die Bauaufsichtsbehörde oder der Prüfingenieur zugestimmt haben.
(2) [1]Der Bauherr hat die beabsichtigte Aufnahme der Nutzung einer nicht verfahrensfreien baulichen Anlage mindestens zwei Wochen vorher der Bauaufsichtsbehörde anzuzeigen. [2]Mit der Anzeige nach Satz 1 sind vorzulegen:
1. bei Bauvorhaben nach § 65 Abs. 3 Satz 1 eine Bescheinigung des Prüfingenieurs über die ordnungsgemäße Bauausführung hinsichtlich der Standsicherheit,
2. bei Bauvorhaben nach § 65 Abs. 3 Satz 2 eine Bescheinigung des Prüfingenieurs über die ordnungsgemäße Bauausführung hinsichtlich des Brandschutzes, soweit die Nachweise nicht durch die Bauaufsichtsbehörde geprüft wurden,
3. in den Fällen des § 80 Abs. 2 Satz 2 die jeweilige Bestätigung.

[3]Eine bauliche Anlage darf erst benutzt werden, wenn sie selbst, Zufahrtswege, Wasserversorgungs-, Abwasserentsorgungs- sowie Gemeinschaftsanlagen in dem erforderlichen Umfang sicher benutzbar sind, nicht jedoch vor dem in Satz 1 bezeichneten Zeitpunkt. [4]Feuerstätten dürfen erst in Betrieb genommen werden, wenn der Bezirksschornsteinfegermeister oder der bevollmächtigte Bezirksschornsteinfeger die Tauglichkeit und die sichere Benutzbarkeit der Abgasanlagen bescheinigt hat, Verbrennungsmotoren und Blockheizkraftwerke erst dann, wenn er die Tauglichkeit und sichere Benutzbarkeit der Leitungen zur Abführung von Verbrennungsgasen bescheinigt hat.

Sechster Abschnitt
Baulasten

§ 82 Baulasten und Baulastenverzeichnis
(1) [1]Durch Erklärung gegenüber der Bauaufsichtsbehörde können Grundstückseigentümer öffentlich-rechtliche Verpflichtungen zu einem ihre Grundstücke betreffenden Tun, Dulden oder Unterlassen

übernehmen, die sich nicht schon aus öffentlich-rechtlichen Vorschriften ergeben (Baulasten). [2]Baulasten werden unbeschadet der Rechte Dritter mit der Eintragung in das Baulastenverzeichnis wirksam und wirken auch gegenüber dem Rechtsnachfolger.

(2) Die Erklärung nach Absatz 1 bedarf der Schriftform; die Unterschrift muss öffentlich beglaubigt oder vor der Bauaufsichtsbehörde geleistet oder vor ihr anerkannt werden.

(3) [1]Die Baulast geht durch schriftlichen Verzicht der Bauaufsichtsbehörde unter. [2]Der Verzicht ist zu erklären, wenn ein öffentliches Interesse an der Baulast nicht mehr besteht. [3]Vor dem Verzicht sollen der Verpflichtete und die durch die Baulast Begünstigten angehört werden. [4]Der Verzicht wird mit der Löschung der Baulast im Baulastenverzeichnis wirksam.

(4) [1]Das Baulastenverzeichnis wird von der Bauaufsichtsbehörde geführt. [2]In das Baulastenverzeichnis können auch eingetragen werden

1. andere baurechtliche Verpflichtungen des Grundstückseigentümers zu einem sein Grundstück betreffenden Tun, Dulden oder Unterlassen,
2. Auflagen, Bedingungen, Befristungen und Widerrufsvorbehalte.

(5) Wer ein berechtigtes Interesse darlegt, kann in das Baulastenverzeichnis Einsicht nehmen oder sich Abschriften erteilen lassen.

Sechster Teil
Marktüberwachung nach der Verordnung (EU) Nr. 305/2011

§ 83[1)] Aufbau der Marktüberwachungsbehörden

Marktüberwachungsbehörden nach der Verordnung (EU) Nr. 305/2011 sind

1. die obere Bauaufsichtsbehörde als obere Marktüberwachungsbehörde,
2. die oberste Bauaufsichtsbehörde als oberste Marktüberwachungsbehörde,
3. das Deutsche Institut für Bautechnik als gemeinsame Marktüberwachungsbehörde.

§ 84[2)] Aufgaben und Befugnisse der Marktüberwachungsbehörden

(1) [1]Die Marktüberwachungsbehörden nehmen die Aufgaben nach

1. Kapitel III der Verordnung (EG) Nr. 765/2008 des Europäischen Parlaments und des Rates vom 9. Juli 2008 über die Vorschriften für die Akkreditierung und Marktüberwachung im Zusammenhang mit der Vermarktung von Produkten und zur Aufhebung der Verordnung (EWG) Nr. 339/93 des Rates (ABl. L 218 vom 13. August 2008, S. 30) bezüglich Bauprodukten im Sinne des § 16c,
2. dem Produktsicherheitsgesetz (ProdSG) vom 8. November 2011 (BGBl. I S. 2179, 2012 I S. 131), soweit es auf die Marktüberwachung nach dem Bauproduktengesetz vom 5. Dezember 2012 (BGBl. I S. 2449 -2450-) in der jeweils geltenden Fassung Anwendung findet,
3. der Verordnung (EU) Nr. 305/2011 und
4. dem Bauproduktengesetz

jeweils in der geltenden Fassung wahr. [2]Für die Aufsicht über die gemeinsame Marktüberwachungsbehörde gilt Artikel 5 des Abkommens über das Deutsche Institut für Bautechnik.

(2) Den Marktüberwachungsbehörden stehen die sich aus den Bestimmungen nach Absatz 1 Satz 1 ergebenden Befugnisse zu.

§ 85[3)] Zuständigkeit der Marktüberwachungsbehörden

(1) Zuständig ist die obere Marktüberwachungsbehörde, soweit nachfolgend nichts Abweichendes bestimmt ist.

(2) [1]Die gemeinsame Marktüberwachungsbehörde ist zuständig für die einheitliche Prüfung und Bewertung von Bauprodukten in technischer Hinsicht. [2]Sie ist außerdem in den Fällen, in denen Bauprodukte nach den Anforderungen der Verordnung (EU) Nr. 305/2011 die in Bezug auf die wesentlichen Merkmale erklärte Leistung nicht erbringen oder eine Gefahr im Sinne des Artikels 58 der Verordnung (EU) Nr. 305/2011 darstellen, dafür zuständig, Maßnahmen nach den Artikeln 56 und 58 der

---

1) § 83 Nr. 3 tritt an dem Tag in Kraft, an dem das Abkommen zur zweiten Änderung des Abkommens über das Deutsche Institut für Bautechnik in Kraft tritt; vgl. § 93 Satz 2 Nr. 2.

2) § 84 Abs. 1 tritt mWv 1.7.2013 in Kraft; vgl. § 93 Satz 2 Nr. 1; Abs. 1 Satz 1 Nr. 1 geänd. mWv 1.9.2018 durch G v. 29.6.2018 (GVBl. S. 297).

3) § 85 Abs. 2 bis 5 tritt an dem Tag in Kraft, an dem das Abkommen zur zweiten Änderung des Abkommens über das Deutsche Institut für Bautechnik in Kraft tritt; vgl. § 93 Satz 2 Nr. 2.

Verordnung (EU) Nr. 305/2011, § 26 ProdSG und den Artikeln 16, 19, 20, 28 und 29 der Verordnung (EG) Nr. 765/2008 zu ergreifen.

(3) [1]Besteht für die obere Marktüberwachungsbehörde Grund zu der Annahme, dass Maßnahmen oder Anordnungen nach Absatz 2 in Betracht kommen, gibt sie die Sachbehandlung für das Produkt an die gemeinsame Marktüberwachungsbehörde ab. [2]Die Zuständigkeit der gemeinsamen Marktüberwachungsbehörde beginnt mit dem Eingang der Abgabe. [3]Soweit nachfolgend nichts Abweichendes bestimmt ist, umfasst sie alle Aufgaben und Befugnisse nach § 84 Abs. 1 Satz 1 und Abs. 2; sie schließt die Zuständigkeit der oberen Marktüberwachungsbehörde auch dann aus, wenn sie durch die Abgabe der Sachbehandlung für das Produkt durch eine Marktüberwachungsbehörde eines anderen Landes begründet worden ist. [4]Die Befugnis der oberen Marktüberwachungsbehörde, bei Gefahr im Verzug vorläufige Maßnahmen und Anordnungen zu treffen, bleibt unberührt. [5]Die Aufhebung eines Verwaltungsakts einer Marktüberwachungsbehörde, der nicht nach § 44 ThürVwVfG nichtig ist, kann nicht allein deshalb beansprucht werden, weil die Voraussetzungen des Satzes 1 nicht vorgelegen haben oder die obere Marktüberwachungsbehörde die Sachbehandlung nicht an die gemeinsame Marktüberwachungsbehörde abgegeben hat, obwohl die Voraussetzungen des Satzes 1 vorgelegen haben; im Übrigen bleiben die §§ 45 und 46 ThürVwVfG unberührt.

(4) Maßnahmen und Anordnungen der gemeinsamen Marktüberwachungsbehörde gelten auch in Thüringen.

(5) Der Vollzug der Maßnahmen und Anordnungen der gemeinsamen Marktüberwachungsbehörde einschließlich der Anordnung von Maßnahmen des Verwaltungszwangs obliegt der oberen Marktüberwachungsbehörde.

Siebenter Teil
Ordnungswidrigkeiten, Verordnungsermächtigungen, Übergangs- und Schlussbestimmungen

§ 86 Ordnungswidrigkeiten

(1) Ordnungswidrig handelt, wer vorsätzlich oder fahrlässig

1. einer nach § 87 Abs. 1 bis 4 erlassenen Rechtsverordnung oder einer nach § 88 Abs. 1 und 2 erlassenen Satzung zuwiderhandelt, sofern die Rechtsverordnung oder die Satzung für einen bestimmten Tatbestand auf diese Bußgeldbestimmung verweist,
2. einer vollziehbaren schriftlichen Anordnung der Bauaufsichtsbehörde zuwiderhandelt, die aufgrund dieses Gesetzes oder aufgrund einer nach diesem Gesetz erlassenen Rechtsverordnung oder Satzung ergangen ist, sofern die Anordnung auf diese Bußgeldbestimmung verweist,
3. ohne die erforderliche Genehmigung (§§ 62 und 63), Teilbaugenehmigung (§ 73) oder Zulassung der Abweichung (§ 66) oder abweichend davon oder abweichend von den nach § 61 eingereichten Vorlagen bauliche Anlagen errichtet, ändert, benutzt oder entgegen § 60 Abs. 3 Satz 2, 3 und 5 beseitigt,
4. Fliegende Bauten ohne Ausführungsgenehmigung (§ 75 Abs. 2 Satz 1) in Gebrauch nimmt oder ohne Anzeige und Abnahme (§ 75 Abs. 7) in Gebrauch nimmt,
5. entgegen den Bestimmungen des § 61 Abs. 3 oder des § 71 Abs. 6 Bauarbeiten beginnt, entgegen den Bestimmungen des § 81 Abs. 1 und 2 Satz 1 und 2 Beginn und Beendigung bestimmter Arbeiten nicht anzeigt oder Arbeiten fortsetzt oder entgegen den Bestimmungen des § 81 Abs. 2 Satz 3 und 4 bauliche Anlagen benutzt,
6. die nach § 71 Abs. 8 vorgeschriebene Anzeige nicht oder nicht fristgerecht erstattet,
7. als Bauherr oder Unternehmer entgegen § 11 Abs. 4 Vorkehrungen zum Schutz von Bäumen, Sträuchern und sonstigen Landschaftsbestandteilen nicht trifft,
8. Bauprodukte mit dem Ü-Zeichen kennzeichnet, ohne dass dafür die Voraussetzungen nach § 21 Abs. 3 vorliegen,
9. Bauprodukte entgegen § 21 Abs. 3 ohne das Ü-Zeichen verwendet,
10. Bauarten entgegen § 16a ohne Bauartgenehmigung oder allgemeines bauaufsichtliches Prüfzeugnis für Bauarten anwendet,
11. als Bauherr, Entwurfsverfasser, Unternehmer, Bauleiter oder als deren Vertreter den Regelungen der § 53 Abs. 1 Satz 1, 2, 4 und 5, § 54 Abs. 1 Satz 3, § 55 Abs. 1 oder § 56 Abs. 1 zuwiderhandelt,

12. entgegen § 5 Abs. 2 Zu- oder Durchfahrten sowie Aufstell- und Bewegungsflächen nicht ständig frei hält oder Fahrzeuge dort abstellt,
13. Anlagen, die keiner Genehmigung nach § 63 bedürfen, entgegen § 50 nicht barrierefrei ausführt.

(2) Ordnungswidrig handelt auch, wer wider besseres Wissen
1. unrichtige Angaben macht oder unrichtige Pläne oder Unterlagen vorlegt, um einen nach diesem Gesetz vorgesehenen Verwaltungsakt zu erwirken oder zu verhindern,
2. als Prüfingenieur unrichtige Prüfberichte erstellt,
3. unrichtige Angaben in dem Kriterienkatalog nach § 65 Abs. 3 Satz 1 Nr. 3 macht.

(3) Die Ordnungswidrigkeit kann mit einer Geldbuße bis zu 500.000 Euro geahndet werden.

(4) Ist eine Ordnungswidrigkeit nach Absatz 1 Nr. 8 bis 10 begangen worden, können Gegenstände, auf die sich die Ordnungswidrigkeit bezieht, eingezogen werden.

(5) Zuständige Verwaltungsbehörde im Sinne des § 36 Abs. 1 Nr. 1 des Gesetzes über Ordnungswidrigkeiten in der Fassung vom 19. Februar 1987 (BGBl. I S. 602) in der jeweils geltenden Fassung ist in den Fällen des Absatzes 1 Nr. 8 bis 10 die oberste Bauaufsichtsbehörde, in den übrigen Fällen die untere Bauaufsichtsbehörde.

§ 87 Rechtsverordnungen

(1) Zur Verwirklichung der in § 3 Satz 1, § 16a Abs. 1 und § 16b Abs. 1 bezeichneten Anforderungen wird die oberste Bauaufsichtsbehörde ermächtigt, durch Rechtsverordnung
1. die nähere Bestimmung allgemeiner Anforderungen nach den §§ 4 bis 48,
2. Anforderungen an Feuerungsanlagen (§ 42),
3. Anforderungen an Garagen (§ 49),
4. besondere Anforderungen oder Erleichterungen, die sich aus der besonderen Art oder Nutzung der baulichen Anlagen für die Errichtung, Änderung, Unterhaltung, den Betrieb und die Nutzung ergeben (§ 51), sowie über die Anwendung solcher Anforderungen auf bestehende bauliche Anlagen dieser Art,
5. Erst-, Wiederholungs- und Nachprüfungen von Anlagen, die zur Verhütung erheblicher Gefahren oder Nachteile ständig ordnungsgemäß unterhalten werden müssen, und die Erstreckung dieser Nachprüfungspflicht auf bestehende Anlagen,
6. die Anwesenheit fachkundiger Personen beim Betrieb technisch schwieriger baulicher Anlagen und Einrichtungen, wie Bühnenbetriebe und technisch schwierige Fliegende Bauten, einschließlich des Nachweises der Befähigung dieser Personen

zu regeln.

(2) [1]Die oberste Bauaufsichtsbehörde wird ermächtigt, durch Rechtsverordnung Näheres über
1. Prüfingenieure und Prüfämter, denen bauaufsichtliche Prüfaufgaben einschließlich der Bauüberwachung und der Bauzustandsbesichtigung übertragen werden, sowie
2. Prüfsachverständige, die im Auftrag des Bauherrn oder des sonstigen nach Bauordnungsrecht Verantwortlichen die Einhaltung bauordnungsrechtlicher Anforderungen prüfen und bescheinigen,

zu bestimmen. [2]Die Rechtsverordnungen nach Satz 1 regeln, soweit erforderlich,
1. die Fachbereiche und die Fachrichtungen, in denen Prüfingenieure, Prüfämter und Prüfsachverständige tätig werden,
2. die Anerkennungsvoraussetzungen und das Anerkennungsverfahren,
3. das Erlöschen, die Rücknahme und den Widerruf der Anerkennung einschließlich der Festlegung einer Altersgrenze,
4. die Aufgabenerledigung,
5. die Vergütung.

[3]Die oberste Bauaufsichtsbehörde kann durch Rechtsverordnung auch bestimmen, dass die Anerkennung oder Teile des Anerkennungsverfahrens auf eine Behörde eines anderen Landes übertragen werden, die der Aufsicht einer obersten Bauaufsichtsbehörde untersteht oder an deren Willensbildung eine oberste Bauaufsichtsbehörde mitwirkt.

(3) [1]Die oberste Bauaufsichtsbehörde wird ermächtigt, zum bauaufsichtlichen Verfahren durch Rechtsverordnung
1. Form, Umfang, Inhalt und die Zahl der erforderlichen Unterlagen einschließlich der Vorlagen bei der Anzeige der beabsichtigten Beseitigung von Anlagen nach § 60 Abs. 3 Satz 2 und bei der Genehmigungsfreistellung nach § 61,
2. die erforderlichen Anträge und Anzeigen sowie Nachweise, Bescheinigungen und Bestätigungen einschließlich deren Formerfordernissen, auch bei verfahrensfreien Bauvorhaben,
3. das Verfahren im Einzelnen, insbesondere den in § 65 Abs. 3 Satz 1 genannten Kriterienkatalog,

zu regeln. [2]Sie kann dabei die elektronische Form ganz oder teilweise ausschließen sowie für verschiedene Arten von Bauvorhaben unterschiedliche Anforderungen und Verfahren festlegen.

(4) [1]Die oberste Bauaufsichtsbehörde wird ermächtigt, durch Rechtsverordnung
1. die vorhabenbezogene Bauartgenehmigung nach § 16a Abs. 2 Satz 1 Nr. 2 und den Verzicht darauf im Einzelfall nach § 16a Abs. 4 sowie die Zustimmung und den Verzicht auf Zustimmung im Einzelfall (§ 20)
   a) auf andere Behörden,
   b) für Bauprodukte, die in Baudenkmälern nach dem Thüringer Denkmalschutzgesetz verwendet werden sollen, allgemein oder für bestimmte Bauprodukte auf die untere Bauaufsichtsbehörde

   zu übertragen,
2. die Zuständigkeit für die Anerkennung von Prüf-, Zertifizierungs- und Überwachungsstellen (§ 24) auf andere Behörden zu übertragen, die Zuständigkeit kann auch auf eine Behörde eines anderen Landes übertragen werden, die der Aufsicht einer obersten Bauaufsichtsbehörde untersteht oder an deren Willensbildung die oberste Bauaufsichtsbehörde mitwirkt,
3. das Ü-Zeichen festzulegen und zu diesem Zeichen zusätzliche Angaben zu verlangen,
4. das Anerkennungsverfahren nach (§ 24), die Voraussetzungen für die Anerkennung, ihre Rücknahme, ihren Widerruf und ihr Erlöschen zu regeln, insbesondere auch Altersgrenzen festzulegen, sowie eine ausreichende Haftpflichtversicherung zu fordern.

[2]Die Übertragung der Zuständigkeit nach Satz 1 Nr. 1 Buchst. a und Nummer 2 ist auch auf eine Behörde eines anderen Landes möglich, die der Aufsicht einer obersten Bauaufsichtsbehörde untersteht oder an deren Willensbildung die oberste Bauaufsichtsbehörde mitwirkt.

(5) Die oberste Bauaufsichtsbehörde kann durch Rechtsverordnung festlegen, dass für bestimmte Bauprodukte und Bauarten, auch soweit sie Anforderungen nach anderen Rechtsvorschriften unterliegen, hinsichtlich dieser Anforderungen § 16a Abs. 2 sowie die §§ 17 bis 25 ganz oder teilweise anwendbar sind, wenn die anderen Rechtsvorschriften dies verlangen oder zulassen.

(6) [1]Die oberste Bauaufsichtsbehörde wird ermächtigt, durch Rechtsverordnung zu bestimmen, dass die Anforderungen der aufgrund des § 34 ProdSG und des § 49 Abs. 4 des Energiewirtschaftsgesetzes vom 7. Juli 2005 (BGBl. I S. 1970, 3621) in der jeweils geltenden Fassung erlassenen Rechtsverordnungen entsprechend für Anlagen gelten, die weder gewerblichen noch wirtschaftlichen Zwecken dienen und in deren Gefahrenbereich auch keine Arbeitnehmer beschäftigt werden. [2]Sie kann auch die Verfahrensregelungen dieser Verordnungen für anwendbar erklären oder selbst das Verfahren bestimmen sowie Zuständigkeiten und Gebühren regeln. [3]Dabei kann sie auch vorschreiben, dass danach zu erteilende Erlaubnisse die Baugenehmigung oder die Zustimmung nach § 76 einschließlich der zugehörigen Abweichungen einschließen, sowie dass § 35 Abs. 2 ProdSG insoweit Anwendung findet.

§ 87a Technische Baubestimmungen

(1) [1]Die Anforderungen nach § 3 können durch Technische Baubestimmungen konkretisiert werden. [2]Die Technischen Baubestimmungen sind zu beachten. [3]Von den in den Technischen Baubestimmungen enthaltenen Planungs-, Bemessungs- und Ausführungsregelungen kann abgewichen werden, wenn mit einer anderen Lösung in gleichem Maße die Anforderungen erfüllt werden und in der Technischen Baubestimmung eine Abweichung nicht ausgeschlossen ist; § 16a Abs. 2, § 17 Abs. 1 und § 66 Abs. 1 bleiben unberührt.

(2) Die Konkretisierungen können durch Bezugnahmen auf technische Regeln und deren Fundstellen oder auf andere Weise erfolgen, insbesondere in Bezug auf:
1. bestimmte bauliche Anlagen oder ihre Teile,
2. die Planung, Bemessung und Ausführung baulicher Anlagen und ihrer Teile,

3. die Leistung von Bauprodukten in bestimmten baulichen Anlagen oder ihren Teilen, insbesondere:
   a) Planung, Bemessung und Ausführung baulicher Anlagen bei Einbau eines Bauprodukts,
   b) Merkmale von Bauprodukten, die sich für einen Verwendungszweck auf die Erfüllung der Anforderungen nach § 3 Satz 1 auswirken,
   c) Verfahren für die Feststellung der Leistung eines Bauprodukts im Hinblick auf Merkmale, die sich für einen Verwendungszweck auf die Erfüllung der Anforderungen nach § 3 Satz 1 auswirken,
   d) zulässige oder unzulässige besondere Verwendungszwecke,
   e) die Festlegung von Klassen und Stufen in Bezug auf bestimmte Verwendungszwecke,
   f) die für einen bestimmten Verwendungszweck anzugebende oder erforderliche und anzugebende Leistung in Bezug auf ein Merkmal, das sich für einen Verwendungszweck auf die Erfüllung der Anforderungen nach § 3 Satz 1 auswirkt, soweit vorgesehen in Klassen und Stufen,
4. die Bauarten und die Bauprodukte, die nur eines allgemeinen bauaufsichtlichen Prüfzeugnisses nach § 16a Abs. 3 oder nach § 19 Abs. 1 bedürfen,
5. Voraussetzungen zur Abgabe der Übereinstimmungserklärung für ein Bauprodukt nach § 22,
6. die Art, den Inhalt und die Form technischer Dokumentation.

(3) Die Technischen Baubestimmungen sollen nach den Grundanforderungen nach Anhang I der Verordnung (EU) Nr. 305/2011 gegliedert sein.

(4) Die Technischen Baubestimmungen enthalten die in § 17 Abs. 3 genannte Liste.

(5) [1]Das Deutsche Institut für Bautechnik macht nach Anhörung der beteiligten Kreise im Einvernehmen mit der obersten Bauaufsichtsbehörde zur Durchführung dieses Gesetzes und der aufgrund dieses Gesetzes erlassenen Rechtsverordnungen die Technischen Baubestimmungen nach Absatz 1 bekannt. [2]Die nach Satz 1 bekannt gemachten Technischen Baubestimmungen werden mit Bekanntmachung durch die oberste Bauaufsichtsbehörde als Verwaltungsvorschrift im Thüringer Staatsanzeiger verbindlich. [3]Bei der Bekanntmachung kann hinsichtlich des Inhalts auf die Fundstelle der Technischen Baubestimmungen verwiesen werden.

§ 88 Örtliche Bauvorschriften

(1) Die Gemeinden können durch Satzung im eigenen Wirkungskreis örtliche Bauvorschriften erlassen über

1. besondere Anforderungen an die äußere Gestaltung baulicher Anlagen, Werbeanlagen und Warenautomaten zur Erhaltung und Gestaltung von Ortsbildern,
2. das Verbot von Werbeanlagen und Warenautomaten aus ortsgestalterischen Gründen,
3. die Lage, Größe, Beschaffenheit, Ausstattung und Unterhaltung von Kinderspielplätzen (§ 8 Abs. 2),
4. die Gestaltung der Stellplätze für Kraftfahrzeuge, der Abstellmöglichkeiten für Fahrräder, der Stellplätze für bewegliche Abfallbehälter und der unbebauten Flächen der bebauten Grundstücke sowie über die Notwendigkeit, Art, Gestaltung und Höhe von Einfriedungen,
5. von § 6 abweichende Maße der Abstandsflächentiefe, soweit dies zur Gestaltung des Ortsbildes oder zur Verwirklichung der Festsetzungen einer städtebaulichen Satzung erforderlich ist,
6. die Begrünung baulicher Anlagen,
7. die Untersagung oder Einschränkung der Herstellung von Stellplätzen und Garagen in bestimmten Teilen des Gemeindegebiets oder für bestimmte Nutzungen in bestimmten Teilen des Gemeindegebiets, wenn Gründe des Verkehrs oder städtebauliche Gründe dies rechtfertigen.

(2) [1]Örtliche Bauvorschriften können auch durch Bebauungsplan oder, soweit das Baugesetzbuch dies vorsieht, durch andere Satzungen nach den Bestimmungen des Baugesetzbuchs erlassen werden. [2]Werden die örtlichen Bauvorschriften durch Bebauungsplan oder durch eine sonstige städtebauliche Satzung nach dem Baugesetzbuch erlassen, so sind die Bestimmungen des Ersten und des Dritten Abschnitts des Ersten Teils, des Ersten Abschnitts des Zweiten Teils sowie die §§ 13 bis 13b, 30, 31, 33, 36, 214 und 215 BauGB entsprechend anzuwenden.

(3) [1]Anforderungen nach den Absätzen 1 und 2 können innerhalb der örtlichen Bauvorschrift auch in Form zeichnerischer Darstellungen gestellt werden. [2]Ihre Bekanntgabe kann dadurch ersetzt werden, dass dieser Teil der örtlichen Bauvorschrift bei der Gemeinde zur Einsicht ausgelegt wird; hierauf ist in den örtlichen Bauvorschriften hinzuweisen.

§ 89 Bestehende bauliche Anlagen

(1) Werden in diesem Gesetz oder in Vorschriften aufgrund dieses Gesetzes andere Anforderungen als nach dem bisherigen Recht gestellt, kann verlangt werden, dass bestehende oder nach genehmigten Bauvorlagen bereits begonnene bauliche Anlagen angepasst werden, wenn dies zur Abwehr von erheblichen Gefahren für Leben und Gesundheit notwendig ist.

(2) Sollen bauliche Anlagen wesentlich geändert werden, kann gefordert werden, dass auch die nicht unmittelbar berührten Teile der baulichen Anlage mit diesem Gesetz oder den aufgrund dieses Gesetzes erlassenen Vorschriften in Einklang gebracht werden, wenn

1. die Bauteile, die diesen Vorschriften nicht mehr entsprechen, mit den beabsichtigten Arbeiten in einem konstruktiven Zusammenhang stehen und
2. die Durchführung dieser Vorschriften bei den von den Arbeiten nicht berührten Teilen der baulichen Anlage keine unzumutbaren Mehrkosten verursacht.

§ 90 Gleichstellungsbestimmung

Status- und Funktionsbezeichnungen in diesem Gesetz gelten jeweils in männlicher und weiblicher Form.

§ 91 Erfahrungsbericht

Die Landesregierung berichtet dem Landtag bis zum 31. Dezember 2019 über die Erfahrungen mit diesem Gesetz.

§ 92 Übergangsbestimmungen

(1) [1]Verfahren nach diesem Gesetz, die vor Inkrafttreten einer Gesetzesänderung förmlich eingeleitet worden sind, werden nach den bisher geltenden Rechtsvorschriften abgeschlossen. [2]Auf diese Verfahren sind die ab dem Inkrafttreten der jeweiligen Änderungen geltenden Bestimmungen des Ersten bis Dritten Teils dieses Gesetzes insoweit anzuwenden, als sie für den Antragsteller eine günstigere Regelung enthalten als die vorherigen Bestimmungen.

(2) Solange § 20 Abs. 1 BauNVO zur Begriffsbestimmung des Vollgeschosses auf Landesrecht verweist, gelten Geschosse als Vollgeschosse, wenn deren Deckenoberkante im Mittel mehr als 1,40 m über die Geländeoberfläche hinausragt und sie über mindestens zwei Drittel ihrer Grundfläche eine lichte Höhe von mindestens 2,30 m haben.

(3) Die oberste Bauaufsichtsbehörde kann durch Bekanntmachung im Thüringer Staatsanzeiger anordnen, dass die Prüfung der Nachweise nach § 65 Abs. 3 Satz 2 auf Prüfingenieure oder Prüfämter zu übertragen ist.

(4) Bis zum Inkrafttreten des Zweiten Gesetzes zur Änderung der Thüringer Bauordnung für Bauarten erteilte allgemeine bauaufsichtliche Zulassungen oder Zustimmungen im Einzelfall gelten als Bauartgenehmigung fort.

(5) Bestehende Anerkennungen als Prüf-, Überwachungs- und Zertifizierungsstellen bleiben in dem bis zum Inkrafttreten des Zweiten Gesetzes zur Änderung der Thüringer Bauordnung geregelten Umfang wirksam; vor dem Inkrafttreten gestellte Anträge gelten als Anträge nach diesem Gesetz.

§ 93 Inkrafttreten, Außerkrafttreten

[1]Dieses Gesetz tritt am Tage nach der Verkündung[1)] in Kraft. [2]Abweichend von Satz 1 treten

1. § 17 Abs. 1 und 7, § 20 Satz 1 Nr. 1, § 25 Satz 2 und 3 sowie § 84 Abs. 1 mit Wirkung vom 1. Juli 2013 in Kraft und
2. § 83 Nr. 3 und § 85 Abs. 2 bis 5 an dem Tag in Kraft, an dem das Abkommen zur zweiten Änderung des Abkommens über das Deutsche Institut für Bautechnik in Kraft tritt.

[3]Gleichzeitig mit dem Inkrafttreten nach Satz 1 tritt die Thüringer Bauordnung in der Fassung vom 16. März 2004 (GVBl. S. 349), zuletzt geändert durch Gesetz vom 23. Mai 2011 (GVBl. S. 85), außer Kraft.

1) Verkündet am 28.3.2014.

Thüringer Verordnung über Bauvorlagen und bauaufsichtliche Anzeigen (Thüringer Bauvorlagenverordnung – ThürBauVorlVO)

Vom 23. März 2010 (GVBl. S. 129)
(2130-4)
zuletzt geändert durch Erste ÄnderungsVO vom 2. Dezember 2015 (GVBl. S. 212)

Inhaltsübersicht

Erster Abschnitt
Allgemeine Bestimmungen

§ 1 Begriff, Beschaffenheit
§ 2 Anzahl

Zweiter Abschnitt
Vorzulegende Bauvorlagen

§ 3 Bauliche Anlagen
§ 4 Werbeanlagen
§ 5 Vorbescheid
§ 6 Beseitigung von Anlagen

Dritter Abschnitt
Inhalt der Bauvorlagen

§ 7 Auszug aus der Liegenschaftskarte, Lageplan
§ 8 Bauzeichnungen
§ 9 Baubeschreibung
§ 10 Standsicherheitsnachweis
§ 11 Brandschutznachweis
§ 12 Nachweise für Wärme-, Schall-, Erschütterungsschutz
§ 13 Übereinstimmungsgebot

Vierter Abschnitt
Bauzustandsanzeigen

§ 14 Baubeginnsanzeige
§ 15 Anzeige der beabsichtigten Nutzungsaufnahme

Fünfter Abschnitt
Schlussbestimmungen

§ 16 Gleichstellungsbestimmung
§ 17 Inkrafttreten, Außerkrafttreten

Aufgrund des § 82 Abs. 3 der Thüringer Bauordnung (ThürBO)[1] in der Fassung vom 16. März 2004 (GVBl. S. 349), zuletzt geändert durch Artikel 16 des Gesetzes vom 8. Juli 2009 (GVBl. S. 592), verordnet das Ministerium für Bau, Landesentwicklung und Verkehr:

Erster Abschnitt

Allgemeine Bestimmungen

§ 1 Begriff, Beschaffenheit

(1) [1]Bauvorlagen sind die einzureichenden Unterlagen, die für die Beurteilung des Bauvorhabens und die Bearbeitung des Bauantrags (§ 67 Abs. 2 Satz 1 ThürBO), für die Anzeige der beabsichtigten Beseitigung (§ 60 Abs. 3 Satz 2 ThürBO) oder für die Genehmigungsfreistellung (§ 61 Abs. 3 Satz 1 Halbsatz 1 ThürBO) erforderlich sind. [2]Bautechnische Nachweise gelten auch dann als Bauvorlagen, wenn sie der Bauaufsichtsbehörde nicht vorzulegen sind.

(2) [1]Bauvorlagen müssen aus alterungsbeständigem Papier oder gleichwertigem Material lichtbeständig hergestellt sein und dem Format DIN A4 entsprechen oder auf diese Größe gefaltet sein. [2]§ 3a des Thüringer Verwaltungsverfahrensgesetzes bleibt unberührt.

(3) Hat die oberste Bauaufsichtsbehörde Vordrucke öffentlich bekannt gemacht, sind diese zu verwenden.

(4) Die Bauaufsichtsbehörde darf ein Modell oder weitere Nachweise verlangen, wenn dies zur Beurteilung des Bauvorhabens erforderlich ist.

(5) Die Bauaufsichtsbehörde soll auf Bauvorlagen verzichten, wenn diese zur Beurteilung der Zulässigkeit des Bauvorhabens nicht erforderlich sind.

§ 2 Anzahl

[1]Bauvorlagen sind dreifach, ist die Gemeinde zugleich Bauaufsichtsbehörde, zweifach einzureichen. [2]Die Bauaufsichtsbehörde kann Mehrfertigungen verlangen, soweit dies zur Beteiligung von Stellen

1) In dieser Sammlung abgedruckt unter 60.

nach § 68 Abs. 1 Satz 1 ThürBO erforderlich ist; die Mehrfertigungen müssen nicht nach § 54 Abs. 2 Satz 2, § 67 Abs. 4 Satz 1 und 2 ThürBO unterschrieben sein. [3]Abweichend von Satz 1 sind die Bauvorlagen nach § 61 Abs. 3 Satz 1 Halbsatz 1 ThürBO zweifach, ist die Gemeinde zugleich Bauaufsichtsbehörde, einfach einzureichen.

Zweiter Abschnitt Vorzulegende Bauvorlagen

§ 3 Bauliche Anlagen

Vorzulegen sind:

1. ein Auszug aus der Liegenschaftskarte und der Lageplan (§ 7),
2. die Bauzeichnungen (§ 8),
3. die Baubeschreibung (§ 9),
4. der Nachweis der Standsicherheit (§ 10), soweit er bauaufsichtlich geprüft wird, andernfalls die Erklärung des Tragwerkplaners nach Maßgabe des Kriterienkatalogs der Anlage 2,
5. der Nachweis des Brandschutzes (§ 11), soweit er bauaufsichtlich geprüft wird und nicht bereits in den übrigen Bauvorlagen enthalten ist,
6. die erforderlichen Angaben über die gesicherte Erschließung hinsichtlich der Versorgung mit Wasser und Energie sowie der Entsorgung von Abwasser und der verkehrsmäßigen Erschließung, soweit das Bauvorhaben nicht an eine öffentliche Wasser- oder Energieversorgung oder eine öffentliche Abwasserentsorgungsanlage angeschlossen werden kann oder nicht in ausreichender Breite an einer öffentlichen Verkehrsfläche liegt,
7. bei Bauvorhaben im Geltungsbereich eines Bebauungsplans, der Festsetzungen darüber enthält, eine Berechnung des zulässigen, des vorhandenen und des geplanten Maßes der baulichen Nutzung.

§ 4 Werbeanlagen

(1) Vorzulegen sind:

1. ein Auszug aus der Liegenschaftskarte mit Einzeichnung des Standorts,
2. eine Zeichnung und eine Beschreibung oder eine andere geeignete Darstellung der Werbeanlage, wie ein farbiges Lichtbild oder eine farbige Lichtbildmontage und
3. der Nachweis der Standsicherheit (§ 10), soweit er bauaufsichtlich geprüft wird, andernfalls die Erklärung des Tragwerkplaners nach Maßgabe des Kriterienkatalogs der Anlage 2.

(2) Die Zeichnung nach Absatz 1 Nr. 2 muss die Darstellung der Werbeanlage und ihre Maße, auch bezogen auf den Standort und auf Anlagen, an denen die Werbeanlage angebracht oder in deren Nähe sie aufgestellt werden soll, sowie Angaben über die Farbgestaltung enthalten.

(3) In der Beschreibung nach Absatz 1 Nr. 2 sind die Art und die Beschaffenheit der Werbeanlage, sowie, soweit erforderlich, die Abstände zu öffentlichen Verkehrsflächen anzugeben.

§ 5 Vorbescheid

Vorzulegen sind diejenigen Bauvorlagen, die zur Beurteilung der durch den Vorbescheid zu entscheidenden Fragen des Bauvorhabens erforderlich sind.

§ 6 Beseitigung von Anlagen

Bei der nicht verfahrensfreien Beseitigung von Anlagen ist ein Lageplan, der die Lage der zu beseitigenden Anlagen unter Bezeichnung des Grundstücks nach dem Liegenschaftskataster sowie nach Straße und Hausnummer darstellt, vorzulegen und der qualifizierte Tragwerksplaner zu benennen.

Dritter Abschnitt Inhalt der Bauvorlagen

§ 7 Auszug aus der Liegenschaftskarte, Lageplan

(1) [1]Der aktuelle Auszug aus der Liegenschaftskarte muss das Baugrundstück und die benachbarten Grundstücke im Umkreis von mindestens 50 m darstellen. [2]Das Baugrundstück ist zu kennzeichnen. [3]Der Auszug ist mit dem Namen des Bauherrn, der Bezeichnung des Bauvorhabens und dem Datum des dazugehörigen Bauantrags oder der Unterlagen nach § 61 Abs. 3 Satz 1 ThürBO zu beschriften.

(2) [1]Der Lageplan ist auf der Grundlage der Liegenschaftskarte zu erstellen. [2]Dabei ist ein Maßstab von mindestens 1 : 500 zu verwenden. [3]Ein größerer Maßstab ist zu wählen, wenn es für die Beurteilung der Zulässigkeit des Bauvorhabens erforderlich ist. [4]Die Bauaufsichtsbehörde kann, wenn es besondere Grundstücks-, Gebäude- oder Grenzverhältnisse erfordern, verlangen, dass der Lageplan von einer Behörde, die befugt ist, Vermessungen zur Einrichtung und Fortführung des Liegenschaftskatasters auszuführen, oder von einem öffentlich bestellten Vermessungsingenieur beglaubigt oder angefertigt wird; den Behörden sind solche behördlichen Stellen gleichgestellt, deren Vermessungsergebnisse für die Einrichtung und Fortführung des Liegenschaftskatasters verwendet werden.

(3) Der Lageplan muss, soweit dies zur Beurteilung der Zulässigkeit des Bauvorhabens erforderlich ist, enthalten:

1. den Maßstab und die Nordrichtung,
2. die katastermäßigen Flächengrößen, Flurstücksnummern und die Flurstücksgrenzen des Baugrundstücks und der benachbarten Grundstücke,
3. die im Grundbuch geführte Bezeichnung des Baugrundstücks und der benachbarten Grundstücke mit den jeweiligen Eigentümerangaben,
4. die vorhandenen baulichen Anlagen auf dem Baugrundstück und den benachbarten Grundstücken mit Angabe ihrer Nutzung, First- und Außenwandhöhe, Dachform und der Art der Außenwände und der Bedachung,
5. Bau- und Kulturdenkmale sowie geschützte Naturbestandteile auf dem Baugrundstück und auf den Nachbargrundstücken,
6. Leitungen, die der öffentlichen Versorgung mit Wasser, Gas, Elektrizität, Wärme, der öffentlichen Abwasserentsorgung oder der Telekommunikation und Rohrleitungen, die dem Ferntransport von Stoffen dienen sowie deren Abstände zu der geplanten baulichen Anlage,
7. die angrenzenden öffentlichen Verkehrsflächen mit Angabe der Breite, der Straßenklasse und der Höhenlage mit Bezug auf das Höhenbezugssystem,
8. Hydranten und andere Wasserentnahmestellen für die Feuerwehr,
9. Flächen, die von Baulasten betroffen sind,
10. die Festsetzungen eines Bebauungsplans für das Baugrundstück über die überbaubaren und die nicht überbaubaren Grundstücksflächen,
11. die geplante bauliche Anlage unter Angabe der Außenmaße, der Dachform und der Höhenlage des Erdgeschossfußbodens zur Straße,
12. die Höhenlage der Eckpunkte des Baugrundstücks und der Eckpunkte der geplanten baulichen Anlage mit Bezug auf das Höhenbezugssystem,
13. die Aufteilung der nicht überbauten Flächen unter Angabe der Lage und Breite der Zu- und Abfahrten, der Anzahl, Lage und Größe der Kinderspielplätze, der Stellplätze und der Flächen für die Feuerwehr,
14. die Abstände der geplanten baulichen Anlage zu anderen baulichen Anlagen auf dem Baugrundstück und auf den benachbarten Grundstücken, zu den Nachbargrenzen sowie die Abstandsflächen,
15. die Abstände der geplanten baulichen Anlage zu oberirdischen Gewässern,
16. geschützten Baumbestand.

(4) Der Inhalt des Lageplans nach Absatz 3 ist auf besonderen Blättern in geeignetem Maßstab darzustellen, wenn der Lageplan sonst unübersichtlich würde.

(5) [1]Im Lageplan sind die Zeichen und Farben der Anlage 1 zu verwenden; im Übrigen ist die Planzeichenverordnung 1990 vom 18. Dezember 1990 (BGBl. I 1991 S. 58) entsprechend anzuwenden. [2]Sonstige Darstellungen sind zu erläutern.

(6) Bei Änderungen baulicher Anlagen, bei denen Außenwände und Dächer sowie die Nutzung nicht verändert werden, ist der Lageplan nicht erforderlich.

§ 8 Bauzeichnungen

(1) [1]Für die Bauzeichnungen ist ein Maßstab von 1:100 zu verwenden. [2]Ein größerer Maßstab ist zu wählen, wenn er zur Darstellung der erforderlichen Eintragung notwendig ist; ein kleinerer Maßstab kann gewählt werden, wenn er dafür ausreicht.

(2) In den Bauzeichnungen sind darzustellen:

1. die Grundrisse aller Geschosse mit Angabe der vorgesehenen Nutzung der Räume und mit Einzeichnung der
   a) Treppen,
   b) lichten Öffnungsmaße der Türen sowie deren Art und Anordnung an und in Rettungswegen,
   c) Abgasanlagen,
   d) Räume für die Aufstellung von Feuerstätten unter Angabe der Nennleistung sowie der Räume für die Brennstofflagerung unter Angabe der vorgesehenen Art und Menge des Brennstoffs,
   e) Aufzugsschächte, Aufzüge und der nutzbaren Grundflächen der Fahrkörbe von Personenaufzügen,
   f) Installationsschächte, -kanäle und Lüftungsleitungen, soweit sie raumabschließende Bauteile durchdringen, und
   g) Räume für die Aufstellung von Lüftungsanlagen,
2. die Schnitte, aus denen folgende Punkte ersichtlich sind:
   a) die Gründung der geplanten baulichen Anlage und, soweit erforderlich, die Gründungen anderer baulicher Anlagen,
   b) der Anschnitt der vorhandenen und der geplanten Geländeoberfläche,
   c) die Höhenlage des Erdgeschossfußbodens mit Bezug auf das Höhenbezugssystem,
   d) die Höhe der Fußbodenoberkante des höchstgelegenen Geschosses, in dem ein Aufenthaltsraum möglich ist, über der geplanten Geländeoberfläche,
   e) die lichten Raumhöhen,
   f) der Verlauf der Treppen und Rampen mit ihrem Steigungsverhältnis,
   g) die Wandhöhe im Sinne des § 6 Abs. 4 Satz 2 ThürBO und
   h) die Dachhöhen und Dachneigungen sowie
3. die Ansichten der geplanten baulichen Anlage mit dem Anschluss an Nachbargebäude unter Angabe von Baustoffen und Farben, der vorhandenen und geplanten Geländeoberfläche sowie des Straßengefälles.

(3) In den Bauzeichnungen sind anzugeben:

1. der Maßstab und die Maße,
2. die wesentlichen Bauprodukte und Bauarten,
3. die Rohbaumaße der Fensteröffnungen in Aufenthaltsräumen und
4. bei Änderung baulicher Anlagen die zu beseitigenden und die geplanten Bauteile.

(4) In den Bauzeichnungen sind die Zeichen und Farben der Anlage 1 zu verwenden.

§ 9 Baubeschreibung

[1]In der Baubeschreibung sind das Bauvorhaben und seine Nutzung zu erläutern, soweit dies zur Beurteilung erforderlich ist und die notwendigen Angaben nicht im Lageplan und den Bauzeichnungen enthalten sind. [2]Die Gebäudeklasse und die Höhe im Sinne des § 2 Abs. 3 Satz 2 ThürBO sind anzugeben. [3]Die anrechenbaren Bauwerte und ihre Ermittlung sind anzugeben.

§ 10 Standsicherheitsnachweis

(1) Für den Nachweis der Standsicherheit tragender Bauteile einschließlich ihrer Feuerwiderstandsfähigkeit nach § 11 Abs. 1 Nr. 1 sind eine Darstellung des gesamten statischen Systems sowie die erforderlichen Konstruktionszeichnungen, Berechnungen und Beschreibungen vorzulegen.

(2) [1]Die statischen Berechnungen müssen die Standsicherheit der baulichen Anlagen und ihrer Teile nachweisen. [2]Die Beschaffenheit des Baugrunds und seine Tragfähigkeit sind anzugeben. [3]Soweit erforderlich, ist nachzuweisen, dass die Standsicherheit anderer baulicher Anlagen und die Tragfähigkeit des Baugrunds der Nachbargrundstücke nicht gefährdet werden.

(3) Die Standsicherheit kann auf andere Weise als durch statische Berechnungen nachgewiesen werden, wenn hierdurch die Anforderungen an einen Standsicherheitsnachweis in gleichem Maße erfüllt werden.

§ 11 Brandschutznachweis

(1) Für den Nachweis des Brandschutzes sind im Lageplan, in den Bauzeichnungen und in der Baubeschreibung, soweit erforderlich, insbesondere anzugeben:

1. das Brandverhalten der Baustoffe (Baustoffklasse) und die Feuerwiderstandsfähigkeit der Bauteile (Feuerwiderstandsklasse) entsprechend den Benennungen nach § 26 ThürBO oder entsprechend den Klassifizierungen nach den Anlagen zur nach § 17 Abs. 2 ThürBO vom Deutschen Institut für Bautechnik bekanntgemachten Bauregelliste A Teil 1,
2. die Bauteile, Einrichtungen und Vorkehrungen, an die Anforderungen hinsichtlich des Brandschutzes gestellt werden, wie Brandwände und Decken, Trennwände, Unterdecken, Installationsschächte und -kanäle, Lüftungsanlagen, Feuerschutzabschlüsse und Rauchschutztüren, Öffnungen zur Rauchableitung, einschließlich der Fenster nach § 35 Abs. 8 Satz 2 ThürBO,
3. die Nutzungseinheiten, die Brand- und Rauchabschnitte,
4. die aus Gründen des Brandschutzes erforderlichen Abstände innerhalb und außerhalb des Gebäudes,
5. der erste und zweite Rettungsweg nach § 33 ThürBO, insbesondere notwendige Treppenräume, Ausgänge, notwendige Flure, mit Rettungsgeräten der Feuerwehr erreichbare Stellen einschließlich der Fenster, die als Rettungswege nach § 33 Abs. 2 Satz 2 ThürBO dienen, unter Angabe der lichten Maße und Brüstungshöhen,
6. die Flächen für die Feuerwehr, Zu- und Durchgänge, Zu- und Durchfahrten, Bewegungsflächen und die Aufstellflächen für Hubrettungsfahrzeuge,
7. die Löschwasserversorgung.

(2) [1]Bei Sonderbauten, Mittel- und Großgaragen müssen, soweit es für die Beurteilung erforderlich ist, zusätzlich Angaben gemacht werden insbesondere über:

1. brandschutzrelevante Einzelheiten der Nutzung, insbesondere auch die Anzahl und Art der die bauliche Anlage nutzenden Personen sowie Explosions- oder erhöhte Brandgefahren, Brandlasten, Gefahrstoffe und Risikoanalysen,
2. Rettungswegbreiten und -längen, Einzelheiten der Rettungswegführung und -ausbildung einschließlich Sicherheitsbeleuchtung und -kennzeichnung,
3. technische Anlagen und Einrichtungen zum Brandschutz, wie Branderkennung, Brandmeldung, Alarmierung, Brandbekämpfung, Rauchableitung, Rauchfreihaltung,
4. die Sicherheitsstromversorgung,
5. die Bemessung der Löschwasserversorgung, Einrichtungen zur Löschwasserentnahme sowie die Löschwasserrückhaltung,
6. betriebliche und organisatorische Maßnahmen zur Brandverhütung, Brandbekämpfung und Rettung von Menschen und Tieren, wie Feuerwehrplan, Brandschutzordnung, Werkfeuerwehr, Bestellung von Brandschutzbeauftragten und Selbsthilfekräften.

[2]Anzugeben ist auch, weshalb es der Einhaltung von Vorschriften wegen der besonderen Art oder Nutzung baulicher Anlagen oder Räume oder wegen besonderer Anforderungen nicht bedarf (§ 51 Satz 2 ThürBO). [3]Der Brandschutznachweis kann auch gesondert in Form eines objektbezogenen Brandschutzkonzepts dargestellt werden.

§ 12 Nachweise für Wärme-, Schall-, Erschütterungsschutz

Die Berechnungen müssen den nach bauordnungsrechtlichen Vorschriften geforderten Wärme-, Schall- und Erschütterungsschutz nachweisen.

§ 13 Übereinstimmungsgebot

Die Bauzeichnungen, Baubeschreibungen, Berechnungen und Konstruktionszeichnungen sowie sonstige Zeichnungen und Beschreibungen, die den bautechnischen Nachweisen zugrunde liegen, müssen miteinander übereinstimmen und gleiche Positionsangaben haben.

Vierter Abschnitt
Bauzustandsanzeigen

§ 14 Baubeginnsanzeige

(1) [1]Soweit bautechnische Nachweise nicht bauaufsichtlich geprüft werden, ist eine Erklärung des jeweiligen Nachweiserstellers nach § 65 Abs. 2 ThürBO über die Erstellung des bautechnischen Nachweises spätestens mit der Baubeginnsanzeige nach § 71 Abs. 8 ThürBO vorzulegen. [2]Wird das Bauvorhaben abschnittsweise ausgeführt, muss die Erklärung spätestens bei Beginn der Ausführung des jeweiligen Bauabschnitts vorliegen.

(2) Muss der Standsicherheitsnachweis bei Bauvorhaben nach § 65 Abs. 3 Satz 1 Halbsatz 1 Nr. 3 ThürBO nicht bauaufsichtlich geprüft werden, ist spätestens mit der Baubeginnsanzeige eine Erklärung des Tragwerksplaners hierüber nach Maßgabe des Kriterienkatalogs der Anlage 2 vorzulegen.

§ 15 Anzeige der beabsichtigten Nutzungsaufnahme
Sind bei einem Bauvorhaben wiederkehrende bauaufsichtliche Prüfungen durch Rechtsverordnung nach § 87 Abs. 1 Nr. 5 ThürBO oder im Einzelfall vorgeschrieben, ist mit der Anzeige nach § 81 Abs. 2 Satz 1 ThürBO über die in § 81 Abs. 2 Satz 2 ThürBO benannten Bescheinigungen und Bestätigungen hinaus der Brandschutznachweis nach § 11 vorzulegen, soweit er nicht bauaufsichtlich geprüft ist.

Fünfter Abschnitt
Schlussbestimmungen

§ 16 Gleichstellungsbestimmung
Status- und Funktionsbezeichnungen in dieser Verordnung gelten jeweils in männlicher und weiblicher Form.

§ 17 Inkrafttreten, Außerkrafttreten
[1]Diese Verordnung tritt am 1. August 2010 in Kraft. [2]Abweichend von Satz 1 treten § 14 und Anlage 2 am Tage nach der Verkündung in Kraft. [3]Gleichzeitig mit dem Inkrafttreten nach Satz 1 tritt die Verordnung über bautechnische Prüfungen vom 12. September 1991 (GVBl. S. 534), zuletzt geändert durch § 3 Abs. 2 der Verordnung vom 6. Mai 2004 (GVBl. S. 565), außer Kraft.

Anlage 1
(zu § 7 Abs. 5 Satz 1 Halbsatz 1 und § 8 Abs. 4)

Zeichen und Farben für Bauvorlagen

	Zeichen:	Farbe:
1. Grenzen des Grundstücks	— — — — —	violett
2. vorhandene bauliche Anlagen oder Bauteile	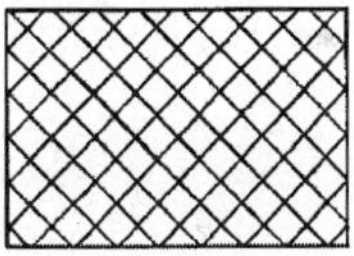	grau
3. geplante bauliche Anlagen oder Bauteile	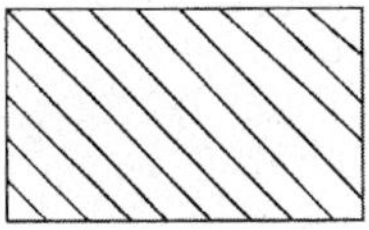	rot
4. zu beseitigende bauliche Anlagen oder Bauteile	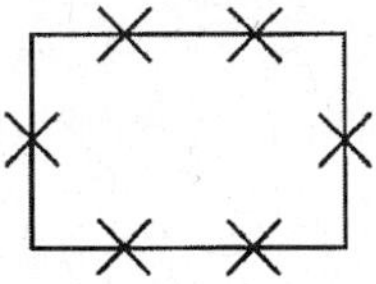	gelb
5. Flächen, die von Baulasten betroffen sind	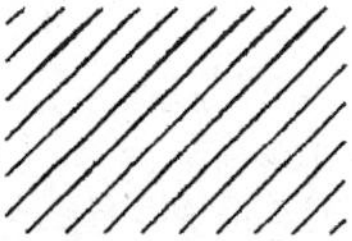	braun

Anlage 2
(zu § 3 Nr. 4, § 4 Abs. 1 Nr. 3, § 14 Abs. 2)

Kriterienkatalog

Sind die nachfolgenden Kriterien ausnahmslos erfüllt, ist eine Prüfung des Standsicherheitsnachweises nicht erforderlich:

1. Die Baugrundverhältnisse sind eindeutig und erlauben eine übliche Flachgründung entsprechend DIN 1054. Ausgenommen sind Gründungen auf setzungsempfindlichem Baugrund (in der Regel stark bindige Böden).
2. Bei erddruckbelasteten Gebäuden beträgt die Höhendifferenz zwischen Gründungssohle und Erdoberfläche maximal 4 m. Einwirkungen aus Wasserdruck müssen rechnerisch nicht berücksichtigt werden.
3. Angrenzende bauliche Anlagen oder öffentliche Verkehrsflächen werden nicht beeinträchtigt. Nachzuweisende Unterfangungen oder Baugrubensicherungen sind nicht erforderlich.
4. Die tragenden und aussteifenden Bauteile gehen im Wesentlichen bis zu den Fundamenten unversetzt durch. Ein rechnerischer Nachweis der Gebäudeaussteifung, auch für Teilbereiche, ist nicht erforderlich.
5. Die Geschossdecken sind linienförmig gelagert und dürfen für gleichmäßig verteilte Lasten (kN/m^2) und Linienlasten aus nichttragenden Wänden (kN/m^2) bemessen werden. Geschossdecken ohne ausreichende Querverteilung erhalten keine Einzellasten.
6. Die Bauteile der baulichen Anlage oder die bauliche Anlage selbst können mit einfachen Verfahren der Baustatik berechnet oder konstruktiv festgelegt werden. Räumliche Tragstrukturen müssen rechnerisch nicht nachgewiesen werden. Besondere Stabilitäts-, Verformungs- und Schwingungsuntersuchungen sind nicht erforderlich.
7. Außergewöhnliche sowie dynamische Einwirkungen sind nicht vorhanden. Beanspruchungen aus Erdbeben müssen rechnerisch nicht verfolgt werden.
8. Besondere Bauarten wie Spannbetonbau, Verbundbau, Leimholzbau und geschweißte Aluminiumkonstruktionen werden nicht angewendet.

Thüringer Enteignungsgesetz (ThürEG)

Vom 23. März 1994 (GVBl. S. 329)
(214-1)
zuletzt geändert durch Art. 4 Thüringer VerwaltungsverfahrensÄndG vom 25. November 2004 (GVBl. S. 853)

Inhaltsübersicht

Erster Teil
Allgemeine Bestimmungen

§ 1 Anwendungsbereich
§ 2 Enteignungszweck
§ 3 Gegenstand der Enteignung
§ 4 Zulässigkeit der Enteignung
§ 5 Zulässigkeit der Ersatzlandenteignung
§ 6 Zulässigkeit der Enteignung für den Ersatz entzogener Rechte
§ 7 Umfang, Beschränkung und Ausdehnung der Enteignung

Zweiter Teil
Entschädigung und Härteausgleich

Erster Abschnitt
Entschädigung

§ 8 Entschädigungsgrundsätze
§ 9 Entschädigungsberechtigter und Entschädigungsverpflichteter
§ 10 Entschädigung für den Rechtsverlust
§ 11 Entschädigung für andere Vermögensnachteile
§ 12 Rechte der Nebenberechtigten
§ 13 Entschädigung in Geld
§ 14 Entschädigung in Land
§ 15 Entschädigung durch Gewährung anderer Rechte

Zweiter Abschnitt
Härteausgleich

§ 16 Härteausgleich

Dritter Teil
Verfahren

Erster Abschnitt
Enteignungsverfahren

§ 17 Enteignungsbehörde
§ 18 Enteignungsantrag
§ 19 Nachweise
§ 20 Beteiligte
§ 21 Förmliches Verwaltungsverfahren
§ 22 Erforschung des Sachverhalts
§ 23 Wiedereinsetzung in den vorigen Stand
§ 24 Vorbereitung der mündlichen Verhandlung; Entscheidung ohne mündliche Verhandlung
§ 25 Verfügungs- und Veränderungssperre
§ 26 Bindungswirkung
§ 27 Einigung
§ 28 Entscheidung der Enteignungsbehörde
§ 29 Enteignungsbeschluß
§ 30 Lauf der Verwendungsfrist
§ 31 Verfahren bei der Entschädigung durch Gewährung anderer Rechte
§ 32 Ausführungsanordnung
§ 33 Hinterlegung
§ 34 Verteilungsverfahren
§ 35 Aufhebung des Enteignungsbeschlusses

Zweiter Abschnitt
Vorarbeiten und vorzeitige Besitzeinweisung

§ 36 Vorarbeiten auf Grundstücken
§ 37 Vorzeitige Besitzeinweisung

Dritter Abschnitt
Planfeststellungsverfahren

§ 38 Planfeststellungsverfahren

Vierter Abschnitt
Kosten und Vollstreckung

§ 39 Kosten
§ 40 Aufwendungen der Beteiligten
§ 41 Vollstreckbarer Titel

Fünfter Abschnitt
Rückenteignung

§ 42 Rückenteignung
§ 43 Entschädigung für die Rückenteignung

Vierter Teil
Rechtsweg

§ 44 Antrag auf gerichtliche Entscheidung

Fünfter Teil
Übergangs- und Schlußbestimmungen

§ 45 Grundrechtseinschränkung
§ 46 Enteignung beweglicher Sachen
§ 47 Entschädigungsbestimmungen in anderen Gesetzen
§ 48 Ordnungswidrigkeiten
§ 49 Übergangsbestimmungen
§ 50
§ 51 Inkrafttreten

Der Landtag hat das folgende Gesetz beschlossen:

Erster Teil
Allgemeine Bestimmungen

§ 1 Anwendungsbereich
Dieses Gesetz gilt für alle Enteignungen, wenn und soweit nicht Bundesrecht oder besondere landesrechtliche Bestimmungen anzuwenden sind.

§ 2 Enteignungszweck
(1) Nach diesem Gesetz kann, sofern es dem Wohl der Allgemeinheit dient, enteignet werden, um insbesondere
1. Vorhaben zu verwirklichen, für die andere Gesetze die Enteignung ausdrücklich zulassen,
2. andere Vorhaben zu verwirklichen für
   a) die Gesundheits- oder Wohlfahrtspflege oder allgemeine sportliche Betätigung,
   b) Schulen, Hochschulen oder andere Einrichtungen der Kultur, Wissenschaft oder Forschung,
   c) die öffentliche Versorgung mit Wasser oder Fernwärme,
   d) die öffentliche Entsorgung von Abwasser oder Abfällen,
   e) den Schutz von Boden, Wasser, Luft, Klima oder Landschaft,
   f) die Sanierung nicht unerheblicher Boden- oder Wasserverunreinigungen,
   g) Rohrleitungen zum Transport von Rohstoffen oder Produkten in großen Mengen oder mit gefährlichen Eigenschaften,
   h) die Aufrechterhaltung der öffentlichen Sicherheit,
   i) die Erfüllung von Pflichtaufgaben kommunaler Gebietskörperschaften oder gesetzlich festgelegter Aufgaben von Bund, Land oder sonstigen juristischen Personen des öffentlichen Rechts.

(2) Enteignungen zum Zweck der Ersatzlandbeschaffung und zu dem Zweck, durch Enteignung entzogene Rechte durch neue Rechte zu ersetzen, sind nur zulässig, wenn und soweit dieses Gesetz oder ein anderes Gesetz eine solche Art der Entschädigung vorsieht.

§ 3 Gegenstand der Enteignung
(1) Durch Enteignung können
1. das Eigentum an Grundstücken entzogen oder belastet werden,
2. andere Rechte an Grundstücken entzogen, geändert oder belastet werden (dingliche Rechte),
3. Rechte entzogen werden, die zum Erwerb, zum Besitz oder zur Nutzung von Grundstücken berechtigen oder die den Verpflichteten in der Nutzung von Grundstücken beschränken (persönliche Rechte),
4. soweit es in diesem Gesetz vorgesehen ist, Rechtsverhältnisse begründet werden, die persönliche Rechte gewähren,
5. die Änderung oder Beseitigung vorhandener baulicher Anlagen und Einfriedungen angeordnet werden.

(2) Auf das Zubehör eines Grundstücks und auf Sachen, die nur zu einem vorübergehenden Zweck mit dem Grundstück verbunden oder in ein Gebäude eingefügt sind, darf die Enteignung nur nach Maßgabe des § 7 Abs. 4 ausgedehnt werden.

(3) Zur vorübergehenden Benutzung von Grundstücken können Rechtsverhältnisse begründet werden, die persönliche Rechte gewähren.

(4) Die für Grundstücke geltenden Bestimmungen dieses Gesetzes sind sinngemäß für Grundstücksteile anzuwenden.

(5) Die für das Eigentum an Grundstücken geltenden Bestimmungen sind, soweit dieses Gesetz nichts anderes vorschreibt, sinngemäß für grundstücksgleiche Rechte und Rechte nach dem Wohnungseigentumsgesetz anzuwenden.

(6) Die für die Entziehung oder Belastung des Eigentums an Grundstücken geltenden Bestimmungen sind auf die Entziehung, Belastung, Änderung oder Begründung der in Absatz 1 Nr. 2 bis 4 bezeichneten Rechte sinngemäß anzuwenden.

§ 4 Zulässigkeit der Enteignung

(1) Die Enteignung ist im einzelnen Fall nur zulässig, wenn das Wohl der Allgemeinheit sie erfordert und der Enteignungszweck auf andere zumutbare Weise, insbesondere aus Grundbesitz des Antragstellers, nicht erreicht werden kann.

(2) Die Enteignung zu den in § 2 bezeichneten Zwecken setzt voraus, daß der Antragsteller

1. sich nachweislich ernsthaft bemüht hat, das Grundstück zu angemessenen Bedingungen freihändig zu erwerben, und
2. glaubhaft macht, daß das Grundstück innerhalb angemessener Frist zu dem vorgesehenen Zweck verwendet wird.

§ 5 Zulässigkeit der Ersatzlandenteignung

(1) Die Enteignung von Grundstücken zur Entschädigung in Land (Ersatzland) ist nur zulässig, wenn

1. die Entschädigung eines Eigentümers nach § 14 in Land festzusetzen ist und
2. es dem Enteignungsbegünstigten nicht möglich oder zumutbar ist, geeignetes Ersatzland aus eigenem Grundbesitz bereitzustellen oder freihändig zu angemessenen Bedingungen zu erwerben.

(2) Grundstücke unterliegen nicht der Ersatzlandenteignung, wenn und soweit

1. der Eigentümer oder bei land- oder forstwirtschaftlich oder gewerblich genutzten Grundstücken auch der sonstige Nutzungsberechtigte auf sie mit seiner Berufs- oder Erwerbstätigkeit angewiesen und ihm im Interesse der Erhaltung der Wirtschaftlichkeit seines Betriebes die Abgabe nicht zuzumuten ist,
2. die Grundstücke oder ihre Erträge unmittelbar öffentlichen oder sonstigen in § 2 genannten Zwecken dienen oder zu dienen bestimmt sind oder
3. die Grundstücke mit einem eigengenutzten Eigenheim oder einer eigengenutzten Kleinsiedlung bebaut sind.

(3) Im Außenbereich (§ 19 Abs. 1 Nr. 3 des Baugesetzbuchs – BauGB –) unterliegen Grundstücke der Ersatzlandenteignung nur, wenn sie land- oder forstwirtschaftlich genutzt werden sollen oder einem nach § 35 Abs. 1 BauGB zulässigen Vorhaben dienen sollen.

(4) Die Enteignung zum Zwecke der Entschädigung eines Eigentümers, dessen Grundstück zur Beschaffung von Ersatzland enteignet wird, ist unzulässig.

§ 6 Zulässigkeit der Enteignung für den Ersatz entzogener Rechte

[1]Die Enteignung zu dem Zweck, durch Enteignung entzogene Rechte durch neue Rechte zu ersetzen, ist nur zulässig, soweit der Ersatz in diesem Gesetz vorgesehen ist. [2]Sollen nach § 12 Abs. 2 Satz 3 Grundstücke in Anspruch genommen werden, die nicht dem Enteignungsbegünstigten gehören, so gilt § 5 Abs. 1 und 2 sinngemäß.

§ 7 Umfang, Beschränkung und Ausdehnung der Enteignung

(1) [1]Ein Grundstück darf nur in dem Umfang enteignet werden, in dem dies zur Verwirklichung des Enteignungszwecks erforderlich ist. [2]Reicht die Belastung eines Grundstücks mit einem Recht zur Verwirklichung des Enteignungszwecks aus, so ist die Enteignung hierauf zu beschränken.

(2) [1]Soll ein Grundstück mit einem Erbbaurecht belastet werden, so kann der Eigentümer anstelle der Belastung die Entziehung des Eigentums verlangen. [2]Soll ein Grundstück mit einem anderen Recht belastet werden, so kann der Eigentümer die Entziehung des Eigentums verlangen, wenn durch die Belastung mit dem dinglichen Recht das Grundstück nicht mehr in angemessenem Umfang in der bisherigen oder einer anderen zulässigen Art genutzt werden kann.

(3) Soll ein Grundstück oder ein räumlich oder wirtschaftlich zusammenhängender Grundbesitz nur zu einem Teil enteignet werden, so kann der Eigentümer die Ausdehnung der Enteignung auf das Restgrundstück oder den Restbesitz insoweit verlangen, als diese nicht mehr in angemessenem Umfang in der bisherigen oder einer anderen zulässigen Art genutzt werden können.

(4) Der Eigentümer kann verlangen, daß die Enteignung auf die in § 3 Abs. 2 genannten Gegenstände ausgedehnt wird, wenn und soweit er sie infolge der Enteignung nicht mehr wirtschaftlich nutzen oder in anderer Weise angemessen verwerten kann.

(5) [1]Ist zur vorübergehenden Benutzung eines Grundstücks ein Rechtsverhältnis begründet worden (§ 3 Abs. 3), so kann der Eigentümer die Übernahme des Grundstücks verlangen, wenn die Wiederherstellung zu der bisherigen oder einer anderen zumutbaren zulässigen Nutzung unterbleiben muß,

weil der Aufwand dafür wirtschaftlich in keinem vertretbaren Verhältnis zum Wert des Grundstücks stehen würde. [2]Im übrigen gelten die Bestimmungen dieses Gesetzes sinngemäß.

(6) [1]Ein Verlangen nach den Absätzen 2 bis 4 ist schriftlich oder zur Niederschrift bei der Enteignungsbehörde bis zum Schluß der mündlichen Verhandlung oder, wenn die mündliche Verhandlung aufgrund eines Verzichts der Beteiligten entfällt, zugleich mit der Verzichtserklärung geltend zu machen. [2]Ein Verlangen nach Absatz 5 ist schriftlich oder zur Niederschrift der Enteignungsbehörde innerhalb von drei Monaten geltend zu machen, nachdem der Enteignungsbegünstigte dem Eigentümer den Abschluß der Benutzung schriftlich angezeigt hat.

Zweiter Teil
Entschädigung und Härteausgleich

Erster Abschnitt
Entschädigung

§ 8 Entschädigungsgrundsätze

(1) Für die Enteignung ist Entschädigung zu leisten.

(2) Die Entschädigung wird gewährt
1. für den durch die Enteignung eintretenden Rechtsverlust,
2. für andere durch die Enteignung eintretende Vermögensnachteile.

(3) [1]Vermögensvorteile, die dem Entschädigungsberechtigten (§ 9) infolge der Enteignung entstehen, sind bei der Festsetzung der Entschädigung mindernd zu berücksichtigen. [2]Hat bei der Entstehung eines Vermögensnachteils ein Verschulden des Entschädigungsberechtigten mitgewirkt, so gilt § 254 des Bürgerlichen Gesetzbuchs sinngemäß.

(4) [1]Für die Bemessung der Entschädigung ist der Zustand des Grundstücks in dem Zeitpunkt maßgebend, in dem die Enteignungsbehörde über den Enteignungsantrag entscheidet. [2]In den Fällen der vorzeitigen Besitzeinweisung oder vorzeitigen Besitzüberlassung ist der Zustand in dem Zeitpunkt maßgebend, in dem diese wirksam wird.

§ 9 Entschädigungsberechtigter und Entschädigungsverpflichteter

(1) Entschädigung kann verlangen, wer in seinem Recht durch die Enteignung beeinträchtigt wird und dadurch einen Vermögensnachteil erleidet.

(2) [1]Zur Leistung der Entschädigung ist der Enteignungsbegünstigte verpflichtet. [2]Wird Ersatzland enteignet, so ist zur Entschädigung derjenige verpflichtet, der Ersatzland für das zu enteignende Grundstück nach § 14 Abs. 1 Nr. 1 oder 2 bereitstellen müßte, wenn die Voraussetzungen dieser Bestimmungen erfüllt wären.

§ 10 Entschädigung für den Rechtsverlust

(1) [1]Die Entschädigung für den durch die Enteignung eintretenden Rechtsverlust bemißt sich nach dem Verkehrswert des Grundstücks oder sonstigen Gegenstands der Enteignung. [2]Der Verkehrswert wird durch den Preis bestimmt, der in dem Zeitpunkt, auf den sich die Ermittlung bezieht, im gewöhnlichen Geschäftsverkehr nach den Eigenschaften, der sonstigen Beschaffenheit und der Lage des Grundstücks ohne Rücksicht auf ungewöhnliche oder persönliche Verhältnisse zu erzielen wäre.

(2) [1]Maßgebend ist der Verkehrswert in dem Zeitpunkt, in dem die Enteignungsbehörde über die Entschädigung entscheidet. [2]Wenn und soweit eine Entschädigung vor diesem Zeitpunkt geleistet wird, ist der Zeitpunkt der Leistung maßgebend.

(3) Bei der Festsetzung der Entschädigung bleiben unberücksichtigt
1. Wertänderungen, die infolge der bevorstehenden Enteignung eingetreten sind,
2. Werterhöhungen eines Grundstücks, die in der Aussicht auf eine Änderung der zulässigen Nutzung eingetreten sind, wenn die Änderung nicht in absehbarer Zeit zu erwarten ist,
3. Werterhöhungen, die nach dem Zeitpunkt eingetreten sind, in dem der Eigentümer zur Vermeidung der Enteignung ein Kauf- oder Tauschangebot des Antragstellers mit angemessenen Bedingungen (§ 4 Abs. 2 Nr. 1) hätte annehmen können, es sei denn, daß der Eigentümer Kapital oder Arbeit für sie aufgewendet hat,
4. wertsteigernde Veränderungen, die während einer Veränderungssperre ohne behördliche Anordnung oder ohne Genehmigung der zuständigen Behörde vorgenommen worden sind,

5. Vereinbarungen, wenn sie von üblichen Vereinbarungen auffällig abweichen und Tatsachen die Annahme rechtfertigen, daß sie getroffen worden sind, um eine höhere Entschädigungsleistung zu erlangen.

(4) Die Entschädigung bemißt sich insbesondere

1. für ein Recht, das zum Besitz oder zur Nutzung von Grundstücken oder zu wiederkehrenden Leistungen aus Grundstücken berechtigt oder das den Verpflichteten in der Nutzung von Grundstücken beschränkt, vorbehaltlich der Nummer 3 nach dem Wert, den das Rechtsverhältnis bis zur rechtlich zulässigen Beendigung für den Berechtigten hatte,
2. für ein Vorkaufsrecht, das infolge der Enteignung nicht ausgeübt werden kann, nach dem Wert, den das Recht für den Berechtigten hatte,
3. für ein mit einem Grundstück verbundenes Recht nach dem Minderwert, den das Grundstück des Berechtigten infolge des Wegfalls oder der Beschränkung des Rechts hat,
4. für die Belastung eines Grundstücks oder Rechts an einem Grundstück mit einem dinglichen Recht nach dem Minderwert, den das Grundstück oder Recht des Entschädigungsberechtigten infolge der Belastung hat; das gleiche gilt für die Begründung eines Rechtsverhältnisses der in § 3 Abs. 1 Nr. 4 bezeichneten Art.

(5) Wird der Wert des Eigentums an dem Grundstück durch Rechte Dritter gemindert, die an dem Grundstück aufrechterhalten, an einem anderen Grundstück neu begründet oder gesondert entschädigt werden, so ist das bei der Festsetzung der Entschädigung für den Rechtsverlust zu berücksichtigen.

(6) [1]Für bauliche Anlagen, deren Abbruch jederzeit aufgrund öffentlich-rechtlicher Bestimmungen entschädigungslos gefordert werden kann, ist eine Entschädigung nur zu gewähren, wenn es aus Gründen der Billigkeit geboten ist. [2]Kann der Abbruch entschädigungslos erst nach Ablauf einer Frist gefordert werden, so ist die Entschädigung nach dem Verhältnis der restlichen zu der gesamten Frist zu bemessen.

§ 11 Entschädigung für andere Vermögensnachteile

(1) [1]Wegen anderer durch die Enteignung eintretender Vermögensnachteile ist eine Entschädigung nur zu gewähren, wenn und soweit diese Vermögensnachteile nicht bei der Bemessung der Entschädigung für den Rechtsverlust berücksichtigt sind. [2]Die Entschädigung ist unter gerechter Abwägung der Interessen der Allgemeinheit und der Beteiligten festzusetzen, insbesondere für

1. den vorübergehenden oder dauernden Verlust, den der bisherige Eigentümer in seiner Berufstätigkeit, seiner Erwerbstätigkeit oder in Erfüllung der ihm wesensgemäß obliegenden Aufgaben erleidet, jedoch nur bis zu dem Betrag des Aufwandes, der erforderlich ist, um ein anderes Grundstück in der gleichen Weise wie das zu enteignende Grundstück zu nutzen,
2. die Wertminderung, die durch die Enteignung eines Grundstücksteils oder eines Teils eines räumlich oder wirtschaftlich zusammenhängenden Grundbesitzes bei dem anderen Teil oder durch Enteignung des Rechts an einem Grundstück bei einem anderen Grundstück entsteht, soweit die Wertminderung nicht schon bei der Festsetzung der Entschädigung nach Nummer 1 berücksichtigt ist,
3. die notwendigen Aufwendungen für einen durch die Enteignung erforderlich werdenden Umzug.

(2) Im Fall des Absatzes 1 Satz 2 Nr. 2 ist § 10 Abs. 3 Nr. 3 anzuwenden.

§ 12 Rechte der Nebenberechtigten

(1) Dingliche und persönliche Rechte, die zum Besitz oder zur Nutzung des Grundstücks berechtigen oder den Verpflichteten in der Benutzung des Grundstücks beschränken, können aufrechterhalten werden, soweit das mit dem Enteignungszweck vereinbar ist.

(2) [1]Als Ersatz für ein in Absatz 1 bezeichnetes dingliches Recht, das nicht aufrechterhalten wird, kann auf Antrag des Rechtsinhabers das Ersatzland oder ein anderes Grundstück des Enteignungsbegünstigten mit einem gleichen Recht belastet werden. [2]Als Ersatz für ein in Absatz 1 bezeichnetes persönliches Recht, das nicht aufrechterhalten wird, kann auf Antrag des Rechtsinhabers ein Rechtsverhältnis begründet werden, das ein Recht gleicher Art in bezug auf das Ersatzland oder auf ein anderes Grundstück des Enteignungsbegünstigten gewährt. [3]Als Ersatz für dingliche oder persönliche Rechte eines öffentlichen Verkehrsunternehmens, eines Trägers der öffentlichen Versorgung mit Elektrizität, Gas, Wärme oder Wasser oder eines Trägers der öffentlichen Verwertung oder Beseitigung von Abwässern, die auf die Rechte zur Erfüllung ihrer wesensgemäßen Aufgaben angewiesen sind, sind auf ihren

Antrag Rechte gleicher Art zu begründen; soweit dazu Grundstücke des Enteignungsbegünstigten nicht geeignet sind, können zu diesem Zweck auch andere Grundstücke in Anspruch genommen werden. [4]Aufwendungen, die infolge eines Rechtserwerbs nach den Sätzen 1, 2 und 3 dem Nebenberechtigten entstehen, sind auf dessen Antrag vom Entschädigungspflichtigen zu erstatten. [5]Anträge nach den Sätzen 3 und 4 müssen vor Beginn der mündlichen Verhandlung schriftlich oder zur Niederschrift der Enteignungsbehörde oder, wenn die mündliche Verhandlung aufgrund eines Verzichts der Beteiligten entfällt, zugleich mit der Verzichtserklärung gestellt werden.

(3) Soweit Rechte nicht aufrechterhalten oder nicht durch neue Rechte ersetzt werden, sind bei der Enteignung eines Grundstücks gesondert zu entschädigen

1. Erbbauberechtigte, Altenteilsberechtigte und Inhaber von Dienstbarkeiten und Erwerbsrechten an dem Grundstück,
2. Inhaber von persönlichen Rechten, die zum Besitz oder zur Nutzung des Grundstücks berechtigten, wenn der Berechtigte im Besitz des Grundstücks ist,
3. Inhaber von persönlichen Rechten, die zum Erwerb des Grundstücks berechtigen oder den Verpflichteten in der Nutzung des Grundstücks beschränken.

(4) [1]Berechtigte, deren Rechte nicht aufrechterhalten, nicht durch neue Rechte ersetzt und nicht gesondert entschädigt werden, haben bei der Enteignung eines Grundstücks Anspruch auf Ersatz des Wertes ihres Rechts aus der Geldentschädigung für das Eigentum an dem Grundstück, soweit sich ihr Recht auf dieses erstreckt. [2]Dies gilt entsprechend für die Geldentschädigungen, die für den durch die Enteignung eintretenden Rechtsverlust in anderen Fällen oder nach § 11 Abs. 1 Satz 2 Nr. 2 festgesetzt werden.

§ 13 Entschädigung in Geld

(1) Die Entschädigung ist in einem einmaligen Betrag zu leisten, soweit dieses Gesetz nichts anderes bestimmt.

(2) Einmalige Entschädigungsbeträge sind bis zur Auszahlung mit sechs vom Hundert jährlich von dem Zeitpunkt an zu verzinsen, in dem die Nutzungsmöglichkeit dem von der Enteignung Betroffenen entzogen oder er in ihr beschränkt wird.

(3) Für die Belastung eines Grundstücks mit einem Erbbaurecht ist die Entschädigung in einem Erbbauzins zu leisten.

(4) Auf Antrag des Eigentümers ist die Entschädigung in wiederkehrenden Leistungen festzusetzen, wenn das den übrigen Beteiligten zuzumuten ist und die Entschädigung in einem einmaligen Geldbetrag für den Eigentümer eine unzumutbare Härte darstellen würde.

§ 14 Entschädigung in Land

(1) Die Entschädigung ist auf Antrag des Eigentümers in geeignetem Ersatzland festzusetzen, wenn er zur Sicherung seiner Berufstätigkeit, seiner Erwerbstätigkeit oder zur Erfüllung der ihm wesensgemäß obliegenden Aufgaben auf Ersatzland angewiesen ist und

1. der Enteignungsbegünstigte über geeignetes Ersatzland verfügt, auf das er nicht mit seiner Berufstätigkeit, seiner Erwerbstätigkeit oder zur Erfüllung der ihm wesensgemäß obliegenden Aufgaben angewiesen ist, oder
2. der Enteignungsbegünstigte geeignetes Ersatzland nach pflichtgemäßem Ermessen der Enteignungsbehörde freihändig zu angemessenen Bedingungen beschaffen kann oder
3. geeignetes Ersatzland durch Enteignung nach § 5 beschafft werden kann.

(2) [1]Unter den Voraussetzungen der Nummern 1 bis 3 des Absatzes 1 ist die Entschädigung auf Antrag des Eigentümers auch dann in geeignetem Ersatzland festzusetzen, wenn ein Grundstück enteignet werden soll, das mit einem eigengenutzten Eigenheim oder einer eigengenutzten Kleinsiedlung bebaut ist. [2]Dies gilt nicht, wenn nach öffentlich-rechtlichen Bestimmungen der Abbruch des Gebäudes jederzeit entschädigungslos gefordert werden kann.

(3) Die Entschädigung kann auf Antrag des Eigentümers oder des Enteignungsbegünstigten ganz oder teilweise in Ersatzland festgesetzt werden, wenn diese Art der Entschädigung nach pflichtgemäßem Ermessen der Enteignungsbehörde unter gerechter Abwägung der Interessen der Allgemeinheit und der Beteiligten billig ist und bei dem Enteignungsbegünstigten die in Absatz 1 Nr. 1 oder 2 genannten Voraussetzungen vorliegen.

(4) [1]Für die Bewertung des Ersatzlandes gilt § 10 entsprechend. [2]Hierbei ist eine Werterhöhung zu berücksichtigen, die das übrige Grundvermögen des von der Enteignung Betroffenen durch den Erwerb des Ersatzlandes über dessen Wert nach Satz 1 hinaus erfährt. [3]Hat das Ersatzland einen geringeren Wert als das zu enteignende Grundstück, so ist eine dem Wertunterschied entsprechende zusätzliche Geldentschädigung festzusetzen. [4]Hat das Ersatzland einen höheren Wert als das zu enteignende Grundstück, so ist festzustellen, daß der Entschädigungsberechtigte an den durch die Enteignung Begünstigten eine dem Wertunterschied entsprechende Ausgleichszahlung zu leisten hat. [5]Die Ausgleichszahlung wird mit dem nach § 32 Abs. 6 Satz 1 in der Ausführungsanordnung festgesetzten Tag fällig.

(5) [1]Wird die Entschädigung in Land festgesetzt, so sollen dingliche oder persönliche Rechte, soweit sie nicht an dem zu enteignenden Grundstück aufrechterhalten werden, auf Antrag des Rechtsinhabers ganz oder teilweise nach Maßgabe des § 12 Abs. 2 ersetzt werden. [2]Soweit das nicht möglich ist oder nicht ausreicht, sind die Inhaber der Rechte gesondert in Geld zu entschädigen; das gilt für die in § 12 Abs. 4 bezeichneten Berechtigten nur, soweit ihre Rechte nicht durch eine dem Eigentümer nach Absatz 4 zu gewährende zusätzliche Geldentschädigung gedeckt werden.

(6) Statt in Ersatzland kann die Entschädigung in grundstücksgleichen Rechten oder Rechten nach dem Wohnungseigentumsgesetz festgesetzt werden, soweit diese Rechte in gleichem Maße die Berufs- oder Erwerbstätigkeit des Berechtigten oder die Erfüllung der ihm wesensgemäß obliegenden Aufgaben ermöglichen; wer die Entschädigung in solchen Rechten ablehnt, ist mit Geld abzufinden; § 15 bleibt unberührt.

(7) Anträge nach den Absätzen 1, 2, 3 und 5 sind schriftlich oder zur Niederschrift der Enteignungsbehörde zu stellen, und zwar in den Fällen der Absätze 1 bis 3 nur vor Beginn und im Fall des Absatzes 5 nur bis zum Schluß der mündlichen Verhandlung oder, wenn die mündliche Verhandlung aufgrund eines Verzichts der Beteiligten entfällt, zugleich mit der Verzichtserklärung.

(8) [1]Hat der Eigentümer nach den Absätzen 1 oder 2 einen Anspruch auf Entschädigung in Ersatzland und beschafft er sich mit Zustimmung des Enteignungsbegünstigten außerhalb des Enteignungsverfahrens Ersatzland oder die in Absatz 6 bezeichneten Rechte, so hat er gegen den Enteignungsbegünstigten einen Anspruch auf Erstattung der erforderlichen Aufwendungen. [2]Der Enteignungsbegünstigte ist nur insoweit zur Erstattung verpflichtet, als er selbst Aufwendungen erspart. [3]Kommt eine Einigung über die Erstattung nicht zustande, so entscheidet die Enteignungsbehörde auf Antrag des Eigentümers im Enteignungsbeschluß oder in einem gesonderten Beschluß.

§ 15 Entschädigung durch Gewährung anderer Rechte

(1) [1]Soweit es unter Abwägung der Belange der Beteiligten billig ist, kann die Entschädigung auf Antrag des Eigentümers ganz oder teilweise in Miteigentum, grundstücksgleichen Rechten, Rechten nach dem Wohnungseigentumsgesetz oder sonstigen dinglichen Rechten an diesem oder einem anderen Grundstück des Enteignungsbegünstigten festgesetzt werden. [2]Bei Wertunterschieden zwischen den Rechten nach Satz 1 und dem zu enteignenden Grundstück gilt § 14 Abs. 4 entsprechend.

(2) Der Antrag nach Absatz 1 ist bis zum Schluß der mündlichen Verhandlung schriftlich oder zur Niederschrift der Enteignungsbehörde oder, wenn die mündliche Verhandlung aufgrund eines Verzichts der Beteiligten entfällt, zugleich mit der Verzichtserklärung zu stellen.

Zweiter Abschnitt
Härteausgleich

§ 16 Härteausgleich

(1) [1]Entstehen einem Mieter, Pächter oder sonstigen Nutzungsberechtigten, dessen Vertragsverhältnis oder Nutzungsverhältnis durch eine Enteignung aufgrund dieses Gesetzes oder auf Veranlassung des Trägers des Vorhabens durch Kündigung oder Vereinbarung beendet wird, wirtschaftliche Nachteile, die für ihn in seinen persönlichen Lebensumständen, im wirtschaftlichen oder sozialen Bereich eine besondere Härte bedeuten und für die eine Entschädigung nach diesem Gesetz nicht zu leisten ist und die auch nicht durch sonstige Maßnahmen ausgeglichen werden, kann die Enteignungsbehörde auf Antrag einen Geldausgleich festsetzen, soweit es der Billigkeit entspricht (Härteausgleich). [2]Zur Leistung des Härteausgleichs ist der Träger des Vorhabens verpflichtet. [3]Als Härteausgleich kommt auch die Gewährung eines zinsgünstigen Darlehens oder einer Zinsverbilligung für ein Darlehen in Betracht.

(2) Ein Härteausgleich wird nicht gewährt, soweit der Antragsteller es unterlassen hat oder unterläßt, den wirtschaftlichen Nachteil durch zumutbare Maßnahmen, insbesondere unter Einsatz eigener oder fremder Mittel, abzuwenden.

(3) Der Antrag auf Härteausgleich ist innerhalb eines Jahres nach Beendigung des Vertragsverhältnisses zu stellen.

Dritter Teil
Verfahren

Erster Abschnitt
Enteignungsverfahren

§ 17 Enteignungsbehörde

Die Enteignung wird vom Landesverwaltungsamt als Enteignungsbehörde durchgeführt.

§ 18 Enteignungsantrag

(1) Der Enteignungsantrag ist bei der Enteignungsbehörde zu stellen.

(2) [1]Der Antragsteller hat mit dem Enteignungsantrag die für die Beurteilung des Vorhabens und die Bearbeitung des Enteignungsantrags erforderlichen Unterlagen einzureichen. [2]Er muß insbesondere die zu enteignenden Gegenstände, soweit erforderlich unter Vorlage von Grundbuch- oder Katasterauszügen und Lageplänen, bezeichnen, und er soll die Beteiligten nach Namen und Anschrift angeben.

§ 19 Nachweise

(1) Die Enteignungsbehörde kann jederzeit die Durchführung des Verfahrens davon abhängig machen, daß

1. die Mittel für die Verwirklichung des Vorhabens nachgewiesen werden,
2. Sicherheit bis zur Höhe der voraussichtlichen Enteignungsentschädigung geleistet wird,
3. ein für das Vorhaben erforderlicher Planfeststellungsbeschluß oder sonst erforderliche Genehmigungen, Bewilligungen, Erlaubnisse oder Zustimmungen beigebracht werden.

(2) Von juristischen Personen des öffentlichen Rechts kann Sicherheitsleistung nur verlangt werden, wenn begründete Zweifel an ihrer Leistungsfähigkeit bestehen.

§ 20 Beteiligte

(1) In dem Enteignungsverfahren sind Beteiligte

1. der Enteignungsbegünstigte,
2. der Eigentümer und diejenigen, für welche ein Recht an dem von der Enteignung betroffenen Grundstück oder an einem das Grundstück belastenden Recht im Grundbuch eingetragen oder durch Eintragung gesichert ist oder für welche ein Wasserrecht oder eine wasserrechtliche Befugnis im Wasserbuch eingetragen ist,
3. Inhaber eines nicht im Grundbuch oder Wasserbuch eingetragenen Rechts an dem Grundstück oder an einem das Grundstück belastenden Recht, eines Anspruchs mit dem Recht auf Befriedigung aus dem Grundstück oder eines persönlichen Rechts, das zum Erwerb, zum Besitz oder zur Nutzung des Grundstücks berechtigt oder die Benutzung des Grundstücks beschränkt,
4. wenn Ersatzland im Weg der Enteignung bereitgestellt werden soll, der Eigentümer und die Inhaber der in den Nummern 2 und 3 genannten Rechte hinsichtlich des Ersatzlandes,
5. die Eigentümer der Grundstücke, die durch eine Enteignung nach § 6 betroffen werden.

(2) [1]Die in Absatz 1 Nr. 3 bezeichneten Personen werden in dem Zeitpunkt Beteiligte, in dem die Anmeldung ihres Rechts der Enteignungsbehörde zugeht. [2]Die Anmeldung kann spätestens in der letzten mündlichen Verhandlung mit den Beteiligten erfolgen.

(3) [1]Bestehen Zweifel an einem angemeldeten Recht, so hat die Enteignungsbehörde dem Anmeldenden unverzüglich eine Frist zur Glaubhaftmachung seines Rechts zu setzen. [2]Nach fruchtlosem Ablauf der Frist ist er bis zur Glaubhaftmachung seines Rechts nicht mehr zu beteiligen.

(4) Der im Grundbuch eingetragene Gläubiger einer Hypothek, Grundschuld oder Rentenschuld, für die ein Brief erteilt ist, und jeder seiner Rechtsnachfolger hat auf Verlangen der Enteignungsbehörde eine Erklärung darüber abzugeben, ob ein anderer die Hypothek, Grundschuld oder Rentenschuld oder ein Recht daran erworben hat; die Person eines Erwerbers hat er dabei zu bezeichnen.

§ 21 Förmliches Verwaltungsverfahren

[1]Das Enteignungsverfahren wird als förmliches Verwaltungsverfahren nach dem Thüringer Verwaltungsverfahrensgesetz (ThürVwVfG) durchgeführt, soweit sich aus diesem Gesetz nichts Abweichendes ergibt. [2]Im Enteignungsverfahren und soweit in diesem Gesetz die Schriftform angeordnet ist, findet § 3a ThürVwVfg keine Anwendung.

§ 22 Erforschung des Sachverhalts

(1) Die Enteignungsbehörde kann im Rahmen der Ermittlung des Sachverhalts anordnen, daß

1. Beteiligte persönlich erscheinen oder einen Vertreter entsenden, der zur Abgabe der erforderlichen Erklärungen ermächtigt ist,
2. Beteiligte Urkunden und sonstige Unterlagen vorlegen, die sich in ihrem Besitz befinden,
3. Hypotheken-, Grundschuld- und Rentenschuldgläubiger die in ihrem Besitz befindlichen Hypotheken-, Grundschuld- und Rentenschuldbriefe vorlegen.

(2) [1]Die Enteignungsbehörde kann den Zustand des Grundstücks im Rahmen der Vorarbeiten oder vor dem Wirksamwerden der vorzeitigen Besitzeinweisung oder sonstiger mit dem Vorhaben zusammenhängender Maßnahmen in einer Niederschrift feststellen lassen, soweit er für die zu leistende Entschädigung von Bedeutung ist. [2]Die Enteignungsbehörde soll den Zustand des Grundstücks nach Satz 1 feststellen lassen, wenn es der Eigentümer verlangt. [3]Die Niederschrift ist dem Träger des Vorhabens und dem Eigentümer zuzusenden; die Beteiligten können die Niederschrift jederzeit einsehen.

§ 23 Wiedereinsetzung in den vorigen Stand

[1]Die Behörde kann nach Wiedereinsetzung in den vorigen Stand an Stelle einer Entscheidung, die den durch das bisherige Verfahren herbeigeführten neuen Rechtszustand ändern würde, eine Entschädigung festsetzen. [2]Die §§ 8 bis 13 gelten sinngemäß.

§ 24 Vorbereitung der mündlichen Verhandlung; Entscheidung ohne mündliche Verhandlung

(1) [1]Das Enteignungsverfahren soll beschleunigt durchgeführt werden. [2]Die Enteignungsbehörde soll schon vor der mündlichen Verhandlung alle Anordnungen treffen, die erforderlich sind, um das Verfahren möglichst in einem Verhandlungstermin zu erledigen. [3]Sie soll den Beteiligten und den Behörden und Stellen, die Träger öffentlicher Belange sind und deren Aufgabenbereich berührt wird, Gelegenheit zur Äußerung geben.

(2) [1]Enteignungsverfahren können miteinander verbunden werden. [2]Verbundene Enteignungsverfahren können wieder getrennt werden.

(3) [1]Die Enteignungsbehörde entscheidet nach mündlicher Verhandlung mit den Beteiligten. [2]Zur mündlichen Verhandlung lädt sie die ihr bekannten Beteiligten; die Gemeinde, in deren Gebiet sich der Enteignungsgegenstand befindet, kann geladen werden. [3]Die Ladung ist zuzustellen. [4]Die Ladungsfrist beträgt zwei Wochen. [5]Die Sachverständigen, die Gutachten für die Enteignungsbehörde erstattet haben, sollen beigezogen werden. [6]§ 67 Abs. 1 Satz 4 bis 6 ThürVwVfG bleibt unberührt.

(4) Die Enteignungsbehörde kann neben den Fällen des § 67 Abs. 2 ThürVwVfG ohne mündliche Verhandlung entscheiden, wenn die Enteignung offensichtlich unzulässig ist.

(5) [1]Die Ladung muß enthalten

1. die Bezeichnung des Antragstellers und des Enteignungsgegenstandes,
2. den wesentlichen Inhalt des Enteignungsantrags mit dem Hinweis, daß der Antrag mit den ihm beigefügten Unterlagen bei der Enteignungsbehörde oder einer von ihr bestimmten Stelle eingesehen werden kann,
3. die Aufforderung, etwaige Einwendungen gegen den Enteignungsantrag möglichst vor der mündlichen Verhandlung bei der Enteignungsbehörde schriftlich einzureichen oder zur Niederschrift zu erklären und etwaige Rechte spätestens in der mündlichen Verhandlung wahrzunehmen, und
4. den Hinweis, daß auch bei Nichterscheinen über den Enteignungsantrag und andere im Verfahren zu erledigende Anträge entschieden werden kann.

[2]Sie soll einen Hinweis auf die Verfügungs- und Veränderungssperre (§ 25) und ein etwaiges Planfeststellungsverfahren enthalten.

(6) Die Ladung von Personen, deren Beteiligung auf einem Antrag auf Entschädigung in Land beruht, muß außer dem in Absatz 5 vorgeschriebenen Inhalt auch die Bezeichnung des Eigentümers, dessen

Entschädigung in Land beantragt ist, und des Grundstücks, für das die Entschädigung in Land gewährt werden soll, enthalten.

(7) [1]Das Enteignungsverfahren ist mindestens zwei Wochen vor dem ersten Termin der mündlichen Verhandlung in ortsüblicher Weise in der Gemeinde, in deren Gebiet sich der Enteignungsgegenstand befindet, öffentlich bekanntzumachen; das gilt nicht im Fall des Absatzes 4. [2]Für den Inhalt der Bekanntmachung gilt Absatz 5 sinngemäß; der erste Termin der mündlichen Verhandlung ist anzugeben.

(8) Soweit in anderen Gesetzen eine gesonderte Entscheidung über die Zulässigkeit der Enteignung durch eine andere Stelle als die Enteignungsbehörde vorgeschrieben ist, darf erst geladen und öffentlich bekanntgemacht werden, wenn diese Entscheidung getroffen ist.

(9) Ist im Grundbuch die Anordnung der Zwangsversteigerung oder Zwangsverwaltung eingetragen, so gibt die Enteignungsbehörde dem Vollstreckungsgericht von der Bekanntmachung über das Enteignungsverfahren Kenntnis, soweit dieses das Grundstück betrifft, das Gegenstand des Vollstreckungsverfahrens ist.

§ 25 Verfügungs- und Veränderungssperre

(1) Von der Bekanntmachung über das Enteignungsverfahren (§ 24 Abs. 7) an oder vom Beginn der Auslegung der Pläne im Planfeststellungsverfahren nach § 38 an dürfen nur mit schriftlicher Genehmigung der Enteignungsbehörde

1. Verfügungen über ein Grundstück und über Rechte an einem Grundstück getroffen oder Vereinbarungen abgeschlossen werden, durch die einem anderen ein Recht zu Nutzung oder Bebauung eines Grundstücks oder Grundstücksteils eingeräumt wird,
2. erhebliche Veränderungen der Erdoberfläche oder wesentlich wertsteigernde sonstige Veränderungen des Grundstücks vorgenommen werden,
3. nicht genehmigungspflichtige, aber wertsteigernde bauliche Anlagen errichtet oder wertsteigernde Änderungen solcher Anlagen vorgenommen werden,
4. genehmigungspflichtige bauliche Anlagen errichtet oder geändert werden.

(2) [1]Sind Verfügungen oder Änderungen der in Absatz 1 bezeichneten Art vor der Bekanntmachung zu befürchten, so kann die Enteignungsbehörde die Sperre nach Absatz 1 bereits ab dem Eingang des Enteignungsantrags (§ 18 Abs. 1) anordnen. [2]Die Anordnung ist in ortsüblicher Weise in der Gemeinde, in deren Gebiet sich der Enteignungsgegenstand befindet, öffentlich bekanntzumachen.

(3) Veränderungen, die in rechtlich zulässiger Weise vorher begonnen worden sind, Unterhaltungsarbeiten und die Fortführung einer bisher ausgeübten Nutzung werden hiervon nicht berührt.

(4) [1]Die Enteignungsbehörde ersucht das Grundbuchamt, die Verfügungs- und Veränderungssperre im Grundbuch einzutragen. [2]Das Grundbuchamt benachrichtigt die Enteignungsbehörde von allen Eintragungen, die nach dem Wirksamwerden der Sperre vorgenommen werden.

(5) [1]Vor Entscheidung über die Genehmigung ist der Antragsteller zu hören. [2]Die Genehmigung darf nur versagt werden, wenn Grund zu der Annahme besteht, daß das Vorhaben die Enteignung unmöglich machen oder wesentlich erschweren oder den Enteignungszweck gefährden würde. [3]Die Enteignung wird auch dann wesentlich erschwert, wenn bei der Veräußerung eines Grundstücks und bei der Bestellung oder Veräußerung eines Erbbaurechts der vereinbarte Gegenwert für das Grundstück oder das Recht über dem Wert liegt, der sich in Anwendung der Entschädigungsgrundsätze dieses Gesetzes ergibt.

(6) [1]Wird dem Enteignungsantrag stattgegeben, so kann der Enteignungsbegünstigte verlangen, daß für ihn nachteilige, nicht nach Absatz 1 genehmigte Veränderungen beseitigt oder in Geld ausgeglichen werden. [2]Die Entscheidung trifft die Enteignungsbehörde.

(7) [1]Dauert die Sperre länger als vier Jahre, so ist den Betroffenen für danach entstandene Vermögensnachteile aufgrund der Sperre eine angemessene Entschädigung in Geld zu leisten. [2]Die §§ 8 bis 13 gelten sinngemäß. [3]Die Enteignungsbehörde setzt die Entschädigung auf Antrag des Betroffenen im Enteignungsbeschluß oder in einem gesonderten Beschluß fest.

§ 26 Bindungswirkung

[1]Ist in einem Planfeststellungsverfahren oder in einem anderen förmlichen Verfahren eine für die Beteiligten verbindliche Entscheidung über die Zulässigkeit und die Art der Verwirklichung des Vorhabens getroffen worden, so ist die unanfechtbare oder für sofort vollziehbar erklärte Entscheidung dem Enteignungsverfahren zugrunde zu legen und für die Enteignungsbehörde bindend. [2]Gegen Enteig-

nungsmaßnahmen können keine Einwendungen erhoben werden, über die in diesem Verfahren der Sache nach entschieden worden ist oder die in diesem Verfahren nicht mehr erhoben werden können.

§ 27 Einigung

(1) Die Enteignungsbehörde hat auf eine Einigung zwischen den Beteiligten hinzuwirken.

(2) [1]Einigen sich die Beteiligten außerhalb des Enteignungsverfahrens über den Übergang oder die Belastung des Enteignungsgegenstands, jedoch nicht über die Höhe der Entschädigung, so wird auf Antrag eines Beteiligten das Enteignungsverfahren zur Festsetzung der Entschädigung durchgeführt. [2]Für das Verfahren gelten die Bestimmungen dieses Abschnitts mit Ausnahme der Bestimmungen, die sich auf den Übergang oder die Belastung des Enteignungsgegenstands beziehen. [3]Die Enteignungsbehörde kann von der öffentlichen Bekanntmachung (§ 24 Abs. 7) absehen.

(3) [1]Einigen sich die Beteiligten im Enteignungsverfahren, so hat die Enteignungsbehörde eine Niederschrift über die Einigung aufzunehmen. [2]Die Niederschrift muß den Erfordernissen des § 29 Abs. 1 entsprechen. [3]Sie ist von den Beteiligten zu unterschreiben. [4]Ein Bevollmächtigter eines Beteiligten bedarf einer öffentlich oder amtlich beglaubigten Vollmacht; für einen Rechtsanwalt genügt eine schriftliche Vollmacht. [5]Die beurkundete Einigung steht einem nicht mehr anfechtbaren Enteignungsbeschluß gleich. [6]§ 29 Abs. 3 ist entsprechend anzuwenden.

(4) [1]Hat ein mit Nebenrechten im Sinne des § 20 Abs. 1 Nr. 2 und 3 Beteiligter nach der Ladung sein Einverständnis mit der Enteignung gegenüber der Enteignungsbehörde schriftlich erklärt, so kann dieses Einverständnis in die Niederschrift über die Einigung aufgenommen werden, ohne daß es der Unterschrift oder der Anwesenheit dieses Beteiligten bedarf. [2]Bezüglich des Einverständnisses dieses Beteiligten hat die Einigung die Wirkung eines anfechtbaren Enteignungsbeschlusses. [3]Sie wird ihm ohne Begründung zugestellt.

(5) [1]Einigen sich die Beteiligten im Einigungsverfahren nur über den Übergang oder die Belastung des Enteignungsgegenstands, jedoch nicht über die Höhe der Entschädigung, so ist Absatz 3 entsprechend anzuwenden. [2]Die Enteignungsbehörde hat anzuordnen, daß dem Berechtigten eine Vorauszahlung in Höhe der zu erwartenden Entschädigung zu leisten ist, soweit sich aus der Einigung nichts anderes ergibt. [3]Im übrigen wird das Enteignungsverfahren fortgesetzt; Absatz 2 ist entsprechend anzuwenden.

§ 28 Entscheidung der Enteignungsbehörde

(1) Soweit eine Einigung nicht zustande kommt, entscheidet die Enteignungsbehörde durch Beschluß über den Enteignungsantrag und die übrigen Anträge.

(2) [1]Auf Antrag hat die Enteignungsbehörde vorab über den Übergang oder die Belastung des Enteignungsgegenstands oder über sonstige durch die Enteignung zu bewirkende Rechtsänderungen zu entscheiden. [2]In diesem Fall hat die Enteignungsbehörde anzuordnen, daß dem Berechtigten eine Vorauszahlung in Höhe der zu erwartenden Entschädigung zu leisten ist.

(3) Gibt die Enteignungsbehörde dem Enteignungsantrag statt, so entscheidet sie zugleich

1. darüber, welche Rechte der in § 12 bezeichneten Berechtigten an dem Gegenstand der Enteignung aufrechterhalten bleiben,
2. darüber, mit welchen Rechten der Gegenstand der Enteignung, das Ersatzland oder ein anderes Grundstück belastet wird,
3. darüber, welche Rechtsverhältnisse begründet werden, die persönliche Rechte gewähren,
4. im Fall der Entschädigung in Ersatzland über den Eigentumsübergang oder die Enteignung des Ersatzlandes.

(4) Dem Beschluß der Enteignungsbehörde ist eine Belehrung über die Rechtsbehelfe, über die Gerichte, bei denen sie einzureichen sind, und über die Frist beizufügen.

§ 29 Enteignungsbeschluß

(1) Gibt die Enteignungsbehörde dem Enteignungsantrag statt, so muß der Beschluß (Enteignungsbeschluß) bezeichnen

1. die von der Enteignung Betroffenen und den Enteignungsbegünstigten,
2. die sonstigen Beteiligten,
3. den Enteignungszweck und die Frist, innerhalb derer der Enteignungsgegenstand zu dem vorgesehenen Zweck zu verwenden ist,
4. die Sach- und Rechtsänderungen, die durch die Enteignung eintreten, und zwar

a) wenn das Eigentum an einem Grundstück Gegenstand der Enteignung ist: das Grundstück nach Größe, grundbuchmäßiger, katastermäßiger oder sonst üblicher Bezeichnung; im Fall der Enteignung eines Grundstücksteils ist zu seiner Bezeichnung auf die für die Abschreibung eines Grundstücksteils nach der Grundbuchordnung erforderlichen Unterlagen Bezug zu nehmen,
b) wenn ein anderes Recht an einem Grundstück Gegenstand einer selbständigen Enteignung ist: dieses Recht nach Inhalt und grundbuchmäßiger Bezeichnung,
c) wenn ein persönliches Recht Gegenstand einer selbständigen Enteignung ist: dieses Recht nach seinem Inhalt und dem Grund seines Bestehens,
d) wenn die Enteignung auf die in § 3 Abs. 2 bezeichneten Gegenstände ausgedehnt wird: diese Gegenstände,
e) wenn ein Grundstück mit einem Recht belastet wird: die Art, den Inhalt, soweit er durch Vertrag bestimmt werden kann, und den Rang des Rechts, den Berechtigten und das Grundstück,
f) wenn ein persönliches Recht begründet wird: den Inhalt des Rechtsverhältnisses und die daran Beteiligten,
g) im Fall des § 3 Abs. 1 Nr. 5: die baulichen Anlagen und Einfriedungen,

5. die Art und Höhe der Entschädigungen und die Höhe der Ausgleichzahlungen nach § 14 Abs. 4 Satz 4 und § 15 Abs. 1 Satz 2 mit der Angabe, von wem und an wen sie zu leisten sind; Geldentschädigungen, aus denen andere von der Enteignung Betroffene nach § 12 Abs. 4 zu entschädigen sind, müssen von den sonstigen Geldentschädigungen getrennt ausgewiesen werden,
6. bei der Entschädigung in Land das Grundstück in der in Nummer 4 Buchst. a bezeichneten Weise.

(2) [1]Kann ein Grundstücksteil nicht entsprechend Absatz 1 Nr. 4 Buchst. a bezeichnet werden, so kann der Enteignungsbeschluß ihn aufgrund fester Merkmale in der Natur oder durch Bezugnahme auf die Eintragung in einem Lageplan bezeichnen. [2]Wenn das Ergebnis der Vermessung vorliegt, ist der Enteignungsbeschluß durch einen Nachtragsbeschluß anzupassen.

(3) Ist im Grundbuch die Anordnung der Zwangsversteigerung oder der Zwangsverwaltung eingetragen, so gibt die Enteignungsbehörde dem Vollstreckungsgericht von dem Enteignungsbeschluß Kenntnis.

§ 30 Lauf der Verwendungsfrist

(1) Die Frist, innerhalb derer der Enteignungsgegenstand zu dem vorgesehenen Zweck nach § 29 Abs. 1 Nr. 3 zu verwenden ist, beginnt mit dem Eintritt der Rechtsänderung.

(2) [1]Die Enteignungsbehörde kann diese Frist vor ihrem Ablauf auf Antrag verlängern, wenn

1. der Enteignungsbegünstigte nachweist, daß er den Enteignungsgegenstand ohne Verschulden innerhalb der festgesetzten Frist nicht zu dem vorgesehenen Zweck verwenden kann, oder
2. vor Ablauf der Frist eine Gesamtrechtsnachfolge eintritt und der Rechtsnachfolger nachweist, daß er den Enteignungsgegenstand innerhalb der gesetzten Frist nicht zu dem vorgesehenen Zweck verwenden kann.

[2]Der enteignete frühere Eigentümer ist vor der Entscheidung über die Verlängerung zu hören. [3]Die Entscheidung ist den Beteiligten des vorangegangenen Enteignungsverfahrens zuzustellen.

§ 31 Verfahren bei der Entschädigung durch Gewährung anderer Rechte

(1) Soll die Entschädigung des Eigentümers eines zu enteignenden Grundstücks nach § 15 festgesetzt werden und ist die Bestellung, Übertragung oder die Bewertung eines der dort bezeichneten Rechte im Zeitpunkt des Erlasses des Enteignungsbeschlusses noch nicht möglich, so kann die Enteignungsbehörde, wenn es der Eigentümer unter Bezeichnung eines Rechts beantragt, im Enteignungsbeschluß neben der Festsetzung der Entschädigung in Geld dem Enteignungsbegünstigten aufgeben, binnen einer bestimmten Frist dem von der Enteignung Betroffenen ein Recht der bezeichneten Art zu angemessenen Bedingungen anzubieten.

(2) [1]Bietet der Enteignungsbegünstigte binnen der bestimmten Frist ein Recht der bezeichneten Art nicht an oder einigt er sich mit dem von der Enteignung Betroffenen nicht, so wird ihm ein solches Recht auf Antrag zugunsten des von der Enteignung Betroffenen durch Enteignung entzogen. [2]Die Enteignungsbehörde setzt den Inhalt des Rechts fest, soweit dessen Inhalt durch Vereinbarung be-

stimmt werden kann. [3]Die Bestimmungen dieses Gesetzes über das Verfahren und die Entschädigung sind sinngemäß anzuwenden.

(3) Der Antrag nach Absatz 2 kann nur innerhalb von drei Monaten nach Ablauf der nach Absatz 1 bestimmten Frist gestellt werden.

§ 32 Ausführungsanordnung

(1) Ist der Enteignungsbeschluß nicht mehr anfechtbar, so ordnet auf Antrag eines Beteiligten die Enteignungsbehörde seine Ausführung an (Ausführungsanordnung), wenn der Entschädigungsverpflichtete die Geldentschädigung gezahlt oder zulässigerweise unter Verzicht auf das Recht der Rücknahme hinterlegt hat.

(2) [1]Im Fall des § 27 Abs. 5 ist auf Antrag eines Beteiligten die Ausführungsanordnung zu erlassen, wenn der Entschädigungsverpflichtete die festgesetzte Vorauszahlung gezahlt oder in zulässiger Weise unter Verzicht auf das Recht der Rücknahme hinterlegt hat. [2]Die Enteignungsbehörde kann die Ausführungsanordnung davon abhängig machen, daß der Entschädigungsverpflichtete im übrigen für einen angemessenen Betrag Sicherheit leistet.

(3) Ist die Entscheidung nach § 28 Abs. 2 Satz 1 unanfechtbar, so gilt Absatz 2 sinngemäß.

(4) [1]Im Fall des § 29 Abs. 2 ist auf Antrag eines Beteiligten die Ausführungsanordnung zu erlassen, wenn der Entschädigungsverpflichtete die im Enteignungsbeschluß in Verbindung mit dem Nachtragsbeschluß festgesetzte Geldentschädigung gezahlt oder zulässigerweise unter Verzicht auf das Recht der Rücknahme hinterlegt hat. [2]Der Nachtragsbeschluß braucht nicht unanfechtbar zu sein.

(5) [1]Die Ausführungsanordnung ist allen Beteiligten zuzustellen, deren Rechtsstellung durch den Enteignungsbeschluß betroffen wird. [2]§ 29 Abs. 3 gilt sinngemäß.

(6) [1]Mit dem in der Ausführungsanordnung festzusetzenden Tag wird der bisherige Rechtszustand durch den im Enteignungsbeschluß geregelten neuen Rechtszustand ersetzt. [2]Gleichzeitig entstehen die nach § 29 Abs. 1 Nr. 4 Buchst. f begründeten Rechtsverhältnisse; sie gelten von diesem Zeitpunkt an als zwischen den an dem Rechtsverhältnis Beteiligten vereinbart. [3]Die Ausführungsanordnung schließt die Einweisung in den Besitz des enteigneten Grundstücks und des Ersatzlandes zu dem festgesetzten Tag ein.

(7) Die Enteignungsbehörde übersendet dem Grundbuchamt eine beglaubigte Abschrift des Enteignungsbeschlusses und der Ausführungsanordnung und ersucht es, das Grundbuch entsprechend den Rechtsänderungen zu berichtigen.

§ 33 Hinterlegung

(1) [1]Geldentschädigungen sind unter Verzicht auf das Recht der Rücknahme zu hinterlegen, soweit mehrere Personen als Entschädigungsberechtigte in Betracht kommen und eine Einigung über die Auszahlung dem Entschädigungsverpflichteten nicht nachgewiesen ist. [2]Zu hinterlegen ist bei dem Amtsgericht, in dessen Bezirk das von der Enteignung betroffene Grundstück liegt; § 2 des Gesetzes über die Zwangsversteigerung und die Zwangsverwaltung gilt sinngemäß.

(2) Andere Rechtsvorschriften, nach denen die Hinterlegung geboten oder statthaft ist, bleiben unberührt.

§ 34 Verteilungsverfahren

(1) Nach dem Eintritt des neuen Rechtszustands kann jeder Beteiligte sein Recht an der hinterlegten Summe gegen einen Mitbeteiligten, der dieses Recht bestreitet, vor den ordentlichen Gerichten geltend machen oder die Einleitung eines gerichtlichen Verteilungsverfahrens beantragen.

(2) Für das Verteilungsverfahren ist das Amtsgericht zuständig, in dessen Bezirk das von der Enteignung betroffene Grundstück liegt; § 2 des Gesetzes über die Zwangsversteigerung und die Zwangsverwaltung gilt sinngemäß.

(3) Auf das Verteilungsverfahren sind die Bestimmungen über die Verteilung des Erlöses im Fall der Zwangsversteigerung mit folgenden Abweichungen sinngemäß anzuwenden:

1. Das Verteilungsverfahren ist durch Beschluß zu eröffnen.
2. Die Zustellung des Eröffnungsbeschlusses an den Antragsteller gilt als Beschlagnahme im Sinne des § 13 des Gesetzes über die Zwangsversteigerung und die Zwangsverwaltung; ist das Grundstück schon in einem Zwangversteigerungs- oder Zwangsverwaltungsverfahren beschlagnahmt, so hat es hierbei sein Bewenden.

3. Das Verteilungsgericht hat bei Eröffnung des Verfahrens von Amts wegen das Grundbuchamt um die in § 19 Abs. 2 des Gesetzes über die Zwangsversteigerung und Zwangsverwaltung bezeichneten Mitteilungen zu ersuchen; in die beglaubigte Abschrift des Grundbuchblattes sind die zur Zeit der Zustellung des Enteignungsbeschlusses an den Enteigneten vorhandenen Eintragungen und die später eingetragenen Veränderungen und Löschungen aufzunehmen.
4. Bei dem Verfahren sind die nach § 12 Abs. 4 bezeichneten Entschädigungsberechtigten nach Maßgabe des § 10 des Gesetzes über die Zwangsversteigerung und Zwangsverwaltung zu berücksichtigen, wegen der Ansprüche auf wiederkehrende Leistungen jedoch nur für die Zeit bis zur Hinterlegung.

§ 35 Aufhebung des Enteignungsbeschlusses

(1) [1]Ist die Ausführungsanordnung noch nicht ergangen und hat der Enteignungsbegünstigte die ihm durch den Enteignungsbeschluß auferlegten Zahlungen nicht innerhalb eines Monats nach dem Zeitpunkt geleistet, in dem der Beschluß unanfechtbar geworden ist, so kann die Aufhebung des Enteignungsbeschlusses beantragt werden. [2]Der Antrag ist dem Enteignungsbegünstigten bekanntzugeben. [3]Dem Antrag ist stattzugeben, wenn der Enteignungsbegünstigte die Zahlungen nicht innerhalb eines Monats nach Bekanntgabe des Antrags leistet.

(2) Antragsberechtigt ist jeder Beteiligte, dem eine nicht gezahlte Entschädigung zusteht oder der nach § 12 Abs. 4 aus ihr zu befriedigen ist.

(3) Der Aufhebungsbeschluß ist allen Beteiligten zuzustellen und dem Grundbuchamt abschriftlich mitzuteilen.

(4) [1]Der Enteignungsbegünstigte hat für alle durch den Enteignungsbeschluß entstandenen besonderen Nachteile Entschädigung zu leisten. [2]Die Enteignungsbehörde setzt Art und Höhe der Entschädigung auf Antrag des Betroffenen durch Beschluß fest.

Zweiter Abschnitt

Vorarbeiten und vorzeitige Besitzeinweisung

§ 36 Vorarbeiten auf Grundstücken

(1) [1]Die Beauftragten der Enteignungsbehörde sind befugt, schon vor Einreichung des Enteignungsantrags Grundstücke zu betreten, zu vermessen und auf ihnen andere Vorarbeiten, insbesondere auch Untersuchungen, vorzunehmen, die notwendig sind, um die Eignung des Grundstücks für Vorhaben, für die enteignet werden kann, beurteilen zu können. [2]Die gleiche Befugnis steht mit Ermächtigung der Enteignungsbehörde dem Träger des Vorhabens und seinen Beauftragten zu. [3]Die Ermächtigung ist zu befristen, sie kann mit Auflagen und Bedingungen versehen und von der Leistung einer Sicherheit in Höhe der nach Absatz 3 zu erwartenden Entschädigung abhängig gemacht werden. [4]Eigentümer und Besitzer haben die in den Sätzen 1 und 2 vorgesehenen Maßnahmen zu dulden. [5]Wohnungen dürfen nur mit Einwilligung der Wohnungsinhaber betreten werden. [6]Satz 5 gilt nicht für Arbeits-, Betriebs- oder Geschäftsräume während der jeweiligen Arbeits-, Geschäfts- oder Aufenthaltszeiten.

(2) [1]Eigentümer und Besitzer sind rechtzeitig vor dem Betreten der Grundstücke schriftlich zu benachrichtigen. [2]Die Benachrichtigung kann auch durch öffentliche Bekanntmachung in ortsüblicher Weise geschehen, wenn die Eigentümer oder Besitzer unbekannt sind oder ihre Ermittlung auf Schwierigkeiten stößt, im Fall des Absatzes 1 Satz 2 jedoch nur mit Zustimmung der Enteignungsbehörde.

(3) [1]Entstehen durch eine Maßnahme nach Absatz 1 dem Eigentümer oder Besitzer unmittelbare Vermögensnachteile, so ist dafür von dem Träger des Vorhabens eine Entschädigung in Geld zu leisten; die §§ 8 bis 13 gelten sinngemäß. [2]Kommt eine Einigung über die Entschädigung nicht zustande, so setzt die Enteignungsbehörde die Entschädigung fest; vor der Entscheidung sind die Beteiligten zu hören.

§ 37 Vorzeitige Besitzeinweisung

(1) [1]Ist die sofortige Ausführung der beabsichtigten Maßnahme aus Gründen des Wohls der Allgemeinheit dringend geboten, so kann die Enteignungsbehörde den Träger des Vorhabens, für das enteignet werden kann, auf Antrag durch Beschluß nach mündlicher Verhandlung in den Besitz des Grundstücks einweisen. [2]Für die Besitzeinweisung gilt § 4 sinngemäß. [3]Der Beschluß ist dem Antragsteller, dem Eigentümer und dem unmittelbaren Besitzer zuzustellen. [4]Die Besitzeinweisung wird in dem von der Enteignungsbehörde bezeichneten Zeitpunkt wirksam. [5]Auf Antrag des unmittelbaren

Besitzers ist dieser Zeitpunkt auf mindestens zwei Wochen nach Zustellung des Besitzeinweisungsbeschlusses an ihn festzusetzen, wenn das nach Abwägung der beiderseitigen Interessen gerechtfertigt ist.

(2) Die Enteignungsbehörde kann den Besitzeinweisungsbeschluß mit Auflagen, Bedingungen und Befristungen versehen und von der Leistung einer Sicherheit in Höhe der voraussichtlichen Enteignungsentschädigung abhängig machen.

(3) [1]Durch die Besitzeinweisung wird dem Besitzer der Besitz entzogen und der Eingewiesene Besitzer. [2]Der Eingewiesene darf auf dem Grundstück das im Enteignungsantrag bezeichnete Vorhaben ausführen und die dafür erforderlichen Maßnahmen treffen.

(4) [1]Der Eingewiesene hat für die durch die vorzeitige Besitzeinweisung entstehenden Vermögensnachteile Entschädigung zu leisten, soweit die Nachteile nicht durch die Verzinsung der Geldentschädigung (§ 13 Abs. 2) ausgeglichen werden. [2]Art und Höhe der Entschädigung werden durch die Enteignungsbehörde im Enteignungsbeschluß oder in einem gesonderten Beschluß, für den Absatz 1 Satz 3 sinngemäß gilt, festgesetzt. [3]Die Entschädigung für die Besitzeinweisung ist im Zeitpunkt ihres Wirksamwerdens fällig.

(5) [1]Wird die vorzeitige Besitzeinweisung aufgehoben, so ist der vorherige unmittelbare Besitzer wieder in den Besitz einzuweisen. [2]Die vorzeitige Besitzeinweisung ist auch dann aufzuheben, wenn der Träger des Vorhabens trotz eines Verlangens des Eigentümers oder des unmittelbaren Besitzers binnen angemessener Frist, jedoch spätestens nach sechs Monaten, keinen Enteignungsantrag stellt oder der Enteignungsantrag abgewiesen oder der Enteignungsbeschluß aufgehoben wird. [3]Der Eingewiesene hat für alle durch die vorzeitige Besitzeinweisung entstandenen besonderen Nachteile Entschädigung zu leisten. [4]Absatz 4 Satz 2 gilt entsprechend.

(6) [1]Der Beschluß über die vorzeitige Besitzeinweisung, ihre Änderung oder ihre Aufhebung ist wegen der darin festgesetzten Leistungen ein vollstreckbarer Titel im Sinne des § 41. [2]Dies gilt auch für einen gesonderten Beschluß über die Besitzeinweisungsentschädigung.

(7) Die §§ 17 bis 19, 22, 23, 24 Abs. 2, 4 und 8 sowie die §§ 26 und 27 Abs. 1 gelten sinngemäß.

Dritter Abschnitt

Planfeststellungsverfahren

§ 38 Planfeststellungsverfahren

(1) [1]Erstreckt sich ein Vorhaben auf mehrere Grundstücke, so kann die Enteignungsbehörde vor der Bekanntmachung über das Enteignungsverfahren (§ 24 Abs. 7) ein Planfeststellungsverfahren durchführen, wenn sie es für sachdienlich hält und nicht ein Planfeststellungsverfahren oder ein anderes förmliches Verfahren in anderen Gesetzen vorgesehen ist. [2]Die Enteignungsbehörde ist dabei Anhörungs- und Planfeststellungsbehörde.

(2) Soweit in anderen Gesetzen eine gesonderte Entscheidung über die Zulässigkeit der Enteignung durch eine andere Stelle als die Enteignungsbehörde vorgeschrieben ist, darf der Plan nach § 73 Abs. 3 ThürVwVfG erst ausgelegt werden, wenn diese Entscheidung getroffen ist.

Vierter Abschnitt

Kosten und Vollstreckung

§ 39 Kosten

(1) Für Amtshandlungen nach diesem Gesetz werden Kosten (Gebühren und Auslagen) nach dem Thüringer Verwaltungskostengesetz (ThürVwKostG) erhoben.

(2) [1]Für das Enteignungsverfahren und das Rückenteignungsverfahren nach den §§ 42 und 43 wird jeweils eine Gebühr (Verfahrensgebühr) erhoben. [2]Wird einem Antrag stattgegeben, so ist zur Zahlung der Kosten der Entschädigungsverpflichtete (§ 9 Abs. 2), sonst der Antragsteller verpflichtet. [3]Wird einem Antrag auf Rückenteignung stattgegeben, so ist der von der Rückenteignung Betroffene zur Zahlung der Kosten verpflichtet. [4]§ 6 Abs. 1 Nr. 2 und 3 und Abs. 2 ThürVwKostG bleibt unberührt.

(3) [1]Für das Verfahren über einen Antrag auf Aufhebung eines Enteignungsbeschlusses wird neben der Verfahrensgebühr nach Absatz 2 Satz 1 eine eigene Gebühr erhoben. [2]Wird dem Antrag stattgegeben, so ist zur Zahlung der Kosten der Enteignungsbegünstigte, sonst der Antragsteller verpflichtet. [3]§ 6 Abs. 1 Nr. 2 und 3 und Abs. 2 ThürVwKostG bleibt unberührt.

(4) [1]Für Amtshandlungen nach § 36 ist der Träger des Vorhabes zur Zahlung der Kosten verpflichtet. [2]§ 6 Abs. 1 Nr. 2 und 3 und Abs. 2 ThürVwKostG bleibt unberührt.

(5) Das Verfahren über einen Antrag nach § 16 ist kostenfrei.

§ 40 Aufwendungen der Beteiligten

(1) Die Aufwendungen der Beteiligten im Enteignungs- und Besitzeinweisungsverfahren, die zur zweckentsprechenden Rechtsverfolgung oder Rechtsverteidigung notwendig sind, sind vom Schuldner der Kosten des Enteignungsverfahrens oder, wenn nur ein Besitzeinweisungsverfahren durchgeführt wird, vom Schuldner der Kosten des Besitzeinweisungsverfahrens zu erstatten.

(2) [1]Die Enteignungsbehörde setzt den Betrag der den Beteiligten zu erstattenden Aufwendungen in dem Beschluß, in dem über die Entschädigung entschieden wird, oder, wenn das beantragt und ein berechtigtes Interesse daran geltend gemacht wird, in einem gesonderten Beschluß fest. [2]Ist der gesonderte Beschluß unanfechtbar, so findet aus ihm die Zwangsvollstreckung nach den Bestimmungen der Zivilprozeßordnung über die Zwangsvollstreckung von Kostenfestsetzungsbeschlüssen statt; § 41 Abs. 2 gilt sinngemäß.

(3) Aufwendungen eines Beteiligten für Sachverständige sind nur bis zu der Höhe erstattungsfähig, die sich aus der entsprechenden Anwendung der Bestimmungen ergibt, die für die Entschädigung von Sachverständigen durch die Enteignungsbehörde maßgebend sind.

(4) [1]Wird der Enteignungsantrag abgelehnt oder zurückgenommen oder erledigt er sich auf andere Weise, so bestimmt sich der Gegenstandswert der zu erstattenden Gebühren nach der Entschädigung, die nach dem Antrag voraussichtlich festgesetzt worden wäre. [2]Eine Beweiserhebung nur zum Zweck der Ermittlung des Gegenstandswerts findet nicht statt. [3]Die Sätze 1 und 2 gelten entsprechend, wenn nur ein Besitzeinweisungsverfahren durchgeführt wird.

§ 41 Vollstreckbarer Titel

(1) [1]Die Zwangsvollstreckung nach den Bestimmungen der Zivilprozeßordnung über die Vollstreckung von Urteilen in bürgerlichen Rechtsstreitigkeiten findet statt

1. aus der Niederschrift über eine Einigung wegen der in ihr bezeichneten Leistungen,
2. aus einem nicht mehr anfechtbaren Enteignungsbeschluß wegen der Geldentschädigung oder einer Ausgleichszahlung,
3. aus einem Beschluß nach § 14 Abs. 8, §§ 16, 23, 25 Abs. 7, § 35 Abs. 4 und § 36 Abs. 3, § 38 in Verbindung mit § 74 Abs. 2 Satz 3 und § 75 Abs. 2 Satz 4 ThürVwVfG.

[2]Die Zwangsvollstreckung wegen einer Ausgleichszahlung ist erst zulässig, wenn die Ausführungsanordnung wirksam und unanfechtbar geworden ist.

(2) [1]Die vollstreckbare Ausfertigung wird von dem Urkundsbeamten der Geschäftsstelle des Amtsgerichts erteilt, in dessen Bezirk die Enteignungsbehörde ihren Sitz hat, und, wenn das Verfahren bei einem Gericht anhängig ist, von dem Urkundsbeamten der Geschäftsstelle dieses Gerichts. [2]In den Fällen der §§ 731, 767 bis 770, 785, 786 und 791 der Zivilprozßordnung tritt das Amtsgericht, in dessen Bezirk die Enteignungsbehörde ihren Sitz hat, an die Stelle des Prozeßgerichts.

(3) Die Vollstreckung nach dem Thüringer Verwaltungszustellungs- und Vollstreckungsgesetz bleibt im übrigen unberührt.

Fünfter Abschnitt
Rückenteignung

§ 42 Rückenteignung

(1) Der enteignete frühere Eigentümer kann verlangen, daß das enteignete Grundstück zu seinen Gunsten wieder enteignet wird (Rückenteignung), wenn und soweit der Enteignungsbegünstigte oder sein Rechtsnachfolger das Grundstück nicht innerhalb der festgesetzten Fristen (§ 29 Abs. 1 Nr. 3, § 30) zu dem Enteignungszweck verwendet oder den Enteignungszweck vor Ablauf der Frist aufgegeben hat.

(2) Die Rückenteignung kann nicht verlangt werden, wenn

1. der Enteignete selbst das Grundstück im Wege der Enteignung erworben hatte,
2. ein Verfahren zur Enteignung des Grundstücks zugunsten eines anderen eingeleitet worden ist und der enteignete frühere Eigentümer nicht glaubhaft macht, daß er das Grundstück binnen angemessener Frist zu dem vorgesehenen Zweck verwenden wird,

3. mit der zweckgerechten Verwendung begonnen worden ist oder
4. seit Unanfechtbarkeit des Enteignungsbeschlusses 20 Jahre verstrichen sind.

(3) [1]Der Antrag auf Rückenteignung ist spätestens zwei Jahre nach Ablauf der Verwendungsfrist bei der Enteignungsbehörde einzureichen. [2]§ 203 Abs. 2 und § 205 des Bürgerlichen Gesetzbuchs gelten entsprechend.

(4) Die Enteignungsbehörde kann die Rückenteignung ablehnen, wenn das Grundstück erheblich verändert oder ganz oder überwiegend Entschädigung in Land gewährt worden ist.

(5) [1]Der frühere Inhaber eines Rechts, das durch Enteignung nach den Bestimmungen dieses Gesetzes aufgehoben ist, kann unter den Voraussetzungen des Absatzes 1 verlangen, daß ein gleiches Recht an dem früher belasteten Grundstück zu seinen Gunsten durch Enteignung wieder begründet wird. [2]Ist durch Enteignung das Eigentum an einem Grundstück oder ein Recht an einem Grundstück belastet oder ein Rechtsverhältnis nach § 3 Abs. 1 Nr. 4 begründet worden, so kann unter den Voraussetzungen des Absatzes 1 der Eigentümer das Grundstück oder Inhaber des Rechts oder der aus dem Rechtsverhältnis Verpflichtete die Aufhebung der Belastung oder des Rechtsverhältnisses verlangen. [3]Die Bestimmungen über die Rückenteignung gelten sinngemäß.

(6) Für das Verfahren gelten die Bestimmungen des Ersten bis Vierten Abschnitts.

§ 43 Entschädigung für die Rückenteignung

[1]Wird dem Antrag auf Rückenteignung stattgegeben, so hat der Antragsteller dem von der Rückenteignung Betroffenen Entschädigung für den Rechtsverlust zu leisten. [2]§ 8 Abs. 2 Nr. 2 ist nicht anzuwenden. [3]Die dem Eigentümer zu gewährende Entschädigung darf den bei der ersten Enteignung zugrunde gelegten Verkehrswert des Grundstücks nicht übersteigen, jedoch sind Aufwendungen zu berücksichtigen, die zu einer Werterhöhung des Grundstücks geführt haben. [4]Ist dem Antragsteller bei der ersten Enteignung eine Entschädigung für andere Vermögensnachteile gewährt worden, so hat er diese Entschädigung insoweit zurückzugewähren, als die Nachteile aufgrund der Rückenteignung entfallen. [5]Im übrigen gelten die Bestimmungen dieses Gestzes über die Entschädigung sinngemäß.

Vierter Teil
Rechtsweg

§ 44 Antrag auf gerichtliche Entscheidung

(1) [1]Entscheidungen der Enteignungsbehörde nach diesem Gesetz können nur durch Antrag auf gerichtliche Entscheidung angefochten werden. [2]Über den Antrag entscheidet dasjenige Gericht, welches nach dem Dritten Kapitel Dritter Teil BauGB zuständig ist. [3]Die Bestimmungen des Dritten Kapitels Dritter Teil BauGB sind entsprechend anzuwenden. [4]An die Stelle der §§ 110, 111, 113 Abs. 2, 5 sowie § 117 Abs. 5 BauGB, auf die dort Bezug genommen wird, treten die Bestimmungen der §§ 27, 29 Abs. 1 und 3 sowie § 32 Abs. 6 dieses Gesetzes.

(2) [1]Soweit die Enteignung eine Maßnahme im Sinne von § 3 Abs. 1 Nr. 5 zum Gegenstand hat, ist vorbehaltlich der Regelung in Satz 3 der Verwaltungsrechtsweg gegeben. [2]Ein Vorverfahren findet nicht statt. [3]Enthalten Verwaltungsakte der Enteignungsbehörde Entscheidungen über Entschädigungen, über Ausgleichszahlungen, den Härteausgleich nach § 16 und über die Erstattung von Aufwendungen der Beteiligten, entscheidet dasjenige Gericht, welches nach dem Dritten Kapitel Dritter Teil BauGB zuständig ist. [4]Absatz 1 Satz 3 und 4 gilt entsprechend.

Fünfter Teil
Übergangs- und Schlußbestimmungen

§ 45 Grundrechtseinschränkung

Das Grundrecht der Unverletzlichkeit der Wohnung (Artikel 13 des Grundgesetzes; Artikel 8 der Verfassung des Freistaats Thüringen) wird durch dieses Gesetz eingeschränkt.

§ 46 Enteignung beweglicher Sachen

Ist in einem anderen Gesetz die Enteignung beweglicher Sachen nach diesem Gesetz vorgesehen, so gelten die §§ 4, 7 bis 13, 17 bis 24, 27 bis 35, 37, 39 bis 45 sinngemäß, soweit sie auf einen beweglichen Enteignungsgegenstand angewendet werden können.

§ 47 Entschädigungsbestimmungen in anderen Gesetzen

[1]Wird in einem anderen Gesetz auf die Bestimmungen dieses Gesetzes über die Entschädigung verwiesen, so sind die §§ 8 bis 13 und 44 sinngemäß anzuwenden. [2]Sofern es sich um die Entschädigung für die Enteignung beweglicher Sachen handelt, ist der Rechtsweg zum Landgericht gegeben.

§ 48 Ordnungswidrigkeiten

(1) Ordnungswidrig handelt, wer Pfähle, Pflöcke oder sonstige Markierungen und Einrichtungen, die Vorarbeiten nach § 36 dienen, wegnimmt, verändert, unkenntlich macht oder versetzt.

(2) Die Ordnungswidrigkeit kann mit einer Geldbuße geahndet werden.

(3) Zuständige Verwaltungsbehörde im Sinne von § 36 Abs. 1 Nr. 1 des Gesetzes über Ordnungswidrigkeiten ist das Landesverwaltungsamt.

§ 49 Übergangsbestimmungen

(1) Dieses Gesetz findet keine Anwendung in den in § 1 Abs. 8 des Vermögensgesetzes in der Fassung vom 18. April 1991 (BGBl. I S. 957), zuletzt geändert durch Artikel 1 des Gesetzes vom 14. Juli 1992 (BGBl. I S. 1257), aufgeführten Fällen.

(2) Bei Inkrafttreten dieses Gesetzes anhängige Vefahren, die dem Absatz 1 nicht unterfallen, werden vorbehaltlich besonderer gesetzlicher Regelungen nach den bisherigen Bestimmungen zu Ende geführt, sofern nur noch die Höhe der Entschädigung zu regeln ist.

§ 50 *[nicht wiedergegebene Aufhebungsvorschrift]*

§ 51 Inkrafttreten

Dieses Gesetz tritt am Tage nach der Verkündung[1)] in Kraft.

1) Verkündet am 31.3.1994.

Thüringer Landesplanungsgesetz (ThürLPlG)

Vom 11. Dezember 2012 (GVBl. S. 450)
(230-1)

zuletzt geändert durch Art. 44 Thüringer VerwaltungsreformG 2018 vom 18. Dezember 2018 (GVBl. S. 731)

Inhaltsübersicht

Erster Abschnitt
Allgemeines

§ 1 Raumordnung in Thüringen

Zweiter Abschnitt
Raumordnungspläne

§ 2 Allgemeine Bestimmungen über Raumordnungspläne
§ 3 Beteiligung bei der Aufstellung von Raumordnungsplänen
§ 4 Landesentwicklungsprogramm
§ 5 Regionalplan
§ 6 Planerhaltung

Dritter Abschnitt
Sicherung und Umsetzung der Landesplanung

§ 7 Anpassungspflicht der Gemeinden
§ 8 Mitteilungs- und Abstimmungspflicht
§ 9 Untersagung raumordnungswidriger Planungen und Maßnahmen
§ 10 Raumordnungsverfahren
§ 11 Zielabweichungsverfahren
§ 12 Raumbeobachtung

Vierter Abschnitt
Organisation

§ 13 Organisation und Aufgaben der Landesplanung
§ 14 Aufgaben der Regionalen Planungsgemeinschaften
§ 15 Organisation der Regionalen Planungsgemeinschaften
§ 16 Planungsbeiräte

Fünfter Abschnitt
Übergangs- und Schlussbestimmungen

§ 17 Übergangsbestimmungen
§ 18 Gleichstellungsbestimmung
§ 19 Inkrafttreten, Außerkrafttreten

Der Landtag hat das folgende Gesetz beschlossen:

Erster Abschnitt
Allgemeines

§ 1 Raumordnung in Thüringen

(1) Dieses Gesetz ergänzt, soweit im Folgenden nichts anderes bestimmt ist, die Bestimmungen des Raumordnungsgesetzes (ROG) vom 22. Dezember 2008 (BGBl. I S. 2986) in der jeweils geltenden Fassung für die Raumordnung in Thüringen.

(2) [1]Der Gesamtraum Thüringens und seine Teilräume sind im Sinne der in § 1 Abs. 2 ROG normierten Leitvorstellung einer nachhaltigen Raumentwicklung durch zusammenfassende, überörtliche und fachübergreifende Raumordnungspläne (Landesentwicklungsprogramm und Regionalpläne) einschließlich ihrer Verwirklichung sowie durch Abstimmung raumbedeutsamer Planungen und Maßnahmen zu entwickeln, zu ordnen und zu sichern. [2]Raumordnung des Landes ist eine staatliche Aufgabe. [3]Die Landesplanung ist die Raumordnung für das Landesgebiet.

(3) Die Landesplanung in Thüringen hat sich an folgenden Leitvorstellungen zu orientieren:

1. die Landesplanung schafft zukunftsweisende Rahmenbedingungen für eine erfolgreiche Gestaltung des demografischen Wandels, der eine entscheidende Herausforderung für die Entwicklung von Politik, Gesellschaft, Wirtschaft und Verwaltung ist und Einfluss auf alle Ebenen des gesellschaftlichen Lebens hat,
2. die Landesplanung trägt dazu bei, die Thüringer Kulturlandschaft in ihrer Vielgestaltigkeit von Siedlung und Freiraum zu erhalten und zur Stärkung der regionalen Identität und Wirtschaftskraft zu bewahren und zu gestalten; sie leistet einen wesentlichen Beitrag, Räume mit Erholungsfunktion vor allem in ländlichen Regionen zu erhalten und für touristische Zwecke nutzbar zu machen,

3. die Landesplanung bildet den Rahmen zur weiteren Stabilisierung und Entwicklung der polyzentrischen und vielfältigen Siedlungsstruktur; dabei ist die Berücksichtigung der sich zunehmend differenzierenden Lebensvorstellungen und Lebenserwartungen an das Lebensumfeld der Bürger im Land von besonderer Bedeutung,
4. die Landesplanung unterstützt den weiteren Aufbau- und Umstrukturierungsprozess der Thüringer Wirtschaft mit dem Ziel, die Wettbewerbsfähigkeit der Unternehmen und das Angebot attraktiver Arbeitsplätze zu erhöhen; sie verfolgt dabei die Absicht, Thüringen zu einem nachhaltigen Wirtschaftsstandort zukunftsorientierter Industrien und Dienstleistungen zu entwickeln,
5. die Landesplanung leistet einen wesentlichen Beitrag zur Stärkung regionaler Wachstums- und Innovationspotentiale; eine Verbesserung der Wettbewerbs- und der Innovationsfähigkeit der Thüringer Unternehmen wird vor allem durch qualifizierte Arbeitskräfte, eine moderne Infrastruktur, Kooperationsmöglichkeiten mit leistungsfähigen Forschungseinrichtungen und regionale Agglomerationsvorteile ermöglicht,
6. die wesentlichen Leistungen und Einrichtungen der Daseinsvorsorge, insbesondere die Einrichtungen der sozialen Infrastruktur, müssen für alle Regionen sichergestellt werden; die Landesplanung trägt in besonderer Weise strukturverändernden Herausforderungen, vor allem der demografischen Entwicklung, Rechnung,
7. die Landesplanung unterstützt die Entwicklung einer bedarfsgerechten wirtschaftsnahen Infrastruktur,
8. die Landesplanung wirkt auf den sparsamen Umgang mit Grund und Boden hin und darauf, dass bei der wirtschaftlichen und sozialen Nutzung des Raums die Funktionsfähigkeit der Böden, des Wasserhaushalts, der Tier- und Pflanzenwelt sowie des Klimas gewahrt bleibt; unter Einbeziehung dieser Vorgaben schafft sie die für eine Sicherung und den Abbau von Rohstoffvorkommen notwendigen Voraussetzungen,
9. die Landesplanung trägt zur Sicherung eines ökologischen Verbundsystems aus naturnahen und großräumig unzerschnittenen Bereichen und ihrer Verbindungen bei und wirkt einer weiteren Zerschneidung des Freiraums entgegen,
10. die Landesplanung gestaltet die raumwirksamen Grundlagen für eine sichere, kostengünstige und umweltverträgliche Energieversorgung und damit für einen verantwortungsvollen Umgang mit den natürlichen Ressourcen,
11. die Landesplanung unterstützt und fördert den Ausbau einer nachhaltigen und primär auf Wertschöpfung in Thüringen beruhenden Energieversorgung sowie der damit verbundenen Energienetze durch die Ausweisung dafür notwendiger Flächen; insbesondere beim Ausbau erneuerbarer Energien und bei der Erhöhung der Energieeffizienz werden die spezifischen Thüringer Ressourcen genutzt,
12. die Landesplanung wird ihrer besonderen Verantwortung für den Klimaschutz und ihrer Aufgabe, dem Klimawandel entgegenzuwirken, gerecht; sie beachtet die Anforderungen des Klimaschutzes in ausgewogener Abstimmung mit anderen Naturgütern,
13. die Landesplanung setzt sich für die nachhaltige Entwicklung, Sicherung und Verbesserung der Schutzgüter Boden, Wasser, Luft, Klima, Landschaft und Biodiversität ein und schafft damit insbesondere eine wesentliche Voraussetzung für die Daseinsvorsorge künftiger Generationen,
14. die Landesplanung ist sich ihrer besonderen Rolle zum Schutz der Bevölkerung und Wirtschaft vor Hochwasser bewusst und unterstützt die landesweiten Anstrengungen zur Reduzierung der Hochwassergefahren,
15. die Landesplanung unterstützt und fördert den Ausbau einer nachhaltigen und primär auf Wertschöpfung in Thüringen beruhenden Landwirtschaft und den Schutz wertvoller landwirtschaftlich genutzter Flächen; sie schafft die räumlichen Voraussetzungen dafür, dass die Landwirtschaft gemeinsam mit einer leistungsfähigen und nachhaltigen Forstwirtschaft dazu beiträgt, die natürlichen Lebensgrundlagen zu schützen,
16. die Landesplanung ist innovativer Akteur europäischer Raumentwicklungspolitik und wirkt auf eine effektive Koordinierung raumwirksamer europäischer Fachpolitiken hin; sie setzt nachhaltige Rahmenbedingungen für verantwortungsvolle regionale Kooperations- und Vernetzungsprozesse im Land und im nationalen und internationalen Kontext; sie intensiviert ihre Rolle als Mitgestalter der europäischen Kohäsionspolitik im Rahmen der europäischen Strukturfondspo-

litik, insbesondere im Hinblick auf grenzüberschreitende, transnationale und interregionale Zusammenarbeit.

Zweiter Abschnitt
Raumordnungspläne

§ 2 Allgemeine Bestimmungen über Raumordnungspläne

(1) [1]Raumordnungspläne sind aufzustellen, soweit und sobald es für die Entwicklung, Ordnung und Sicherung des Raums erforderlich ist. [2]Die Ziele und Grundsätze der Raumordnung werden in textlicher oder zeichnerischer Darstellung in den Raumordnungsplänen festgelegt.

(2) [1]In einem Raumordnungsplan kann festgelegt werden, dass bestimmte der in ihm geregelten raumbedeutsamen Funktionen oder Nutzungen nur

1. für einen bestimmten Zeitraum vorgesehen oder
2. bis zum Eintritt bestimmter Umstände vorgesehen oder nicht vorgesehen

sind. [2]Die nachfolgende Funktion oder Nutzung soll bestimmt werden.

(3) [1]Der Umweltbericht bildet einen gesonderten Teil der Begründung. [2]Liegen Landschaftsplanungen und andere umweltbezogene Fachplanungen vor, sollen deren Inhalte bei der Umweltprüfung nach § 8 ROG herangezogen werden.

§ 3 Beteiligung bei der Aufstellung von Raumordnungsplänen

(1) Hinsichtlich der Beteiligung bei der Aufstellung von Raumordnungsplänen gilt § 9 ROG unter Berücksichtigung der in den Absätzen 2 bis 5 genannten Maßgaben.

(2) [1]Die öffentliche Auslegung des Entwurfs des Raumordnungsplans einschließlich der Begründung sowie im Falle einer Umweltprüfung auch des Umweltberichts und weiterer, nach Einschätzung der für die Aufstellung des Raumordnungsplans zuständigen Stelle zweckdienlicher Unterlagen erfolgt für das Landesentwicklungsprogramm bei den Landesplanungsbehörden, den Landkreisen und kreisfreien Städten und für den Regionalplan bei den zur jeweiligen Regionalen Planungsgemeinschaft zusammengeschlossenen Gebietskörperschaften abweichend von § 9 Abs. 2 Satz 2 ROG für die Dauer von zwei Monaten. [2]Zusätzlich soll die öffentliche Auslegung des Entwurfs des Raumordnungsplans auf den Internetseiten der für die Aufstellung des Plans zuständigen Stelle erfolgen. [3]Die öffentliche Bekanntmachung nach § 9 Abs. 2 Satz 3 ROG erfolgt mindestens eine Woche vor der Auslegung im Thüringer Staatsanzeiger und bei den auslegenden Gebietskörperschaften nach Satz 1 in der nach deren Hauptsatzung festgelegten ortsüblichen Form. [4]In der Bekanntmachung ist darauf hinzuweisen, dass Stellungnahmen während einer Frist, die zumindest der Auslegungsfrist entspricht, abgegeben werden können und dass nicht fristgerecht abgegebene Stellungnahmen bei der Beschlussfassung über den Raumordnungsplan unberücksichtigt bleiben können. [5]Im Fall des § 9 Abs. 3 Satz 1 ROG kann die Dauer der Auslegung und die Frist zur Stellungnahme angemessen verkürzt werden. [6]Es kann bestimmt werden, dass die Stellungnahmen nur zu den geänderten Teilen des Raumordnungsplans abgegeben werden dürfen. [7]Hierauf ist in der erneuten Bekanntmachung nach Satz 3 hinzuweisen. [8]Die öffentliche Auslegung und deren Bekanntmachung können auf den Teil der Planungsregion beschränkt werden, dessen Belange berührt sind.

(3) [1]Die Regelungen des Absatzes 2 gelten auch für die in ihren Belangen berührten öffentlichen Stellen und die im Planungsbeirat vertretenen Institutionen mit der Maßgabe, dass ihnen der Entwurf des Raumordnungsplans und die Begründung sowie im Falle einer Umweltprüfung auch der Umweltbericht und weitere, nach Einschätzung der für den Raumordnungsplan zuständigen Stelle zweckdienliche Unterlagen zur Verfügung zu stellen sind. [2]In den Stellungnahmen sollen sich die Beteiligten auf ihren Aufgabenbereich beschränken. [3]Die in ihren Belangen berührten öffentlichen Stellen nach Satz 1 haben auch Aufschluss über von ihnen beabsichtigte oder bereits eingeleitete Planungen und Maßnahmen sowie deren zeitliche Abwicklung zu geben, die für die Planaufstellung bedeutsam sein können. [4]Verfügen sie über Informationen, die für die Ermittlung und Bewertung des Abwägungsmaterials zweckdienlich sind, haben sie diese Informationen der für den Raumordnungsplan zuständigen Stelle zur Verfügung zu stellen. [5]Im Fall des § 9 Abs. 3 Satz 1 ROG kann bestimmt werden, dass die Stellungnahmen nur zu den geänderten Teilen des Raumordnungsplans abgegeben werden dürfen und dass die Frist zur Abgabe einer Stellungnahme angemessen verkürzt wird.

(4) [1]Bei der Öffentlichkeitsbeteiligung nach Absatz 2 und der Behördenbeteiligung nach Absatz 3 sollen ergänzend elektronische Informationstechnologien genutzt werden. [2]Soweit die für die Aufstellung des Raumordnungsplans zuständige Stelle den Entwurf des Raumordnungsplans und die Begründung in das Internet einstellt, können die Stellungnahmen der in ihren Belangen berührten öffentlichen Stellen und der im Planungsbeirat vertretenen Institutionen durch Mitteilung von Ort und Dauer der Anhörung nach Absatz 3 und der Internetadresse eingeholt werden; die Mitteilung kann im Wege der elektronischen Kommunikation erfolgen, soweit der Empfänger hierfür einen Zugang eröffnet hat. [3]Die für die Aufstellung des Raumordnungsplans zuständige Stelle hat bei Anwendung der Regelung des Satzes 2 Halbsatz 1 der betroffenen Stelle auf deren Verlangen einen Entwurf des Raumordnungsplans und der Begründung zu übermitteln. [4]Die nach Absatz 2 Satz 1 gesetzte Frist bleibt unberührt.

(5) [1]Stellungnahmen, die im Verfahren der Öffentlichkeits- und Behördenbeteiligung nicht fristgerecht abgegeben worden sind, können bei der Beschlussfassung über den Raumordnungsplan unberücksichtigt bleiben, sofern die für die Aufstellung des Raumordnungsplans zuständige Stelle ihren Inhalt nicht kannte und nicht hätte kennen müssen oder ihr Inhalt für die Rechtmäßigkeit des Raumordnungsplans nicht von Bedeutung ist. [2]Satz 1 gilt für die in der Öffentlichkeitsbeteiligung abgegebenen Stellungnahmen nur, wenn darauf in der Bekanntmachung nach Absatz 2 Satz 3, 4 und 7 hingewiesen worden ist.

§ 4 Landesentwicklungsprogramm

(1) [1]Das Landesentwicklungsprogramm legt für den Gesamtraum Thüringens die räumliche und strukturelle Entwicklung als Ziele und Grundsätze der Raumordnung fest. [2]Es wird von der obersten Landesplanungsbehörde unter Beteiligung der obersten Landesbehörden erarbeitet.

(2) [1]Das Landesentwicklungsprogramm enthält neben den Inhalten nach § 13 Abs. 5 ROG verbindliche Vorgaben für Ziele und Grundsätze der Raumordnung, die durch die Regionalpläne festzulegen sind. [2]Raumbedeutsame Inhalte des Landschaftsprogramms werden unter Abwägung mit den anderen raumbedeutsamen Belangen in das Landesentwicklungsprogramm aufgenommen. [3]Durch das Landesentwicklungsprogramm wird bestimmt, für welche Funktionen und Nutzungen in den Regionalplänen Vorrang-, Vorbehalts- und Eignungsgebiete festgelegt werden können oder müssen. [4]Die Ausweisung von Eignungsgebieten kann nur in Verbindung mit der Ausweisung von Vorranggebieten zugunsten der betreffenden Nutzung erfolgen.

(3) Der von der Landesregierung gebilligte Entwurf des Landesentwicklungsprogramms wird dem Landtag mit der Gelegenheit zur Stellungnahme zugeleitet.

(4) [1]Das Landesentwicklungsprogramm wird durch Rechtsverordnung der Landesregierung für verbindlich erklärt und im Gesetz- und Verordnungsblatt für den Freistaat Thüringen bekannt gemacht. [2]Bei der Bekanntmachung nach Satz 1 ist entsprechend § 10 Abs. 2 ROG darauf hinzuweisen, dass das Landesentwicklungsprogramm bei den Landesplanungsbehörden eingesehen werden kann.

§ 5 Regionalplan

(1) [1]Der Regionalplan ist von der Regionalen Planungsgemeinschaft aus dem Landesentwicklungsprogramm zu entwickeln. [2]Er legt als räumliche und sachliche Ausformung des Landesentwicklungsprogramms für die Planungsregionen die räumliche und strukturelle Entwicklung als Ziele und Grundsätze fest. [3]Raumbedeutsame Inhalte der Landschaftsrahmenpläne werden unter Abwägung mit den anderen raumbedeutsamen Belangen in den Regionalplan aufgenommen.

(2) Nach anderen gesetzlichen Vorschriften getroffene Nutzungsregelungen und Planungen können in den Regionalplan nachrichtlich übernommen werden, soweit sie zu seinem Verständnis oder für die raumordnerische Beurteilung von Planungen und Maßnahmen notwendig oder zweckmäßig sind.

(3) Der Regionalplan bedarf der Genehmigung der obersten Landesplanungsbehörde.

(4) [1]Die Genehmigung nach Absatz 3 kann auf sachliche oder räumliche Teile beschränkt und für einzelne Ziele und Grundsätze versagt werden, wenn dies im Hinblick auf den Gesamtplan vertretbar ist. [2]Teile des Regionalplans können vorweg genehmigt werden.

(5) [1]Der Regionalplan kann in Fällen der Abweichung von übergeordneten Zielen der Raumordnung auch von der obersten Landesplanungsbehörde geändert werden. [2]Für dieses Verfahren sind die für die Aufstellung geltenden Bestimmungen anzuwenden.

(6) [1]Der Regionalplan wird kontinuierlich evaluiert und, orientiert an den Zielen der Raumordnung, angepasst. [2]Spätestens sieben Jahre nach seiner Genehmigung muss der Regionalplan überprüft und erforderlichenfalls geändert werden; das Verfahren ist unverzüglich, spätestens jedoch innerhalb von neun Monaten ab Kenntnis des Änderungsgrundes einzuleiten. [3]Soweit Ziele im Landesentwicklungsprogramm geändert wurden, muss der Regionalplan den neuen Zielen des Landesentwicklungsprogramms angepasst werden; das Verfahren ist unverzüglich, spätestens jedoch innerhalb von neun Monaten ab Inkrafttreten des Landesentwicklungsprogramms einzuleiten. [4]Ein Beschluss, der den Regionalplan nach den Sätzen 1 bis 3 ändert, hat die Planungsabsichten zu enthalten. [5]Die Regionalpläne sind innerhalb von drei Jahren nach Einleitung der Verfahren nach den Sätzen 1 bis 3 der obersten Landesplanungsbehörde zur Genehmigung vorzulegen. [6]Die oberste Landesplanungsbehörde kann diese Frist auf Antrag der Regionalen Planungsgemeinschaft in begründeten Fällen verlängern. [7]Wenn die Frist nach Satz 5 nicht eingehalten wird, findet § 13 Abs. 5 Anwendung.

(7) [1]Die Erteilung der Genehmigung des Regionalplans ist durch den Träger der Regionalplanung im Thüringer Staatsanzeiger bekannt zu machen. [2]Bei der Bekanntmachung ist darauf hinzuweisen, dass der Regionalplan bei den zur Regionalen Planungsgemeinschaft zusammengeschlossenen Gebietskörperschaften eingesehen werden kann.

§ 6 Planerhaltung

(1) [1]Zuständige Stelle im Sinne des § 11 Abs. 5 Satz 1 ROG ist die Stelle, die den Raumordnungsplan aufgestellt hat. [2]Die Verletzung von Verfahrens- und Formvorschriften ist schriftlich geltend zu machen.

(2) [1]Eine Verletzung von Verfahrens- oder Formvorschriften nach diesem Gesetz ist für die Rechtswirksamkeit eines Raumordnungsplans nur beachtlich, wenn

1. die Regelung des § 3 Abs. 2 Satz 1 verletzt worden ist, es sei denn, der Verstoß hat keinen Einfluss auf das Abwägungsergebnis,
2. die Regelungen des § 3 Abs. 3 verletzt worden sind; dabei ist unbeachtlich, wenn einzelne öffentliche Stellen nicht beteiligt worden sind und die entsprechenden Belange jedoch unerheblich waren oder in der Abwägung berücksichtigt worden sind.

[2]Die Regelungen des § 11 Abs. 5 und 6 ROG sowie des Absatzes 1 gelten entsprechend.

Dritter Abschnitt
Sicherung und Umsetzung der Landesplanung

§ 7 Anpassungspflicht der Gemeinden

(1) Die oberste Landesplanungsbehörde kann verlangen, dass Gemeinden ihre Bauleitpläne den Zielen der Raumordnung anpassen oder Bauleitpläne aufstellen, wenn es zur Verwirklichung von Zielen der Raumordnung erforderlich ist.

(2) [1]Muss eine Gemeinde einen Dritten nach den §§ 39 bis 44 des Baugesetzbuches (BauGB) in der Fassung vom 3. November 2017 (BGBl. I S. 3634) in der jeweils geltenden Fassung entschädigen, weil sie einen Bebauungsplan aufgrund eines Verlangens nach Absatz 1 aufgestellt, geändert oder aufgehoben hat, ist ihr vom Land Ersatz zu leisten. [2]§ 37 Abs. 3 Satz 2 BauGB ist entsprechend anzuwenden.

(3) Ein Anspruch der Gemeinde auf Ersatzleistung ist ausgeschlossen,

1. wenn sie die obere Landesplanungsbehörde nicht rechtzeitig von dem Entwurf des aufgrund des Verlangens nach Absatz 1 anzupassenden Bebauungsplans unterrichtet hat oder
2. soweit sie von einem durch die Maßnahme Begünstigten Ersatz verlangen kann.

§ 8 Mitteilungs- und Abstimmungspflicht

(1) Die öffentlichen Stellen und Personen des Privatrechts nach § 4 Abs. 1 und 3 ROG sind verpflichtet, raumbedeutsame Planungen und Maßnahmen der oberen Landesplanungsbehörde frühzeitig mitzuteilen.

(2) [1]Die Vorhabenträger nach Absatz 1 haben ihre raumbedeutsamen Planungen und Maßnahmen aufeinander und untereinander abzustimmen. [2]Die obere Landesplanungsbehörde ist zu beteiligen.

(3) Die obere Landesplanungsbehörde ist Träger öffentlicher Belange bei raumbedeutsamen Bauleitplan- und Zulassungsverfahren.

§ 9 Untersagung raumordnungswidriger Planungen und Maßnahmen

[1]Zuständige Raumordnungsbehörde für die Untersagung raumordnungswidriger Planungen und Maßnahmen im Sinne des § 12 ROG ist für das Landesentwicklungsprogramm die oberste Landesplanungsbehörde und für den Regionalplan die obere Landesplanungsbehörde. [2]Aufgrund einer Untersagung hat die öffentliche Stelle im Sinne des § 3 Abs. 1 Nr. 5 ROG die Entscheidung über die Zulässigkeit von Vorhaben auszusetzen.

§ 10 Raumordnungsverfahren

(1) [1]Das Raumordnungsverfahren nach den §§ 15 und 16 ROG wird auf Antrag des Trägers der Planung oder Maßnahme oder von Amts wegen eingeleitet. [2]Zuständig ist die obere Landesplanungsbehörde.

(2) Der Einleitung des Raumordnungsverfahrens geht eine Antragskonferenz voraus, in der der Ablauf des Verfahrens und der Umfang der erforderlichen Unterlagen erörtert werden.

(3) [1]An dem Raumordnungsverfahren sind im Sinne des § 15 Abs. 3 Satz 1 ROG insbesondere zu beteiligen:

1. die Gemeinden und Landkreise,
2. die Regionalen Planungsgemeinschaften,
3. sonstige öffentliche Stellen im Sinne des § 3 Abs. 1 Nr. 5 ROG,
4. die nach Naturschutzrecht in Thüringen anerkannten Verbände, soweit sie in ihrem satzungsgemäßen Aufgabenbereich berührt sind und
5. Personen des Privatrechts im Sinne des § 4 Abs. 1 Satz 2 oder Abs. 3 ROG.

[2]Die obere Landesplanungsbehörde fordert die zu Beteiligenden auf, innerhalb einer Frist von mindestens einem Monat schriftlich Stellung zu dem Vorhaben zu nehmen. [3]Äußert sich ein Verfahrensbeteiligter nicht innerhalb der gesetzten Frist zu dem Vorhaben oder verlangt er nicht innerhalb dieser Frist unter Angabe von Hinderungsgründen eine Nachfrist für seine Stellungnahme, kann davon ausgegangen werden, dass das Vorhaben mit den von diesem Verfahrensbeteiligten wahrzunehmenden Belangen in Einklang steht.

(4) [1]Zur Beteiligung der Öffentlichkeit nach § 15 Abs. 3 Satz 1 ROG sind die Verfahrensunterlagen einschließlich der für die Prüfung der Umweltverträglichkeit erforderlichen Unterlagen auf Veranlassung der oberen Landesplanungsbehörde von den Gemeinden, in denen sich das Vorhaben voraussichtlich auswirkt, zum frühestmöglichen Zeitpunkt nach Zugang der Unterlagen bei der Gemeinde während eines Zeitraums von mindestens einem Monat zur Einsicht auszulegen. [2]Ort und Zeit der Auslegung haben die Gemeinden vorher ortsüblich bekannt zu machen. [3]In der Bekanntmachung ist darauf hinzuweisen, dass innerhalb einer von der oberen Landesplanungsbehörde bestimmten Frist Gelegenheit zur Äußerung in schriftlicher Form oder zur Niederschrift gegeben wird. [4]Die Gemeinden leiten die vorgebrachten Äußerungen nach Ablauf der Äußerungsfrist unverzüglich der oberen Landesplanungsbehörde zu. [5]Sie können eine eigene Stellungnahme abgeben.

(5) Bei der Beteiligung nach den Absätzen 3 und 4 sollen elektronische Informationstechnologien nach Maßgabe des § 15 Abs. 3 Satz 4 ROG ergänzend genutzt werden; § 3 Abs. 4 gilt entsprechend.

(6) Die obere Landesplanungsbehörde kann auch im beschleunigten Raumordnungsverfahren nach § 16 ROG Unterlagen nachfordern und ergänzende Stellungnahmen einholen.

(7) [1]Sind Gebiete im Sinne des § 32 des Bundesnaturschutzgesetzes (BNatSchG) vom 29. Juli 2009 (BGBl. I S. 2542) in der jeweils geltenden Fassung betroffen, gelten die §§ 33 und 34 BNatSchG entsprechend; der Stand und der Detaillierungsgrad der Planung sind zu berücksichtigen. [2]Soweit eine Umweltverträglichkeitsprüfung stattfindet, ist diese mit der Prüfung nach Satz 1 zusammen durchzuführen.

(8) [1]Die Öffentlichkeit ist vom Ergebnis des Raumordnungsverfahrens (landesplanerische Beurteilung) durch ortsübliche Bekanntmachung zu unterrichten. [2]Die landesplanerische Beurteilung ist in den Gemeinden nach Absatz 3 Satz 1 Nr. 1 einen Monat zur Einsicht auszulegen. [3]Darauf ist in der Bekanntmachung hinzuweisen.

(9) Die Gültigkeit der landesplanerischen Beurteilung kann befristet werden.

(10) Das Ergebnis des Raumordnungsverfahrens ist von den öffentlichen Stellen bei raumbedeutsamen Planungen und Maßnahmen sowie bei Genehmigungen, Planfeststellungen oder sonstigen behördli-

chen Entscheidungen über die Zulässigkeit des Vorhabens nach Maßgabe des § 4 ROG zu berücksichtigen.

(11) [1]Von einem Raumordnungsverfahren soll abgesehen werden, wenn die Beurteilung der Raumverträglichkeit der Planung oder Maßnahme bereits auf anderer raumordnerischer Grundlage hinreichend gewährleistet ist. [2]Dies gilt insbesondere, wenn die Planung oder Maßnahme

1. Zielen der Raumordnung entspricht oder widerspricht oder
2. den Darstellungen oder Festsetzungen eines den Zielen der Raumordnung angepassten Flächennutzungs- oder Bebauungsplans nach den Bestimmungen des Baugesetzbuchs entspricht oder widerspricht und sich die Zulässigkeit dieser Planung oder Maßnahme nicht nach einem Planfeststellungsverfahren oder einem sonstigen Verfahren mit den Rechtswirkungen der Planfeststellung für raumbedeutsame Vorhaben bestimmt oder
3. in einem anderen gesetzlichen Abstimmungsverfahren unter Beteiligung einer Landesplanungsbehörde festgelegt worden ist.

§ 11 Zielabweichungsverfahren

(1) Die Abweichung von einem Ziel der Raumordnung nach § 6 Abs. 2 ROG kann im Einzelfall auf Antrag zugelassen werden.

(2) [1]Der Antrag auf Abweichung von Zielen der Raumordnung im Landesentwicklungsprogramm ist bei der obersten Landesplanungsbehörde zu stellen. [2]Diese gibt den betroffenen öffentlichen Stellen und Regionalen Planungsgemeinschaften sowie den sonstigen fachlich berührten Stellen Gelegenheit zur Stellungnahme binnen angemessener Frist. [3]Die oberste Landesplanungsbehörde entscheidet im Einvernehmen mit den betroffenen obersten Landesbehörden.

(3) [1]Der Antrag auf Abweichung von Zielen der Raumordnung im Regionalplan ist bei der oberen Landesplanungsbehörde zu stellen. [2]Sie gibt den betroffenen öffentlichen sowie den sonstigen fachlich berührten Stellen Gelegenheit zur Stellungnahme binnen angemessener Frist. [3]Die obere Landesplanungsbehörde entscheidet im Einvernehmen mit der betroffenen Regionalen Planungsgemeinschaft und den betroffenen oberen Landesbehörden. [4]Kann das Einvernehmen mit der betroffenen Regionalen Planungsgemeinschaft nicht hergestellt werden, entscheidet die oberste Landesplanungsbehörde im Benehmen mit den betroffenen obersten Landesbehörden.

(4) [1]Das Zielabweichungsverfahren kann mit einem Raumordnungsverfahren verbunden werden. [2]Die landesplanerische Beurteilung nach § 10 Abs. 8 hat gleichzeitig eine Aussage über das Ergebnis des Zielabweichungsverfahrens zu treffen.

§ 12 Raumbeobachtung

(1) Zur Sicherung der Erfordernisse der Landesplanung wird durch Rechtsverordnung der Landesregierung ein Informationssystem über räumliche Entwicklungen eingerichtet.

(2) Die obere Landesplanungsbehörde führt ein Raumordnungskataster, das die raumbedeutsamen Planungen und Maßnahmen enthält.

(3) Die Landesplanungsbehörden erfassen, verwerten und überwachen fortlaufend die für sie relevanten räumlichen Tatbestände und Entwicklungen.

(4) Über die Ergebnisse der Raumbeobachtung, insbesondere über den Stand der Verwirklichung des Landesentwicklungsprogramms und über Planungsvorhaben von allgemeiner Bedeutung, unterrichtet die Landesregierung den Landtag mindestens einmal innerhalb von fünf Jahren (Landesentwicklungsbericht).

Vierter Abschnitt
Organisation

§ 13 Organisation und Aufgaben der Landesplanung

(1) Landesplanungsbehörden sind

1. das für die Landesplanung zuständige Ministerium als oberste Landesplanungsbehörde und
2. das Landesverwaltungsamt als obere Landesplanungsbehörde.

(2) [1]Thüringen gliedert sich in die Planungsregionen Nordthüringen, Mittelthüringen, Ostthüringen und Südwestthüringen. [2]Die räumliche Abgrenzung der Planungsregionen regelt die Landesregierung durch Rechtsverordnung.

(3) [1]In jeder Planungsregion besteht eine Regionale Planungsgemeinschaft. [2]Sie ist der Zusammenschluss der Landkreise, kreisfreien Städte und kreisangehörigen Gemeinden, die im Landesentwicklungsprogramm als Mittelzentrum ausgewiesen sind, zu einer Körperschaft des öffentlichen Rechts.

(4) [1]Die obere Landesplanungsbehörde ist Fach- und Rechtsaufsichtsbehörde über die Regionalen Planungsgemeinschaften. [2]Die oberste Landesplanungsbehörde ist Fach- und Rechtsaufsichtsbehörde über die obere Landesplanungsbehörde.

(5) [1]Erfüllen die in Absatz 1 Nr. 2 und § 14 Abs. 1 Satz 2 genannten Stellen die ihnen gesetzlich obliegenden Aufgaben nicht, können sie von der obersten Landesplanungsbehörde angewiesen werden, innerhalb einer bestimmten Frist das Erforderliche zu veranlassen. [2]Kommen sie dieser Anweisung innerhalb der Frist nicht nach, kann die oberste Landesplanungsbehörde anstelle dieser Stellen die notwendigen Maßnahmen ergreifen.

(6) Planungen und sonstige Maßnahmen der Raumordnung und Landesplanung, die sich über die Grenzen des Landes erstrecken, können durch Vereinbarung zwischen der obersten Landesplanungsbehörde und den beteiligten Ländern gesondert geregelt werden.

§ 14 Aufgaben der Regionalen Planungsgemeinschaften

(1) [1]Die Regionalplanung ist Teil der Landesplanung bezogen auf die in § 13 Abs. 2 festgelegten Planungsregionen. [2]Die Regionalen Planungsgemeinschaften sind Träger der Regionalplanung. [3]Ihnen obliegt die Aufstellung und Änderung des Regionalplans. [4]Sie bedienen sich zur Erfüllung ihrer Aufgaben einer regionalen Planungsstelle bei der oberen Landesplanungsbehörde.

(2) Die Regionalen Planungsgemeinschaften können Stellung zu raumbedeutsamen Planungen und Maßnahmen anderer Planungsträger nehmen, soweit diese ihren Aufgabenbereich berühren.

§ 15 Organisation der Regionalen Planungsgemeinschaften

(1) [1]Organe einer Regionalen Planungsgemeinschaft sind die Planungsversammlung und das Präsidium. [2]Das Präsidium besteht aus dem Präsidenten sowie einem oder mehreren Stellvertretern. [3]Der Präsident vertritt die Regionale Planungsgemeinschaft nach außen. [4]Es können Ausschüsse gebildet werden.

(2) [1]Die Landkreise und kreisfreien Städte entsenden in die Planungsversammlung bei einer Einwohnerzahl

bis	80 000	zwei Mitglieder,
bis	120 000	drei Mitglieder,
über	120 000	vier Mitglieder.

[2]Maßgebend ist die Einwohnerzahl, die bei der letzten Kommunalwahl zugrunde gelegt wurde. [3]Kreisangehörige Gemeinden entsenden ein Mitglied in die Planungsversammlung, wenn sie im Landesentwicklungsprogramm als Mittelzentrum ausgewiesen sind. [4]Maßgebend ist das zum Zeitpunkt der Wahl der Mitglieder der Planungsversammlung geltende Landesentwicklungsprogramm. [5]Sind mehrere Gemeinden gemeinsam als funktionsteiliges Mittelzentrum im Landesentwicklungsprogramm ausgewiesen, entsenden diese Gemeinden gemeinsam ein Mitglied in die Planungsversammlung. [6]Das Mitglied wird von diesen Gemeinden durch Wahl bestimmt. [7]Handelt es sich bei einer Gemeinde eines funktionsteiligen Mittelzentrums um eine kreisfreie Stadt, die damit bereits nach Satz 1 Mitglied der Planungsversammlung ist, entsenden die andere Gemeinde oder die anderen Gemeinden ein weiteres Mitglied in die Planungsversammlung. [8]Satz 6 gilt entsprechend.

(3) [1]Jeweils für die Dauer ihrer Amtszeit entsenden

1. die kreisfreien Städte den Oberbürgermeister,
2. die Landkreise den Landrat,
3. die Mittelzentren den Bürgermeister, soweit es sich um Große kreisangehörige Städte handelt, den Oberbürgermeister

in die Planungsversammlung. [2]Deren Stellvertreter sind ihre Vertreter im Amt. [3]Die übrigen Mitglieder und ihre Stellvertreter werden von den Vertretungen der kreisfreien Städte und den Vertretungen der Landkreise für die Dauer der laufenden Kommunalwahlperioden der Gemeinderäte und Kreistage gewählt. [4]Nach Ablauf der Wahlzeit üben die bisherigen Mitglieder ihr Amt bis zum Amtsantritt der neu gewählten Mitglieder weiter aus. [5]Wählbar ist, wer in die jeweilige Vertretung gewählt werden kann; Vertretung untereinander ist nicht zulässig. [6]Für die Wahl der von den Landkreisen zu entsendenden Mitglieder nach Satz 3 hat der Gemeinde- und Städtebund Thüringen ein Vorschlagsrecht.

[7]Die Mitgliedschaft erlischt, wenn die Voraussetzungen der Wahl oder der Entsendung des Mitglieds wegfallen.

(4) [1]Die Mitglieder der Planungsversammlung sind ehrenamtlich tätig. [2]Für die Entschädigung der gewählten Mitglieder gilt die für Mitglieder des Kreistags, des Stadt- oder Gemeinderats getroffene Regelung entsprechend. [3]Die Entschädigung ist von der entsendenden Körperschaft zu tragen.

(5) [1]Die Regionalen Planungsgemeinschaften regeln ihre Rechtsverhältnisse im Übrigen durch Satzung. [2]Diese ist innerhalb von sechs Monaten ab dem Inkrafttreten von Änderungen dieses Gesetzes oder aufgrund dieses Gesetzes anzupassen. [3]Die Satzung und deren Änderungen bedürfen der Genehmigung durch die oberste Landesplanungsbehörde und sind innerhalb der in Satz 2 bestimmten Frist zur Genehmigung vorzulegen.

(6) [1]Ergänzend zu den Bestimmungen dieses Gesetzes sind auf die Regionalen Planungsgemeinschaften § 99 Abs. 1 und die §§ 100, 112 bis 114 der Thüringer Kommunalordnung (ThürKO) in der Fassung vom 28. Januar 2003 (GVBl. S. 41) in der jeweils geltenden Fassung entsprechend anzuwenden; § 112 ThürKO findet insoweit keine Anwendung, als die entsprechende Anwendung des § 40 Abs. 2 ThürKO angeordnet wird. [2]Jedermann kann die Beschlüsse der Regionalen Planungsgemeinschaften bei der regionalen Planungsstelle einsehen, sie werden ergänzend, einschließlich der zugehörigen Anlagen unverzüglich auf den Internetseiten der jeweiligen Regionalen Planungsgemeinschaft zur Einsicht bereitgestellt. [3]Öffentliche Bekanntmachungen der Regionalen Planungsgemeinschaften erfolgen im Thüringer Staatsanzeiger, sofern in diesem Gesetz nichts anderes bestimmt ist.

§ 16 Planungsbeiräte

(1) [1]Bei der obersten Landesplanungsbehörde besteht ein Landesplanungsbeirat. [2]Er wirkt bei der Aufstellung des Landesentwicklungsprogramms nach § 4 sowie bei Grundsatzfragen der Landesplanung beratend mit.

(2) [1]Bei jeder Regionalen Planungsgemeinschaft besteht ein Regionaler Planungsbeirat. [2]Er wirkt bei der Aufstellung des Regionalplans nach § 5 sowie bei Grundsatzfragen der Regionalplanung beratend mit.

(3) Den Planungsbeiräten gehören insbesondere Vertreter der Kammern und Verbände der Industrie, des Handwerks, des Handels, der Dienstleistungen, der Landwirtschaft, des Forstwesens, des Fremdenverkehrs, der Arbeitgeber sowie Vertreter der Gewerkschaften, der Kirchen, der Hochschulen, der in Thüringen anerkannten Naturschutzverbände und für den Landesplanungsbeirat zusätzlich Vertreter der kommunalen Spitzenverbände an.

(4) [1]Einzelheiten der Zusammensetzung, der Berufung und des Geschäftsgangs des Landesplanungsbeirats regelt das für die Landesplanung zuständige Ministerium durch Rechtsverordnung. [2]Entsprechende Regelungen für den Regionalen Planungsbeirat bestimmt die Satzung nach § 15 Abs. 5.

Fünfter Abschnitt
Übergangs- und Schlussbestimmungen

§ 17 Übergangsbestimmungen

(1) [1]Verfahren zur Aufstellung von Raumordnungsplänen, die vor dem Inkrafttreten dieses Gesetzes förmlich eingeleitet wurden, werden nach den bis dahin geltenden Bestimmungen abgeschlossen. [2]Ist mit einzelnen Verfahrensschritten noch nicht begonnen worden, können diese auch nach den Bestimmungen des Raumordnungsgesetzes und den Bestimmungen dieses Gesetzes durchgeführt werden.

(2) Sonstige Verfahren nach diesem Gesetz, die vor dem Inkrafttreten dieses Gesetzes eingeleitet worden sind, werden nach den bisher geltenden Bestimmungen zu Ende geführt.

§ 18 Gleichstellungsbestimmung

Status- und Funktionsbezeichnungen in diesem Gesetz gelten jeweils in männlicher und weiblicher Form.

§ 19 Inkrafttreten, Außerkrafttreten

[1]Dieses Gesetz tritt am Tage nach der Verkündung[1)] in Kraft. [2]Gleichzeitig tritt das Thüringer Landesplanungsgesetz vom 15. Mai 2007 (GVBl. S. 45), geändert durch Gesetz vom 30. November 2011 (GVBl. S. 489), außer Kraft.

---

1) Verkündet am 21.12.2012.

Gesetz zur Überleitung der ordentlichen Gerichtsbarkeit und zur Ausführung des Gerichtsstandortgesetzes (Thüringer Gerichtsorganisationsgesetz – ThürGerOrgG –[1])

Vom 16. August 1993 (GVBl. S. 554)
(300-6)

Erster Abschnitt
Geltungsbereich

§ 1 Geltungsbereich
[1]Die Bezirks- und Kreisgerichte des Landes werden aufgehoben. [2]An ihre Stelle treten die durch das Thüringer Gerichtsstandortgesetz vom 16. August 1993 (GVBl. S. 553) festgelegten Gerichte der ordentlichen Gerichtsbarkeit.

Zweiter Abschnitt
Gerichte

§ 2 Gerichtsnachfolge
Vorbehaltlich anderweitiger bundesrechtlicher Vorschriften tritt, soweit die Zuständigkeit der Gerichte geregelt, den Gerichten Aufgaben zugewiesen oder Gerichte bezeichnet werden, das Oberlandesgericht an die Stelle des besonderen Senats des Bezirksgerichts in Verfahren nach dem Gesetz über die Rehabilitierung und Entschädigung von Opfern rechtsstaatswidriger Strafverfolgungsmaßnahmen im Beitrittsgebiet vom 29. Oktober 1992 (BGBl. I S. 1814).

Dritter Abschnitt
Übergang der Verfahren

§ 3 Sachliche Zuständigkeit
(1) Die bei den Gerichten anhängigen Verfahren werden in der Lage, in der sie sich befinden, von den nach Absatz 2 sachlich zuständigen Gerichten fortgeführt.
(2) Es gehen über
1. auf die Amtsgerichte die bei den Kreisgerichten anhängigen Zivil- und Strafverfahren, soweit nach dem Gerichtsverfassungsgesetz und dem Prozeßrecht die Zuständigkeit der Amtsgerichte sachlich begründet ist; andernfalls gehen die Verfahren auf die Landgerichte über;
2. auf die Landgerichte die bei den Bezirksgerichten im ersten Rechtszug anhängigen Strafverfahren, soweit nach dem Gerichtsverfassungsgesetz und dem Prozeßrecht die Zuständigkeit der Amts- und Landgerichte sachlich begründet ist; anderenfalls gehen die Verfahren auf das Oberlandesgericht über;
3. auf die Landgerichte die bei den Bezirksgerichten als Rechtsmittelgericht anhängigen Zivil- und Strafverfahren, soweit nach dem Gerichtsverfassungsgesetz und dem Prozeßrecht die Zuständigkeit der Landgerichte als Rechtsmittelgerichte sachlich begründet ist; andernfalls gehen die Verfahren auf das Oberlandesgericht über;
4. auf das Oberlandesgericht die bei den besonderen Senaten des Bezirksgerichts am Sitz der Landesregierung anhängigen Zivil- und Strafverfahren;
5. auf die Amtsgerichte die bei den Kreisgerichten anhängigen Verfahren nach
   a) der Gesamtvollstreckungsordnung vom 6. Juni 1990 (GBl. I Nr. 32 S. 285), zuletzt geändert durch Artikel 1 Satz 1 des Einigungsvertragsgesetzes vom 23. September 1990 (BGBl. 1990 II S. 885 – 1153 –) in Verbindung mit Anlage II Kapitel III Sachgebiet A Abschnitt II Nr. 1 zum Einigungsvertrag,

1) Verkündet als Art. 1des G zur Überleitung der ordentl. Gerichtsbarkeit, zur Ausführung des GerichtsstandortG, zur Änd. des G zur Ausführung des GVG und zur Änd. des UntersuchungsausschussG v. 16.8.1993 (GVBl. S. 554); Inkrafttreten gem. Art. 5 dieses G am 1.9.1993.

b) dem Gesetz über die Gewährleistung von Belegungsrechten im kommunalen und genossenschaftlichen Wohnungswesen vom 22. Juli 1990 (GBl. I Nr. 49 S. 894), zuletzt geändert durch Artikel 1 Satz 1 des Einigungsvertragsgesetzes vom 23. September 1990 (BGBl. 1990 II S. 885–1230–) in Verbindung mit Anlage II Kapitel XIV Abschnitt III zum Einigungsvertrag,
c) der Grundstücksverkehrsordnung vom 15. Dezember 1977 (GBl. I 1978 Nr. 5 S. 73), zuletzt geändert durch Artikel 1 Satz 1 des Einigungsvertragsgesetzes vom 23. September 1990 (BGBl. 1990 II S. 885 – 1167 –) in Verbindung mit Anlage II Kapitel III Sachgebiet B Abschnitt II Nr. 1 zum Einigungsvertrag;

6. auf die Landgerichte die bei den Bezirksgerichten anhängigen Verfahren nach dem Gesetz über die Rehabilitierung und Entschädigung von Opfern rechtsstaatswidriger Strafverfolgungsmaßnahmen im Beitrittsgebiet;
7. auf das Oberlandesgericht die bei den besonderen Senaten der Bezirksgerichte anhängigen Rehabilitierungsverfahren;
8. auf die Amtsgerichte die bei den Kreisgerichten geführten
   a) Vereinsregister,
   b) Güterrechtsregister,
   c) Handels- und Genossenschaftsregister;
9. auf das Landgericht Meiningen die bei den Kreisgerichten anhängigen Verfahren in Baulandsachen;
10. auf das Oberlandesgericht die bei dem Bezirksgericht Erfurt anhängigen Verfahren in Baulandsachen;
11. auf den Berufsgerichtshof für Rechtsanwaltssachen bei dem Oberlandesgericht die bei dem Berufsgerichtshof für Rechtsanwaltssachen bei dem Bezirksgericht Erfurt anhängigen Verfahren;
12. auf das Oberlandesgericht die bei dem Bezirksgericht Erfurt als Disziplinargericht für Notare anhängigen Verfahren;
13. auf das Landgericht Erfurt die bei dem Kreisgericht Erfurt anhängigen berufsgerichtlichen Verfahren nach dem Steuerberatungsgesetz;
14. auf das Oberlandesgericht die bei dem Bezirksgericht Erfurt anhängigen berufsgerichtlichen Verfahren nach dem Steuerberatungsgesetz.

(3) Im übrigen gehen die bei den Kreis- und Bezirksgerichten anhängigen Verfahren auf die Gerichte über, die nach dem jeweiligen Prozeßrecht sachlich zuständig sind.

§ 4 Örtliche Zuständigkeit

(1) Sofern nicht besondere örtliche Zuständigkeiten bestimmt sind, ist

1. in den Fällen des § 3 Abs. 2 Nr. 1 das Amtsgericht oder das Landgericht zuständig, in dessen Bezirk das Kreisgericht seinen Sitz hatte;
2. in den Fällen des § 3 Abs. 2 Nr. 2 das Landgericht zuständig, in dessen Bezirk das die örtliche Zuständigkeit des Bezirksgerichts begründende Merkmal gegeben war;
3. in den Fällen des § 3 Abs. 2 Nr. 3 das Landgericht zuständig, in dessen Bezirk das Gericht des ersten Rechtszuges seinen Sitz hatte.

(2) In den Fällen des § 3 Abs. 2 Nr. 5 Buchst. a ist das Amtsgericht am Sitz des Landgerichts zuständig, in dessen Bezirk der Schuldner seinen Wohnsitz oder Sitz hat.

(3) In den Fällen des § 3 Abs. 2 Nr. 5 Buchst. b und c ist das Amtsgericht zuständig, in dessen Bezirk das Kreisgericht seinen Sitz hatte.

(4) [1]In den Fällen des § 3 Abs. 2 Nr. 6 ist das Landgericht zuständig, in dessen Bezirk das den Gegenstand des Rehabilitierungs- oder Kassationsverfahrens bildende Urteil im ersten Rechtszug gesprochen worden ist. [2]Soweit nach Anlage I Kapitel III Sachgebiet A Abschnitt II Nr. 14 Buchst. h Satz 3 zum Einigungsvertrag, geändert durch Artikel 4 der Vereinbarung zum Einigungsvertrag vom 18. September 1990, Anlage III zum Einigungsvertrag, der besondere Senat ein Bezirksgericht bestimmt hat, gehen die bei diesem Gericht anhängigen Verfahren auf das Landgericht über, in dessen Bezirk dieses Bezirksgericht seinen Sitz hatte.

(5) In den Fällen des § 3 Abs. 2 Nr. 8 Buchst. a ist das Amtsgericht zuständig, in dessen Bezirk der Verein seinen Sitz hat.

(6) In den Fällen des § 3 Abs. 2 Nr. 8 Buchst. b ist das Amtsgericht zuständig, in dessen Bezirk auch nur einer der Ehegatten seinen gewöhnlichen Aufenthalt hat.
(7) In den Fällen des § 3 Abs. 2 Nr. 8 Buchst. c ist das Amtsgericht am Sitz des Landgerichts zuständig, in dessen Bezirk sich der Sitz der Gesellschaft oder des Einzelkaufmanns befindet.
(8) In den Fällen des § 3 Abs. 3 ist das Gericht örtlich zuständig, in dessen Bezirk das Kreis- oder Bezirksgericht seinen Sitz hatte.

§ 5 Verhandlung

Hat eine Hauptverhandlung in Strafsachen vor Inkrafttreten dieses Gesetzes begonnen, so wird sie in der bisherigen Besetzung weitergeführt; der Spruchkörper besteht insoweit als Teil des nach den §§ 3 und 4 bestimmten Gerichtes fort.

Thüringer Gesetz über die Rechtsverhältnisse der Richter und Staatsanwälte im Landesdienst (Thüringer Richter- und Staatsanwältegesetz – ThürRiStAG –)

Vom 14. Dezember 2018 (GVBl. S. 677)
(312-2)

zuletzt geändert durch Art. 1 Erstes G zur Änd. des Thüringer Richter- und StaatsanwälteG vom 21. Dezember 2021 (GVBl. S. 592)

Nichtamtliche Inhaltsübersicht

Erster Abschnitt
Allgemeine Bestimmungen

§ 1 Grundsätze
§ 2 Anwendungsbereich und Geltung des Beamtenrechts
§ 3 Zuständigkeiten
§ 4 Einstellung in ein Richterverhältnis auf Probe; Stellenausschreibung; Interessenbekundungsverfahren
§ 5 Vereidigung
§ 6 Fehlerhafte Ernennungsurkunden
§ 7 Dienstliche Beurteilungen
§ 8 Übertragung eines weiteren Richteramts
§ 9 Dienstliche Fortbildung
§ 10 Ruhestand wegen Erreichens der Altersgrenze
§ 11 Versetzung in den Ruhestand auf Antrag
§ 12 Teilzeitbeschäftigung und Beurlaubung aus familiären Gründen
§ 13 Sonstige Teilzeitbeschäftigung
§ 14 Familienpflegezeit
§ 15 Hinweispflicht und Verbot von Benachteiligungen
§ 15a Rechtspflegebericht

Zweiter Abschnitt
Vertretungen der Richter und Staatsanwälte

§ 16 Bildung von Vertretungen
§ 17 Wahlgrundsätze
§ 18 Wahlberechtigung
§ 19 Wahlvorstand
§ 20 Geschäftsführung und Beschlussfassung
§ 21 Amtszeit
§ 22 Rechtsstellung der Mitglieder
§ 23 Ruhen der Mitgliedschaft; Ausschluss von der Mitwirkung
§ 24 Ausscheiden von Mitgliedern
§ 25 Eintritt von Ersatzmitgliedern
§ 26 Kosten und Sachaufwand
§ 27 Beratungsgeheimnis und Schweigepflicht
§ 28 Rechtsweg
§ 29 Anhörung der Berufsverbände der Richter und Staatsanwälte des Landes
§ 30 Errichtung, Zusammensetzung und Aufgaben des Präsidialrats
§ 31 Wählbarkeit und Vorsitz
§ 32 Verfahren bei Beteiligung
§ 33 Verfahren bei abweichender Stellungnahme des Präsidialrats
§ 34 Bildung und Zusammensetzung der Richterräte sowie der Hauptrichterräte
§ 35 Bildung und Zusammensetzung der Staatsanwaltsräte sowie des Hauptstaatsanwaltsrats
§ 36 Bildung und Zusammensetzung des Landesrichter- und Staatsanwaltsrats
§ 37 Wählbarkeit
§ 38 Zuständigkeit der Richter- und Staatsanwaltsräte
§ 39 Grundsätze der Zusammenarbeit
§ 40 Volle Mitbestimmung
§ 41 Eingeschränkte Mitbestimmung
§ 42 Anhörungsrechte; Teilnahme an Auswahlgesprächen
§ 43 Gemeinsame Aufgaben von Richter- und Staatsanwaltsräten und Personalrat
§ 44 Mitbestimmungsverfahren
§ 45 Beteiligungsgespräch
§ 46 Einigungsstelle
§ 47 Entscheidungen der Einigungsstelle
§ 48 Dienstvereinbarungen
§ 49 Geltung des Thüringer Personalvertretungsgesetzes
§ 49a Bildung der Vertretung ehrenamtlicher Richter

Dritter Abschnitt
Wahlausschüsse

§ 50 Aufgaben des Richterwahlausschusses
§ 51 Zusammensetzung des Richterwahlausschusses
§ 52 Wahl der vom Landtag zu berufenden Mitglieder
§ 53 Wahl der richterlichen Mitglieder
§ 54 Verpflichtung der Mitglieder
§ 55 Ausschluss von der Mitwirkung
§ 56 Ausscheiden eines Mitglieds und Ruhen der Mitgliedschaft
§ 57 Ersatzwahl und Vertretung
§ 58 Einberufung des Richterwahlausschusses
§ 59 Sitzungen des Richterwahlausschusses
§ 60 Beschlussfähigkeit
§ 61 Vorbereitung der Entscheidung über die Berufung auf Lebenszeit

§ 62 Entscheidung über die Berufung in das Richterverhältnis auf Lebenszeit
§ 63 Beteiligungsverfahren bei anderen Entscheidungen
§ 64 Geschäftsordnung
§ 65 Aufgaben des Staatsanwaltswahlausschusses
§ 66 Zusammensetzung des Staatsanwaltswahlausschusses
§ 67 Entscheidung über die Berufung in das Beamtenverhältnis auf Lebenszeit
§ 68 Beteiligung bei weiteren Entscheidungen

Vierter Abschnitt
Richterdienstgerichte

§ 69 Errichtung
§ 70 Zuständigkeit
§ 71 Zuständigkeit des Dienstgerichtshofs
§ 72 Revision
§ 73 Dienstaufsicht
§ 74 Mitglieder der Dienstgerichte
§ 75 Besetzung der Dienstgerichte
§ 76 Verbot der Amtsausübung
§ 77 Erlöschen oder Ruhen des Amts
§ 78 Besetzung der Dienstgerichte in Disziplinarverfahren gegen Staatsanwälte und Mitglieder des Rechnungshofs
§ 79 Geltung des Thüringer Disziplinargesetzes
§ 80 Disziplinarmaßnahmen
§ 81 Durchführung von Disziplinarverfahren
§ 82 Erhebung der Disziplinarklage
§ 83 Entscheidungen des Dienstgerichts
§ 84 Gesetzlicher Vertreter, Bevollmächtigter und Beistand
§ 85 Bekleidung mehrerer Ämter
§ 86 Richter auf Probe und Richter kraft Auftrags
§ 87 Besondere Bestimmungen
§ 88 Anwendung der Bestimmungen der Verwaltungsgerichtsordnung
§ 89 Vorläufige Untersagung der Führung der Amtsgeschäfte
§ 90 Einleitung des Versetzungsverfahrens
§ 91 Urteilsformel im Versetzungsverfahren
§ 92 Versetzung in den Ruhestand wegen Dienstunfähigkeit mit Zustimmung des Richters
§ 93 Versetzung in den Ruhestand wegen Dienstunfähigkeit ohne Zustimmung des Richters
§ 94 Versetzung in den Ruhestand wegen Dienstunfähigkeit bei Bekleidung mehrerer Ämter
§ 95 Einleitung des Prüfungsverfahrens
§ 96 Urteilsformel im Prüfungsverfahren
§ 97 Aussetzung des Prüfungsverfahrens
§ 98 Kostenentscheidung bei Feststellung der Nichtigkeit der Ernennung oder der Entlassung

Fünfter Abschnitt
Übergangs- und Schlussbestimmungen

§ 99 Erlass von Rechtsverordnungen
§ 100 Allgemeine Übergangsbestimmungen
§ 101 Übergangsbestimmungen für den Eintritt in den Ruhestand
§ 102 Evaluierung
§ 103 Gleichstellungsbestimmung

Erster Abschnitt
Allgemeine Bestimmungen

§ 1 Grundsätze

(1) [1]Die rechtsprechende Gewalt ist den Richtern anvertraut. [2]Die Richter sind unabhängig und nur dem Gesetz unterworfen. [3]Sie sprechen Recht im Namen des Volkes.

(2) [1]Staatsanwälte garantieren gesetzmäßige und rechtsstaatliche Verfahrensabläufe in Strafverfahren. [2]Sie sind zur Objektivität verpflichtet.

§ 2 Anwendungsbereich und Geltung des Beamtenrechts

(1) [1]Dieses Gesetz gilt für Berufsrichter des Landes. [2]Für ehrenamtliche Richter und für Staatsanwälte als Beamte im Landesdienst gilt es, soweit dies besonders bestimmt ist. [3]Die besondere Rechtsstellung der Mitglieder des Verfassungsgerichtshofs bleibt von den Bestimmungen dieses Gesetzes unberührt.

(2) Soweit das Deutsche Richtergesetz und dieses Gesetz nichts anderes bestimmen, finden die Vorschriften für Beamte des Landes mit Ausnahme des Thüringer Laufbahngesetzes entsprechende Anwendung auf Richter.

(3) [1]In Angelegenheiten der Richter wirken im Landespersonalausschuss als Vorsitzender der Staatssekretär des für das Beamtenrecht zuständigen Ministeriums und als weiteres ständiges ordentliches Mitglied der ständige Vertreter des für Justiz zuständigen Ministers, im Verhinderungsfall sein jeweiliger Vertreter im Amt, mit. [2]Nichtständige ordentliche Mitglieder sind sechs auf Lebenszeit ernannte Richter, die von dem für Justiz zuständigen Ministerium vorgeschlagen werden, wobei die einzelnen Gerichtszweige angemessen zu berücksichtigen sind. [3]Für jedes nichtständige Mitglied ist ein Stellvertreter vorzuschlagen. [4]Zwei dieser nichtständigen ordentlichen Mitglieder sowie deren Stellvertreter sind auf Vorschlag der Berufsverbände der Richter des Landes zu benennen.

(4) Der Landespersonalausschuss in der Zusammensetzung nach Absatz 3 ist auch zuständig für die Angelegenheiten der Staatsanwälte; an Stelle der zwei auf Vorschlag der Berufsverbände der Richter des Landes zu benennenden Richter sowie deren Vertreter sind je zwei Staatsanwälte auf Vorschlag der Berufsverbände der Staatsanwälte des Landes zu benennen.

§ 3 Zuständigkeiten

(1) Der für Justiz zuständige Minister ernennt und entlässt die Richter und Staatsanwälte.

(2) Das für Justiz zuständige Ministerium ist die oberste Dienstbehörde im Sinne dieses Gesetzes für die Richter und Staatsanwälte.

(3) Der für Justiz zuständige Minister ist Mitglied im Richterwahlausschuss im Sinne des § 1 Abs. 3 und § 3 Abs. 3 des Richterwahlgesetzes.

§ 4 Einstellung in ein Richterverhältnis auf Probe; Stellenausschreibung; Interessenbekundungsverfahren

(1) [1]Bei Einstellungen in ein Richterverhältnis auf Probe sind die Bewerber durch öffentliche Stellenausschreibung zu ermitteln. [2]Die Bewerber um Richter- und Staatsanwaltsämter auf Lebenszeit sind durch Ausschreibung zu ermitteln.

(2) Wer die Befähigung zum Richteramt nach § 5 Abs. 1 des Deutschen Richtergesetzes erworben hat und später unter Berufung in das Beamtenverhältnis auf Lebenszeit zum Staatsanwalt ernannt werden soll, kann seine Probezeit nur als Richter auf Probe ableisten.

(3) [1]Die gesundheitliche Eignung für die Berufung in ein Richterverhältnis auf Lebenszeit, in ein staatsanwaltschaftliches Beamtenverhältnis auf Lebenszeit oder in ein Richterverhältnis auf Probe ist aufgrund einer ärztlichen Untersuchung nach § 33 des Thüringer Beamtengesetzes (ThürBG) festzustellen. [2]Abweichend von Satz 1 kann bei der Feststellung der gesundheitlichen Eignung eines Bewerbers um die Einstellung in ein Richterverhältnis auf Probe auf eine ärztliche Untersuchung verzichtet werden, wenn der Bewerber gegenüber der Einstellungsbehörde eine formularmäßige Selbstauskunft über den Gesundheitszustand abgibt und sich keine Anhaltspunkte für eine Einschränkung der gesundheitlichen Eignung ergeben.

(4) [1]Vor Entscheidungen der obersten Dienstbehörde oder der nachgeordneten zuständigen Dienststelle über Maßnahmen im Sinne des § 40 Nr. 11 oder § 41 Abs. 2 Nr. 8, über Erprobungen oder über die Auswahl für eine Abordnung zum Zwecke einer nichtrichterlichen oder nichtstaatsanwaltschaftlichen Verwendung sollen Richter oder Staatsanwälte Gelegenheit erhalten, ihr Interesse an der Übernahme einer solchen Tätigkeit zu bekunden (Interessenbekundungsverfahren). [2]Satz 1 gilt in Vorbereitung der Entscheidung des für Justiz zuständigen Ministers über die Unterbreitung eines Wahlvorschlags nach § 10 Abs. 1 Satz 1 des Richterwahlgesetzes für das Interesse an einer Berufung zum Bundesrichter entsprechend.

§ 5 Vereidigung

(1) Der Richter hat in öffentlicher Sitzung eines Gerichts folgenden Eid zu leisten: „Ich schwöre, das Richteramt getreu dem Grundgesetz für die Bundesrepublik Deutschland, getreu der Verfassung des Freistaats Thüringen und getreu dem Gesetz auszuüben, nach bestem Wissen und Gewissen ohne Ansehen der Person zu urteilen und nur der Wahrheit und Gerechtigkeit zu dienen, so wahr mir Gott helfe."

(2) Der Eid kann ohne die Worte „so wahr mir Gott helfe" geleistet werden.

(3) [1]Für den Eid und das Gelöbnis der ehrenamtlichen Richter gilt § 45 Abs. 3 bis 6 des Deutschen Richtergesetzes. [2]Die Formeln für den Eid und das Gelöbnis der ehrenamtlichen Richter enthalten jeweils nach den Worten „getreu dem Grundgesetz für die Bundesrepublik Deutschland" zusätzlich ein Komma und die Worte „getreu der Verfassung des Freistaats Thüringen".

§ 6 Fehlerhafte Ernennungsurkunden

(1) Entspricht die Ernennungsurkunde nicht der in § 17 Abs. 3 Satz 1 des Deutschen Richtergesetzes vorgeschriebenen Form, liegt eine Ernennung nicht vor.

(2) [1]Fehlt in der Ernennungsurkunde der Zusatz „auf Lebenszeit", „auf Zeit" oder „auf Probe", hat der Richter die Rechtsstellung eines Richters auf Probe. [2]Fehlt bei der Ernennung eines Beamten auf Lebenszeit zum Richter der Zusatz „auf Lebenszeit", „auf Zeit" oder „kraft Auftrags", hat er die Rechtsstellung eines Richters kraft Auftrags. [3]Fehlt bei der Ernennung eines Richters auf Zeit in der Ernennungsurkunde die Zeitdauer der Berufung, gilt dieser Mangel als geheilt, wenn die Zeitdauer

durch Gesetz oder Verordnung bestimmt ist, anderenfalls hat der Richter die Rechtsstellung eines Richters auf Probe.

(3) Fehlen die in Absatz 2 bezeichneten Zusätze bei der Umwandlung eines Richterverhältnisses in ein Richterverhältnis anderer Art nach § 17 Abs. 4 des Deutschen Richtergesetzes, behält der Richter seine bisherige Rechtsstellung.

§ 7 Dienstliche Beurteilungen

(1) [1]Eignung, Befähigung und fachliche Leistung der Richter und Staatsanwälte sind in regelmäßigen Abständen zu beurteilen. [2]Die Beurteilung schließt mit einem Gesamturteil, das auf der Berücksichtigung aller Einzelmerkmale beruht. [3]Beurteilungen für Richter dürfen die richterliche Unabhängigkeit nicht beeinträchtigen.

(2) [1]Dienstliche Beurteilungen von auf Lebenszeit ernannten Richtern und Staatsanwälten sind alle vier Jahre durch den unmittelbaren Dienstvorgesetzten zu festen Stichtagen zu erstellen (Regelbeurteilung). [2]Dienstliche Beurteilungen können auch erstellt werden, wenn es die dienstlichen oder persönlichen Verhältnisse erfordern (Anlassbeurteilung). [3]Der Anlass ist in der Beurteilung zu vermerken.

(3) Richter auf Probe sind spätestens 18 Monate nach Beginn und unmittelbar vor Ablauf der Probezeit zu beurteilen, Richter kraft Auftrags spätestens vor der Lebenszeiternennung.

(4) [1]Für die Erstellung dienstlicher Beurteilungen sind Beurteilungsbeiträge von sachkundigen Personen einzuholen, soweit der zuständige Beurteiler die Leistungsbewertung für den Beurteilungszeitraum nicht auf unmittelbar eigene Kenntnisse stützen kann. [2]Beurteilungsbeiträge sind bis zur Eröffnung der nächsten regelmäßigen Beurteilung oder im Fall der Einlegung eines Rechtsbehelfs bis zum rechtskräftigen Abschluss des betreffenden Verfahrens als Sachvorgang aufzubewahren und anschließend zu vernichten.

(5) [1]Dienstliche Beurteilungen sind vor Aufnahme in die Personalakten zu eröffnen. [2]Der Beurteilte erhält hierbei die Gelegenheit, die Beurteilung zu besprechen und Einsicht in die Beurteilungsgrundlagen zu nehmen (Beurteilungsgespräch). [3]Auf Veranlassung des Beurteilten erläutert der zuständige Beurteiler die Beurteilung dem Präsidialrat, der hierzu eine Stellungnahme abgeben kann. [4]Auf Veranlassung des Beurteilten kann ein Mitglied des zuständigen Richterrats oder Staatsanwaltsrats an dem Beurteilungsgespräch teilnehmen. [5]Soweit eine Abänderung der dienstlichen Beurteilung durch den höheren Dienstvorgesetzten erfolgt, gelten die Sätze 1 bis 4 entsprechend.

(6) [1]Die oberste Dienstbehörde wird ermächtigt, die Ausgestaltung des Beurteilungswesens für Richter und Staatsanwälte, insbesondere Zeitpunkte, Anlässe und Inhalte der Beurteilungen sowie Einzelheiten des Beurteilungsverfahrens durch Rechtsverordnung zu regeln. [2]In der Rechtsverordnung nach Satz 1 kann auch geregelt werden, welche Richter nicht mehr regelmäßig beurteilt werden und dass die Beurteilung bei Richtern auf Probe und Richtern kraft Auftrags nur mit der Feststellung abzuschließen ist, ob der Beurteilte für die Berufung in das Richter- oder Beamtenverhältnis auf Lebenszeit geeignet, noch nicht geeignet oder nicht geeignet ist.

§ 8 Übertragung eines weiteren Richteramts

Jedem Richter auf Lebenszeit kann ein weiteres Richteramt übertragen werden, wenn es aus dienstlichen Gründen geboten und dem Richter zumutbar ist.

§ 9 Dienstliche Fortbildung

[1]Richter und Staatsanwälte sind zur dienstlichen Fortbildung verpflichtet. [2]Der Dienstherr fördert die dienstliche Fortbildung durch geeignete Maßnahmen.

§ 10 Ruhestand wegen Erreichens der Altersgrenze

(1) Richter auf Lebenszeit oder auf Zeit treten mit dem Ablauf des Monats in den Ruhestand, in dem sie das 67. Lebensjahr vollenden.

(2) [1]Abweichend von Absatz 1 treten Richter auf Lebenszeit oder auf Zeit, die vor dem 1. Januar 1954 geboren sind, mit Ablauf des Monats in den Ruhestand, in dem sie das 65. Lebensjahr vollenden. [2]Richter auf Lebenszeit oder auf Zeit treten, soweit sie nach dem 31. Dezember 1953, aber vor dem 1. Januar 1964 geboren sind, mit Ablauf des Monats in den Ruhestand, in dem sie die nachfolgend festgelegte Altersgrenze erreicht haben:

Richter des Geburtsjahrgangs	Altersgrenze
1954	65 Jahre und 8 Monate
1955	65 Jahre und 9 Monate
1956	65 Jahre und 10 Monate
1957	65 Jahre und 11 Monate
1958	66 Jahre
1959	66 Jahre und 2 Monate
1960	66 Jahre und 4 Monate
1961	66 Jahre und 6 Monate
1962	66 Jahre und 8 Monate
1963	66 Jahre und 10 Monate

(3) Bei Richtern kann der Eintritt in den Ruhestand nicht hinausgeschoben werden.

§ 11 Versetzung in den Ruhestand auf Antrag

(1) Auf ihren Antrag sind Richter auf Lebenszeit oder auf Zeit frühestens mit Ablauf des Monats in den Ruhestand zu versetzen, in dem sie das 62. Lebensjahr vollendet haben.

(2) [1]Abweichend von Absatz 1 sind Richter auf Lebenszeit oder auf Zeit, die schwerbehindert im Sinne des § 2 Abs. 2 des Neunten Buches Sozialgesetzbuch und vor dem 1. Januar 1959 geboren sind, auf ihren Antrag frühestens mit Ablauf des Monats in den Ruhestand zu versetzen, in dem sie das 60. Lebensjahr vollenden. [2]Auf ihren Antrag sind Richter auf Lebenszeit oder auf Zeit, die schwerbehindert im Sinne des § 2 Abs. 2 des Neunten Buches Sozialgesetzbuch und nach dem 31. Dezember 1958, aber vor dem 1. Januar 1964 geboren sind, frühestens mit Ablauf des Monats in den Ruhestand zu versetzen, in dem sie die nachfolgend festgelegte Altersgrenze erreicht haben:

Richter des Geburtsjahrgangs	Altersgrenze
1959	61 Jahre und 2 Monate
1960	61 Jahre und 4 Monate
1961	61 Jahre und 6 Monate
1962	61 Jahre und 8 Monate
1963	61 Jahre und 10 Monate

§ 12 Teilzeitbeschäftigung und Beurlaubung aus familiären Gründen

(1) [1]Richtern ist auf Antrag
1. Teilzeitbeschäftigung bis zur Hälfte des regelmäßigen Dienstes oder
2. Urlaub ohne Dienstbezüge bis zur Dauer von fünf Jahren

zu bewilligen, wenn sie mindestens ein Kind unter 18 Jahren oder einen nach ärztlichem Gutachten pflegebedürftigen sonstigen Angehörigen tatsächlich betreuen oder pflegen. [2]Der Urlaub nach Satz 1 Nr. 2 ist nach Maßgabe des Absatzes 2 verlängerbar.

(2) [1]Die Gesamtdauer des Urlaubs nach Absatz 1 Satz 1 Nr. 2 sowie nach den §§ 9 und 10 des Thüringer Richtergesetzes in der am 31. Dezember 2018 geltenden Fassung darf zusammen 15 Jahre nicht überschreiten. [2]Der Antrag auf Verlängerung einer Teilzeitbeschäftigung oder eines Urlaubs ist spätestens sechs Monate vor Ablauf der bewilligten Teilzeitbeschäftigung oder des bewilligten Urlaubs nach Absatz 1 Satz 1 Nr. 2 zu stellen.

(3) Voraussetzung der Bewilligung ist die Zustimmung des Richters, im Fall des Absatzes 1 Satz 1 Nr. 1 ab dem Zeitpunkt des Beginns, einer Änderung des Umfangs der Teilzeitbeschäftigung oder des Übergangs zur Vollzeitbeschäftigung oder im Fall des Absatzes 1 Satz 1 Nr. 2 nach Rückkehr aus dem Urlaub auch in einem anderen Gericht desselben Gerichtszweiges verwendet zu werden.

(4) Während einer Teilzeitbeschäftigung nach Absatz 1 Satz 1 Nr. 1 oder eines Urlaubs nach Absatz 1 Satz 1 Nr. 2 dürfen nur solche Nebentätigkeiten ausgeübt werden, die dem Zweck der Teilzeitbeschäftigung oder des Urlaubs nach Absatz 1 Satz 1 Nr. 2 nicht zuwiderlaufen.

(5) [1]Während des Bewilligungszeitraums einer Teilzeitbeschäftigung nach Absatz 1 Satz 1 Nr. 1 oder eines Urlaubs nach Absatz 1 Satz 1 Nr. 2 wird über

1. die Änderung des Umfangs der Teilzeitbeschäftigung,
2. die Bewilligung des Übergangs zur Vollbeschäftigung oder
3. den Widerruf der Bewilligung des Urlaubs nach Absatz 1 Satz 1 Nr. 2

auf Antrag entschieden. In besonderen Härtefällen

1. soll eine Änderung des Umfangs der Teilzeitbeschäftigung oder der Übergang zur Vollzeitbeschäftigung oder
2. kann eine Rückkehr aus dem Urlaub nach Absatz 1 Satz 1 Nr. 2

zugelassen werden, wenn dem Richter die Teilzeitbeschäftigung im bisherigen Umfang oder eine Fortsetzung des Urlaubs nicht zugemutet werden kann. [2]Absatz 2 Satz 2 gilt entsprechend.

(6) [1]Während der Dauer des Urlaubs nach Absatz 1 Satz 1 Nr. 2 in Verbindung mit Absatz 2 Satz 1 besteht Anspruch auf Leistungen der Krankheitsfürsorge in entsprechender Anwendung der Beihilferegelungen für Richter mit Dienstbezügen. [2]Dies gilt nicht, wenn der Richter berücksichtigungsfähiger Angehöriger eines Beihilfeberechtigten wird oder Anspruch auf Familienversicherung nach § 10 des Fünften Buches Sozialgesetzbuch hat.

§ 13 Sonstige Teilzeitbeschäftigung

(1) [1]Einem Richter ist auf Antrag Teilzeitbeschäftigung bis zur Hälfte des regelmäßigen Dienstes und bis zur jeweils beantragten Dauer zu bewilligen, wenn

1. das Aufgabengebiet des Richteramts Teilzeitbeschäftigung erlaubt,
2. zwingende dienstliche Gründe nicht entgegenstehen,
3. der Richter zugleich zustimmt, ab dem Zeitpunkt des Beginns, einer Änderung des Umfangs der Teilzeitbeschäftigung oder des Übergangs zur Vollzeitbeschäftigung auch in einem anderen Richteramt desselben Gerichtszweigs verwendet zu werden; die Verwendung an einem anderen Gericht ist nur aus zwingenden dienstlichen Gründen zulässig, und
4. der Richter sich verpflichtet, während des Bewilligungszeitraums außerhalb des Richterverhältnisses berufliche Verpflichtungen nur in dem Umfang einzugehen, in dem Richtern nach § 71 des Deutschen Richtergesetzes und §§ 49 bis 57 ThürBG und § 40 des Beamtenstatusgesetzes (BeamtStG) in Verbindung mit § 2 Abs. 2 die Ausübung von Nebentätigkeiten gestattet ist.

[2]Ausnahmen von der Verpflichtung nach Satz 1 Nr. 4 sind nur zulässig, soweit dies mit dem Richterverhältnis vereinbar ist. [3]§ 51 Abs. 2 Satz 4 ThürBG gilt mit der Maßgabe, dass vom regelmäßigen Dienst ohne Rücksicht auf die Bewilligung der Teilzeitbeschäftigung auszugehen ist. [4]Wird die Verpflichtung nach Satz 1 Nr. 4 schuldhaft verletzt, ist die Bewilligung zu widerrufen.

(2) [1]Teilzeitbeschäftigung nach Absatz 1 ist auf Antrag in der Weise zu bewilligen, dass der Teil, um den der regelmäßige Dienst ermäßigt ist, zu einer vollständigen Freistellung zusammengefasst wird (Sabbatjahr). [2]Der Gesamtzeitraum der nach Satz 1 bewilligten Teilzeitbeschäftigung darf zehn Jahre und der Zeitraum der vollständigen Freistellung zwei Jahre nicht überschreiten. [3]Soll sich die Teilzeitbeschäftigung nach Satz 1 auf die Zeit bis zum Eintritt in den Ruhestand erstrecken, darf abweichend von Satz 2 der Gesamtzeitraum der Teilzeitbeschäftigung bis zu zwölf Jahre umfassen und der Zeitraum der vollständigen Freistellung bis zu sechs Jahre betragen. [4]Die Freistellung kann nur zusammenhängend und nur am Ende des Bewilligungszeitraums der Teilzeitbeschäftigung gewährt werden. [5]Abweichend von Satz 3 kann die Inanspruchnahme des Freistellungszeitraums bis vor den Eintritt in den Ruhestand hinausgeschoben werden.

(3) [1]In den Fällen nach Absatz 2 ist ein Widerruf der Bewilligung abweichend von § 49 des Thüringer Verwaltungsverfahrensgesetzes mit Wirkung für die Vergangenheit zulässig, wenn während des Bewilligungszeitraums die folgenden Umstände eintreten, welche die vorgesehene Abwicklung unmöglich machen:

1. bei Beendigung des Richterverhältnisses,
2. bei Dienstherrnwechsel,
3. bei einer Gewährung eines Urlaubs nach § 12 Abs. 1 Satz 1 Nr. 2 oder
4. in besonderen Härtefällen, wenn dem Richter die Fortsetzung der Teilzeitbeschäftigung nicht mehr zuzumuten ist.

[2]Der Widerruf darf nur mit Wirkung für den gesamten Bewilligungszeitraum und nur in dem Umfang erfolgen, der dem tatsächlich geleisteten Dienst entspricht.

(4) § 12 Abs. 5 Satz 1 und 2 gilt entsprechend.

§ 14 Familienpflegezeit

(1) [1]Richtern mit Dienstbezügen, die einen pflegebedürftigen nahen Angehörigen im Sinne des § 7 Abs. 3 des Pflegezeitgesetzes (PflegeZG) in häuslicher Umgebung pflegen oder einen minderjährigen pflegebedürftigen nahen Angehörigen in häuslicher oder außerhäuslicher Umgebung betreuen, ist auf ihren Antrag Teilzeitbeschäftigung als Familienpflegezeit zu bewilligen, wenn keine zwingenden dienstlichen Gründe entgegenstehen. [2]Für den Nachweis der Pflegebedürftigkeit gilt § 64 Abs. 1 Satz 2 ThürBG.

(2) [1]Die Teilzeitbeschäftigung wird in der Weise bewilligt, dass die Richter ihren regelmäßigen Dienst während der Pflegephase von längstens 24 Monaten um den Anteil des Dienstes verringert erbringen, der nach Beendigung der Pflegephase in der ebenso langen Nachpflegephase erbracht wird. [2]Der Dienst in der Pflegephase muss mindestens 30 vom Hundert des regelmäßigen Dienstes betragen. [3]Die Bewilligung der Familienpflegezeit darf nur für einen zusammenhängenden Zeitabschnitt erfolgen und unter der Voraussetzung, dass eine vollständige Dienstleistung des Richters bis zum Eintritt in den Ruhestand erfolgen kann. [4]Die Bewilligung ist mit einem Widerrufsvorbehalt für die Fälle des Absatzes 5 Satz 1 zu versehen. [5]Eine nachträgliche Verlängerung der Pflegephase bis zur Höchstdauer von 24 Monaten ist zulässig. [6]Familienpflegezeit kann auch von mehreren Personen, die die Voraussetzungen des Absatzes 1 erfüllen, anteilig oder parallel wahrgenommen werden. [7]Eine weitere Familienpflegezeit kann erst für die Zeit nach Beendigung der Nachpflegephase bewilligt werden.

(3) Abweichend von Absatz 2 ist die Familienpflegezeit auf Antrag für eine höchstens sechsmonatige Pflegezeit nach § 3 Abs. 1 oder 5 PflegeZG oder die Zeit einer höchstens dreimonatigen Begleitung eines nahen Angehörigen nach § 3 Abs. 6 PflegeZG in der Weise zu bewilligen, dass während der Dauer dieser Pflegezeit oder Begleitung eine vollständige oder anteilige Freistellung vom Dienst erfolgt und anschließend für einen jeweils entsprechenden Zeitraum wieder eine Dienstleistung erfolgt, die der vor der Pflegezeit oder der Begleitung erbrachten regelmäßigen Dienstleistung entspricht.

(4) [1]Die Pflegephase der Familienpflegezeit endet bei Wegfall der Voraussetzungen nach Absatz 1 vorzeitig mit dem Ablauf des zweiten Monats, der auf das Ende der häuslichen Pflegesituation folgt. [2]Die Beendigung der häuslichen Pflege ist unverzüglich mitzuteilen. [3]Die Familienpflegezeit endet, wenn die Dienstleistung in der Nachpflegephase vollständig erbracht wurde.

(5) [1]Die Bewilligung ist abweichend von § 49 des Thüringer Verwaltungsverfahrensgesetzes mit Wirkung für die Vergangenheit zu widerrufen, wenn während des Bewilligungszeitraums der Familienpflegezeit die folgenden Umstände eintreten, welche die vorgesehene Abwicklung unmöglich machen:

1. bei Beendigung des Richterverhältnisses,
2. bei Dienstherrnwechsel,
3. bei einer Gewährung eines Urlaubs nach § 12 Abs. 1 Satz 1 Nr. 2 oder
4. in besonderen Härtefällen, wenn dem Richter die Fortsetzung der Teilzeitbeschäftigung nicht mehr zuzumuten ist.

[2]Gleichzeitig mit dem Widerruf wird der Dienststatus entsprechend der nach dem Modell zu erbringenden Dienstleistung festgesetzt. [3]Zuviel gezahlte Dienstbezüge sind von dem Richter zurückzuzahlen. [4]Dies gilt nicht für die zuviel gezahlten Dienstbezüge des Zeitraums der Pflegephase, soweit sie bereits in der Nachpflegephase ausgeglichen wurden.

§ 15 Hinweispflicht und Verbot von Benachteiligungen

(1) Wird eine Teilzeitbeschäftigung oder eine langfristige Beurlaubung beantragt, ist der Richter auf die dienstrechtlichen Folgen in allgemeiner Form hinzuweisen, insbesondere auf die Auswirkungen für Ansprüche aufgrund besoldungs- und versorgungsrechtlicher Regelungen.

(2) [1]Teilzeitbeschäftigungen und Beurlaubungen nach den §§ 12 bis 14 dürfen sich nicht auf das berufliche Fortkommen auswirken. [2]Eine unterschiedliche Behandlung von Richtern mit Teilzeitbeschäftigung oder Beurlaubungszeiten gegenüber vollzeitbeschäftigten Richtern ist nur zulässig, wenn zwingende sachliche Gründe dies rechtfertigen.

§ 15a Rechtspflegebericht

Der für Justiz zuständige Minister legt dem Landtag alle zwei Jahre einen Rechtspflegebericht vor, der auch Angaben zur personellen Situation, zur mittel- und langfristigen Personalplanung sowie Angaben zur Sicherstellung der Funktionsfähigkeit der Justiz enthält.

Zweiter Abschnitt
Vertretungen der Richter und Staatsanwälte
Erster Unterabschnitt
Allgemeines

§ 16 Bildung von Vertretungen

(1) Als Vertretungen der Richter werden errichtet:

1. ein gemeinsamer Präsidialrat nach § 30 Abs. 1 und 2 für die Beteiligung an Personalangelegenheiten nach § 30 Abs. 3 sowie
2. Richterräte nach § 34 für die Beteiligung nach den §§ 40 bis 45.

(2) Als Vertretungen der Staatsanwälte werden Staatsanwaltsräte nach § 35 errichtet.

(3) Als gemeinsame Vertretung der Richter und Staatsanwälte wird bei der obersten Dienstbehörde ein Landesrichter- und Staatsanwaltsrat nach § 36 errichtet.

§ 17 Wahlgrundsätze

(1) [1]Die Mitglieder der Vertretungen werden gleichzeitig gewählt. [2]Die Wahl ist geheim und unmittelbar. [3]Jeder Wahlberechtigte wählt die vorgeschriebene Zahl von Richtern oder Staatsanwälten.

(2) [1]Zu den Wahlen nach Absatz 1 können die wahlberechtigten Richter und Staatsanwälte Wahlvorschläge machen. [2]Dies gilt auch für die Berufsverbände der Richter und Staatsanwälte des Landes nach Maßgabe ihrer jeweiligen Satzung. [3]Jeder Wahlvorschlag nach Satz 1 muss von mindestens einem Zehntel der Wahlberechtigten, jedoch mindestens drei Wahlberechtigten unterzeichnet sein. [4]Die Gesamtzahl der zur Wahl vorgeschlagenen Richter und Staatsanwälte soll mindestens das Zweifache der Anzahl der jeweils zu wählenden Mitglieder erreichen.

(3) [1]Die Wahl wird nach den Grundsätzen der Mehrheitswahl ohne Bindung an die vorgeschlagenen Bewerber durchgeführt. [2]Zu Ersatzmitgliedern der Vertretungen sind die nicht zu Mitgliedern gewählten Richter oder Staatsanwälte in der Reihenfolge der erreichten Stimmenzahl gewählt. [3]Bei Stimmengleichheit entscheidet das Los über die Reihenfolge.

(4) Für die Mitglieder des Landesrichter- und Staatsanwaltsrats nach §.16 Abs. 3 in Verbindung mit § 36 werden ein erstes und ein zweites Ersatzmitglied gewählt.

§ 18 Wahlberechtigung

(1) [1]In einem Gerichtsbezirk, für den der Richterrat gewählt wird, sind alle Richter wahlberechtigt, die am Wahltag bei einem Gericht, für das der Richterrat gebildet wird, ein Richteramt innehaben, als Richter auf Probe oder kraft Auftrags tätig sowie an das Gericht für die Dauer von mehr als sechs Monaten abgeordnet sind. [2]Hat ein Richter mehrere Richterämter inne, ist er für den Gerichtsbezirk wahlberechtigt, in dem er seine Planstelle hat.

(2) Nicht wahlberechtigt zu dem Richterrat nach Absatz 1 sind Richter, die

1. für die Dauer von mehr als sechs Monaten an ein anderes Gericht, an eine Staatsanwaltschaft oder an eine Verwaltungsbehörde abgeordnet oder
2. am Wahltag mehr als achtzehn Monate ohne Dienstbezüge beurlaubt

sind.

(3) Für die Wahlen zu den weiteren Vertretungen gelten die Absätze 1 und 2 entsprechend.

§ 19 Wahlvorstand

(1) [1]Spätestens zehn Wochen vor Ablauf seiner Amtszeit bestellt der Richter- oder Staatsanwaltsrat drei Wahlberechtigte als Wahlvorstand und einen von ihnen als Vorsitzenden. [2]Für jedes Mitglied des Wahlvorstandes soll ein Ersatzmitglied bestellt werden. [3]Die Wahl der Mitglieder zum Hauptrichterrat oder Hauptstaatsanwaltsrat wird von dem für die Wahl des Richter- oder Staatsanwaltsrats bestellten Wahlvorstand durchgeführt. [4]Dies gilt auch für die Wahl der Mitglieder für den Präsidialrat und den Landesrichter- und Staatsanwaltsrat, soweit eine Wahlberechtigung nach Maßgabe des § 30 Abs. 2 oder § 36 Abs. 2 jeweils in Verbindung mit § 18 besteht.

(2) Besteht acht Wochen vor Ablauf der Amtszeit kein Wahlvorstand, bestellt ihn der Leiter der Dienststelle, bei der die Vertretung gebildet ist.

(3) [1]Der Wahlvorstand hat die Wahl unverzüglich einzuleiten; sie soll spätestens sechs Wochen nach der Bestellung des Wahlvorstands stattfinden. [2]Kommt der Wahlvorstand dieser Verpflichtung nicht nach, wird ein neuer Wahlvorstand bestellt; Absatz 2 gilt entsprechend.

§ 20 Geschäftsführung und Beschlussfassung

(1) [1]Die Vertretungen wählen aus ihrer Mitte jeweils mit einfacher Stimmenmehrheit einen Vorsitzenden und einen Stellvertreter. [2]Abweichend von Satz 1 bestimmt sich die Wahl des Vorsitzenden einschließlich dessen Ersatzmitglieder für den Präsidialrat nach § 31 Abs. 2. [3]Der Vorsitzende führt die laufenden Geschäfte und vertritt die Vertretung im Rahmen der von ihr gefassten Beschlüsse. [4]Die Sitzungen der Vertretungen sind nicht öffentlich.

(2) [1]Die Beschlüsse der Vertretungen werden mit einfacher Stimmenmehrheit der anwesenden Mitglieder gefasst. [2]Bei Stimmengleichheit ist ein Antrag abgelehnt. [3]Vertretungen sind beschlussfähig, wenn mindestens die Hälfte der Mitglieder anwesend ist. [4]In einfach gelagerten Angelegenheiten kann im schriftlichen Umlaufverfahren entschieden werden, wenn kein Mitglied der Vertretung diesem Verfahren widerspricht und alle Mitglieder der Vertretung Gelegenheit zur Abstimmung erhalten.

(3) Die Vertretungen regeln ihre Geschäftsführung und Beschlussfassung in einer Geschäftsordnung.

§ 21 Amtszeit

(1) Die Wahlen zu den Vertretungen finden alle fünf Jahre statt, spätestens einen Monat vor Ablauf ihrer Amtszeit.

(2) [1]Die Amtszeit der Vertretungen beträgt fünf Jahre. [2]Sie beginnt mit dem Wahltag oder, wenn zu diesem Zeitpunkt noch eine Vertretung besteht, mit Ablauf von deren Amtszeit. [3]Die bisherigen Vertretungen führen ihre Geschäfte nach Ablauf ihrer Amtszeit weiter, bis die neue Vertretung gewählt ist.

(3) Ist eine Vertretung vor Ablauf der Amtszeit nach Absatz 2 Satz 1 neu zu wählen, werden die Mitglieder der Vertretung nur für den Rest der Amtszeit der Vertretung gewählt.

§ 22 Rechtsstellung der Mitglieder

(1) [1]Die Mitgliedschaft in den Vertretungen ist ein unentgeltliches Ehrenamt, zu dessen Übernahme die gewählten Mitglieder und deren Ersatzmitglieder verpflichtet sind. [2]Sie können die Übernahme nur aus wichtigen Gründen ablehnen. [3]Ob ein wichtiger Grund vorliegt, entscheiden die übrigen Mitglieder der jeweiligen Vertretung.

(2) Die Mitglieder der Vertretungen dürfen in der Ausübung ihrer Aufgaben und Befugnisse nicht behindert und wegen ihrer Tätigkeit nicht benachteiligt oder begünstigt werden.

(3) Die Mitglieder der Vertretungen sind von ihrer dienstlichen Tätigkeit freizustellen, soweit es zur ordnungsgemäßen Wahrnehmung der Aufgaben der Vertretung erforderlich ist.

(4) Erleidet ein Richter oder Staatsanwalt anlässlich der Wahrnehmung von Rechten oder Erfüllung von Pflichten nach diesem Abschnitt einen Unfall, der im Sinne der beamtenrechtlichen Unfallfürsorgevorschriften ein Dienstunfall wäre, sind diese Vorschriften entsprechend anzuwenden.

§ 23 Ruhen der Mitgliedschaft; Ausschluss von der Mitwirkung

(1) Die Mitgliedschaft in einer Vertretung ruht, solange dem Mitglied die Führung seiner Amtsgeschäfte vorläufig untersagt oder es vorläufig des Dienstes enthoben worden ist.

(2) [1]Ein Mitglied einer Vertretung ist von der Mitwirkung ausgeschlossen, wenn die Voraussetzungen des § 41 Nr. 1 bis 3 der Zivilprozessordnung vorliegen oder wenn das Mitglied bereits im Rahmen eines Verwaltungsverfahrens mit der Angelegenheit befasst war. [2]Im Übrigen schließt die Besorgnis der Befangenheit die Mitwirkung in der Vertretung aus; ob die Besorgnis begründet ist, entscheidet die Vertretung auf Antrag eines Mitglieds ohne die Stimme des betroffenen Mitglieds.

§ 24 Ausscheiden von Mitgliedern

[1]Ein gewähltes Mitglied scheidet aus der Vertretung aus, wenn es sein Amt aus wichtigem Grund niederlegt oder seine Wählbarkeit verliert. [2]§ 22 Abs. 1 Satz 3 gilt für die Niederlegung aus wichtigem Grund entsprechend.

§ 25 Eintritt von Ersatzmitgliedern

[1]Scheidet ein Mitglied aus einer Vertretung aus oder erlischt dessen Mitgliedschaft, tritt das jeweilige Ersatzmitglied für den Rest der Amtszeit der Vertretung an dessen Stelle. [2]Satz 1 gilt für die Dauer

des Ruhens der Mitgliedschaft nach § 23 Abs. 1, für den Ausschluss von der Mitwirkung nach § 23 Abs. 2 und eine zeitweilige Verhinderung eines Mitglieds entsprechend.

§ 26 Kosten und Sachaufwand

(1) [1]Die Kosten, die durch die Wahl und im Rahmen der Tätigkeit der Vertretungen entstehen, trägt die Dienststelle, bei der die Vertretungen gebildet oder der sie zugeordnet sind. [2]Die Dienststelle hat in dem erforderlichen Umfang dienstliche Einrichtungen und den Geschäftsbedarf zur Verfügung zu stellen.

(2) Mitglieder der Vertretungen und des Wahlvorstandes erhalten für Reisen, die zur ordnungsgemäßen Wahrnehmung der Aufgaben notwendig sind, Reisekostenvergütung nach Maßgabe des Thüringer Reisekostengesetzes.

§ 27 Beratungsgeheimnis und Schweigepflicht

(1) Die Mitglieder der Vertretungen haben, auch nach ihrem Ausscheiden, über die ihnen bei der Wahrnehmung der Aufgaben der Vertretung bekannt gewordenen Angelegenheiten und Tatsachen Stillschweigen zu bewahren.

(2) Eine Schweigepflicht besteht nicht

1. gegenüber den übrigen Mitgliedern der Vertretung,
2. gegenüber der vorgesetzten Dienststelle und den anderen Vertretungen sowie der Einigungsstelle, die in Ausübung der Befugnisse der Vertretungen angerufen werden, sowie
3. für Angelegenheiten und Tatsachen, die offenkundig sind oder ihrer Bedeutung nach keiner Geheimhaltung bedürfen.

§ 28 Rechtsweg

(1) [1]Für Rechtsstreitigkeiten aus der Bildung oder Tätigkeit der Vertretungen oder Einigungsstellen steht der Verwaltungsrechtsweg offen. [2]Ein Vorverfahren findet nicht statt.

(2) Die richterlichen Mitglieder der Vertretungen sind in Rechtsstreitigkeiten aus der Bildung oder Tätigkeit der Vertretungen von der Ausübung des Richteramts ausgeschlossen.

(3) [1]Für Rechtsstreitigkeiten aus der gemeinsamen Beteiligung von Vertretungen und Personalrat steht der Verwaltungsrechtsweg offen. [2]Für das Verfahren gelten die Bestimmungen des Arbeitsgerichtsgesetzes über das Beschlussverfahren entsprechend. [3]Die Absätze 1 und 2 gelten auch für Rechtsstreitigkeiten in gemeinsamen Angelegenheiten nach § 43, über die in gemeinsamer Sitzung beraten worden ist.

§ 29 Anhörung der Berufsverbände der Richter und Staatsanwälte des Landes

[1]Unbeschadet der Beteiligungsrechte der Vertretungen soll die oberste Dienstbehörde die Berufsverbände der Richter und Staatsanwälte des Landes zu justizpolitischen Themen mit landesweiter Bedeutung in geeigneter Form anhören. [2]Im Fall einer solchen Anhörung unterrichtet die oberste Dienstbehörde die Berufsverbände der Richter und Staatsanwälte des Landes frühzeitig über beabsichtigte Maßnahmen mit der Gelegenheit zur Stellungnahme. [3]Der Inhalt schriftlicher Stellungnahmen der Berufsverbände der Richter und Staatsanwälte des Landes ist auf deren Verlangen zwischen der obersten Dienstbehörde und den beteiligten Berufsverbänden der Richter und Staatsanwälte des Landes mündlich zu erörtern.

Zweiter Unterabschnitt
Präsidialrat

§ 30 Errichtung, Zusammensetzung und Aufgaben des Präsidialrats

(1) Der Präsidialrat wird gemeinsam für die Gerichte der ordentlichen Gerichtsbarkeit, der Verwaltungsgerichtsbarkeit, der Finanzgerichtsbarkeit, der Arbeitsgerichtsbarkeit und der Sozialgerichtsbarkeit bei dem für Justiz zuständigen Ministerium errichtet.

(2) [1]Der Präsidialrat besteht aus

1. dem gewählten Präsidenten eines Gerichts als Vorsitzendem,
2. fünf ständigen Mitgliedern, und zwar je eines aus jedem Gerichtszweig, das von den jeweiligen wahlberechtigten Richtern des betreffenden Gerichtszweigs zu wählen ist, sowie
3. fünf von den jeweiligen wahlberechtigten Richtern des betreffenden Gerichtszweigs gewählten nichtständigen Mitgliedern aus dem Gerichtszweig, dem das zu besetzende Amt zugehört.

[2]Für jedes Mitglied nach Satz 1 Nr. 2 und 3 ist ein Ersatzmitglied zu wählen.

(3) [1]Der Präsidialrat ist

1. bei der Ernennung eines Richters, durch die diesem ein Amt mit höherem Endgrundgehalt verliehen wird, oder
2. bei Personalmaßnahmen in den Fällen des § 22 Abs. 1, Abs. 2 Nr. 1 oder Abs. 3, der §§ 23, 31 oder 32 des Deutschen Richtergesetzes

zu beteiligen. [2]Eine Beteiligung nach Satz 1 Nr. 2 erfolgt nur, soweit der von der Maßnahme betroffene Richter dies beantragt.

§ 31 Wählbarkeit und Vorsitz

(1) [1]In den Präsidialrat können nur diejenigen wahlberechtigten Richter gewählt werden, die am Wahltag seit mindestens fünf Jahren Richter und seit mindestens sechs Monaten bei einem Gericht des Landes im Hauptamt tätig sind. [2]Präsidenten eines Gerichts sind nur als Mitglied nach § 30 Abs. 2 Satz 1 Nr. 1 wählbar.

(2) [1]Der Vorsitzende und zwei Ersatzmitglieder werden abweichend von § 20 Abs. 1 Satz 1 aus dem Kreis aller wählbaren Präsidenten eines Gerichts in der Reihenfolge der erreichten Stimmenzahl gewählt. [2]Bei Stimmengleichheit entscheidet das Los über die Reihenfolge.

§ 32 Verfahren bei Beteiligung

(1) [1]Die oberste Dienstbehörde unterrichtet den Präsidialrat über beabsichtigte Maßnahmen im Sinne des § 30 Abs. 3, sofern dieser zu beteiligen ist, und beantragt seine schriftlich begründete Stellungnahme. [2]Die Frist zur Stellungnahme beträgt einen Monat; die oberste Dienstbehörde kann die Frist in dringenden Fällen auf zwei Wochen abkürzen. [3]Die Frist nach Satz 2 beginnt mit dem Tag des Eingangs des Antrags und der in Absatz 3 genannten Unterlagen beim Vorsitzenden des Präsidialrats. [4]Äußert sich der Präsidialrat nicht innerhalb der in den Sätzen 2 und 3 genannten Frist, gilt die beabsichtigte Maßnahme als gebilligt.

(2) Entscheidungen über Maßnahmen nach § 30 Abs. 3, bei denen der Präsidialrat zu beteiligen ist, dürfen erst ergehen, wenn

1. eine zustimmende Stellungnahme des Präsidialrats vorliegt,
2. die in Absatz 1 Satz 2 bestimmte Frist abgelaufen ist oder
3. das nach § 33 vorgesehene Verfahren durchgeführt wurde.

(3) [1]Dem Antrag sind der Personalbogen, die dienstlichen Beurteilungen und mit seiner Zustimmung auch die Personalakte des Richters beizufügen. [2]Der Präsidialrat kann alle Bewerber persönlich anhören. [3]Bei einer Auswahlentscheidung sind dem Präsidialrat der Besetzungsvorschlag der obersten Dienstbehörde und die in Satz 1 genannten Unterlagen aller Bewerber sowie mit deren Zustimmung auch die Personalakten vorzulegen.

(4) [1]Die oberste Dienstbehörde kann gegenüber dem Präsidialrat zur persönlichen und fachlichen Eignung der Bewerber Stellung nehmen und zu diesem Zweck in die Sitzungen des Präsidialrats einen Vertreter entsenden. [2]Ein Recht zur Teilnahme an der weiteren Beratung und Abstimmung besteht nicht. [3]Die Sätze 1 und 2 gelten auch für den Präsidenten des Obergerichts, dessen Geschäftsbereich von der Personalmaßnahme betroffen ist, soweit dieser nicht den Vorsitz führt.

(5) [1]Der Präsidialrat gibt in den Fällen des § 30 Abs. 3 Nr. 1 eine schriftlich begründete Stellungnahme über die persönliche und fachliche Eignung des Bewerbers ab, den die oberste Dienstbehörde ernennen will. [2]Er kann auch zur persönlichen und fachlichen Eignung der anderen Bewerber Stellung nehmen.

§ 33 Verfahren bei abweichender Stellungnahme des Präsidialrats

(1) [1]Spricht sich der Präsidialrat in seiner Stellungnahme gegen die von der obersten Dienstbehörde beabsichtigte Maßnahme aus, ist die Angelegenheit zwischen dem Präsdialrat und der obersten Dienstbehörde mit dem Ziel einer Einigung zu erörtern. [2]Die Einigungsverhandlung hat innerhalb von vier Wochen nach Eingang der Stellungnahme des Präsidialrats bei der obersten Dienstbehörde stattzufinden.

(2) [1]Führt die mündliche Erörterung nach Absatz 1 Satz 2 zu keiner Einigung, beteiligt der für Justiz zuständige Minister außer in den Fällen nach § 30 Abs. 3 Satz 1 Nr. 2 den Richterwahlausschuss nach Maßgabe des § 63. [2]In den Fällen nach § 30 Abs. 3 Satz 1 Nr. 2 entscheidet der für Justiz zuständige Minister.

Dritter Unterabschnitt

Richterräte und Hauptrichterräte, Staatsanwaltsräte und Hauptstaatsanwaltsrat, Landesrichter- und Staatsanwaltsrat

§ 34 Bildung und Zusammensetzung der Richterräte sowie der Hauptrichterräte

(1) Richterräte werden gebildet

1. in der ordentlichen Gerichtsbarkeit
   a) bei dem Oberlandesgericht,
   b) bei den Landgerichten,
   c) bei den Amtsgerichten, an denen in der Regel mindestens fünf Richter beschäftigt sind, sowie
2. in den Fachgerichtsbarkeiten bei jedem Gericht.

(2) [1]Amtsgerichte, bei denen kein Richterrat gebildet wird, werden durch Beschluss des Präsidiums des übergeordneten Gerichts für die Bildung eines Richterrats zusammengefasst, so dass die Gesamtzahl der bei den betreffenden Amtsgerichten beschäftigten Richter insgesamt mindestens sieben beträgt. [2]Sie können auch einem anderen Amtsgericht zugeteilt werden, bei dem ein Richterrat gebildet werden kann. [3]Kann bei einem Gericht der Fachgerichtsbarkeiten kein Richterrat gebildet werden, so tritt an seine Stelle der Hauptrichterrat der betroffenen Gerichtsbarkeit.

(3) Bei dem Oberlandesgericht, Landessozialgericht, Oberverwaltungsgericht und dem Landesarbeitsgericht wird je ein Hauptrichterrat als Stufenvertretung gebildet.

(4) Der Richterrat besteht aus

1. fünf Richtern, wenn in dem Bezirk des Gerichts, bei dem der Richterrat gebildet wird, mehr als 50 Richter tätig sind,
2. drei Richtern im Übrigen.

(5) Die Hauptrichterräte bestehen aus je fünf Richtern.

§ 35 Bildung und Zusammensetzung der Staatsanwaltsräte sowie des Hauptstaatsanwaltsrats

(1) [1]Bei jeder Staatsanwaltschaft wird ein Staatsanwaltsrat gebildet. [2]Er besteht aus

1. fünf Staatsanwälten, wenn in dem Bezirk der Staatsanwaltschaft, bei dem der Staatsanwaltsrat gebildet wird, mehr als 50 Staatsanwälte beschäftigt sind,
2. drei Staatsanwälten im Übrigen.

(2) [1]Bei der Generalstaatsanwaltschaft wird ein Hauptstaatsanwaltsrat als Stufenvertretung gebildet. [2]Er besteht aus fünf Staatsanwälten.

(3) Als Staatsanwälte gelten auch Richter auf Probe, solange sie bei einer Staatsanwaltschaft beschäftigt sind.

§ 36 Bildung und Zusammensetzung des Landesrichter- und Staatsanwaltsrats

(1) [1]Bei der obersten Dienstbehörde wird ein Landesrichter- und Staatsanwaltsrat als Stufenvertretung gebildet. [2]Er besteht aus folgenden acht Mitgliedern:

1. zwei Richtern der ordentlichen Gerichtsbarkeit,
2. zwei Staatsanwälten sowie
3. je einem Richter der Sozial-, Verwaltungs-, Arbeits- und Finanzgerichtsbarkeit.

(2) Die Mitglieder nach Absatz 1 Satz 2 werden jeweils nur von den Wahlberechtigten des Bereiches, den sie vertreten, gewählt.

§ 37 Wählbarkeit

(1) [1]Wählbar zu den Richter- und Staatsanwaltsräten sind jeweils die nach § 18 wahlberechtigten Richter und Staatsanwälte. [2]Die Präsidenten und Direktoren der Gerichte sowie ihre ständigen Vertreter sind nicht wählbar. [3]Dies gilt auch für die Leiter der Staatsanwaltschaften und deren ständige Vertreter.

(2) Für die Wählbarkeit von Richtern auf Probe als staatsanwaltliches Mitglied der Vertretungen gilt § 35 Abs. 3 entsprechend.

§ 38 Zuständigkeit der Richter- und Staatsanwaltsräte

Zuständig für die Angelegenheiten im Sinne dieses Gesetzes ist

1. der Richterrat in Angelegenheiten, die die Richter des Gerichts oder der Gerichte betreffen, für das oder die der Richterrat gebildet ist,
2. der Hauptrichterrat in Angelegenheiten,

a) die sich über den örtlichen Zuständigkeitsbereich eines Richterrats hinaus erstrecken,
b) die von der obersten Dienstbehörde beabsichtigt werden, soweit keine Zuständigkeiten des Landesrichter- und Staatsanwaltsrats bestehen, oder
c) in denen sich der örtliche Richterrat und die zur Entscheidung befugte Dienststelle nicht einigen,

3. der Staatsanwaltsrat in Angelegenheiten, die die Staatsanwälte der Staatsanwaltschaft betreffen, für die der Staatsanwaltsrat gebildet ist,
4. der Hauptstaatsanwaltsrat
   a) in Angelegenheiten,
      aa) die sich über den örtlichen Zuständigkeitsbereich eines Staatsanwaltsrats hinaus erstrecken,
      bb) die von der obersten Dienstbehörde beabsichtigt werden, soweit keine Zuständigkeiten des Landesrichter- und Staatsanwaltsrats bestehen, oder
      cc) in denen sich der örtliche Staatsanwaltsrat und die zur Entscheidung befugte Dienststelle nicht einigen, oder
   b) bei einer Ernennung eines Staatsanwalts, durch die diesem ein Amt mit höherem Endgrundgehalt verliehen wird; für das Verfahren der Beteiligung gelten die §§ 32 und 33 entsprechend,
5. der Landesrichter- und Staatsanwaltsrat in Angelegenheiten der obersten Dienstbehörde mit allgemeiner gemeinsamer Bedeutung für Richter und Staatsanwälte oder nach § 44 Abs. 4 bis 6.

§ 39 Grundsätze der Zusammenarbeit

(1) Die Leiter der Dienststellen und die jeweils zuständige Vertretung arbeiten zur Erfüllung der dienstlichen Aufgaben und im Interesse der Richter und Staatsanwälte unter Berücksichtigung der Belange der anderen Bediensteten vertrauensvoll zusammen.

(2) [1]Die jeweils zuständigen Vertretungen sind zur Durchführung ihrer Aufgaben rechtzeitig und umfassend zu unterrichten. [2]Ihnen sind die Unterlagen vorzulegen, die die Dienststelle zur Vorbereitung der von ihr beabsichtigten Maßnahmen beigezogen hat. [3]Personalakten dürfen nur mit Zustimmung des Betroffenen und nur von den von ihm bestimmten Mitgliedern der jeweils zuständigen Vertretung eingesehen werden.

(3) Die Leiter der Dienststellen und die jeweils zuständige Vertretung sollen regelmäßig, mindestens halbjährlich, zu Besprechungen zusammentreten.

§ 40 Volle Mitbestimmung

Die zuständige Vertretung hat mitzubestimmen

1. über die Regelung der Ordnung in der Dienststelle, des Verhaltens der Richter oder Staatsanwälte und des Schutzes vor sexueller Belästigung,
2. über die Errichtung, Verwaltung und Auflösung von Sozialeinrichtungen ohne Rücksicht auf deren Rechtsform,
3. bei Maßnahmen zur Verhütung von Dienstunfällen, Berufskrankheiten und sonstigen Gesundheitsschädigungen sowie von Gesundheitsgefährdungen, insbesondere auch im Rahmen der Umsetzung von Sicherheitskonzepten,
4. bei der Festsetzung der zeitlichen Lage des Erholungsurlaubs für einzelne Richter oder Staatsanwälte, wenn zwischen dem Dienstvorgesetzten und den beteiligten Richtern oder Staatsanwälten kein Einverständnis erzielt werden kann,
5. bei der Auswahl der Teilnehmer bei Fortbildungsveranstaltungen, wenn mehr Bewerbungen vorhanden sind, als Plätze zur Verfügung stehen,
6. über die Gestaltung der Arbeitsplätze einschließlich Einrichtung von Telearbeitsplätzen,
7. über die Einführung, die Anwendung, wesentliche Änderungen oder die Erweiterung technischer Einrichtungen, die geeignet sind, das Verhalten oder die Leistung der Richter oder Staatsanwälte zu überwachen oder zu erfassen,
8. bei der Gewährung und Versagung von Unterstützungen, Vorschüssen, Darlehen und ähnlichen Zuwendungen,
9. über die Aufstellung von Grundsätzen über das Vorschlagswesen,

10. bei der Abordnung eines Richters auf Lebenszeit oder eines Staatsanwalts ab einer Dauer von sechs Monaten mit Ausnahme der Fälle, in denen der Abzuordnende mit Personalangelegenheiten befasst ist oder aufgrund der Personalmaßnahme betraut werden soll,
11. bei der Bestellung zum Leiter einer Referendararbeitsgemeinschaft und bei der Berufung zum Mitglied des Justizprüfungsamts,
12. über die Einführung, Änderung oder Erweiterung von Beurteilungsrichtlinien,
13. bei der Aufstellung von Grundsätzen über die Durchführung der Fortbildung und
14. bei der Erstellung von Personalentwicklungskonzepten und allgemeinen Richtlinien für die personelle Auswahl bei Erprobungen oder Abordnungen zum Zwecke einer nicht richterlichen oder staatsanwaltschaftlichen Verwendung.

§ 41 Eingeschränkte Mitbestimmung

(1) Die zuständige Vertretung bestimmt eingeschränkt in personellen, sozialen und organisatorischen Angelegenheiten mit.

(2) [1]Personelle Angelegenheiten im Sinne des Absatzes 1 sind

1. die Versetzung eines Richters auf Lebenszeit oder eines Staatsanwalts zu einer anderen Dienststelle mit Ausnahme der Fälle der §§ 31 oder 32 des Deutschen Richtergesetzes,
2. die Ablehnung eines Antrags auf Sonderurlaub oder eines Antrags nach den §§ 12 bis 14,
3. die vorzeitige Versetzung in den Ruhestand und die Versetzung in den Ruhestand wegen Dienstunfähigkeit,
4. die Versagung oder der Widerruf der Genehmigung einer Nebentätigkeit,
5. die Geltendmachung von Ersatzansprüchen gegen einen Richter oder Staatsanwalt,
6. der Erlass einer Disziplinarverfügung oder die Erhebung der Disziplinarklage,
7. die Entlassung eines Richters oder Staatsanwalts ohne Entlassungsantrag, soweit nicht bei Richtern der Präsidialrat zu beteiligen ist und mit Ausnahme der Fälle nach § 62 Abs. 2,
8. die Betrauung eines Richters mit Aufgaben der Gerichtsverwaltung,
9. der Vorhalt der ordnungswidrigen Art der Ausführung der Dienstgeschäfte und Ermahnung zu ordnungsgemäßer, unverzögerter Erledigung der Amtsgeschäfte nach § 26 Abs. 2 des Deutschen Richtergesetzes.

[2]In den Fällen des Satzes 1 Nr. 3, 5 bis 7 und 9 unterliegt die Maßnahme nur dann der eingeschränkten Mitbestimmung, wenn der Betroffene die Beteiligung der zuständigen Vertretung beantragt. [3]Die Dienststelle hat auf das Antragsrecht rechtzeitig hinzuweisen.

(3) Soziale und organisatorische Angelegenheiten im Sinne des Absatzes 1 sind

1. die Bestellung und die Abberufung von Vertrauens- und Betriebsärzten sowie Sicherheitsfachkräften und die Bestellung des Datenschutzbeauftragten,
2. der Inhalt von Personalfragebögen mit Ausnahme der Fragebögen, die im Zusammenhang mit Rechnungsprüfungen oder Organisationsuntersuchungen stehen,
3. Maßnahmen, die der Durchsetzung der tatsächlichen Gleichberechtigung von Frauen und Männern, insbesondere der Beschäftigung, Aus-, Fort- und Weiterbildung und dem beruflichen Aufstieg dienen,
4. die Einführung, die Anwendung, wesentliche Änderungen oder die Erweiterung automatisierter Verarbeitung personenbezogener Daten außerhalb von Besoldungs-, Gehalts-, Versorgungs- und Beihilfeleistungen sowie Jubiläumszuwendungen,
5. die Einführung neuer sowie grundlegende Änderungen oder die Ausweitung bestehender Arbeitsmethoden am Arbeitsplatz, insbesondere Maßnahmen der technischen Rationalisierung,
6. Maßnahmen zur Hebung der Arbeitsleistung und zur Erleichterung des Arbeitsablaufs sowie Maßnahmen zur Änderung der Arbeitsorganisation oder
7. die Weiterleitung von Personalanforderungen zum Haushaltsvoranschlag.

§ 42 Anhörungsrechte; Teilnahme an Auswahlgesprächen

(1) Die zuständige Vertretung ist anzuhören bei

1. der Planung von Neu-, Um- und Erweiterungsbauten sowie der Anmietung von Diensträumen und
2. der wesentlichen Änderung oder Verlagerung von Arbeitsplätzen.

(2) Der Landesrichter- und Staatsanwaltsrat ist berechtigt, mit einem von ihm beauftragten Mitglied an Auswahlgesprächen der obersten Dienstbehörde zur Einstellung von Richtern auf Probe teilzunehmen.

§ 43 Gemeinsame Aufgaben von Richter- und Staatsanwaltsräten und Personalrat

(1) [1]Sind an einer Angelegenheit sowohl ein Richterrat oder ein Staatsanwaltsrat als auch ein Personalrat beteiligt, entsendet die jeweilige Vertretung für die gemeinsame Beschlussfassung Mitglieder in den jeweiligen Personalrat. [2]Dienstaufsichtsführende Richter dürfen zu diesem Zweck nicht in den Personalrat ihres Gerichts entsandt werden.

(2) Der Richterrat oder der Staatsanwaltsrat entsendet ein Mitglied in einen Personalrat, der aus nicht mehr als drei Mitgliedern besteht, im Übrigen zwei Mitglieder.

(3) Werden in einem Bezirkspersonalrat gemeinsame Angelegenheiten behandelt, nehmen an der Beratung und Beschlussfassung entsandte Mitglieder des Hauptrichterrats oder des Hauptstaatsanwaltsrats teil; Absatz 2 gilt entsprechend.

(4) Werden in einem Hauptpersonalrat gemeinsame Angelegenheiten behandelt, nehmen an der Beratung und Beschlussfassung entsandte Mitglieder des Landesrichter- und Staatsanwaltsrats teil; Absatz 2 gilt entsprechend.

§ 44 Mitbestimmungsverfahren

(1) Soweit eine Maßnahme der Mitbestimmung unterliegt, bedarf sie der Zustimmung der jeweils zuständigen Vertretung, soweit dieses Gesetz nichts anderes bestimmt.

(2) [1]Der Leiter der Dienststelle unterrichtet die jeweils zuständige Vertretung über die beabsichtigte Maßnahme schriftlich oder in elektronischer Form und beantragt ihre Zustimmung. [2]Die Vertretung kann eine schriftliche Begründung der beabsichtigten Maßnahme verlangen. [3]Der Beschluss der Vertretung über die beantragte Zustimmung ist dem Leiter der Dienststelle innerhalb von zwei Wochen mitzuteilen, soweit keine andere Frist mit der Vertretung vereinbart wird. [4]In dringenden Fällen kann der Leiter der Dienststelle diese Frist auf eine Woche abkürzen. [5]Die beantragte Maßnahme gilt als gebilligt, wenn nicht die Vertretung innerhalb der Frist nach den Sätzen 3 oder 4 die Zustimmung unter Angabe der Gründe schriftlich oder in elektronischer Form verweigert. [6]Soweit dabei Beschwerden oder Behauptungen tatsächlicher Art vorgetragen werden, die für einzelne Richter oder Staatsanwälte ungünstig sind oder ihnen nachteilig werden können, ist diesen durch den Leiter der Dienststelle Gelegenheit zur Äußerung zu geben; die Äußerung ist aktenkundig zu machen.

(3) [1]Die Vertretung kann eine Maßnahme, die ihrer Mitbestimmung unterliegt, schriftlich oder in elektronischer Form bei dem Leiter der Dienststelle beantragen. [2]Dies gilt nicht bei einer Maßnahme, die keine Auswirkungen auf die Belange der Gesamtheit der in der Dienststelle beschäftigten Richter oder Staatsanwälte hat, und den Betroffenen selbst der Rechtsweg offensteht. [3]Der Leiter der Dienststelle teilt der Vertretung innerhalb von drei Monaten schriftlich oder in elektronischer Form mit, ob er dem Antrag entspricht. [4]Eine Ablehnung ist zu begründen.

(4) [1]Einigen sich die nachgeordnete Dienststelle und die Vertretung nicht, kann jede Seite die Angelegenheit innerhalb von zwei Wochen auf dem Dienstweg der übergeordneten Dienststelle, bei der eine Stufenvertretung besteht, vorlegen. [2]Die übergeordnete Dienststelle beteiligt unverzüglich die Stufenvertretung. [3]Absatz 2 Satz 3 bis 6 gilt entsprechend.

(5) [1]Ist die übergeordnete Dienststelle ein oberes Landesgericht oder die Generalstaatsanwaltschaft und kommt zwischen ihr und der Stufenvertretung eine Einigung nicht zustande, kann der Leiter dieser Dienststelle oder die Stufenvertretung die Angelegenheit innerhalb von zwei Wochen der obersten Dienstbehörde vorlegen. [2]Die oberste Dienstbehörde hat unverzüglich den Landesrichter- und Staatsanwaltsrat mit der Angelegenheit zu befassen. [3]Kommt zwischen der obersten Dienstbehörde und dem Landesrichter- und Staatsanwaltsrat eine Einigung nicht zustande, kann jede Seite in den Fällen nach den §§ 40 und 41 Abs. 3 innerhalb von zwei Wochen die Einigungsstelle nach § 46 anrufen. [4]In den anderen Fällen entscheidet die oberste Dienstbehörde endgültig.

(6) [1]Kommt zwischen der obersten Dienstbehörde als unmittelbar oder übergeordnet zuständiger Stelle und dem Landesrichter- und Staatsanwaltsrat eine Einigung nicht zustande, gilt Absatz 5 Satz 3 und 4 entsprechend. [2]Entspricht die oberste Dienstbehörde in den sonstigen Fällen ihrer unmittelbaren Zuständigkeit den Einwendungen der zuständigen Vertretung nicht oder nicht in vollem Umfang, teilt sie ihre Entscheidung unter Angabe der Gründe schriftlich mit.

(7) [1]Der Leiter der Dienststelle kann bei Maßnahmen, die der Natur der Sache nach keinen Aufschub dulden, bis zur endgültigen Entscheidung vorläufige Regelungen treffen. [2]Die vorläufigen Regelungen sind als solche zu bezeichnen und zu begründen. [3]Das Mitbestimmungsverfahren ist unverzüglich einzuleiten oder fortzusetzen.

§ 45 Beteiligungsgespräch

(1) Angelegenheiten nach den §§ 40 und 41 können vor der Durchführung des Mitbestimmungsverfahrens von der Dienststelle mit der zuständigen Vertretung im Rahmen der regelmäßigen Besprechungen oder auf Antrag anlassbezogen mit dem Ziel der Einigung erörtert werden (Beteiligungsgespräch).

(2) [1]Zu den Beteiligungsgesprächen lädt die Dienststelle die zuständige Vertretung schriftlich oder in elektronischer Form unter Mitteilung der Tagesordnung ein. [2]Die Einladungsfrist beträgt zwei Wochen. [3]Die zur Vorbereitung auf das Gespräch erforderlichen Unterlagen sind der zuständigen Vertretung rechtzeitig zugänglich zu machen. [4]Bei anlassbezogenen Beteiligungsgesprächen kann die Einladungsfrist in dringenden Fällen auf bis zu drei Tage abgekürzt werden.

(3) [1]Wird in dem Beteiligungsgespräch eine Einigung erzielt, gilt die Zustimmung im Sinne des § 44 Abs. 1 als erteilt. [2]Das Ergebnis ist in einem Protokoll festzuhalten, das die Dienststelle fertigt und durch die Gegenzeichnung durch den Vorsitzenden der zuständigen Vertretung wirksam wird.

(4) [1]Wird eine Einigung nicht erzielt, können die Dienststelle und die Vertretung einvernehmlich die einmalige Vertagung der Angelegenheit beschließen. [2]Soweit auch in dem zweiten Beteiligungsgespräch keine Einigung erfolgt, bestimmt sich das weitere Verfahren nach § 44.

§ 46 Einigungsstelle

(1) [1]Bei der obersten Dienstbehörde wird für die Dauer der Amtszeit der Vertretungen eine Einigungsstelle gebildet. [2]Die Einigungsstelle besteht aus einem unparteiischen Mitglied als Vorsitzendem und vier weiteren Mitgliedern. [3]Von den weiteren Mitgliedern nach Satz 2 werden zwei von der obersten Dienstbehörde und zwei von dem Landesrichter- und Staatsanwaltsrat bestellt. [4]Für jedes Mitglied ist ein stellvertretendes Mitglied zu bestellen.

(2) Einigen sich die oberste Dienstbehörde und die Vertretung nicht innerhalb von zwei Monaten nach Beginn der Amtszeit auf ein unparteiisches Mitglied als Vorsitzenden, wird dieses durch den Präsidenten des Landesrechnungshofs bestellt.

(3) Die Mitglieder der Einigungsstelle üben ihr Amt unabhängig und weisungsfrei aus.

§ 47 Entscheidungen der Einigungsstelle

(1) [1]Die Einigungsstelle soll innerhalb von zwei Monaten nach Anrufung durch einen der Beteiligten entscheiden. [2]Sie entscheidet nach nichtöffentlicher Verhandlung durch Beschluss. [3]Der Beschluss wird mit Stimmenmehrheit gefasst; er ist zu begründen, von dem unparteiischen Mitglied als Vorsitzendem zu unterzeichnen und den Beteiligten unverzüglich zuzustellen.

(2) [1]Folgt die Einigungsstelle nicht dem Antrag der obersten Dienstbehörde, spricht sie in den Fällen des § 41 Abs. 3 eine Empfehlung an die oberste Dienstbehörde aus. [2]Diese entscheidet sodann endgültig.

(3) [1]In den Fällen des § 40 ist die Entscheidung der Einigungsstelle für die Beteiligten bindend. [2]Abweichend hiervon gilt, dass an die Stelle der Entscheidung eine Empfehlung der Einigungsstelle an die oberste Dienstbehörde tritt, wenn die Entscheidung gegen geltendes Recht verstößt oder durch sie der Amtsauftrag, für eine geordnete Rechtspflege zu sorgen, nicht nur unerheblich berührt wird. [3]Die oberste Dienstbehörde kann bei einer Entscheidung nach Satz 1, die wegen ihrer Auswirkung auf das Gemeinwesen die Regierungsgewalt wesentlich berührt, innerhalb eines Monats nach Zustellung der Entscheidung der Einigungsstelle die endgültige Entscheidung der Landesregierung beantragen.

(4) Weicht die endgültige Entscheidung der obersten Dienstbehörde oder der Landesregierung von einer Entscheidung oder Empfehlung der Einigungsstelle ab, ist dies der beteiligten Vertretung und der Einigungsstelle bekanntzugeben und diesen gegenüber schriftlich zu begründen.

§ 48 Dienstvereinbarungen

(1) [1]Dienstvereinbarungen sind zulässig, soweit gesetzliche Bestimmungen nicht entgegenstehen und sie keine Einzelangelegenheiten regeln. [2]Sie bedürfen der Schriftform, sind vom Leiter der Dienststelle und dem Vorsitzenden der zuständigen Vertretung zu unterzeichnen sowie anschließend von der Dienststelle in geeigneter Weise bekanntzumachen.

(2) Dienstvereinbarungen, die für einen größeren Bereich gelten, gehen den Dienstvereinbarungen für einen kleineren Bereich vor.

(3) Dienstvereinbarungen können, soweit nichts anderes vereinbart ist, von den Beteiligten nach Absatz 1 Satz 2 mit einer Frist von drei Monaten gekündigt werden.

§ 49 Geltung des Thüringer Personalvertretungsgesetzes

Soweit sich aus diesem Gesetz sowie aus dem Deutschen Richtergesetz nichts anderes ergibt, gelten die Bestimmungen des Thüringer Personalvertretungsgesetzes entsprechend.

§ 49a Bildung der Vertretung ehrenamtlicher Richter

[1]Schöffen, Handelsrichter, ehrenamtliche Richter in der Verwaltungs- und Finanzgerichtsbarkeit sowie in Landwirtschaftssachen können an den Gerichten, an denen sie tätig sind, Vertretungen wählen, die aus jeweils drei Mitgliedern bestehen. [2]Die Vertretungen werden in Angelegenheiten beteiligt, die die ehrenamtlichen Richter betreffen, und nehmen deren Interessen wahr. [3]Das Nähere über die Aufgaben der Vertretungen in den Gerichtszweigen sowie die Wahl der Vertretungen kann das für Justiz zuständige Ministerium durch Rechtsverordnung regeln. [4]Das Präsidium des Gerichts beruft spätestens vier Wochen nach Beginn der Amtszeit eine Versammlung der jeweiligen Gruppe der ehrenamtlichen Richter ein. [5]Die Versammlung entscheidet zunächst darüber, ob sie gewillt ist, eine Vertretung zu wählen. [6]Im Fall der Entscheidung für die Wahl einer Vertretung beschließt die Versammlung das Wahlverfahren, wenn es an einer Rechtsverordnung nach Satz 3 fehlt. [7]Die Vertretung der ehrenamtlichen Richterinnen und Richter in der Arbeits- und Sozialgerichtsbarkeit richtet sich nach § 29 des Arbeitsgerichtsgesetzes und § 23 des Sozialgerichtsgesetzes.

Dritter Abschnitt
Wahlausschüsse

Erster Unterabschnitt
Richterwahlausschuss

§ 50 Aufgaben des Richterwahlausschusses

(1) [1]Über die erstmalige Berufung in ein Richteramt auf Lebenszeit entscheidet der für Justiz zuständige Minister nach § 62 mit Zustimmung des Richterwahlausschusses. [2]Bei der Vergabe von Beförderungsämtern wird der Richterwahlausschuss in den Fällen des § 33 Abs. 2 Satz 1 nach § 63 beteiligt.

(2) [1]Der Richterwahlausschuss prüft, ob ein Bewerber persönlich und fachlich für das Richteramt geeignet ist. [2]Der Präsident des Obergerichts, für dessen Geschäftsbereich die Entscheidung erfolgen soll, gibt vor der Beschlussfassung des Richterwahlausschusses eine beratende Stellungnahme ab.

(3) Soweit der Richterwahlausschuss in den Fällen des § 33 Abs. 2 Satz 1 nach § 63 zu beteiligen ist, bezieht sich die Prüfung im Sinne des Absatzes 2 Satz 1 auf die Wahrung des Grundsatzes der Bestenauslese.

§ 51 Zusammensetzung des Richterwahlausschusses

[1]Der Richterwahlausschuss besteht aus folgenden 15 Mitgliedern:

1. zehn Abgeordneten des Landtags,
2. zwei Richtern als ständigen Mitgliedern,
3. jeweils drei Richtern des Gerichtszweigs, für den eine Entscheidung nach den §§ 62 oder 63 erfolgen soll, als nichtständigen Mitgliedern.

[2]Jedes Mitglied nach Satz 1 hat einen Vertreter.

§ 52 Wahl der vom Landtag zu berufenden Mitglieder

(1) Die Mitglieder des Richterwahlausschusses aus dem Kreis der Abgeordneten nach § 51 Satz 1 Nr. 1 sowie deren Vertreter nach § 51 Satz 2 werden zu Beginn jeder Wahlperiode des Landtags vom Landtag mit Zweidrittelmehrheit gewählt.

(2) [1]Jede Landtagsfraktion muss mit mindestens einem Abgeordneten im Richterwahlausschuss vertreten sein. [2]Die Mitglieder des Richterwahlausschusses nach § 51 Satz 1 Nr. 1 sowie deren Vertreter bleiben auch nach Beendigung der Wahlperiode des Landtags bis zur vollständigen Neuwahl im Amt. [3]§ 56 Abs. 1 bleibt unberührt.

§ 53 Wahl der richterlichen Mitglieder

(1) [1]Die richterlichen Mitglieder des Richterwahlausschusses und deren Vertreter werden zu Beginn jeder Wahlperiode des Landtags von den Richtern im Landesdienst geheim und unmittelbar gewählt. [2]Die ständigen Mitglieder nach § 51 Satz 1 Nr. 2 und deren Vertreter werden von allen wahlberechtigten Richtern aus dem Kreis der wählbaren Richter des Landes gewählt. [3]Die nichtständigen Mitglieder nach § 51 Satz 1 Nr. 3 und deren Vertreter werden von den wahlberechtigten Richtern eines Gerichtszweiges aus dem Kreis der wählbaren Richter dieses Gerichtszweiges gewählt. [4]§ 52 Abs. 2 Satz 2 gilt entsprechend.

(2) [1]Wahlberechtigt und wählbar nach Absatz 1 Satz 2 und 3 sind alle Richter auf Lebenszeit im Landesdienst. [2]Ausgenommen von der Wählbarkeit sind

1. Mitglieder der Hauptrichterräte und des Präsidialrats,
2. Richter, die am Wahltag für mehr als sechs Monate an ein Gericht außerhalb des Landes oder an eine andere Dienststelle als ein Gericht abgeordnet oder ohne Dienstbezüge beurlaubt sind.

(3) [1]Die Wahl der richterlichen Mitglieder des Richterwahlausschusses und deren Vertreter erfolgt jeweils nach den Grundsätzen der Mehrheitswahl aufgrund der Wahlvorschläge nach Absatz 4. [2]Zu den Vertretern der richterlichen Mitglieder sind die nicht zu Mitgliedern gewählten Richter in der Reihenfolge der erreichten Stimmenzahl gewählt. [3]Bei Stimmengleichheit entscheidet das Los über die Reihenfolge.

(4) [1]Die wahlberechtigten Richter eines jeden Gerichts können aus ihrer Mitte wählbare Richter als ständige und als nichtständige Mitglieder vorschlagen. [2]Jeder Wahlvorschlag muss mindestens von drei wahlberechtigten Richtern des betreffenden Gerichts unterzeichnet sein. [3]Dies gilt nicht, wenn bei einem Gericht weniger als drei wahlberechtigte Richter beschäftigt sind. [4]In diesem Fall muss ein Wahlvorschlag von allen wahlberechtigten Richtern des Gerichts unterzeichnet sein.

§ 54 Verpflichtung der Mitglieder

(1) Der für Justiz zuständige Minister verpflichtet die Mitglieder des Richterwahlausschusses, ihr Amt unparteiisch und gewissenhaft auszuführen.

(2) [1]Die Mitglieder des Richterwahlausschusses sind, auch nach ihrem Ausscheiden, zur Verschwiegenheit verpflichtet. [2]Über eine Genehmigung zur Aussage entscheidet der Präsident des Landtags.

§ 55 Ausschluss von der Mitwirkung

Ein Mitglied des Richterwahlausschusses ist von der Mitwirkung ausgeschlossen, wenn die Voraussetzungen des § 41 Nr. 1 bis 3 der Zivilprozessordnung vorliegen.

§ 56 Ausscheiden eines Mitglieds und Ruhen der Mitgliedschaft

(1) Ein Abgeordneter scheidet aus dem Richterwahlausschuss aus, wenn er seine Mitgliedschaft im Landtag verliert oder schriftlich gegenüber dem für Justiz zuständigen Minister auf die Mitgliedschaft verzichtet.

(2) Die Mitgliedschaft eines richterlichen Mitglieds ruht, solange dem Mitglied die Führung seiner Amtsgeschäfte vorläufig untersagt oder es vorläufig des Dienstes enthoben ist.

(3) Ein richterliches Mitglied scheidet aus dem Richterwahlausschuss aus, wenn

1. das Richterverhältnis zum Land endet,
2. einem nichtständigen Mitglied ein Richteramt in einem anderen Gerichtszweig übertragen wurde, für den es nicht gewählt worden ist, oder
3. es seine Wählbarkeit verliert.

§ 57 Ersatzwahl und Vertretung

(1) [1]In den Fällen des § 56 Abs. 1 nimmt der Landtag unverzüglich eine Ersatzwahl vor, die aufgrund neuer Vorschläge aus der Mitte des Landtags erfolgt. [2]In den Fällen des § 56 Abs. 3 wird der Vertreter mit der höchsten Stimmenzahl für den Rest der Amtszeit Mitglied.

(2) Ist ein Mitglied des Richterwahlausschusses an der Ausübung seines Amts verhindert, von der Mitwirkung ausgeschlossen oder ruht seine Mitgliedschaft, tritt der Vertreter für die Dauer der Verhinderung, des Ausschlusses oder des Ruhens der Mitgliedschaft an seine Stelle.

§ 58 Einberufung des Richterwahlausschusses

(1) [1]Der für Justiz zuständige Minister beruft den Richterwahlausschuss ein. [2]Er hat ihn einzuberufen, wenn mindestens ein Drittel der Mitglieder des Richterwahlausschusses dies unter Angabe des Beratungsgegenstands verlangen.

(2) [1]Die Einladung muss die Tagesordnung enthalten und den Mitgliedern spätestens eine Woche vor der Sitzung zugehen. [2]In der Tagesordnung sind die einzelnen Fälle mitzuteilen, über die ein Beschluss zu fassen ist.

§ 59 Sitzungen des Richterwahlausschusses

[1]Die Sitzungen des Richterwahlausschusses sind nicht öffentlich. [2]Der für Justiz zuständige Minister führt den Vorsitz. [3]Er hat kein Stimmrecht. [4]Ist er verhindert, tritt sein Vertreter im Amt an seine Stelle.

§ 60 Beschlussfähigkeit

(1) [1]Der Richterwahlausschuss ist beschlussfähig, wenn die Mehrheit seiner Mitglieder anwesend ist. [2]Der Richterwahlausschuss entscheidet in geheimer Abstimmung mit der Mehrheit der abgegebenen Stimmen.

(2) [1]Ist der Richterwahlausschuss nicht beschlussfähig oder vertagt er seine Entscheidung, kann eine neue Sitzung frühestens nach Ablauf von zwei Wochen stattfinden. [2]In dieser neuen Sitzung ist der Richterwahlausschuss hinsichtlich der Beratungsgegenstände der früheren Sitzung ohne Rücksicht auf die Zahl der anwesenden Mitglieder beschlussfähig, soweit in der Ladung hierauf hingewiesen und zu der Sitzung mit einer Ladungsfrist von einer Woche geladen worden ist.

§ 61 Vorbereitung der Entscheidung über die Berufung auf Lebenszeit

[1]Der für Justiz zuständige Minister legt dem Richterwahlausschuss zur Vorbereitung der Entscheidung über die Berufung eines Richters auf Probe oder eines Richters kraft Auftrags in ein Richterverhältnis auf Lebenszeit eine Personalübersicht sowie seinen Vorschlag und in den Fällen der §§ 18 oder 36 des Arbeitsgerichtsgesetzes oder des § 11 des Sozialgerichtsgesetzes jeweils mit dem Ergebnis der Beratung oder der Anhörung vor. [2]Personalakten dürfen nur vorgelegt werden, wenn der betroffene Richter zustimmt. [3]Die Vorlage nach Satz 1 erfolgt spätestens dreieinhalb Jahre nach der Ernennung zum Richter auf Probe und spätestens zwei Jahre nach der Ernennung zum Richter kraft Auftrags.

§ 62 Entscheidung über die Berufung in das Richterverhältnis auf Lebenszeit

(1) Stimmt der Richterwahlausschuss dem Vorschlag über die Berufung des Richters auf Probe oder des Richters kraft Auftrags in das Richterverhältnis auf Lebenszeit zu, darf der für Justiz zuständige Minister den Richter zum Richter auf Lebenszeit ernennen.

(2) Stimmt der Richterwahlausschuss der Übernahme des Richters auf Probe oder des Richters kraft Auftrags in das Richterverhältnis auf Lebenszeit nicht zu, hat der für Justiz zuständige Minister den Richter nach § 22 Abs. 2 Nr. 2 des Deutschen Richtergesetzes, gegebenenfalls in Verbindung mit § 23 des Deutschen Richtergesetzes, zu entlassen.

§ 63 Beteiligungsverfahren bei anderen Entscheidungen

(1) [1]Ist der Richterwahlausschuss nach § 33 Abs. 2 Satz 1 an der Entscheidungsfindung zu beteiligen, erfolgt die Einberufung nach § 58 unverzüglich. [2]Der für Justiz zuständige Minister legt dem Richterwahlausschuss zur Vorbereitung der Entscheidung mit einem Bericht seinen Besetzungsvorschlag einschließlich der in § 32 Abs. 3 bezeichneten Unterlagen und der nach § 32 Abs. 5 abgegebenen Stellungnahme des Präsidialrats vor. [3]Die Personalakten der Bewerber dürfen nur mit deren Zustimmung vorgelegt werden.

(2) [1]Der Richterwahlausschuss entscheidet, ob er dem Besetzungsvorschlag des für Justiz zuständigen Ministers zustimmt. [2]Erreicht der Besetzungsvorschlag nicht die erforderliche Mehrheit, kann der Richterwahlausschuss einen der anderen Bewerber auswählen. [3]Abweichend von § 60 Abs. 1 Satz 2 erfolgt die Beschlussfassung in den Fällen nach Satz 1 oder 2 jeweils mit der Mehrheit von zwei Dritteln der abgegebenen Stimmen.

(3) [1]Stimmt der Richterwahlausschuss dem Besetzungsvorschlag des für Justiz zuständigen Ministers zu oder stimmt der für Justiz zuständige Minister der Entscheidung des Richterwahlausschusses zu, trifft der für Justiz zuständige Minister die weiteren Maßnahmen. [2]Erreicht kein Bewerber im Richterwahlausschuss die für die Wahl erforderliche Mehrheit oder stimmt der für Justiz zuständige Minister der Entscheidung des Richterwahlschusses nicht zu, ist der fehlende Konsens darzustellen und

zu begründen. [3]Der für Justiz zuständige Minister kann dem Präsidialrat erneut einen Bewerber vorschlagen oder die Stelle neu ausschreiben.

§ 64 Geschäftsordnung

[1]Weitere Einzelheiten des Verfahrens des Richterwahlausschusses regelt dieser in einer Geschäftsordnung. [2]Diese ist im Justiz-Ministerialblatt für Thüringen zu veröffentlichen.

Zweiter Unterabschnitt

Staatsanwaltswahlausschuss

§ 65 Aufgaben des Staatsanwaltswahlausschusses

(1) Vor der Übernahme eines Richters auf Probe als Staatsanwalt in ein Beamtenverhältnis auf Lebenszeit und bei der Vergabe von staatsanwaltschaftlichen Beförderungsämtern beteiligt der für Justiz zuständige Minister den Staatsanwaltswahlausschuss nach den §§ 67 und 68.

(2) [1]Hinsichtlich des Staatsanwaltswahlausschusses finden die §§ 50 bis 64 entsprechende Anwendung, soweit nach den Bestimmungen dieses Unterabschnitts keine abweichende Regelung erfolgt. [2]§ 50 Abs. 2 Satz 2 gilt mit der Maßgabe, dass an die Stelle des jeweiligen Präsidenten des Obergerichts der Generalstaatsanwalt tritt.

§ 66 Zusammensetzung des Staatsanwaltswahlausschusses

[1]Der Staatsanwaltswahlausschuss besteht aus folgenden 15 ständigen Mitgliedern:

1. zehn Abgeordneten des Landtags,
2. fünf Staatsanwälten.

[2]Jedes Mitglied nach Satz 1 hat einen Vertreter.

§ 67 Entscheidung über die Berufung in das Beamtenverhältnis auf Lebenszeit

(1) Der für Justiz zuständige Minister legt dem Staatsanwaltswahlausschuss vor der Entscheidung über die Ernennung eines Richters auf Probe als Staatsanwalt in einem Beamtenverhältnis auf Lebenszeit seinen Ernennungsvorschlag zur Beratung vor.

(2) Stimmt der Staatsanwaltswahlausschuss dem Vorschlag über die Berufung des Richters auf Probe in das Beamtenverhältnis auf Lebenszeit zu, darf der für Justiz zuständige Minister den Richter auf Probe zum Staatsanwalt im Beamtenverhältnis auf Lebenszeit ernennen.

(3) [1]Stimmt der Staatsanwaltswahlausschuss dem Vorschlag auf Übernahme des Richters auf Probe in das Beamtenverhältnis auf Lebenszeit nicht zu, kann der für Justiz zuständige Minister unter schriftlicher Darlegung der für die endgültige Entscheidung maßgeblichen Gründe die Maßnahmen zur Umsetzung seines Ernennungsvorschlags treffen. [2]Die Gründe sind dem Staatsanwaltswahlausschuss mitzuteilen.

§ 68 Beteiligung bei weiteren Entscheidungen

(1) Ist der Staatsanwaltswahlausschuss nach § 38 Nr. 4 Buchst. b in Verbindung mit § 33 Abs. 2 Satz 1 an der Entscheidungsfindung zu beteiligen, gilt § 63 Abs. 1 bis 3 Satz 1 entsprechend.

(2) [1]Erreicht kein Bewerber im Staatsanwaltswahlausschuss die für die Wahl erforderliche Mehrheit oder stimmt der für Justiz zuständige Minister der Entscheidung des Staatsanwaltswahlausschusses nicht zu, kann der für Justiz zuständige Minister dem Hauptstaatsanwaltsrat

1. erneut einen Bewerber vorschlagen,
2. die Stelle neu ausschreiben oder
3. unter Berücksichtigung der Entscheidung des Staatsanwaltswahlausschusses weitere Maßnahmen zur Umsetzung seines Besetzungsvorschlags treffen.

[2]Die Entscheidung nach Satz 1 Nr. 3 erfolgt unter schriftlicher Darlegung der für diese Entscheidung maßgeblichen Gründe; die Gründe sind dem Staatsanwaltswahlausschuss und dem Hauptstaatsanwaltsrat mitzuteilen.

Vierter Abschnitt
Richterdienstgerichte

Erster Unterabschnitt
Errichtung und Zuständigkeit

§ 69 Errichtung
(1) Richterdienstgerichte sind das Dienstgericht für Richter und der Dienstgerichtshof für Richter.
(2) Das Dienstgericht wird bei dem Landgericht Meiningen, der Dienstgerichtshof bei dem Oberlandesgericht errichtet.
(3) [1]Bei Bedarf können bei den Richterdienstgerichten mehrere Spruchkörper gebildet werden. [2]Die Zahl der Spruchkörper bestimmt die oberste Dienstbehörde.
(4) Die Aufgaben der Geschäftsstellen und der Gerichtskassen der Richterdienstgerichte werden von den Geschäftsstellen und Gerichtskassen der Gerichte wahrgenommen, bei denen sie errichtet sind.

§ 70 Zuständigkeit
(1) Das Dienstgericht entscheidet
1. in Disziplinarsachen der Richter, auch der Richter im Ruhestand,
2. über die Versetzung im Interesse der Rechtspflege nach § 31 des Deutschen Richtergesetzes,
3. bei Richtern auf Lebenszeit oder auf Zeit über die
   a) Nichtigkeit einer Ernennung nach § 18 des Deutschen Richtergesetzes,
   b) Rücknahme einer Ernennung nach § 19 des Deutschen Richtergesetzes,
   c) Entlassung aus dem Dienstverhältnis nach § 21 des Deutschen Richtergesetzes,
   d) Versetzung in den Ruhestand wegen Dienstunfähigkeit nach § 34 Satz 1 des Deutschen Richtergesetzes,
   e) eingeschränkte Verwendung wegen begrenzter Dienstfähigkeit oder
4. bei Anfechtung
   a) einer Maßnahme wegen Veränderung der Gerichtsorganisation nach § 32 des Deutschen Richtergesetzes,
   b) der Abordnung eines Richters nach § 37 Abs. 3 des Deutschen Richtergesetzes,
   c) einer Verfügung, durch die ein Richter auf Probe oder kraft Auftrags entlassen, seine Ernennung zurückgenommen, die Nichtigkeit seiner Ernennung festgestellt oder wegen Dienstunfähigkeit in den Ruhestand versetzt wird,
   d) der Heranziehung zu einer Nebentätigkeit nach § 42 des Deutschen Richtergesetzes,
   e) einer Maßnahme der Dienstaufsicht aus den Gründen des § 26 Abs. 3 des Deutschen Richtergesetzes,
   f) einer Entscheidung über die Ermäßigung des Dienstes und Beurlaubung von Richtern nach den §§ 12 bis 14 oder
   g) der Übertragung eines weiteren Richteramts nach § 8 in Verbindung mit § 27 Abs. 2 des Deutschen Richtergesetzes.

(2) Das Dienstgericht entscheidet ferner
1. in Disziplinarsachen gegen Staatsanwälte, auch der Staatsanwälte im Ruhestand,
2. in Disziplinarsachen der Beamten des Rechnungshofs, die richterliche Unabhängigkeit besitzen, auch soweit sie im Ruhestand sind, oder
3. in den Fällen, in denen auf Beamte des Rechnungshofs die für Richter geltenden Vorschriften anzuwenden sind.

§ 71 Zuständigkeit des Dienstgerichtshofs
Der Dienstgerichtshof entscheidet
1. über Berufungen und Beschwerden gegen Entscheidungen des Dienstgerichts oder
2. in den Fällen, in denen nach den Bestimmungen dieses Gesetzes und den danach anzuwendenden Verfahrensordnungen das Gericht des zweiten Rechtszuges zuständig ist.

§ 72 Revision
(1) Den Beteiligten steht, soweit dieses Gesetz nichts anderes bestimmt, gegen Urteile des Dienstgerichtshofs in den Fällen

1. des § 70 Abs. 1 Nr. 1 nach § 81 des Deutschen Richtergesetzes oder
2. des § 70 Abs. 1 Nr. 2 bis 4 nach § 80 des Deutschen Richtergesetzes

die Revision an das Dienstgericht des Bundes zu.

(2) In den Fällen des § 70 Abs. 2 ist Absatz 1 entsprechend anzuwenden.

§ 73 Dienstaufsicht

Die Dienstaufsicht über die Dienstgerichte führt die oberste Dienstbehörde nach § 3 Abs. 2.

Zweiter Unterabschnitt
Besetzung

§ 74 Mitglieder der Dienstgerichte

(1) [1]Die Mitglieder der Richterdienstgerichte müssen, soweit sie nicht Staatsanwälte sind, auf Lebenszeit ernannte Richter sein. [2]Richter, denen die Dienstaufsicht über Richter zusteht, und ihre ständigen Vertreter können nicht Mitglieder eines Richterdienstgerichts sein.

(2) [1]Die Mitglieder werden für eine Amtszeit von fünf Jahren von dem Präsidium des Gerichts, bei dem das Dienstgericht errichtet ist, bestellt. [2]Dieses bestimmt, wer ständiger und nichtständiger Beisitzer ist.

(3) Die Präsidien der anderen Gerichte des Landes schlagen geeignete Richter als Beisitzer vor.

(4) Wird während der Amtszeit eines Mitglieds die Bestellung eines neuen Mitglieds erforderlich, wird dieses für den Rest der Amtszeit des jeweiligen Mitglieds bestellt.

§ 75 Besetzung der Dienstgerichte

(1) [1]Die Dienstgerichte verhandeln und entscheiden in der Besetzung mit einem Vorsitzenden, einem ständigen und einem nichtständigen Beisitzer. [2]Der Vorsitzende gehört der ordentlichen Gerichtsbarkeit, der ständige Beisitzer der Verwaltungsgerichtsbarkeit und der nichtständige Beisitzer dem Gerichtszweig des betroffenen Richters an.

(2) Der Vorsitzende bestimmt vor Beginn des Geschäftsjahrs für dessen Dauer, nach welchen Grundsätzen die Mitglieder an den Verfahren mitwirken; diese Anordnung kann nur geändert werden, wenn dies wegen Überlastung, ungenügender Auslastung, Wechsel oder dauernder Verhinderung einzelner Mitglieder des Dienstgerichts nötig wird.

§ 76 Verbot der Amtsausübung

Ein Mitglied eines Dienstgerichts, gegen das eine Disziplinarklage erhoben worden ist oder die Hauptverhandlung in Strafsachen wegen eines Verbrechens oder vorsätzlichen Vergehens eröffnet worden ist oder dem die Führung seiner Amtsgeschäfte in einem Verfahren nach § 35 des Deutschen Richtergesetzes vorläufig untersagt ist, kann während dieses Verfahrens oder der Dauer der Untersagung sein Amt nicht ausüben.

§ 77 Erlöschen oder Ruhen des Amts

(1) Ein Mitglied scheidet aus dem Dienstgericht aus, wenn es im Strafverfahren rechtskräftig zu einer Freiheitsstrafe verurteilt oder gegen es rechtskräftig eine Disziplinarmaßnahme nach § 80 Abs. 1 Nr. 2 bis 6 verhängt worden ist.

(2) Ein Mitglied des Dienstgerichts ist von der Ausübung ausgeschlossen, solange es mit der Wahrnehmung der Amtsgeschäfte des Präsidenten eines Gerichts oder seines ständigen Vertreters beauftragt ist.

§ 78 Besetzung der Dienstgerichte in Disziplinarverfahren gegen Staatsanwälte und Mitglieder des Rechnungshofs

(1) [1]In Disziplinarverfahren gegen Staatsanwälte und gegen Mitglieder des Rechnungshofs, die die richterliche Unabhängigkeit besitzen, tritt an die Stelle des nichtständigen Beisitzers des Dienstgerichts ein auf Lebenszeit ernannter Staatsanwalt oder ein Mitglied des Rechnungshofs, das die richterliche Unabhängigkeit besitzt. [2]Diese müssen das 30. Lebensjahr vollendet haben. [3]Die oberste Dienstbehörde bestellt sie für die Dauer von fünf Jahren. [4]Die Berufsverbände der Staatsanwälte des Landes und der Mitglieder des Rechnungshofs, die die richterliche Unabhängigkeit besitzen, können Vorschläge für die Bestellung einreichen.

(2) Die Leiter der Staatsanwaltschaften und der Präsident des Rechnungshofs sowie ihre ständigen Vertreter können nicht Mitglieder eines Dienstgerichts sein.

(3) Die §§ 76 und 77 gelten entsprechend.

Dritter Unterabschnitt
Disziplinarverfahren

§ 79 Geltung des Thüringer Disziplinargesetzes
In Disziplinarsachen gegen Richter und Staatsanwälte gilt das Thüringer Disziplinargesetz (ThürDG) entsprechend, soweit dieses Gesetz nichts anderes bestimmt.

§ 80 Disziplinarmaßnahmen
(1) Disziplinarmaßnahmen sind:
1. Verweis,
2. Geldbuße,
3. Kürzung der Dienstbezüge,
4. Versetzung in ein anderes Richteramt mit gleichem Endgrundgehalt,
5. Versetzung in ein Richteramt mit geringerem Endgrundgehalt (Zurückstufung),
6. Entfernung aus dem Dienst,
7. Kürzung des Ruhegehalts oder
8. Aberkennung des Ruhegehalts.

(2) [1]Die Disziplinarmaßnahme der Versetzung in ein anderes Richteramt mit gleichem Endgrundgehalt nach Absatz 1 Nr. 4 kann mit Kürzung der Dienstbezüge, Versagen des Aufsteigens in den Stufen des Grundgehalts und Einstufung in eine niedrigere Erfahrungsstufe oder mit einer dieser Maßnahmen verbunden werden; im Zusammenhang mit einer verhängten Disziplinarmaßnahme entstehende Umzugskosten werden nicht erstattet. [2]Im Übrigen darf in demselben Disziplinarverfahren nur eine der in Absatz 1 genannten Disziplinarmaßnahmen verhängt werden.
(3) Sind mehr als fünf Jahre seit der Beendigung des als Dienstvergehen in Betracht kommenden Verhaltens vergangen, ist es unzulässig, die Disziplinarmaßnahme der Versetzung in ein anderes Richteramt mit gleichem Endgrundgehalt nach Absatz 1 Nr. 4 zu verhängen.
(4) Durch Disziplinarverfügung kann gegen einen Richter oder Staatsanwalt nur der Verweis verhängt werden.

§ 81 Durchführung von Disziplinarverfahren
(1) [1]Zum Ermittlungsführer nach § 28 ThürDG kann nur ein auf Lebenszeit ernannter Richter, in Verfahren gegen Staatsanwälte auch ein auf Lebenszeit ernannter Staatsanwalt berufen werden. [2]Die oberste Dienstbehörde fördert die Qualifizierung geeigneter Richter und Staatsanwälte für die Wahrnehmung der Aufgaben als Ermittlungsführer. [3]Die Auswahl eines Ermittlungsführers ist durch den zuständigen Dienstvorgesetzten vorrangig aus dem Kreis der nach Satz 2 besonders qualifizierten Personen vorzunehmen.
(2) Die Leiter der nachgeordneten Dienststellen berichten der obersten Dienstbehörde umgehend über die Einleitung, die Erweiterung und den Abschluss von Disziplinarverfahren.

§ 82 Erhebung der Disziplinarklage
In Disziplinarverfahren gegen Richter und Staatsanwälte wird die Disziplinarklage von der obersten Dienstbehörde erhoben.

§ 83 Entscheidungen des Dienstgerichts
(1) [1]Das Dienstgericht entscheidet in Disziplinarverfahren gegen Richter auf Antrag der obersten Dienstbehörde durch Beschluss über
1. die vorläufige Dienstenthebung,
2. die Einbehaltung eines Teils der monatlichen Dienstbezüge oder
3. die Aufhebung der Maßnahmen nach Nummer 1 oder 2.

[2]Der Antrag ist zulässig, wenn gleichzeitig gegen den Richter ein Disziplinarverfahren eingeleitet wird oder bereits eingeleitet ist.
(2) [1]Der Beschluss nach Absatz 1 Satz 1 ist der obersten Dienstbehörde und dem Richter zuzustellen. [2]Gegen die Entscheidung des Dienstgerichts ist die Beschwerde zulässig. [3]Die Beschwerde hat keine aufschiebende Wirkung.

(3) [1]Ist das Verfahren beim Dienstgerichtshof anhängig, entscheidet dieser. [2]Die Absätze 1 und 2 gelten entsprechend.

(4) [1]Der Richter oder der Richter im Ruhestand kann die Aufhebung der Maßnahmen nach Absatz 1 Satz 1 Nr. 1 oder 2 beantragen, wenn seit der Anordnung dieser Maßnahmen sechs Monate vergangen sind. [2]Absatz 2 Satz 1 und 2 gilt entsprechend.

(5) Die Absätze 1 bis 4 gelten für Staatsanwälte entsprechend.

§ 84 Gesetzlicher Vertreter, Bevollmächtigter und Beistand

(1) Zum gesetzlichen Vertreter kann nur ein auf Lebenszeit ernannter Richter, in Verfahren gegen Staatsanwälte auch ein auf Lebenszeit ernannter Staatsanwalt bestellt werden.

(2) [1]In Disziplinarverfahren gegen Richter kann ein Richter oder ein Richter im Ruhestand Bevollmächtigter oder Beistand sein. [2]In Disziplinarverfahren gegen Staatsanwälte kann auch ein Staatsanwalt oder ein Staatsanwalt im Ruhestand Bevollmächtigter oder Beistand sein.

§ 85 Bekleidung mehrerer Ämter

(1) Ist ein Richter zugleich beamteter Professor, gelten für ihn, auch hinsichtlich der Zuständigkeit der Behörden und Dienstvorgesetzten, die disziplinarrechtlichen Bestimmungen für das Richteramt.

(2) [1]Für Dienstvergehen, die der Richter nach Absatz 1 nur als Beamter oder nur im Zusammenhang mit seiner Tätigkeit als Beamter begangen hat, gelten die disziplinarrechtlichen Bestimmungen für Beamte. [2]Die vorläufige Dienstenthebung durch die insoweit zuständige Behörde erstreckt sich in diesem Fall nicht auf das Richteramt. [3]Über die vorläufige Enthebung vom Richteramt und die Aufhebung dieser Maßnahme entscheidet das Dienstgericht auf Antrag des für Justiz zuständigen Ministeriums.

§ 86 Richter auf Probe und Richter kraft Auftrags

(1) [1]Gegen einen Richter auf Probe und einen Richter kraft Auftrags wird eine Disziplinarklage dann nicht erhoben, wenn der Richter wegen eines Verhaltens entlassen werden soll, das bei Richtern auf Lebenszeit eine im gerichtlichen Disziplinarverfahren zu verhängende Disziplinarmaßnahme zur Folge hätte. [2]Vor der Entlassung ist der Sachverhalt aufzuklären. [3]Die §§ 15 bis 35 ThürDG und § 81 Abs. 1 gelten entsprechend mit der Maßgabe, dass nur ein auf Lebenszeit ernannter Richter mit den Ermittlungen beauftragt werden kann.

(2) Ist ein Richter kraft Auftrags nach § 22 Abs. 3 des Deutschen Richtergesetzes in Verbindung mit § 23 des Deutschen Richtergesetzes aus dem Richterverhältnis entlassen worden, steht dies der Erhebung einer Disziplinarklage nach den Bestimmungen für Beamte nicht entgegen.

§ 87 Besondere Bestimmungen

[1]Bekleidet ein Staatsanwalt oder ein Beamter des Rechnungshofs zugleich ein anderes Amt, gelten die Bestimmungen dieses Gesetzes nicht, wenn das Dienstvergehen nur im Zusammenhang mit diesem anderen Amt begangen worden ist. [2]§ 85 Abs. 2 Satz 2 und 3 gilt entsprechend.

Vierter Unterabschnitt
Versetzungs- und Prüfungsverfahren

§ 88 Anwendung der Bestimmungen der Verwaltungsgerichtsordnung

[1]Für Versetzungsverfahren nach § 70 Abs. 1 Nr. 2 und Prüfungsverfahren nach § 70 Abs. 1 Nr. 3 und 4 gelten die Bestimmungen der Verwaltungsgerichtsordnung entsprechend, soweit dieses Gesetz nichts anderes bestimmt. [2]Die Bestimmungen der Verwaltungsgerichtsordnung über die Zulassungsbedürftigkeit von Rechtsmitteln finden keine Anwendung.

§ 89 Vorläufige Untersagung der Führung der Amtsgeschäfte

(1) [1]Das Dienstgericht entscheidet auf Antrag der obersten Dienstbehörde über die vorläufige Untersagung der Führung der Amtsgeschäfte nach § 35 des Deutschen Richtergesetzes und die Aufhebung dieser Maßnahmen. [2]Der Antrag kann auch schon vor Einleitung eines Versetzungs- und Prüfungsverfahrens gestellt werden. [3]An Stelle des Dienstgerichts entscheidet der Dienstgerichtshof, wenn bereits ein noch nicht rechtskräftiges Urteil des Dienstgerichts vorliegt.

(2) [1]Das Dienstgericht entscheidet über den Antrag nach Absatz 1 nach mündlicher Verhandlung durch Beschluss. [2]Gegen die Entscheidung des Dienstgerichts ist die Beschwerde zulässig.

(3) Die Anordnung des Dienstgerichts, durch die einem Richter die Führung seiner Amtsgeschäfte vorläufig untersagt wird, tritt außer Kraft, wenn nicht bis zum Ablauf von drei Monaten nach der Anordnung das Versetzungs- oder Prüfungsverfahren gegen den Richter eingeleitet wird.

§ 90 Einleitung des Versetzungsverfahrens

[1]Das Versetzungsverfahren nach § 70 Abs. 1 Nr. 2 wird durch einen Antrag der obersten Dienstbehörde eingeleitet. [2]Ein Vorverfahren findet nicht statt.

§ 91 Urteilsformel im Versetzungsverfahren

In seinem Urteil erklärt das Dienstgericht eine der in § 31 des Deutschen Richtergesetzes vorgesehenen Maßnahmen für zulässig oder weist den Antrag zurück.

§ 92 Versetzung in den Ruhestand wegen Dienstunfähigkeit mit Zustimmung des Richters

(1) Beantragt ein Richter auf Lebenszeit oder ein Richter auf Zeit schriftlich, ihn wegen Dienstunfähigkeit in den Ruhestand zu versetzen, oder stimmt dieser seiner Versetzung in den Ruhestand schriftlich zu, hat der unmittelbare Dienstvorgesetzte nach Einholung ärztlicher Gutachten über den Gesundheitszustand festzustellen, ob er den Richter als dauernd unfähig erachtet, seine Amtspflichten zu erfüllen.

(2) [1]Die oberste Dienstbehörde, die über die Versetzung in den Ruhestand entscheidet, ist an die Feststellung des unmittelbaren Dienstvorgesetzten nicht gebunden. [2]Sie kann eine weitere Beweiserhebung durchführen.

§ 93 Versetzung in den Ruhestand wegen Dienstunfähigkeit ohne Zustimmung des Richters

(1) [1]Hält die oberste Dienstbehörde einen Richter für dienstunfähig und beantragt dieser nicht die Versetzung in den Ruhestand, teilt die oberste Dienstbehörde dem Richter oder seinem gesetzlichen Vertreter unter Angabe der Gründe mit, dass seine Versetzung in den Ruhestand beabsichtigt sei. [2]Ist der Richter zur Wahrnehmung seiner Rechte in dem Verfahren nicht in der Lage, bestellt das zuständige Amtsgericht auf Antrag der obersten Dienstbehörde einen Betreuer im Sinne des § 84 Abs. 1 als gesetzlichen Vertreter in dem Verfahren. [3]Die Bestimmungen des Gesetzes über das Verfahren in Familiensachen und in den Angelegenheiten der freiwilligen Gerichtsbarkeit gelten bei Anordnung einer Betreuung nach § 1896 des Bürgerlichen Gesetzbuchs entsprechend.

(2) [1]Stimmt der Richter oder sein gesetzlicher Vertreter der Versetzung in den Ruhestand nicht innerhalb eines Monats nach Zugang der Mitteilung nach Absatz 1 Satz 1 schriftlich zu, stellt die oberste Dienstbehörde das Verfahren ein oder beantragt beim Dienstgericht, die Zulässigkeit der Versetzung des Richters in den Ruhestand festzustellen. [2]Die das Ruhegehalt, welches dem Richter bei einer Versetzung in den Ruhestand wegen Dienstunfähigkeit zu diesem Zeitpunkt gewährt werden würde, übersteigenden Dienstbezüge sind nach Ablauf des Kalendermonats, in dem die Antragsschrift dem Richter oder seinem gesetzlichen Vertreter zugestellt wurde, bis zum Beginn des Ruhestands einzubehalten.

(3) [1]Gibt das Dienstgericht dem Antrag der obersten Dienstbehörde statt, ist der Richter mit dem Ende des Monats, in dem die gerichtliche Entscheidung rechtskräftig geworden ist, in den Ruhestand zu versetzen. [2]Die einbehaltenen Dienstbezüge werden nicht nachgezahlt. [3]Weist das Dienstgericht den Antrag zurück, ist das Verfahren einzustellen. [4]Die jeweilige Entscheidung ist dem Richter oder seinem gesetzlichen Vertreter zuzustellen. [5]Die einbehaltenen Dienstbezüge sind in diesem Fall nachzuzahlen.

§ 94 Versetzung in den Ruhestand wegen Dienstunfähigkeit bei Bekleidung mehrerer Ämter

(1) Ist ein Richter zugleich Beamter, sind für dessen Versetzung in den Ruhestand wegen Dienstunfähigkeit auch hinsichtlich der Zuständigkeit der Behörden und Dienstvorgesetzten die Bestimmungen für das Richteramt anzuwenden.

(2) [1]Ist ein beamteter Professor zugleich Richter, gelten für dessen Versetzung in den Ruhestand wegen Dienstunfähigkeit hinsichtlich des Richteramts die §§ 92 und 93 entsprechend. [2]Der Antrag auf Feststellung der Zulässigkeit der Versetzung in den Ruhestand wird im Einvernehmen mit dem für das Hochschulwesen zuständigen Ministerium gestellt.

§ 95 Einleitung des Prüfungsverfahrens

[1]Das Prüfungsverfahren wird in den Fällen des § 70 Abs. 1 Nr. 3 durch einen Antrag der obersten Dienstbehörde und in den Fällen des § 70 Abs. 1 Nr. 4 durch einen Antrag des Richters eingeleitet. [2]Ein Vorverfahren findet nur in den Fällen des § 70 Abs. 1 Nr. 4 statt.

§ 96 Urteilsformel im Prüfungsverfahren

(1) Im Fall des § 70 Abs. 1 Nr. 3 Buchst. a stellt das Dienstgericht die Nichtigkeit fest oder weist den Antrag zurück.

(2) In den Fällen des § 70 Abs. 1 Nr. 3 Buchst. b bis e stellt das Dienstgericht die Zulässigkeit der Maßnahme oder die Entlassung fest oder weist den Antrag zurück.

(3) In den Fällen des § 70 Abs. 1 Nr. 4 Buchst. a bis d sowie f und g hebt das Dienstgericht die angefochtene Maßnahme auf oder weist den Antrag zurück.

(4) In dem Fall des § 70 Abs. 1 Nr. 4 Buchst. e stellt das Dienstgericht die Unzulässigkeit der Maßnahme fest oder weist den Antrag zurück.

§ 97 Aussetzung des Prüfungsverfahrens

(1) [1]Ist eine Maßnahme der Dienstaufsicht aus den Gründen des § 26 Abs. 3 des Deutschen Richtergesetzes angefochten und hängt die Entscheidung hierüber von dem Bestehen oder Nichtbestehen eines Rechtsverhältnisses ab, das den Gegenstand eines anderen Verfahrens bildet oder bilden kann, hat das Dienstgericht die Verhandlung bis zur Erledigung des anderen Verfahrens auszusetzen. [2]Der Aussetzungsbeschluss ist zu begründen.

(2) [1]Ist das Verfahren bei einem anderen Gericht noch nicht anhängig, setzt das Dienstgericht in dem Aussetzungsbeschluss eine angemessene Frist zur Einleitung des Verfahrens. [2]Nach fruchtlosem Ablauf der Frist weist es den Antrag ohne weitere Sachprüfung zurück.

(3) [1]Hängt die Entscheidung eines anderen Gerichts als eines Dienstgerichts davon ab, ob eine Maßnahme der Dienstaufsicht aus den Gründen des § 26 Abs. 3 des Deutschen Richtergesetzes unzulässig ist, hat das Gericht die Verhandlung bis zur Erledigung des Verfahrens vor dem Dienstgericht auszusetzen. [2]Der Aussetzungsbeschluss ist zu begründen. [3]Absatz 2 gilt entsprechend.

§ 98 Kostenentscheidung bei Feststellung der Nichtigkeit der Ernennung oder der Entlassung

In Verfahren zur Feststellung der Nichtigkeit einer Ernennung nach § 70 Abs. 1 Nr. 3 Buchst. a, der Entlassung nach § 70 Abs. 1 Nr. 3 Buchst. c sowie in Versetzungsverfahren nach § 70 Abs. 1 Nr. 2 kann das Dienstgericht die Kosten nach billigem Ermessen auch insoweit der Staatskasse auferlegen, als es nach dem Antrag der obersten Dienstbehörde erkannt und der Richter diesem Antrag nicht widersprochen hat.

Fünfter Abschnitt
Übergangs- und Schlussbestimmungen

§ 99 Erlass von Rechtsverordnungen

Das für Justiz zuständige Ministerium wird ermächtigt, durch Rechtsverordnung ergänzende Bestimmungen über die Durchführung der Wahlen der richterlichen Mitglieder des Richterwahlausschusses, der staatsanwaltschaftlichen Mitglieder des Staatsanwaltswahlausschusses sowie der Vertretungen der Richter und Staatsanwälte zu erlassen, insbesondere über

1. die Vorbereitung der Wahl, insbesondere die Aufstellung der Wählerliste, und die Bildung der Wahlvorstände,
2. die Frist für die Einsichtnahme in die Wählerliste und die Erhebung von Einsprüchen,
3. die Vorschlagslisten und die Frist für deren Einreichung,
4. das Wahlausschreiben und die Fristen für dessen Bekanntmachung,
5. die Stimmabgabe,
6. die Feststellung des Wahlergebnisses und die Fristen für dessen Bekanntmachung,
7. die Aufbewahrung der Wahlakten.

§ 100 Allgemeine Übergangsbestimmungen

(1) Bis spätestens sechs Monate nach dem Inkrafttreten dieses Gesetzes sind

1. der Richterwahlausschuss,
2. die Richterräte und Hauptrichterräte,
3. die Staatsanwaltschaftsräte und der Hauptstaatsanwaltsrat,
4. der Präsidialrat und
5. die Richterdienstgerichte

neu sowie der Staatsanwaltswahlausschuss und der Landesrichter- und Staatsanwaltsrat erstmals zu bilden.

(2) [1]Für die erforderliche Neubildung der Vertretungen der Richter und Staatsanwälte nach diesem Gesetz gilt § 19 sinngemäß. [2]Dabei nehmen die bestehenden örtlichen Vertretungen die Aufgaben nach § 19 Abs. 1 und 2 wahr. [3]Die Aufgaben nach § 19 Abs. 3 Satz 2 nimmt die oberste Dienstbehörde oder die von ihr beauftragte Dienststelle wahr.

(3) [1]Bis zur Neubildung der Vertretungen nach Absatz 1 Nr. 2 und 3 nehmen die am 31. Dezember 2018 bestehenden Vertretungen die Aufgaben der entsprechenden Vertretungen nach diesem Gesetz wahr. [2]Bis zur Bildung des Landesrichter- und Staatsanwaltsrats nach Absatz 1 nimmt der gemeinsame Ausschuss nach § 40a des Thüringer Richtergesetzes in der am 31. Dezember 2018 geltenden Fassung die Aufgaben des Landesrichter- und Staatsanwaltsrats wahr.

(4) Bis zur Neubildung des Präsidialrats nach Absatz 1 Nr. 4 nehmen die am 31. Dezember 2018 bestehenden Präsidialräte die Aufgaben des Präsidialrats nach diesem Gesetz jeweils für ihren Gerichtszweig wahr.

(5) Die am 31. Dezember 2018 bestellten Mitglieder der Richterdienstgerichte nehmen die Aufgaben nach diesem Gesetz bis zur Neubesetzung der Richterdienstgerichte nach Absatz 1 Nr. 5 wahr.

§ 101 Übergangsbestimmungen für den Eintritt in den Ruhestand

(1) Richter auf Lebenszeit, die sich am 1. Januar 2019

1. in einer Beurlaubung nach § 10 Abs. 1 des Thüringer Richtergesetzes in der am 31. Dezember 2018 geltenden Fassung oder
2. in einer Altersteilzeit nach § 10b des Thüringer Richtergesetzes in der am 31. Dezember 2018 geltenden Fassung

befinden, treten abweichend von § 10 Abs. 1 und 2 mit Ablauf des Monats in den Ruhestand, in dem sie das 65. Lebensjahr vollendet haben.

(2) Richter auf Lebenszeit, denen die Versetzung in den Ruhestand nach § 8 Abs. 3 des Thüringer Richtergesetzes in der am 31. Dezember 2018 geltenden Fassung bewilligt wurde und die sich am 1. Januar 2019

1. in einer Beurlaubung nach § 10 Abs. 1 des Thüringer Richtergesetzes in der am 31. Dezember 2018 geltenden Fassung oder
2. in einer Altersteilzeit nach § 10b des Thüringer Richtergesetzes in der am 31. Dezember 2018 geltenden Fassung

befinden, treten abweichend von § 11 Abs. 1 und 2 zu dem ursprünglich bewilligten Zeitpunkt in den Ruhestand.

(3) Die Absätze 1 oder 2 gelten auch für Richter auf Lebenszeit in einer Beurlaubung nach § 9 Abs. 1 Nr. 2 des Thüringer Richtergesetzes in der am 31. Dezember 2018 geltenden Fassung, wenn sich die Beurlaubung auf die Zeit bis zum Eintritt in den Ruhestand erstreckt.

§ 102 Evaluierung

[1]Dieses Gesetz ist beginnend mit dem Inkrafttreten jeweils innerhalb eines Zeitraums von fünf Jahren fortlaufend zu evaluieren. [2]Bei der Evaluierung sind insbesondere die Zusammensetzung und Arbeit des Richterwahlausschusses, die Ausgestaltung der Mitbestimmungsregelungen, das Beurteilungswesen sowie das Einigungsverfahren nach § 63 zu berücksichtigen. [3]Die Landesregierung hat den Landtag zeitnah über die Ergebnisse der Evaluierung in Kenntnis zu setzen.

§ 103 Gleichstellungsbestimmung

Status- und Funktionsbezeichnungen in diesem Gesetz gelten jeweils in männlicher und weiblicher Form.

Thüringer Gesetz über die Schiedsstellen in den Gemeinden (Thüringer Schiedsstellengesetz – ThürSchStG –)

In der Fassung der Bekanntmachung vom 17. Mai 1996[1)] (GVBl. S. 61)
(300-7)
zuletzt geändert durch Art. 5 LandesrechtsanpassungsG-ÄndG vom 9. September 2010 (GVBl. S. 291)

Inhaltsübersicht

Erster Abschnitt
Die Schiedsstelle

§ 1 Einrichtung der Schiedsstelle, Schiedsstellenbereiche
§ 2 Besetzung der Schiedsstelle, Vertretung
§ 3 Eignung für das Schiedsamt
§ 4 Wahl der Schiedsperson, Amtsdauer
§ 5 Bestätigung der gewählten Person durch das Gericht
§ 6 Verpflichtung der Schiedsperson auf ihr Amt
§ 7 Ablehnung und Niederlegung des Amtes
§ 8 Amtsenthebung der Schiedsperson
§ 9 Aufsicht über die Schiedsperson
§ 10 Geschäftsunterlagen der Schiedsstelle
§ 11 Verschwiegenheitspflicht
§ 12 Kostenträger, Haftung

Zweiter Abschnitt
Das Schlichtungsverfahren in bürgerlichen Rechtsangelegenheiten

§ 13 Sachliche Zuständigkeit
§ 14 Zweck des Verfahrens
§ 15 Örtliche Zuständigkeit, Zuständigkeitsvereinbarung
§ 16 Verfahrenssprache
§ 17 Ausschluß von der Amtsausübung
§ 18 Verfahrenshinderungsgründe
§ 19 Ablehnung der Verfahrenseinleitung
§ 20 Tätigkeit außerhalb des Schiedsstellenbereichs
§ 21 Antrag auf Verfahrenseinleitung
§ 22 Form und Inhalt des Antrags
§ 23 Terminbestimmung, Ladung
§ 24 Persönliches Erscheinen der Parteien, Sanktionen bei Ausbleiben oder vorzeitiger Entfernung
§ 25 Wiedereinsetzung in den vorigen Stand
§ 26 Berechnung der Fristen
§ 27 Verhandlungsgrundsätze
§ 28 Vertretung natürlicher Personen in der Schlichtungsverhandlung
§ 29 Beistände und Rechtsanwälte im Schlichtungsverfahren
§ 30 Beweiserhebung, Entschädigung von Personen
§ 31 Protokollierung der Schlichtungsverhandlung
§ 32 Verlesen und Genehmigung des Protokolls bei Vergleich
§ 33 Abschriften und Ausfertigungen des Protokolls
§ 34 Vergleich als Vollstreckungstitel

Dritter Abschnitt
Das Schlichtungsverfahren in Strafsachen

Erster Unterabschnitt
Das Sühneverfahren vor Erhebung der Privatklage

§ 35 Sachliche Zuständigkeit für den Sühneversuch
§ 36 Absehen vom Sühneversuch
§ 37 Beschränkung der Gründe zur Ablehnung des Sühneversuchs
§ 38 Ladung des gesetzlichen Vertreters der beschuldigten Partei
§ 39 Sühnebescheinigung

Zweiter Unterabschnitt
§§ 40–45 *[aufgehoben]*

Vierter Abschnitt
Kosten

§ 46 Kostenerhebung durch die Schiedsstelle
§ 47 Kostenschuldner
§ 48 Fälligkeit, Vorauszahlung, Zurückbehaltungsrecht
§ 49 Einforderung, Beitreibung
§ 50 Gebührensätze
§ 51 Auslagen
§ 52 Absehen von der Kostenerhebung
§ 53 Einwendungen gegen die Kosten
§ 54 Aufteilung der Einnahmen
§ 55 Präsidialamtsgerichte

Fünfter Abschnitt
Übergangs- und Schlußvorschriften

§ 56 Zuständigkeitsbereiche
§ 57 Vollstreckungstitel aus Altverfahren
§ 58 Erlaß von Verwaltungsvorschriften
§ 59 (Inkrafttreten)

1) Neubekanntmachung des ThürSchStG v. 13.9.1990 (GBl S. 1527) in der ab 1.5.1996 geltenden Fassung.

Erster Abschnitt
Die Schiedsstelle

§ 1 Einrichtung der Schiedsstelle, Schiedsstellenbereiche

(1) [1]Zur Durchführung der Schlichtungsverfahren nach diesem Gesetz richtet jede Gemeinde eine oder mehrere Schiedsstellen ein und unterhält sie. [2]Kleine Gemeinden können mit anderen Gemeinden eine gemeinsame Schiedsstelle bilden. [3]Die Schiedsstelle führt einen auf die Gemeinde oder ihren Bereich hinweisenden Zusatz. [4]Der Bereich einer Schiedsstelle soll in der Regel nicht mehr als 20 000 Bürger umfassen. [5]Gemeindefreie Gebiete können dem Bereich einer Schiedsstelle zugeordnet werden.

(2) Sind in einer Gemeinde mehrere Schiedsstellen eingerichtet, bestimmt die Gemeinde ihre Zuständigkeitsbereiche.

(3) Die Gemeinden erfüllen die ihnen nach diesem Gesetz obliegenden Aufgaben im eigenen Wirkungskreis.

(4) Gemeinden im Sinne dieses Gesetzes sind die kreisangehörigen Städte und Gemeinden sowie die kreisfreien Städte.

§ 2 Besetzung der Schiedsstelle, Vertretung

(1) [1]Die Aufgaben der Schiedsstelle werden von einem Schiedsmann oder einer Schiedsfrau (Schiedsperson) wahrgenommen. [2]Die Schiedsperson ist ehrenamtlich für das Land tätig.

(2) [1]Für jede Schiedsperson wird mindestens eine stellvertretende Schiedsperson gewählt. [2]Gemeinden mit mehreren Schiedsstellen können die Vertretung in der Weise regeln, daß sich die Schiedspersonen der Schiedsstellen gegenseitig vertreten.

(3) Die Schiedsperson wird bei der Bewältigung ihrer Bürotätigkeit durch die Gemeinde unterstützt.

§ 3 Eignung für das Schiedsamt

(1) [1]Die Schiedsperson muß nach ihrer Persönlichkeit und ihren Fähigkeiten für das Amt geeignet sein. [2]Zur Schiedsperson kann nicht gewählt werden:

1. wer infolge gerichtlicher Entscheidung die Fähigkeit zur Bekleidung öffentlicher Ämter nicht besitzt oder wegen einer vorsätzlichen Tat zu einer Freiheitsstrafe von mehr als sechs Monaten verurteilt wurde;
2. eine Person, gegen die ein Ermittlungsverfahren wegen einer Tat anhängig ist oder Anklage wegen einer solchen Tat erhoben wurde, die den Verlust der Fähigkeit zur Bekleidung öffentlicher Ämter zur Folge haben kann;
3. eine Person, die wegen geistiger oder körperlicher Behinderung die Schiedstätigkeit nicht ordnungsgemäß ausüben kann oder für die zur Besorgung aller ihrer Angelegenheiten ein Betreuer nicht nur durch einstweilige Anordnung bestellt ist;
4. eine Person, die durch gerichtliche Anordnung in der Verfügung über ihr Vermögen beschränkt ist.

(2) Als Schiedsperson soll nicht gewählt werden, wer

1. bei Beginn der Amtsperiode nicht das 25. Lebensjahr vollendet hat,
2. bei Beginn der Amtsperiode das 70. Lebensjahr vollendet hat,
3. nicht im Bereich der Schiedsstelle wohnt.

§ 4 Wahl der Schiedsperson, Amtsdauer

(1) [1]Die Schiedsperson wird vom Gemeinderat auf fünf Jahre gewählt. [2]Im Fall des § 1 Abs. 1 Satz 2 sind die Gemeinderäte der Gemeinden, die die gemeinsame Schiedsstelle bilden, zuständig.

(2) Das Amt der Schiedsperson endet vorzeitig, wenn die Schiedsstelle aufgelöst wird.

§ 5 Bestätigung der gewählten Person durch das Gericht

(1) Die gewählte Schiedsperson bedarf der Bestätigung durch den Direktor des Amtsgerichts, in dessen Bezirk die Schiedsstelle ihren Sitz hat.

(2) Der Direktor des Amtsgerichts prüft, ob bei der Wahl der Schiedsperson die gesetzlichen Voraussetzungen nach § 3 Abs. 1 Satz 2 beachtet worden sind.

(3) [1]Die Versagung der Bestätigung ist zu begründen. [2]Die Bestätigung oder die Versagung der Bestätigung der Schiedsperson ist dem Bürgermeister mitzuteilen, die Versagung auch der betreffenden Schiedsperson. [3]Im Fall des § 1 Abs. 1 Satz 2 ist die Entscheidung dem Bürgermeister des Amtssitzes der gemeinsamen Schiedsstelle mitzuteilen.

§ 6 Verpflichtung der Schiedsperson auf ihr Amt

Die Schiedsperson wird vom Direktor des Amtsgerichts in ihr Amt berufen und verpflichtet, ihre Aufgaben gewissenhaft und unparteiisch zu erfüllen.

§ 7 Ablehnung und Niederlegung des Amtes

(1) Die Berufung zur Schiedsperson kann ablehnen, wer

1. das 60. Lebensjahr vollendet hat,
2. infolge Krankheit auf voraussichtlich längere Zeit gehindert ist, das Amt auszuüben,
3. aus beruflichen Gründen häufig oder langdauernd von seinem Wohnort abwesend ist,
4. im Dienst der Gemeinde steht, zu der die Schiedsstelle gehört,
5. aus sonstigen wichtigen Gründen das Amt nicht ausüben kann.

(2) Absatz 1 Nr. 2 bis 5 gilt entsprechend für die Niederlegung des Amtes.

(3) Über die Befugnis zur Ablehnung oder Niederlegung des Amtes entscheidet der Direktor des Amtsgerichts.

§ 8 Amtsenthebung der Schiedsperson

(1) [1]Die Schiedsperson ist ihres Amtes zu entheben, wenn die Voraussetzungen ihrer Wahl gemäß § 3 dieses Gesetzes nicht mehr vorliegen. [2]Sie kann ferner aus wichtigem Grund ihres Amtes enthoben werden. [3]Ein wichtiger Grund liegt insbesondere vor, wenn die Schiedsperson ihre Pflichten gröblich verletzt hat, sich als unwürdig erwiesen hat oder ihr Amt nicht mehr ordnungsgemäß ausüben kann.

(2) [1]Über die Amtsenthebung entscheidet auf Antrag des Direktors des Amtsgerichts nach Anhörung der Schiedsperson und des Bürgermeisters der Präsident des Landgerichts. [2]Befindet sich der Amtssitz der Schiedsstelle im Bezirk eines Amtsgerichts, dem ein Präsident vorsteht, ist dieser für die Entscheidung zuständig. [3]Im Fall des § 1 Abs. 1 Satz 2 sind die Bürgermeister des Wohnsitzes der Schiedsperson und des Amtssitzes der gemeinsamen Schiedsstelle anzuhören.

§ 9 Aufsicht über die Schiedsperson

(1) [1]Die Tätigkeit der Schiedsperson im Schlichtungsverfahren wird von den Behörden der Justizverwaltung, insbesondere hinsichtlich ihrer fach- und zeitgerechten Durchführung, beaufsichtigt. [2]Im Fall einer nicht ordnungsgemäßen Amtsführung treffen sie die erforderlichen Maßnahmen. [3]Sie bearbeiten und entscheiden über Beschwerden gegen die Schiedsperson und die sie betreffenden Eingaben.

(2) Die Schiedsperson untersteht unmittelbar der Aufsicht des Direktors des Amtsgerichts, soweit es ihre Tätigkeit im Rechtspflegebereich betrifft.

§ 10 Geschäftsunterlagen der Schiedsstelle

[1]Die Schiedsperson führt ein Protokollbuch und ein Kassenbuch sowie eine Sammlung der Kostenrechnungen. [2]Abgeschlossene Bücher samt Anlagen hat sie unverzüglich bei dem Direktor des Amtsgerichts einzureichen.

§ 11 Verschwiegenheitspflicht

(1) Die Schiedsperson hat, auch nach Beendigung ihrer Amtstätigkeit, über ihre Verhandlungen und die Verhältnisse der Parteien, soweit sie ihr amtlich bekanntgeworden sind, Verschwiegenheit zu wahren.

(2) Über Angelegenheiten, über die Verschwiegenheit zu wahren ist, darf die Schiedsperson nur mit Genehmigung des Direktors des Amtsgerichts aussagen.

§ 12 Kostenträger, Haftung

(1) Die Sachkosten der Schiedsstelle trägt die Gemeinde, im Fall des § 1 Abs. 1 Satz 2 jede beteiligte Gemeinde einen Anteil nach ihrer auf volle Tausend aufgerundeten Einwohnerzahl.

(2) Zu den Sachkosten gehört auch der Ersatz von Sachschäden der Schiedsperson, die durch einen Unfall bei Ausübung ihres Amtes eingetreten sind, soweit die Schiedsperson diesen nicht vorsätzlich oder grob fahrlässig verursacht hat und von dritten keinen Ersatz verlangen kann.

(3) Für Amtspflichtverletzungen der Schiedsperson im Rahmen des Schlichtungsverfahrens haftet das Land.

Zweiter Abschnitt

Das Schlichtungsverfahren in bürgerlichen Rechtsangelegenheiten

§ 13 Sachliche Zuständigkeit

[1]In bürgerlichen Rechtsangelegenheiten findet das Schlichtungsverfahren über vermögensrechtliche Ansprüche statt, die Zahlungen oder die Leistung anderer vertretbarer Sachen zum Gegenstand haben. [2]Das Schlichtungsverfahren findet nicht statt

1. in Angelegenheiten, für die die Zuständigkeit der Arbeitsgerichte besteht;
2. wenn der Anspruch aus einer Familiensache herrührt;
3. wenn an der Angelegenheit der Bund, ein Land, eine Gemeinde oder eine sonstige Körperschaft, Anstalt oder Stiftung des öffentlichen Rechts beteiligt ist.

§ 14 Zweck des Verfahrens

[1]Das Schlichtungsverfahren ist darauf gerichtet, die Streitsache im Wege des Vergleichs beizulegen. [2]Es wird aufgrund eines Antrags einer an der Streitsache beteiligten Person durchgeführt.

§ 15 Örtliche Zuständigkeit, Zuständigkeitsvereinbarung

(1) Zuständig ist die Schiedsstelle, in deren Bereich die antragsgegnerische Partei wohnt.

(2) Die Parteien können nach dem Entstehen der Streitigkeit schriftlich oder zu Protokoll der Schiedsstelle eines anderen Bereichs vereinbaren, daß das Schlichtungsverfahren vor dieser Schiedsstelle stattfindet.

§ 16 Verfahrenssprache

[1]Das Schlichtungsverfahren wird in deutscher Sprache geführt. [2]Auf Antrag der Parteien kann die Verhandlung ganz oder teilweise in einer anderen Sprache geführt werden, sofern alle Beteiligten dieser Sprache mächtig sind.

§ 17 Ausschluß von der Amtsausübung

Die Schiedsperson ist von der Ausübung ihres Amtes kraft Gesetzes ausgeschlossen:

1. in Angelegenheiten, in denen sie selbst Partei ist oder bei denen sie zu einer Partei in dem Verhältnis einer Mitberechtigten, Mitverpflichteten oder Regreßpflichtigen steht;
2. in Angelegenheiten ihres Ehegatten oder früherer Ehegatten;
3. in Angelegenheiten einer Person, die mit ihr in gerader Linie verwandt oder verschwägert, in der Seitenlinie bis zum dritten Grad verwandt oder bis zum zweiten Grad verschwägert ist oder war;
4. in Angelegenheiten, in welchen sie als Prozeßbevollmächtigte oder Beistand einer Partei bestellt ist oder war.

§ 18 Verfahrenshinderungsgründe

(1) Die Schiedsperson wird nicht oder nicht weiter tätig, wenn

1. die zu protokollierende Vereinbarung nur in notarieller Form gültig ist;
2. die Parteien auch nach Unterbrechung oder Vertagung der Schlichtungsverhandlung ihre Identität nicht nachweisen;
3. Bedenken gegen die Geschäftsfähigkeit oder Verfügungsfähigkeit der Parteien oder gegen die Legitimation ihrer Vertreter bestehen;
4. die Angelegenheit bei Gericht anhängig ist.

(2) Die Schiedsperson soll nicht tätig werden, wenn mit der Angelegenheit eine auf privatrechtlicher Grundlage eingerichtete Schieds-, Schlichtungs- oder Einigungsstelle einer berufsständischen Organisation befaßt ist.

§ 19 Ablehnung der Verfahrenseinleitung

Die Schiedsperson kann den Antrag auf Einleitung eines Schlichtungsverfahrens ablehnen, wenn

1. die streitige Angelegenheit sachlich oder rechtlich schwierig zu beurteilen ist;
2. wegen der Person eines Verfahrensbeteiligten eine besonders schwierige Verfahrensgestaltung zu erwarten ist;
3. der Antrag erkennbar ohne Einigungsabsicht oder sonst offensichtlich mißbräuchlich gestellt ist.

§ 20 Tätigkeit außerhalb des Schiedsstellenbereichs

Zu einer amtlichen Tätigkeit außerhalb des Bereichs der Schiedsstelle ist die Schiedsperson nur befugt, wenn die Amtsräume außerhalb des Bereichs der Schiedsstelle liegen oder ein Augenschein eingenommen werden soll.

§ 21 Antrag auf Verfahrenseinleitung

(1) [1]Die Schiedsperson leitet das Schlichtungsverfahren auf Antrag einer Partei ein. [2]Der Antrag kann zurückgenommen werden, nach Beginn der Schlichtungsverhandlung jedoch nur, wenn die antragsgegnerische Partei nicht widerspricht.

(2) [1]Endet das Schlichtungsverfahren nicht mit einem Vergleich (§ 31), so bedarf ein erneuter Antrag in derselben Sache der schriftlichen Zustimmung der antragsgegnerischen Partei. [2]Die Zustimmung ist bei der Antragstellung vorzulegen.

§ 22 Form und Inhalt des Antrags

(1) [1]Der Antrag auf Durchführung des Schlichtungsverfahrens sowie dessen Rücknahme sind bei der Schiedsstelle schriftlich einzureichen oder zu Protokoll zu erklären. [2]Er muß Namen, Vornamen und Anschrift der Parteien, eine allgemeine Angabe des Streitgegenstandes und die Unterschrift der antragstellenden Partei enthalten. [3]Die in Händen der antragstellenden Partei befindlichen Schriftstücke, deren sie sich zum Nachweis tatsächlicher Behauptungen bedienen will, sollen beigefügt werden.

(2) [1]Wohnen die Parteien nicht im Bereich derselben Schiedsstelle, so kann der Antrag auch bei der Schiedsstelle, in dessen Bereich die antragstellende Partei wohnt, zu Protokoll gegeben werden. [2]Das Protokoll ist der zuständigen Schiedsstelle unverzüglich zu übermitteln.

§ 23 Terminbestimmung, Ladung

(1) Die Schiedsperson bestimmt Ort und Zeit der Schlichtungsverhandlung.

(2) [1]Zwischen der Zustellung der Ladung und dem Tag der Schlichtungsverhandlung muß eine Frist von mindestens zwei Wochen liegen (Ladungsfrist). [2]Die Ladungsfrist kann auf eine Woche verkürzt werden, wenn die antragstellende Partei glaubhaft macht, daß die Angelegenheit dringlich ist. [3]Eine weitere Verkürzung der Ladungsfrist setzt die Zustimmung beider Parteien voraus.

(3) [1]Die Schiedsperson händigt die Ladung den Parteien persönlich gegen Empfangsbekenntnis aus oder läßt sie durch die Post zustellen; die antragsgegnerische Partei erhält mit der Ladung eine Abschrift des Antrags. [2]Zugleich werden die Parteien auf die Pflicht, persönlich zur Schlichtungsverhandlung zu erscheinen, und auf die Folgen hingewiesen, die eine Verletzung dieser Pflicht haben kann. [3]Hat eine Partei einen gesetzlichen Vertreter, so ist diesem die Ladung zuzustellen.

(4) [1]Eine Partei kann ihr Ausbleiben in dem anberaumten Termin wegen Krankheit, beruflicher Verhinderung, Ortsabwesenheit oder wegen sonstiger wichtiger Gründe entschuldigen. [2]Sie hat ihr Nichterscheinen der Schiedsperson unverzüglich anzuzeigen und dabei die Entschuldigungsgründe glaubhaft zu machen. [3]Wird der Termin nicht aufgehoben, ist dies der Partei gegen Nachweis mitzuteilen.

§ 24 Persönliches Erscheinen der Parteien, Sanktionen bei Ausbleiben oder vorzeitiger Entfernung

(1) Die Parteien haben in dem anberaumten Termin persönlich zu erscheinen.

(2) Erscheint eine Partei unentschuldigt nicht zu dem Termin oder entfernt sie sich unentschuldigt vor dem Schluß der Schlichtungsverhandlung, setzt die Schiedsperson durch Bescheid ein Ordnungsgeld bis fünfundzwanzig Euro fest.

(3) Der Bescheid ist dem Betroffenen mit einer Belehrung über die Anfechtung nach Absatz 4 zuzustellen.

(4) [1]Der Betroffene kann den Bescheid durch schriftliche Erklärung anfechten. [2]Die Erklärung ist binnen zwei Wochen nach Zustellung des Bescheids bei dem Amtsgericht, in dessen Bezirk die Schiedsstelle ihren Sitz hat, einzureichen. [3]Der Betroffene kann sie auch zu Protokoll der Geschäftsstelle des Amtsgerichts oder zu Protokoll der Schiedsstelle geben, die den Bescheid erlassen hat. [4]In der Erklärung sind die Tatsachen darzulegen und glaubhaft zu machen, mit denen der Betroffene seine Abwesenheit in der Schlichtungsverhandlung entschuldigt oder sich gegen die Höhe des Ordnungsgeldes wendet.

(5) [1]Das Amtsgericht leitet die ihm gegenüber abgegebene Erklärung der Schiedsperson zu. [2]Hält die Schiedsperson die Anfechtung für begründet, so hebt sie den Bescheid auf oder setzt das Ordnungsgeld herab. [3]Sie legt die Erklärung unverzüglich dem Amtsgericht vor, wenn sie der Anfechtung nicht oder

nur zum Teil abhilft; andernfalls unterrichtet sie das Amtsgericht von der Abhilfe, wenn die Anfechtungserklärung diesem gegenüber abgegeben worden war.

(6) [1]Das Amtsgericht entscheidet über die Anfechtung des Bescheids ohne mündliche Verhandlung durch Beschluß, der zu begründen ist. [2]Die Entscheidung des Amtsgerichts ist nicht anfechtbar.

(7) [1]Für das Verfahren vor dem Amtsgericht werden Kosten nicht erhoben. [2]Auslagen der Parteien werden nicht erstattet.

(8) [1]Steht fest, daß eine Partei der Schlichtungsverhandlung unentschuldigt ferngeblieben ist, vermerkt die Schiedsperson die Beendigung des Schlichtungsverfahrens. [2]Andernfalls beraumt sie einen neuen Termin an.

§ 25 Wiedereinsetzung in den vorigen Stand

(1) War der Betroffene ohne Verschulden gehindert, die Frist nach § 24 Abs. 4 Satz 2 einzuhalten, so ist ihm auf Antrag Wiedereinsetzung in den vorigen Stand zu gewähren.

(2) [1]Der Wiedereinsetzungsantrag ist mit der Anfechtungserklärung innerhalb einer Woche nach Wegfall des Hindernisses bei dem Amtsgericht schriftlich einzureichen. [2]Der Betroffene kann ihn auch zu Protokoll der Geschäftsstelle des Amtsgerichts oder zu Protokoll der Schiedsstelle erklären, die den Bescheid erlassen hat. [3]Die Tatsachen zur Begründung des Antrags sind bei der Antragstellung glaubhaft zu machen. [4]Wird der Wiedereinsetzungsantrag zu Protokoll der Schiedsstelle erklärt, so wird er dem Amtsgericht zugeleitet.

(3) [1]Über den Antrag entscheidet das Amtsgericht ohne mündliche Verhandlung durch Beschluß, der zu begründen ist. [2]Die Entscheidung ist nicht anfechtbar.

(4) [1]Für das Verfahren werden Kosten nicht erhoben. [2]Auslagen der Parteien werden nicht erstattet.

§ 26 Berechnung der Fristen

Für die Berechnung der Fristen gilt § 222 der Zivilprozeßordnung.

§ 27 Verhandlungsgrundsätze

[1]Die Verhandlung vor der Schiedsperson ist mündlich und nicht öffentlich. [2]Sie ist möglichst ohne Unterbrechung zu Ende zu führen; ein Termin zur Fortsetzung der Verhandlung ist sofort zu bestimmen.

§ 28 Vertretung natürlicher Personen in der Schlichtungsverhandlung

[1]Die Vertretung natürlicher Personen durch Bevollmächtigte in der Schlichtungsverhandlung ist nicht zulässig. [2]Eltern als gesetzliche Vertreter eines Kindes können einander mit einer schiftlichen Vollmacht vertreten.

§ 29 Beistände und Rechtsanwälte im Schlichtungsverfahren

[1]Jede Partei kann vor der Schiedsperson mit einem Beistand erscheinen. [2]In der Schlichtungsverhandlung darf ein Beistand nur zurückgewiesen werden, wenn er durch sein Verhalten die Verhandlung nachhaltig stört und dadurch die Einigungsbemühungen wesentlich erschwert. [3]Nicht zurückgewiesen werden dürfen Rechtsanwälte und Beistände von Personen, die nicht lesen oder schreiben können, die die deutsche Sprache nicht beherrschen oder die blind, taub oder stumm sind.

§ 30 Beweiserhebung, Entschädigung von Personen

(1) [1]Zeugen und Sachverständige, die freiwillig erschienen sind, können gehört werden. [2]Mit Zustimmung und in Anwesenheit der Parteien kann auch ein Augenschein genommen werden.

(2) Zur Beeidigung von Zeugen und Sachverständigen, zur eidlichen Parteivernehmung sowie zur Abnahme von eidesstattlichen Versicherungen ist die Schiedsperson nicht befugt.

(3) [1]Zeugen und Sachverständige haben gegen die Schiedsperson und die Gemeinde keinen Anspruch auf Entschädigung. [2]Falls die Ladung durch die Schiedsperson erfolgt, ist in der Ladung hierauf hinzuweisen.

§ 31 Protokollierung der Schlichtungsverhandlung

(1) Über die Schlichtungsverhandlung ist ein Protokoll aufzunehmen, in das die wesentlichen, den Ausgang der Verhandlung bestimmenden Vorgänge aufzunehmen sind.

(2) Kommt ein Vergleich zustande, sind in das Protokoll aufzunehmen:

1. der Ort und der Tag der Verhandlung;
2. der Name der Schiedsperson;

3. die Namen der erschienenen Parteien, ihrer Vertreter, Bevollmächtigten und Beistände sowie die Angabe, wie sich die Personen ausgewiesen haben;
4. eine kurze Angabe über den Gegenstand des Schlichtungsverfahrens;
5. der Inhalt des Vergleichs.

§ 32 Verlesen und Genehmigung des Protokolls bei Vergleich

(1) [1]Das den Vergleich enthaltende Protokoll ist den Parteien vorzulesen oder zur Durchsicht vorzulegen und von ihnen zu genehmigen. [2]Dies ist in dem Protokoll zu vermerken.

(2) [1]Das Protokoll ist von der Schiedsperson und den Parteien eigenhändig zu unterschreiben. [2]Nach Vollzug der Unterschriften wird ein Vergleich wirksam.

(3) Erklärt eine Partei, daß sie nicht schreiben könne, so muß die Schiedsperson das Handzeichen der schreibunkundigen Person durch einen besonderen Vermerk beglaubigen.

§ 33 Abschriften und Ausfertigungen des Protokolls

(1) Die Parteien oder deren Rechtsnachfolger erhalten auf Verlangen Abschriften oder Ausfertigungen des Protokolls.

(2) [1]Die Ausfertigung besteht aus der mit dem Ausfertigungsvermerk versehenen Abschrift des Protokolls. [2]Der Ausfertigungsvermerk muß Angaben über den Ort und die Zeit der Ausfertigung sowie die Person enthalten, für die die Ausfertigung erteilt wird, von der Schiedsperson unterschrieben und mit einem Abdruck des Dienstsiegels versehen werden.

(3) [1]Die Ausfertigung wird von der Schiedsstelle erteilt, die die Urschrift des Protokolls verwahrt. [2]Die Schiedsperson hat vor Aushändigung der Ausfertigung auf der Urschrift des Protokolls zu vermerken, wann und für wen die Ausfertigung erteilt worden ist.

(4) Befindet sich das Protokoll in der Verwahrung des Amtsgerichts, so wird die Ausfertigung von dem Urkundsbeamten der Geschäftsstelle erteilt.

§ 34 Vergleich als Vollstreckungstitel

(1) Aus dem vor einer Schiedsperson geschlossenen Vergleich findet die Zwangsvollstreckung statt.

(2) [1]Die Bestimmungen der Zivilprozeßordnung über die Zwangsvollstreckung, die für einen vor einer durch die Landesjustizverwaltung eingerichteten oder anerkannten Gütestelle abgeschlossenen Vergleich gelten, finden entsprechende Anwendung. [2]Die Vollstreckungsklausel erteilt das Amtsgericht, in dessen Bezirk die Schiedsstelle ihren Sitz hat.

(3) [1]Auf der Urschrift des Protokolls ist zu vermerken, wann und von wem sowie für und gegen wen die Vollstreckungsklausel erteilt worden ist. [2]Das Amtsgericht benachrichtigt die Schiedsstelle von der Erteilung der Vollstreckungsklausel, wenn es das Protokoll nicht verwahrt.

Dritter Abschnitt

Das Schlichtungsverfahren in Strafsachen

Erster Unterabschnitt

Das Sühneverfahren vor Erhebung der Privatklage

§ 35 Sachliche Zuständigkeit für den Sühneversuch

(1) Die Schiedsstelle ist die Vergleichsbehörde im Sinne des § 380 Abs. 1 der Strafprozeßordnung für die dort genannten Straftaten.

(2) Für das Sühneverfahren gelten die Bestimmungen des Zweiten Abschnitts, soweit in den §§ 36 bis 39 keine abweichenden Regelungen getroffen sind.

§ 36 Absehen vom Sühneversuch

(1) [1]Das im Fall der Erhebung der Privatklage zuständige Gericht kann auf Antrag gestatten, daß von dem Sühneversuch abgesehen wird, wenn die antragstellende Partei von der Gemeinde, in der die Verhandlung stattfinden müßte, soweit entfernt wohnt, daß ihr unter Berücksichtigung ihrer Verhältnisse und nach den Umständen des Falls nicht zugemutet werden kann, zu der Verhandlung zu erscheinen. [2]Das Gericht kann statt dessen die antragstellende Partei ermächtigen, sich in der Schlichtungsverhandlung vertreten zu lassen; der Vertreter hat der Schiedsperson die gerichtliche Entscheidung sowie eine schriftliche Vollmacht nachzuweisen.

(2) Die Entscheidung des Gerichts ist nicht anfechtbar.

§ 37 Beschränkung der Gründe zur Ablehnung des Sühneversuchs

Die Schiedsperson darf den Sühneversuch nur ablehnen, wenn die Parteien auch nach Unterbrechung oder Vertagung der Schlichtungsverhandlung ihre Identität nicht nachweisen.

§ 38 Ladung des gesetzlichen Vertreters der beschuldigten Partei

[1]Hat die antragsgegnerische Partei einen gesetzlichen Vertreter, ist auch dieser zu laden. [2]Der Vertreter ist als Beistand zur Schlichtungsverhandlung zugelassen.

§ 39 Sühnebescheinigung

(1) [1]Auf Antrag bescheinigt die Schiedsperson die Erfolglosigkeit des Sühneversuchs zum Zwecke der Einreichung der Klage (§ 380 Abs. 1 Satz 2 der Strafprozeßordnung), wenn

1. in der Schlichtungsverhandlung eine Einigung nicht zustande gekommen ist oder
2. allein die antragsgegnerische Partei dem Schlichtungstermin unentschuldigt ferngeblieben ist oder sich vor dem Schluß der Schlichtungsverhandlung unentschuldigt entfernt hat; wohnen die Parteien in dem selben Gemeindebezirk, in dem die Schlichtungsverhandlung stattzufinden hat, so tritt diese Wirkung erst dann ein, wenn die beschuldigte Partei auch in einem zweiten Termin ausbleibt.

[2]Wurde im Fall des Satzes 1 Nr. 2 gegen die antragsgegnerische Partei ein Ordnungsgeld verhängt, so wird die Bescheinigung erst ausgestellt, wenn die Frist zur Anfechtung des Bescheids über das Ordnungsgeld abgelaufen ist und der Bescheid nicht angefochten worden ist oder die Anfechtung erfolglos geblieben ist.

(2) [1]Die Bescheinigung ist von der Schiedsperson zu unterschreiben und mit einem Abdruck des Dienstsiegels zu versehen. [2]Sie hat Angaben über die Tat und den Zeitpunkt ihrer Begehung, über das Datum der Antragstellung sowie über den Ort und das Datum der Ausstellung zu enthalten.

Zweiter Unterabschnitt *[aufgehoben]*

§§ 40–45 ***[aufgehoben]***

Vierter Abschnitt
Kosten

§ 46 Kostenerhebung durch die Schiedsstelle

(1) Die Schiedsstelle erhebt für ihre Tätigkeit Kosten (Gebühren und Auslagen) nur nach diesem Gesetz.

(2) Die Schiedsperson erledigt die Kassengeschäfte und erstellt die Kostenrechnungen.

§ 47 Kostenschuldner

(1) Zur Zahlung der Kosten ist derjenige verpflichtet, der die Tätigkeit der Schiedsstelle veranlasst hat.

(2) Kostenschuldner ist ferner

1. derjenige, der die Kostenschuld durch eine vor der Schiedsperson abgegebene Erklärung oder in einem Vergleich übernommen hat,
2. derjenige, der für die Kostenschuld eines anderen kraft Gesetzes haftet,
3. hinsichtlich der Schreibauslagen derjenige, der die Erteilung von Ausfertigungen oder Abschriften beantragt hat.

(3) [1]Mehrere Kostenschuldner haften als Gesamtschuldner. [2]Die Haftung des Kostenschuldners nach Absatz 2 Nr. 1 und 3 geht der Haftung des Kostenschuldners nach Absatz 1 vor.

§ 48 Fälligkeit, Vorauszahlung, Zurückbehaltungsrecht

(1) Gebühren werden mit der Beendigung des gebührenpflichtigen Geschäfts, Auslagen mit ihrem Entstehen fällig.

(2) In Fällen, in denen die Schiedsstelle nur auf Antrag tätig wird, soll die Tätigkeit von der vorherigen Zahlung der voraussichtlich entstehenden Gebühren und Auslagen abhängig gemacht werden.

(3) Die Schiedsstelle, die den Antrag im Wege der Amtshilfe aufnimmt, hat lediglich Anspruch auf Ersatz ihrer Auslagen und fordert nur hierfür einen Vorschuß ein.

(4) Dem Kostenschuldner zu erteilende Bescheinigungen, Ausfertigungen und Abschriften sowie Urkunden, die der Kostenschuldner eingereicht hat, kann die Schiedsstelle zurückhalten, bis die in der Angelegenheit entstandenen Kosten gezahlt sind.

§ 49 Einforderung, Beitreibung

(1) Die Kosten und Ordnungsgelder werden aufgrund einer von der Schiedsperson unterschriebenen und dem Kostenschuldner mitgeteilten Kostenrechnung eingefordert.

(2) [1]Zahlt der Kostenschuldner nicht oder nicht vollständig innerhalb der Zahlungsfrist, werden die Kosten und Ordnungsgelder nach den Bestimmungen des Thüringer Verwaltungszustellungs- und Vollstreckungsgesetzes über die Vollstreckung von Leistungsbescheiden vollstreckt. [2]Anordnungsbehörde ist die Gemeindebehörde, im Fall des § 1 Abs. 1 Satz 2 die Gemeindebehörde, in deren Bereich sich die Schiedsstelle befindet.

§ 50 Gebührensätze

(1) Für das Schlichtungsverfahren wird eine Gebühr von zehn Euro erhoben; kommt ein Vergleich zustande, so beträgt die Gebühr 20 Euro.

(2) Unter Berücksichtigung der Verhältnisse des Kostenschuldners und des Umfangs und der Schwierigkeit des Falls kann die Gebühr auf höchstens 35 Euro erhöht werden.

(3) Sind auf der Seite einer Partei oder beider Parteien mehrere Personen am Schlichtungsverfahren beteiligt oder ist die antragstellende Partei zugleich Antragsgegnerin, so wird die Gebühr nur einmal erhoben.

§ 51 Auslagen

(1) Die Schiedsstelle erhebt

1. Schreibauslagen für die Aufnahme von Anträgen, für Mitteilungen an die Parteien sowie für Ausfertigungen und Abschriften von Protokollen und Bescheinigungen; die Höhe der Schreibauslagen bestimmt sich nach § 136 Abs. 3 des Gesetzes über die Kosten in Angelegenheiten der freiwilligen Gerichtsbarkeit (Kostenordnung);
2. die bei der Durchführung einer Amtshandlung entstehenden notwendigen Auslagen in tatsächlicher Höhe.

(2) [1]Zu den Auslagen nach Absatz 1 Nr. 2 gehören auch die Kosten eines Dolmetschers oder Übersetzers, der von der Schiedsperson hinzugezogen wurde. [2]Für diese Kosten gelten die Bestimmungen des Justizvergütungs- und -entschädigungsgesetzes entsprechend.

§ 52 Absehen von der Kostenerhebung

(1) [1]Die Schiedsperson kann ausnahmsweise, wenn das mit Rücksicht auf die wirtschaftlichen Verhältnisse des Zahlungspflichtigen oder sonst aus Billigkeitsgründen geboten erscheint, die Gebühren ermäßigen oder von ihrer Erhebung ganz oder teilweise absehen. [2]Aus denselben Gründen kann von der Erhebung von Auslagen, mit Ausnahme der in § 51 Abs. 2 genannten, abgesehen werden.

(2) [1]Den Ausfall von Schreibauslagen trägt die Schiedsstelle. [2]Anfallende notwendige bare Auslagen werden von der Gemeinde als Sachkosten der Schiedsstelle getragen. [3]Im Fall des § 1 Abs. 1 Satz 2 gilt § 12 Abs. 1 entsprechend.

§ 53 Einwendungen gegen die Kosten

[1]Über Einwendungen des Kostenschuldners gegen die Kostenrechnung oder gegen Maßnahmen nach § 48 Abs. 2 und 4 entscheidet das Amtsgericht, in dessen Bezirk die Schiedsstelle ihren Sitz hat, durch richterlichen Beschluß. [2]Die Entscheidung ist nicht anfechtbar. [3]Kosten werden nicht erhoben. [4]Auslagen der Parteien werden nicht erstattet.

§ 54 Aufteilung der Einnahmen

(1) Die Gebühren stehen zu gleichen Teilen der Schiedsperson und der Gemeinde zu.

(2) Soweit Auslagen erhoben wurden, erhalten

1. die Schiedsperson die Schreibauslagen nach § 51 Abs. 1 Nr. 1 und Ersatz für ihre baren Auslagen,
2. die Gemeinde Ersatz für bare Auslagen.

(3) Die Ordnungsgelder stehen der Gemeinde zu.

§ 55 Präsidialamtsgerichte

Soweit einem Amtsgericht ein Präsident vorsteht, tritt bei der Wahrnehmung der Aufgaben an die Stelle des Direktors des Amtsgerichts der Präsident des Amtsgerichts.

Fünfter Abschnitt
Übergangs- und Schlußvorschriften

§ 56 Zuständigkeitsbereiche
Die bei Inkrafttreten dieses Gesetzes bestehenden Zuständigkeitsbereiche der Schiedskommissionen bestehen als Bereiche einer Schiedsstelle fort, soweit der Gemeinderat keine abweichende Regelung trifft.

§ 57 Vollstreckungstitel aus Altverfahren
Aus zum Zeitpunkt des Inkrafttretens dieses Gesetzes für vollstreckbar erklärten Entscheidungen gesellschaftlicher Gerichte findet die Zwangsvollstreckung statt.

§ 58 Erlaß von Verwaltungsvorschriften
[1]Das für Justiz und das für das Kommunalwesen zuständige Ministerium erlassen die zur Ausführung des Gesetzes erforderlichen Verwaltungsvorschriften. [2]Zu Kostenregelungen ist das Einvernehmen mit dem für Finanzen zuständigen Ministerium herbeizuführen.

§ 59 (Inkrafttreten)

Thüringer Gesetz zur Ausführung der Verwaltungsgerichtsordnung (ThürAGVwGO)

Vom 15. Dezember 1992 (GVBl. S. 576)
(303-1)

zuletzt geändert durch Art. 7 G zur freiwilligen Neugliederung des Landkreises Wartburgkreis und der kreisfreien Stadt Eisenach, zur Änd. der Thüringer KommunalO und zur Änd. des Thüringer FinanzausgleichsG sowie zur Anpassung gerichtsorganisatorischer Vorschriften vom 16. Oktober 2019 (GVBl. S. 429)

§ 1 Errichtung, Namen und Bezirke der Gerichte

(1) In Thüringen werden drei Verwaltungsgerichte und ein Oberverwaltungsgericht errichtet.

(2) [1]Die Verwaltungsgerichte haben ihren Sitz in Gera, Meinigen und Weimar. [2]Sie führen den Namen der Gemeinde, in der sie ihren Sitz haben. [3]Der jeweilige Verwaltungsgerichtsbezirk ergibt sich aus der Anlage zu diesem Gesetz.

(3) [1]Das Oberverwaltungsgericht hat seinen Sitz in Weimar. [2]Es führt die Bezeichnung „Thüringer Oberverwaltungsgericht".

(4) Die Zahl der Kammern und Senate bestimmt das für die Organisation der Gerichte zuständige Ministeriums.

§ 2 Dienstaufsicht

Die Gerichte der allgemeinen Verwaltungsgerichtsbarkeit unterstehen der Dienstaufsicht des für die Organisation der Gerichte zuständigen Ministeriums.

§ 3 Urkundsbeamte

(1) Urkundsbeamte der Geschäftsstelle sind die Beamten des gehobenen und mittleren Justizdienstes bei den Verwaltungsgerichten und bei dem Thüringer Oberverwaltungsgericht.

(2) Mit der selbständigen Wahrnehmung von Aufgaben der Urkundsbeamten der Geschäftsstelle können bei Bedarf Angestellte der Verwaltungsgerichte und des Thüringer Oberverwaltungsgerichts widerruflich beauftragt werden.

§ 3a Zuständigkeit in Prozesskostenhilfeverfahren

Die Übertragung der Zuständigkeit auf den Urkundsbeamten der Geschäftsstelle nach § 166 Abs. 2 der Verwaltungsgerichtsordnung (VwGO) ist ausgeschlossen.

§ 4 Zuständigkeit in Normenkontrollverfahren

Das Thüringer Oberverwaltungsgericht entscheidet nach Maßgabe des § 47 VwGO über die Gültigkeit von im Range unter dem Landesgesetz stehenden Rechtsvorschriften.

§ 5 Zuständigkeiten des Oberverwaltungsgerichts im ersten Rechtszug

Das Thüringer Oberverwaltungsgericht entscheidet im ersten Rechtszug auch über Streitigkeiten, die Besitzeinweisungen in den Fällen des § 48 Abs. 1 Satz 1 VwGO betreffen.

§ 6 Sachgebietszuweisungen

(1) Im ersten Rechtszug ist abweichend von § 1 Abs. 2 Satz 3 das Verwaltungsgericht Meiningen zuständig für

1. Verfahren aus dem Bereich des Personalvertretungsrechts und für die den Verwaltungsgerichten übertragenen disziplinarrechtlichen Streitigkeiten,
2. berufsgerichtliche Verfahren nach dem Heilberufegesetz,
3. Streitigkeiten nach dem Beruflichen Rehabilitierungsgesetz und dem Verwaltungsrechtlichen Rehabilitierungsgesetz.

(2) Im ersten Rechtszug ist abweichend von § 1 Abs. 2 Satz 3 das Verwaltungsgericht Gera zuständig für Streitigkeiten nach dem Recht der offenen Vermögensfragen (Rückübertragungsrecht, Investitionsrecht, Vermögenszuordnungsrecht, Treuhandrecht, Entschädigungsrecht und Ausgleichsleistungsrecht).

(3) Die Zuständigkeit für Streitigkeiten nach dem Asylverfahrensgesetz und dem Ausländergesetz[1)] richtet sich nach der von dem für die Organisation der Gerichte zuständigen Ministerium zu erlassenden Rechtsverordnung.

§ 7 Widerspruchsbescheid in Angelegenheiten der Wasser- und Bodenverbände

In Angelegenheiten der Wasser- und Bodenverbände erläßt den Widerspruchsbescheid die Aufsichtsbehörde.

§ 8 Rechtsbehelfe gegen Verwaltungsvollstreckungsmaßnahmen

[1]Rechtsbehelfe, die sich gegen Maßnahmen in der Verwaltungsvollstreckung richten, haben keine aufschiebende Wirkung. [2]§ 80 Abs. 4 bis 7 VwGO gilt entsprechend.

§ 8a Verwaltungsakte der Polizei

Ein Vorverfahren nach § 68 VwGO entfällt gegen Verwaltungsakte der Polizei im Sinne von § 1 des Polizeiorganisationsgesetzes in der Fassung vom 6. Januar 1998 (GVBl. S. 1) in der jeweils geltenden Fassung.

§ 8b Verwaltungsakte der unteren Jagd- und Fischereibehörden

Ein Vorverfahren nach § 68 VwGO entfällt gegen Verwaltungsakte der unteren Jagdbehörden im Sinne des § 50 Abs. 2 Nr. 2 des Thüringer Jagdgesetzes in der Fassung vom 28. Juni 2006 (GVBl. S. 313) in der jeweils geltenden Fassung sowie gegen Verwaltungsakte der unteren Fischereibehörden im Sinne des § 45 Nr. 2 des Thüringer Fischereigesetzes in der Fassung vom 18. September 2008 (GVBl. S. 315) in der jeweils geltenden Fassung.

§ 8c Verwaltungsakte der unteren Denkmalschutzbehörden

Ein Vorverfahren nach § 68 VwGO entfällt, wenn eine untere Denkmalschutzbehörde im Sinne des § 22 Abs. 2 des Thüringer Denkmalschutzgesetzes in der Fassung vom 14. April 2004 (GVBl. S. 465) in der jeweils geltenden Fassung den Verwaltungsakt erlassen oder den Antrag auf Vornahme des Verwaltungsakts abgelehnt hat.

§ 9 Ausschluss des Vorverfahrens

(1) [1]Ein Vorverfahren nach § 68 VwGO entfällt, wenn das Landesverwaltungsamt den Verwaltungsakt erlassen oder abgelehnt hat. [2]Dies gilt nicht für

1. die Bewertung einer Leistung im Rahmen einer berufsbezogenen Prüfung,
2. beamtenrechtliche Entscheidungen,
3. die Bereiche Integrationsamt und Kriegsopferfürsorge,
4. Verfahren nach dem Beruflichen Rehabilitierungsgesetz in der Fassung vom 1. Juli 1997 (BGBl. I S. 1625) in der jeweils geltenden Fassung und dem Verwaltungsrechtlichen Rehabilitierungsgesetz in der Fassung vom 1. Juli 1997 (BGBl. I S. 1620) in der jeweils geltenden Fassung,
5. den Bereich der Krankenhausförderung,
6. den Bereich der Berufe des Gesundheitswesens und
7. Entscheidungen in der Städtebauförderung.

(2) Darüber hinaus entfällt ein Vorverfahren nach § 68 VwGO in folgenden Sachgebieten:

1. bei ausländerrechtlichen Entscheidungen,
2. im Bereich des Spätaussiedlerrechts und in Verfahren nach dem Thüringer Flüchtlingsaufnahmegesetz vom 16. Dezember 1997 (GVBl. S. 541) in der jeweils geltenden Fassung,
3. im Bereich der Wohnungsbauförderung,
4. bei kommunalaufsichtlichen Entscheidungen.

(3) Der Ausschluss des Vorverfahrens nach den Absätzen 1 und 2 gilt nicht, soweit Bundesrecht die Durchführung des Vorverfahrens vorschreibt, sowie bei abgabenrechtlichen Entscheidungen außer in den Fällen des Absatz 2 Nr. 4.

§ 9a Ausschluss des Vorverfahrens im Landesamt für Umwelt, Bergbau und Naturschutz

(1) [1]Ein Vorverfahren nach § 68 VwGO entfällt, wenn das Landesamt für Umwelt, Bergbau und Naturschutz den Verwaltungsakt erlassen oder abgelehnt hat. [2]Dies gilt nicht für

1. die Bewertung einer Leistung im Rahmen einer berufsbezogenen Prüfung,
2. beamtenrechtliche Entscheidungen,

1) Aufgehoben durch G v. 30.7.2004 (BGBl. I S. 1950).

3. Entscheidungen im Zusammenhang mit einer bergbaulichen Anlage oder
4. Entscheidungen über die immissionsschutzrechtliche Bekanntgabe von Sachverständigen und Stellen sowie über Prüfstellen für die Überprüfung von Messgeräten.

(2) Der Ausschluss des Vorverfahrens nach Absatz 1 gilt nicht, soweit Bundesrecht die Durchführung des Vorverfahrens vorschreibt, sowie bei abgabenrechtlichen Entscheidungen.

§ 9b Vorverfahren gegen Entscheidungen nach dem Thüringer Umweltinformationsgesetz

Gegen Entscheidungen nach dem Thüringer Umweltinformationsgesetz vom 10. Oktober 2006 (GVBl. S. 513) in der jeweils geltenden Fassung ist ein Vorverfahren nach § 68 VwGO durchzuführen, auch soweit nach diesem Gesetz die Durchführung des Vorverfahrens für bestimmte Behörden beschränkt wurde.

§ 10 Widerspruchsbescheid in Angelegenheiten der Gemeinden, Landkreise, Zweckverbände, kommunalen Anstalten und gemeinsamen kommunalen Anstalten

(1) Den Widerspruchsbescheid bei Entscheidungen der Gemeinden, Landkreise nach § 73 VwGO erlässt

1. in Angelegenheiten des eigenen Wirkungskreises die Rechtsaufsichtsbehörde, die dabei auf die Prüfung der Rechtmäßigkeit beschränkt ist; zuvor hat die Selbstverwaltungsbehörde nach § 72 VwGO auch die Zweckmäßigkeit zu überprüfen,
2. in Angelegenheiten des übertragenen Wirkungskreises die Fachaufsichtsbehörde; ist Fachaufsichtsbehörde eine oberste Landesbehörde, so entscheidet die Behörde, die den Verwaltungsakt erlassen hat.

(2) Wird gegen den Verwaltungsakt eines Zweckverbandes Widerspruch erhoben, so erlässt den Widerspruchsbescheid

1. in Angelegenheiten des eigenen Wirkungskreises die Aufsichtsbehörde, die dabei auf die Prüfung der Rechtmäßigkeit beschränkt ist; zuvor hat der Zweckverband nach § 72 VwGO auch die Zweckmäßigkeit zu überprüfen; ist die Aufsichtsbehörde das für das Kommunalrecht zuständige Ministerium, so erlässt den Widerspruchsbescheid der Zweckverband,
2. in Angelegenheiten des übertragenen Wirkungskreises die Fachaufsichtsbehörde; ist Fachaufsichtsbehörde eine oberste Landesbehörde, so entscheidet der Zweckverband.

(3) Wird gegen den Verwaltungsakt einer kommunalen Anstalt Widerspruch erhoben, so erlässt den Widerspruchsbescheid

1. in Angelegenheiten des eigenen Wirkungskreises die Rechtsaufsichtsbehörde, die dabei auf die Prüfung der Rechtmäßigkeit beschränkt ist; zuvor hat die kommunale Anstalt nach § 72 VwGO auch die Zweckmäßigkeit zu überprüfen,
2. in Angelegenheiten des übertragenen Wirkungskreises die Fachaufsichtsbehörde; ist Fachaufsichtsbehörde eine oberste Landesbehörde, so entscheidet die kommunale Anstalt.

(4) Wird gegen den Verwaltungsakt einer gemeinsamen kommunalen Anstalt Widerspruch erhoben, so erlässt den Widerspruchsbescheid

1. in Angelegenheiten des eigenen Wirkungskreises die Aufsichtsbehörde, die dabei auf die Prüfung der Rechtmäßigkeit beschränkt ist; zuvor hat die gemeinsame kommunale Anstalt nach § 73 VwGO auch die Zweckmäßigkeit zu überprüfen; ist die Aufsichtsbehörde das für das Kommunalrecht zuständige Ministerium, so erlässt den Widerspruchsbescheid die gemeinsame kommunale Anstalt,
2. in Angelegenheiten des übertragenen Wirkungskreises die Fachaufsichtsbehörde; ist Fachaufsichtsbehörde eine oberste Landesbehörde, so entscheidet die gemeinsame kommunale Anstalt.

§ 11 (Inkrafttreten)

Anlage
(zu § 1 Abs. 2 Satz 3)

[Zuständigkeit Verwaltungsgericht]

Verwaltungsgericht	Zuständigkeit für die Landkreise, kreisfreien Städte und Gemeinden
1. Gera	Landkreis Altenburger Land Landkreis Greiz Saale-Holzland-Kreis Saale-Orla-Kreis Landkreis Saalfeld-Rudolstadt kreisfreie Stadt Gera kreisfreie Stadt Jena
2. Meiningen	Landkreis Hildburghausen Landkreis Schmalkalden-Meiningen Landkreis Sonneberg Wartburgkreis kreisfreie Stadt Suhl
3. Weimar	Landkreis Eichsfeld Landkreis Gotha Ilm-Kreis Kyffhäuserkreis Landkreis Nordhausen Landkreis Sömmerda Unstrut-Hainich-Kreis Landkreis Weimarer Land kreisfreie Stadt Erfurt kreisfreie Stadt Weimar

Thüringer Verordnung über den elektronischen Rechtsverkehr bei den Gerichten und Staatsanwaltschaften (ThürERVVO Justiz)[1)]

Vom 5. Dezember 2006 (GVBl. S. 560)
(300-2)
zuletzt geändert durch Erste ÄnderungsVO vom 6. Oktober 2011 (GVBl. S. 507)

Aufgrund des § 9 Abs. 4 Satz 1 des Kapitalanleger-Musterverfahrensgesetzes vom 16. August 2005 (BGBl. I S. 2437),
des § 8 a Abs. 2 Satz 1des Handelsgesetzbuchs (HGB) vom 11. Mai 1897 (RGBl. S. 219), zuletzt geändert durch Artikel 1 des Gesetzes vom 10. November 2006 (BGBl. I S. 2553),
des § 156 Abs. 1 Satz 1 des Genossenschaftsgesetzes in der Fassung vom 16. Oktober 2006 (BGBl. I S. 2230) in Verbindung mit § 8 a Abs. 2 Satz 1 HGB,
des § 5 Abs. 2 des Partnerschaftsgesetzes vom 25. Juli 1994 (BGBl. I S. 1744), zuletzt geändert durch Artikel 4 des Gesetzes vom 10. Dezember 2001 (BGBl. I S. 3422) in Verbindung mit § 8 a Abs. 2 Satz 1 HGB,
des § 81 Abs. 4 Satz 1 der Grundbuchordnung in der Fassung vom 26. Mai 1994 (BGBl. I S. 1115), zuletzt geändert durch Artikel 88 des Gesetzes vom 19. April 2006 (BGBl. I S. 866),
des § 89 Abs. 4 Satz 1 der Schiffsregisterordnung in der Fassung vom 26. Mai 1994 (BGBl. I S. 1133), zuletzt geändert durch Artikel 92 der Verordnung vom 31. Oktober 2006 (BGBl. I S. 2407),
des § 65 a Abs. 1 Satz 1 des Sozialgerichtsgesetzes in der Fassung vom 23. September 1975 (BGBl. I S. 2535), zuletzt geändert durch Artikel 95 der Verordnung vom 31. Oktober 2006 (BGBl. I S. 2407),
des § 55 a Abs. 1 Satz 1 der Verwaltungsgerichtsordnung in der Fassung vom 19. März 1991 (BGBl. I S. 686), zuletzt geändert durch Artikel 13 des Gesetzes vom 15. Juli 2006 (BGBl. I S. 1619),
des § 52 a Abs. 1 Satz 1 der Finanzgerichtsordnung in der Fassung vom 28. März 2001 (BGBl. I S. 442, 2262; 2002 I S. 679), zuletzt geändert durch Artikel 10 des Gesetzes vom 5. September 2006 (BGBl. I S. 2098),
des § 41 a Abs. 2 Satz 1 der Strafprozessordnung in der Fassung vom 7. April 1987 (BGBl. I S. 1074, 1319), zuletzt geändert durch Artikel 1 des Gesetzes vom 24. Oktober 2006 (BGBl. I S. 2350) und
des § 110 a Abs. 2 Satz 1 des Gesetzes über Ordnungswidrigkeiten in der Fassung vom 19. Februar 1987 (BGBl. I S. 602), zuletzt geändert durch Artikel 3 Abs. 6 des Gesetzes vom 12. Juli 2006 (BGBl. I S. 1466),
verordnet die Landesregierung und
aufgrund des § 130 a Abs. 2 Satz 1 der Zivilprozessordnung in der Fassung vom 5. Dezember 2005 (BGBl. I S. 3202; 2006 I S. 431), geändert durch Artikel 50 des Gesetzes vom 19. April 2006 (BGBl. I S. 866),
des § 21 Abs. 3 Satz 1 des Gesetzes über die Angelegenheiten der freiwilligen Gerichtsbarkeit vom 17. Mai 1898 (RGBl. S. 189), zuletzt geändert durch Artikel 4 des Gesetzes vom 10. November 2006 (BGBl. I S. 2553) und
des § 46 b Abs. 2 Satz 1 des Arbeitsgerichtsgesetzes in der Fassung vom 2. Juli 1979 (BGBl. I S. 853, 1036), zuletzt geändert durch Artikel 94 der Verordnung vom 31. Oktober 2006 (BGBl. I S. 2407),
in Verbindung mit § 1 Satz 1 Nr. 4, 25, 56 der Thüringer Ermächtigungsübertragungsverordnung Justiz vom 25. Oktober 2004 (GVBl. S. 846), verordnet das Justizministerium:

§ 1 Zulassung der elektronischen Kommunikation

[1]Diese Verordnung regelt die Anwendung des elektronischen Rechtsverkehrs für Gerichte und Staatsanwaltschaften. [2]Bei den in der Anlage bezeichneten Gerichten und Staatsanwaltschaften können in

---

1) Die Verpflichtungen aus der Richtlinie 98/34/EG des Europäischen Parlaments und des Rates vom 22. Juni 1998 über ein Informationsverfahren auf dem Gebiet der Normen und technischen Vorschriften und der Vorschriften für die Dienste der Informationsgesellschaft (ABl. EG Nr. L 204 S. 37), geändert durch Richtlinie 98/48/EG des Europäischen Parlaments und des Rates vom 20. Juli 1998 (ABl. EG Nr. L 217 S. 18), sind beachtet worden.

den dort jeweils für sie näher bezeichneten Verfahrensarten und ab dem dort für sie angegebenen Datum elektronische Dokumente eingereicht werden.

§ 2 Form der Einreichung

(1) [1]Zur Entgegennahme elektronischer Dokumente ist die elektronische Poststelle der Gerichte und Staatsanwaltschaften in Thüringen bestimmt. [2]Die elektronische Poststelle ist über die auf der Internetseite

www.thueringen.de/de/justiz/modern/erv

bezeichneten Kommunikationswege erreichbar.

(2) Die Einreichung erfolgt durch die Übertragung des elektronischen Dokuments in die elektronische Poststelle.

(3) [1]Sofern für Einreichungen die Schriftform oder die elektronische Form vorgeschrieben ist, sind, soweit kein Fall des § 12 Abs. 2 Satz 2 Halbsatz 1 HGB vorliegt, die elektronischen Dokumente mit einer qualifizierten elektronischen Signatur nach § 2 Nr. 3 des Signaturgesetzes vom 16. Mai 2001 (BGBl. I S. 876) in der jeweils geltenden Fassung zu versehen. [2]Die qualifizierte elektronische Signatur und das ihr zugrunde liegende Zertifikat müssen durch das adressierte Gericht beziehungsweise die Staatsanwaltschaft oder durch eine andere von der Landesjustizverwaltung mit der automatisierten Überprüfung beauftragte Stelle prüfbar sein. [3]Die Eignungsvoraussetzungen für eine Prüfung werden nach § 3 Nr. 2 bekannt gegeben.

(4) [1]Das elektronische Dokument muss eines der folgenden Formate in einer für das adressierte Gericht beziehungsweise die Staatsanwaltschaft bearbeitbaren Version aufweisen:

1. ASCII (American Standard Code for Information Interchange) als reiner Text ohne Formatierungscodes und ohne Sonderzeichen,
2. Unicode,
3. Microsoft RTF (Rich Text Format),
4. Adobe PDF (Portable Document Format),
5. XML (Extensible Markup Language),
6. TIFF (Tag Image File Format) oder
7. Microsoft Word, soweit keine aktiven Komponenten (beispielsweise Makros) verwendet werden.

[2]Nähere Informationen insbesondere zu den bearbeitbaren Versionen der zulässigen Dateiformate werden nach § 3 Nr. 3 bekannt gegeben.

(5) [1]Elektronische Dokumente, die einem der in Abs. 4 genannten Dateiformate in der nach § 3 Nr. 3 bekannt gegebenen Version entsprechen, können auch in komprimierter Form als ZIP-Datei eingereicht werden. [2]Die ZIP-Datei darf keine anderen ZIP-Dateien und keine Verzeichnisstrukturen enthalten. [3]Beim Einsatz von Dokumentensignaturen muss sich die Signatur auf das Dokument und nicht auf die ZIP-Datei beziehen. [4]Die ZIP-Datei darf zusätzlich signiert werden.

(6) Sofern strukturierte Daten übermittelt werden, sollen sie im UNICODE-Zeichensatz UTF-8 codiert sein.

§ 3 Bekanntgabe der Bearbeitungsvoraussetzungen

Im Auftrag der Landesjustizverwaltung gibt der Betreiber der elektronischen Poststelle der Gerichte und Staatsanwaltschaften nach § 2 Abs. 1 Satz 1 auf der Internetseite

www.thueringen.de/de/justiz/modern/erv

jeweils für seinen Bereich bekannt:

1. die Einzelheiten des Verfahrens, das bei einer vorherigen Anmeldung zur Teilnahme am elektronischen Rechtsverkehr sowie für die Authentifizierung bei der jeweiligen Nutzung der elektronischen Poststelle einzuhalten ist, einschließlich der für die datenschutzgerechte Administration elektronischer Postfächer zu speichernden personenbezogenen Daten,
2. die Zertifikate, Anbieter und Versionen elektronischer Signaturen, die nach seiner Prüfung für die Bearbeitung durch die Justiz oder durch eine andere mit der automatisierten Prüfung beauftragte Stelle geeignet sind; dabei ist mindestens die Prüfbarkeit qualifizierter elektronischer Signaturen sicherzustellen, die dem Profil ISIS-MTT entsprechen,

3. die nach seiner Prüfung den in § 2 Abs. 3 und 4 festgelegten Formatstandards entsprechenden und für die Bearbeitung durch angeschlossene Gerichte oder Staatsanwaltschaften geeigneten Versionen der genannten Formate sowie die bei dem in § 2 Abs. 4 Satz 1 Nr. 5 bezeichneten XML-Format zugrunde zu legenden Definitions- oder Schemadateien und
4. die zusätzlichen Angaben, die bei der Übermittlung oder bei der Bezeichnung des einzureichenden elektronischen Dokuments gemacht werden sollen, um die Zuordnung innerhalb des adressierten Gerichts oder der Staatsanwaltschaft und die Weiterverarbeitung durch sie zu gewährleisten.

§ 4 Ersatzeinreichung

Ist die Entgegennahme elektronischer Dokumente über die elektronische Poststelle nach § 2 nicht möglich, trifft der Vorstand des Gerichts oder der Leiter der Staatsanwaltschaft im Einzelfall Anordnungen zur Einreichung von Dokumenten.

§ 5 Datenverarbeitung im Auftrag

Die Datenverarbeitung erfolgt im Auftrag der in der Anlage genannten Gerichte oder Staatsanwaltschaften durch die in der Anlage genannten Stellen.

§ 6 Inkrafttreten

Diese Verordnung tritt am 1. Januar 2007 in Kraft.

Anlage
(zu den §§ 1 und 5)

Nr.	Gericht beziehungsweise Staatsanwaltschaft	Verfahrensbereich	Datenverarbeitende Stelle	Datum
1.	Amtsgericht Jena	Handels-, Genossenschafts- und Partnerschaftsregister	Landesamt für Datenverarbeitung und Statistik, Nordrhein-Westfalen	1. Januar 2007

Thüringer Gesetz über die juristischen Staatsprüfungen und den juristischen Vorbereitungsdienst (Thüringer Juristenausbildungsgesetz – ThürJAG –)

In der Fassung der Bekanntmachung vom 28. Januar 2003[1] (GVBl. S. 33)
(315-3)

zuletzt geändert durch Art. 1 G zur Änd. der Rechtsverhältnisse im juristischen Vorbereitungsdienst vom 22. März 2016 (GVBl. S. 150)

Inhaltsübersicht

§ 1 Justizprüfungsamt
§ 2 Stellung der Prüfer
§ 3 Orte der Staatsprüfungen
§ 4 Prüfungsausschüsse
§ 5 Widerspruchsverfahren
§ 6 Diplomgrad
§ 7 Vorbereitungsdienst
§ 8 Verordnungsermächtigungen
§ 9 Übergangsbestimmung
§ 10 Gleichstellungsbestimmung
§ 11 (In-Kraft-Treten)

§ 1 Justizprüfungsamt

(1) [1]Für die Durchführung der staatlichen Prüfungen nach § 5 Abs. 1 des Deutschen Richtergesetzes wird beim für das juristische Ausbildungs- und Prüfungswesen zuständigen Ministerium das Justizprüfungsamt errichtet. [2]Es besteht aus dem Präsidenten, seinen zwei ständigen Vertretern und weiteren Mitgliedern.

(2) [1]Die Mitglieder des Justizprüfungsamts werden durch das für das juristische Ausbildungs- und Prüfungswesen zuständige Ministerium berufen. [2]Der Präsident und die zwei ständigen Vertreter müssen die Befähigung zum Richteramt besitzen.

(3) Zu weiteren Mitgliedern können berufen werden:

1. Professoren des Rechts sowie Hochschuldozenten des Rechts,
2. Richter, Rechtsanwälte und Notare sowie
3. Beamte oder Angestellte mit der Befähigung zum Richteramt sowie Diplomjuristen im höheren Verwaltungsdienst.

§ 2 Stellung der Prüfer

(1) Die Prüfer sind in ihrer Prüfertätigkeit unabhängig.

(2) [1]Der Präsident des Justizprüfungsamts und seine Stellvertreter werden auf Zeit oder für die Dauer eines Hauptamts bestellt. [2]Die übrigen Mitglieder werden für zunächst drei Jahre berufen. [3]Wiederberufungen sind für jeweils bis zu fünf Jahre zulässig. [4]Die Berufung der Mitglieder, die nicht im Geschäftsbereich des für das juristische Ausbildungs- und Prüfungswesen zuständigen Ministeriums beschäftigt sind, erfolgt im Einvernehmen mit der jeweils zuständigen obersten Dienstbehörde, der Standesvertretung oder den Dekanen der juristischen Fakultäten.

§ 3 Orte der Staatsprüfungen

(1) Die erste staatliche Prüfung soll am Sitz der juristischen Fakultäten in Thüringen stattfinden.

(2) [1]Die zweite Staatsprüfung wird in Erfurt abgehalten. [2]Sie kann auch an anderen Orten abgenommen werden.

§ 4 Prüfungsausschüsse

Für die Abnahme der staatlichen Prüfungen oder Teilen davon werden Prüfungsausschüsse aus Mitgliedern des Justizprüfungsamts gebildet.

§ 5 Widerspruchsverfahren

Gegen Verwaltungsakte, denen eine Bewertung von Prüfungsleistungen zugrunde liegt, findet ein Widerspruchsverfahren statt.

---

1) Neubekanntmachung des Thüringer JuristenausbildungsG v. 29.9.1992 (GVBl. S. 483) in der ab 16.10.2002 geltenden Fassung.

§ 6 Diplomgrad

Die Friedrich-Schiller-Universität Jena kann nach § 26 Abs. 2 des Thüringer Hochschulgesetzes den erfolgreichen Absolventen der ersten Prüfung nach § 5 Abs. 1 des Deutschen Richtergesetzes den Diplomgrad verleihen.

§ 7 Vorbereitungsdienst

(1) [1]Wer die erste Prüfung nach § 5 Abs. 1 des Deutschen Richtergesetzes bestanden hat, wird auf seinen Antrag zum Vorbereitungsdienst zugelassen, sofern die übrigen nach § 8 Abs. 1 Nr. 5 und 6 durch Rechtsverordnung festzusetzenden Voraussetzungen erfüllt sind. [2]Der Vorbereitungsdienst wird im Rahmen eines öffentlich-rechtlichen Ausbildungsverhältnisses im Sinne des § 15 Abs. 3 des Thüringer Laufbahngesetzes vom 12. August 2014 (GVBl. S. 472 -498-) in der jeweils geltenden Fassung absolviert. [3]Die für den Vorbereitungsdienst zugelassenen Bewerber führen die Bezeichnung „Rechtsreferendar" und erhalten als Zuschuss zum Bestreiten des Lebensunterhaltes eine monatliche Unterhaltsbeihilfe. [4]Diese besteht aus einem Grundbetrag in Höhe von mindestens 1 100 Euro monatlich. [5]Rechtsreferendare erhalten darüber hinaus einen Kinderzuschlag nach Anlage 6 zum Thüringer Besoldungsgesetz (ThürBesG) in der Fassung vom 18. Januar 2016 (GVBl. S. 1) in der jeweiligen Fassung in Höhe der kinderbezogenen Stufen des Familienzuschlags. [6]§ 38 Abs. 2 und 4 ThürBesG in der jeweiligen Fassung gelten entsprechend. [7]Weitergehende Leistungen, insbesondere Versorgungsanwartschaften, über Satz 5 hinausgehende Familienzuschläge, eine jährliche Sonderzuwendung, Urlaubsgeld, vermögenswirksame Leistungen und den Auslandsdienstbezügen vergleichbare Leistungen werden nicht gewährt. [8]Die Unterhaltsbeihilfen unterliegen der Beitragspflicht zur gesetzlichen Sozialversicherung. [9]Die Unterhaltsbeihilfe wird zum letzten Tag eines jeden Kalendermonats für den laufenden Kalendermonat gezahlt.

(2) [1]Für die Rechte und Pflichten der Rechtsreferendare sowie für die Begründung und Beendigung des öffentlich-rechtlichen Ausbildungsverhältnisses sind die für Beamte auf Widerruf geltenden Bestimmungen mit Ausnahme des § 72 des Thüringer Beamtengesetzes vom 12. August 2014 (GVBl. S. 472) in der jeweils geltenden Fassung entsprechend anzuwenden, soweit nicht durch Gesetz oder aufgrund eines Gesetzes etwas anderes bestimmt wird. [2]Das Thüringer Disziplinargesetz vom 21. Juni 2002 (GVBl. S. 257) in der jeweils geltenden Fassung gilt entsprechend. [3]Das Entgeltfortzahlungsgesetz vom 26. Mai 1994 (BGBl. I S. 1014, 1065), das Bundeselterngeld- und Elternzeitgesetz in der Fassung vom 27. Januar 2015 (BGBl. I S. 33) und das Mutterschutzgesetz in der Fassung vom 20. Juni 2002 (BGBl. I S. 2318) jeweils in den jeweils geltenden Fassungen finden entsprechende Anwendung.

(3) Im Rahmen der Ausbildung können den Rechtsrefendaren, sofern nicht gesetzliche Vorschriften entgegenstehen, Geschäfte eines Beamten des gehobenen oder des mittleren Justizdienstes, vor allem eines Amtsanwalts oder eines Urkundsbeamten der Geschäftsstelle, zur selbständigen Wahrnehmung übertragen werden.

(4) Mit der Bekanntgabe der Entscheidung über das Bestehen der zweiten Staatsprüfung oder das Nichtbestehen der ersten Wiederholungsprüfung endet das öffentlich-rechtliche Ausbildungsverhältnis.

§ 8 Verordnungsermächtigungen

(1) Das für das juristische Ausbildungs- und Prüfungswesen zuständige Ministerium wird ermächtigt, im Einvernehmen mit dem für die Angelegenheiten der inneren Landesverwaltung zuständigen Ministerium, dem für das Hochschulwesen zuständigen Ministerium und dem für Finanzen zuständigen Ministerium zur Durchführung dieses Gesetzes durch Rechtsverordnungen Regelungen zu treffen; insbesondere über:

1. die Organisation, Aufgaben und Zuständigkeiten des Justizprüfungsamts; die Aufgaben und Befugnisse des Präsidenten; die Bestellung der Mitglieder; das Ruhen und die Beendigung der Mitgliedschaft; die Errichtung von Außenstellen;
2. die Regelstudienzeit, innerhalb der die erste Prüfung abgelegt werden soll; die Pflichtfächer, die studienbegleitenden Leistungskontrollen oder Zwischenprüfungen; die praktischen Studienzeiten; die Frist für die Meldung; die Voraussetzungen für die Zulassung zum staatlichen Teil der ersten Prüfung, insbesondere über den Nachweis eines ordnungsgemäßen Studiums, über das Erfordernis, für die zwei der Prüfung unmittelbar vorausgehenden Studienhalbjahre an einer Universität in Thüringen eingeschrieben gewesen zu sein sowie über die Vorlage von Zeugnissen über die

Teilnahme an Zwischenprüfungen oder studienbegleitenden Leistungskontrollen und an Lehrveranstaltungen sowie den Verlust des Anspruchs auf Zulassung zur Prüfung;
3. die Voraussetzungen für die Zulassung zur zweiten Staatsprüfung und den Verlust des Anspruchs auf Zulassung;
4. die Zusammensetzung der Prüfungsausschüsse und deren Vorsitz; den Prüfungsstoff; das Prüfungsverfahren, insbesondere Art und Zahl der Prüfungsleistungen im schriftlichen und mündlichen Teil; die Bewertung von Prüfungsleistungen; die Berücksichtigung von Leistungen aus Studium und Vorbereitungsdienst; die Voraussetzungen für das Bestehen der staatlichen Prüfungen; die Erteilung von Zeugnissen; den Rücktritt von den staatlichen Prüfungen, die Verhinderung von Prüfungsteilnehmern und die Wiederholung der staatlichen Prüfungen; die Festlegung besonderer Bedingungen für behinderte Prüflinge; die Folgen von Verstößen gegen Prüfungsbestimmungen; Prüfungsmängel; die Benutzung von Hilfsmitteln; die Einsicht in Prüfungsarbeiten; die Folgen unlauteren Verhaltens;
5. die Voraussetzungen für die Zulassung zum Vorbereitungsdienst; die Voraussetzungen für die Entlassung aus dem Vorbereitungsdienst; seine Gliederung und Gestaltung, insbesondere die Fertigung von Vorlagearbeiten sowie die Teilnahme an Arbeitsgemeinschaften, Arbeitstagungen und Lehrgängen einschließlich der Erteilung von Zeugnissen; die Tätigkeit von Arbeitsgemeinschaftsleitern und Gruppenausbildern; die Verlängerung des Vorbereitungsdienstes im Einzelfall; die Mitwirkungsrechte der Referendare; die Zuständigkeit für Entscheidungen im Zusammenhang mit dem Vorbereitungsdienst; die Übertragung von Arbeitgeberrechten und -pflichten; Urlaub und Arbeitsbefreiung im Hinblick auf Ausbildungserfordernisse; die Nebentätigkeit; die Zulassung von Gastreferendaren;
6. die Zulassungsbeschränkungen aufgrund der Erschöpfung der Ausbildungskapazitäten; die Einzelheiten des Vergabeverfahrens, insbesondere der Auswahl unter den Bewerbern nach Eignung, Leistung, den Fällen besonderer Härte und der Wartezeit, wobei Eignung und Leistung überwiegende Bedeutung haben sollen, die Möglichkeiten der Rangverbesserung unter den Bewerbern und die Ermittlung der Zahl der zur Verfügung stehenden Ausbildungsstellen unter Berücksichtigung der räumlichen und sächlichen Gegebenheiten in den einzelnen Landgerichtsbezirken und der Zahl der dort tätigen Ausbilder sowie der Art und des Umfangs ihrer Tätigkeit;
7. die Anrechnung von Studienzeiten und von Ausbildungszeiten anderer Ausbildungsgänge auf die Juristenausbildung; die Anrechnung von Krankheits- und sonstigen Ausfallzeiten;
8. die Ausgestaltung, insbesondere die Organisation und die Ausbildungsinhalte des öffentlich-rechtlichen Ausbildungsverhältnisses im Vorbereitungsdienst sowie die Höhe der über den Mindestbetrag hinausgehenden Unterhaltsbeihilfe.

(2) [1]Durch die Rechtsverordnungen nach Absatz 1 können Bestimmungen über die Schwerpunktbereiche und die Prüfungsordnung einer universitären Schwerpunktbereichsprüfung getroffen werden. [2]Die Prüfungsordnung erlässt die Universität; sie bedarf der Genehmigung des für das Hochschulwesen zuständigen Ministeriums im Einvernehmen mit dem für das juristische Ausbildungs- und Prüfungswesen zuständigen Ministerium.

(3) Das für das juristische Ausbildungs- und Prüfungswesen zuständige Ministerium wird ermächtigt, im Einvernehmen mit dem für Finanzen zuständigen Ministerium durch Rechtsverordnung Regelungen über die Erhebung von Gebühren für das Widerspruchsverfahren in beiden staatlichen Prüfungen sowie für das Notenverbesserungsverfahren in der zweiten Staatsprüfung zu erlassen.

§ 9 Übergangsbestimmung

Für Rechtsreferendare, die vor Inkrafttreten des Thüringer Gesetzes zur Änderung der Rechtsverhältnisse im juristischen Vorbereitungsdienst den Vorbereitungsdienst aufgenommen haben, findet dieses Gesetz in der vor dem Inkrafttreten des Thüringer Gesetzes zur Änderung der Rechtsverhältnisse im juristischen Vorbereitungsdienst geltenden Fassung Anwendung.

§ 10 Gleichstellungsbestimmung

Status- und Funktionsbezeichnungen in diesem Gesetz gelten jeweils in männlicher und weiblicher Form.

§ 11 (In-Kraft-Treten)

Thüringer Juristenausbildungs- und -prüfungsordnung (ThürJAPO)

Vom 24. Februar 2004 (GVBl. S. 217)
(315-3-1)
zuletzt geändert durch Art. 1 Erste ÄndVO vom 12. Februar 2018 (GVBl. S. 43)

Aufgrund des § 8 Abs. 1, 2 Satz 1 und Abs. 3 des Thüringer Juristenausbildungsgesetzes (ThürJAG) in der Fassung vom 28. Januar 2003 (GVBl. S. 33) verordnet das Justizministerium im Einvernehmen mit dem Innenministerium, dem Ministerium für Wissenschaft, Forschung und Kunst sowie dem Finanzministerium:

Inhaltsübersicht

Erster Abschnitt
Allgemeine Bestimmungen

§ 1 Ausbildungsgang und Prüfungen
§ 2 Justizprüfungsamt
§ 3 Prüfungsausschüsse
§ 4 Aufgaben des Präsidenten des Justizprüfungsamts
§ 5 Bestellung der örtlichen Prüfungsleiter
§ 6 Ausschluss von der Teilnahme an der Prüfung
§ 7 Nichterbringen von Prüfungsleistungen
§ 8 Bewertung
§ 9 Mängel im Prüfungsverfahren
§ 10 Hilfsmittel, Erleichterungen
§ 11 Unlauteres Verhalten

Zweiter Abschnitt
Studium, staatliche Pflichtfachprüfung und Schwerpunktbereichsprüfung

§ 12 Inhalt des Studiums
§ 13 Studienzeit, ordnungsgemäßes Studium
§ 14 Prüfungsfächer
§ 15 Praktische Studienzeit
§ 16 Voraussetzungen für die Zulassung zur staatlichen Pflichtfachprüfung
§ 17 Zulassungsantrag
§ 18 Entscheidung über die Zulassung
§ 19 Staatliche Pflichtfachprüfung
§ 20 Schriftliche Aufsichtsarbeiten
§ 21 Ergebnis der schriftlichen Prüfung
§ 22 Ausschluss von der mündlichen Prüfung
§ 23 Mündliche Prüfung
§ 24 Bewertung der mündlichen Prüfung
§ 25 Prüfungs- und Abschlussnote
§ 26 Prüfungsniederschrift
§ 27 Prüfungszeugnis und -bescheid, Platznummer, Widerspruchsgebühren
§ 28 Wiederholung der Prüfung
§ 29 Freiversuch
§ 30 Einsicht in Prüfungsarbeiten
§ 31 Schwerpunktbereichsausbildung und -prüfung

Dritter Abschnitt
Vorbereitungsdienst

§ 32 Zuständigkeiten und Dienstaufsicht
§ 33 Aufnahme in den Vorbereitungsdienst
§ 33a Ausbildungsvergütung
§ 34 Grundsätze der Ausbildung
§ 35 Dauer und Gliederung des Vorbereitungsdienstes
§ 36 Ausbildungsstellen
§ 37 Arbeitsgemeinschaften
§ 38 Klausurenkurs, Lehrgänge
§ 39 Urlaub und Erkrankungen
§ 40 Verlängerung
§ 41 Entlassung
§ 42 Nebentätigkeit
§ 43 Gastreferendare, Versetzung

Vierter Abschnitt
Zweite Staatsprüfung

§ 44 Zeitpunkt der Prüfung, Zulassung
§ 45 Form der Prüfung
§ 46 Prüfungsgebiete
§ 47 Schriftliche Prüfung
§ 48 Zulassung und Ausschluss von der mündlichen Prüfung
§ 49 Mündliche Prüfung
§ 50 Prüfungsniederschrift und -note, Abschlussnote
§ 51 Prüfungszeugnis, Platznummer, Widerspruchsgebühren
§ 52 Wiederholung der Prüfung
§ 53 Wiederholung der Prüfung zur Notenverbesserung
§ 54 Einsicht in die Prüfungsarbeiten

Fünfter Abschnitt
Übergangs- und Schlussbestimmungen

§ 55 Übergangsbestimmung
§ 56 Gleichstellungsbestimmung
§ 57 In-Kraft-Treten, Außer-Kraft-Treten

Erster Abschnitt
Allgemeine Bestimmungen

§ 1 Ausbildungsgang und Prüfungen

(1) Die juristische Ausbildung gliedert sich in das Universitätsstudium und den Vorbereitungsdienst.

(2) [1]Die erste Prüfung im Sinne des § 5 Abs. 1 des Deutschen Richtergesetzes besteht aus einer universitären Schwerpunktbereichsprüfung und einer staatlichen Pflichtfachprüfung. [2]Sie dient der Feststellung, ob der Kandidat über die Kenntnisse in den Prüfungsfächern verfügt und die wissenschaftlichen Arbeitsmethoden beherrscht, die als Grundlage erforderlich sind, um den Anforderungen des juristischen Vorbereitungsdienstes zu entsprechen.

(3) [1]Die staatliche Pflichtfachprüfung und die zweite Staatsprüfung werden in der Regel zweimal jährlich abgehalten. [2]Ein Prüfungsdurchgang beginnt jeweils mit der ersten schriftlichen Aufsichtsarbeit.

(4) [1]Die Ausbildung im Vorbereitungsdienst wird mit der zweiten Staatsprüfung im Sinne des § 5 Abs. 1 des Deutschen Richtergesetzes abgeschlossen. [2]Die Prüfung dient der Feststellung, ob der Rechtsreferendar die Befähigung zum Richteramt und zum höheren allgemeinen Verwaltungsdienst erworben hat.

(5) Staatliche und universitäre Prüfungen berücksichtigen die rechtsprechende, verwaltende und rechtsberatende Praxis einschließlich der hierfür erforderlichen Schlüsselqualifikationen nach § 5a Abs. 3 Satz 1 des Deutschen Richtergesetzes; unbeschadet von § 5a Abs. 2 Satz 2 des Deutschen Richtergesetzes können die Prüfungen auch Fremdsprachenkompetenz berücksichtigen.

(6) Die nachfolgenden Bestimmungen betreffen ausschließlich die staatliche Pflichtfachprüfung und die zweite Staatsprüfung, soweit nicht ausdrücklich etwas anderes geregelt ist.

§ 2 Justizprüfungsamt

(1) Die staatliche Pflichtfachprüfung und die zweite Staatsprüfung werden vom Justizprüfungsamt vorbereitet und durchgeführt.

(2) [1]Das Justizprüfungsamt gliedert sich in zwei Abteilungen. [2]Die Prüfungsabteilung I ist für die staatliche Pflichtfachprüfung, die Prüfungsabteilung II für die zweite Staatsprüfung zuständig.

(3) [1]Die Mitgliedschaft im Justizprüfungsamt endet außer durch Zeitablauf mit dem Ausscheiden des Prüfers aus seinem bisherigen Beruf, jedenfalls mit Vollendung des 70. Lebensjahres, jeweils zum Ende der Prüfungsperiode. [2]Ein Prüfer kann bis zur Vollendung des 70. Lebensjahres erneut berufen werden.

(4) Die Tätigkeit eines Mitglieds des Justizprüfungsamts ruht während eines Verbots der Führung der Dienstgeschäfte oder der vorläufigen Dienstenthebung oder bei einem Vertretungsverbot für den Rechtsanwalt.

§ 3 Prüfungsausschüsse

(1) In jeder Prüfungsabteilung bestimmt der Präsident des Justizprüfungsamts die Prüfer für die schriftlichen Arbeiten und bildet die Prüfungsausschüsse für die mündlichen Prüfungen.

(2) [1]Ein Prüfungsausschuss besteht für die staatliche Pflichtfachprüfung aus drei, für die zweite Staatsprüfung aus vier Prüfern jeweils einschließlich des Vorsitzenden. [2]In der staatlichen Pflichtfachprüfung soll mindestens einer der Prüfer Professor der Rechte der Universität des Prüfungsortes sein. [3]Der Präsident des Justizprüfungsamts kann in Einzelfällen aus wichtigem Grund eine andere Besetzung der Prüfungsausschüsse festlegen.

(3) Den Vorsitz im Prüfungsausschuss führt der Präsident des Justizprüfungsamts, sein ständiger Vertreter oder ein vom Präsidenten bestimmtes Mitglied der betreffenden Prüfungsabteilung.

(4) Die Prüfungsausschüsse entscheiden mit Stimmenmehrheit; bei Stimmengleichheit gibt die Stimme des Vorsitzenden den Ausschlag.

(5) [1]Ist ein für die Bewertung von Prüfungsarbeiten bestimmter Prüfer nicht in der Lage, die Bewertung der ihm zugeteilten Prüfungsarbeiten fristgemäß durchzuführen, so kann er vom Präsidenten des Justizprüfungsamts durch einen anderen Prüfer ersetzt werden. [2]Sofern der ausgeschiedene Prüfer ihm zugeteilte Prüfungsarbeiten bewertet hat, bleiben seine Bewertungen in Kraft.

§ 4 Aufgaben des Präsidenten des Justizprüfungsamts

(1) Der Präsident führt die Aufsicht über den Geschäftsbetrieb des Justizprüfungsamts, wählt die Aufgaben für die Prüfungsarbeiten aus, stellt die Zeugnisse über das Bestehen der Prüfungen aus und trifft alle Entscheidungen im Rahmen des Prüfungsverfahrens außerhalb der mündlichen Prüfung, soweit das Thüringer Juristenausbildungsgesetz oder diese Rechtsverordnung nichts anderes bestimmen.

(2) Der Präsident hat in den Prüfungsabteilungen I und II je einen ständigen Vertreter, der im Falle der Verhinderung seine Aufgaben wahrnimmt.

(3) Der Präsident kann zur ständigen Wahrnehmung bestimmter Aufgaben weitere Mitglieder des Justizprüfungsamts bestimmen.

§ 5 Bestellung der örtlichen Prüfungsleiter

[1]Der Präsident des Justizprüfungsamts kann an allen Prüfungsorten örtliche Prüfungsleiter bestellen. [2]Zu örtlichen Prüfungsleitern werden Richter, Staatsanwälte oder Beamte mit der Befähigung zum Richteramt bestellt.

§ 6 Ausschluss von der Teilnahme an der Prüfung

(1) [1]Kandidaten, denen zur Zeit des Prüfungsverfahrens die Freiheit entzogen ist, sind von der Teilnahme an der Prüfung insoweit ausgeschlossen.

(2) Ein Kandidat kann von der Teilnahme an der Prüfung ausgeschlossen werden, wenn er

1. den ordnungsgemäßen Ablauf der Prüfung stört oder zu stören versucht oder
2. an einer Krankheit leidet, die die Gesundheit anderer ernsthaft gefährdet oder den ordnungsgemäßen Ablauf der Prüfung erheblich beeinträchtigen würde.

[2]Die Entscheidung kann in dringenden Fällen der örtliche Prüfungsleiter treffen; er ist befugt, die sofortige Vollziehung anzuordnen.

§ 7 Nichterbringen von Prüfungsleistungen

(1) [1]Erbringt ein Kandidat eine Prüfungsleistung ohne Zustimmung durch das Justizprüfungsamt nicht, erteilt das Justizprüfungsamt für diese Prüfungsleistung die Note "ungenügend" (0 Punkte). [2]Eine schriftliche Prüfungsleistung gilt auch dann als nicht erbracht, wenn sie nicht rechtzeitig abgegeben wird.

(2) [1]Hat ein Kandidat mit Zustimmung des Justizprüfungsamts eine oder mehrere Aufsichtsarbeiten nicht erbracht, so hat er, soweit von ihm im Übrigen mehr als die Hälfte der schriftlichen Aufsichtsarbeiten bearbeitet werden konnte, anstelle der nicht bearbeiteten Aufsichtsarbeiten innerhalb einer vom Präsidenten des Justizprüfungsamts zu bestimmenden Zeit, in der Regel im nächsten Prüfungsdurchgang, entsprechende Ersatzarbeiten anzufertigen; in den sonstigen Fällen gilt die Prüfung als nicht abgelegt. [2]Eine nachträgliche Anfertigung von Aufsichtsarbeiten nach Satz 1 kommt nicht in Betracht, wenn nach dem Ergebnis der bereits erbrachten Leistungen die Prüfung nicht bestanden werden kann.

(3) Hat ein Kandidat mit Zustimmung des Justizprüfungsamts eine mündliche Prüfungsleistung nicht erbracht, so nimmt er nach Wegfall des Hinderungsgrundes, möglichst noch im selben Prüfungsdurchgang, an einer neuen mündlichen Prüfung teil.

(4) [1]Die Zustimmung wird auf schriftlichen Antrag erteilt, wenn der Kandidat die Prüfungsleistung wegen Krankheit oder aus einem anderen wichtigen Grund nicht erbringen kann. [2]Der Antrag auf Zustimmung ist unter Angabe von Gründen unverzüglich nach Kenntnis des wichtigen Grundes zu stellen. [3]Das Kennenmüssen des wichtigen Grundes steht hierbei der Kenntnis gleich. [4]Die Gründe sind glaubhaft zu machen, im Falle der Erkrankung grundsätzlich durch amtsärztliches Zeugnis, das die für die Beurteilung der Prüfungsunfähigkeit erheblichen Befundtatsachen enthält.

(5) Hat ein Kandidat trotz Prüfungsunfähigkeit an der schriftlichen oder mündlichen Prüfung teilgenommen, obwohl die Voraussetzungen einer Zustimmung nach Absatz 4 vorlagen, so wird auf seinen unverzüglich zu stellenden Antrag vom Präsidenten des Justizprüfungsamts festgestellt, dass die Prüfung als nicht unternommen gilt, wenn der Kandidat die seine Prüfungsunfähigkeit begründenden Tatsachen weder kannte noch hätte kennen müssen.

(6) Fahrlässige Unkenntnis im Sinne des Absatzes 4 Satz 2 und des Absatzes 5 ist bei krankheitsbedingter Beeinträchtigung insbesondere dann gegeben, wenn der Kandidat nicht unverzüglich eine Klärung herbeigeführt hat.

§ 8 Bewertung

(1) Für die Bewertung der Prüfungsleistungen gelten § 5d Abs. 4 des Deutschen Richtergesetzes sowie die Verordnung über eine Noten- und Punkteskala für die erste und zweite juristische Prüfung vom 3. Dezember 1981 (BGBl. I S. 1243) in der jeweils geltenden Fassung.

(2) Soweit Durchschnittspunktzahlen zu ermitteln sind, wird dazu die Summe der Punktzahlen der Einzelbewertungen durch die Anzahl der Einzelbewertungen geteilt; eine dritte Dezimalstelle bleibt unberücksichtigt.

§ 9 Mängel im Prüfungsverfahren

(1) [1]Erweist sich, dass das Prüfungsverfahren mit Mängeln behaftet war, die die Chancengleichheit erheblich beeinträchtigt haben, kann der Präsident des Justizprüfungsamts auf Antrag eines Kandidaten oder von Amts wegen anordnen, dass von einzelnen oder allen Kandidaten die Prüfung oder einzelne Teile davon zu wiederholen sind. [2]Können die Mängel ohne Verletzung der Chancengleichheit durch mildere Mittel ausgeglichen werden, so soll der Präsident des Justizprüfungsamts diese anordnen.

(2) [1]Ein Antrag nach Absatz 1 Satz 1 ist unverzüglich schriftlich beim Justizprüfungsamt zu stellen. [2]Er darf keine Bedingungen enthalten und kann nicht zurückgenommen werden. [3]Der Antrag ist ausgeschlossen, wenn seit dem Abschluss des Teils des Prüfungsverfahrens, der mit den Mängeln behaftet war, ein Monat verstrichen ist.

(3) Ein Jahr nach Abschluss der Prüfung sollen von Amts wegen Anordnungen nach Absatz 1 nicht mehr getroffen werden.

§ 10 Hilfsmittel, Erleichterungen

(1) [1]Der Präsident des Justizprüfungsamts lässt die Hilfsmittel für den schriftlichen und mündlichen Teil der staatlichen Pflichtfachprüfung und der zweiten Staatsprüfung zu. [2]Die Kandidaten haben grundsätzlich die Hilfsmittel selbst zu beschaffen.

(2) [1]Im Fall einer Körperbehinderung oder einer nicht unerheblichen körperlichen, gesundheitlichen oder vergleichbaren Beeinträchtigung eines Kandidaten, die längerfristig ist, ohne dauerhaft zu sein, und die außerhalb der in der Prüfung zu ermittelnden Fähigkeiten und Kenntnisse liegt, gewährt der Präsident auf Antrag angemessene Erleichterungen, wenn mit der Erleichterung die Chancengleichheit hergestellt werden kann. [2]Eine Veränderung der Prüfungsaufgaben ist ausgeschlossen.

(3) Der Antrag nach Absatz 2 ist mit dem Nachweis der Behinderung oder Beeinträchtigung spätestens sechs Wochen vor Beginn des schriftlichen Teils der Prüfung beim Justizprüfungsamt einzureichen.

§ 11 Unlauteres Verhalten

(1) [1]Unternimmt es ein Kandidat, das Ergebnis einer schriftlichen Arbeit oder einer mündlichen Prüfung durch Täuschung, Benutzung nicht zugelassener Hilfsmittel, unzulässige Hilfe anderer Kandidaten oder Dritter oder durch Einwirken auf Prüfungsorgane oder auf von diesen mit der Wahrnehmung von Prüfungsangelegenheiten beauftragte Personen zu beeinflussen, so ist diese schriftliche Arbeit oder die mündliche Prüfung mit der Note "ungenügend" (0 Punkte) zu bewerten. [2]Der Besitz nicht zugelassener Hilfsmittel nach Ausgabe der Prüfungsaufgaben oder nach Beginn der mündlichen Prüfung steht deren Benutzung gleich, sofern der Kandidat nicht nachweist, dass der Besitz weder auf Vorsatz noch auf Fahrlässigkeit beruht. [3]In besonders schweren Fällen ist die gesamte Prüfung mit der Gesamtnote "ungenügend" (0 Punkte) zu bewerten.

(2) [1]Ist in den Fällen des Absatzes 1 die Prüfung bereits durch Bekanntgabe des Ergebnisses beendet, so ist nachträglich das Ergebnis entsprechend zu berichtigten oder die Prüfung für nicht bestanden zu erklären. [2]Ein bereits erteiltes Prüfungszeugnis ist einzuziehen und zu vernichten. [3]Die Maßnahmen nach den Sätzen 1 und 2 sind ausgeschlossen, wenn seit Beendigung der Prüfung mehr als drei Jahre vergangen sind.

(3) [1]Besteht der Verdacht, dass ein benutztes Hilfsmittel unzulässig ist, so sind die Aufsichtführenden in der schriftlichen Prüfung oder bei der Vorbereitung des Aktenvortrags und die Vorsitzenden der Prüfungsausschüsse in der mündlichen Prüfung befugt, dieses Hilfsmittel sicherzustellen. [2]Hilfsmittel, die wegen einer Veränderung beanstandet werden, sind dem Kandidaten bis zur Ablieferung der betreffenden Prüfungsarbeit, spätestens bis zum Ende der dafür vorgesehenen Arbeitszeit, zu belassen. [3]Verhindert der Kandidat die Sicherstellung oder nimmt er nach der Beanstandung nach Satz 2 eine Veränderung in den Hilfsmitteln vor, so wird die schriftliche Arbeit oder die mündliche Prüfung mit der Note "ungenügend" (0 Punkte) bewertet. [4]In besonders schweren Fällen gilt Absatz 1 Satz 3.

Zweiter Abschnitt

Studium, staatliche Pflichtfachprüfung und Schwerpunktbereichsprüfung

§ 12 Inhalt des Studiums

(1) [1]Im Studium soll sich der Student die Kenntnis der Rechtsordnung mit ihren geschichtlichen, gesellschaftlichen, wirtschaftlichen und rechtsphilosophischen Grundlagen sowie ihren völker- und europarechtlichen Bezügen aneignen. [2]Er soll sich mit den Methoden der Rechtswissenschaft vertraut machen und die Fähigkeit entwickeln, das Recht anzuwenden.

(2) [1]Die Lehrveranstaltungen sollen die praktische Bedeutung und Anwendung des Rechts sowie die hierzu erforderlichen Schlüsselqualifikationen berücksichtigen und, soweit hierfür erforderlich, Methoden und Erkenntnisse benachbarter Wissenschaften einbeziehen. [2]In geeigneten Lehrveranstaltungen sollen Praktiker mitwirken.

§ 13 Studienzeit, ordnungsgemäßes Studium

(1) [1]Die Studienzeit beträgt vier Jahre; diese Zeit kann unterschritten werden, sofern die für die Zulassung zur staatlichen Pflichtfachprüfung erforderlichen Leistungen nachgewiesen sind. [2]Eine erfolgreich abgeschlossene Ausbildung für die Laufbahn des Rechtspflegers, des Bezirksnotars oder des gehobenen nichttechnischen Verwaltungsdienstes kann auf Antrag mit bis zu zwei Studienhalbjahren auf das Universitätsstudium angerechnet werden. [3]Die Entscheidung trifft das Justizprüfungsamt.

(2) [1]Die Regelstudienzeit beträgt neun Studienhalbjahre. [2]Mindestens zwei Jahre müssen auf ein Studium an einer Universität im Geltungsbereich des Deutschen Richtergesetzes entfallen. [3]Das der staatlichen Pflichtfachprüfung unmittelbar vorausgehende Studienjahr ist an der Universität des Prüfungsortes abzuleisten.

(3) [1]Ein Studienhalbjahr ist ordnungsgemäß abgeleistet, wenn der Bewerber an einer Universität im Geltungsbereich des Deutschen Richtergesetzes für das Fach Rechtswissenschaft eingeschrieben war und rechtswissenschaftliche Lehrveranstaltungen in angemessenem Umfang, in der Regel von mindestens acht Semesterwochenstunden, besucht hat. [2]Von einem Rechtsstudium an einer Universität außerhalb des Geltungsbereichs des Deutschen Richtergesetzes, von einem Fernstudium an der Humboldt-Universität in Berlin und von einem Universitätsstudium anderer Fachrichtungen können bis zu vier Studienhalbjahre angerechnet werden, wenn der Bewerber hierdurch in seiner rechtswissenschaftlichen Ausbildung entsprechend gefördert wurde.

§ 14 Prüfungsfächer

(1) [1]Die staatliche Pflichtfachprüfung erstreckt sich vorwiegend auf die in Absatz 2 genannten Pflichtfächer. [2]Andere Rechtsgebiete dürfen im Zusammenhang mit den Prüfungsfächern zum Gegenstand der Prüfung gemacht werden, soweit lediglich Verständnis und Arbeitsmethode festgestellt werden sollen und Einzelwissen nicht vorausgesetzt wird.

(2) Pflichtfächer sind

1. Grundlagen:
   a) Methodenlehre der Rechtswissenschaft,
   b) Grundzüge der Rechts- und Argumentationstheorie, der Rechtsphilosophie und Rechtssoziologie,
   c) Grundzüge der Rechts- und Verfassungsgeschichte;
2. aus dem Zivilrecht:
   a) der Allgemeine Teil des Bürgerlichen Gesetzbuchs, das Schuldrecht und das Sachenrecht, außerdem ihre besonderen Ausprägungen außerhalb des Bürgerlichen Gesetzbuchs in Grundzügen,
   b) Grundzüge des Familienrechts und des Erbrechts,
   c) Grundzüge des Handelsrechts und des Gesellschaftsrechts,
   d) das Recht der Arbeitsverhältnisse;
3. aus dem Strafrecht:
   der Allgemeine Teil des Strafrechts und der Besondere Teil des Strafgesetzbuches;
4. aus dem Öffentlichen Recht:
   a) das Staats- und Verfassungsrecht sowie die Grundzüge des Rechts der Europäischen Union, jeweils mit Bezügen zum Völkerrecht,
   b) das allgemeine Verwaltungsrecht und das allgemeine Verwaltungsverfahrensrecht,

c) aus dem besonderen Verwaltungsrecht das Polizei- und Ordnungsrecht sowie die Grundzüge des Baurechts, des Straßenrechts und des Kommunalrechts;

5. aus dem Prozessrecht:
die Grundzüge des Zivil-, Straf-, Verfassungs- und Verwaltungsprozessrechts, des arbeitsgerichtlichen Verfahrens einschließlich ihrer Grundlagen im Gerichtsverfassungsrecht sowie die Grundzüge des Zwangsvollstreckungsrechts in der Zivilprozessordnung.

(3) [1]Die Schwerpunktbereichsprüfung bezieht sich vorwiegend auf einen der Schwerpunktbereiche, die in der nach § 8 Abs. 2 Satz 2 ThürJAG zu erlassenden Prüfungsordnung der Universität festgelegt sind. [2]Absatz 1 Satz 2 gilt entsprechend.

§ 15 Praktische Studienzeit

(1) [1]Der Student hat während der vorlesungsfreien Zeit des Studiums, jedoch nicht vor Beendigung der Vorlesungszeit des dritten Studienhalbjahres, an praktischen Studienzeiten von insgesamt 13 Wochen teilzunehmen. [2]Eine praktische Studienzeit dauert mindestens drei Wochen. [3]Jeweils eine dreiwöchige praktische Studienzeit soll der Student bei einem Gericht (Gerichtspraktikum) und in einer Verwaltung (Verwaltungspraktikum) ableisten. [4]Die übrige Zeit kann er bei Praktikumsstellen seiner Wahl ableisten (Wahlpraktikum). [5]Weist die Praktikumsstelle einen engen Bezug zu dem Schwerpunktbereich auf, in dem der Student die Schwerpunktbereichsprüfung ablegt, so kann er die gesamten 13 Wochen dort ableisten.

(2) [1]Praktische Studienzeiten können auch außerhalb Thüringens abgeleistet werden, wenn sie von einem Juristen mit der Befähigung zum Richteramt nach § 5 des Deutschen Richtergesetzes oder, wenn die Praktikumsstelle im Ausland liegt, von einer Person mit vergleichbarer juristischer Befähigung betreut werden. [2]Der Präsident des Justizprüfungsamts kann auf Antrag Ausnahmen zulassen, wenn eine sachgerechte Ausbildung gewährleistet ist. [3]Abgeschlossene Ausbildungen für den gehobenen Justizdienst und den nichttechnischen gehobenen Verwaltungsdienst werden als praktische Studienzeiten angerechnet.

(3) Zu Beginn der praktischen Studienzeit ist der Student nach Maßgabe des Verpflichtungsgesetzes vom 2. März 1974 (BGBl. I S. 469, 547) in der jeweils geltenden Fassung vom Ausbildungsleiter auf die gewissenhafte Erfüllung seiner Obliegenheiten, insbesondere seiner Pflicht zur Verschwiegenheit, förmlich zu verpflichten.

(4) Die ausbildende Stelle bescheinigt dem Studenten die ordnungsgemäße Teilnahme an einer praktischen Studienzeit.

(5) Die Gestaltung der praktischen Studienzeit regelt das für das juristische Ausbildungs- und Prüfungswesen zuständige Ministerium durch Verwaltungsvorschrift, hinsichtlich des Verwaltungspraktikums im Einvernehmen mit dem für die Angelegenheiten der inneren Landesverwaltung zuständigen Ministerium.

§ 16 Voraussetzungen für die Zulassung zur staatlichen Pflichtfachprüfung

(1) [1]Zur Prüfung wird auf Antrag zugelassen, wer

1. ein ordnungsgemäßes Studium der Rechtswissenschaft nach § 13 absolviert,
2. an Lehrveranstaltungen in allen Pflichtfächern und in Wirtschaftswissenschaften für Juristen teilgenommen,
3. eine im Rahmen des juristischen Studiums von der jeweiligen Universität vorgeschriebene Zwischenprüfung bestanden und
4. an den praktischen Studienzeiten teilgenommen

hat.

(2) [1]Der Bewerber muss ferner mit Erfolg an

1. einer Lehrveranstaltung in Rechts- und Verfassungsgeschichte, Rechtsphilosophie, Rechtstheorie oder Rechtssoziologie,
2. je einer Übung für Fortgeschrittene im Zivilrecht, im Strafrecht und im Öffentlichen Recht sowie
3. einer fremdsprachigen rechtswissenschaftlichen Veranstaltung oder einem rechtswissenschaftlich ausgerichteten Sprachkurs

teilgenommen haben. [2]In den Übungen für Fortgeschrittene muss er eine Hausarbeit sowie eine Aufsichtsarbeit gefertigt, in der Lehrveranstaltung nach Nr. 1 ein schriftlich ausgearbeitetes Referat gehalten oder eine Hausarbeit oder eine Aufsichtsarbeit gefertigt haben. [3]Diese Leistungen müssen in einem Studienhalbjahr erbracht und mindestens mit der Note “ausreichend“ bewertet worden sein. [4]Bei der erstmaligen Teilnahme an der Prüfung darf die erfolgreiche Teilnahme an den Übungen für Fortgeschrittene nicht länger als fünf Jahre zurückliegen. [5]Als erstmalige Teilnahme gilt insoweit auch die erfolglose Teilnahme am Freiversuch nach § 29.

(3) Die juristischen Fakultäten können unter Berücksichtigung der Anforderungen an ein ordnungsgemäßes Studium gleichwertige Leistungsnachweise einer ausländischen Universität über ausländisches Recht als einen der vier Nachweise nach Absatz 2 Satz 1 Nr. 2 in Verbindung mit Absatz 2 Satz 2 und 3 und mit § 17 Abs. 2 Nr. 5 entsprechend anerkennen.

§ 17 Zulassungsantrag

(1) [1]Der Antrag auf Zulassung zur staatlichen Pflichtfachprüfung ist binnen einer durch den Präsidenten des Justizprüfungsamts zu setzenden angemessenen Meldefrist bei der Prüfungsabteilung I des Justizprüfungsamts schriftlich zu stellen. [2]Die jeweilige Meldefrist wird durch Aushang in der Universität bekannt gemacht.

(2) [1]Dem Antrag sind beizufügen:

1. eine Geburtsurkunde des Bewerbers und gegebenenfalls eine Heiratsurkunde,
2. der Nachweis des ordnungsgemäßen Studiums der Rechtswissenschaft,
3. die Nachweise über die belegten Lehrveranstaltungen,
4. die Nachweise über eine im Rahmen des juristischen Studiums von der Universität vorgeschriebene, erfolgreich abgelegte Zwischenprüfung sowie über die Teilnahme an den praktischen Studienzeiten,
5. die Nachweise über die erfolgreiche Teilnahme an Übungen und sonstigen Lehrveranstaltungen,
6. der Nachweis über die erfolgreich abgelegte Schwerpunktbereichsprüfung oder eine Bescheinigung der Universität, dass der Bewerber nicht bereits endgültig in der Schwerpunktbereichsprüfung gescheitert ist,
7. die Versicherung, dass der Bewerber bisher bei keinem Justizprüfungsamt um die Zulassung zu einer juristischen Staatsprüfung nachgesucht hat oder die Erklärung, wann und wo dies geschehen ist,
8. ein vom Bewerber eigenhändig geschriebener und unterschriebener Lebenslauf nebst Lichtbild sowie
9. die Versicherung, dass Ausschlussgründe nach § 6 nicht vorliegen.

[2]Diese Unterlagen können bis spätestens zwei Monate vor dem Beginn des Prüfungsdurchgangs, für den die Zulassung beantragt wird, nachgereicht werden.

(3) Der Nachweis über die erfolgreiche Teilnahme an einer Veranstaltung nach § 16 Abs. 2 Satz 1 Nr. 3 kann ersetzt werden

1. durch den Nachweis über die Ableistung praktischer Studienzeiten von mindestens sieben Wochen nach § 15 Abs. 1 Satz 4 im fremdsprachigen Ausland,
2. durch einen im Rahmen eines Auslandsstudiums von mindestens einem Studienhalbjahr im fremdsprachigen Ausland erworbenen Leistungsnachweis oder
3. durch den Nachweis über den Besuch einer außeruniversitären Unterrichtsveranstaltung bezüglich einer zum Erwerb der Hochschulreife erlernten Sprache unter besonderer Berücksichtigung eines oder mehrerer Rechtsgebiete, wenn die Veranstaltung mindestens 50 Unterrichtsstunden umfasst hat und nach Erlangung der Hochschulreife absolviert wurde.

(4) [1]Die Urkunden nach Absatz 2 Nr. 1 können in beglaubigter Abschrift, die übrigen Schriftstücke müssen in Urschrift vorgelegt werden. [2]Falls einzelne Urkunden nicht vorgelegt werden können, kann das Justizprüfungsamt gestatten, dass der Nachweis ihres Inhalts auf andere Weise erbracht wird.

§ 18 Entscheidung über die Zulassung

(1) [1]Über die Zulassung zur staatlichen Pflichtfachprüfung entscheidet das Justizprüfungsamt. [2]Die Versagung der Zulassung wird schriftlich begründet.

(2) [1]Die Zulassung ist zu versagen, wenn der Bewerber

1. eine der nach § 16 vorgeschriebenen Voraussetzungen nicht erfüllt,
2. die Zulassung bei einem anderen Prüfungsamt beantragt hat und das Prüfungsverfahren nicht abgeschlossen ist,

3. den Prüfungsanspruch nach den Bestimmungen verloren hat, die für ein früheres rechtswissenschaftliches Studium an einer Universität außerhalb Thüringens maßgebend waren,
4. bereits endgültig in der Schwerpunktbereichsprüfung gescheitert ist oder
5. die Fristen nach § 17 Abs. 1 oder 2 Satz 2 nicht gewahrt hat.

[2]In Ausnahmefällen kann das Justizprüfungsamt von Zulassungsvoraussetzungen befreien.

(3) Mit der Zulassung wird der Student Kandidat.

(4) [1]Die Zulassung kann zurückgenommen werden, wenn sie der Kandidat durch eine falsche Angabe erschlichen hat oder nachträglich Tatsachen eintreten oder bekannt werden, die zu einer Versagung der Zulassung geführt hätten. [2]Hat der Prüfungsdurchgang noch nicht begonnen, so ist die Zulassung auch dann zurückzunehmen, wenn der Kandidat die Schwerpunktbereichsprüfung zwischenzeitlich endgültig nicht bestanden hat.

§ 19 Staatliche Pflichtfachprüfung

(1) Als Prüfungsleistungen in der staatlichen Pflichtfachprüfung sind sechs schriftliche Aufsichtsarbeiten (Klausurensatz) mit einer Bearbeitungszeit von jeweils fünf Stunden (schriftlicher Teil) und vier Prüfungsgespräche in der mündlichen Prüfung zu erbringen.

(2) [1]Die Aufsichtsarbeiten werden vom Justizprüfungsamt gestellt, das Vorschläge der juristischen Fakultäten oder einzelner Prüfer einholt. [2]Der Präsident des Justizprüfungsamts bestimmt die Reihenfolge der Aufsichtsarbeiten.

(3) [1]Die Aufsichtsarbeiten dürfen keinen Hinweis auf die Person des Verfassers enthalten. [2]Sie werden unter Kennziffern geschrieben.

(4) [1]Jede Aufsichtsarbeit wird von zwei, vom Präsidenten bestimmten Mitgliedern des Justizprüfungsamts abschließend bewertet. [2]Weichen die beiden Bewertungen um nicht mehr als 3,0 Punkte voneinander ab, so gilt die Durchschnittspunktzahl. [3]Bei größeren Abweichungen ist den Prüfern Gelegenheit zu geben, ihre Bewertungen bis auf einen Unterschied von höchstens 3,0 Punkten anzugleichen. [4]Gelingt dies nicht, so setzt der Präsident des Justizprüfungsamts oder ein von ihm bestimmter Prüfer die Punktzahl im Rahmen der abweichenden Bewertungen fest (Stichentscheid).

(5) Die Prüfungsentscheidungen in der mündlichen Prüfung werden durch die Prüfungsausschüsse getroffen.

§ 20 Schriftliche Aufsichtsarbeiten

(1) Die Aufsichtsarbeiten dienen der Feststellung, ob der Kandidat fähig ist, in begrenzter Zeit mit vorgegebenen Hilfsmitteln die in einem Lebenssachverhalt enthaltenen Rechtsprobleme zu erfassen und aufgrund rechtswissenschaftlicher Erkenntnisse und Arbeitsweisen unter Darstellung der dazu führenden Erwägungen einen Vorschlag für ihre rechtliche Behandlung zu erarbeiten.

(2) [1]Es sind zu fertigen:
1. zwei Aufgaben aus dem Zivilrecht,
2. zwei Aufgaben aus dem Öffentlichen Recht,
3. eine Aufgabe aus dem Strafrecht,
4. eine weitere Aufgabe nach Wahl des Justizprüfungsamts aus dem Zivilrecht oder dem Strafrecht.

[2]Die in Satz 1 aufgeführten Aufgaben können jeweils die prozessrechtlichen Bezüge mit enthalten.

(3) Der Kandidat hat die Aufsichtsarbeiten spätestens bei Ablauf der Bearbeitungsfrist mit seiner Platzziffer zu versehen und ohne auf ihn deutende besondere Kennzeichen abzugeben.

(4) [1]Die Aufsicht in der schriftlichen Prüfung führt ein Bediensteter des Landes, der vom Präsidenten des Justizprüfungsamts bestellt wird. [2]Er fertigt eine Niederschrift an, in der besondere Vorkommnisse vermerkt werden. [3]Er verschließt die Aufsichtsarbeiten in einem Umschlag und versiegelt ihn.

§ 21 Ergebnis der schriftlichen Prüfung

[1]Nach Abschluss der schriftlichen Prüfung wird die Durchschnittspunktzahl aus den Aufsichtsarbeiten ermittelt. [2]Das Ergebnis wird dem Kandidaten vor dem Termin der mündlichen Prüfung mitgeteilt.

§ 22 Ausschluss von der mündlichen Prüfung

(1) Die Teilnahme an der mündlichen Prüfung setzt voraus, dass
1. die Durchschnittspunktzahl aus den sechs Aufsichtsarbeiten mindestens 3,75 Punkte beträgt und
2. der Kandidat in wenigstens drei Aufsichtsarbeiten jeweils mindestens 4,0 Punkte erzielt hat.

(2) Liegen die Voraussetzungen nach Absatz 1 nicht vor, ist der Kandidat von der mündlichen Prüfung ausgeschlossen und hat die staatliche Pflichtfachprüfung nicht bestanden.

§ 23 Mündliche Prüfung

(1) Die mündliche Prüfung dient der Feststellung, ob der Kandidat im Rahmen der Prüfungsfächer Rechtsprobleme aufgrund von Rechtskenntnissen und mit Verständnis für wissenschaftliche Denkweisen und Arbeitsmethoden sowie für Grundfragen der Rechtswissenschaft und der mit ihr verbundenen Wissenschaften zu vertretbaren Lösungen führen kann.

(2) [1]Der Vorsitzende des Prüfungsausschusses leitet die mündliche Prüfung. [2]Er soll vorher mit den Kandidaten Rücksprache nehmen, um einen persönlichen Eindruck von ihnen zu erhalten. [3]Die übrigen Prüfer können an diesem Gespräch teilnehmen.

(3) In der mündlichen Prüfung sollen in der Regel fünf Kandidaten zusammen geprüft werden.

(4) Für jeden Kandidaten ist eine Gesamtprüfungsdauer von etwa 40 Minuten vorzusehen.

(5) [1]Die mündliche Prüfung besteht aus drei Teilen mit dem Schwergewicht auf jeweils einem der in § 14 Abs. 2 Nr. 2 bis 4 genannten Kernbereiche und aus einem weiteren Teil mit den Pflichtfächern nach § 14 Abs. 2 Nr. 1 oder 5. [2]An der mündlichen Prüfung beteiligen sich alle Prüfer. [3]Das Prüfungsgespräch über die Pflichtfächer nach § 14 Abs. 2 Nr. 1 oder 5 kann auch von mehreren Prüfern geführt werden. [4]Die Reihenfolge der Prüfungsteile bestimmt der Vorsitzende des Prüfungsausschusses.

(6) [1]Bei den mündlichen Prüfungen mit Ausnahme der Beratung und der Bekanntgabe des Ergebnisses können Studenten der Rechtswissenschaft nach Maßgabe der räumlichen Verhältnisse zuhören. [2]Der Vorsitzende des Prüfungsausschusses kann anderen Personen bei berechtigtem Interesse das Zuhören gestatten.

§ 24 Bewertung der mündlichen Prüfung

[1]Im Anschluss an die mündliche Prüfung bewertet der Prüfungsausschuss die Leistungen im Prüfungsgespräch. [2]Für jeden Teil der mündlichen Prüfung setzt er eine Note und Punktzahl nach § 8 fest. [3]Anschließend entscheidet er unter Ermittlung des Durchschnittspunktwerts über das Ergebnis der mündlichen Prüfung. [4]Hat der Kandidat in der mündlichen Prüfung nicht mindestens eine Durchschnittspunktzahl von 3,75 erreicht, so hat er die Prüfung nicht bestanden.

§ 25 Prüfungs- und Abschlussnote

(1) Der Prüfungsausschuss bildet die Prüfungsnote und entscheidet über das Gesamtergebnis der Prüfung durch Bildung der Abschlussnote; dabei ist er an die Bewertungen der schriftlichen Prüfungsleistungen gebunden.

(2) Die Punktzahl für die Prüfungsnote wird errechnet, indem die Durchschnittspunktzahl aller Aufsichtsarbeiten mit 65 und die der mündlichen Prüfung mit 35 vervielfacht werden und sodann die Summe durch 100 geteilt wird.

(3) [1]Für die Bildung der Abschlussnote kann der Prüfungsausschuss von der rechnerisch ermittelten Punktzahl der Prüfungsnote um bis zu einem Punkt abweichen, wenn dies aufgrund des Gesamteindrucks den Leistungsstand des Kandidaten besser kennzeichnet und die Abweichung auf das Bestehen der Prüfung keinen Einfluss hat; hierbei sind insbesondere die Leistungsnachweise und weitere Zeugnisse aus dem Rechtsstudium zu berücksichtigten, soweit sie erheblich von den Prüfungsleistungen abweichen. [2]Macht der Prüfungsausschuss von der Möglichkeit der Abweichung keinen Gebrauch, so ist die nach Absatz 2 ermittelte Prüfungsnote die Abschlussnote.

(4) Die Prüfung ist nicht bestanden, wenn der Kandidat nicht mindestens die Abschlussnote "ausreichend" (4,0 Punkte) erzielt hat.

§ 26 Prüfungsniederschrift

(1) [1]Über den Hergang der mündlichen Prüfung ist eine Niederschrift aufzunehmen. [2]In ihr werden

1. die Besetzung des Prüfungsausschusses,
2. die Namen der Kandidaten,
3. die Gegenstände der mündlichen Prüfung,
4. Beginn und Ende der mündlichen Prüfung sowie die Dauer der Pausen,
5. die Bewertungen der einzelnen Prüfungsleistungen sowie die sich daraus ergebenden Durchschnittspunktzahlen für die Prüfungsabschnitte,
6. die Punktzahl der Prüfungsnote,

7. in den Fällen des § 25 Abs. 3 die Begründung für die Abweichung von der Prüfungsnote sowie
8. die Punktzahl und die Abschlussnote

festgestellt.

(2) Die Niederschrift ist von den Mitgliedern des Prüfungsausschusses zu unterschreiben.

(3) [1]Der Vorsitzende des Prüfungsausschusses gibt die nach Absatz 1 Satz 2 Nr. 5 bis 8 in die Prüfungsniederschrift aufzunehmenden Angaben mit der Eröffnung des Ergebnisses der Prüfung bekannt, soweit sie den Kandidaten noch nicht mitgeteilt worden sind. [2]Er erläutert die Bewertung der Leistungen im Prüfungsgespräch.

§ 27 Prüfungszeugnis und -bescheid, Platznummer, Widerspruchsgebühren

(1) [1]Der Präsident des Justizprüfungsamts erteilt das Zeugnis über die erste Prüfung, wenn der Kandidat die staatliche Pflichtfachprüfung in Thüringen abgelegt hat. [2]Das Zeugnis weist die Ergebnisse der bestandenen Schwerpunktbereichsprüfung und der bestandenen staatlichen Pflichtfachprüfung sowie zusätzlich eine Gesamtnote aus, in die das Ergebnis der bestandenen staatlichen Pflichtfachprüfung mit 70 vom Hundert und das Ergebnis der bestandenen Schwerpunktbereichsprüfung mit 30 vom Hundert einfließt. [3]Mit der Aushändigung des Zeugnisses ist der Kandidat befugt, die Bezeichnung „Referendar jur." zu führen.

(2) Nach Abschluss der staatlichen Pflichtfachprüfung erhält der Kandidat einen mit Begründung und Rechtsbehelfsbelehrung versehenen Bescheid über die Ergebnisse dieser Prüfung.

(3) [1]Nach Abschluss des Prüfungsverfahrens werden vom Justizprüfungsamt aufgrund der Punktzahlen Platznummern festgesetzt. [2]Haben mehrere Kandidaten die gleiche Punktzahl, so erhalten sie die gleichen Platznummern. [3]Das Justizprüfungsamt stellt dem Kandidaten ein Zeugnis über die von ihm erreichte Platznummer aus.

(4) [1]Legt der Kandidat gegen den Bescheid nach Absatz 2 Widerspruch ein und wird dieser Widerspruch zurückgewiesen, so werden für jede Prüfungsleistung, deren Bewertung der Kandidat erfolglos bemängelt hat, Gebühren in Höhe von 30 Euro erhoben. [2]Nimmt der Kandidat den Widerspruch zurück, so ermäßigt sich der Betrag auf 15 Euro.

§ 28 Wiederholung der Prüfung

(1) Hat ein Kandidat die staatliche Pflichtfachprüfung nicht bestanden, so darf er sie einmal wiederholen.

(2) Die Prüfung ist vollständig zu wiederholen.

(3) [1]Der Kandidat kann erst nach Ableistung eines weiteren Studienhalbjahrs nach Bekanntgabe des Prüfungsergebnisses wieder zur Prüfung zugelassen werden. [2]Bis zur erneuten Zulassung muss er das Studium an der Universität des Prüfungsortes fortsetzen.

(4) [1]Wer die Prüfung in einem anderen Land einmal nicht bestanden hat, kann zur Wiederholung in Thüringen nur zugelassen werden, wenn die Ablegung der Prüfung in dem anderen Land eine unzumutbare Härte bedeuten würde, das Prüfungsrecht des anderen Landes eine Wiederholung zulässt und die Prüfungsbehörde des anderen Landes dem Wechsel des Prüfungsortes zustimmt. [2]Die Bedingungen des anderen Prüfungsamts behalten ihre Wirkung für das neue Prüfungsverfahren. [3]Ist die Zahl der Prüfungsleistungen anders geregelt, so darf der Bewerber nur zugelassen werden, wenn zwischen beiden Prüfungsämtern Einvernehmen über eine anpassende Regelung erzielt worden ist.

(5) Wer die Prüfung in einem anderen Land endgültig nicht bestanden hat, kann nicht mehr zu einer Wiederholungsprüfung in Thüringen zugelassen werden.

§ 29 Freiversuch

(1) [1]Legt ein Kandidat nach ununterbrochenem Studium die staatliche Pflichtfachprüfung frühzeitig ab und besteht sie nicht, so gilt die Prüfung als nicht unternommen. [2]Die Prüfung ist frühzeitig abgelegt, wenn sie in dem zum Ende des achten Studienhalbjahres beginnenden Prüfungsdurchgang erstmals vollständig erbracht wurde. [3]Folgende Zeiten werden bis zu einer Dauer von insgesamt höchstens zwei Jahren nicht auf die Studienzeiten nach Satz 2 angerechnet:

1. Zeiten des Mutterschutzes und der Gewährung von Elterngeld,
2. Zeiten des Wehr- und Ersatzdienstes,
3. Zeiten, während derer der Kandidat wegen längerer schwerer Krankheit oder aus einem anderen zwingenden Grund am Studium gehindert oder beurlaubt war; § 7 Abs. 4 Satz 4 gilt entsprechend,

4. Zeiten eines Auslandsstudiums bis zu drei Studienhalbjahren, wenn der Kandidat an einer ausländischen Universität für das Fach Rechtswissenschaft eingeschrieben war und nachweislich rechtswissenschaftliche Lehrveranstaltungen in angemessenem Umfang, in der Regel von mindestens acht Semesterwochenstunden, in ausländischem Recht besucht und je Studienhalbjahr mindestens einen Leistungsnachweis in ausländischem Recht erworben hat,
5. Zeiten bis zu zwei Studienhalbjahren, während derer der Kandidat als gewähltes Mitglied in gesetzlich vorgesehenen Gremien oder satzungsmäßigen Organen der Universität tätig war,
6. die Zeit eines Studienhalbjahrs, während dessen der Kandidat an einem internationalen fremdsprachlichen Wettbewerb teilnahm, bei dem ein fiktiver gerichtlicher Rechtsstreit durch die Teilnehmer vorbereitet und im Rahmen eines gerichtlichen Rollenspiels vor einer Fachjury verhandelt wird (Moot Court), wenn die Teilnahme ihn zeitlich so in Anspruch genommen hat, dass er seinem Studium nicht mehr in angemessenem Umfang nachkommen konnte; über die Art des Wettbewerbs und die hierfür von dem Kandidaten aufgewendete Zeit ist ein von der Universität ausgestellter Nachweis beizubringen.

(2) [1]Wurde der Kandidat aus den in Absatz 1 genannten Gründen bis zu der dort genannten Höchstdauer beurlaubt oder exmatrikuliert und nahm er unmittelbar im Anschluss an diese Zeiten das Studium wieder auf, so gilt dies nicht als Unterbrechung. [2]Wird das Studium aus anderen Gründen um mehr als sieben Jahre unterbrochen, so bleiben auf Antrag des Kandidaten die Unterbrechung und die vor der Unterbrechung abgeleisteten Studiensemester für die Berechnung nach Absatz 1 Satz 1 unberücksichtigt. [3]In diesem Fall werden auch Studienleistungen nach § 16 Abs. 2 Satz 1 Nr. 1 und 2 Buchst. b, die der Kandidat vor der Unterbrechung erbracht hat, nicht angerechnet.

(3) Wurde die Prüfung bis zu dem in Absatz 1 Satz 2 genannten Zeitpunkt deshalb nicht vollständig erbracht, weil der Kandidat mit Zustimmung des Justizprüfungsamts nach § 7 eine oder mehrere Prüfungsleistungen nicht erbracht hat, so ist die Prüfung auch dann frühzeitig abgelegt, wenn sie im Falle des § 7 Abs. 2 im nächsten Prüfungsdurchgang oder im Falle des § 7 Abs. 3 nach Wegfall des Hinderungsgrundes unverzüglich vollständig erbracht wird.

(4) [1]Hat ein Kandidat bei erstmaliger Prüfung nach Absatz 1 diese bestanden, so kann er sie zur Verbesserung der Abschlussnote spätestens im übernächsten Prüfungsdurchgang einmal wiederholen. [2]Erreicht er in der Wiederholungsprüfung eine bessere Abschlussnote, so erteilt der Präsident des Justizprüfungsamts hierüber ein Zeugnis.

(5) Wird eine Prüfung nach Absatz 1 erst für bestanden erklärt, nachdem der Kandidat erstmals erneut die Zulassung zur Prüfung nach § 17 beantragt hat, so kann diese auf unverzüglich zu stellenden Antrag des Kandidaten als Notenverbesserungsprüfung nach Absatz 3 gewertet werden.

§ 30 Einsicht in Prüfungsarbeiten

(1) Nach Bekanntgabe aller erforderlichen Bewertungen kann der Kandidat auf Antrag Einsicht in seine Prüfungsarbeiten einschließlich der Beurteilungen durch die Prüfer nehmen.

(2) [1]Der Antrag ist innerhalb von zwei Wochen nach dem Tag der Bekanntgabe schriftlich bei der Geschäftsstelle der Prüfungsabteilung I des Justizprüfungsamts zu stellen. [2]Bei Versäumung der Frist verliert der Kandidat das Einsichtsrecht.

(3) Die Einsicht wird nur einmal, und zwar in der Regel in der Geschäftsstelle des Justizprüfungsamts, gewährt und soll den Zeitraum von fünf Stunden nicht überschreiten.

(4) Hat der Kandidat Widerspruch nach § 5 ThürJAG eingelegt, so kann er gegen Erstattung der Kosten Ablichtungen der Prüfungsakte verlangen.

§ 31 Schwerpunktbereichsausbildung und -prüfung

(1) [1]Die Schwerpunktbereichsprüfung wird von den juristischen Fakultäten in Thüringen auf der Grundlage einer Prüfungsordnung nach § 8 Abs. 2 Satz 2 ThürJAG in eigener Verantwortung der Universität abgenommen. [2]Entscheidungen in den Angelegenheiten der Schwerpunktbereichsprüfung treffen die nach dieser Prüfungsordnung zuständigen Stellen.

(2) [1]Soweit lediglich Grundlagenfächer Gegenstand der Ausbildung und Prüfung im Schwerpunktbereich sind, beschäftigt sich der Student in wissenschaftlicher Vertiefung mit der jeweiligen Disziplin. [2]Die Ausbildung muss deutlich über die in den Lehrveranstaltungen in den Grundlagenfächern (§ 14 Abs. 2 Nr. 1) vermittelten Studieninhalte hinausgehen.

(3) [1]Im Rahmen der Prüfung sind mindestens zwei schriftliche Prüfungsleistungen zu erbringen, von denen mindestens eine in der Anfertigung einer häuslichen Arbeit mit mindestens dreiwöchiger Bearbeitungszeit bestehen soll. [2]Die Prüfungsleistungen können studienbegleitend, jedoch nicht vor Ablauf des fünften Studienhalbjahrs, erbracht werden. [3]Die Prüfungsordnung nach § 8 Abs. 2 Satz 2 ThürJAG kann auch eine mündliche Prüfung vorsehen.
(4) [1]Für die Bewertung der Prüfungsleistungen gelten § 8 Abs. 2 sowie die Verordnung über eine Noten- und Punkteskala für die erste und zweite juristische Prüfung. [2]Die Prüfung ist bestanden, wenn die Abschlusspunktzahl mindestens 4,0 Punkte beträgt.
(5) Die Prüfung kann einmal wiederholt werden.

Dritter Abschnitt
Vorbereitungsdienst

§ 32 Zuständigkeiten und Dienstaufsicht
(1) Über den Antrag auf Einstellung in den Vorbereitungsdienst und über die Zuweisung zu den Landgerichtsbezirken entscheidet das für das juristische Ausbildungs- und Prüfungswesen zuständige Ministerium als oberste Dienstbehörde für Rechtsreferendare.
(2) [1]Die Ausbildung der Rechtsreferendare mit Ausnahme der Ausbildung in der Verwaltungsstation (§ 35 Abs. 2 Nr. 1 Buchst. b) leiten der Präsident des Oberlandesgerichts als obere Ausbildungsbehörde und der Präsident des Landgerichts für die seinem Bezirk zugewiesenen Rechtsreferendare als untere Ausbildungsbehörde. [2]Während der Ausbildung in den Pflichtstationen (§ 35 Abs. 2 Nr. 1 Buchst. a, c und d) weist der Präsident des Landgerichts die Rechtsreferendare den Ausbildungsstellen, Arbeitsgemeinschaften und Ausbildungslehrgängen zu.
(3) [1]Die Ausbildung in der Verwaltungsstation leitet das für die Angelegenheiten der inneren Landesverwaltung zuständige Ministerium. [2]Die von ihm bestimmte Stelle weist die Rechtsreferendare den Ausbildungsstellen, Arbeitsgemeinschaften und Ausbildungslehrgängen zu.
(4) Dienstvorgesetzter des Rechtsreferendars ist während der Ausbildung in den Pflichtstationen der Präsident des Landgerichts, während der Ausbildung in der Verwaltungsstation die von dem für die Angelegenheiten der inneren Landesverwaltung zuständigen Ministerium bestimmte Stelle, im Übrigen der Präsident des Oberlandesgerichts.
(5) Vorgesetzte des Rechtsreferendars sind der Leiter der Ausbildungsstelle, der Ausbilder sowie die Lehrgangs- und Arbeitsgemeinschaftsleiter, denen der Rechtsreferendar zugewiesen ist.
(6) Über die Verlängerung von Ausbildungsabschnitten (§ 35 Abs. 7 und § 40) entscheidet der Präsident des Oberlandesgerichts, in der Verwaltungsstation die von dem für die Angelegenheiten der inneren Landesverwaltung zuständigen Ministerium bestimmte Stelle.
(7) Der Präsident des Oberlandesgerichts kann in Einzelfällen aus wichtigem Grund eine von § 35 abweichende Reihenfolge der Ausbildungsstellen festlegen, sofern eine geordnete Ausbildung gewährt bleibt.
(8) Die Ausbildungsstellen haben bei besonderem Anlass zu berichten, insbesondere
1. wenn der Rechtsreferendar seine Arbeitspflichten verletzt,
2. wenn der Rechtsreferendar in der Ausbildung nicht hinreichend fortschreitet,
3. bei Erkrankung des Rechtsreferendars nach den allgemeinen Vorschriften für Tarifbeschäftigte.
(9) [1]Die Berichte sind dem Präsidenten des Oberlandesgerichts vorzulegen. [2]Die Ausbildungszeugnisse sind spätestens sechs Wochen nach Beendigung des Ausbildungsabschnitts derjenigen Ausbildungsbehörde zuzuleiten, die die Zuweisung zu diesem Ausbildungsabschnitt nach Absatz 2 Satz 2 und Absatz 3 Satz 2 vorgenommen hat.

§ 33 Aufnahme in den Vorbereitungsdienst
(1) [1]Der Antrag auf Einstellung in den Vorbereitungsdienst ist spätestens drei Monate vor dem Einstellungstermin bei der obersten Dienstbehörde einzureichen. [2]In dem Antrag ist das Landgericht anzugeben, dem der Bewerber zugewiesen werden möchte. [3]Der Bewerber hat darüber hinaus zwei weitere Landgerichtsbezirke für den Fall anzugeben, dass die Ausbildungsplätze in dem gewünschten Bezirk nicht ausreichen.

(2) Der Antrag muss unter Verwendung des von der obersten Dienstbehörde vorgesehenen Vordrucks folgende Angaben enthalten:

1. Name, Vorname, akademischer Grad, Geburtsort und Geburtstag, Familienstand und Anschrift des Bewerbers,
2. Staatsangehörigkeit des Bewerbers,
3. Angaben darüber, ob der Bewerber im öffentlichen Dienst tätig ist oder gewesen ist oder ob ihm die Tätigkeit im öffentlichen Dienst früher einmal versagt worden ist,
4. die Erklärung, ob der Bewerber Gehalt, Ruhegehalt oder ähnliche Bezüge aufgrund früherer oder fortdauernder Tätigkeit bezieht,
5. die Erklärung, ob der Bewerber Kindergeld bezieht,
6. die Erklärung, ob der Bewerber schon in einem anderen Bundesland zum juristischen Vorbereitungsdienst zugelassen worden ist oder dort die Zulassung beantragt hat,
7. die Erklärung, ob der Bewerber gerichtlich bestraft worden ist, ob gegen ihn eine Disziplinarmaßnahme verhängt wurde oder ein gerichtliches Strafverfahren, ein staatsanwaltschaftliches Ermittlungsverfahren oder ein Disziplinarverfahren anhängig ist,
8. eine Erklärung darüber, ob der Bewerber zu dem in § 8 Abs. 3 des Thüringer Laufbahngesetzes genannten Personenkreis gehört.

(3) Dem Antrag sind beizufügen:

1. ein vom Bewerber eigenhändig geschriebener und unterschriebener Lebenslauf,
2. je zwei beglaubigte Kopien der Geburtsurkunde des Bewerbers sowie gegebenenfalls seiner Heiratsurkunde und der Geburtsurkunden seiner Kinder,
3. zwei beglaubigte Kopien des Zeugnisses über die erste Prüfung,
4. zwei Lichtbilder aus neuester Zeit,
5. die schriftliche Versicherung des Bewerbers, gesund zu sein,
6. der Nachweis, dass ein Führungszeugnis nach § 30 Abs. 5 des Bundeszentralregistergesetzes zur Vorlage bei der obersten Dienstbehörde beantragt wurde.

(4) Ein Rechtsanspruch auf Zuweisung zu einem bestimmten Bezirk oder zu einer bestimmten Ausbildungsstelle besteht nicht.

(5) Die Aufnahme in den Vorbereitungsdienst ist zu versagen,

1. wenn der Bewerber wegen einer vorsätzlich begangenen Tat zu einer Freiheitsstrafe von mindestens einem Jahr rechtskräftig verurteilt und die Strafe noch nicht getilgt worden ist,
2. wenn für den Bewerber ein Betreuer bestellt ist,
3. solange gegen den Bewerber eine Freiheitsentziehung vollzogen wird,
4. wenn der Bewerber aktiv gegen die freiheitlich demokratische Grundordnung tätig ist,
5. wenn der Bewerber die erste Prüfung oder die zweite juristische Staatsprüfung in Thüringen oder in einem anderen Land nach den dort geltenden Bestimmungen endgültig nicht bestanden hat.

(6) Die Aufnahme in den Vorbereitungsdienst soll versagt werden,

1. wenn die Ablegung der ersten Prüfung länger als vier Jahre zurückliegt, es sei denn, dass im Hinblick auf die zwischenzeitliche Tätigkeit des Bewerbers noch ein hinreichend enger Zusammenhang zwischen dem Rechtsstudium und der Ausbildung im Vorbereitungsdienst besteht,
2. wenn der Bewerber nach einer früheren Entlassung aus dem Vorbereitungsdienst die Wiedereinstellung beantragt, es sei denn, dass die Unterbrechung aus wichtigem Grund erfolgt ist und im Hinblick auf die zwischenzeitliche Tätigkeit des Bewerbers noch ein hinreichend enger Zusammenhang mit der früheren Ausbildung besteht,
3. wenn der Bewerber mehr als zwölf Monate des Vorbereitungsdienstes in einem anderen Bundesland abgeleistet hat oder
4. solange der Bewerber den schriftlichen Teil einer Wiederholungsprüfung zur Verbesserung der Abschlussnote für die erste Prüfung nicht endgültig abgeschlossen hat.

(7) Die Aufnahme in den Vorbereitungsdienst kann versagt werden,

1. solange ein Ermittlungsverfahren oder ein Strafverfahren wegen des Verdachts einer vorsätzlich begangenen Tat anhängig ist, das zu einer Entscheidung nach Absatz 5 Nr. 1 führen kann,
2. wenn Tatsachen vorliegen, die den Bewerber für den Vorbereitungsdienst als ungeeignet erscheinen lassen, insbesondere wenn

a) Tatsachen in der Person des Bewerbers die Gefahr einer Störung des Dienstbetriebs begründen,
b) Tatsachen in der Person des Bewerbers die Gefahr begründen, dass durch seine Aufnahme wichtige öffentliche Belange ernstlich beeinträchtigt werden,
c) der Bewerber an einer Krankheit leidet, die die Gesundheit anderer ernstlich gefährden oder die ordnungsgemäße Ausbildung ernstlich beeinträchtigen würde oder
d) die Versicherung des Bewerbers nach Absatz 3 Nr. 5 falsch war.

(8) Die Aufnahme in den Vorbereitungsdienst erfolgt nach Maßgabe der vorhandenen Ausbildungskapazitäten unter besonderer Berücksichtigung der Ausbildungsmöglichkeiten in der Gerichtsbarkeit und der Verwaltung des Landes.

(9) Die oberste Dienstbehörde kann Einstellungstermine und Ausschlussfristen für das Einreichen der Bewerbung festsetzen.

(10) [1]Der Bewerber absolviert den Vorbereitungsdienst in einem öffentlich-rechtlichen Ausbildungsverhältnis. [2]Er wird vor Beginn des Vorbereitungsdienstes nach Maßgabe des Verpflichtungsgesetzes auf die gewissenhafte Erfüllung seiner Obliegenheiten, insbesondere seine Pflicht zur Verschwiegenheit, förmlich verpflichtet. [3]Er führt im Vorbereitungsdienst die Bezeichnung „Rechtsreferendar".

(11) Ausländer, die nicht Unionsbürger nach Artikel 17 des Vertrags zur Gründung der Europäischen Gemeinschaft sind, und Staatenlose können in den Vorbereitungsdienst aufgenommen werden, wenn sie die erste Prüfung bestanden haben; ihre Aufnahme kann jederzeit widerrufen werden.

(12) [1]Unionsbürger erhalten Unterhaltsbeihilfe bis zur Höhe der Vergütung der Rechtsreferendare im öffentlich-rechtlichen Ausbildungsverhältnis. [2]Diese Leistung kann sonstigen Ausländern und Staatenlosen, jederzeit widerruflich, ebenfalls gewährt werden, sofern sie bedürftig sind.

§ 33a Ausbildungsvergütung

(1) Die Höhe der über den Mindestgrundbetrag nach § 7 Abs. 1 Satz 4 ThürJAG hinausgehenden Unterhaltsbeihilfe beträgt 200 Euro monatlich.

(2) [1]Der Anspruch auf Unterhaltsbeihilfe entsteht mit dem Tag des Ausbildungsbeginns. [2]Beginnt oder endet der Vorbereitungsdienst im Laufe eines Kalendermonats, so wird die Unterhaltsbeihilfe nur für den auf den Vorbereitungsdienst entfallenden Teil dieses Monats gezahlt.

(3) [1]Rechtsreferendare, die ohne Genehmigung schuldhaft dem Dienst fernbleiben, verlieren für die Zeit des Fernbleibens den Anspruch auf Unterhaltsbeihilfe. [2]Dies gilt auch bei einem Fernbleiben vom Dienst für Teile eines Tages.

(4) [1]Die Rückforderung zuviel gezahlter Unterhaltsbeihilfe regelt sich nach den Vorschriften des Bürgerlichen Gesetzbuches über die Herausgabe einer ungerechtfertigten Bereicherung. [2]Der Kenntnis des Mangels des rechtlichen Grundes der Zahlung steht es gleich, wenn der Mangel so offensichtlich war, dass die empfangende Person ihn hätte erkennen müssen. [3]Von der Rückforderung kann bei Beträgen bis 100 Euro ganz oder teilweise abgesehen werden.

§ 34 Grundsätze der Ausbildung

(1) [1]Der Vorbereitungsdienst hat das Ziel, den Rechtsreferendar mit den Aufgaben der Rechtspflege einschließlich der Rechtsberatung sowie der Verwaltung vertraut zu machen und so zu fördern, dass er die inneren Zusammenhänge der Rechtsordnung erkennt und das Recht mit Verständnis für wirtschaftliche, soziale und gesellschaftliche Fragen anzuwenden weiß. [2]Diesem Ziel dient die Ausbildung in Ausbildungsstellen und Arbeitsgemeinschaften, wobei der Rechtsreferendar auch zu zielstrebigem Selbststudium anzuhalten ist. [3]Am Ende der Ausbildung soll er befähigt sein, sich in angemessener Zeit auch in solche juristischen Bereiche einzuarbeiten, in denen er nicht besonders ausgebildet wurde.

(2) [1]Der Rechtsreferendar soll möglichst selbständig und eigenverantwortlich beschäftigt werden. [2]Dabei ist zu beachten, dass die Beschäftigung der praktischen und wissenschaftlichen Ausbildung des Rechtsreferendars dient. [3]Ausbildungspläne für die Pflichtstationen werden von der obersten Dienstbehörde, Ausbildungspläne für die Ausbildung in der Verwaltungsstation von dem für die Angelegenheiten der inneren Landesverwaltung zuständigen Ministerium erstellt.

§ 35 Dauer und Gliederung des Vorbereitungsdienstes

(1) [1]Der Vorbereitungsdienst dauert 24 Monate. [2]Er wird in Ausbildungsstellen sowie in Arbeitsgemeinschaften durchgeführt. [3]Die Teilnahme an einer Arbeitsgemeinschaft geht jedem anderen Dienst vor.

(2) Der Vorbereitungsdienst gliedert sich in fünf Ausbildungsabschnitte wie folgt:

1. die Pflichtstationen (21 Monate):
   a) fünf Monate bei einem ordentlichen Gericht in erstinstanzlichen Zivilsachen,
   b) vier Monate bei einer Verwaltungsbehörde,
   c) drei Monate bei einer Staatsanwaltschaft oder bei einem Strafgericht,
   d) neun Monate bei einem Rechtsanwalt; davon können mit Ausnahme der ersten vier Monate des Ausbildungsabschnitts
      aa) bis zu drei Monate bei einem Notar, einem Unternehmen, einem Verband oder bei einer sonstigen Ausbildungsstelle, bei der eine rechtsberatende Ausbildung gewährleistet ist,
      bb) bis zu drei weitere Monate bei einem ausländischen Rechtsanwalt

   abgeleistet werden; der Rechtsreferendar hat bis spätestens drei Monate vor Beginn der Rechtsanwaltsstation gegenüber dem Präsidenten des Landgerichts zu erklären, bei welchen Rechtsanwälten er die Pflichtstation ableisten will; dies gilt entsprechend für die Ausbildung nach Doppelbuchst. aa; wird keine Erklärung abgegeben, so bestimmt der Präsident des Landgerichts die Stelle;
2. die Wahlstation (drei Monate).

(3) Die Wahlstation wird in einem der folgenden sechs Schwerpunktbereiche abgeleistet:

1. Justiz,
2. Verwaltung,
3. Anwaltschaft,
4. Wirtschafts- und Finanzwesen,
5. Arbeits- und Sozialrecht,
6. Internationales Recht und Recht der Europäischen Union.

(4) [1]Die Ausbildungsstellen für die Ausbildung nach Abs. 2 Nr. 1 Buchst. d Doppelbuchst. aa, mit Ausnahme der Notare, und in den Schwerpunktbereichen nach Abs. 3 werden allgemein oder für den Einzelfall zugelassen, wenn

1. ein geeigneter Arbeitsplatz,
2. ein geeigneter Ausbilder und
3. eine sachgerechte Ausbildung gesichert sind.

[2]Die Entscheidung über die Zulassung trifft die oberste Dienstbehörde.

(5) [1]Die oberste Dienstbehörde kann eine Ausbildung an der Hochschule für Verwaltungswissenschaften in Speyer auf die Ausbildungsabschnitte nach Absatz 2 Nr. 1 Buchst. b und d sowie Nr. 2 und eine Ausbildung an einer anderen wissenschaftlichen Hochschule auf den Ausbildungsabschnitt nach Absatz 2 Nr. 2 jeweils mit bis zu drei Monaten auf den Vorbereitungsdienst anrechnen. [2]Eine Anrechnung auf den Ausbildungsabschnitt nach Absatz 2 Nr. 1 Buchst. b setzt voraus, dass der Rechtsreferendar seine Wahlstation im Schwerpunktbereich Verwaltung (Absatz 3 Nr. 2) an einer Behörde ableistet, es sei denn, der Referendar hat erfolgreich eine Ausbildung für die Laufbahn des Rechtspflegers, des Bezirksnotars oder des gehobenen nichttechnischen Verwaltungsdienstes abgeschlossen. [3]Eine solche Ausbildung kann mit bis zu sechs Monaten auf den Vorbereitungsdienst angerechnet werden.

(6) [1]Die Zuweisung erfolgt im Einvernehmen mit der ausbildenden Stelle. [2]Der Rechtsreferendar hat spätestens vier Monate vor Beginn der Wahlstation gegenüber dem Präsidenten des Oberlandesgerichts zu erklären, in welchem Schwerpunktbereich und bei welcher Stelle er die Wahlstation ableisten will. [3]Gibt er keine Erklärung ab, so bestimmt der Präsident des Oberlandesgerichts die Stelle.

(7) Ist der Rechtsreferendar durch Krankheit in einem Ausbildungsabschnitt länger als sechs Wochen an der Ausbildung gehindert, so kann der Ausbildungsabschnitt verlängert werden, soweit dies zur Erreichung des Ausbildungsziels erforderlich ist; die Vorlage eines amtsärztlichen Zeugnisses kann verlangt werden.

(8) Bei Rechtsreferendaren, die einen Teil des Vorbereitungsdienstes in einem anderen Bundesland abgeleistet haben oder die nach einer früheren Entlassung wieder in den Vorbereitungsdienst aufgenommen worden sind, bestimmt die oberste Dienstbehörde den weiteren Vorbereitungsdienst.

(9) [1]Der Vorbereitungsdienst verlängert sich bis zum Tag der mündlichen Prüfung, falls der Rechtsreferendar nicht zuvor nach § 41 entlassen worden ist. [2]In der Zeit der Verlängerung kann er auf Antrag einer weiteren Ausbildungsstelle zugewiesen werden.

§ 36 Ausbildungsstellen

(1) [1]Die Ausbildung bei den Ausbildungsstellen kann als Einzelausbildung oder als Gruppenausbildung durchgeführt werden. [2]Der Ausbilder hat die Ausbildung nach den für die Ausbildungsstelle erlassenen Ausbildungsplänen zu gestalten.

(2) Zur Einzelausbildung sollen einem Ausbilder nicht mehr als zwei Rechtsreferendare zugewiesen werden.

(3) [1]Für die Gruppenausbildung werden einem Ausbilder in der Regel fünf Rechtsreferendare zugewiesen. [2]Ein Ausbilder darf zur Gruppenausbildung nur mit seinem Einverständnis herangezogen werden.

(4) Die Arbeitszeit des Rechtsreferendars bestimmt sich im Rahmen der Arbeitszeitregelung nach den Aufgaben, die ihm der Ausbilder zur Bearbeitung überträgt.

(5) [1]Der Ausbilder hat bei der Übertragung von Aufgaben auf die Inanspruchnahme des Rechtsreferendars durch die Arbeitsgemeinschaft angemessen Rücksicht zu nehmen. [2]Dabei ist davon auszugehen, dass Vorbereitung und Nacharbeit für die Arbeitsgemeinschaft insgesamt einen Arbeitstag in Anspruch nehmen.

(6) [1]Über die von dem Rechtsreferendar erbrachten Leistungen und wahrgenommenen Aufgaben wird ein Ausbildungsnachweis geführt. [2]Der Ausbilder trägt jeweils die Bewertung ein. [3]Spätestens einen Monat nach Beendigung der Ausbildung bei einer Ausbildungsstelle hat der Ausbilder in einem Zeugnis den Ausbildungserfolg des Rechtsreferendars zu beurteilen und mit diesem zu besprechen. [4]Das Zeugnis muss eine zusammenfassende Note und Punktzahl nach § 1 der Verordnung über eine Noten- und Punkteskala für die erste und zweite juristische Prüfung enthalten. [5]Die oberste Dienstbehörde sieht für Ausbildungsnachweise und Zeugnisse Vordrucke vor. [6]Der Rechtsreferendar erhält eine Abschrift des Zeugnisses.

§ 37 Arbeitsgemeinschaften

(1) [1]In den ersten drei Pflichtstationen und in den ersten fünf Monaten der Rechtsanwaltsstation hat der Rechtsreferendar an sachlich zugeordneten Arbeitsgemeinschaften teilzunehmen. [2]Wird der Rechtsreferendar einer Ausbildungsstelle nach § 35 Abs. 2 Nr. 1 Buchst. d Doppelbuchst. bb zugewiesen, so ist der Rechtsreferendar für die Zeit der Zuweisung von der Teilnahme an der Arbeitsgemeinschaft befreit.

(2) Die Arbeitsgemeinschaften sollen während mindestens sechs Unterrichtsstunden von je 45 Minuten jeweils an einem Tag pro Woche stattfinden.

(3) Der Arbeitsgemeinschaftsleiter hat die Ausbildung in der Arbeitsgemeinschaft nach den dafür erlassenen Ausbildungsplänen zu gestalten.

(4) [1]Rechtsreferendare, die Ausbildungsstellen zum selben Termin zugewiesen werden, gehören jeweils einer Arbeitsgemeinschaft an. [2]An einer Arbeitsgemeinschaft sollen jedoch höchstens 20 Rechtsreferendare teilnehmen.

(5) [1]Die Arbeitsgemeinschaftsleiter sollen die Befähigung zum Richteramt nach dem Deutschen Richtergesetz haben. [2]Sie werden von der obersten Dienstbehörde, für die Verwaltungsstation von dem für die Angelegenheiten der inneren Landesverwaltung zuständigen Ministerium im Einvernehmen mit der obersten Dienstbehörde, bestellt. [3]Sie sollen mit ihrer Bestellung von ihren Dienstgeschäften angemessen entlastet werden; soweit eine Entlastung nicht möglich ist, ist eine Nebentätigkeit als Arbeitsgemeinschaftsleiter angemessen zu vergüten.

(6) [1]Zu Beginn der Ausbildung in den Pflichtstationen finden Einführungsarbeitsgemeinschaften statt, und zwar in Zivil- und Verwaltungssachen je zehn Arbeitstage, im Übrigen je fünf Arbeitstage. [2]Diese Arbeitsgemeinschaften sollen während mindestens fünf Unterrichtsstunden von je 45 Minuten pro Tag stattfinden.

(7) [1]Über die von dem Rechtsreferendar erbrachten Leistungen ist ihm spätestens einen Monat nach seinem Ausscheiden aus der Arbeitsgemeinschaft ein Zeugnis zu erteilen und in Abschrift zu übersenden. [2]Das Zeugnis muss eine zusammenfassende Note und eine Punktzahl nach § 1 der Verordnung über eine Noten- und Punkteskala für die erste und zweite juristische Prüfung enthalten.

§ 38 Klausurenkurs, Lehrgänge

(1) Richtet die oberste Dienstbehörde einen Klausurenkurs zur Vorbereitung auf die zweite juristische Staatsprüfung ein, so ist der Rechtsreferendar verpflichtet, 60 vom Hundert der angebotenen Aufsichtsarbeiten mitzuschreiben und zur Korrektur vorzulegen.

(2) Die oberste Dienstbehörde kann zu bestimmten Themengebieten für besonders interessierte Rechtsreferendare nach Maßgabe vorhandener Haushaltsmittel Ausbildungslehrgänge bis zu vier Wochen vorsehen oder die Rechtsreferendare für die Teilnahme an geeigneten anderweitigen Ausbildungslehrgängen für bis zu vier Wochen von ihren Arbeitsverpflichtungen freistellen.

§ 39 Urlaub und Erkrankungen

(1) Der Rechtsreferendar erhält Urlaub nach den hierfür maßgeblichen Bestimmungen des Tarifvertrags für Auszubildende der Länder in Ausbildungsberufen nach dem Berufsbildungsgesetz (TVA-LBBiG) vom 12. Oktober 2006 (ThürStAnz 2007 Nr. 21 S. 947) in der jeweils geltenden Fassung.

(2) [1]Während der Einführungsarbeitsgemeinschaften dürfen Urlaub und Arbeitsbefreiung nur gewährt werden, wenn ein wichtiger Grund vorliegt und nicht mehr als ein Fünftel der für die jeweilige Einführungsarbeitsgemeinschaft vorgesehenen Tage betroffen ist. [2]Erholungsurlaub kann im Übrigen bereits während der ersten sechs Monate nach der Einstellung bewilligt werden. [3]Die Dauer des Urlaubs in jedem Ausbildungsabschnitt darf in der Regel ein Drittel der Dauer des Abschnitts nicht überschreiten. [4]Während der angeordneten schriftlichen Arbeiten soll kein Erholungsurlaub gewährt werden. [5]Im Übrigen sind bei der Urlaubsgewährung die Bedürfnisse der Ausbildung zu berücksichtigen. [6]Das Ausbildungsjahr gilt als Urlaubsjahr.

(3) [1]Arbeitsbefreiungen, Erholungsurlaub und Urlaub aus anderen Anlässen, ausgenommen Sonderurlaub ohne Unterhaltsbeihilfe, werden auf den Vorbereitungsdienst angerechnet. [2]Krankheitszeiten werden in der Regel bis zu drei Monaten auf den Vorbereitungsdienst angerechnet. [3]Eine Anrechung von Mutterschutzzeiten sowie einer daran anschließenden Elternzeit unterbleibt im Regelfall.

(4) [1]In Ausnahmefällen kann dem Rechtsreferendar Sonderurlaub ohne Unterhaltsbeihilfe gewährt werden; die Dauer des Sonderurlaubs beträgt in der Regel bis zu sechs Monate, insgesamt jedoch höchstens bis zu einem Jahr. [2]Sonderurlaub zum Zwecke der Vorbereitung auf die zweite Staatsprüfung ist ausgeschlossen. [3]Über die Erteilung entscheidet der Präsident des Justizprüfungsamts. [4]Der Sonderurlaub wird auf den Vorbereitungsdienst nicht angerechnet.

§ 40 Verlängerung

(1) War der Rechtsreferendar mehr als einen Monat arbeitsunfähig oder beurlaubt, so kann die Ausbildung bei der jeweiligen Ausbildungsstelle verlängert werden, wenn die Verlängerung erforderlich ist, um das Ziel der Ausbildungsstelle zu erreichen.

(2) [1]Auf Antrag des Rechtsreferendars kann die Ausbildung bei einer Ausbildungsstelle verlängert werden, wenn der Rechtsreferendar glaubhaft macht, dass er wegen außergewöhnlicher Umstände, insbesondere aus gesundheitlichen Gründen oder wegen besonderer persönlicher Verhältnisse, nicht in der Lage war, sich der Ausbildung hinreichend zu widmen. [2]Der Antrag ist spätestens drei Wochen vor dem Ende des Ausbildungsabschnitts zu stellen; liegen dem Antrag gesundheitliche Ursachen zu Grunde, kann die Vorlage eines amtsärztlichen Zeugnisses verlangt werden. [3]Die Verlängerung ist nicht zulässig, wenn die Ausbildung in diesem Ausbildungsabschnitt bereits nach Absatz 1 verlängert worden war.

(3) Vor der Verlängerung eines Ausbildungsabschnitts ist der Leiter der Arbeitsgemeinschaft, die diesem Ausbildungsabschnitt sachlich zugeordnet ist, sowie der jeweilige Einzelausbilder zu hören.

(4) Die Verlängerung ist darauf auszurichten, dass der Rechtsreferendar zusammen mit den Rechtsreferendaren, die zu einem späteren Zeitpunkt eingestellt worden sind, die zweite Staatsprüfung ablegen kann.

§ 41 Entlassung

(1) Aus dem Vorbereitungsdienst ist zu entlassen, wer die Entlassung beantragt.

(2) [1]Der Rechtsreferendar soll entlassen werden, wenn ein wichtiger Grund vorliegt. [2]Ein wichtiger Grund liegt insbesondere vor, wenn

1. während des Vorbereitungsdienstes ein Umstand eintritt oder nachträglich bekannt wird, der die Versagung der Aufnahme in den Vorbereitungsdienst nach § 33 Abs. 5 bis 7 rechtfertigen würde,

2. der Rechtsreferendar in seiner Ausbildung nicht hinreichend fortschreitet, insbesondere wenn er in zwei Ausbildungsabschnitten keine ausreichenden Leistungen erzielt hat oder
3. der Rechtsreferendar länger als sechs Monate arbeitsunfähig ist und nicht zu erwarten ist, dass er binnen drei Monaten wieder arbeitsfähig wird.

[3]Der Rechtsreferendar hat in einem Ausbildungsabschnitt keine ausreichenden Leistungen erzielt, wenn das arithmetische Mittel der Punktzahlen nach § 36 Abs. 6 Satz 4 und § 37 Abs. 7 Satz 2 geringer als vier ist.

(3) Vor der Entlassung nach Absatz 2 ist der Rechtsreferendar anzuhören.

§ 42 Nebentätigkeit

(1) [1]Eine Nebentätigkeit während des Vorbereitungsdienstes einschließlich des Prüfungsverfahrens kann nur genehmigt werden, wenn sie mit dem Ausbildungszweck vereinbar ist. [2]Sie ist nur außerhalb der für den Rechtsreferendar festgesetzten Arbeitsstunden zulässig und darf eine monatliche Arbeitszeit von 33 Stunden nicht überschreiten. [3]Soweit die Nebentätigkeit einen Bezug zur juristischen Ausbildung aufweist, insbesondere bei einer berufsbezogenen Tätigkeit für einen Rechtsanwalt oder innerhalb eines juristischen Lehrstuhls, gilt eine Höchststundenzahl von 43.

(2) Für die Dauer der ersten beiden Ausbildungsstellen soll eine Genehmigung nur in Ausnahmefällen erteilt werden.

(3) Für die Genehmigung eines Zweitstudiums gelten die Bestimmungen der Absätze 1 und 2 entsprechend.

(4) Die Nebentätigkeitsgenehmigung erteilt der Präsident des Oberlandesgerichts.

§ 43 Gastreferendare, Versetzung

(1) Ein Rechtsreferendar kann auf Antrag für einzelne Ausbildungsabschnitte in ein anderes Bundesland überwiesen oder von dort als Gastreferendar übernommen werden.

(2) Die Versetzung eines Rechtsreferendars aus einem anderen Bundesland nach Thüringen ist nur nach Maßgabe der vorhandenen Ausbildungsplätze, nach Beendigung der ersten beiden Ausbildungsabschnitte nur bei Vorliegen besonderer persönlicher Umstände und nur mit Zustimmung der für die juristische Ausbildung zuständigen obersten Dienstbehörde zulässig.

(3) Die Entscheidung nach Absatz 1 trifft der Präsident des Oberlandesgerichts.

Vierter Abschnitt

Zweite Staatsprüfung

§ 44 Zeitpunkt der Prüfung, Zulassung

(1) Die zweite Staatsprüfung wird in der Regel zweimal im Jahr abgehalten.

(2) [1]Der Rechtsreferendar hat an der frühestens im 19. und spätestens im 21. Ausbildungsmonat beginnenden zweiten Staatsprüfung teilzunehmen. [2]Der genaue Zeitraum, in dem die schriftlichen Aufsichtsarbeiten geschrieben werden, wird vom Präsidenten des Justizprüfungsamts spätestens im 10. Ausbildungsmonat festgelegt.

(3) Zuständig für die Zulassung zur zweiten Staatsprüfung ist der Präsident des Justizprüfungsamts.

(4) Spätestens drei Monate vor Beginn des Prüfungsdurchgangs stellt der Präsident des Oberlandesgerichts dem Präsidenten des Justizprüfungsamts den Rechtsreferendar zur Zulassung zum Prüfungsverfahren vor und fügt die Personalakten mit der Erklärung bei, dass Hinderungsgründe bis zum jeweiligen Zeitpunkt nicht ersichtlich sind.

(5) § 33 Abs. 5 bis 7 gilt entsprechend.

(6) [1]Der Rechtsreferendar wird in dem Schwerpunktbereich mündlich geprüft, in dem er seine Wahlstation abgeleistet hat. [2]Teilt der Rechtsreferendar dem Prüfungsamt bis acht Wochen vor Beginn des Prüfungsdurchgangs einen anderen Schwerpunktbereich mit, so wird er in diesem geprüft; diese Erklärung ist unwiderruflich.

§ 45 Form der Prüfung

Die zweite Staatsprüfung besteht aus acht schriftlichen Aufsichtsarbeiten mit einer Bearbeitungszeit von jeweils fünf Stunden (schriftlicher Teil) und der mündlichen Prüfung.

§ 46 Prüfungsgebiete

(1) [1]Die zweite Staatsprüfung erstreckt sich auf die Pflichtfächer und den vom Rechtsreferendar zu bestimmenden Schwerpunktbereich jeweils mit ihren gesellschaftlichen, wirtschaftlichen und politischen Grundlagen. [2]Im Rahmen von Rechtsgebieten, die zum Prüfungsstoff gehören, können auch Fragen aus anderen Gebieten geprüft werden, soweit sie in der Praxis typischerweise in diesem Zusammenhang auftreten. [3]Die Prüfung kann sich auch auf andere Rechtsgebiete erstrecken, soweit lediglich Verständnis und Arbeitsmethode festgestellt werden sollen, Einzelwissen nicht vorausgesetzt wird und die Aufgabe mit den zur Verfügung gestellten Hilfsmitteln in der Bearbeitungszeit zu bewältigen ist.

(2) Pflichtfächer sind

1. die Pflichtfächer der ersten Prüfung (§ 14) unter Berücksichtigung der in der praktischen Ausbildung angestrebten Ergänzung und Vertiefung und der Grundsätze der Argumentations- und Verhandlungstechnik;
2. aus dem Zivilrecht
   a) Erbrecht ohne Beschränkung auf die Grundzüge,
   b) Zivilprozess- und Zwangsvollstreckungsrecht ohne Beschränkung auf die Grundzüge,
   c) Grundzüge des Insolvenzrechts,
   d) Grundzüge des Wertpapierrechts;
3. aus dem Strafrecht
   a) Strafverfahrensrecht ohne Beschränkung auf die Grundzüge,
   b) Grundzüge des Jugendstrafrechts;
4. aus dem Öffentlichen Recht
   a) besonderes Verwaltungsrecht mit
      aa) Baurecht ohne Beschränkung auf die Grundzüge,
      bb) Recht der öffentlichen Ersatzleistungen in Grundzügen,
      cc) Grundzügen des Gewerberechts, insbesondere des Handwerksrechts und des Gaststättenrechts,
      dd) Grundzügen des Umweltrechts,
      ee) Grundzügen des Rechts des öffentlichen Dienstes,
   b) Verwaltungsprozessrecht ohne Beschränkung auf die Grundzüge.

(3) [1]Schwerpunktbereiche sind die in § 35 Abs. 3 genannten Bereiche. [2]Zusätzlicher Prüfungsstoff in den Schwerpunktbereichen sind im Bereich

1. der Justiz
   a) Grundzüge des Internationalen Privatrechts,
   b) Recht der Freiwilligen Gerichtsbarkeit in Vormundschafts- und Nachlasssachen sowie in Grundbuchsachen,
   c) Jugendstrafrecht ohne Beschränkung auf die Grundzüge;
2. der Verwaltung
   a) aus der Verwaltungswissenschaft die Grundzüge folgender Gebiete:
      aa) Verwaltungsorganisation,
      bb) Planen und Entscheiden,
      cc) finanzwirtschaftliche und haushaltswirtschaftliche Grundlagen des staatlichen Handelns,
   b) Grundzüge des Wirtschaftsverwaltungsrechts,
   c) Recht der sozialen Sicherung (Sozialhilferecht, Jugendhilferecht, Grundzüge des Sozialversicherungsrechts, des Rechts der Arbeitsförderung und des sozialgerichtlichen Verfahrens);
3. der Anwaltschaft
   a) anwaltliches Berufsrecht,
   b) Gestaltung von Verträgen,
   c) außergerichtliche Streitbeilegung,
   d) vorsorgende Rechtsberatung,
   e) anwaltliche Prozesstaktik;

4. des Wirtschafts- und Finanzwesens
   a) Wechsel- und Scheckrecht,
   b) Grundzüge des Steuerrechts,
   c) Grundzüge des Wirtschaftsverwaltungsrechts;
5. des Arbeits- und Sozialrechts
   a) Grundzüge des Betriebsverfassungs- und Mitbestimmungsrechts,
   b) arbeitsgerichtliches Verfahren ohne Beschränkung auf die Grundzüge,
   c) Grundzüge des Sozialversicherungsrechts und des sozialgerichtlichen Verfahrens;
6. des Internationalen und Europäischen Rechts
   a) Internationales Privatrecht,
   b) Grundzüge des Internationalen Zivilprozessrechts und des Internationalen Rechts der Schiedsgerichtsbarkeiten,
   c) Europarecht.

§ 47 Schriftliche Prüfung

(1) [1]Die Aufsichtsarbeiten dienen der Feststellung, ob der Rechtsreferendar fähig ist, einen Vorgang in beschränkter Zeit und mit begrenzten Hilfsmitteln zu erfassen und für seine rechtliche Lösung in den üblichen Formen der Rechtspraxis einen überzeugend begründeten Vorschlag zu machen. [2]Die Bearbeitungszeit beträgt fünf Stunden.

(2) [1]Die Aufsichtsarbeiten umfassen:
1. drei Aufgaben mit dem Schwerpunkt aus dem Zivilrecht (§ 46 Abs. 2 Nr. 1 und 2),
2. zwei Aufgaben mit dem Schwerpunkt aus dem Strafrecht (§ 46 Abs. 2 Nr. 1 und 3),
3. zwei Aufgaben mit dem Schwerpunkt aus dem Öffentlichen Recht (§ 46 Abs. 2 Nr. 1 und 4),
4. eine weitere Aufgabe nach Wahl des Justizprüfungsamts aus einem oder mehreren der vorgenannten Bereiche. Der Bereich dieser Arbeit wird spätestens zum Beginn des Prüfungsdurchgangs bekannt gegeben.

[2]Zwei der Aufgaben nach Satz 1 sollen sich auf die Tätigkeit eines Rechtsanwalts beziehen.

(3) Die Prüfungsaufgaben werden einheitlich gestellt; sie sind von allen Rechtsreferendaren zur gleichen Zeit zu bearbeiten.

(4) § 19 Abs. 2 bis 4, § 20 Abs. 3 und 4 und § 21 gelten entsprechend.

§ 48 Zulassung und Ausschluss von der mündlichen Prüfung

[1]Wer im schriftlichen Teil der Prüfung einen Gesamtdurchschnitt von mindestens 3,75 Punkten erreicht und in mindestens vier Aufsichtsarbeiten die Punktzahl 4,0 oder mehr erhalten hat, ist zur mündlichen Prüfung zugelassen. [2]Wer nicht nach Satz 1 zur mündlichen Prüfung zugelassen ist, hat die zweite Staatsprüfung nicht bestanden. [3]Das Ergebnis wird schriftlich bekannt gegeben.

§ 49 Mündliche Prüfung

(1) Die mündliche Prüfung wird in Erfurt abgenommen.

(2) Die mündliche Prüfung gliedert sich in einen Aktenvortrag und vier Prüfungsgespräche, davon je eines im Zivilrecht, im Strafrecht, im öffentlichen Recht und im gewählten Schwerpunktbereich.

(3) [1]Der Aktenvortrag dient der Feststellung, ob der Rechtsreferendar fähig ist, in beschränkter Zeit für einen Entscheidungsvorgang unter Darstellung der entscheidungserheblichen Gesichtspunkte einen Vorschlag für die zu treffenden rechtlichen Maßnahmen in den Formen der Rechtspraxis zu machen und verständlich und überzeugend begründet vorzutragen. [2]Im Anschluss an den Aktenvortrag können dem Rechtsreferendar ergänzende Fragen gestellt werden.

(4) [1]Zur Vorbereitung des Aktenvortrags wird dem Rechtsreferendar die Akte 90 Minuten vor Beginn der mündlichen Prüfung ausgehändigt. [2]Diese Aufgabe hat ein Pflichtfach (§ 46 Abs. 2) zum Gegenstand. [3]Die Dauer des Vortrags soll zehn Minuten, ein sich anschließendes Vertiefungsgespräch fünf Minuten nicht überschreiten.

(5) Die Prüfungsgespräche dienen der Feststellung, ob der Rechtsreferendar fähig ist, rechtliche Fragestellungen aus der Praxis mit Verständnis auch für ihre gesellschaftlichen Voraussetzungen und Folgen und für wirtschaftliche Zusammenhänge zu erfassen, einzuordnen und die für ihre Lösung tragenden Gesichtspunkte verständlich und überzeugend zu entwickeln.

(6) In der mündlichen Prüfung sollen in der Regel vier Rechtsreferendare zusammen geprüft werden.

(7) [1]§ 23 Abs. 2 und § 24 gelten entsprechend. [2]Für die Prüfungsgespräche einschließlich des Vertiefungsgesprächs nach Absatz 4 Satz 3 sind pro Rechtsreferendar 45 Minuten vorzusehen.

(8) [1]Bei den mündlichen Prüfungen mit Ausnahme der Beratung und der Bekanntgabe des Ergebnisses können Rechtsreferendare, die mindestens die ersten beiden Pflichtstationen abgeleistet haben, nach Maßgabe der räumlichen Verhältnisse zuhören. [2]Der Vorsitzende des Prüfungsausschusses kann anderen Personen bei berechtigtem Interesse das Zuhören gestatten.

§ 50 Prüfungsniederschrift und -note, Abschlussnote

(1) § 25 Abs. 1, 2 und 4 sowie § 26 gelten entsprechend.

(2) [1]Für die Bildung der Abschlussnote gilt § 25 Abs. 3 mit der Maßgabe entsprechend, dass insbesondere die Leistungsnachweise aus dem Vorbereitungsdienst zu berücksichtigen sind. [2]Leistungsnachweise aus der Wahlstation nach § 35 Abs. 2 Nr. 2 bleiben unberücksichtigt.

§ 51 Prüfungszeugnis, Platznummer, Widerspruchsgebühren

(1) Nach Abschluss der Prüfung erhält der Rechtsreferendar einen mit Begründung und Rechtsbehelfsbelehrung versehenen Bescheid über die Ergebnisse der Prüfung.

(2) [1]Hat der Rechtsreferendar die zweite Staatsprüfung bestanden, so erteilt ihm der Präsident des Justizprüfungsamts außerdem ein Zeugnis, das die erzielte Abschlussnote mit ihrer Punktzahl und die Einteilung der Notenstufen enthält. [2]Mit der Aushändigung des Zeugnisses ist der Rechtsreferendar befugt, die Bezeichnung "Assessor" zu führen.

(3) § 27 Abs. 3 gilt entsprechend.

(4) [1]Legt der Rechtsreferendar gegen den Bescheid nach Absatz 1 Widerspruch ein, und wird dieser Widerspruch zurückgewiesen, so werden für jede Prüfungsleistung, deren Bewertung er erfolglos beanstandet hat, Gebühren in Höhe von 40 Euro erhoben. [2]Nimmt der Rechtsreferendar den Widerspruch zurück, so ermäßigt sich der Betrag auf 20 Euro.

§ 52 Wiederholung der Prüfung

(1) [1]Wer die zweite Staatsprüfung nicht bestanden hat, kann sie einmal wiederholen. [2]Die Prüfung ist vollständig zu wiederholen. [3]Der Präsident des Justizprüfungsamts bestimmt den nächsten Prüfungsdurchgang und die Länge des Ergänzungsvorbereitungsdienstes. [4]Ordnet der Präsident des Justizprüfungsamts einen Ergänzungsvorbereitungsdienst an, so bestimmt der Präsident des Oberlandesgerichts, welchen Ausbildungsstellen der Rechtsreferendar zugewiesen wird.

(2) [1]Nach zweimaligem Misserfolg kann der Präsident des Justizprüfungsamts ausnahmsweise die nochmalige Wiederholung der zweiten Staatsprüfung gestatten, wenn die erfolglosen Prüfungsdurchgänge in Thüringen stattgefunden haben, der Rechtsreferendar in einem dieser Prüfungsdurchgänge mindestens 3,3 Punkte im schriftlichen Teil erreicht hat, ein besonderer Härtefall nachgewiesen wird und eine nochmalige Wiederholung hinreichend aussichtsreich erscheint. [2]Ein Ausnahmefall liegt nicht vor, wenn ein Rechtsreferendar nach Bekanntgabe der Bewertungen der schriftlichen Arbeiten zur mündlichen Prüfung nicht erschienen ist.

§ 53 Wiederholung der Prüfung zur Notenverbesserung

(1) [1]Wer die zweite Staatsprüfung bei erstmaliger Ablegung in Thüringen bestanden hat, kann sie zur Verbesserung der Prüfungsnote einmal wiederholen. [2]Die Möglichkeit der Wiederholung besteht nur in dem nach Abschluss des laufenden Prüfungsdurchgangs beginnenden nächsten oder übernächsten Prüfungsdurchgang und ist von der Vorauserstattung der für die Bewertung der Prüfungsleistungen entstehenden Kosten abhängig. [3]Der Antrag auf Zulassung ist spätestens zwei Monate vor Beginn der Prüfung zu stellen. [4]Wenn zwischen der Ablegung der mündlichen Prüfung und dem nächsten Prüfungstermin weniger als zwei Monate verbleiben, ist der Antrag unverzüglich nach Ablegung der mündlichen Prüfung zu stellen.

(2) Die Prüfung ist im gesamten Umfang zu wiederholen.

(3) Wer zur Verbesserung der Note zur Prüfung zugelassen ist, kann bis zum Beginn der mündlichen Prüfung auf die Fortsetzung des Prüfungsverfahrens verzichten.

(4) [1]Der Rechtsreferendar entscheidet, welches Prüfungsergebnis er gelten lassen will. [2]Wird binnen einer Woche nach dem Tag der mündlichen Prüfung keine Wahl getroffen, so gilt das bessere, bei gleichen Prüfungsergebnissen das frühere Prüfungsergebnis als gewählt.

§ 54 Einsicht in die Prüfungsarbeiten

§ 30 findet mit der Maßgabe Anwendung, dass der Antrag auf Einsicht in die Prüfungsarbeiten bei der Geschäftsstelle der Prüfungsabteilung II des Justizprüfungsamts zu stellen ist.

Fünfter Abschnitt

Übergangs- und Schlussbestimmungen

§ 55 Übergangsbestimmung

(1) [1]Für Studierende, die vor dem 1. Juli 2003 das Studium der Rechtswissenschaft aufgenommen haben und die spätestens bis zum 1. Juli 2006 erstmals die Zulassung zur ersten Staatsprüfung beantragt haben, finden die vor dem In-Kraft-Treten dieser Verordnung geltenden Vorschriften Anwendung. [2]Letztmalig kann die erste Staatsprüfung nach den vor dem In-Kraft-Treten dieser Verordnung geltenden Vorschriften in dem in der ersten Jahreshälfte des Jahres 2008 beginnenden Prüfungsdurchgang angetreten werden.

(2) [1]Die Ausbildung der Rechtsreferendare, die bis zum 30. Juni 2005 den Vorbereitungsdienst aufgenommen haben, findet nach den vor dem In-Kraft-Treten dieser Verordnung geltenden Vorschriften statt. [2]Verzögert sich die Ausbildung eines Rechtsreferendars, so legt der Präsident des Oberlandesgerichts die weitere Dauer und Reihenfolge der Stationen fest.

(3) Die Prüfung der Rechtsreferendare, die bis zum 30. Juni 2005 den Vorbereitungsdienst aufgenommen haben, findet nach den vor dem In-Kraft-Treten dieser Verordnung geltenden Vorschriften statt, sofern der Rechtsreferendar spätestens zu dem in der ersten Jahreshälfte des Jahres 2008 beginnenden Prüfungsdurchgang zugelassen wird.

(4) Abweichend von den Absätzen 1 bis 3 finden die §§ 7, 10, 15 Abs. 1 Satz 1 bis 4 und Abs. 2, § 27 Abs. 4, § 29 Abs. 1 Nr. 6, § 30 Abs. 3 und 4 sowie § 51 Abs. 3 und 4 mit Ablauf des sechsten auf die Verkündung dieser Verordnung folgenden Monats Anwendung.

(5) Für Rechtsreferendare, die vor Inkrafttreten des Thüringer Gesetzes zur Änderung der Rechtsverhältnisse im juristischen Vorbereitungsdienst den Vorbereitungsdienst aufgenommen haben, findet diese Verordnung in der vor dem Inkrafttreten des Thüringer Gesetzes zur Änderung der Rechtsverhältnisse im juristischen Vorbereitungsdienst geltenden Fassung Anwendung.

§ 56 Gleichstellungsbestimmung

Status- und Funktionsbezeichnungen in dieser Verordnung gelten jeweils in männlicher und weiblicher Form.

§ 57 In-Kraft-Treten, Außer-Kraft-Treten

[1]Diese Verordnung tritt am Tage nach der Verkündung[1)] in Kraft. [2]Gleichzeitig tritt die Thüringer Juristenausbildungs- und -prüfungsordnung vom 16. Februar 1993 (GVBl. S. 149), zuletzt geändert durch Verordnung vom 6. April 1999 (GVBl. S. 261), außer Kraft.

1) Verkündet am 4.3.2004.

Thüringer Schulgesetz (ThürSchulG)

In der Fassung der Bekanntmachung vom 30. April 2003[1)] (GVBl. S. 238) (BS Thür 223-1)

zuletzt geändert durch Art. 1 Zweites G zur Änd. des Thüringer SchulG vom 5. Mai 2021 (GVBl. S. 215)

Inhaltsübersicht

Erster Abschnitt
Grundsätze des Schulwesens

§ 1 Recht auf schulische Bildung
§ 2 Gemeinsamer Auftrag für die Thüringer Schulen
§ 3 Wahl der Schulart, der Schulform und des Bildungsganges
§ 3a Gliederung des Schulwesens, Schulstufen
§ 4 Schularten
§ 5 Grundschule
§ 6 Regelschule
§ 6a Gemeinschaftsschule
§ 6b Gesamtschule
§ 7 Gymnasium
§ 7a Förderschule
§ 8 Schulformen der berufsbildenden Schulen
§ 8a Gemeinsamer Unterricht, Feststellungsverfahren
§ 9 Externenprüfungen
§ 10 Ganztagsschulen, Außerunterrichtliche Angebote
§ 11 *[aufgehoben]*
§ 12 Schulversuche, Erprobungsmodelle
§ 13 Schulen und Schulträgerschaft
§ 14 Schulbezirke, Einzugsbereiche
§ 15 Gastschulverhältnis, Zuweisung
§ 15a Auswahlverfahren an allgemein bildenden Schulen
§ 15b Auswahlverfahren an berufsbildenden Schulen und am Kolleg
§ 16 Schulgeldfreiheit

Zweiter Abschnitt
Schulpflicht

§ 17 Allgemeines zur Schulpflicht
§ 18 Beginn der Vollzeitschulpflicht
§ 19 Dauer der Vollzeitschulpflicht
§ 20 Erfüllung der Vollzeitschulpflicht
§ 21 Berufsschulpflicht
§ 21a *[aufgehoben]*
§ 22 *[aufgehoben]*
§ 23 Bedeutung der Schulpflicht für Schüler, Eltern, Ausbildende und Arbeitgeber
§ 24 Schulzwang

Dritter Abschnitt
Schulverhältnis, Schüler und Eltern

§ 24a Schulverhältnis
§ 25 Rechte des Schülers
§ 26 Recht auf freie Meinungsäußerung
§ 26a Schülerzeitungen
§ 27 Schülergruppen
§ 28 Mitwirkung der Schüler
§ 29 Vertrauenslehrer
§ 30 Pflichten des Schülers
§ 31 Recht der Eltern auf Information und Beratung
§ 32 Mitwirkung der Eltern

Vierter Abschnitt
Personal und Konferenzen

§ 33 Schulleiter
§ 34 Lehrer, Erzieher und Sonderpädagogische Fachkräfte
§ 35 Sonstiges unterstützendes Personal an Schulen
§ 35a Schulsozialarbeit
§ 36 Mobile Sonderpädagogische Dienste
§ 37 Lehrerkonferenz, Klassenkonferenz und Fachkonferenz

Fünfter Abschnitt
Schulkonferenz, Landesschulbeirat

§ 38 Schulkonferenz
§ 39 Landesschulbeirat

Sechster Abschnitt
Schulaufsicht, Institut für Lehrerfortbildung, Lehrplanentwicklung und Medien, eigenverantwortliche Schule, Schulnetzplanung und Medienzentren

§ 40 Schulaufsicht
§ 40a Institut für Lehrerfortbildung, Lehrplanentwicklung und Medien
§ 40b Eigenverantwortliche Schule und schulische Evaluation
§ 41 Schulnetzplanung
§ 42 Kommunale Medienzentren

Siebter Abschnitt
Lehrpläne, Schulbetrieb und Unterrichtsinhalte

§ 43 Lehrpläne, Lehr- und Lernmittel, Stundentafeln
§ 44 Lernmittelfreiheit
§ 45 Schulorganisation
§ 46 Religionsunterricht und Ethikunterricht

1) Neubekanntmachung des ThürSchulG v. 6.8.1993 (GVBl. S. 445) in der ab 30.4.2003 geltenden Fassung.

§ 47 Gesundheitsförderung und Sexualerziehung
§ 47a Berufliche und arbeitsweltliche Orientierung
§ 48 Leistungen und Zeugnisse
§ 49 Versetzung, Wiederholung und Überspringen
§ 50 Entlassung wegen mangelnder Leistung

Achter Abschnitt
Pädagogische Maßnahmen und Ordnungsmaßnahmen
§ 51 Pädagogische Maßnahmen und Ordnungsmaßnahmen
§ 52 Ausschluss

Neunter Abschnitt
Beratungsdienste, Schulgesundheitspflege und Unterricht in besonderen Fällen
§ 53 Beratungsdienste, Schulpsychologischer Dienst
§ 54 Unterricht in besonderen Fällen
§ 55 Schulgesundheitspflege
§ 55a Zusammenarbeit zwischen Schule und Jugendhilfe

Zehnter Abschnitt
Ergänzende Regelungen zum Schulbetrieb und Datenschutz
§ 56 Veranstaltungen, Werbung, Sammlungen und Versammlungen in der Schule
§ 57 Datenschutz
§ 58 Statistik

Elfter Abschnitt
Ordnungswidrigkeiten, Übergangs- und Schlussbestimmungen
§ 59 Ordnungswidrigkeiten
§ 60 Verordnungen
§ 60a Fachschulen des für Landwirtschaft zuständigen Ministeriums
§ 60b Fachberufe des Gesundheits- und Sozialwesens
§ 61 Übergangsbestimmungen
§ 62 Gleichstellungsbestimmung
§ 61a *[aufgehoben]*
§ 63 In-Kraft-Treten

Der Thüringer Landtag hat das folgende Gesetz beschlossen:

Erster Abschnitt
Grundsätze des Schulwesens

§ 1 Recht auf schulische Bildung

(1) [1]Jeder junge Mensch hat ein Recht auf diskriminierungsfreie schulische Bildung und Förderung. [2]Das Recht wird nach Maßgabe dieses Gesetzes gewährleistet.

(2) Für den Zugang zu den Schularten und den Bildungsgängen dürfen weder das Geschlecht, die Herkunft, die Sprache, die Behinderung, die religiöse oder politische Anschauung oder die sexuelle Orientierung des Schülers noch die wirtschaftliche oder gesellschaftliche Stellung seiner Eltern bestimmend sein.

§ 2 Gemeinsamer Auftrag für die Thüringer Schulen

(1) [1]Der Bildungs- und Erziehungsauftrag der Schule in Thüringen leitet sich ab von den grundlegenden Werten, wie sie im Grundgesetz für die Bundesrepublik Deutschland und in der Verfassung des Freistaats Thüringen niedergelegt sind. [2]Die Schule erzieht zur Achtung vor dem menschlichen Leben, zur Verantwortung für die Gemeinschaft, zu einem gewaltfreien und friedlichen Zusammenleben weltweit und zu einem verantwortlichen Umgang mit der Umwelt und der Natur. [3]Sie pflegt die Verbundenheit mit der Heimat in Thüringen und in Deutschland, fördert die Offenheit gegenüber Europa und weckt das Verantwortungsgefühl für alle Menschen in der Welt. [4]Wesentliche Ziele der Schule sind die Vermittlung von Wissen und Kenntnissen, die Entwicklung von Fähigkeiten und Fertigkeiten, die Vorbereitung auf das Berufsleben, die Befähigung zu gesellschaftlicher Mitverantwortung und zur Mitgestaltung der freiheitlichen demokratischen Grundordnung sowie zum bewussten, selbst bestimmten und kritischen Umgang mit Medien, die Erziehung zur Aufgeschlossenheit für Kultur und Wissenschaft sowie die Achtung vor den religiösen und weltanschaulichen Überzeugungen anderer. [5]Die Schüler lernen, ihre Beziehungen zu anderen Menschen nach den Grundsätzen der Gerechtigkeit, der Solidarität und der Akzeptanz sowie der Gleichberechtigung der Geschlechter und der verschiedenen Lebensweisen zu gestalten. [6]Dabei werden die Schüler darauf vorbereitet, Aufgaben in Familie, Gesellschaft und Staat zu übernehmen und dazu angehalten, sich im Geiste des Humanismus und der christlichen Nächstenliebe für die Mitmenschen einzusetzen. [7]Die Schule fördert den Entwicklungsprozess der Schüler zur Ausbildung ihrer Individualität, zu Selbstvertrauen und eigenverantwortlichem Handeln. [8]Sie bietet Raum zur Entfaltung von Begabungen sowie für den Ausgleich von Bildungsbe-

nachteiligungen. [9]Die natürlichen Rechte der Eltern und die ihnen obliegenden Pflichten zur Erziehung ihrer Kinder bleiben davon unberührt. [10]Die Schule wirkt Mobbing und Gewalt aktiv entgegen.

(2) [1]Die Schulen sind im Rahmen ihres Bildungs- und Erziehungsauftrags zur individuellen Förderung der Schüler als durchgängiges Prinzip des Lehrens und Lernens verpflichtet. [2]Die Schulen haben den Auftrag, Schüler mit und ohne sonderpädagogischen Förderbedarf vorrangig gemeinsam in den allgemein bildenden und berufsbildenden Schulen, mit Ausnahme der Förderschulen, (allgemeine Schulen) zu unterrichten; die Förderschulen wirken dabei unterstützend mit. [3]Das für das Schulwesen zuständige Ministerium stellt in Abstimmung mit den Schulträgern den Ausbau des gemeinsamen Unterrichts in Thüringen in einem „Entwicklungsplan Inklusion" dar, der den regionalen Gegebenheiten Rechnung trägt; dieser wird mindestens alle fünf Jahre fortgeschrieben.

(3) Bei der Gestaltung des Erziehungs- und Schulwesens wirken das Land, die kommunalen Gebietskörperschaften und die freien Schulträger mit den Eltern, den Lehrern, den Erziehern, den Sonderpädagogischen Fachkräften, den Schülern, den Mitarbeitern von öffentlichen und freien Trägern der Kinder- und Jugendhilfe sowie weiteren Vertretern von Einrichtungen, die an der schulischen oder außerschulischen Bildung und Erziehung beteiligt sind, zusammen.

(4) [1]Der Bildungs- und Erziehungsauftrag verpflichtet die Schulen insbesondere bei der Einschulung, beim Schulwechsel und beim Übergang in die weiterführenden Schulen zu einer engen Zusammenarbeit untereinander sowie mit den Kindertageseinrichtungen und mit außerschulischen Einrichtungen, die an der Bildung und Erziehung beteiligt sind. [2]Bei der Gestaltung schulischer Bildungsprozesse und der Übergänge dient der Thüringer Bildungsplan bis 18 Jahre als Orientierungsrahmen.

§ 3 Wahl der Schulart, der Schulform und des Bildungsganges

(1) [1]Die Eltern haben im Rahmen der jeweiligen Bestimmungen nach Maßgabe der Befähigung und Leistung des Schülers die Wahl zwischen den zur Verfügung stehenden Schularten (§ 4), Schulformen (§ 8) und Bildungsgängen sowie deren jeweiligen Bildungsmöglichkeiten; volljährige Schüler wählen selbst. [2]Der Bildungsgang ist ein schulisches Lehr- und Lernangebot, dessen Unterrichtsorganisation und Anforderungen das Erreichen eines bestimmten Abschlusses ermöglichen.

(2) Die Schule, insbesondere der Klassenlehrer, der Beratungslehrer sowie der Schulleiter, unterstützt und berät die Eltern sowie die volljährigen Schüler bei der Wahl der Schullaufbahn.

§ 3a Gliederung des Schulwesens, Schulstufen

(1) [1]Das Schulwesen ist nach Schulstufen aufgebaut und in Schularten gegliedert. [2]Die Schulstufen ordnen das Schulwesen schulartübergreifend nach Klassenstufen.

(2) Schulstufen sind:

1. die Primarstufe, welche die Klassenstufen 1 bis 4 umfasst,
2. die Sekundarstufe I, welche die Klassenstufen 5 bis 9 oder 10 der allgemein bildenden Schulen umfasst,
3. die Sekundarstufe II, welche die einjährige Einführungsphase und die zweijährige Qualifikationsphase (gymnasiale Oberstufe), die berufsbildenden Schulen sowie das Kolleg umfasst.

(3) Abweichend von Absatz 2 sind die Schulstufen im Bildungsgang zur individuellen Lebensbewältigung die Unterstufe, Mittelstufe, Oberstufe sowie Werkstufe, welche je drei Klassenstufen umfassen.

§ 4 Schularten

(1) Im Freistaat Thüringen gibt es folgende Schularten:

1. die Grundschule,
2. die Regelschule,
3. die Gemeinschaftsschule,
4. die Gesamtschule,
5. das Gymnasium,
6. die berufsbildenden Schulen,
7. das Kolleg und
8. die Förderschulen.

(2) [1]Die Grundschule umfasst die Klassenstufen 1 bis 4; sie wird von allen Schülern gemeinsam besucht. [2]Sie vermittelt grundlegende Kenntnisse, Fähigkeiten und Fertigkeiten als Voraussetzung für jede weitere schulische Bildung und fördert die Entwicklung der Gesamtpersönlichkeit des Kindes.

(3) [1]Die Regelschule mit den Klassenstufen 5 bis 10 vermittelt eine allgemeine und berufsvorbereitende Bildung und schafft die Voraussetzung für eine qualifizierte berufliche Tätigkeit oder den Übergang in weiterführende Bildungsgänge. [2]Die Schüler erwerben mit dem erfolgreichen Besuch der Klassenstufe 9 den Hauptschulabschluss. [3]Der Qualifizierende Hauptschulabschluss wird nach erfolgreichem Besuch der Klassenstufe 9 oder eines zehnten Schuljahrs und bestandener Prüfung erworben. [4]Der Realschulabschluss wird nach erfolgreichem Besuch der Klassenstufe 10 und bestandener Prüfung erworben.

(4) [1]Die Gemeinschaftsschule umfasst die Klassenstufen 1 bis 12. Für die Beschreibung der Klassenstufen 1 bis 4 gilt Absatz 2 entsprechend. [2]Ab Klassenstufe 5 vermittelt die Gemeinschaftsschule auf der Grundlage ihres pädagogischen Konzepts eine grundlegende, erweiterte oder vertiefte allgemeine Bildung, die für eine qualifizierte berufliche Ausbildung oder ein Hochschulstudium vorausgesetzt wird. [3]Die Schüler können entsprechend ihrer Befähigung und Leistung den Hauptschulabschluss, den Qualifizierenden Hauptschulabschluss, den Realschulabschluss, den schulischen Teil der Fachhochschulreife sowie die allgemeine Hochschulreife erwerben; Absatz 3 Satz 2 bis 4 sowie Absatz 7 Satz 3 bis 5 gelten entsprechend. [4]Die Schulart Gemeinschaftsschule deckt das Angebot der Schulart Grundschule oder der Schulart Regelschule mit ab.

(5) [1]Abweichend von Absatz 4 kann die Gemeinschaftsschule die Klassenstufen 1 bis 10 umfassen. [2]In dem Fall muss das Angebot zum Erwerb der allgemeinen Hochschulreife durch die Kooperation mit einem Gymnasium, einer kooperativen Gesamtschule oder einer Gemeinschaftsschule mit gymnasialer Oberstufe nach Absatz 4 Satz 1 gewährleistet werden.

(6) Abweichend von Absatz 4 kann die Gemeinschaftsschule mit der Klassenstufe 5 beginnen; in diesem Fall muss das für die Primarstufe erforderliche Angebot durch eine Grundschule gewährleistet werden.

(7) [1]Das Gymnasium führt die Klassenstufen 5 bis 12. [2]Es vermittelt eine vertiefte allgemeine Bildung, die für ein Hochschulstudium vorausgesetzt wird oder auf eine sonstige berufliche Ausbildung vorbereitet. [3]Das Gymnasium führt nach erfolgreichem Besuch der Oberstufe mit Bestehen der Abiturprüfung zur allgemeinen Hochschulreife. [4]Für Schüler mit Realschulabschluss besteht die Möglichkeit, nach erfolgreichem Besuch der dreijährigen Oberstufe mit Bestehen der Abiturprüfung die allgemeine Hochschulreife zu erwerben. [5]In der Oberstufe kann der schulische Teil der Fachhochschulreife erworben werden. [6]Gymnasien können in der Ausnahme Spezialklassen führen oder als Spezialschulen gestaltet sein; sie dienen der Begabungsförderung.

(8) Zur Umsetzung der Jenaplanpädagogik können Gemeinschaftsschulen abweichend von Absatz 4 Satz 1 nach der Klassenstufe 10 mit der gymnasialen Oberstufe verbunden sein und die Klassenstufen 1 bis 13 umfassen; die Entscheidung trifft das für das Schulwesen zuständige Ministerium.

(9) Die berufsbildenden Schulen führen zu allgemeinen und beruflichen Abschlüssen, die den Eintritt in eine qualifizierte Berufstätigkeit, in weiterführende schulische Bildungsgänge sowie in die Hochschulen ermöglichen.

(10) [1]Das Kolleg führt Schüler mit Realschulabschluss oder einem gleichwertigen Abschluss und einer abgeschlossenen Berufsausbildung oder mindestens zweijähriger Berufstätigkeit oder gleichgestellter Tätigkeit in einem dreijährigen Vollzeitbildungsgang zur allgemeinen Hochschulreife. [2]Für Schüler ohne Realschulabschluss oder ohne gleichwertigen Abschluss dauert der Bildungsgang vier Jahre. [3]Das Mindestalter für die Aufnahme ist das vollendete 18. Lebensjahr. [4]Der Erwerb des schulischen Teils der Fachhochschulreife ist möglich. [5]Näheres wird durch Rechtsverordnung des für das Schulwesen zuständigen Ministeriums geregelt.

(11) [1]Der Unterricht an Förderschulen wird dem jeweiligen sonderpädagogischen Förderbedarf der Schüler gerecht. [2]Die Schüler können entsprechend ihrer Befähigung und Leistung den Hauptschulabschluss, den Qualifizierenden Hauptschulabschluss sowie den Realschulabschluss erwerben; Absatz 3 Satz 2 bis 4 gilt entsprechend. [3]Die Förderschule bietet zudem eine dem jeweiligen sonderpädagogischen Förderbedarf entsprechende Beratung und sonderpädagogische Förderung in den allgemeinen Schulen an.

(12) [1]Gesamtschulen werden integrativ oder kooperativ geführt. [2]Sie umfassen die Klassenstufen 5 bis 10. [3]Gesamtschulen können mit einer dreijährigen gymnasialen Oberstufe verbunden sein.

§ 5 Grundschule

(1) [1]Die Schuleingangsphase der Grundschule umfasst die Klassenstufen 1 und 2, die eine inhaltliche Einheit bilden. [2]Die reguläre Verweildauer von zwei Jahren kann dem Entwicklungsstand des Schülers entsprechend auf ein Jahr verkürzt oder auf drei Jahre verlängert werden.

(2) Die erste Versetzungsentscheidung in der Grundschule erfolgt am Ende der Klassenstufe 4.

(3) Fremdsprachenunterricht wird ab Klassenstufe 3 erteilt; im Rahmen der an der Schule gegebenen sächlichen und personellen Möglichkeiten kann Fremdsprachenunterricht bereits in den Klassenstufen 1 und 2 angeboten werden.

(4) Das Nähere zur Schuleingangsphase, insbesondere zu deren Organisation sowie zur Entscheidung über die Verweildauer, regelt das für das Schulwesen zuständige Ministerium durch Rechtsverordnung.

§ 6 Regelschule

(1) [1]In den Klassenstufen 5 und 6 der Regelschule wird der Unterricht von den Schülern in allen Fächern gemeinsam besucht. [2]Nach dieser Phase der Orientierung beginnt ab Klassenstufe 7 eine Differenzierung. [3]Hierzu werden Kurse eingerichtet, wobei Kurs I der Anspruchsebene der Hauptschule und Kurs II der Anspruchsebene der Realschule entspricht. [4]Ab der Klassenstufe 9 können auch auf den Hauptschulabschluss oder auf den Realschulabschluss bezogene Klassen geführt werden; die Entscheidung trifft die Schulkonferenz.

(2) Einer Regelschule wird auf Antrag das Qualitätssiegel „Oberschule" zuerkannt, wenn sie eine Schulausgangsphase nach den Absätzen 5a (individuelle Abschlussphase), 6 und 7 mit festgelegten Qualitätskriterien gestaltet, die sich insbesondere auf die besondere Form der Zusammenarbeit mit den Eltern, mit den Grundschulen und mit den weiterführenden Schulen sowie mit den Partnern der beruflichen Ausbildung beziehen.

(3) [1]Die Einstufungen in einen Kurs oder eine Klasse, die auf den Erwerb des Hauptschulabschlusses oder des Realschulabschlusses vorbereiten, erfolgen nach Befähigung und Leistung des Schülers bei Erfüllung bestimmter Leistungsvoraussetzungen auf Empfehlung der Klassenkonferenz und nach Beratung mit den Eltern durch den Schulleiter. [2]Bei der Abwägung sind im Sinne des § 2 Abs. 2 sowie § 8a pädagogische und sonderpädagogische Förderung sowie die Gewährung von Nachteilsausgleichen zu berücksichtigen.

(4) [1]Umstufungen zwischen Kurs I und Kurs II sind bis zum Beginn der Klassenstufe 9 möglich. [2]Absatz 3 gilt entsprechend.

(5) [1]Für Schüler, die einer praxisbezogenen Förderung bedürfen, können in den Klassenstufen 7 und 8 besondere Klassen mit einem handlungs- und projektorientierten Unterricht eingerichtet werden (Praxisklassen). [2]Die Entscheidung über den Besuch der Praxisklassen erfolgt nach einer besonderen Schullaufbahnberatung auf Empfehlung der Klassenkonferenz durch den Schulleiter der aufnehmenden Schule. [3]Der handlungs- und projektorientierte Unterricht kann auch integrativ durchgeführt werden (Praxisunterricht); Satz 2 gilt entsprechend.

(5a) Die Klassenstufe 9 des auf den Hauptschulabschluss bezogenen Teils der Regelschule kann in einem oder in zwei Schulbesuchsjahren absolviert werden (individuelle Abschlussphase).

(6) Für Schüler mit Hauptschulabschluss kann zur Stärkung der Ausbildungsfähigkeit nach Klassenstufe 9 ein zusätzliches 10. Schuljahr angeboten werden; der Erwerb des Qualifizierenden Hauptschulabschlusses ist möglich.

(7) Schüler, die bestimmte Leistungsvoraussetzungen erfüllen und den Qualifizierenden Hauptschulabschluss nachweisen, können in die zum Realschulabschluss führende Klassenstufe 10 der Regelschule eintreten; den Schülern sind entsprechende zusätzliche Fördermaßnahmen anzubieten.

(8) Schüler des Gymnasiums können bis zum Beginn der Klassenstufe 10 in die Regelschule übertreten.

(9) Näheres zu den Leistungsvoraussetzungen, zu Einstufung und Umstufung, zur Aufnahme in die Praxisklasse, in den Praxisunterricht und in das zusätzliche 10. Schuljahr, zur individuellen Abschlussphase, insbesondere zu deren Organisation und zur Entscheidung über die Verweildauer sowie zu den zusätzlichen Fördermaßnahmen nach Absatz 7 wird durch Rechtsverordnung des für das Schulwesen zuständigen Ministeriums im Benehmen mit dem für das Schulwesen zuständigen Landtagsausschuss geregelt.

§ 6a Gemeinschaftsschule

(1) [1]Die Schüler der Gemeinschaftsschule lernen über die Klassenstufe 4 hinaus gemeinsam und werden entsprechend ihrer Leistungsmöglichkeiten, Begabungen und Interessen im vorwiegend binnendifferenzierenden Unterricht individuell gefördert. [2]Die heterogene Zusammensetzung der Schülerschaft erfordert und ermöglicht unterschiedliche Formen der Lernorganisation, um die ganzheitliche Kompetenzentwicklung der Schüler auszubilden.

(2) [1]Der Unterricht in der Gemeinschaftsschule erfolgt auf der Grundlage eines pädagogischen Konzepts, wonach der Erwerb der Abschlüsse nach § 4 Abs. 4 Satz 4 Halbsatz 1 ermöglicht wird. [2]Das Konzept beschreibt insbesondere Formen des klasseninternen gemeinsamen Lernens bis einschließlich Klassenstufe 8 auf drei Anspruchsebenen. [3]Ab Klassenstufe 9 wird abschlussbezogen unterrichtet; das Konzept kann von der Einrichtung äußerlich differenzierender Kurse zugunsten eines weiterhin binnendifferenzierenden Unterrichts absehen. [4]§ 5 Abs. 1 und 3 sowie § 6 Abs. 5a bis 7 gelten entsprechend. [5]Einstufungen und Umstufungen in die verschiedenen Anspruchsebenen in den einzelnen Fächern erfolgen auf Empfehlung der Klassenkonferenz nach Wahl der Eltern. [6]Umstufungen sind bis zum Beginn der Klassenstufe 9 möglich. [7]Schüler, die sich auf den Erwerb der allgemeinen Hochschulreife vorbereiten, werden in Klassenstufe 9 auf Anspruchsebene III unterrichtet. [8]Für diese Schüler und für die gymnasiale Oberstufe gilt § 7 Abs. 1 Satz 3 bis Abs. 6 entsprechend. [9]Die Klassenstufe 10 kann als Einführungsphase der Thüringer Oberstufe geführt werden, auch wenn die Qualifikationsphase an der Gemeinschaftsschule nicht angeboten wird.

(3) [1]Gemeinschaftsschulen können auch durch Schulartänderung aus Grundschulen, Regelschulen, Gymnasien, Gesamtschulen und Förderschulen einzeln oder im Verbund entstehen, wobei eine Förderschule mit einer anderen allgemein bildenden Schule zu verbinden ist. [2]Tritt die Schule, von der das Bestreben zur Schulartänderung in eine Gemeinschaftsschule ausgeht, an die potentielle Verbundschule heran, dann hat der Schulleiter dieser Schule hierzu einen Beschluss der Schulkonferenz herbeizuführen. [3]Der Schulträger hat bei Errichtung der Gemeinschaftsschule zur Erteilung des Einvernehmens nach § 13 Abs. 4 Satz 1 ein pädagogisches Konzept nach Absatz 2 vorzulegen. [4]Bei einer Schulartänderung hat der Schulträger ein von den beteiligten Schulen entwickeltes pädagogisches Konzept vorzulegen, das auch die Entwicklung der jeweiligen Schule zur Gemeinschaftsschule beschreibt. [5]Für eine Gemeinschaftsschule ohne gymnasiale Oberstufe hat der Schulträger in dem Konzept ein Gymnasium, eine kooperative Gesamtschule oder eine Gemeinschaftsschule mit gymnasialer Oberstufe nach § 4 Abs. 4 Satz 1 als kooperierende Schule zu bestimmen. [6]Diese soll im Einzugsgebiet der Gemeinschaftsschule liegen. [7]In Kooperationsvereinbarungen legen die beteiligten Schulen Inhalt und Struktur der Zusammenarbeit fest.

(4) Näheres zu den Anforderungen an den Inhalt des pädagogischen Konzepts nach Absatz 2 und zu den erforderlichen Voraussetzungen für dessen Umsetzung sowie zur Einstufung und Umstufung nach Absatz 2 einschließlich der erforderlichen Leistungsvoraussetzungen wird durch Rechtsverordnung des für das Schulwesen zuständigen Ministeriums im Benehmen mit dem für das Schulwesen zuständigen Landtagsausschuss geregelt.

§ 6b Gesamtschule

(1) [1]Gesamtschulen werden integrativ oder kooperativ geführt. [2]Die Schüler können entsprechend ihrer Befähigung und Leistung den Hauptschulabschluss, den Qualifizierenden Hauptschulabschluss, den Realschulabschluss, den schulischen Teil der Fachhochschulreife sowie die allgemeine Hochschulreife erwerben; § 4 Abs. 3 Satz 3 und 4 sowie § 4 Abs. 7 Satz 3 bis 5 gelten entsprechend.

(2) Die Gesamtschule in kooperativer Form fasst die eigenständigen Schularten Regelschule und Gymnasium pädagogisch und organisatorisch zusammen.

(3) [1]Die Gesamtschule in integrativer Form bildet eine pädagogische und organisatorische Einheit; sie umfasst die Klassenstufen 5 bis 13. [2]Integrierte Gesamtschulen weisen ab der Klassenstufe 7 Leistungsdifferenzierungen auf mindestens zwei Anspruchsebenen auf. [3]Der Unterricht findet in Klassen, mit der Möglichkeit der Binnendifferenzierung, sowie in äußerlich differenzierenden Kursen statt.

§ 7 Gymnasium

(1) [1]Das Gymnasium beginnt mit der Klassenstufe 5. [2]Ein Übertritt aus der Regelschule ist nach den Klassenstufen 5 und 6 zu ermöglichen, ein Übertritt aus der Gemeinschaftsschule nach den Klassen-

stufen 4 bis 8. [3]Der Übertritt in die dreijährige Oberstufe des Gymnasiums ist auch mit dem Realschulabschluss möglich.

(2) [1]Voraussetzung für den Übertritt in das Gymnasium ist eine bestandene Aufnahmeprüfung in Form eines Probeunterrichts. [2]Die Aufnahmeprüfung ist nicht bestanden, wenn sie ergibt, dass der Schüler für den Besuch des Gymnasiums offensichtlich ungeeignet ist. [3]Ein Schüler ist dann nicht geeignet, wenn nach seiner Befähigung und Leistung aufgrund einer pädagogischen Prognose eine erfolgreiche Teilnahme am Unterricht im Gymnasium nicht erwartet werden kann. [4]Einer Aufnahmeprüfung bedarf es nicht, wenn bei einem Schüler aufgrund des Erreichens bestimmter Leistungsvoraussetzungen in einzelnen Fächern oder des Vorliegens einer auf seinen bisherigen Leistungen, seinem Leistungsvermögen und seiner Leistungsbereitschaft beruhenden Empfehlung für den Bildungsweg des Gymnasiums eine erfolgreiche Mitarbeit am Gymnasium erwartet werden kann. [5]§ 17 Abs. 4 bleibt unberührt. [6]Sowohl für die Aufnahmeprüfung in Form des Probeunterrichts als auch für die weitere Unterrichtsteilnahme ist sicherzustellen, dass förder- bzw. unterstützungsbedürftige Schüler im Sinne des gemeinsamen Unterrichts nach § 2 Abs. 2 Satz 2 und § 8a alle notwendigen Unterstützungsmaßnahmen und Hilfsmittel erhalten, die sie zu einer erfolgreichen Teilnahme am gemeinsamen Unterricht benötigen.

(3) Mit der Versetzung in die Klassenstufe 10 erwirbt der Schüler einen dem Hauptschulabschluss gleichwertigen Abschluss.

(4) [1]Die Klassenstufen 10 bis 12 bilden die Thüringer Oberstufe. [2]Die Klassenstufe 10 bildet die Einführungsphase und die Klassenstufen 11 und 12 bilden die Qualifikationsphase. [3]Der Unterricht in der Qualifikationsphase wird in halbjährlichen Kursen durchgeführt und gliedert sich in Fächer mit erhöhtem Anforderungsniveau und Fächer mit grundlegendem Anforderungsniveau.

(5) Der Besuch der Oberstufe dauert in der Regel drei Jahre, höchstens jedoch vier Jahre; die Verweildauer kann für die Wiederholung einer nicht bestandenen Abiturprüfung um ein weiteres Jahr überschritten werden.

(6) [1]Mit der Versetzung in die Klassenstufe 11 erfolgt der Eintritt in die Qualifikationsphase. [2]Bestandteil der Versetzung ist eine besondere Leistungsfeststellung nach zentralen Vorgaben; für Schüler mit Realschulabschluss bedarf es der besonderen Leistungsfeststellung nicht. [3]Mit der Versetzung in die Klassenstufe 11 erwirbt der Schüler einen dem Realschulabschluss gleichwertigen Abschluss.

(7) [1]In den Spezialgymnasien für Musik und Sport kann der Ausbildungsgang um eine Klassenstufe erweitert werden. [2]Gleiches gilt für die an einem Gymnasium gebildeten Spezialklassen für Musik.

(8) Den Spezialgymnasien für Sport können ab Klassenstufe 7 auf den Realschulabschluss oder den Hauptschulabschluss bezogene Klassen angegliedert werden.

(9) Näheres

1. zum Übertrittsverfahren, insbesondere zur Aufnahmeprüfung in Form des Probeunterrichts, zu den bestimmten Leistungsvoraussetzungen in einzelnen Fächern und zu den Voraussetzungen einer Empfehlung für den Bildungsweg des Gymnasiums,
2. zur Thüringer Oberstufe und zum Prüfungsverfahren zum Erwerb der allgemeinen Hochschulreife,
3. zur besonderen Leistungsfeststellung,
4. zur Erweiterung der Klassenstufen bei Spezialgymnasien, Spezialklassen und zur Eignungsprüfung sowie
5. zu den Voraussetzungen für den Erwerb des schulischen Teils der Fachhochschulreife

wird durch Rechtsverordnung des für das Schulwesen zuständigen Ministeriums im Benehmen mit dem für das Schulwesen zuständigen Landtagsausschuss geregelt.

§ 7a Förderschule

(1) [1]Förderschulen sind sonderpädagogische Zentren für Unterricht, Förderung und Beratung. [2]Sie kooperieren mit den allgemeinen Schulen, um jeden Schüler zu einem für ihn bestmöglichen Abschluss zu führen. [3]Förderschulen sind Ganztagsfördereinrichtungen. [4]Sie können mit Einrichtungen zur Unterbringung der Schüler verbunden sein; diese unterliegen nicht der Schulaufsicht.

(2) [1]Förderschulen sind:

1. überregionale Förderzentren mit dem Förderschwerpunkt Hören oder Sehen,
2. regionale Förderzentren mit den Förderschwerpunkten

a) Hören,
b) Sehen,
c) körperliche und motorische Entwicklung,
d) Lernen,
e) Sprache,
f) emotionale und soziale Entwicklung sowie
g) geistige Entwicklung.

[2]Überregionale Förderzentren koordinieren zur Unterstützung der Schulen ein landesweites Netzwerk für die Förderschwerpunkte Sehen und Hören. [3]Regionale Förderzentren können einen oder mehrere Förderschwerpunkte führen und als Beratungs- und Unterstützungszentrum mit den ihnen in einem Netzwerkbereich zugeordneten allgemeinen Schulen (Netzwerkschulen) zusammenarbeiten. [4]Vorgaben für die Größe von Netzwerkbereichen der regionalen Förderzentren legt das für das Schulwesen zuständige Ministerium durch Rechtsverordnung fest.

(3) Die überregionalen Förderzentren können bei Bedarf folgende Bildungsgänge führen:
1. Bildungsgang der Grundschule mit den Klassenstufen 1 bis 4,
2. Bildungsgänge der Regelschule mit den Klassenstufen 5 bis 9 oder 10.

(4) Die regionalen Förderzentren können bei Bedarf folgende Bildungsgänge führen:
1. Bildungsgang der Grundschule mit den Klassenstufen 1 bis 4,
2. Bildungsgänge der Regelschule mit den Klassenstufen 5 bis 9 oder 10,
3. Bildungsgang zur individuellen Lebensbewältigung mit den Klassenstufen 1 bis 12.

(5) [1]Schüler, denen der sonderpädagogische Förderbedarf im Lernen am Ende der Klassenstufe 8 aberkannt wird, können im Bildungsgang zum Erwerb des Hauptschulabschlusses an der Förderschule verbleiben. [2]In begründeten Ausnahmefällen können Schüler ohne sonderpädagogischen Förderbedarf auf Antrag des Schulleiters der allgemeinen Schule im Einvernehmen mit den Eltern oder auf Antrag der Eltern zeitweise nach Maßgabe der räumlichen, sächlichen und personellen Voraussetzungen zur Beschulung an einer Förderschule zugelassen werden. [3]Besondere Unterrichtsformen nach § 45 Abs. 1 Satz 2 an allgemeinen Schulen sind vorrangig zu nutzen. [4]Die Entscheidung trifft das zuständige Schulamt unter Beteiligung der jeweiligen Schulleiter der aufnehmenden und der abgebenden Schule.

§ 8 Schulformen der berufsbildenden Schulen

(1) Formen der berufsbildenden Schulen sind:
1. die Berufsschule,
2. die Berufsfachschule,
3. die Höhere Berufsfachschule,
4. die Fachoberschule,
5. das berufliche Gymnasium,
6. die Fachschule und
7. die Förderberufsschule.

(2) [1]Die Berufsschule führt in Teilzeitunterricht im Rahmen der dualen Berufsausbildung gemeinsam mit der betrieblichen oder der außerbetrieblichen Ausbildung zu beruflichen Qualifikationen. [2]Der Unterricht an der Berufsschule kann an einzelnen Unterrichtstagen oder als Blockunterricht erteilt werden. [3]Die Schüler erwerben mit dem Berufsschulabschluss einen dem Hauptschulabschluss gleichwertigen Abschluss. [4]Eine abgeschlossene Berufsausbildung in einem anerkannten Ausbildungsberuf, die Erfüllung bestimmter Leistungsvoraussetzungen im Berufsschulabschluss sowie ausreichende Fremdsprachenkenntnisse führen zum Erwerb eines dem Realschulabschluss gleichwertigen Abschlusses. [5]Schüler mit Realschulabschluss können mit dem Besuch der Berufsschule neben der beruflichen Qualifikation zusätzlich die Fachhochschulreife erwerben.

(3) [1]Das Berufsvorbereitungsjahr in schulischer oder kooperativer Form ermöglicht jungen Menschen ohne Hauptschulabschluss bei Erfüllung bestimmter Leistungsvoraussetzungen den Erwerb eines dem Hauptschulabschluss gleichwertigen Abschlusses. [2]Für junge Menschen mit Migrationshintergrund, bei denen nicht zu erwarten ist, dass sie den Abschluss des Berufsvorbereitungsjahres in einem Jahr erreichen werden, können entsprechende Angebote zum Erwerb der deutschen Sprache und grundlegender schulischer Bildung eingerichtet werden. [3]Diese dem Berufsvorbereitungsjahr vorgeschalteten Angebote können ein- oder zweijährig ausgestaltet sein und aufeinander aufbauen.

(4) [1]Die einjährige Berufsfachschule in schulischer oder kooperativer Form ermöglicht Jugendlichen mit Hauptschulabschluss den Erwerb einer beruflichen Qualifikation oder Teilqualifikation. [2]Die zwei- oder dreijährige Berufsfachschule führt im Anschluss an den Hauptschulabschluss in Vollzeitunterricht bei Erfüllung bestimmter Leistungsvoraussetzungen zu einem dem Realschulabschluss gleichwertigen Abschluss und zu beruflichen Qualifikationen oder Teilqualifikationen.

(5) Die zwei- oder dreijährige Höhere Berufsfachschule führt im Anschluss an den Realschulabschluss zu einer beruflichen Qualifikation; es kann zusätzlich die Fachhochschulreife erworben werden.

(6) [1]Die Fachoberschule führt im Anschluss an den Realschulabschluss in einem zweijährigen Vollzeitbildungsgang zur Fachhochschulreife. [2]Schüler mit abgeschlossener Berufsausbildung treten unmittelbar in die zweite Hälfte des Bildungsganges ein.

(7) [1]Das berufliche Gymnasium führt im Anschluss an den Realschulabschluss in einem dreijährigen Bildungsgang mit den Klassenstufen 11, 12 und 13 zur allgemeinen Hochschulreife. [2]§ 7 Abs. 2, 4 und 5 gilt entsprechend. [3]Nach erfolgreichem Besuch der Einführungsphase an einem allgemein bildenden Gymnasium oder einer Gemeinschaftsschule kann ein Schüler in die Klassenstufe 11 des beruflichen Gymnasiums eintreten; ihr Besuch wird auf die höchstens vierjährige Verweildauer in der Oberstufe nicht angerechnet. [4]Abweichend von Satz 3 ist ein freiwilliger Eintritt in die Klassenstufe 12 möglich. [5]§ 4 Abs. 7 Satz 5 gilt entsprechend.

(8) [1]Die Fachschule vermittelt aufbauend auf dem Realschulabschluss und einer abgeschlossenen einschlägigen Berufsausbildung oder einer als gleichwertig anerkannten Qualifizierung eine vertiefte berufliche Weiterbildung sowie allgemein bildende Kenntnisse. [2]Bei technischen und wirtschaftswissenschaftlichen Fachrichtungen ist vor Aufnahme der Ausbildung eine mindestens einjährige Berufstätigkeit nachzuweisen; eine entsprechende Berufstätigkeit kann auch während der Ausbildung als Praktikum abgeleistet werden, wodurch sich die Ausbildung entsprechend verlängert. [3]Die Berufsausbildung kann durch eine ausreichende einschlägige Berufstätigkeit ersetzt werden. [4]Es kann zusätzlich die Fachhochschulreife erworben werden. [5]Eine Gesamtqualifikation kann auch aufgrund mehrerer, während des Bildungsgangs erworbener Teilqualifikationen zuerkannt werden. [6]Die Ausbildung dauert mindestens zwei Jahre; Ausnahmen sind möglich.

(9) [1]Die Förderberufsschule führt Jugendliche mit sonderpädagogischem Förderbedarf in Teilzeitunterricht im Rahmen der dualen Berufsausbildung oder im Rahmen einer Ausbildung nach § 66 des Berufsbildungsgesetzes vom 23. März 2005 (BGBl. I S. 931) in der jeweils geltenden Fassung oder nach § 42m der Handwerksordnung in der Fassung vom 24. September 1998 (BGBl. I S. 3074, 2006 I S. 2095) in der jeweils geltenden Fassung gemeinsam mit der betrieblichen oder der außerbetrieblichen Ausbildung zu beruflichen Qualifikationen. [2]Die Förderberufsschule vermittelt die gleichen Abschlüsse wie die Berufsschule.

(10) [1]Die jeweiligen Aufnahmevoraussetzungen für die Schulformen der berufsbildenden Schulen werden ebenso mit den dem Hautschulabschluss oder dem Realschulabschluss gleichwertigen Abschlüssen erfüllt. [2]Die Aufnahme kann von einer Eignungsprüfung, vom Ergebnis einer Untersuchung zur Feststellung der gesundheitlichen Eignung und vom Nachweis der persönlichen Eignung, jeweils bezogen auf den angestrebten Beruf, abhängig gemacht werden. [3]Für den Nachweis der persönlichen Eignung nach Satz 2 kann die Vorlage eines erweiterten Führungszeugnisses nach § 30a des Bundeszentralregistergesetzes in der Fassung vom 21. September 1984 (BGBl. I S. 1229, 1985 I S. 195) in der jeweils geltenden Fassung verlangt werden. [4]Näheres zu den Voraussetzungen für die Aufnahme in eine berufsbildende Schule sowie zu der Ausbildungsdauer, zu den Leistungsvoraussetzungen und zu den jeweiligen Abschlussprüfungen wird durch Rechtsverordnung des für das Schulwesen zuständige Ministerium geregelt. [5]Soweit im Rahmen der Fachaufsicht andere Ministerien beteiligt sind, werden die Rechtsverordnungen im Einvernehmen mit dem jeweiligen Fachministerium erlassen.

§ 8a Gemeinsamer Unterricht, Feststellungsverfahren

(1) [1]Gemeinsamer Unterricht findet in den allgemeinen Schulen in enger Zusammenarbeit mit den Lehrern und Sonderpädagogischen Fachkräften der Förderschule statt. [2]Schüler mit sonderpädagogischem Förderbedarf werden zielgleich oder zieldifferent unterrichtet. [3]Bei zielgleichem Unterricht werden die Schüler nach den für die allgemeinen Schulen geltenden Lehrplänen und Vorschriften unterrichtet. [4]Organisatorische und methodische Abweichungen sind zulässig, soweit es der sonderpädagogische Förderbedarf erfordert. [5]Schüler mit sonderpädagogischem Förderbedarf in der geistigen Entwicklung werden zieldifferent unterrichtet. [6]Lernziele und Leistungsanforderungen richten sich für

diese Schüler nach denen des Bildungsgangs zur individuellen Lebensbewältigung sowie nach einem sonderpädagogischen Förderplan.

(2) [1]Ergeben sich bei einem Schüler Anhaltspunkte für einen sonderpädagogischen Förderbedarf, leitet der Schulleiter nach Einwilligung der Eltern oder auf deren Antrag hin beim zuständigen Schulamt das Verfahren zur Feststellung eines sonderpädagogischen Förderbedarfs (Feststellungsverfahren) ein. [2]Liegen konkrete Anhaltspunkte dafür vor, dass dem Anspruch des Schülers auf individuelle Förderung ohne eine sonderpädagogische Förderung nicht ausreichend entsprochen werden kann, kann das Feststellungsverfahren auch auf Beschluss der Klassenkonferenz nach Anhörung der Eltern eingeleitet werden. [3]Im Rahmen des Feststellungsverfahrens erstellt der Mobile Sonderpädagogische Dienst in der Regel innerhalb von sechs Wochen ein Gutachten über das Vorliegen und die Art des sonderpädagogischen Förderbedarfs (sonderpädagogisches Gutachten). [4]Wird das Feststellungsverfahren vor Schuleintritt eingeleitet, soll dieses spätestens im zweiten Quartal des Kalenderjahres, in dem der Schuleintritt erfolgt, abgeschlossen werden. [5]Eine angemessene Beteiligung der Schulträger der Schulen in freier Trägerschaft am Feststellungsverfahren wird sichergestellt. [6]Wurden im frühkindlichen Bereich Entwicklungsverzögerungen festgestellt, ist präventiv die Förderung des Schülers auf der Grundlage eines pädagogischen Förderplans bereits ab Klassenstufe 1 der Schuleingangsphase verpflichtend zu sichern, so dass die prozessbegleitende Diagnostik spätestens am Ende der Schuleingangsphase abgeschlossen ist.

(3) [1]Auf der Grundlage des sonderpädagogischen Gutachtens sowie nach Maßgabe der vorhandenen oder mit vertretbarem Aufwand zu schaffenden personellen, sächlichen und räumlichen Voraussetzungen legt das zuständige Schulamt für den Schüler den nächstgelegenen geeigneten Lernort im gemeinsamen Unterricht unter Einbeziehung des zuständigen Schulträgers fest. [2]Hierzu kann die am Schulamt installierte Steuergruppe, welche über das Vorliegen der notwendigen Voraussetzungen nach Satz 1 berät, einbezogen werden. [3]Wird ein geeigneter Lernort an einer allgemeinen Schule nicht ermittelt, kann der Schüler eine Förderschule besuchen. [4]Abweichend von der Festlegung nach Satz 1 ist nach ausführlicher Beratung der Eltern durch das zuständige Schulamt unter Berücksichtigung des Elternwillens (§ 3 Abs. 1 Satz 1) der Besuch einer Förderschule möglich.

(4) Das für das Schulwesen zuständige Ministerium wird ermächtigt, Einzelheiten

1. zur Beschreibung und Feststellung des sonderpädagogischen Förderbedarfs,
2. zur sonderpädagogischen Förderung,
3. zur sonderpädagogischen Ferienbetreuung sowie
4. zur Zusammensetzung, zur Organisation und zu den Aufgaben der Steuergruppe nach Absatz 3 Satz 2

durch Rechtsverordnung zu regeln.

§ 9 Externenprüfungen

Die staatlichen Prüfungen zu den Abschlüssen der allgemein bildenden und der berufsbildenden Schulen können nach den Regelungen in den jeweiligen Prüfungsordnungen auch als externe Prüfungen abgelegt werden.

§ 10 Ganztagsschulen, Außerunterrichtliche Angebote

(1) [1]Ganztagsschulen verbinden auf der Grundlage eines Ganztagsschulkonzepts Bildung, Betreuung und pädagogische sowie sonderpädagogische Förderung zu einer pädagogischen und organisatorischen Einheit. [2]Dabei werden insbesondere der Sozialraum und die Schule als Lern- und Lebensort im Sinne des § 2 Abs. 4 einbezogen. [3]Ganztagsschulen können offen, teilgebunden und gebunden geführt werden. [4]In den teilgebundenen und gebundenen Ganztagsschulen findet ein rhythmisierter Tagesablauf statt.

(2) [1]Für Schüler der Primarstufe besteht ein Anspruch auf Förderung in einem Schulhort von montags bis freitags mit einer täglichen Betreuungszeit von zehn Stunden unter Anrechnung der Unterrichtszeit. [2]Für Schüler, die das Ganztagsangebot einer Schule in gebundener Form wahrnehmen, gilt dieser Anspruch mit dem Besuch der Schule als erfüllt; für die Ferien bleibt der Anspruch nach Satz 1 unberührt.

(3) [1]An den Grundschulen und Gemeinschaftsschulen mit Primarstufe sollen zur außerunterrichtlichen Bildung, Betreuung und Förderung der Schüler Schulhorte geführt werden (offene Ganztagsschulen). [2]Diese sind organisatorisch Teil der Schule. [3]Der Besuch der Schulhorte ist freiwillig.

(4) [1]Außerunterrichtliche Angebote werden entsprechend den personellen und sächlichen Voraussetzungen der Schule, den Bedürfnissen der Schüler und dem Wunsch der Eltern ermöglicht. [2]Die Schule öffnet sich außerunterrichtlichen Angeboten, insbesondere solchen der öffentlichen und freien Träger der Kinder- und Jugendhilfe. [3]Unterrichtliche und außerunterrichtliche Inhalte sollen sich dabei sinnvoll ergänzen. [4]Ein Schulförderverein kann Angebote im schulischen Leben unterstützen. [5]Über außerunterrichtliche Angebote der Schule entscheidet die Schulkonferenz; die Durchführung erfolgt im Benehmen mit dem Schulträger. [6]Weiterführende Schulen können auch als offene Ganztagsschulen geführt werden; Satz 1 gilt entsprechend.
(5) [1]Schulen können auf Antrag des Schulträgers nach Zustimmung der Schulkonferenz bei Bedarf als Ganztagsschulen in teilgebundener oder gebundener Form geführt werden, soweit die organisatorischen, personellen und sächlichen Voraussetzungen vorliegen. [2]Über den Antrag entscheidet das für das Schulwesen zuständige Ministerium. [3]Dem Antrag ist ein geeignetes Ganztagsschulkonzept der Schule beizufügen, das auch den Bedarf der Einrichtung als Ganztagsschule begründet.
(6) [1]In der teilgebundenen Form der Ganztagsschule besteht für Schüler, die für das Ganztagsangebot angemeldet sind, eine Teilnahmeverpflichtung an den Ganztagsangeboten für die Dauer des Schuljahres. [2]In der gebundenen Form der Ganztagsschule ist die Teilnahme an den Ganztagsangeboten für alle Schüler verpflichtend.

§ 11 *[aufgehoben]*

§ 12 Schulversuche, Erprobungsmodelle

(1) [1]Durch Schulversuche soll die Weiterentwicklung des Schulwesens gefördert werden. [2]Schulversuche werden an besonderen Versuchsschulen durchgeführt. [3]Schulversuche müssen nach Anlage, Inhalt und Durchführung geeignet sein, neue Erkenntnisse über Organisationsformen des Unterrichts und über die Erziehung in den Schulen einschließlich neuer Schularten zu vermitteln oder zu sichern oder wesentliche inhaltliche Änderungen zu erproben.
(2) Schulversuche sind nur zulässig, wenn die Schüler im Rahmen des wissenschaftlich begleiteten Schulversuchs gleiche oder gleichwertige Berechtigungen oder Abschlüsse erwerben können wie Schüler an Schulen außerhalb des Versuchs und wenn der Übergang in Schulen außerhalb des Schulversuchs gewährleistet ist.
(3) [1]Schulversuche bedürfen der Genehmigung; über deren Erteilung entscheidet das für das Schulwesen zuständige Ministerium. [2]Der Schulleiter stellt den Antrag auf Durchführung eines Schulversuchs nach Beschluss der Schulkonferenz. [3]Die Einführung des Schulversuchs bedarf der Zustimmung des Schulträgers.
(4) Die in die Durchführung eines Schulversuchs einbezogenen Schüler sind zur Teilnahme verpflichtet und haben wie ihre Eltern keinen Anspruch darauf, dass an der Schule die vor dem Schulversuch bestehenden Organisationsformen statt oder neben den Versuchsformen fortgeführt werden.
(5) Schulversuche können auch an Schulen in freier Trägerschaft genehmigt werden.
(6) [1]Zur Erprobung neuer Kooperationsmodelle können Schulen einer oder mehrerer Schularten mit dem Ziel, eine Unterrichtsabsicherung an kleineren Schulstandorten zu gewährleisten, unter einer gemeinsamen Schulleitung geführt werden. [2]Insbesondere soll eine gemeinsame Personaleinsatzplanung vorgenommen werden können. [3]Zur Unterstützung der Schulleitung kann eine Verwaltungsleitung vorgesehen werden. [4]Die Erprobungsmodelle sind zu befristen. [5]Sie werden durch einen oder mehrere Schulträger vorgelegt und bedürfen der Genehmigung des für das Schulwesen zuständigen Ministeriums.

§ 13 Schulen und Schulträgerschaft

(1) [1]Die Schulen sind staatliche Schulen oder Schulen in freier Trägerschaft. [2]Die staatlichen Schulen sind nicht rechtsfähige Anstalten des öffentlichen Rechts. [3]Für Schulen in freier Trägerschaft gilt das Thüringer Gesetz über Schulen in freier Trägerschaft vom 20. Dezember 2010 (GVBl. S. 522) in der jeweils geltenden Fassung. [4]Schulen sind alle auf Dauer bestimmten Unterrichtseinrichtungen, in denen unabhängig vom Wechsel der Lehrer und Schüler durch planmäßiges und gemeinsames Lernen in einer Mehrzahl von Fächern sowie Lerngebieten, Lernfeldern und Modulen (Lernbereiche) und durch das gemeinsame Schulleben bestimmte Bildungs- und Erziehungsziele erreicht werden sollen.
(2) [1]Die Schulträger haben das notwendige Schulangebot und die erforderlichen Schulanlagen vorzuhalten (Schulträgerschaft). [2]Schulträger der staatlichen Schulen sind die Landkreise und die kreisfreien

Städte. 3Kreisangehörige Gemeinden können auf ihren Antrag hin Schulträger von staatlichen Grundschulen, Regelschulen und Gemeinschaftsschulen sein; die Schulträgerschaft umfasst dabei alle Schulen. 4Voraussetzungen für die Übernahme der Schulträgerschaft sind insbesondere neben dem Nachweis einer ausreichenden Finanzkraft die Festlegung von im Wesentlichen mit dem Gebiet des Schulträgers übereinstimmenden Schulbezirken, für die Übernahme der Schulträgerschaft über eine Gemeinschaftsschule das Vorhandensein eines im Wesentlichen mit dem Gebiet des Schulträgers übereinstimmenden Einzugsgebiets sowie die Gewährleistung einer zweckmäßigen Schulnetzplanung für den gesamten Landkreis. 5Auch Zweckverbände können auf ihren Antrag hin bei Vorliegen der Voraussetzungen des Satzes 4 Schulträger sein. 6Die Entscheidung über eine Übertragung der Schulträgerschaft nach den Sätzen 3 und 5 trifft das für das Schulwesen zuständige Ministerium im Benehmen mit dem bisherigen Schulträger und dem für Kommunalrecht zuständigen Ministerium.

(3) Abweichend von Absatz 2 Satz 3 und 4 kann die Schulträgerschaft kreisangehöriger Gemeinden einheitlich für alle Grundschulen, Regelschulen, Gemeinschaftsschulen, Gymnasien und Gesamtschulen in anderen Gesetzen bestimmt werden.

(4) 1Staatliche Schulen werden von der kommunalen Gebietskörperschaft als Schulträger im Einvernehmen mit dem für das Schulwesen zuständigen Ministerium errichtet, verändert oder aufgehoben. 2Dies gilt auch für das Führen einzelner Förderschwerpunkte an Förderschulen. 3Mit einer Schulartänderung wird eine Schule aufgehoben und am gleichen Standort eine Schule anderer Schulart errichtet. 4Schulträger können zur gemeinsamen Erfüllung der ihnen obliegenden Aufgaben Schulverbände bilden oder öffentlich-rechtliche Vereinbarungen abschließen. 5Das Thüringer Gesetz über die kommunale Gemeinschaftsarbeit vom 10. Oktober 2001 (GVBl. S. 290) in der jeweils geltenden Fassung findet Anwendung, soweit dieses Gesetz nichts anderes bestimmt.

(5) 1Bei Errichtung einer Gemeinschaftsschule gelten für Schüler, die sich bereits in der Klassenstufe 6 und in höheren Klassenstufen einer durch Schulartänderung entstehenden Gemeinschaftsschule befinden, die Regelungen der jeweiligen Schulart fort, aus der sich die Gemeinschaftsschule entwickelt hat. 2Entscheiden sich bei der Schulartänderung die Eltern aller Schüler einer Klassenstufe dafür, dass ihre Kinder in der Schulart Gemeinschaftsschule weiter lernen sollen, wird auch diese Klassenstufe in der Gemeinschaftsschule geführt; dies ist nur durchgehend aufsteigend von Klassenstufe 6 möglich. 3Für die Schüler, die im Jahr der Schulartänderung in den Klassenstufen 9 oder 10 lernen, ist der Besuch der gymnasialen Oberstufe nur mit dem Erwerb des Realschulabschlusses in Klassenstufe 10 möglich.

(6) 1Die Schulartänderung in eine Gemeinschaftsschule erfolgt grundsätzlich im Konsens zwischen dem Schulträger und der aufzuhebenden Schule. 2Die Schule erklärt den Willen zur Schulartänderung in eine Gemeinschaftsschule gegenüber dem Schulträger nach einem entsprechenden Beschluss der Schulkonferenz, der auch ein pädagogisches Konzept nach § 6a Abs. 2 umfasst. 3Soweit mehrere Schulen an der Schulartänderung beteiligt sind, gilt Satz 2 für jede der beteiligten Schulen. 4Die Entscheidung des Schulträgers erfolgt innerhalb von sechs Monaten. 5Entspricht der Schulträger dem Beschluss der Schulkonferenz oder den Beschlüssen der Schulkonferenzen, beantragt er das Einvernehmen nach Absatz 4 Satz 1 und legt das pädagogische Konzept vor. 6Kommt ein Konsens nicht zustande, wirkt das zuständige Schulamt auf eine Einigung hin. 7Kommt eine Einigung nicht zustande, so entscheidet das für das Schulwesen zuständige Ministerium, insbesondere unter Berücksichtigung der Schulnetzplanung des Schulträgers, über die Schulartänderung; die Entscheidung erfolgt im Einvernehmen mit dem für Kommunalrecht zuständigen Ministerium.

(7) 1Entfallen die Voraussetzungen für die Trägerschaft einer Schule durch eine kreisangehörige Gemeinde, kann die Gemeinde oder der Landkreis die Übernahme der Schulträgerschaft durch den Landkreis beantragen. 2Die Entscheidung durch das für das Schulwesen zuständige Ministerium erfolgt nach Anhörung der Beteiligten im Benehmen mit dem für Kommunalrecht zuständigen Ministerium. 3Wurde die Schulträgerschaft nach Absatz 3 gesetzlich bestimmt und ist nachträglich der Übergang der Schulträgerschaft auf den Landkreis beabsichtigt, gelten die Sätze 1 und 2 entsprechend, soweit keine andere gesetzliche Regelung besteht.

(8) 1Abweichend von den Absätzen 2 und 4 kann das Land die Schulträgerschaft übernehmen, sofern die Schule überregionale Bedeutung hat. 2Bezieht sich die überregionale Bedeutung auf Spezialklassen an einem Gymnasium oder auf ein Spezialgymnasium in kommunaler Trägerschaft, erstattet das Land dem Schulträger die Kosten des notwendigen Schulaufwands.

(9) [1]Schulnamen werden auf Vorschlag der Schulkonferenz vom Schulträger im Einvernehmen mit dem für das Schulwesen zuständigen Ministerium festgelegt. [2]Regelschulen, denen das Qualitätssiegel „Oberschule“ bis zum 31. Juli 2020 zuerkannt wurde, können dieses im Schulnamen fortführen.

(10) [1]Der Schulträger stellt im Rahmen des Pflegebudgets nach § 8 des Thüringer Gesetzes über die Finanzierung der staatlichen Schulen vom 30. April 2003 (GVBl. S. 258) in der jeweils geltenden Fassung die sächliche Ausstattung für die notwendige pflegerische Betreuung an den Schulen zur Verfügung. [2]Die notwendigen pflegerischen Leistungen erfolgen in den Räumlichkeiten der Schulen. [3]Die Erbringung der erforderlichen Leistungen durch das entsprechende Fachpersonal ist mit der Schule abzustimmen. [4]Satz 2 gilt für die notwendigen therapeutischen Leistungen entsprechend.

(11) [1]Der Schulträger kann Internate errichten. [2]Internate im Sinne dieses Gesetzes sind Einrichtungen, die organisatorisch Teil der betreffenden Schulen und für deren Betrieb erforderlich sind.

§ 14 Schulbezirke, Einzugsbereiche

(1) [1]Für jede Grundschule, jede Regelschule sowie jedes regionale Förderzentrum legt der Schulträger im Einvernehmen mit dem für das Schulwesen zuständigen Ministerium einen abgegrenzten Schulbezirk fest; dieser kann auf der Grundlage einer entsprechenden Vereinbarung zwischen den beteiligten Schulträgern über das Gebiet eines Schulträgers hinausgehen. [2]Für mehrere Grundschulen oder Regelschulen kann jeweils ein gemeinsamer Schulbezirk festgelegt werden. [3]Örtlich zuständig ist die Schule, in deren Schulbezirk der Wohnsitz des Schülers liegt; im Fall des Satzes 2 sind die Schulen im gemeinsamen Schulbezirk die örtlich zuständigen Schulen. [4]Änderungen der Schulbezirke können im Einvernehmen mit dem für das Schulwesen zuständigen Ministerium erfolgen. [5]Kommt ein Einvernehmen nicht zustande, so kann das für das Schulwesen zuständige Ministerium einen Schulbezirk festlegen oder verändern, wenn es dafür ein dringendes öffentliches Interesse feststellt.

(2) Absatz 1 gilt für das Einrichten von Klassen nach § 6 Abs. 5 und 6 entsprechend.

(3) [1]Für die Berufsschulen legt der Schulträger im Einvernehmen mit dem für das Schulwesen zuständigen Ministerium und nach Anhörung der nach dem Berufsbildungsgesetz zuständigen Stellen Einzugsbereiche fest; diese können auf der Grundlage einer entsprechenden Vereinbarung für einzelne Ausbildungsberufe der Berufsschule über das Gebiet des Schulträgers hinausgehen. [2]Die Einzugsbereiche für Landesfachklassen und andere überregionale Fachklassen legt das für das Schulwesen zuständige Ministerium im Einvernehmen mit dem Schulträger fest. [3]Gleiches gilt für länderübergreifende Fachklassen. [4]Kommt eine Vereinbarung nicht zustande, kann das für das Schulwesen zuständige Ministerium selbst Einzugsbereiche festlegen oder verändern, wenn ein öffentliches Interesse an einer über das Gebiet eines Schulträgers hinausgehenden Festlegung von Einzugsbereichen besteht, insbesondere wenn ansonsten in einzelnen Ausbildungsberufen die Zahl der Schüler eine für die Organisation des Unterrichts ausreichende Klassengröße nicht zustande kommen ließe. [5]Örtlich zuständige Berufsschule ist in der Regel die, in deren Einzugsbereich der Ausbildungsort, bei Jugendlichen ohne Ausbildungsverhältnis, in deren Einzugsbereich der Wohnort liegt. [6]Absatz 1 Satz 3 und 4 gilt entsprechend. [7]Das für das Schulwesen zuständige Ministerium wird ermächtigt, Näheres zum Verfahren zur Festlegung von Einzugsbereichen durch Rechtsverordnung zu regeln.

§ 15 Gastschulverhältnis, Zuweisung

(1) Auf Antrag der Eltern oder des volljährigen Schülers kann aus wichtigen Gründen der Besuch einer anderen als der nach § 14 örtlich zuständigen Schule gestattet werden (Gastschulverhältnis), insbesondere wenn

1. besondere pädagogische oder soziale Gründe vorliegen oder
2. der Besuch einer anderen Schule dem Schulpflichtigen die Wahrnehmung des Berufsausbildungs- oder Arbeitsverhältnisses erheblich erleichtern würde.

(2) Bei Grund- und Regelschulen sowie bei Förderschulen trifft die Entscheidung nach Absatz 1 das Schulamt, in dessen Zuständigkeitsbereich der Schulpflichtige seinen Wohnsitz oder gewöhnlichen Aufenthalt hat, nach Anhörung des abgebenden und im Einvernehmen mit dem aufnehmenden Schulträger unter Berücksichtigung der Aufnahmekapazität der aufnehmenden Schule.

(3) Bei Berufsschulen trifft die Entscheidung nach Absatz 1 das für den Beschäftigungsort zuständige Schulamt und für Schüler ohne Beschäftigungsverhältnis das für den gewöhnlichen Aufenthalt zuständige Schulamt nach Anhörung des aufnehmenden und des abgebenden Schulträgers unter Berücksichtigung der Aufnahmekapazität der aufnehmenden Schule.

(4) [1]Das zuständige Schulamt kann einen Schüler, auch abweichend von § 14, nach Anhörung der Eltern und der betroffenen Schulträger einer bestimmten Schule zuweisen,

1. wenn eine Klassenbildung aufgrund der geringen Schülerzahl nicht möglich ist,
2. wenn in dieser Schule Klassen oder Lerngruppen für besondere pädagogische Aufgaben eingerichtet sind,
3. um eine gleichmäßige Auslastung der Schulen mit Schülern mit Migrationshintergrund, die einen Förderbedarf zum Erwerb der deutschen Sprache haben, zu erreichen,
4. wenn ein im Laufe des Schuljahres zugezogener Schüler an der nach § 14 örtlich zuständigen Schule nicht mehr aufgenommen werden kann, weil deren Aufnahmekapazität erschöpft ist,
5. soweit ein Fall des § 51 Abs. 3 Nr. 7 vorliegt oder
6. soweit einem Schüler der Verbleib an der Schule unzumutbar ist und die Eltern mit einem Schulwechsel einverstanden sind.

[2]Liegt die Schule, der der Schüler zugewiesen werden soll, im Zuständigkeitsbereich eines anderen Schulamtes, ist die Zuweisung in Abstimmung mit diesem vorzunehmen.

§ 15a Auswahlverfahren an allgemein bildenden Schulen

(1) [1]Übersteigt bei der Anmeldung zur Einschulung die Zahl der Anmeldungen an einer Grundschule in einem gemeinsamen Schulbezirk nach § 14 Abs. 1 Satz 2 oder an einer Gemeinschaftsschule die Aufnahmekapazität, ist den Anträgen auf Aufnahme nach den folgenden Kriterien in abgestufter Rangfolge stattzugeben, wenn

1. die Grundschule oder die Gemeinschaftsschule die nächstgelegene Schule des Bildungsganges ist,
2. Geschwisterkinder bereits die Schule besuchen.

[2]Im Übrigen entscheidet das Los.

(2) [1]Übersteigt die Zahl der Anmeldungen für die Sekundarstufe an einer Regelschule in einem gemeinsamen Schulbezirk nach § 14 Abs. 1 Satz 2, an einer Gemeinschaftsschule, an einer Gesamtschule oder an einem Gymnasium die Aufnahmekapazität, ist den Anträgen auf Aufnahme nach den folgenden Kriterien in abgestufter Rangfolge stattzugeben, wenn

1. Geschwisterkinder bereits die Schule besuchen,
2. die Schule die nächstgelegene Schule des gewählten Bildungsganges ist,
3. die Eltern ausdrücklich ein bestimmtes Schulprofil oder ein bestimmtes Fremdsprachenangebot wünschen.

[2]Im Übrigen entscheidet das Los. [3]Abweichend von den Sätzen 1 und 2 erfolgt die Aufnahme in ein Spezialgymnasium oder in eine Spezialklasse entsprechend den in der Eignungsprüfung erbrachten Leistungen.

(3) Bei Schulen einer Schulart, für die kein Schulbezirk nach § 14 Abs. 1 festzulegen ist, sind innerhalb der jeweiligen durch die Kriterien nach den Absätzen 1 und 2 bestimmten Gruppen vorrangig die Schüler zu berücksichtigen, die ihren Wohnsitz im Gebiet des Schulträgers haben.

(4) Zur Berücksichtigung regionaler Besonderheiten kann für einzelne Schulstandorte die Auswahl der Schüler entsprechend der Rangfolge nach den Absätzen 1 oder 2 im Rahmen von für einzelne Gebiete des Schulträgers festgelegten Kontingenten erfolgen; die Entscheidung erfolgt auf Antrag des Schulträgers durch das für das Schulwesen zuständige Ministerium.

(5) [1]Die Festlegung der Aufnahmekapazität erfolgt durch den Schulleiter in Abstimmung mit dem Schulträger und dem zuständigen Schulamt vor Durchführung des Aufnahmeverfahrens. [2]Dabei sind die personellen, räumlichen und sächlichen Gegebenheiten sowie die durch den Schulträger festzulegende Zügigkeit der Schule zu berücksichtigen.

(6) Abweichend von den Absätzen 1 oder 2 sind im Auswahlverfahren vorrangig aufzunehmen:

1. bei einer durch Schulartänderung entstandenen Gemeinschaftsschule die Schüler mit Wohnsitz im ehemaligen Schulbezirk nach § 14 Abs. 1 Satz 1, sofern diesem Wohnsitz kein neuer Schulbezirk zugeordnet ist,
2. Schüler mit sonderpädagogischem Förderbedarf, für die diese Schule nach § 8a Abs. 3 von dem zuständigen Schulamt als geeigneter Lernort festgelegt wurde,
3. die Schüler, die dieser Schule durch das zuständige Schulamt nach § 15 Abs. 4 zugewiesen wurden, sowie

4. Schüler, bei denen ein Härtefall vorliegt; dies ist der Fall, wenn andernfalls aufgrund besonderer familiärer, sozialer oder verkehrsbedingter Situationen Belastungen entstehen würden, die das üblicherweise Vorkommende bei weitem überschreiten.

(7) [1]Wird die Aufnahme in die Schule aufgrund fehlender Aufnahmekapazität abgelehnt, kann das zuständige Schulamt einen schulpflichtigen Schüler nach Anhörung der Eltern und unter Berücksichtigung altersangemessener Schulwege einer anderen Schule mit demselben Bildungsgang zuweisen. [2]Unterbleibt eine Anmeldung, kann das zuständige Schulamt einen schulpflichtigen Schüler unter den Voraussetzungen des Satzes 1 einer Schule zuweisen. [3]Liegt die Schule, der der Schulpflichtige zugewiesen werden soll, im Zuständigkeitsbereich eines anderen Schulamtes, ist für die Zuweisung das Einvernehmen mit diesem herzustellen.

(8) Das zuständige Schulamt kann in Abstimmung mit dem jeweiligen Schulträger nach Zustimmung des für das Schulwesen zuständigen Ministeriums für einzelne Schularten von den Absätzen 1, 2 und 6 einschließlich der dazu ergangenen Rechtsverordnungen abweichende Festlegungen treffen.

(9) Das für das Schulwesen zuständige Ministerium wird ermächtigt, Einzelheiten zur Festlegung der Aufnahmekapazität und zum Auswahlverfahren nach den Absätzen 1 bis 5 durch Rechtsverordnung zu regeln.

§ 15b Auswahlverfahren an berufsbildenden Schulen und am Kolleg

(1) [1]Übersteigt die Zahl der Anmeldungen für eine berufsbildende Schule, mit Ausnahme der Berufsschule, oder für ein Kolleg die Aufnahmekapazität, führt eine Aufnahmekommission unter Leitung des Schulleiters ein Auswahlverfahren durch. [2]§ 15a Abs. 5 gilt entsprechend.

(2) Im Auswahlverfahren zulässige Auswahlkriterien sind:

1. Eignung und Leistung,
2. das Vorliegen von Härtefällen und
3. die Dauer einer Wartezeit.

(3) Das für das Schulwesen zuständige Ministerium wird ermächtigt, Einzelheiten zur Festlegung der Aufnahmekapazität und zum Auswahlverfahren nach Absatz 2 durch Rechtsverordnung zu regeln.

§ 16 Schulgeldfreiheit

[1]An staatlichen Schulen besteht Schulgeldfreiheit. [2]Die Eltern werden in angemessener Weise an den Kosten für die Hortbetreuung und für die Unterbringung im Internat beteiligt. [3]Die Schulträger haben eine soziale Staffelung der Beiträge der Eltern vorzunehmen. [4]Der Schulträger kann die Eltern an den Kosten für außerunterrichtliche Angebote beteiligen.

Zweiter Abschnitt
Schulpflicht

§ 17 Allgemeines zur Schulpflicht

(1) [1]Wer in Thüringen seinen Wohnsitz oder gewöhnlichen Aufenthalt hat oder in einem Ausbildungsverhältnis oder einem Arbeitsverhältnis steht, unterliegt der Schulpflicht (Schulpflichtiger). [2]Schulpflichtig im Sinne des Satzes 1 ist auch, wem aufgrund eines Asylantrags der Aufenthalt in Thüringen gestattet ist oder wer hier geduldet wird, unabhängig davon, ob er selbst diese Voraussetzungen erfüllt oder nur ein Elternteil; die Schulpflicht beginnt drei Monate nach dem Zuzug aus dem Ausland. [3]Völkerrechtliche Abkommen und zwischenstaatliche Vereinbarungen bleiben unberührt.

(2) Die Schulpflicht gliedert sich in eine Vollzeitschulpflicht und eine Berufsschulpflicht.

(3) [1]Die Schulpflicht kann an einer öffentlichen Schule oder an einer Ersatzschule außerhalb Thüringens erfüllt werden. [2]Der Besuch einer Schule außerhalb Thüringens zur Erfüllung der Schulpflicht ist nur aus zwingenden persönlichen Gründen mit Genehmigung des zuständigen Schulamts zulässig.

(4) [1]Für jeden einzelnen aus dem Ausland zugezogenen Schulpflichtigen stellt der Schulleiter fest, in welche Klassenstufe der Grund- oder Regelschule, der Gemeinschaftsschule, der Gesamtschule, des Gymnasiums oder der Förderschule er einzustufen ist. [2]Es gilt derjenige Teil der Schulpflicht als erfüllt, der dem durch die Einstufung bestimmten Zeitpunkt regelmäßig vorausgeht. [3]Der Schüler ist grundsätzlich in die Klassenstufe einzustufen, die Schulpflichtige gleichen Alters, die seit Beginn ihrer Schulpflicht ihren gewöhnlichen Aufenthalt in Thüringen haben, in der Regel besuchen. [4]Die Schüler, die wegen ihres Bildungsstands dem Unterricht ihrer Klassenstufe nicht folgen können, können eine Klassenstufe, in begründeten Ausnahmefällen um bis zu drei Klassenstufen, tiefer eingestuft werden.

[5]Einzelheiten zur Einstufung sowie zum Eintritt in das Gymnasium und in die weiterführenden Schulformen der berufsbildenden Schulen werden durch Rechtsverordnung des für das Schulwesen zuständigen Ministeriums geregelt.

(5) [1]Eine Befreiung von der Schulpflicht ist mit Ausnahme des § 19 Abs. 3 Satz 3 nicht möglich. [2]Die Pflicht zum Schulbesuch kann auf Antrag der Eltern ruhen, wenn zwingende Gründe dies rechtfertigen; die Entscheidung trifft das zuständige Schulamt auf der Grundlage von fachärztlichen oder sonderpädagogischen Gutachten für jeweils bis zu einem Schuljahr. [3]Entfallen die Voraussetzungen für das Ruhen, besteht erneut die Pflicht zum Schulbesuch. [4]Die Zeit, in der die Schulpflicht ruht, wird auf die Dauer der Schulpflicht angerechnet.

(6) [1]Im Fall der Schwangerschaft oder der Mutterschaft sind Schülerinnen mindestens für die Zeit der Beschäftigungsverbote nach dem Mutterschutzgesetz zu beurlauben, soweit sie sich nicht zum Besuch der Schule gegenüber dem zuständigen Schulamt ausdrücklich bereit erklären. [2]Die Erklärung bedarf der Schriftform und kann jederzeit mit Wirkung für die Zukunft widerrufen werden. [3]Auf Antrag, der bei minderjährigen Schülerinnen von den Eltern zu stellen ist, kann die Beurlaubung so lange verlängert werden, wie dies im Hinblick auf die Gesundheit der Mutter oder die Versorgung des Kindes erforderlich ist. [4]Die Beurlaubung erfolgt durch das zuständige Schulamt.

§ 18 Beginn der Vollzeitschulpflicht

(1) Die Vollzeitschulpflicht beginnt für alle Kinder, die am 1. August eines Jahres sechs Jahre alt sind, am 1. August desselben Jahres.

(2) [1]Ein Kind, das am 30. Juni mindestens fünf Jahre alt ist, kann auf Antrag der Eltern am 1. August desselben Jahres vorzeitig in die Schule aufgenommen werden. [2]Die Entscheidung trifft der Schulleiter im Benehmen mit dem Schularzt. [3]Die Schulpflicht beginnt mit der Aufnahme.

(3) [1]Ein schulpflichtiges Kind kann im Ausnahmefall auf Antrag der Eltern einmal für ein Jahr vom Schulbesuch zurückgestellt werden, wenn aufgrund einer medizinischen Indikation die Voraussetzungen für ein erfolgreiches schulisches Lernen noch nicht gegeben sind. [2]Die Entscheidung trifft der Schulleiter insbesondere auf der Grundlage der schulärztlichen Untersuchung. [3]Die Zeit der Zurückstellung wird nicht auf die Dauer der Schulpflicht angerechnet.

§ 19 Dauer der Vollzeitschulpflicht

(1) [1]Die Vollzeitschulpflicht dauert zehn Schuljahre. [2]Bei der Erfüllung der Vollzeitschulpflicht kommt es grundsätzlich auf die tatsächlich besuchten Schuljahre an. [3]Die Vollzeitschulpflicht endet spätestens zum Ende des Schuljahres, in dem das 18. Lebensjahr vollendet wird. [4]Sie kann durch das Überspringen einer Klassenstufe verkürzt werden. [5]Ein drittes Schulbesuchsjahr in der Schuleingangsphase wird auf die Dauer der Vollzeitschulpflicht nicht angerechnet.

(2) [1]Für Schüler, die nach zehn Schulbesuchsjahren den Hauptschulabschluss oder den Qualifizierenden Hauptschulabschluss nicht erreicht haben, soll das Schulverhältnis im unmittelbaren Anschluss daran um ein weiteres Schuljahr verlängert werden. [2]Die Entscheidung trifft im Fall eines Schulwechsels das zuständige Schulamt unter Beteiligung der betroffenen Schulen, im Übrigen der Schulleiter nach Anhörung der Klassenkonferenz. [3]In besonderen Ausnahmefällen kann das zuständige Schulamt zum Erwerb des Hauptschulabschlusses auch den weiteren Besuch in einem zwölften Schulbesuchsjahr genehmigen. [4]In besonderen Einzelfällen kann ein Schüler, der nach zehn Schulbesuchsjahren den Hauptschulabschluss nicht erreicht hat, wieder in eine Schule aufgenommen werden, wenn das Schulverhältnis nicht länger als zwei Schuljahre unterbrochen wurde. [5]Die Aufnahme des Schülers oder die Verlängerung des Schulverhältnisses kann abgelehnt werden, wenn zu erwarten ist, dass dadurch die Sicherheit oder die Ordnung des Schulbetriebs oder die Verwirklichung des Bildungs- und Erziehungsauftrags der Schule erheblich gefährdet wird.

(3) [1]Im Bildungsgang zur individuellen Lebensbewältigung endet die Vollzeitschulpflicht nach zwölf Schulbesuchsjahren; eine Verlängerung des Schulverhältnisses um bis zu drei Jahre ist auf Antrag der Eltern nach Genehmigung durch das zuständige Schulamt nur in dem Fall zulässig, dass der Schüler noch nicht über die Kompetenzen zur individuellen Lebensbewältigung verfügt, der weitere Besuch der Schule dies aber erwarten lässt. [2]Das Schulverhältnis endet in jedem Fall zum Ende des Schuljahres, in dem der Schüler das 21. Lebensjahr, in begründeten Ausnahmefällen das 24. Lebensjahr, vollendet. [3]Schüler, die das zehnte Schulbesuchsjahr vollendet haben, können auf Antrag der Eltern von der weiteren Schulpflicht befreit werden, wenn sie ein Ausbildungsverhältnis oder eine gleichwertige

Maßnahme der Bundesagentur für Arbeit nachweisen. [4]Die Entscheidung trifft das zuständige Schulamt nach Anhörung der Schule.

§ 20 Erfüllung der Vollzeitschulpflicht

(1) Die Vollzeitschulpflicht kann an den staatlichen Schulen der Schularten Grundschule, Regelschule, Gemeinschaftsschule, Gesamtschule, Gymnasium und Förderschulen sowie durch den Besuch einer diesen Schularten entsprechenden Ersatzschule erfüllt werden.

(2) [1]Das zehnte Schulbesuchsjahr der Vollzeitschulpflicht kann auch an berufsbildenden Schulen erfüllt werden. [2]Ein Schulpflichtiger kann das zehnte Schulbesuchsjahr durch den Besuch einer Fachklasse der Berufsschule erfüllen, wenn er den Hauptschulabschluss erworben hat und dem zuständigen Schulamt ein Berufsausbildungsverhältnis im Sinne des Berufsbildungsgesetzes oder der Handwerksordnung nachweist.

(2a) [1]Schüler mit Migrationshintergrund, die im maßgeblichen Schuljahr mindestens das 16. Lebensjahr vollenden, können mit Einwilligung der Eltern die Vollzeitschulpflicht auch an berufsbildenden Schulen erfüllen. [2]Zuvor findet ein Beratungsgespräch zur Schullaufbahnentwicklung des Schülers statt.

(3) [1]Jugendliche mit erhöhtem Förderbedarf können im zehnten Jahr der Vollzeitschulpflicht, wenn eine gleichwertige Bildung gewährleistet ist, an Maßnahmen der Bundesagentur für Arbeit oder an von dem für das Schulwesen zuständigen Ministerium anerkannten gleichwertigen Maßnahmen der Jugend- und Sozialhilfe teilnehmen. [2]Die Entscheidung über die Teilnahme trifft das zuständige Schulamt.

(4) Schulpflichtige Kinder beruflich Reisender erfüllen ihre Schulpflicht an einer Stammschule in Thüringen und an Stützpunktschulen in und außerhalb Thüringens.

§ 21 Berufsschulpflicht

(1) [1]Wer in einem Ausbildungsverhältnis nach dem Berufsbildungsgesetz oder der Handwerksordnung steht, ist zum Besuch der Berufsschule verpflichtet. [2]Die Berufsschulpflicht wird durch den Besuch der Berufsschule oder der Förderberufsschule erfüllt. [3]Sie endet mit dem Abschluss einer anerkannten Berufsausbildung, spätestens zum Ende des Schuljahres, in dem das 21. Lebensjahr vollendet wird. [4]Studierende in dualen Studiengängen sind von der Pflicht zum Besuch der Berufsschule befreit.

(2) Berufsschüler erfüllen ihre Schulpflicht in der für sie örtlich zuständigen Berufsschule nach § 14 Abs. 3, soweit nicht ein Gastschulverhältnis nach § 15 Abs. 3 gestattet wird oder eine Zuweisung nach § 15 Abs. 4 erfolgt.

(3) [1]Personen, die nicht mehr berufsschulpflichtig sind und sich in einem Ausbildungsverhältnis befinden, sind zum Besuch der Berufsschule oder der Förderberufsschule berechtigt. [2]Die Ausbildenden haben den Besuch der Berufsschule oder der Förderberufsschule zu gestatten.

(4) Personen mit einem Umschulungsvertrag kann für die Dauer der Umschulung der Besuch der Berufsschule oder der Förderberufsschule gestattet werden.

§§ 21a, 22 *[aufgehoben]*

§ 23 Bedeutung der Schulpflicht für Schüler, Eltern, Ausbildende und Arbeitgeber

(1) Die Schulpflichtigen haben am Unterricht regelmäßig teilzunehmen und die übrigen als verbindlich erklärten schulischen Veranstaltungen zu besuchen.

(2) Die Eltern sind verpflichtet, die minderjährigen Schulpflichtigen zum Schulbesuch anzumelden; § 20 Abs. 3 bleibt unberührt.

(3) Die Eltern und diejenigen, die mit der Erziehung und Pflege Schulpflichtiger beauftragt sind, haben dafür zu sorgen, dass minderjährige Schulpflichtige ihre Verpflichtung aus Absatz 1 erfüllen.

(4) [1]Für Ausbildende und Arbeitgeber, die Berufsschulpflichtige beschäftigen, sowie die von ihnen Beauftragten gelten die in den Absätzen 2 und 3 genannten Verpflichtungen sowohl hinsichtlich minderjähriger wie volljähriger Berufsschulpflichtiger entsprechend. [2]Dem Berufsschulpflichtigen ist insbesondere die zur Erfüllung der schulischen Pflichten sowie die für die Mitarbeit in der Schülervertretung erforderliche Zeit zu gewähren.

§ 24 Schulzwang

(1) Ein Schulpflichtiger, der ohne berechtigten Grund seinen Verpflichtungen aus § 23 Abs. 1 nicht nachkommt, kann der Schule zwangsweise zugeführt werden, wenn andere pädagogische Mittel, ins-

besondere persönliche Beratung, Hinweise an die Eltern, den Ausbildenden, den Arbeitgeber sowie die Einbeziehung des zuständigen Jugendamtes ohne Erfolg geblieben sind.

(2) Die Entscheidung über die zwangsweise Zuführung trifft der Schulleiter im Einvernehmen mit dem zuständigen Schulamt; die Durchführung erfolgt durch den für den Wohnsitz, für den gewöhnlichen Aufenthalt oder für den Beschäftigungsort örtlich zuständigen Landkreis oder die örtlich zuständige kreisfreie Stadt.

Dritter Abschnitt

Schulverhältnis, Schüler und Eltern

§ 24a Schulverhältnis

(1) [1]Das Schulverhältnis ist ein öffentlich-rechtliches Rechtsverhältnis und wird mit der Aufnahme des Schülers in die Schule begründet. [2]Die Aufnahmeentscheidung trifft der Schulleiter.

(2) [1]Das Schulverhältnis endet, wenn
1. ein Abschluss- oder Abgangszeugnis erteilt wird, nachdem der Schüler den Bildungsgang durchlaufen oder die Schulpflicht erfüllt hat,
2. die Eltern den Schüler schriftlich abmelden,
3. ein weiteres Wiederholen der Klassenstufe nach § 50 nicht mehr zulässig ist,
4. der Schüler nach § 52 dauernd vom Schulbesuch ausgeschlossen wird oder
5. der Schüler nach § 15 Abs. 4 einer anderen Schule zugewiesen wird.

[2]Das Schulverhältnis eines schulpflichtigen Schülers mit der bisher besuchten Schule kann nur enden, wenn die Aufnahme des Schülers an einer anderen Schule nachgewiesen wird.

(3) [1]Das Schulverhältnis kann abweichend von Absatz 2 durch Entscheidung des Schulleiters beendet werden, wenn ein nicht schulpflichtiger Schüler
1. innerhalb von vier Wochen dem Unterricht an mindestens zehn Unterrichtstagen ganz oder teilweise unentschuldigt fernbleibt oder
2. sich durch wiederholte und unentschuldigte Abwesenheit bei angekündigten schriftlichen Arbeiten der Leistungseinschätzung in zwei oder mehr Unterrichtsfächern entzieht.

[2]Die Beendigung des Schulverhältnisses ist dem Schüler rechtzeitig schriftlich anzudrohen.

§ 25 Rechte des Schülers

[1]Jeder Schüler hat das Recht, eine seiner Befähigung und Leistung entsprechende schulische Bildung und Förderung zu erhalten; außergewöhnliche Begabungen werden in besonderer Weise gefördert. [2]Der Schüler hat das Recht, in allen ihn betreffenden Angelegenheiten informiert zu werden sowie auf Auskunft über seinen Leistungsstand und die Möglichkeiten seiner Förderung. [3]Das Persönlichkeitsrecht des Schülers ist zu achten. [4]Jeder Schüler hat das Recht, sich mit Beschwerden oder persönlichen Problemen und bei als ungerecht empfundener Behandlung oder Beurteilung an den Lehrer, an den Vertrauenslehrer, an die Schülervertretung, an den Schulleiter und an die Schulkonferenz oder an die Ombudsstelle zu wenden. [5]Jeder Schüler hat ein Anhörungs- und Vorschlagsrecht gegenüber der Klassensprecherversammlung. [6]Über alle wichtigen Angelegenheiten des Schulbetriebs ist der Schüler zu unterrichten.

§ 26 Recht auf freie Meinungsäußerung

[1]Jeder Schüler hat das Recht, in der Schule die eigene Meinung in Wort, Schrift und Bild frei zu äußern. [2]Dies schließt auch das Recht ein, sich im sachlichen Zusammenhang zum Unterricht frei zu äußern. [3]Das Recht auf freie Meinungsäußerung findet seine Schranken in den Vorschriften der allgemeinen Gesetze, den gesetzlichen Bestimmungen zum Schutz der Jugend und in dem Recht der persönlichen Ehre sowie im gesetzlichen Auftrag der Schule.

§ 26a Schülerzeitungen

(1) [1]Die Schüler können in den Schülerzeitungen von ihrem Recht auf freie Meinungsäußerung Gebrauch machen. [2]Jeder Schüler hat das Recht, an den Schülerzeitungen für eine oder mehrere Schulen mitzuwirken. [3]Die Schülerzeitungen werden von einer Redaktion von Schülern herausgegeben und vertrieben. [4]Die Redaktion ist, anders als bei der im Rahmen einer Schulveranstaltung unter der Verantwortung eines Schulleiters herausgegebenen Schulzeitung, für den Inhalt der Schülerzeitung allein verantwortlich. [5]Sie kann sich einen Lehrer ihres Vertrauens zur Beratung wählen.

(2) [1]Die Herausgabe der Schülerzeitungen unterliegt dem Thüringer Pressegesetz und den einschlägigen presserechtlichen Bestimmungen. [2]Eine Zensur findet nicht statt.

(3) [1]Der Schulleiter kann die Verbreitung einzelner Ausgaben der Schülerzeitungen auf dem Schulgelände untersagen, wenn deren Inhalt das Recht der persönlichen Ehre verletzt oder in anderer Weise gegen Rechtsvorschriften verstößt. [2]Eine weiter gehende Beschränkung ist unzulässig. [3]Ist die Redaktion mit der Entscheidung des Schulleiters nicht einverstanden, so kann sie deren Behandlung in der Schulkonferenz verlangen.

§ 27 Schülergruppen

(1) [1]Die Schüler haben das Recht, sich an ihrer Schule zur Verfolgung von Zielen zusammenzuschließen, die innerhalb des Bildungsauftrags der Schule nach § 2 liegen (Schülergruppen). [2]Schülergruppen dürfen dafür Schulanlagen und Schuleinrichtungen benutzen. [3]Der Schulleiter kann die Benutzung von Schulanlagen und Einrichtungen der Schule mit Auflagen gestatten oder verbieten, wenn schulische Belange dies erfordern. [4]Die Schulkonferenz regelt Grundsätze für die Betätigung von Schülergruppen in der Schule.

(2) [1]Schüler mehrerer Schulen haben das Recht, sich zur Verfolgung von Zielen, die innerhalb des Bildungs- und Erziehungsauftrags der Schule liegen, zu Arbeitskreisen zusammenzuschließen. [2]Über die Beteiligung an einem solchen Arbeitskreis entscheidet die Klassensprecherversammlung der einzelnen Schule. [3]Für die Sitzungen können sie die Beratungslehrer der beteiligten Schulen beratend hinzuziehen.

(3) [1]Innerhalb des Bildungs- und Erziehungsauftrags der Schule haben die Schüler das Recht, mit dem Ziel einer aktiven Betätigung am Wirtschaftsleben eine Schülerfirma zu gründen oder an einer solchen mitzuwirken; bei minderjährigen Schülern ist die schriftliche Einwilligung der Eltern erforderlich. [2]Die Schülerfirma ist eine schulische Veranstaltung, die der Zustimmung der Schulkonferenz bedarf, durch den Schulleiter genehmigt wird und von einem Lehrer der Schule betreut wird.

§ 28 Mitwirkung der Schüler

(1) [1]Die Schüler wirken sowohl durch den Klassenrat als auch durch selbstgewählte Schülervertretungen entsprechend ihrem Alter und ihrer Verantwortungsfähigkeit am schulischen Leben mit. [2]Schülervertretungen werden für die Klasse oder den Stammkurs (Klassen- oder Kurssprecher), für die Schule (Schülersprecher), auf der Ebene des zuständigen Schulamtes je Landkreis und kreisfreier Stadt für jede Schulart (Kreisschülersprecher) und auf der Ebene des Landes für jede Schulart (Landesschülersprecher) gewählt. [3]Auf der Ebene der Schule besteht als zusätzliches Mitwirkungsgremium die Klassensprecherversammlung. [4]Aus begründetem Anlass, aber mindestens einmal im Schuljahr, kann die Schülervertretung der Schule eine Schülerversammlung einberufen; sie findet in Absprache mit dem Schulleiter während der Unterrichtszeit statt. [5]Die Schüler werden bei den Wahlen der Schülervertretungen von den Lehrern, vom Schulleiter, vom Schulträger und von den Schulaufsichtsbehörden unterstützt. [6]Die gewählten Schülervertretungen werden unmittelbar nach der Wahl von der Schule über ihre Aufgaben und Rechte informiert.

(1a) [1]Zur Planung des Unterrichts sowie zur Erörterung von Problematiken und Konflikten in den Klassen, kann ein Klassenrat gebildet werden. [2]Bestehend aus den Schülern der Klasse und dem Klassenlehrer, soll dieser monatlich zusammenfinden.

(2) [1]Zu den Aufgaben der Schülermitwirkung gehören insbesondere die Wahrnehmung schulischer, gesellschaftspolitischer und sozialer Interessen der Schüler in der Schule und bei den Schulaufsichtsbehörden sowie die Unterstützung der Schüler bei der Wahrnehmung ihrer Rechte gegenüber dem Schulleiter und den Lehrern, insbesondere bei Ordnungsmaßnahmen und Beschwerden. [2]Weitere Aufgaben sind die Durchführung gemeinsamer Veranstaltungen, die Mithilfe bei der Lösung von Konfliktfällen sowie die Beteiligung an Entscheidungen und Maßnahmen der Schulaufsichtsbehörden nach Maßgabe der dazu ergangenen Rechtsverordnungen. [3]Für die Treffen und Sitzungen der Schülervertretung muss der Schulleiter geeignete Räume und Einrichtungen zur Verfügung stellen. [4]Auf Antrag gibt der Schulleiter den Mitgliedern der Klassensprecherversammlung oder dem Schülersprecher und seinem Stellvertreter in der Regel einmal im Monat die Gelegenheit, auch während der Unterrichtszeit zu einer Besprechung zusammenzukommen. [5]Die Schülervertretung regelt Angelegenheiten in eigener Verantwortung. [6]Der Schulleiter darf in ihre Arbeit nur eingreifen, soweit es zur Einhaltung von Rechts- und Verwaltungsvorschriften und Beschlüssen der Schulkonferenz erforderlich ist. [7]Die Schü-

lervertretung kann bei ihren Sitzungen die Anwesenheit des Schulleiters sowie eines Vertreters des Schulträgers ersuchen. [8]Der Schülervertretung stehen neben Anhörungs-, Auskunfts- und Initiativrechten auch Antrags-, Mitbestimmungs- und Mitentscheidungsrechte zu. [9]Der Schulleiter informiert die Schülervertretung der Schule zum frühestmöglichen Zeitpunkt über alle Angelegenheiten, die für die Schüler von allgemeiner Bedeutung sind sowie über einschlägige Rechts- und Verwaltungsvorschriften. [10]Zu Anregungen und Vorschlägen der Schülervertretung nimmt die zuständige Stelle innerhalb von vier Wochen Stellung, wobei im Falle der Ablehnung das Ergebnis zu begründen ist.

(2a) [1]Schüler und Schülervertretungen haben das Recht, sich in allen Fragen, die ihre Mitbestimmungsrechte betreffen, an die zentrale Ombudsstelle zu wenden. [2]Die Ombudsstelle ist unabhängig und nicht weisungsgebunden. [3]Sie hat einen Informations- und Beratungsauftrag, nimmt Beschwerden entgegen, prüft die Einhaltung gesetzlicher Bestimmungen und vermittelt in Konfliktfällen.

(3) Die einzelnen Mitwirkungsrechte auf der Ebene der Klasse oder des Stammkurses, der Schule, des zuständigen Schulamtes und des für das Schulwesen zuständigen Ministeriums sowie das jeweilige Wahlverfahren und notwendige Freistellung werden durch Rechtsverordnung des für das Schulwesen zuständigen Ministeriums geregelt.

(4) Die Kosten der Schülermitwirkung trägt auf der Ebene des Landes das Land; im Übrigen der jeweilige Schulträger.

§ 29 Vertrauenslehrer

[1]Die Vertrauenslehrer an der Schule pflegen die Verbindung zwischen dem Schulleiter und den Lehrern einerseits und den Schülern andererseits. [2]Sie beraten die Einrichtungen der Schülermitwirkung und vermitteln bei Beschwerden. [3]Die Klassensprecherversammlung wählt mindestens zwei Vertrauenslehrer für jeweils ein Schuljahr.

§ 30 Pflichten des Schülers

(1) [1]Der Schüler hat die Pflicht, regelmäßig am Unterricht teilzunehmen und die übrigen als verbindlich erklärten schulischen Veranstaltungen zu besuchen (§ 23 Abs. 1). [2]Er ist verpflichtet, sich am Unterricht zu beteiligen und die geforderten Leistungsnachweise zu erbringen.

(2) Neben den Pflichten nach Absatz 1 besteht die Pflicht zur Teilnahme an Tests, Befragungen oder Erhebungen, wenn diese für Vergleichsuntersuchungen nach § 57 Abs. 6 geeignet und erforderlich sind, sowie zur Beteiligung an Maßnahmen zur Qualitätsentwicklung und Qualitätssicherung nach § 40b Abs. 2 und 3.

(3) Der Schüler hat alles zu unterlassen, was den Schulbetrieb oder die Ordnung der von ihm besuchten Schule oder einer anderen Schule stören könnte.

(4) Befreiung und Beurlaubung der Schüler vom Unterricht und sonstigen schulischen Veranstaltungen sind nur nach Maßgabe der dazu ergangenen Rechtsverordnungen möglich.

§ 31 Recht der Eltern auf Information und Beratung

(1) [1]Die Rechte und Pflichten der Eltern nach diesem Gesetz nehmen die für die Person des minderjährigen Schülers Sorgeberechtigten wahr. [2]Personen, denen die Erziehung minderjähriger Schüler durch Rechtsvorschrift oder Vertrag ganz oder teilweise übertragen ist, stehen insoweit den Eltern gleich. [3]Volljährige Schüler nehmen die den Eltern zustehenden Rechte und die ihnen obliegenden Pflichten mit Ausnahme der Mitwirkungsrechte der Eltern selbst wahr.

(2) [1]Die Eltern haben gegenüber der Schule ein Recht auf Auskunft über die schulische Entwicklung und den Leistungsstand des Schülers. [2]Insbesondere vor den Entscheidungen über die Schullaufbahn des Schülers sind die Eltern eingehend zu beraten. [3]Die Schule hat die Eltern über sonstige wesentliche, den Schüler betreffende Vorgänge in geeigneter Weise zu informieren.

(3) Die Schule soll in den Fällen des Absatzes 2 Satz 3, des § 51 Abs. 4 Satz 3 und des § 52 auch die Eltern volljähriger Schüler, die das 21. Lebensjahr noch nicht vollendet haben, informieren.

(4) [1]Schulleiter und Lehrer informieren und beraten die Eltern in allen wichtigen Angelegenheiten der Schule. [2]Dazu gehören insbesondere die Zugangsvoraussetzungen für die einzelnen Schularten und -formen, die Abschlüsse sowie die Grundzüge der Unterrichtsinhalte, der Unterrichtsziele und der Leistungsbewertung. [3]Über alle wichtigen Angelegenheiten des Schulbetriebs sind die Eltern zu unterrichten.

(5) Der Zusammenarbeit zwischen den Eltern und der Schule dienen insbesondere Elternsprechstunden, Elternsprechtage, Hausbesuche, Klassenelternversammlungen und klassenübergreifende Elternversammlungen.
(6) Eltern können mit Zustimmung des jeweiligen Lehrers den Unterricht ihres Kindes besuchen, soweit dadurch der geordnete Unterrichtsbetrieb nicht unangemessen beeinträchtigt wird.

§ 32 Mitwirkung der Eltern

(1) [1]Die Eltern wirken durch gewählte Elternvertretungen in Angelegenheiten mit, die für die Schule von allgemeiner Bedeutung sind. [2]Elternvertretungen werden an den einzelnen Schulen für die Klassen, für die Stammkurse und die gesamte Schule, bei den zuständigen Schulämtern und auf Landesebene gewählt.
(2) [1]Der Schulleiter unterrichtet die Schulelternvertretung zum frühestmöglichen Zeitpunkt über alle Angelegenheiten, die für die Schule von allgemeiner Bedeutung sind. [2]Er erteilt die für die Arbeit der Schulelternvertretung notwendigen Auskünfte.
(3) Auf der Ebene der Schulämter vertritt die Kreiselternvertretung die Interessen der Elternschaft gegenüber den Schulämtern und den Schulträgern, auf der Landesebene vertritt die Landeselternvertretung diese gegenüber dem für das Schulwesen zuständigen Ministerium.
(4) [1]Der Elternmitwirkung stehen insbesondere Anhörungs-, Auskunfts- und Initiativrechte zu. [2]Der Schulleiter, das zuständige Schulamt, der Schulträger und das für das Schulwesen zuständige Ministerium prüfen im Rahmen ihrer Zuständigkeit die Anregungen und Vorschläge der Elternvertretung innerhalb von vier Wochen und teilen dieses Ergebnis der jeweiligen Elternvertretung mit, wobei im Falle der Ablehnung das Ergebnis zu begründen ist.
(5) § 28 Abs. 3 und 4 gilt entsprechend.

Vierter Abschnitt
Personal und Konferenzen

§ 33 Schulleiter

(1) [1]Der Schulleiter ist für einen ordnungsgemäßen Schulbetrieb und Unterricht sowie gemeinsam mit den Lehrern für die Bildung und Erziehung der Schüler verantwortlich. [2]In Erfüllung dieser Aufgaben ist er den Lehrern, den Erziehern und den Sonderpädagogischen Fachkräften gegenüber weisungsberechtigt; gegenüber dem sonstigen unterstützenden Personal an der Schule übt er das Weisungsrecht im Rahmen der von dem jeweiligen Dienstherrn oder Arbeitgeber getroffenen allgemeinen Anordnungen aus. [3]Er berät die Lehrer und das sonstige pädagogische Personal und sorgt für deren Zusammenarbeit. [4]Der Schulleiter ist bei der Einstellung des pädagogischen Personals an seiner Schule zu beteiligen. [5]Er fördert die Aus-, Fort- und Weiterbildung der Lehrer und des sonstigen pädagogischen Personals und hat dafür Sorge zu tragen, dass diese ihre Fortbildungsverpflichtung wahrnehmen. [6]Die von ihm besuchten Unterrichtsstunden bespricht er mit den Lehrern. [7]Der Schulleiter übt das Hausrecht aus und vertritt die Schule nach außen. [8]Die äußeren Schulangelegenheiten werden in enger Zusammenarbeit mit dem Schulträger durchgeführt.
(2) [1]Für jede staatliche Schule wird von dem für das Schulwesen zuständigen Ministerium im Benehmen mit dem Schulträger und nach Stellungnahme der Schulkonferenz ein Schulleiter beauftragt oder bestellt, der zugleich Lehrer der Schule ist. [2]Auf eine vorherige Ausschreibung des Dienstpostens kann verzichtet werden, soweit eine amtsgleiche Besetzung möglich ist. [3]Die Stellungnahme der Schulkonferenz erfolgt nach Anhörung des Bewerbers. [4]Der Schulleiter muss die Befähigung zum Lehramt der jeweiligen Schulart besitzen; das für das Schulwesen zuständige Ministerium kann Ausnahmen genehmigen. [5]Zur Unterstützung und Vertretung des Schulleiters im Verhinderungsfall wird in der Regel ein stellvertretender Schulleiter, der zugleich Lehrer der Schule ist, eingesetzt.

§ 34 Lehrer, Erzieher und Sonderpädagogische Fachkräfte

(1) [1]Lehrer und Sonderpädagogische Fachkräfte an staatlichen Schulen sowie Erzieher an Schulhorten sind Landesbedienstete. [2]Keine Landesbediensteten sind die Lehrkräfte für den Religionsunterricht sowie Lehrer zur Absicherung des Unterrichts in anderen Fächern und Lernbereichen im Honorar- oder Gestellungsvertragsverhältnis.
(2) [1]Der Lehrer unterrichtet und erzieht die ihm anvertrauten Schüler in eigener pädagogischer Verantwortung. [2]Dabei ist er an die für ihn geltenden Rechts- und Verwaltungsvorschriften, Konferenz-

beschlüsse und die Anordnungen der Schulaufsicht gebunden. [3]Er erfüllt seine Aufgabe im vertrauensvollen Zusammenwirken mit den Schülern und den Eltern. [4]Unbeschadet seines Rechts, im Unterricht die persönliche Meinung zu äußern, ist der Lehrer zu einer ausgewogenen Darstellung des Unterrichtsgegenstandes verpflichtet. [5]Jede einseitige Unterrichtung und Information der Schüler ist unzulässig.

(3) [1]Der Erzieher betreut und erzieht die ihm anvertrauten Kinder in eigener Verantwortung im Rahmen der geltenden Bestimmungen. [2]Er unterstützt die Erziehungsarbeit der Eltern und der Lehrer.

(4) [1]Die Sonderpädagogische Fachkraft fördert eigenständig und in Zusammenarbeit mit den Lehrern die Schüler mit sonderpädagogischem Förderbedarf und ist zur Prävention sonderpädagogischen Förderbedarfs tätig. [2]Die fachlichen Voraussetzungen für die Tätigkeit als Sonderpädagogische Fachkraft erfüllen Heilpädagogen und Heilerziehungspfleger mit staatlicher Anerkennung sowie Sonder- und Integrationspädagogen mit Masterabschluss. [3]Über die Zulassung von Personen mit geeigneter anderweitiger Berufsausbildung sowie über die jeweils erforderliche Zusatzausbildung entscheidet das für das Schulwesen zuständige Ministerium. [4]Sonderpädagogische Fachkräfte sind Lehrkräfte. [5]Näheres zu den Aufgaben der Sonderpädagogischen Fachkräfte wird durch Rechtsverordnung des für das Schulwesen zuständigen Ministeriums geregelt.

(4a) [1]Die Lehrer für Förderpädagogik und die sonderpädagogischen Fachkräfte sind für die Förderschule oder die allgemeine Schule im gemeinsamen Unterricht tätig. [2]Sie erfüllen Aufgaben der sonderpädagogischen Förderung und Beratung an allgemeinen Schulen sowie der Prävention sonderpädagogischen Förderbedarfs, insbesondere in der Schuleingangsphase der Grundschulen und Gemeinschaftsschulen. [3]Daneben können Lehrer für Förderpädagogik auch eigenständigen Unterricht an allgemeinen Schulen erteilen.

(5) Die Lehrer, die Erzieher und die Sonderpädagogischen Fachkräfte sind verpflichtet, sich regelmäßig fortzubilden und sich an Maßnahmen zur Qualitätsentwicklung und Qualitätssicherung nach § 40b Abs. 2 und 3 zu beteiligen.

(6) Abweichend von Absatz 1 Satz 1 können die Bediensteten an durch Gemeinden errichteten und betriebenen Schulen, sofern diese als Schulversuche nach § 12 eingerichtet und bis zum 1. August 2020 genehmigt wurden, kommunale Bedienstete der Gemeinde sein.

§ 35 Sonstiges unterstützendes Personal an Schulen

(1) [1]Der Schulträger weist der Schule das erforderliche Verwaltungs- und Hauspersonal zu. [2]Dieses unterstützt den Schulleiter bei der Erfüllung seiner Aufgaben.

(2) [1]Sonstige medizinische, therapeutische und pflegerische Fachkräfte, Integrationshelfer, Bundesfreiwilligendienstleistende sowie Jugendfreiwilligendienstleistende können, soweit es der Einzelfall erfordert, an den Schulen tätig werden. [2]Sie arbeiten mit den Lehrern, Erziehern und Sonderpädagogischen Fachkräften zusammen.

§ 35a Schulsozialarbeit

[1]Zur Unterstützung des Bildungs- und Erziehungsauftrags der Schule können in allen Schularten und Schulformen Schulsozialarbeiter der örtlichen Träger der öffentlichen Jugendhilfe oder der Träger der freien Jugendhilfe als sonstiges unterstützendes Personal tätig werden. [2]Deren Aufgaben bestimmen sich nach den Bestimmungen des Achten Buches Sozialgesetzbuch und des Thüringer Kinder- und Jugendhilfe-Ausführungsgesetzes in der Fassung vom 5. Februar 2009 (GVBl. S. 1) in der jeweils geltenden Fassung. [3]Schulsozialarbeit setzt eine enge Abstimmung zwischen der jeweiligen Schule, dem Schulträger und den Jugendhilfeträgern voraus. [4]Bei der Wahrnehmung ihrer Aufgaben arbeiten die Schulsozialarbeiter mit allen am Schulleben Beteiligten vertrauensvoll zusammen.

§ 36 Mobile Sonderpädagogische Dienste

(1) Zur Durchführung des Feststellungsverfahrens nach § 8a Abs. 2 werden Lehrer für Förderpädagogik im Rahmen eines Mobilen Sonderpädagogischen Dienstes der Staatlichen Schulämter tätig.

(2) Das Nähere zur Qualifikation für die Tätigkeit im Mobilen Sonderpädagogischen Dienst sowie zu dessen Aufgabenerfüllung und Organisation wird durch Rechtsverordnung des für das Schulwesen zuständigen Ministeriums geregelt.

§ 37 Lehrerkonferenz, Klassenkonferenz und Fachkonferenz

(1) [1]An jeder Schule besteht eine Lehrerkonferenz. [2]Mitglieder der Lehrerkonferenz sind alle Lehrer, die an der Schule eigenverantwortlich Unterricht erteilen, sowie die an der allgemeinen Schule tätigen

Lehrer der Förderschule. [3]Die Erzieher, die Sonderpädagogischen Fachkräfte, die Schulsozialarbeiter und die überwiegend an der Schule tätigen Fachkräfte der Jugendhilfe können beratend an der Lehrerkonferenz teilnehmen. [4]An den Förderschulen sind die Sonderpädagogischen Fachkräfte Mitglieder der Lehrerkonferenz. [5]Die Lehrerkonferenzen finden außerhalb der regelmäßigen Unterrichtszeit statt; der ordnungsgemäße Schulbetrieb muss gewährleistet sein. [6]Vorsitzender der Lehrerkonferenz ist der Schulleiter. [7]Vertreter der Schulaufsichtsbehörden können an den Sitzungen teilnehmen. [8]Die Lehrerkonferenz hat die Aufgabe, über alle wichtigen Fragen der Erziehungs- und Unterrichtsarbeit der Schule zu beraten und zu beschließen. [9]In den ihr durch Rechts- und Verwaltungsvorschriften zugewiesenen Angelegenheiten sind die Beschlüsse der Lehrerkonferenz für den Schulleiter, die Lehrer, die Erzieher und die Sonderpädagogischen Fachkräfte verbindlich. [10]Die Lehrerkonferenz soll insbesondere das kollegiale und pädagogische Zusammenwirken der Lehrer an der Schule sichern. [11]Die Aufgaben des Schulleiters und die pädagogische Verantwortung des einzelnen Lehrers bleiben unberührt. [12]Auf Beschluss der Lehrerkonferenz können Vertreter der Eltern, der Schüler, des Schulträgers, der Ausbildungsbetriebe und der nach dem Berufsbildungsgesetz zuständigen Stellen für die Berufsbildung, Mitarbeiter von öffentlichen und freien Trägern der Kinder- und Jugendhilfe sowie weitere Vertreter von Einrichtungen, die an der schulischen oder außerschulischen Bildung und Erziehung beteiligt sind, zur Beratung einzelner Themen hinzugezogen werden.

(2) In den berufsbildenden Schulen können schulformbezogene Lehrerkonferenzen eingerichtet werden; Absatz 1 gilt entsprechend.

(3) [1]Die Klassenkonferenz besteht aus den Lehrern, die in der Klasse, in den Kursen oder in den Lerngruppen die Schüler unterrichten, sowie den gegebenenfalls in der Klasse tätigen Lehrern der Förderschule. [2]Vorsitzender der Klassenkonferenz ist der Klassenlehrer. [3]In Angelegenheiten der Ein- und Umstufung sowie der Versetzung führt der Schulleiter den Vorsitz; er kann diese Aufgabe seinem Stellvertreter oder einem anderen Lehrer übertragen. [4]Die Sonderpädagogischen Fachkräfte, die Erzieher, die Schulsozialarbeiter und die überwiegend an der Schule tätigen Fachkräfte der Jugendhilfe sowie medizinisches, therapeutisches und pflegerisches Fachpersonal können beratend an der Klassenkonferenz teilnehmen. [5]Absatz 1 Satz 9 gilt entsprechend.

(4) [1]Fachkonferenzen werden für die Behandlung von Angelegenheiten eines Unterrichtsfaches eingerichtet; dabei können verwandte Fächer zusammengefasst werden (Fächergruppe). [2]Die Fachkonferenz besteht aus allen Lehrern, die in dem Fach oder den Fächern die Lehrbefähigung haben oder unterrichten. [3]Sie wählt aus ihrer Mitte einen Vorsitzenden. [4]Absatz 1 Satz 9 gilt entsprechend.

(5) [1]Der Schulleiter hat Beschlüsse der Lehrer-, Klassen- oder Fachkonferenz, die nach seiner Auffassung gegen Rechts- oder Verwaltungsvorschriften verstoßen, zu beanstanden. [2]Die Beanstandung hat aufschiebende Wirkung. [3]Hält die beschlussfassende Konferenz ihren Beschluss aufrecht, so entscheidet das zuständige Schulamt.

(6) Das Nähere über die Aufgaben und das Beschlussverfahren der Lehrer-, Klassen- und Fachkonferenz wird durch Rechtsverordnung des für das Schulwesen zuständigen Ministeriums geregelt.

Fünfter Abschnitt
Schulkonferenz, Landesschulbeirat

§ 38 Schulkonferenz

(1) [1]Als Organ der Mitwirkung und Mitbestimmung von Schülern, Eltern, Erziehern und Lehrern an der Schule wird jeweils für zwei Schuljahre eine Schulkonferenz gebildet. [2]Den Vorsitz führt der Schulleiter; er hat kein Stimmrecht. [3]Die Lehrerkonferenz, die Schulelternvertretung und die Schülervertretung der Schule wählen jeweils ihre Vertreter. [4]An Grundschulen besteht die Schulkonferenz aus einer gleichen Anzahl von Vertretern der Lehrer und der Eltern; an durchgehend einzügigen Grundschulen werden je zwei Vertreter gewählt, an durchgehend mindestens zweizügigen Grundschulen je drei Vertreter. [5]Zwei Vertreter der Schüler der Klassenstufe 4 nehmen beratend teil. [6]Wird an der Grundschule ein Hort geführt, wählen die Erzieher aus ihrer Mitte einen Vertreter; dieser ist anstelle eines Vertreters der Lehrer Mitglied in der Schulkonferenz. [7]An Gemeinschaftsschulen, die mit der Klassenstufe 1 beginnen und eine gymnasiale Oberstufe führen, besteht die Schulkonferenz aus je vier Vertretern der Lehrer, der Eltern und der Schüler der Sekundarstufen; Satz 5 gilt entsprechend. [8]In Schulen mit überwiegend volljährigen Schülern besteht die Schulkonferenz aus drei Vertretern der Lehrer und drei Vertretern der Schüler. [9]An Förderschulen besteht die Schulkonferenz aus

jeweils der gleichen Anzahl von bis zu drei Vertretern der Lehrer, der Sonderpädagogischen Fachkräfte, der Eltern und, entsprechend ihrer Einsichtsfähigkeit, der Schüler. [10]An den übrigen Schulen besteht die Schulkonferenz aus je drei Vertretern der Lehrer, der Eltern und der Schüler; an Gemeinschaftsschulen mit den Klassenstufen 1 bis 10 gilt Satz 5 entsprechend. [11]Soweit an der allgemeinen Schule tätig, nehmen jeweils ein Vertreter der Lehrer der Förderschule und der Sonderpädagogischen Fachkräfte beratend teil. [12]Soweit an der Schule Maßnahmen der schulbezogenen Jugendhilfe angeboten werden, nimmt ein im Rahmen dieser Maßnahmen an der Schule tätiger Mitarbeiter beratend teil. [13]In Schulen, an denen ein Schulförderverein tätig ist, kann ein Vertreter beratend teilnehmen. [14]Medizinisches, therapeutisches und pflegerisches Fachpersonal kann zu Beratungen der Schulkonferenz hinzugezogen werden.

(1a) [1]Ein Beschluss kommt nicht zustande, wenn die anwesenden Vertreter der Lehrer, Eltern oder Schüler jeweils einstimmig gegen den Antrag stimmen und sich dabei auf diese Bestimmung berufen. [2]Über den Antrag ist in einer weiteren Schulkonferenz abschließend erneut zu befinden. [3]Zwischen den beiden Schulkonferenzen muss ein Zeitraum von mindestens zwei und höchstens vier Wochen liegen.

(2) [1]Zu den Sitzungen der Schulkonferenz ist rechtzeitig einzuladen. [2]Zeitpunkt und Dauer der Sitzung sind so zu gestalten, dass allen Mitgliedern eine Teilnahme ermöglicht wird. [3]Der Schulträger ist rechtzeitig über die Tagesordnung der Sitzung der Schulkonferenz zu informieren; er kann durch Beauftragte an der Beratung teilnehmen.

(3) [1]Die Schulkonferenz berät Fragen, die Schüler, Eltern, Lehrer und Erzieher gemeinsam betreffen, und gibt Empfehlungen. [2]Die Lehrerkonferenz, die Schulelternvertretung und die Schülervertretung sind berechtigt, zu diesen Fragen Anträge an die Schulkonferenz zu richten. [3]Der Schulkonferenz ist insbesondere Gelegenheit zu einer vorherigen Stellungnahme zu geben:

1. zu wesentlichen Festlegungen der Schulorganisation, soweit nicht eine Mitwirkung der Eltern oder Schulelternvertretung vorgeschrieben ist,
2. zu Maßnahmen nach § 10 Abs. 4, nach § 13 Abs. 4 Satz 1 und nach § 14 Abs. 1 Satz 1 und 2,
3. zu Maßnahmen der Schulwegsicherung, der Schülerbeförderung und der Unfallverhütung in Schulen,
4. zur Kooperation der Schule mit den öffentlichen und freien Trägern der Kinder- und Jugendhilfe,
5. zu Baumaßnahmen im Bereich der Schule,
6. zum Erlaß von Verhaltensregeln für den geordneten Ablauf des äußeren Schulbetriebs (Hausordnung),
7. zur Verwendung der den Schulen zur freien Verfügung zugewiesenen Haushaltsmittel,
8. zu weiteren Angelegenheiten, die ihr durch Rechts- und Verwaltungsvorschrift zur Stellungnahme zugewiesen sind.

[4]Die Schulkonferenz kann ferner auf Antrag eines Betroffenen in Konfliktfällen zwischen Schülern und Lehrern sowie Schülern und Erziehern vermitteln.

(4) In den Fällen des § 6a Abs. 3, § 12 Abs. 3 und 139 steht der Schulkonferenz ein Antragsrecht zu.

(5) [1]Die Schulkonferenz entscheidet über:

1. die Bildung von Klassen oder die Differenzierung in Kursen gemäß § 6 Abs. 1 Satz 4,
2. den Unterrichtsbeginn im Einvernehmen mit dem Schulträger,
3. das pädagogische Konzept im Zusammenhang mit der Weiterentwicklung der Schule zu einer Gemeinschaftsschule,
4. die Durchführung des Unterrichts an Spezialgymnasien an fünf oder sechs Wochentagen vorbehaltlich der Zustimmung des Schulträgers,
5. die Pausenordnung,
6. die Pausenverpflegung unter Berücksichtigung der Grundsätze einer gesunden Ernährung,
7. das Aufstellen von Getränke- und Speiseautomaten,
8. das außerunterrichtliche Angebot der Schule im Rahmen der an der Schule gegebenen personellen und sächlichen Voraussetzungen,
9. die Zusammenarbeit mit außerschulischen Einrichtungen und Institutionen im Rahmen von Projekten zur Öffnung von Schule gegenüber ihrem sozialen Umfeld und unter Berücksichtigung der gegebenen sächlichen Voraussetzungen,
10. die Durchführung besonderer Schulveranstaltungen,

11. die Gründung und Ausgestaltung von Schulpartnerschaften,
12. schulinterne Grundsätze für Wandertage sowie Klassen- und Kursfahrten,
13. die Grundsätze für die Betätigung von Schülergruppen in der Schule,
14. schulinterne Grundsätze auf Grundlage des Überwältigungsverbotes, der Schülerorientierung und im Sinne der Ziele des § 2 zur Gewährleistung einer ausgewogenen Information der Schüler bei Informationsbesuchen nicht zur Schule gehörender Personen, Organisationen und Institutionen an der Schule und im Unterricht gemäß § 56 Abs. 1,
15. Grundsätze der schulischen Antidiskriminierungsarbeit,
16. weitere Angelegenheiten, die ihr durch Rechts- und Verwaltungsvorschrift zugewiesen sind.

[2]Vor den Beschlüssen zu den Nummern 5, 6 und 12 ist die Klassensprecherversammlung anzuhören.

(6) Die Schulkonferenz wirkt bei der Entscheidung über die Einführung neuer Schulbücher.

(7) [1]Wird einer Empfehlung der Schulkonferenz gemäß Absatz 3 von der für die Entscheidung zuständigen Stellen nicht entsprochen, so ist dies gegenüber der Schulkonferenz zu begründen. [2]Für die Beschlüsse nach Absatz 5 gilt § 37 Abs. 5 entsprechend.

(8) Das Nähere über die Aufgaben und das Beschlussverfahren der Schulkonferenz wird durch Rechtsverordnung des für das Schulwesen zuständigen Ministeriums geregelt.

§ 39 Landesschulbeirat

[1]Zur Beratung des für das Schulwesen zuständigen Ministeriums wird ein Landesschulbeirat gebildet. [2]Er setzt sich zusammen aus Vertretern der Eltern, der Lehrer, der Erzieher und der Sonderpädagogischen Fachkräfte, der Schüler und der Schulen in freier Trägerschaft. [3]Weitere Mitglieder sind Vertreter von Einrichtungen, die an Bildung und Erziehung beteiligt sind, insbesondere die kommunalen Spitzenverbände. [4]Näheres wird durch Rechtsverordnung des für das Schulwesen zuständigen Ministeriums geregelt.

Sechster Abschnitt

Schulaufsicht, Institut für Lehrerfortbildung, Lehrplanentwicklung und Medien, eigenverantwortliche Schule, Schulnetzplanung und Medienzentren

§ 40 Schulaufsicht

[1]Das Land hat die Aufsicht über das gesamte Schulwesen. [2]Näheres regeln das Thüringer Gesetz über die Schulaufsicht sowie das Thüringer Gesetz über die Schulen in freier Trägerschaft.

§ 40a Institut für Lehrerfortbildung, Lehrplanentwicklung und Medien

(1) [1]Das Institut für Lehrerfortbildung, Lehrplanentwicklung und Medien trägt Verantwortung im Prozess von Qualitätsentwicklung und Qualitätssicherung der Bildungseinrichtungen im schulischen und vorschulischen Bereich. [2]Zu seinen Aufgaben gehören dabei insbesondere

1. die Unterstützung im Prozess der Qualitätsentwicklung Eigenverantwortlicher Schulen sowie die Koordinierung der Erfassung und Auswertung der hierbei erhobenen Daten,
2. die Planung, Organisation und Koordinierung der Fort- und Weiterbildung der im Landesdienst tätigen Lehrer, Sonderpädagogischen Fachkräfte und Erzieher sowie die nach dem Thüringer Lehrerbildungsgesetz vom 12. März 2008 (GVBl. S. 45) in der jeweils geltenden Fassung zugewiesenen Aufgaben,
3. Fortbildungsangebote für pädagogisches Fachpersonal im frühkindlichen Bereich,
4. die Entwicklung der Lehrpläne und des Bildungsplans,
5. die Beratung und Unterstützung von staatlichen Schulen, Schulämtern und Staatlichen Studienseminaren für Lehrerausbildung sowie
6. die Beratung und Unterstützung der Schulträger staatlicher Schulen und der Medienzentren in medientechnischen und medienpädagogischen Fragen.

[3]Das für das Schulwesen zuständige Ministerium schließt mit dem Institut für Lehrerfortbildung, Lehrplanentwicklung und Medien Ziel- und Leistungsvereinbarungen zur Umsetzung der diesem übertragenen Aufgaben ab.

(2) Näheres zu den in Absatz 1 genannten Aufgaben, die Übertragung weiterer Aufgaben im Bereich der Bildungsplanung, der Qualitätsentwicklung und der Qualitätssicherung von Bildungseinrichtungen sowie die Organisation und die Maßnahmen der Qualitätssicherung des Instituts für Lehrerfortbildung,

Lehrplanentwicklung und Medien regelt das für das Schulwesen zuständige Ministerium durch Rechtsverordnung.

§ 40b Eigenverantwortliche Schule und schulische Evaluation

(1) [1]Die Schule gestaltet den Unterricht, die Erziehung und das Schulleben im Rahmen der geltenden Rechts und Verwaltungsvorschriften eigenverantwortlich. [2]Sie ist dabei zu einer kontinuierlichen Qualitätsentwicklung und Qualitätssicherung verpflichtet.

(1a) [1]Für jede Schule wird ein Schulkonto eingerichtet und geführt. [2]Dies erfolgt in der Regel im Namen des Freistaats Thüringen. [3]Bestehende Schulkonten, welche durch Schulträger eingerichtet wurden, können weitergeführt werden. [4]Das Schulkonto dient allein schulischen Zwecken. [5]Es wird insbesondere für den Zahlungsverkehr genutzt, um Beiträge für schulische Veranstaltungen zu sammeln und weiterzuleiten. [6]Die Konten können auch genutzt werden, um unter Einhaltung der entsprechenden rechtlichen Vorgaben öffentliche Mittel zu bündeln und zu verwalten. [7]Die näheren Einzelheiten der Kontoführung regelt das für Bildung zuständige Ministerium im Benehmen mit den für Finanzen und Kommunales zuständigen Ministerien durch Rechtsverordnung.

(2) [1]Zur Bewertung ihrer Schul- und Unterrichtsqualität führt die Schule regelmäßig interne Evaluationen durch. [2]Hierfür sind vorrangig die von dem für das Schulwesen zuständigen Ministerium zur Verfügung gestellten Angebote zu nutzen. [3]Über die Auswahl der Evaluationsinstrumente entscheidet die Schule in eigener Verantwortung, soweit das für das Schulwesen zuständige Ministerium keine Festlegungen getroffen hat. [4]Vor der Durchführung von Evaluationen sind die Schulkonferenz und der Schulträger zu informieren. [5]Sind Eltern- und Schülerbefragungen vorgesehen, ist die Zustimmung der Schulkonferenz einzuholen. [6]Über die Ergebnisse der Evaluation ist der Schulkonferenz und dem Schulträger zu berichten.

(3) [1]Die Schule nimmt unter Berücksichtigung der personellen Voraussetzungen in angemessenen Zeitabständen an externen Evaluationen teil. [2]Diese werden von Expertenteams, die im Auftrag des für das Schulwesen zuständigen Ministeriums tätig sind, durchgeführt. [3]Die Expertenteams bestehen in der Regel aus dafür besonders geschulten Lehrern. [4]Abweichend von den Sätzen 2 und 3 kann die Schule nach Genehmigung des für das Schulwesen zuständigen Ministeriums andere geeignete Experten mit einer externen Evaluation beauftragen. [5]Absatz 2 Satz 4 bis 6 gilt entsprechend. [6]Das für das Schulwesen zuständige Ministerium wird ermächtigt, die Expertenteams nach den Sätzen 2 und 3 einschließlich der mit deren Koordinierung verbundenen Aufgaben sowie die Genehmigung nach Satz 4 nachgeordneten Behörden durch Rechtsverordnung zuzuordnen.

(4) [1]Zeigt sich im Ergebnis der externen Evaluation ein schulischer Unterstützungsbedarf, so ist dieser von der Schule gegenüber dem Institut für Lehrerfortbildung, Lehrplanentwicklung und Medien anzuzeigen. [2]Dieses leitet entsprechende Unterstützungsmaßnahmen ein. [3]Die Schule ist verpflichtet, das zuständige Schulamt über das Ergebnis der externen Evaluation sowie über die gegebenenfalls eingeleiteten Unterstützungsmaßnahmen nach Satz 2 zu informieren.

(5) [1]Die Schule ist verpflichtet, an internationalen, nationalen oder landesweiten Lernstandserhebungen und Vergleichsuntersuchungen teilzunehmen, die Zwecken der Schulentwicklung und Bildungsplanung dienen. [2]Über die schulbezogene Rückmeldung ist in der Schulkonferenz zu beraten.

§ 41 Schulnetzplanung

(1) [1]Schulnetzpläne werden von den Schulträgern im Benehmen mit den betroffenen Gemeinden bzw. Landkreisen und kreisfreien Städten für ihr Gebiet in der Regel alle fünf Jahre aufgestellt und fortgeschrieben. [2]In den Plänen werden der gegenwärtige und zukünftige Schulbedarf sowie die Schulstandorte ausgewiesen. [3]Für den Schulstandort ist anzugeben, welche Bildungsangebote dort vorhanden sind und für welche Schulbezirke, Einzugsgebiete oder Einzugsbereiche sie gelten sollen. [4]Satz 3 gilt für die Festlegung von Netzwerkbereichen nach § 7a Abs. 2 Satz 4 entsprechend. [5]Die Schulträger berücksichtigen bei ihrer Planung das örtliche Angebot von Schulen in freier Trägerschaft. [6]Die Pläne müssen sowohl die langfristige Zielplanung, insbesondere zum weiteren Ausbau des gemeinsamen Unterrichts, als auch die Durchführungsmaßnahmen unter Angabe der Rangfolge ihrer Verwirklichung enthalten. [7]In die Pläne müssen die Möglichkeiten der Kooperation von Förderschulen mit anderen Schularten und Schulformen aufgenommen werden. [8]Die Pläne sind mit den benachbarten Schulträgern abzustimmen.

(2) [1]Schulen sollen eine Größe haben, die eine Differenzierung des Unterrichts ermöglicht und einen zweckmäßigen und wirtschaftlichen Einsatz von personellen und sächlichen Mitteln sichert (geordneter Schulbetrieb). [2]Für allgemein bildende Schulen gelten die §§ 41a bis 41e. [3]Das für das Schulwesen zuständige Ministerium wird ermächtigt, für die berufsbildenden Schulen durch Rechtsverordnung

1. die für einen geordneten Schulbetrieb erforderlichen Mindest- und Höchstschülerzahlen für Schulen, Klassen und Kurse zu bestimmen sowie
2. die Voraussetzungen, unter denen von den nach Nummer 1 erteilten Vorgaben abgewichen werden darf,

zu regeln.

(3) [1]Die Schulnetzplanung soll ein möglichst vollständiges und wohnortnahes Bildungsangebot sichern, die Grundlage für einen langfristig zweckentsprechenden Schulbau schaffen und den Planungsrahmen für ein ausgeglichenes Bildungsangebot in Thüringen berücksichtigen. [2]Es soll darauf hingewirkt werden, die Schulnetz- und die Jugendhilfeplanung aufeinander abzustimmen. [3]Die Ziele der Raumordnung und der Landesplanung sind zu beachten. [4]Für das Angebot nach § 4 Abs. 1 Nr. 3 und 4 findet Satz 1 keine Anwendung.

(4) [1]Die Schulnetzpläne sowie ihre Fortschreibung bedürfen der Zustimmung des für das Schulwesen zuständigen Ministeriums. [2]Diese ist zu versagen, wenn der vorgelegte Plan den in den Absätzen 1 bis 3 sowie den in den §§ 41a bis 41e genannten Anforderungen nicht entspricht oder wenn er mit einer zweckmäßigen Schulorganisation nicht vereinbar ist oder einer ordnungsgemäßen Gestaltung des Unterrichts entgegensteht. [3]Das für das Schulwesen zuständige Ministerium kann Schulnetzplänen auch unter Erteilung von Auflagen zustimmen. [4]Das für das Schulwesen zuständige Ministerium wird ermächtigt, das Nähere zur Aufstellung und Fortschreibung der Schulnetzpläne sowie zu deren Zustimmung durch Rechtsverordnung zu regeln.

(5) Die Schulnetzpläne können bei den Schulträgern, für deren Gebiet sie gelten, eingesehen werden.

§ 41a Mindestschülerzahl und Zügigkeit

(1) [1]Die Mindestschülerzahl an Grundschulen beträgt für die erste einzurichtende Klasse je Klassenstufe in der Regel 15 Schüler, für jede weitere einzurichtende Klasse in der Regel 14 Schüler. [2]Grundschulen können ein- oder mehrzügig geführt werden.

(2) [1]Die Mindestschülerzahl an Regelschulen beträgt in der Regel 20 Schüler je Klasse. [2]Regelschulen werden grundsätzlich mindestens zweizügig geführt. [3]Abweichend von Satz 2 können im ländlichen Raum bestehende Regelschulen einzügig geführt werden. [4]Eine ausreichende Differenzierung nach § 6 Abs. 1 und individuelle Förderung nach § 2 Abs. 2 müssen sichergestellt sein und können auch klassenstufenübergreifend oder durch Schulkooperation erfolgen.

(3) [1]Für die Mindestschülerzahl und die Zügigkeit von Gemeinschaftsschulen gilt Absatz 1 für die Klassenstufen 1 bis 4 und Absatz 2 für die Klassenstufen 5 bis 10 entsprechend. [2]Für die gymnasiale Oberstufe gilt Absatz 5.

(4) [1]Die Mindestschülerzahl an Integrativen und Kooperativen Gesamtschulen der Klassenstufen 5 bis 10 beträgt in der Regel 20 Schüler je Klasse. [2]Gesamtschulen werden mindestens dreizügig geführt. [3]Für die gymnasiale Oberstufe gilt Absatz 5.

(5) [1]Die Mindestschülerzahl an Gymnasien, mit Ausnahme der Spezialgymnasien, beträgt in der Regel 20 Schüler je Klasse. [2]Gymnasien werden in der Regel mindestens zweizügig geführt. [3]Die gymnasiale Oberstufe kann durch Schulkooperationen im Sinne von § 41e sichergestellt werden. [4]Die Qualifikationsphase der gymnasialen Oberstufe kann klassenstufenübergreifend organisiert werden.

(6) [1]Sind weder die Voraussetzungen für eine Ausnahmegenehmigung nach § 41c noch für eine Kooperation gegeben und stellt der Schulträger nicht bis spätestens zum 31. März eines Jahres einen Antrag auf eine schulorganisatorische Maßnahme nach § 13 Abs. 4 Satz 1 für das in dem Jahr beginnende neue Schuljahr, kann diese durch das für das Schulwesen zuständige Ministerium im Einvernehmen mit dem für die Kommunalaufsicht zuständigen Ministerium angeordnet werden. [2]Der Schulträger ist vorher zu hören.

§ 41b Klassenbildung

(1) Klassen sollen so gebildet werden, dass die Fortführung im darauffolgenden Schuljahr nach Möglichkeit gesichert ist; die Entscheidung trifft der Schulleiter.

(2) Schüler mit sonderpädagogischem Förderbedarf sowie Schüler mit Förderbedarf zum Erwerb der deutschen Sprache werden bei der Klassenbildung an allgemein bildenden Schulen mit Ausnahme der Förderzentren doppelt gezählt.

(3) [1]Abweichend von den in § 41a festgelegten Mindestschülerzahlen je Klasse kann eine Klasse im Ausnahmefall auch dann gebildet werden, wenn aufgrund der räumlichen Gegebenheiten, auch unter Berücksichtigung pädagogischer Gesichtspunkte, eine sinnvolle Beschulung nicht mehr möglich und damit eine Klassenteilung erforderlich ist. [2]Die Entscheidung trifft das zuständige Schulamt.

§ 41c Ausnahmen bei Mindestschülerzahl und Zügigkeit

(1) Von den Vorgaben nach § 41a kann auf Antrag des Schulträgers mit Genehmigung des für das Schulwesen zuständigen Ministeriums abgewichen werden, wenn

1. eine Nutzungsbindung für geförderte Gebäude, für die der Zuwendungsbescheid durch das Land nicht widerrufen werden kann, ohne dass es zu einer Rückforderung des Zuwendungsbetrags kommt, besteht,
2. Nachbarschulen ihre Aufnahmekapazitäten bereits voll ausgelastet haben,
3. bauliche Voraussetzungen zu schaffen sind, um eine Schulnetzmaßnahme vollziehen zu können,
4. die Mindestzügigkeit nicht eingehalten werden kann, jedoch nach spätestens drei Jahren wieder erreicht wird,
5. die Mindestschülerzahl in den Eingangsklassen nur vorübergehend unterschritten wird und nach der prognostizierten Entwicklung der Anzahl der aufzunehmenden Schüler ein Erreichen der Mindestschülerzahl nach spätestens drei Jahren zu erwarten ist,
6. zur Einhaltung der Mindestschülerzahl in der Eingangsklassenstufe bauliche Veränderungen erforderlich sind, die nicht mit vertretbarem Aufwand geschaffen werden können, und die Mindestschülerzahlen der weiteren Klassenstufen sowie die Mindestzügigkeit erreicht werden,
7. im Fall der Neugründung einer Schule aufgrund der aufwachsenden Struktur die Vorgaben zu den Zügigkeiten nicht erreicht werden können,
8. die Vorgaben nach § 41d im Fall einer Aufhebung der Schule überschritten werden oder
9. ein Kooperationspartner nach § 41e aus sachlich nachvollziehbaren und überprüfbaren Gründen insbesondere aufgrund einer wesentlichen Überschreitung der angemessenen Zeiten für den Schulweg nach § 41d nicht gefunden werden kann.

(2) [1]Der Antrag auf Erteilung einer Ausnahmegenehmigung ist spätestens bis zum 31. März des Jahres für das folgende Schuljahr bei dem für das Schulwesen zuständigen Ministerium zu stellen. [2]Es sind geeignete begründende Unterlagen vorzulegen. [3]Die Genehmigung soll bis zum 31. Mai des Jahres für das folgende Schuljahr erteilt oder versagt werden. [4]Die Genehmigung der Ausnahme soll befristet erteilt werden. [5]Die Befristungsdauer soll sich an der mutmaßlichen Dauer des Vorliegens des Befristungsgrunds orientieren, die Dauer der Genehmigung des genehmigten Schulnetzplanes jedoch nicht überschreiten.

§ 41d Zeiten für den Schulweg

(1) Für Schüler der Primarstufe soll der Schulweg zur Grundschule oder zur Gemeinschaftsschule 35 Minuten sowie zum regionalen Förderzentrum 60 Minuten nicht überschreiten.

(2) Für Schüler der Sekundarstufe soll der Schulweg zur Regelschule 45 Minuten sowie zur Gemeinschaftsschule, zum Gymnasium oder zum regionalen Förderzentrum 60 Minuten nicht überschreiten.

§ 41e Kooperationsmodelle

(1) [1]Erfüllt eine Schule die Vorgaben nach § 41a nicht und liegt kein Ausnahmetatbestand nach § 41c Abs. 1 vor, kann diese Schule fortgeführt werden, wenn durch eine Kooperation der Unterricht gemäß den für die Schulart festgelegten Lehrplänen und der Stundentafel angeboten und ein effektiver Personaleinsatz ermöglicht werden kann. [2]Kooperationen sind im Rahmen folgender Organisationsmodelle möglich:

1. Kooperation von Schulen ein oder mehrerer Schularten mit einem Schulleitungskollegium und einem gemeinsamen Kollegium (Sprengelmodell),
2. Kooperation von Schulen einer Schulart mit einer Schulleitung und einem Kollegium (Filialmodell),
3. Kooperation von Schulen mehrerer Schularten an einem Standort mit je einer Schulleitung und je einem Kollegium (Campusmodell).

[3]Die Kooperationen können im Rahmen eines Erprobungsmodells nach § 12 Abs. 6 ausgestaltet sein.

(2) Das Nähere zu den Voraussetzungen, zum Verfahren und zur Ausgestaltung der in Absatz 1 Satz 2 Nr. 1 bis 3 genannten Kooperationsmodelle bestimmt das für das Schulwesen zuständige Ministerium durch Rechtsverordnung.

(3) Schulen einer Schulart oder mehrerer Schularten, die jeweils die Klassen- und Schulgrößen nach § 41a erreichen, können zur Erweiterung der Unterrichtsangebote und zur Optimierung des Personaleinsatzes Kooperationen eingehen (Schulzusammenarbeit).

§ 42 Kommunale Medienzentren

Die Medienzentren, die von den Landkreisen und kreisfreien Städten personell und sächlich ausgestattet und unterhalten werden, beschaffen die für die Schulen erforderlichen Medien, stellen diese bereit und erfüllen die damit verbundenen medienpädagogischen und organisatorischen Aufgaben auf der Grundlage gemeinsamer Qualitätsstandards.

Siebter Abschnitt

Lehrpläne, Schulbetrieb und Unterrichtsinhalte

§ 43 Lehrpläne, Lehr- und Lernmittel, Stundentafeln

(1) [1]Grundlage für Unterricht und Erziehung bilden die von dem für das Schulwesen zuständigen Ministerium festgelegten Lehrpläne und Stundentafeln, in denen Art und Umfang des Unterrichtsangebotes einer Schulart bestimmt sind. [2]Lehrpläne sowie Stundentafeln richten sich nach dem Auftrag der Verfassung und dem Profil der jeweiligen Schulart. [3]Die Lehrpläne benennen die allgemeinen und fachlichen Ziele sowie Inhalte der einzelnen Fächer und Lernbereiche, beschreiben zu erwartende Lernergebnisse und bestimmen den erwarteten Kompetenzerwerb (Bildungsstandards).

(2) Lehr- und Lernmittel müssen zur Erfüllung des Auftrags für das Bildungswesen geeignet sein, mit der Verfassung und sonstigen Rechtsvorschriften übereinstimmen, die Anforderungen der Lehrpläne, Stundentafeln und sonstigen Richtlinien erfüllen und den pädagogischen und fachlichen Erkenntnissen für die betreffende Schulart und Klassenstufe entsprechen.

(3) [1]Schulbücher werden auf Antrag eines Verlags in den Schulbuchkatalog aufgenommen. [2]Sofern die Anforderungen nach Absatz 2 nicht erfüllt sind, wird das Schulbuch aus dem Schulbuchkatalog entfernt.

(4) [1]Die Lehrpläne für den Religionsunterricht erstellen die betreffenden Kirchen und Religionsgemeinschaften im Einvernehmen mit dem für das Schulwesen zuständigen Ministerium. [2]Lehr- und Lernmittel für den Religionsunterricht müssen die Voraussetzungen des Absatzes 2 erfüllen; die Zulassung für den Gebrauch in den Schulen bedarf der Zustimmung der betreffenden Kirchen und Religionsgemeinschaften.

(5) [1]Näheres zur Zulassung von Lehr- und Lernmitteln sowie den Stundentafeln wird durch Rechtsverordnung des für das Schulwesen zuständigen Ministeriums geregelt. [2]Soweit an der Schulaufsicht andere Ministerien beteiligt sind, werden Stundentafeln und Lehrpläne im Einvernehmen mit dem jeweiligen Fachressort erstellt.

§ 44 Lernmittelfreiheit

(1) An den staatlichen allgemein bildenden und berufsbildenden Schulen besteht Lernmittelfreiheit nach Maßgabe der Absätze 2 bis 4.

(2) [1]Der Umfang der Lernmittelfreiheit bestimmt sich nach den notwendigen, für die Hand des Schülers bestimmten Schulbüchern sowie der digitalen Bildungsmedien. [2]Zur Umsetzung besonderer pädagogischer Konzepte sowie für Schüler mit sonderpädagogischem Förderbedarf und Schüler mit Migrationshintergrund, die einen Förderbedarf zum Erwerb der deutschen Sprache haben, können aus pädagogischen Gründen auch andere notwendige Lernmittel bereitgestellt werden.

(3) [1]Die Kosten der Lernmittelfreiheit trägt das Land nach Maßgabe des Haushalts, soweit nicht Eltern und volljährige Schüler mit einem Eigenanteil an den Kosten der Lernmittel beteiligt werden. [2]Von einer Beteiligung kann bei Beziehern von Unterstützungsleistungen aus öffentlichen Haushalten sowie bei Familien mit einer bestimmten Kinderzahl teilweise oder ganz abgesehen werden.

(4) Von der Lernmittelfreiheit können einzelne Schularten, Schulformen, Bildungsgänge und Klassenstufen ausgenommen werden.

(5) Zuschüsse zu den Lernmittelkosten werden den Schülern an Schulen in freier Trägerschaft, an denen die Schulpflicht erfüllt werden kann, in gleicher Höhe wie den Schülern an staatlichen Schulen gewährt.

(6) Näheres, insbesondere zu Umfang, Art und Verfahren der Bereitstellung der Lernmittel, über die Höhe und das Verfahren der Beteiligung nach Absatz 3 sowie Maßnahmen bei nicht bestimmungsgemäßem Gebrauch oder unberechtigter Zurückbehaltung von Lernmitteln, wird durch Rechtsverordnung des für das Schulwesen zuständigen Ministeriums geregelt.

§ 45 Schulorganisation

(1) [1]Der Unterricht wird in der Regel in Klassen erteilt, die für ein Schuljahr gebildet werden. [2]Als besondere Unterrichtsformen können Intensiv- und Intervallkurse, insbesondere temporäre Lerngruppen, eingerichtet werden.

(2) [1]Das Schuljahr beginnt an allen Schulen am 1. August und endet am 31. Juli des folgenden Kalenderjahres. [2]Durch Rechtsverordnung des für das Schulwesen zuständigen Ministeriums können für einzelne Schulformen der berufsbildenden Schulen Beginn und Ende des Schuljahres abweichend geregelt werden.

(3) [1]Die Gesamtdauer der Ferien während des Schuljahres beträgt 75 Werktage. [2]Die Ferien werden durch die Ferienordnung festgesetzt, die das für das Schulwesen zuständige Ministerium erlässt. [3]Es kann durch Rechtsverordnung für Schulformen der berufsbildenden Schulen Abweichendes zur Dauer der Ferien regeln.

(4) [1]Der Unterricht wird an fünf Wochentagen, in der Regel am Vormittag, erteilt. [2]An Spezialgymnasien kann der Unterricht auf sechs Wochentage verteilt werden.

(5) Der Schulleiter erlässt im Benehmen mit der Schulkonferenz eine Hausordnung; soweit die Zuständigkeit des Schulträgers berührt ist, ist mit ihm das Einvernehmen herzustellen.

§ 46 Religionsunterricht und Ethikunterricht

(1) [1]Religionsunterricht und Ethikunterricht sind in den staatlichen Schulen ordentliche Lehrfächer. [2]Ausnahmen für Fachschulen und Höhere Berufsfachschulen werden durch Rechtsverordnung des für das Schulwesen zuständigen Ministeriums geregelt.

(2) [1]Religionsunterricht ist ordentliches Lehrfach für alle Schüler, die einer Kirche oder Religionsgemeinschaft angehören. [2]Unbeschadet des staatlichen Aufsichtsrechts wird der Religionsunterricht in Übereinstimmung mit den Grundsätzen der Kirchen oder der Religionsgemeinschaften erteilt. [3]Zur Erteilung des Religionsunterrichts bedürfen die Lehrer der Berufung durch die Kirchen oder Religionsgemeinschaften. [4]Kein Lehrer darf gegen seinen Willen verpflichtet werden, Religionsunterricht zu erteilen. [5]Über die Teilnahme am Religionsunterricht entscheiden die Eltern oder die Schüler, sofern sie das 14. Lebensjahr vollendet haben. [6]Näheres wird durch Vertrag zwischen dem Land Thüringen und den betreffenden Kirchen oder Religionsgemeinschaften geregelt.

(3) [1]Auf Wunsch der Eltern können Schüler, die keiner Kirche oder Religionsgemeinschaft angehören, am Religionsunterricht teilnehmen, wenn die Zustimmung der betreffenden Kirche oder Religionsgemeinschaft vorliegt; dies gilt entsprechend für Schüler, für deren Religionsgemeinschaft Religionsunterricht als ordentliches Lehrfach nicht eingerichtet ist. [2]Sofern Schüler das 14. Lebensjahr vollendet haben, entscheiden sie anstelle der Eltern selbst.

(4) [1]Der weltanschaulich neutrale Ethikunterricht ist ordentliches Lehrfach für alle Schüler, die keiner Kirche oder Religionsgemeinschaft angehören und die auch nicht gemäß Absatz 3 am Religionsunterricht teilnehmen. [2]Der Ethikunterricht dient dem kritischen Verständnis von gesellschaftlich wirksamen Wertvorstellungen und Normen als Grundlage verantwortlichen Urteilens und Handelns. [3]Sein Inhalt orientiert sich an den sittlichen Grundsätzen, wie sie im Grundgesetz niedergelegt sind. [4]Im Übrigen berücksichtigt er die Pluralität der Bekenntnisse und Weltanschauungen.

(5) Schüler, die gemäß Absatz 2 Satz 5 nicht am Religionsunterricht teilnehmen, nehmen am Ethikunterricht teil.

§ 47 Gesundheitsförderung und Sexualerziehung

(1) [1]Die Schule hat durch geeignete Maßnahmen die Gesundheitsförderung zu unterstützen. [2]Sie entwickelt ein umfassendes ganzheitliches Konzept zur Gesunderhaltung und gesunden Lebensweise. [3]Die in den Lehrplänen festgeschriebenen Bildungsinhalte zur Gesundheitsförderung sind fächerüber-

greifend und über den Unterricht hinaus zu vermitteln. [4]Gesunde Lebensweise ist an jeder Schule aktiv zu gestalten. [5]Der Suchtprävention ist dabei ein besonderer Stellenwert einzuräumen.

(2) [1]Das Rauchen ist im Schulgebäude und auf dem Schulgelände untersagt. [2]Dies gilt nicht für Wohnräume, die sich auf dem Schulgelände befinden.

(3) [1]Das Konzept zur Gesunderhaltung und gesunden Lebensweise ist von den Schulen regelmäßig auf seine Wirksamkeit zu überprüfen und fortzuschreiben. [2]Dabei erhält die Schule die Unterstützung des zuständigen Staatlichen Schulamts.

(4) [1]Durch die Sexualerziehung, die als Teil der Gesamterziehung zu den Aufgaben der Schule gehört, sollen die Schüler sich altersgemäß mit den biologischen, ethischen, religiösen, kulturellen und sozialen Tatsachen und Bezügen der Geschlechtlichkeit des Menschen vertraut machen. [2]Die Sexualerziehung soll das Bewusstsein für eine persönliche Intimsphäre und für partnerschaftliches, gewaltfreies Verhalten in persönlichen Beziehungen entwickeln und fördern sowie die grundlegende Bedeutung von Partnerschaft, Ehe und Familie vermitteln. [3]Bei der Sexualerziehung ist Zurückhaltung zu wahren sowie Offenheit und Toleranz gegenüber den verschiedenen Wertvorstellungen in diesem Bereich zu beachten; jede einseitige Beeinflussung ist zu vermeiden.

(5) Die Eltern sind über Ziel, Inhalt und Formen der Gesundheitsförderung und Sexualerziehung zu unterrichten.

§ 47a Berufliche und arbeitsweltliche Orientierung

[1]Berufliche und arbeitsweltliche Orientierung ist an allen allgemein bildenden und berufsbildenden Schulen verpflichtender Bestandteil der Lehrpläne. [2]Die Schule fördert durch Maßnahmen der praxisorientierten und individuellen beruflichen und arbeitsweltlichen Orientierung und Wissensvermittlung die Entwicklung der Berufswahlkompetenz und die Orientierung in der Arbeitswelt des Schülers, um den Übergang in eine Ausbildung, ein Studium oder einen Beruf zu unterstützen. [3]Dabei werden Eltern, die Bundesagentur für Arbeit, Kammern, Gewerkschaften, Hochschulen, Unternehmen und weitere außerschulische Partner, die an Bildung und Erziehung beteiligt sind, einbezogen.

§ 48 Leistungen und Zeugnisse

(1) [1]Zum Nachweis des Leistungsstandes erbringen die Schüler in angemessenen Zeitabständen entsprechend den Erfordernissen des jeweiligen Bildungsganges, der betreffenden Klassenstufen sowie der einzelnen Fächer und Lernbereiche schriftliche, mündliche und praktische Leistungen. [2]Leistungsnachweise dienen der Leistungsbewertung und als Beratungsgrundlage. [3]Nähere Festlegungen werden durch Rechtsverordnung des für das Schulwesen zuständigen Ministeriums sowie durch die Lehrpläne getroffen.

(2) [1]Die einzelnen schriftlichen, mündlichen und praktischen Leistungsnachweise sowie die gesamten während eines Schuljahres in den einzelnen Fächern und Lernbereichen erbrachten Leistungen werden nach folgenden sechs Notenstufen bewertet:

1 = sehr gut
2 = gut
3 = befriedigend
4 = ausreichend
5 = mangelhaft
6 = ungenügend.

[2]Durch Rechtsverordnung des für das Schulwesen zuständigen Ministeriums im Benehmen mit dem für das Schulwesen zuständigen Landtagsausschuss kann vorgesehen werden, dass in bestimmten Klassenstufen oder Schularten die Noten durch eine verbale Leistungseinschätzung oder ein Punktsystem ergänzt oder ersetzt werden. [3]Schüler im Bildungsgang zur individuellen Lebensbewältigung erhalten in allen Fächern, Schüler mit sonderpädagogischem Förderbedarf im Lernen in allen oder einzelnen Fächern eine verbale Leistungseinschätzung. [4]In Schulen mit einem bewährten reformpädagogischen Konzept ist das Ersetzen von Noten durch eine allgemeine Bewertung für weitere Klassenstufen möglich; die Entscheidung trifft das für das Schulwesen zuständige Ministerium. [5]Zwischennoten werden nicht erteilt.

(3) [1]Unter Berücksichtigung der einzelnen schriftlichen, mündlichen und praktischen Leistungen werden Zeugnisse erteilt. [2]Zeugnisse werden in der Regel jeweils zum Schulhalbjahr und zum Schuljahresende ausgestellt. [3]Die gesamten Leistungen eines Schülers werden vom Lehrer unter Wahrung der

Gleichbehandlung aller Schüler in pädagogischer Verantwortung bewertet. [4]Die Transparenz der Notengebung ist für Schüler und Eltern insbesondere durch die Bekanntgabe der Bewertungsmaßstäbe und die Begründung der Noten zu gewährleisten.

(4) [1]In das Zeugnis werden Bewertungen zur Mitarbeit und zum Verhalten des Schülers aufgenommen; für die Schullaufbahnberatung können ergänzend zum Zeugnis Einschätzungen der persönlichen, fachlichen und sozialen Kompetenzentwicklung des Schülers erstellt werden. [2]Näheres, insbesondere Ausnahmen von Satz 1, wird durch Rechtsverordnung des für das Schulwesen zuständigen Ministeriums geregelt.

(5) [1]Schüler im Bildungsgang zur individuellen Lebensbewältigung erhalten ein Abschlusszeugnis, das die individuelle Entwicklung der Persönlichkeit beschreibt. [2]Schüler mit sonderpädagogischem Förderbedarf im Lernen beenden ihre Schullaufbahn an der allgemeinen Schule oder der Förderschule mit einem Abschlusszeugnis zur Berufsvorbereitung.

§ 49 Versetzung, Wiederholung und Überspringen

(1) [1]In die nächsthöhere Klassenstufe werden die Schüler versetzt, die während des laufenden Schuljahres die erforderlichen Leistungsnachweise erbracht und dabei den Anforderungen genügt haben. [2]Abweichend hiervon kann ein Schüler bei Vorliegen besonderer Gründe, wie Wechsel der Schule während des Schuljahres oder längerer Krankheit, versetzt werden, wenn dies bei Würdigung seines Leistungswillens gerechtfertigt erscheint und eine erfolgreiche Mitarbeit in der nächsthöheren Klassenstufe erwartet werden kann; über die Versetzung oder Nichtversetzung entscheidet die Klassenkonferenz. [3]Näheres wird durch Rechtsverordnung des für das Schulwesen zuständigen Ministeriums im Benehmen mit dem für das Schulwesen zuständigen Landtagsausschuss geregelt; dabei kann vorgesehen werden, dass für einzelne Klassenstufen, Schulformen oder Schularten auf eine Versetzung oder auf die Versetzungswirksamkeit einzelner Fächer verzichtet wird.

(1a) [1]Abweichend von Absatz 1 rücken Schüler im Bildungsgang zur individuellen Lebensbewältigung nach Schuljahresende in die nächsthöhere Klassenstufe und nach drei Jahren in die nächsthöhere Schulstufe auf. [2]Schüler mit sonderpädagogischem Förderbedarf im Lernen können auf Beschluss der Klassenkonferenz in die nächsthöhere Klassenstufe aufrücken.

(2) [1]Schüler aller Klassenstufen können auf Antrag der Eltern, bei volljährigen Schülern auf Antrag der Schüler selbst, der spätestens eine Woche nach Ausgabe des Halbjahreszeugnisses zu stellen ist, in die nächstniedrigere Klassenstufe zurücktreten, sofern diese noch nicht wiederholt wurde und sofern sie im laufenden Schuljahr keine Klassenstufe wiederholen. [2]Am Ende der freiwillig wiederholten Klassenstufe ergeht keine Versetzungsentscheidung. [3]Aus der Klassenstufe 3 ist nach einer dreijährigen Verweildauer in der Schuleingangsphase ein Rücktritt ausgeschlossen. [4]Die Wiederholung ist nur zweimal während des Besuchs einer allgemein bildenden Schule möglich, davon einmal in der Oberstufe des Gymnasiums. [5]Über Ausnahmen entscheidet das für das Schulwesen zuständige Ministerium.

(3) [1]Einem besonders begabten und leistungswilligen Schüler kann das Überspringen eine Klassenstufe gestattet werden, wenn seine Leistungen deutlich über die seiner Mitschüler hinausragen und seine Arbeitsweise erwarten lässt, dass er erfolgreich in der neuen Klassenstufe mitarbeiten kann. [2]Näheres wird durch Rechtsverordnung des für das Schulwesen zuständigen Ministeriums geregelt.

(4) [1]Nicht versetzte Schüler wiederholen die zuletzt besuchte Klassenstufe. [2]Für bestimmte Schulformen der berufsbildenden Schule kann die Wiederholung einer Klassenstufe durch eine besondere Leistungsfeststellung ersetzt werden. [3]Näheres wird durch Rechtsverordnung des für das Schulwesen zuständigen Ministeriums geregelt.

§ 50 Entlassung wegen mangelnder Leistung

[1]Ein Schüler muss in der Regel die Schulart oder den Bildungsgang verlassen, wenn er die Abschlussprüfung zweimal nicht bestanden hat. [2]Dies gilt auch, wenn ein Schüler zweimal in derselben Klassenstufe oder in zwei aufeinanderfolgenden Klassenstufen der berufsbildenden Schulen (mit Ausnahme der Berufsschule) und des Kollegs nicht versetzt wurde. [3]Am Gymnasium können in der Regel insgesamt nur zwei Klassenstufen wiederholt werden; Wiederholungen nach § 49 Abs. 2 werden angerechnet. [4]Wer zweimal nicht versetzt wurde, muss das Gymnasium verlassen. [5]Weitere Einzelheiten und Ausnahmen werden durch Rechtsverordnung des für das Schulwesen zuständigen Ministeriums geregelt.

Achter Abschnitt
Pädagogische Maßnahmen und Ordnungsmaßnahmen

§ 51 Pädagogische Maßnahmen und Ordnungsmaßnahmen

(1) [1]Pädagogische Maßnahmen liegen in der Verantwortung der Schule und gewährleisten die Entwicklung des Schülers im Sinne des Bildungs- und Erziehungsauftrages. [2]Gefährdungen dieser Entwicklung ist zunächst mit pädagogischen Maßnahmen zu begegnen. [3]Dazu gehören insbesondere das Gespräch mit dem Schüler, das Lob und die Ermahnung, gemeinsame Gespräche mit Eltern und Lehrern, die formlose Missbilligung des Fehlverhaltens, die Beauftragung mit Aufgaben, die geeignet sind, den Schüler sein Fehlverhalten erkennen zu lassen sowie das Nachholen schuldhaft versäumten Unterrichts nach Benachrichtigung der Eltern. [4]Zeigen diese Maßnahmen keinen Erfolg, soll gegenüber den Eltern eine schriftliche Mitteilung erfolgen (Hinweis); bei schweren oder häufigen Pflichtverletzungen muss ein Hinweis erfolgen.

(2) [1]Zur Sicherung des Bildungs- und Erziehungsauftrages oder zum Schutz von Personen und Sachen können nach dem Grundsatz der Verhältnismäßigkeit Ordnungsmaßnahmen gegenüber Schülern getroffen werden, soweit pädagogische Maßnahmen nach Absatz 1 nicht ausreichen. [2]Vor Verhängung der Ordnungsmaßnahmen gemäß Absatz 3 Nr. 3 bis 6 können die gewählten Schüler- und Elternvertretungen der Klasse auf Verlangen des Schülers oder seiner Eltern angehört werden.

(3) Ordnungsmaßnahmen sind:
1. der schriftliche Verweis durch die Klassenlehrer;
2. der Ausschluss von besonderen Klassen- oder Schulveranstaltungen durch den Schulleiter auf Beschluss der Klassenkonferenz sowie vom Unterricht in Wahlfächern und freiwilligen Unterrichtsveranstaltungen;
3. der strenge Verweis durch den Schulleiter;
4. die Versetzung in eine Parallelklasse der gleichen Schule durch den Schulleiter auf Beschluss der Klassenkonferenz;
5. der Ausschluss vom Unterricht für die Dauer von bis zu sechs Tagen durch den Schulleiter auf Beschluss der Klassenkonferenz;
6. der Ausschluss vom Unterricht für die Dauer von bis zu vier Wochen durch den Schulleiter auf Beschluss der Lehrerkonferenz und mit Zustimmung des zuständigen Schulamts;
7. die Zuweisung an eine andere Schule der gleichen Schulart durch das zuständige Schulamt; den Antrag stellt der Schulleiter auf Beschluss der Lehrerkonferenz.

(4) [1]Eine Bindung an die Reihenfolge der Ordnungsmaßnahmen nach Absatz 3 Nr. 1 bis 4 besteht nicht. [2]Vor dem Ergreifen der Ordnungsmaßnahmen sind diese zunächst anzudrohen; die betroffenen Schüler sind anzuhören. [3]Der Androhung bedarf es nicht, wenn eine sofortige Reaktion zur Wahrung eines ordnungsgemäßen Schulbetriebs geboten erscheint. [4]In den Fällen des Absatzes 3 Nr. 4 bis 7 sind die Eltern zu informieren, anzuhören und zu beraten. [5]Die Schule berät unter Einbeziehung des zuständigen Jugendamts in den Fällen des Absatzes 3 Nr. 5 und 6 die Eltern über mögliche Unterstützungsmaßnahmen während dieser Zeit. [6]Die Schulaufsicht hat auf Antrag der Eltern und auf Antrag volljähriger Schüler die Entscheidung nach Absatz 3 Nr. 4 bis 7 zu überprüfen.

(5) [1]Andere als die in Absatz 3 aufgeführten Ordnungsmaßnahmen sowie die Verhängung von Ordnungsmaßnahmen gegenüber Klassen und Gruppen als solche sind nicht zulässig. [2]Körperliche Züchtigung ist verboten. [3]Ordnungsmaßnahmen, pädagogische Maßnahmen und Maßnahmen des Hausrechts sind nebeneinander zulässig. [4]Außerschulisches Verhalten des Schülers soll nur Gegenstand einer Ordnungsmaßnahme nach Absatz 3 sein, soweit es sich auf den Schul- oder Unterrichtsbetrieb störend auswirkt.

(6) [1]Der Besitz, Handel und Genuss von Rauschmitteln und alkoholischen Getränken ist den Schülern innerhalb der Schulanlage untersagt. [2]Die Schule ist befugt, den Schülern Gegenstände, die den Unterricht oder die Ordnung der Schule stören können oder stören, wegzunehmen und sicherzustellen. [3]Über den Zeitpunkt der Rückgabe derartiger Gegenstände entscheidet der Schulleiter.

§ 52 Ausschluss

(1) [1]Ein Schüler, dessen Verbleib in der Schule eine wesentliche Gefahr für die Unterrichtung, die Gesundheit oder die Sicherheit der anderen Schüler bedeutet, kann vom zuständigen Schulamt nach erfolgten pädagogischen und psychologischen Maßnahmen unter Beachtung des Grundsatzes der Ver-

hältnismäßigkeit auf Zeit oder auf Dauer von der bisher besuchten Schule ausgeschlossen werden. [2]Eine wesentliche Gefahr für die Unterrichtung der anderen Schüler ist insbesondere dann gegeben, wenn der Verbleib des Schülers den Schulfrieden so beeinträchtigen würde, dass die Aufrechterhaltung eines geordneten Schulbetriebs nicht mehr gewährleistet werden kann.

(2) [1]Den Antrag auf Ausschluss des Schülers von der Schule stellt der Schulleiter auf Beschluss der Lehrerkonferenz. [2]Bevor der Beschluss der Lehrerkonferenz und der endgültige Beschluss des zuständigen Schulamtes gefasst werden, sind der Schüler und dessen Eltern sowie Eltern- und Schülervertretungen der Klasse zu hören. [3]Der Ausschluss ist vorher anzudrohen. [4]Der Androhung bedarf es nicht, wenn der durch sie verfolgte Zweck nicht oder nicht mehr erreicht werden kann.

(3) In besonders schweren Fällen kann der Schüler nach Erfüllung der Schulpflicht von allen Schulen einer Schulart oder allen Schulen des Landes ausgeschlossen werden.

(3a) Widerspruch und Anfechtungsklage gegen die Anordnung eines Ausschlusses nach den Absätzen 1 oder 3 oder gegen eine Ordnungsmaßnahme nach § 51 Abs. 3 Nr. 2 und 4 bis 7 haben keine aufschiebende Wirkung.

(4) Das zuständige Schulamt trifft im Benehmen mit dem Jugendamt die nach dem Ausschluss erforderlichen Maßnahmen.

Neunter Abschnitt
Beratungsdienste, Schulgesundheitspflege und Unterricht in besonderen Fällen

§ 53 Beratungsdienste, Schulpsychologischer Dienst

(1) Zur Beratung der Schüler und ihrer Eltern insbesondere bei der Wahl der Schullaufbahn stehen an den Schulen hierfür ausgebildete Lehrer zur Verfügung; die allgemeine Beratungspflicht des Lehrer bleibt davon unberührt.

(2) [1]Bei den staatlichen Schulämtern ist ein Schulpsychologischer Dienst eingerichtet. [2]Er hat im Rahmen eines Beratungssystems, in dem Schulpsychologen, Beratungslehrer und Fachlehrer zusammenarbeiten, vor allem die Aufgabe, durch die Anwendung psychologischer Erkenntnisse und Methoden die pädagogische Arbeit an den Schulen zu unterstützen und zu fördern. [3]Dem Schulpsychologischen Dienst obliegt die schulzentrierte Beratung und die schülerzentrierte Beratung. [4]Er nimmt Aufgaben der Drogenprävention und Suchtberatung in Zusammenarbeit mit Einrichtungen der Suchthilfe wahr.

(3) [1]Schulleiter und Lehrer sind verpflichtet, den Schulpsychologischen Dienst in der Erfüllung seines Auftrages zu unterstützen. [2]Mitarbeiter des Schulpsychologischen Dienstes nehmen an den Schulamtsleiter- und den Schulleiterdienstbesprechungen, Lehrerkonferenzen sowie Schulkonferenzen bei schulpsychologisch relevanten Fragen teil.

§ 54 Unterricht in besonderen Fällen

(1) [1]Schulpflichtige, die sich sechs Wochen und länger oder wiederholt in medizinischen Einrichtungen aufhalten und deshalb nicht am Unterricht in der Schule teilnehmen, sollen Grundlagenunterricht erhalten. [2]Wurde Grundlagenunterricht eingerichtet, so können hieran alle Schüler teilnehmen, die sich in der medizinischen Einrichtung aufhalten. [3]Das zuständige Schulamt legt eine oder mehrere geeignete Schulen fest, die für die Beschulung in der jeweiligen medizinischen Einrichtung zuständig sind.

(2) [1]Schulpflichtige, die wegen Erkrankung sechs Wochen und länger die Schule nicht besuchen können und sich in häuslicher Pflege befinden, können Hausunterricht in den Grundlagenfächern erhalten. [2]Zuständig für die Erteilung des Hausunterrichts ist in der Regel die bisher besuchte Schule; das zuständige Schulamt kann eine abweichende Festlegung treffen.

(3) [1]Der Grundlagenunterricht umfasst den Unterricht in den Fächern Deutsch und Mathematik sowie in der ersten Fremdsprache. [2]Ab der Klassenstufe 9 kann die Fächerauswahl um solche Fächer erweitert werden, die zur Erreichung des Schulabschlusses für die Schüler unentbehrlich sind. [3]Der Unterricht für Schüler mit sonderpädagogischem Förderbedarf in der geistigen Entwicklung orientiert sich an den Lehrplaninhalten des Bildungsganges zur individuellen Lebensbewältigung.

(4) Beginn und Umfang des Unterrichts wird bestimmt durch die Entscheidung der Ärzte über die Belastbarkeit des Schülers und die Erfordernisse des Betriebes der medizinischen Einrichtung.

(5) Für diesen Unterricht werden je nach Schulart und Klassenstufe Fachlehrer eingesetzt.

(6) [1]Schulpflichtige, die sich in Jugendarrestanstalten befinden, sollen Grundlagenunterricht in den Räumen der jeweiligen Einrichtung erhalten. [2]Schulpflichtige in Justizvollzugseinrichtungen sollen mindestens Grundlagenunterricht erhalten. [3]Absatz 1 Satz 3 und Absatz 3 gelten entsprechend.

(7) [1]Im Rahmen des Unterrichts nach den Absätzen 1, 2 und 6 sowie in Fällen, in denen dem Schüler der Besuch eines regulären Unterrichts nicht möglich ist, sind die Möglichkeiten der modernen Datenkommunikation zu nutzen, soweit die personellen und sächlichen Voraussetzungen vorliegen oder geschaffen werden können. [2]Der Unterricht kann mit Zustimmung des für das Schulwesen zuständigen Ministeriums ganz oder teilweise in digitalen Lernumgebungen erfolgen.

§ 55 Schulgesundheitspflege

(1) Die Schulgesundheitspflege umfasst die Aufgaben nach dem Infektionsschutzgesetz sowie die Maßnahmen des schulärztlichen und schulzahnärztlichen Dienstes.

(2) [1]Die Schulgesundheitspflege wird von den Gesundheitsämtern wahrgenommen. [2]Die Schule und die Eltern sind verpflichtet, die Gesundheitsämter bei der Wahrnehmung ihrer Aufgaben zu unterstützen.

(3) [1]Die Schüler sind verpflichtet, sich den Maßnahmen des schulärztlichen und schulzahnärztlichen Dienstes zu unterziehen. [2]Näheres wird durch Rechtsverordnung des für Gesundheit zuständigen Ministeriums im Einvernehmen mit dem für das Schulwesen zuständigen Ministerium geregelt. [3]Personen, denen die Sorge für die Person eines Schülers zusteht, sind verpflichtet, diese Untersuchungen zu dulden. [4]Das Recht auf körperliche Unversehrtheit (Artikel 2 Abs. 2 Satz 1 Grundgesetz) wird insoweit eingeschränkt.

(4) Diese Bestimmungen gelten auch für Schulen in freier Trägerschaft.

§ 55a Zusammenarbeit zwischen Schule und Jugendhilfe

(1) [1]Die Schulen arbeiten bei der Erfüllung ihrer Aufgaben mit den Jugendämtern und den Trägern der freien Jugendhilfe zusammen, stimmen sich insbesondere bei schulbezogenen Jugendhilfemaßnahmen mit diesen ab und entwickeln hierfür geeignete Kooperationsstrukturen. [2]Näheres kann durch eine Vereinbarung zur Kooperation von Jugendhilfe und Schule zwischen den kommunalen Spitzenverbänden und dem Land geregelt werden.

(2) [1]Werden in der Schule Anzeichen für Vernachlässigung, Misshandlung, sexuellen Missbrauch oder eine sonstige ernsthafte Gefährdung des Wohls eines Schülers wahrgenommen, so hat die Schule dem nachzugehen. [2]Zur Abschätzung des Gefährdungsrisikos bezieht die Schule den Schulpsychologischen Dienst oder andere erfahrene Fachkräfte ein. [3]Die Eltern sind zu beteiligen, wenn dadurch der wirksame Schutz des Schülers nicht in Frage gestellt wird. [4]Bei Vorliegen gewichtiger Anhaltspunkte für eine Gefährdung des Wohls eines Schülers informiert die Schule das Jugendamt. [5]Die Schule unterstützt im Rahmen ihres Bildungs- und Erziehungsauftrags die vom Jugendamt oder anderen Stellen angebotenen Hilfen.

Zehnter Abschnitt
Ergänzende Regelungen zum Schulbetrieb und Datenschutz

§ 56 Veranstaltungen, Werbung, Sammlungen und Versammlungen in der Schule

(1) [1]Veranstaltungen nicht zur Schule gehörender Personen, Organisationen und Institutionen, wie Vorträge, Lichtbild- und Filmvorführungen in der Schule, bedürfen der Genehmigung des Schulleiters. [2]§ 38 Abs. 5 Nr. 14 ist zu beachten. [3]Dies gilt auch für den von der Schule durchgeführten Besuch solcher Veranstaltungen außerhalb der Schulanlage. [4]Über Informationsbesuche nicht zur Schule gehörender Personen, Organisationen und Institutionen im Unterricht entscheidet der Schulleiter. [5]Bild-, Film-, Fernseh- und Tonaufnahmen in der Schule sind, soweit sie nicht zum Unterricht gehören, nur nach Zustimmung des Schulleiters zulässig. [6]Die Zustimmung setzt voraus,

1. bei Bild-, Film- und Fernsehaufnahmen in der Schulanlage das schriftliche Einverständnis des Schulträgers,
2. für die Mitwirkung der Schüler das schriftliche Einverständnis der Eltern, die über das Vorhaben zu unterrichten sind.

[7]Satz 5 gilt nicht für Klassenfotos. [8]Die Beteiligung von Lehrern und Schülern ist freiwillig.

(2) [1]In den Schulen sind Sammlungen für außerschulische Zwecke und die Aufforderung der Schüler, sich an Sammlungen in der Öffentlichkeit zu beteiligen, unzulässig. [2]Ausnahmen kann der Schulleiter

im Einvernehmen mit der Schulkonferenz genehmigen. [3]Unterrichtszeit darf für Sammlungstätigkeiten nicht verwendet werden. [4]Spenden der Eltern für schulische Zwecke dürfen von Schulleiter und Lehrer nicht angeregt werden. [5]Soweit solche Spenden durch die Eltern selbst oder von der Schulelternvertretung veranlasst werden, ist eine Einflussnahme durch die Schule zu vermeiden.

(3) [1]Kommerzielle Werbung und Werbung für politische Parteien und politische Gruppierungen ist in der Schule grundsätzlich nicht zulässig. [2]Sponsoring in der Schule sowie kommerzielle Werbung in der Schülerzeitung und bei Schulveranstaltungen, die nicht der Schulbesuchspflicht unterliegen, sind zulässig, soweit sie mit § 2 vereinbar sind. [3]Schüler dürfen Abzeichen, Anstecknadeln, Plaketten, Aufkleber und Zeichen tragen, wenn dadurch nicht der Schulfriede, der geordnete Schulbetrieb, die Erfüllung des Bildungs- und Erziehungsauftrages, das Recht der persönlichen Ehre und die Erziehung zur Toleranz gefährdet werden. [4]Im Zweifelsfall entscheidet hierüber der Schulleiter. [5]Der Betroffene kann die Behandlung in der Schulkonferenz verlangen.

(4) [1]Druckschriften dürfen in der Schulanlage an die Schüler nur verteilt werden, wenn sie für Erziehung und Unterricht förderlich sind und keine kommerzielle oder parteipolitische Werbung enthalten; Absatz 3 Satz 1 bleibt unberührt. [2]Über die Verteilung entscheidet der Schulleiter. [3]Die Verteilung von Werbematerial anlässlich der Wahl der Schulelternvertretung ist unzulässig. [4]Die Vorschriften über die Berufsberatung in den Schulen bleiben unberührt. [5]Plakate, die sich an Schüler wenden, dürfen ausgehängt werden, wenn sie auf Veranstaltungen hinweisen oder sich auf Gegenstände beziehen, die für Erziehung und Unterricht förderlich sind. [6]Die Genehmigung erteilt der Schulleiter.

(5) [1]Der Vertrieb von Gegenständen aller Art, Ankündigungen und Werbung, das Sammeln von Bestellungen sowie der Abschluss sonstiger Geschäfte sind in den Schulen untersagt. [2]Der Schulleiter kann Ausnahmen zulassen, wenn der Bildungs- und Erziehungsauftrag der Schule diesen nicht entgegensteht. [3]Insbesondere das Aufstellen von Getränke- und Speiseautomaten sowie der Verkauf von einfachen Speisen und alkoholfreien Getränken während der Pausen sind erlaubt. [4]Über Einzelheiten entscheidet die Schulkonferenz; das Einvernehmen des Schulträgers ist herzustellen. [5]Sammelbestellungen sind nur zulässig, wenn besondere schulische Gründe sie erfordern oder wenn sie einem besonderen pädagogischen Zweck dienen.

§ 57 Datenschutz

(1) Zur Erfüllung der den Schulen, Schulträgern und Schulaufsichtsbehörden durch Rechtsvorschriften zugewiesenen Aufgaben ist das Verarbeiten personenbezogener Daten der Schüler, der Eltern sowie der Lehrer, der Erzieher und der Sonderpädagogischen Fachkräfte zulässig, soweit dies für den jeweils mit den Aufgaben verbundenen Zweck erforderlich ist.

(2) Die Schüler, die Eltern sowie die Lehrer, die Erzieher und die Sonderpädagogischen Fachkräfte sind verpflichtet, die erforderlichen Angaben zu machen.

(3) [1]Im Rahmen der Schulgesundheitspflege dürfen für die Durchführung der schulärztlichen Untersuchungen die erforderlichen personenbezogenen Daten verarbeitet werden. [2]Sofern keine rechtswirksame Einwilligung der betroffenen Person vorliegt, darf der schulärztliche Dienst der Schule nur das Ergebnis der Pflichtuntersuchungen übermitteln.

(4) Im Rahmen des Kinderschutzes nach § 55a Abs. 2 darf bei Anzeichen von Vernachlässigung, Misshandlung, sexuellem Missbrauch oder einer sonstigen ernsthaften Gefährdung des Wohls eines Schülers das mit der Aufklärung befasste Personal der Schule für eine Dokumentation die erforderlichen personenbezogenen Daten verarbeiten.

(5) [1]Erhebungen, insbesondere Umfragen und wissenschaftliche Untersuchungen, in Schulen durch Personen oder Institutionen außerhalb der Schulverwaltung bedürfen der Genehmigung. [2]Für Erhebungen an Schulen in einem Schulamtsbereich erfolgt die Genehmigung durch das zuständige Schulamt. [3]Für die Genehmigung von Erhebungen, die in mehr als einem Schulamtsbereich durchgeführt werden sollen, ist das für das Schulwesen zuständige Ministerium zuständig. [4]Die Genehmigung kann erteilt werden, wenn das Vorhaben ein erhebliches wissenschaftliches Interesse im Hinblick auf den Bildungsauftrag der Schule erkennen lässt und sich die Belastung der Schule in einem zumutbaren Rahmen hält. [5]Personenbezogene Daten dürfen nur für ein bestimmtes Vorhaben verarbeitet werden, soweit die betroffenen Personen eingewilligt haben oder das öffentliche Interesse an der Durchführung des Vorhabens das Geheimhaltungsinteresse erheblich überwiegt und der Forschungszweck des Vorhabens auf eine andere Weise nicht oder nur mit einem unverhältnismäßigen Aufwand erreicht werden kann.

(6) [1]Für internationale, nationale und regionale Vergleichsuntersuchungen, die auf Veranlassung des für das Schulwesen zuständigen Ministeriums in Schulen durchgeführt werden, können geeignete und erforderliche Testverfahren eingesetzt und insbesondere durch Befragung erforderliche Daten verarbeitet werden. [2]Absatz 5 Satz 3 gilt entsprechend. [3]Für die internen und externen Evaluationen zur Qualitätsentwicklung und Qualitätssicherung der Schulen sind die Sätze 1 und 2 entsprechend anzuwenden.

(7) Umfragen ohne Auskunftspflicht können für schulorganisatorische Aufgaben durch den Schulleiter durchgeführt werden.

(8) Das Nähere über das Verarbeiten personenbezogener Daten, insbesondere

1. über die bei der Aufnahme in die Schule, beim Schulwechsel und bei vergleichbaren Anlässen zu erhebenden oder zu übermittelnden Daten,
2. das Führen und den Inhalt von Schülerakten und von Klassen- und Kursbüchern sowie den Umfang personenbezogener Angaben nach Absatz 6,
3. den Einsatz automatisierter Verfahren auf Abruf,
4. die erforderlichen Datensicherungsmaßnahmen und Aufbewahrungsfristen sowie
5. das Verarbeiten von personenbezogenen Daten der Schüler durch den Lehrer auf dessen privaten Datenverarbeitungsgeräten außerhalb der Schule,

wird durch Rechtsverordnung des für das Schulwesen zuständigen Ministeriums geregelt.

(9) Soweit in diesem Gesetz nichts anderes geregelt ist, gelten die Bestimmungen der Verordnung (EU) 2016/679 des Europäischen Parlaments und des Rates vom 27. April 2016 zum Schutz natürlicher Personen bei der Verarbeitung personenbezogener Daten, zum freien Datenverkehr und zur Aufhebung der Richtlinie 95/46/EG (Datenschutz-Grundverordnung) (ABl. L 119 vom 4.5.2016, S. 1; L 314 vom 22.11.2016, S. 72; L 127 vom 23.05.2018, S. 2) in Verbindung mit dem Thüringer Datenschutzgesetz.

§ 58 Statistik

(1) [1]Das für das Schulwesen zuständige Ministerium kann für die staatlichen Schulen und für die Schulen in freier Trägerschaft das Verarbeiten von schulbezogenen Daten zu statistischen Zwecken anordnen. [2]Soweit für diese Zwecke das Verarbeiten personenbezogener Daten erforderlich ist, bedarf die Anordnung einer Rechtsverordnung, die über die Art der Erhebung, den Kreis der zu Befragenden, sonstige Auskunftsstellen, die durch Erhebungsmerkmale zu erfassenden Sachverhalte, die Hilfsmerkmale, den Berichtszeitraum, den Berichtszeitpunkt, die Häufigkeit der Erhebung (Periodizität) sowie über Art und Umfang einer Auskunftspflicht die näheren Bestimmungen trifft.

(2) Die Schüler, die an einer Externenprüfung Teilnehmenden, die Eltern, die Schulleiter, die Lehrer, die Sonderpädagogischen Fachkräfte, die Erzieher, das sonstige unterstützende Personal an Schulen, die Schulaufsichtsbehörden sowie die Schulträger der staatlichen Schulen und der Schulen in freier Trägerschaft sind auf Anordnung zur wahrheitsgemäßen, vollständigen und fristgerechten Auskunft verpflichtet.

(3) Das statistische Verarbeiten von Daten wird von der Statistikstelle durchgeführt, die das für das Schulwesen zuständige Ministerium eingerichtet hat.

(4) Die Bestimmungen des Thüringer Statistikgesetzes bleiben unberührt.

Elfter Abschnitt

Ordnungswidrigkeiten, Übergangs- und Schlussbestimmungen

§ 59 Ordnungswidrigkeiten

(1) Ordnungswidrig handelt, wer ohne berechtigten Grund

1. vorsätzlich oder fahrlässig die ihm nach § 23 Abs. 2, auch in Verbindung mit einer Rechtsverordnung nach § 60 Satz 1 Nr. 3, obliegende Anmeldung eines Schulpflichtigen zum Besuch der Grundschule, der Regelschule, der Berufsschule oder der Förderschule unterlässt,
2. als Elternteil oder mit der Erziehung und Pflege Beauftragter, als Ausbildender oder als Arbeitgeber vorsätzlich seiner Verpflichtung aus § 23 Abs. 3 und 4 nicht nachkommt,
3. als Schulpflichtiger am Unterricht oder an den übrigen als verbindlich erklärten schulischen Veranstaltungen beharrlich nicht teilnimmt (§ 23 Abs. 1),
4. der Verpflichtung nach § 55 Abs. 3 zuwiderhandelt, auch in Verbindung mit einer Rechtsverordnung nach § 55 Abs. 3.

(2) [1]Die Ordnungswidrigkeit kann mit einer Geldbuße bis zu eintausendfünfhundert Euro geahndet werden. [2]Zuständige Verwaltungsbehörden im Sinne des § 36 Abs. 1 Nr. 1 des Gesetzes über Ordnungswidrigkeiten sind die Landräte als untere staatliche Verwaltungsbehörden und die kreisfreien Städte im übertragenen Wirkungskreis.

§ 60 Verordnungen

[1]Das für das Schulwesen zuständige Ministerium erlässt Rechtsverordnungen, die erforderlich sind, um:

1. die Voraussetzungen sowie das Verfahren für die Aufnahme in eine Schule, den Schulwechsel, die Übergänge der Schüler von einer Schulart zur anderen, die Oberstufe des Gymnasiums, die Einstufung und Umstufung in die Bildungsgänge sowie die Begabtenförderung zu regeln,
2. die Notengebung, Leistungsnachweise, das Vorgehen bei Täuschungen und Täuschungsversuchen, die Versetzungen und Wiederholungen, das Überspringen einer Klassenstufe, die Entlassung und den Ausschluss aus der Schule, die Abschlüsse und die Abschlussprüfungen, die Ausbildungsdauer in der Berufsschule, die Voraussetzungen und die Durchführung von Externenprüfungen sowie die Zeugnisse zu regeln,
3. Ausnahmen von der Schulpflicht, insbesondere Verkürzungen und Verlängerungen sowie die Beurlaubung vom Unterricht und sonstigen schulischen Veranstaltungen zu regeln,
4. die Unterrichtsorganisation sowie einen geordneten Schulbetrieb einschließlich einer Ferienordnung zu gewährleisten,
5. *[aufgehoben]*
6. Lehrern, Erziehern und sonderpädagogischen Fachkräften, die im Schuldienst stehen, die Möglichkeit zu geben, sich nachzuqualifizieren und sich weiterzubilden,
7. die Zulassung von Lehr- und Lernmitteln sowie die Stundentafeln, Umfang und Art der Bereitstellung der Lernmittel, das Verfahren sowie die Maßnahmen bei nicht bestimmungsgemäßem Gebrauch oder unberechtigter Zurückbehaltung des Lernmittels zu regeln,
8. die Mitwirkungsrechte der Eltern, Schüler und Lehrer näher festzulegen und die notwendigen Wahlen durchzuführen,
9. die Aufgaben und das Beschlussverfahren der Schulkonferenz festzulegen,
10. die Aufgabe und das Beschlussverfahren des Landesschulbeirates festzulegen,
11. die Aufgaben und das Beschlussverfahren der Lehrer-, Fach- und Klassenkonferenz zu regeln,
12. die Arbeit der Beratungslehrer, des Schulpsychologischen Dienstes und der sonstigen schulischen Beratungsstellen zu regeln,
13. die Vermittlung der Hochschulreife oder Fachhochschulreife durch außerhalb des Hochschulbereichs erworbene Abschlüsse zu regeln,
14. das Nähere zur Aufnahme, zur Nutzung und zum Ausschluss aus wichtigem Grund im Zusammenhang mit Schulhorten und Internaten zu regeln,
15. im Einvernehmen mit dem für Gesundheit zuständigen Ministerium die schulhygienischen Mindestanforderungen zu regeln,
16. die Verarbeitung personenbezogener Daten, insbesondere bei der Aufnahme in die Schule, beim Schulwechsel und bei vergleichbaren Anlässen, die Übermittlung der Daten, die Führung und den Inhalt von Schülerakten und Klassen- und Kursbüchern sowie den Umfang personenbezogener Angaben in sonstigen Veröffentlichungen zu regeln,
17. die Art der Erhebung, den Kreis der zu Befragenden, sonstige Auskunftsstellen, die durch Erhebungsmerkmale zu erfassenden Sachverhalte, die Hilfsmerkmale, den Berichtszeitraum, den Berichtszeitpunkt, die Häufigkeit der Erhebung (Periodizität) sowie Art und Umfang einer Auskunftspflicht bei der Verarbeitung von schulbezogenen Daten zu statistischen Zwecken zu regeln,
18. staatliche Prüfungen für die Tätigkeit als Dolmetscher und Übersetzer durchzuführen und die Anerkennung von staatlichen Dolmetscher- und Übersetzerprüfungen zu regeln,
19. die Aufgaben und die Organisation des Instituts für Lehrerbildung, Lehrplanentwicklung und Medien zu regeln,
20. für den Fall, dass es Schülern aufgrund von Maßnahmen nach dem Infektionsschutzgesetz einschließlich der darauf beruhenden Rechtsverordnungen unverschuldet nicht möglich war, die Abschlussprüfung im laufenden Prüfungsverfahren ganz oder teilweise abzulegen,

a) Ersatzleistungen festzulegen, die an die Stelle der Prüfungsleistung in dem jeweiligen Prüfungsfach treten, oder
b) Voraussetzungen zur Vergabe des Abschlusses ohne oder mit eingeschränkten Prüfungsleistungen festzulegen.

[2]Der Erlass der Rechtsverordnungen zu den Nummern 1, 2, 5, 6, 7, 8, 9, 13, 16, 17 und 19 erfolgt im Benehmen mit dem für das Schulwesen zuständigen Landtagsausschuss.

§ 60a Fachschulen des für Landwirtschaft zuständigen Ministeriums

[1]Im Bereich der Agrarwirtschaft werden Fachschulen in Trägerschaft des Landes geführt. [2]Oberste Schulaufsichtsbehörde ist das für Landwirtschaft zuständige Ministerium. [3]Für diese Fachschulen gelten § 8 Abs. 8, die §§ 12 und 13 Abs. 9 sowie die §§ 28, 33, 37, 38, 43 bis 45, 48, 51, 52, 57 und 60 entsprechend. [4]Abweichend von § 8 Abs. 8 ist die Aufnahme in die Fachschulen auch mit dem Hauptschulabschluss möglich; diese Schüler können einen dem Realschulabschluss gleichwertigen Abschluss erwerben. [5]Die Ausbildung dauert mindestens ein Jahr. [6]Das für Landwirtschaft zuständige Ministerium erlässt die Ausbildungs- und Prüfungsordnungen im Einvernehmen mit dem für das Schulwesen zuständigen Ministerium; Gleiches gilt für das Erstellen von Stundentafeln und Lehrplänen.

§ 60b Fachberufe des Gesundheits- und Sozialwesens

(1) Dieses Gesetz gilt auch für die Ausbildung in den Fachberufen des Gesundheits- und Sozialwesens.

(2) Für die Durchführung des Unterrichts in Bildungsgängen, die nach Berufsgesetzen des Bundes geregelt sind, gelten für die Lehrkräfte die in den jeweiligen Bundesgesetzen geregelten Qualifikationen.

(3) Bis zum Ende des Schuljahres 2028/2029 können abweichend von § 9 Abs. 1 Nr. 2 Pflegeberufegesetz vom 17. Juli 2017 (BGBl. I S. 2581) für die Durchführung des theoretischen Unterrichts an Höheren Berufsfachschulen als fachlich und pädagogisch qualifizierte Lehrkräfte auch Personen eingesetzt werden, die über einen einschlägigen Hochschulabschluss auf Niveaustufe 6 des Deutschen Qualifikationsrahmens verfügen.

§ 61 Übergangsbestimmungen

(1) Für Schüler, die am 31. Juli 2020 im Bildungsgang zur Lernförderung lernen, finden das Thüringer Förderschulgesetz vom 30. April 2003 (GVBl. S. 233) und die auf Grundlage des Thüringer Förderschulgesetzes erlassene Rechtsverordnung jeweils in der am 31. Juli 2020 geltenden Fassung bis zum Verlassen des Bildungsganges weiter Anwendung.

(2) Abweichend von § 19 Abs. 3 gilt für Schüler, die am 31. Juli 2020 im Bildungsgang zur individuellen Lebensbewältigung lernen und zu diesem Zeitpunkt das 21. Lebensjahr bereits vollendet haben, § 6 Abs. 3 Satz 2 und 3 des Thüringer Förderschulgesetzes in der am 31. Juli 2020 geltenden Fassung.

(3) [1]Die schulvorbereitenden Einrichtungen nach § 9 des Thüringer Förderschulgesetzes in der am 31. Juli 2020 geltenden Fassung nehmen ab dem Schuljahr 2020/2021 keine Kinder mehr auf. [2]Für Kinder, die am 31. Juli 2020 in schulvorbereitenden Einrichtungen aufgenommen sind, gilt für den Zeitraum der Betreuung in diesen schulvorbereitenden Einrichtungen § 9 des Thüringer Förderschulgesetzes in der am 31. Juli 2020 geltenden Fassung.

(4) Für Jugendliche, die am 1. August 2020 nach § 19 Abs. 1 Satz 3 schulpflichtig werden würden und zu diesem Zeitpunkt an einer außerschulischen Maßnahme teilnehmen, gilt die Vollzeitschulpflicht abweichend von § 19 Abs. 1 Satz 3 als erfüllt.

(5) Die Vorgaben zu Mindestschülerzahlen nach § 41a können im Schuljahr 2021/2022 jeweils um bis zu 15 vom Hundert unterschritten werden.

§ 61a *[aufgehoben]*

§ 62 Gleichstellungsbestimmung

Status- und Funktionsbezeichnungen in diesem Gesetz gelten für alle Geschlechter.

§ 63 In-Kraft-Treten

(1) (In-Kraft-Treten)[1)]

(2) (Außer-Kraft-Treten)

1) Das Gesetz ist in seiner ursprünglichen Fassung seit dem 1.8.1993 in Kraft.

Thüringer Hochschulgesetz (ThürHG)[1)]

Vom 10. Mai 2018 (GVBl. S. 149)
(221-1)

zuletzt geändert durch Art. 7 Zweites Thüringer Covid-19-G zur Umsetzung erforderlicher Maßnahmen im Zusammenhang mit der Corona-Pandemie vom 23. März 2021 (GVBl. S. 115)

Inhaltsübersicht

Erster Teil
Allgemeine Bestimmungen

Erster Abschnitt
Geltungsbereich, Aufgaben, Rechtsstellung

§ 1 Geltungsbereich
§ 2 Rechtsstellung der Hochschulen
§ 3 Satzungsrecht
§ 4 Erprobungsklausel
§ 5 Aufgaben der Hochschulen
§ 6 Chancengleichheit der Geschlechter
§ 7 Beauftragter für Diversität
§ 8 Freiheit von Lehre, Forschung, Kunst, Wissenschaft und Studium

Zweiter Abschnitt
Qualitätssicherung

§ 9 Qualitätsmanagement
§ 10 Berichtswesen
§ 11 Verarbeitung personenbezogener Daten

Dritter Abschnitt
Struktur- und Entwicklungsplanung

§ 12 Rahmenvereinbarung, Hochschulentwicklungsplanung
§ 13 Ziel- und Leistungsvereinbarungen, Struktur- und Entwicklungspläne

Vierter Abschnitt
Finanzierung, Haushalt, wirtschaftliche Betätigung

§ 14 Ausstattung der Hochschulen, Haushalt, Finanzierung, Eigentum
§ 15 Bauangelegenheiten
§ 16 Körperschaftsvermögen
§ 17 Wirtschaftliche Betätigung der Hochschulen

Fünfter Abschnitt
Aufsicht

§ 18 Aufsicht und staatliche Mitwirkung
§ 19 Genehmigung, Einverständnis und Einvernehmen
§ 20 Informationspflicht der Hochschulen

Zweiter Teil
Aufbau und Organisation der Hochschulen

Erster Abschnitt
Mitgliedschaft und Mitwirkung

§ 21 Mitglieder, Angehörige und Doktorandenschaft
§ 22 Rechte und Pflichten der Mitglieder
§ 23 Wahlen, Wahlverfahren, Abwahl und Abbestellung
§ 24 Amtszeit
§ 25 Beschlüsse und Sondervotum
§ 26 Grundsätze des Zusammenwirkens
§ 27 Öffentlichkeit, Verschwiegenheitspflicht

Zweiter Abschnitt
Organisation und Struktur

§ 28 Hochschulstruktur und -organisation

Erster Unterabschnitt
Hochschulleitung

§ 29 Präsidium
§ 30 Präsident
§ 31 Vizepräsidenten
§ 32 Kanzler
§ 33 Erweitertes Präsidium

Zweiter Unterabschnitt
Hochschulrat, Senat

§ 34 Hochschulrat
§ 35 Senat
§ 36 Hochschulversammlung
§ 37 Angelegenheiten von Forschung und Lehre, Schlichtungsverfahren

Dritter Unterabschnitt
Sonstige Organisationseinheiten

§ 38 Selbstverwaltungsstruktur
§ 39 Leitung der Selbstverwaltungseinheiten
§ 40 Selbstverwaltungsgremien unterhalb der zentralen Ebene
§ 41 Studienkommissionen
§ 42 Wissenschaftliche Einrichtungen und Betriebseinheiten
§ 43 Zentren für Lehrerbildung und Bildungsforschung
§ 44 Hochschulbibliothek

1) Verkündet als Art. 1 des G v. 10.5.2018 (GVBl. S. 149); Inkrafttreten gem. Art. 12 Abs. 1 Satz 1 am 24.5.2018.

Dritter Abschnitt
Übergeordnete Gremien, Landeswissenschaftskonferenz

§ 45 Landespräsidentenkonferenz
§ 45a Landeswissenschaftskonferenz

Dritter Teil
Aufgaben der Hochschulen in Forschung und Lehre

Erster Abschnitt
Studium, Lehre und Prüfungen

§ 46 Ziele des Studiums
§ 47 Lehrangebot, Studienjahr, Studienverlauf
§ 48 Studiengänge
§ 49 Akkreditierung
§ 50 Bachelor- und Masterstudiengänge
§ 51 Modularisierung, Leistungspunktesystem, Diploma Supplement
§ 52 Regelstudienzeit
§ 53 Studienordnungen
§ 54 Prüfungen
§ 55 Prüfungsordnungen
§ 56 Studienberatung
§ 57 Wissenschaftliche und künstlerische Weiterbildung

Zweiter Abschnitt
Verleihung von Hochschulgraden

§ 58 Inländische Hochschulgrade
§ 59 Ausländische Grade
§ 60 Gleichwertigkeit ausländischer Hochschulabschlüsse
§ 61 Promotion
§ 62 Habilitation

Dritter Abschnitt
Wissenschaftliche und künstlerische Nachwuchsförderung

§ 63 Graduiertenförderung

Vierter Abschnitt
Forschung und Entwicklungsvorhaben

§ 64 Aufgaben der Forschung, Entwicklungsvorhaben
§ 65 Koordinierung der Forschung
§ 66 Forschung mit Mitteln Dritter

Vierter Teil
Studierende und Studierendenschaft

Erster Abschnitt
Hochschulzugang

§ 67 Allgemeine Hochschulzugangsvoraussetzungen
§ 68 Besondere Hochschulzugangsvoraussetzungen
§ 69 Eignungsfeststellungsverfahren
§ 70 Besonderer Hochschulzugang für beruflich Qualifizierte

Zweiter Abschnitt
Immatrikulation

§ 71 Allgemeine Immatrikulationsvoraussetzungen
§ 72 Immatrikulation
§ 73 Versagung der Immatrikulation
§ 74 Rückmeldung, Beurlaubung
§ 75 Exmatrikulation
§ 76 Ordnungsverstöße, Ordnungsverfahren

Dritter Abschnitt
Gasthörer und Frühstudierende

§ 77 Gasthörer
§ 78 Frühstudierende

Vierter Abschnitt
Studierendenschaft

§ 79 Rechtsstellung der Studierendenschaft, Aufsicht
§ 80 Aufgaben der Studierendenschaft
§ 81 Haushalts- und Wirtschaftsführung der Studierendenschaft, Personal
§ 82 Konferenz Thüringer Studierendenschaften

Fünfter Teil
Wissenschaftliches und künstlerisches Personal der Hochschulen und dienstrechtliche Bestimmungen

Erster Abschnitt
Wissenschaftliches und künstlerisches Personal der Hochschulen

§ 83 Professoren
§ 84 Einstellungsvoraussetzungen für Professoren
§ 85 Berufung von Professoren
§ 86 Dienstrechtliche Stellung der Professoren
§ 87 Forschungs-, Entwicklungs- und Praxissemester
§ 88 Bezeichnung „Professor"
§ 89 Juniorprofessoren
§ 90 Honorarprofessoren
§ 91 Wissenschaftliche und künstlerische Mitarbeiter
§ 92 Lehrkräfte für besondere Aufgaben
§ 93 Lehrbeauftragte
§ 94 Vertretungsprofessoren, Seniorprofessoren und Gastwissenschaftler
§ 95 Assistenten

Zweiter Abschnitt
Dienstrechtliche Bestimmungen

§ 96 Gemeinsame Bestimmungen
§ 97 Dienstrechtliche Sonderregelungen

Sechster Teil
Hochschulmedizin, Universitätsklinikum Jena

§ 98 Rechtsstellung, Mitgliedschaft, Aufsicht und Aufgaben
§ 99 Personal

§ 100 Abgabe aus Liquidationserlösen, Mitarbeiterbeteiligung
§ 101 Finanzierung, Wirtschaftsführung, Rechnungswesen
§ 102 Organe
§ 103 Fakultätsrat
§ 104 Klinikumsvorstand
§ 105 Wahl der Mitglieder des Klinikumsvorstands und dienstrechtliche Stellung
§ 106 Abwahl der Mitglieder des Klinikumsvorstands
§ 107 Wahlversammlung
§ 108 Verwaltungsrat
§ 109 Rechte des Gewährträgers
§ 110 Lehrkrankenhäuser

Siebter Teil
Duale Hochschule

Erster Abschnitt
Allgemeines

§ 111 Aufgaben und Gliederung

Zweiter Abschnitt
Organisation

§ 112 Zentrale Organe
§ 113 Präsidium
§ 114 Hochschulrat
§ 115 Senat
§ 116 Dezentrale Organisation
§ 117 Gremien der dezentralen Ebene
§ 118 Koordinierungskommissionen
§ 119 Studienkommissionen
§ 120 Kooperationsausschüsse
§ 121 Leiter einer Studienrichtung

Achter Teil
Nichtstaatliche Hochschulen

§ 122 Staatliche Anerkennung
§ 123 Anerkennungsverfahren
§ 124 Rechtswirkungen der Anerkennung
§ 125 Verlust der Anerkennung
§ 126 Franchising, Niederlassungen auswärtiger Hochschulen

Neunter Teil
Ergänzende Bestimmungen

§ 127 Institut an der Hochschule
§ 128 Staatliches Studienkolleg
§ 129 Verträge mit den Kirchen
§ 130 Doktor der Wissenschaften
§ 131 Feststellung der Gleichwertigkeit
§ 132 Nachdiplomierung
§ 133 Anwendung des Thüringer Verwaltungsverfahrensgesetzes
§ 134 Ausführungsvorschriften
§ 135 Anpassungspflicht
§ 136 Ordnungswidrigkeiten

Zehnter Teil
Übergangs- und Schlussbestimmungen

§ 137 Übergangsbestimmungen zur Neuordnung der Organisationsstruktur
§ 138 Übergangsbestimmungen für Rektoren, Präsidenten, Kanzler und Mitglieder des Klinikumsvorstands des Universitätsklinikums
§ 139 Übergangsbestimmungen für Studien- und Prüfungsordnungen, Immatrikulationsordnungen und Berufungsordnungen
§ 140 Personalrechtliche Übergangsbestimmungen
§ 141 Gleichstellungsbestimmung

Erster Teil
Allgemeine Bestimmungen

Erster Abschnitt
Geltungsbereich, Aufgaben, Rechtsstellung

§ 1 Geltungsbereich

(1) Dieses Gesetz gilt für die Hochschulen des Landes, nach Maßgabe des Vierten Abschnitts des Vierten Teils für die Studierendenschaften, nach Maßgabe des Sechsten Teils für das Universitätsklinikum Jena (Universitätsklinikum), nach Maßgabe des Siebten Teils für die Duale Hochschule Gera-Eisenach (Duale Hochschule) und nach Maßgabe des Achten Teils für die nichtstaatlichen Hochschulen.

(2) [1]Hochschulen des Landes sind
1. die Universität Erfurt,
2. die Technische Universität Ilmenau,
3. die Friedrich-Schiller-Universität Jena,
4. die Bauhaus-Universität Weimar,
5. die Hochschule für Musik Franz Liszt Weimar,
6. die Fachhochschule Erfurt,

7. die Fachhochschule Jena,
8. die Fachhochschule Nordhausen,
9. die Fachhochschule Schmalkalden und
10. die Duale Hochschule Gera-Eisenach.

[2]Die Hochschulen können in der Grundordnung vorsehen, dass dem Namen nach Satz 1 ein Namenszusatz hinzugefügt wird; die Fachhochschulen können zusätzlich in der Grundordnung vorsehen, dass

1. dem Namen nach Satz 1 und gegebenenfalls dem Namenszusatz
   a) die Bezeichnung „Hochschule für angewandte Wissenschaften" oder
   b) mindestens eine profilbildende Kernkompetenz

   hinzugefügt wird,
2. anstelle der in dem Namen nach Satz 1 enthaltenen Bezeichnung „Fachhochschule"
   a) die Bezeichnung „Hochschule",
   b) die Bezeichnung „Hochschule" und die Bezeichnung „Hochschule für angewandte Wissenschaften" oder
   c) die Bezeichnung „Hochschule" ergänzt um mindestens eine profilbildende Kernkompetenz

   geführt wird.

[3]Dem Namen einschließlich des Namenszusatzes und der ergänzenden Bezeichnungen kann eine fremdsprachige Übersetzung hinzugefügt werden.

(3) Die Errichtung, die Zusammenlegung und die Aufhebung von Hochschulen des Landes erfolgt durch Gesetz.

(4) Nichtstaatliche Hochschulen sind die Einrichtungen des Bildungswesens, die nach Maßgabe dieses Gesetzes staatlich anerkannt sind.

(5) Ministerium im Sinne dieses Gesetzes ist das für Hochschulwesen zuständige Ministerium.

§ 2 Rechtsstellung der Hochschulen

(1) Die Hochschulen des Landes sind rechtsfähige Körperschaften des öffentlichen Rechts und zugleich staatliche Einrichtungen.

(2) Die Hochschulen können durch Gesetz auch in anderer Rechtsform errichtet oder auf Antrag einer Hochschule durch Gesetz in eine andere Rechtsform umgewandelt werden.

(3) Die Hochschulen haben das Recht der Selbstverwaltung im Rahmen der Gesetze.

(4) [1]Die Hochschulen erfüllen ihre Aufgaben durch eine Einheitsverwaltung. [2]Dies gilt auch für Auftragsangelegenheiten, die sie in eigener Zuständigkeit wahrnehmen. [3]Auftragsangelegenheiten sind:

1. die Bewirtschaftung und Verwendung der zugewiesenen Stellen und Mittel,
2. die Verwaltung des den Hochschulen dienenden Landesvermögens,
3. das Gebühren-, Kassen- und Rechnungswesen,
4. die Weiterbildung von Ärzten und Zahnärzten sowie die Aus- und Weiterbildung von Angehörigen der Heilhilfsberufe,
5. die Materialprüfung sowie die sonstigen amtlich wahrzunehmenden Prüfungs-, Untersuchungs- und Begutachtungsaufgaben,
6. Aufgaben im Rahmen der Verfahren zur Ermittlung der Ausbildungskapazität, zur Festsetzung von Zulassungszahlen, zur Regelung des Hochschulzugangs und der Vergabe von Studienplätzen,
7. die Hochschulstatistik,
8. Aufgaben der Berufsausbildung nach dem Berufsbildungsgesetz,
9. Aufgaben der Hochschulbibliotheken, die über die bibliothekarische Versorgung der Hochschule hinausgehen.

(5) [1]Im Rahmen der ihnen übertragenen Zuständigkeiten in Personalangelegenheiten und beim Abschluss von Rechtsgeschäften, die Landesmittel oder Landesvermögen betreffen, werden die Hochschulen in Vertretung des Landes tätig. [2]Im Rahmen der ihnen übertragenen Zuständigkeiten vertreten sie das Land gerichtlich und außergerichtlich soweit sich das Ministerium dies nicht generell oder im Einzelfall vorbehält.

§ 3 Satzungsrecht

(1) Jede Hochschule gibt sich nach Maßgabe dieses Gesetzes eine Grundordnung, die der Genehmigung des Ministeriums bedarf, sowie andere zur Erfüllung ihrer Aufgaben und Regelung ihrer Ange-

legenheiten erforderliche Satzungen, die, soweit nichts anderes geregelt ist, vom Präsidenten genehmigt werden.

(2) [1]Die Grundordnungen werden im Thüringer Staatsanzeiger veröffentlicht, alle anderen Satzungen werden in einem Verkündungsblatt der Hochschule bekannt gemacht. [2]Näheres zum Verkündungsblatt der Hochschule ist in der Grundordnung zu regeln; diese kann auch vorsehen, dass das Verkündungsblatt in elektronischer Form erscheint. [3]Die Satzungen treten am ersten Tag des auf ihre Bekanntmachung folgenden Monats in Kraft, es sei denn, dass in ihnen ein anderer Zeitpunkt bestimmt ist.

§ 4 Erprobungsklausel

[1]Zur Erprobung reformorientierter Hochschulmodelle, insbesondere zur Verbesserung der Entscheidungsfähigkeit, zur Beschleunigung von Entscheidungsprozessen, zur Erhöhung der Wirtschaftlichkeit oder zur Profilbildung kann das Ministerium auf Antrag einer Hochschule für diese von den §§ 23 bis 25 und 28 bis 57 mit Ausnahme der §§ 45, 54 und 55 abweichende Regelungen durch eine zu befristende Rechtsverordnung treffen; sofern dabei abweichende haushaltsrechtliche Regelungen oder zusätzliche Haushaltsmittel notwendig sind, ist die Rechtsverordnung im Einvernehmen mit dem für Finanzen zuständigen Ministerium zu erlassen. [2]Unzulässig sind Erprobungen, die darauf zielen, die den Hochschulmitgliedern nach diesem Gesetz eingeräumten Mitwirkungsrechte einzuschränken.

§ 5 Aufgaben der Hochschulen

(1) [1]Die Hochschulen lassen sich in ihrer Tätigkeit vom Geist der Freiheit in Verantwortung für soziale Gerechtigkeit, Frieden, Bewahrung und Verbesserung der Lebens- und Umweltbedingungen leiten und beachten die Grundsätze nachhaltiger Entwicklung insbesondere unter Berücksichtigung der Nachhaltigkeitsstrategie des Landes. [2]Sie dienen entsprechend ihrer Aufgabenstellung der Pflege und Entwicklung der Wissenschaften und der Künste durch Forschung, Lehre, Studium und Weiterbildung in einem freiheitlichen, demokratischen und sozialen Rechtsstaat. [3]Sie bereiten auf berufliche Tätigkeiten einschließlich unternehmerischer Selbständigkeit vor, die die Anwendung wissenschaftlicher Erkenntnisse und wissenschaftlicher Methoden oder die Fähigkeiten zu künstlerischer Gestaltung erfordern. [4]Die Fachhochschulen erfüllen ihre Aufgaben nach den Sätzen 2 und 3 durch anwendungsbezogene Lehre und entsprechende Forschung. [5]Die Bauhaus-Universität Weimar nimmt für ihre Bereiche Kunst und Gestaltung auch die Aufgaben einer Kunsthochschule wahr.

(2) [1]Die Hochschulen fördern die Weiterentwicklung und Nutzung ihrer Forschungs- und Entwicklungsergebnisse in der Praxis im Interesse der Gesellschaft. [2]Aufgabe der Hochschulen ist auch der Wissens- und Technologietransfer. [3]Er soll zur Lösung gesellschaftlicher Herausforderungen beitragen und ist Teil der Innovationskette, die zur wirtschaftlichen Wertschöpfung führen soll. [4]Der Wissens- und Technologietransfer umfasst insbesondere Kooperationen, Patentierungen, Lizensierungen und Ausgründungen. [5]Zur Erfüllung dieser Aufgaben sind geeignete Unterstützungsstrukturen vorzuhalten und angemessen auszustatten.

(3) [1]Die Hochschulen geben sich selbstbestimmt eine Zivilklausel, die sich an moralisch-ethischen Standards ausrichtet. [2]Hierfür setzen sie sich im Bewusstsein ihrer Verantwortung gegenüber der Gesellschaft mit den möglichen Folgen einer Verbreitung und Nutzung ihrer Forschungsergebnisse, insbesondere einer das friedliche Zusammenleben der Menschen gefährdenden Verwendung, auseinander; die Ergebnisse sind zu veröffentlichen.

(4) Die Hochschulen dienen dem weiterbildenden Studium.

(5) Die Hochschulen halten Verbindung zu ihren Absolventen und fördern die Vereinigung Ehemaliger.

(6) [1]Die Hochschulen tragen den berechtigten Interessen ihres Personals an guten Beschäftigungsbedingungen angemessen Rechnung. [2]Sie erlassen dazu unter Beteiligung aller Gruppen nach § 21 Abs. 2 Richtlinien, die insbesondere Rahmenvorgaben für den Abschluss unbefristeter und befristeter Beschäftigungsverhältnisse sowie Maßnahmen zur besseren Vereinbarkeit von Familie und Beruf und zum Gesundheitsmanagement enthalten. [3]Die Hochschulen unterstützen die Fort- und Weiterbildung ihres Personals. [4]Sie fördern im Rahmen ihrer Aufgaben den wissenschaftlichen und künstlerischen Nachwuchs und stellen dessen angemessene wissenschaftliche und künstlerische Betreuung sicher.

(7) [1]Die Hochschulen wirken gemeinsam mit dem Studierendenwerk Thüringen an der sozialen Förderung der Studierenden mit. [2]Sie berücksichtigen die Vielfalt ihrer Mitglieder und Angehörige bei der Erfüllung ihrer Aufgaben und tragen insbesondere dafür Sorge, dass alle Mitglieder und Angehö-

rigen unabhängig von der ethnischen Herkunft, des Geschlechts, der Religion oder Weltanschauung, einer Behinderung, des Alters, der geschlechtlichen Identität oder der sexuellen Orientierung gleichberechtigt an der Forschung, der Lehre, dem Studium und der Weiterbildung im Rahmen ihrer Aufgaben, Rechte und Pflichten innerhalb der Hochschule teilhaben können. [3]Hierzu berücksichtigen sie insbesondere die besonderen Bedürfnisse von

1. Studienbewerbern, Studierenden und Promovierenden mit Behinderung, einer psychischen oder einer chronischen Erkrankung; dabei sorgen sie für einen Ausgleich von Benachteiligungen in Studien- und Prüfungsangelegenheiten und wirken darauf hin, die barrierefreie Zugänglichkeit ihrer Angebote für Menschen mit Behinderung herzustellen und zu sichern,
2. Studierenden und Promovierenden mit Kindern oder pflegebedürftigen Angehörigen,
3. ausländischen Studierenden und
4. beruflich qualifizierten Studierenden ohne schulische Hochschulzugangsberechtigung bei den Studienangeboten, der Studienorganisation und den Prüfungen.

[4]Sie fördern in ihrem Bereich den Sport und die Kultur.

(8) [1]Die Hochschulen wirken darauf hin, dass an der Hochschule Benachteiligungen insbesondere aus Gründen der ethnischen Herkunft, des Geschlechts, der Religion oder Weltanschauung, einer Behinderung, des Alters, der geschlechtlichen Identität oder der sexuellen Orientierung verhindert oder beseitigt werden. [2]Die Hochschulen setzen sich aktiv für die Umsetzung des Übereinkommens der Vereinten Nationen vom 13. Dezember 2006 über die Rechte von Menschen mit Behinderungen (BGBl. 2008 II S. 1419, 1420) sowie des Fakultativprotokolls vom 13. Dezember 2006 zum Übereinkommen der Vereinten Nationen über die Rechte von Menschen mit Behinderungen (BGBl. 2008 II S. 1419, 1453) im Hochschulbereich, unter anderem in Form von hochschulspezifischen Aktionsplänen, ein; bei der Erstellung sollen Vertreter des zentralen Organs der Studierendenschaft, der Diversitätsbeauftragte sowie die Schwerbehindertenvertretung nach § 177 des Neunten Buches Sozialgesetzbuch (SGB IX) und ein Vertreter des Personalrats beteiligt werden.

(9) Die Hochschulen fördern in Thüringen, in Deutschland, in Europa und international den Austausch und die Zusammenarbeit zwischen den Hochschulen.

(10) Die Hochschulen wirken bei der Wahrnehmung ihrer Aufgaben untereinander, mit dem Studierendenwerk Thüringen, mit anderen staatlichen und staatlich geförderten Forschungs- und Bildungseinrichtungen, mit Einrichtungen der überregionalen Forschungsplanung und -förderung sowie der gesamten gesellschaftlichen Öffentlichkeit zusammen.

(11) Die Hochschulen tragen in Forschung und Lehre dazu bei, die Herausforderungen der gesellschaftlichen Veränderungen durch die Digitalisierung zu bewältigen.

(12) Die Hochschulen fördern die Entwicklung von Methoden und Materialien, die die Verwendung von lebenden und eigens hierfür getöteten Tieren verringern oder ganz ersetzen können.

(13) Die Hochschulen unterrichten die Öffentlichkeit über die Erfüllung ihrer Aufgaben.

(14) Das Ministerium kann den Hochschulen durch Ziel- und Leistungsvereinbarungen nach § 13 Abs. 1 oder im Benehmen mit den Hochschulen durch Rechtsverordnung weitere Aufgaben übertragen, wenn sie mit den in den Absätzen 1 bis 13 genannten Aufgaben zusammenhängen.

§ 6 Chancengleichheit der Geschlechter

(1) [1]Die Hochschulen fördern und sichern die tatsächliche Verwirklichung der Gleichstellung der Geschlechter; sie wirken bei der Wahrnehmung ihrer Aufgaben darauf hin, dass Personen jedes Geschlechts ihrer Qualifikation entsprechend gleiche Entwicklungsmöglichkeiten haben und bestehende Nachteile beseitigt werden. [2]Hierzu stellen sie insbesondere Gleichstellungspläne nach § 4 des Thüringer Gleichstellungsgesetzes (ThürGleichG) vom 6. März 2013 (GVBl. S. 49) in der jeweils geltenden Fassung auf und erlassen Richtlinien zur Erhöhung des Anteils von Frauen am wissenschaftlichen und künstlerischen Personal. [3]Der Gleichstellungsplan enthält Ziel- und Zeitvorgaben und ist Bestandteil der Struktur- und Entwicklungsplanung.

(2) Bei allen Vorschlägen und Entscheidungen der Hochschulen und ihrer Organe und Gremien sind die geschlechterdifferenten Auswirkungen zu beachten (Gender Mainstreaming).

(3) [1]Der Senat wählt auf Vorschlag des Beirats für Gleichstellungsfragen aus der Gruppe der Hochschullehrer, der akademischen oder der Mitarbeiter in Technik und Verwaltung der Hochschule ein weibliches Mitglied zur Gleichstellungsbeauftragten der Hochschule und ein weiteres weibliches Mitglied zu deren Stellvertreterin. [2]Sie werden von der Hochschule nach Maßgabe der Grundordnung für

die Dauer von jeweils bis zu drei Jahren bestellt. [3]Die fachliche Qualifikation der Gleichstellungsbeauftragten und der Stellvertreterin soll den umfassenden Anforderungen ihrer Aufgaben gerecht werden; dies setzt entweder ein abgeschlossenes Hochschulstudium oder eine durch mehrjährige Tätigkeit im Bereich der Gleichstellung nachgewiesene gleichstellungsspezifische Qualifikation voraus. [4]Die mehrmalige Wiederwahl ist zulässig. [5]Die Gleichstellungsbeauftragte der Hochschule ist zur Ausübung ihres Amtes angemessen, mindestens mit einem halben Vollzeitäquivalent, an der Hochschule für Musik Franz Liszt Weimar und der Dualen Hochschule mindestens mit einem Viertel Vollzeitäquivalent von ihren sonstigen Dienstaufgaben freizustellen. [6]Im Übrigen ist die Angemessenheit nach § 17 Abs. 2 Satz 2 ThürGleichG zu bestimmen, wobei auch die Anzahl der Studierenden zu einem Achtel zu berücksichtigen ist. [7]Die stellvertretende Gleichstellungsbeauftragte wird mindestens mit einem Viertel Vollzeitäquivalent, an der Hochschule für Musik Franz Liszt Weimar und der Dualen Hochschule mindestens mit einem Achtel Vollzeitäquivalent von ihren sonstigen Dienstaufgaben freigestellt. [8]Von Satz 5 kann im gegenseitigen Einvernehmen zwischen der Gleichstellungsbeauftragten und der Hochschule abgewichen werden; Entsprechendes gilt für die stellvertretende Gleichstellungsbeauftragte im Hinblick auf Satz 7. [9]Die wirksame Erfüllung der Aufgaben der Gleichstellungsbeauftragten ist durch die Bereitstellung von Personal und Sachmitteln in angemessenem Umfang zu gewährleisten.

(4) [1]In Hochschulen, in denen die Anzahl der Bediensteten zuzüglich eines Achtels der Studierenden die Zahl 1.200 überschreitet, kann die Aufgabe der Gleichstellungsbeauftragten hauptberuflich wahrgenommen werden. [2]In diesem Fall ist die Stelle öffentlich auszuschreiben und die Gleichstellungsbeauftragte kann abweichend von Absatz 3 Satz 2 nach Maßgabe der Grundordnung für eine Amtszeit von bis zu acht Jahren gewählt werden.

(5) [1]Die Gleichstellungsbeauftragte der Hochschule wirkt auf die Herstellung der verfassungsrechtlich garantierten Chancengleichheit der Geschlechter in der Hochschule hin. [2]Sie ist als Gleichstellungsbeauftragte dem Präsidium unmittelbar zugeordnet und weisungsfrei; zwischen ihr und den Beschäftigten ist der Dienstweg nicht einzuhalten. [3]Sie macht Vorschläge und nimmt Stellung gegenüber den zuständigen Stellen der Hochschule in allen Angelegenheiten, die die Belange der Chancengleichheit, insbesondere diejenigen der Frauen in der Hochschule berühren, insbesondere in Berufungsverfahren und bei der Besetzung der Stellen des wissenschaftlichen und künstlerischen sowie des sonstigen Personals. [4]Die Gleichstellungsbeauftragte hat in Sitzungen des Senats, des Hochschulrats, der Hochschulversammlung, der Selbstverwaltungsgremien nach § 40 sowie deren Ausschüssen, insbesondere Berufungskommissionen, zu denen sie wie ein Mitglied zu laden ist, ein Teilnahme-, Antrags- und Rederecht; sie kann sich hierbei vertreten lassen. [5]Die übrigen Organe, Gremien und Kommissionen sind verpflichtet, die Gleichstellungsbeauftragte bei sie betreffenden Angelegenheiten zu ihren Sitzungen wie ein Mitglied zu laden und in die Beratung einzubeziehen.

(6) [1]Im Rahmen ihres Aufgaben- und Zuständigkeitsbereichs kann die Gleichstellungsbeauftragte gegen einen Beschluss oder eine Entscheidung eines Organs, eines Gremiums oder einer Kommission der Hochschule schriftlich innerhalb von sieben Arbeitstagen ab Kenntnis Einspruch einlegen. [2]Dieser ist innerhalb derselben Frist zu begründen. [3]Innerhalb eines Monats nach Zugang des Einspruchs hilft das Organ, das Gremium oder die Kommission der Hochschule dem Einspruch ab oder trifft eine Einspruchsentscheidung unter Angabe der Gründe nach einem Einigungsversuch in derselben Frist schriftlich. [4]Sofern der Einspruch zurückgewiesen wird, ist über Entscheidungen des Präsidiums der Hochschulrat, über die übrigen Entscheidungen das Präsidium jeweils unter Beifügung des Einspruchs und der Einspruchsentscheidung zu unterrichten. [5]Der Einspruch hat aufschiebende Wirkung; soweit der Einspruch zurückgewiesen wird, darf die Entscheidung frühestens eine Woche nach der Unterrichtung nach Satz 4 vollzogen werden. [6]Satz 5 gilt nicht in unaufschiebbaren Angelegenheiten. [7]Im Fall einer unaufschiebbaren Angelegenheit sind die Gründe dafür der Gleichstellungsbeauftragten darzulegen. [8]In derselben Angelegenheit ist der Einspruch nur einmal zulässig. [9]Rechtsschutz ist ausgeschlossen.

(7) [1]Die Gleichstellungsbeauftragte der Hochschule hat zur Wahrnehmung ihrer Aufgaben das Recht auf rechtzeitige notwendige Information. [2]Sie hat das Recht auf Beteiligung bei Stellenausschreibungen und auf Einsicht in Bewerbungsunterlagen. [3]Sie kann mit Zustimmung der Betroffenen deren Personalunterlagen einsehen. [4]Sie berichtet dem Senat regelmäßig über ihre Tätigkeit; die Hochschule stellt die hierfür erforderlichen statistischen Angaben zur Verfügung.

(8) [1]Für die Wahrnehmung der Aufgaben nach Absatz 1 kann in den dezentralen Organisationseinheiten eine Gleichstellungsbeauftragte, die die Gleichstellungsbeauftragte der Hochschule berät und unterstützt, von den Mitgliedern der jeweiligen Organisationseinheit für die Dauer von bis zu drei Jahren gewählt werden. [2]Sie ist angemessen von ihren sonstigen Dienstaufgaben zu entlasten.

(9) [1]Zur Unterstützung der Gleichstellungsbeauftragten der Hochschule bildet die Hochschule den Beirat für Gleichstellungsfragen. [2]Die Gleichstellungsbeauftragte ist stimmberechtigtes Mitglied und Vorsitzende des Beirats für Gleichstellungsfragen.

(10) Das Nähere zu den Absätzen 1 bis 9 regeln die Hochschulen in der Grundordnung.

(11) Die aus den Gleichstellungsbeauftragten der Hochschulen gebildete Landeskonferenz der Gleichstellungsbeauftragten vertritt die Belange auf dem Gebiet der Gleichstellung gegenüber dem Ministerium und erhält Gelegenheit zur Stellungnahme zu Regelungen, die die Belange der Gleichstellung betreffen.

(12) Die Hochschulen arbeiten im Bereich Gleichstellung standortübergreifend in einer gemeinsamen Einrichtung zusammen, die sie angemessen ausstatten.

(13) [1]Für das Universitätsklinikum gelten bezüglich der Chancengleichheit der Geschlechter die Regelungen für die Hochschulen mit Ausnahme der Absätze 11 und 12 entsprechend, soweit nicht nachstehend etwas anderes geregelt ist. [2]Das Universitätsklinikum stellt einen separaten Gleichstellungsplan auf und hat eine eigene Gleichstellungsbeauftragte. [3]Die Gleichstellungsbeauftragte und ihre Stellvertreterin werden vom Fakultätsrat gewählt. [4]Die Gleichstellungsbeauftragte ist dem Klinikumsvorstand unmittelbar zugeordnet und weisungsfrei. [5]Wenn einem Einspruch der Gleichstellungsbeauftragten nicht abgeholfen wird, ist über Entscheidungen des Klinikumsvorstandes der Verwaltungsrat, über die übrigen Entscheidungen der Klinikumsvorstand jeweils unter Beifügung des Einspruchs zu unterrichten. [6]Die Gleichstellungsbeauftragte berichtet dem Fakultätsrat und dem Klinikumsvorstand regelmäßig über ihre Tätigkeit. [7]Das Nähere ist in der Grundsatzung zu regeln.

§ 7 Beauftragter für Diversität

(1) [1]Der Beauftragte für Diversität soll die in § 5 Abs. 7 Satz 2 und 3 genannten Belange aller Mitglieder, Angehörigen, Promovierenden und Studienbewerber der Hochschule, insbesondere die Belange von Studierenden mit Behinderung, einer psychischen oder einer chronischen Erkrankung vertreten. [2]Er wirkt in Abstimmung mit der Gleichstellungsbeauftragten, der Schwerbehindertenvertretung nach § 177 SGB IX und dem Inklusionsbeauftragten nach § 181 SGB IX bei der Planung und Organisation der Lehr-, Studien- und Arbeitsbedingungen für die Mitglieder und Angehörigen der Hochschule mit, berät sie und setzt sich für die Beseitigung bestehender Nachteile und Barrieren ein.

(2) [1]Der Präsident bestellt für in der Regel mindestens drei Jahre einen Beauftragten für Diversität; eine mehrfache Wiederbestellung ist möglich. [2]Der Beauftragte für Diversität ist fachlich weisungsfrei; zwischen ihm und den Beschäftigten ist der Dienstweg nicht einzuhalten. [3]§ 6 Abs. 3 Satz 5, 6, 8 Halbsatz 1 und 9 sowie Abs. 4 gilt entsprechend. [4]Die Hochschule kann eine Koordinierungsstelle für Diversität unter Leitung des Diversitätsbeauftragten einrichten.

(3) [1]Der Beauftragte für Diversität hat in Sitzungen des Senats, des Hochschulrats, der Hochschulversammlung, der Selbstverwaltungsgremien nach § 40 sowie deren Ausschüssen, insbesondere Berufungskommissionen, zu denen er wie ein Mitglied zu laden ist, ein Teilnahme-, Antrags- und Rederecht; er kann sich hierbei im Ausnahmefall durch einen bestellten Abwesenheitsvertreter vertreten lassen. [2]Die übrigen Organe, Gremien und Kommissionen sind verpflichtet, den Beauftragten für Diversität bei den ihn betreffenden Angelegenheiten zu ihren Sitzungen wie ein Mitglied zu laden und in die Beratung einzubeziehen. [3]Er hat das Recht auf rechtzeitige zur Wahrnehmung seiner Aufgaben notwendige Informationen. [4]Er berichtet dem Präsidium regelmäßig, mindestens jedoch einmal jährlich, über seine Tätigkeit.

(4) Das Nähere zu den Absätzen 1 bis 3 regeln die Hochschulen in der Grundordnung.

(5) Die Hochschulen arbeiten im Bereich Diversität standortübergreifend in einer gemeinsamen Einrichtung zusammen, die sie angemessen ausstatten.

§ 8 Freiheit von Lehre, Forschung, Kunst, Wissenschaft und Studium

(1) Das Land und die Hochschulen haben sicherzustellen, dass die Mitglieder der Hochschulen die durch Artikel 5 Abs. 3 Satz 1 des Grundgesetzes und Artikel 27 Abs. 1 der Verfassung des Freistaats Thüringen verbürgten Grundrechte wahrnehmen können.

(2) [1]Die Freiheit der Forschung (Artikel 5 Abs. 3 Satz 1 des Grundgesetzes und Artikel 27 Abs. 1 Satz 2 der Verfassung des Freistaats Thüringen) umfasst insbesondere die Fragestellung, die Grundsätze der Methodik sowie die Bewertung des Forschungsergebnisses und seine Verbreitung. [2]Entscheidungen der zuständigen Hochschulorgane in Fragen der Forschung sind insoweit zulässig, als sie sich auf die Organisation des Forschungsbetriebs, die Förderung und Abstimmung von Forschungsvorhaben und auf die Bildung von Forschungsschwerpunkten beziehen; sie dürfen die Freiheit im Sinne des Satzes 1 nicht beeinträchtigen. [3]Die an den Hochschulen in der Forschung Tätigen sind zur wissenschaftlichen Redlichkeit verpflichtet. [4]Die Sätze 1 bis 3 gelten für künstlerische Entwicklungsvorhaben und für die Kunstausübung entsprechend.

(3) [1]Die Freiheit der Lehre (Artikel 5 Abs. 3 Satz 1 des Grundgesetzes und Artikel 27 Abs. 1 Satz 2 der Verfassung des Freistaats Thüringen) umfasst, unbeschadet des Artikels 5 Abs. 3 Satz 2 des Grundgesetzes und des Artikels 27 Abs. 2 der Verfassung des Freistaats Thüringen, im Rahmen der zu erfüllenden Lehraufgaben insbesondere die Abhaltung von Lehrveranstaltungen und deren inhaltliche und methodische Gestaltung sowie das Recht auf Äußerung von wissenschaftlichen und künstlerischen Lehrmeinungen. [2]Entscheidungen der zuständigen Hochschulorgane und Hochschulgremien in Fragen der Lehre sind insoweit zulässig, als sie sich auf die Organisation des Lehrbetriebs und auf die Aufstellung und Einhaltung von Studien- und Prüfungsordnungen beziehen; sie dürfen die Freiheit im Sinne des Satzes 1 nicht beeinträchtigen.

(4) [1]Die Freiheit des Studiums umfasst, unbeschadet der Studien- und Prüfungsordnungen, insbesondere die freie Wahl von Lehrveranstaltungen, das Recht, innerhalb eines Studiengangs Schwerpunkte nach eigener Wahl zu bestimmen sowie die Erarbeitung und Äußerung wissenschaftlicher und künstlerischer Meinungen. [2]Entscheidungen der zuständigen Hochschulorgane und Hochschulgremien in Fragen des Studiums sind insoweit zulässig, als sie sich auf die Organisation und ordnungsgemäße Durchführung des Lehr- und Studienbetriebs und auf die Gewährleistung eines ordnungsgemäßen Studiums beziehen.

(5) Die Wahrnehmung der in den Absätzen 2 bis 4 genannten Rechte entbindet nicht von der Rücksicht auf die Rechte anderer und von der Beachtung der Regelungen, die das Zusammenleben in den Hochschulen ordnen.

(6) [1]Alle an den Hochschulen wissenschaftlich Tätigen sowie die Studierenden sind zur Einhaltung der allgemein anerkannten Grundsätze guter wissenschaftlicher Praxis verpflichtet. [2]Ein Verstoß hiergegen liegt insbesondere vor, wenn in einem wissenschaftserheblichen Zusammenhang vorsätzlich oder grob fahrlässig Falschangaben gemacht werden, geistiges Eigentum anderer verletzt oder die Forschungstätigkeit Dritter erheblich beeinträchtigt wird. [3]Im Rahmen der Selbstkontrolle in der Wissenschaft stellen die Hochschulen Regeln zur Einhaltung der allgemein anerkannten Grundsätze guter wissenschaftlicher Praxis und zum Umgang mit wissenschaftlichem Fehlverhalten auf.

Zweiter Abschnitt

Qualitätssicherung

§ 9 Qualitätsmanagement

(1) [1]Die Hochschulen errichten ein eigenes System zur Sicherung der Qualität ihrer Arbeit. [2]Sie sorgen dafür, dass ihre Leistungen in Forschung und Lehre, bei künstlerischen Entwicklungsvorhaben, bei der Förderung des wissenschaftlichen und künstlerischen Nachwuchses sowie bei der Erfüllung des Gleichstellungsauftrags unter anderem durch Zuziehung interner und externer Sachverständiger bewertet werden (interne und externe Evaluation). [3]Für die Organisation ihrer Verwaltung gilt Satz 2 entsprechend.

(2) [1]Die Mitglieder und Angehörigen der Hochschulen sind zur Mitwirkung, insbesondere durch Erteilung der erforderlichen Auskünfte verpflichtet. [2]Die Befragung hat so zu erfolgen, dass Antworten und Auswertungen keine Rückschlüsse auf die Identität der befragten Person zulassen.

(3) An der Bewertung der Lehre wirken die Studierenden in den Gremien und durch Bewertung individueller Lehrveranstaltungen mit.

(4) [1]Das Nähere zu den Evaluations- und Qualitätssicherungsmaßnahmen nach den Absätzen 1 bis 3 regelt der Senat durch Satzung. [2]Er regelt darin insbesondere Standards, Verfahren sowie die Beteili-

gung der Mitglieder. [3]In der Satzung ist ferner zu regeln, welche Daten verarbeitet und genutzt werden dürfen und wie die Veröffentlichung der daraus gewonnenen Ergebnisse erfolgt.

§ 10 Berichtswesen

(1) [1]In einem Jahresbericht haben die Hochschulen dem Ministerium gegenüber Auskunft insbesondere über die bei der Erfüllung ihrer Aufgaben erbrachten Leistungen, über die Ergebnisse bei der Umsetzung der Rahmenvereinbarung nach § 12 Abs. 1 und der Ziel- und Leistungsvereinbarungen nach § 13 Abs. 1, über die Ergebnisse und Folgemaßnahmen von Evaluationen sowie über die Erfüllung des Gleichstellungsauftrages zu geben. [2]Der Bericht muss auch einen Überblick über die finanzielle, personelle und bauliche Lage und Entwicklung der Hochschule, ihrer Selbstverwaltungseinheiten, ihrer Einrichtungen und Betriebseinheiten geben.

(2) Der Bericht nach Absatz 1 ist dem Ministerium jeweils zum 31. Mai des Folgejahres vorzulegen.

§ 11 Verarbeitung personenbezogener Daten

(1) Die Hochschule darf personenbezogene Daten ihrer Mitglieder und Angehörigen, ihrer Studienbewerber und Prüfungskandidaten verarbeiten, soweit dies erforderlich ist für

1. den Zugang zum Studium und die Durchführung des Studiums und der Weiterbildung sowie die Zulassung zu und Durchführung von Prüfungen auch in elektronischer Form und elektronischer Kommunikation, zur Promotion oder Habilitation,
2. die Evaluation von Forschung und Lehre und Kunst nach § 9,
3. die Hochschulentwicklungsplanung des Landes, die Rahmenvereinbarungen nach § 12 Abs. 1 mit den Hochschulen und den damit verbundenen Ziel- und Leistungsvereinbarungen nach § 13 Abs. 1, die Struktur- und Entwicklungsplanung der Hochschulen, die Bewertung der Arbeit der Hochschulen in Forschung und Lehre und die Förderung des wissenschaftlichen Nachwuchses,
4. Leistungsbewertungen zur hochschulinternen Mittelvergabe und Steuerung,
5. die Erfüllung von übertragenen Aufgaben oder Aufgaben der akademischen Selbstverwaltung,
6. die Umsetzung des Gleichstellungs- und Diversitätsauftrags,
7. die Benutzung von Einrichtungen der Hochschule sowie
8. die Erfüllung von Aufgaben im Rahmen der Hochschulstatistik und weiterer statistischer Zwecke.

(2) Mitglieder und Angehörige der Hochschulen, Studienbewerber und Prüfungskandidaten sind verpflichtet, ihre personenbezogenen Daten anzugeben, soweit dies zur Erfüllung der Aufgaben nach Absatz 1 erforderlich ist.

(3) [1]Behörden, die staatliche Prüfungen nach § 54 Abs. 1 abnehmen, sind verpflichtet, der Hochschule die zur Erfüllung ihrer Aufgaben nach Absatz 1 erforderlichen personenbezogenen Daten zur aufgabenbezogenen Verarbeitung zu übermitteln. [2]Die Hochschule darf Daten, die ihr aus den nach Absatz 1 Nr. 1, 2 und 7 genannten Gründen übermittelt werden, verarbeiten, soweit das zum Erreichen des Zweckes der Übermittlung erforderlich ist.

(4) [1]Die Hochschulen dürfen personenbezogene Daten ihrer ehemaligen Mitglieder und Angehörigen verarbeiten, soweit dies zum Zwecke der Befragung im Rahmen der Qualitätssicherung und Evaluationen nach § 9 oder zur Pflege der Verbindung mit diesen Personen erforderlich ist und diese nicht widersprechen. [2]Die Befragten sind auf die Freiwilligkeit ihrer Angaben und ihre Widerspruchsmöglichkeit hinzuweisen.

(5) Das Nähere zur Verarbeitung der Daten nach den Absätzen 1, 2 und 4, insbesondere zu den zu erfassenden Tatbeständen und dem Kreis der zu Befragenden, bestimmt das Ministerium durch Rechtsverordnung.

(6) Die Hochschulen können durch Satzung für ihre Mitglieder und Angehörigen die Pflicht zur Verwendung von mobilen Datenträgern begründen, die der automatisierten Datenverarbeitung, insbesondere für Zwecke der Zutrittskontrolle, Identitätsfeststellung, Zeiterfassung, Abrechnung oder Bezahlung dienen.

Dritter Abschnitt

Struktur- und Entwicklungsplanung

§ 12 Rahmenvereinbarung, Hochschulentwicklungsplanung

(1) Die Landesregierung und die Hochschulen sollen auf der Grundlage der Hochschulentwicklungsplanung des Landes nach Absatz 4 mehrjährige, in der Regel für einen Zeitraum von vier Jahren gel-

tende Rahmenvereinbarungen über die gemeinsame Umsetzung der Zielvorstellungen des Landes zur strukturellen Entwicklung der Hochschulen und die Ausbauplanung, die strategischen Leistungs- und Entwicklungsziele der Hochschulen unter Beachtung ihrer Aufgaben nach § 5 und deren Erreichung, über Art und Umfang der staatlichen Hochschulfinanzierung sowie die Fortentwicklung der Haushaltswirtschaft und -führung im Hochschulbereich abschließen.

(2) Die in den Rahmenvereinbarungen nach Absatz 1 enthaltenen Regelungen über die staatliche Finanzierung stehen unter dem Vorbehalt der Ermächtigung durch den Landtag.

(3) Wenn und soweit eine Rahmenvereinbarung nach Absatz 1 nicht rechtzeitig, das heißt vor Ablauf des Geltungszeitraums der der abzuschließenden Rahmenvereinbarung vorangehenden Rahmenvereinbarung, zustande kommt, legt das Ministerium nach Anhörung der Hochschulen und im Einvernehmen mit dem für Finanzen zuständigen Ministerium zunächst die Grundsätze der künftigen Hochschulentwicklung und die zur Umsetzung erforderlichen Maßnahmen fest.

(4) Die Hochschulentwicklungsplanung enthält die Zielvorstellungen des Ministeriums über die strukturelle Entwicklung der Hochschulen und die Ausbauplanung unter Berücksichtigung der Finanzplanung des Landes nach § 31 der Thüringer Landeshaushaltsordnung (ThürLHO) in der Fassung vom 19. September 2000 (GVBl. S. 282) in der jeweils geltenden Fassung und der Regelungen über andere Maßnahmen von finanzieller Bedeutung nach § 40 ThürLHO.

§ 13 Ziel- und Leistungsvereinbarungen, Struktur- und Entwicklungspläne

(1) Das Ministerium schließt auf der Grundlage der jeweiligen Rahmenvereinbarung nach § 12 Abs. 1, der Hochschulentwicklungsplanung des Landes und unter Berücksichtigung der Struktur- und Entwicklungsplanung der Hochschulen mit jeder Hochschule mehrjährige, in der Regel für einen Zeitraum von vier Jahren geltende Ziel- und Leistungsvereinbarungen ab, die in regelmäßigen Abständen, im Regelfall alle zwei Jahre, fortgeschrieben werden.

(2) [1]Die Ziel- und Leistungsvereinbarungen nach Absatz 1 legen überprüfbare strategische und weitere Ziele für die verschiedenen Aufgabenbereiche der Hochschulen nach § 5 sowie die Höhe der laufenden Finanzzuweisungen des Landes an die Hochschulen fest. [2]Die Ziel- und Leistungsvereinbarungen regeln das Verfahren zur Feststellung des Standes der Umsetzung der Zielvereinbarungen und die Folgen bei Nichterreichen von vereinbarten Zielen.

(3) [1]Die Ziel- und Leistungsvereinbarungen nach Absatz 1 sind langfristig als Basis für den Grundhaushalt der einzelnen Hochschule zu gestalten. [2]Der finanzielle Rahmen der Ziel- und Leistungsvereinbarungen aller Hochschulen wird durch die jeweilige Rahmenvereinbarung gesetzt. [3]Das Berichtswesen nach § 10 unterstützt die Steuerung durch Ziel- und Leistungsvereinbarungen.

(4) [1]Die Hochschulen stellen für einen Zeitraum von mindestens fünf Jahren Struktur- und Entwicklungspläne auf und schreiben sie regelmäßig fort. [2]In diesen Plänen stellen die Hochschulen ihre Aufgaben und die vorgesehene fachliche, strukturelle, personelle, bauliche und finanzielle Entwicklung dar. [3]Dabei sollen sie insbesondere Aussagen zur fakultätsspezifischen Personalstruktur des wissenschaftlichen Personals, zur Personalentwicklung und zur künftigen Verwendung frei werdender Stellen von Professoren treffen.

(5) [1]Wenn und soweit Ziel- und Leistungsvereinbarungen nach Absatz 1 nicht rechtzeitig vor Ablauf des Geltungszeitraums der vorhergehenden Ziel- und Leistungsvereinbarung zustande kommen, können die zu erbringenden Leistungen und die zu erreichenden Ziele durch das Ministerium nach Anhörung der Hochschule als Zielvorgabe festgelegt werden, wenn dies zur Gewährleistung und Umsetzung der Hochschulentwicklungsplanung des Landes geboten ist. [2]Sofern zu diesem Zeitpunkt kein gültiger Struktur- und Entwicklungsplan der Hochschule vorliegt, enthält diese Zielvorgabe auch die entsprechenden wesentlichen planerischen Festlegungen.

(6) Das Präsidium ist im Rahmen der Ziel- und Leistungsvereinbarungen nach Absatz 1 für die Erfüllung der von der Hochschule zu erbringenden Leistungen verantwortlich.

Vierter Abschnitt

Finanzierung, Haushalt, wirtschaftliche Betätigung

§ 14 Ausstattung der Hochschulen, Haushalt, Finanzierung, Eigentum

(1) [1]Das Land stellt den Hochschulen die zur Erfüllung ihrer Aufgaben erforderlichen Grundstücke und Einrichtungen zur Verfügung und deckt ihren Finanzbedarf nach Maßgabe der im Landeshaushalt

bereitgestellten Mittel. [2]Darüber hinaus sollen die Hochschulen zur Finanzierung durch Einwerbung von Mitteln Dritter beitragen.

(2) Die staatliche Finanzierung der Hochschulen hat sich an den Aufgaben der Hochschulen nach § 5, den in der jeweiligen Rahmenvereinbarung nach § 12 Abs. 1 und in den Ziel- und Leistungsvereinbarungen nach § 13 Abs. 1 vereinbarten Zielen sowie den erbrachten Leistungen zu orientieren und die Hochschulentwicklungsplanung des Landes sowie die Struktur- und Entwicklungsplanung der Hochschulen zu beachten.

(3) [1]Die Hochschulen werden wie Landesbetriebe geführt. [2]Die Bestimmungen der §§ 26, 74 und 87 ThürLHO gelten entsprechend, soweit nicht in diesem Gesetz oder dem Thüringer Haushaltsgesetz etwas anderes bestimmt ist. [3]Die Wirtschaftsführung und das Rechnungswesen der Hochschulen richten sich nach den kaufmännischen Regeln. [4]Insoweit gelten die Bestimmungen des Dritten Buchs des Handelsgesetzbuches für große Kapitalgesellschaften und die Grundsätze ordnungsmäßiger Buchführung entsprechend. [5]Das Nähere, insbesondere zur haushaltsrechtlichen Behandlung der staatlichen Zuschüsse, zur Aufstellung der Wirtschaftspläne, zur Wirtschaftsführung und zum Rechnungswesen, zum Jahresabschluss sowie zum Zahlungsverkehr und den mit diesem im Zusammenhang stehenden Sicherheitsstandards regelt das Ministerium im Einvernehmen mit dem für Finanzen zuständigen Ministerium durch Rechtsverordnung. [6]Im Übrigen finden die Bestimmungen der Thüringer Landeshaushaltsordnung Anwendung.

(4) [1]Das Ministerium weist den Hochschulen die Haushaltsmittel jährlich in der Form von Globalbudgets zu, soweit es sie nicht selbst bewirtschaftet. [2]Das Land weist zudem den Hochschulen bedarfsgerecht und nach Maßgabe des Landeshaushaltes Mittel für Grundstücks-, Bau- und Geräteinvestitionen sowie für die Bauunterhaltung zu. [3]Bewirtschaftende Stelle in der Hochschule ist der Kanzler, soweit im Gesetz nichts anderes bestimmt ist. [4]Er soll die Bewirtschaftung basierend auf dem Wirtschaftsplan der Hochschule und den Entscheidungen des Präsidiums nach § 29 Abs. 1 Satz 2 Halbsatz 2 Nr. 7 auf die Einrichtungen der Hochschule übertragen. [5]Andere Zuständigkeiten für die Verteilung der Personal- und Sachmittel bleiben unberührt.

(5) [1]Bei der Zuweisung der Mittel an die Hochschulen sowie innerhalb der Hochschulen sind die erbrachten und zu erwartenden Leistungen in Lehre, Forschung, Kunst und Weiterbildung sowie bei der Förderung des wissenschaftlichen und künstlerischen Nachwuchses und die Fortschritte bei der Erfüllung des Gleichstellungsauftrags zu berücksichtigen. [2]Die Hochschulen legen entsprechende Grundsätze der Ausstattung und der internen Mittelverteilung fest.

(6) [1]Das den Hochschulen zur Erfüllung ihrer Aufgaben überlassene Landesvermögen an Grundstücken, Bauten und anderen Vermögensgegenständen verbleibt im Eigentum des Landes. [2]Dieses Landesvermögen wird von den Hochschulen für die Dauer seiner Nutzung verwaltet und bewirtschaftet und fällt mit Wegfall der Nutzung wieder an das Land zurück. [3]Vermögensgegenstände, die von den Hochschulen mit Landesmitteln beschafft werden, sind namens des Landes als Eigentum des Landes zu erwerben.

(7) [1]Wirtschaftsjahr ist das Kalenderjahr. [2]Für jedes Wirtschaftsjahr ist ein Wirtschaftsplan, bestehend aus dem Erfolgs- und dem Investitionsplan sowie dem Stellenplan und einer nachrichtlichen Stellenübersicht aufzustellen, der die Grundlage für die Wirtschaftsführung der jeweiligen Hochschule bildet. [3]Der Wirtschaftsplan soll auch die aufgaben-, leistungs- und evaluationsbezogene Verteilung von Stellen und Mitteln auf die Organisationseinheiten der Hochschulen enthalten. [4]Die Hochschulen legen dem Ministerium vorab im Zuge des Haushaltsaufstellungsverfahrens Übersichten zum jeweiligen Wirtschaftsplan nebst den Übersichten zu den Planstellen und Stellen zur Abbildung im Landeshaushaltsplan vor. [5]Der von der jeweiligen Hochschule auf der Grundlage der mit dem Ministerium abgestimmten Übersichten nach Satz 4 aufgestellte und vom Hochschulrat bestätigte Wirtschaftsplan ist dem Ministerium vor Beginn des neuen Wirtschaftsjahres vorzulegen.

(8) [1]Der Jahresabschluss und der Lagebericht werden in entsprechender Anwendung der für große Kapitalgesellschaften geltenden Bestimmungen des Handelsgesetzbuchs zum Schluss eines jeden Wirtschaftsjahres aufgestellt und von einem Abschlussprüfer geprüft. [2]Die Prüfung erfolgt entsprechend § 53 des Haushaltsgrundsätzegesetzes (HGrG) vom 19. August 1969 (BGBl. I S. 1273) in der jeweils geltenden Fassung. [3]Der Jahresabschluss enthält eine Darstellung der Trennung von wirtschaftlicher und nichtwirtschaftlicher Tätigkeit (Trennungsrechnung). [4]Der geprüfte Jahresabschluss ist dem Ministerium bis zum 31. Mai des auf das Wirtschaftsjahr folgenden Jahres vorzulegen. [5]Der

festgestellte Jahresabschluss ist dem Ministerium bis zum 31. August des auf das Wirtschaftsjahr folgenden Jahres anzuzeigen.

§ 15 Bauangelegenheiten

(1) [1]Die Hochschulen können Maßnahmen des Bauunterhalts und kleine Baumaßnahmen in eigener Zuständigkeit selbst vorbereiten und durchführen oder durch Dritte erbringen lassen. [2]Dabei sind die für den staatlichen Hochbau geltenden Bestimmungen einzuhalten. [3]Vor Durchführung der Maßnahmen sind das Ministerium, das für den staatlichen Hochbau zuständige Ministerium und das Landesamt für Bau und Verkehr hinzuzuziehen; das Ministerium genehmigt nach erfolgter Prüfung die Maßnahmen.

(2) [1]Den Hochschulen können auf Antrag von dem für den staatlichen Hochbau zuständigen Ministerium Aufgaben der Bauherrenvertretung übertragen werden. [2]Über den Antrag entscheidet das für den staatlichen Hochbau zuständige Ministerium im Einvernehmen mit dem Ministerium sowie dem für Finanzen zuständigen Ministerium. [3]Das Nähere zur Aufgabenübertragung regelt das für den staatlichen Hochbau zuständige Ministerium im Einvernehmen mit dem Ministerium und dem für Finanzen zuständigen Ministerium durch Rahmenvorgaben, insbesondere zu

1. den Voraussetzungen für die Übertragung der Aufgaben,
2. Art und Umfang der zu übertragenden Aufgaben,
3. den rechtlichen und organisatorischen Rahmenbedingungen sowie
4. der Finanzierung der Baumaßnahmen.

[4]Auf der Grundlage der Rahmenvorgaben nach Satz 3 schließt die antragstellende Hochschule mit dem für den staatlichen Hochbau zuständigen Ministerium, dem Ministerium und dem für Finanzen zuständigen Ministerium eine Vereinbarung zur Übertragung dieser Aufgaben auf die antragstellende Hochschule.

(3) [1]Der Friedrich-Schiller-Universität Jena wird die Wahrnehmung der öffentlichen Aufgaben an den der Hochschule überlassenen Liegenschaften nach Maßgabe der Sätze 2 bis 4 übertragen. [2]Dazu gehören die Bauherrenfunktion und die Verantwortlichkeit für sämtliche Baumaßnahmen. [3]In Ausübung der ihr nach Satz 1 übertragenen Wahrnehmung der öffentlichen Aufgaben an den überlassenen Liegenschaften nimmt die Friedrich-Schiller-Universität Jena die Eigentümerverantwortung für die von ihr genutzten Liegenschaften wahr. [4]Voraussetzung für die Übertragung ist eine zwischen der Friedrich-Schiller-Universität Jena und dem Ministerium, dem für den staatlichen Hochbau zuständigen Ministerium sowie dem für Finanzen zuständigen Ministerium zu schließende Vereinbarung, in der das Nähere, insbesondere zu Art und Umfang sowie zur Wahrnehmung dieser Aufgaben, zur Finanzierung von Baumaßnahmen sowie zum Verfahren geregelt wird.

§ 16 Körperschaftsvermögen

(1) Die Hochschulen können eigenes Vermögen haben.

(2) [1]Einnahmen der Körperschaft sind ihr gewährte Zuwendungen Dritter und die Erträge des Vermögens der Körperschaft. [2]Die Erträge aus dem Körperschaftsvermögen dürfen nur für Aufgaben der Hochschule verwendet werden.

(3) Der Genehmigung des Ministeriums bedürfen

1. die Annahme von Zuwendungen, die mit einer den Wert der Zuwendung übersteigenden Last verknüpft sind oder Ausgaben zur Folge haben, für die der Ertrag der Zuwendung nicht ausreicht und
2. die Einstellung von Personal.

(4) [1]Aus Rechtsgeschäften, die die Hochschule als Körperschaft abschließt, wird das Land weder berechtigt noch verpflichtet. [2]Rechtsgeschäfte zulasten des Körperschaftsvermögens sind unter dem Namen der Hochschule mit dem Zusatz „Körperschaft des öffentlichen Rechts" abzuschließen. [3]Derartige Rechtsgeschäfte dürfen nur abgeschlossen werden, wenn sämtliche Folgekosten aus dem Körperschaftsvermögen erbracht werden können.

(5) [1]Die Hochschule verwaltet das Körperschaftsvermögen unbeschadet des Teils VI der Thüringer Landeshaushaltsordnung getrennt vom Landesvermögen. [2]Das Präsidium stellt nach § 110 ThürLHO einen Wirtschaftsplan für das Körperschaftsvermögen auf. [3]Dieser ist vom Hochschulrat zu bestätigen. [4]Abweichend von den Bestimmungen der Thüringer Landeshaushaltsordnung entscheidet der Hochschulrat nach § 34 Abs. 1 Satz 2 Nr. 2 im Einvernehmen mit dem Präsidium, welche Stelle den Jah-

resabschluss für das Körperschaftsvermögen zu prüfen hat. [5]Der Hochschulrat stellt nach § 34 Abs. 1 Satz 2 Nr. 10 den Jahresabschluss zum Körperschaftshaushalt fest und entlastet das Präsidium.

(6) Auf Verlangen des Ministeriums ist die Hochschule verpflichtet, Auskunft über ihr Körperschaftsvermögen zu geben.

§ 17 Wirtschaftliche Betätigung der Hochschulen

(1) [1]Die Hochschulen können ungeachtet der Rechtsform insbesondere zur Förderung des Wissens- und Technologietransfers, zur Unterstützung von Unternehmensgründungen von Mitgliedern und Absolventen der Hochschule und zum Ausbau der Weiterbildungsangebote wirtschaftliche Unternehmen errichten, übernehmen, wesentlich erweitern oder sich daran beteiligen. [2]Die Gründung von oder die Beteiligung an Unternehmen sind dem Ministerium anzuzeigen. [3]Sofern dafür Haushaltsmittel des Landes eingesetzt werden, gilt § 65 ThürLHO entsprechend. [4]Die sich aus der Thüringer Landeshaushaltsordnung ergebenden Rechte des Landesrechnungshofs bleiben unberührt.

(2) [1]Die Unternehmen nach Absatz 1 müssen nach Art und Umfang in einem angemessenen Verhältnis zur Leistungsfähigkeit der Hochschule und zum voraussichtlichen Bedarf stehen. [2]Die Einlageverpflichtung und die Haftung der Hochschule müssen auf einen bestimmten und der Leistungsfähigkeit der Hochschule angemessenen Betrag begrenzt sein und sie muss einen angemessenen Einfluss auf die Organe des Unternehmens erhalten.

(3) Die Unternehmen oder Unternehmensanteile sind, soweit Haushaltsmittel des Landes eingesetzt wurden, Teil des Landesvermögens.

Fünfter Abschnitt

Aufsicht

§ 18 Aufsicht und staatliche Mitwirkung

(1) [1]Die Hochschulen unterstehen in

1. Selbstverwaltungsangelegenheiten der Rechtsaufsicht,
2. Auftragsangelegenheiten der Fachaufsicht

des Landes. [2]Das Ministerium übt die Aufsicht aus; Rechtsvorschriften, nach denen die Aufsicht anderen Stellen obliegt, bleiben unberührt.

(2) [1]Das Ministerium kann rechtswidrige Beschlüsse und Maßnahmen beanstanden; es kann dabei eine Frist zur Aufhebung oder anderweitigen Abhilfe setzen. [2]Beanstandete Beschlüsse und Maßnahmen dürfen nicht ausgeführt werden; sind sie bereits ausgeführt, kann das Ministerium anordnen, dass sie rückgängig gemacht werden müssen, soweit unentziehbare Rechte Dritter nicht entstanden sind.

(3) Werden gesetzliche Pflichten und Aufgaben nicht erfüllt, kann das Ministerium anordnen, dass die Hochschule innerhalb einer bestimmten Frist das Erforderliche zu veranlassen hat.

(4) [1]Die Aufsicht in Auftragsangelegenheiten wird durch Weisungen ausgeübt. [2]Vor einer Weisung soll der Hochschule Gelegenheit zur Stellungnahme gegeben werden.

(5) Kommt die Hochschule einer Aufsichtsmaßnahme nicht fristgerecht nach, kann das Ministerium

1. im Fall des Absatzes 1 Satz 1 Nr. 1 die beanstandeten Beschlüsse und Maßnahmen aufheben,
2. in den Fällen des Absatzes 1 Satz 1 Nr. 2 und der Absätze 2 bis 4 anstelle der Hochschule das Erforderliche veranlassen.

§ 19 Genehmigung, Einverständnis und Einvernehmen

(1) [1]Eine nach diesem Gesetz erforderliche Genehmigung, das Einverständnis oder das Einvernehmen sind zu versagen bei Verstößen gegen

1. Rechtsvorschriften oder
2. Verpflichtungen des Landes gegenüber dem Bund, anderen Ländern oder gegenüber den Kirchen in Thüringen.

[2]Die Genehmigung, das Einverständnis oder das Einvernehmen können versagt werden, wenn die beschlossene Regelung oder sonstige Maßnahme mit den Zielen dieses Gesetzes, der Rahmenvereinbarung nach § 12 Abs. 1, der Hochschulentwicklungsplanung des Landes, der Struktur- und Entwicklungsplanung der jeweiligen Hochschule oder einer abgeschlossenen Ziel- und Leistungsvereinbarung nach § 13 Abs. 1 nicht im Einklang steht.

(2) [1]Außer den in Absatz 1 genannten Gründen ist die Genehmigung einer Prüfungsordnung auch zu versagen, wenn sie

1. eine längere als die in § 52 festgelegte Regelstudienzeit vorsieht, ohne dass die Überschreitung besonders begründet ist,
2. die im Hochschulbereich gebotene Einheitlichkeit oder die Gleichwertigkeit der Ausbildung oder der Abschlüsse gefährdet oder
3. mit einer von den Ländern beschlossenen Empfehlung nicht übereinstimmt.

[2]Von der Versagung einer Genehmigung soll abgesehen werden, soweit es ausreichend ist, sie mit Auflagen zu versehen oder nur Teile einer Satzung von der Genehmigung auszunehmen.

(3) [1]Das Ministerium kann aus Gründen, die eine Versagung der Genehmigung rechtfertigen würden, die Änderung einer Satzung, die nicht der Genehmigung des Ministeriums bedarf, verlangen. [2]§ 18 Abs. 2 bis 5 gilt entsprechend.

§ 20 Informationspflicht der Hochschulen

Die Hochschulen sind verpflichtet, das Ministerium auf Verlangen über alle ihre Angelegenheiten zu unterrichten, insbesondere die Prüfung an Ort und Stelle zu ermöglichen, mündlich oder schriftlich zu berichten sowie Akten und sonstige Unterlagen vorzulegen.

Zweiter Teil

Aufbau und Organisation der Hochschulen

Erster Abschnitt

Mitgliedschaft und Mitwirkung

§ 21 Mitglieder, Angehörige und Doktorandenschaft

(1) [1]Mitglieder der Hochschule sind die an der Hochschule nicht nur vorübergehend oder gastweise hauptberuflich Tätigen und die immatrikulierten Studierenden. [2]Die Hochschulen nach § 1 Abs. 2 Satz 1 Nr. 1 bis 5 müssen, die anderen Hochschulen des Landes können in ihren Grundordnungen vorsehen, dass Hochschullehrer anderer Hochschulen durch Kooptation Mitglied der Hochschule werden können; das passive Wahlrecht zum Vizepräsidenten, Dekan und Prodekan an der kooptierenden Hochschule ist ausgeschlossen. [3]Der Präsident kann auf Vorschlag des Senats einer Person, die die Einstellungsvoraussetzungen nach § 84 erfüllt, ausnahmsweise die mitgliedschaftsrechtliche Stellung eines Hochschullehrers einräumen, wenn die Person Aufgaben der Hochschule in Forschung und Lehre selbständig wahrnimmt und nicht Mitglied der Hochschule ist. [4]Lehrbeauftragte, die in drei Jahren mit oder ohne Unterbrechung mindestens drei Semester mit jeweils mindestens neun Lehrveranstaltungsstunden bestellt sind, erwerben auf Antrag die Rechte eines Mitglieds der Hochschule, sofern sie nicht Mitglieder einer anderen Hochschule sind, hauptberuflich eine andere Tätigkeit wahrnehmen oder das gesetzliche Renteneintrittsalter erreicht haben.

(2) [1]Für die Vertretung in den Organen und Gremien bilden

1. die Professoren und Juniorprofessoren (Hochschullehrer) die Gruppe der Hochschullehrer,
2. die Studierenden die Gruppe der Studierenden,
3. die wissenschaftlichen und künstlerischen Mitarbeiter, die Lehrkräfte für besondere Aufgaben sowie Lehrbeauftragte nach Absatz 1 Satz 4 die Gruppe der akademischen Mitarbeiter und
4. die Mitarbeiter im technischen und Verwaltungsdienst einschließlich des medizinischen Pflegepersonals und der volljährigen Auszubildenden die Gruppe der Mitarbeiter in Technik und Verwaltung.

[2]Zur Gruppe der akademischen Mitarbeiter gehören auch Mitarbeiter mit ärztlichen Aufgaben, Bibliothekare im höheren Dienst und vergleichbare Angehörige wissenschaftlicher Dienste. [3]In der Grundordnung der Hochschule für Musik Franz Liszt Weimar kann bestimmt werden, dass die Lehrbeauftragten dieser Hochschule Mitglieder sind und der Gruppe der akademischen Mitarbeiter angehören. [4]An der Hochschule für Musik Franz Liszt Weimar, an den Fachhochschulen und an der Dualen Hochschule kann in der Grundordnung bestimmt werden, dass die Gruppe der akademischen Mitarbeiter und die Gruppe der Mitarbeiter in Technik und Verwaltung die Gruppe der Mitarbeiter bilden, wenn wegen der geringen Anzahl der Mitglieder die Bildung jeweils einer eigenen Gruppe nicht gerechtfertigt ist. [5]Zur Gruppe der Hochschullehrer gehören auch die bereits berufenen und bis zu ihrer

Einstellung mit der Vertretung ihrer künftigen Professorenstelle beauftragten Personen sowie die Seniorprofessoren.

(3) [1]Angehörige der Hochschule sind alle gastweise, vorübergehend, nebenberuflich oder ehrenamtlich an ihr Tätigen, insbesondere

1. Personen, denen eine Ehrenwürde verliehen wurde,
2. die Professoren im Ruhestand,
3. die Promovenden, Habilitanden, Honorarprofessoren, Privatdozenten und die außerplanmäßigen Professoren,
4. die Gastprofessoren, Gastwissenschaftler und Lehrbeauftragten,
5. die wissenschaftlichen Hilfskräfte und Tutoren sowie
6. die Gasthörer,

soweit sie nicht nach Absatz 1 Mitglieder der Hochschule sind; Näheres regeln die Hochschulen in der Grundordnung. [2]Professoren im Ruhestand können auf Antrag im Rahmen ihrer Lehrbefugnis Lehrveranstaltungen abhalten und Prüfungen abnehmen.

(4) [1]Die von der nach den Promotionsordnungen zuständigen Stelle angenommenen Doktoranden bilden die Doktorandenschaft. [2]Die Doktorandenschaft ist keine Mitgliedergruppe im Sinne des Absatzes 2; die Rechtsstellung der Doktoranden als Mitglieder nach den Absätzen 1 und 2 oder als Angehörige nach Absatz 3 bleibt durch ihre gleichzeitige Zugehörigkeit zur Doktorandenschaft unberührt. [3]Die Doktorandenschaft wählt die Mitglieder einer Promovierendenvertretung. [4]Die Promovierendenvertretung gibt in allen sie betreffenden Angelegenheiten gegenüber den Organen und Gremien der Hochschule Empfehlungen ab; ein Vertreter der Promovierendenvertretung kann an den Sitzungen der Organe und Gremien der Hochschule mit Ausnahme des Präsidiums und des Hochschulrats, zu denen er wie ein Mitglied zu laden ist, mit Antrags- und Rederecht teilnehmen. [5]Das Nähere zu den Aufgaben und Rechten, zur Zusammensetzung und zur Wahl der Promovierendenvertretung regelt die Hochschule in einer Satzung.

§ 22 Rechte und Pflichten der Mitglieder

(1) Die Mitglieder der Hochschule haben das Recht, die Belange der Hochschule im Rahmen dieses Gesetzes mitzuentscheiden.

(2) [1]Die Mitglieder der Hochschule haben das Recht und die Pflicht, an der Selbstverwaltung der Hochschule mitzuwirken. [2]Die Übernahme einer Funktion in der Selbstverwaltung kann nur abgelehnt werden, wenn nach Entscheidung des Präsidenten ein wichtiger Grund dafür vorliegt.

(3) Die Mitglieder der Hochschule sind verpflichtet, dazu beizutragen, dass die Hochschule ihre Aufgaben erfüllen kann und niemand gehindert wird, seine Rechte und Pflichten an der Hochschule wahrzunehmen.

(4) [1]Die Mitglieder eines Organs oder Gremiums werden, soweit sie dem Organ oder Gremium nicht kraft Amtes angehören, für eine bestimmte Amtszeit gewählt; sie sind an Weisungen nicht gebunden. [2]Frauen sollen bei der Besetzung von Organen und Gremien angemessen, mindestens jedoch zu 40 vom Hundert, berücksichtigt werden, sofern nicht durch Gesetz oder Satzung der Hochschule ein Wahlverfahren vorgeschrieben ist; Ausnahmen sind zu begründen. [3]Bei der Aufstellung von Listen und Kandidaturen für Wahlorgane und Wahlgremien soll auf paritätische Repräsentanz der Geschlechter geachtet werden. [4]Die Mitglieder haben durch ihre Mitwirkung dazu beizutragen, dass das Organ oder Gremium seine Aufgaben wirksam erfüllen kann.

(5) [1]Mitglieder dürfen wegen ihrer Tätigkeit in der Selbstverwaltung nicht benachteiligt werden. [2]Rechte und Pflichten von Mitgliedern, die für die Wahrnehmung von Aufgaben der Personalvertretung freigestellt sind, bleiben unberührt. [3]Mitglieder der Hochschule, die Aufgaben der Personalvertretung wahrnehmen, können nicht die Funktion der Gleichstellungsbeauftragten oder des Diversitätsbeauftragten wahrnehmen; im Senat und in Selbstverwaltungsgremien nach § 40 haben sie in Angelegenheiten, die der Mitbestimmung nach dem Thüringer Personalvertretungsgesetz unterliegen, kein Stimmrecht. [4]Mitglieder des Hochschulrats können mit Ausnahme des Präsidenten nicht Mitglieder des Präsidiums oder des Senats sein oder die Funktion eines Dekans wahrnehmen.

(6) [1]Art und Umfang der Mitwirkung der einzelnen Mitgliedergruppen an der Selbstverwaltung der Hochschule und innerhalb der Mitgliedergruppen bestimmen sich nach der Qualifikation, Funktion, Verantwortung und Betroffenheit der Mitglieder. [2]In nach Mitgliedergruppen zusammengesetzten Organen und Gremien müssen alle Mitgliedergruppen vertreten sein; sie wirken nach Maßgabe des Sat-

zes 1 grundsätzlich stimmberechtigt an Entscheidungen mit. [3]In nach Mitgliedergruppen zusammengesetzten Entscheidungsorganen und Entscheidungsgremien verfügen die Hochschullehrer bei der Entscheidung in Angelegenheiten, die die Lehre mit Ausnahme der Bewertung der Lehre betreffen, mindestens über die Hälfte der Stimmen, in Angelegenheiten, die die Forschung, künstlerische Entwicklungsvorhaben oder die Berufung von Hochschullehrern unmittelbar betreffen, über die Mehrheit der Stimmen. [4]Das Nähere zu den Sätzen 1 bis 3 ist in der Grundordnung zu regeln.
(7) Entscheidet ein Organ oder Gremium über die Bewertung von Prüfungsleistungen, einschließlich Promotions- und Habilitationsleistungen, dürfen nur die Mitglieder dieses Organs oder Gremiums mitwirken, die als Prüfer für die jeweilige Prüfung bestellt werden könnten.
(8) Zur Sicherung der Aufgaben und Rechte nach den Absätzen 1 bis 7 sind für alle Gruppen nach § 21 Abs. 2 in gleicher Weise die notwendigen Voraussetzungen durch die Hochschule zu schaffen.

§ 23 Wahlen, Wahlverfahren, Abwahl und Abbestellung

(1) [1]Die Vertreter der Mitgliedergruppen in den zentralen Kollegialorganen und in den Selbstverwaltungsorganen und Selbstverwaltungsgremien unterhalb der zentralen Ebene werden in freier, gleicher und geheimer Wahl von der jeweiligen Mitgliedergruppe in der Regel nach den Grundsätzen der personalisierten Verhältniswahl gewählt. [2]Von der Verhältniswahl kann insbesondere abgesehen werden, wenn wegen einer überschaubaren Zahl von Wahlberechtigten in einer Mitgliedergruppe oder in einem nach der Wahlordnung gebildeten Wahlbereich die Mehrheitswahl angemessen ist. [3]Der Zeitpunkt der Wahl ist so zu legen, dass eine möglichst hohe Wahlbeteiligung erreicht wird.
(2) Die Hochschulen sind verpflichtet, auf eine Vertretung von Frauen entsprechend ihrem Anteil in den Mitgliedergruppen in den Organen und Gremien der Hochschulen hinzuwirken.
(3) [1]Wahlberechtigt und wählbar ist jedes Mitglied der Hochschule, das der entsprechenden Mitgliedergruppe angehört. [2]Mit dem Verlust der Wählbarkeit in der Mitgliedergruppe, für die es gewählt ist, scheidet das betreffende Mitglied aus dem Kollegialorgan oder Kollegialgremium aus.
(4) [1]Zur Vorbereitung der Wahlen zu den Kollegialorganen und Kollegialgremien der Hochschule und der Studierendenschaft führt der Kanzler Verzeichnisse der Personen, die wahlberechtigt sind. [2]Jedes Mitglied der Hochschule ist berechtigt, die Wahlverzeichnisse einzusehen.
(5) Kein Mitglied der Hochschule ist in mehr als einer Gruppe nach § 21 Abs. 2 oder in mehr als einer Selbstverwaltungseinheit unterhalb der zentralen Ebene wahlberechtigt.
(6) [1]Der Kanzler sorgt für die Veröffentlichung der Wahlbekanntmachung und die Herstellung der Wahlunterlagen. [2]Für die Durchführung der Wahlen zu den Organen und Gremien der Hochschule sind Wahlvorstände zu bilden; ihnen sollen Mitglieder jeder Gruppe angehören.
(7) In der Wahlordnung sind nähere Bestimmungen zur Wahl und zum Wahlverfahren zu regeln und die Zuständigkeit für die Entscheidung über Wahlanfechtungen zu regeln.
(8) Vor der Einleitung eines nach diesem Gesetz vorgesehenen Abwahl- oder Abbestellungsverfahrens hat das zuständige Organ oder Gremium der Hochschule den Betroffenen anzuhören und Gelegenheit zur Stellungnahme zu geben.

§ 24 Amtszeit

(1) [1]Die Amtszeit der Vertreter in den zentralen Organen dauert in der Regel drei Jahre, die der Vertreter der Studierenden beträgt in der Regel ein Jahr. [2]Die Amtszeit endet jedoch bereits mit dem Zusammentritt der neu gewählten Mitglieder des Organs. [3]Verzögert sich die Wahl oder der Zusammentritt, so verlängert sich die Amtszeit bis zu einem halben Jahr.
(2) [1]Die Amtszeit der Vertreter in den sonstigen Organen und Gremien wird in der Grundordnung geregelt. [2]Der Beginn der Amtszeiten der akademischen Organe und Gremien ist in der Regel der 1. Oktober.

§ 25 Beschlüsse und Sondervotum

(1) [1]Organe oder Gremien sind beschlussfähig, wenn bei der Beschlussfassung mehr als die Hälfte der stimmberechtigten Mitglieder anwesend sind und die Sitzung ordnungsgemäß einberufen ist. [2]Die Zahl der anwesenden Mitglieder ist für die Beschlussfassung ohne Bedeutung, wenn wegen Beschlussunfähigkeit zum zweiten Mal zur Behandlung desselben Gegenstands eingeladen und bei der zweiten Einladung hierauf ausdrücklich hingewiesen worden ist. [3]Beschlüsse werden mit den Stimmen der Mehrheit der anwesenden Mitglieder gefasst, soweit dieses Gesetz oder die Grundordnung in Übereinstimmung mit diesem Gesetz nichts anderes vorsehen.

(2) Entscheidungen über Personalangelegenheiten ergehen in geheimer Abstimmung.

(3) Die Geschäftsordnung kann Beschlüsse im Umlaufverfahren vorsehen.

(4) [1]Für Mitglieder der Organe und Gremien gelten die §§ 20 und 21 des Thüringer Verwaltungsverfahrensgesetzes (ThürVwVfG) in der Fassung vom 1. Dezember 2014 (GVBl. S. 685) in der jeweils geltenden Fassung auch für Beratungen und Abstimmungen, die nicht in einem Verwaltungsverfahren erfolgen. [2]Für Amtshandlungen von Einzelorganen und Mitgliedern der Hochschule gilt Satz 1 entsprechend.

(5) Wird die Wahl von Mitgliedern eines Gremiums für ungültig erklärt oder festgestellt, dass das Gremium nicht ordnungsgemäß besetzt ist, berührt dies nicht die Wirksamkeit vorher gefasster Beschlüsse.

(6) [1]Wird eine Gruppe nach § 21 Abs. 2 geschlossen überstimmt, kann sie dem Beschluss ein Sondervotum beifügen, das Bestandteil der Entscheidung ist und dem Beschlusstext beigefügt wird. [2]Auf Antrag aller Vertreter einer Gruppe wird der Vollzug eines Beschlusses einmalig bis zur erneuten Beratung binnen drei Wochen ausgesetzt, es sei denn, dass das Organ oder Gremium den sofortigen Vollzug des Beschlusses mit der Mehrheit seiner Mitglieder beschließt. [3]Zwischenzeitlich wird ein gemeinsamer Schlichtungsversuch durch je einen Vertreter der Gruppen nach § 21 Abs. 2 unternommen. [4]§ 30 Abs. 3 bleibt unberührt. [5]In der Grundordnung können weitere Sondervoten vorgesehen werden.

§ 26 Grundsätze des Zusammenwirkens

(1) [1]Die Mitglieder der Hochschule sorgen für eine vertrauensvolle Zusammenarbeit in und zwischen den Organen und Gremien. [2]Sie stellen sicher, dass die Hochschule und ihre Organe und Gremien die ihnen nach diesem Gesetz obliegenden Aufgaben erfüllen können.

(2) [1]Die zur Entscheidung berufenen Organe und Gremien der Hochschulen haben den an der Entscheidung beteiligten Organen und Gremien rechtzeitig, spätestens zwei Wochen vor ihrer Entscheidung die Gelegenheit zur Stellungnahme zu geben; in unaufschiebbaren Angelegenheiten kann diese Frist verkürzt werden. [2]Die Stellungnahmen sind zu würdigen und bei den jeweiligen Beschlüssen und Entscheidungen zu berücksichtigen. [3]Abweichungen von Stellungnahmen nach Satz 1 sind durch das zur Entscheidung berufene Organ oder Gremium zu dokumentieren.

(3) [1]Soweit ein durch Rechtsbestimmung vorgesehenes Einvernehmen nicht hergestellt werden kann, unternehmen die betroffenen Organe und Gremien einen Einigungsversuch in einer gemeinsamen Sitzung. [2]In der Grundordnung sind für den Fall, dass auch in einer gemeinsamen Sitzung keine Einigung erzielt wird, weitere Verfahrensregelungen festzulegen. [3]Dabei müssen die durch Artikel 5 Abs. 3 Satz 1 des Grundgesetzes geschützten Entscheidungs- und Beteiligungsrechte der Hochschulmitglieder und die daraus abzuleitenden Mehrheitserfordernisse gewahrt bleiben.

§ 27 Öffentlichkeit, Verschwiegenheitspflicht

(1) In der Grundordnung sind Art und Umfang der Öffentlichkeit von Sitzungen der Organe und Gremien zu regeln.

(2) [1]Die Mitglieder von Organen und Gremien sind verpflichtet, über Tatsachen Stillschweigen zu bewahren, die ihnen in nichtöffentlicher Sitzung bekannt geworden sind, es sei denn, dass eine Tatsache bereits offenkundig ist oder ihrer Bedeutung nach keiner Geheimhaltung bedarf. [2]Verschwiegenheitspflichten aufgrund eines Dienst- oder Arbeitsverhältnisses bleiben unberührt.

Zweiter Abschnitt
Organisation und Struktur

§ 28 Hochschulstruktur und -organisation

(1) Organe der Hochschulen auf der zentralen Ebene sind:

1. das Präsidium (§§ 29 bis 33),
2. der Hochschulrat (§ 34),
3. der Senat (§ 35) und
4. die Hochschulversammlung (§ 36).

(2) [1]Abweichend von Absatz 1 können die Hochschulen in der Grundordnung vorsehen, dass der Hochschulversammlung auch die Aufgaben und Kompetenzen des Hochschulrats und des Senats übertragen werden. [2]Soweit dies dafür erforderlich ist, kann dabei von den Bestimmungen der §§ 34

bis 36 abgewichen werden; dabei müssen die durch § 35 Abs. 4 vorgegebene paritätische Stimmenverteilung und die durch Artikel 5 Abs. 3 Satz 1 des Grundgesetzes geschützten Entscheidungs- und Beteiligungsrechte der Hochschulmitglieder und die daraus abzuleitenden Mehrheitserfordernisse gewahrt bleiben.

(3) Das Nähere zur Organisation und Struktur der zentralen Ebene und die Organisation und Struktur der Hochschule unterhalb der zentralen Ebene nach Maßgabe der §§ 38 bis 44 regelt die Hochschule in der Grundordnung.

Erster Unterabschnitt
Hochschulleitung

§ 29 Präsidium

(1) [1]Das Präsidium leitet die Hochschule. [2]Das Präsidium ist für alle Angelegenheiten zuständig, die nicht nach dem Gesetz einem anderen Organ zugewiesen sind; es hat insbesondere folgende Aufgaben:

1. den Abschluss der Rahmenvereinbarung nach § 12 Abs. 1 mit der Landesregierung und von Ziel- und Leistungsvereinbarungen nach § 13 Abs. 1 mit dem Ministerium, mit den unterhalb der zentralen Ebene eingerichteten Selbstverwaltungseinheiten sowie mit den wissenschaftlichen Einrichtungen und Betriebseinheiten; vor Abschluss der Ziel- und Leistungsvereinbarungen nach § 13 Abs. 1 mit dem Ministerium ist die Stellungnahme des Hochschulrats nach § 34 Abs. 1 Satz 2 Nr. 4 zu würdigen und das Einvernehmen mit dem Senat nach § 35 Abs. 1 Nr. 6 herzustellen,
2. die Aufstellung und Fortschreibung der Struktur- und Entwicklungspläne nach § 13 Abs. 4,
3. die Aufstellung von Grundsätzen der Ausstattung und internen Mittelverteilung nach § 14 Abs. 5 Satz 2 im Einvernehmen mit dem Senat nach § 35 Abs. 1 Nr. 11 und unter Berücksichtigung und Würdigung der Stellungnahme des Hochschulrats nach § 34 Abs. 1 Satz 2 Nr. 9,
4. die Aufstellung und Anpassung des Wirtschaftsplans unter Berücksichtigung und Würdigung der Stellungnahme des Senats nach § 35 Abs. 1 Nr. 12,
5. die Aufstellung des Jahresabschlusses,
6. die Überprüfung frei werdender Hochschullehrerstellen, die zukünftige Verwendung der Stellen sowie die Ausschreibung der Hochschullehrerstellen,
7. den Vollzug des Wirtschaftsplans,
8. den Erlass von Gebühren- oder Entgeltordnungen sowie Benutzungsordnungen im Sinne des § 12 des Thüringer Hochschulgebühren- und -entgeltgesetzes (ThürHGEG) in der Fassung vom 21. Dezember 2006 (GVBl. S. 601) in der jeweils geltenden Fassung unter Berücksichtigung und Würdigung der Stellungnahme des Senats nach § 35 Abs. 1 Nr. 14,
9. die Bestellung der Leitung wissenschaftlicher Einrichtungen und Betriebseinheiten,
10. die Errichtung und Aufhebung von wissenschaftlichen Einrichtungen und Betriebseinheiten,
11. die Errichtung, Übernahme, Erweiterung oder Beteiligung an wirtschaftlichen Unternehmen nach § 17 Abs. 1 und
12. die Stellung von Anträgen nach § 2 Abs. 2 und § 4 jeweils im Einvernehmen mit dem Senat nach § 35 Abs. 1 Nr. 7, wobei die Antragstellung nur unter Berücksichtigung und Würdigung der Stellungnahme des Hochschulrats nach § 34 Abs. 1 Satz 2 Nr. 6 erfolgen kann.

[3]Das Präsidium sorgt dafür, dass die zuständigen Organe und Gremien den Gleichstellungsauftrag der Hochschule erfüllen. [4]Es sorgt für das Zusammenwirken von Organen, Gremien, Mitgliedern und Angehörigen der Hochschule und erforderlichenfalls für einen Ausgleich zwischen ihnen.

(2) [1]Der Präsident, der Vizepräsident oder die Vizepräsidenten sowie der Kanzler bilden das Präsidium. [2]Jeder Vizepräsident sowie der Kanzler nehmen ihre Aufgaben eigenverantwortlich und selbständig wahr. [3]Das Präsidium gibt sich eine Geschäftsordnung, die insbesondere die Aufteilung der Aufgabenfelder auf die Präsidiumsmitglieder, die Aufgaben- und Kompetenzverteilung innerhalb der Aufgabenfelder sowie im Verhältnis zum Präsidium und die Vertretung im Präsidium regelt. [4]Der Präsident führt den Vorsitz im Präsidium und legt die Richtlinien für das Präsidium fest. [5]Bei Stimmengleichheit bei Entscheidungen des Präsidiums entscheidet die Stimme des Präsidenten.

(3) Das Präsidium erstattet dem Hochschulrat sowie dem Senat jährlich einen Bericht.

§ 30 Präsident

(1) [1]Der Präsident vertritt die Hochschule nach außen und ist zuständig für die Wahrung der Ordnung und die Ausübung des Hausrechts. [2]Er trägt über die zuständigen Dekanate dafür Sorge, dass die zur Lehre verpflichteten Personen die Lehr- und Prüfungsverpflichtungen sowie ihre Aufgaben in der Betreuung der Studierenden ordnungsgemäß erfüllen; ihm steht insoweit ein Aufsichts- und Weisungsrecht zu, das er auch den Dekanen übertragen kann.

(2) [1]Hält der Präsident einen Beschluss oder eine Maßnahme der Organe oder Gremien der Hochschule für rechtswidrig, hat er den Beschluss oder die Maßnahme zu beanstanden und auf Abhilfe zu dringen. [2]Die Beanstandung hat aufschiebende Wirkung. [3]Wird keine Abhilfe geschaffen, ist das Ministerium zu unterrichten.

(3) [1]Der Präsident kann in unaufschiebbaren, in die Zuständigkeit anderer Stellen der Hochschule gehörenden Fällen vorläufige Maßnahmen treffen, wenn diese Stellen handlungsunfähig sind, es rechtswidrig unterlassen zu handeln oder aus sonstigen Gründen außerstande sind, eine erforderliche Entscheidung oder Maßnahme rechtzeitig zu treffen. [2]Die vorläufigen Maßnahmen treten außer Kraft, sobald die zuständige Stelle die ihr obliegenden Maßnahmen getroffen hat.

(4) [1]Der Präsident wird von der Hochschulversammlung mit der Mehrheit der Stimmen ihrer Mitglieder und zusätzlich mit der Mehrheit der Stimmen der Hochschullehrer gewählt. [2]Der Präsident wird von dem für das Hochschulwesen zuständigen Minister ernannt.

(5) [1]Die Stelle ist rechtzeitig öffentlich auszuschreiben. [2]Zur Vorbereitung der Wahl nach Absatz 4 erstellt eine Findungskommission einen Wahlvorschlag, der mehrere Namen enthalten kann. [3]Der Wahlvorschlag ist als Empfehlung der Hochschulversammlung zuzuleiten. [4]Die Findungskommission setzt sich zu gleichen Teilen aus Hochschulrats- und Senatsmitgliedern aus verschiedenen Gruppen nach § 21 Abs. 2 sowie einem vom Ministerium bestellten Mitglied ohne Stimmrecht zusammen. [5]Den Vorsitz führt der Hochschulratsvorsitzende. [6]Näheres regeln die Hochschulen in der Grundordnung.

(6) [1]Die Amtszeit des Präsidenten beträgt sechs bis acht Jahre. [2]Eine mehrfache Wiederwahl ist zulässig. [3]Für die Wiederwahl gilt Absatz 4; Absatz 5 findet keine Anwendung. [4]Näheres regeln die Hochschulen in der Grundordnung.

(7) Zum Präsidenten kann gewählt werden, wer eine abgeschlossene Hochschulausbildung besitzt und aufgrund einer mehrjährigen verantwortlichen beruflichen Tätigkeit in Wissenschaft, Kunst und Kultur, Wirtschaft, Verwaltung oder Rechtspflege erwarten lässt, dass er den Aufgaben des Amtes gewachsen ist.

(8) Der Präsident wird für die Dauer seiner Amtszeit zum Beamten im Beamtenverhältnis auf Zeit ernannt, soweit nicht durch Vertrag ein befristetes Beschäftigungsverhältnis begründet wird; die mehrfache Wiederernennung oder Wiedereinstellung ist möglich.

(9) [1]Der Präsident kann mit einer Mehrheit von zwei Dritteln der Mitglieder der Hochschulversammlung abgewählt werden. [2]Die Abwahl nach Satz 1 bedarf zusätzlich einer Mehrheit von zwei Dritteln der der Hochschulversammlung angehörenden Hochschullehrer. [3]Ein Abwahlverfahren nach Satz 1 kann auch der Senat oder der Hochschulrat jeweils mit einer Mehrheit von zwei Dritteln seiner Mitglieder beantragen. [4]Mit dem Ablauf des Tages, an dem die Abwahl erfolgt, endet die Amtszeit des Präsidenten. [5]Abweichend von Satz 4 ist für den Eintritt in den Ruhestand oder die Entlassung wegen des Endes der Amtszeit der Ablauf der Zeit maßgebend, für die er zum Präsidenten ernannt worden ist. [6]Er erhält Bezüge nach den Bestimmungen des Thüringer Besoldungsgesetzes und des Thüringer Beamtenversorgungsgesetzes über die Abwahl von Wahlbeamten auf Zeit.

(10) [1]Die Hochschulversammlung kann aus dem Kreis der bisherigen Präsidiumsmitglieder mit der Mehrheit der Stimmen der Hochschulversammlung und zusätzlich mit der Mehrheit der Stimmen der Hochschullehrer für den Zeitraum zwischen dem Ende der Amtszeit des Präsidenten und dem Amtsantritt des neu gewählten Präsidenten einen vorläufigen Leiter wählen; im Fall einer Abwahl des Präsidenten soll die Wahl eines vorläufigen Leiters mit der Abwahl verbunden werden. [2]Der vorläufige Leiter wird vom Ministerium bestellt. [3]Sofern kein vorläufiger Leiter bestellt wird oder bis zum Zeitpunkt der Bestellung eines vorläufigen Leiters nimmt das den Präsidenten bislang vertretende Mitglied des Präsidiums die Aufgaben des Präsidenten wahr.

(11) [1]Ist der Präsident Beamter des Landes auf Lebenszeit, gilt er für die Dauer der Amtszeit als ohne Dienstbezüge beurlaubt. [2]Ist der Präsident Hochschullehrer im Beamtenverhältnis des Landes auf Lebenszeit, reduziert oder erlässt das Ministerium seine Lehrverpflichtung für bis zu einem Jahr nach

Beendigung der Amtszeit, es sei denn, dass dies zur Wiedereinarbeitung in sein Fach nicht erforderlich ist. ³Präsidenten, die in dieser Eigenschaft zu Beamten auf Zeit ernannt sind, treten nach Ablauf ihrer Amtszeit oder mit Erreichen der Altersgrenze nur dann in den Ruhestand, wenn sie eine Dienstzeit von mindestens zehn Jahren in einem Beamtenverhältnis mit Dienstbezügen zurückgelegt haben oder aus einem Beamtenverhältnis auf Lebenszeit ernannt worden sind; andernfalls sind sie entlassen. ⁴Bei Berufung in ein neues Beamtenverhältnis oder Beendigung der Beurlaubung in einem anderen Beamtenverhältnis ruht der Anspruch auf Ruhegehalt bis zum Eintritt in den Ruhestand. ⁵Die Sätze 1 und 2 gelten für unbefristet beschäftigte Angestellte entsprechend.

§ 31 Vizepräsidenten

(1) ¹Der Vizepräsident oder die Vizepräsidenten werden vom Präsidenten aus dem Kreis der Mitglieder der Hochschule im Einvernehmen mit dem Senat für zwei bis vier Jahre bestellt. ²Zum Vizepräsidenten kann nur bestellt werden, wer mindestens eine abgeschlossene Hochschulausbildung sowie eine mindestens dreijährige Berufstätigkeit in verantwortlicher Stellung nachweisen kann. ³Mindestens ein Vizepräsident muss Professor sein. ⁴Mehrfache Wiederbestellung ist möglich.

(2) Der Präsident kann Vizepräsidenten, auch auf Antrag des Senats, im Einvernehmen mit dem Senat abbestellen; der Antrag bedarf einer einfachen Mehrheit der Stimmen des Senats; der Beschluss des Senats zur Erteilung des Einvernehmens bedarf einer Mehrheit von zwei Dritteln seiner Mitglieder.

§ 32 Kanzler

(1) ¹Der Kanzler nimmt die Personal-, Finanz-, Liegenschafts- und Rechtsangelegenheiten wahr. ²Er ist Beauftragter für den Haushalt. ³Erhebt der Kanzler Widerspruch gegen einen Beschluss des Präsidiums in einer Angelegenheit von erheblicher finanzieller Bedeutung, ist erneut abzustimmen. ⁴Zwischen der ersten und der erneuten Abstimmung sollen mindestens sechs Tage liegen. ⁵Kommt bei einer erneuten Abstimmung ein Beschluss gegen die Stimme des Kanzlers zustande, kann dieser die Entscheidung des Hochschulrats über die Angelegenheit herbeiführen.

(2) Der Kanzler wird von der Hochschulversammlung mit der Mehrheit der Stimmen ihrer Mitglieder und zusätzlich mit der Mehrheit der Stimmen der Hochschullehrer gewählt und von dem für das Hochschulwesen zuständigen Minister ernannt.

(3) ¹Die Stelle ist rechtzeitig öffentlich auszuschreiben. ²Zur Vorbereitung der Wahl nach Absatz 2 erstellt eine Findungskommission einen Wahlvorschlag, der mehrere Namen enthalten kann. ³Der Wahlvorschlag, der des Einvernehmens des Präsidenten bedarf, ist als Empfehlung der Hochschulversammlung zuzuleiten. ⁴Die Findungskommission setzt sich zu gleichen Teilen aus Hochschulrats- und Senatsmitgliedern aus verschiedenen Gruppen nach § 21 Abs. 2 sowie einem vom Ministerium bestellten Mitglied ohne Stimmrecht zusammen. ⁵Den Vorsitz führt der Hochschulratsvorsitzende. ⁶Näheres regeln die Hochschulen in der Grundordnung.

(4) ¹Die Amtszeit des Kanzlers beträgt sechs bis acht Jahre. ²Eine mehrfache Wiederwahl ist zulässig; Absatz 3 findet keine Anwendung. ³Näheres regeln die Hochschulen in der Grundordnung.

(5) ¹Zum Kanzler kann gewählt werden, wer eine abgeschlossene Hochschulausbildung besitzt und aufgrund einer mehrjährigen verantwortlichen beruflichen Tätigkeit in Wissenschaft, Kunst und Kultur, Wirtschaft, Verwaltung oder Rechtspflege erwarten lässt, dass er den Aufgaben des Amtes gewachsen ist. ²Hierzu gehören insbesondere fundierte betriebswirtschaftliche Kenntnisse sowie Erfahrungen in der Personalführung, die durch mehrjährige berufliche Tätigkeit nachzuweisen sind.

(6) Der Kanzler wird für die Dauer seiner Amtszeit zum Beamten im Beamtenverhältnis auf Zeit ernannt, soweit nicht durch Vertrag ein befristetes Beschäftigungsverhältnis begründet wird; die mehrfache Wiederernennung oder Wiedereinstellung ist möglich.

(7) ¹Der Kanzler kann mit einer Mehrheit von zwei Dritteln der Mitglieder der Hochschulversammlung abgewählt werden. ²Die Abwahl bedarf zusätzlich einer Mehrheit von zwei Dritteln der der Hochschulversammlung angehörenden Hochschullehrer. ³Ein Abwahlverfahren nach Satz 1 kann auch der Senat oder der Hochschulrat jeweils mit einer Mehrheit von zwei Dritteln seiner Mitglieder beantragen. ⁴§ 30 Abs. 9 Satz 4 bis 6 gilt entsprechend.

(8) ¹Nach Ablauf seiner Amtszeit ist der Kanzler, soweit er vorher Landesbediensteter war, auf seinen Antrag mindestens mit der Rechtsstellung, die mit der zum Zeitpunkt der Ernennung oder der Einstellung als Kanzler vergleichbar ist, in den Landesdienst zu übernehmen. ²Der Antrag ist spätestens drei Monate nach Beendigung der Amtszeit als Kanzler zu stellen. ³Für Personen, die vor ihrer Er-

nennung zum oder Einstellung als Kanzler nicht Landesbedienstete waren, kann Entsprechendes vereinbart werden. [4]§ 30 Abs. 11 Satz 2 bis 4 gilt entsprechend; für unbefristet beschäftigte Angestellte gilt § 30 Abs. 11 Satz 2 entsprechend.

§ 33 Erweitertes Präsidium

(1) [1]Die Hochschulen können in der Grundordnung regeln, dass neben dem Präsidium nach § 29 ein erweitertes Präsidium einzurichten ist. [2]Die in § 29 Abs. 1 geregelten Zuständigkeiten des Präsidiums bleiben unberührt.

(2) Dem erweiterten Präsidium gehören die Mitglieder des Präsidiums nach § 29 Abs. 2 sowie weitere in der Grundordnung näher zu bestimmende Mitglieder an.

(3) Das Nähere regeln die Hochschulen in der Grundordnung.

Zweiter Unterabschnitt

Hochschulrat, Senat

§ 34 Hochschulrat

(1) [1]Der Hochschulrat gibt Empfehlungen zur Profilbildung der Hochschule und zur Schwerpunktsetzung in Forschung und Lehre sowie zur Weiterentwicklung des Studienangebots. [2]Darüber hinaus hat er folgende Aufgaben:

1. Mitwirkung in der Findungskommission sowie in der Hochschulversammlung an der Wahl und Abwahl des Präsidenten und des Kanzlers nach § 30 Abs. 5 Satz 4 und § 32 Abs. 3 Satz 4,
2. Entscheidung in den Fällen des § 16 Abs. 5 Satz 3 und 4 sowie § 32 Abs. 1 Satz 5,
3. Stellungnahme zur Grundordnung und deren Änderungen,
4. Stellungnahme vor dem Abschluss von Ziel- und Leistungsvereinbarungen nach § 13 Abs. 1 mit dem Ministerium,
5. Stellungnahme zu Entscheidungen des Präsidiums nach § 29 Abs. 1 Satz 2 Halbsatz 2 Nr. 12,
6. Stellungnahme zu Anträgen nach § 2 Abs. 2 und § 4,
7. Entgegennahme des Jahresberichts des Präsidiums nach § 29 Abs. 3,
8. Bestätigung des Wirtschaftsplans sowie wesentlicher Änderungen des Wirtschaftsplans nach § 14 Abs. 7,
9. Stellungnahme zu den Grundsätzen der Ausstattung und internen Mittelverteilung nach § 14 Abs. 5 Satz 2,
10. Beschluss und Feststellung des Jahresabschlusses sowie die Beschlussfassung über die Entlastung des Präsidiums,
11. Entscheidungen nach den §§ 5 und 6 der Thüringer Hochschul-Leistungsbezügeverordnung vom 14. April 2005 (GVBl. S. 212) in der jeweils geltenden Fassung.

[3]Der Hochschulrat berichtet dem Ministerium und dem Senat jährlich über seine Tätigkeit. [4]Die Hochschule hat den Rechenschaftsbericht in geeigneter Weise öffentlich bekannt zu machen.

(2) Der Hochschulrat hat das Recht, von den Hochschulorganen und Hochschulgremien die zur Wahrnehmung seiner Aufgaben nötigen Informationen einzuholen sowie Unterlagen einzusehen und zu prüfen, wobei dieses Recht auch auf einzelne Mitglieder des Hochschulrats oder für bestimmte Aufgaben einem Sachverständigen übertragen werden kann.

(3) [1]Der Hochschulrat hat acht Mitglieder, von denen mindestens drei Frauen sein sollen. [2]Mitglieder sind

1. fünf mit dem Hochschulwesen vertraute Personen aus Wissenschaft, Kunst, Kultur, Wirtschaft, Politik oder Gesellschaft, die nicht Mitglieder der Hochschule sein und nicht dem Ministerium angehören dürfen, und aufgrund eines gemeinsamen Vorschlags von Präsidium und Ministerium vom Senat gewählt werden,
2. zwei Mitglieder der Hochschule mit unterschiedlicher Gruppenzugehörigkeit nach § 21 Abs. 2, die vom Senat gewählt werden, sowie
3. ein Vertreter des Ministeriums, der auf Vorschlag des Ministeriums vom Senat gewählt wird.

[3]Die Hochschulratsmitglieder handeln nicht als Vertreter der Interessen der Einrichtung oder des Gremiums, denen sie angehören, sondern im Interesse der gesamten Hochschule.

(4) [1]Die Amtszeit der Hochschulratsmitglieder beträgt nach Maßgabe der Grundordnung bis zu vier Jahre. [2]Verzögert sich die Wahl oder Bestellung eines oder mehrerer Hochschulratsmitglieder oder der

Zusammentritt eines neuen Hochschulrats, so verlängert sich die Amtszeit des oder der Mitglieder außer im Fall der Abberufung bis zur Bestellung oder zum Zusammentritt längstens bis zu einem Jahr; § 24 findet keine Anwendung. [3]Die Mitglieder des Hochschulrats werden vom Ministerium bestellt; mehrfache Wiederwahl nach Maßgabe des Absatzes 3 und Wiederbestellung sind möglich.

(5) [1]Der Senat kann ein Hochschulratsmitglied mit einer Mehrheit von zwei Dritteln seiner Mitglieder abwählen. [2]Die Initiative zur Abwahl kann auch vom Hochschulrat ausgehen; ein entsprechender Antrag des Hochschulrats bedarf einer einfachen Mehrheit. [3]Die Abberufung erfolgt durch das Ministerium.

(6) [1]Der Hochschulrat wählt aus dem Kreis der Mitglieder nach Absatz 3 Satz 2 Nr. 1, an der Dualen Hochschulen aus dem Kreis der Mitglieder nach § 114 Abs. 3 Satz 1 Nr. 2 bis 6, einen Vorsitzenden. [2]Die erste Sitzung wird von dem an Lebensjahren ältesten Mitglied einberufen und geleitet. [3]Der Hochschulrat gibt sich eine Geschäftsordnung, die insbesondere Regelungen zur Stellvertretung, Beschlussfähigkeit und -fassung und Zulassung der Hochschulöffentlichkeit enthalten soll.

(7) [1]Die Präsidiumsmitglieder gehören neben den Mitgliedern nach Absatz 3 dem Hochschulrat mit beratender Stimme und Antragsrecht an. [2]Der Personalratsvorsitzende der Hochschule oder dessen Vertreter sowie ein Vertreter des zentralen Organs der Studierendenschaft der Hochschule sind berechtigt, an den Sitzungen des Hochschulrats teilzunehmen; sie haben jeweils Antrags- und Rederecht. [3]Die gleichen Rechte hat der Wissenschaftliche Vorstand des Universitätsklinikums im Hochschulrat der Friedrich-Schiller-Universität Jena.

(8) [1]Die Hochschule stattet den Hochschulrat aus ihren Personal- und Sachmitteln aufgabengerecht aus. [2]Sie kann die erforderlichen Aufwendungen der Mitglieder nach Absatz 3 Satz 2 Nr. 1 nach Maßgabe der Grundordnung erstatten. [3]Verletzt ein Hochschulratsmitglied seine Pflichten, finden § 48 des Beamtenstatusgesetzes und § 46 ThürBG sinngemäß Anwendung.

§ 35 Senat

(1) Der Senat hat folgende Aufgaben:

1. Erlass und Änderung der Grundordnung unter Berücksichtigung und Würdigung der Stellungnahme des Hochschulrats nach § 34 Abs. 1 Satz 2 Nr. 3 sowie über andere Satzungen, soweit dieses Gesetz oder die Grundordnung der Hochschule keine andere Zuständigkeit bestimmt,
2. Mitwirkung in der Findungskommission sowie in der Hochschulversammlung an der Wahl und Abwahl des Präsidenten und des Kanzlers nach § 36 Abs. 1, § 30 Abs. 4 und 9 sowie des § 32 Abs. 2 und 7,
3. Wahl und Abwahl der Hochschulratsmitglieder nach § 34 Abs. 4 und 5,
4. Erteilung des Einvernehmens zur Bestellung und Abbestellung von Vizepräsidenten nach § 31,
5. Einrichtung, Änderung, Aufhebung und Festlegung der inneren Struktur von Selbstverwaltungseinheiten; der Senat kann diese Entscheidung auf Selbstverwaltungsgremien nach § 40 delegieren,
6. Erteilung des Einvernehmens vor Abschluss von Ziel- und Leistungsvereinbarungen nach § 13 Abs. 1 der Hochschule mit dem Ministerium,
7. Erteilung des Einvernehmens zu Anträgen nach § 2 Abs. 2 und § 4, wobei Beschlüsse zu Anträgen nach § 2 Abs. 2 einer Mehrheit von zwei Dritteln seiner Mitglieder bedürfen,
8. Einrichtung, Änderung und Aufhebung von Studiengängen; der Senat kann diese Entscheidung auf Selbstverwaltungsgremien nach § 40 delegieren,
9. Stellungnahme zu Berufungsvorschlägen und die Aufstellung von Vorschlägen für die Verleihung der akademischen Bezeichnung „Professor“ nach § 88 Abs. 4 und der Würde eines „außerplanmäßigen Professors“ nach § 62 Abs. 6,
10. Erlass von Richtlinien zur Frauenförderung, Aufstellung von Gleichstellungsplänen und Wahl der Gleichstellungsbeauftragten, des Diversitätsbeauftragten sowie der anderen Beauftragten der Hochschule,
11. Erteilung des Einvernehmens zu den Grundsätzen der Ausstattung und internen Mittelverteilung nach § 14 Abs. 5 Satz 2,
12. Stellungnahme zum Entwurf des Wirtschaftsplans,
13. Stellungnahme zum Jahresabschluss,
14. Stellungnahme zu Gebühren- oder Entgeltordnungen sowie Benutzungsordnungen im Sinne des § 12 ThürHGEG,

15. Stellungnahme zum Jahresbericht des Präsidiums nach § 29 Abs. 3 und
16. Verleihung akademischer Ehrungen.

(2) [1]Der Senat hat das Recht, von den Hochschulorganen und Hochschulgremien die zur Wahrnehmung seiner Aufgaben nötigen Informationen einzuholen sowie Unterlagen einzusehen und zu prüfen, wobei dieses Recht auch auf einzelne Mitglieder oder für bestimmte Aufgaben Sachverständigen übertragen werden kann. [2]Der Senat kann in allen Selbstverwaltungsangelegenheiten, die die gesamte Hochschule berühren, Empfehlungen aussprechen.

(3) [1]Dem Senat gehören folgende zwölf stimmberechtigte Mitglieder an:
1. drei Hochschullehrer,
2. drei akademische Mitarbeiter,
3. drei Studierende,
4. drei Mitarbeiter in Technik und Verwaltung.

[2]Sofern die Hochschule für Musik Franz Liszt Weimar, die Fachhochschulen oder die Duale Hochschule von der Möglichkeit des § 21 Abs. 2 Satz 4 in ihrer jeweiligen Grundordnung Gebrauch gemacht haben, gehören dem Senat folgende neun stimmberechtigte Mitglieder an:
1. drei Hochschullehrer,
2. drei Mitarbeiter,
3. drei Studierende.

[3]Die Hochschulen können in ihren Grundordnungen regeln, dass dem Senat abweichend von Satz 1 insgesamt 16 stimmberechtigte Mitglieder und zwar
1. vier Hochschullehrer,
2. vier akademische Mitarbeiter,
3. vier Studierende,
4. vier Mitarbeiter in Technik und Verwaltung,

und abweichend von Satz 2 insgesamt zwölf stimmberechtigte Mitglieder und zwar
1. vier Hochschullehrer,
2. vier Mitarbeiter,
3. vier Studierende angehören.

(4) Bei Entscheidungen in Angelegenheiten, die die Lehre mit Ausnahme der Bewertung der Lehre, die Forschung, künstlerische Entwicklungsvorhaben oder die Berufung von Hochschullehrern unmittelbar betreffen, gehören dem Senat im Falle des Absatzes 3 Satz 1 zusätzlich sieben, im Falle des Absatzes 3 Satz 2 zusätzlich vier Hochschullehrer sowie im Fall des Absatzes 3 Satz 3 Halbsatz 1 zusätzlich neun und im Fall des Absatzes 3 Satz 3 Halbsatz 2 zusätzlich fünf Hochschullehrer an.

(5) [1]Die Senatsmitglieder nach den Absätzen 3 und 4 haben jeweils einfaches Stimmrecht. [2]Der Präsident gehört dem Senat ohne Stimmrecht an und führt dessen Vorsitz. [3]Der Personalratsvorsitzende der Hochschule oder dessen Vertreter, die Schwerbehindertenvertretung nach § 177 SGB IX und ein Vertreter des Hochschulrats sind berechtigt, an den Sitzungen des Senats teilzunehmen; sie haben jeweils Antrags- und Rederecht. [4]Für die Senatsmitglieder nach Absatz 4 findet Satz 3 entsprechende Anwendung. [5]In der Grundordnung können die Hochschulen weitere Mitglieder ohne Stimmrecht sowie Mitwirkungsrechte weiterer Personen bestimmen.

(6) Der Senat kann für einzelne seiner Aufgaben Ausschüsse und Beauftragte einsetzen.

(7) Das Nähere zu den Absätzen 1 bis 6 regeln die Hochschulen in der Grundordnung.

§ 36 Hochschulversammlung

(1) [1]Die Hochschulversammlung, die sich aus den stimmberechtigten Mitgliedern des Senats nach § 35 Abs. 3 und 4 sowie den Mitgliedern des Hochschulrats nach § 34 Abs. 3 Satz 2 Nr. 1 und 3 zusammensetzt, entscheidet über die Wahl und Abwahl des Präsidenten nach Maßgabe des § 30 Abs. 4 und 9, die Wahl und Abwahl des Kanzlers nach Maßgabe des § 32 Abs. 2 und 7 sowie die Wahl eines vorläufigen Leiters nach Maßgabe des § 30 Abs. 10 Satz 1. [2]Abweichend von Satz 1 setzt sich die Hochschulversammlung der Dualen Hochschule aus den stimmberechtigten Mitgliedern des Senats nach § 35 Abs. 3 und 4, einem weiteren vom Senat zu bestimmenden Mitglied aus der Gruppe der Hochschullehrer und den Mitgliedern des Hochschulrats nach § 114 Abs. 3 zusammen. [3]Der Personalratsvorsitzende der Hochschule und die Schwerbehindertenvertretung nach § 177 SGB IX sind be-

rechtigt, an den Sitzungen der Hochschulversammlung teilzunehmen; sie haben jeweils Antrags- und Rederecht.
(2) [1]Die Hochschulversammlung beschließt über die Struktur- und Entwicklungspläne und deren Fortschreibung mit der Mehrheit der Stimmen ihrer Mitglieder und zusätzlich mit der Mehrheit der Stimmen der Hochschullehrer. [2]Darüber hinausgehend tagt die Hochschulversammlung mindestens einmal im Jahr, zusätzlich auf Beschluss des Senats oder Hochschulrats mit jeweils einfacher Mehrheit der Stimmen. [3]In den Fällen der Sätze 1 und 2 wirken abweichend von Absatz 1 auch die übrigen Mitglieder des Senats sowie die Mitglieder des Hochschulrats nach § 34 Abs. 3 Satz 2 Nr. 2 mit.
(3) Den Vorsitz führt der Hochschulratsvorsitzende.

§ 37 Angelegenheiten von Forschung und Lehre, Schlichtungsverfahren

(1) Zu den Angelegenheiten nach § 35 Abs. 4 und § 40 Abs. 1 Satz 2 zählen insbesondere
1. der Erlass oder die Änderung der Grundordnung und der Grundsatzung des Universitätsklinikums,
2. der Erlass oder die Änderung von Rahmenprüfungs-, Prüfungs- und Studienordnungen, Promotions- und Habilitationsordnungen, Berufungsordnungen,
3. die Wahl und Abwahl des Präsidenten, Kanzlers und der Mitglieder des Klinikumsvorstands des Universitätsklinikums, von Dekanen und Leitungen von Selbstverwaltungseinheiten,
4. die Wahl und Abwahl oder Bestellung und Abbestellung von Vizepräsidenten und Prodekanen,
5. die Einrichtung, Änderung, Aufhebung und Entscheidungen über die innere Struktur von Selbstverwaltungseinheiten,
6. die Aufstellung von Struktur- und Entwicklungsplänen und deren Fortschreibung,
7. der Abschluss von Ziel- und Leistungsvereinbarungen,
8. die Berufung von Hochschullehrern,
9. die Aufstellung des Wirtschaftsplans,
10. die Festlegung der Grundsätze für die Ausstattung und die Mittelverteilung,
11. die Einrichtung, Änderung und Aufhebung von Studiengängen,
12. die Verleihung der akademischen Bezeichnung „Professor“ (§ 88 Abs. 4), der Würde eines außerplanmäßigen Professors (§ 62 Abs. 6) sowie die Bestellung von Honorarprofessoren.

(2) [1]Sofern in einem Organ oder Gremium keine Einigung erzielt wird, ob eine Angelegenheit unmittelbar Forschung und Lehre betrifft, kann eine Gruppe nach § 21 Abs. 2 mit den Stimmen aller Vertreter dieser jeweiligen Gruppe einmalig die Aussetzung der Beschlussfassung für drei Wochen verlangen. [2]In dieser Zeit wird ein gemeinsamer Schlichtungsversuch durch je einen Vertreter der Gruppen nach § 21 Abs. 2 unternommen. [3]Sofern eine Schlichtung scheitert, entscheidet der Präsident, der dafür auch eine rechtliche Bewertung des Ministeriums einholen kann, über die Zuordnung der Angelegenheit.

Dritter Unterabschnitt

Sonstige Organisationseinheiten

§ 38 Selbstverwaltungsstruktur

(1) In der Grundordnung regeln die Hochschulen die Selbstverwaltungsstruktur unterhalb der zentralen Ebene und bestimmen, dass Selbstverwaltungseinheiten mit besonderen Organen und Gremien gebildet werden, insbesondere Fachbereiche, Fakultäten, Abteilungen oder Departments.
(2) [1]Selbstverwaltungseinheiten nach Absatz 1 sind körperschaftlich organisiert. [2]Sie nehmen in ihren Bereichen die Aufgaben der Hochschule in eigener Verantwortung nach Maßgabe der Grundordnung wahr. [3]Ihnen werden unter Berücksichtigung von leistungs- und belastungsorientierten Kriterien sowie unter Berücksichtigung des Gesamtbudgets der Hochschule die zur Erfüllung ihrer Aufgaben erforderlichen Mittel zugewiesen.
(3) Selbstverwaltungseinheiten nach Absatz 1 sind nach Maßgabe der Grundordnung zuständig für die Beschlussfassung über Berufungsvorschläge und erhalten, soweit sie für Studien- und Prüfungsangelegenheiten sowie die Forschung in bestimmten Fächern verantwortlich sind, abweichend von § 35 Abs. 1 Nr. 1 auch die Zuständigkeit für die Beschlussfassung über Prüfungsordnungen und Studienordnungen.
(4) [1]Alle Selbstverwaltungseinheiten der Hochschule arbeiten insbesondere bei der inhaltlichen Ausgestaltung der Organisation von Lehrangebot, Studium, Forschung und Weiterbildung interdisziplinär

zusammen. [2]Sie stimmen dabei die Struktur der von ihnen angebotenen Studiengänge und Forschungsschwerpunkte aufeinander ab.

§ 39 Leitung der Selbstverwaltungseinheiten

(1) [1]Selbstverwaltungseinheiten nach § 38 Abs. 1 werden durch Dekanate geleitet. [2]Dekanate entscheiden über alle Angelegenheiten der Selbstverwaltungseinheit, die nicht ausdrücklich Selbstverwaltungsgremien nach § 40 zugewiesen sind, und vollziehen deren Beschlüsse.

(2) [1]Der Dekan sowie mindestens ein Prodekan bilden das Dekanat. [2]Der Dekan überträgt jedem Prodekan einen Aufgabenbereich, den dieser eigenverantwortlich und selbständig wahrnimmt. [3]Der Dekan führt den Vorsitz im Dekanat, vertritt die Selbstverwaltungseinheit innerhalb der Hochschule und legt die Richtlinien für das Dekanat fest. [4]Selbstverwaltungseinheiten können einen Geschäftsführer erhalten, der Mitglied im Dekanat ist und dem die Haushalts- und Wirtschaftsführung der Selbstverwaltungseinheit obliegt.

(3) [1]Dekane werden von dem Selbstverwaltungsgremium nach § 40 gewählt und vom Präsidenten bestellt. [2]Prodekane werden auf Vorschlag des Dekans im Einvernehmen mit dem Selbstverwaltungsgremium nach § 40 vom Präsidenten bestellt. [3]Die Amtszeiten der Dekane und Prodekane betragen nach Maßgabe der Grundordnung zwei bis fünf Jahre.

(4) [1]Dekane können durch das Selbstverwaltungsgremium nach § 40 mit einer Mehrheit von zwei Dritteln der Mitglieder abgewählt werden. [2]Die Abwahl bedarf zusätzlich einer Mehrheit von zwei Dritteln der Hochschullehrer. [3]Prodekane können auch auf Antrag des Selbstverwaltungsgremiums nach § 40 durch den Präsidenten im Einvernehmen mit dem Selbstverwaltungsgremium nach § 40 abbestellt werden; der Beschluss bedarf einer Mehrheit von zwei Dritteln, der Antrag einer einfachen Mehrheit der Mitglieder des Selbstverwaltungsgremiums nach § 40.

(5) Andere Selbstverwaltungseinheiten erhalten einen Leiter oder eine kollegiale Leitung aus den der Selbstverwaltungseinheit angehörenden Hochschullehrern.

§ 40 Selbstverwaltungsgremien unterhalb der zentralen Ebene

(1) [1]In Selbstverwaltungseinheiten nach § 38 Abs. 1 werden Selbstverwaltungsgremien gewählt, in denen jede Gruppe nach § 21 Abs. 2 über die gleiche Anzahl von Sitzen und Stimmen verfügt. [2]Bei Entscheidungen in Angelegenheiten, die die Lehre mit Ausnahme der Bewertung der Lehre, die Forschung, künstlerische Entwicklungsvorhaben oder die Berufung von Hochschullehrern unmittelbar betreffen, ist die Anzahl der Hochschullehrer in dem Maße zu erhöhen, dass die Gruppe der Hochschullehrer über die Mehrheit der Sitze und Stimmen verfügt. [3]Das Nähere regeln die Hochschulen in der Grundordnung; § 35 Abs. 5 Satz 1, 4 und 5 gilt entsprechend.

(2) [1]Der Leiter oder ein Mitglied einer kollegialen Leitung der Selbstverwaltungseinheit gehört dem Selbstverwaltungsgremium ohne Stimmrecht an und führt dessen Vorsitz. [2]Das Nähere regeln die Hochschulen in der Grundordnung.

§ 41 Studienkommissionen

(1) [1]Die Hochschule setzt zur Organisation und Betreuung von Studium und Lehre in den Selbstverwaltungseinheiten nach § 38 Abs. 1 eine oder mehrere Studienkommissionen ein. [2]Jeder Studiengang ist einer Studienkommission zuzuordnen.

(2) [1]Die Studienkommissionen unterstützen und beraten den Dekan bei der Erfüllung seiner Aufgaben. [2]Sie sind vor Entscheidungen des Selbstverwaltungsgremiums nach § 40 in allen Angelegenheiten der Lehre, des Studiums und der Prüfungen zu hören. [3]Die Studienkommissionen haben ein Initiativrecht in den Gremien unterhalb der zentralen Ebene. [4]Sofern die Selbstverwaltungseinheiten nach Maßgabe der Grundordnung nicht für Studien- und Prüfungsangelegenheiten verantwortlich sind, sind die Studienkommissionen vor Beschlussfassung des Senats über Prüfungsordnungen und Studienordnungen nach § 35 Abs. 1 Nr. 1 zu hören; sie haben diesbezüglich ein Initiativrecht in den Gremien auf der zentralen Ebene.

(3) [1]Der Studienkommission gehören Mitglieder der Gruppe der Studierenden, Mitglieder der Gruppe der Hochschullehrer und nach Maßgabe der Grundordnung Mitglieder der Gruppe der akademischen Mitarbeiter an, wobei jede Gruppe über die gleiche Anzahl von Sitzen und Stimmen verfügt. [2]Die Mitglieder der Studienkommissionen werden durch das Selbstverwaltungsgremium nach § 40 gewählt.

(4) Das Nähere regeln die Hochschulen in der Grundordnung.

§ 42 Wissenschaftliche Einrichtungen und Betriebseinheiten

(1) [1]Wissenschaftliche Einrichtungen dienen der Wahrnehmung von Aufgaben der Hochschulen im Bereich der Forschung, künstlerischer Entwicklungsvorhaben, der Lehre, der Weiterbildung und der praktischen Dienste. [2]Betriebseinheiten unterstützen hochschulbezogene Aufgabenerfüllung im Bereich von Dienstleistungen.

(2) Das Präsidium entscheidet über die Bildung, Änderung und Aufhebung von wissenschaftlichen Einrichtungen und Betriebseinheiten sowie über die Bestellung der Leiter.

(3) Die wissenschaftlichen Einrichtungen und Betriebseinheiten entscheiden über den Einsatz ihrer Mitarbeiter, soweit sie nicht einem Hochschullehrer zugeordnet sind, und die Verwendung der ihnen zugewiesenen Mittel.

(4) [1]Zur Erfüllung gemeinsamer Aufgaben können wissenschaftliche Einrichtungen und Betriebseinheiten auch für mehrere Hochschulen gebildet werden. [2]Die Vereinbarung darüber wird durch die Leitung der beteiligten Hochschulen geschlossen.

(5) Wirken die Hochschulen bei der Erfüllung der ihnen nach diesem Gesetz übertragenen Aufgaben untereinander oder mit anderen juristischen Personen des öffentlichen Rechts zusammen, können sie öffentlich-rechtliche Vereinbarungen schließen.

§ 43 Zentren für Lehrerbildung und Bildungsforschung

(1) [1]An der Universität Erfurt und an der Friedrich-Schiller-Universität Jena wird jeweils ein Zentrum für Lehrerbildung und Bildungsforschung als wissenschaftliche Einrichtung gebildet, die jeweils weitere, an der Lehrerbildung beteiligte Hochschulen des Landes mit einbeziehen. [2]Das Zentrum für Lehrerbildung und Bildungsforschung hat im Zusammenwirken mit den Selbstverwaltungseinheiten nach § 38 Abs. 1 insbesondere folgende Aufgaben:

1. Steuerung und Koordinierung der strukturellen, curricularen, fachbezogenen, fachdidaktischen und erziehungswissenschaftlichen Entwicklung und Umsetzung der Lehrerbildung einschließlich des weiterbildenden Studiums in diesem Bereich sowie deren Verbindung mit der berufspraktischen Ausbildung,
2. Sicherstellung der engen Kooperation von Erziehungswissenschaft, Fachdidaktik und den an der Lehrerausbildung beteiligten Fächern,
3. Förderung der Verbindung des Lehrangebots der Hochschule im Bereich der Lehrerbildung mit den anderen Phasen der Lehrerbildung,
4. Evaluation des Lehrangebots der Hochschule im Bereich der Lehrerbildung,
5. Beratung der Studierenden im Bereich der Lehrerbildung,
6. Planung und Koordinierung der schulpraktischen Studien,
7. Beteiligung an Berufungsverfahren zur Besetzung von Hochschullehrerstellen mit Aufgaben im Bereich der Lehrerbildung; die Einbeziehung von Mitgliedern des Zentrums für Lehrerbildung in die jeweiligen Berufungskommissionen regelt die Berufungsordnung,
8. Förderung der Forschung über Lehren und Lernen, insbesondere der Schul-, Unterrichts- und Lehrerbildungsforschung sowie Heranbildung des wissenschaftlichen Nachwuchses in diesen Bereichen in Zusammenarbeit mit den Selbstverwaltungseinheiten.

(2) Prüfungsordnungen und Studienordnungen einschließlich der Praktikumsordnungen für die schulpraktischen Studien für Studiengänge im Bereich der Lehrerbildung sind im Einvernehmen mit dem Zentrum für Lehrerbildung und Bildungsforschung zu erlassen.

(3) Die Erziehungswissenschaften, die Fachdidaktiken und die Fachwissenschaften sollen im Zentrum für Lehrerbildung und Bildungsforschung gleichmäßig vertreten sein.

(4) Das Nähere zur Zusammensetzung, Struktur, Organisation, Mitgliedschaft und Mitwirkung, Verantwortlichkeiten und Aufgaben des Zentrums für Lehrerbildung und Bildungsforschung regeln die Hochschulen durch Satzung.

§ 44 Hochschulbibliothek

(1) [1]Die Hochschulbibliotheken stellen die für Lehre, Forschung und Studium erforderliche Literatur und andere Informationsmedien bereit. [2]Sie stehen unter einheitlicher Leitung und umfassen alle bibliothekarischen Einrichtungen der Hochschule in einer Betriebseinheit (einschichtiges integriertes Bibliothekssystem); abweichend davon wird die Forschungsbibliothek Gotha als wissenschaftliche Einrichtung betrieben. [3]Die Hochschulbibliotheken beschaffen, erschließen und verwalten die Litera-

tur und andere Informationsmedien nach Maßgabe der Bibliotheksordnung und machen sie im Rahmen der Benutzungsordnung öffentlich zugänglich. [4]Sie fördern durch die Bereitstellung einer geeigneten Infrastruktur das elektronische Publizieren und den Aufbau digitaler Bibliotheken. [5]Die Hochschulbibliotheken arbeiten mit den Selbstverwaltungseinheiten, wissenschaftlichen Einrichtungen und Betriebseinheiten bei der Auswahl der Literatur und anderer Informationsmedien zusammen, um einen ausgewogenen Bestandsaufbau und eine sparsame Mittelverwendung zu gewährleisten. [6]Der Senat bestellt die hierfür erforderlichen Ausschüsse oder Beauftragten.

(2) [1]Die Hochschulbibliothek wird von einem hauptberuflichen Bibliothekar mit einer seinen Aufgaben entsprechenden Ausbildung geleitet. [2]Er ist Vorgesetzter der Mitarbeiter der Hochschulbibliothek und wird vom Präsidenten im Benehmen mit dem Senat bestellt. [3]Er ist in den Hochschulorganen und -gremien zu allen Bibliotheks- und Informationsangelegenheiten zu hören.

Dritter Abschnitt

Übergeordnete Gremien, Landeswissenschaftskonferenz

§ 45 Landespräsidentenkonferenz

Die aus Leitern der Hochschulen gebildete Landespräsidentenkonferenz dient dem Zusammenwirken der Hochschulen, wird an der Hochschulentwicklungsplanung des Landes beteiligt und erhält Gelegenheit zur Stellungnahme zu Regelungen, die den Hochschulbereich insgesamt betreffen.

§ 45a Landeswissenschaftskonferenz

(1) [1]Auf Einladung des Ministeriums findet mindestens einmal jährlich eine Landeswissenschaftskonferenz im Interesse der Wissenschaftsregion Thüringen und der Weiterentwicklung der Thüringer Hochschul- und Forschungslandschaft statt. [2]Als Schnittstelle zwischen Wissenschaft, Politik, Wirtschaft und Gesellschaft soll diese dem Austausch und der Diskussion insbesondere zu aktuellen Fragen der Wissenschaftspolitik, wissenschafts- und forschungspolitischen Strategien und des Wissenschaftssystems sowie der Förderung der Verbindungen zwischen Hochschulen, Forschungseinrichtungen, Wirtschaft und Gesellschaft dienen.

(2) [1]Der für das Hochschulwesen zuständige Minister beruft für die Dauer von vier Jahren bis zu 30 ausgewiesene Persönlichkeiten aus den Bereichen Hochschulen, Forschungseinrichtungen, Kunst, Kultur, Politik, Wirtschaft und Gesellschaft als Mitglieder der Landeswissenschaftskonferenz. [2]Dabei ist zu gewährleisten, dass jede Gruppe nach § 21 Abs. 2 vertreten ist.

(3) Die Geschäftsführung liegt beim Ministerium.

Dritter Teil

Aufgaben der Hochschulen in Forschung und Lehre

Erster Abschnitt

Studium, Lehre und Prüfungen

§ 46 Ziele des Studiums

(1) [1]Lehre und Studium sollen die Studierenden auf eine berufliche Tätigkeit einschließlich unternehmerischer Selbständigkeit vorbereiten und ihnen die dafür erforderlichen fachlichen Kenntnisse, Fähigkeiten und Methoden dem jeweiligen Studiengang entsprechend so vermitteln, dass sie zu wissenschaftlicher und künstlerischer Arbeit, zu selbständigem, kritischen Denken und zu einem auf ethischen Normen gegründeten verantwortlichem Handeln und zur selbständigen Anwendung wissenschaftlicher Erkenntnisse und Methoden in einem freiheitlichen, demokratischen und sozialen Rechtsstaat befähigt werden. [2]Durch Lehre und Studium soll auch die Fähigkeit zu lebensbegleitender eigenverantwortlicher Weiterbildung entwickelt und gefördert werden.

(2) [1]Die Hochschulen haben die ständige Aufgabe, im Zusammenwirken mit den zuständigen staatlichen Stellen Inhalte und Formen des Studiums im Hinblick auf die Entwicklungen in Wissenschaft und Kunst, die Bedürfnisse der beruflichen Praxis und die notwendigen Veränderungen in der Berufswelt sowie in gesamtgesellschaftlicher und globaler Neuorientierung zu überprüfen und weiterzuentwickeln. [2]Bei der Reform von Studium und Lehre und bei der Bereitstellung des Lehrangebots sollen die Möglichkeiten des Fernstudiums sowie der Digitalisierung genutzt werden.

(3) [1]In der Lehre soll auf die Verwendung von eigens hierfür getöteten Tieren verzichtet werden, sofern wissenschaftlich gleichwertige Lehrmethoden und -materialien zur Verfügung stehen und die mit dem Studium bezweckte Berufsbefähigung dies zulässt. [2]Auf begründeten Antrag kann der zuständige Prüfungsausschuss im Einzelfall zulassen, dass einzelne in der Prüfungsordnung vorgeschriebene Studien- und Prüfungsleistungen ohne die Verwendung eigens hierfür getöteter Tiere erbracht werden.

§ 47 Lehrangebot, Studienjahr, Studienverlauf

(1) [1]Die Hochschule stellt auf der Grundlage einer jährlichen Studienplanung das Lehrangebot sicher. [2]Dabei sind auch Möglichkeiten des Selbststudiums zu nutzen und zu fördern sowie die selbständige Mitwirkung der Studierenden an der Gestaltung des Studiums zu ermöglichen. [3]Bei Lehrveranstaltungen mit Anwesenheitspflicht sind die Belange von Studierenden mit Kinderbetreuungs- und Pflegepflichten angemessen zu berücksichtigen. [4]Sie sollen insbesondere bevorzugt zu Zeiten stattfinden, in denen üblicherweise eine Kinderbetreuung möglich ist.

(2) [1]Das Studienjahr wird in Semester oder Trimester eingeteilt. [2]Wird das Studienjahr in Trimester eingeteilt, gelten die Bestimmungen dieses Gesetzes für Semester entsprechend.

(3) Beginn und Ende des Studienjahres, der Semester und Trimester sowie der vorlesungsfreien Zeiten bestimmt die Landespräsidentenkonferenz nach § 45 im Benehmen mit dem Ministerium.

(4) [1]Die Studierenden können den Verlauf ihres Studiums im Rahmen der Studien- und Prüfungsordnungen frei gestalten, sollen ihn jedoch so einrichten, dass sie die Prüfungen in der Regelstudienzeit nach § 52 und innerhalb der vorgeschriebenen Fristen ablegen können. [2]Die Hochschulen haben Studien- und Prüfungsordnungen so zu gestalten, dass alle Prüfungen in der Regelstudienzeit nach § 52 und innerhalb der vorgeschriebenen Fristen abgelegt werden können.

(5) [1]Auf der Grundlage der Studien- und Prüfungsordnungen nach den §§ 53 und 55 soll jeweils für jeden Studiengang ein Studienplan aufgestellt werden, der den Studienablauf beispielhaft erläutert und Art, Umfang und Reihenfolge der Lehrveranstaltungen und Studienleistungen beschreibt. [2]Der Studienplan ist der Studienordnung nach § 53 als Empfehlung an die Studierenden für einen sachgerechten Aufbau des Studiums hinzuzufügen.

(6) [1]Studiengänge sind so zu gestalten, dass sie Zeiträume für Aufenthalte an anderen Hochschulen oder in der Praxis ohne Zeitverlust bieten. [2]Die Anrechnung nach § 54 Abs. 5 ist vor einem Aufenthalt an einer ausländischen Hochschule in einer gesonderten Vereinbarung festzulegen.

(7) [1]Abweichend von den Absätzen 2 bis 5 wird in den Studienordnungen der Dualen Hochschule für jeden Studiengang auf der Grundlage der Prüfungsordnung und unter Berücksichtigung der fachlichen und didaktischen Entwicklungen sowie der Anforderungen der beruflichen Praxis ein Studienplan aufgestellt, der den Studienablauf sowie Art, Umfang und Reihenfolge der Lehrveranstaltungen und Studienleistungen für die Studierenden verbindlich festlegt. [2]Die Studierenden der Dualen Hochschule sind verpflichtet, sich den vorgeschriebenen Prüfungen und Prüfungsleistungen zu unterziehen. [3]§ 53 Abs. 1 Satz 3 findet auf die Duale Hochschule keine Anwendung.

§ 48 Studiengänge

(1) [1]Die Studiengänge führen in der Regel zu einem berufsqualifizierenden Abschluss. [2]Als berufsqualifizierend gilt auch der Abschluss eines Studiengangs, durch den die fachliche Eignung für einen beruflichen Vorbereitungsdienst oder eine berufliche Einführung vermittelt wird. [3]Soweit bereits das jeweilige Studienziel eine berufspraktische Tätigkeit erfordert, ist sie mit den übrigen Teilen des Studiums inhaltlich und zeitlich abzustimmen und nach Möglichkeit in den Studiengang einzuordnen.

(2) [1]Die Einrichtung, wesentliche Änderungen und die Aufhebung von Studiengängen bedürfen der Aufnahme in die Ziel- und Leistungsvereinbarungen nach § 13 Abs. 1. [2]Für einen neuen Studiengang soll der Lehrbetrieb erst aufgenommen werden, wenn die Genehmigung und die Veröffentlichung der Prüfungsordnung erfolgt ist. [3]Wird ein Studiengang aufgehoben, hat die Hochschule zu gewährleisten, dass den eingeschriebenen Studierenden der Abschluss in diesem Studiengang an dieser oder einer anderen Hochschule innerhalb der Regelstudienzeit möglich ist.

(3) In dafür geeigneten Studiengängen sehen Studienordnung und Studienplan Regelungen vor, die insbesondere Berufstätigen oder Studierenden mit Behinderung, mit chronischen Erkrankungen oder mit besonderen familiären Verpflichtungen das Studium eines Studiengangs oder von Teilen davon ermöglichen.

(4) Für gemeinsame Studiengänge sind von den beteiligten Hochschulen gemeinsame Studien- und Prüfungsordnungen zu erlassen.

§ 49 Akkreditierung

[1]Jeder neue Studiengang nach § 50 Abs. 1 Satz 1 oder die wesentliche Änderung eines bestehenden Studiengangs ist nach Maßgabe des Studienakkreditierungsstaatsvertrags und der auf seiner Grundlage erlassenen Vorschriften zu akkreditieren und zu reakkreditieren. [2]Die Aufnahme des Studienbetriebs setzt den erfolgreichen Abschluss der Akkreditierung voraus. [3]Die aus dem Akkreditierungsverfahren resultierenden Auflagen sind umzusetzen. [4]Ausnahmen von Satz 2 bedürfen der Zustimmung des Ministeriums. [5]Das Qualitätssicherungssystem einer Hochschule für den Bereich Lehre umfasst das gesamte Studienangebot der Hochschule.

§ 50 Bachelor- und Masterstudiengänge

(1) [1]Die Hochschulen richten Studiengänge als Bachelor- und Masterstudiengänge ein. [2]Von dieser gestuften Studiengangsstruktur kann nur bei Vorliegen wichtiger Gründe sowie in Studiengängen, die mit einer staatlichen oder kirchlichen Prüfung abschließen, abgewichen werden.

(2) [1]Bachelorstudiengänge müssen die für die Berufsqualifizierung notwendigen wissenschaftlichen oder künstlerischen Grundlagen, Methodenkompetenzen und berufsweltbezogenen Qualifikationen entsprechend dem Profil der Hochschule und des Studiengangs vermitteln. [2]Masterstudiengänge dienen der fachlichen und wissenschaftlichen Spezialisierung und können nach den Profiltypen „anwendungsorientiert“ und „forschungsorientiert“ differenziert werden; an Kunst- und Musikhochschulen sollen künstlerische Masterstudiengänge ein besonderes künstlerisches Profil haben.

(3) [1]Konsekutive Masterstudiengänge sollen einen vorausgegangenen Bachelorstudiengang fachlich fortführen und vertiefen oder fachübergreifend erweitern; konsekutive Masterstudiengänge können auch als fachlich andere Studiengänge ausgestaltet werden. [2]Bei der Einrichtung eines Masterstudiengangs legt die Hochschule fest, ob es sich um einen konsekutiven oder einen weiterbildenden Studiengang im Sinne des § 57 Abs. 2 handelt.

(4) Bachelor- und Masterstudiengänge umfassen obligatorisch eine Bachelor- oder eine Masterarbeit.

(5) Absatz 1 gilt nicht für die Duale Hochschule, deren Angebot sich auf Bachelorstudiengänge beschränkt.

§ 51 Modularisierung, Leistungspunktesystem, Diploma Supplement

(1) Studiengänge sollen in Module und Abschnitte gegliedert sein.

(2) Der Nachweis und die Übertragung von erbrachten Studien- und Prüfungsleistungen auf andere Studiengänge derselben oder einer anderen Hochschule erfolgt durch ein Leistungspunktesystem unter Berücksichtigung des „Europäischen Systems zur Anrechnung, Übertragung und Akkumulation von Studienleistungen (European Credit Transfer and Accumulation System -ECTS-)“.

(3) [1]Abschlusszeugnisse und Urkunden über die Verleihung der akademischen Grade sind zweisprachig (in deutscher und englischer Sprache) oder in deutscher Sprache mit einer beizufügenden englischsprachigen Übersetzung auszustellen. [2]Ihnen ist eine Übersicht über die Inhalte der absolvierten Studiengänge (Diploma Supplement) in deutscher und englischer Sprache beizufügen.

(4) Studierende, die eine Hochschule ohne Studienabschluss verlassen, erhalten mit der Exmatrikulierung eine zusammenfassende Leistungsbescheinigung über die insgesamt erbrachten Studien- und Prüfungsleistungen.

§ 52 Regelstudienzeit

(1) [1]In den Prüfungsordnungen sind die Studienzeiten vorzusehen, in denen in der Regel ein berufsqualifizierender Abschluss erworben werden kann (Regelstudienzeit). [2]Dies gilt auch für Teilzeitstudien. [3]Die Regelstudienzeit ist maßgebend für die Gestaltung der Studiengänge und des Prüfungsverfahrens, für die Sicherstellung des Lehrangebots sowie für die Ermittlung der Ausbildungskapazitäten und die Ermittlung der Studierendenzahlen bei der Hochschulplanung.

(2) [1]Die Regelstudienzeit beträgt

1. bei Bachelorstudiengängen mindestens sechs und höchstens acht Semester,
2. bei Masterstudiengängen mindestens zwei und höchstens vier Semester,
3. bei konsekutiven Studiengängen insgesamt höchstens zehn Semester, in den künstlerischen Kernfächern an den Hochschulen nach § 1 Abs. 2 Satz 1 Nr. 4 und 5 insgesamt höchstens zwölf Semester,

4. bei noch vorhandenen Studiengängen, die zu einem Diplom- oder Magistergrad führen, an Fachhochschulen höchstens acht, sonst höchstens neun Semester.

[2]Von Satz 1 abweichende Regelstudienzeiten dürfen in besonders begründeten Fällen festgesetzt werden; dies gilt auch für Studiengänge, die in besonderen Studienformen durchgeführt werden.

(3) Die Regelstudienzeit schließt Zeiten einer in den Studiengang eingeordneten berufspraktischen Tätigkeit, praktische Studiensemester und Prüfungszeiten ein.

(4) [1]Bei der Festsetzung der Regelstudienzeit für den einzelnen Studiengang sind die allgemeinen Ziele des Studiums und die besonderen Erfordernisse des jeweiligen Studiengangs, die Möglichkeiten des konsekutiven und des weiterbildenden Studiums sowie die Erfahrungen mit bereits bestehenden Studiengängen und mit vergleichbaren Studiengängen im Ausland zu berücksichtigen. [2]Prüfungsanforderungen und -verfahren sind so zu gestalten, dass die Abschlussprüfung innerhalb der Regelstudienzeit vollständig abgelegt werden kann.

(5) [1]Die Hochschulen regeln, ob und in welchem Umfang besondere Studienzeiten, wie beispielsweise Auslands- und Sprachsemester oder im In- oder Ausland absolvierte Praktika und Zeiten der aktiven Mitarbeit in Hochschulorganen und -gremien nicht auf die Regelstudienzeit angerechnet werden. [2]Ferner sind die Bestimmungen des Mutterschutzgesetzes zu beachten und Zeiten der tatsächlichen Pflege eines nach § 7 Abs. 3 des Pflegezeitgesetzes (PflegeZG) vom 28. Mai 2008 (BGBl. I S. 874 -896-), in der jeweils geltenden Fassung, nahen Angehörigen, dessen Pflegebedürftigkeit nach § 3 Abs. 2 PflegeZG nachgewiesen ist, sowie der Gewährung von Elternzeit angemessen zu berücksichtigen.

(6) [1]Abweichend von den Absätzen 1 bis 4 dauert das duale Studium an der Dualen Hochschule sechs Semester (Studiendauer). [2]Jedes Semester hat einen theoriebezogenen Studienabschnitt (Theoriephase) sowie einen in das Studium integrierten praktischen Studienabschnitt (Praxisphase). [3]Die Theoriephasen umfassen jeweils zwölf Wochen, die Praxisphasen im Durchschnitt 14 Wochen einschließlich der Urlaubsansprüche der Studierenden. [4]Die Studienabschnitte werden inhaltlich und organisatorisch aufeinander abgestimmt. [5]Die Studiendauer nach Satz 1 gilt als Regelstudienzeit im Sinne dieses Gesetzes.

§ 53 Studienordnungen

(1) [1]Für jeden Studiengang stellen die Hochschulen eine Studienordnung auf. [2]Die Studienordnungen regeln auf der Grundlage der Prüfungsordnungen nach § 55 und unter Berücksichtigung der fachlichen und hochschuldidaktischen Entwicklung und der Anforderungen der beruflichen Praxis Inhalt und Aufbau des Studiums, gegebenenfalls einschließlich einer in den Studiengang eingeordneten berufspraktischen Tätigkeit. [3]Die Studienordnungen sehen im Rahmen der Prüfungsordnungen Schwerpunkte vor, die die Studierenden nach eigener Wahl bestimmen können, wobei Pflicht- und Wahlpflichtveranstaltungen in einem ausgeglichenen Verhältnis zur selbständigen Vorbereitung und Vertiefung des Stoffes und zur Teilnahme an zusätzlichen Lehrveranstaltungen auch in anderen Studiengängen stehen sollen. [4]Die Studienordnungen sollen nach Möglichkeit zulassen, dass Studienleistungen in unterschiedlichen Formen erbracht werden können. [5]Die Studienordnungen können vorsehen, dass Lehrveranstaltungen für besonders befähigte Studierende angeboten werden.

(2) [1]Die für einen Studiengang in Betracht kommenden Studieninhalte sind so auszuwählen und zu begrenzen, dass das Studium in der Regelstudienzeit abgeschlossen werden kann. [2]Die Studienordnung bezeichnet Gegenstand und Art der Lehrveranstaltungen und der Studienleistungen, die für den erfolgreichen Abschluss des Studiums erforderlich sind und bestimmt deren jeweiligen Anteil am zeitlichen Gesamtumfang. [3]Der Gesamtumfang der erforderlichen Lehrveranstaltungen ist so zu bemessen, dass den Studierenden Gelegenheit zur selbständigen Vorbereitung und Vertiefung des Stoffes und zur Teilnahme an zusätzlichen Lehrveranstaltungen nach eigener Wahl verbleibt. [4]Bei der Ausgestaltung der Studienordnungen sind die Belange von Studierenden mit Kinderbetreuungs- und Pflegepflichten sowie die Belange von Studierenden mit Behinderungen und chronischen Erkrankungen angemessen zu berücksichtigen.

(3) Die Studienordnungen können die Zulassung zu Studienabschnitten oder zu Modulen oder zu einzelnen Veranstaltungen von bestimmten Voraussetzungen, insbesondere vom Besuch anderer Module oder Veranstaltungen, von dem Nachweis von Studienleistungen oder dem Bestehen von Prüfungen abhängig machen, wenn dies zur ordnungsgemäßen Durchführung des Studiums erforderlich ist.

(4) Die Studienordnungen regeln

1. in welchen Studiengängen vor Aufnahme des Studiums eine praktische Tätigkeit nachzuweisen ist und
2. welche Zugangsvoraussetzungen für konsekutive und Weiterbildungsstudiengänge erfüllt sein müssen.

(5) [1]Die Studienordnungen sollen rechtzeitig vor Aufnahme des Lehrbetriebs zusammen mit den Prüfungsordnungen erarbeitet und erlassen werden. [2]Ohne Genehmigung der Studienordnung dürfen Einschreibungen in einem Studiengang nicht erfolgen.

§ 54 Prüfungen

(1) [1]Das Studium wird in der Regel durch eine Hochschulprüfung, eine staatliche Prüfung oder eine kirchliche Prüfung abgeschlossen, die in der Regel studienbegleitend auf der Basis eines Leistungspunktesystems abgelegt wird. [2]Module werden in der Regel mit nur einer Prüfungs- oder Studienleistung abgeschlossen. [3]Noch bestehende Diplom- und Magisterstudiengänge sowie Studiengänge mit Staatsexamen oder kirchlichem Examen können abweichend hiervon eine Abschlussprüfung vorsehen. [4]In Studiengängen mit einer Regelstudienzeit von mindestens acht Semestern findet eine Zwischenprüfung statt.

(2) Zur Abnahme von Hochschulprüfungen sind Hochschullehrer, wissenschaftliche und künstlerische Mitarbeiter mit Lehraufgaben, Lehrbeauftragte, Lehrkräfte für besondere Aufgaben sowie in der beruflichen Praxis und Ausbildung erfahrene Personen befugt.

(3) Prüfungsleistungen dürfen nur von Personen bewertet werden, die selbst mindestens die durch die Prüfung festzustellende oder eine gleichwertige Qualifikation besitzen.

(4) [1]Abschlussarbeiten, insbesondere Diplom- und Magisterarbeiten, sowie Bachelor- und Masterarbeiten und Prüfungsleistungen in Hochschulabschlussprüfungen sowie in Prüfungen, deren Bestehen Voraussetzung für die Fortsetzung des Studiums ist, werden in der Regel von mindestens zwei Prüfern bewertet. [2]Mindestens ein Prüfer nach Satz 1 soll Hochschullehrer oder Mitglied der Hochschule, das die Einstellungsvoraussetzungen für Hochschullehrer erfüllt, sein. [3]An der Dualen Hochschule kann einer der Prüfer nach Satz 1 auch ein Lehrbeauftragter, der die Einstellungsvoraussetzungen für Hochschullehrer erfüllt, sein. [4]Mündliche Prüfungen werden von mehreren Prüfern oder von einem Prüfer in Gegenwart eines sachkundigen Beisitzers abgenommen.

(5) [1]Studienzeiten, Studien- und Prüfungsleistungen sowie Praxissemester, die an einer anderen in- oder ausländischen staatlichen oder staatlich anerkannten Hochschule oder in anderen Studiengängen derselben Hochschule erbracht wurden, sind anzurechnen, wenn die Hochschule keine wesentlichen Unterschiede hinsichtlich der erworbenen Kompetenzen (Lernergebnisse) nachweist. [2]Über die Anrechnung entscheidet die in der Prüfungsordnung vorgesehene Stelle.

(6) Bei mündlichen und künstlerisch-praktischen Prüfungen können Studierende des eigenen Fachs nach Maßgabe vorhandener Plätze anwesend sein, sofern der zu Prüfende dem nicht widersprochen hat.

(7) Soweit durch dieses Gesetz oder aufgrund eines Gesetzes nichts anderes bestimmt ist, gelten für staatliche Prüfungen die Absätze 2 bis 6 sowie § 55 entsprechend mit der Maßgabe, dass nur Prüfer sein kann, wer durch die in der Prüfungsordnung bestimmte Stelle hierzu bestellt ist.

(8) Die Begutachtung von Bachelor-, Master-, Diplom- oder Examensarbeiten muss spätestens drei Monate nach Abgabe der Arbeiten abgeschlossen sein.

(9) Hochschulprüfungen können vor Ablauf der in der Prüfungsordnung für die Meldung festgelegten Frist abgelegt werden, sofern die für die Zulassung zur Prüfung erforderlichen Leistungen nachgewiesen sind.

(10) [1]Außerhalb von Hochschulen erworbene Kenntnisse und Fähigkeiten können auf ein Hochschulstudium angerechnet werden, wenn

1. die für den Hochschulzugang geltenden Voraussetzungen erfüllt sind,
2. die anzurechnenden Kenntnisse und Fähigkeiten den Studien- und Prüfungsleistungen, die sie ersetzen sollen, gleichwertig sind und
3. die Kriterien für die Anrechnung in der Prüfungsordnung geregelt und im Rahmen der Akkreditierung überprüft worden sind.

[2]Insgesamt dürfen nicht mehr als 50 vom Hundert der Prüfungsleistungen angerechnet werden. [3]In Einzelfällen ist eine Einstufungsprüfung, in der Studienbewerber nachweisen, dass sie über Kenntnisse und Fähigkeiten verfügen, die eine Einstufung in ein höheres Fachsemester rechtfertigen, zulässig.

(11) [1]Für den Nachweis der krankheitsbedingten Prüfungsunfähigkeit reicht eine ärztliche Bescheinigung über das Bestehen der Prüfungsunfähigkeit aus, es sei denn, es bestehen zureichende tatsächliche Anhaltspunkte, die eine Prüfungsfähigkeit als wahrscheinlich annehmen oder einen anderen Nachweis als sachgerecht erscheinen lassen. [2]Bestehen derartige Anhaltspunkte, ist die Hochschule berechtigt, auf ihre Kosten eine amtsärztliche Bescheinigung zu verlangen.

§ 55 Prüfungsordnungen

(1) [1]Hochschulprüfungen werden auf der Grundlage einer Prüfungsordnung abgelegt. [2]Der Senat kann für alle Studiengänge der Hochschule in einer Satzung nach Anhörung der Selbstverwaltungseinheiten nach § 38, bei der Dualen Hochschule nach Anhörung der Studienkommission, fachübergreifende Bestimmungen für das Prüfungsverfahren (Rahmenprüfungsordnung) erlassen.

(2) [1]Die Prüfungsordnungen regeln das Prüfungsverfahren, die Prüfungsanforderungen sowie die Zuständigkeiten zur Abnahme der Prüfungen nach Absatz 1 Satz 1. [2]Sie müssen insbesondere festlegen,

1. welche Regelstudienzeit gilt,
2. wie sich das Studienvolumen in Leistungspunkten bemisst,
3. wie der Abschlussgrad zu bezeichnen ist,
4. wie das Studium aufgebaut ist und welche Inhalte es umfasst,
5. welche Prüfungs- oder Studienleistungen in den einzelnen Modulen zu erbringen sind,
6. ob der erfolgreiche Abschluss eines Moduls Voraussetzung für die Ablegung einer Prüfungsleistung in einem darauf aufbauenden Modul ist,
7. innerhalb welcher Zeit die Bachelor- und die Masterarbeit oder sonstige schriftliche Abschlussarbeiten anzufertigen sind und welche Rechtsfolgen bei Fristüberschreitungen eintreten,
8. wie oft und innerhalb welcher Zeit Prüfungsleistungen wiederholt werden dürfen und wie An- und Abmeldungen zu Prüfungen erfolgen,
9. nach welchen Grundsätzen die Prüfungsleistungen zu bewerten sind und wie das Gesamtprüfungsergebnis zu ermitteln ist,
10. wie sich die Prüfungsausschüsse zusammensetzen,
11. innerhalb welcher Frist Prüfungsleistungen zu bewerten sind,
12. in welcher Sprache die Prüfungen abgelegt werden, wenn die Prüfungssprache nicht Deutsch ist,
13. wie die Anrechnung von Studienzeiten, Studien- und Prüfungsleistungen sowie Praxissemestern, die an einer anderen in- oder ausländischen staatlichen oder staatlich anerkannten Hochschule oder in anderen Studiengängen derselben Hochschule, an Vorgängereinrichtungen von Fachhochschulen oder einer staatlichen oder staatlich anerkannten Berufsakademie des tertiären Bereichs erbracht worden sind, erfolgt,
14. wie außerhalb von Hochschulen erworbene Kenntnisse und Fähigkeiten auf ein Hochschulstudium angerechnet werden,
15. welche Folgen bei Verstößen gegen Prüfungsvorschriften eintreten,
16. durch wen, auf welcher Grundlage und in welchem Verfahren eine krankheitsbedingte Prüfungsunfähigkeit festgestellt wird,
17. für welche Lehrveranstaltungen die verpflichtende Teilnahme als Prüfungsvoraussetzung gilt.

[3]Sofern Prüfungen in elektronischer Form oder in elektronischer Kommunikation durchgeführt werden, müssen die Prüfungsordnungen ein datenschutzkonformes Prüfungsverfahren gewährleisten, bei dem für alle Prüfungskandidaten vergleichbare Bedingungen herrschen. [4]Hierfür müssen die Prüfungsordnungen zusätzlich zu Satz 1 und 2 insbesondere Regelungen

1. zur Sicherung des Datenschutzes,
2. zur eindeutigen Identifikation der Prüfungskandidaten,
3. zur Dokumentation des Prüfungsgeschehens,
4. zur Sicherung der Authentizität und Unveränderlichkeit des Prüfungsergebnisses,
5. zur Verhinderung von Missbrauchs- und Täuschungsversuchen,
6. zum Umgang mit technischen Störungen und
7. zur Gewährleistung der technischen Voraussetzungen enthalten.

(3) Eine verpflichtende Teilnahme der Studierenden an Lehrveranstaltungen darf als Prüfungsvoraussetzung nach Absatz 2 Nr. 17 nur geregelt werden, wenn das Lernziel der Lehrveranstaltung nur durch die Anwesenheit des Studierenden erreicht werden kann; dies ist insbesondere bei einer Exkursion, einem Sprachkurs, einem Praktikum, einer praktischen Übung oder einer vergleichbaren Lehrveranstaltung gegeben.

(4) Prüfungsordnungen müssen Regelungen zur Beachtung des Mutterschutzgesetzes und über die Berücksichtigung von Zeiten der Gewährung von Elternzeit, von Zeiten der tatsächlichen Pflege eines nach § 7 Abs. 3 PflegeZG nahen Angehörigen, dessen Pflegebedürftigkeit nach § 3 Abs. 2 PflegeZG nachgewiesen ist sowie für den Nachteilsausgleich für Studierende mit Behinderung und chronischen Erkrankungen enthalten.

(5) [1]Die Hochschulen können in den Prüfungsordnungen Fristen für die Erbringung von Studien- und Prüfungsleistungen festlegen und bestimmen, dass eine Prüfung als endgültig nicht bestanden gilt, wenn geforderte Prüfungsleistungen nicht innerhalb eines vorgegebenen Zeitraums erbracht werden und der Studierende dies zu vertreten hat oder der Studierende über Prüfungsleistungen täuscht. [2]Der Prüfungsanspruch geht verloren, wenn der Studierende eine nach der Prüfungsordnung erforderliche Studien- oder Prüfungsleistung endgültig nicht bestanden oder nicht rechtzeitig erbracht hat, es sei denn, die Fristüberschreitung ist von dem Studierenden nicht zu vertreten. [3]Die Hochschulen können in ihren Prüfungsordnungen auch eine Frist festlegen, bis zu der sämtliche nach der Studien- und Prüfungsordnung für den Studienabschluss erforderlichen Studien- und Prüfungsleistungen erbracht sein müssen; diese Frist darf frühestens drei Semester nach der festgesetzten Regelstudienzeit enden. [4]Wird die Frist nach Satz 3 Halbsatz 1 überschritten, gilt Satz 2 entsprechend.

(6) [1]In den Prüfungsordnungen kann geregelt werden, dass eine erstmals nicht bestandene Prüfung als nicht unternommen gilt, wenn sie innerhalb der Regelstudienzeit und zu dem in der Prüfungsordnung vorgesehenen Zeitpunkt abgelegt wurde (Freiversuch). [2]In noch vorhandenen Diplom- und Magisterstudiengängen, in denen eine Abschlussprüfung vorgesehen ist, soll ein Freiversuch zugelassen werden; eine im Rahmen des Freiversuchs bestandene Abschlussprüfung kann zur Notenverbesserung einmal wiederholt werden.

§ 56 Studienberatung

(1) [1]Die Hochschulen unterrichten Studierende und Studienbewerber über die Studienmöglichkeiten und über Ziele, Inhalte, Aufbau und Anforderungen eines Studiums. [2]Die Studierenden sind so zu beraten und zu betreuen, dass sie ihr Studium zielgerichtet auf den Studienabschluss hin gestalten und in der jeweiligen Regelstudienzeit beenden können. [3]Die Hochschulen orientieren sich spätestens bis zum Ende des ersten Jahres des Studiums über den bisherigen Studienverlauf, informieren die Studierenden und führen gegebenenfalls eine Studienberatung durch.

(2) [1]Die Hochschulen richten Studienberatungsstellen ein, die mit den Selbstverwaltungseinheiten, der Studierendenschaft und den für die Berufsberatung und den für die staatlichen Prüfungen zuständigen Stellen sowie den weiterführenden Schulen zusammenarbeiten. [2]In Studiengängen, die zu einem ersten berufsqualifizierenden Abschluss führen, sieht die Hochschule besondere Fördermaßnahmen vor.

§ 57 Wissenschaftliche und künstlerische Weiterbildung

(1) Das wissenschaftliche und künstlerische Weiterbildungsangebot der Hochschulen umfasst

1. weiterbildende Masterstudiengänge,
2. berufsbegleitende, grundständige, der Weiterbildung dienende Bachelorstudiengänge,
3. weiterbildende Studien und
4. sonstige Weiterbildungsveranstaltungen.

(2) [1]Weiterbildende Masterstudiengänge setzen ein Lehrangebot voraus, das berufliche Erfahrungen berücksichtigt und an diese anknüpft; in weiterbildenden künstlerischen Masterstudiengängen können auch berufspraktische Tätigkeiten, die während des Studiums abgeleistet wurden, berücksichtigt werden. [2]Weiterbildende Masterstudiengänge entsprechen in den Anforderungen den konsekutiven Masterstudiengängen und führen zu dem gleichen Qualifikationsniveau und zu denselben Berechtigungen.

(3) [1]In Einzelfällen kann auch die Einrichtung von berufsbegleitenden, grundständigen, der Weiterbildung dienenden Studiengängen, die mit einem Bachelorgrad abschließen, in den Ziel- und Leistungsvereinbarungen nach § 13 Abs. 1 vereinbart werden. [2]Studiengänge nach Satz 1 sollen nur dann eingerichtet werden, wenn die Hochschule einen fachlich gleichen oder einen fachlich weitgehend

entsprechenden Studiengang als grundständigen, gebührenfreien Präsenzstudiengang anbietet. [3]Weitere Voraussetzungen für die Einrichtung von Studiengängen nach Satz 1, insbesondere zu den Anforderungen und Inhalten dieser Studiengänge, sind in den Ziel- und Leistungsvereinbarungen nach § 13 Abs. 1 zu regeln.

(4) [1]Das weiterbildende Studium steht Bewerbern mit abgeschlossenem Hochschulstudium und solchen Bewerbern offen, die die für eine Teilnahme erforderliche Eignung im Beruf oder auf andere Weise erworben haben. [2]Die Hochschule regelt die Voraussetzungen und das Verfahren des Zugangs und der Zulassung zum weiterbildenden Studium. [3]Sie kann die Zulassung insbesondere beschränken, wenn wegen der Aufnahmefähigkeit, der Art oder des Zwecks des weiterbildenden Studiums eine Begrenzung der Teilnehmerzahl erforderlich ist.

(5) [1]Die Hochschulen können Weiterbildung auch auf privatrechtlicher Grundlage anbieten oder mit Einrichtungen der Weiterbildung außerhalb des Hochschulbereichs auf privatrechtlicher Form zusammenarbeiten. [2]Wird die Weiterbildung in Kooperation gemeinsam mit einer Einrichtung der Weiterbildung außerhalb des Hochschulbereichs durchgeführt und wird nach erfolgreicher Teilnahme an dieser Weiterbildung ein Hochschulgrad oder ein gemeinsames Zertifikat vergeben, hat die Hochschule in der Kooperationsvereinbarung sicherzustellen, dass ihr die Aufgabe obliegt, das Lehrangebot zu entwickeln und die Prüfungen abzunehmen. [3]Die Durchführung von Lehrveranstaltungen im Rahmen einer Weiterbildung, die in Kooperation gemeinsam mit einer Einrichtung der Weiterbildung außerhalb des Hochschulbereichs durchgeführt wird, gehört in der Regel nicht zu den Dienstaufgaben des Personals mit Lehraufgaben der Hochschule.

(6) [1]Mitgliedern der Hochschule, die zusätzlich zu ihren dienstlichen Verpflichtungen Lehraufgaben in der von der Hochschule angebotenen wissenschaftlichen oder künstlerischen Weiterbildung übernehmen, kann dies vergütet werden. [2]Die Vergütung von Lehraufgaben nach Satz 1 ist ausschließlich aus den in der jeweiligen Weiterbildung erzielten Einnahmen zu finanzieren.

Zweiter Abschnitt

Verleihung von Hochschulgraden

§ 58 Inländische Hochschulgrade

(1) [1]Aufgrund einer Hochschulprüfung, mit der ein berufsqualifizierender Abschluss erworben wird, verleihen die Hochschulen den Bachelor-, Master-, Diplom- oder Magistergrad mit Angabe der Fachrichtung; Diplomgrade der Fachhochschulen werden mit dem Zusatz „Fachhochschule" („FH") verliehen. [2]Die von einer deutschen staatlichen oder staatlich anerkannten Hochschule oder deutschen staatlichen Stelle verliehenen Grade dürfen im Geltungsbereich dieses Gesetzes nur gemäß der Verleihungsurkunde oder in der sonst festgelegten Form geführt werden.

(2) Für die Bachelor- und Mastergrade sind die in den ländergemeinsamen Strukturvorgaben für Bachelor- und Masterstudiengänge niedergelegten Bezeichnungen zu verwenden.

(3) Die Hochschulen können den Bachelor-, Diplom- oder Mastergrad auch aufgrund einer staatlichen oder kirchlichen Prüfung, mit der ein Hochschulstudium abgeschlossen wird, verleihen.

(4) [1]Aufgrund der Promotion oder aufgrund einer Hochschulprüfung, mit der ein Promotionsstudiengang nach § 61 Abs. 4 abgeschlossen wird, verleiht die Hochschule den Doktorgrad oder den Grad „Doctor of Philosophy" („Ph. D."). [2]In der Verleihungsurkunde sind die vollständige Gradbezeichnung und die Abkürzung aufzuführen. [3]Grade nach Satz 1 können in Form der Abkürzung „Dr." ohne fachlichen Zusatz geführt werden; die gleichzeitige Führung der Abkürzungen „Ph. D." und „Dr." ist nicht zulässig.

(5) [1]Mit der Habilitation wird das Recht verliehen, den Grad eines Doktors nach Absatz 4 mit dem Zusatz „habil." zu führen; die nichtpromovierten Habilitierten erhalten den akademischen Grad „Dr. habil.". [2]Absatz 4 Satz 2 gilt entsprechend.

(6) [1]Aufgrund einer Vereinbarung mit einer ausländischen Hochschule können für den berufsqualifizierenden Abschluss eines Studiums andere als die in Absatz 1 genannten Grade verliehen werden. [2]Die Vereinbarung nach Satz 1 bedarf der Zustimmung des Ministeriums. [3]Ein Grad nach Satz 1 kann auch zusätzlich zu einem der in Absatz 1 genannten Grade verliehen werden, wenn

1. mit der ausländischen Hochschule ein fester Studienplan vereinbart ist,
2. beide Hochschulen einen wesentlichen Teil des Studiengangs durchführen,

3. das Prüfungsverfahren abgestimmt ist und
4. die Studien- und Prüfungsanforderungen den Anforderungen für den Erwerb eines Grades nach Absatz 1 entsprechen.

[4]Die Form der Verleihung muss kenntlich machen, dass es sich nicht um Grade handelt, die als Abschlüsse zweier selbständiger Studiengänge erworben wurden.

(7) [1]Ein von einer Hochschule des Landes verliehener Grad soll von der verleihenden Hochschule entzogen werden, wenn

1. der Inhaber vorsätzlich oder grob fahrlässig gegen die Grundsätze des § 8 Abs. 6 bei der der Verleihung zugrunde liegenden Hochschulprüfung, staatlichen oder kirchlichen Prüfung verstoßen hat,
2. sich der Inhaber als unwürdig zur Führung dieses Grades erwiesen hat oder
3. sich der Inhaber durch sein späteres Verhalten als unwürdig zur Führung dieses Grades erwiesen hat.

[2]Die Verleihung eines Hochschulgrades ist zurückzunehmen, wenn

1. die der Verleihung zugrunde liegende Hochschulprüfung, staatliche oder kirchliche Prüfung nachträglich für nicht bestanden erklärt wird,
2. die Verleihung durch Täuschung über sonstige Voraussetzungen der Verleihung, durch Drohung oder Bestechung erlangt wurde oder
3. sich nachträglich herausstellt, dass wesentliche Voraussetzungen für die Verleihung nicht vorgelegen haben.

(8) [1]Hochschulgrade dürfen nur verliehen werden, wenn dies gesetzlich vorgesehen ist. [2]Bezeichnungen, die Hochschulgraden zum Verwechseln ähnlich sind, dürfen nicht verliehen und geführt werden. [3]Hochschulgrade, Hochschultitel oder Hochschultätigkeitsbezeichnungen dürfen gegen Entgelt nicht vermittelt und gegen Entgelt erworbene Hochschulgrade, Hochschultitel oder Hochschultätigkeitsbezeichnungen nicht geführt werden.

(9) [1]Eine von den Bestimmungen dieses Gesetzes abweichende Führung von Hochschulgrad-, Titel- oder Hochschultätigkeitsbezeichnungen ist untersagt. [2]Wer einen Hochschulgrad, Hochschultitel oder eine Hochschultätigkeitsbezeichnung führt, hat auf Verlangen einer Ordnungsbehörde oder des Ministeriums die Berechtigung hierzu urkundlich nachzuweisen. [3]Sofern die Berechtigung nicht nachgewiesen werden kann, darf der Hochschulgrad, der Titel oder die Hochschultätigkeitsbezeichnung nicht geführt werden.

§ 59 Ausländische Grade

(1) [1]Ein ausländischer Hochschulgrad, der von einer nach dem Recht des Herkunftslandes anerkannten Hochschule oder von einer nach dem Recht des Herkunftslandes zur Verleihung berechtigten Stelle aufgrund eines tatsächlich ordnungsgemäß durch Prüfung abgeschlossenen Hochschulstudiums verliehen worden ist, kann in der verliehenen Form unter Angabe des vollständigen Namens der verleihenden Hochschule (Herkunftshinweis) genehmigungsfrei geführt werden. [2]Dabei können die verliehene Form des Hochschulgrades und der Herkunftshinweis in die lateinische Schrift übertragen (transliteriert) und die im Herkunftsland zugelassene oder nachweislich allgemein übliche Abkürzung des Hochschulgrades unter Angabe des Herkunftshinweises geführt und eine wörtliche deutsche Übersetzung in Klammern hinzugefügt werden. [3]Eine Umwandlung in einen entsprechenden deutschen Hochschulgrad findet nicht statt; ausgenommen davon sind Berechtigte nach dem Bundesvertriebenengesetz, für die eine Genehmigung auf Antrag erteilt werden kann. [4]Die Sätze 1 bis 3 gelten entsprechend für ausländische staatliche oder kirchliche Grade.

(2) [1]Hochschulgrade aus Mitgliedstaaten der Europäischen Union oder des Europäischen Wirtschaftsraumes sowie Hochschulgrade des Europäischen Hochschulinstituts Florenz, der Deutsch-Französischen Hochschule und der Päpstlichen Hochschulen können unter den Voraussetzungen nach Absatz 1 in der Form, in der sie verliehen wurden, ohne Herkunftshinweis geführt werden. [2]Inhaber von in einem wissenschaftlichen Promotionsverfahren erworbenen Doktorgraden, die in den in Satz 1 bezeichneten Staaten oder Institutionen erworben wurden, können anstelle der entsprechend Absatz 1 Satz 2 zulässigen Abkürzung wahlweise die Abkürzung „Dr." ohne fachlichen Zusatz und ohne Herkunftshinweis führen. [3]Die gleichzeitige Führung beider Abkürzungen ist nicht zulässig. [4]Die Sätze 1 bis 3 gelten nicht für Doktorgrade, die ohne Promotionsstudium und -verfahren vergeben werden (Berufsdoktorate).

(3) [1]Ein ausländischer Professorentitel darf in der verliehenen Form unter Angabe der verleihenden Stelle (Herkunftshinweis) nur geführt werden, wenn er als Amts- oder Dienstbezeichnung in Verbindung mit einem hauptberuflichen Forschungs- und Lehrauftrag vom Staat, von einer vom Staat ermächtigten Stelle oder von einer staatlich anerkannten Hochschule verliehen wurde. [2]Die Absätze 1 und 2 gelten entsprechend. [3]Nach dem Ausscheiden aus dem Dienst der ausländischen Hochschule darf der ausländische Professorentitel nur geführt werden, wenn dies auch nach dem Recht des Herkunftslandes zulässig ist.

(4) [1]Ein ausländischer Ehrengrad, der von einer nach dem Recht des Herkunftslandes zur Verleihung berechtigten Stelle verliehen wurde, kann nach Maßgabe der für die Verleihung geltenden Rechtsvorschriften in der verliehenen Form unter Angabe der verleihenden Stelle (Herkunftshinweis) geführt werden. [2]Absatz 1 Satz 2 gilt entsprechend. [3]Ausgeschlossen von der Führung sind Ehrengrade, wenn die ausländische Stelle zur Vergabe des entsprechenden Grades nach Absatz 1 nicht berechtigt ist.

(5) Die Absätze 1 bis 4 gelten entsprechend für sonstige Hochschultitel und Hochschultätigkeitsbezeichnungen.

(6) Soweit Vereinbarungen und Abkommen der Bundesrepublik Deutschland mit anderen Staaten über Gleichwertigkeiten im Hochschulbereich die Inhaber ausländischer Grade abweichend von den Absätzen 1 bis 5 begünstigen, gehen diese Regelungen vor.

(7) Das Ministerium wird ermächtigt, durch Rechtsverordnung von den Absätzen 1 bis 5 abweichende begünstigende Regelungen zu treffen.

(8) § 58 Abs. 8 und 9 gilt entsprechend.

§ 60 Gleichwertigkeit ausländischer Hochschulabschlüsse

[1]Ein ausländischer Hochschulabschluss steht einem an einer staatlichen oder staatlich anerkannten Hochschule in Deutschland erworbenen Hochschulabschluss gleich, wenn der Abschluss einem in Deutschland an einer staatlichen oder staatlich anerkannten Hochschule erworbenen Hochschulabschluss gleichwertig ist. [2]Die Gleichwertigkeit wird durch ein von der Zentralstelle für ausländisches Bildungswesen beim Sekretariat der Ständigen Konferenz der Kultusminister der Länder in der Bundesrepublik Deutschland gefertigtes Gutachten nachgewiesen. [3]§ 59 bleibt unberührt.

§ 61 Promotion

(1) Die Hochschulen nach § 1 Abs. 2 Satz 1 Nr. 1 bis 5 haben das Promotionsrecht.

(2) [1]Die Promotion dient dem Nachweis der Befähigung zu vertiefter wissenschaftlicher Arbeit und beruht auf einer selbständigen wissenschaftlichen Arbeit (Dissertation) sowie einer mündlichen Prüfung. [2]Die Verleihung eines Doktorgrades ehrenhalber kann in der Promotionsordnung vorgesehen werden; für dessen Führung gilt § 58 Abs. 1 entsprechend.

(3) Die Hochschulen sollen für ihre Doktoranden forschungsorientierte Studien anbieten und ihnen den Erwerb von akademischen Schlüsselqualifikationen ermöglichen.

(4) Darüber hinaus sollen die Hochschulen zur Heranbildung des wissenschaftlichen und künstlerischen Nachwuchses im Rahmen ihrer Forschungsförderung gesonderte Promotionsstudiengänge (Doktorandenkollegs) einrichten, deren Ausbildungsziel die Qualifikation für Wissenschaft und Forschung ist; die Regelungen über Studiengänge finden sinngemäße Anwendung.

(5) [1]Die Zulassung zur Promotion setzt in der Regel den erfolgreichen Abschluss eines Hochschulstudiums voraus. [2]In der Promotionsordnung können weitere mit der Befähigung zu vertiefter wissenschaftlicher Arbeit in Zusammenhang stehende Voraussetzungen für die Zulassung zur Promotion festgelegt werden. [3]In den Promotionsordnungen ist zu regeln, unter welchen Voraussetzungen Hochschulabsolventen mit einem Fachhochschuldiplom- oder einem Bachelorabschluss im Anschluss an das Studium zur Promotion zugelassen werden; für Fachhochschulabsolventen mit einem Masterabschluss gelten die gleichen Zulassungsvoraussetzungen zur Promotion wie für Universitätsabsolventen mit einem Masterabschluss. [4]Die gemeinsame Betreuung von Dissertationen durch Hochschullehrer der Hochschulen nach § 1 Abs. 2 Nr. 1 bis 5 und der Fachhochschulen ist in den Promotionsordnungen vorzusehen. [5]Dabei wirken die Hochschullehrer der beiden Hochschularten gleichberechtigt mit; für die Betreuung von Dissertationen und die Abnahme von Promotionsprüfungen darf eine Habilitation nicht als Voraussetzung verlangt werden.

(6) [1]Das Nähere regeln die Hochschulen in den Promotionsordnungen. [2]Diese können auch vorsehen, dass die Hochschule eine Versicherung an Eides statt über die Eigenständigkeit der erbrachten wissenschaftlichen Leistungen verlangen und abnehmen kann.

§ 62 Habilitation

(1) Die Hochschulen nach § 1 Abs. 2 Satz 1 Nr. 1 bis 4 haben das Habilitationsrecht; die Hochschule für Musik Franz Liszt Weimar hat das Habilitationsrecht für das Fachgebiet Musikwissenschaft.

(2) Die Habilitation dient der förmlichen Feststellung der qualifizierten Befähigung zu selbständiger Forschung und Lehre.

(3) [1]Zum Habilitationsverfahren, das in der zuständigen Selbstverwaltungseinheit durchgeführt wird, sind Bewerber zuzulassen, die ihre wissenschaftliche Befähigung durch eine qualifizierte Promotion oder eine vergleichbare wissenschaftliche Qualifikation nachgewiesen haben. [2]Im Habilitationsverfahren werden zur Feststellung der pädagogischen Eignung und der Befähigung zu selbständiger Forschung getrennte Gutachten zur didaktischen Qualität der Lehrveranstaltungen der Bewerber einerseits sowie zur wissenschaftlichen Qualität der Habilitationsschrift oder der wissenschaftlichen Veröffentlichungen andererseits eingeholt.

(4) Mit der Habilitation wird die Lehrbefähigung zuerkannt.

(5) [1]Habilitierten kann die Befugnis erteilt werden, selbständig zu lehren. [2]Die Lehrbefugnis soll erteilt werden, wenn von der Lehrtätigkeit eine Bereicherung des Lehrangebots der Hochschule zu erwarten ist. [3]Die Entscheidung trifft die Selbstverwaltungseinheit auf Antrag des Habilitierten. [4]In der Habilitationsordnung ist zu regeln, wann die Lehrbefugnis erlischt oder zu widerrufen ist. [5]Mit der Verleihung der Lehrbefugnis ist das Recht zur Führung der akademischen Bezeichnung „Privatdozent" verbunden.

(6) [1]Der Präsident kann auf Vorschlag des Senats einem Privatdozenten nach in der Regel fünfjähriger Bewährung in Forschung und Lehre die Würde eines „außerplanmäßigen Professors" verleihen; mit der Verleihung ist die Befugnis zur Führung der akademischen Bezeichnung „außerplanmäßiger Professor" („apl. Prof.") verbunden. [2]Die Verleihung kann aus Gründen widerrufen werden, die bei einem Beamten zur Entfernung aus dem Dienst führen; im Übrigen gilt Absatz 5 Satz 5 entsprechend. [3]Bei Beendigung der Lehrtätigkeit entscheidet der Präsident auf Antrag der zuständigen Selbstverwaltungseinheit über das Recht zur Weiterführung der akademischen Bezeichnung „außerplanmäßiger Professor" („apl. Prof.").

(7) Das Nähere regeln die Hochschulen in der Habilitationsordnung.

Dritter Abschnitt
Wissenschaftliche und künstlerische Nachwuchsförderung

§ 63 Graduiertenförderung

(1) [1]Zur Entwicklung und Förderung des wissenschaftlichen und künstlerischen Nachwuchses werden den Hochschulen Mittel für Stipendien zugewiesen, um Graduierte und den künstlerischen Nachwuchs (Meisterschüler) in ihrer weiteren wissenschaftlichen Qualifizierung und künstlerischen Entwicklung zu fördern. [2]Die Höhe der für die Graduiertenförderung zur Verfügung stehenden Landesmittel, die

1. auf der Grundlage der Rechtsverordnung nach Absatz 4 Satz 3 den Hochschulen zugewiesen werden, ist in der Rahmenvereinbarung nach § 12 Abs. 1 festzulegen,
2. über die nach Nummer 1 erfassten Mittel hinausgehend von den Hochschulen für die Graduiertenförderung sowie für andere Stipendien für den wissenschaftlichen und künstlerischen Nachwuchs, insbesondere Wiedereinstiegs-, Promotionsabschluss- oder Kontaktstipendien, verwendet werden können, bestimmt das Präsidium im Benehmen mit dem Senat.

(2) [1]Die Förderung nach Absatz 1 Satz 2 Nr. 1 erfolgt durch ein Stipendium, das sich aus einem Grundbetrag und einem Familienzuschlag zusammensetzt. [2]Darüber hinaus können Sach- und Reisekosten gewährt werden. [3]Das Stipendium soll in der Höhe so bemessen sein, dass eine Berufstätigkeit neben dem Studium unterbleiben kann und die Anzahl der unterhaltspflichtigen Kinder und das Einkommen des Ehepartners berücksichtigt wird. [4]Das Stipendium ist unabhängig vom Einkommen der Eltern.

(3) [1]Die Förderungsdauer beträgt in der Regel drei Jahre und kann um höchstens ein weiteres Jahr verlängert werden. [2]Zusätzlich zur Verlängerungsmöglichkeit nach Satz 1 kann die Förderung auf Antrag um bis zu zwei Jahre verlängert werden, wenn der Stipendiat

1. ein Kind im Sinne des § 1 Abs. 1 Satz 1 Nr. 2 und Abs. 3 des Bundeselterngeld- und Elternzeitgesetzes (BEEG) in der Fassung vom 27. Januar 2015 (BGBl. I S. 33) in der jeweils geltenden Fassung tatsächlich betreut, das zum Zeitpunkt des Antrags das 14. Lebensjahr noch nicht vollendet hat,
2. einen nahen Angehörigen im Sinne des § 7 Abs. 3 des Pflegezeitgesetzes (PflegeZG) vom 28. Mai 2008 (BGBl. I S. 874 -896-) in der jeweils geltenden Fassung pflegt und die Pflegebedürftigkeit im Sinne des § 3 Abs. 2 PflegeZG nachgewiesen hat oder
3. eine Behinderung oder schwerwiegende chronische Erkrankung hat.

(4) [1]Über Anträge auf Förderung nach Absatz 1 Satz 2 Nr. 1 entscheidet eine Vergabekommission, die der Senat einrichtet. [2]Ihr gehören Hochschullehrer, akademische Mitarbeiter, Graduierte sowie die Gleichstellungsbeauftragte und der Diversitätsbeauftragte an. [3]Das Nähere, insbesondere die Höhe der Stipendien sowie der Sach- und Reisekosten, die bei Antragstellung zu erbringenden Nachweise, das Verfahren der Vergabekommission und die Beendigung der Förderung nach Absatz 1 Satz 2 Nr. 1 im Falle des Misserfolgs, regelt das Ministerium durch Rechtsverordnung; das Nähere zur Förderung nach Absatz 1 Satz 2 Nr. 2, insbesondere die Höhe der Stipendien, die Dauer der Förderung sowie das Vergabeverfahren regeln die Hochschulen durch Satzung.

Vierter Abschnitt
Forschung und Entwicklungsvorhaben

§ 64 Aufgaben der Forschung, Entwicklungsvorhaben

(1) [1]Die Forschung in den Hochschulen dient der Gewinnung wissenschaftlicher Erkenntnisse sowie der wissenschaftlichen Grundlegung und Weiterentwicklung von Lehre und Studium mit der in § 46 bestimmten Zielsetzung. [2]Gegenstand der Forschung in den Hochschulen können unter Berücksichtigung der Aufgabenstellung der Hochschule alle wissenschaftlichen Bereiche sowie die Anwendung wissenschaftlicher Erkenntnisse in der Praxis einschließlich der Folgen sein, die sich aus der Anwendung wissenschaftlicher Erkenntnisse ergeben können.

(2) Die Studierenden sind frühzeitig und systematisch an die Forschung heranzuführen und entsprechend der bestehenden Möglichkeiten daran zu beteiligen.

(3) [1]Forschungsergebnisse sind in geeigneter Weise, insbesondere durch wissenschaftliche Veranstaltungen oder wissenschaftliche Beiträge in Publikationen oder Patente öffentlich zu machen. [2]Bei der Veröffentlichung von Forschungsergebnissen sind Mitarbeiter, die einen eigenen wissenschaftlichen oder wesentlichen sonstigen Beitrag geleistet haben, als Mitautoren zu nennen; soweit möglich, ist ihr Beitrag zu kennzeichnen.

(4) Die Absätze 1 bis 3 sowie die §§ 65 und 66 gelten für Entwicklungsvorhaben im Rahmen angewandter Forschung sowie für künstlerische Entwicklungsvorhaben sinngemäß.

§ 65 Koordinierung der Forschung

(1) [1]Forschungsvorhaben und Forschungsschwerpunkte werden unbeschadet der Freiheit von Wissenschaft und Forschung von den Hochschulen in der sachlich gebotenen Weise koordiniert. [2]Hierbei sind Programme zur regionalen, überregionalen und internationalen Aufgabenteilung und Zusammenarbeit im Bereich der Forschung zu berücksichtigen.

(2) [1]Zur gegenseitigen Abstimmung von Forschungsvorhaben und Forschungsschwerpunkten und zur Planung und Durchführung gemeinsamer Forschungsvorhaben wirken die Hochschulen untereinander, mit anderen Forschungseinrichtungen und mit Einrichtungen der überregionalen Forschungsplanung und Forschungsförderung zusammen. [2]Die Bildung von hochschulübergreifenden und interdisziplinären Forschungsschwerpunkten ist von den Hochschulen anzustreben.

§ 66 Forschung mit Mitteln Dritter

(1) [1]Die in der Forschung tätigen Hochschulmitglieder sollen im Rahmen ihrer dienstlichen Aufgaben auch solche Forschungsvorhaben durchführen, die nicht aus den der Hochschule zur Verfügung stehenden Haushaltsmitteln, sondern aus Mitteln Dritter finanziert werden; ihre Verpflichtung zur Erfül-

lung der übrigen dienstlichen Aufgaben bleibt unberührt. [2]Die Durchführung von Vorhaben nach Satz 1 ist Teil der Hochschulforschung.

(2) [1]Ein Hochschulmitglied ist berechtigt, ein Forschungsvorhaben nach Absatz 1 in der Hochschule durchzuführen, wenn die Erfüllung anderer Aufgaben der Hochschule sowie die Rechte und Pflichten anderer Personen dadurch nicht beeinträchtigt werden und entstehende Folgelasten angemessen berücksichtigt sind. [2]Die Forschungsergebnisse sollen in der Regel in absehbarer Zeit veröffentlicht werden.

(3) [1]Ein Forschungsvorhaben nach Absatz 1 ist anzuzeigen. [2]Die Durchführung eines solchen Vorhabens darf nicht von einer Genehmigung abhängig gemacht werden. [3]Die Inanspruchnahme von Personal, Sachmitteln und Einrichtungen der Hochschule darf nur untersagt oder durch Auflagen beschränkt werden, soweit die Voraussetzungen des Absatzes 2 dies erfordern. [4]Eine mögliche Unvereinbarkeit mit der Zivilklausel nach § 5 Abs. 3 wird in einem in der Grundordnung zu regelnden Verfahren geprüft; die Prüfergebnisse sind zu begründen und zu veröffentlichen.

(4) [1]Die Mittel für Forschungsvorhaben, die in den Hochschulen durchgeführt werden, werden von der Hochschule verwaltet. [2]Die Mittel sind für den vom Geldgeber bestimmten Zweck zu verwenden und nach dessen Bedingungen zu bewirtschaften, soweit gesetzliche Bestimmungen nicht entgegenstehen. [3]Sachzuwendungen Dritter und mit Drittmitteln beschaffte Geräte gehen in das Eigentum des Landes über, es sei denn, der Drittmittelgeber hat etwas anderes bestimmt. [4]Forschungsaufträge aus gemeinnützigen oder öffentlich geförderten Stiftungen und Vereinigungen werden vorrangig entgegengenommen. [5]Treffen die Bedingungen nach Satz 2 keine Regelungen, so gelten ergänzend die Bestimmungen des Landes. [6]Auf Antrag des Hochschulmitglieds, das das Vorhaben durchführt, soll von der Verwaltung der Mittel durch die Hochschule abgesehen werden, sofern dies mit Bedingungen des Geldgebers vereinbar ist; Satz 5 gilt in diesem Falle nicht.

(5) [1]Aus Mitteln Dritter bezahlte hauptberufliche Mitarbeiter an Forschungsvorhaben, die in der Hochschule durchgeführt werden, sollen vorbehaltlich des Satzes 3 als Personal der Hochschule im Arbeitsvertragsverhältnis eingestellt werden. [2]Die Einstellung setzt voraus, dass die Mitarbeiter von dem Hochschulmitglied, das das Vorhaben durchführt, vorgeschlagen wurden. [3]Sofern dies mit den Bedingungen des Geldgebers vereinbar ist, kann das Hochschulmitglied in begründeten Fällen die Arbeitsverträge mit den Mitarbeitern abschließen; dabei sind die im öffentlichen Dienst für vergleichbare Tätigkeiten üblichen Vergütungs- und Urlaubsregelungen zu vereinbaren und die Rahmenbedingungen nach § 5 Abs. 6 Satz 2 zu beachten.

(6) [1]Finanzielle Erträge der Hochschulen aus Forschungsvorhaben, die in den Hochschulen durchgeführt werden, insbesondere aus Einnahmen, die den Hochschulen als Entgelt für die Inanspruchnahme von Personal, Sachmitteln und Einrichtungen zufließen, stehen den Hochschulen für die Erfüllung ihrer Aufgaben zur Verfügung. [2]Sie werden bei der Bemessung des Zuschussbedarfs der Hochschulen nicht berücksichtigt. [3]Diese Erträge werden vorzugsweise zur Förderung des Forschungspotentials der Hochschulmitglieder verwendet, welche diese Mittel einwerben; Näheres ist von den Hochschulen zu regeln.

(7) Die Vorschriften über die Ausübung von Nebentätigkeiten bleiben unberührt.

Vierter Teil

Studierende und Studierendenschaft

Erster Abschnitt

Hochschulzugang

§ 67 Allgemeine Hochschulzugangsvoraussetzungen

(1) [1]Zum Studium berechtigt

1. in grundständigen Studiengängen einer Hochschule nach § 1 Abs. 2 Satz 1 Nr. 1 bis 5 die allgemeine oder fachgebundene Hochschulreife,
2. in grundständigen Fachhochschulstudiengängen oder dualen Studiengängen an der Dualen Hochschule die allgemeine Hochschulreife, die fachgebundene Hochschulreife oder die Fachhochschulreife,
3. in grundständigen Studiengängen einer Hochschule nach § 1 Abs. 2 Satz 1 Nr. 1 bis 10

a) die positive Entscheidung einer Hochschule nach dem erfolgreichen Absolvieren eines Probestudiums nach § 70 Abs. 1 oder das Bestehen einer Eingangsprüfung nach § 70 Abs. 2,
b) das erfolgreiche Ablegen der Meisterprüfung,
c) der erfolgreiche Abschluss eines Bildungsgangs zum staatlich geprüften Techniker oder zum staatlich geprüften Betriebswirt,
d) der erfolgreiche Abschluss einer der Meisterprüfung gleichwertigen beruflichen Fortbildung im erlernten Beruf nach dem Berufsbildungsgesetz, nach der Handwerksordnung oder einer sonstigen öffentlich-rechtlichen Regelung,
e) der erfolgreiche Abschluss einer sonstigen beruflichen Fortbildung, sofern sie durch Rechtsverordnung nach Satz 2 als mit der Meisterprüfung gleichwertig festgestellt ist oder von der Hochschule als gleichwertig festgestellt wird,

4. in konsekutiven und weiterbildenden Masterstudiengängen ein erster Hochschulabschluss, ein Abschluss einer Verwaltungsfachhochschule oder ein Abschluss einer staatlichen oder staatlich anerkannten Berufsakademie sowie weiteren in den Studien- und Prüfungsordnungen geregelten besonderen Zugangsvoraussetzungen; für weiterbildende Masterstudiengänge ist darüber hinaus der Nachweis von qualifizierten berufspraktischen Erfahrungen in der Regel nicht unter einem Jahr erforderlich.

[2]Das für Kultusangelegenheiten zuständige Ministerium regelt im Einvernehmen mit dem für das Hochschulwesen zuständigen Ministerium das Nähere über die Voraussetzungen für die Feststellung der Gleichwertigkeit einer beruflichen Fortbildung mit einer Meisterprüfung und legt fest, welche Fortbildungen nach Satz 1 Nr. 3 Buchst. d der Meisterprüfung gleichwertig sind. [3]Ferner kann es in einer Rechtsverordnung sonstige gleichwertige Fortbildungen nach Satz 1 Nr. 3 Buchst. e der Meisterprüfung gleichstellen.

(2) Studienbewerber, die ein Studium in einem Studiengang an einer deutschen Hochschule mit Erfolg abgeschlossen haben, besitzen eine der allgemeinen Hochschulreife entsprechende Qualifikation.

(3) [1]Das für Kultusangelegenheiten zuständige Ministerium legt aufgrund der außerhalb dieses Gesetzes vorhandenen Ermächtigungen im Wege von Rechtsverordnungen fest, welche außerhalb des Hochschulbereichs erworbenen Abschlüsse die Hochschulreife oder Fachhochschulreife vermitteln. [2]Soweit ausländische Hochschulzugangsberechtigungen der Anerkennung bedürfen, regelt das für Kultusangelegenheiten zuständige Ministerium durch Rechtsverordnung das Nähere über die Voraussetzungen, insbesondere die Vergleichbarkeit dieser Berechtigungen mit der Hochschulreife in Thüringen und das Verfahren.

(4) Das Ministerium kann im Benehmen mit der betroffenen Hochschule durch Rechtsverordnung für einzelne Studiengänge bestimmen, dass als Voraussetzung für die Zulassung eine abgeschlossene Ausbildung in einem Ausbildungsberuf nachzuweisen ist, wenn diese Berufsausbildung im Hinblick auf das Studienziel erforderlich ist.

(5) [1]Auf Antrag einer Hochschule kann das Ministerium durch Rechtsverordnung den Hochschulzugang durch erfolgreiches Bestehen einer Zugangsprüfung für Studienbewerber regeln, die nicht über die Zugangsvoraussetzungen nach den Absätzen 1 bis 3 verfügen, aber nach dem erfolgreichen Besuch einer Bildungseinrichtung im Ausland dort zum Studium berechtigt sind. [2]Das Bestehen dieser Prüfung berechtigt zum Studium in einem bestimmten Studiengang oder bestimmter fachlich verwandter Studiengänge der Hochschule. [3]Die Rechtsverordnung nach Satz 1 wird im Einvernehmen mit dem für Schulwesen zuständigen Ministerium erlassen und regelt insbesondere

1. die Prüfungsanforderungen und das Prüfungsverfahren,
2. die Zulassungsvoraussetzungen zur Zugangsprüfung,
3. die Rechtsstellung der Studienbewerber bis zum Abschluss der Zugangsprüfung.

[4]Sofern eine Hochschule zur Durchführung der Zugangsprüfung berechtigt wird, kann sie sich wegen der Zugangsprüfung, einschließlich der Vorbereitung auf die Zugangsprüfung, der Unterstützung Dritter bedienen. [5]Die nähere Ausgestaltung einer Zusammenarbeit nach Satz 4 regelt die Hochschule in einer Kooperationsvereinbarung, in der sicherzustellen ist, dass der Hochschule die Aufgabe obliegt, die Zugangsprüfung abzunehmen und die kooperierende Einrichtung sich verpflichtet, der Hochschule für ihre Leistungen ein angemessenes Entgelt zu entrichten.

§ 68 Besondere Hochschulzugangsvoraussetzungen

(1) Neben oder anstelle der allgemeinen Hochschulzugangsvoraussetzung ist für das Studium in bestimmten Studiengängen oder an bestimmten Hochschulen nach Maßgabe der Absätze 2 bis 4 sowie des § 69 die Berechtigung zum Studium durch eine Eignungsprüfung oder in einem Eignungsfeststellungsverfahren nachzuweisen.

(2) [1]In künstlerischen, künstlerisch-wissenschaftlichen und gestalterischen sowie in Sport-Studiengängen ist neben den allgemeinen Hochschulzugangsvoraussetzungen die erfolgreiche Ablegung einer Eignungsprüfung erforderlich. [2]Die Auswahl von Studienbewerbern richtet sich nach der in der Eignungsprüfung festgestellten Eignung. [3]In Sport-Studiengängen kann zusätzlich auch die Vorlage eines die Sporttauglichkeit bescheinigenden ärztlichen Attests gefordert werden.

(3) In Ausnahmefällen kann abweichend von Absatz 2 die Berechtigung zum Studium in einem künstlerischen Studiengang an der Hochschule für Musik Franz Liszt Weimar oder einem künstlerisch-gestalterischen Studiengang einer anderen Hochschule allein durch die erfolgreiche Ablegung einer Eignungsprüfung nach Absatz 2 erworben werden; dies gilt nicht für das Studium des Lehramts in den Fächern Kunsterziehung und Musik.

(4) Das Nähere über die Eignungsprüfung nach Absatz 2, deren Bestehen den Nachweis der besonderen künstlerischen oder gestalterischen Befähigung für das gewählte Studium, in Sport-Studiengängen den Nachweis der sportmotorischen Leistungsfähigkeit, erbringen soll, regelt die Hochschule durch Satzung (Eignungsprüfungsordnung) für den jeweiligen Studiengang, welche insbesondere Regelungen über

1. die Zulassung zur Eignungsprüfung,
2. den Prüfungsumfang,
3. die Bewertungskriterien,
4. die Leistungsbewertung,
5. das Prüfungsverfahren,
6. das Prüfungsgremium,
7. das Verfahren bei Unregelmäßigkeiten während der Prüfung und
8. Bestimmungen zu Nachteilsausgleichen für Studienbewerber mit Behinderungen und chronischen Erkrankungen

enthalten muss.

(5) Neben den allgemeinen Hochschulzugangsvoraussetzungen ist für das Studium an der Dualen Hochschule die Berechtigung zum Studium durch einen Ausbildungsvertrag mit einer Ausbildungsstätte nachzuweisen, die nach § 111 Abs. 1 für das betreffende Studium an der Dualen Hochschule als Praxispartner zugelassen ist.

§ 69 Eignungsfeststellungsverfahren

(1) [1]In Eignungsfeststellungsverfahren können die Hochschulen von Bewerbern für ein Studium in einem grundständigen Studiengang mit besonderen fachspezifischen Anforderungen neben den Berechtigungen nach § 67 Abs. 1 Nr. 1 bis 3 den Nachweis der Eignung nach Maßgabe des Absatzes 2 verlangen. [2]Dies gilt nicht, soweit der betreffende Studiengang in das Verfahren der Stiftung für Hochschulzulassung einbezogen ist oder es sich um einen zulassungsbeschränkten Studiengang außerhalb zentraler Verfahren an einer Hochschule des Landes handelt.

(2) [1]Die fachspezifische Eignung von Bewerbern wird in dem von der Hochschule durchzuführenden Eignungsfeststellungsverfahren anhand folgender Merkmale festgestellt:

1. Grad der Qualifikation der Hochschulzugangsberechtigung,
2. in der Hochschulzugangsberechtigung ausgewiesene Leistungen in studiengangspezifischen Fächern,
3. studiengangspezifische Berufsausbildung oder praktische Tätigkeit,
4. Motivations- und Leistungserhebungen in schriftlicher Form zu studiengangbezogenen Fähigkeiten und Fertigkeiten,
5. fachspezifische Zusatzqualifikationen und außerschulische Leistungen, die über die Eignung für den betreffenden Studiengang besonderen Aufschluss geben können,
6. Ergebnis eines Auswahlgesprächs, in dem Motivation und Eignung für das gewählte Studium und für den angestrebten Beruf festgestellt werden; über das Auswahlgespräch ist eine Niederschrift zu fertigen.

[2]Im Rahmen des durchzuführenden Eignungsfeststellungsverfahrens ist überwiegend der Grad der Qualifikation der Hochschulzugangsberechtigung nach Satz 1 Nr. 1 maßgeblich. [3]Neben dem in Satz 1 Nr. 1 genannten Merkmal sind mindestens drei weitere der in Satz 1 Nr. 2 bis 6 genannten Eignungsmerkmale miteinander zu kombinieren. [4]Abweichend von den Sätzen 2 und 3 bleiben bei Studienbewerbern, die über eine Hochschulzugangsberechtigung nach § 67 Abs. 1 Nr. 3 verfügen, Satz 1 Nr. 1 und 2 unberücksichtigt.

(3) [1]Die Vorbereitung und die Durchführung des Eignungsfeststellungsverfahrens einschließlich des Auswahlgesprächs obliegen einem an der jeweiligen Hochschule zu bildenden Ausschuss, dem neben Hochschulmitgliedern auch Vertreter der Berufspraxis oder Berufsausbildung angehören sollen. [2]Die Entscheidung über die Eignung der Bewerber trifft das Präsidium auf der Grundlage des vom Ausschuss festgestellten Ergebnisses des Eignungsfeststellungsverfahrens.

(4) Einzelheiten des Eignungsfeststellungsverfahrens, insbesondere Form und Frist für die Antragstellung, die Kombination und die Gewichtung der Merkmale nach Absatz 2 Satz 1, die Möglichkeiten einer Vorauswahl, Wiederholungsmöglichkeiten, Bestimmungen zu Nachteilsausgleichen für Studienbewerber mit Behinderungen und chronischen Erkrankungen sowie die Zusammensetzung des Ausschusses regelt die Hochschule durch Satzung (Eignungsfeststellungsverfahrensordnung) für den jeweiligen Studiengang; die Satzung bedarf der Genehmigung des Ministeriums.

§ 70 Besonderer Hochschulzugang für beruflich Qualifizierte

(1) [1]Beruflich Qualifizierte ohne Hochschulzugangsberechtigung, die über eine durch Bundes- oder Landesrecht geregelte und erfolgreich abgeschlossene mindestens zweijährige Berufsausbildung in einem zum angestrebten Studiengang fachlich verwandten Bereich verfügen und anschließend eine mindestens dreijährige hauptberufliche Berufspraxis in einem zum angestrebten Studiengang fachlich verwandten Bereich nachweisen, können für die Dauer von mindestens einem bis höchstens zwei Semestern auf Probe ein Studium aufnehmen. [2]Nach Ablauf des Probestudiums entscheidet die Hochschule auf der Grundlage der während des Studiums nach Satz 1 erbrachten Leistungen über das Bestehen des Probestudiums und die Fachsemestereinstufung; die während des Studiums nach Satz 1 erbrachten Leistungen werden angerechnet. [3]Dem Probestudium muss eine umfassende Beratung durch die Hochschule vorausgehen. [4]Das Nähere über das Studium nach Satz 1, die Zugangsvoraussetzungen und die während dieses Studiums zu erbringenden Leistungen regeln die Hochschulen im Rahmen ihrer Satzungen.

(2) [1]Beruflich Qualifizierte ohne Hochschulzugangsberechtigung, die über eine abgeschlossene Berufsausbildung verfügen und mindestens drei Jahre hauptberuflich tätig waren, berechtigt zum Studium in einem bestimmten Studiengang auch das Bestehen einer Eingangsprüfung. [2]Das Nähere über die Eingangsprüfung, insbesondere

1. für welche Studiengänge Eingangsprüfungen zugelassen werden,
2. Form und Inhalt der zu erbringenden Prüfungsleistungen,
3. die Zusammensetzung der Prüfungskommission und die Bestimmung der Prüfer für die einzelnen Prüfungsteile und
4. das Prüfungsverfahren

regelt jede Hochschule für ihre Studiengänge im Rahmen ihrer Satzungen.

(3) [1]Abweichend von § 67 Abs. 1 Satz 1 Nr. 4 können zu einem weiterbildenden Masterstudiengang in von der Hochschule zu definierenden Ausnahmefällen auch Bewerber zugelassen werden, die nur eine Berufsausbildung abgeschlossen haben und über eine mehrjährige Berufserfahrung verfügen; Berufsausbildung und -erfahrung müssen einen fachlichen Bezug zum angestrebten Studium aufweisen. [2]Die Bewerber müssen im Rahmen einer Eignungsprüfung einen Kenntnisstand nachweisen, der dem eines für den angestrebten Studiengang einschlägigen ersten Hochschulabschlusses entspricht. [3]Näheres regeln die Hochschulen im Rahmen ihrer Satzungen.

Zweiter Abschnitt

Immatrikulation

§ 71 Allgemeine Immatrikulationsvoraussetzungen

(1) [1]Deutsche im Sinne des Artikels 116 des Grundgesetzes sowie ihnen Gleichgestellte sind zu dem von ihnen gewählten Studium berechtigt, wenn sie die für das Studium erforderliche Qualifikation

(Hochschulzugangsberechtigung) nachweisen und keine Versagungsgründe vorliegen. [2]Staatsangehörige eines anderen Mitgliedstaats der Europäischen Union sind Deutschen gleichgestellt, wenn die für das Studium erforderlichen Sprachkenntnisse nachgewiesen werden.

(2) Andere Studienbewerber können unter den Voraussetzungen des Absatzes 1 zugelassen werden.

(3) Unberührt bleiben Bestimmungen über Zulassungsbeschränkungen, Eignungs- und Eingangsprüfungen, Eignungsfeststellungsverfahren und den Nachweis einer besonderen Vorbildung.

§ 72 Immatrikulation

(1) [1]Die Immatrikulation erfolgt durch die Einschreibung in einen Studiengang und in der Regel nur an einer Hochschule. [2]Die gleichzeitige Immatrikulation in einem weiteren Studiengang ist nur zulässig, wenn andere Bewerber nicht vom Studium ausgeschlossen werden. [3]In zulassungsbeschränkten Studiengängen richtet sich die Immatrikulation nach dem Inhalt des Zulassungsbescheids.

(2) Mit der Immatrikulation werden die Studierenden Mitglieder der Hochschule nach § 21 Abs. 1 und zum Studium zugelassen.

(3) In begründeten Fällen kann die Immatrikulation mit einer Befristung oder Auflage, die Zulassung darüber hinaus auch mit einer Bedingung versehen werden.

(4) Die Studierenden sind berechtigt, außerhalb des Studiengangs, für den sie immatrikuliert sind, Lehrveranstaltungen zu besuchen und nach Maßgabe der Benutzungsordnungen alle Einrichtungen der Hochschule zu benutzen.

(5) [1]Die Immatrikulationsordnung, die der Genehmigung des Ministeriums bedarf, regelt das Nähere insbesondere über Immatrikulation, Rückmeldung, Studienwechsel, Beurlaubung, Zweithörer, Gasthörer und Exmatrikulation. [2]In der Immatrikulationsordnung kann auch die Verpflichtung zur elektronischen Antragstellung vorgesehen werden; in diesem Fall sind in der Satzung Ausnahmeregelungen für Härtefälle zu treffen.

§ 73 Versagung der Immatrikulation

(1) [1]Die Immatrikulation ist zu versagen, wenn der Studienbewerber

1. die in den §§ 67 und 68 genannten Voraussetzungen nicht erfüllt,
2. in einem zulassungsbeschränkten Studiengang keinen Studienplatz erhält,
3. in dem gewählten Studiengang vorgeschriebene Leistungsnachweise oder Prüfungen an einer staatlichen oder staatlich anerkannten Hochschule im Geltungsbereich des Grundgesetzes endgültig nicht bestanden hat,
4. vom Studium an einer anderen Hochschule im Wege eines Ordnungsverfahrens ausgeschlossen ist, es sei denn, dass die Gefahr einer künftigen Beeinträchtigung nicht mehr besteht,
5. die Immatrikulation außer in den Fällen des § 72 Abs. 1 Satz 2 für einen weiteren Studiengang beantragt,
6. die Zahlung fälliger Gebühren oder Beiträge nicht nachweist oder
7. die nach § 2 der Studentenkrankenversicherungs-Meldeverordnung vom 27. März 1996 (BGBl. I S. 568) in der jeweils geltenden Fassung vorzulegende Versicherungsbescheinigung aus eigenem Verschulden nicht einreicht; dies gilt nicht für die Immatrikulation an der Dualen Hochschule.

[2]Die Entscheidung nach Satz 1 Nr. 4 ist allen anderen staatlichen oder staatlich anerkannten Hochschulen im Geltungsbereich des Grundgesetzes mitzuteilen.

(2) [1]Die Immatrikulation kann versagt werden, wenn der Studienbewerber

1. an einer Krankheit leidet, die die Gesundheit der anderen Studierenden ernstlich gefährden würde,
2. nach § 1896 des Bürgerlichen Gesetzbuchs unter Betreuung steht und die Art der Betreuung der Erfüllung der notwendigen Studienvoraussetzungen entgegensteht,
3. die für das Studium erforderlichen Sprachkenntnisse nicht nachweisen kann; § 128 bleibt unberührt,
4. die für den Immatrikulationsantrag vorgeschriebene Form und Frist nicht beachtet.

[2]Zur Prüfung nach Satz 1 Nr. 1 kann die Vorlage eines amtlichen Gesundheitszeugnisses verlangt werden.

§ 74 Rückmeldung, Beurlaubung

(1) Die Studierenden haben sich zu jedem Semester innerhalb der von der Hochschule bekannt gegebenen Frist zum Weiterstudium anzumelden (Rückmeldung).

(2) [1]Studierende können auf Antrag aus wichtigem Grund vom Studium befreit werden (Beurlaubung). [2]Eine Beurlaubung kann in der Regel bis zu insgesamt zwei Semestern gewährt werden. [3]Während der Beurlaubung bleiben die Rechte und Pflichten der Studierenden unberührt.

(3) Ob und in welchem Umfang Studien- und Prüfungsleistungen während der Beurlaubung erbracht werden können, regelt die Hochschule in ihrer Immatrikulationsordnung.

(4) Zeiten nach den gesetzlichen Regelungen über die Elternzeit und eines Beschäftigungsverbots nach dem Mutterschutzgesetz sind auf die Frist nach Absatz 2 Satz 2 nicht anzurechnen.

§ 75 Exmatrikulation

(1) [1]Mit Ablauf des Semesters, in dem das Zeugnis über den bestandenen Abschluss des Studiengangs ausgehändigt wurde, ist der Studierende exmatrikuliert, es sei denn, dass eine weitere Hochschulausbildung oder die Fortdauer des Studiums nach § 55 Abs. 6 Satz 2 das Weiterbestehen der Immatrikulation erfordert. [2]Mit der Exmatrikulierung endet die Mitgliedschaft des Studierenden in der Hochschule. [3]Abweichend von Satz 1 ist an der Dualen Hochschule der Studierende mit Ablauf des Semesters exmatrikuliert, in dem das Bestehen der Abschlussprüfung festgestellt wird.

(2) [1]Ein Studierender ist zu exmatrikulieren, wenn er

1. dies beantragt,
2. sich nicht ordnungsgemäß zurückgemeldet hat, ohne beurlaubt zu sein,
3. aufgrund eines rechtswidrigen Zulassungsbescheids immatrikuliert worden ist und die Rücknahme des Zulassungsbescheids unanfechtbar geworden oder sofort vollziehbar ist,
4. bei der Rückmeldung den Nachweis über die bezahlten Beiträge für das Studierendenwerk oder die Studierendenschaft nicht erbringt,
5. bei der Rückmeldung die Zahlung fälliger Gebühren oder Beiträge nicht nachweist,
6. bei der Rückmeldung die Erfüllung der Verpflichtung nach dem Fünften Buch Sozialgesetzbuch – Gesetzliche Krankenversicherung – (Artikel 1 des Gesetzes vom 20. Dezember 1988, BGBl. I S. 2477, 2482), zuletzt geändert durch Artikel 4 des Gesetzes vom 17. August 2017 (BGBl. I S. 3214) in der jeweils geltenden Fassung gegenüber der zuständigen Krankenkasse nicht nachweist,
7. mit der Ordnungsmaßnahme der Exmatrikulation nach § 76 Abs. 2 Satz 1 Nr. 4 belegt worden ist,
8. sein Studium aus Gründen, die er zu vertreten hat, nicht aufnimmt,
9. eine nach der Prüfungsordnung nach § 55 erforderliche Vor-, Zwischen- oder Abschlussprüfung endgültig nicht bestanden hat oder aus Gründen, die er zu vertreten hat, die Voraussetzungen für die Meldung zu einer dieser Prüfungen nach der jeweiligen Prüfungsordnung endgültig nicht mehr erbringen kann,
10. seinen Prüfungsanspruch verloren hat,
11. beim Studium an der Dualen Hochschule das Ausbildungsverhältnis mit dem Praxispartner rechtswirksam beendet und nicht innerhalb von zwölf Wochen einen neuen Ausbildungsvertrag mit einem anderen Praxispartner abschließt oder
12. das Probestudium nach § 70 Abs. 1 nicht bestanden hat.

[2]Satz 1 Nr. 6 gilt nicht bei der Rückmeldung an der Dualen Hochschule.

(3) Ein Studierender kann exmatrikuliert werden, wenn

1. nach der Immatrikulation Tatsachen bekannt werden, die zu deren Versagung nach der Immatrikulationsordnung hätten führen können,
2. er den Nachweis einer vorgeschriebenen Pflichtuntersuchung nicht erbringt oder
3. er vorsätzlich oder grob fahrlässig gegen die Grundsätze des § 8 Abs. 6 verstoßen hat.

§ 76 Ordnungsverstöße, Ordnungsverfahren

(1) [1]Ein Studierender, der durch Anwendung von Gewalt, durch Aufforderung zur Gewalt oder Bedrohung mit Gewalt

1. den bestimmungsgemäßen Betrieb einer Hochschuleinrichtung, die Tätigkeit eines Hochschulorgans oder die Durchführung einer Hochschulveranstaltung behindert oder
2. ein Hochschulmitglied von der Ausübung seiner Rechte und Pflichten abhält oder abzuhalten versucht,

begeht einen Ordnungsverstoß. [2]Gleiches gilt, wenn ein Studierender
1. an den in Satz 1 genannten Handlungen teilnimmt oder wiederholt Anordnungen, die gegen ihn von der Hochschule getroffen worden sind, um den ordnungsgemäßen Studienbetrieb zu gewährleisten, zuwiderhandelt,
2. im Bereich der Hochschule durch sexuelle Belästigung im Sinne des § 3 Abs. 4 des Allgemeinen Gleichbehandlungsgesetzes vom 14. August 2006 (BGBl. I S. 1897) in der jeweils geltenden Fassung vorsätzlich die Würde einer anderen Person verletzt oder
3. der Hochschule oder dem Land durch schweres schuldhaftes Fehlverhalten oder die Begehung von Straftaten erheblichen Schaden zugefügt hat.

(2) [1]Gegen Studierende, die einen Ordnungsverstoß nach Absatz 1 begangen haben, können Ordnungsmaßnahmen verhängt werden. [2]Ordnungsmaßnahmen sind:
1. die Androhung der Exmatrikulation,
2. der Ausschluss von der Benutzung von Einrichtungen der Hochschule,
3. der Ausschluss von der Teilnahme an einzelnen Lehrveranstaltungen bis zu einem Semester,
4. die Exmatrikulation.

[3]Die Ordnungsmaßnahme nach Satz 2 Nr. 1 kann nur in Verbindung mit Ordnungsmaßnahmen nach Satz 2 Nr. 2 oder 3 ausgesprochen werden; die Ordnungsmaßnahmen nach Satz 2 Nr. 2 und 3 können nebeneinander verhängt werden.

(3) Von Ordnungsmaßnahmen nach Absatz 2 Satz 2 ist abzusehen, wenn Maßnahmen aufgrund des Hausrechts ausreichen, um weitere Verstöße im Sinne des Absatzes 1 auszuschließen.

(4) [1]Die Entscheidungen nach den Absätzen 2 und 3 trifft ein vom Senat eingesetzter Ordnungsausschuss, dem ein Hochschullehrer und ein Studierender sowie ein Mitglied der Hochschule mit Befähigung zum Richteramt oder zum höheren Verwaltungsdienst als Vorsitzender angehören. [2]Der Präsident und der Leiter der von einer Handlung nach Absatz 1 betroffenen Hochschuleinrichtung sind berechtigt, die Einleitung des Verfahrens zu beantragen. [3]Über den Antrag ist in einem förmlichen Verfahren zu entscheiden; die Regeln des Verwaltungsverfahrensrechts finden Anwendung. [4]Die Entscheidungen nach den Absätzen 2 oder 3 sind schriftlich zu begründen und mit einer Rechtsmittelbelehrung zu versehen. [5]Vor Erhebung einer verwaltungsgerichtlichen Klage bedarf es keiner Nachprüfung in einem Vorverfahren.

(5) [1]Der Ordnungsausschuss hat mit der Verhängung der Ordnungsmaßnahme der Exmatrikulation nach Absatz 2 Satz 1 Nr. 4 eine Frist bis zur Dauer von höchstens zwei Jahren festzusetzen, innerhalb derer eine erneute Immatrikulation an der Hochschule ausgeschlossen ist. [2]Die Entscheidungen nach Satz 1 und Absatz 2 Satz 2 Nr. 4 sind allen anderen Hochschulen im Geltungsbereich des Grundgesetzes mitzuteilen.

(6) [1]Während der Dauer einer nach Absatz 5 festgesetzten Frist ist die Immatrikulation an einer anderen Hochschule im Geltungsbereich dieses Gesetzes zu versagen, es sei denn, dass für den Bereich der anderen Hochschule die Gefahr einer Beeinträchtigung nach Absatz 1 nicht oder nicht mehr besteht. [2]Die Entscheidung über die Immatrikulation ist allen anderen Hochschulen im Geltungsbereich des Grundgesetzes mitzuteilen.

Dritter Abschnitt
Gasthörer und Frühstudierende

§ 77 Gasthörer

Interessierte können zur Teilnahme an einzelnen Lehrveranstaltungen zugelassen werden (Gasthörerstudium), sofern ausreichende Kapazität vorhanden ist.

§ 78 Frühstudierende

[1]Schüler, die nach einem einvernehmlichen Urteil von Schule und Hochschule besondere Begabungen aufweisen, können außerhalb der Immatrikulationsordnung als Frühstudierende eingeschrieben werden. [2]Sie erhalten damit das Recht, an Lehrveranstaltungen teilzunehmen, Studien- und Prüfungsleistungen sowie entsprechende Leistungspunkte zu erwerben und einzelne Lehrveranstaltungen oder Studienmodule zu absolvieren. [3]Ihre erworbenen Studien- und Prüfungsleistungen sind in einem späteren Studium auf Antrag anzuerkennen.

Vierter Abschnitt
Studierendenschaft

§ 79 Rechtsstellung der Studierendenschaft, Aufsicht

(1) [1]Die immatrikulierten Studierenden einer Hochschule bilden die Studierendenschaft. [2]Die Studierendenschaft ist eine rechtsfähige Teilkörperschaft der Hochschule.

(2) [1]Die Studierendenschaft verwaltet ihre Angelegenheiten im Rahmen der gesetzlichen Bestimmungen selbst. [2]Die Studierendenschaft untersteht der Rechtsaufsicht des Präsidenten. [3]§ 18 gilt entsprechend. [4]Satzung, Beitragsordnung und Finanzordnung bedürfen der Genehmigung des Präsidenten; für die Bekanntmachung gilt § 3 Abs. 2 Satz 1 entsprechend.

§ 80 Aufgaben der Studierendenschaft

(1) Die Studierendenschaft hat folgende Aufgaben:
1. Vertretung der Gesamtheit der Studierenden der Hochschule im Rahmen ihrer gesetzlichen Befugnisse,
2. Wahrnehmung hochschulpolitischer Belange der Studierenden,
3. Wahrnehmung der fachlichen, sozialen und kulturellen Belange der Studierenden,
4. Förderung der politischen Bildung und des staatsbürgerlichen Verantwortungsbewusstseins der Studierenden,
5. Förderung des freiwilligen Studierendensports, soweit nicht die Hochschule dafür zuständig ist,
6. Förderung der Integration ausländischer Studierender,
7. Pflege der überregionalen und internationalen Studierendenbeziehungen.

(2) [1]Die Studierendenschaft regelt ihre innere Ordnung durch eine Satzung, die insbesondere Festlegungen trifft über
1. die Wahl, die Zusammensetzung, die Befugnisse und die Beschlussfassung der Organe der Studierendenschaft,
2. die Amtszeit der Mitglieder der Organe der Studierendenschaft und den Verlust der Mitgliedschaft in den Organen,
3. die Bekanntgabe der Beschlüsse,
4. die Zuständigkeit und das Verfahren bei Streitigkeiten über die Anwendung der Satzung,
5. die Aufstellung und Ausführung des Haushaltsplans und die Rechnungslegung, die Rechnungsprüfung sowie den Jahresabschluss; diese Regelungen können auch in einer gesonderten Satzung (Finanzordnung) getroffen werden.

[2]Für die Wahlen zu den Organen der Studierendenschaft gilt § 23, für die Mitwirkung in diesen Organen § 22 Abs. 4 entsprechend.

(3) Die Wahlen zu den Organen der Studierendenschaft sollen gleichzeitig mit den Wahlen zu den zentralen Kollegialorganen der Hochschule stattfinden.

(4) Die Studierendenschaft kann sich nach Maßgabe ihrer Satzung nach Absatz 2 in Fachschaften gliedern.

§ 81 Haushalts- und Wirtschaftsführung der Studierendenschaft, Personal

(1) [1]Zur Erfüllung ihrer Aufgaben erhebt die Studierendenschaft von den Studierenden Beiträge nach Maßgabe einer Beitragsordnung. [2]Für die Wirtschaftsführung der Studierendenschaft ist jährlich ein Haushaltsplan aufzustellen, der die zur Erfüllung der Aufgaben der Studierendenschaft erforderlichen Ausgaben und Einnahmen sowie die Entwicklung des Vermögens der Studierendenschaft enthalten muss. [3]Die Studierendenschaft ernennt einen Verantwortlichen für die Aufstellung und Ausführung des Haushaltsplans und die Erstellung des Jahresabschlusses (Haushaltsverantwortlicher). [4]Näheres regelt die Satzung nach § 80 Abs. 2 Satz 1 oder die Finanzordnung nach § 80 Abs. 2 Satz 1 Nr. 5, insbesondere die Bestimmung des Organs, welches den Haushaltsverantwortlichen benennt und über dessen Entlastung entscheidet.

(2) [1]Zur Gewährleistung einer weitgehend einheitlichen Haushalts- und Wirtschaftsführung der Studierendenschaften kann das Ministerium im Einvernehmen mit dem für Finanzen zuständigen Ministerium durch Rechtsverordnung Grundsätze für die Haushalts- und Wirtschaftsführung der Studierendenschaften festlegen. [2]Die Haushalts- und Wirtschaftsführung der Studierendenschaft wird vom Rechnungshof geprüft.

(3) Die Studierendenschaft wird von der Hochschule unterstützt; diese übernimmt insbesondere den Einzug der Beiträge und stellt im Rahmen des Möglichen Räume zur unentgeltlichen Nutzung zu Verfügung.

(4) [1]Die Studierendenschaft kann eigenes Vermögen haben. [2]Die Hochschule und das Land haften nicht für Verbindlichkeiten der Studierendenschaft. [3]§ 16 Abs. 2 gilt entsprechend; Näheres ist in der Satzung nach § 80 Abs. 2 Satz 1 oder der Finanzordnung nach § 80 Abs. 2 Satz 1 Nr. 5 zu regeln. [4]Die Studierendenschaft ist berechtigt, zur Abwendung des Haftungsrisikos in Bezug auf Personen-, Sach- und Vermögensschäden Versicherungsverträge abzuschließen. [5]Der Abschluss der Versicherungsverträge ist dem Präsidenten anzuzeigen. [6]Verstößt ein Mitglied eines Studierendenschaftsorgans bei seiner Amtsführung vorsätzlich oder grob fahrlässig gegen Bestimmungen dieses Gesetzes, anderer Gesetze, aufgrund von Gesetzen erlassene Rechtsverordnungen oder eine Satzung der Studierendenschaft und entsteht der Studierendenschaft dadurch ein Schaden, so gelten für den Schadensersatz die allgemeinen Bestimmungen.

(5) [1]Die Studierendenschaft darf eigenes Personal beschäftigen, sofern dies zur Erfüllung ihrer Aufgaben nach § 80 Abs. 1 erforderlich ist. [2]Abweichend von § 96 Abs. 1 stehen diese Arbeitnehmer im Dienst der Studierendenschaft. [3]Für diese Arbeitnehmer gelten die für das Land jeweils einschlägigen tarifvertraglichen und sonstigen Bestimmungen.

§ 82 Konferenz Thüringer Studierendenschaften

[1]Die aus den Studierendenschaften der Hochschulen gebildete Konferenz Thüringer Studierendenschaften vertritt die Belange der Studierenden gegenüber dem Ministerium und erhält Gelegenheit zur Stellungnahme zu Regelungen, die die Studierenden betreffen. [2]Näheres zu ihren Aufgaben, ihrer Zusammensetzung sowie ihrer Vertretung nach außen kann sie durch ein Regelwerk festlegen, welches der Zustimmung einer Mehrheit von zwei Dritteln der zentralen Organe der Studierendenschaften bedarf.

Fünfter Teil
Wissenschaftliches und künstlerisches Personal der Hochschulen und dienstrechtliche Bestimmungen

Erster Abschnitt
Wissenschaftliches und künstlerisches Personal der Hochschulen

§ 83 Professoren

(1) [1]Die Professoren nehmen die ihrer Hochschule jeweils obliegenden Aufgaben in Wissenschaft und Kunst, Forschung und Lehre sowie Weiterbildung selbständig wahr; im Bereich der Hochschulmedizin nehmen sie auch Aufgaben der Krankenversorgung wahr. [2]Die Professoren sind zu einer inhaltlich und didaktisch qualitätsgerechten Lehre auf der Grundlage der zur Sicherung des Lehrangebots gefassten Beschlüsse der Hochschulorgane verpflichtet. [3]Sie haben Lehrveranstaltungen ihrer Fächer in allen Studiengängen und in der Weiterbildung im Rahmen der für ihr Dienstverhältnis geltenden Regelungen abzuhalten und Lehrveranstaltungen zu übernehmen, die ihrem Berufungsgebiet verwandt sind. [4]In der Vorlesungszeit haben die Lehrverpflichtungen grundsätzlich Vorrang vor anderen dienstlichen Aufgaben. [5]In den Lehrveranstaltungen können Professoren sich nur aus zwingenden Gründen vertreten lassen; die Vertretung bedarf der Genehmigung des Dekans.

(2) Zu den Aufgaben der Professoren gehören auch

1. Aufgaben im Rahmen des Wissens- und Technologietransfers,
2. die Übernahme von Forschungsprojekten oder künstlerischen Vorhaben der Hochschule oder die Mitwirkung an diesen,
3. die Mitwirkung an der Verwaltung der Hochschule einschließlich der Selbstverwaltung,
4. die Mitwirkung an der Abnahme von Prüfungen einschließlich staatlicher und kirchlicher Prüfungen,
5. die Förderung der Studierenden durch Beteiligung an Tutorenprogrammen, Mentorenprogrammen und an der Studienberatung,
6. die Teilnahme an Promotions-, Habilitations- und Berufungsverfahren,
7. die Förderung der fachlichen und didaktischen Qualifizierung der ihnen zugeordneten Mitarbeiter,

8. die Betreuung des wissenschaftlichen und künstlerischen Nachwuchses,
9. die Beteiligung an Aufgaben der Studienreform,
10. die Erstattung von dienstlich veranlassten Gutachten in ihren Fächern einschließlich der hierfür erforderlichen Untersuchungen ohne besondere Vergütung; hierunter sind insbesondere Gutachten gegenüber der eigenen Hochschule sowie Gutachten in Berufungsverfahren zu verstehen,
11. die Übernahme von Lehrveranstaltungen an anderen Hochschulen des Landes und
12. die Mitwirkung an Eignungsfeststellungs- und Auswahlverfahren beim Hochschulzugang und bei der Zulassung von Studienbewerbern.

(3) Bei der Festlegung des Umfangs der Lehrverpflichtung muss jedem Professor die Zeit belassen werden, die für seine übrigen Dienstaufgaben, insbesondere für wissenschaftliche oder künstlerische Arbeiten, erforderlich ist.

(4) Auf Antrag des Hochschullehrers kann der Präsident die Wahrnehmung von Aufgaben in Einrichtungen der überregionalen Wissenschaftsförderung, die überwiegend aus staatlichen Mitteln finanziert werden, zur dienstlichen Aufgabe erklären, wenn dies mit der Erfüllung der übrigen Aufgaben des Hochschullehrers vereinbar ist.

(5) [1]Die nähere Ausgestaltung des Dienstverhältnisses ergibt sich aus den Absätzen 1 bis 4, der Funktionsbeschreibung der Stelle sowie gegebenenfalls den Kooperationsverträgen zwischen Hochschulen oder Hochschulen und sonstigen Einrichtungen nach § 5 Abs. 10; sie wird in dem Einweisungserlass festgelegt. [2]Die Festlegung steht unter dem Vorbehalt einer Überprüfung in angemessenen Abständen.

§ 84 Einstellungsvoraussetzungen für Professoren

(1) Einstellungsvoraussetzungen für Professoren sind neben den allgemeinen dienstrechtlichen Voraussetzungen mindestens
1. ein abgeschlossenes Hochschulstudium,
2. pädagogische Eignung,
3. besondere Befähigung zu wissenschaftlicher Arbeit, die in der Regel durch eine qualifizierte Promotion nachgewiesen wird, oder besondere Befähigung zu künstlerischer Arbeit und
4. darüber hinaus je nach den Anforderungen der Stelle
   a) zusätzliche wissenschaftliche oder zusätzliche künstlerische Leistungen oder
   b) besondere Leistungen bei der Anwendung oder Entwicklung wissenschaftlicher Erkenntnisse und Methoden in einer mindestens fünfjährigen beruflichen Praxis, von der mindestens drei Jahre außerhalb des Hochschulbereichs ausgeübt worden sein müssen.

(2) [1]Die zusätzlichen wissenschaftlichen oder künstlerischen Leistungen nach Absatz 1 Nr. 4 Buchst. a werden in der Regel durch eine Habilitation oder im Rahmen einer Juniorprofessur nachgewiesen. [2]Daneben kann diese Voraussetzung auch im Rahmen
1. einer Tätigkeit als wissenschaftlicher oder künstlerischer Mitarbeiter an einer Hochschule,
2. einer Tätigkeit an einer außeruniversitären Forschungseinrichtung oder
3. einer wissenschaftlichen oder künstlerischen Tätigkeit in der Wirtschaft oder in einem anderen gesellschaftlichen Bereich im In- oder Ausland

erbracht werden. [3]Das Vorliegen der Voraussetzungen nach Satz 1 oder 2 wird umfassend im Berufungsverfahren bewertet. [4]Der Nachweis der Voraussetzungen nach Satz 1 oder 2 ist nicht erforderlich, wenn ein Bewerber bereits einmal ein Professorenamt innehatte.

(3) [1]Auf eine Stelle, deren Funktionsbeschreibung die Wahrnehmung erziehungswissenschaftlicher oder fachdidaktischer Aufgaben in der Lehrerbildung vorsieht, soll nur berufen werden, wer eine dreijährige Schulpraxis nachweist. [2]Professoren für Fachhochschulstudiengänge oder für Studiengänge der Dualen Hochschule müssen die Einstellungsvoraussetzungen nach Absatz 1 Nr. 4 Buchst. b erfüllen; in besonders begründeten Ausnahmefällen können solche Professoren berufen werden, wenn sie die Einstellungsvoraussetzungen nach Absatz 1 Nr. 4 Buchst. a erfüllen.

(4) Soweit es der Eigenart des Faches und den Anforderungen der Stelle entspricht, kann abweichend von den Absätzen 1 bis 3 als Professor auch eingestellt werden, wer hervorragende fachbezogene Leistungen in der Praxis und pädagogische Eignung nachweist.

(5) Professoren mit ärztlichen, zahnärztlichen oder tierärztlichen Aufgaben müssen zusätzlich die Anerkennung als Facharzt oder, soweit diese in dem jeweiligen Fachgebiet nicht vorgesehen ist, eine ärztliche Tätigkeit von mindestens fünf Jahren nach Erhalt der Approbation, Bestallung oder Erlaubnis der Berufsausübung nachweisen.

§ 85 Berufung von Professoren

(1) [1]Ist oder wird die Stelle eines Professors frei, prüft die Hochschule, ob die Stelle besetzt werden kann und welcher Fachrichtung sie dienen soll. [2]Auf der Grundlage dieser Überprüfung wird die Stelle öffentlich und im Regelfall international ausgeschrieben. [3]Die Ausschreibung muss das Fachgebiet sowie Art und Umfang der zu erfüllenden Aufgaben beschreiben. [4]Von einer Ausschreibung kann abgesehen werden, wenn

1. ein Juniorprofessor der eigenen Hochschule auf eine Professur in einem Beamtenverhältnis auf Lebenszeit oder in einem unbefristeten Beschäftigungsverhältnis berufen werden soll,
2. ein Professor oder Juniorprofessor ein Rufangebot auf eine höherwertige Professur an einer anderen Hochschule erhalten hat und durch Berufung auf eine höherwertige Professur an der Hochschule gehalten werden soll,
3. im Einzelfall für die Besetzung der Professur eine in besonderer Weise qualifizierte Person zur Verfügung steht, deren Gewinnung im Hinblick auf die Stärkung der Qualität und Profilbildung im besonderen Interesse der Hochschule liegt, der Zweck der Ausschreibung durch ein gleichwertiges Verfahren gewährleistet wird und das Ministerium vorher zugestimmt hat (außerordentliches Berufungsverfahren),
4. eine Professur im Rahmen eines mit dem Ministerium vereinbarten Berufungs- und Karrierekonzeptes, das die Bestenauslese ebenso absichert wie ein Ausschreibungsverfahren, besetzt werden soll,
5. eine Professur mit einem Nachwuchswissenschaftler, der durch ein hochschulübergreifendes Förderprogramm gefördert wird, das seinerseits ein Ausschreibungs- und Begutachtungsverfahren vorsieht, besetzt werden soll oder
6. eine Professur, die durch ein hochschulübergreifendes Förderprogramm finanziert wird, dessen Vergabebestimmungen ein Ausschreibungs- oder ein Bewerbungsverfahren mit Begutachtung vorsehen, besetzt werden soll.

[5]Erfolgt eine Berufung nach Satz 4 Nr. 4, gilt § 89 Abs. 5 Satz 2 entsprechend.

(2) [1]Die Professoren werden vom Präsidenten aufgrund eines Vorschlags der zuständigen Selbstverwaltungseinheit der Hochschule berufen. [2]In begründeten Fällen kann von der Reihenfolge des Berufungsvorschlags abgewichen werden; bei einem Abweichen von Berufungsvorschlägen des Fakultätsrats Medizin der Friedrich-Schiller-Universität Jena sind zuvor die Mitglieder des Vorstands des Universitätsklinikums zu hören. [3]Bestehen gegen die Vorschläge Bedenken oder lehnen die Vorgeschlagenen den an sie ergangenen Ruf ab, wird der Berufungsvorschlag zurückgegeben und die zuständige Selbstverwaltungseinheit der Hochschule aufgefordert, in angemessener Frist einen neuen Berufungsvorschlag vorzulegen. [4]Bestehen gegen die Vorgeschlagenen Bedenken, ist der zuständigen Selbstverwaltungseinheit der Hochschule zunächst Gelegenheit zur Stellungnahme zu geben.

(3) [1]Dem Berufungsvorschlag müssen eine vergleichende und eingehende Würdigung der fachlichen, pädagogischen und persönlichen Eignung der Vorgeschlagenen sowie eine Begründung für die Reihenfolge beigefügt sein. [2]Hierfür sind grundsätzlich zwei Gutachten auswärtiger Professoren des betreffenden Berufungsgebiets einzuholen, die auch eine vergleichende Einschätzung der vorgeschlagenen Bewerber enthalten sollen. [3]Die Feststellung der pädagogischen Eignung soll sich in Ergänzung der Gutachten auch auf Vorträge der Bewerber an der Hochschule stützen. [4]Vertreter der Studierenden sind insbesondere zur Feststellung der pädagogischen Eignung zu hören; ihre Äußerung ist der Vorschlagsliste beizufügen.

(4) [1]Der Berufungsvorschlag soll drei Personen in einer Reihenfolge umfassen; es dürfen auch Personen aufgenommen werden, die sich nicht beworben haben. [2]Mitglieder der eigenen Hochschule dürfen außer in den Fällen des Absatzes 1 Satz 4 Nr. 1, 2 und 4 nur in begründeten Ausnahmefällen vorgeschlagen werden; in diesem Fall muss der Berufungsvorschlag drei Personen umfassen. [3]Bei Berufungen auf eine Professur können Juniorprofessoren der eigenen Hochschule nur berücksichtigt werden, wenn sie mindestens zwei Jahre außerhalb der berufenden Hochschule wissenschaftlich oder künstlerisch tätig waren oder nach ihrer Promotion die Hochschule gewechselt haben. [4]In den Fällen des Absatzes 1 Satz 4

1. kann die Hochschule von den Bestimmungen über das Berufungsverfahren insoweit abweichen als es die besondere Berufungssituation erfordert, wenn die Bestenauslese durch ein internes oder

externes Verfahren ebenso gewährleistet wird wie durch ein Ausschreibungs- und Berufungsverfahren und
2. ist abweichend von den Sätzen 1 und 2 ein Berufungsvorschlag mit einem Namen ausreichend.

(5) Ausstattungszusagen an Professoren im Rahmen von Berufungs- und Bleibeverhandlungen sind in der Regel auf bis zu fünf Jahre zu befristen und stehen unter dem Vorbehalt der Mittelbewilligung durch den Landtag, der Zuweisung durch die Landesregierung sowie staatlicher oder hochschulinterner Maßgaben zur Verteilung von Stellen oder Mitteln.

(6) [1]Zur Förderung der Zusammenarbeit zwischen einer Hochschule und einer Forschungseinrichtung oder einer medizinischen Einrichtung außerhalb des Hochschulbereichs können diese die Durchführung gemeinsamer Berufungsverfahren vereinbaren. [2]Die aufgrund eines gemeinsamen Berufungsverfahrens berufenen Hochschullehrer können der Forschungseinrichtung oder der medizinischen Einrichtung zur Dienstleistung zugewiesen werden, um dort Forschungsvorhaben zu betreiben. [3]Das Nähere regeln der Einweisungserlass und die Vereinbarung zwischen der Hochschule und der Forschungseinrichtung oder der medizinischen Einrichtung. [4]Die Vereinbarung nach Satz 3 soll auch vorsehen, dass die Hochschule und die Forschungseinrichtung oder die medizinische Einrichtung in der Auswahlkommission zumindest auf der Ebene der Hochschullehrer gleichstark vertreten sind und der Berufungsvorschlag auch der Zustimmung der Forschungseinrichtung oder der medizinischen Einrichtung bedarf.

(7) [1]Personen, die die Einstellungsvoraussetzungen nach § 84 erfüllen, können aufgrund eines gemeinsamen Berufungsverfahrens abweichend von Absatz 6 auch in die mitgliedschaftsrechtliche Stellung eines Hochschullehrers nach § 21 an der Hochschule, die am gemeinsamen Berufungsverfahren beteiligt war, berufen werden. [2]In diesem Fall werden die Personen in einem privatrechtlichen Arbeitsverhältnis an der am gemeinsamen Berufungsverfahren beteiligten Forschungseinrichtung oder der medizinischen Einrichtung außerhalb des Hochschulbereichs beschäftigt. [3]Ihnen können die sich aus § 83 Abs. 2 ergebenden Aufgaben übertragen werden. [4]Die nach Satz 1 berufenen Personen sind verpflichtet, mindestens zwei Semesterwochenstunden an der am gemeinsamen Berufungsverfahren beteiligten Hochschule zu lehren. [5]Sie haben das Recht, für die Dauer ihres Beschäftigungsverhältnisses an der Forschungseinrichtung oder der medizinischen Einrichtung außerhalb des Hochschulbereichs die Bezeichnung „Universitätsprofessor“, wenn am gemeinsamen Berufungsverfahren eine Fachhochschule beteiligt ist oder ein Juniorprofessor berufen wurde, die Bezeichnung „Professor“ als Berufsbezeichnung zu führen; § 88 Abs. 1 Satz 2 sowie Abs. 2 und 3 und § 89 Abs. 7 gelten entsprechend.

(8) Die Hochschulen sollen einen oder mehrere Hochschullehrer zu Berufungsbeauftragten bestellen.

(9) [1]Der Berufungskommission soll mindestens ein externer Hochschullehrer angehören. [2]Mindestens 40 vom Hundert der stimmberechtigten Mitglieder der Berufungskommission sollen Frauen sein; mit Zustimmung der Gleichstellungsbeauftragten kann diese Quote aus sachlichen Gründen unterschritten werden. [3]Die Gleichstellungsbeauftragte kann verlangen, dass die Berufungskommission nochmals prüft und neu bewertet, ob eine von ihr benannte Frau oder ein von ihr benannter Mann aus dem Kreis der Bewerber in die Vorstellung und Begutachtung einbezogen wird. [4]Näheres zum Berufungsverfahren für Professoren und Juniorprofessoren, insbesondere Zuständigkeiten, Mitwirkung und Verfahren, sowie zum Berufungsbeauftragten regeln die Hochschulen in der Berufungsordnung.

(10) Der Bewerber auf eine Hochschullehrerstelle hat kein Recht auf Einsicht in die Akten des Berufungsverfahrens, soweit diese Gutachten über die fachliche Eignung enthalten oder ganz oder teilweise wiedergeben.

(11) Der Hochschulrat ist über erfolgte Ausschreibungen und erfolgte Berufungen zu informieren.

§ 86 Dienstrechtliche Stellung der Professoren

(1) [1]Professoren werden in der Regel zum Beamten auf Lebenszeit ernannt. [2]Eine Ernennung auf Lebenszeit setzt voraus, dass aufgrund einer mindestens einjährigen vorherigen Tätigkeit in Wissenschaft, Kunst, Forschung oder Lehre eine Bewährung festgestellt wird; das Ministerium kann von dieser Voraussetzung Ausnahmen zulassen. [3]Professoren können auch als Beamte auf Zeit oder als Angestellte befristet oder unbefristet beschäftigt werden. [4]Ein Beamtenverhältnis auf Zeit oder eine befristete Beschäftigung kommt insbesondere bei der ersten Berufung in ein Professorenamt oder bei einer zeitlich befristeten Förderung der Professur in Betracht. [5]Die Dauer des Beamtenverhältnisses

auf Zeit oder des befristeten Angestelltenverhältnisses beträgt höchstens sechs Jahre; nach Ablauf einer befristeten Beschäftigung ist eine erneute befristete Beschäftigung als Professor nicht zulässig.

(2) [1]Die Umwandlung eines Beamtenverhältnisses auf Zeit nach Absatz 1 Satz 3 in ein Beamtenverhältnis auf Lebenszeit ist auf Antrag der zuständigen Selbstverwaltungseinheit der Hochschule ohne erneutes Berufungsverfahren möglich. [2]Über den Antrag entscheidet der Präsident. [3]Dem Antrag nach Satz 1 ist eine gutachterliche Stellungnahme zur fachlichen, pädagogischen und persönlichen Eignung des betroffenen Professors beizufügen. [4]§ 25 Abs. 6 Satz 1 (Sondervotum) sowie § 85 Abs. 1 Satz 1 und Abs. 3 Satz 2 gelten entsprechend. [5]Die Sätze 1 bis 4 gelten entsprechend im Fall der Umwandlung eines befristeten Angestelltenverhältnisses nach Absatz 1 Satz 3 in ein unbefristetes.

(3) [1]Professoren im Beamtenverhältnis auf Lebenszeit und im Beamtenverhältnis auf Zeit kann auf Antrag Teilzeitbeschäftigung bewilligt werden, insbesondere wenn dadurch die Verbindung zur Praxis aufrechterhalten oder wieder hergestellt werden soll und keine dienstlichen Belange entgegenstehen. [2]Die Teilzeitbeschäftigung nach Satz 1 kann auch weniger als die Hälfte der regelmäßigen Arbeitszeit eines hauptamtlichen Professors betragen; in diesem Fall soll sie zwölf Jahre nicht überschreiten. [3]Für eine Teilzeitbeschäftigung nach den Sätzen 1 und 2 finden § 51 Abs. 2 Satz 3 und 4 sowie § 61 Abs. 2 des Thüringer Beamtengesetzes (ThürBG) keine Anwendung, jedoch darf der Umfang einer oder mehrerer Nebentätigkeiten den Umfang der Teilzeitbeschäftigung nicht übersteigen und der Gesamtumfang der Beschäftigung im Beamtenverhältnis und in Nebentätigkeit darf bei einem teilzeitbeschäftigten Professor nicht höher sein als bei einem vollzeitbeschäftigten Professor.

(4) [1]Für Professoren, die im Rahmen eines Berufungs- und Karrierekonzepts nach § 85 Abs. 1 Satz 4 Nr. 4 auf eine befristete Professur berufen wurden, kann das Beamtenverhältnis auf Antrag des Professors bei Betreuung eines oder mehrerer Kinder im Sinne des § 1 Abs. 1 Satz 1 Nr. 2 und Abs. 3 BEEG, das oder die zum Zeitpunkt des Antrags das 14. Lebensjahr noch nicht vollendet haben, um bis zu einem Jahr je betreutem Kind, insgesamt um höchstens zwei Jahre verlängert werden. [2]Sofern während der Laufzeit einer solchen befristeten Professur im Ergebnis einer Evaluation keine Bewährung festgestellt wird, kann das Beamtenverhältnis mit Zustimmung des Professors um bis zu einem Jahr verlängert werden. [3]Die Sätze 1 und 2 gelten für Professoren in einem befristeten Angestelltenverhältnis entsprechend.

(5) [1]In Ausnahmefällen, insbesondere in künstlerischen Studiengängen, können Personen, die die Einstellungsvoraussetzungen nach § 84 erfüllen, nebenberuflich als Professor in einem privatrechtlichen Beschäftigungsverhältnis eingestellt und beschäftigt werden. [2]Auf sie finden die für die Einstellung, die Dienstaufgaben und die sonstigen für hauptberufliche Professoren geltenden Regelungen Anwendung. [3]Eine Nebenberuflichkeit liegt nur vor, wenn dem Professor weniger als die Hälfte der regelmäßigen Dienstaufgaben eines vollbeschäftigten Professors übertragen wird. [4]Die Beschäftigung ist nicht zulässig, wenn der Professor bereits hauptberuflich an einer Hochschule tätig ist. [5]Die für die Teilzeitbeschäftigung allgemein geltenden Vorschriften bleiben unberührt.

(6) Zum Zeitpunkt des Inkrafttretens des Artikels 3 Nr. 1 des Thüringer Gesetzes zur Änderung besoldungs- und anderer dienstrechtlicher Vorschriften vom 15. April 2004 (GVBl. S. 457 -463-) im Geltungsbereich dieses Gesetzes im Beamtenverhältnis beschäftigte Professoren mit ärztlichen Aufgaben können für die Dauer ihrer Tätigkeit in leitender Funktion am Universitätsklinikum zur Begründung eines außertariflichen Angestelltenverhältnisses unter Wegfall ihrer Bezüge beurlaubt werden.

(7) Dem Hinausschieben des Eintritts in den Ruhestand nach § 25 Abs. 7 ThürBG stehen insbesondere dann dienstliche Interessen entgegen, wenn die Stelle des Professors nach Erreichen der Altersgrenze des Stelleninhabers aufgrund eines veränderten fachlichen Anforderungsprofils anderweitig oder aufgrund von Strukturveränderungen nicht erneut besetzt werden oder einer anderen Fachrichtung dienen soll.

§ 87 Forschungs-, Entwicklungs- und Praxissemester

[1]Zur Vorbereitung und Durchführung von Forschungsvorhaben, künstlerischen Entwicklungsvorhaben, anwendungsbezogenen Forschungs- und Entwicklungsvorhaben, zur Entwicklung über das eigene Lehrgebiet hinaus relevanter innovativer Konzeptionen zur Gestaltung der Lehre und digitaler Lehrformate sowie für eine ihrer Fortbildung dienlichen praxisbezogenen Tätigkeit kann der Präsident Professoren für die Dauer von in der Regel einem Semester unter Berücksichtigung ihrer Leistungen von ihren Lehr- und Prüfungsverpflichtungen freistellen. [2]Die Freistellung setzt insbesondere voraus,

dass durch sie die vollständige und ordnungsgemäße Durchführung der Lehre einschließlich der Prüfungen und die Betreuung der Studierenden sowie von wissenschaftlichen Arbeiten nicht beeinträchtigt wird. 3Über die während der Freistellung erbrachten Leistungen ist der Hochschule gegenüber schriftlich zu berichten.

§ 88 Bezeichnung „Professor“

(1) 1Für Professoren im Beamtenverhältnis ist die Amtsbezeichnung zugleich eine akademische Bezeichnung. 2Professoren im Angestelltenverhältnis können für die Dauer des Beschäftigungsverhältnisses die Amtsbezeichnung der entsprechenden Professur im Beamtenverhältnis als akademische Bezeichnung führen.

(2) 1Scheiden Professoren wegen Erreichens der Altersgrenze, wegen Dienstunfähigkeit oder verminderter Erwerbsfähigkeit aus der Hochschule aus, dürfen sie diese akademische Bezeichnung nach Absatz 1 weiter führen. 2Bei einem Ausscheiden aus anderen Gründen entscheidet der Präsident auf Antrag über das Recht auf Weiterführung der akademischen Bezeichnung. 3Dem Antrag soll entsprochen werden, wenn das Beschäftigungsverhältnis mindestens fünf Jahre gedauert hat.

(3) Der Verlust der akademischen Bezeichnung „Professor“ richtet sich nach den beamtenrechtlichen Bestimmungen für die Amtsbezeichnung.

(4) 1Der Präsident kann auf Vorschlag des Senats einer Persönlichkeit, die die Einstellungsvoraussetzungen für Professoren erfüllt, sich in besonderer Weise um eine Hochschule des Landes verdient gemacht hat und an dieser Hochschule tätig ist, die Bezeichnung „Professor“ verleihen. 2Absatz 2 Satz 1 und 2 sowie Absatz 3 finden entsprechende Anwendung.

§ 89 Juniorprofessoren

(1) 1Juniorprofessoren haben die Aufgabe, sich durch die selbständige Wahrnehmung der ihrer Hochschule jeweils obliegenden Aufgaben in Wissenschaft und Kunst, Forschung und Lehre sowie Weiterbildung für die Berufung auf eine Professur zu qualifizieren. 2§ 83 gilt entsprechend.

(2) 1Einstellungsvoraussetzungen für Juniorprofessoren sind neben den allgemeinen dienstrechtlichen Voraussetzungen mindestens

1. ein abgeschlossenes Hochschulstudium,
2. die pädagogische Eignung,
3. die besondere Befähigung zu wissenschaftlicher Arbeit, die in der Regel durch die herausragende Qualität einer Promotion nachgewiesen wird, oder besondere Befähigung zu künstlerischer Arbeit.

2Juniorprofessoren mit ärztlichen, zahnärztlichen oder tierärztlichen Aufgaben sollen zusätzlich die Anerkennung als Facharzt oder, soweit diese in dem jeweiligen Fachgebiet nicht vorgesehen ist, eine ärztliche Tätigkeit von mindestens fünf Jahren nach Erhalt der Approbation, Bestallung oder Erlaubnis der Berufsausübung nachweisen. 3Auf eine Stelle, deren Funktionsbeschreibung die Wahrnehmung erziehungswissenschaftlicher oder fachdidaktischer Aufgaben in der Lehrerbildung vorsieht, soll nur berufen werden, wer eine dreijährige Schulpraxis nachweisen kann. 4§ 84 Abs. 4 gilt entsprechend.

(3) 1Sofern vor oder nach der Promotion eine Beschäftigung als wissenschaftlicher Mitarbeiter oder in einem vergleichbaren Beschäftigungsverhältnis erfolgt ist, sollen Promotions- und Beschäftigungsphase zusammen nicht mehr als sechs Jahre, im Bereich der Medizin nicht mehr als neun Jahre betragen haben. 2Verlängerungen nach § 2 Abs. 5 Satz 1 Nr. 1 und 3 bis 5 des Wissenschaftszeitvertragsgesetzes (WissZeitVG) vom 12. April 2007 (BGBl. I S. 506) in der jeweils geltenden Fassung bleiben hierbei außer Betracht. 3§ 2 Abs. 3 Satz 1 WissZeitVG gilt entsprechend.

(4) Die Stellen von Juniorprofessoren sind öffentlich und im Regelfall international auszuschreiben.

(5) 1Die Berufung von Juniorprofessoren richtet sich nach § 85 mit Ausnahme des § 85 Abs. 1 Satz 4 Nr. 1 bis 4 und Satz 5 sowie Abs. 4 Satz 2 und 3. 2Bei der Berufung auf eine Juniorprofessur sollen Mitglieder der eigenen Hochschule nur in begründeten Ausnahmefällen oder nur berücksichtigt werden, wenn sie nach ihrem ersten Hochschulabschluss die Hochschule einmal gewechselt haben oder mindestens zwei Jahre außerhalb der berufenden Hochschule wissenschaftlich oder künstlerisch tätig waren.

(6) 1Juniorprofessoren werden für die Dauer von bis zu vier Jahren zu Beamten auf Zeit ernannt. 2Das Beamtenverhältnis des Juniorprofessors soll mit seiner Zustimmung auf insgesamt sechs Jahre verlängert werden, wenn er sich nach den Ergebnissen einer Evaluation seiner Leistungen in Lehre und Forschung oder künstlerischen Entwicklungsvorhaben als Hochschullehrer bewährt hat. 3Sofern im

Ergebnis einer Evaluation nach der ersten Phase der Juniorprofessur oder am Ende der Juniorprofessur keine Bewährung festgestellt wird, kann das Beamtenverhältnis mit Zustimmung des Juniorprofessors um bis zu einem Jahr verlängert werden. 4Auf Antrag des Juniorprofessors soll das Beamtenverhältnis bei Betreuung eines oder mehrerer Kinder im Sinne des § 1 Abs. 1 Satz 1 Nr. 2 und Abs. 3 BEEG, die zum Zeitpunkt des Antrags das 14. Lebensjahr noch nicht vollendet haben, oder tatsächlicher Pflege eines nach § 7 Abs. 3 PflegeZG nahen Angehörigen, dessen Pflegebedürftigkeit nach § 3 Abs. 2 PflegeZG nachgewiesen ist, um bis zu einem Jahr je betreutem Kind oder pflegebedürftigem Angehörigen, insgesamt um höchstens zwei Jahre verlängert werden. 5Eine weitere Verlängerung ist, abgesehen von den Fällen des § 97 Abs. 4, nicht zulässig; dies gilt auch für eine erneute Einstellung als Juniorprofessor.

(7) 1Mit der Ernennung zum Juniorprofessor wird zugleich die akademische Bezeichnung „Professor" verliehen, mit der Maßgabe, dass in geeigneter Weise auf den Status als Juniorprofessor hingewiesen wird. 2Nach dem Ausscheiden aus dem Dienstverhältnis als Juniorprofessor darf diese akademische Bezeichnung nicht weitergeführt werden.

(8) Juniorprofessoren können auch als Angestellte befristet beschäftigt werden; die Absätze 6 und 7 gelten entsprechend.

§ 90 Honorarprofessoren

(1) 1Der Präsident kann auf Vorschlag des Senats Personen, die bedeutende wissenschaftliche oder künstlerische Leistungen oder besondere Leistungen bei der Umsetzung wissenschaftlicher Erkenntnisse und Methoden in der Berufspraxis erbringen und durch eine mehrjährige selbständige Lehrtätigkeit an einer Hochschule ihre pädagogische Eignung bewiesen haben sowie einen wesentlichen Beitrag zur Ergänzung des Lehrangebots der Hochschule leisten, zu Honorarprofessoren bestellen. 2Die Qualifikation der Vorgeschlagenen ist durch Gutachten zu belegen. 3Der Honorarprofessor ist berechtigt und verpflichtet, in seinem Fachgebiet im Umfang von mindestens zwei Semesterwochenstunden unentgeltlich zu lehren. 4Auf seinen Wunsch kann er an Prüfungen beteiligt werden.

(2) 1Die Bestellung kann aus Gründen widerrufen werden, die bei einem Beamten zur Entfernung aus dem Dienst führen. 2Der Widerruf ist auch zulässig, wenn die Lehrbefugnis ohne hinreichenden Grund länger als zwei Semester nicht wahrgenommen wird.

(3) 1Mit der Bestellung zum Honorarprofessor ist die Berechtigung zur Führung der akademischen Bezeichnung „Professor" verbunden. 2Bei Widerruf der Bestellung oder dem Verzicht auf die Bestellung entfällt das Recht zur Führung der Bezeichnung.

§ 91 Wissenschaftliche und künstlerische Mitarbeiter

(1) 1Wissenschaftliche Mitarbeiter erbringen wissenschaftliche Dienstleistungen bei der Erfüllung der Aufgaben der Hochschulen. 2Zu ihrem Aufgabenbereich gehören insbesondere die Vermittlung von Fachwissen und praktischen Fertigkeiten sowie die Unterweisung der Studierenden in der Anwendung wissenschaftlicher Methoden. 3Im Bereich der klinischen Medizin gehören zu den wissenschaftlichen Dienstleistungen auch Tätigkeiten in der Krankenversorgung. 4In begründeten Fällen kann wissenschaftlichen Mitarbeitern auch die selbständige Wahrnehmung von Aufgaben in Forschung und Lehre übertragen werden. 5Den wissenschaftlichen Mitarbeitern können auch Aufgaben der Hochschulaufsicht im Ministerium übertragen werden.

(2) Wissenschaftliche Mitarbeiter in den dezentralen Selbstverwaltungseinheiten, den wissenschaftlichen Einrichtungen oder in Betriebseinheiten der Hochschule unterliegen den Weisungen der Leitung der Selbstverwaltungseinheit der Hochschule, der sie zugewiesen sind; sie ist für ihre fachliche Betreuung verantwortlich.

(3) 1Wissenschaftliche Mitarbeiter können in einem befristeten oder unbefristeten Angestelltenverhältnis beschäftigt oder in einem Beamtenverhältnis auf Zeit als Akademischer Rat oder Akademischer Oberrat sowie in einem Beamtenverhältnis auf Lebenszeit in der Laufbahn als wissenschaftlicher oder künstlerischer Mitarbeiter an einer Hochschule ernannt werden. 2Ein befristetes Angestelltenverhältnis ist insbesondere vorzusehen, wenn der Aufgabenbereich zugleich die Vorbereitung einer Promotion oder die Erbringung zusätzlicher wissenschaftlicher Leistungen umfasst. 3Die Ernennung zum Akademischen Rat im Beamtenverhältnis auf Zeit erfolgt für die Dauer von drei Jahren. 4Das Beamtenverhältnis kann um bis zu drei Jahre verlängert werden. 5Die Ernennung zum Akademischen Oberrat im Beamtenverhältnis auf Zeit erfolgt für die Dauer von bis zu vier Jahren. 6Eine weitere Verlängerung

des Beamtenverhältnisses nach Satz 1 über die Fälle des Satzes 4 und des § 97 Abs. 4 hinaus sowie eine erneute Ernennung zum Akademischen Rat oder Oberrat im Beamtenverhältnis auf Zeit sind nicht zulässig.

(4) Sofern die Beschäftigung zur Förderung der eigenen wissenschaftlichen oder künstlerischen Qualifizierung des wissenschaftlichen oder künstlerischen Mitarbeiters erfolgt, ist ein Zeitanteil von mindestens einem Drittel der vertraglich vereinbarten Arbeitszeit zur eigenen wissenschaftlichen oder künstlerischen Arbeit zu gewähren und eine Qualifizierungsvereinbarung abzuschließen, die insbesondere das Qualifizierungsziel, einen Zeitplan zur Erreichung des Ziels, die Art der Betreuung und die dafür geltenden Standards sowie sonstige Rechte und Pflichten der Beteiligten festlegt.

(5) [1]Einstellungsvoraussetzungen für wissenschaftliche Mitarbeiter sind neben den allgemeinen dienstrechtlichen Voraussetzungen ein abgeschlossenes Hochschulstudium und, soweit es für die Erfüllung der Dienstaufgaben erforderlich ist, die Promotion oder vergleichbare wissenschaftliche Leistungen. [2]Soll eine Einstellung in ein unbefristetes Angestelltenverhältnis oder in ein Beamtenverhältnis nach Absatz 2 Satz 1 erfolgen, ist regelmäßig die Promotion oder ausnahmsweise eine gleichwertige wissenschaftliche Leistung erforderlich. [3]Unter Berücksichtigung der Anforderungen der Stelle kann eine zweite Staatsprüfung an die Stelle der Promotion treten oder, insbesondere im künstlerischen Bereich, ausnahmsweise auf die Promotion oder eine gleichwertige wissenschaftliche Leistung verzichtet werden. [4]Zum Akademischen Oberrat im Beamtenverhältnis auf Zeit kann ernannt werden, wer sich in einem Beamtenverhältnis als Akademischer Rat bewährt hat oder die Einstellungsvoraussetzungen für Professoren nach § 84 erfüllt.

(6) [1]Die Berufung in ein Beamtenverhältnis auf Lebenszeit ist nur zulässig, wenn sich der wissenschaftliche Mitarbeiter in einer Probezeit im Beamtenverhältnis auf Probe bewährt hat. [2]Die Probezeit dauert in der Regel zwei Jahre, mindestens jedoch ein Jahr, sofern hauptberufliche Tätigkeiten nach Maßgabe des § 32 des Thüringer Laufbahngesetzes (ThürLaufbG) vom 12. August 2014 (GVBl. S. 472 -498-) in der jeweils geltenden Fassung angerechnet werden. [3]Die Bewährung ist durch eine Probezeitbeurteilung festzustellen; § 33 Abs. 5 Satz 1 ThürLaufbG gilt entsprechend. [4]Kann die Bewährung bis zum Ablauf der Probezeit nicht festgestellt werden, so ist sie angemessen, jedoch nicht um mehr als ein Jahr, zu verlängern. [5]Die fachlichen Leistungen wissenschaftlicher Mitarbeiter im Beamtenverhältnis auf Lebenszeit sind regelmäßig zu beurteilen. [6]Für die dienstlichen Beurteilungen sowie für Beförderungen gelten die Bestimmungen des Thüringer Laufbahngesetzes.

(7) Die Absätze 1 bis 6 gelten für künstlerische Mitarbeiter entsprechend.

(8) Hauptberuflich an der Hochschule tätige Personen mit ärztlichen, zahnärztlichen oder tierärztlichen Aufgaben, die nicht Hochschullehrer sind, sind wissenschaftlichen Mitarbeitern in ihren Rechten und Pflichten gleichgestellt.

§ 92 Lehrkräfte für besondere Aufgaben

[1]Soweit überwiegend eine Vermittlung praktischer Fertigkeiten und Kenntnisse erforderlich ist, die nicht die Einstellungsvoraussetzungen für Hochschullehrer erfordert, kann diese hauptberuflich tätigen Lehrkräften für besondere Aufgaben übertragen werden. [2]Hierzu gehört auch die Vermittlung von Fremdsprachen durch Lektoren.

§ 93 Lehrbeauftragte

(1) [1]Zur Ergänzung, in begründeten Ausnahmefällen auch zur Sicherung des Lehrangebots können Lehraufträge erteilt werden. [2]In der künstlerischen Ausbildung und in den Studiengängen der Dualen Hochschule können Lehraufträge auch zur Sicherstellung des Lehrangebots in einem Fach erteilt werden. [3]Die Lehrbeauftragten nehmen die ihnen übertragenen Aufgaben selbständig wahr.

(2) [1]Lehrbeauftragte werden für eine bestimmte Zeit, in der Regel zunächst für ein Semester, vom Präsidenten bestellt; sie stehen in einem öffentlich-rechtlichen Rechtsverhältnis eigener Art zum Land. [2]Der Lehrauftrag ist zu vergüten; dies gilt nicht, wenn der Lehrbeauftragte von sich aus auf eine Vergütung verzichtet oder wenn die durch den Lehrauftrag entstehende Belastung bei der Bemessung der Dienstaufgaben eines hauptberuflich im öffentlichen Dienst Tätigen entsprechend berücksichtigt wird. [3]Das Ministerium regelt durch Rechtsverordnung die Grundsätze für die Vergabe und Vergütung von Lehraufträgen unter Berücksichtigung der Vor- und Nachbereitungszeiten. [4]Das Nähere regeln die Hochschulen im Einvernehmen mit dem Ministerium durch Satzung. [5]Das Präsidium berichtet dem Senat oder einem vom Senat eingesetzten Gremium einmal im Jahr über die vergebenen Lehraufträge.

(3) [1]Die Hochschule kann Lehrbeauftragten in künstlerischen Fächern, deren Tätigkeit ihrer Art nach bei einer hauptberuflich tätigen Person die Einstellungsvoraussetzungen eines Professors erfordern würde, die Bezeichnung „Professor“ verleihen. [2]Durch die Verleihung der Bezeichnung „Professor“ ändert sich die Stellung als Lehrbeauftragter nicht. [3]§ 88 Abs. 1 Satz 2 sowie Abs. 2 und 3 gilt entsprechend.

§ 94 Vertretungsprofessoren, Seniorprofessoren und Gastwissenschaftler

(1) [1]Der Präsident, am Universitätsklinikum der Klinikumsvorstand, kann Personen übergangsweise die Wahrnehmung der Aufgaben einer Professur übertragen (Vertretungsprofessur). [2]Der Inhaber einer Vertretungsprofessur steht in einem öffentlich-rechtlichen Rechtsverhältnis eigener Art zum Land. [3]Die Übertragung einer Vertretungsprofessur an eine Person soll in der Regel die Dauer von zwei Semestern nicht überschreiten.

(2) [1]Nach dem Eintritt von Professoren in den Ruhestand ist die übergangsweise Wahrnehmung von Aufgaben aus ihrem bisherigen Fachgebiet durch Beauftragung durch den Präsidenten, am Universitätsklinikum durch den Klinikumsvorstand, oder im Rahmen eines privatrechtlichen Vertragsverhältnisses möglich (Seniorprofessur). [2]Absatz 1 Satz 2 gilt im Fall der Beauftragung entsprechend.

(3) [1]Auf Vorschlag der zuständigen Selbstverwaltungseinheit kann der Präsident, am Universitätsklinikum der Klinikumsvorstand, Hochschullehrer anderer Hochschulen oder vergleichbar qualifizierte Wissenschaftler und Künstler zeitlich befristet mit der Wahrnehmung von Aufgaben in Lehre und Forschung beauftragen (Gastwissenschaftler). [2]Die Gastwissenschaftler stehen in einem öffentlich-rechtlichen Rechtsverhältnis eigener Art zum Land. [3]Die Sätze 1 und 2 gelten für Gastwissenschaftler, die ausschließlich oder überwiegend Aufgaben in der Forschung wahrnehmen, entsprechend.

§ 95 Assistenten

[1]Studentische und wissenschaftliche sowie künstlerische Assistenten erbringen unterstützende Dienstleistungen in Forschung und Lehre unter der Verantwortung des wissenschaftlichen und künstlerischen Personals der Hochschule und unterstützen Studierende in Tutorien. [2]Sie werden als studentische Assistenten, die im Sinne des Tarifvertrages für den öffentlichen Dienst der Länder vom 12. Oktober 2006 in der jeweils geltenden Fassung studentische Hilfskräfte sind, beschäftigt, wenn sie als Studierende eingeschrieben sind und nicht über einen Hochschulabschluss verfügen. [3]Sie werden als wissenschaftliche oder künstlerische Assistenten, die im Sinne des Tarifvertrages für den öffentlichen Dienst der Länder wissenschaftliche oder künstlerische Hilfskräfte sind, beschäftigt, wenn sie über einen ersten berufsqualifizierenden Hochschulabschluss verfügen. [4]Assistenten werden mit weniger als der Hälfte der regelmäßigen Arbeitszeit der Angestellten im öffentlichen Dienst befristet beschäftigt.

Zweiter Abschnitt
Dienstrechtliche Bestimmungen

§ 96 Gemeinsame Bestimmungen

(1) Die Beamten und Arbeitnehmer an den Hochschulen stehen im Dienst des Landes, soweit in diesem Gesetz nichts anderes bestimmt ist.

(2) [1]Oberste Dienstbehörde ist das Ministerium. [2]Dienstvorgesetzter der Präsidenten ist der für das Hochschulwesen zuständige Minister. [3]Die Präsidenten sind Dienstvorgesetzte des an der jeweiligen Hochschule tätigen wissenschaftlichen und künstlerischen Personals des Landes sowie des Kanzlers. [4]Die Kanzler sind Dienstvorgesetzte des sonstigen Personals der jeweiligen Hochschule. [5]Abweichend von Satz 3 ist der Medizinische Vorstand Dienstvorgesetzter des Personals mit ärztlichen Aufgaben und der Wissenschaftliche Vorstand Dienstvorgesetzter des übrigen am Universitätsklinikum tätigen wissenschaftlichen Personals; bei wissenschaftlichem Personal mit ärztlichen Aufgaben übt der Medizinische Vorstand die Dienstvorgesetzteneigenschaft im Einvernehmen mit dem Wissenschaftlichen Vorstand aus. [6]Für Hochschullehrer, die am Universitätsklinikum tätig sind, nimmt der Dienstvorgesetzte seine Befugnisse im Einvernehmen mit dem Präsidenten wahr. [7]Der Kaufmännische Vorstand ist Dienstvorgesetzter des sonstigen Personals des Universitätsklinikums.

(3) [1]Weisungsbefugt sind die Leiter der Einrichtungen, denen das Personal zugeordnet ist. [2]Sind Mitarbeiter und Assistenten Hochschullehrern oder wissenschaftlichen oder künstlerischen Mitarbeitern zugeordnet, sind diese weisungsbefugt.

(4) [1]Die Einstellung des Hochschulpersonals erfolgt durch den Präsidenten der Hochschule, in der der Einzustellende tätig sein soll. [2]Der Präsident kann diese Befugnis weiter übertragen. [3]§ 40 ThürLHO und § 10 Abs. 2 der Gemeinsamen Geschäftsordnung für die Landesregierung sowie für die Ministerien und die Staatskanzlei des Freistaats Thüringen vom 13. Mai 2015 (GVBl. S. 81) in der jeweils geltenden Fassung finden entsprechende Anwendung.

(5) [1]Der Umfang der Lehrverpflichtung des wissenschaftlichen und künstlerischen Personals wird in einer Rechtsverordnung geregelt, die das Ministerium im Benehmen mit der Landespräsidentenkonferenz erlässt. [2]Über die Erfüllung der dem wissenschaftlichen und künstlerischen Personal obliegenden Lehrverpflichtung ist im Jahresbericht nach § 10 zu berichten. [3]In der Rechtsverordnung kann unbeschadet der Lehrverpflichtung des wissenschaftlichen und künstlerischen Personals eine im Umfang bestimmte Verpflichtung zur Beteiligung an Aufgaben nach § 56 festgelegt werden.

(6) [1]Die Ausübung einer Nebentätigkeit darf die ordnungsgemäße Wahrnehmung der Dienstaufgaben nicht beeinträchtigen. [2]Das Ministerium regelt durch Rechtsverordnung die Nebentätigkeiten des beamteten wissenschaftlichen, ärztlichen oder künstlerischen Personals an den staatlichen Hochschulen des Landes. [3]Die Rechtsverordnung soll insbesondere Regelungen enthalten:

1. über die Genehmigung und Anzeige von Nebentätigkeiten,
2. ob und inwieweit Beamte für eine im öffentlichen Dienst ausgeübte oder auf Verlangen, Vorschlag oder Veranlassung ihres Dienstvorgesetzten übernommene Nebentätigkeit eine Vergütung erhalten oder eine erhaltene Vergütung abzuführen haben,
3. unter welchen Voraussetzungen Beamte zur Ausübung von Nebentätigkeiten Einrichtungen, Personal oder Material des Dienstherrn in Anspruch nehmen dürfen sowie ob und in welcher Höhe hierfür Entgelt an den Dienstherrn zu entrichten ist,
4. über den Nachweis der Einkünfte aus Nebentätigkeiten sowie
5. über die Abgrenzung von Nebentätigkeiten und Dienstaufgaben.

[4]Zur Übernahme einer Nebentätigkeit ist das hauptberufliche Personal nur insoweit verpflichtet, als die Nebentätigkeit in einem unmittelbaren Zusammenhang mit der dienstlichen Tätigkeit steht.

(7) [1]Hochschulpersonal mit Lehraufgaben nimmt den Erholungsurlaub in der vorlesungsfreien Zeit. [2]Ausnahmen bedürfen der Genehmigung des Präsidenten. [3]Der Eintritt in den Ruhestand wegen Erreichung der Altersgrenze wird für Hochschulpersonal mit Lehraufgaben zum Ende des Semesters wirksam, in dem der Beamte die Altersgrenze erreicht. [4]Erfolgt die Versetzung in den Ruhestand auf Antrag, so soll sie zum Ende eines Semesters ausgesprochen werden. [5]Bei einem Antrag auf Entlassung aus dem Beamtenverhältnis kann die Entlassung bis zum Ende eines Semesters hinausgeschoben werden, wenn dienstliche Belange dies erfordern.

(8) [1]Dienstreisen des wissenschaftlichen und künstlerischen Personals bedürfen der Genehmigung des Präsidenten, soweit nichts anderes bestimmt ist. [2]Dieser ist auch für die Entscheidung über die Erstattung von Kosten einer höheren als der niedrigsten Klasse bei Flugreisen außerhalb Europas zuständig. [3]Das Ministerium wird ermächtigt, das Nähere durch eine Verwaltungsvorschrift zu regeln, die den Dienstaufgaben des wissenschaftlichen und künstlerischen Personals insbesondere in der Lehre Rechnung trägt.

§ 97 Dienstrechtliche Sonderregelungen

(1) Auf beamtete Hochschullehrer und wissenschaftliche sowie künstlerische Mitarbeiter finden die für Beamte allgemein geltenden Vorschriften Anwendung, soweit gesetzlich nichts anderes bestimmt ist.

(2) [1]Die beamtenrechtlichen Vorschriften über die Laufbahnen und den einstweiligen Ruhestand sind auf Hochschullehrer nicht anzuwenden. [2]Für Hochschullehrer und wissenschaftliche sowie künstlerische Mitarbeiter im Beamtenverhältnis auf Zeit ist der Eintritt in den Ruhestand mit Ablauf der Dienstzeit ausgeschlossen; sie sind mit Ablauf ihrer Dienstzeit entlassen. [3]Die in Thüringen geltenden beamtenrechtlichen Bestimmungen über die Arbeitszeit sind mit Ausnahme der §§ 60 bis 71 ThürBG sowie der Bestimmungen zur gesundheitlichen Rehabilitation nach § 10 der Thüringer Verordnung über die Arbeitszeit der Beamten vom 10. Juni 2005 (GVBl. S. 279) in der jeweils geltenden Fassung auf Hochschullehrer nicht anzuwenden; erfordert jedoch der Aufgabenbereich einer Hochschuleinrichtung eine regelmäßige oder planmäßige Anwesenheit der Hochschullehrer, so kann das Ministerium für bestimmte Beamtengruppen die Vorschriften über die Arbeitszeit durch Rechtsverordnung

für anwendbar erklären. [4]Die Vorschriften über den Verlust der Bezüge und der sonstigen Leistungen des Dienstherrn wegen nicht genehmigten schuldhaften Fernbleibens vom Dienst sind anzuwenden.

(3) [1]Beamtete Hochschullehrer können nur mit ihrer Zustimmung abgeordnet, zugewiesen oder versetzt werden. [2]Abordnung und Versetzung in ein gleichwertiges Amt an einer anderen Hochschule sind auch ohne Zustimmung des Hochschullehrers zulässig, wenn die Hochschule oder die Hochschuleinrichtung, an der er tätig ist, aufgelöst oder mit einer anderen Hochschule zusammengeschlossen wird, oder wenn die Studien- oder Fachrichtung, in der er tätig ist, ganz oder teilweise aufgegeben oder an eine andere Hochschule verlegt wird. [3]Der Hochschullehrer kann verpflichtet werden, einen Teil seiner Lehrverpflichtung an einer anderen Hochschule oder Hochschuleinrichtung zu erbringen, wenn dies zur Gewährleistung des notwendigen Lehrangebots erforderlich ist und an seiner bisherigen Hochschule oder Hochschuleinrichtung ein Bedarf für die volle Erbringung der Lehrverpflichtung nicht besteht. [4]Vor Maßnahmen nach den Sätzen 2 und 3 sind die Betroffenen und die beteiligten Hochschulen zu hören.

(4) [1]Soweit Hochschullehrer oder wissenschaftliche und künstlerische Mitarbeiter Beamte im Beamtenverhältnis auf Zeit sind, ist das Dienstverhältnis, sofern dienstliche Gründe nicht entgegenstehen, auf Antrag des Beamten in dem Umfang zu verlängern, in dem er nach den §§ 67 und 68 Abs. 1 ThürBG oder nach einem Landesgesetz zur Ausübung eines mit seinem Amt zu vereinbarenden Mandats beurlaubt worden ist; die Verlängerung darf zwei Jahre nicht überschreiten. [2]Satz 1 gilt auch für Zeiten

1. einer Beurlaubung für eine wissenschaftliche Tätigkeit,
2. einer Beurlaubung für eine außerhalb des Hochschulbereichs oder im Ausland durchgeführte wissenschaftliche, künstlerische oder berufliche Aus-, Fort- oder Weiterbildung,
3. eines Grundwehr- oder Zivildienstes.

[3]Satz 1 gilt entsprechend im Fall einer

1. Ermäßigung der regelmäßigen Arbeitszeit aufgrund eines Landesgesetzes nach Satz 1 Halbsatz 1 oder
2. Teilzeitbeschäftigung,

wenn die Ermäßigung mindestens ein Fünftel der regelmäßigen Arbeitszeit betrug. [4]Auf Antrag des Beamten ist das Dienstverhältnis um die Zeiten einer Beurlaubung nach den auf Beamte anzuwendenden landesrechtlichen Regelungen über die Elternzeit und die Zeiten eines Beschäftigungsverbots nach den für Landesbeamtinnen geltenden Vorschriften über den Mutterschutz zu verlängern, soweit eine Beschäftigung nicht erfolgt ist. [5]Verlängerungen nach den Sätzen 1 bis 3 dürfen insgesamt die Dauer von drei Jahren, Verlängerungen nach den Sätzen 1 bis 4 insgesamt die Dauer von vier Jahren nicht überschreiten.

(5) Für Beamte, die zur Wahrnehmung von Aufgaben in einer Personal- oder Schwerbehindertenvertretung oder von Aufgaben nach den §§ 5 bis 7 für mindestens ein Fünftel der regelmäßigen Arbeitszeit freigestellt worden sind, gilt Absatz 4 entsprechend.

(6) Soweit für Hochschullehrer oder für wissenschaftliche und künstlerische Mitarbeiter ein befristetes Arbeitsverhältnis begründet worden ist, gelten die Absätze 4 und 5 entsprechend.

(7) [1]Abweichend von den allgemein für die Einstellung von Beamten in den Landesdienst geltenden Vorschriften dürfen Professoren in ein Beamtenverhältnis berufen werden, wenn sie im Zeitpunkt der Ernennung das 52. Lebensjahr noch nicht vollendet haben. [2]Im Einzelfall sind Ausnahmen von Satz 1 möglich. [3]Diese bedürfen der Zustimmung der Landesregierung.

(8) [1]Das Recht von Professoren, aufgrund eines Gesetzes eines anderen Landes von ihren amtlichen Pflichten entbunden zu werden (Entpflichtung), bleibt bei einem Wechsel in den Dienst des Landes unberührt. [2]Die Entpflichtung wird mit dem Ende des Monats wirksam, in dem das laufende Semester endet.

(9) Wird ein Beamter von einem anderen Dienstherrn zum Vertretungsprofessor, zum Gastwissenschaftler oder Lehrbeauftragten in ein öffentlich-rechtliches Dienstverhältnis auf Zeit berufen, findet § 22 Abs. 2 Satz 1 des Beamtenstatusgesetzes keine Anwendung.

Sechster Teil

Hochschulmedizin, Universitätsklinikum Jena

§ 98 Rechtsstellung, Mitgliedschaft, Aufsicht und Aufgaben

(1) [1]Das Universitätsklinikum ist eine rechtsfähige Teilkörperschaft der Friedrich-Schiller-Universität Jena. [2]Mitglieder der Teilkörperschaft sind die am Universitätsklinikum hauptberuflich Tätigen sowie die Studierenden, die für einen dem Universitätsklinikum zugeordneten Studiengang der Friedrich-Schiller-Universität Jena immatrikuliert sind; sie sind zudem Mitglieder der Friedrich-Schiller-Universität Jena.

(2) [1]Das Universitätsklinikum ist verantwortlich für die Pflege der Wissenschaft in Forschung und Lehre einschließlich der Ausbildung der Studierenden und erbringt im Rahmen der einschlägigen berufsrechtlichen Vorschriften auch Leistungen in der Ausbildung in den nichtärztlichen Heil- und Fachberufen. [2]Das Universitätsklinikum nimmt daran ausgerichtet Aufgaben in der Krankenversorgung wahr. [3]Es erbringt darüber hinaus Leistungen in der Fort- und Weiterbildung von am Universitätsklinikum tätigen Ärzten, Zahnärzten, anderen wissenschaftlichen Mitarbeitern und Angehörigen nichtärztlicher Heil- und Fachberufe im Rahmen der einschlägigen gesundheitsrechtlichen Vorschriften. [4]Es schließt in entsprechender Anwendung des § 13 mit dem Ministerium Ziel- und Leistungsvereinbarungen ab. [5]Diese sind mit den Ziel- und Leistungsvereinbarungen der Friedrich-Schiller-Universität Jena abzustimmen, indem in Angelegenheiten von Forschung und Lehre das Benehmen mit dem Präsidium hergestellt wird.

(3) [1]Das Universitätsklinikum gibt sich eine Grundsatzung, die insbesondere Festlegungen zu den Befugnissen, Mitgliedschaftsrechten sowie der Organisationsstruktur trifft, sowie andere zur Erfüllung ihrer Aufgaben erforderliche und sonstige Regelungen. [2]Die Grundsatzung bedarf der Genehmigung durch den Verwaltungsrat nach § 108 sowie des Ministeriums und des für Finanzen zuständigen Ministeriums.

(4) Das Universitätsklinikum untersteht der Rechtsaufsicht des Landes; § 18 Abs. 2, 3 und 5 Nr. 1 und die §§ 19 sowie 20 gelten entsprechend.

(5) Für die Verbindlichkeiten des Universitätsklinikums haftet neben diesem das Land unbeschränkt, wenn und soweit die Befriedigung aus dem Vermögen des Universitätsklinikums Jena nicht zu erlangen ist (Gewährträgerhaftung).

(6) Das Universitätsklinikum wird gegenüber Dritten durch den Sprecher des Klinikumsvorstands gemeinsam mit einem weiteren Vorstandsmitglied vertreten.

§ 99 Personal

(1) [1]Abweichend von § 96 Abs. 1 stehen die am Universitätsklinikum tätigen Arbeitnehmer im Dienst des Universitätsklinikums. [2]Für die Arbeitnehmer und Auszubildenden gelten die für das Land jeweils einschlägigen tarifvertraglichen und sonstigen Bestimmungen. [3]Bei einem unmittelbaren Wechsel von Arbeitnehmern vom Land zum Universitätsklinikum werden die beim Land zurückgelegten Beschäftigungszeiten so angerechnet, als wenn sie beim Universitätsklinikum zurückgelegt worden wären. [4]Die beim Universitätsklinikum zurückgelegten Beschäftigungszeiten werden bei einer Einstellung beim Land so berücksichtigt, als wenn sie beim Land zurückgelegt worden wären.

(2) Das am Universitätsklinikum tätige wissenschaftliche Personal im Beamtenverhältnis nimmt seine Aufgaben in der Krankenversorgung grundsätzlich als Dienstaufgabe wahr.

(3) [1]Professoren in leitender Funktion mit ärztlichen Aufgaben am Universitätsklinikum werden in der Regel im Angestelltenverhältnis eingestellt. [2]In besonders begründeten Ausnahmefällen können Professoren in leitender Funktion mit ärztlichen Aufgaben zum Beamten im Beamtenverhältnis auf Zeit oder auf Lebenszeit ernannt werden. [3]Abweichend von § 83 Abs. 1 Satz 1 Halbsatz 2 gehören Aufgaben im Bereich Krankenversorgung nicht zu den ihnen als Professor in leitender Funktion übertragenen Dienstaufgaben; die Wahrnehmung von Aufgaben im Bereich Krankenversorgung wird im Rahmen eines privatrechtlichen Dienstverhältnisses eigener Art (Dienstverträge) geregelt.

(4) [1]Werden dem Universitätsklinikum Beamte des Landes zur Dienstleistung zugewiesen, sind die dem Land anfallenden Personalkosten einschließlich der Beihilfekosten vom Universitätsklinikum zu erstatten. [2]Nach Eintritt des Versorgungsfalls erstattet das Universitätsklinikum die Versorgungsbezüge anteilig für die nach dem 1. Januar 2007 beim Universitätsklinikum abgeleisteten Zeiten. [3]§ 83 Abs. 2 und 4 des Thüringer Beamtenversorgungsgesetzes gilt entsprechend.

§ 100 Abgabe aus Liquidationserlösen, Mitarbeiterbeteiligung

(1) Werden wahlärztliche Leistungen von Professoren in leitender Funktion mit ärztlichen Aufgaben am Universitätsklinikum als Dienstaufgabe erbracht, so sind die Ärzte, Zahnärzte und Wissenschaftler mit Aufgaben in der Krankenversorgung an den hieraus erzielten Einnahmen angemessen zu beteiligen.

(2) Werden wahlärztliche Leistungen im stationären Bereich von Professoren in leitender Funktion mit ärztlichen Aufgaben am Universitätsklinikum in Nebentätigkeit erbracht, so sind die Ärzte, Zahnärzte und Wissenschaftler mit Aufgaben in der Krankenversorgung an den hieraus erzielten Einnahmen (Liquidationserlösen) angemessen zu beteiligen.

(3) [1]Der von dem liquidationsberechtigten Arzt abzuführende Betrag wird auf der Grundlage seines jährlichen Brutto-Liquidationserlöses errechnet. [2]Davon ist das Nutzungsentgelt abzusetzen, das dem Krankenhausträger als Kostenerstattung für die Inanspruchnahme von Personal, Einrichtungen oder Mitteln des Krankenhauses zuzüglich eines Vorteilsausgleichs entrichtet wird. [3]Aufwendungen, die unmittelbar zur Erzielung des Liquidationserlöses erforderlich waren, können abgesetzt werden.

(4) [1]Von dem nach Abzug des Nutzungsentgeltes und der Aufwendungen nach Absatz 3 verbleibenden Betrag (Netto-Liquidationserlös) ist ein Anteil abzuführen, der der Höhe nach zu stufen ist und 40 vom Hundert nicht übersteigen darf. [2]Das Nähere über die Höhe der abzuführenden Beträge wird durch Satzung des Universitätsklinikums bestimmt. [3]Dabei kann festgelegt werden, dass eine Abführungspflicht erst entsteht, wenn der jährliche Netto-Liquidationserlös eine Mindesthöhe von 12.000 Euro überschreitet.

(5) [1]Die nach den Absätzen 1 bis 4 gesammelten Mittel sind anhand von Kriterien wie Leistung, Erfahrung und Verantwortung an die Mitarbeiter nach Absatz 1 zu verteilen. [2]Das Nähere regelt das Universitätsklinikum durch Satzung.

§ 101 Finanzierung, Wirtschaftsführung, Rechnungswesen

(1) [1]Das Universitätsklinikum deckt seine Aufwendungen in der Krankenversorgung durch die für seine Leistungen vereinbarten oder festgelegten Entgelte und durch sonstige betriebliche Erträge. [2]Daneben gewährt das Land nach Maßgabe des Landeshaushalts Mittel für die Aufgaben in Forschung und Lehre für den laufenden Aufwand und für Investitionen. [3]Daneben werden Investitionen auf Antrag des Universitätsklinikums nach Maßgabe der haushaltsrechtlichen Bestimmungen gefördert.

(2) [1]Die Wirtschaftsführung und das Rechnungswesen des Universitätsklinikums richten sich nach kaufmännischen Regeln; die Bestimmungen der Thüringer Landeshaushaltsordnung finden mit Ausnahme der §§ 88 bis 104 und 111 ThürLHO keine Anwendung. [2]Die Grundsätze der Wirtschaftlichkeit und Sparsamkeit sind in sinngemäßer Anwendung des § 7 ThürLHO zu beachten, § 55 ThürLHO gilt entsprechend.

(3) [1]Wirtschaftsjahr ist das Kalenderjahr. [2]Der vom Verwaltungsrat bestätigte Wirtschaftsplan, bestehend aus Erfolgsplan, Investitionsplan und einer Liquiditätsrechnung, ist dem Ministerium vor Beginn des neuen Wirtschaftsjahres anzuzeigen. [3]Für Forschung und Lehre ist ein gesonderter Erfolgsplan aufzustellen.

(4) [1]Können bestehende Zahlungsverpflichtungen vorübergehend nicht aus laufenden Einnahmen gedeckt werden, darf das Universitätsklinikum Kassenkredite aufnehmen. [2]Diese Kassenkredite sollen nicht später als sechs Monate nach Ablauf des Geschäftsjahres, für das sie aufgenommen wurden, fällig werden. [3]Darüber hinaus können zur Finanzierung von Investitionen Kredite aufgenommen werden, für deren Rückzahlung längstens ein Zeitraum von dreißig Jahren vorzusehen ist. [4]Die Summe aller Kredite darf nur mit Zustimmung des Gewährträgers zwei Drittel der im jeweils jüngsten testierten Jahresabschluss ausgewiesenen betrieblichen Erträge überschreiten.

(5) [1]Der Jahres- und Konzernabschluss und der Lagebericht werden in entsprechender Anwendung der für große Kapitalgesellschaften geltenden Bestimmungen des Handelsgesetzbuchs unter Berücksichtigung der ergänzenden Bestimmungen der Krankenhaus-Buchführungsverordnung in der Fassung vom 24. März 1987 (BGBl. I S. 1045) in der jeweils geltenden Fassung zum Schluss eines jeden Wirtschaftsjahres aufgestellt und von einem Abschlussprüfer geprüft. [2]Die Prüfung erfolgt darüber hinaus entsprechend § 53 HGrG.

(6) Als Nachweis der Verwendung des Landeszuschusses für Forschung und Lehre nach Absatz 1 Satz 2 und 3 dient der Jahresabschluss nach Absatz 5 Satz 1, der eine Trennungsrechnung enthalten muss.

(7) [1]Zur Erfüllung seiner Aufgaben kann sich das Universitätsklinikum Dritter bedienen, sich an Unternehmen beteiligen oder Unternehmen gründen, wenn sich der angestrebte Zweck nicht besser und wirtschaftlicher auf andere Weise erreichen lässt. [2]Dabei ist die Haftung des Universitätsklinikums auf die Einlage oder den Wert des Gesellschaftsanteils zu beschränken; die Gewährträgerhaftung des Landes nach § 98 Abs. 5 ist insoweit ausgeschlossen. [3]Das Prüfungsrecht des Rechnungshofs nach § 104 Abs. 1 Nr. 3 ThürLHO ist sicherzustellen.

§ 102 Organe

Organe des Universitätsklinikums sind
1. der Fakultätsrat (§ 103),
2. der Klinikumsvorstand (§ 104),
3. die Wahlversammlung (§ 107) und
4. der Verwaltungsrat (§ 108).

§ 103 Fakultätsrat

(1) [1]Der Fakultätsrat entscheidet in Angelegenheiten der Forschung und Lehre von grundsätzlicher Bedeutung. [2]Ihm obliegen insbesondere folgende Aufgaben:
1. Erlass und Änderung der Satzungen des Universitätsklinikums, soweit in diesem Gesetz keine andere Zuständigkeit bestimmt ist,
2. Erteilung des Einvernehmens zum Erlass und zur Änderung der Grundsatzung nach § 98 Abs. 3 und zur Struktur- und Entwicklungsplanung nach § 13 Abs. 4 und deren Fortschreibung, jeweils soweit Angelegenheiten von Lehre und Forschung betroffen sind, sowie die Stellungnahme hierzu im Übrigen,
3. Erteilung des Einvernehmens vor Abschluss der Ziel- und Leistungsvereinbarungen mit dem Ministerium nach § 98 Abs. 2 Satz 4,
4. Beschlussfassung über Berufungsvorschläge, bei unmittelbarem Bezug zur Krankenversorgung im Einvernehmen mit dem Klinikumsvorstand,
5. Aufstellung von Grundsätzen für die Verteilung und den wirtschaftlichen und aufgabengerechten Einsatz der Mittel für Forschung und Lehre,
6. Stellungnahme zum Entwurf des Wirtschaftsplans des Universitätsklinikums für Forschung und Lehre,
7. Stellungnahme zum Sachbericht zur Trennungsrechnung,
8. Erteilung des Benehmens zur Einrichtung, Änderung und Aufhebung von Struktureinheiten des Universitätsklinikums sowie zur Bestellung von deren Leitungen,
9. Mitwirkung in der Findungskommission sowie an der Wahl und Abwahl des Wissenschaftlichen Vorstands in der Wahlversammlung,
10. Erteilung des Einvernehmens zur Wahl und Abwahl des Medizinischen und des Kaufmännischen Vorstands,
11. Wahl und Abwahl der Prodekane nach Absatz 4.

[3]Der Fakultätsrat kann für einzelne seiner Aufgaben Ausschüsse und Beauftragte einsetzen. [4]Der Fakultätsrat gibt sich eine Geschäftsordnung.

(2) [1]Die Mitglieder des Universitätsklinikums nach § 98 Abs. 1 wählen die Mitglieder des Fakultätsrats. [2]Für die Zusammensetzung und Stimmenverteilung im Fakultätsrat findet § 35 Abs. 3 und 4 entsprechende Anwendung. [3]Die Mitglieder des Klinikumsvorstands nach § 104 Abs. 2 Satz 1 Nr. 1 und 2 können an den Sitzungen des Fakultätsrats mit beratender Stimme teilnehmen. [4]In Angelegenheiten von Forschung und Lehre kann auch ein Vertreter der Lehrkrankenhäuser nach § 110 mit beratender Stimme teilnehmen, soweit der Fakultätsrat im Einzelfall nichts anderes beschließt.

(3) [1]Der Dekan nach § 104 Abs. 2 Satz 1 Nr. 3 gehört dem Fakultätsrat ohne Stimmrecht an und führt dessen Vorsitz. [2]Er bereitet die Sitzungen des Fakultätsrats vor, vollzieht dessen Beschlüsse und führt dessen Geschäfte in eigener Zuständigkeit. [3]Er meldet den Mittelbedarf für Forschung und Lehre zum Wirtschaftsplan des Universitätsklinikums beim Klinikumsvorstand an und entscheidet über die Verteilung der im Wirtschaftsplan für Aufgaben in Forschung und Lehre ausgewiesenen Mittel auf die einzelnen Organisationseinheiten.

(4) [1]Prodekane werden auf Vorschlag des Dekans vom Fakultätsrat gewählt. [2]Die Amtszeiten der Prodekane betragen nach Maßgabe der Grundsatzung zwei bis fünf Jahre. [3]Der Fakultätsrat kann im

Einvernehmen mit dem Dekan einen Prodekan abberufen; der Beschluss bedarf einer Mehrheit von zwei Dritteln. [4]Das Nähere regelt das Universitätsklinikum in der Grundsatzung.

§ 104 Klinikumsvorstand

(1) [1]Der Klinikumsvorstand leitet das Universitätsklinikum und führt dessen Geschäfte. [2]Er ist für alle Angelegenheiten des Universitätsklinikums zuständig, die nicht nach dem Gesetz oder aufgrund dieses Gesetzes einem anderen Organ oder dem Gewährträger zugewiesen sind. [3]Ihm obliegen insbesondere folgende Aufgaben:

1. Erlass und Änderung der Grundsatzung nach § 98 Abs. 3 sowie die Aufstellung und Fortschreibung der Struktur- und Entwicklungsplanung nach § 13 Abs. 4 im Einvernehmen mit dem Fakultätsrat nach § 103 Abs. 1 Satz 2 Nr. 2, soweit Angelegenheiten von Forschung und Lehre betroffen sind, im Übrigen unter Berücksichtigung und Würdigung der Stellungnahme des Fakultätsrats nach § 103 Abs. 1 Satz 2 Nr. 2, vor Aufstellung und Fortschreibung der Struktur- und Entwicklungsplanung ist zusätzlich die Stellungnahme des Verwaltungsrats nach § 108 Abs. 2 Satz 2 Nr. 2 zu würdigen,
2. Abschluss von Ziel- und Leistungsvereinbarungen mit dem Ministerium nach § 98 Abs. 2 Satz 4; vor Abschluss sind die Stellungnahme des Verwaltungsrats nach § 108 Abs. 2 Satz 2 Nr. 2 zu berücksichtigen und zu würdigen und das Einvernehmen mit dem Fakultätsrat nach § 103 Abs. 1 Satz 2 Nr. 3 herzustellen,
3. Aufstellung des Wirtschaftsplans, hinsichtlich des Wirtschaftsplans für Forschung und Lehre unter Berücksichtigung und Würdigung der Stellungnahme des Fakultätsrats nach § 103 Abs. 1 Satz 2 Nr. 6,
4. Aufstellung des Jahres- und Konzernabschlusses nach § 101 Abs. 5,
5. Überprüfung frei werdender Hochschullehrerstellen sowie deren künftige Verwendung und Ausschreibung,
6. Einstellung des Personals,
7. Erstellung von Grundsätzen für den Abschluss privatrechtlicher Dienstverträge mit Professoren in leitender Funktion mit ärztlichen Aufgaben am Universitätsklinikum,
8. aufgaben-, leistungs- und evaluationsbezogene Zuweisung von Stellen und Mitteln auf die Organisationseinheiten, soweit diese nicht nach § 103 Abs. 3 Satz 3 dem Dekan zugewiesen ist,
9. Entscheidung über die Einrichtung, Änderung und Aufhebung von Struktureinheiten sowie über die Bestellung von deren Leitungen im Benehmen mit dem Präsidium der Friedrich-Schiller-Universität Jena und dem Fakultätsrat nach § 103 Abs. 1 Satz 2 Nr. 8,
10. Entscheidungen nach § 17 Abs. 1 über die Errichtung, Übernahme, Erweiterung oder Beteiligung an wirtschaftlichen Unternehmen,
11. Vorbereitung der Sitzungen des Verwaltungsrats,
12. Erteilung des Einvernehmens zu Berufungsvorschlägen mit unmittelbarem Bezug zur Krankenversorgung, das Einvernehmen kann nur wegen begründeter Zweifel an der Eignung eines vorgeschlagenen Kandidaten für die Aufgabe in der Krankenversorgung verweigert werden,
13. Vorschlag für die Bestellung eines Pflegedirektors nach Maßgabe des § 108 Abs. 2 Satz 2 Nr. 7 im Benehmen mit den leitenden Pflegekräften des Universitätsklinikums und
14. Wahrnehmung der Gesellschafterrechte für die Tochterunternehmen und Beteiligungen des Universitätsklinikums.

[4]Der Klinikumsvorstand hat gegenüber den Struktureinheiten des Universitätsklinikums in der Krankenversorgung Weisungsbefugnis.

(2) [1]Dem Klinikumsvorstand gehören an:

1. der Medizinische Vorstand mit Zuständigkeit für den Geschäftsbereich der Krankenversorgung,
2. der Kaufmännische Vorstand mit Zuständigkeit für den Geschäftsbereich der Wirtschaftsführung und Administration,
3. der Wissenschaftliche Vorstand mit Zuständigkeit für den Geschäftsbereich der Forschung und Lehre, der zugleich das Amt des Dekans wahrnimmt.

[2]Dem Kaufmännischen Vorstand obliegt die kaufmännische Führung des Universitätsklinikums. [3]Hierzu hat er die Sorgfalt eines ordentlichen Kaufmanns anzuwenden. [4]Er hat die Stellung wie ein Beauftragter für den Haushalt nach § 9 ThürLHO. [5]Die Geschäftsbereiche der Mitglieder des Klinikumsvorstands werden im Übrigen in der Grundsatzung geregelt.

(3) [1]Der Klinikumsvorstand fasst seine Beschlüsse einstimmig. [2]Die Grundsatzung soll ein Schlichtungsverfahren für den Fall vorsehen, dass in wichtigen Angelegenheiten keine einstimmige Beschlussfassung zustande kommt. [3]Der Pflegedirektor nimmt mit beratender Stimme an den Sitzungen des Klinikumsvorstands teil. [4]Der Klinikumsvorstand gibt sich eine Geschäftsordnung, die der Genehmigung des Verwaltungsrats bedarf.

(4) [1]Der Klinikumsvorstand wählt für in der Regel vier Jahre, höchstens jedoch für die Dauer der jeweiligen Amtszeit des bestellten Mitglieds, einen Sprecher, der durch den Verwaltungsrat bestellt wird. [2]Die Wiederwahl ist zulässig.

(5) [1]Der Klinikumsvorstand hat dem Verwaltungsrat regelmäßig, mindestens vierteljährlich und im Übrigen nach Aufforderung, schriftlich über grundsätzliche Angelegenheiten, die Lage sowie die Ergebnis- und Liquiditätsentwicklung des Universitätsklinikums zu berichten. [2]Einmal jährlich ist über den Stand der Unternehmensbeteiligungen, die erworbenen oder errichteten Unternehmen sowie die Weiterentwicklung des Risikomanagements zu berichten. [3]Dem Vorsitzenden des Verwaltungsrats ist außerdem bei wichtigen Anlässen unverzüglich zu berichten. [4]Zu der ersten Verwaltungsratssitzung eines Geschäftsjahres berichtet der Klinikumsvorstand über den Geschäftsablauf unter Gegenüberstellung der Planung des vergangenen Geschäftsjahrs. [5]Ferner ist dem Verwaltungsrat zu seiner ersten Sitzung im Geschäftsjahr ein zusammenfassender Überblick über die Investitionen des abgelaufenen Geschäftsjahrs zu geben, die nicht zustimmungsbedürftig waren.

§ 105 Wahl der Mitglieder des Klinikumsvorstands und dienstrechtliche Stellung

(1) [1]Der Wissenschaftliche Vorstand, der Hochschullehrer sein muss, wird von der Wahlversammlung nach § 107 mit der Mehrheit der Stimmen ihrer Mitglieder und zusätzlich mit der Mehrheit der Stimmen der Hochschullehrer gewählt. [2]Die Stelle ist rechtzeitig öffentlich auszuschreiben. [3]Zur Vorbereitung der Wahl erstellt eine Findungskommission, bestehend zu gleichen Teilen aus Mitgliedern des Verwaltungsrats und des Fakultätsrats aus verschiedenen Gruppen nach § 21 Abs. 2, unter Vorsitz des Verwaltungsratsvorsitzenden einen Wahlvorschlag, der mehrere Namen enthalten kann und der als Empfehlung der Wahlversammlung zuzuleiten ist. [4]Eine mehrfache Wiederwahl des Wissenschaftlichen Vorstandes ist zulässig; die Sätze 2 und 3 finden dann keine Anwendung.

(2) [1]Der Medizinische und der Kaufmännische Vorstand werden jeweils mit der Mehrheit der Stimmen des Verwaltungsrats und zusätzlich der Stimmen der Verwaltungsratsmitglieder nach § 108 Abs. 3 Satz 1 Nr. 1 und 2 gewählt. [2]Die Wahl bedarf des Einvernehmens des Fakultätsrats. [3]Vor der Wahl des Medizinischen Vorstands, der approbierter Arzt sein muss und über Erfahrungen in der Leitung einer klinischen Einrichtung verfügen soll, sind die Leiter der an der Krankenversorgung beteiligten Kliniken, Institute und sonstigen Struktureinheiten anzuhören. [4]Die Stellen sind rechtzeitig öffentlich auszuschreiben. [5]Eine mehrfache Wiederwahl ist zulässig; Satz 4 findet keine Anwendung.

(3) [1]Die Amtszeit der Vorstandsmitglieder beträgt bis zu sechs Jahre. [2]Sie nehmen ihre Ämter hauptamtlich wahr. [3]Mit den Vorstandsmitgliedern werden für die Dauer ihrer Amtszeit leistungsabhängige Dienstverträge geschlossen. [4]Gegenüber den Vorstandsmitgliedern wird das Universitätsklinikum durch den Vorsitzenden des Verwaltungsrats vertreten. [5]Für die Vorstandsmitglieder findet § 30 Abs. 11 Satz 1 und 2 entsprechende Anwendung.

§ 106 Abwahl der Mitglieder des Klinikumsvorstands

(1) [1]Der Wissenschaftliche Vorstand kann auf Antrag des Fakultätsrats oder des Verwaltungsrats mit einer Mehrheit von zwei Dritteln der Mitglieder der Wahlversammlung nach § 107 abgewählt werden. [2]Die Abwahl bedarf zusätzlich einer Mehrheit von zwei Dritteln der der Wahlversammlung angehörenden Hochschullehrer. [3]Der Antrag des Fakultätsrats oder des Verwaltungsrats nach Satz 1 bedarf jeweils einer Mehrheit von zwei Dritteln seiner Mitglieder. [4]§ 30 Abs. 10 gilt entsprechend mit der Maßgabe, dass der vorläufige Leiter aus dem Kreis der im Fakultätsrat vertretenen Hochschullehrer zu wählen ist.

(2) [1]Der Medizinische und der Kaufmännische Vorstand können durch den Verwaltungsrat mit einer Mehrheit von zwei Dritteln seiner Mitglieder und zusätzlich der Stimmen der Verwaltungsratsmitglieder nach § 108 Abs. 3 Satz 1 Nr. 1 und 2 abgewählt werden; ein Abwahlverfahren kann auch vom Fakultätsrat mit einer Mehrheit von zwei Dritteln seiner Mitglieder beantragt werden. [2]Die Abwahl erfolgt im Einvernehmen mit dem Fakultätsrat; der Beschluss bedarf einer Mehrheit von zwei Dritteln der Fakultätsratsmitglieder.

§ 107 Wahlversammlung

(1) Die Wahlversammlung entscheidet über die Wahl und Abwahl des Wissenschaftlichen Vorstands nach § 105 Abs. 1 und § 106 Abs. 1.

(2) [1]Die Wahlversammlung setzt sich aus den Fakultätsrats- und Verwaltungsratsmitgliedern zusammen. [2]Den Vorsitz führt der Verwaltungsratsvorsitzende.

§ 108 Verwaltungsrat

(1) [1]Der Verwaltungsrat bestimmt die Richtlinien für die Geschäftstätigkeit des Universitätsklinikums und überwacht die Tätigkeit des Klinikumsvorstands. [2]Er trägt dafür Sorge, dass das Universitätsklinikum die ihm zur Gewährleistung von Forschung, Lehre und Krankenversorgung sowie Aus-, Fort- und Weiterbildung obliegenden Aufgaben erfüllt. [3]Der Verwaltungsrat hat ein umfassendes Informations-, Einsichts- und Prüfungsrecht gegenüber dem Universitätsklinikum und dessen Organen und Struktureinheiten.

(2) [1]Der Verwaltungsrat entscheidet in grundsätzlichen Angelegenheiten des Universitätsklinikums, soweit die Zuständigkeit in Angelegenheiten von Forschung und Lehre nicht nach § 103 Abs. 1 dem Fakultätsrat zugewiesen ist. [2]Ihm obliegen insbesondere folgende Aufgaben:

1. Genehmigung der Grundsatzung nach § 98 Abs. 3 und der sonstigen Satzungen einschließlich der Geschäftsordnung des Klinikumsvorstands,
2. Stellungnahme zu den Struktur- und Entwicklungsplänen nach § 13 Abs. 4 und deren Fortschreibung sowie zu den Ziel- und Leistungsvereinbarungen nach § 98 Abs. 2 Satz 4 vor deren Abschluss mit dem Ministerium,
3. Zustimmung zum Wirtschaftsplan,
4. Bestellung und Beauftragung des Abschlussprüfers,
5. Beschluss des Jahres- und Konzernabschlusses nach § 101 Abs. 5 unter Berücksichtigung der Stellungnahme des Fakultätsrats nach § 103 Abs. 1 Satz 2 Nr. 7 sowie die Beschlussempfehlung an den Gewährträger zur Feststellung des Jahresabschlusses sowie zur Billigung des Lageberichts, des Konzernabschlusses und des Konzernlageberichts,
6. Entlastung des Klinikumsvorstands,
7. Bestellung eines Pflegedirektors auf Vorschlag des Klinikumsvorstands in der Regel für zehn Jahre; die Wiederbestellung ist möglich,
8. Entscheidung über Kreditaufnahmen, Grundstücks- und Beteiligungsgeschäfte,
9. Zustimmung zur Einrichtung, Änderung und Aufhebung von Kliniken, klinischen Einrichtungen und sonstigen Struktureinheiten,
10. Mitwirkung in der Findungskommission sowie an der Wahl und Abwahl des Wissenschaftlichen Vorstands in der Wahlversammlung,
11. Wahl und Abwahl des Medizinischen und des Kaufmännischen Vorstands,
12. Entscheidung über die Dienstverträge der Vorstandsmitglieder,
13. Entscheidung über die Grundsätze für den Abschluss privatrechtlicher Dienstverträge mit Professoren in leitender Funktion mit ärztlichen Aufgaben am Universitätsklinikum.

(3) [1]Dem Verwaltungsrat gehören an:

1. der für das Hochschulwesen zuständige Minister oder ein für die Dauer seiner Amtszeit von ihm dauerhaft benannter Vertreter als Vorsitzender,
2. der für Finanzen zuständige Minister oder ein für die Dauer seiner Amtszeit von ihm dauerhaft benannter Vertreter,
3. der Präsident der Friedrich-Schiller-Universität Jena oder ein für die Dauer seiner Amtszeit von ihm dauerhaft benannter Vertreter,
4. zwei mit dem Hochschulwesen vertraute Persönlichkeiten aus der Medizin und eine mit dem Hochschul- oder Krankenhauswesen vertraute Persönlichkeit aus Klinikmanagement, Wirtschaft oder Dienstleistungsbereich, die nicht der Friedrich-Schiller-Universität Jena oder dem Ministerium angehören,
5. ein in unmittelbarer, freier, gleicher und geheimer Wahl von den am Universitätsklinikum tätigen Beamten und Arbeitnehmern aus dem Kreis der Wahlberechtigten gewählter Vertreter.

[2]Die Mitglieder nach Satz 1 Nr. 4 werden auf Vorschlag des Präsidiums der Friedrich-Schiller-Universität Jena im Benehmen mit dem Klinikumsvorstand vom Ministerium für die Dauer von vier Jahren bestellt; die Wiederbestellung ist zulässig. [3]Das Mitglied nach Satz 1 Nr. 5 kann sich durch einen

Stellvertreter vertreten lassen, der in entsprechender Anwendung von Satz 1 Nr. 5 gewählt wird. [4]Das Mitglied nach Satz 1 Nr. 5 sowie sein Stellvertreter werden für drei Jahre gewählt; die Wiederwahl ist zulässig.

(4) [1]Der Verwaltungsrat entscheidet durch Beschluss. [2]Die Beschlussfähigkeit des Verwaltungsrats ist gegeben, wenn mindestens ein Mitglied nach Absatz 3 Satz 1 Nr. 1 oder 2 sowie mindestens zwei weitere Mitglieder an der Beschlussfassung teilnehmen. [3]Der Verwaltungsrat entscheidet mit einfacher Mehrheit der abgegebenen Stimmen, soweit dieses Gesetz oder die Grundsatzung nichts anderes vorsehen. [4]Bei Stimmengleichheit gibt die Stimme des Vorsitzenden den Ausschlag. [5]Bei Beschlüssen in Angelegenheiten:

1. der Entscheidung über die Dienstverträge der Vorstandsmitglieder nach § 105 Abs. 3 Satz 3,
2. der Aufnahme von Krediten und Gewährung von Darlehen, soweit die satzungsmäßig hierfür festgelegten Grenzen überschritten werden sowie
3. über Grundsätze für den Abschluss privatrechtlicher Dienstverträge mit Professoren in leitender Funktion mit ärztlichen Aufgaben am Universitätsklinikum

und bei Beschlüssen, die der Zustimmung des Gewährträgers nach § 109 bedürfen, kann keines der Mitglieder nach Absatz 3 Satz 1 Nr. 1 und 2 überstimmt werden.

(5) [1]Der Verwaltungsrat gibt sich eine Geschäftsordnung, in der insbesondere die innere Ordnung und die Einberufung des Verwaltungsrats geregelt werden. [2]Die Beratungen des Verwaltungsrats werden vom Klinikumsvorstand vorbereitet. [3]Die Mitglieder des Klinikumsvorstands nehmen an den Beratungen des Verwaltungsrats teil, soweit er im Einzelfall nichts anderes beschließt. [4]Das Universitätsklinikum kann die erforderlichen Aufwendungen der Mitglieder des Verwaltungsrats nach Maßgabe der Grundsatzung tragen. [5]Verletzt ein Verwaltungsratsmitglied seine Pflichten, finden § 48 des Beamtenstatusgesetzes und § 46 ThürBG sinngemäß Anwendung.

§ 109 Rechte des Gewährträgers

(1) Das Land als Gewährträger wird durch das für Finanzen zuständige Ministerium im Einvernehmen mit dem Ministerium vertreten.

(2) Nachfolgende Beschlüsse des Verwaltungsrats bedürfen der Genehmigung des Gewährträgers:

1. die Aufnahme neuer oder die Aufgabe vorhandener Geschäftszweige,
2. der Erwerb und die Veräußerung von Grundstücken, dinglichen Rechten an Grundstücken sowie die Belastung von Grundstücken oberhalb einer vom Gewährträger bestimmten Wertgrenze,
3. die Aufnahme von Krediten und Gewährung von Darlehen, soweit die satzungsmäßig hierfür festgelegten Grenzen überschritten werden,
4. der Erwerb und die Gründung von Unternehmen, der Erwerb und die Veräußerung von Beteiligungen an Unternehmen sowie Änderungen der Beteiligungsquote und Teilnahme an einer Kapitalerhöhung gegen Einlagen und
5. die Antragstellung auf Beteiligung bei der Versorgungsanstalt des Bundes und der Länder.

(3) [1]Auf Vorschlag des Verwaltungsrats entscheidet der Gewährträger bis zum 31. August des auf das Wirtschaftsjahr folgenden Jahres über die Feststellung des Jahresabschlusses sowie über die Billigung des Lageberichts, des Konzernabschlusses und des Konzernlageberichts. [2]Gleichzeitig ergeht eine Entscheidung über die Verwendung des Jahresergebnisses einschließlich der Deckung eines etwaigen Bilanzverlustes.

(4) Der Gewährträger kann widerruflich die vorherige Zustimmung zu einem bestimmten Teil von Geschäften allgemein oder im Einzelfall, auch unter Festlegung von Wertgrenzen, erteilen.

(5) Die Entlastung des Verwaltungsrats erteilt der Gewährträger.

§ 110 Lehrkrankenhäuser

(1) [1]Für die klinische Ausbildung von Studierenden kann das Universitätsklinikum mit kommunalen, gemeinnützigen oder anderen geeigneten Krankenanstalten oder deren Abteilungen als Lehrkrankenhäusern nach Maßgabe der Approbationsordnung für Ärzte Kooperationen zum Zweck der Ausbildung der Studierenden vereinbaren. [2]Der Fakultätsrat erlässt Richtlinien über die Zuteilung der Ausbildungsplätze.

(2) [1]Das Universitätsklinikum trifft mit dem jeweiligen Krankenhausträger eine Vereinbarung über die von beiden Vertragspartnern zu erbringenden Leistungen. [2]Die Vereinbarung soll die Verantwortlichkeit des Universitätsklinikums für die Ausbildung der Studierenden regeln und vorsehen, dass der

Fakultätsrat vor der Besetzung leitender Stellen in den Abteilungen der Lehrkrankenhäuser zu hören ist.

Siebter Teil
Duale Hochschule

Erster Abschnitt
Allgemeines

§ 111 Aufgaben und Gliederung

(1) [1]Die Duale Hochschule erfüllt ihre Aufgaben durch das Zusammenwirken mit den beteiligten Praxispartnern. [2]Beteiligte Praxispartner können Unternehmen der Wirtschaft und vergleichbare Einrichtungen außerhalb der Wirtschaft, insbesondere solche der freien Berufe sowie Einrichtungen von Trägern sozialer Aufgaben, sein. [3]Sie können sich an der Durchführung des Studiums an der Dualen Hochschule beteiligen, wenn sie geeignet sind, die vorgeschriebenen Inhalte der in das Studium integrierten praktischen Studienabschnitte zu vermitteln und wenn sie für die Dauer des Studiums eine Ausbildungsvergütung gewähren. [4]Die Ausbildungsvergütung ist nach dem Günstigkeitsprinzip zu gewähren. [5]Die Vergütung darf den Bedarfssatz nach § 13 Abs. 1 Nr. 2 des Bundesausbildungsförderungsgesetzes (BAföG) zuzüglich der Beträge nach § 13 Abs. 2 Nr. 1 BAföG sowie nach § 13a BAföG nicht unterschreiten (Mindestausbildungsvergütung). [6]Die Duale Hochschule regelt das Verfahren für die Zulassung als Praxispartner sowie die Grundsätze für die Ausgestaltung des Vertragsverhältnisses zwischen Praxispartner und Studierendem durch Satzungen.

(2) Die Duale Hochschule erfüllt die Aufgaben nach § 5 Abs. 1 Satz 2 und 3 durch

1. die Vermittlung der Fähigkeit zu selbständiger Anwendung wissenschaftlicher Erkenntnisse und Methoden in der Berufspraxis im Rahmen praxisintegrierender dualer Studiengänge in Zusammenarbeit mit den Praxispartnern,
2. die Durchführung von anwendungsbezogenen Forschungsprojekten in Zusammenarbeit mit den Praxispartnern, anderen Hochschulen oder der Wirtschaft,
3. die Beteiligung an der Entwicklung und Umsetzung weiterbildender Masterstudiengänge von mit der Dualen Hochschule kooperierenden Hochschulen (Kooperationshochschulen) und
4. berufsbezogene wissenschaftliche Weiterbildungsangebote mit Bezug auf das eigene Fächerspektrum.

(3) [1]Die Duale Hochschule erteilt ihre Studienangebote in Gera (Campus Gera) und in Eisenach (Campus Eisenach); Verwaltungssitz der Dualen Hochschule ist Gera. [2]An der Dualen Hochschule werden Studienbereiche eingerichtet. [3]Die Studienbereiche werden in Studiengänge untergliedert. [4]Jeder Studiengang hat mindestens eine Studienrichtung.

Zweiter Abschnitt
Organisation

§ 112 Zentrale Organe

Organe der Dualen Hochschule auf der zentralen Ebene sind:

1. das Präsidium (§ 113),
2. der Hochschulrat (§ 114),
3. der Senat (§ 115) und
4. die Hochschulversammlung (§ 36).

§ 113 Präsidium

(1) Das Präsidium hat über die in § 29 Abs. 1 genannten Zuständigkeiten hinaus die Aufgabe, die Studienkapazitäten nach § 114 Abs. 1 Nr. 2 in entsprechender Anwendung des § 4 Abs. 3 sowie des § 5 Abs. 1 Satz 1 bis 3, 4 Halbsatz 1, Satz 5 und 6 und Abs. 2 des Thüringer Hochschulzulassungsgesetzes vom 16. Dezember 2008 (GVBl. S. 535) in der jeweils geltenden Fassung zu berechnen und festzulegen.

(2) Der Präsident, der Vizepräsident oder die Vizepräsidenten sowie der Kanzler bilden das Präsidium.

(3) [1]Der Präsident bestellt nach Maßgabe des § 31 Abs. 1 aus dem Kreis der am Campus Eisenach tätigen Professoren einen Vizepräsidenten als seinen ständigen Vertreter. [2]Die Bestellung weiterer Vizepräsidenten bleibt davon unberührt.

§ 114 Hochschulrat

(1) Der Hochschulrat gibt Empfehlungen zu Angelegenheiten von grundsätzlicher Bedeutung für die Duale Hochschule, insbesondere

1. zur Einrichtung oder Aufhebung von Studiengängen und Studienrichtungen,
2. zur Festlegung von Obergrenzen für Studienkapazitäten am Campus Gera und am Campus Eisenach unter Berücksichtigung der räumlichen und fachspezifischen Gegebenheiten sowie der haushaltsrechtlichen Vorgaben,
3. zu Prüfungs- und Studienordnungen,
4. zur Berufungsordnung,
5. zur Immatrikulationsordnung, die auch die Festlegungen nach Nummer 2 sowie Regelungen über das Verfahren der Verteilung der Studienplätze bei beschränkten Studienplatzkapazitäten enthalten muss,
6. zu den Grundsätzen für die Ausgestaltung des Ausbildungsvertrags zwischen den Studierenden und den Praxispartnern und
7. zu den Grundsätzen für das Verfahren zur Zulassung als Praxispartner.

(2) Über die in Absatz 1 und in § 34 Abs. 1 Satz 2 genannten Aufgaben hinaus hat der Hochschulrat folgende Aufgaben:

1. die Mitwirkung bei der Bestimmung der Mitglieder der Koordinierungskommissionen und deren Stellvertreter nach Maßgabe des § 118 Abs. 3 Satz 3,
2. die Mitwirkung bei der Bestimmung der Mitglieder der Studienkommissionen und deren Stellvertreter nach Maßgabe des § 119 Abs. 3 Satz 3.

(3) [1]Dem Hochschulrat gehören abweichend von § 34 Abs. 3 folgende stimmberechtigte Mitglieder an:

1. ein Vertreter des Ministeriums,
2. fünf Vertreter der Praxispartner,
3. drei Vertreter der Wirtschaftskammern,
4. zwei Vertreter der Gewerkschaften,
5. ein Vertreter der auf Landesebene bestehenden Zusammenschlüsse der öffentlichen oder freien Wohlfahrtspflege,
6. ein externer Vertreter einer wissenschaftlichen Einrichtung.

[2]Die Mitglieder nach Nummer 2 und 6 bedürfen der Bestätigung des Senats mit Stimmenmehrheit.

(4) Abweichend von § 34 Abs. 3 werden die Mitglieder des Hochschulrats nach Absatz 3 Nr. 2 bis 6 wie folgt benannt:

1. von den fünf Vertretern nach Absatz 3 Nr. 2 drei durch die Industrie- und Handelskammern, einer durch die Handwerkskammern und einer als gemeinsamer Vorschlag durch die auf Landesebene bestehenden Zusammenschlüsse der öffentlichen und der freien Wohlfahrtspflege,
2. die Vertreter nach Absatz 3 Nr. 3 durch die Industrie- und Handelskammern sowie die Handwerkskammern,
3. die Vertreter nach Absatz 3 Nr. 4 durch den Dachverband der Gewerkschaften,
4. der Vertreter nach Absatz 3 Nr. 5 als gemeinsamer Vorschlag durch die auf Landesebene bestehenden Zusammenschlüsse der öffentlichen und der freien Wohlfahrtspflege und
5. der Vertreter nach Absatz 3 Nr. 6 durch den Präsidenten der Dualen Hochschule.

(5) Das Nähere regelt die Duale Hochschule in der Grundordnung.

§ 115 Senat

(1) Der Senat der Dualen Hochschule hat über die in § 35 Abs. 1 genannten Aufgaben hinaus folgende Aufgaben:

1. die Mitwirkung bei der Bestimmung der Mitglieder der Koordinierungskommissionen und deren Stellvertreter nach Maßgabe des § 118 Abs. 3 Satz 3,

2. die Mitwirkung bei der Bestimmung der Mitglieder der Studienkommissionen und deren Stellvertreter nach Maßgabe des § 119 Abs. 3 Satz 3 und
3. die Mitwirkung bei der Bestellung der Leiter der Studienrichtungen nach Maßgabe des § 121 Satz 2.

(2) Das Nähere regelt die Duale Hochschule in der Grundordnung.

§ 116 Dezentrale Organisation

[1]Die Ausübung der Selbstverwaltungsrechte der Mitgliedergruppen der Dualen Hochschule erfolgt über die Organe der zentralen Ebene sowie die Gremien unterhalb der zentralen Ebene. [2]Aufgaben, die nach diesem Gesetz oder hierauf beruhenden Rechtsverordnungen Dekanen übertragen sind oder auf diese übertragen werden können, werden an der Dualen Hochschule durch den Präsidenten wahrgenommen und können von ihm auf Vizepräsidenten übertragen werden. [3]Die §§ 38 bis 41 finden keine Anwendung.

§ 117 Gremien der dezentralen Ebene

[1]Unterhalb der zentralen Ebene werden an der Dualen Hochschule folgende Gremien gebildet:
1. Koordinierungskommissionen,
2. Studienkommissionen und
3. Kooperationsausschüsse.

[2]Im Übrigen regelt die Grundordnung die Selbstverwaltungsstruktur unterhalb der zentralen Ebene nach den §§ 118 bis 120.

§ 118 Koordinierungskommissionen

(1) Am Campus Gera und am Campus Eisenach ist je eine Koordinierungskommission zu bilden.

(2) [1]Die Koordinierungskommissionen regeln die Zusammenarbeit zwischen der Dualen Hochschule und den zugelassenen Praxispartnern bezogen auf die dualen Studiengänge. [2]Zu ihren Aufgaben gehören insbesondere
1. die Verteilung der Studienkapazitäten auf die Studienrichtungen und die Praxispartner,
2. die Abgabe von Empfehlungen für die Bestellung der Leiter einer Studienrichtung nach § 121,
3. die Entwicklung von Maßnahmen zur Gewinnung und Sicherung von Ausbildungsplätzen bei den Praxispartnern,
4. die Aufstellung von Eignungsgrundsätzen für die Zulassung von Praxispartnern sowie die Aufsicht über deren Einhaltung.

[3]Die Koordinierungskommissionen geben sich eine Geschäftsordnung.

(3) [1]Der jeweiligen Koordinierungskommission gehören als stimmberechtigte Mitglieder an:
1. der Präsident oder ein von ihm beauftragter Vizepräsident,
2. für jeden Studienbereich am Campus je ein Leiter einer Studieneinrichtung,
3. für jeden Studienbereich am Campus je ein Vertreter aus dem Kreis der Praxispartner und
4. für jeden Studienbereich am Campus je ein Vertreter aus dem Kreis der Studierenden.

[2]Jedes Mitglied nach Satz 1 hat einen Stellvertreter. [3]Der Präsident bestellt die Mitglieder nach Satz 1 Nr. 2 und deren Stellvertreter für einen Zeitraum von drei Jahren auf Vorschlag des Senats nach § 115, die Mitglieder nach Satz 1 Nr. 3 und deren Stellvertreter für einen Zeitraum von drei Jahren auf Empfehlung des Hochschulrats nach § 114 und die Mitglieder nach Satz 1 Nr. 4 und deren Stellvertreter für einen Zeitraum von einem Jahr auf Vorschlag der Organe der Studierendenschaft nach § 80 Abs. 2. [4]Jede Koordinierungskommission hat einen Vorsitzenden und einen stellvertretenden Vorsitzenden.

(4) Das Nähere regelt die Duale Hochschule in der Grundordnung.

§ 119 Studienkommissionen

(1) Für jeden Studienbereich ist eine Studienkommission zu bilden.

(2) [1]Die Studienkommissionen haben die Aufgabe, Empfehlungen zu fachlichen Angelegenheiten der Studienbereiche abzugeben. [2]Ihnen obliegt insbesondere die Erarbeitung der Studien- und Prüfungsordnungen im Auftrag des Senats. [3]Die Studienkommissionen geben sich eine Geschäftsordnung.

(3) [1]Jeder Studienkommission gehören als stimmberechtigte Mitglieder an:
1. vier Vertreter aus dem Kreis der Hochschullehrer,
2. zwei Vertreter aus dem Kreis der Praxispartner,
3. zwei Vertreter aus dem Kreis der Studierenden.

[2]Jedes Mitglied nach Satz 1 hat einen Stellvertreter. [3]Der Präsident bestellt die Mitglieder nach Satz 1 Nr. 1 und deren Stellvertreter für einen Zeitraum von drei Jahren auf Vorschlag des Senats, die Mitglieder nach Satz 1 Nr. 2 und deren Stellvertreter für einen Zeitraum von drei Jahren auf Empfehlung des Hochschulrats und die Mitglieder nach Satz 1 Nr. 3 und deren Stellvertreter für einen Zeitraum von einem Jahr auf Vorschlag der Organe der Studierendenschaft. [4]Ist der Studienbereich an beiden Standorten der Dualen Hochschule eingerichtet, sind bei den Vorschlägen und Empfehlungen zu den Mitgliedern und deren Stellvertretern beide Standorte angemessen zu berücksichtigen. [5]Jede Studienkommission hat einen Vorsitzenden und einen stellvertretenden Vorsitzenden.

(4) Das Nähere regelt die Duale Hochschule in der Grundordnung.

§ 120 Kooperationsausschüsse

(1) [1]Für die Koordination der Zusammenarbeit mit Kooperationshochschulen nach § 111 Abs. 2 Nr. 3 bildet die Duale Hochschule jeweils einen Kooperationsausschuss, dem mit paritätischer Mitglieder- und Stimmenverteilung Vertreter der Dualen Hochschule und Vertreter der Kooperationshochschule angehören. [2]Dabei ist eine angemessene Repräsentation aller Statusgruppen der Hochschule zu gewährleisten.

(2) [1]Die Kooperationsausschüsse haben die Aufgabe, die Koordination der Zusammenarbeit zwischen der Dualen Hochschule und der Kooperationshochschule vorzunehmen. [2]Sie geben gegenüber dem Präsidium Empfehlungen zur Entwicklung von weiterbildenden Masterstudiengängen und Weiterbildungsangeboten.

(3) Das Nähere zu den Absätzen 1 und 2 ist in der Grundordnung der Dualen Hochschule und in den zwischen der Dualen Hochschule und der jeweiligen Kooperationshochschule abzuschließenden Vereinbarungen zu regeln.

§ 121 Leiter einer Studienrichtung

[1]Der Leiter einer Studienrichtung ist für die inhaltliche Ausgestaltung sowie für den geordneten Ablauf des Studiums einer Studienrichtung und für die Zusammenarbeit mit den Praxispartnern verantwortlich. [2]Der Leiter einer Studienrichtung wird vom Präsidenten auf Empfehlung der jeweiligen Koordinierungskommission und im Benehmen mit dem Senat aus dem Kreis der Hochschullehrer der Dualen Hochschule für drei Jahre bestellt. [3]Eine mehrfache Wiederbestellung ist möglich.

Achter Teil
Nichtstaatliche Hochschulen

§ 122 Staatliche Anerkennung

(1) Eine Bildungseinrichtung kann als Hochschule staatlich anerkannt werden, wenn
1. das Studium an dem in § 46 Abs. 1 genannten Ziel ausgerichtet ist,
2. eine Mehrzahl von nebeneinander bestehenden oder aufeinander folgenden Studiengängen an der Bildungseinrichtung vorhanden oder im Rahmen einer Ausbauplanung vorgesehen ist; dies gilt nicht, wenn innerhalb einer Fachrichtung die Einrichtung einer Mehrzahl von Studiengängen durch die wissenschaftliche Entwicklung oder das entsprechende berufliche Tätigkeitsfeld nicht nahe liegend ist,
3. die Ausbildung und die Prüfungen denjenigen in vergleichbaren Studiengängen der Hochschulen des Landes gleichwertig sind; sofern solche Studiengänge nicht bestehen, können auch Studiengänge an Hochschulen anderer Länder im Geltungsbereich des Hochschulrahmengesetzes zum Vergleich herangezogen werden,
4. die Studienbewerber die Voraussetzungen für die Aufnahme in eine entsprechende Hochschule des Landes erfüllen,
5. die hauptberuflich Lehrenden die Einstellungsvoraussetzungen erfüllen, die für entsprechende Tätigkeiten an den Hochschulen des Landes gefordert werden,
6. die Mitglieder und Angehörigen der Bildungseinrichtung an der Gestaltung des Studiums in sinngemäßer Anwendung der Grundsätze dieses Gesetzes mitwirken und

7. der Bestand der Hochschule sowie die wirtschaftliche und rechtliche Stellung des Hochschulpersonals dauerhaft gesichert sind.

(2) [1]Die staatliche Anerkennung bedarf vor Aufnahme des Studienbetriebs der positiven Akkreditierung der Studiengänge entsprechend § 49. [2]Innerhalb von fünf Jahren nach ihrer staatlichen Anerkennung hat sich die staatlich anerkannte Hochschule einem Akkreditierungsverfahren durch den Wissenschaftsrat zu unterziehen.

(3) Für kirchliche Bildungseinrichtungen können Ausnahmen von den in Absatz 1 Nr. 2 und 6 genannten Voraussetzungen zugelassen werden, wenn gewährleistet ist, dass das Studium einem Studium an einer Hochschule des Landes gleichwertig ist.

(4) Träger von staatlich anerkannten Hochschulen haben keinen Anspruch auf staatliche Finanzhilfe.

§ 123 Anerkennungsverfahren

(1) Die staatliche Anerkennung wird vom Ministerium ausgesprochen; sie kann nach Maßgabe des § 36 Abs. 2 ThürVwVfG befristet und mit Nebenbestimmungen versehen werden.

(2) In dem Anerkennungsbescheid ist festzulegen:

1. der Name, Sitz und Träger der Hochschule,
2. auf welche Studiengänge sich die Anerkennung erstreckt,
3. wie die Hochschule gegliedert ist,
4. in welcher Weise die Mitglieder und Angehörigen der Bildungseinrichtung an der Gestaltung des Studiums mitwirken,
5. welche Hochschulprüfungen abgenommen und welche Grade verliehen werden dürfen.

(3) Nachträgliche wesentliche Änderungen, insbesondere die Erweiterung des Studienangebots oder der Wechsel des Trägers, setzen eine Änderung der staatlichen Anerkennung nach den Absätzen 1 und 2 voraus.

§ 124 Rechtswirkungen der Anerkennung

(1) Die nichtstaatlichen Hochschulen können im Rahmen der Anerkennung Hochschulprüfungen abnehmen, Zeugnisse erteilen und Hochschulgrade verleihen; diese verleihen die gleichen Berechtigungen wie Hochschulprüfungen, Zeugnisse und Grade gleicher Studiengänge an Hochschulen des Landes.

(2) Das Ministerium kann einer nichtstaatlichen Hochschule die Bezeichnung Universität oder Hochschule allein oder in Wortverbindungen mit einem sich von Hochschulen des Landes unterscheidenden Zusatz genehmigen, wenn sie als Hochschule des Landes eine solche Bezeichnung führen könnte.

(3) Das an einer staatlich anerkannten Hochschule abgeschlossene Studium ist ein abgeschlossenes Hochschulstudium im Sinne dieses Gesetzes.

(4) [1]Die Prüfungsordnungen sowie die Berufungsordnungen der nichtstaatlichen Hochschulen bedürfen der Genehmigung durch das Ministerium; die Studienordnungen sind anzuzeigen. [2]Die Bestimmungen dieses Gesetzes über die Prüfungs- und Studienordnungen, die Verleihungen von Graden sowie die Akkreditierung von Studiengängen finden entsprechende Anwendung.

(5) Für die Führung der Bezeichnung „Professor“ durch die hauptberuflich Lehrenden gilt § 88 Abs. 1 bis 3 entsprechend.

(6) [1]An nichtstaatlichen Hochschulen können nach näherer Bestimmung der Voraussetzung durch den Träger der Hochschule Honorarprofessoren bestellt werden. [2]Die Honorarprofessoren müssen die gleichen Voraussetzungen erfüllen, die für die Bestellung von Honorarprofessoren an staatlichen Hochschulen gefordert werden. [3]Die Genehmigung der Bestellung ist vom Träger der Hochschule beim Ministerium zu beantragen. [4]Dem Antrag sind Gutachten über die Qualifikation des Vorgeschlagenen beizufügen. [5]Für den Widerruf der Genehmigung oder den Verzicht auf die Bestellung gelten die Bestimmungen für den Widerruf der Bestellung oder den Verzicht auf die Bestellung von Honorarprofessoren an staatlichen Hochschulen entsprechend. [6]§ 90 Abs. 3 Satz 1 gilt entsprechend.

(7) [1]Das Ministerium kann sich in Wahrnehmung der ihm obliegenden Rechtsaufsicht beim Träger der Hochschule über die Angelegenheiten der nichtstaatlichen Hochschule unterrichten; der Träger ist verpflichtet, die dafür erforderliche Unterstützung zu leisten. [2]Das Ministerium kann Beauftragte zu Hochschulprüfungen entsenden.

(8) Die nichtstaatliche Hochschule soll mit den Hochschulen des Landes zusammenwirken.

(9) Eine staatlich anerkannte Hochschule ist auf Antrag in die zentrale Vergabe von Studienplätzen einzubeziehen.

§ 125 Verlust der Anerkennung

(1) Die Anerkennung erlischt, wenn die Hochschule nicht binnen eines Jahres seit Zustellung des Anerkennungsbescheides den Studienbetrieb aufnimmt oder wenn der Studienbetrieb ein Jahr geruht hat.

(2) Die Anerkennung ist zurückzunehmen, wenn ihre Voraussetzungen im Zeitpunkt der Erteilung nicht gegeben waren und diesem Mangel nicht in einer angemessenen Frist abgeholfen wird.

(3) [1]Die Anerkennung ist zu widerrufen, wenn die Voraussetzungen für die Anerkennung weggefallen sind und diesem Mangel innerhalb einer angemessenen Frist nicht abgeholfen wird oder der Träger oder Leiter der Hochschule wiederholt gegen die ihm nach diesem Gesetz obliegenden oder auferlegten Verpflichtungen verstößt. [2]Die Anerkennung kann auch widerrufen werden, wenn der Leistungsstand der Studierenden hinter dem Leistungsstand der Studierenden entsprechender Studiengänge der Hochschulen des Landes zurückbleibt oder wenn der Wissenschaftsrat keine positive Akkreditierung ausspricht.

(4) Eine Rücknahme oder ein Widerruf der Anerkennung nach den Bestimmungen des Thüringer Verwaltungsverfahrensgesetzes bleibt unberührt.

§ 126 Franchising, Niederlassungen auswärtiger Hochschulen

(1) [1]Staatliche oder staatlich anerkannte Hochschulen aus Mitgliedstaaten der Europäischen Union können Hochschulstudiengänge mit Bildungseinrichtungen außerhalb des Hochschulbereichs auf der Grundlage einer Kooperationsvereinbarung durchführen oder auf Hochschulabschlüsse vorbereiten (Franchising), wenn

1. nur Studienbewerber aufgenommen werden, die die Voraussetzungen für den Zugang zum Studium in die Kooperationshochschule erfüllen,
2. die Verantwortung und Kontrolle über die Qualität und Gleichwertigkeit des Studienangebotes sowie über die Erbringung der erforderlichen Studien- und Prüfungsleistungen durch die Kooperationshochschule gesichert ist und ihre im Herkunftsstaat anerkannten Hochschulqualifikationen und Hochschulgrade auch dann verleihen darf, wenn die dieser Verleihung zugrundeliegende Ausbildung ganz oder zumindest teilweise in Thüringen erfolgt, und
3. das Studienangebot der Kooperationshochschule nach den im Herkunftsstaat geltenden Regelungen zur Qualitätssicherung ordnungsgemäß akkreditiert worden ist.

[2]Der Betrieb der Bildungseinrichtung ist dem Ministerium mindestens sechs Monate im Voraus anzuzeigen. [3]Der Anzeige sind die erforderlichen Nachweise und eine Garantieerklärung der Kooperationshochschule beizufügen, nach der die Voraussetzungen nach Satz 1 vorliegen. [4]Für Ausweitungen oder wesentliche Änderungen des Studienangebots nach Betriebsaufnahme gelten die Sätze 1 bis 3 entsprechend. [5]Bildungseinrichtungen nach Satz 1 sind verpflichtet, im Geschäftsverkehr bei allen im Zusammenhang mit dem Studienangebot stehenden Handlungen und bei der Bewerbung des Studienangebots darauf hinzuweisen, dass ihre Einrichtung selbst nicht Hochschule ist und die Studiengänge nicht von ihr angeboten werden, und haben über Namen, Rechtsform und Herkunftsstaat der kooperierenden Hochschule zu informieren.

(2) [1]Niederlassungen von staatlichen oder staatlich anerkannten Hochschulen eines anderen Mitgliedstaates der Europäischen Union und aus anderen Bundesländern gelten als staatlich anerkannt, soweit sie Hochschulqualifikationen ihres Herkunftsstaates vermitteln und die Qualität des Studienangebots nach den im Herkunftsstaat geltenden Regelungen gesichert ist. [2]Die Träger von Niederlassungen nach Satz 1 müssen die Einrichtung der Niederlassung sowie die Einstellung, Ausweitung und wesentliche Änderung des Studienangebots dem Ministerium mindestens sechs Monate im Voraus anzeigen und das Vorliegen der Voraussetzungen nachweisen. [3]Ist nach dem Recht des Herkunftsstaates eine staatliche Anerkennung oder ein gleichwertiger staatlicher Akt erforderlich, sind der Wegfall der staatlichen Anerkennung oder dieses Akts oder Änderungen im Umfang der staatlichen Anerkennung oder dieses Akts durch den Herkunftsstaat unverzüglich anzuzeigen.

(3) [1]Niederlassungen ausländischer Hochschulen aus Staaten außerhalb der Europäischen Union bedürfen der Genehmigung durch das Ministerium. [2]Die Voraussetzungen nach § 122 Abs. 1 und 2 gelten entsprechend. [3]Die Genehmigungsvoraussetzungen für Niederlassungen nach Satz 2 sind mit dem

Antrag auf Genehmigung und bei jeder Ausweitung oder wesentlichen Änderung des Studienangebots nachzuweisen. [4]Die Genehmigung kann befristet erteilt und mit Auflagen versehen werden, die der Erfüllung der Voraussetzungen nach Satz 2 dienen. [5]Die Einstellung des Studienangebots ist dem Ministerium mindestens drei Monate im Voraus anzuzeigen.

(4) Träger von Niederlassungen nach den Absätzen 2 und 3 haben keinen Anspruch auf staatliche Finanzhilfe.

(5) [1]Niederlassungen nach den Absätzen 2 und 3 sind verpflichtet, im Geschäftsverkehr neben ihrem Namen und der Rechtsform ihres Trägers ihren Herkunftsstaat anzugeben. [2]Niederlassungen nach Absatz 3 sind verpflichtet, Personen, die an ihren Bildungsangeboten teilnehmen, über Art, Umfang und Reichweite ihrer Ausbildungsleistung zu informieren. [3]Studierende an Niederlassungen nach den Absätzen 2 und 3 haben keinen Anspruch gegen das Land auf Beendigung ihres Studiums.

(6) Das Ministerium kann den Betrieb einer Niederlassung nach Absatz 3 untersagen, soweit diese ohne die erforderliche staatliche Anerkennung oder unter Verstoß auf die Hinweis- und Informationspflichten nach Absatz 5 oder ohne rechtzeitige oder vollständige Anzeige

1. Hochschulstudiengänge durchführt,
2. Hochschulprüfungen abnimmt oder
3. Akademische Grade verleiht.

Neunter Teil

Ergänzende Bestimmungen

§ 127 Institut an der Hochschule

(1) [1]Eine rechtlich selbständige wissenschaftliche Einrichtung außerhalb der Hochschule kann von der Hochschule als Institut an der Hochschule anerkannt werden, wenn

1. die Einrichtung auch Aufgaben der Hochschule nach § 5 wahrnimmt, die von der Hochschule nicht in gleichwertiger Weise erfüllt werden können, und diese in Zusammenarbeit mit ihr vollzieht,
2. die Beachtung der Grundsätze der Wissenschaftsfreiheit und das Recht auf Veröffentlichung von Forschungsergebnissen gesichert sind und
3. die wissenschaftliche Einrichtung sich zur Förderung des wissenschaftlichen Nachwuchses der Hochschule verpflichtet.

[2]Die Einrichtung soll sich überwiegend aus Mitteln Dritter finanzieren.

(2) Das Zusammenwirken zwischen den anerkannten Instituten nach Absatz 1 Satz 1 und den Hochschulen wird durch Vertrag geregelt.

(3) Die Anerkennung nach Absatz 1 Satz 1 ist zeitlich zu befristen; sie kann nach Überprüfung verlängert werden.

(4) Die Anerkennung nach Absatz 1 Satz 1 kann unabhängig von ihrer Befristung widerrufen werden, wenn die in Absatz 1 genannten Voraussetzungen von der Einrichtung nicht mehr erfüllt werden.

§ 128 Staatliches Studienkolleg

(1) [1]Das Studienkolleg hat die Aufgabe, Studienbewerber mit einer im Ausland erworbenen Schulbildung auf das Hochschulstudium vorzubereiten und die Feststellungsprüfung zum Nachweis der Geeignetheit für die Aufnahme eines Studiums an einer Hochschule durchzuführen. [2]Das Studienkolleg ist einer Hochschule organisatorisch zugeordnet. [3]Abweichend von § 96 Abs. 2 Satz 4 ist Dienstvorgesetzter des Leiters des Studienkollegs der Präsident der Hochschule, der das Studienkolleg organisatorisch zugeordnet ist. [4]Besucher des Studienkollegs werden als Studierende bei der zuständigen Hochschule immatrikuliert.

(2) [1]Die Hochschule nach Absatz 1 Satz 2 regelt insbesondere die Organisation des Studienkollegs, die Zulassung zum Studienkolleg, die Rechtsstellung der Kollegiaten und die Ordnungsmaßnahmen, einschließlich des Ausschlusses aus dem Studienkolleg bei Pflichtverletzung oder wegen dauernd unzureichender Leistungen, durch eine Kollegordnung, die der Zustimmung des Ministeriums bedarf. [2]Das Nähere zur Feststellungsprüfung, insbesondere die Lehrinhalte, die Prüfungsanforderungen und das Prüfungsverfahren werden in sinngemäßer Anwendung der Bestimmungen des Schulrechts durch Rechtsverordnung des Ministeriums im Einvernehmen mit dem für das Schulwesen zuständigen Ministerium geregelt.

(3) [1]Das Studienkolleg kann zur Erfüllung der ihm nach Absatz 1 Satz 1 obliegenden Aufgabe mit Bildungseinrichtungen außerhalb des Hochschulbereichs gemeinsam mit Hochschulen nach § 1 Abs. 2 oder nach § 122 staatlich anerkannten Hochschulen in privatrechtlicher Form zusammenarbeiten. [2]Die nähere Ausgestaltung der Zusammenarbeit nach Satz 1 regeln die Kooperationspartner in der Kooperationsvereinbarung. [3]Dabei ist in dieser sicherzustellen, dass das Studienkolleg das Lehrangebot entwickelt und die Feststellungsprüfung abnimmt; das Nähere regelt die Kollegordnung.

§ 129 Verträge mit den Kirchen

(1) Die Verträge mit den Kirchen werden durch dieses Gesetz nicht berührt.

(2) [1]Vor jeder Berufung in ein Professorenamt in evangelischer oder katholischer Theologie ist die Zustimmung der jeweils zuständigen Kirche über das Ministerium herbeizuführen. [2]Die Absetzung oder die Umwidmung einer Professur in evangelischer oder katholischer Theologie bedarf der Zustimmung des Ministeriums.

(3) [1]Die Einführung, Änderung oder Aufhebung von Studiengängen in evangelischer oder katholischer Theologie oder in evangelischer oder katholischer Religionslehre und von Studiengängen, die den Erwerb der Befähigung zur Erteilung des Religionsunterrichts ermöglichen, sowie Änderungen der Organisationsstruktur der Hochschule, soweit sie die bestehenden Fachbereiche für evangelische oder katholische Theologie betreffen, sind nur nach Abschluss der in den Verträgen mit den Kirchen vorgesehenen Verfahren zulässig. [2]Dies gilt auch für den Erlass von Studien-, Prüfungs- und Habilitationsordnungen in evangelischer oder katholischer Theologie. [3]Beteiligte der Verfahren sind die zuständigen kirchlichen Stellen und das Ministerium.

§ 130 Doktor der Wissenschaften

(1) [1]Inhaber des Grades „Doktor der Wissenschaften (Dr. sc.)“ können die Umwandlung ihres Grades in den akademischen Grad eines habilitierten Doktors „(Dr. habil.)“ beantragen. [2]Über die Umwandlung entscheidet die Hochschule, die den Grad „Doktor der Wissenschaften“ verliehen hat, aufgrund von Richtlinien, die das Ministerium erlässt. [3]Dem Antrag ist zu entsprechen, wenn der Antragsteller die von der Habilitationsordnung geforderten Voraussetzungen erfüllt.

(2) [1]Sofern der Grad „Doktor der Wissenschaften“ von einer anderen Einrichtung als einer Hochschule verliehen worden ist, ist der Antrag bei einer vom Ministerium zu bestimmenden Hochschule zu stellen. [2]Antragsbefugt ist in diesem Fall, wer seinen Wohnsitz in Thüringen hat.

(3) Der Grad „Doktor der Wissenschaften“ kann, wenn er nicht umgewandelt wird, weiterhin geführt werden.

§ 131 Feststellung der Gleichwertigkeit

(1) [1]Auf der Grundlage des Artikels 37 Abs. 1 Satz 2 des Einigungsvertrages kann Absolventen einer Hoch-, Fach- oder Ingenieurschule und Absolventen einer kirchlichen Bildungseinrichtung, die ihren Sitz im Geltungsbereich dieses Gesetzes hatte oder hat, auf Antrag die Gleichwertigkeit der von ihnen auf der Grundlage von in der ehemaligen Deutschen Demokratischen Republik geltenden Ausbildungs- und Prüfungsordnungen abgelegten Prüfungen oder erworbenen Befähigungsnachweise mit entsprechenden Prüfungen oder Befähigungsnachweisen im bisherigen Bundesgebiet bescheinigt werden, soweit der Abschluss bis zum 31. Dezember 1994 erworben wurde. [2]Das Nähere zum Verfahren der Feststellung der Gleichwertigkeit regelt das Ministerium durch Rechtsverordnung.

(2) Die in anderen Rechtsvorschriften vorgesehenen Gleichstellungen von Prüfungen oder Befähigungsnachweisen bleiben unberührt.

§ 132 Nachdiplomierung

(1) [1]Absolventen einer Fach- oder Ingenieurschule wird auf Antrag vom Ministerium nachträglich der Diplomgrad mit dem Zusatz „Fachhochschule“ („FH“) als staatliche Bezeichnung zuerkannt (Nachdiplomierung), wenn die Gleichwertigkeit des Fach- oder Ingenieurschulabschlusses mit einem entsprechenden Abschluss an Vorläufereinrichtungen der Fachhochschulen nach § 131 Abs. 1 festgestellt wurde und der Inhaber des Abschlusses entweder eine vom Ministerium anerkannte, mindestens einjährige fachspezifische Zusatzausbildung mit einer Prüfung erfolgreich abgeschlossen oder den Nachweis einer mindestens dreijährigen einschlägigen Berufstätigkeit erbracht hat. [2]Die Zusatzausbildung soll an einer Fachhochschule durchgeführt werden. [3]Sie kann berufsbegleitend erfolgen. [4]Das Nähere zum Verfahren der Nachdiplomierung regelt das Ministerium durch Rechtsverordnung.

(2) Absolventen von Hochschulen, welchen ein Zeugnis über das erfolgreiche Ablegen der Hauptprüfung oder den Hochschulabschluss ohne Anfertigung einer Diplomarbeit erteilt wurde, wird bei einer fachhochschulverwandten Ausbildung auf Antrag vom Ministerium nachträglich der Diplomgrad mit dem Zusatz „Fachhochschule" („FH") als staatliche Bezeichnung zuerkannt (Nachdiplomierung), wenn die Gleichwertigkeit des Abschlusses mit einem entsprechenden Abschluss an Fachhochschulen nach § 131 Abs. 1 festgestellt wurde.

(3) Absolventen von kirchlichen Bildungseinrichtungen, die ihren Sitz im Geltungsbereich dieses Gesetzes hatten oder haben, wird auf Antrag vom Ministerium nachträglich der Diplomgrad mit dem Zusatz „Fachhochschule" („FH") als staatliche Bezeichnung zuerkannt (Nachdiplomierung), wenn die Gleichwertigkeit des erworbenen Abschlusses mit einem entsprechenden Abschluss an Fachhochschulen nach § 131 Abs. 1 festgestellt wurde.

§ 133 Anwendung des Thüringer Verwaltungsverfahrensgesetzes

Das Thüringer Verwaltungsverfahrensgesetz findet auf Prüfungsverfahren einschließlich Promotionen und Habilitationen Anwendung, soweit die Satzungen der Hochschulen nicht inhaltsgleiche oder entgegenstehende Bestimmungen enthalten.

§ 134 Ausführungsvorschriften

Das Ministerium erlässt die zur Durchführung dieses Gesetzes erforderlichen Verwaltungsvorschriften.

§ 135 Anpassungspflicht

Die Hochschulen sind verpflichtet, die nach Maßgabe dieses Gesetzes zu erlassenden Satzungen unverzüglich zu erlassen oder diesem Gesetz anzupassen.

§ 136 Ordnungswidrigkeiten

(1) Ordnungswidrig handelt, wer

1. ohne die nach diesem Gesetz erforderliche Anerkennung des Ministeriums eine Einrichtung unter der Bezeichnung „Universität", „Hochschule", „Kunsthochschule", „Fachhochschule" oder „Duale Hochschule" betreibt oder eine auf diese Bezeichnungen hinweisende Bezeichnung allein oder in einer Wortverbindung oder eine entsprechende fremdsprachige Bezeichnung verwendet oder einen Namen verwendet, die die Gefahr einer Verwechslung mit einer der vorgenannten Bezeichnungen begründen, führt,
2. unbefugt eine Niederlassung einer Hochschule nach § 126 Abs. 3 errichtet oder betreibt oder das Studienangebot der Niederlassung einer Hochschule ausweitet, ohne dies rechtzeitig nach § 126 Abs. 2 Satz 2 angezeigt zu haben,
3. seinen Verpflichtungen nach § 126 Abs. 1, 2 oder 5 nicht nachkommt,
4. Grade im Sinne der §§ 58 und 59 oder diesen zum Verwechseln ähnliche Bezeichnungen oder Titel verleiht, vermittelt oder erworbene Grade, Bezeichnungen oder Titel oder diesen zum Verwechseln ähnliche Bezeichnungen führt, ohne nach den Bestimmungen dieses Gesetzes dazu berechtigt zu sein,
5. einen Hochschulgrad, Professorentitel, Ehrengrad sowie sonstige Hochschultitel und Hochschultätigkeitsbezeichnung in einer anderen als der nach den §§ 58 oder 59 zulässigen Form führt,
6. der Pflicht nach § 58 Abs. 9 Satz 2 oder § 59 Abs. 8 in Verbindung mit § 58 Abs. 9 Satz 2 trotz Aufforderung durch das Ministerium nicht nachkommt,
7. gegen Entgelt das Verfassen oder die Mitwirkung beim Verfassen von Habilitationsschriften, Dissertationen, Bachelor-, Master- oder Diplomarbeiten oder sonstigen Prüfungsarbeiten vermittelt oder anbietet oder
8. ohne die erforderliche staatliche Anerkennung nach den §§ 122 und 123 Abs. 1 Prüfungen abnimmt, die den Anschein von Hochschulprüfungen erwecken.

(2) Die Ordnungswidrigkeit kann mit einer Geldbuße bis zu fünfzigtausend Euro geahndet werden.

(3) Zuständig für die Verfolgung und Ahndung von Ordnungswidrigkeiten nach Absatz 1 ist das Ministerium.

Zehnter Teil
Übergangs- und Schlussbestimmungen

§ 137 Übergangsbestimmungen zur Neuordnung der Organisationsstruktur

(1) [1]Die Hochschulen und das Universitätsklinikum haben die erforderlichen Anpassungen an die neuen Organe und sonstigen Gremien, deren Bezeichnungen sowie deren Gliederung und weitere nach diesem Gesetz in ihren Grundordnungen und der Grundsatzung des Universitätsklinikums zu treffenden Regelungen unverzüglich vorzunehmen. [2]Die angepassten Grundordnungen und die Grundsatzung des Universitätsklinikums sind dem Ministerium rechtzeitig, spätestens jedoch bis zum 31. Januar 2019 zur Genehmigung vorzulegen.

(2) [1]Die nach diesem Gesetz vorgesehenen Organe und Gremien der Hochschulen sind in ihrer Gesamtheit mit Wirkung zum 1. Oktober 2019 zu bilden. [2]Zu diesem Zeitpunkt beginnt die Amtszeit der zu wählenden oder zu bestellenden Organe sowie der Mitglieder der Organe und Gremien; bis dahin gelten für die Organe und Gremien, die mit Ablauf des 30. September 2019 aufgelöst werden, die Bestimmungen des Thüringer Hochschulgesetzes in der Fassung vom 13. September 2016 (GVBl. S. 437) in der bis zum Zeitpunkt des Inkrafttretens dieses Gesetzes geltenden Fassung über deren Zuständigkeiten und Aufgaben weiter.

(3) [1]Die Senate aller Hochschulen werden mit Ablauf des 30. September 2019 aufgelöst. [2]Die Amtszeit der zum Zeitpunkt des Inkrafttretens dieses Gesetzes dem Senat angehörenden gewählten Mitglieder endet spätestens mit der Auflösung der Senate. [3]Mitglieder der Senate, deren Amtszeit zwischen dem Zeitpunkt des Inkrafttretens dieses Gesetzes und dem 30. September 2019 endet, führen die Geschäfte bis zum 30. September 2019 weiter. [4]Abweichend von Satz 3 finden bei studentischen Mitgliedern der Senate, deren Amtszeit zwischen dem Inkrafttreten dieses Gesetzes und dem 30. September 2019 endet, Neuwahlen nach den bis zum Inkrafttreten dieses Gesetzes dazu geltenden Bestimmungen für eine Amtszeit und bis zum 30. September 2019 statt. [5]Im Übrigen bestimmt sich die Zusammensetzung der Senate bis zum 30. September 2019 nach den bis zum Zeitpunkt des Inkrafttretens dieses Gesetzes geltenden Bestimmungen.

(4) [1]Die Selbstverwaltungsgremien nach § 40 und der Fakultätsrat des Universitätsklinikums nach § 103 werden mit Ablauf des 30. September 2019 aufgelöst. [2]Die Amtszeit der zum Zeitpunkt des Inkrafttretens dieses Gesetzes den Selbstverwaltungsgremien nach § 40 und dem Fakultätsrat des Universitätsklinikums nach § 103 angehörenden gewählten Mitglieder endet spätestens mit deren Auflösung; das Gleiche gilt für die Amtszeiten der zum Zeitpunkt des Inkrafttretens dieses Gesetzes im Amt befindlichen Dekane, Prodekane und Studiendekane mit Ausnahme des Dekans der Medizinischen Fakultät der Friedrich-Schiller-Universität Jena; Absatz 3 Satz 3 bis 5 gilt entsprechend.

(5) [1]Die Hochschulräte und der Verwaltungsrat des Universitätsklinikums werden mit Ablauf des 30. September 2019 aufgelöst. [2]Die Amtszeit der zum Zeitpunkt des Inkrafttretens dieses Gesetzes den Hochschulräten und dem Verwaltungsrat des Universitätsklinikums angehörenden Mitglieder endet spätestens mit deren Auflösung. [3]Absatz 3 Satz 3 bis 5 gilt entsprechend.

(6) Soweit aufgrund des § 4 in der bis zum Inkrafttreten dieses Gesetzes geltenden Fassung des Thüringer Hochschulgesetzes für einzelne Hochschulen abweichende strukturelle und organisationsrechtliche Regelungen getroffen wurden, gelten die Absätze 1 bis 5 für die aufgrund dieser Regelungen gebildeten Organe, Gremien und Struktureinheiten der betreffenden Hochschulen entsprechend.

§ 138 Übergangsbestimmungen für Rektoren, Präsidenten, Kanzler und Mitglieder des Klinikumsvorstands des Universitätsklinikums

(1) [1]Die Amtszeit der zum Zeitpunkt des Inkrafttretens dieses Gesetzes im Amt befindlichen Rektoren, Präsidenten, Kanzler aller Hochschulen sowie Mitglieder des Klinikumsvorstands des Universitätsklinikums endet mit Ablauf ihrer derzeitigen Amtszeit. [2]Für Prorektoren und Vizepräsidenten gilt dies entsprechend. [3]Die am Tag vor dem Inkrafttreten dieses Gesetzes für sie geltenden Bestimmungen finden bis zum 30. September 2019 weiter Anwendung. [4]Soweit ein Präsident die Amtsbezeichnung „Rektor" führt, kann er diese Bezeichnung bis zum Ablauf seiner derzeitigen Amtszeit weiter führen; Entsprechendes gilt für die Bezeichnung des Präsidiums als „Rektorat" und die Bezeichnung der Vizepräsidenten als „Prorektor".

(2) Für die Wahlen oder Bestellungen von Präsidenten, Vizepräsidenten, Kanzlern oder Mitgliedern des Klinikumsvorstands des Universitätsklinikums finden bis zum 30. September 2019 die bis zum Zeitpunkt des Inkrafttretens dieses Gesetzes dazu geltenden Bestimmungen Anwendung.

(3) Kanzler, die bis zum Zeitpunkt des Inkrafttretens dieses Gesetzes bereits Kanzler an einer Hochschule des Landes im Beamtenverhältnis auf Lebenszeit waren, führen ihr Amt im Beamtenverhältnis auf Lebenszeit fort; § 32 Abs. 2 bis 8 findet für sie keine Anwendung.

§ 139 Übergangsbestimmungen für Studien- und Prüfungsordnungen, Immatrikulationsordnungen und Berufungsordnungen

Studien- und Prüfungsordnungen einschließlich Promotions- und Habilitationsordnungen, Immatrikulationsordnungen sowie Berufungsordnungen sind spätestens bis zum 30. September 2019 an die Bestimmungen dieses Gesetzes anzupassen; soweit erforderlich sind dabei auch Übergangsvorschriften für ein bereits begonnenes Studium, Prüfungs-, Promotions-, Habilitations- oder Berufungsverfahren vorzusehen.

§ 140 Personalrechtliche Übergangsbestimmungen

[1]Die bei Inkrafttreten dieses Gesetzes vorhandenen Hochschuldozenten verbleiben in ihren bisherigen Dienstverhältnissen, soweit sie nicht in ein anderes Dienstverhältnis übernommen werden. [2]Ihr Status als Hochschulmitglied, ihre Zugehörigkeit zur Gruppe der Hochschullehrer und ihre dienstrechtliche Stellung bleiben für die Dauer ihres im Zeitpunkt des Inkrafttretens dieses Gesetzes laufenden Dienstverhältnisses unverändert.

§ 141 Gleichstellungsbestimmung

[1]Status- und Funktionsbezeichnungen in diesem Gesetz gelten mit Ausnahme der Funktion der Gleichstellungsbeauftragten nach § 6 jeweils in männlicher und weiblicher Form. [2]Dies gilt entsprechend für die Verleihung von Graden und akademischen Bezeichnungen.

Thüringer Pressegesetz (TPG)

Vom 31. Juli 1991 (GVBl. S. 271)
(225-2)

zuletzt geändert durch Art. 22 Thüringer Datenschutz-Anpassungs- und -Umsetzungsgesetz EU vom 6. Juni 2018 (GVBl. S. 229)

Der Thüringer Landtag hat das folgende Gesetz beschlossen:

§ 1 Freiheit der Presse

(1) [1]Die Presse ist frei. [2]Sie ist der freiheitlichen und demokratischen Grundordnung verpflichtet.

(2) [1]Die Freiheit der Presse unterliegt nur den Beschränkungen, die durch das Grundgesetz zugelassen sind. [2]Sondermaßnahmen wie Zensur oder das vertragswidrige Verweigern von Druck und Vertrieb eines Presseerzeugnisses sind verboten.

(3) Berufsorganisationen der Presse mit Zwangsmitgliedschaft und eine mit hoheitlicher Gewalt ausgestattete Standesgerichtsbarkeit der Presse sind unzulässig.

§ 2 Zulassungsfreiheit

Die Pressetätigkeit einschließlich der Errichtung eines Verlagsunternehmens oder eines sonstigen Betriebes der Presse darf von irgendeiner Zulassung nicht abhängig gemacht werden.

§ 3 Öffentliche Aufgabe der Presse

Die Presse erfüllt eine öffentliche Aufgabe, wenn sie in Angelegenheiten von öffentlichem Interesse Nachrichten beschafft und verbreitet, Stellung nimmt, Kritik übt oder auf andere Weise an der Meinungsbildung mitwirkt.

§ 4 Informationsrecht der Presse

(1) Die Behörden sowie die der Aufsicht des Landes unterliegenden Körperschaften des öffentlichen Rechts sind verpflichtet, den Vertretern der Presse die der Erfüllung ihrer öffentlichen Aufgaben dienenden Auskünfte zu erteilen.

(2) [1]Auskünfte können verweigert werden, soweit:

1. dadurch die sachgemäße Durchführung eines straf-, berufs- oder ehrengerichtlichen Verfahrens oder eines Disziplinarverfahrens vereitelt, erschwert, verzögert oder gefährdet werden könnte;
2. Auskünfte, die über persönliche Angelegenheiten einzelner verlangt werden, an deren Bekanntgabe kein berechtigtes Interesse der Öffentlichkeit besteht;
3. Maßnahmen, die im öffentlichen Interesse liegen, durch ihre vorzeitige öffentliche Erörterung vereitelt, erschwert, verzögert oder gefährdet werden könnten.

[2]Die Auskünfte sind zu verweigern, soweit Vorschriften über die Geheimhaltung und den Datenschutz entgegenstehen.

(3) [1]Allgemeine Anordnungen, die einer Behörde Auskünfte an die Presse überhaupt, an diejenige einer bestimmten Richtung oder an ein bestimmtes periodisches Druckwerk verbieten, sind unzulässig. [2]Dasselbe gilt für allgemeine Anordnungen, die einer Behörde verbieten, ihre Akten der Presse zugänglich zu machen.

(4) Der Verleger einer Zeitung oder Zeitschrift kann von den Behörden verlangen, daß ihm deren amtliche Bekanntmachungen nicht später als seinen Mitbewerbern zur Verwendung zugeleitet werden.

§ 5 Sorgfaltspflicht der Presse

[1]Die Presse hat alle Nachrichten vor ihrer Verbreitung mit der äußersten, nach den Umständen gebotenen Sorgfalt auf Inhalt, Herkunft und sachliche Richtigkeit zu prüfen. [2]Sie ist verpflichtet, Druckwerke von strafbarem Inhalt freizuhalten.

§ 6 Begriffsbestimmungen

(1) Druckwerke im Sinne dieses Gesetzes sind alle mittels eines zur Massenherstellung geeigneten Vervielfältigungsverfahrens hergestellten und zur Verbreitung bestimmten Schriften, besprochenen Bild-/Tonträger, bildlichen Darstellungen mit und ohne Schrift und Musikalien mit Text oder Erläuterungen.

(2) [1]Zu den Druckwerken gehören auch die vervielfältigten Mitteilungen, mit denen Nachrichtenagenturen, Pressekorrespondenzen, Materndienste und ähnliche Unternehmen die Presse mit Beiträgen in Wort, Bild oder ähnlicher Weise versorgen. [2]Als Druckwerke gelten ferner die von einem presseredaktionellen Hilfsunternehmen gelieferten Mitteilungen ohne Rücksicht auf die technische Form, in der sie geliefert werden.

(3) Den Bestimmungen dieses Gesetzes über Druckwerke unterliegen nicht:

1. amtliche Druckwerke, soweit sie ausschließlich amtliche Mitteilungen enthalten;
2. die nur Zwecken des Gewerbes und Verkehrs, des häuslichen und geselligen Lebens dienenden Druckwerke, Formulare, Preislisten, Werbedrucksachen, Familienanzeigen, Geschäfts-, Jahres- und Verwaltungsberichte und dergleichen sowie Stimmzettel für Wahlen.

(4) Periodische Druckwerke sind Zeitungen, Zeitschriften und andere Druckwerke, die in ständiger, wenn auch unregelmäßiger Folge und im Abstand von nicht mehr als sechs Monaten erscheinen.

§ 7 Impressum

(1) Auf jedem im Geltungsbereich dieses Gesetzes erscheinenden Druckwerk müssen Name oder Firma und Anschrift der Druckerei und des Verlegers genannt sein, beim Selbstverlag Name und Anschrift des Verfassers oder des Herausgebers sowie die Eigentumsverhältnisse des Verlags.

(2) [1]Auf den periodischen Druckwerken sind ferner Name und Anschrift des verantwortlichen Redakteurs anzugeben. [2]Sind mehrere Redakteure verantwortlich, so muß das Impressum die in Satz 1 geforderten Angaben für jeden von ihnen enthalten. [3]Hierbei ist kenntlich zu machen, für welchen Teil oder sachlichen Bereich des Druckwerks jeder einzelne verantwortlich ist. [4]Für den Anzeigenteil ist ein Verantwortlicher zu benennen; für diesen gelten die Vorschriften über den verantwortlichen Redakteur entsprechend.

(3) Zeitungen und Anschlußzeitungen, die regelmäßig ganze Seiten des redaktionellen Teils fertig übernehmen, haben im Impressum auch Name und Anschrift des für den übernommenen Teil verantwortlichen Redakteurs und des Verlegers anzugeben.

(4) Für die Aufnahme des Impressums sind die Druckerei und der Verleger, für die Richtigkeit des Impressums ist der verantwortliche Redakteur – beim Selbstverlag der Verfasser oder Herausgeber – verantwortlich.

§ 8 Offenlegungspflicht

(1) [1]Der Verleger eines periodischen Druckwerks muß in regelmäßigen Zeitabschnitten im Druckwerk seine Eigentumsverhältnisse und seine Rechtsbeziehungen zu mit ihm verbundenen Unternehmen (§ 15 Aktiengesetz) sowie seine Beteiligung an Unternehmen, die dabei Herstellung, Vertrieb und Anzeigenakquisition übernehmen, offenlegen. [2]Dies gilt insbesondere für die Überlassung der damit verbundenen Rechte. [3]Dies ist bei Tageszeitungen in der ersten Nummer jedes Kalendervierteljahres, bei anderen periodischen Druckschriften in der ersten Nummer jedes Kalenderjahres zu veröffentlichen. [4]Änderungen sind unverzüglich bekanntzumachen.

(2) Bei der Offenlegung sind mindestens anzugeben:

1. der Inhaber, alle persönlich haftenden Gesellschafter, alle geschäftsführenden Gesellschafter,
2. die weiteren Zeitungen und Zeitschriften, die der Verlag oder seine Inhaber oder seine Beteiligten herausgeben;
3. bei Genossenschaften: die Mitglieder des Vorstandes und der Vorsitzende des Aufsichtsrats.

§ 9 Persönliche Anforderungen an den verantwortlichen Redakteur

(1) Als verantwortlicher Redakteur darf nicht tätig sein und beschäftigt werden, wer:

1. seinen ständigen Aufenthalt außerhalb des Geltungsbereiches des Grundgesetzes hat;
2. infolge Richterspruchs die Fähigkeit, ein öffentliches Amt zu bekleiden oder Rechte aus öffentlichen Wahlen zu erlangen, oder das Recht, in öffentlichen Angelegenheiten zu wählen oder zu stimmen, nicht besitzt;
3. nicht unbeschränkt geschäftsfähig ist;
4. wegen einer Straftat, die er durch die Presse begangen hat, nicht unbeschränkt gerichtlich verfolgt werden kann.

(2) Die Vorschrift des Absatzes 1 Nr. 3 gilt nicht für Druckwerke, die von Jugendlichen für Jugendliche herausgegeben werden.

(3) [1]Von der Voraussetzung des Absatzes 1 Nr. 1 kann das Landesverwaltungsamt in besonderen Fällen auf Antrag Befreiung erteilen. [2]Die Befreiung kann widerrufen werden.

§ 10 Kennzeichnung entgeltlicher Veröffentlichungen

Hat der Verleger oder Verantwortliche (§ 7 Abs. 2 Satz 4) eines periodischen Druckwerks für eine Veröffentlichung ein Entgelt erhalten, gefordert oder sich versprechen lassen, so muß diese Veröffentlichung, soweit sie nicht schon durch Anordnung und Gestaltung allgemein als Anzeige zu erkennen ist, deutlich mit dem Wort "Anzeige" bezeichnet werden.

§ 11 Gegendarstellungsanspruch

(1) [1]Der verantwortliche Redakteur und der Verleger eines periodischen Druckwerks sind verpflichtet, eine Gegendarstellung der Person oder Stelle zum Abdruck zu bringen, die durch eine in dem Druckwerk aufgestellte Tatsachenbehauptung betroffen ist. [2]Die Verpflichtung erstreckt sich auf alle Nebenausgaben des Druckwerks, in denen die Tatsachenbehauptung erschienen ist.

(2) [1]Die Pflicht zum Abdruck einer Gegendarstellung besteht nicht, wenn und soweit:
1. die betroffene Person oder Stelle kein berechtigtes Interesse an ihrer Verbreitung hat;
2. die Gegendarstellung ihrem Umfang nach nicht angemessen ist oder
3. er sich um eine Anzeige handelt, die ausschließlich dem geschäftlichen Verkehr dient.

[2]Überschreitet die Gegendarstellung nicht den Umfang des beanstandeten Textes, so gilt sie als angemessen. [3]Die Gegendarstellung muß sich auf tatsächliche Angaben beschränken und darf keinen strafbaren Inhalt haben. [4]Sie bedarf der Schriftform und muß vom Betroffenen unterschrieben sein. [5]Der Betroffene kann den Abdruck nur verlangen, wenn die Gegendarstellung unverzüglich, spätestens drei Monate nach der Veröffentlichung, dem verantwortlichen Redakteur oder dem Verleger zugeht.

(3) [1]Die Gegendarstellung muß in der dem Zugang der Einsendung folgenden, für den Druck nicht abgeschlossenen Nummer in dem gleichen Teil des Druckwerks und mit gleicher Schrift wie der beanstandete Text ohne Einschaltungen und Weglassungen abgedruckt werden; sie darf nicht gegen den Willen des Betroffenen in der Form eines Leserbriefes erscheinen. [2]Der Abdruck einer Gegendarstellung ist kostenfrei. [3]Wer sich zu der Gegendarstellung in derselben Nummer äußert, muß sich auf tatsächliche Angaben beschränken.

(4) [1]Für den Gegendarstellungsanspruch ist der ordentliche Rechtsweg gegeben. [2]Auf Antrag des Betroffenen kann das Gericht anordnen, daß der verantwortliche Redakteur und der Verleger in der Form des Absatzes 3 eine Gegendarstellung veröffentlichen. [3]Auf diese Verfahren sind die Vorschriften der Zivilprozeßordnung über das Verfahren auf Erlaß einer einstweiligen Verfügung entsprechend anzuwenden. [4]Eine Gefährdung des Anspruchs braucht nicht glaubhaft gemacht zu werden. [5]§ 926 der Zivilprozeßordnung ist nicht anzuwenden.

(5) Die Absätze 1 bis 4 gelten nicht für wahrheitsgetreue Berichte über öffentliche Sitzungen der gesetzgebenden oder beschließenden Organe der Europäischen Gemeinschaft, des Bundes und der Länder, der Vertretungen der Gebietskörperschaften sowie der Gerichte.

§ 11a Datenverarbeitung zu journalistischen und literarischen Zwecken, Medienprivileg

[1]Soweit Unternehmen oder Hilfsunternehmen der Presse personenbezogene Daten zu journalistischen oder literarischen Zwecken verarbeiten, ist es den hiermit befassten Personen untersagt, diese personenbezogenen Daten zu anderen Zwecken zu verarbeiten (Datengeheimnis). [2]Diese Personen sind bei der Aufnahme ihrer Tätigkeit auf das Datengeheimnis zu verpflichten. [3]Das Datengeheimnis besteht auch nach Beendigung ihrer Tätigkeit fort. [4]Im Übrigen finden außer den Kapiteln I, VIII, X und XI der Verordnung (EU) 2016/679 des Europäischen Parlaments und des Rates vom 27. April 2016 zum Schutz natürlicher Personen bei der Verarbeitung personenbezogener Daten, zum freien Datenverkehr und zur Aufhebung der Richtlinie 95/46/EG (Datenschutz-Grundverordnung) (ABl. L 119 vom 4.5.2016, S. 1, L 314 vom 22.11.2016, S. 72; L 127 vom 23.05.2018, S. 2) nur die Artikel 5 Abs. 1 Buchst. f in Verbindung mit Abs. 2, Artikel 24 und 32 der Verordnung (EU) 2016/679 Anwendung. [5]Artikel 82 der Verordnung (EU) 2016/679 gilt mit der Maßgabe, dass nur für unzureichende Maßnahmen nach Artikel 5 Abs. 1 Buchst. f, Artikel 24 und 32 der Verordnung (EU) 2016/679 gehaftet wird. [6]Artikel 82 der Verordnung (EU) 2016/679 gilt entsprechend, wenn gegen das Datengeheimnis nach Satz 1 bis 3 verstoßen wurde. [7]Die Vorschriften über die Aufgaben und Befugnisse einer Aufsichtsbehörde nach Kapitel VIII finden keine Anwendung, da eine Aufgabenzuweisung nach Kapitel

VI der Verordnung (EU) 2016/679 nicht erfolgt. [8]Die Selbstregulierung der Presse durch den Pressekodex und die Beschwerdeordnung des Deutschen Presserates bleiben unberührt.

§ 12 Ablieferungspflicht

(1) [1]Von jedem Druckwerk, das im Geltungsbereich dieses Gesetzes verlegt wird, hat der Verleger mit Beginn der Verbreitung des Druckwerks ein Stück (Pflichtexemplar) unentgeltlich und auf eigene Kosten an die Thüringer Universitäts- und Landesbibliothek Jena abzugeben. [2]Auf Verlangen erstattet die Bibliothek dem Verleger die Herstellungskosten des abgegebenen Druckwerks, wenn ihm die unentgeltliche Abgabe wegen des großen finanziellen Aufwands und der kleinen Auflage nicht zugemutet werden kann. [3]Der zu begründende Erstattungsantrag ist, ungeachtet der Erfüllung der Abgabepflicht, innerhalb einer Ausschlußfrist von zwei Wochen nach Beginn der Verbreitung des Druckwerks bei der Bibliothek einzureichen.

(2) Das für das Hochschulwesen zuständige Ministerium kann für bestimmte Arten von Druckwerken Ausnahmen zulassen.

(3) [1]Für digitale Publikationen gilt Absatz 1 entsprechend. [2]Digitale Publikationen sind Darstellungen in Schrift, Bild und Ton, die auf Datenträgern oder in unkörperlicher Form in öffentlichen Netzen verbreitet werden. [3]Zur Ablieferung verpflichtet ist, wer den Datenträger wie ein Verleger verbreitet oder berechtigt ist, die unkörperliche digitale Publikation öffentlich zugänglich zu machen und den Sitz, eine Betriebsstätte oder den Hauptwohnsitz in Thüringen hat. [4]Die Ablieferung erfolgt nach Maßgabe einer von dem für das Hochschulwesen zuständigen Ministerium zu erlassenden Rechtsverordnung. [5]Die Landesbibliothek legt in Abstimmung mit der Deutschen Nationalbibliothek die bei der Ablieferung zu beachtenden technischen Standards fest.

§ 13 Ordnungswidrigkeiten

(1) Ordnungswidrig handelt, wer vorsätzlich oder fahrlässig:

1. als Verleger eine Person zum verantwortlichen Redakteur bestellt, die nicht den Anforderungen des § 9 entspricht;
2. als verantwortlicher Redakteur zeichnet, obwohl er die Voraussetzungen des § 9 nicht erfüllt;
3. als verantwortlicher Redakteur oder Verleger – beim Selbstverlag als Verfasser oder Herausgeber – den Vorschriften über das Impressum (§ 7) zuwiderhandelt oder als Unternehmer Druckwerke verbreitet, in denen das Impressum ganz oder teilweise fehlt;
4. als Verleger oder Verantwortlicher (§ 7 Abs. 2 Satz 4) eine Veröffentlichung gegen Entgelt nicht als Anzeige kenntlich macht oder kenntlich machen läßt (§ 10);
5. gegen die Verpflichtung aus § 11 Abs. 3 Satz 3 verstößt;
6. gegen die Offenlegungspflicht (§ 8) verstößt.

(2) Die Ordnungswidrigkeit kann mit einer Geldbuße bis fünfzigtausend Euro geahndet werden.

(3) Verwaltungsbehörde im Sinne des § 36 Abs. 1 Nr. 1 des Gesetzes über Ordnungswidrigkeiten ist das Landesverwaltungsamt.

§ 14 Verjährung

(1) Die Verfolgung der in § 13 genannten Ordnungswidrigkeiten verjährt in drei Monaten.

(2) [1]Die Verfolgung von Straftaten, die mittels eines Druckwerks begangen werden, verjährt bei Verbrechen in einem Jahr, bei Vergehen in sechs Monaten. [2]Dies gilt nicht für Straftaten, die den Tatbestand der §§ 84, 85, 86, 86a, 87, 88, 89, 109d, 109g, 111, 129, 129a, 130, 131, 184 des Strafgesetzbuchs verwirklichen.

(3) [1]Die Verjährung beginnt mit der Veröffentlichung oder Verbreitung des Druckwerks. [2]Wird das Druckwerk in Teilen veröffentlicht oder verbreitet oder wird es neu aufgelegt, so beginnt die Verjährung erneut mit der Veröffentlichung oder Verbreitung der weiteren Teile oder Auflagen.

§ 15 Gleichstellungsbestimmung

Status- und Funktionsbezeichnungen nach diesem Gesetz gelten jeweils in männlicher und weiblicher Form.

§ 16 Schlußbestimmungen

Dieses Gesetz tritt am Tage nach der Verkündung[1)] in Kraft.

1) Verkündet am 5.8.1991.

Thüringer Landesmediengesetz (ThürLMG)

Vom 15. Juli 2014 (GVBl. S. 385)
(225-5)
zuletzt geändert durch Art. 2 Thüringer G zum MedienO-ModernisierungsStV vom 23. Juli 2020 (GVBl. S. 369)

Inhaltsübersicht

Erster Teil
Allgemeine Bestimmungen

§ 1 Zielsetzungen und Anwendungsbereich
§ 2 Begriffsbestimmungen
§ 3 Programmgrundsätze
§ 4 Programmverantwortung
§ 5 Persönliche Anforderungen an Verantwortliche
§ 6 Datenverarbeitung zu journalistischen Zwecken, Medienprivileg
§ 6a Zuständigkeit für die Durchführung der Richtlinie (EU) 2018/1808 und für die Verfolgung und Ahndung von Ordnungswidrigkeiten nach § 9 Abs. 1 des EG-Verbraucherschutzdurchsetzungsgesetzes

Zweiter Teil
Besondere Bestimmungen

Erster Abschnitt
Zulassung von privaten Rundfunkveranstaltern

§ 7 Zulassungspflicht
§ 8 Zulassungsvoraussetzungen
§ 9 Binnenpluraler Rundfunk
§ 10 Sicherung der Meinungsvielfalt
§ 11 Sendung von lokalen und regionalen Beiträgen
§ 12 Zulassungsverfahren
§ 13 Zulassungsbescheid
§ 14 Änderungen nach der Zulassung
§ 15 Aufsichtsmaßnahmen, Rücknahme und Widerruf

Zweiter Abschnitt
Übertragungskapazitäten

§ 16 Grundsätze
§ 17 Zuordnung von drahtlosen Übertragungskapazitäten für Hörfunk
§ 18 Zuordnung von drahtlosen Übertragungskapazitäten für Fernsehen
§ 19 Zuordnungsverfahren
§ 20 Zuweisungsverfahren
§ 21 Zuweisungsvoraussetzungen
§ 22 Auswahlgrundsätze für Zuweisungsentscheidungen bei beschränkter Übertragungskapazität
§ 23 Zuweisungsentscheidung

Dritter Abschnitt
Besondere Pflichten und Informationsrechte der Veranstalter

§ 24 Informationsrechte der Veranstalter
§ 25 Auskunfts-, Mitwirkungs- und Duldungspflichten
§ 26 Aufzeichnungspflichten
§ 27 Gegendarstellung
§ 28 Verlautbarungsrecht
§ 29 Sendezeit für Dritte

Vierter Abschnitt
Formen und Finanzierung des privaten Rundfunks

§ 30 Finanzierung des privaten Rundfunks
§ 31 Ereignis- und Einrichtungsrundfunk

Fünfter Abschnitt
Bürgermedien

§ 32 Bürgermedien
§ 33 Medienbildungszentrum
§ 34 Bürgerradio und Bürgerfernsehen, Bürgermedien-Satzung

Sechster Abschnitt
Kabelbelegung, Plattformen

§ 35 Grundsätze der Kabelbelegung
§ 36 Rangfolge bei analogen Rundfunkprogrammen
§ 37 Plattformen, Umstellung von analoger auf digitale Übertragung und Netzneutralität
§ 38 Anzeige- und Auskunftspflichten
§ 39 Satzungen, Richtlinien

Siebter Abschnitt
Landesmedienanstalt

§ 40 Rechtsform und Organe
§ 41 Aufgaben und Befugnisse der Landesmedienanstalt
§ 42 Zusammensetzung und Amtszeit der Versammlung
§ 43 Beschlüsse, Versammlungsvorstand
§ 44 Zuständigkeit der Versammlung und des Versammlungsvorstands
§ 45 Ausschüsse
§ 46 Wahl des Direktors
§ 47 Unvereinbarkeiten
§ 48 Zuständigkeit des Direktors
§ 49 Bedienstete der Landesmedienanstalt
§ 50 Finanzierung der Landesmedienanstalt

§ 51 Wirtschaftsführung, Haushalts- und Rechnungswesen
§ 52 Rechtsaufsicht

Achter Abschnitt
Entsendung eines Vertreters in den ZDF-Fernsehrat
§ 53 Entsendung eines Vertreters in den ZDF-Fernsehrat

Neunter Abschnitt
Kostenfestsetzung für die Beitreibung rückständiger Rundfunkgebühren und Rundfunkbeiträge im Verwaltungszwangsverfahren
§ 53a Kostenfestsetzung für die Beitreibung rückständiger Rundfunkgebühren und Rundfunkbeiträge im Verwaltungszwangsverfahren

Dritter Teil
Ordnungswidrigkeiten, Übergangs- und Schlussbestimmungen
§ 54 Ordnungswidrigkeiten
§ 55 Übergangsbestimmung
§ 56 Gleichstellungsbestimmung
§ 57 Inkrafttreten, Außerkrafttreten

Der Landtag hat das folgende Gesetz beschlossen:

Erster Teil
Allgemeine Bestimmungen

§ 1 Zielsetzungen und Anwendungsbereich

(1) Dieses Gesetz dient der Ordnung und der Vielfalt des Rundfunks in Thüringen.

(2) [1]Dieses Gesetz fördert die Vermittlung von Medienbildung. [2]Dabei wird besonderer Wert auf die Befähigung der Medienproduzenten und -rezipienten zu gesellschaftlicher transmedialer Mitverantwortung und Mitgestaltung der freiheitlich-demokratischen Grundordnung sowie zum bewussten, selbstbestimmten und kritischen Umgang mit den Medien gelegt.

(3) Das Gesetz dient der Gewährleistung eines ausgewogenen medienspezifischen Jugendschutzes sowie einer werte- und qualitätsbezogenen Aus- und Fortbildung der Medienschaffenden.

(4) Im Rahmen der zügigen und umfassenden Digitalisierung des Rundfunks wird ein möglichst umfassender Zugang der Rundfunkteilnehmer zu den Angeboten der öffentlich-rechtlichen und privaten Rundfunkveranstalter angestrebt.

(5) [1]Dieses Gesetz gilt für die Entwicklung, Förderung und Veranstaltung privaten Rundfunks und für die Veranstaltung von Telemedien. [2]Es gilt ferner für die Zuordnung, Zuweisung und Nutzung von Übertragungskapazitäten.

(6) Dieses Gesetz regelt Einzelheiten der Entsendung des Vertreters Thüringens in den ZDF-Fernsehrat.

(7) Dieses Gesetz gilt nicht für die Veranstaltung und Weiterverbreitung von Sendungen mittels einer Kabelanlage, wenn

1. die Sendungen sich auf ein Gebäude oder einen zusammengehörenden Gebäudekomplex beschränken und im funktionellen Zusammenhang mit den dort zu erfüllenden Aufgaben stehen oder
2. mit den Sendungen lediglich bis zu 500 Wohneinheiten in einem Gebäude oder einem zusammengehörigen Gebäudekomplex versorgt werden.

(8) [1]Für das Land geltende Staatsverträge zwischen mehreren oder allen Ländern und Bundesgesetze, welche Angelegenheiten des Rundfunks, der Telemedien oder des Jugendmedienschutzes länderübergreifend regeln, bleiben unberührt. [2]Ergänzend gelten die für das Land geltenden Staatsverträge, soweit sie den privaten Rundfunk betreffen, für landesweite, regionale und lokale Rundfunkangelegenheiten entsprechend, sofern nicht dieses Gesetz eigenständige Regelungen trifft. [3]Die Anwendbarkeit dieses Gesetzes auf Teleshoppingkanäle richtet sich nach § 1 Abs. 6 des Medienstaatsvertrags (MStV).

(9) Bei der Verbreitung von Rundfunk und Telemedien im Zuständigkeitsbereich der Länder über öffentliche Telekommunikationsnetze ist Netzneutralität zu gewährleisten.

§ 2 Begriffsbestimmungen

(1) Im Sinne dieses Gesetzes ist

1. Mantelprogramm: ein Rundfunkprogramm, in dem einem Fensterprogramm Sendezeit überlassen wird,
2. regionales oder lokales Programm: ein Rundfunkprogramm, das für ein regional oder lokal begrenztes Verbreitungsgebiet hergestellt und redaktionell gestaltet ist,
3. Programmschema: eine periodisch gegliederte Übersicht für die Verteilung der Sendezeit auf die einzelnen Programmbereiche,
4. Grundversorgung: die Versorgung Thüringens mit den im Staatsvertrag über den Mitteldeutschen Rundfunk (MDR) für Thüringen vorgesehenen Programmen des MDR, dem Hauptprogramm der ARD, dem Fernsehprogramm des ZDF, den beiden Hauptprogrammen des Deutschlandradios sowie weiteren Rundfunkprogrammen dieser Anstalten und des Deutschlandradios, soweit diese Programme im Rahmen der weiteren Entwicklung des Rundfunkwesens zur Grundversorgung der Bevölkerung Thüringens erforderlich werden,
5. zuständige Stelle für privaten Rundfunk und Telemedien: die Landesmedienanstalt; die Landesmedienanstalt ist auch zuständig, sofern die für das Land geltenden Staatsverträge, soweit sie den privaten Rundfunk betreffen, für landesweite, regionale und lokale Rundfunkangelegenheiten entsprechend gelten,
6. binnenpluraler Rundfunk: die Herstellung und Gewährleistung der verfassungsrechtlich geforderten Vielfalt des Programmangebots und des Meinungsspektrums innerhalb des Programms oder des gesamten Angebots eines Rundfunkveranstalters durch geeignete Maßnahmen,
7. oberste Landesbehörde: das für Medienrecht zuständige Ministerium,
8. Netzneutralität: die Gleichbehandlung aller Daten im Internet unabhängig von Inhalt, Dienst, Anwendung, Anbieter, Herkunft oder Ziel.

(2) Im Sinne dieses Gesetzes sind

1. Rundfunkarten: Hörfunk und Fernsehen,
2. Verbreitungsgebiete: Thüringen oder ein bestimmter Landesteil, der terrestrisch, mit einem Kabelnetz oder dem Teil eines Kabelnetzes oder mit mehreren Kabelnetzen versorgt ist.

§ 3 Programmgrundsätze

[1]Für in Thüringen zugelassene lokale, regionale und landesweite Programme gelten die Programmgrundsätze des Medienstaatsvertrags. [2]Darüber hinaus gilt:

1. In den Rundfunkprogrammen darf die Darstellung der Ereignisse des politischen, wirtschaftlichen, sozialen und kulturellen Lebens im jeweiligen Verbreitungsgebiet das in dem Zulassungsbescheid angegebene Ausmaß nicht unterschreiten.
2. [1]Landesweite Hörfunkvollprogramme haben zu einer umfassenden Information beizutragen, den besonderen Bildungsbedürfnissen Rechnung zu tragen, der Beratung und Unterhaltung zu dienen und dem kulturellen Auftrag des Rundfunks zu entsprechen. [2]Zur Erfüllung dieser Aufgaben müssen sie einen angemessenen Anteil journalistisch bearbeiteter Informationsbeiträge, insbesondere aus den Bereichen Politik, Wirtschaft und Kultur, enthalten. [3]Über die Einhaltung dieses Anteils wacht und entscheidet die Landesmedienanstalt.

§ 4 Programmverantwortung

(1) Mindestens zweimal täglich ist der Veranstalter des Rundfunkprogramms im Programm anzugeben.

(2) [1]Jeder Veranstalter hat unverzüglich mindestens einen für das Programm verantwortlichen Redakteur zu benennen. [2]Werden mehrere verantwortliche Redakteure benannt, ist anzugeben, für welchen Teil des Programms jeder Einzelne verantwortlich ist. [3]Satz 1 gilt nicht, wenn der Veranstalter eine natürliche Person ist.

(3) Zum verantwortlichen Redakteur darf nur benannt werden, wer die Voraussetzungen nach § 5 Satz 1 erfüllt.

§ 5 Persönliche Anforderungen an Verantwortliche

[1]Als Antragsteller für eine Rundfunkzulassung, als für den Inhalt eines Rundfunkprogramms verantwortliche Person oder als verantwortliche Person für Telemedien mit journalistisch-redaktionell gestalteten Angeboten, in denen insbesondere vollständig oder teilweise Inhalte periodischer Druckerzeugnisse in Text oder Bild wiedergegeben werden, darf nur tätig sein und beschäftigt werden, wer

1. unbeschränkt geschäftsfähig ist, die Fähigkeit zur Bekleidung öffentlicher Ämter nicht durch Richterspruch verloren und das Grundrecht der freien Meinungsäußerung nicht nach Artikel 18 des Grundgesetzes verwirkt hat sowie
2. seinen Wohnsitz, Sitz oder ständigen Aufenthalt in einem Mitgliedsstaat der Europäischen Union hat und gerichtlich unbeschränkt verfolgt werden kann.

2Ist der Antragsteller eine juristische Person oder eine Personenvereinigung, müssen die Voraussetzungen nach Satz 1 auch von den gesetzlichen oder satzungsmäßigen Vertretern erfüllt sein.

§ 6 Datenverarbeitung zu journalistischen Zwecken, Medienprivileg

(1) 1Soweit Veranstalter von landesweitem, regionalem und lokalem Rundfunk sowie landesweit, regional und lokal ausgerichtete Anbieter von Telemedien personenbezogene Daten zu journalistischen Zwecken verarbeiten, ist es den hiermit befassten Personen untersagt, diese Daten zu anderen Zwecken zu verarbeiten (Datengeheimnis). 2Diese Personen sind bei der Aufnahme ihrer Tätigkeit auf das Datengeheimnis zu verpflichten. 3Das Datengeheimnis besteht auch nach Beendigung ihrer Tätigkeit fort. 4Im Übrigen finden für die Datenverarbeitung zu journalistischen Zwecken von der Verordnung (EU) 2016/679 des Europäischen Parlaments und des Rates vom 27. April 2016 zum Schutz der natürlichen Personen bei der Verarbeitung personenbezogener Daten, zum freien Datenverkehr und zur Aufhebung der Richtlinie 95/46/EG (Datenschutz-Grundverordnung) (ABl. L 119 vom 4.5.2016, S. 1; L 314 vom 22.11.2016, S. 72; L 127 vom 23.05.2018, S. 2) außer den Kapiteln I, VIII, X und XI nur die Artikel 5 Abs. 1 Buchst. f in Verbindung mit Abs. 2, Artikel 24 und Artikel 32 Anwendung. 5Artikel 82 der Verordnung (EU) 2016/679 gilt mit der Maßgabe, dass nur für eine Verletzung des Datengeheimnisses gemäß Satz 1 bis 3 sowie für unzureichende Maßnahmen nach Artikel 5 Abs. 1 Buchst. f, Artikel 24 und 32 der Verordnung (EU) 2016/679 gehaftet wird. 6Satz 1 bis 5 gilt entsprechend für die zu den in Satz 1 genannten Stellen gehörenden Hilfs- und Beteiligungsunternehmen. 7Die Veranstalter von landesweitem, regionalem und lokalem Rundfunk sowie landesweit, regional und lokal ausgerichtete Anbieter von Telemedien können sich Verhaltenskodizies[1)] geben, die in einem transparenten Verfahren erlassen und veröffentlicht werden. 8Den betroffenen Personen stehen nur die in Absatz 2 und 3 genannten Rechte zu. 9Die Vorschriften über die Aufgaben und Befugnisse einer Aufsichtsbehörde nach Kapitel VIII der Verordnung (EU) 2016/679 finden keine Anwendung, soweit Unternehmen und Hilfsunternehmen der Presse der Selbstregulierung durch den Pressekodex und der Beschwerdeordnung des Deutschen Presserates unterliegen.

(2) Führt die journalistische Verarbeitung personenbezogener Daten zur Verbreitung von Gegendarstellungen der betroffenen Person oder zu Verpflichtungserklärungen, Beschlüssen oder Urteilen über die Unterlassung der Verbreitung oder über den Widerruf des Inhalts der Daten, so sind diese Gegendarstellungen, Verpflichtungserklärungen und Widerrufe zu den gespeicherten Daten zu nehmen und dort für dieselbe Zeitdauer aufzubewahren wie die Daten selbst sowie bei einer Übermittlung der Daten gemeinsam mit diesen zu übermitteln.

(3) 1Wird jemand durch eine Berichterstattung in seinem Persönlichkeitsrecht beeinträchtigt, kann die betroffene Person Auskunft über die der Berichterstattung zu Grunde liegenden zu ihrer Person gespeicherten Daten verlangen. 2Die Auskunft kann nach Abwägung der schutzwürdigen Interessen der Beteiligten verweigert werden, soweit

1. aus den Daten auf Personen, die bei der Vorbereitung, Herstellung oder Verbreitung von Rundfunksendungen mitwirken oder mitgewirkt haben, geschlossen werden kann,
2. aus den Daten auf die Person des Einsenders oder des Gewährsträgers von Beiträgen, Unterlagen und Mitteilungen für den redaktionellen Teil geschlossen werden kann oder
3. durch die Mitteilung der recherchierten oder sonst erlangten Daten die journalistische Aufgabe durch Ausforschung des Informationsbestandes beeinträchtigt würde.

3Die betroffene Person kann die unverzügliche Berichtigung unrichtiger personenbezogener Daten im Datensatz oder die Hinzufügung einer eigenen Darstellung von angemessenem Umfang verlangen. 4Die weitere Speicherung der personenbezogenen Daten ist rechtmäßig, wenn dies für die Ausübung des Rechts auf freie Meinungsäußerung und Information oder zur Wahrnehmung berechtigter Interessen erforderlich ist.

(4) Die Absätze 1 bis 3 gelten auch für Teleshoppingkanäle.

---

1) Verhaltenskodizes

(5) [1]Der Landesbeauftragte für den Datenschutz überwacht die Einhaltung der Datenschutzvorschriften im Anwendungsbereich dieses Gesetzes. [2]Festgestellte Verletzungen von Bestimmungen über den Datenschutz oder sonstige Mängel bei der Verarbeitung oder Nutzung personenbezogener Daten werden der Landesmedienanstalt mitgeteilt, damit diese die nach diesem Gesetz vorgesehenen Maßnahmen treffen kann.

(6) Dem Landesbeauftragten für den Datenschutz stehen gegenüber den nichtöffentlichen Stellen die in § 40 Abs. 3 bis 5 des Bundesdatenschutzgesetzes genannten Rechte in Verbindung mit § 11 des Thüringer Datenschutzgesetzes zu.

(7) Zuständige Aufsichtsbehörden nach § 113 MStV sind die nach den allgemeinen Datenschutzgesetzen des Bundes und des Thüringer Datenschutzgesetzes zuständigen Kontrollbehörden; sie sind in dem Bereich der Datenschutzaufsicht über die Telemedien auch sachlich zuständige Verwaltungsbehörden im Sinne des § 36 Abs. 1 Nr. 1 des Gesetzes über die Ordnungswidrigkeiten (OWiG) in der Fassung vom 19. Februar 1987 (BGBl. I S. 602) in der jeweils geltenden Fassung.

§ 6a Zuständigkeit für die Durchführung der Richtlinie (EU) 2018/1808 und für die Verfolgung und Ahndung von Ordnungswidrigkeiten nach § 9 Abs. 1 des EG-Verbraucherschutzdurchsetzungsgesetzes

[1]Zuständig für die Durchführung der Richtlinie (EU) 2018/1808 des Europäischen Parlaments und des Rates vom 14. November 2018 zur Änderung der Richtlinie 2010/13/EU zur Koordinierung bestimmter Rechts- und Verwaltungsvorschriften der Mitgliedstaaten über die Bereitstellung audiovisueller Mediendienste (Richtlinie über audiovisuelle Mediendienste) im Hinblick auf sich verändernde Marktgegebenheiten (ABl. L 303 vom 28.11.2018, S. 69) in der jeweils geltenden Fassung, ist

1. das für Medienrecht zuständige Ministerium für den öffentlich-rechtlichen Rundfunk und
2. die Landesmedienanstalt für den privaten Rundfunk.

[2]Die in Satz 1 genannten Behörden sind auch zuständig für die Verfolgung und Ahndung von Ordnungswidrigkeiten nach § 9 Abs. 1 des EG-Verbraucherschutzdurchsetzungsgesetzes vom 21. Dezember 2006 (BGBI. I S. 3367) in der jeweils geltenden Fassung, soweit das EG-Verbraucherschutzdurchsetzungsgesetz durch diese Behörden ausgeführt wird.

Zweiter Teil
Besondere Bestimmungen

Erster Abschnitt
Zulassung von privaten Rundfunkveranstaltern

§ 7 Zulassungspflicht

(1) Wer Rundfunk veranstalten will, bedarf einer Zulassung.

(2) Wird Rundfunk ohne Zulassung veranstaltet, ordnet die Landesmedienanstalt die Einstellung der Veranstaltung an und untersagt nach pflichtgemäßem Ermessen dem Träger der technischen Übertragungseinrichtung die Verbreitung.

§ 8 Zulassungsvoraussetzungen

(1) Ergänzend zu § 53 MStV darf eine Zulassung auch

1. Personenvereinigungen des Privatrechts und
2. öffentlich-rechtlichen Religions- und Weltanschauungsgemeinschaften sowie jüdischen Kultusgemeinden

erteilt werden.

(2) Eine Zulassung darf nicht

1. Mitgliedern gesetzgebender Körperschaften sowie Mitgliedern der Bundes- oder einer Landesregierung,
2. Unternehmen oder Vereinigungen, an denen öffentlich-rechtliche Rundfunkanstalten beteiligt sind oder auf deren Willensbildung sie auf andere Weise rechtlich imstande sind, wesentlich Einfluss zu nehmen, es sei denn, dass

a) an dem Unternehmen oder der Vereinigung auch ausländische Rundfunkveranstalter oder Unternehmen beteiligt sind und
b) das angestrebte Programm einen internationalen Zuschnitt hat und international verbreitet werden soll,
3. Personen, die zu einer öffentlich-rechtlichen Rundfunkanstalt in einem Arbeits- oder Dienstverhältnis stehen sowie Mitgliedern eines Organs dieser Anstalten oder
4. Personen oder Personenvereinigungen, die wegen mehrfacher Programmträgerschaft nach § 10 ausgeschlossen sind,

erteilt werden.

(3) [1]Ferner erhalten Antragsteller keine Zulassung, an denen Personen, Unternehmen oder Vereinigungen beteiligt sind, die nach Absatz 2 oder nach dem Medienstaatsvertrag ausgeschlossen sind. [2]Dies gilt nicht für Beteiligungen von
1. politischen Parteien und Wählergemeinschaften an Antragstellern, sofern die Beteiligung nicht die Grenze des § 17 des Aktiengesetzes erreicht, sowie
2. juristischen Personen des öffentlichen Rechts an Antragstellern mit weniger als 25 vom Hundert, die nicht einer Fachaufsicht oder einem vergleichbaren staatlichen oder kommunalen Einfluss unterliegen oder im wirtschaftlichen Wettbewerb stehen.

(4) Das Nähere zur Zulassung regelt die Landesmedienanstalt durch Satzung.

§ 9 Binnenpluraler Rundfunk

(1) Einem Veranstalter eines landesweiten Vollprogramms wird die Zulassung nur erteilt, wenn er
1. durch die Bildung eines Programmbeirats (§ 66 MStV) aus Vertretern der im Verbreitungsgebiet wesentlichen Meinungen die Gewähr dafür bietet, dass seine Sendungen insgesamt ein ausgewogenes Meinungsbild vermitteln und
2. durch seine Zusammensetzung und gesellschaftsrechtlichen Regelungen einen pluralistischen Einfluss auf die Programmgestaltung gewährleistet.

(2) Die Landesmedienanstalt bestimmt, welche gesellschaftlichen Gruppen als Träger wesentlicher Meinungen in jedem Fall in dem Programmbeirat vertreten sein müssen.

(3) [1]Der Veranstalter muss aus mindestens fünf Personen bestehen oder eine juristische Person sein, bei der fünf oder mehr Personen Anteils- und Mitgliedschaftsrechte besitzen. [2]Durch Vertrag oder Satzung ist auszuschließen, dass die Anteils-, Mitgliedschafts- oder Stimmrechte eines Mitglieds 50 vom Hundert erreichen. [3]Ebenso ist auszuschließen, dass die Anteils-, Mitgliedschafts- oder Stimmrechte von Mitgliedern mit Anteils-, Mitgliedschafts- oder Stimmrechten von jeweils 25 vom Hundert oder darüber zusammengenommen 75 vom Hundert erreichen. [4]Einem Mitglied ist zuzurechnen, wer zu ihm im Verhältnis eines verbundenen Unternehmens nach § 15 des Aktiengesetzes oder in einer vergleichbaren Rechtsbeziehung steht. [5]Der Veranstalter muss gesellschaftsrechtlich sicherstellen, dass seine Mitglieder über alle grundsätzlichen Fragen der Gemeinschaft beraten und beschließen. [6]Hierzu zählen auch
1. grundlegende Fragen des Programmformats und der Programmplanung,
2. die Zustimmung zu Einstellung und Entlassung der geschäftsführenden oder programmverantwortlichen Personen,
3. die Zustimmung zum Jahresgeschäftsplan,
4. die Beteiligung an anderen Veranstaltern im Sendegebiet oder Veranstaltern, deren Programme in wesentlichen Teilen des Sendegebiets empfangbar sind und
5. die Aufnahme und der Ausschluss von Mitgliedern.

§ 10 Sicherung der Meinungsvielfalt

(1) [1]Die Zulassung ist zu versagen, wenn
1. für das in dem Antrag angegebene Verbreitungsgebiet bereits ein anderes von dem Antragsteller veranstaltetes Voll- und Spartenprogramm der beantragten Rundfunkart
   a) aufgrund landesgesetzlicher Zulassung verbreitet wird,
   b) herangeführt und nach § 35 Abs. 2 weiterverbreitet wird oder
   c) ortsüblich empfangbar ist,
2. der Antragsteller oder eines seiner Mitglieder für ein Vollprogramm oder für ein meinungsbildendes Spartenprogramm in dem im Antrag angegebenen Verbreitungsgebiet zu dem Inhaber der

Zulassung oder einem Mitglied des Inhabers eines anderen Programms der gleichen Programmkategorie im Verhältnis eines verbundenen Unternehmens entsprechend § 15 des Aktiengesetzes steht, auf seine Programmgestaltung in anderer Weise wesentlichen Einfluss ausüben kann oder unter einem entsprechenden Einfluss des Inhabers der Zulassung steht; die Mitgliedschaft oder der Einfluss gilt als nicht wesentlich, wenn er sich auf höchstens 10 vom Hundert der Anteils-, Mitglieds- oder Stimmrechte oder auf höchstens 10 vom Hundert des Programms beschränkt,

3. der Antragsteller oder eines seiner Mitglieder für ein Vollprogramm oder für ein meinungsbildendes Spartenprogramm in dem im Antrag angegebenen Verbreitungsgebiet oder in einem wesentlichen Teil dieses Verbreitungsgebietes eine marktbeherrschende Stellung bei Tageszeitungen dergestalt hat, dass kein oder kein wesentlicher Wettbewerb gegeben ist oder
4. der Antragsteller oder eines seiner Mitglieder für ein Vollprogramm oder ein meinungsbildendes Spartenprogramm in dem im Antrag angegebenen Verbreitungsgebiet oder in einem wesentlichen Teil dieses Verbreitungsgebietes eine sonstige marktbeherrschende Stellung bei Tageszeitungen hat; es sei denn, die Beteiligung eines solchen Mitglieds an einer Anbietergemeinschaft übersteigt nicht 15 vom Hundert.

[2]Satz 1 Nr. 1 gilt nicht für die Zulassung von Spartenprogrammen, die in digitaler Form verbreitet werden. [3]Die Möglichkeit einer nicht programmlichen Zusammenarbeit von Rundfunkveranstaltern bei Gebäude- und Veranstaltungsmanagement sowie Technikdienstleistungen bleibt unberührt.

(2) [1]Verbreitet ein Veranstalter infolge eines Unternehmenszusammenschlusses oder auf sonstige Weise entgegen Absatz 1 Satz 1 Nr. 1 und 2 mehrere Programme, werden die überzähligen Zulassungen widerrufen. [2]Bei deren Auswahl sind die Wünsche der Beteiligten möglichst zu berücksichtigen. [3]§ 15 Abs. 6 ist entsprechend anzuwenden.

(3) [1]Der Antragsteller hat der Landesmedienanstalt zu belegen, dass Vorschriften der Zusammenschlusskontrolle seinem Vorhaben nicht entgegenstehen. [2]Auf Verlangen der Landesmedienanstalt hat er dies durch das Anmeldeverfahren beim Bundeskartellamt nachzuweisen.

(4) Die Absätze 1 bis 3 gelten auch für Veranstalter lokaler oder regionaler Fernsehprogramme.

§ 11 Sendung von lokalen und regionalen Beiträgen

[1]Werden in einem Programm Sendungen mit lokalem oder regionalem Bezug verbreitet, so dürfen diese nicht zu mehr als der Hälfte von einem Unternehmen zugeliefert werden, das für das Verbreitungsgebiet der Sendungen bestimmte periodisch erscheinende Druckwerke mit einem Anteil von mehr als 20 vom Hundert der Gesamtauflage aller für den Bereich bestimmten periodisch erscheinenden Druckwerke verlegt. [2]Dieselbe Beschränkung gilt auch für ein Unternehmen, das zu einem Unternehmen nach Satz 1 im Verhältnis eines verbundenen Unternehmens nach § 15 des Aktiengesetzes oder in einer vergleichbaren Rechtsbeziehung steht; wirken mehrere Unternehmen aufgrund einer Vereinbarung oder in sonstiger Weise derart zusammen, dass sie gemeinsam einen beherrschenden Einfluss auf ein Unternehmen nach Satz 1 ausüben können, so gilt jedes von ihnen als herrschendes Unternehmen. [3]Unternehmen im Sinne dieser Bestimmung ist auch das Unternehmen, das der zugelassenen Anbietergemeinschaft angehört.

§ 12 Zulassungsverfahren

(1) [1]Die Zulassung wird auf Antrag durch die Landesmedienanstalt erteilt. [2]Der Antrag kann schriftlich oder elektronisch erfolgen.

(2) Der Antragsteller hat alle Angaben zu machen, alle Auskünfte zu erteilen und alle Unterlagen vorzulegen, die zur Prüfung des Zulassungsantrags erforderlich sind.

(3) Veränderungen während des Zulassungsverfahrens hat der Antragsteller der Landesmedienanstalt unverzüglich anzuzeigen.

(4) [1]Zur Glaubhaftmachung der Angaben kann die Landesmedienanstalt auch die Abgabe einer eidesstattlichen Versicherung des Antragstellers oder der an ihm unmittelbar oder mittelbar Beteiligten verlangen. [2]Kommt der Antragsteller seinen Mitwirkungspflichten innerhalb einer von der Landesmedienanstalt gesetzten Frist nicht nach, kann sein Antrag abgelehnt werden.

§ 13 Zulassungsbescheid

(1) [1]Die Zulassung wird durch schriftlichen Bescheid der Landesmedienanstalt erteilt. [2]Sie legt fest:

1. die Rundfunkart und die Programmkategorie,
2. die Programmdauer und
3. das Verbreitungsgebiet.

[3]Die Zulassung kann mit Nebenbestimmungen insbesondere zur Sicherung der Meinungsvielfalt verbunden werden.

(2) [1]Die erste Zulassung ist bei landesweitem Rundfunk auf mindestens acht und höchstens zehn Jahre zu befristen; Verlängerungen um jeweils fünf bis zu acht Jahre sind zulässig. [2]Die Zulassung von regionalem und lokalem Rundfunk ist auf bis zu sechs Jahre zu befristen; Verlängerungen um jeweils bis zu sechs Jahre sind zulässig.

§ 14 Änderungen nach der Zulassung

(1) [1]Die Zulassung ist nicht übertragbar. [2]Eine Übertragung ist anzunehmen, wenn nach der Zulassung durch einen oder mehrere Übertragungsakte 50 vom Hundert oder mehr der Kapital- oder Stimmrechtsanteile an Mitgesellschafter oder Dritte veräußert werden, es sei denn, dass die Landesmedienanstalt aufgrund der besonderen Umstände des Einzelfalles zustimmt. [3]Dasselbe gilt, wenn es durch eine Veräußerung unter Hinzurechnung der vorher getätigten Veräußerungen zu einer gleichartigen Veränderung kommt. [4]Bei einer Veräußerung der Kapital- und Stimmrechtsverhältnisse von zwei Dritteln oder mehr ist immer von einer Übertragung auszugehen.

(2) Der Veranstalter hat der Landesmedienanstalt geplante Veränderungen der für die Zulassung maßgeblichen Umstände vor ihrem Vollzug schriftlich anzuzeigen.

(3) [1]Könnte dem Veranstalter die Zulassung auch bei Vollzug der Änderung erteilt werden, bestätigt die Landesmedienanstalt die Unbedenklichkeit der Änderung. [2]Ist dies nicht der Fall, stellt sie fest, dass die Zulassung bei Vollzug der Änderung nicht erteilt werden könnte. [3]Vollzieht der Veranstalter eine Änderung, die nicht nach Satz 1 als unbedenklich bestätigt werden kann, kann die Zulassung von der Landesmedienanstalt widerrufen werden.

§ 15 Aufsichtsmaßnahmen, Rücknahme und Widerruf

(1) [1]Die Landesmedienanstalt weist die Veranstalter, Telemedienanbieter, Kabelanlagenbetreiber und Plattformanbieter schriftlich auf Maßnahmen oder Unterlassungen hin, die gegen die Pflichten verstoßen, die ihnen nach diesem Gesetz, den aufgrund dieses Gesetzes erlassenen Rechtsvorschriften oder getroffenen Entscheidungen oder nach allgemeinen Rechtsvorschriften obliegen. [2]Sie kann dabei nach Anhörung anordnen, den Rechtsverstoß sofort oder innerhalb einer angemessenen Frist zu beheben und künftig zu unterlassen (Beanstandung). [3]Handelt es sich um einen schwerwiegenden Verstoß, so weist die Landesmedienanstalt zugleich auf die möglichen Folgen einer Fortdauer des Verstoßes oder eines weiteren Verstoßes nach Absatz 4 Nr. 3 hin. [4]Der Veranstalter ist auf Verlangen der Landesmedienanstalt verpflichtet, eine Beanstandung nach Satz 3 in seinem Rundfunkprogramm zu verbreiten. [5]Inhalt und Sendezeit der zu verbreitenden Mitteilung bestimmt die Landesmedienanstalt. [6]Im Fall wiederholter Rechtsverstöße des Veranstalters kann die Landesmedienanstalt feststellen, dass die Zulassung entgegen § 13 Abs. 2 Satz 1 oder 2 nicht verlängert wird.

(2) [1]Die Landesmedienanstalt kann dem Veranstalter aufgeben, die durch Werbung im Zusammenhang mit der beanstandeten Sendung erzielten Entgelte an sie abzuführen. [2]Der Veranstalter hat der Landesmedienanstalt die hierfür erforderlichen Angaben zu machen. [3]Weigert er sich, die Höhe der erzielten Entgelte anzugeben, wird deren Höhe durch die Landesmedienanstalt geschätzt.

(3) Die Zulassung ist zurückzunehmen, wenn

1. der Veranstalter die Zulassung durch unrichtige oder unvollständige Angaben, durch Täuschung oder Drohung oder durch sonstige rechtswidrige Mittel erlangt hat oder
2. die gesetzlichen Voraussetzungen für die Zulassung im Zeitpunkt der Entscheidung über die Zulassung nicht gegeben waren und auch nicht innerhalb einer von der Landesmedienanstalt gesetzten Frist erfüllt werden.

(4) Die Zulassung ist zu widerrufen, wenn

1. eine persönliche Anforderung an Verantwortliche nach § 5 oder eine Zulassungsvoraussetzung nach § 8 nachträglich entfällt und innerhalb einer von der Landesmedienanstalt gesetzten angemessenen Frist kein rechtmäßiger Zustand hergestellt wird,

2. die Stimmrechts- und Beteiligungsverhältnisse beim Veranstalter ohne Zustimmung der Landesmedienanstalt geändert werden (§ 14 Abs. 1) und Aufsichtsmaßnahmen nach Absatz 1 erfolglos geblieben sind oder
3. der Veranstalter trotz einer Beanstandung eines schwerwiegenden Rechtsverstoßes durch die Landesmedienanstalt denselben nicht behebt oder erneut in schwerwiegender Weise gegen das Recht verstößt.

(5) Die Zulassung kann widerrufen werden, wenn ein Programm länger als einen Monat nicht verbreitet wird.

(6) [1]Der Anbieter wird für einen Vermögensnachteil, der durch die Rücknahme oder den Widerruf nach den Absätzen 3 bis 5 eintritt, nicht entschädigt. [2]Im Übrigen gelten für die Rücknahme und den Widerruf die entsprechenden Bestimmungen des Thüringer Verwaltungsverfahrensgesetzes.

(7) Für Rücknahme und Widerruf von Zuweisungsentscheidungen gelten die Absätze 3 bis 6 entsprechend.

Zweiter Abschnitt
Übertragungskapazitäten

§ 16 Grundsätze

(1) Durch die Zuordnung, Zuweisung und Nutzung von Übertragungskapazitäten, die für die Übertragung von Rundfunk und vergleichbaren Telemedien geeignet und vorgesehen sind, ist
1. die Grundversorgung nach § 2 Abs. 1 Nr. 4 sicherzustellen,
2. die Verbreitung der Programme in Thüringen zugelassener privater Rundfunkveranstalter und sonstiger Programme privater Rundfunkveranstalter zu ermöglichen und
3. die Verbreitung von Bürgermedien sowie die Durchführung von Pilotprojekten zu ermöglichen.

(2) [1]Die Nutzung von Übertragungskapazitäten für Rundfunk hat Vorrang vor der Nutzung für Teleshoppingkanäle und Telemedien. [2]Die terrestrische Verbreitung von Telemedien ist grundsätzlich nur zulässig, soweit die Übertragungskapazitäten nicht für Rundfunk benötigt werden. [3]Zugewiesene, aber durch die Programmübertragung nicht genutzte Übertragungskapazitäten können vom jeweiligen Programmveranstalter zur Verbreitung von Telemedien mitgenutzt werden.

§ 17 Zuordnung von drahtlosen Übertragungskapazitäten für Hörfunk

(1) Die Zuordnung von drahtlosen Übertragungskapazitäten für den Hörfunk muss
1. die flächendeckende Grundversorgung mit drei Hörfunkprogrammen auf der Grundlage des Staatsvertrags über den Mitteldeutschen Rundfunk, von denen eines auf die Staatsvertragsländer auseinanderschaltbar sein muss (MDR-Landesprogramm), sowie die flächendeckende Grundversorgung mit den beiden Hauptprogrammen des Deutschlandradios,
2. die flächendeckende Versorgung des Landes mit zwei landesweiten Hörfunkprogrammen privater Veranstalter,
3. die weitere Auseinanderschaltung des MDR-Landesprogramms nach Nummer 1 und der privaten Programme nach Nummer 2,
4. die mindestens flächenhafte Versorgung des Landes mit weiteren Hörfunkprogrammen privater Veranstalter und
5. die Verbreitung von Ereignis- und Einrichtungsrundfunk (§ 31 Abs. 1) und Bürgermedien (§ 32 Abs. 1) sowie die Durchführung von Pilotprojekten

gewährleisten.

(2) Im Übrigen sollen durch die Zuordnung von drahtlosen Übertragungskapazitäten für den Hörfunk
1. die weiteren Hörfunkprogramme des MDR auf der Grundlage des Staatsvertrags über den Mitteldeutschen Rundfunk und des Medienstaatsvertrags sowie das dritte Hörfunkprogramm des Deutschlandradios auf Grundlage des Deutschlandradio-Staatsvertrags flächenhaft angeboten,
2. Versorgungslücken für bestehende Programme geschlossen und
3. Meinungsvielfalt und publizistischer Wettbewerb gefördert

werden.

§ 18 Zuordnung von drahtlosen Übertragungskapazitäten für Fernsehen

Die Zuordnung von drahtlosen Übertragungskapazitäten für das Fernsehen muss

1. die flächendeckende Grundversorgung mit Programmen oder Programmbouquets auf der Grundlage des Staatsvertrags über den Mitteldeutschen Rundfunk, des ARD-Staatsvertrags und des ZDF-Staatsvertrags im Umfang von drei analogen Fernsehkanälen im Band IV/V mit einer Bandbreite von jeweils 8 MHz; zwei der Fernsehprogramme müssen auf die Staatsvertragsländer auseinanderschaltbar sein,
2. die flächenhafte Versorgung des Landes mit Programmen oder Programmbouquets privater Veranstalter im Umfang von mindestens drei analogen Fernsehkanälen im Band IV/V mit einer Bandbreite von jeweils 8 MHz und
3. die Verbreitung von Ereignis- und Einrichtungsrundfunk (§ 31 Abs. 1) und Bürgermedien (§ 32 Abs. 1) sowie die Durchführung von Pilotprojekten

gewährleisten.

§ 19 Zuordnungsverfahren

(1) [1]Zugeordnet werden freie Übertragungskapazitäten, die dem Land für Rundfunk oder vergleichbare Telemedien zur Verfügung stehen. [2]Kapazitäten in Kabelanlagen werden nicht zugeordnet.

(2) Werden dem Land freie Übertragungskapazitäten zur Verfügung gestellt, wirkt die oberste Landesbehörde darauf hin, dass sich der MDR, das ZDF, das Deutschlandradio und die Landesmedienanstalt über eine Zuordnung der Übertragungskapazitäten nach Maßgabe der §§ 16 bis 19 verständigen.

(3) Wird eine Verständigung nach Absatz 2 erreicht, ordnet die oberste Landesbehörde die Übertragungskapazitäten dementsprechend der Landesmedienanstalt, dem MDR, dem ZDF oder dem Deutschlandradio zu.

(4) Wird eine Verständigung nach Absatz 2 nicht erreicht, entscheidet die Landesregierung über die Zuordnung der Übertragungskapazitäten nach Maßgabe der §§ 16 bis 18.

(5) [1]Sollen Übertragungskapazitäten blockweise zugeordnet werden, kann die oberste Landesbehörde die Zuordnung der Übertragungskapazitäten mit der Auflage verbinden, die Nutzung von Übertragungseinheiten innerhalb des Blocks durch andere Rundfunkveranstalter flexibel zu ermöglichen. [2]§ 22 Abs. 2 und 3 gilt entsprechend. [3]Gelingt eine Verständigung nicht, so sind die zur Verfügung stehenden Übertragungseinheiten in der Weise auf den MDR, das ZDF, das Deutschlandradio und die Landesmedienanstalt zu verteilen, dass Angebote öffentlich-rechtlicher und privater Veranstalter gleichgewichtig empfangbar sind.

(6) [1]Die ersatzweise Zuordnung von technisch gleichwertigen Übertragungskapazitäten durch die oberste Landesbehörde im Benehmen mit dem ZDF, dem MDR, dem Deutschlandradio und der Landesmedienanstalt auf der Grundlage von Analysen unabhängiger Gutachter zur Kapazitätssituation und Senderstandortoptimierung ist möglich. [2]Als technisch gleichwertig sind Übertragungskapazitäten dann zu bewerten, wenn die durch die ersatzweise Zuordnung nach Satz 1 bedingte Verringerung der technischen Reichweite 5 vom Hundert nicht übersteigt.

§ 20 Zuweisungsverfahren

(1) [1]Die Übertragung von Rundfunk oder vergleichbaren Telemedien durch private kommerzielle Veranstalter über terrestrische Übertragungskapazitäten sowie deren Nutzung durch Bürgermedien oder zur Durchführung von Pilotprojekten bedarf der Zuweisung durch die Landesmedienanstalt. [2]Ein Anspruch auf Zuweisung besteht nicht.

(2) Absatz 1 gilt auch für die Verbreitung von Rundfunk oder vergleichbaren Telemedien in analogen Kabelnetzen und drahtgebundenen Plattformen, soweit die Übertragungskapazität der Landesmedienanstalt zur Verfügung steht.

(3) [1]Die Landesmedienanstalt schreibt Übertragungskapazitäten, die ihr zur Verfügung stehen oder voraussichtlich in den nächsten 18 Monaten zur Verfügung stehen werden, einzeln, blockweise oder als Kette aus. [2]Die Ausschreibung wird im Online-Angebot der Landesmedienanstalt bekannt gemacht. [3]Auf diese Bekanntmachung ist jeweils im Thüringer Staatsanzeiger hinzuweisen. [4]Die Landesmedienanstalt setzt für den Antrag auf Zuweisung eine Frist von mindestens einem Monat. [5]Im Einzelfall, insbesondere zur Schließung von Versorgungslücken für bestehende Programme, bei der geringfügi-

gen Erweiterung des Verbreitungsgebietes oder bei der Vergabe von Pilotprojekten, kann auf die Ausschreibung verzichtet werden.

(4) [1]Die Zuweisung erfolgt auf schriftlichen Antrag. [2]Der Antragsteller hat in ihm sowie auf weitere Nachfrage durch die Landesmedienanstalt alle Angaben zu machen, alle Auskünfte zu erteilen und alle Unterlagen vorzulegen, die zur Prüfung des Zuweisungsantrags und der Beurteilung der Programm- und Anbietervielfalt erforderlich sind.

(5) [1]Die Landesmedienanstalt schreibt die Möglichkeit der Nutzung freier Übertragungskapazitäten in analogen Kabelnetzen und drahtgebundenen Plattformen durch lokale Rundfunkangebote im Thüringer Staatsanzeiger aus. [2]Absatz 3 Satz 4 und 5 gilt entsprechend.

(6) [1]Für Ereignis- und Einrichtungsrundfunk nach § 31 Abs. 1 und für Pilotprojekte sowie für Bürgerradio und Bürgerfernsehen gelten vereinfachte Verfahrensvorschriften. [2]Dabei finden die §§ 16 bis 18, § 20 Abs. 3 und 5, § 22 sowie die §§ 28 und 29 keine Anwendung. [3]Für die Zuordnung der Übertragungskapazitäten gilt § 19 Abs. 2 bis 6 entsprechend. [4]Für Ereignis- und Einrichtungsrundfunk nach § 31 Abs. 1 und für Pilotprojekte finden darüber hinaus § 8 Abs. 3, die §§ 9 bis 11 und § 13 Abs. 2 keine Anwendung. [5]Das Nähere über das Zuweisungsverfahren regelt die Landesmedienanstalt durch Satzung.

§ 21 Zuweisungsvoraussetzungen

[1]Übertragungskapazitäten zur Verbreitung von Rundfunkprogrammen oder vergleichbaren Telemedien dürfen nur zugelassenen Veranstaltern oder Telemedienanbietern zugewiesen werden, die erwarten lassen, dass sie wirtschaftlich und organisatorisch in der Lage sind, die Anforderungen an die antragsgemäße Verbreitung des Programms oder des Angebots zu erfüllen. [2]Die Zuweisungsentscheidung kann mit der Zulassungsentscheidung verbunden werden. [3]Satz 1 gilt für Plattformanbieter entsprechend.

§ 22 Auswahlgrundsätze für Zuweisungsentscheidungen bei beschränkter Übertragungskapazität

(1) [1]Bestehen keine ausreichenden Übertragungskapazitäten für alle Antragsteller, die die Voraussetzungen nach § 21 erfüllen, trifft die Landesmedienanstalt eine Auswahlentscheidung. [2]Dabei berücksichtigt sie die Meinungsvielfalt in den Programmen (Programmvielfalt) und die Vielfalt der Programmanbieter (Anbietervielfalt) sowie deren organisatorische, programmliche und finanzielle Vorbereitungen hierzu.

(2) Die Landesmedienanstalt beurteilt Bestehen und Umfang der Programmvielfalt insbesondere nach folgenden Gesichtspunkten:

1. der inhaltlichen Vielfalt des Programms, insbesondere seinem Anteil an Information, Bildung, Beratung und Unterhaltung, der Darstellung des politischen, wirtschaftlichen, sozialen und kulturellen Lebens im jeweiligen Verbreitungsgebiet unter Berücksichtigung der dortigen Besonderheiten sowie der Behandlung von Minderheiten- und Zielgruppeninteressen,
2. dem Beitrag zur Vielfalt des Gesamtangebots, insbesondere dem Beitrag zur Angebots- oder Spartenvielfalt, zur regionalen und kulturellen Vielfalt, sowie zur Sprachenvielfalt.

(3) Die Landesmedienanstalt beurteilt Bestehen und Umfang von Anbietervielfalt insbesondere nach folgenden Gesichtspunkten:

1. der Einrichtung eines Programmbeirats und seines Einflusses auf die Programmgestaltung,
2. dem Einfluss der redaktionell Beschäftigten oder der von ihnen gewählten Vertreter auf die Programmgestaltung und Programmverantwortung.

§ 23 Zuweisungsentscheidung

(1) [1]Die Zuweisung einer Übertragungskapazität erfolgt durch schriftlichen Bescheid an zugelassene Rundfunkveranstalter, Anbieter vergleichbarer Telemedien und Plattformanbieter. [2]In dem Zuweisungsbescheid werden insbesondere die Rundfunkart, das Verbreitungsgebiet, die Übertragungstechnik und die zu nutzende Übertragungskapazität bestimmt.

(2) [1]Die erste Zuweisung ist auf höchstens zehn Jahre zu befristen. [2]Verlängerungen um jeweils bis zu acht Jahre sind zulässig. [3]Die Zuweisung an einen Rundfunkveranstalter darf den Zeitraum, für den die Zulassung zur Veranstaltung des Rundfunkprogramms erteilt ist, nicht überschreiten.

(3) Anbietern von vergleichbaren Telemedien können befristet für mindestens vier und höchstens zehn Jahre terrestrische Übertragungskapazitäten zugewiesen werden.

(4) Die Zuweisungsentscheidung kann mit Nebenbestimmungen insbesondere zur Sicherung der Programm- und Anbietervielfalt sowie zur Sicherung der Einhaltung der gesetzlichen Vorschriften versehen werden.

(5) Für Änderungen nach der Zuweisung gilt § 14 entsprechend.

Dritter Abschnitt

Besondere Pflichten und Informationsrechte der Veranstalter

§ 24 Informationsrechte der Veranstalter

(1) Die Behörden sind verpflichtet, den Rundfunkveranstaltern oder ihren Vertretern die der Erfüllung ihrer Aufgaben dienenden Auskünfte zu erteilen.

(2) [1]Auskünfte können verweigert werden, wenn

1. durch sie die sachgemäße Durchführung eines gerichtlichen Verfahrens oder eines Disziplinarverfahrens vereitelt, erschwert, verzögert oder gefährdet werden könnte,
2. Auskünfte über persönliche Angelegenheiten Einzelner verlangt werden, an deren öffentlicher Bekanntgabe kein berechtigtes Interesse besteht oder
3. Maßnahmen, die im öffentlichen Interesse liegen, durch ihre vorzeitige öffentliche Erörterung vereitelt, erschwert, verzögert oder gefährdet werden könnten.

[2]Die Auskünfte sind zu verweigern, soweit Vorschriften über die Geheimhaltung oder den Datenschutz dem entgegenstehen. [3]Allgemeine Anordnungen, die einer Behörde Auskünfte an den Rundfunk verbieten, sind unzulässig.

§ 25 Auskunfts-, Mitwirkungs- und Duldungspflichten

(1) Die Landesmedienanstalt hat auf Verlangen den Namen oder die Firma und die Anschrift des von ihr zugelassenen Rundfunkveranstalters, der Veranstalter hat auf Verlangen den Namen und die Anschrift des verantwortlichen Redakteurs mitzuteilen.

(2) [1]Der Veranstalter ist verpflichtet, der Landesmedienanstalt die in Artikel 6 Abs. 2 des Europäischen Übereinkommens über das grenzüberschreitende Fernsehen vom 27. Mai 1994 (BGBl. II S. 639) in der jeweils geltenden Fassung aufgeführten Informationen auf Verlangen zur Verfügung zu stellen. [2]Entsprechendes gilt, soweit rechtsverbindliche Berichtspflichten des Landes zum Rundfunk gegenüber zwischenstaatlichen Einrichtungen oder internationalen Organisationen bestehen. [3]Die Landesmedienanstalt leitet diese Informationen an die oberste Landesbehörde weiter.

(3) [1]Soweit es zur Erfüllung der Aufgaben erforderlich ist, die der Landesmedienanstalt nach diesem Gesetz und nach dem Medienstaatsvertrag übertragen sind, kann sie in regelmäßigen Abständen oder aus besonderem Anlass vom Veranstalter und den an ihm unmittelbar oder mittelbar Beteiligten Auskünfte entsprechend § 12 Abs. 2 verlangen sowie innerhalb der üblichen Geschäftszeiten die geschäftlichen Unterlagen einsehen und prüfen. [2]Die nach Gesetz oder Satzung zur Vertretung berufenen Personen sind verpflichtet, die verlangten Auskünfte zu erteilen, die geschäftlichen Unterlagen vorzulegen und deren Prüfung in den Geschäftsräumen zu dulden. [3]Zur Glaubhaftmachung der Angaben kann die Landesmedienanstalt die Abgabe eidesstattlicher Versicherungen verlangen.

(4) [1]Mitarbeiter der Landesmedienanstalt, die von dieser mit der Vornahme von Prüfungen beauftragt werden, dürfen die Betriebs- und Geschäftsräume des Veranstalters und der an ihm unmittelbar oder mittelbar Beteiligten betreten. [2]Das Grundrecht auf Unverletzlichkeit der Wohnung (Artikel 13 des Grundgesetzes, Artikel 8 der Verfassung des Freistaats Thüringen) wird insoweit eingeschränkt. [3]Durchsuchungen können nach Maßgabe des § 56 Abs. 7 und 8 MStV vorgenommen werden.

(5) Die zur Erteilung einer Auskunft verpflichtete Person kann die Auskunft auf solche Fragen verweigern, deren Beantwortung sie selbst oder einen der in § 383 Abs. 1 Nr. 1 bis 3 der Zivilprozessordnung bezeichneten Angehörigen der Gefahr strafgerichtlicher Verfolgung oder eines Verfahrens nach dem Gesetz über Ordnungswidrigkeiten aussetzen würde.

(6) [1]Die Landesmedienanstalt fordert die Auskunft schriftlich an; dasselbe gilt für die Anordnung der Prüfung und der Einsichtnahme in geschäftliche Unterlagen. [2]Dabei sind die Rechtsgrundlagen, der Gegenstand und der Zweck des Auskunftsverlangens, der Einsichtnahme oder der Prüfung zu bestimmen.

(7) [1]Die erlangten Kenntnisse und Unterlagen dürfen nur zur Erfüllung der Aufgaben, die der Landesmedienanstalt nach diesem Gesetz und nach dem Medienstaatsvertrag übertragen sind, verwendet

werden. [2]Hinsichtlich der erlangten Kenntnisse und Unterlagen unterliegen die Mitarbeiter der Landesmedienanstalt einer besonderen Geheimhaltungspflicht.

§ 26 Aufzeichnungspflichten

(1) [1]Der Veranstalter hat das Programm aufzuzeichnen und aufzubewahren. [2]Bei der Sendung einer Aufzeichnung oder eines Films kann abweichend von Satz 1 die Aufzeichnung oder der Film aufbewahrt werden.

(2) [1]Die Pflichten nach Absatz 1 enden nach zwei Monaten ab dem Tag der Verbreitung des Programms. [2]Wird innerhalb dieser Frist eine Sendung beanstandet, enden die Pflichten nach Absatz 1 erst, wenn die Beanstandung durch rechtskräftige gerichtliche Entscheidung, durch Vergleich oder auf andere Weise erledigt ist.

(3) Der Landesmedienanstalt sind innerhalb der Fristen des Absatzes 2 Aufzeichnungen und Filme auf Verlangen kostenlos zu übermitteln.

(4) [1]Wer schriftlich glaubhaft macht, durch eine Sendung in seinen Rechten betroffen zu sein, kann vom Veranstalter verlangen, dass ihm Einsicht in das aufgezeichnete Programm oder in den Film ermöglicht wird. [2]Auf seine Kosten sind ihm eine Abschrift oder eine Kopie zur Verfügung zu stellen.

§ 27 Gegendarstellung

(1) [1]Ist in einer Sendung eine Tatsachenbehauptung aufgestellt worden, so kann die betroffene Person oder Stelle die Verbreitung einer Gegendarstellung zu dieser Behauptung verlangen. [2]Die Gegendarstellung muss unverzüglich, spätestens innerhalb von zwei Monaten nach der beanstandeten Sendung, verlangt werden. [3]Sie bedarf der Schriftform, muss die beanstandete Sendung bezeichnen und sich auf tatsächliche Angaben beschränken, darf keinen strafbaren Inhalt haben und muss von dem Betroffenen oder seinem gesetzlichen Vertreter unterzeichnet sein. [4]Die Gegendarstellung darf den Umfang des beanstandeten Teils der Sendung nicht wesentlich überschreiten.

(2) [1]Der Anspruch auf Gegendarstellung richtet sich gegen den Veranstalter der beanstandeten Sendung. [2]Die Gegendarstellung ist unentgeltlich zu verbreiten. [3]Satz 2 gilt nicht, wenn sich die Gegendarstellung gegen eine Tatsachenbehauptung richtet, die in einer Werbesendung verbreitet worden ist.

(3) Eine Pflicht zur Verbreitung einer Gegendarstellung besteht nicht, wenn und soweit die betroffene Person oder Stelle kein berechtigtes Interesse an der Verbreitung der Gegendarstellung hat.

(4) [1]Die Verbreitung der Gegendarstellung hat unverzüglich ohne Zusätze oder Weglassungen, in der gleichen Programmsparte und zu einer gleichwertigen Sendezeit wie die Verbreitung der beanstandeten Sendung zu erfolgen. [2]Eine Erwiderung auf die verbreitete Gegendarstellung darf nicht in unmittelbarem Zusammenhang mit dieser gesendet werden und hat sich auf tatsächliche Angaben zu beschränken.

(5) [1]Für die Durchsetzung des Gegendarstellungsanspruchs ist der ordentliche Rechtsweg gegeben. [2]Auf Antrag des Betroffenen kann das Gericht anordnen, dass der Veranstalter in Form des Absatzes 4 eine Gegendarstellung verbreitet. [3]Auf das Verfahren sind die Bestimmungen der Zivilprozessordnung über das Verfahren auf Erlass einer einstweiligen Verfügung entsprechend anzuwenden. [4]Eine Gefährdung des Anspruchs braucht nicht glaubhaft gemacht zu werden. [5]Ein Verfahren zur Hauptsache findet nicht statt.

(6) Eine Verpflichtung zur Gegendarstellung besteht nicht für wahrheitsgetreue Berichte über öffentliche Sitzungen der übernationalen parlamentarischen Organe, der gesetzgebenden oder beschließenden Organe des Bundes und der Länder, der Gemeinden (Gemeindeverbände) sowie der Gerichte.

§ 28 Verlautbarungsrecht

[1]Die Veranstalter eines Rundfunkprogramms haben der Bundesregierung sowie der Landesregierung in Katastrophenfällen oder bei anderen vergleichbaren erheblichen Gefahren für die öffentliche Sicherheit oder Ordnung unverzüglich die erforderliche Sendezeit für amtliche Verlautbarungen einzuräumen. [2]Für den Inhalt der Sendung ist derjenige verantwortlich, dem die Sendezeit zur Verfügung gestellt worden ist. [3]Der Veranstalter kann die Erstattung seiner Selbstkosten verlangen.

§ 29 Sendezeit für Dritte

(1) [1]Politische Parteien und sonstige politische Vereinigungen erhalten während ihrer Beteiligung an den Bundestagswahlen, an den Wahlen zum Thüringer Landtag und an den Wahlen der Abgeordneten der Bundesrepublik Deutschland für das Europäische Parlament gegen Erstattung der Selbstkosten

angemessene Sendezeiten entsprechend § 5 Abs. 1 bis 3 des Parteiengesetzes. [2]Satz 1 gilt nicht für Bürgermedien.

(2) Für den Inhalt der Sendung ist derjenige verantwortlich, dem die Sendezeit zur Verfügung gestellt worden ist.

Vierter Abschnitt

Formen und Finanzierung des privaten Rundfunks

§ 30 Finanzierung des privaten Rundfunks

(1) Private Rundfunkprogramme können nach den Bestimmungen des Medienstaatsvertrags finanziert werden.

(2) [1]Nicht kommerzielle Rundfunkangebote nach Maßgabe dieses Gesetzes finanzieren sich ausschließlich durch Spenden, aus eigenen Mitteln oder durch sonstige Einnahmen. [2]Als sonstige Einnahmen können hierbei insbesondere die Förderungen aus Mitteln des zusätzlichen Anteils an dem Rundfunkbeitrag nach § 112 MStV verwendet werden.

(3) Für die Finanzierung des Ereignis- und Einrichtungsrundfunks nach § 31 gilt grundsätzlich die Regelung des Absatzes 1.

(4) [1]Wird ein Rundfunkprogramm nach Absatz 1 auch durch Spenden finanziert, so ist der Veranstalter dafür verantwortlich, dass der Spender keinen Einfluss auf das Rundfunkprogramm ausüben kann. [2]Der Veranstalter hat Spenden einer Person oder einer Personenvereinigung, die einzeln oder in der Summe in einem Kalenderjahr 10.000 Euro übersteigen, unter Angabe des Namens und der Anschrift des Spenders sowie der Gesamthöhe der Spenden der Landesmedienanstalt mitzuteilen. [3]Einzelheiten regelt die Landesmedienanstalt durch Satzung.

(5) Für in Thüringen zugelassene regionale und lokale Fernsehprogramme finden § 8 Abs. 2 Satz 2, § 9 Abs. 3, § 70 Abs. 1 und § 71 Abs. 1 Satz 1 MStV keine Anwendung.

(6) [1]Werden für Rundfunkprogramme oder Sendungen beim Teilnehmer Entgelte erhoben, ist den Teilnehmern vor dem Empfang des Programms oder dem Beginn der Sendung die Höhe des Entgelts anzukündigen. [2]Ist in Rundfunkprogrammen oder Sendungen nach Satz 1 Werbung enthalten, ist der Teilnehmer in der Ankündigung auch hierauf hinzuweisen.

§ 31 Ereignis- und Einrichtungsrundfunk

(1) Die Landesmedienanstalt kann für Sendungen, die

1. im örtlichen Bereich einer öffentlichen Veranstaltung und im zeitlichen Zusammenhang damit veranstaltet und verbreitet werden (Ereignisrundfunk) oder
2. für Einrichtungen angeboten werden, wenn diese für gleiche Zwecke genutzt und die Sendungen nur dort empfangen werden können und im funktionellen Zusammenhang mit den in diesen Einrichtungen zu erfüllenden Aufgaben stehen (Einrichtungsrundfunk),

ein vereinfachtes Verfahren nach § 20 Abs. 6 durchführen.

(2) [1]Die Zulassung lokaler Rundfunkangebote nach Absatz 1 Nr. 1 wird für die Dauer des zeitlichen Zusammenhangs mit der Veranstaltung, grundsätzlich für einen Zeitraum von nicht mehr als acht Wochen, erteilt. [2]In begründeten Ausnahmefällen kann die Zulassung für eine länger andauernde öffentliche Veranstaltung mit besonderer Bedeutung für einen Zeitraum von bis zu einem Jahr erteilt werden. [3]Für Veranstaltungen mit besonderer überregionaler Bedeutung kann die Zulassung auch über den örtlichen Bereich der öffentlichen Veranstaltung hinaus erteilt werden. [4]In den Fällen des Absatzes 1 Nr. 2 wird sie für längstens vier Jahre erteilt.

(3) Der Veranstalter kann mit Zustimmung der Landesmedienanstalt als Rahmenprogramme ortsüblich nicht empfangbare werbefreie Programme übernehmen, sofern dies dem Charakter des Ereignis- oder Einrichtungsrundfunks nicht widerspricht.

(4) Das Nähere zum Ereignis- und Einrichtungsrundfunk regelt die Landesmedienanstalt durch Satzung.

Fünfter Abschnitt
Bürgermedien

§ 32 Bürgermedien

(1) [1]Bürgermedien sind nichtkommerzielle Angebote, deren Aufgaben insbesondere die Medienbildung und die Vermittlung lokaler und regionaler Informationen sind. [2]Dabei gewährleisten sie den Bürgern einen chancengleichen Zugang zu diesen Angeboten. [3]Bürgermedien sollen die Bürger zu einem reflektierten und professionalisierten Umgang mit Medien bewegen. [4]Sie sollen Einzelpersonen und gesellschaftlichen Gruppen, Organisationen und Institutionen, die nicht Rundfunkveranstalter oder über eine Gesellschaft an einem Medienunternehmen beteiligt sind, Gelegenheit geben, eigene Beiträge herzustellen und zu verbreiten.

(2) Bürgermedien sind insbesondere das Medienbildungszentrum (§ 33) sowie Bürgerradios und Bürgerfernsehen (§ 34).

(3) [1]Bürgermedien können auf ihren Übertragungskapazitäten mit Zustimmung der Landesmedienanstalt als Rahmenprogramme ortsüblich nicht empfangbare werbefreie Programme übernehmen, sofern sie dem Charakter der Bürgermedien nicht widersprechen. [2]Darüber hinaus sind im begrenzten Umfang Sendungen und Beiträge untereinander austauschbar.

(4) [1]Der Betreiber einer Kabelanlage oder einer Plattform mit einer Kapazität von mehr als 15 Kanälen, an die mehr als 1.000 Haushalte angeschlossen sind, stellt auf Verlangen der Landesmedienanstalt unentgeltlich die erforderlichen Übertragungskapazitäten für die analoge und digitale Verbreitung sämtlicher für das Verbreitungsgebiet oder Teile des Verbreitungsgebietes der Kabelanlage oder der Plattform bestimmter Bürgermedien zur Verfügung. [2]Teilnetze von Kabelanlagen oder Plattformen, deren Angebot nicht regionalisierbar ist, zählen bei der Berechnung der angeschlossenen Haushalte als Bestandteil der jeweiligen Kabelanlage oder Plattform. [3]Im Fall des ausschließlichen Plattformbetriebs entfällt die Verpflichtung zur Bereitstellung von Kapazitäten für die analoge Verbreitung.

§ 33 Medienbildungszentrum

(1) [1]Die Landesmedienanstalt richtet zur Vermittlung von Medienbildung ein Medienbildungszentrum in eigener Trägerschaft ein. [2]Medienbildung umfasst die Vermittlung eines analytisch-kritischen Verständnisses der Funktion und Wirkungsweisen der Medien in unserer Gesellschaft, von kreativen und praktischen Medienkompetenzen und der Fähigkeit zur Reflexion von Medienerfahrungen sowie ein dazu erforderliches Verantwortungsbewusstsein.

(2) [1]Das Medienbildungszentrum hat insbesondere den Auftrag, Medienprojekte zu initiieren, anzuleiten und zu realisieren. [2]Darüber hinaus sollen Qualifizierungs-, Service- und Professionalisierungsmaßnahmen im Umgang mit Medien angeboten werden. [3]Dabei sind Zielgruppen aller gesellschaftlichen Gruppen und Generationen anzusprechen und neue Medientechnologien zu berücksichtigen. [4]Darüber hinaus führt das Medienbildungszentrum Projekte mit Pilotcharakter durch.

(3) Das Medienbildungszentrum kann die Ergebnisse der Projekte nach Absatz 2 in geeigneter Weise verbreiten, insbesondere über die Verbreitungswege der Bürgerradios und des Bürgerfernsehens.

(4) Das Medienbildungszentrum arbeitet mit Bürgerradios und Bürgerfernsehen zusammen und kann an seinen Standorten unterschiedliche Schwerpunkte setzen.

§ 34 Bürgerradio und Bürgerfernsehen, Bürgermedien-Satzung

(1) [1]Bürgerradios und Bürgerfernsehen haben einen publizistischen Auftrag zu lokaler und regionaler Information. [2]Darüber hinaus bieten sie offene Sendeflächen, die von Bürgern in eigener Verantwortung genutzt werden können. [3]Die Zulassung enthält Vorgaben zu den zugangsoffenen Sendezeiten. [4]Diese Vorgaben haben zugangsoffene Sendezeiten von mindestens 14 Stunden pro Woche vorzusehen. [5]Des Weiteren sollen Bürgerradios und Bürgerfernsehen sowohl in Zusammenarbeit mit dem Medienbildungszentrum als auch eigenständig medienpädagogische Angebote unterbreiten, die insbesondere der Nachwuchsförderung und einem reflektierten und professionalisierten Umgang mit Medien dienen.

(2) [1]Wer Bürgerradio oder Bürgerfernsehen veranstalten will, bedarf einer Zulassung der Landesmedienanstalt. [2]Für die Zulassung gelten die Regelungen des Zweiten Abschnitts. [3]§ 20 Abs. 6 bleibt unberührt.

(3) [1]Die Zulassung erhalten sollen grundsätzlich zum Zweck der Veranstaltung von Bürgerradio oder Bürgerfernsehen gegründete, nichtwirtschaftliche, eingetragene Vereine. [2]Die Zulassung wird für die Dauer von bis zu vier Jahren erteilt. [3]Verlängerungen sind möglich.

(4) Die Landesmedienanstalt unterstützt Bürgerradios und Bürgerfernsehen unter Berücksichtigung lokaler Initiativen sowie unter Beachtung regionaler und struktureller Gegebenheiten im Rahmen ihrer haushaltsmäßigen Möglichkeiten.

(5) Entscheidungen über die Trägerschaft an Offenen Kanälen und Zulassungen von Nichtkommerziellen Lokalradios sowie entsprechende Kapazitätszuweisungen, die vor Inkrafttreten dieses Gesetzes erfolgt sind, gelten für ihre bisherige Laufzeit weiter; die Möglichkeit eines Widerrufs oder einer Rücknahme nach den Bestimmungen dieses Gesetzes bleibt unberührt.

(6) Das Nähere zu den Bürgermedien regelt die Landesmedienanstalt durch Satzung.

Sechster Abschnitt

Kabelbelegung, Plattformen

§ 35 Grundsätze der Kabelbelegung

(1) Die Gesamtheit der in einer Kabelanlage verbreiteten Rundfunkprogramme muss die Vielfalt der bestehenden Meinungen im Rundfunk in möglichster Breite und Vollständigkeit zum Ausdruck bringen und auf diese Weise umfassende Information geben.

(2) [1]Bundesweit herangeführte Rundfunkprogramme, die im Herkunftsland in rechtlich zulässiger Weise veranstaltet werden, dürfen in Kabelanlagen weiterverbreitet werden, wenn sie den Bestimmungen dieses Abschnitts entsprechen. [2]Rundfunkprogramme, die weiterverbreitet werden, sind inhaltlich und technisch unverändert, vollständig und zeitgleich zu verbreiten.

(3) Private Betreiber von Kabelanlagen haben lokale Fernsehprogramme sowie Bürgerradios und Bürgerfernsehen auf eigene Kosten aus dem jeweils vorgesehenen Verbreitungsgebiet an ihre Kabelanlage heranzuführen, sofern eine Heranführung an die Kabelanlage innerhalb des jeweils vorgesehenen Verbreitungsgebietes nicht erfolgt.

§ 36 Rangfolge bei analogen Rundfunkprogrammen

(1) Werden Rundfunkprogramme durch Kabelanlagen mit analoger Übertragungstechnik verbreitet oder weiterverbreitet, so hat der Betreiber der Kabelanlage die Rundfunkprogramme in folgender Rangfolge den Kabelanschlüssen zuzuführen:

1. die nach § 2 Abs. 1 Nr. 4 der Grundversorgung des Landes dienenden Rundfunkprogramme einschließlich der Gemeinschaftsprogramme „3sat“, „arte – Der Europäische Kulturkanal“, „PHOENIX – Der Ereignis- und Dokumentationskanal“ und „KI.KA – Der Kinderkanal“ nach § 28 Abs. 4 MStV,
2. die im Bereich der Kabelanlage terrestrisch empfangbaren Rundfunkprogramme, die sonstigen von der Landesmedienanstalt zugelassenen Programme sowie die weiteren für das Land gesetzlich bestimmten Programme,
3. Pilotprojekte im Sinne dieses Gesetzes,
4. die Bürgermedien, soweit diesen nicht bereits nach § 32 Abs. 4 die erforderlichen Übertragungskapazitäten zur Verfügung gestellt wurden,
5. die sonstigen herangeführten Programme und mindestens ein Teleshoppingkanal; reicht die Kapazität einer Kabelanlage nicht aus, sind bei der Weiterverbreitung unter Berücksichtigung der technischen und finanziellen Bedingungen für den Empfang primär solche Programme, Teleshoppingkanäle und Telemedien einzuspeisen, die zu einer größtmöglichen Vielfalt beitragen und vielfältige Meinungen und Informationswünsche zur Geltung bringen; ferner ist bei der Weiterverbreitung die Nachfrage der Teilnehmer angemessen zu berücksichtigen; im Übrigen gelten die Auswahlgrundsätze des § 22 entsprechend.

(2) [1]Der Betreiber einer analogen Kabelanlage hat sicherzustellen, dass Entgelte für die Programme nach Absatz 1 Nr. 1 bis 4 gegenüber der Landesmedienanstalt offen gelegt werden; Entgelte und Tarife für die Programme sind im Rahmen des Telekommunikationsgesetzes so zu gestalten, dass auch regionale und lokale Angebote zu angemessenen und chancengleichen Bedingungen verbreitet werden können. [2]Versichert ein Veranstalter regionaler oder lokaler Programme gegenüber der Landesmedienanstalt glaubhaft, dass der Betreiber einer Kabelanlage höhere Entgelte von ihm fordert, als nach

Satz 1 Halbsatz 2 zulässig, kann die Landesmedienanstalt von dem Betreiber der Kabelanlage verlangen, dass er seine Einnahmen durch Einspeisungsentgelte für die jeweiligen Lizenznehmer nachweist.

(3) Die Kabelanlage ist so einzurichten, dass jeder Inhaber eines Anschlusses in der Lage ist, zunächst die in Absatz 1 Nr. 1 und 2 genannten Programme zu empfangen.

(4) Haben Kanäle einer Kabelanlage eine unterschiedliche Reichweite, soll Absatz 1 für die Belegung der Kanäle entsprechend angewendet werden.

(5) Programme nach Absatz 1, die sich bei sonst gleichen Inhalten nur in einem zeitlich geringen Umfang unterscheiden, werden bei begrenzter Kapazität der Kabelanlage nur mit dem Programm zugeführt, das für das von der Kabelanlage versorgte Gebiet bestimmt ist.

(6) Wird ein Rundfunkprogramm über Satellit und über terrestrische Sender verbreitet, sind die Programmsignale des Satelliten bei begrenzter Kapazität der Kabelanlage nicht weiterzuverbreiten, wenn das Programm im Bereich der Kabelanlage terrestrisch empfangbar ist.

(7) [1]Die Landesmedienanstalt erlässt durch Satzung unter angemessener Berücksichtigung der wirtschaftlichen Interessen der Kabelnetzbetreiber einen Kabelbelegungsplan, der für vergleichbare Kabelanlagen die Belegung der Kabelkanäle festlegt. [2]Der Kabelbelegungsplan ist im Thüringer Staatsanzeiger zu veröffentlichen. [3]Verstößt der Betreiber einer Kabelanlage gegen die Bestimmungen der Absätze 1 bis 6 oder gegen den Kabelbelegungsplan nach Satz 1, kann die Landesmedienanstalt ihm gegenüber die diesen Bestimmungen entsprechende Belegung anordnen.

§ 37 Plattformen, Umstellung von analoger auf digitale Übertragung und Netzneutralität

(1) Für Plattformen gelten § 115 Abs. 1 Satz 2 Nr. 24 bis 40 sowie die §§ 78 bis 90 MStV entsprechend.

(2) [1]Der Betreiber einer Kabelanlage kann mit Einwilligung der Landesmedienanstalt und nach vorheriger Abstimmung mit dem Programmanbieter oder Anbieter vergleichbarer Telemedien im Rahmen des § 36 Abs. 1 Nr. 5 analoge Kanäle digitalisieren. [2]Vor ihrer Entscheidung hat die Landesmedienanstalt die Veranstalter und Anbieter, deren Rundfunkprogramme und vergleichbare Telemedien analog übertragen werden, anzuhören, sofern die digitale Übertragung nicht mit ihnen vereinbart wurde. [3]Sie erteilt die Einwilligung zur Digitalisierung, wenn die Meinungsvielfalt, die Vielfalt des Rundfunks und die Vielfalt der vergleichbaren Telemedien insgesamt gewahrt sind. [4]Sie soll angemessene Übergangsfristen zugunsten der Veranstalter und Anbieter setzen.

(3) [1]Betreiber öffentlicher Telekommunikationsnetze sowie natürliche oder juristische Personen, die den Zugang zu solchen Netzen vermitteln, dürfen Rundfunk und Telemedien im Zuständigkeitsbereich der Länder nicht zugunsten anderer Datenübertragungen blockieren, verlangsamen oder anderweitig behindern. [2]Insbesondere ist es unzulässig, die Übertragung von Rundfunk und Telemedien im Zuständigkeitsbereich der Länder besonderen Preisanforderungen zu unterwerfen. [3]Bei Vereinbarungen über Datenvolumina und -geschwindigkeiten dürfen bestimmte Inhalte, Dienste oder Anwendungen nicht aus dem Volumenverbrauch herausgerechnet oder nach Verbrauch des vereinbarten Datenvolumens von einer Drosselung ausgenommen werden.

§ 38 Anzeige- und Auskunftspflichten

(1) [1]Wer eine Kabelanlage oder Plattform betreibt, hat dies der Landesmedienanstalt innerhalb von drei Monaten nach dem Inkrafttreten dieses Gesetzes unter Angabe der Zahl der verfügbaren Kanäle, der Zahl der angeschlossenen Wohneinheiten und der Kabelbelegung oder Plattformbelegung anzuzeigen. [2]Wer nach Inkrafttreten dieses Gesetzes den Betrieb einer Kabelanlage oder Plattform aufnimmt, hat dies der Landesmedienanstalt vor Inbetriebnahme mit den gleichen Angaben anzuzeigen. [3]Änderungen sind der Landesmedienanstalt unverzüglich mitzuteilen; für Änderungen der Anzahl der angeschlossenen Wohneinheiten genügt eine halbjährliche Anzeige.

(2) [1]Der Veranstalter eines Programms und der Betreiber einer Kabelanlage oder Plattform sind verpflichtet, der Landesmedienanstalt unverzüglich die zur Erfüllung ihrer Aufgaben nach diesem Abschnitt erforderlichen Auskünfte zu erteilen und entsprechende Unterlagen vorzulegen. [2]Der Veranstalter eines Programms hat sicherzustellen, dass er der Landesmedienanstalt Aufzeichnungen der weiterverbreiteten Sendungen bis zu zwei Monate ab dem Tag ihrer Verbreitung zugänglich machen kann. [3]Er hat diese Aufzeichnungen auf Anforderung auf seine Kosten unverzüglich zu übermitteln.

§ 39 Satzungen, Richtlinien

[1]Die Landesmedienanstalt regelt durch Satzungen und Richtlinien Einzelheiten zur Konkretisierung der sie betreffenden Bestimmungen dieses Abschnitts. [2]Dabei ist die Bedeutung für den Empfängerkreis in Bezug auf den jeweiligen Übertragungsweg zu berücksichtigen.

Siebter Abschnitt

Landesmedienanstalt

§ 40 Rechtsform und Organe

(1) [1]Die Landesmedienanstalt ist eine rechtsfähige Anstalt des öffentlichen Rechts mit Sitz in Erfurt. [2]Die Versammlung der Landesmedienanstalt kann den Sitz durch Beschluss ändern.

(2) Die Landesmedienanstalt ist unabhängig und hat das Recht der Selbstverwaltung.

(3) Organe der Landesmedienanstalt sind

1. die Versammlung und
2. der Direktor.

(4) [1]Amtliche Mitteilungen und die Satzungen der Landesmedienanstalt werden im Thüringer Staatsanzeiger veröffentlicht. [2]Insoweit wird dem Grundsatz der öffentlichen Bekanntmachung entsprochen. [3]Im Einzelfall kann aus Kostengründen dabei auf eine vollständige Bekanntmachung der Texte im Internetangebot der Thüringer Landesmedienanstalt verwiesen werden.

§ 41 Aufgaben und Befugnisse der Landesmedienanstalt

(1) [1]Die Landesmedienanstalt nimmt die Aufgaben nach diesem Gesetz wahr, soweit nicht eine andere Zuständigkeit gegeben ist. [2]Sie sorgt für deren Durchführung und wacht über die Einhaltung der Bestimmungen dieses Gesetzes. [3]Dabei hat sie auch beratend und vermittelnd tätig zu sein.

(2) Aufgaben und Befugnisse der Landesmedienanstalt sind insbesondere:

1. die Zulassung von privaten Rundfunkveranstaltern und die Aufhebung der Zulassung durch Rücknahme oder Widerruf,
2. die Aufsicht über die privaten Rundfunkveranstalter, Telemedienanbieter, Kabelanlagenbetreiber und Plattformanbieter,
3. die Anordnung von Aufsichtsmaßnahmen zur Einhaltung der Bestimmungen dieses Gesetzes, des Medienstaatsvertrags und der Regelungen des Zulassungsbescheids sowie die Überwachung der Einhaltung der Programmgrundsätze, insbesondere der Aufnahme eines angemessenen Wortanteils in die Programme der Hörfunkprogramme privater Veranstalter,
4. die Begleitung und Unterstützung bei der Verwirklichung sowie die Weiterentwicklung eines vielfältigen Angebots an Bürgermedien,
5. die Planung, Hilfestellung und Unterstützung bei der Durchführung und Zulassung von Pilotprojekten zur Förderung und Entwicklung neuartiger Techniken der Rundfunkübertragung und neuartiger Programmformen,
6. die Überwachung und Durchsetzung der Regelungen zur Verbreitung und Weiterverbreitung von Rundfunkprogrammen und Telemedien in Kabelanlagen und Plattformen,
7. die Unterstützung der Medienforschung,
8. die Förderung von Projekten im Einrichtungsrundfunk,
9. die Förderung der technisch gebotenen Infrastruktur unter Beachtung der Frist des § 112 Abs. 1 Satz 2 MStV,
10. die Durchführung und Förderung von Projekten und Maßnahmen zur Vermittlung von Medienbildung,
11. die Unterstützung der Entwicklung des Medienstandorts Thüringen mit seinen spezifischen Schwerpunkten, insbesondere durch Förderung von Einrichtungen, Projekten und Veranstaltungen zur Vernetzung, Beratung und Weiterbildung von Medienschaffenden in Thüringen,
12. die Zusammenarbeit mit den Medienanstalten der Länder, insbesondere den mitteldeutschen Landesmedienanstalten, im Rahmen eines Arbeitskreises zur Stärkung der Bedeutung Mitteldeutschlands als länderübergreifender Medienraum.

(3) [1]Die Landesmedienanstalt überwacht mit Ausnahme der Einhaltung der Vorschriften für die Datenschutzaufsicht die Einhaltung der Bestimmungen für Telemedien des Medienstaatsvertrags sowie

der Bestimmungen des Telemediengesetzes. [2]Sie ist Aufsichtsbehörde nach § 111 Abs. 1 MStV und sachlich zuständige Verwaltungsbehörde im Sinne des § 36 Abs. 1 Nr. 1 OWiG.

§ 42 Zusammensetzung und Amtszeit der Versammlung

(1) [1]Die Versammlung vertritt innerhalb ihres Zuständigkeitsbereichs die Interessen der Allgemeinheit. [2]Zur Anstaltsversammlung entsenden je einen Vertreter:

1. die evangelischen Kirchen,
2. die katholische Kirche,
3. die jüdischen Gemeinden,
4. die Familienverbände,
5. die Arbeitgeberverbände,
6. die Handwerkerverbände,
7. die Bauernverbände,
8. die Verbände der Opfer des Stalinismus,
9. die Verbände der Kriegsopfer, Wehrdienstgeschädigten und Sozialrentner,
10. der Bund der Vertriebenen – Landesverband Thüringen,
11. die Behindertenverbände,
12. die Frauenverbände,
13. die Jugendverbände,
14. die Kulturverbände,
15. die Hochschulen,
16. der Landessportbund,
17. die Verbände der freien Berufe,
18. die Verbraucherschutzverbände,
19. die Naturschutzverbände,
20. die Interessenvertretungen der Migranten und
21. der Thüringische Landkreistag und der Gemeinde- und Städtebund Thüringen.

[3]Die Arbeitnehmerverbände entsenden zwei Vertreter, die verschiedenen Arbeitnehmerorganisationen angehören. [4]Die Landesregierung entsendet einen Vertreter. [5]Der Versammlung gehört ferner je ein Abgeordneter der im Landtag vertretenen Fraktionen an.

(2) In die Versammlung darf nicht entsandt werden, wer

1. wegen fehlender Eignung im Sinne des § 6 Abs. 2 des Thüringer Beamtengesetzes nicht in den öffentlichen Dienst des Landes aufgenommen werden könnte,
2. Mitglied eines Organs, Bediensteter oder ständiger freier Mitarbeiter einer öffentlich-rechtlichen Rundfunkanstalt ist,
3. Anbieter eines privaten Rundfunkprogramms oder Betreiber einer Kabelanlage ist, zu ihnen in einem Arbeits- oder Dienstverhältnis steht, von ihnen in sonstiger Weise abhängig oder an ihnen wesentlich beteiligt ist oder
4. seinen Lebensmittelpunkt nicht in Thüringen hat.

(3) [1]Für die in Absatz 1 Satz 2 Nr. 1 bis 20 genannten Organisationen und Gruppen entsenden die jeweiligen Landesverbände oder -vereinigungen die Vertreter. [2]Kommt es in einer nach Absatz 1 Satz 2 Nr. 1 bis 21 entsendungsberechtigten Organisation oder Gruppe zu keiner Einigung über die zu entsendende Person oder im Fall des Satzes 3 über die zu entsendenden zwei Personen, können der Landesmedienanstalt mehrere Personen benannt werden. [3]Kommt es auch nach einer nochmaligen Aufforderung mit Fristsetzung zu keiner Einigung, wählt die Versammlung mit der Mehrheit der stimmberechtigten Mitglieder aus den fristgerecht Benannten den oder die Vertreter.

(4) [1]Bei der Benennung der Mitglieder der Versammlung ist auf eine angemessene Berücksichtigung von Frauen hinzuwirken. [2]Die Mitglieder der Versammlung wählen, wenn sich unter ihnen nicht schon zehn Frauen befinden, im Benehmen mit den Frauenorganisationen mit einfacher Mehrheit so viele weibliche Mitglieder hinzu, dass der Versammlung insgesamt zehn Frauen angehören.

(5) Der Vorsitzende der Versammlung stellt die ordnungsgemäße Entsendung der Mitglieder der Versammlung fest.

(6) [1]Die Mitglieder der Versammlung werden für die Dauer von vier Jahren entsandt. [2]Die Amtszeit beginnt mit der ersten Sitzung der Versammlung. [3]Drei Monate vor Ablauf der Amtszeit fordert die Landesmedienanstalt die nach Absatz 1 Satz 2 Nr. 1 bis 21 und Satz 3 entsendungsberechtigten Or-

ganisationen oder Gruppen auf, einen Vertreter für die neue Amtszeit zu entsenden und der Landesmedienanstalt nach Maßgabe des Absatzes 3 zu benennen. [4]Sie hat dies im Thüringer Staatsanzeiger und in sonstiger Weise landesweit bekannt zu machen. [5]Zur Entsendung der Vertreter des Landtags wendet sich die Landesmedienanstalt an den Präsidenten des Landtags und an die oberste Landesbehörde zur Entsendung eines Vertreters der Landesregierung.

(7) [1]Die Mitglieder der Versammlung sind an Aufträge und Weisungen nicht gebunden. [2]Sie sind ehrenamtlich tätig und haben Anspruch auf Aufwandsentschädigung und auf Erstattung der Auslagen, die ihnen durch ihre Tätigkeit entstehen. [3]Mitglieder der Versammlung und ehemalige Mitglieder haben über die ihnen im Rahmen ihrer Tätigkeit für die Landesmedienanstalt bekannt gewordenen Angelegenheiten und Tatsachen Stillschweigen zu bewahren, soweit diese nicht offenkundig keiner Geheimhaltung bedürfen.

(8) [1]Wenn ein Mitglied der Versammlung dem ihn entsendenden Landesverband, der Landesvereinigung oder dem Landtag nicht mehr angehört, scheidet es aus der Versammlung aus und es ist nach den für die Berufung des ausgeschiedenen Mitglieds geltenden Regelungen ein Nachfolger für den Rest der Amtszeit zu entsenden. [2]Gleiches gilt für den Fall, dass die ein Entsendungsverbot rechtfertigenden Voraussetzungen nachträglich bekannt werden oder eintreten.

§ 43 Beschlüsse, Versammlungsvorstand

(1) [1]Die Versammlung fasst ihre Beschlüsse mit einfacher Mehrheit. [2]Sie ist beschlussfähig, wenn mindestens die Hälfte ihrer Mitglieder anwesend ist. [3]Die Zahl der anwesenden Mitglieder ist für die Beschlussfähigkeit ohne Bedeutung, wenn die Versammlung wegen Beschlussunfähigkeit zum zweiten Mal zur Behandlung desselben Gegenstands eingeladen ist; bei der zweiten Einladung ist hierauf hinzuweisen. [4]Beschlüsse im Umlaufverfahren sind zulässig.

(2) Solange und soweit Mitglieder in die Versammlung nicht entsandt werden, verringert sich deren Mitgliederzahl entsprechend.

(3) [1]Die Versammlung wählt für die Dauer ihrer Amtszeit aus ihrer Mitte einen Vorsitzenden und dessen zwei Stellvertreter (Versammlungsvorstand). [2]Die Versammlung kann den Versammlungsvorstand um maximal zwei Beisitzer aus dem Kreis der Ausschussvorsitzenden erweitern. [3]Der Versammlungsvorstand beschließt mit einfacher Mehrheit seiner Mitglieder.

§ 44 Zuständigkeit der Versammlung und des Versammlungsvorstands

(1) Die Versammlung ist zuständig,

1. über die Zulassung, deren Widerruf oder Rücknahme zu entscheiden,
2. den Direktor der Landesmedienanstalt zu wählen, abzuberufen und seine Vergütung festzulegen,
3. die Satzung über die innere Ordnung der Landesmedienanstalt zu erlassen; die Satzung bedarf zu ihrer Gültigkeit einer Mehrheit von zwei Dritteln der Stimmen,
4. Gebühren für Amtshandlungen und die Erstattung von Auslagen durch Satzung zu regeln,
5. den jährlichen Haushaltsplan, den Jahresabschluss und den Geschäftsbericht zu verabschieden, den Finanzplan aufzustellen und dem Direktor Entlastung zu erteilen,
6. den Datenschutzbeauftragten der Landesmedienanstalt zu bestimmen,
7. für die Vergabe von Gutachten zur Medienforschung,
8. für die Feststellung, dass eine Zulassung wegen wiederholter Rechtsverstöße nicht verlängert wird (§ 15 Abs. 1 Satz 6),
9. das Nähere zu den vereinfachten Verfahrensvorschriften für Ereignis- und Einrichtungsrundfunk, Pilotprojekte sowie Bürgerradio und Bürgerfernsehen (§ 20 Abs. 6) durch Satzung zu regeln,
10. für die Überwachung der Programmgrundsätze nach § 3,
11. für die Feststellung, ob die Anforderungen an die Meinungsvielfalt durch die Gesamtheit der in einem Verbreitungsgebiet verbreiteten Rundfunkprogramme erfüllt sind (§ 9),
12. über die Vertretung wesentlicher Meinungen im Programmbeirat zu entscheiden (§ 9 Abs. 2),
13. das Nähere zum Ereignis- und Einrichtungsrundfunk (§ 31) durch Satzung zu regeln,
14. das Nähere zu den Bürgermedien durch Satzung zu regeln (§ 34 Abs. 6),
15. die Weiterverbreitung von Rundfunkprogrammen zu untersagen (§ 103 Abs. 2 Satz 4 MStV),
16. für die Festlegung des Sitzes der Landesmedienanstalt (§ 40 Abs. 1 Satz 2) sowie

17. die Aufwandsentschädigung ihrer Mitglieder zu regeln (§ 42 Abs. 7 Satz 2); als Aufwandsentschädigung kann ein Betrag bis zur Höhe der Aufwandsentschädigung der Mitglieder des Rundfunkrats des Mitteldeutschen Rundfunks festgesetzt werden; bei der Festsetzung der Höhe der Aufwandsentschädigung sind das Gebot der Sparsamkeit und Wirtschaftlichkeit sowie die finanzielle Gesamtsituation der Landesmedienanstalt zu berücksichtigen.

(2) [1]Der Versammlungsvorstand überwacht die Geschäftsführung des Direktors und berichtet darüber der Versammlung. [2]Der Zustimmung des Versammlungsvorstands bedürfen insbesondere folgende Geschäfte des Direktors:

1. die Einstellung, Höhergruppierung und Entlassung der Bediensteten der Landesmedienanstalt in Vergütungsgruppen, die der Laufbahngruppe des höheren Dienstes entsprechen, sowie die Bestellung des Vertreters nach § 46 Abs. 3 und
2. Verträge mit einem Gesamtaufwand von mehr als 50.000 Euro.

[3]Der Versammlungsvorstand kann zu den Vorlagen des Direktors an die Versammlung gesondert Stellung nehmen.

(3) Der Zustimmung der Versammlung bedürfen folgende Geschäfte des Direktors:

1. der Erwerb, die Veräußerung oder Belastung von Grundstücken,
2. Verträge mit einem Gesamtaufwand von mehr als 100.000 Euro und
3. über- und außerplanmäßige Ausgaben.

§ 45 Ausschüsse

(1) [1]Zur Vorbereitung ihrer Entscheidung setzt die Versammlung folgende ständige Ausschüsse ein:

1. den Programm- und Jugendschutzausschuss,
2. den Haushaltsausschuss,
3. den Rechtsausschuss,
4. den Technikausschuss und
5. den Ausschuss für Bürgermedien und Medienbildung.

[2]Die Versammlung kann weitere Ausschüsse bilden. [3]Sie wählt für die Dauer ihrer Amtszeit die Mitglieder der Ausschüsse und den jeweiligen Vorsitzenden mit der Mehrheit der Stimmen der Versammlungsmitglieder.

(2) Die Versammlung kann den Haushaltsausschuss ermächtigen, zwischen ihren Sitzungen die der Versammlung nach § 44 Abs. 3 obliegenden Entscheidungen zu treffen.

(3) Das Nähere regelt die Versammlung durch Satzung, hierbei sind insbesondere die Programmbeobachtung und Aspekte des Jugendschutzes zu berücksichtigen.

§ 46 Wahl des Direktors

(1) [1]Der Direktor wird von der Versammlung mit der Mehrheit der stimmberechtigten Mitglieder nach Ausschreibung der zu besetzenden Stelle auf die Dauer von sechs Jahren gewählt. [2]Er soll Erfahrungen im Medienbereich sowie die Befähigung zum Richteramt oder zum höheren Verwaltungsdienst oder eine vergleichbare, ihn zur Leitung der Landesmedienanstalt befähigende Ausbildung haben. [3]Er ist hauptamtlich tätig. [4]Der Direktor soll seinen Lebensmittelpunkt in Thüringen haben.

(2) [1]Der Vorsitzende der Versammlung schließt den Dienstvertrag mit dem Direktor ab und vertritt die Landesmedienanstalt gegenüber dem Direktor gerichtlich und außergerichtlich. [2]Nach Ablauf der Amtszeit führt der Direktor die Geschäfte bis zur Ernennung des neuen Direktors fort; das Dienstverhältnis besteht solange weiter.

(3) Der Direktor bestellt einen Bediensteten der Landesmedienanstalt zu seinem Vertreter.

(4) Der Direktor kann mit einer Mehrheit von zwei Dritteln der Mitglieder der Versammlung abberufen werden.

§ 47 Unvereinbarkeiten

Zum Direktor der Landesmedienanstalt kann nicht gewählt werden, wer

1. wegen fehlender Eignung im Sinne des § 6 Abs. 2 des Thüringer Beamtengesetzes nicht in den öffentlichen Dienst des Landes aufgenommen werden könnte,
2. der gesetzgebenden Körperschaft oder der Regierung des Bundes oder eines Landes angehört,
3. Mitglied eines Organs, Bediensteter oder ständig freier Mitarbeiter einer öffentlich-rechtlichen Rundfunkanstalt ist oder

4. Anbieter eines Rundfunkprogramms oder Betreiber einer Kabelanlage ist, zu ihnen in einem Dienst- oder Arbeitsverhältnis steht, von ihnen auf sonstige Weise abhängig oder an ihnen mehrheitlich beteiligt ist.

§ 48 Zuständigkeit des Direktors

(1) [1]Der Direktor nimmt die Aufgaben der Landesmedienanstalt wahr, soweit sie nicht der Versammlung zugewiesen sind. [2]Er vertritt die Landesmedienanstalt gerichtlich und außergerichtlich.

(2) Der Direktor ist insbesondere zuständig,

1. Beschlüsse der Versammlung vorzubereiten und auszuführen,
2. über Aufsichtsmaßnahmen und die Behandlung von Beschwerden zu entscheiden,
3. den Haushaltsplan, den Jahresabschluss und den Geschäftsbericht der Landesmedienanstalt aufzustellen,
4. die Bediensteten der Landesmedienanstalt einzustellen, höherzugruppieren, zu entlassen und die Dienstaufsicht wahrzunehmen,
5. für die Zusammenarbeit mit den anderen Landesmedienanstalten, insbesondere mit den Landesmedienanstalten der Länder Sachsen-Anhalt und Sachsen, und
6. im Einvernehmen mit dem Vorsitzenden der Versammlung, im Verhinderungsfall mit einem seiner Stellvertreter, dringliche unaufschiebbare Anordnungen zu erlassen und unaufschiebbare Geschäfte anstelle der Versammlung zu besorgen; die Versammlung ist davon unverzüglich zu unterrichten.

§ 49 Bedienstete der Landesmedienanstalt

(1) [1]Die Rechtsverhältnisse der Bediensteten der Landesmedienanstalt, mit Ausnahme der Eingruppierung des Direktors, bestimmen sich nach den für Angestellte und Arbeiter des Landes geltenden Rechts- und Tarifvorschriften. [2]Die Eingruppierung und Vergütung der Angestellten und Arbeiter muss derjenigen der vergleichbaren Angestellten und Arbeiter des Landes entsprechen.

(2) Die vorhandenen Stellen sind nach Art und Entgeltgruppen gegliedert in einem Stellenplan auszuweisen.

§ 50 Finanzierung der Landesmedienanstalt

(1) [1]Die Landesmedienanstalt erhebt aufgrund einer von ihr zu erlassenden Gebührensatzung für öffentliche Leistungen nach diesem Gesetz Gebühren und Auslagen. [2]Die Bestimmungen des Thüringer Verwaltungskostengesetzes sind entsprechend anzuwenden.

(2) Die Landesmedienanstalt deckt ihren Finanzbedarf aus dem Anteil an dem Rundfunkbeitrag nach § 112 MStV.

(3) Die Landesmedienanstalt verwendet den Anteil nach Absatz 2 zur Finanzierung ihrer Zulassungs- und Aufsichtsfunktionen, zur Förderung der technischen Versorgung des gesamten Landes, zur Förderung lokaler, nicht kommerzieller Rundfunkangebote nach Maßgabe dieses Gesetzes sowie zur Förderung von Projekten für neuartige Rundfunkübertragungstechniken und von Medienbildungs-Projekten einschließlich entsprechender Qualifizierungs-, Service- und Professionalisierungsmaßnahmen im Umgang mit Medien im Sinne des § 33 Abs. 2 sowie entsprechender Aus- und Fortbildungsmaßnahmen im Sinne des § 41 Abs. 2 Nr. 10 und 11.

(4) [1]Soweit die Landesmedienanstalt den Anteil an dem Rundfunkbeitrag nach § 112 MStV entsprechend den Absätzen 1 bis 3 nicht in Anspruch nimmt, steht er dem Landesfunkhaus Thüringen im MDR zu. [2]Diese Mittel werden nach Maßgabe der Entscheidungen der Mitglieder des Rundfunkrats des Landes für rundfunkspezifische Maßnahmen zur Förderung und Darstellung des Medienstandorts Thüringen unter besonderer Berücksichtigung von Einrichtungen, Projekten und Veranstaltungen verwendet. [3]Ferner sollen die Mittel auch für Kinder- und Jugendfilmförderung sowie für Kinder- und Jugendprojekte mittels neuer Medientechnologien eingesetzt werden. [4]Darüber hinaus können die Mittel zur Ausweitung der Darbietungen des MDR im Hörfunk und Fernsehen von in Thüringen veranstalteten Festspielen, künstlerischen Wettbewerben, Konzerten, Opern und Schauspielen verwendet werden. [5]Der MDR veröffentlicht im Thüringer Staatsanzeiger für jedes Kalenderjahr einen Bericht, aus dem hervorgeht, für welche Projekte und in welcher Höhe diese Mittel verwendet wurden.

§ 51 Wirtschaftsführung, Haushalts- und Rechnungswesen

(1) [1]Die Landesmedienanstalt ist zu sparsamer und wirtschaftlicher Haushaltsführung verpflichtet. [2]Die Haushaltsführung, Rechnungslegung, Prüfung und Entlastung richten sich nach § 105 der Lan-

deshaushaltsordnung. [3]Der Haushaltsplan der Landesmedienanstalt bedarf der Genehmigung durch die oberste Landesbehörde. [4]Die Genehmigung ist zu erteilen, wenn die Grundsätze einer geordneten und sparsamen Haushaltsführung gewahrt sind.

(2) [1]Der Rechnungshof prüft die Haushalts- und Wirtschaftsführung der Landesmedienanstalt. [2]Der Prüfungsbericht ist der Landesmedienanstalt und der obersten Landesbehörde zuzuleiten. [3]Der Rechnungshof kann das Ergebnis seiner Prüfung, soweit es für die Finanzierung der Landesmedienanstalt von Bedeutung ist, in Bemerkungen für den Landtag zusammenfassen.

(3) [1]Die Landesmedienanstalt erstellt jährlich einen Geschäftsbericht. [2]Er ist der obersten Landesbehörde vorzulegen.

(4) [1]Der Haushaltsplan kann die Bildung von angemessenen Rücklagen vorsehen, soweit und solange dies zu einer wirtschaftlichen und sparsamen Aufgabenerfüllung für bestimmte Maßnahmen erforderlich ist, die nicht aus Mitteln eines Haushaltsjahres finanziert werden können. [2]Grund, Ansammlungshöhe und -zeitraum jeder Rücklage sind im Haushaltsplan anzugeben.

§ 52 Rechtsaufsicht

(1) Die Landesmedienanstalt unterliegt der Rechtsaufsicht der obersten Landesbehörde.

(2) [1]Die Landesmedienanstalt hat der obersten Landesbehörde auf Anforderung die zur Wahrnehmung ihrer Aufgaben erforderlichen Auskünfte zu erteilen und entsprechende Unterlagen vorzulegen. [2]Die oberste Landesbehörde ist berechtigt, zu den Sitzungen der Versammlung und ihrer Ausschüsse Vertreter zu entsenden; die Vertreter sind jederzeit zu hören. [3]Die Landesmedienanstalt übermittelt der obersten Landesbehörde Abdrucke aller Bescheide über die Erteilung, Verlängerung, Änderung oder Ablehnung einer Zulassung.

(3) [1]Die oberste Landesbehörde ist berechtigt, die Landesmedienanstalt durch schriftliche Mitteilung auf Maßnahmen oder Unterlassungen hinzuweisen, die dieses Gesetz oder die allgemeinen Rechtsvorschriften verletzen, und sie aufzufordern, die Rechtsverletzungen zu beseitigen. [2]Wird die Rechtsverletzung nicht innerhalb einer angemessenen Frist behoben, weist die oberste Landesbehörde die Landesmedienanstalt an, innerhalb einer bestimmten Frist im Einzelnen festgelegte Maßnahmen auf deren Kosten durchzuführen. [3]Kommt die Landesmedienanstalt einer Anweisung nicht innerhalb der Frist nach, kann die oberste Landesbehörde die Anordnung anstelle der Landesmedienanstalt selbst durchführen oder durch einen anderen durchführen lassen.

Achter Abschnitt
Entsendung eines Vertreters in den ZDF-Fernsehrat

§ 53 Entsendung eines Vertreters in den ZDF-Fernsehrat

(1) Als Mitglied in den ZDF-Fernsehrat wird durch den Freistaat Thüringen nach § 21 Abs. 1 Satz 1 Buchst. q Doppelbuchst. pp des ZDF-Staatsvertrags vom 31. August 1991 (GVBl. S. 635) in der ab dem Inkrafttreten des Siebzehnten Rundfunkänderungsstaatsvertrags geltenden Fassung ein Vertreter aus dem Bereich „LSBTTIQ (Lesbische, Schwule, Bisexuelle, Transsexuelle, Transgender, Intersexuelle und Queere Menschen)“ entsandt.

(2) Entsandt werden kann nur, wer das 18. Lebensjahr vollendet hat.

(3) [1]Gesellschaftliche Verbände und Organisationen des Bereichs „LSBTTIQ“ mit Sitz in Thüringen können sich bis spätestens vier Monate vor Ablauf der Amtsperiode des ZDF-Fernsehrats beim Landtag um die Einräumung eines Entsendungsrechts für den Vertreter im ZDF-Fernsehrat nach § 21 Abs. 1 Satz 1 Buchst. q Doppelbuchst. pp des ZDF-Staatsvertrags bewerben. [2]Die Auswahl trifft der Landtag durch Beschluss. [3]Das Entsendungsrecht des nach Satz 2 bestimmten Verbandes oder der bestimmten Organisation besteht für die gesamte Amtsperiode des ZDF-Fernsehrats.

Neunter Abschnitt
Kostenfestsetzung für die Beitreibung rückständiger Rundfunkgebühren und Rundfunkbeiträge im Verwaltungszwangsverfahren

§ 53a Kostenfestsetzung für die Beitreibung rückständiger Rundfunkgebühren und Rundfunkbeiträge im Verwaltungszwangsverfahren

Die Landesregierung wird ermächtigt, durch Rechtsverordnung den Beitrag zur Deckung der Kosten festzusetzen, der für die Beitreibung rückständiger Rundfunkgebühren und Rundfunkbeiträge im Verwaltungszwangsverfahren von der Rundfunkanstalt an die Vollstreckungsbehörde zu zahlen ist.

Dritter Teil
Ordnungswidrigkeiten, Übergangs- und Schlussbestimmungen

§ 54 Ordnungswidrigkeiten

(1) Ordnungswidrig handelt, wer vorsätzlich oder fahrlässig

1. als Veranstalter entgegen § 3 Abs. 1 Nr. 2 Satz 2 in einem landesweiten Hörfunkvollprogramm einen angemessenen Anteil journalistisch bearbeiteter Informationsbeiträge insbesondere aus den Bereichen Politik, Wirtschaft und Kultur, wiederholt und nachhaltig unterschreitet,
2. als Veranstalter oder verantwortlicher Redakteur entgegen § 4 Abs. 1 der Verpflichtung zur Angabe des Veranstalters nicht nachkommt,
3. den Bestimmungen des § 4 Abs. 2 Satz 1 oder 2 über die Benennung des verantwortlichen Redakteurs und die Festlegung seines Verantwortungsbereichs zuwiderhandelt,
4. entgegen § 7 Abs. 1 Rundfunk ohne Zulassung veranstaltet,
5. als Träger der technischen Übertragungseinrichtung Rundfunksendungen oder Rundfunkprogramme verbreitet, nachdem die Landesmedienanstalt nach § 7 Abs. 2 die Verbreitung untersagt hat,
6. entgegen § 12 Abs. 3 sowie § 14 Abs. 2 Änderungen nicht oder nicht unverzüglich mitteilt,
7. als Veranstalter einer Informationspflicht nach § 25 Abs. 2 Satz 1 oder 2 nicht nachkommt,
8. seiner Aufzeichnungs- oder Aufbewahrungspflicht nach § 26 Abs. 1 und 2 nicht, nicht richtig oder nicht vollständig nachkommt,
9. als Veranstalter entgegen § 30
   a) die Höhe des Entgelts nicht ankündigt (Absatz 6 Satz 1) oder
   b) in der Ankündigung nicht auf die in dem Rundfunkprogramm oder der Sendung enthaltene Werbung hinweist (Absatz 6 Satz 2),
10. entgegen der Rangfolge nach § 36 Abs. 1 und 3 bis 6 die Kanäle belegt,
11. als Betreiber einer analogen Kabelanlage entgegen § 36 Abs. 2 die Entgelte der Programme nicht offenlegt,
12. als Betreiber einer Kabelanlage oder Plattform die Anzeigen und Änderungsmitteilungen nach § 38 Abs. 1 nicht, nicht rechtzeitig oder unvollständig vornimmt,
13. als Veranstalter eines herangeführten Programms oder als Betreiber einer Kabelanlage oder Plattform
   a) entgegen § 38 Abs. 2 Satz 1 Auskünfte nicht, nicht richtig oder nicht vollständig erteilt oder Unterlagen nicht oder nicht vollständig vorlegt oder
   b) entgegen § 38 Abs. 2 Satz 3 die erforderlichen Aufzeichnungen nicht oder nicht rechtzeitig übermittelt.

(2) Ordnungswidrigkeiten nach Absatz 1 können mit einer Geldbuße bis zu fünfhunderttausend Euro geahndet werden.

(3) [1]Zuständige Verwaltungsbehörde im Sinne des § 36 Abs. 1 Nr. 1 des Gesetzes über Ordnungswidrigkeiten ist die Landesmedienanstalt. [2]Über die Einleitung eines Verfahrens hat die Landesmedienanstalt die übrigen Landesmedienanstalten unverzüglich zu unterrichten. [3]Soweit ein Verfahren nach entsprechenden Bestimmungen in mehreren Ländern eingeleitet wurde, stimmen sich die beteiligten Behörden über die Frage ab, welche Behörde das Verfahren fortführt.

(4) [1]Die Landesmedienanstalt kann bestimmen, dass Beanstandungen nach einem Rechtsverstoß gegen Regelungen dieses Gesetzes sowie rechtskräftige Entscheidungen in einem Ordnungswidrigkeitsverfahren nach Absatz 1 von dem betroffenen Veranstalter in seinem Rundfunkprogramm verbreitet wer-

den. [2]Inhalt und Zeitpunkt der Bekanntgabe sind durch die Landesmedienanstalt nach pflichtgemäßem Ermessen festzulegen. [3]Absatz 3 Satz 2 und 3 gilt entsprechend.

(5) [1]Die Verfolgung der in Absatz 1 genannten Ordnungswidrigkeiten verjährt nach sechs Monaten. [2]Der Lauf der Frist beginnt mit der Sendung. [3]Mit der Wiederholung der Sendung beginnt die Frist von neuem.

(6) Zuständige Verwaltungsbehörde zur Verfolgung und Ahndung von Ordnungswidrigkeiten nach § 12 des Rundfunkbeitragsstaatsvertrags sind die Landkreise und die kreisfreien Städte.

§ 55 Übergangsbestimmung

Zulassungen und Kapazitätszuweisungen, die vor Inkrafttreten dieses Gesetzes erfolgt sind, gelten für ihre bisherige Laufzeit weiter; die Möglichkeit eines Widerrufs oder einer Rücknahme nach den Bestimmungen dieses Gesetzes bleibt unberührt.

§ 56 Gleichstellungsbestimmung

Status- und Funktionsbezeichnungen in diesem Gesetz gelten jeweils für alle Geschlechter.

§ 57 Inkrafttreten, Außerkrafttreten

[1]Dieses Gesetz tritt am Tage nach der Verkündung[1)] in Kraft. [2]Gleichzeitig tritt das Thüringer Landesmediengesetz in der Fassung vom 5. März 2003 (GVBl. S. 117), geändert durch Artikel 3 des Gesetzes vom 16. Juli 2008 (GVBl. S. 219), außer Kraft.

1) Verkündet am 29.7.2014.

Thüringer Gesetz zur Pflege und zum Schutz der Kulturdenkmale (Thüringer Denkmalschutzgesetz – ThürDSchG –)

In der Fassung der Bekanntmachung vom 14. April 2004[1] (GVBl. S. 465, ber. 562) (224-1)
zuletzt geändert durch Art. 2 Thüringer VerwaltungsreformG 2018 vom 18. Dezember 2018 (GVBl. S. 731)

Inhaltsübersicht

Erster Abschnitt
Allgemeine Vorschriften
§ 1 Aufgabe der Denkmalpflege und des Denkmalschutzes
§ 2 Kulturdenkmale
§ 3 Denkmalpflegepläne
§ 4 Denkmalbuch
§ 5 Eintragungsverfahren

Zweiter Abschnitt
Erhaltung von Kulturdenkmalen
§ 6 Öffentliche Planungen und Maßnahmen
§ 7 Erhaltungspflicht
§ 8 Anzeigepflichten
§ 9 Auskunfts- und Duldungspflichten
§ 10 Zugang zu Kulturdenkmalen
§ 11 Durchsetzung der Erhaltung

Dritter Abschnitt
Schutz von Kulturdenkmalen
§ 12 Allgemeine Maßnahmen der Denkmalschutzbehörden
§ 13 Erlaubnis
§ 14 Erlaubnisverfahren
§ 15 Beseitigung widerrechtlicher Maßnahmen

Vierter Abschnitt
Zusätzliche Vorschriften für Bodendenkmale
§ 16 Zufallsfunde
§ 17 Schatzregal
§ 18 Nachforschungen
§ 19 Archäologische Schutzgebiete
§ 20 Nutzungsbeschränkungen
§ 21 Ablieferung

Fünfter Abschnitt
Kosten
§ 21a Kosten

Sechster Abschnitt
Denkmalbehörden
§ 22 Denkmalschutzbehörden
§ 23 Zuständigkeiten
§ 24 Denkmalfachbehörde
§ 25 Denkmalrat
§ 26 Ehrenamtliche Mitarbeiter

Siebenter Abschnitt
Enteignung, Entschädigung und Ordnungswidrigkeiten
§ 27 Enteignung
§ 28 Sonstige entschädigungspflichtige Maßnahmen
§ 29 Bußgeldbestimmungen

Achter Abschnitt
Verfahrens- und Ausführungsbestimmungen
§ 30 Vorkaufsrecht
§ 31 Steuerbescheinigungen
§ 32 Religionsgemeinschaften
§ 33 (aufgehoben)
§ 34 Ausführungsvorschriften

Neunter Abschnitt
Übergangs- und Schlussbestimmungen
§ 34a Übergangsbestimmung
§ 35 Gleichstellungsbestimmung
§ 36 (In-Kraft-Treten)

Erster Abschnitt
Allgemeine Vorschriften

§ 1 Aufgabe der Denkmalpflege und des Denkmalschutzes

(1) [1]Denkmalpflege und Denkmalschutz haben die Aufgaben, Kulturdenkmale als Quellen und Zeugnisse menschlicher Geschichte und erdgeschichtlicher Entwicklung zu schützen und zu erhalten sowie darauf hinzuwirken, dass sie in die städtebauliche und dörfliche Entwicklung sowie in die Raumordnung und Landschaftspflege einbezogen werden. [2]Dabei obliegt dem Denkmalschutz die hoheitlichrechtliche Aufgabe und Verantwortung, der Denkmalpflege die fachliche Beratung und Fürsorge für den hoheitlichen Denkmalschutz.

1) Neubekanntmachung des ThürDSchG v. 7.1.1992 (GVBl. S. 17, 550) in der ab 1.5.2004 geltenden Fassung.

(2) Bei der Erfüllung dieser Aufgaben wirken im Rahmen ihrer Leistungsfähigkeit das Land, die Gemeinden und Gemeindeverbände sowie Eigentümer und Besitzer von Kulturdenkmalen zusammen.

(3) Die Belange von Menschen mit Behinderungen oder mit Mobilitätsbeeinträchtigungen sind zu berücksichtigen.

§ 2 Kulturdenkmale

(1) [1]Kulturdenkmale im Sinne dieses Gesetzes sind Sachen, Sachgesamtheiten oder Sachteile, an deren Erhaltung aus geschichtlichen, künstlerischen, wissenschaftlichen, technischen, volkskundlichen oder städtebaulichen Gründen sowie aus Gründen der historischen Dorfbildpflege ein öffentliches Interesse besteht. [2]Kulturdenkmale sind auch Denkmalensembles (Absatz 2) und Bodendenkmale (Absatz 7).

(2) [1]Denkmalensembles können sein:

1. bauliche Gesamtanlagen (Absatz 3),
2. kennzeichnende Straßen-, Platz- und Ortsbilder (Absatz 4),
3. kennzeichnende Ortsgrundrisse (Absatz 5),
4. historische Park- und Gartenanlagen (Absatz 6),
5. historische Produktionsstätten und -anlagen.

[2]Nicht erforderlich ist, dass jeder einzelne Teil des Denkmalensembles ein Kulturdenkmal darstellt.

(3) Bauliche Gesamtanlagen sind insbesondere Gebäudegruppen, einheitlich gestaltete Quartiere und Siedlungen und historische Ortskerne einschließlich der mit ihnen verbundenen Pflanzen, Frei- und Wasserflächen.

(4) Ein kennzeichnendes Straßen-, Platz- oder Ortsbild ist insbesondere gegeben, wenn das Erscheinungsbild der Anlage für eine bestimmte Epoche oder Entwicklung oder für eine charakteristische Bauweise mit auch unterschiedlichen Stilarten kennzeichnend ist.

(5) Ein kennzeichnender Ortsgrundriss ist gegeben, wenn das Erscheinungsbild der Anlage für eine bestimmte Epoche oder Entwicklung charakteristisch ist, insbesondere im Hinblick auf Orts- und Siedlungsformen, Straßenführungen, Parzellenstrukturen und Festungsanlagen.

(6) [1]Historische Park- und Gartenanlagen sind Werke der Gartenbaukunst, deren Lage sowie architektonische und pflanzliche Gestaltung von der Funktion der Anlage als Lebensraum und Selbstdarstellung früherer Gesellschaftsformen und der von ihr getragenen Kultur Zeugnis geben. [2]Dazu zählen auch Tier- und botanische Gärten, soweit sie eine eigene historische und architektonische Gesamtgestaltung besitzen.

(7) Bodendenkmale sind bewegliche oder unbewegliche Sachen, bei denen es sich um Zeugnisse, Überreste oder Spuren menschlicher Kultur (archäologische Denkmale) oder tierischen oder pflanzlichen Lebens (paläontologische Denkmale) handelt, die im Boden verborgen sind oder waren.

§ 3 Denkmalpflegepläne

(1) Im Einvernehmen mit der Denkmalfachbehörde sollen die Gemeinden für Denkmalensembles nach § 2 Abs. 3 bis 5 Denkmalpflegepläne aufstellen.

(2) [1]Der Denkmalpflegeplan gibt die Ziele und Erfordernisse des Denkmalschutzes und der Denkmalpflege sowie die Darstellungen und die Festsetzungen für die Bauleitplanung wieder. [2]Er enthält:

a) die Bestandsaufnahme und Analyse des Plangebietes unter denkmalfachlichen und denkmalschutzrechtlichen Gesichtspunkten,
b) die topographischen Angaben über Lage und Ausdehnung der Denkmalensembles und der Bodendenkmale in Schrift und Plan,
c) die denkmalpflegerischen Zielstellungen, unter deren Beachtung die Pflege und Erhaltung der Denkmalensembles und Bodendenkmale jeweils zu verwirklichen ist.

§ 4 Denkmalbuch

(1) [1]Unbewegliche Kulturdenkmale werden nachrichtlich in ein öffentliches Verzeichnis (Denkmalbuch) aufgenommen; Bodendenkmale werden im Denkmalbuch registriert, wenn sie oberirdisch sichtbar oder von besonderer Bedeutung sind. [2]Der Schutz unbeweglicher Kulturdenkmale und der Bodendenkmale ist nicht davon abhängig, dass sie in das Denkmalbuch eingetragen sind.

(2) Bewegliche Kulturdenkmale sind in das Denkmalbuch einzutragen, wenn es sich bei ihnen

1. um Zubehör eines Baudenkmals handelt, das mit der Hauptsache aus künstlerischen, geschichtlichen und sonstigen Gründen eine Einheit bildet, oder

2. um Gegenstände der bildenden Kunst handelt, deren Zugehörigkeit zu einem bestimmten Ort historisch begründet ist und deren Verbleib an Ort und Stelle im öffentlichen Interesse liegt.

(3) Von der Eintragung beweglicher Kulturdenkmale sind Gegenstände ausgenommen, die von einer staatlichen Sammlung verwaltet werden.

§ 5 Eintragungsverfahren

(1) [1]Das Denkmalbuch wird von der Denkmalfachbehörde von Amts wegen geführt. [2]Der Eigentümer, die untere Denkmalschutzbehörde, die Gemeinde sowie ein der Denkmalpflege verpflichteter Verband oder Verein können die Eintragung anregen. [3]Vor der Eintragung sind die Eigentümer zu hören; über die erfolgte Eintragung erhalten sie eine Benachrichtigung. [4]Bei der Ermittlung der Eigentümer leisten die Gemeinden Amtshilfe. [5]Die Gemeinden sollen vor Eintragungen in das Denkmalbuch gehört werden. [6]Eintragungen sind zu löschen, wenn die gesetzlichen Voraussetzungen nicht mehr vorliegen.

(2) Die Unterrichtung erfolgt bei Denkmalensembles (§ 2 Abs. 2) durch Bekanntmachung im Thüringer Staatsanzeiger sowie durch ortsübliche Bekanntmachung.

(3) [1]Die unteren Denkmalschutzbehörden und die Gemeinden führen für ihr Gebiet Auszüge aus dem Denkmalbuch. [2]Die Einsicht in das Denkmalbuch und seine Auszüge ist hinsichtlich der unbeweglichen Kulturdenkmale jedem gestattet. [3]Hinsichtlich der Eintragung von beweglichen Kulturdenkmalen ist die Einsicht nur dem Eigentümer und den sonst dinglich Berechtigten oder von ihnen besonders Ermächtigten gestattet. [4]Die Vorschriften des Datenschutzes bleiben unberührt.

(4) [1]Unbewegliche eingetragene Kulturdenkmale sind im Liegenschaftskataster nachzuweisen. [2]Leistungen der Kataster- und Vermessungsbehörden zum Nachweis der unbeweglichen Kulturdenkmale im Liegenschaftskataster sind frei von Gebühren und Auslagen. [3]Im Übrigen bleiben die §§ 2 und 3 des Thüringer Verwaltungskostengesetzes vom 7. August 1991 (GVBl. S. 285-321-) in der jeweils geltenden Fassung unberührt.

Zweiter Abschnitt

Erhaltung von Kulturdenkmalen

§ 6 Öffentliche Planungen und Maßnahmen

[1]Bei öffentlichen Planungen und Maßnahmen sind die Belange des Denkmalschutzes und der Denkmalpflege angemessen zu berücksichtigen. [2]Die für den Denkmalschutz und die Denkmalpflege zuständigen Behörden sind so frühzeitig zu beteiligen, dass die Erhaltung und Nutzung von Kulturdenkmalen sowie eine angemessene Gestaltung ihrer Umgebung möglich sind.

§ 7 Erhaltungspflicht

(1) [1]Eigentümer und Besitzer von Kulturdenkmalen sind verpflichtet, diese im Rahmen des Zumutbaren denkmalgerecht zu erhalten und pfleglich zu behandeln. [2]Unzumutbar ist eine Belastung insbesondere, soweit die Kosten der Erhaltung und Bewirtschaftung nicht durch Erträge oder den Gebrauchswert des Kulturdenkmals aufgewogen werden können. [3]Der Verpflichtete kann sich nicht auf die Belastung durch erhöhte Erhaltungskosten berufen, die dadurch verursacht würden, dass Erhaltungsmaßnahmen entgegen den Bestimmungen dieses Gesetzes oder sonstiger öffentlich-rechtlicher Vorschriften unterblieben sind.

(2) Das Land, die Kreise sowie die Gemeinden und Gemeindeverbände tragen nach Maßgabe der verfügbaren Haushaltsmittel zur Pflege und Erhaltung der Kulturdenkmale durch Zuschüsse in angemessenem Umfang bei.

(3) Werden Kulturdenkmale nicht mehr entsprechend ihrer ursprünglichen Zweckbestimmung genutzt, sollen die Eigentümer eine Nutzung anstreben, die eine möglichst weit gehende Erhaltung der Substanz auf die Dauer gewährleistet.

(4) Wird in ein Kulturdenkmal eingegriffen, so hat der Verursacher des Eingriffes alle Kosten zu tragen, die für die Erhaltung und fachgerechte Instandsetzung, Bergung und Dokumentation des Kulturdenkmals anfallen.

§ 8 Anzeigepflichten

(1) Eigentümer und Besitzer haben Schäden und Mängel, die an Kulturdenkmalen auftreten und ihren Denkmalwert und ihre Substanz beeinträchtigen, unverzüglich der Denkmalschutzbehörde anzuzeigen.

(2) [1]Wird ein bewegliches eingetragenes Kulturdenkmal veräußert, so haben Veräußerer und Erwerber den Eigentumswechsel innerhalb eines Monats der Denkmalfachbehörde über die Denkmalschutzbehörde anzuzeigen. [2]Die Veräußerungsanzeige für unbewegliche Kulturdenkmale nach § 30 bleibt unberührt.

(3) [1]Bauarchäologische Zufallsfunde und Münzfunde sind ebenfalls anzeigepflichtig. [2]§ 16 gilt entsprechend.

§ 9 Auskunfts- und Duldungspflichten

(1) Eigentümer und Besitzer von Kulturdenkmalen sind verpflichtet, die zur Erfüllung der Aufgaben des Denkmalschutzes und der Denkmalpflege erforderlichen Auskünfte zu erteilen.

(2) [1]Denkmalschutzbehörden und Denkmalfachbehörde sind nach vorheriger Benachrichtigung der Eigentümer und Besitzer berechtigt, Grundstücke zu betreten und Kulturdenkmale zu besichtigen, soweit es zur Erfüllung der Aufgaben des Denkmalschutzes erforderlich ist. [2]Wohnungen dürfen gegen den Willen des Besitzers nur zur Abwendung drohender Gefahr für Kulturdenkmale betreten werden. [3]Die Unverletzlichkeit der Wohnung nach Artikel 13 des Grundgesetzes wird insoweit eingeschränkt.

§ 10 Zugang zu Kulturdenkmalen

[1]Kulturdenkmale oder Teile derselben sollen der Öffentlichkeit soweit wie möglich zugänglich gemacht werden, wenn der öffentliche Zutritt zugemutet werden kann. [2]Dabei sind die Rechte von Menschen mit Behinderungen oder mit Mobilitätsbeeinträchtigungen zu berücksichtigen. [3]Die Denkmalfachbehörde soll mit dem Eigentümer solcher Denkmale Vereinbarungen über den Zutritt treffen; dies gilt insbesondere dann, wenn für die Erhaltung des Denkmals öffentliche Mittel aufgewendet werden oder aufgewendet worden sind.

§ 11 Durchsetzung der Erhaltung

(1) Kommen Eigentümer oder Besitzer ihren Verpflichtungen nach § 7 nicht nach und tritt hierdurch eine Gefährdung des Kulturdenkmals ein, können sie von den Denkmalschutzbehörden verpflichtet werden, erforderliche Erhaltungs- und Instandsetzungsmaßnahmen durchzuführen.

(2) [1]Erfordert der Zustand eines Kulturdenkmals zu seiner Instandhaltung, Instandsetzung oder zu einem Schutz Maßnahmen, ohne deren unverzügliche Durchführung es gefährdet würde, können die Denkmalschutzbehörden diejenigen Maßnahmen selbst durchführen, die zur Abwendung einer unmittelbaren Gefahr für den Bestand des Kulturdenkmals geboten sind. [2]Eigentümer und Besitzer sind verpflichtet, solche Maßnahmen zu dulden. [3]Eigentümer, Besitzer und sonstige Unterhaltungspflichtige werden im Rahmen des Zumutbaren zur Erstattung der entstandenen Kosten herangezogen.

Dritter Abschnitt

Schutz von Kulturdenkmalen

§ 12 Allgemeine Maßnahmen der Denkmalschutzbehörden

(1) [1]Die Denkmalschutzbehörden haben diejenigen Maßnahmen zu treffen, die nach pflichtgemäßem Ermessen erforderlich sind, um Kulturdenkmale zu erhalten, zu bergen und zu bewahren sowie Gefahren von ihnen abzuwenden. [2]Sie haben bei allen Entscheidungen den berechtigten Interessen der Eigentümer oder Besitzer von Kulturdenkmalen Rechnung zu tragen. [3]Bei den dem Gottesdienst gewidmeten Gegenständen (res sacrae) sind religiöse Belange vorrangig zu berücksichtigen. [4]Sofern staatlicher Denkmalschutz und liturgische Interessen der Religionsgemeinschaften in Konflikt geraten, haben in der Interessensabwägung liturgische Belange Vorrang.

(2) Soweit ein Vorhaben nach diesem Gesetz einer Erlaubnis bedarf, kann diese unter Bedingungen, Auflagen, Befristungen und Widerrufsvorbehalt erteilt werden.

(3) [1]Durch die Erteilung von Erlaubnissen auf Grund dieses Gesetzes werden Genehmigungen, die auf Grund anderer Rechtsvorschriften erforderlich sind, nicht ersetzt. [2]Baugenehmigungen und bauordnungsrechtliche Zustimmungen schließen die denkmalschutzrechtliche Erlaubnis ein; sie bedürfen insoweit der Zustimmung der Denkmalschutzbehörde.

§ 13 Erlaubnis

(1) Einer Erlaubnis der Denkmalschutzbehörde bedarf,

1. wer ein Kulturdenkmal oder Teile davon

a) zerstören, beseitigen oder an einen anderen Ort verbringen,
b) umgestalten, instand setzen oder im äußeren Erscheinungsbild verändern oder
c) mit Werbe- oder sonstigen Anlagen versehen will,

2. wer in der Umgebung eines unbeweglichen Kulturdenkmals Anlagen errichten, verändern oder beseitigen will, wenn sich dies auf den Bestand oder das Erscheinungsbild des Kulturdenkmals auswirken kann,
3. wer Erdarbeiten an einer Stelle vornehmen will, von der bekannt ist oder vermutet wird oder den Umständen nach anzunehmen ist, dass sich dort Kulturdenkmale befinden.

(2) [1]Die Erlaubnis kann versagt werden, soweit gewichtige Gründe des Denkmalschutzes für die unveränderte Beibehaltung des bisherigen Zustandes sprechen. [2]Im Falle des Absatzes 1 Nr. 2 kann die Erlaubnis darüber hinaus nur versagt werden, soweit das Vorhaben zu einer Beeinträchtigung des Wesens, des überlieferten Erscheinungsbildes oder der künstlerischen Wirkung eines Kulturdenkmals führen würde und gewichtige Gründe des Denkmalschutzes für die unveränderte Beibehaltung des bisherigen Zustandes sprechen.

(3) Der Inhaber einer Erlaubnis nach Absatz 1 Nr. 3 ist im Rahmen des Zumutbaren verpflichtet, die Kosten für die denkmalfachliche Begleitung der Erdarbeiten, für die Sicherung und Behandlung von Funden und für die Dokumentation der Denkmalfachbehörde zu erstatten.

§ 14 Erlaubnisverfahren

(1) [1]Der Erlaubnisantrag ist der zuständigen Denkmalschutzbehörde schriftlich mit allen für die Beurteilung des Vorhabens und der Bearbeitung des Antrags erforderlichen Unterlagen einzureichen. [2]Die Denkmalschutzbehörde prüft den Antrag innerhalb von zwei Wochen auf Vollständigkeit und teilt dem Antragsteller den Eingang des Antrags mit. [3]Ist der Antrag unvollständig oder weist er sonstige erhebliche Mängel auf, fordert die Denkmalschutzbehörde den Antragsteller zur Behebung der Mängel innerhalb einer angemessenen Frist auf. [4]Werden die Mängel innerhalb der Frist nicht behoben, gilt der Antrag als zurückgenommen. [5]Die Denkmalschutzbehörde kann verlangen, dass der Antrag durch denkmalpflegerische Zielstellungen oder vorbereitende Untersuchungen am Kulturdenkmal ergänzt wird. [6]Die Kosten dieser vorbereitenden Untersuchungen hat der Antragsteller zu tragen.

(2) Soweit die besondere Eigenart, die Bedeutung des Kulturdenkmals oder die Schwierigkeit der Maßnahme es erfordert, soll die Leitung oder Ausführung der vorbereitenden Untersuchung oder die Durchführung von Arbeiten, die besondere Erfahrungen und Kenntnisse voraussetzen, durch denkmalfachlich geeignete Personen zur Auflage einer Erlaubnis gemacht werden.

(3) [1]Die untere Denkmalschutzbehörde entscheidet über einen Erlaubnisantrag nach Anhörung der Denkmalfachbehörde innerhalb einer Frist von drei Monaten nach Vorlage der vollständigen Antragsunterlagen; die Denkmalschutzbehörde kann diese Frist gegenüber dem Antragsteller aus wichtigem Grund um bis zu zwei Monate verlängern. [2]Der Antrag gilt als genehmigt, wenn über ihn nicht innerhalb der nach Satz 1 maßgeblichen Frist entschieden worden ist. [3]Die fachliche Stellungnahme der Denkmalfachbehörde ist grundsätzlich innerhalb von sechs Wochen gegenüber der unteren Denkmalschutzbehörde zu erteilen. [4]Diese ist an die fachliche Stellungnahme der Denkmalfachbehörde gebunden. [5]Sofern die Gemeinden einen Denkmalpflegeplan erstellt haben (§ 3), entscheidet die untere Denkmalschutzbehörde über die Erlaubnisanträge allein. [6]Die Denkmalfachbehörde kann wegen der Bedeutung des Objekts und des Vorhabens im Einzelfall die fachliche Beteiligung verlangen. [7]Entsprechendes gilt für die fachliche Beteiligung im Falle des § 12 Abs. 3.

(4) [1]Die Erlaubnis erlischt, wenn nicht innerhalb von drei Jahren nach ihrer Erteilung mit der Ausführung begonnen oder die Ausführung ein Jahr unterbrochen worden ist. [2]Die Fristen nach Satz 1 können auf schriftlichen Antrag jeweils um bis zu einem Jahr verlängert werden.

(5) Die Stiftung Thüringer Schlösser und Gärten übt die Rechte und Pflichten der unteren Denkmalschutzbehörde für von ihr betreute oder verwaltete Kulturdenkmale aus.

§ 15 Beseitigung widerrechtlicher Maßnahmen

[1]Wer eine Maßnahme, die nach diesem Gesetz der Erlaubnis oder Genehmigung bedarf, ohne die erforderliche Genehmigung oder im Widerspruch zu den bei der Genehmigung erteilten Auflagen durchführt, ist auf Anordnung der Denkmalschutzbehörde verpflichtet, den alten Zustand wiederherzustellen oder das Kulturdenkmal auf andere Weise entsprechend den Auflagen der Denkmalschutz-

behörde instandzusetzen. [2]Die Denkmalschutzbehörden können die Einstellung der Maßnahmen anordnen.

Vierter Abschnitt
Zusätzliche Vorschriften für Bodendenkmale

§ 16 Zufallsfunde

(1) [1]Wer Bodendenkmale entdeckt oder findet, hat dies unverzüglich der Denkmalfachbehörde anzuzeigen. [2]Die Anzeige kann auch gegenüber der Gemeinde oder der unteren Denkmalschutzbehörde erfolgen; diese leiten die Anzeige unverzüglich der Denkmalfachbehörde zu.

(2) [1]Anzeigepflichtig sind der Entdecker, der Eigentümer, Besitzer oder sonst Verfügungsberechtigte des Grundstücks sowie der Leiter der Arbeiten, bei deren Durchführung die Sache entdeckt worden ist. [2]Die Anzeige durch eine dieser Personen befreit die Übrigen.

(3) [1]Der Fund und die Fundstelle sind bis zum Ablauf einer Woche nach der Anzeige im unveränderten Zustand zu erhalten und in geeigneter Weise vor Gefahren für die Erhaltung des Fundes zu schützen. [2]Die Denkmalfachbehörde soll der Fortsetzung der Arbeiten zustimmen, wenn ihre Unterbrechung unverhältnismäßig hohe Kosten verursacht und der wissenschaftliche Wert des Fundes oder der Befunde dies zulässt.

(4) Die Denkmalfachbehörde ist berechtigt, den Fund zu bergen, auszuwerten und zur wissenschaftlichen Bearbeitung vorübergehend in Besitz zu nehmen.

§ 17 Schatzregal

Bewegliche Kulturdenkmale, die herrenlos oder so lange verborgen gewesen sind, dass ihr Eigentümer nicht mehr zu ermitteln ist, werden mit der Entdeckung Eigentum des Landes, wenn sie bei staatlichen Nachforschungen, in archäologischen Schutzgebieten oder bei ungenehmigten Nachforschungen entdeckt wurden, oder wenn sie einen hervorragenden wissenschaftlichen Wert besitzen.

§ 18 Nachforschungen

[1]Nachforschungen, insbesondere Grabungen mit dem Ziel, Bodendenkmale zu entdecken, bedürfen der Genehmigung der Denkmalfachbehörde. [2]Die Grabungsgenehmigung kann bestimmen, wer Unternehmer der Grabung sein soll. [3]§ 16 Abs. 4 gilt sinngemäß.

§ 19 Archäologische Schutzgebiete

(1) [1]Die oberste Denkmalschutzbehörde kann durch Rechtsverordnung bestimmte abgegrenzte Gebiete befristet oder auf unbefristete Zeit zu Archäologischen Schutzgebieten erklären, wenn dies erforderlich ist, damit die in ihnen enthaltenen Bodendenkmale

1. dauerhaft vor Zerstörung bewahrt oder
2. bis zu einer wissenschaftlichen Untersuchung

vor Eingriffen in den Boden gesichert werden. [2]Die Ausweisung eines Archäologischen Schutzgebietes ist nur zulässig, wenn eine begründete Vermutung besteht, dass es Bodendenkmale von erheblicher Bedeutung birgt.

(2) In Archäologischen Schutzgebieten bedürfen Arbeiten, die Bodendenkmale aus ur- und frühgeschichtlicher Zeit gefährden können, der Erlaubnis der obersten Denkmalschutzbehörde.

§ 20 Nutzungsbeschränkungen

(1) [1]Die oberste Denkmalschutzbehörde kann die wirtschaftliche Nutzung eines Grundstücks oder eines Grundstückteils beschränken, in dem sich Bodendenkmale von wissenschaftlicher oder geschichtlicher Bedeutung befinden. [2]Berechtigter ist das Land, vertreten durch die Denkmalfachbehörde.

(2) Die Beschränkung nach Absatz 1 ist auf Ersuchen der obersten Denkmalschutzbehörde im Grundbuch einzutragen.

(3) [1]Soll eine Grabung auf einem fremden Grundstück erfolgen, so kann der Eigentümer verpflichtet werden, die Grabung zuzulassen, wenn die Denkmalfachbehörde. entsprechend der Angemessenheit der Aufwendungen festgestellt hat, dass ein besonderes öffentliches Interesse an der Grabung besteht. [2]Der Inhaber der Grabungsgenehmigung oder der Unternehmer der Grabung nach § 18 Satz 2 hat dem Eigentümer den durch die Grabung entstehenden Schaden zu ersetzen.

§ 21 Ablieferung

(1) Das Land, die untere Denkmalschutzbehörde und die Gemeinde, in deren Gebiet Funde (bewegliche Bodendenkmale) gemacht worden sind, haben in dieser Reihenfolge das Recht, die Ablieferung gegen eine angemessene Entschädigung zu verlangen.

(2) Die Ablieferung kann verlangt werden, wenn Tatsachen vorliegen, nach denen zu befürchten ist, dass der Erhaltungszustand des Fundes verschlechtert wird oder dieser der Öffentlichkeit oder wissenschaftlichen Forschungen verloren geht.

(3) Die Ablieferung kann nicht mehr verlangt werden, wenn

1. seit der Anzeige nach § 16 Abs. 1 drei Monate verstrichen sind; dies gilt nicht, wenn der Erwerbsberechtigte (Absatz 1) innerhalb dieser Frist sich gegenüber dem Eigentümer das Recht, die Ablieferung zu verlangen, vorbehalten hat;
2. der Eigentümer dem Erwerbsberechtigten die Ablieferung des Fundes, bevor über die Ablieferungspflicht entschieden ist, angeboten und der Erwerbsberechtigte das Angebot nicht binnen drei Monaten angenommen hat.

(4) Die untere Denkmalschutzbehörde entscheidet auf Antrag eines Beteiligten, ob die Voraussetzungen der Ablieferung vorliegen.

Fünfter Abschnitt
Kosten

§ 21a Kosten

[1]Für Erlaubnisse nach diesem Gesetz werden keine Gebühren und Auslagen erhoben. [2]Die Bestimmungen über die Kosten der Baugenehmigung bleiben unberührt.

Sechster Abschnitt
Denkmalbehörden

§ 22 Denkmalschutzbehörden

(1) Oberste Denkmalschutzbehörde ist das für Denkmalschutz, Denkmalpflege und Archäologie zuständige Ministerium.

(2) [1]Untere Denkmalschutzbehörden sind die kreisfreien Städte und Landkreise jeweils im übertragenen Wirkungskreis. [2]Kreisangehörigen Gemeinden mit mehr als 30 000 Einwohnern und mit besonders hohem und wertvollem Denkmalbestand kann die oberste Denkmalschutzbehörde die Zuständigkeit als untere Denkmalschutzbehörde verleihen, wenn eine qualifizierte personelle Ausstattung langfristig gewährleistet ist. [3]Die Aufgaben des Denkmalschutzes obliegen den Landkreisen und Gemeinden als Aufgabe des übertragenen Wirkungskreises.

(3) [1]Bei der unteren Denkmalschutzbehörde soll nach Anhörung der Denkmalfachbehörde vom Landkreis oder der kreisfreien Stadt ein sachverständiger, weisungsunabhängiger Beirat berufen werden, der die Denkmalschutzbehörde bei der Durchführung ihrer Aufgaben unterstützt. [2]Die ehrenamtlichen Mitarbeiter (§ 26) sind von Amts wegen Mitglieder des Beirats.

§ 23 Zuständigkeiten

(1) Für Maßnahmen auf Grund dieses Gesetzes sind die unteren Denkmalschutzbehörden zuständig, soweit dieses Gesetz nichts anderes bestimmt.

(2) [1]Bei Maßnahmen an Kulturdenkmalen, die im Eigentum des Bundes oder des Landes stehen sowie in den in diesem Gesetz bestimmten Fällen, entscheidet die oberste Denkmalschutzbehörde nach Anhörung der Denkmalfachbehörde. [2]§ 7 Abs. 2 sowie die §§ 11, 27 und 28 finden auf Kulturdenkmale des Landes keine Anwendung.

§ 24 Denkmalfachbehörde

(1) [1]Denkmalfachbehörde ist das Landesamt für Denkmalpflege und Archälogie. [2]Es ist Träger des Museums für Ur- und Frühgeschichte Thüringens.

(2) [1]Die Denkmalfachbehörde ist der obersten Denkmalschutzbehörde unmittelbar nachgeordnet. [2]Sie haben zur Erfüllung der in § 1 Abs. 1 genannten Ziele insbesondere folgende Aufgaben:

1. Mitwirkung bei denkmalschutzrechtlichen Erlaubnis- und sonstigen Verfahren, an denen die Beteiligung der Denkmalfachbehörden vorgesehen ist;

2. Beratung und Unterstützung der Eigentümer und Besitzer von Kulturdenkmalen bei Pflege, Unterhaltung und Wiederherstellung (Denkmalpflege);
3. systematische Aufnahme der Kulturdenkmale (Inventarisation);
4. Führung des Denkmalbuches;
5. wissenschaftliche Untersuchung der Kulturdenkmale als Beitrag zur Erforschung der Landesgeschichte;
6. Erarbeitung methodischer Grundlagen auf dem Gebiet der Restaurierung und Konservierung;
7. Stellungnahme als Träger öffentlicher Belange in förmlichen Verfahren nach Bundes- und Landesrecht;
8. Öffentlichkeitsarbeit, um das Verständnis für Denkmalschutz und Denkmalpflege zu wecken und zu fördern;
9. Ausstellen von denkmalschutzrechtlichen Steuerbescheinigungen;
10. Bewilligung der Zuwendungen des Landes nach § 7 Abs. 2 und
11. Bodendenkmalpflege einschließlich Paläontologie.

(3) [1]Das Landesamt für Archäologie ist zuständige Denkmalfachbehörde für alle Bereiche der Bodendenkmalpflege einschließlich der Paläontologie. [2]Es ist gleichzeitig Träger des Museums für Ur- und Frühgeschichte Thüringens.

§ 25 Denkmalrat

(1) Die oberste Denkmalschutzbehörde beruft zu ihrer Beratung einen Denkmalrat.

(2) Dem Denkmalrat sollen insbesondere Vertreter der mit Denkmalpflege und Denkmalschutz befassten Fachgebiete wie Kunstgeschichte, Vorgeschichte, Architektur, Städtebau, Restaurierung, Geschichte, Volkskunde und bildende Künste, des Museumsverbandes, der staatlichen Hochbauverwaltung, der öffentlich-rechtlichen Religionsgemeinschaften, der kommunalen Spitzenverbände, des Haus- und Grundbesitzervereins und weiterer Verbände auf Landesebene angehören, die qualifizierte Kenntnisse der Denkmalpflege und des Denkmalschutzes besitzen.

(3) Der Landtag entsendet drei Abgeordnete.

(4) Über Stimmrecht verfügen nur die von der obersten Denkmalschutzbehörde berufenen und die vom Landtag entsandten Mitglieder.

(5) Vertreter der für Umweltschutz, Städtebau, Landschaftspflege, Naturschutz und Raumordnung zuständigen oberen Landesbehörden sowie der Beauftragte für Menschen mit Behinderungen sollen zu den Sitzungen des Denkmalrates eingeladen werden.

(6) Das Nähere bestimmt die Satzung des Denkmalrates, die die oberste Denkmalschutzbehörde erlässt.

§ 26 Ehrenamtliche Mitarbeiter

(1) [1]Die Denkmalfachbehörde kann ehrenamtliche Mitarbeiter für die Bau- und Kunstdenkmalpflege sowie die Archäologie bestellen. [2]Die ehrenamtlichen Mitarbeiter sind fachlich und organisatorisch der Denkmalfachbehörde unterstellt. [3]Sie werden im Benehmen mit der unteren Denkmalschutzbehörde, in deren Gebiet sie tätig werden sollen, bestellt.

(2) Die ehrenamtlichen Mitarbeiter beraten und unterstützen die Denkmalfachbehörde und die Denkmalschutzbehörden in allen Angelegenheiten des Denkmalschutzes und der Denkmalpflege.

(3) Das Land ersetzt den ehrenamtlichen Mitarbeitern die Kosten, die ihnen durch ihre Tätigkeit entstehen.

Siebenter Abschnitt
Enteignung, Entschädigung und Ordnungswidrigkeiten

§ 27 Enteignung

(1) Die Enteignung ist zugunsten des Landes, eines Landkreises, einer Gemeinde oder einer rechtsfähigen Stiftung zulässig, soweit sie erforderlich ist, damit:

1. ein Kulturdenkmal in seinem Bestand oder Erscheinungsbild erhalten bleibt,
2. ein Bodendenkmal (§ 2 Abs. 7) wissenschaftlich ausgewertet oder der Allgemeinheit zugänglich gemacht werden kann,
3. in einem Archäologischen Schutzgebiet (§ 19) planmäßige Nachforschungen betrieben werden können.

(2) Für die Enteignung und Entschädigung gelten die Bestimmungen des Thüringer Enteignungsgesetzes vom 23. März 1994 (GVBl. S. 329) in der jeweils geltenden Fassung.

§ 28 Sonstige entschädigungspflichtige Maßnahmen

(1) [1]Stellt eine Maßnahme auf Grund dieses Gesetzes eine wirtschaftliche Belastung für den Privateigentümer oder sonst dinglich Berechtigten dar, die über die Sozialbindung des Eigentums (Artikel 14 Abs. 2 Grundgesetz) hinausgeht und daher unzumutbar ist, ist eine angemessene Entschädigung in Geld zu leisten. [2]Führen Maßnahmen dazu, dass der Privateigentümer das Eigentum insgesamt nicht mehr wirtschaftlich zumutbar nutzen kann, so kann er stattdessen die Übernahme des Eigentums gegen angemessene Entschädigung verlangen.

(2) [1]Die Grundsätze der Entschädigung bei der förmlichen Enteignung sind entsprechend anzuwenden. [2]Enteignungsbegünstigt und zur Entschädigung verpflichtet ist das Land.

§ 29 Bußgeldbestimmungen

(1) Ordnungswidrig handelt, wer vorsätzlich oder fahrlässig

1. erlaubnispflichtige Maßnahmen entgegen § 13, § 18 Satz 1 oder § 19 Abs. 2 ohne Erlaubnis beginnt oder durchführt oder einer von der zuständigen Behörde mit der Erlaubnis erteilten Auflage zuwiderhandelt;
2. entgegen § 11 Abs. 2 Satz 2 Maßnahmen der Denkmalschutzbehörde zur Abwendung einer unmittelbaren Gefahr für den Bestand eines Kulturdenkmals nicht duldet;
3. der Auskunftspflicht nach § 9 Abs. 1 nicht nachkommt oder entgegen § 9 Abs. 2 Satz 1 den Beauftragten der zuständigen Behörde das Betreten von Grundstücken oder Besichtigen von Kulturdenkmalen nicht gestattet;
4. entgegen § 8 Abs. 2 den Eigentumswechsel eines beweglichen eingetragenen Kulturdenkmals nicht oder nicht rechtzeitig anzeigt;
5. einer Einstellungsanordnung nach § 15 Satz 2 zuwiderhandelt;
6. entgegen § 16 Abs. 1 Satz 1 einen Fund nicht unverzüglich anzeigt;
7. entgegen § 16 Abs. 3 den Fund oder die Fundstelle nicht bis zum Ablauf einer Woche nach der Anzeige in unverändertem Zustand lässt;
8. den von der Denkmalfachbehörde erlassenen, vollziehbaren Anordnungen zur Bergung, Auswertung und zur wissenschaftlichen Bearbeitung nach § 16 Abs. 4 zuwiderhandelt;
9. einer Nutzungsbeschränkung nach § 20 Abs. 1 zuwiderhandelt.

(2) [1]Ordnungswidrigkeiten nach Absatz 1 Nr. 1, mit Ausnahme der Zuwiderhandlungen nach § 13 Abs. 1 Nr. 1 Buchst. a, sowie Ordnungswidrigkeiten nach Absatz 1 Nr. 2 bis 9 können mit einer Geldbuße bis zu einhundertfünfzigtausend Euro geahndet werden. [2]Ordnungswidrigkeiten nach Absatz 1 Nr. 1 können im Falle der Zuwiderhandlung gegen § 13 Abs. 1 Nr. 1 Buchst. a mit einer Geldbuße bis zu fünfhunderttausend Euro geahndet werden.

(3) [1]Verwaltungsbehörde im Sinne des § 36 Abs. 1 Nr. 1 des Gesetzes über Ordnungswidrigkeiten (OWiG) ist die untere Denkmalschutzbehörde. [2]Abweichend von Satz 1 ist die oberste Denkmalschutzbehörde zuständig, wenn gegen eine Maßnahme dieser Behörde verstoßen wird.

(4) [1]Ist eine Ordnungswidrigkeit nach Absatz 1 Nr. 1 begangen worden, so können die zur Vorbereitung oder Begehung gebrauchten oder bestimmten Gegenstände eingezogen werden. [2]§ 19 OWiG ist anzuwenden.

Achter Abschnitt

Verfahrens- und Ausführungsbestimmungen

§ 30 Vorkaufsrecht

(1) [1]Der Gemeinde steht beim Kauf von Grundstücken, auf oder in denen sich Kulturdenkmale befinden, ein öffentlich-rechtliches Vorkaufsrecht zu. [2]Das Vorkaufsrecht darf ausgeübt werden, wenn das Wohl der Allgemeinheit dies rechtfertigt, insbesondere, wenn dadurch die dauernde Erhaltung eines Kulturdenkmals ermöglicht werden soll. [3]Das Vorkaufsrecht ist ausgeschlossen, wenn der Eigentümer das Grundstück an seinen Ehegatten oder an eine Person veräußert, die mit ihm in gerader Linie verwandt oder verschwägert oder in der Seitenlinie bis zum dritten Grad verwandt ist.

(2) [1]Das Vorkaufsrecht kann nur binnen zwei Monaten nach der Mitteilung des Kaufvertrages ausgeübt werden. [2]Die §§ 463 bis 469 Abs. 1 und § 471 des Bürgerlichen Gesetzbuchs sind anzuwenden. [3]Das

Vorkaufsrecht ist nicht übertragbar. [4]Nach Mitteilung des Kaufvertrages ist auf Ersuchen der Gemeinde ihr zur Sicherung des Anspruchs auf Übereignung des Grundstücks eine Vormerkung in das Grundbuch einzutragen; die Gemeinde trägt die Kosten der Eintragung der Vormerkung und ihrer Löschung. [5]Bei einem Eigentumserwerb auf Grund der Ausübung des Vorkaufsrechts erlöschen rechtsgeschäftliche Vorkaufsrechte. [6]Wird die Gemeinde nach Ausübung des Vorkaufsrechts im Grundbuch als Eigentümerin eingetragen, so kann sie das Grundbuchamt ersuchen, eine zur Sicherung des Übereignungsanspruchs des Käufers im Grundbuch eingetragene Vormerkung zu löschen; sie darf das Ersuchen nur stellen, wenn die Ausübung des Vorkaufsrechts für den Käufer unanfechtbar ist.

(3) [1]Der durch das Vorkaufsrecht Verpflichtete hat der Gemeinde den Inhalt des mit dem Dritten abgeschlossenen Vertrags unverzüglich mitzuteilen; die Mitteilung des Verpflichteten wird durch die des Dritten ersetzt. [2]Das Grundbuchamt darf bei Veräußerungen den Erwerber als Eigentümer in das Grundbuch nur eintragen, wenn ihm die Nichtausübung oder das Nichtbestehen des Vorkaufsrechts nachgewiesen ist. [3]Besteht ein Vorkaufsrecht nicht oder wird es nicht ausgeübt, hat die Gemeinde auf Antrag eines Beteiligten darüber unverzüglich ein Zeugnis auszustellen. [4]Das Zeugnis gilt als Verzicht auf die Ausübung des Vorkaufsrechts.

(4) [1]Die Gemeinde kann das Vorkaufsrecht zugunsten einer anderen juristischen Person des öffentlichen Rechts ausüben. [2]Absatz 1 Satz 2 und 3 gelten entsprechend. [3]Die Ausübung des der Gemeinde zustehenden Vorkaufsrechts zugunsten einer juristischen Person des Privatrechts ist zulässig, wenn die dauernde Erhaltung des auf oder in dem Grundstück liegenden Kulturdenkmals zu den satzungsmäßigen Aufgaben der juristischen Person gehört und bei Berücksichtigung aller Belange gesichert erscheint. [4]Die Gemeinde kann das Vorkaufsrecht zugunsten eines anderen nur ausüben, wenn ihr die notariell beglaubigte Zustimmung des Begünstigten vorliegt.

§ 31 Steuerbescheinigungen

Bescheinigungen für die Erlangung von Steuervergünstigungen werden nach Maßgabe der einschlägigen Steuergesetze und nur nach vorheriger Abstimmung der Maßnahme von der Denkmalfachbehörde ausgestellt.

§ 32 Religionsgemeinschaften

Bei Entscheidungen und Maßnahmen der Denkmalschutzbehörden über Kulturdenkmale im Eigentum oder Besitz der Kirchen oder anderer Religionsgemeinschaften sind die in Artikel 9 des Staatsvertrags des Freistaats Thüringen mit den Evangelischen Kirchen in Thüringen vom 15. März 1994 (GVBl. S. 509) und in Artikel 18 des Staatsvertrags zwischen dem Heiligen Stuhl und dem Freistaat Thüringen vom 11. Juni 1997 (GVBl. S. 266) getroffenen Regelungen zu beachten oder entsprechend anzuwenden.

§ 33 (aufgehoben)

§ 34 Ausführungsvorschriften

[1]Die oberste Denkmalschutzbehörde wird ermächtigt, durch Rechtsverordnung Zuständigkeiten auf nachgeordnete Behörden zu übertragen. [2]Sie erlässt ferner die zur Ausführung dieses Gesetzes erforderlichen Verwaltungsvorschriften.

Neunter Abschnitt

Übergangs- undSchlussbestimmungen

§ 34a Übergangsbestimmung

(1) Die unteren Denkmalschutzbehörden erhalten zum Ausgleich der Mehrbelastungen für die Aufgabenwahrnehmung nach § 21 Abs. 4 in den Jahren 2008 und 2009 einen angemessenen finanziellen Ausgleich.

(2) Ab dem Jahr 2010 erfolgt die Kostenerstattung nach Absatz 1 innerhalb der nach dem Thüringer Finanzausgleichsgesetz zu regelnden Auftragskostenpauschale.

§ 35 Gleichstellungsbestimmung

Status- und Funktionsbezeichnungen in diesem Gesetz gelten jeweils in männlicher und weiblicher Form.

§ 36 (In-Kraft-Treten)

Thüringer Gaststättengesetz (ThürGastG)

Vom 9. Oktober 2008 (GVBl. S. 367)
(711-1)
zuletzt geändert durch Art. 1 Erstes ÄndG vom 16. Oktober 2017 (GVBl. S. 198)

Der Landtag hat das folgende Gesetz beschlossen:

§ 1 Gaststättengewerbe, Zuständigkeit

(1) Ein Gaststättengewerbe im Sinne dieses Gesetzes betreibt, wer gewerbsmäßig Getränke oder zubereitete Speisen zum Verzehr an Ort und Stelle verabreicht, wenn der Betrieb jedermann oder einem Personenkreis zugänglich ist.

(2) Die Bestimmungen dieses Gesetzes finden, mit Ausnahme der §§ 2 und 3, auch auf Vereine und Gesellschaften entsprechende Anwendung, die dem Geltungsbereich des Absatzes 1 unterfallen, aber kein Gewerbe betreiben; dies gilt nicht für den Ausschank an Arbeitnehmer dieser Vereine und Gesellschaften.

(3) Zuständige Behörden für den Vollzug dieses Gesetzes sind die unteren Gewerbebehörden nach § 1 Abs. 1 der Thüringer Zuständigkeitsermächtigungsverordnung Gewerbe vom 9. Januar 1992 (GVBl. S. 45) in der jeweils geltenden Fassung.

§ 2 Anzeige

(1) [1]Wer ein Gaststättengewerbe betreiben will, hat die nach § 14 Abs. 1 der Gewerbeordnung in der Fassung vom 22. Februar 1999 (BGBl. I S. 202) in der jeweils geltenden Fassung zu erstattende Anzeige der zuständigen Behörde spätestens vier Wochen vor Eröffnung des Betriebs zu erstatten. [2]Über die Anzeige hinaus, sind der zuständigen Behörde binnen gleicher Frist die Art der zur Verabreichung vorgesehenen Speisen und Getränke sowie die Betriebsart anzuzeigen.

(2) [1]Gleichzeitig mit der Anzeige nach Absatz 1 hat der Anzeigende den Nachweis zu erbringen, dass ein Führungszeugnis nach § 30 Abs. 5 des Bundeszentralregistergesetzes in der Fassung vom 21. September 1984 (BGBl. I S. 1229, 1985 I S. 195) in der jeweils geltenden Fassung und eine Auskunft aus dem Gewerbezentralregister nach § 150 Abs. 5 der Gewerbeordnung zur Vorlage bei der zuständigen Behörde beantragt sind. [2]Darüber hinaus kann die zuständige Behörde weitere Unterlagen fordern, die zur Beurteilung der Zuverlässigkeit des Gewerbetreibenden zwingend erforderlich sein können. [3]Von der Vorlage der Unterlagen soll im Einzelfall abgesehen werden, wenn der Gewerbetreibende eine Bescheinigung über eine Zuverlässigkeitsprüfung vorlegt, die nicht älter als ein Jahr ist.

(3) Können die Nachweise nach Absatz 2 nicht erbracht werden, weil der Gewerbetreibende nicht im Geltungsbereich des Grundgesetzes gemeldet ist, hat er einen Nachweis seines Wohnsitzlandes zu erbringen, dass ihm die Tätigkeit als Gastwirt nicht, auch nicht vorübergehend, untersagt ist, dass gegen ihn kein Insolvenzverfahren eröffnet ist und gegen ihn keine Vorstrafen vorliegen.

(4) [1]Die Frist des Absatzes 1 beginnt mit der vollständigen Vorlage der Unterlagen nach Absatz 2 oder Absatz 3. [2]In begründeten Fällen kann auf Antrag die zuständige Behörde zur Vermeidung unbilliger Härten des Gewerbetreibenden von der Beachtung der Frist nach Absatz 1 absehen. [3]Beginnt der Gewerbetreibende den Betrieb vor Ablauf der Frist nach Absatz 1 ohne die Bestätigung einer Fristverkürzung durch die zuständige Behörde, so kann die Fortsetzung des Betriebs von der zuständigen Behörde untersagt werden.

(5) Im Fall des Wechsels eines gesetzlichen Vertreters einer juristischen Person gelten die Bestimmungen der Absätze 1 bis 3 entsprechend.

(6) Die zuständige Behörde hat Anzeigen nach § 14 Abs. 1 der Gewerbeordnung unverzüglich an die zuständige Bauaufsichtsbehörde sowie die für die Lebensmittelüberwachung zuständige Behörde, jeweils ohne die Daten zu den Feldnummern 8, 10, 27 bis 31 und 33 der Anzeige zu übermitteln.

(7) Absatz 2 gilt nicht für

1. das Verabreichen von alkoholfreien Getränken,
2. das Verabreichen unentgeltlicher Kostproben oder
3. das Anbieten alkoholfreier Getränke aus Automaten.

(8) [1]Die Verfahren nach den Absätzen 1 bis 5 können über eine einheitliche Stelle im Sinne des Thüringer ES-Errichtungsgesetzes abgewickelt werden. [2]Es gelten die Bestimmungen zum Verfahren über die einheitliche Stelle nach den §§ 71a bis 71e des Thüringer Verwaltungsverfahrensgesetzes.

§ 3 Zuverlässigkeitsprüfung

[1]Die zuständige Behörde hat unverzüglich nach Vorliegen aller Unterlagen nach § 2 Abs. 1 bis 3 die Zuverlässigkeit des Gewerbetreibenden von Amts wegen zu überprüfen. [2]Dies gilt nicht für Betriebe nach § 2 Abs. 7.

§ 4 Auskunft und Nachschau

(1) Der Inhaber eines Gaststättenbetriebes, sein Stellvertreter oder mit der Leitung beauftragte Personen haben der zuständigen Behörde die für die Durchführung dieses Gesetzes erforderlichen Auskünfte unentgeltlich zu erteilen.

(2) [1]Die von der zuständigen Behörde mit der Überwachung des Betriebes beauftragten Personen sind befugt, die für den Betrieb genutzten Grundstücke und Geschäftsräume des Inhabers des Gaststättenbetriebes zu Zeiten des gewöhnlichen Betriebes zu betreten, dort Prüfungen und Besichtigungen vorzunehmen und in die geschäftlichen Unterlagen des Auskunftspflichtigen Einsicht zu nehmen. [2]Der Inhaber des Gaststättenbetriebes hat die Maßnahmen nach Satz 1 zu dulden. [3]Das Grundrecht der Unverletzlichkeit der Wohnung (Artikel 13 des Grundgesetzes; Artikel 8 der Verfassung des Freistaats Thüringen) wird insoweit eingeschränkt.

(3) Der zur Erteilung einer Auskunft Verpflichtete kann die Auskunft auf solche Fragen verweigern, deren Beantwortung ihn selbst oder einen der in § 383 Abs. 1 Nr. 1 bis 3 der Zivilprozessordnung bezeichneten Angehörigen der Gefahr der strafrechtlichen Verfolgung oder eines Verfahrens nach dem Gesetz über Ordnungswidrigkeiten aussetzen würde.

§ 5 Sperrzeiten

(1) [1]Die Sperrzeit beginnt für

1. Vergnügungsplätze, Veranstaltungen nach § 60a der Gewerbeordnung, Schaustellungen, unterhaltende Vorstellungen sowie Musikaufführungen und sonstige, nicht unter den Nummern 2 oder 3 genannte Lustbarkeiten, Betriebe und Veranstaltungen im Freien und in Festzelten unter freiem Himmel um 22.00 Uhr,
2. Theater- oder Filmvorführungen im Freien und in Festzelten unter freiem Himmel um 24.00 Uhr,
3. Biergärten, Wirtschaftsgärten und von der Nutzung für den Betrieb von Gaststätten mitumfasste Freiflächen sowie sonstige Gaststätten im Freien und in Festzelten unter freiem Himmel um 1.00 Uhr.

[2]Die Sperrzeit endet für die in Satz 1 genannten Veranstaltungen um 6.00 Uhr.

(2) [1]Bei Vorliegen eines öffentlichen Bedürfnisses oder besonderer örtlicher Verhältnisse kann die Sperrzeit durch Rechtsverordnung allgemein verlängert, verkürzt oder aufgehoben werden. [2]Zuständig für den Erlass der Rechtsverordnung ist die zuständige Behörde.

(3) Bei Vorliegen eines öffentlichen Bedürfnisses oder besonderer örtlicher Verhältnisse kann für einzelne Betriebe oder Veranstaltungen die Sperrzeit durch Verwaltungsakt festgesetzt, verlängert, verkürzt oder aufgehoben werden.

(4) [1]Die Verlängerung der Sperrzeit kann entweder durch die Vorverlegung ihres Beginns auf frühestens 20.00 Uhr oder durch das Hinausschieben ihres Endes auf spätestens 8.00 Uhr oder durch eine Kombination von beiden erfolgen. [2]Die Verkürzung der Sperrzeit kann entweder durch das Hinausschieben ihres Beginns oder durch die Vorverlegung ihres Endes oder durch eine Kombination von beiden erfolgen.

(5) [1]Die Verkürzung und die Aufhebung der Sperrzeit können nur befristet oder widerruflich, die Verlängerung der Sperrzeit kann befristet oder unbefristet erfolgen. [2]In den Fällen der Verkürzung oder Aufhebung der Sperrzeit können jederzeit Auflagen erteilt werden. [3]Eine Entscheidung über die Verlängerung, die Verkürzung oder die Aufhebung der Sperrzeit bedarf der Schriftform. [4]Die Belange der betroffenen Gemeinden sind angemessen zu berücksichtigen.

§ 6 Nebenleistungen

Im Gaststättengewerbe dürfen Gewerbetreibende außerhalb der Ladenöffnungszeiten Getränke und Speisen, die im Betrieb angeboten werden, zum alsbaldigen Verzehr oder Verbrauch außer Haus abgeben sowie Zubehörwaren verkaufen.

§ 7 Schutzklausel

(1) Die zuständige Behörde kann die notwendigen Maßnahmen treffen, um eine im einzelnen Fall oder im Allgemeinen bestehende Gefahr für die öffentliche Sicherheit und Ordnung abzuwehren.

(2) Aus besonderem Anlass kann der gewerbsmäßige Ausschank alkoholischer Getränke vorübergehend für bestimmte Zeit und für einen bestimmten örtlichen Bereich ganz oder teilweise untersagt werden, wenn dies zur Aufrechthaltung der öffentlichen Sicherheit und Ordnung erforderlich ist.

(3) Die Beschäftigung einer Person im Gaststättenbetrieb kann dem Gewerbetreibenden untersagt werden, wenn Tatsachen die Annahme rechtfertigen, dass die Person die für ihre Tätigkeit erforderliche Zuverlässigkeit nicht besitzt.

(4) [1]Soweit dies im Einzelfall zum Schutz der Gäste erforderlich ist, kann der Gewerbetreibende verpflichtet werden, über die in seinem Betrieb beschäftigten Personen innerhalb einer Woche nach Beginn der Beschäftigung der zuständigen Behörde Anzeige zu erstatten. [2]In der Anzeige sind Vor- und Zuname, Geburtsname, Geburtsdatum, Geburtsort und der Wohnort oder der gewöhnliche Aufenthaltsort der beschäftigten Person sowie der Beginn der Beschäftigung anzugeben. [3]Durch dieses Gesetz wird das Recht auf informationelle Selbstbestimmung (Artikel 6 Abs. 2 der Verfassung des Freistaats Thüringen) eingeschränkt.

§ 8 Verbote

(1) Es ist verboten,

1. Branntweine oder überwiegend branntweinhaltige Lebensmittel durch Automaten anzubieten,
2. in Ausübung eines Gewerbes alkoholische Getränke an erkennbar Betrunkene abzugeben,
3. die Abgabe von Speisen von der Bestellung von Getränken abhängig zu machen oder bei Nichtbestellung von Getränken die Preise zu erhöhen,
4. die Abgabe alkoholfreier Getränke von der Bestellung alkoholischer Getränke abhängig zu machen oder bei Nichtbestellung alkoholischer Getränke die Preise zu erhöhen.

(2) [1]Es ist verboten, alkoholhaltige Getränke in einer Art und Weise anzubieten, die dazu geeignet ist, dem Alkoholmissbrauch Vorschub zu leisten. [2]Dies ist insbesondere dann der Fall, wenn Alkohol in unbestimmten Mengen zu einem Preis abgegeben wird, der erheblich unter dem tatsächlich marktüblichen Preis liegt.

(3) [1]Bei Ausschank alkoholischer Getränke sind auf Verlangen auch alkoholfreie Getränke zum Verzehr an Ort und Stelle anzubieten. [2]Davon ist mindestens ein alkoholfreies Getränk nicht teurer als das billigste alkoholische Getränk anzubieten. [3]Der Preisvergleich erfolgt hierbei auch auf der Grundlage des hochgerechneten Preises für einen Liter der betreffenden Getränke. [4]Die zuständige Behörde kann für den Ausschank aus Automaten Ausnahmen zulassen.

§ 9 Anwendbarkeit anderer Vorschriften

(1) Soweit nicht in diesem Gesetz besondere Bestimmungen getroffen worden sind, finden auf die den Bestimmungen dieses Gesetzes unterliegenden Gewerbebetriebe die Bestimmungen der Gewerbeordnung und die auf deren Grundlage erlassenen Rechtsvorschriften Anwendung.

(2) Werden in Gaststätten Spielgeräte im Sinne des § 1 des Thüringer Spielhallengesetzes aufgestellt, sind § 3 Abs. 5 bis 7, § 4 Abs. 2 bis 7 des Thüringer Spielhallengesetzes (ThürSpielhallenG) entsprechend anzuwenden.

(3) Sind in Gaststätten Spielgeräte im Sinne des § 1 ThürSpielhallenG aufgrund einer vor dem 28. Oktober 2011 erteilten und gültigen Erlaubnis aufgestellt, sind § 3 Abs. 5 bis 7 und § 4 Abs. 2 bis 7 ThürSpielhallenG ab dem 1. Juli 2017 anzuwenden.

(4) Sind in Gaststätten Spielgeräte im Sinne des § 1 ThürSpielhallenG aufgrund einer nach dem 28. Oktober 2011 aber vor dem 1. Juli 2012 erteilten und gültigen Erlaubnis aufgestellt, sind § 3 Abs. 5 bis 7 und § 4 Abs. 2 bis 7 ThürSpielhallenG ab dem 1. Juli 2013 anzuwenden.

(5) Für Spielgeräte im Sinne des § 1 ThürSpielhallenG, die in Gaststätten aufgestellt sind, ist § 6 ThürSpielhallenG entsprechend anzuwenden.

§ 10 Ordnungswidrigkeiten

(1) Ordnungswidrig handelt, wer vorsätzlich oder fahrlässig

1. seiner Anzeigepflicht nach § 2 Abs. 1 sowie 5 nicht, nicht rechtzeitig oder nicht vollständig nachkommt,
2. seiner Nachweispflicht nach § 2 Abs. 2 nicht oder nicht rechtzeitig nachkommt,

3. entgegen § 4 eine Auskunft nicht, nicht richtig, nicht vollständig oder nicht rechtzeitig erteilt, den Zutritt zu den für den Betrieb genutzten Grundstücken und Räumen nicht gestattet oder die Einsicht in geschäftliche Unterlagen nicht gewährt,
4. gegen die Festlegungen des § 5 Abs. 1 bis 3 verstößt,
5. einer vollziehbaren Auflage nach § 5 Abs. 5 Satz 2 nicht, nicht vollständig oder nicht rechtzeitig nachkommt,
6. über den in § 6 erlaubten Umfang hinaus Waren abgibt oder Leistungen erbringt,
7. einer Anordnung oder Untersuchung nach § 7 nicht, nicht vollständig oder nicht rechtzeitig nachkommt,
8. einem Verbot nach § 8 Abs. 1 zuwiderhandelt,
9. dem Verbot des § 8 Abs. 2 zuwiderhandelt,
10. entgegen § 8 Abs. 3 keine alkoholfreien Getränke verabreicht oder nicht mindestens ein alkoholfreies Getränk nicht teurer als das billigste alkoholische Getränk anbietet,
11. seinen Verpflichtungen nach § 9 Abs. 2 bis 5 nicht nachkommt,
12. als für das Betreiben eines Gaststättengewerbes verantwortliche Person bei der Kontrolle des Einlasses in eine Gaststätte oder beim Aufenthalt in einer Gaststätte eine Person wegen der ethnischen Herkunft oder der Religion benachteiligt.

(2) Die Ordnungswidrigkeit nach Absatz 1 Nr. 9 und 12 kann mit einer Geldbuße bis zu zehntausend Euro, alle übrigen Ordnungswidrigkeiten können mit einer Geldbuße bis zu fünftausend Euro geahndet werden.

§ 11 Übergangsbestimmungen

Eine Erlaubnis, welche nach dem bis zum Inkrafttreten dieses Gesetzes geltenden Recht erteilt wurde, gilt als Anzeige im Sinne des § 2 Abs. 1 fort.

§ 12 Gleichstellungsbestimmung

Status- und Funktionsbezeichnungen in diesem Gesetz gelten jeweils in männlicher und weiblicher Form.

§ 13 Inkrafttreten, Außerkrafttreten

(1) Dieses Gesetz tritt am ersten Tag des zweiten auf die Verkündung[1)] folgenden Kalendermonats in Kraft.

(2) Gleichzeitig mit dem Inkrafttreten dieses Gesetzes tritt die Thüringer Gaststättenverordnung vom 9. Januar 1992 (GVBl. S. 43), zuletzt geändert durch Verordnung vom 1. Juni 2004 (GVBl. S. 586), außer Kraft.

---

1) Verkündet am 17.10.2008.

Thüringer Ladenöffnungsgesetz (ThürLadÖffG)

Vom 24. November 2006 (GVBl. S. 541)
(8050-1)

zuletzt geändert durch Art. 1 Erstes ÄndG vom 21. Dezember 2011 (GVBl. S. 540)

Der Landtag hat das folgende Gesetz beschlossen:

§ 1 Zweck des Gesetzes

Dieses Gesetz regelt die Öffnungszeiten für Verkaufsstellen und das gewerbliche Anbieten von Waren außerhalb von Verkaufsstellen und dient dem Schutz der Sonn- und Feiertage sowie dem Arbeitnehmerschutz.

§ 2 Begriffsbestimmungen

(1) Verkaufsstellen im Sinne dieses Gesetzes sind

1. Ladengeschäfte aller Art, Apotheken, Tankstellen und Verkaufsstellen auf Bahnhöfen, Flughäfen und an Schiffsanlegestellen,
2. sonstige Verkaufsstände, Kioske, Basare und ähnliche Einrichtungen, falls in ihnen ebenfalls von einer festen Stelle aus ständig Waren zum Verkauf an jedermann gewerblich angeboten werden. Diesem gewerblichen Anbieten steht das Zeigen von Mustern, Proben und Ähnlichem gleich, wenn Warenbestellungen in der Einrichtung entgegengenommen werden.

(2) Feiertage im Sinne dieses Gesetzes sind die nach dem Thüringer Feiertagsgesetz vom 21. Dezember 1994 (GVBl. S. 1221) in der jeweils geltenden Fassung festgelegten gesetzlichen Feiertage.

(3) Reisebedarf im Sinne dieses Gesetzes sind Zeitungen, Zeitschriften, Straßenkarten, Stadtpläne, Reiselektüre, Schreibmaterialien, Tabakwaren, Schnittblumen, Reisetoilettenartikel, Träger für Bild- und Tonaufnahmen, Bedarf für Reiseapotheken, Reiseandenken und Spielzeug geringeren Wertes, Lebens- und Genussmittel in kleineren Mengen sowie ausländische Geldsorten.

§ 3 Allgemeine Ladenöffnungszeit

[1]Verkaufsstellen dürfen von Montag 00.00 Uhr bis Sonnabend 20.00 Uhr geöffnet sein, sofern nicht andere Regelungen dieses Gesetzes dem entgegenstehen (allgemeine Ladenöffnungszeit). [2]Die am Ende der Ladenöffnungszeit anwesenden Kunden dürfen noch bedient werden.

§ 4 Schutz von Sonn- und Feiertagen

(1) Verkaufsstellen sind für den geschäftlichen Verkehr mit Kunden

1. an Sonn- und Feiertagen,
2. an Sonnabenden nach 20.00 bis 24.00 Uhr und
3. am 24. Dezember und 31. Dezember, wenn diese Tage auf einen Werktag fallen, ab 14.00 Uhr

geschlossen (Schutzzeit) zu halten, sofern durch dieses Gesetz nichts anderes bestimmt ist.

(2) Während dieser Schutzzeiten nach Absatz 1 ist auch das gewerbliche Anbieten von Waren an jedermann außerhalb von Verkaufsstellen verboten; dies gilt nicht für Volksbelustigungen, die dem Titel III der Gewerbeordnung unterliegen und von der nach Landesrecht zuständigen Behörde genehmigt worden sind.

(3) Soweit für Verkaufsstellen nach diesem Gesetz Abweichungen von den Schutzzeiten des Absatzes 1 zugelassen sind, gelten diese Abweichungen unter denselben Voraussetzungen und Bedingungen auch für das gewerbliche Anbieten außerhalb von Verkaufsstellen.

§ 5 Apotheken

[1]Apotheken dürfen an Sonn- und Feiertagen, an Sonnabenden sowie am 24. Dezember und 31. Dezember ganztägig für die Abgabe von Arzneimitteln und apothekenüblichen Waren geöffnet sein. [2]Ist durch die Landesapothekerkammer eine Dienstbereitschaft eingerichtet, gilt Satz 1 nur für die bestimmten Apotheken. [3]An den geschlossenen Apotheken ist an sichtbarer Stelle ein Aushang anzubringen, der die zurzeit offenen Apotheken anzeigt.

§ 6 Tankstellen

Tankstellen dürfen an Sonn- und Feiertagen, an Sonnabenden sowie am 24. Dezember und 31. Dezember ganztägig für den Verkauf von Betriebsstoffen, Ersatzteilen für Kraftfahrzeuge und von Reisebedarf geöffnet sein.

§ 7 Flughäfen, Bahnhöfe und Schiffsanlegestellen

Verkaufsstellen auf Flughäfen, Bahnhöfen und an Schiffsanlegestellen dürfen für den Verkauf von Reisebedarf an Sonn- und Feiertagen sowie an Sonnabenden ganztägig und am 24. Dezember und 31. Dezember bis 17.00 Uhr geöffnet sein.

§ 8 Kur-, Erholungs-, Ausflugs- und Wallfahrtsorte

(1) In anerkannten Kur- und Erholungsorten sowie in einzeln aufzuführenden Wallfahrtsorten und Ausflugsorten mit besonders starkem Fremdenverkehr dürfen Verkaufsstellen für den Verkauf von Reisebedarf, Devotionalien sowie Waren, die für diese Orte kennzeichnend sind, an Sonn- und Feiertagen bis zur Dauer von sechs zusammenhängenden Stunden im Zeitraum zwischen 11.00 und 20.00 Uhr öffnen.

(2) [1]Die Landkreise und kreisfreien Städte bestimmen im übertragenen Wirkungskreis durch Rechtsverordnung, unter welchen Voraussetzungen und Bedingungen Verkaufsstellen an Sonn- und Feiertagen geöffnet sein dürfen und welche Orte Wallfahrts- oder Ausflugsorte im Sinne des Absatzes 1 sind. [2]Die Bestimmung von Wallfahrtsorten erfolgt im Einvernehmen mit den öffentlich-rechtlichen Religionsgemeinschaften.

(3) [1]Von einer Öffnung ausgenommen sind der Karfreitag, der Volkstrauertag und der Totensonntag. [2]Fallen der 24. und 31. Dezember auf einen Sonntag, dürfen Verkaufsstellen nur bis 14.00 Uhr geöffnet sein.

§ 9 Verkauf bestimmter Waren an Sonn- und Feiertagen

(1) [1]Für den Verkauf von Bäcker- oder Konditorwaren, Schnitt- und Topfblumen sowie pflanzlichen Gebinden, soweit Blumen in erheblichem Umfang zum Verkaufssortiment gehören, Zeitungen und Zeitschriften sowie selbst erzeugten landwirtschaftlichen Produkten dürfen entsprechende Verkaufsstellen an Sonn- und Feiertagen im Zeitraum von 7.00 bis 17.00 Uhr für die Dauer von fünf zusammenhängenden Stunden geöffnet sein. [2]Die §§ 6 bis 8 bleiben unberührt.

(2) Absatz 1 Satz 1 gilt nicht für den Verkauf am Karfreitag, Ostersonntag, Pfingstsonntag und ersten Weihnachtsfeiertag.

(3) Wenn der 24. Dezember auf einen Sonntag fällt, dürfen
1. Verkaufsstellen, die nach Absatz 1 geöffnet sein dürfen,
2. alle Verkaufsstellen für die Abgabe von Weihnachtsbäumen

während höchstens drei Stunden bis längstens 14.00 Uhr geöffnet sein.

(4) Ist eine Verkaufsstelle an Sonn- und Feiertagen nach den Absätzen 1 oder 3 geöffnet, so hat der Inhaber an der Verkaufsstelle gut sichtbar auf die Öffnungszeiten an Sonn- und Feiertagen hinzuweisen.

§ 10 Weitere Öffnungszeiten

(1) An jährlich höchstens vier Sonn- und Feiertagen dürfen Verkaufsstellen aus besonderem Anlass für die Dauer von bis zu sechs zusammenhängenden Stunden in der Zeit von 11 bis 20 Uhr geöffnet sein.

(2) Der Karfreitag, die Adventsonntage und die übrigen Sonn- und Feiertage im Dezember dürfen mit Ausnahme wahlweise des ersten oder zweiten Adventsonntags nicht freigegeben werden.

(3) Diese Öffnungstage werden durch die Landkreise und die kreisfreien Städte im übertragenen Wirkungskreis durch Rechtsverordnung freigegeben.

(4) [1]Unter Berücksichtigung der Ziele des § 1 können die Öffnungstage für die kreisangehörigen Gemeinden sowie die Ortsteile der kreisfreien Städte unterschiedlich sein. [2]Für Ortsteile kreisangehöriger Gemeinden kann aus besonderem Anlass die Freigabe unterschiedlicher Öffnungstage erfolgen. [3]Ortsteile werden nach § 4 Abs. 2 der Thüringer Kommunalordnung bestimmt.

§ 11 Ausnahmen im öffentlichen Interesse

(1) [1]Die Landkreise und die kreisfreien Städte können im übertragenen Wirkungskreis in Einzelfällen befristete Ausnahmen von den Bestimmungen der §§ 4 bis 10 bewilligen, wenn diese im öffentlichen Interesse notwendig sind. [2]Diese Bewilligung kann jederzeit widerrufen werden.

(2) Für den Fall, dass eine Ausnahme im Sinne des Absatzes 1 erforderlich wird, die die Zuständigkeit von mehr als einem Landkreis oder einer kreisfreien Stadt berührt, ist für die Bewilligung das Thüringer Landesverwaltungsamt zuständig.

(3) Widerspruchsbehörde bei Genehmigungsverfahren im Sinne des Absatzes 1 ist das Thüringer Landesverwaltungsamt.

§ 12 Besonderer Arbeitnehmerschutz

(1) [1]In Verkaufsstellen dürfen Arbeitnehmer an Sonn- und Feiertagen nur während der ausnahmsweise zugelassenen Öffnungszeiten und, falls dies zur Erledigung von Vorbereitungs- und Abschlussarbeiten unerlässlich ist, während insgesamt weiterer 30 Minuten beschäftigt werden. [2]Die Dauer der Arbeitszeit des einzelnen Arbeitnehmers darf acht Stunden nicht überschreiten.

(2) [1]Für die Beschäftigung von Arbeitnehmern an Sonn- und Feiertagen finden die Vorschriften des Arbeitszeitgesetzes vom 6. Juni 1994 (BGBl. I S. 1170) in der jeweils geltenden Fassung entsprechend Anwendung. [2]Eine Beschäftigung des einzelnen Arbeitnehmers ist jährlich an höchstens 22 Sonn- und gesetzlichen Feiertagen erlaubt.

(3) [1]Arbeitnehmer in Verkaufsstellen dürfen mindestens an zwei Samstagen in jedem Monat nicht beschäftigt werden. [2]Das für das Ladenöffnungsrecht zuständige Ministerium kann im Einvernehmen mit dem zuständigen Ausschuss des Landtags für bestimmte Personengruppen sowie in Einzelfällen Ausnahmen von Satz 1 durch Rechtsverordnung regeln. [3]Bei der Häufigkeit der Arbeitseinsätze an Werktagen ab 20.00 Uhr sowie der Beschäftigung an Sonn- und Feiertagen hat der Arbeitgeber die sozialen Belange der Beschäftigten, insbesondere die Vereinbarkeit von Familie und Beruf, zu berücksichtigen.

§ 13 Aufsicht und Auskunft

(1) Die Aufsicht über die Einhaltung der Bestimmungen dieses Gesetzes und der auf Grund dieses Gesetzes erlassenen Vorschriften üben die durch Rechtsverordnung der Landesregierung bestimmten Behörden aus.

(2) Die Aufsichtsbehörde kann die erforderlichen Maßnahmen anordnen, die Inhaber von Verkaufsstellen sowie Gewerbetreibende und verantwortliche Personen, die Waren innerhalb oder außerhalb von Verkaufsstellen gewerblich anbieten, zur Erfüllung der sich aus diesem Gesetz ergebenden Pflichten zu treffen haben.

(3) Die Inhaber von Verkaufsstellen sowie Gewerbetreibende und verantwortliche Personen, die Waren innerhalb oder außerhalb von Verkaufsstellen gewerblich anbieten, sind verpflichtet, den Aufsichtsbehörden auf Verlangen die zur Erfüllung der Aufgaben dieser Behörden erforderlichen Angaben wahrheitsgemäß und vollständig zu machen.

(4) [1]Die Beauftragten der Aufsichtsbehörden sind berechtigt, die Verkaufsstellen während der Öffnungszeiten zu betreten, soweit es für die Überwachung der Einhaltung der Bestimmungen dieses Gesetzes oder der aufgrund dieses Gesetzes erlassenen Vorschriften erforderlich ist. [2]Das Grundrecht auf Unverletzlichkeit der Wohnung (Artikel 13 des Grundgesetzes, Artikel 8 der Verfassung des Freistaats Thüringen) wird insoweit eingeschränkt. [3]Inhaber von Verkaufsstellen sowie Gewerbetreibende haben das Betreten der Verkaufsstellen zu gestatten.

§ 14 Ordnungswidrigkeiten

(1) Ordnungswidrig handelt, wer als Inhaber einer Verkaufsstelle, als Gewerbetreibender oder als verantwortliche Person im Sinne des § 13 Abs. 3 vorsätzlich oder fahrlässig

1. entgegen einer Bestimmung der §§ 4 bis 8 Abs. 1, auch in Verbindung mit Absatz 3, oder § 9 Abs. 1 bis 3 Verkaufsstellen öffnet, Waren gewerblicher Art anbietet oder Waren außerhalb der genannten Warengruppen oder außerhalb des genannten Umfangs anbietet,
2. einer aufgrund des § 8 Abs. 2 oder des § 10 Abs. 3 erlassenen Rechtsverordnung zuwiderhandelt, soweit sie für einen bestimmten Tatbestand auf diese Bußgeldbestimmung verweist,
3. den Bestimmungen des § 12 Abs. 1 über die Arbeitszeit an Sonn- und Feiertagen zuwiderhandelt,
4. einer vollziehbaren Anordnung nach § 13 Abs. 2 zuwiderhandelt,

5. entgegen § 13 Abs. 3 Angaben nicht, nicht wahrheitsgemäß oder nicht vollständig macht oder
6. entgegen § 13 Abs. 4 den Beauftragten der Aufsichtsbehörden das Betreten der Verkaufsstellen nicht gestattet.

(2) Die Ordnungswidrigkeit nach Absatz 1 Nr. 1, 2 und 4 bis 6 kann mit einer Geldbuße bis zu fünftausend Euro, die Ordnungswidrigkeit nach Absatz 1 Nr. 3 mit einer Geldbuße bis zu fünfzehntausend Euro geahndet werden.

§ 15 Übergangsbestimmungen

(1) Solange die Landkreise und kreisfreien Städte noch nicht aufgrund der Ermächtigung des § 8 Abs. 2 Regelungen getroffen haben, ist in ihrem Bereich die Anlage der Thüringer Verordnung über den Ladenschluss in Kur-, Ausflugs-, Erholungs- und Wallfahrtsorten vom 22. Oktober 1998 (GVBl. S. 322) in der bis zum Inkrafttreten dieses Gesetzes geltenden Fassung weiter anzuwenden.

(2) Abweichend von § 10 Abs. 1 und 3 dürfen Verkaufsstellen am Sonntag, dem 3. Dezember 2006 aus Anlass von Weihnachtsmärkten in der Zeit von 12.00 bis 18.00 Uhr geöffnet sein.

§ 16 Unterrichtung des Landtags

Die Landesregierung unterrichtet den Landtag bis zum 31. Dezember 2015 und dann alle fünf Jahre über die Auswirkungen des Thüringer Ladenöffnungsgesetzes.

§ 17 Gleichstellungsbestimmung

Status- und Funktionsbezeichnungen in diesem Gesetz gelten jeweils in männlicher und weiblicher Form.

§ 18 Inkrafttreten, Außerkrafttreten

(1) Dieses Gesetz tritt am Tage nach seiner Verkündung[1)] in Kraft.

(2) Gleichzeitig mit dem Inkrafttreten dieses Gesetzes tritt die Thüringer Verordnung über den Ladenschluss in Kur-, Ausflugs-, Erholungs- und Wallfahrtsorten vom 22. Oktober 1998 (GVBl. S. 322), geändert durch Verordnung vom 27. April 2001 (GVBl. S. 49), außer Kraft.

1) Verkündet am 29.11.2006.

Thüringer Straßengesetz (ThürStrG)

Vom 7. Mai 1993 (GVBl. S. 273)
(91-1)

zuletzt geändert durch Art. 3 Thüringer G zur Beschleunigung bauaufsichtlicher Verfahren vom 23. November 2020 (GVBl. S. 560)

Inhaltsübersicht

Erster Abschnitt
Allgemeine Bestimmungen

§ 1 Geltungsbereich
§ 2 Öffentliche Straßen
§ 3 Einteilung der öffentlichen Straßen
§ 4 Straßenverzeichnisse und Straßennummern
§ 5 Ortsdurchfahrten
§ 6 Widmung
§ 7 Umstufung
§ 8 Einziehung, Teileinziehung
§ 9 Straßenbaulast
§ 10 Hoheitsverwaltung, bautechnische Sicherheit
§ 11 Wechsel der Straßenbaulast
§ 12 Grundbuchberichtigung und Vermessung
§ 13 Eigentumserwerb

Zweiter Abschnitt
Gemeingebrauch und Sondernutzungen

§ 14 Gemeingebrauch, Anliegergebrauch
§ 15 Beschränkungen des Gemeingebrauchs
§ 16 Vergütung und Mehrkosten
§ 17 Verunreinigung und Beschädigung
§ 18 Sondernutzung
§ 18a Sondernutzung für stationsbasiertes Carsharing
§ 19 Besondere Veranstaltungen und gewerbliche Nutzung
§ 20 Unerlaubte Benutzung einer Straße
§ 21 Gebühren für Sondernutzungen
§ 22 Straßenanlieger
§ 23 Sonstige Nutzung

Dritter Abschnitt
Bauliche und sonstige Anlagen an Straßen

§ 24 Bauliche Anlagen an Straßen
§ 25 Schutzwaldungen
§ 26 Schutzmaßnahmen
§ 27 Bepflanzung des Straßenkörpers

Vierter Abschnitt
Kreuzungen von Straßen und Gewässern, Umleitungen

§ 28 Kreuzungen öffentlicher Straßen
§ 29 Kostentragung beim Bau und bei der Änderung von Kreuzungen öffentlicher Straßen
§ 30 Unterhaltung der Straßenkreuzungen
§ 31 Kreuzungen mit Gewässern
§ 32 Unterhaltung der Kreuzungen mit Gewässern
§ 33 Ermächtigung zu Rechtsverordnungen
§ 34 Umleitungen

Fünfter Abschnitt
Planungen, Planfeststellung und Enteignung

§ 35 Planungen
§ 36 Planungsgebiet
§ 37 Vorarbeiten
§ 38 Planfeststellung
§ 39 Veränderungssperre
§ 40 Einstellung des Planfeststellungsverfahrens
§ 41 Vorzeitige Besitzeinweisung
§ 42 Enteignung

Sechster Abschnitt
Straßenbaulastträger und Straßenbaubehörden

§ 43 Träger der Straßenbaulast
§ 44 Straßenbaulast Dritter
§ 45 Unterhaltung von Straßenteilen bei fremder Baulast
§ 46 Straßenbaubehörden des Landes
§ 47 Straßenbaubehörden für kommunale und sonstige öffentliche Straßen

Siebenter Abschnitt
Straßenaufsicht

§ 48 Straßenaufsicht, Straßenaufsichtsbehörden

Achter Abschnitt
Straßenreinigung und Winterdienst

§ 49 Straßenreinigung, Winterdienst

Neunter Abschnitt
Ordnungswidrigkeiten, Übergangs- und Schlußbestimmungen

§ 50 Ordnungswidrigkeiten
§ 51 Ermächtigung
§ 52 Übergangsbestimmungen
§ 53 Schlußbestimmungen

Der Thüringer Landtag hat das folgende Gesetz beschlossen:

Erster Abschnitt
Allgemeine Bestimmungen

§ 1 Geltungsbereich
[1]Das Gesetz regelt die Rechtsverhältnisse der öffentlichen Straßen. [2]Für die Bundesfernstraßen gilt es nur, soweit dies ausdrücklich bestimmt ist.

§ 2 Öffentliche Straßen
(1) Öffentliche Straßen im Sinne dieses Gesetzes sind diejenigen Straßen, Wege und Plätze, die dem öffentlichen Verkehr gewidmet sind.
(2) Zu den öffentlichen Straßen gehören
1. der Straßenkörper; das sind insbesondere der Straßengrund, der Straßenunterbau, der Straßenoberbau, die Brücken, Tunnel, Durchlässe, Dämme, Gräben, Entwässerungsanlagen, Böschungen, Stützmauern, Lärmschutzanlagen, Trenn-, Seiten-, Rand- und Sicherheitsstreifen, Haltestellenbuchten für den Linienverkehr sowie Rad- und Gehwege, auch wenn sie ohne unmittelbaren räumlichen Zusammenhang im wesentlichen mit der für den Kraftfahrzeugverkehr bestimmten Fahrbahn gleichlaufen (unselbständige Rad- und Gehwege);
2. der Luftraum über dem Straßenkörper;
3. das Zubehör; das sind die Verkehrszeichen, die Verkehrseinrichtungen und Anlagen aller Art, die der Sicherheit oder Leichtigkeit des Straßenverkehrs oder dem Schutz der Anlieger dienen, und die Bepflanzung;
4. die Nebenanlagen; das sind solche Anlagen, die überwiegend den Aufgaben der Straßenbauverwaltung dienen, wie Straßenmeistereien, Gerätehöfe, Lager, Lagerplätze, Ablagerungs- und Entnahmestellen, Hilfsbetriebe und -einrichtungen.

(3) Bei öffentlichen Straßen auf Deichen, Staudämmen und Staumauern gehören zum Straßenkörper lediglich der Straßenoberbau, die Trenn-, Seiten-, Rand- und Sicherheitsstreifen.

§ 3 Einteilung der öffentlichen Straßen
(1) Die öffentlichen Straßen werden nach ihrer Verkehrsbedeutung in folgende Straßengruppen eingeteilt:
1. Landesstraßen; das sind Straßen, die innerhalb des Landesgebietes untereinander oder zusammen mit Bundesfernstraßen ein Verkehrsnetz bilden und dem Durchgangsverkehr dienen oder zu dienen bestimmt sind;
2. Kreisstraßen; das sind Straßen, die dem Verkehr zwischen benachbarten Kreisen und kreisfreien Städten, dem überörtlichen Verkehr innerhalb eines Kreises oder dem unentbehrlichen Anschluss von Gemeinden oder räumlich getrennten Ortsteilen an überörtliche Verkehrswege dienen oder zu dienen bestimmt sind;
3. Gemeindestraßen; das sind Straßen, die dem Verkehr innerhalb des Gemeindegebietes oder dem nachbarlichen Verkehr zwischen Gemeinden oder dem weiteren Anschluss von Gemeinden oder räumlich getrennten Ortsteilen dienen oder zu dienen bestimmt sind;
4. sonstige öffentliche Straßen; das sind Straßen und Wege, die einem auf bestimmte Benutzungsarten oder bestimmte Benutzungszwecke beschränkten Verkehr dienen oder zu dienen bestimmt sind.

(2) Die Zweckbestimmung der Straße steht im Ermessen des Trägers der Straßenbaulast.

§ 4 Straßenverzeichnisse und Straßennummern
[1]Für die öffentlichen Straßen werden Straßenverzeichnisse geführt. [2]Die oberste Straßenbaubehörde bestimmt die Nummerung der Landes- und Kreisstraßen. [3]Für Gemeindestraßen und sonstige öffentliche Straßen können die Verzeichnisse in vereinfachter Form (Bestandsverzeichnisse) eingerichtet werden. [4]Das Nähere über die Zuständigkeit der Behörden, die Einrichtung und den Inhalt der Verzeichnisse sowie die Einsichtnahme in diese regelt das für Straßenbau zuständige Ministerium durch Rechtsverordnung.

§ 5 Ortsdurchfahrten

(1) [1]Eine Ortsdurchfahrt ist der Teil einer Landes- oder Kreisstraße, der innerhalb der geschlossenen Ortslage liegt und auch zur Erschließung der anliegenden Grundstücke bestimmt ist. [2]Geschlossene Ortslage ist der Teil des Gemeindegebietes, der in geschlossener oder offener Bauweise zusammenhängend bebaut ist. [3]Einzelne unbebaute Grundstücke, zur Bebauung ungeeignetes oder ihr entzogenes Gelände oder einseitige Bebauung unterbrechen den Zusammenhang nicht.

(2) [1]Die Grenzen der Ortsdurchfahrt setzt bei Landes- und Kreisstraßen die obere Straßenbaubehörde nach Anhörung der Gemeinde, bei Kreisstraßen auch mit Zustimmung des Trägers der Straßenbaulast, fest. [2]Mit Zustimmung der obersten Straßenbaubehörde kann die Grenze der Ortsdurchfahrt abweichend von der Regel des Absatzes 1 festgesetzt werden, wenn die Länge der Ortsdurchfahrt wegen der Art der Bebauung in einem offensichtlichen Mißverhältnis zur Einwohnerzahl der Gemeinde steht oder wenn die Verknüpfung mit dem Ortsstraßennetz oder sonstige wesentliche Gesichtspunkte eine Abweichung rechtfertigen. [3]Die Grenzen der Ortsdurchfahrten sind in der Örtlichkeit zu kennzeichnen.

(3) Ist die Ortsdurchfahrt erheblich breiter angelegt als die anschließende freie Strecke der Landesstraße oder der Kreisstraße, so ist im Einvernehmen mit der Gemeinde auch die seitliche Begrenzung der Ortsdurchfahrt festzulegen.

(4) Widerspricht in den Fällen der Absätze 2 und 3 einer der Beteiligten, so entscheidet die oberste Straßenbaubehörde.

(5) Reicht die Ortsdurchfahrt einer Landesstraße für den Durchgangsverkehr nicht aus, so kann eine Straße, die nach ihrem Ausbauzustand für die Aufnahme des Durchgangsverkehrs geeignet ist und an die Landesstraße nach beiden Seiten anschließt, durch Umstufung (§ 7) als zusätzliche Ortsdurchfahrt festgesetzt werden.

§ 6 Widmung

(1) [1]Die Widmung ist die Allgemeinverfügung, durch die Straßen, Wege und Plätze die Eigenschaft einer öffentlichen Straße erhalten. [2]Sie ist mit Rechtsbehelfsbelehrung öffentlich bekanntzumachen und wird frühestens im Zeitpunkt der öffentlichen Bekanntmachung wirksam.

(2) [1]Die Widmung einer Straße für den öffentlichen Verkehr verfügt der Träger der Straßenbaulast. [2]Soll ein anderer als eine Gebietskörperschaft Träger der Straßenbaulast werden, so verfügt die Widmung auf seinen schriftlichen Antrag die Straßenaufsichtsbehörde im Einvernehmen mit der Gemeinde, Beschränkungen der Widmung auf bestimmte Benutzungsarten oder Benutzerkreise sind in der Verfügung festzulegen. [3]Mit der Widmung ist festzustellen, welcher Straßengruppe nach § 3 die Straße angehört (Einstufung).

(3) Voraussetzung für die Widmung ist, daß der Träger der Straßenbaulast Eigentümer des der Straße dienenden Grundstücks ist oder der Eigentümer und ein sonst zur Nutzung dinglich Berechtigter der Widmung zugestimmt haben oder der Träger der Straßenbaulast den Besitz durch Vertrag, durch Einweisung nach § 41 oder in einem sonstigen gesetzlich geregelten Verfahren erlangt hat.

(4) [1]Bei Straßen, deren Bau in einem Planfeststellungsverfahren geregelt wird, kann die Widmung in diesem Verfahren mit der Maßgabe verfügt werden, daß sie mit der Verkehrsübergabe wirksam wird, wenn die Voraussetzungen des Absatzes 3 zu diesem Zeitpunkt vorliegen. [2]Der Träger der Straßenbaulast hat den Zeitpunkt der Verkehrsübergabe, die Straßengruppe sowie Beschränkungen der Widmung der das Straßen- oder Bestandsverzeichnis führenden Behörden unverzüglich anzuzeigen. [3]Der Träger der Straßenbaulast hat die öffentliche Bekanntmachung zu veranlassen. [4]Eine Bekanntmachung ist entbehrlich, wenn die zur Widmung vorgesehenen Straßen in den im Planfeststellungsverfahren ausgelegten Plänen als solche kenntlich gemacht worden sind.

(5) [1]Wird eine Straße verbreitert, begradigt, unerheblich verlegt oder ergänzt, so gilt der neue Straßenteil durch die Verkehrsübergabe als gewidmet, sofern die Voraussetzungen des Absatzes 3 vorliegen. [2]Einer öffentlichen Bekanntmachung nach Absatz 1 bedarf es nicht.

(6) Durch bürgerlich-rechtliche Verfügungen oder durch Verfügungen im Wege der Zwangsvollstreckung oder der Enteignung über die der Straße dienenden Grundstücke oder Rechte an ihnen wird die Widmung nicht berührt.

§ 7 Umstufung

(1) [1]Umstufung ist die Allgemeinverfügung, durch die eine öffentliche Straße bei Änderung ihrer Verkehrsbedeutung der entsprechenden Straßengruppe zugeordnet wird (Aufstufung, Abstufung). [2]Die Umstufung ist mit Rechtsbehelfsbelehrung öffentlich bekanntzumachen.

(2) [1]Ändert sich die Verkehrsbedeutung einer Straße, so ist sie in die entsprechende Straßengruppe umzustufen (Aufstufung, Abstufung). [2]Das Gleiche gilt, wenn eine Straße nicht in die ihrer Verkehrsbedeutung entsprechende Straßenklasse eingeordnet ist.

(3) [1]Die Umstufung von Landes- und Kreisstraßen wird nach Anhörung der beteiligten Träger der Straßenbaulast von der obersten Straßenbaubehörde im Einvernehmen mit dem für kommunale Angelegenheiten und dem für Finanzen zuständigen Ministerium verfügt. [2]Die Umstufung in allen übrigen Fällen obliegt der oberen Straßenbaubehörde. [3]Die Beteiligten sind anzuhören.

(4) [1]Die Umstufung soll nur zum Ende eines Haushaltsjahres ausgesprochen und drei Monate vorher angekündigt werden. [2]Im Einvernehmen mit dem neuen Träger der Straßenbaulast kann ein anderer Zeitpunkt für das Wirksamwerden bestimmt werden.

(5) [1]Die Bestimmungen des § 6 Abs. 4 und 5 gelten entsprechend. [2]Die Umstufung wird mit der Ingebrauchnahme für den neuen Verkehrszweck wirksam.

§ 8 Einziehung, Teileinziehung

(1) [1]Einziehung ist die Allgemeinverfügung, durch die eine gewidmete Straße die Eigenschaft einer öffentlichen Straße verliert. [2]Teileinziehung ist die Allgemeinverfügung, durch die die Widmung einer Straße nachträglich auf bestimmte Benutzungsarten oder Benutzerkreise beschränkt wird. [3]Einziehung und Teileinziehung sind von den Straßenbaubehörden mit Rechtsbehelfsbelehrung öffentlich bekanntzumachen und werden im Zeitpunkt der öffentlichen Bekanntmachung wirksam.

(2) [1]Eine Straße kann eingezogen werden, wenn sie keine Verkehrsbedeutung mehr hat oder überwiegende Gründe des öffentlichen Wohls vorliegen. [2]Für die Einziehung ist der Träger der Straßenbaulast zuständig. [3]Ist Träger der Straßenbaulast ein anderer als das Land, ein Landkreis, eine Stadt, eine Gemeinde, oder ein Zweckverband, so ist die Straßenaufsichtsbehörde zuständig. [4]Die Teileinziehung einer Straße ist zulässig, wenn nachträglich Beschränkungen der Widmung auf bestimmte Benutzungsarten oder Benutzerkreise aus überwiegenden Gründen des öffentlichen Wohls festgelegt werden.

(3) [1]Die Absicht der Einziehung oder Teileinziehung ist drei Monate vorher in den Gemeinden, die die Straße berührt, öffentlich bekanntzumachen, um Gelegenheit zu Einwendungen zu geben. [2]Von der Bekanntmachung kann abgesehen werden, wenn die zur Einziehung vorgesehenen Teilstrecken in den in einem Planfeststellungsverfahren ausgelegten Plänen als solche kenntlich gemacht worden sind oder Teilstrecken im Zusammenhang mit Änderungen von unwesentlicher Bedeutung (§ 38 Abs. 3) eingezogen werden sollen.

(4) [1]Mit der Einziehung entfallen Gemeingebrauch (§ 14) und widerrufliche Sondernutzung (§ 18). [2]Bei Teileinziehung einer Straße werden Gemeingebrauch und widerrufliche Sondernutzung entsprechend eingeschränkt.

(5) [1]Wird eine Straße begradigt, unerheblich verlegt oder in sonstiger Weise den verkehrlichen Bedürfnissen angepasst und wird damit ein Teil der öffentlichen Straße dem Verkehr nicht nur vorübergehend entzogen, so gilt dieser Teil mit der Sperrung als eingezogen. [2]Einer Ankündigung und öffentlichen Bekanntmachung bedarf es in diesem Fall nicht.

§ 9 Straßenbaulast

(1) [1]Die Straßenbaulast umfasst alle mit dem Bau und der Unterhaltung der Straßen zusammenhängenden Aufgaben. [2]Die Träger der Straßenbaulast haben nach ihrer Leistungsfähigkeit die Straßen in einem dem regelmäßigen Verkehrsbedürfnis genügenden Zustand zu bauen, zu unterhalten, zu erweitern oder sonst zu verbessern. [3]Dabei sind die sonstigen öffentlichen Belange einschließlich des Umweltschutzes zu berücksichtigen. [4]Soweit sie unter Berücksichtigung ihrer Leistungsfähigkeit außerstande sind, die Aufgaben nach Satz 2 zu erfüllen, haben die Straßenbaubehörden auf einen nicht verkehrssicheren Zustand vorbehaltlich anderweitiger Maßnahmen der Straßenverkehrsbehörden durch Verkehrszeichen hinzuweisen.

(2) [1]Zu den Aufgaben nach Absatz 1 gehören nicht das Schneeräumen, das Streuen bei Schnee- oder Eisglätte, die Reinigung und die Beleuchtung. [2]Die Träger der Straßenbaulast sollen jedoch nach besten

Kräften die öffentlichen Straßen, vorbehaltlich der Regelung des § 49 Abs. 4, von Schnee räumen und bei Schnee- und Eisglätte streuen (verkehrsmäßige Reinigung).

§ 10 Hoheitsverwaltung, bautechnische Sicherheit

(1) [1]Die mit dem Bau und der Unterhaltung sowie der Erhaltung der Verkehrssicherheit der Straßen einschließlich der Bundesfernstraßen zusammenhängenden Pflichten obliegen den Organen und Bediensteten der damit befaßten Körperschaften und Behörden als Amtspflichten in Ausübung hoheitlicher Tätigkeit. [2]Das Staatshaftungsgesetz vom 12. Mai 1969 (GBl. I Nr. 5 S. 34), zuletzt geändert durch Artikel 1 Satz 1 des Einigungsvertragsgesetzes vom 23. September 1990 (BGBl. 1990 II S. 885 – 1168) in Verbindung mit Anlage II Kapitel III Sachgebiet B Abschnitt III zum Einigungsvertrag vom 31. August 1990 (BGBl. 1990 II S. 889), findet insoweit keine Anwendung.

(2) [1]Die Straßen sind so herzustellen und zu unterhalten, daß sie den Erfordernissen der öffentlichen Sicherheit und Ordnung, insbesondere den anerkannten Regeln der Baukunst und der Technik, genügen. [2]Einer Genehmigung, Erlaubnis, Anzeige oder Abnahme bedarf es nicht, wenn die Bauwerke unter verantwortlicher Leitung einer Straßenbaubehörde des Landes, eines Kreises oder einer Gemeinde von mehr als 50000 Einwohnern hergestellt und unterhalten werden.

(3) Straßen in Wassergewinnungsgebieten sind so zu bauen und zu unterhalten, daß Wassergüte und Wassermenge nicht beeinträchtigt werden.

§ 11 Wechsel der Straßenbaulast

(1) Beim Übergang der Straßenbaulast von einer Gebietskörperschaft auf eine andere gehen das Eigentum des bisherigen Trägers der Straßenbaulast an der Straße sowie alle Rechte und Pflichten, die mit der Straße in Zusammenhang stehen, entschädigungslos auf den neuen Träger der Straßenbaulast über.

(2) Absatz 1 gilt nicht für

1. das Eigentum an Nebenanlagen (§ 2 Abs. 2 Nr. 4);
2. das Eigentum an Leitungen, die der bisherige Träger der Straßenbaulast für Zwecke der öffentlichen Versorgung in die Straße verlegt hat;
3. Rechte und Pflichten des bisherigen Trägers der Straßenbaulast aus Gebietsversorgungsverträgen;
4. Verbindlichkeiten des bisherigen Trägers der Straßenbaulast aus der Durchführung früherer Bau- und Unterhaltungsmaßnahmen. Soweit diese Verbindlichkeiten dinglich gesichert sind, hat der neue Eigentümer einen Befreiungsanspruch.

(3) [1]Hat der bisherige Eigentümer berechtigterweise besondere Anlagen in der Straße gehalten, so ist der neue Eigentümer verpflichtet, diese in dem bisherigen Umfang zu dulden. [2]Die §§ 16 und 18 Abs. 4 gelten entsprechend.

(4) Der bisherige Träger der Straßenbaulast hat dem neuen Träger der Straßenbaulast dafür einzustehen, daß er die Straße in dem durch die Verkehrsbedeutung gebotenen Umfang ordnungsgemäß unterhalten und den notwendigen Grunderwerb durchgeführt hat.

(5) [1]Bei Einziehung einer Straße nach § 8 kann der frühere Träger der Straßenbaulast innerhalb eines Jahres verlangen, daß ihm das Eigentum an Straßengrundstücken mit den in Absatz 1 genannten Rechten unf Pflichten unentgeltlich übertragen wird, wenn es vorher nach Absatz 1 übergegangen war. [2]Absatz 3 gilt entsprechend.

§ 12 Grundbuchberichtigung und Vermessung

(1) [1]Bei Übergang des Eigentums an Straßen nach § 11 Abs. 1 hat der neue Träger der Straßenbaulast unverzüglich den Antrag auf Berichtigung des Grundbuches zu stellen. [2]Der Antrag muß vom Leiter der Behörde oder seinem Vertreter unterschrieben und mit dem Dienstsiegel versehen sein. [3]Zum Nachweis gegenüber dem Grundbuchamt genügt die in den Antrag aufzunehmende Erklärung, daß das Grundstück dem neuen Träger der Straßenbaulast gehört.

(2) Für die Eintragung des Eigentumsübergangs in das Grundbuch nach § 11 Abs. 1 werden Gebühren und Auslagen nach dem Gesetz über die Kosten in Angelegenheiten der freiwilligen Gerichtsbarkeit (Kostenordnung) nicht erhoben.

(3) Die Kosten für eine Vermessung und Abmarkung des übergegangenen Grundstücks oder Grundstücksteils hat der bisherige Träger der Straßenbaulast zu tragen oder zu erstatten.

§ 13 Eigentumserwerb

(1) Der Träger der Straßenbaulast soll das Eigentum an den der Straße dienenden Grundstücken erwerben.

(2) [1]Stehen die für die Straße in Anspruch genommenen Grundstücke nicht im Eigentum des Trägers der Straßenbaulast, so hat dieser auf Antrag des Eigentümers oder eines sonst zur Nutzung dinglich Berechtigten die für die Straße in Anspruch genommenen Grundstücke oder dingliche Rechte daran zu erwerben. [2]Kommt innerhalb der Frist von fünf Jahren nach Antragstellung zwischen dem Eigentümer oder einem sonst zur Nutzung dinglich Berechtigten und dem Träger der Straßenbaulast eine Einigung über den Erwerb des Grundstücks oder der dinglichen Rechte nicht zustande, so kann der Eigentümer oder der sonst zur Nutzung dinglich Berechtigte die Durchführung des Enteignungsverfahrens verlangen. [3]§ 42 Abs. 3 gilt sinngemäß.

(3) Absatz 2 gilt nicht, wenn und solange dem Träger der Straßenbaulast eine Dienstbarkeit oder ein sonstiges dingliches Recht eingeräumt ist, das den Bestand der Straße sichert.

(4) Bis zum Erwerb der für die Straße in Anspruch genommenen Grundstücke stehen dem Träger der Straßenbaulast die Rechte und Pflichten des Eigentümers der Ausübung nach in dem Umfang zu, wie es die Aufrechterhaltung des Gemeingebrauchs erfordert.

Zweiter Abschnitt
Gemeingebrauch und Sondernutzungen

§ 14 Gemeingebrauch, Anliegergebrauch

(1) Der Gebrauch der öffentlichen Straße ist jedermann im Rahmen der Widmung und der verkehrsrechtlichen Vorschriften gestattet (Gemeingebrauch).

(2) Im Rahmen des Gemeingebrauchs hat der fließende Verkehr den Vorrang vor dem ruhenden Verkehr, soweit sich aus der Widmung der Straße und dem Straßenverkehrsrecht nichts anderes ergibt.

(3) Die Erhebung von Gebühren für die Ausübung des Gemeingebrauchs bedarf einer gesonderten gesetzlichen Regelung.

(4) Eigentümer und Besitzer von Grundstücken, die an einer öffentlichen Straße gelegen sind (Straßenanlieger), dürfen innerhalb der geschlossenen Ortslage die an die Grundstücke angrenzenden Straßenteile über den Gemeingebrauch hinaus auch für die Zwecke der Grundstücke benutzen, soweit diese Benutzung zur Nutzung des Grundstücks erforderlich ist, den Gemeingebrauch nicht dauernd ausschließt oder erheblich beeinträchtigt und nicht in den Straßenkörper eingreift.

§ 15 Beschränkungen des Gemeingebrauchs

[1]Der Gemeingebrauch kann durch die Straßenbaubehörden vorübergehend beschränkt werden, wenn dies wegen des baulichen Zustandes der Straße notwendig ist. [2]Die Beschränkungen sind von der Straßenbaubehörde kenntlich zu machen. [3]Die Straßenverkehrsbehörde und die Gemeinden, welche die Straße berührt, sind über wesentliche Beschränkungen zu unterrichten.

§ 16 Vergütung und Mehrkosten

(1) [1]Wenn eine Straße wegen der Art des Gemeingebrauchs durch einen Dritten aufwendiger hergestellt oder ausgebaut werden muß, als es dem regelmäßigen Verkehrsbedürfnis entspricht, hat der Dritte dem Träger der Straßenbaulast die Mehrkosten für den Bau und die Unterhaltung zu vergüten. [2]Dies gilt nicht für Haltestellenbuchten für den Linien- und Schulbusverkehr. [3]Der Träger der Straßenbaulast kann angemessene Vorschüsse oder Sicherheiten verlangen.

(2) Absatz 1 gilt entsprechend, wenn eine Straße aus anderen Gründen auf Veranlassung eines Dritten aufwendiger hergestellt oder ausgebaut wird oder wenn Anlagen errichtet oder umgestaltet werden müssen, ohne daß der Träger der Straßenbaulast in Erfüllung seiner Aufgaben dazu verpflichtet ist.

§ 17 Verunreinigung und Beschädigung

(1) [1]Wer eine Straße über das übliche Maß hinaus verunreinigt, hat die Verunreinigung ohne Aufforderung unverzüglich zu beseitigen; andernfalls kann der Träger der Straßenbaulast, in Ortsdurchfahrten die Gemeinde, die Verunreinigung auf Kosten des Verursachers beseitigen. [2]Weitergehende bundes- oder landesrechtliche Bestimmungen bleiben unberührt.

(2) [1]Wer eine Straße oder einzelne Bestandteile beschädigt oder zerstört, kann zur Übernahme der entstehenden Kosten verpflichtet werden. [2]Ordnungsrechtliche Maßnahmen bleiben davon unberührt.

(3) Abfall darf unbefugt nicht zum Zwecke der Entsorgung auf die Straße gebracht werden.

(4) Die Bestimmungen der Absätze 2 und 3 gelten auch für die Bundesfernstraßen.

§ 18 Sondernutzung

(1) [1]Die Benutzung der Straße über den Gemeingebrauch hinaus ist Sondernutzung. [2]Sie bedarf der Erlaubnis der Straßenbaubehörde, in Ortsdurchfahrten der Erlaubnis der Gemeinde. [3]Soweit die Gemeinde nicht Träger der Straßenbaulast ist, darf sie die Erlaubnis nur mit Zustimmung der Straßenbaubehörde erteilen. [4]Die Gemeinde kann durch Satzung bestimmte Sondernutzungen in den Ortsdurchfahrten und in den Gemeindestraßen von der Erlaubnispflicht befreien und die Ausübung regeln. [5]Soweit die Gemeinde nicht Träger der Straßenbaulast ist, bedarf die Satzung der Zustimmung der oberen Straßenbaubehörde.

(2) [1]Die Erlaubnis darf nur auf Zeit oder Widerruf erteilt werden. [2]Sie kann mit Bedingungen und Auflagen verbunden werden. [3]Soweit die Gemeinde nicht Träger der Straßenbaulast ist, hat sie eine widerruflich erteilte Erlaubnis zu widerrufen, wenn die Straßenbaubehörde dies aus Gründen des Straßenbaues oder der Sicherheit oder Leichtigkeit des Verkehrs verlangt.

(3) Der Erlaubnisnehmer hat gegen den Träger der Straßenbaulast keinen Ersatzanspruch bei Widerruf der Erlaubnis oder bei Sperrung, Änderung oder Einziehung der Straße.

(4) [1]Der Erlaubnisnehmer hat Anlagen so zu errichten und zu unterhalten, daß sie den Anforderungen der Sicherheit und Ordnung sowie den anerkannten Regeln der Technik genügen. [2]Arbeiten an der Straße bedürfen der Zustimmung der Straßenbaubehörde. [3]Der Erlaubnisnehmer hat auf Verlangen der für die Erlaubnis zuständigen Behörde die Anlagen auf seine Kosten zu ändern und alle Kosten zu ersetzen, die dem Träger der Straßenbaulast durch die Sondernutzung entstehen. [4]Hierfür kann der Träger der Straßenbaulast angemessene Vorschüsse und Sicherheiten verlangen.

(5) Wechselt der Träger der Straßenbaulast, so bleibt eine nach Absatz 1 erteilte Erlaubnis bestehen.

(6) Sonstige nach öffentlichem Recht erforderliche Genehmigungen, Erlaubnisse oder Bewilligungen werden durch die Sondernutzungserlaubnis nicht ersetzt.

(7) [1]Unwiderrufliche Nutzungsrechte, die von früher her bestehen, können zur Sicherheit oder Leichtigkeit des Verkehrs durch Vereinbarung mit dem Berechtigten gegen angemessene Entschädigung oder bei Nichteinigung durch Enteignung aufgehoben werden. [2]§ 42(Enteignung) gilt entsprechend.

§ 18a Sondernutzung für stationsbasiertes Carsharing

(1) [1]Unbeschadet der sonstigen straßenrechtlichen Bestimmungen zur Sondernutzung kann die Gemeinde innerhalb der geschlossenen Ortslage geeignete Flächen im Zuge von öffentlichen Straßen zum Zwecke der Nutzung für stationsbasiertes Carsharing bestimmen. [2]Soweit die Gemeinde nicht Träger der Straßenbaulast ist, darf sie die Flächen nach Satz 1 nur mit Zustimmung der Straßenbaubehörde bestimmen. [3]Die Flächen sind im Wege eines diskriminierungsfreien und transparenten Auswahlverfahrens einem Carsharinganbieter für einen Zeitraum von längstens acht Jahren zur Verfügung zu stellen. [4]Das Auswahlverfahren ist öffentlich bekanntzumachen.

(2) [1]Die §§ 2 und 5 Abs. 1 Satz 3, Abs. 2 Satz 3 und 4 des Carsharinggesetzes (CsgG) vom 5. Juli 2017 (BGBl. I S. 2230) in der jeweils geltenden Fassung gelten entsprechend. [2]§ 5 Abs. 6 Satz 5 CsgG gilt mit der Maßgabe entsprechend, dass sich der Verweis auf das Thüringer Verwaltungsverfahrensgesetz bezieht.

(3) [1]§ 18 gilt mit der Maßgabe entsprechend, dass die Gemeinde durch Satzung die Sondernutzung nicht von der Erlaubnispflicht befreien und die Sondernutzungserlaubnis nicht auf Widerruf erteilt werden darf. [2]§ 21 gilt mit der Maßgabe entsprechend, dass eine Gebühr zu erheben ist, die mindestens dem marktgleichen Gegenwert des zur Verfügung gestellten öffentlichen Parkraums entsprechen muss.

(4) Die Erteilung der Sondernutzungserlaubnis kann auch davon abhängig gemacht werden, dass der Carsharinganbieter umweltbezogene oder solche Kriterien erfüllt, die einer Verringerung des motorisierten Individualverkehrs besonders dienlich sind.

(5) [1]Der ausgewählte Carsharinganbieter hat auf der Stellfläche für die Dauer der erteilten Sondernutzungserlaubnis im Rahmen des Zumutbaren ein Carsharingfahrzeug zur Nutzung anzubieten (Betriebspflicht). [2]Kommt er dieser Betriebspflicht nicht nach, kann die ihm für diese Stellfläche erteilte Sondernutzungserlaubnis widerrufen werden. [3]Die Sondernutzungserlaubnis kann auch widerrufen werden, wenn der Carsharinganbieter die vorgegebenen Kriterien nicht mehr erfüllt. [4]Das Vorliegen der Kriterien ist der Gemeinde auf Anforderung nachzuweisen.

(6) [1]Eine nach den vorstehenden Absätzen erteilte Sondernutzungserlaubnis kann auch die Befugnis verleihen, dass der Carsharinganbieter geeignete bauliche Vorrichtungen für das Sperren der Flächen für Nichtberechtigte anbringt. [2]Der Carsharinganbieter hat sich bei dem Anbringen solcher Vorrichtungen geeigneter Fachunternehmen zu bedienen.

§ 19 Besondere Veranstaltungen und gewerbliche Nutzung

[1]Ist nach den Vorschriften des Straßenverkehrsrechts eine Erlaubnis für eine übermäßige Straßenbenutzung oder eine Ausnahmegenehmigung erforderlich, so bedarf es keiner Erlaubnis nach § 18 Abs. 1. [2]Vor ihrer Entscheidung hat die hierfür zuständige Behörde die sonst für die Sondernutzungserlaubnis zuständige Straßenbaubehörde zu hören. [3]Die von dieser geforderten Bedingungen, Auflagen und Sondernutzungsgebühren sind dem Antragsteller in der Erlaubnis oder Ausnahmegenehmigung aufzuerlegen.

§ 20 Unerlaubte Benutzung einer Straße

(1) [1]Wird eine Straße ohne die erforderliche Erlaubnis benutzt oder werden Autowracks oder andere Gegenstände verbotswidrig abgestellt oder kommt ein Erlaubnisnehmer seinen Verpflichtungen nicht nach, so kann die für die Erteilung der Erlaubnis zuständige Behörde die erforderlichen Maßnahmen zur Beendigung der Benutzung oder zur Erfüllung der Auflagen anordnen. [2]Sind solche Anordnungen nicht oder nur unter unverhältnismäßigem Aufwand möglich oder nicht erfolgversprechend, so kann sie den rechtswidrigen Zustand auf Kosten des Pflichtigen beseitigen oder beseitigen lassen.

(2) Die Straßenbaubehörde kann die von der Straße entfernten Gegenstände bis zur Erstattung ihrer Aufwendungen zurückbehalten.

(3) [1]Ist der Eigentümer oder Halter der von der Straße entfernten Gegenstände innerhalb angemessener Frist nicht zu ermitteln oder kommt er seinen Zahlungspflichten innerhalb von zwei Monaten nach Zahlungsaufforderung nicht nach oder holt er die Gegenstände innerhalb einer ihm schriftlich gesetzten angemessenen Frist nicht ab, so kann die Straßenbaubehörde die Gegenstände kostenpflichtig entsorgen oder auf Antrag der Straßenbaubehörde von der Kreisverwaltung verwerten lassen. [2]In der Aufforderung zur Zahlung oder Abholung ist darauf hinzuweisen. [3]Im übrigen bleiben die Zuständigkeiten nach dem Abfallgesetz[1)] unberührt.

(4) Die Bestimmungen der Absätze 2 und 3 gelten auch für Bundesfernstraßen.

§ 21 Gebühren für Sondernutzungen

(1) [1]Für Sondernutzungen können Sondernutzungsgebühren erhoben werden. [2]Sie stehen in Ortsdurchfahrten den Gemeinden, im übrigen dem Träger der Straßenbaulast zu. [3]Bei Bemessung der Gebühren sind Art und Ausmaß der Einwirkung auf die Straße und der Gemeingebrauch sowie das wirtschaftliche Interesse des Gebührenschuldners zu berücksichtigen.

(2) [1]Das für Straßenbau zuständige Ministerium wird ermächtigt, im Einvernehmen mit dem für Finanzen zuständigen Ministerium die Erhebung und die Höhe der Sondernutzungsgebühren, soweit sie dem Land als Träger der Baulast zustehen, zu regeln. [2]Die Landkreise und Gemeinden können entsprechendes durch Satzung regeln, soweit ihnen die Sondernutzungsgebühren zustehen.

§ 22 Straßenanlieger

(1) [1]Zufahrten oder Zugänge zu Landes-, Kreis- und Gemeindestraßen außerhalb der zur Erschließung der anliegenden Grundstücke bestimmten Teile der Ortsdurchfahrt gelten als Sondernutzung im Sinne des § 18, wenn sie neu angelegt oder geändert werden. [2]Eine Änderung liegt auch vor, wenn eine Zufahrt gegenüber dem bisherigen Zustand einem erheblich größeren oder einem andersartigen Verkehr als bisher dienen soll. [3]Den Zufahrten oder Zugängen stehen die Anschlüsse nichtöffentlicher Wege gleich.

(2) Einer Erlaubnis nach § 18 Abs. 1 bedarf es nicht für die Anlage neuer oder die Änderung bestehender Zufahrten oder Zugänge

1. im Zusammenhang mit der Errichtung oder erheblichen Änderung baulicher Anlagen, wenn die Straßenbaubehörde nach § 24 Abs. 2 zustimmt oder nach § 24 Abs. 9 eine Ausnahme zugelassen hat,
2. in einem Flurbereinigungsverfahren oder einem anderen förmlichen Verfahren, wenn die Straßenbaubehörde zugestimmt hat.

---

1) Aufgehoben mWv 6.10.1996 durch G v. 27.9.1994 (BGBl. I S. 2705), siehe nun Kreislaufwirtschafts- und AbfallG.

(3) Für die Unterhaltung der Zufahrten oder Zugänge, die nicht auf einer Erlaubnis nach § 18 Abs. 1 beruhen, gelten § 18 Abs. 4 Satz 1 und 2 sowie § 20 Abs. 1 entsprechend.

(4) [1]Werden auf Dauer Zufahrten oder Zugänge durch die Änderung oder die Einziehung von Straßen unterbrochen oder wird ihre Benutzung erheblich erschwert, so hat der Träger der Straßenbaulast einen angemessenen Ersatz zu schaffen, oder soweit dies nicht zumutbar ist, eine angemessene Entschädigung in Geld zu leisten. [2]Kommt eine Einigung über die Entschädigung nicht zustande, so gilt § 42 Abs. 4 und 5. [3]Mehrere Anliegergrundstücke können durch eine gemeinsame Zufahrt angeschlossen werden, deren Unterhaltung nach Absatz 3 den Anliegern gemeinsam obliegt. [4]Die Verpflichtung nach Satz 1 entsteht nicht, wenn die Grundstücke eine anderweitige ausreichende Verbindung zu dem öffentlichen Wegenetz besitzen oder wenn die Zufahrten auf einer widerruflichen Erlaubnis beruhen.

(5) [1]Werden für längere Zeit Zufahrten oder Zugänge durch Straßenarbeiten unterbrochen oder wird ihre Benutzung erheblich erschwert, ohne dass von Behelfsmaßnahmen eine wesentliche Entlastung ausgeht, und wird dadurch die wirtschaftliche Existenz eines anliegenden Betriebes gefährdet, so kann dessen Inhaber eine Entschädigung in der Höhe des Betrages beanspruchen, der erforderlich ist, um das Fortbestehen des Betriebes bei Anspannung der eigenen Kräfte und unter Berücksichtigung der gegebenen Anpassungsmöglichkeiten zu sichern. [2]Der Anspruch richtet sich gegen den, zu dessen Gunsten die Arbeiten im Straßenbereich erfolgen. [3]Absatz 4 Satz 3 und 4 gilt entsprechend.

(6) [1]Soweit es die Sicherheit oder Leichtigkeit des Verkehrs erfordert, kann die obere Straßenbaubehörde oder die nach § 47 zuständige Straßenbaubehörde nach Anhörung der Betroffenen anordnen, dass Zufahrten oder Zugänge geändert oder verlegt oder, wenn das Grundstück eine anderweitige ausreichende Verbindung zu dem öffentlichen Wegenetz besitzt, geschlossen werden. [2]Absatz 4 gilt entsprechend. [3]Die Befugnis zum Widerruf einer Erlaubnis für Zufahrten nach § 18 Abs. 2 bleibt unberührt.

(7) Wird durch den Bau oder die Änderung einer Straße der Zutritt von Licht oder Luft zu einem Grundstück auf Dauer entzogen oder erheblich beeinträchtigt, so hat der Träger der Straßenbaulast für dadurch entstehende Vermögensnachteile eine angemessene einmalige Entschädigung in Geld zu gewähren.

(8) Hat der Entschädigungsberechtigte die Entstehung eines Vermögensnachteiles mitverursacht, so gilt § 254 des Bürgerlichen Gesetzbuches entsprechend.

(9) Den Eigentümern oder Besitzern von Grundstücken, die an einer Straße liegen (Straßenanlieger), steht kein Anspruch darauf zu, daß die Straße nicht geändert oder eingezogen wird.

§ 23 Sonstige Nutzung

(1) Die Einräumung von Rechten zur Benutzung des Eigentums an Straßen richtet sich nach bürgerlichem Recht, wenn sie den Gemeingebrauch nicht beeinträchtigt, wobei eine vorübergehende Beeinträchtigung für Zwecke der öffentlichen Versorgung oder der Entsorgung außer Betracht bleibt

(2) In Ortsdurchfahrten, deren Straßenbaulast nicht bei der Gemeinde liegt, hat der Träger der Straßenbaulast auf Antrag der Gemeinde die Verlegung von Leitungen, die für Zwecke der öffentlichen Ver- und Entsorgung der Gemeinde erforderlich sind, unentgeltlich zu gestatten, wenn die Verlegung in die in seiner Baulast befindlichen Straßenteile notwendig ist.

(3) [1]Im übrigen dürfen in Ortsdurchfahrten, deren Straßenbaulast nicht bei der Gemeinde liegt, Versorgungsleitungen sowie Leitungen zur Abwasserbeseitigung nur mit Zustimmung der Gemeinde verlegt werden. [2]Die Zustimmung ist zu erteilen, wenn es das Wohl der Allgemeinheit erfordert. [3]Will die Gemeinde die Zustimmung versagen, so bedarf sie hierzu der Genehmigung der Rechtsaufsichtsbehörde. [4]Der Zustimmung der Gemeinde bedarf es nicht, wenn es sich um Leitungen eines Versorgungsunternehmens handelt, das das Recht hat, die Gemeindestraßen zur Versorgung des Gemeindegebietes zu benutzen.

(4) Soweit eine vertragliche Regelung nicht besteht, gilt § 18 Abs. 4 entsprechend.

(5) [1]Erfolgt eine Straßenentwässerung über eine nicht straßeneigene, von der Gemeinde oder dem Abwasserverband eingerichtete Abwasseranlage, so beteiligt sich der Träger der Straßenbaulast an den Kosten der Herstellung oder Erneuerung dieser Anlage in dem Umfang, wie es der Bau einer eigenen Straßenentwässerung erfordern würde. [2]Der Gemeinde oder dem Abwasserverband obliegt die schadlose Abführung des Straßenoberflächenwassers. [3]Für die Inanspruchnahme der Entwässerungsanlage ist darüber hinaus kein Entgelt zu erheben.

Dritter Abschnitt
Bauliche und sonstige Anlagen an Straßen

§ 24 Bauliche Anlagen an Straßen

(1) [1]Außerhalb der zur Erschließung der anliegenden Grundstücke bestimmten Teile der Ortsdurchfahrten dürfen längs der Landes- oder Kreisstraßen
1. Hochbauten jeder Art in einer Entfernung bis zu 20 m, gemessen vom äußeren Rand der befestigten Fahrbahn,
2. bauliche Anlagen jeder Art, die über Zufahrten an Landes- oder Kreisstraßen unmittelbar oder mittelbar angeschlossen werden sollen, nicht errichtet werden.

[2]Nummer 1 gilt entsprechend für Aufschüttungen oder Abgrabungen größeren Umfangs. [3]Weitergehende bundes- oder landesrechtliche Vorschriften bleiben unberührt.

(2) [1]Im übrigen bedürfen Baugenehmigungen oder nach anderen Vorschriften notwendige Genehmigungen der Zustimmung der oberen Straßenbaubehörde oder der nach § 47 zuständigen Straßenbaubehörde, wenn
1. bauliche Anlagen längs einer Landes- oder Kreisstraße außerhalb der zur Erschließung der anliegenden Grundstücke bestimmten Teile der Ortsdurchfahrten in einer Entfernung bis zu 40 m, gemessen vom äußeren Rand der befestigten Fahrbahn, errichtet, erheblich geändert oder anders genutzt werden sollen,
2. bauliche Anlagen auf Grundstücken, die außerhalb der zur Erschließung der anliegenden Grundstücke bestimmten Teile der Ortsdurchfahrten über Zufahrten an Landes- oder Kreisstraßen unmittelbar oder mittelbar angeschlossen sind, erheblich geändert oder anders genutzt werden sollen.

[2]Die Zustimmungsbedürftigkeit nach Satz 1 gilt entsprechend für bauliche Anlagen, die nach Landesbaurecht anzeigepflichtig sind. [3]Weitergehende bundes- oder landesrechtliche Vorschriften bleiben unberührt.

(3) Die Zustimmung nach Absatz 2 darf nur versagt oder mit Bedingungen und Auflagen erteilt werden, soweit dies wegen der Sicherheit oder Leichtigkeit des Verkehrs, der Ausbauabsichten oder der Straßenbaugestaltung nötig ist.

(4) Die Belange nach Absatz 3 sind auch bei der Erteilung von Baugenehmigungen innerhalb der zur Erschließung der anliegenden Grundstücke bestimmten Teile der Ortsdurchfahrten von Bundes-, Landes- und Kreisstraßen zu beachten.

(5) [1]Bei geplanten Straßen gelten die Beschränkungen der Absätze 1 und 2 von Beginn der Auslegung der Pläne im Planfeststellungsverfahren oder von dem Zeitpunkt an, zu dem den Betroffenen Gelegenheit gegeben wird, den Plan einzusehen (§ 73 Abs. 3 Satz 2 des Thüringer Verwaltungsverfahrensgesetzes – ThürVwVfG – in der Fassung vom 1. Dezember 2014 – GVBl. S. 685 – in der jeweils geltenden Fassung). [2]Die Baugenehmigungsbehörden sollen von einer ihnen gesetzlich zustehenden Möglichkeit, eine Baugenehmigung schon zu einem früheren Zeitpunkt zu verweigern, Gebrauch machen.

(6) Bedürfen die baulichen Anlagen im Sinne des Absatzes 2 keiner Baugenehmigung oder keiner Genehmigung nach anderen Vorschriften, so tritt an die Stelle der Zustimmung die Genehmigung der Straßenbaubehörde.

(7) [1]Anlagen der Außenwerbung stehen außerhalb der zur Erschließung der anliegenden Grundstücke bestimmten Teile der Ortsdurchfahrten den Hochbauten nach Absatz 1 Nr. 1 und den baulichen Anlagen nach Absatz 2 gleich. [2]An Brücken über Landes- oder Kreisstraßen außerhalb dieser Teile der Ortsdurchfahrten dürfen Anlagen der Außenwerbung nicht angebracht werden. [3]Weitergehende bundes- oder landesrechtliche Vorschriften bleiben unberührt.

(8) Die Absätze 1 bis 6 gelten nicht, wenn das Bauvorhaben den Festsetzungen eines Bebauungsplanes im Sinne des Baugesetzbuches entspricht, der mindestens die Begrenzung der Verkehrsflächen sowie die an diesen gelegenen überbaubaren Grundstücksflächen enthält und unter Mitwirkung der oberen Straßenbaubehörde oder der nach § 47 zuständigen Straßenbaubehörde zustande gekommen ist.

(9) [1]Die obere Straßenbaubehörde kann im Einzelfall Ausnahmen von den Verboten der Absätze 1, 5 und 7 zulassen, wenn die Durchführung der Bestimmungen im Einzelfall zu einer offenbar nicht beabsichtigten Härte führen würde und die Abweichung mit den öffentlichen Belangen vereinbar ist oder wenn Gründe des Wohls der Allgemeinheit die Abweichung erfordern. [2]Ausnahmen können mit Be-

dingungen und Auflagen versehen werden. [3]Ist ein Baugenehmigungsverfahren erforderlich, wird die Entscheidung durch die untere Bauaufsichtsbehörde im Einvernehmen mit der oberen Straßenbaubehörde getroffen.

(10) [1]Wird infolge der Anwendung der Absätze 1, 2, 5 und 6 die bauliche Nutzung eines Grundstücks, auf deren Zulassung bisher ein Rechtsanspruch bestand, ganz oder teilweise aufgehoben, so kann der Eigentümer insoweit eine angemessene Entschädigung in Geld verlangen, als seine Vorbereitungen zur baulichen Nutzung des Grundstücks in dem bisher zulässigen Umfang für ihn an Wert verlieren oder eine wesentliche Wertminderung des Grundstücks eintritt. [2]Zur Entschädigung ist der Träger der Straßenbaulast verpflichtet.

(11) Im Falle des Absatzes 5 entsteht der Anspruch nach Absatz 10 erst, wenn der Plan unanfechtbar geworden oder mit der Ausführung begonnen worden ist, spätestens jedoch nach Ablauf von vier Jahren, nachdem die Beschränkungen der Absätze 1 und 2 in Kraft getreten sind.

(12) Die Gemeinden können durch Satzung vorschreiben, daß für bestimmte Gemeindestraßen außerhalb der geschlossenen Ortslage die Absätze 1 bis 3 und 5 bis 7 sowie 9 bis 11 insgesamt entsprechend anzuwenden sind, wobei die in den Absätzen 1 und 2 genannten Abstände geringer festgesetzt werden können.

§ 25 Schutzwaldungen

(1) Waldungen und Gehölze längs der Straße können von der unteren Forstbehörde auf Antrag der Straßenbaubehörde zu Schutzwaldungen erklärt werden, soweit dies zum Schutz der Straße gegen nachteilige Auswirkungen der Natur oder im Interesse zur Sicherheit des Verkehrs notwendig ist.

(2) [1]Die Schutzwaldungen sind von Nutzungsberechtigten zu erhalten und den Schutzzwecken entsprechend zu bewirtschaften. [2]Die Überwachung obliegt der unteren Forstbehörde im Benehmen mit der Straßenbaubehörde. [3]Der Nutzungsberechtigte kann vom Träger der Straßenbaulast insoweit eine angemessene Entschädigung in Geld verlangen, als ihm durch die Verpflichtung nach Satz 1 Vermögensnachteile entstehen.

§ 26 Schutzmaßnahmen

(1) [1]Die Eigentümer und Besitzer der der Straße benachbarten Grundstücke haben die zum Schutz der Straße vor nachteiligen Einwirkungen, wie Schneeverwehungen, Steinschlag, Vermurungen oder Überschwemmungen, notwendigen Vorkehrungen zu dulden. [2]Die Straßenbaubehörde hat dem Betroffenen die Durchführung der Maßnahmen mindestens zwei Wochen vorher schriftlich anzuzeigen, es sei denn, daß Gefahr im Verzuge ist. [3]Der Betroffene ist berechtigt, die Maßnahmen im Einvernehmen mit der Straßenbaubehörde selbst durchzuführen. [4]Der Träger der Straßenbaulast hat dem Betroffenen Aufwendungen und Schäden in Geld zu ersetzen, soweit diese nicht Folge von Veränderungen auf benachbarten Grundstücken sind, die der Betroffene zu vertreten hat.

(2) [1]Anpflanzungen sowie Zäune, Stapel, Haufen oder andere mit dem Grundstück nicht fest verbundene Einrichtungen dürfen nicht angelegt oder unterhalten werden, wenn sie die Sicherheit oder Leichtigkeit des Verkehrs beeinträchtigen. [2]Werden sie entgegen Satz 1 angelegt oder unterhalten, so sind sie auf schriftliches Verlangen der Straßenbaubehörde von dem nach Absatz 1 Verpflichteten binnen angemessener Frist zu beseitigen. [3]Nach Ablauf der Frist kann die Straßenbaubehörde die Anpflanzung oder Einrichtung auf Kosten des Betroffenen beseitigen oder beseitigen lassen.

(3) [1]Im Falle des Absatzes 2 hat der Betroffene die Kosten zu tragen, die durch die Beseitigung der Anpflanzung oder Einrichtung entstehen. [2]Das gilt nicht, wenn die Anpflanzung oder Einrichtung schon bei Inkrafttreten dieses Gesetzes vorhanden war oder wenn die Voraussetzungen für ihre Beseitigung deswegen eintreten, weil die Straße neu angelegt oder ausgebaut worden ist; in diesen Fällen hat der Träger der Straßenbaulast dem Betroffenen Aufwendungen und Schäden in Geld zu ersetzen.

§ 27 Bepflanzung des Straßenkörpers

(1) [1]Die Bepflanzung des Straßenkörpers sowie seine Pflege und Unterhaltung bleibt dem Träger der Straßenbaulast vorbehalten. [2]Dem Natur- und Landschaftsschutz ist Rechnung zu tragen. [3]Die Straßenanlieger haben alle erforderlichen Maßnahmen zu dulden.

(2) In Ortsdurchfahrten im Zuge von Landes- und Kreisstraßen kann die Befugnis nach Absatz 1 der Gemeinde übertragen werden, auch wenn sie nicht Träger der Straßenbaulast ist.

Vierter Abschnitt

Kreuzungen von Straßen und Gewässern, Umleitungen

§ 28 Kreuzungen öffentlicher Straßen

(1) [1]Kreuzungen im Sinne dieses Gesetzes sind Überschneidungen öffentlicher Straßen in gleicher Höhe sowie Überführungen und Unterführungen. [2]Einmündungen öffentlicher Straßen stehen den Kreuzungen gleich. [3]Münden mehrere Straßen an einer Stelle in eine andere Straße ein, so gelten diese Einmündungen als Kreuzung aller beteiligten Straßen.

(2) [1]Über den Bau neuer sowie über die Änderung bestehender Kreuzungen wird vorbehaltlich des § 38 Abs. 2 und 3 durch die Planfeststellung entschieden. [2]Diese soll zugleich die Aufteilung der Kosten regeln, soweit die beteiligten Träger der Straßenbaulast keine Vereinbarung hierüber geschlossen haben.

(3) Ergänzungen an Kreuzungsanlagen sind wie Änderungen zu behandeln.

§ 29 Kostentragung beim Bau und bei der Änderung von Kreuzungen öffentlicher Straßen

(1) [1]Beim Bau einer neuen Kreuzung mehrerer öffentlicher Straßen hat der Träger der Straßenbaulast der neu hinzugekommenen Straße die Kosten der Kreuzung zu tragen. [2]Zu ihnen gehören auch die Kosten der Änderungen, die durch die neue Kreuzung an den anderen öffentlichen Straßen unter Berücksichtigung der übersehbaren Verkehrsentwicklung notwendig sind. [3]Die Änderung einer bestehenden Kreuzung ist als neue Kreuzung zu behandeln, wenn ein öffentlicher Weg, der nach der Beschaffenheit seiner Fahrbahn nicht geeignet und nicht dazu bestimmt war, einen allgemeinen Kraftfahrzeugverkehr aufzunehmen, zu einer diesem Verkehr dienenden Straße ausgebaut wird.

(2) Werden mehrere Straßen gleichzeitig neu angelegt oder an bestehenden Kreuzungen Anschlußstellen neu geschaffen, so haben die Träger der Straßenbaulast die Kosten der Kreuzungsanlage im Verhältnis der Fahrbahnbreiten der an der Kreuzung beteiligten Straßenäste zu tragen.

(3) Wird eine höhenungleiche Kreuzung geändert, so fallen die dadurch entstehenden Kosten

1. demjenigen Träger der Straßenbaulast zur Last, der die Änderung verlangt,
2. den beteiligten Trägern der Straßenbaulast zur Last, die die Änderung verlangen, und zwar im Verhältnis der Fahrbahnbreiten der an der Kreuzung beteiligten Straßenäste nach der Änderung.

(4) [1]Wird eine höhengleiche Kreuzung geändert, so gilt für die dadurch entstehenden Kosten der Änderung Absatz 2 entsprechend. [2]Beträgt der durchschnittliche tägliche Verkehr mit Kraftfahrzeugen auf einem der an der Kreuzung beteiligten Straßenäste nicht mehr als 20 vom Hundert des Verkehrs auf den anderen beteiligten Straßenästen, so haben die Träger der Straßenbaulast der verkehrsstärkeren Straßenäste im Verhältnis der Fahrbahnbreiten den Anteil der Änderungskosten mitzutragen, der auf den Träger der Straßenbaulast des verkehrsschwächeren Straßenastes entfallen würde.

(5) Bei der Bemessung der Fahrbahnbreiten sind die Rad- und Gehwege, die Trennstreifen und befestigten Seitenstreifen einzubeziehen.

(6) Zugunsten leistungsschwacher Träger der Straßenbaulast können Ausnahmen von der Kostenregelung der Absätze 1 bis 5 vereinbart werden.

§ 30 Unterhaltung der Straßenkreuzungen

(1) [1]Bei höhengleichen Kreuzungen hat der Träger der Straßenbaulast der Straße höherer Verkehrsbedeutung die Kreuzungsanlagen zu unterhalten. [2]Bei Über- oder Unterführungen hat der Träger der Straßenbaulast der Straße mit höherer Verkehrsbedeutung das Kreuzungsbauwerk, die übrigen Teile der Kreuzungsanlage der Träger der Straßenbaulast der Straße, zu der sie gehören, zu unterhalten.

(2) [1]In den Fällen des § 29 Abs. 1 hat der Träger der Straßenbaulast der neu hinzukommenden Straße dem Träger der Straßenbaulast der vorhandenen Straße die Mehrkosten für die Unterhaltung zu erstatten, die ihm durch die Regelung nach Absatz 1 entstehen. [2]Die Mehrkosten sind auf Verlangen eines Beteiligten abzulösen.

(3) Nach einer wesentlichen Änderung einer bestehenden Kreuzung haben die Träger der Straßenbaulast ihre veränderten Kosten für Unterhaltung und Erneuerung sowie für Wiederherstellung im Falle der Zerstörung durch höhere Gewalt ohne Ausgleich zu tragen.

(4) Die Vorschriften der Absätze 1 und 3 gelten nicht, soweit etwas anderes vereinbart wird.

(5) Abweichende Regelungen werden in dem Zeitpunkt hinfällig, in dem nach Inkrafttreten dieses Gesetzes eine wesentliche Änderung an der Kreuzung durchgeführt wird.

§ 31 Kreuzungen mit Gewässern

(1) [1]Werden Straßen neu angelegt oder ausgebaut und müssen dazu Kreuzungen mit Gewässern (Brücken oder Unterführungen) hergestellt oder bestehende Kreuzungen geändert werden, so hat der Träger der Straßenbaulast die dadurch entstehenden Kosten zu tragen. [2]Die Kreuzungsanlagen sind so auszuführen, daß unter Berücksichtigung der übersehbaren Entwicklung der wasserwirtschaftlichen Verhältnisse der Wasserabfluß nicht nachteilig beeinflußt wird.

(2) [1]Werden Gewässer ausgebaut (§ 67 des Wasserhaushaltsgesetzes vom 31. Juli 2009 – BGBl. I S. 2585 – in der jeweils geltenden Fassung) und werden dazu Kreuzungen mit Straßen hergestellt oder bestehende Kreuzungen geändert, so hat der Träger des Ausbauvorhabens die dadurch entstehenden Kosten zu tragen. [2]Wird eine neue Kreuzung erforderlich, weil ein Gewässer hergestellt wird, so ist die übersehbare Verkehrsentwicklung auf der Straße zu berücksichtigen. [3]Wird die Herstellung oder Änderung einer Kreuzung erforderlich, weil das Gewässer wesentlich umgestaltet wird, so sind die gegenwärtigen Verkehrsbedürfnisse zu berücksichtigen. [4]Verlangt der Träger der Straßenbaulast weitergehende Änderungen, so hat er die Mehrkosten hierfür zu tragen.

(3) Wird eine Straße neu angelegt und wird gleichzeitig ein Gewässer hergestellt oder aus anderen als straßenbaulichen Gründen wesentlich umgestaltet, so daß eine neue Kreuzung entsteht, so haben der Träger der Straßenbaulast und der Unternehmer des Gewässerausbaues die Kosten der Kreuzung je zur Hälfte zu tragen.

(4) [1]Werden eine Straße und ein Gewässer gleichzeitig ausgebaut und wird infolgedessen eine bestehende Kreuzungsanlage geändert oder durch einen Neubau ersetzt, so hat der Träger des Gewässerausbaues und der Träger der Straßenbaulast die dadurch entstehenden Kosten für die Kreuzungsanlage in dem Verhältnis zu tragen, in dem die Kosten bei getrennter Durchführung der Maßnahme zueinander stehen würden. [2]Gleichzeitigkeit im Sinne des Satzes 1 liegt vor, wenn baureife Pläne vorhanden sind, die eine gleichzeitige Baudurchführung ermöglichen.

(5) Kommt über die Kreuzungsbaumaßnahme oder ihre Kosten eine Einigung nicht zustande, so ist darüber durch Planfeststellung zu entscheiden.

§ 32 Unterhaltung der Kreuzungen mit Gewässern

(1) [1]Der Träger der Straßenbaulast hat die Kreuzungsanlagen von Straßen und Gewässern auf seine Kosten zu unterhalten, soweit nichts anderes vereinbart oder durch Planfeststellung bestimmt wird. [2]Die Unterhaltungspflicht des Trägers der Straßenbaulast erstreckt sich nicht auf Leitwerke, Leitpfähle, Dalben, Absetzpfähle oder ähnliche Einrichtungen zur Sicherung der Durchfahrt unter Brücken im Zuge von Straßen für die Schiffahrt sowie auf Schiffahrtszeichen. [3]Soweit diese Einrichtungen auf Kosten des Trägers der Straßenbaulast herzustellen waren, hat dieser dem Unterhaltungspflichtigen die Unterhaltungskosten und die Kosten des Betriebes dieser Einrichtungen zu ersetzen oder abzulösen.

(2) [1]Wird im Falle des § 31 Abs. 2 eine neue Kreuzung hergestellt, hat der Träger des Ausbauvorhabens die Mehrkosten für die Unterhaltung und den Betrieb der Kreuzungsanlage zu erstatten oder abzulösen. [2]Ersparte Unterhaltungskosten für den Fortfall vorhandener Kreuzungsanlagen sind anzurechnen.

(3) Die Absätze 1 und 2 gelten nicht, wenn bei dem Inkrafttreten dieses Gesetzes die Tragung der Kosten aufgrund eines bestehenden Rechts anders geregelt ist.

§ 33 Ermächtigung zu Rechtsverordnungen

Das für Straßenbau zuständige Ministerium wird ermächtigt, durch Rechtsverordnung näheres

1. über den Umfang der Kosten nach den §§ 29 und 31,
2. darüber, welche Straßenanlagen zur Kreuzungsanlage und welche Teile einer Kreuzung nach § 30 Abs. 1 und 2 zu der einen oder der anderen Straße gehören oder
3. welche Anlagen einer Straße oder eines Gewässers zur Kreuzungsanlage nach § 32 gehören sowie
4. über die Berechnung und die Zahlung von Ablösebeträgen nach § 30 Abs. 2 und § 32 Abs. 2

zu regeln.

§ 34 Umleitungen

(1) Bei vorübergehender Beschränkung des Gemeingebrauchs auf einer Straße nach § 15 sind die Träger der Straßenbaulast anderer öffentlicher Straßen einschließlich der Bundesfernstraßen verpflichtet, die Umleitungen des Verkehrs auf ihren Straßen zu dulden.

(2) Vor Beginn der Beschränkung sind der Träger der Straßenbaulast der Umleitungsstrecke, die Straßenverkehrsbehörden und die Gemeinden, deren Gebiet die Straße berührt, zu unterrichten.

(3) [1]Im Benehmen mit dem Träger der Straßenbaulast der Umleitungsstrecke ist festzustellen, welche Maßnahmen notwendig sind, um die Umleitungsstrecke für die Aufnahme des zusätzlichen Verkehrs verkehrssicher zu machen. [2]Die hierfür nötigen Mehraufwendungen sind dem Träger der Straßenbaulast der Umleitungsstrecke zu erstatten. [3]Das gilt auch für Aufwendungen, die der Träger der Straßenbaulast der Umleitungsstrecke bei der Beseitigung wesentlicher durch die Umleitung verursachter Schäden machen muß.

(4) [1]Muß die Umleitung ganz oder zum Teil über private Wege geleitet werden, die dem öffentlichen Verkehr dienen, so ist der Eigentümer zur Duldung der Umleitung auf schriftliche Anforderung durch die Straßenbaubehörde verpflichtet. [2]Absatz 3 Satz 1 und 2 gilt entsprechend. [3]Der Träger der Straßenbaulast ist verpflichtet, nach Aufhebung der Umleitung auf Antrag des Eigentümers den früheren Zustand des Weges wiederherzustellen.

(5) Die Absätze 1 bis 4 gelten entsprechend, wenn neue Landes- oder Kreisstraßen vorübergehend über andere dem öffentlichen Verkehr dienende Straßen oder Wege an das Straßennetz angeschlossen werden müssen.

Fünfter Abschnitt
Planungen, Planfeststellung und Enteignung

§ 35 Planungen

(1) Bei Planungen, welche den Bau neuer oder die wesentliche Änderung bestehender Straßen von überörtlicher Bedeutung betreffen, sind die Grundsätze und Ziele der Raumordnung und der Landesplanung zu beachten.

(2) Bei örtlichen und überörtlichen Planungen, welche die Änderung bestehender oder den Bau neuer Landes- oder Kreisstraßen zur Folge haben können, hat die planende Behörde das Einvernehmen mit der oberen Straßenbaubehörde unbeschadet weitergehender gesetzlicher Vorschriften rechtzeitig herzustellen.

(3) Bei der Planung von öffentlichen Straßen nach § 3 Abs. 1 ist die Umweltverträglichkeit nach dem Stand der Planungen auf der Grundlage des Thüringer UVP-Gesetzes (ThürUVPG) vom 20. Juli 2007 (GVBl. S. 85) in der jeweils geltenden Fassung zu prüfen.

§ 36 Planungsgebiet

(1) [1]Um die Planung der Landes- und Kreisstraßen zu sichern, kann die Planfeststellungsbehörde durch Rechtsverordnung für die Dauer von höchstens zwei Jahren Planungsgebiete festlegen. [2]Die Gemeinden und Kreise, deren Bereich durch die festzulegenden Planungsgebiete betroffen wird, sind vorher zu hören. [3]Die Frist kann, wenn besondere Umstände es erfordern, durch Rechtsverordnung auf höchstens vier Jahre verlängert werden. [4]Die Festlegung tritt mit Beginn der Auslegung der Pläne im Planfeststellungsverfahren außer Kraft. [5]Ihre Dauer ist auf die Vierjahresfrist des § 39 Abs. 2 anzurechnen.

(2) [1]Vom Tage des Inkrafttretens der Rechtsverordnung an dürfen auf den vom Plan betroffenen Flächen bis zu ihrer Übernahme durch den Träger der Straßenbaulast wesentlich wertsteigernde oder den geplanten Straßenbau erheblich erschwerende Veränderungen nicht vorgenommen werden. [2]Veränderungen, die in rechtlich zulässiger Weise vorher begonnen worden sind, Unterhaltungsarbeiten und die Fortführung einer bisher ausgeübten Nutzung werden hiervon nicht berührt.

(3) [1]Auf die Festlegung eines Planungsgebietes ist in Gemeinden, deren Bereich betroffen wird, hinzuweisen. [2]Planungsgebiete sind außerdem in Karten kenntlich zu machen, die in den Gemeinden während der Geltungsdauer der Festlegung zur Einsicht auszulegen sind.

(4) Die Planfeststellungsbehörde kann Ausnahmen von der Veränderungssperre zulassen, wenn überwiegende öffentliche Belange nicht entgegenstehen.

§ 37 Vorarbeiten

(1) [1]Eigentümer und sonstige Nutzungsberechtigte haben zur Vorbereitung der Planung notwendige Vermessungen, Boden- und Grundwasseruntersuchungen einschließlich der vorübergehenden Anbringung von Markierungszeichen und sonstigen Vorarbeiten durch die Straßenbaubehörde oder von ihr Beauftragte zu dulden. [2]Wohnungen dürfen nur mit Zustimmung des Wohnungsinhabers betreten werden. [3]Satz 2 gilt nicht für Arbeits-, Betriebs- oder Geschäftsräume während der jeweiligen Arbeits-, Geschäfts- oder Aufenthaltszeiten.

(2) [1]Die Absicht, solche Arbeiten auszuführen, ist dem Eigentümer oder sonstigem Nutzungsberechtigten mindestens zwei Wochen vorher durch die Straßenbaubehörde bekanntzugeben. [2]Sind Eigentümer oder sonstige Nutzungsberechtigte von Person nicht bekannt oder ist deren Aufenthalt unbekannt und lassen sie sich in angemessener Frist nicht ermitteln, kann die Benachrichtigung durch ortsübliche Bekanntmachung in den Gemeinden, in deren Bereich die Vorarbeiten durchzuführen sind, erfolgen.
(3) [1]Entstehen durch eine Maßnahme nach Absatz 1 einem Eigentümer oder sonstigen Nutzungsberechtigten unmittelbare Vermögensnachteile, so hat der Träger der Straßenbaulast eine angemessene Entschädigung in Geld zu leisten. [2]Kommt eine Einigung über die Geldentschädigung nicht zustande, so setzt die Enteignungsbehörde auf Antrag der Straßenbaubehörde oder des Berechtigten die Entschädigung fest. [3]Vor der Entscheidung sind die Beteiligten zu hören.

§ 38 Planfeststellung

(1) [1]Landesstraßen dürfen nur gebaut oder geändert werden, wenn der Plan vorher festgestellt ist. [2]Das gilt auch, sofern es sich beim Bau von Kreisstraßen, Gemeindestraßen oder sonstigen öffentlichen Straßen um ein UVP-pflichtiges Vorhaben handelt. [3]Ansonsten soll für Kreisstraßen und kann für Gemeindestraßen im Außenbereich ein Planfeststellungsverfahren durchgeführt werden. [4]Für das Planfeststellungsverfahren gelten die Bestimmungen des Thüringer Verwaltungsverfahrensgesetzes, sofern im folgenden nichts anderes bestimmt ist. [5]Bei der Planfeststellung sind die von dem Vorhaben berührten öffentlichen und privaten Belange einschließlich der Belange des Umweltschutzes abzuwägen.
(2) [1]Anstelle eines Planfeststellungsbeschlusses kann eine Plangenehmigung erteilt werden, wenn Rechte anderer nicht beeinflußt werden oder die Betroffenen sich mit der Inanspruchnahme ihres Eigentums oder eines anderen Rechts einverstanden erklärt haben und mit den Trägern öffentlicher Belange, deren Aufgabenbereich berührt wird, das Benehmen hergestellt worden ist. [2]Die Plangenehmigung wird von der Planfeststellungsbehörde erteilt. [3]Sie hat die Rechtswirkung der Planfeststellung nach § 75 Abs. 1 ThürVwVfG. [4]Soll für ein Vorhaben, für das nach dem Thüringer UVP-Gesetz eine Umweltverträglichkeitsprüfung durchzuführen ist, anstelle eines Planfeststellungsbeschlusses eine Plangenehmigung erteilt werden, ist die Öffentlichkeit entsprechend § 4 ThürUVPG in Verbindung mit § 18 Abs. 2 des Gesetzes über die Umweltverträglichkeitsprüfung in der Fassung vom 24. Februar 2010 (BGBl. I S. 94) in der jeweils geltenden Fassung einzubeziehen.
(3) [1]Planfeststellung und Plangenehmigung können in Fällen von unwesentlicher Bedeutung unterbleiben. [2]Fälle von unwesentlicher Bedeutung liegen insbesondere vor, wenn

1. Rechte anderer nicht beeinflußt werden oder mit den vom Plan Betroffenen entsprechende Vereinbarungen getroffen worden sind und
2. öffentliche Belange nicht berührt werden oder die erforderlichen behördlichen Entscheidungen vorliegen und sie dem Plan nicht entgegenstehen.

[3]Die Entscheidung hierüber trifft die Planfeststellungsbehörde.
(4) [1]Bebauungspläne nach § 9 des Baugesetzbuches (BauGB) in der Fassung vom 3. November 2017 (BGBl. I S. 3634) in der jeweils geltenden Fassung ersetzen die Planfeststellung nach Absatz 1. [2]Wird eine Ergänzung notwendig oder soll von Festsetzungen des Bebauungsplanes abgewichen werden, so ist die Planfeststellung insoweit durchzuführen. [3]In diesen Fällen gelten die §§ 40 und 44 BauGB.
(5) [1]Einwendungen gegen den Plan sind nach Ablauf der Einwendungsfrist ausgeschlossen. [2]Hierauf ist in der Bekanntmachung der Auslegung oder der Einwendungsfrist hinzuweisen. [3]Nach dem Erörterungstermin eingehende Stellungnahmen der Behörden müssen bei der Feststellung des Plans nicht berücksichtigt werden; dies gilt nicht, wenn später von einer Behörde vorgebrachte öffentliche Belange der Planfeststellungsbehörde auch ohne ihr Vorbringen bekannt sind oder hätten bekannt sein müssen.
(6) [1]Anhörungsbehörde ist das Landesverwaltungsamt. [2]Planfeststellungsbehörde ist das für Straßenbau zuständige Ministerium.
(7) [1]Der Planfeststellungsbeschluss ist dem Träger des Vorhabens, den beteiligten Trägern öffentlicher Belange und denjenigen, über deren Einwendungen entschieden worden ist, mit Rechtsbehelfsbelehrung zuzustellen; gleiches gilt für die Plangenehmigung. [2]Die Bestimmungen des Thüringer Verwaltungsverfahrensgesetzes über die Bekanntgabe von Planfeststellungsbeschlüssen bleiben im übrigen unberührt.
(8) [1]Mängel im Abwägungsvorgang sind nur erheblich, wenn sie offensichtlich und auf das Abwägungsergebnis von Einfluß gewesen sind. [2]Erhebliche Mängel führen nur dann zur Aufhebung des

Planfeststellungsbeschlusses oder der Plangenehmigung, wenn sie nicht durch Planergänzung behoben werden können.

(9) [1]Wird mit der Durchführung des Plans nicht innerhalb von fünf Jahren nach Eintritt der Unanfechtbarkeit begonnen, so tritt er außer Kraft, es sei denn, er wird vorher auf Antrag des Trägers der Straßenbaulast von der Planfeststellungsbehörde um höchstens fünf Jahre verlängert. [2]Vor der Entscheidung ist eine auf den Antrag begrenzte Anhörung nach dem für die Planfeststellung vorgeschriebenen Verfahren durchzuführen. [3]Für die Zustellung und Auslegung sowie die Anfechtung der Entscheidung über die Verlängerung sind die Bestimmungen über den Planfeststellungsbeschluß entsprechend anzuwenden.

§ 39 Veränderungssperre

(1) [1]Vom Beginn der Auslegung der Pläne im Planfeststellungsverfahren oder von dem Zeitpunkt an, zu dem den Betroffenen Gelegenheit gegeben wird, den Plan einzusehen (§ 73 Abs. 3 Satz 2 ThürVwVfG), dürfen auf den vom Plan betroffenen Flächen bis zu ihrer Übernahme durch den Träger der Straßenbaulast wesentlich wertsteigernde oder den geplanten Straßenbau erheblich erschwerende Veränderungen nicht vorgenommen werden. [2]Veränderungen, die in rechtlich zulässiger Weise vorher begonnen worden sind, Unterhaltungsarbeiten und die Fortführung einer bisher ausgeübten Nutzung werden hiervon nicht berührt.

(2) [1]Dauert die Veränderungssperre länger als vier Jahre, so können die Eigentümer für die dadurch entstandenen Vermögensnachteile vom Träger der Straßenbaulast eine angemessene Entschädigung in Geld verlangen. [2]Sie können ferner die Übernahme der vom Plan betroffenen Flächen verlangen, wenn es ihnen mit Rücksicht auf die Veränderungssperre wirtschaftlich nicht zuzumuten ist, die Grundstücke in der bisherigen oder einer anderen zulässigen Art zu nutzen. [3]Kommt eine Einigung über die Übernahme nicht zustande, so können die Eigentümer die Entziehung des Eigentums an den Flächen verlangen. [4]Im übrigen gilt § 42 (Enteignung).

(3) § 36 Abs. 4 findet Anwendung.

§ 40 Einstellung des Planfeststellungsverfahrens

[1]Wird das Vorhaben vor Erlaß des Planfeststellungsbeschlusses aufgegeben, so stellt die Planfeststellungsbehörde das Verfahren durch Beschluß ein. [2]Der Beschluß ist in den Gemeinden, in denen die Pläne ausgelegen haben, ortsüblich bekanntzumachen. [3]Damit enden die Veränderungssperre nach § 39 und die Baubeschränkungen nach § 24 Abs. 5.

§ 41 Vorzeitige Besitzeinweisung

(1) [1]Ist der sofortige Beginn von Bauarbeiten geboten und weigert sich der Eigentümer oder Besitzer, den Besitz eines für die Straßenbaumaßnahmen benötigten Grundstücks durch Vereinbarung unter Vorbehalt aller Entschädigungsansprüche zu überlassen, so hat die Enteignungsbehörde den Träger der Straßenbaulast auf Antrag nach Feststellung des Planes in den Besitz einzuweisen. [2]Weiterer Voraussetzungen bedarf es nicht.

(2) [1]Die Enteignungsbehörde hat spätestens sechs Wochen nach Eingang des Antrags auf Besitzeinweisung mit den Beteiligten mündlich zu verhandeln. [2]Hierzu sind die Straßenbaubehörde und die Betroffenen zu laden. [3]Dabei ist den Betroffenen der Antrag auf Besitzeinweisung mitzuteilen. [4]Die Ladungsfrist beträgt drei Wochen. [5]Mit der Ladung sind die Betroffenen aufzufordern, etwaige Einwendungen gegen den Antrag vor der mündlichen Verhandlung bei der Enteignungsbehörde einzureichen. [6]Sie sind außerdem darauf hinzuweisen, daß auch bei Nichterscheinen über den Antrag auf Besitzeinweisung und andere im Verfahren zu erledigende Anträge entschieden werden kann.

(3) [1]Soweit der Zustand des Grundstücks von Bedeutung ist, hat die Enteignungsbehörde diesen bis zum Beginn der mündlichen Verhandlung in einer Niederschrift festzustellen oder durch einen Sachverständigen ermitteln zu lassen. [2]Den Beteiligten ist eine Abschrift der Niederschrift oder des Ermittlungsergebnisses zu übersenden.

(4) [1]Der Beschluß über die Besitzeinweisung ist dem Antragsteller und den Betroffenen spätestens zwei Wochen nach der mündlichen Verhandlung zuzustellen. [2]Die Besitzeinweisung wird in dem von der Enteignungsbehörde bezeichneten Zeitpunkt wirksam. [3]Dieser Zeitpunkt ist auf höchstens zwei Wochen nach Zustellung der Anordnung über die vorzeitige Besitzeinweisung an den unmittelbaren Besitzer festzusetzen. [4]Durch die Besitzeinweisung wird dem Besitzer der Besitz entzogen und der Träger der Straßenbaulast Besitzer. [5]Der Träger der Straßenbaulast darf auf dem Grundstück das im

Antrag auf Besitzeinweisung bezeichnete Bauvorhaben ausführen und die dafür erforderlichen Maßnahmen treffen.

(5) [1]Der Träger der Straßenbaulast hat für die durch die vorzeitige Besitzeinweisung entstehenden Vermögensnachteile Entschädigung zu leisten, soweit diese Nachteile nicht durch die Verzinsung der Geldentschädigung für die Entziehung oder Beschränkung des Eigentums oder eines anderen Rechtes ausgeglichen werden. [2]Art und Höhe der Entschädigung sind von der Enteignungsbehörde in einem Beschluß festzusetzen.

(6) [1]Wird der festgestellte Plan aufgehoben, so ist auch die vorzeitige Besitzeinweisung aufzuheben und der vorherige Besitzer wieder in den Besitz einzuweisen. [2]Der Träger der Straßenbaulast hat für alle durch die vorzeitige Besitzeinweisung entstandenen besonderen Nachteile Entschädigung zu leisten.

§ 42 Enteignung

(1) [1]Die Träger der Straßenbaulast für Landesstraßen, Kreisstraßen, Gemeindestraßen und sonstige öffentliche Straßen haben zur Erfüllung ihrer Aufgaben das Enteignungsrecht. [2]Die Enteignung ist zulässig, soweit sie zur Ausführung eines nach § 38 festgestellten oder genehmigten Plans notwendig ist. [3]Einer weiteren Feststellung der Zulässigkeit der Enteignung bedarf es nicht.

(2) Der festgestellte oder genehmigte Plan ist dem Enteignungsverfahren zugrunde zu legen und für die Enteignungsbehörde bindend.

(3) Wenn sich ein Betroffener mit der Übertragung oder Beschränkung des Eigentums oder eines anderen Rechts schriftlich einverstanden erklärt hat, jedoch keine Einigung über die Entschädigung erzielt wurde, kann das Entschädigungsverfahren durch die Enteignungsbehörde auf Antrag eines Beteiligten unmittelbar durchgeführt werden.

(4) [1]Soweit der Träger der Straßenbaulast nach den §§ 22, 24 und 26 oder aufgrund eines Planfeststellungsbeschlusses oder einer Plangenehmigung nach § 38 verpflichtet ist, eine Entschädigung in Geld zu leisten und über die Höhe der Entschädigung keine Einigung zwischen den Betroffenen und dem Träger der Straßenbaulast zustande kommt, entscheidet auf Antrag eines der Beteiligten die Enteignungsbehörde. [2]Für das Verfahren gelten die enteignungsrechtlichen Vorschriften über die Feststellung von Entschädigungen entsprechend.

(5) Im übrigen gilt das Thüringer Enteignungsgesetz vom 23. März 1994 (GVBl. S. 329) in der jeweils geltenden Fassung.

Sechster Abschnitt

Straßenbaulastträger und Straßenbaubehörden

§ 43 Träger der Straßenbaulast

(1) [1]Das Land ist Träger der Straßenbaulast für die Landesstraßen. [2]Die Landkreise sind Träger der Straßenbaulast für die Kreisstraßen. [3]Die Gemeinden sind Träger der Baulast der Gemeindestraßen. [4]Der Träger der Straßenbaulast für sonstige öffentliche Straßen wird in der Widmungsverfügung bestimmt.

(2) [1]Die Gemeinden mit mehr als 30 000 Einwohnern sind Träger der Straßenbaulast für die Ortsdurchfahrten im Zuge von Landes- und Kreisstraßen. [2]Maßgabend ist die durch das Landesamt für Statistik zu Jahresende, erstmals die zum 31. Dezember 2003 und anschließend alle zehn Jahre, festgestellte Einwohnerzahl. [3]Die Einwohnerzahlen werden mit Beginn des dritten auf die Feststellung folgenden Haushaltsjahres verbindlich.

(3) [1]Werden Gemeindegrenzen geändert oder neue Gemeinden gebildet, so ist die nach Absatz 2 festgestellte Einwohnerzahl des neuen Gemeindegebietes maßgebend. [2]In diesen Fällen wechselt die Straßenbaulast für die Ortsdurchfahrten, wenn sie bisher dem Land oder einem Landkreis oblag, spätestens mit Beginn des dritten Haushaltsjahres nach dem Jahr der Gebietsänderung, sonst mit der Gebietsänderung.

(4) [1]Soweit dem Land und den Landkreisen die Straßenbaulast für die Ortsdurchfahrten obliegt, erstreckt sich diese nicht auf Gehwege und Parkplätze; insoweit ist die Gemeinde Träger der Straßenbaulast. [2]Dies gilt auch in den Fällen des § 5 Abs. 3 des Bundesfernstraßengesetzes in der Fassung vom 28. Juni 2007 (BGBl. I S. 1206) in der jeweils geltenden Fassung.

§ 44 Straßenbaulast Dritter

(1) § 43 gilt nicht, soweit die Straßenbaulast aufgrund anderer gesetzlicher Vorschriften oder aufgrund öffentlich-rechtlicher Verpflichtungen anderen Trägern obliegt oder übertragen wird.

(2) Bürgerlich-rechtliche Verpflichtungen Dritter zur Erfüllung der Aufgaben der Straßenbaulast lassen die Straßenbaulast als solche unberührt.

§ 45 Unterhaltung von Straßenteilen bei fremder Baulast

[1]Obliegt nach § 44 die Straßenbaulast für die im Zuge einer Straße gelegenen Straßenteile, wie Brücken oder Durchlässe, einem Dritten, so ist der nach § 43 an sich zuständige Träger der Straßenbaulast im Falle einer gegenwärtigen Gefahr für die öffentliche Sicherheit oder Ordnung berechtigt, nach vorheriger Ankündigung auf Kosten des Dritten alle Maßnahmen zu ergreifen, die im Interesse der Erhaltung der Verkehrssicherheit erforderlich sind. [2]In dringenden Ausnahmefällen kann die vorherige Ankündigung unterbleiben.

§ 46 Straßenbaubehörden des Landes

(1) Oberste Straßenbaubehörde ist das für Straßenbau zuständige Ministerium.

(2) Obere Straßenbaubehörde ist das Landesamt für Bau und Verkehr.

§ 47 Straßenbaubehörden für kommunale und sonstige öffentliche Straßen

(1) Die Landkreise und kreisfreien Städte sind Straßenbaubehörde für Kreisstraßen mit Ausnahme der Ortsdurchfahrten, die in der Baulast der Gemeinden stehen.

(2) Die Gemeinden sind Straßenbaubehörde für die in ihrer Baulast stehenden Straßen und Straßenteile sowie für die sonstigen öffentlichen Straßen.

(3) [1]Die obere Straßenbaubehörde kann durch Vereinbarung die Verwaltung und Unterhaltung der Kreisstraßen einschließlich des Um- und Ausbaus gegen Ersatz der entstehenden Kosten übernehmen. [2]Die Rechte des Straßenbaulastträgers bleiben unberührt.

Siebenter Abschnitt

Straßenaufsicht

§ 48 Straßenaufsicht, Straßenaufsichtsbehörden

(1) [1]Die Erfüllung der Aufgaben, die den Trägern der Straßenbaulast nach den gesetzlichen Bestimmungen obliegen, wird durch die Straßenaufsicht überwacht. [2]Sie ist gegenüber den Landkreisen, kreisfreien Städten, Gemeinden und Zweckverbänden Rechtsaufsicht.

(2) [1]Kommt ein Träger der Straßenbaulast seinen Pflichten nicht nach, so kann die Straßenaufsichtsbehörde anordnen, daß er die notwendigen Maßnahmen innerhalb einer bestimmten Frist durchführt. [2]Kommt der Träger der Straßenbaulast der Anordnung nicht nach, so kann die Straßenaufsichtsbehörde die notwendigen Maßnahmen an seiner Stelle und auf seine Kosten selbst durchführen oder durch einen anderen durchführen lassen.

(3) [1]Straßenaufsichtsbehörde für die in der Straßenbaulast der Landkreise, kreisfreien Städte und Gemeinden stehenden Straßen ist die obere Straßenbaubehörde. [2]Oberste Straßenaufsichtsbehörde ist die oberste Straßenbaubehörde.

Achter Abschnitt

Straßenreinigung und Winterdienst

§ 49 Straßenreinigung, Winterdienst

(1) [1]Die Gemeinden haben zur Aufrechterhaltung von Sicherheit und Ordnung alle öffentlichen Straßen innerhalb der geschlossenen Ortslage zu reinigen. [2]Das gilt auch für Bundesstraßen.

(2) Die Gemeinden können die Reinigung durch Satzung auf solche öffentlichen Straßen außerhalb der geschlossenen Ortslage ausdehnen, an die bebaute Grundstücke angrenzen.

(3) [1]Die Reinigungspflicht umfaßt auch die Verpflichtung, die Gehwege und Überwege für Fußgänger vom Schnee zu räumen und bei Schnee- und Eisglätte zu streuen. [2]Soweit in Fußgängerzonen (Zeichen 242.1 und 242.2 der Straßenverkehrs-Ordnung – StVO – vom 6. März 2013 – BGBl. I S. 367 – in der jeweils geltenden Fassung) und in verkehrsberuhigten Bereichen (Zeichen 325.1 und 325.2 StVO) Gehwege nicht vorhanden sind, gilt als Gehweg ein Streifen von 1,5 m Breite entlang der Grundstücksgrenze.

(4) [1]Die Gemeinden haben im Übrigen die öffentlichen Straßen innerhalb der geschlossenen Ortslage nach Maßgabe ihrer Leistungsfähigkeit vom Schnee zu räumen und bei Schnee und Eisglätte zu streuen, soweit das zur Aufrechterhaltung der öffentlichen Sicherheit und Ordnung erforderlich ist. [2]Das Land beteiligt sich in Gemeinden mit weniger als 30 000 Einwohnern mit bis zu drei Millionen Euro jährlich an der Aufgabe nach Satz 1, soweit es sich bei den öffentlichen Straßen um Ortsdurchfahrten von Bundes- und Landesstraßen handelt. [3]Die oberste Straßenbaubehörde regelt im Einvernehmen mit der für kommunale Angelegenheiten und der für Finanzen zuständigen obersten Landesbehörde das Nähere durch Rechtsverordnung.

(5) [1]Die Gemeinden sind berechtigt, durch Satzung die Verpflichtung zur Reinigung im Sinne der Absätze 1 bis 3 ganz oder teilweise den Eigentümern oder Besitzern der durch öffentliche Straßen erschlossenen Grundstücke aufzuerlegen oder sie zu den entsprechenden Kosten heranzuziehen. [2]Die Heranziehung zu den Kosten regelt sich nach den Bestimmungen des kommunalen Abgabenrechts. [3]Bei Inkrafttreten dieses Gesetzes bestehende weitergehende Verpflichtungen der Eigentümer oder Besitzer der anliegenden Grundstücke und Verpflichtungen Dritter bleiben unberührt.

(6) [1]Das Ausbringen von Stoffen, die geeignet sind, den menschlichen oder tierischen Körper oder die Umwelt zu schädigen, zu Zwecken der Straßenreinigung oder des Winterdienstes, ist verboten. [2]Ausnahmen für bestimmte Straßenabschnitte und Witterungsverhältnisse können durch Rechtsverordnung des für Straßenbau zuständigen Ministeriums im Benehmen mit dem für Umwelt zuständigen Ministerium geregelt werden.

Neunter Abschnitt

Ordnungswidrigkeiten, Übergangs- und Schlußbestimmungen

§ 50 Ordnungswidrigkeiten

(1) Ordnungswidrig handelt, wer vorsätzlich oder fahrlässig

1. entgegen § 17 Abs. 1 eine von ihm verursachte Verunreinigung einer öffentlichen Straße nicht unverzüglich beseitigt;
2. eine öffentliche Straße oder einzelne Bestandteile beschädigt oder zerstört (§ 17 Abs. 2);
3. entgegen § 17 Abs. 3 Abfall unbefugt zum Zwecke der Entsorgung auf die Straße bringt;
4. entgegen § 18 Abs. 1 eine Straße über den Gemeingebrauch hinaus ohne Erlaubnis benutzt oder einer nach § 18 Abs. 2 Satz 2, auch in Verbindung mit § 18a Abs. 3 Satz 1, erteilten vollziehbaren Auflage nicht nachkommt;
5. entgegen § 18 Abs. 4, auch in Verbindung mit § 18a Abs. 3 Satz 1, Anlagen nicht vorschriftsmäßig errichtet oder unterhält oder auf vollziehbares Verlangen der zuständigen Behörde Anlagen nicht entfernt oder den benutzten Straßenteil nicht in einen ordnungsgemäßen Zustand versetzt;
6. entgegen § 22 Abs. 1 in Verbindung mit § 18 Abs. 1 Zufahrten oder Zugänge ohne Erlaubnis anlegt oder ändert;
7. entgegen § 22 Abs. 3 in Verbindung mit § 18 Abs. 4 Zufahrten oder Zugänge nicht vorschriftsmäßig unterhält;
8. einer nach § 22 Abs. 6 ergangenen vollziehbaren Anordnung nicht nachkommt;
9. entgegen § 24 Abs. 1 oder 2 bauliche Anlagen errichtet, ändert oder anders nutzt oder vollziehbaren Auflagen nicht nachkommt, unter denen die Straßenbaubehörde eine Ausnahme zugelassen oder eine Zustimmung erteilt hat;
10. entgegen § 26 Abs. 1 die notwendigen Einrichtungen nicht duldet oder entgegen § 26 Abs. 2 Satz 1 Anpflanzungen oder Einrichtungen, die die Verkehrssicherheit beeinträchtigen, anlegt oder entgegen § 26 Abs. 2 Satz 3 ihre Beseitigung nicht duldet;
11. entgegen § 37 Abs. 1 Vorarbeiten oder die vorübergehende Anbringung von Markierungszeichen nicht duldet sowie
12. entgegen § 49 Abs. 6 Stoffe, die geeignet sind, den menschlichen oder tierischen Körper oder die Umwelt zu schädigen, ausbringt.

(2) Ordnungswidrigkeiten nach Absatz 1 können mit einer Geldbuße bis zu fünftausend Euro geahndet werden.

§ 51 Ermächtigung

[1]Die oberste Straßenbaubehörde kann durch Rechtsverordnung ihre Zuständigkeiten nach diesem Gesetz ganz oder zum Teil auf andere Behörden übertragen. [2]Sie erlässt die zur Ausführung dieses Gesetzes erforderlichen Verwaltungsvorschriften.

§ 52 Übergangsbestimmungen

(1) [1]Die bisherigen Bezirksstraßen (Landstraße I. Ordnung – LIO, Landstraße II. Ordnung – LIIO) gelten vorläufig als Landesstraßen im Sinne des § 3 Abs. 1 Nr. 1. [2]Die endgültige Regelung erfolgt.

(2) Die bisherigen Kreisstraßen sind Kreisstraßen im Sinne des § 3 Abs. 1 Nr. 2.

(3) Die bisherigen Stadt- und Gemeindestraßen sind Gemeindestraßen im Sinne des § 3 Abs. 1 Nr. 3.

(4) [1]Die bisherigen betrieblich-öffentlichen Straßen nach § 3 Abs. 3 der Straßenverordnung vom 22. August 1974 (GBl. I Nr. 57 S. 515) werden Gemeindestraßen, sofern sie die Voraussetzungen des § 3 Abs. 1 Nr. 3 erfüllen, oder sonstige öffentliche Straßen nach § 3 Abs. 1 Nr. 4 oder Privatwege. [2]Die Entscheidung darüber trifft die Gemeinde. [3]Dabei ist der bisherige Unterhaltungspflichtige oder dessen Rechtsnachfolger zu beteiligen.

(5) *[aufgehoben]*

(6) [1]Die nach den §§ 3 und 4 der Straßenverordnung als öffentlich bezeichneten Straßen gelten mit Inkrafttreten dieses Gesetzes als gewidmet. [2]Mit dem Inkrafttreten dieses Gesetzes geht das Eigentum an den Straßen, das bisher nicht dem Träger der Straßenbaulast zustand, ohne Entschädigung auf diesen über, wenn sich aus den Bestimmungen der §§ 2, 5, 9, 27 und 43 gegenüber den bisher geltenden Regelungen ein Wechsel des Trägers der Straßenbaulast ergibt. [3]Es gelten § 11 Abs. 1 bis 3 und § 12 entsprechend.

(7) Soweit die Grenzen der Ortsdurchfahrten nicht den Voraussetzungen des § 5 entsprechen, sind sie neu festzusetzen.

(8) [1]Nach früherem Recht bewilligte Sondernutzungen an Straßen gelten als Sondernutzungen (§ 18) oder sonstige Nutzungen (§ 23) nach diesem Gesetz. [2]Soweit sonstige Nutzungen verändert werden, ist ein Nutzungsvertrag nach § 23 abzuschließen. [3]Sondernutzungen, die nach § 13 der Straßenverordnung bewilligt wurden und dem nunmehr geltenden Recht widersprechen, sind zu widerrufen. [4]§ 18 Abs. 7 gilt entsprechend.

(9) Die §§ 29 und 31 finden keine Anwendung auf Bauvorhaben, die vor Inkrafttreten dieses Gesetzes zugelassen waren oder für die eine Kostenregelung vereinbart worden war.

§ 53 Schlußbestimmungen

(1) Dieses Gesetz tritt am Tage nach der Verkündung[1)] in Kraft.

(2) *[nicht wiedergegebene Aufhebungsvorschrift]*

1) Verkündet am 13.5.1993.

Stichwortverzeichnis
Die **fetten** Zahlen verweisen auf die laufenden Nummern der Gesetze (vgl. Inhaltsverzeichnis), die **mageren** auf die Artikel, Paragraphen und Nummern.

Abfallbehörden 50 14
Abfallbilanzen 50 10
Abfallvermeidungsprogramme 50 13
Abfallwirtschaft Zuständigkeiten **50** 14 ff.
Abfallwirtschaftskonzepte 50 11
Abfallwirtschaftsplan 50 12
Abgabegefährdung 33 18
Abgabehinterziehung 33 16
Abgabeverkürzung leichtfertige **33** 17
Abschlussnote Erstes juristisches Staatsexamen **75a** 25
Abstände 60 6
Abstandsflächen 60 6
Abstellplatz für Fahrräder **60** 49
Abstrakte Normenkontrolle Beteiligung Landtag/Landesregierung **11** 43, Entscheidung **11** 44, Zulässigkeit Antrag **11** 42
Abwasseranlagen Genehmigung **51** 51, Kleinkläranlagen **51** 52, Selbstüberwachung **51** 52
Abwasserbeseitigung, öffentliche 51 47, Enteignung, Ausgleich, Entschädigung **51** 71 ff., Genehmigungspflicht **51** 49
Abwasserbeseitigungskonzept 51 48
Abwassereinleitung 51 50, Selbstüberwachung **51** 52
Akteneinsicht 11 15
Alkoholkonsumverbote örtliche **42** 27a
Allgemein bildende Schulen Auswahlverfahren **80** 15a
Amtliche Beglaubigung Verwaltungsverfahren **20** 33, 34
Amtliche Bekanntmachung Verbandssatzung **31** 19, 22, Verordnungen **31** 22, Zweckvereinbarung **31** 12
Amtsantrittshindernisse 32 30
Amtsenthebung Schiedsperson **72** 8
Amtshandlung kostenfreie **22** 2, 3
Amtshilfe 11 15
Amtssprache Verwaltungsverfahren **20** 23
Amtszeit Bürgermeister **32** 25, Landrat **32** 28, Ortschafts- und Ortsteilbürgermeister **32** 26
Anfechtung Kostenentscheidung **22** 19
Anhörung Verwaltungsverfahren **20** 28
Anzeige Zweckvereinbarung **31** 11
Apotheken Ladenöffnungszeiten **91** 5
Arbeitnehmerschutz besonderer – **91** 12
Arbeitsschutz Beamte **23** 76
Arbeitsverbot Allgemein **16** 4
Arbeitsweltliche Orientierung 80 47a
Arbeitszeit Beamte **23** 59, Polizeivollzugsbeamte **23** 101
Archäologische Schutzgebiete 84 19
Artenschutz Zuständigkeiten **52** 18
Arten- und Biotopschutz Fachbeirat **52** 27
Aufenthaltsräume 60 47
Aufenthaltsverbot 41 18
Aufsichtsbeschwerden gegen polizeiliche Maßnahmen **40** 13
Auftragsangelegenheiten Gemeinde **30** 3, 117, Landkreis **30** 88, 117
Aufzüge 60 39
Ausbildungsvergütung 75a 33a
Ausgeschlossene Personen Verwaltungsverfahren **20** 20
Auskunft Verwaltungsverfahren **20** 25
Auskunftspflicht gegenüber Polizei **41** 13
Auslagen 22 11
Ausländerrecht 10a 2
Auslandszustellung 21 14
Ausschüsse 20 88 ff., Gemeinderat **30** 26, Kreistag **30** 105, Zusammensetzung **30** 27
Außenwände 60 28
Austauschvertrag 20 56
Ausweispflicht Polizeibeamter **41** 6
Autobahnpolizeiinspektionen 40 5
Automatisiertes Abrufverfahren 41 42
Bachelor- und Masterstudiengänge 81 50
Bahnhöfe Ladenöffnungszeiten **91** 7
Barrierefreies Bauen 60 50
Bau Brandschutz **60** 14, Erschütterungsschutz **60** 15, Schallschutz **60** 15, Schutz gegen schädliche Einflüsse **60** 13, Standsicherheit **60** 12, Verkehrssicherheit **60** 16, Wärmeschutz **60** 15
Bauantrag 60 67, Behandlung **60** 68, Ersetzung gemeindliches Einvernehmen **60** 70, Nachbarbeteiligung **60** 69
Bauarten 60 16a, 21

Bauaufsichtsbehörden Aufbau **60** 57, Aufgaben **60** 58, Befugnisse **60** 58, Zuständigkeit **60** 57
Bauausführung allgemeine Anforderung **60** 11 ff.
Baubeginn 60 71
Baubeschreibung 61 9
Baueinstellung 60 78
Baugenehmigung 60 71
Baugenehmigungsverfahren 60 63
Bauherr 60 53
Baulasten 60 82
Baulastenverzeichnis 60 82
Bauleiter 60 56
Bauliche Anlagen 61 3, Außenwerbung **60** 10, Gestaltung **60** 9, Warenautomaten **60** 10
Bauordnung 60
Bauprodukte 60 16b ff., CE-gekennzeichnete **60** 16c
Baustandsanzeigen 61 14 f.
Baustelle 60 11
Bautechnische Nachweise 60 65
Bauüberwachung 60 80
Bauvorbescheid 60 74
Bauvorhaben Genehmigungsverfahren **60** 62 ff.
Bauvorlagen 60 67
Bauvorlagenberechtigung 60 64
Bauvorlagenverordnung 61
Bauzeichnungen 61 8
Bauzustandsanzeigen 60 81
Beamte beim Landtag 23 98
Beamte beim Rechnungshof 23 99
Beamtengesetz 23
Beamtengruppen besondere **23** 97
Beamtenrechte Verluste **23** 22 ff.
Beamtenrechtliche Regelungen Verfahren bei Erlass **23** 95 f.
Beamtenverhältnis 23 5 ff., Beendigung **23** 19 ff., Nebentätigkeit **23** 49, rechtliche Stellung **23** 35 ff., Verschwiegenheitspflicht **23** 35
Beamter Abordnung **23** 10, Amtsbezeichnung **23** 42, Arbeitsschutz **23** 76, Arbeitszeit **23** 59, auf Zeit **23** 109, Beihilfe **23** 72, beim Landtag **23** 98, Bereitschaftsdienst **23** 59, Besoldung **23** 73, des Rechnungshofs **23** 99, Diensteid **23** 36, Dienstjubiläum **23** 43, Dienstunfähigkeit **23** 31 ff., Dienstvergehen von Ruhestandsbeamten **23** 45, Dienstzeugnis **23** 44, Erholungsurlaub **23** 66, Familienpflegezeit **23** 64, feuerwehrtechnischer Dienst **23** 107, Gelöbnis **23** 36, Geschenke **23** 38, Jugendarbeitsschutz **23** 77, Krankheit **23** 60, Mehrarbeit **23** 59, Mutterschutz und Elternzeit **23** 75, Personalaktendaten **23** 79 ff., Rückgriff bei Haftungsschäden **23** 55, Ruhestand, einstweiliger **23** 27 ff., Ruhestand wegen Erreichens der Altersgrenze **23** 25, Sabbatjahr **23** 63, Sachschäden **23** 74, Schadensersatzanspruch durch Dritte **23** 47, Schadensersatzpflicht **23** 46, Teilzeitbeschäftigung **23** 61, 65, 70, Urlaub aus familiären Gründen **23** 68, Urlaub ohne Dienstbezüge **23** 67, Verbot der Führung der Dienstgeschäfte **23** 37, Versetzung **23** 11, Versetzung in den Ruhestand **23** 26, Wahlvorbereitungsurlaub **23** 69, Wohnort **23** 40
Bebauung Grundstück mit Gebäuden **60** 4
Befangenheit Mitglieder des Verfassungsgerichtshofs **11** 14, Verwaltungsverfahren **20** 21
Befragung durch Polizei **41** 13
Beginn Verwaltungsverfahren **20** 22
Beglaubigungen 20 33, 34
Beigeordnete 30 32
Beistände Verwaltungsverfahren **20** 14
Beiträge 33 7
Bekanntmachung, öffentliche Durchführung **30a** 2, Formen **30a** 1, Inhalt **30a** 3, Satzungen der Landkreise **30a** 5, Satzungen der Verwaltungsgemeinschaften **30a** 4, Zeitpunkt **30a** 6
Bekanntmachungsvermerk 30a 7
Bekanntmachungsverordnung 30a
Benutzungsgebühren 33 12
Beratung Verwaltungsverfahren **20** 25
Berechtigungsscheine Ordnungsbehörden **42** 15, Prüfung **41** 15
Bereitschaftspolizei 40 6
Berufliche Orientierung 80 47a
Berufsbildende Schulen Auswahlverfahren **80** 15b
Berufsfreiheit 10 35
Beschlussfähigkeit Gemeinderat **30** 36
Beschlussfassung Gemeinderat **30** 39
Beschneiungsanlagen 51 70
Beteiligte Verwaltungsverfahren **20** 13
Beteiligungsfähigkeit Verwaltungsverfahren **20** 1
Bevollmächtigte 11 17, Verwaltungsverfahren **20** 14
Beweiserhebung Verfahren vor Verfassungsgerichtshof **11** 21
Beweismittel Verwaltungsverfahren **20** 26

Beweistermin 11 23, Verfahren vor Verfassungsgerichtshof **11** 21
Beweisverbote Polizei **41** 5
Bewirtschaftung Gewässer **51** 20 ff., oberirdische Gewässer **51** 25 ff.
Bildung 10 20 ff.
Biosphärenreservate 52 13
Biotope gesetzlich geschützte **52** 15
Biotopverbund 52 8
Blitzschutzanlagen 60 46
Bodendenkmale 84 16 ff.
Brandschutz Aufgaben der Gemeinden **44** 3, Aufgaben der Landkreise **44** 6, Aufgaben des Landes **44** 7, Landesbeirat für **44** 8, Pflichten der Bevölkerung **44** 38 ff.
Brandschutznachweis 61 11
Brandschutzverbände 44 5
Brandsicherheitswache 44 22
Brand- und Katastrophenschutzgesetz 44
Brandwände 60 30
Briefgeheimnis 10 7
Briefwahl 13 36, Ergebnis **13** 38, Gemeindewahl **32** 7
Briefwahlvorstand 13 9, Gemeindewahl **32** 5
Briefwahlvorsteher 13 9
Bürger ehrenamtliche Tätigkeit **30** 12, 94, Entschädigung für ehrenamtliche Tätigkeit **30** 13, 95, Gemeinde **30** 10, Landkreis **30** 93
Bürgerantrag 12 7, **30** 16, 96a, Behandlung im Landtag **12** 8, Beratungspflicht **12** 4, Datenschutz **12** 5, Kostenerstattung **12** 29, Stimmrecht **12** 2, Unterschrift **12** 6, Vertrauensperson **12** 3
Bürgerbegehren 18 11 ff., **30** 17, 96a
Bürgerbewegungen 10 9
Bürgerentscheid 18 18 ff., **30** 17, 96a
Bürgerfernsehen 83 34
Bürgermedien 83 32 ff.
Bürgermedien-Satzung 83 34
Bürgermeister 30 22, Amtszeit **32** 25, Aufgaben **30** 29, Eilentscheidungsrecht **30** 30, Rechtsstellung **30** 28, Vertretung der Gemeinde **30** 31, Vertretung für – **30** 32
Bürgermeisterwahl 32 24, Amtszeit **32** 25, 26
Bürgerradio 83 34
Campingplätze 42 47
Carsharing, stationsbasiertes Sondernutzung **100** 18a
Dächer 60 32
Daten Nutzung **41** 40, Speicherung **41** 40, Veränderung **41** 40
Datenabgleich 41 43
Datenerhebung 41 32, anlassbezogene automatisierte Kraftfahrzeugkennzeichenerkennung **41** 33, Ansammlungen **41** 33, bei Notrufen **41** 33a, besondere Mittel zur – **41** 34, durch Telekommunikationsüberwachung **41** 34a, Erhebung von Bestandsdaten **41** 34e, Erhebung von Telekommunikationsverkehrsdaten u. Nutzungsdaten **41** 34b, Grundsätze **41** 31, Identifizierung und Lokalisierung von Mobilfunkkarten und -endgeräten **41** 34c, öffentliche Veranstaltungen **41** 33, Umgangsverbot **41** 34b, Unterbrechung und Verhinderung von Telekommunikation **41** 34d, verdeckte **41** 36, zur Eigensicherung **41** 33
Datengeheimnis 24 49
Datenschutz 42 26, Landesbeauftragter **24** 3 ff., schulbezogener **80** 57
Datenschutzbeauftragter 24 13 ff.
Datenschutz-Folgenabschätzung Durchführung **24** 52
Datenschutzgesetz 24
Datenschutz-GrundV 24 16 ff.
Datensicherheit 24 54 ff.
Datenspeicherung 41 40
Datenübermittlung 41 41 ff., an Mitgliedstaaten der EU **41** 41b ff.
Datenübermittlungsverbote 41 41d
Datenveränderung 41 40
Datenverarbeitung zu journalistischen Zwecken **82** 11a
Datenweiterverarbeitung 41 40
Decken 60 31
Deiche Unterhaltung **51** 56, Unterhaltungslast **51** 57, zuständige Wasserbehörde **51** 58
De-Mail-Dienste Zustellung elektronischer Dokumente über – **21** 5b
Denkmalbuch 84 4
Denkmalfachbehörde 84 24
Denkmalpflege Aufgaben **84** 1
Denkmalpflegepläne 84 3
Denkmalrat 84 25
Denkmalschutzbehörden 84 22, Maßnahmen **84** 12, Verwaltungsakte **73** 8c
Denkmalschutzgesetz 84, Verfahrens- und Ausführungsbestimmungen **84** 30 ff.

Deponien 50 8 f.
Dienstaufsicht 73 2
Diensteid von Beamten **23** 36
Dienstgerichte 71 69 ff.
Dienstherrnfähigkeit Verleihung **23** 2
Dienstkräfte Ausweispflicht **42** 9, der Ordnungsbehörden **42** 8
Diplomgrad 75 6
Disziplinarverfahren gegen Richter und Staatsanwälte **71** 79 ff.
Druckwerke Begriff **82** 6
Duale Hochschule 81 111 ff.
Durchsuchung Personen **41** 23, Sachen **41** 24, von Personen und Sachen sowie von Grundstücken und Wohnungen durch Ordnungsbehörden **42** 18 ff., Wohnungen **41** 25 f.

Ehe 10 17
Ehrenamtlicher Bürgermeister Amtszeit **32** 26
Ehrenamtliche Tätigkeit 20 81 ff.
Ehrenbeamte 23 113
Ehrenbürger 30 11
Eigenbetriebe 30 76, s. a. gemeindliche Unternehmen **30**
Eigentum Schutz **10** 34
Eigentümer- und Anliegergebrauch oberirdische Gewässer **51** 26
Eilentscheidungsrecht Bürgermeister **30** 30, Landrat **30** 108
Einmalige Beiträge Stundung **33** 7b
Einsatzleitung Brand- und Katastrophenschutz **44** 23 f.
Einstweilige Anordnung Verfassungsgerichtshofsverfahren **11** 26
Einwohner Beratung **30** 15, Gemeinde **30** 10, Landkreis **30** 93, Rechte und Pflichten **30** 14, 96, Unterrichtung **30** 15
Einwohnerantrag 18 7 ff., **30** 16, Bürgerbegehren- u. BürgerentscheidG **18**
Einziehung Straße **100** 8
Eisflächen Baden, Betreten und Befahren **42** 46
Elektronische Kommunikation 20 3a, **74** 1 ff.
Elektronischer Rechtsverkehr 74 1 ff.
Elektronisches Verfahren 20 71e
Empfangsbevollmächtigte Verwaltungsverfahren **20** 15
Enteignung 100 42, Ausdehnung **62** 7, Beschränkung **62** 7, Entschädigung **62** 8 ff., für Ersatz entzogener Rechte **62** 6, Gegenstand **62** 3, Umfang **62** 7, Zulässigkeit **62** 4 f., Zweck **62** 2
Enteignungsantrag 62 18
Enteignungsbehörde 62 17, Entscheidung **62** 28
Enteignungsbeschluss 62 29, Aufhebung **62** 35
Enteignungsgesetz 62
Enteignungsverfahren Antrag **62** 18, Behörde **62** 17, Beteiligte **62** 20, Bindungswirkung **62** 26, Einigung **62** 27, Entscheidung ohne mündliche Verhandlung **62** 24, förmliches Verwaltungsverfahren **62** 21, mündliche Verhandlung **62** 24, Nachweise **62** 19, Sachverhaltserforschung **62** 22, Veränderungssperre **62** 25, Verfügungssperre **62** 25, Wiedereinsetzung in vorherigen Stand **62** 23
Entschädigung Berechtigter **62** 9, durch Gewährung anderer Rechte **62** 15, 31, ehrenamtliche Tätigkeit **20** 85, für andere Vermögensnachteile **62** 11, für Rechtsverlust **62** 10, Grundsätze **62** 8, in Geld **62** 13, 33, in Land **62** 14, Mitglieder Verfassungsgerichtshof **11** 9, Rechte der Nebenberechtigten **62** 12, Verpflichteter **62** 9
Entscheidung abstrakte Normenkontrolle **11** 41, konkrete Normenkontrolle **11** 47, Organstreitigkeit **11** 41, Untersuchungsverfahren des Landtags **11** 50 ff., Verfassungsbeschwerde **11** 37
Entsorgungsträger öffentlich-rechtliche **50** 3 ff.
Erdaufschlüsse 51 41
Erholungswege Kennzeichnung **52** 22
Erkennungsdienstliche Maßnahmen 41 16
Ermessen Polizei **41** 5
Ermittlungsperson Staatsanwaltschaft **43** 1
Ersatzansprüche 42 52
Ersatzbekanntmachung 30a 3
Ersatzlandenteignung 62 5
Ersatzvornahme 21 50, **41** 53
Ersatzwahl 13 49
Ersatzzwangshaft 21 49, **41** 55
Erschütterungsschutz 61 12
Erstattungsansprüche 42 52
Erstes Juristisches Staatsexamen Abschlussnote **75a** 25, Ausschluss von der mündlichen Prüfung **75a** 22, Bewertung mündliche Prüfung **75a** 24, Einsicht in Prüfungsarbeiten **75a** 30, Entscheidung über Zulassung **75a** 18, Ergebnis der schriftlichen Prüfung **75a** 21, Freiversuch **75a** 29, mündliche Prüfung **75a** 23, Pflichtfachprüfung **75a** 19, Platznummer **75a** 27, Prüfungsbescheid **75a** 27, Prüfungsniederschrift

75a 26, Prüfungsnote 75a 25, Prüfungszeugnis 75a 27, schriftliche Aufsichtsarbeiten 75a 20, Widerspruchsgebühren 75a 27, Wiederholung 75a 28, Zulassungsantrag 75a 17, Zulassungsvoraussetzungen 75a 16

Erwachsenenbildung 10 29

Erziehungspflicht Eltern/Sorgeberechtigte **10** 18

Erziehungsrecht Eltern/Sorgeberechtigte **10** 18

Exmatrikulation 81 75

Experimentierklausel 80 12

Fachaufsicht Auftragsangelegenheiten Gemeinde/Landkreis **30** 3, 88, 117

Fachinformationssystem Naturschutz 52 24

Familie 10 17

Familienpflegezeit Beamte **23** 64

Feiertag Zustellung **21** 12

Feiertage gesetzliche **16** 2, religiöse **16** 3

Feier- und Gedenktagsgesetz 16

Fenster 60 37

Fernmeldegeheimnis 10 7

Fernwasserversorgung 51 43

Fesselung Personen **41** 63

Festgehaltene Personen Behandlung **41** 21

Feuerschutzsteuer 44 36

Feuerungsanlagen 60 42

Feuerwehr Aufstellung der Gemeinde- **44** 10, Führungs- und Fachkräfte **44** 16, Mitwirkung und Aufgaben **44** 9, Verkehrsregelung **44** 53b, zusätzliche Altersversorgung **44** 14a

Feuerwehrangehörige, Ehrenamtliche Aufnahme, Heranziehung, Verpflichtung und Entpflichtung **44** 13, Rechtsstellung **44** 14

Feuerwehrangehörige, Hauptamtliche 44 12

Finanzwesen 10 98 ff.

Flughäfen Ladenöffnungszeiten **91** 7

Flure 60 36

Flussgebietseinheiten Gewässerzuordnung **51** 20, Verzeichnis der Schutzgebiete **51** 23

Förderschule 80 7a

Forstgrundstock 53 32

Forstliche Planung Planungsträger **53** 8, Rahmenplanung **53** 7

Forstnutzung Aneignungsrecht **53** 15, Nebennutzung **53** 15, -srecht **53** 14

Forstwirtschaft Aufforstung ungenutzter Flächen **53** 22, Beihilfe nach Brand **53** 29, Betreuung, Beratung, Anleitung **53** 28, Entschädigung; Ausgleich für Nachteile **53** 30, Erhaltung des Waldbestandes **53** 24, Erstaufforstung **53** 21, Förderung durch das Land **53** 27, Grundpflichten der Bewirtschaftung **53** 18, Grundsätze **53** 19, periodische Planung **53** 20, Rücksicht auf Nachbargrundstück **53** 26, Wiederaufforstung **53** 23

Forstwirtschaftliche Zusammenschlüsse 53 37

Fraktionen Gemeinderat **30** 25, Kreistag **30** 104

Freie Meinungsäußerung Verarbeitung personenbezogener Daten **24** 25

Freiheitsentziehung Dauer **41** 22, Vollzugshilfe bei – **41** 50

Freiheitsrecht 10 3, 4

Freiversuch Erstes juristisches Staatsexamen **75a** 29

Freizügigkeit 10 5

Fristen Verwaltungsverfahren **20** 31

Frühstudierende 81 78

Garagen 60 49

Gasthörer 81 77

Gastreferendar 75a 43

Gaststättengesetz 90

Gaststättengewerbe Anzeige **90** 2, Auskunft und Nachschau **90** 4, Nebenleistungen **90** 6, Schutzklausel **90** 7, Verbote **90** 8, Zuverlässigkeitsprüfung **90** 3

Gebietsveränderungen Wirkung von **42** 38

Gebühren 33 10, in besonderen Fällen **22** 4, nach festen Sätzen **22** 8

Gedenktage 16 2a

Gefahrenmeldung 44 33, Brand- und Katastrophenschutz **44** 27

Gefahrenschutz Brand- und Katastrophenschutz **44** 20 ff.

Gegendarstellungsanspruch 82 11

Geheimhaltung Verwaltungsverfahren **20** 30

Geldwäschegesetz Zuständigkeit der oberen Gewerbebehörde **26** 5a

Gelöbnis von Beamten **23** 36

Gemeinde -arten **30** 6, Aufgabe **30** 1, Begriff **30** 1, -bevölkerung **30** 10 ff., Bezeichnung **30** 5, eigene Aufgaben **30** 2, Einnahmebeschaffung **30** 54, Finanzplanung **30** 62, -gebiet **30** 8 ff., Haushaltssatzung **30** 55, 57, -hoheit **30** 18 ff., Hoheitszeichen **30** 7, Kinder, Jugendliche **30** 26a, Nachtragshaushaltssatzungen **30** 60, Name **30** 4, -organe **30** 22 ff., Ortsteile **30** 4, Rechtsstellung **30** 1, Satzungsbefugnis **30** 19 ff., übertragene Aufgaben **30** 3, Unternehmen, s. gemeindliche Unternehmen **30**, Vermögenserwerb/-verwaltung **30** 66, Vermögensveräußerung **30** 67, vorläufige Haushaltsführung **30** 61

Gemeindebedienstete 30 33

Gemeindebevölkerung 30 10 ff.

Gemeindefeuerwehr Leitung **44** 15

Gemeindegebiet Änderungen **30** 9

Gemeindehoheit Finanzhoheit **30** 18, Satzungsbefugnis **30** 19 ff., Verwaltungshoheit **30** 18

Gemeindekasse 30 78

Gemeindeorgane 30 22 ff.

Gemeinderat 30 22, Ausschüsse **30** 26 f., Beschlussfähigkeit **30** 36, Beschlussfassung **30** 39, Fraktionen **30** 25, Geschäftsordnung **30** 34, Mitglieder **30** 24, Sitzungen **30** 35, Wahlen **30** 39, Zusammensetzung **30** 23

Gemeinderatsmitglieder 30 24, Aufstellung Bewerber **32** 15, Nachrücker **32** 23, Wählbarkeit **32** 12

Gemeinderatssitzung Beanstandungsverfahren **30** 44, Einberufung **30** 35, Niederschrift **30** 42, Notlagen **30** 36a, Öffentlichkeit **30** 40, Sitzungsleitung **30** 41, Tagesordnung **30** 35, Teilnahmepflicht **30** 37

Gemeindevermögen Zwangsvollstreckung **30** 69

Gemeindewahl amtliche Wahldrucksachen **32** 11, Amtsantrittshindernisse **32** 30, Amtsverlust **32** 30, Anfechtung **32** 31, Annahme **32** 29, Ausschluss vom Wahlrecht **32** 2, Ausübung Wahlrecht **32** 3, Briefwahl **32** 7, Briefwahlvorstand **32** 5, Nachwahl **32** 33, Neuwahl **32** 33, Rechtsweg **32** 33, Stimmbezirke **32** 5, unzulässige Veröffentlichung von Befragungen **32** 10, unzulässige Wahlbeeinflussung **32** 10, Wahlberechtigung **32** 1, Wahlergebnis **32** 9, Wählerverzeichnis **32** 6, Wahlgebiet **32** 4, Wahlhandlung **32** 9, Wahlleiter **32** 4, Wahlprüfung **32** 32, Wahlschein **32** 7, Wahltermin **32** 8, Wahlvorstand **32** 5, Wahlvorsteher **32** 5

Gemeindewirtschaft 30 53 ff.

Gemeindlicher Wasserwehrdienst 51 55

Gemeindliches Einvernehmen Ersetzung **60** 70

Gemeindliche Unternehmen Beteiligungsbericht **30** 75a, Eigenbetriebe **30** 76, Erweiterung **30** 71 f., Gründung **30** 71 f., privaten Rechts **30** 73, Übernahme **30** 71 f., Verwaltung **30** 75

Gemeingebrauch oberirdische Gewässer **51** 25

Gemeingebrauch, öffentliche Straße 100 14, Beschränkungen **100** 15, Mehrkosten **100** 16, Vergütung **100** 16

Gemeinsamer Unterricht 80 8a

Gemeinschaftsschule 80 6a

Genehmigungsbedürftige Bauvorhaben 60 59

Genehmigungsfreistellung Bauvorhaben **60** 61

Gentechnisch veränderte Organismen 52 17

Gerichte Bezirke **73** 1, elektronischer Rechtsverkehr **74** 1 ff., Errichtung **73** 1, Namen **73** 1

Gerichtsorganisationsgesetz 70

Gesamtschule 80 6b

Gesetzgebung 10 81 ff.

Gesetzliche Feiertage 16 2

Gesundheitsbereich Brand- und Katastrophenschutz **44** 36 f.

Gewahrsam 41 19

Gewässer Bewirtschaftung **51** 20 ff., Bewirtschaftung oberirdischer – **51** 25 ff., Freihaltung **52** 21, Kreis- und Gemeindegrenzen **51** 14, neues Gewässerbett **51** 11 f., oberirdische **51** s. dort, Überflutung von Grundstücken **51** 12, Uferabriss **51** 12, Uferlinie **51** 6 f., Verlandung **51** 8

Gewässeraufsicht 51 74

Gewässerbenutzungen Ausgleichsverfahren zwischen konkurrierenden **51** 69

Gewässerbett Bildung eines neuen **51** 11, Eigentumsgrenzen **51** 7, Entschädigungspflicht des Eigentümers **51** 12, verlassenes - **51** 13

Gewässerbewirtschaftung Schutzgebiete **51** 23, technische Regeln **51** 24, Wasserbuch **51** 22, wasserwirtschaftliche Planung und Dokumentation **51** 21, Zuordnung zu Flussgebietseinheiten **51** 20

Gewässerrandstreifen 51 29

Gewässerschauen 51 74

Gewässerunterhaltung 51 30, Ausbaupflicht **51** 35, Übertragung der Unterhaltungslast **51** 34

Gewässerunterhaltung, oberirdische Gewässer 51 30, Finanzierung **51** 32, Unterhaltungspflichtige **51** 31

Gewerbebehörden 26 1 ff.

Gewerberecht Zuständigkeiten **26** 1

Gewerbliche Nutzung öffentliche Straße **100** 19

Gewissensfreiheit 10 39

Glaubensfreiheit 10 39

Gleichheitsgrundsatz 10 2

Gottesdienst Schutz des – **16** 5

Gruben 60 44

Grundrecht Einschränkung **41** 11, **42** 14, Einschränkungen **44** 52

Grundstück Abstände/Abstandsflächen **60** 6, nicht überbaute Flächen **60** 8, -sbebauung **60** 4, Teilung **60** 7, Zugänge/Zufahrten **60** 5
Grundstücksanschlüsse 33 14
Grundversorgung Rundfunk **10** 12
Grundwasser Bewirtschaftung **51** 39, Versickerung von Niederschlagswasser **51** 40
Grünordnungspläne 52 4
G über das Verfahren bei Bürgerantrag, Volksbegehren und Volksentscheid 12
G über kommunale Gemeinschaftsarbeit 31
G zur Ausführung der Verwaltungsgerichtsordnung 73

Habilitation 81 62
Handlungsfähigkeit Verwaltungsverfahren **20** 12
Handwerksrecht Zuständigkeiten **26** 5
Härteausgleich Enteignung **62** 16
Hauptstaatsanwaltsrat 71 35
Haushaltsplan Gemeinde **30** 56
Haushaltssatzung Erlass **30** 57, Gemeinde **30** 55
Haushaltssicherungskonzept 30 53a
Haushaltswirtschaft 30 53 ff., Buchführung **30** 52a
Heilquellenschutz 51 46
Heilung Verfahrens-/Formfehler VA **20** 45
Hilfsorganisationen im Brand- und Katastrophenschutz Mitwirkung und Aufgaben **44** 18, Rechtsstellung der Mitglieder **44** 19
Hochschulaufsicht 81 18 ff.
Hochschulbibliothek 81 44
Hochschulen 10 28, **81** 28, Aufbau und Organisation **81** 21 ff., Finanzierung **81** 14 ff., Finanzierung, Haushalt **81** 14, Finanzierung, wirtschaftliche Betätigung **81** 14, Geltungsbereich, Aufgaben, Rechtsstellung **81** 1 ff., Qualitätssicherung **81** 9 ff.
Hochschulentwicklungsplan 81 12 f.
Hochschulgesetz 81
Hochschulgrade 81 58 ff., Verleihung **81** 58 ff.
Hochschulleitung 81 29 ff.
Hochschulmedizin 81 98 ff.
Hochschulrat 81 34
Hochschulstruktur und -organisation 81 28
Hochschulversammlung 81 36
Hochschulzugang 81 67 ff.
Hochwasserschutz 51 53 ff., Deichgefährdung **51** 53, gemeindlicher Wasserwehrdienst **51** 55, Steuerung von Stauanlagen **51** 53, Warn- und Alarmdienst **51** 53
Hochwasserschutzanlagen 51 s. Deiche
Hofräume, ungetrennte 33 7c
Hoheitszeichen Gemeinde **30** 7, Landkreis **30** 89
Horstschutz 52 20

Identitätsfeststellung 41 14, Ordnungsbehörden **42** 15
Immatrikulation 81 71 ff.
Impressum 82 7
Inanspruchnahme nicht Verantwortlicher 41 10, Aufgaben **41** 2, Befugnisse **41** 12 ff., Begriff **41** 1, Ermessen **41** 5, Polizei **41**, Verhältnis zu anderen Behörden **41** 3, Wahl der Mittel **41** 5
Informationsbereitstellung proaktive – **25** 5 ff.
Informationsfreiheit 25 16 ff., Landesbeauftragte **25** 17 ff.
Informationspflicht 20 71c
Informationspflichten 24 20 ff.
Informationszugang auf Antrag **25** 9 ff., Förderung des Rechts auf – **25** 16, Recht auf **25** 4, Umweltinformationen **54** 3 ff.
Innenministerium Zuständigkeiten **10a** 1
Installationskanäle 60 40
Installationsschächte 60 40
Institut für Lehrerfortbildung 80 40a
Intimsphäre 10 6

Jugendarbeitsschutz Beamte **23** 77
Jugendfeuerwehren 44 11
Jugendhilfe Zusammenarbeit zwischen Schule und – **80** 55a
Jugendliche Recht auf Entwicklung **10** 19
Juristenausbildung Ausbildungsgang **75a** 1
Juristenausbildungsgesetz 75
Juristenausbildungs- und Prüfungsordnung 75a
Juristischer Vorbereitungsdienst 75 7
Justizprüfungsamt 75 1, **75a** 2, Präsident **75a** 4
Justizvollzugsdienst Beamte **23** 108

Kabelbelegung 83 35 ff.
Kassenwesen 30 78, 79
Katastrophenschutz Aufgaben der kreisfreien Städte **44** 5, Aufgaben der Landkreise **44** 6, Aufgaben des Landes **44** 7, Einsatzleitung **44** 35, Maßnahmen **44** 30 ff., Organisation **44** 25 ff.
Katastrophenschutzübungen 44 32

Kinder Gleichstellung nichteheliche/eheliche **10** 19, Recht auf Bildung **10** 21, Recht auf Entwicklung **10** 19

Kinderspielplätze 60 8

Kindertagesstätten Förderung **10** 19, Kunstfreiheit **10** 27

Klassenbildung 80 41b

Kleinbeträge 33 4

Kleinkläranlagen 51 52, **60** 44

Kleinmengensammlung 50 7

Kolleg 80 15b

Kommunalabgabengesetz 33

Kommunale Anstalt 30 76a ff.

Kommunale Anstalt des öffentlichen Rechts 31 43 f.

Kommunale Arbeitsgemeinschaften besondere **31** 5, 6, einfache **31** 4

Kommunale Gebietskörperschaft 14 3

Kommunales Medienzentrum Beschaffung von Medien für Schulen **80** 42

Kommunalordnung 30

Kommunalwahlgesetz 32

Konkrete Normenkontrolle Entscheidung **11** 47, Verfahren **11** 46, Vorlage **11** 45

Körperschaftsumbildung 23 14 f.

Körperschaftswald Bewirtschaftung **53** 33, Erhaltung **53** 34

Kosten Billigkeitsregelungen **22** 16, Brand- und Katastrophenschutz **44** 44, Enteignungsverfahren **62** 39 ff., -entscheidung **22** 12, Erstattung **22** 18, Fälligkeit **22** 13, Landtagswahl **13** 66, Säumniszuschlag **22** 14, Schiedsstelle **72** 46 ff., Verfahren vor Verfassungsgerichtshof **11** 28, Verjährung **22** 17, Vollstreckung **21** 56, Wahl **32** 34

Kostenentscheidung 22 12, Anfechtung **22** 19

Kostenerstattung Vorverfahren **20** 80

Kostengläubiger 22 5

Kostenschuld Entstehung **22** 7

Kostenschuldner 22 6

Kostenträger Schiedsstelle **72** 12

Kostenvorschuss 22 15

Krankheit Referendariat **75a** 39

Kreditwesen Gemeinde **30** 63 ff.

Kreisgebiet 30 91, Änderungen **30** 92

Kreislauf- und Abfallwirtschaft 50 1 f.

Kreislaufwirtschaft Förderung **50** 1, Zuständigkeiten **50** 14 ff.

Kreislaufwirtschafts-Ausführungsgesetz 50

Kreisorgane 30 101 ff.

Kreistag 30 101, Ausschüsse **30** 105, Fraktionen **30** 104, Mitglieder **30** 103, Zusammensetzung **30** 102

Kreiswirtschaft 30 114 f.

Kristallkennzeichnungsgesetz Zuständigkeiten **26** 9

Kulturdenkmale 84 2, Erhaltung **84** 6 ff., Schutz **84** 12 ff.

Kündigung Zweckvereinbarung **31** 13

Kurbeitrag 33 9

Ladenöffnungsgesetz 91

Ladenöffnungszeiten Apotheken **91** 5, Ausnahmen im öffentlichen Interesse **91** 11, Bahnhöfe **91** 7, Flughäfen **91** 7, Kur-, Erholungs-, Ausflugs- und Wallfahrtsorte **91** 8, Schiffsanlegestellen **91** 7, Tankstellen **91** 6

Ladenöffnungszeitengesetz allgemeine Ladenöffnungszeit **91** 3, Arbeitnehmerschutz **91** 12, Aufsicht **91** 13, Begriffsbestimmung **91** 2, Ordnungswidrigkeiten **91** 14, Verkauf bestimmter Waren an Sonn- und Feiertagen **91** 9

Landesbehörde 14 2

Landesbeirat für Brandschutz, Allgemeine Hilfe und Katastrophenschutz **44** 8

Landesentwicklungsprogramm 63 4

Landesforstverwaltung 53 58 ff., Behörden **53** 59, behördliche Eingriffsbefugnis **53** 63, Forstaufsicht **53** 62, Forstausschüsse **53** 61, qualifiziertes Personal **53** 58, Zusammenwirken von Forst- und Naturschutzbehörden **53** 65

Landeskriminalamt 40 3

Landeslisten 13 5, 6, 29, Zulassung **13** 30

Landesmedienanstalt Amtszeit der Versammlung **83** 42, Aufgaben und Befugnisse **83** 41, Ausschüsse **83** 45, Bedienstete **83** 49, Beschlüsse **83** 43, Finanzierung **83** 50, Haushalts- und Rechnungswesen **83** 51, Rechtsaufsicht **83** 52, Rechtsform und Organe **83** 40, Versammlungsvorstand **83** 43, Wahl des Direktors **83** 46, Wirtschaftsführung **83** 51, Zusammensetzung der Versammlung **83** 42, Zuständigkeit der Versammlung **83** 44, Zuständigkeit des Direktors **83** 48, Zuständigkeit des Versammlungsvorstands **83** 44

Landesmediengesetz 83

Landespersonalausschuss 23 88 ff.

Landesplanung 63 1, Aufgaben **63** 13, Raumbeobachtung **63** 12, regionale Planungsgemeinschaften s. dort **63**

Landesplanungsgesetz 63

Landespräsidentenkonferenz 81 45

Landesregierung 10 70, **14** 1 ff., Beteiligung an abstrakter Normenkontrolle **11** 43

Landesrichter- und Staatsanwaltsrat 71 36 ff.

Landesschulbeirat 80 39

Landesstimme 13 3

Landeswahlgesetz 13

Landeswissenschaftskonferenz 81 45a

Landkreis Aufgaben **30** 86, Begriff **30** 86, Bezeichnung **30** 89, Bürger **30** 93 ff., eigene Aufgaben **30** 87, Einwohner **30** 93 ff., -hoheit **30** 97 ff., Hoheitszeichen **30** 90, Name **30** 89, -organe **30** 101 ff., Rechtsstellung **30** 86, Satzungsbefugnis **30** 98 f., Sitz **30** 89, übertragene Aufgaben **30** 88, -wirtschaft **30** 114 f.

Landkreisbevölkerung 30 93 ff.

Landkreisordnung 30

Landkreiswahl Amtsantrittshindernisse **32** 30, Amtsverlust **32** 30, Anfechtung **32** 31, Annahme **32** 29, Kreistagsmitglieder **32** 27, Landrat **32** 28, Nachwahl **32** 33, Neuwahl **32** 33, Rechtsweg **32** 33, Wahlprüfung **32** 32

Landrat 14 2, **30** 101, Amtszeit **32** 28, Aufgaben **30** 107, Eilentscheidungsrecht **30** 108, Rechtsstellung **30** 106, Vertretung des Landkreises **30** 109, Wahl **32** 28

Landschaftspläne 52 4

Landschaftsprogramm 52 3

Landschaftsrahmenpläne 52 3

Landtag 10 48 ff., Beteiligung an abstrakter Normenkontrolle **11** 43, Zusammensetzung **13** 1

Landtagswahl Anfechtung **13** 50 ff., Information der Öffentlichkeit **13** 67, Kosten **13** 66, Nachwahl **13** 43, Vorbereitung **13** 18 ff., Wählbarkeit **13** 16 f., Wahlergebnis **13** 37 ff., Wahlhandlung **13** 32 ff., Wahlorgane **13** 7 ff., Wahlprüfung **13** 55 ff., Wahlrecht **13** 13 ff., Wahlstatistik **13** 67, Wahlsystem **13** 1 ff., Wiederholungswahl **13** 44

Lehrangebot 81 47

Lehrer 80 34, -konferenz **80** 37, Vertrauenslehrer s. dort **80**

Lehrpläne 80 43

Lehrplanentwicklung und Medien 80 40a

Lehr- und Lernmittel 80 43, -freiheit **80** 44

Leitungsanlagen 60 40

Liegenschaftskarte Auszug **61** 7

Lüftungsanlagen 60 41

Marktüberwachungsbehörden Aufbau **60** 83, Aufgaben und Befugnisse **60** 84, Zuständigkeit **60** 85

Maßnahme Erkennungsdienstliche – **41** 16, unmittelbare Ausführung **41** 9

Medienbildungszentrum 83 33

Medienprivileg 82 11a

Mehrbelastungsausgleich 10a 16

Mehrheitswahl 32 19

Meinungsfreiheit 10 11

Meinungsvielfalt Sicherung **83** 10

Menschenansammlungen 42 43

Menschenwürde 10 1

Mindestschülerzahl Schulen **80** 41a

Minister 14 1

Mitglied, Verfassungsgerichtshof Ablehnungsgründe **11** 14, Amtsverlust **11** 6, Ausschluss vom Richteramt **11** 13, Entschädigung **11** 9, Vertreter **11** 8, Wählbarkeit **11** 4

Mitgliedschaft Landtag Erwerb **13** 45, Verlust **13** 46, 47

Monopolbetriebe 30 77

Mündliche Prüfung Erstes Staatsexamen **75a** 22, 23, 24, Zweites Staatsexamen **75a** 48, 49

Mutterschutz und Elternzeit Beamte **23** 75

Nachbarbeteiligung 60 69

Nachtragshaushaltssatzungen 30 60

Nachtzeit Zustellung **21** 12

Nachwahl 13 43

Nachwuchsförderung 81 63

Name Gemeinde **30** 4, Landkreis **30** 89

Namensrecht 10a 6

Nationale Naturmonumente 52 13

Nationalparke 52 13

Natur Schutz **10** 31 ff.

„Natura 2000“ 52 16

Naturparke 52 13

Naturschutz Befreiungen **52** 30 ff., Eigentumsbindung **52** 30 ff., Vorkaufsrecht **52** 31

Naturschutzbeauftragte 52 28

Naturschutzbehörden 52 2

Naturschutzbeiräte 52 26

Naturschutzfachbehörde 52 23

Naturschutzgesetz 52

Naturschutzstiftung 52 25

Naturschutzvereinigungen 52 29

Natur und Landschaft allgemeiner Schutz **52** 5 ff., Eingriffe **52** 5 ff., Erholung **52** 21 f., Schutz bestimmter Teile **52** 8 ff.

Nebenbestimmung Verwaltungsakt **20** 36

Nebentätigkeit Beamte **23** 49 f., 56 f., Referendariat **75a** 42

Nichtförmlichkeit Verwaltungsverfahren **20** 10

Nichtigkeit öffentlich-rechtlicher Vertrag **20** 59, Verwaltungsakt **20** 44

Nichtstaatliche Hochschulen 81 122 ff.

Nicht überbaute Flächen 60 8

Normenkontrolle s. abstrakte/konkrete **11**

Normenkontrollverfahren Zuständigkeit **73** 4

Notfallpläne externe **44** 33

Nutzungsuntersagung 60 79

Oberirdische Gewässer Bewirtschaftung **51** 25 ff., Eigentümer- und Anliegergebrauch **51** 26, Finanzierung Gewässerunterhaltung **51** 32, Gemeingebrauch **51** 25, Genehmigung von Anlagen **51** 28, Gewässerrandstreifen **51** 29, Gewässerunterhaltung **51** 30, Gewässerunterhaltungspflichtige **51** 31, Talsperren **51** 33, Überschwemmungsgebiete **51** 54, Wasserkraftnutzung **51** 27

Offene Gänge 60 36

Öffentliche Bekanntmachung Durchführung **30a** 2, Formen **30a** 1, Inhalt **30a** 3, Satzungen der Landkreise **30a** 5, Satzungen der Verwaltungsgemeinschaften **30a** 4, Zeitpunkt **30a** 6

Öffentliche Straßen 100 s. a. Straße, 2, Anliegergebrauch **100** 14, Beschädigung **100** 17, besondere Veranstaltungen **100** 19, Einteilung **100** 3, Gemeingebrauch **100** 14 ff., gewerbliche Nutzung **100** 19, Kreuzungen **100** 28 f., Sondernutzung **100** 18, 21, unerlaubte Benutzung **100** 20, Verunreinigung **100** 17

Öffentliche Wasserversorgung 51 42, Eigenkontrolle **51** 44, Enteignung, Ausgleich, Entschädigung **51** 71 ff.

Öffentliche Zustellung 21 15

Öffentlichkeit Information der – bei Landtagswahlen **13** 67

Öffentlichkeitsbeteiligung 60 69

Öffentlichkeitsinformation 32 36

Öffentlich-rechtlicher Vertrag 20 54 ff., Anpassung **20** 60, Arten **20** 55, 56, Kündigung **20** 60, Nichtigkeit **20** 59, Schriftformerfordernis **20** 57, Unterwerfung unter sofortige Vollstreckung **20** 61, Zulässigkeit **20** 54, Zustimmung Dritter **20** 58

Ordnungsbehörden Aufgaben **42** 2, Befugnisse **42** 5, Begriff **42** 1, Berechtigungsscheine **42** 15, der Polizei **40** 10, Dienstkräfte **42** 8, Durchsuchung von Personen **42** 18, Durchsuchung von Sachen **42** 19, Einzelmaßnahmen **42** 15 ff., Identitätsfeststellung **42** 15, Inanspruchnahme nicht verantwortlicher Personen **42** 13, örtliche und sachliche Zuständigkeit **42** 4, Pflicht zum Verordnungserlass **42** 29, Platzverweisung **42** 17, Verantwortlichkeit für das Verhalten von Personen **42** 10, Verantwortlichkeit für das Verhalten von Tieren **42** 11, Verhältnismäßigkeit **42** 6, Verhältnis zur Polizei **42** 3, Verordnungsrecht **42** 27, Vorrang der **42** 3, Zuständigkeit **42** 28

Ordnungsbehördengesetz 42

Ordnungsbehördliche Verordnungen 42 27 ff., Skifahren und Rodeln **42** 40, Wirkung von Gebietsveränderungen **42** 38, Zuwiderhandeln **42** 50

Ordnungsgewalt an Gerichten **17** 11

Organstreitigkeiten Antragsgegner **11** 38, Antragsteller **11** 38, Beitritt zum Verfahren **11** 40, Entscheidung **11** 41, Zulässigkeit des Antrags **11** 39

Ortschaften 30 45a

Ortschaftsbürgermeister 30 45a

Ortschaftsrat 30 45a

Ortschaftsverfassung 30 45 ff.

Ortsdurchfahrten 100 5

Ortsteilbürgermeister 30 45

Ortsteilrat 30 45

Ortsteilverfassung 30 45

Parteibewerber Aufstellung **13** 23

Parteienmitgliedschaft 10 9

Passwesen 10a 9

Pauschgebühren 22 10

Personalaktendaten Beamte **23** 79 ff.

Personen Durchsuchung **41** 23, Fesselung **41** 63, Schusswaffengebrauch gegen – **41** 65, 66

Personenbezogene Daten Berufsgeheimnis **24** 28, besondere Verarbeitungssituationen **24** 25 ff., Übermittlung an Drittstaaten oder internationale Organisationen **24** 57 ff., Verarbeitung **24** 16, 33 ff.

Persönlichkeitsschutz 10 6

Pestizide 52 17

Petitionsrecht 10 14

Pflichtexemplare 82 12
Pflichtverband 31 25
Plakatieren, wildes 42 45
Planerhaltung 63 6
Planfeststellung 100 38
Planfeststellungsverfahren 20 72, **62** 38 ff., Einstellung **100** 40
Platznummer 75a 27, 51
Platzverweisung 41 18, Ordnungsbehörden **42** 17
Polizei Aufgaben **41** 2, Aufsichtsbeschwerden gegen Maßnahmen der **40** 13, Befugnisse **41** 12 ff., Begriff **41** 1, Behörden und Einrichtungen **40** 4, Bereitschafts- **40** 6, Bildungseinrichtungen **40** 7, Dienstbereiche **40** 8, Dienstkräfte **40** 9, Ermessen **41** 5, Gliederung **40** 1, Träger **40** 1, Verhältnismäßigkeit der Mittel **41** 5, Verhältnis zu anderen Behörden **41** 3, Zuständigkeit **40** 8
Polizeiaufgabengesetz 41
Polizeibeamter Ausschreibung zur polizeilichen Beobachtung **41** 37, Ausweispflicht **41** 6
PolizeibehördenzuständigkeitenVO 40a
Polizeidienstunfähigkeit 23 105
Polizeidirektionen 40 4
Polizeiinspektionen 40 5
Polizeiorganisationsgesetz 40
Polizeivollzugsbeamte 23 100, Arbeitszeit **23** 101, Dienstkleidung **23** 104, Eintritt in den Ruhestand **23** 106, Gemeinschaftsunterkunft **23** 102, Gemeinschaftsverpflegung **23** 102, Heilfürsorge **23** 103
Postgeheimnis 10 7
Post mit Zustellungsurkunde 21 3, 7, 8, 8a, 9, Post mittels Einschreiben **21** 4, 7, 8, 8a, 9, Sonn- und Feiertage **21** 12
Praktische Studienzeit 75a 15
Präsident, Verfassungsgerichtshof Amtseid **11** 5, Ernennung **11** 5, Verlust des Amtes **11** 6, Wahl **11** 3, Wählbarkeit **11** 4
Präsidialrat 71 30 ff.
Presse Informationsrecht **82** 4, öffentliche Aufgabe **82** 3, Sorgfaltspflicht **82** 5, Zulassungsfreiheit **82** 2
Pressefreiheit 82 1
Pressegesetz 82
Privater Rundfunk Finanzierung **83** 30
Privatsphäre 10 8
Professoren 81 83 ff.
Promotion 81 61
Prozesskostenhilfe Verfassungsbeschwerden **11** 35
Prozesskostenhilfeverfahren Zuständigkeit **73** 3a
Prüfung Ausschluss **75a** 6, Bewertung **75a** 8, Hilfsmittel **75a** 10, Mängel im Verfahren **75a** 9, Nichterbringen von Prüfungsleistungen **75a** 7, Unlauteres Verhalten **75a** 11
Prüfungsausschüsse 75 4, **75a** 3
Prüfungsniederschrift 75a 26, 50
Prüfungsnote 75a 50
Prüfungswesen 30 81 ff.
Prüfungszeugnis 75a 27, 51

Rahmengebühren 22 9
Rasterfahndung 41 44
Raumbeobachtung 63 12
Raumordnung 63 1
Raumordnungspläne allgemeine Bestimmungen **63** 2, Anpassungspflicht der Gemeinden **63** 7, Beteiligung bei der Aufstellung von – **63** 3, Mitteilungs- und Abstimmungspflicht **63** 8, Untersagung raumordnungswidriger Planungen **63** 9
Raumordnungsverfahren 63 10, Abweichung von Zielen **63** 11
Rechnungswesen 30 79, 80
Rechtsaufsicht Selbstverwaltungsangelegenheiten Gemeinde/Landkreis **30** 2, 87, 117
Rechtshilfe 11 15
Rechtspflege 10 86 ff.
Redakteur persönliche Anforderungen an verantwortlichen **82** 9
Referendariat s. Vorbereitungsdienst **75a**
Regelstudienzeit 81 52
Regionale Planungsgemeinschaften Aufgabe **63** 14, Organisation **63** 15, Planungsbeiräte **63** 16
Regionalplan 63 5
Religionsfreiheit 10 39
Religions- oder Weltanschauungsgemeinschaften Vollstreckung zugunsten von **21** 37a
Religions- und Ethikunterricht 80 46
Religiöse Feiertage 16 3
Ressourcenschutz 50 1
Rettungswege 60 33 ff.

Richter Amtszeit **71** 21, Beratungsgeheimnis **71** 27, Schweigepflicht **71** 27, Vertretungen **71** 16 ff., Wahl **71** 17 ff.

Richterräte 71 34

Richter- und Staatsanwältegesetz 71

Richterverhältnis Einstellung **71** 4, Vereidigung **71** 5

Richterwahlausschuss 71 50 ff.

Rückenteignung 62 42, 43

Rückgriff gegen Verantwortlichen **41** 73

Ruhestand Beamte **23** 25, 27 ff., Polizeivollzugsbeamte **23** 106

Rundfunk 83, allgemeine Bestimmungen **83** 1 ff., binnenpluraler **83** 9, Programmgrundsätze **83** 3, Programmverantwortung **83** 4

Rundfunkprogramme, analoge Rangfolge **83** 36

Rundfunkveranstalter Aufzeichnungspflichten **83** 26, Auskunfts-, Mitwirkungs- und Duldungspflichten **83** 25, Informationsrechte **83** 24

Rundfunkveranstalter, private Aufsichtsmaßnahmen **83** 15, Rücknahme der Zulassung **83** 15, Sendung von lokalen und regionalen Beiträgen **83** 11, Widerruf der Zulassung **83** 15, Zulassung **83** 7 f., Zulassungsbescheid **83** 13, Zulassungsverfahren **83** 12

Sabbatjahr Beamte **23** 63

Sachen Durchsuchung **41** 24, Sicherstellung **41** 27 ff.

Sachverständigenvernehmung Verfahren vor Verfassungsgerichtshof **11** 22

Sanitäre Anlagen 60 43

Satzung Bekanntmachung **30a** 4, 5

Satzungsbefugnis Gemeinden **30** 19 ff., Landkreis **30** 98 ff.

Säumniszuschlag 22 14

Schadensausgleich 41 68, **42** 52 ff.

Schallschutz 61 12

Schiedsamt Eignung **72** 3, Wahl der Schiedsperson **72** 4

Schiedsperson Ablehnung des Amtes **72** 7, Amtsdauer **72** 4, Amtsenthebung **72** 8, Amtsverpflichtung **72** 6, Aufsicht über – **72** 9, Niederlegung des Amtes **72** 7, Verschwiegenheitspflicht **72** 11, Wahl **72** 4

Schiedsstelle Besetzung **72** 2, Einrichtung **72** 1, Geschäftsunterlagen **72** 10, Haftung **72** 12, Kosten **72** 46 ff., Kostenträger **72** 12, Vertretung **72** 2

Schiedsstellenbereiche 72 1

Schiedsstellengesetz 72

Schiff- und Floßfahrt 51 36

Schlichtungsverfahren bürgerliche Rechtsstreitigkeiten **72** 13 ff., Strafsachen **72** 35 ff.

Schornsteinfegerrecht Zuständigkeiten **26** 7

Schriftliche Prüfung Erstes Staatsexamen **75a** 20, 21, Zweites Staatsexamen **75a** 47

Schulaufsicht 80 40

Schule Arten **80** 4, Ausschluss aus – **80** 52, berufsbildende **80** 8, Beschaffung von Medien **80** 42, -bezirke; Einzugsbereich **80** 14, Datenschutz **80** 57, eigenverantwortliche **80** 40b, Evaluation **80** 40b, externe Prüfungen **80** 9, Fach- für Agrar- und Hauswirtschaft **80** 60a, Gastschulverhältnis **80** 15, -geldfreiheit **80** 16, Gesundheitspflege **80** 55, Grund- **80** 5, Gymnasium **80** 7, Horte; Internate **80** 10, Kooperationsmodelle **80** 41e, Mindestschülerzahl **80** 41a, Mitwirkung der Eltern **80** 32, Organisation **80** 45, pädagogische und Ordnungsmaßnahmen **80** 51, Recht auf -bildung **80** 1, Recht der Eltern auf Information und Beratung **80** 31, Regel- **80** 6, Trägerschaft **80** 13, -unterricht s. dort **80**, Veranstaltungen schulfremder Personen **80** 56, -versuche **80** 12, Wahl zwischen -arten **80** 3, Zügigkeit **80** 41a, Zusammenarbeit zwischen – und Jugendhilfe **80** 55a

Schüler -gruppen **80** 27, Mitwirkung **80** 28, Pflichten **80** 30, Rechte **80** 25, 26, -zeitung **80** 26a

Schulgesetz 80

Schulkonferenz 80 38

Schulleiter 80 33

Schulnetzplanung 80 41

Schulpflicht 10 23, **80** 17, an Berufsschule **80** 21, Bedeutung **80** 23, Beginn **80** 18, Dauer **80** 19, Erfüllung **80** 20, zwangsweise Erfüllung **80** 24

Schulsozialarbeit 80 35a

Schulstufen 80 3a

Schulunterricht Entlassung wegen mangelnder Leistung **80** 50, Gesundheits- und Sexualerziehung **80** 47, im Krankheitsfall **80** 54, Religion- und Ethik **80** 46, Versetzung; Wiederholung **80** 49, Zeugnisse **80** 48

Schulverhältnis 80 24a

Schulweg Zeit **80** 41d

Schulwesen 10 24, Gliederung **80** 3a

Schusswaffengebrauch 41 64, gegen Personen **41** 65, 66

Schutzgebiete Kennzeichnung und Register **52** 12

Schwarzarbeitsbekämpfungsgesetz Zuständigkeiten **26** 5
Schwerpunktbereichsausbildung 75a 31
Schwerpunktbereichsprüfung 75a 31
Selbstverwaltungsangelegenheiten Gemeinde **30** 2, 117, Landkreis **30** 87, 117
Senat 81 35
Sendezeit für Dritte 83 29
Sicherheitsleistung 22 15
Sicherstellung, Sachen 41 27, **42** 22 ff., Herausgabe **42** 25, Kosten **42** 25
Sitzungspolizei 17 11
Skifahren und Rodeln Ordnungsbehördliche Verordnungen **42** 40, Verhalten beim – **42** 49
Sonderbauten 60 51
Sondernutzung Gebühren **100** 21, öffentliche Straße **100** 18
Sonntag Zustellung **21** 12
Sperrzeiten 90 5
Spitzenverbände 30 126
Sprengmittel 41 67
Staatsangehörigkeitswesen 10a 12
Staatsanwälte Amtszeit **71** 21, Beratungsgeheimnis **71** 27, Schweigepflicht **71** 27, Vertretungen **71** 16 ff., Wahl **71** 17 ff.
Staatsanwaltschaft Ermittlungsperson **43** 1
Staatsanwaltschaften elektronischer Rechtsverkehr **74** 1 ff.
Staatsanwaltsräte 71 35
Staatsanwaltswahlausschuss 71 65 ff.
Staatshaftung 15 8, Rechtsweg **15** 6a, Schadensabwendungspflicht **15** 2, Umfang **15** 3, Verjährung **15** 4, Voraussetzungen **15** 1
Staatshaftungsgesetz 15
Staatsprüfungen 75 3
Staatswald Bewirtschaftung **53** 31
Standsicherheitsnachweis 61 10
Statistik schulbezogene **80** 58
Stauanlagen Anschluss an fremde Grundstücke **51** 38, unbefugtes Aufstauen/Ablassen **51** 37
Stellplätze 60 49
Steuern 33 5
Stille Tage erhöhter Schutz **16** 6
Stimmbezirke Gemeindewahl **32** 5
Stimmzettel 13 31
Straße bauliche Anlagen an – **100** 24, Bepflanzungen **100** 27, Eigentumsübergang **100** 11 f., Einziehung **100** 8, öffentliche **100** 23, Schutzmaßnahmen **100** 26, Schutzwaldungen **100** 25, Teileinziehung **100** 8, Umstufung **100** 7, Widmung **100** 6
Straßenanlieger 100 22
Straßenaufsicht 100 48
Straßenaufsichtsbehörde 100 48
Straßenbaubehörden 100 46 f.
Straßenbaulast 100 9, Dritter **100** 44, Träger **100** 43, Unterhaltung bei fremder – **100** 45, Wechsel **100** 11
Straßengesetz 100
Straßenkreuzungen mit Gewässern **100** 31, Unterhaltung **100** 30, 32
Straßennummer 100 4
Straßenreinigung 100 49
Straßenverzeichnis 100 4
Studienberatung 81 56
Studiengänge 81 48
Studienkommissionen 81 41
Studienordnungen 81 53
Studierendenschaft 81 79 ff.
Studium 81, Inhalt **75a** 12, praktische Studienzeit **75a** 15, Prüfungsfächer **75a** 14, Studienzeit **75a** 13, Ziele **81** 46
Stundentafel 80 43
Stundung einmaliger Beiträge **33** 7b
Stützen 60 27
Talsperren Unterhaltung **51** 33
Tankstellen Ladenöffnungszeiten **91** 6
Teilbaugenehmigung 60 73
Termine Verwaltungsverfahren **20** 31
Textilkennzeichnungsgesetz Zuständigkeiten **26** 9
Thüringer Schiedsstellengesetz 72 71
Tiergehege 52 19
Tourismusbeitrag 33 8
Tragende Wände 60 27
Transparenzgesetz 25
Transparenzpflichten 25 6
Transparenzportal 25 7
Trennwände 60 29
Treppen 60 34
Treppenräume 60 35
Türen 60 37
Typengenehmigung 60 73a
Überschwemmungsgebiete 51 66, oberirdische Gewässer **51** 54

Übertragungskapazitäten Zuordnung **83** 17 ff.
Uferzonen Freihaltung **52** 21
Umleitungen **100** 34
Umstufung Straße **100** 7
Umwehrungen **60** 38
Umwelt Schutz **10** 31 ff.
Umweltinformationen Begriff **54** 2, Informationszugang auf Antrag **54** 3 ff., Verbreitung **54** 10 f.
Umweltinformationsgesetz **54**
Unbrauchbarmachung sichergestellte Sachen **42** 24
Universitätsklinikum Jena **81** 98 ff.
Unmittelbarer Zwang **21** 51, **41** 56, Androhung **41** 62, Begriff **41** 59, Handeln auf Anordnung **41** 60, rechtliche Grundlagen **41** 58
Unternehmer **60** 55
Untersuchungsausschuss **17** 9, Akteneinsicht, Aktenauskunft **17** 24, Aktenvorlage und Aussagegenehmigungen **17** 14, Auflösung **17** 27, Ausschussmitglieder **17** 6 f., Bericht **17** 28, Beschlussfähigkeit **17** 8, Beweiserhebung **17** 13, Gegenstand der Untersuchung **17** 3, gerichtliche Entscheidung über Zulässigkeit **17** 31, gerichtliches Verfahren **17** 30, Ordnungsgewalt/ Sitzungspolizei **17** 11, Rechtsstellung von Betroffenen **17** 15, Sachverständige **17** 17 f., Sitzungen **17** 10, Sitzungsprotokoll **17** 12, Unterrichtung der Öffentlichkeit **17** 25, Verschwiegenheitspflicht **17** 26, Vorsitzender/Stellvertreter **17** 5, Zeugen **17** 16, 18 ff., Zusammensetzung **17** 4
Untersuchungsausschussgesetz **17**, Aufgabe und Zulässigkeit **17** 1
Untersuchungsausschussverfahren Kosten und Auslagen **17** 29
Untersuchungsverfahren, Landtag **11** 50 ff.
Unzulässige Wahlbeeinflussung **13** 33
Urkundsbeamte **73** 3
Urlaub Referendariat **75a** 39
Veränderungssperre **100** 39, **62** 25
Verbandssatzung, Zweckverband amtliche Bekanntmachung **31** 19, Änderung **31** 38, Genehmigung **31** 18, Inhalt **31** 17
Verbandsversammlung, Zweckverband Beschlüsse und Wahlen **31** 30, Einberufung **31** 29, Zusammensetzung **31** 28, Zuständigkeit **31** 31
Verbandsvorsitzender, Zweckverband **31** 27, Außenvertretung **31** 34, Wahl **31** 32, Zuständigkeit **31** 33
Verbandswirtschaft **31** 36 ff.
Verbotene Wahlbeeinflussung Gemeindewahl **32** 10
Verbraucherbeirat **31** 26a
Verdeckte Datenerhebung **41** 36
Vereinfachtes Baugenehmigungsverfahren **60** 62
Vereinigungsfreiheit **10** 13
Vereinswesen öffentliches **10a** 7
Verfahren, Verfassungsgerichtshof Akteneinsicht **11** 15, Amtshilfe **11** 15, Auslagenerstattung **11** 29, Aussetzung **11** 27, Beweiserhebung **11** 21, Beweistermin **11** 23, Einleitung **11** 18, einstweilige Anordnung **11** 26, Entscheidung **11** 24, 25, Grundsätze **11** 12, Kosten **11** 28, mündliche Verhandlung **11** 20, Rechtshilfe **11** 15, s. abstrakte/konkrete Normenkontrolle **11**, s. Organstreitigkeit **11**, s. Untersuchungssachen **11**, s. Verfassungsbeschwerde **11**, s. Volksbegehren **11**, s. Wahlprüfung **11**, Sachverständigenvernehmung **11** 22, Verkündung **11** 24, Verwerfung Anträge **11** 19, Vollstreckung Entscheidungen **11** 30, Zeugenvernehmung **11** 22
Verfahrens-/Formfehler VA Folgen **20** 45, Heilung **20** 45
Verfahren über eine einheitliche Stelle **20** 71a ff.
Verfassung **10**
Verfassungsbeschwerden Anhörung **11** 36, Begründung **11** 32, Entscheidung **11** 37, Erledigung unzulässiger/offensichtlich unbegründeter **11** 34, Fristen **11** 33, Prozesskostenhilfe **11** 35, Voraussetzungen **11** 31
Verfassungsgerichtshof **10** 79 ff., Geschäftsordnung **11** 10, Geschäftsstelle **11** 10, Mitgliederwahl **11** 3, Präsidentenwahl **11** 3, s. Verfahren, Verfassungsgerichtshof **11**, Sitz **11** 1, Stellung **11** 1, Vorsitz **11** 7, Zusammensetzung **11** 2, Zuständigkeit **11** 11
Verfassungsgerichtshofgesetz **11**
Verfügungssperre **62** 25
Vergleichsvertrag **20** 55
Vergnügungsveranstaltungen **42** 42
Verhaltensstörer **41** 7
Verhältniswahl **32** 20
Verjährung von staatshaftungsrechtlichen Ansprüchen **15** 4
Verjährungsunterbrechung durch VA **20** 53
Verkaufsanlagen, fliegende **42** 39
Verkehrsregelung durch die Feuerwehr **44** 53b

Verkündungsgesetz 14
Verleger Offenlegungspflicht **82** 8
Vermögensauskunft 21 41
Vermögenswirtschaft 30 66 ff.
Vernichtung sichergestellte Sachen **41** 29, **42** 24
Verordnungsrecht Ordnungsbehörden **42** 27
Versammlungsfreiheit 10 10
Versammlungswesen 10a 15
Verschwiegenheitspflicht ehrenamtliche Tätigkeit **20** 84, Schiedsperson **72** 11
Versteigerung im Internet 21 38a
Verteilungsverfahren 62 34
Vertrauenslehrer 80 29
Verwahrung sichergestellte Sachen **41** 28, **42** 23
Verwaltung 10 90 ff.
Verwaltungsakt Ausschluss des Vorverfahrens **73** 9 ff., Begriff **20** 35, Begründung **20** 39, Bekanntgabe **20** 41, Bestimmtheit **20** 37, Ermessen **20** 40, Folgen von Verfahrens-/Formfehler **20** 45, Form **20** 37, Heilung Verfahrens-/Formfehler **20** 45, Kostenerstattung Vorverfahren **20** 80, Nebenbestimmungen **20** 36, Nichtigkeit **20** 44, offenbare Unrichtigkeiten **20** 42, Polizei **73** 8a, Rechtsbehelfe **20** 79, Rücknahme eines rechtswidrigen **20** 48, 50, Umdeutung fehlerhafter **20** 47, unterer Denkmalschutzbehörden **73** 8c, unterer Jagd- und Fischereibehörden **73** 8b, Verjährungsunterbrechung **20** 53, Widerruf eines rechtmäßigen **20** 49, 50, Widerspruchsbescheid in Angelegenheiten der Gemeinden, Landkreise und Zweckverbände, kommunalen Anstalten und gemeinsamen kommunalen Anstalten **73** 10, Wirksamkeit **20** 43, Zusicherung **20** 38
Verwaltungsgemeinschaft Aufgaben **30** 47, Auflösung **30** 46, Bedienstete **30** 49, Bildung **30** 46, Erweiterung **30** 46, Organe **30** 48
Verwaltungshoheit Gemeinde **30**, Landkreis **30** 97
Verwaltungskosten 33 11
Verwaltungskostengesetz 22
Verwaltungsverfahren amtliche Beglaubigung **20** 33, 34, Amtssprache **20** 23, Anhörung **20** 28, Ausgeschlossene Personen **20** 20, Auskunft **20** 25, Befangenheit **20** 21, Beginn **20** 22, Begriff **20** 9, Beistände **20** 14, Beratung **20** 25, Beteiligte **20** 13, Beteiligungsfähigkeit **20** 11, Bevollmächtigte **20** 14, Beweismittel **20** 26, Empfangsbevollmächtigte **20** 15, förmliches **20** 63 ff., Fristen **20** 31, Geheimhaltung **20** 30, Handlungsfähigkeit **20** 12, Nichtförmlichkeit **20** 10, Termine **20** 31, Vertreter von Amts wegen **20** 16, Wiedereinsetzung in vorigen Stand **20** 32
Verwaltungsverfahrensgesetz 20
Verwaltungsvollstreckungsmaßnahmen Rechtsbehelfe **73** 8
Verwaltungszusammenarbeit, Europäische 20 8a ff.
Verwaltungszustellungs- und Vollstreckungsgesetz 21
Verwaltungszwang Ersatzvornahme **41** 53, Ersatzzwangshaft **41** 55, unmittelbarer Zwang **41** 56 f., Zulässigkeit **41** 51, Zwangsgeld **41** 54, Zwangsmittel **41** 52
Verwertung sichergestellte Sachen **41** 29, **42** 24
verwilderte Tauben Bekämpfung **42** 44
Videoüberwachung 24 30
Volksbegehren 11 49, Antrag auf Zulassung **12** 11, Behandlung im Landtag **12** 18, Bekanntmachung **12** 13, Beratungspflicht **12** 4, Datenschutz **12** 5, Eintragung in Listen **12** 14 ff., Gegenstand **12** 9, Kostenerstattung **12** 29, Rechtsbehelfe **12** 12, Stimmrecht **12** 2, Unterschrift **12** 6, Vertrauensperson **12** 3, Zustandekommen **12** 17
Volksentscheid 12 19, Ausfertigung und Verkündung der Gesetze **12** 26, Bekanntmachung **12** 20, Ergebnis **12** 24, 25, Kostenerstattung **12** 29, Rechtsbehelfe **12** 27, Stimmabgabe **12** 23, Stimmrecht **12** 21, Verfassungsänderung durch – **12** 28
Vollstreckung besondere Befugnisse der Gemeinden und Landkreise **21** 37b, Einstellung **21** 29, gütliche und zügige Erledigung **21** 38b, Nachtzeit/Sonn- und Feiertage **21** 27, Niederschrift **21** 28, Versteigerungen im Internet **21** 38a, zugunsten von Religions- oder Weltanschauungsgemeinschaften **21** 37a, Zuziehung von Zeugen **21** 26
Vollstreckungsbehörde 21 21, 43
Vollstreckungshilfe 21 22
Vollstreckungskosten 21 56
Vollstreckungsmaßnahme Aufhebung **21** 29, Widerstand gegen **21** 25
Vollstreckungsschuldner 21 20
Vollstreckungsverfahren 21 18 ff., Geldforderungen des bürgerlichen Rechts **21** 42, Handlung, Duldung, Unterlassung **21** 43 ff., öffentlich-rechtliche Geldleistung **21** 33 ff.
Vollziehungsbeamte 21 23, Befugnisse **21** 24, Zuziehung von Zeugen **21** 26

Vollzugshilfe 41 48, bei Freiheitsentziehung **41** 50, Verfahren **41** 49

Vorbereitungsdienst 75 7, Arbeitsgemeinschaften **75a** 37, Ausbildungsstellen **75a** 36, Dienstaufsicht **75a** 32, Entlassung **75a** 41, Erkrankungen **75a** 39, Gastreferendare **75a** 43, Klausurenkurs **75a** 38, Lehrgänge **75a** 38, Nebentätigkeit **75a** 42, Urlaub **75a** 39, Verlängerung **75a** 40, Versetzung **75a** 43

Vorbescheid 60 74

Vorladung 41 17

Vorlagepflicht Ordnungsbehördlicher Verordnungen **42** 33

Vorverfahren Kostenerstattung **20** 80

Vorzeitige Besitzeinweisung 62 37

VO über den elektrischen Rechtsverkehr bei den Gerichten und Staatsanwaltschaften 74

VO über die Ermittlungspersonen der Staatsanwaltschaft 43

Waffen 41 67

Wahl Anfechtung **13** 50, Bürgermeister **32** 24, in Wahlkreis **13** 4, Kreistagsmitglieder **32** 27, Landrat **32** 28, nach Landeslisten **13** 5, Ortschafts- und Ortsteilbürgermeister **32** 26, Vorbereitung **13** 18 ff.

Wahlanfechtung 13 50, Gründe **13** 54

Wahlausschüsse 13 8, ehrenamtliche Tätigkeit **13** 12, Verfahren **13** 11

Wählbarkeit 13 16, Ausschluss **13** 17

Wahlberechtigung Gemeindewahl **32** 1

Wahlbezirk Feststellung Wahlergebnis **13** 37

Wahlbrief Zurückweisung **13** 39, **32** 21

Wahl der Mittel Polizei **41** 5

Wahlergebnis Briefwahl **13** 38, Feststellung im Wahlbezirk **13** 37, Feststellung im Wahlkreis **13** 41, Gemeindewahl **32** 9, ungültige Stimmen **13** 39

Wählerverzeichnis 13 19, Gemeindewahl **32** 6

Wahlgebiet Gliederung **13** 2

Wahlgeheimnis 13 34, **32** 10

Wahlhandlung Briefwahl **13** 36, Dauer **13** 18, Gemeindewahl **32** 9, Öffentlichkeit **13** 32, Stimmabgabe **13** 35, unzulässige Wahlbeeinflussung **13** 33, Wahlgeheimnis **13** 34

Wahlkosten 13 66

Wahlkreis Feststellung Wahlergebnis **13** 41, Wahl in **13** 4

Wahlkreisstimme 13 3

Wahlkreisvorschläge Änderung **13** 26, Form **13** 22, Inhalt **13** 22, Mängelbeseitigung **13** 27, Rücknahme **13** 25, Zulassung **13** 28

Wahlleiter 13 8

Wahlorgane 13 7

Wahlprüfung 11

Wahlprüfungsausschuss 13 55 ff.

Wahlprüfungsverfahren Einspruchsberechtigte **13** 53, Einspruchseinlegung **13** 52, Einspruchseinlegungsfrist **13** 52, Zuständigkeit **13** 51

Wahlrecht Ausschluss **13** 14, Ausübung **13** 15, Berechtigung **13** 13

Wahlschein 13 19, Gemeindewahl **32** 7

Wahlstatistik 13 67, **32** 36

Wahlsystem 13 1 ff.

Wahltag 13 18

Wahltermin Gemeindewahl **32** 8

Wahlvorbereitung 13

Wahlvorschlag, Gemeinderatswahl 32 14, Einreichung **32** 17, öffentliche Bekanntmachung **32** 18

Wahlvorschläge Einreichung **13** 21, Recht **13** 20

Wahlvorstand 13 9, ehrenamtliche Tätigkeit **13** 12, Gemeindewahl **32** 5, Verfahren **13** 11

Wahlvorsteher 13 9, Gemeindewahl **32** 5

Wald 53 2, bauliche Anlagen im – **53** 25, Besitzer **53** 3, -biotopkartierung **53** 5, -brand **53** 12, 29, Eigentumsarten **53** 4, forstliche Planung s. dort **53**, -funktionenkartierung **53** 5, -inventur **53** 5

Waldgenossenschaften 53 38 ff.

Waldgesetz 53, Landesforstverwaltung s. dort **53**, Nutzung **53** 6, Privatwald **53** 35, 36, Rücksicht auf Nachbargrundstück **53** 26, Staatswald s. dort **53**, -verzeichnis **53** 5, Vorkaufsrecht **53** 17, Waldschutzgebiete s. dort **53**, -weg; Unterhaltung von **53** 25

Waldschutz; Waldschutzgebiet 53 9 ff., Änderung der Nutzungsart **53** 10, Schutz vor Bränden **53** 12, Schutz vor Verunreinigung **53** 13

Waldumbau 53 24

Wärmeschutz 61 12

Wasserbeschaffenheit Pflichten bei Änderungen **51** 75

Wasserbuch 51 22

Wassergesetz 51, allgemeine Verfahrensbestimmungen **51** 62 ff., besondere Verfahrensbestimmungen **51** 67 ff., Bußgeld-, Überleitungs- und Schlussbestimmungen **51** 77 ff.

Wasserkraftnutzung 51 27

Wasserrechtliche Zulassung Erlaubnis, Anpassung, Bewilligung **51** 15, 17, 18, Verpflichtungen bei Erlöschen **51** 19

Wasserschutzgebiete 51 45

Wasser- und Heilquellenschutzgebiete 51 66

Wasserversorgung öffentliche **51** 42

Wasserwirtschaftliche Planung und Dokumentation 51 21

Werbeanlagen 61 4

Werkfeuerwehr 44 17

Widerspruchsbescheid Angelegenheiten der Gemeinden, Landkreise und Zweckverbände **73** 10, Angelegenheiten der Wasser- und Bodenverbände **73** 7

Widerspruchsgebühren 75a 27, 51

Widerspruchsverfahren 75 5

Widmung Straße **100** 6

Wiedereinsetzung in vorherigen Stand Enteignungsverfahren **62** 23

Wiederholung Erstes juristisches Staatsexamen **75a** 28, Zweites juristisches Staatsexamen **75a** 52, 53

Wiederholungswahl 13 44, **32** 33

Wildlebende Tier- und Pflanzenarten Schutz **52** 18 ff.

Winterdienst 100 49

Wissenschaftsfreiheit 10 27

Wohnraumüberwachung 41 35

Wohnungen 60 48, Durchsuchung **41** 25 f., Verweisung **41** 18

ZDF-Fernsehrat Entsendung eines Vertreters **83** 53

Zeugen im Untersuchungsausschuss **17** 16, Vereidigung **17** 20, Vernehmung **17** 19, 21

Zeugenvernehmung Verfahren vor Verfassungsgerichtshof **11** 22

Zügigkeit Schulen **80** 41a

Zuständigkeitsermächtigungsverordnung Gewerbe 26

Zuständigkeitsverordnung im Geschäftsbereich des Innenministeriums 10a

Zustandsstörer 41 8

Zustellung Angehörige **21** 8a, Ausland **21** 14, Beamte, Richter, Versorgungsberechtigte **21** 16, Begriff **21** 2, Behörde **21** 5, 7, 8, 8a, 9, Behörde mittels Vorlegens Urschrift **21** 6, 7, 8, 8a, 9, Bevollmächtigten **21** 8, elektronische Dokumente **21** 5a f., gesetzlichen Vertreter **21** 7, Nachtzeit **21** 12, öffentliche **21** 15

Zwangsgeld 21 48

Zwangsmittel 41 52, 57, Androhung **21** 46, Anwendung **21** 47, Ersatzvornahme **21** 50, Ersatzzwangshaft **21** 49, Fiktion der Abgabe einer Erklärung **21** 50a, unmittelbarer Zwang **21** 51, Wegnahme **21** 52, Zwangsgeld **21** 48, Zwangsräumung **21** 53

Zwangsräumung 21 53

Zwangsvollstreckung in Gemeindevermögen **30** 69

Zweckverbände Abwicklung **31** 41, amtliche Bekanntmachung von Satzungen/Verordnungen **31** 22, Aufgaben **31** 16, Auflösung **31** 40, Aufsicht **31** 43 ff., Befugnisübergang **31** 20, Beteiligte **31** 16, Dienstherrneigenschaft **31** 21, Geschäftsleiter **31** 35, Geschäftsstelle **31** 35, Inhalt **31** 17, Kündigung **31** 38, Organe **31** 26, Satzungs- und Verordnungsrecht **31** 20, Verbandssatzung **31** 17, 18, 19, Verbandsversammlung **31** 28, 29, Verbandsvorsitzender **31** 27

Zweckvereinbarungen amtliche Bekanntmachung **31** 12, Änderung **31** 13, Anzeige **31** 11, Aufgaben **31** 7, Aufhebung **31** 13, Befugnisübergang **31** 8, Beteiligte **31** 7, Genehmigung **31** 11, Inhalt **31** 9, Kündigung **31** 13, Pflichtaufgabe **31** 15, Satzungs- und Verordnungsrecht **31** 10, Wirksamwerden **31** 12

Zweite Staatsprüfung Abschlussnote **75a** 50, Ausschluss von mündlichen Prüfungen **75a** 48, Einsicht in Prüfungsarbeiten **75a** 54, Form der Prüfung **75a** 45, mündliche Prüfung **75a** 49, Platznummer **75a** 51, Prüfungsgebiete **75a** 46, Prüfungsniederschrift **75a** 50, Prüfungsnote **75a** 50, Prüfungszeitpunkt **75a** 44, Prüfungszeugnis **75a** 51, schriftliche Prüfung **75a** 47, Widerspruchsgebühren **75a** 51, Wiederholung **75a** 52, 53, Zulassung **75a** 44, Zulassung zur mündlichen Prüfung **75a** 48